世界统一性原理

第一卷 道论

存在的逻辑：认识的形式统一性意义

钟微子 —— 著

南方日报出版社
NANFANG DAILY PRESS
中国·广州

图书在版编目（CIP）数据

世界统一性原理 / 钟微子著. -- 广州：南方日报出版社，2020.3
ISBN 978-7-5491-2115-1

Ⅰ.①世… Ⅱ.①钟… Ⅲ.①统一一研究 Ⅳ.①B024

中国版本图书馆 CIP 数据核字（2019）第 260212 号

SHIJIE TONGYIXING YUANLI
世界统一性原理

著　　者：钟微子
出版发行：南方日报出版社
地　　址：广州市广州大道中 289 号
出 版 人：周山丹
出版统筹：谭庭浩
责任编辑：陈　静　郭海珊　李　沁
责任技编：王　兰
责任校对：阮昌汉　王　燕　裴晓倩　肖　颖　魏智宏
装帧设计：邓晓童
经　　销：全国新华书店
印　　刷：广东信源彩色印务有限公司
开　　本：787mm×1092mm　1/16
印　　张：195.375
字　　数：2848 千字
版　　次：2020 年 3 月第 1 版
印　　次：2020 年 3 月第 1 次印刷
定　　价：680.00 元（全五卷）

投稿热线：（020）87360640　　读者热线：（020）87363865
发现印装质量问题，影响阅读，请与承印厂联系调换。

内容简介

本书是中国传统玄学当代化生成的具体世界“抱一式”理论体系。抱一之道统一了人类经验科学及西方哲学形而上学文化成果，扬弃“科学理性”，导向具体理性，把传统抽象形而上之道引向包括形而下之器的具体之道。第一卷道论，是探讨认识纯形式统一性，核心是空间、时间、结构先验形式的普遍统一性意义。第二至第四卷是内容和形式相统一的自然统一性归纳：第二卷无论，是对量子理论和相对论等科学知识的进一步归纳，建立广义能量守恒定律和能量一元论，把多样性自然存在和演化统一于具体守恒之量即能量为本性的自足世界；第三卷天论，是以质能统一性和物质结构演化的熵原理为根据，揭示复杂性演化生成中多样且永恒运动之宇宙的统一有序性，终结熵垒幽灵；第四卷地论，是从能量、质量、信息统一性去理解以灵魂为本质的生命之产生和进化，由躯体和灵魂统一性理解生命存在，由空间、时间形式结构统一性理解生命之生和死的本质，由表型进化、遗传编码结构进化、灵魂意义结构进化的统一去理解生命统一性亦即自然统一性的具体意义。第五卷人论，是从自然灵魂进化到理性灵魂文化归纳人类社会历史的诞生和不可逆进展，把理性精神文化理解为人本质上异于禽兽的充足理由，把现实之人理解为能量、物质、生命、理性灵魂统一性存在，在存在和认识、客体和主体、文化和文明相统一中通达最普遍意义存在，即理性具体之人的理解。

全书按道、无、天、地、人次序编排。认识在逻辑上形式在先，在现实中从经验开始，从经验世界的无、天、地、人诸论开始再回归形而上道论，实为思考世界统一性的明智选择。以起点为终点是哲学可以自由设定起点的便利之处，读者从自己精通的知识和切身的经验入题并围绕之思考，已足以通达理性具体了。不必为貌似繁杂的理论体系困惑，理性具体本质上是悟而不只是学，从常识的那滴水中洞见整个太阳的乃是智慧之光。理性从抽象进展到具体并不神秘，就是你我他的现实存在，理性具体的每个人都是最普遍意义的世界统一性存在。理性之人必须觉悟到：物质一元论装不下你自身，天理难容指自然也容不了有文化的匪徒。

卷首寄语

认识你自己

卢梭说，人类已经老了，可人类还很幼稚。

自然进化出人类以万年计，作为生命世界万物之一，人早就定型并成熟了；但作为万物之灵的人类历经数千年文明进程却依然很幼稚，人凭自己自由创造的普遍理性文化本质走出了自然界却没觉悟到人异于禽兽的充足理由。人类很幼稚在于理性很幼稚，它根本就没发育成型。进化成熟而文化幼稚是人类的现实。

人异于禽兽的充足理由在于人的理性本质，人追问人何以异于禽兽时就已标志着人本质上异于禽兽。对其认识是人走出自然界的本体论根据，人异于禽兽在于理性认识是人的本质也是人的存在本身。对之的理解达到什么境界，人本质上就达到什么境界，理性认识理性就是理性自觉的智慧，文明人的多元认识归元于认识你自己，实现于每个人的文化选择生存中。你的理性自觉是何水准呢？

以抱一为天下式的智慧从理性去理解人的本质，把理性理解为感性、知性、理性的统一，把人理解为主客体不可分割的理性具体存在，把人生智慧理解为本体论、认识论、价值论的统一。由此观之，人类自觉理性就没成型。

自然哲学还没有超过起点上泰勒斯的唯物论水准。关于自然的知识一代比一代进步，对自然界万物存在的本原认识在知识意义上早就超出了泰勒斯的水这一朴素认识，但对自然统一性理解仍然还处在泰勒斯朴素唯物论水平，几千年还停留在起点上。在本原知识意义上，唯心论之错并不是唯物论为真的根据，万物本原知识不是物质和精神两者必居其一的选择题，而是由它是什么的确定性判断构成的。对本原知识的认识不断发展，但科学的元中求元还没完成，我们还不知道自然万物的本原是什么。以本原知识为根据的自然哲学合逻辑地拒斥唯心主义，只能以唯物论为起点，但止步于感性具体不会有自然一元论。存在和演化、质和能绝对分立的自然先验地就是需要上帝第一推动的，据此唯物论还只是二元论，由之理解的宇宙是无法自洽自足而统一的。局限于此，人类只能或者把宇宙理解为在不可逆熵增中走向自由能耗尽的热寂平衡过程，或者用宇宙恶无限的不可知论自欺欺人。看到“有一天能克服热力学第二定律吗”时，人类已狗急跳墙之感凄然而生。必然性规律是谈不上能否克服也不需要去克服的，这是常识。我们能在这里思索宇宙，首先就是自然按其内在必然性法则演化的产物，仅此就足以证明宇宙熵增并不是从有序到无序的热寂过程，正好相反是向越来越有序演化的进程。颠倒是非的认识根源在于人类理性对自然认识还停留在感性的具体，处在多元非统一性理解水准。科学家坚持说只提供自然何如是的事实陈述，至于自然何以是的寻根究底是哲学家的责任。问题在于何如是为何以是提供基础，但科学家提供的自然知识并不是没有问题的，而且在基础理论上有严重缺陷，即把物质热运动理解为自然最普遍过程，把传导、对流、辐射归纳在物质热运动中，由物作为绝对存在只能得到熵不可逆增长的宇宙是趋于热平衡终点的结论。把物质热吸收和热辐射当作物质热运动定律支配的热平衡过程是光天化日之下的谬误，太阳向地球提供能量明明白白不是从高温到低温的物质热运动。在克劳修斯和开尔文勋爵时代，作此理解尚可原谅；在量子理论建立，电磁炉、微波炉、太阳能热水器进入人的日常生活后，物理学仍把热辐射当作物质热交换运动代代传承，真的无法原谅。

诚然，哲学家推卸不了最主要责任。泰勒斯之后，自然哲学两千多年如一日吃其老本却不思进取，在麦克斯韦电磁场方程为生长点发现了量子理论和基于光速不变性的相对论的重大发展契机中，仍然抱残守缺，仍把质点和力绝对分立，质和能绝对守恒的二元理论硬说是物质一元论，结果把场、力、光、电、磁装进物质大口袋中。无法用质点、力、相对速度做质点动力学描述的绝对运动之光这种物质只有上帝能理解；场和力既是物质推动力又是物质是循环论证，是悖论，是谬论；光物质在真空中、在万有引力场物质中运动有可理解之意义吗！科学家用波粒两象性去解释光的本性应令哲学家羞愧，物质一元论的框架真的装不下整个宇宙自然界。实证科学突破物质一元论以麦克斯韦的电磁场统一方程组为生长点，更具体是以在真空中运动的位移电流为触发点，随之而来的是确立波的量子性，以太被证伪，狭义相对论产生，对自然认识从物质世界进展到更普遍的能量世界。真空中波动传播摆脱了能量对物质媒介的绝对依赖，最深刻的意义在于物质不能解释整个自然存在，这就是麦克斯韦位移电流的划时代意义。踩在泰勒斯肩膀上，把质能统一起来才能得到宇宙最普遍的一元统一本性理解，才对得起泰勒斯这样的文明圣哲。能量一元论对物质一元论的扬弃是唯物论合历史和逻辑的进展，物质世界统一性是能量一元世界演化出多样有序世界的现实，不能用唯心主义本体论否定唯物论。本著第二卷关于质能统一于能量的一元论合事实和逻辑把多样性且永恒绝对运动着的宇宙统一为自足自洽、有序完美的世界。自然不需要外在推动，推动它的就是它的存在本身。熵增中生成着的宇宙的内在目的性不是热平衡，不是混乱无序，不是灭亡，而是向多样性、复杂性统一有序动态演化。对于人类理性生存的价值判断而言，熵是天使，不是幽灵。在能量一元论的宇宙中，统一的物质世界是开放的，在和外部永恒的能量交换中既熵增又不会热平衡；能量以光、电、磁这种客体形态存在时，不需要推动力且绝对运动，它存在和运动同一，它自身就是绝对运动的永动机，以能量为元的自然就是一部统一有序的永动机。物质一元论和上帝第一推动兼容，能量一元论的自足宇宙不给上帝留下任何存在空间。

人类对自身社会的理解本质上也没有超越动物社会的感性具体之水准，只在认识起点徘徊。把社会理解为人的本质隐含着社会就是人类社会的认定，哲学对社会的思考基本上以人类社会为定义域。人当然是社会中的人，但社会未必是人的社会，原始社会本质上也不同于文明社会，把社会当成人的本质完全可以把文明人只当作自然之禽兽。自然社会历史观臆想了一个抽象社会有机实体，社会中具体之人成了有机实体整体的齿轮螺丝钉般的原子化存在，人和人按平行四边形合力相互作用构成了整体社会历史自然进程。用原子化个人社会合力理解的人类历史还不够物的一般抽象水准，粗通统计原理者都明白无规统计系统对外的总合力恒等于零。原子化个人的生存是一个人对所有人的战争，人对人是狼。人类社会历史是铁、血和原子弹铸就的血腥历史，种族灭绝、集中营、世界大战不只是抽象的记忆，是我们曾经的现实。我们依然面对着现实的不平等，面对未来不确定性而心存忧患甚至恐惧。但这不是文明史的本质，不是人类自甘堕落为丛林之狼的理由，而恰恰是人类必须扬弃狼性，成为文明理性自觉存在的理由。我们用人对人是狼的丛林法则去归纳和陈述社会现实时不是出于对它的肯定和骄傲，而是人类理性自我批判时的否定和反省。丛林狼性是自然社会先天的产物，人类不平等不像卢梭所说是以文明起源和私有制产生为根据的，而是首先从自然关系中产生的，只不过在动物社会中没有善恶价值产生，一切自然而然，而在文明社会中表现为私有制的现实而已，是人类理性幼稚从而在现实中自然本能在支配而已。人类走出动物界是在社会历史文化意义而不是自然生命物种意义上的，在于人不再是自然社会形式生存，在于人的社会和自然社会有了本质的区别。人的理性自觉地认识人类社会的意义在于超越兽性中发展人的理性，而不是论证人是自然之狼。文明史的本质就是文明本身，文明作为人的元价值不是纯粹主观选择，善是以真为基础且两者是统一的，以恶为元价值的文化社会是没有未来的，理性为本质的人不应以兽性为据为荣。

世界统一性原理把人类社会理解为以普遍理性精神文化为本质的无限历史过程，人在后天文化选择生存方式意义上超越了自然选择生存的纯粹动物界，成为自己创造自己历史的主客体相统一、自然和文化相统一的存在。后天经验中的文化构建决定了文明人是以社会为基本单位、以历史为时间尺度的社会历史性存在，每个文明人就是社会、历史、人类的具体现实存在，不能沦为构成社会有机体的细胞或原子而失去自由的主体性本质。不是人类的个人只能是禽兽，认为其他文明人是纯粹动物其实在先地把自己只当禽兽。人是无限主体性为本质的主客体具体现实性存在，决定了人的文化社会只有超越自然暴力去实现社会分工合作才能适应从自然史向社会历史的发展。人类走出自然就创造了文明史，善和恶由之产生。社会历史发展本质上是人的文明进步，人的进步是离丛林法则支配的动物世界渐行渐远。人的本质越自觉发展，人的现实世界离野蛮就越远。面向文明是社会历史的本质意义，人的理性世界是以文明为元价值的意义世界。偷吃了智慧之果的亚当和夏娃已永别了伊甸园，现实是在对原罪即先天兽性的超越中构建文明史，文明人再没资格按自然选择方式生存，只有面向文明才有未来。在企业文化把人类导向技术社会的全球化时代，人类如果仍执于丛林竞争方式不回头，把外在于人的资本奉为主义，根本就走不出现实的人类生存危机。人类面对的危机现实上是能源、资源、环境危机，本质上是文化危机，可持续发展的本质意义是人类文明史的可持续发展。文化社会只有以文明为历史轴心才有世界历史时代的现实统一，文明史在理性自觉中才有未来。

人类对思维的理性认识也没有超过柏拉图理念论的抽象精神统一性水准。柏拉图理念论建立了人类主体文化世界普遍意义统一性的基本框架，人对世界理性认识从客体统一性进展的主体统一性，是人类理性自觉返回自身、理性认识理性的历史性飞跃，是对人的本质理性认识的历史和逻辑一致的起点。但两千年后的今天人类还把自己本质理解为动物，人仍生存于丛林法则造就的刀光剑影中，其文化根源在于人类精神文化统一性还停留在柏拉图的水准，没从认识论进展到价值论，就只有客体认识统一性，没有主体认识统一性，没有本体论、认识论、价值论的统一就没有进展到文化和自然统一性的主客体具体理性存在之自觉水准，造就了畸形的科学理性，客观真理竟成了最高价值，人类文化所漠视的就是文化的自由本身，就是人的现实文化生存的无限创造性本身。两千多年西方哲学史把精神和文化、知识和真理、知性和理性、科学和哲学搅成一团乱麻，诞下了科学理性的怪胎。真理成为主体统一世界的元价值是人不明白自己何以异于禽兽的认识根源。人类竟然固执于相对真理、具体真理、全体真理这种矛盾概念中。没有抽象因果普遍关系何来真理认识？真理必然性关系判断陈述何以相对？相对又何以证真伪？无法证真伪有真理之意义吗？唯心论把真理判断的抽象认识对象有限相对性当作真理本性本身，把真理是普遍抽象因果关系必然性规律这本质丢掉了。只有在抽象认识对象限定下才有普遍因果关系，才有绝对客观规律，但这却被转换为必然性真理是相对的，岂不知相对的客观普遍性是伪客观性。真理的全体是统一性智慧，是人类自觉理性，是哲学，绝不会有全体的真理这种真理知识。人类当今连科学和哲学都分不清了，科学的哲学就是科学理性，就是东偏西、北偏南这类无意义陈述，西方唯心论哲学史至今仍充斥着这类无意义命题。休谟命题无法回答的原因在于它无意义；唯理论和经验论之争是哲学版的金银盾。建立意义陈述普遍性的形式知识一定是演绎的，形式和内容相统一的事实世界的普遍关系一定是归纳的，演绎提供普遍性保证，归纳建立客观性关系。关于形式的知识演绎足矣，关于客体的知识则一定是演绎和归纳相统一的，但在真理客观性本质意义上完全可以说一切关于具体存在的知识都是从经验中归纳而来的。康德是西方精神统一性认识的圣哲，但批判哲学没带来西方哲学哥白尼革命式的改变，因为它也是知识和真理同一而不是统一的，把的是知识的脉，开的却是真理的方子。空间、时间先验形式构建的是知识的普遍性，根本没进入知识客观性之门！人类理性精神是感性、知性、理性相统一的；意识和知识是统一的；知识和真理是统一的；科学和哲学是统一的，科学是抽象的，哲学是抽象的具体，是人类对世界包括自身的具体理解。人类文化是本体论、认识论、价值论的统一，具有普遍精神文化本质的人一定是理性具体存在，哲学则使人成为自觉理性存在。不要嘲笑和抛弃哲学，不要作践自己的本质即理性，不要纵容先天而来的兽性。

以解释世界为己任的理性哲学的神圣性，在于它解释世界的同时就是在本质上改变世界。哲学作为自然、社会和人类思维的统一，统一于人的具体存在，元哲学是人生哲学，是人具体理性的自觉理解，是人生存的智慧。哲学对世界具体理性智慧理解最起码要达到元哲学本身的统一性自觉，但两千多年哲学史连元哲学是什么还摸不着头脑。除了人的生存还能有什么智慧呢！即使得到自然、社会、人类思维这三个层面的理性觉悟，但三者还没有统一于人的文化生存现实而回归理性具体的个人存在的话，认识你自己的哲学的结构就还没完成其生成。人类理性的最根本问题在于它幼稚而没成型，即抽象理性没有返回具体理性，没回归社会历史现实，没回复到文明个人的具体存在。自然哲学限于自然，没达到无限，不能是元哲学。以柏拉图理念论为框架的西方唯心论哲学限于抽象普遍性，也没达到无限的具体，也不能是元哲学。客体唯物论和主体辩证法的统一是元哲学的必要条件，只在客体意义上把唯物论和唯心论当成对立的知识判断就没进入本质思考，更没进展到理性自觉水准。客体和主体、唯物论和唯心论不统一就进不了元哲学之门，本体论、认识论要进展并统一于价值论才完成元哲学结构构建。

西方哲学界认为在精神统一性认识意义上无法超越柏拉图，这合事实却不应该，由西方文化主导的人类理性没发育成型。以柏拉图理念论为源头的西方唯心论哲学只是执于精神文化和理性认识的普遍抽象形式，只完成了精神统一性的前半部分，没觉悟到文化选择生存是人的存在本身，其本质根据是人据以选择的统一元价值本身。抽象普遍精神文化是从人的现实文化生存中抽象而来的，它只有在人的文化生存中才有意义。执于抽象理性既丢了来源，又不知道如何回归具体，一讲具体就还原为感性具体，理性没进展到理性具体就不是不成熟，而是没文化成型。和人现实生存选择无关的精神文化不是纯粹抽象，不是纯形式，其实不是文化。人类理性幼稚在于把文化只当抽象，把哲学局限于纯形式。社会历史中的现实个人总是在后天构建普遍人类精神文化本质于自己具体灵魂过程中创造着自己理性存在的，人类精神文化在理性灵魂构建中回归具体，现实的人就是具体理性存在，本质上就异于感性存在的禽兽。无须回归具体灵魂的普遍精神是上帝的，不是人的精神。有精神无灵魂的人类理性何等幼稚天真，幼稚到个相、共相的意义和统一性关系都丢掉了。人的认识是抽象的，又是本质的，在主客体具体统一性存在意义上，人是存在和认识的统一，无理性认识的文明人只是抽象，理性认识是人之为人的存在论根据，人的认识就是人的存在本身。理性本质的文明人在自由和必然相统一的文化选择中创造自己的历史，在历史创造中改变了世界。改造世界的本质意义就是改造你自己，认识你自己。人异于禽兽在于人要知道自己是谁，从哪来，到哪去，这就是自觉理性存在的充足理由。哲学爱智慧，是智慧，离开人生谈何智慧！最普遍的元哲学除了人生哲学还能有更普遍的意义吗？两千多年西方哲学史为什么没能回归人的哲学？因为没达到对自身理性具体认识，止步于感性具体，以感性认识为本质之人就是文明史前史的蒙昧人、野蛮人！

中国玄学是超越了纯粹形式的世界统一性理解，它的道、天、地、人是多样性世界统一理论体系，在形式上它才是不可超越的，但在内容和形式相统一的现实意义上却又是过于空洞抽象的。玄之又玄如果只是更抽象，玄学就失去了意义。我们没有把玄和道由抽象回归现实世界，无法达到老子的水准。玄学理论结构是成型的，但玄悬于抽象又使之依然是幼稚的。玄学之玄如果不是现实世界最普遍具体存在，只是神秘的同义语，则玄学就不是什么智慧，其实一文不值。如果玄学不与时俱进，本质上就不是哲学，我们就无颜见老子。构建形而上学和当代经验知识相统一的当代玄学是历史赋予我们的责任。

世界统一性原理把文明人理解为能量、质量、生命、文化理性相统一的最普遍意义存在，认识世界归根到底是认识你自己，认识你自己的理性具体；你的具体理性存在统一了最普遍的世界意义，文化和自然统一性的主客体存在才通达无限的具体。世界最普遍的统一性在每一个人的具体生存中成为现实，人作为理性具体存在不必去抱怨社会现实，而是理性地面对现实生存，赋予自身生存以价值和意义。如果不自觉到你的所作所为就是社会行为，把社会、历史当成外在于你的存在时，你就只把自己当成自然之狼或抽象上帝，还和自觉理性绝缘。止于感性，人无自由之意义，只有和必然相对立的抽象自由；理性才赋予人自由，理性自觉才达到自由和必然相统一的水准。囿于感性具体的个人主义是丑陋的利己主义，是野兽主义；理性的个人是具有普遍社会历史本质的具体理性存在，理性自觉的个人主义是以集体主义、社会主义为基础的。在这种理性具体的个人主义自觉中人的理性才回归现实具体，才理性地认识你自己，才彻底通达人的目的就在人本身的觉悟，进展到圣人无私故成其私的智慧境界。人应从理性去认识你自己，就是要自觉自己的理性，在自觉理性中生存。读者从本书中不只是了解知识或观点，而是得到对自身存在的理性感悟，通达感性、知性、理性相统一的具体理解时，就是真正有所收获了。最普遍的世界统一性就是理性具体，每个文明人都包含了世界统一性的全部意义。

认识你自己的意义就是认识人的具体理性，世界统一性原理的根本意义是自觉理性启蒙。

前　言

本书是著者二十多年与熵共舞、十几年辛勤劳作的结果。三易其稿，仍觉差强人意。孤身挣扎二十余载只觉江郎才尽，只能当引玉之砖把拙作献给读者了。朋友询问这是什么书，我也觉得很难讲清楚，是哲学但又和传统哲学很不同，既形而上又形而下；有物理学也有生物学，但又算不上科学著作。讲不清楚也必须尽可能交代所谓世界统一性原理的意义所指，给出人们成为读者的最起码理由。首先在此将本书思考起点到成型的基本过程、内容和意义向读者做扼要的交代。

一

1989年底，我按余少波导师要求潜心研读了当时流行的两本畅销书——《熵：一种新的世界观》和《从混沌到有序》，为研究生毕业论文选题。我当时形成的基本认识确实超越了传统理论，从热力学熵原理和进化论、质量和能量相统一去理解的世界真的很完美。质能二元分裂的宇宙观对热力学理论特别是熵原理的物理意义解释不只是片面和有局限性的，根本上是颠倒是非的。热力学的熵原理是科学真理，人类希望克服熵不可逆增长的法则是做白日梦；把科学有限相对性真理认识无限制地推广到整个宇宙的绝对描述既不合逻辑更违背常识和经验的现实，熵魔在人心中，不在现实世界中。从克劳修斯的热力学第二定律到开尔文的熵是时间之矢的抽象归纳，回归物理世界意义解释时断言宇宙在不可逆熵增中向热平衡无序演化，和进化论断言生命世界从简单到复杂有序进化相矛盾。熵原理和进化论的矛盾其实是幻象，它们本质上是协调统一的。普里戈金用远离平衡态的自组织理论解释从混沌中产生有序性的内在机制，并试图解释有序生命产生时，从远离平衡态开放系统理论看，有序性生命和熵原理是协调的，有序系统结构产生和演化是以耗散环境负熵为代价的。熵原理和生命进化的协调性是必然的，否则只能有一被证伪，薛定谔把生命理解为负熵也就没什么意义，不会对生命科学产生如此重大而深刻的影响。事实上，熵原理和生命进化论的对象是两个层次的，它们之间只有统一关系，并无对立的矛盾关系。宇宙基于绝对熵增而走向无序之理解的真正矛盾不在科学真理之间，而是对宇宙的解释是自相矛盾的，更是违反现实经验的。人类现行理论一方面认为负熵和序是正相关的，一方面又认为宇宙万物结构演化和生命复杂性进化是从无序到有序的过程。科学理论协调，但科学对现实世界的解释矛盾，不是科学认识有问题，是科学知识的物理意义解释有问题，根本上是我们对世界的本性理解有问题。以太阳为例，它的负熵比地球高，来自太阳的能源赋予地球生命存在和进化的负熵，但明明白白的事实是地球的物质结构演化更有序。按照宇宙大爆炸理论，早期炽热宇宙熵最小，但明明白白的事实是宇宙不可逆熵增过程同时就是物质结构复杂性演化即从混沌到有序到更有序的进程，从有序到无序不可逆演化的宇宙不会有我们这种复杂有序性存在痛苦地被宇宙热寂问题折磨。我们一定在那里搞颠倒了。

对熵原理物理意义的解释本质上是更普遍的质量和能量的统一性关系问题。把物质作为绝对存在，又把能量守恒作为绝对法则是误读熵原理物理意义的根本原因。两个绝对无绝对，无绝对一元论。热力学的基础即热力学第一定律本质上是普遍的能量守恒定律，熵定律是能量运动定律。迄今为止，我们坚信能量守恒是最普遍的定律，不因任何特定条件而改变，物质客体的能量运动由绝对的守恒定律及熵原理支配，物质客体存在再被理解为绝对存在就不合一元论的逻辑了。传统唯物论是质能二元论，物质客体存在和它的运动状态是无相关性的，唯此物质不灭和能量守恒才是最普遍的定律。按照已经发现的质能等效关系，能量守恒是绝对的；质量守恒是相对性的特定规律，只是能量守恒定律的特定形式。现实具体之物是能量、质量、信息三位一体的统一性存在，在一元论意义上，存在者和它状态相统一的能量才是最普遍的元存在，质能统一于能，质量统一于量。基于此，能量一元论的基本框架在我题为“存在和熵”的毕业论文提纲中产生，其核心在于揭示从泰勒斯开始的西方哲学本体论从实体存在者为根据建立自然统一性理论在事实和逻辑上都是不完备的。问题并不在于元存在是哪一种具体物质客体，而是统一宇宙本性的一元存在在逻辑上一定不是纯粹客体性存在，存在者和演化相统一的存在才是一元论宇宙自然界的本性，和物质不可分割又绝对外在于物质的运动推动是不能由物质存在本身提供充分根据的。西方哲学破土而出时在逻辑上就是不完备的，把世界万物的本原存在规定为不生不灭的物质客体存在是以朴素的感性具体认识为根据的，是存在和运动绝对分立的二元论宇宙观。本原和非本原客体的本质区别在于能否再还原分解，不可再还原却不能等效于不生不灭，否则在逻辑上一定是存在和演化二元论的，绝对物质观和能量绝对守恒是熵垒即宇宙不可逆向热寂演化的认识根源。本原存在客体不可再分解但却能生生灭灭，只有在客体和状态统一性存在条件下，宇宙一元论在逻辑上才是可能的，能量一元论的宇宙观才达到完备的一元论水准，才能合理地解释在熵增中有序演化的自然界。可惜，尽管对破解熵垒困局胸有成竹，但在当时为毕业和生存计，否定物质一元论实在离经叛道，“存在和熵”胎死腹中。

自此，熵就成为缠扰我后半生的幽灵。毕业工作两年后，在清远山区公差时和该市山区办小徐一起侃大山，我第一次向外人谈起能量一元论构想。意料之外的是一个农学院的毕业生不但能理解其基本意思，而且对解决熵问题也极抱热情，劝我尽早完成著述，以免落人之后。我当时轻描淡写地说，这个工作我不做，二十年之后同样还是没人去做。二十几年过去了，果然不出所料。从玻尔兹曼到普里戈金，破解熵垒的努力最后总是以证实熵垒告终，在绝对物质和能量守恒两张皮上去建立一元论是不可能的。于是，“存在和熵”死灰复燃，谋生之余我断断续续写下一些片段，二十世纪末完成初稿时却有词不达意之感：热力学第二定律和熵原理并不决定宇宙不可逆热寂只是宇宙完美性的必要条件，不是充足理由。更深层认识根源在于人类文化中形而上学和经验科学不统一，终究是科学理性惹的事。科学理性即智慧、知识不分不只虚构了熵垒，而是产生了一大堆似是而非的假问题。实践检验真理是非常基本的命题，可连真理都讲不清又何以讲清真理的检验呢！至今物种规定性是生物学最无法统一的概念，那为何人类要死心塌地去认猴作父呢！物理学的熵回归具体世界是哲学理性思维，不是抽象科学本身，把哲学形而上学和经验科学统一起来才能从根本上终结熵垒幽灵。于是，以经验科学和在其之上的形而上学的统一为根本目标，以能量理论为主线，以能量守恒和熵原理为核心，在《存在的逻辑：本原、结构和意义》的更普遍框架下，我重起炉灶，从认识形式、能量本原、物质结构、生命结构、文化意义结构五个层次开始对存在做更普遍的统一性思考，并循序渐进，整理成文。虽然粗陋，但毕竟自圆其说，能量一元论总算成型。

重大的转折在2008年。张尚仁老师送的新作《新译　新编　新解　道德经》，把我引向中国玄学的更普遍统一世界。我在“文革”中读中小学，恢复高考后在大学学的是工科，读哲学研究生时方向是辩证唯物主义和历史唯物主义原理，钟爱的是德国抽象思辨传统哲学，尤以康德和海德格尔、尼采为最，偏对中国哲学不知皮毛。跟随张尚仁老师进入玄学道、天、地、人统一性世界，为自然无为世界之自洽、自足和圆满而震撼。两千多年前成文的《道德经》虽然是朴素的，但又是圆满的，即它是关于现实世界的，是形而上学和人的生存经验相统一的。玄学是人类历史上第一个完整的世界统一性理论体系，它的自我圆满意义甚至超越当代西方哲学。西方哲学形而上学是在物理学之上的，是纯粹认识的，本质上是关于认识形式的；玄学才是关于主客体相统一的现实世界的，主客体相统一的玄学在理论形态上肯定超越了抽象真理为最高对象的西方哲学。西方哲学以自然哲学为起点，但在自然意义上从来就没达到一元论水准，以有去统一的自然界只能包括在以无为本原的无、有、物统一性存在之中。西方哲学的生命力在于它的成长性，但两千多年哲学史它也只是半拉子工程，其最大的局限性在于从自然统一性进展到主体统一性时，主体意义世界统一性缺乏上善若水的境界，不是扬弃而是抛弃、否定、取代自然哲学，唯心论和唯物论永远的对立和相互否定决定了不断成长的西方哲学不可能超越有限性，达不到主客体统一性水准，超越不了柏拉图理念论的另一种理解是两千多年不断发展的西方哲学终究还是烂尾楼。从柏拉图到黑格尔，以真理为最高目标的唯心论哲学把真理整得越来越糊涂，局限于主体世界，没有主体和客体、知和行的统一，如何能回答认识客观性问题呢？如果真理只在抽象主体世界中就是圆满自足的，真理就可以和幻想甚至精神错乱等价了。玄学理论是老子一人一次成型的理论体系，道、天、地、人的统一是主客体相统一，本体论、认识论、价值论相统一的，它的内容应不断具体丰富，但它的道、天、地、人统一性结构从诞生起就是无可超越的，道才是真正的无限。朴素玄学发展的意义在于，不断具体丰富的经验内容，不只是先验的统一性形式结构。美妙精彩的是，玄学形而上之道和形而下之器的统一世界和《存在的逻辑：本原、结构和意义》的理论体系在结构上是无缝对接的，两者结合将得出形而上和形而下相统一的世界统一性理论体系，达到最普遍的世界统一性理解。以道论、无论、天论、地论、人论五论构成的世界统一性原理一波三折终于成型。亚里士多德说吾爱吾师，更爱真理。当把本著献给读者时，我对之略加改动献给诸位：吾爱真理，更爱智慧，最爱吾师。你对师者的意义理解达到什么境界，对人异于禽兽的理性本质的感悟大体上也在什么境界。为什么我们生下来没有像猴子般世代采摘野果生存？师曰，至圣在哪里？在先师之中。

以一己之力归纳最普遍的世界统一性理论体系，再来几个回合恐怕也难尽如人意。可人生苦短，能有几个二十年！回校拜见张尚仁老师时，他说，理论和学问是永远不会完美的，这可谓一言中的。认识无限本质上决定了它不可能圆满，否则人类历史就终结了。学问的意义在于承前启后，在于把人类引向更普遍、更崇高的意义世界。知识和智慧是属于人类的，只有成为人类普遍认识才成就本身。因此，略经整理，一部不成熟的《世界统一性原理》二十年怀胎，就此一朝分娩了。这只丑小鸭能否成长为天鹅不在我愿或你情，只能由历史去检验。著者在此能向读者保证的只有一点：本书所追求的目的是纯粹学问，追求的是经得起历史长河大浪淘沙。《世界统一性原理》立说至少自觉要求能说服自己。近代科学革命使人类进入现实的世界历史时代，柏拉图和亚里士多德时代那种追求纯粹知识的环境已不复存在，连纯粹客观的自然科学也带上了阶层、团体、功利的烙印。知识的积累、普及是人类文明发展的优越条件，但越来越紧密的现实关系在各个层面限制和削弱人追求未知的自由思维。人不能离开现实生存，但人必须在理想世界中现实生存，纯粹现实功利生存的人就退化为丛林之狼。理想和现实的统一水平就是一个社会、一个人类历史时代文明所达到的现实程度。近代科学革命带来全球化市场以及商品交换机制构建的全人类分工合作的历史意义有目共睹，但功利追求带给人类的分裂、人本质的异化、人自由精神的缺失也是不容忽视的。自由的思想和独立的人格在当代人类社会是珍稀的，像维特根斯坦那样，为完成逻辑哲学去乡村当小学教师、当花匠的理想主义者屈指可数。著者虽有追求学问的自由理想，但绝无维特根斯坦那种无畏精神，只是进入二十一世纪之初的改制下岗失业大潮中无可奈何地重择生存之路后，没有能力去融入商业丛林竞争，反倒得到了自由思考的更大空间，终于在思维中让熵由幽灵还其天使的本来面目。二十几年对熵认识蜕变的历程源于纯粹的求知，它和职称无关，与待遇无关，与功利无关，与人民币无关，也与欧元美元卢布无关，是纯粹独立自由思维的历练和升华。独立的思考者同样以他的已有知识、价值观为基础，是自由的思维赋予了走向认识新境界的可能并使之成为现实，自由创造就是不断超越自我的永恒过程。世界最普遍的统一性理论一定是自由的产物，至于本书是否建立起世界统一性原理基本架构，见仁见智，留待历史长河大浪淘沙，但它是独立、自由思维而来这一点是可保证的。

二

《世界统一性原理》的精髓在于统一性思维，根本目的是由科学理性导向具体理性。人异于禽兽的本质是理性，理性的现实性是人的文化选择性生存，它使人由感性具体进展为理性具体，人认识自己的根本意义就是通达理性具体以智慧地生存。感性具体认识是自然生命进化的最高成果，是一切具有意识的生命包括原始人生存选择的根据，只有感性认识的人类本质上还只是禽兽。感性认识支配的生存方式是由物种先天遗传规定性支配的，每个具体个体都从零开始建立具体认识，在物种意义看其生存方式是周而复始的，物种先天规定性的制约使只有感性的具体意识是有限认识，没进展到无限的意义世界。人类创造了文字，在感性具体认识基础上进展到普遍抽象知识认识，成为理性为本质的存在，从而走出了自然选择支配的自然界。以客体符号为载体的普遍意义在创造和传承相统一中成为一个永恒发展的无限意义世界，以普遍知识和理性智慧去实现生存选择的文明人的生存方式就是不断创造中的无限发展过程，由此构建了面向无限未来的人类统一文明史。基于对文化生存的感悟，人把自己理解为理性本质的存在，认识人自己就是认识人的理性，并把理性理解为具体理性，回归每个文明人的具体去理解统一性世界的无限意义。在具体理性意义中，无为的宇宙是统一完美有序自足的多样性存在；人是在自由和必然相统一的文化选择中创造自己历史的理性具体存在；最普遍的世界是能量、物质、生命、文化相统一的世界，现实具体的每一个文明人都是最高的统一性存在。古希腊德尔菲神庙的神谕“认识你自己”的现代诠释就是参透世界统一性，认识我们自己的圆满意义就是必须有根据地理解我们是什么，从哪里来，到哪里去，我们在宇宙中的位置在哪里，我们的价值和意义是什么。当对这些得到绝对统一性理解时，你就通达了自觉理性的圆满境界。

人类告别自然界的标志是进入文化生存从而跨入文明史门槛，由先天自然遗传支配、世代周而复始的生存方式进入由后天文化支配的文化选择生存方式，成为不断改善现实生存方式的历史性存在，由之构成了不断发展的社会历史过程。约两千五百年前，不同地域的地球文明不约而同进入轴心期即创立了哲学文化，进入了建立精神文化统一性的发展阶段，进入文化认识文化、理性思考理性的水准。这种理性的自觉是人类走向统一社会历史文化的第一步，轴心期建立的精神文化统一理论作为人类生存基础理论在根本意义上支配着人类社会历史过程。人类进步是和文化发展文明进步不可分割的，客观普遍有效的科学真理知识的产生、不断积累、普及和应用起着本质的作用，西方文化在科学上贡献了人类宝贵的共同财富，但把科学真理作为最高追求又是人类发展的现实局限性，科学理性时代同时也是人普遍丧失其本质的时代。科学理性不是科学，是不自觉的形而上学，是由因果决定链去理解具体的抽象机械论思维，它渗透在现代人类文化的方方面面。

科学理性思维把知识统一性还原为因果关系，把现实具体还原为普遍抽象，糊涂到连必然性普遍抽象判断和具体现实都无法区分，最高境界也就抽象理性，根本谈不上具体理性。知识和真理是普遍抽象因果关系判断，它是用先验普遍形式对感性具体认识做抽象归纳，把多样性现象归纳为由普遍关系支配的简约、有序、普适的一般关系，其现实意义在于人以之为根据回归特定边界和初始条件的具体文化生存选择中。科学是知性不是理性，是非此即彼的确定性判断，其现实意义包括在亦此亦彼的具体文化选择现实中。人的文化生存是理性具体的，知性只是人类感性、知性、理性相统一的具体理性的一个构成环节，本质作用是把感性具体导向知性普遍抽象，它和具体选择性的边界、初始条件相统一才扬弃了抽象而进展到理性具体。理性人类基于普遍知识去选择进入社会历史文化生存的方式而走出了纯粹自然界，没有抽象知性就没有人类理性，但仅抽象知性也不是理性，离开理性具体知性抽象也失去意义，故人类理性是从感性具体到知性普遍抽象再到理性具体不可分割的。执于科学知性为理性就是执于抽象性和片面性，把现实的文化选择本质上当成必然性支配的，根本无法理解人的现实文化选择性生存的自由和创造本质。科学理性把对现实世界的具体理解退化为抽象的非此即彼对错判断，其影响最为重大的是唯物论和唯心论的二元对立且永不统一。唯物论是关于自然存在统一本性的理解，无论本原存在和自然本性得出何种认识和理解，但唯物论的存在始终是本体论即限于自然范畴的。始于巴门尼德，由柏拉图建立，在亚里士多德的第一哲学中成型的唯心论是关于主体意义世界即人类普遍认识的统一性理解，巴门尼德称之为女神指引的认识真理的道路；柏拉图的理念是抽象普遍性的共相；亚里士多德存在四因说是包括自然哲学的质料因以及形式因、运动因、目的因的统一性认识，是关于存在的根据即存在的抽象本质的，是本质存在论，唯心论实质是认识论。本质存在论从客体存在进展到包括质料意义于其中的主体意义世界时，此存在非彼存在。唯物论的存在是最普遍的具体存在即本原存在和由之构成的多样性具体之物的统一，是元中求元；唯心论的存在是抽象认识从个别到一般到最普遍的抽象概念的普遍性，是多元归元。此元非彼元，一个是具体，一个是抽象，唯物论、唯心论就不是对同一对象的不同理解，理解它们的关系怎么能限于非此即彼的抽象判断呢？在万物本原知识判断意义上，唯心论是被证伪了的，但这不是唯物论为真的根据，自然本原为何物是科学和哲学尚未解决的命题。既然唯心论在本原知识意义被证伪，为什么它不被彻底抛弃反而在哲学史上不断发展并成为主流呢？只能说它不是关于本原的知识或基于本原知识的自然统一性理解，唯物论和唯心论所指的存在本质上不同又是统一的，从本体论的唯物论进展到本质认识论的唯心论是人类理性认识从客体世界统一性进展到主体认识的统一性，是人类进入自觉理性的标志。事实上，唯心论产生之后的西方哲学主流是围绕本质认识统一性展开的，真理即知识客观性是它的核心，但唯心论和唯物论水火不容的论争也没完没了地持续至今。为什么历代圣哲只为存在争论而对本体存在和本质存在的统一视而不见呢？只能解释为西方科学理性文化还没有摆脱有限因果关系判断的机械论思维模式，把唯物论、唯心论只当成抽象知识判断命题，自命爱智慧是叶公好龙。科学因果认识的作用是重大的，但用因果判断去陈述统一性命题是不可理喻的。最极端的事情就发生在二十世纪著名的哲学家维特根斯坦的理论中，他在逻辑哲学论著中说这是非常有用的理论，理论的结论是要抛弃一切形而上学，一切形而上学都是无用的。可他明知最有用的逻辑哲学论本身就是无用的一切形而上学理论之一，面对二律背反，他告诉读者，只能把他的逻辑哲学理论当作爬墙的梯子，爬上了墙就应把无用的梯子扔掉。弃之如敝屣，智慧变成破鞋了！

科学理性把科学知性因果知识和理性统一性智慧同一，其消极作用是取消了多样性的统一，首先取消了构成统一的有序的、不同层次的多样性。机械论的特点就是用孤立、片面的观点去看世界，只见一点，不见其余。可经验感知之物的存在是能量、质量、信息三位一体的具体存在，机械论者只看见物的质量，由自身感觉去为物之存在提供根据，显然是片面性的。机械论不是科学和自然哲学即唯物论的产物，是唯心论局限性造就的，是唯心论发展史中生成的，西方机械唯物论是其唯心论的现实存在形态，把机械论归因于机械力学或唯物论是弱智的。对物质世界统一性认识的机械论不是科学知识本身，是关于认识的思维方式，其本质是认识论意义的。西方机械论思维合逻辑的只能是西方唯心论的产物，岂有由自然认识本身去为思维方式担责之理？归咎于科学即牛顿物理学更是莫须有了！西方唯心论对认识统一性苦苦求索两千余年，主要围绕真理即认识客观性展开，但至今还没有理清人类认识从个别到一般到普遍的统一性概念体系，真理是什么还是一本糊涂账。信息、意义、思维、精神、意识、认识、知识、真理、理性这些主体意义世界构成的多层次基本概念不是统一的，而是经常可以相互置换的。经验论和唯理论毫无意义之争在休谟的彻底经验论中走到极端，统一的无限主体意义世界还原到动物有限感觉水准的心理联想和习惯，这是人类对自身理性的信任危机。康德建立批判哲学去解决经验论和唯理论之争，用先验综合统觉去解释人类认识本身，其意义是重大的，他被尊为近代圣哲是当之无愧的。但批判哲学并没有达到为真理客观普遍有效性提供充足理由的目标，最基本的原因之一是西方文化始终还没有把知识和真理、意义普遍性和客观性做统一性理解，而是将其同一，张冠李戴就见惯不怪了。《纯粹理性批判》把的是知识的脉，开的却是真理的药方，它要给出真理客观普遍有效性的根据，但时间、空间先验形式只能为知识普遍性提供根据，与知识客观性根据并无关联，遵循先验形式去建立判断只是真理认识的必要而非充分条件，无怪乎康德谨慎地表述为真理认识是可能的。症结在于由客观普遍有效性去思考真理认识时，批判哲学并没有建立起客观性和普遍性的统一关系，反而把客观普遍性不证自明地作为独立元概念，由先验形式建立的认识普遍性去为认识的普遍客观性提供可能，忽略了客观知识一定是普遍的，普遍认识却未必是客观的。认识普遍性和客观性的统一性关系在认识成果意义上就是知识和真理的统一性关系，即普遍意义的判断是知识，达到客观性的知识才叫真理。真理的充分根据是客观性，不能只由先验时空普遍形式去提供充足理由。康德用“是可能的”去陈述的根本原因在于批判哲学讨论的是知识的根据、真理的前提，并没有通达真理的根据本身。如此智慧的康德没有明白这一点，两百余年来哲学家们特别是专攻康德批判哲学的一批大哲学家们也没明白这一点，最深刻的认识根源是唯心论的本质认识论还没有达到自觉的理性统一性思维境界。

黑格尔是哲学史上把柏拉图理念论发展到极致的大师，他的逻辑辩证法本质上是治疗机械论的特效药。但从理性意义看，他的理念辩证法其实还没有彻底扬弃机械论，还带有浓厚的机械论色彩，科学理性登上人类当代文化顶峰黑格尔功不可没。黑格尔哲学诞生地和奥秘是《精神现象学》，他把精神现象划分为八个阶段或形态时是从统一性意义去思考的，但局限于发生学即现象层次，没有达到本质意义的统一性。由于人类中心论的影响，人类一直局限于人本身去思考精神现象，因而无法解释人的精神现象从哪里来，更无法理解自然意识和精神文化的统一，达不到具体理性。精神现象的最基本形态是自然意识，这是进化出脑思维器官的一切高级动物的共有现象，人来自自然的理由在于人的精神意识源于自然进化。自然精神的本质是个体具体意识，又称为感性认识；精神现象的高级形态是文化意识，指人发明了文字符号工具后建立的具有普遍抽象意义的认识。人超越纯粹自然存在的根据在于人的普遍意义认识超越自然认识，本质上不再是自然的而是文化的，人的文化选择性生存方式不是先天遗传机制决定的，而是后天经验中创造并不断发展的。人类精神文化的最基本形态是普遍知识，它的更高级形态是真理。真理是普遍客观有效的知识，通达了绝对普遍性，因而是放之四海而皆准的知识。知识的本质是普遍性，真理的本质是客观性，任一真理认识都是客观性和普遍性相统一的。但真理还不是人的完整的本质，因为一切知识都是抽象的，还没有把抽象意义和人的现实生存统一起来，也没有把抽象意义世界统一起来。人的文化世界本质上是理性的。理性不是知识，而是智慧，即从感性具体进展到知性普遍后再从抽象返回具体现实的文化选择生存中的智慧。它不是抽象有限的特定关系判断，而是以知识为基础、为对象的。依靠知识解决具体问题是理性把抽象导回具体实现的，它包括相互联系又有区别的两个方面：一是从具体个体认识中抽象归纳出来的知识的协调统一性，理性提供一切抽象认识成为人类可普遍理解意义陈述的先验形式，是内容和形式相统一的一切知识的前提。柏拉图理念论哲学的划时代意义就是把人类理性导向认识普遍形式的统一性思考，是在形而上学意义上的抽象理性，在这一意义上理性哲学是人类文化之根基。二是抽象普遍知识返回具体现实世界问题。理性也是抽象认识，但它不是从具体到抽象，而是从抽象导向具体，解决如何由抽象知识为基础去全面、合理地理解具体世界，据此人类文化选择生存才成为现实。人类文化本质是理性的，文化选择生存是现实具体的，文化统一于理性，唯此理解才能参透人是理性动物和物质文化这些命题的意义，理性返回具体即形而上和经验相统一使人成为理性的具体存在。从本质上看，精神文化是个体自然认识和普遍文化认识相统一的，抽象认识是知识和真理相统一的，普遍文化是知识和智慧、知性和理性相统一的，知和行是统一的。这才是意识、知识、真理、理性不同形态精神现象以及文化现象统一性的合理理解。

黑格尔对精神现象缺乏本质统一性理解的局限性同样体现在他的逻辑辩证法中。《逻辑学》是柏拉图唯心理念论哲学两千年发展的高峰，是人类思维认识形式在历史和逻辑相一致意义上的统一性概括。辩证法是以真理为对象的，是从认识形式统一性去揭示人类理性认识从一般到普遍到绝对的运动发展过程的，它的最深刻意义在于扬弃知性认识的片面性和抽象性，把元结构形态的抽象知识理解为辩证生成的体系，把抽象有限认识和具体无限理性意义统一起来。但由于缺乏精神本质统一性理解，黑格尔的真理观又是很有问题的，他把真理统一性智慧也作为真理认识本身，把科学真理知识当作相对真理，把知识统一性当作绝对真理，把真理理解为无限、具体、全体的，无数相对真理的总和是绝对真理。这种把以真理为对象的理性认识本身也当成真理的误用后果是严重的，人们没有意识到，相对真理没有达到客观普遍有效性，不是真理；绝对真理的无限性决定了它只在人类认识现实的彼岸。事实上每一个真理知识都是独立的因果判断关系的元结构，不同真理知识之间没有因果必然关系，而是统一性关系。全体真理说本质上把现实世界理解为无穷因果链构成的恢恢天网，和拉普拉斯的科学决定论异曲同工，并成为科学理性观的理论基础，是机械论的最高形式。当今人类把科学当理性，把哲学当科学，混淆了客观性和统一性、知识和智慧的区别，黑格尔的全体真理论起了最主要的作用。蝴蝶效应论像流感一样流行，表明人类对这种机械论思维的荒谬全然不知。按照这种思维，北大西洋飓风的原因不只是一只蝴蝶翅膀摆动，而是可以包含飓风之前宇宙中一切事件的，那还有什么因果关系呢？用蝴蝶效应解释飓风原因是愚弄文明人的智商。用抽象因果链去解释现实，把真理当智慧，把科学当理性，把哲学和辩证法当科学，是人类文化的现实，即人类没有通达自觉理性统一性的圆满境界，文化深层基础依然是机械论的。

科学理性思维使人类理性止于抽象理性，理性哲学止步于抽象形而上学，晦涩难懂。当今人们根本不明白形而上学在物理学之上就是以物理学为基础，包括物理学即和物理学相统一的道理，离开经验知识就没所谓形而上学之意义。和现实无关的精神连精神错乱的资格都没有，西方哲学两千多年如一日困在形而上学普遍性中争论真理客观性是在竹篮打水，从经验中归纳的普遍抽象知识不回归现实经验何来对错！比如亚里士多德的生命灵魂统一理论，由于和经验中灵魂不死认识建立不起关联，多精辟且完美也只被理解为神秘活力论，没几个人把它当回事。最致命之处在于文化止步于精神文化，人的普遍文化本质没进展到理性的具体，不觉悟到抽象精神文化是从经验世界人的现实文化生存中抽象而来的，理性回归现实才完成完整的构建，才有精神文化的普遍意义。人对自身的认识从客体进展到主体再进展到主客体具体统一的三个阶段中，西方哲学只达到第二阶段，而且主体统一性认识还没破题，唯心论执于真理只追求为自然统一性认识提供根据，还没有进展到人类文化选择生存的主体自由本质的普遍统一性根据的思考，认识论没进展到价值论就无法理解人自由选择的文化生存统一性本身，故此人类理性就还幼稚。人类理性大厦不是不够精美或辉煌，而是结构构建还没完成，现实中就无法超越柏拉图和亚里士多德的水准。抽象精神没返回理性具体，人的现实就不是自觉理性地生存，而是永远活在心和物的矛盾认识中。讲文化、理性只局限于抽象认识，有精神无灵魂，精神自为抽象实体才成为具体；讲现实具体就只是感性的具体，只是把他人当作感性具体存在，不只把他人当成禽兽，首先已把自身当禽兽。经历几千年文明史，人类还是无法超越强权就是真理的自然社会水准，这才是西方唯心论局限性的现实意义。

统一性思维的最基本要求就是把人类理性理解为感性、知性、理性在现实中不可分割的具体理性，理解哲学智慧的现实性就在于人的一切文化生存行为中，感性、知性、理性是从人的文化选择生存现实中普遍抽象出来的，三者在现实中是绝对统一的，所谓矛盾、对立只存在于不成熟的人类抽象认识中，人把人当成狼人在现实中也绝对不是狼。第一，感性认识是自然进化产生的基本认识，其认识机制是由物种规定性决定并由DNA代代不变地传递下去的，是所有具有大脑器官的自然生命的共同属性。感性认识是具体认识，以具体自然为认识对象，故又叫自然认识。第二，知性认识是在感性认识基础上由个别具体认识上升为普遍抽象认识产生的，源于感性而超越感性。知性认识不以具体客体为认识对象，而是从大脑形成的感性认识中通过从个别到一般的思维抽象建立起来的。从具体到普遍抽象的认识机制不是感官提供的，也不是脑中固有的，而是每一个具体认识主体在后天生存中通过文化学习或创造而来的，是依靠后天社会历史文化为机制去传承并不断创造发展的，故是不能依赖物种遗传机制世代传递的。因此，具有普遍抽象认识的文明人基于非自然的知性普遍认识为根据走出了自然界，依靠文化超越了进化，成为异于禽兽的存在。第三，从个别到一般的普遍抽象即共相概念的本质意义在于普遍抽象因果关系的建立，并进而达到普遍必然性因果关系的归纳，把多样性现象统一在简洁、普适的普遍意义陈述和理解中。人类抽象知性科学对感性万物世界的最普遍抽象认识对象是质点和力，以之为对象建立起物质世界运动变化的一般规律，得到对自然统一、有序而普适的理解。第四，人是理性动物的充足理由，首先在于普遍抽象知性知识是由理性为机制构建起来的，知性和理性在现实上是无法分割的，普遍认识之为普遍的根据是由理性统一性的先验普遍形式提供的。没有无形式的知识内容陈述，普遍知识是从感性经验中归纳而来的，为经验归纳提供普遍性根据的形式就只能是先于经验归纳的，关于形式统一性的认识就是形而上学的。西方哲学两千多年发展史的主流是围绕认识普遍形式统一性展开的，是知识论、真理论而不是纯粹知识和真理探索本身。第五，多样性丰富知识是在统一性知识体系中的知识。每一个独立的知识本身是由有限抽象普遍因果关系的确定性判断来陈述的，不同的知识之间没有因果关系，但不同元知识构建的确定性判断之间必须是满足矛盾律的，即人类知识体系必须是统一性的。康德把这种建立知性抽象知识统一性的能力称为理性认识能力。现实地看，我们只有唯一一个自然界，对自然事物的普遍抽象判断一定是非此即彼才构成确定性判断的，相互矛盾的判断则无确定性之意义了，故知识体系形而上地就是服从统一性法则的，和现有知识体系相矛盾的知识一定被逐出知识殿堂。最后，人类的一切认识归结为人具体生存的现实性命题，上述关于认识的归纳都是从人的具体文化选择生存现实实践中抽象出来的，即抽象知识和理性只有回归具体现实才获得意义，理性的具体意义是感性、知性、理性相统一的，它最终统一于人的文化选择生存中。知性普遍认识回归具体为人的现实生存选择提供根据时，具体不再是多样变幻的现象，而是由普遍必然性支配的现实，包括知性普遍性的具体是理性的具体，人的文化生存选择就本质上超越了自然选择，超越感性具体的文明人就是现实的理性具体存在。因此，统一性思维的本质就是在感性、知性、理性相统一的境界去认识我们自己，不能用抽象去否定具体，用科学去代替理性哲学，更不能用具体否定抽象，一讲具体就还原为感性具体。具体和抽象相统一，非此即彼的确定性判断和多样性具体边界、初始条件相统一，不同角度多个确定性判断的统一，才是人类现实文化选择生存本身，唯此才能理性地认识你的具体存在，才是人生的智慧。有人既把抽象真理当最高信仰，又鄙视非此即彼，真是不可理喻；有人执于抽象理性，只知理性不是执于非此即彼的确定性判断，只知智慧没有对错，根本不懂得智慧包括对错判断，不懂得非此即彼的统一就是亦此亦彼。

三

理性哲学的源头是古希腊哲学，其科学理性局限性的源头也要溯源到古希腊哲学。理性哲学自自然哲学始，自古希腊米利都圣哲泰勒斯关于世界万物的本原是水的本原学说始。当今人类对本原之物是什么的科学认识还没有最终答案，但已经达到夸克水准，和古希腊的水、火、土、气等各种本原猜测相比有了飞跃发展，但是，在自然统一性的本体论意义上，人类并没有超越泰勒斯，还是从最普遍的具体存在之物去追寻本原，理解自然的统一本性。由夸克或“皇帝子”去理解自然统一性和由水、火、原子等去解释自然的根据无本质区别，都是同一的物质一元论。无论本原是什么，但一定是和泰勒斯所说的水本性相同之物始终是不证自明的前提，而这恰恰是泰勒斯本原论的局限性所在。把本原局限于不生不灭的实体存在者，它的状态和其存在无关，无论如何是得不出自洽自足的宇宙一元论的。西方自然哲学创立伊始就是二元论的，物质一元论永远摆脱不了第一推动的困扰，离开运动变化的根本原因是不会有自圆其说的宇宙本体论的。西方文化在基础上就是二元论的，科学和上帝可以和谐共存，科学家完全有理由认为上帝只负责创造世界的第一推动，随后不再干预，让宇宙按自然必然性规律运动、演化。

柏拉图创立理念论哲学标志着西方哲学从物向心的进展，由客体世界统一性的本体存在论向主体认识的意义世界转换，由对自然的认识向对认识的认识转换。理念论的现实意义在于由人类普遍认识形式的统一性为人类文化提供基础，人类理性以自身理性为对象，进入自觉理性境界，理性哲学基本框架至此开始生成。在人类精神统一性即主体意义世界统一性认识意义上，有思想家认为人类对之的认识至今还没有超越柏拉图的水准，从另一种意义去理解，则可以认为人类对自身统一性认识局限性的源头只能在柏拉图理念论哲学中。本质存在论发展到今天成长为科学理性怪物，二十世纪一大批有影响的形而上学哲学家不遗余力去否定一切形而上学之乱象，在柏拉图理念论哲学中确实有其认识根源。理念论的本质是普遍意义认识即共相的形式统一性，这是普遍性文化知识成为现实的前提。理念论是从主体意义世界认识形式统一性去理解人类知识普遍性之根据的，和客体世界认识客观性无直接相关性，但柏拉图又称之为真理认识的道路，唯心论哲学一直沿真理认识道路前行至今。康德也循着柏拉图开辟之路，用普遍性为真理提供根据；黑格尔的精神现象学和理性辩证法的巅峰是绝对真理，把真理统一性当作全体真理。真理是科学认识，哲学是理性认识，认识全体真理的哲学就是当代的科学理性。真理的抽象科学因果决定关系本性埋下了以真理为最高目标的一切唯心认识论由无穷因果链去机械地解释世界的种子，本质论哲学创立之始就准备成为一切形而上学的掘墓人。机械论是思维和认识的方式，是主体意义世界即“心”的范畴，其根源只能在唯心论之中。但唯心论却身在机械论中不识机械论真面目，将其局限性归因于近代科学和自然哲学的唯物主义，这才是彻底的机械论思维。机械唯物论不只是关于物质世界统一性的理论，更是用抽象因果关系链去理解物质世界统一性的认识方式，不能只当作科学因果认识或自然统一性理解本身。黑格尔的逻辑辩证法是理念论巅峰，他就是机械论大师，辩证法的全体真理说是科学理性的总根源，相对真理向绝对真理自在自为地辩证发展，同时又被理解为多样性知识在因果关系链条中由有限向无限的发展过程。

柏拉图理念论导向理性的自觉反思，人类精神统一性认识没有超越柏拉图水准意味着人类自觉理性并未自圆其说，从具体到抽象而缺省了由抽象到具体的哲学只是人类理性大厦的半拉子工程，理性哲学的最高统一性还没建立起来，不是不完美而是不完备。为什么马克思说历来的哲学只是解释世界而问题在于改变世界呢？世界统一性原理坚持哲学解释世界就是改变世界本身时，这在感性和知性水准来看却是胡说八道。马克思说历来的哲学就是指哲学史传统的旧哲学，只解释世界的深刻意义在于理性哲学在本质存在论阶段还只停留在主体意义抽象世界，还没有返回具体，还没有通达主客体相统一的最高阶段。自觉理性没觉悟到解释世界就是改变世界本身时，理性对理性的认识就没完成，就只是自觉解释世界不自觉改造世界的旧哲学，是否定本体论的抽象认识论。本质存在论以真理统一性或客观性为目标，它还只是观的，不是体的，还没进展到主体、客体之体，更不要奢望进展到主客体相统一的自觉水准了。旧哲学注重观而忽略了体，注重主客观统一而忽略主客体的统一，但逻辑上人文化和自然统一性的主客体无限具体才是最高的统一性，理性在主客体无限意义统一性中才达到具体理性水准。以主客观相统一为使命的哲学只是把自身当成世界解释，以文化和自然、主体和客体统一性理解为使命的哲学应觉悟到解释世界同时就是改变世界本身。主客体相统一之体不能理解为只是自然本体论之体，而是包含普遍统一本质、本体和本质相统一之体，最普遍之体就是我们具体现实的存在本身。唯心论哲学没有返回具体的最大局限性是停留于抽象的存在形式而否定现实具体之人的最高统一性意义。人类认识我们自己不能停留在自然生命统一性，不能把人本质上理解为禽兽，也不能停留在主客观相统一的抽象认识中，不能由外在于现实之人的独立抽象形式去支配人。抽象形式成为实体时，无论其是上帝还是资本、社会、历史精神实体，本质上都是人的文化异化，是人类理性异化。人必须通达对自身作为文化和自然、主体和客体相统一的现实、具体存在的理解，这就是最高的世界统一性原理，是自觉理性应该追求的境界。这样，人才有充足的理由成为异于禽兽的存在。马克思的经济学说和共产主义理论不是旧哲学，也不是哲学统一性理论体系，但其学说的哲学基础既唯物又辩证进展到了本体论和认识论相统一水准，显然超越了历来的哲学，一百多年它改造世界的现实是毋庸置疑的。

以文艺复兴为起点，以科学革命和工业革命为现实的约七百年近代史已经把五千多年的人类文明史导向现实上全人类分工合作共存的统一性社会历史进程，但人类对这一现实的统一文明史的认识离理性自觉还有很大距离，还没达到理性自觉的人类世界就依然是背离了文明史本质的异化社会，是人对人是狼的弱肉强食自然选择法则支配现实生存选择的反文明、反理性社会。现实中人和社会的分裂、人类文化和自然的分裂导向人类生存危机的最深刻根源在于人类文化不统一、不成熟的生存基础理论。进入理性文明史的人类是按自己的文化去选择现实生存的，不再是由自然必然性法则或外在的上帝支配的，哲学作为人类文化基础的现实意义就是人类生存的理论基础，它的境界决定了人类社会生存现实的统一性水准。把人类导向全球化共存的西方资本主义文化的生存基础理论是古希腊泰勒斯、苏格拉底、柏拉图这些圣哲建立的，人类哲学到今天还没超越柏拉图水准是人类现实生存出现重大危机的原因，对之必须有清醒、具体、现实的认识。第一，柏拉图建立了理念论从而把哲学从自然导向文化、由物导向心，开始了西方哲学理性认识理性的自觉进程。必须看到，在起点阶段的理念论还不是以人类理性统一性为对象的，而是以其中的普遍知识认识形式统一性为对象的，它指向人类精神文化的普遍性而非客观性，以抽象形式为对象从而独立于感性具体世界。但是，当柏拉图基于理念论断言感性世界不是存在也不是非存在时，当后柏拉图的唯心论哲学家们都局限于柏拉图哲学去理解人类理性时，就把感性和知性、理性彻底割裂开来了，因而始终无法回归具体进展到具体理性，局限于抽象理性。唯物论和唯心论两千多年的对立和斗争不只是思维中的冲突，而是具体现实地展开在人类曲折而缺乏理性自觉的文明史进程中，终而把人类导向重大的生存危机。第二，以柏拉图理念论为绝对的西方文化自绝于感性具体世界，臆造了一个虚幻的“精神实体”概念，实际上是用普遍性否定具体现实性，成为形式至上的基础理论。在人之外无所不在而支配每一个人的上帝、社会、资本，都是柏拉图绝对理念的外化形式，资本主义的深层理论基础就是理念论。用普遍形式否定具体内容的社会历史合逻辑的是个人自由和价值缺失的物化发展史。第三，柏拉图理念论以形式统一性为对象，却又越界而断言形式世界是永恒真理世界，把形式等同于内容和形式相统一的知识本身，把知识普遍性等同于真理的绝对性，把抽象认识等同于本体论意义的现实具体存在。后柏拉图西方唯心论以真理为绝对，但主要是围绕知识普遍性展开的，很少在实质上进展到主客观统一性的真理论领域。以普遍性为客观性，以真理为理性的绝对，西方文化就永远陷在真、善、美的冲突中，或把人的理性世界还原为必然性支配的物化世界，或把人当成在自然之外支配、战胜自然的抽象上帝。以科学理性自居的西方文化就是以机械决定论为思维模式的文化，资本主义社会中人的物化、异化、人类中心论、人的自由和必然的冲突是无可克服的。

柏拉图理念论把哲学导入理性统一性而不是完成了主体统一性认识构建。理念论建立的是认识形式的普遍统一性，由此开始的唯心论围绕认识客观普遍性展开，并且主要是关于认识普遍性的知识论，关于主客观统一性的真理论并没多少建树。究其原因是理念论的认识对象是形而上学认识形式本身，而柏拉图用形式否定内容，用抽象否定具体，把感性认识当成既存在又不存在，执于纯形式存在而否定具体存在就进展不到主客体具体存在水准，不可能为认识客观性提供充足理由，更不可能把本体论、认识论、价值论统一起来，主体世界统一性思考就没完成。以柏拉图为极顶的西方哲学还没回归苏格拉底的至善，缺失了价值论就没完成人的主体意义世界的统一性构建，以真为最高价值而漠视善和美的真理文化把世界历史导向资本为主义的物化世界是合逻辑的。

四

至此，读者不要认为上面是在对历代圣哲说三道四，是笔者狂妄自大。有这种想法在于还没有进入理性统一性思维。人是文化和自然、主体和客体相统一的无限社会历史性存在，人类已步入现实的人类历史时代，我们站在历代圣哲肩膀上才能自豪地宣称人是万物之灵。在人类文化发展和文明进步青史上留下贡献的先哲们的精神永远融在人类文化中，与人类历史共存。他们之所以流芳千古是因为人类社会历史是统一而不可分割的，推动历史文化发展和文明进步的圣哲们总是承先启后而成为无限文化意义世界活的灵魂。从理性无限意义上，认识是达不到绝对完美的，圣哲之为圣哲不在于达到完美而终结人类发展进步的历史性本质，而在于在文明历史长河大浪淘沙中永远随历史长河奔腾向前，这就是历史检验，是历史有丰碑、有耻辱柱的意义。把圣哲当成至高无上、不可冒犯之神的朴素感情，只停留在由自然等级社会延续而来的人格神即暴力的崇拜中而已。对先哲的真正理性的崇敬表现在两个方面：一是不要把他们的一切认识当作金科玉律，不能肯定一切也不能否定一切，而要理解其对文化文明发展进步贡献了什么，它对人类历史的意义是什么，我们传承的精华和灵魂是什么；二是把先哲们当作发展进步的阶梯，继承中的发展才是对他们事业的发扬光大，才对得起先哲，也唯此才成就了圣哲之为圣哲的现实意义。执于知性思维者觉得指出传统理论局限性是纯粹的否定，理性的思维则认为这是在肯定其历史的意义和现实的价值。肯定中的否定是扬弃和发展，是超越了动物感性具体思维的文明人的自觉理性。几千年文明史曾经有多少著作和理论在文明天空恍如流星再无踪影！又有多少理论能在历史长河中奔腾至今，令我们仍在苦思它们的局限性！这些才是经受了历史检验的精华。理性的使命不是将之当古董珍藏，而是反复从中汲取智慧和力量，追求历史进步的更高境界，使先哲的精华永存于文明史中，成为人类精神活生生的现实灵魂。思考传统理论局限性的意义就在于此，而不要将之理解为反面教员。《世界统一性原理》不是对迄今为止的一切理性理论的否定，而是在传统智慧沃土上长出的一棵新苗。如果它能随历史长河奔向前方，也只是人类通向更高文明的垫脚石而已。

《世界统一性原理》用老子抱一式的旧瓶装现代知识的新酒，对世界理解之新简单概括为如下三个方面：

一是用中国玄学理论的无、有、物统一宇宙扬弃西方自然哲学唯物论，用能量一元论超越物质一元论，把宇宙自然理解为能量为本性、引力能量子为本原客体的自洽自足的绝对存在。

从中国玄学无、有、物统一性自然观看，西方自然哲学自始至今仍只局限于物的统一性水准。泰勒斯世界万物存在的本原是以万物之物为起点的，是从感性具体中推断而来的。二千多年人类对宇宙的认识不断进步，但西方文化依然由物为基点去理解自然，爱因斯坦就坦言宇宙是一个大物质世界。由感性万物出发去理解自然统一性是由人类认识本性所决定的，但仅限于感性去理解自然本性却一定是不成立的，否则就不需要理性和智慧了。由物为本性和本原的形而上学设定去理解的自然在逻辑上看就达不到一元统一水准，本原客体不可还原分解且不生不灭就外在于其运动演化的推动本身，唯物论最高水准是质和能、存在和演化二元论水准，这是用质点动力学统一了物质世界运动描述的牛顿把如此完美宇宙归结为只能是上帝杰作的根本原因。其实，对宇宙理解最难的不是感性之物，是光的本性，是我们定义为没有任何物存在的真空。真空里面不是真的什么都没有，而是有太多的奥秘在考验着人类的智慧。唯物论放弃对之思考而执于感性之物本身，殊不知仅限于物不但宇宙大爆炸的背景辐射讲不清楚，阳光如何来到地球也讲不清楚，甚至在否定超距作用后连物的相互作用及运动变化根据也搞不清楚。老子用无、有、物相统一的玄学理论赋予自然自洽自足的存在，但老子后人不知道无、玄和道为何物，把无和玄理解为无质无量无具体本性的纯粹思维中的抽象，其实对宇宙真空的本性依然一无所知，天下对玄和无莫能知就意味着人类对宇宙统一性无知。世界统一性原理从自然统一性开始，从无、玄和道的自然本性为起点，从而超越了把玄限于心的传统认识，使道法自然的玄学成为以自然为基础的主客体统一性理论。老子的玄和无不是空，是无物之物，其为无物的原因在于它无形和质的规定性，因而无法由感官把握和感知，其为物在于它是可以存在于真空中且由具体之量为规定性的独立、具体存在。形而上为道而异于可感知之器不能仅限于思维中的抽象去理解，玄学不是逻辑学和理念论，是关于具体现实世界的统一性理论，道统一一切故是本体论、认识论、价值论相统一的绝对概念，形而上学之道首先必须从自然具体存在去理解，现实具体的道就是玄，就是无，形而上之玄和无不是空无一物之空，而是无感性之形，是在感性形之上之外的具体存在。玄学的宇宙是有无统一的现实世界，现实世界是在永恒有无相伴相生中按必然性法则运动的统一世界，不是由感性之物和虚空构成的杂碎。感性之物的存在和运动只有在有无相生中才能得到具体理解，由质能统一性去理解的物质客体是能量、质量、信息三个层次相统一的存在，由客体和运动相统一的能量作为世界万物的本性才有合逻辑的一元论宇宙，在普遍、绝对、永恒的有无相生中才能理解多样多变的感性现实宇宙是完美有序的世界。企望由感性具体去理解自然统一性是二律背反的，物质本性本原说的缺陷不只是经验证伪，首先是不合逻辑，人类两千多年如一日过于执着物质本性本原说的局限性不只在于真理性和合理性考量，在于人类执于感性具体，没达到理性具体，不生不灭之本原客体的第一推动力是无法由它自身去说明的。在无、有、物相统一的玄学自足自然理论中，无是无质无形有量的能量子客体，有是物质结构底层的一、二、三这些基本实体粒子，三生万物即质子、中子、电子复杂性结构演化而成的原子、分子层次以上的多样性、相对性之物。质能相当，有无相生，自然界质量不守恒，能量守恒，依逻辑只能断言有生于无，质量的本性是能量，物体的状态改变也是能量交换，多样性自然存在及演化性本能量，自然是能量一元论的完美存在。多样性能量统一于本原能量子客体；由于质统一于能，物理学的电磁力、核力依赖于质量，不依赖于质量的引力能量子才是在最根本意义生出有之无，才是宇宙的本原客体存在。本原能量子是不可再分解还原的量子化客体，但不是不生不灭的，而是在有无相生中生生灭灭的，由此才有可理解的多样化统一自然。不生不灭的是能量，能量子、质量、状态能是严格按能量守恒定律相互转化的，故自然本性是能量，且宇宙的总能量是绝对不变的。由于能量子是绝对运动的，能量一元论的宇宙是自足、自洽的，宇宙是自己存在的充足理由和运动变化的根本原因，能量一元论的宇宙不再需要宇宙之外的上帝提供任何根据，自然自在的就是完美的。由物质一元论到能量一元论是自然哲学合逻辑的进展，不要幼稚地理解为用唯能论否定唯物论，能量为本性的最普遍自然界是包含统一万物的物质世界于其中的。两千多年的唯物论不能仅用真伪去判断，应由是否最普遍因而是自足的自然存在去思考。物质世界是统一的，但不是绝对独立自足的，由质点统一起来的物质世界离开力是无法理解的，由此才能理解牛顿质点动力学的划历史意义。从质能统一性观点看，物质一元论是二元论，能量一元论才是自然一元论，由能量出发才能理解相对论和量子理论的本质意义。

二是从能量一元论出发，对《道德经》的地法天、天法道、道法自然得出和科学、经验相统一的具体理解。无生有、有生万物的多样性自然是由能量守恒和最小能量原理支配下自然而然运动变化的完美世界，最小能量原理是包括最小自由能、最低能级原理于其中的最普遍能量运动规律，它就是人类一百多年来谈之色变的熵原理，它才是物质世界一生二、二生三、三生万物多样性有序演化的必然性法则。从能量理解熵原理就能把动力学和热力学、可逆性和不可逆性完美地统一起来，熵原理就是决定物质结构从简单到复杂有序演化的天使，不是支配宇宙在绝对熵增中趋于热寂的幽灵。

人类主流文化至今仍局限于认识论的纯粹抽象本性去理解道、无、玄，把玄学当唯心论甚至宗教信仰，执于物为本性看自然。在知识爆炸、科学繁荣的当代，人类其实往往是以能量为本性去统一多样性自然又没自觉而已，最简单的例子是地球的海平面之“平”是能量范畴的概念，是引力场的等位面。从物的范畴看只有“海球面”，水往低处流之低是低能级而不是相对空间性之低，能级才是低之为低的充足理由。由能量看世界而没自觉到自然能量本性，这和不懂消化原理却同样在消化同理，这就达不到自然的一元统一性具体的理解，唯物论是无法完备解释宇宙的。把物质不灭、能量守恒、熵不可逆增大作为三个支配宇宙存在和演化的最高定律是不完备甚至不符合逻辑的，三者必定是统一的。牛顿设定的抽象质点把一切有质量的物体统一起来，质点动力学建立了物质世界的抽象统一性，其现实意义不是揭示物的本质而是支配物运动变化的根本原因，自然统一性的客观性根据不是质点，是力。质点是抽象形而上学设定，质点运动的动力学才是自然的客观性根据，据此就可断言能量守恒才是自然最普遍本质，质量守恒只是能量守恒的特定形式，物质不灭定律只是相对性的。熵原理是支配物质客体相互作用的能量定律，能量守恒是宇宙的绝对本性，熵原理揭示了物体之间在能量守恒法则支配下的能量转移的必然性规律，是物质结构一生二、二生三、三生万物从简单向复杂有序演化的支配法则，由此决定了物是不同层次多样性统一的相对性存在，物质多样性世界是由熵原理支配的完美统一世界。把熵不可逆增大理解为导向宇宙热寂是不对的，把它和热力学第二定律等效是不合逻辑的。热运动是绝对不可逆的，熵在卡诺循环中显然是可逆的，这才是克劳修斯建立熵函数去解释热机热功转换工作循环的目的和意义，这表明了熵原理并不只是热力学第二定律的另一种表述形式。熵原理是能量运动规律，热力学第二定律是物质宏观无规统计系统的特定关系，宏观系统热不可逆运动的本质是最小自由能定律在支配，系统热平衡熵最大即自由能为零。在有规物质结构比如在原子结构中，最小自由能定律表现为最低能级原理，电子趋向最低能级的本质意义就是向减小系统自由能方向运动，在原子系统结构自由能为零时终止演化从而形成稳定有序结构。在更普遍意义上，一切相对性物质系统都是按最小能量原理演化的，每一个物体都在向对之而言的低能级运动，由此产生了诸如太阳系、银河系这种不同层次的有序物质系统结构。所以，最小能级和最小自由能原理都是最小能量原理的特定形式，这就是支配物质世界有序演化的熵原理的普遍意义。宇宙不是封闭物质系统，熵原理不是导向宇宙热平衡，而是支配物质世界结构复杂有序性演化。由熵原理统一了的物质世界演化是自然、完美而有序的，多样多层次之物统一于熵原理的意义就是老子所归纳的“高以下为基”。

物质结构演化的绝对性杰作是生物的产生和进化。生物是特定结构之物，又是达到绝对性结构的最复杂有序之物，统一了自然的最普遍意义。老子所说的地法天、天法道、道法自然概括了自然统一性，而从统一物质世界理解天，从统一生命世界理解地才能理解读老子这一归纳的意义。生物是物之结构演化的极限，每一生物都是不可替代的个体性绝对存在。生物成为绝对性结构存在的根据在于它不仅由相对空间性结构决定，而且是时空统一性结构存在，空间之相对物体结构只是生命的潜在，生和死相统一的时间性结构才使生命成为现实，时间形而上学的连续不可逆性决定了生物是时间性为本质的绝对存在。绝对具体生命个体都是物质、能量为具体现实基础的时空统一性具体结构，都包含了自然统一性的全部意义。因此，能量原理即熵原理同样是支配生命运动的最普遍原理，这就是薛定谔在《生命是什么》中从负熵去理解生命从而把生命科学导向革命性变革的原因。

三是由文明作为最普遍的元价值去统一人类社会历史，由精神文化为本质赋予人异于禽兽的充足理由，由文化理性去理解人自由创造性的根据，由文化选择性生存把文明人和自然生存的原始人从根本上区别开来。由此去理解文化理性的具体现实性，把每一个文明人理解为文化和自然、主体和客体相统一的理性具体存在，赋予每一个文明人以世界统一性的最普遍意义。人是以社会为基本生存单位、以理性精神文化为本质的历史统一性存在，人和社会、历史、文化不可分割，人的文化生存是自由和必然相统一的历史创造，人类社会历史的最高价值意义是把每一个人导向本质充分发展亦即自觉理性达到理性的绝对境界，这就是人人都是神的永恒而绝对的理性大同世界。

人异于自然禽兽的充足理由在于人主体性的精神文化本质，其现实性是人的理性文化选择性生存超越了动物世代循环的自然选择性生存，认识人的本质就要自觉人的主体性的无限自由创造性，由客体统一性为基础，主体统一性为本质去理解人的主客体统一性具体存在。西方哲学史上把对世界认识导向主体世界的是圣哲苏格拉底，但他的德性和至善还没达到最普遍的绝对，把主体世界认识导向绝对水准的是他的学生柏拉图。但柏拉图的绝对还只是抽象理念，没回到至善的具体，西方哲学难以望柏拉图项背止步于认识论，没进展到主体统一性的价值论就没回归苏格拉底提出的至善命题，哲学理论构建就没发育成型。世界统一性原理超越柏拉图的抽象本质存在论，由主客观统一进展到主客体统一，把自觉理性由抽象导向具体，让理性回归具体现实的人即每一个个人自身，赋予普遍抽象的形式诸如社会、历史、文化以现实意义，为人是万物之灵提供充足的理由。

人是万物之一又是万物之灵，认识你自己最终要认识人成为万物之灵的根据和本质是什么。精神、意识、社会是自然生命世界进化的抽象形式，不能由它们去理解人的本质，而是要由人和动物的精神、意识、社会的区别和统一去理解人的理性本质和理性具体，否则永远无法摆脱人只是感性动物存在的片面理解。以柏拉图为源头的西方文化关于主体意义世界的认识还没有回归客体自然本身，自然就只是感性具体的，具体主体的人是在自然之外统治自然的，当回到人的具体时则又将还原为感性的具体，总是企图用人是特定的动物去论证人的本质，用人是万物之一去为人是万物之灵提供根据，这正是共存的人类中心论和宿命论的思想根源。这一局限性导致的不只是人类的盲目自大，而首先割裂了人的文化和自然的统一，忘记了人首先是自然，无法理解人从哪里来，总是要由上帝去为人的存在提供理由。人和自然割裂的最致命后果是人本质上就还只是动物存在，由自然的普遍形式去支配。对人的理解或者停留在抽象形式中，或者回到具体就还原到自然中，根本没有达到文化和自然、主体和客体统一的理性具体存在之人的理解。达尔文进化论是认识生命世界统一性的卓越理论，但生物进化论合逻辑的结论只能是人是万物之一。说人是万物之灵是就人本质上区别于动物而言的，即人来自动物又在本质上超越了动物。凡是由生物学去解释人的本质的理论都张冠李戴，人作为生物物种进化产生和文明人的产生是两个完全不同的命题。万物之灵的人是柏拉图理念论哲学思考中主体意义世界为本质的文明人，不过柏拉图停留在主体抽象世界中，没有进展到主客体相统一的人的具体存在，人类自觉理性哲学在本质存在论中还没有最终完成。唯心论哲学自身甚至还没有建立起主体意义世界统一性，在精神、认识、真理、理性间飘浮无定，否定自然和文化，感性、知性及理性的统一是达不到具体理性的根本原因。

从世界统一性原理的观点看，主客体具体之人统一了世界的最普遍意义，它超越有限客体在于其后天自由创造的无限主体性本质，其现实性就是多元归元地统一人类社会历史，就是理性，就是文化，道、天、地、人的抱一式世界就是人化的无限意义世界。主体无限世界的产生本质上是抽象普遍意义世界的产生，是由自然感性意识进展到感性、知性、理性相统一的普遍意义认识的产生。知性普遍抽象把自然个体认识综合为普遍知识，理性为知性认识的普遍性提供抽象综合的形式，又把抽象普遍知识导回具体现实的世界，感性、知性、理性相统一的人类普遍意识的本质是理性。理性精神是人和动物自然精神的本质区别，理性文化就是人之为人的充足理由。人是理性动物是统一性命题，指人的具体存在以自然生命为基础，以理性为本质。精神现象中具有理性普遍本质的意识叫文化，它是和自然相对应的概念，人就是以精神文化为本质的存在，人就是凭借理性文化而走出了自然界。人类抽象本质在自由创造性的文化选择生存中返回现实，文化获得了具体现实性意义，人的意义世界进展到人化的统一世界，柏拉图的抽象精神世界的意义、它有意义的根据在人类社会历史现实中。文化使人的社会和自然社会有了本质的区别。自然社会是以种群为基本单位，在世代延续中周而复始的，其生存方式是由生命遗传本质先天地决定了的，是自然的。进入文化为本质的人类社会，生存方式是由后天文化认识支配的，是在文化发展中不可逆地运动演变着的，是超越了自然的。人的自然生命存在尽管仍然由先天自然遗传支配，但人实现生命运动的现实生存本质上是后天文化支配的。文化支配的生存不是必然性现象，而是基于文化选择性的现实，文化选择生存的人本质上就是自由的主体性存在。主体意义世界的现实意义是文化选择，从抽象返回现实去理性解释世界就是改变世界，最根本改变的是现实生存的主客体统一的人这一理性具体存在。文化选择的自由是以对世界必然性普遍规律的统一性认识为根据的，人的文化选择是自由和必然相统一的。人后天文化选择生存的本质使人的文化社会和自然社会有了本质的区别。物种是自然生命的基本认识单位，动物社会是物种的群体结构，是自然生成的。进入文化生存后，决定人的本质的普遍文化知识是以社会为基本形式去创造、传递和发展的，社会就成为文化选择生存的基本单位，文化社会就成为历史连续性的人类统一性生存形式，人就成为以文化为本质、以社会为基本生存单位的历史性存在。从抽象主体意义世界返回具体就是返回人类社会历史文化不可逆演变过程，就是在过去、现实和未来的统一历史中理解文化选择生存的自由创造本质，理解我们的存在、价值和意义。

主体意义世界的无限统一性是人类统一于无限意义的文明史的本质和根据，据此才能理解人的主体自由创造本质乃至人类历史长河为何不可逆奔腾向前。真理文化只能解释必然性，为客体统一性提供根据；善和美才能解释基于自由选择的主体性，为主体统一性提供理由。善统一于美才有主体世界多样性自由选择的统一，真、善、美的统一才是人现实文化选择生存的完整意义，主体世界统一于人类文化的理想和信仰，多样性价值选择归元于普世价值即终极价值，它就是文化世界的本质，就是文明，由此才有文明史可理解的现实意义。文明不是东西，也不仅是事实判断和陈述，是理性社会衡量自身一切文化选择行为的最普遍的价值尺度，即只有文明的才是人类理性的，这就是人和物、人和兽的本质区别。文明的本质是至善不是恶，人类五千年文明史有无数恶行，有社会达尔文主义，进入现实世界历史时代是资本成为主义，当今人们仍自然而然用丛林法则支配文化选择生存，这只表明人类对自身本质缺乏自觉，人类理性还极其幼稚。主导人类主流文化的最高价值是真理，不是至善，不是理性的自觉，只有认识论无价值论的真理文化造就的只能是有文化无文明自觉的现实之人，文明史就成了每个人对一切人的战争，人成了有文化的匪徒。真、善、美统一于美即人类文明的最高理想，理想世界是每一个现实之人都是理想之人，这是理性具体之为具体的根据。物的世界是有限的，理想世界才是无限的，缺乏文明自觉的文明史是幼稚的。在进入现实世界历史的时代，我们如果不当资本主义的掘墓人，那就将是文明史的掘墓人了。

五

从柏拉图理念论发展到今天的科学理性观的最糟糕后果是有限知性取代了无限的统一理性，当代人普遍敌视形而上学，其实就是敌视理性。二十世纪那些知名哲学泰斗都宣称要拒斥一切形而上学，还有什么理由埋怨人们普遍憎恶哲学呢！人类崇拜知性憎恶理性使人忘记了自身存在的本质，退化到感性具体的动物世界认知自身，这是功利主义、庸俗实用主义的理论基础，是人类理性幼稚的现实。人凭自觉认识自己才成为现实的文明人，人对自己本质认识达到什么境界人的存在就达到什么境界，这是人作为文化和自然、主体和客体相统一的存在所决定的。进入知识社会时代，大多数人都接受了较高程度的教育，具备思考自觉理性的基础，应该把自身的理性提高到更高境界，而不是成为更有知识的匪徒。人只有在更高的自觉理性水准上，才能赋予自己生存更高的价值和意义。和形而下经验相统一的理性形而上学其实离我们并不遥远，用世界统一性原理的语言来陈述：人生就哲学，哲学就是人生。这是期望读者能在繁杂浮躁的现实之境中潜下心来参悟人的统一性存在的最强理由。

人生就是哲学似乎很难理解。哲学不是玄而又玄，离现实最遥远因而是可有可无的奢侈品吗？传统上对哲学是这样理解的，并无大错，但很片面，很肤浅。哲学是理性的自觉，文明人是理性本质的具体存在，哲学的使命是自觉人的理性本质，在认识自己的理性本质中，在由形而上学抽象精神文化回归现实生存中，自主自觉地超越自然动物界。文明人的所作所为，除了那些本能反应外，都是文化行为，都是理性统一性的文化选择的现实。人的本质是理性，而不是通达了哲学理性认识的人才是理性本质之人，文明人一定是理性本质的存在，只不过理性的水准不同而已。人类是从理性本质这一最普遍价值标准去认识并约束自身从而超越纯粹禽兽的。人们用超然的目光，欣赏动物丛林世界自然之美，但绝不会以与禽兽为伍感到光荣。理性的人如果只停留在动物水准，那不是回归自然之美，而是禽兽不如了。因此，哲学不只在课堂和书本上，真正哲学奥秘是文明人的理性生存。在哲学理论体系还没诞生前，人类创造文字步入文明后的漫长历史阶段中，人就已经是理性的存在。人自觉到自己理性本质和人是否具有理性本质是两回事，动物不懂得消化的机理不代表它不能消化。理性具体存在是文明史中人的宿命，具有自由文化选择生存方式的文明人唯独在这一点上是无可选择的，文化选择的理性之人始终是在理性地实现自己生存的。如果认同哲学是自觉理性，人生是智慧，则理性哲学就不能是纯粹形而上学，人的现实生存是智慧，人生哲学就是最普遍意义的元哲学。离开人生无智慧。

哲学本质存在论的诞生标志着人类理性开始自觉返回人的理性本质自身，开始了自觉认识我们自己之旅，踏上理性自觉理性之路。哲学理论是最普遍的统一性概括，所谓最普遍就是人的具体存在的最普遍意义概括，是人的自然的能量、物质、生命的统一性概括，是人的主体意义世界的感性、知性、理性的统一性概括，是文明人知和行的统一，是具有理性本质的具体现实之人创造社会历史文化发展文明进步进程的统一性概括，它来自人生，回归人生。人之所以是理性的具体是因为它是主客体统一性的，是认识和存在统一性的，理性认识是感性、知性、理性统一性的。哲学离开现实在于人的自觉理性没长成，而不是哲学的本性是抽象的，是玄而又玄的。真正说来，科学知识本性才是抽象的，哲学智慧的本性是具体的。它不是感性直观的具体，是理性的具体，是包括感性直观和知性普遍抽象于自身的具体统一性智慧。初学哲学时为哲学是智慧故没有对错之至理名言心潮激荡，进入理性具体思维后才觉悟到如果把本质不是对错判断的哲学理解为和对错无关的哲学才是最幼稚的，对错判断是智慧的基础，智慧包括对错判断但不只是抽象有限判断，包括物理学之器的意义才产生了物理学之后的形而上之道。具体地看，唯物论和唯心论不能简单地从对错去判断，但离开对错判断的基础就无所谓唯物论唯心论之意义了。如从本体论意义去理解它们，就必须以本原知识作为对错判断根据，本体论一定包含本原论，在本原知识意义上唯心论的精神实体是错的，以此判断为基础就必须拒斥唯心本体论。把唯心论当成错误是在本原知识意义上的，但仅止于此就只有知识无智慧。哲学产生和发展的意义是由抽象知识自觉进展到具体的智慧，即回到每一个具体的现实意义。每一个具体不是感性多样性具体，不是普遍的抽象，从普遍的抽象进展到每一个具体是普遍的具体、理性的具体，是多样性以普遍必然性为根据达到感性、知性、理性统一性的具体。具体哲学智慧是悟而不是学去通达的，具体的普遍在知性上是二律背反的，即人类传播文化的工具和现实形式限制在普遍知识形态中，具体的智慧是无法学、无法教的，甚至是无法用文字和语言的普遍意义去表述的。普遍的意义陈述工具只能陈述普遍意义，无法通达感性或理性的具体，任何具体认识总是转换为普遍意义去传播和沟通的。哲学、宗教大师的智慧只能以普遍知识形式成为人类普遍文化，人们只能在学习知识基础上自己归纳、体悟到智慧。正是基于这种自身归纳和参悟的具体本性，理性之人本质上就一定是主体性、创造性存在。成绩优秀的学生进入社会实际生存时并不一定有很好的现实能力和创造性，因为学的和考的都是知识，现实的生存和创造是智慧。理论和实际、科学和技术、知和行的关系是知识和智慧的统一性关系，人类认识统一于理性，哲学回归于理性具体的理由就在于此，哲学、宗教智慧难以通达的原因也在于此。掌握了哲学知识并不一定进入自觉理性哲学之门，其道理和背熟了佛经并不等于已经成佛是一样的。但反过来看，离开知识就没有文化，也就没所谓理性了。理性是具体的，又是普遍的，是包含普遍的具体，即以知识为基础的智慧，这正是理性具体和感性具体根本不同之处，是理性之人异于感性禽兽的原因。传统哲学理论的一大缺陷就是追求纯粹形而上学，在形而上和形而下相分离的情形下，哲学似乎离现实经验和人生世界很遥远，人们普遍追求自觉理性的激情自然消退了，哲学成了象牙之塔中不可轻易示人的、极为珍稀独特的东西，由哲学家去珍藏了。把哲学作为一个学科是很不明智的，它似乎成为特定知识理论了。其实一切知识的基础、形式都包含哲学，人的现实生存文化选择都是理性统一性的。把哲学理解为科学之科学、百科全学、一科全学是不妥当的，哲学是最普遍、最现实的。由古希腊的科学之科学发展到当今科学理性是顺理成章的，西方哲学源头就带有机械论的编码。

世界统一性原理把理性哲学导入现实经验世界，使哲学成为人生的智慧，成为具有基本文化知识的常人是可理解的，是能从中启迪智慧的。超越传统本体论的能量一元论是以量子理论和相对论的质能关系理论为基础综合归纳而来的，把传统玄学理论导入经验世界的基础是普遍的物理学、化学、生物学的基本知识。超越柏拉图主体世界则是把抽象精神意识统一于精神文化，把信息、意义、认识、知识、真理、理性统一起来，由此回到人的主客体具体理性存在自身。对于当今接受过高等教育甚至中等教育的人而言，拙著在知识意义上大多是常识性的东西，它的真正价值和意义在由知识回到经验世界的理解，对客体世界强调知识的物理意义，对主体本质世界强调返回到人的主客体统一性的文化选择现实生存本身。把哲学引向人生经验是世界统一性原理的追求，这是哲学对于人的意义。哲学应成为一切人的哲学，哲学成为现实人生的智慧，人就从理性存在进展到自觉理性的存在，实现人文明本质的进步，远离丛林法则支配的动物自然界。倘若不从科学理性因果思维逐步转向哲学理性统一性思维，只执着于抽象知性或具体感性去判断本书中的知识或观点，在本书中流连只是浪费生命。若没有悟道的追求，非诚勿扰。

理性是文明人的本质，人的发展进步是从不自觉理性向自觉理性的进展，是自觉理性向圆满理性的永恒追求。人类普遍精神文化和抽象理性回归具体个人才成为具体理性，抽象文化才获得现实意义，现实个人才是最普遍的世界和最高意义的存在，人追求理性就是追求自己存在本质的光大。那些最有造诣的圣哲所达的理性境界就是人类理性的真实境界，这和人类登上月球并不是每人都到月球一游同理。理性统一性的最高境界是圆满，也就是佛的大肚能容天下难容之事的最普遍统一性境界，也即老子的圣人以抱一为天下式的境界。老子的抱一是人类理性统一性达到自觉圆满的最高境界。人类生存的彷徨、空虚，根源是理性的不圆满，即人的普遍理性水准还不高，追求理性的自觉不够，更根本的原因是缺乏自觉的理性统一性思维。

比如，信仰和迷信是关乎每一个人的最普遍问题，也是人类理性没有圆满解决的问题。不能说某些人没有信仰，只能说有不同信仰，没信仰的人不存在。信仰是自然而然产生的，并不是文明人的发明专利，人类没跨入文化文明就有了自然宗拜的信仰，更普遍的信仰是在自然信仰传承基础上不断文化而生成的。信仰的最普遍意义是支配一切现实选择性行为的价值基础。不只是人类有选择性，而是一切产生了意识的高级动物的生存都是自主选择性的，都具有支配其现实行为的最普遍、最基本的理由，这种抽象的最普遍理由就是信仰。人类进入文明史后，由自然信仰上升为各种宗教信仰，基督教、佛教等许多人类信仰在源头上是非常神圣的，甚至可以说接近圆满的境界。神圣的宗教信仰往往成为宗教迷信，这当然是后人之过，欧洲中世纪上帝统治、西藏历史上的佛教统治其实是和耶稣、佛祖的智慧背道而驰的。问题在于，神圣信仰为何会成为落后野蛮的迷信呢？在理性智慧看来，根源在于传统宗教信仰还只是在朴素经验知识基础上产生的，缺乏自觉理性。佛祖奉献给人类的智慧是无上智慧，但无字真经是对佛而言的，凡人是看不出来的。停留在有限知性科学意义理解信仰肯定是不够的。人类大同世界的共产主义理想如果只当作科学手段，没有上升为人自由解放的最高本质的话，那也离马克思的境界还远，同样会产生个人迷信，那显然是和共产主义信仰背道而驰的。通达信仰的本质，要依靠理性，人类需要自觉理性来保证信仰不再流于迷信，这是人类文化文明最普遍最现实的问题。依靠无神论根本无法消除迷信现象，这是人类自觉理性、理性信仰才能解决的命题。如果读者有耐心思考世界统一性原理，即使达不到能容天下一切事物的圆满境界，但通达理性的信仰而远离迷信是可期的。所谓封建迷信的说法是牵强的，迷信早而有之，现仍普遍存在。根除迷信只靠科学远远不够，真正需要的是建立理性自觉的信仰，这才是迷信无法存在也无法再产生的充分必要条件。须知科学理性就是把科学当信仰的迷信本身。

对人理性思考最贴近当代现实又是最普遍本质的是教育问题。进入全球化知识社会的本质意义在于人的现实生产和消费是以精神文化为主要构成的，这才是唯物辩证即历史唯物的理性具体意义。理性是后天构建起来的，社会文化是靠文化教育机制去传承的。近代西方曾产生过教育决定论，用决定这种因果陈述去理解人的理性构建并不足够。教育决定人，但教育者又必须先受教育，人们认为这是循环悖论时，其实是对教育构建的理性本质缺乏认识而把人的教育还原为产品生产了。教育不是产品重复生产，培养的是理性的人，是人的自由本质和创造能力，这正是人类摆脱自然世代循环生存方式，进入不可逆发展的社会历史文化进程的实现机制。教育者是教育出来的，在机械论者看来是循环，在理性意义上却正是社会历史的现实。我们这一代人最现实的进步本质上不是GDP、电脑、手机和汽车、洋楼，而是教育，这是精神文化生产和消费的统一，是社会历史创造的现实构建，科学技术这第一生产力是以教育为前提的。在一、二代人间，从二十世纪五十年代小学毕业就是知识分子到当今普及中等教育并且大部分人都有机会接受高等教育，这种进步是划历史的。这并不是说我们当今的教育没问题，恰恰是很有问题，有很大问题的。对中国教育现状的否定的前提是对它肯定，这标志着教育发展普及成为关系一切人切身生存的普遍问题，故人们如此关注它，这本身是极大的历史进步。对教育现状的意见如果只停留在否定中，那是知性的。理性是否定之否定，即从对教育的理性统一性理解中，理性地解决教育发展带来的问题。从教育构建理性意义看，教育是传承，更是启迪和点燃，理性的本质是自由和创造。如果对世界统一性原理有基本理解，你对教育的理性统一性意义会得到新的理解。在知识爆炸的时代，如果知识没有理性统一性由复杂到简单的综合，每个人在知识海洋面前都是渺小而苍白的，人类将陷入知识越多越无知的境地。因为无论个人如何勤奋好学，在视野之外的知识总是越来越多。教育教什么，如何教，这才是首要问题，是需要理性智慧去面对的。科学理性支配的当代文化追求的多是急功近利的技术，近百年来在普遍性的基础理论方面并无大的建树，甚至流行时空穿越这些似是而非的东西。如果达到对世界理性统一性理解就会明白，外星智慧生命和我们一样，都是所生存的星球量身定制出来的产物，并不存在近代地球白人去非洲狩猎黑人那类问题。更为重要的是，宇宙是极其浩瀚的，只有极高文明的智慧生命才能进展到在太空自由来往的水平，停留在殖民这种野蛮暴力的低级文明是无能力遨游太空的，宇宙殖民和外太空文明侵略这些命题，在宇宙统一性、同构性意义下是不成立的。从宇宙同构的观点看，任何一个星球的生命如果没有进入理性统一性的高级阶段，纯粹按扩张的技术社会形态生存，它将在不太长时间中达到增长的极限，它将毁灭于自身资源的争夺，根本就没有熬到发明太空殖民技术的时间。宇宙怪兽的影子是地球人自身，人类历史上相互残杀的敌我双方常常都把对方理解为野兽。今天我们灌输给儿童的宇宙怪兽观念，如果真的有效用，应该是在地球人的自相残杀中。传输知识、启迪智慧、构建理性具体的文化教育的最普遍价值是导向人类文明的本质，不是培养更有文化的匪徒。不只是精英们要思考人类文明该向何处去，每一对父母、爷奶也应该理性地思考，我们应怎样去教育儿孙。

这就是世界统一性原理是人生哲学的一个浅显的例子，是哲学就是人生的具体演绎。读者能从中悟到多少智慧，取决于个人的诚心和悟性。拙著粗陋并不妨碍读者理性地批判它，能量一元论只是进入具体自然抱一式的垫脚石，文明元价值觉悟只是通达圆满人生的敲门砖。觉和悟是自觉的，自觉指向每一个理性具体之个人，具体理性只能悟不能学的原因就在于此。真经即智慧是无字的，佛祖的空就是色、老子的自然无为包含着他们全部智慧于无字无言之中，《心经》《道德经》的意义就在于以普遍知识传播为中介去启迪智慧，使具体智慧同时具有普遍文化意义。文明人凭普遍知识为中介建立了普遍意义世界才成为走出自然的智慧生灵，智慧的具体是包含普遍的具体，知识不是智慧的另一种陈述是无知识则无智慧，知识的意义就是人的生存智慧。由学和悟、知和行的统一性看，从两千多年历史现实看，佛祖和老子用以启迪后人智慧的知识是不够的，缺乏客观普遍有效知识为中介的智慧难以达到普遍具体水准。《世界统一性原理》用如此庞杂的经验知识去构建形而上和形而下统一性理论体系的苦心就是希望能导入普遍的具体，引向理性自觉的信仰，把文化文明史导向理性自觉进程。尽管建立在客观知识基础上，但它本质上仍是启迪智慧而不是传播知识的。至此，应向读者解释一点，不要把拙著当成知识体系，从个人熟悉的领域和感兴趣的题目去体悟世界统一性就足够了，只要达到理性具体思维，启迪智慧的梯子就可以扔掉了。机会主义地去思考智慧才是智慧，为什么读完任一具体学科而不是要修完所有学科就可以去修哲学学位，理由就在于此。

二十世纪科学家埋怨哲学家不尽知识统一性理论体系构建之责，哲学家却说再去构建理论体系不合时宜，其实大家都有责任。《世界统一性原理》可能是二十世纪以来人类唯有的世界统一性理论，虽粗陋也有些许用处。著者江郎才尽，献给读者的就只是供其悟而不是为其学为其用的形而上学。退一步想，长久困在玄而又玄的形而上学和熵幽灵中，不像尼采走火入魔，不学玻尔兹曼和艾伦菲斯特用自杀来解脱，已属万幸，夫复何求！

第一卷　道论

存在的逻辑：认识的形式统一性意义

目　录

第一章

导论：理性的使命

引　言

【提要】人类已是现实的命运共同体。以文艺复兴开始的近代史建立了知识就是力量的核心价值观，依靠科学技术的不断进步把人类导向知识时代，全球化的分工合作共存是人类文化生存方式的革命性进步，但同时又带来人类能否可持续发展的严峻挑战。人类面对的能源、资源、环境危机不是自然危机，是人类文化危机。人类依靠自主自觉的文化创造走出自然界，人类文明史的进步乃至人类生存危机本质上只能从人类理性文化去寻找根据，实现人类理性的根本性变革才能从根本上克服人类生存的根本危机。

一、引导人类走进当代全球化生存方式的是科学理性文化。崇尚知识追求科学推动了人类文化生存方式持续不断的进步，但用科学取代理性又有严重的历史局限性。以科学为理性不是科学，而是片面的形而上学，仅从真理去理解人类文化生存是短视的，离开真、善、美的统一无法合理解释人的世界。科学理性形而上学是理性精神分裂，在认识上是唯物论和唯心论、经验论和先验论、抽象和具体、知识和智慧的分裂，在现实上是人的文化和自然、主体和客体的分裂导致的根本性生存危机。

二、统一人类文明史的文化生存基础理论是两千多年前哲学创生的轴心期建立起来的，主导当代的科学理性文化的理论基础是古希腊哲学。西方哲学以客体世界统一性的自然哲学唯物论形态创生，其更高级形态是向关于主体世界统一性的唯心论哲学的进展。古希腊哲学由苏格拉底追求人的德性和至善导入主体世界统一性，在柏拉图的理念论中建立了人类认识普遍形式统一性的基本框架，这是从物向心的世界思索的根本性转换，是人类精神文化统一性的第一步，此后西方哲学主流在认识论的框架中，围绕着认识的客观普遍性展开，成为以真理为绝对价值的文化基础，现代科学理性是真理文化在当今知识条件下的特定表现形式。西方哲学以苏格拉底和柏拉图为巅峰，但唯心论只局限于抽象认识论而丢掉了具体，并没有从普遍认识形式回归苏格拉底的至善这人的主体世界的现实命题，没有进展到主体世界统一性的本质即价值论，无法回答人文化生存的自由选择性和创造性命题。只有本体论和认识论的西方哲学或把人当成必然性支配的宿命，或把人当成在自然之外征服和统治的“二上帝”，是二元分裂文化。唯心认识论的另一个局限性是并没有自觉地将自然哲学纳入其认识对象中，而是把自身当成否定唯物论的另一种本体论，由子虚乌有的精神实体作为本体论根据的具体，由此导致了两千余年唯物论和唯心论、本体论和认识论、具体和抽象虚无缥缈的对立和斗争。抛弃而不是扬弃唯物论的唯心论回不到具体，只能在纯粹抽象形式统一性中展开，限于观背离体根本不可能回答真理客观性命题。一言以蔽之，以认识论为巅峰的西方哲学不仅达不到主客体统一的理性具体水准，也无法有根据地回答认识的主客观统一命题，它的精髓在先验范畴即认识形式的统一性中，亦即在知识论中。西方哲学止步于认识论就没完成其理论构建，认识论止于观背弃体也没完成，这是西方文化一直处于二元分裂状态的根本原因，生存基础理论不统一是人的文化和自然冲突的深层认识根源。

三、人类文化生存是自觉自由的创造，哲学认识世界就是在改变世界。人类根本性的生存危机呼唤传统生存基础理论的变革，建立适应人类可持续发展的精神文化统一性，具体地说就是用主客体统一的具体理性扬弃科学理性，得到人的主客体理性具体存在的智慧理解。世界统一性原理旨在导向对人的生存的抱一式理解，在能量、物质、生命、文化的统一中赋予人具体现实而无限的绝对意义。它包括以能量为本性的自然客体统一性，包括以文明为统一元价值的人的精神文化世界的统一性，最终在客体和主体、自然和文化、必然和自由的统一中回归人的文化生存选择的具体现实，赋予每一个文明人的文化生存以现实而无限的理性具体意义，在人类自觉理性向绝对的追求中把人类文化生存导向道法自然的理性大同世界。

世界统一性原理是哲学理性关于存在认识的最普遍归纳。人类在两千多年前的轴心期创立了关于世界的统一性本性理解即哲学以后，它成为自觉理性智慧把人类精神文化统一起来，哲学智慧和追求哲学智慧的哲学家是备受敬重的。但今天哲学不再风光，甚至传统哲学变得面目可憎。二十世纪西方哲学主流转向逻辑实证主义和语言分析哲学，甚至知名的哲学家把哲学的使命归纳为“证据研究”，哲学失去对包括人的精神文化世界在内的最普遍世界统一性智慧理解的追求。二十世纪哲学是多元而不统一的时代，倒是拒斥一切形而上学和嘲笑再去构造统一性的哲学理论合潮流且时髦。要命的不在于哲学家们大多背叛传统哲学，而在于知识时代人们普遍轻蔑哲学，说句大白话就是哲学已不合时宜。哲学自认是人类理性，近代文艺复兴和科学革命以来人类的一大信念是一切存在都必须在理性法庭前受审，以证明其存在的权利，那么哲学存在的权利即合理性又到哪里去裁决呢？只能返回哲学理性自身。哲学之为哲学在于它是一种自我反思，是理性认识理性以追求通达自觉理性。依此逻辑，哲学的堕落不怪天不怪地不怪科学，是哲学自身之过，是人类理性的缺陷，现实中就是人的异化。就是说，哲学从神圣走向堕落是柏拉图和亚里士多德等轴心期圣哲们创造的精神统一性理论发展到今天产生的合乎逻辑的结果，走出哲学贫困困境只能靠哲学自身浴火重生。根据哲学的传统，龟缩在证据研究和语言分析中的哲学很难算哲学元理论，至多是哲学普遍理论的构成，是关于最普遍世界理解的低一层次的智慧思考。如果只是有少许智慧的碎片，再没有统一的理论体系，哲学就真的沦为死狗了。复兴人类理性智慧靠人类理性智慧自身，挽救传统哲学理论体系靠超越它并达到更加普遍的统一性智慧，必须构建起在普遍统一性意义上超越泰勒斯、柏拉图、亚里士多德、老子等圣哲们的统一性理论体系。《世界统一性原理》做的就是许多现代哲学家认为过时的事情，它呈现给人类的是关于主客体相统一的最普遍世界的统一性理论，是人“认识你自己”的统一性智慧理解。

导论部分主要从人类哲学危机到现实生存危机认识科学理性的局限性，寻找人类哲学理性演变为科学理性的思想认识根源，它其实就是轴心时代柏拉图和亚里士多德等圣哲建立的唯心论理论的不完备性的合逻辑结果。最后初步介绍建立世界统一性原理的思维方法和理论体系的基本结构，作为更详细而深入探讨的起点。

第一节　知识爆炸和理性迷失的时代

一、科学理性和知识时代

世界统一性原理把自己的使命最简单地概括为追求古希腊德尔斐神庙“认识你自己”这一神谕的统一性意义的圆满理解。人是什么？从哪里来，到哪里去？人在宇宙中的位置是什么？在历史长河中犹如流星般只是匆匆过客的现实个人存在的价值和意义是什么？这是人类最原始而又万古常新的命题。为什么它永葆活力？因为它不仅是确定性判断回答的有限知识命题，也是由无限定的各种知识综合统一构成其意义理解的理性智慧命题，它就是不断具体丰富而无限发展着的人类自觉理性本身。人对世界思考的深层驱动力在于人自身，人的自我意识对自身的反思是人类认识的最高命题。按照世界统一性原理的理解，人就是世界，是最高、最复杂意义的统一性世界，是统一了真、善、美的理性具体存在。人是什么的具体理性理解包括一系列知识判断，但人之为人的本质在于人的理性，人的具体存在不但是身与心的不可分割，而且人类的理性之心才是人最普遍的本质，人本质上是精神文化性存在，没有理性认识的人在文明史中不存在。人的认识不能局限于和存在对立的抽象意义，其现实性在于人的存在；甚至它不只是人的存在本身，而且是人存在的本质，理性认识是人之为人的充足理由，是人区别于物并且异于禽兽的根据。人类以认识和解释世界为根据去改造世界，在认识的无限发展中创造了一个无限意义的人化世界。人类认识是永恒发展的历史性进程，是从低级到高级，从个别到普遍的无限过程。人类认识中最普遍的认识是对认识的认识，是人类理性对理性的自觉理解，我们称之为哲学智慧，哲学的最高命题就是人类理性理解。人的认识在人的具体存在本身之中，理性是人的普遍本质，哲学理性对人类理性理解达到什么水准，人类文明史的发展本质上就达到什么水准。

人类已历经数千年文明发展，自觉理性认识的哲学智慧也已有了两千多年发展史，尽管对人的自我认识远未统一，但至少不应局限在感性有限个体意义去穷尽对自身的理解和体悟，我们已跨入理性文明史的门槛，故人有充足的理由把自己理解为万物之灵、异于禽兽的存在。“认识你自己”的最高命题是认识人的理性，故理性又是最难认识的。应如何智慧地理解人的理性呢？两千多年哲学史对人类理性理解进展到哪种境界了呢？对我们现实理性生存理解的认识对象不能只是感性个人存在，理性的对象不能只是感性之物，至少是我思故我在，离开心和思无理性可言。哲学无限思维的优越性是可以便宜行事，从设定的起点开始思考认识对象；但它的困难之处也在于无限定性，缺少有限抽象规定性作为依据，必须自己提供依据，故必须自圆其说，在合逻辑的生成中进展到起点为终点。作为设定的切入点，对人类理性的思考可以从对我们所处的历史年代的理解开始。因为理性具体之人的普遍理性本质是在社会历史文化意义上的现实存在，世界统一性原理在最普遍本质意义上把理性具体之人理解为历史性存在。就理性哲学认识而言，它作为时代精神的精华、时代的活的灵魂，首要就是对所处的历史年代做出最普遍的归纳，进而把握时代的本质和灵魂。

人类对社会历史的宏观概括，从不同角度可以有不同的理解。唯物史观从社会经济结构角度，把人类社会归纳为原始社会、奴隶社会、封建社会、资本主义社会和共产主义社会五个从低级到高级、依次更替、不断发展的社会形态；从技术角度，人们把历史归纳为原始渔猎采集文明、农业文明、工业文明和后工业社会形态的更替和发展；二十世纪末，未来学家托夫勒用三次浪潮归纳人类文明史：农业社会是人类文明的第一次浪潮，工业文明是第二次浪朝，并预言由科学技术革命导致的信息革命将彻底改变人类的生产生存方式，人类将进入以信息为本质的后工业社会历史时代，这是人类文明的第三次浪潮。世界统一性原理则在更普遍意义上把当今的人类现实世界理解为知识时代。知识经济概念归纳了当代的本质特征，但知识不只在经济中，也在人的世界中无所不在并起着决定性的作用。诚然，人类告别蒙昧和野蛮而进入文明史以后，就一直依靠文化知识的不断积累和发展去创造自己的历史，现实的人类是文化和自然相统一的存在，但人类文明史的早期自然生存方式仍然占主导地位，文明史早期人类的普遍本质也是理性的，但理性还很幼稚，文化还很不成熟，自然和文化相统一的现实生存方式更明显地带着自然生存的特征。人类真正进入文化知识主导生存的时代是近代文艺复兴开启的，人类是在近代科学革命中走入“知识就是力量，力量就是知识”的新时代的。我们这一代恰恰生存在知识创造积累和普及传播进入爆炸性增长的关节点上。我爷爷的时代，在抗日战争胜利后我们村才有了当时为数不多的小学；我的父辈在共和国刚成立的时候，读过三五年小学者就能以文化兵的身份应征入伍；1977年恢复高考，我们以百里挑一的竞争考大学；然而，就在弹指一挥间，我们社会已经进入高等教育本科录取率超过半数的知识社会。以具有相当的知识为基础，人才能成为当代社会中现实的成人，文化知识是人成长为现实人的必要条件，精神文化作为人的普遍抽象本质获得了越来越现实的意义。从最普遍的本质意义看，信息社会、后工业社会都包括在知识社会这一概念中，生产力、生产关系、上层建筑、物质文明、精神文明、制度文化这些普遍概念都能在更普遍的知识社会概念基础上去统一理解。更为本质的普遍现实是，我们的生产生活方式不能仅限于以文化知识为基础去理解，更重要的是必须把它看成文化过程本身。人类当今最基本、最大量的生产和消费是精神文化知识生产和消费本身，这是科技就是生产力和教育先行的现实根据。进入现实的知识时代标志着人的理性本质的重大历史性进展。

按照德国历史哲学家卡尔·雅斯贝斯的轴心期理论，人类哲学理论思维的产生是轴心期的标志。在公元前五百年左右，人类几大文明几乎同时独立地产生了哲学理论思维，进入了精神统一性追求，建立了文明的轴心，此后的文明史则又进入了间歇期，依靠轴心期建立的统一性精神力量发展。他认为，人类文明发展史在知识意义上超过轴心期的先哲，但在哲学的精神统一性意义上却没有超越苏格拉底和柏拉图。据此，可以把轴心期以来两千多年人类文明史理解为在轴心期的精神统一性框架中知识不断创造积累的发展过程。从知识意义看，轴心期只是开启而不是完成了人类知识统一性的认识，人类文化文明是在永恒的创造中不断进步和发展的。尽管不乏历史循环或从黄金时代到白银时代、铁器时代的历史倒退和文明凋亡论，但无可否认，今天我们已经树立了历史不断进步的乐观主义的主流历史观。这种不断进步的发展观在达尔文对生命世界从低级到高级、从简单到复杂的进化论中得到精辟的概括，进而扩展到人类社会历史发展模式的陈述中。如果抛开人类世界的意识形态、政治观念、社会制度之间的差异，从人类自身的整体层面即世界历史去归纳这种历史进步的本质时，可以把它看作是人类解放的历史，是科学进步推动人类走向自由的历史。从近代欧洲文艺复兴运动开始的人性的复归、知识的权威、科学理性最高法庭的确立，是人类现代文明的一个重大的里程碑，也是赋予我们今天巨大财富的各种技术文明的直接源头。科学破除迷信，把人类从上帝的统治下解放了出来。科学的发展转化为技术的发明，引发了工业革命，成就了人类的工业文明乃至后工业社会时代。从理性的意义看，人类近代的文明进步史在某种意义上就被归纳为科学革命史，是科学理性的发展史。近代科学革命开启了人类科学理性的伟大历史时代。

十八世纪的法国启蒙运动是近代科学革命的一个高潮，这一运动的特点是把理性摆在至高无上的地位，任何外界的传统权威，都经受最彻底无情的批判。启蒙运动的最伟大意义在于确立了理性的绝对权威，使人类文明确立了科学理性的价值观，以科学理性为武器破除迷信，使人类从中世纪黑暗宗教统治中彻底解放出来。近代科学革命的最伟大成果是牛顿的经典物理学理论。牛顿生前人们就给予了他崇高的地位，但这并不意味着能充分体会牛顿理论的革命性意义。物理学是一切自然科学的理论基础，牛顿的质点动力学理论以质点为抽象认识对象，以引力理论为核心，第一次把整个物质世界普遍联系和相互作用的自然必然性规律充分揭示出来；把物质世界统一性理解导入现实和具体，开始了对物质自然界统一认识的新纪元。牛顿理论对人类历史的影响是全面而深刻的，不只物理学。人类走上科学发展道路并进入现实的知识时代，牛顿的功绩不可磨灭。牛顿经典科学理论既是科学革命的成果，又是推动科学革命不断前进的直接动力，具有承前启后的历史地位。

在欧洲全力推广牛顿理论并把科学推向理性绝对地位的杰出人物是拉普

拉斯。这位十八世纪法国伟大科学家用铿锵的语言向全世界表达了科学至高无上的宣言：只需给出一组科学定律及其相关的边界和初始条件，原则上我们可以准确地预言任何一个物体包括所有微小粒子的变化状态。对物质自然界而言，我们需要的是科学而不是上帝。其实，大可以说一句大白话，科学就是物质世界的上帝。

近代科学革命深刻而重大的现实意义是把人类导向全球化的命运共同体。科学技术是第一生产力，是全人类共享的精神财富，科学革命是推动全人类生产生活方式不断进步的强大力量，人类社会生产力随科技的普及应用而不断进步，最终进入全人类分工合作的全球化时代。人类是多源头文化起源的，把人类导向全球化的力量是科学，当今多元文化的人类命运共同体是以西方的科学理性文化为主流价值统一起来的，科学理性就成为当代普遍意义的文化价值观。中华民族传统文化几千年来是儒、释、道相统一的，二十世纪初的新文化运动推广普及西方民主和科学明显地带有否定传统文化的倾向；第二次世界大战后波澜壮阔的全球现代化浪潮的本质意义就是欠发达国家以科技为中心学习发达国家的各种先进文化，赶上发达国家的经济社会发展；中国二十世纪七十年代开始的改革开放的现实意义就是学习西方先进的科学技术去发展经济，推动社会进步，其成效是毋庸置疑的。可以这么说，从新文化运动至今的百年是科学理性成长为主流文化价值观的历史阶段。

这正是文艺复兴以来人类历史进步的缩影。科学革命作为这一历史阶段的关键词，把科学的发展渗透到人类现实生存的方方面面。科学革命的意义不再是科学上的，而是全面而深刻的，它是一场认识的、实践的、理性的、人性的持续不断的全面革命。这一革命的结果就表现在科学认识不断发展和人类科学理性的不断进步之中，更表现在人类面对自然界的生产和生存方式的不断更新之中。因此，近代以来人类社会历史进步表现为科学发展的历史价值观，科学表现为历史进步的前进方向，成为人类文明史的自觉的轴心。自此伊始，我们逐步强化了由科学作为各种行为选择标准的科学价值观：科学发展观、科学世界观……人类文明中的一切，只要是科学的，必定是正确的。这同时又构筑另一种观念，只要是正确的，必定是科学的。最为根本性的变化是理性的意义也转换成科学理性，即科学和理性成为并列的强调性概念，科学即理性，理性即科学。毫无夸张地说，近代以来人类的文明史就是科学理性取得胜利并赢得统治地位的发展史，科学的发展是人类发展的主题，人类正沿着科学理性的大道高歌猛进。

二、知识爆炸时代哲学的贫困

两千五百多年前，老子就说过，为学日益，为道日损。把学理解为知识，把道理解为关于世界认识的统一性智慧，就是说，人类知识是不断且绝对地增长的，且随着人类各种确定性知识的积累，原本许多需要用形而上学智慧去理解的问题不断转化为经验和科学认识的问题，形而上学智慧命题就越来越少，逐步趋于最普遍意义的统一性命题。人类文明的进步现实上是把道转化为学的永恒追求过程。人类的科学认识在历史过程意义上孕育了哲学，哲学在逻辑上又成为科学之母，古今中外概莫能外。当古希腊人把哲学称为科学之母、老子把道理解为万物之母时，哲学、道既是本体论又是认识论意义的，理性一定是本体论和认识论相统一的，学益道损则是人类理性发展的内在逻辑，道在损之又损中才能进展到最普遍的统一性智慧境界。人类理性现实发展史学益道损的一个主要形式就是哲学无私地分化出各种自然科学和形而上学知识学科，构成了人类精神文化不断发展的现实历程，这是人类文化在分化和综合的统一中发展的一般规律。苏格拉底认为，学识越多就越晓得自己无知，因为已知的知识越多，你会发现未知的东西也会越多。人的认识是无限的，未知是在已知基础上人的理性更高的追求，这是历史的目标，理性的使命。只要人类历史没有终结，人类向更高级认识、更普遍领域的思考和追求就永不停止。从个别到一般到普遍的认识是一次又一次对自然界认识的革命性飞跃。追求越来越丰富的知识，需要越来越深刻的智慧，对世界的最普遍的统一性理解需要大智慧，这就是道学相长的最一般原理。半桶水的无知和智慧的无知是两种完全不同的无知，是智慧引导人类文明在探索未知之自由之路并义无反顾地前行。不能狭隘、简单地把近代科学革命理解为科学发展史，它是以欧洲文艺复兴为先导，启蒙运动为高潮，科学和理性遥相呼应、并驾齐驱的伟大进程，是人类文化整体发展的统一性过程，是产生出一批又一批思想和科学巨人的伟大时代。伽利略、开普勒到牛顿直至普朗克、爱因斯坦这些科学巨匠的成果中，有着从文艺复兴运动以来一大批杰出的思想家、理论家的贡献。

我们今天所处的科学理性时代是思想家和科学家共同推动的结果，并且道之损和学之益已经达到了近乎登峰造极的境界。今天，科学的发展用知识爆炸来形容一点也不夸张，这不仅表现在科学学科不断细化、分化，积累的知识以指数型爆炸性增长，还表现在教育和传媒的增长和知识的普及。当今每个人必须付出前半生十几年甚至更长时间去学习最基本的知识才能“成人”，一个人穷其一生也无法涉及全面的知识。但这不是最本质的，最深刻的转变是质的飞跃，即科学已经增长到把理性纳于自身。今天，科学即理性，科学不再需要理性哲学作为科学之科学，科学精神是当代人类精神精华和活的灵魂。这是当代的一切都给自己贴上科学标签的理由。当今理性的意义和科学的意义直接同一，科学是最高、最普遍的绝对价值标准。在科学理性建立了绝对权威的时代，哲学理性损之又损，不断贫困甚至异化。二十世纪，向来以理性著称的哲学的奇葩之一却是非理性哲学，是自相矛盾地拒斥包括哲学在内的一切形而上学的现代哲学，这直接折射出理性哲学的无奈和悲哀。二十世纪最杰出的哲学家之一维特根斯坦认为，哲学余下的任务就只是语言分析了。这正应了辩证唯物主义经典作家的预言：哲学最后只能成为关于思维的科学。哲学理性在二十世纪的本质变化就是“哲学知识化”，追求成为理性科学，这正是科学理性化同一现象的另一方面的表现，即哲学和科学走向合流而不是分化中的统一。无可奈何的是，向来以智慧著称的哲学理性认识是形而上学的，而非直接以经验知识为目的，它缺少自立的资本，由此决定了哲学向科学的转型是极不成功的，在逻辑上也是不可能成功的。比如讲，如果真的建立起关于思维或语言的哲学科学，那么，它也只是以思维或语言作为特定认识对象的知识，和其他形而上学知识比如数学、逻辑学并无本质区别。科学哲学合流的现实意义是科学在给足哲学面子后为它的追悼会献上一个漂亮的花环。科学本来就是从哲学中不断分化出去成为具体科学的，思维科学和语言科学建立也必然重复从哲学中分化出去的老路。因此，哲学期望在科学遗忘的角落中建立知识谋求自立是不切实际的幻想。这正是二十世纪哲学从科学之科学转换为理性科学中的窘境：既丧失了理性智慧的光彩，又找不到真理知识做本钱。用理性辩证法科学地判断人类的具体经验命题不但不伦不类，反而使哲学智慧日益面目可憎，那不是死狗是疯狗了。如果一个法官对具体诉讼请求的判决是辩证的，是辩证地既接受又驳回的，当然是疯了。科学理性不断进步的历史时代，哲学理性则在一步步陷入贫困，最后龟缩在非理性本能或语言分析中苟且偷生。

如果哲学没落只是一个学科理论或哲学家的事，与人类生计并无瓜葛，则用奥康剃刀剃掉一切形而上学去除人类无谓的杞人忧天，这倒是件大好事。但这只是一种美好的愿望而已，因为哲学一定不是科学，科学一定不能称之为哲学，哲学没有自立资本，科学没有自我完备的可能。哲学只提供智慧不出售知识；知识一旦自圆其说，科学真理知识能返回解释自身，我们的一切真理认识将陷入循环而崩溃。知识的自我完备性，实际上就是它的封闭性，那就终结了科学永恒的开放中创造未来的生命力。哥德尔将之归纳为知识不完备性定理，证明了自圆其说的知识根本不存在，根本就没有形而上学的经验科学，只有形而下的经验科学，演绎的形而上学知识只有在回归形式和内容相统一的具体经验认识中才获得抽象统一性形式的现实意义。这正是知识和智慧的不同本质所在，也是知识离不开智慧的充分理由。

哲学不会发展为科学的哲学，科学也永远不会成长为理性智慧。二十世纪人们只认科学的权威，但科学理性其实并不像大多数人认为的那样只是科学概念，而是一种形而上学，即把抽象科学的因果决定论思维贯彻到绝对，用因果决定论去解释最普遍的具体世界的形而上学。科学理性的历史时代就是以科学价值作为最高价值，用科学因果关系去解释一切的时代，这个时代的特色是一切都企望冠上“科学”，包括理性哲学本身。所以，知识爆炸时代哲学的贫困不在于传统哲学的失落，也不在于人类告别了哲学，而在于人类陷入了因果决定论的形而上学思维，理性哲学丧失了统一性思维的智慧，经验科学丧失了逻辑统一性而陷入混乱，最终人类陷入集体精神错乱，科学理性成为贫困的哲学形而上学。最确凿不移的证据就是当今人类已经把时空隧道、时光倒流内化为不证自明的常识性知识，而人只会在精神错乱状态下才能认为可以回到父亲出生之前谋杀掉他的祖父母。科学理性取代哲学理性，知识取代智慧的严重后果是人类走进知识丰富而智慧穷乏的文化分裂时代。

凭何断言科学理性观是科学即理性呢？因为科学理性时代的杰作之一是连哲学家中也产生了拒斥一切形而上学的思潮，理性哲学或自称科学，或被理解为非理性哲学，或自认只是语言分析，种种乱象一言难尽。人生的智慧已经变成了科学智慧。知识智慧同一的一个严重文化后果是因果决定论的科学必然性知性思维取代理性智慧统一性思维，抽象取代具体成为最普遍的思维方式，世界成为宿命的机械论世界。因果决定论思维在十九世纪就已经暴露出严重的历史局限性，人们开始反省和批判以牛顿经典物理学的机械运动理论为基础的机械论世界观。在复杂生命世界和人类社会中，仅仅从牛顿的机械运动出发是不能得出合理解释的，哲学思维开始反思机械唯物论，并用生命世界的有机整体观点和人类世界的多样性社会结构运动观点去取代机械论的世界观，由此产生了黑格尔的辩证法。但是，至今人类还没有从根本上意识到，机械决定论和物理力学理论并无相关性，它不是关于客体世界的，而是关于人类思维方法的，用科学理性的因果决定论去抛弃机械决定论其实是一百步笑五十步而已。只要坚持科学理性的形而上学，不光机械力学，而是整个世界就只能在因果决定论的框架中去描述，根本就不可能摒弃因果决定论。科学理性决定论是广义的决定论，是包括机械决定论思维的普遍认识形式，机械论只是它的特定形式而已。在生命世界的认识中，达尔文的进化论是迄今当之无愧的关于生命世界最大的统一性理论，但多样化生命世界的统一性理论描述即生物进化论同样隐含因果决定论的基因，并没有达到自觉理性统一性思维。物竞天择，适者生存的描述后面的更深含义是自然环境决定论，是环境决定生命世界的进化，环境和生命物种进化就是因和果的关系。这正是标准的因果决定论思维，按此逻辑生命世界进化的根据就应该从自然环境的变化去寻找和解释，生命的本质和根据就只能在物质世界中。至于人类社会的运动发展，早期机械唯物主义同样从教育决定论推论出自然环境决定论，在达尔文进化论产生后则产生了社会达尔文主义，产生了人类社会有机体观点，把人类社会当成实体之物，把人的世界理解为丛林法则支配的动物世界。

辩证唯物主义和历史唯物主义是马克思主义哲学，但不等于是马克思的哲学，它是以马克思的《资本论》这一政治经济学著作为主要基础，由后人归纳的哲学理论体系。《资本论》及马克思的社会政治理论对社会历史的重大影响是毋庸置疑的。马克思在经济学意义上，用生产力和生产关系、经济基础和上层建筑的基本结构概念对复杂社会做统一性的描述，属于抽象经济学理论范畴。基于科学描述的本性以及科学理性时代的文化认知框架，它对生产力和生产关系、经济基础和上层建筑的统一性关系描述，在经济学抽象知识意义上只能停留在作用和反作用语境中，只能是因果决定论的陈述模式。但后人从经济学归纳为人类社会的历史唯物主义哲学理论时，仍停留在科学描述语境中，得出必然性历史规律这种因果决定论的最终结论，没有达到哲学自觉理性的水准。后人的历史唯物主义理论归纳始终定格在科学真理知识的限定中，想超越因果决定思维和描述是不可能的，实质上并没有将马克思的人本主义经济学理论推向普遍自觉理性境界。由必然性支配的自然社会历史过程无法通达马克思共产主义理想世界，无法解释人的自由本质充分发展和人全面发展的人类解放进程。一百余年社会主义运动历史的曲折性有复杂的原因，但后来的实践者对共产主义的理性认识没达到马克思的境界是最重要原因之一。后人的哲学归纳其实徘徊在旧哲学框架中，对马克思主义的认识是不够的。

把批判的锋芒直指机械论的是黑格尔，他不客气地将传统机械论斥为形而上学，让两千多年神圣的哲学形而上学概念沦为死狗。黑格尔的客观唯心主义辩证法是以克服和扬弃机械论为己任的，但从逻辑关系看，黑格尔的理念依然是真理，是真理自在自为从相对有限向绝对无限真理的辩证发展。有没有无限真理和相对真理是值得商榷的，但真理的因果决定关系却是无可否定的，没有因果关系就没有真理可言，以全体的真理为目标的客观唯心主义辩证法最现实的理解就是由无穷因果链联结起来的普遍联系的世界。黑格尔的辩证逻辑揭示的人类普遍抽象理性在辩证扬弃中生成进展过程是在因果决定性的真理发展意义上的，也是多样性统一性的，由相对真理向绝对真理的进展又是广义的机械决定论。总而言之，人类进入科学理性时代就是因果决定论普遍起支配作用的时代。

不能否认科学知识和因果关系认识的伟大历史意义和重大现实意义。人类以文字为思维工具走出蒙昧步入文明，科学因果关系认识的建立是人类文明史的第一个里程碑，它使人类对自然界的认识达到普遍客观有效知识的水平，因而这种认识既是历史的，又永远是现实的。这是构建人的现实的历史性本质的内在机制，人类文明就有根据地进入从低级到高级的历史进步过程。人类文明史是整个人类共同创造的，但首先应归功于那些揭开自然奥秘，为人类奉献科学真理的科学先驱们，他们的科学发现现实地改变了人类也改变了世界。二十世纪人类进入科学理性的时代，把因果决定论思维作为无言而喻的形而上学，这和科学真理认识对人类文明进步的伟大作用有关，和科学由于不断积累终于达到指数型的爆炸性增长有关。

当今人们喜欢用轻蔑的口吻称牛顿是机械论世界观的大师，这是极不公平的。科学家牛顿永远是伟大的，从牛顿经典科学理论发展为因果决定论绝对性思维，那不是科学的错，是哲学的错。把因果决定论推向绝对并赋予科学以哲学绝对意义的不是科学家牛顿，也不是哲学家牛顿。在因果决定论成为绝对思维的历史过程中，最有影响的科学家当算拉普拉斯。他是在欧洲大陆最坚决推广牛顿理论的人，他对人类除了提供科学发现外，对推广牛顿经典物理学理论也是有杰出贡献的。他在推广科学知识的同时，创造性地推广了他独创的科学因果决定关系的绝对性观点，作为哲学家的拉普拉斯则不是一流的。他认为，基于一组完整的科学定律以及适当的初始或边界条件，我们原则上可以预言宇宙中任何一个粒子的行为和状态。这意味着，我们看来貌似变动无居的客体世界不只是统一有序的，实际上是严格地被决定的，这个世界是一个决定论的世界。拉普拉斯的因果决定论陈述把因果关系上升为形而上学的原则，陈述因果决定论的拉普拉斯这时是一个三流的哲学家。把他看成不入流的形而上学哲学家的理由不在于他推广因果决定论思维，而在于误导了人类对因果必然关系的理解，从而深陷自由和必然相冲突的泥潭无法自拔。

哲学家拉普拉斯因果决定论的谬误首先在于把有限抽象的科学因果关系扩充为无穷因果关系，从根本上否定了因果关系。科学真理指的是认识对象的因果关系必然性规律的认识，就是说，所谓真理性的必然规律只有在特定的抽象认识对象中建立的特定的因果关系基础上才有意义。每一个科学认识只是揭示客体具体存在及其运动变化规律的一个抽象方面，是各自相对独立的普遍知识的元结构，是具有客观普遍意义的确定性判断关系陈述。具体认识是由各种抽象科学认识的统一性关系构成的，抽象知识返回具体存在及其丰富多样性现象得到对现实世界的合理理解。抽象的科学真理认识之间是统一性关系，不是因果关系，更没有什么无穷因果关系链为对象的必然性规律，拉普拉斯的因果关系链并不存在。不同的因果关系描述所设定的认识对象及其定义域是不同的，根本就不存在因果关系之间的因果关系，即因果关系就好像光量子般是独立分立的，分立的因果关系之间不可能有因果逻辑。把科学的因果必然性决定关系转换为科学真理之间的因果关系就是把抽象的因果决定关系绝对化，把抽象转换为具体的、最普遍的关系。按照这种无穷因果关系链思维，这个世界的认识不再需要统一性。但人们往往忽略了一个非常重要的逻辑，即无穷因果链否定了因果必然性甚至因果关系本身。看看人们津津乐道的蝴蝶效应理论是何等愚不可及！大峡谷那只蝴蝶扇动翅膀引起的对流效果，作为新的原因，又产生了新的效果，这个无穷因果链最终延伸到北大西洋形成飓风，认为蝴蝶飞动是飓风的成因，在这条封闭的因果链中一切自圆其说，天衣无缝。然而按照同样的逻辑，我们也可以推断，飓风之前的一切存在及其现象都可以通过无穷因果链建立与飓风的因果关系，最终一切存在及现象都是飓风的原因，于是，飓风的起因是一切就等于它没有确定性原因，没有确定性因果关系。所以，根本就不存在无穷因果关系链，把因果关系上升为无穷因果链是人类理性认识发展中最致命的错误之一。

拉普拉斯无穷因果链决定论陈述的逻辑错误是把抽象当具体、现象当本质，是把因果必然性关系从普遍必然性关系泛化到一切多样性现象，即把必然性因果规律本身和它发生作用时的特定边界条件和初始条件打包在一起，从而把多样性现象理解为必然性规律的必然性结果，最终赋予了多样性世界的一切以必然性的机械决定论意义。牛顿的经典动力学理论是简约、普适的四个定律，即引力定律和运动三大定律，这就是质点运动的本质规律。一个简单的F＝ma可以描述任何一个质点在任何力的作用下的现象，F＝ma才是必然性规律，a的描述是由F＝ma的必然性规律支配的，但又是由F和m这两个边界条件来具体决定的，F和m是多样性而非必然性的，所以a就不能理解为必然性现象，而是必然性规律和特定的边界条件共同起作用的统一性结果，是规律的必然性和边界、初始条件的多样性的统一，这个统一的结果是特定陈述，没有普遍的必然性、或然性、偶然性之意义。必然性的普适规律才可以去描述多样化的复杂世界，并从最普遍的必然性规律中建立起多样性世界的统一理解。科学所揭示的因果必然性规律是这个世界的本质，但在具体边界和初始条件下的现实过程受本质规律支配不能等同为这些过程和结果也和本质规律一样是必然性的，而是本质规律和多样性边界及初始条件的统一。把必然性理解为普遍规律的规定性时，用必然性去描述具体个别现象是无意义陈述。拉普拉斯的因果决定论把必然性规律支配关系从本质扩展到现象，那么整个多样化的现实世界就变成一个决定论的机器。果真如此，我们只能认识必然性却无力利用必然性，一切科学认识就失去了意义。把因果必然性关系通过因果链扩展到整个现象界，多样性世界的统一就退化为一个发动机，于是人类就在所谓自由和必然的虚幻矛盾前面束手无策。把科学因果决定论贯彻到底就一定只能得到一个宿命的决定论世界。

哲学家拉普拉斯本质上是一个科学家，他凭借对科学精神的坚持得出形而上学意义的因果决定论，他也许始终把这理解为科学本身的命题。从理论思维普遍意义把科学理性形而上学化的大师是黑格尔。黑格尔的贡献是客观唯心主义的辩证逻辑，由之把人类抽象理性归纳为绝对精神的自我运动和发展的辩证生成过程。如果从本体论和认识论相统一、历史和逻辑相统一的意义去理解黑格尔的《逻辑学》，说他是客体唯心主义者并无不妥，从柏拉图到黑格尔的唯心论都是把客体和客观自在地同一起来的。但首先必须承认，黑格尔的逻辑学本质上是认识论，并无严谨的客体存在论意义，它的核心是概念发展的辩证法，归纳的是人类抽象普遍理性的发展，故又称为理性辩证法。黑格尔的哲学是博大精深的，他的《逻辑学》把人类认识的普遍形式概念的发展归纳为从简单到复杂、从低级到高级、从抽象到具体的辩证运动发展的统一过程。尽管他的辩证发展观只是概念和认识意义上的，而不是关于具体世界的，但能够归纳概念发展的辩证法已经当之无愧地成为理性思维的大师。黑格尔将近代牛顿理论成功以来形成的机械因果决定论思维轻蔑地称之为形而上学，并使历史上具有普遍统一性思维的形而上学这一神圣概念有了用刻板观点看待世界的另一幅可憎面目。他的概念辩证法是在否定之否定的扬弃中不断螺旋发展和上升的，所以一般认为联系和发展是辩证法的合理内核，是对机械因果决定论的旧形而上学思维的扬弃。从来人们只是盯住它的客观唯心主义局限性，认为只要把客观唯心主义改造为唯物主义就万事大吉。真正要命的是，人们在抓住无关痛痒的黑格尔辩证法的唯心主义局限性的时候，忽略了它本质上是一种认识论，它的真正的局限性是在认识论意义上的。从来没有人去思考并发现，以反对形而上学机械论为目标的黑格尔辩证逻辑其实在本质上也是因果决定论的，它反对决定论体现在具体的否定之否定的概念辩证发展中，但它的因果决定论隐含在它的基础概念和最高的目标即绝对理念之中。

认识论的基础概念是真理，哲学史上讲认识主要指的是真理的认识。对真理认识的近代唯理论和经验论各执一词，首先真正对此做出决定性贡献的是康德的批判哲学。在《纯粹理性批判》中，康德认为自己解决了真理认识怎么是可能的这一认识论的核心问题，但其实没有。康德的一个主要贡献在于对真理概念本身的规定性认识。康德把科学真理认识称之为知性认识，坚持一切认识的基础是具体的感性经验认识，知性认识从感性认识中建立起抽象的认识对象，进而建立起关于认识对象的抽象的因果关系，从这种因果关系中综合归纳出必然性的认识时，就有了得出客观普遍意义的真理性认识的可能。康德从时间、空间形式的先验性即普遍有效性去为真理认识的客观普遍性提供根据当然是不充分的，但他把科学真理认识作为特定必然性因果关系规律的认识却是具有深刻意义的。它揭示了真理的本质，即真理是抽象的知性有限认识，只有在特定的认识对象有限规定之前提下才有意义；知性真理认识的综合统一则是理性认识。康德把理性认识解释为知性认识综合统一的天生趋向却有过于浅薄之嫌，从知性上升到理性不只是知性元知识的统一，更重要的是从抽象回到具体现实，是从思维中的认识进展到人理性文化选择生存方式的智慧，使人从感性具体进展到理性具体而异于禽兽。从感性认识上升到抽象知性认识再上升到理性认识，这是从具体到抽象再由抽象知性认识上升到理性具体认识，由抽象认识返回具体的人的生存发展过程，至此认识才完成了它的存在。人类文化是认识和生存不可分割、知性和理性不可分割而成为现实具体存在的。理性的具体是包含抽象普遍性的具体，是以普遍知识为根据的具体，和感性的个别经验具体认识具有不同的本质意义。感性提供认识对象，知性建立抽象的客观必然性真理知识，理性是对知性认识综合统一去理解具体存在的智慧，这是批判哲学对认识和真理的统一性理解。

黑格尔的概念辩证法是人类概念认识从低级到高级、从抽象到具体的历史和逻辑相统一的归纳，它的目标是绝对理念，也即绝对真理，辩证逻辑就是真理认识的统一性归纳。但是，黑格尔辩证逻辑的从低级到高级的发展并不是归纳为真理认识体系从简单到丰富的统一性理解，而是真理自身的不断发展，真理就是相对中绝对运动着的，只有在发展最高阶段即绝对理念中才达到绝对真理，也叫全体的真理。黑格尔的真理论是从相对真理到绝对真理发展的辩证法，它否定或者说是抛弃了康德的科学真理的知性本性论，把真理上升为理性。据此，谬误产生了，构成人类知识的每一个确定性真理认识并不是被理解为更普遍真理认识的基础，其本身即不断向高级发展着的理性真理认识本身。这种理性真理论似乎无懈可击，但已经彻底颠覆了真理的逻辑，把低级、简单认识阶段的真理看作相对真理其实是在消灭一切真理。真理之为真理的充分理由是它的普遍客观有效性，相对真理或发展着的真理是没有普遍客观意义的。人们跟着黑格尔谈论相对真理时，是否意识到，几千年前阿基米德等古希腊科学大师们的真理认识什么时候“相对”过、发展过？真理如果是客观必然性认识的话，它就不能发展，不能相对化。每一个被称为真理的知识一定是确定性的绝对认识，是经受了历史检验的。真理的历史检验包括证真和证伪，相对真理在逻辑上是没有证真或证伪的客观标准的，无法证真证伪的相对真理根本就不是真理。证伪保证了真理的客观普遍有效性，把一切非普遍确定性的“相对真理”，比如燃素和以太，驱逐出真理的殿堂。黑格尔的相对真理论在起点上就是很有问题的，它把人类对世界的真理认识从低级到高级的不断丰富过程转换为真理自身的发展过程，从而消灭了真理的客观普遍有效性，把真理的绝对性转换为相对真理，把真理认识的概念体系即真理的理性统一性和真理作为知性确定性认识等效起来，建立了理性真理论。理性真理就不再是知性的客观必然性认识，而是一个无限的趋向绝对真理即全体真理的过程。这是一个只有人类灭亡时才可能达到的目标，按此逻辑其实人类是不能通达真理认识的。

为什么人类相信黑格尔的相对真理论？这和拉普拉斯的因果决定论把科学真理对具体存在现象的描述和科学理论本身的普遍客观性等同起来有同样的根源，归根到底是把多样性现象等同于普遍的抽象本质。任何真理认识只有在特定、限定的认识对象及由此抽象出来的因果关系中才有意义，所以，真理一定是抽象有限的。抽象有限、真理认识的边界条件及限制性规定是真理认识的基础和前提，但并不是真理认识的本质。真理之所以为真理并不以它的抽象有限性作为根据，而在于它的因果关系是必然性的规律，是普遍客观的因果关系，知性真理观的真理是有限抽象基础上的绝对真理。理性真理则是否定了真理客观性的相对真理，是用真理的现象替换了真理的本质的真理理论。黑格尔的相对真理观和拉普拉斯的因果决定链是相协调的，人类把真理的有限抽象性理解为真理相对性，这其实只看到真理的有限性现象，反而丢弃了真理是绝对性的必然规律的本质。

黑格尔的概念辩证法确实是从人类抽象认识形式概念由低级到高级、由抽象到具体的历史和逻辑去揭示人类认识发展的规律，是关于人类思维认识形式范畴的统一性理论，但它把认识从简单到复杂的发展还原为真理本身的发展，建立了相对真理论的时候，实际上就和拉普拉斯在物理世界中一样，建立了意义世界的无穷因果链，世界的统一性是由因果链即真理的不断自身发展而成的，它的最高目标绝对理念是全体的真理。但全体真理却是一个毫无逻辑的概念，全体是一种统一性智慧理解，真理是抽象的特定知识，停留在具体的全体中是不可能有确定性的必然性因果关系规律的，根本没有可以证真证伪的全体真理或具体真理，只有对真理的全体的具体统一性理解。这种统一性理解本身不是真理知识，而是由抽象知识返回具体世界的统一性智慧。我们说拉普拉斯的无穷因果链并不存在，意味着黑格尔的全体真理、具体真理、相对真理也不存在，把真理认识的知性上升为理性是知性的否定，也是对理性统一性智慧的否定。可以把全体真理理解为由抽象真理上升为具体统一性认识，但这和把统一性智慧还原为知性有限抽象知识认识是同一回事。人类陷入科学理性形而上学思维，黑格尔的全体真理观和拉普拉斯的无穷因果链起了决定性作用。

黑格尔的概念辩证法是旗帜鲜明地否定机械唯物论的，它在否定机械唯物论把世界还原为简单、孤立的机械因果关系时，用辩证的联系和发展建立世界复杂的整体统一性关系。但相对真理观和全体的绝对真理论又把这种复杂的整体统一性关系建立在真理认识的因果逻辑关系上，不只具体现象世界，最普遍意义的人类理性世界也是由无穷因果链构成的决定论世界。概念辩证法否定机械决定论的结果是建立整个复杂世界的因果决定链条，是全体的因果决定论。这正是从近代科学革命以来，哲学理性最终演变为科学理性形而上学，即用因果决定关系去理解具体、统一的世界的根源。黑格尔辩证法本质上是理论思维对因果决定论的最普遍的综合，是科学理性时代的灵魂。这种科学理性形而上学发展合乎逻辑的结果是人类倚科学弃哲学形而上学，二十世纪真正成为哲学贫困化的时代，是哲学自绝于人类文化的知性时代。黑格尔把自柏拉图肇端的唯心论推向顶峰，同时也进入了无路可走的绝巷，由此才能理解为什么后黑格尔哲学是以叛离黑格尔为发展主流的。

三、科学理性和人类生存危机

科学理性时代理性和知性同一对人类文明的影响是严重甚至是致命的。哲学智慧并不是人类主观上喜不喜欢的摆设，而是渗透在人类文化的基础之中不可割离的，理性体现于我们的一切非本能生存行为中。知识爆炸哲学贫困的实质不是驱逐了哲学，而是建立了一种基于因果决定论的哲学形而上学，把科学变成了形而上学，这种形而上学的绝对统治地位对人类文明的发展造成了根本上的伤害，使人类对现实生存的认识陷于抽象。科学发展造福人类和科学形而上学危害人类是两个完全不同的命题。

人类进入文明史后是在社会历史文化意义上生存的，人类文化是知识和智慧相统一的。科学理性时代人类生存危机最深刻的本质是文化危机，文化危机的根源是文化基础即对世界的理性统一性理解的片面性。文化本质上是抽象精神性的，现实上却是人的生存方式，抽象的文化、思维、认识是从人类现实生存中抽象出来的，它的危机就是人类现实生存的危机。当一大批彻底的经验主义者、反形而上学的绝对实证主义者高唱挽歌，要体面地为一切思辨哲学和形而上学送丧的时候，哪里明白科学理性的绝对胜利统治不只是形而上学的危机，也是人类智慧的危机，更是人类现实生存的危机。智慧无知识则空，知识无智慧则盲，知识爆炸而智慧迷失的时代，陷于盲目性的人类走向危机却不知危机四伏，面临危机却不知道危机的根源，这就是文化分裂的科学理性时代人类缺乏智慧的无知。当我们说历来的哲学家只是解释世界，却没有改变世界的时候，含两层理解：一是这一认识本身把哲学认识和人类生存割裂为只独立而非统一的存在；二是指出人类现实生存活动和哲学思维是分裂的，历来的哲学还没达到完整的自觉理性水准。人类文明走到科学理性的今天，是因为人类精神的发展还没有真正达到统一，而人类精神缺乏统一性的最可靠根据不只在抽象文化中而在人类的现实生存中。当人们用轻薄、蔑视的口气调侃柏拉图的理念论理解是抽象遥远且与我们无关的古董时，哪里意识到柏拉图的灵魂即理念论就在我们自身的生存现实中。意识、认识、知识、思维、文化诚然是抽象的，是看不见摸不着的，但并不是上帝或什么神秘力量外在地强加给人类的，而是人类在现实生存中创造的，是人的现实生存不可或缺的部分，是人的存在的本质。抽象之为抽象就是从具体现实中而来，不能返回具体的抽象，就只是歇斯底里者的幻象。文化在形态上是抽象的，本质却在现实具体中，只看到抽象形态的狭义文化，不理解广义的具体文化，这正是科学理性时代知性的近视。离开具体生存现实理解文化，科学理性时代把认识、哲学、文化、思维当作纯粹抽象，被影响的不只是抽象的文化，具体受害的是人类的生存本身。从欧洲文艺复兴起，至今不过短短七百年，人类全面的工业化、现代化运动还不到百年，但二十世纪七十年代罗马俱乐部就敲响了《增长的极限》的警钟，随之而来的是不断出现的各种危机。不少有识之士已经觉悟到科学理性时代危机的严重性，提出重新定位人类生存基础理论，但仍有人执着于科学产生的危机由科学自己来解决，躺在乐观的社会历史必然进步发展的思梦席上。人之所以异于禽兽在于人是社会历史文化中的存在，人类向何处去是自己的选择。对世界统一性原理的思考不只是从抽象的我思故我在开始，而是从人类现实生存境遇开始，从对科学理性时代人类生存的现实危机思考开始。

人类生存的直接危机是外部自然环境的不断恶化，并已经威胁到人类的可持续生存与发展。人是自然进化的产物，是在生物链顶端却和恐龙一样对自然环境适应性较差的生命物种。但人不是纯粹自然生命存在，文明史后的人类生存是文化选择和自然选择相统一的。文化选择并不能否定或改变自然选择，而是必须和自然选择相统一，它使人类获得自由创造的本质，告别了纯粹自然界。自然环境是人类生存的前提条件，自然客体的必然性运动发展规律是一切文化选择的基础，人生存的自然环境制约性是先天的、必然的、不以人的意志为转移的，人的现实生存关系首先就是和自然的关系，是人的自然和外部自然环境的统一性关系。迄今人对自然从原始朴素认识到当代科学认识、科学理性认识，可以用无限来概括——在宇观宇宙无限大，在微观物体无限小，物质结构无限可分。这种无限自然观显然是不合逻辑的，人类相信宇宙无限除了认识的原因，还有情感和欲望的成分，无限的自然为人类生存和发展提供了没有边界约束的宇宙舞台，为人的自由创造提供了无限的空间。当今人类意识到地球自然环境对人类持续发展产生强约束时，已经把目光和未来投注到无限的地球外太空，对自然的无限信念鼓励着人类向自然界无约束无止境的索取欲望。科学革命以来人的主体创造性观念不断强化，鼓励了人的自由创造就是依靠更多的知识去更有力量地征服自然的信念，鼓励人坚信知识就是力量，就是征服自然，是从必然王国不断走向自由王国的力量。由之可见，科学理性时代对人的文化和自然的关系理解是分裂的，不是统一的。

人来自自然，人先天地是以自然生命为基础的存在，存在论意义上人是文化和自然统一性存在是不以人的意志为转移的。人对自身和自然关系的分裂理解，导致了人的现实存在和人的认识的分裂，使人的生存陷入盲目性和片面性，人就实质上成为非理性的理性存在，人类非理性地征服自然最后得到的是大自然的报复。其实，说大自然报复人类就已不严谨，在先地带有人与自然分裂和人类征服自然的预设于其中。自然界只是自然而然地存在、运动、变化，既不感恩人类也不报复人类，人类种豆得豆，种瓜得瓜而已。二战后的现代化浪潮，把人类推向现实生存意义上的全球化时代。当人类普遍迈向西方发达国家的工业化、城市化进程时，发现自然环境对人类生存不再是无限的了。增长极限的直接意义是地球人口承载能力的限制，这是人类和地球生态圈的协调统一问题，因为地球容纳人口的能力不是定数，而是和人的生产生存方式相统一的。科技革命推动人类工业化、城市化进程，人类和自然的关系就只能在这一方式下得到新的统一。现代技术社会和传统社会的重大区别在于，传统社会主要依赖人的自然力，辅以畜力去生产，现代社会则主要依赖不可再生能源及能源释放的机械力去生产。所以在现代社会，人类生存危机首先是能源危机及由此产生的资源危机、生态危机。人类以及一切地球生命赖以生存的生命圈系统已经恶化，人类在透支子孙的环境，能否持续生存和发展已经是现实问题。科学乐观主义者们相信科学可以为人类走出危机提出解决方案，故依然沉浸在科技高速发展和人类必定不断进步的快感中。科学可以为人和自然关系的协调改善做出贡献，但用绝对科学观去面对环境问题只是抱薪救火。以科学理性为绝对价值观的社会是一个技术型社会，绝对技术型社会的寿命是有限的，技术和生产的进步一定会超越它所处的自然条件的边界。人类出现生存环境危机意味着人类科学理性社会历史已经处在发展与堕落的边界线上，再不调整科学理性发展观、物质财富发展观，人类前景不会美妙。

从罗马俱乐部发出增长的极限警告以后，人类已经开始正视地球环境保护问题，对碳排放的限制是国际层面合作协调解决的重大问题，我们只有一个地球的观念已经家喻户晓，最为重要的是人类关于人和自然的新观念悄然产生。在宗教统治时代，人受上帝委托执行对自然界的管理；在拒斥上帝的科学理性时代，人赋予自己征服和统治自然的荣耀，人类有如堂吉诃德大战风车般，春风得意地征服自然几百年了。这段历史被人们归纳为人类中心论时代，其实，这是人类自以为是上帝的时代。人类当今仍处在科学理性的技术社会阶段，人类中心论依然是主流，但却不再是铁板一块，最新兴起的还有自然不可抗拒、人类世界不可逆地走向灭亡的悲观论。较有代表性和影响力的是《熵：一种新的世界观》，它回到热力学第二定律发现早期的宇宙热寂说，由熵定律揭示的热传递的不可逆性规律，断言自然界由于热不可逆运动导致绝对熵增即可资利用的自由能的不断减少，自然界实际上是一部不断丧失动力的发动机，在不可逆转地走向最终的归宿，趋于热寂而死亡。物质不灭、能量守恒但熵不守恒，宇宙不灭但宇宙中一切生命都在不可逆转地奔向灭绝，人类自然不能幸免。基于熵定律的该观点自以为科学地回答了人类现实生存危机问题，其实也是片面的科学理性的又一杰作而已。人类生存危机必须由人的现实选择承担责任，不能推给抽象的熵原理，不能把这种危机理解为人类文明史必然性的宿命。用科学去抽象地断言宇宙的命运是不合逻辑的，这个悲观的结论是在不完备的世界统一性理解基础上得出的，本身就带有浓厚的绝对科学观的色彩，其真正价值在于警示必须正视人类面临的自然环境危机问题。人类生存危机的根源不是科学，而是人类文化自由选择生存活动的结果。

人类生存的更直接危机在于人类文化世界中。人类从蒙昧、野蛮时代进入文明史后，把自己理解为超越了自然存在的万物之灵。进入文明史的人类社会区别于动物社会的本质和根据是什么？普遍的观点认为人和动物的本质区别在于人是独特的社会性存在。社会不是人类专利，人类没进入文明史之前同样以原始社会共同体形态生存。社会的一般本质规定性是什么？人超越一般社会的特定本质是什么？这才是人“认识你自己”必须具体回答的命题。停留在抽象的社会性存在为本质而没得出对文明社会本质的进一步具体理解的话，其实对人类社会和人的本质还是一无所知。人的社会和动物社会的本质区别问题是世界统一性理解的根本问题之一，人类对之思考甚多而收益甚微，因而人的现实生存离自觉理性还很远。一百多年来我们已经铁了心认猴子为始祖，相信劳动使猿转变并进化为人是盖棺论定的科学结论。果真如此，猿进化为人是进化为新的自然物种还是进化为和动物有本质区别的文明人呢？还是两者合二而一天衣无缝地同时完成的呢？如果对之尚不清楚，其实对人从哪里来，人之所以为人的充足理由还是不清楚的。人类对人是什么、人从哪里来、人的社会的本质是什么这些基本问题缺乏统一性理解，人类几千年文明史并不都是自主自觉的历史，其实还处在文明的初级阶段。人类几千年文明史是用铁、血、枪炮、战机、坦克、炮艇乃至原子弹来创造的，我们不能否认从丛林法则支配的自然社会发展而来的文明人的基因中永远携有弱肉强食的基因，这种基因一直还在起着重要作用，这就是人与生俱来的“原罪”，所以理想文明社会“赎罪”的真正意义是文明社会必须超越与生俱来的野蛮兽性去自觉理性地合作共存。我们离理想的文明社会还很远，我们连文明之为文明的本质都没有认真探究，胜者王侯败者寇、强权就是公理和丛林法则又有多少距离呢！既然人类能发明社会达尔文主义，这就证明人性中大半还是兽性。

在人类自认已经进入全球化、现代化的当代文明社会中，人和人的社会关系状况如何呢？我们这批50后，从开始接受社会文化教化懂得人的最基本认知起，对人的进一步普遍认识就是把人分为自己人和敌人两类。现代资本主义社会中有人把人与人的关系概括为人对人是狼，个人的现实生存是对一切人的战争。人类社会阶级、阶层分化是现实，认为社会是普遍阶级社会的观念却片面，关键在于人类没觉悟到这种普遍社会现实并不是文明史的本质，而是自然社会的本质，是人类与生俱来的丛林支配法则在文化文明社会具体边界条件产生的具体现象。中国不是资本主义社会，在结束以阶级斗争为纲，进入以经济建设为中心的现代化时代，人和人的关系不再是阶级斗争关系，转换为竞争关系。从“不要让孩子输在起跑线上”的口号中，可以发现人和人之间本质上依然是竞争关系，这是新版的个人对一切人的战争，陈述得温文尔雅而已。文明人的本质进步就是对自然丛林法则的超越，这种进步是无可否认的。个人并不是绝对独立自足的存在，人天生就是社会动物，人进入文明史的本质意义就在于人的社会性存在形式不再是赤裸裸的纯粹丛林法则在支配，而是不断发展出超越自然关系的各种文化关系去构建生存的社会形式，成为文化文明社会。文明史是人类从氏族社会到民族社会、国家社会乃至当代全球化的世界历史的不断发展过程，是人的社会性不断扩展的过程。尽管今天人和人之间同样存在着竞争和斗争，人类依然活在战争的阴影中，但大多数情况下人类已经在依靠制度安排而不是赤裸裸的暴力去解决问题。今天，即使国和国之间还没有形成文化制度去协调基本关系，但已经产生了国际协调的各种架构，国和国之间的协调合作已经成为现实。这能否说人类在现代文明社会更安全了呢？在个人意义上这或许成立，在人类意义上却未必如此。在冷兵器时代是拳头战胜脑袋，在热兵器时代是脑袋战胜拳头，但无论谁胜谁负，人类社会依然存在，胜利一方肯定继续存在。进入核武器时代则另当别论了，核战争可以是没有赢家的战争，可以摧毁整个人类社会，所以人类国际合作的一个重大议题是限制核武器和防止核武器扩散，它涉及人类的生存。真正的困难在于，在科学理性价值观支配的技术社会中不可能彻底消除核战争威胁，维护国家安全的手段在于依靠科技提供更有威力的武器，人类陷入无穷尽的军备竞赛中，擦枪走火都有可能引爆地球。科学技术越发达，人类作为整体越不安全，技术型社会将永远无法摆脱这一魔咒。

当今知识时代，人类并没有意识到自身最深层的危机是文化危机，是知识在爆炸性增长中摆脱智慧统一性，使人类知识体系进入自相矛盾的无序状态。人类知识的精华是科学真理知识，它是随人类历史发展而绝对地积累和增长的，到今天已经是指数型爆炸性增长。但人类知识再丰富也只能以具体个人为最终载体，个人从自然人成长为现实文明人必须在文化知识结构统一性意义上重复人类文化文明的总体过程。但个体能容纳的知识容量是受生理条件限制的，在知识时代已经没有人能掌握各个领域的全面知识，科学前沿领域可能只有几个专才精通，这些专才在其他领域同样是外行。知识时代已没有亚里士多德生长发育的文化土壤。知识时代所有知识必须统一为不互相矛盾的完整体系。知识越丰富，知识统一性要求就越迫切。康德把理性统一性简单地理解为认识的内在趋势，实际上知性知识只有在理性统一性中才有意义，才真正完成认识过程，知识之为知识是在知识体系中实现的。用知识代替智慧，实质上是取消了知识统一性问题，将使人类知识进入各行其是相互矛盾的混乱状态。霍金在《时间简史》结束时把这种现象的原因归结为知识的复杂性，感叹当代哲学的堕落。哲学的堕落是人类文明的堕落。当代哲学把科学理性作为形而上学，把自己作为特定因果规律知识追求，那知识统一性就只能是哲学的哲学了。知识时代知识爆炸而无序的责任在于哲学不务正业和无所作为，当代人人都是知识分子，人从小学到大学、硕士、博士课程，掌握的知识也只是海洋中的几滴水。如果人类知识体系不是统一性的，知识就失去了普遍性的本质，有知识却不一定能从滴水见太阳，无法理解现实多样性的世界，知识就失去意义。知识使人有力量，但知识只有智慧地统一起来，从抽象返回具体现实才能成为改变世界的力量。人类有知识无智慧的文化分裂时代实际上是人类精神分裂的时代，人类寄望于太空移民或时空穿越去消除生存危机就是证明。

人类文化知识和智慧分裂的深层原因在哲学自身，哲学从科学之科学的最高殿堂堕落为知识时代的科学侍女并不是偶然的，科学理性的哲学同样是历史生成的，支配人类走进科学理性时代的深层原因是哲学而非科学的，而且是哲学史意义上的。卡尔·雅斯贝斯认为轴心期由苏格拉底和柏拉图所建立的哲学构建了人类精神统一性理论，其后的精神统一性认识再没有超越柏拉图。因此，科学理性时代知识和智慧分裂的理论源头，只能在古希腊哲学中，特别是在柏拉图的理念论哲学中。要思考世界统一性就要回到古希腊，回到柏拉图。

第二节　从本原论到理念论

一、哲学源头是本原论

约公元前600年，古希腊米利都的圣人泰勒斯提出水是世界万物本原的猜测，产生了统一性智慧意义的哲学，泰勒斯就成为哲学智慧的始祖。古希腊哲学以爱智慧的名义获得了科学之科学的最高荣誉，哲学自出生就是高贵而神圣的。笛卡尔是十七世纪法国哲学的领军人物，是近代科学革命的旗帜之一，他的一个重大科学贡献是空间直角坐标系这一科学描述的普遍形式的建立，诞生了解析几何。他的哲学理论体系最深刻的革命性意义是以“我思故我在”作为一切理性思考的起点，从根本上体现了哲学思考怀疑一切、批判一切的彻底革命本性，并在批判一切权威和先见的基础上建立了他的理性哲学体系。笛卡尔在说明他的哲学体系时把它比作一棵大树，树根是“形而上学”，树干是“物理学”，树枝是各门科学，将哲学看作一切具体科学的根本。为什么水的本原说产生了哲学？为什么理性哲学必须从怀疑一切开始呢？

泰勒斯关于水是世界万物的本原这一智慧命题和其他称为知识的命题的本质区别是什么呢？水的本原说首先是一个地道的科学命题，仅对水的经验或科学认识而言，它和一般的经验认识或科学认识本质上是相同的，即这同样是一个知识判断命题；就知识判断命题而言，这一认识并没有什么价值，因为它只是朴素的猜测。当今还会有谁去理会水是世界万物本原这一判断的知识意义呢？具备基础知识的人都知道水是两个氢原子和一个氧原子构成的分子，没有人会认同水是世界中不生不灭的本原存在。但是，泰勒斯作为西方哲学始祖的地位不变，人类文明史永远铭记他，理由何在呢？泰勒斯提出水是世界万物本原的判断时，把本原定义为不生不灭的永恒存在，万物生于斯又返归于斯，由此赋予了这一命题统一性意义，从事实和关系判断上升到统一性理解，而且达到了自然界万物统一性的理解。按照水的本原说，水是物质世界最普遍的具体存在，由之出发得到的不仅是关于它自身存在的认识，而且是关于物质世界多样性的各种不同物体的统一性理解和说明。对水的认识是知识，从水的本原性出发对整个物质世界的统一性认识则是智慧，是对我们存在的世界的有根据的解释和理解。它从最普遍的具体存在意义上回答了世界的本性、世界从哪来、世界为何是多样性的统一存在这些最基本的问题。以哲学本原论为起点，感性自然世界进展到理性具体认识的统一自然世界——统一于水的万物世界。因此，哲学是在对世界具体存在的统一性思考中产生的，它的对象是具体的客体实在世界，它的直接对象是具体的本原客体，它的真正对象是整个客体世界，其他一切哲学命题都是以此为源头产生的。这正是泰勒斯对人类文明的划时代贡献。从来不会有人因为懂得水不是世界的本原而责难他，贬低他，他贡献给人类的不是世界本原的知识，而是从世界万物本原出发，把关于客体的各种知识统一起来，得出对多样性存在统一性理解的智慧。哲学的产生是爱智慧而产生的，哲学的本质就是多样性的统一性意义理解，泰勒斯开创了人类走向统一性智慧认识的新的历史时代。

由水的本原说产生了理性哲学的深刻意义在于哲学是具体的，不是纯粹抽象形而上学，哲学是形而上学、普遍知识、经验相统一的具体智慧。本原论催生了哲学的理由在于它是形而上学普遍设定和经验知识相统一的，本原知识与时俱进，本原的形而上学规定却是永恒不变的，它把万物世界的形而上学感悟和人类关于自然的知识、经验统一起来。以形而上学与经验知识相统一的本原说产生了哲学表明，把哲学当成纯粹抽象形而上学是浅薄的。

智慧和知识的区别和联系精辟地归纳在笛卡尔的我思故我在这一哲学起点命题中。知识是由确定性的判断命题来陈述的，任何确定性判断本身不能判断它自身，否则就陷入恶性循环而失去确定性意义。一切知识判断是有前提的，没有自我完备的知识，恰恰是知识的非完备性赋予了其确定性和开放性相统一，使不同的知识构成对世界统一性理解成为可能。哲学不是知识，没有现成的可利用的前提和起点，统一性思维没有自立的资本，但哲学并不是无米之炊，知识就是米，这正是古希腊哲学是科学之科学、笛卡尔把哲学形而上学称为人类知识大树之根的理由。统一性智慧正是由于没有知识前提和确定性判断的限制才是无限的，必须在自身的无限统一性中达到完满即自圆其说，必须为自己设定的前提提供充足理由，这就是哲学可以怀疑一切，而且只能从怀疑一切开始的原因。科学判断不能指称自身，哲学则必须自己证明自身；知识是不完备的，哲学理论则必须是自圆其说的。知识的不完备性是由哲学来解决的，哲学对知识的统一性思考就是在为知识提供完备性，人类认识只有达到知识和智慧相统一，才能是可靠而完备的，才能达到完满的境界。笛卡尔的我思故我在体现了哲学的彻底批判精神，表现了人类追求认识自圆其说的完美境界。不能肤浅地把我思故我在理解为我思维我才存在、我思维是我存在的根据，它的真正意义是从存在和思维的关系这一哲学传统基本命题为思考起点的，它应合理地理解为因为我能思确证我存在，没有存在就没有思维，思维是以存在为前提的。笛卡尔以存在和思维的关系作为哲学思考起点，他的哲学就不能是纯粹认识论，而首先是本体存在论哲学，在本体存在论意义上，我思故我在只能首先从“在”去理解，从唯物主义去理解。我思故我在的本质意义在于揭示了理性哲学必须自己为自己提供根据，不能被外在的前提所限定。有限和无限是哲学和科学的本质区别，而所谓无限不是知识意义上时空或数量的无限，而是指没有外在限定性因而可怀疑一切，能自圆其说。简言之，哲学的无限是具体现实性的，科学的无限是抽象形式的，科学虽有无限抽象形式却无法应付现实中的无限问题。

哲学产生于对物质世界的统一性思考中，最早产生的哲学叫自然哲学，从各种猜测的或科学确证的物质性客体作为本原存在去解释物质世界的统一性理论统称唯物论。凡是以物质自然界统一性为对象的哲学在逻辑上只能是唯物论，其认识对象“万物世界”已先验地决定了这种自然哲学只能是具体物质客体为本原的自然统一性理解，成为唯物论和以何物为本原无关，只和它是以万物世界为对象的自然哲学有关。唯物论同时又称本体存在论，即从本原客体存在去解释多样性存在之物统一性即自然本性的理论，本原存在构建的客体自然统一性就是本体的意义。体之为体的普遍意义是从三维之物的感性认识基础上抽象出来的，人可感性认识的具体存在是三维空间性存在，没有具体的一维线存在和二维面存在，高于三维没有具体感性为基础的可理解意义。本体论的本原存在是最普遍的具体存在，在本原层次是一切存在的同一存在，现实多样性客体世界是本原的结构性存在，多样性统一于本原存在。一切物以体的三维感性客体形态存在的根据在于本原存在的具体存在本性，所以本原是自然最普遍的具体存在。本体是形而上学设定，形而上学和知识相统一的本原把本体形而上学设定和现实经验统一起来，成为认识自然普遍本性的智慧。认识本原存在的科学方法就是对多样性客体结构从特殊到普遍的不断还原分解，科学就必须不断“拆零”。哲学史上还有中世纪经院哲学关于上帝存在的本体论证明，其目的正是企望在最普遍的意义上对客体世界做出统一性解释，但它只是穿上了哲学的花衣裳，骨子里却不是哲学。因为它是从上帝存在的信仰这一前提出发去演绎出世界的，不是在对具体世界从个别到一般到最普遍的认识发展中归纳出来的。上帝存在的本体论证明即使勉强称为本体论也不是哲学本体论，从信仰出发就是从预设前提出发，它既没有知识作为基础，也不可能自圆其说，当然不是正儿八经的哲学。

哲学本体存在论在对具体客体世界最普遍存在统一性理解的追求中产生，它的认识对象的物质客体本性决定了它本质上是唯物主义的，至于不同的唯物主义哲学流派把这种科学所能认识的物质性本原看作是水是火是气或是概念中定义的不可分原子，并不影响对客体世界统一性的唯物主义理解。正是这种本体存在论对物质世界的统一性理解，为自然科学提供了认识的基础，推动了对客体世界的科学认识并推动着哲学认识论的发展。人类近代科学革命开始的科学发展伟大历史进程是建立在哲学唯物主义基础上的。哲学唯物主义作为人类文明发展的时代精神，是具有人类普遍意义的。科学是人类的共同财富，人类社会历史的发展首先体现在科学技术对人类生产方式革命性变革的决定性作用中，科学技术是第一生产力是人类对社会历史发展的精辟归纳。由哲学唯物主义为基础的自然科学的历史进步，从总体上来说是人类社会历史的进步，尽管这种人类普遍意义进步在不同的国家、不同的历史时期，表现为具体的特定形式，甚至哲学观点在历史上产生了不同的意识形态，但对人类历史发展而言具有普遍意义，即人类历史在多元化中、在曲折中向着科学理性的人类解放方向前进。从另一个角度看，人类科学理性时代陷入知识和智慧的二律背反，知识时代智慧迷失，又说明了唯物主义作为最普遍的世界统一性基础理论是不够的。这有两个方面的原因：一方面是唯物主义并不是最普遍的自然世界统一性理论；另一方面是圆满的客体世界统一性理论也没有通达最普遍的世界统一性理解。

第一，自然界的本原存在认识首先是客观知识，自然统一性认识以科学真理认识为基础。古希腊的唯物主义是朴素的，是基于猜测的，是不完备的。今天，人类对自然的科学认识已经长足发展，对世界的具体本原存在构建的自然统一性理解必须建立在最新的科学认识基础上，而不是继续吃泰勒斯留下来的老本，唯此哲学才不负时代精神的精华和活的灵魂的盛名。根据二十世纪以来的各种科学知识，再抱住泰勒斯肇始的哲学唯物主义实在不合时宜。科学已经证明物质不灭不再是最普遍的规律，在核反应中质量是不守恒的，只有在不涉及核反应的特定条件下物质不灭定律才为真。粒子物理学不但在理论上预言一切物质基本粒子都具有相应的反粒子，而且已经得到了反粒子存在的证据，并发现正反粒子相遇的结果是双方的实体湮灭而失去三维体的存在，化为光。质量不再绝对守恒证明物质不是绝对守恒的，这个世界上并没有不生不灭而永恒的具体物质粒子存在，除非质量不是物质之为物质的本质规定性。如果物质不需要质量为存在根据，我们的一切认识必须推倒重建，比如感性具体、抽象质点、真空这些基本概念将失去传统意义。一个没有大小的抽象质点如果再没有质量，谁能说出质点的物理意义是什么吗？我们得心应手的质点动力学还有普遍意义吗？物质的质量规定性是客观的，是以不以人的认识为转移的物质客体为基础的。传统的唯物主义对自然客体世界的统一性理解必须被超越，进入更普遍的统一性归纳和综合，得出对宇宙自然更普遍的统一性理解。然而，二十世纪的哲学家集体失声，人类对客体世界的统一性理解至今还是没有真正超过泰勒斯的朴素唯物主义水平。

二十世纪哲学在客体世界统一性认识上无所作为的最大受害者是自然科

学，特别是物理学。唯物主义可以理解为物质一元论，即物质实体是绝对的存在，多样性的自然界最终必须在物质本原具体存在基础上得到统一性理解和说明，故唯物主义一元论又可以理解为绝对物质观。据此，二十世纪科学对客体世界的一切新的发现的意义最终都回到物质客体去解释，物理学就产生了场是物质存在者的悖论。物理学的场是从物质客体相互作用的力这一抽象概念基础上得出的更普遍的抽象，它的本性和力一致，也是对物质相互作用的抽象归纳描述。场是物质就是说物体相互作用现象是具体的物质存在，如此低级的循环解释和直接的矛盾叫物理学者如何面对下一代，如何面对历史？绝对物质观只能把光、电、磁这些现象装进物质客体存在的大口袋中，二十世纪人类捏造了波粒两象性这种不可理喻的概念，这里二象性之“性”指称的是本体存在论意义上的具体现实存在的本性。把客体存在的本性归纳为波粒二象性时，还要坚持这是物质世界一元论理解，那就有点厚颜无耻了。难怪二十世纪有一批物理学家和一些怀疑主义哲学家合唱：实体性死了，物质死了，让我们高唱挽歌体面地埋葬它。

第二，几千年被所有唯物主义哲学家忽略了的最重大问题是物质一元论在逻辑上不可能自我完备。物质客体存在就其存在本身去理解不能自圆其说；但统一性智慧必须以自圆其说为使命，否则就不成为自己为自己提供根据的一元论。所谓自圆其说的意义是什么呢？即它不能无限后退，它的根据只能由自己提供，作为一元论体系它是封闭的，是自足自洽的，不需要它之外的东西来为之提供根据和理由。为什么泰勒斯的本原说产生了哲学呢？因为本原的设定截止了对自然认识的无限后退，使对自然的自足自洽的一元论认识有了现实的基础。人类可以追问万物的本原是什么，但绝不能追问本原从哪里来，凡是思考宇宙起源的哲学家一定是不入流的哲学家。当我们发现水是由氢和氧元素组成的时，水就不是本原，构成水的氢和氧甚至更基本的质子、中子、电子不是同一的，不是最普遍的具体存在，也不是万物的本原，本原之物就只能继续向更基本结构还原去寻找。物质一元论作为本体存在论，它的核心不在于对客体世界不生不灭的最普遍的具体存在的科学实证，那只是知识，是由科学实证证明解决而不是由哲学家形而上学思辨完成的。哲学不是解剖学，而是人类知识的总组装车间，物质一元论的使命是由具体本原客体存在开始在逻辑上把多样性物质世界理解为内在统一有序圆满的自然整体世界，它在逻辑上从本原的抽象设定作为自圆其说的认识的可靠起点。真正的问题在于，以物质实体为本原设定的一元论在逻辑上是达不到自圆其说的水准的。即使科学能证明被称为“一”的基本粒子的存在，并且证明它是不生不灭的本原存在，也不能构成物质一元论的充足条件。由本原存在知识为起点，在自然客体相互作用的普遍联系中揭示物质世界运动变化发展的最一般规律，得出自然界的统一性理解，才是真正的自然一元论哲学智慧。对物质客体运动的认识和理解是更为重要、更本质的，自然界是存在和演化相统一才成为现实多样化世界的，有存在无演化何以构建自然一元论！物理学的核心不是物质结构还原分解，而是从力和相互作用去揭示物质世界的运动规律，质点和力构成了物质世界认识的统一起点，牛顿的经典物理学理论就具体为质点动力学。在质点和动力的统一性意义上，如果物质本原作为绝对具体存在的质点，则动力在逻辑上只能是绝对的动力，质点绝对存在和推动绝对存在绝对运动的推动力也只能是绝对的，由此得出物质一元论有两个绝对的结果，就是由一元论走向二元论。关于世界的运动是比世界的存在更为重要的统一性理解的基础，绝对物质构成的客体世界一定要配备一个独立于物质存在之外的发动机去推动，推动才是多样性世界貌似变动无居而本质上统一有序的根本原因，在宇宙之外给宇宙第一推动的上帝才是最高的、全能的存在。西方朴素的唯物论为什么会和上帝创世说兼容？因为朴素唯物论不只和上帝存在相协调，而且更需要上帝的第一推动使之完备。但和上帝创世说相容的唯物论无论如何都不能再被理解为一元论的世界统一性理论。辩证唯物论不接受上帝及其第一推动，把物质绝对存在和绝对运动作同一而非统一性理解，即世界是物质的，物质是运动的，物质运动是绝对的，静止是相对的，这是任何略懂辩证唯物主义哲学原理者都具备的知识。但这种物质存在和运动的绝对同一是不合逻辑也无法解释经验的。物质客体绝对运动就取消静止了，物质绝对运动相对静止是自相矛盾的无意义陈述。在地心说空间认识形式中，物质的运动和静止都是绝对的；进入更普遍的相对空间认识形式就再没有关于物质运动的绝对理解和描述的可能。伽利略和牛顿的重大科学贡献之一就是相对空间的统一性描述，其本质就是一切物质运动的相对性，只有相对于指定的空间坐标系，物体的运动才有描述意义。一切物体的运动状态即究竟是动还是静取决于描述空间，只能是相对的。独断地规定物质绝对运动只是哲学家的自言自语，追求客观知识的科学家们不会予以理会，否则以相对空间为认识基础的物理运动学和动力学就全盘崩溃了。由此可见，把物质客体存在绝对化无法构建起物质世界完备自足的存在和运动相统一的理论，彻底的唯物论在逻辑上不是一元论，只能是二元论或多元论。自然统一性在本原存在起点上就是统一性的，即本原存在必须是存在者和存在者状态相统一才能达到的自然一元论水准。把本原规定为不生不灭的客体存在是不符合一元论规定性的，这是执于物的感性，把不可还原分解这一本原客体规定性等同于不生不灭，这在逻辑上决定了传统自然哲学无法达到一元论的水准。人类自然哲学还没超越泰勒斯的唯物论表明，我们仍是执于感性而不是理性地理解宇宙自然界。

第三，退一步说，即使有完备的物质一元论或客体世界一元论，也没有最后通达最普遍的世界统一性理解。就是说，物质世界统一性和客体世界统一性是构成世界统一性的基础，还不是最普遍的世界统一性。说物质一元论或客体一元论在逻辑上还不是最普遍的统一性，理由很简单且充足，客体世界之外还有主体世界。物质一元论如果是最普遍的世界统一性理解，那就得把主体世界还原为客体世界去理解，把存在理解为物质，就得把和物质不同本质的思维排除于存在之外，把思维仅仅理解为物质存在的属性和现象，思维和主体世界就失去了本质从而失去了存在的资格。物质一元论的世界是没有精神本质和人的本质的冷冰冰的物的世界，无法得到对灵魂和与之相关的生命和人的本质的理解。唯物主义成为绝对存在统一性历史发展的最大局限性在于，人类历史从古希腊哲学诞生以来，人类孜孜不倦地思考的灵魂最终失去存在的正当理由。人如果彻底否认灵魂存在，人自己就成为无灵魂的躯壳，人类如此认识自己，情何以堪，天理何在。人类自十八世纪法国唯物主义建立无神论后，再也不敢正视自己的灵魂。抛开复杂抽象的灵魂，人类如何去理解生命的本质呢？在人类踌躇满志认为已经接近认识世界的尾声的今天，生命科学界却老老实实地承认还没有建立起生命的统一性定义，就是说还没有把握生命最普遍的本质。没有灵魂的意义只能认识躯壳，怎能理解生命！在人类承认灵魂存在而没有找到灵魂的合理解释的时候，只能用朴素的神秘活力论去解释活生生的生命和躯壳的区别，以解释生命现象的经验。当灵魂存在失去正当性后，人类只能还原到物去理解生命，但所谓生命只不过是生命的躯壳。生命科学的革命性进步是物理学进入生命科学，二十世纪伟大的物理学家、量子力学大师薛定谔的生物学力作《生命是什么》在四十年代问世开了从物理科学角度认识和思索生命的先河，激励了一大批物理学家投入对生命过程物理机理的研究，推动了生命科学迅猛发展。按照世界统一性的逻辑，生命是在一般物质结构基础上进化出来的更复杂性存在，生命之为生命而不再只是生命物质的理由在于生命有普遍物质结构所没有的本质规定性，物质统一性并不能穷尽生命的意义。构成生命基础的生命物质遵守物质客体一般规律是不容置疑的，但根据生命物质的物理行为去断言生命就只是物质的还原论却是不能接受的。但是，在物质一元论的世界理解中，生命的本质最终只能还原为物质本质，当代最著名的进化生物学家只能告诉人类生命和物质并无本质区别，这是彻底的唯物主义即物质一元论合乎逻辑的结果。要么我们相信一切生命包括人在内本质上是物的存在，生命和人都是没有自己本质规定性的现象而已；要么我们只能坚持说物质客体世界并不是最普遍的世界，物质一元论并不能提供对最普遍世界的统一性理解。

事实上，人类对世界理解的意义一开始就超越了物的世界，对灵魂的感悟、经验、思考先天而来且如影随形地伴随着人类。对客体世界统一性思考的超越是关于主体世界统一性思考的唯心主义哲学的产生，从而把人类对世界统一性的理解推到更高、更普遍的水准。

二、唯心论哲学对“心”的统一性思考

古希腊圣哲中，将对世界统一性思考由客体世界转向主体世界的第一位大师当推苏格拉底。唯心论哲学肇始于巴门尼德的存在哲学，他用一元神论

的逻辑把对世界的统一性思考推到最普遍的境界。但巴门尼德一元神性的最普遍而永恒的存在只是纯粹抽象而空虚无物的形式，没有存在的现实和具体的规定性，还不是从客体世界到主体世界统一性思考的历史性转换，只能算是连接客体向主体世界统一性认识过渡的纽带。巴门尼德的存在哲学是半本体论半认识论的，他坚持存在者存在、存在者不可能不存在是在本体论意义上的；把存在理解为通达真理的道路时又把存在当成认识论的概念，这种存在是没有合逻辑的完整规定性的。黑格尔在《逻辑学》中把存在概念作为唯心主义哲学概念的起点，这里的存在不是我们通常意义上的存在，而是巴门尼德存在哲学的存在概念。黑格尔智慧地指出，在唯心论哲学起点上的存在概念是还没有任何规定性的纯粹抽象，这种存在即有的本质是无。在进一步的发展即变易中存在获得了最初的规定性，才发展为定在，即有了初步规定性的最一般存在。这是黑格尔对唯心主义哲学源头的精辟归纳。

唯心主义哲学真正进入对“心”即人的主体世界的思维和认识的思考，使巴门尼德抽象的最普遍意义存在获得最初的具体规定性的是苏格拉底的哲学。他对德性的最普遍的客观性本质的思考，尽管足以使他获得伦理学之父的殊荣，但他最深刻的思辨智慧、最骄傲的历史地位是哲学圣人苏格拉底，他思辨智慧的划时代意义在于他对人类德性、善恶的思考达到了最普遍必然性追求的统一性境界，使抽象的存在获得了最初的具体规定性，唯心论哲学的最普遍形式第一次获得了具体的内容。苏格拉底的最高历史地位是唯心主义哲学之父。

苏格拉底早期曾醉心于自然知识的追求，但后来转向人的世界。他关于人的思考不是感性的，不是生命的，而是人的内心的，但又不是特定具体某人的内心世界，而是最一般、最普遍的德性。用今天的哲学概念陈述，就是客观认识和主体世界的思考。苏格拉底的德性和至善是把世界安排得如此合理有序的力量。当苏格拉底从人的德性去思考这种必然性力量时，把人类引向了自身的主体世界；当苏格拉底说这种人自身的德性力量是世界万物的真正原因时，就把主体世界理解为人的存在的自为根据，是自我完满的理性统一性世界，这是他最终以诽谤神入罪的最根本原因；苏格拉底把德性、善恶这些主观性伦理概念上升到最普遍的客观必然性概念时，就把人类思维引向最普遍的共相，引向主体思维的统一性，引向唯心主义。

把苏格拉底关于德性和至善的最普遍的定义和对绝对本质的追求扩展到人类主体精神世界的整个领域，追求一般意义上的共相的普遍统一性的是他的学生柏拉图。柏拉图的哲学以对话形式借第三者之口表达出来，流传下来，内容丰富且形式松散，后人的理解颇多歧义。柏拉图哲学的本质和历史贡献是唯心主义的理念论。柏拉图的理念指的是人类知识认识中抽象出来的普遍概念这一共相，用他的话来说是一种特殊性质表明的类。一类事物有一个理念，人类对世界从复杂到简单、多样中的统一的理解首先是依靠理念来实现的。理念实现了从个别具体感性认识到一般普遍认识的抽象，把多样性现象归纳为抽象、简单、统一的共相，这共相就是多样性现象的普遍本质，人类对世界的认识归根到底就是追求对世界现象的本质认识，最高的追求是绝对的本质，好比苏格拉底追求的德性的绝对本质那样，这是人类认识的最普遍境界。理念的本质意义是使人类认识从个别现象认识上升为普遍本质的知识认识。柏拉图把个别现象认识叫作意见，把普遍本质认识叫做知识，这是非常重要且极为深刻的。理念论是以人的思维、认识和知识为对象的，如果认同柏拉图哲学的精华是理念论的话，首先必须认识到，柏拉图哲学是关于主体精神世界的，本质上是关于认识世界的认识本身的智慧。

共相、概念、理念并不是柏拉图哲学对人类的贡献。人类进入文明史就创造了知识，抽象的共相已经普遍使用，到柏拉图的时代，不但知识已经非常丰富，而且对共相的认识也已经相对成熟，已经产生了从泰勒斯的物质世界统一性思考到巴门尼德的最普遍的共相即存在概念，苏格拉底对人类德性的普遍必然的绝对本质的思考更是把德性和善恶这些共相的认识上升到了最普遍的抽象本质认识的高度。柏拉图的创造是理念论，即抛开知识的具体内容，思考构成普遍知识的统一性形式，即理念的统一性。理念以经验世界的具体内容为对象，追求对其普遍本质的归纳，在抽象概念中认识世界。理念是普遍的抽象形式，它只有在内容和形式相统一即成为知识时才有现实意义。理念是一种特殊性质的类，复杂世界有无限多的特殊性质，一个具体感性认识对象或现实过程从不同角度、不同层次思考有不同的性质，不同的理念。随着人类认识的发展，知识在不断积累，共相即概念、理念在绝对不可逆地增长。尽管每一个理念是多样性现象的统一性归纳，有确定性、规定性，但随着理念的增长，由普遍知识构成的人类认识体系又和经验现象世界一样，成为多样性的了。这些多样性理念如果不统一，人类知识体系就会因相互矛盾而最终崩溃。更为深刻之处在于，人类普遍意义知识的普遍统一性本身是以理念统一性为根据的，内容和形式相统一的知识的抽象普遍性是基于形式即理念统一性的。柏拉图的理念论就是以理念为对象，为人类知识的普遍意义的统一性提供形式上的根据。只有达到柏拉图的理念论哲学的高度，哲学才真正成为人类文化知识的基础，柏拉图的理念论哲学就是笛卡尔所说的人类知识之树之根。卡尔·雅斯贝斯把古希腊哲学诞生叫作人类文明的轴心期，即建立起精神统一性的时期，这种精神即精神文化，精神文化的统一性即人类文化知识统一性。理念论建立起精神文化知识的统一性，卡尔·雅斯贝斯就有充分的理由说柏拉图达到了人类精神统一性认识的绝对高度，其后的哲学家对精神统一性的思考再无可能逾越理念论的绝对精神，总是从古希腊这一哲学源头获取精神力量。

理念论哲学以理念为对象，以理念统一性为目标，是对知识认识的认识，对思维的思维，是思想的思想，是纯粹思想在思辨中的精神运动，所以是唯心论的。唯心论之为唯心论的根据在于它的对象、目的、过程、成果都是纯粹的精神运动，不再涉及精神认识和感性经验世界的关系，是关于普遍认识形式统一性的彻彻底底、完完全全的精神认识过程，因而是唯心而不是唯物的。唯物主义思考客体世界的统一性，从最普遍的具体本原客体去理解自然万物世界多样性的统一，在逻辑上已经先验地决定了只能是唯物主义的。理念论哲学思考人类知识的统一性，以人类知识抽象共相的普遍形式为对象去建立精神文化知识的统一性，不但自身是精神的，而且对象、过程都是纯粹的精神，在逻辑上也已经先验地决定了它一定是唯心主义的。人类精神现象的统一性如果是物而不是“心”，那可真是精神错乱了。唯物论对客体世界的统一性认识并没有达到人类主体精神世界统一性思考的境界，当把一元论理解为不只是特定的物质世界统一性，而是绝对而无限的世界统一性时，装在唯物论框架中的唯心主义就是不可理解的怪物，就像要把大瓶子装在小瓶子里面一样不可理喻。唯心论在唯物论基础上产生，符合人类精神过程从低级到高级，从一般到更普遍的逻辑法则。哲学史上最早产生的唯物论叫作自然哲学，唯物论是自然统一性理论。在最普遍的统一性哲学观点看来，自然哲学只是元哲学的一个分支，唯心主义比唯物主义高出一个层次，它们并不是先天的你死我活的对立理论。由于唯心主义理念论是纯粹的精神思考，不再涉及客体世界知识的内容，在现象中似乎又有了一个和客体世界相对立而存在的主体精神世界，由此产生了唯心主义和唯物主义势不两立的两千多年哲学史。这是人类文明史最大的悲哀之一。这种对立和分裂不只是纯粹的精神现象，而是两千多年人类社会现实无法自觉统一于理性的历史。精神之为精神就在于它活生生地存在于现实世界，并且构成了人类社会历史的本质和意义。

为什么卡尔·雅斯贝斯说后世的哲学家无法超越柏拉图呢？因为如果把精神统一性理解为认识的最普遍统一性，则理念论对概念统一性形式发展的归纳已达到绝对境界，人的精神世界对普遍共相的认识在逻辑上是无法逾越理念论的。问题在于为什么说精神统一性之于人类是比自然统一性之于人类更高的统一性呢？在唯心主义哲学看来，人具有人的本质而区别于禽兽，人和禽兽的本质区别在于精神本质之中。唯物主义思考客体世界认识统一性，没有达到主体精神认识本身的高度。包括对认识本身在内作为认识对象的认识才是更普遍的，唯心主义在认识上是包括了客体世界认识的。柏拉图唯心主义理念论标志着人类对自身精神本质的思考达到了精神的绝对境界，这一精神境界是后人难以超越的。精神统一性之于人的意义实质上是人的本质的统一性，是精神文化使人从自然意识进展到理性意识，从野蛮和蒙昧走进文明，在本质上异于禽兽。理念论所追求的是人的认识所构成的精神现象的统一，这才是人最普遍的本质。只有通达理念论的绝对精神境界，才能深入为什么人类知识是具有类的最普遍意义这精神统一性的最高命题，这是人的类存在不只是万物之一即物种中的一个种类，而是万物之灵即超越了只有自然感性认识的自然生命的人类社会历史性存在的本质和根据。为什么我们今天能津津乐道阿基米德、柏拉图、亚里士多德以及其后的牛顿、黑格尔等一切先人的认识理论？因为上升为知识的人类认识是对整个人类有可理解的普遍意义的，这里整个人类不只包括现实的你我他，还包括那些曾经存在的文明人，未来将在人类文明中成长起来的每一个现实的个人。正是这一最普遍的意义世界即人的主体精神世界使人类成为超越自然生命的历史创造性存在。关于多样性世界的知识是对具体感性认识对象从个别到一般的抽象，人类依靠知识的共相概念和一般规律把多样而变动无居的现象世界理解为统一有序的美妙世界，而由各个不同具体个体得出的知识之所以具有类普遍意义，不是由特定的知识内容提供的，首先是由之可普遍理解的形式所保证的。一切知识之为普遍认识的根据在于它的形式的普遍性，由此人和人的沟通就不是鸡同鸭讲。人类知识的整体的类普遍性意义的事实表明人类认识形式具有最普遍的统一性。认识形式的普遍统一性是人类精神文化本质的根基，是人从自然存在成为社会历史性存在的基础。柏拉图理念论的划历史意义就在于它以理念即认识的共相为对象，建立了对共相统一性的理论认识，把对人类主体精神世界的统一性思考，推到绝对的境界。

说柏拉图理念论对人类精神统一性认识是无法逾越的，并不是说它终结了精神统一性思考，它只是在建立认识对象和理论结构形式意义上达到绝对精神境界，划时代的真正意义是引领人类走向绝对精神认识，而不是终结它。唯心主义理念论实际上是由柏拉图的学生亚里士多德奠基的。亚里士多德的精神统一性理论不叫理念论，而叫第一哲学，后人归纳在物理学之后即形而上学。亚里士多德是历史上最伟大的百科全书式的圣哲贤人，他的思想著述几乎遍及人类知识的一切领域，并达到所处时代的最高水平。他的物理学及各门关于自然世界知识使后人觉得他是唯物主义的，他关于精神认识统一性的形而上学又使许多人认为他是唯心主义的。把亚里士多德理解为半唯物论半唯心论的“美人鱼”是极不理智的，人类理性和知性的分裂在此是一个最真实的写照。物理学知识的对象是自然客体，是唯物主义的；在物理学之后以认识统一性为目的的形而上学还一定要以自然客体为根据，那何来物理学之后呢？莫非形而上学只能在物理学之中，不能在物理学之后？什么是第一哲学？亚里士多德把人类认识分为经验、技术、科学及智慧的，第一哲学就是关于智慧的学问。抽象地说，形而上学的第一哲学和经验的物理世界知识的本质区别在于，前者是非功利的，不是为了某种具体事物和特定目的的，智慧的学问是以自身为目的的，所以是自在自为的，自足而无限的，这正是智慧和知识的本质区别。用通俗的话来说，智慧是必须自己为自己提供充足理由的；知识可以设定前提，因而一定是有限的，有设定的规定性限制着它。智慧则由于必须为自己提供根据而一定要自圆其说，因而就是无限的。人类精神要达到统一性，成为完美的精神世界，就不能以有限知识为最终根据，反而是有限的知识必须以智慧为根据，从智慧的完备性中获得最终的可靠性，形而上学智慧就是人类一切知识的基础和根据。亚里士多德的第一哲学具体就是第一本原和根本原因的理论，他的本原是根本原因这种抽象思想性存在，不能理解为唯物论那般即物质世界最普遍的具体存在者。亚里士多德第一哲学的基本理论是第一本原的四因论：质料因是构成事物的根基；形式因是质料成为何所是的原因；动力因是形式和质料的统一何以是的原因；目的因是事物何所为的原因。四因论是不同层次又不可分割的统一整体，其中最高的统一性是目的因，形式因、动力因最终必须回到目的因才是完满的，这才达到自我为根据的境界。目的因指的是内在目的，只有通达了内在目的因的智慧才可能达到自我圆满。

亚里士多德第一哲学的存在理论四因论以质料为起点，这和自然哲学唯物论从最普遍的具体本原存在为起点是相容的，因而有他的哲学起点是唯物主义的观点。加之他的形而上学包含着对柏拉图的批评，不少人把他的哲学理解为和柏拉图理念论完全分离甚至对立；他的存在包括目的和理性，最高的存在是精神的，他又被理解为唯心主义者。这正应了两千多年前他的预言。当时亚历山大责怪他不该将两人对形而上学研究的共同成果在著作中公开，他回信说，虽然发表了，但还是和未发表时一样不被人认识。把亚里士多德的第一哲学理解为唯物论和唯心论相折中的矛盾体系是缺乏起码的智慧的，把他对柏拉图理念论的继承和发展理解为对立更缺乏客观性。四因论以质料为起点，与其说这就是唯物论，倒不如说它包含自然哲学唯物论，心和物相统一且物统一于心。四因论的质料不是存在，只是可能的存在，也被理解为潜在，这和唯物论的具体存在之物是有本质区别的，质料是抽象而不是具体的。可能性、现实性、必然性、目的性都是第一哲学的主要范畴，是理解四因论结构发展统一性的关键。只有存在可能性的存在才可以在运动中发展为现实性的存在，没有质料这种抽象可能性就没有任何意义的存在。但抽象的质料只是抽象的存在可能性，不是现实的存在。抽象质料必须获得它的形式，在质料和形式的统一性中才获得存在的现实性，才能发展为符合内在目的性的存在。亚里士多德把存在区分为偶然的和本然的存在，第一哲学是关于存在之为存在的学问，是关于本然存在的，即在必然性运动发展中达到内在目的性的自我生成、发展的圆满存在。第一哲学最高的存在是知识和理性，存在在绝对精神中才达到必然而永恒的境界，它符合自然唯物论但超越自然唯物论，本质上是关于精神认识向绝对发展的唯心论。在关于精神文化统一性意义上，它又超越了柏拉图的唯心论。亚里士多德说柏拉图的理念论只是诗意的比喻时，是在批评它缺乏运动发展的抽象性。柏拉图的理念论是理念的静态结构统一性关系，亚里士多德的理性的绝对精神即是循理性的内在目的性，在必然性的运动中生成的统一性，西方哲学的唯心论理论体系是在他的第一哲学中才基本完成的。客观地说，西方唯心论哲学对人类精神文化知识的统一性思索，从巴门尼德抽象空虚的存在概念开始，苏格拉底对德性的普遍客观性和绝对本质的思考把主体世界的精神统一性引入具体，柏拉图对共相统一性的理念论思考构建起唯心主义精神统一性的静态逻辑结构体系，亚里士多德的第一哲学最终将之完成为在运动中从可能到现实按内在必然发展的具体体系，在达到绝对精神的具体统一性中通达人类理性理解。从自然哲学以物为对象追求自然世界统一性理解，到追求人的精神认识世界统一性理解，尽管思考对象没有可比性，但从认识人自己的意义看，从客体统一性是人的特定认识角度看，主体精神世界认识具有更普遍的意义，以“心”的统一性为目标的唯心主义哲学标志着西方文化对世界统一性的认识达到更普遍的水平。这正是卡尔·雅斯贝斯把哲学产生称为人类建立精神统一性的轴心期及后来的哲学家没有超越苏格拉底、柏拉图和亚里士多德的根据所在。

事实上，亚里士多德后的西方哲学的主流是唯心主义哲学。有一种观点认为哲学就是认识论，这作为一般归纳有失全面，但对唯心主义哲学和后亚里士多德西方哲学来说，这大体上是符合事实和逻辑的。两千多年来，除以哲学名义的宗教哲学、经院哲学外，西方哲学主要是围绕着认识、知识、真理、理性展开的。自然哲学即唯物论的最基本问题是客体世界永恒的本原存在是什么，这首先是科学知识命题，是自然科学在对之追求中不断发展但还没有找到具体答案的命题，对自然的拷问主要由科学担当。哲学则主要追求人类认识的纯形式，探求人类思维和客体世界的统一乃至人的精神世界的统一性问题，这都是关于“心”而非物的思考，后亚里士多德的西方哲学史主流本质上是唯心主义哲学发展史。西方两千年来的哲学史不能机械地理解为唯心主义和唯物主义、辩证法和形而上学相对立而存在、相斗争而发展的历史，而应理解为追求人类主体世界精神统一性从抽象到具体不断发展的精神认识发展史。唯理论和经验论之争是知识来源之争，休谟问题是真理认识问题，康德批判哲学哥白尼式的革命是由认识的主客观统一性转换到主体认识能力考察，黑格尔的辩证逻辑是在认识自在自为的发展中达到绝对理念的统一性逻辑。从文艺复兴开始的近代人类反宗教统治和反封建的人的解放运动，在思想解放意义上可以看作人的主体性自由本质的回归和不断发扬光大的过程，人的主体性张扬的本质是精神而非物质的。

现代哲学反叛了黑格尔思辨哲学传统，但超越了认识论吗？没有，它同样以精神统一性意义下的认识论为主流。艾耶尔在《二十世纪的哲学》第一章认为，哲学进步的理解重点不在于一批杰出人物对这一学科所做的贡献，而要格外关心一批循环呈现的问题的演变，且他认为这些问题中最主要的或许是客观性问题。按此观点，哲学到二十世纪依然是以认识论为主线的，并没有超越柏拉图和亚里士多德建立的唯心主义框架。哲学至今没有超越古希腊唯心论是指没有超越当时建立的主体精神世界统一性命题，在具体认识意义上则是不断深化和发展的。二十世纪逻辑实证主义和语言分析哲学把对人类思维和知识的认识深入具体到近乎极限的境界，语言、语义的逻辑形式统一性的意义对人类知识而言，就和本原客体存在之于自然世界统一性一样，是人类知识的“本原”结构形式，是人类精神文化的真正逻辑起点。从本质看，这仍然是精神统一性的范畴，是关于“心”的。逻辑实证主义等一大批现代哲学家宣称叛离柏拉图和黑格尔，只是从抽象到具体的意义上而言，但其始终没有逃离哲学唯心主义即认识论的围墙。当他们宣称拒斥一切形而上学时，忘记了这本身就是形而上学，这是自相矛盾的。最典型的是维特根斯坦，他宣称自己的著作《逻辑哲学论》的命题本身也是无意义的，这些命题只是梯子，当读者登上这架梯子后就必须扔掉它。那不是意味着他的梯子是哲学的绝对高度，人类从此将终结哲学了吗？

综合上述，唯心论是哲学认识论，它的认识对象是心即人类认识本身，和唯物论以物为对象不同，唯心论的存在和唯物论的存在是同号异议的统一性概念。从哲学史及逻辑上看，唯心论的认识对象包括唯物论的意义，具有更普遍的意义，西方哲学史主流本质是唯心论发展史，不是唯物论发展史，更不是两者你强我就弱的对立斗争史。

从认识最普遍统一性意义看，唯心论以唯物论作为自己认识对象之一，对自然界的统一性认识不光是对客体知识的综合统一，更深层的是客体知识的普遍认识形式是什么，为什么在这些形式下的认识是具有统一性意义的？这不只是客体世界统一性认识可以解决的问题，而是知识统一性问题。哲学认识论的发展，对科学知识及自然统一性认识，具有深远而现实的意义。但古希腊哲学不只是在内容上是朴素的，在形式即逻辑构架上也是不完备、不成型的。自然哲学没超越泰勒斯、精神统一性没超越柏拉图的认识水准，标志着人类自觉理性还幼稚而没成型。人类进入智慧和知识相分裂的科学理性时代，柏拉图、亚里士多德构建的唯心主义精神统一性理论的不完备性是深层的思想认识根源。

三、传统唯心论的不完备性

柏拉图理念论如果是人类精神统一性的极顶，则当今的科学理性的源头就在理念论中。西方哲学史是在不断演变中生成的，理念论和科学理性之间有割不断的脐带，人类理性发展史论功思过不能无视柏拉图。不能浅薄地认为当代见物不见人的科学理性观是哲学唯物主义局限性之过，其根本原因是传统唯心论自柏拉图始就是不完备的，人类抽象精神统一性至今没超越柏拉图的现实就是科学理性。不能把科学理性理解为唯物论发展的合逻辑结果，唯物论的局限性只能在自然意义上，不能在人的理性范畴中。科学理性是认识论和价值观，它的源头就只能是唯心论。

恩格斯把西方哲学史归纳为唯物主义和唯心主义两大阵营对立发展的历史。哲学史发展的本质客观上并非如此，但哲学史上的主观认识却正是如此，在多样性哲学理论流派的争锋中，恩格斯的归纳是客观的。人类精神认识进入唯心主义认识论这一更普遍的统一性思维后，对哲学自身不客观的主观认识的根源不可能在客体世界的唯物论中，只能从唯心主义本身去寻找。就是说，柏拉图构建起来的唯心主义理论至今还是不统一的，科学理性源头其实就在柏拉图的理念论中。

从柏拉图理念论、亚里士多德第一哲学一直到当今分析哲学，作为人类精神统一性理论体系，尽管已经深入语言的意义元结构，但作为理论体系是不统一的，甚至是支离破碎的，原因之一是其中最基本的核心概念是含混不清而充满歧义的。西方唯心论哲学既局限于理念论矮墙之内，在抽象精神统一性认识上也是一片混沌、一团乱麻。从巴门尼德、柏拉图到黑格尔直至当代语言分析哲学，其追求的目标是真理乃至绝对真理，两千多年来唯心论哲学追求真理这一事实的根源在于唯心论哲学家认为这是不证自明的。然而这一事实却只是休谟所说的习惯，而不是必然性地真，否则就不会一直无法统一真理的普遍规定性。真理是知识，哲学以追求知识为目的时，哲学就是科学了。西方哲学确实有坚信自己是科学的优良传统，大多数自认为理性的哲学往往会宣布自己是科学的，康德也有哲学未来成长为科学形而上学的美好愿望，黑格尔说只有辩证法是认识真理的科学方法，这正是科学理性的思想根源。其实，古希腊哲学被称为科学之科学和爱智慧时，就已表明哲学和科学、智慧和知识是有本质区别的。真理是什么并不是自明的，真理之为真理是要经由理性的批判建立起来的，但在导论阶段我们至少可以把真理限定在知识范畴，这应该是没有异议的。真理是知识就不能是智慧，智慧是知识的统一性，不能理解为知识之知识，否则又会产生出统一性的统一性这种恶性循环来。其实哲学就是哲学，科学就是科学，古希腊把哲学朴素地叫作科学之科学，对哲学史产生了极大的误导，不少人真的把哲学当成一种真理知识，而且是最高级的真理知识，这其实是知识、智慧混乱之源。事实上，哲学和知识是“水火不相容”的，哲学统一性智慧思考一旦产生了知识学科，它一定会自立门户，从哲学分离出去。哲学可以被理解为科学之母，但绝不能理解为科学，更不能有哲学真理和科学智慧这种颠三倒四的无意义概念。把辩证法作为科学认识方法，对任何事实都得出既为真又不为真的判断，只能造成精神错乱。能够说明一切的科学知识既不能证真又不能证伪，那一定是伪知识、伪科学。我们长期以来用辩证法作为科学方法去论证一切，以为是永远正确的，但实际上是自欺欺人。同一件事情在肯定时用辩证法论证其正确，后来被否定时又能辩证地论证其不正确，辩证法这一智慧变为科学方法就成为面目可憎、颠倒黑白的戏法了。

唯心主义哲学理论是如何对待真理和追求真理的呢？唯心论的本质是认识论，核心是真理论。但唯心论对真理概念的理解和使用不但是不统一的，而且是游移不定的，甚至可以说是混乱的。一是哲学追求真理是追求真理性的知识认识，还是追求真理知识的统一性呢？前者是科学家的事业，后者才是哲学家的正业。两千多年唯心论哲学史，两种理解的哲学家都有，但以追求知识者居多。最要命的是没有人去认真区别两者，哲学家总喜欢把自己的理论标榜为科学的，好似没有科学真理的大旗做虎皮就唬不住人一样。黑格尔宣称辩证法才是真正的科学；谦逊的康德则认为哲学是为未来科学的形而上学做准备，这如果是指把哲学形而上学具体化为逻辑范畴知识而从哲学中分化出来是合理的，但他的本意是要把哲学整个改造为科学。这就不难理解为什么理性哲学到后来变成科学理性了。二是唯心论的哲学家们说真理是发展的时候，究竟是指每一个真理知识都会随着人类认识发展而与时俱进，还是指人类真理认识作为理论认识体系是不断丰富发展的呢？显然两者都有。

当物理学家说牛顿经典科学理论只是爱因斯坦相对论的一个近似描述时，就是把真理认识本身理解为不断发展的。但近似真理是真理吗？能保证相对论摆脱近似真理的命运吗？更一般地说，按此逻辑有现实的真理吗？这就带来第三个问题，我们能通达绝对真理吗？按照相对真理和绝对真理相统一理论，人类只有资格拥有相对真理，绝对真理是属于纯粹抽象的上帝的，是生而有限的人类不可企及的。真理是人的认识，但现实的人永远不可能到达无限。近似真理的真理性是值得怀疑的，而相对真理可靠吗？其实更基本的问题在于，以真理为对象的唯心论哲学的真理概念是意义不确定的。

从巴门尼德开始，唯心论哲学被认为一直在拒斥意见、追求真理的道路上前行，这种笼统的自我认定又何曾不只是抽象的意见呢？唯心主义认识论实际上是从知识、真理、理性三个层次统一地展开的。唯心主义认识论的基础是知识论，它要回答人类知识为何是具有普遍统一性意义的，是哪些永恒的纯粹思维形式保证了人类知识的普遍意义的可理解性，使个体的信息意义陈述具有类普遍性意义。这是人类从生命自然进化的个体感性认识基础上，创造了具有类普遍意义的知识，继而超越了由先天自然遗传支配的自然生存方式，成为由后天创造的知识去支配的文化生存方式的关键。唯心主义把人类认识引向对知识普遍性先验形式及其统一性的思考，这是人从认识外部世界到认识人自己的理性思考的开始，它两千多年经久不衰在于这正是理解人的理性本质的历史和逻辑相一致的起点。真理是知识发展的高级形式，达到绝对普遍性的知识叫真理知识，也叫客观知识。人类发现的知识中，那些达到与任何具体认识主体主观性无相关性且对一切主体普遍有效的知识，就是真理知识。真理是全人类的财富，是用之不竭的永远的财富，没有部分人的真理，只能说部分人掌握了某个真理知识。真理对人类社会历史发展的意义是决定性的，真理知识是绝对普遍客观有效的，人类对真理知识的新的发现使人类真理知识体系是绝对性增长的，人类就是在从知之不多到越知越多中创造着人类社会不可逆地发展的历史。

理性是人类精神统一性的最高形态，它使人的理性存在成为现实。它不追求知识认识，而追求知识的统一性，追求在对知识统一性认识基础上自主自觉地智慧生存。康德把理性理解为对知识综合统一的天然倾向，这还不够。理性包括三个相对独立又统一的层次：第一层次是认识形式的统一性，第二层次是普遍知识的统一性，第三层次是抽象知识返回具体现实世界理解的统一性。知识之为知识总是普遍的抽象，由知识为基础去理解现实并选择行动是知识的现实意义所在，从抽象返回具体，主体认识和客体世界的统一是人类精神文化的最根本意义，理性精神是人类精神的最高形式、最高追求，它在回归现实时达到完满的具体理性，使人成为理性具体存在而走出动物界。在逻辑上看，人类精神是以理性精神为标志的，没有返回具体现实的抽象知识还不是完整的知识，知识产生同时也是理性精神的诞生，人从自然走进文明不能理解为以知性知识为中介阶段，而是进入了理性存在。人类精神主体世界统一性是在知识、真理、理性的统一性精神文化构建中完成的。所以说，哲学的产生是人类进入轴心发展期的标志，这里所说的哲学当然是主体世界之“心”的理性统一性思考的唯心论哲学。

回顾两千多年西方哲学唯心主义发展史，可以发现唯心论哲学首先且主要是围绕知识论展开的。柏拉图理念论建立共相的纯粹形式意义的理念逻辑结构的本质意义就是理解知识普遍性的形式结构问题，这是真理认识的必要而非充分条件。如果离开知识普遍性形式意义，理念论和真理没有任何关联。真理不是由纯粹形式可以建立其判断的，认识的理念纯形式和真理的客观性本质是没有直接关系的。康德批判哲学用先验的时间、空间形式普遍性建立先验的综合判断，论证说由综合判断产生新知识，由先验的时间空间形式的普遍性保证新知识的客观普遍有效性，因而解决了真理认识为何从人的主观个别经验认识中综合出来而又能成为摆脱主观性的客观知识这一认识论的老大难问题。真理是必然性的判断陈述，为什么康德只论证真理知识的可能性呢？这固然是他严谨和谦虚使然，但更重大的理由是他的论证只停留在真理之为真理的必要条件中，即停留在知识普遍性的构建中，他哥白尼式的哲学革命其实也停留在知识普遍性的统一性形式中。时间、空间作为人类认识、描述、理解感性世界的普遍形式，其本质意义就是每一个体由此为形式给出的描述是人类可普遍解读的，它的先验性形式保证个体具体认识在形式上摆脱个体认识经验的多样性制约，在陈述形式上具有类普遍性，使个体经验认识上升为人类普遍知识成为可能。这在科学陈述中就是科学规律描述的形式不变性，是伽利略和爱因斯坦的空间、时间形式变换的深刻意义所在。但知识是否客观真理显然和时间、空间形式是八竿子打不着的。黑格尔的辩证法把唯心论对思想认识的统一性推到极致，且他自己也称之为辩证逻辑，同样是认识形式的思辨统一性，是知识论而非真理论的。二十世纪逻辑实证主义、语言分析哲学致力于语言和真理意义的最原初结构的研究，并不是探究语言陈述如何保证真理性，而是对人类普遍知识陈述从形式普遍性深入意义的普遍性，即一个陈述必须具有真伪值才是有意义陈述，才进而产生意义的普遍性问题。由此可见，语言分析哲学也是关于真理的必要条件，即知识之为知识的必要而非充分条件的探究。把知识论和真理论同一对唯心论的发展是有极大危害的，最典型的是唯理论和经验论之争。在真理论意义两者永远纠缠不清，回到知识论则一目了然，即在数学、逻辑学这种纯粹形式知识体系中，为了保证形式统一性，知识必须从尽可能简单自明的前提演绎出来；关于客体世界新知识则只能从经验中归纳出来。经验论和唯理论在各自领域均为真，过界就都不正确，根本就没有谁是谁非问题。

尽管唯心论的认识论一直以真理为对象，黑格尔断言辩证法通达了绝对理念，得到了全体的真理，但对于全体真理、相对真理、无限真理甚至最基本的真理概念本身的规定性含混不清，是在知识、真理、理性同一意义去使用真理概念的。在这种条件下，绝对真理是无数相对真理的总和的真理论的意义就难以把握了。从知识、真理、理性统一而非同一的逻辑观点看，哲学史上唯心论对真理的有意义探讨并不多，休谟问题和实用主义哲学是深入真理本身的比较有意义的思考。休谟从人类经验认识出发探讨真理认识，虽然没有找到真理的充分必要条件，但是得出无客观真理的破坏性结论。他的思考是富于启迪的，但他最后贡献给人类思考的休谟问题实质是一个无意义命题。实用主义深恶痛绝柏拉图和黑格尔的纯粹抽象思辨的真理，背叛了唯心主义真理论传统，不再从抽象形式思辨真理，就是不再停留在知识的形式统一性思考真理，而是从现实的效用去思考真理，真正回到真理本质意义，可惜过分停留在经验和效用，没有达到理性统一性理解，甚至被庸俗化为唯利是图的有用即真理观点。对真理本质思考最有建树的是波普尔的证伪理论，这是从科学真理探索的猜想、反驳、证明现实过程中归纳出来的。但波普尔的世界一、世界二、世界三理论体系并没有超出传统唯心主义的范畴，同样没有达到认识和真理的理性统一性理解。

哲学诞生是人类自觉理性的诞生，唯心论哲学是关于主体精神世界的认识，是人类理性对理性的自觉理解，人类自觉理性达到何等境界，人的本质就发展到何等境界。人类自觉认识中知识和智慧的分裂表明人类理性还不是自觉统一圆满的。由于唯心主义认识论主要是围绕着认识的普遍性思考抽象的纯形式的统一性的，它的理性统一性主要是最基本层次的，并由此孕育和推动了数学、逻辑学和语言学这些关于抽象认识形式的形而上学具体知识学科的发展。对于高一层次的人类既有知识体系，特别是真理知识体系的统一性问题，哲学的贡献少得可怜。在进入知识年代后，这一原本“第二性”的问题却成为最现实而紧迫的问题，人类知识爆炸而无法统一威胁的是人类能否可持续发展。科学家说现代知识分化太复杂太专业太数学化，哲学家跟不上科学理论的进步时，是对哲学的拷问和期望；当哲学家说留给哲学的任务只是语言分析时，那就是哲学放弃了理性的自觉追求。在知识爆炸时代，没有知识统一性的人类文化是支离破碎的，人类历史的自由创造性将成为没有现实性的梦想，因为我们将失去“序”，离开它，理想、追求、完美等都是不可能实现的。二十世纪人类文化的进步主要是技术的而非真正科学意义上的，更不是在基本理论意义上得到了对世界更普遍本质的理解。二十世纪生物学成为生命科学，但生命科学也坦承无法达成生命一般规定性的共识；十八世纪人类三大科学发现之一的达尔文生物进化论则无法和当代生物分子进化中性理论达到统一性解释；当代最权威的进化生物学家向大众解释说生命和物质并没有本质区别时，我们是否只能把自身理解为和木头或花岗岩本质一样的东西呢？

存在最严重问题的是一切自然科学基础的物理学科。量子力学和相对论是二十世纪物理学乃至科学革命性进步的划时代发现，但其划时代意义表现在哪些方面呢？波粒二象性、时空穿越、引力影响时间、质能等式成为场是物质的根据等，这一切把人类对世界的经验和经典解释撕成碎片或许就是“革命性”的充足理由，这种革命性打碎旧世界却无法提供建设性的理性意义世界，根本无法解释经验世界。但如果不和我们的感性经验相统一又如何能理解它以及为什么要理解它呢？一个像相对论这样重大、基本而具普遍科学意义的理论问世几十年全世界据说只有三个半人懂它，这首先就是极为严重的问题！对人类没有普遍意义理解的认识，是否应尊为知识都是有问题的，更不要说是真理知识了。科学不是把世界引向神秘，而是把神秘和复杂归纳为普适以理性地解释人类最朴素的感性生存经验。相对论和量子力学的科学性是经受了实验证伪和实用证真的，不能怀疑其真理性，不能否认普朗克和爱因斯坦这批科学大师的丰功伟绩，但后人把这些理论引入对经验世界的解释以及与传统科学理论体系的统一性关系理解时，则是很有问题的。问题和责任在于哲学理性认识没有把这些最重大的科学发现和人类知识统一起来，和人类生存经验统一起来，最终使之从神秘走向普及的是人类对反理性、反经验的虚幻的时空穿越的愈发高涨的疯狂。这是近代人类崇尚科学理性几百年文明发展史的最大败笔，而且是由二十世纪最重大科学发现提供根据的。如果让我们的子孙们进一步发展科学的时空穿越，地球村就是地道的疯人院。

唯心论哲学最大的局限性在于既没进展到主客体统一性的最高层次，还停留在主体世界认识的起点上，认识论不进展到价值论是没完成主体无限意义世界思考的。把主体世界局限于最普遍的认识形式，认唯心论的最高目标为真理，主体又成为客体。把思想、精神、认识统一性理解为实体存在意义的统一性，思维和存在直接同一，世界的存在就止步于抽象的精神世界之中。熟悉黑格尔辩证法的人都知道，黑格尔最敌视抽象，他热衷于追求具体，辩证法就是人类认识从抽象存在到具体存在的辩证统一发展过程，达到绝对理念就达到了最具体的真理。黑格尔的具体是抽象的具体，是精神认识从抽象到具体的自在自为的展开，它的形式是具体的，本性却是抽象的，终究还是抽象的精神，这种抽象必须更进一步回到具体才获得统一性的现实意义。理性统一性的最高意义是抽象的具体和现实的具体的统一，即只有由抽象主体统一性返回具体现实世界，在主客体相统一意义上，在现实世界的普遍文化生存中进展到理性具体。但唯心主义哲学始终停留在抽象精神的具体统一性中，没有发展为最一般的世界统一性理论。唯心论的最终结论是存在即思维，真理才是真实，共相才是实在，归根到底是只有主体世界才是真实存在的世界。

为什么唯心主义会得出完全违反人类现实感性经验世界的理解呢？这并不是头脑中的奇想，认为脑袋中一百元比口袋中一百元更真实有它的理由。在对普遍共相的追求中，感性意义上存在在口袋里的一百元只是既存在又不存在的，不是绝对的存在，是不能当作永恒的存在的；口袋里的一百元是以货币的规定性为根据的，是有限的存在，为之提供本质根据的才是本质的存在，而本质就是共相，就是思维中的存在。唯心论从永恒而无限去理解存在时，合逻辑地得出存在即思维的结论。对于人的意义世界而言，这并不是不可理解的。人由目的、动物由欲望支配的活动之前，思维是在先的，甚至没有办法否定蜜蜂在筑巢之前思维中就有抽象蜂巢意识在先。为什么要否定感性实在呢？哲学思维恰恰不能建立在感觉上，而应建立在对感觉乃至有限知识的批判基础上才能得出普遍统一性的理解。哲学统一性思维是在自然哲学意义上诞生的，唯心主义哲学进入主体统一性认识时同样遵守哲学存在的一般规定性，并把自然哲学本原意义的永恒的存在作为真正追求的存在即理性的存在。在永恒存在意义上，柏拉图把感性存在当作既存在又不存在似乎有根据，其实已经犯了只能感性认识感性具体存在的逻辑谬误，柏拉图没有在根本上超越感性使人类文化困于抽象精神和感性具体的分裂和相互否定中，人类自觉理性根本就达不到具体理性水准。在理性统一性认识意义上，理性是从感性经验世界上升为普遍抽象理性，由抽象理性回归具体而使感性具体成长为理性具体的，不是否定感性具体的，而是包含感性具体的，理性具体中的具体是由感性提供的。柏拉图用抽象否定感性具体为既存在又不存在的最致命之处在于他只停留在感性理解具体，导致以之为极顶的西方哲学不可能进展到具体理性的水准。理念论和自然哲学的存在范畴实际上是指称不同意义的，前者是抽象共相的普遍统一性，后者是具体感性多样性现实世界的多样性具体统一存在；前者是从最简单意义结构不断综合最后达至的；后者是对复杂性之物不断解构其多样性而最终通达极限即绝对的存在，从而达到多样性客体世界统一性理解的。理念论局限于感性理解感性存在而否认其为真正存在，后果是致命的。

第一，把不同存在意义同一，否定知性和理性包括感性是否定了感性存在真实性，把主体世界和客体世界置于对立而非不同层次的统一地位，由此产生了两千多年唯物主义和唯心主义虚假的对立，误导了整个人类。在逻辑统一性意义上，自然哲学的研究对象并不包含主体认识，但思维统一性不能不包括对自然的认识。理念论哲学不但不以自然认识为基础，而且越界去断言客体不是真实的存在，自然哲学则更有充足的理由否认思维才是真正的存在。所以说理念论是唯心论和唯物论对立的始作俑者。人类文化不能没有自然统一性认识，也不能没有思维的普遍统一性，现实却是两者并存，各司其职，但同时又都认为自己是一元论。在逻辑上，只要两者互相排斥对立，就都没资格自称最普遍的一元统一理论。西方文化和哲学史实际上是两个一元论在支配，说到底就是从来没有达到普遍一元论的真正境界。

第二，唯心主义哲学在否定客体的真实存在资格时，已经先在逻辑上决定了它不可能从抽象返回具体，只能停留在抽象统一性中成为封闭的抽象一元论。在这种抽象而自我封闭的条件下，唯物论就有充足的理由将之视为第二性的存在，不是真正的存在。人类几千年来总是停留在狭义上即抽象意义去理解文化，把文化看作只是现实之外的花瓶，根本无法通达人最普遍的本质，其思想根源就是理念论。理念不回归具体人的统一性存在，停留在抽象本质中，实际上已是逻辑谬误：本质是抽象形式，存在是质料和形式相统一的，纯粹的形式即本质又何以是独立自足的存在呢！如果精神真的如唯心主义所认为的那样独立自足而与感性现实存在无缘，我们也就不必认真理会什么精神统一性了，它与我们有什么现实关系呢！问题在于人类精神不在别处，就在我们每时每刻的现实生存中，支配影响着我们的现实存在。抽象精神世界是从人的具体现实存在中抽象出来的，只能回到具体的人的世界去理解。唯心论哲学停留在抽象中的最大危害性就是理想世界中不见了具体的人。柏拉图的理想国只有哲学家国王或国王哲学家，其余具体的人只是其治下的齿轮和螺丝钉，那个理想的哲学家国王或国王哲学家并不是现实的人，而是上帝。这也正是基督教最后被异化为对一切人的宗教统治的文化基础，只不过国王哲学家换成了上帝这符号。在人类进入以人自身为目的的近代主体性历史后，国家等抽象形式取代了上帝，成为本质的存在，社会成为有机实体，个人只是这个实体的原子化存在，同样是齿轮和螺丝钉。柏拉图理念论的深层基础依然存在，理论上一切具有普遍形式的共相都是比具体个人更本质、更现实、更有支配决定意义的具体存在，这种认识的根据首先是文明个人只是感性具体即和禽兽无本质区别的存在。个人一旦被当作主义理解时，理所当然会被当成十恶不赦的人，所以个人只能安分守己地龟缩在社会原子中。黑格尔哲学传承了柏拉图哲学传统，绝对精神同样是不再回归具体个人的。在他的精神现象八阶段划分中，和个人相联系的精神只在低级感性阶段中，高级精神、绝对精神和个人也是无缘的。在人主体性不断觉醒的时代，传统唯心主义用抽象形式去剥夺和压制个人的观念越来越令人生厌，这正是二十世纪哲学认识论要告别纯粹形式思辨形而上学，逃离认识论师祖柏拉图和亚里士多德的重要原因。

第三，纯粹思辨形而上学唯心论把关于具体经验世界的有限认识看作低级认识时，往往忽视知性有限经验知识和理性形而上学知识的统一性，形而上和形而下经验认识的分裂成为人类文化最不应该有的常态。理性哲学不再是每个追求知识者的认识基础，只是少数有天赋有兴趣有闲情逸致者的奢侈享受，终于在知识时代人类开始普遍拒斥形而上学，致使最高贵爱智慧的古希腊哲学形而上学，在二十世纪成了一条被奥康剃刀宰割的癞皮狗。这是哲学形而上学之罪与过，是它鄙视形而下经验世界的恶果。如果形而上学自我封闭，现实世界生存之人又何必关心形而上学？形而下经验世界没有形而上学来综合统一，那就只能在抽象知性知识意义上追求统一，这就使知识时代成为科学理性时代，人类知识和智慧的背反登峰造极，成为理性、智慧时的科学已经不再是经验科学，而是拒绝一切形而上学的形而上学，是最没有理性自觉性的人类理性。人走出自然界的充足理由为人是具有理性灵魂的存在，当人堕落到最不自觉的理性极限时，人类就从神圣世界退化到动物世界，再退化为物欲横流。形而上和形而下的分裂是人的文化的分裂，对人类社会历史的影响是深刻而重大的。

第四，关于主体世界统一性认识止于柏拉图理念论还只是半拉子工程，合逻辑的只能是科学理性而不是具体理性。哲学认识论的核心是知识的普遍性和客观性，即知识论和真理论，限于真理文化的根源在于认识论的直接认识对象是客观知识本身，它的统一性是抽象理性。具体理性在人事实判断和价值判断相统一的文化选择生存现实中，抽象理性只提供了事实判断的根据，还没有回答价值判断的形而上学根据问题。从自由和必然统一性去理解人的文化选择时，必然是事实判断提供的基础，由价值判断提供的选择根据才是本质，选择才是自由的实现，由此才能解释具有统一的普遍客观知识的人类文化生存多样性的现实。人多样性价值意义的普遍统一性才是主体精神文化世界的本质性命题，由此才能理解多样性人类社会历史文化的统一。价值世界的统一是以终极价值、最高理想统一起来的，人类精神文化世界是靠信仰来统一的。因此，主体世界是认识论和价值论相统一的无限意义世界，无限意义是价值论提供的。精神哲学必须由认识论进展到价值论才通达本质，本体论、认识论和价值论的统一才进入具体理性。

概括地说，迄今为止的西方哲学唯心论局限于抽象没回归具体，只是抽象理性，不是具体理性。它把自己当成与唯物论相对立的本体存在论，这是唯心唯物对立的根源。它臆造了不可理喻的“精神实体”为抽象之观提供具体根据，其认识论只能局限在先验领域即认识普遍性中，离开体不可能有根据地探讨观在经验中的客观性命题，以真理客观性为对象的唯心论哲学其实往往文不对题。西方哲学以柏拉图为极顶就只止于主体普遍认识形式的统一性，导致在主客体统一中通达人类理性具体理解的更根本思考还没破题。

综上所述，人类社会走到生存危机的深层文化根源在于知识和智慧分离造成的文化分裂，其源头就是古希腊柏拉图和亚里士多德这些唯心主义大师的精神统一理论体系。主体世界精神统一性还没有经精神文化统一性达到最高的人的文化生存的具体统一性，还不是最普遍的世界统一性。最普遍的文化在人类社会历史现实中，抽象的精神文化只是它的抽象本质，最普遍的意义世界成为现实不是主体世界，而是主客体相统一的世界。唯物主义和唯心主义都没有达到一元论统一世界的最普遍境界，还都不是自足完满的绝对理性。人作为异于禽兽的理性存在，是理性在历史文明中不断发展的存在，是在理性不断圆满之路上实现人的本质，追求人类社会历史生存的理想世界。我们不能躺在古希腊圣哲的脚下，应该勇敢地站在泰勒斯、柏拉图和亚里士多德的肩膀上，遥望更加普遍的统一世界。知识时代的人类生存危机是威胁，也是机会，把危机变成机会的重任已经现实地落在我们肩上。人类可持续发展在本质上是文化的可持续发展，人类现实生存的危机在根本上是文化危机。要从人类文化的最深层基础理论解决危机根源，改变人类知识和智慧分裂、人类文化和自然分裂的状态，就一定要超越泰勒斯和柏拉图，尝试建立一个彻底一元论的统一世界理论。

第三节　自觉理性是存在的一元论智慧

一、一元论是最普遍的理性统一性理论

一元论是传统哲学理论的普遍概念之一。“元”本意指复杂结构的组成部分，又称元结构。认识论的意义之元是相对性的，元中可以继续求元。但哲学本体论的元是绝对之元，即不可再求元之元。元是从自然哲学的历史和逻辑的起点概念即构成万物的不生不灭的永恒而绝对的本原存在概念基础上产生的，绝对之元的概念是人类从科学知识认识上升为理性哲学认识的真正标志。本原存在首先是地道的知识概念，和粒子物理学的原子、电子、质子、中子概念本质是一样的，原子概念本来就是古希腊的德谟克利特按照本原规定性建立起来的。没有元和一元论的意义产生，本原就还不是哲学概念。当把本原存在理解为元，把多样性自然界理解为一元论的统一性存在时，哲学关于世界统一性的理性自觉智慧诞生了。建立自觉理性哲学思维，追求对世界的统一性理解，是人类文明史的新的里程碑，也被卡尔·雅斯贝斯称为人类建立起精神统一性的文明轴心期。如果哲学不被理解为简单的本原存在是物质性还是精神性的是非判断命题，而是关于世界统一性理解中赋予存在以圆满意义的话，哲学就是关于世界的统一性理论。称得起哲学的理论一定是一元论的，二元论、多元论或怀疑论实质上还没有真正通达理性哲学的智慧境界。对一元论哲学而言，元中求元是不合逻辑的，那是哲学不成熟、不自信的标志。人类哲学智慧之元首先是从逻辑上建立起来的，科学发展了，原来的绝对本原存在成为非本原存在，新的本原存在成为一元论之元，人类对世界的一元统一性进入更普遍的理解，即元的形而上学规定性是不变的，世界的一元统一性也是绝对性的。

唯物主义在自然哲学中产生，“元”的概念也在唯物论哲学中诞生，所有唯物论哲学都从物质客体世界思考本原存在，都是物质一元论。唯心主义

哲学思考主体世界的统一性，把抽象精神理解为真正的存在，认为永恒存在的不是本原客体实体而是抽象精神实体，把物质客体排斥在存在之外的传统唯心论本质是精神一元论。但精神一元论是不合逻辑的，因为它把具体客体排斥在外已经违反了一元论的逻辑，抽象实体是一个无法理喻的怪胎。主、客体世界认识的本质区别在于，主体精神世界统一性不是从多样性意义存在去追求一个将之统一之元，恰恰相反，是从普遍知识的多样性元意义结构中建立起形式的统一性，赋予人类精神以普遍可理解之意义，使人类从自然感性认识上升为人类普遍知识。精神认识的元是相对的，是多样性的，不是绝对的最普遍的元，因而也就不存在抽象实体的精神一元论。世界统一性原理追求彻底的世界一元论理解时，首先指的是绝对具体之元，客体之元，并合逻辑地把客体自然界的统一性作为起点。从客体进展到主体世界统一性时，自然一元论本身转换为多元意义世界的元意义。主体的统一性不是抽象实体，而是在根本上决定主体选择性的最普遍的根据，即人类文化最普遍意义的选择价值，称之为元价值，这本质上已经进展到主客体相统一的水准。元价值和客体一元论的统一才成就了人作为主客体相统一的理性具体的存在，这才是最高的世界统一性的智慧，人类理性至此才算发育为自觉理性，进展到自足自洽的绝对一元论理解的境界。

既然一元统一性理论以自然哲学为起点，在客体多样性存在中追求最普遍的具体存在，并由此去建立整个世界的统一性理论，那么，泰勒斯的自然哲学不就是一元论智慧吗？对，不只泰勒斯哲学，早期古希腊自然哲学基本上都是一元论的。如果没有对自然界一元统一性理解，不是认为多样性自然存在生于本原又复归于本原，那就没有哲学的创世纪，泰勒斯就不是哲学始祖了。有了本原存在概念，关于多样性万物结构思辨才终止了无限后退，从而在逻辑上终结了不可知论；由本原论到本体论的统一性进展，多样性自然存在的有限知识才有完备的根据，从而在无限的一元论中把有限知识统一起来，对自然本性得到圆满统一独立自足的具体理解。但有了泰勒斯的水的一元论之后，为什么还要产生火、气、土、原子等各式各样的物质一元论呢？这是多种物质一元论。多种物质一元论并存且最终没有从多回归到一，只能说明这些一元论都是不圆满的，真正的自然一元论仍在求索之中，我们只能用一个抽象共相“物质”来指称它。说物质一元论而不是水的、火的、原子的一元论时，意味着人类谦逊地承认，我们还没有发现绝对元存在的真理知识，物质一元论是在猜测性本原存在基础上，由逻辑上的本原而非经验知识基础上的本原，依逻辑统一性构建起来的。泰勒斯的划时代贡献是创造了用一元论智慧把多样性世界把握为完美有序统一整体的结构形式，是开创而不是终结了一元论。至于内容和形式相统一的一元论何时通达圆满，则是后人的责任了。一元论创生的最深远的历史意义在于对彻底而圆满的一元论的追求推动着人类对世界认识从低级到高级的永恒发展。对于迄今为止人类关于自然的一元论理解境界的评价可能大相径庭，但只要还用抽象共相描述一元论，则可以有把握地断言，我们对自然世界一元论的认识还未完成。

辩证唯物主义是否彻底一元论是极为重要的问题。马克思主义是一百多年来对人类社会历史进程产生了巨大影响的理论。马克思主义哲学理论体系被归纳为辩证唯物论和历史唯物论，马克思主义哲学就是包括自然、社会和人类思维在内的最普遍和最一般的规律的概括和总结。按这种理解，马克思主义哲学是彻底而圆满的物质一元论体系。但第一个问题是马克思主义哲学和马克思哲学是有极大区别的，马克思并没有系统的哲学体系专著传世，他贡献给人类的精华是政治经济学和科学社会主义理论，而哲学则是后人从他的理论中归纳出来的，马克思没有构建哲学理论体系就一定没有马克思的物质一元论哲学统一性理论体系。第二个问题是在后人归纳的马克思主义哲学体系中，辩证唯物主义和旧唯物论的区别并不在于物质一元论，而在于用辩证法改造机械唯物论。马克思主义哲学体系的物质一元论和传统唯物论并无本质区别，仅就自然世界而言它还不是圆满的统一性理论，更不要说它最普遍世界的一元论理解了。唯物主义是思考自然统一性的起点，具有人类精神文化认识的里程碑意义，在所描述的领域即物质世界有合理性，但还没有通达更一般的自然界乃至整个世界，从物质世界统一性向物质一元论的转换是越界，其根源在于不证自明地把物质世界认定为整个世界。自然哲学的使命是回答泰勒斯的命题而求进展，不是以泰勒斯的命题为根据去演绎自然统一本性，可后人建立的辩证唯物论恰恰还只停留在以物质性之物为元这一起点上。第三个问题是人类生存基础理论造成的生存危机是全人类的而不只是资本主义社会的特定问题，以辩证唯物主义为社会理论基础的国家也还没有找到克服危机的有效理论和现实手段，因而只能承认后人归纳的马克思主义哲学理论还没有为人类贡献真正的一元论理论，停留在其中并不能从基础理论的最普遍意义上解决人类社会历史的可持续发展问题。

西方文化是科学理性的二元文化，从柏拉图建立理念论框架开始就产生了文化二元分裂，这种分裂在知识时代登峰造极。但凭什么要从西方科学理性文化去归纳人类文化并认为人类精神没有真正通达一元论的绝对统一境界呢？中国儒道文化不正是以有机整体思维的统一性形式克服西方文化的机械论和一切物化的局限性而越来越被西方有识之士青睐吗？这在一般现象意义上是符合事实的，但还必须进行本质性的思考。必须申明一点，中国儒学是人际伦理关系文化，是经验的，并没有上升为形而上学的普遍性归纳，还不像苏格拉底对德性的最普遍而绝对的本质追求那样上升到普遍统一性智慧境界，儒学隐含哲理但还没上升为人生哲学，更没有进入世界一元论思考，用中国式概念陈述它是用而非体。中国传统哲学形成理论体系以老子玄学理论为标志，而且这是人类历史上第一个完整的统一性智慧理论体系。同时代古希腊哲学是由一大批圣哲前仆后继聚沙成塔而成为体系的，连精神文化集大成者亚里士多德的形而上学都是由后人汇编而来的。老子《道德经》体现的统一性理论当然是一元论的，是最普遍的道一元论统一性智慧体系。既然如此，为什么两千多年来我们仍在上下求索彻底的一元论智慧呢？因为玄学一元论还没有真正解决人类生存的统一性理解问题，就老子玄学一元论智慧水准对人类生存的统一性理解是不足够的。也可以这么认为，玄学一元论智慧是达到最普遍意义，是具有绝对的境界的，也是自足圆满的，只是我们智慧不高，道行不深，未能悟到玄学的真谛。但从另一个角度看，玄学的局限性就在我们难以悟到玄的真谛上。玄之又玄的道一元论给后人留下可与宇宙之广袤相提并论的浩瀚空间，后人的形而上学之道中没有形而下之器，老子形而上和形而下相统一的圆满具体一元论对后人还只是形而上学，玄没具体经验意义，道就是纯抽象。

就如辩证法成了“变戏法”一样，道一元论最终成为现实的多元论。直接原因在于道的多样而不统一的可理解性。当把道当成纯粹普遍形式抽象，而不是主客观、主客体相统一的具体时它就只类似于柏拉图的理念论，如果道不但可以容纳一切，还是多样的具体，道一元论的形式就是现实世界的多元论理解，而不是从个别到一般再到最普遍的形式统一性理解，更不是客体世界从多样性复杂结构客体到最简单又最普遍的绝对具体存在、不生不灭的本原客体即元存在的统一性理解。最根本的原因在于玄学只是朴素的统一性理论，其道一元论是朴素的而不是感性、知性、理性相统一的，玄学理论是在中国古文化朴素的经验知识基础上建立起来的。老子的时代没有光、电、磁的波动运动等规律认识，没有分子、原子、质子、中子、电子这类微观物质结构理论，而且中国文化本身是缺乏追求绝对真理知识的传统的，在这种文化知识背景下老子建立了玄学统一性理论已经是不可思议的奇迹。但再深刻的智慧，再惊人的奇迹，也无法改变其朴素经验认识的本质，玄学道一元论终究不是感性、知性、理性统一性的智慧。责任在后人，包括我们自己，两千多年读道讲道论道悟道头头是道，但道、天、地、人、一、二、三、有、无这些最重要的玄学概念却没有与时俱进地在历史进步的科学知识基础上得到客观性意义理解，还是停留在老子时代的朴素理解中。没有普遍知识基础，没有从经验到真理知识的进步，玄学理论就仍然是朴素的道一元论，不是具体理性的一元论。

建立彻底的理性一元论的任务已经历史地落在面对生存危机挑战的当代人类肩上。我们既要在主客体相统一的意义上超越柏拉图和亚里士多德当年构建的主体精神统一性理论，也要在知性客观性和理性统一性意义上超越传统玄学，建立理性道一元论，主客体统一的一元论的中国式陈述就是理性道一元论，是关于最普遍世界的统一性原理。

这不是远大理想，更不是遥不可及的梦想，而是现实的人类生存境地迫使我们和时间赛跑，看我们能否智慧地把危机变成机遇，进入对自身存在意义更普遍的理解，进一步海阔天空。这个任务尽管艰巨，但其实是有坚实基础的。从泰勒斯到柏拉图、亚里士多德直至二十世纪的罗素、维特根斯坦这些哲人的成果，老子玄学理论深刻智慧的启迪，以及近代科学革命以来从牛顿到爱因斯坦这些大师们科学真理发现，已经积累了足够的知识精华。我们需要的首先是凭过人的胆识站在柏拉图、老子、牛顿、爱因斯坦的肩膀上，向彻底一元论的世界统一性理论迈进，掀开人类文明史的新篇章。

二、通达彻底一元论之路是统一性思维

人类文明标志着人类理性的诞生，哲学的诞生则开启了人类自觉追求绝对理性的永恒之旅。世界统一性原理把绝对理性理解为最普遍意义世界的一元论智慧，并认为已经开启了通向绝对理性之路，那就是在统一性思维中追求对现实具体世界从多样性到统一性的理解。因此，对统一性思维方法的考察就很有必要了。工欲善其事，先必利其器，通达绝对理性的工具当然是思维逻辑方法论的范畴。

第一个基本问题是绝对理性之“绝对”的意义是什么。绝对概念的本义是指确定性，绝对是达到完全彻底的确定性意义，用科学语言陈述就是达到了极限。绝对所限定的知识是达到极限点的认识，达到了普遍意义的极限，所以叫客观知识。知识是主体对认识客体的主观认识，这种认识的普遍性意义达到极限就是对一切认识主体都成立，从而摆脱了对具体认识主体的依赖，主观认识达到客观知识即真理知识。真理放之四海而皆准不能理解为在一切场合都正确，而应理解为真理对所有人都是意义相同的，它陈述的抽象一般关系在各种适用的具体边界和初始条件下，包括在不同的时空参照系统一性转换下，都是确定不变的。由此可以得出真理知识的三个规定性，即价值中立、点描述、绝对性。相对真理、全体真理是自相矛盾的无意义概念。这种绝对是知性的绝对，有限的绝对，由知性普遍抽象起点规定性限定，故没达到无限的绝对。理性是智慧，绝对理性就不能再停留在有限知识描述去理解了。智慧是知识的统一性，形象地理解是全体点知识构成的面，能理性

地理解具体世界就是从抽象知识返回具体现实处理实际问题时会全面地综合考虑，避免片面性。绝对的极限意义在理性无限中就是指对世界统一性理解的最高境界，在这种境界中，世界的意义是无外、无它、自足的，我们对世界的一切理解都能具体有序地统一于其中。这其实正是黑格尔绝对真理的真正意义，其实它就是绝对理性，也即中国传统文化所说的上通天文，下通地理，中通人事的神明之境界，只有这种理解才能悟到存在就是合理之真谛。简言之，无限理性的绝对就是通达了圆满的最高理性境界。

通达一元论的绝对理性是世界统一性原理，它包括宇宙自然统一性、人类精神文化统一性，而且只有在文化和自然、主体和客体世界的具体统一中才能达到无外无它的圆满境界。世界统一性原理的最普遍世界不限于物质世界，不限于宇宙自然界，也不限于人的主体精神意义世界，而是把人自己理解为主客体相统一、自然和文化相统一的具体存在。最普遍世界的意义不是宇宙自然，也不是抽象的主体精神，而是将它们具体统一于自身的人的理性无限世界，就是以自觉文化选择为生存的每个文明人的具体生存现实本身。人达到对自身无限主客体具体统一性的自觉理解时，就通达了世界统一性原理，就通达了神灵，达到了智慧生存的最高境界。

世界统一性原理其实是在对“认识你自己”这一最高命题逐级求解，从存在的本原出发，在有序统一的不断进展中追求存在即最普遍的存在者——人的最高的、终极的价值和意义。达到对人存在的圆满理解时，世界统一性原理就达到了绝对理性这一精神境界的极限。无限绝对圆满境界不是纯粹的精神抽象或主观感悟，而是人的现实社会历史文化生存中向最高理想追求的现实，即人作为理性具体进展到自由自觉的具体理性生存的境界，一元论的世界统一性归根到底统一在人生存的现实中。通达人生存世界的极限需要胆识，需要勇气，需要攀登极顶一览众山小、山高我为峰的大无畏精神，最需要包容。有容乃大，要通达绝对就要虚怀若谷，须知上善若水，海纳百川成其大。世界统一性原理的理解，必须站在人类社会历史的高度和广度，必须有从世界史的普遍意义去理解人的世界的宽阔胸怀，必须以包容和理解的情怀去享受人类文明史积淀下来的精华，这就是老子所说的“善者吾善之，不善者吾亦善之”，是以老子能通达道的统一性境界。现在人类已进入全球化时代，但一百多年前马克思就已得出了人类进入统一世界历史的精辟归纳，并预言无产阶级只有解放全人类才能最后解放自己，只能自己解放自己的绝对理想境界。我们今天大多数人对人类全球化时代的本质认识没达到马克思的水平，其实只是在分工合作的企业文化境界去理解全球化世界历史时代。诚然，现实世界并不完满，人类世界是从自然界发展起来的，更为重要的事实是具体个人的文化文明本质是后天教化逐步构建而来的，但自然本能即兽性是先天遗传而来的，每个人的文明程度取决于后天文化文明教化对与生俱来的本性的文化重构水准。世界上没有一模一样的两个人，但所有文明人都有理性文明本质，总统也好，凡人也好，土豪也好，贫苦之人也好，越过了底线就是禽兽。具体理性之人的生存达到自主自觉追求人的普遍理性的圆满境界时，就面向绝对，绝对理性的境界就是追求人的文明史上构成人类普遍本质的精华，传承那些经得起历史检验的精神文化财富，得出对人的世界统一性的合理理解，达到圆满的生存。如果执着于现实世界的名利纷争、不完美的现象中，那很难进入世界的本质，无法自我超越而通达人类的理想。那些不圆满不是理性的本质，是兽性难除、理性匮乏造成的现象。以唯心主义哲学为例，谁要想穷尽两千多年来这一哲学流派的种种不足或荒谬是不可能的，也没实质意义。智慧者必须能解释颠倒了客体和思维关系的唯心论哲学凭何本质而赢得如此充沛的生命力？两千多年来唯心论贡献给人类的精神精华是什么？只有从人类知识认识形式普遍统一性、知识内容和具体世界的相容一致性的认识论意义，才能理解唯心论追求人类主体认识世界普遍统一性这一本质对人类文明史的深刻意义。由此可见，绝对理性是对存在无外无它的理解，是对本质的统一性理解，圆满的境界是知晓一切存在都是合理的，合理的根据是本质，从本质才能理解存在的合理理由。

科学理性时代的主流思维执着于对立现象，习惯于简单否定对立面，不断否定的后果是思维永远停留在有限中，看不到统一的本质。最为突出的是灵魂和宗教信仰问题，科学破除迷信的结果是几乎把宗教信仰等同于迷信，再没有多少人光明正大地、理性地探讨灵魂和宗教信仰问题。离开宗教信仰只能通达动物，离开灵魂只能通达石头，连动物都无法理解，又何以谈对世界的最普遍统一性理解呢？世界统一性原理从灵魂本质去理解生命，从人类精神文化去理解宗教信仰，不把灵魂和信仰拒斥在统一性世界之外才有可能通达理性的绝对境界。离开信仰和宗教去理解人类社会历史是不可思议的一件事。人没有信仰就没有了理性的底线，随时有沦为纯粹禽兽的可能。信仰在历史上是以宗教为统一性形式成为现实的，这正是宗教信仰的重要性所在。宗教信仰在历史中产生的迷信和宗教统治是异化现象，但必须透过这些现象理解宗教信仰的本质，理解它在人类文明史上的本质意义。宗教信仰是多样性历史现象，但一切宗教信仰必定能统一在本质中。我的老师告诉我，他对信仰什么宗教的答复是信仰宗教但不是信仰哪一种宗教。这是通达了宗教本质的理性理解，这才是哲学家的智慧。有耐心的读者会发现，世界统一性原理是融合了信仰智慧的，对世界的统一性理解从最普遍的具体存在即“无”开始，在最普遍的意义即空的具体统一性理解中达到圆满，这是一个从无到空自足自洽的有序统一世界，是在主客体统一中达到绝对理性的最高最普遍意义世界。世界统一性是无、有、空的统一，无质有量谓之无，有质有量谓之有，无质无量谓之空，三者统一就是理性的绝对境界，也即空无异色，色无异空的圆满智慧。

第二个问题是通达绝对理性的统一性思维的本质规定性是什么。我们说人是理性动物时，已经规定了文明人是具有理性本质的，这是存在论意义的规定，是“认识你自己”的基石。世界统一性原理接受这一观点，并试图得出对之更具体的理解。首先，在认识论意义上就一定能得出人具有理性思维的结论。事实的确如此，人创造文化进入文明史是包含着理性思维的创生和发展史的。人从自然进化产生的高级生命共有的感性认识基础上发展出特有的普遍意义认识时，从蒙昧步入文明史。这里所说的普遍意义认识不能狭义地理解为知性认识，要从广义即知性和理性相统一意义去理解。把人类认识划分为感性、知性、理性三个层次或阶段只是逻辑上的抽象，现实的人类精神文化则是三者不可分割地统一在具体的抽象思维过程之中的。感性认识是一切更高层次认识的基础，从感性认识上升为具有普遍意义的知性认识时，还需要理性统一性认识作为思维基础，使认识具有普遍意义的形式是知识之为知识的基础和根据。一切普遍知识都是内容和形式相统一的意义陈述，没有无形式的纯粹意义内容陈述，即一切知识建立在理性统一性形式基础上，当然一切形式也只有在和内容相统一的意义上才成为形式，固知性和理性在具体抽象认识中是不可分割的。为什么认为精神抽象实体才是真正实体存在的唯心论能激起人类圣哲们前仆后继苦苦追求呢？是因为柏拉图理念论把人类哲学引到对精神统一性即实现知识意义普遍性的认识形式统一性的探索，这是人类文化的基础。更进一步看，知识之为知识在于它对人类现实生存的意义，一切抽象知识被接受为普遍意义认识是在从抽象返回具体现实中实现的，这就是理性的最高意义。理性是人认识的基础，又是认识的最高意义，我们就有充足的理由说人是理性动物，是理性使人从万物之一跃升为万物之灵，是理性本质使人异于禽兽。

既然文明人的存在是理性的，为什么几千年文明史并没有使人类社会发展到绝对理性的完美状态，却进入了知性理性背离的科学理性时代呢？因为人的本质是理性的，人的具体存在并不等于人的抽象本质，而是像金字塔前的狮身人面雕像的隐喻那样，是理性和动物兽性统一共存的。人的动物本性是由物种遗传与生俱来的，理性则是后天生存中逐步构建起来的，人离动物界多远是由人的理性本质发展水平所决定的。理性不是实体那种既定的东西，它是具体人的抽象的本质，而且不是自在的抽象，而是自为的，即通过人对自身的自觉认识来实现的。人类“认识你自己”就是要认识人的理性本质，而这恰恰又是最难的命题。人类创造文化步入文明的早期只是人类理性的初级阶段，这个漫长的初级阶段到泰勒斯才出现转折点，到柏拉图理念论即认识形式普遍统一性理论建立后，人类才从朴素理性发展到自觉理性的新历史阶段。

泰勒斯是在水是不生不灭的物质这一知识判断基础上，由万物生于水又返归于水的物质世界统一性理解从知识认识上升为智慧认识的，他的认识对象是物质自然界而不是统一性认识自身。柏拉图的理念论是直接以人类思维的统一性形式为对象的，是理性对理性的思考，达到这一层次的思考才是自己为自己提供充足根据的认识，所以理性哲学以柏拉图理念论为标志进入理性认识理性的自觉。但理念论仍然在真理知识的有限概念局限下思考认识纯粹形式的统一性，知识的统一性就还原为真理知识，黑格尔的逻辑发展辩证法又被理解为真理由相对向绝对知识发展的方法论，最后积淀为支配人类的科学理性观。科学理性是一种理性哲学，是没有达到完全自觉理性的哲学，理性认知性为理性是知识和智慧的分裂，是文化生存的人类本质的分裂，终而把人类引向危机。要克服二元分裂文化就必须建立自觉理性统一性思维，把知性和理性、知识和智慧理解为不同本质认识的统一。理性统一性思维把知识和真理看成有限的认识，是人类从自然认识上升为精神文化认识的最简单而独立的元意义结构，即普遍认识的元结构，每个元结构都是独立的点知识陈述。一个知识元结构是两个层次相统一的陈述，即一是关于认识对象抽象因果关系的判断，一切知识都是判断；二是与认识对象无关、给予知识判断以普遍性意义的陈述结构形式和逻辑关系。每个点知识必须具有独立性才成为完整判断，而我们的文化是由不断积累的知识构成的，是独立知识点的统一。独立知识元结构的统一是由知识判断的普遍形式给予保证的，这同时意味着文明人的文化选择生存是以知识面为根据的。由知识元结构构成的知识面不能机械地理解为一种知识，全体的知识是智慧，这就是知性知识和理性智慧的区别和统一，是人是理性存在的理由。人的聪明智慧是在理性统一性意义上的，是在把感性个体认识通过理性统一性形式上升为普遍知识，把各种点知识统一为知识面，在越来越丰富的统一性认识基础上更合理地实现人的理性生存，而不是在科学必然性支配下变成宿命的存在，在理性意义人才成为具有自由创造本质的最普遍统一性存在。把人类理性思维理解为科学和哲学、知性和理性、知识和智慧的统一就是统一性思维，这才真正扬弃了机械的因果决定论的有限绝对性，这才是自觉的理性。在自觉理性思维中，不会再出现时光倒流的荒谬，不会有光本性既是粒子又是波的二元分裂理解；也不会把人理解为无灵魂的存在或非理性本质存在，不再一面执着于人类中心论自绝于自然世界，一面悲观地认为世界正在熵定律支配下不可逆地趋于灭亡。达到自觉理性境界，用统一性思维智慧地认识自己，人本质上就是自己创造自己存在本质的存在，人类走向最普遍的统一世界历史时代也就是人的自由本质不断发展、人类不断解放的社会历史进程，这就是自觉理性的最高统一性意义。

第三个是最现实的问题，即如何使统一性思维成为人类自觉而普遍的认识方法。统一性思维是感性、知性和理性的统一，从现实意义说是形而上抽象思维和形而下经验世界认识的统一。人类文明几千年的最大局限性就在于因为形而上和形而下认识机械地分裂而发展为片面的科学理性，偏离了自觉理性。形而上和形而下认识分裂的主要表现是智慧的哲学形而上学只在抽象认识的象牙塔中，远离现实世界，和大多数人无关，在现实世界激不起共鸣。哲学不关心普罗大众的现实生存，大多数人也不关心哲学，导致哲学智慧的萎缩，人像狗一样迷失，缺乏人本质上异于禽兽的自信，产生人类生存危机。

形而上学是一个外延和内涵历史地发展着的概念。中国传统文化认为形而上谓之道，形而下谓之器，这是形而上和形而下的本来意义。用今天的话来说，形而上是抽象的认识统一性智慧，形而下是可感的具体客体存在。亚里士多德的第一哲学即在物理学之后的著作汇编就叫作《形而上学》，物理学是以器为对象的知识，与之相对的抽象认识的统一性就是形而上之道，即哲学统一性智慧。哲学发展后，其中具体化为逻辑学、数学、语言学的知识成为独立学科，从哲学中分化出来。这些关于认识形式统一性的知识还是形而上学的，它们和形而下经验知识的本质区别在于不是由经验认识中普遍抽象归纳得来的，而是由尽可能简单自明的少数几个前提演绎发展而来的统一性形式的知识。但习惯上，人们并不再把学科知识当作形而上学，形而上学还是在统一性智慧的意义下使用。形而上学从智慧的宝塔极顶发生自由落体式堕落是辩证法的杰作，黑格尔把非辩证发展而追求绝对永恒不动的存在的哲学思维方法称为形而上学思维方法，矛头直指传统的机械唯物主义。辩证唯物主义则用辩证法改造机械唯物论，坚持世界的物质性和物质世界永恒运动发展中的多样统一性。在辩证法相对意义上，形而上学就是机械论的思维方法。二十世纪知识时代又赋予形而上学新的意义，即把传统哲学的纯粹抽象形式统一性思辨，主要包括柏拉图到黑格尔的纯粹共相形式的思辨，称为无实质意义的形而上学。

为什么西方形而上学今天竟然堕落到如此境地呢？一个重要原因是哲学形而上学离开形而下的现实土壤，在象牙塔中孤芳自赏，形单影只。哲学理性对大众而言难以达到自觉的追求有主客观原因。客观原因是智慧不同于知识，不能依靠教化直接通达。知识是普遍的抽象，可以不依赖于具体主体，可通过教育和学习来获得；而智慧是由抽象返回具体主体而实现的，不是普遍的抽象，不能离开具体主体，不能学而知之，只能学而悟之。尽管每一个文明人都是以理性为本质的，但能成为自觉的理性存在并非自然而然的，达到圆满理性就更难了。主观原因是西方哲学在柏拉图的理念论中完成最普遍的精神认识形式统一性这一理论框架后，哲学以科学之科学凌驾在科学之上，鄙视科学，在抽象而纯粹的精神认识形式中自我发展，忘记了感性、知性、理性认识的统一性，离开感性经验和知性知识讲纯粹理性，哲学形而上学对大多数人而言就成为晦涩难懂、空虚缥缈的东西，终而在知识时代人们叛离了柏拉图和黑格尔的理性思辨传统，追求实证知识而拒斥一切形而上学。科学理性文化离开自觉的形而上学智慧是盲目的，人类文化选择性生存的盲目性就是现实生存危机的深刻根源。

形而上学智慧之觉悟是易是难，见仁见智。那些自认熟习哲学书本就具有了哲学智慧者要入哲学之门很难，智慧不是知识不在书中，人是理性本质存在的意义在于每个人的理性本质是自身自觉的精神文化自由创造中构建起来的，这就是悟而不止于学的人本质是自由创造的理由。对于自觉追求理性统一性的当代人而言，能在形而上和形而下相统一意义上建立感性、知性、理性相统一的理论体系，进入智慧的大门就相对容易了。世界统一性原理的创新性首先在于它不是抽象形式统一性而已，而是在形式统一性基础上追求对经验知识统一性、抽象知识和现实世界统一性的智慧，这是导入对人类理性统一性自觉理解的尝试，也应是有益的探索。西方哲学形而上学堕落的命运与它坚持纯粹抽象思辨有关。实话实说，苏格拉底、柏拉图一直到黑格尔的思辨哲学的真谛是很难悟通悟透的，亚里士多德就坦言第一哲学著作发表了也不会为人们所认识。这不是他太自负，而是以思维纯粹形式统一性为对象的抽象思辨是需要扎实渊博的知识基础和形而上学统一性思维训练的。与此相反的是，老子对玄学理论的自我评价是“吾言甚易知，甚易行”，因为玄学不是纯粹精神形式的统一性，而是现实世界的统一性，是道、天、地、人构成的现实世界统一性，是形而上和形而下相结合的。由于历史条件和中国传统文化缺乏真理知识所限，玄学理论的知识基础既匮乏又没达到客观普遍有效性，玄学就只能停留在朴素的统一性智慧水平，没有达到自觉理性的境界，天下对玄学的本质认识基本上也只在玄之又玄的水平，故老子也坦承“天下莫能知，莫能行，知之者稀，则之者贵”。世界统一性原理在当代科学真理知识基础上，继承和发展老子的世界统一性理论，由玄学上升为具体理性的彻底一元论世界理论，追求对世界达到最普遍意义的理解，赋予人的存在以圆满的意义。

在知识爆炸年代，人们往往把建立世界统一性原理的困难归咎于哲学家跟不上科学发展的步伐，这多少有一点道理，但只是现象而已。人类大多数知识是在原来统一理论基础上，在和原知识理论体系统一协调的前提下产生的，和一般的世界统一性理论没有直接相关性，设想以通晓全部知识为前提才能构建世界统一性原理是幼稚的。真正对世界统一性原理有现实基础意义的是普遍性的基础知识，其中主要是物理学基础理论。为什么这么说呢？世界统一性原理的使命不是发现知识，而是把知识点统一为知识面，从抽象知识回归现实世界，赋予抽象知识描述以具体现实的感性物理世界意义。为什么对世界统一性原理有现实基础意义的普遍性基础知识是物理意义而不是化学、生物学基础理论？为什么物理学是其他自然科学的基础呢？因为其他学科可以从物理学去理解该学科抽象知识的具体现实世界意义，而物理学必须自身返回具体世界寻求抽象知识的物理意义，理论物理学是极需要理性统一性智慧的学科。反过来说，世界统一性原理的知识基础首先是理论物理学的基本原理，理论物理学的革命带来的必将是世界统一性原理的革命。二十世纪量子力学和相对论都是革命性的，但与之相应的世界统一性归纳没有完成，这意味着对这些物理理论的物理意义解释是有问题的，时空弯曲、波粒二象性、能量就是质量、场是物质这些物理意义是不完备的。我们就是要赋予这些科学理论的革命性突破与现实世界相统一的物理意义，建立起最普遍而圆满的世界统一性理解智慧。

三、世界统一性原理的理论结构

世界统一性原理按照历史和逻辑相一致的原则，在理论上统一人类理性的发展进程。现实的人类精神文化是感性、知性、理性认识的统一，感性认识历史和逻辑上都是精神现象的起点，但感性认识是自然认识，是人类精神文化现象和理性本质的基础，不是人类精神文化的本质，也不是人类理性本质历史和逻辑的起点。世界统一性原理把人理解为最普遍意义的具体统一性存在，世界的最一般普遍本质发展史是人的理性本质从低级到高级、从简单到复杂、从不自觉到自觉、从不自由到越来越自由的人类解放的社会历史进程，理性的起点就是世界统一性原理的逻辑起点。

理性的产生是人本质上告别自然界而步入文明史的标志。文明史产生在直接意义上是文字和文化知识的产生，具有类普遍意义的知识使人类超越了一般动物的具体个体感性认识，其生存方式本质上不再由物种先天遗传规定性支配，而由后天经验创造的文化为根据，由文化选择支配，从而构成了人类在文化创造、传承、再创造中不断改变生存方式的社会历史文化连续进程。认为普遍意义结构即知识的产生是文明史的起点，只是现象的认识，不是本质的概括。知识之为知识在于它不只是个人的认识，而是具有类普遍意义的，构成类普遍理解性的根据是知识的普遍形式，故知识是内容和形式相统一的陈述结构。内容和形式相统一的知识是建立在理性的纯粹抽象形式统一性基础上的，哲学统一性智慧是人类文化的基础，各种知性知识则是人类文化的现实现象。本质就在现象之中，理性就在知性之中，对人类文明史的认识就以人的理性为逻辑起点。尽管人类文明史对理性统一性的自觉认识是进入比较高级阶段才产生的，柏拉图理念论才把人类理性引向对精神文化知识纯形式统一性的思考，但朴素的理性是和文明同在的，是文明之为文明的本质。世界统一性原理的基础是存在的认识形式，就是从柏拉图理念论哲学以来人类哲学紧紧围绕不放的知识的普遍意义的形式根据和由之提供的知识统一性问题。在统一性原理的形式基础上，探讨现实世界知识的统一性命题，在形而上和形而下相统一意义上得到对世界一元统一性的智慧理解。

《世界统一性原理》由五卷组成，第一卷是形而上学的思维形式思考，讨论认识的纯粹形式统一性问题；第二到第五卷是对世界统一性的思考，并按照玄学世界统一性理论，把世界理解为以无、天、地、人为本质的四个不同层次构成的统一性世界，得到无论、天论、地论、人论四个层次的统一性理论，从个别具体到一般再到最普遍意义，构建复杂多样性世界圆满的彻底一元论理论体系。

第一卷《道论　存在的逻辑：认识的形式统一性意义》探讨认识的纯粹形式统一性问题。主要论题包括存在概念的最普遍的规定性，存在的认识和知识、知识和真理之间的统一性关系，哲学史上唯物论和唯心论、经验论和唯理论、存在和思维以及休谟的不可知论，主要以知识形式统一性为主线得出本质上的精神文化统一性理解。统一性原理的核心在于解决认识世界的最基本的先验形式，即空间、时间、结构的规定性问题。空间、时间实在化是人类认识混乱的主要根源之一；结构则是人们长期忽视了的世界认识的重要形式，因而总是把运动变化还原为抽象质点的运动。但对复杂世界而言，结构复杂性演化是更加基本的运动变化，离开结构只能认识质点构成的抽象世界，根本无法理解多样性中统一的复杂世界。空间、时间、结构普遍认识形式的统一，是人类把具体客体世界的个体具体认识抽象为普遍意义知识的基石。

第二卷《无论　永恒的存在：能量转化的守恒原理》讨论自然本原存在和本性这一在人类自觉理性起点上就提出的问题。“无”是老子玄学理论描述世界本原存在的概念。在一般意义上，道也可以理解为包括本原存在的概念，但道是最普遍的统一性存在，无中生有之“无”才是特指本原存在的概念。无中生有之“无”只能做主词理解，不能做限定主词的副词理解，否则不合逻辑。无首先是具体存在者，不只是存在者的状态或属性。在当今人类知识水平下，无这种和有相对应的存在者的基本存在形态就是能量子，无是指其无质无形无静止状态的本质规定性。能量子的唯一规定性是量，而且是和频率相关不可分割的量子化之定量；物质的规定性则是量和质的统一。有质有量谓之有，无质有量谓之无。无的本性和本质是能量，它与物相互作用表现为力，多样性能量子的作用已被归结为引力、电磁力、核力，由于后两种力依赖于质量，不依赖质量的引力能量子就是客体世界最普遍、最简单而量子化不可再分解的具体存在，它在转移和转化中能量绝对守恒，宇宙的普遍本性就是能量，宇宙永恒生息变化而总能量永恒不变，自然就是能量一元论的多样性统一完美世界。在无论中，从能量的客体和状态的统一性论证只有能量为本性的存在论才是一元论，而存在和状态相独立且无法统一的本原存在构成的只能是二元论世界；从质能统一性关系以及能量守恒定律论证有量无质的“无”即能量子才是构成世界的不生不灭的本原客体，有质有量的“有”即物质实体只是能量存在的特定形态而已；从能量客体的绝对运动和物质客体的相对运动说明能量运动才是运动的最普遍形式，从能量交换去理解一切物质作用力的本质，并去合理解释一切相互作用的非超距作用问题。以能量为世界万物本性的能量一元论，可以推论出宇宙永恒性、有界性和唯一性定理，彻底终结宇宙起源问题。大道至简，能量一元论给出一个总能量绝对不变且在守恒原理和最小能量原理支配下，在有无相伴相随相生相灭的永恒运动中完美有序的宇宙总体图景。

第三卷《天论　时间性存在：物质结构演化的熵原理》讨论物质世界的产生及支配其演化的熵原理。玄学之天不是相对地球的地外世界，而是统一的物质世界，天的本质形式是空即空间性。物质不能用感知去定义，中文“物质”一词揭示了它的感性和知性相统一的理性规定性，感性是形状即空间唯一性，我们称为物；质是普遍抽象的知性规定性，是牛顿描述的产生引力和惯性的质量之本质，质量之“量”是受能量守恒定律决定的一切具体存在最普遍的规定性，质量是质和能的统一性概念。牛顿经典物理学通过引力理论，把物质世界联结为一个统一的世界，引力是物质世界的最重要性质。牛顿理论的前提是质点假设，在伽利略相对空间形式下建立质点动力学运动规律描述；爱因斯坦的广义相对论把引力转换为描述坐标系，把物理学运动定律形式普遍不变性推广到非伽利略惯性系。这些假设和转换的根据就在于引力的非极性力本性，因而基于质量的引力总是叠加的，这是物质世界普遍联系和相互作用从而成为统一性世界的奥秘。牛顿理论用力描述建立起物质世界的统一性，这只是一个起点，对于多质点构成的复杂系统，牛顿理论无能为力，于是产生了宏观物理学。宏观物理学只能用统计平均手段去描述，微观的粒子动能转换为宏观系统的温度状态。统计系统的宏观运动定律称为热力学定律，宏观状态变化规律则是熵原理。热力学断言，尽管热运动遵守能量守恒定律，但热总是从高温物体流向低温物体，热平衡是一个封闭物质系统的运动趋势吸引子，熵函数揭示了封闭物质系统热传递的不可逆的单方向运动，所以又被称为时间之矢。在绝对物质观基础上考虑熵的不可逆增长性质，物质世界趋向热寂是必然性的结果，所以人类一切关于"有一天我们能克服热力学第二定律吗"的这类追求和努力是痴心妄想。事实上热力学第二定律的热寂推论和经验不相符。宇宙大爆炸后早期物质在高温状态下熵较小，但随着宇宙膨胀熵增大，早期物质开始不断向复杂性结构演化。太阳的自由能比地球大，但地球结构演化产生出比太阳更加复杂的稳定结构。所以，熵增大并不意味着系统的混乱和死亡，在大多数情况下，反而成为物质结构复杂性演化的条件。对此的合理解释就必须回到能量一元论理论。热力学第二定律的描述对象是统计平均意义的多粒子系统，并不包括一生二、二生三、三生万物的物质结构复杂性演化描述。最普遍的最小能量原理在物质结构中表现为一般熵原理，它是支配物质结构复杂性演化的法则。从能量守恒和能量运动的最小能级原理出发，我们可以发现物质世界的结构复杂性演化运动是由能量定律支配的，原子结构、分子结构的稳定结构是由最小能级决定的；在一般的物质宏观无规系统中它表现为最小能量原理，即运动的方向总是使系统间的自由能均分原理，最终极限结果是每个粒子具有相同的平均能量，系统演化的吸引子是内部粒子之间的自由能为零，即热平衡状态。只有在自由能小于结构结合能的条件下，物质才能形成稳定结构，随着熵增大和自由能减少，较小结合能构成的高层次复杂性结构才能稳定存在，所以熵是物质世界结构复杂性演化的天使。物质存在本质上是结构性存在，熵增大是物质结构复杂性演化的必要条件。这正是宇宙膨胀熵增大伴随着复杂性物质结构演化的原因。至于整个世界的热平衡是无意义陈述。热传递只是物质客体交换动能的一种特定形式，只是特定的能量运动，根本就不存在由热传递造成自由能耗尽问题。熵原理是点知识，不是知识面，对整个自然界的现实理解是复杂知识面即统一性智慧问题。对热运动的最大错误认识在于把物质热吸收和热辐射归纳为物质热运动，把光、电、磁这些能量子和物质的相互作用也理解为热从高温流向低温的必然性规律支配的过程。从一般的意义上看，物质世界的运动受普遍的最小能量定律支配，从苹果砸在牛顿头上到江河水往低处流，一切运动都具有最小能量原理的不可逆过程之意义。但最小能量原理只是物质运动的支配定律，不包括能量子和物质的能量转换，热运动不是物质的最普遍运动形式，不是宇宙存在和运动的最根本原因。由物质系统熵不可逆增长去断言宇宙越来越无序之所以和经验相悖，是因为这种判断是不合逻辑的。能量是最普遍存在，能量的存在和演化才决定宇宙的命运。能量既是守恒的，在本原状态又是绝对运动的存在，由之为本原的多样性统一的宇宙是一部自足自洽的永动机。统一的物质世界是最普遍能量世界转化而来的特定存在，不是孤立而封闭的，因而在开放的物质世界中由它自身去断言熵垒和热平衡是不成立的。

第四卷《地论　时间性存在：生命灵魂进化的统一性》讨论生命世界进化统一性的本质，探讨生命的起源和进化问题，为理解人从哪里来提供最基本的认识框架。玄学之“地”不是地球，而是地球生命圈进化产生的多样而统一的生命世界。生命是物质世界的一部分，是复杂整体性存在，思考生命需要统一性智慧，生命的本质不能还原为物质结构，只能从复杂整体结构绝对运动过程去理解。生命在于运动，而且本质上是生命结构的绝对运动，所以生命是活的过程，是连续不可逆的绝对运动过程。生命过程性现实存在现象在本质上是时间性，生和死之间连续的时间性是生命过程的本质规定性。在具体结构意义上，亚里士多德给出了生命的精辟定义：肉体是生命的潜在，灵魂才使生命成为现实。在这一意义上，是灵魂赋予生命以活力，灵魂是生命时间性存在的根据，是生命的本质。生命的起源是细胞的起源，细胞是生命的起点，细胞起源在于DNA，包括具有DNA功能的类DNA结构如RNA的起源。生命细胞DNA结构来自细胞的分裂，在适当的熵环境下，DNA或类DNA结构可以在物质结构复杂性演化中产生，这些时间性结构和被膜结合，并在适当的自然条件下产生了最简单的生命。所以，从物质结构演化的复杂性原理我们可以断言，生命世界先演化出蛋，再进化出鸡。前者是物质结构，是潜在的生命结构，后者是空间性结构在适当的外界环境条件下展开为绝对运动的时间性结构运动过程。这不只是最原初生命起源的法则，而是一切物种起源的法则，物种起源本质上必须从DNA结构进化去理解，不能停留在宏观表型现象去理解。用亲本去描述和解释物种进化是不合逻辑的，人类根本就不应有认猴做父这种命题。

生命世界是自然界复杂性演化的最高阶段，而且是极限形式，因为它已经进化到个性化的复杂性阶段，用达尔文的话来说，世界上已经没有两个完全相同的生命个体，所以生命个体是在绝对运动过程中的可能性存在，生命世界是多样性演化的极限，达到个性化极限的生命是绝对性的具体存在，生命是物质相对性存在复杂性演化进展到绝对性的质的飞跃。生命世界的统一必须从它的时间性本质，从生与死的时间性中才能得到理解。进化论是生命世界的统一理论。达尔文的进化论从物种进化的宏观表型层次建立了生命世界从简单到复杂，从低级到高级的物种复杂性进化的统一性描述。宏观进化论是从生命与环境相适应的统一性关系去揭示生命世界统一性的。生命物种进化的本质则必须回到生命的时间性结构本身，即DNA和分子意义上生命结构的进化去理解，在分子进化层次上，自然环境的选择作用是中性的，这充分说明了生命和环境是统一性关系，而非因果关系，而达尔文进化论的陈述明显带有因果关系的特征。

按照能量一元论，支配生命绝对运动过程的是能量，生命与环境的适应首先是能量过程的适应。亚里士多德把生命看作躯体和灵魂的统一，生命灵魂中最低级的是植物生命的营养和生殖灵魂，进一步的是动物的感觉和运动能力的灵魂，最高级的是人的理性灵魂。高级灵魂包括一切低级灵魂，灵魂的不同能力决定了不同生命形式对自然界选择的生存能力。植物通过叶绿体结构对自然能量做被动的、直接的选择作用；动物则通过感觉、思维来指导合欲望的选择性生存活动，从而进化到运动选择环境的高级生存形式，这正是生命在自然选择机制进化中从低级到高级进化的最本质的意义。生命世界进化的最高阶段是进化出具有思维和运动选择能力的生物，生命进化的最高本质是思维和认识的产生，这是理解生命世界统一性本质的关键，也是理解人的理性认识能力的基础。

人首先是万物之一，生命世界的统一性乃至整个自然界的统一性的最高概括就体现在人的生命之中。人无论作为宏观物种还是灵魂本质，都处于生命统一进化链顶端。人的具体生命存在的统一性就是生命世界的统一性，认识客体世界统一性的根本意义就在于“认识你自己”。从这种自然界的统一性出发，我们才能合理地理解人从哪里来，到哪里去，人在自然界中的位置是什么这些最基本问题，并在统一性基础上真正懂得热爱生命，敬畏生命和尊重生命的真谛。

第五卷《人论　历史性存在：社会历史文化的理性具体意义》探讨人类社会历史的本质及过程，直接回到“认识你自己”的理性具体这最高统一性命题。玄学之人是社会历史文化本质意义上现实的文明人，是万物之灵而不是万物之一。人的本质是指人的社会历史文化本质，即人的理性本质，人论揭示的是人的理性本质历史发展的进程。人同样是肉体和灵魂相统一的存在，人超越自然生命的根据在于人的理性灵魂本质上超越了动物的自然灵魂，其现实表现是人类生存方式摆脱了纯粹的自然选择，在后天文化选择中摆脱了物种的世代循环，成为历史文化继承和创造相统一的社会历史性存在。社会是人生存的抽象而基本的单位，历史是人现实生存过程的抽象描述形式，理性是人的抽象本质，现实的人是社会历史中以理性文化为本质的历史性存在。

文明史创世纪是理性创世纪，不能简单地用生命进化论、劳动和工具去解释文明史的起源和文明人的本质。理性的产生以文字发明和使用为完成标志，其现实意义是具有普遍类可理解性的文化知识的产生，它使人成为以社会为单位的类主体存在，文明史是人类在世代文化继承和创造中不断发展的不可逆的社会历史统一过程。文化的本质意义在于人的生存方式的文化选择性，以理性文化为本质的文明人是主体创造性的自由的存在，人类社会历史是人自主自由的文化创造的历史。主体、自由、创造的本质意义是人必须为自己的生存发展承担责任，人本质上是自由的存在，人类文明史是面向未来的冒险，人有多大自由就有多大风险，就承担多大责任。理性的自由是和必然相统一的，是通过认识自然的必然性规律，按照必然性规律去选择其作用的边界条件和初始条件，追求规律作用达到符合人预期的结果。一切自由是以对必然规律的认识、遵守、利用为前提的，这才是自由和必然相统一的真正意义。由此可见，人的自由本质的内在机制是理性的文化认识，科学真理认识的普遍客观有效性使人类成为一代代接力前进的历史性存在。是符号的利用使意义摆脱了对具体认识主体的绝对依赖，使有意义的认识从个别上升为普遍的人类意义，从而开启了历史性存在的不断进步进程。人自由创造本质的实现是自由和必然的统一，肉体和理性灵魂相统一的现实文明人同时也就是自然和文化相统一、客体和主体相统一的存在。人的世界是生命世界中的一个特定世界，在超越了客体世界的本质意义上，人的文化世界是最普遍的意义世界，具体的人是包括能量、物质、生命和主体精神文化本质的最普遍的统一性存在。

人的本质是理性的精神文化，人类社会历史发展的本质就是人类理性从不自觉到自觉，从不圆满到圆满的发展。人类理性的一般意义是文化和文明的统一，即理性发展的目标是人的文化和自然、社会的关系更加文明。征服自然就是摧毁人的存在自身，因为人首先就是自然存在；统治他人就是摧毁文明，因为征服和暴力统治是动物的生存法则。文化发展的本质意义在于使人更文明更理性，使人类远离暴力，按照社会分工合作的本质和平共存，这就是文化和文明相统一的具体意义，人类文化世界的本质就是文明。人类理性以文明为轴心不是纯粹主观价值使然，而是由人的主客体统一性决定的，因为文明史只有以文明为轴心才能创造更普遍意义的人类历史，人类历史才可持续发展而走向无限的未来。人类理性发展的现实意义是人和社会的统一，即理性文明的发展回归到每一个人的发展，使每个人成为理性本质充分发展的现实存在。人、人类、社会是抽象的普遍概念，在具体的意义上，每一个具体的个人都是人类。人类是复杂社会结构形式的统一，它统一在具体现实的个人身上。每个人既是现实的，又是历史的，既是社会的，也是人类的，每个人的现实生存基本上已全面超越了本能，现实活动都是社会文化的，这就是人类、社会、历史的具体统一性意义。历史的意义在于未来，因为历史既是现实的个人活动创造，又是人类意义上的。

人的生存的终极命题是灵魂问题。但科学只能证明灵魂存在，却无法否定灵魂存在，否认理性灵魂存在，人就退化为野兽甚至草木，所以，世界统一性原理对人的认识的最高追求就是理性灵魂和肉体的统一。在目前的认识水平下，首先要解决灵魂认识的可能性问题。世界统一性原理坚持灵魂是人的一种经验，在能量一元论的世界体系中，抽象的灵魂本质是可以和具体灵魂的经验相容的，是有可能建立与灵魂相关的科学认识的。灵和肉相统一的具体生命才是人，人理性灵魂的绝对境界就是达到灵魂意义的永恒和圆满。每个理性文明人都有圣心，都有仙骨，都有神性，人的理性生命存在的本质意义就在对成圣、成仙、成佛的绝对精神境界的永恒追求中。

世界统一性原理不可能从简述中阐明。对拙著的描述，会有人觉得啰嗦重复，也会有人觉得没讲透。叔本华学哲学时有时埋怨老师太烦琐重复，有时又埋怨老师讲得太简单，该讲的没讲透彻。为了适应不同读者，本书成文时追求每一卷每一章都具有类似论文般相对独立的可读性，当然五卷是在统一性中生成的。老子说：吾言甚易知，甚易行，天下莫能知，莫能行。但玄学是基于经验归纳的朴素世界统一性理论，我自觉悟性不高，不敢言甚易知。世界统一性原理是形而上和形而下经验相统一的，是建立在知性科学真理认识上的，是贴近人类日常经验的，所以不难理解。在知识时代大多数人都有理解世界统一性智慧的知识基础，只要不过分执着于物质功利在物性中迷失了理性精神的本性，通达世界统一性就是可期的了。所谓通达具体理性就是悟到了统一性思维，从一章或一节中悟到理性具体就可以将全书扔掉了，因为在一切中的智慧都是同一的。不要执着于某些知识，知识是智慧的对象而已。

世界统一性原理把人理解为最普遍意义的存在，它统一于具体理性的个人，“认识你自己”的最高境界是回归人的灵魂，让灵魂通达自觉的人类理性，让人自觉地和禽兽区别开来，自觉按理性的方式去生存。只有自觉理性才能超越生命感性的有限，超越叔本华和尼采那种痛苦空虚的非理性，达到超越生死的无限境界。人类理性还幼稚，每个人的具体理性需要后天生存的自觉努力去构建，但人作为理性存在已是无可选择的宿命，每个人都要自觉地、理性地面对这一现实，理性启蒙就是自觉运用理性，首先是理性地认识理性，这是每一个理性具体存在之人的使命。进入自觉理性就不会埋怨命运，不会抱怨社会和他人，不会陷于理想和现实的永恒冲突中，更不会放弃人自主自由自觉的追求而物化或沦为兽性的存在。具体理性在于理性最终统一于个人，当人把自己理解为自觉理性存在时，就能觉悟到世界、社会、历史、精神、人类就具体在你自己的现实存在中，对社会历史文化的普遍精神追求就是理性对人的具体要求。老子说，圣人无私故能成其私，达到自觉理性境界人就能超越感性本能、有限欲望去通达神性的普遍和永恒。

在《二十世纪的哲学》中，艾耶尔直言现在去构造理论体系已经过时，但构建世界统一性原理一定不是过时之举。在自然客体世界统一性意义上，它是人类继以牛顿经典物理学科学发现归纳出物质世界统一性描述之后，从物质世界直达最普遍的能量绝对世界的一次飞跃，是人类认识大自然的又一个里程碑。在主客体相统一的最普遍世界意义上，从具体而最普遍的能量子客体存在开始，在能量一元论的统一性逻辑中，理解人的灵魂和肉体、文化和自然、主体和客体的具体统一，把人的世界理解为自由和必然相统一、文化和文明相统一的世界，开启了通向圆满的绝对理性之路。尽管世界统一性原理并不完善，但它是迈向更普遍世界的起点。人类理性智慧之火不会熄灭，世界统一性原理将在人类对绝对理性不懈追求中日渐完善。它今天在追求圆满起点上，今后在追求圆满的旅途中。若它能离绝对理性越来越近，则人类文明史甚幸！

第二章
存在之道

引 言

【提要】人类是多元文化起源并在五千年的文化进程中走进现实的世界历史时代的，这表明了文化的历史继承性及不同民族文化的多样性。人类命运共同体由多元文化进展到理性绝对水准才是理想和现实相统一的大同世界，企图由某一民族文化去战胜、统治、消灭其他文化只会在绝对的文化冲突中把文明史导向灭亡。中华民族在古希腊哲学创生的同时期也已建立起文化的基础理论即以老子《道德经》为标志的玄学世界统一性理论，要把儒、释统一于道。中华文明是人类四大古文明中唯一能五千年生生不息传承不断的文化，这一事实应使我们有足够的民族文化自信，全球化时代不至于彻底否定传统文化而全盘西化，西方的科学理性文化也达不到理性的绝对。尺有所短，寸有所长，人类文化理性、社会历史的本质是无限的，意义在未来，在文化的传播、扬弃、融合中进展到绝对境界。因此，中国道文化和西方科学理性文化的普遍统一性意义的比较是思考人类普遍理性的基础。

一、自存在哲学建立起哲学理论体系起，科学理性文化就以存在作为统一一切的绝对形而上学范畴，但又常常执于知性有限性理解存在，客体存在和主体存在相互否定的根源就在于其存在范畴并没有达到绝对理性的具体意义，存在不统一是决定西方文化成为二元论、机械论文化的“遗传基因”。

二、中华传统文化是以道法自然为生存基础理论统一起来的，它在二千五百年前老子的《道德经》中归纳为完整的主客体统一性理论体系，成为中华文化的理论基础并世代传承，明代王阳明的知行统一理论已达到道学的较高境界。道学又叫玄学，道是本体论、认识论、价值论的统一，是绝对的存在。道学的基础是以玄之又玄的无为本原的自然统一性，无、有、物统一性的多样性世界是地法天、天法道、道法自然的统一世界，道、玄、无、天、地首先是本体论意义的具体范畴。道又是支配自然运动变化的普遍客观规律，对“道”的认识就是道德经之“经”。道文化的最高价值和意义回归于自然无为的人生态度，即按自然规律办事，是自由和必然、主观和客观、主体和客体的统一。道文化是自圆其说的绝对统一性理论，客体世界统一于无，主体意义世界统一于人，人是道、天、地、人的具体统一性存在，道法自然就通达了人作为主客体具体理性存在的完整意义，人就是世界统一性的全部意义。

三、西方文化的存在范畴没达到绝对的统一，在追求有限存在向无限的进展中推动了认识由一般到普遍的不断进步，有限的绝对之现实性在于客观真理范畴，西方文化本质上是真理文化，其最深刻而重大的意义就是推动了科学的不断发展。科学真理是价值中立的人类共享的永远财富，这是西方文化能把人类导向全球化的重要原因。中国道文化在形而上学绝对意义上是完备甚至不可超越的，但把形而上学引向具体经验的客观知识却是极为薄弱的，故近代中国在西方船坚炮利时落伍了。从形而上学、知识、经验的统一去理解具体理性，就明白了东西方文化各有千秋，闭关自守或全盘西化都是片面性的。客观地看，全球化给我们送来了人类共享的科学文化，当我们自觉以道文化去统一科学知识来实现文化生存时，中华民族的繁荣和发展是毋庸置疑的。当然，仅学习先进科学文化并不够，更根本的是把道文化作为科学创新发展的动力，作为推动人的自由和创造不断进步的文化。把文化生存导向理性绝对的境界，使道成为理性大同的普遍文化，那就达到了人类理性的绝对意义。

哲学智慧是关于无限存在的统一性思考。《世界统一性原理》以道论作为思考的起点，意味着这一理论体系的道和存在是符号相异而所指对象及所含意义同一的概念。就是说，世界统一性原理是把中国道文化和西方哲学的存在理论作为本质和本性相同的理论智慧来看待的，老子的道和巴门尼德的存在指向共同的世界统一的本性问题，它们之间只是对同一对象、思考命题的理解存在区别而已。因此，首先要理解中国玄学之道和西方哲学的存在两者的同一性及统一性关系问题，为道论乃至整个世界的统一性理解提供基础，并由此理解世界统一性原理是超越了民族文化的多元性及意识形态分歧和对立的统一性理论，是最普遍的世界统一性理论。所谓最普遍，不仅指进入世界历史的地球文明的存在，还包括宇宙同构性意义上宇宙客体自然是同构而统一的，进入智慧文明的人也是文化本质同构而统一的。现实的地球文明和地外文明一定不同，但本质上也应是统一的，文明智慧没有任何理由是地球人的专利，这样宇宙在主客体统一世界意义上才能是统一的，地球文明只是宇宙文明的具体存在形态之一。进入世界历史的当代人类不能回避地外文明这种抽象命题，否则地球文化就永远局限于特定领域，无法通达最普遍的统一性智慧。

道和存在在玄学和哲学意义上是不能有任何规定性限定的，所以它们是把一切统一起来的无限概念，没有非道或非存在的存在论意义，这种无限性是玄学和哲学理论思维有资格自称是关于世界“整体”具体思考的必要而充分的理由，是一元论的世界理论的基石。在最一般意义上，世界统一性原理就是道论，就是存在论。把世界统一性原理的第一卷称为道论，有特定的意义，即它指之道并不是整个统一性理论本身，而是统一性理论的最普遍的形而上学形式基础，是形而上而非经验世界的统一性，是演绎而非归纳的，在西方哲学概念中就是对世界存在统一性的认识论问题。道论要解决的是我们以什么样的统一性认识描述形式去把现实多样性世界统一为完美而圆满的世界。世界统一性的认识不能从世界客体性开始，而必须从我们思考客体世界统一性的认识逻辑开始。人类步入文明伊始就产生了理性统一性认识，由之作为抽象普遍意义知识认识的形式，这正是西方哲学发展到一定阶段时，康德对哲学进行哥白尼式革命，从对认识的思考转为首先对认识先验形式思考的理由。世界统一性认识和任何理论认识一样，都是内容和形式相统一的，并且不是以形式而是以现实世界为对象的。没有离开形式的内容，但思维中却可以抽象出纯粹的形式，以形式为内容，这就是传统的形而上学，包括理性哲学。在认识论意义上，任何内容和形式相统一的认识一定是形式先行，是形式赋予认识以普遍性的信息意义的，这正是柏拉图和康德被尊为西方哲学巨人的原因。世界统一性原理不是以客体世界为认识的逻辑起点，而是以主体的理性思维为起点，从人类认识的最一般的先验形式统一性开始思考，这和理性发展的历史和逻辑是统一的。本卷的“道论”在哲学意义上是认识论和逻辑学问题。

西方哲学在世界整体认识的历史局限性上很重要的一点就是构建统一性理论体系之时，以唯物主义和唯心主义两者相对立的莫须有形式，把哲学本体论和认识论、存在和认识割裂开来，将之还原为因果关系形式陈述的对错判断知识。整个人类文化受西方文化主导性的影响，至今仍然深陷在本体存在论和认识论的分裂而造成的虚幻的“对立”之中，甚至演变成为自十八世纪以来人类意识形态分歧的理论基础，这是人类历史上极大的悲哀和不幸。对世界的整体统一性思考是存在论和认识论相统一的思考，这是哲学的本性，而不是哲学发展到休谟或康德时代才产生的。西方哲学的曲折性就在于认识论构建之始就把自身和本体论机械地割裂开来，把关于抽象认识形式的统一性理解为和客体普遍统一性认识相对立的唯心主义存在论。把认识论直接转换为本体论的结局一定是唯心主义存在论，一定是认识论和本体论的分裂。没有“心”，没有“思维”，当然没有抽象的普遍统一性认识；但没有具体认识主体和现实客体又是谁在认识、认识什么呢！把存在只当成本质认识中才有的存在是唯心主义本体论的根源，但这在逻辑上是不成立的。在逻辑上，只要是关于存在的本体存在论思考，就不会产生“心”“思维”“真理”这些认识论的范畴。所谓唯心主义，是哲学思考从具体客体对象转换到最普遍的抽象认识形式统一性所产生的。离开这种抽象形式普遍统一性，具体存在的普遍性意义是无法建立起来的。反之，形而上学的形式离开感性具体内容无现实意义。在哲学史上，离开唯物主义或唯心主义，哲学都不能生长，它们正是支持哲学这部小车不断前进的车轮，只不过在机械论者眼中这两个车轮总是不协调而已。西方哲学造就的支配人类文化的主流世界观是彻头彻尾的机械论世界观，是和中国玄学理论世界观有很大差别的。毫不客气地说，主导人类的西方文化是一种机械论的，因而也是二元论的世界观，西方哲学逻辑是建立不起世界统一性原理的。到目前为止，人类对世界的现实理解是统一之道和分裂的存在。世界统一性原理就是要把道和存在同一，建立统一的存在。

在一元统一性意义上玄学理论比西方哲学理论合理，但为什么西方文化成为当代人类社会的主流，科学理性成为支撑整个人类社会发展的坚实基础呢？根本原因在于中国玄学的世界统一性普遍理论是从具体感性经验知识基础上归纳概括出来的，缺乏客观普遍性的基础，知性不足故理性抽象，玄虽妙却深不可识。西方哲学则不同，它在科学基础之上产生，它的具体普遍性是以科学认识的抽象客观普遍性为基础的。西方哲学的形而上思辨和人类生存实践的经验世界之间是以客观普遍有效的科学知识为中介建立起来的，西方哲学和科学是相互作用共同前进的。中国玄学和经验世界之间缺乏客观性科学真理知识作为意义理解沟通的桥梁，一部玄学，缺乏客观性也可以理解为具有极大的随意性，这消解了它的普遍性的形而下经验意义。在形而上和形而下相统一的意义上，西方文化才是最合理的。正是在形而上和科学认识及实践经验相统一的意义上，西方哲学尽管没有建构起存在统一性的理论，却在对统一性的不断追求中实现了科学和哲学的发展，并且自文艺复兴及启蒙运动以来，达到了科学就是理性，就是形而上学的登峰造极的地步。西方文化的长处在于形而上和形而下的统一性，它的局限性则在于科学形而上学的理论之中，它的发展意义就必须在科学和哲学从同一到统一的根本转变之中。必须超越和科学同一的科学理性形而上学，把哲学发展为统一了科学的统一性理论，建立起完备的哲学形而上学，为经验世界的认识和思考提供统一性、普遍性的先验形式和基础。

在统一性原理即纯认识形式意义上，存在和思维相分裂的西方哲学是无法企及最普遍形式统一性的。中国玄学尽管难以把握，但在形式上达到了最普遍的统一意义，存在之道就是把西方哲学的存在和中国玄学之道统一起来，为统一性原理找到合理的逻辑起点。统一性原理是演绎的，是从最普遍、最简单的起点去演绎出统一性的逻辑形式体系的，这个起点在西方哲学就是存在，在中国玄学是道，对人类文化而言就是存在之道。当然，起点上的存在之道是抽象的，不能理解为自明的，性本批判的哲学不相信任何自明的认识。存在之道的具体理解只能在它不断进展的统一性中去通达，这就是自觉理性。

第一节　西方哲学的存在和中国玄学之道

一、哲学、玄学、释学同一的智慧本性

在人类自主自觉创造中不断生成的文化文明历史中，哲学的地位是崇高的，哲学从诞生起就被誉为人类的智慧之学，因为哲学永远随着人类文明的发展而发展。哲学恒为哲学，但不同历史时代的哲学又有不同的内容，甚至还有非常不同的形式，哲学即智慧一成不变，它和具有相对确定性的知识很不相同。知识具有客观性和普遍性意义，但智慧却很难找到普遍客观的统一标准，所以，哲学智慧之学既要成为人类普遍的文化追求，又找不到知识那般的客观普遍标准，智慧本来就不是现成的东西。哲学智慧的意义指的是启迪人的心灵去自主觉悟智慧，而不是批发或零售现成智慧。智慧是抽象的具体，只能由心去把握和理解，缺乏智慧很难觉悟到何为抽象的具体。所谓具体，指它的抽象意义不像普遍真理知识那样对所有意义认识主体是同一的，真理知识是对具体认识主体无依赖性的客观普遍有效的意义认识，智慧却是依赖于每一个具体认识主体的，它的最终现实性在于回归人的具体文化行为，是包含着普遍知识意义的具体，智慧之人据此就从本质上超越了限于感性自然生存的禽兽。因此，知识可以靠教化和习得去传承，智慧却只能靠个人后天在学习基础上去觉悟，是学和觉的统一，学是基础，觉悟才是本质。古希腊圣哲们给哲学一个更加形象的名头：爱智慧，即启迪人心灵中的智慧。

哲学最初是西方文化概念，指源自古希腊文化从追求世界万物本原为基础得出的对世界本性的理解。在同时期，即公元前约五百年左右，世界上还有灿烂的中国古文明和印度文明，这两个古文明没有“哲学”学说，但不能说这两个古文明没有智慧。中国文化的智慧凝结在《易经》、儒学、道学以及后来本土化的释学之中，古印度文化智慧的结晶主要凝结在释迦牟尼的佛

教经典之中。中华民族在近代经由日本才引入西方“哲学”，并在保持儒、释、道学的独立性时，又常常把它归入中国哲学的范畴。由此可见，哲学和智慧的关系并不是一目了然的。佛学、道学、儒学既是智慧，又非纯粹的哲学，它们和西方哲学之间的关系既不是从属关系，也不是哲学理论整体的构成部分，它们各自都含有哲学智慧，同时又包含着知识。在没有深入探讨哲学是什么这一问题之前，我们至少可以说，中国传统文化的儒学、道学、释学都是包含中华民族智慧的，就是本土的“哲学”智慧所在。只有这样看问题，才能理解人类古文明在西方和中国、印度分别发源并形成各自民族历史文化的事实，才能理解何以不同源头的多元文化归元为人类统一文明史的澎湃洪流。源自古希腊的哲学智慧和中华民族及印度民族的智慧之所以都是智慧，应该在于它们作为人类文化和文明的产物而具有共同本性。我们首先要思考的问题就是，在人类文化的普遍意义上，西方哲学和中国儒、释、道智慧之间的同一性是什么。

西方哲学和中国儒学、道学、释学的内容、形式相去甚远，但有一点是共同的，即和人类知识相比，它们都是一种无限的认识和理论。这里的无限、有限和知性科学意义上的时间、空间无穷大、无穷小的意义完全不同，它不是时空或客体描述概念，而是在规定性限定意义上去使用“限”，有限就是指由规定性限定的前提条件下的，无限就是指不能为任何预先设定的边界、初始、逻辑等条件所限定的。任何知识认识和描述一定是以前提条件限定为基础的，“学”首先要从现实中抽象出“科”，客观知识一定收敛在一个点上，即它是确定性的判断陈述，唯此知识才有真伪值意义。但任何知识描述本身一定不能指称它的前提即限定条件及假设条件，所以有限的知识虽然有确定性的优点，但一定不是自足的，它必须建立在不可能由自身证明的公理、公设的基础上。哥德尔从数学意义上证明了这一事实，并归纳为哥德尔不完备定理；罗素则在逻辑学意义上将此归纳为类型论，即一个定律的陈述不能指称自身，否则就会因循环论证而陷入悖论。西方哲学和中国儒学、道学、释学的智慧与此不同，即这些认识和理论不需要其他的公理、公设为前提，它们自身在形式上必须是完备而自足的，是不受任何设定条件限制的。不管具体内容、形式如何，这些理论总是赋予自身最普遍、最一般、其可左右的意义。无限定性的特点使它们可以达到总体、全体的高度，直指最普遍的意义，并在实现了全体的普遍性的同时就失去了认识的确定性。所以有限的认识使通达确定性知识成为可能，无限的认识使通达具体性乃至整体性的智慧成为可能。人类的各种智慧一定是无限的，即不是仅由确定性即由真伪值、对和错去判断其中的意义的，它包含对错判断但不限于确定性判断才超越有限而通达无限，故不可能有错的智慧，但也不应说正确的智慧，更不能说智慧一定是正确的。以柏拉图理念论为基本框架的西方哲学唯心论却一直把自身当真理，是以真理为对象的真理，实质上是认为只有它才是正确的，致使唯心论缺失了智慧的光芒，走入科学理性的死胡同。

哲学智慧的无限本性在教科书中陈述为社会科学和自然科学最一般的总结和概括，即它是包括一切知识的，所以称为智慧。用康德的理性概括来说，哲学理性是知性知识的统一性理解。这些形而上的陈述用朴素的语言来说是哲学无定论。陈修斋在《关于哲学本性问题的思考》一文中明确提出了哲学无定论的观点："事实上不仅对于哲学的定义无定论，对于哲学是否应有或能有公认定义问题无定论，对于哲学所讨论的许多问题也都无定论。"[①]这从根本上道出了哲学作为智慧而非知识的本性。如果哲学有定论，哲学问题都有定论，那就都是确定性知识，就是有真伪值的判断关系陈述，那哲学智慧就不复存在了。如果哲学的定义、对象、问题都像阿基米德浮力定理那样得出定论，那么哲学就不可能在不同的时代不同的民族文化中具有不同的形式和不同的内容了。张尚仁老师在《哲学无定论》一文中归纳了哲学无定论的三个主要方面：第一是由哲学性质决定的本身是无定论的问题；第二是处于探索过程中还没有得出真正定论的问题；第三是对一个具体事物从不同角度去看时，往往不同甚至差异很大。对张尚仁老师的归纳可以从哲学智慧是无限的具体认识去理解，特别是第三个方面说明了哲学智慧是知识统一性的理解，它只能是无限的才成为具体的智慧。

古印度文明中释迦牟尼的佛教智慧也是一种具有无限本性的理论认识。佛教智慧的最基本意义在于从永恒的因果报应和轮回中参透有限而短暂的人生现世的悲、苦、哀、乐、生、老、病、死的真谛，在万蕴皆空中悟出人生的永恒，因而也是终极的价值和意义，得出人生最普遍意义的统一性智慧理解。佛之为佛的根据在于了然生死、超越有限人生的无限智慧，在于通达无限进入永恒的圆满自足的智慧。古希腊哲学在对客体世界的最普遍统一性智慧的追求和思考中产生，释迦牟尼的佛学则从对人的主体世界特别是心灵和灵魂的永恒的追求和思考中产生。当然，不能简单地说佛教就是哲学，这也和不能简单地把基督教归结为西方哲学一样，但至少我们可以说，佛教的文化基础是一种人生哲学，它本质上也应该被理解为一种人生哲学。佛教的许多经验、实践性的戒律是在这种人生哲学基础上发展出来的。佛教的人生哲学作为人生的智慧，体现在它为人的存在提供了圆满、自足的说明，在因果轮回中使人摆脱了生命有限性，达到了超越有限生命的无限意义。佛教万般皆空的理论把人的本质、人的永恒放在人的灵魂上，把肉体生命看作人生的过客，万物皆空。肉体之物本是暂时的，肉体的欲望、感受、追求也是有限的，执着于肉体欲望是无法摆脱生、老、病、死的痛苦的，只有回到灵魂这一生命的本质，人才能超越有限，了然生死，达到灵魂亦即生命存在的最高的、永恒的、无限的境界。因此，佛学智慧的本质并不在于那些清规戒律之中，而在于它的超越生命有限而通达无限的人生智慧之中。佛学最高境界是空，空不是什么都没有，空即是色，是多样性世界意义达到了最完满精神统一性意义的境界。色不异空，空不异色的统一精辟地概括了佛教智慧对世界、对人生的统一具体的理解，达到对世界无它无外的最普遍存在的圆满理解之境界。佛性就是自觉了本质的人性，是觉悟了色就是空的智慧。从西方哲学的语境参悟佛理，则色和空对应于现象和本质范畴，色是现实大千世界的现象，空是最普遍世界即人认识的世界本质。色和空统一的前提是不同一即差异，色不是空，空不是色，唯此才有现象和本质之分。分是抽象思维中产生的，现实具体中色和空是不可分的，并不是现实中有现象和本质两种具体存在，而是一切具体现实都是现象和本质相统一的，执于色或空都是执于有限，达不到无限，色和空统一才是佛祖点化人自觉佛性的无上智慧。佛祖为何谆谆教诲不能过于执于色相呢，佛性是空即人之为人的本质，即人异于禽兽的根据，人的现实生存在现象中似乎和自然而然的禽兽无异，本质上却是由人后天文化构建的理性现实而决定的，是存在和认识不可分割的，并且认识才是本质的。为什么文明发展至今依然是如此不平等世界呢？为什么世上纷争不息，毁灭人类文明的阴霾不散？只能从本质即人类理性不成熟去理解，从人类过于执于色相去理解，执于现象不明本质就只活在丛林法则支配中，人对人成了人对狼。用黑格尔的哲学语境陈述，就是罪恶之所以是罪恶，堕落之所以是堕落，只是人们将之作为本质的缘故。由此可见，哲学和佛学虽然殊途，作为无限智慧却是同归即同一的。从逻辑上说，一切理性无限认识达到绝对境界时一定是多元归元的，将之对立起来一定是执于知性的浅见。

中华民族历史悠久，博大精深的传统文化主要归纳为释、儒、道三家。释学是外来佛教文化的本土化，儒家是历史上备受推崇的正统文化，道家文化由于其“形而上为道”的原因，渗透在中华民族文化之中却自不为大，用老子《道德经》的话来说是“生而不有，为而不恃，功成而弗居”“长而不宰”，它对中华民族文化的作用是在文化深层的。现实上历代统治者推崇的儒学是中国传统文化主流，这是在现象意义上的。儒学主要是中国传统文化中人的价值伦理部分，是直接关于“用” 而非“体” 的，儒学论的“道”主要是为人之道，只是道学的一个特定部分而已。由老子的《道德经》为标志的中国道学理论体系，才是中华民族文化的根基，才是包含着中华民族文化最深刻最全面智慧的理论。道学理论不仅有人道，还有地道、天道，是道、天、地、人相统一的世界理论，是圆满、自足和无限的。中华民族传统文化最深刻的智慧应在《道德经》的理论体系中发掘，而不应仅停留在伦理价值文化层面。作为无限的智慧，《道德经》从道、天、地、人相统一出发对世界的统一性做出说明，比起佛教主要着眼于主体世界，从人的主观世界自身去追求人生的无限和圆满，具有更加普遍的意义；比起或从物质具体感性客体，或从抽象精神实体去解释世界存在统一性的西方哲学，也具有更加深刻而全面的意义。中国哲学智慧最深刻的统一性归纳就在于《道德经》的玄学理论体系之中。东方玄学智慧、西方哲学智慧各有千秋，它们的综合和统一，将对于人类文化和文明进展到多元归元的绝对理性具有不可估量的意义。

现实的全球化世界是多元文化的，各民族文化统一于自身的特定规定性之中，各有各的智慧，现实中则表现为各民族特有的生存方式。但是，从不同文化之源出发的人类终而汇成汹涌澎湃的世界历史长河的现实表明，多元文化是统一的，人类智慧是统一的，这种统一的智慧是在人类普遍文化意义上的，它就是人们根据对世界和人生的总体认识而做出的处理具体文化生存的现实性。客观地看，中国玄学道、无、天、地、人统一于道的意义是最普遍的，比或统一于物质或统一于精神的西方哲学智慧更具普遍意义，比侧重于从人的主观意义去统一的佛教智慧也更具普遍意义，故最普遍的世界统一性原理的起点应统一于道。当然，这不意味着中国传统文化有现实的优越性，道的优越性只是在普遍抽象的玄而又玄意义上的，具体现实的中国文化和西方文化之比较是另一层次的问题了。更为重要的是，我们对玄学之道乃至整个玄学理论体系的理解还是非常不足的，只有继续悟道才能得到更深刻的智慧。

二、中国玄学的统一之道

以老子的《道德经》为精髓的玄学理论是中华民族的文化瑰宝。世界统一性原理把道、无、天、地、人看作世界统一性的最基本描述框架，把玄学理论看作源于中国古老文化的具有深刻智慧的哲学理论，把道理解为形而上和形而下的统一，无、天、地、人统一于道。老子的道是包括一切的最普遍的概念，玄而又玄的道其实又甚易知，甚易行，它就在于一切事物和现象之中。“大道泛兮，其可左右”，天道、地道、人道是道，无、天、地、人都是道，道是不同层次统一为圆满整体，这就是世界统一性原理从道论开始的理由。道不仅是万物存在，更是支配万物运动变化现象的内在必然性规律。唯此，道才是统一的，道的世界才是一个彻底一元论的世界，是存在和过程、存在者和存在者的运动变化现象相统一的一元论世界，是天道和人道、主体和客体相统一的世界。

老子的道是什么？这是一个永远争论不休的无定论问题，也说明道不是一种固有的、既定的知识问题，而是无定论的智慧问题。老子有言：“上士闻道，勤而行之；中士闻道，若存若亡；下士闻道，大笑之。不笑不足以为道。”下士就是从知识和经验的角度去机械、片面地看道者，在这一层次上道似乎什么都是又什么都不是，故大笑之。如果从知识观点看玄学之道不值得惊奇或大笑，那道就是知识而不是智慧之道了。张尚仁老师在《新译 新编 新解 道德经》一书中指出，《道德经》“同样的一章，文字是相同的，各个不同的译本，译得也很清楚，但内容的意思差别却很大。这在《道德经》的译本中并不是特例，而可以说是较为普遍的现象。对这种现象要怎么看？从一方面来说，这正是《道德经》的生命力所在。因为你可以这样理解，他可以那样理解，而且各种理解似乎都有道理。这就给人们留下了很大的理解空间，《道德经》也就成了一座挖掘不尽的宝库。但从另一方面来看，这也给人们理解《道德经》留下了很大困惑。那就是作为中华民族传统文化的奠基之作，我们要从中吸取的精髓究竟是什么呢？回答这个问题，就要讨论《道德经》的思想体系了。我们认为，《道德经》是中国思想史上建立的第一个哲学思想体系。”[②]这种理解才真正把握了《道德经》的本质意义。

为什么要把《道德经》理解为哲学思想体系呢？因为从不同的学科知识角度都可以理解《道德经》，那么它就不能属于某一知识学科，而是综合了各种知识学科的统一性概括和归纳，是知识之统一即智慧了。《道德经》作为形而上和经验相统一的哲学智慧是实至名归的。只有把它作为哲学思想体系，从理解世界的智慧的角度去理解，才能免除下士理解《道德经》时的困惑和大笑。它寓在一切学科及认识之中，但又不是知识；生而不有，为而不恃，长而不宰，但又从根本上把一切知识和认识统一起来。所以，《道德经》是对世界整体理解的统一性智慧。用老子的陈述是圣人以抱一为天下式，用现代的概念描述就叫作哲学思想体系，更具体地说是人类文明史上第一个朴素而完整的世界统一性理论。

《道德经》用道来统一整个世界，道是整个世界无所无包的全体的绝对概念。就是说，一切存在只能在道之中，不能在道之外，在存在论意义上道是不能由非道做否定性陈述的绝对概念。如果有道之外则说明道有规定性，道是有限的，道是不圆满的，那么道就不是最普遍的统一性了。老子赋予道这种绝对意义不是从概念上去规定的，而是由《道德经》完整的理论体系在构建中合逻辑地生成的。概括地说，《道德经》及道学、玄学的核心就是用绝对的道赋予多样性世界以统一性理解，从道法自然对人的生存及价值意义做出主客体相统一的理解，这就是中国玄学理论的最深刻智慧，是《道德经》的精髓。如果把《道德经》作为学科知识认识理论，把道理解为特定限定意义的有确定性的东西，那就无法悟到它的统一性意义了。

《道德经》论道即围绕对道的阐述来理解整个世界统一之道，对道的理解是体悟《道德经》智慧之关键。但由于道作为世界的全体恰恰是和其他有限确定性概念本质不同的无限概念，在知性意义上，如果仅停留在个体直接经验认识中是很难全面理解道的真谛的。所以，老子之道又是很难悟的，悟到了道，《道德经》玄学理论的智慧就了然于胸了。老子用玄、玄之又玄来陈述道，也就是说道是世界上奥妙中的奥妙；如果玄限于空而不是色空统一性的，那一定是很难悟的。但老子又说“吾言甚易知，甚易行，天下莫能知，莫能行”，道就在我们之中，这世界的一切都是道，存在者是道，存在者的运动变化是道，整个世界，我们自身的生命、行为和支配我们的法则，都是道的组成部分，并统一于道本身。老子说：“大道泛兮，其可左右。”这个世界上是没有可以摆脱道的物和事的。老子也无法摆脱道和玄的本性的制约，故他说道“可以为天下母”即世界万物的本原时，又说“吾不知其名，字之曰道，强为名之曰大”。所以，被老子称作道的是万物之母，所以是“大”，即最普遍的，这是道作为最普遍而无限具体存在的理由。

在科学和经验认识中，最普遍的总是最为抽象的，从个别到一般再到普遍是从具体到抽象的过程。但在无限的哲学思维中，最普遍的既是最抽象的又是最具体的，是由普遍抽象意义为基础回复到具体，包含普遍知性抽象的理性具体。如果觉得这种抽象陈述难以把握，不妨回到经验现实。一只羊看见孔子时只知道那是一个具体动物，理性人见到孔子这一符号时通常会把他理解为圣人，圣人作为具体之人是感性具体而来的认识，圣人之圣是具有普遍抽象意义的范畴，故孔圣人是抽象和具体相统一的概念。如果把道局限于抽象，那就违背了道的无限本性。对玄学之道，关键必须对之悟出最普遍的具体理解。

老子把道规定为“天下母”，是万物的本原，是世界多样性的统一，而且首先是客体自然界的统一。“天下母”是本原和本体论范畴的，不是思维、认识、概念、规律、形式意义的抽象，也不是共相，而是具体个体客体存在。“天下母”是构成感性经验世界多样性和变动性的万物的元存在，只能是具体的。在本原意义上，它是这个世界的一切多样性具体存在的构成元素。它作为最普遍的具体本原客体存在，以它的最普遍的具体存在的元结构形态，就存在于多样性的客体世界的一切具体之中，它是具体的极限，是最普遍的具体存在。多样性和变动性之物的产生和消解都归结于本原，而本原自身则是不可再分解的永恒存在，多样而变动的世界就统一于“天下母”。“天下母”的具体存在本性和其他物的具体性是不同的，即它往往不以独立的、最普遍的具体形态存在，而是以寓于多样化世界的各种具体个体中的形态存在。缺乏智慧的人往往只感觉到特定具体个体却无法悟到多样性世界的统一，因为他们不理解这些具体的特定存在物是由道生成的。老子在《道德经》第三十四章说：“大道泛兮，其可左右，万物恃之以生而不辞，功成而不有，衣养万物而不为主。常无欲，可名于小。万物归焉而不为主，可名之大。以其终不自为大，故能成其大。”老子这一陈述中包含着道是万物本原，是构成一切事物的具体存在的意义，并且说明正是道这种无名、无有、无欲的本性使它成为世界万事万物的统一之道，寓于世界的一切事物中，支配着世界上一切事物的生成、变化和发展。

老子把道作为世界万物本原的智慧，最深刻、最独特之处在于他用“无”而不是经验中的“有”来理解最普遍具体的本原之道。道是世界的本原存在，但统一之道不只是本原存在，更是统一整个世界的最普遍意义的存在，老子把本原这种特定形态的道叫作无。从感性认识来源看，能被人感官感知的才谓之物，西方哲学上的对应概念则是有，并以有即感性为起点去认识自然界，理解世界万物本原，理解本原的具体性，这符合人们的经验和知识。“有”指的是有形的可感知、可经验之物。按照经验习惯来理解，物的分解总是物，复杂结构之物是由简单之物经由复杂性结构演化而成的，构成万物的最普遍的具体存在即本原存在只能是最特定又最普遍的具体之物。但这种经验只能解释有限，不能解释无限，物无限分解下去就不再是有，而是无形，这是最基本的数学常识，分子为常数分母无穷大的极限值是趋于零。两千多年前泰勒斯可以不懂这一极限法则，对接受过现代高等教育的人而言这只是常识。以“有”作为世界存在的本原在经验中不证自明，但逻辑上一开始就埋下了一个无法摆脱的背悖困局：本原只能在抽象认识中存在，在经验和实证意义上不可知，即人类认识能力是无法通达本原存在的。从有限之物去寻找万物本原之“有”，是有限生命去追求无限的过程，实际上就像穿上红舞鞋跳个不停的女孩一样，只能把对“有”的本原追求永远进行下去，直至人类灭亡。说世界万物从有开始就意味着断言了世界万物的本原是可思不可通达的，这正是人类认识微观物质结构发展到今天的窘境和乱象。但两千多年前老子就已经在《道德经》理论体系中圆满地摆脱了这种困境，即他以“无”作为世界万物开始，由无生有，“有”再作为万物之母，在结构复杂性演化中生成多样性万物。对无的具体性的理解，是悟道即理解整个《道德经》玄学理论体系的重中之重，这是整个世界统一性原理特别是第二卷能量一元论的理论基础。道理极为简单，如果玄、无、道只是纯粹指称抽象对象的，以无为起点、以道为全体的玄学就和柏拉图理念论一样，只是以抽象形式为对象，不是以内容和形式相统一的具体世界为对象的了。世界统一性原理智慧应溯源到《道德经》，特别是老子的“无”的概念之中。在此必须谨记以下三点：一是无是世界的最普遍的具体本原存在，无是最普遍的客体存在。二是无和有一样，都是描述世界的主词，都是描述客体的名词。不能把无作为对有的否定性限定去理解，即有是东西，无是和有不同的东西。三是有和无是主词不是副词或形容词，它们不是对立统一的概念，而是不同层次的统一性概念，即无是本原的具体存在，而有则是由本原生成的特定的“有结构”的存在。如果从这种意义去理解“无中生有”，理解玄学的世界统一性就算入门了。如果把“无”理解为有的状态，则只能在道的门外望无兴叹；同样如果把哲学的“有”理解为对事物的限定，那能算是哲学思考之“有”吗？当然不是。

因此，老子的玄和无必须从本体存在论的具体存在去理解，无限的道也必须以具体存在为起点，否则玄学理论就只是关于纯粹抽象思维统一性的认识论了。玄学理论既是圆满的世界统一性理论，当然是本体论和认识论相统一的，并且是以本体论为基础最终回归主客体统一性的具体的，绝不应限定在抽象主体世界去理解，起点上的玄和无只能从和有形相对的无形的具体本原存在去理解，和形而下之器相对的形而上之玄和无首先必须从自然具体存在去理解，不能把具体之玄之无等同于纯粹抽象之空。玄学是世界统一性理论体系，但和西方哲学基于矛盾理论的对立统一辩证法相去甚远，玄学基本上是只讲统一而鲜见对立的，为什么呢？玄学讲自然无为的现实世界是自然而然的，自在世界是无对立无矛盾的，这就是黑格尔所言的存在就是合理的之意义。但黑格尔是以对立统一的逻辑构建他的唯心主义哲学理论的，而矛盾的对立统一不在客体世界却普遍存在于主体抽象精神文化世界，离开对立是无法理解主体意义世界统一性的。

《道德经》作为世界统一性理论，是在无中生有的认识基础上，从整体上揭示了道支配下整个世界的自然生成过程，这就是道之德的意义。老子对世界多样性统一的概括是“道生之，德育之，物形之，势成之”。德行的现实性是德之行，“德”就是道成为有形的具体事物的世界的多样性演化过程，是道成为多样性统一之道的具体现实性。“道”是多样化的统一整体，这种统一整体就是“势成之”，这里的势是道之势，是道的统一。所以，道必须从德去理解，仅限于道悟到的是一个普遍的世界，从“道德”中悟到的就是一个多样化的统一世界，在永恒的运动和变化中统一于道的世界。这种变化运动并不是杂乱无章的，而是在必然性规律即道支配下实现的。老子概括了道的最基本规律：“道生一，一生二，二生三，三生万物；人法地，地法天，天法道，道法自然。”这些世界运动变化的规律老子名为经，《道德经》就是对无中生有并演化为复杂多样性世界的普遍规律进行最普遍归纳而形成的哲学理论体系，道的最深刻的智慧就在于对支配世界统一性运动变化规律的理解，玄学理论的最精辟的概括就是道法自然。

老子的玄学是人类精神发展史上第一个朴素但自足、完整的世界统一性理论。以当今的知识基础去思考，它的统一性智慧依然是深刻且圆满自足的。用当代语言陈述，道就是最普遍的存在统一性，无就是最普遍的具体本原存在；天就是本原存在结构复杂性演化生成的多样性而统一的物质世界，是最普遍本原存在的特定存在形式；地就是物质世界结构复杂性演化最高阶段在地球生命圈进化生成的生命世界，是物质世界多样性演化由相对性进展到绝对性的特定形式；人类是生命世界进化最高阶段文化生成的理性文明史构成的主客体相统一的世界，是客体生命世界中超越了纯粹自然生命存在的文化和自然相统一的存在。统一于道的多样性世界是由从简单到复杂的结构复杂性运动中生成的。本原世界是物质世界的基础，物质存在则演化出不同于本原存在的质的规定性；物质客体是生命存在的基础，而生命进化出了本质上超越物质结构规定性的灵魂，灵魂是生命之为生命的充足理由；自然生命是文明人世界的基础，而人以文字符号为工具进入文明史标志着人的生命灵魂本质是特定的理性灵魂、人从万物之一文化为万物之灵，因为以后天文化传承和不断创造为本质的人的现实生存不再是纯粹自然选择，而是以自然选择为基础、文化选择为根据，人就是自由和必然、主体和客体相统一的社会历史性具体存在，本质上就是理性的，是主体性、创造性的自由的存在。人是世界最普遍意义的统一性存在，具体的人既是理性的主体，又是自然生命客体，还是物质客体即血肉之躯为基础的存在，而归根到底，人现实的生存是以能量交换和转化过程为基础的。人法地、地法天、天法道、道法自然的当代意义应理解为人的生存受生命进化规律的制约，生命生存受物质运动演化规律制约，物质运动演化受能量转化规律制约，能量转化、物质演化、生命进化、人类文化的统一性法则支配着统一的世界，这就是完备的道一元论的具体现实意义。道是世界存在者的统一，是存在者运动变化的统一，是支配存在者运动变化的规律法则的统一，道就是世界无外无它的最普遍的概念，是一切存在有序有根据的完美的统一。一句话，玄学统一之道揭示了一个一元论的完美世界。

三、西方哲学：从存在的本原到存在的统一

西方哲学的源头是古希腊哲学，古希腊哲学自诞生之日起就获得了科学之科学的至高无上地位。西方哲学和中国玄学的一个显著的不同点是：它不像老子玄学理论那样具有基本定型的理论，玄学也可称老学；西方哲学不是某大师之学，西方哲学是在不断生成之中永恒发展变化的，在不同的时代有不同的大师，哲学史中大师辈出。为什么中国文化的精神智慧凝固在玄学之中，西方哲学智慧却是历史地发展和演变的呢？为什么西方文化对智慧的理解终究统一在哲学之中呢？要理解西方哲学史的统一性，理解哲学之所以为哲学，就必须回到它的源头即古希腊哲学去思考。

古希腊哲学源于泰勒斯关于水是世界万物本原的思考。泰勒斯是公元前约六百年古希腊米利都学派的创始人。在此之前，西方还没有“哲学”之说，泰勒斯也并不是执意去创造一门哲学学科，他应该是那个时代的伟大科学家之一，得到“圣人”的尊称。他关于水是世界本原的思想是对自然的科学思考，用现在的认识论概念来描述是科学的猜测和假设。亚里士多德认为：“泰勒斯之所以作出这一论断，可能是他看到了万物都要水生成的潮湿滋养，热本身也来自它并依赖于它（万物的本原即是它们所由产生的东西）。由于这一点，再加上万物的种子就其本性来说都是潮湿的，所以，对于潮湿的事物，水就自然地成了本原。”③水是万物本原的论断，首先是一个关于自然世界中有限的确定性知识认识，是由经验为基础而归纳的判断陈述。水是万物的本原作为猜测的知识是一种有限的认识，具有和其他一切有限科学认识一样的各种属性，甚至还只是朴素的猜测，还没有成为真正普遍知识。但这一不成熟的认识又有所有其他知识没有的特性即最普遍的特性，这是由“本原”这一规定性所赋予的。万物的本原是万物所由产生的，万物生于它，毁灭时复归于它。本原和万物的区别就在于它的不生不灭永恒性，多样性生生息息轮回更替的世界万物实际上在本原意义上是不生不灭的，多样性世界在本原中得到最普遍的统一性理解和说明。因此，泰勒斯的水是世

界万物的本原的论断的根本意义是在本原这一最普遍具体存在且又是不生不灭的永恒存在意义上，得出了由水去解释整个万物世界的统一性关系，它的意义就超越了关于水的知识陈述本身，以此为基础就可以把整个客体世界统一起来，从多样性中建立起统一性，从变动不居的世界中建立起对世界的永恒不变的统一本性理解。这正是泰勒斯关于水是万物本原的论断使古希腊文化从有限知识上升为关于世界统一性智慧自觉思考的奥秘所在。

仅停留在水是世界万物本原的论断中还不是真正的哲学，即还不是对世界整体统一性把握的哲学理论。因为本原的认识作为知识判断仍然停留在有限知识中，并不一定揭示整个世界的统一性关系，即关于本原的知识是科学而非哲学，水是世界万物的本原可以限制在关于本原客体的知识而非世界的统一性关系中去理解。真正在万物存在本原意义上继续前进并建立起世界整体统一性关系理论的是古希腊爱利亚学派建立的存在哲学。本原学说向整个世界本性的普遍性认识发展是哲学本体存在论形成的标志，也是哲学理论形成的标志。从本原学说到存在的本体学说的过渡是古希腊哲学从孕育到诞生的标志。从本原出发去解释整个万物世界的统一性关系，从而解释客体世界本性的理性智慧就是哲学本体论。对本原的追求是建立在世界本体的隐含假设前提下的，对本原的认识反过来则在其基础上构建起关于整个世界本性统一性理解的本体存在论，即从本原这一特定存在去理解一切具体存在、世界的本性、客体世界统一的本性，得到多样化和变动的自然世界的统一永恒本性的理解。哲学的本体论就是本体存在论，它包括本原论，是最普遍的多样性客体存在的统一。作为关于世界统一性理论体系的西方哲学的诞生是本体存在论的诞生，即用本体存在去建立对客体世界的统一性理解。或者说，世界的统一性就是存在的统一性。由此，我们必须明白一个道理，哲学是在本原论中萌芽，在本体论意义上生成的，没有本体论就没有世界统一本性命题，就没有哲学。无论是何种形式和内容的哲学理论，本体存在论在哲学统一性理论中的基础地位、优先地位是不可动摇的。

古希腊哲学的本体存在论产生于对自然界最普遍的本原存在认识基础上，存在的统一性合逻辑的理解应该是客体自然世界的统一性，萌芽期的存在哲学就是自然哲学。爱利亚学派的存在哲学建立的首先是自然世界统一性关系，它的奠基人克塞诺芬尼和其他自然哲学家一样，从土和水去解释世界上的一切生成和变化，理解万物存在的本原，理解客体世界的统一性。但他划时代的贡献是创造了最普遍的统一性概念，这是在神的一元论中达到的。“他反对当时流行神话那种蒙昧的神人同形论，主张单一的、非人化的、不动的神、理性上的神、思想上不自相矛盾的神。”④其最深刻的意义是建立了一种无限统一性的智慧思考，在一神论智慧中建立起最普遍、永恒而统一性的意义。他的学生巴门尼德按一元神的统一本性和逻辑去建立存在哲学，认为存在是永恒的、唯一的、不动的，世界的本性就是永恒而唯一的存在的本性。巴门尼德的存在的本性就是他老师克塞诺芬尼的一神论的神的本性，是对客体世界统一性的最普遍的肯定和最高度的抽象。从本原论到存在论，哲学思维实现了从个别到一般，从一般到最普遍的飞跃，成为关于世界的最普遍的理论，存在就成为西方哲学中最基本的统率一切的概念。按照克塞诺芬尼的一元神的本性，存在就是永恒唯一而不自相矛盾的统一世界。所以，爱利亚学派的存在论是西方哲学理论创立的标志，哲学的存在就是统一世界的最普遍概念。也就是说，西方文化是用“存在”作为绝对范畴去统一的。

把存在及本体存在论作为西方哲学理论体系的起点可以在黑格尔的《逻辑学》中找到知音。黑格尔本着历史和逻辑相一致的原则建立哲学概念、范畴及发展的辩证逻辑理论体系时，就是从存在这一概念开始，从存在论开始的。按照黑格尔的看法，西方哲学无论在历史还是逻辑上都是以存在为起点的。哲学史不是从泰勒斯的水是世界万物的本原开始的吗？怎么又说爱利亚学派的存在哲学是起点呢？这其实并不矛盾，对世界统一性思考的起点确实始于米利都学派的本原理论，但这种思考在本原理论中并没有成为完整的理论体系，主要只是观点、猜测和意见，而且这些观点也只是一种有限的知识陈述本身，还不具备哲学理论学说的水平。所以，哲学史从泰勒斯的本原理论开始，哲学学科史则应从爱利亚学派的存在哲学开始。存在的本原作为哲学命题，是本体存在论的一个重要构成部分，而且是决定性的基础部分，但以此为基础建立的整个世界的统一性关系即本体存在论才超越了部分，成为关于世界整体或说是世界本性的理论解释和说明。

黑格尔以存在论及存在概念构建哲学概念逻辑时，用的第一个正反合的三段论逻辑是有、无、变易，即最初的存在叫作有，在哲学史上对应泰勒斯及其后那批古希腊自然哲学家对自然世界本原的猜测。所以，西方哲学的存在从有开始，甚至存在和有等效，存在即有，这是整个西方哲学中最基本、最迷人，也是最混乱不堪的一个命题，它贯穿于西方哲学史的始终。因为存在在起点上是无规定性的，巴门尼德的存在是最普遍又最空虚的抽象，在起点上的存在没有任何规定性而成为最抽象的无。黑格尔认为最初的存在作为无规定性的存在，有也无规定性，所以存在由有过渡到无。由有到无这种变化就是变，在哲学史上对应赫拉克利特提出的一切皆变的哲学。按照黑格尔的归纳，古希腊哲学理论是在有、无、变这第一个最基本也是最抽象的概念体系基础上合逻辑地建立和发展起来的。这种归纳是中肯的。但黑格尔留给后人的真正的问题，在于古希腊哲学家乃至后来的哲学家们对“有”“无”“变”甚至无规定性的存在本身的概念的理解大相径庭，以概念论为最高目标的黑格尔《逻辑学》中恰恰并没有赋予这些概念普遍性的意义，使西方哲学史的构成是一个百花齐放而又充斥着独断论的永远冲突的发展过程。

把西方哲学的第一个正反合逻辑和中国老子玄学理论的逻辑进行比较是很有意思的。老子从无中生有，有生万物即从无、有、变化生万物去解释多样性世界的统一，而黑格尔用有、无、变去归纳西方哲学对世界统一性认识的框架。这两种理论的区别并不是无、有、变和有、无、变在顺序上的不同，而在于两者的有、无的意义是完全不同的。老子把无规定为本原存在，西方哲学把有规定为本原性存在，所以，两个哲学体系的有和无所指是完全不同的。老子的无不是指物体变化中由有到无，而是指不生不灭的世界的本原存在；黑格尔的无则是有的最初没有规定性的状态，只能从有的状态、属性去理解，不是独立的主词或存在者，只是存在者的变化状态的限定。老子以“无”作为本原即世界统一性的出发点在经验中很难理解，而西方哲学从“有”出发去解释本原最符合经验，也最易于理解和接受，但基于感性经验去理解本原存在则没有合理性可言，这正是西方哲学从理论创立之初就留下了无穷尽争论的根本原因。事实上，西方哲学从对自然世界的本原存在作为思考出发点，但早期从经验中思考和归纳世界万物本原的圣哲们却基本上是从“无”而非“有”去理解世界本原的。因为在经验中，有生有是很有逻辑问题的，泰勒斯用“水”，阿那克西曼德用“无定”，阿那克西美尼用“气”，还有人用“火”等去思考世界万物本原的时候，用的皆是“无定”之物。在当时的认识条件下，这些“无定”之物的物质性还没有得到科学证明，所以，它们的真正意义是无定，而物质世界的演化只有从这些“无定”的东西为本原的思考中才能得到合理解释，这或者才是西方哲学的“有”中之“无”的真正意义。在泰勒斯时代的知识基础上，当目睹生命万物生长时，除了以水、气、火这些“无定”的东西去解释它们的来源和根据之外，还能有更合理的解释吗？真正以确定性的“有”去解释存在之“有”的古希腊哲学是德谟克利特，但他的原子论是依本原存在的概念规定性从逻辑上规定而产生的，这才是超越了具体感性经验的普遍性的有，才是西方哲学从有、无、变的最基本运动发展开始去理解整个世界的统一性的合逻辑的理解。但在历史发展中，当人类确实在科学意义上发现了物质的原子结构，即把原子论从猜测变为科学真理认识的时候，人类并没有像当初预想的那样为存在本原的追求画上完美的句号，因为发现所谓不可分的原子实际上依然可分。更有甚者，物质世界万物本原的追寻是毫无尽头的，因为最后得出的是物质结构无限可分的结论。这就告诉我们，从有出发去思考世界，限制在物去思考自然存在，确实是有局限性的。

西方哲学从万物本原为生长点，在本体存在论哲学理论体系构建中生成，刚生成的存在论哲学不只是朴素的，还基本上是抽象的。巴门尼德的抽象达到一元神普遍性水平的存在是几乎没有规定性的纯粹抽象，是黑格尔说的无，空无规定性之无。本体存在论首先是自然哲学，继承了泰勒斯以来的智慧成果而成长，但要从绝对永恒不生不灭的一元神境界去理解自然界，对古希腊人而言就勉为其难了，因为两千多年后的当代西方文化也达不到。给古希腊哲人带来最大困惑的是现实世界的多样性和永恒的变动无居性，这充分表现在赫拉克利特的流变哲学中，他说："世界上一切都处在变化之中，永恒不变的只有变化本身，人一生不能两次踏过同一条河流。"流变哲学对传统哲学追求永恒一元世界的挑战具有双重意义：一是推动古希腊哲学进入更普遍的精神世界去思考世界统一性，二是否决了物的永恒存在资格。西方哲学自此开始了客体世界统一性认识和主体世界的分道扬镳且水火不容，成为两个对立的一元论哲学的发展史，最后合逻辑地走到科学理性的哲学贫困的当代，成为人的文化自我认知二元分裂的根源。

第二节　唯物和唯心相对立的一元论

一、心、物二元对立的西方哲学一元论

老子的玄学理论玄之又玄，给后人做各种不同理解留下了极大空间，但无论如何，玄学理论体系的任何理解都是自身圆满、自足而统一的。西方哲学则是另一番景象。泰勒斯从世界万物的本原是水提出存在的最普遍思考，以及随后的自然哲学家关于世界万物本原的各种猜测，基本上集中在感性具体之“物”的意义去开始对世界本性的哲学思考，所以世界的存在即物质，这就是后来我们称之为哲学唯物主义的流派。无可否认的是，在自然哲学中，唯物主义确实是西方哲学的主导流派，只要把世界限定在自然世界，存在的统一性基本上都会回归到具体的物质性本原存在，至于这本原是泰勒斯的水还是德谟克利特的原子或克塞诺芬尼的土和水，那是知识性问题，对哲学唯物主义无实质性影响。

基于感性之物的自然世界统一性信念是西方文化的坚实基础，自然科学真理知识的追求和进步是西方文化对人类文明史的伟大贡献，唯物论的自然观即宇宙观的基础作用和积极意义是不可低估的。但当从世界万物的本原上升为世界普遍的存在哲学的时候，即在爱利亚学派的存在哲学和巴门尼德存在论中基于感性具体之物却无法通达无限的一元神性的普遍存在本性的时候，西方哲学产生了从“心”即抽象的思维、真理的认识去解释世界本性的哲学理论。所以，西方哲学以真正学科理论形态产生之时，就产生了唯心主义和唯物主义两种水火不容的哲学流派的萌芽。当柏拉图和亚里士多德完成一元论存在哲学理论时，世界的一元统一性不再回归自然物质世界，而是回归抽象的精神世界。唯心论认为存在即思维，并由此与自然哲学的物质一元论直接对立。唯物主义和唯心主义的对立和冲突不可调和地贯穿于整个西方哲学史中，归根到底就是一元论存在中心物何为元的论争。

存在的本原是哲学诞生地，对立的本原观点构成了唯物主义和唯心主义对存在统一性完全不同的理解。几千年来西方哲学在存在的名义下，根据对存在的本原是什么的各种不同猜测，特别是根据人类对物质结构科学认识的不断进步，使确定的存在之本原知识问题成为无定论的问题，并在无定论即一定论到另一定论的演变中构成了西方自然哲学发展史。这正是哲学的生命力和意义所在。但是，多年以来，在哲学领域形成了一种以唯心或唯物区分哲学流派并由此对之做出正确还是谬误判断的习惯，这就把哲学还原为真伪判断的知识了。把哲学史理解为唯物与唯心的斗争史，这是极为不明智的，而且在根本上违背了哲学本身的逻辑。世界的本原知识有真伪值，而以之为基础得出的对世界一元统一性的唯物论或唯心论理解是不能限于真伪判断意义去理解的。用存在的本原知识去判断存在统一性理解，其实是在张冠李戴。哲学既然无定论，从存在的本原出发得到的存在统一性理解就不是一种确定性的、一成不变的现成东西，对世界本性的理解很难仅用正确和错误去理解，说某种哲学理论错误和说某段音乐本身错误一样是不可理喻的。唯物主义及唯心主义是在对世界本原的不同理解中产生的对世界本性的不同理解，限定在自然哲学范畴，仅就本原知识而论，把抽象精神作为具体存在肯定是错的。但为什么会有以心为本原的哲学存在呢？两种哲学的本原所指意义同一吗？另一个问题是世界万物本原知识是科学认识至今尚未解决的问题，因而尚无证真根据，只有证伪结论。按逻辑，本原知识是确定性判断，心为本原被证伪不是物为本原证真。

恩格斯说："什么是本原的，是精神，还是自然界？""哲学家依照他们如何回答这个问题分成了两大阵营。凡是断定精神对于自然界来说是本原的……组成唯心主义阵营。凡是认为是自然界的，则属于唯物主义的各种学派。除此之外，唯心主义和唯物主义这两个用语本来没有任何别的意思，它们在这里也不能在别的意义上使用。……如果给它们加上别的意义，就会造成怎样的混乱。"⑤恩格斯对哲学史上唯物主义与唯心主义的这种定义及划分标准是有合理性的，至少是符合哲学史现实现象的。但是后来的哲学给唯物唯心问题增加了许多别的意思，引起了极大的混乱，这是最近一百多年来哲学的乱象之一。

后来哲学唯心主义与唯物主义概念在哪些意义上使用呢？首先哲学作为世界观是意识形态，在阶级社会中总是为一定阶级服务的，它们往往是与阶级实质相联系的，唯物唯心就有了正确和错误、进步和反动的问题产生。这就是说哲学有正确或错误、进步或反动的智慧之分了，这或者是恩格斯早就预见到并担心的“混乱”。把唯物唯心这一标签和阶级性、正确性联系起来是无法解释哲学史的。唯物唯心的意识形态及阶级实质理论同样强调要具体问题具体分析，不要做简单的辨认，然而，从整体上来说，这种唯物唯心的意识形态理论的最基本意义就是把哲学的发展史甚至人类文明发展史概括为唯物主义和唯心主义斗争的历史，作为哲学史和文明史发展的主线。这超出了恩格斯对唯物主义和唯心主义这两个用语的本来意义，赋予了其别的意义。

我这一代人是在唯物主义和唯心主义不可调和的斗争意识中学哲学、用哲学的。我们坚持的是唯物主义，并且是彻底的唯物主义，所反对、排斥的并与之坚决斗争的是哲学唯心主义。西方哲学本来就是以物为起点的，限定在物去理解世界一元统一性，世界就是彻底物化、排斥心灵的冷冰冰世界。不重视思维和精神的结果造就了现代乃至当代人类的见物不见人的因果决定论思维和观点的支配地位，产生出一个现代化的非人的冷冰冰的世界。哲学上唯物唯心之分与争并不是一个抽象的理论问题，而是人类的基本世界观和价值观问题。张尚仁老师在《彻底的唯物主义要不得》一文中说：“彻底的唯物主义已经极大地损害了哲学的研究，对于哲学史来说，将全部哲学史划分为唯物主义和唯心主义立场是短视的，我们自觉地和唯心主义划清界限是弱智的，以唯物、唯心两大阵营来编排哲学史更是愚蠢的。如果不自觉地跳出以唯物主义和唯心两大阵营来分析各种哲学问题的思维框架，我们的哲学将永难重见天日。”⑥

对长期以唯物唯心作为主线去理解哲学理论，理论界有各种批评意见。对此，张尚仁老师大体上归纳为几个方面：一是恩格斯对哲学唯物主义和唯心主义的区分是在《费尔巴哈和德国古典哲学的终结》中归纳出来的，它是对在此以前的旧哲学而言的，既然旧哲学至此已经终结了，这种划分就不能套用在哲学上，更不适用于马克思主义的辩证唯物主义哲学中。二是即使是对恩格斯所说的旧哲学，对其中唯物、唯心主义的划分及含义必须忠于恩格斯的原意，即只能在世界的本原是自然还是精神的意义上去使用，对历史上的一切哲学唯物主义、唯心主义的区分只能在特定的范围和意义下理解。三是不能把唯物主义、唯心主义作为哲学中最根本的命题，甚至处于哲学中的最高地位。本来，研究人的意识之外的物质世界的主角并不是哲学，而是自然科学。而且，认为物质是唯一本原实际上已将生命、人、心灵、意识、直觉、社会、历史等问题从哲学中排除出去了，或者放在从属的次要地位去了。……人的生存及人的存在的价值、人的精神、心灵、社会历史及其发展等，才真正是哲学的领域。哲学不要“不耕自己的田，去种别人的地”[⑦]。这对于破除我们长期以来对哲学唯物主义、唯心主义关系僵化的理解，使哲学真正成为时代精神的概括和归纳，当然是极有意义的。

但是，哲学要真正成为启迪心灵的智慧，这种改变还是不够的。解铃还须系铃人，对唯物论和唯心论哲学关系的最终有根据的理解，还是必须回归西方哲学史上唯物主义和唯心主义理论产生和演变自身。不只辩证唯物论不能用唯物唯心对立关系去理解，整个西方哲学史都不能如此理解，否则就肢解了西方哲学史。长期以来，我们由于意识形态化及认识僵化造成的对哲学的片面理解，甚至把哲学智慧当作一种社会知识和一种社会政治理论，不利于我们全面客观地去理解和继承人类哲学文化的丰富成果。但是，对哲学史的理解，对唯物论和唯心论关系的理解，不能只停留在它们的关系不是怎样的，而最终必须回到它们的关系究竟是什么的理解。不破不立，抛开意识形态的观念影响，甚至不要特别考虑马克思主义的世界观以及他的理论继承者们归纳的辩证唯物主义和历史唯物主义，仅就西方哲学几千年的历史而言，对世界万物的本原的解释确实是哲学理论体系的起点问题，唯心主义和唯物主义在哲学理论中确实是对世界本性的不同理解，而且两个哲学流派之间基本上是相互拒斥不相来往的。柏拉图对理念论、黑格尔对自在自为的哲学理论体系本就定义为唯心论，西方哲学界也公认其是唯心主义的，只不过不像我们意识形态化的哲学唯物主义理论那样，把唯心主义一律斥为反动和谬论而已。认为哲学有唯物主义和唯心主义，是整个西方哲学采用的描述框架、概念和语言。不得不承认，心和物的问题、物质客体和思维关系的问题始终是西方哲学的基本问题之一，对这些问题认识的评价和意识形态有关，但对这些问题的认识和各种不同理论、观点本身，并不是由意识形态决定的。我们可以不按照辩证唯物主义教科书般从唯物、唯心主义斗争史去总结哲学史，但我们无法回避物质和精神即心物的关系问题。哲学不仅思考自然界，更重要的是思考人的心灵、认识，即人对人的主体世界的认识本身，而这又产生了思维和存在的同一性问题。所以，心物的关系是西方哲学的主要问题，也是一切关于世界统一性思考的智慧不能回避的问题。要真正理解唯物论和唯心论的关系，就必须回到哲学史理论演变过程的本质，从它们的区别和统一中得出对西方哲学史统一性智慧的理解。从统一性的观点看西方哲学史，彻底的唯物主义要不得，彻底的唯心主义也要不得，以此为基础才能超越唯心唯物对立的哲学史理解，进展到唯物唯心相统一的水准，合理解释西方哲学史。

首先要弄清的问题是，为什么从存在的本原上升为世界一元统一性理解时产生了哲学唯心论？存在的本原首先是关于客体的知识，由万物构成的物质本原出发去解释世界万物的统一性时一定是唯物主义的，同时也一定首先是限定在自然哲学意义上的。它所指的世界是物质自然界，从世界的本原存在到由本原构成的多样性存在也都在物质范畴中，这就是存在即物质的一元论世界。问题的转换出现在由本原到一元论存在哲学的发展中——在巴门尼德的存在哲学中。克塞诺芬尼既继承了自然哲学的唯物论传统，又使最普遍的一元论智慧超越了自然世界。他的一元神作为理性、永恒、不动的存在，已经在概念的思维中超越了一元论的物质世界概念。当他的学生巴门尼德用一元神的彻底一元论意义去构建最普遍的存在哲学时，自然哲学物质一元论的局限性出现了：一是物质感性存在不是永恒的、不生不灭的，赫拉克利特的流变哲学已经指出了这个问题；二是物质范畴装不下全部存在的意义，无法解决心灵特别是那个历史阶段所有理论不能回避的灵魂问题。一切自然唯物主义对灵魂的解释不只是不尽如人意，而首先是不合逻辑的，由本原之物去解释灵魂存在是地地道道的二元论。按黑格尔的观点，巴门尼德的存在是没有任何规定性的纯抽象概念，存在哲学确实没有提出存在是什么，不能明确说它是唯心主义的，但也很难说它就是唯物主义的。但存在哲学是唯心论的土壤，还播下了唯心论的种子。超越感性物质存在达到最普遍的无限存在是唯心论产生的土壤；以通向意见的道路和通向真理的道路为存在规定性，是从物的世界向心的世界转换的种子，自然哲学从本原论到本体论的成长是扬弃自然哲学，从唯物论向唯心论进展的合逻辑的历史，是人类理性终于返回自身反思的更高级阶段。唯心论是在柏拉图的理念论中成型，在亚里士多德的“四因论”为精髓的第一哲学中完成其理论体系的。从此，西方学者们一直用心、物、唯物、唯心、物质、精神这些最基本概念陈述自己的哲学理论，并把以对世界本原的不同回答用于划分唯物主义和唯心主义看作是名正言顺、无须反思的，说世界万物的本原亦即存在是自然物那就是唯物主义，说是意识、精神的非自然物就是唯心主义。这揭示了一个极为深刻的问题：西方哲学以最普遍的存在去统一文化时又把存在当成是有限性的，违反了存在的形而上学规定性，由此决定了由存在去统一的西方文化还没达到一元统一水准。

唯心论和唯物论的对立不是极为简单、自明的事实判断吗？其实，这种直接性的自明性并不是真正哲学意义上的反思。深思下去，会发现哲学产生唯物主义和唯心主义对存在的不同理解其实并不像它们对本原的不同答案那么简单明了。唯物主义、唯心主义的对立从划分标准上来说可理解，可从它们的产生过程来看则又是无法理解的；从知性有限知识思维来看是理所当然的，从理性哲学无限统一性思维来说则是无法自圆其说的。几千年来人类习惯了的哲学唯物主义、唯心主义相互对立的思维，从根本上来说是因为停留在知性有限思维而没有真正进入理性无限的统一性思维，忘记了它们之间的关系是哲学智慧理解而不是科学知识判断命题。古希腊的自然哲学家从经验的感性客体存在出发去理解多样化世界，寻找世界万物的本原的过程中，是以世界的物质性这一本体论信念为前提的，即还只在感性具体的水准。世界多样性的定在之物是由“无定”之物作为本原构成的时候，世界万物的本原即使无定，在逻辑上也只能推断为自然物。由此可见，哲学唯物主义是以自然存在为本体去追求世界万物的本原的，是从自然物到自然物的过程，是从多样性的自然物向最普遍的具体自然物进展的认识过程，世界的物质性是建立在物质本体论基础上的，本原存在只是本体论的推论和证明，只是理论描述的起点而非思考的起点。从物质世界本体到本原的思考已经在先地把它限定在自然的范围进行。但是，一旦当人类反向思考，即从存在的本原出发去理解世界的本性，从本原去思考本体的时候，却产生了唯心主义哲学。唯心主义哲学理论不像唯物主义那样力图证明世界万物的本原是自然物，而是从本原出发去建立抽象的最普遍存在，从抽象存在得出唯心主义的结论。

从哲学思维过程看，从本体到本原和从本原到本体是同一认识的相互逆向思考，按常理两个方向思考并不能得出对世界的两种理解，但这种常理只对简单抽象因果关系有效，对复杂统一性的具体认识无效，人有两足但却不能说两脚动物都是人。事实上唯物主义和唯心主义对世界本性的理解确实是不同的，说明了唯物论和唯心论的存在是指向不同对象的。对不同对象的统一性理解当然是不相同的，对西方哲学心、物二元的理解，对心、物统一性的追求，不能停留在对世界本原的答案即观点基础上，而是必须从哲学理论思维的统一性意义上，认真思考作为存在论的哲学唯心主义如何产生，它的含意究竟是什么，从而把从本体到本原的哲学思考和从本原到本体的哲学思考真正统一起来。

二、唯心论本质上是哲学认识论

稍有哲学常识者都知道哲学唯物唯心主义是关于世界万物本原不同观点的本体存在论理论。世界究竟是由物质客体构成还是由抽象精神实体构成，是关于整个世界本性的理解问题。唯物主义坚持世界的物质本性，唯心主义则坚持世界以心即精神、思维为本性。在它们各自的理论陈述中，唯物主义、唯心主义是理所当然地属于哲学本体存在论的范畴的，指称世界的本性、存在的本性当然是本体存在论的；但唯心主义认为它是世界最普遍存在的本体一元论并不等于它本质上真的就是本体存在论。唯心主义坚持存在是精神不能简单地判断为错，首先要判定它所指称的存在是否从本原到多样性统一的本体论意义的存在。如果是，那唯心论在知识基础即对世界万物的本原判断意义上就是错的。问题在于作为哲学唯心主义的本体论是如何论证抽象的精神为本原去产生出整个具体的世界，从而言之凿凿地断言世界的本性是精神性的呢？抽象的鸡如何能下具体的蛋呢？如果说不是，那唯心主义存在论就不能作为本体存在论去理解了。就是说，当唯心论的世界和唯物论的自然界乃至物质世界不是同一概念，而是同形异义时，它们就是不同层次的对象世界的理论体系，不只两者不是必然对立的，它们在起点即本原知识意义的对错判断也是无相关性的。本原知识只能由肯定判断构成，不能由否定判断完成也是基于这个理由。

首先看看巴门尼德是如何建立抽象的存在论哲学的。自然哲学追问世界万物从哪里来回归哪里去，从世界的多样性感性之物的存在中，通过解构物质结构实现从个别到一般再到最普遍的具体存在即本原存在的认识，反过来由本原知识构建多样性物质存在的统一性理解。在这个物质结构不断分解的解构链条中，物恒保持为物的本性，世界最普遍的具体存在和多样性的感性经验存在本性相同，都是具体之物的存在。不断解构后甚至解构到经验无法分辨的无定之水、气、火这种可能的本原存在时，依然可以从逻辑上断言它是具体的存在之物。世界的物质本性是由本原存在的物质本性决定的，同时也是和我们感性经验相一致的，因为物质性本原是由我们感性的万物限定的，在感性意义下万物的本原一定是具体之物，不会是抽象之心。但巴门尼德不按传统的自然哲学从最普遍的具体万物的本原存在出发去理解最普遍的具体及多样性物质世界统一性的思考模式，而是开辟从个别到最普遍的蹊径，从真理和意见、本质和现象的思考中建立最普遍的抽象存在。巴门尼德那永恒、不动、唯一的存在是如何论证得来的呢？是从真理的道路中得到的。真理的道路认识的是不变、永恒的本质，而意见的道路认识则只是变动不居的现象，对真理和意见的不同认识转换为世界的本质和现象，即由两条认识道路得出两个世界的划分，而存在的唯一、不动、永恒性是由认识真理的道路实现的。一般认为巴门尼德开始把存在和真理结合起来，他的名言是作为思维和作为存在是一回事，这是西方哲学史上有名的思维存在同一性命题。巴门尼德的存在的规定性就是真理认识即思想的规定性，由思维和存在的同一性把思维的规定性传递给存在，于是存在即思维，存在的本原也只能是精神性的，这就是我们通常所说的哲学唯心主义。而他对思维的规定性则又是以真理认识的道路来论证的，真理的道路才是认识不变、不动、最普遍的世界本质的道路。从另一个角度说，只有不变的东西，才是真理的认识对象，所以，巴门尼德从真理认识的道路得出普遍的思维，由思维和存在的同一性，完成他的存在论从真理认识到世界永恒不变的存在的转换，以认识论证明了本体存在论，存在哲学开了唯心主义哲学的先河。

但是，由认识论去论证世界存在的本体论是可能的吗？这不是在先地把存在规定为思维了吗？巴门尼德的存在论有一个极为关键的理解问题，即本质和现象两个世界的论证及划分。认为存在是本质世界，现象世界不是真正的存在，这是从真理认识道路转换为世界存在，从认识论转换为本体论的根据。但是，世界的本质和本质世界不只是表面不同的概念。世界的本质是关于世界的抽象认识，是认识论问题；而本质世界并不是指一个由本质构成的、相对于现象世界的具体世界，依然是指对具体世界抽象认识而形成的关于世界本质的“观念世界”，也是抽象的认识。巴门尼德由本质的世界为根据，实现从本质到存在的转换，再把存在理解为和自然哲学的具体客体存在同一是不合逻辑的，抽象的本质不是具体存在，对具体存在的认识才有本质。巴门尼德由本质世界去建立他的存在哲学的时候，实际上已将对世界的认识问题的思考由客体世界转向意义世界，此世界非彼世界。思维和存在的同一性并不是一种自在的事实陈述，首先是存在的认识的逻辑限制条件的陈述。巴门尼德认为他的存在论指的是世界，却始终只是讲关于世界的认识，关于世界最普遍抽象本质的认识，只是认识论。把认识论当作本体论，把抽象的世界本质当作具体世界存在，这个世界就是抽象意义世界，这个世界的存在统一性就是抽象意义世界的统一性，这就是唯心主义的真正本质了。抽象的认识只能从心灵、思维、意识、精神、知识、真理去理解，抽象的认识是关于心灵的抽象思维，这才是唯心主义之所以唯心的本质。唯心论就是关于心灵认识的统一性理论，不是具体客体世界的统一性理论，它们的理论观点不同是必然的，要相同反而是不可理喻的了。至于唯心论者把认识论当作本体论，并不意味着它就是本体论。唯心论者从意义世界的存在概念统一性去否定唯物主义一元存在论是自己概念混乱造成的。从本体论规定性看，从对世界本原的理解及世界本性的理解看，巴门尼德的唯心主义存在论显然不是真正的本体存在论，它没有涉及客体世界本性，只涉及对客体世界普遍抽象本质的真理认识，不是本体论意义上的存在理论，只是唯心主义哲学认识论。人们长期来忽视了一个非常根本的哲学的逻辑问题，即对本质的思考是哲学认识论的范畴，它追求的是普遍性的抽象认识，在普遍的抽象中认识多样性的同一性或统一性。离开抽象的反思是不能把握事物的本质的，我们所能直接认识把握的具体对象只是感性现象，对多样性、个体性现象的具体认识是具体个体感性认识，没有普遍意义。但事实上没有哪一个人能通达他人的感知和具体认识，进一步的知性认识以及最普遍的本质作为具有类普遍意义的认识，都只能在抽象的普遍认识中通达。由本质通达的存在就只能是抽象的关于存在的认识，根本就不是具体的存在本身。本体论对具体存在的最普遍的理解不是在存在的抽象本质中，而是对存在的具体统一性的本性的理解中。本质思考是认识论范畴，世界本性的思考才是具体的世界存在一元论，前者是唯心论，后者是唯物论，两者之间本质上并没有水火不相容的任何理由，而两者对立的原因是唯心论用本质去替换本性，用认识论去替换本体存在论，用意义世界的统一性替换客体世界统一性，从而得出唯物论和唯心论相互对立的假象。

从巴门尼德的存在哲学发展到柏拉图理念论哲学，唯心主义理论构建成型时，唯心论的认识论本质就更加清楚不过了。柏拉图是古希腊及整个西方哲学的最伟大哲学家之一，也是最著名的唯心主义哲学家，甚至可以说是唯心主义的祖师爷。柏拉图哲学的贡献就是唯心主义的理念论，就是把世界划分为理念世界和可感世界。柏拉图认为，人类经验感知的现实多样性世界是不统一而且是生生不灭的，不是真正的存在而是既存在又不存在的现象，可感世界是现象世界，是变动和杂乱无章的世界。在认识论意义上，感性具体对于普遍认识而言确实是既存在又不存在的。按照传统，世界本性统一性追求的是最普遍而永恒的存在，依此逻辑感性现实世界既然不是永恒的存在，那就没有资格称为真正的存在，而是既存在又不存在。与现象世界不同，在现象世界背后作为现象世界变化目标的理念世界则是绝对、稳定、永恒的。存在是永恒的，感性世界不永恒，理念世界才达到最普遍且永恒、不动，真正的存在只能是理念世界，或者说世界的存在就是理念。柏拉图的理念指的是什么呢？是由一种特殊性质所表明的类，一类事物有一个理念，许多类事物有许多的理念，由这些理念构成的世界是一个永恒、普遍、唯一不动的意义世界。这些作为特殊性质的类，其实就是人们在认识世界时从个别中抽象出来具有一般、普遍意义的抽象概念而已。柏拉图的唯心主义理念论哲学不是简单的共相即概念的规定性知识，而是关于理念的统一性理论，探讨的是人类普遍意义的认识何以是具有普遍意义的，这是人类从认识客体世界向自觉认识自身主体性本质的历史性飞跃，就是从本体论向认识论的飞跃，从客体世界认识向更普遍的主体意义世界的飞跃，真正开始了自觉理性的历史，即人类自觉地“认识你自己”的理性本质的历史，这才是唯心主义的本质和意义。

尽管柏拉图建立了唯心主义理念论，并把它当作世界的本体存在论，即他认为世界只有在抽象理念意义上才是普遍而永恒的存在，在具体感性世界中一切都是既存在又不存在，并不是真正的存在，但柏拉图对理念世界的规定却基本是在认识论意义上的，他所论证的只是普遍、永恒的抽象认识，而非经验感性世界，也不是形而上的客体世界本体论意义上的存在。柏拉图的本体论之体是抽象精神实体，并不指向自然界，合逻辑地看只是认识论，不是本体论，只能由认识对象而不是由认识结论去判断它究竟是本体论还是认识论。柏拉图的理念是一种思想，和巴门尼德存在论所论述的那样，是获得知识和真理的认识，是普遍、永恒的认识，理念的所有规定以及它的进一步的思考都是认识论意义上的。从认识论意义向存在论意义的转换的根据只在于这一点：存在是唯一、不动、永恒、普遍的，而只有理念才是符合存在的这些规定性，所以存在的只能是理念。但认为世界在本质上只是理念世界，那就是对抽象本质的认识，不是从本原到存在自然统一性的本体论。柏拉图也只能从抽象本质去得出存在的规定性，即和巴门尼德一样也只能在认识论意义上思考关于意义世界的统一性存在。理念世界是对世界的抽象的普遍本质认识的统一性问题，而不是关于具体世界本性的统一性理解，柏拉图的理念论只是唯心主义认识论，它作为思考存在的进展，从本体存在论进展到本质存在论。

事实上，所有称得上哲学理论的唯心主义理论，尽管那些创造它们的哲学大师总是在精心设计一种抽象的世界本质存在体系，并认为这是一种圆满的世界存在理论，但在本体存在论意义上，没有任何哲学家能自圆其说地给出具体世界存在的本性是抽象的论证，因为这一命题本身就是不成立的。那些唯心主义哲学家的理论无论如何不同，但有一点是相同的，那就是一定会把认识等同于存在，把真理等同于普遍而永恒的存在，把脑袋中的一百元等同于口袋里的一百元。这种本体论论证实质上只是认识论问题，即我们关于世界的普遍而客观的认识问题。严格地说，在哲学本体存在论意义上，不可能有自圆其说的唯心主义理论，或者说本体存在论本质上一定不是纯粹认识论，不能是唯心论。任何哲学唯心主义本质上都只能是一种认识论，唯心论哲学只能是关于抽象主体意义世界普遍认识统一性的理论。

一切把唯物论和唯心论放在同一理论层次上，把两者看成对世界统一本性认识非此则彼只能两者必居其一的观点，其实并没有通达它们的本质，只停留在现象甚至假象中。唯心论从抽象意义世界向具体存在世界的转换，在逻辑上有两个非常重要的问题长期被人们视而不见。第一个问题是巴门尼德创立存在哲学时对最关键的存在概念的规定，恰恰和自然哲学本体论从本原到本体的一元存在论的存在规定性是相反的。在自然哲学的本体存在论中，最普遍而永恒、不生不灭的存在指的不是一般的存在而是特定的存在，即本原的存在。本体论的存在并不是特定具体存在，而是多样性且变动不居的一切存在的统一，它们就统一于永恒的本原存在上，本原存在就是最普遍的具体存在。合逻辑的本体存在一定指向具体，本体的具体客体性决定了本原既最普遍又必定是具体客体的本性。巴门尼德把存在的本原转换为存在，这是唯心论能从认识论转换为存在论，即把抽象而普遍的认识当作存在的关键。但此存在非彼存在，把本体论的统一性存在和意义世界存在概念共相认识不看作统一性的存在而当作唯物唯心两相对立的存在，那就有问题了。第二个问题是唯心论追求意义世界统一性并不是元中求元过程，而恰恰和唯物论从求元出发并以元存在为基础对多样性存在得出统一性理解的逻辑相反，是从人类普遍认识的元结构出发理解各种不同的类的理念的统一性，从而理解为什么人类思维是可以通达普遍甚至是客观的，这是多元归元问题。元中求元之元是知识性的，新元证伪旧元；多元归元是统一性的，归元结果是包含所有多元的。唯心论的主体意义世界并不是元知识为根据的存在一元论，而是多元意义的普遍统一性理论，所以不是本体一元论的世界统一性理解，本质上不是本体存在论。

综上所述，哲学史上的所谓唯心主义和唯物主义的对立实际上是认识论上的，是一种停留于感性表象的认识。认识中的一百元是脑袋中的存在，现实中的一百元是口袋里的存在，此存在非彼存在，关键在于两者不是对立而是统一的。把西方哲学史理解为唯物主义和唯心主义相对立而存在、相斗争而发展是弱智的。唯物和唯心的对立即对其对错的判断并不是空穴来风，将它们还原到本原知识意义就产生了有意义的真伪判断，并且客体存在即精神在知识意义上是错的，存在即物质是无法证真或证伪的，在非心即物的选择中存在即物质是自然而然的。由此可见，由正确和错误去理解唯物论和唯心论就没进入哲学水准。稍有哲学史常识者都知道，唯物论的存在和唯心论没有相对性，先有唯物论后有唯心论，唯物论不以唯心论作为存在的根据。作为认识论的哲学唯心主义和从本体论意义去思考世界万物的本原及世界的本性的哲学唯物主义是完全不同的命题，它们之间只能是有区别和联系的统一性关系，却绝对构不成对立或所谓对立统一的斗争。哲学不应在不同层次的唯物主义和唯心主义斗争中发展，只能在由自然层次的唯物论哲学向更普遍意义的主体精神文化认识的唯心论哲学进展中发展。作为不同层次的哲学理论认识，哲学唯物主义或唯心主义认识论的发展都是哲学的发展，而不是非此即彼的历史过程。把唯物主义和唯心主义作为同一个命题的不同理论的对立和斗争，根本无法理解真正的哲学史，无法理解哲学唯心主义智慧的意义。如果把巴门尼德、柏拉图乃至黑格尔这些唯心主义哲学大师对人类文化及哲学的贡献只是作为反面教材去证明唯物主义哲学的合理性，那就不仅是浅薄无知，而简直就是哲学智慧的流氓了。

把唯物主义和唯心主义理解为哲学本体论意义上关于存在的相互对立的理论并不是哲学意识形态化的产物，而是整个西方哲学史最基本的看法乃至理论总结、归纳。一个最根本的原因就是那些唯心主义哲学理论大师是在思考存在本体论问题时建立起自己的理论的，是把认识论命题思考转换为本体论概念陈述去建立哲学唯心论的，是围绕本体论命题、概念得出本体论陈述形式结论的理论，他们自己认为这种本体论陈述的认识论观点才是存在论，后人也是这样理解这种用本体论概念陈述的哲学认识论，所以哲学唯心主义就一直被认为是本体存在论哲学理论，是和唯物主义对同一命题思考而又相对立的哲学理论。但从本质上来说，一切唯心主义哲学归根到底是认识论理论，它们的本体存在论意义只是观点而非理论。几千年来把唯心主义作为相对于唯物主义的哲学本体存在论的依据，只是观点而非理论体系本身。仅从对世界万物本原的观点去理解一种哲学理论肯定是极有问题的，那是把哲学退化为一种有限知识观点去理解。更为简单的事实是，唯心论是从存在即思维而非存在的本原是思维为逻辑起点构建起来的。更深入的思考可以发现，唯物论的具体本原存在是以存在的物质客体性为预设前提的，离开这一前提即离开万物构成的世界没有万物本原概念的可理解意义，自然哲学的完整对象是万物统一性存在而非本原存在。这一认识对象和唯心论的认识对象都叫存在，但此存在非彼存在，万物统一性存在非最普遍的抽象本质即认识的存在。因此，唯物论和唯心论是关于不同存在的统一性思考。至此可以得出关于西方哲学的一个非常重要的归纳，把客体存在和主体存在、物和心对立起来的西方哲学的存在是不统一的，因而一切关于存在的统一性理解在形式和逻辑上就决定了其无法进展到最普遍的境界。

在理论思维的意义上及作为智慧及爱智慧意义上，哲学的本质并不在于一种观点，而在于提供对世界的统一性智慧理解。哲学当然有知识、观点来陈述、思考，但如果只停留在观点、知识中，就还没有真正进入哲学思维。以观点为根据，停留在观点中，把唯心主义本质上理解本体存在论理论，很难称得上哲学思维，还没进入统一性智慧之门。西方哲学的特点就是一直在知识和智慧之间徘徊。中国道家哲学的优点是作为统一性的世界理论体系，道、德、经三个层次是统一的，所以不会产生所谓唯物和唯心主义对立这种缺乏智慧的问题，倒是唯物、唯心相对立论者把玄学理论归入唯心主义，实在可笑。《道德经》的最高概括是道法自然，从自然出发去理解世界统一性，那当然不能算唯心主义。当然，如果认为玄而又玄的道、无不是物，那也无法说它是唯物主义。但实际上老子的道和无首先是自然意义上的具体存在，按照恩格斯的观点，从自然出发去理解世界的本性，那当然是唯物主义的。如果把自然限制在物质客体范围，把道、无排除在自然之外，则无法理解玄学的唯物主义本质。把存在仅理解为自然物质客体正是西方唯物主义哲学对世界存在认识的最大的历史局限性，也正是西方哲学在知识和智慧之间徘徊的一个重要原因。事实上，哲学存在论对客体世界本性的整体统一性思考，在逻辑上是只能唯物而绝不能唯心的，但物不能限于感性物质去理解，认为凭借感性能通达智慧，那我们本质上就和禽兽无异了。物的最普遍规定性是具体客体性，最普遍之物是老子所说的先天地生的混成之物，是无物之物、无形之形，谓之恍惚，这就是形而上而又属于自然范畴的玄即无的具体现实性。玄学世界理论的“世界”是包括具体的，是非纯粹抽象“认识”的，所以一定是唯物主义的，并且是超越、扬弃了西方唯物论的。但玄学并不仅仅是唯物主义存在论，而是道、德、经相统一的理论体系，在这种存在论和认识论相统一的理论中是不会产生唯物、唯心这种虚幻的对立的。从《道德经》的统一性世界理论的启迪中，我们对西方哲学长期以来形成的存在论意义上的唯物主义和唯心主义观点对立的现象，必须回到它们理论的本质，即哲学智慧作为统一性思考的理论体系来思考和认识，不能止于知性对错的判断。

唯物、唯心对立的最根本原因在唯心论，这表明两千多年西方哲学史对唯心论的认识是有很大局限性的，比如所谓主观主义唯心论，从哲学史和逻辑相统一意义看，唯心论只能是客观唯心主义的。巴门尼德把达到一元论水准的存在由本体导向认识时所依据的是真理而不是意见；苏格拉底把古希腊哲学导向主体意义世界时指向人类最普遍的德性和至善；柏拉图理念论、黑格尔的哲学指向的都是人类最普遍意义的客观精神。认识论只有讨论认识来源时才关联到感性具体主观认识，但只有由感性具体进展到知性普遍和理性具体才是唯心论，如果像休谟那样最后退回到感性具体去理解人类普遍认识就成为不可知论了。所以，哲学史上的唯心论都是客观唯心主义的，它不和本体论的唯物论对立，而是与认识论的主观主义对立。从逻辑上看，唯心论的目标指向人类精神文化的统一性，在无限意义世界的统一性理解中赋予理性之人异于禽兽的充足理由。主观主义即执于感性具体认识是进不了普遍意义世界的，主观心理意义的认识不是人类理性意义。所以，唯心论和主观主义对立而和唯物论统一，唯物论和唯心论的关系本质上是哲学存在论和认识论相统一的问题，把它们做统一而非对立的理解是理解哲学史和哲学统一性理性智慧的重大问题。

三、唯物论和唯心论即本体论和认识论的统一

把唯心主义理解为哲学的认识论，则它和对客体世界存在本性思考的唯物主义在本质上就是不同层次的理论思维，也就不再是你对我错、你死我活的对立关系，而是哲学理论在不同层次的发展。它们的发展都是哲学理论自身的发展，并且它们之间的发展是具有相互促进作用的，它们之间是相互依赖不可或缺的，就是说无论人们如何理解心和物的关系，它们在现实性意义上一定是统一的，唯物论达到什么水准是依赖于人的认识方法本身的，心物的对立只在于抽象的思维认识中。否认唯心论的唯物论和否认唯物论的唯心论都达不到无限的存在水准。哲学不能只是本体存在论，也不能只是认识论，哲学能够成为自足的世界理论就一定是本体论和认识论相统一的。从另一角度上来说，唯物主义和唯心主义本质上一定是统一的。只有从它们统一性关系的历史性发展中，我们才能从本质上理解人类哲学和人类文化的进步

过程及其本质意义。无论在本质还是现实意义上，西方哲学史都是唯物论和唯心论共同发展的历史，它们的所谓对立和斗争只在人类的认识中，不是本质上的。

哲学产生于存在的本体论，中国哲学的道、无和西方哲学的世界万物的本原是整个世界本性理解的知识基础和逻辑起点，由此得出的首先是现实客体多样性统一于本原的理解。这种理解是一种思维和认识，这种思维的认识对象不是抽象的思维和认识本身，对本原知识以及构成存在统一性的各种自然知识而言，认识对象是思维的知识之外的自然界，对存在统一性而言则是对客体世界认识的成果，它追求的是对客体世界存在的整体理解。所谓整体不是机械的求和，而是认识世界多样性中的统一的本性。本体论思考的是客体世界的本性，自然哲学就是关于客体存在的本体论。哲学对客体世界的思考是本体存在论，并且始于对世界万物本原的思考，即本原论是哲学本体论的逻辑起点，这就是西方哲学源于泰勒斯关于世界万物本原是水的猜测的理由。需要再次强调，本体论之体是感性、知性、理性相统一之体。感性是体的存在论基石，具体之体就是可感知、独立自足的存在，不能只是思维意义中的纯粹抽象存在；体的知性抽象普遍性是由三维空间形式去统一的。本体论的体是独立自足于抽象思维的，故叫客体，是在主体思维之外的独立存在，本体论之体指向具体客体之意义。具体首先是感性规定性，本体论不是感性认识，但必定以感性认识为基础，感性具体是本体论之体的根据，多样性具体之统一本性是本体论之本的归纳意义，本体论是本和体的统一，是理性的又是以感性具体为必要条件的。以抽象意义统一性为对象的唯心论不在本体论范畴。

为什么哲学对世界存在统一性的思考必须以世界万物的本原作为逻辑起点呢？哲学的存在是关于全体存在的无限描述，哲学智慧的存在是统一性的存在，是包含各种有限存在的无限存在。存在作为最普遍的概念，在逻辑上不能有存在以外的东西，巴门尼德说存在者存在不可能不存在，给出的是本体存在最普遍的规定性，即本体论的存在规定。在全体存在中，可感知之物是我们生存经验以及对世界知识认识必不可少且是最先被认识的，存在首先是整个感性对象世界。我们经验中的对象世界的存在是多样性、变动性的，科学认识首先是对具体存在做普遍的抽象，经过有限规定性之后才能从具体中抽象出普遍认识对象来，这就是从个体认识上升为普遍知识认识的从具体到抽象的过程。但哲学所追求的关于世界的本性存在是包括一切存在的最普遍的存在即统一性的存在。哲学智慧的玄妙之处就在于如何去理解世界多样性存在的统一，如何从感性多样性存在中建立起统一性存在的理性具体理解。这就是从个别到一般，从一般到普遍乃至最普遍，从普遍进展到理性具体的哲学思维。最普遍的存在是什么呢？在感性具体存在限定下最普遍的存在是世界万物的本原。世界万物是多，本原是一，从万物的本原去理解万物就是建立起对多样性世界的统一性理解。自然哲学的存在是一和多的统一，本原存在是一，最简单且无结构不可分的一；本原存在又是多，是构成其他形态存在的最多即最普遍的元存在。本原存在是一和多的统一，正因为它是一所以又是最多之多。最普遍的哲学存在概念是一，是一个统一性的世界；它又是最大的多，是包含一切的多，是多样性统一之多。多和一的统一就是哲学智慧的统一性思维。哲学统一性的存在与特定的有限存在的本质区别就在于哲学从最普遍的一即构成一切的本原存在去理解整个世界，理解多样性世界的统一。由最普遍的具体本原存在去理解客体世界的本性，把客体世界理解为统一有序完美自足的存在，达到自我圆满就通达了无限的具体，这就是哲学关于存在的本体论理论。哲学本体存在论是从本原论开始的，而本原论又隐含着本体论的预设，即世界万物本身是由一构成的多样性的结构客体构成的。本原论是存在统一性的逻辑起点，本体论才是存在统一性思考的真正起点，这是对本体论和本原论的统一性理解。如果对此尚有存疑，无妨反思“世界万物的本原”的丰富意义和关系。

本原论不是完整的本体论，它只是本体存在论的一个必要部分。即使作为本体论逻辑起点，它本身还不是完整的哲学存在论。为什么呢？因为万物本原的存在既是最普遍的存在，也是经验中的个体的特定的存在，本原的存在不仅是哲学的思考对象，它首先是有限的科学认识对象。在科学还未发展起来的老子和泰勒斯的年代，它还是感性经验的对象，从感性具体个体对象和知性普遍抽象有限对象上升为哲学的无限的具体世界思考的存在就是从个别、一般的存在上升为统一性的存在，哲学本体论的存在而非哲学本原论的存在才是无限、统一的存在，才是对世界本性的一种理解，才是绝对的存在认识。没有本体论就没有本原论，只有本原存在客体的知识认识。自然哲学从世界万物的本原开始，而真正形成世界统一性的存在理论，才完成从诞生到成型的过程。

从世界万物本原去理解自然界存在的本性，即万物生于斯而又返归于斯，本原是不生不灭的绝对存在这种思维构成了存在统一性理解的基础。这种思维使对存在本原的思考摆脱了具体有限性，进入了无限的绝对统一存在即世界本性的智慧理解，即从“一”去理解“多”，把握多样化世界的统一本性，理解自然界的一切存在。但是，哲学本体论构建多样性统一的存在理论过程中，尽管是从万物结构多样化及复杂性非本原存在开始的，却不仅仅局限于这些实体结构的统一性关系，即哲学对世界的统一性智慧理解并不只是解剖学，哲学存在论的存在之统一的理论目标不仅在于解释存在是统一的，更在于解释存在统一性的根据。哲学和科学不同的本质在于哲学不仅要说明世界如何，还要说明它为何，即为存在多样性的统一提供充足理由。真正的存在之统一的理论，并不是存在是什么，而是多样性的存在是统一的存在的充足理由，这才是真正的哲学。所以，老子玄学不只是道的陈述，而是道德化为万物的展开，更是道德化为多样性世界过程中支配这种运动演化的最普遍的必然性的规律——经。西方哲学在对统一性理解的思考中，产生出来的抽象的世界统一性认识理论，就是所谓唯心主义理论。

纵观西方哲学唯心主义理论，它们并不追问世界的本性，而追求世界的本质，所以它们总是围绕着存在的本质、对存在本质的真理认识展开的。从唯物论进展到唯心论有一个重大的概念转换，从存在的本原到存在的转换：自然哲学中永恒的是本原存在，存在是多样多变性存在的统一；心的哲学则直接将存在规定为永恒不变的，并由此作为理论体系的逻辑起点。和追求自然本性的唯物主义不同，唯心主义追求的不是万物本原这种客体世界最普遍的具体存在和多样性具体世界的本性，追求的是对存在认识的最普遍的抽象的真理，即存在之所以如此这般存在的原因、根据和内在目的性的统一性理解。这种统一性理解使存在成为必然的、圆满意义、具有充足理由的存在。唯心主义哲学追求的是存在的最普遍的统一性意义理解，其最高意义在亚里士多德的内在目的因中。抽象的本质只能在思维的认识中现实存在，唯心论的产生就是哲学认识论的产生。一切唯心主义理论都把存在说成是唯一的、不动的、最普遍的，实际意义所指的就是关于存在的最普遍的本质规律是客观普遍有效的。世界多样性中的统一性，在永恒运动变化中的不变的永恒性，就是支配世界运动变化的最普遍的必然性规律。唯心主义从对最普遍的规律认识去理解多样性世界存在的统一，理解存在的必然性，从必然性规律去理解现实性存在的统一性根据，把对存在统一性的认识发展到全新的阶段。亚里士多德第一哲学就是从根本原因或根据去理解存在统一性的唯心论哲学。这从另一个方面说明了哲学作为世界存在的第一原因及根据的学问，只有在“唯心主义”这种对存在的永恒、绝对的真理的追求中才能真正建立起来。这也是为什么哲学的最基本命题是存在而非存在的本原，而哲学的统一性存在只有在巴门尼德的唯心主义存在论中才真正建立起来的原因。哲学是关于世界存在的思考，但它只有在对存在统一性的最普遍规律的思考中才能回答世界的本性及第一原因。哲学始于本体论，完成于认识论，哲学成熟的标志是本体论和认识论的统一。西方哲学诞生和成型于古希腊时代，它从巴门尼德的存在论开始一直就是以本体论和认识论相统一、唯物主义和唯心主义相统一形态不断发展的，把西方哲学解释为唯心主义和唯物主义相比较而存在、相斗争而发展的历史最后一定成为历史的笑柄。

抛弃把唯心主义作为一种对世界本原及本性认识的谬误判断这种习惯性偏见，回到它的认识论的本质，就能真正悟到那些所谓“错误和荒谬”的唯心主义哲学的地位及意义，才能完整地理解人类哲学思维，解读哲学史以及巴门尼德、柏拉图、黑格尔等唯心主义哲学大师的智慧之意义。比如柏拉图的理念论哲学，它其实就是关于从个别到一般再到普遍的概念论，是关于真理的必然性即所谓“不动、单一、绝对、永恒的一”的认识，这当然指的是认识论。柏拉图直言理念是共相即“类”概念，是一种特殊性质所表明的类，那表明理念就是抽象的概念认识，把柏拉图理念论作为哲学认识论去理解是符合事实和合逻辑根据的。只有从认识论角度，我们才能真正理解柏拉图理念论的智慧以及它对人类文化文明的深刻影响。人类在从蒙昧走向文明的历史道路上的一个重要进步就是对世界及自身的认识从具体、个别的经验认识上升为抽象、普遍的知识，特别是产生了客观真理认识，在更深刻的意义上则是不断追求对世界最普遍的统一性的理解。从个别到一般再到普遍，从具体到抽象再从抽象到具体的认识的进步对人类文明发展具有至关重要的意义。古希腊哲学的发展正是在追求对世界的“永恒而不动”的最普遍的抽象认识的发展中不断丰富并趋于完善的，在柏拉图的理念论中达到了前所未有的深刻程度，并以“理念论”的形式，构建了对人类自身认识普遍性纯粹形式统一性思考的理论，人的精神认识真正开始返回自身，进入了自觉“认识你自己”的新境界。这是人类认识从对个别、一般走向普遍的世界及人自身的理解的里程碑。据此，柏拉图以其理念论而永垂哲学和人类文化的青史，后人中不知柏拉图者，大概根本就不知道哲学。

柏拉图的老师苏格拉底是辩证法之父，他无视客体的自然界，而是执着于人的世界，寻找人的“德性”即伦理的普遍定义和绝对本质。苏格拉底的“辩证法”是讨论抽象的“德性”的普遍性关系的，不是讨论世界的本性的。世界的本性和人的德性当然是不同层次、不同领域的，苏格拉底的重大贡献：一是把普遍统一性思考从客体世界引向主体世界，引向认识论；二是把普遍统一性思维引向最普遍的绝对境界。柏拉图沿着苏格拉底的道路继续前进，但不再限于寻求伦理中的最普遍的绝对认识，而是把最普遍的认识本身独立出来称之为理念，并且对这种最普遍的认识从形式和逻辑上进行思考和论证，建立了理念论。它的本质在于揭示了人的普遍认识意义的普遍性是由共相的形式统一性为充足根据的，这是人的主体精神认识意义世界统一性的最根本原因。按照黑格尔的辩证逻辑，哲学从自在的存在论，经过对立的本质论，达到自在自为的概念论才达到全体的普遍真理认识阶段。这个普遍的概念认识，在西方哲学史上实际是在柏拉图的理念论中建立起来的。柏拉图作为唯心主义哲学大师，是哲学通达概念认识论的大师，而且被卡尔·雅斯贝斯评价为建立人类精神统一性最高境界的大师，在人类文明史中有划时代的意义。柏拉图理念论哲学的精髓并不只是在理念世界和可感世界的二层划分中把多样性现象和对多样性的普遍的抽象概念认识划分开来，更为重要的是，他从抽象的普遍性先验逻辑关系意义上，研究了理念的意义、定义、事物如何分有理念这种认识形式之间的统一性关系问题。特别是理念之间的分有论，实际上已经建立了抽象概念范畴之间的认识逻辑问题，也就是知识的纯粹形式统一性为知识提供意义普遍性问题，这是文明人的普遍认识之所以异于禽兽的自然感性认识的根据。柏拉图在哲学史上永恒的地位是基于他的对最普遍的认识的理念论而不是认为客体世界的本性是理念的唯心主义观点。哲学因其对世界最普遍本质、必然性规律的统一性思考而永远不会忘记柏拉图，因为柏拉图理念论对最普遍抽象的统一性的追求，把人类哲学对世界本质的认识推向新的高度，这正是柏拉图的学生亚里士多德成为古希腊哲学史上集大成者的前提和基础。

从认识论来解读西方哲学的唯心主义，西方哲学史就变成了哲学本体论和认识论相统一的发展史，并且哲学的基础和起点在本体论中，它的最普遍的统一性智慧则一定完成于认识论中。有人认为哲学是认识论，有人认为哲学是本体论，但对哲学的最智慧理解是本体论和认识论的统一，是本体存在和本质存在相统一，一元论存在的世界是客体世界和意义世界相统一的最普遍世界。无可否认，唯心主义哲学离开认识论本质把抽象意义的存在本质理解为真实具体存在，把存在和本原存在同一，从而否定一切多样而永恒运动的具体客体存在，这是造成哲学史上唯物论和唯心论在观点和意见意义上对立的主要认识根源。唯物主义是本体存在论，是对客体世界从本原存在到一切多样性存在统一为一个完整、有序、自洽、自足的客体世界的理解，它理所当然不认同抽象的思维作为客体世界的存在。唯心主义哲学是本质存在论，是关于自然客体世界和人的主体世界的最普遍意义世界本质的统一性思考，是赋予意义世界统一性自洽、自足、自圆其说的形而上形式的思考，是意义世界的普遍认识和客体事实世界如何达到主客观相统一的思考。唯心论的意义世界肯定必须包括客体世界的普遍认识才是完满的，而且在认识历史和逻辑相统一意义上，客体世界的认识是基础性的，拒斥唯物论是唯心论创立后最致命的局限性。这种局限性有两个根源：一是唯心论从柏拉图理念论创立起就围绕着知识普遍形式统一性这一纯粹思想中抽象思辨的形而上学命题，不只忽视了抽象的客体知识，也忘记了抽象认识形式的现实意义就在理智有限知识之中；二是唯心论是本质存在统一性理论，是从具体到一般再到普遍的思维意义的抽象，是多统一为一的多样性意义统一性理论，从多元开始，不需要一元本体存在论那种本原存在为起点，结果是把本质的统一性存在理解为不生不灭的存在以替换客体统一性存在，并以本质存在论为本体去否定本体存在论。唯心论本质上不是由本原为起点的一元论或本体论，它否定本体论是否定了世界的一元统一本性，这恰恰背离了哲学所追求的最高境界。只有纳入唯物主义的客体世界统一性，人类的精神世界才能是圆满而统一的。唯心论哲学用抽象实体去替换客体，用本质置换本体，然后再断言一元本体存在是抽象存在，两千多年唯心论哲学围绕最高抽象实体特别是上帝实体的论证的副作用并不只是不种本质统一性的田而偏要耕本体统一性的地，它对人类文明史的伤害是有目共睹的。

唯物论和唯心论本质上的统一只能在本质存在中，不可能在本体存在中，本体有本质而本质无本体，本质论包含本体论从而唯物论和唯心论统一于唯心论。哲学史上，自然哲学以本原为起点，以存在为归宿，哲学认识论则以存在为起点，即建立在本体论基础上。事实上，柏拉图理念论之后的西方哲学史基本上是认识论的发展史，本体世界也有认识统一性命题，但就客体世界认识而言，首要且主要的是科学真理知识认识问题，那是科学家种的田。哲学史的发展不是唯物论战胜唯心论，而是两者都发展，在根本意义上是精神统一性的发展。其实唯物主义对自然世界的统一性认识也必须自觉地上升到抽象意义世界这最普遍世界才成为智慧，客体世界是有限的，只有对客体的认识才是无限的，唯物论进入无限境界才是真正的智慧。由此可见，无论从哪个层次出发，唯物主义和唯心主义本质上都是统一的。

在西方文化中，迄今为止达到唯物论和唯心论统一智慧的是马克思的辩证唯物论思维。抛弃唯心论客体本原是精神的错误知性判断而继承其认识辩证统一本质，从唯物论开始辩证唯物地理解世界已经进展到唯物论和唯心论相统一的水准。当马克思回到社会经济现实领域时已经从抽象回归具体，在思维意义上已经超越了传统西方哲学。唯物辩证不是泰勒斯加黑格尔的二重唱，唯物的意义是客体统一性，辩证的意义是主体统一性，唯物辩证法是不可分割的主客体统一性水准的具体理性思维。但后人归纳的哲学唯物主义仍只是在旧哲学框架中、在唯物论和唯心论的对立非统一意义去理解哲学史，并没有达到马克思的辩证唯物论境界，更没有把历史唯物主义作为哲学进展到主客体相统一的最高境界。辩证而唯物地理解世界的最基本要求是把认识论和本体论统一起来，不能还只是坚持用唯物论否定唯心论这样的用客体知识否定主体存在的意义，这实在称不上哲学，还只是意见。

西方哲学把自己的历史变成唯心唯物相对立的历史只是现象上的，本体论和认识论本质上一定是统一的，两者统一于认识论说明现象上的对立的根据只能在唯心论的本质中，这是自柏拉图始的唯心论哲学之过。以西方哲学为基础的科学理性思维在现实中表现为机械唯物论，本质上是抽象唯心论。唯物唯心的对立只是人类认识中的存在，绝不是存在论的现实，机械唯物论是柏拉图理念论的现实表现。当柏拉图说感性多样性存在是既存在又不存在时，已经从巴门尼德的本体存在进展到本质存在，但否定现象和本质的统一不只使唯心论失去包含唯物论的可能，也失去了进展到具体理性统一性思维境界的可能。感性现象既存在又不存在，不是真正存在的更根本意义是坚持理性认识无法通达感性世界，感性存在只能感性认识，理性局限于普遍抽象，回归具体就又退化为感性的具体。因此，西方文化要么执于抽象形式，要么还原为感性具体去将世界割裂为本质和现象两个对立世界。科学理性机械论是唯心论局限于抽象的产物，它作为主体认识世界的方法和自然哲学八竿子也打不着，倒是这种普遍的感性具体思维决定了自然哲学两千多年仍停留在当年泰勒斯的唯物论起点上。西方唯物论的局限性就在于停留于感性，执于感性具体之物去理解自然界，结果当科学知识证伪了物质不灭定律时，仍执于感性，把非物质客体硬装在物质范畴中。没有从感性具体进展到理性具体，哲学理论体系就没完成，机械唯物论作为认识成果及方式是抽象唯心论的产物。西方唯物论和唯心论在停留于感性具体而无法进展到理性具体这一本质上始终是统一的，对世界的认识有局限性的最根本原因只能是认识论的，用感性具体唯物论去否定唯心论其实也是唯心论不成熟的结果。心和物统一的具体现实性就在于每一个能思维的人的存在本身，心和物的分裂只存在于人不成熟的抽象思维中。唯物论的存在是具体客体存在，唯心论的存在是抽象认识中的存在，唯物论作为抽象认识也是唯心论的认识对象，何来唯心唯物非此即彼的逻辑呢？只要回复存在的绝对本性，把本体存在和本质存在作为绝对存在的不同层次意义，就能把唯心论和唯物论、抽象存在和具体存在统一起来，进入具体理性水准。

最后必须说明，把唯物论统一于唯心论并不是世界统一性的圆满理解，唯心论即使达到完美也只是原理的抽象的统一，不是世界的圆满。圆满世界统一于道，唯物主义和唯心主义在道的统一中才能通达圆满的存在境界。

第三节　客体自然和意义世界统一于道

一、玄学是朴素的主客体世界统一性理论

从作为关于世界的普遍统一性理论来看，中国老子两千多年前在《道德经》中阐释的玄学世界理论体系是圆满而自足的，是具有完整的世界统一性智慧的。这是中国传统文化的骄傲，但成也萧何败也萧何。两千多年来《道德经》的玄学世界理论有了多大的发展？如果我们注经释经永不足够如何发展？在中国文化中有一个值得深思的现象，不要说《道德经》玄学，就以和人休戚相关的中医经验理论和技术言必称《黄帝内经》来说，理论和经验都无法超越古人的经典水平。在中国文化中，背离经典是不被接受的，这和西方文化相比是明显不同的。史上西方哲学是由不同时期不同哲学家共同贡献而处于不断生成中的，是不断发展的开放的理论认识体系；而我们中国哲学则是在传统经典的框架内循环而自足的。两千多年的这种封闭状态使我们不得不自省：为什么中国哲学是如此这般的？为什么中国传统文化缺失创新发展的内在动力？这必须从深层文化基础去思考。

中国玄学智慧不只是中国的，首先应理解为是人类的。它不只是人类历史上第一个完整建立起对最普遍世界存在的理性统一性理解的理论体系，而且至今其他的统一性理论在逻辑上都还没有达到玄学的水准，没有进入对最普遍的主客体意义世界统一性认识的水准。其实，从逻辑形式意义看，主客体统一世界既然是最普遍意义世界，对之的主客体统一性理解的理论形式就是不可超越的，我们可以得到主客体统一世界越来越丰富的知识，达到越来越深刻的智慧理解，但在形式上却无法超越主客体具体统一世界本身。玄学理论体系已经进展到主客体统一性的水准，是人类思维最普遍意义的境界，是其他哲学理论向圆满追求的境界。玄学理论是主客体统一世界智慧理解的根据是什么呢？客观性的根据在于统一于道的无、天、地、人是主客体相统

一的最普遍世界。玄学是世界的自然生成理论，它作为客体自然统一性理论是容易理解的，道法自然和自然无为是玄学的核心。关键在于玄学作为主客体统一认识的根据是什么。其实，道法自然和自然无为本身，既可以理解为对客体世界本性的理解，也可以从主客体关系角度将之理解为人理性地处理人的文化行为和自然关系的智慧，把自然无为理解为一切按客观规律办事就进展到主客体统一境界了。玄学是主客体统一世界智慧的客观根据是道，是无、天、地、人的统一，无、天、地是纯粹客体，人则是包括了一切客体意义的主客体相统一的存在，在进展到人的统一的水准时玄学之道就达到了主客体统一性境界。谁要是坚持说老子所说的人只是禽兽，那纯属胡说八道。人道绝不是兽道，老子说人之道损不足而奉有余，天之道损有余以补不足时，明显地把人道和天道从本质上区别开来，而把天道和人道区别开来才能理解域中四大且人自成一大的合逻辑意义。在最朴素理解中，至少可以把玄学理解为人生哲学，《道德经》的主要内容之一是人生哲理。传统上把哲学理解为是自然、社会和人类思维三大领域认识的概括和总结，其实三大领域统一在人生哲学，人生哲学就是元哲学。元哲学是智慧，智慧就是人生，只在人生中。在元哲学中，主体和客体、本体论和认识论、本体存在和本质存在、体和观这些思维中的抽象才达到了圆满的具体统一的理解，达到了人生哲学境界的玄学就达到了主客体相统一的最普遍世界的水准。玄学在域中自为一大的人不是自然人，也不独立于自然，而是包括自然又超越了自然的主客体统一性存在。玄学理论是“高”以“下”为基的统一性体系，在统一性顶端的人是包括了一切存在意义的主客体相统一的存在；如果止步于自然人，那就止步于玄学的地，即人还只是自然生命世界的万物之一，没进入玄学自为一大的人的水准。

无可否认，老子的玄学世界理论作为对世界的统一性智慧理解是完备、自足而深刻的，但不是圆满的。对老子后人而言，玄学世界理论不但没有圆满的内容，而且内容是极为贫乏的，在内容和形式相统一意义上同样只在自觉理性的朴素水准，玄之为玄成为深不可识的等效陈述，天下莫能知莫能行。限于老子所处的历史时代，他诠释玄学智慧的知识是极为单薄的。对老子而言，作为众妙之门即理论体系起点的形而上之“玄”是具体而无所不在的最简单的自然存在，道法自然是玄妙之“无”在自然无为中演化为多样而统一的自然界。达到这种玄妙精通的境界时，玄是简单而明了的，玄学是甚易知、甚易行的。对于具有形而上学智慧思维的人而言，确实能从《道德经》中悟到很多极为深刻的智慧，把玄之又玄的理论作为对多样性世界按必然性规律运动发展的统一性理解。但对于大多数缺乏“慧根”即没有经过专门的形而上学训练，并且确实悟到形而上统一性思维的人来言，玄妙是深不可识的，所以叫“玄乎”。中国玄学智慧的最大历史局限性在于它对于大多数人而言是玄乎而不是玄妙的。

对玄之又玄的存在无知并不足为奇，但并不是什么光荣的事。有两种无知，一种是智慧的无知，一种是知性的无知。苏格拉底式的无知是智慧的无知，用苏格拉底的话来说，无知是美德，无知是智慧。所谓无知是美德，并不是说知识越少越好，所谓无知是智慧，真正大意是指永远把思维指向未知世界，不断追求在无知世界的思考和追求中得到世界越来越普遍的认识和理解的智慧。知性的无知则是指对世界的事物和现象缺乏普遍抽象的本质和规律认识，而停留在具体感性经验水平。我们民族几千年来对《道德经》玄学理论体系，虽然也有各种各样的认识，但深不可识是主流。孔子在老子之后发出的“朝闻道，夕死可矣”的慨叹大概也可以作为大多数人对玄学之道的感叹。孔子的儒学当然包含形而上之道，但以面向现实的伦理行为为核心使之以人生现实为主要内容，故不但敬鬼神而远之，同时也是敬道而远之的。儒学和苏格拉底有共同之处，即执着于伦理，但苏格拉底执着于德性的最普遍的形而上学规定性，而孔子则专注于伦理道德的实践经验之归纳。对道敬而远之并不是智慧的无知，智慧的无知是尊道贵德，力图从对道的无所知变成对道的有所知。古今中外，解道译玄是对玄学的一种积极态度，能把道文化潜移默化于中国传统文化的深层。我们思维中的许多规则、哲理确实来自《道德经》的智慧，所以不能漠视玄学理论在中华民族传统文化中的基础地位。但同时也不能否认，以道学文化为基础的中华民族传统文化又是偏重于主观性思维的文化。以道法自然为主旨的玄学理论本质上当然不是主观性的，以之为文化基础的中国传统文化带有强烈主观性色彩的原因只能由后人对玄学知之者稀来解释。解道译玄中的普遍现象是我们历来对道学文化智慧的解释是带有强烈的主观性、多样性色彩的。如果说玄学世界理论是对世界多样性统一的智慧理解，那么从这种统一的智慧出发对多样性世界认识时，这些认识是多样性而非统一性的，也是缺乏客观普遍认识基础的。这就是对《道德经》理解既有很大自由空间但又无法形成统一性理解的困惑。说形象一点，玄学智慧就像抽象派的画作，对它的理解取决于观察主体的心境，所以缺乏普遍客观性。以玄学作为文化基础理论的中华民族传统文化博大精深，但在客观普遍性意义上却是最为匮乏的。

以道学文化作为深层基础的中国传统文化的主观性特征是十分顽强的，即使在近代科学革命以后，西方科学文化在中国传播普及，中国文化依然是“中学为体，西学为用”，缺乏融入世界历史文化的自觉精神追求。在经济全球化、科学技术成为生产力的最革命要素的当代，在中华民族对外开放，引进现代科学技术的条件下，作为民族文化则依然保持着浓厚的主观主义色彩，反对西化之声不绝于耳，并不懂得文化财富是全人类的并无东西方的本质区别。在人类世界进入全球化的一百多年来，没有跟上潮流肯定是要落伍的。我们这代人是在坚持唯物主义反对唯心主义的基本思想原则下成长和生存的，但我们所反对的唯心主义的内涵实际上是主观主义，即违反客观必然性规律凭主观愿望所思所行的错误思想。但在实践中却又是主观主义盛行，其重要原因之一就是中华民族文化深层是主观性传统在支配，在反对主观主义意义上是言行相悖的，潜规则盛行是中华民族文化的一大传统。中国传统文化的主观性特征的具体表现之一是普遍性和客观性相分离，它从形式上表现为概念认识的唯名论。一个概念或认识所具有的普遍性意义并不在于内在客观必然性，它不是依内在必然性自然而然生成的，而是主观外在规定的，概念的规定性取决于强力意志。所以，几千年来中国文化是培养权威、当官意志的合适土壤。唯名论思维培育了中华民族文化的主观性传统，使中华民族成为重规则、轻规律的民族，成为人情、亲情纽带极强的社会。言行不一的主观性传统使中国文化在规则运用的经验中是规则和潜规则双轨制的，规则只具有“唯名论”意义，潜规则才具有“实在”的意义。改革开放三十几年来，国家致力于转向法治的现代社会治理模式，但要由战国时代始的国家法治转型到现代文明意义的法治国家任重道远，最根本的是要扬弃主观主义思维的文化传统。缺乏客观普遍性文化传统的民族是无法建立起客观的法治精神的，主观性支配的社会一定是人治社会。中国传统文化建立普遍性认识的逻辑中登峰造极的是把特色和普遍性对立起来，用特色去解释不可解释的逻辑矛盾。人类对一般、普遍的认识逻辑是从个别到一般，从一般到普遍，这就是个别、一般、普遍的合逻辑性关系，按照这种逻辑建立的普遍性是统一的普遍性，即个别作为个别有它的个性规定性，但它作为一般中的个别，必定包含有一般的规定性，即柏拉图所说的理念中的类的规定性。就个人和人类的关系而论，每个人有他的具体个性，同时必定有人类的类规定性，所以，一个生物是人类还是犬类不是主观意识而是客观性决定的。但中华传统文化中对特殊和一般普遍的逻辑思维还有另类的含义。从特殊到一般有两种完全不同的意义，特殊的个别是指一般中一个具有特殊性规定性的个别，它在一般之中但又区别于其他。这种意义在知性看来是同义反复，因为在一般之中的每一个个别相对于其他个别而言都是不相同的，所谓个别就包含了这种特殊性的全部意义，无须画蛇添足。但这正是个别、一般、普遍的理性统一性关系，不懂得这一点，说明还没进入自觉理性之门。二是大多数人执于常识和感性的习惯认识，认为特殊是就它相对于一般中所有个体的共性而言的，即不具备类的共同规定性的，即特殊于所有其他个体即共同的类，但又在类之中，这才是真正另类意义的特殊。但这种特殊和一般的类规定性或所谓普遍性关系就不再是必然、客观性的，而是或然、主观性的了，类只有唯名即符号意义，无客观性意义，它取决于主观意志或权力意志。中国特色的主观传统就在于它的个体可以达到符合任何不同的类，特殊其实是可以装进一切的大口袋，是最普遍的特殊。这不是创造性，这是还没有真正发展到普遍共相，只认个体不懂个体的本质在普遍抽象中的感性经验思维。如果在抽象中难以理解，那就具体回到我们的社会历史过程本身。中国近百年来融入世界历史发展中，选择了马克思主义的社会主义道路，追求的是人的自由解放、每一个人本质上得到充分发展的共产主义理想境界。我们的历史有成就的一个基本原因在于把马克思主义的普遍理论和中国具体现实相结合，是个别特殊和普遍的理性的统一，这就是从抽象理性进展到具体理性的现实意义。当我们自觉地拒斥形式主义、教条主义，坚持一切从实际出发，即从现实具体出发去实践马克思的理想时，就能前进。三十余年改革开放的社会历史实践是一切从实际出发的，实事求是思想路线的确立具有历史和现实的重大意义，推动了中国现代化运动的高速发展进程。建立有中国特色的社会主义是极具智慧的理性归纳，不要把有中国特色的社会主义只当作抽象概念，更不能对之做唯名论理解，它是理性具体的现实，是中华民族的智慧进展到自觉理性、回归具体的精辟归纳，它就在我们民族三十余年生存发展中，在民族文化之魂中，这就是道法自然。三十余年发展的现实并未达理想世界，发展中同样产生了很多问题，甚至许多人把以经济建设为中心庸俗化为资本主义的物化意义，这是执于感性具体而没有达到马克思理想的自觉理性普遍本质产生的。这种境界把马克思主义和中国特色社会主义只当成抽象唯名论的概念了。几千年主观主义传统的局限性制约着我们，我们只能通过自觉理性的进展去扬弃它。

我们把《道德经》玄学世界理论作为中国哲学基本理论即中华民族文化的深层基础，而玄学智慧的精髓是道法自然，用现代语言陈述是一切按客观必然性规律办事。因此，玄学智慧是崇尚客观性反对主观性的。但以它为深层基础的中华民族文化为什么又表现出如此强烈的非客观性特征呢？为什么对玄学理论往往莫能知莫能行呢？其主要原因之一是玄学理论作为形而上的世界统一性智慧，和中华民族生存经验的形而下现实知识的统一性关系是朴素的，它的知识基础是极为薄弱的，即它并没有成为一个民族自为自觉的理论。玄之又玄的道学统一性并没有支配中国人的日常思维和生存经验，按自然规律办事还没有成为中华民族文化生存经验中的法则和规律。事实上，中国文化在经验意义上的道、天、地、人和玄学理论的道、天、地、人并不是完全相同的概念，特别是天、地的概念更是完全不同的，道的理解也有极大差别。如果从日常经验的道、天、地、人概念去解读《道德经》，根本得不到世界的统一性智慧理解。玄学是道、天、地、人四层次本质不同的最普遍统一世界理论，但中国文化在经验中的世界只有天、地、人三才，道是形而上的纯粹抽象而不是最普遍的具体存在。这和玄学理论既把道作为世界的本原，又作为整个多样性世界的统一是完全不同的。三才中的天、地只是空间客体及空间结构概念，和玄学理论中天作为空间性物质世界、地作为时间性生命世界的概念是完全不同的。玄学的最基本概念还没成为普遍的日常生存经验概念，它的深奥、抽象的统一性要成为一个民族自觉的理性觉悟就更不现实了。老子既认为玄学甚易知甚易行，也认为天下莫能知莫能行。中华民族几千年来并不是不尊道贵德，但主要是从中悟出和生存经验相统一的哲理，没有上升为统一世界普遍理论的境界。形而上之道和形而下之器之间没有在中华民族文化中很好地统一起来，在现象上儒学人伦文化显然比玄学普遍而主流。在自然生产生存方式为主导、知识贫乏的时代，玄学对大多数人深不可识可以理解，但道法自然的无为之道在两千多年后全球化、现代化的知识时代依然没有化作中华民族文化真正灵魂，即形而上和形而下依然若即若离，这是值得我们深刻反省的。

中国玄学形而上学智慧和形而下经验知识基本上处于分离状态的原因是很复杂的，但其中有一点是非常重要的，即玄学形而上学统一性智慧的基础知识缺乏普遍客观性，中国玄学是先天不足后天营养不良的。所谓先天不足是指在老子建立《道德经》的时代，中华民族尽管文化已经比较丰富，但自然知识少得可怜，主要是人伦文化，而且主要是经验知识，还没有形成追求对外部世界必然性规律客观普遍知识的意识，更别说认识科学客观普遍真理认识的形式及逻辑了。基于经验为主的自然知识在中华文化普及传播中有两大特点：一是术没有上升为科。古希腊产生了几何学、数学等理论学科，中国人发明的是算术。二是中华文化传承中，那些领先的术常常以秘方形式在家庭范围里传递，甚至基本上传子不传女，这对文化知识的普及是极为不利的。老子归纳《道德经》智慧是以具体感性经验认识为基础归纳出无限的世界统一性理论，这种从具体到具体，从有限到无限的认识欠缺的就是具有客观性的普遍真理知识作为坚实基础。中国文化对道学理论的解读，不仅在无限的智慧理解意义上见仁见智，而且在老子用以陈述其智慧的基本知识的解释上也是依赖于个体主观性的，这是《道德经》玄学理论理解歧义性的原因，也是它先天不足的理由。中国玄学理论的先天不足并不表现在理论本身，而是表现在理论的知识基础，表现在形而上学理论对形而下世界的解释能力以及对人及其文化的影响甚至支配作用上。无知识基础的形而上学并不是真正的智慧，和现实经验世界相互关联甚弱的形而上学智慧，再深刻也很难产生它的积极作用。在《道德经》问世之后的两千多年中，中国社会文化不断发展变化，但科学客观性思维匮乏的状况未变，在当代引入西方科学文化为用之后，被科学实用主义态度制约了整个民族从主观性思维向普遍客观性思维的转变。中国文化至今没有产生像柏拉图那样影响文化基础并建立客观普遍性思维的哲学家，且引入西方文化之后对柏拉图哲学理论在建立客观普遍性中的重大意义并不知觉，而是停留在“客观唯心主义”中，把柏拉图哲学和空想主义挂钩做中国式的主观主义理解。在当代科学已经长足发展的时代，我们并没有丰富玄学理论的科学客观性基础，没有把玄学理论发扬为具有当代时代精神的理论思维，所以说中国玄学世界理论后天发育不良。从形而上学、知识、经验的统一去理解理性具体，才能理解中国传统道文化的具体现实意义。

二、西方哲学的客观性基础

西方哲学被称为爱智慧之学是百家争鸣的，不像中国哲学是被称为道或释的一家之学。西方哲学在不同的历史时代具备不同的形式和内容，当代西方哲学已经出现了和传统哲学智慧相左的拒斥一切形而上学的潮流，以二十世纪逻辑实证主义为代表的哲学流派把哲学理解为实证的而非形而上学统一性智慧思辨的。艾耶尔在《二十世纪的哲学》一书中最终把二十世纪哲学由最时髦的“语言研究”转而陈述为“证据研究”。对西方哲学而言，太阳每天都是新的。那么，支持贯穿西方哲学发展史真正的内容是什么呢？艾耶尔认为：“哲学的进步在哪里呢？我认为要找出答案就不应该把重点放在一批杰出人物对这一学科所做的贡献上，而要格外关心一批循环呈现的问题的演变。这些问题中最主要的也许就是客观性问题，它有时表现为实在论者与唯心论者的分野的根源，有时表现为绝对真理说和相对真理说的争论点。这个基本问题就是：我们是否并且在何种程度上有可能不依赖事物与我们的关系而按照事物的本来面貌描述事物。这里如采取相对主义的立场那就必须对以下的问题做出明确的答复：参照框架是由人类总体提供的，还是由这一或那一社会提供的，还是仅仅由人自身提供？此外，实在论者与唯心论者之间的分歧还有许多方面，它们关于心与物的构造及其相互关系的一系列相互抵触的观点，这一问题反过来又要求对人类知识的特征和范围进行探讨。”[8]由这一归纳至少可以表明，西方哲学的主旋律是认识论，更具体地看是认识客观性命题。尽管不必赞赏实证主义哲学家否认一切形而上学，把哲学只作为一种实证认识论的观点，但西方哲学对认识客观普遍性的格外关注却不只是表现在把哲学当作证据研究和语言分析的哲学家之中，而且巴门尼德、柏拉图等早期哲学家也在思考认识的客观普遍性问题，最高目标直接指向本质真理，当代西方哲学走到拒斥一切形而上学而只认实证不是对两千多年哲学史的叛逆，二十世纪西方哲学只是把唯心论哲学之根底的客观性推向极端而已。正如前面所说，西方哲学的所谓哲学唯心主义只是一种认识论，而且西方哲学的完整理论形态是沿着本质和真理这些核心问题发展的。西方早期哲学家所专注的就是最普遍的抽象认识形式的统一问题，这是形而上的认识普遍性即知识普遍性的根据问题。知识是真理的基础，而大多数唯心论哲学大师是把知识和真理等同起来的，西方哲学本质上就是追求认识客观性的形而上学基础。与以主观认识为基础的中国道学相比，西方哲学的最显著特点就是把认识的客观性作为最基本的哲学形而上学命题，西方哲学是在和客观科学真理认识难舍难分，剪不断、理还乱的相互交融中不断生成的，客观科学普遍真理构成了西方哲学的坚实客观性基础。从巴门尼德到黑格尔，西方哲学的最高命题不是存在，而是存在的真理，西方哲学以形而上的真理概念为纽带，始终处在和科学如胶似漆的关系之中，甚至在二十世纪竟有将自身还原为客观性科学真理的趋势。由此可见西方哲学和科学客观性的不可分离的联系达到何种程度。

西方哲学对认识的客观性关系问题，可以从三个方面归纳：

第一，西方哲学本体存在论一开始就是建立在客观性科学认识基础上的。西方哲学从对自然世界万物本原的思考中产生，由本原论产生了哲学本体论，或者说哲学本体论以本原论为起点，而本原的认识首先是客观性科学真理认识。在西方还没有思考整个自然界统一性的时候，本原就不能说是哲学本体论的一个构成部分，对本原的思考是有限抽象的知性科学思考。关于以水、气、火这些具体特定存在之物作为自然界多样性万物的最普遍的具体存在，在有限抽象认识意义上，是关于这些抽象认识对象的客观普遍知识的认识。所以，在西方哲学产生之前，被米利都人称为圣人的泰勒斯是伟大的科学家而非哲学家，他提出水是世界万物本原的猜测的思维方法首先是对自然客体作为对象的客观知识认识的有限抽象思维，追求的是有限而客观、普遍的关于自然的知识。只有当这种特定抽象认识对象的客观性认识基于自然界最普遍的具体存在的独特规定性，并以此去建立整个多样性自然世界的统一性理解，即得到整个多样世界的由“一”构成的本性认识的时候，西方哲学才产生。所以，西方哲学是在科学真理认识的基础上产生的，没有科学就没有西方哲学，古希腊时代称哲学为科学之科学，言下之意，哲学是以科学知识为对象的反思。西方哲学为什么自诞生伊始就和客观性不可分地结合在一起呢？因为它的母体就是一块客观性认识构成的土地。事实上，西方哲学是科学的早产儿，它从科学母腹中独立出来时，科学提供的知识其实是极不充足的，本原的知识还只建立了认识对象，离完整的知识认识还差得很远很远。泰勒斯的自然本原猜测不只是统一性智慧的起点，还是本原的真理认识的起点。早期的哲学本体论由于科学客观性认识限制显然是朴素的，甚至有些难登大雅之堂之感，到了德谟克利特的原子论才略成雏形。这个早产儿能够成长的奥秘就在于它从来没有割断连接母体的脐带，而是以科学之科学形态与母体保持着不可分割的关系，从而随科学发展不断丰富，在不同历史时代有不同形式和内容的统一性理论思维。

第二，从哲学认识论的意义看，西方哲学不但是以科学客观知识为基础的理论思维，又是以认识客观性为自身认识对象的理论思维，它的更深刻的意义就在于为人类的认识统一性提供逻辑根据，为科学认识的客观性提供先验的普遍形式统一性基础。特别是古希腊哲学由自然的本体存在论上升到更普遍的本质存在论即唯心论时，统一性思维不仅以客观知识为基础，而且转向以知识客观性自觉思考为核心，为知识建立可靠的客观性基础。因此，西方哲学和科学以客观性认识为纽带，建立起相互促进的互动关系，使哲学建立在科学客观性基础上，反过来又推动客观性科学真理认识的不断发展。在早期朴素的哲学理论中，像柏拉图的理念论这种以唯心主义哲学面目出现的认识论始终把真理作为统一性思考的对象，追求对存在的永恒不变的、唯一的理解，从逻辑和方法即知识的纯粹形式统一性上探求对世界抽象知识认识的客观普遍性问题。西方哲学以唯心主义本体论面目出现的认识论，基本上不是主观的而是客观唯心主义的，因为它们的本质总是和柏拉图的理念论一样指向最普遍的抽象统一性认识的客观性。西方哲学是在本体论和认识论的统一性认识中才真正达到无限的统一性理论思维的，并且随着理论的发展认识论具有越来越明显的独立性，认识客观性问题则变得越来越重要。这是为什么往往把柏拉图和亚里士多德建立的本质存在统一性的唯心论哲学作为西方哲学理论主流的理由。康德把哲学的兴趣由本体存在论转向认识论是西方哲学的一个重大转折点，它的哥白尼式的哲学革命的意义是把自认为本体存在论的不自觉的本质存在论转向自觉的主体世界的认识论。批判哲学从认识的先验形式去思考人类认识客观性的先验基础，这是认识普遍性问题。黑格尔的辩证逻辑则把抽象有限的认识客观性问题综合为客观真理认识的统一性问题，企图在全体真理的辩证认识中达到对自在自为的真理的认识，即得到对存在的最普遍具体统一性理解。康德被誉为近代哲学的伟大人物，但他建立的感性、知性、理性认识三层次统一性理论并没有为后人所继承，他的哲学贡献在于把哲学形而上学唯心论由不自觉转向自觉的认识论形而上学思考，这种哲学上哥白尼式革命的影响是极其深远的。二十世纪主流之一的语言分析哲学是康德哲学革命的成果。语言意义分析和语义、词义的逻辑结构研究，对于抽象普遍性认识的意义而言，和自然界本原具体存在对世界本体存在论的意义是相当的，即语言的意义分析实质上是揭开人类认识的最基本的抽象“元结构”，从而在先验意义上为人的经验认识的普遍统一性提供保证并为客观性提供前提。这是哲学认识论发展到抽象的“本原”思考的成果。如果认同这种理解的话，把认识客观性作为西方哲学的主要思考问题是合理的，艾耶尔对哲学遗产的归纳是可接受的。

至此，必须十分严肃地指出，西方哲学史上从巴门尼德、柏拉图直至黑格尔的唯心主义无一例外都是客观唯心主义，所谓主观唯心主义在哲学范畴是不成立的概念，是用感性具体之心去度理性普遍抽象之腹得出的怪胎。所有西方唯心论哲人的“心”都是超越了个体精神认识现象的最普遍的抽象，追求人类意义的普遍认识的统一性，和个体主观认识是根本不同层次的。包括苏格拉底追求人生存实践领域的伦理命题时，虽然还执着于善和德性，没达到最普遍性，但他的至善和德性也是超越个体而在一般意义上的，绝不是主观性的。为什么说主观唯心主义概念是不合哲学逻辑的呢？主观唯心主义实际上是指主观主义，它是具体认识即个体心理学基础上的概念，和追求人类普遍意义绝对统一性的唯心论哲学相去甚远，由个体主观出发追求普遍性和统一性实在是南辕北辙。主观唯心论者是从感性具体去想象普遍统一性的，停留在主观和个体心理层次根本就没进哲学智慧之门。主观主义者是如何否定或怀疑客观性的呢？就是基于个体心理去否定或怀疑一切，其判断根据是世界只是他的梦幻，人首先不能有根据地断定究竟是在现实中还是在梦中。这种走火入魔的唯我论、唯感觉论的个人主观之“心”和哲学唯心论的普遍人类精神统一性真的没关系，主观之心理感觉绝对进不了唯心论的神圣殿堂。主观主义概念以主观唯心主义形态出现的最致命害处是把普罗大众对哲学唯心论的理解导向唯我论，哲学史上的唯心主义哲学大师被变成大众心目中的傻子和疯子，人人都有资格轻薄和嘲笑柏拉图。

最后，由于哲学自身在追求客观的最普遍的世界统一性，并始终如一地从不同层次和角度探讨认识的客观性问题，所以西方哲学虽然是形而上的统一性智慧认识，但却始终和知识的客观性问题紧密相关。它虽然不是知识，作为哲学很难说它是“客观的”，但它却又容纳知识客观性，并推动人类知识向客观普遍性发展。西方哲学认识论在不同时代有不同内容又总是指向同一终极目标，即人的思维与世界存在的同一性。古希腊人把哲学叫作科学之科学是有原因的，即哲学以客观性的科学认识为对象和基础，并把这些有限的科学客观知识归纳为统一而无限的具体认识，它本身又必须是客观性的。这种以科学为对象，反思科学的“科学”为真正的客观科学知识提供形而上的基础和前提条件，从而实现认识从具体个体到普遍抽象具有坚实的意义普遍统一性基础，把人类的抽象认识和现实世界的存在统一起来。这种形而上认识当然没有有限抽象经验实证科学的客观性，但它来自经验科学并最终返回经验科学，所以具有客观性的基础，它作为具有客观性基础的统一性智慧，当它达到无限具体统一性的时候，就达到了世界认识和理解的最普遍的必然性。用巴门尼德和柏拉图的语言来陈述，这种最普遍的抽象真理是唯一、永恒、不动的，在无限具体的智慧意义上，也可以将这种普遍、永恒不动的真理理解为客观真理认识的极限形式。在这种意义上，西方哲学是“客观性”的，所以它始终和它的客观性基础即科学真理认识休戚与共。随着科学真理认识的不断发展，西方哲学就不断发展，并以新的统一性归纳对经验科学做出“科学”的指导。正是客观性基础决定了西方哲学不是一成不变的既成理论认识，而是随科学的发展而变化并且以推动科学发展为己任的。所以西方哲学发展史和中国玄学、印度佛教不同，它并没有在历史的大家面前万马齐喑，而是永远焕发着时代的精神。客观性使西方哲学这形而上智慧从形而下经验知识中汲取了成长的养分，永远充满智慧的活力。

西方文化追求主客观统一性是它历史地发展的内在机制，人类进入科学理性时代是西方文化引领的。从这一意义看，追求主客观相统一为最高目标的西方文化又是有严重的局限性的。一百多年前马克思对资本主义物化社会人的本质异化的深刻批判指向了深层文化本质，其实就是科学理性观念的历史局限性。但人类特别是西方世界并没有自觉到文化本质的分裂，终于在当代遭遇了人类意义上的生存危机。为什么西方文化本质上是唯物论和唯心论、本体论和本质论、客观性和主观性相统一的，但在全球化时代致使人和自然、人的世界、人的知识和智慧分裂呢？这只能理解为西方文化的统一性认识还没有达到自洽自足的圆满境界。西方文化统一于唯心论，统一于绝对真理，但主客观的统一只是世界圆满统一的必要而非充足理由。主客观的统一是抽象的具体，不是现实的具体，不是自圆其说的世界统一性。世界统一性的最高境界是包含主客观统一性的主客体的具体统一，也就是世界最普遍意义的具体的人的存在的统一。西方文化没有通达主客体的统一，只追求主客观的统一，本质上是没有自觉进入“认识你自己”的具体理性统一性境界，在认识中心、物二元，那么在现实中人的文化和自然分裂是无可避免的。在统一性意义上，朴素的中国玄学理论欠缺的是客观知识基础和主客体统一性基础，但在理论体系完备性上则是自洽自足的，这是许多西方大师钟情中国文化的原因。真正有意义的是把两者结合起来，建立在主客观相统一基础上主客体相统一的世界统一性原理，得到对世界存在的一元统一性智慧理解。

三、一元论世界统一于道

在统一性意义上的道、存在是哲学的形而上学概念，因为我们只有唯一一个自然界，只有唯一一个人类世界，道法自然的世界的统一性和我们如何认识它无关，它是不证自明的。但人的理性文化生存是以人的认识为根据的，能否得到形而上和形而下的世界统一性理解又从本质上决定着人的现实生存，因为人的认识就是人的存在，解释世界的现实性就在于改变世界。其实用来陈述道的形而上学首先就是一个需要智慧去理解的概念。形而上之道和形而下之器不是同一层次的相对应概念，形而上之道是包含一切形而下之器的统一性概念。这是悟道的最低要求，否则道就变成什么都是又什么都不是的怪物了。但至今，对形而上学和道的理解却几乎没有统一性可言。人类文化发展至今，对用来描述自己文明智慧的形而上学概念的理解是极无智慧的。

中国文化中形而上者谓之道，形而下者谓之器，所以道就是形而上学，与之相对的就是形而下之器。按照概念的规定性，道和器、形而上和形而下就是一对相互规定的概念，说得“哲学”一点，它们是对立统一的。从经验意义上就是由有形之物和无形之抽象来划分形而下和形而上，即器物有形，由形状规定性描述的是形而下，无法由物之形描述的是形而上之道，这种经验理解是有道理的，但也是不足够的。

西方哲学的形而上学概念源于古希腊。亚里士多德是古希腊文化的集大成者，后人把他的自然科学知识编撰为《物理学》并把他称为第一哲学的理论认识汇编为“在物理学后各篇”，这与中国文化把“物”即作为形而下之器相一致，所以亚里士多德的第一哲学就是中国意义的形而上学。综合中西方文化，把哲学理解为形而上学是合理的。

但我们经常接触的形而上学却是一个与机械论相关的概念，是从与辩证唯物主义相对而言的形而上学唯物主义即旧的机械论唯物主义意义去理解的形而上学概念。此意义的形而上学即指用孤立、静止、不变的观点去看待事物，与之相对的是辩证法，即用联系和发展的观点去看待事物和世界的思维方法。辩证唯物主义是指导我们思想的理论基础，反辩证法的形而上学概念成为一种普遍的理解并在我们的文化中出现，这就是“新形而上学概念”理解。反辩证法的形而上学和作为哲学智慧的形而上学概念既相互冲突又“共存”是当代哲学理论中的怪象。我们用“形而上学”概念陈述时，它指的是理性哲学智慧还是僵化的机械论思维，必须从上下文的相关意义去理解。当年老师教我们哲学知识用“形而上学”时总要一再解释它所指的是何种意义。如此基本的概念，为何人们偏偏要一词多义呢？究竟有什么关系使得我们非得用“形而上学”去陈述反辩证法思维呢？这其实是一个地道的哲学命题，如果从有限知性知识的意义是很难理解形而上学唯物主义是机械论世界观的。常识认为机械论的基础是牛顿的经典物理动力学科学理论，由物质机械运动把整个世界的运动发展理解为机械运动就是形而上学的机械唯物论。形而上学的解释是用孤立、静止不变的观点看世界，而牛顿的理论却又恰恰是反孤立、反静止物质世界的科学理论，是物质世界普遍联系和相互作用中按必然性普遍规律运动发展的理论。至于片面则是真理知识的本性。牛顿理论研究物质世界运动普遍规律，其最重大的贡献就是继承和发展了伽利略的空间相对性理论，辩证唯物主义哲学家们甚至由物质运动描述的相对空间性得出物质运动绝对及静止相对的结论，那又凭何说牛顿理论是“用静止的观点看世界”的呢？牛顿最大的贡献是引力定律，它把整个物质客体的相互联系建立起来，在人类历史上第一次完成了对物质世界最普遍联系和相互作用的抽象科学描述，我们终于可以从这种普适而必然的规律支配中去理解物质客体之间的相互作用，由这种相互作用去揭示物质客体的运动。牛顿理论最成功之处就是揭示了太阳系的运动现象的原因。由此可见，牛顿理论和机械论的“形而上学”沾不上边，机械论作为形而上学的世界观不能在“科学”意义去“机械地”理解，还是必须回到哲学形而上学意义去理解它是何以成为“孤立静止”的世界观的。

张尚仁老师在《我们的哲学概念很混乱》一文中说：“将形而上学看作是反辩证法，其来源是认为形而上学的基本特征是否认矛盾。否认矛盾就是形而上学，承认矛盾就成了反形而上学。而从形而上学就是哲学的意义看，承认矛盾就成了反哲学。……原来，将形而上学这个很正面的哲学概念变成反辩证法的哲学概念是从矛盾理论来的。真奇怪，一个没有哲学史根据的矛盾理论一出来，原来形而上学就是哲学的含义竟然变成了形而上学是反辩证法的含义，而且形而上学就是哲学的含义差不多被人遗忘了，形而上学就是反辩证法的含义却印在人们的头脑中。看来，我们只要把矛盾理论从哲学中清理出去，形而上学概念的反辩证法的含义也就可以清除了。”⑨

坚持辩证法反对形而上学的观点确实在辩证唯物论哲学原理中占有极为重要的地位，它的“矛盾理论”否定形而上学并把形而上学变成反哲学是多年来形而上学妖魔化的主要原因。但从最根本的认识根源看，形而上学和辩证法的对立还应该从黑格尔的辩证逻辑理论去理解。黑格尔在《逻辑学》的逻辑学概念初步规定中，把哲学史上思想对客观性的态度归纳为形而上学、经验主义和直接知识论，经验主义主要是指康德的批判哲学，而“康德以前的形而上学认为思维的规定即是事物的基本规定，并且根据这个前提，坚持思想可以认识存在，因而凡是思维所想的本身就是被认识的。因此，其立脚点好像比稍后的批判哲学还更高深一些”⑩。对于黑格尔的形而上学概念，必须从以下三层意义去理解：第一，形而上学是和经验主义、直接知识论相并列的关于认识客观性的三种态度之一，而初期哲学基本上局限在朴素的形而上学态度水平。第二，形而上学朴素态度的局限性是用单纯理智的观点去把握理性的对象。理性的对象是无限的全体，比如理性、灵魂、上帝这些全体，这是单靠有限思维无法认识的。用今天的语言来陈述，就是科学抽象有限的认识不能达到具体理性认识，形而上学态度的有限性就是科学有限认识的局限性，用科学认识不能得到关于全体的“真理”。第三，由于黑格尔将康德之前的一切哲学称为旧哲学，它们实质上停滞在有限知性思维中，没有通达全体的世界、灵魂和上帝，不是真正的理性思维。所以，这种形而上学不是真正的理性哲学即辩证法，后人由此引申出形而上学反哲学的含义。当我们由此推论旧唯物主义是形而上学或机械唯物主义时，指的是这些唯物主义停留在科学有限思维中，没有达到哲学理性思维的水平。所谓形而上学反哲学的意义是说，只有黑格尔这种理性才是哲学，而旧形而上学哲学理论本质上不是理性哲学，从形而上学唯物主义发展到辩证唯物主义是从“科学知性唯物主义”发展为“理性唯物主义”。在这种意义中，才能真正明白为什么把以牛顿科学理论为基础的世界观称为形而上学机械论世界观。尽管牛顿理论坚持世界普遍联系和永恒运动，但它只是科学有限抽象思维，仅由此推论世界的全体本性，由有限去断言无限，那在理性看来就是狭隘的、孤立的、静止的，因为它所揭示的运动和联系还只是有限理智意义上的，不是真正理性的无限的联系和运动。但由抽象知性去认识客体世界普遍规律是天经地义的，把知性理智当理性无限与牛顿无关，也和自然哲学唯物论无关，只能由认识论的哲学唯心论担责。

黑格尔的辩证法理论确实带有贬低甚至否定以往传统哲学形而上学智慧的意思，后来辩证唯物主义理论用黑格尔辩证法来改造旧唯物主义时旗帜鲜明地反对的当然就是形而上学了，于是旧哲学是形而上学，也是反哲学了。从黑格尔辩证法或后来辩证唯物主义哲学的逻辑看，只有辩证而非形而上学的才是哲学的。然而要命的是得出这样断言的时候，它们就又成了自己所不齿的“形而上学”，因为它们拒斥了旧哲学时自身已成了有限而非全体的了，再从有限而非全体去理解世界的“有限理智”自然是错的。黑格尔辩证法及辩证唯物主义哲学在否定一切旧形而上学，辩证地建立起关于全体世界的全体真理得到一种全体知识的时候，又回复到有限性，回复到“全体真理”即回复到全体的确定性、永恒的确定性知识了，于是就又被确定性所限定成为“全体的有限形而上学”了。后来的哲学理论虽然可斥责早期哲学“形而上学”，但终究无法摆脱形而上学，这是两千多年哲学史无法逾越的轮回。艾耶尔在《二十世纪的哲学》中把维特根斯坦的自我矛盾作为典范：一方面宣称自己的逻辑哲学论这一形而上学理论是真正有用的，一方面又在理论中断言一切形而上学都是无意义的。真正应有的态度是，我们在承认黑格尔辩证法理论对哲学的贡献时，必须把它理解为是对传统哲学的继承和发展，否定传统哲学形而上学的哲学史虚无主义是要不得的。黑格尔是极为重视哲学史的，他的逻辑概念的辩证发展也就是哲学史上普遍概念认识的发展归纳，黑格尔的局限性在于他没有真正摆脱知性思维有限性，即仍然停留在真理认识中无法摆脱有限知识的制约，没有真正进展到统一性智慧的主客体统一境界，使自己成为哲学史上登峰造极的“机械论者”。

当否定传统形而上学的辩证法成为更大的“形而上学”时，最敌视抽象、希望回复到具体的哲学认识就仍停留在抽象中，这种抽象形而上学是传统形而上学的局限性所在，也是黑格尔辩证逻辑的局限性所在。形而上学成为抽象的认识的统一，从抽象中进展到具体，是抽象认识中关于具体认识对象抽象知识的统一。具体不是抽象的对立面，具体在感性意义上是普遍抽象知识的基础，在理性意义上是抽象知识的统一。但这还不是现实的具体，还不是由抽象回复具体的最高阶段——由抽象的具体回复到现实的具体、由本质存在统一性回归本体存在统一性。这种存在统一性不只是知性的抽象且是达到无限理性的。形而上学是最普遍统一性认识。从理性是具体的认识意义上来说，理性形而上学作为无限的认识，首先必须包含一切有限认识，只要没有包含一切抽象认识的统一性，它就没有资格成为统一、具体、理性的认识。形而上学不是知性有限认识，更不是知性及感性经验认识之外的一种纯粹抽象认识，而是包含一切知识和经验于其中的对世界的统一性的具体理解。形而上学不是形而下经验，但它以一切形而下认识为基础；它不是有限知识，而是有限抽象知识的统一性理解。所以抽象的知识、形而下的经验基础越丰富，形而上学作为世界统一性理解就越具体，所以形而上学是随形而下知识、经验发展而不断深化对世界的理解的，所以它是无限的，即不是既定规定性所限制的，也是无定论的，即在永恒发展的。所谓具体的认识是不断丰富和发展的，意味着只有更具体而没有最具体，这是人类认识无限的本性所决定的。最高的具体是由抽象的具体为基础的现实的具体，即主客体相统一的理性具体智慧，这就是形而上学的最高境界，是关于现实世界存在的一元论理论。

形而上学之为道，世界的统一性就是道的统一性，也是西方哲学的存在的统一性。道即存在，存在即道，在最高的具体统一性意义上，它们都是具体的形而上学。具体的形而上学是包含多样性的具体，排斥任何形而下的形而上学知识是抽象形而上学而非真正智慧形而上学。道不是器之外的一种东西，而是包含一切形而下之器的全体统一性，不能离开道去理解世界的认识和过程，对道的体悟就是对世界的一种统一性理解。对存在的统一性理解就是西方文化追求的“全体”的一种智慧理解，也是对存在的根据及第一原因的理解，更是对世界存在一元论的现实具体理解。世界统一性原理就是悟道，就是对世界的“全体”的具体本性的理解，就是对存在一元论的追求。

中国哲学和西方哲学对世界统一性理解是不同的。玄学朴素的世界统一性原理是包括具体人的世界在内的具体的世界统一性，西方唯心论哲学建立的是主客观统一性的主体抽象精神世界的具体统一性。把存在和道统一起来就是把人类对世界的多元理解统一起来。对世界的具体理解不是否定多元，一元论是本体存在论的追求，多元认识统一性是本质存在论的追求，主客体相统一的基础即客体世界是一元统一性理论，在本质意义上是通过多元归元去建立具体的统一性。中国玄学的世界统一性理论在形而上逻辑上是极为完整的，但它的客观性基础却又是最薄弱的，因为它主要以具体多样性经验知识为基础，作为世界的统一性理论它仍然玄之又玄，缺乏具体的可理解性。西方哲学从诞生之日起在逻辑上就产生了本体论和认识论、唯物主义和唯心主义的分裂现象，充满了辩证的“斗争”，缺乏对最具体存在的自觉而理性追求。西方哲学和科学的关系总是理不清的。实际上即存在论意义上，西方哲学形而上学本质上始终是和知识认识相统一的，这正是西方哲学和西方文化充满活力而不断发展成为人类主导文化的原因。尽管它的形而上学总想要排斥一切形而上学，却在形而下科学认识发展基础上不断发展。玄学作为最普遍具体的形而上学，缺乏从个别到一般，从具体到抽象的中介，因而很难全面发挥文化基础的作用，因为这种基础作用是需要普遍客观性为前提的。这正是东方玄学和西方哲学统一性理论的不同之处。

世界统一性理论必须包含多样性统一，需要把东西方文化统一起来。从逻辑体系来说，必须既要达到中国道学理论的全体的无限统一性高度，又要达到西方哲学的客观普遍性程度，且不能停留在主观抽象之中统一。世界统一性原理是世界的、现实的、可经验理解的，是包括人类一切科学认识及经验知识的，即这些形而下必须是统一的，形而下的统一就是形而上，统一性最终必须是关于经验世界的统一性，而先验的逻辑只是原理而非世界的原理。原理包含在世界统一性原理之中，道包含一切，既是客体存在，也是认识、逻辑、现象、规律，所以道是全体是无限。认识道需要逻辑，所以，先验之道是认识世界的抽象原理，我们认识世界统一性原理就是从这些先验的逻辑即统一性原理开始，从坐而论道开始，从道即世界的一元统一性存在的理解开始。

最普遍的世界统一性原理的目标是彻底的一元论，它不是中国玄学的，也不是西方哲学的，它是人类的，是人类普遍精神文化向自觉理性圆满境界的追求。它要达到最普遍的境界，就必须是中国玄学和西方哲学的统一，世界统一于道即统一于最普遍的一元存在，这即存在之道的具体意义。在现象上，存在之道似乎有中学为体、西学为用的色彩，但普遍本质意义上，它具体意义是道学为体、科学为用，形而上为体，形而下为用。形而上和形而下统一的智慧才是回复现实的具体理性，才有资格称为世界统一性原理。

人类文化世界是历史性的。科学知识靠一代代人的发现、发明成果的积累，统一性智慧的形而上学就更不能离开人类哲学史的成果了。对二十世纪人类哲学的成果归纳是思考世界统一性的前提，唯此我们才能站在历代圣哲的肩膀上，极目最普遍而一元统一的完美世界。

注释

①转引自张尚仁著《聊哲学》，昆明：云南大学出版社，2012年第1版，第20页。

②张尚仁著《新译　新编　新解　道德经》，昆明：云南民族出版社，2008年第1版，第61页。

③苗力田、李毓章主编《西方哲学史新编》，北京：人民出版社，1990年第1版，第12页。

④同上，第23页。

⑤转引自张尚仁著《聊哲学》，昆明：云南大学出版社，2012年第1版，第126页。

⑥同上，第128页。

⑦同上，第27页。

⑧艾耶尔著，李步楼、俞宣孟、袁利均等译《二十世纪的哲学》，上海：上海译文出版社，1987年第1版，第7页。

⑨转引自张尚仁著《聊哲学》，昆明：云南大学出版社，2012年第1版，第119页。

⑩黑格尔著《小逻辑》，北京：商务印书馆，1980年第2版，第95页。

第三章
文化的遗产

引　言

【提要】哲学作为理论思维被喻为时代精神的精华和活的灵魂，是万古常新的。二十世纪人类进入全球化的知识爆炸的时代，也是哲学文化繁荣昌盛的时代。常新的哲学在二十世纪的精华和灵魂应如何归纳呢？知识时代哲学和科学的关系有什么新的特点呢？这是理解二十世纪进入全球化时代条件下人类文化的基本命题。

一、近代科学革命累积性进步在二十世纪达到知识爆炸的程度，科学技术的进步极大地改变了人的文化生存方式，人类厌倦了局限于抽象理性的传统哲学，二十世纪西方哲学主流以叛离黑格尔为起点，拒斥传统抽象形而上学，把理论思考转向具体，而且注重具体命题而否定理论体系，回归具体却放弃了理性统一性的追求。以逻辑实证主义为主流的彻底经验主义流派回归和经验知识认识有直接相关性的基本形式和逻辑，探求语言、语义等普遍意义的形而上学基础，但同时又不合逻辑地掀起拒斥一切形而上学的潮流，忘记了没有普遍形而上学为前提就不会有普遍意义的知识，更不会有哲学。非理性哲学回归人的生命的具体，以人的自然生命为对象而无视人的理性本质才使之成为非理性哲学。生命哲学有其深刻意义，但离开理性文化本质无法理解主客体统一性的理性具体之人，所有非理性哲学关于人生存价值意义的理解一定是片面性的。二十世纪继承传统哲学的是辩证唯物主义和历史唯物主义哲学，把以《资本论》为中心的马克思共产主义理论从最普遍哲学意义归纳为完整的理论体系，是本体论、认识论和社会历史理论的统一，亦被认为是关于自然、社会和人类思维领域知识的总体概括，旨在建立马克思的共产主义理论的普遍哲学理论体系。从哲学上看，马克思的共产主义理论坚持以客体统一性为基础，以人的主体自由创造为本质去统一地认识人类社会生产活动，得出了人类社会历史的最高目标和价值是共产主义大同世界的结论。马克思是在具体经济领域从主客体统一性认识去思考人类社会历史的目标和价值的先驱，在哲学意义上突破了限于抽象理性的传统而进展到理性具体，主客体统一思维在理论形态上是本体论、认识论、价值论的统一，统一于价值论即历史唯物主义、共产主义。但后人以唯物、唯心相对立即本体论和认识论不统一为基点建立的马克思主义哲学显然达不到这一水准，它拥有了政治即意识形态意义，却并没揭示出马克思学说在哲学领域的本质意义。

二、哲学科学日益分离令二十世纪科学将自己当理性，为自己提供根据，追求自圆其说的科学理论最终使科学在那些重大的基本认识中陷于迷惘甚至任性。麦克斯韦电磁场方程组、爱因斯坦相对论、普朗克量子理论这些革命性突破把科学导向以能量为对象的更普遍意义自然界，但人们仍在物质范畴理解它们，产生了一大批似是而非的悖论，比如时空穿越、空间弯曲、多次元宇宙、宇宙起源、波粒二象性等。时间和空间本性、宇宙唯一性及起源都不是科学可以讨论的形而上学命题，所谓波粒二象性及物质结构无限可分是地道的不可知论。

三、人类文化发展到轴心期诞生了哲学的划历史意义是把理性自觉导向具体而绝对的目标，也就是以客观普遍知识为中介把现实经验和普遍抽象形而上学统一起来，这就是文化生存的具体智慧。科学和哲学是人类文化的左右两个车轮，协调统一才能顺利前进，不反映二十世纪科学和文化灵魂的哲学失去了智慧之为智慧的具体现实意义。哲学的变革应从对二十世纪科学革命成果的综合统一开始，从自然哲学始，以客体统一性的理论变革为基础，把人类文化生存导向主客体统一的理性具体新境界。

二十世纪是人类文明史全面进入知识社会的伟大历史时代。总结这一时代的关键词是知识爆炸、信息时代、知识经济、地球村；人类高速发展的另一个完全没有预料的结果是人类文化选择生存已经不断逼近人类文化社会赖以生存条件的边界，二十世纪的另一类关键词是能源危机、资源危机、生态危机、社会危机，最一般的综合是文化危机，即人的生存危机。所以，首先要回顾并总结，人类二十世纪留下的文化遗产是什么。

人类从野蛮、蒙昧时代步入文明社会本质上就是依靠文化选择生存，摆脱了自然生命的纯粹自然选择，由此开始的历史才是真正的人类历史，即人类文明史。人类文明进步的一个客观性原因就是文化知识的增长，特别是客观普遍性的科学知识在积累中不断增长。二十世纪人类文化进入了一个全新的阶段，即人类不仅是通过知识去改善生存，而且是离开了知识就无法生存，这是一个全新的知识社会，是人类文化和文明发达昌盛的时代，并且具有这个时代特有的形式和内涵。

首先，人类几千年文化的形而上学基础和构成文化丰富内容的经验知识之间的相互关系在知识爆炸时代发生了戏剧性的颠覆，拒斥一切形而上学的主流思潮的本质意义就是以知识为知识的前提和基础，知识的理性基础变成科学知识本身。从近代科学革命开始的“科学理性”成为二十世纪文化的最奇特的风景线和最富有现实意义的生存价值观。而向来高高在上的哲学形而上学却竭力把自己变成知识的科学，企图在人类知识领域中找到科学的不毛之地以安身立命。二十世纪哲学最悲情但又最滑稽的竟然是一大批影响最深刻的哲学家不遗余力地“批发”拒斥一切形而上学的形而上学信条。没有了形而上学的神圣，哲学真想在形而下知识的领地中借科学的残羹剩饭生存乎？

科学为自己提供形而上学基础从来就是一种文化上的乌托邦，哲学不为科学提供形而上学统一性基础的恶果是使二十世纪繁荣昌盛的科学知识陷入盲目性中。科学乐观主义盲目地认为科学能给我们带来越来越多幸福，片面而自负地认为科学可以解决人类的危机并能保证人类不断地“从低级到高级”前进，没有极限，只有无限的未来。言下之意，只要科学地生存我们就绝无后顾之忧。二十世纪科学信心满满地鼓动地球人去太空殖民，试图把掠夺资源、破坏生存环境的科学生存模式推广到无限的宇宙，以摆脱地球环境和资源的有限性制约。二十世纪最匪夷所思的科学未来所指向的竟然是“时空穿越”，科学家让人们相信，只要“时间机器”不断提高速度，我们就能科学地控制时间，不但能回到过去，还能访问未来，那就彻底解决了一切问题，每个人都能把时间凝固在巅峰状态时刻，那是地地道道的一切人的极乐世界。科学的未来就是要把人变成超越时空制约的永恒的存在——上帝和神仙。但这还是科学吗？还有人类文明史的未来吗？人类还需要未来吗？

在人类文化发展的历史中，从个别、特定的认识上升到普遍的抽象认识起，它就分化为知识和知识的形而上学基础两个层次，文化就是两个层次的统一。因为任何知识作为普遍性认识，必须建立在普遍性的假设、形而上的普遍描述形式即在定义域中的自变量前提下，才有函数关系描述，才有知识归纳。用知识为知识提供基础是不可能的，文化的形而上学基础是客观存在的，不是主体选择性的可有可无的东西，二十世纪文化排斥形而上学本身就是一种形而上学。科学理性是一种不伦不类的形而上学描述，它的本质是认为一切知识认识的最普遍的形而上学关系是因果决定关系，因果决定关系不但是特定有限知识的逻辑基础，而且所有因果关系联结起来的无穷因果链模式是无限具体的世界的逻辑基础。基于因果决定论的二十世纪形而上学就是一种最彻底的机械决定论，从自然到人类的一切领域都是被因果地决定的。认为因果关系是科学的，无限的因果链是理性全体的，所以因果决定论就是科学理性的，这种形而上学危害的不仅是科学，更是人类文化生存。它作为人类的生存基础理论把全球化的人类社会还原为半人半兽的技术社会，把人类文化还原为企业文化，人成为半物半神的存在，人在因果链中是被动之物，在统治自然时是神，现实的人在永远而普遍的神和物的矛盾中成为对立统一的存在。技术社会和企业文化在目的和手段相统一中把物欲和利益最大化强化为人的最高追求，成为历史的目标，导致了人类生存的现实危机。哲学的出路就在于摆脱因果决定论，走向理性统一性。

第一节　哲学死了

哲学家留给人类最为震撼的警句之一是尼采在《查拉斯图拉如是说》中借查拉斯图拉之口说出那句“上帝死了”。自文艺复兴、启蒙运动以来，哲学理论在一代代哲学家的共同努力下在二十世纪达到了极顶，即在悄无声息中以哲学为武器扼杀了哲学：哲学死了！

近代文艺复兴、启蒙运动以及科学革命以来，人类文化文明社会的知识以指数增长的速度积累和发展，推动了人类从传统的农业社会向工业社会、现代后工业社会或称信息社会的飞跃发展，用改天换地、沧海桑田来形容这一急剧变迁的历史时代恰如其分。回首我们当代人经历的半个世纪可以惊讶地发现无数当年的理想和梦已成现实。人类文化和文明的发展，包含着构成人类精神文化基础的哲学发展，而且哲学本质上是人类文化生存选择的理性基础。近代启蒙运动和科学革命是一场深刻的思想解放运动，是需要并产生了一大批哲学和科学巨人的时代。二十世纪的历史进步中科学的推动起了重要作用，无可否认的是二十世纪同样产生了一大批对人类文化具有深刻影响的哲学家和思想家。在这样的情况下断言哲学死了，不是信口雌黄吗？

按科学发展的逻辑这是悖论，但从哲学生成的逻辑看却是可以理解的。科学的发展是下一代人站在上一代人的肩膀上，积累新的科学发现，构建不断丰富具体的科学真理认识体系，最终积累到所谓“知识爆炸”的程度。而哲学恰恰相反，它的本质首先是解构，它的成功在于不断地还原和剥离。语言哲学家奥斯汀在《“假如”和“能够”》中对此做了精辟总结：“在人类探索的历史中，哲学最初曾占据初始的中心位置，它朝气蓬勃，富于创造精神，不时地舍弃某些部分，使之成为科学的形态，成为一颗冷却、井然运行的行星，渐渐成为一种相隔遥远的最终状态。很久以前在数学诞生的时候已经发生过这样的事情，在物理学诞生时也发生过这样的事情，只是在二十世纪，在通过哲学家和数学家们的共同努力使数理逻辑诞生之时我们才又目睹了同样的过程。这种过程十分缓慢，当时几乎察觉不出来。……我们能够去掉哲学的唯一途径是：以抬高它为名而实际上架空它。”①

这就是慷慨的哲学。那么，二十世纪哲学在把自己的领地不断割让给科学的时候，它在哲学智慧思索的领地保留下了什么？二十世纪哲学的最大特点是随文化的多元化而多元化，产生了一大批智慧深刻的哲学家；但是再也见不到完整的哲学理论体系诞生以表达二十世纪的时代精神。多元化哲学是不同视角、不同观点的，但都是离开了传统哲学的土壤的，是不完整的。艾耶尔在《二十世纪的哲学》开篇就直言：“尽管构造哲学体系已经完全过时了，但这并不排斥精心制定一种世界观。”②不成体系的世界观再精心也是缺乏充足理由的观点，因而也是不符合哲学智慧的本性的。这种由观点构成的哲学统一性智慧是西方文化把知识、真理、智慧同一性彻底贯彻的恶果。如果一种观点就可以是统一性智慧的话，哲学理论就退化为具有真伪值的知识了。传统哲学的统一性本性在二十世纪的哲学家心目中已经消失了，哲学学科失去更普遍一元统一性追求时，没有了生命力，虽然学科犹在，哲学仍在传播知识观点，但失去统一性灵魂的理性哲学其实与死了无异。

科学家们又是如何看待当代哲学的呢？史蒂芬·霍金在《时间简史》的结尾写道：“迄今为止，大部分科学家太忙于发展描述宇宙为何物的理论，以至于没工夫过问为什么。另一方面，以寻根究底为己任的哲学家跟不上科学理论的进步。18世纪，哲学家把包括科学在内的整个人类知识当做他们的领域，并讨论诸如宇宙有无开端的问题。然而，19世纪和20世纪，对哲学家或除了少数专家外的任何人来说，科学变得过于专业化和数学化了。哲学家把他们质疑的范围缩小到如此程度，以至于连维特根斯坦这位20世纪最著名的哲学家都说道：哲学余下的任务仅是语言分析。这是从亚里士多德到康德伟大哲学传统的何等的堕落啊！”③自从人类文化分化为哲学和科学以来，哲学和科学一直是唇齿相依的。哲学没有自立的资本，必须从科学中汲取生存的养分；科学没有自圆其说、超越自身有限抽象性的能力，必须依靠哲学智慧来实现在抽象中构建具体的统一性，从有限过渡到无限。当科学家认为哲学家已经再没有从科学汲取养分的能力，哲学家也无法为科学提供前提和根据的时候，哲学对科学家而言，就是多余的了。离开科学的哲学能生存吗？离开科学土壤的哲学是怎么样的智慧呢？

按照艾耶尔在《二十世纪的哲学》的归纳，现代西方哲学是以叛离黑格尔为起点的。这十分中肯。为什么二十世纪哲学家要造黑格尔的反？西方哲学主流沿着本质存在统一性的主线发展，围绕真理客观性命题，在黑格尔的理性辩证法中达到高峰，但无论内容如何发展，在形式上都逃不开柏拉图理念论的掌心，停留在抽象精神统一性的水准根本无法解释近代科学革命以来人类急剧变化的现实社会历史。从天国回归俗世的人们再也无法被局限在柏拉图的理念论中，选择了从抽象到几乎令人窒息的传统哲学逃回现实具体。后黑格尔的西方哲学是从抽象回归具体的根本性变革。经验主义流派回到意义世界的具体，产生了逻辑实证主义、分析哲学和实用主义等流派；叔本华肇始的非理性哲学回归人的感性生命具体存在；历史唯物主义回归到人类现实的社会历史生存过程。这是十九世纪到二十世纪哲学三道亮丽的风景线，二十世纪人类哲学文化的遗产就在于对它们的归纳总结。

一、二十世纪经验主义哲学理论

经验主义是和唯理论相对立的哲学流派。必须说明的是，经验主义和唯理论并不是传统哲学命题意义上的冲突。古希腊的自然哲学是以本体论为核心的，思考的焦点是世界的本原这一基本问题；在关于本质存在统一性的唯心论中，哲学还穿着本体论的外衣，还没有自觉的本质认识论，也没有所谓唯理论。近代科学革命把人类认识的兴奋点转到对世界的认识上，哲学思考的重点则转移到对人类认识的自觉认识上，哲学认识论成为思辨智慧的自觉核心。围绕人类认识和真理的思考产生了经验论和唯理论两大截然相反的流派。经验论的杰出代表包括洛克、贝克莱、休谟等一大批哲学家，基本论点是认为人类的认识是从感性经验中归纳总结出来的；唯理论的代表人物有莱布尼兹等，主要论点是坚持人类的认识是从自明而简单的最基本的前提演绎出来的，数学知识就是最典型的范例。因此，经验论和唯理论之争实质上是在哲学认识论层次的争论。

康德的批判哲学即先验论哲学，直接目标就是统一经验论和唯理论。批判哲学把认识论关于人类认识过程的思辨引向人类认识能力的考察批判，转向自觉的认识论，从认识过程转向认识主体的能力，这是康德发动的哲学上的哥白尼式的革命。批判哲学在认识的起点上接受了经验论从感性经验开始思考认识的传统，但批判哲学和传统经验论在认识的进一步分析过程中分道扬镳了，因为把经验主义贯彻到底在逻辑上无法逾越不可知论，不超越经验论就无法回答科学认识的普遍有效性问题。唯理论从演绎出发保证了认识的普遍有效性，但康德认为演绎不产生新的知识，依靠唯理论也无法回答认识论的基本问题。康德认为，认识从感性经验开始，但赋予认识即关于自然的科学认识普遍有效性的却不是感性经验，而是先于感性经验的非经验的，即先天的时间、空间形式赋予了关于自然的科学认识客观普遍有效的可能。因此，批判哲学又叫先验论哲学。按照这一逻辑思路，康德把人类认识划分为感性、知性、理性三种不同层次的能力。感性是经验的领域，提供认识的来源和对象；知性则是按照先验的空间、时间形式对感性提供的认识对象进行加工，把个别的、经验的认识转变为具有普遍性的、必然性的客观知识；理性则是对知性建立的各种普遍有效的但同时又是有限的知识的思考，建立其统一性，使人类的认识在理性建立的统一性中从有限变为无限。感性、知性、理性是主体认识能力的统一，只有在理性的认识阶段人类才能得到普遍有效的客观知识的统一性理解，才能得到关于世界的无限的、完整的认识。

知性是有限性的，这种有限性是先验的而非经验的局限性，是不可能在后天经验中超越的。因此，知性不可能通达“物自体”，这是具有非常深刻智慧的。非常遗憾的是，后人往往据此而把批判哲学叫作不可知论。康德说知性不能认识物自体，但理性则有可能通达，所以对批判哲学冠上不可知论帽子表明后人没有真正悟出批判哲学的真谛，甚至对认识的统一性一无所知。在承认物自体即客体本体存在的前提下，感性经验可感知认识物自体，从抽象知性知识返回具体的理性认识能通达物自体的统一性理解，唯康德专门讨论的纯粹理性即人类认识客观普遍真理知识的知性认识不能认识物自体。正是知性不能通达物自体，抽象不能直达具体，认识才必须从感性经验开始，才必须由知性上升到理性返回具体，所谓具体即客体之事物，即物自体。事实上，后来人类基本上抛弃了批判哲学的“知性”概念，局限在感性和理性两种能力和过程去思辨认识问题，康德先验哲学拯救经验论和唯理论冲突，拯救对经验论的怀疑论的努力并没有为人类接受。后来的哲学家基本上抛弃了知性概念，又说批判哲学是不可知论，康德是一而再再而三被误解。二十世纪的哲学认识论，是经验论甚至是彻底经验主义占上风的时代，以罗素肇始的逻辑实证主义，美国的实用主义，维特根斯坦、维也纳学派及其后兴起的分析哲学，是二十世纪经验主义哲学的最辉煌成就，它们把认识论从纯粹抽象引向抽象的具体，引领着哲学思考的潮流。

二十世纪初哲学的转向是以艾耶尔所说的“叛离黑格尔”为标志的，“由于他们尤其是罗素对黑格尔主义的驳斥，不仅对英国、欧洲各地乃至整个英语世界以后的哲学发展都具有决定性的影响”④。首先必须理解，二十世纪经验主义哲学叛离黑格尔不是逃离唯心主义回归唯物主义，经验论的对象不是客体之物而是心，和黑格尔哲学一样属于认识论范畴。它也不是意味着用经验论反对唯理论，黑格尔哲学并没有陷入经验论和唯理论的虚假对立。二十世纪逻辑实证主义和分析哲学的经验主义不是反对唯理论而是证明唯理论，这些哲学家没有意识到，他们努力的最大成就是从本质上为经验论和唯理论的统一提供了合理的说明。所谓叛离黑格尔，是指不再沉湎于纯粹抽象的认识论体系中，而是转向研究认识中最基本的元逻辑和元意义结构问题，把认识论思考、从经验认识上升为普遍客观知识的具体逻辑关系和普遍意义陈述结构结合起来，回到人类认识的现实具体之中。这些思考元结构的认识论尽管还是认识论，但在具体对象、形式和内容上和柏拉图、黑格尔等唯心论哲学家的思辨哲学已经相去甚远了。相对于黑格尔传统的思辨而言，二十世纪经验主义哲学自认为是“实证”的。所谓实证不是科学实证，是逻辑实证，是关于认识形式的范畴，是哲学认识论，也是形而上学。

罗素是二十世纪当之无愧的伟大哲学家。罗素转向哲学是因为他想为数学的知识寻找充足的理由，他坚信数学命题是经验的概括并由观察来归纳证实的观点是不充分的，纯数学的真命题不是偶然的真，而是必然的真。这表明罗素已感悟到数学的真不是经验归纳的，而是由先验形式演绎来保证的。罗素创立了他的逻辑实证主义哲学理论，提出所有的数学命题都可以还原为形式逻辑本原的问题，并提出了摹状词理论和类型论，从而把句子的语法形式和逻辑形式区别开来。摹状词理论解决语句从逻辑上正确地翻译；类型论则是依靠命题函项意义的原则来解决对象陈述用于元语言本身引起的悖论，否则像"一切都会过时的"这种一般陈述，如果命题本身是真的，这命题就是假的，从而出现悖论。按照罗素的类型论规定，一个要用于判定真假的命题不可能有意义地断定它自身的真假。由此可见，罗素的逻辑实证主义哲学与传统哲学已相去甚远，黑格尔哲学抽象的"绝对理念"体系已不见踪影，连把认识论作为哲学思辨核心的批判哲学也与之风马牛不相及。它不再就一般的认识主体、认识对象、认识能力这些传统问题进行思考，而是进入了更深入的语言表达的逻辑思考，这些逻辑既是纯粹抽象和先验的，又是紧紧连接着经验和实证认识的。因此，逻辑实证主义引导的二十世纪哲学潮流的根本意义不仅仅是"叛离黑格尔"，而是排斥一切传统形而上学，认为传统的哲学形而上学命题不仅是假命题，甚至称不上是有意义的假命题，纯粹是无意义的无病呻吟。这种经验主义是彻底的经验主义，所谓彻底是指所讨论的认识形式命题一定是和经验上升为知识直接联结的，这种命题可以看作经验本身，因而他们认为这种经验主义是形而下而非形而上的。

无可否认，肇始于罗素的逻辑实证主义是二十世纪最有影响的哲学思潮。维也纳学派、语言哲学、分析哲学是以逻辑实证主义为源头的，尽管各个流派理论、观点各有千秋，但坚持彻底的经验主义且排斥一切形而上学却是其共同的特征。维特根斯坦是二十世纪最彻底的经验主义杰出哲学家，他认为世界是一个原子事实的集合，这些原子事实可以从逻辑上建立起关系，有意义地判定其真伪。他认为最大的成就在于成功地解决了"重言式"问题，不需要形而上学的任何假设和前提而从逻辑上保证语句表达的有意义和可判定真假。维特根斯坦在《数理逻辑》中阐述他的哲学理论当然摆脱不了形而上学的抽象描述，因此最后他宣称《数理逻辑》也是无意义的，也是应被抛弃的。他极为形象地说，它就像一把梯子，我们用它来爬过墙头后就要丢掉它。其实，所有关注语言逻辑表达真假及有意义陈述元结构的哲学家们在把人类认识推到意义、真假的元逻辑和意义元结构这一最深层基础性认识的思考境界的同时，都在不约而同地想划清与传统思辨哲学及一切形而上学的界线。新的哲学形态割断哲学的脐带而自立的时候，都在不失时机地敲起传统哲学的丧钟。

二十世纪颠覆传统哲学的另一彻底经验主义流派是实用主义哲学。艾耶尔认为其在二十世纪摧毁黑格尔哲学传统中发挥了最大作用。最早由皮尔士阐述的实用主义哲学理论经实用主义哲学大师詹姆士的发展和发挥，成为二十世纪哲学的又一杰出成果。和逻辑实证主义一样，实用主义哲学坚持以彻底的经验主义传统去思考认识的统一性问题。两者的区别在于，逻辑实证主义思考一般认识形式的统一性，实用主义则聚焦于真理的认识问题思考思维和本体存在的统一性；逻辑实证主义从逻辑方法论去探讨认识陈述元结构有没有意义，实用主义则从真理的效用这一独特视野去思考，从而和传统哲学的真理论彻底区别开来。把实用主义哲学概括为“有用即真理”是肤浅的，似乎实用主义哲学在引导人们为一己之私利可以不择手段、无恶不作一样。真理是有用的和有用的是真理是两个不能等效的命题，实用主义哲学坚持的是前者，它的效用也并不是以个人为指称来描述和评价的，真理的效用性不但符合当下和以往的经验，而且符合人们关于未来的欲望和需求。从效用来评价真理确实颠覆了哲学传统。历来真理的判定是从客观、普遍、有效意义来说，而与主体、与效用无关。实用主义真理观和黑格尔的辩证真理观有本质区别。黑格尔追求的是全体的真理，是知性真理的理性统一性，还只停留在主体精神世界的抽象统一性。实用主义真理观在现象上回到传统的真理论，以元认识的真理而非全体的真理为对象，回答真理之为真理的根据。但实用主义真理观和传统真理论却有本质的区别，即它不是从认识本身去寻求抽象真理的客观性根据，而是由抽象真理返回现实的具体去赋予真理之为真理的充足理由，是人类从抽象精神文化回归现实文化选择性生存的有意义的探索，是走向自觉理性统一性的有深刻意义的探索。

无须讳言，实用主义哲学在二十世纪的广泛传播和影响是有理由的，它和近代科学革命以来人类追求科学进步并推动社会生产力进步的历史发展不谋而合，它关注经验现实中真理的效用比起传统哲学特别是二十世纪初的黑格尔学派抽象思辨形而上学哲学更能给予人们以人文关怀，引起人们的共鸣。詹姆士指出，他对黑格尔主义者的对立在更高层次统一而更加和谐，因而贫民窟的穷人因其更加贫穷而和富人相对从而在更高层次实现更加和谐的观念感到无比的震撼，这一语道破了传统哲学发展到纯粹脱离形而下经验世界的抽象逻辑的荒唐和悲哀。哲学不关心人，人也不会去关心哲学。柏拉图和黑格尔的绝对真理把世界引向上帝，实用主义效用真理观把真理引回人自身。这正是实用主义哲学的历史意义，没有效用的纯粹抽象真理和纯粹谬论是没有本质区别的。

实用主义本质上是一种相对主义真理观，也是一种不断发展的真理观。诚然，詹姆士并不否定绝对真理，发展的真理就是向绝对真理的趋近过程；但是，从逻辑上的意义来说，绝对真理在这种意义上是可望而不可即的。这和传统哲学关于无数相对真理的总和构成绝对真理的观念有异曲同工之妙。但无论如何，实用主义的真理观和传统哲学的真理观是完全不同的。实用主义带给二十世纪哲学的困惑不是它从效用这一新的视角思考真理的本性，而是它的彻底经验主义排斥了一切形而上学，即关于真理的认识是没有本体存在论的根基的，真理不是统一的体系。在传统哲学统一性看，这种有效用的相对真理的最终归宿只能是主观真理了。因此，实用主义哲学不仅摧毁了黑格尔哲学，而且背离了自古希腊柏拉图、亚里士多德到近代康德批判哲学的一切传统唯心论哲学。

彻底经验主义是经验的吗？他们的理论真的能割断连接形而上学的脐带吗？这是不可能的。从逻辑实证主义哲学形式看，彻底经验主义认识论不是感性经验的，也不是关于感性经验的抽象知识认识，而是对知识普遍性形式统一性的认识，只不过它不是指向人类不同层次的认识形式的统一性整体去追求绝对的形式统一性，而是聚焦于认识诸形式中直接和知性认识相联结的元结构而已。彻底经验主义对本质认识统一性的意义与本原存在对本体存在统一性的意义是同等的，即这是理解意义世界统一性的基础。这些关于认识形式的思考，可以不是哲学的，但一定是形而上学的。逻辑实证主义和语言分析哲学是最有可能从哲学统一性智慧理论体系中分立出去成为知识学科的。但是，即使分化为独立知识学科后，它们还是关于形式的认识，还是形而上学的，不是形而下经验的知识，因为这些学科知识不是从对客体世界的感性经验中抽象归纳出来的，而是从人类主体意义世界的具体认识过程中抽象并演绎出来的。形而上学知识的可靠性或所谓真理性不是由经验实证去证明的，而是由简单、自明的前提为根据的逻辑统一性来保证的；它来自思维不来自经验，它的可靠性自然无法由经验归纳和实证检验，只能返回思维本身证明。数学、逻辑学是关于认识形式的形而上学知识，因而不是经验认识的综合，只能从前提中依认识意义普遍形式统一性演绎出来，是理论论证而非经验实证的知识。由此才能解开传统经验论和唯理论的死结：人类知识是形而上学的认识形式知识和经验世界抽象归纳知识的统一，知识来源是演绎推理和经验综合的统一，知识检验是论证和实证的统一。如果从经验实证去规定真理，则形而上学知识就不属于真理范畴。由此可见，如果不把知识、真理、理性统一起来，把它们混为一谈就是混沌，结果是人类精神意义世界的混乱！

彻底经验主义哲学只要还是哲学就一定是形而上学。有朝一日逻辑哲学从当代哲学体系中分离出去成为知识学科后也还一定是非哲学形而上学，而再从哲学中分离出物理学这种经验实证学科的可能性微乎其微。逻辑实证主义拒斥一切形而上学本身就是一种形而上学，已把自身置于二律背反之中。实用主义也面临着同样的困境。彻底经验主义把认识形式思考推进到最基本的元结构和元意义而大大丰富和发展了认识论时，却忘记了这些元意义必须进展到人类精神认识的普遍形式统一性才有现实意义。拒斥形而上学是悖论，拒斥哲学追求单纯知识虽有可能，但还不是现实，即使成为现实也没境界。这就相当于发现了自然界万物的本原却无法理解甚至否定本体存在的统一性。就人类主体精神认识世界而言，形而上学是不可或缺的，哲学同样是不可拒斥的。当哲学无私地分化出新的学科时，它不会死亡，而是在新的知识基础上迈向更普遍的统一性意义理解。可惜二十世纪最有智慧和造诣的彻底经验主义哲学家彻底否定了形而上学乃至哲学的存在价值，于是，人类几千年传统哲学统一性思辨的自觉理性智慧死了，传统哲学死了，本体论死了，本质论也死了。

二、非理性哲学

二十世纪在人本主义哲学领域同样涌现出一批具有深刻智慧和重大影响的哲学家，比如存在主义哲学和生命哲学，其中存在主义哲学流派的影响并不逊色于逻辑实证主义和实用主义。所谓人本主义哲学是指以人为主要思考对象，追求对人的本性的统一性理解的哲学流派。按照世界统一性原理的逻辑，世界统一性原理归根到底是人的统一性原理，因为人是世界中最高级、最复杂的统一性存在，人的统一性意义把复杂世界各层次存在的统一性意义毫无遗留地统一纳入，是世界统一性原理的全部意义。但人本主义并不是在这种最全面世界统一性意义上理解人，而是在自然生命的意义上理解人，主要从人的本性去思考人之所以为人的充足理由。人本主义当然也把意义指向人的本质，但又往往把本质限定在本性范畴中，故难以通达人的理性本质，更无法企及具体理性。

人本主义哲学在现象上是相对应于关于自然物存在的哲学而言的，本质上却是相对于传统的理性哲学而言的，因而它也被称为非理性哲学。这里的非理性的直接意义应该指二十世纪的科学理性，即非科学哲学，这其实只是现象意义的理解，它其实意味着人本主义哲学和传统哲学是有很大区别甚至根本区别的。从柏拉图以来西方哲学是以科学和知识为对象、基础、目标展开的，人本主义哲学则已经表明人是不能像物那样科学地研究的，这决定了它和传统哲学是具有非常不同的方法、形式和内容的。人本主义思想又是在近代哲学基础上建立起来的，是近代人类反宗教统治，把人的目的由外在上帝支配回归人自身而产生的，是人的自由本质不断解放的历史进步。为什么在近代哲学中产生了具有非理性特色的人本主义哲学呢？其深刻的思想认识根源在于，从柏拉图到黑格尔的西方哲学被囚在抽象精神中，与近代科学革命以来的社会历史格格不入，令人普遍反感；当人们达到人的目的就在于人本身这种自主自觉追求时，传统抽象精神就失去了社会历史普遍文化基础。人本主义哲学产生的直接意义就是背叛传统哲学，从抽象精神转向人的具体现实的生存，以具体的人作为哲学认识的本体。经过自黑格尔时代开始的一大批人本主义哲学家前仆后继的努力，人本主义哲学终于成为越出传统理性之墙而独立于传统哲学之外的二十世纪哲学理论奇葩。

人本主义哲学影响最广泛的是二十世纪的存在主义哲学。传统哲学的最基本范畴是存在，存在主义似乎应该和传统哲学一脉相承；但是二十世纪存在主义哲学除了保留了传统哲学的抽象思辨特色外，它思考的问题及方法和传统哲学已相去甚远，其存在和传统哲学的存在也完全不同。存在主义哲学之存在无视人之外世界、客体、物的存在，聚焦作为感性具体的人的存在，是最贴近人但最远离传统哲学的存在。存在主义哲学的主要思辨方法是基于意向性的现象学方法。胡塞尔是现象学方法大师，他敏锐地认识到传统哲学关于客体、世界、事物的思辨方法无法通达感性具体的人的描述，除非把人作为物来看待，或者把人看作柏拉图理念论那种纯粹精神实体。要真正有效地通达人的具体存在，就不能用客体的认识方法，也不能用柏拉图的抽象本质的方法。胡塞尔首先革了传统理性哲学认识方法的命，创建了思考人的具体存在的现象学方法。因此，存在主义哲学方法论隐含着一个深刻的前提，即人是作为主体性的具体意义上的存在。在现象学的意义上，作为认识对象的人的存在就不是现成的东西，不是手中的物，而是上手的状态，“存在于……之中”就不是在某一所指定的空间之中，而是在某一所指的时间过程之中，即主体的存在在现象学意义上是在过程展开中构建着的，是主体在构建中赋予人的存在以存在的意义。把握这种在过程之中展现的现象之本质已然不是关于客体的因果逻辑关系或一种必然性的客观描述，只能是指向对象且赋予意义的意向性描述。二十世纪存在主义哲学流派并不是基于共同的哲学理论形成的，而是基于他们都是以感性具体之人的存在作为认识对象，以意向性这一方法从现象层面思考人的存在这一共同特点所决定的。

二十世纪存在主义哲学大师当推海德格尔和萨特。《存在与时间》是海德格尔对人的存在展开现象学阐释的巨著。海德格尔的最出色之处在于把时间作为人的存在展开的境域，从而实现了把人作为时间中展开的过程、展开着的状态的现象学描述，把人的主体存在和物的客体存在区分开来。由于人不是现成的东西，人的本质是在时间过程中以现象的形式不断构建出来的，因而存在先于本质就是存在主义的最基本命题。在逻辑意义上存在与存在的本质并无孰先孰后之问题，但从主体在构建中的现象学意义上，存在在先，本质在后则是可以理解的。既然本质在后，人的本质就在于人的行为和努力，这是存在主义哲学最有价值之处，也是人作为主体存在而不是客体存在的深刻意义所在。海德格尔《存在与时间》中的核心问题是人在现象学意义的存在——此在，即自我这个存在者在此时此刻的行为在构建、展现着存在，此时此刻的行为连接了过去并指向未来从而成就了人在存在过程中的存在。人作为本体不是空间某处的物的存在，即存在的分析是以时间为境域展开的过程，这过程中展开的人的生存状态其实也是现象学层面的描述。而萨特则在《存在与虚无》中从这种现象深入存在的本质，从过程进展到逻辑的思考，即从自为存在和自在存在的现象学意义上划分人与物的本质，说明人之所以为人是因为人的存在本质上是自由的。人的本质就是自由，这是萨特存在主义哲学关于人的认识的最深刻之处。萨特关于自由的现象学理解不是由定义来把握的，但可以从它发挥的作用来说明。在现象学的观念中，自由不是一种固定不变的东西，不是一种客观规定性，不是物那种可以借不变的定义来予以规定、限定的存在，自由的本性就在作用过程中体现出来。人在时间性中构建自己的存在的时候不是像物那样按不以人的意志为转移的必然性去实现预定的过程，而是在可能性中展开的，可能性赋予了选择性，自由就是选择，这是二十世纪存在主义哲学给予人类最宝贵的精神财富。人的存在是人的自由选择行为构建和实现的，自由就是一种责任，人就必须为他的所是和所如是承担责任。自由即责任是人类迄今为止关于自由的本质的最具智慧的思想。

和彻底经验主义哲学不同，存在主义哲学不是对传统哲学的反抗，而是和传统哲学的决裂。海德格尔关于存在的论述甚至追溯到柏拉图和亚里士多德的思想，认为存在论必须恢复到前苏格拉底哲学的质朴。但实际上，存在主义的存在概念和康德的存在概念以及早期古希腊哲学的存在概念是完全不同的。尽管存在主义认为哲学必须回归存在，以存在的分析作为哲学的根本任务，但此“存在”非彼“存在”，两者只具有相同的符号而具有不同的意义甚至指称。传统哲学的存在指的是世界、本体、实体，但存在主义哲学的存在指的是感性的具体即人的存在；最关键之处在于，存在主义的现象学方法把客体从属于主体甚至是主体构建起来的，是以主体为根据、基础的存在。梅洛-庞蒂在《知觉现象学》中说：“当我们说，没有世界中人的存在就没有世界，这实际上是什么意思呢？这绝不是指世界是由意识组成的，恰恰相反，意识总是发现自己已经是在世界中活动着。想来想去，只有一点是确实的：这就是存在着一个自然，这不是科学中那个自然，而是知觉向我呈现出来的那个自然，甚至意识之光，如海德格尔所说的自然之光，也是对它自己的馈赠。”[⑤]说句公道话，把存在主义作为主观主义或唯我论是不贴切的，它和传统哲学的唯我论是不同的，它并不是把客体、实体看作只是感觉中的存在，而是把思考的核心聚焦在人的感性具体存在的现实性中，即它思考的命题不是传统哲学的命题。因此，存在主义作为一种哲学或哲学的发展和传统哲学是在本质上割断了“脐带”的“自为”的理论体系，是新的哲学而非传统哲学。存在主义哲学虽然在概念及形式上执着于形而上学的存在，但它的意向性的现象学方法已经决定了它并不是本体论而只是认识论层次的思辨，主体关于自身的选择、建构实质是以特定的认识为前提的，存在主义的认识论也是更加狭义的范畴，即只是关于主体的认识论，而不是关于世界的认识论。因此，存在主义哲学和传统哲学本体论的存在之所指是无法混为一谈的。海德格尔从语义上追溯到亚里士多德及柏拉图的存在，但实质上并无法弥补它和传统哲学存在论断裂关系的本质，无法在现象学方法和理性哲学传统的统一性思辨方法之间建立实质性的关联。

存在主义哲学最致命的问题不是认识的对象即存在的意义理解没有通达最普遍的统一性，而是对现象学认识方法的决定性依赖。这是存在主义哲学呈现出绝对主观主义的唯我论倾向的根源。现象学作为考察主体的认识方法自有独到之处，但把现象学的方法和传统的经验认识及哲学理性思辨方法对立起来，将现象学的方法绝对化，造成了存在主义哲学的局限性。现象学的意向性方法的基础、来源并不神秘或新鲜，其实就是传统心理学。发明了意向性概念的现象学鼻祖布伦坦诺用“心智学”概念，“意在加深对经验心理学的兴趣”⑥。胡塞尔在此基础上创建了现象学，即回到心理学的范畴来描述意识活动及其对象。这种意识活动是与经验过程无关的，是在思维的概念中进行的还原过程。据说这才是真正的第一哲学。后期的存在主义大师梅洛-庞蒂的第一部哲学著作是《知觉现象学》，所以存在主义哲学的意向性概念的基础是心理学的。当割裂经验而从纯粹心理感觉去思考主体行为结构的时候，得出的逻辑都是感悟性的具有思维主体独特个性的东西，并没有共性或关联性可言，更没有逻辑统一性可言。存在主义作为一个影响如此巨大的西方哲学流派，一些哲学家被贴上存在主义标签，而他们的理论却没有继承性、连续性和统一性，而只与它们关注感性具体之人的存在及用现象学的意向性方法去思考人有关。说句大白话，存在主义哲学实际上就是以哲学家的主观心理感觉去感悟人作为主体存在的价值和意义的思考。其心理学基础，使存在主义哲学确实带有很强的唯我论色彩。试想一下，在驱逐了经验客体的主体心理感悟中如何摆脱唯我论！从个体主体的心理学层面的感悟去思考人的本性和本质、价值和意义，其理论的成果是百花齐放而缺乏内在统一性的，且完全取决于哲学家个人的智慧。故一个哲学理论被称为存在主义哲学流派的根据不在理论而在构建理论的方法，这确实是另类的。存在主义哲学家对人的理解和对人生的感悟大相径庭。现象学的意向性方法是从感性跳跃到人的统一性理解的方法，远离了客体同时也远离了认识的客观性，因而也就难以通达统一性。在思维认识方法角度看，现象学和中国传统玄学有可类比之处，即都是从具体个体经验感悟去通达对象的统一性认识的。

非理性哲学的绝对主观性和彻底经验主义追求真理的客观性这两种倾向和方法在二十世纪西方哲学中并行不悖，平分秋色。经验主义大师维特根斯坦的名言是“对你不知道的东西，保持沉默”；而非理性哲学大师们则是畅所欲言，各抒己见。非理性哲学始祖叔本华把世界作为意志的世界，认为表象是虚幻的，意志才是真实的。这是非理性哲学把心理感觉上升到绝对的典范，尼采则走得更远。他认为人生一切都是一场虚幻的梦，是一场悲剧，存在是人生的最大悲剧，但既然我们已经来到世间，那就好好地做这场梦，去艺术审美中完成这一美梦。对非理性哲学流派而言，我们完全可以认为缺乏普遍客观性是它的特点，人本主义哲学在这种方法论下只能是非理性哲学。

至此，我们必须严肃地思考非理性哲学是否为哲学，以及背叛了理性的哲学是否仍有资格称之为哲学这两个命题。非理性的本质不只是非科学理性，更是非哲学统一性的自觉理性智慧。人本主义哲学思潮在二十世纪的繁荣既是文艺复兴以来人类对自身价值认识回归的传承，更是对二十世纪两次世界大战对人类造成的创伤的反思。在进入世界性的人类历史时代，人的生存境遇是此前各个历史时代无法比拟的。存在主义哲学因对人的深切关注的人文情怀而赢得人们的喜爱，但它的非理性主义则让人无所适从，陷入混乱。尼采最后就陷入精神错乱。经验世界现实存在的凡人们需要人文关怀却无法接受抽象的意识中、人生白日之梦中远离经验的“存在”。当那些具有良好哲学形而上学思维素养者在自己的知觉、意识之流中独自享受那种自我陶醉的人生感悟，甚至是那些只可感觉不可言语的东西的时候，或许主观精神上已达到无上的境界，但若把这些感觉用语言表达出来，把“我”的感觉作为世界最本真的东西，把本真的心理直观作为存在最本己的东西的时候，普罗大众是无从理解的，普罗大众只认为这些囿于自己心灵想象而看待现实世界的人完全是疯子。

按照哲学史家的一般观点，各抒己见的存在主义哲学是统一在人的存在的思考，这只是现象，不是本质。非理性并不是对人统一性认识的合逻辑结果，合逻辑的理解应该是人是理性的且对人的智慧理解应该是自觉理性的。从更普遍的意义看，把包括存在主义在内的诸多哲学理论思维统一在非理性哲学的大口袋中的根据是什么呢？难道仅仅基于其非科学理性的思考吗？非理性哲学确实具有非科学因果必然性思考的特征，但如果把知性科学不当作理性，而当作理性的基础和理性统一性的元结构时，就能从深层理解非理性哲学的本质，发现它们本质上都是以人的自然生命为对象的哲学思考，它们关注的是人的感性生命存在，而不是人的主客体相统一的具体理性存在。

从哲学史看，非理性哲学是从叔本华的生存哲学开始的，尼采、柏格森、弗洛伊德的哲学及存在主义都是其发展，所有非理性哲学之所以是非理性哲学的根据在于它们都是以人的感性具体生命存在为人生的对象的思考，还没有进展到以人的主客体统一、文化和自然统一的理性具体存在为对象的思考。叔本华公开指责黑格尔的哲学，称黑格尔之类哲学家是诡辩家，用野蛮神秘的语言吓走了哲学，宣称像费希特、谢林、黑格尔那些人都应该被取消哲学家的资格，像古时候一样，牟利的人都要被扔出庙宇。他甚至在学校中故意选择和黑格尔同一时间演讲，和当时如日中天的哲学泰斗唱对台戏。叔本华用感性具体生命的生存哲学逃离了西方抽象理性的传统哲学，把哲学从黑格尔的抽象的全体真理导回人的客体自然生命的具体生存。叔本华用生存意志和生殖意志去归纳人的生存，叔本华生存哲学是讨论人的生命本能欲望意义的生存，生存意志就是人求生之欲望，是一切自然生命好生恶死的本能，离开本能生命就无法成为现实的生命。尼采直接继承了叔本华生存哲学并发扬光大，他的权力意志概念和超人哲学应在生命哲学范畴中才能得到合逻辑的理解。尼采的警世之言是上帝死了。上帝是西方文化的抽象统一性基础，后人认为尼采说上帝死了是指西方文化传统的基础崩溃了，其实有点牵强，尼采的超人哲学并不关心抽象的上帝精神。如果回到生命哲学范畴，上帝死了所指称的意义就一目了然了：上帝都是可以死的并且已经死了，人们却认为皈依上帝可以获得永生，不是可笑可悲吗！

在非理性哲学中，柏格森生命哲学及弗洛伊德的无意识本能理论直接指向生命，其实存在主义的人的存在的思考本质上也是人的生命存在和生存的思考。海德格尔把人理解为时间境域中展开的过程性存在，从此在的生存论去展开人的具体存在时，指向的是人作为感性具体生命的存在。萨特从人的选择性去理解人的自由的本质时，已经从人的本性进展到人的理性本质的思考，但他为人的自由本质提供的根据即可能性和选择性还停留在自然生命范畴，从感性具体进展到理性具体的努力并不成功，人作为自由的存在还只是抽象。非理性哲学在二十世纪的繁荣表明了它的合理性，它把从柏拉图理念论为主导的西方抽象精神理性从天国拉回人的现实存在本身。不能忽视的一个重要事实是，生命存在是人的存在的基础，人对生命的理性统一性认识是极为薄弱的，生命哲学的发展和繁荣具有现实且重大的意义。但是，如果不自觉到它还只是人的自然生命哲学，忘记甚至不知道人的哲学应该是包括但又超越了生命哲学的具体理性智慧，并把生命哲学当成最普遍的人的本质的哲学，那就是把人当成禽兽了。生命哲学贯彻到底一定陷于二律背反，执着于生命具体却最终只能以抽象告终。自然生命还没进展到理性生存，自然而然的生命不能也不必了然生死，生命哲学却都把其目标指向了然生死的意义，最终只能陷于精神错乱而了无意义。最为根本的是，理性是哲学的本性，生命哲学是对非理性即感性自然生命为对象的理性认识，当哲学家以自己的理论非理性为荣且人们普遍认为人本主义哲学理论本身是非理性时，人类自觉理性就被扼杀了。

三、辩证唯物主义和历史唯物主义

事实上，除了西方哲学，二十世纪主要在东方发展的辩证唯物主义和历史唯物主义哲学是对人类历史产生了极大影响的哲学理论。辩证唯物主义、历史唯物主义哲学和西方诸哲学最根本的不同不仅是理论体系，最重要的是辩证唯物主义、历史唯物主义哲学是旗帜鲜明的实践的哲学，是和二十世纪的伟大的社会主义运动紧密相连的，也是作为马克思主义理论的重要组成部分的形态存在和发展的。因此，必须从马克思主义完整理论体系来思考辩证唯物主义和历史唯物主义。

马克思主义理论体系由哲学、政治经济学和科学社会主义三个部分组成，政治经济学是马克思理论的核心，《资本论》是马克思主义整个理论体系的基础和理论源泉。没有《资本论》就没有马克思主义理论，辩证唯物主义、历史唯物主义和科学社会主义的基础必须在《资本论》中寻找。《资本论》是经济学巨著，却不是传统意义上的经济学而是政治经济学。《资本论》不仅在基本的经济学范畴探讨经济活动的过程及其一般规律，更进一步创立了剩余价值理论，创造了社会生产力和生产关系、经济基础和上层建筑这些政治经济学的范畴，并从经济基础和上层建筑、生产力和生产关系的矛盾运动中归纳出人类社会历史领域的历史唯物主义理论即资本主义一定灭亡，共产主义一定实现的关于人类解放的共产主义理论。因此，辩证唯物主义和历史唯物主义作为马克思主义的重要组成部分，并不是马克思进行哲学思考而建立的哲学理论体系，是马克思对社会历史从经济领域进行思考、认识、批判和创立新理论的哲学基础。最早对马克思学说做哲学层次归纳的是他的战友恩格斯，恩格斯被公认为马克思主义哲学的经典作家。二十世纪社会主义运动中马克思主义者将马克思学说的哲学基础整理为完整的辩证唯物主义和历史唯物主义理论，作为指导社会主义运动实践的理论基础。

辩证唯物主义和历史唯物主义是人类二十世纪最完整的哲学理论体系，包括本体论、认识论、方法论的逻辑统一，辩证唯物主义和历史唯物主义又构成了自然、社会和人类思维的统一，后人建立的这个哲学体系力求客观地概括和总结马克思的哲学思想。二十世纪社会主义运动进行了人类历史上规模浩大而深刻的马克思主义哲学普及运动，使之成为在社会主义国家家喻户晓的理论观点，让哲学从书本上解放出来变为群众手里的尖锐武器是二十世纪七十年代我国一场普遍的哲学普及教育运动。但是，时至今日，我们并不能乐观地断定二十世纪辩证唯物主义哲学挽救了哲学，坚持哲学传统并不意味着挽救哲学，这是哲学智慧和科学知识的本性不同使然，哲学智慧是在不断创造中生长着的。

从理性哲学理论形态是不断生成着的意义看，马克思的哲学思维是超越传统抽象理性、回归现实具体理性的根本革命，它和彻底经验主义、非理性哲学的本质区别在于它在主客体统一性意义上进展到了理性具体的水准。马克思的具体不是知识元结构这种抽象的具体，也不是生命哲学的感性具体，而是人类社会历史现实生存发展中现实丰富的理性的具体，是人类理性文化生存中最具体的生产生存方式。马克思的学说并不是对世界本性的形而上学哲学命题思考并建立哲学理论，而是把哲学理论建立在世界的本性是客体世界统一性的基础上，以经济学抽象规律为基础去分析社会历史的辩证运动，从人的自由自觉创造本质去揭示社会历史的主客体统一性意义。马克思的理论和传统抽象经济学的重大区别在于它是知性和理性相统一的。它的理论的对象是有限科学对象，得出的直接成果是真理知识描述，它的哲学智慧渗透在知识理论体系中。马克思对泰勒斯的唯物主义并无贡献，对黑格尔的辩证法也无贡献，他的创造性贡献是从抽象理性回归人的文化生存的现实社会历史，在客体和主体统一性的境界去归纳人类社会历史过程。辩证唯物主义不是简单地拾泰勒斯牙慧去重复自然唯物主义两千多年来的信念，也不是步黑格尔的后尘而局限于抽象的具体真理，唯物是社会历史现实的基础即客体统一性，是生产力和经济基础这些人类文化范畴的，辩证是从人的主体性自由创造本质去理解的主体世界的统一性，不可分割的唯物辩证法是社会历史的主客体统一性的理性具体理解，是马克思所说的历史唯物主义本身。当后人忠于马克思的原著去建立辩证唯物主义哲学理论体系的时候却没达到马克思的境界，还在传统哲学中从泰勒斯为起点去演绎理论体系。理论的起点是坚持世界的物质性，但是问题随之而来，世界的物质性为社会理论提供基石，对于哲学理论却不是一个自明的问题，而恰恰须对之进行创新思考。世界的物质性的源头是世界的本原问题，关于世界存在的本原是物质性不算是对世界存在本原是什么的回答。但哲学史上唯物主义把世界的本原作为物质性存在是有不同答案的，风或火，或原子、分子，所以，用世界的物质性作为起点去构建的理论体系其实一开头就取消、回避了自然哲学的最基本问题。马克思的学说不思考客体世界万物本原命题，但辩证唯物论作为哲学理论不能缺失彻底批判精神，必须对之批判而立论。当不加思考地继承传统哲学唯物主义时，用辩证法去改造机械唯物主义时，在自然哲学意义上就还是旧哲学。

另一个被我们忽略的是理论体系的逻辑结构关系问题，即马克思主义理论三个组成部分的关系问题。当从马克思的政治经济学及科学社会主义理论总结出辩证唯物主义哲学理论的时候，产生了以科学的社会理论为基础归纳总结出来的哲学理论观点一定是正确的真理的错觉。但是，从逻辑上来说，作为智慧的哲学理论是不能从政治经济学和科学社会主义理论的真理性来获得真理保障的。不只把辩证唯物主义作为科学的真理理论是缺乏理据的，凡是把哲学智慧还原为科学真理都是对哲学智慧的否定。哲学的真正意义在于启迪思考的智慧，现实意义在人的智慧生存中，而不在于去提供各种观点和知识，否则古希腊哲学就应该是爱知识而不是爱智慧了。如果没有最基本的知识，我们的认识很难前进一步；但如果只坚守传统知识我们就丧失智慧。如果我们不汲取从巴门尼德、泰勒斯、亚里士多德直到康德、黑格尔乃至罗素、萨特的哲学智慧，而去罗列并坚持他们的某些观点和知识作为教条，那我们就丧失了哲学思考的真谛。我们坚持哲学唯物主义，需要从传统的唯物主义那里汲取智慧，如果只坚守他们的观点，接受他们的哲学“理论知识”，那哲学体系只不过是木乃伊，离开创造性思维的智慧能赋予哲学生命力吗？

辩证唯物主义哲学理论体系在归纳马克思的哲学思维中产生，但后人归纳的马克思主义哲学理论体系在客体世界统一性和主体精神世界统一性两个层次都没有超越传统哲学：辩证唯物主义和传统物质一元论一样，没有回答科学对世界的认识发展提出的问题，没有通达自然世界的统一性；在主体世界统一性的唯心论哲学问题上，它继承了辩证法的思维统一性方法同时否定抽象精神为存在，这虽然和柏拉图及黑格尔对存在的观点是对立的，但前提是一样的，即存在只能在物质和精神两者中择一；它有把自然哲学的本体存在论和精神哲学的本质存在论这两个不同层次的存在自觉地统一起来，其实就是唯物论和辩证法没有统一起来。唯物论是两千多年前泰勒斯建立的，辩证法是黑格尔思辨哲学建立起来的，唯物论和辩证法两者都不是马克思的贡献。马克思主义哲学的真正贡献是社会历史理论，马克思主义哲学的精髓在历史唯物主义中。它超越了客体自然界和主体精神世界，返回人类主客体相统一的现实社会历史过程，成为一百多年社会主义运动的理论基础。但由于马克思辩证唯物主义对传统自然唯物主义的改造并不完美，局限在唯物论和唯心论对立不统一就还只是没达到马克思理性具体境界的旧哲学。

马克思的杰出成就是经济学而非哲学，他的理论是以《资本论》为核心的社会理论，但必须承认马克思理论的哲学基础已经远远超越传统哲学的水准，并且比后来的经验主义哲学及非理性哲学具有更高的境界。但是，后人对马克思理论的哲学基础归纳而成的辩证唯物主义和历史唯物论理论体系并没有达到马克思的理想境界。这大体上可以从三个方面去理解。一是辩证唯物主义是哲学唯物论和唯心主义辩证法的统一，但必须从本质上理解为本体存在论和本质存在论的统一，归根到底是唯物主义和唯心主义的统一。仅仅把辩证唯物论理解为否定黑格尔的存在即精神就还是停留在存在即精神或存在即物质这种二选一的知性因果思维中，无法达到客体世界和人的精神文化主体世界的统一。辩证唯物论在逻辑上超出了传统哲学，辩证的存在论应是以本体论为基础，进展到本质存在论，达到本体论和本质论相统一的水准。仅不认同唯心论把精神当本体的观点，即不把普遍精神文化本质当实体，离辩证唯物论的境界还很远。只有本体和本质即传统哲学话语下唯物和唯心的统一才能有合逻辑的辩证唯物论。现有的辩证唯物论体系依然在旧哲学框架下，把唯物主义和唯心主义理解为对立和否定，没有揭示出辩证唯物论理性统一性本质，没达到马克思的理性境界，其实在自然唯物论中还停留在感性具体境界，在主体认识论中也止步于抽象。仅由正确和错误去理解唯物论和唯心论就只将之限于本原知识的水准了，只在知性普遍抽象知识去理解它们。辩证法的本质不是如黑格尔所说克服唯物论的机械论，机械唯物论的局限性在于认识论，黑格尔辩证法的局限性本质上是用因果决定的机械论思维去理解多样世界的统一。在这本质意义上，辩证唯物论哲学体系还是旧哲学的，没达到马克思的水准。二是还在旧哲学理论体系框架中诠释马克思理论的哲学基础，本体论、本质论都没超过旧哲学的水准，它们也没有理性地统一起来，得出的是一个大而全却没有反映马克思历史创造本质的纯粹抽象理论体系。本体论、认识论、方法论统一在哪里？自然知识、社会知识、人类思维统一在哪里？辩证唯物论和历史唯物论统一在哪里？它们在旧哲学体系的因果链思维下其实是统一于世界的物质性，因而始终没超越旧哲学。从理性统一性逻辑看，只要由板块构成的理论体系就带有知性局限性，算不上自圆其说。马克思理论统一于共产主义学说，其哲学思想的精髓是历史唯物主义，它包括了本体论、认识论、方法论，这才是马克思的历史贡献。历史唯物主义是人类从客体世界统一性进展到普遍意义的主体统一性基础上，回归到主客体相统一的人类社会历史，达到理性统一性的具体理性这最高意义，这才是马克思理论的本质。三是在历史唯物主义的归纳中，没有从最普遍的社会形式回归到人的具体存在以揭示出共产主义理论关于人的自由解放的本质意义。停留在抽象社会性就没进展到人的社会历史文化创造的普遍本质，仅用科学、真理、决定和被决定、历史必然性这些科学真理范畴是难以建立人的自主自觉自由的解放理论的。把历史唯物主义的唯物还原为客体唯物主义是不符合理性统一性逻辑的。马克思的共产主义理论，甚至卢梭的社会契约论，虽然都是从私有制这一物质生产关系开始去思考人类社会历史的，但不能机械地把历史唯物主义还原为自然物质的意义，它们都是人类社会历史进程的非自然文化范畴，生产力、生产关系、经济基础、上层建筑都是人类文化范畴。马克思主义对哲学的贡献是社会历史哲学，是人的哲学，是人类社会历史解放的哲学。这才是元哲学，一切智慧回归人生才成为智慧，统一于共产主义理想才达到人的最高智慧，才从旧哲学的抽象精神统一性进展到主客体相统一的社会历史的具体，达到了理性的具体。只要把元哲学理解为人生哲学、社会历史哲学，就能深刻而智慧地理解共产主义学说的最普遍的具体理性意义，理解唯物和辩证的统一性意义。马克思的理论思维是唯物辩证的，即他是用本体和本质、存在和认识相统一的理性思维去思考人类社会历史的，因而对人的本质的认识既超越了传统唯物论，又超越了抽象精神理性，达到了物与心、客体和主体相统一的境界，在人的现实社会历史文化生存中得出了人的解放的理性自觉理解。马克思主义哲学统一于历史唯物主义，实质上是统一于人，是人的自主自由自觉的理性具体理解。马克思尽管没有建立哲学理论体系，但他的思维方式在具体的经济学理论中已经达到理性具体境界得出了共产主义理论，因而超越了传统经济学。因此，马克思虽没有建立哲学理论体系却又是引领哲学进展到理性具体的哲学泰斗，就像伦理学之父苏格拉底是大哲学家一样。在西方哲学发展中，柏拉图把老师苏格拉底对具体德性的绝对追求推到最普遍的抽象唯心理念论境界，完成了从客体世界向主体世界认识的转换，构建了西方文化的形而上学基础。马克思的学说是在具体社会经济领域主客体统一性的理性具体理论，具有引领西方哲学从抽象进展到具体的划时代意义，对之最普遍意义的进展是由客体统一性、主体统一性进展到主客体相统一的具体理性，历史唯物主义就是自然和文化相统一的具体理性，此唯物包含自然哲学唯物论但远远超越了其意义，是心和物统一的社会历史文化过程中具体的主客体统一性过程。从这种境界看，还执着于唯心唯物相对立的辩证唯物主义和历史唯物主义理论体系归纳的后人并没有达到马克思的境界。

从历史和逻辑相统一的意义看，传统的辩证唯物主义和历史唯物主义理论体系也没达到马克思理论的境界。我的导师余少波教授从二十世纪五十年代开始几十年如一日专心致志于马克思主义哲学理论和历史的教学和研究，2016年他的新作《人的哲学理论——对马克思恩格斯思想一种阐释》可以看作对马克思理论思考几十年的总结。这一严谨的著作从人的哲学理论去理解马克思的哲学，和从传统的辩证唯物主义和历史唯物主义去理解马克思的哲学是有重大区别的，也是符合哲学史的。该书在序言中直言："本书主题是，阐释马克思和恩格斯关于人的哲学理论的形成和发展，并说明它和新唯物主义历史观不可分割的一致性。"⑦在历史上，马克思是从青年黑格尔学派一员开始，在现实斗争中扬弃唯心论而进展到辩证唯物论的，马克思的现实不是泰勒斯的世界万物，是现实的人。马克思现实的人不是费尔巴哈的感性多样性具体的个人，是主客体统一性的理性具体的人，是具有普遍社会历史文化本质，在现实自主自觉历史创造中的现实个人。这一新的哲学理论最终是在《资本论》特别是剩余价值理论中完成具体阐述的。主客体统一就回归到具体的个人，进展到辩证和唯物相统一的历史唯物主义，达到共产主义的最高理想境界。

世界统一性原理把以共产主义学说为最高境界的马克思哲学理解为主客体统一性的最高智慧，是人类文明史理想和现实相统一的理性具体目标。唯物是客体自然统一性，辩证是主体文化意义抽象世界统一性，唯物辩证法是主客体世界统一性的智慧。从唯物到辩证再到唯物辩证就进展到人类社会历史现实具体生存，就是历史唯物主义，其圆满境界就是共产主义。历史唯物主义之唯物是超越了自然哲学之唯物意义的，是进展到主客体统一性的，历史的唯物存在包括生产力、生产关系、经济基础的主客体统一性本质以文化和自然统一性表现出来。马克思哲学的对象是最普遍意义的，客体自然也已进展到人化的自然。

因此，二十世纪最有影响的西方经验主义、非理性哲学以及东方辩证唯物主义和历史唯物主义哲学理论在叛离以抽象精神为目标的传统哲学时，都没有达到自觉理性的最普遍境界，甚至在不同形式下扼杀了哲学智慧的生命力。这种现象并不是偶然的，是人类近代文艺复兴和启蒙运动发展的一种合乎逻辑的结果，即人类科学理性走向绝对的必然结果。

第二节　科学盲了

一、从知性到理性的科学

人类创造出文化，建立了文明。文明是在从低级到高级、从简单到复杂的不可逆积累中不断发展的。尽管在客观性意义上很难规定人类文明“进步”的绝对意义，但人类知识的增长却有客观的绝对意义，即它确实是绝对单方向增加的，知识特别是其中的绝对真理性知识增长构成了人类文明进步进程的基础。人类五千多年文明的不可逆历史就是引向当今的知识时代；中国人改革开放学习世界文化的一个重要思想是科学技术是第一生产力，这说明了一个极为重要的问题——人类文化的发展是建立在科学知识的积累和增长基础上的。

如果从人类文化的一般意义上考察，我们很难判断文化知识是“绝对积累增长”的。在人类文化发展的历史过程中，知识的发展是一个弃其糟粕、留其精华的过程，但所谓“糟粕”和“精华”在不同时期又有不同的解释。中国儒学在我们这一代就经历了时而糟粕时而精华的命运。但在人类文化中，有一类文化是价值中立的，是在任何历史时代对任何人而言都是精华而不是糟粕的，这就是真理知识。真理知识包括关于经验的科学真理认识和先验的形式知识，它们是真理的根据在于都是一种具有客观普遍意义的确定性判断，在所陈述的定义域中绝对为真。比如说，毕达哥拉斯定理和勾股定理所揭示的规律实质上是相同的，在几千年前、现在甚至几千年后也都是相同的，这就是科学真理认识的价值中立性。它之所以是价值中立的，就在于它客观、普遍有效的客观性使它对所有认识者有效，普遍性使它对定义域中一切时间、空间点有效，在任何有意义的边界条件和初始条件定义域中有效，不为具体主体或特定时空所制约。正是这种客观普遍性使真理永恒，使真理放之四海而皆准。科学真理认识是不会过时的，科学真理认识的建立无疑是人类文明发展史上的重要里程碑。

科学真理知识的积累使人类对外部自然界与人自身的关系认识是从简单到复杂，从知之不多到越知越多，于是在特定的条件下产生了对整个世界的思考，产生了从个别、特定对象真理认识向追求全体的真理的思考。在西方哲学史上，这就是科学之科学即哲学形而上学智慧的产生。亚里士多德把这种认识称为第一哲学，后人把第一哲学思考的文章汇编为在《物理学》之后是有道理的。因为《物理学》是关于物质世界的科学真理知识，而在物理学之后的形而上学必须建立在物理学真理认识基础上，即哲学形而上学以科学真理为对象和基础。古希腊人对哲学和科学的认识是素朴的，也是易理解的。知识和智慧是科学和哲学的不同本性，但这种区别不是用概念规定性定义的，它实质上是靠一种理解去领悟的，因为这包含着超越了经验知识的形而上学，而形而上学的意义确实不是用理智的直接规定性可以穷尽的。

从形而上学统一性意义思考科学本性的最杰出哲学家之一是康德。他在批判哲学中，把传统哲学研究转向自觉以认识论为核心的思考，即回到人的认识能力去思考人如何能客观地认识客体世界问题，哲学思考从本体论转向认识论，从客体世界转向认识主体，这是对认识和认识主体能力的认识。康德把主体认识能力划分为感性认识、知性认识和理性认识能力。康德坚持了一切认识从经验开始的原则，把对外界对象刺激的接受能力作为认识能力的基础，即一切认识能力的基础是认识主体的感官对外界刺激的接受能力。但基于感官得出的感性经验认识是具体、个别的认识，它依赖于具体个体认识主体，缺乏普遍性意义。以感性经验认识为基础从具体、个别抽象出一般普遍关系认识是知性认识，知性认识把感官感觉通过抽象转换为能动的思维活动，知性能力是从个别中抽象出一般普遍认识的能力，其认识主体从依赖感官能力到依赖抽象思维能力。主体知性认识实现了从个别到一般的普遍认识的飞跃，最普遍、最一般的知性认识成果是具有客观性的知性认识。所谓客观知性知识是不依赖于具体认识主体的，这使它获得了“客观性”的意义。正是与认识主体无关的客观性认识，使这种知性抽象认识普遍有效。关于事物因果关系的必然性规律认识是客观普遍有效的客体关系，所以叫作真理。

科学的意义就在于为人类提供了普遍有效的真理认识，批判哲学的核心目标，就是要给出真理认识之所以是真理认识的根据，给出人类能够实现真理认识的充足的理由。康德虽然没有从哲学上为真理客观性提供充足理由和根据，但他得出知性认识不能通达物自体的理解却是极为深刻的，它揭示了普遍客观有效的真理认识的有限性和抽象性，所以知性认识不能认识具体，不能通达无限的全体，即知性真理认识只能揭示有限抽象的必然性规律，却不能揭示全体的存在，比如灵魂和上帝。这样的结论令那些不懂批判哲学者把批判哲学称为不可知论，实际上认为真理认识可以通达全体即得出具体的真理才是一种不合逻辑的谬论。世界是否可知并不是由世界是否能由有限抽象知性认识彻底可知所决定的，仅基于知性认识不能通达物自体指责批判哲学为不可知论，就等于承认只要有科学就可彻底认识世界，哲学形而上学并无存在之价值和意义。事实上，西方哲学在指责批判哲学为不可知论后，确实正是用科学取代哲学，向科学形而上学的方向发展。批判哲学的核心是要为有限知性科学认识提供实现客观普遍有效真理认识的充足的理由和根据，对于被认为是人类最高认识能力的理性认识能力的思考却不够充分。康德认为，理性的目标是认识无条件的绝对的、完整的统一体，即“物自体”，世界为什么需要理性认识，是因为人对现象界有限认识不满足的“自然倾向”。康德认为：“尽管经验的绝对整体是不可能的，但是根据一般原则得来的知识，这种知识的一个整体的概念是唯一能够给予这种认识一种特殊种类的统一性，即一个体系的统一性的；没有这种统一性，我们的知识就是支离破碎的。”⑧在此，康德智慧地揭示了理性认识所追求的全体的绝对性是一种统一性。但康德批判哲学对理性统一性这种形而上学的认识却是“科学的”，即依旧从科学意义去追求形而上学。康德认为形而上学既可能又不可能，说它可能是它已然存在，说它不可能是已然存在的形而上学是不科学的，科学的形而上学不可能。“但是，康德仍相信科学的形而上学存在，而他的批判只是这个未来形而上学的导论，通过这个导论使人们了解先天概念的全部内容，了解先天知识如何可能，从而放弃旧形而上学那种使人迷失方向、徒劳无益的工作，转到一个确有把握的工作上来。这个确有把握的工作就是未来出现的科学的形而上学。”[⑨]这时，康德希望以后出现的矛能刺穿他的批判哲学之盾，即用知性科学真理认识去描述全体的真理，使知性成为理性。

康德的感性、知性和理性认识三个层次相统一的意义在于坚持了一切认识从经验中来的经验主义认识论传统，但又超越了感性认识的个体性达到了抽象的知性普遍性，得到有限抽象的普遍知识，有限知性认识的统一性就是综合统一的理性认识。康德批判哲学对知性真理知识和理性统一性认识关系的理解是符合哲学史上把经验认识作为知识，把哲学理性作为超越经验世界的形而上学智慧的传统的。形而上学成为知识是可能的，这是在数学和逻辑学中发生了的事情。但是，成为知识的形而上学不再是哲学，科学形而上学不等于科学的哲学。批判哲学的认识三个层次理论并没有被西方哲学继承，后康德的科学革命时代，科学完成了从知性认识向理性认识的华丽转身，成为人类最高的认识。于是，人类借科学革命的东风，意气风发地进入了科学理性的新时代。

文艺复兴开始后，西方经历了启蒙运动。那是一个名副其实的天翻地覆的新时代，它的两个重要革命口号民主和理性是欧洲新兴的资产阶级反封建反宗教统治的有力武器。民主、自由提倡人性，用人性的解放去挣脱宗教统治的奴役；理性提倡科学，用科学真理知识去破除迷信，矛头所指向仍然是中世纪封建和宗教迷信对人的统治。用知识战胜迷信，用科学战胜信仰的资产阶级革命在法国十八世纪唯物主义中达到了历史性的高度。人作为人的充足的理由在于人是理性的动物，一切的一切都必须在理性法庭面前为自己的存在辩护，只有符合理性才有继续生存的权利。在这个意义上，理性是信仰的对立面，科学是迷信的对立面，理性和科学就是在不同情境下可以相互替换的概念。说人类崇尚理性和说人类坚信科学是指称相同意义的，于是，科学理性就成为一个普遍流行的概念，成为近代以来人类解放的陈述概念。这时，理性逐步从与知性科学相对的哲学形而上学含义转向科学就是理性认识的含义，而把理性作为区别于科学的哲学形而上学的意义人们已经逐渐淡忘了。后康德时代人类依然尊重康德，但很少关心他的知性、理性统一性理论，知性成长为理性了。

科学理性观念形成的一个重要原因在于近代科学革命推动完成的工业革命以及由此带来的对人类的巨大福利，科学理性解放人类的意义从宗教统治扩展到自然界，科学使人们自觉成为世界的主人，人终于把自己封为“万物之灵”。科学的进步使人类成功地构建了一个以人类为中心的世界。这一切的一切可以从培根的知识就是力量中得到最贴切的诠释。科学的巨大成功使它成为人类认识的最高意义，科学也就当之无愧地成为理性本身，人类中心论和科学中心论是相辅相成的。人类以科学为中心，依靠科学的力量才成为世界的中心，才有资格去改造世界。人类作为理性动物，能够不断创造辉煌的历史，就在于它是科学理性的存在。

于是，从文艺复兴以来的短短七百多年历史变革中，科学终于以理性的崇高地位成为一种绝对的信仰，从破除迷信、摧毁信仰的武器成长为新的权威、新的信仰、新的迷信，就像封建时代改朝换代似的。今天，我们所追求的一切必定是科学的，所以，黑格尔的辩证法是科学的，康德所向往的未来形而上学是科学的。但是，科学形而上学并没有出现，倒是科学驱逐了形而上学，科学似乎就是理性形而上学。

二、彻底科学主义的二律背反困境

我们当代是科学赢得绝对权威的时代，科学理性就是科学绝对权威时代的精辟概括，理性就是把科学摆在至高无上的地位。这种科学观也可以称之为彻底科学主义或绝对科学观，这是当代的主流观念，因为我们确确实实已经生活在科学技术提供了巨大福利的时代，我们崇尚科学已经达到了绝对的地步：凡是非科学的就是迷信的，反科学的；凡是好的、正确的、高尚的，那一定是科学的。

绝对科学观支配时代的一个有趣现象是“伪科学”，顾名思义，被称为伪科学的就不是真科学，在一般逻辑意义上以伪乱真的伪科学不是真科学，那就像鱼目混珠一样。但“伪科学”的意义就不这么简单了，伪科学不但是非科学，而且一定是反科学的。曾经有打假名人和中医理论专家在公共媒体公开辩论所谓中医理论的科学性问题。打假大师坚持说中医理论是非科学的，而中医理论专家当然能振振有词论证“中医科学”。其实在中医是否科学的争论中，双方都没有达成科学标准的共识，打假大师出面否定中医科学性时，中医就有了“伪科学”之嫌，具有反科学的味道了。在共同标准下讨论中医科学性是好事，但以打假姿势去讨论中医科学性，足见我们思维中非科学就是反科学的彻底科学主义思维是多么彻底。在我们的生存环境中，一旦被科学权威断言为“伪科学”，很难避免身败名裂。

“伪科学”现象中最耐人寻味的是，为什么非科学总想要以科学的伪面目出现呢？这是因为在这个科学主义观念支配的社会中，非科学具有伪科学、反科学的含义，所以，只有成为科学在科学理性法庭上才能为自己的存在辩护。这种观念是根深蒂固的，连康德都在憧憬着美妙的科学的形而上学统统成为数学、逻辑学这种科学；恩格斯一百多年前就预言哲学从自身分化出其他具体科学后，自留地是关于思维的科学，似乎证实了维特根斯坦的余下给哲学的只是语言分析之断言。所以后人说科学的世界观、方法论、科学的主义就不足以为怪了。近代科学革命的积极意义自不必争论，但它的副作用也是不可忽略的，那就是“科学流行病”，即给一切冠上科学名义的流行病。这种流行病的根源是把非科学等同反科学的绝对科学观，在这种非此则彼的思维方式中，要么是科学的，要么是反科学的。

但理性认为彻底科学主义在逻辑上是有问题的，因为科学是不能彻底的，彻底的科学是不成立的。如果对任何问题都刨根究底，那就不是科学而是哲学的思维了。科学思维是有限抽象思维，是把认识对象限制在设定的抽象范围里的思维，在有限基础上的认识对象才有可能得出关于对象的因果关系，因果关系是必然性关系时才是客观普遍性知识。如果认识彻底了，就会超出有限设定而失去确定性的认识对象。在认识对象都没有有限确定性的条件下，又如何能得出关于对象的确定性客观真理认识呢？抽象是从个体的感性认识中建立普遍性共相认识的手段，如果一定要“彻底”，则认识只能停留在个性多样性之中，根本就没有普遍的抽象共性，那认识的普遍性又从何产生呢？所以，科学认识一定是不能由自身的理论为自己提供的基础和前提的，或者说，科学真理认识一定不能包括自身理论的假设和前提。从语言分析的意义去陈述，那就是用于分析和陈述对象的元语言所包含的意义是指向对象的，而不能陈述自身。若指向元语言自身时会使陈述产生二律背反的矛盾，则对对象的描述也失去意义。比如怀特海过程哲学有一条著名的必然性陈述：一切都在变化，只有变化才是不变的。这是怀特海陈述的过人之处，即把变化这一元概念排除在描述对象之外，避免了一切都在变化的必然性陈述陷入二律背反。如果一切都在变化包括变化本身，那么变化的变化就是不变，则又可把一切都在变化理解为一切都是不变的了。一切无限的思考和陈述，比如关于上帝、灵魂、世界的陈述，从知性的观点看，往往是二律背反的。一切关于全体、无限的形而上学思考，不能提供知识，一旦将之作为知识就将失去无限性，或者保留在无限中却得出二律背反的结果。康德着重讨论知性真理认识的客观普遍性，所以把旧形而上学关于全体的知识当作矛盾的二律背反。黑格尔不屑于知性理智的有限思维，坚持认为知性有限抽象思维无法通达具体的真理，所以以全体的真理为目标，以无限的具体为对象，反康德之道而行之，坚持只有二律背反现象的统一才是从低级向高级认识的发展，所谓二律背反正是发展的辩证法。人类对世界的认识、哲学概念的发展史以及自然界的自然史，在主体意义上，就是这样一种从简单到复杂、从低级到高级的发展过程。其实，康德和黑格尔都是极具智慧的，但康德从有限知识去思考“矛盾”，而黑格尔从无限的具体、全体去思考“矛盾”，则全体的统一性就是于其矛盾运动中的统一性。形而上学的辩证法是一种无限、具体的统一性，知识是有限、抽象的，把知识作为无限、彻底的东西时，知识就不再是知识了。

科学理性的绝对科学观的问题就在于把知识当作具体、无限的绝对认识。绝对科学观的最高目标是真理，最高的真理是“宇宙的真理”，具有解释说明一切、赋予一切的全体意义。这种说明一切的真理，当然包括真理的前提、假设以及真理的边界条件和前提条件。在这种绝对科学观支配下，人类在科学不断发展中却又面临着有限和无限的矛盾所带来的困境，陷入知性知识无法自圆其说的二律背反之中。比如，在物质世界的本性即本原存在和世界的全体，即起源和边界等宇宙的规定性问题上，当代科学就陷入“二律背反”之中。

物质世界的本原存在首先是一个地道的科学问题，无论是泰勒斯的猜测，德谟克利特的不可分的“原子”假定，还是近代乃至当代物质微观结构的基本粒子理论，都首先具有科学知识的确定性意义。但由这种确定性的物质客体知识去理解整个物质世界的本性的时候，它就由有限抽象知识命题转换为无限的世界统一性命题，即统一的世界本性问题，这就从科学知识中产生出了无限的形而上学智慧命题。正是在世界本原结构客体科学思考基础上，由有限到无限的世界统一本性思考才产生了哲学。如果企图继续以有限抽象知识的认识去理解世界的统一性，则一定陷入悖论。当代科学实证主义用科学绝对化取代一切形而上学，用科学去“彻底”解决物质世界本原结构的问题，得到的结果那肯定是“二律背反”的。近代科学揭开物质原子结构的秘密以后，认为就是古希腊德谟克利特定义的不可分的物质结构。但随后发现原子还有结构，即物质结构在科学意义上是无限可分的，只有继续可分，没有不可分。把这种无限可分的科学认识逻辑上升为绝对的无限时，悖论就出现了：因为物质是有结构的，所以是可结构分解的，这种结构分解是无限的，而无限的结果是物质就是无结构的，甚至无实体的，所以物质又变成无结构，不能无限可分。由物质世界的本原结构去思考整个物质世界的本性，就不是科学可以回答的。科学不能彻底认识这个世界，一彻底就陷入二律背反了，科学这种真理认识就彻底不认识、不真理、不可知了。

从有限科学思考时，最痛苦的问题是“整个世界”“整体上把握世界”这种大到压得科学喘不过气的问题。世界的全体是宇宙，但宇宙的起源、边界、规定性却从来不是科学可以彻底解决的问题。有限抽象的科学是不可能得出关于宇宙的“全体真理”知识的。二十世纪科学发现的最大成果之一是宇宙大爆炸理论。根据爱因斯坦广义相对论方程的一个特定边界条件下的解，可以推断出我们现在的宇宙是约一百三十多亿年前的一次大爆炸的产物，是大爆炸之后的不断膨胀演化构成了一个不断运动发展的宇宙。宇宙大爆炸理论的证据之一是当时爆炸所产生的辐射的残余即宇宙背景辐射的发现。科学家根据宇宙大爆炸理论，把爱因斯坦广义相对论方程中时间等于零且宇宙空间也近于零的那一点称为宇宙诞生的零点时刻即产生大爆炸之时，并把它看作宇宙的起点，开始宇宙演化的历史，霍金将之归纳为《时间简史》。宇宙大爆炸理论既然已经确定了宇宙演化的零点，那就说明已经在科学意义上解决了宇宙的起源问题。但宇宙大爆炸理论只有有限抽象科学意义，没有彻底地解决宇宙起源问题。宇宙以时间等于零那一刻为起源是没错，但宇宙大爆炸理论所依据的方程的初始条件是没有意义的，方程描述起源这一时间点是奇点，却没有提供宇宙起源这一点的描述。退一步说，即使宇宙大爆炸这一时间零点不是方程描述的奇点，也不能认为科学已经解决了宇宙起源问题，因为零点是一种限制性的初始条件，如果取消这一限制，在时间描述的奇点之前就没有宇宙吗？没有宇宙又是什么产生了如此能量巨大的爆炸呢？大爆炸之前和之后宇宙能量守恒吗？如果不守恒科学又用什么理论去解决能量不守恒现象和能量守恒定律的冲突呢？如果能量守恒，那么宇宙大爆炸之前就有能量存在，而能量存在的前提就是宇宙存在，所以说在大爆炸之前宇宙就存在，又凭什么说宇宙大爆炸是它的起源呢？指望宇宙科学理论“彻底地”解决诸如宇宙起源这样的命题，那是缘木求鱼。当代科学连宇宙的规定性还没有建立起来，宇宙既无所无在又在宇宙之外存在着镜像宇宙，那么宇宙究竟是有限还是无限呢？这不是科学可以回答的命题，如果连宇宙所指之意义都是抽象有限的，那宇宙的起源问题就更不可能“科学地”得到彻底的阐明了。

有限知性面临无限的壁垒时，将理性无限转换为知性恶无限就很容易出现。解释热力学第二定律带来的宇宙热寂问题时，科学的解决方案是宇宙无限大，而且向更大膨胀，热平衡速度根本追不上宇宙膨胀速度。其实只要相信不证自明的宇宙无限大观点，则已从根本上消解了宇宙热寂威胁。无限大宇宙实现热平衡的过程必定时间无限长，没有人可以通达无限长时间，即宇宙热平衡不会成为现实。还有本原客体的庐山真面目问题。在被认为是本原物质的微观粒子一次又一次被超越以后，为什么自古希腊以来的物质世界本性信念仍未动摇呢？还是无证自明的“无限”提供根据。物质粒子分解下去还是物质，半尺之棰，日取其半，万世不竭，这已是古老的信念了。既然物质无限可分，那还有什么理由去怀疑物质世界本原存在的物质性呢？在逻辑上是无法否定自然界的物质本性的，可问题出在哪里呢？在那无证自明的“恶无限”之中。在具体客体世界中，没有无限。我们无法感知无限，无限的具体客体世界是不可在有限知性科学意义上得到确定性描述的。在知性抽象思维中当然有无限，但不是认识客体的无限，而是认识客体普遍形式的无限。理性的无限则是指没有特定规定性限定的意义了。当今科学不是在认识形式或无规定性限定意义使用无限，而是在具体客体世界意义使用无限，使科学先验地隐含着世界不可认识的前提。这就是二律背反。

绝对科学观在二律背反现象面前甚至会背叛科学客观本性，最典型的是人存原理。大师们为了消除时光倒流带来的悖论，以人存原理限制它从而保持理论的协调性，其大意是说你可以回到过去，但不能干和你存在的历史相悖的事，从而保证时光倒流不会破坏历史的协调一致性，比如不能在你双亲出生前谋杀他们。靠主观的协调保证科学真理的客观性，那还叫客观性吗？这不又是二律背反吗？

从世界本原及宇宙起源的科学认识对世界的统一性解释中，我们必须明白一个道理，如果没有科学真理认识，我们就得不到关于世界的确定性、必然性知识；但仅凭科学真理认识是无法通达无限的全体的，这就是康德说知性无法通达物自体的深刻智慧。用科学有限认识作为理性，本来使人理解世界规律和现象的真理同时又使人陷入盲目的片面性，这是人类科学理性社会现实的二律背反。

三、绝对科学观的片面性

康德把哲学和科学、理性和知性的关系理解为本质不同却相互依赖，即理性无知性则空，知性无理性则盲。康德所说的理性是形而上学的哲学理性，而不是绝对物质观所坚持的“科学理性”。人类在科学革命初期阶段或许对康德的这一论断不太理解，但现代科学技术迅猛发展，科学文化真正渗透到人类生活方方面面，在所谓后工业社会或信息时代，由彻底科学主义支撑的当代人类文化的盲目性及其危害性就明显暴露了。

我们正生活着的当代，人类文化，特别是科学、技术文化日新月异。回想我们父辈中大部分人还是不识字的文盲，而我们儿女这一代不但普及了教育，而且博士学历都已是寻常的了，我们这一代人确实正处在人类历史翻天覆地的转变节点之上。这种社会历史转变最早称之为“后工业社会”，托夫勒称之为信息社会，它是人类历史发展的第三次革命浪潮，是人类工业革命的革命，我们称它为现代化、工业化、城市化浪潮，具有本质意义的概念归纳应是知识经济、知识社会。这一切重大变化是二十世纪第二次世界大战后人类追求现代化发展的结果，其源头是近代科学革命。现代化是经济、文化、社会落后的地区、民族、国家向人类先进文化学习并迎头追赶的大规模的社会实践运动，是文化的全面发展，其核心的、主要的是具有客观普遍性意义的科学技术文化的传播、普及和应用于人类社会生活的方方面面。科学革命之初，西方人的至理名言是知识就是力量；而现代中国人则用科学技术是第一生产力来精辟地概括知识社会的本质，并以此作为国家和民族发展的重大理论基础之一，实现了三十年的巨大发展和进步。既然如此，又凭何认为科学高度发展中带着危害性、盲目性呢？我们所指并非科学本身的局限性或盲目性，而是把科学绝对化，用彻底的科学主义看待世界和处理我们生活、生存的那种观念和态度；这种观念在近代以来已经逐步占统治地位，在当代已经对人类造成了很大的影响。

首先，随近代科学革命开始并逐步强化的绝对科学观的局限性表现在人类沙文主义中。人类沙文主义把人和自然界割裂开来，把人置于对自然界的统治地位。人类沙文主义是西方文化古老遗产。中国传统文化讲究天人合一，自然无为；西方文化则强调人和自然的区别乃至对自然的支配和统治。即使在中世纪宗教统治下，西方人对自然还是沙文主义的，人在上帝统治下，按上帝的意志代行统治世间万物之权力。达尔文进化论归纳了生命世界的统一性，揭示了人作为生命物种是自然生命世界进化的产物，人从上帝怀中回归到自然中。但人们从达尔文进化论中所获最高的意义不是人是万物之一而是万物之灵，即无视人在物种意义上和一切生命相统一的自然属性，自豪的是人超越其他生命的绝对优越性。其实，在自然生命意义上，一切生命存在都是沙文主义的，都是以自我为中心的自私的生命存在。因为物竞天择，适者生存，但一切有思维的生命都可能把自己视为万物之灵，却唯有文明人不能如此。人类既然已经超越了自然界，如果只理解生命之间的竞争关系而不懂生命世界乃至整个自然界的统一关系，用沙文主义的统治观去看待自然界，则人其实在意识和观念中仍停留在兽性水平。人类沙文主义情结的历史统治又表现在西方人对自由和必然的永恒的矛盾观念之中。按照这种观念，人类获得自由的另一个意义就是摆脱自然必然性支配，人的解放的意义之一是不断从必然王国走向自由王国。这种自由追求的情结其实就是人类沙文主义在作怪，它使人对自由及人的生命的自然统一性视而不见，陷入盲目性和片面性。为这种沙文主义自由观提供基础的就是绝对科学观。近代科学革命以来，科学的发展及其对人类的积极作用不断地强化了人类沙文主义，并以人类中心论的新的形式表现出来。人类中心论的根据之一就是人类能够通过不断发展的科学技术，按照自己的意志去征服和改造世界，不断从对必然王国的征服中得到越来越大的自由。人类战天斗地、改天换地的英雄气概，在科学技术高速发展的时代已经登峰造极。然而，自然从来不会被征服，它总是按其必然性规律运动着，人类从来就没有改变自然规律的能力，绝对科学观支撑的人类现代沙文主义只是堂吉诃德式的胜利而已。当人类意气风发地征服自然时，是否还记得，我们自身就是自然！

第二，彻底科学主义的最大片面性在于只从科学角度去认识世界，并且认为科学可以对一切做出最终的解释和说明。在绝对科学观支配下，真理是放之四海而皆准的。所以，真理的争论、科学的认识成了一切的终审法庭，只要是科学的，就是正确、可行的。所以只要自认正确的，都可以缀之以科学的。这个大坝要不要建，由科学决定；转基因食品安不安全，听科学家的；人类资源紧缺、能源紧张、环境恶化，未来怎么办？可以殖民太空到其他星球去，反正宇宙无限，任人类摆布。彻底科学理性社会的蓝图是美妙的技术世界。

人类的现实生存当然不能离开科学技术，但是决不能彻底地科学化。科学给你提供确定性知识，但凡确定性知识都是有前提、假设的，现实则都是有特定的边界条件和初始条件的，所以仅科学不能彻底、绝对地解决无限全体的问题。任何具体决策或行为，最终必须在抽象科学认识基础上全面权衡、选择变为具体。比如，某科学家在报纸撰文提倡苹果应连皮一起吃，因为苹果皮中含有多种营养物质，对人体有重要的营养作用；但不久其他科学家撰文指出苹果不能带皮吃，因为从科学角度证实，苹果皮残留农药、包装蜡、防腐物最多，虽然最有营养，但也最有毒。所以苹果皮该吃或不该吃要根据各种科学知识，综合考虑才能得出相对合理的理解及行为选择。科学是正确选择的前提和根据，但并不是“彻底”地科学地去选择就是科学，只有抽象科学返回具体时才是科学，我们必须理解科学，特别是对科学做统一性理解，不能局限于科学自身，把科学绝对化。

知识就是力量的意义在于知识能使人类在客观知识基础上自主自觉去按世界的必然性规律行事，改善人类现实生存境况，完善人的生存方式。科学知识回到现实生存不是科学本身而是理性智慧，现实中只有人生的智慧，人生的知识只在抽象中。把知识的具体运用理解为科学和把理性叫科学，都是短视的、片面的、机械的。人是理性具体存在，不是科学抽象存在，也不是科学理性存在。把人理解为科学存在本质上就是把人理解为物，把人类社会历史理解为在必然性支配决定下的宿命，把人类文化世界理解为技术世界。资本主义实质上就是一个技术世界，是见钱见物不见人的世界，是人的自由创造本质异化了的世界。这是马克思对资本主义社会本质的主要认识之一。科学技术返回具体不再是科学本身的最重要的一条理由在于，科学真理知识是价值中立的，因此才达到客观普遍有效的境界；但科学返回现实一定不再价值中立，而是包含主体带主观价值的选择的。核技术可以建核电站，也可以制造原子弹，它的应用取决于人的有目的的选择本身。核电站对解决人类现实的能源需求有重大而积极的意义，但同样有安全问题，特别是核废料漫长的半衰期带来的遗留问题。由此可见，从抽象科学真理认识转换为具体应用，不是知性认识问题，而是主体选择的理性智慧问题了。对此应特别强调的是，进入知识社会人类依靠知识智慧地生存已经不只是具体个体主体的智慧问题，而是极为复杂的社会问题。知识时代的科学技术阶层在技术社会中是举足轻重的，科学理性的统治现实意味着科学知识精英统治阶层的形成。人类对科学技术在现实生存中的选择可不是价值中立的，知识精英阶层在价值选择中起着极为重要的作用。

最后，必须指出，科学理性观会直接导致科学知识体系的混乱和僵化，窒息科学发展的生命力。科学绝对权威带来的科学局限性已经在当代成为不少智慧科学家的担忧。知识爆炸的结果如果导致知识统一性的缺乏，那人类知识系统就会陷入一片混沌，每个知识都是确定性的，但所有的知识之间确实一团乱麻。托夫勒描述了第三次浪潮给人类带来的种种革命性的可能获利，但至今却没有人看到知识爆炸带给人类的威胁和挑战，即知识的统一性将无复存在。在知识社会中生存，人人都是“知识分子”，不是知识分子的人在知识社会中是不完整的人，而且人必须活到老学到老。但最要命的是，即便活到老学到老接触到的也只是知识冰山一角而已。许多专业领域，可能只有几个专家熟知而已；因此，知识的海洋中个人的渺小令人们哀叹，人类已经进入了无法建立科学知识统一性的时代，以指数增长且再没有统一性的科学知识已经是人类文明的双刃剑，是人类不可预见的未来问题之一。这种不可预见性的另一种意义是科学既可造福于人类，但也能危害人类，甚至可以毁灭人类。我们很多新的应用技术，其实首先是军事应用而后才转入民用的，人类最主要的精英、最尖端的技术应用在军事领域中是天经地义的。但依靠科学去维护人类安全是一场没有终点的博弈。核技术、基因技术、信息技术，仅从科学意义上断言其造福人类肯定是不足够的，它取决于更多、更复杂、更深刻的东西，而科学自身越是向复杂性、多元化领域发展，也越需要超越科学的统一性智慧。科学家们已经明白，对世界穷根究底是哲学家的责任，科学不能“彻底”、一劳永逸地解决人类发展的全部问题。

至此，应充分理解人类文明进步和科学进步的统一性关系，即两者紧密联系但不同一。没有科学进步就很难说得上人类文明进步，科学进步是人类文明进步的重大推动力量；但科学进步不是人类文明进步的另一种陈述，它是无价值判断意义的，它表现为客观性的科学真理知识的积累和增长。而人类文明进步是带价值判断的，是主客观相统一的概念，没有科学进步就没有人类文明进步，在于科学是文明进步必要而非充分的条件。科学发展也可以危害甚至毁灭人类，它有益还是危害人类文明史取决于人类文化选择的理性智慧。缺乏自觉理性智慧，科学就陷入盲目性和片面性。把人类历史的文明进程等同于科学进步，把理性还原为科学，那是极为短视的，实际上是把人还原为纯粹动物而已。人类如果只懂得科学地征服外部自然界，则和在丛林法则支配下的纯粹动物何异？科学即理性、科学绝对性的本质只是人性即兽性而已。

第三节　理性永恒

一、死而不亡的哲学

老子在《道德经》第三十三章说：死而不亡者寿。这种把“死”与“亡”分开的陈述是极为独特的，也是较难理解的。张尚仁老师在《新译新编　新解　道德经》中解释为：“道行高尚，肉体生命消失了，精神永存于世，这样的人才与世长存。”[⑩]从统一性观点看，生死存亡中生与死是一对概念，存与亡是另一对概念，生存和死亡则是复合的统一性概念了。生死是生命存在的规定性，存亡是物质客体存在的规定性，生存及死亡是关于生命和生命物质结构的统一性概念，存在是前提，生存则是生命存在和生命物质结构的统一；亡者必死，但死则未必亡，故才有死而不亡之说。如果从这种意义理解生死存亡，则老子所说的死而不亡的统一性智慧，用来描述人类二十世纪的哲学或者是恰如其分的。

哲学是人类文化发展到一定阶段才产生的，是人类在从个别到一般再到普遍的基础上追求对世界的最普遍认识中产生的，是人类从普遍的抽象认识去思考具体的存在时产生的。所以，科学知识作为具有普遍性的客观知识是哲学发展的土壤。在一般意义上，哲学是随人类文化发展而发展的，那么为什么在人类文化高度发达的二十世纪会出现哲学死了的现象呢？为什么人类文化繁荣之后越来越厌恶形而上学，非要切掉文化中一切形而上学的毒瘤呢？人类真的可以凭科学文化埋葬一切形而上学吗？这些问题是值得深思的。

第一节我们总结人类二十世纪精神财富的遗产时归纳出哲学死了的结论，但这不是指哲学已经没有了，而是说它死而不亡，缺失了二十世纪人类精神统一性灵魂而徒具躯壳。二十世纪同样是哲学大师辈出的伟大时代，逻辑实证主义、分析哲学、语言哲学把人类对世界的最普遍的抽象统一性关系即存在的认识论命题，从传统的一般性形而上学逻辑引向最深入、最基本的思维及其陈述的元结构及元意义，直指人类思维认识最抽象而又最普遍的元即“本原”——存在的认识的本原，一切认识的本原，由此为全面理解人类最普遍的抽象认识统一性提供了坚实的起点。二十世纪逻辑实证主义及语言分析哲学是人类哲学智慧的一个引以为荣的伟大成就，十八、十九世纪哲学对哲学史一般原理的继承和发展同样是极有成就的，并且柏拉图、亚里士多德时代的智慧依然是当代文化的内在的灵魂。二十世纪人类文化的空前繁荣首先造就了一个哲学知识迅速普及的新时代，这是哲学智慧能生存和发展的基础；否认二十世纪哲学的成就乃至存在那是历史虚无主义。二十世纪哲学死而不亡。哲学智慧依然存在于人类一切知识认识的先验形而上学形式结构的统一性中，存在于各种知识的统一性理解中，存在于人类用知识去指导生存的一切现实文化选择生存实践中，它依然是人类文化文明活灵魂，它是我们这种具有精神文化本质的存在的本质中必要的存在，唯此只要是人就是理性存在。人类理性和文明同在，人类文明的进步就是人类理性从低级到高级，从不自觉到自觉到更自觉的发展。人类理性创造了哲学，不是哲学创造了理性，人类理性产生了哲学的意义是人类理性进入自觉的标志，是人类对世界的精神文化意义认识进入统一性自觉追求的标志。这正是卡尔·雅斯贝斯把柏拉图和亚里士多德建立精神世界统一性的唯心论哲学理论看作人类轴心期的根据。在这一意义上，哲学理论的发展是人类自觉理性的发展。但人类理性在科学理性时代发生了异化，从对世界统一性智慧自觉追求异化为对世界统一性的否定。当哲学家自觉断言人类精神世界再也没有统一性、构造理论体系已经过时时，当哲学统一性智慧不再综合关于世界的知识而枯竭了创造性的生命力时，哲学对统一性的世界理论体系的自觉追求终止了，哲学学科理论体系自我崩溃了。这正是哲学死而不亡的真正内涵。

第一节我们从三个方面总结了二十世纪哲学丧失生命力的表现：逻辑实证主义及语言分析哲学等“实证哲学”一方面探求人类认识的形而上学基础及最基本的逻辑、结构和意义，一方面却竭力摆脱形而上学。非理性哲学显然坚持形而上学，却只停留在非理性的对象，而且理论认识本身离开客观性基础就失去了理性的自觉，失去了哲学的本来意义。哲学形而上学远离了自觉理性，实际上是远离了哲学的本性。继承了传统哲学本体论的唯物主义在二十世纪缺乏传统哲学的彻底批判精神，从抽象的世界物质性为演绎的出发点，把哲学所追求的世界统一性转换为以世界物质性为抽象前提的理论，以世界的物质性前提去演绎“整个物质世界”，一反哲学的归纳性，陷入了新的信仰即物质信仰之中。从信仰出发得出的不再是对具体世界的无限的统一性理解，而是从信仰前提演绎出来的、包含前提的抽象知识，所以二十世纪的正统唯物主义本体论哲学一边坚持对世界的最普遍的物质性理解的自然哲学传统，一边又认为已经超越传统形而上学唯物主义的纯粹思辨而成为科学的世界观、宇宙观和方法论。它本质上既是哲学又是科学，但也可以说既不是哲学又不是科学，主流哲学思潮最终以科学理性这一种既科学又哲学的“美人鱼”形态成为二十世纪的文化潮流。这是理性哲学历史发展的一个制高点，这一制高点的最奇特景象是哲学无私地全部奉献给了科学。当哲学自认为它是科学的哲学的时候，它就宣布自己结束了使命，失去形而上学的统一性智慧追求就失去了哲学的生命力。

使哲学迷失了智慧本性而退化为“科学的哲学”是哲学家的责任。二十世纪哲学家的存在也就意味着二十世纪哲学的存在，问题在于二十世纪一大批哲学大师的形而上学思考奉献给人类的智慧是拒斥形而上学、拒斥哲学及自觉拒斥理性，其目标不只是从传统形而上学中产生出新的哲学，而是力图把一切形而上学转换为科学，哲学成为必须在科学法庭上证明自己是科学以获得自己存在的权利的学科。这实在是匪夷所思，形而上学地断言一切形而上学无意义是二十世纪哲学的奇葩。形而上学的存在是人类文化创世纪时产生的统一性思维，它的存在是不依赖某些人的主观意志的。从逻辑上来说，进入普遍性抽象认识以后，形而上学就是一种不可或缺的东西，再也没有人可以抛弃形而上学。奥康宣布要剃掉一切形而上学，但剃掉一切形而上学这一形而上学逻辑是否包括一切？如果不包括一切，那又何来一切之论断呢？那意味着所谓“一切”是有限规定性的概念，如果它要成立，就不是真正无限的、全体的一切。当它把自己也切掉时，那么它还有意义可言吗？奥康剃刀是有限科学知性认识意义上有意义的“剃刀”，它没有指称形而上学的普遍意义，即它只能切除客体科学及经验认识中的纯抽象形而上学，却永远不能否定哲学形而上学。

科学的目标在于为人类提供必然性的真理知识以预言未来，为人的行为选择提供客观、合理的依据。科学家追求知识的客观性，排斥主观随意性但科学不是哲学和科学排斥哲学形而上学是两回事。哲学形而上学是一切知识形式统一性的基础，这一基础是知识之为知识的意义普遍性的基石，没有这一统一性形式就没有知识。哲学把统一性形式上升为自身认识的对象，把形式当成内容，思考抽象形式的形式统一性，基于认识对象为抽象形式这一特性而成为形而上学，所以哲学是人类认识自己的反思，是认识的认识，是人类理性对理性的自觉觉悟。知识不能无形式，科学知识无任何理由去拒斥哲学和形而上学。拒斥一切形而上学的合理的定义域是对感性客体的知识归纳必须拒斥纯粹演绎的形而上学，客体知识必须是内容和形式相统一的，最终意义必指向具体客体存在，因而是可由感性经验验证的。实际上，实证知识的定义域是客体世界，对客体世界的知识不能不借助形而上学，但实证知识本身不能是形而上学。更合理的陈述是拒斥一切形而上学实证知识，不能拒斥一切形而上学，不能拒斥演绎的形式知识和哲学智慧。当代科学理性排斥一切形而上学的根源在于西方哲学史上追求科学形而上学的盲目热情以及把形而上学和辩证法当作科学方法的传统，这其实是违反逻辑的。诚然，如老子所言，为道日损，为学日益，无论是形而上的逻辑知识还是实证经验知识，一旦从哲学中分离出去就不再是哲学，但这正是哲学的进步，唯此哲学才能进展到更普遍的统一性智慧。实证科学真理排斥形而上学真理是正当的，比如形而上学的科学辩证法。但哲学家把科学当理性，并由此去排斥一切形而上学则是另一回事了。这些哲学家讨论的不是科学知识问题，而是科学知识的统一性这种地道的哲学形而上学命题。康德《纯粹理性批判》讨论知性真理性的客观普遍有效性是如何可能的，它的对象正是科学真理认识本身，但批判哲学就是哲学形而上学，与它的认识对象是两回事。任何关于科学的形而上学思考都只能是形而上学而非实证科学，逻辑实证主义从实证角度去思考科学认识的客观性问题，但逻辑实证主义本身却不是实证的而是形而上学。就像否定一切信仰其实是一种信仰一样，排斥一切形而上学只能是一种形而上学，这正是形而上学不能彻底剃掉，科学也不能彻底解释世界的原因。

近代科学革命以来人类建立的科学理性信念其实不是科学本身，而是对知识、对人类生存乃至对世界的一种形而上学态度，是一种哲学，而且是一种用科学取代哲学的哲学。科学理性不是科学同时也不够理性自觉，这正是二十世纪哲学的问题所在，是人类文化和文明取得长足进步，人类知识爆炸性增长的历史条件下产生的特定现象。信息和全球化时代标志着人类已经进入知识社会，应学会尽最大可能用科学真理知识去解决人的生存经验中的各种抉择，用老子的话来说就是道法自然，一切尽可能按科学真理所揭示的自然必然性规律去办事。另一方面，科学理性的观念把科学作为理性，把抽象有限认识上升到无限的具体统一性层次，但这种既理性又反形而上学的概念是不合逻辑的。科学理性的更深层意义在于认为科学的因果必然性思维是理性思维，科学有限思维的无限统一性在于因果链的无限统一性。就是说，每一个科学真理认识所揭示的因果必然性关系是特定、有限的，但相互联系和作用的世界中每一个特定因果关系所构成的无穷因果链解决了科学知性认识的有限性问题，所以，因果关系上升为普遍联系的无穷因果链使科学从有限知性上升为无限理性，这就是科学理性的真正意义。它作为一种形而上学的结论就是世界是由因果决定论支配的，无穷因果链决定了“整个世界”。这种科学理性本质，表现在拉普拉斯侯爵的科学因果决定链条的陈述中，是黑格尔辩证逻辑的全体真理的精髓，更表现为当代风靡全球且时髦的“蝴蝶效应”谬论。排斥一切形而上学的绝对科学观本质是从无穷因果链去对世界本性做出最终理解的一种形而上学，绝对科学观其实就是机械论世界观。

至此，我们可以对二十世纪哲学死而不亡现象得出具体的理解了。当科学的巨大成功鼓舞人类把世界理解为由因果必然性无穷链条联结起来的时候，在逻辑上一切都可以得到必然性的、确定性的解释，所以我们只需要无穷因果链构成的因果决定的形而上学，这正是近代科学革命以来人类科学理性这一新的形而上学生成的历史。哲学死了，传统哲学死了，以形而上学面目出现的哲学死了，但哲学又以因果决定论的形而上学形式存在于人类文化中，它已然作为人类文化的基础存在，只不过以因果决定论为本质的哲学被因果思维所限，丧失了生命活力而已。死而不亡的二十世纪人类哲学就是这般以科学理性形象显现出来，把因果决定论渗透在人类思维的深层。因果思维促进了科学的发展，这是一个科学突飞猛进的时代；但因果思维又使人类对科学的统一性乃至世界统一性理解陷入因果决定论的有限思维中，使二十世纪成为人类知识丰富而智慧匮乏的历史时代。

二、哲学的使命

康德认为理性无知性则空，知性无理性则盲，把理性哲学和知性科学看作人类文化的统一。这种理解比“哲学就是爱智慧”或者“哲学就是智慧”要具体丰富得多，因为仅停留在哲学是智慧或哲学是爱智慧的抽象理解中时，大多数人把哲学看作只与圣人有关的东西，敬而远之。在科学发展使人类进入知识社会的时候，传统哲学形而上学因缺乏经验的直接实证性使大多数人不仅开始厌恶哲学，还把哲学当成虚无缥缈的乌托邦之梦，哲学家成了令人嗤之以鼻的孔乙己式怪人。诚然，形而上的哲学理论思考确实是玄之又玄的，人类几千年历史上真正称得上哲学家的人为数不多，但如果把哲学只当成哲学家的事情那就真的误解哲学了。在知识社会中，甚至在文明史中，一个人可以不关心哲学，不自觉哲学，但理性智慧一定伴随着他，这是文明人的宿命。不关心哲学生存的文明人和不关心消化机理的自然人是一回事，不关心哲学的文明人不等于他在现实具体文化生存中可规避哲学，只不过那些人没有智慧地觉悟到自身的理性本质而已。当人类文明进入对世界的普遍性认识超越个体经验的直接性的时候，人类文化就有了它的哲学基础，只不过它是基础而不是直接经验知识，大多数人对之缺乏自觉的认识。从知性科学和理性哲学的统一去理解人类文化的康德是极有智慧的，哲学对于文明人而言，不是喜不喜欢的问题，而是自不自觉以及喜欢什么样的哲学的问题。就像上面所说，拒绝一切形而上学本身就是一种形而上学，排斥一切哲学其实也是一种哲学——庸俗实用主义、功利主义哲学。正是这种既形而上学又无所不在的特点，使哲学成为无限的、最普遍的认识，成为人类文化的基础。所以，必须在人类文化和文明的总的思维框架下，认识哲学的地位和意义，自觉地实现哲学的使命。

文明人依靠知识去生存，超越自然界而成为老子所说的域中四大之一的人类指的是文化意义上的人类，指的是社会文化和文明史中的人。或者说，在世界上被称为万物之灵的人的历史指的是人类文明史。那么，人类文化知识中为什么同时又有着哲学智慧这种非知识文化呢？为什么人类文化是知识和智慧的统一，而不是纯粹的文化知识？说得直接一点，为什么人类文化产生了形而上但又无所不在的哲学呢？这是一个非常基本但又极为重要而深刻的问题。西方哲人在早期把哲学的起源归结为人的好奇心驱使，连亚里士多德也是这么认为的。如果哲学的充分理由只是出于人的兴趣，那它就确实是与凡人无关的哲学家的职业了。

对哲学在人类文化中的基础地位得出合理解释的是康德，批判哲学关于感性、知性、理性认识是人类认识三个层次的统一性关系的理论，是对人类文化的精辟归纳。按照康德的观点，人类文化作为一种自觉行为，一定是理性和知性相统一的。哲学是人类自觉理性，它一定是和科学相统一的。哲学无科学则空，科学无哲学则盲，所谓盲不是无理性，而是无自觉理性。人类文化如果单纯停留在理智观点或离开经验知识而凭主观兴趣去形而上学思辨都是不对的。哲学和科学并不是构成人类文化的两个具体部分，而是人类文化本身在不同层次所表现出来的认识，将之分为理性和知性是对人类文化存在现实在思维中的抽象，哲学和科学的统一就是人类文化的统一。至于为什么人类文化中有科学真理知识还有理性哲学认识，康德将之解释为人的认识能力天生就有要把各种知性认识统一起来的倾向，认为是必然的。

从人类文化的统一性本身去思考哲学文化作为文化结构的必要组成部分，就可对哲学的起源进行合理的理解。人类依靠文化生存，具体来说首先是依靠知识生存。人的知识是从经验来的，动物都有经验，但并不能说动物都有知识。由感性建立的对世界的认识叫表象，又叫感性认识，西方学者一般认为感性不产生知识，知识由感性上升为知性时产生，即由个别上升为具有普遍性的抽象关系认识时才对人而言具有知识意义。在知性普遍认识中，最有意义的是具有客观普遍性的知识，我们称之为科学真理知识。知识就是力量，使人类能自觉按照世界的规律去实现生存目的，从自然走向自由，从自然客体转变为具有主体目的性的主客体相统一的存在，从而创造人类的文明史。人类历史就是一部文化发展史，但是人类在依靠知性生存的时候，面临着知识的有限性和抽象性问题，对人类生存中的每一个具体选择行为而言，单一的某一个知识对选择而言总是片面性的，对具体的自然关系的选择实际上总是表现为对各种知识基础上适用知识的选择，更必定包括对具体边界和特定初始条件的选择。这就是从抽象到理性具体的现实智慧生存。人的主体性的文化选择行为不是机械的、必然的，而是对必然性的选择，即基于统一的知识水准和多样性边界及初始条件的智慧选择。如果没有知识的统一性，就没有真正主体意义上的文化选择。由知识的统一性去理解世界的统一性本性就是哲学智慧，哲学智慧并不在知识之外，它就在对知识及知识所描述的世界的统一性理解中。有了这种理性统一性，我们才能全面地看问题，才能从抽象的知识回到具体的世界完成以文化为手段的人的主体目的性的行为选择，真正成为文明人。人对世界的知识越丰富，看问题就越全面，行为选择就越合理，人就越文明且越聪明。从人类文化及文明观点看，没有知识就没有文化和文明；只停留在有限抽象知识中，不会全面、具体地运用统一性的思维去智慧地生存，则一定会陷入片面性和盲目性，这种文化行为其实并不是真正文明意义上的。当人类文化达到一定水准，自觉思考人类理性文化的具体统一性时就产生了哲学，哲学就是理性的自觉，构成了一个文化的基础。只有科学和哲学相统一、知性和理性相统一的文化，才使理性生存的文明人成为理性自觉的存在。

哲学不是基于兴趣和好奇而产生的，理性不是基于人的天性而产生的。生命世界中只有我们这一物种具有理性，其他动物进化没有进入理性水平，理性不是自然的产物，其本质就不能从天性去理解。理性是人类作为自由的主体性存在的必要基础，哲学是人类进入自觉的社会历史发展的理论基础。

任何个体在接受社会文化的时候，接受的是理性和知性相统一的文化，而不是单纯的文化知识本身，只不过哲学具有形而上本性，大多数人在潜移默化之中已经构建起不自觉的哲学观念，只见知识不见智慧其实是只见文化的现象而忽视了文化的根本。当代的人类是多元文化社会构成的，在科学技术高度发达的今天，人类所具有的知识并无本质区别，科学知识是价值中立且客观普遍有效的全人类的共同精神财富，但为什么人类发展呈现出多元化现象呢？很多人喜欢将之归为自然条件和地理环境原因，但真正的原因在于多元文化现象是由多元哲学理论基础所造就的，这才真正体现了哲学作为一个社会乃至人类社会文化基础的地位，体现了哲学是人类生存的最深层基础理论的深刻意义。哲学的使命就在于根据人类文化及社会的发展，不断自觉调整人类社会发展的基础理论，使人类社会能有持续发展的未来。

人类社会是文化的、选择的、历史性的存在，不是必然性的宿命存在，即人类的历史是人类自己创造的，人是自己决定自己命运的自由的存在。人类历史向何处去，取决于人类的行为选择，这又首先取决于人类对世界及自身的认识和理解，这一切都不能离开哲学这关乎人类生存的基础理论。人类几千年的文明史是一个从低级到高级的文明发展史，但这种发展是人类智慧的创造，不能理解为不以人的意志为转移的过程，更不能把“历史进步”作为一种必然的趋势。其实，人类文明史是在不断探索的冒险过程之中前行的。要减少人类历史的盲目性和风险，哲学这一生存理论基础就要担负起它的使命，使人类在和自然界的和谐统一中生存和发展，使人类社会历史是合人理性本质的文明史，从而在本质上超越丛林法则为本质生存的自然过程。近代科学革命建立起的以因果决定链条为基础的绝对科学观作为人类生存的哲学理论基础肯定是有问题的，二十世纪以来是人类科学大发展、经济大发展的时代，但也是人类面临最大危机的时候。人类提出可持续发展理论，这意味着人类的持续发展已经面临严峻而现实的挑战。人类获得多大自由就伴随着多大的风险。人类在新的历史时期需要切合实际的发展理论，但最为基础的仍然是人类生存基础的哲学理论。绝对科学观的生存基础理论正是人类生存环境恶化，未来风险不断增加的根源。哲学的当代使命就是把人类引向对整个世界的最普遍一元统一性理解，自觉地得出对人类“认识你自己”的理性统一性理解，进入自觉的哲学理性统一性，从根本上找到摆脱生存危机而持续生存发展的自由解放之路，向着更加文明的社会历史前行。

基于因果决定链的绝对科学观作为一种形而上学理论基础本身是二律背反的，拒绝一切形而上学本身就是一个二律背反的命题，在这种生存理论基础上发展起来的当代社会就是一个充斥着二律背反的矛盾时代。一是一面高举科学、民主的大旗，意气风发地统治和创造世界，同时又把这种进步看作必然的、不可逆转的过程。自由创造的人类同时也是受制于必然性宿命的人类，从低级到高级的绝对的历史进步又是一种必然性的宿命，我们的历史认识就是这样一种既自由又必然的“美人鱼”式矛盾理解。二是在绝对科学观的无穷必然因果链条中，人也成了这无限链条中的有限而可怜的存在。二十世纪是全面把人变成物的异化的时代。从文艺复兴开始的人类解放运动，人们用科学、理性的力量摧毁了宗教神学统治，从天国的奴役中解放出来，然而这种不断解放的进程在科学发展为绝对的时候，又把人置于另一个必然性支配之下。人被因果链决定，人就不是自由的，人就成了物，人类又回复到新的奴役和统治之中，这是一个由物来统治人的世界。当代人类科学文化充分发展，物质享受极为丰富，但这给人更多幸福吗？未必。调查表明，经济发达国家恰恰不是人们最有幸福感的国家。科学的作用在于造福人类，减轻人类痛苦，但科学最发达的社会却偏偏不是人们最有幸福感的社会。当科学把人也作为物的时候，人能有幸福感吗？当人追求无止境的物质享受的时候，能有幸福的满足感吗？陷于有限知性、物性世界中的人没有幸福感是合理的。最后，把有限因果思维作为无限认识的最严重后果是忘记了科学抽象规律是受具体世界的边界条件所限定的。在知性思维中，时间无限、空间无限、宇宙无限，科学规律作用的边界无限，所以人类发展前景无限。人类以这种理论基础作为贪得无厌的根据。事实上，人类生存的现实的、具体的边界条件是有限的。我们总觉得科学创造了人类的物质财富和精神财富，但在另一种意义上，人类没有任何物质和能量创造，充其量只不过是在转换能量和重构空间物质而已，没有物质资源、能量作为特定边界条件支持，任何科学规律就只是抽象的。近代科学革命、工业革命的本质意义是什么？在现象上是从传统农业社会转换为工业社会和后工业社会，在本质上是从依赖太阳能提供生存能量为主转换为以地球上非再生能源提供的能源为主，进入了能量利用和转换的新的模式。科学创造了巨大的生产力的另一种诠释就是科学革命的成果是实现了能量转换，使不可再生能源的能量代替了人力，把人从繁重的体力劳动中解放了出来。我们并不否认这是一种发展和进步，所不能接受的是把这种进步看作绝对的、无限的。工业革命只不过短短几百年，工业化的浪潮只几十年，人类社会许多地方还仍处在工业化的进行时之中，但我们已经越过了人类社会生存的能源、资源和环境的边界线，地球几十亿年形成的不可再生资源和能源已经面临枯竭的威胁。人类透支环境、资源、能源的社会生存发展模式的理论基础就是抽象的绝对科学观。事实上，仅依靠科学拯救不了人类，反而会加速人类走向末日的进程。人类社会基本风险在于我们的生存方式已经超越了制约我们的边界条件，失去了可持续发展的能力。解决这一危机的出路首先是哲学回归自觉理性，超越科学理性。只要通过科技发展就能从根本上摆脱人类生存危机的观念是危险的，科学只能缓解人类当代危机，但人类许多具体危机现象是科学发展的副作用。人类生存危机根源不在科学在哲学，人类必须抛弃绝对科学观，建立新的社会生存基础理论。人类的和平安全，人的自然和环境自然的协调和谐，归根到底是人和社会的统一、人类的文化和自然的统一问题，即它是哲学统一性问题。哲学的使命就在于建立理性的世界统一性理论，为人类生存提供合理的理论基础。人类只有走出技术社会企业文化的绝对支配，才能进展到自觉理性的水准。

三、世界统一性原理——自觉理性浴火重生

人类的理性文明史已经超过五千年，进入自觉理性也已经两千多年。两千多年的自觉理性发展史在近代的最伟大成果是把人类从精神统一性世界追求导入现实具体的世界历史时代，亦即全球化时代。人类文化文明史留给二十一世纪的遗产是科学理性为形而上学的生存基础理论以及科学知识的爆

炸性增长、文化全面的普及、全方位的渗透，人类已经进入每个具体个人需要相当高的文化知识水平才能现实生存的时代，人类文明史已经进入以精神文化知识生产和消费为最主要生存方式，人类现实社会历史向着文化的本质充分地展开的阶段。这是人类理性的胜利，我们本应为此欢欣鼓舞，尽情拥抱两千多年自觉理性的丰富精神成果，把科学理性的知识时代推向极顶。然而乐极生悲，全球化带给人类的不只是积极的意义，也把人类导向现实的生存危机。人类生存危机的本质是文化危机，文化危机的本质是人类生存的基础理论危机，是科学理性世界观和价值观的危机。

把科学理性放在人类对世界理性统一性形而上学基础理论意义去考察，就可发现它本质上是不完备的，不是最普遍的世界统一性，以之为对世界统一性理解把人类导向全面危机是顺理成章的。人类当下的科学理性观是以因果决定论为核心的机械论世界观，在直接现象意义上是几千年唯物主义哲学发展的最高形式，本质上却是自柏拉图始的西方真理文化走到绝对的合逻辑结果，其最深刻意义是唯物论和唯心论、本体存在论和本质存在论的对立而不统一导致的人类对统一世界形成二元分裂理解的结果。自然哲学唯物论的产生是人类进入世界一元统一性认识的起点，是人类理性进入自觉理性的标志。客体世界统一性是世界统一性智慧的基础，但它还不是最普遍的世界统一性，还没有通达主体精神文化意义世界，也没有通达人的本质。唯心论是关于人的精神文化本质统一性理论，是人类理性对自身统一性的认识，理性的自觉统一性意义是在唯心论的主体存在本质统一性理论中成型的。但是，唯心论的知识统一性思考并没有把客体世界的认识自觉纳入本质存在统一性之中，而是把精神文化本质存在当成本体存在，把唯心论和唯物论直接对立起来。唯心论哲学把本体存在和本质存在的统一变成唯物论和唯心论的对立，把本质当本体，把抽象本质当实体，最大的局限性是停留在人的抽象本质中，没有返回人的主客体相统一的具体存在。人类主客体相分裂的唯心论是科学理性二元分裂哲学的根源。客体世界是人类世界的基础，被拒斥在本质存在论之外的自然哲学唯物论就只能自己提供充足理由，成为自圆其说的物质一元论，它的理论形态达到自足就是绝对物质观。近代文艺复兴以来，人类在科学、民主两大旗帜下争取人类解放的几百年历史创造中，科学理性即绝对科学观这种理论形态及内容充分展示了它的意义，它对客观真理的追求是建立在客体世界统一性信念基础上的，但这并不是近代科学革命的全部故事。从文艺复兴为起点的近代史本质上是人类自觉争取自由解放的历史，是人类主体性本质发展的历史，割裂了主客体统一性的主体本质发展在现实中就是人类中心论。科学理性观不是唯物论，也不是唯心论，而是两者对立而不协调共存的二元论。在二元分裂的人类生存的基础理论下，人类生存的经验遇到重大危机，它表明科学理性的绝对物质观及绝对科学观作为人类社会的理论基础是不足够的，并没有达到对世界的最普遍统一性理解。几千年来我们在绝对物质观下去理解世界的统一性是有问题的，把物质不证自明地作为最普遍的存在的本性，把物质世界理所当然地称为整个世界是缺乏充分理由的。人类历史已经徘徊在关键的十字路口，它呼唤着新的哲学来为人类生存提供可靠的理论基础。这个包含物质世界作为特定世界的新的世界统一性原理必须超越特定的物质世界及抽象主体世界，建立最普遍意义的具体世界的统一性理解，从而为人的存在及发展提供坚实的理论基础。

新的哲学建立在继承传统哲学理论的基础上。人类从猜测到真正建立起物质世界的统一性理论，历经了数千年的坎坷和努力，直至近代科学革命时代，牛顿建立了物质世界的普遍质点动力学理论，唯物主义世界观才真正获得了客观性基础，成为具有普遍知识根据的人类生存基础理论。古希腊从科学中诞生了哲学思考，自然哲学家从自然物中寻找由物质结构分解还原的终极物质以赋予本原存在最具体普遍存在的意义，并返回多样性世界由本原的物质性去建立多样性物质世界的统一性，这个世界的统一的本性就是物质性，即哲学唯物主义，也叫作哲学本体存在论。西方哲学肇始于本原论的本体存在论一直是唯物主义的，只不过在不同历史时代的哲学唯物主义具有不同的形式和内容罢了。古希腊哲学基础还很薄弱，以哲学对世界统一性思考作为根据的知识大多建立在科学猜测基础上，所以是朴素的。尽管亚里士多德时代古希腊人在天文知识方面也已有了丰富的知识，但仍然以感性经验中得出的以地球作为绝对空间参考点的框架去认识物质世界，哲学唯物主义对世界的统一性思辨还远不是真正的物质世界统一性理论。平心而论，古希腊虽然产生了朴素的哲学，但它还没成为当时社会存在的决定性基础理论。特别是在漫长中世纪，西方文化主要是以基督教信仰作为社会生存的理论基础的，唯物主义成为支配西方文化的世界观则是从文艺复兴开始的，而这一历史变革的完成则以近代科学革命的完成为标志。

哥白尼的“日心说”理论真正拉开了近代科学反对中世纪封建神学统治的序幕，但近代科学革命的真正决定性英雄是伽利略和开普勒。伽利略最杰出的贡献首先是建立了基于相对空间的伽利略变换关系，建立了在相对空间描述中物理运动规律的形式不变性，从而把亚里士多德的特定的绝对空间拓宽到更普遍的相对空间形式，使人类对物理世界的运动及其原因的科学认识上升到更加一般的普遍性水平。开普勒则在其老师第谷的大量天文观察数据中归纳总结出了太阳系行星运动三大定律，科学地证明了哥白尼的日心说理论，证明了太阳系星球之间的联系及相互作用的必然性规律。伽利略和开普勒的科学成就，为牛顿建立物质世界普遍、统一的质点动力学描述提供了坚实基础，最后牛顿在《自然哲学的数学原理》中完成了物质世界质点动力学的最一般科学理论归纳。牛顿质点动力学理论包括动力学三大定律和引力定律，力学三大定律以简洁、普适的优美形式，在多样性物质世界中建立了作用于抽象质点的力和运动之间的必然性因果关系，引力定律则揭示了物质世界最普遍的联系和相互作用，在现实意义上用抽象质点和力把整个物质世界连接为统一的世界。牛顿动力学从物质自然界本身去揭示了整个物质世界的运动变化规律，上帝不再支配自然，上帝的意义充其量只能是第一推动或是在冥冥之中支配着自然界运动变化的必然性规律本身。牛顿的胜利是近代科学彻底胜利的标志，质点动力学理论可以解释地球绕太阳运行或者苹果掉在地上的一切物质客体的运动变化，可以证明物质世界就是受科学必然性规律支配并且是自足的。哲学唯物主义在牛顿科学的伟大胜利中找到了坚实的立脚点，成为人类社会生存的基础理论；同时，哲学唯物主义的胜利强化了以因果必然性支配的西方唯心主义真理论的机械论思维，最终发展成为科学理性的生存发展观。无可否认，近代科学革命以来，人类获得的自由越来越多，科学理性的生存发展观对人类近代以来的历史发展起到了决定性的基础理论作用。

但是，正如前面所述，科学理性作为人类生存理论基础，把有限知性科学无限绝对及把世界的统一性关系还原为科学因果决定关系是有极大局限性的。人类现实生存意义仅局限于绝对物质观理由是不充足的，它的基础是唯心主义具体真理论，现实表现是人类中心论，前提是人主体和客体世界的分裂。今天人类生存发展面临的种种挑战已经使不少有识之士大声呼吁变革甚至重建人类社会生存和发展的理论基础，但究竟人类生存理论基础的局限性在哪里却还是一个见仁见智的问题。如果不首先解决这个问题，就无法重建人类生存的新哲学理论，因为人类文明史是无法割断历史另起炉灶的。在人类中心论支配的知识经济时代，质疑科学理性生存发展观的局限性，将机械论本质理解为唯心论的局限性应出乎大多数人意料，但唯此才是合逻辑的理解。然而，更加出人意料的是，哲学唯物主义的绝对物质观其实也已经暴露出严重的历史局限性，如果不证自明地把世界、客体世界和物质世界同一其实是有极大问题的。人类关于自然界统一性理解的理论其实是在把一般当作最普遍的基础上产生的，是由人的感性局限性先验地决定的，其实物的世界并不是统一的自然界。二十世纪科学的发展已经揭示出了绝对物质观的局限性，但人们又从绝对物质观去解释这种局限性，使二十世纪的人类科学和哲学错失了向最普遍的客体世界统一性理论综合和归纳的最好机会，推动人类科学和哲学发展的哲学唯物主义在二十世纪成为束缚人类思想自由的桎梏了。

哲学唯物主义是从自然界中的多样性物质客体存在为起点去思考世界万物的本原时产生的，从世界本原反过来又得到关于世界存在本性是物质性的统一性理解的根据。古希腊人从自然界物质客体出发还原分解复杂物质结构，并坚信物质客体不断结构分解的结果仍然是物质，按照这一逻辑，世界万物的本原既是最普遍的具体存在，也仍然是物质客体存在，所以世界的统一本性就是物质性的，即自然界的一切客体存在，从多样性到多样性的统一都是物质客体，这就是纯粹基于感性具体意义的理解。但中国人并不这么认为，所以中国哲学叫玄学，因为物质不是自然界最普遍的具体存在，比物质更普遍之物是无物之物，即无物之形之物，是人的感性尺度把握不了其形的具体之物，故玄学的“玄”及形而上不是纯粹抽象，无形既可以是抽象也可以是具体，形而上即无形首先是具体的，是具体和抽象的统一。具体的“玄”如何有根据地成为感性具体的呢？在人的感性经验中，光的本性是最玄妙的，完全可以把光作为物又不同于实体之物，这极可能是老子将“无”作为世界万物本原存在的原因。如果老子把光等同于实体之物或否定其物性，则如何从普遍经验知识中归纳出“无”就很难解释了；如果把光作为无物之物，则具有无本性的光作为“有”的构成结构元素，就合“无中生有”的逻辑了。其实古希腊哲人用来解释世界万物本原的“有”也基本上是在感性认识经验中没有确定性形状的水、气、火等，但他们把自然界的一切客体存在归纳为物质客体时，究竟是把光当作物还是作为物的属性或现象呢？我们不知道，只能理解为古希腊人回避了光的本性问题。从古希腊哲学中产生的唯物主义，在思辨的起点上就是有严重的片面性和局限性的。如果不把光当作物，则物质世界和自然界就不是同一的概念，自然界除了物质世界之外至少还有光的存在，自然界的统一性必须在光和物质的统一性基础上才能得到最普遍的理解。物质世界的统一性不是自然统一性本身，物质一元论是以偏概全、以特定作为最一般、最普遍统一性的片面性理论。

光的本性并不是抽象的形而上学思辨，而是人类实证科学中最基本而又最深刻的问题。光是我们具体生存经验中无处不在但和实在之物完全不一样的具体存在，但从光的经验中却无法归纳出它的普遍的本性，因为我们无法“把握”它，我们能感觉但抓不住光。自然的本性中最玄妙的其实是光的本性而不是物的本性问题，这也正是近代科学的一个主要的理论热点，也是二十世纪科学革命的触发点。牛顿用动力学构建物质世界最普遍的抽象本质时，只有把光归入物质质点才是合逻辑的，所以牛顿用“微粒说”解释光，光的本性就是物质的本性，光物同一。不同一的只是现象，即光作为微粒太小，所以我们肉眼无法分辨它。但科学不是假设，科学需要经验来证明，光在媒介中运动速度比真空中慢否定了光的物质微粒说，支持了惠更斯的光的波动理论。但光的波动理论也是有问题的，因为把波动概括为光的本性不合逻辑，波动、转动、直线运动只是客体的运动现象，绝不能当物质的本性，光的波动说否定了光的具体存在本性，光只有本质，它的本质就是物质客体的属性和现象。但这又和我们具体感性经验中光不依赖物质客体而独立存在的认知是不相符的。

人类二十世纪两个最重大的科学理论突破即量子力学和相对论，实际上都直指光的本性问题，溯及自然界认识的源头。普朗克在解决光的黑体辐射问题破解物理学的“紫外灾难”时，天才地提出了光不连续辐射的量子态理论，并由爱因斯坦对光电效应的科学解释为光的量子性提供了可靠证据。光的量子性确定了光的存在本性，光是存在者而非存在者的属性。遗憾的是，量子概念虽然在物质微观粒子的波动属性描述中取得了决定性进步，但对光的本性思考却未能前进半步。爱因斯坦为了解决光的波动运动中的速度绝对性问题，建立了相对论，破解了“以太危机”。相对论的本质在于揭示了光的运动是绝对运动，从而揭示了光和物质有完全不同的本性，光和物的运动、速度是不同一的现象。牛顿建立物质世界统一性描述的精髓是揭示了物质世界空间性的相对性，物质空间运动描述具有相对性，所以物质客体本质上是一种相对性存在。但光和物质的本性完全不同，它是绝对性存在，以太被证伪和抛弃证明了光是以绝对速度运动的存在：光和光源运动无关，和参照系无关，还和媒介无关，与以太无关就是和媒介无关，只是人类至今还没有深入理解这一法则而已。光的本性和物的本性不同，光的运动是绝对运动，所以光是比物质更为普遍的存在，相对性的物质运动描述只是绝对运动的一个特定形式。爱因斯坦的狭义相对论把物质相对运动和光的绝对运动的描述变换关系建立起来，为超越物质相对运动，实现光和物统一运动描述提供了绝对的契机。普朗克和爱因斯坦的工作就像当年伽利略和开普勒的工作一样，架设起了通向更普遍世界的桥梁。二十一世纪人类的希望、哲学的使命是沿着普朗克和爱因斯坦开创的道路，从物质世界进入更普遍的统一世界，建立起真正具有全体意义的客体世界统一性理论。在哲学唯物主义走向极限、人类生存基础理论乃至人类生存本身面临严重危机的时候，必须扬弃传统哲学，建立世界的更普遍的统一性原理，赋予人类生存以更普遍、更深刻的价值和意义。

新哲学的创造是人类文化的深刻革命。哲学作为人类文化基础，哲学革命和科学革命是人类文化即人类文化生存变革在不同层次的统一。从形而上学、科学、经验相统一去理解哲学，把哲学理解为自觉理性，就必须颠覆把哲学当成纯粹形而上学的传统，从具体理性去理解哲学的意义。

注释

①转引自艾耶尔著，李步楼、俞宣孟、袁利均等译《二十世纪的哲学》，上海：上海译文出版社，1987年第1版，第272页。

②转引自同上，第20页。

③史蒂芬·霍金、列纳德·蒙洛迪诺合著，吴忠超译《时间简史》，长沙：湖南科学技术出版社，2006年第1版，第128页。

④转引自艾耶尔著，李步楼、俞宣孟、袁利均等译《二十世纪的哲学》，上海：上海译文出版社，1987年第1版，第26页。

⑤同上，第256页。

⑥同上，第243页。

⑦余少波著《人的哲学理论——对马克思恩格斯思想一种阐释》，北京：社会科学文献出版社，2016年第1版，序言第4页。

⑧转引自苗力田、李毓章主编《西方哲学史新编》，北京：人民出版社，1990年第1版，第541页。

⑨苗力田、李毓章主编《西方哲学史新编》，北京：人民出版社，1990年第1版，第546页。

⑩张尚仁著《新译　新编　新解　道德经》，昆明：云南民族出版社，2008年第1版，第22页。

第四章
自觉的理性

引　言

【提要】哲学本性是最抽象的，本质却是最具体的。哲学难以入门的主要原因在于人们普遍执于感性常识的抽象而不识其具体现实性，把握哲学就是要将之回复到最普遍意义的理性具体之智慧。

一、人是理性动物的具体意义是，人是自然生命和理性精神文化本质相统一的具体存在，人依靠客体化的意义载体文字将抽象思维中的信息意义转换为人类共享性的普遍意义而创造了文化，依靠文化选择性生存跨入了文明史。理性之为理性就在于人区别于动物的精神文化本质，理性即文化。抽象精神文化本质的现实性在人的现实生存实践中，不是思维中的幻想或神话，即人类文化、理性只有回归具体经验生存才能得到智慧的理解，人区别于禽兽的现实性在于人自由自觉的具体理性文化生存本身，不懂得理性、文化是具体的就谈不上智慧。

二、哲学的创生标志着人类理性进入理性自觉的根本性进步，哲学是理性返回自身自觉理性，旨在为人的认识和生存、文化和自然提供充足的理由。思维和存在的统一在认识论意义上是主客观的统一，在理性具体意义上是主客体的统一，在现实性意义上是人的生存达到必然和自由、自然和文化的统一；哲学是由本体论、价值论、认识论统一为具体的，本体论提供客体统一性，价值论统一文化选择的主体目的性，认识论提供多样性认识的统一性普遍形式，三者统一在人的每一个非本能的生存经验中，由此才有人类统一文明史的现实性。

三、哲学区别于上帝信仰那种纯粹抽象形而上学而成为具体智慧的决定性根据在于它以客观普遍知识为中介联结了最普遍形而上学和人类经验，形而上学、知识、经验的统一使哲学对世界的绝对形而上学理解是具体的，并且为自己提供完备性得以自圆其说。哲学的最高目标是具体的绝对，由人赋予自己关于我是谁、从哪里来到哪里去的绝对价值和终极意义，使人成为自主自觉自由创造的理性具体存在。科学知识的进步对哲学的诞生和发展具有根本性的意义，这是哲学被称为科学之科学的原因。从认识论看，哲学思维是感性、知性、理性统一性不可分割的具体思维，包含知性抽象因果判断思维，并在和具体边界、初始条件相统一的具体问题具体分析中把知性抽象导回具体。

四、理性具体决定了每一个现实的文明人都是自由创造的社会历史性存在，哲学把人导向理性自觉就是把人导向真、善、美统一性的智慧生存。人类理性文化无论在社会还是个人意义上都是后天经验性的，普遍文化知识传承和创造的统一使人类社会文化是在无限的历史发展意义上的，普遍精神文化的具体现实性在于使每一个人在后天文化学习和创造中成为具有理性灵魂的自由的存在。普遍精神文化知识在具体个人灵魂觉悟中统一为理性的具体智慧，使每个文明人都是统一于普遍社会历史文化本质的创造性存在。人类普遍理性的意义就在每个人的理性具体灵魂中，人类自觉理性的最高价值和意义在于把每个人导向理性的绝对境界，亦即把人类导向理性大同的完美世界。人类文化是多元起源的，具体理性依赖于个人从而是个体性的，而当亦仅当每个具体理性都达到绝对的圆满水准时，人类才能进入每个人的本性和本质都得到充分展开的理性大同世界。

二十世纪人类的科学理性文化的现实性是哲学在二元分裂中失去自觉性的二律背反现象。要扬弃科学理性回归具体理性，首先要回到对理性的自主自觉认识基础上，这就是哲学本性的思考。本章开始进入统一性原理的哲学思考，探索理性统一性的一般规定性。从认识思维角度，这是最基本的；从学科认识角度，这却是最困难的，也正是哲学思维入门艰难的原因。笛卡儿聪慧地把哲学理解为“怀疑一切”的思考，使哲学不为任何有限规定性所限，使哲学区别于有限知识而成为无限的智慧。哲学思维难在没有任何可以利用的确定规定性作为前提，只能自己起家；一切认识起点必须设定抽象规定性，哲学也必须从一般抽象规定性开始，但这和知识学科在起点的“一般规定性”具有完全不同的意义。知识学科的一般规定性限定了学科的范围，为学科的对象、目标、性质提供了基本框架，理解了学科一般规定性就可以进入学科做进一步的探讨。哲学的一般规定性知识设定，不是根据，哲学既是无限的就不能受制于外在的根据，它和知识学科的不同就在于它必须自证，所以理性哲学理论总是“循环论证”而自我圆满的。知识是追求发展进步的，智慧却是追求圆满的。哲学的一般规定性并不是哲学的根据，而是它思考的起点和终点，只有在从起点又回到作为终点的起点的思维运动中，你才能体会到理性哲学的智慧。讨论哲学及智慧是一个两难问题，哲学理性思考起点设定的规定性作为有限抽象规定性来看并不是哲学规定性，但当在这个抽象规定性上深入思考，不断展开，最终能圆满地返回自身时，它就不再是抽象的、有限的规定性，而是一种具体丰富多样性的统一性理解了。

哲学是什么是讲不明白的，但讲不明白还是要讲，不讲就没有哲学了。所以，人类讲了几千年哲学，产生了不同流派的不同哲学。我不是哲学家，也不是哲学教师，而是二十年如一日追求世界统一性的冥思苦想者，所以，更喜欢从形而上和形而下相统一去理解理性智慧的本性，追求从个别到一般到普遍然后到最普遍的统一性去理解具体世界的本性。因此，本章主要从如下三个方面设定统一性原理的一般规定性：

第一，从人类认识的发生、发展到统一性认识的建立，归纳统一性认识是以最普遍客观性认识为基础的具体理性的本质和意义，把人类文明的过程理解为文化发展亦即包含多样性的最普遍的统一性发展过程。

第二，从个别到一般再到普遍的认识发展实现了对世界的最普遍本质的统一性思考，是对世界认识从具体到抽象再从抽象到具体的认识的两个层次的统一，使认识从感性具体进展到理性的具体。哲学是具体认识的本性决定了统一性智慧的形而上学和形而下相统一，人类文化是感性、知性、理性的统一。经验世界知性知识既是以理性统一性为基础，又是理性统一性认识的基础，知性无理性则盲，理性无知性则空。人类理性具体是文明人的现实生存方式，人类理性作为人的普遍本质是精神，是从具体自然意识上升为具有类普遍意义的精神文化，它就在一切具体现实的人的主客体统一存在中，在人的一切超越了本能支配的文化选择现实生存活动中，在人类社会历史过程中。正是理性使人本质上走出了自然界，成为异于禽兽的文明存在。

第三，统一性思维的根本意义是人自身的统一。世界统一性的最高本质是人的统一性。人是能量、物质、生命和文化的最高统一性存在，由此可以理解世界统一性原理包含着传统哲学的世界和人从哪里来到哪里去，人在世界中的位置和意义这些基本问题的统一性理解，包含着对真、善、美的统一性理解。在人的世界的圆满统一性中就能理解人的现实意义和永恒的终极价值和意义。

第一节　统一性思维的产生

一、哲学产生的轴心期理论

哲学的产生是多元古文明中的重大事件，对人类文化中哲学产生的综合性归纳之一是德国历史哲学家卡尔·雅斯贝斯在1949年所著《历史的起源和目标》中提出的轴心期理论。对此，张尚仁老师在《聊哲学》中专门以“哲学是人类文明轴心期的标志”[①]为题做了深入探讨。轴心期理论可以从人类不同文化的哲学起源去思考哲学的一般本性问题，而不是仅限于西方文化的哲学。

轴心期理论把人类历史划分为四个阶段。第一阶段是史前期，实际上是非文明史期。第二阶段是文明产生期，指人类发明文字到产生哲学的时期。实际上，以史前期归纳人类历史第一阶段已经隐含着把人类历史理解为文明史的意义，雅斯贝斯的“史前期”归纳是很有智慧的。第三阶段是轴心期，在公元前500年前后，几乎同时在古希腊、中国及古印度产生的哲学使人类进入了轴心期。第四阶段是科学技术时代，即从文艺复兴开始至今的历史。雅斯贝斯历史四段论的最重要意义在于对哲学起源及其意义的理解，因为他把哲学产生的轴心期理解为人类文明进程的突破期，而其他的阶段则是文明发展史上的间歇期。轴心期理论从精神思想层面去归纳人类历史的本质和过程，人类文化产生了哲学意义上的思想理论的重大意义在于完成了人类进入精神统一性的突破性进步。精神文化的进步才是人类历史发展的本质，而哲学的诞生则是人类精神文化进入最普遍统一的历史发展时代的标志。可以认为在轴心期产生了哲学，但也可以说是人类发展到哲学产生的时候人类历史的本质进入了轴心期。雅斯贝斯的轴心期理论是以人类的精神发展运动作为人类历史的本质去归纳人类历史运动的。在轴心期理论中可以体会到柏拉图的理想国家图景，体验到黑格尔的世界精神正绝对地、必然地、永恒地向前奔腾。钟情于科学技术所带来的一连串感性福利的大多数现代人可能不屑于这种“唯心史观”，但扪心自问，以文明作为人类历史本质和进步标准的理论，如果是唯物，那不是退回到史前去理解人类历史的本质吗？唯物史观岂不成了历史退步论的历史观？现代物质文明的本质是物质还是文化呢？没有精神文化世界上只有物质无物质文明！理性具体认识赋予一物以文化本质意义，对物的认识如果还原到感性认识就退化为纯粹自然物。必须从人类精神文化的发展中揭示人类文明史的本质，哲学的产生不仅必须纳入人类历史本质的思考，而且必须看作人类历史本质发展中的里程碑，这正是雅斯贝斯的轴心期理论的独到之处。它把哲学放入人类文化乃至人类文明史的总的框架之中，深入人类历史的精神统一性本质之中，使哲学不再是少数闲雅人士的兴致。雅斯贝斯的轴心期理论在二十世纪这个物欲横流的时代，是值得具有高尚精神追求的人们尊重和尊敬的。世界统一性原理的一般性规定，就以雅斯贝斯的轴心期理论为起点，并希望对整个世界的统一性原理的理解能返回到轴心期理论的本质意义之中。

雅斯贝斯如何把哲学产生作为人类文明轴心期的标志，把轴心期理解为人类历史发展的突破期呢？他说：“人类一直靠轴心时代所思考和创造的一切而生存，每一次新的飞跃都回顾这一时期，并被它重新燃起火焰，自此以后，就是这样。轴心期潜力的苏醒和轴心期潜力的回忆，或曰复兴，总是提供了精神力量。对这一开端的复归是中国、印度和西方不断发生的事情。”[②]根据雅斯贝斯关于人类历史的四个阶段理论，轴心期是古代文明中哲学理论的生成期，它对哲学的诞生、本质及作用的阐述可以从如下几方面理解：

第一，必须从人类精神文化发展的过程去理解哲学的产生，但至关重要的是必须深入精神文化的本质和意义，在精神文化的发展过程中理解人类历史过程的本质和意义。人类历史的本质是文明史，是精神文化发展的文明史。因此，过分倚重所谓唯物主义即自然哲学，甚至把自然统一性彻底化，实质上是把人类文明史还原为自然史。雅斯贝斯的轴心期理论认为，历史的起源意味着历史不是永恒的，把目标和历史联系起来，人类历史就会循着人的有目的、有意志的主体性创造的方向去思考和理解，人类历史就不会停留在物质的自然史中，而是深入与人类自由意志和目的相关的精神文化中，在精神现象的发展中揭示人类历史发展的本质。彻底的唯物主义者责难柏拉图、黑格尔这些哲学家的“历史唯心主义”，总是认为人类历史的前提是自然，人首先就是自然的存在，其实是犯了一个非常明显的逻辑错误，他们把人类历史存在的前提和本质混淆了，从而把自然界和人类社会历史等同起来，把人类社会最终还原到自然存在意义去理解，这在逻辑上就隐含了人本质上终究只是禽兽的结论。对人类社会历史思考的本质并不在于人的物质性，不在于论证人类社会的前提，而在于揭示人和人类社会历史的本质，揭示人类社会之所以为人类社会而不是自然界的充分理由。人类社会历史的本质不在于它和自然界的同一性或统一性是什么，首先在于它区别于自然界而被称作人类社会历史的根据是什么。人区别于物和禽兽的根据当然不是物质，人类历史本质上绝不是唯物主义的，只能从精神文化的发展去揭示人类社会历史的本质，历史唯物主义不能还原为自然唯物主义。我们把人类社会历史称为文明史，把精神文化未产生之前称为史前期，其实已经是在逻辑前提下肯定了人类社会历史的精神文化本质。所有那些坚持历史是自然唯物主义论者其实只困在感性具体中去理解历史，没有进入历史的普遍本质，所坚持的唯物主义史观实质上只停留在现象，没有把握人类社会普遍的抽象本质。马克思的生产力、生产关系、经济基础、上层建筑不是具体之物的普遍归纳，而是文化归纳。本质一定是抽象的，具体则是统一性的，具体本质是不合逻辑的概念，人类社会的本质是抽象精神。雅斯贝斯从精神现象的发展去归纳人类社会历史的本质是可取的。在人类精神文化中，哲学思维是人类精神运动发展到比较成熟的高级阶段才产生的，它是人类社会历史文化发展到自觉返回文化自身的产物。

第二，如何理解人类精神文化发展到产生哲学的高级阶段的“高级”呢？人类对世界的认识及人类社会的历史不正是从简单到复杂、从低级到高级的吗？从这种社会甚至自然界进化的一般规律去理解哲学的产生又有什么特定意义呢？在哪种规定性的“高级”阶段产生了哲学呢？轴心期产生的哲学对人类社会历史运动的本质性影响、引起的人类社会历史本质的革命性变革又体现在哪里呢？“轴心期产生了我们至今仍在思考的各种基本思想，完成了人类进入统一的第一步。”[③]当我们建立了关于世界中具体对象的普遍因果必然性规律认识时，就从感性具体认识上升到了知性普遍知识认识的高级阶段。所谓知识就是具有普遍性意义的认识，真理知识就是具有客观普遍性意义的知识。人类社会历史始于普遍知识的产生，发展于普遍客观真理知识的发展，发展的本质是知识的建立、积累、传播以及运用。人之所以为人，人类社会历史之所以是精神发展为本质的历史，就在于人类文明史中的生存活动是建立在知识和目标的统一性基础之上的。文明人的有意识行为受目的性支配，动物性的欲望转换为人的目的和需求表现出来。需求即目的的实现过程是文化过程，文化行为符合自然规律，人就能实现预期的目标，这就是“知识就是力量”和“科学技术是第一生产力”在整个人类历史中的决定性意义。所以，人类历史发展的现象虽然在人和自然的关系中，但本质却在于人的精神文化的不断发展中。在轴心期，人类文化追求普遍性的发展达到了追求最普遍的统一性认识的极限阶段，已经超越了传统知识的范畴。传统知识从个别到一般是一种抽象，同时以赋予认识对象规定性即建立认识的限定性为前提，所以知识总是有限知识。但最普遍的认识达到极限的时候，它就不再包含有限规定性，而进入了无限。进入无规定性无限认识就不再是对具体对象的抽象，因为抽象是部分，无限的认识是全体，而且是由部分统一而成的全体。最普遍的认识是具体的，而且是包含着全部抽象的具体，具体的最普遍认识就有了全体知识统一性的意义，有了多样性统一的意义。作为多样性认识乃至多样性世界的统一理解，最普遍的知识就不再是抽象有限的确定性认识，也不再是有限科学真理，而是把一切抽象有限认识统一起来的“科学知识”，我们称之为智慧。自觉追求这种统一性智慧学问的学科即哲学。

第三，从人类主体认识能力的角度看，哲学的产生并不是从知性认识能力向更高级的理性认识能力的发展，而是从不自觉理性向自觉理性的更高级阶段的发展。人从蒙昧步入文明史就已经是理性存在，人类文明史的现实并没有知性文明过渡阶段，知性认识和知性认识能力只是人类精神认识中对自身文化思考的抽象，一切产生普遍知识的具体认识都是理性的，进入依靠普遍知识生存的文明人都是具有理性精神本质的现实存在。在哲学产生的轴心期之前，人类对普遍知识的认识尽管是理性的，但人类还没有自觉到理性本身，认识的兴趣和目标在知性普遍知识上。人类产生对知识普遍意义的充足理由的自觉思考时，人类需要把各种抽象知识统一起来以全面理解事物甚至整个世界时，人类对世界统一性理解的智慧就会产生。人类思维中最早的世界不证自明的是感性物质世界，从物质世界作为存在本体的信念出发，追求对物质世界的本原存在知识，以本原知识为基础建立的一元本原统一性存在是对多样性物质世界的本体论即自然世界的物质本性的理解。就西方哲学而言，柏拉图的理念论和亚里士多德的第一哲学的唯心论才自觉地构建起对人类理性认识能力的系统理论，直指人类理性本身最基本而又最深层的本质命题：赋予人类知识普遍意义的根据是什么？唯心论抛开知识的内容，从人类知识认识的统一性形式去理解人类主体精神世界的统一性，从而开始了人类文明史进入自觉理性的历史。文字的发明使用即文化的创世纪是人类理性创世纪，哲学的诞生则开启了人类自觉理性的历史。

最后，必须指出在人类文化从个别到一般到最普遍发展的精神运动中，达到最普遍统一性认识是精神文化发展的内在目标。哲学的出现标志着人类文化进入了统一性思维的新阶段，也标志着人类文化已经在形式意义上即抽象思维形式上发展到特定的最高极限点。认识的内容可以不断丰富、不断发展，但认识世界的形而上学基础及模式却是无可逾越的。我们没有比最普遍还要普遍的认识形式，没有在统一性全体之外的东西。所以，尽管人类的认识没有极限，但很难说在统一性思维形式方面我们可以超越老子和柏拉图。哲学这种全体统一性的最高形式的生命力在于它既是极限的又是生长的，它不断把新的知识纳入主体知识统一性，以永远确保自己的最普遍统一性意义。

哲学是人类文化追求最普遍统一性认识时产生的，东西方哲学是在相互独立的情况下产生的，它们作为各自文化的基础，赋予了东西方文化不同的发展脉络和呈现，使人类的文化多元化。所以哲学也只能从多元去理解。但是，在追求最普遍的统一性这一决定性意义上，东西方哲学是相同的。所以必须从东西方哲学中揭示出它们所包含的世界最普遍统一性之意义，理解人类多元文化的统一性。

二、中国哲学的统一性理论

中国传统文化经历了几千年的风雨洗礼，始终把整个民族凝结在一起，表现出了顽强而旺盛的生命力和凝聚力。中华民族能够与时俱进，屹立在世界的东方，这和中国传统文化深层的统一性智慧是紧密相关的。在人类文化走向全球化的现代化浪潮中，中国人在向西方人学习新文化时创造性地提出“中学为体，西学为用”，就是说，在吸收西方科学知识时必须继承和传扬中华民族本质的东西。“体”是构成中华民族传统文化之本体，就是中国哲学，是中国文化对世界统一性的智慧总结。

大多数人总倾向或习惯于把儒学作为中学之体。这虽然和自汉朝以来儒家思想获得主导地位大有关系，但根源却在于儒学是一种“用”而非“体”，是更合于日常具体生存经验的文化，而不是在形而上深层支配其伦理规则的基础文化，所以，儒学是中国传统文化特色的内容即“应用文”。真正能在形而上学最普遍统一性意义上赋予中国传统文化以灵魂，为儒学“用文化”提供本质统一性基础的，是老子的玄学理论。中国哲学产生、中国传统文化的深沉内涵及坚强生命力的秘密，在由道法自然和自然无为的道家哲学理论所提供的形而上学基础之中。

中国文化的历史发展同样是从个别到一般到普遍的过程，并且同样是在向最普遍的统一性认识的思考中产生了中国哲学。中国哲学是中国人从最普遍的统一性去思考人和世界的智慧。按照卡尔·雅斯贝斯的历史起源和发展四阶段论，我们同样可以把中国哲学的产生时期理解为中华民族历史文化发展的轴心期，并且，中国、印度和古希腊文化发展的轴心期是在相互隔绝的条件下几乎同期形成的。按照这种理论，中国社会历史发展的轴心期是以中国哲学产生最普遍的世界统一性理论为标志的。中国哲学思维的萌芽期难以确定，但《易经》产生期的“形而上谓之道，形而下谓之器”已经是一种对世界最普遍统一性的思考，道已经是中国文化中具有最普遍统一性意义的概念。道不是相对于器的另一种存在，不能执于感性具体去悟道，否则会把道当成另一种特定的形而下之器了。道合逻辑的理解是多样性形而下之器的统一，这和亚里士多德在物理学之后、之上包含物理学于其中是同理的。《易经》富含变化法则的哲理，但中国哲学的完整的理论形态则是在老子的《道德经》中才建立起来的，其形而上之道是中国文化对一切做统一性理解的最普遍概念，中国文化把这种统一性理论称为玄学智慧。老子在玄学理论中说圣人以抱一为天下式，所谓抱一不是道生一之“一”，而是包含了一切的无限，是具体多样性的统一性。庄子归纳为其一也一，其不一也一。玄学之玄具有两个含义：一是最普遍也最抽象的抽象含义，是和可经验感知的形而下之器相对而言的；二是构成形而下之器的最普遍的不可见、不可察、不可搏的具体存在，并由此而赋予了多样性世界本体以统一性的本原存在之意义。几千年来，大多数人局限于只从最普遍的抽象去参玄悟道，把道局限于形而上之空即抽象思维，恰恰背离了玄学理论是具体世界的具体统一性理论的本质。因此，理解中国玄学统一性理论，必须以最普遍的具体即玄学理论中的“无”概念为基础才能悟道，理解支配这个多样性世界统一、必然的运动变化的最普遍的规律“经”，才能理解中国文化深层自然无为的最深刻而普遍的统一性意义。张尚仁老师在《新译　新编　新解　道德经》中，对《道德经》在中华民族文化及人类文化中的地位做了深入讨论和全面归纳，指出：“《道德经》是人类认识史上建立的第一个哲学体系，是中华民族文化奠基性的经典著作；是人类历史长河中永不枯竭的智慧洪流；是启迪人类思维的博大精深的思想宝库。”④中国人习惯称这个哲学理论体系为玄学而非哲学，表明了玄在老子哲学中的基础地位。如果把玄作为玄学理论的重要基础概念，同时承认自然哲学是思考世界的统一性的开始，就必须首先从具体客体存在去理解玄。玄是客体世界的起点，是客体世界多样性的根据，是最普遍的具体存在，玄学首先就是中国哲学的本原论。玄之又玄在于人的感性对具体本原存在不可识，玄作为众妙之门的最合理理解就是玄产生了奇妙的复杂世界，多样性感性世界统一于玄。由此可以认为，中国哲学理论体系也是从自然哲学的本原论开始的，道的统一性是由玄之又玄的客体即“无” 开始的。

《道德经》是中华民族文化基础，在中华民族文化中无处不在。《道德经》的最深刻意义不是教人知识，而是启迪人的智慧，教人全面地看问题，统一性地理解人的世界，智慧地生存。两千多年来玄学文化尽管不是历代统治者推崇的主流文化，但对中国文化的深层影响却不亚于儒学，它的哲理渗透在中国文化的方方面面。需要特别指出的是，感悟玄学哲理和对玄学哲理的体悟达到世界统一性意义的理解是两回事。对释、注《道德经》者，从理性哲学意义把玄学理解为中国哲学者不在少数，但能从世界统一性意义去理解它的哲学智慧者并不多，多数还是局限于西方抽象形而上学哲学意义去理解玄学，并未能通达主客体统一性玄学对局限于抽象精神统一性的西方哲学的超越意义。从哲学统一性理论角度去理解老子的玄学理论体系，主要是从最普遍的具体和最普遍的抽象这两个不同角度去理解“道生一，一生二，二生三，三生万物”的具体世界多样性中的具体普遍统一性理论和“人法天，天法地，地法道，道法自然”的抽象的普遍统一性理论。玄学的世界的统一性理论是在最具体的普遍性和最抽象的普遍性意义上达到真正统一的理论，是朴素但又逻辑圆满的世界统一性理论，达到了具体的无限境界。

《道德经》玄学理论作为哲学统一性理论体系，首先是关于自然客体世界的存在统一性理论，在哲学理论体系中叫作本体存在论。本体存在论是关于客体世界具体统一性的普遍理论，西方哲学叫自然哲学。它是对经验中多样性具体客体存在构成的自然界的统一性理解，所以它所指的对象是具体客体存在之统一。本体存在论由本体论和本原论两端构成，从本体的设定为基础对客体世界分解到彻底就到达本原，从本原到本体的统一性就构成了具体客体构成的世界的统一性。在多样性客体统一世界中，本原是最普遍的具体，本体则是和本原同质而不同构的具体结构性存在的整体的统一。西方人认为本体是物质世界，本原就是最普遍的具体物质客体存在。关于自然界的本体论的本原一定是自然客体，在这一点上《道德经》和西方自然哲学是一致的，玄学在客体世界的本体论意义上也是指向自然界的，它的本原理论也一定是关于具体的自然具体存在的。但玄学理论的本原和西方哲学的物质性本原在本质上是不同的。《道德经》所指的自然界的本原是什么呢？老子认为一切皆道，道是最普遍的存在，所以道是本原，道从本原形态演化出非本原形态的各样客体性存在，它们还是道，所以世界的本性即统一性就是道。老子根据自然客体的结构统一性，把客体世界区分为无、天、地三个层次。把本原形态的最基本状态的不生不灭的自然存在作为自然界本原，它就叫无即玄。无在玄学理论中是本原自然存在的概念，以无形态存在之道是独立自足、无形无质、无定无变而绝对运动着的自然客体。所谓无定无变就是绝对运动和不可再分解的客体存在。物质客体是有形有质、有生有灭、可定可变的相对运动着的客体存在，它只能从最普遍的无中演变而来，它结构解体后则又还原为无客体存在，这就是无中生有和有无相生的本体存在论意义。以无作为本原为玄学哲学理论的完美统一性提供了基础。只有首先把《道德经》的本原“无”作为客体存在去理解，《道德经》才是关于具体世界存在的统一性哲学体系。把道和无局限于抽象思维之中，则玄学理论就根本不配称作哲学理论，更不能说是具体世界的统一性理论。因为无和道的抽象性将使整个具体的客体世界失去存在的资格，坠入云里雾中成为“主观主义”的胡说八道。道的世界的存在统一性是从无开始，通过无中生有，由道生一，一生二，二生三，三生万物的物质多层次复杂结构在从简单到复杂、从单一到多样的演化中形成的，这个结构层次的多样性世界的最常见结构是物的结构，老子把这一层次结构叫天。在“天”的相对性存在向复杂性演化达到极限即进展到绝对性结构时，就产生了具有特定时间规定性的复杂结构，即不以质量而以时间过程以及生与死作为其存在规定性的特定物，我们叫作生物，老子称为地。自然界就是由无作为本原，由特定的物质以及最复杂的生命结构这些多样性客体构成的统一的世界。人不只是一种特定物质或生命存在，而是一种具有历史性规定性的超越自然生命本质的存在，老子赋予人以生命世界之中甚至整个世界中独立世界的意义，即是域中四大之一，人自为一大，且居于域中四大之顶端。世界是由无、天、地、人构成的统一性世界。无是本原存在，它就在一切客体存在之中。天是具有质和形规定性的物的存在，是无的特定存在形态，这种有结构的中介形态是有，是道的结构复杂性存在，不再是无。具有生和死时间规定性的物则构成了物质世界中特定的生命世界存在。生命存在首先一定是物质结构性存在，但它受生死之时间性支配。人作为生命世界中自成一大的理由不再是自然的时间或空间结构规定性，而在于文化即历史的规定性。人是文化和自然相统一的存在，人的抽象的本质是文化，人类文化使人类以社会历史性的特定形式存在。老子的《道德经》理论体系揭示的就是由无、天、地、人构成的四个基本层次的结构统一性的世界存在论，世界统一性的最高本质就在于我们人的自身存在之中。任何现实的人是由它的抽象的文化本质规定性来规定的，即总是在一定的社会历史文化中的具体存在。这个具体存在既是生命也是物质，也是无定无形的无构成的统一性存在。这种统一性的理解，才是对老子玄学智慧的合理理解。把道、无看作虚无缥缈的纯抽象，看不到道和无的具体统一性存在而谈经论道是错误的。

仅仅本体存在论的世界结构统一性理论还不足以使《道德经》成为人类历史上第一个完整的哲学理论体系。对统一性理论思考而言，本体存在论是基础，但它还只是自在的。停留在这个层次就只看到世界的现象，还没有洞见统一世界的本质。哲学思考世界不光思考世界何所是，还要思考世界何以是。亚里士多德把这称为第一哲学、第一原因或存在的根据，黑格尔称为自在自为的认识。老子《道德经》的最高境界则由道经德而经，即由存在统一性到支配存在的最普遍本质规律，这就是世界何以是的理解。在两千五百多年前人类对自然界客观必然性科学规律所知不多的历史条件下，老子归纳出“人法地，地法天，天法道，道法自然”的最普遍的抽象统一性规律，以解释现实的道、天、地、人四层统一世界之何以是。在今天老子归纳的这条最普遍的抽象统一性规律依然具有不可超越的普遍性意义。按照老子归纳之经，我们人类处在世界结构的金字塔顶端，是最普遍意义的存在，也就是受最复杂的各种必然性规律制约的存在。人的现实文化生存模式必须受生命世界进化的法则制约，受能量转化规律制约，人就是能量转化、结构演化、生命进化和创造文化的统一性存在，文化创造则是人之所以为人的充足理由。后天文化超越了先天进化的本质，人就走出了自然界，这是人在天地之上自成一大又法于天地的唯一合理的统一性理解。这就是本质意义上的世界统一性，是最普遍的具体统一性和最普遍的抽象统一性的统一，这就是达到理性具体的哲学，就是最普遍的世界统一性理解。这样理解的玄学才通达理性哲学的统一性境界。

老子玄学世界理论的意义还不止于此。它的产生不是因为西方哲人所说的好奇心或对形而上学的纯粹兴趣，而是基于对人的生存方式、生存文化及生存价值观的反思，它的意义是在为人的文化生存提供主客体统一性理解，建立合理的生存价值观，成为人智慧生存的基础理论。它的最精辟概括就是道法自然和自然无为，就是说，一切现实存在及具体存在都是受自然规律支配的，人不能违背自然规律去办事，违反自然规律只会“不道早已”。所以，老子的《道德经》中反反复复强调自然无为，谴责那些“以智治国”的国之贼。“天之道损有余补不足，而人之道则反之，以不足补有余；民之饥，以其上食税之多，是以饥民之难治，以其上之有为，是以难治。”⑤两千多年前的人类生存理论，对当今资本主义社会依然是入木三分的归纳。玄学世界的最高统一性回归到人自身，回归到人的文化和自然的统一，在自足自洽的意义上回答了人存在的价值和意义问题。在人作为主客体相统一的最高存在意义上，在人的统一性意义上，玄学理论虽然朴素，但已然是自圆其说的人生智慧。

事实上，具体理性、统一性是西方文化概念，但西方哲学并没有达到自身具体理性统一性的自觉理解，仍局限于知识论和真理论。玄学理论没有统一性及具体理性概念，老子是以“圣人抱一为天下式”来陈述具体理性统一性的。抱一即统一性之意义，天下即主客体统一性具体存在的意义，天下式即对具体世界的理性理解。正是在现实世界抱一的理解意义上，玄学超越了局限于主体抽象统一性的西方哲学。当然，玄学的理性统一性的具体圆满性是形式意义的，不是内容和形式相统一的具体意义的。它两千多年基本上凝固在自身体系中表明它的完备的体系结构并没有历史地发育生长，孕育出自觉理性，这是后人的责任。

综上所述，中国哲学的奠基之作《道德经》的玄学理论体系是中华民族走向统一性认识的开始。这种最普遍的统一性思考，尽管它的内在内容和形式随文化的发展而发展，但它的形而上学的统一性思维模式却是无可逾越的。所以孔子说："朝闻道，夕死可矣。"我们可以对统一性有新的理解，却无法摆脱最普遍的统一性去理解具体世界的本质及意义。

三、古希腊哲学的统一性意义

西方文化和哲学源头在古希腊。人们惊异地发现，现代文化的新成果大都可以在亚里士多德的理论中找到最初的基本框架，所以雅斯贝斯认为产生了西方哲学的古希腊在哲学上是不可逾越的，西方文化的每一次新的飞跃都回顾到古希腊哲学，被它重新点燃火焰。这些观点是否客观见仁见智，但有一点是客观的，西方文化的基础即哲学的源头就是古希腊哲学。从统一性意义上来说，古希腊哲学的兴起标志着西方社会进入了追求统一性思考的历史时代。

古希腊哲学和中国哲学在理论体系形成时区别很大。古希腊哲学不是某一个哲学家的理论体系，而是对"存在"命题的百家争鸣。中国哲学的"道"以老子《道德经》为经典，悟道就是悟老子玄学智慧，但古希腊哲学的"存在"并不以巴门尼德的存在哲学之存在意义为经典，诸子百家不断赋予"存在"以常新的意义。所以，以古希腊哲学为源头的西方哲学就是在对"存在"的统一性理解不断变化中不断生成的理论体系。与此相关的另一特点是，古希腊的哲学家们往往都是科学文化的圣人，古希腊哲学是在科学文化的基础上产生的，是对世界客体的抽象普遍性认识发展到最普遍的具体思考时产生的。古希腊哲学源于自然哲学及自然科学知识，又返回知识，哲学智慧和知识始终水乳交融。西方科学家达到一定高度总要进入哲学家的境界，思考最普遍的统一性意义。亚里士多德如此，罗素也是如此，西方哲学在源头和长流中都是"科学之科学"，走到极端就是科学理性。哲学追求最普遍的永恒，但科学追求不断创新，科学的不断创新又赋予了哲学对世界永恒、普遍的统一性存在以不断丰富和发展着的理解。西方哲学从形成理论体系之日起，就是一个关于世界最普遍的统一之存在思考中不断发展的动态理论体系。东西方哲学的这些区别一直延续到当代，我们在学哲学时惊讶地发现，原来许多西方国家在大学本科阶段是没有哲学专业的，哲学是在取得其他专业知识学位之后才有资格学习的。这一现象说明了东方玄学和实践、生存知识的关系与西方哲学和整个文化的关系是很不同的，玄学的形而上要纯粹得多。

西方哲学尽管在不同的历史时代有不同的形式和内容，但它从诞生之日起，就是面对同一命题即对世界最普遍存在的统一性思考。形式、内容不同的世界统一性，才使诸子百家的理论都叫作哲学，把从古希腊泰勒斯直至今天的艾耶尔的关于存在统一性的理论称为哲学。古希腊哲学的起源与东方哲学思考的命题是一致的，据此我们才有理由把中国玄学理论称为哲学理论体系。反过来说，西方文化关于世界统一性的各种理论思考自古希腊时代起就综合和归纳在哲学中。

科学是古希腊哲学之母。科学是人对客体世界客观普遍知识的认识，所以哲学以自然哲学为最初形态，从古希腊科学文化之中产生，古希腊文化对世界统一性的最普遍思考就是从思考自然客体世界统一性开始的。在当时的科学认识条件下，主要科学知识是微薄的、零散的、不成体系的，许多知识还不能称之为科学知识，带有主观经验甚至猜测成分。当时关于自然的主要科学知识是物理学，即关于物体的存在及其运动变化规律认识得出的普遍知识，其他学科是随后逐渐从物理学中分化出去的。当时的知识基础把客体世界归纳为感性物质世界，西方文化对世界物质性的统一性理解已经隐含在物质世界、物质客体和客体的同一性之中，成为一切自然认识形而上的前提，并成为西方文化以及现代人类科学文化的形而上学基础。当古希腊人对世界的思考上升到最普遍的统一性的时候，它的“无限统一性”实际上被世界是感性物质世界所限定，所以它从“有”即物去理解世界的统一性，并把最普遍的世界统一性同时理解为物质世界的统一性。思考物质自然界的最普遍统一性是古希腊哲学的开始，也是哲学本体论的开始，它的最早也是最基本形态是唯物主义本体论。哲学史及哲学教科书一直把西方哲学唯物主义解释为对世界物质本性的思考，即论证世界万物的本原是物质性的，因而世界的一切客体存在是物质性的。这种本末倒置的解释忽视了古希腊哲学产生并存在的意义和理由。

承认古希腊哲学产生自对世界万物的本原的思考，就意味着认为在此之前古希腊文化还没有进入最普遍的存在统一性的自觉思考。泰勒斯关于世界万物本原的思考首先是有限的知识思考，它不是在建立多样性客体认识的共相概念，而是对具体的多样性之物做具体的结构还原分解，从底层构成元素的普遍性即具体存在的东西的普遍性去理解多样性具体之物的普遍共性结构。这是从物质到物质，从个性多样性物体到一般普遍性具体之物体的认识过程。在逻辑上，这可以归纳为从客体到本原的认识是以本体论为形而上学前提的本原论思考。本原是万物的本原，万物是基于感性具体的形而上设定。当时思考本原是基于猜测论证而非科学实证的，所以本原的物质性是由本体的物质性所决定的，因为实在没有把具体物质分解为纯粹抽象的思维或观念的理由。必须记住，对世界万物本原的思考首先是在经验知识意义上的，而不是纯粹形而上学意义上的，所以，把对世界万物本原的认识作为世界物质性的论证在逻辑上是不成立的，哲学唯物主义是由哲学本体论的假定提供的，即从多样性物质客体去还原物质世界万物本原这一思维决定了这种思考是以“物质世界”为基础的。本原论的基础是本体论，本原是在本体的彻底还原分解思维中产生的，它的本质意义不在于为本体存在提供统一性理解。本体论本身就是客体世界的形而上学统一性，从本体论的统一性到本原论的本质意义是为本体世界的统一性提供充足的理由，避开了无穷后退从而避免了不可知论。经验是无法为“感性自然是万物世界”的论断提供充足理由的，本原则是形而上学和经验知识相统一的概念，它既达到了形而上学的绝对规定性又是可实证的经验知识本身，且作为认识对象它既是具体又是最普遍的，因而它把关于客体的经验和自然本性是多样性万物的统一这形而上学以知识为中介统一起来，不再是上帝创造世界那种无法证实的纯粹形而上学感悟，并由此诞生了自然哲学。本体存在论只能建立在本原知识基础上才是合理的，它叫哲学在于它是通过知识统一经验的形而上学，而且，仅仅从分解具体物质客体去认识世界万物的本原只具有充足的知识意义，但还没有充分的哲学意义。

世界统一性原理把文明人理解为理性的存在，但真正的哲学理性是人的统一性思维发展到一定阶段的产物，即发展到自觉理性的结果。哲学产生于对世界万物本原存在这一最普遍的具体存在的理解，而本原论则建立在本体论预设基础上。按照本体世界统一性信念，对感性物质世界的一切客体结构分解还原的结果总是得到物质客体存在，当最终分解为不能再分解的存在物时就是物质世界中最普遍而不生不灭的本原存在。这是经验中多样性之物本来就是本原客体的不同结构的本体存在论的形而上学假定，由此理解的整个物质世界就是本性统一的，由最普遍的本原客体不同结构生成一切客体说明客体世界是一元论的世界。所谓一元论指物质世界只有一个本原。按自然哲学一元论，世界的本体和本原是本性同的，多样性差别只在于结构。在一元论思维中，本原论和本体论之间本来就是互为前提的循环论证。当对本原和本体之间得到一元论的统一性理解的时候，它就是对世界的本性的理解；把世界的本性理解为一元论的物质世界时，才真正进入对多样性之物统一的无限具体的思考，才建立了对自然界最普遍统一性的追求，才是哲学理性智慧。哲学从本原知识和本原论产生，本原论产生的前提是本体世界统一本性的形而上学设定，即自然之为自然，世界之为世界最普遍统一性的形而上学感悟。本原论之于本体论的意义不是循环论证，而是实证。本原知识首先是实证知识，并且自始至终是科学实证认识领域最前沿的科学问题。当本原知识有足够根据时，由之出发的本原论就为本体一元存在论提供了根据，这时一元本体存在论的统一性就不只是纯粹的形而上学假定，而是形而上学本体设定和本原经验知识的统一。因此，自然哲学不是纯粹形而上学，而是以实证知识为根据的；有根据的本体论是人类理性进入自觉的标志，本原论则催生了人类自觉理性思维的哲学，使人类对世界本性统一性由朴素的猜测和假定进入有根据即实证证据基础上的论证水平。

这样理解古希腊哲学的诞生时，则把西方哲学思考世界本性更具体地理解为关于物质世界的一元论理解，并且以此把西方哲学的起点建立在本原论上才能解释物质结构还原分解之于西方自然哲学本体论的决定性意义。如果把古希腊哲学的产生理解为对世界物质性的论证，那就很难理解由世界万物本原开始产生的古希腊哲学思考为什么不叫本原哲学，为什么本原论没有成为完整的哲学理论。如果把哲学的本质理解为统一性理论，则古希腊哲学的产生就是本原论和本体论统一关系的建立，即以一元论的统一世界理论的建立为标志，它是在由本原论开始后到形成本体存在论时才完成的。哲学一定首先是本体论，因为本体论是其他哲学理论的基础。存在本原是哲学存在思考的一个构成部分，所以，古希腊哲学产生的根据是物质一元论即物质世界的统一性，而非抽象的世界物质性本身。孤立地看，如果物质世界的本原论或本体论只是相互循环论证，那么它们还是抽象的，只有把它们理解为基于本原实证知识的统一性关系，并以此去理解本原知识之于物质世界一元统一性的基础地位，才能具体理解本原论及泰勒斯水的本原说对古希腊哲学的创生意义。

与中国哲学的统一性理论一样，古希腊哲学同样在自在的存在论基础上发展为自在自为的统一性理论，即它是以元存在作为对统一世界本质的理解才成为一元论的。世界在自在现象上是多样性的，多样性的统一才是本质，才是一元论的智慧。西方哲学和中国玄学的不同之处在于，它对多样性的统一本质的认识是在本原论和本体论关于客体世界最普遍的抽象本性的统一性思考基础上，进入对主体世界普遍认识意义的统一性思考，理性思考自觉返回理性自身。所以说西方哲学是世界抽象本质普遍统一性的认识论，也可以理解为本质存在论。自然哲学从本原开始，完成于统一性的存在，主体世界则以存在开始将本体论和认识论联结起来。本质论不讨论自然界何所是、何以是的问题，而讨论世界的普遍本质何所是、何以是的问题。西方哲学关于世界从现象进入本质的最普遍统一性思考是由巴门尼德开始，在苏格拉底伦理学意义上真正发展，在柏拉图理念论中成型，在亚里士多德第一哲学中完成的。理念论成为西方文化不可逾越的思维框架，是西方文化的基础。如果认可亚里士多德第一哲学是世界存在的根据或根本原因的理论，那就必须认可，西方哲学在柏拉图的理念论中才把关于存在的根据或根本原因的思考建立起来。所以，是柏拉图构建了西方哲学的顶点，即开始了对理性最普遍的统一性本质的思考；所以，这种思考的内容和形式可以不断随历史认识发展而变化，但在已经达到无限的最普遍的精神统一性的意义上，柏拉图是不可超越的。

巴门尼德的存在哲学是从现象到本质统一性认识的过渡。它既是存在论又是认识论的，他所说的存在者存在、存在者不可能不存在是哲学本体论意义上的存在，即在本体存在论意义上不存在是没有意义的。我们不能说某一东西不存在，因为在存在客体意义上的某东西就已经存在，存在和不存在是没有关联的，在本体论意义上没有不存在。巴门尼德的达到一元神的绝对普遍而永恒的存在是带有抽象普遍性的本质思考，他通过女神之口把永恒、不动、绝对的存在称为认识真理的道路时，则又表明存在是抽象普遍性的真理认识范畴。所以巴门尼德的存在哲学既是本体存在论又是最普遍的抽象本质存在的中介。存在之普遍抽象本质统一性在柏拉图的理念论中横空出世了，柏拉图正是直接从现象和本质来区分可感世界和绝对、不动、永恒的本质世界的。在认识意义上，不但有存在，还有不存在，而且存在和不存在是一对相互联系的概念，存在是本质，即本质的存在才是真正的存在，而现象的存在因为不是永恒的、无限的存在，所以是既存在又不存在。这一切论证的都是从个别到一般到普遍的概念抽象，柏拉图明明白白地把理念规定为由一种特殊性质表明的类，即从具体个相到共相的概念抽象推广再到无限的最普遍的共相之境界。人类从蒙昧社会进入文化社会并依靠文化进步去生存发展，其中从个别到一般的认识发展具有决定性的意义。文化符号的意义一旦超越了原始思维的个体直接指称的有限性，进入抽象的普遍性关系，人类就由对现象的感性认识上升到抽象的普遍本质认识。本质是相互关系构成的，是抽象的普遍关系。我们又称本质为真理，即具有客观性的普遍关系。科学因果关系认识的建立是人类文明脱离原始个体思维，迈向类的普遍统一性关系认识的决定性历史进步，人类经此真正开始从低级到高级、从知之不多到知之越多的历史性进步。但科学真理认识只能是有限抽象的认识，如何使感性具体多样性认识上升为普遍抽象的认识，那就只能以知识的普遍性形式为根据去理解。从个相到共相把具体多样性统一为抽象的理念，理念的绝对的、不动的、永恒的形式统一性是一切知识的普遍基础，理念论达到了成为人类文化基础即认识的纯粹形式统一性认识的水准。只有在理念论中，认识的普遍性才是有根据的，人才凭普遍抽象认识而异于只有感性具体认识的禽兽。理念论这种最普遍的抽象统一性不是有限知识，而是使具体感性认识成为普遍抽象知识的形而上的逻辑。从本体存在到本质存在才使存在具有了完整的世界统一性意义。人类追求的绝对不是现象，而是现象背后的普适的、必然的且具永恒意义的普遍规律，本质存在是永恒、不动的存在。中国玄学的统一性意义在于道法自然的普遍规律性，古希腊哲学的统一性意义在于理念论对人类认识世界的概念的普遍性问题的思考。无论东西方，哲学的意义都必须进展到对世界统一性本质的理论思考，并且总是存在论和认识论相统一，最普遍的具体和最普遍的抽象相统一的。理性具体统一性使我们从具体到抽象又从普遍抽象回复到具体，在玄学中是主客体相统一的具体世界，但西方唯心论哲学则只停留在主体世界的抽象具体上。唯心主义哲学大师黑格尔说抽象哲学最敌视抽象，所以总是自觉地回复到具体的智慧，但他的具体是割裂了本体论的认识论的抽象的具体。唯心论哲学的抽象指它是关于主体抽象精神的，它的具体并不是感性具体存在之物，而是抽象精神的多样性统一，最高境界的绝对精神是最具体的，是抽象精神的最普遍的统一性。

哲学作为无限的智慧思考，就是克服感性具体变幻的多样性和知性的抽象有限性，从感性具体进展到知性抽象再回复到理性具体。哲学作为统一性认识，本性是具体的，把哲学理解为抽象其实是对哲学的最大误解。西方哲学的最高成就是唯心论，它奉献给人类的精神成果就只是主体精神世界统一性的智慧，所谓具体也只是抽象的具体，没有回归主客体相统一的理性具体，从抽象回归具体是由知性还原为感性，最终成为以抽象因果性科学真理为最高目标的科学理性了。

第二节　统一性认识是具体理性思维

一、哲学统一性是具体理性

西方哲学产生时被称为智慧或爱智慧，智慧和非智慧的区别就是智慧和知识的区别。哲学不是关于知识的学问，哲学不以追求知识为己任，而以知识为对象，但把哲学理解为智慧还是非常抽象的，对哲学本性的认识是自觉理性，自觉理性不是抽象的抽象，虚空的抽象，而是抽象的具体。哲学当然是智慧，但智慧并不就是哲学，哲学除了智慧外，还有形而上学的抽象之说。中国哲学的形而上区别于有形之器物，西方哲学中的第一哲学区别于物理学知识，但形而上学和哲学不是同一概念，形而上学并不都是哲学，但哲学当然是形而上学，上帝创造世界是达到绝对的形而上学，但绝不是哲学。形而上为道，形而下为器，它们的区别在于认识对象，不在于认识本身。以感性之器物为直接对象的认识是形而下认识，以抽象观念、精神为直接对象的认识是形而上学。玄学中，无形的具体客体也是形而上之道，形而上是抽象和具体相统一的，形而上之道和形而下之器的区别在于感性之有形或无形；西方哲学的形而上学则是纯粹思维中的抽象。抽象形而上学不只有智慧，还有知识，由自明前提为起点的数学、逻辑学等非经验归纳而演绎的知识都是形而上学知识，形而上学知识是演绎论证的，经验知识是归纳并实证的。由此可见，从形而上学智慧去理解理性哲学是远远不够的，因为形而上学的本性是什么，似乎又和哲学一样是难题。哲学的本性是很难讲得清楚的，老子只能归纳为“不大笑不足以为道”。停留在有限知识中去思考智慧，可能只会越想越糊涂。

把哲学理性智慧的本质理解为对世界最普遍的统一性理解，则转换了思维角度，即从无限具体统一性和有限抽象性去思考统一性智慧和有限性知识的区别。无限的道和存在就是包括一切有限认识才成为无限的，形而上之道就必须把多样性形而下之器统一于自身，以决定人的现实的文化选择生存，成就智慧的人生，基于普遍知识的选择性生存使哲学智慧成为普遍的具体。从知识是普遍性的抽象认识这一特定规定性认识角度，智慧不同于知识就在于智慧是具体而无限的，而知识是普遍抽象而有限的，这里有限无限是就规定性限定而言，不是知性的时空无限。当人类对世界的具体认识经抽象知识上升为具有普遍性的具体认识时，这种具体认识由于基于普遍意义为基础而区别于个体感性具体认识，就是理性哲学的统一性具体认识。所以，理性统一性和知性知识的区别就在于它不再是一种认识中的抽象，而是认识中的具体，是包含普遍性的具体。抽象知识产生的是非此即彼的普遍关系判断，只有无矛盾的确定性判断才有真伪值，构建知识的逻辑是知性的形式逻辑，最基本的是矛盾律。哲学理性产生的是统一性的具体理解，它把抽象普遍关系统一起来，根据具体条件去为实现主体目的做出有根据的选择，它就是人生的智慧，是把各种非此即彼的判断及具体的边界、初始条件统一起来，在亦此亦彼的统一性中做出最符合主体目的性的具体选择，把精神文化从抽象导向具体，实现智慧生存。这种具体智慧选择使人理性生存是自由的，不是宿命的，人在差异、矛盾的认识中权衡利弊，构建理性选择的依据就不再是形式逻辑，而是理性辩证法的智慧了：从抽象回归具体只能是自觉选择性的，智慧是自主自觉的。

人们习惯于把哲学理解为最普遍的抽象，所谓形而上学即抽象而非具体可经验世界之意义，倘执于只知抽象不知具体则只是没进哲学高雅之门的浅薄之见。真正生存在哲学智慧海洋中的圣哲们却一定是把哲学当作最具体的，把哲学理解为本质是最抽象的人其实就是尚未悟道之人。张尚仁老师在《最抽象的哲学何以最敌视抽象》一文中开宗明义介绍说：“1990年，《中国哲学年鉴》在‘中国哲学界学者简介’栏目介绍我时，要我提供一条自己最欣赏的格言，我提供的是黑格尔在《哲学史演讲录》中说的‘哲学是最敌视抽象的，它引导我们回复到具体。’我们常说哲学是最抽象的一门学问，怎么又说哲学最敌视抽象呢？哲学究竟是抽象还是具体？怎样引导我们回复到具体？这确实是要我们认真思考的问题。”[⑥]但从另一个意义上说，能够对哲学既抽象又具体的关系建立合理的理解时，对哲学的本性就有所理解了。对抽象和具体的理解本身就是深刻的智慧，因为它思考的是智慧本身，是形而上学的根底。

哲学是最抽象的，这种理解虽然没错，但必须限制在哲学本体存在论的意义下，这时所谓抽象是相对于具体的观意义上的抽象，是精神文化认识形态的抽象意义，而不是说哲学的抽象性是它的普遍的本质。存在论意义上的具体和抽象指的是实体和关于实体的意义之间的区分，是存在者和存在者之意义的区别，具体的是可以由感性经验的，即能由人的感官去产生感觉表象的，我们中国人称之为东西和事物，自然哲学叫存在者，本体论简称存在，它们具有同样的意义。其实最普遍的具体规定性是量而非体，即凡能由具体物理量描述的就是具体的存在，体之具体是感性规定性，量之具体才是普遍的知性规定性。当世界统一性基于能量一元论把宇宙理解为总能量是不变定量的存在时，宇宙在存在论意义才是具体的，并且是绝对的具体。抽象的则是指不能由感官去体验的，只能由人在思维中认识的，并且在思维中是无法用量去限定的，抽象形而上之道是思维中的意义世界，形而下是可经验之器。所以，在存在论意义上，哲学的直接对象即知识是抽象的，而归纳性知识之对象的最终根据是具体客体存在。存在论上的具体之存在对存在之现象具有决定性意义，现象只能建立在具体存在基础上才成为具体现象。没有具体的存在者，说存在的意义和认识甚至属性和现象是没有意义的，这是哲学思考的最基本的逻辑。笛卡儿贯彻哲学的怀疑和批判精神，不相信任何未经怀疑和批判的前提，但他实际上坚信的前提是没有存在者就没有存在者的现象及其认识这一本体存在论的基础优先性哲学原则，所以能够从我思中断定我在。既然我具有思维这一现象，由我怀疑一切之思推断我存在是怀疑一切之思的前提，其根据正是存在者是一切存在之现象的根据，具体的存在是现象的、抽象的存在的根据。在我思故我在作为哲学起点意义上的设定中，哲学的基础就是本体存在论，它一定从自然哲学开始。

在本体论的话语陈述中，哲学肯定是抽象的，而且是最抽象的。因为哲学是文化现象，它从认识对象到现实形态都是抽象的，所以说哲学抽象是无可非议的。文化现象是人类作为认识主体创造的，不是自然的存在。不只哲学，而是一切认识，包括最低级的认识也都是抽象的，都是认识主体思维的产物，都是不可感官感性认知的。尽管人类思维、精神文化在本体存在论意义上都是抽象的，但相对来说哲学是最抽象的也是有道理的。为什么抽象中还有更抽象甚至最抽象呢？比较的标准或根据是什么呢？应当以具体为标准去衡量各种抽象现象的程度。因为科学是关于具体客体世界的抽象认识，而哲学连对象都是抽象而不是具体客体存在，说哲学是科学之科学意指它以抽象的科学认识为材料甚至对象，是对抽象思维的思维，又叫反思，所以就比具体客体知识更远离具体世界，所以更抽象。客体的知识是形而下的，但哲学确是形而上的，这是从对象世界去区分的，据此形而上比形而下更抽象是不难理解的。形而下的知识尽管是抽象的，但它是确定性判断陈述，它的判断指向具体事物，回到感性具体时扬弃了抽象。经验知识的最大优点是在回复感性具体时获得真伪值检验，一切有意义的形而下经验知识一定是可证真证伪的，是一定能有意义地实现对感性经验的具体判断的，因而相对于形而上学认识而言不是最抽象的。纯数学、纯形式逻辑这些与客体内容无关的纯形式知识，同样是形而上学纯形式认识的抽象知识，虽然比客体知识抽象，但也比不上哲学更抽象。因为尽管这些形而上学认识都与客体无关，但作为知识的形而上学有一个特点，即它不需要自身完备，也无法自身完备，它肯定建立在有限的理论前提的公理假设基础上，即这些形而上学知识是“有根据的”。形而上学知识的自明前提是建立在最简单的感性直观基础上的，其实也是从感性认识开始的；它的判断陈述没有经验世界的真伪值，却有先验形式演绎来检验并确保其陈述为真，形而上学知识虽然抽象，却还有通过学习而直接通达的途径，还不是最抽象的。但哲学不承认任何未经批判所设定的东西，它必须自证完备性，所以比以设定前提为起点的形而上学知识更难理解，更抽象，所以说哲学是最抽象的。

哲学最抽象的理由不在于它的形而上学本性，而在于智慧本性，智慧和知识的不同使哲学成为最抽象的。在这一意义上，哲学和宗教信仰一样都是最抽象的。佛说，不可说。同样可以说，哲学不可说。在没有悟性的理智之人看来这是荒唐可笑的，但老子有先见之明，说不大笑不足以为道，真是入木三分。哲学诞生之后就是至高无上的，成为文化人类的崇高追求，在知识时代哲学就在普遍的传播中更加丰富了，何况我们一直自觉地把哲学作为理论基础，甚至有过让哲学从哲学家的书本上和课堂上解放出来，成为群众手里的尖锐武器的哲学大普及群众运动，怎么又说哲学不可说呢？的确，哲学智慧是要靠个人后天自主自觉学习去通达的，而且是学而后悟才能自觉的，不是学来的。学习哲学只是通达哲学智慧的必要而非充分条件，这正是智慧和知识的最本质区别。哲学用知识去传播时也是有限的，无限是有限的统一即由学而悟去通达的，离开主体自觉的悟而止步于学是不会有智慧的。人类一切普遍知识都是建立在综合后天经验基础上的，但对具体个人而言，知识基本上是“先验”的，即是前人经验综合的成果，先于个人的直接经验。知识之为知识就在于它的类的抽象普遍意义，是全人类可共享的财富，是可与人类历史共存的永恒意义的财富。知识是可传承下去的，换句话说，后人的知识首先是在继承性的学习中获得的，这使人类成为在类整体意义上摆脱了纯粹自然选择生存方式，成为在不断的后天文化创造中去生存的社会历史性存在。在知识社会，人类生存方式已经由物质生产和消费为主进入精神文化生产和消费为主的高级阶段，即文化知识的传播、学习、创造已经是生存方式中最本质的。科学技术是第一生产力的意义就在于此，新的科技发现和发明把人类导向生存新大陆。人类精神文化是智慧和知识相统一的，但能在后天学习中直接继承而享用的前人的精神财富是知识，不是智慧。智慧是学不来的，不只是人类意义上是后天的，而且对每个人都是后天的。我们在文化传承中继承的是柏拉图、亚里士多德、牛顿、爱因斯坦的知识，但没人可大言不惭地说继承了他们的智慧。智慧不是确定性的东西，不是抽象普遍的知识，仅仅学习前人是不足够的。知识和智慧在学习继承性上的本质区别造就的人类历史文化的现实是：知识是不断积累而丰富的，后人总是站在前人的肩膀上；哲学思维尽管有知识传承，有哲学史的发展逻辑，但不是后来的哲学家总能站在历代先哲的肩膀上，哲学并不是一代超越一代的发展。因此，老子说，为学日益，为道日损；雅斯贝斯说，人类在知识认识意义上超越了前人，但在精神统一性意义上还没有超越古希腊柏拉图和亚里士多德的境界。而亚里士多德在两千多年前就预言，第一哲学发表和不发表都是一样的，发表了也不会为人所识。老子在《道德经》中坦言，知我者稀，则我者贵。

为什么智慧不像知识那样能在后天学习中获得呢？一个重要原因在于人类传承文化的意义载体即语言和文字所直接承载的只能是具有抽象普遍意义的知识，后人学习前人的文化只能直接从抽象的知识入手。柏拉图、亚里士多德的哲学智慧是以知识形态传给后人的，一切哲学书本、宗教经文都是以知识形态留给后人的。这就是佛不可说、哲学不可说的真正意义，即智慧可悟不可说的意义，它是每个人的自主自觉认识，不是前人外人认识的简单拷贝。但智慧又不能不说，只能通过知识去说。柏拉图的智慧就在理念论的各种知识表达中，哲学大师的智慧渗透在他们的著作之中，佛学大师的智慧就在经文之中。学习哲学知识是通达智慧的必要条件，而充足条件是从这些普遍知识中具体悟出智慧来。因此，悟道参禅是要读道学经的，道和佛是在读经学道中逐步参透的。为什么人可以通达佛的智慧，而动物只能成精不能成佛呢？因为动物没有继承前人现成知识的优越性，只能靠每一个个体的生存经验去积累认识，要通达无限的绝对境界是不可能的。人之所以有智慧，人类理性智慧不断充实、深化，在于人类有知识，知识不等于智慧，但知识离不开智慧，智慧也离不开知识，它们在人类文化中是不可分割的统一性存在。学习哲学对于提升智慧是必不可少的，问题在于仅停留在知识中还不行，必须从普遍的知识中得到具体的觉悟性认识。一切智慧，无论是佛教、道教、基督教还是哲学，只能依靠每一个具体认识主体觉和悟去通达，它和普遍抽象知识的本质区别就是具体性。智慧不能由后天学习中直接获取，只能在此基础上依靠具体个体主体进一步体会参详，因而是人类抽象精神现象中最抽象的，却又是回归到每一个具体的认识主体的，又是最具体的。觉是个体的感性认识，悟是具体个人对感性、知性认识的统一性理解，觉悟把普遍抽象精神导回具体存在本身。马克思关于主客体统一性的共产主义学说是关于人自己解放自己的主体创造性智慧，自主自觉、觉醒觉悟的主体性才有根据地把马克思的历史唯物主义导向现实个人自由解放亦即人类解放的具体理性境界。

为什么哲学家们有哲学是具体之说呢？像黑格尔这样的哲学大师说哲学最敌视抽象并引导我们回复到具体的陈述如何理解呢？这是不是和公认的哲学是最抽象的认识矛盾呢？当然不少人是这么理解的，这些人就是老子所说的闻道大笑之下士。最抽象的哲学最敌视抽象的合理解释是：人类抽象认识中最抽象的哲学认识是从抽象到具体的认识。科学认识是从个别到一般，从具体个体开始，导向抽象的普遍知识。哲学认识则一方面为抽象知识提供普遍性的统一形式，另一方面是把抽象知识引领到具体，即由知识统一性去理解并处理具体现实问题，所以它敌视抽象并把抽象的有限认识通过建立统一性认识回复到具体，在思维和存在的符合性中使抽象认识和它所描述的具体对象相一致，使认识回归到具体现实世界。这就是柏拉图所说的思维存在同一性，也是艾耶尔认为西方哲学直到二十世纪思考问题变化但始终指向认识客观性的理由，即从古希腊哲学的思维和存在同一到二十世纪语言分析哲学和逻辑实证主义，都是关于人类思维和存在关系的不同提法、不同层次、不同角度的思考。哲学的根本问题并不是存在（具体存在者）和思维何为第一性问题，它们之间根本不是同一层次、同一意义的概念，何为第一性并没有任何意义。哲学史至今也没有人认为思维、精神就是自然客体存在甚至是自然界的本原。我们讨论自然界时已经隐含了客体世界的意义，包括理解思维和存在同一性也只能以存在是存在者的本体论意义为前提。人类根本就没有必要大费周章去思考脑袋里的一百元真实还是口袋里一百元真实的问题，更没有理由把这种问题作为人类智慧思考的最根本问题，那就真的把哲学看作纨绔子弟及闲极无聊之徒的好奇心了。哲学是人类文化的基础，它要为人类社会历史的生存和发展提供最基本的理论理解，即为人类如何在自然界中更好地生存和发展提供理论基础。反思到人类文化自身，就是人的文化与自然的统一的理解水平问题。老子归纳为道法自然，无为而治；西方哲学则一直围绕着人类认识的客观性问题从不同角度思考，柏拉图、康德、黑格尔、罗素、维特根斯坦，都是从不同方面对思维认识普遍客观性思考做出历史性贡献的圣哲。人类文化只有在普遍客观性认识意义上取得明显进步，人类才能在适应自然的生存发展中得到具有进步意义的发展。哲学作为人类生存的基础理论，就是要围绕揭示人类认识普遍客观性去使人类文化从基础层次得到进步，从根本上得到发展。几千年来西方哲学热点、理论不同，但讨论认识普遍客观性即存在思维同一性这一根本问题是不变的。客观性的根据是客体世界的具体客体，普遍性的根据是形而上的抽象认识形式的统一性，哲学从根本上讨论人的认识客观性，保证人的认识普遍有效客观性，它是指向具体的世界的。所以，哲学理论思维是以具体为目标的，是以世界的客体为目的和根据的。哲学虽然是最抽象的认识，但它确实面向具体世界，因而是回复具体的抽象。哲学的具体是两个层次意义的统一：一是对认识主体的绝对依赖性，即智慧是回归到个体主体的，不再停留在类普遍抽象意义中；二是它的最终目的是指向具体的事和物的，不为任何普遍抽象在先地限定，这种无限性使它只能从知识统一性去理解事物，无限即统一性使它的意义由抽象知识回归具体事物本身，成为文化选择生存的人的生存智慧。哲学无定论、哲学不断发展是它的无限具体本性决定的，它的发展就是从抽象到具体的不断的回归，使我们的认识更有客观性，使我们的思维认识趋向与客体存在同一。只有不断回复具体的哲学才是人类文化的基础，才是人类生存的基础理论，才不枉称最普遍的理论思维。

黑格尔说哲学引导我们回复到具体，并没有以哲学的抽象性为前提。其实，黑格尔完全可以认为哲学就是具体的而非抽象的，因为黑格尔的哲学是理念论或概念辩证法，是一种认识论，是人类认识从个别到一般、从抽象到具体的辩证发展，它以知识为对象，是从抽象为起点而以回归具体理性为终点的。达到自在自为的概念不是知性抽象的，而是具体的理性，哲学是理性认识，所以就有充足的理由把哲学看作是具体的，是从抽象到具体的辩证发展中达到具体统一性的思维。如果没有达到理性具体，还停留在知性抽象认识中，则还不是哲学。陷于知性抽象性正是黑格尔的理性辩证法所要扬弃的，正是这种需要被扬弃的辩证发展才产生了黑格尔的辩证逻辑。黑格尔把哲学看作是具体的，这是在唯心主义认识论意义上的具体，不是自然哲学本体存在论意义上的具体，两个具体是统一而非同一的。本体存在论的具体指的是感性的具体个体存在之物；本质存在论的具体指的是抽象知识的无限统一性，是由抽象知识为根据去做现实选择时面对具体事物的全面、综合而得到的统一性理解，是理性的具体。这其实并不难理解，一个只有感性认识的猴子只会把亚里士多德认作一个具体动物，一个文明人会把亚里士多德理解为具体的圣哲，这就是感性具体和理性具体的不同之处。哲学理性的具体是在统一性认识中实现的，哲学是抽象知识统一性的具体智慧，是理性的具体，是包含普遍抽象意义的具体。可惜黑格尔用了一个并不太确切的概念去归纳哲学的具体性，即全体真理、绝对理念。绝对就是全体，全体就是具体而不是抽象的了，建立了辩证逻辑的黑格尔哲学敌视抽象哲学就是自然而然的了。黑格尔在《逻辑学》关于逻辑概念初步规定性讨论中，批判传统哲学形而上学陷于知性有限性就是批判传统哲学陷于抽象的机械论，不是真正的哲学。按黑格尔的逻辑，哲学理论可以是抽象的，也可以是具体的，但只有具体的、全体真理的学问才是真正的哲学，所以哲学本质上是具体的。哲学的具体统一性是包含关于具体事物的一切抽象普遍知识的。理性具体和感性具体的一个本质区别是前者是个体性的具体，理性具体是最普遍的具体，即以普遍客观知识为中介的具体，感性具体是个别的，理性具体是个别和普遍相统一的，是既普遍抽象又具体的，本质上异于感性的具体。

说哲学最抽象又具体确实会使刚接触哲学思考的人不好理解，更好理解一点的陈述是：哲学在本体存在论意义上是一种非常抽象的普遍性认识，所以它的本性是抽象的。哲学是什么？从认识形态上看，哲学是最抽象的抽象认识。但在哲学认识论意义上，它又是从抽象到具体的认识，即它本质上是抽象认识的具体统一性，是具体的智慧。抽象和具体的统一是从抽象认识回归具体现实及在思考精神认识和现实世界关系时绕不过去的一道坎，毕竟抽象精神本质的意义只在现实世界中。在人类文化中，追求普遍性知识的认识是从具体到抽象的抽象认识，而追求普遍性智慧的认识是从抽象到具体的具体认识。所以，知识是抽象的普遍性，智慧是具体普遍性，智慧的具体是由知识的统一性构成的，智慧的普遍性是由知识提供的，所以古希腊人称它是科学之科学，它就超越了科学知识的有限抽象性，就叫作哲学。哲学的具体智慧性是认识的统一性，是知识的统一性，离开世界统一性就无法通达具体，无法把抽象的认识综合为具体的智慧。简言之，哲学的形态、认识对象是抽象的，哲学追求的抽象统一性认识是理性的、普遍的、抽象的具体认识，它使认识回复到存在，使抽象回复到具体。理解哲学的具体性，就必须理解人类文化认识从抽象到具体的统一过程，而这正是理解认识客观性的关键所在。

二、具体是感性、知性和理性的统一

对哲学的具体本质认识，必须超越本体存在论的限制，上升到更普遍的关于主体精神的本质存在论即认识论的范畴去思考，进一步理解哲学统一性认识为何是具体的认识，它何以总是从抽象回复到具体的。

西方哲学自巴门尼德从存在哲学引入对存在的最普遍的、绝对的真理认识后，柏拉图在理念论中完成了对世界最普遍本质统一性认识的第一个理论形态。但后人很少把它当作哲学认识论，而是在哲学本体论意义下对之又爱又恨地称之为哲学唯心主义，认为它把自然世界当作由理念支配的第二性世界，把本质对本性的作用理解为思维第一性与存在第二性关系，而忘记了柏拉图的存在是有非存在相伴的，他的理念本质上就是由一种特殊性质所表明的类，是共相的概念，在本体论意义上是抽象的。人们虽然讨厌这种认为脑袋里一百元比口袋里一百元更加真实的唯心主义，但西方哲学又永远摆脱不了柏拉图理念论的框架，就像孙猴子永远无法摆脱如来佛的五指大山一样。此后两千多年的西方哲学史在现象上纠缠在所谓世界的本性的争论中，但其实所有有价值、有意义、有影响的哲学争论的本质都指向认识的普遍性和客观性问题，这才是存在和思维的本质关系。而且只有在存在和思维的统一性关系中才能真正得到对主客体普遍世界本性的智慧理解。

西方哲学的另一个高峰是康德建立的批判哲学。在康德之前，西方哲学对认识客观性主要在唯理论和经验论中争执不休，并在休谟的彻底经验论中得到不可知论结论。贝克莱、休谟回到感觉论即个体心理感觉去为存在和人类认识提供根据是对哲学的背叛，哲学史尊之为哲学家实在抬举了他们，哲学认识论是以感觉为起点并在感性到知性到理性的进展中成为哲学的，而不是以个体心理感觉为根据的。对此，康德建立了批判哲学，实现哲学的哥白尼式革命，把唯心论哲学自觉地由本体论名义的本质存在论回归认识本身，直接引向人的认识能力批判的认识论，使西方哲学直奔主题：思维对存在的客观性问题。康德继承了西方哲学史上的经验论传统，但又超越了纯粹经验论，摆脱休谟彻底经验论导致的怀疑论哲学。康德批判哲学的伟大贡献之一是在感性、知性和理性认识的统一性关系中，揭示了人类认识普遍性从个别到一般，从一般到普遍的过程，这又可以陈述为从具体到抽象，从抽象到普遍的具体之过程，这是人类理解认识的普遍客观性极大的进步，也是对哲学自身的理性统一性本质的极为深刻的理解。

连接哲学本体论和认识论的桥梁是经验论。就是说，经验论是哲学认识论的起点，并把哲学认识论和哲学本体存在论的统一性联系建立起来。哲学存在论对认识论的优先性隐含在笛卡儿的“我思故我在”之中，却明明白白地昭示在“一切认识来源于经验”的认识论起点之中。一切认识来源于感性认识，而感性认识的对象是具体的、可经验的客体存在，认识以感性认识为来源就具有认识论起点、认识论和本体论的统一性、本体论对认识论的基础优先地位这三个方面的具体含义。康德批判哲学坚持感性是一切认识来源的经验主义观点，认为坚持认识来自演绎推理的唯理论是不合逻辑的。他认为，所谓演绎推理是从前提出发演绎出结论，但结论已经在先地包含在前提之中，并没有超出前提范围，超出前提的结论不能从前提演绎中来，所以演绎不能产生新知识。其实，演绎知识的最基本前提也是感性经验中简单自明的直观，只不过更复杂的知识是由之逐步推演而来，从而保证了既符合感性直观又具有普遍统一性而已，它作为形式去归纳感性经验的根据就是它基于感性直观从而符合感性经验世界。纯粹理性批判讨论的认识是在为人类提供新知识意义下的认识，而演绎推理无法提供这种具有认识本质意义的认识，所以一切客观知识就只能来源于对感性经验的归纳，即只能从经验中归纳出新的知识来，这就是所谓认识论的经验主义，它实际上把思维和存在同一性和认识客观性问题的起点统一了起来，并由本体存在论上升为本质存在论，由客体统一性上升为精神文化统一性，为建立思维存在同一性提供了基础。康德的认识论既然以经验主义作为起点，再把批判哲学当作对立于唯物主义本体论的唯心先验论是生吞活剥康德了。

批判哲学的智慧体现在《纯粹理性批判》中，它对科学真理的客观普遍有效性的思考是富于启迪的，但在此主要讨论康德从感性、知性到理性认识不断发展的人类认识统一性理论。康德坚持一切认识从感性认识开始。感性认识能力指我们把感官感觉转换为思维中的表象的能力。康德认为，感性认识建立的表象没有判断关系，只是零星散乱的认识，不是知识，只能看作产生知识的材料。严格意义上的经验是具体个体性的，经验的具体个体性包括了认识对象和认识主体两方面的意义，认识对象个体性也可以理解为经验的个体性，而感性认识一定是依赖于具体认识主体个体的。没有人能帮他人感知，也无法知晓他人的感知如何。这种具体个体认识是无法用语言“真实、准确地”表达出来的。我们说的经验知识其实已经不再是具体个体感性经验，而是已经上升为普遍性的经验认识了。这就是上升到知性认识的成果。康德认为：“在知性阶段知性把感性提供的分散而无联系的材料综合统一起来，使之获得知识的意义，成为有意义的思想，从而产生具有普遍性和必然性的科学知识。”[⑦]《纯粹理性批判》力图证明知性科学的客观普遍性真理如何是可能的是批判哲学的使命。

真理认识是人类文明史中一个革命性的里程碑。在普遍客观性认识中，人类依靠文字作为普遍性意义载体的本质意义才真正发挥出来。普遍性的知识，特别是客观性的普遍知识，使人类真正成为类意义上的统一性存在，成为前后相继、世代相传的历史性存在。是文化知识而不是精神思维认识使人走出自然界，成为本质上异于禽兽的存在。人类的社会历史性起源于文字符号的创造，但真正形成社会历史性则是以普遍知识的创生和普及、继承中不断发展和积累为标志的。普遍知识即脱离了对具体个体认识主体的直接依赖性，是能为社会群体中的其他成员共享，甚至为世世代代共享的认识。普遍知识的产生使人类成为类，成为由抽象文化本质构成的超越自然的万物之灵。客观普遍知识的传承和不断发展使之成为类的用之不竭的共同财富，赋予了人类真正的“从低级到高级”的文化发展，即人类文明历史性发展的不可逆过程。下代人总是站在上一代的肩膀上，这就是人类社会历史性的真正的本质。这种革命性认识的产生是从个体到一般到普遍性的认识的发展，另一种陈述是从具体到抽象的发展。因此，人类创造了知识即创造了从具体到抽象的认识的历史是人类文明史上仅次于文字发明的里程碑性的事件，是人类告别蒙昧步入文明的真正起点，是人类告别具体个体感性思维支配的原始生存模式，转入由普遍统一性思维支配的现代社会、当代知识社会到进入知识爆炸时代的转折点。

由知性认识进入理性认识是人类认识的第三阶段，这是由抽象认识返回具体认识的过程，但它所回复的不是个体感性具体，而是理性的具体，即包含最普遍知性的具体认识。康德认为由知性认识发展为理性认识的理由是人的认识能力天生就有的对知识综合统一的倾向，而所谓理性认识即建立起知性认识的统一性。如果没有理性认识，人类的知识就是杂乱无章的。康德对理性认识的理解，特别是理性认识和知性认识统一性关系的理解是具有智慧的，但对从知性认识向理性认识发展的理由思考是极不充分的。知性认识必须上升到理性认识是由于人类思维和存在的同一性，即人的抽象认识的起点和最终归宿在人类现实文化生存中，普遍抽象意义回归具体才成为现实意义。知性为我们提供普遍的知识，特别是科学真理知识这种具有客观普遍性认识对人类的意义是无须争辩的，所以知识就是力量，科学技术就是第一生产力。其实西方文化的内在动力就直接表现在对真理的追求上，从巴门尼德、柏拉图到巴黎公社，西方人直接指称的就是为真理而斗争。

二十世纪排斥传统形而上学的语言分析哲学所指向的是语言意义，实际上又可陈述为真理与意义的探索。客观知识具有普遍客观性，放之四海而皆准。但知性抽象知识有两个自身永远无法解决的问题，即知性自身不能自证它的普遍性和客观性。所谓普遍性根据是指从个体具体认识中综合出普遍性一般抽象这种转换时为什么一般抽象是具有普遍性的，普遍性意义概括的充足理由是什么。知性知识应用普遍性抽象，却无法为这种普遍性抽象提供根据。当我们说一切认识来自感性经验时，我们是否认为具体个体性的感性认识提供了认识普遍抽象性的根据呢？这显然是荒谬的。这是认识的形而上学基础问题，而不是感性认识或知性认识抽象综合的命题。第二个是认识的客观性问题，客观知识肯定是普遍的，但普遍的知识却不一定是客观的。为什么可以有客观知识？客观知识的标准是什么？这却不是知性认识可以回答的。回答知识的客观普遍性问题，就产生了形而上学的理性统一性哲学智慧，这种形而上学智慧就不再停留于思维抽象中，而是返回具体的生存经验，离开客体无客观性之意义，故哲学的最本真意义就是人具体文化生存的智慧，是主客体统一性的具体智慧。

理性哲学是人类认识发展的最高形式，最高的理由在于自觉追求理性自身最普遍的具体统一性认识，把感性、知性认识纳入自身意义之中，为具体个体认识上升为普遍类意义认识提供完备性基础，为抽象普遍知识和具体现实感性世界的统一提供必要而充分的理由。人类认识在现实中总是理性的，知性没有自立于理性成为独立而现实认识的本钱，一切知性认识都离不开形而上学形式的先验基础，一切由感性抽象而来的知性知识只有在回归存在的现实中才完成，纯粹的知性知识不存在，只是认识中的抽象而已。当亚里士多德的生命灵魂学说和人类灵魂经验理解无交集时也无知识资格，只能叫神秘活力论。从哲学的基本问题是认识和存在同一性就应悟到认识本质上是理性的。理性哲学与知性知识的统一性关系可以从三个方面去具体理解。

一是哲学为一般抽象认识的普遍性提供形而上学基础，就是思考建立人类思维普遍性关系的最基本形式是什么。康德的《纯粹理性批判》，只是讨论知性认识的先验普遍性形式问题，却误把普遍性等同于普遍客观性，把知识等同于真理。事实上，批判哲学并没有深入知性认识的客观性问题，主要解决的是知识普遍性问题。从逻辑上看，主体认识能力范畴只和认识普遍性有相关性，离开客体限于主体根本无从探讨认识客观性命题。所以，哲学理性统一性的基本意义首先就是为人类认识的普遍性提供统一的形而上学形式作为基础，提供统一性的普遍认识的框架、符号意义、逻辑乃至尺度。比如知性普遍抽象知识综合为一个数学描述理论模型，知性知识就是这个描述模型中的抽象因果关系或所谓函数关系，它的基础就是数学的描述变量的规定性、体系出发点自明的前提等形而上学问题。这些问题是数学自身无法彻底解决的，任何知识学科都不可能是自我完备的。只有理性的形而上学提供形式、逻辑、前提、公理等的思维普遍形式统一性基础，人类的知性思维知识陈述才是统一的，才是具有普遍可理解意义的。柏拉图的理念论主要意义就是主体普遍抽象精神认识纯粹形式统一性的自觉思考。哲学理性必须为人类知性认识提供最基本的形式基础，即解决人类具有普遍意义的知识如何成为可能的问题，这正是本书第一卷所探讨的主要问题之一。

二是为知性科学真理知识的客观性提供根据。人类文化以追求真理为目标，但构成人类文化精髓的科学真理认识却在休谟的怀疑论中失去了一切客观性的意义，没有必然性的客观规律，只剩下人类心理联想的习惯。因此，如何为知性真理提供根据，正是近代西方哲学就人类认识客观性问题所展开来的具体形式和内容，这也是本卷即统一性原理将讨论并解决的问题。康德在批判哲学中用时间、空间作为感性认识的先验形式，用先天综合判断为知性真理认识提供可能。实际上这种所谓可能只是一种认识普遍性基础而已，根本没有触及认识的客观性问题。真理客观性的根据是确定性命题，不是可能性命题。真理之所以为真理是必然的、有根据的，是符合真理标准的，只能用必然性来规定真理，它的充足理由是不可能在可能性这种规定性中完备的。讲真理认识是可能的，意味着批判哲学确实还没有进入真理认识客观性命题本身。但这是迄今为止从哲学上讨论真理客观性问题最深刻的思考；至于中国人改革开放中关于思想解放运动的“实践是检验真理的唯一标准”的讨论，那主要是一种政治意识形态意义上的运动，远远没达到从哲学形而上学意义上为真理认识的客观性提供坚实根据的水准。普遍必然性规律必须从抽象回归具体即经验中实证即证真证伪才能解决，这是具体理性认识层次的命题了。

三是建立有限抽象的知性科学真理知识的统一性关系，使抽象的真理认识在统一性中回归具体的世界，这才是人类文化中思维存在同一性即认识客观性的最高本质。知性真理认识的局限性为有限抽象性，所谓抽象性是它作为一般普遍规律，是从具体中抽象出来，已失去了对具体客体的直接约束意义。抽象的规律回到具体客体时必须结合具体客体情况做具体分析，即在具体客体的边界条件和初始条件的具体规定性条件下，考察抽象规律的具体作用的现实结果，使之从抽象返回具体，这就是我们平常所说的具体情况具体分析，一切随时间和地点转移的意义。只有这样，普适的真理认识才能是关于多样性具体客体的普遍性规律的综合和归纳，才是多样性的统一。所谓有限性是指在由具体上升为抽象的普遍认识过程中，为了由多样性的具体客体或与之相应的感性认识中建立普遍性所做出的有限规定性，把普遍性的认识限定在规定的范围和意义之下，所以，知性认识不再是具体的而是抽象的，同时也是有限的。只有在有限规定性意义下才有普遍性，才有关于客体即认识对象的确定性普遍关系知识。我们所说的思维和认识对客体存在的同一性或一致性，对知性真理认识而言，只有在有限规定性下才有意义。关于客体世界的真理认识并不是对具体认识客体的全面描述，只有在规定的限定前提下才有意义。但具体的抽象限定是无限的，即对客体的真理认识是不断丰富、不断发展的。因此，知性真理认识和它的认识客体的相符合、相一致关系，从客体意义看，就是所有对它的知性真理认识的统一。这里所有是包含着无限和发展的意义的，这种所有的真理认识之间必须统一。比如物理学的伟大目标之一就是要建立力的统一性理论。我们如何去客观认识具体的客体世界？不是感性直观的具体，而是由感性直观抽象为普遍客观知识的统一综合性所构成的具体。我们对客体的真理认识越丰富，我们对自然客体的认识就越具体。这种由知性统一性所构成的对客体理解和认识就是理性智慧，就是哲学统一性即最普遍的统一性，就是从抽象返回具体的意义。把理性统一性理解为具体的，一方面因为它是无限的最普遍的，所以是在认识意义上最贴近本质的、最丰富的具体认识；而最重要的则是指它的意义指向它的起点即感性具体存在本身。这种知性统一性认识越丰富，对具体客体的认识就越全面客观，在认识论意义上的认识不断丰富的过程同时也是从认识思维不断返回本体存在论的具体客体存在的过程。所以，哲学理性认识与其说是具体的，倒不如理解为是由抽象中不断回复到具体的永恒过程，是认识论和存在论相统一、思维就是存在的实现过程。哲学理性的具体不只是客体具体存在陈述，更是一种统一性的智慧。人之所以是理性存在而不是知性存在，在于人的现实文化选择生存活动是由抽象认识返回具体的智慧选择。人只有智慧选择，没有知识选择，基于知识的选择是人生的智慧本身，人类智慧在现实意义上是感性、知性、理性三位一体不可分割的。

三、哲学理性具体统一性的意义

人本质上是理性存在，哲学思维是人对自身理性本质的自觉思考，即自觉地把感性、知性、理性认识统一起来，得到对世界具体统一性理解，使人的文化生存是主体目的性的创造性活动，并最终在不断的文化进程中由精神统一性进展为现实的人类世界的社会历史进程。人类“认识你自己”首要的是要认识自己生于禽兽而异于禽兽的本质，自觉地在人和世界的完美统一的境界去发展自己的本质，通达绝对理性。在这一意义上，对人的理性的具体统一性理解是自觉理性的基本任务。

哲学是最抽象的普遍统一性理论思维，这种抽象的认识所追求的却是和抽象普遍知识本质不同的具体认识，在不断丰富的抽象知识统一性中把人类对世界的认识不断引向人的现实生存本身，从而实现思维和存在向自觉统一的目标不断前进。在哲学认识论意义上，哲学思维的统一性是感性、知性和理性的统一，是人类认识由低级到高级、简单到复杂、片面到全面、具体个体到普遍抽象再到普遍具体统一性的发展。黑格尔在辩证逻辑中归纳为真理认识从自在到自为再到自在自为的理性概念辩证法的发展是哲学思维的本质。但本质是抽象的，哲学之所以为哲学并超越了知性理智就在于它始终朝着由抽象到具体的统一性发展。哲学不会停留在抽象的本质中，哲学认识论是哲学的本质，但它所指向的是它的存在，即认识论是以存在论为基础，为目的，回归本体存在论，在认识和存在的统一中成为现实的，主客观统一的智慧在主客体统一性的文化生存选择中才完成了它的具体现实性，具体理性的根本意义是把多样性现象变成完美的现实，现实性才是哲学的根本范畴，统一了现象和本质的意义。如果和存在无关的认识论那就是纯粹抽象的认识，那正是哲学最敌视的抽象认识。哲学作为具体统一性思维，它指向具体、回复具体现实世界的本性才是最普遍意义的统一性，这才是最高境界的具体，才是哲学具体的真正意义所在。哲学的具体统一性的最高本质首先体现在哲学本体论和认识论的统一之中。

在哲学研究生阶段，入门课目是“哲学是什么？”，这当然是无定论的问题，大师们也各执己见。有说哲学是本体论，有说是认识论，有说是实践哲学……如果回到哲学无限智慧统一性思维，那上面观点都有道理，但又不全面，倘若过于执着就陷入片面和有限性了。哲学既是本体论又是认识论，而且是本体论和认识论的统一。如果哲学只是本体存在论，那就停留在现象中，停留在具体个体多样性之中，至多只能达到知性理智的直接知识水平，因为对具体存在的直接认识只能停留在存在何所是的水平上，而这恰恰是科学要去过问的问题。哲学从本体论开始，也正是从科学的直接知识开始，它超越了科学是它从世界何所是进入世界为何是，进入了多样性具体客体世界何以是统一的思考，这思考已经超越了具体存在知识的直接性和抽象性，超越了存在的现象，追求存在的最普遍的必然性的本质关系的认识。支配多样性世界的普遍必然规律才是对多样性世界统一性的本质理解，在本原基础上的统一自然界是具体的，但仅从自然统一性还没通达最普遍统一性，对自然统一性的认识就不是自然的范畴，哲学生成就没完成。没有存在论就没有哲学的起点，离开本体论的认识论是纯抽象，而纯抽象显然不能算是真正的哲学智慧。哲学一定是本体论和认识论相统一的。正如前面所说，一切认识都以感性经验认识为来源，这是哲学认识论的起点，也是哲学认识论以存在论为根据、相统一的根据。哲学统一性思维作为认识论，它的本质不仅是认识主体、客体、来源这些现象，而且是认识的客观普遍性问题，即思维和存在的关系问题；它的进一步展开则是感性认识、知性认识和理性认识的统一性问题。这些本质思考，既是认识论的，也是存在论的，是存在和认识相统一的。

从本体论和认识论相统一这更高本质去理解哲学的具体性，有三个方面是值得深思的：

第一，从本体论关于世界本原的不同答案去区分哲学唯物主义和唯心主义，把两者作为非此则彼的哲学理论是不符合逻辑的，实际上是割裂了哲学理性的本体论和认识论的统一性而得出的片面性结论，本质上是思维执于感性具体造成的。按照哲学本体论的逻辑，世界的本性是由构成世界的本原存在这一最普遍的具体存在构成的多样性统一存在，所以，本原和本性是相同的，世界即自然的本原就只能是自然的。按照老子无物之物的逻辑，把物理解为包含物质实体的更普遍的客体概念，则自然界的本性即哲学本体论只能是唯物主义的。事实上，西方哲学甚至东方哲学从来都不会把自然物当作思维，那是不可思议的。老子的无只能是具体的存在客体，最普遍意义的道在本原意义只能理解为特指本原客体的无，道生一就是无中生有。有许多人说老子说无中生有是唯心主义，貌似有据，其实对无的这种理解是不合逻辑的。西方哲学起源所依据的科学认识中的自然界本原存在是非自然物莫属的，因为万物本原的本性是由对本原思考的“自然界”“万物”在先地限定了的，并不是由本原去推论本体的本性，把理论的逻辑起点和实际的思维起点看成一样是不合实际的。本体存在的假定是本原的前提，本原由此假定推论而来。本原首先是知识，是不能无前提而自圆其说的；本体论是对自然的统一性理解，它就是追求自然自洽自足的完备性，并为本原存在这种自然知识提供形而上学前提的。是本体存在论的思考把人类导向本原，并不是本原导向本体存在论。哲学产生于本原论并不是说本原是人类关于自然世界统一性思考的历史起点，而是关于本原的知识为本体存在论提供了可靠的证据，使追求自足的自然统一性思考达到有根据且自圆其说的理解。在本原知识基础上的本原论导向完备的本体存在论，自然世界的统一性理论体系的诞生标志自觉理性即哲学的诞生，对本体存在的统一性理解基于本原的可靠根据成为完备而自觉的。如果把本体论思考的历史起点放在本原上，自然哲学到今天还没有产生的理由，因为本原的客观知识还没完成。从本体存在论为思考起点才能完整地理解哲学的诞生和发展，哲学发展的两千多年历史也是科学关于本原客体追踪的两千多年历史，唯物论坚如磐石的理由在于关于本原的知识发展始终是对物质本体论的实证。由此可见，自然哲学唯物论的本体存在论是从对具体感性经验世界的统一性理解中产生的，由之产生唯心主义本体存在论是不可能的。即使有人执着于无逻辑的神秘主义去坚持唯心主义本体存在论，也是不会被公认为理性智慧的。

唯心论哲学令人爱恨交加。很少有在感性现实世界中生存者认可一切客体都是从抽象的精神中产生的，但人类自觉理性又总是离不开唯心论哲学，离开它也无法理解西方哲学史，深入思考哲学者大多不会把唯心论当作反面教员，也把柏拉图和亚里士多德这些先哲认可为智慧的哲学家。唯物论和唯心论都产生了一批对人类文明有深刻影响的哲学家，他们的哲学观点本质上不是对立而是统一于哲学智慧的。实质上，西方哲学从自然哲学转向唯心论哲学时，已经在不同的领域、不同的层次上思考世界统一性问题，只不过唯心论还在沿用自然哲学的存在范畴去统一多样性世界，但此世界非彼世界，此存在非彼存在。唯物论是物质客体世界本体存在统一性理论；唯心论是主体精神世界本质存在统一性理论，不能把唯物唯心局限于自然存在本身的判断知识去思考。柏拉图把抽象的理念作为存在的时候，他已经从世界的本性转到了世界的本质，即寻找世界最普遍的必然性关系，从支配世界的普遍必然性规律中得到对现象界的变动即感性认识的合理理解，从本质上把握世界的统一性。这是哲学认识论，世界最普遍、永恒、不动、绝对的真理是理念，而不是具体现象界的感性认识。所以，西方哲学在柏拉图理念论中才构建雏形，唯物主义的世界本性和柏拉图“唯心主义”的世界最普遍的存在的本质是相统一的，自然哲学本体论的终点就是主体认识本质论的起点，既是终点又是起点的就是无限统一性的存在。没有泰勒斯或没有柏拉图就没有今天的西方哲学文化。西方哲学的本质论始于柏拉图的理念论，他第一次在理念论思考中提出了认识的普遍性逻辑问题。只有从本体论和认识论相统一的意义才能理解西方哲学文化史的本质。西方哲学唯物主义和唯心主义是构成哲学无限统一性的不可或缺的东西，是构成西方哲学文化的两个车轮。从这个意义上看，哲学对自然界本性的思考并不是本原论和本体论对世界物质性的论证，而在于从最普遍、单一、具体的本原存在到个体性、多样性的自然界的统一性理解。它的最高本质是对支配世界从单一到多样，从简单到复杂演化的最普遍的、必然性支配规律。由这种必然性规律去理解自然界多样性的统一时，我们就真正在存在论和认识论相统一的最普遍意义上，得到对自然界具体而丰富的统一性理解。

第二，哲学统一性智慧是本体论和认识论的统一，并且一定是统一于认识论的。用传统哲学概念来陈述，唯物论和唯心论相统一并统一于唯心论。认识从经验开始，客体世界的统一性是哲学的基础，也是哲学的目的所在。哲学的统一性认识总是要回复具体，回归本体存在论，就是说，思维和存在同一是以存在为基础的，没有存在论基础，哲学统一性就失去了智慧的根基。哲学统一性智慧的最终回归，最完美的实现，不是对统一性原理的思考和理解，而是对世界统一性原理的理解，即对自然界及现实的人的生存的统一性理解。这才是最具体的统一性智慧，才是关于人类生存的基础理论。但哲学不能止步于本体论，必须进展到更普遍的认识论，因为见物不见人、只有客体世界没有主体精神世界还没有通达最普遍的本质世界，哲学没有进展到人的理性自身就不是自觉理性，没进展到普遍抽象知识为中介的对具体的理性理解，就还只是和禽兽无异的自然思维，无缘于智慧。唯心论把哲学引向主体世界，引向最普遍的存在本质统一性认识，进展到理性自觉认识阶段，这是比本体存在统一性更普遍的统一性思考。柏拉图的理念论还停留在纯粹抽象理念世界，亚里士多德完成“四因论”的第一哲学中，已经把质料纳入其中，并作为“四因论”的起点，已经把自然哲学本体存在论和主体精神哲学的本质存在论统一起来了。随后认识论的经验论和唯理论之争当然是关于本质存在的，它们其实是关于不同形式认识的。唯理论是关于纯形式认识的归纳，经验论是关于客体认识本质的归纳，两者并无对立而是统一协调的。经验论的本质意义是把本体世界和本质世界连接起来，而不是完成认识的统一性，经验主义是不能“彻底”的。经验论是认识论，不能理解为唯物论，只能理解为唯心论的，是包括自然统一性认识的更普遍的主体精神世界统一性的唯心论。正是现实经验的中介联系使本体和本质存在统一起来。唯心论哲学虽然很抽象，却渗透在我们对世界的各种认识中，成为我们文化的基础，成就了人异于禽兽的存在本身。西方哲学理论貌似抽象，但它几千年来围绕认识客观性问题的积极思考，对西方科学认识的发展起到了重大作用。西方文化在近代科学革命以来的迅速发展，与它的基础即哲学文化的作用密不可分。许多人认为西方哲学形而上学理论远离具体世界，但其实它和科学认识从来是如影随形的。有一种观点，认为西方哲学几千年来只是在试图解释世界，而非去改变世界，这是哲学对哲学的理性自觉的归纳，只能对解释世界和改造世界做统一性理解。哲学解释世界和改造世界不可分割，把哲学只限于解释世界是知性的浅见。把哲学认识世界和人类改造世界割裂开来，那意味着从泰勒斯到柏拉图到康德、黑格尔的西方哲学只是有闲阶级的无病呻吟。这恰恰是把哲学抽象化，把人类进入文化社会的历史后对世界的解释与人类生存割裂开来，这正是把西方哲学史上存在论和认识论的统一理解为哲学唯物主义和唯心主义势不两立的斗争的思想根源。其实，人类文化，包括构成文化的基础，作为对世界的认识，指向的就是客体世界，解决的就是人的文化和自然的统一性问题，从来就不是纯粹认识的兴趣，解释世界正是人类生存本质本身。把解释世界和人类生存中的“改造世界”对立起来，这正是抽象有限性思维，它表达的是抽象、有限的人类中心论。所谓“改造世界”不是老子道法自然的含义，而是统治自然界的意思。这正是近代科学革命以来西方文化的抽象局限性，其根源就是割裂了思维和认识的统一性，把思维当作和自然相对立的唯心主义。这种片面性的恶果导致了人类当代生存的资源、能源及环境危机。很多人面对文化危机死不悔改，幻想有一天能克服热力学第二定律或让时间倒流以解决危机。时间并不是实在，它何以能成为人类的救命稻草？热力学第二定律被西方学者们吹捧为“宇宙最高最普遍最根本的定律”，既是必然性定律又何来克服之说呢？从一个极端到另一个极端的深刻根源就是思维认识陷入了片面有限性和抽象性，没有把认识和存在统一起来，没有自觉把人类生存和文化建立在坚实的自然的基础上。相比老子的道法自然，西方哲学把唯物主义和唯心主义割裂和对立使之成为半拉子的统一性，即把主体普遍精神统一性与客体世界统一性对立起来，由两个势不两立的一元论作为生存的理论基础，现实上就是把人类导向生存危机。唯物论只能纳入本质存在统一性的唯心论中，人类对世界的本性理解才能进入更普遍的境界。当然，必须承认，西方唯心论哲学还没有达到真正完整的世界统一性理解，这是造成它和自然哲学相对立的主要原因。只解释而不改造世界不是西方哲学的本质，而是它对自身缺乏自觉觉悟，从柏拉图到黑格尔，唯心论始终无法越过抽象精神的壁垒。从主客体相统一的社会历史去认识人类现实世界的马克思一针见血地指出了西方哲学的这种理性自觉性的缺失，这种缺失是认识意义上的，是传统西方哲学的局限性，不是哲学的本性。唯心论局限在真理而抛弃了理性，进展到主客观统一性为绝对，最终局限在主观性和片面性中，停留在抽象精神本质世界中，无法从抽象的具体自觉回复到现实的具体，没能从主客观统一回归到主客体统一。唯心论令人生厌的真正原因不在于它是关于精神统一性的，而是它只停留在抽象精神本质。赋予世界统一性理解最高意义的不是认识中的主客观统一性，而是使抽象回归具体获得现实意义的主客体的统一性。这才是自觉理性智慧，是最普遍的具体，是扬弃了科学理性的哲学理性。

如何通达心和物的统一性理解是哲学的入门，但这又是极难从感性及常识去认识的，这正是老子说吾言天下莫能知，莫能行；而亚里士多德说第一哲学发表了也不为人所识的原因。把唯物主义和唯心主义当成相对立的本体论只是执于感性现象，离自觉理性还差得远。无论人们是否自觉意识到心和物的统一，它们的本性一定是统一的，即有什么样的唯心论就会有与之相应的唯物论。机械唯物论的本质和根本原因在于自柏拉图直至黑格尔的西方唯心论的局限性，将这种抽象因果关系绝对化的认识方法归咎于自然哲学唯物论是不合逻辑的，它只能属于主体思维认识的范畴。从认识论意义看，机械唯物论的自然统一性理解只是现象，用机械的因果关系去抽象地理解多样性具体世界的统一才是本质，故物和心的统一在本质上统一于心，心必须包含物才是有意义之心。把机械唯物论归咎于自然哲学家是让他们代柏拉图和黑格尔受过，从柏拉图到黑格尔的唯心论哲学只达到抽象的真理，本质上就是用绝对的因果链去理解具体世界，由此决定了自然唯物论的机械论本质。自然哲学没达到理性具体水准是西方唯心论哲学止步于抽象真理而认识论本身没达到具体理性水准所决定的。任何认识都是形式和内容相统一的，在自觉理性认识意义上，唯物论是内容，唯心论是认识内容的形式，它们本质上是统一的，这才是唯物辩证法的真正理性具体意义，唯物和辩证法是统一而不可分割的，是主客体不可分割的理性具体智慧。

最后，必须指出，以西方哲学为基础的西方文化具有独特的优势，否则它不会从几千年古文明生长为当代人类的主流文化。作为形而上智慧，中国玄学不是更具统一性吗？为什么中国在近代以来逐渐落后，只能不断“现代化”呢？西方文化何以成为“现代化”的呢？因为西方哲学在形而上领域似乎分裂为唯物主义和唯心主义而不得安宁，但心和物的统一是不以人的认识为转移的，对世界认识的改变一定会改变现实世界，问题在于自觉性的水准如何而已。实际上在统一性思维的更普遍领域，即形而上和形而下相统一的整个文化的意义上，西方文化是最具统一性的，而且是在不断丰富中走向不断具体的统一性过程，即西方哲学形而上学从科学知识中产生，以科学为对象，始终围绕认识的客观性问题为经验科学提供普遍性的逻辑基础。尽管在形而上的哲学领域没有完成统一性的自觉理论，但这种形而上的理论却在和形而下经验认识的互动中共同成长，形而上和形而下的对立统一是西方文化的最大优越性。它使西方文化本质上是科学的，而不是形而上学的。西方形而上学的生命力和增长点就在它的科学发展中，这是西方文化的优点，将之彻底为科学理性则是它的局限性所在。其实，任何文化都是形而上和形而下的统一，中国玄学同样来自经验世界，它只有和经验世界相统一时，才是具体的，才有真正的价值和意义。但中国文化缺乏科学客观真理认识基础，所以，玄学理论作为形而上智慧虽然完美，但在几千年文化发展中，在由思想回复具体的历史发展中，显然远比不上西方文化。玄学对中国人而言，至今仍是过于抽象的，这种远离具体世界的形而上学使之失去了生命活力。中国文化智慧高超但知识贫乏，在思维和存在统一、认识和存在统一的最普遍意义上，需要向西方文化学习，在客观普遍性的基础上去弘扬中国道文化，中国玄学智慧才能走出抽象，具有现实、具体的历史性意义。很多人把道、玄、智慧看作可望而不可即的，那是因为他的思维停留在抽象中。智慧当然是形而上学，但具体统一性智慧是包含形而下经验的形而上学，所谓纯粹形而上学只能是具体思维个体主体的幻想，没有普遍的文化、知识意义。智慧形而上学不是个体的幻觉，而是最普遍的人类文化。它和知识的不同在于，它既是普遍的，又是具体的。具体的是不可言语描述的，任何文字、语言的描述已经是一种抽象，但没有语言、文字就没有普遍性。所以，普遍的具体智慧只能以普遍的抽象知识为载体，只有和形而下相统一的形而上智慧才有可能是普遍的具体，才能区别于个体的具体，成为理性的具体。没有和形而下经验世界相统一的智慧和幻觉无异，离开知性普遍意义知识表达则不会有形而上智慧的现实性，具体的哲学、佛学、道学智慧不可说又不能不说的理由就在于此。当我把对世界统一性理解陈述出来时，只能借助于形而下知识来陈述，统一性的智慧是这些陈述的灵魂，能否把灵魂渗透在知识表达中，能否从知识陈述中得到智慧，就取决于个人的修养和悟性了。所以哲学著作、佛教经典向大众展示的都是知识，智慧不可言但寓于这些知识的统一性中，这就是哲学智慧的深刻含义，对此孔圣人也只能慨叹书不尽言，言不尽意。

人是感性、知性、理性统一性存在的另一种陈述是，人是存在和理性认识统一性的理性具体存在。文明人作为理性具体存在，在存在论意义上是自在的，在认识论意义上则是靠自觉觉悟的，就是说，没有理性认识的自然人在文明史中不存在，但文明史中的人又总是具体的，具体之为理性具体本质不在于生命自然，而在于理性本质返回具体生命成就了每一个理性具体的现实存在。基于自觉觉悟的理性认识以理性为对象，是对自身的反思，认识就是无限的，现实的认识就一定是有局限性的，人类理性自觉就是无限而永恒的发展过程。由此可以理解人类近代进入科学理性时代的现实性和局限性，不必为进入全球化知识时代和科技社会却仍局限于科学理性而大惑不解。理性统一性的现实以科学技术为第一生产力形式表现出来，科学是知性普遍抽象知识，技术是感性、知性、理性统一性的具体现实生存的智慧，所以，科学是由对错判断去验证的，由技术应用去验证的，实践是检验真理的标准；技术是理性具体的，是包含知性判断又超越了对错的，这就是具体项目是技术可行性评估论证而不是简单的对错判断的原因。

第三节　人类文化的统一

一、哲学是人类文化的基础

西方文化把哲学理解为智慧，使之和各种知识学科区别开来。中国文化则把文化分解为体和用统一结构，体是文化的基础，用是文化中的使用知识。把哲学作为文化基础的思想和笛卡儿的哲学观比较相近，“笛卡儿在说明他的哲学体系时把它比作一棵大树，树根是‘形而上学’（即关于上帝存在、灵魂不朽以及灵魂和肉体的关系等抽象哲学理论），树干是‘物理学’（即机械唯物主义的自然哲学），树枝是各门具体科学，主要是医学、力学和伦理学”⑧。哲学智慧是人类文化从低级发展到世界统一性认识高级阶段才产生的。哲学作为文化基础的意义应如何理解呢？

人类文化产生了哲学，而不是哲学产生了文化。先有科学知识，后有哲学智慧。我们一直坚持哲学从知识中产生，科学是哲学的基础。从前因后果关系看，科学知识是因，哲学智慧是果。因是基础、前提，所以，从历史发生的因果性看，哲学肯定不能作为人类文化的基础，哲学作为文化的基础的观点，就只能从逻辑关系去考虑。

要思考哲学在人类文化中的基础地位，首先要理解哲学意义上的“文化”的意义。在人类文化的所有概念中，描述自身的“文化”大概是最丰富多彩的，从人类文化、东西方文化到茶文化、性文化，关于普遍概念的文化有上百个不同的概念。这恰恰说明了人类文化是包罗万象的，是多样性的统一。以建立世界统一性为目标的哲学思考，是各种文化概念的普遍的统一性理解。最普遍的文化是以人的文明史作为定义域的，或者反过来说，文化是人之所以为人、之所以有人类历史的本质，是使人超越了纯粹自然存在的本质。所以，文化的最普遍的本质规定性就是非自然的、人类的，所以是历史性的。人类是文明史中的历史性存在，所以是文化的存在，人类历史基于普遍文化本质才成为文明史；反过来说，人因为有了文化，超越了纯粹自然的动物界，成为由文化构建起来的类的普遍性存在，成为在文化不断发展中创造文明史的历史性存在。文化要在历史性意义下去思考，从人的本质的深刻意义去思考。哲学作为人类文化基础的意义应在人的多样性文化生存现象的统一性意义去理解，是哲学对理性统一性不断深化的理解构成了人类文化、人类社会历史统一进程的基础。必须在历史性本质的意义下去思考哲学作为人类文化基础的产生及意义。

人类文明史以文字符号的产生及广泛运用为起点，在这之前是没有文化的史前阶段。史前人类有思维但没普遍性意义思维，更没有因果必然性思维，我们称之为原始思维。对地球上保存着原始形态的土著原住民的思维研究表明，原始人表达意义的抽象系统其实非常复杂，之所以说它原始不是因为它简单，而是它保留着符号指称的信息意义基本上是个体化的特点，还没有从多样性的个体意义中抽象出柏拉图所说的那种普遍而抽象的类，因而没形成抽象普遍的因果关系思维，其思维本质上还停留在个体具体思维之中。对意义构成结构而言，原始思维的信息表达所包含的信息量是贫乏的；对同样的信息量而言，原始思维所需的意义结构比抽象思维复杂得多。文化和思维的进步表现在符号结构信息量的巨大进步即从个别到一般的抽象思维的建立之中。用最简单的符号结构去陈述复杂的信息内容和意义，这就是文化进步的内在实质，也是现代普遍性思维的本质意义。抽象普遍性思维建立了基于普遍性的因果关系判断，普遍性知识增长并达到对整个世界最普遍统一性认识阶段才产生了哲学。人类文化从感性到知性再到理性的历史发展，或从具体到抽象再到普遍的具体的发展的表述，并没有揭示出哲学作为人类文化基础的本质意义。但是，如果转换思维角度，把人类文化和思维的发展理解为从现象到本质，由知之不多的抽象到越来越丰富的具体的认识发展过程，那作为人类思维认识发展高级阶段产物的哲学，它作为人类文化的基础地位就跃然纸上了。人类文化的发展本质就是建立和改善人和世界的统一性关系，使人在后天创造的文化选择中不断改变人的生存方式，从自然选择变为本质上的文化选择是人走出自然界的根本原因。人走出自然界是从本质意义去理解的，人是理性动物是人的文化本质和自然存在相统一的智慧描述，人就是比自然生命更高级的复杂统一性存在。人的生存是文化和自然相统一的，是具有社会历史统一性意义的，建立这一统一性的内在机制就是精神文化即人的理性本身。人的理性统一性和人类文化是共生共存的，并没有绝对独立于理性智慧之外的自足自洽的知识，它是思维从人类理性具体中抽象出来，是从复杂理性统一性中还原解构出来的，这才是一切知识不可能具有自足的完备性的根本原因。只有在理性的具体中思维和认识才能是现实的，才是统一性的。在人类文明早期阶段，人类理性还没有觉悟到自身，人的文化还是零碎而不统一的，理性统一性的自觉是在哲学建立的轴心期形成的。哲学建立了人类精神本质统一性，即赋予了人类文化统一性的基础，人类文化才进入统一性时代，人类历史才进入精神统一性时代。这种统一性只能理解为是建立在哲学提供的统一性基础上的。哲学对人类文化的意义就是为文化提供统一性的基础。这里的文化不是局限性抽象知识意义上的，而是在人与自然关系最普遍的具体统一性关系上的。哲学作为人类文化基础的另一种表现形式就是哲学是人类历史发展的理论基础。

只有从最普遍的文化意义上理解哲学的文化基础地位，才能深刻理解理性智慧无所无在的意义，亦即老子所说的大道泛之，其可左右。理性和文明史同在，当人类理性达到自觉的理性境界，建立了人类抽象精神统一性意义的哲学理性思维时，哲学就无所无在；哲学之所以是无限的，它就必须无所无在；哲学之所以是摆脱了抽象的，它就一定无所无在。正因为哲学无所无在，我们就不能在个体具体认识中规定它的存在，它就在一切具体个体存在认识中，但又不在某个特定的具体个体存在认识之中，所以它才是普遍的具体。自觉理性超越了感性具体认识，在一切具体个体理性存在中使之超越具体个体而成为理性普遍本质的具体个体统一性存在。哲学在对一切具体个体存在的认识中把多样性统一起来，使我们把多样性世界理解为具体理性的统一存在。哲学无所无在就在于它是我们文化的本质，是文化的基础即活的灵魂。哲学作为人类文化基础的直接意义就是建立了人类文化的普遍统一性，使人成为普遍的类存在，使人类进入统一性存在的历史。哲学的文化基础地位不只是在认识论意义上的，而是在人类生存的存在论意义上的。因为人类进入文明史以后的历史性生存已经不再局限在自然存在的本性中，而是已经生存在它的本质和本性的统一之中。人类的生存是自然和文化相统一的。

哲学在人类文化中无所无在，所以它又是抽象的，必须从具体统一性去理解它的智慧，这正是哲学智慧作为形而上学难以把握之处。哲学智慧和知识的最大区别是它没有普遍而确定的客观性答案，即它没有真伪的确定性标准，不像抽象知识依靠继承前人去习得，它依赖个体主体的体悟。对同样一件事物，不同人的体悟是不同的。具体的体悟转换为普遍的抽象陈述已经成为知识陈述，智慧只能作为这种陈述的灵魂荷载在知识的意义之中，见仁见智正是智慧的精辟概括。但是，不能由此把哲学这一文化基础作为纯粹依赖于个体心理基础的思维。悟到了就有，没有悟到就没有，那哲学就成为主观幻想了，就只是感性具体而不是理性具体的普遍统一性了。哲学文化是普遍的具体，它的普遍性是知识普遍性提供的。理性无所不在，你没有悟到它，不能说它不存在，只能说你还没有达到自觉性而已。智慧不是学来的，而是靠觉悟通达的，它无所无在就寓于一切知识中，在对知识的学习中，在对世界的客观性认识中，在不断丰富的对客观性真理知识的掌握中，你就会越来越明白待人接物处事的哲理，就会越来越有觉悟和智慧。所以，知识来源于学习和累积，智慧则来自自觉的思考，多想出智慧。人的理性本质的具体性的最深刻意义在于，每一个文明人都必须在后天教化中依靠自主的理性精神具体构建过程去实现和发展自身具体的理性本质，使每一个理性文明人都具有主体自由创造的本质，是具体独特自足的存在，同时又是具有理性普遍性的具体存在，是社会历史文化统一性存在。这才是人作为具体理性存在的最普遍意义。

当然，哲学本性是抽象文化认识，它是文化的基础的最直接体现是认识论意义上的，即哲学必须为人类文化现象提供具有普遍意义的形而上学基础，建立人类文化表达具有统一普遍性意义的最一般形式。人类文化统一性是建立在这种最一般的先验形式基础上的。人类坚持一切认识从感性世界开始，因而特别仇视先验论。其实，具有智慧的人应该明白，先验论和一切认识来源于经验并无矛盾。把先验说成主观唯心主义是无知的。先验既然与经验无关，那当然与人的主观认识无关，是纯粹客观普遍性的，何来唯心之嫌呢？先验指的是形式：纯粹形式。人类认识从感性具体发展到在抽象中建立起多样性统一，所凭借的是与内容无关的纯粹形式。一切认识来源于经验指的是认识总是内容和形式相统一，其中包括把纯形式作为内容之一的认识。任何内容和形式相统一的认识的纯形式本身却不是从经验中建立起来的。因为形式在先，形式和内容相统一的认识在后，所以，纯粹抽象形式不是经验知识，而在经验知识之先就存在，并为一切经验知识归纳提供普遍的形式基础，所以康德称之为先验形式是恰如其分的。此外，纯粹形式只有摆脱对经验的依赖，独立于一切经验，才能成为普遍性认识的形式。认识从个别上升为普遍，是先验形式所提供和保证的。康德把时间、空间作为认识形式是人类认识史上最杰出成就，可惜他认为先验形式的意义是使知性真理认识成为可能。时间、空间先验形式的意义是建立了人类对客体世界认识的普遍性，在数学上就是有了描述存在形状及其运动变化的三维空间独立变量和一维时间独立变量。那些对先验论说三道四的人是否想过，他们真的能经验到时间和空间吗？如果时间和空间是经验中的实在，那么对客体存在能够得到普遍性意义的描述吗？时间、空间是我们观察和描述世界的两个尺度，是构成经验的先验形式。如果参不透时间、空间的先验形式本质，那就回到历史去好好品味秦始皇车同轨，书同文，统一度量衡对统一中国的历史意义！哲学作为文化基础的首要意义就在于为人类文化认识提供普遍性、客观性的形而上学基础。这些形而上学的哲学形式正渗透在一切内容和形式相统一的人类认识中。提供认识普遍性的形而上学形式在人类认识中就是无所无在的，是最深层基础性的。哲学认识论的意义就是把这种形式作为自身的内容，从而成为对人类理性的自觉思考的。

但是，哲学作为人类文化基础绝不能局限在抽象形而上学意义，哲学作为理论思维是抽象的，它的现实意义却是形而下经验世界的。把哲学和精神文化只当作纯粹抽象是人类理智的通病。精神文化只是人类文化的普遍抽象本质，它只有在人类文化选择的现实生存中才有意义，抽象普遍的精神文化不是具体实在，不是现实过程，是从人的现实文化选择生存经验中抽象出来的。只有以人的理性智慧生存为基础抽象出来的精神文化才有文化之本质意义，它的现实意义则只有返回具体，在人的理性统一性生存中实现。因此，文化作为人的本质，不是纯粹精神性的，不只是思维中的抽象，是人的现实具体生存方式，抽象精神文化统一于人的具体文化生存中，这就是具有普遍抽象理性本质的人是理性具体存在的根据。我们一直强调哲学本质一定要从抽象返回具体，回归具体理性，这似乎很形而上学，但回到人的文化选择性存在，就回到现实世界了。哲学作为人类文化基础，它返回具体是在人的精神文化回归现实生存中实现的。人和物的本质区别不是存在是生存，人和自然生命的本质区别不是物种是文化，是文化选择超越自然选择使人超越了自然界，进入文明史。人的一切现实非本能生存活动都是文化选择行为，都带有人的普遍文化本质，都是理性统一性的具体。人的文化选择是带主体目的性的，所有目的都回归于人的生存。哲学作为自觉理性的基本意义就在于使人自由的文化选择和自然相统一，理性自觉地实现人的目的，使人更理性、更智慧地生存和发展。

二、文化和自然的统一

世界统一性原理把理性精神文化理解为人的本质，它只是人认识自己的一个环节，理性具体不会只停留在抽象本质中，从抽象回复具体才完成理性的统一，即人类文化不只是抽象意义上的精神认识，在普遍具体意义上是人的现实的生存过程。人们通常说的铜器文明、铁器文明、半坡文化、东西方文化等广义文化文明概念，都不局限于抽象文化，而是抽象和具体相统一的理性统一性概念。哲学是人类文化的基础，这既是在抽象文化意义上的，更是在广义具体理性统一性意义上的，唯此才能得到自觉理性哲学现实意义的理解。人类文化的理性具体统一性，在理性哲学的普遍概括中，就是人的文化和自然的具体统一，并进一步概括为一般抽象意义上人的自由和必然的统一命题。

哲学是关于人和世界的统一性智慧，这种智慧构成了人类进入统一历史后生存的理论基础。人类生存既是自然的，又是文化的，是在文化和自然的统一性关系中的现实过程。哲学作为人类文化的基础，赋予人类文化以普遍统一性的意义，但文化统一性意义又建立在人的文化和自然相统一的理解基础上。人来自自然，首先是具体的自然存在。人走出自然界并不是在自然感性存在意义上，而是在抽象理性精神文化本质意义上，最终人作为文化本质和自然生命相统一的具体理性存在超越了自然生命世界。人和自然的统一实质上是人的抽象文化和自然的统一。哲学作为文化基础，作为理性的自觉，必须回答文化和自然统一性的基本命题。自然是人存在的前提，人永远是自然生命，这正是人类自觉理性总是以自然哲学为起点的原因。

把人的文化和自然的统一作为基础的命题是符合哲学的历史和逻辑的。哲学从自然哲学中产生，对多样而变幻的自然界本性和万物本原的思考是哲学的生长点。人类文化产生于主体对客体世界的认识，人类知识首先是关于客体世界的。为什么人认识自身不从主体开始，不从本质开始，而是从多样性客体世界开始呢？因为人首先是自然客体，受自然界制约，认识自然就是认识人自身，人作为具体现实的存在是以人的自然生命存在为根据的，对人的具体统一性认识从自然开始是合乎逻辑的。从对客体世界的思考中既产生哲学，又产生科学知识，而且在自觉意义上，先产生知识，后产生哲学智慧。为什么人类文化对客体世界的思考产生了知识和智慧两种不同的认识呢？知识和智慧的本质区别是什么呢？为什么先有知识后有哲学智慧呢？根据前面的讨论，可以简要地归纳为：人类知识是人对客体世界具体客体存在及其运动从具体多样性现象到普遍性抽象因果关系的认识，它的意义在于改善人的生存状态，是人类文明的内在驱动力。人类对知识的需求来自生存的现实。知识对人类的意义首先在于它的客观普遍性。知识客观性问题贯穿哲学史，哲学为知识的客观普遍性提供完备性。西方哲学史以存在的本原为起点，首先在本原论和本体论意义上思考，建立客体世界统一性关系的理解。在自然哲学的存在论意义上，对客体的思考从科学上升为哲学在于从客体的因果必然性关系转换为客体世界多样性的统一性关系。但作为科学之科学的哲学到此并没有完成，对客体统一性关系的理解只是哲学的基础，即客体统一性是人类认识客观性思考的起点和基础。哲学以本体论为基础，但它的本质却在人的思维和存在的统一性中，这是人类文化的深层基础，是哲学的本质。哲学从对客体自然界的统一性思考开始，但它对人类文化而言，最基本的统一性意义则是在人和自然界的统一性关系。从本体存在论开始的哲学，在人的文化与自然的统一性思考中建立了最基本的文化统一性关系，所以说哲学是本体存在的统一性和是存在与思维关系的统一性，是不矛盾的，但不只是角度不同，而是不同层次的统一。客体存在和精神的关系实质上是人的文化和自然的统一性问题，自然统一性的进展就是进入这更高层次的统一性意义中。

哲学作为人类文化的基础，必须为人的文化和自然的关系提供理性统一性理解。人类文化是知识和智慧相统一的，首先要解决为什么这是哲学问题，而不是科学问题。人和自然关系统一性的命题中隐含着人和自然是不同层次的，就是说，人是从超越了纯粹自然生命的文化人意义去思考的。文明人和自然的关系是统一性问题，不是因果关系可以解决的，即它不仅仅是由真假可以去判断的命题。比如，人是自然生命吗？说人是自然生命是有根据的，但说人就是动物又是有问题的。它们在各自的设定前提下有效，但离开了前提则无效。研究人的生物行为时，人就是自然存在，研究人的文化选择时，人就不是自然。知识只能在有限规定性抽象前提下，从某一角度去建立关系和判断，只能是抽象性和片面性的。人和自然关系不是人是否自然存在的简单判断命题，提问本身已经超越了有限抽象性，所以，这是一个哲学命题，是无限的具体统一性命题。对这种命题不是去寻求一个确定性答案，而是寻求一种智慧的理解，使人在自然中生存时，能有一种智慧的价值取向和生活态度，并在关于自然知识基础上的生存选择中实现理性的生存。

理性统一性对人和自然统一性关系的理解是一种具体的统一性智慧，即它是对自然的各种普遍抽象知识和人的现实生存目的的统一，通过这种统一性理解把人的理性生存和自然的关系引向具体，从而使知识和存在相一致，在最终意义上通达思维和存在的同一性。这以人首先是自然作为出发点。在没有文化之前，人只是世界万物之一，和其他动物一样从自然界获取生存并生老病死，纯粹由丛林法则支配。不仅如此，人作为物质世界的一种实体存在，首先是有血有肉的物质存在，所以，拉美特里称人是机器。其实一切生命在生命物质实体角度都是复杂的机器，人是机器在限定的意义上也是符合客观的知识。从自然角度，对人的理解还不止于此。按照传统的西方哲学唯物主义把物质世界和自然界同一的理论，物质是一切自然客体的本性，就在此种限定条件下，人的自然存在就已经是需要统一性去全面理解的了，即我们不能否认一切生命的物质本性，但又不能把任何生命还原为只是物质而否认生命之为生命的本质规定性，比如把蝌蚪和青蛙看作不同之物而把活人和死尸看作是同一的。仅以物质性为据并不能全面地理解生命，只有统一性才能回复到对人的自然生命的具体理解。

所谓人和自然关系的统一不是把人和自然同一，而是首先把人从动物自然界的万物之一上升为万物之灵，并从人和自然动物的不同的抽象本质规定性基础上，把人的抽象本质和人的自然规定性统一起来，回复到现实、具体的人。人与自然关系产生的本质在于人产生了超自然的本质，即人在本质上不再是自然存在。人的抽象本质是哲学争论了几千年的无定论命题，但在将精神文化的本质规定为非自然存在及行为、关系的条件下，把人区别于动物的抽象本质理解为人的文化本质是可以接受的，即人本质上是理性动物。其实，人的社会性、历史性、社会关系的总和等，在更加普遍意义上都是抽象精神文化现象。所以，人的抽象精神文化本质使人超越了自然人，使人成为万物之灵。使人和动物本质不同的灵就是人的理性即精神文化。文化是人的灵魂，文化使人的灵魂是理性灵魂，文化使人进入了文明，进入了历史，使人成为具体普遍统一性关系的类，使人类从纯粹自然进化的生命世界中“文化”出一个有意识有目的的社会历史性的人类世界。人与自然的关系是人的文化与自然的关系，在人与自然的统一性关系中，最普遍的文化不只是一种抽象的知识，也不仅是文化的抽象的类构成的社会生活共同体，而是在不断的人与外部自然交互作用中构建历史的不可逆过程。人类文化的最本质意义不只是知识或人对外部世界的有目的、有理性的选择性行为，而是这些知行相统一的文化选择生存构成的人类不可逆历史的创造过程。从半坡文化、古希腊文化、东西方文化、原始文化、现代文化这些文化概念中综合出最普遍的文化的抽象本质，才能更深刻地理解人类历史和人类文明史的普遍本质。这正是老子把人作为道、天、地、人四个层次构成的整体世界中的一个独自为大的世界的理由。

但是，人的本质是抽象的，这正是理解人与自然关系的关键所在。离开自然本性的文化的人，作为自然生命对立面的人只是一种抽象，是从具体理性中抽象出来的，只在思维中，不在现实中。但是，只有经由这种普遍的抽象，人才超越感性的具体，回到理性的具体。人在本质中，在理性普遍具体中，才成为异于禽兽的存在。从单纯理智的观点看，人和自然关系中，人和自然都是具体的，是两个外在存在的相互作用关系，这就是机械论思维。老子所说的域中四大即道、天、地、人也是四个具体的世界，感性和知性的思维是把宇宙理解为道、物质、生命和人类四个子世界的总和，因而这四个世界都是具体的客体存在，并且是四个相互独立、外在的世界。由四个独立组成的部分构成了整个世界，这正是知性非彼即此的机械论思维的抽象和有限性。这种思维恰恰无法理解人和自然以及道、天、地、人这些不同层次的统一性关系，把道、天、地、人当作宇宙中四个不同的马铃薯了。对人和自然的机械论理解使它们变成了非此即彼的东西。人不是自然的，自然不是人的本性，这种理解实际上停留在抽象中。按照理性统一性的具体理解，人的抽象本质以人的具体的自然存在为前提，所以，人的本性是自然，本质是文化，而本性是具体存在，本质是抽象存在，具体存在的是本性和本质相统一的人，即文化和自然相统一的人，这才是真实具体的人。没有文化本质的人是具体的，但只是动物，不配称万物之灵，是具体存在但不是具体现实的文明人，至多只能称“野人”。但如果把超越了自然界的具体现实的人只是看作“万物之灵”的灵，忘记了它是物，那就忘了人的根本。忘记甚至否定人的自然本性实际上是把人理解为抽象的空灵，认为人超越自然界不是在抽象本质意义上的超越，而是在具体世界中另立门户，成为和自然不同的另一类具体存在。殊不知，一切具体存在首先一定是自然的，忘记了人的自然属性，就不懂得人依然是自然生命存在，人依然受自然规律支配。这正是人类战胜自然、统治自然的人类中心论的思想根源。人类进入文明史以后，具有了文化的本质去历史地创造自己的社会性生存时，由于缺乏对人的文化和自然统一性具体理解，将自己和自然对立起来，把人超越自然本质理解为人不再是自然。在科学理性因果关系中，人和自然是同一层次的，人就在自然之外统治和战胜自然。人类依靠文化生存，用科学知识来改善生存，近代科学革命以来，科学知识提供的力量使人类的自私和狂妄不断膨胀，总是认为科学使人可以统治和控制自然，从自然王国不断走向自由王国。这其实是在抽象中做的科学之梦，是近代科学革命以来西方文化的主旋律，也是人类进入所谓“科学理性”时代的深层思想根源。人类对人的文化与自然关系的知性观点把人和自然对立起来，这种生存理论导致了人类历史的片面性和盲目性，从而产生人类在科学社会、知识社会中的种种危机，并且已经危及人类的未来。其实，老子两千多年前已经用道法自然深刻地揭示了人的文化和自然的统一性关系，可惜到今天，大多数人对之还是“莫能知，莫能行”，甚至整个人类依然陷在征服和改造自然的科学美梦之中。“有一天我们能克服热力学第二定律吗？”是当代人类在自然惩罚面前死不悔改的真实写照。人类在哲学层面对人的文化与自然关系的知性机械论理解又以几千年来在自由和必然的永恒虚幻矛盾中表现出来。只要没有把人的文化和自然关系作为统一性具体关系去理解，只要不把人理解为自然和文化、本性和本质相统一的具体存在，陷入自由和必然的矛盾是无可避免的。

在人和自然的关系中，老子道法自然的玄学理论是一种非常高尚精辟的智慧，得出的自然无为生存理论是一种非常高尚而合理的生存态度。在中国哲学中没有自由和必然的直接冲突，因为它的哲学没有陷入人的文化和自然知性分裂所带来的矛盾和冲突之中。中国哲学讲自然无为，从自然出发去理解世界的统一性，所以在本体存在论意义上，即使按西方自然哲学唯物论标准，它也是彻底唯物主义的。但它不是知性机械唯物主义，而首先是以自然的无限具体统一性理论为起点，在理论层次是以自然为基础的，它的进展是人与自然相统一的，它的最高智慧理解是道法自然。但是，对缺乏统一性思维的人，对从西方存在本原论和本体论孤立去理解哲学的人，不但柏拉图的理念论是本体论的反唯物主义唯心论，而且老子玄学也是不折不扣的唯心主义，这正是知性认识的幼稚可悲之处。哲学从本原论到本体论，没有上升到人的文化和自然统一性高度，没有进入认识客观性即思维和存在关系，还只是自在的客体世界的认识，就无法称得上真正的对知识的反思、理性的自觉、哲学的智慧。自然界统一性原理是基础，但对哲学统一性而言的世界，并不仅仅是自然界，而是人化的自然，是人的自然，真正本质的统一性关系是文化和自然对人而言的统一性关系，这才是从本原到本体到本质的统一性智慧的真谛。停留在本原、本体而无视统一性本质的哲学确实有被黑格尔轻蔑地称为“旧形而上学”的理由。哲学作为人类生存的统一性理论基础，它的最基本的智慧不是世界是物质还是思维的判断，而是思维和存在的统一性，人的精神文化本质和自然的统一性，即人自身的主客体统一性的理性理解。在起点上是人的自然和外部自然环境的统一性，这是哲学的基础，而不是把世界的本性是物质性或精神性这种知性有限性争辩叫作哲学基本问题，它只不过是刺激哲学生长的一个点罢了。它只能包括在哲学统一性之中，不能代表哲学，更不应作为哲学基本命题。泰勒斯关于世界万物的本原是水的猜测作为哲学的起点在于从本原的规定性建立了物质世界统一性的思考而产生了统一性思维的哲学，而不在于世界万物的本原是什么东西这个知性命题本身。

文化和自然的统一其实就是人的统一的具体，统一于理性本质的现实文明人，统一于人类现实的社会历史现实过程，这就是人之所以异于禽兽的理性智慧理解。人的文化和自然相统一的另一种理解是人是自由和必然相统一的理性存在，人类社会历史是在自由和必然的统一性关系从简单到复杂、从低级到高级的不可逆发展过程。在科学理性因果关系观点看，自由和必然是无法调和的矛盾，西方文化在这一矛盾对立中徘徊了几千年，一讲必然性支配人就失去自由陷入宿命，一讲自由人就战胜必然去征服自然界。把自由和必然看作同一层次概念只能在知性非此即彼判断中陷入矛盾。实际上，西方科学理性文化是历史决定论和人类中心论并存的分裂文化，只会把人类导向生存危机。只有把自由和必然理解为不同层次的统一，才是对它们关系的理性理解。必然指的是自然的普遍运动变化规律，而不是现实的现象世界。把必然性从抽象规律转换或传递、推论到具体多样性现象世界，说得难听但形象一些是混账。其实现实事物和过程并无必然偶然之意义，也就不会产生有意义的宿命世界。自由既不是自然的抽象普遍必然性规律，也不是具体感性世界的存在或运动变化现象，而是文明人的本质，是具有自由本质的文明人的现实的文化选择，是人类在文化选择中不断创造自己的历史。人类的自由建立在理性基础上，建立在对必然性知识的理解基础上，人类对世界的必然性规律认识越多，对世界的理解越全面，越按必然性规律办事，就越能实现人的目的，就越自由。这就是自由和必然的统一性关系，也是人的文化和自然的统一性关系，其本质就是自然无为，道法自然。这才是主客体相统一的现实文明史。

从人的文化和自然、自由和必然的统一去“认识你自己”就得到知识和智慧的具体统一性理解，通达哲学是什么的自觉理性意义。智慧不只抽象，玄学不只神秘，它其实是你我他的现实生存本身。智慧不是知识，智慧没有对错。智慧是包含知识即对错判断于自身才成为智慧的，自由是以按客观必然性办事才成为自由的，文化是以自然无为为前提的。在当今知识时代，人类是以科技为第一生产力的，不是以与科学无关的技术现实生存的。科技是普遍知识和具体应用的统一，技术是理性统一性的具体，是包含科学即以科学为基础的。技术应用以合理性而不是以对错为标准，合理性是以对错为前提的，但不是有限、片面的对错判断，而是无限的对错判断知识和现实具体边界条件的多样性的统一，由此进展到理性具体的现实本身。科学是知识，科技是智慧，这就是知识和智慧统一性的现实。切尔诺贝利核电站事故告诉我们，智慧是包含对错的。如果哲学和现实生存的对错无任何关联，人类真的应该抛弃哲学了。

文化和自然的统一，自由和必然的统一，这是理性命题。在理性意义上，也就是我们常说的人和自然相统一这一命题。在统一性意义上，人和自然不是相对立的，而是人就是自然，自然就在人之中，文化和自然的统一首先是人的自然生命和人的文化本质的统一性问题，是人的本体存在和本质存在的统一性问题。在理性的具体意义上，是人从自然存在文化为文明人的智慧理解，是人“认识你自己”从知性到理性的统一。在此基础上就能进展到人的世界的统一性的最高命题。

三、自觉理性是真、善、美的统一

人的文化和自然统一于具体的人，每个人都是最普遍意义的理性具体存在，都是世界运动发展的最高阶段的产物，包括了统一性世界的全部意义，“认识你自己”就在于通达人的理性具体存在。人在具体多样性世界中只是特定的生命物种，但从自然存在到自然和文化相统一的具体存在的进展使人既是自然生命又本质上异于禽兽，成为最普遍的世界统一性存在。世界统一性归结到最高、最普遍意义就是人的统一性。德尔斐神庙“认识你自己”的神谕的最深刻意义就在于把多样性世界的全部意义统一于人自身，人就是最普遍统一性的世界。自然和文化统一于人也统一于文化，文化包含自然界的意义，人的世界的自然界是人化的自然，文化的自然。在理性意义上文化不只是抽象的精神，更是人的现实的社会历史，是文明史上每个现实个人的理性具体存在。因此，人的文化和自然的统一的进一步进展就是人的统一、人的文化的统一、人的自觉理性的统一。

人的文化和自然关系的出发点是自然，首先是人的自然，具体上是人的自然和整个自然的协调统一问题。道法自然就是说，一切客体存在的运动变化是受自然必然性规律制约的，认识自然并按自然规律行事是人的基本理性。人的自由和必然统一是指人的自由自觉的文化选择必须以自然必然性本质规律为根据，因为人的具体现实性存在在于自然生命本身。对自然客体世界普遍客观有效真理知识的认识是人的文化进程中最具现实意义的，这就是科学文化知识对人的文化的决定性意义。西方文化进入自觉理性阶段后，以围绕真理为核心，并逐步深入具体的认识客观性命题。当然，真理首先是科学概念，哲学对真理的思考是从科学的真理认识中来的，即它不是讨论认识中主客观相一致的认识，而是对真理本身的认识，哲学关于真理的统一性思考是认识论，更具体地说是真理论。西方哲学真理论是从有限知识到智慧的无限、全体的真理。西方文化的核心概念之一是真理没错，因而真理就不只是科学认识的概念。巴门尼德借女神之口指点迷津，揭示通往真理的道路；柏拉图理念论之目的就是从现象中归纳出普遍本质的真理认识；《国际歌》高唱“要为真理而斗争”，真理上升到世界实现共产主义大同世界理想的境界。所以，西方哲学对最基本的统一性关系：人的文化和自然的统一性思考，是以真理认识为命题展开的，甚至许多哲学理论是在通达全体、最高、绝对真理中实现其理论认识的完满性的。

在哲学上把理性统一性最基础的关系即人的文化和自然的关系概括为真的命题时，真当然指真理的意义。但从哲学统一性去看真理，它不再是知性有限认识，不再是真理，不是抽象真理知识，而是以真理为对象，归纳真理普遍的规定性，建立真理的具体统一性，所以是真理论。这和柏拉图的理念论不发展共相理念而建立理念统一性是同理的。更进一步，真理论甚至不单单是哲学认识论。在哲学传统理论中，真理论当然是哲学认识论的主要思考内容，但以知性真理的抽象有限的客观普遍性为基础，以哲学认识论关于人的认识的客观性思考为基础，从真理上升到更普遍的真就不仅是认识论，而是具有认识论和本体论相统一的意义。老子讲人法地，地法天，天法道，道法自然这种必然规律的时候，指的不是纯抽象的规律认识，而是世界存在本性的表现，真正是达到认识和存在相统一的完满境界。所以，从抽象知性真理上升为哲学统一性的真的时候，真是具体的，而不是纯粹抽象了。真首先是具体客观存在的本性，是客体世界存在和演化的必然性的普遍规律的具体现实性。如果只停留在抽象的真即真理认识中，把真理认识作为自足的抽象本质，则真理就失去了客观性意义。没有客体存在何以证明关于客体存在认识的客观普遍有效性即真理性呢？所以，真理作为认识是抽象的，但从统一性思维来看，抽象的真理是有具体的存在基础的，并且哲学认为一切抽象真理必须在无限统一性中回复具体，从抽象认识回复到具体客体存在的世界。理性哲学思维从客体开始，在客体抽象认识的统一性中回复具体，达到思维和存在的统一。哲学理论从自然界开始，以本体存在论为基础，在存在论和认识论的统一中使抽象的真理认识回复到具体的真，真就不只是抽象领域的知和识，更是客体世界的体和行。更一般地说，哲学具体理性的真是本体和本质、知和行相统一的真。哲学智慧的真，首先是自然存在的真，自然存在的多样性的真，更为重要的是支配多样性客体世界在演化中保持着统一性本质的、必然性的规律所包含的真。我们文化对这些真的理解和认识是抽象的真理，真理认识之所以为真理认识在于它符合真，即从抽象的认识返回具体的本体世界时为真。所以，真甚至抽象的真理概念，在哲学统一性的理解中，必定是存在论和认识论相统一的。

在世界统一性理论体系中，真是最基本的统一性命题，对自然界的关系是人类统一性认识中最基本的关系。但在达到对真在认识论和本体论相统一的理解后，对世界统一性的思考并没有圆满，还要继续。康德在《纯粹理性批判》中对认识客观性问题做出理论解释后，则进入《实践理性批判》，探讨人的伦理关系问题。哲学对伦理的关怀源自苏格拉底，但苏格拉底的理论肯定是地道的统一性哲学智慧，它与当代的伦理学不同，与同时代中国孔子所倡导的人伦关系理论也有本质区别；康德的所谓“实践”和我们当代人三大斗争实践经验的概念不完全相同，它指的是人的社会历史领域、文化领域的现实关系，而不是自然领域的思考，否则，实践理性就是感性经验中的理性而自相矛盾了。实践理性不是伦理知识，而是对人的伦理关系的统一性思考，是人的文化世界中人的类统一性的理性思考。这种统一性的核心理解就不是真伪而是善恶。人之间的伦理关系是以人的主观认识为基础的，在抽象直接性上它没有客观性，只有选择性，所以没有真伪，只有善恶。哲学统一性的善之所以是哲学的，因为它不只是伦理知识，而是对人的伦理行为的最一般、最普遍的理解，苏格拉底所说的善不是关于人的伦理的主观善恶标准，而是在思考善和德行的最普遍的规定性，是超越了具体个体性的普遍性，基于绝对普遍性追求导向客观性。正是这种统一性思考，使苏格拉底成为推动从有限抽象知识去追求无限具体思考的先驱，成为哲学创生时代承前启后的杰出哲学家。他的杰出贡献有两点：一是开主体统一性具体思考之先，他对德性最普遍定义的思考在学生柏拉图身上成长为理念论，成就了西方哲学理论大厦；二是在开创理性统一性思考时，就直奔主题，指向人类社会本身，直接以人的目的为目的，以人的最普遍的理性为目标。苏格拉底认为在他之前的自然哲学停留在自然的现象，“自然哲学家不明白原因是一回事，没有它们原因就不能成为之原因的条件又是另一回事……苏格拉底认为，对世界原因的真正探究，并不是要找出某一个物质本原，而是要发现那个把世界万物安排得如此合理，如此井然有序的力量。……这个力量就是善。所以寻找世界万物的原因，就是寻求这个善而不是其他。……他觉得研究天体，研究宇宙的人愚不可及。苏格拉底认为，要紧的是人自身的问题”[⑨]。“认识你自己”是古希腊文化的神谕，苏格拉底将之变为自己理性的信条，并从此成为西方哲学根深蒂固的传统。如果哲学只着眼于自然界而忽视了人心，那是短视的。“认识你自己”始终是西方文化中一股永远的冲动，并且这种对善和德性的普遍追求，相较对真的追求是更普遍的，因为从人类文化的意义看，从哲学作为人类文化的基础的意义看，对善和德性最普遍追求显然是超越了对真的普遍追求的。

把善看作比真更高、更普遍的范畴，那是在哲学对世界统一性理解的意义上说的，并无日常所说从低级到高级的意义。对客体世界的科学认识和对人类社会伦理认识的知识甚至学科理论而言，它们面对不同领域，不同对象，相互独立，根本就不存在一个学科比另一个学科高级之说。在知识意义上，只有同一领域同一对象的理论才有可比性。但哲学的真、善是在世界统一性意义上所言的，它们的统一性恰恰就在它们的不可比性，不同认识及规律的统一性理解才需要哲学。善在抽象直接性上是主观的价值命题，进展到苏格拉底的最普遍至善则是超越了纯粹主观性，达到主客观统一性，本质上是真和善的统一命题。把伦理善恶只理解为人主观欲望是弱智的，人类社会只能以善不能以恶为本质不是由人决定的，是由真和善的统一决定的。恶只能是人类文明史的反动，作恶是反文明反人类的。从人类文化统一性去看，善是比真更高级的范畴在于它们是不同层次的，而善是更高层次的，因为善及最普遍的德性是关于人类社会历史文化的主体的，是关于人的社会本质、类本质的最普遍性思考。人的世界的最普遍定义就是人的本质，人的本质不是人的自然，不是多样性的生命个体的集合，而是多样性具体个人达到普遍性意义的统一性即人类，这就是苏格拉底所追求的把人的世界安排得井井有条的力量即最普遍的善。哲学关于人的普遍本质、人的类本质、人的社会性的理论，归根到底可以在苏格拉底的哲学中找到源头。善是人的普遍本质，是人作为人超越了纯粹自然界的社会历史性存在，实际上也是人作为文化性存在的本质。善对人的最普遍统一性思考的意义就是把人的本质揭示出来，把人和动物不同的本质规定性概括出来，使人不再是纯粹自然意义上的人。

苏格拉底对善的普遍规定性在逻辑上隐含了西方文化历史发展中从人的类本质、从人的社会历史文化性去使人区别于自然的意义。哲学对善和德性的统一性思考，是人类从主体意识去思考自身，追求人类社会性、历史性意义，理解人类社会历史，我们称之为善，因为它不是必然客观性的过程和结果，其追求的不是自然必然性和客观性，而是主体目的性和选择性，更根本的是人的主体性和客体性的统一。把人类社会历史仅置于客观性的框架下，从自然必然性本质去思考，那最终合逻辑的结果就是历史决定的宿命论。但从人作为主体自身，从善去思考人类社会历史过程时，它摆脱了必然性的客体限制，在文化选择的人的目的性中，回归到人作为社会历史主体的本质，真正赋予了人类创造历史的深刻意义。关于善、德普遍性思考把人和自然从本质上区分开来。在最基本的人和自然关系中，在人和自然的统一性关系中，人和自然的本质区别还没有显露出来，统一性的基础是自然客体，统一性的本质是客观性和主观性的统一。但在德性即善、德普遍统一性思考中，人和人的普遍统一性关系才是本质。善的统一性思考从最普遍的抽象意义去揭示了人的抽象自由的本质，人就是自由的社会历史性的存在。理性作为人的普遍统一性思考和追求，它不但追求必然性的真理，追求对客体世界必然性的规律认识，它同时还要追求人作为人的自由历史创造，追求人之为人的本质。真的意义是自然必然性为基础的客观性和客体性；善的意义是主体自由创造性的。真揭示的是人的本性，善所追求的是人的普遍的本质。人的普遍本质是比人的本性更高层次的思考。更一般地说，真是人的本体存在论的范畴，善是人的本质存在论的范畴。

人以自然具体个体存在为前提，但人在社会历史文化的普遍抽象本质中实现了人的自由的本质，人依靠文化超越了自然，从感性自然具体个体上升为具有普遍意义的社会历史本质的理性存在。对于具体现实的任何个人而言，大概有一个终身困惑：我们生存在抽象的社会、历史、文化中，但它却又仿佛无所不在地左右着我们。人之所以为人就在于人的自由的社会历史文化的本质，但这些本质对于现实的感性存在的人而言，尽管是虚无抽象的，在社会历史中的人却又似乎生存在抽象的制约之中，历史、社会、文化是我们无所无在的制约条件。文化赋予了人自由，但又成为人的另外一种约束。如果对之缺乏自觉的理性统一性理解，就会发觉人对自然的自由是以牺牲在社会中的自由为代价的。人进入文明史后凭必然性知识，在和现实自然环境交互作用中，获得越来越大的文化选择空间，人的感性生存目的得到更大满足。但为文化选择提供根据的文化不是来自先天遗传，而是在后天的学习和觉悟中内化为具体个体主体自觉理性的。在本体存在意义上，生命是人存在的基础；在本质存在意义上，抽象文化的统一性，即社会、历史等抽象的形式才是每个人“文明”的根据。文明史中没有离开这些基础和根据的现实的文明人存在。人一定是在社会历史文化中，现实的人是先天自然遗传和后天文化构建相统一的，而且是自然兽性在先的。文明史的本质是人的理性不断发展，不断远离自然丛林法则支配，由自觉理性去支配现实生存。对每一个具体个体而言，社会、历史、文化都是经验和“先验”相统一的，而且首先是“先验”的，是外在于个人且支配个人的根据。当人类文化没有达到自觉理性的时候，文化作为人的普遍本质就异化为对人的统治。以柏拉图唯心论为基础的西方文化一直走到当代发达资本主义社会，都没有摆脱文化异化，进展到自觉的具体现实理性境界。柏拉图以哲学家当国王或国王成为哲学家的理想国文化是异化，中世纪宗教统治是异化，从近代科学革命肇始至今的资本主义同样是人的本质的异化。在人统治人文化的社会中，异化是普遍的。奴隶异化为非人，奴隶主异化为奴隶的奴隶；在资本主义社会中，工人被资本家及统治者剥削，工人的统治者又成为抽象的资本的奴隶。文化的异化产生了现实的镜像效应，即似乎真实的个人是抽象的，抽象的社会及其诸形式才是真实的。把个人理解为社会原子，把社会理解为支配原子化个人的有机整体实际上就是把社会实体化和个人抽象化，在全球化时代这一文化异化已经登峰造极了。这正是科学理性充分发展的当代人价值失落的原因。这表明人类对苏格拉底当年提出的对善的普遍意义和德性的绝对精神的认识还是不及格的。西方自觉理性一直执着于真，其实善的理性统一性即人的本质的统一性才是自觉理性更重要的命题。善的统一性在当代文化话语中，其实就是人和社会的统一性、社会历史统一性、人的主体世界的统一性命题。真的思考主要是科学家担纲的，善的思考、心的统一才是自觉理性命题。文化首先是一种普遍性的抽象，善是普遍的抽象统一性，国家、民族、社会所指称的都是抽象而不是实在。这些抽象的意义在现实的人的社会历史文化过程中。现实的人在抽象普遍性下所获得的抽象本质如果不能返回具体，不回归具体个体的存在，那就是一种异化，赋予人以自由的本质却在更普遍、更基本意义上剥夺了现实的人的自由。所以，社会历史的统一性是更高的命题，是人类自由的本质所追求的目标，我们称之为人的具体的自由和解放。这是对人类文化，对世界的统一性认识从普遍性的抽象回复到普遍性的具体，即回复到具体、现实的个人的自由解放的最高追求阶段。我们把人类文化这种从抽象回复到具体概括为从善上升为美，即回到人的最高价值实现的统一性意义。人类文化、人类社会历史的理性最高目标不是真理，不是至善，而是完美的统一，是真、善、美的统一。

美的范畴不是具体存在，也不是普遍的抽象本质，而是真和善的统一，即具体的自然生命个体在人类普遍的社会历史追求中，圆满地赋予自己存在的价值和意义。审美价值赋予人的意义，但理性的审美价值不是个体主观的心理体验，不是艺术家的陶醉或流行音乐的慰藉，而是对人生价值的最高意义的终极理解。它具有普遍意义，因为它包含有人类善的普遍自由本质，不再是个体具体的，因而是终极的。终极指逻辑而非时间的终极。终极价值并不是一种社会历史文化中的抽象，它必须回到现实具体的人，但它不再是个体的纯粹心理主观感受，而是从普遍社会历史文化中建立的对自身存在的一种完美的、统一的、形而上的理性统一性的理解。没有达到真善美的统一，哲学统一性就没有完满。即使只以自然界为对象的自然哲学理论体系，在宇宙观理论中，同样渗透着价值观和人生观。从文化的抽象性看，在本体论、本质论和价值论构成的理性文化中，价值论是哲学的终点，终极价值是意义世界之为统一意义世界的第一原因。

真善美如何统一？个人和社会、历史、文化如何统一？这是哲学对作为主体的人类社会历史的基本思考。当代这些思考其实只停留在抽象的社会、历史层面。抽象的审美价值或终极价值本质上不是“美”，还只是美的范畴。当代人类文化的局限性就在于停留在一般的抽象，无法回复到具体，结果是抽象的社会历史文化剥夺现实的人。世界统一性原理的最高阶段是真善美的统一，它要实现人和社会的统一，人的自由和必然的统一，还要思考人的肉体和灵魂的统一这传统的最高命题。只有对灵魂和肉体得出统一性的理解，才能得出人的终极审美价值从抽象普遍性返回到具体现实的个人的合逻辑的结果，真正得到世界统一性的终极的、完满的理解。

综上所述，只有超越真理文化，扬弃科学理性，在真、善、美的统一文化中才能通达理性具体，哲学才从抽象回归具体成为人生的智慧。人的文化选择生存在现实意义上一定是真、善、美相统一的，只不过对之的理解不同从而理性自觉生存的水准不同而已，执于真理文化和科学理性的生存不是与善与美无关的自然生存，只是缺乏自觉理性的文化生存罢了。西方哲学以柏拉图为极顶导向科学理性，理念论包括后柏拉图的西方唯心论哲学执着于知识论和真理论，只为客观认识统一性提供根据，却无法为主体自由选择统一性及人的主客体统一性提供理由，只是抽象理性，还不是具体理性。人的理性具体的文化选择性生存是必然和自由相统一的，必然性的真是文化生存选择的前提，选择性的根据才是本质，主体世界、文化世界的统一本质上是由主体自由选择的统一性为根据的，人类文化世界之所以汇成统一的历史长河是由最普遍的文明价值去统一为文明史的，本体论、认识论、价值论最终统一于价值论才完成文化的统一，真、善、美相统一的哲学才是自觉理性。

至此，关于哲学的本性或哲学是什么的讨论尽管没有“确定性”的答案，诚如张尚仁老师所言，哲学所能确定的就是它自身无定论，这和怀特海所说的一切都在永恒变化，只有变化过程不变，我们说排斥一切形而上学就是一种形而上学，否认一切信仰就是一种信仰一样，这就是哲学。它没有给出确定性答案，不是知识，而是给出一种理解，我们称之为智慧。从最普遍、无限而具体的理解出发，哲学是对世界统一性的一种理解。这个世界的含义不是有限、抽象的自然世界，而是无限、具体的最普遍意义的世界，这个最普遍的世界是人本身，是具体现实的人。世界统一性就是人的统一性，人是文化和自然的统一，最高、最普遍的世界统一性就在于人自身。哲学对世界的统一性思考，从自然开始，但只有在自然和文化相统一，真、善、美的统一中，才能达到圆满。哲学的世界不是自然界，而是统一、全体的世界。哲学只有在“认识你自己”的统一中，才能通达圆满。所以，哲学本质上是关于文化的、人的、人心的哲学。哲学的最高意义，在于赋予人之所以为人的充足理由，在终极、无限、具体意义上赋予人终极价值和具体意义，这就是统一性的完满意义。哲学的无定和发展，是对统一性世界认识的发展。只有从统一性这种最普遍具体中，才能悟到智慧的发展、变化然而又永恒而圆满的真谛，才能悟到自然中的自由。

从世界统一性去理解哲学：世界的本性是什么？它从哪里来，到哪里去？人从哪里来，到哪里去？人在世界中的位置、地位是什么？人存在的价值意义是什么？这些都是哲学基本问题，都是构成世界统一性理解的基本问题。它们构成了哲学智慧，但它们首先是以知识形态去构成哲学智慧的，形而上学的统一性就是以这些联系智慧和知识的基本问题为载体的。但不是在这些命题的答案中，而是在这些问题的统一性觉悟中，才能进入具体而绝对的理性，通达圆满的形而上学智慧。

注释

①张尚仁著《聊哲学》，昆明：云南大学出版社，2012年第1版，第87页。

②转引自张尚仁著《聊哲学》，昆明：云南大学出版社，2012年第1版，第87页。

③同上，第87页。

④张尚仁著《新译　新编　新解　道德经》，昆明：云南民族出版社，2008年第1版，第58页。

⑤同上，第46页。

⑥转引自张尚仁著《聊哲学》，昆明：云南大学出版社，2012年第1版，第87页。

⑦苗力田、李毓章主编《西方哲学史新编》，北京：人民出版社，1990年第1版，第529页。

⑧同上，第299页。

⑨同上，第53页。

第五章
统一的存在

引　言

【提要】把存在作为最普遍统一性具体无限概念就不能停留在它是什么不是什么的有限性判断之中，而应从非此即彼进展到亦此亦彼，把有限的存在统一为无限的具体存在，使存在获得世界统一性理解的绝对意义。存在是什么不是什么的多样性理解统一于绝对存在是从知性进展到自觉理性的哲学智慧。

一、存在即物质是限于自然为对象的对多样性具体宇宙本性的统一性理解。它把人类关于具体的一切感性经验统一起来，把一切具体存在统一于感性之物从而达到自然的绝对形而上学普遍意义。哲学的具体性的现实性在哲学史上是从自然哲学始，在理论形态上也是以自然哲学为基础，抽象的鸡下不了具体的蛋，没有自然哲学为基础哲学就只是抽象不是具体的，达不到无限的绝对水准。

二、存在即物质的形而上学自然本性归纳是以形而上学和经验知识相统一的本原概念为根据摆脱了纯粹形而上学，成为具体哲学智慧，从而本质上不同于上帝创造世界的抽象形而上学。本原知识不是实证了自然的物质本性，而是在逻辑上终结了物质结构还原分析的无限后退，在经验知识意义上验证自然物质本性形而上学最普遍设定的合理性。在两千多年本原知识不断进步且一切自然现象都统一于物范畴的条件下，唯物论就是合理的，具有万古常新的意义。当麦克斯韦设定真空中的位移电流获得科学客观性的实证意义时，标志着人类几千年来视为无物的真空中有具体客体存在，自然的具体存在超越了感性之物范畴，传统唯物论失去自然本性最普遍统一归纳的意义。老子玄学以无作为最普遍自然客体，由无、有、物的统一去理解自然才符合当今的科学认识，物质客体统一于更普遍的客体范畴，由无中生有去理解的自然才能统一人类关于宇宙的一切知识和经验并达到绝对一元论水准。

三、思维把存在从物导向心，导向人的理性自我觉悟，标志着哲学理论进入理性自觉水准。思维的具体意义不是物，是客体存在和人的普遍认识的统一性，最高意义是真理即认识的主客观统一性，哲学史上陈述为存在和思维的同一性。哲学的基本问题是主客体统一即存在和思维的统一，否定思维或客体存在都是弱智的，把两种不同层次存在对立起来是片面性的，这是西方哲学仍执于具体去理解从物到心的转换的历史局限性，最终依靠精神实体概念把抽象思维当成具体之物，把认识论当成本体论。唯心论自为本体论的最致命局限性在于否定客体世界就远离了思维和存在统一性这哲学认识论的最基本命题，两千年西方哲学以真理为最高目标却因自绝于客体世界而没多少建树，真正的成果在纯形而上学的认识形式统一性即文化认识的普遍意义统一性中。思维作为存在是抽象本性的存在，是关于人的主体性、理性本质的思考，是本质存在，是不同又统一了客体意义认识的更普遍意义存在。把思维理解为存在和思维、主观和客观、主体和客体的统一时，本质存在是包含本体存在意义的，唯物论是唯心论的基础，唯心论达到了更普遍的具体意义，两者在人类文化现实中是统一的，对立只在片面性的抽象思维中。

四、主客观的统一是抽象思维中的统一，西方真理文化只达到抽象理性，没进入主客体统一性的具体理性自觉水准。真理的客观性意义只回答必然性的客体世界统一性根据问题，思维和存在的现实性在人的主客体统一性的具体文化生存中。局限于自然人就只是禽兽，局限于抽象精神人就是统治自然的上帝。人的异于禽兽的本质在于人的自觉自由的文化选择性，真理知识是文化选择的前提，统一于理性目的统一价值即主体世界的统一性意义才是文化选择的本质，文化选择生存的现实性是价值判断和事实判断的统一，是自由和必然在文化现实中的统一。具体文化选择生存使主客观统一进展到主客体统一，是本体论、认识论、价值论由抽象理性进展到具体理性，文明人都是理性具体的主客体统一性存在。存在是物质、是自然、是思维的意义统一于每个文明人的具体存在，人的理性具体存在统一了多样性存在的全部意义。

人类文化中从个体上升到普遍且不断从抽象到具体发展着的最普遍理性统一性概念是存在。从存在作为起点去讨论世界统一性，在存在从抽象到具体的演化中去理解世界统一性存在，是和哲学的历史及逻辑相一致的，世界的统一性也可以理解为存在的统一性。换言之，世界即存在，哲学思考具体、全体的世界就是思考具体、全体的存在，对存在从抽象到具体的统一性理解就是对世界具体统一性的理解。

哲学从存在开始，以本体存在论为起点。本体是关于感性客体世界的思考，本体论是客体世界一元统一性具体存在理论，哲学首先就是自然世界客体存在统一本性的本体论，它之存在所指的世界是客体自然界，存在在本体论意义的统一是自然界的统一。更现实地看，迄今为止的自然哲学本体存在是物质世界的统一，关于自然客体世界的本体论哲学即唯物主义哲学。在自然哲学范畴中，存在总是物质存在。唯物主义哲学对存在统一性的理解是存在即物质，物质是世界的第一性存在，其他都是附属于物质的现象。存在限制在客体之“体”中，限制在感性具体之“体”中，不是最普遍的无限概念，现象不是存在，精神不是存在，抽象的本质不是存在，甚至物理学的具体之“无”也不存在。这是人类理解世界统一性的起点，但不是终点。因为存在即物质是一种有限的统一性，只是由自然限定的存在。仅停留在科学理性意义的物质存在其实也是抽象的存在，因为它只是共相，既不指称具体个体，也没有上升为理性具体，不是具体的统一性。

存在即物质的最大局限性并不在哲学上，即不在对自然世界的统一性理解中，而在经验和科学知性认识中。从科学真理意义看，存在即物质不能是一个不证自明的命题，而是必须由本原提供实证的科学命题。西方哲学以世界即自然界是不证自明的，作为自然哲学的前提，并没有逻辑上的问题，但把自然界不证自明地等同于物质世界就缺乏根据了。这种假设前提在先地包含了存在本原的物质性假定，唯物主义的物质本原理论是从自然界、世界即物质世界这前提中演绎出来的，而非归纳出来的。所以，如果把存在只理解为物质，把哲学只理解为唯物质主义，那局限性就可想而知了。以世界即物质世界为起点并不能完满解释科学和经验，因为它无法理解两千多年前中国玄学“无中生有”以无之道作为世界本原存在的归纳，更无法解释空无一物的真空中的现实存在，从而也无法解释非接触的感性之物之间相互作用这种普遍现实现象。西方文化至今仍无法理解光和能量的本性，这是自然世界中一直困扰人类的最基本问题。无论是西方哲学还是西方科学，在此都表现出极大的局限性和片面性。

巴门尼德开创的存在哲学把存在从有限之物的存在统一性上升到无限的普遍抽象统一性，柏拉图则把这种无限的普遍抽象性存在称之为从现象上升为本质的存在认识，世界统一性存在从本体存在进展到本质存在。柏拉图的理念存在是存在的绝对的本质，即本质的存在，也就是我们称为普遍的存在。理念论普遍的存在是理念，而个别的东西是现象，是既存在又不存在。进入理性的人类认识追求的不只是现象存在的可感世界，更是普遍、永恒的理念世界，柏拉图认为这才是真实的存在。亚里士多德的第一哲学从质料因、形式因、运动因、目的因的统一性去理解存在，把存在的现象和本质统一起来而进展到存在的现实性。他认为第一哲学是关于根据和存在根本原因的理解，表明了理性哲学从本体存在论到本质存在论的成功转换。

从存在即物质到存在是本质和根据，是人类对世界统一性认识的一次重大进步，是存在从有限到无限，从现象到本质的发展。几千年来，人们把这称为本体存在论意义上的唯心主义，即把世界的本性、构成世界万物的本原存在理解为精神性、抽象性的普遍性。如果把存在即物质作为绝对不变的根据，那么，说存在是理念那当然是“骇人听闻”的唯心主义，是反唯物主义的存在论哲学。但如果把存在看作发展的、无限的统一性概念，而不是知性确定性有限概念的话，则它从本性到本质、从个别到普遍的进展就不是什么反唯物主义的，而是认识世界统一性的重大进步了。存在作为世界无限统一性的发展性概念，不能只停留在存在即物质中，而应进展到存在即本质，即从具体客体存在向抽象普遍性认识的发展。如果认为本质的存在才是最普遍而永恒的存在的话，就不能坚守存在即物质的信条了。诚然，本质是抽象的，本质存在是抽象而非具体存在，关于世界本性的客体存在才是具体的，既追求本质存在又坚持存在即具体之物，那才真正陷入把客体看作抽象具体存在的荒诞的“唯心主义”。从本质去揭示存在普遍性的所谓“唯心主义哲学”是关于存在本质的统一性认识，是对世界的抽象普遍性统一理解，从存在即物质到存在即思维是人类对世界统一性认识的重大进步。柏拉图理念论及其继承者们对认识普遍客观性的思考，即对普遍性的思维这种本质存在的认识，是西方哲学和文化的精髓和灵魂。

西方哲学几千年来在认识客观性问题中探索，在唯物还是唯心中争论，对存在的认识发展主要在认识的客观性问题上，即停留在抽象普遍性中。西方文化几千年来的根本分裂和冲突表现在对人自身认识中的必然和自由的关系问题，即认识的客观性和人的主体性的不统一问题。人是最高的存在，并且是在具体统一性意义上的最高的存在，而不是西方“科学理性”文化中支配和统治自然的超自然存在。人是客体和普遍文化认识的具体统一，文化是人的抽象的普遍本质，使人成为普遍的类存在，成为社会历史性存在。文化的进步在最基本意义上是使人获得对客体必然性规律的客观真理认识，使人从中获益，改善人的生存，使人从自然中获得自由和解放。但人对自然的解放意义是在统一性意义上的，即是在自然必然性支配的本质规律意义和人的主体性文化选择的统一性意义上的，是在自觉认识和理性选择利用自然必然性规律意义上的解放，因为人首先是自然存在，是有限的客体性存在，受自然必然性规律支配。人超出自然，在人类普遍文化中构建了人的普遍的类本质，使人获得了自由。但人对自然的自由不是在自然本质意义上的，而是在超越自然意义上的，即人并不能改变自然必然性的本质，而是根据对这种必然性本质的认识去利用对边界和初始条件的支配，争取得到人所预期的结果。人所获得的这种自由是以符合自然必然性规律为基础的，是和必然相统一的过程。所以，人的抽象的普遍本质并不只停留在抽象的普遍本质之中，而是体现在人的存在的现实、具体过程之中，本质就在现象之中。与其说人的抽象普遍的类本质返回具体的、现实的个人自身，倒不如说文化的社会历史性的抽象本质使人从自然的具体生命存在文化为具有超越自然本性、具有人的普遍社会历史本质的理性具体存在，使人有充足的理由成为万物之灵，使人类世界成为自由创造的世界。所以，存在的最高统一是人的统一，是人既作为自然存在，又作为普遍抽象社会历史存在的统一。唯此才能合逻辑地认为人的世界才是最普遍的统一世界，既是自然界的统一，又是文化和社会历史的统一，更是自然和文化的统一。无限、具体的存在的统一性就在于我们每一个具体现实的人的存在之中，每一个人都是社会、历史、文化的具体统一，具体的自由的存在是最高统一性的存在。这种存在当下现实、具体的每一个人，就是自由的存在作为最高统一性的具体存在的价值和意义。

第一节　本体存在论是客体世界一元论

一、物质世界存在的统一：存在即物质

西方哲学的本体存在论溯源到公元前约600年古希腊米利都的圣人泰勒斯，因为他提出了世界万物本原的猜测，这是西方文化对世界统一性思考的起点，也是哲学史的起点。按照哲学史家的看法，泰勒斯是西方哲学的始祖，因为他对世界万物存在的本原思考“给西方思想的发展带来深刻的革命变革。努力寻找在现象背后，作为基础的万物存在和生成的本原，从而庄严地宣告了理性的胜利，哲学的诞生”[①]。

在泰勒斯之后，产生了第一批自然哲学家。他们的共同之处是围绕泰勒斯的命题，即世界万物的本原思考世界，所不同之处是以不同的自然物去解释世界万物的本原，用气、火、土来取代泰勒斯的水，但最有特色的是阿纳克西曼德的“无定”和对立。“阿纳克西曼德的‘无定’，用的是Apeiron。Apeiron是中性形容词，意为缺乏界限，没有规定（Peira）的东西。因此，这个东西既在性质上没有规定，也在形状上没有规定，正如老子所说，‘惚兮恍兮，其中有象。恍兮惚兮，其中有物’。它在数量和形状上是无定的，它虽然也是一种有形体的质料，但却不是具有固定性质和形状的水汽。”[②]

从逻辑上看，阿纳克西曼德的“无定”和中国玄学的“无”具有共通性，已达到了比较高的思维水平。从逻辑上来说，现实世界有形有质的多样性存在的最普遍的、唯一的本原存在如果是有形有质的，那其实很难解释此种形质和多样性形质之间的区别，无法区别本原和非本原在逻辑上就已陷入循环论证。其实，在当时的认识水平下，从泰勒斯的水，到后来的气、火等，与感性经验中具有确定性形状和状料的物体相比，的确可以理解为既是物又是无定之物。所以，阿纳克西曼德的“无定”是具有更加普遍性意义的

本原的归纳。但是，必须记住的一点是，西方自然哲学“无定”的本原和老子玄学理论中生出有的“无”是有本质区别的。因为“无定”仍然是有，所以，西方文化从来就没有达到由“无”去理解客体世界统一性的水准。

由此可以得出结论，西方哲学产生于对自然界的本原存在思考中，早期的哲学叫作自然哲学。“亚里士多德说：‘在第一批哲学家中，大多数人只把物质性的东西当做万物的本原。如果存在着一个东西，它是万物最根本的来源，万物由它产生，最后毁灭时又复归于它，实体随万物的变化而形状多变，但本身仍保持不变，他们就称这为万物的元素和本原。’”③

回顾西方哲学从自然哲学开始的历史，我们必须思考如下几个基本问题：万物存在本原的思考为什么产生了全新的理性哲学？关于本原的理论在什么意义上是知识，在什么意义上又是智慧？为什么由此既产生知识又产生智慧？西方自然哲学由本原理论到本体存在论的构建中，它们的统一性关系应如何理解？这些是从自然哲学的起源中必须理清的基本问题。

首先，哲学从科学中产生，自觉理性在知性基础上产生，在知性认识从一般普遍抽象上升为最普遍的具体统一性时产生。在哲学创生之前，人类理性还没有进展到对自身自觉的理性思考，人作为主体存在自觉到的首先是知识，是基于人对客体世界感性认识归纳出来的抽象普遍性知识本身。泰勒斯思考水，并将之归纳为世界万物的本原时，这一米利都的圣人首先是在传统知识意义上思考，我们称之为科学思考而非哲学思考。哲学思考是以这一科学思考为基础才产生的。从对自然的科学认识意义看，进入世界万物存在本原的最普遍知识思考意味着泰勒斯对世界因果关系的科学知识已经达到了非常高的水平。所以，世界万物本原的知识是具有普遍性意义的知识。从自然界的意义，从那个时代西方人把自然界和物质世界同一的意义去看，从物质客体多样性中归纳出的一般普遍性认识，当到达不生不灭的万物本原存在思考时，已经达到了自然界感性客体存在普遍性认识的最高阶段。当然，这种最高阶段是在科学猜测意义上，是由界定的本原存在规定性为前提的。就是说，尽管自然界万物本原在几千年后仍没有确定答案，但在泰勒斯思考世界万物本原问题时已经赋予了这一概念明确规定性，进入了对自然界最高普遍性知识的追求和思考。世界万物的本原是一个具有最普遍意义的客体世界的科学思考命题，它是人类对自然客体普遍客观知识思考达到最普遍时产生的命题，而且是科学命题。西方人坚持知性知识是理性智慧的基础是有充分根据的，没有知性思考，最普遍的哲学思考就不能产生。科学是哲学之母，凡是割裂了哲学和科学统一性的“哲学家”都是值得怀疑的。

为什么世界万物存在的本原这一最普遍的科学思考能够成为哲学理论的创生生长点？对本原存在规定性的认识和其他知识相比，有其特定之处，即作为普遍性知识，它是对自然界最普遍的具体存在的认识，构成自然界多样性万物从多达“一”这一最普遍的极限。对“一”这种最普遍的自然界具体存在，作为具体存在之一，对之的认识是知识，但对它不生不灭、万物生于斯又毁灭回归于斯的本性的认识，就产生了理解多样性现实的自然界的统一性问题，即由单一的、普遍的本原存在去理解多样性的自然界的统一性，由本原存在去理解整个自然界的本性，引向对物质世界统一性理解。西方文化至今都把自然界理解为和物质世界同一的，所以，自然界的本性亦即物质世界的本性。传统的自然哲学理论认为哲学和科学的区别在于哲学回到了世界的本性，自然哲学起源于唯物主义，即从物质性去理解世界的本性。在当代辩证唯物主义哲学的教科书中，哲学就是对世界本性的回答，正确的回答是唯物主义，认为构成世界万物的本原是物质性的，所以世界是物质世界，世界是物质的就是哲学的起点；而认为存在是精神性的则是唯心主义，是和唯物主义相对立的观点。西方哲学史就是在世界本性上正确的唯物主义和错误、反动、荒谬的唯心主义相对立而存在，相斗争而发展的历史。世界是物质的还是精神的，它作为一种确定性判断，首先是知识，所以对之有正确或错误之分。但世界的本性和本原是不同的概念，本原是具体客体的知识，世界本性却是多样性统一而非抽象判断命题了。自然哲学是智慧，把唯物主义说成仅是正确智慧，把唯心主义说成是错误智慧也是骇人听闻的。智慧没有正确错误的标准，把唯物主义、唯心主义作为可以用正确、错误标准去判断的认识，则只是知性认识，还不是智慧。所以，仅仅从唯心主义、唯物主义观点中就产生哲学，那真是骇人听闻的。唯物、唯心的对错判断必须还原到本原知识才有意义，况且在知识意义上唯心论不成立，唯物论也不是实证知识，还是科学上未解决的命题。至于把它们区分为正确和错误且相对立的哲学，是合格的哲学家不该有的认识。

认为世界的本原和本性是物质的还是精神的，只是一种观点或抽象的主观判断，凭此不但难入哲学之门，也无法理解哲学以泰勒斯为始祖的理由。哲学之所以从泰勒斯开始，在于他在对水是世界万物存在的本原这一最普遍的知识猜测中，建立了物质世界由绝对、普遍、具体的“一”到多样性的现实世界的统一性思考，对多样性物质世界本性得出了统一性的理解。这不是物质世界的物质性问题，而是多样性物质世界的统一性问题。所谓世界的本性并不是世界客体构成的知识判断，而是在由“一”到多的统一性中，把多样性的客体理解为由“一”构成的客体，多样性的整个世界的本性即归根到底的构成都是由“一”构成的，是同一的，“一”在一切多样性之中，“一”就是一切多样性存在的本性。所以，“一”就是物质世界的统一性，“一”的本性就是世界的本性。在现象中多样性的、生生不灭的一切物体，其本性是统一的，统一于本原性存在，归于“一”。这才是哲学对世界本性理解的真正含义，才是区别于知识判断的统一性智慧，也是老子所说的“圣人以抱一为天下式”的含义。哲学是在得出天下式抱一统一性的自觉而自圆其说的认识时产生的。哲学不是产生于世界物质性的独断论或科学证明、理论论证，那都只是知识，是哲学产生的土壤而已。哲学产生于物质世界从“一”到“多”的统一，即从单纯、永恒、不变的本原存在去理解多样性物质世界的统一性。哲学唯物主义的本质是建立万物存在之本原和由它构成的多样性物质世界的统一性。自然哲学是本原和本体相统一的。感性经验世界是从人的感性经验基础上综合而抽象出来的，不是从本原中演绎和论证得来的。本原的前提是本体，但本体是无法证实的，本原却是可经验实证的，它作为最普遍具体存在为本体论提供了最充足的根据。因为如果客体世界的本原是物质性的，本原存在是多样性世界的统一，客体世界和本原同性，即世界也是物质性的，是物质世界，从而圆满地解释了人类的世界经验。

最后，由哲学产生于对物质世界统一性本性理解的观念中，可以合逻辑地认为，世界万物存在的本原问题作为哲学思维的起点，还只是一种具有真伪判定意义的知识问题。把世界万物本原思考的知识认识作为哲学理性思考，甚至作为一种哲学理论是不充分的。哲学理论中的本原论只是构成本体存在论的一个方面，就其作为独立的命题而言，知识的意义才是根本的。它的哲学意义不在于它所给出的知识本身，而在于这种知识为理解多样性万物构成的世界统一本性理解中的充足理由意义，在于它是客体世界统一性能自足自洽必要而充分的基础。哲学存在论的理论体系从世界万物存在的本原思考为起点，以科学知识为起点，但完成于物质世界本性的统一性理解之中，即最初、最朴素、最简单的哲学理论形态不是哲学本原论，而是哲学本体存在论。一般我们都把哲学本体存在论理解为对世界客体存在的本性的思考，但往往忽视了所谓本性就是由“一”得出多样统一性存在的理解。自然哲学早期的朴素形态是哲学唯物主义，它以对世界万物存在的本原的物质性出发，对多样性的现实客体世界得出统一于物质的本性理解，而不是仅停留于世界是物质构成的这一事实判断。停留在事实判断就没有真正理解哲学唯物主义，不理解世界的统一性问题。哲学最朴素的统一性理论从世界万物本原开始，世界是自然界，自然界是物质世界，多样性的物质世界是统一的，因为它统一于绝对而不变、普遍而永恒的“一”即本原存在中。存在的统一性意义在自然哲学中获得了最朴素、最基本的统一性理解：存在即物质。

存在即物质是哲学史上对存在最朴素、最基本的统一性理解。可惜，很多人对存在即物质做机械论理解，做因果决定关系陈述的确定性知识理解，窒息了哲学的智慧。那些对哲学唯物主义做有限知性理解的人斥唯心主义把世界理解为抽象的，坚信世界的物质性才是对世界的具体理解。殊不知，存在即物质中的物质可以是具体的，但只有在统一性意义上才是具体的，在因果确定性关系中物质是抽象的共相概念，只有在本原存在中的物质才是最普遍具体存在，多样性世界的物质是多样性的统一，物质概念本身是普遍抽象共相，在理性统一性意义上的物质世界才是普遍的具体。存在即物质在知性意义上也是抽象的，也是机械唯物主义者所厌恶的“唯心主义”的。所以，存在即物质只能从物质世界的统一性去具体理解。

二、物质客体和客体的统一性

在存在即物质的传统哲学唯物主义的知性理解中，人们总是把世界的物质本性作为从世界万物的本原为根据而得出的对整个物质世界本性的判断性结论，由世界万物本原的物质性推论出世界的物质性。这种理解其实是不符合逻辑的。

世界万物本原存在的物质性是科学确定性认识得到的知识吗？当然不是。构成多样性物质世界的最普遍的具体之“一”是什么？这在今天还是个待解的科学命题，这是物理基本粒子理论前沿的课题。或许这种答案是永远不可知的。为什么这么说呢？因为当代科学有一种物质结构无限可分的信念。何谓无限可分，即永远也分解不到不可分的本原。所以，尽管我们今天信心满满地坚持存在即物质，但其实并没有证明存在的本原是物质，甚至不相信本原物质的可证实性，所以说世界的物质性是由世界万物存在的本原的物质性决定即推论出来的，那是纯粹骗小孩的瞎话。至于泰勒斯那个时代，说世界万物存在的本原是水从而为世界的物质性提供了根据，那就更胡扯了。泰勒斯的水本原说只是一种朴素的猜测而已，总不能说世界的物质性是由泰勒斯的猜测为根据的吧！世界的物质性本性来自本体存在论的形而上学假定，世界万物的本原这一陈述把世界限定在物中，把本原存在限定在物中，由这形而上学本体论设定出发去追求本原知识，在于逻辑上应由本原客体的确定性知识提供本体统一性的实证根据。客体世界本性的物质性信念至今未变，并不是我们已经找到了本原物质存在的真理知识，而是本原知识在不断更新，它总还是和物质一元论的形而上学本体论统一协调的，元中求元还没有将本原的物质性证伪。

水是世界万物的本原作为一种猜测产生了物质世界统一性问题思考，并为所谓世界的本性认识提供根据。这正是哲学和科学、知识和智慧的区别和统一。诚然，世界万物的本原首先是一个知识问题。作为知识思考，它是有前提假设的。这个前提假设是什么呢？就是世界是物质世界。这个认识来自经验认识的归纳，最基本的根据是关于感性可感知之物的经验。一切认识来源于感性经验，感性经验的对象是具体的物质客体世界，因而西方一直把一切客体经验归纳为物质客体经验，即一切可经验的存在、感性的存在是物质存在。我们生活的感性物质世界是变幻不定、生生不息的世界，物质客体是个体多样性的具体存在，感性世界就是物质感性多样性存在的全体。世界对人而言首先是感性世界，是物质世界。因此，世界的物质性是人类认识的最基本的出发点。当人类对物质客体的认识从多样性的个体存在进入普遍性的一般抽象认识，在物质个体生生灭灭中理解它的个体性和一般性的关系时，得到了一般性的普遍知识。有些物体是连续的，比如一块铁无限切割下去它仍是铁，这是物体同质无限连续的观点。但并不是所有多样性复杂之物都是同质的，复杂结构分解所得的元结构又是可以和整体不同质的，唯此才有多样性变化现象。构成不同的物质规定性的东西我们称为元素。元素最初具有和本原类似的意义，但元素是多元而不是一元的，从多元到一元的进展产生了本原概念。复杂性结构的生成和分解往往不是同质的变化，比如最富生命力的生命运动，在生命的消亡分解中，就产生了复杂结构分解为不同质的基本物质组成部分的问题。为什么泰勒斯说水是万物本原呢？按照亚里士多德的猜测，是因为生命生长把水转换为生命组织结构；气本原说也是这个道理；而火则应该是易燃之物在火中化为灰烬，是物体回归到它的不生不灭的本原，所以火也可能是构成多样性物体的基本结构。这种从复杂多样性物体向简单物体的分解，也是对世界的物质客体既是从个别向一般，又是由多样性向普遍性认识的过程，这是以感性经验为基础的对物质世界的知性认识。从泰勒斯的水到德谟克利特的原子论，古希腊哲人对物质世界从个别到一般的认识已经在逻辑上达到了最普遍的水平。按照物分解得到的部分总是物的经验归纳，从有限上升到关于无限的整个自然的推论时其实已转换为形而上学的假定。这种从个别到一般，从复杂到简单的物质世界结构的普遍性结构还原的结果总是物质，在极限条件，即分解到不可再分的本原如水、气、火或原子的条件下，完全可以由世界的感性物质性前提去推断它们是物质性的。因此，世界万物本原的物质性的判断，首先是建立在世界的物质性假设基础上的。没有一个哲学家和科学家能有充分的根据证明或论证，如果没有世界的物质性前提，世界万物的本原一定是物质的。所以，世界万物本原的认识作为一种关于客体的知识，是以物质世界为前提的。本原这个达到绝对普遍性的知识之所以产生了哲学意义，是它作为物质世界的最普遍的具体存在，为客体世界的统一性提供了经验可证的根据，即本原既是具体存在，又是最普遍的具体存在。本原具有具体和最普遍相统一的特定规定性，即它既是最普遍的，又是可感性具体经验去实证的，它的可实证性才是哲学本体论理论体系从本原知识和本原论为逻辑起点的根据，才既通达了自然无限统一性又终止了无限后退的结构还原。在每种物质都有其不可分的元素的理解中，多样性物质世界就是一个多元的世界。非常简单地说，如果物质原子没有结构，而是真的如原来设想般不可分，则有多少种原子就有多少种“不可分”的元素，元素就确实具有本原存在的意义，铁的最终分解物是铁元素，铜最终意义上就是由铜元素组成的，多样性物质世界尽管能从多样性向一般性、复杂性向简单性还原，但它最终还是多样性的，物质世界就是多元的世界。但对世界万物有单一本原这种最普遍而又永恒的具体存在的猜测，不但把对物质世界的认识提升到最普遍的水平，更为重要的是，为把多样性物质世界理解为一元论的统一世界提供了基础。所以，哲学唯物论的真正意义在于它为我们提供了一个一元论的统一物质世界的理解。这个一元论物质世界的宇宙观，始于泰勒斯的本原论，具体是本原论建立起来的自然世界的哲学本体存在论。在哲学本体存在论中得到的不再是对多样性物质世界的感性经验，而是对物质世界一元论的统一性具体理解。

哲学从本原论中产生到在本体存在论中成型即世界统一性认识的产生，它的第一个基本认识是存在即物质。这是物质世界统一性的认识，是人类对世界统一性认识的朴素阶段，而不是对世界统一性的终极理解。如果坚持存在即物质只是一种真伪判断，则那不是对之的哲学统一性理解，而是将之还原为知性认识，这就是认为唯物论正确、唯心论谬误的哲学家的科学境界。如果把存在作为世界统一性理解的描述概念，存在就是无定、无限的，存在即物质是合理的世界统一性理解，但只是朴素的统一性，还没有达到理性具体的世界统一性，因为这种统一性的世界仅仅限定于物质世界这一形而上学的设定还没有实证根据。并且，世界并不只是客体自然界，离开主体文化，根本就没有客体世界之意义。就是说，只有自在存在，没有自为存在的话，则无法赋予自在存在以意义。自在存在是前提，自为存在赋予自在存在以意义。如果只有自在存在，则存在没有意义，无须也不可能有存在之意义的思维命题产生。所以，自在存在作为统一性存在，否认自为存在是不合逻辑的。西方哲学把存在叫“有”，但中国文化不同于此，“有”不仅是物，而且还是状态。所以，把存在本体论限于客体，否认客体存在者以外的存在意义并不是智慧的，把客体限于物也只是以抽象形而上学为根据的。存在即物质只从感性具体存在去理解世界统一性，所以还是素朴的。

更深入具体考察发现，即使是从自在客体存在的本体论意义看，存在即物质也不是对自然界的最普遍统一性理解，只能说是对物质世界的统一性理解。不能把自然世界的客体性和物质性不证自明地同一起来，物质一定是客体并不等于客体一定是物质。只有从经验到科学对自然界即物质世界得出可靠的证据时，才有根据认为不但物质世界是自然界，而且自然界也一定是物质世界。在科学概念陈述中，自然界和物质世界是大小相等，边界重合的集合。但是，在科学上，这却是一个极为高深、复杂的证明，并且直到今天，科学真理认识还没有达到这个水平。其实现代科学不但不能证明自然界就是物质世界，而且把科学建立在这一不证自明的假定上，所以，自然科学就是关于物质世界的存在及演化规律认识的科学，自然科学的基础学科是物理学，即关于物体运动变化原理的学问。不但在泰勒斯和亚里士多德的时代，即使到了科学几次被宣布将终结的当代，自然界即物质世界依然是科学认识的形而上学信条。但自然界和物质世界是否同一，恰恰不是科学的形而上学基础，不是科学认识的纯粹形式，而是科学认识的内容，是科学认识必须回答的问题。物质客体是自然客体，但是否一切自然客体存在一定是物质客体？在物质客体之外是否有自然客体存在？这是地地道道的科学认识的命题，不能由形而上学来假定，只能从经验中归纳，由科学给出必然性的客观证明。

人类总有一些精英，顽固地坚持把自然界即物质世界作为形而上学假定，其最充足的理由是自然和物质都是由概念规定性建立起来的，是相对性的，只要我们从主观规定性上赋予它们同一性，那自然界即物质世界就是合逻辑的了。人类文化就糟在这批精英的手上，他们根本就不明白，如果把自然界和物质世界的同一作为形而上学前提的话，那是绝对性的命题，它不是由主观规定性的相对限定可以实现的。如果需要规定性限定，那是知识问题。真正的知识问题是由客观必然性规律来揭示的，而不是主观规定的。自然界和物质世界是否同一，一切客体是否都是物质客体，不是纯粹世界理解的形式，而是认识世界的内容本身。因为它首先是感性世界中的问题，只能由感性综合为知性知识去判断，不能胡乱形而上地假定。经验世界当然是形而下世界，它的普遍性是由感性到知性普遍性的综合实现的。为什么要以本原论为根据去构造本体论？因为本原是具体即可经验实证的，本体论在经验和先验相统一水准才是理性具体的哲学。

自然界的一切客体存在者是否都是物质实体？这必须从感性经验出发去综合和归纳。人类对此有两种完全不同的归纳：西方文化把一切可经验客体称之为物质，又叫有，所以自然界从有开始，从物质实体客体开始，物质世界就是理所当然的自然界，自然界也理所当然是物质世界。所以，存在即物质不但是物质世界的统一性，而且同时也是自然界的统一性理解。但中国玄学世界理论则与西方文化相反，自然界从无开始，无中生有，有由一而二而三，三的复杂性结构才叫作万物，无、有、物是自然世界绝妙的统一性理论。在玄学世界理论中，只能说有的物质世界统一于物质，存在即物质。自然界是以无为本原的，本体统一于无的世界，只能说存在即无。存在即无包含存在即物质，是比存在即物质更普遍的自然世界的统一性理解。所以，按中国传统哲学，自然界和物质世界不同一，而是两个不同层次的统一世界，并且物质世界统一于自然界之中，是自然界中特定的世界。

那些囿于自然界即物质世界者从他们的形而上教条出发，指责玄学“唯心主义”，实在幼稚可笑。即使按照西方传统哲学，甚至回到恩格斯的哲学唯物主义唯心主义的判断标准，老子玄学世界统一性理论也是货真价实的唯“物”主义理论，但此物是无而不是有，即不是物质客体的自然客体。因为它是从自然出发去解释整个世界的统一性的，无中生有的无与人无关，与精神意识无关，也与抽象的上帝无关，它是先天地而生的，在当代哲学概念陈述中是唯物主义的，只不过老子的本原自然存在是“无”，西方文化的本原自然存在是“有”罢了。“无”“有”都是自然客体，问题是何为本原的，何为中介结构性的。而更基本的是“无”是什么，“有”是什么，“无”和“有”之间的关系是什么。这些争论不是形而上学的，首先是经验和科学的。所以，它不只是形而上学的选择，而是具有对错判断意义的。

西方文化把一切归结为有，即物质是有。有是从感性客体经验中归纳出来的，物质客体即有是正确的。问题在于物质客体并不能成为自然感性客体的最普遍归纳，最基本而又最重大的就是困扰了人类文化几千年的光的本性问题。从感性经验意义看，光是感性客体存在，无论对光的本性做何种解释，光的感性经验是基础，任何本体论都必须合理解释光的存在经验。在自然哲学和自然科学意义上可能把光理解为物质客体，也可能否定光的物质客体性，但光的客体存在本性却是无可否认的。光速的测定已经在经验和先验相统一的水准为光的客体性一锤定音，光不是具体客体则光速的所有者权益只能归于上帝了。在自然哲学的本体存在论意义上，光的感性存在已经为它的客体性存在提供了充足的理由。本体存在是存在者的存在，是东西，是客体。坚持存在即物质的本体论只能把光理解为物质客体的特定存在形式，绝不会把光归入抽象的思维和精神。但是，在感性经验中，对光的经验和对物的经验又有重大区别，不是某物和另一物的区别，而是和一切物质客体的区别。物质在感性经验中有实体性，物质客体是实体性存在，在知性普遍意义上物质客体都有质这一普遍抽象规定性。光在感性经验中无实体意义，我们不但抓不住光，而且根本感知不到它的实体性；在知性抽象认识中，我们把光归类于没有静止质量的客体存在。实际上，光没有静止质量的更深刻的本质意义是光没有静止状态，既没有质量又可以静止的光是没有任何规定性的存在，连存在现象资格都没有。从逻辑上说，光是不能有相对运动速度的绝对存在，只不过人类没有自觉意识到光这一最重要的本性而已。这正是光不能装进口袋里的原因。如果不把光和物质实体的区别统一起来，硬说光是一种特定物质客体是没有正当理由的。

回顾人类关于自然界科学的认识，特别是近代科学革命以来的科学史，光的本性始终是最基本而又无定论的命题，而且是在科学知识意义还无定论的命题。从古希腊时代起，人类对光的折射、反射、成像等方面综合了不少知识，但都无助于解释光的本性。从牛顿微粒说到惠更斯的波动说，到麦克斯韦电磁场方程之后的光传播的以太说，一直到爱因斯坦的相对论以及普朗克的量子理论，无一不是围绕着光的本性及运动问题产生的。西方文化对光本性的最高成果是波粒二象性理论，也正是最无世界统一性觉悟的机械论。波动性和粒子性都被归纳为光和电磁波的本性，只能说明科学理性在光的本性面前黔驴技穷了。两象性的光本性说实际上是光无本性说。西方文化由于陷于绝对物质观确实无法自圆其说，只能用波粒二象性去强词夺理了。牛顿是第一个用科学理论建立物质世界统一性抽象描述的科学巨人，他提出光的微粒说去完备质点动力学对自然界的统一描述。牛顿经典物理学的质点动力学是以物质世界为对象的，抽象的物质质点假设是牛顿理论的起点，至于太阳、地球这些宏观物体凭何能抽象为没有大小的质点，牛顿并没有证明。牛顿把自然界和物质世界同一时，质点动力学既然对自然界所有客体得出了最普遍的统一性描述，光就必须装进质点这一最大的笼子中，光的微粒说就是认为光是物质，是非常微小以至人类感官无法把握和控制的物质粒子。光的微粒说和质点动力学协调，却又和经验和科学均不协调。在感性意义上，光如果是微小粒子，每个粒子无法被感知和把握，但长期累积也会由微观积聚为宏观存在，这和我们感觉不到每个气体分子的热运动却能感知宏观气体的温度是同理的。但宏观上也感知不到光的粒子性。在科学认识中，光的反射、透射、折射现象其实也是和光的微粒说相左的。最终，光在水中速度慢于在空气中将牛顿光的微粒说证伪，惠更斯的波动说占统治地位。波动是质点运动的一种形式，传统的波动物理学中波动是物质传递能量的一种传播形式，光的波动性意味着光是能量，是物质的一种状态，不是物质存在本身。光的波动说实质是否定了光的客体存在意义，同时维持了物质世界和自然界的统一性。但是，当普朗克提出光的量子假设并被光电效应证明的时候，光的粒子性又无可回避地摆到科学桌面上来。在光的波动性和粒子性的两难选择面前，科学理性背叛了世界一元论的底线，用波粒二象性去解释光和电磁波的本性。由有去解释客体世界，把自然界统一为物质世界，永远越不过光的本性这道坎。波粒二象性并不是科学的态度，更缺乏理性的智慧，放弃一元论就是放弃对世界统一性的追求。

人类对自然界统一性认识并不一定要以“有”为起点，老子就是用“无”去作为自然客体统一世界的起点的。无既包括有的生生灭灭，还包括经验中和物不同的光这种“无形无质无定”的自然存在。把无作为一种自然存在时，由无去构建有形体确定性的有才是最合逻辑的。但无作为客体不是物质实体客体，所以，自然客体就包括无客体和有客体，是有和无的统一。承认无客体存在，尽管在科学认识意义上，在理性统一性意义上，究竟无是本原还是有是本原，有待进一步证实和论证，但至少物质客体和自然客体不再是同一的概念，而是有无统一构成了自然界。由自然客体和物质客体统一性的关系看，存在即物质作为朴素的世界统一性理解，它是物质世界统一性的理解，还不是整个自然界的统一性理解，还不是自在认识的统一性。而且，仅在客体本体存在意义的哲学理性统一性认识是朴素的，初步的，所以是具有局限性的。

三、本体存在论的基础性和有限性

对哲学本体存在论的地位和意义的理解取决于对哲学的理解。有人说哲学是本体存在论，有人说哲学是认识论，有人说哲学就是辩证法，不同的哲学观就有不同的本体存在论观。无论从何种观点去理解哲学，从历史和逻辑的意义去看，本体存在论在哲学理论体系中的优先性和基础地位是不应动摇的。

为什么哲学从对自然界的统一性思考中产生？哲学作为人类理性进入统一性阶段的自觉思考，它的最高阶段是以人类的理性认识为对象，返回理性自身的自觉理性。作为独立的认识本身，哲学的直接认识对象不是自然客体，与感性经验无直接相关性，所以它本性是形而上学的。但它本质上是对科学及经验认识的统一性理解，它的对象即知识是建立在经验的感性世界基础之上的，它的形而上的抽象普遍统一性的根就在具体的感性个体存在之中。一切认识离开经验，世界就是无本之木，失去了现实具体的意义。所以，哲学再形而上，也必定回复到具体，回复到感性经验的具体个体世界，才是完整的统一性，才达到理性具体。哲学思考是寻根究底的，以探索感性自然界为目标，哲学就从对自然界的存在统一性思考开始，而西方哲学则从特定的物质世界的统一性思考开始，从感性具体存在开始。这种对客体世界的理性思考理论，叫自然哲学，也叫存在论、本体论，由本原存在去统一理解客体自然整体具体存在的综合就是本体存在论。作为自然哲学的本体论与自然科学的区别在于理性具体不同于知性普遍抽象，理性具体的理性是知性普遍抽象知识提供的，具体则是感性具体自然存在提供的，纯粹万物世界的形而上学设定在感性、知性本原知识的统一性归纳中才进展到理性具体的自然哲学。

本体论又叫本体存在论，这里的存在受本体所限定，实际上就是黑格尔从逻辑上界定为自在存在的理性认识理论。黑格尔辩证逻辑讲自在世界的认识为第一部分，即基础部分，他标之为存在论。按照这种逻辑，至少本体存在论的基础性和优先性是被黑格尔认可的，即哲学对世界的统一性思考必须建立在对自然界统一性认识的基础上，且本体论在逻辑上具有优先地位。我们离开本体论讨论认识论、辩证法及社会历史哲学时，不是在构建一种与本体论不相关的认识论，更不是去推翻、否定本体论，而是以本体论为基础的。本体存在论的优先性在一般认识论意义上都是可理解的，因为一般称得上经验知识的认识总是关于具体客体的，抽象总是具体而来的抽象，纯粹的抽象只是形式而已，那不是世界本身，离开具体无世界。哲学虽然形式上是最抽象的，但它本质上从抽象回归具体，是由抽象知识去认识具体客体世界，而所谓具体当然是本体论的客体世界。所以，无本体论无哲学，本体存在论是一切哲学存在论的基础。

本体存在论的基础地位是由具有主体认识的人自身首先是具体感性存在所决定的。人的主体、客体存在是从人的现实具体的理性统一性存在中抽象出来的，客体性是人的基础，主体性是人的本质，具体的人是主客体统一性存在。感性客体性是人存在的基础，赋予了客体世界统一性的本体存在论在人的自觉理性中的基础地位，决定了本体存在论在存在中的优先地位。但是，必须明白，本体存在论的基础和优先地位同时意味着理性哲学不等于本体论，人不只是感性自然存在。本体论的基础地位首先表现在知识认识对象的客体性上。尽管并不是所有知识均以客体为对象，关于认识自身形式的演绎知识以抽象思维为对象，但它们的基础和意义同样是指向客体世界的认识的，依然以客体世界为基础。对客体世界的认识更多的是关于客体的运动变化规律，但这都必须建立在客体即存在者的基础上。牛顿经典物理动力学理论的存在者就是抽象质点，它的物理意义就是物质客体，只不过在质点动力学中只考虑物体质量的作用而已。没有存在者就没有存在者的属性、运动现象乃至规律，这在逻辑上是自明的前提。因此，世界统一性最终一定返回具体客体存在。

按照科学理性还原论的思维，物质是绝对存在，一切存在都还原而不是统一于物质，除了物质就只有存在现象，没有存在。这种把主体对立于客体并用客体否定主体的绝对物质观是朴素的唯物论，朴素之处在于把知性抽象还原到感性具体，没进展到理性具体水准，结果只能得出人和禽兽无本质区别，生命和物质无本质区别的结论。如果人类理性认识的结论是否定自身存在，就没资格说是自觉理性，但这种道理并不是人人都自觉的。其实，不把本质存在和本体存在、存在者和其状态现象统一起来，也根本无法理解本体论。比如，力是最普遍而基本的物理学抽象概念之一，力的统一性是物理学的最伟大目标之一，但离开力的本性谈力的统一是不可能的。力有大小、方向、作用点三要素，但力的规定性是更基础的问题。力的规定性是物体的相互作用，按这种理解力是纯粹思维认识描述中的抽象，它是物质存在者相互作用的抽象描述概念。这种抽象力对质点动力学是足够的，但对具体物理世界的统一性理解却是不够的，物理学界乃至整个人类文化都没有意识到这一点。力的抽象性在前提下隐含着超距瞬间作用，质点动力学没有考虑作用过程性，牛顿经典物理学理论和抽象力协调。但光速不变性已经否定了超距作用，力的作用是需要时间的，力是有传播运动过程的，力的传播是有速度的。糟糕之处在于至此物理学家还没有认识到，有运动速度的力不能只是抽象现象，离开存在者没有速度之意义。具有速度的力这一抽象一定是具体运动着的存在者的抽象，力有大小之量的规定性表明力是存在论意义上的具体存在者的抽象，不是纯粹思维认识中的抽象，这就回到力的本性问题了。存在者是诸存在现象的基础，力的本性认识是力的统一的基础，力的统一性必须从抽象回复具体，建立在力的本性认识基础上，并且只有在力和它所抽象的存在者的统一中才能达到对客体世界的理性理解。

哲学本体存在论作为哲学理论基础的意义就在于它是基础，而不是全部。哲学统一性不能只限于自然统一性的理解，对哲学本性的片面性理解就是把哲学理性做知识限定，认为哲学就是本体论。本体论就是哲学，这固然没错，但这并不等于哲学就是本体存在论，否则哲学就是有限规定性对象所限定的知识了。有不少人从哲学本体论的有限性出发，认为哲学可以不要本体论，哲学研究的是知识和思维，是纯形式，甚至是形而上学的纯形式。这些最普遍的形而上学其实与本体世界无关，就像从哲学中分化出来的数学和逻辑学那样，它的对象、内容是纯形式。哲学研究思维的思维，形式的形式，而不是客体世界。客体世界的研究是科学过问的事，哲学根本不能“替科学行道”，所以，维特根斯坦说，哲学余下来的任务就只是语言分析了。这其实把哲学还原为逻辑学那样的知识学科，在追求思维的知识，而不以追求世界的统一性智慧为己任了。哲学如果是无限的，是回复到具体的，那就一定回到坚实的具体感性世界中，回到客体世界统一性的本体论理解。把哲学当做关于世界具体本性，而不只是人类知识世界中某些形而上学的教条，不再当作一种知识，而是作为对世界认识的统一性理解时，就可以恰如其分地理解本体论在世界统一性理论体系中的基础地位和优先性意义，并在此基础上实现对世界存在统一性的更普遍而具体的理解。因此，从哲学统一性思维的本质出发，必须理解本体论的优先性及其有限性，才能超越有限而进入对世界的无限的具体理解。

哲学本体论的局限性在巴门尼德建立存在哲学时已经在逻辑中显露出来了。巴门尼德把存在作为世界的最普遍的、永恒的、唯一的、不可分的、不动的绝对范畴。巴门尼德存在哲学的根据是存在者存在，不可能不存在；存在者不存在，非存在者存在是不可能的；存在和非存在同一又不同一则是普通人因“怯懦无能”和“茫然失措”而提出的。“巴门尼德对存在的上述规定，基本上就是克赛诺芬尼加给神的那些特性。但是，这个存在却不是神，而是客观世界的一个最普遍的肯定和最高度的抽象。凡一切肯定的东西，可以成为是的东西，都不是非存在，而是存在。它是既不生成也不变化的东西。”④巴门尼德的存在哲学是本体存在论的基础，因为它的存在既达到了最普遍的统一性意义，又依然限定在具体有形的存在之中，是本原和客体相统一的，但同时又是最普遍的具体客体存在。从客体存在去限定存在，最普遍的意义也只是在客体存在层次上达到最普遍，当超越客体存在时它就不“最普遍”了，比如从具体上升到抽象时就有问题了。其实，巴门尼德对存在论“存在者存在，不可能不存在”的规定已经给存在即“有”以限定。在巴门尼德存在哲学中，存在是最普遍的客体归纳，所以限定在本体存在论中是只能讨论存在的，讨论非存在是没有意义的。因为在本体论意义上，存在和存在者同一，存在总是具体的客体存在者，“一个”什么东西不存在的陈述是没有意义的，因为一个“东西”已经在存在论意义上确定了它的存在，却又指称它不存在，这是存在和非存在同一，所以是不符合巴门尼德的存在论规定的，是在本体论上没有意义的陈述。但是，我们无处不使用非存在概念。既然没有意义却为何要普遍使用呢？非存在的普遍使用，而且在哲学对世界的统一性思考中高效率地使用，说明非存在是一个有意义的哲学概念，它虽然不在巴门尼德存在哲学或一般的本体存在论哲学上有意义。那就说明，哲学不全都是本体论，或者说，把哲学理解为只是本体论是有局限性的。如果坚持哲学是对世界的具体统一性理解，而不是某种抽象知识的话，仅本体论还不是完整的统一性理论，这和仅本原论还不是完整的本体论是同理的。

本体论的局限性在于仅限于客体世界去理解存在，这种局限性在历史上叫作机械论，即把复杂性世界仅理解为简单的物体机械运动。实际上，机械论已经在一定意义上超越了自在的客体世界，在客体意义已用相互作用去理解复杂多样性自然现象的统一。客体世界的具体现实现象是统一性的，并不是因果必然关系可以得出具体描述的，所谓机械论的本质意义不在于把人还原为物，而是对物的世界的理解止于抽象，没达到理性具体。它已经进入心即认识论范畴，不是自然本体论本身了。按照巴门尼德那种存在规定性，存在和非存在有严格的界限，物体的运动现象也不是存在，只是附属于存在的"第二性"的现象而已。按照传统哲学本体存在论对唯物主义和唯心主义的理解，唯物或唯心是指何为第一性，何为第二性的，第一性才是存在，第二性则是存在派生的现象。仅仅从本体存在论去看第一性及第二性关系，这无疑是有道理的。但仅局限于这种理解又是极有问题的。按本体论，非客体不是存在，都是派生的。但复杂性世界的统一性只是客体的存在就能提供统一的充足理由吗？显然不是。我们回到一个很简单的哲学命题，人存在吗？人当然存在。但人是普遍抽象的还是具体的个人呢？能不能说抽象的、一般的人不存在，只有张三、李四这些具体个人存在呢？这是个别和一般的统一性关系，承认具体个人存在，一般抽象的人也存在时，那又变成存在不都是具体客体了。这不是无聊的白马非马的概念诡辩，而是人类在"认识你自己"时始终绕不过的一个坎，也是局限于本体存在论的局限性所在。就是说，如果把存在只限定在客体中，则人只能以动物去理解，今天的人和古希腊的人，和几百万年前的人都是同一的。如果人类文化、哲学智慧只把人看作丛林中胜者为王的畜生，这些哲学不要也罢。

我们认识世界的统一性，就是要发现自己存在的本质，在社会历史文化的过程中赋予自己存在的意义。如果存在的只是动物之人，则无意义可言。我们思考自身的统一性，是自然和文化相统一、本性和本质相统一的现实的存在，是在社会历史的自由创造中生存的存在。所以，仅客体的存在本性，并不是存在的全部，并没有赋予存在以充分意义，它只是人的存在的基础和前提而已。限于本体的存在就还是有限的存在，还没达到理性无限存在的水准。在本体存在的本性统一性前提下，必须突破本性的有限局限性，从客体的束缚中解放出来，从自然中走向自由，进展到人的本质。在本体论本性统一性认识基础上的存在是普遍性的本质存在，否则，限于客体人就失去了自己的自由本质，失去了自己的存在。所以，裴多菲留下来的千古绝句是：生命诚可贵，爱情价更高，若为自由故，两者皆可抛。存在超越了客体限定性，在本质中才获得了更高层次的意义。社会存在吗？国家存在吗？法律存在吗？文化存在吗？当然存在。这些抽象的存在是在现实中无法割舍的存在，离开这些抽象的普遍性的本质，我们理解的人才真正是抽象的自然人。只有在客体自然人基础上，从人的社会历史及文化创造本质才能得到对人的具体现实的理解。人，具体现实的人在普遍的社会历史文化本质中才获得了人的现实具体意义。所以，哲学对人和世界的无限的统一性思考，必须建立在本体存在的本性统一认识基础上，并由此向更普遍的本质统一性存在前进！

第二节　本质存在是存在和思维统一性存在

一、思维和存在的关系

从统一性的意义去理解哲学的本质的话，对世界统一性的理解从客体世界开始，客体世界的统一性从世界万物存在的本原开始。从本原到本体存在的客体世界统一性认识中构建的哲学理论没有完成，即纯粹停留在自然哲学中的哲学统一性思维是朴素的、初步的，物质世界乃至客体世界的统一性还不是最普遍的世界统一性，限于自然就没进展到无限存在统一性水准。因为客体存在的统一性是现象的统一，它只告诉我们世界是怎样的。但客体世界是什么，那是科学要解决的问题。自然哲学还解决比客体世界是什么更为复杂深刻的命题，即客体世界存在和演化的普遍的客观规律性的统一，即自然客体世界基于必然性的统一本质问题。即使如此，人类对世界统一性的认识也还不是无限的，因为这只是客体世界的思考，还没有进展到自为的主体世界。只停留在客体世界中可能无须哲学，但一超出客体世界进入主体世界，关于客体世界必然性规律的科学及经验认识就无能为力了。对主体的认识需要哲学。主体的本质是什么？是文化，是思维。哲学必须从存在即物质这种自然哲学的本体存在论思考上升到对与主体存在相关的思考。对主体的思考则是以思维作为最基本范畴的，所以哲学以世界万物的本原为起点，但本原问题还没有资格成为哲学的基本问题，只能说是哲学本体论的基本问题。更现实地看，自然哲学以本原知识为基础，以客体知识而非客体为对象。从统一性意义看，仅本体论是不完全的哲学，从世界万物本原的物质性或精神性作为哲学基本问题就缺乏充足的理由了，因为它没有包含完整世界的统一性思考。所以，不能停留在自然的本体论，不能只从自然世界万物的本原或自然界的本性去理解哲学基本问题。本原的深刻意义是科学和哲学的联结点，不是客体世界和主体世界的联结点，故没达到“基本”的完整意义。

哲学对主体世界的思考以“思维”为最基本范畴，并由此进展到普遍而无限的文化意义世界，建立主体精神文化世界的统一性，为人的主客体统一世界提供根据，为人异于禽兽提供充足理由。思维是物和心的分水岭，首先是自然生命进化的产物，感性思维还只是自然思维，因为它还是由自然生命遗传决定的，还没进入无限的意义世界，仍局限于有限自然必然性支配的感性意义中。人走出有限自然界成为万物之灵不是以思维为根据的，而是由感性具体思维进展到普遍抽象认识为根据的理性具体思维才诞生的，由此才超越了自然认识，进展到无限的精神文化意义世界，使人的世界是主体性为本质的主客体统一世界，普遍抽象思维使人本质上是无限意义的主体性存在。存在论和认识论统一性意义上主体和客体的本质区别在于，客体是自在的，主体是自为的，客体世界是由无意志的必然性法则支配的，主体世界的价值和意义却是自由意志支配的不断探索的发展历程。主体世界是人的世界，却不是人的全部，而是构成人的世界的不同于人的客体世界的东西。这些东西的最一般归纳，黑格尔称之为精神现象，是主体世界所特有的。精神现象是人作为主体存在现实性活动的抽象归纳，它和另一个普遍抽象综合归纳文化具有共通的意义，所以又叫精神文化。但文化是可以包括主、客体现象的，而精神则是区别于客体世界的纯粹的主体现象，故精神和意识同一却和物质相对，故有物质文化之说，却没有物质精神之说。精神现象是纯粹主体现象的归纳，而对精神现象的寻根究底就回归到“思维”范畴，就像对物质世界多样性现象的思考被归结为“本原存在”一样，文化现象、精神认识现象，乃至社会历史现象的根源和根据是思维，所以，思维具有和精神、意识、认识等抽象文化概念的相同之处，但思维更具有哲学上的抽象普遍统一性。对主体世界的思考就产生了哲学的思维范畴，产生了关于“心”的思维的哲学，这种哲学和以“物”为根底的自然哲学本体论是不同的。至于哲学的境界应在哪里，张尚仁老师在《聊哲学》中说：“我们的哲学教科书，肯定唯物论，批判唯心论，‘心’在哲学中几乎没有地位了。可是，从传统文化来看，离开‘心’是没有学的，中国古文中，‘哲’字最早出现在金文里，也就是秦汉以前铸或刻在不同器上的文字，那时的‘哲’字和现在的不同，

‘折’下面是一个‘心’字，改为‘口’字，那时很久以后的事。将‘折’下面的心改为口，大概意味着哲学的一个转向，即由心领悟转变为用口辩论……哲学在中国古代曾称之为‘道学’、‘玄学’、‘理学’等。19世纪日本最早的西方哲学家西周首次用中国的‘哲学’两字表述源于古希腊罗马的西方哲学学说，中国晚清的学者黄遵宪将这一表述介绍到中国之后，中国学术界逐渐接受并开始用它来表述中外古今的哲学。”⑤从对世界统一性的智慧理解意义看，以“思维”为范畴的哲学境界应该是比以物即自然世界的“存在”为范畴的本体存在论哲学更高一些，即客体和思维相统一的存在是包括客体意义又超越了客体的更普遍存在。

哲学以思维为思考世界统一性的范畴比以物质存在为思考世界统一性的范畴具有更高层次，这无论在哲学史还是哲学逻辑上都是有根据的。在哲学史上，对思维的思考是在对客体世界思考之后产生的，前者是以后者为基础的。按照人类认识从简单到复杂，从个别到一般到普遍，从低级到高级的一般规律，把思维作为高于物质存在的范畴是符合逻辑的。但最关键的是几千年来，大多数人是把思维和本体存在作为同一层次的对立范畴去理解，把两者理解为非彼则此的关系，没有真正上升到思维和存在的统一性，甚至还没把思维理解为只是依附、限制于客体存在的范畴，人类对世界从存在到思维的发展就不再是认识的发展，而是客体存在的演绎和展开罢了。这种把客体存在置于比思维更普遍、更高级范畴的理解在逻辑上是有问题的，但几千年来人们又总觉得是理所当然、自然而然的。问题的根源在哪里呢？至少有一条，就是把存在的本性和存在的本质混淆了，把对世界统一性的本性理解当作世界的本质理解。世界的本性是本体存在论归纳的物质存在的客体统一性，按上述理解就变成世界的本质就是客体存在统一性了。但把存在的本性和存在的本质等同起来是有问题的。因为存在的本质作为普遍的规定性，是存在之所以是此而非彼的规定性，是抽象的，是从个别、具体中抽象出来的一般普遍性；但存在的本性是存在之所以是存在的具体规定性，不能说本体论所指称的物质客体存在是抽象的东西，它的所指意义是从本原存在到物质客体世界的具体统一性，因而存在的本性是指称具体存在的概念，是理性的具体，但存在的本质却是抽象的普遍性概念。那么，世界存在的本质就不是具体的客体，而是一种普遍性的抽象，它就不能是物质客体存在，而是抽象的思维本身。思维和物质客体的本质区别就在于它是抽象的普遍规定性，思维不再是必然的客体规定性，而是自由的、创造性的、本质性的抽象存在，是和具体客体不同层次且可以统一的存在。

自然客体存在本性上是必然性支配的具体存在，而主体存在的本质却是自由创造性支配的一般抽象存在，所以只能理解为抽象存在本质，不能说是抽象存在物，说抽象存在又是物的具体存在是矛盾的。为什么必须否决唯心论的“精神实体”“第二实体”存在从而将之逐出本体存在论的范畴呢？理由简单且充足，即实体是由感性去规定的，精神是无法感知的，所以抽象实体是一个怪胎，圣哲柏拉图和亚里士多德的概念违反了无证自明的感性也会破坏普遍意义的统一性。但由此必须理解，主体存在的自由的思维本质和客体必然的存在之物的本性根本不能作为同一层次的非此即彼的关系去理解，只能作为不同层次的统一性关系去理解。这就是客体存在和主体存在的统一性关系，而不是客体和主体的对立统一关系，即客体和主体、客体存在和思维不是非彼即此的，而是思维是以客体存在为基础的，在客体存在基础上同时还有统一性的主体关系的产生。但是，客体存在不一定产生更高级的主体关系，主体却一定包含客体存在意义于自身。在逻辑上来说，思维和客体存在不但不是同一层次的对立概念，而且思维一定是比客体存在更普遍意义的概念。从世界统一性意义看，哲学思维是比物质客体存在更普遍的哲学范畴。

思维是对世界存在统一性认识的更高范畴，因而并不是哲学思考世界的起点。哲学对世界的抽象认识的起点是从具体的存在即物质客体存在开始的，而不是从抽象到抽象的纯抽象。并且，哲学统一性意义上的思维是从具体上升为一般抽象的，所以，哲学统一性的思维范畴的起点是物质客体存在之意义。从这个意义上看，哲学的思维范畴就是“心”包含“物”的统一性概念，而不是“心”“物”二元论概念。“心”与“物”之间就不是客体世界的本原或本性是“心”还是“物”的关系，而是从“物”中产生出“心”

的更普遍的一元论世界统一性关系。从这种一元论统一性去理解存在和思维，就不是对世界本性的二元论选择的非此则彼的范畴，而是从世界的客体存在的必然本性发展到具有自由创造的主体世界的统一性关系。哲学从客体世界本性开始，并以自然界的统一性即本体存在论为基础，但发展到自由本质的思维主体世界才是哲学思维所要综合和归纳的更高阶段，超越了单纯客体世界即"物理学"的"形而上学"才被亚里士多德称为哲学，它才不是仅陈述世界是什么东西，而是作为第一哲学为世界的存在提供根据和原因。第一哲学就是根本原因，哲学提供的世界的根据和原因就只能在达到客体存在和思维统一性阶段才能完成，而绝不能只停留在"物理学"即客体存在之中。所以，哲学的基本问题就不是世界的本性在客体存在和思维二者中必居其一的简单选择题，而是从客体存在的必然性发展到主体自由创造性的思维范畴的统一性关系问题。从统一性关系去理解哲学智慧，世界本性是存在还是思维这种有确定性标准的选择题就不是哲学的基本问题，甚至不是知性科学的基本问题。对世界统一性思考的基本问题也不是纯粹的思维，把思维理解为存在的对立面则已经否定了思维的统一性本质。所以，思维既不是世界的本性，也不是哲学思考世界统一性的基本问题，真正成为哲学基本问题的是关系，即存在和思维的统一性关系，这才是几千年来哲学思考的最基本问题。这是哲学认识论的起点，它包含了本体存在论。西方唯心论局限于抽象，认为思维和精神超越自然却非源于自然，包含自然，高于自然。两千年西方哲学咬住知识普遍性和真理客观性命题不放松，最根本原因是它包含自然统一性的存在和思维关系的本质和核心。

把哲学的基本问题从世界的本性上升为思维和存在的关系，才能真正揭示哲学智慧的本质，以及哲学智慧和经验及科学知识的相互依赖关系。古希腊哲学产生以来，哲学的爱智慧追求是一如既往的，但一旦把哲学的基本问题限定在世界的本性是物质还是精神、是存在还是思维这种由确定性判断来回答的有限知识中，哲学就失去了智慧的光彩。西方哲学几千年来陷在传统的哲学基本问题中，由此产生了哲学本体存在论的唯物主义和唯心主义两种势不两立的理论解释。西方哲学家们甚至把几千年西方哲学史理解为唯心主义和唯物主义两种世界本体论相对立而存在、相斗争而发展的历史，一切哲学以对哲学传统基本问题的回答无不划入唯心或唯物之间，这种非此即彼的思考方式已经远离了哲学智慧，只是知性科学对有限命题的真伪判断，确实令人难以置信。更令人难以置信的是几千年西方哲学一脉相承，世界本原的知识这一从知性转向理性起点处的承上启下命题，一直被信奉为哲学的基本问题，使哲学家不得不竭力去为人类寻找正确的答案，耕科学的田，荒哲学的园地，哲学终于在二十世纪被科学家们唾弃，面对科学理性排斥一切形而上学的窘境。本原论是哲学和科学的联结点，本原知识是科学命题，不是哲学命题，更不是哲学基本问题。以本原是何物为基本命题，哲学就只在起点处徘徊，西方哲学两千多年还没有生长成型。从客体世界本性问题解放出来，以客体世界为出发点，在客体存在和思维的统一性关系中理解世界统一性，哲学才能回复智慧自身，哲学才能统一科学而不再面目可憎地冒充科学，不再用辩证为科学去讹人，才能重新光大哲学文化的光彩。由此看来，重新审视和理解哲学中的关于思维的“唯心主义”理论，理解柏拉图的理念论，对于理解哲学史、哲学具有重大意义。说句公道话，人类要勇敢地平反柏拉图理念论及哲学唯心主义的冤案了。

二、理念论：从本体存在到本质存在的转换

在人类文化发展史中，真正完成存在即抽象思维的理论大师非柏拉图莫属，正是他的理念论完成了从存在即物质、客体到存在即思维的革命性发展，使哲学从客体世界转向主体世界，从自在具体存在领域转入抽象本质存在，实现了哲学从物的世界向更普遍的心的世界进步，其更深刻的革命性意义在于进展到存在与思维的关系这一西方哲学的基本问题，这是由客观认识到主客观统一终而达到主客体统一性存在认识的不可或缺的中介环节。这种革命性超越从存在即客体的观念看来是不可理解的，把存在从具体转换为抽象确实对感性而言是不可思议的，所以，柏拉图在人类文明史中落了个非其不可却面目可憎的反面教员的形象。坚持客体存在统一性为世界统一性的哲学唯物主义本体存在论者把柏拉图的理念论斥为唯心主义本体论，这在知性

的形式逻辑来看是无可非议的。存在即思维和存在即物质在知性意义上是直接对立的。从哲学本体存在论去看，唯物主义和唯心主义就是直接对立的本体论理论，存在即思维在本原知识判断中就是错的。因此，在西方哲学史上出现了一种奇怪的现象，没有柏拉图的理念论形成，就没有连续的、可理解的哲学史；但理念论对哲学史的意义却不是推动哲学发展，而是以荒谬的、“骇人听闻”的理论作为唯物主义对立面，是为人类哲学及文化的发展提供反面背景的“思维存在”。在人类文化现象中，柏拉图的影响是广泛而深刻的，并且通常是被理解为在荒谬、消极的意义上的影响：理想国的空想主义乌托邦，理念世界的抽象空无。当代文艺作品中同样渗透着嘲笑柏拉图的灵魂，作家们把超越现实的理想情爱叫作柏拉图式情爱。一个哲学理论在人类文化中影响如此持久而广泛，它的创造者不是人类的杰出大师而是“小丑大师”的现象是不合理的。不能停留在表象和现象中去对理念论评头论足，要回到理念论的本质去品味理念论的智慧，认识柏拉图理念论在哲学史上的划时代意义以及它在人类历史文化中的重大现实意义。

存在即思维的唯心主义哲学源头在巴门尼德的存在哲学中。巴门尼德是在自然哲学的意义下建立存在哲学而完成了本体论构建的，但他的存在哲学又不是停留在此前的自然本性即客体统一性意义去理解存在。“他避开了宇宙万物从哪里来又回到哪里去的自然哲学的传统问题，另辟蹊径，把注意力转移到真理和意见、本质和现象问题的讨论上来，提出了两条认识道路的学说，并从这个新的角度来回答存在与非存在、运动与静止、单一与众多、感性与理性等问题。”[⑥]巴门尼德存在哲学首先是传统本体论意义上的，他用神的一元论规定性把自然哲学的存在规定性上升到最普遍的统一性理解，把存在规定为永恒的、不变的、不生不灭的、单一的、不动的，这和古希腊自然哲学从本原存在出发去构建统一的多样性客体世界理解的传统目标是一致的。但是，当他把存在而不是存在的本原作为永恒不变而上升到绝对普遍的客体统一性的时候，在传统的基于本原知性知识基础上的归纳已经无能为力。所以，巴门尼德对本体论的论证转向了真理的认识，用真理认识的绝对普遍性为客体世界的绝对普遍统一性提供根据。这种转换是以意见的道路对应现象世界，真理的认识道路对应于本质世界来实现的，从真理认识道路才可通达存在的本质世界。巴门尼德的存在哲学是用认识真理论来论证存在本质去理解客体世界本性的哲学思考，既是本体论，又是认识论。但它首先是本体论，因为存在没有非存在，非存在是没有意义的，所以它指称的是具体客体世界而非抽象的真理认识、思维的世界，引进抽象思维认识只是为本体论服务的。巴门尼德的本体论把本体的存在提高到绝对普遍性，但没有也不可能得出最普遍世界本性的知性答案，所以，存在哲学并不是纯粹唯心主义本体论，把本体存在看作绝对存在和把本体存在理解为抽象思维是两回事，用真理的绝对普遍性来证明、从本质上理解客体世界存在的绝对普遍性和坚持本质世界就是抽象普遍真理是完全不同的。所以，如果把巴门尼德存在哲学作为本体论理论，那么它的绝对存在还是从普遍本质去理解的客体世界的存在，仍然是在自然意义上的具体的存在，只能说依然是唯物主义的，不能根据他用真理认识来论证本体世界就说它是唯心论。但巴门尼德存在哲学播下了唯心主义的种子，因为它把哲学引向真理认识，引向本质世界，对柏拉图的理念论产生了极大的影响。

真正把对世界统一性认识彻底推向存在即思维的是柏拉图理念论。柏拉图继承了巴门尼德把世界划分为现象世界和本质世界的传统，把世界区分为理念世界和可感世界。但是，柏拉图的理念世界和巴门尼德的本质世界并不是异号同义的，而是完全不同的。存在哲学中，真理和意见是抽象的，存在却是具体的，现象世界和本质世界是具体客体世界的，所以，现象和本质的关系是客体世界多样性统一关系，即仍然是客体关系。但在柏拉图的理念论中，现象世界即可感世界是具体的，理念世界是抽象的，所以，理念论不是讲客体世界的统一性，而是讲抽象认识形式和具体客体关系，由此进展到思维和存在的关系，这是从客体世界统一性向主客体世界关系认识的质的飞跃。人类认识史上，第一个把客体世界的存在和人的认识关系在哲学普遍意义上建立起来并对之做统一性思考的，就是柏拉图的理念论。为什么柏拉图在哲学史上的影响比巴门尼德深远？就在于柏拉图把巴门尼德对客体世界的统一性认识转换到客体存在和客体认识即思维的关系上来。从对世界统一性理解来看，思维和存在的关系，从客体世界的统一性到主客观世界的统一，无疑是人类文化认识的革命性进步。从物的世界到心的世界的进步意义在于从自然必然性去理解客体世界统一性上升到从自觉的思维认识的抽象普遍性意义去理解存在和思维的统一性关系问题，是人类对世界的认识从一般到普遍，从具体到抽象的进步。

柏拉图把世界划分为可感世界和理念世界，这两个不是客体世界中的两层世界，也不是主体思维中的两重认识世界，即可感世界是客体世界，但理念世界却是认识世界。所以，从可感世界和理念世界关系中所揭示的认识就是客体世界存在和主体世界思维认识的关系。柏拉图把人类感官经验世界的一切具体存在之物叫作既存在又不存在，所以既不是存在也不是非存在，只是现象性存在。因为感性世界的一切是变幻不定的，所以按巴门尼德的存在规定性不能叫存在。柏拉图的可感世界指的是具体个体存在构成的客体世界，是本体论意义上的，它的认识则是现象，所以可感世界的认识论归纳是现象世界。柏拉图的可感世界的现象认识论可以归纳为一个结论：在客体感性世界意义上无存在，没有绝对的永恒、稳定的客体存在，只有变动生灭的既存在又不存在，客体世界是永恒变动的现象构成的世界。柏拉图的可感世界的现象论是现代过程哲学的理论源头。但柏拉图对人类文化的真正贡献不在可感世界现象论，而在于理念世界的本质存在论，即他抛开可感世界现象，从理念世界去揭示世界普遍的本质，得到世界是绝对、稳定、永恒的存在的理解。柏拉图离开可感的具体世界去思考永恒存在的时候，永恒存在已经不是从多样性的感性经验客体中建立起的客体统一性，失去了本体论的意义。因为理念论是以本体论无永恒存在为前提的，那么具有永恒存在的理念世界就不是具体客体世界的统一性，而是抽象认识的统一性了。柏拉图的理念世界并不是客体世界的统一性，而是对客体世界的抽象普遍性认识的统一性，是认识论而非本体论意义上的主体意义世界，所以理念论是一种存在认识论，以超越存在本体论为前提的存在本质认识论。如果把理念论作为一种本体存在论，那理念论就完全回复到巴门尼德的存在论了。但把柏拉图理念论哲学还原为和巴门尼德存在哲学同一的理论那一定是不客观的，柏拉图的贡献就在于从传统本体论向存在认识论的转变。所以，在巴门尼德存在论意义上的无意义的非存在，在理念论的存在认识论中，就是最基本的。现象界就是从既存在又不存在来理解的，非存在是从认识论意义即相对于本质存在来理解的，非存在有意义的理念论的存在就只能是思维和认识意义上的存在，而非客体意义的存在。理念论对哲学的贡献可以归纳为存在即思维，真正永恒、绝对、稳定的存在不在客体世界中，而在于思维和认识的抽象中，在于对客体世界最普遍的抽象本质认识中。柏拉图认为："有许多美丽的事物以及善的事物存在着……另方面，我们又说有一个美自身，善自身，相应于每一组我们认为是众多的事物都有一个单一的理念。它们是一个统一体，我们把它称为真正的实在。理念的规定性是'由一种特殊性质表明的类'。"⑦从这种意义来看，柏拉图的理念论不仅指向抽象的思维，而且主要指的是抽象思维中与感性现象无关的纯粹思维普遍性的形式和逻辑，理念论不是抽象的各种理念，而是理念的统一性，本质上是人类建立普遍认识的理念的形式统一性关系。相等的理念不是一块石头的重量等于一块木头的重量，而是有一个普遍的相等自身，这种相等自身是一个对一切现象具有普遍认识描述意义的纯粹形式，是使内容即现象界成为可理解的、具有普遍意义的本质的东西。所以，柏拉图的存在是理念，是认识的普遍形式，是由理念提供的统一性使认识实现了普遍性，使人类对世界的认识具有了稳定、普遍、永恒的意义理解。世界在现象中是具体的，但在本质上却是抽象的，只有在抽象中才能得到对世界普遍而永恒的意义理解。所以，永恒存在的是思维，既存在又不存在的是感性客体世界。

柏拉图对人类文化从个别到一般到普遍的认识发展的最重大贡献不在于它提出了存在即思维这一认识论问题，而在于它真正对理念的普遍统一性问题进行了深入的探讨。巴门尼德在存在哲学中涉及了选言推理、同一律等思维普遍性的形式和逻辑问题，把对思维的描述推进了一大步；而柏拉图的理念论的精髓不仅是事物有理念即认识和认识对象客体的关系问题，最重要的是理念之间的分有问题，这是对认识形式的认识，是把理念作为对象，把形式作为内容的认识，是真正哲学意义上的反思，是对认识自身普遍统一性的逻辑和根据的反思。柏拉图理念论寻找的存在根据是人类思维认识从个别到最普遍的统一性的根据。如果人类认识是从个别到一般到普遍不断历史性积累发展的，那么，不能否定柏拉图理念论对人类认识发展的里程碑意义。从客体存在到思维存在，柏拉图实现了存在统一性认识向更普遍统一性的发展。

从这个意义来看，把柏拉图理念论哲学看作唯心主义本体论是不合逻辑的，因为理念论的存在不是客体的存在，而是思维的存在。它虽然建立在存在即思维而不是物质客体基础上，但只有把存在限定于客体意义上，即在自然哲学思考物质世界统一性意义上，才能说存在即思维是不合理的。因为物质和存在同一，说物质即思维肯定不合理。从对自然本原的不同答案作为哲学基本问题的哲学理论，把一切哲学理论都划入本体论时，那说世界的客体存在即思维是不符合逻辑的。柏拉图认为口袋里的一百元是既存在又不存在，只有头脑中的一百元才存在，那是多么糊涂的啊！但柏拉图的存在并非物质，而是永恒、稳定的思维的普遍形式，根本就不是以客体世界为认识对象的。说存在即思维是一种与客体世界本性无关的认识论，它与客体世界有关的是它的普遍的抽象本质，而非具体的客体存在之统一性。作为思维统一性中永恒、稳定的存在，当然只能是“唯心”的。但认识论上的“唯心主义”具有重大的进步意义，把它理解为本体论的反唯物主义理论是片面的，它必须在与唯物主义本体论相统一的意义上才能得到更深刻的理解。传统哲学史尽管没有将柏拉图唯心主义定义为认识论并肯定它的积极意义，但对理念论的认识逻辑意义还是给予了公允的评价的。《西方哲学史新编》说：“巴门尼德曾经断言，不在是不可想、不可说、无意义的。现在柏拉图却说存在和不在还相统一，互相联系。因为它把‘存在’看作众多理念中的一个，有其自身的特殊规定性。因而‘不在’就可以与‘存在’相结合，就不是不可言说的了，‘不是什么’就是‘是什么’。‘不在’无非是异于这一类存在的另一种存在。这个结论否证了巴门尼德‘存在者存在，不在者不可言说’的教条，把存在和不在这两个对立的概念结合起来，成为古代概念辩证的典型。黑格尔称赞说：‘这乃是柏拉图哲学最内在的实质，和真正伟大的所在。’”[8]就是说，柏拉图理念论哲学的本质意义是概念的逻辑辩证法，是对世界的认识论，是主体认识世界的最普遍的抽象而绝对的“存在”即思维。从本体论到认识论，从本体存在到本质存在，从自然到自由，这是柏拉图理念论的真正历史性意义。

三、存在即思维的意义及其局限性

在《哲学是人类文明轴心期的标志》一文中，张尚仁老师介绍说，在《大哲学家》一书中，卡尔·雅斯贝斯认为：“在科学方法的运用上，我们可以说我们所处的时代超过了亚里士多德，但就哲学本身而言，我们很难再达到苏格拉底和柏拉图的水准。哲学历史的某些发展是显而易见的，但我们并不能由此得出结论，后起的哲学家就一定超过前辈，古代思想家提出的思想智慧之说，并不会因社会的发展而过时，他们思考一些问题的思路和提出的一些理念，具有万古常新的意义。”[9]柏拉图的理念论亦即他的“唯心主义”对人类文化的永恒、绝对、稳定的存在意义是什么呢？为什么卡尔·雅斯贝斯说柏拉图的理念论哲学在人类文明史上甚至已经是登峰造极的呢？这就要从存在即思维的存在认识论去思考理念论对推动人类思维和认识历史进步的重大意义，理解为什么对世界的统一性思考只唯物不讲心是有历史局限性的，实际上只唯物不辩证是不完整的哲学。从存在即客体的本体论到存在即思维的认识论是人类文明史上一个重要的发展阶梯，是从人之外即主体世界之外的客体世界认识的统一性进入主体存在统一性即人类统一性时代的起点，这是存在即思维产生的最深刻而重大的社会历史意义，它为人类对类统一性构建的自我反思提供了坚实的基础。世界并不因为思维和认识而存在，但人的世界作为主体自由创造的世界则一定以认识和思维为根据而存在。认识不是人的肉体生命存在，却是人的现实生存中的存在，是人的现实生存的本质和根据。如果不再坚持机械论把人还原到物，不局限在自然生命的生存论意义上理解人的存在，把人的存在理解为客体存在和文化选择生存过程的统一，则人的认识就是人的存在本身就是可理解的。在本体和认识相统一、感性具体和普遍抽象意义相统一上，人本质上就不是机器，本质上异于禽兽从而本质上走出了自然界，人作为类的统一性发展的历史不再只是自然史意义的，而是超越了自然史的，是在主体自由创造的历史意义上的人类文明史。人类从多元文化走向多样性统一的历史进程的一个重要转折，就在于人类对世界的思维和认识进入精神统一性的水平，即关于稳定、永恒、不变的本质的普遍认识的产生，这是走向更普遍的人类世界历史的必要条件，也正是理解理念论意义的合理视角所在。简单地说，从本体存在论向本质存在论进展的最深刻意义在于人类精神理性已经把统一性思考回复到人的理性本质自身，进入了自觉理性的阶段。

存在即理念的最基本意义在于把认识的普遍本质与客体感性存在的现象认识区别开来，进入了对从个体到一般、从具体到抽象的普遍性认识的统一性根据的理解。个相和共相关系的建立是人类从原始直接指称性思维进入现代文化意义的复杂逻辑思维的起点。按照现代人的认识框架，马作为一类概念是习惯而自然的，但为什么以前哲学家会争论“白马非马”问题呢？这就是个别具体客体与一般类抽象概念的关系。绝对的经验论者只承认具体的存在，却不承认与经验无直接性关系而由思维在经验直接性基础上抽象建立起来的共相概念，就像只承认柏拉图存在却不承认古希腊人的存在，这肯定是有极大局限性的。这就是陷在只有个体具体无一般普遍抽象的原始思维。人类进入文明以后的第一个里程碑式的进步就是从具体个别中抽象出一般的概念来。最简单的是从结绳记数到一般抽象符号记数这种例子。用具体的绳结记录数目虽然有效但有限，但用0到9这十个符号并分为不同的位权，则这种普遍的数字抽象陈述的作用就是具体绳结方法不可比拟的了。这正是人类建立普遍性思维的伟大意义，它是人从原始思维进入不断累积的逻辑思维文化的起点。这种普遍性的认识只能在抽象中，即只能在认识中。传统的哲学家们指责柏拉图将本质和现象合为一体的世界分割为二层，把认识上的两个层次对象化为两个世界，把普遍的本质独立出来，在可感世界之外构造了一个虚幻的理念世界，所以柏拉图的理想主义是空想主义，唯心主义是把具体现实当幻想的傻子理论。但是，如果抛开存在即物质的信条，在物质是存在的前提下去思考更广泛的存在，即从物质并不是唯一存在这种观点去思考问题，得到的理解则是完全不同的，因为从永恒而普遍的意义上来说，存在的意义确实就在概念之中，在抽象的认识之中。如果死守住存在即物质不放，则抽象的普遍的认识就不存在，人的理性也不存在，理性之人也不存在，人就自认为木头木脑了。把存在上升为更加普遍的认识，我们才能摆脱客体具体个体的束缚，获得对世界一般、普遍、本质认识的自由，即我们不仅认识到苏格拉底和柏拉图这具体的个人存在，还认识到古希腊人的存在。我们不否认这些存在的抽象性，但也没有理由说抽象存在不是存在。更为要紧的是，存在只有上升为抽象的认识，才能通达普遍的存在，理性才成为存在，人才成为万物之灵。如果人类既追求普遍存在，但又永远不能越感性具体雷池一步，达不到抽象的普遍性，那么人类历史的产生和进步就是不可理解的。理念论把认识从客体自在存在上升到主体的自为存在，从具体的经验世界的现象认识上升为理念世界的本质认识，是人类从个别到一般到普遍的认识的重大进步。

存在即理念的最直接意义在于开启了西方认识史上对真理的认识论探讨，使对认识从概念的普遍性进一步上升为认识对象的普遍有效的客观性认识，从现象认识上升到客体世界必然性本质规律的认识，为人类对必然性本质规律的认识提供根据，这正是存在认识论作为西方文化基础的深刻意义。西方文化相对中国文化的优越之处，就在于它的客观性基础，即它建立在对世界的客观必然性的真理知识追求上。正是这种永恒的追求使人类不断揭秘自然界按其必然性规律运动发展的本质，使人类从依赖自然生存不断发展为依靠文化和科学去生存，使人类社会历史成为一个连续的、不可逆的整体过程。因为客观知识使下一代人总是站在上一代人的肩膀上，客观知识的全人类共享性和积累性使它真正成为人类文明用之不竭的财富。以真理文化为本质的西方文化能把人类从精神统一性导向现实的世界历史，是因为客观普遍有效的真理知识是文明人类可永恒共享的财富。人类从文明早期开始追求的世界的永恒和不变，不应是感性具体客体世界中的具体存在，而是在人类思维、认识中的真理性认识这种存在。西方科学文化发达的原因并不在于西方人天生聪明或比东方人更勤奋，而在于西方文化不但追求知识，而且追求客观知识。中国文化讲用、讲术，知识从经验中归纳出来之后，不像西方文化那样追求客观普遍的有效性。但西方文化不但追求客观真理认识，而且更重要的是对认识的客观真理性本身的根据的反思，即知识真理性基础，这就是哲学的命题，是认识与认识的客体世界的关系问题，亦即思维和客体存在的相一致问题，主客观的统一成为西方哲学两千年的主题。西方哲学认识论关于经验主义、唯理论的争辩，对认识真理性的形而上学思辨，为西方文化的科学主义传统提供了可靠的理论基础。西方哲学认识论当以柏拉图为祖师，以他的理念论为源头。所以，理念论在西方文化乃至当代世界文化中始终发挥着作用，闪烁着智慧的光芒。

存在即理念的最深刻意义在哲学认识论的形而上学的纯粹形式、逻辑的认识成果中。在这种形式的反思中，哲学离开了经验认识的具体个体限制，以纯粹形式为内容，思考纯粹的认识形式的统一性，建立形式统一性来使思维构建的认识具有普遍性。正是基于这种普遍抽象认识使人成了本质上异于禽兽的理性具体存在。思考认识和客体的统一性为认识的普遍客观性提供根据，这是形而上纯形式的思考。如果把这种思维也当作一门科学，那哲学就是科学之科学，成为科学真理认识的形而上学基础。只有在存在即理念达到对理念自身的反思的深度，哲学才成为完全意义上的统一性思维，才获得了人类文化基础的完整意义，但这并不是说有了哲学才有人类文化，抽象的存在和具体客体存在的发展逻辑是不相同的。具体客体世界的演化是从简单到复杂到多样化世界，即“道生一，一生二，二生三，三生万物”，万物最后进化出复杂的生命世界；但抽象理念世界的发展规律则是从多样性到抽象普遍性，对世界的认识，是从复杂到简单的发展。哲学作为人类文化的基础，在人类文化发展的高级阶段，即达到对世界普遍认识阶段才产生。这种普遍的认识不仅是对客体世界本身的普遍性归纳，其认识对象包括人类思维，包括普遍的理念抽象世界本身，这就达到了文化的最深层，即文化的基础。从这个意义去看，存在即理念成为西方文化基础就不足为奇了。其实，人们在津津乐道于柏拉图式的空想乌托邦时，并不理解这种乌托邦式的形而上学实际上是人类文化的基础，对乌托邦理想境界的追求是推动人类社会历史的动力。这种文化基础意义的理念论，不仅赋予人类文化以普遍性基础，使文化成为人类从自然存在成为统一性的人类社会历史存在的深层动力，而且从根本的意义上来说，只有思维的存在才是自由的存在，只有思维的自由创造，才有人类社会历史及人类的统一。这才是存在即思维的本质，才能解释为什么柏拉图是西方文化的灵魂。西方对世界的统一性认识，从自然哲学开始，在自在的客体统一性本体论基础上，经过柏拉图理念论才达到存在认识论的更普遍水平，才具有了真正的普遍统一性认识的哲学思维的完整意义，才达到自觉理性的境界。

存在即思维的认识对存在即客体而言是革命性的，但存在即物质到存在即思维都没有达到存在的绝对统一性，还都是有限的存在。把抽象的本质作为认识从具体存在中独立出来，作为独立存在的更普遍统一性形式时，这种抽象本质的独立性没有绝对的意义，只能从相对性意义去理解，存在即思维之存在的绝对性、稳定性、不变性是从作为人类主体对客体世界认识的形式的普遍不变性意义上的绝对性而言的，不是客体的具体存在的绝对性，限于抽象就是它的局限性。所以，思维即存在的绝对性又只是相对性的，即相对于客体存在而言的，是限定在抽象主体认识意义上的。这是仅停留在存在即思维中的局限性。这种认识普遍性形式的绝对性只是相对于客体存在的具体个体性而言的，相对性基础上的绝对性是最难以理解的复杂层次关系，也是人类对存在即思维误解的原因。人们往往把存在即思维理解为否认了实在世界。所以，工农兵讲哲学时从桌子上拿出一块石头敲在桌子上证明世界的物质性；历史上西方科学家们在物质客体实在性争论中，持实在论观点的科学家把脚狠狠地踢在石头上说，我就这样回答他。这些现象说明了人们总是停留在存在要么是物质，要么是思维的非此即彼的知性真伪判断中。把世界上一切事物都一分为二，都用非此即彼的对错去判断，一定会陷入片面性的。要全面理解世界，就必须用统一性思维思考，就是说，把存在即客体和存在即思维统一起来，得到对世界全面的理解。客体和主体、存在和思维的统一是不以人的自觉理性是否觉悟而转移的，现实社会历史过程一定是存在和思维相统一的，那些机械论者对自己用二元论去理解现实世界的局限性浑然不觉。

从统一性意义看，从客体世界的统一性上升到主体思维认识的统一性还不是最高的统一性，因为从具体上升为抽象认识的统一性还没有真正回复到具体的存在者自身，存在即思维局限于抽象则仍只是有限相对性存在，还没通达无限而绝对的理性具体存在。人们对存在即思维的“唯心主义”的蔑视，对“柏拉图式爱情”的轻蔑，一个重要原因是理念论只停留在抽象认识中，从具体现实性的意义去看是不可接受的。人类在坚持存在即物质的唯物主义，排斥唯心主义的同时，根本无法摆脱普遍抽象思维的独立作用。在把客体世界和认识世界当作对立的二元世界的思维模式中，思维不但独立于客体存在，而且变成了绝对的存在，在现代人类文化中，社会、历史、集体、民族这些抽象思维形式的普遍性已经被当成和具体客体相对而存在的实在，甚至抽象存在形式已被当成最高具体实在，柏拉图的抽象精神实体以各种特定的形态支配着人类文化，比如社会有机体这种抽象实在概念的流行。离开了统一性思维，人和客体的关系就是环境决定人，人又改变环境的恶循环；当我们说个人利益服从国家、民族、集体利益时，那些抽象的类就成为和个人相对存在并且支配个人的实在，但那些抽象的类的利益和目标总是某些个人的利益和目标，它们终究不是实在。近代科学革命开始的资本主义发展史把人类导向现实的世界性历史时代，全球化的根本意义是全人类意义的分工合作，这种最普遍的社会合作是由不同层次、不同维度的复杂社会组织形式去实现的，支配组织及其成员的大部分关系都不是直接而现实的，个人对自身的生存选择面对着越来越现实的不确定性和不可控性，无形的社会历史似乎以无形的手在支配着个人，世界越来越精彩，人却越来越无奈。现代社会下，抽象的关系已经独立为支配具体人的力量，这是可悲的。如果人类社会历史的所谓进步不在于每个人的进步，人类是与每个具体人无关的东西，甚至是支配个人的外在东西时，我们不禁要发问，为什么去创造一个在我们之外又支配着我们的抽象人类呢？上帝不是比它更合理吗？

人类文化从客体世界的统一性理解发展到对主体认识思维世界统一性的理解，是人类社会历史的巨大进步，但是不能停留在抽象的普遍统一性中。

从具体世界中抽象而独立出来的思维和认识如果不返回自身，让抽象的意识形态成为在人之外又支配人的力量，人类的文明进程就发生了异化，就成为作茧自缚，这正是人类社会发展的危险所在，是柏拉图理想国的局限性所在，是把存在即思维彻底绝对化的机械论思维的局限性和危害性所在。

人类自觉理性止于主客观统一的抽象理性，没有进展到主客体统一的具体理性，其重要原因在于柏拉图理念论导向主体世界而不是完成了主体世界统一性认识，离开主体统一性去想象主客体统一性是不现实的，以柏拉图理念论为极顶的西方哲学止步于抽象理性。从直接性的意义看，柏拉图的理念论是追求人类普遍认识的统一性为人类知识提供客观普遍性根据的，以此为极顶只能导向真理文化，它为客体世界认识统一性提供根据。但仅由客观必然性不可能为人的自由选择性文化生存提供充足的理由，即自觉的主体世界统一性思考还没破题。从苏格拉底由最普遍的德性和至善把哲学导向主体世界的意义看，从柏拉图理想国的境界看，以仅限于普遍形式统一性的理念论去思考人类精神文化世界是有极大局限性的，从至善和德性肇端的主体世界统一性必须达到绝对的善和德性才能完成，认识论进展到价值论才进入主体世界统一性的自觉，以此为基础才有主客体统一性的意义，才能从理性具体水准去认识人的文化生存本身，回到现实的个人。人类发展的最终目标是实现个人的自由解放，是实现人的全面发展，这是人类历史走向客体和思维自觉的统一，达到每个人的理性本质都充分发展的理想境界。

第三节　人是最高统一性存在

一、人是主客体相统一的最普遍意义存在

人类文化中最高智慧的统一性命题之一是“认识你自己”，因为人是文化和自然、主体和客体相统一的具体存在，是多样性统一世界中最普遍意义因而是最高意义的存在。人的存在的统一性意义包括多样性世界中一切层次存在的意义，人要认识自己就必须认识世界各层次的多样性存在，在寻根究底意义上人的一切认识最终指向总是人自身。人对自身的认识是多样性的，但最高的认识并不是多样性中的某一种高明认识，而是多样性认识的统一。“认识你自己”的最高境界是对人的存在的统一性理解达到绝对。由此也可以说，哲学对存在统一性的最高理解是对人的存在的领悟，从人的本性到人的本质到人的价值和意义的统一性领悟。哲学的最普遍意义就是人生的智慧，哲学的朴素体悟就是爱智慧。哲学是本体论，是本质论，是唯物论，是辩证法，但本体论和认识论相统一、存在和思维统一还不够，辩证唯物论也不够。为什么还要有历史唯物主义呢？把辩证唯物论和历史唯物论作为马克思哲学理论体系的两个板块是用旧哲学观去理解马克思，离马克思的境界甚远。历史唯物论是辩证唯物论的进展，是对世界认识从客体统一性、主体统一性即主客观统一性向主客体统一性的进展，马克思的哲学基础是不可分割的主客体具体统一性认识，唯此它才终结了旧哲学，不再局限于普遍抽象精神中，把人类思维引回人具体生存的社会历史之中。最普遍的元哲学不是本体论，也不是本质论，而是本体和本质相统一的人生的哲学，哲学是人生的智慧才回到元意义，才达到绝对具体存在的意义。依此逻辑，最普遍的元存在不是具体客体，也不是抽象主体，而是主客体相统一的人的具体存在，本质上是人的多元文化归元。两千多年来从自然哲学到唯心论哲学都围绕存在展开，或本体或本质上赋予存在统一性意义，这些存在并没有达到人的具体

存在的统一性高度。但不能由此认为这些存在与具体个人无关，其实都是具体个人统一性存在的理解之一。为什么二十世纪从主体主观意向性方法去思考人的本质和价值的存在主义哲学既不研究自然客体，也不思考人对真理的理性追求，和传统哲学并无内容或形式上的直接传承性，反而被归纳为存在主义呢？在此，在于人的存在是包括一切存在意义的。统一性的存在从自然客体的统一性开始，在普遍抽象的思维认识中成为理性精神文化为本质的存在，成为在普遍的社会历史文化意义中的存在，因而也是超越了自然必然性而具有自由创造本质的自觉的、有意识、有意志、有目的的主体性存在。这些普遍的抽象文化存在的本质和客体自然存在的统一，返回到既是人类文化本质又是自然客体的统一的现实、具体的每个文化觉悟的人自身，返回到包含理性普遍性的具体，这就是最高的存在的统一，人就是理性具体的现实存在。所以，人是世界的最高存在，世界统一性的最完满的形式就体现在每个人的存在之中，世界统一性理解归根到底就是认识我们自己。人类对存在统一性从存在即物质进展到存在即客体，再进展到存在是本质、是意义、是自由自觉的主体，存在的统一性理解还没完成，它必须从抽象的具体返回现实的具体，回到人的具体存在本身。具有普遍精神文化本质的具体的人不再是感性存在之物，而是主客体相统一的理性具体存在。人和禽兽的区别就在于理性本质使人成为理性的现实，哲学以理性为对象和以具体的人为对象其实是意义同一的。

世界统一性认识从客体世界万物的本原为起点、以客体世界的统一性认识为基础是由认识的统一性本身所决定的。因为一切认识只能从感性经验开始，所以只能从可经验的感性客体存在开始。从多样性感性客体存在中建立客体世界统一性的认识，是世界统一性的基础认识。哲学以客体世界的本体存在论为基础，没有本体论即没有客体世界统一性思考，就没有哲学。但是，哲学不能停留在客体统一性中，即不能停留在必然性世界中。因为如果把自然哲学本体论作为完整的世界统一性理解，把存在即物质当作世界统一性的绝对归纳，则人的存在就只能从客体本性去理解，人就被还原为纯粹自然客体存在，就成为被必然性规律决定和支配的存在，人类社会历史成为必然性的、决定论的、被决定的历史，那历史就失去了价值和意义。必然性、普遍客观性的真理的本质规定性之一就是价值中立和意义中立的，如果人的存在无价值和意义可言，无自由的选择性可言，人的社会历史乃至具体的人的生存都是必然性的宿命，我们又何必去追寻对宿命的理解呢？这不是一种悖论吗？为什么不把无法理解人的宿命也看成是人的宿命呢？为什么人类总想克服宿命，不甘于命运而执着于自己的追求呢？这说明仅从必然性决定的宿命论去理解人是不够的。客体是人存在的前提，人的本性是动物，但人的本质不是动物，而是超越了自然动物的存在，这正是从客体统一性去理解存在统一性的局限性所在，也正是客体存在是人的存在的基础而非人存在本质的理由。存在即物质只有有限而相对的意义，没有绝对意义。

存在是物质的更进一步发展就是存在是思维。就是说，客体世界的演化发展的更高级阶段是精神世界的产生，这是一个与客体世界完全不同的独立世界。有许多人把思维和精神作为人的专利，因而认为精神世界是人的世界，甚至人的世界就是精神世界，说精神、文化、思维是指人的精神、文化和思维。这种观点实际上往往把人理解为对立于自然的存在，这是人类中心论的思想根源。人有精神这没错，但不能反过来说人就是精神、文化和思维，精神、思维首先是自然进化的产物；人独有的精神文化也只是人的抽象的普遍性本质，并不是具体的人自身。这种道理虽然非常简朴，但人类却又往往忘记了这些最基本的法则。甚至可以说，把人和自然分裂开来已成为主导人类近现代历史的基本文化价值观。在科学因果决定思维占绝对支配的知识社会中，人们总是习惯于把人划为和自然相对立的存在，而不是首先把人看作自然存在，看作自然和文化相统一的存在。这导致把人的抽象的思维和文化的类的独立抽象本质实在化，把人看作在客体自然之外的非自然存在。让科学胜利冲昏了头脑的现代人类总想把自己扔上天，总想超越自然必然性规律的制约，总想支配和控制、统治自然界。人类这种观念不只是在于把人和自然对立起来，而且可怜到连自然的必然性本质和自然的多样性现象都不分的愚蠢地步。如果认为让河水流上高山、荒滩变成良田是征服了自然，简直愚不可及。自然是无所谓胜或败的，所以是不可战胜的，也不会战败的。

人类高叫战胜自然只是自己歇斯底里的狂欢。河水能流上高山，荒滩能变成良田，这种改变是自然必然性规律的结果。我们不能战胜自然，但能改变自然。然而必须明白，我们改变的是自然界的存在现象，无法改变的是自然界的必然性规律。我们对自然有目的的改变是以遵循它的必然性规律为前提的，这才是问题的关键所在。人无法改变任何自然规律，包括支配人的自然规律。自然的意义在现象背后的本质之中。

自然不仅是生生息息永恒运动的现象世界，同时也是一个多样性的统一世界。多样性的统一本质就是支配自然现象的不变、普适、必然性的法则，在认识论意义上叫作规律。这种本质规律寓于现象中，是无形的、抽象的、非实体的，不能否认必然性本质的存在。存在即有的定义域并不限定于客体本体范围，而是包括了抽象意义世界的，否则有没有真理知识就沦为无意义命题了。如果没有必然性规律，没有普遍而永恒的抽象意义，就没有人类普遍知识和理性认识意义。如果人只能认识现象界，人类的文化和思维只能限于名称和客体的对应指称，只是符号，没有由这些符号意义构成的支配客体现象界的普遍性规律的认识，人类就只能停留在动物对外部世界的感知水平。人类文化思维的本质意义就在于对世界的必然、普遍、不变的本质规律的认识之中，这就是人类理性思维和认识的意义，也是人依靠思维和认识超越了纯粹自然存在的充足理由。人既是自然存在，又是具有了非自然的思维和文化的抽象普遍本质的现实、具体的主客体相统一的存在。纯粹自然存在的人只在原始社会中，在现代，自然人和认识一样，只是一种抽象而已。反之，把人置于自然存在的对立面，那也是仅从抽象的思维和文化本质去理解具体的人，也是片面的。

存在即思维和存在即客体并不是对立关系，而是不同层次存在的统一性关系，它们都是对世界的统一性理解的构成部分。存在即客体是对自然界的统一性理解，存在即思维是对人的抽象精神文化本质统一性的理解，它们不是两者必居其一的选择性关系，而是同时统一于具体现实的人的统一性关系；当然，哲学的思维是抽象理性的，包含感性具体认识又本质上扬弃之。离开这种统一性关系，执于自然或思维一端，将其绝对化，那就陷入片面性。对世界的最高理解，全面理解，不能只从知性有限性去以偏概全，而是在感性和知性认识基础上去统一性理解。坚持唯物论，反对存在即思维的人局限在客体世界，达不到无限的包括主体世界的最高统一性理解。从人的自由文化本质出发，坚持存在即思维的人如果不回复到具体，就会停留在抽象的本质中，同样会把人和自然割裂开来。所以，离开自然和文化的统一性，把存在理解为客体或思维是片面的。这种片面性会使人在认识自己时，或者把人作为物陷于纯粹必然性而失去人的自由本质，或者陷于无根底的自由而陶醉在抽象的对自然的统治和征服之中。对存在的最高理解是客体统一性和主体统一性的统一。这最高的存在不是什么神秘抽象的东西，就是我们自身的存在，就是每一个具有人类意义的、具有精神文化普遍本质的具体、现实的人。

人是存在的最高的统一性。人既是客体，又是思维的统一，更是自然和文化的具体统一。在具体的人的统一性中，存在从客体统一性开始，在思维中构建起普遍性本质，在现实、具体的存在中达到了世界统一性的最高阶段，即回复到存在的无限的具体，成为理性具体存在，这就是人异于禽的必要而充分的根据。存在的最高的具体就是理性人自身，人才是宇宙最高的存在。因为人作为宇宙的最高的统一性存在，既是自然的统一又是文化的统一，它的具体存在就是自然和文化统一。古希腊的先哲们在德尔斐神庙昭示人们“认识你自己”，金字塔前的狮身人面像则向人们昭示了人既是动物又超越了自然动物。世界统一性原理的全部意义就包含在人的统一性中，就在于人的具体、现实的存在中。诚然，没有存在即物质就没有存在即思维。但是，在还没有发展到有思维存在的世界中，会产生存在即物质这种客体世界统一性的抽象普遍性思考吗？有世界统一性思考存在吗？自在世界中没有抽象的自为存在，也没有独立自足的存在即物质的命题和意义。客体统一性的意义包含在思维统一性之中。把存在即思维和存在即物质统一起来才是真正的统一性智慧，人类自觉理性就是追求统一性智慧的最高境界。由此，人类的统一性智慧即哲学，就应该是本体论和认识论相统一的存在论，只有在这种统一性理解中才能通达存在的最高阶段。对于文明时代的理性人而言，存在就是认识，认识就是存在，人的具体存在是存在与认识不可分割地统一着的。没有无普遍文化认识的文明人，也没有抽象文化认识实体存在，具体的是主客体相统一的人的存在。

把人理解为自然和文化相统一的最高统一性存在，可以从中国传统道家哲学的道、天、地、人世界统一性理论得到更具体的理解。老子把人放在世界层次结构的最顶端，把人作为域中四大中自成一大的存在，并且显然是最高的存在。因为老子的存在法则是高以下为基，这是统一性的最基本逻辑。老子归纳出世界的统一性关系是人法地，地法天，天法道，道法自然，所以，人是宇宙中最高的域中存在。老子的人的概念肯定不是自然人概念，因为人自成一大的理由在于人有自己的本质规定性，但道、天、地、人是在世界复杂性运动中生成的，所以人又是和地、天、道相统一的，而不是在天地之外的存在。中国传统玄学理论的人正是自然和文化、肉体和思维相统一意义上的宇宙最高存在。

但是，玄学不是强调道法自然和自然无为吗，这是否具有自然人的倾向呢？是否和客体存在绝对化的绝对物质观相一致呢？必须指出，《道德经》的玄学是一种哲理，对它的理解取决于你的智慧。比如，自然无为可以理解为消极等待，听天由命，甚至退回原始状态，或与此完全不同的理解。老子说道法自然，自然是一切存在的基础和前提。但老子又承认自然演化的多样性和层次性，并将之归纳为无、天、地、人四个层次。人既然是自然发展的最顶端那就超出了天地万物的限定意义，就不能只作为天地自然物去看待。老子当然是承认人的文化存在的，在世界存在最顶端的人的所作所为和最原始、朴素的自然行为肯定是不同的。老子强调道法自然，就是说，世界是在自然规律支配下运动变化的，老子的自然应该从自然必然性规律去理解，而不必执着于自然现象。如果道法自然，自然无为只是指自然现象，玄学就退化为宿命论了。从自然的必然、普遍、本质的变化规律才能合理解释道法自然。从这个意义去理解自然无为，就不是听之任之、无所作为的人生哲学，而是告诫人们要遵循自然规律，不要干违背自然规律的蠢事。这样的理解和玄学理论体系才统一。因为玄学以及中国道教是一种鼓励人追求现世生活的哲学，不是叫人相信宿命和无所作为的。并且，老子的玄学理论已经归纳出自然从简单到复杂，最后进化出最高的人的存在了，怎能又把人退化为无所作为的纯自然存在现象呢？这显然是违背道法自然的法则的。所以，对自然无为的理解，必须建立在道法自然的基础上，并且从中体会到人作为宇宙最高存在的自然和文化相统一的意义。

二、人是社会历史统一性存在

人是什么是“认识你自己”最为基本的命题，对此人类思考和争论了几千年。抽象知性对无限具体之人是无法用概念去定义的，人作为自然中的一个特定物种是可以定义的，但超越了自然意义的理性具体之人是无法用确定性之物去限定的，这就和哲学作为统一性理论永无定论一样，人是什么作为哲学问题是一个统一性问题，用因果确定性有限知识是无法穷尽无限意义世界中的理性之人的。人是什么、我是谁是以存在统一性为己任的哲学的最高统一性命题，因此宇宙中最高命题可以理解为“认识你自己”，这是一个和人类历史一样长久的命题，意义常新，形式不变。人和历史不是现成的存在物，而是一个永恒的构建中的过程性存在。

按照海德格尔的存在主义哲学对人的理解，人和物的本质区别是人是在时间过程中不断构建从而不断实现其本质的存在，时间是人作为过程性存在展开的境域。按照存在主义哲学的一般归纳，物之为物是由其本质规定性提供充足理由的，存在之为存在以其本质为根据；但人的本质是在存在过程中不断生成的，因而人的存在先于本质，那就不是本质是存在的根据，反而是存在为本质提供理由了。人们同样可以质疑，人的统一性和物的统一性的本质区别在于人的统一性是在过程中建构起来的，但物质世界不是同样永恒运动的吗？没错。不过，物质的存在、客体的存在是不依赖时间过程变量的，客体的存在本身和过程有关，在时间中不断运动发展并不改变其本质，一旦发生了本质的改变，原来之物就变为另物存在。当代的人，一百年前的人，一千年前的人，作为自然客体意义上的存在，并无本质的区别。自然生理上的进化虽然从未停止，但对于作为人的生命的本质规定性来说是微不足道的，所以人的自然生命存在在物种意义上可以看作与时间变量无关的客体存在。但在不同文化环境中的人，却有明显的区别。人不断改变和创造自己生存的环境，但人又首先是特定社会、历史、自然环境的产物，无论是个人还是民族、人类，都是在历史过程中不断构建着的存在。人在本质上是进行时的存在，在自然意义上可近似看作完成时的存在。人叫类、社会、历史，人类社会历史就是一个永恒的运动发展过程。人、人类史不能用物的规定性去定义，它生存的形式、本质不变，抽象规定性不变，但由此抽象规定性形式去构建的内容却是不断积累发展和常新的。所以，人类赋予自己的历史以发展、进步这种正面的价值含义。

过程性还只是人之为人的必要条件，还没为人的存在提供充足理由。海德格尔认为时间是人的存在展开的境域，其实这对一切自然生命都合适，它提供的视角是自然生命区别于非生命物质的思考，并非特指人这种生命存在，因而是无法得出人异于禽兽的理解的。存在主义哲学应该更具体地称之为人的自然生命存在的哲学，以人的非理性自然生命为对象的非理性哲学。在具体个体存在意义上，一切生命个体都是时间过程性的，用存在主义的逻辑看都是存在先于本质的。在超越物种即所谓人类的文化意义上，人和其他自然生命物种的差别就产生了。卢梭认为，自然物种一千年也没什么重大变化，而人类社会却是世代之间不断变化的，其原因是私有制产生的财富积累，但这同时又带来人类的不平等。按照卢梭的理论，人进入文明史告别野蛮及私有制和不平等的产生是同一事实的两方面。把文明史和私有制等同是缺乏说服力的，但卢梭对私有制产生的不平等的深刻批判，及用社会契约去限制私有制造成的不平等的理想追求，是具有重大的历史意义的，是人类追求社会平等和正义的伟大进步。其实人们忽略了卢梭区别人的自然状态和社会状态的重大意义，两种状态的人的区别本质上是人和禽兽的区别。从物的客体存在中找不到人的本质，在生命意义上找不到人和自然生命的区别，即使从思维和意识角度也找不到人的优越之处。把意识、思维、认识霸道地当作人的专利，那只是人类中心论者的自我陶醉。人超越自然界不是生命物种意义的，而是理性文化和文明价值意义上的，即是在人类社会不断改变并且是不断完善的文化生存方式意义上的。人和动物的本质区别在于动物的生存方式是世代循环的，是由物种规定性支配的；人的生存方式是在世代更替中不断发展变化的，是不能从自然物种意义上去解释的。要理解人之所以为人的本质，就要找到人类生存方式之所以超越了自然循环方式的充分而必要的理由。因此，对人本质的认识，注定要超越具体个体意义，不仅仅是自然生命超越物之意义。

从社会去认识人的本质并无新意。古希腊时代就有人是天生的社会动物、政治动物的观点。对于人之所以为人的本质，主流观点之一是人的本质是一切社会关系的总和。这是将传统的人是社会动物和黑格尔认为的本质就在于关系之中的辩证逻辑统一得出的新归纳。但社会关系总和不能抽象为社会性去理解。从社会性去理解人确实具有非常重大的意义，一般认为社会人是现实、具体的人，自然人是抽象的人。但社会人概念比自然人概念优越并不能表明社会人概念归纳了人的最普遍、最深刻的本质，从而为人之所以为人，人之所以是万物之灵提供了充足的理由。因为很明显，社会群体性生存是比较常见的自然现象，不少生物都是靠此生存和实现种族延续的。蜜蜂、蚂蚁的社会分工天然就比人类的精确、严格得多。对此有人和我争辩说动物的社会性和人的社会性不同，动物的劳动和人类的社会劳动不同。这些人不明白，人和动物的不同本质至少应该从它们社会性的不同规定性之中寻找，而不是仍停留在社会性的现象和循环论证之中。就是说，人和动物的本质区别不是社会性，我们需要的更具体认识是人的社会和动物社会的本质区别是什么。否则，我们就无法解释文明社会和原始社会的本质区别，无法自觉到人何以走出自然界，无法解释人的现实生存方式何以是发展而不是世代沿袭不变的。

人的存在的充足理由是人的本质，存在先于本质割裂了人的具体存在和普遍抽象本质的统一性，这是不可接受的。人类理性从本体存在认识向本质存在认识的进展，是从客体自在世界向主体意义世界的发展，是理性认识回归理性自身，同时也是回到人的本质意义，使理性成为自觉理性。从人是社会动物到人是理性动物的进展，是人认识世界和认识自己的重大的进步。理性是人之所以为人的充分必要条件，但如何理解理性是一个更为重要的问题。理性是一个统一性的概念，而且首先是抽象的具体统一性，是人的抽象的本质，但仅抽象理性又还不是对人的具体现实的理解。从人类的历史过程看，理性是人类发展的结果，是人类的追求，是人的普遍抽象本质。理性不是一种既定的结果，人的理性的发展是人的本质发展，人在社会历史中的不断发展使人的本质是在社会历史动态发展意义上的理性。对人的本质认识不能停留在人是理性的，也不能停留在抽象本质中，而是要回答人何以是理性的，人的理性的构建的内在机制是什么。这样，才能在理性的人的构建中理解人凭何离开动物界，凭何成为社会历史意义上具体现实的主客体相统一的存在。

从人是社会动物和人是理性动物出发，人之所以为人的本质就是使人构建起抽象社会性和抽象理性的规定性，这就是人类的思维、认识、精神以及由之建立起来的文化，这是人作为自然生命存在而又能超越纯粹自然生命去生存的充分而必要的理由。存在即理性的思维、精神、意识只有对人的存在而言才有本质意义，它使人从客体基础发展为具有主体思维、认识、选择的自由、创造性本质的存在，这是人作为最高级的主客体相统一的存在的必不可少的阶段。所以，从存在即客体到存在即思维的发展是从客体向主体世界的发展，必须从人的最高统一性本质的构建过程去理解存在即思维的深刻意义。当然，这里的思维指的是理性思维，严谨的陈述应该是存在即理性。

存在即思维的最基本意义在于从人的精神文化的主体规定性去理解人的存在，这时的存在已经不是客体，而是主体的了。在知性认识中，主、客体是相对概念，客体存在和思维存在是规定性不同的相对概念。在哲学统一性理解中，理性思维存在是比客体存在高一层次的，甚至可以理解为包含客体存在的概念，因为理性地思维存在的思维本身一定是包括关于客体世界的认识的。特别要强调的是，人类社会历史意义上的思维认识是文化和历史意义上的，是渗透在人的生存行为选择中的，而不是与人的客体生存无关的。哲学不是从消遣中来的，是从人类追求自身自由全面发展的本质中来的，存在即思维的意义在于当人类进入依靠理性思维去生存的时候，它对自然的关系就从自然而然转换为自觉的过程。作为自觉的、有意识的存在，人的存在获得了超越自然客体的主体意义，使人具有了自由和创造的文化本质，使人类来于自然而高于自然，成为域中四大中独为一大的人的世界。

存在即理性的更深刻的本质意义，在于人的存在基于思维、认识的抽象普遍性，构建起与动物社会本质不同的人类社会性存在。动物的社会分工合作是自然的，是世代相传的。动物的生存当然因环境而变，生物在环境选择中进化，但这种进化是在生命自然必然性意义上的。动物社会的生存可以看作是时间中的往复循环，即现在的蚂蚁、蜜蜂与它的远祖从环境中谋生的方式本质上是相同的。但人的社会性是不断变化的，人的世界是随文化发展而代代不同的，人的社会性是历史性的。人类之所以为人类在于人类有历史，有社会历史，人作为类不只是具体社会生活共同体，而且是历史性意义上的类。泰勒斯、柏拉图、亚里士多德、老子、孔子、牛顿直至爱因斯坦，这些历史人物其实就永远存在于我们的社会之中，是人类的灵魂。所以，历史总是现代史，历史的意义在于人类未来，这就是人类社会和动物社会的本质区别。人的本质与其说是社会性，不如说是历史性。人类社会的历史性区别于动物社会循环性，而人类历史正是由理性的思维、认识、意识这些抽象文化构建起来的，存在即思维的本质意义就在于人在思维、文化中构建了人的普遍、抽象的类本质，使人超越了动物界，使人的现实生存过程是社会历史性的。

存在即思维的意义亦可以理解为存在即理性。人类社会的历史性本质也是具体的人的历史性本质，人在思维认识中发展起来的文化不仅是以人的自然为对象的，而且是以人的抽象的思维、认识、文化为对象的，思维的意义不但是对客体必然性的认识，更重要的是对主体的思维本身的普遍统一性的认识。人的存在不仅在于人和自然是有目的、有意识的相互作用，更在于人是通过抽象普遍性的社会、文化、习惯等精神文化的普遍抽象形式，成为社会历史抽象的主体性存在去实现对自然的作用，这是人的社会性和生物社会性的根本区别。人的社会性是在精神文化的抽象普遍性中建立起来且不断生长着的，是历史连续性意义上的，人的历史性过程是由思维和认识去不断构建起来的，并且这是一个永远没有终点的历史构建过程，除非人类历史完结。人的存在是社会存在，是历史性存在，也是思维着的精神性存在。对人的存在而言，社会、历史、文化、精神这些由思维产生的抽象概念是柏拉图的独立的普遍本质的抽象理念存在。一个自然存在的人是抽象的人，这个抽象自然人只有在抽象历史意义上通过思维去构建人类文化的统一性本质，才具有现实的、具体的人的本质。只有在这种抽象的普遍性本质存在中，人才具有统一性的类的意义，才有统一性的人类历史，人才是文明社会中具体现实的理性存在。

以文化知识为基础去具体理解人类理性的统一，才能理解何以人类理性使人超越了纯粹自然生命世界。传统的唯心论者把理性作为人的本质，把思维和精神作为理性的具体理解，粗暴而独断地把精神意识垄断为人类独有，执着于人类中心论。西方人自从上帝统治下解放出来，始终沉湎于人类中心论，凡论及精神、意识、认识皆指人的专属现象。这种独断论在认识上产生了两个致命的问题：一是无法给出人区别于动物的本质；二是无法理解人的理性从哪里来。最典型的是按照自然进化论的逻辑解释人类创造文明为从猿到人的进化过程。实质上，人类跨入文明门槛告别自然界与认猴作父并无任何逻辑关联，这不是自然生命世界物种进化命题，而是人类从自然人发展为文明人，从自然史进入文明史，从世代循环的生存方式发展为一代代不断改变生存方式以更好地适应环境去生存的社会历史性生存方式的命题。仅从精神意识现象是无法理解人的本质的，因为动物有意识，有认识；原始蒙昧时期人也应有意识，有认识；人类每一个体一出生就有认识。人类认识能力是与生俱来的，理性却是后天构建起来的。理性不只是精神意识，而是在自然认识基础上发展出来的高级认识，在认识论话语中就是由感性认识上升为知性认识和理性认识。知性认识是从感性具体个体认识上升为普遍抽象认识，这种认识以文字等信息符号为载体，建立起人类普遍意义结构，从而使认识超越了个体具体性，获得了人类普遍意义。文化知识的产生同时也是人类理性的产生，知性知识包含在人类理性统一性之中，知识普遍性形式的统一性，抽象知识和现实世界的统一，那就都是理性统一性的。依靠知识去生存的文明人就是具有理性本质的人，人类知识的丰富和发展就是人类理性的发展。从感性、知性、理性的统一去理解人的本质，就可以合逻辑地理解人类社会历史的统一性。为什么文明史中人类不再像原始社会或自然动物那样按世代循环方式生存呢？因为理性生存的人的文化是后天经验的，是不断积累和发展的。理性人的本质发展的现实就是生存方式的发展，人就不再是按与生俱来的方式生存的存在。人类理性的后天经验性决定了文明人只有在社会这一形式下生存，人只有在接受社会文化的条件下才成为文明社会的人。自然人以物种为基本生存单位，理性人则以社会为最基本生存单位，文明人总是社会中的人。文明人的社会本质上是文化社会，不再是自然社会。自然社会是由血缘决定的，是循环的，人类文化社会则是随文化的发展而不断发展的。五千多年文明史的发展成果是人类进入全球化时代。人类文化社会的传承和发展的现实过程就是统一性的文明史，人类社会是统一性的历史社会，理性本质的人同时就是社会历史性的存在。

具体感性意义上的生命个体是人的抽象思维普遍本质的承担者，存在即思维区别于存在即客体的普遍本质就体现在人类思维文化的世代延续中。理性思维是超自然现象，具体生命个体在自然存在意义上没有理性，没有文化，没有人的普遍性本质，人的存在的普遍性抽象本质是外在于自然人的。人从自然人成长为现实意义上的人需要漫长的将抽象人类文化回复到具体个体的过程。思维、精神、文化的内化就在于构建人的普遍性的社会本质，经过这些“社会化”过程的具体个体以抽象文化普遍性本质为中介再回复到具体个人存在，他已经成为现实、具体的人，具有人的普遍的类本质的人，再也不是抽象的、自然意义上的个体存在，而是理性的存在。事实上，每一个具体现实的个人的存在构建过程，都是到他所生长的时代为止，人类全部思维认识发展史的一个缩影。一个人必须把所有的历史文化尽可能浓缩在自己的思维和认识中，才能适应社会，才能创造，才是具有自由本质的现实的人的存在。所以，具体的个人既是客体存在，更是具有社会历史文化本质的主体存在，现实的人是主体和客体存在的统一。人在历史中构建，人的所作所为又在创造着社会历史，人的发展同时在抽象普遍性意义上就是社会历史的发展，在本质上是人类文化和文明史的发展过程。

三、人是理性灵魂和肉体相统一的具体存在

社会、历史、精神、文化、理性是与人的本质相关的抽象范畴，是认识人之所以为人的抽象普遍本质的主要内容。没有社会历史文化，人就仍然只是大千世界的一个生命物种之一。但是，对人的普遍抽象理性本质的认识只是人认识自身的一个中介阶段，停留在精神文化本质认识中的人只是抽象人，还不是现实人。西方哲学从柏拉图直到当今的唯心论的历史局限性就是停留在抽象本质中，把本质当本体，以抽象为实体，将知性抽象科学知识当具体理性，最终把人类引向科学理性的有限思维境界。抽象科学理性把世界分割为抽象本质和具体现象两个对立对界，没有通达人就是世界最高最普遍的统一性具体存在的境界，对人的认识或者停留在社会人、理性人的纯粹抽象中，或退回到和禽兽无本质区别的感性具体存在中，没有达到从抽象普遍本质返回理性具体的境界，没有自觉到自身是理性的具体统一性存在，不理解人既是动物又异于禽兽的具体现实性。近代科学革命以来，西方文化对人自身认识的抽象性主要表现在对人的灵魂的思考中，最终却干脆否认一切关于灵魂的探讨。这一革命性的后果是人的抽象本质只是在普遍的抽象形式即社会、文化、理性意义上的，而不是每一个具体现实的人的理性灵魂意义的。抽象形式意义不回归具体的人的灵魂，人就不是主客体相统一的存在，在具体意义上是感性存在，在本质上是抽象社会形式存在。人的感性具体和社会、历史、文化、理性抽象普遍形式并没有返回理性的具体而统一起来，人就异化为由抽象社会或上帝这种普遍实体形式支配的可怜的存在，神、上帝、社会成为独立于人的抽象实体，在人之外并支配人，而不再作为人的抽象本质的具体形式而统一于人具体存在自身。人作为世界最高具体存在，人认识自己是终极价值问题，人作为主客体相统一的存在从来没有停止追求自由本质的脚步，这种有目的、有意识的追求就是终极价值问题。离开具体理性人，对没有具体灵魂，只有一般人类精神的人而言，终极价值是缺失的。

人类对终极价值的信仰或许并不是文明的产物。在漫长的史前时期，原

始人类是用对神的信仰来理解自身存在的价值和意义的。人的存在不仅是当下的存在，而且是前生后世的存在。人的存在不只是在现实存在意义上，更为重要的是灵魂的存在，神的统治是对灵魂的统治。对原始人而言，灵魂是永恒的存在，是高于生命肉体的存在，人的存在归根到底是灵魂存在。因此，在人类文化的早期阶段，最为重要的是灵魂问题。灵魂在本质意义上首先是自在的存在问题。

人类踏入文明后，对世界的认识在积累中逐步发生了变化，并开始建立了关于世界客体存在的各种科学知识，泛神论开始褪色，人们按照自然客体的客观规律去解释自然现象，不再认为山川河流、电闪雷鸣中都蕴藏着神灵，自然逐步淡出信仰和灵魂的领域。但是，人类进入文明的相当长时期中，灵魂仍然是对人而言最为重要的问题。泰勒斯把自然的科学认识上升到万物本原的思考的时候，也从这个角度去思考灵魂问题。他把灵魂作为一种具有活动能力的东西，灵魂弥漫着整个宇宙，万物都充满了神。古希腊几乎每一个重要的哲学家都讨论灵魂问题，其中研究得最多的是毕达哥拉斯，他最早提出了灵魂轮回理论。他认为灵魂依照命运的规定从一个肉体转移到另一个肉体而不断轮回。原子论的创立者德谟克利特同样用原子理论来讨论灵魂问题，主张灵魂是由精细的球状原子构成的，它使生物运动。亚里士多德认为灵魂才是生命的本质，使生命获得存在的现实性。

中世纪宗教哲学和经院哲学把灵魂从朴素的观念上升为统一于上帝的普遍性形而上学理论。在奥古斯丁的灵魂理论中，灵魂是上帝创造的，人是灵魂和肉体的统一体，是由灵魂主宰肉体的存在，只有灵魂才是真正的自我，是不朽的、永恒的存在，人类皈依上帝就在于追求灵魂的获救以达到永恒。经院哲学大师托马斯·阿奎那的灵魂理论则和认识紧密结合，具有后来认识论的雏形。他认为灵魂是赋予物体以生命的东西，生命就是肉体和灵魂的统一，灵魂赋予生命以形式，控制和推动肉体生命运动。托马斯·阿奎那认为灵魂有五种能力，其中最高的是理性能力，这是人所独有的，是灵魂最完善的力量。所以，托马斯·阿奎那的灵魂学说虽然属于经院哲学，但它的真正意义不是灵魂和上帝的关系问题，而是人的灵魂的理性本性以及这种理性认识能力对客体世界的认识问题，这和经院哲学之后的近代哲学的精神、思维等范畴具有更多的共通之处。

把有神论和灵魂学说扫进历史垃圾堆的是十八世纪法国唯物主义和无神论。启蒙运动反对封建和宗教神权统治，争取人性解放的历史作用是毋庸置疑的，但是它的战斗口号和理论需要反省。拉美特里宣称人就是机器，这是无论如何都难以认同的。霍尔巴赫认为人和动物的区别“就在于人有理性、智力，这理性、智力使人高于一切动物。于是，使人有理性、智力的大脑活动，成了人类特殊法则的重要内容之一”[10]。在他看来，灵魂即大脑，是物质性的。这和把人作为机器是一样的。还有一点，人和动物的区别在于人具有理性虽不精确但可以接受，但为什么人的大脑能够优于其他动物的大脑呢？人这部机器和恐龙、大象等机器的区别在哪里呢？

经过文艺复兴、启蒙运动的洗礼，特别是近代科学革命的兴起，人类抛弃了灵魂概念，转向精神、思维这些概念去思考以前灵魂学说的主要命题。灵魂学说长期来和宗教神学纠结在一起使灵魂概念变得面目可憎，这是人类抛弃它的一个重要原因。另一个重要原因在于人类尊重并普遍按照科学认识的逻辑去认识世界后，灵魂无法抽象为知性认识的对象，在知性认识意义上根本无法形成认识过程，更别奢望得到灵魂的知识了。所以，更深刻的原因在于坚持科学思维的现代人类无法抽象和描述灵魂而不得不抛弃它。然而，不要认为近代以来我们使用的精神、认识、感性、理性等的思考和托马斯·阿奎那的灵魂思考的区别主要在符号而不在意义，用抽象精神、思想去替换灵魂概念，由之思考人的本质，并不意味着灵魂概念通过精神概念“借尸还魂”，这是有本质区别的。因为灵魂尽管是抽象的，但一定是回归到具体的载体的，是回到具体统一性的，而精神却只是一种普遍的抽象。由此可以理解为什么科学理性时代会产生在现实个人之外的社会抽象实体去支配个人这种异化现象。

人类不能永远回避灵魂问题，也没有办法真正回避。我们说没有正确的政治观点就等于没有灵魂的时候，在使用阴魂不散、失魂落魄等词的时候，就是对灵魂存在的一种肯定。把老师尊为人类灵魂工程师是对灵魂的最深刻感悟之一。古老的灵魂学说仍然以古老的传递方式，通过口头语言和习俗顽强延续着，我们的文化是现代科学知识、最古老灵魂轮回观点和神灵信仰的奇妙混合物，只是我们无力也不敢去面对它而已，灵魂迷信是人类为理解自身生存经验不得已的选择。

世界统一性原理把人理解为最高的具体存在，对存在的统一性思考最后必须思考人的灵魂，进展到存在的终极价值和意义。因为没有关于灵魂和肉体相统一的思考，关于世界本性的思考在最高问题上的缺失将使理论的统一性崩溃。如果我们以世界无灵魂、人无灵魂来构建一个自称完整的统一理论，那纯粹是掩耳盗铃。人的统一即灵魂和肉体的统一是理性思考世界统一性的最高命题。人是世界结构最顶端的存在，灵魂是和每个具体人及人生终极价值意义不可分割的，理性回避它，则只能任由它继续停留在原始思维流传下来的观念去解释人存在的终极价值，这是不可取的。终极价值不但解释人存在之根本意义，更支配着人的整个价值观体系。在灵魂不死、人神共存的原始灵魂观基础上构建的文化是神的灵魂和人与共追求功利的文化，是某些人并某些神灵和另外一些人并另外一些神灵去争夺名利的永远的战争。这样的灵魂和高速发展的科学技术相结合，绝对不是人类的福音。人类理性的发展是在灵魂自身的发展中回归具体而找到最终归宿的，否认了灵魂理性就失去了自觉，止步于抽象精神形式之中。自认为是人类自觉理性的哲学应义无反顾地回归灵魂统一性思考，这是人类认识自己理性统一性的最高境界的要求。

思考灵魂的前提是承认灵魂的存在，其根据之一是无灵魂则无生命可言；根据之二是灵魂和神灵的观点不全如十八世纪法国无神论者所说的那样，是由于人们对自然现象的无知将其神秘化，基于对神秘现象的恐惧而产生的胡思乱想。我们必须首先尊重人类有史以来客观的历史事实：灵魂和神灵是人类感性领域的经验，不是纯粹的思维幻想。真正公开宣称无神论是近二百年来的事，并不代表人类真正排斥它，而是回避它。回避它的原因是它由于无感性经验实体支撑从而无法成为知性认识抽象对象，无法得出它的因果关系的知性知识。我们没有关于灵魂、神灵的真正知识，并不能否认它的感性经验存在。人类从原始图腾开始直至现在以口头和习俗传统传承的神灵观念是对感性经验进行解释的唯象理论。既然它是感性经验的，我们有理由承认它的存在，知性不认识它不等同于它不存在。在本体存在论意义上，知性只能证明存在，不能证明非存在，科学不能提供灵魂的普遍知识并不等于证明了灵魂不存在，科学破除灵魂迷信的真正意义是用科学客观知识解释灵魂经验，不是简单粗暴地否定灵魂存在的意义。

灵魂是什么？这是关于灵魂思考的第一个有挑战性的问题。从长期的灵魂经验知识中我们可以首先归纳出它第一个规定性：灵魂不是实体，否则灵魂和物质同一。如果灵魂是物质，则人类就应用对物质客体的认识方法得出的关于灵魂的知性知识。既然至今没有，可推断灵魂不是实体，不是大脑。它也不能仅从大脑的机能即实体的现象和行为去理解，纯粹抽象形式解释不了独立于生命的灵魂现象。灵魂只能从具体的抽象去理解，即它是普遍抽象精神文化回归到具体个人的个体化的存在，但它能产生独立于具体生命的经验意味着它是具体和抽象相统一的具体存在。

人类对之尚无科学认识的灵魂既不是大脑，也不仅是大脑的机能，灵魂是和肉体统一的，是非实体的。我们可以从大脑机能活动的成果来思考它，精神、认识、知识和灵魂都是同样无实体的存在，是实体行为的产物。灵魂和精神有着非常相近的意义。灵魂既不是实体，本质上也不是客体，即灵魂本质上也不是能量存在。因为非实体客体和实体客体的统一性在于它们之间的转化，但灵魂不能转化为实体；所以，灵魂不是自然客体存在。

关于灵魂思考的决定性问题是对灵魂的认识能否从感性上升为知性？这是必须的。停留在唯象理论达不到圆满理性。建立灵魂的知性客观知识是有可能的。大脑是灵魂抽象意义的载体，就像磁芯内存是软件的载体一样，灵魂不是大脑则和软件不是磁芯一样，但完整的软件是以载体为前提的，灵魂也不能离开客体载体而独立存在，它不是独立客体本身，但它能和电脑软件一样成为认识对象，使知性认识成为可能。因此，关于灵魂的知性认识的第一个任务就是根据灵魂的感性经验去建立知性认识对象。电脑软件的基础是0、1的抽象元意义及由其构建的复杂内在逻辑规定性，灵魂的基础就必须找到构建灵魂的基础符号意义及关联逻辑。由载体和意义理解灵魂的具体现实性，把意义构建和运动作为其本质，从信息科学范畴去发现它的结构及法则，是我们把灵魂变成知性认识对象的希望之路。文化和信息是更为基本的，是解读精神和灵魂的基础。

如何理解灵魂轮回和灵魂不朽？精神可以永存，但灵魂能否不死呢？精神和灵魂并不同一。因为精神可以上升为普遍的人类文化存在，可以脱离个相以共相形态存在，圣人逝去但精神永存，这是人类成为历史性类存在的内在机制。但灵魂和个体的统一性是不可分割的，总是现实、具体的，是个相的。人死如灯灭，灵魂随之消逝了吗？我们的观念和经验都在顽强地坚守着灵魂不死的信念。从物质客体的意义上看，生命是肉体和灵魂的统一，肉体死亡则灵魂随之解体，皮之不存，毛将焉附！但从客体的意义看，肉体死亡和灵魂死亡是可以不同一的。如果纯粹的能量客体成为灵魂信息的载体的话，灵魂可以不随肉体消失而必然消失。能量客体是永恒的存在，以能量为信息载体的灵魂同样可以在生命之外具体存在。要将这种可能性逻辑变成现实认识，需要人类关于世界认识的最深层知识有突破性进展：能量客体和信息理论科技的突破性进展。当我们对这些对象有相对完备的科学认识的时候，我们就有可能建立灵魂的知识，科学地理解人的灵魂和精神。

人类还没有关于灵魂的客观真理知识，并不是说人类对灵魂一无所知。在知识意义上，人类关于灵魂积累的是唯象认识理论，在统一性意义上则早已形成了对灵魂的基本理解。尽管对灵魂的统一性理解缺乏客观知识基础，但早期圣哲们已经建立了各种灵魂理论去解释感性经验世界，其中最具智慧的当推亚里士多德的灵魂学说。事实上，对灵魂的理解并不仅仅是以人的灵魂为对象的，而是以整个生命世界为对象的，最一般的灵魂概念是在对生命的一般本质归纳中产生的，灵魂被理解为生命区别于纯粹物质客体的必要而充分的根据和理由。亚里士多德认为肉体是生命存在的质料，是生命的潜在，灵魂是生命的存在形式，是生命的本质，是生命之为生命的根据，没有灵魂就没有生命。任何生命在具体现实中都是躯体和灵魂的统一，躯体是生命的基础，灵魂才是生命的本质，因为灵魂才使生命从潜在成为现实的生命存在。亚里士多德的灵魂说虽然缺乏科学知识支持，但其对经验认识的归纳是相当精辟的。其实生命的本质到今天也还没有答案，对生命灵魂本质抛弃的结果是生命科学至今没达至对生命的统一定义，甚至认为生命出现在地球纯属偶然，生命科学成为对偶然存在必然性认识的科学了。说句公道话，从躯体和灵魂的统一去理解生命，比用神秘活力去解释生命，比否认生命和物质本质区别的理解，要合理而深刻得多。不应该把亚里士多德的灵魂学说仅当为神秘活力论。

灵魂是一切生命存在的本质。人作为生命存在，如何尽可能客观、具体去理解人的灵魂，从本质上认识人自己是一项使命。人和禽兽的本质区别也就不是有没有灵魂，而是人的灵魂和禽兽灵魂的本质区别是什么。如果认同人是理性存在，则人和动物的本质区别就只能理解为人具有比动物高级的理性灵魂。这并不新鲜，两千多年前亚里士多德的灵魂学说就是把人理解为具有最高级的理性灵魂的生命存在，并且理性灵魂包括动物的运动灵魂和植物的营养灵魂，是具体统一性的抽象形式。从理性灵魂和躯体的统一去理解人的具体存在时，就明白存在即物质、存在即客体的局限性了。但是，对人的理性本质的认识不能停留在抽象的本质存在即精神上，这种人类中心论支配的思维无法得到人的理性灵魂和动物非理性灵魂本质区别的合理理解。理性之为理性的根据就在于它以感性为基础而又超越了感性，依靠文字符号把个体具体认识上升为具有普遍人类意义的认识，依靠文化机制把人类联结为越来越普遍的社会历史性存在，最终达到人类世界的最普遍社会水准。人类理性的发展是知识的发展，文化的发展，同时还必须是文明的发展，人类统一的历史是文明史。进入理性文明的人类把自然社会基于自然血缘关系的分工合作推进到更普遍的文化社会甚至全球化时代时，客观上要求人类必须用更文明的方式，而不再仅仅依靠自然形成的等级分工去构建更普遍、更有效的合作共存，去实现人类的目标。人类理性面对的命题不只是人和自然关系问题，更为基本的是人与人之间的问题，即苏格拉底所追求的至善和德性的绝对本质问题。人类理性只有真和善相统一才可能是完美的。进入理性的文明人依靠普遍社会形式，在文化选择中追求人的目的的满足和本质的发展，理性、文明、人类社会就是统一的不断发展的历史创造过程。理性不是一成不变的雕像，而是永远奔腾向前的历史长河，人类自觉理性达到什么境界，人类社会历史就是什么水准。人类理性是人类后天自觉中自主构建的，由此决定了理性的人类是自由的存在，是自己为自己未来承担责任的存在。人类灵魂走出自然进入理性的最深刻意义在于，创造人类幸福全靠人类自己。

对人的存在的最高理解，不能停留在唯心论的抽象本质，更不能把本质当本体、抽象当具体，而必须从抽象返回到具体，由感性的具体上升为理性的具体。西方文化以天赋人权、人生而平等作为社会公平正义的基点，这没有错，但还远远不够。人的生命的感性存在是与生俱来的，但文化社会中感性人是非现实的存在，人总要在后天生存中构建起理性本质，由动物灵魂上升为人类文化的理性灵魂才能适应现实而生存，社会公平本质上不是生而平等，而是文化文明、社会平等问题。反过来看，社会的、历史的、文化的抽象精神，人类的一般抽象理性，它的现实意义就在于每一个具体现实的人之中，更具体地说，就在每一个体的灵魂之中。人作为理性灵魂和肉体生命相统一的最高存在的意义，在于人的与生俱来的自然生命存在必须在人类理性的熔炉中提升为理性的灵魂，人就在本质上超越了物种意义而成为具有普遍人类文化的理性具体存在。建立了人类理性本质的每一个人类个体不是纯粹的感性动物，而是理性的具体存在。人作为理性具体，是最普遍意义的存在，是最高的具体存在，是无、天、地、人统一于自身的具体存在。最普遍的世界统一性思考就是“认识你自己”，因为客体存在、主体存在的具体统一就是主客体相统一的理性人的具体存在，就是我们每一个人。简言之，人是具体理性存在，是世界最高最普遍意义的统一性存在。以人类具体理性为对象的哲学是最普遍的元哲学，是理性哲学的统一，自觉理性不回归人的具体理性存在就侈言自觉了。

人类理性回归具体就是回归现实的个人，更深刻的意义是回归理性灵魂。理性灵魂才是理性的具体，由理性才能理解人的灵魂。更深刻的意义还在于由灵魂才能超越抽象的科学理性，觉悟到人的具体理性。按照人类一直信奉的抽象科学理性观，科学才具有理性资格，这其实是不合逻辑的，总不能把人类发明越来越大规模的杀伤力武器理解为理性越来越进步吧！也不应把进入文明史后那些没有科学知识的人都当成非理性的禽兽吧！抽象理性、具体理性包括科学更包括普遍知性，但绝不能还原为抽象知性甚至科学本身。理性是感性、知性、理性的具体统一，人异于禽兽在于他的理性本质，文明人总是理性具体存在，人的理性达到何种水准人就达到何种水准，因为自然生命是非理性存在。人的理性本质是人异于禽兽的充足理由，人走出自然界就走出了自然生命物种支配的世代重复生存方式。后天文化生存决定了人再没充足的理由按自然的丛林法则去支配生存选择，理性的具体就具体在人的真、善、美相统一的文化生存选择本身。理性之为理性的充足理由在于人的现实生存选择是超越了自然本能的，并非一定是科学的，仅科学也不是现实的，这就是具体理性之意义。

注释

①苗力田、李毓章主编《西方哲学史新编》，北京：人民出版社，1990年第1版，第12页。

②同上，第13页。

③同上，第12页。

④同上，第25—26页。

⑤张尚仁著《聊哲学》，昆明：云南大学出版社，2012年第1版，第70页。

⑥同上，第24页。

⑦同上，第63—64页。

⑧苗力田、李毓章主编《西方哲学史新编》，北京：人民出版社，1990年第1版，第74页。

⑨张尚仁著《聊哲学》，昆明：云南大学出版社，2012年第1版，第87—88页。

⑩苗力田、李毓章主编《西方哲学史新编》，北京：人民出版社，1990年第1版，第489页。

第六章

理性的灵魂：普遍意义的认识

引　言

【提要】理性文化是人异于禽兽的本质根据，但它必须回到理性具体才能得到完整理解。西方哲学唯心论停留在抽象中，对理性文化的反思不可避免带着片面有限性，先验论和经验论各执一端却争不出所以然来。近现代西方文化有普遍精神无具体灵魂范畴决定了其文化反思回不到抽象的具体，理性、文化只是纯抽象范畴；对一切认识来源于经验缺乏理性具体认识因而没从根本上解决认识、知识、理性来源问题。人异于禽兽的理性认识是自然认识和文化认识相统一的，认识是以自然认识形态诞生的，是自然生命世界由无意识灵魂进化为意识灵魂创生的。在感性、知性、理性具体统一中才能把握人的认识来源及本质意义，割裂了人的文化和自然的统一性得不到理性文化的来源及意义的具体理解。本章主题是由先验和经验的统一去解决人类普遍文化认识的来源及本质意义问题。

一、主客体具体之人的理性认识是感性、知性、理性统一性的，普遍的精神、认识、意义是自然进化产生的，人的认识的起源不只在于经验，更应从自然去找根据，局限于人甚至抽象理性是片面性的。

二、认识创生是生命自然进化的硕果，是从无意识灵魂进展到意识灵魂的产物，脑组织器官在进化中产生是意识灵魂的具体现实性之基础。限制在生命本质范畴，把灵魂理解为生命非生命本质区别的前提下，灵魂就是支配生命选择性生存的信息意义结构，它使生命过程不再是一般的对环境作用的反作用，是在灵魂支配下对环境产生选择性作用，在随机环境下选择实现生命内在目的性的最优生存行为。无脑生命包括低级动物的灵魂即支配生存选择行为的意义结构无思维意识，按刺激—反应二元作用结构选择环境；动物界进化到脊椎动物后产生了专司信息的脑器官，它把生命的环境信息统一和积累起来，依据更普遍的统一意义去支配生存选择，脑中形成并动态发展的意义结构就是认识，有意义认识的灵魂就是意识灵魂。生命进化为意识灵魂就进展到刺激—认识—选择的三元生存选择结构，提高了生命适应性生存能力。在发生学及逻辑意义上，认识都是以自然为源头的，人的具体理性认识包括感性认识表明了人在灵魂意义上也首先是自然的。

三、人走出自然界本质上以意识灵魂进展到理性灵魂为根据，其现实性是由自然生存选择进展到文化生存选择，归根结底是人的意义认识结构由先天自然感性认识进展到后天经验中创造并不断传承发展的普遍文化认识。普遍意义知识的产生和进步决定了人的文化生存选择方式超越了世代重复的自然选择，成就了不断进展的人类统一文明史。人从本质到现实都必须从理性去理解。

四、理性是知性和感性的统一，从自然认识到文化认识的决定性机制是知识。知识是普遍意义的认识，它把多样性感性自然具体认识归纳为普遍抽象意义的统一性认识。感性认识把外在于大脑的信息转换为脑中的意义，以客体为对象，故是具体多样性的；知识认识把脑中的感性认识综合归纳为普遍统一的意义，以认识为对象，故是抽象普遍性的。扬弃具体进展到抽象是依靠先验的普遍认识形式和统一性逻辑去归纳具体感性认识达到的，普遍知识是经验内容和先验形式相统一且合逻辑而获得普遍性意义的，把经验和先验对立起来解释不了知识的普遍性，解决不了人类理性认识来源问题。

五、认识的基础是自在的信息，认识的起点是信息转换为认识主体思维，如何从具体自然意义信息结构进展到普遍意义是理解人何以走出自然界的关键。这不能以脑结构为根据，而是以人发明了文字为根据，把抽象意义转换为荷载于具体实体客体，使抽象意义获得具体现实存在性，获得人类普遍意义的共享性，使复杂的形式、逻辑关系进展成为现实，成为可世代传承的意义，客体信息意义载体的发明和普及是从自然认识进展到普遍知识认识的决定性机制。以文字发明和普遍使用作为文明史起源是合逻辑的。

六、以灵魂作为关键词去讨论人类认识的深刻意义在于始终坚持人类理性认识的具体性。从感性认识上升到普遍意义是扬弃具体，一切普遍知识只有回到人的具体感性生存实践才有意义，只有各种有限知识统一起来才能有效地为人的文化选择提供合理的根据。抽象知识的现实意义在它们统一性的具体意义中；感性、知性、理性具体不可分割，具体和抽象相统一才有抽象知识的意义。从主客体统一性看，抽象理性灵魂的具体现实性就在于它对应于每个文明人的具体，普遍社会历史文化的一般意义回归于每个人的理性灵魂才获得现实性，回到理性灵魂和每一个具体个人不可分割的具体性才能理解抽象普遍意义何以是具体的，才能理解普遍精神文化对人类社会历史的无限统一性意义。

把本体论和认识论割裂为唯物和唯心主义哲学本体论，在人类文明史上就表现为人对自身认识的分裂。把人和自然割裂开来，人就成为自然的统治者；把人和思维、精神割裂开来，人就失去精神的家园。这正是十八世纪法国战斗的唯物主义把物质一元论贯彻到底，用物质还原论去排斥世界统一性的杰作。彻底唯物主义还原论的世界是客体自然世界，精神、意识、思维只有依附于物质客体的“第二性”意义，并不是存在，更不是人的存在之为存在的根据。近代科学已经把灵魂逐出了整个世界：第一性的客体世界和第二性的精神文化世界。近代启蒙运动几百年来一代代哲学家和思想家们的理性统一性思维退化到极限，连抽象精神统一性这块哲学理性两千年的领地也只长野草了。试想一下，一个有精神无灵魂的人类世界能成为文化世界吗？抽象的普遍精神如果不统一在具体的抽象即具体的灵魂中，精神文化又有什么现实意义呢？精神文化岂不成了和上帝一样在人之外的抽象实体存在！不抽象何来精神，不具体又何以独立自在存在！近代科学理性以物的因果决定论世界观缔造了一个冷冰冰的物的世界，一个依靠丛林法则弱肉强食的血腥人类历史世界。没有了灵魂的人类就只是在自然选择面前的被选择、被决定，成为历史决定意义下的存在。

没有了灵魂，人类就不知道自己从何而来，而且对客体世界的统一性认识也被瓦解了。生命在还原论、机械论支配下也只有物质客体意义，生命存在也失去了自己的本质，这是哲学统一性思维被彻底机械化的悲剧。回到古希腊的亚里士多德，我们就会发现，他早就在统一性的思考中赋予了生命的本质：灵魂。生命是肉体和灵魂的统一，肉体只是生命的潜在，灵魂才是生命的本质，是生命之为生命的根据。所以，灵魂并不神秘，它是自然界复杂性进化到高级阶段的产物。灵魂是生命世界的自然现象，最简单的灵魂是最简单的生命的现实性根据。赋予生命与非生命物质以本质区别的灵魂进化到高级阶段产生了生命的抽象意识，更包括在意识基础上产生的普遍认识和理性思维。这些都是精神性现象，是非客体存在本身，所以与生命物质相比较而言叫灵魂。灵魂作为生命的本质，生命才在本质上超越了物的世界。如果生命的本质是物质肉体而不是灵魂，则等价于生命本质上是物质而已，那根本上就取消了生命是什么这一人类苦思冥想了几千年的命题。异于普遍物的生命的本质是什么可以讨论，唯以物为生命本质是荒唐的，事实上圈里的猪和盘中猪肉是有本质区别的，它们都是物质，但盘中猪肉不是生命，圈中猪才有生命，故肉体一定不是生命之为生命的根据。按照亚里士多德的灵魂学说，把生命理解为肉体和灵魂统一性具体存在的话，则生命的本质合逻辑的只能是灵魂。灵魂赋予生命的本质在于它使生命存在从物质客体的无感觉、无意义的相互作用上升为与感觉、意义相关，带选择性的生命刺激反应这种更高级的相互作用，在高级的脑脊椎动物中更进化出高级的选择作用机制，即把感官刺激转变为信号传输给来自进化的认识结构即大脑，通过大脑建立经验信息意义，并由这些抽象的意义建立其更加能动的个体选择性，最终把生命客体与外界的相互作用上升为由生存本能欲望支配的选择性活动。生命超越纯粹物质的理由在于生命客体与外部的相互作用超出了简单、直接的相互作用范畴，是由生命欲望本能支配的选择性复杂作用，是生命选择和环境选择的统一，这才是自然选择的完整意义。生命的灵魂作为生命的本质，就是赋予生命以自然选择的根据，这就是灵魂的本质意义。

人具有与动物不同的本质规定性，其充分的理由在于人的灵魂具有和动物灵魂不同的本质，即人的认识、意识从本质上超越了纯粹动物界，从具体个体具体意识上升为具有类普遍性意义的抽象知识，积淀为黑格尔所说的那种“世界精神”。在客体世界意义上，精神是现象，但不能理解为物质决定精神，因为物质和精神是统一性关系，是基础和更高层次抽象存在之间的统一性关系。从人的理性具体存在意义看，思维和精神是本质，物质则是亚里士多德的“潜在存在”，柏拉图的“既存在又不存在”的现象意义的存在。因为思维和精神的理性灵魂才使人成为现实的人，否则就只是行尸走肉而已。

从动物的具体个体经验认识上升为人的普遍客观性认识的决定性事件是文字符号作为认识意义载体的发明和使用，这是人类离开动物界而构建人类历史的现实起点。借助于文字符号载体的客体性，依赖于具体生命个体大脑所形成的认识就获得了离开个体大脑的储存和利用机制，在外在于具体个体的符号载体中存储和表述，使依赖于具体个体的感性认识具有了超越具体个体上升为普遍客观性认识的意义。基于普遍意义去选择生存这种新的生存方式，就叫文化。文化的意义就在于文字符号对意义的客体化、普遍化功能使人类灵魂从个体基础上获得了普遍性的意义，人类文化的发展在本质上就表现为构建从个别到一般、一般到普遍、普遍到最普遍的意义的发展过程。西方哲学从柏拉图开始，始终围绕着认识这一主线，从不同的角度和形式展开，并且在二十世纪的语言分析哲学中达到顶峰。真理和意义的探究，就是在意义陈述的结构中找到有意义陈述的最基本结构，并以此为基础去建立意义陈述的一般逻辑，从而赋予人类认识以普遍性意义。人类的统一是以认识思维的多样性的普遍统一性为基础和前提的。

认识的客观性问题是西方哲学史对存在和思维关系思考的焦点。康德把哲学引向自觉认识论，旨在解决知识客观性问题。但是，康德《纯粹理性批判》把的是知识普遍性的脉，与客观性无关。因为客观性是经验的，普遍性是先验的，先验哲学、先验的空间、时间形式批判，只能先验地解决认识的普遍性问题。我们批判先验论，坚持反映论，认为一切认识只能从经验中来。但先验的认识，赋予认识普遍性意义的形式和逻辑、范畴，则是只能从前提公理设定上演绎出来，只有在形式逻辑上符合矛盾律等基本形式才具有普遍性意义。这些认识不能从经验中归纳，因为任何经验归纳需要形式、描述尺度、框架、自变量在先。没有无形式的认识内容，只有无内容的形式，以形式为内容研究的是形式的形式。所以，形而上学的认识形式普遍性是认识客观性的基础，也即讨论普遍认识真理性基础。

第一节　从二元刺激反应到认识为中介的三元选择生命形式

一、生命灵魂的自然属性

“认识你自己”是统一性命题，不同的学科有不同的理解，每一种理解都是抽象的，抽象理解的统一才能回复到具体的人本身。对肉体和理性灵魂统一之人而言，灵魂是什么、灵魂从哪里来首先就是一个极为复杂的统一性命题。人从哪里来的命题的复杂性归根到底是人是否有灵魂。如果没有，人凭何和自然物有本质区别；如果有，灵魂是什么、灵魂从哪里来又是更为复杂的问题。

灵魂是人类从蒙昧时代就在思考的最古老命题。图腾在人类原始社会早期就存在，并对原始人的生存具有支配性意义。在原始思维中，灵魂是不死的，是可以独立于肉体的存在。这种观念依然以“灵魂出窍”“魂飞魄散”的意义顽强地留在当代人的意识深层。古希腊文明的圣哲们，包括自然哲学家们，从自己的世界统一性理论总要具体产生出相应的灵魂观。欧洲中世纪的宗教统治就是以灵魂不死理论为基础，以对人的灵魂救赎来实现其统治的。十八世纪法国资产阶级反封建、反宗教神学的启蒙运动，以彻底的机械唯物主义自然观为基础，建立了无神论学说。法国十八世纪无神论并没有否定灵魂，甚至也把人看作自然肉体和灵魂的统一，但这是建立在灵魂依赖于肉体的基础上的，它所否定的是灵魂不死学说和封建宗教神学借灵魂不死的统治。彻底的机械唯物论不但把灵魂看作依附于肉体的抽象现象，而且是在存在意义上无存在之意义的现象，所以，人本质上就是机器，只不过比其他的机器更加精妙和复杂而已。这种把人还原为物的近代机械唯物主义肯定是片面性的，但它在近代科学革命以来已经成为人类价值观的主流。人们已经不再像之前一样能够一本正经地去思考、讨论和灵魂相关的命题。既然科学无法证明灵魂存在，我们就不能认为灵魂存在，这是科学理性价值观支配的知识社会的一条不成文法则。但是，从逻辑上说，科学只能证明其存在，不能证明非存在。这里的存在是在客体世界本体论意义上的，不是认识论意义的。否则，我们能说电磁波是麦克斯韦统一电磁场方程或赫兹实证之后才存在吗？当然不是。事实上，一百多亿年前宇宙大爆炸的电磁辐射的残余仍在，我们称之为宇宙背景辐射。它的存在与科学无关，但科学地发现实证它的存在则是对宇宙大爆炸理论的有力证明。所以，科学不能证明不存在，我们完全有正当的权利去讨论灵魂问题。

回顾人类的灵魂认识史，亚里士多德的《论灵魂》是两千多年前对灵魂认识深刻的统一性归纳和综合。亚里士多德的灵魂学说并没有停留在原始思维中灵魂的神秘及神灵的无所不能中，也不是后来中世纪宗教神学所说的那种一神论之下上帝统治的灵魂，亚里士多德的灵魂是抽象的，不是具体的实体存在，不是幽灵；但也不是纯粹的人的精神文化意义上的抽象存在，而首先是自然生命存在的本质，它决定了所有生命活动形式及其生理功能。“灵魂的本质是什么？……在亚里士多德看来，灵魂既不是如德谟克利特所说的精细原子，也不是毕达哥拉斯学派的数目的和谐，也不是柏拉图的独立于身体之外的不死的东西。‘灵魂是一个潜在地具有生命的躯体的完全现实性。’这个定义一方面肯定了灵魂是非物质性的东西，另一方面也揭示了灵魂和躯体之间的相互关系。”①由此可见，亚里士多德的灵魂观是理性的，不是迷信的。尽管是非科学的，但这并不妨碍他根据对生命的经验知识、对生命的本质以及生命的具体统一性体悟做出智慧的统一性归纳。按照亚里士多德的理论，生命和非生命肯定是具有不同本质的存在，并且灵魂是生命之为生命的本质，使生命从躯体这种潜能即可能性中成为现实的生命，失去了灵魂就失去了生命的本质，就不再是生命，只能退化为物。所以，必须从灵魂去得到生命本质的理解。亚里士多德的智慧在于他从肉体和灵魂的统一性回复到具体的生命存在，使抽象的灵魂作为生命的本质就体现在具体的生命之中。灵魂是一切生命的最高原则，躯体是生命的潜在现实性，并非具体现实性。生命存在不能还原为潜在的躯体物质，还原意味着失去了生命的存在，不再是真正的生命。因此，生命作为躯体和灵魂的统一，是本性和本质的统一。决不能用物质决定意识、肉体决定灵魂去理解生命，只能用统一性，不能用因果性去理解生命具体存在。从统一性思维来看，灵魂才是生命的本质存在，这是亚里士多德的深刻智慧所在。这是值得一切对生命、对人的本质有兴趣的后人认真体会的。

亚里士多德无愧为古希腊文化的集大成者，他从灵魂出发去讨论生命存在的本质，并没有停留在形而上学的纯粹抽象规定性中，而是从抽象规定性出发，回复到具体生命世界，归纳出生命世界从低级到高级，从简单到复杂进化中形成的三个层次不同但又统一的生命灵魂。最低级形式的灵魂是营养灵魂，这是一切生命必需的普遍的灵魂形式，即一切生命依靠从环境中吸收营养去实现营养生长和生殖生长，成为具有灵魂的现实生命存在；更高级的灵魂形式是动物感觉灵魂，动物通过感觉器官对外界刺激的反应，能动地选择符合其生存欲望的生存活动，更好地实现营养和生殖生长；最高级的是人的理性灵魂，人依靠理性认识去选择人的生存活动，最大限度地满足人的生存目的和欲望。亚里士多德的灵魂理论是统一性的理论体系，即较高级的灵魂是在较低级灵魂基础上进化出来的，是在低级灵魂基础上的飞跃。人类的理性灵魂则是营养灵魂、感觉灵魂和理性灵魂的统一，即人在自然进化中学会了用知识理性去有目的地选择自己的生存活动，使人的灵魂超出了自然的本质，成为超越自然的理性存在。亚里士多德生命灵魂统一观实际上可以作为达尔文生物进化论的基础理论，因为它从本质上揭示了多样性生命世界以灵魂为本质的统一性。在更普遍的统一性思维中，亚里士多德的灵魂理论对生命躯体和灵魂相统一，生命多样性世界灵魂本质统一的理论，对于理解人从哪里来具有非常深刻的意义。达尔文进化论的一大成果是论证了人从猿进化而来，达尔文进化论作为生命世界的统一性理论，贡献是极大的，但也仅是在现象层次揭示多样性生命世界的统一性，任何以此为根据去论证人区别于动物的本质的人的创生理论都是违背逻辑的。只有按照亚里士多德的生命灵魂本质的统一性关系，才能合逻辑地思考和讨论人和动物的本质区别是什么、万物之灵的人是如何产生的这种深刻的命题。亚里士多德的灵魂理论向我们揭示生命的本质，告诉我们，人从自然中来，而且使人超越自然存在具有人的本质的灵魂，也首先是从自然中来的，理性灵魂以自然灵魂为基础。历来在理解人作为自然存在时，总是在自然客体意义上说的，一旦进入精神灵魂这些抽象规定性时就茫然了。但亚里士多德的灵魂理论启迪我们，人的肉体和精神都是自然界进化的产物，并没有什么神秘可言，这是亚里士多德过人之处，甚至远远超出了后来的许多所谓思想家。

亚里士多德以自然生命为基础的灵魂学说并不难理解。但自中世纪以后，灵魂已经不在自然意义上讨论，机械唯物主义哲学自然观则把灵魂精神作为与物质客体相对立的，而不是不同层次的统一性命题，亚里士多德的灵魂学说就很少有人问津了。如果回到生命世界，从自然生命去理解灵魂作为一切生命存在原则的意义时，则生命世界与物质世界的本质区别就不难理解了。物质世界是客体相互作用而联系起来的统一世界。牛顿用了四个普适定律对物质客体的相互作用进行了精辟的描述：惯性定律是无相互作用时的特定描述，作用力反作用力定律是客体之间相互作用关系描述，引力定律则是物体之间产生相互作用的力的大小与它们之间质量、距离相关性的描述，加速度定律是物体在外力作用下运动变化的关系描述。毫不夸张地说，牛顿从这四个方面建立的物体相互作用普适规律，成了物质客体世界统一性认识的基础。但是，牛顿定律无法有效地完成对生命存在的运动过程描述，仅仅用相互作用去描述生命客体的运动肯定是不足够的。就是说，把生命客体还原为质点去认识肯定是不够的，它消融了生命的本质。亚里士多德用灵魂规定性建立生命的抽象本质时，他所归纳的正是生命所特有的、超越了纯粹质点客体相互作用的关系，这就是生命对外部环境的刺激—反应作用。生命作为复杂结构存在，把它还原为质点是不合逻辑的，对如此复杂的结构作为质点系统去处理也是不现实的。最重要的是，生命的刺激—反应的生存反应方式和质点相互作用本质是不同的，它是由相互作用构成的，但又不能仅仅还原为相互作用。质点系统描述中，质点或子系统之间是等价的，各种描述具有相对不变性。但在生命存在的过程中，生命和环境的关系尽管也是相互作用关系，但对生命存在而言，它的意义是对环境作用的选择性反应问题，而非对环境的反作用问题。生命不能还原为质点、力的作用，它在环境中的刺激—反应作用就是它区别于非生命存在的本质。一切生命存在的意义在于在环境刺激的合理反应中实现自身的内在目的性，即现实的选择性生存。选择性是包括相互作用又超越了相互作用的。在植物中，已经产生了对环境的感觉结构以适应环境：植物叶片面向阳光充沛方向生长，根系向水分充足方向生长，干旱的沙漠中仙人掌白天关闭气孔，晚上打开气孔呼吸，这些都是生命对环境刺激的选择性反应。植物对环境的选择性反应中最基本、最普遍的是光合作用。万物生长靠太阳，但植物只通过特定的机体吸光结构，吸收特定频率的光，而产生出绿色来反射掉对它的生存不利的绿色频段的光。这种对环境刺激产生的反应，维持在环境中的营养和生殖生长，是一切生命的本质，人、动物、植物、细菌，皆如此。这种根据感官对环境的感觉来产生对环境的反应作用的本质是一切生命的灵魂，是生命之所以为生命的根据。所以，不但生命来于自然，生命的灵魂也产生于自然。自然的杰作不仅是客体，还有复杂的抽象形式，除非否认复杂生命是自然进化的结果。

生命灵魂从营养灵魂进化为动物灵魂和理性灵魂，但营养灵魂仍然是更高级灵魂的基础，即它普遍地存在于一切生命灵魂中。所以，生命灵魂本质上是自然存在，生命的肉体和灵魂都是自然存在，根本就不需要从外在的神、上帝去争论灵魂从哪里来的问题。对此，人类当代的水平始终没达到亚里士多德的高度和深度。即使把人理解为肉体和精神相统一的存在，也还无法理解人的精神、灵魂从哪里来的问题。把意识理解为人脑的机能并没有错，但这是远远不够的，把它还原为依附于物质的第二性存在，那就比亚里士多德的灵魂学说大为逊色了。按照这种还原论，不但无法理解人、灵魂的本质和来源，连自然生命的来源和本质都很难合理理解。把生命理解为有机整体似乎很时髦很高明，其实有机物和生命还相差很远，本质上更是相差十万八千里，只不过见物不见灵魂的物质还原论的最高境界即此而已。

亚里士多德的灵魂学说把灵魂理解为抽象的生命本质，它就一直不是科学的认识对象；它和柏拉图的幽灵及人类几千年一脉相承的不死而独立灵魂观念也不相容，最终被人类文化遗弃了。把各种灵魂认识统一起来解释人的生存经验需要深刻而全面的智慧，本章将在人类认识思考的前提下，限定在生命抽象本质意义去理解灵魂，这也是进展到具体灵魂理解的基础。从生命普遍本质意义看，灵魂就是一个生命体决定其在随机环境下选择性生存的意义结构，它是生命选择性生存的根据从而使生命成为现实。认识是灵魂的现实意义，但并不是灵魂都有认识能力，认识是生命灵魂从低级到高级进化的杰作，是自然而然的。

二、感性认识：最基本的意义构建

灵魂是一切自然生命的本质，生命世界的自然进化在本质上就是从低级灵魂到高级灵魂的进化。对地球生命世界而言，进化的重大意义是从营养灵魂到感觉灵魂的进化。感觉的进化是从感知到感性认识的进化，是从无意识灵魂到有意识灵魂的自然进化，是自然认识、意识、精神的诞生。这是把认识纳入自然进化史的关键一步，是生命世界和精神现象统一性理解的极为重要的关节点。

感觉灵魂指动物灵魂。从植物到动物的进化是生命世界适应性进化中质的飞跃，因为动物和植物适应环境的选择性生存方式本质上是有区别的。植物是根植于环境的，水浮动物也依赖自然环境支配自身的运动；动物却具有了“能动”的本领——运动能力。所以，植物对环境的选择性适应是被动的，但动物对环境的选择性适应却是主动的，这使生命对环境的适应能力产生了质的飞跃。植物以自然界最普遍的阳光、空气、水分、土壤为营养的来源，生长的基础。但动物却基于运动能力大大增强了选择性能力，具有适应多样性环境及特定营养食物的能动性。动物营养获得环境的多样性为动物世界的多样性提供了更大可能性进化空间，由动植物、细菌界之间的相互依赖作用，包括动物之间的食物链的依赖作用，进化出了一个更加多样化而又相互联系和制约的生命世界。在现象意义上，动物世界首先依赖植物世界为营养来源，植物世界依赖阳光、空气、水分及土壤中养分为营养来源，所以，动物是比植物高级的复杂性生命存在。在生命灵魂的本质意义上，动物灵魂包括营养灵魂，但营养灵魂却不包括动物灵魂，动物灵魂通过植物所没有的感觉能力、欲望能力和运动能力更好地实现营养生存和生殖生存。动物灵魂的本质包含营养灵魂，所以，营养灵魂是最基本的生命灵魂形式，而比之高级的动物灵魂是更普遍的自然生命灵魂形式。它的更加普遍的根据在于它包含营养灵魂的“感觉灵魂”于感觉之中。

感觉是构成复杂性刺激—反应的内在机制。在这种感觉为基础的刺激—反应作用中，构成对刺激的反应不是简单的作用和反作用，而是根据对环境的刺激感觉做出有利于生命自身生存的选择性反应。选择性和机械作用、反作用有生命和非生命的本质区别，选择适应性是生命世界的起点。最简单的选择性产生了最简单的生命存在形态，包括细菌、植物以及低级动物。最基本的刺激—反应的选择适应性是直接的反应，亦可称之为二元反应过程。在这种基本的刺激—反应二元直接过程中，生命对环境的反应的直接性表现在它的选择性是没经过大脑思维的，是由生命机体中的特定组织结构根据对环境感知的信息去直接产生机械反应的。生命的进化发生在动物界，以动物进化出能思维的大脑为标志。进化出能思维的大脑的高级动物对环境的选择适应性不再是二元直接刺激—反应，而是由刺激—感觉—反应构成的三元复杂过程。动物进化的最大意义是进化出专门的感觉器官，依靠感官去收集环境的信息，再根据感官的信息意义去支配动物生命进行满足其生存本能欲望的选择性生存活动。动物进化的最本质意义是大脑的产生，由此为从二元刺激—反应机制到高等动物基于感官感觉的三元刺激—反应机制提供了基础。这种进化使动物对生命环境的适应能力，获得营养和实现生命繁殖的能力，都比植物世界的生命要优越得多，可以支持的生命结构也要比植物世界优越得多。

感觉灵魂进化的最高阶段是具有思维机能的脑结构的产生。脑的作用不是感觉，而是感觉功能的综合这一质的飞跃。高级动物依靠感官从环境中获得的刺激，除了某些本能的直接反应之外，主要是通过信号传输系统，将外界的感官刺激以电信号形式传输到大脑做进一步处理，最基本的形式包括将这些刺激信息以脑中细胞结构的电状态储存起来，于是，生命世界灵魂的记忆由之产生。记忆产生的意义则是产生了经验认识。经验首先是记忆，是最简单的认识，我们称为感性认识。从感官刺激的直接反应到感官刺激储存在脑中，通过大脑中枢处理之后再做出反应，这是生命进化中又一个质的进步。因为生命的选择性已经不仅依赖于感官对环境的刺激的反应，还取决于曾经的感官刺激的经验，甚至包括对环境刺激所做的选择性反应的经验。从感官刺激到形成经验的感性认识，在经验意义下对环境做出选择性反应，这是生命进化史上的里程碑，它标志着自然界认识和意识的产生。也表明，感性认识是自然认识，是一切高级动物与生俱来的本能。

几千年来，人类讨论认识总是从人的尺度出发，很少回到认识的自然属性上，因而对认识的来源和本质就一直成为纠缠不清的难题。康德说从感性到知性到理性认识，黑格尔把精神现象划分为感性确定性、知觉、知性、自我意识、理性、精神、宗教和绝对精神八个阶段，这些对感性认识的讨论，都是先入为主地在人的存在的精神现象限定下去讨论的，并没有把感性认识放在自然史的范畴去理解，因而对精神的来源，精神和自然的统一性关系总是陷入片面性，对人的统一性、世界的统一性认识也陷入片面性，要么把人的本质退化为自然客体，要么把一切抽象精神现象自绝于自然史之外，对人和世界的统一性理解带来无法克服的障碍。把感性认识局限于人的存在并剔除在自然史之外，最直接的混乱是哲学史上几千年来对认识的经验论和唯理论的争论。究竟人的认识是来源于经验还是唯理论的演绎并不是一个非此即彼的问题，因为认识是一个极为复杂的现象系统。比如黑格尔就把认识划分为八个阶段，亦即八种形式，为什么非要坚持八种形式的认识不是全部来自感性经验就是全部来自理性演绎呢？为什么不能认为我们的认识有一部分来自感性经验，有一部分来自理性演绎呢？对思维现象本身都缺乏统一性思维，对客体世界、主客体相统一的世界的思维就更无法统一。为此，我们必进一步具体考察感性认识的结构和意义，并对认识来源的经验论及唯理论得出合理的统一性理解。

感性认识并不难理解，即我们作为具体个体认识主体通过自身的感觉器官对具体客体存在的认识，即感觉器官直接对客体经验产生的认识。感觉在一般意义上，亚里士多德将之看作抛开感性对象的质料而只接受感性对象的形式的能力。“康德把感性规定为‘通过我们被对象所刺激的方式来接受表象的能力’。”[②]感性认识是通过感官实现的认识，这顺理成章。但是，最基本、最普遍的认识的一般规定性却是历来被当作不证自明的，然而，这却是首先要给予普遍性规定的概念，仅感性能力的规定对理解感性认识肯定是不够的。在辩证唯物主义教科书中，在对最基本的物质概念下定义时，基本上是从认识论角度去规定的，物质能为我们所反映、所复写，实际上是在强调物质世界的可认识性，所以传统的唯物主义认识论又叫反映论，即认识是主体对客体的反映。这有根据，但又很片面，为什么客体世界反映在贝克莱的头脑中和反映在洛克的头脑中如此不同，反映在牛顿、爱因斯坦脑中和反映在我们脑中又如此不同呢？所以，最普遍的认识规定性是我们理解认识能力的重大命题。

人类对认识问题几千年思考同样是从现象到普遍本质的过程。可以说，二十世纪哲学对认识思考已经从早期的经验论和唯理论的现象之争不断深入认识的本质。从二十世纪哲学主流中的逻辑实证主义及语言分析哲学，我们可以发现认识所涉及的最普遍、最基本的问题是意义问题。这才是一切其他认识命题的基础。讨论认识的客观性、思维和存在一致性、先验论和反映论、经验论和唯理论时，是以对意义的理解为基础的。所以，最一般意义上的认识的规定性就必须从意义角度去思考。所谓认识，指具有认识机能的主体，即有能思维认识的脑器官的具体主体，在思维器官中建立起相关对象的抽象意义。认识过程就是认识主体在大脑中构建起认识对象的意义理解的过程，作为成果或产物的认识就是在认识主体大脑中建立的关于对象的完成了的意义的理解。认识无论如何复杂而高级，都是认识主体大脑中自觉而能动的思维活动，对外部世界的认识都必须建立在把外在的具体认识对象转换为认识主体思维机制中抽象思维对象的基础上。感性经验之物作为自在存在，是能量、物质、信息三位一体的，认识不能把客体的能量、物质搬到脑中，而是把客体的信息转换为主体对之的意义结构，从客体到抽象认识对象在认识主体思维机制中构建的转换是认识的产生，具体就是主体对客体信息的意义构建。外在客体的信息转换为认识主体思维中的意义结构，是以高级动物的感官感知为基础，以感官对外界刺激的信号的辨别、判断、传输为中介的。因此，一切能思维的动物必定进化出专门的感觉器官，首先把外部客体信息转换为认识主体的意义结构，一切关于客体的认识只能从感性认识开始。

把认识首先理解为主体思维中的信息意义建构，具体应从如下三个方面去理解：首先，认识是进化出脑思维器官的生命客体的特定功能活动，而脑的进化正是思维产生的前提，是抽象认识的具体客体基础。认识的产生不是由植物向动物进化中产生的，在灵魂本质意义上，营养灵魂和运动灵魂并不是两个层次的统一。更合理的理解是，生命由单细胞及简单的细菌界复杂性进化中，形成了植物和动物两大并列的界，更高级的生命即具有意义认识灵魂的生命是动物界进化中产生的，专门化的感官和思维机制是意识的必要而充分的条件，同时也表明了精神认识现象并不神秘，首先是从自然进化基础上自然产生的。其次，不能简单地从脑的机能去理解认识的本质，更不能只把认识限定在人脑的机能中。任何进化出独立脑器官的生命，它的作用和功能都是在认识意义上的，否则我们也不会称之为脑。一切有脑动物的认识基础本性是相同的，脑是认识的基础、潜能，但并不是认识本身，更不是认识的本质和认识的根据。认识之所以为认识在于它在认识器官所构建的意义之中。认识的本质在于抽象的意义。追求认识归根到底就是追求对意义的某种理解，主观认识、客观认识、正确或错误认识都建立在认识过程所构建的意义的理解基础上。最后，生命灵魂即本质是认识，这是生命之为生命的充分条件，却不是必要条件。因为在低级的营养灵魂中，刺激—反应的二元作用之间并没有认识机制，植物感受环境却没有对环境的意义的理解，低等生物，包括还没有进化出思维器官的动物亦是如此。思维和认识的出现是以生命自然界进化出脑器官为前提的，如果灵魂是一切生命的本质，那么在逻辑上灵魂是基础，有意识的灵魂是高级灵魂，是在无意识灵魂基础上进化出来的。低级灵魂有它的特定意义吗？低级灵魂通过刺激—反应去选择它的生存，当然在选择中去实现自身存在，有它自身的意义结构和过程。但是，从具有认识的主体的层次去理解时，低级灵魂自身并没有意义的构建即意识这种抽象过程。所以，低级生物是无意识的灵魂，即没有建立起对意义抽象认识的生命。生命灵魂之为灵魂的充足理由是它内在支配其在环境中选择性生存的抽象意义结构，有意识灵魂是更高级的生命生存选择意义结构，其之所以更高级在于它超越了直接的刺激—反应选择生存模式，在更复杂的刺激—认识—选择性反应的模式中生存。

从认识是意义构建的意识本质看，感性认识是以生命感官为基础的，即把感官对外界具体客体环境的刺激转换为电信号状态储存在脑中，建立对生存经验的意义的直接理解，并以此作为更高级抽象思考的材料，或者作为生命满足欲望的行为选择根据。感性经验在人类认识意义上是初步的，但又是更复杂认识的基础和起点。对感性认识的本性和本质的理解，始终是哲学认识论乃至认识存在统一性的基本问题之一。

三、感性认识的意义

人类对感性认识的地位和作用的理解是很不相同的。尽管唯物主义不是感性认识至上论，而是强调从感性认识到理性认识的上升，但有一条，没有感性认识为基础，一切认识都是无源之水，无本之木。与此相应，反映论的认识论又有一种叫作经验论的形式，即坚持一切认识来源于感性经验，感性知觉在知识认识中具有头等重要的地位。但如何理解一切认识来源于经验却又是极有问题的，究竟是从整个人类认识，甚至整个动物界的普遍认识的起源和基础意义上去理解“一切”，还是认为每一个称为知识的认识的来源一定直接产生于经验，这两者之间可是具有完全不同的意义的。唯理论者坚决反对经验论的有力证据，就是数学和逻辑这些普遍的知识并不是从经验中直接产生的。数学使用的是演绎推理，即数学知识不是经验认识的归纳，不能认为来自感性认识。“唯理论者的典型主张是：人都赋有一种理智直观的能力。他们把真理归结为这种能力所证实的各种命题以及从这些命题逻辑地推导出来的一切。他们的理想是要发现尽可能少的自明前提，对这些前提加以演绎就能产生关于实在的完整描述。”③康德建立批判哲学的目的就是要把经验论和唯理论统一起来，得到对人类客观知识可靠性的理解。康德承认一切认识从经验开始，但只是把感性认识作为知性认识的材料提供者，客观知识的可能性是由主体认识的先验能力去提供的。由可能性为认识的必然性提供充分根据，在逻辑上就不是充分的，知识的客观性问题要回答的是必然性的真，而这在主体认识能力中是无法得到完整理解的。

反映论、经验论、唯理论、先验论都是人类几千年来对认识思考的精髓，但它们之间的矛盾和不协调是显而易见的。为什么会产生这些不协调又各具智慧的理论呢？为什么不能形成对认识的统一性认识呢？原因当然是多方面的，但有一条是非常重要的，那就是这些认识理论都没有回复到根本，即没有回复到认识的自然进化的产生过程，离开了认识的基础，认识的统一性自然无法建立起来。批判哲学和唯理论局限于人去理解认识主体并不奇怪，最要紧的是经验论、反映论的认识理论也是以人的认识为起点的。对认识的思考开始就停留在特定性中，没有进入普遍的认识，这对建立认识的统一性理解当然是极大的缺陷。世界统一性原理把人的存在作为世界的最高存在，把理性认识作为人的本质，但理性是感性、知性、理性的统一，人的统一性亦即世界的统一性就必须回到最基础的认识，回到自然进化的坚实基础之上，从对感性认识的本性和本质思考开始，才能构建对认识乃至人的本质、人的存在统一性的不断具体丰富的理解。

首先，感性认识是自然意义上的，是最基本的认识。为什么会有认识产生？它首先只能从生命自然进化现象去理解。自然界进化出具有复杂脑结构的动物，产生了认识和思维。对高级动物而言，认识能力是与生俱来的，依靠认识去三元选择的现实经验生存形式是先验的，就是说，每一个高级动物有什么样的意识取决于它生存现实经验中的意义构建，但它必须构建意义认识去完成本能支配的自然选择性生存本身却是物种先天规定的，仅以自然认识为选择机制的生命存在还只是自然物种意义上的存在。自然物种是自然进化的产物，其内在的认识机制和每一个具体生命生存经验无关，因而以自然选择为生存方式的生命是世代循环的，每一个具体生命的生存方式是相同的，所以说是先验的，是由物种规定性的必然性支配的，高级动物的感性认识和思维还只是自然意义上的。感性认识是自然意义认识之理解对精神现象思考是基础性的。为什么呢？因为我们把精神、意识、文化都理解为抽象思维并不错，关键在于它们不是同一的思维，是不同一而统一于思维的，仅感性认识还不是文化。至今，我们并没有把只进化到感性认识阶段的早期人类当作文明人，对于仅停留在感性认识阶段的原始社会形态中的人类祖先，我们称之为原始人，即其本质仍为自然本性的人。既然人处于感性认识阶段，那么就还是非文化的存在，是自然存在，则地球上其他只具有感性认识的动物被理解为尽管高级但仍是客体自然存在就是合理的了。反过来说，人和动物的本质区别不在于人有认识而动物没有认识，而在于人的认识和动物的认识有本质不同。

从感性认识的自然属性就能更好地理解反映论和经验论的合理性。反映论指的是认识对客体认识对象的复写和反映，是对客体感性意义上的认识，是在认识机制中建立客体对感官刺激所产生的信息意义的理解。经验指的是认识主体对感官感受的认识客体的意义的构建，它的对象也是可由感官经验的具体客体存在。所以，人类认识的起源和产生，在最基本的感性认识意义上，说一切认识是客体的反映或来源于经验当然是合理的。但是，有两种情形是必须考虑的，一是关于思维本身的认识，即认识的认识，它的直接认识对象已经是抽象的认识本身，不再是具体，所以，它就是感官无法反映，无法经验的，在直接的意义上，再说它们来自经验及客观世界的反应是缺乏根据的。诚然，可以争辩说，对认识的认识还是以感性认识为对象，所以归根到底是以经验为基础的。这没错，却有限，即只是知性理智的因果还原论理解。对复杂认识的理解最终必须进展到理性统一性水准。在自然认识意义说一切认识来源于经验为真但无意义，经验认识来源于经验只是同义反复。在理性认识意义上说一切知识来源于经验归纳却是有问题的，陈述经验知识的普遍形式如果只能从经验归纳而来，那知识就不知道从何而来了，就陷于恶性循环了。其实，形式演绎的自明前提是感性直观，也是建立在感性基础上时，但以之为前提的普遍认识是演绎的，不是归纳的，不能说是从直接经验为来源归纳而来的。二是对客体感性认识的进一步普遍性归纳和综合的知性抽象已经超越了感官的制约，和具体客体存在并无直接相关。普遍性形式思维和理性统一性思维是抽象的，甚至是形而上的，一定要把它们理解为从经验开始就使对认识的理解带上还原论、因果论的色彩。但恰恰是人的高级思维是不能还原的。所以，一切认识从经验开始只有在认识的感性来源的基础意义去理解，而且必须把人的认识作为统一性结构理解，即高级思维认识可以包含低级思维，但不能还原为低级感性认识。由此看来，经验论和唯理论、反映论和先验论其实是认识统一性理解不可或缺的构成部分，抓住一点，不及其余是片面的，这正是西方文化不断走向科学理性的知性片面认识的表现。认识的统一性理解不只是认识本身之意义，思维、认识的统一性是文化和自然的统一性理解的基础，本质上就是人的理性存在本质。从感性认识的自然属性中，我们对文化和自然的统一性基础就有了更深刻的理解。更全面地说，一切认识的最终来源是感性认识，知性、理性包含感性，纯粹先验形式的最终根据也是感性认识。先验认识和经验认识的本质区别不是认识来源与感性认识的关系，而是先验知识为真是由演绎论证来保证的，经验中归纳的普遍知识为真是由经验实证提供的，一切普遍经验知识都是经验先验不可分割的。经验论和唯理论之争真的很无趣。

其次，感性认识的自然属性表现为它的现象性。我们经常把感性认识叫做表象认识，即表面现象、非本质非普遍认识。用黑格尔的辩证逻辑概念陈述，这种停留于自然现象的认识是自在的，自在与自然、朴素、低级具有类似的意义说明表象认识是具体个体多样性的认识。我们对感性的认识似乎是很矛盾的，事实上却并不矛盾，说它抽象是基于它非客体实在的本性，是思维器官中的抽象意义形式结构；说它具体是指它作为一种认识，还只是认识具体个体客体的表象现象，而非普遍性抽象的本质认识，同时又是由认识主体的个体具体性限定的，没有超越具体个体的普遍意义，而且它的认识对象是思维之外的具体存在。与感性具体认识相对的抽象不是本性描述，而是认识的本质描述，即抽象是普遍性的认识，具体是个体性的认识。说感性认识是具体的认识，就是说它还只是认识具体对象的个别现象意义上的理解，也是感性认识是限于具体个体主体即没通达普遍认识主体的理解。这种理解表明感性认识和具体认识客体个体性是复写和反映的表现关系，这表明感性认识的主体和客体都是个体性的。感性具体认识是对具体客体个体对象的个体性认识，抽象的认识是从具体个体认识上升为一般普遍性的认识，这种普遍性的抽象是比个别认识更高级的过程。认识的发展就是从个别到一般的发展，一般的抽象是思维能动、自觉创造的结果，而个别的具体只是自然的反映，所以感性认识的自然属性也可以理解为自然自在现象的反映，它在本质上是自在的、个体的、具体的。

感性认识的自然属性的最根本根据在于它的具体个体性，这种具体个体性的本质的表现在它对具体个体自然主体作为认识主体的绝对依赖性。一切认识都是主体的思维，但普遍的思维具有普遍性意义，即普遍性的认识可以超越具体个体认识主体，成为可共享的意义理解。但是，感性认识对具体认识个体的依赖性是绝对的，即它作为一种意义的理解只是属于具体个体认识主体的，是无法成为共享意义的。没有一个主体能够去感知另一个主体的感觉的意义，所以这种认识是无法直接用语言描述的，更无法沟通和共享。它只能储存在自然进化出来的大脑之中，它依赖的具体的大脑，就和它所依赖的具体个体主体一样，绝对是具体个体性的，是自然意义上的抽象存在。当我们用“我感到”去陈述时，已不再是停留在具体个体感性中的认识，而是进入普遍的文化认识之中了。

最后，把抽象的感性认识作为自然现象，看作生命自然界从低级到高级进化的自然结果，是对自然界的统一性的最高理解，也是以自然界统一性为基础的对存在的文化、精神存在现象的统一性理解的基础，所以是整个世界统一性认识中的一个重要环节，是联结文化和自然的关键环节。在自然客体世界意义上，生命世界自然抽象认识的产生是自然客体世界演化、生命世界进化的最高阶段，同时又是超越自然必然性存在，走向主体自由的精神文化存在的基础。因为在这种自然存在现象中，产生了最自然的抽象，具体个体的抽象，是既具体又抽象的存在，连接着具体客体世界和抽象的普遍性思维世界。感性认识作为三元结构的认识，从物质世界相互作用到营养灵魂的刺激—反应作用，再到具有思维机制的高级动物的刺激—认识—反应的生存方式，揭示了客体世界从简单到复杂演化的自然过程，同时也是复杂的主体自由世界即能动思维世界的诞生之地。因为在感性这种自然的认识中，思维作为认识本身依然是自然自在意义上的，但作为自然进化的结果，它已经产生了认识主体的自我意识，进化出了向主体世界发展的内在机制。所以，感性认识的产生，对于世界统一性认识来说，它的决定性意义在于精神主体世界的产生，而且是在自然中的产生。自由的主体意识和精神文化产生的奥秘，就在自然之中。超越自然的精神现象的产生是自然而然的结果，是感性认识从具体个体认识向一般抽象认识进展的结果。抽象的精神、意识似乎神秘，它的来源似乎很难解释，但还原为在自然的感性认识基础上从个别到一般的抽象认识发展过程，精神文化对大多数人而言就不再是奥秘了，如此而已。我们根本就不必从外在于自然的上帝或其他超自然力量去为抽象的精神认识寻找根据和原因。

世界统一性原理决定了感性认识的自然属性与它作为一切更为复杂的精神现象的基础地位。在这种统一性理解中，客体世界和精神世界就不是对立的，而是统一的，人不必再把自己割裂为抽象的精神与具体的肉体，而陷在唯物还是唯心的泥潭中。天下本无事，庸人自扰之。这个世界既是物的，也是心的，是心物相统一的，我们就是心物相统一的存在，是在物的世界中发展为具有更高级的心的思维即创造了精神文化的最高统一性存在。

第二节　知识和意义

一、文字的意义

感性意识的产生是自然进化意义上的，意义的感性认识还不是人超越自然界而产生出人的本质的标志，但这确是人的本质的诞生地。从感性认识上升为知性认识，这是人类认识中最常见不鲜的，却是在存在发展史上，在人类发展史上具有决定性意义的。因为从感性认识上升为知性认识，是自然的感性认识中产生出非自然的知性认识的质的飞跃，是世界产生出自由的理性存在的里程碑，人由此开始了在抽象的精神认识这本质意义中构建人的本质的历史，超越感性具体的普遍意义认识的创生是人类社会历史的纪元。

按照康德批判哲学的理论，知性认识是人类认识的第二阶段，人类从感性认识上升到知性认识是必然的。康德认为，感性认识的具体个体表象认识是零星的，是没有判断关系的，所以不叫知识，只是一些零星的现象。只有凭借思维主体即人的能动的思维活动把零碎的感性认识材料综合普遍抽象意义的判断，才得出知识。“思维无内容是空的，直观无概念是盲的……只有当它们联合起来时才产生知识。”④从认识意义上来说，康德从人的感性、知性、理性三个层次去对人的认识做统一性理解是很有智慧的，但后人喜欢把知性省略，把认识简单化为从感性上升为理性认识，真的很没智慧。事实上，所谓感性认识是只有具体个体意义的，是内化于主体的认识机制之中的。按照感性认识上升为理性认识的观点，真正具有知识意义的认识就只剩下理性认识了。缺省了知性认识的理性认识论是从具体到具体的认识论，但没有知性的普遍抽象为根据的具体当然只能仍是感性的具体。把人的认识只叫作感性和理性认识，没有以抽象普遍知性为中介，从感性具体到理性具体其实往往只止步于感性具体，据此人在存在论意义上就仍是只有自然认识的禽兽，人异于禽兽实质上是从感性具体进展到知性普遍抽象再回归理性的具体。所谓感性到理性实质上是感性到知性，止步于抽象而达不到理性具体水准，现实中则是抽象科学认识成为理性。在具体理性意义上，人的文化选择是理性的，这种理性是存在论意义的非价值事实陈述，而不是说科学才是理性的。人的文化选择是基于知识的，而不是仅基于本能和个体感性经验的。问题在于人的理性认识就限于抽象理性也是带价值判断的，是真、善、美不可分割的。从感性到理性的省略模型最致命局限性在于无法区分人和禽兽的本质区别。人和猴子都基于感性认识去选择生存时，凭什么断言人是理性的，猴子不是理性的呢？为什么具有感性认识即有思维有意识的高级动物没有文化呢？因为其他高级生物有意识无知识。文化是进展到普遍性意义的意识创世纪的。并不是一切意识都是文化，人和动物的区别首先在于人有普遍知识，知识构成了人理性生存智慧的基础。动物没有知识则没有生存的智慧，不是理性存在。此外，理性知识究竟是抽象的还是具体的又是一个两难命题。如果理性是知识而不是智慧，则人类理性就只是抽象的了。其实，人对世界的直接知识性认识是抽象知性认识，这是从个别具体感性认识上升为普遍的抽象认识，知识在中国文字中只是知性认识的缩写。理性作为知性统一性理解，中国人传统上叫玄学、道学，还有理学，这才是理性认识的“理”的意义。至于理性，我们称为智慧的统一性认识，不叫作知识了。从感性到理性的认识论，从具体到具体，根本达不到从具体到抽象再到具体的理解水准，因而总是无法把感性具体和理性具体区别并联系统一起来，往往局限于感性具体，不能从本质上把理性之人和感性动物有根据地区分并联系统一起来。要么把知识当理性智慧，始终停留于抽象；要么不要知识只要智慧，但知识和智慧在现实中是统一而不可分的。不懂得这一起码的逻辑，永远进展不到具体理性的水准。

康德的批判哲学从主体认识能力思考认识客观性问题，所探讨的是人的普遍抽象知识认识的抽象普遍根据问题。从人的感性认识上升为知性认识是必然的环节，从具体到具体根本就无法理解主体普遍抽象认识能力的意义。如果回到感性认识的自然意义上，由感性认识上升为知性认识就不是必然的，而是人的本质发展从而是自由的了。如果承认动物世界感性认识的意义，至少承认人类在原始蒙昧时期思维中只停留在感性认识的意义，我们就无法“必然地”认为感性认识“必然”上升为知性认识了，否则只能得出猴子和蚂蚁等高等生物最后必然进化为理性存在的荒唐结论。诚然，直观无概念则盲，思维无内容则空，对于文化的人类来说是天经地义的，但对于原始人，对于只有感性认识的动物世界而言，它们相对于我们而言，就只能必然生存在盲目地由必然性支配之中。所以，我们对自身统一性认识的一个重要问题就是人类如何在感性自然认识中产生出超越自然的文化意义上的知性认识问题。

知性认识之所以区别于感性认识在于它摆脱了认识具体个体性，上升为具有一般、普遍意义的认识，使认识的意义具备了普遍性的意义。知性的普遍性有两方面含义：一是认识客体从具体个体上升为普遍的抽象，由个相上升为共相，不只思考张三李四王五，更思考抽象普遍意义的人。这是人类走出原始自然感性思维，进入文化理性思维的历史进步。二是具体认识主体的个人认识具有超越个体具体的普遍意义，不管这种普遍意义是否得到普遍肯定认可，但它的意义则一定是在人类意义上具有普遍的可理解性，能够在普遍人类中交流、传播、沟通和共享的。人和人普遍意义交流以意义可普遍理解为前提，具有普遍意义的才叫人话，否则是鬼话，人们普遍听不明白其意义的就是鬼话。普遍意义知识的产生超越了自然感性认识，人在本质上就超越了自然界。于是，人类之所以具有人的本质就转换为人如何实现认识的普遍性，从而超越了具体个体认识的自然属性的制约，成为具有自由的本质的独特存在这命题。从感性认识上升为知性认识实际上就是由具体个体认识上升为普遍的抽象认识，这一人类认识中从低级到高级的进展，在人类从自然走向自由，世界从客体世界走向主客体相统一的世界的发展中，具有决定性意义。

人类从感性认识上升为普遍知性认识的决定性机制是什么？是文字符号的发明和普遍使用。符号是意义的载体，文字符号的使用使思维中的抽象认识摆脱了对具体个体认识的绝对依赖性，获得了在认识个体之外独立存在的意义。抽象意义和具体客体符号载体的统一使抽象认识存在形态转换为具体，使抽象认识意义从具体个体性上升为抽象普遍性成为现实。我们看不到、听不见、摸不到、闻不出他人对意义的思维，却能在具体符号载体的陈述中理解他人表达的意义，也能借符号向他人表达自己思维的抽象意义。符号使用的革命性意义是让抽象意识由抽象形态转换为具体形态，使人借助文字符号进入普遍意义世界。生命世界最早使用的最普遍的符号是声音符号。声音符号仍然是抽象符号，并不具有独立于具体认识个体的意义。声音符号作为意义的载体，它是具体感性认识所形成的意义的延伸，把个体的意义理解从个体具体存在的限制中释放出来，使感性认识获得了认识的外在意义，使意义的信息得以在生命个体之间交流。具有感性自然认识的生命基本上都具有利用声音作为认识意义载体来进行信息交流的能力，否则，纯粹内在于生命个体思维结构之中，对外没有任何作用的所谓感性认识就没有什么意义了。没有信息意义交流，高级动物的社会群体性生存事实是无从解释的。事实上，我们已经习惯了缤纷多彩的动物世界中各种动物和我们一样，利用声音作为信息载体进行各种抽象意义交流。但是，利用声音符号进行意义信息交流的动物界依然停留在自然中，人类原始社会早期依靠声音符号作为载体所进行意义信息的沟通和交流，我们仍称之为原始思维，还不是文明的历史。据说很多动物具有非常强的声音沟通能力，这是人类望尘莫及的。但是，为什么地球上一切生命都无法和人相比，都只能停留在自然阶段呢？这说明，声音符号作为意义信息载体，由于本身和思维的大脑一样依赖于具体个体，所以尽管它的传播和作用可超出个体范围之外，却仍然无法摆脱对具体个体认识主体的依赖，同时意义的载体和意义一样，都是非实体的，是货真价实的既存在又不存在。所以，依赖声音作为符号传播意义信息虽然形成信息沟通能力，但仍然无法使信息意义摆脱个体具体性，所以也只能仍然局限在自然的感性认识中。在以声音为信息沟通手段的动物中，也没有产生抽象普遍思维。因此，尽管许多高等动物有很强的声音信号沟通信息意义能力，并形成了结构紧密的社会性群体去世代生存，但仍然无法超越感性具体认识，无法走出动物界。

还有一类承载意义信息的符号：物质客体载体。从我们现在印刷或书写在物体上的文字符号，古代写在竹简、铜器上的符号，画在岩上的壁画，以及用以记事、记数的绳和结，都是由人的感官可感性认识的物质客体来荷载抽象的意义的。荷载抽象认识意义的感性具体客体符号的发明和普及使用是抽象个体意义认识转换为普遍意义的基础，是感性认识上升为知性和理性认识的必要条件，是人从自然意识灵魂进展到理性灵魂的现实机制，是文明史的创世纪。人类创造了特有的意义符号客体，并将之改进为能普遍利用、传播、保持的文字，创造了把抽象认识具体化、实在化的手段，使抽象的认识和具体的认识存在形态统一起来，这才是存在演化史上最具革命性意义的飞跃，在抽象和具体的统一、意义和实体载体的统一中，实现了依赖于具体个体主体的认识之抽象意义的客体化，文字等客体符号成为摆脱个体对抽象意义信息束缚的决定性机制，使抽象的意义能具体地存在，使意义之灵魂荷载在物质客体载体上，使认识从个体具体认识上升为普遍的认识。我们不能直接感觉外部的抽象认识，我们并不知道自己所看到的红色和柏拉图或老子、庄子当年看到的红色有否区别，我们确实不能切身感觉到熊被活取熊胆时究竟是痛苦还是不痛苦还是很幸福，但我们可以通过符号表达的意义去理解其他认识主体的抽象认识意义，抽象意义超越了具体个体认识而获得了普遍性。我们可以根据经验认识，从熊被活取熊胆时的叫声、行为、脸部表情来理解它是否痛苦以及痛苦的程度，得出对该事件意义的理解。声音符号还是依赖于具体认识主体的，而每一个现实的认识个体在生命存在意义上总是有限的，甚至可以说是短暂的，储存在具体主体中的抽象意义的认识将随认识主体的遗忘、脑机能的丧失乃至认识主体生命的死亡而消失，因而依赖于生命个体的抽象意义认识是柏拉图所说的既存在又不存在的，它表现出来时可以感觉到它的存在，它没表现出来时感觉不到它的存在，认识主体生存时它仍存在，但认识主体死亡了我们就再也无法感觉到它的存在。然而，当人类发明了将抽象的意义承载在与认识主体无关的物质客体构成的符号上时，抽象的个体认识获得了摆脱既存在又不存在窘境的机制，它可以脱离认识具体个体主体而获得相对而言的“永恒的存在”之意义。今天，我们仍在老子的《道德经》中去参详他的思考的抽象意义，在青铜器上的金文、甲骨上的甲骨文中去追寻人类早期抽象的认识之意义，甚至还在古罗马时代就失传了的楔形文字中挖掘它的意义。由此可见，物质符号的使用不但使人类抽象认识意义摆脱了个体脑机能的限制，而且摆脱了认识主体个体生命的时间性限制，为认识成为普遍、永恒的知识提供了基础。人类和动物生存的根本区别不在于它们是否是基于认识的存在，而是人和动物的认识是不同本质的认识，由此决定了人和动物不同生存方式的本质意义的不同。从这一结论基础上，就能找到灵魂是生命存在的本质，理性灵魂是人存在本质的存在论根据。动物虽然也依靠认识的符号去承载意义，进行个体间交流，实现动物社会性生存。但动物的认识无法摆脱自然个体性制约，仍然受制于生命自然更替循环之中，所以生物的认识，包括利用认识能力去适应生存都是在自然生命规律制约下的循环往复，永远只是时间性的自然存在。而人一旦发明了物质客体作为抽象意义的陈述符号，就为人的认识摆脱自然生命局限性提供了基础。因此，文字作为人类文化的载体，文字的创造和使用是文明史创世纪，这正是感性自然认识和人类理性认识的本质区别，是常写的口说无凭，立此为据的深刻意义。人类的历史，即人类超越了被时间性限制的纯粹自然生命存在的历史，是以文字普遍使用为手段实现的。我们说的人类历史，指的是人类超越了自然的、具有人的类本质的万物之灵的历史，就是文字发明和使用创造的历史。万物之灵就在于人的认识作为它存在的灵魂、本质，依靠物质符号载体，获得了永恒、普遍的意义，超越了自然生命的生老病死的循环，使人类成为在永恒连续的历史中不断构建自己类本质的历史性存在。基于物质符号的永恒性，进入文明史的人类社会就不再是自然意义上的物种遗传连续中的循环，而走上了一条不可逆文化文明历史的不归路。对我们而言，循环的只是我们的自然生命，不可逆的是人类文明史。我们生存的当代可和柏拉图、老子的时代相提并论否？是否体会到柏拉图、老子的精神就在我们现实的存在之中！所以，人类文明史就是当代史，历史意义在当下，指向在未来。

文字是人类文明历史的标志，文字的本质在于它的抽象意义，不在于它的物质实体。写在竹简上和印在纸张上的《道德经》本质上是相同的。如果符号存在本身就是文明的本质，则其他依靠声音符号生存的高等动物也早就进入文明史而不再是纯粹自然生命存在了。符号只是基础，文字符号的物质客体性为人类认识超越时间有限性提供基础，但并不就是人类的本质。人类的本质在由文字符号为载体构建起来的具有普遍性意义的知识之中。所以，人类历史存在的本质，人作为世界最高存在的本质，必须从文字符号承载的知识中去理解。

二、知识的本质

对于进入文明历史阶段的人类来说，知识是最熟悉的，因为它就是我们存在的本质和灵魂。然而，正是因为知识就是我们的自身，知识的本质是本质的本质，灵魂的灵魂，所以知识是什么从来就不是直接性的认识，不是可以由思维从直接规定性去描述的，这同样是一个统一性的命题。对知识得出统一性理解其实也就具备了对人及世界统一性理解的智慧。

知识是一种认识，但认识并不一定得出知识。因为认识可以是非理性的非知性的，也可以只是感性的。感性的认识有它的抽象意义，但这些抽象意义不能称之为知识，说感性知识是可笑的。知识一定是超越了感性的，否则猴子、豺狼之中也会有道貌岸然的知识分子了。知识只是人类创造的，所以说人类文化知识是恰如其分的。只有人类关于自然的知识，并没有性本自然的知识，即没有在文化规定性之外的知识。所以，知识是人和动物分野的奥秘所在。人和动物的区别就在于人和动物具有不同的认识，动物只有感性认识，所以就只是自然。但人从感性认识上升为知性认识，所以有了文化，超越了自然，成为万物之中的万物之灵，成为具有文化为其灵魂和本质、文化和自然相统一的存在。人的存在是理性的存在，首先是以普遍知识为根据的存在，理性是以普遍抽象知识为元结构的具体统一性意义的，人类的历史过程就是构建知识社会的不可逆历史过程。知性是在感性基础上产生出来的，在统一性意义上知性包含感性，所以，由知性构建了抽象文化知识本质的人的存在既是世界的最高存在，也是世界最普遍意义的存在，因为它是自然和文化、现象和本质相统一的存在，这就是全体的理性具体存在。

我们的存在是以知识为本质、为根据的存在，说文明人不懂得什么是知识那肯定是胡说八道。但“什么是知识”作为统一性智慧命题本身，它又不是知识。所以“懂得知识是什么”也不是一个知识，而是对知识的一种领悟，是对之不断丰富而具体的理解。知识的本质是需要理性的理解的，缺乏理性智慧的人对知识的理解往往是片面的，正所谓不识庐山真面目，只缘身在此山中。对知识的一种片面性的理解是知性理性化，就是把知性知识理性化。尽管很多人总是认同人的本质是理性，所以不同于动物，但如果离开知性去理解理性，则理性就既不是理性也不是知性了。认为有文化知识的人就是理性的人没错，但问题在于不能把抽象知识本身就当成是理性，关键在于必须得出知识和理性的统一性关系。有文化知识的人有感情否？有情感是否有理性？这些最基本的日常意识都意味着文化知识和理性的不同一。什么是知识？这是个非常基本而又深刻的命题。

康德是认识论大师，他的知识观是很有智慧的。康德认为知识是知性认识的成果。在康德看来，感性的认识是零星的，所以是表象，不是知识。知性认识才得出知识。知性认识不只是表象，而是由表象认识为基础建立起的普遍抽象关系的综合判断，在这种判断陈述中才有知识产生。认识不都是知识，因为认识可以是最简单的认知，一个名称、一个符号和一个具体存在者或其行为的对应意义是认知，它是自在的认知，只是存在的现象，没有联系和关系，所以是零碎的现象的自然的，不是知识的认识。这种认识只有具体个体性意义，没有普遍抽象性意义。知性认识是对事物普遍抽象关系判断的认识，由关系判断得出的认识成果即知识，它和感性自然认识相比较，具有明显不同的特征。

第一，抽象有限性。任何作为判断的命题有意义的条件是从具体对象中抽象出有限的认识对象。客体存在是具体的，对客体的感性认识可以是具体的，但对具体的抽象认识而言，是无法建立判断关系的。没有任何一个判断可以涵盖一个具体存在的方方面面的关系，只有从具体感性认识中抽象出特定的属性或状态，才能建立它的关系描述，才能构建相同性质的类普遍关系，进而才能产生确定性判断。认识的对象可以是具体的，也可以是抽象的，但这是在广义的认识意义上。在客体的认识过程意义上，知识认识对象一定是从感性认识中抽象出来的。知识认识对象的抽象性的完整意义是抽象有限性，即对抽象的知性认识建立限定的抽象的认识对象，从而在抽象思维中建立对象运动变化的因果关系一般判断。客体是具体的，知性认识客体是抽象的，前者在时空中，后者在认识主体抽象思维中。从感性进展到知性认识的本质区别和内在联系在于：感性以认识主体之外的具体客体为对象，知性以认识主体思维中的抽象认识对象为对象；基于认识对象的本质区别，感性认识是自在的即自然的，知性认识是自为的即非自然的，知性认识对象是从自在的感性认识基础上由主体能动地构建起来的。人类尊重和追求真理知识，甚至追求包含有全体、无限的知识，须知这是违反知识的最基本逻辑的。当知识描述的对象是具体而无限定的时候，判断的关系是无法建立起来的。知性的判断分为三个层次，对错判断、善恶判断、美丑判断，在一个层次中的判断必须有真伪值才有意义，即必须是非彼即此的。知性之为知性就在于它的非彼即此的判断本性，辩证的关系不是判断关系，故辩证法不是知识是智慧，不叫知性叫理性。但每一个非彼即此的有意义判断又都是有限的，就是说，这个判断必须在限定的范围、前提、边界条件、初始条件下才是成立的，这种有限性是知性认识成为判断的必要条件。作为判断的知性认识是有限的抽象认识，有限性为知性认识的确定性即非此即彼的判断提供前提。

第二，抽象普遍性。从感性认识上升为知性认识也被归纳为从个别上升为一般的认识过程，所以，知识具有普遍抽象性。动物和原始人思维的自然性的一个重要特征就在于它的个别性。知识的产生使人类认识超越了个别性的制约，获得了普遍性的意义。知识的普遍性具有两个方面的意义：一是作为判断的知识，它所建立的判断关系的陈述之意义，不只是具体知性认识主体能动思维认识的成果，它的最重大意义是它具有了超越个体主体的普遍性意义，即由个体建立的知性认识的意义是可以通过意义的符号载体去传播和传递，并能被同类的认识主体所理解，所以这种知识的认识获得了超越个体主体的普遍的类的意义。今天，很多知识我们已经不知道它源自何时、何人，但它作为普遍的知识传承在我们文化中，凝结在人的存在本质中。知识的普遍性不只是共时性的，即不但是人类社会性的，而且是人类历史性的。知识的社会历史性是它的最普遍的意义。二是作为有限抽象的判断陈述，知识有限性的规定限制了它对具体认识对象的判断范围，但同时又使它获得了超出该具体认识对象的意义，即获得普遍、一般意义的抽象认识对象的共同的抽象关系判断意义。知识之为知识，它的判断的真正目标不是单称的，而是全称的，人类追求的是从个别上升为一般的普遍性认识，这种普遍性是关系的普遍性，是牺牲了具体性而得来的普遍性。没有抽象就没有普遍知识的生长土壤，这是认识的最基本逻辑。整个人类的认识就是不断追求更普遍的认识，对世界的统一性智慧的最高理解，也建立在对世界普遍关系的判断知识基础上。

第三，抽象本质性。知性认识从自在存在上升为自为关系的认识，它所建立的关系不是自然存在，而是人的思维和文化意义上的存在。作为关系，它不是认识主体的感官感知，而是认识主体思维的能动的抽象意义。为什么人类在感性认识基础上追求抽象关系的认识呢？因为感性现象是变幻无穷的，依靠感性经验认识去实现生存选择具有极大的局限性。人类为了生存，为了预计未来，追求的不仅是世界是什么，而且是为什么，为什么需要建立在因果关系基础上。在必然性的因果关系中，我们不仅知道是什么，还能知道为什么，不仅知道它现在如何，还能推断它以前如何，预言它今后如何，并以此去指导人的生存的行动选择。这正是建立在关系基础上的判断知识的意义所在，这种关系判断知识与感性自然认识的区别称为现象与本质认识的区别。对世界的本质认识在另一种意义上也就是建立对世界的普遍抽象性认识，本质是关系，关系是抽象的，所以本质的关系就具有普遍性意义。生命由于进化出灵魂而成为超越物的存在，人由于建立普遍知识构建了理性的灵魂成为异于禽兽的存在。在存在论意义上，同样可以断言，人类追求知识就是文明人的存在本身，文明人追求知识就是在追求普遍认识中去实现自己的本质的历史过程。

综上所述，我们可以把知识理解为人类通过知性的抽象有限关系判断，建立对世界的普遍的本质关系的意义认知，作为人类生存选择的根据。所以，人类生存、存在的本质是知识的、文化的，只有依靠知识去生存才是现实的人的存在。知识的建立是人成为类而走出自然界的标志，知识的积累和进步是人类发展进步的标志。对人的存在而言，存在的本质是思维，是文化，是知识。因此，我们可以概括地说：人之所以为人就在于人是知性的存在。按照亚里士多德的灵魂学说，人的灵魂就成了生命世界最高级的灵魂，并且是包含着动物灵魂和营养灵魂的最高级的统一性灵魂。人的灵魂决定了人为了自己肉体的存在而从环境中获取营养和实现生殖生长来构建自身存在的过程，不仅是依靠对环境的经验记忆去指导行动的过程，而且已经上升为以抽象普遍性知识判断为根据的生存实践过程。所以，人的灵魂就是营养灵魂、动物灵魂和知性普遍性知识灵魂的统一，并以这高级灵魂为根据，使人具有了区别于自然物的本质，使人成为世界上最复杂、最普遍的统一性存在，因为人的现实本质包括世界上一切灵魂，人的具体存在是作为潜能的躯体在和灵魂本质的统一性关系中成为现实的人的存在的。从统一性观点看，人既是世界上最高级的统一性存在，同时也就合逻辑地成为具有最普遍意义的存在。正是在本质意义上，世界的统一性就是人的统一性，认识世界的最高目标就是“认识你自己”。

说人是知性灵魂和亚里士多德的理性灵魂并无矛盾。因为将灵魂作为一种统一性关系，它是一种理解，而非一种纯粹的判断。从判断的关系看，人是知性灵魂不但为真，而且符合矛盾律，即知性灵魂是人的存在的充分而必要的根据。但这并不是说理性灵魂对人的本质而言不是充分而非必要的。从知性判断陈述看，人是知性灵魂无矛盾，人是理性灵魂则产生矛盾，因为知性不包括理性而统一于理性。所谓感性、知性、理性是从现实的人中抽象出来的，人的感性、知性、理性是统一的。现实的人并不是纯粹理性的，人的本质是理性并不意味着人的一切具体现象都是理性的，但如果人的一切都是非理性的，那就失去人的本质而沦为禽兽了。在本质意义上，知性和理性是人的本质，知性和理性的统一性决定了它们之间不是判断关系，不能做非此即彼的判断理解。知性和理性在具体人的存在中是不可分割地统一着的，没有无知性内容的理性，也没有无理性形式的知性，人不能无知识也不能无智慧，在统一性意义上却只能说是理性智慧存在，理性是知性抽象的具体现实性。亚里士多德说人的灵魂是理性灵魂，是对灵魂的统一性理解，不是知性的判断，所以再没有真伪问题，而是理解的全面或片面、深刻或浅薄问题。人是知性灵魂和人是理性灵魂是统一的，从知性灵魂上升为理性灵魂既是人的本质在历史构建中从低级到高级的发展，也是人对自身本质认识的更深刻而全面的理解。它的最深刻意义在于揭示了人类历史是不断离开纯粹自然界，不断获得更大自由本质的过程。

从知识的本质在于为人的生存选择行为提供合理的判断根据这一意义，就可以理解为什么知性认识必须借助物质实体作为符号去承载抽象认识意义。仅仅在声音符号中，这种对关系和本质的抽象普遍性认识无法有效地构建起来。因此，只有借助文字符号的人类才有机会上升为依靠知识生存的文化的存在，只依靠声音等非物质实体符号交换认识意义的其他动物则无法达到抽象普遍知识认识，永远只留在自然界。因为从感性自然直观表象认识上升为知性普遍抽象本质关系的认识的创世纪经历了漫长的历史阶段的积累和探索才成型，最终成为一个类存在的灵魂。人类的文明史即有文字记载的历史至今不过几千年而已，但从开始使用物质客体作为符号去表达意义到发展为具有知性思维的文明人确是异常漫长的自然史和文化创生史相统一的过程。可以猜测，图腾是人类最早的意义符号，从图腾符号发展到文字文明，这不是一个人、一代人或几代人完成的。感性认识没有转换为客体符号载体中的类普遍意义，信息意义对具体个体的绝对依赖性使个体一生积累的经验认识随个体有限生命结束而归零，每一个纯粹感性生命个体必须从零开始建立经验认识，因而感性生存的生命是世代循环往复中展开生命生存过程的，本质上就只是由先天的自然生命物种规定性支配其生存方式的存在，还不是自主自觉自由的存在。从感性认识上升为知性认识，对于文明环境中的人而言是必然的，任何一个人类社会成员，如果不从自然认识进展到知性认识为本质的理性存在，那就还不是具有人的本质的现实人。这种知性知识的构建是以信息意义借助于文字符号工具实现其抽象普遍性的现实性来达至的。对于没有物质客体符号载体去承载信息意义、传递和传播抽象信息意义的动物而言，想依靠声音这类非实体意义符号去实现知性抽象普遍意义知识的构建，那是不可能的。以文字为思维和意义工具的人在生命物种意义上也是先天性的，他的感性认识同样依赖于具体个体主体，每个个体同样要经历抽象认识意义在后天经验中的构建过程。人对自然动物的优越性在于，人类的经验和知识并非全部归零，每一个体不是从零开始积累经验，而是从零开始通过学习去积累经验和知识，人的生存方式就不再是世代循环往复的，而是在类的知识积累中不断变化发展的，人就本质上是由后天经验中文化创造决定其生存方式的自由的存在。人类从先天自然生存方式进展为后天经验文化生存方式，成为异于禽兽的存在，在认识意义上就是由自然感性个体认识进展为感性、知性、理性相统一的存在。因此，用文字去象征、标记人类文明文化的本质是非常贴切的。

文字符号载体的最深刻的意义在于它把抽象意义转换为客体中的独立存在，使抽象意义脱离个体制约而成为普遍性的。文字符号不但是思维构建意义的抽象客体，而且是储存、传播、交流意义的实体工具，使认识成为普遍而永恒的，成为全人类可共享的财富，从而把人这一物种构建为具有抽象普遍类本质的历史性存在。

三、知识的意义：构建历史性的元意义结构

人类文明史已经进入了现实的知识社会时代，崇尚科学，追求知识已成为人普遍觉悟，这是文明史无可否认的重大进步。但是，近代科学革命几百年历史，人类又走向科学理性的极端。在一般意义看，科学是文化知识，是知性不是理性，科学理性观表明人类对知性和理性的关系缺乏统一性智慧理解。更具体地看，首先在于人类对知识的本质缺乏理性理解，并没有觉悟到知识作为人类普遍认识元结构的统一性意义。

抽象知识构成了现实的人的本质，使人超越了自然界，成为自然和文化相统一的存在。按照传统哲学本体论的理解，人的自然存在是最基本的，是存在之为存在的根据，是最普遍的存在，所以物质客体是任何存在的第一性

存在，肉体是人的第一性存在，所以拉美特里这些彻底的法国机械唯物主义者认为人就只是机器，人的本质就是机器。在今天，许多知名生命科学家们仍然把生命还原为物质去理解，这意味着具有抽象理性思维的人，具有活力的生命和无生命物质没有本质上的区别，这是由科学理性因果思维支配的当代人类得出的合逻辑结论。但是，统一性思维与因果还原性思维相反，它从个别到一般及简单到复杂的演化、进化、文化运动的不可分割的统一性意义去理解世界的“进步”“发展”，把世界理解为不同质而又统一的多样性世界的整体，因而把猪肉和猪、人和野兽看作多样性世界中具有不同本质的统一性存在，把以精神文化为普遍本质的文明人看作达到自己内在目的性的不可还原的具体存在，成为统一世界运动发展极顶的最普遍意义存在。在统一性的理解中，发展和变化的最复杂结构是此前一切相对而言的简单存在的统一，最复杂的存在结构是在实体上最独特、在意义上最普遍的存在。正如亚里士多德对营养灵魂、动物灵魂和人的理性灵魂的统一性理解，在具体存在意义上，只有人的存在才是统一了一切灵魂形式、具有最普遍灵魂意义的存在，把营养灵魂作为最普遍灵魂则只是一种知性的抽象。从这种统一性逻辑去理解世界，最普遍的世界是物质世界只是知性抽象，从本质的统一性去理解的，最普遍的意义世界是人的理性世界。人的理性存在是感性、知性、理性相统一的，也可以理解为世界最普遍的统一性存在是以抽象的普遍性知识为中介机制构建起来的。知识的普遍性赋予了人的世界超越自然界的更普遍的意义，使人走出了纯粹生命自然界，告别了由先天物种规定性支配其选择生存的方式，实现了人在社会历史文化意义的世代继承基础上的无限运动发展。由此可见，人之为人的充足理由在于它的生存论意义中，人的存在论就是生存论，人的生存是文化选择生存，人的本质是抽象精神文化，人的现实存在是文化性存在，文化的完整意义在主客观统一进展到主客体统一的现实生存中。

知识构建普遍性人类存在的本质意义是使文明人具有了超越自然个体规定性的普遍类本质，文明人成为具有人类本质的文化和自然相统一的具体存在。这种具有类的普遍性的人就不只是机器，而是有了它的抽象而普遍的灵魂为本质，因而是最普遍的存在。扪心自问，我们不能认为今天的你我和古希腊人有本质区别，也不能认为我们和原始人没有本质区别，更不能认为我们和野兽没有本质区别。即使从最极端的观点把人当成是有文化的匪徒，也已和没文化的禽兽有了本质的区别。从世界统一性原理的观点看，文明之所以为文明、文明人之所以为文明人的充分理由就在于它的共同的文化文明普遍抽象本质之中。人的本质是普遍的类意义上的，是由现实的人的社会关系构成的，所以人类之为人类首先就可以作为天生的社会动物或政治动物去理解，但仅此还没通达人异于禽兽的本质。构成文明人区别于原始人的类的普遍本质是什么呢？是抽象的社会历史文化性。对现实的文明人而言，与其说是由社会来构成人的类本质，倒不如应该全面地理解为由社会的历史性构建人的抽象的类本质，或者说人的抽象的类本质就是他的抽象的社会历史文化本质。因为社会是自然生成的，是先天的；历史文化性的社会才是人所独有的，是后天经验中历史地构建着的。

人类社会历史是统一的，所以社会和历史又是不同层次且相对独立的。马克思关注人类社会历史的统一理解，从抽象回归具体，以经济领域为起点去构建对人类统一性理解，他把人的本质归结为一切现实社会关系的总和，后人则把他的社会理论归纳为历史唯物主义理论。为什么不叫社会唯物主义，而叫历史唯物主义呢？因为离开历史，在人类社会抽象形式中无法得到人的具体理性理解。没有历史性的人类社会只能永远停留在抽象思维中，无法回复到具体的人的世界。只有从历史性意义去理解人的社会性，把人类社会理解为在历史中构建自己类本质过程，人的抽象的社会性本质才能回复到具体的人的社会历史存在。离开历史性，人类社会就只是自然意义上的动物社会，和猴子、蚂蚁、蜜蜂并无区别。所以，只有深入历史性才能通达人的现实存在的最深刻的本质。对社会历史的统一性而言，社会是人的本质存在的抽象认识单位，历史性才是人的类本质，才是人的社会区别于自然社会的充足理由。从人的历史性本质中才能理解现实的人的社会关系，才不会陷入人创造历史，历史又创造人，环境决定人，人又影响环境的悖论循环之中。人类社会作为人的抽象普遍存在形式，是在抽象的历史性本质的不断继承和创造之中去构建的，所以，人类社会历史性是人的抽象的普遍性类本质，而人的历史性是人的社会历史性的本质。人的历史性作为人的存在的普遍抽象本质，人的社会理论就理所当然地称为历史唯物主义，人的社会性的本质必须从人的历史性意义去理解，即从人类知识和智慧的历史构建过程去理解。

人的社会历史性本质的最基本意义超越了客体存在的类的抽象普遍性，超越了自然物种规定性。人类社会超越自然物种社会的充足理由在于它的历史性这一普遍抽象本质中。为什么人的社会和动物社会具有本质的区别？为什么人依靠他的社会关系构成了超越自然社会的本质呢？为什么老子把人当作域中四大之一，说域中四大人居其一，而不是蚂蚁、蜜蜂也各居其一呢？因为动物的社会没有抽象普遍的历史性本质。动物的社会生存行为仍然是自然行为，它们的分工是自然分工，每一个动物社会作为自然生命群体，它的生存方式是循环的静止的，所以是只有历史而没有历史性的，更准确地说是时间中循环因而还没进展到历史意义的存在。任何一个自然生命个体的现实存在只有自然世代更替的生命自然规定性，没有超出自然的“历史记忆”的规定性。一个动物群体的生存与它们的历史没有本质性的关系，所以，它们是社会性的，但不是社会历史性的。动物社会性中的个体性是具体、真实的独立性存在，它的普遍性只是抽象的物种规定性，这种普遍的物种的抽象规定性只是自然循环意义上的。但人的社会的抽象普遍性已经不是以物种的规定性为本质的，只有物种规定性意义上的人是抽象的自然人，不是现实、具体的人。文明社会中的人从出生之日就已经生存在人化的环境中，它的生存和成长已不只是自然意义上的了。个人的生存和成长是构建人的抽象的普遍本质的过程，是人的自然和他构建自己的理性灵魂相统一以实现他的具体生命存在的过程，所以具体的人不是自然的人，而是自然和文化相统一、肉体和理性灵魂相统一的人。一个具体之人的生存是永恒地构建着自己本质的过程，这种人的普遍的类本质的构建是由个体的历史文化环境条件所制约的，而他的行为在历史文化意义上又在创造着历史和文化。总而言之，人的存在是由他的本质决定的，人的现实的生存就在于他的类的本质，人是成长着的、能在他所处的时代文化中生存的历史性存在。人的抽象本质具有整个人类文明积淀的历史性本质意义，人构建现实存在，实现其本质的过程同时也是最普遍的历史创造活动。以前，我们讨论唯物史观时，争论究竟是英雄创造历史还是奴隶创造历史，或者是奴隶和英雄共同创造历史，这种唯物或唯心史观其实只浮于人类社会现象，根本就没有洞见人类、社会、历史的本质。把历史区分为英雄创造还是奴隶创造已经流于历史表面现象，历史本质上不是英雄创造还是奴隶创造，而是人的创造。不管是奴隶还是英雄，无论是作为奴隶还是作为英雄的存在，任何个人首先是具有普遍抽象的人的类本质的存在，他们存在的本质、现实生存过程就是在创造历史，根本不必在意英雄创造历史和奴隶创造历史这种现象上的区别。人的本质是历史性的，人的本质意义就在于创造历史。

人的社会历史本质和自然生命的最根本的区别在于人的存在是一种历史性“进步”中不断“发展”着的存在，支持人类社会的最基本的存在价值观是一种乐观、向上、积极的进步发展观，即自然界从低级到高级的不断演化，生命世界在进化，在人类世界中则表现为更普遍的文明进步和发展。当然，进步和发展是带价值判断的主观性认识，并不否认人类文化中同时也存在历史循环论或历史倒退消亡论。但抛开“进步、发展”的价值判断内涵，就人类文化知识的创造、积累、运用而言，这种发展是具有客观性意义的。如果用事实陈述的话，人类历史进步和发展可转换为人类知识在不断传承、积累和创造的客观事实陈述，这表现为人类历史的不可逆性事实，而这正是人类社会和自然生命社会的根本区别。动物生命在自然选择环境中，在对自然环境的主动性选择生存中，始终在既定的即先天物种限定、规定的生存方式中循环更替。所谓自然生命的适应性进化实际上只是生命作为复杂耗散结构性存在随边界条件变化而在生命规定性既定的可能性空间中的波动，老母猪是不管环境如何变化也不会进化到可上树摘桃子以适应环境的。自然生命物种只是在其生存发育可能性空间中的循环。但人类却完全不同，人的自然在物种意义上是循环的存在，但人的生存方式作为类的现实存在却是不可逆的历史性存在。因为决定人之所以为人的普遍抽象本质是不可逆的，所以，自然和文化相统一的人的现实存在的历史过程也是不可逆的。人类从蒙昧、野蛮的自然状态中脱颖而出，成为宇宙中不可逆的历史性存在，进入文明门槛的短短几千年光景，这对三十几亿历史的地球生命自然存在而言，只不过是弹指一挥间，然而已经从渔猎社会转向农业社会，继而由近代革命开启工业社会，二十世纪西方发达国家进入后工业社会，思想家们宣称人类进入信息社会、地球成为地球村。人的生存形式处在永恒不断的快速变化中。二十世纪哲学家怀特海对之最深的感悟是一切在变，只有永远的变化才是永恒不变的。对人类社会而言，最重要之处在于这种变化本质上是不可逆的，不可逆变化的不是人的自然，而是人的普遍性的抽象本质，是人的现实的生存选择方式，是人的文化和历史。从相反的角度来看，正是因为人类的知识文化积累和创造的不可逆性，人类文明和文化的存在方式随文化知识的发展产生了不可逆的变化，因而人类的社会历史就是不可逆的。

人类本质的发展和进步从乐观主义态度看是令人鼓舞的。今天，人的本质已经得到极为充分、全面的发展，而且还在更高速地发展。但是，发展、进步的价值和意义是什么？如果这是一个纯粹形而上学的思辨问题，可以不理会它。但人的本质就在人类生存现实之中。那么，我们回到现实世界：不可逆的人类历史的目标在哪里？下个世纪，下个一千年，我们地球还会有碧水蓝天吗？还能存在吗？人类能永恒存在吗？这对依赖太阳能生存的农业社会来说，可以当作是形而上学思辨命题。因为据测算，太阳能还能支撑地球生命圈上十亿年，所以人类文明还在婴儿期。但是，在工业社会和后工业社会中，人往何处去已经不是形而上学的，而是人类现实生存面临的重大抉择。因为人类不能生存在独立的抽象本质中，人是自然和文化相统一的存在，而自然，特别是地球生命圈赋予人存在的自然边界条件是有限的。在农业社会我们把自然看作无限，在工业社会中只要是人化的自然，凡是被人看中的自然都是有限的，资源、能源、环境……，人类已经超越了自然循环的极限。人的社会历史本质的不可逆性在人发展到今天的现实境况下，已经转换为人化的自然的不可逆性。所以，在有限的自然生存边界条件下，人的不可逆的本质的历史性发展向何处去，是人类不能回避的统一性思考的重大命题。知性科学已经给出了抽象的答案：开发太空，按照希特勒的天才构思，把殖民扩展到太空，从而最大限度地拓展人的生存空间，赋予人的本质发展以更广阔的自然边界条件。但是，这类统一性理解的命题，用知性判断去解决，肯定是片面的、有限的、抽象的。

人的社会历史普遍本质在人类“认识你自己”的统一性思考中处于非常重要的地位。然而，正是由于西方文化自近代科学革命以来不断强化的基于因果逻辑关系的知性认识的统治地位，把人的本质和人的潜在的肉体存在放在物质和精神、存在和意识的二元对立关系中，总是从唯物和唯心的对立中去思考存在，从非存在的意义去思考意识、思维、认识、文化，把人的存在依因果关系思维还原为物，把人物化，按费尔巴哈和马克思的概念就是人的本质的异化。执于因果还原的机械唯物主义思维似乎是坚定了物质世界第一性、存在的实在性信念，实际上停留在有限、抽象的存在中，并没有上升为普遍的本质的存在。拒绝思维、意识的存在，把它们作为依附于客体存在的第二性东西，似乎只是降低了它们的地位，实质上是否认了它们的存在，把世界局限在只有本体没有本质和意义的非人的自然世界。这种理论的片面性和知性有限性产生的真正结果是把抽象的人的普遍性独立本质变成了在人之外、与人的存在无关的支配人的神秘力量。在当代的社会历史理论中，社会、历史、文化、社会存在、社会意识这些普遍性的人的抽象本质，当它们不是作为相对于人的自然生命并就存在于具体现实的人之中理解时，当它是作为与人的“物质存在”相对立的、非此即彼的东西时，它们就真正获得了在现实的人之外的独立人格或抽象独立而普遍的“神格”的意义。抽象而无所不在的文化、社会、制度是另一种上帝，在用外在于人的看不见的手在支配着现实的人。人们希望对这种支配得到“决定性”的因果关系理解，但又总是无法得到合理的因果关系的解释，因为因果关系之所以为因果关系就在于它是不自足的，是不能自圆其说的。人类知识发展即人的本质的发展如果不从统一性的意义去理解，人无法认识自己的本质，人就无法自诩为自觉、自由、创造性的存在，人就又回复到抽象自然存在的状态。如何理解人的本质和现象的统一，揭示人的普遍的本质的构建过程和机制，是人认识自己的关键问题之一。

在从物质客体世界发展到灵魂生命世界，从人的无意识灵魂到意识灵魂再到理性灵魂的世界从简单到复杂、低级到高级的统一性运动发展中，信息、意义、认识、知识、真理、理性、绝对理性是从低级到高级进展的意义统一性抽象结构。把精神、认识、知识、真理、理性混同而无视其区别基础上的统一性，泛泛地抽象议论一切精神现象，没有达到精神现象理性统一性抽象的具体，是人类精神自我觉悟中长期形成的历史局限性。世界统一性原理思考人的理性灵魂具体的统一，就是把理性理解为统一了真理、知识、认识、意义、信息的抽象之具体。在人的理性灵魂的统一性理解中，在人异于禽兽的本质理解中，对知识的意义认识是关键之关键，因为知识是从自然意识即感性认识自然灵魂进展为理性灵魂的分界线。知识是意义认识，包括意识，但它超越了纯粹自然意识，超越了自然意识的具体个体性，上升为具有抽象普遍性的意义，由此人的灵魂就进展为理性的灵魂，走出了自然界。理性灵魂和自然意识灵魂的本质区别在于理性人不再单纯依赖先天物种规定性去选择性生存，而是本质上以人类社会历史中积累的普遍文化知识为根据，依靠文化选择去生存，使人成为文化选择和自然选择相统一的存在，成为社会历史过程中自己创造自己本质、赋予自己存在意义的存在，走出了自然界。理性的具体和感性的具体的本质区别是自然意识灵魂和理性灵魂的本质区别，即自然意识灵魂是纯粹个体具体性的，理性灵魂则是包括个性具体、知性普遍抽象的具体，这正是知性普遍知识对人走出自然界的本质的、决定性的意义。理性具体之为具体，抽象自足的理性自身即没有包括抽象普遍知识的理性无意义，不存在。知识是理性统一性的基础，这是知识对人类理性构建的本质意义。无知性则无理性，但知性和理性是统一而不是同一的。一切知识都是抽象的，不是具体的。把知性知识统一起来，得到对现实的具体理解，实现现实的文化生存选择，这就是统一了自然感性和人类知性的人类理性。

从感性、知性、理性的统一性关系看，知性是实现从感性到理性的飞跃的中介机制，是由自然意识灵魂中产生出人的理性灵魂的现实机制。理性无知性则空的本质意义是抽象知识使理性的具体成为现实。理性是知性的统一性，知性是构建理性的元意义结构。在理性认识元结构意义上，知性成为理性的基础。没有抽象的普遍知识，理性统一性就是无内容的纯粹形式，是无源之水，无本之木，就没有人的理性生存的现实意义，人就仍然只是感性的具体，仍同于禽兽。知识的抽象普遍性的最深刻意义在于，它在从具体到抽象的综合中获得了超越具体个体性的普遍性，对认识对象的普遍抽象获得对多样性具体存在的特定抽象范围、方面的普遍性认识，得到对一切类个体主体有意义的普遍知识，认识超越具体个体从而是具有普遍意义的。知识的抽象普遍性是它具有人类理性认识的元结构基础地位的根本原因。抽象的规定性首先是由多样性具体个体现象中抽象出有限的抽象认识客体，这使由之建立的因果判断关系具有了对普遍客体的陈述意义，比如关于质点的知识就是对一切可视为物质质点的物体具有普遍意义的。抽象普遍性认识的最本质意义在于赋予了每一个知识作为因果关系判断的独立性，即每一个知识陈述尽管是开环的，是无法自身完备的，但由认识对象抽象普遍规定性的限定为前提，每一个在限定前提基础上得出的因果判断知识是独立的，是“准完备性”的。所谓准完备性就是说，在认识对象限定的范围中，每一个知识判断是可以视作自我完备的，因而每一个知识都是独立并且是在所限定范围中具有自足的完备性的。这正是人类能以知识为元结构去构建具体复杂统一性的根本原因。如果把一切知识理解为无穷因果链中相互制约而无相对独立性的，则人类理性根本就没有供之统一性理解的可靠基础结构，也无法解释人类知识在不断发展中能通过积累而不断丰富的现象，甚至知识之为知识都是无可靠根据的。把具体世界的普遍联系和相互作用转换为知识的相互联系和制约是愚不可及的。知识认识的抽象作用就是要把认识从具体相互制约的客体中抽象出来，获得相对独立的普遍意义。知识为什么要付出抽象和有限这种代价，是为了获得认识的普遍性和判断的确定性。只有抽象限定才能实现从个体具体上升为普遍意义的认识和陈述，才有普遍知识生长的土壤；只有在有限点上而非全体意义上的命题才使确定性判断陈述成为现实，有意义的确定性判断才能产生。古希腊哲学史上有许多貌似智慧的诡辩命题，其实是对知识有限确定性的本性无知而捏造出来的，那不是知识，也极无智慧。飞矢不动命题很辩证？

飞矢不动命题说飞矢在空中运动中任一时刻位于某一确定点上，在所有确定点上都是不动的，飞矢运动过程又是飞矢不动过程。这种荒唐结论的荒唐基础在于它把两个不同的元知识判断当成一个判断，两个判断是不相同的。飞矢是运动速度描述，平均速度是飞矢在单位时间中经过的路程，瞬时速度是路程对时间的导数，只有导数为零这一特定状态下才能判断矢不动，导数非零的任何点上矢是飞矢，是动的。芝诺说在每一确定点即每一时刻飞矢都不动是位置描述，不是速度描述，它的时间点和空间点是确定的，不是过程的。过程的极限描述中时间是趋于零但不等于零的，运动速度不是时间点的速度，而是趋于确定时间点的极限过程，这个过程可以无限小，但不能等于零。稍有数学常识都知道零分母即确定时间点的速度描述是无意义的。芝诺用时间点描述偷换了单位时间描述，把两个无相关的独立知识判断凑成一个判断，使判断失去了意义。

由此可见，保持每一知识作为人类普遍意义认识的独立性，把知识理解为构成人类精神文化认识的相对独立元结构，具有重大意义。可以这么说，客体世界以最普遍的具体本原存在为元结构产生出多样化世界，而普遍意义世界却恰恰相反，是以多样化的知识为独立元结构去构建普遍统一性意义的。有限抽象知识一定是具有独立性的判断关系陈述，知识的独立性和多样性知识的统一性是不同质的关系。科学理性的局限性就在于把它们混为一谈，结果是用因果决定关系网幻想出一个决定论的宿命世界，把人的知识、文化选择为现实的自由自觉的历史性生存嵌入疏而不漏的因果决定网中，人失去了自由的本质。知识的普遍意义元结构地位对人的主体世界而言是基础性的。知识在元结构意义上具有独立性，人类对世界的认识才能一代站在一代的肩膀上构建出人类统一性的社会历史发展过程，文化知识才成为真正人类意义的共同而永恒的财富。

具有独立元结构认识意义的知识是人类理性认识的元结构，它就不是完整的理性认识，只是构建理性认识的基础结构，它的现实意义在理性统一性之中。这就是把人的灵魂理解为理性灵魂的理由。

第三节　知识向智慧进展即知和行的统一

一、知识的统一：经验论和唯理论的统一

以追求世界统一性完满理解为己任的哲学先天地具有彻底的批判精神，因而对世界的统一性智慧思考常常以怀疑论的面目出现，这是哲学进步的阶梯。历史上最著名的怀疑论是休谟的怀疑论。因为休谟的怀疑是根本性的，不是对某一知识或论断的批判和怀疑，而是对人类认识能力的怀疑，即怀疑人类理智能力能否根本上认识真正的存在，存在和思维能否有根据地统一起来。

对个体认识主体而言，他的认识来源究竟是来自天赋观念还是来自后天经验，这是哲学史上一直争论不休的问题。天赋观念论源自柏拉图的知识"回忆说"，在中世纪被基督教理论作为其教义和信条的逻辑根据。近代科学革命以及反对中世纪封建及宗教统治产生了一大批反对天赋观念，主张一切认识来源于后天经验的经验主义思想家，其主要代表人物之一是英国哲学家洛克。洛克指出，天赋观念潜在于人们心中的说法是自相矛盾的，说它在人们心中人们又不理解它是一种自相矛盾，任何知识都是后天学习中建立起来的。洛克最著名的学说是"白板论"。既然心灵原来是一张白纸，上面没有任何记号、任何观念，那么，心灵现有的这些观念是从哪里来的呢？心灵是从哪里得到理性和知识全部材料的呢？作为对这个问题的回答，洛克提出了经验论的基本原理：一切观念和知识都是从经验得来的。"我们的全部知识是建立在经验上面的，知识归根到底都是来源于经验的。"[⑤]洛克的经验主义认识论对于反对宗教神学信仰，推动科学精神具有深刻意义，对近代西方思想史产生了积极影响。

但是，洛克的"一切观念和知识都来自经验"中关于"一切"的独断论断是缺乏批判精神的，这种彻底的经验论由于缺乏统一性思考很快就暴露出

了它的历史局限性。巴克莱继承了洛克的经验论传统，把一切认识彻底还原到感觉，并把世界上一切事物的感性存在性质本身也变成我们心中的观念，从存在到认识都是建立在深厚的感觉基础上的东西，所以，贝克莱的结论是存在就是被感知和感知，客体的存在是被感知，主体的存在是感知。当客体世界的存在被因果关系思维还原为观念之后，认识论和客体存在论的统一性关系变为还原关系，客体还原为客体在心灵中被感知的观念，所以，存在就是被感知，物质客体是否存在变成依赖于心理感觉了。贝克莱最后把经验主义彻底到否认物质的登峰造极的境界。由此可见，经验论和唯物论一样，是不能“彻底”的，彻底就走向反面。

把洛克经验主义进一步彻底化的是休谟的人性论怀疑哲学。休谟和贝克莱一样，坚持洛克一切认识和观念来源于经验的原则，但休谟把对经验的感知进一步分解为印象和观念，观念是由印象刺激产生的，而不是和印象并列的感觉，所以，经验论就被休谟进一步彻底还原到印象。贝克莱的主体感知也被休谟归入由印象产生的直觉，休谟的经验主义是从印象出发的彻底的经验论认识论。印象是一切认识的基础，但印象从哪里来？对此休谟持怀疑态度。“至于由感官所发生的那些现象，据我看来，它们的最终原因是人类理性所完全不能解释的，我们永远不可能确定地断定，那些印象是直接由对象发生的，还是被心灵的创造能力所产生，还是由我们的造物那里得来的。”[⑥]由于把经验彻底化，把经验作为一切存在的根据，从经验得来的认识其实也一定是缺乏根据的，所以，彻底经验主义一定是不可知论的。

经验论否定了天赋观念论，但它本身也面临着一个难以逾越的障碍，这就是个体主体的经验本身是如何得来的。这并不是一个不证自明的问题，而恰恰是认识问题的关键所在。事实上，经验是认识的过程，而不是认识的根据。把经验作为认识的起点，陈述为认识的来源是合理的，但彻底经验主义把经验作为认识的根据，把起点、来源等同于根据，那就很有问题了。所以，彻底的经验主义认识论走向了极端。休谟停留于感觉的印象去思考认识，只能对认识感觉深不可测，只能感慨不可知。与此相反，唯理论坚持天赋观念论，这有它的合理之处。莱布尼兹认为人类认识与禽兽认识的区别在于禽兽只是在感性经验之中去认识世界，没有达到必然性的知识命题认识。彻底的感觉经验论的第一个无法解释的问题就是人和动物的区别问题，即为什么具有感觉、感知的动物和我们的认识有本质的区别。按照艾耶尔的观点，经验主义所受到的唯理论的挑战主要在于数学和逻辑这两门非经验学科，因为它们运用的是演绎推理，不是从经验归纳中得来的。所以，对人类认识而言，坚持经验论否定唯理论或相反的态度都是陷于知性因果逻辑思维绝对性的结果。对人类认识的思考不是从不证自明的感性开始，而是必须解构经验本身，从而把经验论和唯理论统一起来。没有认识本身的统一性，对世界的统一性认识就是空想；得不到人类知识统一性理解，人类知识本身就变成支离破碎的了，在进入现实的知识时代时，那是人类的灾难。

彻底经验主义的最大问题不是数学和逻辑学这些由演绎推理建立的知识的挑战，而首先在于对感觉本身认识的挑战，即由印象变为观念也即建立感性认识时的构建机制和过程问题。认识主体把外界刺激的信号信息转换为认识中的直观印象或所谓感性表象这类最简单、基本的具体认识时，它同样需要形式。即使是把外部刺激以“盖图章”的方式印记到记忆的白板上，也需要构建印象标记的形式。古希腊哲人早就说过，人是万物的尺度。人根据自己的感官去感觉外部世界时，在把那些感知转换为观念时，是根据人的尺度，按人所特有的认知形式去得出观念的。相互作用不需要形式，但一旦认识产生，认识的形式、尺度就随之产生。从经验认识的构建机制去看，印象、感性认识同样是内容和形式相统一的，没有无内容的认识形式，也没有无认识形式的内容，这才是认识统一性的第一原理。从这一原理出发，说一切认识从经验开始就有问题了。比如说，构建人类经验认识的尺度和形式是经验的吗？肯定不是。如果坚持彻底经验论，那就只能说，经验认识的形式是经验认识，那就陷入循环论证了。这正是西方认识论一直没有从认识的最基本构建机制上思考，从而产生经验论和唯理论的非此即彼矛盾的原因。事实上，只能说一切关于客体的知识都是从感性经验开始的，是从经验认识中综合和归纳出来的；而一切经验归纳认识所使用的形式，包括认识所依赖的尺度、逻辑、范畴都不是由经验归纳而来的，所以是演绎的。人类的认识之所以超越了动物的感性认识，就在于人的认识尺度、形式借助于客体性的符号载体，从有限具体个体的限制中解放出来，和动物的认识形式产生了本质的不同，从而实现人类认识的革命性飞跃，产生了普遍性的知识，产生了以人的知性为元结构构建的理性的灵魂。所以，西方哲学史上关于经验论还是唯理论的争论其实把知识统一性命题还原为非此即彼的知性判断命题，无法得出合理理解。如果一切认识都来源于天赋的先验前提这个命题为真，那么电脑就能代替人脑，就能发明一大堆新知识，人就退化为物，甚至是比电脑还不够聪明的物，人就失去了主体创造性存在之本质意义。认识的内容和形式相统一是认识第一原理，它又可以陈述为经验论和唯理论相统一的认识基本原理：客体世界认识的内容是从经验中来的，客体世界的感性认识是感官内容和人类感知转换为认识印象的形式相统一的产物。任何认识形式不是由经验来证明和提供充足理由的，而是依靠与经验归纳无关的演绎推理来保证其统一性的。正是先验形式为具体个体感官感知的信息意义构建为具有统一性普遍意义的经验认识提供了基础，因而人类认识在内容和形式相统一的进展中上升为具有普遍意义的知识。

具体认识是具体个体主体的心理行为，认识本身也是一种经验吗？认识的先验形式又是从哪里来的呢？是天赋观念吗？那人和动物的本质区别就是天赋的了。天赋的“天”是上帝还是自然呢？如果是自然，那不是意味着人还没有超越自然吗？这一切，必须从统一性智慧去思考和理解。

首先，必须严格区别感性经验和心理体验的区别。认识是人类生存中最基本、最本质、最普遍的实践行为，广义上来说，认识是人类的生存经验。但是，必须把对经验的认识和认识的经验严格区别开来，把经验严格限定在经验论的感性经验之意义。经验论的经验指的是建立在认识主体感觉器官对客体存在的感知基础上的经验，这种在主体认识尺度和形式基础上建立的印象叫感性认识或经验认识，经验主义认识论的经验对象是严格限定并指向客体世界的。当然，经验的客体世界包括认识主体的客体存在自身，即认识主体的自然存在，而构成认识主体本质的思维、灵魂、认识这些形而上的非“器”存在是不能由感官经验的，纯粹的心理体验经验不是认识论意义上的经验，否则，一切经验就真的包括一切认识了。

其次，认识客体和客体是不同规定性的概念。认识客体不仅是从客体普遍存在中抽象出来的，而且是从认识主体相对意义上去规定的。认识主体的指向意义对象即为认识客体，当主体思考自己的抽象思维本身时，主体就以自己为客体，认识主体对自身认识的反思就使自身成为主客体相统一的认识中的存在，这正是人类认识能够实现经验和先验、内容和形式相统一的知识成果的原因。如果没有对认识的认识，没有形而上学，没有普遍性认识的尺度和形式，从印象认识上升为普遍知识是不可能的。人和动物的本质区别不在于经验认识，而在于先验认识，严格地说，是先验形式和经验内容相统一知识认识。普遍的知识使人类超越了纯粹的动物界。

最后，使人类从对客体世界经验认识上升为经验和先验相统一的知识认识的内在机制就是客体性意义符号的发明、传播和普遍使用，它使人类将复杂的抽象意义从对个体认识主体的依赖性中解放出来，成为群体、类的意义上的普遍意义，成为在客观普遍意义上不断积累、不断发展、不断普遍化的意义。所以，说人超越动物界的充足理由在于建立了经验和先验相统一的普遍性意义认识，和说人的本质是思维，是文化，是理性，是知性，是具有统一性意义的。从统一性意义超越非此即彼的知性思维，就能回复到对人和世界的具体丰富理解。

为什么先验的认识使人超越了纯粹动物界，成为有理想有知识有文化的最普遍的存在呢？因为，人类的普遍性的类本质是由人类文化普遍性、知识的普遍性为基础构建起来的，而先验的认识，从前提演绎出来的逻辑和形式的一致性，正是人类认识实现普遍性意义构建的充足而又必要的理由和根据。

二、知性认识的理性构建

人类普遍精神文化是感性、知性、理性相统一的。为什么普遍知识的产生是人类走出自然界的标志，我们却总是说人是理性本质而不是知性本质的呢？因为人类从自然感性认识上升为非自然文化认识是进入普遍知识认识和理性精神文化的同一过程。知性认识和理性认识是同一精神认识的两个不同方面，它们作为不同层次是不可分割的。理性认识以知性为对象，建立知性多样性认识的统一性，把人类抽象认识导向抽象的具体，从有限进展到无限，使抽象知识和现实具体世界的统一成为可能。仅在这种意义上看，知性认识和理性认识既是不同层次的又是相对独立的，以知识为对象的理性统一性认识和知识本身是有明确的边界的。这种理解是合理的，也是人类对知性理性统一性关系的一般关系的理解。但这还不够，否则柏拉图的理念论就是不可逾越的。局限在抽象精神文化统一性的西方哲学凭经验主义合理地解决了知识来源问题，却无法回答知识的目的、意义、根据这些只能由精神文化回归人的文化生存实践才能理解的命题。西方哲学至今不但无法为认识的客观普遍有效性提供充足的理由，而且哲学理论大厦仍是半拉子工程。把精神文化独立于现实并赋予其最高意义，不但达不到对人的认识的存在论意义理解，连基本的哲学就是人生智慧、元哲学就是人生哲学的起码自觉水准都不够，使哲学成为纯粹形而上学的无病呻吟。不懂得哲学是什么就不知道人的普遍本质乃至人作为理性具体存在是什么。哲学形而上学为人类提供普遍形式的意义思考，首先要回答人类知性知识何以是可以统一的，为什么必须是知性认识才能是理性统一起来的，而感性自然认识却不能统一为无限的理性认识。这是因为，自然认识是没有理性统一性形式为基础的，以之为材料是建立不起认识统一性的，以之为材料建立抽象有限普遍知识综合归纳时才引入普遍统一性的先验描述形式，知性认识才是可以理性地统一的。更具体地说，人类对感性认识进行知性普遍抽象归纳时，是以理性统一性的先验认识形式去构建知性知识陈述的，这是哲学形而上学是人类文化基础的理由。人类知识认识在内容上是知性的，在形式上是理性的，形式和内容相统一的知性认识其实是知性理性不可分割的统一意义。因此，以知识为内容的一切经验认识才是内在地统一于理性的，人的精神文化抽象本质就统一于理性，人们就能普遍地感悟到人是理性的存在。但是，理性本质终究就在于人的现实生存中，难以望柏拉图项背的西方传统哲学，停留在纯粹理念论，限于为知性认识提供从感性具体实现知性普遍抽象统一性形式，具体理性还没完成，还只是抽象理性；由抽象理性回归人的现实文化生存才通达人生的智慧，达到具体理性才是自觉理性，才是在逻辑框架上完备的哲学。

从知性理性不可分割且统一于理性的意义看，人创造了文字建立了普遍文化知识而跨入文明门槛时，就已是理性为本质的存在。人类进入对理性的自觉思考却是理性发展到相对高级阶段才发生的，西方哲学以柏拉图的理念论为标志。理念即共相概念，是知性对自然认识的普遍抽象归纳的成果，理念论则是以抽象理念为对象的认识，是进展到人的认识形式统一性本身的认识，柏拉图据此成为西方哲学史的泰斗。理念论探求人的主体世界意义认识的普遍统一性，西方哲学就主要围绕着思维和存在的统一性关系展开，并进一步具体为认识和存在的统一即知识的客观性问题，这是后柏拉图西方哲学的主旋律。知识客观普遍性以内容和形式相统一的认识为对象，执于形式得出唯理论，执于内容得出经验论，各有各的合理性，但若彻底就走向反面，双方各不相让成为哲学史上一笔糊涂公案。近代哲学史尝试建立经验论和唯理论统一性且最有成效的是康德的批判哲学，主要体现在《纯粹理性批判》的先验哲学中。康德对认识的思考已经不再单纯局限于经验认识即感性认识中，而是回到认识主体的认识能力的思考上，从客体世界和认识客体的思考转向认识主体认识能力的批判。康德把从认识客体为对象的认识论思考转向认识主体能力的思考称为哲学上哥白尼式的革命，即认识描述的参考点发生了根本的转变，实现了从认识客体到认识主体的转变。正是从认识主体的认识能力去思考，批判哲学的认识论就不再停留在经验论或唯理论两者非此即彼的选择上，而是建立了被康德称为先天综合统觉的先验论哲学认识论。但是，康德也许并没自觉到他的哲学哥白尼式革命的深刻意义，没有意识到已经从传统真理论的内容和形式相统一的认识思考彻底转换为对知识认识形式的思考，从认识客观性转向知识普遍性命题的思考。

批判哲学的目标是从人的认识能力出发，考察人类客观普遍知识如何是可能的。这是西方哲学认识论由客观性向普遍性思考的根本转换，但康德却坚持这还是不依不饶地探求知识客观性问题。转换到主体认识能力，实际上只能解决人的认识客观性的必要条件，却无法得出认识客观性的充分条件，所以，康德用客观认识如何可能而非如何保证或实现来表述。用康德的话来说，纯粹理性能力是主体对自然客体世界客观知识的认识能力，实践理性是对抽象实体的认识能力，前者为自然立法，后者为人立法，人类理性立法的目标即自然和自由。自然的立法是实现客观性，自由的立法是实现至善，所以，纯粹理性是解决人的客观真理认识问题，并且是对自然的必然性知识的认识问题。康德的批判哲学吸取了当时欧洲大陆唯理论和英国经验论的长处，又克服了它们的不足，把两者统一起来，所以被后人称为调和唯物主义经验论和唯心主义唯理论的大杂烩，被列宁斥为折中和调和主义的哲学。列宁说："康德哲学的基本特征是调和唯物主义和唯心主义，使二者妥协，使各种相互对立的哲学派别结合在一个体系之中。当康德承认在我们之外有某种东西、某种自在之物同我们的表象相符合的时候，他是唯物主义者；当康德宣称这个自在之物是不可认识的、超验的、彼岸的时候，他是唯心主义者。在康德承认经验，感觉是我们知识的唯一泉源时，他是在把自己的哲学引向感觉论，并且在一定条件下通过感觉论而引向唯物主义。在康德承认空间、时间、因果性等等的先验性时，它就把自己的哲学引向唯心主义。"⑦由此可见，坚持唯物主义和唯心主义、经验论和先验论非此则彼的有限知性思维是无法理解批判哲学统一经验论和唯理论的意义，继而无法通达对世界统一性理解的智慧的。

康德的纯粹理性批判考察的是人类的知性认识能力，即客体世界的必然性真理知识的认识能力，用今天的话来说，是科学对物质客体世界必然性规律的认识能力。有限知性无法通达无限的物自体，对知性而言，物自体不可知，这是合逻辑的。传统的机械唯物主义特别是从柏拉图到黑格尔的具体绝对真理论坚持用因果必然性关系去通达物自体，得到具体、全体的真理，从而达到存在的统一性认识，实在是一种夜郎自大的态度，这是当代科学理性的宇宙观、认识论的形而上学根源。按照这种逻辑，一切认识，包括对客体存在的具体统一性认识，都是抽象的客观知识本身，只要在人类价值选择中认为是对的，就被冠之科学的，包括科学的形而上学。按照列宁的唯物主义观点，空间、因果性、时间是唯物主义经验论的，是可经验的，所以一定是实在，所以是可发展、运动、变化的存在，时间是可被改变的一种实在，当代时间倒流、时空穿越潮流与之是一脉相承的。按照此种时空是因果性经验实在的逻辑，只要我们科学认识及技术手段达到一定水平，就能自如地控制时间、空间及因果性的必然运动，实现自由意志。当我们让时光倒流到公元一九一八年，革命导师列宁就不会重复因特务暗杀受伤的命运，就能重新改写人类历史。但如此人类已经没有了历史，也没有了因果性，因果性也是可以被改变的实在东西了。人类的大同境界，在科学技术实现了时空穿越的基础之上就具有了充分的理由，因为只要一个时空按钮就能自由选择生存状态，不但克服了所谓的死亡，而且能永恒生存在自由意志所选择的最全面、自由发展的时空之中。然而，时空、因果性实在论者忘记了，在一个失去了因果性的世界里，除了上帝信仰支配外，其他一切都失去真正的意义，更不要说所谓自由。

康德统一经验论和唯理论的先验哲学是富有成果的。康德同意经验主义的观点，认为我们只能认识我们所经验的，感性认识是知识认识的来源；但不同意贝克莱和休谟的彻底经验主义将普遍的科学必然性认识仅归结为经验。因为数学以及自然科学的真理必然性认识的客观普遍有效性是不容置疑的，否则人类将倒退到原始思维，停留在纯粹动物世界。所以，康德认为，人类具有先天的客观普遍认识能力，能够把感觉所提供的具体个体认识上升为具有普遍必然性的客观知识，人类的这种先验认识能力是理解人类对自然必然性客观真理认识的关键。康德把知识分为两类：经验的和先验的。经验知识是从经验认识中由个别到一般的综合判断，先验的知识是从前提出发的分析判断。但是，经验的综合判断缺乏普遍必然性，先验的分析判断具有普遍必然性，但其结论包含在前提中，没有提供新知识，所以经验综合和先验分析的判断能力都不是知性必然性知识的认识能力。既能提供新知识又能提供知识普遍必然性的判断就只能是既经验又先验的，即或先天综合或后天分析判断。但后天经验分析判断不成立，因为分析判断根本就不须借助于经验，谓项是从主项中分析独立而来的。所以，普遍必然的客观知识只能从先天综合判断中来。

按照传统的认识，综合判断是对经验认识的判断，所以是后天的，这种后天综合判断只能使认识停留在感性个体认识中，无法上升为普遍必然性知识。但是，康德认为，还有一类先验的综合判断，实际上以时间、空间这些先验的认识形式建立起来的综合判断就是先天综合判断，一切科学知识正是由这种先天综合判断来提供的。在批判哲学中，一切科学知识是怎样可能的就转换为构成一切科学知识的先天综合命题，其精髓则在于时间、空间形式为何是先验的，这正是批判哲学即先验哲学的充分理由。不懂先验性就不懂批判哲学，不理解时间空间形式的先验性就无法理解批判哲学统一经验论和唯理论的深刻意义。

康德认为，纯数学或自然科学的基本命题和原理都是由先天综合判断构成的命题，综合判断提供知识，先天形式则提供普遍必然性形式，所以先天综合判断就提供以普遍必然性形式描述的知识，这就使普遍客观性真理认识是可能的。批判哲学解释客观真理认识可能性时把经验论和唯理论统一起来，经验提供综合判断的材料，先验的形式把综合判断构建为具有普遍必然性形式的认识，它就不再是具体个体的感性认识，而具有了客观普遍人类知识的意义。康德把人类认识能力分为感性、知性和理性认识能力，感性认识、知性认识和理性认识是人类认识从个别到一般，从一般到普遍的从低级认识发展到高级认识的过程。三个层次认识的统一把经验论和唯理论统一起来。人类认识不只是消极地反映感知印象，也不是消极地分析概念，而是主体依靠先天的普遍认识形式去把感性认识的材料构建为普遍性的先天综合判断，得出具有普遍必然可能性的知识。但是，为什么康德的批判哲学并不为经验论者接受呢？为什么反映论坚持排斥先验论呢？这至少有如下三个方面的重要原因：一是西方文化的知性理性化传统，即科学真理认识作为绝对、最高的认识，知性认识取代了理性统一性认识，所以康德之后的西方哲学认识论没有保留康德的知性认识的有限性和由理性认识来综合统一知性认识，实现由有限知性认识到无限具体认识的过渡，而是坚持认识是感性认识到理性认识的二段论，即认为一切知识都是理性认识的，对世界的认识是由知性因果必然性关系的无限网络联结成的理性认识，所以认识的最高阶段和形式就是科学的、理性的。科学理性思维的特点就是非此即彼的判断，它是无法接纳先验论而同时保留经验论的认识论的。二是现代科学对宇宙世界的解释强化了时间、空间这些康德认为是先验形式概念的实在化。二十世纪科学对自然界的两个最重要发现即普朗克的量子理论和爱因斯坦的相对论，它们对世界的科学认识的最富成果的启迪被认为是因果确定性关系的终结和时空的不可分割的经验实在性。当代导航技术应用的理论基础之一是：引力影响时间流逝的快慢，时间像河水一样是流动着的实在。经验实在性不但是我们对时间的科学解释，而且我们具备了处理时间实在行之有效的经验技术。在这种科学技术背景下坚持时空先验性是不合时宜的。三是批判哲学理论本身的局限性。康德批判哲学理论和他提出的理论目标其实是有很大距离的。从经验论到唯理论到先验的批判哲学，所围绕的核心是认识的客观性问题，康德给纯粹理性批判制定的目标就是解决人类知识的客观普遍性，但从主体先验认识形式去理解的认识客观性，把普遍性等同于客观性是很有问题的。西方哲学认识论则长期以来只停留在这一水平上，并没有把知识、真理、理性从本质上区分而后统一起来，没有深入客观性认识的本质。实际上，认识的客观普遍性本身已经是统一性概念，即客观认识一定是普遍的，但普遍的认识却未必是客观的，普遍认识是客观认识的必要而非充分条件，只有在普遍认识基础上才能产生出客观认识。但康德和西方哲学的经验论及唯理论者一样，把先验哲学理解为对认识客观性的一种解决理论甚至方案，那当然是不成立的。认识的必然真理性和认识的普遍性并不是同一关系，认识的先验形式的作用在于把个体多样性感性经验认识构建为具有普遍意义的认识，但这种普遍认识是否具有客观性则与先验形式无关，否则，一切以时间、空间这些先验认识形式构建起来的认识就都成为真理知识了，认识的普遍性和客观真理性就同一了，但这是不合逻辑的。所以，康德谨慎地用“可能”来陈述人类知性认识实现客观性认识的能力。但是，我们需要理解的是，知识的普遍性或客观性必须是必然地普遍的、必然地客观的。先验哲学的真正意义不在于解决认识的客观性，而在于解决了人类的普遍知识是如何构建起来这一知性知识认识的最基本的命题。换句话说，唯理论所讨论的也是认识的普遍性问题，唯理论和经验论的统一的意义就在于解决了人类如何把多样性的个体经验认识通过普遍的先天形式，综合为具有普遍意义的知识这一问题。

其实，如果不是陷入机械论的因果决定关系的绝对性、片面性和有限性，任何关于认识成为具有普遍意义知识的最基本问题就是它在构建判断关系时的普遍性问题。离开普遍性去说客观性是不成立的，但离开客观性说普遍性却是理所当然的。因为知识之为知识的充分理由是它的普遍性，一个判断的陈述是否具有普遍性意义是由它的形式提供的，而是否真理性、客观性却根本不是由形式决定、判断的，是无法在心的范畴中解决的。所以先验哲学根本不可能解决认识客观性问题，康德用“可能”去陈述已经表明他根本无法实现批判哲学的目标。客观性需要现实性必然性担保，不能只建立在羞答答的可能性上。康德作为十八世纪最伟大的哲学家，他的最伟大贡献在于他从先验形式出发，解释了人类普遍性知识是形式和内容的统一，实质上是先验和经验的统一。认识的普遍性比客观性更基本。并不是一切知识都是客观性的，关于善、美的价值判断和审美判断的普遍知识是无法用真伪值去衡量的。西方文化把真理作为一切认识的最终、最高标准只不过深刻地揭示了它的机械因果思维的历史本质和局限性，这正是西方文化沿着科学真理认识方向畸形发展使人类走向自由解放过程同时又陷入把人物化为奴隶的异化过程的重要原因，也是导致人类文明面临重大生存危机的认识根源。知识首先是普遍的，是普遍的先验形式综合多样性经验的关系判断。先验的形式范畴是人类认识的基础，是理性之为理性的根据。正是在这种意义上，既可以说知性知识是哲学理性的基础，为哲学提供构建理性具体认识的各种普遍抽象意义元结构，也可以说，哲学才是人类文化的基础，它是知性抽象多样性意义之所以能成为统一意义的形而上学基础。在人的生存现实中，知识和理性其实是不可分割的。

三、知行统一的具体本质是理性灵魂存在

自从柏拉图和亚里士多德建立了西方唯心主义本质存在论后，哲学认识论一直是西方哲学发展的主流。西方哲学围绕存在和思维这一基本问题，以

认识客观性为核心形成真理论。进入近代科学革命开启的科学理性历史时代后，西方哲学更是自觉地把统一性思考聚焦在真理认识问题，把客体世界的领地交还给自然科学。当代西方逻辑实证主义哲学和语言分析哲学把思维视角直指意义及真理的探究等涉及人类认识意义构建的元意义结构等深层次问题。但由于西方认识始终把真理当上帝，以追求知识客观性为己任，人类知识产生的真正奥秘结构即构建知识普遍性的先验形式概念和先验逻辑范畴的本质意义还没有挖掘出来，批判哲学的真正意义还没被当代人理解，因而对人的理性灵魂本质的觉悟还没达到经验和先验，感性、知性、理性相统一的境界，对人的具体理性认识还没有从抽象进展到具体，即没有从主客观统一进展到主客体统一的水准。这在理论形态上表现为唯物论和唯心论、本体论和本质论、存在论和认识论的分裂和对立，在现实中没达到对人的主客体统一性认识的水准，不懂得抽象理性的意义必须进展到知和行的现实统一才是有意义的，才是理性之为理性的根据；不理解以抽象精神文化为普遍本质的人的精神文化过程是人的现实生存本身，是人存在论的充足理由。现实地说，还没有把文化理解为人的具体理性的现实存在，停留于文化的抽象意义就止步于抽象理性，没达到具体理性水准。从另一角度看，不进入自觉的具体理性，也就没洞察抽象精神理性的本质。无论把精神文化当作抽象实体，还是理解为相反的物的附属即第二性的非存在，都无法达到认识即理性即灵魂即存在即人的本质的自觉理性水准，最终人类文化就停留在抽象意义，甚至发展为精神文化拒斥具体灵魂的纯粹抽象状况。

诚然，人类认识追求真理是天经地义的，真理认识是对客体世界必然性规律关系的客观认识，但这只是人类知识中以客体为对象世界的那部分，真理认识根本没有涵盖普遍的世界，这是其一。以真理认识为目的的知识指向的是外部对象，是主体对对象世界的思考和判断，它停留在对象中，没有返回主体自身，所以，关于真理的知性认识就总是停留在抽象里的有限认识。只有真理认识则一定使人类陷入片面性和抽象性，既无法从抽象回复具体客体世界，更无法回复人自身，达到自觉理性，这是其二。事实上，哲学之为哲学，认识论之为认识论，是对世界精神现象和本质相统一的自觉思考，一定要通达主体认识自身的本质才是圆满的。深刻而基本的认识是对认识的认识，是返回认识主体的认识，这才是理性自觉之为自觉的意义。如果认同认识普遍性是认识构建知识的基础，先验的形式概念和逻辑范畴是构建普遍性对象关系的必要条件，那么，对认识的认识最终一定要面对认识的形式及先验范畴问题。认识论的深层基础不是在特定的真理知识中挖掘，首先要以一般的知识为对象。哲学认识论对知识的基本思考不只是追求真理的充足理由，而且首先要得出普遍知识之所以具有普遍意义的必然性而非可能性的理解。简言之，哲学认识论首先要解决知识普遍性是如何由认识的先验形式提供现实性和必然性的，在此基础上才能得到人类理性是先验和经验相统一、形式和内容相统一、知性和理性相统一的智慧理解。

认识的先验形式和先验逻辑范畴的思考似乎面临着鸡生蛋、蛋生鸡的困境。既然一切知识都是形式和内容相统一的意义结构，没有无内容的纯形式，也没有无形式的纯内容，把知识划分为内容和形式只是认识上的抽象，那么纯先验形式是可以认识的吗？诚然，纯粹认识的先验形式在知性因果关系意义上是无法认识的，但在统一性的反思意义上却又是可认识的。中国人早就懂得“工欲善其事，先必利其器”的道理。对认识这件事而言，就是要构建认识普遍性先验形式和逻辑本身。当认识从以客体内容返回以主体认识的先验形式为对象的时候，先验的形式就是内容，用先验的形式去思考先验形式为内容的认识对象，就是对认识的反思，它不再是客体必然性真理判断，而是主体构建客体关系的统一性判断了。这种认识的认识，对认识主体的先验认识逻辑的认识，才是地道而深刻的形而上学智慧命题。因此，尽管批判哲学并没有达到解决人类知识客观性问题的伟大目标，康德的知性认识真理论也很少被后人延用，人类在科学理性的道路越走越远，但始终把康德尊为哲学巨匠之一，因为先验的命题正是形而上哲学智慧的领地。

如果持知性理智的观点追问，究竟是先有先验形式的认识还是先有对客体世界的内容和形式相统一的认识呢？那可以断言，在发生学意义上，对客体世界的内容和形式相统一的认识在前，对认识本身的形而上学反思在后。没有认识，对认识的反思就无从谈起。但一切认识都是形式和内容相统一的，如果没有先验的认识形式，又何来内容和形式相统一的认识呢？这里要区分两个不同的命题，即对先验形式本身作为内容的反思认识和在认识中产生了先验形式是两个不同的命题。认识的先验形式自在地存在于一切被称为知性认识的抽象思维活动中，它的存在和对它的存在的自觉思考认识是两回事，这就和无论你懂不懂消化原理，你自身都必定按消化规律和原理去消化是一样的。生命自然的消化和自觉到生命自然消化过程的规律性认识当然是不同层次而又具有统一性的问题。所以，先有内容和形式相统一的认识，后有对认识形式的哲学反思。并且由此可以断定，人类认识的先验形式是自然地产生的，而不是自觉认识产生的，因为一切认识都是内容和形式相统一的，而最简单、最基本的认识是自然的认识，文化的、自觉的认识是在自然的感性经验认识基础上发展起来的。所以，在发生学意义上，自然认识在先，对先验的认识形式而言，首先是自然产生的，认识首先是自然进化的产物，构成认识的先验形式则也一定首先是自然的产物。

自然的认识是高级动物对客体世界的感性认识，认识的朴素先验形式是感性从经验客体存在构建感性认识的抽象形式。对人的认识而言，先验的感性认识形式是人的感官对客体世界的刺激信号信息建立经验意义的内在机制，归根到底是人的感官对刺激感官的客体存在建立描述的“尺度”。在自然认识意义上，不同的高级动物对世界的感性经验认识有各自不同的描述尺度，普罗泰戈拉说“人是万物的尺度”，这是以人作为认识主体，其他高级动物作为认识客体去定义的。它的深刻意义更在于揭示了人对世界万物即外在客体的认识是有“尺度”的，这个尺度是感官感知万物的形式，所以它依赖于不同生命存在的感官本身的特性，甚至依赖于不同生命物种的规定性。人类眼睛特性决定了人的视觉感官的视觉频段，但依靠红外频段去感知外在客体的生命物种的“可见”和人类显然是不同的。又比如说，一个只有较短生命周期的昆虫对外界客体存在的“生命”感知和人是不同的。假如一个蜜蜂只有一个月的生命周期，在它的生命中感知到鲜花盛开并依据感性认识去花丛中采蜜，但它是不会理解、感知到开花还会结果，果子还会落地，还可以生长小苗。所以，生命感知世界有自己的尺度，人有人的尺度，“人是万物的尺度”的最深刻意义不在于人超越万物去支配、认识、衡量、判断万物，而在于人凭借自己的感官去体验万物时是有自己的尺度的。这个“尺度”是抽象的，是对世界万物而言才有尺度之意义的，这就是人的自然认识的先验形式。离开这些先验的人的尺度，人的感性认识就只有内容而无形式，没有超越感官感觉上升为对客体世界的经验认识。人的感知万物的尺度与对万物感知的统一经验才成就了人的感性自然认识，为人的更复杂、更高级的认识提供了基础。康德在批判哲学中，已经智慧地把空间和时间作为认识的先验形式，而且是作为人的感性认识的先验形式。所以，空间和时间正是人的自然认识的感性“尺度”，即人的感官正是在时间和空间形式下建立客体的经验感知意义之稳定认识的。需要指出，经验认识是独立于经验感知本身的，经验感知是过程，经验认识则是过程产生的认识成果，即建立并贮存在认识机制中相对稳定的经验之意义。

康德把空间和时间称为感性直观的先验形式，其中空间是外感官直观的感知形式，时间是内感官的感知形式。为什么人类对存在一直执着于客体存在，执着于物的存在呢？因为人的感官认识客体世界的最基本形式是空间，对世界的最基本的认识是空间性形式存在之物。物具有触觉、视觉可感知可衡量之实在意义。但是，人类对空间、时间的认识一直陷于将形式实在化的误区。牛顿科学理论以空间、时间作为知性科学描述的独立变量，即把它们作为认识的描述形式，但牛顿本人又对空间、时间给出实在性的形而上学解释，因而对时空认识产生了极大的影响。康德对空间的先验性进行了充分论证，指出空间不是从外部经验得来的概念，而是必然的先天形式，因为把思维中一切东西拿掉时可以设想空间，但设想任何物的存在时则不能离开空间去独立完成，所以空间抽象形式是物的存在感知认识的基础。空间的先验性在于它是直观，是整体，不是部分，或者说先有整体，后有部分，部分空间是从整体中抽象划分出来的。物的存在则是先有个体，再有共相抽象，先有部分，再有整体，整体是部分的统一。先有整体的空间不是物而是物的先验认识形式。由于空间无限大，没有外延，所以不是概念，只是直观的认识形式，是人的外感官感知世界客体的先天形式。时间则是对成为思维中的意识的认识形式，是经验认识之所以是经验的前提。空间是外部现象的形式，时间则直接是内部现象、间接是外部现象的形式。人类的认识，在自然中是以空间和时间的先验形式去构建感性认识的。但是，自然认识还没有形成知识，还没有知性认识的充足根据，所以，康德认为由空间、时间的先验性可以为认识的普遍客观性提供理由是不充分的。实际上，在感性自然认识中，仅依赖于最基本的空间时间形式，认识还没有上升到普遍水平，依然停留在多样性、个体性的感性直观之中。所以，时间、空间作为先验的认识形式，只是人类建立普遍认识的基础，只是知识认识的必要条件，还不是充足条件。对世界的知性认识其实是建立在先验认识形式基础上的普遍性认识，即时空尺度的普遍性基础上的普遍性抽象意义，那就是文化的而非自然的现象了。认识的普遍性是由先验的认识形式赋予的，客观性是以经验为根据的。更进一步，当人类对认识的先验形式即空间和时间进入自觉思考时，那就进入了形而上学的认识，不再属于经验认识范畴了。形而上学认识包括知识，但不是由经验中综合的知识而是在自明的公理基础上演绎出来的，是关于具有内在统一性的知识体系的知识，实际上是知识和理性相统一的。这恰恰是统一性原理的逻辑认识的重点，是本卷后半部分讨论的主要概念和范畴。没有相对完备的空间、时间形式从感性到知性到理性的统一性理解，世界统一性原理就连空中楼阁都想象不出来。当代人类断言再也没有世界统一性认识的原因之一，首先在于人类对先验的空间、时间形式的认识是很有问题的。皮之不存，毛将焉附！

认识以直观为基础，但只有在判断中才构成具有普遍意义的知识，所以，空间、时间先验直观形式只是知识的必要先验条件，还不是充分条件。能产生普遍知识的充分先验形式的理由一定在于构建判断关系的形式之中，这就是构成一切判断具有普遍性意义的形式逻辑，康德称之为先验逻辑范畴。判断的逻辑形式的普遍统一性是确保构建知识判断符合知识普遍性的必要而又充分的条件。一个符合形式逻辑的判断，不管其真理性如何，它的普遍性则是有充分保证的。人类从感性认识基础上超越纯粹自然界，就是对感性直观认识按照普遍性的先验形式逻辑去进行综合归纳，使个体自然认识抽象为普遍性的意义理解，成为有知识、有文化的存在，从而超越了生物界。人类文明的进程，是凭借文字符号为载体，按照先验的逻辑形式建立具有普遍意义的判断知识产生的。人类文明的进步，一方面表现为这种普遍性知识的不断积累，表现为知识普遍性的不断扩展，最后达到绝对普遍性的知识的产生，即与任何认识主体无直接依赖性的，所以是具有绝对普遍性意义知识的产生。这种知识叫作客观知识、真理知识。从普遍性到绝对普遍性真理知识的进步，对人类文明而言，具有里程碑意义，是对人类认识思考的又一个重大命题。西方文化几千年来以真理为绝对目标，黑格尔辩证逻辑的最高发展目标是绝对真理，这是有合理性的。从统一性认识的智慧来看，人类文明的进步还表现在对普遍知识逻辑形式的认识的进步，形式逻辑的矛盾律、同一律等规则，是确保认识的形式具有普遍性意义的可靠根据。从认识论的意义看，逻辑和范畴的思考具有认识之认识的形而上学意义。为什么柏拉图是西方哲学的祖师爷？并不在于他提出了理念论，而在于他对理念的研究，实际上是从认识普遍性的高度，思考了概念认识普遍性意义的最基础问题，对西方文化思维走向更加普遍性认识，产生了重大影响。康德的批判哲学也并不只停留在时空先验形式，他的贡献还包括先验逻辑，康德把判断转换为判断的范畴“是继亚里士多德之后，在西方哲学史上建立起完整的范畴体系的哲学家”⑧。柏拉图亚里士多德到康德对人类文化的最深刻影响其实是在建立认识的普遍性上，认识的客观性则是须重新反思的命题。

最后，必须指出，人类抽象理性从感性具体上升到普遍知识使人有了理性本质，人在自然和文化相统一意义上是主客体相统一的具体理性存在。不管人们是否自觉意识到自己的理性，但人的抽象理性进展到具体理性意义上才有现实意义，才有存在的资格，从具体感性经验而来的抽象精神文化只有在具体经验世界才有现实意义，才叫作精神文化，故理性本性是具体的，人作为具体存在区别于禽兽在于人是理性的具体，是超越了感性的具体。人理性具体理解是主客体统一意义上的，是以文化生存选择为生存现实的，人的抽象精神文化本质回归在人的文化选择生存现实方式中，抽象理性进展到具体理性是知和行相统一的人类社会历史现实创造过程。说人的认识就是人的存在，就是说人作为理性认识的存在，其认识的意义就在于人的现实文化生存中，人的现实生存的方式是解释世界和改造世界不可分割的，人本质上是自觉自由的存在的充足理由在于人的认识既是人生存的现实性，又是具有普遍本质意义的。

人的具体理性是知和行的统一，具体理性之人是具体现实的个人，人的理性本质体现在每个人生存的文化选择中。社会历史中的个人的生存已经没有多少纯粹本能意义的行为，基本上是文化和自然相统一的，故个人的具体所作所为本质上是文化的，不是动物的，这正是从感性具体进展到理性具体存在的意义。说人总是社会历史文化中的人，就是说每个感性具体的文明人都具有人类普遍精神文化本质为意义结构的理性灵魂，是感性和知性、理性相统一的具体存在，是在文化生存选择过程中不断创造自身理性本质的存在。说人的普遍精神文化本质很抽象，但回到具体却很现实，就在你我并每一个人的生存中，在你我并每一个人的灵魂中，普遍精神文化本质的现实性就是每个人的灵魂。精神文化是人类普遍意义上的抽象，是从具体个人的抽象意义认识中归纳出来的，并能普遍内化于具体个人的意义认识结构中，这是从感性具体认识进展到普遍抽象精神文化，最后进展到理性具体认识的人的生存论过程，是使文明人摆脱了世代循环的自然生存方式的内在机制，人就成为社会历史文化性存在。从普遍精神进展到理性灵魂是从抽象回归到理性具体。理性灵魂不是普遍的抽象，是指向具体个人的，是具体的抽象，是普遍抽象的进展。对认识而言，识具体易，识抽象难，识抽象的具体、作为主客体统一的具体之人的灵魂才最难，最需要智慧，因为这是认识的认识，思维的思维，意义的意义。

灵魂的本质意义是非实体的，在存在现实性意义上又是具体的，单凭理智是无法通达灵魂的，人类当今还无法用知性科学解释关于灵魂存在的经验。本论著在目下讨论形而上学统一性形式阶段，也还没具备探讨人类灵魂经验自然认识的基础，对此第五卷第八章才有系统的探讨。抛开灵魂不死的传统经验实在存在认识，按世界统一性原理的理解，首先把灵魂本质上理解为生命的抽象本质，则应能合逻辑地理解灵魂这一抽象的具体之基本意义，进而理解人的理性灵魂的意义。概括地说，在生命中，灵魂本质是一切生命成为现实的根据，它不是独立实体，也不是生命的某一实体构成部分，不是脑组织结构。抽象灵魂本质只能是形式、意义、意义的认识，是思维本身。灵魂是一切生命根据感官对环境的信息形成有意义感知去支配生存选择的生存机制，简言之，灵魂是决定生命选择性生存的抽象意义形式结构，它使生命实现了选择性生存而超越了非生命的相互作用模式。灵魂从无意识向有意识的进化以进化出具有专司思维的脑组织结构的生命为基础，脑的机能把生命的一般意义感知形式进化为意义认识这一高级形式，以意识为选择形式的高级生命进化到感知、认识、选择的三元选择生存模式，大大增强了选择环境的生存能力。人的理性灵魂不是自然进化的产物，是在人类后天生存经验创造和积累中不断发展着的，后天经验性使人超越了自然选择的世代循环生存方式，使人类进入了文明史。理性灵魂在普遍精神文化认识意义上超越了感性自然认识，是感性、知性、理性相统一的意义结构形式，人的生存选择就是文化选择，文化知识的不断创造与积累决定了人的文化选择生存方式是无限发展的社会历史过程。因此，理性灵魂就是意识，就是精神文化，不是普遍人类意义上的纯粹抽象，而是抽象的具体，是指向具体个人的，共相的普遍精神文化是从个相灵魂中抽象归纳而来的，又是在回归具体灵魂中才获得现实意义的。因此，人类普遍精神文化只有在共相回归个相，回到具体灵魂才完成它的存在论意义，它的意义就在于使人的自然意识灵魂成为不断文化发展着的理性灵魂，在现实中使人从感性具体成为理性具体的主体和客体、存在和认识统一性存在。

综上所述，人类的理性灵魂是不可分割地统一于理性具体存在之中的。所谓经验认识、先验认识形式是一种抽象的逻辑划分，统一在我们对世界的认识中，这就是没有无形式的内容，也没有无内容的形式的意义。人的理性灵魂是世界上最高级、最普遍意义的精神本质存在，把意识、知识、真理统一于理性自身。科学真理知识是知性的，把科学因果抽象关系判断当作理性统一性智慧是短视的。只有把知识理解为理性具体认识的元结构，才能觉悟到人类理性的感性、知性、理性相统一的意义，才能自觉到人作为理性具体是包含感性具体而又在本质上超越了感性具体，从而成为理性具体存在的充足的理由，才能理解人既是自然生命又在本质上异于禽兽的意义，才能达到人的具体理性的理解。

至此，我们从人类普遍知识作为人类理性中介得到理性之为理性在于它性本具体的进一步理解。知识经验和先验的统一，知性普遍抽象源于感性具体又最终回归人文化生存的理性具体，普遍抽象精神文化的具体现实性在于每个人理性灵魂的具体意义，这表明抽象知识源于具体而回归于具体才获得了知识的普遍而现实的意义，且抽象的具体的现实性就在人的一切非本能的文化选择生存现实中，人的感性生存是理性具体的文化选择行为亦即理性具体的，人的理性具体灵魂就只能从人的所作所为所行去得到现实性的理解，这就是佛的觉悟现实于修行的智慧，佛在行中，而不只在心脏，当代人悟不到自己的灵魂，否认灵魂，那么不过类似于没悟到消化的道理自然地消化而已。智慧的哲学之为自觉理性就是把知和行一起来，自觉按理性生存就是人生的智慧。

注释

①苗力田、李毓章主编《西方哲学史新编》，北京：人民出版社，1990年第1版，第96页。

②同上，第525页。

③艾耶尔著，李步楼、俞宣孟、袁利均等译《二十世纪的哲学》，上海：上海译文出版社，1987年第1版，第9页。

④转引自苗力田、李毓章主编《西方哲学史新编》，北京：人民出版社，1990年第1版，第530页。

⑤苗力田、李毓章主编《西方哲学史新编》，北京：人民出版社，1990年第1版，第335—336页。

⑥转引自苗力田、李毓章主编《西方哲学史新编》，北京：人民出版社，1990年第1版，第386页。

⑦同上，第519—520页。

⑧同上，第532页。

第七章
认识的真理

引　言

【提要】科学理性时代真理已成为人类文化的最高价值范畴，具有超越意识形态的普遍意义。从巴门尼德存在哲学以真理的道路论证存在起，西方哲学主流是自觉围绕真理为主题的认识论，近代科学革命以来更是聚焦于真理的客观性命题。但是，止步于认识论割裂了本体论之客体世界的封闭认识论，不可能解决认识客观性问题，离开主客体统一性基础找不到主客观统一性根据。在封闭的抽象思维中对经验归纳得出确定性真伪判断的实证是不可能的，哥德尔不完备性定理给出了一切知性知识不可能自圆其说的根据。因此，哲学真理论还没达到理性具体水准。

一、真理和知识的统一性关系是近乎自明的，真理是达到必然性普遍抽象关系的知识，普遍性知识是真理的前提，客观性是真理的本质。因此，讨论认识普遍性是知识论，讨论知识客观性是真理论，两者统一于认识论。知识和真理必须从不同层次统一性去思考的最根本原因在于：认识普遍性是由形而上学的先验形式、逻辑提供的，在抽象思维中能达至自圆其说的论证；知识客观性是关于经验归纳的内容的判断，离开客体世界中的经验是得不到其真伪值的。限于“观”背离了“体”是人类真理论的根本局限性，在主客体统一性基础上才能有根据地回答主客观统一性问题。

二、真理客观性的更具体意义是指由之建立的关于事物的普遍抽象关系判断在其变量的定义域中每一具体确定点都恒为真，它放之四海而皆准之“四海”即指其一切变量的定义域，故它又叫必然性规律。必然性是真理既是知识又超越了一般知识的根据，一切知识都有真的意义，但只达到或然性，达到必然性的知识就是真理。必然性普遍关系是由证伪来保证的，或然性关系则只能由证真提供根据。

三、客观性、必然性本质决定了真理都是绝对性的关系判断陈述，相对真理经受不了证伪否决，不是必然性判断，不是真理，真理都是绝对真理。常识普遍接受相对真理是把构建普遍抽象关系判断的变量之定义域的相对有限性当作真理本质产生的误解。普遍抽象判断限定在变量定义域中才有意义，而变量及其定义域是设定起来的，不是普遍关系本身，由之去断言真理陈述归纳的关系是相对性的是张冠李戴了。描述变量定义域的相对有限性是构建普遍抽象判断关系的前提，一切知识都是基于其抽象有限相对性才成为有意义有真伪值的确定性普遍关系陈述的，其相对性和真理客观必然性本质无正相关性，相对真理说是不合逻辑的。严谨地说，真理都是有限相对的绝对真理，真理是抽象有限绝对的客观必然性普遍关系判断陈述。

四、由具体多样性经验认识归纳而来的普遍知识达到客观真理的根据是它的普遍判断回到具体经验时对变量定义域中任一具体边界、初始条件下的具体判断都为真，据此我们有足够信心认为其普遍关系在其定义域中恒为真，是放之四海而皆准的真理。对客体世界的认识是否为真只能回归客体经验才能得出确定性判断，证伪的一次否决性保证了真理普遍关系一切有意义的具体判断绝对为真，这就是实践是检验真理的唯一标准的意义，归根到底就是主客体统一才是客观真理的根据和目的。彻底经验主义的认识论在休谟哲学中走向怀疑论和不可知论的原因在于休谟问题是无人能解的无意义命题，真理对经验的实证绝对依赖性不能等效于对定义域中一切具体判断都必须实证，那是无限从而是不现实的，未来的经验是不成立的，经验是用过去式有意义地陈述的。真理回到具体经验恒为真从而被确信在定义域中绝对为真，这是证伪否决的绝对性保证的；真理的根据是现实经验的统一，不是对定义域一切具体点描述实证，更不能有未来经验实证。

五、真理超越或然性达到必然性普遍归纳的内在机理在于其描述变量是统一其定义域中一切具体的绝对独立的共相，由之为变量建立的函数关系在一切自变量定义域中每一具体点都能得出因变量的确定性描述，即能回归经验有意义地实证其真伪。或然性知识达不到能经受证伪检验的主要原因是其描述的变量及其函数关系往往达不到普遍抽象的水准，是由具体到抽象没达到绝对普遍性导致的，还带有感性具体的印记。真理描述变量的独立性表明由必然性普遍关系作为变量去构建因果关系是不合逻辑的，因果关系之间没有可得出确定性判断的因果关系，蝴蝶效应纯属无稽之谈。

六、真理知识是有限抽象的绝对性判断，不同真理之间是统一的，其统一性的形而上学根据在于它们的具体意义最终指向唯一的宇宙自然。基于统一性而非因果关系，真理才是有确定性意义的，世界才是可知的，真理知识体系才是开放而无限的。在唯一的宇宙中，人类真理认识的发展往往是由一般向更普遍归纳的进步，原来的普遍归纳往往成为新归纳的一个特例。在主客体具体统一性意义上，客体性是客观性的根据，以客观认识为据去怀疑客体世界经验实在性是首尾颠倒的；比如，既然太阳和地球之间并不按温度梯度分布传递能量，则热力学第二定律的客观性就不能作为宇宙热寂的根据，人类一百多年来忧心忡忡于热寂甚至寄望于克服热力学第二定律实属走火入魔了。

艾耶尔在《二十世纪的哲学》中归纳哲学的历史遗产时，认为哲学关心的重点不是认识成果，而是一批循环呈现的问题的演变，并认为这批问题中最主要的是认识客观性问题。就是说，哲学的重点是真理论，实在论和唯心论、相对真理说和绝对真理说的分野就是对客观性问题思考的不同理解。按照世界统一性原理，认识客观性问题只是认识论的问题之一，尽管它是认识的最重要问题，却不是最基本问题。艾耶尔的归纳是客观性的，即西方哲学史对世界的认识并不是自觉围绕理性统一性这一核心，而是始终紧紧围绕认识的客观真理性展开。在西方文化中，对世界的真理性认识问题具有至高无上的地位，西方文化就在本质上成为知性文化，成为因果决定的机械论文化。最充分的根据是西方哲学构建其基本理论框架的巴门尼德存在哲学和柏拉图理念论哲学，两者都是围绕对真理认识的道路展开的。黑格尔用辩证逻辑去克服知性机械论的有限性，但同时又以追求具体的绝对真理为目标，用因果决定的更普遍的链条去构建统一性，使西方文化对知性真理认识的追求登峰造极，同时也就使科学和真理超越了知性的限定，使人类文化中充满了泛科学、泛真理现象，科学和真理成为至高无上且无所不在的。科学理性的机械唯物论的局限性根源就在于泛真理的相对真理观之中。因此，对存在的认识就必须深入对真理认识客观性的探讨。

西方哲学从有限客体世界统一性上升为普遍存在统一性思考时，在存在哲学和理念论中产生了至高无上的真理概念，它实质上就是认识的客观性问题。其基本意义是“我们是否并且在何种程度上有可能不依赖事物与我们的关系而按照事物的本来面貌描述事物”[①]。但在这种基本意义上建立起来的真理概念本身就是一个充满争议的命题。近代科学革命强化了人类科学价值观，同时将真理和科学上帝化。真理之所以为真理在于它的绝对客观性，在于它作为对客体世界本质规律的认识不依赖于认识主体，不依赖于特定的边界、初始条件，因而具有绝对的普遍意义。真理的客观本性决定了真理是绝对的，是非此即彼的因果关系判断，而不是亦此亦彼的统一性理解。客观真理认识的绝对性又决定了它根本不能允许相对真理的存在。客观真理认识的绝对性同时决定了它是有限性的，即任何一个能辨真伪的确定性判断是否具有绝对普遍意义的必要条件是它的判断所指的对象不能是无限的具体存在，而必须是从具体无限存在中抽象出有限而普遍意义关系命题才能产生确定性判断，真理陈述作为判断只有在这些前提下才具有意义，才有有意义的真伪意义。分析哲学的最深刻之处在于揭示了认识的一切元判断必须以有可判断之意义陈述即具有判断真伪值为前提，它其实隐含着知识和真理、认识普遍性和客观性的根据是不同层次的。所以，一切真理知识的前提是具有普遍抽象意义的有限确定性判断，真理的本质是客观性判断，是普遍性和客观性、知识和真理的统一。真理知识的充分而必要的根据在于它达到最普遍的境界，不依赖于具体认识主体，在其定义域中对一切边界及初始条件下的判断恒为真，所以是达到了客观性即绝对普遍性的认识。

真理知识首先是知识。真理认识是认识主体对世界存在关系的普遍本质的客观性意义构建过程，它首先是普遍的知识认识，即康德所说的知性认识，亦即从感性具体个体性认识的多样性现象中通过抽象建立具有普遍意义的认识成果。感性认识以具体客体存在为对象，知性认识则以感性认识为材料，对之进行抽象的归纳和综合，建立具有普遍抽象意义的知性认识对象，在此基础上建立认识对象的抽象因果关系，得出普遍的因果判断知识。这是从自然认识到人类文化认识，从个别具体认识上升为知性知识意义的普遍抽象认识的决定性飞跃。从感性认识上升为知性认识，从知性认识上升为理性认识已经超越了自然认识的意义，这些过程不再依赖于认识主体感官对外界刺激的反应，而是人脑抽象思维中创造性地构建知识意义的能动过程。人类普遍本质意义的知识从低级到高级的发展同时也是追求认识的最大普遍化过程，当达到绝对普遍性的知识认识的时候，也就达到了对认识对象的客观性关系的认识，我们称之为真理认识。真理认识的绝对普遍性的本质在于它是对象的必然性本质规律的认识，它既不依赖于具体认识主体主观性，亦不依赖于该普遍本质规律具体作用的特定的边界和初始条件，所以，在它所指称的限定关系范围中，是放之四海而皆准的。真理知识这种绝对普遍有效的客观性本质以构建其普遍性关系的先验形式、范畴的普遍性为基础，但它不是从先验形式和范畴中分析、推论而来的，是从经验抽象中归纳而来的。所以，它的绝对普遍有效客观性的根据就不是先验形式和逻辑范畴，而是必须从抽象的普遍本质认识返回到具体、现实的多样性经验现象中。只有在其边界、初始条件下的每一个具体现实现象存在中，普遍的抽象本质规律都恒为真，我们才能说它达到了最普遍的真，才是真理。所以，实践是检验真理标准的观点是具有普遍统一性意义的，但对之不能做知性真理认识理解，元语言不能在因果形式下描述自身。严格地说，只有在返回具体现象世界中没有被证伪的普遍本质关系才是必然性关系，才是真理。这就是科学真理的证伪原则。休谟怀疑论的命题即经验无法证明真理是一个伪命题，即无意义命题。因为没有未来的经验，没有未到的过去，用经验去证明未来是无意义的。

第一节　真理知识的普遍客观性

一、真理认识的客观性

在某种意义上，真理在人类知识时代具有上帝般的崇高地位。今天，人类往往不是以上帝的名义而是以真理的名义为对自己的选择提供正义、正当性的充足理由。不要说遥远的、抽象的巴门尼德和柏拉图的真理，支持人类共产主义美好理想的实践同时就是在为真理而斗争；我们中华民族当代生存的具有划历史意义的转变是以1978年围绕“实践是检验真理的唯一标准”的讨论中实现的思想解放为契机的。道理、理性、理智是文明人的灵魂，真理则是神圣的灵魂，这是以文化为存在本质的人这一宇宙最高存在进步、文明的标志。但是，崇尚理性、追求真理是在对真理和理性的不断具体丰富的理解中，在认识永恒发展中构建着的无限过程。而且，最崇高、权威的真理的理解，包括真理之所以为真理的充足理由的理解，不但是没有问题的，而且恰恰是很有问题的。其最重大的问题并不在于对某些真理认识的怀疑和争论，而在于把真理泛化从而使真理失去客观必然性，带上浓厚的主观主义色彩，使真理往往只剩下躯壳，失去了灵魂。

泛真理化是人类文明进程中超越了意识形态分歧的普遍文化现象，当今科学真理上帝化比宗教上帝的影响还要普遍一些。西方文化的真理传统发展至当代绝对科学观，真理作为最高思维的荣耀是显而易见的。黑格尔辩证逻辑的发展观就是真理从自在到自为到自在自为的绝对而最高真理的发展；以马克思主义哲学为指导的意识形态同样赋予真理最高地位，因为它的理论基础首先就被认为是科学的真理，马克思主义作为意识形态是科学的真理的宇宙观和方法论。在我们的经典教育中，我们理想的英雄和榜样就是真理的化身。在《列宁在一九一八》中，那个被无产阶级剥夺了土地的富农去向真理的化身列宁找真理，他的真理是他的私有土地神圣不可侵犯，但列宁给他的是与此相反的真理：无产阶级革命的真理就是剥夺富农的土地，就是要用革命暴力去消灭一切私有制。按照这种逻辑，真理失去了客观性，成为依赖于主体主观性的东西。资产阶级强大时私有财产不可侵犯是真理，无产阶级强大了剥夺私有财产才是真理，真理就被赋予了“强权就是真理”的主观性强盗逻辑意义。对自然界的必然性客观真理认识推动了人类的不断进步，改善了人的生存状态，所以真理就是人为了自身存在本质实现的现实而永恒的追求。但泛真理化把真理变为带价值判断、为正义提供理由的非客观普遍性意义判断时，真理就失去了必然性和价值中立的灵魂，超出了真理的普遍客观有效的本质意义。人类社会历史中阶级、群体、民族之间你死我活的争夺，每一方都把自己当作真理和正义的化身，为自己的存在提供正当的理由。但是，正义和非正义是主观性的至善问题思考的范畴，它和客观真理性根本没有因果关系，正义和真伪判断之间根本就没有直接相关性，否则真理就不可能是客观普遍有效的。泛真理现象是对真理客观性追求的极大伤害，当泛滥到人格化真理成为普遍现象且真理具有神圣光环时，人类理性就退化到文明早期甚至蒙昧时期的人格神水准。因此，对真理的思考首先要摒弃泛真理观，回复到真理的客观性本质上来，即真理之所以为真理的充足理由就在于它是客观的知识，是客观性赋予了它普遍有效性，所以真理才放之四海而皆准。人类崇尚科学，追求真理当然是正当的，但是，对真理的追求以对真理之为真理的本质规定性为第一要务，离开这一基础追求真理就不能说是自觉的。西方哲学紧紧围绕真理争论了几千年，恰恰是在真理是什么这一起点命题上缺乏理性的自觉，终于陷入科学理性的文化分裂状态。

对真理的本质思考从对客观性的思考开始。客观性首先是关于认识主体认识意义的范畴，是对主体主观认识的规定，客观性指的是主观认识的客观性。为什么对主观认识有客观性的规定呢？它意味着这样一个事实，需要由客观性来限定、规定的主体认识的意义所指向对象一定是客体而不是主体本身的。所以，客观性是以具体客体为最终意义的主体认识的规定性，而不是对主体抽象思维本身的反思，这正是存在和思维关系这一哲学基本问题的具体化进展。客观性认识的对象不能停留在思维的抽象中，它的意义最终必须指向具体的客体世界，指向自然客体存在。所以，客体存在是客观性认识的基础，这是存在论和认识论的统一性决定的。以前辩证唯物主义哲学教科书把物质客体叫作客观实在，从认识论去给客体下定义，由“观”来为“体”提供根据，逻辑上是有问题的。我们习惯的本体论意义的“客观存在”实际上不只是习惯，不符合逻辑的概念源于不成熟的理性，带着贝克莱式彻底经验主义的烙印。当把客观存在看作自在存在而不是自为存在时，这种既缺乏存在论和认识论统一性理解，又用认识论概念去规定自然存在的哲学是本体存在论上的唯心主义和认识论上的不可知论。离开客体去思考和规定对世界的客观认识是无法为认识提供基础的，限于主体认识本身连客观性的边都沾不上。当我们把真理的本质规定性规定为客观性认识的时候，是在客体存在和主体思维相统一的意义去理解真理的本质的，是以本体存在作为客观认识的前提和基础的，客观之客指向客体，客观之观回复主体认识本身，客观性是主客体相统一的，不是纯粹空灵的抽象认识。更简单地说，客观性认识的意义指向的是自然客体存在。当我们对自然客体存在的认识符合客体本身的真实面目，与认识主体本身的特定具体性无关时，这种认识就是没有主观性的，是由认识主体建立的对对象客体的“客观认识”。所以，客观性是主客观相统一、本体存在和自为思维相统一的概念，而不是自在的概念。认识总是认识主体对自在的自为认识，客观性的认识是自在自为的，所以是真理。从客观性去理解真理的本质，把客观性理解为自在自为的认识，有两个重要的意义：一是真理是关于客体世界的客观认识，是关于自然的认识，而不是自然、社会和人类思维中的“客观性”认识。只有自然才是客体存在，才有客观性，才有真理。在人类社会和人类思维中寻找与主体无相关性的纯客观性关系判断是不现实的，所以，不能把真理泛滥到人类认识的一切领域，不能赋予真理以主观性的意义。关于认识形式的知识是由自明的前提演绎而来的，它独立于文史哲且与具体认识主体无相关性时也可以视为客观知识，习惯上也有人称之为真理，但这些知识恒为真是由自明前提为真及演绎推理的逻辑保证的，不是由经验实证的。社会科学真理不是关于具体社会的，而是主客体相统一的具体社会中抽象出的普遍客体关系的知识，也是普遍客体世界必然性规律在社会这一特定边界条件下的特定表现形式。二是以客体为根据去理解真理认识的客观性，在真的意义中理解真理，则为人类文化的真、善、美之间的本质规定性的区别和统一提供了基础，为人的存在的统一性理解提供了前提。人类知识包括客体和主体知识，主体知识是关于思维的知识，比如数学和形式逻辑，是关于主体思维形式的知识。严谨地说，纯粹主体知识是科学的，是科学的形而上学，不是经验的知识，不应该理解为科学真理知识，因为它是先验的，不是经验基础上的归纳，是从自明的前提演绎而来的，是定理，不是客观规律。定理是用于构建普遍因果关系的形而上学基础，不是由普遍因果关系归纳的客观必然性知识，不应理解为客观真理。社会科学知识是真理知识吗？这不是简单判断命题，而是统一性命题，必须具体问题具体分析。以社会为对象即以主客体统一性存在为对象，包括客体知识的社会知识当然有真理性的元知识，但大多数社会知识是主客体统一性的，不能简单地还原为纯粹客体抽象因果关系去理解，社会认识是需要智慧的。关于社会的知性真理知识主要在于比较抽象的基础关系归纳中，比如马尔萨斯的人口论，其基础性的因果关系普遍归纳是极为抽象的，它只是认识人口问题的抽象起点，更具体现实的认识就不是纯粹的客观必然性命题了。说马尔萨斯的人口论抽象是中肯的，但以此去否定人口论，无视人口关系的一般规律是短视的，无抽象无普遍规律认识，也就没有理性地认识人口问题的基点。反之，仅从抽象的人口论去认识和处理复杂性的社会人口现实问题，那就是刻舟求剑了。

对客体关系的认识在什么意义下才达到客体存在的本来面目独立于认识主体的主观性呢？即客观性的基础是客体，但它的本质规定性是什么呢？客观认识也是主体的产物，任何认识都是认识主体自为的能动思维行为，问题在于哪些自为思维可以上升为自在自为的客观性思维成果，哪些思维却仍然留在自为思维中而达不到客观性呢？在对真理的探讨、争辩的追求现实过程中，不同的甚至相反的观点和理论认识往往都坚持自己是“客观的”，这种客观性有意义吗？思考认识客观性本质的关键在于主客体的统一性。因为认识是主体能动行为，故而认识的成果要达到客观性真理认识又必须达到不依赖于认识主体主观性的水平。这在知性认识看来是二律背反，是内在矛盾的。但从客观性是主客体相统一的观点看，这是知识认识发展达到绝对普遍性的结果。就是说，一切认识都是认识主体的能动创造性思维过程，都带有具体认识主体的智慧劳动，没有与主观性无关的知识。自在的认识是指主体停留在自然意义上的感性认识，而不是与认识主体无关的认识，所以，自在认识是纯主观性的。那么，人类的主观认识如何上升为具有客观性的认识，得出真理性知识呢？由认识主体建立又与具体认识主体无依赖关系的知识只有在一种特定的情况下才有可能成立：当特定具体认识主体的主观认识在现实上达到和所有的认识主体相一致得出对一切认识主体有共同意义的判断时，这种符合全体认识主体主观性的认识同时也即独立于某个具体的认识主体的认识，所以成为与所有认识主体有关，又可以看成独立于具体认识主体的认识，这种认识得出的是客观知识。客观性并不是独立于主观性之外的，而是从主观性中发展出来的，是主客观相统一的。所以客观性不是自在的认识，更不是自在的存在，而是由自为的主观认识中来的，是达到自在自为境界的认识。由此，可以归纳出客观性的几个基本特征：

第一，以由必然性支配的自然领域为对象。客观性概念本身已经自明地表示了它是对客体的认识，没有客体就没有对客体的认识。人类泛真理化的结果是把客观性真理认识扩张到人类的一切认识之中，任何领域都追求科学真理知识，选择性、统一性也必须置于必然性支配之下，连康德的批判哲学也在竭力证明科学的形而上学真理是可能的，未来形而上学应该是科学的而非哲学的。黑格尔的辩证逻辑自始至终都是以科学自居，以真理为载体去自在自为辩证发展的。为什么这些大师总想把哲学还原为科学，把智慧还原为真理知识呢？哲学智慧的热脸一直往科学知识的冷屁股上凑，到近代、当代西方就沦落到科学要“剃掉一切形而上学”，将哲学扫地出门的可怜境地。其实，哲学是以“心”即比物更高的存在为主要对象的，研究物的则主要是科学。但科学真理越俎代庖的结果往往是哲学失去了自己的领地，而科学失去了自己的客观性。因为在社会和人类思维领域对主体自身的具体认识要达到全体认识主体一致性，成为独立于特定具体主体的客观性认识是不可能的。以主体为对象的认识离开主体，独立于主体之外不是达到了对一切主体普遍有效的客观性，而是不复存在。因此，对自然之外的认识的所谓“客观知识”只是某些主体的特定认识而已，从来就不可能达到独立于主体的客观性水平。非自然领域的“真理认识”是没有客观性本质的，如果坚持一切领域的泛真理观，则必须牺牲真理的客观性，但主观真理对人类有真理意义吗？

第二，从客观性是对一切认识主体普遍有效，从而成为超越了具体认识主体主观性的普遍性认识意义看，客观知识是具有绝对普遍意义的知识。从对具体客体的感性自然认识上升为具有普遍意义的人类抽象认识是人的认识超越自然而进入文化认识的标志，从个别到一般，从具体到抽象的普遍性认识标志着人类知识的产生，没有一般的普遍性抽象就没有判断关系的建立，就没有知识。但仅停留在超越了具体个体性意义的普遍性的知识还不是真理知识的充分条件。知识之为知识在于它的普遍性，具有普遍性意义的知识是否达到客观普遍性则是不同性质的命题，人类知识的外延要比真理宽泛得多。真理一定是知识，但知识并不都是真理，这决定了知识和真理的统一性关系。知识和真理的本质规定性的区别是什么呢？知识本质上是主体主观性的，真理本质上是客体客观性的，知识和真理的区别和统一就是主观和客观的区别和统一，知识是自为的，真理则是自在自为的。知识的主体主观性在于它是在对一切类主体具有可理解的意义而言的；真理知识的客观性则是对认识的意义和客体的本来面目相符合而言的。在理性统一性意义上，真理是人类可普遍理解的符合客体本来面目的信息意义陈述元结构。要满足真理知识的客观性约束，即要达到对一切认识主体普遍有效从而摆脱对主体主观性的相关性，并且必须在有意义的定义域中在一切边界和初始具体条件下都普遍有效，那就是达到了绝对的普遍性。因为对这种普遍性而言，知识判断陈述是恒为真的。客观性知识不仅对一切认识主体有效，而且在定义域中每一个特定具体边界、初始条件下有效，所以是普遍认识的极限，是人类普遍认识的最高认识，因而人类对自然的普遍抽象知识就以真理认识为最高目标，没有比真理认识更普遍的知识。

第三，客观性达到对客体世界认识对象的绝对普遍性认识，由此产生了真理知识。我们把对自然客体建立的关系判断称为事实判断，准确地说，是关于客体相互作用及变化发展关系的事实判断。当这种特定的关系判断达到对一切认识主体及认识客体定义域中一切边界、初始条件普遍有效，即达到最大普遍性的时候，我们把这种自然关系事实判断称为必然性规律，必然性的意义包含了最普遍性。所以，真理知识作为普遍客观有效的知识，我们又称之为必然性的规律认识。人类对客体世界的认识，从个体多样性到超越了个体性和或然性，达到最普遍的必然性规律认识时，也就达到了对客体世界从现象到本质规律的认识。从个体性到相对性到绝对性的认识，这是人类对客体世界认识从复杂到简单、从具体到抽象，即把复杂世界简单化的过程。所以，知识的本质是或然性关系，真理知识是超越或然性达到必然性的普遍因果规律归纳，这即知识和真理的统一性关系。

二、真理认识的绝对性

对真理知识争论的另一个焦点是真理的绝对性和相对性问题。其实不同的真理观往往赋予绝对真理和相对真理的规定性不同意义。因此，必须首先考察真理知识的绝对性和相对性的规定性，在统一的规定性下才能有意义地讨论和理解真理知识的绝对性和相对性命题。

绝对真理有两种不同的意义理解。第一种是知性真理知识意义上的绝对真理观，即认为真理是抽象必然性规律，是非此即彼的关系判断，每一个真理判断是绝对判断，是放之四海而皆准的。知性的绝对真理观就是认为真理知识是确定的、不变的，因而是必然性的，所以是非此即彼的关系判断。这种关系判断的绝对性在于它的不变性、确定性，只有绝对确定不变的必然性关系判断才是有意义的真理陈述。第二种是全体真理才是绝对的发展真理观。黑格尔的辩证逻辑是典型的全体即绝对的真理观。黑格尔的辩证理性开宗明义是以真理为对象的，它的最高境界是绝对真理，也即绝对理念。黑格尔的理念是自在自为的真理，是概念和客观性的统一。所以，黑格尔把绝对真理理解为理性的、辩证的、发展的、统一性的真理，具体的真理，即绝对真理不是有限、抽象的，而是在辩证运动发展中从抽象到具体的统一性，是得到全体具体认识的最高真理认识，也是最全面的真理认识，黑格尔称之为全体的真理。绝对真理是具体、全体、发展的，是统一性的，这是在理性统一性意义上的绝对真理概念，已然不是有限知性的范畴。所以，全体、具体的绝对真理和知性抽象的绝对真理实际上是异出而同名，指称不同意义属于不同真理观的。

两种不同的绝对真理观又可以分别称之为知性抽象真理观和理性具体真理观。按知性抽象真理观的逻辑，真理和绝对真理同一，真理就是绝对真理，只有绝对真理，没有相对真理，在理性具体真理观看来，真理则是相对真理和绝对真理、知性和理性的统一。按此逻辑科学真理从知性到理性、从相对到绝对的全体真理的辩证发展就是科学理性，科学知识的全体就是科学智慧。理性具体真理观以承认知性抽象真理为前提，但将之理解为相对真理，是绝对真理的基础，是全体真理的构成部分，并不是绝对真理本身。相对真理在辩证运动发展中，在不断丰富具体的发展中，不断趋于但永远不可能到达绝对真理。因为一旦到达绝对、全体真理就意味着人类认识乃至人类历史即将画上句号了，这是和人类认识的无限性相冲突的。但坚持认识的永恒发展性又无法和人的理性存在本质相协调，无法通达全体真理又意味着人类是无法通达理性的。在科学理性支配的知识年代，人类基本上持理性具体的绝对真理观，认为真理是不断发展的永恒认识过程，人类真理知识都是相对真理，无限、全体相对真理即有限知识的总和才构成绝对真理，绝对真理就是相对真理的统一，理性是知性真理知识的统一，相对真理是知识，绝对真理是智慧。按照这种真理观的逻辑，在知识乃至客观知识意义上，一切真理都是相对的。理性具体真理观本质上是坚持客观真理知识相对性的，实质上是相对真理观。

相对真理观对真理的相对性也有两种不同的意义理解。一种是基于对客观性能否达到绝对性的怀疑，即认为我们的客观认识只能在一定程度上达到对客体对象真实面目的认识，所以认识是一个无限发展的过程。在相对真理观看来，真理认识就只能是相对的，是在无限的发展过程中不断趋于绝对真理的相对真理。按照这种相对真理和绝对真理相统一的理论，现实的、可能的、可知的真理认识本质上是相对的，因为认识的此岸现实性是相对真理，认识的彼岸才到达绝对真理。但彼岸是相对性的明天，而明天只有在绝对意义下的明天才是可达到的，仅停留在相对性之中的明天是永远不可到达的。所以，绝对真理就是彼岸世界的上帝，只能在我们对真理的信仰中，不会出现在我们的真理认识中。另一种相对性真理概念的意义是指真理是相对于边界和初始条件而言的，所以，一切随时间和地点而转移。这个世界一切都在运动发展和变化之中，只有永恒的变化才是绝对不变的，所以真理也只是相对的，是随时间、地点的变化而变化的，是依赖于边界条件和初始条件的。如果忽视这种相对变化性而将真理认识绝对化，就会陷入僵化的机械论和"形而上学"：食古不化、刻板僵化的"形而上学"。从一切都在相互联系和变化发展的观点看，从克服机械论的片面性看，赋予真理认识的相对性似乎更具统一性意义。这种把真理有限性转换为相对性是很多人信奉的观点，但这是思维逻辑混乱造成的。这并不是用有限性还是相对性去指称真理的某一属性的唯名论式的主观选择问题，而是两个概念指向的是真理的不同属性，有限性是它的定义域陈述，相对性是本质规定性，不能混为一谈。

事实上，真理是科学知识追求的目标，但对真理本性的反思则是哲学对人类认识客观性的统一性思考。真理观是哲学的真理论，是对人类思维理智的统一性理解，并且构成了本质存在论的唯心主义哲学创生以来西方理性哲学的主线。哲学是理性统一性的自觉智慧，以真理追求为最高目标的西方哲学把真理上升到具体理性似乎是天经地义的。西方真理论的相对性或绝对性的不同理解构成的真理论中，由相对真理向绝对真理发展、由有限认识向无限认识发展的统一真理观似乎是最符合理性辩证法的，就是说，在理性意义上，一切真理认识都是相对的，所以真理认识是永恒发展着的，无数相对真理认识的总和构成了绝对真理，人类对世界的认识就构成了对绝对真理不断的认识过程，人类对世界从低级到高级的发展就是真理认识的发展，从相对走向绝对是人类社会历史的真正意义。似乎这种统一性真理观克服了机械论非此即彼的片面性，达到了全面的发展的认识，应该是具有统一性智慧的真理观了。其实，这种似是而非的观点是糊涂的，一点都不智慧。因为以知性真理知识为对象去建立真理统一性的理性真理论和把真理当成具体理性是完全不同的两个问题，把它们同一起来就使明白的问题变糊涂了。

把真理论的认识对象即真理知识当成真理论的问题在哪里呢？统一性的真理观和把真理作为统一性认识并不是一回事，否则，从统一性智慧去理解世界时，一切都只有统一性而没有非此即彼的因果决定性。理性认识把知性统一起来，而不是消灭知性认识。所以，对真理的统一性理性理解是要把真理的知性认识意义统一起来，而不是取消真理的知识本质。真理的本质首先必须是知性的，是知识性的。因此，真理的发展观作为真理的统一性理解，不能等效甚至取代真理作为知识判断的非此即彼的本质规定性。把相对性作为知识的真理规定性是不合逻辑的，把真理的本质从客观性上升为统一性的相对真理观是以智慧取代知识。取代了知识，没有知识基础的智慧是无意义的。一切真理都是相对真理，相对真理的总和构成绝对真理这种真理统一性陈述是对真理的最大伤害，同时也是对理性统一性的伤害。这种知性理性化正是人类把知性绝对化而导致片面性认识世界，造成生存危机的深刻的思想认识根源。

黑格尔的绝对真理发展观是真理的辩证统一理解，作为统一性理解无所谓对错，但把它作为对真理本质的抽象规定性知识那就错了，是统一性的误用了。真理的辩证认识发展和真理之所以为真理的充足理由是完全不同的两回事。黑格尔的真理向绝对理念的发展指的是人类对世界的认识的统一性，即人类是从越来越多的真理认识中，从越来越复杂的真理必然性认识中，得到对世界的更全面、更深刻的理解的，是从抽象真理的统一性中回复到对世界的越来越丰富而具体的理解的。这是以抽象真理知识为基础，从抽象回复到具体本体世界的理性智慧，真理统一性不能等同为抽象真理知识本身，不能将基于真理对具体存在的统一性理解当成是真理的本质，不能把理性当成真理的本质。真理的抽象本质不在于它的具体统一性，而在于它自身的普遍客观性事实判断这一规定性之中。如果离开知性知识，真理只是一种统一性智慧，那明显是违背了真理知识是关于抽象因果关系的普遍有效必然性规律知识这一最基本规定性的。所以，把黑格尔对真理统一性理解意义上的全体、绝对、具体真理作为真理的抽象本质规定性，并由此把真理理解为全体的、具体的绝对真理，那是不合理的。黑格尔的绝对真理不是对真理本质规定性的认识，只是真理的统一性理解而已。理性辩证法当然是理性统一性，但不是抽象真理，也没有全体、具体的真理。

对于人类认识能否达到和客体存在本来面目相一致的怀疑是有道理的，但由此将一切真理认识当作权宜之计的相对性认识则是有问题的。这种相对真理观对真理客观性的保留态度实际上是对真理客观性的否定，并且是对真理必然性判断本质的彻底否定，这正是休谟怀疑论走向不可知论的根本原因。这种相对真理观的根源首先在于人类长期来对客观性理解的有限性中。我们对客体存在的认识在何种程度上和它的本来面目相一致，这种陈述在知性意义上是无意义的陈述，是无法证明检验的，因为这种所谓相一致也是主客体相统一的，而不是纯客体的自在之物。正是这种理解的客观无意义性成为真理相对性的根源。人类既追求真理认识，追求由真理认识所提供的最大效用，但又没有充分理由确定真理认识的客观性即绝对普遍有效性，所以，相对真理观是一种温和的怀疑论，也是一种实用主义的真理观，它对人类追求真理产生了积极的作用，但它丧失了真理必然性的正当性，当寻根究底时则一定陷于不可知论。这种真理的相对性、不断接近性和真理认识的客观普遍有效性是不相容的。一个真理认识越来越有效就从来不会成为普遍有效的，普遍有效对于它而言就只是可望而不可即的了。温和怀疑论的相对真理论再温和也是不可知论，所以是不可接受的。怀疑论只能是批判、思考的理由，但不能作为认识的批判性结论，否则在根本意义上一定是否定真理的存在的。

把相对真理的相对性理解为随时间、地点等具体条件而变，这是否应该理解为具体问题具体分析，是一切以时间地点及具体条件而转移的辩证法的真理观呢？否。这种相对真理观同样是不能接受的。表面上看，这种相对真理观并没有牺牲真理的客观性，但增加了对真理理解的全面性，真理的相对性与主体性无关，只与客体的具体条件有关，不能认为否定客观性，只能认为是赋予客观性以具体多样性。但是，从逻辑上来说，这比否定真理的客观性更严重。因为陷在具体条件中，认识不但谈不上客观性，而且还没有上升为具有普遍性的抽象认识，更不要说上升到具有绝对普遍性意义、对一切认识主体都同一的客观真理知识了。这种貌似有理的真理相对性说得简单点就是相对真理像月亮，初一十五不一样，它混淆了两个极为重要的问题，即真理认识在本性上的抽象性和根据抽象真理认识去具体理解具体问题，把抽象真理返回具体多样性世界的具体又当成真理本身的规定性，这是把抽象真理理解为具体真理产生的又一个谬误。真理之所以为真理就在于它是客观普遍有效的绝对真理，对在其抽象定义域中每一个具体客体、每一特定的边界条件和初始条件都客观普遍有效，其充足且必要的理由是真理知识所揭示的因果必然性规律是确定的绝对的必然的。真理知识从抽象返回具体时得到相对性、多样性是由具体对象及特定的边界及初始条件提供的，所以一切随时间地点为转移是指一切具体现实现象和过程，一切是在具体客体意义上的一切，不能包括抽象的真理必然性规律本身。真理必然性规律在返回具体现实中的本质意义是把多样性统一起来，从感性的具体转换为理性的具体，使多样性的具体以抽象普遍真理知识为根据统一起来，作为多样性统一根据的真理知识陈述的必然性规律本身就只能是确定性陈述，是绝对真理。真理规律相对不同具体条件得出不同结果那不是真理相对性，而是绝对真理具体实现作用时具体结果的相对性，相对于各种具体时空初始及边界条件的相对性，不是真理相对性。而真理是抽象的最普遍客观知识，它和具体的时间和地点等条件无关。所以，真理是不以时间地点为转移的普遍抽象必然性的规律。只要是真理知识，就一定是普遍客观有效的，任何形式和意义的相对真理论都是不成立的。

因此，必须坚持知性的绝对真理观。首先，真理是知性抽象知识，是对客体关系的非此即彼的事实判断。如果离开知性认识这一基础，就再也无所谓真理了。所以，真理知识一定是一种特定的判断关系，从来就没有什么全面的、具体的真理。真理不在具体客体世界中，在我们对客体世界的抽象认识中，是我们对客体世界的普遍性认识达到绝对普遍性的产物，所以这种特定的普遍知识是既片面抽象，又是绝对的。绝对真理是知性的绝对，而不是理性的绝对，即不是全体统一性意义的绝对真理。绝对真理之所以是绝对的，就因为它是片面有效的，这正是知性的绝对真理意义。其次，对知性的绝对应该从确定不变性意义去理解，用当代语言哲学的概念去陈述，就是得出对原子事实的确定性陈述，即在真伪判断意义去分析时首先是一个有意义的关系判断陈述。当这个关系判断不但在逻辑上有真伪意义，而且作为从多样性经验认识为材料建立起普遍性的有意义的判断陈述，它是综合和归纳的。当这种本质的、普遍的综合和归纳在一切经验中均被证明为真的时候，它就是具有普遍客观有效性的真理，我们就认为由之对过去、现在、未来的推断是有效的。这种与具体时间、地点无关的绝对性，是绝对真理的又一本质意义，所以，绝对真理就是不依时间、地点等具体条件为转移的、普遍有效的确定性判断，它只能被证明为真，所以必须绝对的真，不能相对的真。真理的发展是指人类真理知识作为普遍意义元结构，是一个不断丰富发展的体系，绝对不能把真理陈述看作不断发展的。最后，必须指出，真理的绝对性是真理的本质规定性，一个真理认识必须是必然性的关系判断，而且它的普遍有效性是不随时间地点而转移的。古希腊阿基米德的科学真理知识并不随历史和认识发展而变。那么，真理不是由于绝对性而僵化了吗？真理是绝对的认识，但人类对真理的认识却是相对的，就是说，对绝对真理的认识是在不断积累和丰富中发展的。人类追求真理认识，并不以达到抽象的绝对为最高目标，即不是以抽象真理为最终目的，而是以世界的具体存在为最高目的，以回复到具体的多样性的存在的统一为最高目标，是从对世界的有限认识不断走向更加丰富的无限具体认识的过程。所以，绝对真理知识作为抽象的认识，达到了最普遍的客观性，却在最普遍的抽象中产生了有限性，知性的绝对性是以普遍抽象和有限性为代价的，在这种有限抽象中我们获得了客体必然性规律的认识，但这种必然性规律总是片面有限的。对世界的全面、具体的认识就必须追求更丰富的知性真理知识以及由之构成的具体的统一性。所以，由绝对真理构成的客体世界必然性规律的认识，就是一个永恒的发展过程，对绝对真理的不断丰富认识和真理本身在认识中不断相对发展而不断趋近绝对真理是完全不同的两个发展概念。对真理认识还必须回到它的抽象有限性中来，必须在绝对性和有限性相统一的意义下去把握真理的完整意义。

三、真理认识的有限性和人类认识的无限性

真理是关于世界客体的客观普遍有效的知识，所以有了放之四海而皆准的绝对普遍性意义。但这并不意味着真理知识是无限的理性知识，而是有限的知性知识。在知性意义上有限的绝对普遍性赋予了真理的客观性本质意义。对知识和真理的理解的关键并不只是客观普遍性，还必须理解其客观普遍性的有限性，即真理论必须解决真理知识的普遍客观性和有限性的统一性问题。

真理的普遍性并不能做无限性理解，但人们恰恰对知识作知性无限的理解，总是认为时间无限、空间无限，因而客体世界无限、宇宙无限，关于客体世界的真理知识也无限。无限的所指及其意义并不是无证自明的，而是必须由批判的考察去理解的。无限有知性和理性两种不同层次的理解，理性的无限和知性的无限具有完全不同的意义。理性是对世界统一性的智慧理解，是从对世界的抽象知性知识的统一性中回复到对具体客体存在及其运动发展具体过程的理解。在这个意义上说，知性知识是有限的，每一个抽象的知性真理知识由它的抽象对象规定性所限定，指向具体对象客体某些特定的抽象属性的意义，它的必然性规律是关于抽象认识对象的抽象因果关系判断，并且是关于某一特定抽象现象的确定性关系的。知识作为抽象判断，它的判断对象只在有限的限定范围和基础上才有确定性的判断之意义。所以，真理知识是有限的客体必然规律性的确定性知识，确定性是以有限性为前提的，知识基于抽象有限性才有可理解的确定性关系判断的可能。由有限知性认识的统一性回复到具体客体的理性认识则是无限的，即对具体客体存在的统一性理解究竟由那些知性知识去构成是没有限定规定性的，而是全部的，而且是发展的，所以是无限的。知性知识越丰富，我们对具体客体的统一性理解就越具体。人类认识的无限性是在理性意义上的。我们可以达到绝对真理，但

还有无限的绝对真理在等待着我们。真理的发展并不是由近似的相对真理不断逼近绝对真理的无限过程，而是在绝对真理不断积累的丰富过程中得到越来越具体丰富的客体世界理解的永恒过程。所以，人们是可以而且必须达到绝对真理即建立确定性知识的，并且这种建立知性绝对有限真理的认识是无限发展的。简言之，每一个作为普遍认识元结构的真理和知识是确定性和有限性的，但对这种知识和真理的认识是无限的，永远的，由有限知识体系去理解具体现实也是无规定性限定的，在知识的不断丰富发展中不断走向更全面、更具体的理解，这才是从简单到复杂、从低级到高级的人类认识一般规律的意义。在人类科学史上，那些在某些特定抽象科学领域具有较高造诣的科学大师们往往从自己所从事的抽象认识领域的有限性理解出发，总想终结人类科学，实质上是终结人类的认识，但这在理性无限认识意义上是根本不成立的。当年在狄拉克的电子运动方程即将完成之际，玻恩向来访者宣布，物理学将在三个月内终结。当代物理学大师霍金也对我们即将达到对世界科学认识的尾声这一伟大目标表示谨慎的乐观。但是，人类对世界的认识是无限的，是在无限中得到越来越丰富和具体的认识的，这种没有限定性的对具体世界的理性认识既然没有终点，那又何来终结或接近尾声呢？人类对世界认识的追求不是随着真理知识的积累而减少，而是在绝对地增加，认识怎么可能被终结呢？苏格拉底说得好：他之所以有智慧是他自觉自己的无知。不要以为这是古希腊圣哲苏格拉底的谦虚，认为自己无学无术而无知。苏格拉底这样的智者是古希腊文明的圣人，知识是最丰富的，但正是在对世界的丰富知识中，它洞见了越来越广阔深刻的未知世界。事实上，人类科学的每一次革命性进步，每一个重大科学问题的解决，每一新的真理发现，终结的是该具体的知性命题，但它的深刻的意义是把人类对世界必然性规律的追求引领到更广阔的世界。二十世纪物理学的两大发现：普朗克的量子假设和黑体辐射定律以及爱因斯坦的相对性理论，它们的意义不能限制在解决了紫外灾难和以太危机，它的深刻意义是把我们引领到更广阔、更基本、更深刻的绝对的能量一元论的世界。所以，无限是理性意义的概念，它真正揭示了人作为理性存在，人对世界的认识是一个从低级到高级的永恒的发展过程。人作为主客体相统一、自然和文化相统一的存在，本质上是无限的历史性存在。

但是，当代以西方知性文化主导的人类科学理性文化追求的却是知性的无限，黑格尔在《逻辑学》中称为知性的恶无限。知性科学认识中有一种宇宙无限的不证自明的观点，所谓宇宙无限是在量的存在尺度意义上的无限大，即宇宙在空间上是无限大的，用数学语言来陈述，无论在哪个尺度上，总可以找到在此尺度之外的空间存在，所以，宇宙空间无限大。至于宇宙世界时间是否无限则又和空间不同。按照上帝创造宇宙理论，则宇宙在世界起点上不能无限，但未来则应该是无限的。否定了上帝创世说后，当代宇宙大爆炸理论认为我们存在的宇宙是约一百五十亿年前的大爆炸产生的，所以大爆炸就是宇宙的时间起点，宇宙在时间上有起点也即宇宙是有限的，宇宙时间的无限是面向未来的无限。但这种朴素的无限宇宙观本质上却不是知性科学的，在科学真理认识意义上不可能提供宇宙无限的必然性、确定性证据。因为人类对客体世界认识没有通达无限的手段，说宇宙无限就是说宇宙不可知，追求对客体世界的必然性规律认识又认为宇宙客体世界不可知，那是自相矛盾的。时间、空间是无限的，但时间和空间并不是宇宙中的客体存在，而是宇宙客体存在和演化的纯粹抽象形式。人类对宇宙无限的朴素观念其实是建立在把时间、空间实在化的感性直观认识基础上的，不是知性科学认识意义上的。在知性科学认识中，时间、空间是认识客体存在及其运动的独立变量，即自变量，用这些自变量去描述客体关系得出的函数关系才是客体世界的陈述。如果把空间、时间当作实在，则科学必须重新构建描述客体及时空的独立变量了。实际上，在知性认识意义上，只有作为独立变量的时间、空间纯粹形式才是无限的，它们只有无限才具备描述有限客体世界的完整的定义域。但作为描述自变量的纯粹形式，空间、时间独立变量的无限既无限大又无限小，而且无限小的性质才是至关重要的。什么叫无限小？在定义域中连续就是无限小的另一种规定性陈述，即时空中任何两个时空点之间总可以插入第三个点，所以它是“无缝”的。只有连续时空才具备对一切非连续客体存在描述的充足而必要的条件。这个道理不难理解，比如从分辨率概念可知，我们无法分辨比光还小的东西，如果时空连续即无限小，它就能描述一切客体。但无限小的东西肯定不存在，因为无限小的极限趋于零。零存在，无空间性规定性即无体积的实体是特定的、不存在的实体。所以客体世界的认识形式是无限的，但它的一切客体是有限的，宇宙也是有限的，这些客体世界的有限性为知性科学对世界的有限认识提供了可知性的基础。

人们习惯把真理奉为至高无上的，总觉得把真理贬为有限真理不好受。但如果回到真理是知性必然性规律知识，即真理是具有绝对客观普遍性知识这一意义时，它的有限性就不难理解了。因为一讲到知识，说每个确定性的真理知识都是有限的就不会令人觉得奇怪了。知识是一种判断，客观知性知识是事实判断，所以它有真伪值才有意义。如果一个判断连判断的关系本身都不是严格限定的，那么还有判断之意义吗？我们经常批判非此即彼的机械论思维，但对客体关系的判断一定是非此即彼的，否则大概可能差不多亦此亦彼等词就没意义了。所以，知识的知性有限性是它的本性，非此即彼并不是知性真理知识的问题，真正的问题在于我们很多人不懂得真理非此即彼的有限性，把真理看作无限的，陷入片面性，因而无法全面地看问题。如果没有非此即彼的知性真理有限知识，我们就无法从知性统一性中得到对客体对象的具体丰富的了解，就只能停留在感性具体个体认识之中，停留在现象的自然认识之中。知性的有限是理性无限的基础，所以，真理的有限性作为知性认识的本性，恰恰是无限、全面认识的基础。把知性当作无限，把真理看作无限，恰恰窒息了真正理性统一性无限认识的智慧，陷入绝对机械论思维之中。

把真理看作无限的认识，是最高、全面的认识有两个根源：一是知性理性化，即把真理理解为理性的，理性认识是真理的绝对的、全体的认识，这就是黑格尔的理性真理观。理性真理观实际上否定了真理的绝对性，不但把真理看成客体必然性关系知识，而且更把它看作统一性智慧。真理智慧是一种不伦不类的概念，但这正是西方科学理性的真理观，它把统一性还原为因果性，使人类认识永远局限在知性有限性之中。因为无论如何热心于科学理性，任何科学的真理总是特定、有限的事实关系判断，总是抽象的因果关系。把真理作为理性人类就无法自觉地回复到具体，实际上只能停留在抽象的因果决定关系中。二是把真理泛化为现象的关系，即认为真理所揭示的不仅是客体必然性的本质即普遍抽象规律，而且包括这些规律对具体客体在特定边界条件下的支配作用，所以真理是返回到具体的，是放之四海而皆准的。实际上真理是指本质规律的必然性知识，它的放之四海而皆准的意义是指这种规律的普遍性涵盖了它所指的一切有意义的边界和初始条件，所以真理知识的陈述在定义域中是不受特定时空边界及初始条件制约的。放之四海而皆准是普遍客观有效的抽象真理所揭示的规律返回到特定边界和时空条件下时，具体客体的知性和理性相统一、抽象和具体相统一的现实意义，不是真理之为真理的本质规定性。牛顿经典科学的真理是三大定律和引力定律，而不是太阳系中行星按引力作用规律的现实的具体的运动过程。

真理的对象有限性，真理知识的确定性判断关系决定了真理认识的有限性。正是真理认识的有限性，世界才是可认识的。我们对客体世界的认识能否和何种程度上和客体本来面目相一致是一个没有可判定真伪意义的陈述，在此基础上去讨论认识客观性只能永远笼罩在怀疑论和不可知论的阴影中。从知性认识的统一性即理性认识的意义看，世界是可知的。因为理性认识无限，但理性不是知识本身，只是对已知知识的统一性理解，所以世界的可知性就还原为知性的可知性。知性当然是可知的，去追求无法定义的整个客体世界的具体的可知性则是无意义命题。对于知性认识而言，它是有限的，所以是可知的，只要思维设定的知性命题有意义，总可以达到真伪判断，所以知性命题有意义，在原则上就可知。世界的可知是由知性命题的可知性提供的，至于多少知性真理才能构成“客观世界”的认识，那是伪命题，客体世界的有限性，知性认识的有限性，真理的有限性决定了世界的可知性。如果从无限的理性统一性意义去思考世界的可知性，那是一个无意义命题，因为它在命题的前提下已经隐含了世界的不可知，根本就不是一个需要批判去确定其意义的命题。理性统一性是永恒发展着的，它若在确定性知识意义上可知意味着人类认识发展的终结，既不符合人类文明发展史，也不符合人类的理想和追求；在不断发展的人类理性意义上定义世界的可知性，则理性无限性决定了指向未来的人类理性不可能现实地到达无限，人类历史只要没有完结就永远有明天，人类理性统一性的不确定性即永恒发展性决定了它是历史和未来、已知和未知的统一，讨论人类理性可知还是不可知是无意义的。传统哲学真理论关于我们对世界的认识能否和何种程度上和事物的本来面目相一致这一命题无法形成共识，其重要原因之一在于事物本身是一个具体对象，不是抽象真理知识的知性抽象认识对象，无论作为感性具体还是理性具体，说我们能否全面、彻底地得到对具体事物的认识是无意义的。

真理知识的有限性基础是客体对象世界的有限性，把宇宙不证自明地理解为无限大，那只是感性认识，并且一定导向不可知论。那么，主体无限的思维世界、思维科学、社会科学、人文科学的真理的有限性基础是什么呢？思维、社会、人文学科有科学真理吗？一切知识，只要是知识，是判断陈述，则一定是有限的陈述，所以，思维、社会、人文学科，或行为学科的知识也是有限性的，只有在特定的假设前提及对象限定的范围中才有可理解的真实指称之意义。数学、逻辑学的知识是从前提中演绎出来的，我们称为定律、法则，是先验的知识，但不是世界客体存在的知识，不是客观性真理，是先验的定律。形而上学知识没有和描述的抽象认识对象的相符合问题，它能成为确定性知识的根据在于与由自明的公理演绎出来的形式体系协调一致性，形而上学知识为真是由逻辑去论证的。思维和行为科学对人的存在的研究是把主体抽象为认识客体去思考的，在建立认识对象之始已经赋予了它的有限性规定性。行为科学研究实际上是把人的复杂性行为中的大量可依赖于主体思维、意识、选择的参量设定为相对不变量为前提，抽象出特定的客体关系去寻求必然性规律的。这些规律的形式与本质和自然客体是相同的，所以，我们同样有关于主体行为科学的真理知识。但是，这些真理认识过程中把大量可变参量抽象为不变性因素，所以它返回到具体世界时的“客观性”是和客体的客观性规律在现实效用方面是有区别的。至于把主体本身的思维的能动选择性考虑进去，得出确定性有限真理知识是不合逻辑的，把人类能动创造的历史从根本上用“决定”的因果模式去归纳也是行不通的。

第二节　真理认识的构建

一、从个别到一般的普遍性抽象

知识从哪里来是认识论的逻辑起点问题。柏拉图认为是回忆，是人对头脑中生而有之的理念的回忆；莱布尼兹认为是从尽可能简单、可靠的前提演绎出来的。按这些观点，认识从头脑中来。经验论坚持认识从经验中来，是经验认识中归纳出普遍意义的知识。世界统一性原理认为知识是经验和先验的统一，知识是人的思维活动的产物，在自然感性直观意义上的经验认识是一切具有思维器官动物的自然属性，也是具有知识归纳能力的人类建立普遍性知识的基础材料。人类对世界的普遍真理认识的材料是从感性经验中来的，对之的普遍抽象是从自然到文化的质的飞跃的生长点。认识论的核心问题不在于认识的来源究竟是经验还是先验，而是认识如何在经验和先验的统一中上升为具有客观普遍真理性的知识，即在自然意义上的感性认识是如何产生知性知识，使人类从自然的表象现象认识上升为对世界的普遍本质认识这一关键问题。

感性认识的对象是可感官经验感知的独立于认识主体的客体世界，知性认识的对象却是抽象的认识，是由感性经验提供的认识作为认识对象的。所以，知性认识在直接的认识意义上是认识主体思维中的能动活动，是对认识的认识，而不再是对经验客体世界的复写和反映。知性认识的第一个条件是认识对象的抽象性，第一个步骤是建立知性认识对象，即建立抽象的知性认识对象，把客体世界的反映转换为思维中可综合处理的抽象对象，这就是从经验中归纳出具有普遍意义的知性抽象认识对象的过程。对认识对象的普遍性抽象，对人类知性真理认识来说，不仅有基础和前提意义，而且具有相对完整、独立的普遍性构建意义，就是说，知性认识的抽象普遍性是在建立有限抽象认识对象过程中实现的。

知性认识对象构建的直接意义是从具体到抽象的转换，把自然客体世界转换为能在人的思维中自由能动综合归纳的普遍抽象意义，这是从自然存在向自由思维转换的决定性机制，是人和动物认识的分野。如果从感官的意义上，人在很多方面比不上动物。但人比动物聪明，人的脑的思维能力比动物强。动物的脑同样有认识，有思维，甚至有很强的经验记忆和使用能力。我们说狼和狐狸是非常狡猾的动物，它们对经验的认识和利用一点都不比人逊色。事实上，从人类没有知性普遍性因果思维的早期原始思维的研究成果证明了原始思维是基于个性和直觉的，是由极为复杂符号系统去构建认识意义的思维方式，还没有进入普遍意义的抽象共相思维，没有在思维中把复杂多样性的世界现象信息意义简约化。个体性的经验思维在一部分高级动物的自然认识中进化到了比原始人思维还要复杂得多的水平，但它们只是狡猾，不是聪明。因为它们的认识是复杂的感性经验个体认识的集合，这种个体认识就特定思维机制对信息意义的处理、记忆的限制而言，显然是有极大局限性的。认识发展的意义不是复杂化而是简单化，即利用尽可能简单的信息符号结构去记忆和描述尽可能丰富的意义信息。人的聪明就在于人在感性认识基础上建立起抽象的知性思维，并首先把多样性的具体感性认识通过思维的抽象变为具有普遍意义的抽象认识对象，即共相亦即建立普遍概念，由此足以理解为人类贡献了理念论的柏拉图的崇高历史地位。这种从感性认识中建立抽象知性认识对象的认识环节本身已经超越了自然感官对自然客体的自在的复写和反映，是人作为认识主体对客体世界自由能动地思维认识行为，所以是人类依靠思维超越自然客体存在的最确切的起点。至于人为什么会在这个起点上告别纯粹自然界，最根本的原因只能从能动的思维和文化去说明，不能由自然即感性认识本身去说明，否则狼和狐狸为什么如此狡猾却无法从具体个别认识上升到普遍抽象认识就难以得到合理说明了。这种普遍思维中从个别到一般的抽象，是在利用客体文字符号作为意义载体基础上，通过人类世世代代在漫长的历史发展中逐步构建并传承下来，然后不断发展和完善的文明化过程。

建立抽象知性认识对象的意义是为知识的普遍性提供依据，甚至可以认为这就是人类能动认识中构建普遍性知识的第一环节，对此可以通过考察人类科学真理知识本身去得到更深切的体会。人类对客体世界的知识最早称为物理学，古希腊把统一性具体智慧归纳为在物理学之后之上，而物理学之中则是知性的抽象知识了。物理学概念的“物”已经直指物理客体世界为最终对象，但物之“理”则是超越了对物的自然感性经验认识的，是具有普遍性意义的“原理”性的知识。感性的物的世界现象有两个重要特征：多样性和变动不居性；而物的原理要达到的理解是从个体多样性和变动不居中建立普遍性和规律不变性的知识，这种真理知识的思考对象、描述对象就必须从多样性个体存在现象和变动不居的客体世界现象中抽象归纳出来，人类对物质世界的认识就从感性个体性上升到抽象理论的普遍性的境界。牛顿经典物理学总结了人类科学认识成果，抽象出两个最基本、最普遍的抽象概念，作为对物质世界科学认识的描述对象。这两个抽象概念是质点和力，在此抽象概念基础上建立的牛顿经典物理学叫质点动力学理论。物理学的研究对象是物质世界的运动发展变化的一般规律，这里的一般是普遍的意思。物质世界客体具体存在多样性只有抽象为质点才达到最普遍的“物质”描述。质点是物理学的直接对象客体，这个被定义为只有质量没有大小的“物”在现实世界中并不存在，但正是因为它不是具体物质世界中的特定存在，所以它就能在思维中描述和模拟一切物质客体而不再依赖其尺寸大小的具体特性。所以，不是从太阳、地球、月亮或砸在头上的苹果，而是从抽象的理想质点中，牛顿建立了与一切物质客体空间尺寸无关，只与其质量有关的物体运动变化规律，质点和力的抽象是实现物理学普遍性描述的基础，它使抽象质点的动力学关系对一切具体物质客体具有普遍意义。不管是太阳、地球、月亮、砸在头上的苹果，还是人类后来发现的质子、中子、电子，还是热力学系统中的大量无规运动的每一个粒子，都是抽象意义上的质点，质点动力学就对它们具有普遍的意义。光、电、磁能量子不包括在质点抽象中，质点动力学就不是对之有意义的规律描述，质点描述的普遍物质世界就不是最普遍的宇宙自然界。

物理学的运动变化一般规律是由最普遍又最抽象的力这一概念去描述

的。尽管力是一个极为抽象而难以具体把握的科学概念，但它已经渗透在人类文化的普遍领域，描述各种现实或潜在的作用。力是物体相互作用，所以是知性抽象概念。尽管人类认为已经产生了对力的经验描述，但事实上力是无法经验感知的抽象。我们所经验到的是作用和被作用，并用抽象的力去描述这种相互作用。正是由于力的这种对相互作用的抽象普遍描述本性，它就成为各种相互作用的物体之间的原因的普遍性描述自变量，物质世界就能从抽象的力去揭示变动不居的各种运动变化的原因、趋势、方向以及结果。在亚里士多德的以地心为原点的绝对空间中，力就是物体从静止到运动产生的原因；在牛顿的更普遍的相对空间中，力就成为运动变化的原因，成为对物体运动改变，包括从运动到静止的改变的原因和根据的最普遍的抽象描述概念。由此可见，抽象质点和抽象的力的概念，为物质世界的普遍思维认识即普遍知识的产生提供了普遍的基础。人类能动的思维创造从抽象中开始，由此可以解释为什么物理学是一切自然科学基础。人类对客体世界的科学认识在从抽象到具体中不断丰富和发展，新的比物理学更具体的学科，比如化学、医学、生物学等逐渐从物理学中分化出来，建立自己的认识对象和领域，得出自己学科的真理知识体系。尽管各学科的认识对象不同，但对于客体世界中的物质世界而言，质点和力始终是最普遍的抽象，在一切学科中具有普遍的意义。一切自然科学学科建立在物理学真理知识的基础上，自然科学知识必须和物理学真理知识相统一。所以，物质世界的本原即绝对物质客体以及力的统一是物质世界真理知识的两个最重大命题。

综合上述，真理超越或然性达到必然性的前提条件是用于构建事物关系的元素亦即变量本身必须是相对独立且达到最普遍意义的抽象共相，由之把相关的多样性具体感性认识统一于其描述定义域中，就像现实中不存在的质点统一了所有有质量的物体那样。由这种独立而普遍抽象的共相作为意义元结构建立的函数关系才有可能是既有普遍意义又能基于定义域中的具体得出确定性真伪判断的，即客观普遍关系陈述的必要条件是描述元结构即变量的独立而普遍的抽象统一性。柏拉图认为理念才是永恒的存在，维特根斯坦说世界是由原子事实构成的世界，从认识论和本体论相统一去将他们两人的命题统一起来，就会感悟到描述对象从具体向抽象综合统一之于客观认识客体世界的重大意义。

二、必然性普遍规律归纳的意义

从个别上升到一般的普遍抽象只是真理认识的第一个环节，只是真理认识的开始，由此基础实现真理认识还有漫长的过程，甚至是一代又一代人前仆后继的过程。诚然，人作为具有自由的思维本质的最高存在，每一个具体现实的人都在感性、知性、理性相统一的意义上构建自己的文化本质，成为自然和文化相统一的最普遍的存在。但是，人的这种普遍的自由本质是在类的意义上的，是在人类作为历史性存在的普遍性意义上的，而不是局限在每一个现实具体的个人的文化创造的基础上的。就是说，人作为类，每一个现实的个人的存在首先是在类的普遍本质意义的构建中实现的，不是依靠每一个具体的人去重新这些发现过程的。平心而论，在历史性自由本质意义上，每一个现实的人的存在就是创造人类历史，因为这种现实的生存本身，包括构建人的类本质，学习人的普遍文化知识也是每一个具体个人创造性地建立具有普遍意义的人类精神文化于自己理性灵魂中的过程。但是，在真理的发现这些特定的历史创造事件中，在推动人类历史从普遍走向更普遍的发展中，在人类历史丰碑留下深刻印记的是为数不多的人，他们是向人类揭示出自然奥秘的圣人，比如像牛顿那样的科学大师，凭借科学真理发现给人类生存减轻痛苦，增加福祉，从而根本改变了人的文化乃至存在。

对科学真理，人类保持了对自然存在应有的敬畏，称为科学发现。科学真理是客观普遍的本质规律，人作为能动主体只能发现，不能随心所欲地创造科学真理。真理的本质是以客体性为根据的客观性，所以只能发现不能创造。但科学发现又是人的主体性能动创造活动，即这种发现不是物的发现，而是从对物的现象的观察中，归纳出抽象的而不是叫作具体“东西”的普遍本质规律来。科学发现的目标就是在普遍抽象认识对象中揭示它的必然的、普遍的客观规律关系。所以，真理的认识就是要建立起关于普遍抽象认识对象因果关系的确定性判断，由这种普遍为真的判断去揭示客体世界的普遍抽象对象的必然性规律，找到支配客体世界运动发展的必然性的根据和原因。所以，因果关系是真理认识中的奥秘，是人类从个体具体认识上升为普遍科学必然性规律认识的决定性机制。世界统一性原理把建立因果关系思维的逻辑看作是人类建立文字符号荷载意义信息后的第一个本质的进步，是人类文明史的第一个重大的里程碑。因为正是因果关系使人类摆脱了原始思维，真正进入了历史性的时代。

因果关系使人对客体关系的理解进入必然的重复的可理解的有根据的，使人们把多样性和变动不居的现象建立起统一性联系，由此得到因果必然性的确定性理解。这种理解和感性认识对世界的理解产生了本质区别。感性通过反映和复写去认识现象存在是什么，因果关系则力图去揭示这些现象为什么存在，这种从结果去归纳原因的因果认识是和原始自然思维支配的自然生存方式的告别。进入文明社会的人遇事总问为什么，那些寻根刨底的人总是习惯追寻充足的理由，这些人类的文化习惯已经渗透在文明人灵魂中，一切似乎自然而然。但其实这种因果思维是文明人的文化，不要说动物没有因果关系认识，原始人也没有必然性的因果关系认识，他们对世界的生存选择行为的根据是经验积淀的习惯，而不是追求充足理由、追问为什么的文化习惯。当然不能简单地认为原始人没有原因、理由的概念，在感性认识的一定阶段高级生命会产生出对原因的思考，而不仅仅是对客体的复写和反映，但这种原始的原因是纯粹从个体主观经验得出来的体验，并不具备文明人所说的因果普遍意义。比如，当天空出现月食的时候，我们用地球、太阳、月亮运行在三点同一直线上，所以地球遮住了太阳对月亮的照射，月亮没有反射光来解释出现月食现象。这种因果是客观普遍意义上的因果关系。更基本的日夜更替、四季转换的原因，文明人都理解这是我们居住的星球和它所围绕的恒星的公转及其自转的结果。但对原始人而言，解释这些是纯粹主观而缺乏客观性根据的，他们会认为这是神灵的安排，月亮不见了是因为得罪了神灵，人类要避免灾难就不能得罪神灵，而应祈祷求得神灵的佑护。所以，神灵才是一切变动不居现象的原因。这种原始的原因并不是我们所说的因果关系。真正的因果关系，已经作为我们思维基因的因果思维，是人之所以为文明人的一个重要而充分的根据，因为它使文明人进入客观必然性思维，从自然多样性、主观性存在发展为具有普遍意义的主客体相统一的存在。

文明人既然建立了因果客观性必然思维模式，为什么不是每个文明人都在发现必然性的普遍科学真理呢？文明人进入因果必然性思维，为自己所作所为乃至整个存在寻找充足的理由和根据，所以文明人尊重知识，追求真理，在将类的普遍知识和真理内化为自身内在的本质中，成为现实社会历史中真实的个人。但去为人类提供新的真理认识，虽然是每个文明人的美好愿望，却大多只是一种理想，很难成为现实。因为因果关系是真理知识的基础，但作为真理知识的因果关系并不是一般的因果关系，而是具有客观普遍性的必然性关系，是事物普遍的本质规律关系。如果每个个体都不仅具有知识和真理的认识能力，而且都能在现实中轻而易举地发现普遍知识和真理，那么为什么其他高等动物的自然认识没有进展到普遍意义的知识，而只是具有文字作为思维工具的人才有就是无法解释的了。人类走出自然，进展到理性本质的存在，是在类意义上的，对每个具体个人而言是后天性的。人出生时只是自然存在，只有在后天学习人类各种普遍知识过程中去不断构建抽象的具体意义结构，成长为理性的存在，才是现实的人，才能现实地生存。每个个人的本质都是理性的，这种超越感性具体的理性具体的根据和理由就在于它是包含抽象普遍知识的。人在后天学习中建立具体理性决定了人是社会历史性的类存在，是具有类普遍抽象本质的具体理性存在。离开传统文化的传承，人类社会历史是无法理解的。人类文化传承是和文化创造相统一的，离开文化创造，人类文化成为一成不变的东西时，对于每个具体个体而言，人类后天创造的文化又只是纯粹先验的了，人又退化为世代循环意义上纯粹自然物种存在。人的社会历史性本质上是人类文化的社会历史性，人类发展本质上是文化的发展，其中最具基础意义的是科学知识的发展，并且这种发展是在普遍的类意义上的。因此，人类文明史永远铭记那些为人类奉献科学发现的科学巨人，因为他们奉献给人类的是全人类共同而永远的财富。

在人类文明史上，从知识到真理知识的认识进展具有划时代的意义。这标志着人类对客体世界认识在从具体到普遍抽象基础上，对多样性和永恒运动变化的事物的因果关系认识进展到必然性规律的水平。知识进展到真理知识，本质上是对对象的因果关系从或然性上升到必然性的把握。必然性是绝对的确定性，具有绝对的普遍性意义。亚里士多德则把必然性和现实性理解为统一的，潜能成为现实性的根据就是必然性，只有在必然性意义上才能通达本质和本然的存在。因此，西方理性两千多年如一日执着于对必然性真理的追求之中。用当今的语言陈述，必然性就是指真理必须在它所涵盖的因果关系的定义域中，对每一个边界条件、初始条件都为真，必须能经受证伪的大浪淘沙。必然性真理知识的最深刻意义是它是全人类共享的财富，它在不断发现中积累从本质上决定了人类文化生存的历史性发展进程。真理知识的必然性决定了它的绝对普遍性，包括价值中立性。没有东方真理和西方真理之分，也没有古代真理和现代化真理之别，真理是永恒不朽的。

真理的崇高神圣使许多人想入非非，总把自己的所作所为说成是必然性的，甚至把自己抽象为真理的化身。人类对真理普遍必然的因果决定关系有一个非常严重的误解，即把必然性这一关于抽象普遍关系本质的范畴扩充到具体个体，这是泛真理现象的思维根源。作为欧洲近代伟大的科学家、数学家，拉普拉斯在欧洲大陆为普及牛顿经典物理学理论不遗余力，表现了对科学真理的巨大热忱。他的最大影响不仅是数学上的拉普拉斯定理，更是他的决定论，即宣称只要给出一组科学定律和相应的边界条件和初始条件，原则上我们可以决定宇宙中小到任何一颗粒子的决定性的状态，追溯它的历史，预言它的确定性的未来。拉普拉斯被视为科学因果决定论的杰出代表，并因线性因果决定论的机械唯物主义倾向不断为后人诟病。那么，拉普拉斯的因果决定论思维的问题在哪里呢？究竟是他的观念有问题，还是我们对他决定论观念的理解有问题呢？为什么西方人在批判了拉普拉斯的决定论观念之后，依然在必然和自由的痛苦冲突面前束手无策呢？由此可以断言，无论拉普拉斯侯爵的决定论陈述本意如何，至少后人对它的解读，是存在严重的局限性的。

拉普拉斯的科学因果决定论在前提下是极为严谨的。他以一个伟大科学家的素养，严格地区分了科学定律和边界、初始条件的区别，由此可以推断，拉普拉斯是在普遍必然性规律即科学定律的意义上理解真理知识的，与科学定律相关的边界和初始条件并不是真理本身，而是普遍的抽象科学定律返回具体客体状态描述时相应的具体限定条件。即便如此，拉普拉斯的决定论在对客体世界在结果上的陈述也是值得推敲的。我们原则上可以决定宇宙中任何一颗粒子的状态的抽象理解是基于整个宇宙是严格地被决定的。你和我的构成中每一个细胞似乎都是严格地被决定的。但这只是一种误解，从科学知性认识意义上说，这种严格的决定论并无意义，而造成这种严格决定论理解的根源在于人们忘了拉普拉斯侯爵的前提：科学普遍抽象定律起作用的具体的边界条件和初始条件。任何一个粒子的状态是由普遍科学必然性规律支配，并根据它的具体边界和初始条件得出具体的决定性结果的。真正问题在于人们忽视了具体的边界条件和初始条件是具体多样性的，并且是具有不确定性和选择性的。由科学定律在特定边界和初始条件的确定性选择前提下可以对任何一个客体的状态得出描述和任何一个客体的特定存在和运动状态是严格地被决定的即无可选择地必然出现是两种完全不同的理解。拉普拉斯侯爵究竟是哪种理解我们并不清楚，但他的表述如果全面地看并非是一切客体现象都是必然性的决定论意义，但人们对他的因果决定论的批评恰恰是基于把一切客体现象看作是必然的，无可选择的。最深刻的问题在于近代科学革命以来，人类已经基本上被科学因果决定论统治，因而赋予拉普拉斯因果决定论以“彻底因果决定论”的理解。也许并不是背着女人过河的和尚有问题，而是满腔色心的凡人看到和尚背女人过河时自己的心思有问题。如果把拉普拉斯因果决定论陈述的边界条件和初始条件理解为多样性和选择性的，我们可以决定粒子的状态就是由我们对初始条件、边界条件的特定信息或主动选择作为必然性普遍规律由抽象返回具体的结果，那任何粒子的状态就不是一成不变地被决定了的，不是由上天预先决定了的，而是可以通过边界和初始条件去选择的，这才是对科学定律的普遍必然性的正确理解。科学普遍真理知识是在一般必然性规律意义上的，科学必然性规律支配的、由具体边界和初始条件限定的特定客体的结果状态是被决定的，但不是由必然性规律唯一地决定的，而是由必然性规律和具体描述对象的边界和初始条件共同决定的，不能从真理的普遍必然性去理解客体多样性现象的必然性。每个客体的运动状态是个体性的，用必然普遍去陈述是无意义的。严格地看，必然性、或然性、偶然性是关于普遍抽象因果关系陈述的范畴，说具体个别现象必然、或然和偶然非但是无意义陈述，而且根本上是不合逻辑的。

科学理性的绝对科学观其实就是一种彻底的因果决定论，它把因果决定的科学真理思维方式从抽象本质扩展到具体现象，从而得出对世界的必然性的被决定的宿命论理解。在这种科学理性宇宙观支配下，人的自由思维和认识在根本上就失去了意义，就不再是主体对客体世界的超越，不是从客体存在到主客体相统一的存在的发展，而是主体成了依附于客体的第二性的非存在。在绝对的因果决定论支配下，人的一切文化创造、科学发现最后都可以还原到第一性的物去理解，物才是人的本质，受必然性支配的物的世界才是真正的本质世界；而心的世界，自由的文化思维的世界，不是包含着物的世界的更普遍世界，而是由物的世界支配的附属、现象的存在世界。既然如此，为什么我们要追求真理，追求智慧，追求文明进步呢？在因果决定的宿命论看来，我们的所谓自由选择的追求，在更基本、更深刻意义上也是自然支配的结果，只是人类无法理解这种被支配、被决定作用，自我陶醉在第二性的所谓“自由创造”之中而已。牛顿什么时候发现经典物理学定律，甚至希特勒什么时候发动战争，秦始皇为什么那一刻决定焚书坑儒，都可以从他们的脑结构及其运动状态去理解，最终可以从支配整个物的世界的必然性决定关系去理解。把普遍抽象转换为现象的具体时，得出对世界一切现实过程的因果决定论理解，不是从支配世界的普遍本质规律意义去理解，而是对世界从本质到现象的彻底的因果决定论的理解。于是，因果决定就是一个抽象而又无所不在的上帝。在宿命论的世界中，人沦为被物支配的存在，彻底丧失了人的本质和自由，人的自由是由必然性本质决定的一种假象罢了。

所以，不能把必然性退化为具体现象。科学真理是在普遍抽象知识基础上达到最普遍的客观必然性规律的理解，牛顿的科学真理是动力学三大定律和引力定律，不是由这些定律解释苹果必然砸在他头上的现象。科学真理的这种客观普遍性才赋予了它的意义，才使现代文明人在简约、普适的必然普遍客观规律陈述中去理解和解释具有不同边界和初始条件的具体客体构成的世界。这种普遍客观的本质规律才使人能洞见自然的本质，更好地理解从而更好地适应世界，从而得到更好的生存。由此观之，科学真理的意义不仅是抽象认识，而且是在人的生存经验之中的。

三、真理和理性的统一：抽象回复到具体

真理是特定的知识，它是抽象形态的存在，而且是知性有限抽象形态的存在。因此，真理认识只是人类理性认识的一个中介环节，一个中间发展阶段。西方哲学本质存在论两千多年来局限在真理中造就了西方文化最根本的历史局限性，即只把理性理解为抽象的，也无法在抽象中为真理之为真理的客观普遍有效性提供可靠的根据。精神、文化、知识、真理、理性之所以成为人之为人的本质根据，首先就在于它的抽象性为普遍性提供了基础。本质的存在的另一角度理解即它不是独立自足的现实性存在，而是从现实存在中普遍抽象而归纳出来的。人的精神、意识、知识、真理、理性并不在人之外，就在人的具体现实的理性统一性存在中。局限于抽象真理去理解人，不但把人当成抽象的，而且也无法在抽象返回现实具体中为抽象真理提供充分的根据。真理的最根本的根据不在抽象中，而在现实中，只有从抽象返回现实具体的真理才是可以通达客观普遍有效性的真理，这正是人本质上不能只是知性存在，而是包含知性的理性存在的理由。

从思维、意识到真理知识的构建都是人的生存实践的本质构成，它就在人的现实生存之中。真理之为真理的客观性就是我们存在的本质，也是人类普遍性的类的本质。真理的客观性并不是一个抽象的理论问题，它首先是人的生存实践经验问题。所以，真理的客观性是我们文明人每一天的生存体验本身。但是，人类由于长期以来没有真正建立起普遍的具体统一性思维，基本上停留在抽象的“科学理性”即知性因果思维中，把精神现象、文化知识、客观真理和客体世界及人的生存经验完全割裂开来，甚至按照因果还原思维把精神现象还原为依附于客体的属性，因而总是停留在抽象思维意识中去争论真理认识的客观性问题，使一个简单明白又关系到人的普遍本质的问题成为一个被怀疑且始

终找不到确定性答案的问题。知识客观性、真理的客观性是哲学认识论乃至哲学思考的统一性认识本身的最重大、最基本的难题之一。

认识从实践中来，回到实践中去，这一基本原则并没有问题，但仅这还远远不够。因为哲学史上最具破坏性的怀疑论哲学——休谟的人性论哲学——正是从经验开始并返回经验的，但他的最终理论是否定一切真理客观性的。休谟坚持认识以感性经验为来源，并敏锐地把因果关系作为真理认识的基石。休谟的怀疑论哲学正是通过对因果关系的怀疑而得来的，即它本质上是怀疑从经验中建立起来的因果关系的普遍客观有效性。“休谟给自己提出的任务是，首先考察因果观念本身及其构成条件，然后着力追溯它的根源。”[②]休谟认为，因果关系是对象间必然联系的观念，所以因果关系不是从理性中推论得来的，只能是从经验中归纳出来。所以，休谟的认识论是经验论的，是反唯理论的。休谟对因果关系的真正怀疑在于：为什么可以把过去的经验扩展到未来，即凭何根据从过去的经验中得出客观普遍有效的真理归纳？客观普遍有效的真理的意义是指向未来的，“普遍”具有包括一切时空的有效性意义。对过去的经验中得出的真理认识不是推理结果，而是归纳的结果。但是归纳从前提过渡到结论，从经验过渡到未来，从个别转化为一般是如何实现的呢？休谟认为，“或然的归纳推理是建立在未来和过去相似，相似的性质可以产生相似的结果，‘自然的齐一性’这一假设之上的，因为它在逻辑上是得不到证明的。也就是说归纳推理如何从前提过渡到结果，从个别过渡到一般即归纳的合理性问题，在逻辑上是得不到证明的。这就是休谟百思不得其解，不得不向公众提出来的著名的‘归纳问题’，现代西方哲学家称为‘休谟问题’”[③]。休谟的这一认识是极具智慧的，即真理之为真理是不能由逻辑关系去保证的，否则真理就只是抽象思维中自我循环并获得充分根据的了，逻辑只保证认识的普遍性，经验才是认识客观性的根据。西方文化由于没有达到普遍性和客观性、知识和真理的统一性，笼统地侈言真理知识的客观普遍性，在逻辑上就先验地决定了两千多年哲学史以认识客观性为核心却又只能裹足不前，未能有实质性进步。最后，休谟只能退回感性具体个体性，从人的心理出发，从人性的思维心理意识去解释因果关系，即所谓因果必然关系只是人的习惯性联想，习惯是人类的最大指导，基于因果关系的人类知识就没有客观性，只是依赖于个体心理感觉的主观思维而已。休谟问题从根基上对人类的真理知识客观性提出了怀疑。

休谟怀疑论哲学对人类知识的影响是很严重的，但人类知识依然不断增长，正所谓青山遮不住，毕竟东流去。为什么如此深刻、重大的哲学思考竟然与无病呻吟似曾相识呢？休谟哲学的颠覆性结论是不可取的，他的经验是认识来源的观点并不比洛克或贝克莱前进了多少，《人性论》的最深刻智慧在于揭示了真理是不能依靠认识中的逻辑推理来提供充足根据的。因果关系是从经验中归纳的，不是从逻辑推论而来，也不能由逻辑推理去证明其绝对的真及对未来的真。逻辑的统一性并不是一个知识客观普遍有效的充足理由，只是必要而非充足条件。所以，康德建立批判哲学，试图从时间、空间形式的先验性去为真理认识的客观性提供证明是文不对题的，这种逻辑只能保证思维中建立的推理关系的普遍性。康德也明确知识一定是归纳的，先天综合的先天与真理客观性归纳无关，它所提供的只是归纳出来的关系认识具有普遍性；至于客观性已经不是理性逻辑推理能有效解决的了，从经验中归纳出来的知识的客观普遍有效性只能在返回到具体客体的经验世界才能检验。休谟否认理性形而上学逻辑作为真理客观性充足根据的正当性，但退回到比理性普遍统一性先验逻辑更主观的个体主观心理感觉习惯，那就更加有问题了。

真理之所以为真理的充足理由不是推理问题，不是纯粹思维中的抽象问题，而是从思维中的普遍性抽象返回到具体的客体经验世界中的更高级的命题，即从抽象返回具体问题。在逻辑和思维的抽象中追求真理客观性问题是缘木求鱼，是把精神意识及真理认识和客体世界彻底割裂的结果。真理的客观性、因果关系作为从经验归纳而来的知识对于未来的普遍有效的正当性，不是抽象的认识问题，不是抽象的先验形式问题，它返回具体经验世界时是真理认识的最高阶段。真理认识的充分根据在经验世界，人类是在经验世界中为真理知识提供充足理由的，不是为真理知识提供了充足理由才返回具体经验的，这就是黑格尔所说先验哲学的“不懂游泳，千万不要下水”的局限性所在。真理的实现在于实践经验，真理之所以为真理的充分根据，只能在经验世界中寻找。

但仅停留在实践出真知还只是停留在抽象的原则上，还没有找到人异于禽兽的充足理由，也无法解释为什么其他高等动物的生存经验不产生真理。所以，坚持实践出真知的经验论者其实也没有解决休谟问题，即只是从信仰上，而不是从理论认识上解决真理客观性的根据问题。比如，我们民族近几十年来实现改革开放所倡导的实践是检验真理的唯一标准的讨论，只有解放思想的意识形态意义，并没有在认识论上解决真理认识客观性根据的理论意义。张尚仁老师在《聊哲学》中专题讨论了"实践检验真理标准的困惑"：一种认识并不是都可重复检验的，如果一个方案，只有一个能接受实践的检验，实践检验的局限性就很清楚了。实践检验还和人的主观目标有关，达到预期目标，却出现没有预期的后果，那么，原来的认识对错就又是另一个复杂性问题了。所以，张尚仁老师说："有人认为，无论从理论还是现实来说，要论证实践是检验真理的标准是困难的，说实践是检验错误的标准倒容易理解。这样说也有一定道理，在哲学中就有一种理论，叫'证伪主义'，用来区别'实证主义'。"[④]对实践是检验真理的唯一标准的这种质疑是有洞察力的。文章中说到，一位外国朋友到中国访问，对真理标准的理论讨论很不理解，因为这个论题中的"实践""检验""真理""标准"四个概念都没有规定性，都不清楚，这个问题怎么能说是清楚的呢？这就说明，对真理的检验首先是以对真理的本质规定性为前提的，坚持一切真理从实践中来并没有错，但如果连真理的本性和本质规定性都不清楚，则对实践出真知的认识也是抽象的。所以，真理有没有客观性、可不可知就转换为什么样的真理知识是客观可知的。

第一，相对真理的客观性无法检验，由无数相对真理的总和构成的绝对真理无法检验。这个问题其实并不难理解。如果一切真理知识都只是相对的，是从不完善到完善不断发展着的，这种相对真理知识就是"大概，可能，差不多"的认识，根本就无客观标准可言。没有绝对标准，只有相对标准的真理是没有客观性的，相对标准是因主观而变的，也就是无标准，所以依赖于主体主观认识的客观就不是客观。所以如果坚持真理是相对真理，并且是客观性的相对真理，那实际上是自相矛盾的。尽管相对真理观在总体、总和，在无限接近的意义上赋予了真理认识的绝对性意义，那只不过是自欺欺人而已。这种由无数的相对真理构成的绝对真理不是凡人可以证明和检验的，那是上帝的事业，因为凡人的生存总是有限的，无法通达无限。

第二，全体的真理、具体的真理无法检验。为什么实践是检验真理的唯一标准，一旦把真理当成全体的真理、具体的真理就产生困惑呢？因为对全体、具体的认识而言，没有客观标准。如果坚持真理一定是客观的话，那真理就只能是抽象的，不能是具体的。从抽象返回具体，是真理的普遍抽象本质返回多样性的具体客体经验世界，如果真理还必须在具体经验中具有具体的规定性，那它就失去普遍性本质成为多样性的了，也即无所谓标准了。没有了标准就无所谓正确对错的因果必然性判断了。具体的认识可以是由真理构成的，但具体认识并不是因果必然性的抽象真理认识，而是从抽象到具体的统一性认识，那就是全面理解具体的智慧，而非确定性真伪判断的简单命题了。所以，具体的统一性问题是无法用真理去下结论做判断的。比如，我们对一个项目做可行性论证，并不能从各种可操作方案中判断哪一个是真理，是正确的，而其他则是反真理的，是错误的方案，而是从中选择一个我们通过论证认为是比较全面有可能实现项目目标的可行性方案。可行方案不一定可行，不可行方案是主体的放弃选择因而不可行，和该方案是否客观、正确没有关系，也不能用客观性、正确、真理这些概念去无意义地陈述可行性论证这种具体的统一性问题。一定要把具体认识规定为真理认识的话，这种具体而全体的真理是无客观性可言的，一定要独断地赋予它以客观真理面目只是一种主观独断。

由此可见，要坚持真理知识的客观普遍有效性的本质，使它是在经验意义上可理解的可检验的，前提就是它在返回到客体世界的原子事实时能得出真伪的确定性判断。就是说，每一个限定的抽象认识对象中抽象的因果关系指向特定边界的具体现实时，把抽象而普遍的规律陈述具体化为和之相统一的具体事实陈述，检验基于抽象普遍规律的特定确定性判断陈述是否为真。

这是真理认识的终点，是真理的现实意义所在，也是真理客观普遍有效性的唯一根据。把对这种因果关系的普遍、抽象的归纳关在有限的、绝对确定性关系的笼子中，只有在这个意义上的综合判断才有确定性意义，才是可真伪判断的。抽象、有限的真理确定性知识和由它们构成的对具体经验世界的统一性理解是不同层次的统一性关系，只有以抽象真理知识为基础的对具体客体的理解才是丰富、全面的具体认识，才更全面地显示出客体的真面目。而抽象普遍真理判断只有在返回具体经验中才能“验明正身”，才能证明它的客观普遍有效性，才能为它的客观性提供充足的理由。真理的普遍性是在思维的先验形式和逻辑意义上的，真理的客观普遍性是在先验和经验相统一意义上的。因为休谟已经论证，综合归纳的真理是不能从推理中证明，所以只能从经验中证明，真理的客观性只能由返回具体的经验提供充足理由。实践经验是真理的来源，又是真理的标准，而且只有作为有限、确定性的普遍因果关系判断，在具体经验中才有真伪判断的标准，才是有意义的真伪值问题，才有真理之可能意义。

真理的客观性一定是由经验来证明的，人类已有的大量真理知识都是由经验来证明的。但为什么休谟却说经验不能证明真理，从而一切真理只能依赖于人的主观心理的习惯性联想呢？最重要的原因在于，休谟把对真理客观性的思考归纳为一个在真伪证明意义上无意义的命题，所以他无法有意义地解答它，把它公之于世也没有人可以解答它。一个无真伪意义的命题如何可以有意义地判断它的真伪呢？真理从经验中归纳而来，由经验去证明它的客观性，但客观性是普遍的，对未来乃至无限的未来都是有意义的。但过去的经验和真理的未来的客观性之间是没有交集的，所以这是一个无意义的判断命题。从这个命题去思考真理认识的客观性，当然无可证明。休谟得出经验无法证明真理认识的未来性并没有错，但真理的意义却是既在经验中，又在未来中，即它对我们的生存起着预见、指导的意义，否则我们就没有必要去追求真理了。那么，我们现实中的真理是如何被确认为真理的呢？其实并不复杂，它正渗透在我们文明人的日常生存方式中。我们并不是把被未来证明了的真理知识返回到实践，而是将经验归纳出来的知性有限的普遍必然性因果判断知识返回到生存的实践中，并在具体的经验中检验它的客观普遍有效性，这种真理的检验是经验实证的。经验实证是普遍性的，是既证真又证伪的，就是说，在人类一切对特定真理知识的因果必然性判断的具体应用中，经验实证对该判断不是证真的就是证伪的。人类普遍因果必然性真理知识如果恒在具体经验中为真，我们就称之为客观性的普遍真理。然而，一旦被证伪，那么它就失去了客观普遍有效性，就不再是真理。所以，真理是由经验实践来证明的，是既由证伪又由证真来证明的，证伪和证真是对真理知识实证的两个不同方面。真理之所以对未来的客观性具有充足的理由在于在此之前人类对之的一切经验都证明它是真的，其实，人类的生存本身就是对真理知识的永恒的检验过程，无论是有目的的检验，还是无验证意识中的按真理办事，都是检验真理的过程。因为真理的客观普遍有效性不只是在有目的的检验验证中，而且在人的一切经验生存中，所以，从广义上来说，实践是检验真理的标准是有意义的陈述，但必须把真理限制在普遍必然性抽象规律意义上，把实践限定在必然性规律和特定边界、初始条件相统一的现实具体事件中，把客观性建立在已有经验的客观有效性上，这种检验才具有意义。我们认为真理在普遍意义上为真，在未来仍然绝对地为真，并不是说我们在经验中证明了它未来为真。不能让检验成为延伸到未来的无意义命题，在有意义的检验中，真理的客观性、真伪性才是我们具体生存经验中的常识性问题。真理的经验性和对包括未来意义的客观普遍有效性是两个相互独立的命题，不必无意义地争辩未来经验这种荒唐概念。至此，我们可以有根据地说，真理是从经验中来，并回到经验中为经验提供根据的。当一个必然性规律的抽象归纳在所有的经验中恒为真，到现在为止普遍地为真，我们就有充足的理由称之为具有客观普遍有效性的真理知识。真理的客观普遍有效性是由它经受了实践中的证伪淘汰保证的，只要有一次被证伪，它就失去了普遍有效性，同时就不再被当作真理。真理之为真理的充分而必要的根据在于它的普遍抽象判断关系在一切经验中恒为真，真理的来源、根据、意义就在于人类现实生存经验之中。

第三节　真理的统一

一、有限知性真理认识的无限性

从有限知性抽象性去理解真理的抽象本性和普遍客观性本质，把真理从无限、全体的神圣而至高无上地位还原回有限知性抽象地位，那么，人类对真理的宗教式追求是否过于狂热了呢？该不该对真理顶礼膜拜那是价值选择问题，但该不该追求真理却是人的现实本质问题。人的理性文化本质，超越了自然存在的人的普遍本质就是从知性普遍性知识的建立开始的。每个现实具体的个人的现实存在是在不断构建其普遍的类本质的文明化过程中生成和发展着的，追求真理就是追求人的本质，就是追求人的现实的存在，就是追求人的有意义的未来。回到现实具体，知性即理性，理性即知性，后工业社会、信息社会、知识经济、知识社会，这是人类在文明发展史中不断从低级到高级发展的丰硕成果，并且它指向无限意义的未来，这正是有限知性真理的无限历史性意义。

按照对人类文化认识最基础结构的语言和意义分析的哲学理论，对象客体世界是原子事实构成的复杂结构性事实世界，对客体世界的本来面目的客观认识必须从原子事实出发，对原子事实建立有意义的陈述，从而保证这种认识在有意义基础上成为有意义的事实判断，即我们的真理知识是能够用真伪去判断的基本命题。在我们生存的文化环境中，最令人恶心的“文化”是假、大、空，即用貌似伟大而全面、崇高而绝对却无真伪意义的话愚弄人，一贯正确和绝对正确是建立在无意义基础上的。一贯正确如果登峰造极而丧失了错误资格的时候，在逻辑上可以断言为无意义的陈述。全体、无限真理论制造的就是这样一种假、大、空的真理，对于人的文明文化本质的发展是有弊无利的。只有回到真理知识的知性有限性，回到一个个有限的必然性因果关系规律判断的真理知识，我们才回到真实的、有意义的真理，并且在这些有限知性真理基础上，从简单到复杂、从低级到高级，不断追求更多更复杂更高级的真理认识，从而不断加深对世界的具体理解，丰富人的本质和现实存在，走向无限的未来。只有从有限知性的“原子真理”开始的对客体世界的客观性认识，才是对人类具有历史性意义的真理知识，追求这些知性有限真理的人才是现实世界构建自己文明文化本质的现实的人的存在。彼岸世界的全体、无限真理对人类永远是不可及的，所以由它为人类提供的无限只是一种抽象的乌托邦，反倒是以那些最简单、有限、抽象的真理知识为基础的认识的不断积累，开启了人类文明从有限走向无限的伟大进程。

长期以来，坚持全面、无限，从相对走向绝对的发展真理观论者指责知性认识有限，所以是机械的、僵化的，是孤立和教条的“形而上学”，没有辩证的无限发展窒息了真理的生命。但是，抽象真理认识又岂止是教条，它是客观的普遍教条，是僵化即绝对确定性的必然性关系中产生的确定性因果判断，是孤立中建立起的抽象的有限认识对象的普遍规定性，得出的是机械般的重复的因果必然性关系规律的理解和认识，这正是康德在《纯粹理性批判》中对真理客观性的归纳。客观普遍有效的因果必然性规律知识、真理知识的确定有限性和真理发展过程的无限性实际上具有完全不同的指称意义，而不是对同一命题的不同理解。真理之所以为真理的充分理由是它的客观性，即一个真理判断知识是“僵化、呆板、教条、机械”的，至于是否教条、机械地利用这种真理知识去思考具体客体世界，则是抽象真理和现实经验的统一性即理性统一性意义的问题，具体问题要具体分析，而不是具体问题要有具体的真理。具体问题不做具体分析，那叫食古不化了。具体问题是从抽象返回具体世界中的问题，而不是真理知识的客观性所造成的问题。试想一下，古往今来人类对世界的科学真理认识中，有几条是“不断发展着”的呢？也许可以找到几个真理知识陈述完善的例子，但这种完善不能从真理自我完善发展去理解。实际上人类经得起证伪考验的真理知识是僵化而教条地在所有的经验世界被证实着的，正是它被不变地、重复地证实使我们对之具有充分的信心，称之为真理，并相信它具有永恒不变的确定性意义。真理一旦相对就被证伪了，就不再是真理了。“相对”意味着失去真理的客观普遍本质，发展也是失去真理的本质，真理作为客观知识是不能相对和发展的。我们所说的发展，指的不是真理知识所揭示的因果必然性规律本身的发展，而是指科学对新的真理的探索发现中的发展，是人类对世界的科学认识的不断发展，是构成人类科学真理知识体系的不断发展，它和真理知识的客观性是完全不同的两回事。追求真理是在科学认识发展中得到更多的真理知识，丰富科学知识，而不是使某个真理越来越接近绝对真理。由相对真理、有限真理发展为绝对、无限、全体的真理，发展科学追求真理和真理自身的发展成长性具有截然相反的意义。至于对机械论思维方法的否定，不是指用不变的真理知识去指导具体经验这种按必然性规律去办事的“机械论”，而是否定在对经验世界的认识中对具体问题不做具体分析的片面性思维习惯。对世界的全面、辩证的理解并不是由真理自身的越来越全面具体实现的，而是由越来越全面、丰富的真理知识体系提供的，是在由抽象的真理认识返回具体经验世界时的统一性智慧理解中完成的。这正是人的经验世界的感性、知性、理性统一性的意义，也是客观、普遍不变的真理知识的不断积累使人对世界的具体理解和认识不断发展的意义。

尽管知性真理是有限抽象的，但对知性真理的认识本身却是无限的。只要人类文明史没有完结，人类文化文明史积累起来的诸真理知识的必然性规律的确定性意义也永远不会完结，人类对新的科学真理的探索和发现同样不会完结，这正是人类社会历史文明统一性的可靠根据，是人类文明史超越了自然史的充足理由。所以，科学史家在向人们介绍伟大的科学发现史时，总会提醒读者不要担心错过了科学发现的最好时光，科学发现的新领域永远在等待着有志于科学探索的后来人。我们生存的具体现实人类世界的科学真理认识是无限的，即每一个科学真理是有限、确定性的绝对真理，但具体客体存在的认识不是一个绝对真理的片面知识就终结的，而是在不断积累的绝对真理知识体系的增长中不断丰富的，这种不断丰富没有极限，即我们对具体的统一性理解是相对的无限的。对绝对真理的无限的追求是人的本质的不断丰富的永恒历史进程，这种无限意味着人的社会历史存在不同于物质客体存在，它不是现成的东西，没有确定性的标准，也没有发展的终点，而是无限的发展过程。只要人类历史没有完结，人类对新的科学真理的追求和探索、发现就不会完结，人类文化文明史的不可逆统一进程也不会完结，人类对真理的认识与人类存在同在。人类这种建立在文化的普遍类本质不断发展意义上的历史使它成为自由的、人类自己创造的历史，就像三百年前人类的普遍自由本质和我们当今完全不同一样，我们并不能断言三十年后乃至三百年后的人类社会的本质的现实内容。人类社会历史是在人的自由创造的本质构建中不断进行着的，它达到什么水平就是什么水平，它和物的世界的区别就在于它不能必然性地被决定，不能抽象地被决定，这就是人的自由的本质。科学真理认识的建立，人类科学知识的不断丰富和进步，对人类的普遍自由本质的发展，有着至关重要的现实意义，这正是“知识就是力量”“科学技术是第一推动力”的合理性所在。近代科学革命以来短短几百年间，特别是第二次世界大战后人类追求现代化的几十年，科学知识和文化的传播、普及、应用以及爆炸性的增长，把人类导向日新月异的知识时代，人类社会在历史性发展中沧海桑田般的历史巨变是有目共睹的。

人类对科学真理认识的无限历史过程是抽象真理有限性和人类具体历史无限性相统一的过程，这种相统一的过程在历史进步的意义上就表现为从个别到一般，从一般到普遍，从低级到高级的不断的、不可逆的历史进步，表现为人对客体世界从知之不多到颇为了解，从现象到本质、到具体，而且越来越具体的无止境的发展过程。有不少人对历史发展进步的乐观主义持怀疑和批判态度，如果从价值判断的意义去提出怀疑和批判，那是在所难免的，因为价值判断本身就是带主体选择性的，没必要也不可能得到绝对普遍性的认同。人们普遍认为科学造福人类，但并不妨碍不少人认为科学使人类生存环境恶化、资源枯竭，甚至也有人认为科学进步的推动力是反人类、反文明的，新的科学技术的应用并不都是改善人的生存，直接动力往往是制造更大杀伤力的武器，人类很多科学技术的尖端领域其实是在研究如何更有效率地杀人。科学本身是价值中立的，如果从价值中立意义去除价值判断，在人类对科学真理追求的不断丰硕成果使人类对世界客观知识越来越丰富的科学发展客观意义上，人类科学真理认识确实是从低级到高级发展的持续进步的客观过程。

人类科学认识进步的一个标志是从个别到一般到普遍的进步，这是人类对客体世界必然性规律认识以量的积累带来的革命性质变。人类发明了文字符号去荷载抽象意义，把抽象思维中对世界意义的理解从依赖于具体认识主体个体中独立出来，转换为以客体文字符号荷载的、能从普遍个体中独立出来，转换为能被普遍个体去接受和理解的意义后，人类进入了文明社会的门槛，开始了依靠文化去构建人的普遍的类本质，进入使人成为具有自由创造思维本质的最普遍存在的过程，开始了人类的历史性生存。文字作为普遍思维工具的使用对人类文明的启蒙意义的第一个里程碑是因果关系的建立，因果思维方式对人的普遍本质的革命性影响是如何高度评价都不为过的。文字的使用使人类步入文明社会，但仅就文字作为信息意义载体客体而言，文字只是文明的工具和手段，只是使抽象思维的意义转换为普遍的客体中存在的意义的手段，文化真正的本质不在文字符号之中，而在于文字符号所承载的抽象意义的客观普遍性中。在文字使用早期阶段，文字符号意义和客体存在及其各种行为、属性之间通过经验建立起相对应的指称意义只是一些零散的认识，和动物属性的感性表象认识还相去不远。在文字符号发明和应用的早期阶段认识的普遍性只是表现在信息意义的符号载体上，而不是符号所表达的意义本身，即文字符号的意义在因果关系出现并在人类获得普遍使用之前，还只是“自然的、原始的”。但一旦建立了因果思维，产生了由因果思维建立的客观普遍有效的知识，人类就真正开始了不可逆的历史性类本质构建的进步进程。因为由因果必然性关系建立起来的真理知识是普遍的，对全体人类，包括未来的人类都是必然地真的，所以，这才是真正属人的财富，属人的本质。我们在二十一世纪的本质包含着亚里士多德、柏拉图甚至更早的那些真理追求的先驱者的自由的真理发现的成果。这种自由的精神文化财富使人具有了普遍的思维的自由本质，超越了自然界，成为在对存在的必然性的具体认识中不断构建自己的自由本质的历史性存在。正是基于这些理由，我们完全可以说，人类首先是知性的存在，人的普遍的类本质是在知性真理认识的产生以及不断丰富的进程中不断发展的，所以因果思维对于人类文明进步具有第一个里程碑的伟大历史意义。休谟的《人性论》把因果关系作为揭示人的本质的秘密所在地，这是有充分理由的。

知性绝对真理认识是有限的、抽象的，每个知性知识本身都是相对独立、有限的抽象判断元结构，对客体世界的具体认识是由知性真理知识体系即元结构的统一性构建起来的。对知识本身的本质要求是必然性地真，即具有客观普遍有效性；但对应用抽象知识去解决具体世界中生存的主客体统一的具体之人而言，则要求知识的丰富和全面，更要求具体问题做具体分析的统一性智慧。每一个具体现实的人是在不断获得越来越丰富的知识过程中去构建起他属人的普遍本质的，也可以说，人类是靠不断发现越来越丰富的真理知识去推动人的普遍的类本质的发展的。人类历史在真理发展意义上就是从简单到复杂、从个别到一般到普遍的不断发展的进程。在人类科学真理认识从个别到一般到普遍的统一性发展历史中，牛顿的经典物理学理论具有第二个里程碑的意义。因为牛顿质点动力学三大定律和引力定律构成的理论建立了物质世界的最一般抽象普遍规律的统一性体系。最抽象的质点，由力抽象出的质点客体的相互作用，质点和力的因果关系必然性规律对物质客体构成的世界达到了最普遍的认识水平。有人指责牛顿理论“机械”，描述质点之间力的作用规律不“机械”还是质点动力学吗？有人指责牛顿理论使时间可逆，也是对真理普遍性意义的无知。牛顿经典动力学三大定律是与时空独立变量无关的，所以不能说是时间可逆的，而正是这些定律的非时间、空间变量描述约束本性，使它们在任何时空边界、初始条件下都是普遍有效的，从而达到了具有空间规定性的物质客体的一切过程的必然性支配规律描述。因此，牛顿完成了物质世界普遍统一性的科学描述。由于西方文化一直把物质世界和世界等同起来，至少和客体世界等同起来，因而把牛顿理论又称为机械论的世界观。牛顿经典科学理论的真理性和把世界理解为本质上是物质机械构成的世界是两个完全不同层次的命题，前者是科学因果关系问题，后者是科学抽象真理和具体自然界的统一性即理性层面的命题。牛顿对物质世界运动发展普遍规律归纳的巨大成功确实成为近代机械论世界观的基础，但这一历史局限性并无损于牛顿理论的科学光芒。在二十世纪，机械论宇宙观的历史局限性进一步暴露出来，从牛顿的光的微粒理论到波粒二象性理论，都是在物质世界的范畴中建立光的描述。用质点动力学理论去解释光的本性是不可能成立的。世界统一性原理的意义就在于要从物质世界上升到更加普遍的能量世界去理解世界和我们的存在，它首先就是一个知性有限的科学真理命题，不是纯粹理性命题。人类认识发展和历史进步的最根本的推动力就在于科学真理对未知世界探索的不断发现之中，由之我们就有充足的理由坚信人类社会历史是不断发展的无限而统一的过程。

二、科学真理的抽象统一性

传统的观点认为人是理性动物。世界统一性认为，更具体地看，理性本质的人首先是知性动物，在更一般的意义上是思维的、文化的动物，理性是感性、知性、理性相统一的。这种理解在非此即彼的理智观点看是自相矛盾的。其实人的统一性理解并不是矛盾问题，而是全面还是片面、具体还是抽象问题。人是感性、知性、理性相统一的，问题关键在于如何具体理解这种统一性关系。理性和知性都是人的文化本质的属性，它们只是抽象的理论划分，对具体的人而言，知性思维必定返回到具体的理性思维才有意义。从抽象形式看，无理性普遍形式无知性，没有无形式的内容，理性是文化的基础，是知识的基础；但在独立存在形态看，作为普遍意义元结构的知性知识又是基础性的。知性和理性的统一就有不同层次的意义，既包括理性形式为知性提供普遍性基础，又包括知性知识为基础去构成对现实世界的统一性理解。康德把理性规定为知性知识的统一性，认为从知性到理性的趋势是一种天生的趋向。更深刻的知性到理性统一的意义是，从感性具体上升为一般普遍抽象的知性知识，只有返回具体客体世界时才实现它的意义，而这就是从知性的抽象上升为理性的具体的统一性意义。所以，知性真理认识的统一性问题是理解人的存在统一性和世界统一性的基本构成问题之一。

今天，我们把真理又叫作科学真理，这是在人类真理认识中从学再到科的不断复杂性认识过程中分化和形成的。科学的产生、科学学科的分化反映了真理知识发展的复杂性以及复杂性的统一，所以，科学本身就是一个统一性的概念。人类对客体世界的真理知识的认识是学，早期的客体世界真理知识首先是对感性物质世界客体的感性经验的归纳，是相对简单、直接的知识。最早的科学叫物理学，即物质客体运动变化的原理、规律的学问知识，它基本上包含了早期科学发展阶段的主要内容。人类对客体世界知识认识从简单到复杂的发展首先表现为科学认识从物理学中分化出各种学科的发展。近代科学革命进步的表现之一是新的学科不断涌现，人类对客体世界的认识已经进入多角度、多层次复杂性认识的时代。科学从物理学之中不断分化的复杂性发展结构产生了科学的统一性问题。科学的统一性问题随科学产生而产生，知性有限抽象真理必须统一协调才能真正是客观普遍有效的，才能在返回具体客体世界中协调，因为知性知识指向的对象归根结底是客体世界，而我们只有唯一的统一自然界。早期的知识统一性是简单、直接的，在为数不多的知识中，保证真理知识的非矛盾性是知识真理性的必要条件，相互矛盾的知识中必有伪知识，不可能都是普遍客观性的。但是，知识丰富了，人类真理知识成为一个复杂的、多层次的体系时，人类认识的真理统一性就成为重大问题了。在科学得到极大发展的二十世纪，人类知识爆炸性增长使知识统一性成为一个严峻的现实问题。霍金在《时间简史》中含蓄地表示，科学家只顾追问世界的真理知识、规律是什么，以寻根究底为己任的哲学家们根本无法理解不断发现的知识，从而已经失去建立世界统一性的资格和能力了。事实上，在知识爆炸的当代，大多数的大师们已经断言人类已经再无能力去建立统一性的知识理论体系了。科学发展的结果使它自己面临支离破碎的命运。这种科学的盲目性危险事实上已经是人类一种无可奈何而又无法回避的严峻现实。

追寻世界的统一性，对世界寻根究底及为世界存在提供充足理由的责任，哲学家们责无旁贷。但科学的统一首先是科学家的责任，科学统一性首先是科学命题。哲学理性对世界的统一性思考是从抽象真理知识返回具体世界存在时的具体统一性思考，它是对客体对象的全面而丰富的智慧理解，是建立在因果逻辑判断知识基础上又不局限于真伪因果逻辑判断的具体统一性。对错是知识判断提供的，以真理知识为基础对具体对象的统一性理解则无对错可言，只有全面或片面、深刻或浅薄的区别。如果一种哲学理论“错了”，那是它据以为基础的知识错了，不是统一性智慧错了，所谓错误的智慧是胡言乱语。但科学的统一性不是对具体客体理解时的全面或片面、深刻或浅薄问题，它的意义是从科学真理知识体系去保证其中每一个真理知识陈述之间无矛盾，从而真理知识体系是普遍客观地为真的问题。科学的统一性不是返回具体客体世界时的具体统一性，而是在抽象科学真理认识体系中的普遍统一性，是抽象普遍性的统一性，是由因果必然性关系建立起的元判断之间普遍联系的统一性，它显然首先是具有真伪判定意义的抽象科学命题。从科学真理的理论体系统一性去判断一个真理认识，不是判断它是否全面或深刻，而是判断它在理论体系中是否绝对、普遍地为真。科学统一性对科学家而言是责无旁贷的，不能把科学统一性的缺失归罪于哲学家无作为。一个简单的道理是，如果维特根斯坦在二十世纪解决了物理学力的统一问题，那么建立了物理学在基础上的统一的维特根斯坦在这个意义上就是一个伟大的物理学家，而不是哲学家了。由此可见，把科学统一性这一抽象的真伪判断命题直接看作哲学命题是不合适的，它首先是科学自身的命题，而且是科学自身发展的一个至关重要的基础性问题。

但是，如果把真理的抽象统一性当作真理判断命题，那不是在真理知识中叠床架屋，变成无穷真理了吗？其实这种担心是多余的。科学统一性是真伪判断命题，但并不等于说科学统一性的判断是一个独立的真理知识。按照知性真理知识的规定性，它一定是从经验认识中归纳出来的普遍客观知识，真理来自归纳，不能从逻辑上推论出来，不能靠计算机软件计算出来，否则计算机就比人有更强大的创造能力了。真理认识的抽象统一性不是归纳的，是在抽象逻辑统一性意义演绎上的。所以，具有真伪判断意义的科学统一性判断是推理的统一性判断，没有归纳意义，没有产生独立的客观真理认识。没有任何客观知识是从主观逻辑推理中得来的。那么，作为科学统一性意义的抽象判断对一个真理知识来说，它只有必要性意义，但并不是真理知识的充分理由。就是说，一个认识成为真理知识的必要条件是必须与普遍的科学知识理论体系统一协调，没有违反矛盾律，从而保证它的普遍性。这是真理之为真理的必要条件。这一真理抽象统一性的判断内容本身并不是从经验认识中归纳而来的，而是从已知的真理知识体系的非矛盾的统一协调性中产生的。在人类知识比较简单的时代，真理知识的抽象统一性是自明的，也不是人类认识中的现实问题。在知识爆炸的时代，当人们感叹再也无力去建立人类真理知识体系内在的协调统一时，问题随之而来了。一切经验中归纳的因果关系规律只有在和已有的科学真理认识相一致的基础上才具有普遍意义。如果产生矛盾，相矛盾的知识之间就成为必须做真伪判断的非此即彼选择的命题，所以科学统一性是科学真理之为科学真理的必要条件。真理必须与普遍的科学知识理论体系统一协调，没有违反矛盾律，这是保证真理知识绝对普遍性的抽象逻辑条件。一个归纳的知识和科学理论体系的统一只是真理知识的必要条件，还不是充分条件。它的充分条件在于返回具体经验中恒为真，还未被证伪，唯此才是真理的，客观的。

科学真理的抽象统一性揭示了人类科学真理认识乃至人的本质从低级到高级不可逆的历史性进步过程。从简单到复杂，从低级到高级的一个重要意义是指我们的后来的许多真理知识在判断形式上是独立的，但在内容上却是相互联系的，高级的知识是以简单、基本知识为基础的。科学真理知识是在整个人类文化文明史上具有普遍意义的，它具有人类共享性的理由就在于它经受着证伪的检验，永葆其恒为真的意义。构成人类本质的真理知识体系必须是统一协调的，即无矛盾的。如果支配具体现实世界的必然性规律真理知识是矛盾的，对现实的判断是亦此亦彼的，则世界就失去了统一性理解的基础。没有科学统一性，就没有理性统一性，人类从低级到高级的进步就是一句空话。科学知识的统一性使人类的认识是一个从抽象到具体、从个别到一般到普遍的无限过程。我们经常强调对世界认识的具体性，必须具体问题具体分析，从抽象返回具体，但对世界的更丰富的具体理解不只是一个思维方法和态度问题，它本质上首先是对世界的客观真理抽象知识的协调统一。两千多年前，亚里士多德就从遥远大海的来船先露出帆尖以及地球在月食时在月亮上的投影总是圆，判断地球一定是球形的，这种超群的智慧和归纳判断能力也许我们永远只能仰视。但是，在科学真理知识长足发展了的今天，稍有科学常识的人都知道太阳是太阳系的质量中心，地球围绕太阳运行的相对性描述比把地球看作绝对不动去观察世界更有普遍意义，所以我们的知识都超出了亚里士多德。这正是知识的统一性意义，是知识在统一性中从低级到高级不断发展，从而不断深化、丰富人的普遍的类本质的深刻意义。从更普遍的意义上看，科学的统一性就是世界的统一性，是存在的统一性、人的统一性的基础。

牛顿对物质世界的抽象普遍性科学归纳是建立在前人认识的基础上，是一代代科学家共同努力的成果。牛顿经典物理学理论和古希腊物理学的本质区别在于，古希腊物理学是以地球作为绝对静止的空间参照系去认识物质客体的一切运动变化的，我们称之为绝对空间；牛顿物理学则是建立在相对空间描述上的，这是人类对物理学从一般向普遍、从低级到高级真理认识的经典例子。从绝对空间到相对空间，是从哥白尼的日心说理论为引子，经过开普勒的行星运动定律以及伽利略的地球重力理论、相对空间伽利略变换原理等科学定律的建立为基础，最后由牛顿的普遍统一性综合来完成的。这就是从简单到复杂，从低级到高级的过程，也正是从一般到普遍的归纳过程。后人在理解牛顿的相对空间观及运动观时，往往把它和亚里士多德的空间观和运动观割裂甚至对立，认为相对空间是正确的，绝对空间是错误的，把力作为运动改变的原因是正确的，把力解释为运动的原因是错误的，言下之意亚里士多德简直就是科学骗子。这么想的人简直不知天高地厚。亚里士多德的智慧和聪明、对人类文明的历史性意义是铭刻在历史丰碑上的，没有人能随意去曲解历史而贬低他。说绝对空间是错误而相对空间正确是不合逻辑的，绝对空间和相对空间不是同一层次的非此即彼的概念，而是不同层次的统一性概念，根本就不存在对错。绝对空间是构成相对空间的基本空间形式，一切物理学描述在绝对空间中才有描述意义。但相对空间揭示了不同的绝对空间对我们认识客体世界的相对不变性，我们可以通过伽利略变换把不同参考点的绝对描述空间的物理学规律描述统一起来，并使物理学定律描述在相对空间描述中保持着形式的相对不变性。所以，相对空间是更普遍的空间描述形式，它把所有惯性系的绝对空间中的物理学规律描述统一起来，统一的手段就是伽利略变换。通过伽利略变换实现不同绝对空间物理学规律形式不变性只在惯性系之间才是有效的，即只有相对静止或做匀速运动的描述空间参照系之间的物理定律的描述形式才在伽利略变换下保持相对不变性。牛顿的相对描述空间和亚里士多德的绝对空间是个别和一般的统一性关系，相对性空间实现了在一般空间参照系中物理规律描述形式相对不变性。所以，说绝对空间为错而相对空间才正确的说法既是对科学史的无知，也是对物理学一知半解而产生的低级错误。从绝对空间描述发展到相对空间描述，这是人类对物质世界运动规律认识从特定的空间描述形式向一般空间描述形式的进步。科学本身的发展就是这种从个别到一般到普遍的积累中的增长过程，而不是今天战胜昨天，进步战胜反动，正确战胜错误的你死我活的过程。包括亚里士多德把力归结为运动的原因也不能看作错误，而必须理解为在当时绝对空间描述中，在以地球为绝对静止参照系的描述中，再把运动限定为从静止到运动的状态变化，则力就是运动的原因，这是符合因果必然性普遍关系的。在牛顿的更加普遍的相对空间观和运动观中，亚里士多德的运动被描述为运动的改变，所以力就是运动改变的原因。普遍的归纳包括特定的真理认识，这正是真理认识最深刻的本质，是普遍客观性的真正意义所在。因为从个别到一般到普遍的科学认识的进程中，我们在越来越普遍的意义上理解了世界的必然性规律，在简约、普适的本质规律中把握了多样性现象世界必然、普遍的本质，把世界的复杂现象归纳为简单的本质规律。对世界规律从简单到复杂的发展，我们就能把复杂的世界把握和理解为简单、普适、按必然性规律支配运动的世界。

牛顿的相对空间还不是最普遍的空间。因为在牛顿空间描述中，非惯性参考系之间的物理定律形式失去了相对不变性，即失去了普遍意义。由于引力效应，不同星球之间的运动总是非惯性的，因此，牛顿的相对空间无法达到对宇宙客体世界最普遍描述空间的意义。这一问题是爱因斯坦广义相对论即统一场论去解决的。但在物质世界统一性理论中，对场和能量的描述是有问题的。二十世纪科学的重大理论即相对论和量子力学的深刻意义在于突破了物质客体世界描述的特定限制，但人类又总是用物质客体描述框架去描述和认识它们，就是说，用一般的理论框架去描述最普遍存在，所以，漏洞百出，矛盾不断，科学失去了统一性。把科学统一性的丧失归结为科学知识的复杂性是片面的，根本原因在于人类用物质特定世界的描述无法容纳最一般的能量和场的世界。最简单的道理是把光作为波动现象，物质波是能量从波动源通过媒介以波动形式传播，当麦克斯韦统一电磁场方程证明光是电磁波的一种波，预言电磁波存在并在真空中以不变的速度传播时，人们为了完备物质波动理论不得不创造了一个以太物质去保证光波动理论和科学理论体系的协调统一性。当实验证明以太不存在时，爱因斯坦抛弃了以太，以光速不变性实验事实为起点，建立了狭义相对论，完成相对运动和绝对运动之间的洛伦兹变换。人类为相对论欢呼，但却长期摸不着相对论的要领，即还没有悟到物质运动相对性和光电磁运动绝对性以及两种形式统一性的本质意义。而且狭义相对论作为一种坐标系描述的最普遍的统一性描述，还没有解决世界的本性问题，那才是真正的问题，即我们必须回答，在没有媒介的真空中的波动和机械波的关系是什么。最普遍的波动究竟是物质波还是可以在真空中传播的电磁波。从逻辑上来说，能在真空中传播的波才是能量传播的最一般、最普遍的形式，它们的本性、本质运动变化规律就不能再在物质客体意义下得到统一性理解和抽象描述，而必须在真空非物质波动的意义下去解释和描述。所以，人类必须从一般物质世界向更普遍的能量世界飞跃，在最一般的能量世界必然性规律基础上去得出对物质世界更深刻而全面的统一性理解。如果死抱住物质世界是最普遍客体世界的僵化教条不放，把世界的本性说成是波粒二象性的，把场也叫作物质，力也叫作物质，那我们永远也无法把科学真理统一起来，更不要说得到世界的统一性认识和理解了。进一步海阔天空，在这里的意义就是说，我们只有从一般的物质客体世界进展到最普遍最基本的能量世界，我们才能得到对整个客体世界的统一性认识和描述，我们才能真正成为海阔天空的自由的存在。所以，世界统一性原理的真正的任务还在后头，就在能量、物质、生命到文化世界的统一性认识之中。

三、从科学的统一到存在的统一

世界统一性原理的目标在于揭示最普遍的存在的统一性意义。对人的存在的理性统一性理解是对人的自然和文化相统一的理解，是建立在自然客体世界的统一性理解基础上的，抽象的自然界的科学认识的统一性是人的存在统一性理解的基础。人异于禽兽的理由是人的理性本质，人从感性具体自然存在进展为理性具体存在的根据在于人依靠具有普遍抽象意义的文化知识为中介，使具有抽象文化本质的人的具体存在超越了纯粹感性自然动物，成为具有普遍类文化本质的感性、知性、理性相统一的具体存在。在人类文化知识的积累而增长的历史中，具有客观普遍有效性的科学真理知识的重大意义是毋庸置疑旳。没有科学的统一性，人的统一性认识就是缺乏根据的，所以是有问题的。为什么人类进入科学技术支配的现代后工业社会却出现了越来越严重的危机？为什么人类的生存基础理论面临挑战必须更新？其中主要原因之一是人类现代科学走向分裂，从而使人类对世界包括人自身的自然世界的认识有严重的问题。对世界的真理认识的深刻本质意义不只是认识，而是关于人类生存的命运、价值和意义的基础性问题。在这种统一性意义上来说，科学的统一性是存在统一性构成的最基础结构。

抽象地说，人类科学认识的统一性是由抽象的逻辑法则从推理意义上去严格限制其矛盾性的，科学真理的统一性是必然性而非偶然性的。不统一的、相互矛盾的事实判断不可能同为真理，这是推理逻辑的矛盾律必然地决定了的。但这只是一种理论上的抽象，当人类知识积累成为复杂性体系，并分化出不同抽象认识对象的各种学科时，各种真理知识之间的统一性就不是一个简单的矛盾律可以一劳永逸地解决了的。特别是，作为一切自然科学基础的物理学，当其发展为分门别类的复杂知识体系以后，就最基础的物理学的统一性而言，这已经是科学统一性中极为基本但又非常复杂的问题。比如物理学最基本的抽象概念质点和力都在统一性意义上面临着严峻挑战。以力的统一性为例，追求力的统一是当代物理学最前沿的基础理论，科学家们希望从力的统一中得出对世界运动原因的根本理解。但科学家们坦承，对力的统一的努力所取得的进展和它的伟大目标极不相称。力不统一，则物理世界的多种相互作用的原因就无法统一起来，我们对物质世界就无法得到运动发展的统一性描述，客体世界的统一性就只是残缺不全的，最普遍世界的统一性理解就更不用说了。

世界统一性原理一直坚持牛顿经典科学理论建立了物质世界的抽象统一性描述，但必须记住，这只是开始，对物质世界的真理认识是永远不会终结的。牛顿的抽象质点统一物质世界理论面临的挑战是从抽象质点回复到结构性的复杂物质客体的统一性问题。牛顿物质世界是抽象质点的世界，至于复杂的结构，在牛顿动力学理论描述中只能分解为构成结构的各部分作为抽象质点描述的相互作用。两个、三个甚至更多个质点构成的系统，用质点动力学描述去解决简单结构系统运动的动力学问题是可能的，然而一旦上升为宏观质点系统时，牛顿质点动力学就只能原则上有用而事实上无用了。一滴水中就约有10^{23}的大数目分子，每个就有它特定的具体边界条件和初始条件，除了上帝，没有凡人可以把原则变为现实，即凡人不可以用牛顿动力学理论去描述并预言一滴水中每个分子的动力学特征。因此，在牛顿经典物理学之后，物理学已经发展为与质点动力学不同的多角度的物质世界运动理论，包括以宏观系统为对象的热力学，以波动运动为对象的波动物理学，以物质微观结构为对象的粒子物理学，以电磁现象为对象的电磁学等。所以，物理学的统一是一个非常重大而复杂的科学命题，对物理学知识理论体系的统一性的认识，在物理学发展史上具有重大的意义。

在物理学中，质点动力学和热力学的统一是一个极为重大的问题。热力学的诞生是近代工业革命的产物，是蒸汽机和热机的自然力代替人的体力而催生的学科理论，并和人类工业化机械化相互促进，共同发展。把热转换为机械功的机理及提高热机的热利用效率是热力学所关心的主要问题。热力学系统不可能回到质点抽象去建立科学描述，它是通过温度、体积、压力、功这些宏观参量和动力学的机械能和机械功概念建立起统一性关系的。热即温度的本质是动力学与热力学统一的关键。麦克斯韦、玻尔兹曼等一批热力学领域的物理学家引进统计描述，用概率统计归纳出宏观参量热的质点动力学意义：温度是宏观系统中分子的平均动能。这是科学的统一中最激动人心的伟大发现之一，宏观物理学的热状态描述和质点动力学的质点运动描述成为不同层次的统一科学真理描述。然而，正是在质点动力学和热力学取得完美统一的同时，热力学又产生了困扰人类的热力学第二定律和熵问题。由于热总是不可逆地由高温传向低温物体，对绝对物质观的客体世界是一种无言的宣判，因为物质世界在整体意义上将因不可逆地趋向热平衡而走向热寂死亡。热力学第二定律转换为抽象的熵函数描述证明了自发运动的封闭系统总是绝对地向熵增大状态不可逆地演化的，这从抽象状态函数理论上揭示了热总是从高温流向低温现象的普遍必然规律。这似乎对人类而言是一种终审判决，即宇宙向热平衡演化是不可逆的。于是，熵的不可逆状态演化就被以开尔文勋爵为代表的科学家们看作是时间不可逆的本质描述，熵是时间之矢，热力学第二定律是宇宙最普遍、最基本的支配规律，宇宙的热寂演化是绝对的。人们开始认为，由牛顿质点动力学完成的物质世界是时间可逆描述，这和热力学的不可逆时间是矛盾的。从近代工业革命开始，物理热力学理论体系建立后，由克劳修斯总结的热力学第二定律和牛顿质点动力学定律对宇宙的不同意义理解产生了矛盾和冲突，动力学和热力学的统一就成为科学统一中最基本的问题。

所有试图解决热力学和动力学矛盾的科学家最后都落荒而逃。包括在热力学统计描述中取得重大成果的杰出物理学家玻尔兹曼，几十年为宏观态和原子论的统一呕心沥血，也只能无可奈何地承认宇宙可能已进入热平衡宇观态，地球能摆脱熵魔进化出生命乃至人类文明史的出现或许是它恰好处在热寂宇宙局部波动的非平衡暂时态而已，最终仍是无法摆脱热寂命运。经过近两个世纪的折腾之后，聪明的科学家基本上奉行鸵鸟策略，尽可能回避熵的热寂问题。尽管鸵鸟政策并非良策，但在绝对物质观下，想统一动力学和热力学是绝不可能的。因为热力学第二定律是能量定律，质点的力学是物质客体空间运动的因果定律，如果从绝对物质观出发，把能量仅当作物质的附属现象，把物质存在作为绝对存在并把它的存在和它的状态彻底割裂开来，则由物质间热传递的不可逆性必然得出物质系统最后趋于热平衡是显而易见的。在幻想克服热力学第二定律无门的情况下，人类最后用缓兵之计来为自己的存在提供理由，即生命是依靠负熵来实现复杂有序而避免热平衡带来的混乱和死亡的，所以，尽管宇宙在整体意义上不可逆地趋向平衡和死亡，但生命是宇宙沙漠化进程中特定的绿洲，是退化的沙漠中进化的绿洲。但生命的有序进化是以消耗环境的负熵，使环境熵更快地增大而实现的。对宇宙而言，生命的进化并非免费午餐，这种生命消耗环境负熵获得有序的解释表面上解决了生命进化和宇宙熵增退化的矛盾，但有两点是至关重要的：一是宇宙沙漠化中进化出生命绿洲只是暂时过渡性现象，在根本意义上宇宙是在趋向热寂死亡的，人类在宇宙热寂演化中的进化只能当一天和尚撞一天钟。生命从环境中获得负熵是有条件的，从地球生命圈乃至人类生存环境的恶化可以令人直接感觉到这点。从环境获得负熵的制约已经是人类生存的现实瓶颈，并且人类在根本上也只是坐以待毙般在熵定律支配下面向不可逆热寂宇宙的存在。二是由环境获得负熵来解释生命和人类在地球生命圈的存在，在现实意义上是不成立的，即这种“科学”解释在返回具体世界时是不成立的，所以是不科学的解释。全世界的杰出科学家们，从物理学、化学到生命科学，众口一词抓住生命消化负熵获得有序复杂性存在作为救命稻草，岂不知这根本无济于事。其实，什么叫负熵？具有越大的自由能就具有越大的负熵，熵最大热平衡就是指消耗完系统所有的自由能的终极状态。生命的本质是消耗负熵即从环境获得自由能，这没错，但其立论的前提即自由能越大负熵越大越有序却是很有问题的。最现实的问题是，地球从太阳获得负熵，所以太阳的自由能比地球大，按照生命是依靠负熵捕获有序的逻辑，生命首先应出现在太阳上，而不是在地球上。根据宇宙大爆炸理论，宇宙大爆炸开始及早期阶段，宇宙在炙热高温状态并快速膨胀，这时自由能最大，但早期宇宙有没有基本粒子还存疑，更不要说复杂结构性物质存在。现在的太阳上也还没有稳定的物质分子结构。从基本粒子到原子、分子、大分子及各种混合物、有机物大分子、生命、人类生命，这些都是随熵增而实现的从简单到复杂的演化和进化中产生的。我们说复杂性演化是越来越有序行为，又说熵越大就越有序，那不是自相矛盾吗？所以，用生命消耗负熵去解释生命进化的合理性须严格限定在有意义的范围中，而认为宇宙的有序无序是熵的函数，宇宙状态随熵增而走向无序的解释是违反现实世界的事实的。所以，用生命消耗负熵来为生命及人类世界的存在从科学上提供统一性说明其实是不完备的，有限科学真理回归现实世界是需要统一性智慧的。科学的真理标准不是逻辑上的自圆其说，那只是真理的必要条件，它的充足条件是合理地解释现实具体世界。所以，现行的生命之熵理论是科学对世界的物理意义解释而非科学真理本身，解释生命的某方面而非具体生命，更不是指向整个世界。

不要认为熵问题只不过是科学问题，不要把科学的统一理解为纯粹的抽象统一性问题，它的真正意义在我们的现实的存在中，在我们人之所以为人普遍抽象本质中。从热力学第二定律发现后产生的被宗教迷信利用的“宇宙热寂说”，到二十世纪下半叶产生的熵作为一种新的世界观的理论，其对人类的深刻影响是不容置疑的。基于热力学第二定律和熵原理的宇宙热寂理论是文明人心中永远的痛，不去提它并不是这种痛不存在，而是我们无能为力只能靠忘却。它始终就是我们的文化，我们的价值观念，我们的抽象本质，因而也就是构成我们具体现实存在的活的灵魂。伊·普里戈金在为英国作家彼得·柯文尼和罗杰·海尔菲德所著的《时间之矢》一书所作的序中写道：“‘我们有一天能克服热力学第二定律吗’——阿西莫夫的科幻小说《最后的问题》中的世界文明不断地在问一个巨型计算机。计算机回答道：‘资料不足。’亿万年过去了，星辰、星系都死了，而直接和时间联结的计算机仍在继续搜集资料。最后没有任何资料可以搜集了，不再‘存在’任何事物了；可是计算机还是在那儿计算，在那儿找相关关系。最后它得到答案了。那时候想要知道这个答案的人也都不存在了，可是计算机知道了如何克服热力学第二定律。‘于是，光明出现了……’对阿西莫夫来说，生命之出现，宇宙的诞生都是‘反熵’的、非自然的事件。”⑤普里戈金是把大量心血倾注于热力学的时间之矢和熵问题的杰出科学家，因为他深刻地体会到熵问题对于人的存在之重大意义。他尝试从更普遍的能量理论去解决动力学和热力学的统一，对熵的理论和现实生命世界、人类世界的统一起了承前启后的作用，是值得人类尊敬的具有历史责任感的伟大科学家之一。

必须从人是以普遍文化本质为灵魂的最普遍存在意义去理解科学统一性

的深刻意义。不要把科学真理泛化为一切知识，但必须明白科学知识在人类真、善、美构成的知识体系中的基础地位。因为真理知识面对的是人的自然存在，直接解决人的生存问题。迄今为止，人作为本质得到充分发展的自由的存在，尽管人已经不只是自然存在，但生存总是人的第一要务，自然的生命生存又是人生存的基础。所以，人类的善恶、审美的价值判断尽管不是真理知识本身，却和真理知识是相统一的，是建立在真理知识基础上的，这就是为什么会产生宇宙热寂说和熵的世界观的原因。真、善、美是在人的具体存在中抽象地统一的，真理知识在人之外的独立存在只是一种抽象，它的真正意义在于现实，在我们的具体存在中，在我们的存在着的生存过程中。为什么人是最普遍的存在？为什么人超越了有限的物的存在？人的科学真理的本质、文化的本质就是奥秘所在。科学的统一与人的本质统一的关系随科学的发展及人的本质的发展而变得越来越重要和密切。人构建了自己普遍的类本质而走出了自然界，就不再是纯自然存在，而是自然和文化相统一的存在。人作为历史性存在，他的文化和自然的统一的具体关系是历史地变化和发展着的。早期人类生存中文化的支配作用还不十分明显，然而在当今知识社会中，人的自然和文化相统一的形式和内容已经和早期文明人发生了根本的变化，人已经越来越文化，越来越“不自然”。人类的知识累积汗牛充栋，当代人要经过普及教育才成人，许多人仅学习知识就要耗去半生时间，并且必须活到老、学到老。尽管如此，在知识海洋中个人所能窥见的也总是冰山一角。于是，在知识爆炸的年代，科学真理知识的统一性就成为关系到人类未来的重大问题了。因为人类的知识必须由类意义内化为具体个体主体的内在本质，每一个体都在原则上重复人类的整个认识过程，把人的类本质构建为自身具体的存在，才是现实的人。知识时代的科学统一性的重要性不仅表现为人类以合理的科学真理基础去建立人的真、善、美相统一的普遍类本质，而且还“技术性”地决定了人的类本质的普遍性的构建过程。一个相互矛盾、不统一的复杂知识体系，缺乏统一、简约、普适性的科学理论体系，不但是自身有问题的，而且对于学习和传播也是极为不利的。如果人类自己对科学统一性都失去信心，认为再也没有了统一性认识的可能，那么人就失去了普遍本质的基础，也就失去了人的存在的意义。

在主客体统一的世界是本体和本质统一性世界的理解中，人的普遍精神认识是人存在的本质和根据，人的文化活动是人的现实生存活动，人的存在是文化存在，人的世界是人化自然的统一世界。由这种统一性去理解真理，它就是本体和本质相统一、存在和思维相统一的。只有达到这一境界，才能完整地把握实践是检验真理唯一标准的理性具体意义。以1978年关于实践是检验真理的唯一标准的理论争鸣为契机的中华民族历史上最深刻的思想解放运动的成果不是纯粹认识的、理论的、精神的，而是现实中沧海桑田般的历史巨变。这就是解释世界就是改造世界，人的认识就是人的存在的现实诠释。当然，必须从理性具体而不是从知性抽象意义去诠释。真理的本质意义就在于人的文化生存现实中，实践是检验真理的标准既是人们的认识，也是人文化生存的现实，自觉认识它就是自觉的存在，理性理解它就是自觉理性的存在。从统一性逻辑看，实践是检验真理的唯一标准是理性智慧的命题，应尽可能全面而统一地把握它的具体意义。真理是人们对事物普遍抽象因果关系必然性规律的认识；实践是人文化生存中一切非纯粹生物本能的现实活动。人的文化选择性生存超越了动物自然选择生存的根据就在于人的选择是以普遍精神文化认识为根据的社会历史性现实活动，是社会历史文化意义上的实践。人的知识越丰富，人离自然动物世界就越远，客观普遍有效的真理知识的不断发现、不断丰富使人的现实文化生存越来越远离自然动物界，属人的本质不断发展，人的社会历史就是追求真理的永恒过程。追求真理的动力是人的文化生存实践，真理知识的认识源头是人的实践经验。从经验认识中抽象并归纳而来的普遍关系知识是否客观普遍有效不是由统一性的逻辑提供的，普遍关系认识的绝对客观性是由它对其描述定义域中的一切具体现实条件下的普适性为标准的，它在一切具体现实应用中必须必然性为真，只要有一具体现实事件中不真，它就不是必然性的真，它只要被具体地证伪就不是真理。所以，普遍知识是在知性抽象认识中完成的，但从知识上升为真理是在由知识返回具体现实的事件中才完成的，只有在具体应用中百发百中的知识才被尊为客观普遍有效的真理。普遍知识返回人的生存选择现实才有真理的意义，知识是否真理就只能在文化选择的现实应用中检验，“只能”就是唯一标准的意义。实用主义真理观认为真理一定是有用的，其深刻之处就在于进展到了由抽象知识返回现实的具体统一性理解。实践对真理的检验，人们可能局限于科学实验意义，这没错，但远远不够。实际上，真理之为普遍客观有效知识，它普遍应用于人的文化生存选择实践中，人的一切选择又是自觉地以普遍知识为根据的，人的一切文化选择行为本质上都是对知识真理性的检验，不管人们是否自觉意识到这一点，不管这是否是人行动的目的。这就是证伪标准保证真理客观普遍有效的根据，基于普遍知识的选择同时也是对知识真伪的证明检验，恒为真即不被证伪的知识才有资格成为真理。

实践是检验真理的唯一标准其实并不难理解，但从科学理性意义，全体真理、相对真理意义却真的无从理解。把抽象普遍因果必然性关系转换为具体统一性的无限行为时，其实检验即证真、证伪已经无意义，没有确定性的抽象关系是无法得出严格的证真证伪检验的。人的文化选择是具体、无限定性的，是多样性知识统一为基础的，人的实践对真理的检验不是直接对应意义的检验，故大多真理的检验是专门科学实验意义上设计的。反过来说，以复杂统一性知识为基础的复杂性行为的现实意义是真理的效用而非检验。以项目可行性论证为例，复杂性项目包括无限意义的元真理知识，从项目的效果去验证真理是不合逻辑的，真理不是全体，而是特定的普遍因果关系元结构。故可行性报告结论是可行还是不可行，不是方案对或错，这是理性统一性命题，不再是简单因果判断了。实践检验真理不是通过实践结果，而是由现实统一性过程和结果去分析和判断作为选择根据的真理知识陈述的普遍关系是否为真。真理发生作用的每一个现实结果都不相同，但在每一个事件中它所建立的普遍抽象关系都是不变的，这就是真理客观性的本质意义，是真理对人类实践的现实而深刻之意义。地球绕太阳运动，月亮绕地球运动，苹果砸在牛顿头上，这些具体事件是不相同的，但支配它们的引力定律是相同的，引力定律就是由此归纳而来的普遍因果必然性关系，我们到现在为止确信它是真理，即它对一切质点的引力作用预言是普遍客观有效的。所以，真理是抽象的必然性普遍关系，它的意义就在于普遍现实世界中。以文化为本质存在的文明人类正是在对真理的永恒追求和发现中，不断走向新的世界，让人化的世界永远是新的，使主客体统一性的人永远是新的。

注释

①艾耶尔著，李步楼、俞宣孟、袁利均等译《二十世纪的哲学》，上海：上海译文出版社，1987年第1版，第7页。

②苗力田、李毓章主编《西方哲学史新编》，北京：人民出版社，1990年第1版，第390页。

③同上，第391—392页。

④张尚仁著《聊哲学》，昆明：云南大学出版社，2012年第1版，第149页。

⑤彼得·柯文尼、罗杰·海菲尔德合著，江涛、何守平译《时间之箭》，长沙：湖南科学技术出版社，1995年第1版，第4页。

第八章
存在认识的先验形式：空间

引　言

【提要】一切知识都是由内容和形式相统一的结构陈述的，认识过程以经验为起点，逻辑上却是形式在先，而且最基本的认识形式空间是用于构建经验认识的，因而是不能由经验去归纳去实证的，所以称之为先验认识形式。二十世纪相对论使不可思议的弯曲空间和时空穿越成为潮头并最终成为人类文化常识，人类连形式和内容不可分割的统一这一基本原则都抛弃了，空间成为经验中的实在，狂热于时空穿越的地球村无异于疯人院。这是二十世纪知识爆炸时代人类数典忘祖拒斥一切形而上学酿出的苦酒。本章的主题是回归空间的纯粹形式本性，并给出广义相对论的弯曲空间以内容和形式、无和空的统一性具体理解。

一、空间是纯粹形式范畴。在感性意义感知不到才称之为空，空和实体之实对应，是相对于具体的纯粹抽象认识形式。在科学描述中空间是自变量，既不是质点也不是力范畴可以描述的，是描述自然的形式，不是科学认识对象。在数学知识中，空间是连续的，亦即是无可分解层次结构的整体，不是客体存在；客体一定是分立粒子性的，无限且连续的只能是抽象认识。在哲学认识论意义看，可以离开物想象空间，不能离开空间想象物，作为想象物之前提的空间不是内容和形式相统一的存在，只能是纯粹形式存在。

二、一切空间认识形式的根据是感性认识的纯直观。感性对具体之物的认识即经验直观是多样性的，对空间的纯直观是同一性的，对一切感知结构相同之人具有同一性，又叫自明性，对之的感悟是形而上学的，不是从经验中归纳或证明的，也不是从前提论证而来的，它才是产生论证的前提。空间直观自明性的形而上学根据是坚信所有人感官对空间的感知具有齐一性，以此形而上学认定为前提才能终止空间认识论证的无限后退，为人类建立统一性认识提供可资立足的起点。

三、人的感官对空间纯直观得出的齐一自明认识为空间是三维各向同性的认识形式，它的自明性的意义在于这是不能讨论也不能违背的认识法则。人类认识是相对而无限的，描述世界的空间形式也是不断向普遍性发展的，但一切更复杂的认识形式从数学回归物理世界时都必须和三维各向同性空间相容，否则就是谬误。因为先验空间形式是自明的或以自明前提演绎出来的，不包含在前提意义中就没有根据，和前提矛盾就是谬误；若演绎推理能发现新知识人类就只能眼巴巴地看着机器人统治世界。弯曲空间、多维空间只是抽象数学描述手段，且一定和三维各向同性空间协调，现实世界的弯曲空间、多次元空间、异形空间、时空穿越都是胡说八道。

四、人类只能以感性为起点认识世界，但限于感性一定有局限性，其重要的一点是以感性作为具体和客体的根据时，它能描述质点却解释不了力，统一不了由质点动力学统一描述的自然界。基于感性经验和唯物论，人类以空无同一为常识，这就是传统空间观的局限性。老子玄学世界统一性理论把无作为和有形之物相对应的无质无形的具体客体存在，把无和空统一起来，在现代科学意义是把质和能、质点和力统一起来，在这种认识框架中才有可能建立起宇宙自洽自足的一元统一理解。因此，空无统一的空间形式理解才达到最普遍意义。

五、爱因斯坦广义相对论的弯曲时空描述形式是达到空无统一最普遍意义的空间描述形式，据此对宇宙的一元统一绝对描述就具备了现实可能性。空是传统的三维各向同性空间，无是构建宇宙物体普遍联系和相互作用的引力，弯曲空间就是把传统空间和宇宙普遍引力分布统一起来作为自然运动变化描述的形式；它不再是纯形式，而是内容和形式相统一的即空无统一性的具体形式。这是自然描述的更普遍空间形式，传统空间只是它在引力分布为零时的一个特例。弯曲空间是三维各向同性平直空间和不各性同向的引力分布的统一，弯曲的是不均匀引力场的空间分布，它使这一描述空间是各向不同性的，即匀速运动的路径是弯曲的测地线，而匀速直线运动只是沿测地线运动的特例。弯曲空间约化了引力作用，把宇宙约化为普遍的惯性系，使以之为形式的科学描述获得了整个自然形式不变性的最普遍意义，广义相对论使建立科学的宇宙模型成为现实。必须记住，弯曲空间描述形式中的空间也是三维各向同性的，以爱因斯坦相对论名义将空间实在化弯曲化，臆造时空穿越是反直觉反常识反经验反科学反理性的。

哲学关于世界统一性的思考从怀疑一切的批判中建立认识的基点。当把一切认识的起点建立在感性经验基础上的时候，依赖于具体个体的感性认识综合为普遍抽象如何是可能的就是认识论必须回答的基本问题。能感官感性经验的世界是空间中的世界，无空间无感性经验可言。我们可经验的物体、客体、实体之“体”是空间性意义上的。在感性认识意义上，空间就已经是构建认识意义的基本形式。人类感性、知性、理性相统一的理性认识形式思考的起点就是空间形式，是关于空间的统一性体悟，这是关于世界统一性认识的前提。如果我们用以描述感性具体世界实体存在的空间形式是支离破碎和互相矛盾的，则在此空间形式中产生出的、从感性经验认识基础上综合和归纳的普遍性客观认识及统一性的世界本性认识是无法达到理性统一的。认识方法思考的是思维构建普遍统一性意义的方法和工具，而空间则是我们开始建立世界直观感性认识就不可或缺的最基本工具。因此，本章深入考察空间先验形式在感性经验中的规定性，空间的知性普遍性形式为知性的普遍有效性提供前提问题，在此基础上建立关于空间的最一般抽象规定性，把空间形式作为在物理学意义上可以定义的描述自变量，即它不仅具有数学上的抽象定义，而且具有与客体存在相统一的物理意义。从这个最一般的空间规定出发，对人类认识中的绝对空间、相对空间、多维空间等不断普遍化的空间规定性建立历史和逻辑相统一的理解。

第一节　感性经验直观中的空间形式

认识从感性经验开始，空间是一切感性认识的基础。感性认识活动是具体感性个体通过感觉即视觉、听觉、触觉等活动来建立对象客体之信息的现实过程，对感性实体信息感知意义描述的认知框架离不开空间形式，一切认识从对实体的感性经验开始，认识的形式则从与感性经验相关的空间开始。我们感性经验直观中的空间的本性和意义是什么？这是思考空间概念的起点。本节将从空间存在之本性，空间存在与客体存在的联系和区别来思考空间在感性经验直观中的先验形式意义。

一、我思故空间存在

有没有空间？当然有。空间存在吗？不能说当然存在。存在和有并不是永远等效的。当把存在作为世界永恒不变的物质的时候，我们就不能信口开河说空间存在了，不能不证自明地把空间当作物质实体。历史上不同哲学流派对存在的意义理解不同，唯物主义者持存在和物质同一观点，唯心主义者持存在和思维同一观点，怀疑论者往往认为物质、时间、空间等都是短暂、虚幻的存在，因而都不是存在。物质客体的存在和空间的存在是不同一的，实在论者把物质实体指称为东西，是实体存在，而空间却无法说是实在的。如果说空间存在，那这不是东西的存在究竟凭何而称之为存在？空间的存在是比实体存在更为抽象、复杂的问题。

按照世界统一性原理，存在是本体存在和本质存在两个层次的统一。因此，空间存在不是存在者的具体存在，不是实在，而是抽象存在，即空间存在不具本体论意义。但又不能简单地说空间是本质存在，因为空间既是非实体抽象存在，又首先是在感性自然认识中的存在。在最基础的认识描述即感性经验中，我们是如何体悟空间的抽象存在的呢？

感性经验从哪里开始为我们提供空间的意义呢？这似乎是一个无从下手的恶性循环。自然界的本性是客体性，关于世界的本性认识也即是对客体的认识，客体性是一切认识的基础，对空间的认识也必须以世界的客体性为基础。但这不是说必须把空间理解为世界的存在客体，这恰恰是被我们的感觉直观否定的。用“空”就是对实体的否定，不能把空间证明或理解为实体或客体。但是，以世界客体性为基础对世界进行客观性认识甚至还原到最原始的感性认识的时候，在认识论意义上，空间又是比客体在先的概念。没有空间无法有意义地描述对客体的感性直观信息，无客体则没有空间意义的可靠概括，这种表面的循环说明了感性经验客体存在和空间的不可分割性：空间不是客体那样的东西，而是和客体不可分割的存在。

笛卡尔在批判一切以后以“我思故我在”作为理性思考世界的起点，这是值得借鉴的。对于空间存在的肯定我们也同样从对自身肯定性的感知开始，即从笛卡尔的我思故我在开始。我思故我在的根据是我们可以怀疑一切，但我在怀疑和思考则是不可怀疑的，否则怀疑本身就不存在，所以怀疑一切的否定性返回怀疑主体自身而返回肯定性。这第一个最为可靠的肯定性就是世界在本体论意义上存在的根据，也是对世界存在认识的基点。我思故空间存在则循着这一思路继续推进。既然我思故我在已经肯定了我的具体的存在，我是能思的主客体统一性存在，所以我又是具有自我意识，意识到自己是一个客体性的具体存在，我在是现实地感性经验着的主客体相统一的存在。这个存在的自我意识或感性意识即我就是我，我就在这里，把我和我之外的人、物区分开来。这种感性自我意识的意义是什么呢？我是在空间中的存在，我在空间中故空间存在，无空间我无处栖身则我不能在。我在这里是我的空间规定性，空间和我在不可分。如果我在是肯定的，则空间存在也是肯定的，所以我思故我在，故空间存在。

从我思故我在到故空间存在的逻辑推断演绎出空间思考的逻辑起点，这个推断演绎了如下三个方面的意义：第一，对空间本性的认识是认识论意义上的，但空间的存在性却首先是以本体存在论意义为基础的，即空间存在是以客体存在为根据的，这正是一切认识论的前提是本体论的法则所决定的。

空间存在不是实体存在，但实体存在决定了空间的存在，所以，空间存在不仅与我们的认识有关，而且首先与客体存在有关。撇开具体认识主体，在纯粹实体客体存在的客观意义上，空间即已存在，空间和客体之体在感性认识意义上是不可分割的，感性具体认识之于一切更高层次认识的基础性赋予了空间之于客体存在认识的前提意义。第二，由第一点我们可以推论得出在本体论意义上的客体存在的优先性，但在认识意义上我们却同样可以得出空间存在对客体存在的优先性，即一切客体存在以空间存在为前提去感知和描述，只有在空间这一认知框架下我们才能建立客体的最基本的有意义信息，这是客体一切更加复杂的意义信息构建的基础。第三，从上面两点可以得出结论，空间存在不同于客体存在，但又不能脱离客体存在去理解空间存在。所以空间存在既是本体论意义上的，也不是纯粹本体论的；既是认识论意义上，也不是纯粹认识论意义上的。对空间存在的完整把握应该在本体论和认识论相统一意义下。我们可以说空间当然不是客体，却是存在。

按照经验主义认识论的最基本原则，感知和感觉是一切认识的起点。无论是唯物主义还是唯心主义，或是怀疑论和不可知论，在这一起点上并无原则性分歧。为什么从同一起点出发会产生如此不同甚至根本对立的认识观呢？其中一个重要原因是感性经验作为一切认识的起点，是在认识过程的起点意义上而不是在逻辑意义上而言的。我们从贝克莱的名言“存在就是被感知”这一极端命题进行考察。贝克莱首先把一切事物的性质归纳为心中的观念，因而，物就是观念的集合体即感觉的集合体，认识的对象就是观念，是被动的认识客体。认识客体存在于人的心中，“只有人心才可以构成可见世界中所有的复杂而变化多端的物体”[①]。人作为能动的认识者是能动的认识主体，他的心灵、精神的存在就在于能感知。所以心灵的存在是感知，客体存在就是被感知。如果在认识论的认识过程意义上，贝克莱的逻辑和观点是合理的，即理论上思维过程中的存在就是感知的认识主体和被感知的认识客体。但把认识主体思维、认识具体过程的结论无限制地推向一切现象就大谬不然了，因为按照本体论优先性的原则，感知的存在首先是从对客体存在的感性中以观念形态建立起来，从而把外在于主体的客体内在化为主体思维之中的认识客体，实现在主体思维之中对存在在观念进行的感知认识过程。无客体存在无观念存在，观念存在是为建立能思的抽象认识对象而对客体存在的对象化、观念化描述，从具体转换为思维中的抽象，而不再是客体存在本身。所以客体存在能被感知。同时，在认识论的意义上，存在就是被感知也是有条件的。感知在认识过程的在先性并不代表在逻辑上的在先性，换句话说，感知本身在逻辑上是具有复杂结构的，它不是认识在逻辑上最原始的起点。认识过程的起点是思，逻辑起点是能思，不能思是没有思的。认识的逻辑起点是何能思这一最原始命题。

思维过程的起点是感知。感知是如何构成的呢？感知是建立认识客体存在的一个完整的认识环节，它本质上是建立起认识主体和被认识客体的关系。这个环节在认识过程中是一个点即起点，在逻辑上却不是不可再还原的点，而是具有可继续分解的复杂结构。这一环节在逻辑上的最终结果是在主体的思维认知结构中建立起与它的指称的客体存在相对应的认识对象，经验主义者们称之为意识、知觉的表象，我们则称之为关于指称客体意义的信息，使之成为认识过程可以进一步加工、处理并产生出进一步归纳和综合出新信息意义的原始信息意义结构。从客体世界中检测并产生、整理出有效信息的是动物的感知器官，而感官能形成有效信息所凭借的是信息的结构与意义结构的转换，即对客体意义的感知转换为可以在认识主体思维中传输、贮藏、加工处理的信息意义结构。所以，认识客体意义的结构在逻辑上是在先的。感官所建立的客体的意义结构最基本的是客体的空间性意义，即它是何物，随后才有何物如何等一系列属性的规定性意义。感知的最基本意义是客体的空间意义，即它是一个有形的、大小尺寸、不同几何形状的处于特定位置中之存在物，随后在物的空间存在基础上产生它的颜色、气味等属性的意义。这些意义信息是感知的过程起点，而意义结构是信息结构的依据。意义结构作为感官认知的最基本结构，它的基础意义是空间的意义，因为最基本的意义是以空间形式来表述和翻译的，空间的意义是感知一切意义的基础。没有空间的意义就没有实体客体的意义，没有空间性就无法由感官建立客体存在的意义信息，思维就无法开始。所以，空间的意义是感性认识意义中最基本的，在逻辑上就是在先的。在传统的关于空间的思考中，不少有识之士都指出无空间无法思维，明确了空间结构在感知结构中的基础地位。所以，我思故空间存在的认识论意义就是说，没有空间意义为基础，就不会有任何关于物的认识有意义的思维信息结构可以构建。说得直白一点，没有空间就没有关于感性具体的思维，空间的意义是复杂思维认知结构的基础。我思的依据是我能思，我能思的根据是我能在空间存在的认知结构框架下去赋予客体存在感知意义，构建认识对象的信息意义，使在思维中的认识活动成为可能。

在哲学史中，真正把空间存在的认识放在客体认识前提之上的是康德。他把空间的逻辑在先性叫作先验性，所以批判哲学又被称为先验论哲学。康德坚持一切认识从感觉开始，认识主体与认识对象通过主体感受能力而建立起直接关系叫作感性直观，其中由客体产生的直观是经验直观，由空间、时间性产生的直观是纯直观，即是与经验无关的，所以是超验或者是先验的直观。感性直观的内容是客体存在，形式则是空间和时间存在。对空间的经验性和先验性的区分是空间性认识的革命性变革。在此之前，牛顿所代表的时空本性理论一直把它作为一种存在的东西，即本质上是一种客体性存在。按照这种观点的逻辑，空间就是客体存在的一种，它具有与实体客体一样的共同规定性，因而能从其他客体存在中独立出来，它的结论就是空间、时间和实体、客体可分。这恰恰是对空间、时间存在本质的否定。康德从空间存在的非经验的先验性对此做出说明。他指出，空间不是从外部经验得来的，而是构成外部经验的，空间如果从外部经验得来就构成了恶性循环。空间在认识逻辑上比客体存在在先，因为我们可以在观念中去掉一切客体存在而保留空间，但无法去掉空间而保留任何实体客体存在。空间作为逻辑在先的认识，它来自直观，不是推论，所以可以不依据其他认识并为其他认识提供依据和前提。

康德关于空间是先验的这一认识真正意义是什么呢？是说空间不是实在存在，而是实在存在的形式，实在以空间作为形式去构建感性认识的内容。先验的时间形式的意义就在于构建经验认识，空间如果是经验的则经验认识就变成自我循环的了。形式和内容不可分，所以客体存在和空间存在不可分。简言之，空间不是客体，不是实在，不是东西，而是装载东西的形式。这种形式离开客体存在无意义，它与客体实在作为内容的后天经验认识又具有不同的意义，这就是批判哲学把空间作为先验存在形式的深刻意义。

但是，批判哲学的目标是通过空间、时间的先验性为知性认识的客观普遍性提供根据，这就缺乏充分的理由了。康德的逻辑就是认为既然认识的前提是先验的形式而非经验的内容，那么，这种先验的形式就是摆脱了经验的个体主观性的，由此使认识在先天的形式下成为客观性认识是可能的。这种逻辑推论实质上没有任何意义，认识可能是客观性和认识如何获得客观性保证是两个完全不同的命题，前者是必要条件，后者是充分条件。批判哲学转换必然性的充足条件而退回到必要条件，实际上已经抛弃了自己所提出的认识论核心命题。真理认识的客观普遍有效性要求它必然地真，绝对地真，而不是可能为真。实际上，以批判哲学的空间、时间作为认识形式的先验逻辑，一切认识和知识都以空间为前提，一切知识都可能是客观有效的，它解决的是人类知识的普遍意义如何是可能的知识论命题。因此，从空间、时间的先验性去论证知识的客观普遍有效性如何是可能的，实质上只永远停留在提出问题的起点上，空间的先验性为认识和知识所能提供的是认识客体的普遍先验性形式，为包括感性经验在内的认识提供从个别到一般到普遍的认识基本形式而已。

空间不是实体，空间存在不是本体论意义上的客体存在，而是认识论意义上和客体存在不可分割的形式存在。在承认空间存在的前提下，则要进一步对空间现象存在的规定性做出说明。

二、空间是非客体性的纯形式存在

客体存在是复杂世界存在的根基，没有客体存在就没有世界，没我则没我思。所以，在存在的本体论思考中，我们把客体存在作为世界存在的根据，并把客体规定为自在的存在。任一本体论意义上的客体是独立自足的，不依赖于自身存在之外的限定来规定自身存在，体是观的根据，不能由观为体提供理由。具有具体感性意义的客体是实体，它是空间结构性存在。实体的一个重要本性就是结构可还原性，即任何特定边界条件下的客体，只要改变其边界条件后可以将之分解为更加简单的客体的复合结构，这时，我们说这是结构性客体存在。当这种结构还原到达终点无法再还原的时候，这种客体存在就是本原性客体。世界的客体多样性就是由这种不可分解的最简单的本原客体通过结构复杂化演化而成的。在本原论意义上，一切存在者在本性上是本原存在者，不管它的结构如何复杂，但归根结底一定包含本原存在者在结构的最底层。多样性实体存在本质上是结构，实体存在的多样性世界的具体现实性是本原和结构的统一，一切具体存在的具体性是由本原存在的具体性赋予的，对本体的认识就是本原论和本体论的统一。

空间存在不是存在者的充足理由首先在于空间不仅无实体结构，无客体结构，甚至是一无结构的整体存在。既没有本原存在规定性，也没有本体存在之意义的结构规定性，空间存在就不能是具体客体存在。

空间无结构是指它无实体存在意义上的统一性结构，而只有部分和整体划分的抽象结构。在传统哲学中，人们把物质实体广延性作为它的重要属性时，实际上就是将之作为无结构的同一性物质存在来理解的。比如，一块铜，无论你怎么切分，分下去得到的永远是铜，所以，铜这一实体就是无结构的同质实体存在。但近代科学关于物质构成的分子、原子结构理论已经对此做出了否定，即这种切分不可无限进行，比如到了铜原子，切分到达一定限度以后，再分解还原就不是铜而是原子核和电子了。正是原子核中的质子、中子及核外电子的不同结构，即不同的数目不同形式的排列组合构成了不同的物质实体存在，它们的复合、混合构成了世界的复杂实体存在，这就是物体存在即结构的真正意义。空间结构却与此相反，它恰恰和古希腊人对物质广延的结构理解逻辑相同，即广延的空间可以划分为部分，这种划分能无限地进行，无限地划分而得到的部分和整体在性质上永远是同一的，因而可以看作无结构的。空间的整体性就在于它的组成部分无异质性，无异质性即无实体存在之结构的意义。实际上，物质存在的广延性本质上是描述它的空间形式的广延性赋予的。

所以，空间的部分和构成实体的各个部分意义是不同的。其中有一点是非常重要的，即空间整体可以划分为无限小的部分，数学极限描述中自变量趋于无限小或无限接近于某一定点就是以这种无限小划分为逻辑前提的。但任何实体存在不能划分为无限小的部分存在。无限小实体是无实体，无实体又何来实体存在！所以，结构性存在是不能向无限小还原和分解的，整体性存在则是可以向无限小分割的。据此，我们可以说，空间是可以无限分割的整体性存在，是无异质性整体结构。整体结构又可以理解为无结构，所以，空间不是自在的客体存在。在数学中，我们把空间无结构的特征叫作连续性，即无结构的空间是连续的，连续空间中之物则一定是分立结构性存在。

但是，空间结构不正是我们描述世界的最常用的概念吗？为什么竟然有空间无结构之说呢？其实，深入考察空间结构一词指称的意义就会茅塞顿开。我们说空间结构的时候，并不是指空间本身是由何种部分结构而成的意思，这和物质结构一词指称的意义完全不同。它真正的含义是指客体在空间中的结构，是以空间作为描述前提去描述客体存在的结构，而不是描述空间本身的结构。用空间的结构去描述客体结构和用物质结构去描述实体结构相应于完全不同的含义。客体的空间结构含义不指称客体内在的物质结构，而是指称客体的外在结构，它包括两方面的信息：一是指称客体之所以是自在客体的外在的边界范围，它是用客体所在空间描述的形来指称的；二是自在客体存在与其他自在客体存在的几何关系，它是以客体所在空间描述中的点位来指称的。我们常识中用东西南北中上下来划分方位，这种以方位划分空间结构是一种抽象的逻辑和认识结构，不是实体存在意义上的结构。因此，说空间无结构存在是本体论意义上的，它不构成本体论意义上的客体存在；说空间结构是从认识论意义上说的，在抽象认识规定的意义下空间有存在结构。

无结构的空间是认识有结构的客体世界具体存在的普遍先验形式，它的连续性和无限性使之描述一切客体空间性是充分的，空间的本性就必须从它的无限性对客体存在有限性的形式描述意义去理解。

所有动物对外界的感知依赖于自己独有的感官对外界的感知形式，人类用眼看、耳听、身体触摸来检测物体的位置，蝙蝠依靠发射波测量回波来检测物体的位置……不管动物感知外部世界的具体形式如何不同，但有一点是同一的，即都依靠感官作为对外部世界认识的工具。正是基于这一理由，我们可以把基于感官感知建立的意义之信息称之为感性认识，并把它作为一切认识的基础，确认一切认识只能从经验开始。感官对外界感知并建立认识主体感性认识这一环节的第一意义是什么呢？首先是建立认识主体和认识客体的划分，即我在感知我在思，我就是认识主体，我所感知我所思的是认识客体，我之所以是认识主体，在于我是在此感知和思考着的具体存在，我所感知、所思着的是在具体的我之存在之外的存在。认识主体和认识客体的划分，并不只是在思维中的划分，而首先是以感官感知为工具的具体的主体和客体的划分，以此为基础才有抽象的认识主体和认识客体划分，并能够将客体的意义转换为主体思维中的认识对象的信息意义，完成在思维中建立认识对象的抽象过程。感官感知确定我为认识主体和外部世界客体的信息意义内容的形式是什么呢？最基本的就是空间的意义之信息。我作为主体存在，我就在这里，这里是我之所以为我的证据，是我的第一规定性。作为主体之外的客体则同样由它特有的在那里这一空间规定获得它的最基本的规定性。所以，感知为什么是认识的最基本工具呢？就在于感官的作用首先在于确定空间性，我在这里和客体在那里的信息描述，把作为认识主体和我所思的认识客体意义统一起来，把本体论和认识论统一起来，一切认识就从此开始，从感官对外部世界的感知中建立起有效的认识主体和认识客体开始，空间则在这一起点上具有决定性意义。所以，感官既然对一切认识具有基础性意义，则空间性形式对一切认识在起点上就有决定性意义。

为什么是空间而不是颜色、气味等其他现象构成感知认识的前提呢？因为空间的意义是一切存在者最普遍的抽象意义。光、声、热、电、颜色、气味这些现象不是一切存在者的普遍现象，空间状态则是一切实体存在者的普遍现象，它的存在与一切实体存在是不可分割的。而且，人类的感觉器官中最基本的视觉、触觉主要是以感知和分辨实体空间性为最基本功能的，感知对象即存在者因此一直被认为是实体存在者，即有形的存在，可感知的存在。这种意义下的存在者的存在和它的空间状态存在是不可分割的，甚至在感性意义上是被认为直接同一的。至于某些哲学家把上帝、思维、精神作为实体时，则不是我们这里讨论的感性实体了。我们只在经验感知意义下的实体存在限定下思考认识主体和认识对象的时候，所有实体存在都是空间性存在。正是在这一规定性下，我们可以把空间存在作为一切实体存在的最普遍的规定性，视它和实体存在同一。认识从感性开始，感性认识从最普遍的抽象开始，即从抽象的空间存在形式开始。因此，空间是一切感性认识的前提，对任何实体存在最简单的具体感性个体认识一定从它的空间存在现象开始，且已经包含抽象形式于其中。不同的动物对外界感知空间性的意义和信息可以不同，但空间性意义则是一定的。唯有空间意义才是最普遍的，这就是无空间我无处存在的理由。

为什么空间可以是一切实体存在描述的普遍同一的存在形式呢？其中一点是基于空间的广延本性。我们说空间是广延的时候，就是指空间是无限的。我们通常说宇宙无限，实际上是基于宇宙空间无限的判断，是把宇宙当成空间引起的误解。宇宙中的一切客体存在都是有限的，只有把宇宙空间整体理解为客体存在才能说宇宙无限。常识中的宇宙无限指的是宇宙空间无限大，广延就是空间无限。但基于常识把宇宙等同于描述宇宙的空间是不合逻辑的。宇宙在逻辑上不能无限大，因为宇宙不能离开客体，单纯从抽象空间形式去理解是不合逻辑的，那是将空间实在化了。同时，在平直空间中无限大的宇宙是发散的，这就是传统的热力学第二定律推出的“宇宙热寂说”的原因。人类理性哲学一方面追求世界万物不生不灭的本原，一方面坚持能量守恒定律原理，另一方面又从空间的广延去说宇宙无限大，这是自相矛盾的。空间的无限是抽象形式的无限，既包括无限大，又包括无限小，即连续性。如果广延、连续的空间整体是平直空间，则可推论得出空间无限大。但空间的平直性和各向同性并不是普遍的真理，而是需要进一步考证并加以限定的抽象形式而已。所以，空间的连续性是它无限的真正规定性。空间连续性构成了它和客体存在的本质区别。一切客体在根本意义上总是不连续的，因而总是有限的。连续性空间才是具备理解、认识、描述一切非连续性的客体存在的充分形式，才具有作为与一切客体存在不可分割的抽象存在的理由。如果空间不是连续而是具有奇点的，则在奇点处无法得出有关客体存在的有意义信息描述，空间就不是最普遍性的客体存在形式，就不能成为一切客体认识之前提了。于是，由于具有无限连续本性，空间就是描述一切客体存在的最普遍、最基本的抽象形式存在。认识从感性开始就是从客体的空间状态感性认识开始。

从空间的纯粹抽象普遍描述形式本性才能理解为什么我们可以离开物之存在想象空间，却无法离开空间去想象物体，由物的存在和空间不可分揭示空间实在性幻象。人的一切认识都是形式和内容相统一的，只有无内容的形式，没有无形式的内容，因为对形式的反思可以把形式本身作为对象，形式就成为认识的内容，这种认识得出的不是经验认识，而是抽象形而上学的先验知识。据此，在认识中能剥离于具体之物之外的空间就是纯形式，和空间不可分之物则是具体存在的内容。人们基于感性直观认识中空间独立于具体之物的感觉导致了空间独立实在性的幻象，但基于感性去理解世界的本性是最没根据的。在理性统一性意义上，必须把本体论和认识论严格区分并将它们统一起来才能走出空间实在性的误区，这本身已是非常高深的哲学智慧，历史上并没有几个科学家或哲学家能达到这种理性自觉水准。人们执于独立自足存在去理解具体客体存在并没错，空间能独立于物被思考似乎为空间实在性提供了充分理由，其实这种理解是有问题的。具体存在的独立自足本性是本体论意义上的，在形式和内容相统一的认识论意义上具体存在是构不成独立自足的认识的，能自己反思自己形成独立认识的恰恰是形式而不是实在。空间实体幻觉是混淆了认识论和本体论而产生的。人们没觉悟到的重要一点在于，如果认识的独立性赋予空间以实体性根据的话，则具体之物的认识和空间不可分就把物的具体存在性否决了。

从中国玄学世界统一性理论意义看，要从根本上把握空间的先验形式本质，必须达到空和无的统一性理解。人类从感性开始认识客体世界，感性的常识意义是感官的五感，客体的常识意义是感性具体实体，常识中空无同一。凭常识是达不到世界统一性理解的，只能依靠理性智慧去统一常识，解释经验。在知性普遍认识意义上，以实体统一客体，从空等效于无是得不到自圆其说的理解的，这或许是牛顿坚信上帝创造世界的主要原因。牛顿质点统一了一切感性实体，质点动力学统一了物质世界的运动规律，为物质世界统一性提供了客观普遍性的根据，但牛顿智慧地觉悟到这还不是绝对自足的自然理解，他直言，在地球和太阳的引力相互作用中，我们还不知道空间中是什么起作用和如何起作用。从常识或唯物论观点看，真空空无一物，无物为空，空就是无，但这回答不了牛顿的疑问。二十世纪量子力学和相对论否决了空和无的等效性，确证了真空中有具体客体存在，光速在真空中以有限速度传播光就一定是具体东西；量子理论确证了光、电、磁是真空中不可再分解的量子化客体存在，其既是粒子性具体存在又无形无质规定性，超出了人五感范畴，产生了空无同一的假象。老子的玄学世界统一性理论才能合理解释无质量粒子的具体存在。老子从无为起点理解无、有、物统一性自然，无生具体之有则无只能是具体客体性之无，否则抽象的鸡下具体之蛋就无逻辑可言了。离开玄、无、道的具体现实性是悟不到《道德经》的深刻智慧的。玄学的空和无不等效而统一，两者统一于无质无形无五感感知的具体性，区别在于无是具体客体存在，空是纯粹的抽象。无的具体性和空的抽象性区别的客观性根据在于：首先无是量子化分立的粒子性存在，是不连续的，空间是连续的，连续空间可以无限细分，真空中的光子是量子化不可分的，这是区分具体客体和纯粹抽象认识的决定性根据；二是无和有是相生相灭相互作用相互转化的，是自然舞台上不可或缺的演员，空间则只是自然表演的舞台，自然的存在和演化没有对空间的作用，空间也不会对自然产生反作用，空间不属于物体相互作用的统一力范畴，不是自然存在、演化的具体内容，只能是纯粹抽象形式本身。以上两点表明空无是统一性的，玄学的具体之无具有更普遍的自然统一性意义。现代人执于常识把空无等效，无法理解广义相对论，在空间实在性意义理解弯曲空间就大错特错了。

综上所述，无论从感性经验、知性科学、西方哲学还是中国玄学理论看，空间都只是认识具体存在的纯粹抽象先验形式，只能将其本性限于认识论范畴。

三、感性直观中空间先验形式的经验意义

世界的存在是以客体存在为基础构成，但客体和实体不是同一概念，感性客体我们称之为实体客体。客体并不都是实体，在独立自在存在意义上，还有非实体客体，到今天我们至少应该明白宇宙中其实还有很多我们无法感官感知的东西存在，感官感知是有限的。另一方面，在感性意义上实体客体不是永恒的，而是生生灭灭的存在，在本质存在意义上，柏拉图称为是既存在又不存在，因此，它只能是结构性的非本原存在，世界客体统一性的基础是非实体客体。但在认识论意义上，按照从个别到一般、特定到普遍的原则，实体具有认识上的在先性。认识只能从感性开始，感性认识的直接对象是实体客体，所以认识从对实体客体的感知开始。这就是为什么认识的过程和存在的逻辑是恰恰相反的原因。人的认识不是复杂化过程，而是简约化和不断还原的过程，遵从从复杂到简单的逻辑；而本体论上的存在演化却是遵循从简单向复杂性演化的逻辑的。

把客体区分为实体客体和非实体客体的最早认识应在老子的玄学理论之中。老子说：万物生于有，有生于无；有之以为利，无之以为用。这里的有和无首先是本体存在论意义上的客体存在概念，即道学之无所指的不只是所谓观念，道不只是现象意义上的规则和规律，而首先是一种具体存在。因为有指有形的实体存在，与有相对的无则只能从无形的客体存在去解读。无中生有若理解为非客体存在者变魔术般生出具体的有，有就是从抽象的观念或属性中产生的，那就真的是主观主义的了。形而下之有是本体存在论意义的，形而上之道和无就也只能首先从本体存在论去理解了，形而上、无、玄就不只是纯粹抽象，而是具体和抽象相统一的。由此看来，无就是客体存在，是和实体存在不同的非实体存在，无就只能从无形、无空间形式规定性去理解，不能从抽象的非具体性存在去理解。

回到认识论意义时，由无产生的有即我们所说的物质实体，它是感性认识的起点。形而上谓之道，形而下谓之器，器就是有，就是实体客体。因为感知的普遍性是形，即存在的形状，形体的形状。老子以形为划分标准，形而下是指在有形存在者规定性之下的客体存在，这就是我们所称的物，古人

又称为器，俗称东西，老子说物形之。形而上是指不在有形体规定性之内的，老子说大道无形就是这个意思，本原的道作为存在是无形的存在，无形存在很难用大小的空间尺寸去限定，所以大道无形谓之大，无形之小谓之玄，玄就不是纯粹思维中的抽象，最本真的存在论意义是微小至无形的客体。《道德经》开篇直言：常无，欲以观其妙；常有，欲以观其徼。其徼可从有形实体结构去理解，相应于有的无则从无徼可观即无形去理解，玄指无形之物即无物之物的存在。感性感知为空中其实是无不是空，在真空中绝对运动的光、电、磁、引力等能量子客体虽然玄，却是自然的起点即众妙之门。既然一切认识从感性开始，空间存在形式就是人的感性认识的前提，空间的状态描述就是关于存在的最普遍的基本描述，这些都是在认识论意义上的结论。反过来说，以空间存在普遍形式建立的认识主体关于外部客体感知的信息和意义，并不是在客体的最一般规定性意义上的，而是以客体的可感官知觉属性为前提的，即是以有否空间形体这一规定性所决定的。有空间形状这种客体我们称为实体客体，又叫物质。物体是个性指称，物质则是物体的普遍性共相指称。既然物体是实体，物质就是实体存在，就一定是有形的。老子说：道生之，德育之，物形之，势成之。物与形是不可分割的。传统唯物论基于感性具体，绝对物质观则把物质概念无限扩大化，把无形的物也叫物质，甚至时间、空间也叫物质实在，其实在概念上是不成立的，在逻辑上是矛盾的。物一定和形同在，形的根据是质和量的统一，质点统一了一切物体，无质量不是质点，能被质点统一才叫实在；物一定是可感知的，所以叫感性实在。空间的意义则是现象学的，首先是认识论意义的，而且是在关于实在客体的形之意义上的，唯此才能理解为什么空间是一切认识的前提。因为感知是一切认识的前提，而物之形是一切感知的前提。物之形就是以空间存在形式规定性去认识的感性经验基础。如果把空间也当作实在，则空间这一实在之形用什么描述呢？用空间之形去描述空间实在乎？

空间存在作为实体存在认识的前提，以空间状态这一最普遍的形式指向认识所感知之客体，以空间状态的感觉意义赋予该实体之所以存在之可靠意义。空间状态对感知客体的描述是从形体的规定性开始的。通过空间状态我确定我存在，并通过我的感知，看到身外之物的存在，触摸到身边之物的存在，从背后的哗哗流水声中确认小河的存在。通过空间形式，我们可以感知实体存在的大小、形状，从而在连续、整体空间中建立一个个各不相同的个体在不连续中存在的事实的认识。莱布尼茨说得妙，世界上没有两片相同的树叶。物质实体作为感性的具体个体性存在的根据，就在于每一独特个体具有独特的空间性。没有两片相同的树叶是指没有两片形状相同的树叶，而不同形状则是由空间形式描述和综合得出的。由此可见，空间性正是由于具有这种赋予一切实体客体独特规定性的意义，使它从经验开始就成为实体存在者最普遍的存在形式，对实体认识起着普遍性意义上的个性规定性的意义。形状、大小、尺寸、位置是一物之所以区别于他物的最基本的规定性。

必须指出，空间存在对实体客体不仅是认识的前提，而且它具有更深刻的本体论意义。空间虽然不是客体存在，但一切实体存在与空间存在现象的不可分割性，赋予了空间现象的本体论意义，即空间尽管是认识的形式而非实在，却是实体客体存在的形式，所以具有本体存在意义，即具有存在论和认识论相统一的意义。空间状态参量对于实体存在的本体论意义是什么呢？是确认了我有形我存在，物有形物存在。它的本体论前提是有形即实体，实体即存在，而且是最可靠的存在。它的可靠性不但在于它有形，而且在于它是唯一的形，在这里，在那里的唯一的空间性给予了实体存在之所以存在的充足理由，我所存在的空间是我唯一拥有的，所以我就是独立而自足的存在者，唯一的空间性赋予了实体存在具体之为具体的根据。这正是空间性赋予实体存在可靠性的根本意义，即我有形故我在。本体可以离开空间形式去抽象描述，但本体论一定是以先验空间形式为逻辑前提的。

老子对世界统一性的描述在物形之的基础上是势成之。形只是实体客体空间性状态描述的起点，而不是它的全部意义。实体客体的空间性意义既是对每一自在客体描述而言的，又是对全部实体客体存在的整体意义而言的，即空间以每一具体实体的个体性为基础，进一步意义是在给予每一实体存在以形的规定性基础上，建立起每一实体客体和其他实体之间的关系。就是说，对实体存在的进一步描述是以各个实体客体在空间中的相对关系来展开的。用黑格尔的辩证逻辑语言表述，叫作在他物之中显现，在他物关系中规定自身；用日常语言来表述，就是用位置、方位这空间属性来描述和规定实体；用玄学理论来描述则是势成之，在势成之的客体世界统一性意义中，就能更深刻地体悟到客体空间形式连续广延性的整体结构形式的深刻意义。

常识用方向、位置，玄学理论用势描述实体客体的空间关系，它们的相同之处在于方位和势都是指实体之间的位置关系，不同之处在于方位侧重于从客体空间关系中给出目标客体空间关系的描述，是以特殊个体为目标的空间关系描述，势则是在空间整体统一性意义上对目标客体的描述。所以，对特定物质客体的描述是以它的方位作为空间状态参量进行的，是以“那里”这一特定的点来描述的。物理学对物质客体空间运动的描述一个最有效、方便的抽象就是把物质客体抽象为一个没有大小的质点，因为这样的抽象质点最便于进行空间关系的简约描述。所谓没有大小的质点就是通过抽象取消了空间性的形，忽略了形的规定性的。没有大小的抽象质点这种实体客体和空间的无限可分的连续本性相协调，空间性关系的描述就和物质客体即质点的空间关系同一，于是以质点这一抽象为手段，实体客体的空间关系就可以用空间状态参量进行最经济的描述。同时，空间作为客体存在形式的普遍性，就使特殊的物质客体的存在在空间关系中获得了普遍性的意义，实现了特定客体存在和普遍性客体存在的统一。所以形的规定性建立了实体客体唯我的规定性，方位或势的规定性则建立了实体客体的普遍规定性。实体客体的空间描述是个体性和普遍性相统一的。

用势来描述的实体客体空间关系所揭示的是一种整体性的统一关系，即不仅是要从他物中规定自身，从而得到特定客体存在的空间规定性，而且更根本的意义是要从空间整体统一性的意义去描述所定义空间之中的客体之间的相互关系。对客体世界的感性认识从对感性客体个体构建的规定性开始，即从对世界整体的还原和分解开始，而任何还原和分解的同时就在逻辑上提出了综合和统一的要求，只有有效的综合和统一才能真正从本质上揭示分解和还原的意义。这就是老子用势成之来表述物形之即物质客体形体规定性之统一的客体世界的深刻意义。就是说，千姿百态的独特有形物质实体构成的世界是具有统一性整体意义的由特定的空间相互关系规定的世界。这个规定性称之为势，势亦即各个物质实体在空间整体中相互关系的统一性描述，是比方向、位置更加抽象、普遍的客体空间属性的描述。两千多年前老子用势成之来描述宇宙复杂性演化逻辑的时候，或许没有多少人可以参悟到势的深刻的普遍性抽象意义。但今天，我们用势能来描述客体在宇宙引力场中与其他客体的相互关系，用电动势来描述带电粒子在电场中与其他带电物质相互作用关系。据此，我们对空间中势的描述关于物质客体世界的统一性意义，应能得到具体、深刻的理解，而不会把势仍然搁置在抽象的空中楼阁之中。

空间是描述实体客体相互关系的普遍形式的充分根据是它的连续性即无限可分性，这和空间状态可以对任何特定客体的形状规定性予以精确、唯一的描述的根据是相同的。在技术上的区别则在于形的空间规定性无须指定描述参考点，而物质世界空间性的整体统一性以指定描述参考点作为起点。因为只有在指定参考点基础上空间方向、位置的关系才是可描述的。但是，参考点的选择并不影响客体之间的空间关系的本质。所以说，对物质客体形状和方位的空间性描述的根据是同一的。

空间的本性就在于它的连续性不仅体现在它对物之形或势的描述的普遍有效性形式之中，更进一步思考分析可以发现它的更普遍意义体现在对物之势的运动、变化描述的普遍有效性之中。物质世界的普遍联系具体现实表现形式的另一种表述是空间的整体性。物质客体以空间存在形式来规定它自身存在的内容，一切物质客体都是以与空间存在形式相统一的内容构成它之所以为它的具有自身规定性的存在，而一切物质客体的空间存在形式是普遍联系的。因为空间是无结构的无限可分的整体，因而它就为一切具有独特结构、形状的物质客体的自身规定性提供了根据。空间为物质世界的普遍联系提供了现实的舞台，物质世界的普遍联系的意义，首先是空间性意义的普遍联系，这就是用势或方向、位置、空间坐标建立起的一切物质客体之间的相互关系，这是世界一切更为复杂关系的基础。

物质世界更为复杂的普遍联系则是在普遍联系中的永恒运动，即物质世界在相互作用中势的构建和永恒的演化过程。物质世界的演化可以从不同层次和侧面去分析，但最基本的演化首先是空间意义的演化，即所谓运动变化过程，说得直接一点就是由于物质在空间运动中所显现出来的物质世界客体相互空间关系的变化。当进入这一复杂性相互作用层次的时候，我们就可以深刻理解物质、运动、空间不可分的深刻意义。物质是实体客体性存在，是实在的存在者，空间是物质存在者的存在形式，它和存在者的内容是不可分割的，运动则是存在者空间形式在空间统一性关系中演变的行为属性。所以，存在者，存在者的空间形式，存在者在空间形式中的变化并不是相互独立的三件事或三种现象或三个存在者，而是同一件事在存在者、存在者形式、存在者存在形式变化这三个不同层次的描述，这就是为什么物质和空间及运动不可分的充分理由。把它们分开独立思考是我们思维中的抽象而已。

事实上，人类关于物质世界的基础性认识是物理学，物理学的认识起点就是运动学。存在者亦即质点在空间中的位移变化称为运动，物理世界的描述从运动学的基本规律即位移、路程、速度之间普遍因果规律开始，这些物理描述则以连续和无限可分的空间形式作为舞台。我们可以具体考察运动学的速度概念的规定性。最简单的速度是匀速运动的速度，单位时间内匀速运动质点的位移距离定义为速度，即每秒多少米或每小时多少公里等。对于非匀速运动物体的运动速度而言，一种简单做法就是用平均速度描述它，即用一定时间内通过的路程的均值来表示它的单位时间的平均速度。当平均速度所选取的计算路程越小时，就越接近瞬时速度，对平均速度计算的路程取无穷小的极限之时，就得出反映任何时刻的瞬时速度，从而从平均速度描述运动变为对质点运动速度变化的描述，得出对运动过程的具体的描述和认识。

瞬时速度的概念和定义是极富哲理的。物理运动学的瞬时速度是指客体处于空间某确定的点时的速度，这是一个在直观上和常识相悖的概念。在确定的点上并无速度可言，只有在一定的路程和距离的前提条件下才有速度的意义。因此，无限接近无限分割的空间距离是无穷小距离而不是无距离，是无穷小路程而不是没有路程和距离的点。在该点的瞬时速度是在该点无限小的极限距离意义下得到的。为什么我们可以如此描述客体的运动速度呢？因为客体的描述形式即运动的舞台空间是连续和无限可分的，空间的连续性是一切极限描述的前提条件。所以，我们可以理解为什么在空间形式中可以得出物质世界普遍联系和永恒运动的描述，因为空间的本性是连续无限可分的纯粹形式，而在此形式下所描述的一切内容则是结构性的，不能连续地无限可分。这就是存在者和存在者状态的根本区别。

对客体位置和运动速度统一描述的质疑来自量子力学的不确定性原理。量子力学的不确定性原理告诉我，自然限制人类预言确定性的能力，在微观领域，我们不能像经典物理学的动力学理论所描述那样，得出一个客体运动时在确定位置的绝对确定性速度，位置的不确定性和速度的不确定性的乘积不能小于某一特定的数值。当位置越确定时，速度则越不确定，反之亦然。不确定性原理揭示的限制与人们测量粒子的位置、方式、粒子的种类无关，而是世界的一种本性。关于量子力学及不确定性原理的意义，还不是我们关于空间性思考时能够全面回答的深刻而重大的问题。但我们必须对不确定性原理和经典动力学的客体位置及运动速度的确定性描述，在空间形式规定性的意义下的统一性做出基本的说明，从而确保它们在各自的边界条件下有效，且对世界的描述又是统一的。

从空间连续性的意义来考察，可以发现不确定性原理和经典动力学的位置、速度关系描述是基于不同的认识客体抽象规定性的。如前所述，经典物理学关于确定点位置处的质点运动速度是可以精确决定的，因为我们用以描述空间确定点的位置的质点运动速度是以极限为数学手段来描述和实现的。这里有两个前提条件，一是描述运动的空间形式的连续性，二是被描述的运动客体无空间性。即使在描述太阳及围绕其公转的行星之间的位置及运动速度关系时，我们同样把它们均视为没有大小的质点。而量子力学的描述对象是量子化的，是具有空间尺寸的客体，不是没有大小的质点。因此，经典物理学的抽象物理客体质点的描述对象和量子力学的抽象物理客体量子化的粒子是完全不同的。质点是无空间性的，在连续空间可以应用极限方法逼近而取得确定位置的精确的速度值；但量子化的粒子是具有空间性的，是具有一定大小、具有特定空间尺寸的粒子，用传统连续函数极限方法处理量子、粒子的位置和速度已经和传统物理学完全不同，即用极限方法去处理具有一定大小的客体在空间某点位置时的速度，这一问题本身不再成立。粒子具有空间性，不在一个点上，我们根本无法定义那一个点的速度；同时，粒子所占据的空间对于描述粒子的空间形式来说已经是奇点，空间的连续性在该粒子所占据区域的本性如何是需要重新定义的。所以，量子力学的不确定性原理的一个重要原因就在于量子作为物理描述客体时不再是没有大小的质点，而是具有量子尺寸的存在，这构成了对没有大小的确定性的点的确定性速度描述的限制，使对有大小的非质点的量子客体速度的精确描述受到限制，产生了与客体量子尺寸相关的不确定性，从而使经典物理学把物理客体作为无大小的质点的瞬时速度极限描述方法受到限制。只有对不确定性原理的原因做这种理解，我们才能有根据、合逻辑地理解为什么它是这个世界的一种本性，却与我们测量粒子位置、速度的方式以及粒子的种类无关。不少物理学家往往从测量粒子速度、位置的光量子对被观测客体的扰动来解释不确定性原理，这种理解的不确定性是和测量有关的，而不是从我们这个世界的本性的意义上来理解不确定性关系的。

从对量子力学不确定原理的空间性关系的分析中，我们可以得出如下结论：不确定性原理并没有否定空间的连续性，在量子力学描述的粒子客体运动中，即使它是用波函数的形式，它仍然是建立在空间连续性即无限可分的本性之上的。导致量子力学和经典力学位置、速度描述的不同形式的原因在于物理客体本身，而与空间的本性无关，即经典动力学的质点是无空间性尺寸的，是零尺寸的抽象存在，而量子力学的粒子客体则是具有特定波长的、具有量子化空间尺寸的、具有确定性大小的具体存在。无大小的抽象质点在连续性空间的运动位置和速度可以由极限方法趋于无限接近确定点来得到确定性描述，有量子尺寸规定的空间性的量子化粒子在连续空间中对确定空间点的速度描述的精确性却受到限制，因为极限方法受到量子尺寸限制，无法趋于无限小，所以不能得出无限精确的点的无限精确的速度。空间的连续性是它的本性，与客体的种类以及描述运动的方式无关。不确定性原理是由量子化客体本性决定的，它的不确定性限制与空间本性无关。无论是无大小的抽象质点，还是具有量子规定性的有空间尺寸的粒子，统一的空间形式都是描述其普遍联系和永恒运动的不可或缺的舞台。

第二节　知性空间：空间的科学描述

知性科学认识是人类文化发展史的革命性飞跃。空间是人类感性认识的前提形式，也是人类知性科学认识的前提形式，因此必须具体思考空间形式从感性到知性形式进展的意义。知性空间是指我们建立世界客体知性普遍知识的空间普遍形式规定性的概念。知性空间知识是先验形而上学的，是在感性直观的简单自明性基础上演绎得来的，不是从经验中归纳而来的。知性空间意义思考包括两个方面：一是人类科学认识不同阶段中科学认识描述所依赖的不同空间描述形式之普遍性意义，即人类关于客体世界的普遍抽象描述是基于如何理解空间形式普遍性建立起来的；二是人类知性认识把关于空间的认识之知识作为统一性思考对象所进行的形而上的思考，即关于空间本性的探讨。科学是在知性空间形式基础上建立起它的知识体系的，它的知识体系中又包括基于对空间形式的形而上思考得出的知识性的思维成果，这就是本节知性空间所要深入探讨的命题。知性空间的起点并不神秘、复杂，而是从人类早期关于空间本性的感性直观和常识观念中传承下来的，即以人的感官直观作为自明前提演绎出普遍抽象形式，作为普遍抽象认识尺度而建立的空间形式，其最简单、最基本的就是我们在科学认识意义上称之为各向同性的平直空间。

一、平直空间

康德把空间中的感性认识称之为感性直观。说得通俗点，即我们关于客体形状、位置及运动变化中的相互关系是通过感官直接观察空间中的客体得来的，感性经验认识对认识的空间形式叫直观，它是不证自明的，不能反过来认为它是由经验证明的。当人类从感性认识上升为知性认识，在思维中建立认识客体之间必然的关系时，则是在思维中建立的空间形式基础上去思维客体之间必然性相互作用关系的规律的。这样说来，知性思维所依据的空间即思维中的普遍意义空间，我们称为知性空间。知性空间不是经验归纳而来并由经验去验证的，而是基于感性直观按逻辑统一性由演绎推理建立起来的，所以它包含感性直观形式又超越感性具体达到了抽象普遍性，并且同样是先验而非经验的知识。由感性直观演绎而来的最简单的知性空间的基本形式是平直空间。

平直空间的知性规定性是什么呢？即一切物理客体存在、运动于其中的物理空间是各向同性的。各向同性的意义是什么呢？即空间对于一切客体而言是平直的。空间平直似乎过于抽象，用物理学术语来说就是，一切客体在没有外力作用时，在平直空间将保持相对静止或匀速直线运动状态，这就是牛顿惯性定律的意义。所以，牛顿经典物理学是以平直空间作为基础的；反过来说，牛顿惯性定律的匀速直线运动又是空间平直性质最精辟的描述。

其实，平直空间的最普遍的知性描述是光在真空中是直线传播的。因为光是人类感性认识中最为普遍的存在，没有可见光就没有人类基于视觉的感性经验，对空间性的经验乃至关于空间的知性思考就必定和光的感知和思维密不可分。这里还不具备详细讨论光的本性的条件，但需要指出，光在真空中直线传播的认识既是关于光的本性的也是关于空间平直本性的描述。我们从光在空间行为的直观和经验中综合、归纳出光在真空中直线传播的本性，并基于此在知性意义上演绎规定了直线和距离的意义，即数学描述中射线、线段及两点间距离的规定性。数学上的射线概念直接就是从光源点出发的光线无限直线传播来描述的；直线则是光从光源向两端无限延伸，没有起点和终点；而线段则是直线上两个点之间的最短距离。空间两点距离的最短路径是直线，这是我们平直空间中一切知性描述的基础。以此为根据，我们建立了知性空间知识体系即各向同性平直空间形式来作为一切客体空间运动的普遍客观性描述形式。

最早从空间的感性直观归纳、综合出来的关于空间的知性知识叫作几何学，即通过点、线、面来描述空间关系，其中最为精彩的是欧几里得平面几何学。平面几何学描述的前提即是空间的平直本性，它的认识对象的描述规定性是没有大小的点、没有宽度的线及没有厚度的面。以这些公理的抽象规定性为基础建立起来的平面几何知识体系，构成了人类关于空间本身知性知识的基础。这些关于空间图形的知性知识并不是从关于空间的现实经验中归纳和概括出来的，而是从我们关于客体的形状的感性直观的经验归纳的形式中，以最简单、自明的感性直观为根据演绎出来的，把客体的形从具体客体的诸多属性中抽象规定，限定在物之形的范围之中建立起来的。所以，空间几何图形知识是人类把物质客体的感性之形抽象为普遍性的知性知识的成果。

将物质客体形的知性普遍有效知识上升为描述客体形状、位置以及相对运动关系的更一般抽象形式知识是解析几何，它通过数与形的对应关系，把形从直观中演绎出普遍性的函数关系，把空间中质点运动轨迹的形，通过抽象的数的必然的、普遍的关系揭示出来。解析几何建立数与形统一关系的抽象规定性的起点是我们称之为坐标系的规定，以数轴这一直线上点和数的对应描述关系为基础，相互垂直且在原点相交的两条数轴建立了平面上的点和数的对应描述关系，即用对应于两条数轴的两个坐标数值来描述平面中的任何一点。同理，当三条数轴在原点正交则构成了空间直角坐标系，用三个坐标数值则描述空间中的一个点。解析几何与欧氏几何的根本区别在于欧氏几何是将客体的形抽象出来建立描述客体之形的空间知识，解析几何则是以坐标系中点的坐标为形式自变量去实现空间的点和数的对应描述，把抽象为质点的客体的位置及其位移运动的空间关系转换为数之间的因果关系，从而能够在此基础上综合出更一般的必然性因果规律关系，得出关于客体运动的更普遍知识。关于图形的几何学是空间本身的知性知识，解析几何则是关于质点客体在空间中关系的知性知识。在解析几何中，空间的本性是由坐标系本身来完整定义描述的，它的本质仍然是空间的连续性和平直性，直角坐标系定义的是平直空间。解析几何用坐标系来描述平直空间并不仅限于直角坐标系，在技术上它可以转换为非直角坐标系，比如我们常用球面坐标系。这是平直空间坐标系的不同描述形式，即球面坐标系并不是球面空间描述，而是用于描述平直空间中质点圆周运动的简洁、方便的手段，球面坐标和球形弯曲空间是风马牛不相及的两回事。不管是哪一种形式空间坐标系，只要是各向同性的就一定是平直空间描述形式，其中两点最短的距离一定是直线。

解析几何通过建立空间坐标系来描述空间的连续性、平直性，使客体普遍规律和必然性普遍联系的空间关系的抽象归纳成为可能，客体的空间关系可以以形象的直观抽象为普遍、简洁的规律性关系来描述。因此，坐标系的建立对于知性科学理论的思维具有划时代的意义。没有笛卡尔的坐标系的建立，我们很难想象能够产生牛顿科学理论那种简约、普遍的科学真理。空间坐标系的规定性同时也解决了空间描述的相对性问题。伽利略的空间坐标变换关系说明空间对于客体运动描述没有绝对意义。空间的描述和所选的参照系有关，在不同参照系中可以有不同的描述结果；但是，从不同参考系出发而得出的质点不同运动结果时，支配质点运动结果的关系即因果规律的一般形式却是相同的，这就是空间描述的相对性原理。在不同空间参照系中质点运动规律不变性法则赋予了以坐标系来描述的空间的普遍性意义。所以，几何学乃至空间坐标系，构成了知性空间的最基本描述，并为科学对客体关系规律的认识，提供了具有普遍性的描述形式，成为科学认识构建其真理知识的基础。

按照关于空间各向同性的体悟，用几何和坐标系描述的平直空间的知性理论是人类认识世界的最基本的科学认识形式，它对于人类建立普遍、客观、有效的科学知识体系，具有形式上在先性的深刻意义。所以，我们不仅要建立平直空间的知性描述，同时还需要进一步思考平直空间的本质意义。

真正把空间的本质和人类对世界认识的客观性联系在一起的是批判哲学。康德精辟地指出，唯理论坚持演绎推理产生知识是片面的，由推理而来的知识虽然由推理逻辑保证了普遍性，但这种普遍性知识已经包含在前提中，因此不是新知识，解释不了知识的来源问题；经验论坚持从经验认识归纳出新知识，这是对的，但仅从经验归纳本身却无法回答这种新知识如何能超越具体经验主体的有限性和主观性，保证它是普遍有效的知识这一根本问题。所以，真正的自然客体知识只能由经验归纳中产生，并由不依赖于经验的先验形式来保证它的普遍性。因此，普遍有效的客观知识既是经验的又是先验的，康德称这种认识方法为先天综合统觉。先天综合的根据，即作为认识来源的感性认识的先天综合判断的“先天”的根据在于空间和时间的先验性。就空间而言，康德认为它是认识的外感官形式。既然是和感性有关，则空间就具有经验的实在性，但作为感性直观的纯形式而言，它又是先验性的，是不依赖于经验内容的。因为空间不是从外部经验而来，不是推论而来的，而是从直观而来的，所以是先天性的。康德实际上是从效用和本性两个方面把空间形式统一起来，即空间的效用体现在经验之中，但空间效用的根据即空间的本性则是超越经验的，即先验的。因此，康德的先验空间理论同时又可以看作先验和经验相统一的。只有这样，才能解释为什么批判哲学能够和经验主义认识论的一切认识来源于经验的原则相容，同时又超越个体经验的主观性而使认识普遍客观性成为可能。因为空间作为纯形式具有了普遍性意义，因而任何形式和内容相统一的客体知识都必定既是经验的又是先验的，其内容是经验的，形式是先验的。

但是，康德停留在空间作为认识的先验形式的感性阶段，空间作为经验和先验的统一则表现在感性直观本身的经验直观和纯直观的统一，实际上是感性认识的内容和形式的统一。康德以数学知识是怎样可能的来论证空间作为外感官形式的先验性，就是说，批判哲学是将数学作为感性阶段的认识和知识的。这种限定陷入了片面性。第一，空间和时间作为人类认识客体的形式，不仅在感性认识之中，而且是贯穿在一切认识之中的普遍形式。第二，康德认为感性提供认识的资料，知性在思维中对之进行了综合和归纳，而数学并不是在一切关于客体的感性知识乃至知性知识基础上更为普遍、抽象的归纳和概括，把数学看作从客体知识中抽象出来的形而上学的演绎和推理应更加符合逻辑。所以，我们只能说数学不是经验科学，却不能说它是感性知识，这就是我一直将之视为形而上学的科学知识的理由。第三，既然数学是科学的真理性知识，至少应归类于科学客观知识，则数学就是知性的，空间就同样既有感性的形式也有知性的形式，而数学学科中的几何学及关于空间描述的坐标系的规定性，就是知性而非感性的空间描述形式。它是在感性直观基础上演绎和推论出来的，是包含感性直观又超越了主体主观感知的知性形式。把几何学和空间坐标系描述称作个体感性直观是难以接受的。

平直空间是知性空间的最基本形式。在爱因斯坦的广义相对论之前，人类一切知性中的空间形式都是遵守平直空间规定性的，即我们是在连续无限可分、各向同性的空间形式中去建立关于世界客体的各种科学认识的。换言之，我们的各种非广义相对论意义下的关于世界的知识，只有在平直空间形式下才是合逻辑的。所以，空间作为形式是一切认识逻辑的前提条件，而平直空间作为一切关于客体的知性科学认识的前提形式，它是科学认识的基础。更进一步，我们随后考察的非平直空间，也必须在平直空间这一知性空间的基础形式上才能得到理解和解释。

平直空间是知性空间最基本形式的理由，首先在于它和感性直观的直接相容性，即它作为一种普遍的空间描述形式，是以我们的感性直观为基础演绎出来的，是建立在自明的感性直观基础上并具有超越感性具体的普遍意义的，它是由我们的经验证实为真的。这种经验证实为真不是在独立为数学的知识中，而是在以平直空间为普遍形式的自然客体的必然性因果联系和普遍性相互作用规律之中。所以，平直空间是以知性形式和内容相统一的知性自然科学真理经验证明的有效性为坚实基础的。

平直空间成为知性空间描述最基本形式的另一个重要理由是它描述的经济性，即普适、简约的有效性。特别是在建立了空间坐标系描述后，数与形的统一关系为客体世界的普适、经济、普遍、有效的描述提供了工具，借助它，我们可以把形、位、运动趋势的空间经验直观归纳抽象为简洁、普适的因果必然性的关系描述。同时，由于平直空间形式在描述世界客体的行为和规律的时候，具有形式的相对独立性，即作为描述客体行为和规律的形式的时候，它的本性和客体本身无因果关系。用数学语言表述，空间坐标是客体关系描述的自变量，所以它是不依赖客体状态的独立自足的形式本身。这保证了平直空间这一知性描述的形式对一切客体描述的普遍性，又使在这一普遍知性空间形式下客体运动及相互作用的规律和行为描述是简单的易于理解的。为什么平直空间是最基本知性空间？主要因为它既是最适用的又是最经济的。

但是，从人的感性直观，即人的尺度抽象出来的平直空间形式虽然是最基本的，但也是有局限性的，即它只能在特定的规定限定的条件下才是有效的。平直空间知性有限性是它的本性，即它是一种形式的有限性，和其他知性知识作为形式和内容相统一的有限性是有区别的，它的内容即形式本身。此外，客体知识的有限性往往与其边界条件和初始条件有关，但平直空间本身就是边界条件描述本身，所以，平直空间的有限性更加抽象、更为复杂。

理解平直空间的难处，首先在于它的实体幻象。这既有感性经验的原因，也有知性形式的原因。在感性直观中，我们所直观的表现实体客体存在的空间形式给我们的经验感觉是独立的，是和客体分离的。人去楼空，这一描述就是很好的说明：房间中的人走了，房间还在。我们可以直观到这种空，我们也可以在思维中想象这种空，但我们可以独立于客体之外想象空间，却不能离开空间去想象客体。在感性直观中，从客体的角度来看，客体是内容和形式的统一；而从空间的角度来看，空间确实是独立于客体之外的形式。在平直空间知性描述中，空间描述就是自在自为的，就空间本身也可以从内容和形式相统一的意义上进行抽象的归纳描述。于是，空间就既在经验意义上又在知性意义上给我们一种独立自在的客体存在幻象乃至实体幻象，即空间似乎是一种独立自足的实体即自然客体存在。这是人类关于空间本性认识的最大误区。

把空间作为实在存在的观点不仅是在感性直观之中，而且表现在对知性平直空间本性的理解之中。牛顿经典科学理论是建立在平直空间形式上的，并且把平直空间作为实在存在和牛顿的科学理论是相容的。所以，牛顿据此认为空间是绝对的实在的东西，是和客体一样的存在者，空间和客体是属性不同的实在形式罢了。诚然，从牛顿科学理论描述的意义来看，把空间作为绝对的实在对科学理论本身并无直接影响，因为空间的规定性和客体的状态是非相关的。但是，从存在论的意义来看，把空间绝对化并作为实体存在者则是不符合逻辑的。我们知道，客体和运动及时间、空间是不可分割的，即在空间中的运动是客体的现象，空间是在客体存在状态意义的存在，是客体存在的形式。如果空间是实在的，则形式就不是和内容不可分割的统一，而是一种独立自在自为的存在，内容和形式就是同一的了。因此，在认识论的描述意义上可以忽略空间的实在性问题，但在存在论意义上必须始终坚持客体在世界存在中作为存在者存在的优先性和基础性，其他现象性存在则是在存在者意义的基础上的，离开存在者它们无存在。如果空间是实在，则空间就成为存在者，就是和客体一样是独立自足的另一种东西。客体和它的空间存在状态的可分离性形成了空间实在性的幻象。然而，离开客体的空间性，纯粹的空间性并没有任何现实意义，没有客体就没有实在，纯直观的空间不是实在，只是观念、现象中的形式而已。否则，空间和客体就不是不可分的，而是可分割的，且不是在形式抽象中可分割的，而是在实在意义上可分割的。

康德把空间作为认识的形式称之为先天性形式的时候，超越了传统的空间实在论，从纯粹直观形式的抽象中揭示了空间的本性。康德承认空间具有经验的实在性，这种经验的实在性是在和经验客体的不可分中实现的，而不是在纯形式中实现的。但是，空间的感性的实在幻象及牛顿的绝对空间观在现实中则是占支配地位的。这一现象的最典型的证据就是我们长期信奉的宇宙无限的信条。宇宙无限似乎是不证自明或者说是无法证伪的，但它却是不符合逻辑的。宇宙无限不能指称客体无限，因为任何限定的客体都是具有空间边界条件的，因而一定是有限的。而宇宙客体的总和也只能是有限的，因为我们把实在或客体还原为不生不灭的本原存在的时候，它就是一个定数，而不是无限大、无限多的。那么，宇宙无限的意义就是空间性意义上的无限。以空间形式来定义、描述宇宙无限本性的时候，实际上已经把空间作为宇宙中绝对的实在存在，而不是和实在不可分割的存在形式了。所以，除非坚持空间的实在性，否则，从存在论的意义上来说，宇宙无限是不成立的。因为宇宙存在是以客体存在来定义的，客体的有限性决定了宇宙的有限性，说宇宙空间无限没有内容的意义，没有存在论意义。物质和时空及运动不可分的另一种陈述是没有实在之物则没有所谓空间的存在论意义，物的存在不能是无限的，和时空不可分割的存在之物的有限性是基于物本身的，不是基于时空的。

在平直空间描述中把空间视为实在并把宇宙推向无限的后果是严重的，因为这将表明宇宙是发散的，是走向死亡的。尽管长期支配我们的实在空间观和宇宙无限信念是根深蒂固的，但人们却从来没有清醒地意识到这一点，而是以恶无限来逃避这一严峻问题，以有限的知性无法通达无限来搪塞。其实，在空间无限连续、平直基础上的无限性并不是客体世界统一性意义上的无限，而是在空间认识形式意义上的无限。这种无限是知性可以归纳、综合、分析和予以描述的。当宇宙的客体是有限的，比方说，宇宙的实在存在和能量是定数的时候，空间无限的宇宙已经把空间转换为实在。它的意义是什么呢？那就是宇宙的物质密度、能量密度将趋于零，宇宙向无限空间的演化就是一个不断走向衰亡，由存在走向没有存在的过程。这显然不符合我们关于宇宙的认识和经验。所以，把空间作为实在是虚幻的，我们不能在一个发散的宇宙中去思考并确定我们的存在。

平直空间的最大有限性在于进入相对空间描述时，伽利略变换只对惯性系有效。在宇宙中，地球上的很多参照系都是非惯性系，所以，物理学定律的普遍性是受到极大限制的。要实现一切坐标系中物理学定律的形式相对不变性，仅平直空间是不足够的。平直空间只是客体世界普遍认识的特定形式，更普遍的形式则是由广义相对论建立的弯曲空间。

二、弯曲空间

相对论和量子力学是二十世纪物理科学关于客体世界认识的伟大成就，具有革命性的意义。爱因斯坦广义相对论革命性意义的一个重要标志，就在于它颠覆了几千年的空间形式绝对平直理论，建立了弯曲空间。

广义相对论产生的重要原因之一是物理学定律在普遍坐标系而非惯性系条件下的形式不变性问题。我们用宇宙自然去定义客体世界，追求对自然客观普遍有效的知识时，基于宇宙同构及真理在宇宙中普遍有效的信念，更具体地说，就是要保证因果关系必然性规律在宇宙普遍意义的形式不变性。在伽利略坐标变换甚至在爱因斯坦建立的狭义相对论的洛伦兹变换中，在相对参考系之间的变换实现了相对参考系中物理学规律陈述的形式不变性。但是，伽利略变换和洛伦兹变换是相对于空间中的惯性系而言的。所谓惯性系的物理意义和数学描述的规定性是什么呢？即相对参考系之间只能相对静止或做匀速运动，而不能做加速运动。没有加速度即没有受外力作用，这种参照系代表的观察者叫自由观察者。一旦受到外力作用而产生非匀速运动的观察者就不是自由的了，就违反了“空间中自由的观察者”的限制性。从经典物理学到狭义相对论都没有解决相互做加速运动的空间参照系之间的物理学定律描述的形式不变性问题。正是对之的思考产生了广义相对论。具有相对加速运动观察者之间对同一物理运动相对描述的形式不变性追求决定了另一重要角色登上了认识形式的舞台：引力。牛顿三大定律和引力定律共同构成了牛顿完整的经典物理学体系，其中引力定律和动力学三大定律具有不同的性质。引力定律的特殊性在哪里呢？在于它不仅是客体相互作用关系，即物体相互吸引关系的抽象规律描述，而且首先是关于客体世界的一切实体客体本性的规定性，这才是牛顿对人类认识世界的最伟大贡献，后人以“苹果掉在头上”的生动、形象描述来赞美牛顿的这一丰功伟绩。相对加速运动的参照系中的观察者不是自由的，就是说，考察引力对其发生作用的不同观察者时，这些观察者之间是在引力作用下做相对加速运动的。所以，广义相对论思考相对加速运动的非自由观察者对物理定律描述的统一性时，必须把引力的普遍作用考虑进来。也就是说，考虑到无所不在的引力作用条件下，相对运动的观察者不是自由的，而是在相对加速运动的。在这种边界条件下物理定律的相对性不变原理就是广义相对论。

经典物理学定律的空间描述形式和广义相对论的空间描述形式本质是不同的。牛顿引力定律的作用、质点的动力学作用规律是非时间性的，可以用超距瞬时作用来理解。“牛顿理论说，在任何给定时刻物体之间相互吸引，其引力依赖于那个时刻它们之间的距离。这意味着，如果你移动其中一个物体，那么加到另一个物体的力会即刻改变。如果太阳突然消失了，麦克斯韦理论告诉我们，地球直到8分钟后才会变暗。（由于这正是光从太阳到达我们所需的时间）。但是根据牛顿引力论，地球会立刻觉察到太阳的吸引力不复存在而飞离轨道。这样太阳消失的引力效应以无限大的速度，而不像狭义相对论要求的那样，以光速或低于光速到达我们这里。在1908年和1914年之间爱因斯坦进行了寻找一个和狭义相对论协调的引力的尝试，未能成功。1915年，他终于提出了一个更具革命性的理论，也就是我们现在称之为广义相对论的理论。”[②]我们回想牛顿引力定律的描述：空间任意两个物体总是相互吸引的，它们之间引力的大小与它们质量的积成正比，与它们的距离的平方成反比。相互发生吸引作用客体的距离是空间概念，是在平直空间的规定性意义下的，同时也是和超距作用协调的，因为从牛顿引力定律的非时间性完全可以得到引力超距作用的理解。当抛弃引力超距作用的时候，空间描述不再是点，而是更普遍的引力场，不是质点的力，而是更普遍的力的原因为思考对象。广义相对论建立起以引力在空间分布的统一场的形式来描述客体在场中运动变化的理论。

爱因斯坦的广义相对论基于这样一个等效原理：“在足够小的空间区域中，不可能区分你是静止地处在引力场中，还是在空虚的空间中做匀加速运动。”[③] 即当描述匀速加速运动的惯性质量与描述物体引力作用的引力质量是同一的时候，由F=ma可知，爱因斯坦的等效原理是成立的。从等效原理出发，爱因斯坦推导出广义相对论原理，从而得到在引力作用条件下，亦即等效的在相对加速的参照系条件下，物理学定理描述形式的相对不变性。

广义相对论的一个最重要的革命是建立了弯曲空间概念描述。在非广义相对论描述中，空间是平直的，引力的作用引起物体在平直空间的各种运动。但是，在广义相对论中，经典物理学的引力被约化了，再没有引力，或者说引力不是力，而是描述为空间弯曲这一事实的结果。由于空间中质量和能量的引力分布使空间弯曲，在经典物理学中描述的诸如地球受到太阳引力而围绕太阳公转的在平直空间中的圆周运动，在广义相对论中则被描述为地球是在沿被太阳弯曲的空间中的测地线运动，运动规律与引力无关。所谓测地线就是指在一个弯曲的空间中相邻两点最短的路径，它不再是直线了。平直空间的测地线是直线，所以质点在平直空间的惯性运动是匀速直线运动，而在弯曲空间中的惯性运动就不再是直线运动了。

广义相对论最深刻、最难以理解的首先是空间弯曲概念。在我们的经验中，空间既然是空的，又如何是弯曲的呢？这是违反直觉和常识的。在常识中空间如何是弯曲的呢？所以，弯曲空间不是感性描述空间。人是万物的尺度，人从本身的感性尺度去看世界，这时空间的形式是平直的。但弯曲空间的描述是超越了感性尺度的，它是在知性描述意义上的，从感性尺度永远无法理解弯曲空间，从感性直观想象所谓弯曲空间一定是不成立的。

感性直观理解弯曲空间的最基本障碍是把空间作为实在的错误观念。感性可以离开存在者去思维存在者存在的空间形式这一事实支持了把空间作为实在的观念，因为在直观中空间似乎可以脱离存在者独立自在存在。而且，在直观基础上建立的平直空间坐标系的知性描述也是纯形式的科学描述，因而在描述意义上把空间看作实在还是看作非实在的纯形式在认识的逻辑意义上都是可接受的，把空间看作非实在的实在存在者的纯形式是在本体存在论意义上才能得到理解的。但是，当进入空间弯曲描述的时候，把空间当作实在的观念就面临着无法摆脱的困惑，我们应如何去理解弯曲空间这个东西？空间是东西吗？不是东西又何以弯曲？是东西又是什么样的东西呢？是东西就回到存在者而非存在者状态意义的存在了。客体是存在者，空间也是存在的东西，世界就不是一元论，而是二元论的了。物体和空间相互分离而不是不可分的时候，逻辑上世界就不再是一元的了。

从一元论的信念出发，我们不能把空间作为实在，弯曲空间只能从认识论意义去理解，即它和平直空间一样，是客体存在的知性描述形式之一。按照一元论的逻辑，世界是一元论的本原性客体存在及它的复杂结构性实体构成的，在存在论的意义上来说，空间不是由本原客体构成的，而是描述客体存在的形式，经验直观的空间和知性描述的空间是关于空间形式在不同层次的描述，而平直空间和弯曲空间则是在知性层次从特殊到普遍性的统一性描述。就是说，我们不能从感性经验的习惯去想象世界上有一种平直的空间，又有一种弯曲的空间。认为平直空间和弯曲空间是两种完全不同的空间存在，就把空间作为东西，作为实在了。事实上，空间以平直形式描述也好，用弯曲形式描述也罢，事实上只是两种不同的知性描述形式，不是存在两种不同的空间。这里有个非常简单的事实：关于太阳为参考点的太阳系中地球及其行星在平直空间形式下，按照牛顿引力定律及质点运动定律来描述的运动轨道预言和实验观测是相符的；按照广义相对论的描述，太阳系中地球及行星在弯曲空间中沿测地线的运动和牛顿引力理论所预言的轨道运动是一致的。太阳系的空间状态及其太阳系的运动是唯一性的事件，不能说有一个具有弯曲空间的太阳系，同时又有一个平直空间的太阳系，太阳系只有一个。此外，理论和观测都已经证实牛顿科学理论和广义相对论关于太阳系运动的描述都是真的，而不是只有一种描述是真的，更不能理解为平直空间和弯曲空间理论中哪一种更为正确。在科学描述而非科学实验的意义上，它是非真则伪的。既然两种空间描述同一客体空间运动都为真，那我们就只能得出一个结论，即两种不同的空间描述形式只是不同的形式而已，而不是像直观和常识中的感性观点认识那样，存在着一个平直空间，又有一种叫作弯曲空间的东西存在。

至此，我们可以就弯曲空间的本性和本质进行归纳了。第一，弯曲空间的主词是空间，弯曲是对空间的限定词。因此，弯曲空间的本质一定是根植于空间的普遍本质的。就是说，弯曲空间和感性直观的先验空间一样，也是描述客体的形式，作为空间形式没有本体论的意义。广义相对论的弯曲空间作为统一性概念，是认识论意义上的认识客体世界的形式，空间不是本体论意义的独立自足的客体存在，即不能把弯曲空间理解为空间实在这种特定存在之东西。第二，弯曲空间不是感性认识意义上的客体存在的描述形式。因为弯曲空间这一描述形式是反常识、反直觉的，对执于感性直观者来说，它是神秘和不可思议的。没有人可以直观到弯曲的空间，也没有人能够从运动客体现象的感性意义上去感知一个弯曲的空间形式。于是，把弯曲空间理解为非感性思维的认识形式就是顺理成章的了。理解弯曲空间并不容易，但把弯曲空间理解为非感性直观的认识形式则是非常容易的。因为正是它在经验意义上的不可直观理解的本性，可以让我们断言它不是感性认识形式，因而只能在知性认识形式中去理解它。第三，在知性认识形式的意义上去理解弯曲空间的时候，可以从两个方面来思考弯曲空间的知性规定性。一是知性科学认识的有限规定性，就是说，弯曲空间是在平直空间基础上由特定规定性建立的更普遍意义的科学描述形式，这个特定的限定条件就是它的知性认识形式的规定性，是它的本质。二是弯曲空间这一知性描述形式在其规定性的边界条件下是普遍有效的。就是说，爱因斯坦的广义相对论是普遍有效的科学描述，它和经典的牛顿物理学平直空间并没有冲突，但它为建立关于世界的更普遍有效描述提供了认识手段，即这种空间形式在更普遍意义范围内是有效的。由于它的规定性包含且超越了平直空间的意义，因而在弯曲空间形式下关于世界的科学描述可以克服平直空间的有限性，从而得到关于世界的更普遍的理解。所以，广义相对论在弯曲空间形式下建立的关于宇宙自然的科学描述，确实具有划时代的革命性意义。

当我们从知性的意义来理解弯曲空间的本性的时候，不应忘记平直空间形式也是空间的知性描述，于是，需要知道平直空间和弯曲空间的本质区别是什么，即要回答弯曲空间之所以是弯曲空间而不是平直空间的充足理由是什么。

牛顿把空间看作绝对实在，康德把空间看作先天的纯形式。按照一元论的逻辑，我们已经反复说明了空间只能是形式而不是实在，因此，在感性空间形式和知性平直空间形式中，我们一定是从纯形式的意义来思考空间的。但是，广义相对论建立的弯曲空间理论打破了关于空间形式非此即彼的传统思维。就是说，从本质上看，弯曲空间既是科学描述形式，又是与客体具有相关性的特定描述形式，是空与无相统一的描述形式，从而超越了纯粹形式而获得了更普遍描述形式之意义。于是，我们回到莱布尼茨的空间本质的理论：空间是事物之间的关系，从这一特定视角来思考弯曲空间的本质问题。

康德基于空间、时间的先天性理论构建批判哲学体系，反驳牛顿把空间作为绝对的实在观念时，也反驳了莱布尼茨把空间看作事物之间关系的观念。就是说，康德既不认为空间和时间是实体，也不认为是反映实体间的关系，而是与实体无关联的纯形式，唯此才能保证它们的先天性。在感性空间形式和知性平直空间描述形式中，康德的先天性理论是成立的。就是说，无论是在感性直观还是在平直空间坐标系的知性描述形式中，空间的描述形式与事物本身是无相关性的。在空间形式下关于事物关系的感性认识和科学认识描述中，空间描述形式是描述事物关系的纯形式，这种纯形式不依赖于事物关系本身。所以，康德是对的，莱布尼茨是错的。在非弯曲空间形式下的任何认识中，空间是用于描述事物关系的纯形式，而不是事物关系本身。莱布尼茨把空间作为反映事物关系的范畴时，把空间是反映事物关系的手段和空间本身就是事物之间的关系混淆在一起，从而犯了常识性错误。事实上，我们的科学认识去建立认识客体必然性的普遍因果联系的时候，这种因果关系是客体的，而不是空间或时间的，后者是用来表述和构建关系的，而不是关系本身。一切关于事物关系的知识是从经验中来，并且最后必须回到经验去证明和检验的。空间如果是关系本身的话，就是经验的而非先验的，就是形式和内容相统一的而不是纯形式的。在平直知性空间中，空间在一切知性描述中实实在在是纯形式，根本没有涉及它这一形式用以描述的内容；当一旦成为内容和形式相统一的关系描述的时候，这种关系所指就是客体世界事物运动变化规律，而不是揭示空间本身的关系。正是平直空间描述纯形式的本质，空间才是和经验内容无关的形式，康德才有充分根据称之为先天的认识形式。正是它与事物关系无相关性的纯形式本质，它才具有在一切事物关系描述中具有普遍性形式的本性，并以这形式的普遍性为根据使一切内容和形式相统一的事物因果关系描述的普遍性成为可能。这就是先验哲学先天概念的真正含义，也是批判哲学的精髓所在。

但是，广义相对论的弯曲空间理论突破了空间和描述客体无关的纯形式的规定性，把客体的相互作用关系引入了空间形式的描述中。弯曲空间的含义是指由于质量和能量分布的引力作用使描述客体运动的空间形式包括引力是弯曲的，不再是平直的，客体在弯曲空间形式中惯性运动的最短路径是测地线，而不再是平直空间中的直线。广义相对论的弯曲空间相对牛顿经典物理学的平直空间的革命性的真正秘密，首先在于它把引力的作用这一客体普遍性的相互作用关系引入空间形式的描述中。引力是牛顿经典物理学理论关于世界事物相互作用本质的最核心的概念，但牛顿质点动力学及一切科学定律的平直空间描述却由于引力的普遍作用使惯性参照系失去了普遍性，使相对空间中的物理定律形式相对不变性也失去了普遍性，即科学认识失去了普遍性。不再把引力看作作用于客体的力，而把引力的作用转换为融合在客体相互作用空间形式这一描述形式中，这一形式就是弯曲空间，更严谨的说法是引力空间。在弯曲空间中，既反映了客体之间引力相互作用关系，又消除了普遍引力作用带来的非惯性系问题。但是，这种弯曲空间描述已经包含了传统的引力作用，它不再是描述客体相互作用关系的纯形式，而是已经包含了特定的引力对客体的作用关系的。所以，弯曲空间的本质，即它和平直空间的根本区别就在于它不再是关于客体认识的纯形式，而是包含着特定客体关系的特定形式，是客体相互作用的内容和形式的统一，是空和无的统一。无即引力是具体世界的，是经验的，弯曲空间本质上就不再是先天而和经验无关的，而是一种后天的即与经验相关的描述形式，是把引力作用的内容转换为客体相互作用形式的特定形式。至此，我们可以下结论：平直空间是康德所说的先天形式，弯曲空间则是莱布尼茨所说反映事物关系的后天形式。在平直空间和弯曲空间描述中，康德和莱布尼茨各领风骚。

关于弯曲空间本质的理解还有一个非常深刻而复杂的问题：引力这种描述自然客体相互作用的经验内容为什么可以转换为描述的形式？内容和形式为什么可以同一？为什么是引力而不是其他的力是可以转换为形式的相互作用关系的经验内容呢？爱因斯坦的广义相对论是为了解决引力加速作用困境而将其转换为弯曲空间描述的，但这种描述的根据是什么呢？第一，引力作用是经验的，但在经典物理学描述中，它不是存在者，而是存在者相互作用的状态描述，是和空间性质相同的状态量，这赋予了将两种状态量结合为复合状态量的基础条件，使这种特定形式的内容转换为描述普遍形式具有可能性。但这只是认识论意义的理由，实际上引力、电磁力抽象的根据一定是本体论意义的，因为它们在真空中以有限速度运动决定了它们不是物质客体的状态抽象，只能是真空中的具体存在者的状态抽象。因此，仅由此理解引力转换为形式描述变量的根据是不足够的。第二，引力和其他物理学的力不同，它是单极性的，即永远是相互吸引的，而不是像电磁力那样具有极性，因而具有在技术上转换为空间形式关系的可行性。第三，引力是最普遍的，任何实体都具有引力作用并受到引力作用，将它抽象出来并使之与平直空间描述结合而成为内容和形式相统一的经验描述的时候，这种描述基于引力作用普遍性和平直空间普遍性而具有同样的普遍性，因而它又可以成为描述客体运动变化普遍规律的一般形式。将上述三点统一就能理解广义相对论的弯曲空间这一认识描述形式的普遍意义。

三、知性空间形式的维结构

知性空间描述形式是以三维为基本描述结构的，故又叫三维空间。空间的三维形式结构是对感性客体的“体”的直观中产生的，是自明的。空间知性描述形式用三个独立的自变量作为分量，三个分量的统一构成空间的完备描述。在知性规定性中，一个自变量分量称为一个维，空间描述形式的三维结构是自明的，是必要而充分的。一维是线描述，二维是面描述，三维是体描述。但由于空间数学描述向复杂性演变，知性形式超越了感性直观，这不只带来了理解上的困难，而且带来了误解和混乱，竟然流行所谓多次元空间及宇宙！因此，必须对多维空间做出符合逻辑和经验的规定，才能得到关于空间乃至世界统一性的理解。

空间维作为知性空间描述结构的构成元素，是从空间的感性直观经验中抽象出来的，而且这种经验直观主要是基于两维平面空间。一维直线描述的概念与两维平面空间描述相比，两维平面空间具有更基本的经验意义。经验的空间是三维的，但描述空间的知性形式却是以两维平面空间作为基础的。平面几何学和平面直角坐标系作为最基本的知性空间描述，就都是两维空间的。为什么两维空间是最基本的知性描述形式呢？这要从经验和描述两个不同方面予以考察。

在人的感性直观尺度中，两维空间是一切感知的基础形式。因为人生存的空间虽然是三维的，地球也是三维的，但人类最基本活动是基于地球表面，从球体还原为球面的时候，关于任何面的描述，两维就是充分的。人类感性直观首先是基于地球和太阳、月亮的相对位置关系，以自身观察点作为描述参考点来理解赖以生存的地球的空间性的，这就是最早的东南西北中的方位区分的根据。地球表面是曲面的，但在人的尺度，这种曲面可以看成是很多小的平面叠加连接而成的，在人的感知层面，地球表面可以是两维平面。正是这种经验的实在性，使两维空间成为最基本的感性空间形式。在经验中，一维空间没有意义，三维空间则是建立在两维空间基础上的更为复杂的空间形式，并且二维空间在知性抽象描述中是三维空间的基础。以几何学为例，离开平面几何去理解立体几何是难以想象的。

从感性直观中抽象、演绎而建立空间知性描述形式的时候，两维空间作为最基本的形式结构，还有一个非常重要的原因，即我们用于建立知性空间描述的形的图像表达本身是二维的。俗话说，画龙画虎难画骨，我们关于三维客体的形的普遍知识主要在平面上叙述和记载，只能以平面的形式描述。即使是三维的空间坐标系，我们的符号同样也被限制在两维平面空间去描述。因此，平面坐标系的两维知性空间描述具有与感性经验中空间形式直观上的形式同一性，而空间解析几何的三维空间以及立体几何的描述则是不可能直观的。在二维平面上无法直观三维的客体存在，所以，在机械制图这门技术学科中，我们必须用视图即分解了的平面形式从多个不同角度去描述客体的三维表面形状规定性，用剖视图来专门描述客体非表面部分的形状规定性。这是两维平面空间是最基本知性空间描述形式的最有力证据。

至此，我们可以对知性空间描述形式中的维的意义有一个基本的理解，即维是指知性空间描述形式中独立描述变量数的规定性。我们的知性空间是三维空间，需要用三个独立变量来予以描述。当我们将其中描述高度的变量规定为常量的时候，就退化为在平面空间的二维描述。再进一步将平面空间中的一个变量规定为常量的时候，则退化为一维空间，即客体质点只在规定的直线上得到描述。

空间知性描述的最精彩成就是空间坐标系的建立，它把客体的形及运动变化转换为可以用简洁、普适的变量必然性普遍规律进行表述的，建立了数与形的统一关系。反过来，对于数之间的关系，我们可以转换为形在空间中进行形象描述，得到抽象数关系的直观理解。函数和图像的统一性，使我们从形和象的意义上去理解函数的特性乃至本性，去归纳函数描述的客体运动规律，理解描述事件的物理意义。比如一次函数我们又称之为直线函数，二次函数是曲线函数，就是从这种意义去描述的。

用形描述数的最基本、最精辟方式是数轴。描述一维空间的数轴并不具备空间的直观经验意义，它是从两维空间的知性描述中作为描述结构的元素而提出来的，和两维空间相对而言，它具有逻辑上的在先性，两维空间则具有经验上的在先性。从逻辑的意义来理解用空间中的形来描述抽象的数的关系的时候，一维空间即我们称为数轴的数学描述则是最基本的。因此，在数学知识体系中，关于空间形式的科学描述是从平面开始的，而关于数的形象描述则是从数轴开始的。但是，无论是从数出发还是从形出发理解数与形的关系，在知性描述意义上，一维空间都是最基本的，它必定能反映出空间的最基本属性，更多维空间只需要把它理解为更多一维空间重复叠加在一起的结果即可。

空间的本质属性是无限可分，在形的描述上我们规定为连续性，在数的意义上则描述为一切实数构成的点的集合。所谓实数就是可以在数轴上找到对应的点来表示的数。反之，数轴上的任何点都可以用一个相应的实数予以描述。进而可以得出推论：由于数轴的连续性，可以推出实数的连续性。因此，连续性和无限可分就是同一描述，连续性不仅具有空间性意义，同样具有抽象的数的描述意义，即一切实数构成的集合是连续的。没有连续性这一基础，我们的基本数学描述将是无本之木。

综上所述，我们可以把维理解为知性空间数学描述的结构性元素，空间的维和数学描述的独立变量相对应，一个空间描述的维数和描述该空间所必需且充分的独立变量数是对应的。这里需要注意的是，空间维的结构性元素只有描述结构上的意义，而不是说空间具有实体结构，并且可以还原为更基本的构成元素。

根据目前关于空间的思考，我们把空间作为存在状态的形式，把空间维描述作为纯形式意义上的描述结构来理解。在纯形式意义上，我们可以使用从1到n维的各种数学描述，并理解相应的从1到n维空间的各种不同结构的描述形式。但是，空间描述形式的真正意义不在于纯形式本身，而在于这些形式和内容相统一的描述当中。就是说，空间形式只有在关于自然客体即存在者的描述中才能理解，只有这些描述形式和所描述的存在者相统一的时候才有意义。否则，赋予空间独立自在的实在意义的时候，就把空间看成实在，走向多元理论，同时也就失去了纯形式的规定性。因此，关于空间维形式的思考，必须回到现实客体世界中来。

从维的形式这一角度思考存在的时候，最重要的存在者是我们称为物的实体存在者，因为这是关于空间感性认识形式的起点，也是自然存在的普遍存在形式之一。何为物？何谓实体？它们是得见、摸得着的可感知的存在者，是由其可感知的空间实体结构赋予了每一独立自在之物之所以是自在而不依赖于它物的本性，使它们成为大千世界中千差万别且各自有唯一规定性的存在者。那么，这些存在者的一个普遍的本性是它们具有独立自足的空间结构，对这些结构以空间为形式进行描述的时候，我们可以从自明的直观演绎出存在者的实体形式一定是三维的结论，所以，描述存在者的空间形式本质上是三维的。换句话说，一切实在的存在者以三维空间为形式存在。空间的三维是纯直观得来的，又是和对具体客体的经验相统一的。直观是对一切人具有普遍性的，所以叫自明的。如果把空间限制在纯形式范畴，则其三维性是形而上学的根据，是讨论非三维空间的根据。

空间是纯形式，三维空间是描述形式之一。但是，当我们用三维空间来描述自在之物的时候，是形式和内容相统一的而非纯形式的。我们说物是三维空间中的存在者这种描述的时候，赋予了“三维”以本体论的意义，即一切存在之物是三维空间为形式的存在者，这时“三维”描述具有本体论和认识论相统一的意义。它的本体论意义是由存在之物赋予的。由于本体论的优先性，我们首先要理解一切自在之物为何是三维的。

实体存在者的空间本性是三维的，这是自明的事实，并且是无法证明的。所以，空间形式的三维规定性，是从自明的感性直观中演绎出来的，是以我们生存的世界的一切实体最基本的本性为根据的，是与实体存在者的存在本身不可分割的基本属性。我们可以提问为什么空间是三维的，却注定无法去回答。其实，反过来思考，如果我们能从理论、逻辑上证明空间是三维的，即证明实体存在者一定是三维空间性的存在时，则空间这种纯形式就只能是经验的，而不是先天的了。因此，空间三维本性就是不证自明的，是无法证明的，它的逻辑依据只能从人存原理去理解：我们看到的世界是三维的，是因为这个世界就是三维的。如果世界中的实体存在者不是三维的，那么我们看到的世界就不会是这个样子，我们也和现在是完全不一样的存在。我们及我们存在的宇宙中的一切实体一定是具有三维空间本性的，如果把存在者的空间存在形式抽象为纯形式的普遍性概念的时候，我们也可以简单地说空间的本性是三维的，而且是不证自明的。

空间三维本性的自明性在于我们关于一切实体存在者的经验直观中，并且是可以经受证伪的，即至今，没有任何与经验有关的二维存在者存在的证据。比如，生命这种依靠新陈代谢来维持生存的复杂结构体在二维世界中根本无法存在，当水分子从植物根部向上移动时早就将二维植物生命分割为丝丝细条了，何来植物存在？我们既然是世界中的存在，那么世界就只能在三维空间中才能得到充分的描述和理解。我们用图形来完整描绘一个实体存在者的时候，因为实体存在者是三维的，而每一维具有两个方向，所以用二维平面图来描述一个实体存在者的时候，三维六个不同方向视角得出的视图的组合才是完整的。至于我们惯于用三视图这种手段来描绘实体存在者的形体，是为了经济、简便，但是，这种视图的实用性只适合于规则性形状的结构物，对于复杂性形状的结构物，六视图才是最完整的。

因此，我们经验中一切实体存在者赖以生存的空间形式是三维空间。尽管由于人类描述空间关系的载体是平面的，人的视野基本上是平面的，由此决定了空间知性描述的最基本形式是二维平面空间，但我们都知道二维空间只是抽象的描述形式，是将物体某一维数值规定为零，使三维空间描述的三个独立变量变为两个变量，成为二维空间描述的结果。我们并不因为以二维平面作为空间知性描述的基本形式而认为空间是二维的，二维空间的平面描述有“片面性”，并不是完整的空间描述。我们强调要全面地看问题，在面对物体空间的形态的时候，或者是用三维空间去描述，或者是以多个二维空间描述的集合去描述，才能避免片面性，从整体上真正反映出物体空间形状的本来面目。

一切实体的空间本性是三维的，但数学描述的知性空间却不限于三维。数学描述中独立变量数往往是可以大于三维的，即在数学模型中具有超越三维的多维空间存在。空间的三维性是自明的，大于三维的空间已经不再是客体的纯粹空间描述形式。多维空间不是单纯基于客体空间形式描述产生的，而是在由数学函数描述的因果关系转换为形描述时产生的，维数是函数描述的独立自变量数，当自变量不限于空间独立变量时产生了数学描述意义的多维空间，产生了空间维之外的额外维。额外维的物理意义并不是空间，只是我们习惯性地称之为多维空间而已。我们描述空间中运动变化过程时还有时间维这一独立变量，我们习惯上称为四维时空。我们就生存在这样一个四维时空之中，这是符合我们感性经验的知性时空表达形式。但是，当我们用多于三维的多维空间来描述世界中的事件的时候，多维空间具有物理意义吗？

首先要区别数学描述的多维空间和物理学意义的多维空间。

当我们不赋予纯粹数学描述意义上的多维空间以实体空间描述形式意义时，它只要符合数学的逻辑就是成立的。因为我们可以用一个数学函数关系的图像来描述该关系，当一个函数关系由N个独立变量构成的时候，它的函数关系的图像就在N维空间中。这种数学函数关系描述的多维空间不是物体形状、位置存在空间形式的点的描述，不限于物理学的空间形式意义，因此也不具有一个时间维和三个空间维的限制，所以，这种N维空间是成立的。但这里的空间只依赖于数学描述中的独立变量数，并不代表我们讨论的空间形式中的空间意义，并不意味着有大于三个独立变量描述的空间形式，它和我们真正讨论的空间本身异出而同名而已，不可混为一谈。

当我们对物理世界构建数学模型，描述物体空间分布或运动变化关系的时候，就涉及物理学意义上的空间独立变量关系描述问题。在许多情况下，描述客体关系的独立变量并不仅仅是空间维的变量，还和其他独立变量相关。因此，这种函数关系的数学描述是多维而不是三维的。但是，这种多维数学描述空间中真正描述客体空间形式的独立变量只有三个独立变量的话，它就仍然是三维物理空间中的数学描述，并没有真正的多维空间问题。所谓多维空间这时也仍然只限于数学描述意义中。

真正令人头痛的多维空间是指物理学大师们教导凡夫俗子的具有物理学意义的多维空间，即用多于三个独立变量来描述客体的空间点的位置关系的空间形式。在现代物理学的前沿领域，传统的三维空间对一些特定的物理学现象的描述受到限制，因此，物理学家和数学家们创造了三维空间之外的额外维来对之进行描述。比如对将夸克和夸克结合在一起，以及将质子和质子、质子和电子结合在一起的核力，科学家们称之为宇宙中弦作用力现象的研究时，应用了多维空间描述。多维空间描述的最重要领域是弦论。

弦论的产生和物理学追求建立量子引力论有关。在物理学的所有关于力的描述中，只有引力理论是非量子化描述的，建立量子引力理论对建立物理学力的统一理论具有决定性意义。在粒子物理学中，科学家们用粒子的相互作用来描述力相互作用物理过程的内在机制，每一种力都由虚粒子携带。“在电磁场涨落的情形下，这些粒子是虚光子，而在引力场涨落的情形下，它们是虚引力子。然而，在弱力场和强力场涨落的情形下，虚粒子对是实体粒子对，例如电子或者夸克以及它们的反粒子。”④ 但从粒子行为目前无法建立量子引力理论。上世纪末，科学家们转而尝试弦理论。在弦论中，基本粒子不是占据空间的点，而是具有长度而不具有其他维的一段无限细的东西，传统粒子发射和吸收的描述在弦论中则是弦的分解和合并。用弦论可以对粒子的种类及某些行为做出符合观测的预测和解释。但是，弦论往往是在十维或者二十六维时空中而不是四维时空中才是协调的。那么，在涉及基本粒子层次的行为的物理学描述中，这种多维时空的物理意义是什么呢？多维空间比经验的三维空间多出了额外维，这是我们这些凡夫俗子无法理解的。在我们无法想象用多于三个独立变量来描述我们自身以及我们可感知的具体实体存在的形及位时，我们自身是何种样子，物是何种形状，客体是如何运动变化的。其实即使是创造了多维空间描述的科学家们从数学抽象回到现实世界时也同样迷惑。正如霍金所说：“如果这些额外维确实存在，为什么我们全然没有觉察到它们呢？为什么我们只看到三个空间维和一个时间维呢？人们的看法是，其他的维不像我们习惯的维那样，它们被弯曲成非常小尺度的空间，大约为一英寸的一百万亿亿亿分之一。我们根本无从觉察到这么小的尺度，我们只能看到一个时间维和三个空间维，在这些维中时空是相当平坦的。”⑤

这种理解不仅未能真正揭示多维空间的物理意义，而且本身在逻辑上也是不完备的。这可以从如下几个方面来说明。

第一，描述弦论的多维空间形式只能在非常小的尺度，即微观基本粒子行为的尺度才是必需的，而在宏观领域不但没有必要，而且不符合物理世界的现实。因为物体的引力随距离衰减的规律，在三维空间中是与距离平方成正比，即与距离的N-1次方成正比的；四维、五维空间中则变为与距离的立方、四次方成正比，所以在多维空间中引力衰减得更快。如果把我们的宏观世界看作多于三维的空间的话，整个宇宙的实体客体相互作用的结构就不是现在这个样子，地球就不会以稳定的轨道绕太阳公转，电子也不会以稳定的轨道绕原子核运动，我们的世界就是另外一个样子。所以，多维空间只是在特定边界条件下描述客体的形式，三维空间才是更基本的空间描述形式。

第二，认为多维空间存在额外维，在逻辑上是不完备的。空间知性描述的任何形式本身必须是独立、自足的整体。四维时空描述形式的四个独立描述变量构成它的完整的描述结构，只有在这个完整的描述结构下描述才有意义。不能认为四维时空中有三个基本维、一个额外维，而只能把四个维的描述都看作是独立的自变量，都具有同等的描述结构意义时，这才是合理的。四维时空描述中，所有维都是基本的，没有额外维。三维空间描述中缺少了任何一维就不再是完备的体描述形式，不再具有可理解的物理空间意义。其实，这种描述关系在三维空间和二维空间关系中是同理的。我们用三维独立变量描述三维空间时，三个独立变量都是基本的，没有哪一维是额外维，用其中任何两个独立变量都无法构成三维空间完整而有意义的描述。而当我们用二维平面空间描述的时候，并不是选取了原来三维空间的基本维而抛弃了额外维，而是只考虑某一基本维恒等于零这一特定边界条件下的三维空间特定形式而已。我们决不能因为二维空间描述是基本的，就认为三维空间是二维空间描述的基本维加上一个额外维构成的。所以，任何空间描述的维数由其特定的描述形式决定，但作为构成空间描述形式基本结构元素的维，每一维都是独立的，都是不可或缺的，这种维的规定性对任何维数的空间而言都是必需的。空间描述的独立变量数即维数，在每一个完备的空间形式中，每一个独立变量之所以为独立变量，就在于每一个空间形式变量都是必要的，所有独立变量统一结构的空间形式才是完备的，也根本就没有额外维存在的理由。

第三，为什么我们没有觉察到额外维或多维空间？不是因为它太小，而是因为空间只是描述的形式，而不是实在，多维空间和三维空间一样都不是实在。我们关于三维空间的认识是从对感性客体的感知及认识中抽象出来的。所以，我们在存在者的内容和形式相统一的感知和认识中建立的只是三维空间形式。尽管我们的描述有二维、一维空间，但我们绝不能认为有一维、二维的实体客体存在。正是基于此，我们才有根据地把空间维描述归入知性空间范畴。同样的逻辑，我们可以建立多维空间描述形式，但决不能想象有四维甚至更高维的客体存在。任何实在客体的空间存在形状一定是三维的，可以有多维空间描述，但绝没有多维实在，空间只是描述形式，不是实在，离开实在去理解空间形式是不合逻辑的。人类不要把空间形式神秘化，所谓额外维只能理解为非空间独立变量描述，多维空间描述的独立变量不只是空间变量，而是由空间、时间独立变量和非空间独立变量共同构成的多独立变量描述。至于大于三维的空间变量描述，只具有相对认识描述意义，没本体存在论意义。按照本体论和认识论相统一原则，任何高于三维空间描述最终必须还原为和三维空间描述时和自明的三维空间协调，否则就只是幻术而不是科学了，因为只有三维空间才是可经验的，回归经验才有科学之意义。

至此，我们可以对客体空间性描述的三维结构有坚定的信念，不必在所谓多维空间形式面前乱了阵脚。多维空间是由复杂函数关系转换为图像描述时产生的，不是由空间形式去描述客体运动所必需的，在这种多维结构中没有三个以上的空间维。多维空间只有数学描述形式意义，没有物理空间形式意义，任何多维空间描述都必须和三维空间协调才是有意义的物理学描述。比如物理学的弦论，尽管是八维或更高维的函数关系描述，但所有多维描述均是和三维描述协调，否则就没有物理意义。这个世界上没有几个人理解弦论及其物理意义，但每个人都可以理解客体存在的空间形式三维性是必要而充分的。尽管不了解弦论具体知识陈述，但从它把基本粒子描述为一维的线，而不是二维平面或三维立体空间中的点的意义看，弦论多维空间中真正空间形式独立变量也许没达到三个。最为关键的是，无论数学描述的空间形式是多少维，它还原回物理世界时一定要和三维空间描述统一才是可接受的，才是可实证的，才成为经验知识。

所以，从和存在者相统一的角度看，无论空间用多少维描述，空间都是三维的，大于三维空间不是纯粹物理空间描述形式意义，往往是复杂变量关系的图像描述意义，只有数学多维空间，没有物理意义多维空间。但是，人类对空间三维本质的认识是不够的，人类现有文化充斥着空间乱象。有人从对多维空间的一知半解出发，宣扬多维异空间、超空间、二维镜面空间等各种怪异宇宙，并用科幻作品的形式灌输给下一代，堪称洪水猛兽，罪莫大焉！把空间形式肢解为碎片，就不可能达成世界的统一性理解。空间形式认识统一性是经验世界统一性认识的形而上学基础。

第三节　空间描述形式的统一性

人类关于空间本性的各种不同观点和理论，以及阐述这些观点和理论的各种描述形式，实质上反映了人类对空间从感性经验到科学认识的发展，也反映了科学的认识自身从简单到复杂、从抽象到具体的深化过程。因此，关于空间描述的任何形式，都必须放在空间统一性的意义下，在统一性的关系中去理解。如果把任何一种描述形式绝对化，或把任何一种形式割离“物自体”赋予它实在性，都会陷入片面性。空间描述的任何知性形式都是在它的边界条件和抽象假定下才有效的，知性空间知识和所有知性知识一样，都是普遍有效且同时是在一定限定条件下普遍有效的。在不同限定条件下各种空间知性描述形式的相容性相互关系，就构成了无限定条件下的空间形式的认识。这种认识就不再是某一种特定的知性空间描述形式本身，而是所有各种空间描述形式的统一性问题，也即无限空间形式问题了，这就是空间理性思考的本质和意义。

一、空间形式认识发展历史和逻辑的统一

人类关于空间本性以及空间描述形式的认识是一个不断深化的过程。这个不断深化的历史过程是和逻辑相一致、由简单到复杂的描述形式的演变，从而使我们描述世界的空间形式向更普遍的描述水准前进。这个历史和逻辑相一致的演变过程中，各种不同空间描述形式的联系和统一，就是对空间概念的理性认识。

空间统一性的理性思辨是长期被人类忽略的问题，在空间本性及描述形式多样化的统一性问题上，大多数人基于空间的直观性理解而采取非此即彼的态度。妇孺皆知的“地心说”和“日心说”之争就是一个真实的写照。

在人类的感性直观中，空间是绝对的空间。绝对在这里具有本性和形式

两方面的含义，而本性的绝对性是指把空间作为独立于有形之物的实在。支持空间实在性信念的最可靠经验证据是空间独立于物体的自在本性，即并不能离开空间去考察任何物体，但能离开物体去觉察和思维纯粹的空间。空间形式的绝对性是指空间这一形式是静止不变的，以静止空间参考点为根据才能用空间独立变量建立客体运动变化的简约、普遍关系描述。从这种绝对空间感性经验中归纳和抽象出来最简单、最基本的知性空间描述形式是绝对空间形式。在古希腊时代，人类建立的描述空间关系的纯粹形式即欧几里得几何学中的空间是不需要参考点或参照位置的；在亚里士多德归纳的知识体系中，是不证自明地以地球作为静止不变的空间中心去描述一切关于世界的认识的，这就叫“地心说”。将地心作为静止参考点来描述地球上事物关系是适用的，但对天体的规律描述则有不经济问题。亚里士多德以地球为静止点来描述太阳、月亮、行星以及恒星围绕地球这一中心点做圆周运动，托勒密则将这种观念变成一个地心系的宇宙模型：八个旋转的圆球围绕着地球，圆球依次一个比一个大。地球静止地处于这模型的中心，最外层球面上恒星以相互不变的固定位置分布围绕地球旋转，穿越天空；内部的球面则携带着太阳、月亮及行星，但它们并不处于球面上固定位置，而是在球面上做圆周运动。对地球而言，行星运动轨迹就是由球面围绕地球的旋转和行星在球面上的圆周运动合成的。因此，太阳、月亮及行星的运动轨道比最外层球面上恒星的运动轨道要复杂得多。

十六世纪尼古拉·哥白尼提出以太阳为中心的“日心说”太阳系运动描述模型，挑战亚里士多德和托勒密的地球静止不动的观念及“地心说”的宇宙模型，这就是今天我们广为接受的太阳系模型。它以太阳为公转中心，地球和行星围绕着太阳做圆周运动。日心模型比地心模型要简单得多，相当成功。但是，行星圆形运行轨道的假定使它和观测并不完全吻合。我们今天的太阳系模型是经开普勒改进了的哥白尼模型，行星围绕太阳是做椭圆而非圆周运动，它使模型和观测一致。“日心说”模型从创立、被证实到广为接受历经一百多年，这是人类空间观的一次重大革命，这一革命经历了数代人前仆后继的努力。特别是中世纪神权统治僵化地坚持与基督教义相一致的“地心说”，宗教裁判所把宣传“日心说”的布鲁诺处以火刑，使这一革命性的空间理论发展带上了人类破除蒙昧迷信、追求真理的英雄色彩。但当今的大多数人并不理解甚至不知道，如果没有伽利略和开普勒脚踏实地的科学追求及其巨大成功，“日心说”这一革命性的空间学说是无法取代“地心说”的。科学从模型假说开始，但成为科学真理则需要成为和经验观测一致的普遍理论模型。

今天，我们用“日心说”理论模型来描述太阳系，但对“日心说”在空间认识意义的理解却是不够透彻的，我们更钟情其社会历史意义，而非其科学性。宗教裁判所把“日心说”作为异端邪说而坚持符合上帝创造世界的“地心说”，这当然是错的，但大多数人把这一价值判断转换为一个科学事实判断：“日心说”是对的，“地心说”是错的。这是人类关于空间本性认识的最大误区，是造成空间学说混乱的一个最经典案例。

在科学描述的意义下，“日心说”和“地心说”都是一种最基本的绝对空间坐标系下的描述，它们的本性是一样的。就是说，它们都在各自的边界条件和假设前提下有效，而不是“日心说”对，而“地心说”错。在描述太阳系运动的时候，以太阳系为静止不动的描述参考点是最简洁、最科学、最易于描述和观测检验的；而描述地球上的物体运动的时候，以地心作为静止不变的参考点则是最简便、最符合科学描述要求的，我们绝不会以太阳作为静止参考点来描述火车从广州到北京的运动。日心静止参照系和地心静止参考系并不存在哪一个更优越的问题，它取决于所描述的事件内容本身由哪一个静止参考系来描述更简洁、方便。因此，从“地心说”向“日心说”空间描述理论的转变这一关于太阳系运动模型的革命性意义，在科学上必须从两方面理解：第一，描述客体运动的空间描述形式不是绝对的，而是相对的，这就是伽利略坐标变换原理所揭示的空间相对性的本质；我们可以在相对做匀速运动参考点下建立不同空间描述形式，选取哪一个参考点都不会影响客体运动规律本身，相对空间参考系描述的物理世界运动规律具有形式不变性。“日心说”创立的真正科学意义是指出绝对空间形式实际上并不具有普遍的绝对性，只有有限的绝对性，即在确定了参考点这一限定条件下，才是绝对的，绝对空间的“绝对”是指具备了确定性参考点之意义。空间的普遍形式则是相对的，我们可以用不同参考点，即不同的有限绝对空间形式去描述一个物理运动，在不同惯性参考系中物理规律相对不变。所以“日心说”取代“地心说”是用太阳为参考点的绝对空间取代以地球为静止参考点的绝对空间，两者都是绝对空间，但“日心说”参考系描述太阳系模型更简洁，更符合科学描述的要求。这一空间观的革命性意义在于指出绝对空间的有限性和普遍空间形式的相对性，我们可以用相对不同的有限绝对空间去描述物理世界同一事件，并且保持规律的相对不变性。第二，绝对空间和相对空间并不是空间描述的两种非此即彼的对立形式。它们能够对立的只是观念，形式上则是无法对立的，而且必定是统一的，因为并没有可以脱离了有限绝对空间的相对空间那种空间描述形式存在。按照相对空间观建立的“日心说”太阳系模型在科学描述上也是在太阳为静止参考点这一有限绝对空间形式下描述的，它在本质上和地心参考系并无二致。传统的“地心说”的缺陷不在于地球静止这一假定，而在于认为地球绝对静止是没有任何限定条件的。在相对空间观下，地球的绝对静止空间形式在地心为参考点这一限定条件下才是成立的。所以，空间相对性是关于绝对空间描述形式的静止参考点的选择问题，而不是否定了传统基本绝对空间描述形式问题。事实上，在相对空间观下，地球的绝对静止空间形式是在以地心为参考点这一限定条件下才成立的。因此，空间相对性提出了关于绝对空间描述的静止参考点问题，把绝对空间描述形式发展到更普遍水平，而不是否定了绝对空间。在相对空间观支配下，任何真正的空间描述一定是用有限绝对空间描述才可以实现的。所以，绝对空间是最基本的，没有它构不成任何空间描述形式。但仅在某一描述参照系下无法简约地描述复杂的物理事件时，可以使用相对不同的绝对空间去描述，从而使科学描述更简约经济。伽利略变换原理把惯性系意义上的绝对空间统一起来，使惯性系中的科学关系描述具有相对形式不变性，使空间描述形式具有更普遍的统一性意义。这种普遍性是基于最基本的有限绝对空间描述的，即相对空间是绝对空间的统一，空间形式是统一的。一切客体描述必须在有限绝对空间形式之下才有可能，比如以地心为静止参考点转换到以太阳为静止参考点时，日心说同样以太阳为参考点建立其绝对空间。地心和日心都是有效的绝对空间形式的描述参考点，两者都有意义才有空间相对性命题产生，有问题的是只承认一个绝对空间的绝对空间观。

这就是空间描述统一性的含义，也即空间形式的理性统一性理解。空间形式不是一成不变的描述形式，而是不断演化、发展的，在从简单到复杂、个别到一般到更普遍的发展中保持着统一关系。在对空间统一性关系的理性把握中，我们才能真正理解以最基本的有限绝对空间描述形式为基础，如何去建立更加普遍、一般的空间描述形式，从特定条件下拓展到更加复杂条件下的世界运动的认识，不断增强从整体上把握世界的能力。

我们把追求关于世界的理性认识定义为世界统一性的智慧的时候，是基于坚定的一元论宇宙观的，多元论宇宙观在逻辑上没有世界统一性命题。一元论宇宙观是构建于关于世界本原的思考上的，世界的统一性是从本原出发建立的。但是，在统一世界理论体系的道论这一准备性阶段，我们实际上还没有具备思考世界本原的充分工具，还在“工欲善其事，必先利其器”的抽象逻辑方法工具考察阶段，还没有进入具体的客体世界思考。我们并不是把空间作为牛顿式的实在，而是作为康德式的认识的先验形式，因而空间就是统一性理论中的认识工具，是实在的存在形式。认识实在不能离开空间，关于世界客体统一性的思考必须基于空间统一性智慧。一个支离破碎甚至自相矛盾的空间理论是无法支撑一个统一圆满的世界理论的。

在人类认识史上，真正赋予空间本性认识以形式基础地位的是批判哲学。在此之前，哲人、智者当然也思辨空间，比如芝诺关于运动的诡辩本身是形而上学智慧的，但这些关于空间的认识从来都不是从认识最普遍形式这一高度去提出和思考的，而只是思考客体世界时，从客体本身出发而对相关的空间本身做一些关联性的认识而已。康德以前的哲学家往往认为哲学是本体论，即关于世界客体的理论，是从本原性客体为逻辑出发点的理论，逻辑起点是存在亦即世界的本原客体。故康德把批判哲学称之为哥白尼式的革命，即将认识对象从客体转换到主体，从主体认识能力的批判开始，建立认识论的哲学体系，并使空间本性的思考第一次成为比传统哲学基本问题更基本的逻辑问题。

康德思考的主体认识能力不是心理学意义上的，不同于格式塔心理学的刺激、反应理论和皮亚杰的认识发生理论，不是关于认识的生理机制发生作用的心理过程的科学知识，而是作为认识主体的人类关于世界认识的最基本、最一般、最普遍的形式。正是这种形式赋予了人类关于世界认识的普遍性，使认识成为知识是可能的。批判哲学不只是关于认识的知识，而且是关于人类认识统一性的智慧，而核心又是人类关于自然界客体现象的普遍必然性规律即科学真理认识的形式，其中主要是空间和时间先验形式问题。所以，《纯粹理性批判》是康德关于科学真理认识普遍性形式的智慧。这个智慧由空间、时间及判断、推理的范畴这两个层次的普遍性构成，其中空间、时间是在人类感性认识阶段的普遍性认识形式，所以，空间是批判哲学认识论体系的前提性基础概念。康德认为，空间是感性直观的认识形式，它作为纯形式与经验无关，所以是先于经验的，简称先验的。先验和先天是相通的概念，先验指的是纯粹的形式，纯粹形式独立于形式所反映的经验内容，所以是先天的。先验本质上区别于经验的充足理由在于它的证明是由自明的前提演绎的，是无法由经验实证的。

我们曾野蛮地践踏康德的先验论哲学，并斥之为唯心主义先验论，而对其中的深刻智慧却视为不见，对先天、先验概念生吞活剥，令人啼笑皆非。从认识形式的意义来看，把认识形式和经验内容剥离是高超的思维抽象，把纯形式称为先天、先验的是符合逻辑的，认识形式在逻辑上对一切认识活动的在先性和前提性是不证自明的。康德非常深刻地指出，我们不能离开空间去想象任何物体，但我们能离开任何物体去想象空间。所以，在认识的形式上，我们可以把空间从内容和形式相统一的认识中独立抽象出来，对其形式做独立思考，但只要涉及客体的存在，则一定已经包含空间形式。所以，在认识意义上，空间作为认识形式具有先天性，即逻辑优先性，离开空间去讨论某物是不可思议的。

既然关于世界客体的认识在逻辑上依赖于空间形式这一点是无可置疑的话，那么，可以进一步推论，关于客体世界认识统一性的建立有一个非充分却必要条件，即我们认识世界的空间形式必须是统一的，关于世界认识统一性的必要前提条件是我们关于世界认识的空间形式的统一性。

一元论的宇宙是统一的世界，但关于一元宇宙的认识却很难称得上是统一的，这和人类认识及知识积累程度有关，同时也依赖于人类认识所依据的空间的统一性。就限于自然科学认识而论，我们的一切科学知识都是将自在存在有限抽象为自为存在后才能建立起来的，关于具体存在客体的各种抽象知识必须具有普遍形式的统一性才能称之为普遍知识。关于任一具体客体的科学认识不是一个真理或知识可以穷尽的，因为我们至今还没有、在逻辑上也不可能有揭示具体对象客体本来规律的全部真理知识，只有将具体对象抽象为有限认识对象后才能得出有限真理认识，对该具体客体的把握就必须从它的各种真理认识集合的统一性去理解。所有这些真理认识所依赖的空间形式并不一定是同一的，它们可以由具有不同空间形式描述的各种知识构成，但这些知识的空间描述形式必须统一协调相容。试想，在相互冲突的空间描述形式下去得出的关于某存在客体的知识集合，这些知识有可能是具有统一性理解的东西吗？任何真理知识都是内容和形式相统一的，一个知识体系形式如果是冲突的，那么形式和内容相统一的知识本身又何以是统一的呢？因此，空间形式的统一性是世界统一性的必要条件，亦可解读作先天条件、前提条件。这一条件是形式的，和经验无关，即使是无所不能的上帝也无法在相互矛盾的空间形式下去描述关于世界认识的统一性理论。

真正把空间统一性摆到一切认识的先天性地位的是相对论。在相对论之前，空间一直只作为认识描述的纯形式和经验内容相对独立。空间统一性问题一般只会在将各种抽象认识综合为具体的认识即构建科学真理知识体系的时候才被提出来，每一抽象的科学命题本身所依的空间形式是单一的，并无统一性之意义。但是，广义相对论把特定的最普遍的内容即引力的作用和传统的纯空间形式综合统一为内容和形式相统一的弯曲空间时，如果对弯曲空间不做出正确、合理的解释，如果不把弯曲空间、多维空间和最基本的平直空间、三维空间形式的统一性建立起来，那么弯曲空间、多维空间中的特定的抽象描述本身就是不可理解的。我们真难以想象在四维甚至更多维空间中我们尊荣如何！不知道从三维时空穿越到十维时空是疯子妄想还是我们天资有限无法理解。所以，如果没有空间统一性理解，就没有真正的弯曲空间、多维空间描述形式，空间统一性是一切认识达致理性统一的逻辑先天条件。

康德批判哲学从先天性揭示空间是客体存在纯形式这一奥秘，却将空间这一先天形式停留在感性直观之中，只有感性直观形式，没有知性的普遍有效描述形式，而认识的普遍性形式则是由纯范畴的判断关系构成，是依靠范畴判断去实现知性认识的综合和归纳的普遍有效性的。把空间纯形式停留在感性直观阶段，在逻辑上肯定是不完备的，形式之所以为形式，如果只是个性对个性的认识形式，在逻辑上就失去了形式的真正内涵，个体的、没有任何普遍性的形式是无法逻辑地称之为形式的。空间作为客体存在描述的纯形式，并且是客体认识的先天性前提逻辑条件的充足理由在于，在感性纯直观意义上，它对感官结构相同的一切具体个人具有齐一性，即我们相信所有人的空间直观是一样的，既在感性具体认识之中又具有普遍统一性。空间直观既然是自明的，就不是最普遍的形式，而是演绎更普遍空间形式的前提，故空间作为认识形式就不会只停留在对感性感知形式之中。从个体的特殊认识形式上升到普遍性的知性认识形式，把各层次的知性形式统一起来，这才是空间认识的纯粹理性命题。批判哲学对空间、时间没有上升到理性的具体，只是纯粹的抽象，最终产生了知性抽象无法通达理性具体问题。批判哲学最具争议的命题是“物自体”不可知，但把批判哲学简单地划为不可知论哲学是失之偏颇的，它的不可知是在知性认识这一特定限定条件下判断的，而在理性认识中“物自体”则是可知的。知性不可通达“物自体”具有逻辑上的合理性。按照康德把知性规定为关于自然普遍抽象因果关系的逻辑，那关于“物自体”的认识的确面临着两难选择：要么放弃认识对象的有限抽象规定性，同时放弃认识对象因果关系的必然性即确定性；要么坚持认识对象因果关系的必然性而坚持认识对象的有限抽象规定性。一切科学认识都基于客体现象的有限抽象，只是现实现象的抽象有限真理。关于客体的全体现象无必然性和确定性因果关系可言，即根本无法在知性中通达全体的真理，因为并没有任何形式来表述全体现象的必然性因果关系。因此，如果坚持科学真理是关于事物的必然性因果关系规律的认识的话，那就必须同时承认这些真理是普遍抽象而有限的。有限性和必然性是知性认识过程中同一件事的两个方面的描述，有限性是在建立确定性认识对象方面，必然性则是在建立认识对象的确定性因果关系方面。任何关于客体的有限抽象都是一种抽象性描述，它从客体抽象出来，却和客体不同一，“物自体”与由物自体抽象出来的有限认识对象是不同一的。由于知性认识的抽象性，知识不是“物自体”自身的普遍因果关系描述，所以，抽象知性无法通达具体的“物自体”。

康德把理性认识能力规定为人的最高认识能力，即人有一种天生的倾向，要把各种有限、分散的知性知识综合统一，概括为最高最完整的系统知识。问题在于，康德把人类理性划分为理论理性和实践理性，把“物自体”划分为世界、灵魂、上帝三个层次，断言纯粹理性不可能通达“物自体”，同时又认为实践理性可以通过信仰来通达灵魂和上帝。这时批判哲学又成为可知的，但它是意志可知，不是认识可知。所以批判哲学应该归结为世界是可知但不可认识的。其实，批判哲学把人类理性能力规定为各种知性知识的综合统一能力的时候，已经向解决客体世界的可认识性迈出了关键的一步，遗憾的是康德未能实现从知性对客体抽象的有限认识向理性对自然客体的具体认识的跳跃，这一问题的最终逻辑答案也推迟了三百余年。

在批判哲学的逻辑基础上，我们可以继续推进。第一，理性将知识认识综合统一去把握经验背后的“物自体”，不能仅理解为是把思维中的东西当成客观实在的所谓“先验幻相”。诚然，理性将之归纳统一的知性知识是观念形态的，但知性的知识又是从感性认识的归纳统一中来的，感性认识的对象不是观念中的印象，而是关于实在的经验，是在实在中建立观念的过程。如果不再割裂感性、知性、理性认识，而作为统一的认识过程，理性认识的对象归根结底并不是纯粹观念，而是客体，即使在直接的意义上，也是指从客体而来的观念。理性不停留于抽象的观，必定回归具体之体，经知性普遍性之观进展到具体之体就达到主客体统一性的理性具体。知性不认识物自体在于普遍知识认识只是人类理性的必要而非充足的中介环节，科学不是理性，从科学进展到技术才达到理性的具体，人类文化生存面对物自体时是技术性的，是从知性回归具体的物自体的。批判哲学的局限性就是把统一性割裂的支离破碎，理性只找到观念而感知不到客体实在。没有客体实在何来客体的现象？客体之现象以客体作为前提即限定，没有了这限定，表述就失去具体意义而无意义了。所以，从统一性的意义去理解理性和知性，则不能否定“物自体”之存在。知性从具体个体物自体中抽象出来，当它从抽象返回理性的具体时就通达了物自体，具体理性认识的就是物自体。知性不能通达物自体故人类认识并不止于知性，科学并不是理性，理性不止于普遍抽象，而是回归具体即物之体才完成，知识的归宿是智慧。物自体在感性看来是现象，在知性抽象看来是不可通达之彼岸存在，通达彼岸就是要进展到感性、知性、理性相统一的具体理性境界。感性现象和知性抽象的统一是理性的现实性，基于普遍必然性把现象理解为现实就是智慧。从现象经普遍抽象必然性为中介进展到理性具体的现实性就通达了物自体，觉悟到现象的现实性就进展到理性的具体水准了。从普遍抽象知性如何回归理性具体从而通达物自体？当普遍抽象关系中的变量选定边界和初始条件时，就回归特定、具体的事和物，就回到理性的具体，就通达了物自体。这并不深奥或晦涩难懂。

第二，“物自体”可否认识是什么含义。如果认识客体是认识客体的全体、具体的真理，那客体确实不可认识，因为没有具体真理这种认识存在，全体真理概念本身是一个悖论。没有抽象就没有因果关系，进入抽象限定就失去了全体，没有抽象的具体、全体又何以产生全体真理知识呢？而且，关于客体的全体真理包含穷尽客体一切认识的含义。但对具体存在的认识没有抽象限定性，是无法穷尽的，对客体的认识本身是无限的，只要认识主体没有完结，认识过程就会永远进行下去，那又怎么能在某一点上能得到全体真理而终结认识呢？但是，如果我们把对客体的认识的意义合逻辑地规定为我们已经认识到了客体的真理而不是终结了客体真理的时候，我们就可以理直气壮地说客体是可以认识的，我们已经得到了越来越多的这种真理知识，对客体从未知到已知，从知之不多到知之甚多，并且还在继续向无限认识过程前进。每一个抽象普遍知识对认识对象而言是已知或可知的，这些抽象知识回复到具体世界的理性理解时，都是认识到物自体。把认识世界理解为全体真理构成的认识实际上是把世界的可知性等同于真理认识的终结，那是荒唐的。所以，“物自体”的可认识不能从终结认识的所谓“全体真理”去规定，只要我们可以从感性认识中建立起抽象认识对象时，我们就能认识该客体。当得到认识对象的真理认识，把这些认识应用于现实生存选择时，我们为何不能宣称已经认识到了客体呢？我们事实上就是这么干、这么说的。

第三，诚然，任何关于客体的特定真理知识都只是关于客体的某一特定限定现象的描述，但它是源于客体本身的。而且更为重要的是，虽然知性无法归纳出全体、具体真理，但理性却能把各种知性知识综合统一起来，在不断的综合发展过程中得到对客体越来越具体的认识。具体性和统一性是同一层次的概念，它们都不是东西，是无限的且可以无限发展的现象。理性统一性的意义就在于把握客体的具体性，这种把握不是靠必然性的真理知识，而是靠智慧。即理性不像真理那样有真伪值，而是具有智慧的深刻和浅薄、片面或全面。当我们有更多的知识并能统一起来去把握具体的客体的时候，我们就能更深刻、更全面地理解客体，就更富于智慧。所以，理性智慧是抽象的具体，它首先包含知性知识，知性知识又包含客体的感性认识，知性知识的现实意义指向物自体。在从客体出发而不断深化的认识统一过程中，我们的理性认识是和具体客体相关联的，是从具体到抽象再从抽象到具体的不断上升过程，是从对具体个体认识上升为对普遍的世界认识再返回理性具体的统一过程。把知性真理综合为理性具体的动力不仅是人的天性，而在于认识的起点即感性认识的对象我们称之为实在客体或“物自体”本身是具体的，对之的认识追求也是具体的，我们以知性抽象为中介的有限真理认识最终要上升为统一性的理性认识，得到具体的认识，才能通达我们的认识对象。所以，理性能力使我们通达了“物自体”，世界是可以认识的，理论理性可以在知性统一意义下去把握具体的世界。

至此，我们可以回到我们空间统一性的命题。因为“物自体”只有在理性即知性统一性的意义下才能把握，对具体的客体世界的认识在具体的理性认识形式下才能通达。纯粹理性在形式统一性基础上的知识首先要统一起来，为知识可以通达“物自体”提供形而上学基础。空间作为认识的先天形式，从感性认识开始就贯穿于一切认识过程中，没有哪一个环节可以离开空间性去思考客体实在性。那么，在理性这种感性、知性、理性统一性关系而非必然性真理的具体认识中，它的空间形式同样就必须是抽象的具体，具体的空间描述形式就是各种抽象空间形式的统一性。如果没有具体统一的空间形式，则追求知性统一性的理性认识就是缘木求鱼，我们对世界的认识就只停留在支离破碎的抽象现象的混合之中。因此，建立空间形式的统一性，在具体空间形式中认识具体的世界，我们才有可能得到对世界的统一性理解。

二、三维各向同性空间是空间统一性的基石

我们从感性直观开始，创立了多维空间以及弯曲空间等各种空间描述形式。空间描述形式的多样性具有统一性，因为以空间形式认知的宇宙只有一个宇宙，描述宇宙的空间形式只有一个整体空间，空间整体只有部分并无结构。具有具体结构的是空间形式中的内容即它所描述的客体本身，所谓空间结构或者是指描述形式意义上的，或者是客体将空间分割为整体和部分结构。简言之，我们只有唯一的一个空间整体，为了描述这唯一整体中各种复杂形式的客体的相互作用关系及永恒的运动变化，我们创造了不同的空间描述形式以适应不同的描述内容。要得到客体世界具有普遍意义的描述，各种空间描述形式必须是统一的，即它们之间不是支离破碎、各自独立的，是具有内在联系的，复杂的空间描述形式由低一层次的简单描述形式按一定逻辑关系构建而来，简单的空间形式一定包含在复杂空间形式之中，并且在最根本意义上一定和空间的感性直观相容，否则空间描述形式就只有多样而没有统一性了，就不是先天演绎而是后天归纳的了。

在空间描述形式由简单向复杂的演变中，最简单的空间描述形式是三维各向同性连续空间，一切更为复杂的空间描述都必须按既定的规则转化或还原为此，它就是自明的感性直观。所以，它是空间统一性的基础，是演绎出理性统一性空间形式的逻辑起点。

第一，最基本的空间描述维度是三维空间。三维空间由三个空间维向量构成，在函数中用三个独立变量去描述。在描述结构的意义上，一维空间不

是最基本的吗？不正是由一维空间构建了二维、三维乃至多维空间的吗？为什么断言三维空间而非一维空间是最基本空间呢？这个问题并不难以理清。所谓一维空间、二维空间是从数学描述形式的结构来定义的，但我们讨论的不是纯数学空间，而是物理世界中有意义的空间及对空间感性直观相容的各种空间形式。任何在物理世界中的客体的空间形式一定是立体的，即具有三个维来表达才有可理解的物理意义。在低于三维空间中只有面、线或点而没有体，即没客体可以在低于三维空间中存在。因此，具有物理意义的空间不能低于三维。当用两维或一维空间形式来描述物理世界的时候，它们实际上是描述特定的三维空间，即两个变化的空间维和一个可以忽略并被视为常量的维构成的三维空间在数学上是两维空间，一个变化的空间维和两个可以忽略并视为常量的维构成的三维空间是数学上的一维空间。所以，三维空间而非一维空间是物理空间的最基本描述结构，低于三维的物理空间不存在。

而多维空间在数学上是用多个自变量描述的。但它只能是三维空间变量和其他非空间变量的组合，即依然是在三维物理空间之中的，或者是多个三维空间的组合从而表现出多于三维的形式。每一特定的空间规定性仍然只能是三维空间变量描述的，多个三维空间组合的描述必须能按不同空间之间关系的规定性变换为一个三维空间中的描述，这种多维空间才是完备的，才具有可理解的物理意义。更准确地说，多于三维的物理空间描述形式中，只有三个维是独立的，本质上是三维的。

第二，作为最基本空间形式的三维空间同时是各向同性的平直空间。为什么最基本的是各向同性的平直空间，而不是弯曲空间这类非各向同性空间呢？因为从逻辑上来说，纯形式的空间比形式和特定内容相统一的空间描述更为基本。考虑到客体本身特性作用时的空间形式在描述结构上既比纯形式复杂，又必须以纯形式为基本元素来构成形式和内容相统一关系。在纯形式的空间描述中，各向同性的平直空间的描述形式是最经济且最直观的。以各向同性平直空间为空间统一性的基本形式，不在于它所描述的客体本身，而在于形式本身，即尽管三维空间描述既可以是各向同性的，也可以是各向异性的，但仅从描述的经济性考虑，我们应该选择各向同性平直空间作为空间形式的基础状态描述。从逻辑形式来说，它是最简洁的，它是构成各向异性空间描述形式的原始逻辑和符号结构，因此，以各向同性平直空间作为最基本的空间形式是合乎逻辑的。

第三，三维各向同性空间是连续的，连续性是空间形式的本性，不连续则失去了空间的本质，它对一切空间形式而言是必要条件。连续性是空间的本性，因此它对理解空间统一性具有不可或缺的意义。从三维各向同性空间的连续性我们可以推论出空间的整体性，即它只能分割为整体和部分，我们只有一个整体的空间。当把整体分割为部分的时候，这种部分和整体是同质的，即空间整体是只能分割而不能在逻辑上分解的。实体的空间结构分割伴随着构成结构的分解，部分和整体是可以不同质的，分解的部分可以视为新的整体，因为它具有自身质的规定性，但分割出来的空间部分则永远是部分，不能称之为整体。由此得出结论，我们只有一个三维各向同性连续空间。那么，如何理解其他形式的空间描述呢？因为一切空间都是连续的，是否在三维空间之外还有一个多维空间呢？这问题本身就是不合逻辑的。空间只是形式，我们只能说，三维各向同性空间形式之外，还有更为复杂的其他空间描述形式，空间不是实在，不能说一个空间，有一个空间就有两个空间了。空间就是整体的，并可分割为同质的部分。所以，各种空间描述形式都是连续的，都是空间整体描述。反过来说，任何一种不同形式的空间描述的对象都是同一的整体，因此，它们必须是统一的，才能成为对统一世界合逻辑的描述形式。从逻辑的意义来说，各种复杂的空间描述形式必须能够和最基本的三维各向同性连续的描述形式形成符合逻辑的函数关系，并且最终以包含后者的逻辑结构符号作为描述的形式，才是符合空间统一性原则的，由那些复杂的空间描述形式去刻画的客体世界的行为才具有世界统一性意义。

三维各向同性空间是空间的最基本描述形式，它既是其他更为复杂空间描述形式的基本描述符号和结构，同时又是从感知经验的客体之体中直观而来的。无论是描述物之形的上下左右前后六方，还是描述物体位置的东西南北上下六合，在经验中都由六个方向来感觉并判断，三维空间坐标系则构成了对这六个方向充分且必要的规定性，因为每一维的一个确定的点就在两个相反方向上给出了规定性，三维则给出了六个方向上任一个点的规定性。所以，三维空间的科学描述体系和感性经验对物体之体的空间性经验是统一的，是从客体空间性存在的直观感知形式中演绎出来的普遍形式。

二维空间在数学上是比三维空间更基本的形式，最早关于空间的知性知识是平面几何。二维空间是三维空间的特定形式，即二维空间是高度维为零的三维空间。二维空间作为知性空间描述基本形式的理由之一是我们建立空间描述的工具只是二维的水平，因为我们的图和画只能进行两维直观描述。在数学形式意义上，从两维到三维的转换关系并不复杂，所以，在二维直观形式下去归纳空间关系更直观和经济，也符合人类认识从简单到复杂的发展逻辑。还有一个重要原因，即我们感性直观中对物之形的直观，在视觉意义上是两维的，我们只能看到面看不到里，眼睛顾及了前而顾及不了后，顾及了左就顾及不了右，顾及了上就顾及不了下，所以二维平面这种特定三维空间描述形式和人类视觉感知是一致的。

知性空间维本身并不构成完整的空间描述形式，而是空间描述结构的元素。我们已经知道，最简单、最基本的空间描述形式是三维空间描述结构，对平直空间而言，三维描述是充分而且必要的。关于多维空间，我们只能坚持认为超出三维的额外维或者是非空间形式的构成元素，具有非空间意义，又或者是和三维空间相协调的另一种相对性认识形式，并且总能还原为三维空间去获得物理意义。所以，对于任何描述特定客体的空间点来说，三维空间形式是充分的，在多维空间中也是如此。多维空间的“额外空间维”只是独立变量的意义，与感性直观客体的空间形式并不相同。低于三维空间描述，只要二维具有物理意义，一维空间同样有物理学上的空间意义。二维空间不是在形式和描述上比三维空间更基本吗？为什么说三维空间是最基本的，并且以此为基础从简单到复杂演化呢？这是否自相矛盾呢？不。如果一个二维空间是具有完整物理意义的空间描述，那我们可以断言这是一个伪二维空间，即它是只需二维描述结构就可以完整描述的特定的三维空间。它的特定性就是我们可以不考虑某一维度的运动变化，而把它定义为零，从而从三维空间描述结构退化为二维描述，但它所描述的如果是空间的话，则我们必须明白其中还有一个为零的特定维。还有一种不考虑第三维的二维描述，比如描述物体沿地球表面的运动，有时只考虑二维描述，但这是平面描述，不是空间描述。由此可见，空间描述一定是三维的。一维空间则是在两个维的空间性保持不变或不予考虑时的特定空间。

还有一种最常用的描述方法，即并没有特定维的三维空间的二维描述，即平面图。但只有两个维的平面图对三维空间描述一定是不充分的，所以，只有用一套完整的平面图组合的统一描述，才能构成完整的三维空间描述。这就是我们机械制图学的基本法则，用多视图来描述三维体，才是完整的。所以，二维空间不存在，它的描述只是完整空间描述的组成结构，它自身还不是独立完整的空间描述形式。这更加深刻地说明，空间知性描述中，三维描述是必要而充分的。

综上所述，空间作为客体世界描述形式，在科学认识中所包含的形式是统一的，而这统一的描述形式归根结底又和我们感性直观相一致。至此，空间诸形式的统一性从感性空间、知性空间上升到理性空间形式的理解，对空间本身的思考至此也可以打住了。但是，空间从纯形式发展为弯曲空间，这一和引力内容相统一的形式对人类认识是一个巨大的挑战。作为认识世界的形式为什么不能是纯形式的？我们传统的纯形式空间的局限性不能仅从空间形式来解释，必须从它所描述的世界来理解。所以，我们须对弯曲空间的意义做进一步的探讨，即从内容和形式相统一的意义去深刻体悟空间的统一性。

三、弯曲空间是最普遍意义的空间形式

人类知识总是内容和形式相统一的，空间形式的意义最终必须回归到人类客体知识去得到统一性理解。反之，人类的普遍性认识即使还没有进展到自觉的空间形式形而上学思考阶段，也不自觉地包含空间形式，理性统一性也必然包括空间统一性智慧。《道德经》玄学理论体系是人类历史上第一个相对系统的世界统一性理论，尽管它是朴素的，还没有像近代西方哲学那样专门思考客体世界存在的空间形式问题，但它作为关于世界本性的思考，理

论描述中必定包含着它所特有的空间形式，而且它所蕴含的空间理论确实是非常深刻的。因此，在形式和内容相统一的意义上去思维空间形式和客体世界的关系时，有必要从对《道德经》所蕴含的空间形式的思考开始。

老子在《道德经》中没有专门论述空间形式问题，从哪里入手去挖掘他的空间形式统一性智慧呢？可能不少人把空间和无相同一，这其实只看到现象而没有看到本质。诚然，老子在《道德经》中讲有和无的关系时也曾赋予“无”以空间性意义。比如《道德经》第十一章说，车轮和轴当其无，有车之用，陶器当其无，有器之用，房子当其无，有室之用，所以，有之以为利，无之以为用。这里三个例子讲有和无的辩证关系即统一关系，事物的实体结构是它存在并发生作用的根据，而与之相统一的无，即车轮和轴之间的空隙、陶器内的空间、房子内面的空间才是事物的真正效用。这里的无，和我们的感性直观及日常经验中的空间是同一的。从这些现象中，我们的确可以把老子的“无”理解为空间。这和我们平常所说的空无一物相一致，这里空和无同一。但更深刻地看，无是没有空间规定性的存在，比如真空有光电磁，故无和空是相异而统一的，在感性意义空无才同一。

通观《道德经》整个玄学理论体系，无是体系构成的核心概念之一，基于感性直观把无仅作为空间抽象形式理解是行不通的。当从完整的玄学体系去考察无的规定性的时候，这一点就非常明白了。老子说有无相生，有生于无的时候，有和无就不是形式和内容的关系，而是具体存在之间的关系，即有和无是宇宙中两种存在者，它们可以相互转化，而且有的存在从无的存在中转化而来。因此，无是存在者自身，而不仅仅是存在者的形式即空间性状态。所以，在具体本性意义上，有和无都是存在者，都有其特定的空间形式来实现它的内容。我们称存在者为有的时候指这种存在者的空间形式是有形，即感官可感觉之物，哲学上称为实体或物质的东西；而指称存在者为无的时候指这种存在者的空间形式上是无形的，在现象意义上，在一定条件下可以把它的空间形式和纯空间形式视为同一的。当人们没有参透玄学无的存在者本质的时候，仅从现象即无形去把握无的本质，那就把无和空绝对同一了，这是很片面和肤浅的。故我们可以说，当把无理解为存在者的时候，它的空间形式是无规定性即无形，在空间状态形式上它和空间同一。但在无和空间统一意义下的空间形式已经不是传统认识中的纯形式，而是内容和形式相统一的了。

当从无的内容和空的形式相统一的意义去理解空间性的时候，对蕴藏在玄学理论中的空间形式必须从无的规定性中去挖掘。无是处于原初状态之道，即本原之道。道生万物是原初状态的道即无生有，然后有生万物。本原之道的空间形式是内容和形式相统一的，但从中可以挖掘出玄学的基本空间观。与此相关的述论有如下几处：

第一，第十四章说："其上不皦，其下不昧。纯纯不可名，复归于无物。是谓无状之状，无物之象，是谓恍惚。"这说明本原之道是无名、无物、无状、无象的。

第二，第二十五章说："有物混成，先天地生。寂兮廖兮，独立而不改，周行而不殆，可以为天下母。吾不知其名，字之曰道，强为名之曰大。大曰逝，逝曰远，远曰反。"这里有三层意思：首先是道生天地，天地是后生的，这里老子的一贯思想，又有"天长地久，天地尚不能长久，而况人乎"之慨叹。其次是道"独立而不改，周行而不殆"。这里的独立、不改、不殆具有非常深刻的意义，在下一卷论无中方能展开讨论，而与空间性相关的是周行，即道的运动形式是周行。道的运动形式以空间纯形式为前提才可以描述，周行就包含了玄学的空间形式概念，这是认识玄学空间思想的关键。最后一点是道名为大，"大曰逝，逝曰远，远曰反"。理由之一是它的运动是逝即远去，不断远去构成了道之大，但这里最精妙之处在于"远曰反"，道不断远去构成硕大无比的宇宙的同时并不是消失无踪，而是在空间形式中返回来的。"远曰反"和我们人的感性直观是相悖的，但对于理解宇宙的空间性来说，在逻辑上却是必然的，否则宇宙将失去意义。因此，周行的运动本性和"远曰反"的道运动构成的宇宙空间结构，是我们认识玄学理论之宇宙空间形式的基本出发点。

从道的周行及"远曰反"的空间运动描述中，对玄学理论所蕴含的空间描述形式可以得出如下几个观点：第一，它的空间描述形式和基于感性直观的各向同性平直空间纯形式是统一的。我们可以把周行理解为在各向同性平直空间形式中的曲线运动，并由此理解“远曰反”的意义。在平直空间描述曲率较大的运动的时候，在人的感性尺度就是一个圆周类的运动，曲率为常数时则是完美的圆周运动，但是，在曲率非常小的条件下，在人的感性直观尺度是不断远去，在消逝之中的直线运动，就如我们关于光线直线传播的经验和认识那样。但是，在宇宙尺度，只要这个曲率为正不为零，哪怕是非常微小曲率的周行，无论在人的感性直观尺度它是如何远离我们而去，但在逻辑上它最终一定是封闭有界而不是无限发散的。所以，可以从纯形式的知性无限空间中去描述道的远行，但道的周行和“远曰反”则决定了内容和形式相统一的宇宙在知性意义上是有限的，纯形式的知性无限空间没有宇宙无限意义，纯形式没有物理意义，没有宇宙学的意义。第二，同样，我们可以把道在平直空间的周行运动所构成的状态视作一个统一的有即物质实体客体的运动形式，就像广义相对论把引力的作用特性和平直空间统一建立弯曲空间描述理论那样。这有两个适当的理由，即道在本原的状态和有是相对分离而独立的，同时道是更为普遍的，无之道又是基础性的，因此，我们完全可以先将道在平直空间的周行形成的远、逝、反的运动状态描述出来，再在这个状态基础上描述无和有的相互作用，即以道的内容和空间形式相互作用的统一状态，作为描述有客体的相互作用以及运动变化的形式。第三，尽管可以从弯曲空间的意义去理解玄学理论的道周行而不殆及“远曰反”，但做这种理解的时候，它和爱因斯坦广义相对论的弯曲空间只有形式上的同一性，在内容上却是完全不同的。因为当今物理学的引力还只是物体相互作用的抽象。力只是我们描述物体相互作用的一种中介形式，道则远不止于此。所以，我们将玄学理论的空间形式归纳为平直空间或弯曲空间均可，它的弯曲空间形式是本原客体道的运动状态意义上的，故也是内容和形式相统一的。

玄学理论描述的宇宙统一性学说所蕴含的空间描述形式是和弯曲空间描述形式相容的，这进一步强化了我们前面关于弯曲空间是比平直各向同性空间更为普遍的空间知性描述形式的结论。由于各向同性平直空间和感性直观的协调性、描述的简明性，以及它是我们一切空间描述的基础形式，我们长期以来非常得心应手地使用它。反之对普遍性意义的弯曲空间我们并不熟悉，甚至并不理解，因此，我们需要对弯曲空间的革命性意义——它对平直空间的超越及克服了平直空间的局限性做深入的探讨。

在广义相对论之前，从亚里士多德到牛顿经典物理学，我们关于世界认识的科学描述全部是以各向同性平直空间形式来构建的。牛顿的经典科学已经是一个非常严谨、简洁、美妙的科学理论体系，它对物质世界的运动做出了统一、普遍的说明。正如牛顿自己所说，引力描述对小到苹果砸在头上，大到太阳系的天体运动，都给出了精确而合理的描述和解释。牛顿经典科学理论普遍有效的客观性是无须讨论的，但为什么说广义相对论建立的弯曲空间是比经典科学的各向同性平直空间更为普遍的空间描述形式呢？确实，说在普遍客观性之外还有更为普遍的客观性在逻辑上是一种悖论，更普遍意味着普遍并不普遍，这不是暗含着牛顿经典理论的科学性和普遍客观性的可怀疑性吗？不应这样理解。空间形式的普遍性是指它作为科学描述形式所适用的范围，它是一个科学描述的边界条件，而不是指一个科学描述结果的普遍性，这两者是完全不同的。科学描述的普遍性是绝对的普遍性，唯此我们才有科学证伪的一票否决法则。科学适用范围的普遍性则是相对的，不同的限定条件特别是时空边界条件不同时，每一科学描述的适用范围也不同。弯曲空间是更为普遍的空间描述形式的意义，就是说，在这种描述形式下可以在更宽广的边界条件下去描述科学认识，从而超越经典的平直空间形式的局限性，解决其无法解决的问题。

平直空间描述的局限性首先是牛顿引力定律描述的引力作用带来的局限性。引力是描述世界物质实体相互作用的最普遍的力，长期以来人们也一直坚信物质客体才是绝对的存在，这即被称为绝对物质观。引力定律是在平直空间中描述的，并且只有对静止质量不为零的物质实体才是可描述的。按照引力定律，任一静止质量为零的客体对外没有引力作用。但是，二十世纪科学发现并证明静止质量为零的光同样会受到引力作用而产生光线弯曲现象。我们从爱因斯坦的质能等式中，可以断定能量有引力效应。所以，认为世界的客体存在的最普遍形式是静止质量不为零的物质实体形态的时候，在平直空间形式下的牛顿引力定律是世界客体存在的最普遍的引力描述形式，它适用于一切存在者；但当我们发现并非所有客体都具有静止质量的时候，物质实体就只是宇宙中特定而非最普遍的客体存在形式，于是，引力定律就不是关于一切客体引力作用特性的规律描述，不应再被认为是最普遍的客体相互作用规律了。

为什么我们不把能量视为等效质量，将其转换为以质量表述的形式，进而对其应用牛顿引力定律来描述的引力作用规律呢？这在数学上可行，但在物理意义上却不可行。这就涉及光电磁能量的运动形式，即麦克斯韦电磁场方程揭示的能量子包括光、电磁波等的波动传播规律了。我们已经确信，所有无静止质量的能量子以波动形式、相同的速度在空间传播（现在的科学描述为所有的波以波动形式，以光速在空间传播能量——请注意两种表述的本质区别：能量以波动形式运动和波动传播能量本质是不同的）。无静止质量客体的波动运动已经使经典平直空间描述失效，因为它在逻辑上并不具有静止的描述参考点。如果有这种参考点存在，在数学上我们则可以建立与此参考点之间有特定变换关系的另一描述参考系，并且总可以令任一波动运动的粒子的相对速度为零，使之是静止的而非恒定光速运动的。这和光速不变性矛盾，也和静止质量为零矛盾，在物理学上无意义。所以，引力定律并不适用于描述能量的引力效应，这就是我们常说的在平直空间中牛顿定律和麦克斯韦定律不协调的真正意义。牛顿引力定律的局限性还在于它只是结果描述，没有过程描述，因此可以做超时超距作用理解。但麦克斯韦方程给我们的信念是，光速是有限速度，并且是宇宙最高极限速度，它不但包括客体的运动，而且包括客体的相互作用发生的过程。所以，引力定律和麦克斯韦方程的不协调性在这里的意义同样是指用无过程描述的牛顿引力定律没办法解决麦克斯韦方程所揭示的速度有限性问题。

那么，弯曲空间概念的意义由此可以得到理解了。在弯曲空间描述形式中，引力不再是力，经典平直空间的引力作用转换为弯曲空间描述形式。在这种空间描述形式中，无静止质量客体的作用、实体客体相互作用的过程性问题可以不再是问题。于是，从局限于平直空间的物质实体的引力超距作用描述扩展为在弯曲空间中一切客体运动的过程描述，具有更普遍的意义。由此可见，对于世界的科学认识而言，弯曲空间比平直空间描述具有更加普遍的适用范围，是更为普遍的空间描述形式。

作为更加普遍的知性空间描述形式，弯曲空间对世界统一性的理解具有重大的革命性意义。在平直空间中，由于纯形式的空间实体性幻象，人们理所当然地把纯空间形式和宇宙同一，因而得出宇宙空间无限大，所以宇宙无限的结论。但进入弯曲空间描述形式，我们可以超越纯形式，在内容和形式相统一的意义上去理解世界，并得出和老子玄学理论相一致的“道周行而不殆”及“大而逝，逝而远，远而反”的宇宙图景。而这种宇宙才是符合统一性逻辑的。

对空间的感性直观到平直空间再到弯曲空间，对客体世界统一性描述的空间形式最终只能统一于最普遍意义的弯曲空间，即它的描述形式包含平直空间又超越了平直空间。形式的意义在于内容，空间形式复杂性转换并不是纯粹的形而上学兴趣使然，而是对客体世界的认识的深化即更高追求所驱动的。这意味着，平直空间不能为穷尽客体世界认识提供充分的描述形式，说明在经典科学认识中我们关于客体世界的本性认识还是远远不够的。更直接地说，在平直空间中我们把物质实体作为世界最基本的客体进行描述，我们关于物质世界的科学知识是真的，但把物质作为世界的本原客体，认为世界的本性是物质性的绝对物质观肯定是具有局限性的。既然可以在平直空间形式下充分描述物质客体行为，但平直空间并不足以描述一切客体行为，那我们为什么不怀疑物质实体并不是最基本、最普遍的客体存在呢？从逻辑上我们可以猜测，物质不是客体世界统一性的基础，把物质作为绝对存在者的绝对物质观是人类对世界认识水平比较低下的特定历史条件下的产物。对这一重大哲学命题的论证是下一卷的议题。但从对空间本性的形而上学思维中，我们已经可以从逻辑上对此有所领悟。为了便于理解，我们无妨从力的统一性这一问题做简要分析。

力的概念是物质世界相互作用和运动变化的科学认识的基石。经验科学的基础是物理学，物理学的基础叫力学，牛顿经典科学理论体系力学之三大定律和引力定律，全部是以力来描述物质客体行为的。但我们切不可据此认为力是经验中最普遍的形而下的概念，恰恰相反，力是形而上学的概念。不要认为我们经验得到力的作用就足以证明力是形而下的实在，发生作用从而为我们所经验的实在不是力本身，而是产生力的客体。力的规定性是指物体的相互作用，它就是描述客体作用行为的抽象，而不是可以感性认识经验到的客体本身。所以，力本质上是抽象形而上学的，它的本性是形式而不是客体，更不是实在。大学物理学教科书转弯抹角地把力实在化，向学生灌输场是物质性的观念，令人啼笑皆非。在现有的物理学理论中，场的规定性是特定的力的空间分布函数，这个特定的力就是单位客体所受的作用力。说场是物质性的就是说力是物质，那就等于说物质是物体的相互作用了，这不滑稽吗？由此可见，我们对构成我们感知、认识和描述世界的力的概念尽管用得非常得心应手，但关于力的本性认识是远远不够的。但无论如何不能把力作为物质实在，没有人可以见到这个实在是什么样子，没有客体相互作用是不会有力的，力不是独立自在的，只是客体的行为属性，在科学概念中则只是描述物质客体相互作用的抽象概念，决不能是实在。

我们用各种各样的力来描述物体之间复杂多样的相互作用方式，世界的统一性问题首先就面临着力的统一，科学的统一的第一命题首先被概括为力的统一。在质点动力学中的力当然是统一力，但我们对力的统一还只知其然不知其所以然。科学家把力归纳为四种：引力、核力、电磁力和放射性力。经证明放射性力实际上是一种电磁力之后，力的统一就归结为引力、电磁力和核力的统一。但引力不是量子力学描述的，而电磁力和核力则可以用量子力学理论描述，要建立力的统一首先需要把引力转换为量子力学描述，故二十世纪物理学的前沿领域之一就是建立量子引力理论。非常遗憾的是其收效甚微，离所谓力的统一或科学的统一相去甚远。理论物理前沿的各种复杂理论令人目眩，不敢妄加置评，但从空间统一性启迪去思考力的统一性的时候，我们从逻辑上可以设问：力的本性是什么？力的统一如果无视其本性而只关注它的描述形式，是否只见树木，不见森林？特别是，我们必须面对无处不在却又不知从何而来、本性为何的引力时，如果回到广义相对论理论的弯曲空间表达，以及爱因斯坦对引力本性的革命性设想时，却是无所适从。

引力并不是力，而只是时空并非平坦这一事实的结果。于是，量子引力是力吗？如果量子引力不是力，我们需要建立量子引力去实现力的统一吗？显然，我们没有任何答案，甚至人类从来没有思考这些问题。但既然思考力的统一是世界的统一性问题，我们不能不从逻辑上去推敲它。

首先从力的本性出发。力是描述物体相互作用的抽象概念而不是实在，所以，引力不是力，和其他的力不同，它只是物体相互作用导致时空弯曲这一事实的结果。这一描述的意义可应翻译为我们可以不像其他的力那样，用引力这一相互作用形式来表示互不接触的物体之间的吸引作用，而用基于物体质量空间分布的弯曲空间形式来描述，在弯曲空间中物体不再是受引力作用而运动，在弯曲空间中已经约化了引力，自由物体在其中只是沿测地线做自由运动而已。这在逻辑上是成立的。因为力不是实在，不是绝对，力作用的这一描述形式具有相对性，各种相对描述如果对相互作用而言是等效的，它们就都是成立的。所以，引力和弯曲空间是两种不同但又等效的物体相互吸引作用的描述方式，我们同样可以认为它们对客体相互作用的相对描述具有等效意义。甚至，从力的形式这一本性出发，不光引力，所有的力都可以看作不是力，并由其他等效的相互作用描述形式来描述并保持对物体相互作用描述的客观性，即保持相对描述形式的统一性。因此，对力的统一性追求，可以在力这一形式概念之中，也可以在与之相对的其他形式下实现，而不一定要在力的描述下去思考。量子力学的引力理论没有完成之前，在力的形式下实现力的统一就无法前进，为什么不能转换形式另辟捷径呢？逻辑上这是可行的。

其次是从力的普遍性出发，在平直空间中描述物质客体的相互作用，力确实是最普遍的描述概念，它不但普适，而且它描述的预言能方便地、精确地被观测、测量和检验。我们经验不到力，但经验得到物体相互作用的结果，并视之为力这一相互作用形式的作用结果。至关重要的是，这种知性科学描述的结果和我们感性经验完满地一致。对物质客体而言，平直空间和力这些形式描述是充足的。

但是，一旦进入包含非物质客体相互作用的描述，力就无法穷尽其意义了。我们反复强调的牛顿经典科学的力的和麦克斯韦电磁场方程不相协调这一事实的意义是什么呢？因为从麦克斯韦方程我们确信物体的相互作用是不能超时超距的，而牛顿动力学方程恰恰是和力超时超距作用相协调的描述。用力描述并没有错，它经得起科学检验，但用力描述有局限性，它只描述了超距超时作用形式下物体相互作用的结果，却缺乏如下两个方面的信息描述：一是相互作用的过程，二是相互作用的机制。太阳和地球如此遥远而在相互吸引，究竟是什么在交换这种吸引作用呢？从引力理论，我们只知道吸引这一事实，却无法说明这种相互作用是如何发生的。所以，引力这一相互作用形式实际上就是物体相互作用机制这一黑箱的描述函数，我们不知道黑箱里面有什么，它如何工作，只知道引力函数归纳了黑箱里面工作的机理，以它作为中介可以将黑箱两端建立起完整的科学逻辑关系，即必然性因果关系，对物质客体相互作用结果给予科学的描述。然而，当我们一旦深入这种黑箱里面的过程和机理，即麦克斯韦方程揭示的作用过程的时候，引力黑箱函数失效了。这就是引力描述和平直空间形式局限性的本质。

最后，从世界统一性思考把引力作为物体相互作用的黑箱函数描述时，它的局限性所提出的最深刻的问题不是过程问题，而是超距作用的局限性问题。按照麦克斯韦电磁场方程，我们不相信超距作用。这意味着什么呢？这从逻辑上可以推断，纯作用形式的引力黑箱里面不是纯形式，而是有东西，即有客体在相互作用，否则作用就只能是超距的。对超距作用的否定就是对引力中包含着客体交换作用的肯定。以地球和太阳的引力作用为例，按照麦克斯韦电磁物方程去理解，从太阳产生的引力到达地球约需八分钟时间，反之亦然。引力传播的速度是光速，这个速度不是太阳或地球的，而是引力的速度。何谓速度？客体单位时间经过的路程叫作客体的运动速度，没有客体就没有速度，力的超距作用的否决的最重大意义是确认了抽象相互作用力的具体客体本性。可惜活跃在理论物理前沿并把力的统一作为物理学最伟大目标的科学家们，在整整一百年的探索中还没有觉悟到这一点，仍然在抽象形式而非具体存在本性去追求力的统一，功败垂成就不难理解了。由力的有限速度传播可以推论，物质实体的引力相互作用是通过交换非物质实体的客体而实现的。所以，这个统一的世界绝对的存在就不能断定为物质，必须在物质实体和非物质客体的相互关系中去思考世界的本性，在客体统一性而非物质统一性的意义下去建立世界统一性。在微观机制和相互作用过程的意义下，我们应该探索用客体交换来描述引力的作用机制。在更加普遍的意义下，我们可以断言，不仅引力理论，而且牛顿运动三大定律，都可以从能量守恒原理推导出来，引力定律和牛顿三大定律在逻辑上都可以转换为能量变换过程的另一种科学描述，而且这才是更为普遍的描述。唯如此，我们才称得上对世界的本性以及世界的统一性有了最基本的认识。

力不能最终统一于抽象的形式，只能从客体本性才能得到最终统一性理解。物质世界的统一和力的统一是两个不同层次的命题。在永恒运动发展中的物质世界的统一性是由引力的运动作用规律支配的。核力是微观局部力，电磁力是极性力，在质点描述中可以约简乃至忽略它们的作用，真正构建宇观物质世界统一性的相互作用机制就非引力莫属了。物质世界的统一性在爱因斯坦的广义相对论即统一引力场理论中实现了最普遍的描述，广义相对论的弯曲空间就是物质世界最普遍的描述形式。弯曲空间形式的客体运动规律的普遍性表现在如下几个方面：一是消除了引力作用带来的相对空间的非惯性系问题，在弯曲空间形式中的物理学定律具有最普遍的形式不变性；二是消解了静止质量为零的客体的动力学描述难题：三是把物质世界客体相互作用的抽象动力学必然性关系和相互作用过程统一起来，得到物质世界统一性更具体的理解。

弯曲空间是最普遍的空间描述形式，也是最难理解且往往易被误解的。难就难在它是反常识反直观的，它不再是纯粹形式而是内容和形式相统一的形式，它的意义只能由统一性思辨而不能由感性直观去理解。弯曲空间的统一性本质在于它是引力作用特性和各向同性平直空间的统一。构成弯曲空间的基础依然是各向同性平直空间，空间形式只能是平直的，空间不是实体性东西，何来弯曲之意义呢？所谓弯曲不是指空间，而是指不均匀引力场在各向同性平直空间中的分布，弯曲的是引力场而不是空间。引力场和平直空间相统一的形式称为弯曲空间，这时所指的不再是纯粹空间形式，而是统一性的空间形式了。用统一场论弯曲空间形式去描述客体运动时，其实空间仍然是各向同性平直空间，弯曲的是引力场的非均匀分布。许多望文生义者把弯曲空间实体化并认为空间是弯曲的，想象强大的引力作用可以像炸薯片般把空间卷起来，甚至寄望于利用弯曲空间去寻找捷径使时光倒流。事实上，无论是用平直空间还是弯曲空间形式描述，物质世界中任何两点的距离是不变的，只不过在弯曲空间中客体的自由运动是沿测地线这一路径运动的，不再是直线运动。引力场越不均匀，引力空间越弯曲，自由运动到达空间中既定两点所花时间越长，毫无捷径可走。为什么测量发现光速在空气中比真空中慢，在水中比在空气中慢呢？光速不变性是颠扑不破的真理，这必须从统一场论的弯曲空间形式去理解。平直空间中的单位距离是一样的，真空中、空气中、水中的引力分布却是不同的，即三者的弯曲空间形式是不同的。光在弯曲空间中以不变速度沿测地线运动，在平直空间单位距离中，引力场均匀的真空中路程最短，引力场最不均匀的水中路程最长，测量结果就是真空中光速最快，空气中次之，水中最慢。实际上光速是绝对不变的，只不过在平直空间形式描述中认为光速变慢了而已，这正是平直空间的局限性所在，也是弯曲空间是最普遍意义空间形式的理由。之所以说平直空间不是最普遍空间，是因为它只是弯曲空间的引力场分布为零时的一个特例而已，只是构成弯曲空间形式的基本形式而已。

综上所述，弯曲空间是包含各向同性平直空间形式的统一性空间，纯粹空间形式的各向同性本质是最基本的。正是作为统一性空间形式，弯曲空间形式的科学描述才是和平直空间描述相容的，它才有最普遍空间形式之意义。

注释

①转引自苗力田、李毓章主编《西方哲学史新编》，北京：人民出版社，1990年第1版，第377—378页。

②史蒂芬·霍金、列纳德·蒙洛迪诺合著，吴忠超译《时间简史》，长沙：湖南科学技术出版社，2006年第1版，第31页。

③同上，第38页。

④同上，第110页。

⑤同上，第116页。

第九章
演化的时间之矢

引　言

【提要】以空间为形式的认识在抽象思维中，亦就一定在时间中，时间形式也是先验的，而且是抽象的抽象，它的本性和本质是更深奥的形而上学概念。尽管时间不易理解，但它不可逆这形而上学本性之于人类是近乎自明的，人们用时间之矢来形容它。对时间本性和本质的重大质疑首先表现在热力学创生后对动力学的质疑中，许多人认为不可逆热运动才是自然的最普遍本质，质疑可逆的牛顿动力学使时间失去了方向，可逆性和不可逆性成为科学史上争不出所以然的重大问题。最不可思议的是相对论的科学认识成果竟然在二十世纪把时间可逆和时空穿越变成人类文化常识，从根本上颠覆了人类理性。本章主题是时间本性和本质，从先验形式范畴解决时间可逆和不可逆问题，揭开时空穿越的幻术本质，回到时间不可逆性本质理解。

一、时间和空间一样，是质点和力范畴之外的概念，是科学陈述中的连续性自变量，本性也是先验认识形式。时间和空间区别在于，时间没有和感官相关的感性直观，是纯粹思维中的抽象存在，没有经验直观的实体幻象，其纯粹抽象本性是不难理解的。时间的自明前提只能是认识的形而上学普遍统一性，亦即所谓思维直观，故时间比空间更抽象，更先验形而上学。

二、时间在认识构建中的作用是将感官以空间形式建立的共时性意义认识统一为连续有序的整体，构建为现实的经验认识，无前后时序无经验的可理解意义，故时间形式是认识构建的必要条件。时间自变量的意义和经验有间接相关性，即由其标记的连续不可逆时序赋予一切空间中的共时性意义在思维中的前后顺序，使统一的过程认识特别是前因后果关系构建成为可能。因此，赋予过程前后顺序的时间参量的规定性就是连续不可逆，这是自明的形而上学法则。时间不可逆性是从普遍形而上学自明性中产生的，是无须且不能证明、论证或讨论的。

三、产生动力学时间性质疑的认识根源在于把时间形式当实在，或把时间形而上学的不可逆性和由其描述的实在事件可逆性混为一谈。多样性世界从不同角度看有不同意义，热力学的不可逆描述和动力学可逆描述都是合理的，无矛盾意义，都统一于唯一的具体自然界。最重要的一点在于在所有认识中，无论在可逆事件还是不可逆事件中，时间变量都是绝对不可逆的。不可逆的时间变量描述的是事件，不是时间，由不可逆时间为自变量把时间描述为可逆的函数是荒唐的。

四、狭义相对论不是从经验归纳的自然规律，是基于证伪以太的经验为自明前提，以光速绝对性为形而上学根据演绎而来的惯性系之间的描述时空统一性关系，通过洛伦兹变换的相对时空统一性法则把惯性系中的科学定律统一起来，把科学定律在惯性系中的形式不变性由牛顿科学定律拓展到麦克斯韦定律的水准，相对空间、绝对时间的伽利略变换是相对时空的洛伦兹变换的一个特例。相对论把科学描述由绝对时间观导向相对时间观，即把惯性系中不同的绝对时间描述统一起来，使时间及其由之构成的科学描述获得了更普遍客观意义。把时间相对性当成个人性时间是不合逻辑的，没有客观普遍意义的个人性时间不是时间。以狭义相对论为据推断时间穿越是反相对论的，是缺乏物理学基本素养产生的谬误。一是狭义相对论以光速为绝对已从根本上否决了时间倒流；二是描述物体运动速度依赖于参考系的相对性已从根本上断言双生子佯谬是谬论；三是时空不可分、时空依赖于速度，指的是两个惯性参考系之间的不同尺度的时间、空间自变量的统一性关系依赖于参考系之间的速度，是关于描述形式的，将之偷换为具体科学描述是幻术。在任何内容和形式相统一的科学描述中，空间三维分量和时间变量都是分立且绝对不变的，没有时间尺度就没有单位时间通过的路程即速度之意义。以时间为尺度测量速度又以速度为尺度去测量时间是循环而无意义的。

五、认为广义相对论断言了引力影响时间流逝是不合逻辑的。时间不是质点或力，不会受引力作用也不能用流逝去陈述，引力只能影响物理事件的时间测量。时间测量是以时间形而上学尺度去测量事件，意义指向事件而不是时间，并且时间连续不可逆及确定性尺度是一切时间测量的先验条件。现代导航技术按照广义相对论调整时间测量的物理意义必须从广义相对论的弯曲空间去理解，即信号的速度是不变的，时间尺度也是不变的，但根据广义相对论地球引力作用下信号沿弯曲空间测地线运动的轨迹是和引力相关的，引力影响信号运动轨道而不是时间流逝，不明白这一点就没参透统一场论和光速不变性的意义。引力影响时间则光速就失去绝对意义了。

现代科学关于世界的描述是在“时空”这一统一的坐标系中展开的，并据此认为形成了颠覆经典的现代时空观：空间和时间不只是经典科学认识框架中世界客体表演的舞台，而且还是这个世界演化的重要角色，这个独特角色不是时间和空间两个演员，而是一个叫作时空的超级演员。现代科学赋予时空角色尽管是革命性的，但实际上并没有真正颠覆经典科学的空间和时间观，而是在经典科学的空间和时间观基础上的一种更为复杂、更加普遍化的时空形式描述形式。实际上，离开经典科学时间、空间形式，现代科学的统一时空形式就没有任何信息量。一些学者把现代时空观看作是经典空间、时间观的对立性而非统一性的产物，其实是缺少世界统一性思维的智慧的。不懂得时空形式是以感性直观为前提演绎而复杂化就不懂时空形式的先验本性，基于经验归纳去理解时空的本质意义就是把时空实在化。世界统一性原理以经典空间、时间观为基础去理解时空统一性，我们上一章专门考察空间概念，解决空间统一性问题；这一章专门考察时间概念，在此基础上思考统一时空问题。

关于时间的探讨，从人类时间观念的起源和演化入手，从眼花缭乱的时间观念中揭示时间的本性、本质和意义，并根据对时间本质的理解去考察世界的时间性本质，消除误读或肤浅理解现代时空观导致人类在时间观念上的集体精神错乱，让人类从“穿越时空”的梦呓中惊醒，回到世界统一性的理性追求中来。

第一节　时间幻象

从时间的数学描述形式看，它是非常简单的一维独立变量，用来作为世界中所谓事件过程变化的描述参量。空间有各种复杂形式的描述结构，时间却永远只是一维的，是非常简洁的。但现实世界，时间却是最令人难以捉摸的，我们可以用感官去直观世界及其空间形式，却无法用感官去体验或直观时间。时间不在感性直观中，而在大脑思维功能所赋予的对时间意义的理解之中，所以，时间是比空间更为抽象的形而上学概念。空间形式从对世界感性直观中演绎出来，具有经验的直接性，而时间则只能从对世界客体运动变化的过程中综合和抽象出来，对经验世界而言只有间接性而无直接性，这是时间形式比空间难以把握的重要原因。对时间的理解就一直是迷人而又令人困惑的。爱因斯坦创立了新的时空观，但对立的时间解读却形形色色，千奇百怪，最经典的是“穿越”时空旅行的痴心妄想。时间是最能产生幻象的，所以，爱因斯坦说时间什么都不是，只是幻象。对时间的考察，就从它产生的这些幻象入手。

一、时间观念的起源和演变

从发生学的意义上去探讨时间观念的源头，是吃力不讨好的。但我们从当代的时间观念中探讨时间观念的起源，可以从逻辑上得出几条基本的推断：

第一，时间观念的源头非常遥远，我们把时间称为时间老人。从逻辑上来说，时间观念的源头肯定可以追溯到远在人类脱离动物界而成为域中自成一大的文明人存在之前，因为时间的存在客体基础不在于人的本质规定性，而在于生命结构的规定性。现代生命科学已经发现，生命存在中有一种叫作生物钟的功能结构支配着生命活动的有序周期行为，使生命成为生命。生物钟就是我们所说的生命的时间功能结构，具有高级思维能力的复杂生命感知这种周期性结构功能作用而产生的本能的时间性行为及其观念并不是空穴来风，而是具有坚实的客体存在基础的。当然，在纯粹动物意义上，高级生命活动对时间性的感知和具有时间观念并不同一，前者是后者的基础，后者是前者的更为高级的形式。至于为何从个体对时间性的感知上升为一种时间观念，则是无法考证的，是否认为人类超越动物界之后才产生了对时间从感知上升为观念的飞跃，目前亦无法深入探讨。因为在纯逻辑思维阶段，我们对如何判定人超越动物界而独成一域还没有完成规定性思考，缺乏前提。但我们至少可以判定，时间观念以生命生物钟结构作为存在基石，它的源头在人类非常遥远的进化早期阶段。所以，时间作为抽象认识形式的最简单意义认识出现在高级动物的感性认识之中。

第二，时间观念起源的思维发生点是生物钟的周期性作用机制。人作为复杂生命有机体，它的生存活动过程表现出一系列由其生命结构决定的吃喝拉撒等周期性活动。这里，周期性的规律是时间结构的本质特征。所以，任何关于时间的观念，都包含着周期性结构，一个完整的功能活动的周期，就是最早期关于时间观念的一个单位。在时间观念的高级阶段，人们往往聚焦于时间的不可逆性，但在时间观念的诞生之初，周期性却是最重要的，从逻辑上说，没有周期性就没有时间观念发生的触发点。

第三，时间观念的最终意义在于不可逆性，即时间一去不回头。对时间的这种感悟来自生命对于死亡的恐惧。无可奈何花落去，不是悲花，而是悯人，是生老病死特别是对死亡的感悟点化人类理解时间一去不回头。所以，我们时间演化的表达形式是周期性和不可逆性相统一的图像。不可逆性是一条向前之矢，而周期性则是这矢的单位长度，现实中我们以各种周期长度为度量单位去描述在不可逆流逝的时间中的各种周期行为。在我们当今简洁的时间之矢描述形式中，有着时间形式最坚实而又古老的存在论基础。所以，时间虽然不是存在者，但具有特定的存在论意义。

尽管时间观念起源不可究诘，但我们可以通过对不断演化的时间描述形式从逻辑上或发生学意义去理解时间观念和概念的起源和演化。这其中最有现实意义的是历法。历是历史的意思，也是在时间中经历的意思，是具特定规定性的时间概念；法是法则。历法就是描述时间的法则。历法是人类建立的关于时间的并经过长期对自然界周期现象观察而归纳总结出来的概念，是人类文明最重要的成果，是文明进程的里程碑。历法总结的不只是人的生物钟的周期性，而且是大自然的周期性，因为它最基本的意义是生命包括农业耕作对自然气候周期的依赖性，春种秋收冬藏是农业生产的自然规律。历的基本单位是日、月、年。日以地球为观察参考点，是地球自转周期；月以月亮为基本描述对象，是月亮、地球相互位置变化的周期；年则以太阳为参考点，是地球围绕太阳公转的周期。中华民族的历法是以最独特的双轨制去描述的，即由阳历和阴历组成，阳历以太阳运动周期为基点，阴历以月亮即太阴运动周期为基点，中国农历分别把年、月、日统一起来，亦即把阴历和阳历统一起来。人类把生存的宏观大环境的周期性现象认识在历法中综合为严谨的法则和规律。

西历的历史可能要追溯到古巴比伦时期，现代的西历是以年作为最基本的度量单位去推断出月和日的周期规定性的，是阳历。由于地球围绕太阳公转的周期不是它自转的整数关系，西历根据观察记录把三年作为一个周期，其中有一年为闰年，即二月份为二十九天，有两年二月份为二十八天，三年中闰年为366天，非闰年则为365天。所以，西历的最基本时间单位是三年，在此基础上划分出年、月、日，在人日常活动描述需求基础上，日又细分为小时、分和秒。

最令人迷惑的是玛雅历。据说玛雅历法及玛雅人的天文知识已经达到非常高的水平。问题在于玛雅年不是地球围绕太阳公转的周期，而是五百多天。由此，我们完全有理由猜测玛雅历不是地球人观察和总结出来的自然界的周期性运行规律，而是从其他星球“引进”的。否则玛雅人的历法和天文知识对外太空星系的描述虽然已有极高造诣，但对最易于观察、描述并归纳出周期规律性的日地关系不懂则是令人难以理解的，玛雅历的最合理猜测是它并非玛雅人原创的。按照世界统一性原理，自然规律不只是在地球，而在整个宇宙都具有普遍意义的，所以在逻辑上可以断言玛雅历法不是地球历法，因为它不揭示日地的相互运动周期规律性。当然，玛雅历是外星系历法并不意味着玛雅人是外星移民。在第四卷关于生命统一性原理探讨时我们将看到，由一个星系向另一个星系移民并不是欧洲人发现美洲新大陆并殖民那回事，并不如在珠穆朗玛峰办养猪场那么简单。向外星移民的原则可行性缺乏技术可行性支持，至少在目前的认识水平下必须这么理解。如果玛雅人是外星移民，则他们对自然规律的理解和控制能力，对生命机制及其规律的理解和控制，将远远超出当代人类的水平。但对神秘玛雅人的理解，并不证明他们有如此高级的技术文明，他们根本不具备从外星殖民地球的本事。最有可能的是，原始玛雅人在某种机遇中学到了外星人的知识，其中主要是天文和历法，但并没有形成统一的知识，因而并不具备外星高级文明的智慧。在技术角度，玛雅人并不先进，玛雅历对玛雅人也是神秘的，而不是理性自觉的，甚至连真正的知性知识都不是。从世界统一性的角度看，玛雅人并不具备发明玛雅历的条件和知识基础，否则他们绝不会在人类文明的历史长河中神秘消失，而应该是当代技术社会和科学文明的领头羊。

最后再考察我国的农历。农历的基本单位是六十年，因为它是以六十年为一个完整周期后再复始的。农历同样三年一闰或五年二闰以解决地球围绕太阳公转和自身周转的非整数问题。但和西历不同，它的闰法不仅描述日地关系，还综合归纳了与月亮的相对位置关系，并且是把月亮最圆之日定为月中作为描述参考点的。农历是闰月，西历则是闰日。西历用最简单的日地关系描述闰年非常简洁，把三年的误差用闰一天来解决；农历中三年闰一个月，三年中有一年即闰年是十三个月，比西历复杂得多。农历的描述中有一个和农事安排相关的节气，问题是每年的清明这一节气都基本上和西历四月五日重合，似乎意味着西历更简洁、适用。当然，这里还有月亮与地球关系及对地球影响需要考虑，农历每月正中是月亮最圆的周期点。如果三年中月缺月圆是三十七次而非三十六次的话，则农历对日、地、月关系描述更全面一点。至于月亮对地球的影响及农历的更深刻意义，那是天文学家需要探究的了。但农历有一个描述的不完备性，即六十年周期重复后由历法本身无法区分，须以所处周期的统治者来区分，这种描述不完备，且给人时间是一种循环的幻象。

人类从原始蒙昧时代跨入文明门槛的重要标志是科学思维的诞生，它使人类从原始思维和盲从迷信逐步转化为认识和掌握世界本质和客观规律，从个人的主观认识上升为对世界的普遍的、客观的认识，在对世界普遍本质规律的不断深化的认识中获得越来越大的自由。我们当代的时间观念和概念的基础，是科学和普遍性的，它是从原始思维的个人的、主观的时间观念转变而来的。从另一种意义来说，从个人主观时间转变为普遍客观时间是真正科学时间概念的产生，它对人类从原始思维上升为科学思维，具有非常深刻的意义。

从原始思维向科学思维的飞跃是人类认识从低级向高级、从简单向复杂发展过程中一次历史性的质的蜕变。相对于科学思维而言，原始思维的简单性不在于它内容的简单性，而在于形式的原始直接性的简单性。如果在认识内容的意义上来考察，我们发现，原始人依靠简单形式去表达简单内容的思维也非常复杂。对那些新发现且保留着原始文化的土著民族生活共同体的研究证实，原先认为原始人的语言、思维的原始简单性是指这种思维只有有限的信息符号和语言、思维结构去表达非常简单的意义的观点是武断的，它实质上和科学思维是一种不同质的思维方式，但使用它的符号、结构、语法去描述简单的内容和意义也是非常复杂的。对于同样的意义描述和规范，原始思维要比科学思维复杂得多。为什么原始思维的信息描述和规范如此复杂？本质原因就是它的形式简单，它的形式之所以简单就在于它还停留在直接感性阶段的个体性认识之中，没有达到建立事物之间必然、普遍因果关系的认识阶段，所以是只见树木不见森林的。只有具体树木没有抽象森林的认识是感性形式认识的简单阶段，所以形式是简单的。用这种简单的思维结构模式去描述和规范同一类信息意义、去描述各个个体信息意义的相互关系的时候，它的描述形式相比科学思维，同等信息量的信息符号要复杂千百倍，而且大部分复杂的相互关系是感性思维无法表述和运转的。当代科学思维则用复杂的抽象思维去建立认识描述结构，把复杂的认识内容即杂乱无章的存在现象综合归纳为简单、普适的因果性关系，使在这种高级思维形式下，比较简约的信息符号能描述复杂的信息意义，高级的抽象形式使复杂的世界现象规律化和简单化。在限定思维结构即人脑思维的条件下，科学抽象能力将复杂世界描述简单化的革命性飞跃使人类关于世界的认识能力提高了不知道多少个数量级，由思维的质变带来思维能力、思维范围的量变是文明时代的到来。

原始思维的本质特征是没有普遍性的客观因果关系，从感性和主观性出发赋予世界上一切事物的因果联系。由感性和主观性解释世界的原因时，原始思维引以为据的是神灵。在原始思维中，一切东西都有灵魂，都由神灵控制，神灵的意志是世界一切事物的根本原因。当人碰到灾难的时候，那是因为得罪了神灵，得罪了神灵而受到惩罚的时候，或者向神祭祀求其原谅，或者请来更强大的神灵驱逐或征服它。这种原始思维其实一直顽强地存留在我们当代人的思维之中，现代人的思维实际上是一种科学和原始思维混合的二元结构，对科学可以解释的事件我们信赖科学，而科学无法解释的原因往往可以借助于神灵，科学的发展同时也是不断破除迷信的过程。

原始思维用神灵来解释世界的一切原因，科学思维则用自然之间必然性的因果关系来解释世界，前者是主观的、个体性的，后者则是客观和普遍性的。这两种对世界的不同解释形式包含了对时间的不同理解。在原始思维中，既然神灵是一切的原因，而神灵是永恒的，是现在、过去和未来同一的，那么并不需要严格区分时间的前后顺序关系，缺乏普遍客观性的神灵因果关系解释结构中并不排斥时序颠倒的逻辑矛盾，神灵可以解释矛盾。在原始思维中，上一辈人的灵魂一直和现实的人一起生存，只是我们无法看见而已，故即使对人的生命而言，时间也不需要从严格的不可逆性去认识。但在科学的因果联系和普遍抽象概念中，时间已经获得了科学的规定性，或者说，没有科学的时间概念就没有科学的普遍必然性因果关系认识的产生。诚然，并非一切科学的因果关系都非用时间变量予以描述，一些纯粹形式的因果关系，一些没有时间过程性的世界事件的因果关系只有逻辑因果性而非时间性。但对于世界事件的过程而言，则一定是用时间作为描述变量的。因此，我们关于世界普遍联系和相互作用中的客体运动变化过程规律的科学描述一定是在时间变量下进行的。除了时间变量之外，我们可还有其他变量去描述因果必然性过程？答案当然是否定的。因此，在形式和逻辑上，时间的普遍性和客观性对于科学认识的客观性和普遍有效性，具有先天和先验的意义。这点的理由和空间的先验性与先天性是同一的，无须再讨论。

从科学思维是揭示、认识客体相互关系及运动变化的必然性规律来看，时间的普遍客观性既是一切过程科学描述的先决条件，又包含在一切科学的描述之中，去讨论科学思维决定了时间客观性还是时间客观性为科学思维提供了普遍有效性并没有太大意义，实际上，这是同一件事情的两种描述而已。如果说，科学思维的创立是人类文明历史中的划时代进步，则人类关于时间的主观性认识转化为普遍性的客观认识形式则是人类思维革命中的一个根本的构成要件。没有超越个体主观性时间形式的话，是不可能实现关于世界的普遍必然性描述的。任何因果规律关于运动变化过程的描述的普遍性和客观性要求已经内在地规定了时间的前后顺序的连续性和不可逆性，前因后果的过程规律如果变成后因前果，那我们就又陷入了原始思维，在现代科学客观性思维面前那只是精神错乱。时间作为过程描述的形式，它的普遍性要求也已经内在地规定了时间单位描述周期的普遍性，它必须从个别抽象为一般，从个人时间抽象为和感性个体主观感知无关的普遍抽象时间形式，在这种形式中描述世界的运动变化过程才可能具有客观性和普遍性。因此，在深入思考时间的本性和本质之前，我们至少应该明白，时间的普遍性形式对于科学认识有决定性意义。

牛顿经典科学的时空观认为，空间的本性是绝对的实在，描述形式是相对的，但时间的描述形式本身是绝对的。在牛顿经典科学理论描述中，空间和时间是相互独立的变量，它们的独立性是由其绝对的本性赋予的。因此，时间和空间是没有相关性的，它们和事件本身也是没有相关性的，空间和时间是描述世界客体事件的一个舞台，舞台之中的空间和时间则是各自独立的。

但是，麦克斯韦电磁场统一方程的建立揭示了牛顿经典科学理论描述范围的有限性。我们一直在强调麦克斯韦电磁场方程的历史意义，它确实是科学认识从经典理论上升为现代理论的划时代转变的序幕。它不仅把电和磁现象统一起来，并证明了光波的传播速度和电磁波是同一的，光波是电磁波的一种特定形式而已，而且更重要的是它向我们提出了一个关于世界科学认识的新的问题：牛顿经典科学理论的局限性和科学认识的统一性问题。正是它催生了爱因斯坦的相对论，由此产生了现代科学理论。这个新的理论的一个重大变革，就是时空观的革命。

麦克斯韦电磁场方程不但在理论上预言了电磁波传播速度就是光的传播速度，把光、电、磁统一起来，而且还在理论上揭示了波速的不变性，即波的传播速度只和传播的介质有关，和波源的运动无关，在真空中波的传播速度是不变的。这个结论和牛顿经典科学理论不协调。因为在牛顿科学中，空间描述具有相对性，客体的速度描述只有在选定的参考点之下才有意义，但参考点则是任意的，相对的参考点得出的相对性描述都是允许的，各种相对描述规律由伽利略变换得到统一性的理解。但麦克斯韦电磁场方程中波的传播速度和波源运动无关的特性意味着绝对速度的存在，从牛顿科学理论这是无法理解的。为了协调牛顿科学理论和麦克斯韦电磁场方程，以太的概念随之产生。在波动运动的最初机械振动描述中，波动本质上是以实体粒子作为介质，由介质的振动按波动的运动形式去传播能量，波动的速度是指能量传播速度，而介质则是振动的，忽略介质的振动可以把它看作静止的，所以，能量的波动传播速度既可以看成是以波源为参考点的，也可以看成是以能量波动传播的振动介质为参考点来描述的。按照这一逻辑，人们设想光和电磁波传播的介质是以太，是以太在传播光和电磁波的能量，故光速是相对于以太静止来描述的。然而，当科学家用精心设计的光学干涉仪器来测定光和以太相对运动的效应时，却发现以太根本不存在。如果以太确是存在的，即便我们不能确定任一时刻太阳光线传播方向与以太的关系，但由于太阳和地球相对运动，在地球围绕太阳公转的一个周期中，光线运动相对于以太的运动方向肯定是从同向到垂直再回到同向的一个完整变化过程，所以地球上的光学干涉仪应该能根据仪器在某特定的位置即光线和以太特定的运动方向时，使相关光产生干涉。但是干涉现象没有发生，即没有检测到太阳光线相对以太运动的效应，只能断言以太不存在。

爱因斯坦彻底抛弃了以太概念，把麦克斯韦电磁场方程的光速与光源运动无关作为一个基本前提，建立了不同物理运动描述参考系之间时间、空间变换关系的理论——狭义相对论。狭义相对论的时间、空间坐标变换限制在两个参考系相对运动速度小于光速的定义域中，任何惯性坐标系之间都在洛伦兹变换下保持着物理规律描述形式不变性，而经典科学的伽利略变换则只是狭义相对论变换关系处于远小于光速时的特殊情形。所以，狭义相对论建立了时间、空间普遍性关系，不仅适用于牛顿经典科学，适用麦克斯韦方程描述的接近于光速运动的相对参照系之间的变换，并且保证光速在任何坐标系中的绝对不变性，把麦克斯韦电磁场方程和牛顿运动方程统一起来。

但狭义相对论还不是最普遍的时空转换关系理论，因为它以自由运动的观察者作为限定条件，即相互转换的时空坐标系之间虽然不受速度限制（当然指在世界最高速度光速这一定义域之中不受限制），但自由运动的观察者的定义域限制在相互之间没有加速运动的惯性系之中，没有办法解决相互加速运动的参照系之间的相对描述的统一性问题。为此，爱因斯坦经过十五年的努力，建立了广义相对论，在不同运动坐标系之间保证物理定律描述的相对不变性，从匀速运动的惯性系扩展到在引力作用下的加速运动的非惯性系，实现了最普遍的不同相互运动参照系之间的统一性变换关系，使世界统一性的描述达到了最普遍的时空形式下的科学规律描述的不变性，为世界统一性认识提供了可靠的描述形式。

霍金把爱因斯坦的相对论誉为人类思想史上最大无畏的进军，这一点都不夸张。相对性理论和量子理论一样是人类关于世界本性认识的重大革命，它确实把人类对世界的认识推到前所未有的高度。但相对论本质的、最根本的意义不仅在于它关于世界认识的那些重要规律的发现，更在于它对人类关于客体世界的科学认识本身的深刻意义：它作为人类对世界认识规律的描述形式之间的最普遍的转换关系，为人类的一切科学认识的统一性提供了基础。所以，它的最本质的革命是在人类认识形式上，是在时间和空间描述形式的统一性上，故将之称为时空革命是恰如其分的。

相对论原理及其许多推论是反常识、反直觉的，所以是很难理解的。其中有一点是最基本的，即在相对性理论中，时间和空间不是独立变量，而是由一个称为时空的统一概念来描述的，时间和空间不再具有相互绝对独立的本性。这在狭义相对论的前提即光速和光源运动无关且在真空中保持不变中已经在先地被决定了。在运动学中，路程=速度×时间，在两个参照系中保持光速不变性的唯一可能结果就是路程和时间按一定的关系来改变，即在两个坐标系中，空间坐标和时间坐标是由既定的函数关系来统一的，这就是相对论中的洛伦兹变换关系。时空的这种变换关系是非线性的，且时间和空间也不再是独立的，和相对空间、绝对时间的伽利略变换有本质区别，即时间和空间在不同惯性系中都是相对的，故被归纳为相对时空观。这种反直觉的描述及一系列推论是很难理解的。据说爱丁顿称当时全世界只有三个人能读懂相对论，但一百多年来，相对论已经普及和深入人心，并且把人类关于世界的认识极大地向前推进，比如宇宙大爆炸理论就是爱因斯坦的广义相对论方程的一个特定边界条件和初始条件下的特定解。相对论家喻户晓并深入人心，甚至文学用语也有所谓爱情相对论，我们关于相对论的本质和意义的把握还是远远不够的。关于相对论，我们不只有自豪和荣耀，还有困惑和彷徨。

二、时间的困惑

牛顿建立的经典物理学理论是人类关于物质世界科学认识的普遍抽象描述，这个描述世界客体运动形式的理论体系自然离不开空间和时间作为基础的描述参数。客体的运动、速度、加速度一定是和时间独立变量以及空间三维独立变量相关的描述，但是，随着人类对世界认识的不断深化，逐步产生了对牛顿科学理论的怀疑，特别是不少从事和生命活动过程相关探索的科学家们，以及研究热运动过程的物理学家们，对牛顿科学理论描述中所隐含的时间本性产生疑问。运动学和动力学的基本定律中有些是和时间变量无关的，而那些和时间变量有关的定律则又都是可以时间反演的，用反向的时间描述时定律仍然有意义。但时间是可以反向的吗？我们的世界，特别是我们的生命体验拒斥这一点。所以，牛顿科学理论常常被质疑为是无时间性的。常常看到二十世纪的科学家、思想家们把牛顿称为机械论世界观的大师，言下不无轻蔑。

时间反演是数学描述中的一种特定的函数关系，在这种函数关系中，用-A替换A的时候函数关系式仍然是成立的。牛顿科学理论的数学描述就具有这种时间反演特性。但是，牛顿科学理论不是纯粹的数学关系，而是用数学关系来描述物质世界的基本性质，描述世界中物质客体相互作用以及由之产生的运动变化规律的。时间反演性似乎暗示着我们的世界在逻辑上是可以逆时间方向进行的，牛顿科学理论被认为隐含着可逆的时间。生物、生命以及热力学过程研究的科学家们与时间反演是格格不入的。在那些介绍量子理论及热力学时间之矢的畅销书中，作者们一次又一次责难牛顿理论：有谁见过人从坟墓中爬出来，从老年回到中年、青年、幼年最后成为婴儿而回到母亲的子宫？世界不可逆性是我们对这个世界的最直觉的理解，不可逆时间作为一个不可动摇的法则，是我们认识和理解世界的前提。历史没有如果，没有可以后悔的灵药。我们可以改变世界的一切，却无法逆转时间之箭，时光老人对所有人是公平的。所以，二十世纪的主流观念认为，牛顿经典科学理论的时间反演性说明了它根本不是关于世界认识的最基本的科学认识理论，非时间性是牛顿经典理论的缺陷所在。由于它几世纪来的影响导致了人类一种错误的机械论世界观，把世界看成由齿轮和发条驱动、永远循环而不是一直向前的世界。牛顿理论是非时间性的，它的无过程性把人类宇宙观引向误区。

这里需要仔细区分的是时间和时间性。不少朋友和我讨论牛顿物理学理论时正确地指出，牛顿定律具有时间描述，因为运动、速度、加速度是一定涉及时间独立变量的，速度是路程关于时间的变化率，加速度是速度关于时间的变化率，所以，牛顿理论关于世界的普适规律描述中具有时间独立变量，没有时间变量描述的世界客体运动变化描述在逻辑上是不可能实现的。但牛顿理论的问题不是没有时间描述，而是责难者认为它的时间描述不符合时间的本性，所以称之为非时间性描述和非时间性的科学理论。

后人质疑牛顿经典理论时持之为据的时间本性是什么呢？虽然不同领域

的不同科学家、思想家们对此没有深入探讨，但基本上是遵守对时间本性的常识直觉的，一言以蔽之曰：不可逆性。即时间一定是不可逆的，时间可逆违反了时间的本性。牛顿的科学理论体系中，那些没有涉及时间独立变量的规律描述，比如引力定律，就可以看作是非时间性的，而那些和时间变量有关的规律描述，比如牛顿第二定律，因为是时间反演的，就不能被认为是非时间性的。实际上非议牛顿经典理论非时间性的本意是质疑它反时间性，即其基于时间反演成立的时间可逆性。所以需要重新批判。

关于牛顿科学理论的非时间性质疑固然有理有据，却无法说明这样一个问题：牛顿定律是普适的，在它的边界条件下是普遍有效的，是客观性的科学真理。人们可以质疑它的时间性，却无法质疑它的科学性。只要不被证伪，牛顿理论的科学性就是不可颠覆的，非时间性并没有抹掉牛顿科学理论的光辉。那么，我们不得不思考，牛顿理论科学性和非时间性的悖论的真正意义和实质是什么？究竟是牛顿科学理论存在还没有被我们发现的可证伪的问题，还是我们对牛顿理论乃至科学真理的本性认识有问题，或者是我们关于时间的本性认识有局限性？这是需要进一步思考的。

相对论建立的科学描述对时空观具有革命性意义：时空不可分。在传统的绝对时间观中，时间对一切存在是公平的，描述一切事件时它是独立的描述变量，从而对一切显示出它的无私公平的绝对性。在牛顿的时间观中，时间是均匀地、绝对地流逝着的。所以，在经典科学以及人类的时间直觉中，时间是普遍性的而非个人性的，时间没有偏向于任何个人因而具有普遍性和公平性。但是，狭义相对论中，不同自由运动的观察者所观察到的同一事件的时间量度是不同的，时间老人对于不同的自由运动观察者并不公平，似乎更加偏爱以更快速度运动着的自由观察者，我们将其称为“时间膨胀”，即自由观察者所观察到的时间度量的长度随着自由运动速度的增加而膨胀。当时间测量与任何观测者的运动具有函数关系描述时，时间就不再是绝对时间，也不再是公平的时间老人，科学家说是与个人有关的个人时间。所以，在相对论的描述中，对时间变量的最经常的称谓是时间测量，我的测量时钟或你的测量时钟，因为这些时钟测量的读数是不同一的，它们并不具有传统时间的绝对标准意义，只具有相对于具体观察者的相对意义而缺失了普遍性，这是很难理解的。但这还不是事情的全部，按照不少科学家和大多数人的解释，时间膨胀本身并不只是我们关于世界上同一事物的不同视角、立场的不同描述形式，而是由运动引起的事件、事物的时间流逝快慢的一种本性，它并不只是在形式上描述时间膨胀，而在本质上指所描述的客体的时间性在膨胀，这才是最难以解释的，其最经典的范例称之为“双生子佯谬”。

“双生子佯谬”对所有接触过相对论的人必不陌生，因为它是解释相对论时间膨胀效应的科学家们在思维实验中构造出来的形象案例，借此向那些不懂相对论的人形象而生动地解释相对论的原理、本性和意义。双生子佯谬是说，有一对双生子，在非常年幼的时候，哥哥随接近光速的宇宙飞船离开地球旅行太空，弟弟则留在地球上。当哥哥随宇宙飞船经过几年的太空旅行返回地球时，发现弟弟已经度过了漫长的岁月而变成垂垂老者。这是因为哥哥在宇宙飞船中高速运动使时间膨胀，但在静止地球上的弟弟则由于没有经历时间膨胀效应，所以当哥哥在宇宙飞船上度过了几年光阴时，弟弟在地球上则已度过了漫长的几十年。这一对双生子由于处在不同的运动系统中，兄弟的时间流逝及测量尺度全然不同，所谓时间老人对他们并没有意义，对他们并不公平。所以，时间是个人性而非普遍性的。按照这种理解，时间的普遍性是有条件的，即时间只有对以相同运动速度或都是静止参考系中的观测者而言，才有普遍性意义。

从狭义相对论的时间膨胀效应及用双生子佯谬来理解的宇宙图景是颠覆性的。因为时间不再公平，不再有普遍性意义。我们一直认为时间对每个人公平其实是我们每个人之间的相对运动速度太慢，时间膨胀效应太小以至于我们没有经验到，无法在实验中检测到而已。实际上，我们如果真的坚信双生子佯谬解释，那么，我们就必须断言原先一切以公平、均匀流逝的绝对时间形式所描述的科学认识和规律全部只是一种近似，只是因为它的实用性而非科学真理性令我们接受、应用而已。由此可见，时间膨胀效应提出的最深刻的问题是：没有了客观普遍性，用时间描述的科学规律还是客观、普遍有效的吗？如果科学理论是近似的，它还是真理性的吗？如果没有普遍客观性的科学，为时间膨胀提供根据的科学有客观性吗？这是我们很难在此给出有理有据答案的难题。

关于时间膨胀效应导致的时间只是个人性的结论的真正颠覆性意义在于它的解释所涵盖的不仅是形式，还具有实在论意义。它的解释并不仅限于认识论的描述相对性，还具有本体论的意义。时间膨胀在双生子佯谬解释中已经向人们提供了经典的判断：与速度相关的时间膨胀效应不是时间形式本身的相对描述，而是用时间来描述的客体本身的本性。双生子由于不同速度运动引起的时间膨胀效应不同，这种不同的本质不仅是时间描述形式本身，而是在于双生子本身，它们之中时间膨胀效应强的哥哥还年轻，但在静止不动的地球之上的弟弟已进入暮年。比方说，三岁时分开的双生子，三年后哥哥太空旅行后返回，还是六岁小童，但在地球的弟弟已经度过了九十年，成为九十三岁老人。这种解释中，其实时间膨胀效应是在双生子本身，而不在时间描述本身。在这里，时间的周期性单位年在两个运动参照系中仍然是同一的，时间膨胀效应是以绝对时间单位来描述的，所以，这种效应就是客体本身的，是具有本体论意义的。这和我们现实社会中“越活越年轻”现象是完全不同的。有人刻意篡改年龄，给自己减去几岁使“越活越年轻”，但这只是形式和描述意义上，而不是生存论意义上的自己。但从双生子佯谬的解释中，时间膨胀效应不是描述意义上的，而是生存论意义上的，由于时间膨胀效应使高速太空旅行的哥哥只有六岁的意义是他仍然是小孩，而不是小老头。按这种解释，时间膨胀效应似乎确实使以不同速度运动的客体之间的时间测量失去了统一性意义，时间也就是个人的而非普遍性的形式了。

对爱因斯坦广义相对论的物理意义解释同样产生了时间个人性现象。广义相对论是讨论在引力弯曲空间形式而非各向同性平直空间形式下，自由运动观测者对运动状态的物理运动定律描述的相对统一性，是解决科学定律形式相对不变性的普遍有效问题的，故导致时间是个人性而非普遍性的就是引力而不是速度。

按照史蒂芬·霍金、列纳德·蒙洛迪诺在《时间简史》的叙述，引力影响时间现象早就被爱因斯坦关注。“广义相对论的另一个预言是，在诸如地球这样的大质量物体附近，时间应该显得流逝得较缓慢一些。爱因斯坦在1907年就首次意识到这一点，这比他意识到引力还会改变空间形状要早5年，而且比他完成他的理论要早8年。爱因斯坦利用他的等效原理推导出这个效应。”①

为了将相对性原理从自由运动的观测者即相对做匀速运动的参照系这一限定条件扩展到相互之间做加速运动的参照系，即把狭义相对论扩展为广义相对论，爱因斯坦首先建立了等效原理，从而成功地把对相互做加速运动的参照系的时空坐标关系分析转化为在引力场中的关系分析。按照《时间简史》所述，所谓等效原理就是指在足够小的空间区域中，不可能区分你是静止地处于引力场中，还是在空虚的空间做匀加速运动。其实，这个原理并不难理解，在足够小的空间区域实际上是指在均匀引力场这个易于分析的简单条件下；而处于引力场中和在空虚的空间做匀加速运动的等效性则是符合我们的经典物理学知识的，它并不是指两件不同事情。它的真正意义是说，我们处于均匀引力场中和在空虚的空间做匀加速运动是同一件事，只是从不同角度去分析和描述的两种不同表述而已，在均匀引力场中是原因，做匀加速运动是结果，它们构成一个完整的因果关系事件。在均匀引力场中不做匀加速运动的物体不存在，做匀加速运动的物体没有受到均匀推动力的情形也不可能存在。所以，等效原理的真正含义为：加速运动对参照系时空坐标描述的影响，可以从加速度引起的运动速度变化这一结果状态去分析、综合，也可以从引起加速运动的均匀引力场这一导致加速运动的原因去分析和综合；从速度出发和引力出发去思考都是符合逻辑的，它们的结果是等效的，但加速运动导致速度变化而非常量使描述复杂化，而均匀的引力是常量，它的作用描述更简单。因此，在推导相互加速的参照系之间物理定律不变性条件下的时空坐标变换关系时，用引力去等效加速运动比直接从加速运动现象中建立因果联系要简单、可行，并不需要再考虑引力带来的不同观察者之间的加速效应，把普遍的非惯性系消除引力效应后变成普遍的惯性系。这就是等效原理的真正意义和作用。

当然，等效原理还有一个假定，即引力质量和惯性质量是同一的，否则等效原理不成立。对此《时间简史》用思维实验去解释。首先设想加速运动参照系之间的情形：宇宙飞船在加速前进的时候，在宇宙飞船前端的观测者以每隔一秒一次的间隔向在后端的观察者发出信号，由于加速作用，信号从发出到被接受所经过的路程比匀速运动时要短，在信号速度不变的情况下，接收信号者观测到的信号间隔将小于一秒。所以，在加速运动系中，由于加速运动的影响，在飞船不同位置的观测者对时间得出不同的观测值。因此，在飞船前端和后端的观察者对时间的测量有分歧。这个思想建立在简单的运动速度、路程、时间的关系上，并不难理解。

接下来的事情就难以理解得多了。因为，按照霍金对爱因斯坦广义相对论的解释，根据引力和匀加速运动的等效原理，由匀加速运动引起的时间观测在飞船前端和后端之间的分歧，和在静止引力场的宇宙飞船中首端和尾端的观测者对时间的测量存在同样分歧。简言之，由于引力和匀加速运动等效，那么，由匀加速运动引起的时间观测改变效应同样发生在引力作用的效应中，即引力改变时间流逝的快慢。

这确实反直觉，难理解。引力影响时间流逝的意义是什么？难道时间真的像江河之水一样受压力影响时而缓缓流过，时而瀑布飞扬吗？好像是，只不过影响时间流速的不是水压，而是引力而已。我们可以感觉乃至用科学准确描述水流运动的快慢，但我们虽然可以用广义相对论从思维中建立引力影响时间流逝的理论，却无法从感性直观中去想象时间流逝快慢是怎么回事。难点首先在于我们不能看见时间究竟是什么。如果不知道“时间”究竟是什么又如何想象它能流逝得快一点或慢一点呢？引力影响时间是凡夫俗子最难理解的命题之一。我就是凡夫俗子，无法理解引力影响时间流逝的物理意义是什么。

为了对引力改变时间给出经验说明，科学家们做了实验。“1962年，人们利用安装在水塔顶部和底部的一对非常精密的钟表，检验了这个预言。在底部的钟表更接近地球，发现它走得较慢，和广义相对论精确地一致。……随着依赖卫星信号的非常精密的导航系统的发明，在地球上方的不同高度钟表的速率之差，目前在实用上非常重要。如果无视广义相对论的这个预言，计算得出的位置会差几英里。……时间流逝同样影响我们的生物钟。假如一对双胞胎中的一位在一座山顶上，另一位留在海平面上，则第一位双胞胎比第二位衰老得更快。”②

引力改变时间的最终意义是结束了时间的普遍性又使之回归到个人时间，它不仅是相对时间，而且是主观时间。尽管科学理论和实验似乎都证明了这一点，但对它的理解同样是扑朔迷离的。

三、时间的幻象

相对论引发的时空观革命对人类的思维冲击是巨大的。尽管大多数人并不真正熟悉相对论，即使是少数几个熟悉相对论的学者也未必能在时空统一性乃至世界统一性的意义下完整、准确地理解相对论时空观的本质和意义，但时空隧道和时空穿越已经家喻户晓并深入人心。在对相对论时空概念似是而非的理解中，大多数人把抽象的相对论时空概念等同于人类的感性经验中的直观，把思维中的想象等同于实在和现实的事件过程，这就是人类的时间幻象。时间幻象的另一时髦名称叫穿越，即人类利用相对论的时空效应，能够通过所谓的时光隧道穿越时空，从而实现随意掌控因果过程的自由。这种穿越时空的时间幻象叫作时间旅行，尽管它还未成为现实，但人们基本上相信科学家们基于相对论的预言，认为从理论到现实只是迟早的事，认为这是有科学根据的。

时空穿越的形式之一叫向未来方向的旅行。这里向未来方向时间旅行是有特定含义的。它的意思是说，尽管观测者们的时间都是向前的，但是，由于相对论时间效应，使得时间对不同引力场中和不同速度运动中的观测者不同，使得某些观测者的时间流逝得比其他观测者要快，当某些观测者还在度日的时候，另一些观测者或许已经度月或年。由于时间旅行过于抽象，我们不妨把它转换为空间旅行来理解。比方徒步旅行者1天旅行50公里，而坐飞机旅行者1天旅行1万公里，所以，乘飞机旅行者已经先到了前面的空间，实现了空间旅行。

时间旅行的逻辑是时间的个人性度量，它的完整的理论基础是对相对论时空观的一种理解：时间不是绝对的，每一事件在由一个称为时间的数来标记的时候，经典时间观认为这个标记一定是唯一的，所有好的钟在测量两个事件之间的时间间隔上都是一致的；但相对论指出，不能以唯一的方式标记事件的时间，每个观测者的时间测量都是个人的，而不是唯一的。正是时间的个人性特征，使得那些时光流逝快的观测者能捷足先登，先到未来去旅行一遭。按照这种时间旅行逻辑，如果某人有了时间旅行的本事，那他完全可以领先其他人先期到达某一时刻，成为预言未来的先知，甚至在开奖之前赶回来购买彩票，下注球赛，靠的不是运气，而是向未来时间旅行的本事。

按照时间旅行理论，实现时间旅行的技术装备和手段并不神秘，这种可以自如掌控时光速率的东西是时间机器，宇宙飞船就是地道的时间机器。在双生子佯谬故事中，接近光速运行的宇宙飞船中的哥哥就是在时间旅行。但认真琢磨，时间旅行的含义其实是费解的。在强引力场或非常高速运动的参照系中时光流逝得慢一点，那么，究竟是静止于地球的我们已经到未来旅行了呢？还是时间机器中的观测者先到了未来呢？如果两个参照系中的时间单位是同一的，那意味着高速运动的观测者的时间流逝得慢，其意思是他们比低速运动的观测者更慢来到现在。但更慢来到现在是指时间而非空间或速度的时候，我们能理解它的物理意义吗？我们的现在与他们的过去是时间描述坐标中可以重合的时间点吗？或者至少它们是可以比较的点吗？在这些问题得到规定并得到合理解释以前，不但向未来旅行的物理意义是难以理解的，而且其在纯粹的数学描述上也是不完备的。

现在让我们来分析向未来时间旅行的描述中逻辑和概念的含混性和不完备性。首先，我们来考察时间的个人性的含义是什么。广义相对论超越了绝对时间观，用相对时间去描述事件的时间形式，即在不同速度的参照系中称为时间的描述变量的单位是不同一的。但是，相对时间和个人性时间是同一的吗？对此可以做同一亦可做不同一的理解。把它们理解为同一性概念的时候，就是把相对时间理解为它表明在不同运动速度参照系之间描述事件的时间变量的单位长度是同一的；把它们理解为非同一的统一性概念的时候，就是把相对时间理解为它表明在不同运动速度参照系之间描述事件的时间变量的单位长度是不同一的，因而必须按照一定的逻辑关系去把它们统一起来，才能得到对时间过程的合理解释。事实上，相对时间是不同一而按既定统一性关系统一起来的时间描述形式，这种统一性关系就是洛伦兹变换。从统一性去理解时间相对性的时候，时间个人性是相对的，但时间的统一性是绝对的。狭义相对论的本质意义就是揭示了接近高速运动参照系之间时间描述的时间变量单位的相对关系，这种相对性的统一关系使不同参照系中的事件描述及时间变量是统一和可理解的。

把时间相对性和个人性作为同一概念的时候，如果不同参照系的时间单位是不同的，向未来的时间旅行有物理意义吗？没有。因为两个参照系中的时间是完全相互独立的，它们之间的数量关系根本就没有可比性，我们根本不知道变速运动参考系中的三年和相对静止参考系中的三年是否一样长久，因此根本无法判断是谁先到了未来。最简单的事实是，在月球上度过一昼夜和在地球上度过一昼夜，两个昼夜之间的个人时间是没有可比性的，地球的自转周期和月亮的自转周期是两个完全不同的量，两个球体的昼夜是完全不同时长的时间周期。把不同参照系中时间相对性描述当成相互完全独立的个人时间，由于这种个人时间的独立性，使不同参照系之间的时间失去了可比性，因而没有描述两个参照系之间的时间关系的意义。但局限在自身参照系中，时间本身相对性即和速度或引力的关联即它和速度、引力的函数关系不复存在，根本就没有时间相对性和个人性问题。人们忘记了这样一个事实：时间形式描述对速度的函数关系中所指的速度并不是客体的速度，而是不同参照系之间的速度。对于任何一个独立坐标系中的事件或观测者而言，所谓时间快慢或到哪个先到未来是没有任何意义的。因此，对纯粹个人性时间描述形式而言，根本就不会产生先到未来旅行的命题。所谓时间相对性并不是指时间的个人性，而是指不同参考系中时间描述形式是依赖于相对参考系本身的，不同参考系中的描述要统一起来，本质上就是把时空形式统一起来以保证描述形式在相对参考系中的不变性。这正是伽利略、牛顿、洛伦兹、爱因斯坦对人类文明贡献的精髓所在。

所以，到未来旅行只有在不同观测者所依据的不同参照系之间的时间尺度的比较中才可能。但是，在这种时间相对性的描述中，相对运动参照系之间的时间描述变量的单位长度度量由于与相对参考系之间的速度有关，因而具有相对性，相对论说是和观测者的运动状态有关。但这些相对运动的参照系中相对独立的时间单位的度量或意义的独立性是相对的，不是绝对的。就是说，它们只有在自身坐标系描述下才有确定性的物理意义，而超出其描述坐标系范围就必须从不同参照系时间描述的统一性关系去理解，这种统一性关系不是随心所欲的，而是由相对论的洛伦兹变换关系制约的。当按照相对时间描述统一性关系去理解同一物理事件在相对运动的坐标系中的时间描述形式的时候，时间过程一定是统一的，不同参照系中的不同时间单位长度只是一种相对性描述形式而已，无论从哪一个参照系来描述时间，物理规律不变，描述物理定律的时间变量的单位长度意义不变，两个坐标系之间的时间统一性关系也决定了时间变量之间的转换一定是协调的，即时间单位是不同但又是由洛伦兹变换统一着的。就是说，根本就不会产生向未来旅行的问题。

向未来旅行的命题和双生子佯谬一样，已经偏离了爱因斯坦相对论的本意。他不只驳斥双生子佯谬，还说，时间只是幻象。

对相对论时空效应的登峰造极的创造性幻象是逆时间旅行，回到过去。相对论革命确实极大地改变了人类世界，我们不仅推断宇宙起源于大爆炸，还追求能回到过去改变历史，使历史成为可以由如果和选择来描述、创造的。如果逆时旅行能够从理论和梦幻变为现实，那将是宇宙中最辉煌的成就，因为到那时人的生命就不只有一次，人就能随心所欲翻新历史，人类就达到至高无上的自由。对生的留恋、死的恐惧的本能引诱人类沉浸在持续不衰的“穿越”高潮体验之中。两千多年前秦始皇派大批人马到处为他寻找长生不老的灵药，在当今穿越狂潮的相形之下只能是小巫见大巫了。据说时空穿越是以科学为根据的，是可以为全人类普遍利用的，甚至能让每个个人时间凝结在个人的巅峰体验时刻，这种世界比理想共产主义更理想。

不妨回顾人类当代为逆时间“穿越”而奋斗的“丰硕成果”。

科学家告诉人们，实现逆时旅行的一种可行办法是制造一台超光速的时间机器。按照相对论，时光流逝和运动速度有关，当实现超光速运动的时候，你就实现了逆时间旅行，就是说，以超光速运动的观测者不是在飞向未来，而是在飞回过去，或者说，你的超光速时间机器在今天出发，而在昨天已经到达。

向过去时间旅行比向未来时间旅行更具梦幻性。向未来时间旅行是由于时间机器的时间跳跃效应使其中的观测者捷足先登，而向过去时间旅行颠倒了传统因果关系，因为它把事件过程的顺序完全颠倒过来。比如我们在逆时旅行中，今天早上从地球以超光速出发飞往比邻星，并可以预测将于昨天下午到达。但对这种颠三倒四的时序表达，如果不是梦幻，还能做何种生存论或物理世界意义的理解呢！

限制逆时旅行的是爱因斯坦的相对论本身，因为它在前提下已经假设光速是最高速度，限制了我们超光速运动的可能性。因此，追求逆时旅行的一个现实手段就是打破光速壁垒。这种不懈的努力据传已经见到了曙光，因为据说经过反复试验，科学家们已经测定证实中微子具有超光速的本领。这对于追求逆时旅行者来说是一大福音，因为它证明光速壁垒不是牢不可破的，一旦突破光速壁垒，制造超光速时间机器就不再是梦了。

但这只是不切实际的幻想而已。中微子是实体粒子还是波呢？如果是波，那它的速度就是波的速度。如果中微子传播速度超越了可见光速度或者是人类关于各种波的观测速度，那只能说明以前对光速理解不全面，测量精度不够。中微子如果本身就是波的一种，我们说光速实际上是指真空中的波速，因而说中微子超过可见光光速可以理解，但说它超波速就不成立了。在逻辑上，相对性理论的光速不变性的广义理解是波速不变性，光指的是光波。相对性理论是由麦克斯韦电磁场对电磁波传播的统一性描述和牛顿方程的不协调性引出来的，把光速的不变性完整理解为光波或波传播速度不变性时，就会发现中微子超波速没有意义，超现实波速实验测定也没有逆时间产生的意义，因为它就是波速壁垒本身。

退一步，姑且把中微子作为实体粒子，且它的运动速度已经超出波速，时间能倒流吗？不会。因为一旦出现这种情形，就意味着爱因斯坦相对论的前提假设被证伪，相对论已经失效，因为超出光速就超出了相对论关系的定义域，相对论对超出光速的运动描述是没有意义的，按照它的理论描述去设想的时间机器也是没有意义的。一方面否定时间机器理论的定义域使之没有意义，一方面又坚守时间机器理论去在它的定义域之外滥用，去幻想一个可以超光速旅行的时间机器，以子之矛，击子之盾，如何？穿越论者忘记了，相对论已经在逻辑上为超光速时间机器实施了结扎手术，静止质量不为零的客体到达光速这一相对速度时将导致能量无限大，这是不可能事件。其实时间穿越和时间机器根本不是科学幻想，更不是什么科学理论。

科学家们追求的逆时间旅行还有虫洞理论。在广义相对论中，允许一种爱因斯坦和纳珍·罗森称之为“桥”而当代科学家称之为虫洞的东西存在，它指在大引力产生的时空卷曲效应中，可以在相距遥远的A、B两点之间建立一个时空细管来抄近路，这个时空细管就称为虫洞。按照科学家们的解释：“我们可以想象去建立或者发现从我们太阳系通往邻近比邻星的一个虫洞。尽管在通常的空间中地球和比邻星相距200,000亿英里，而通过这个虫洞的距离却可能只有几百万英里。如果我们通过虫洞传递百米赛事的消息，可以比开幕早很多到达。但是后来一个向地球飞去的观察者也应该找到另一个虫洞，使它能从比邻星的赛事开幕之前回到地球。因此，正如其他可能超光速旅行一样，虫洞允许人们逆时旅行。”③

这种由虫洞或罗森桥的时空细管捷径来实现逆时旅行的想法也是令人费解的。首先它已经把时空弯曲实在化，并不明白空间依然是三维各向同性空间，只不过其中引力分布不均匀而已。退一步说，即便空间是实在且被弯曲，也无法实现逆时旅行。因为无论是二十亿亿公里还是二百公里，只要不超光速，观测者返回或信息传递所需要的时间一定是正的，就一定要耗费时间，那么逆时旅行如何产生呢？可能这里的逆时旅行有相对性意义，即捷径缩短了时间，对同一事件而耗费了不同时间而言，以耗时长的事件过程作为参考，则耗时短的事件过程似乎就是逆时旅行的。但这种比较本质上没有任何时间逆行的意义。这相当于，局长从广州坐飞机到北京开会，科长只够格坐火车前往，局长的飞机抄近路先到了北京，所以局长对科长而言做了逆时旅行。这种逆时旅行概念只是废话，没有任何逆时的意义。逆时一定是对自身时间流逝方向而言的，否则我们的一切时间过程就既是顺时的又是逆时的，随你描述的参照对象而定。这种随意性时间之中，世界的因果、顺序是混乱的。但世界是不会离开它自身的必然性规律运动的，混乱的只是那些追求逆时旅行的人的脑中的思维。所以，还是爱因斯坦那句话道出了时间的本质：时间什么都不是，只是幻象。

相对论的时空观革命激发的时光倒流和逆时旅行的“穿越”狂热以各种形式渗入现代人的观念中。但幻象毕竟是幻象，还没有发现逆时旅行的任何证据。但大多数坚定的逆时旅行论者认为这只是时间问题，人类早期关于上天下水的幻想都已经在飞机、宇宙飞船乃至潜水艇这些发明中实现了，逆时旅行的科学幻想有相对论作为科学基础，时间机器或弯曲时空的实现、超光速运动等，只是时间问题，它总会像飞机、潜水艇那样成为现实。

但是，这些狂热的“穿越时空”者可能没有意识到逆时旅行问题的严肃性和严重性，就像当年制造核武器的人们没有预见到它对人类带来的严重后遗症一样。按照他们的逻辑，其实人类早已经实现了逆时旅行。为什么这么说呢？因为确信未来某一天人类实现了超光速运动，实现了逆时旅行的话，这意味着什么呢？比如说在公元3000年以超光速出发，则可以在古希腊时期就到达，和亚里士多德一起探讨时间的绝对性和相对性问题，让这位古希腊百科全书式学者的文化宝库中再增加时光倒流和弯曲时空的新内容，并让它成为事实。那么，我们现在是认为时间倒流已经实现了呢？还是没有实现呢？这是不折不扣的二律背反命题。时间旅行带来的最严重的问题在于，它彻底摧毁了一切因果性逻辑关系，我们引以为豪的一切因果知识都将陷入无序和混乱之中。我们由于具有了逆时旅行的最高知识和超越传统的巨大能力而失去了一切知识、思维、分析及操作世界的能力，最要命的是，人类将彻底失去历史，人再也不是人。

比如，野心家可以像穿越剧中的主人公那样回到过去，带着机关枪、大炮乃至原子弹将嬴政扼杀在襁褓之中，那么还有秦始皇统一中国的历史吗？更直接地，假如你逆时旅行回到五百年前谋杀了你的祖先们，你还能存在吗？这些悖论该如何解决呢？逆时旅行不仅仅是一种数学描述，而是关于物理世界中的事件描述，如果它彻底摧毁了这个世界的统一性，摧毁了世界运动变化的因果关系过程，实际上也就宣告了我们关于世界的一切科学知识都是虚幻的，世界并无规律可言。但果真如此，相对论和时间机器所引以为据的科学规律还是科学规律吗？没人能说清楚。

在科学领域前沿的科学家们自然明白这些问题的严重性，并努力在协调和解决。史蒂芬·霍金在《时间简史》的第十章对此有详细的讨论。他指出，既然物理定律似乎不排除时间旅行，但依然有其他理由去质疑。第一，为什么从来没有来自未来的人逆时旅行到我们时代，告诉我们如何实现逆时旅行。其原因在于我们观察了过去，发现它并不具备允许逆时旅行的时空卷曲，所以，过去是固定的但未来则是未知的。第二，为什么我们不和历史过不去呢？霍金认为，似乎有两种方法解决时间旅行导致的悖论。第一种是协调历史方法，虽然你能回到过去，但不能为所欲为，有回到过去的本事却没有改变历史的自由，你仅仅是跟随着历史而已。在协调历史方法中，历史是不可改变的，将来也是注定的，回到历史但协调历史从而避免了悖论。

协调历史方法实际上只是不切实际的一厢情愿。回到历史旅行只能静观不能干预历史根本不符合逻辑，那跟我们天天阅读历史书、观看历史剧是同一概念，并没真正回到历史。世界统一性原理的基石就是世界的普遍联系和永恒运动，人类历史就是这种普遍联系的统一世界的一个部分，这个部分是既在空间又在时间形式之中的相互联系并和整个世界不可分割的。回到历史本身就已经干预了历史，不干预只是一种纯粹抽象。回顾人类历史过程，我们所熟知的历史都是人类创造的，并且是充满了血和火的历程。历史不是纯粹按理想去构建的，而是同时由利益、欲望驱动并由实力来决定历史方向的。看看那险被灭绝的非洲人，想想蒙古铁骑如何横扫欧亚大陆在世界上大规模播种他们的基因，就能深谙历史对我们的意义。一旦可以回到历史，人类以铁和血创造的历史就再也永无宁日。看看当今人类文明冲突的不对称战争理论，一旦成功回到历史，向历史进攻将是弱者不对称战争的最经济最切实可行的手段，于是，那时我们必须保卫历史，以保证我们不在文明的早期阶段被消灭。保卫历史的代价是巨大的，同时将又彻底改写人类历史，这就是悖论，期望协调历史是一种空想。一旦打开逆时旅行的潘多拉宝盒，人类将陷入历史灾难。打开核裂变的宝盒已经给人类自身安全带来了无尽的困扰，回到历史的成功也可能是人类文明大厦的坍塌之时，究竟后果如何，没有人可预知，但绝不是美妙的协调历史。最有可能的是进入历史冲突和现实冲突交错的时代。但细一想，回到过去已经把历史和现实的距离抹平了，实际上没有了过去，没有了历史。

解决逆时间旅行佯谬的另一种可能方法是历史选择假想。“其思想是，当时间旅行者回到过去，他们进入和记载的历史不同的另外的历史中去，这样，他们就可以自由行动，不受和他们原先历史相一致的约束。”④但历史选择假想更糟糕。我们有和自身无关的历史吗？人类的历史和宇宙演化的历史是可以不统一的，是可以绝对地割裂开来的吗？和历史记载不同并不意味着它不是我们历史的一部分，假如欧洲人随心所欲地干预亚洲人的历史，亚洲人随心所欲地改变非洲人的历史，即使我们没有在父亲出生之前谋杀了祖父母而导致悖论，整个人类历史也绝对是不协调的，宇宙的演化史也是不可理解的。也许，这种历史选择假想的范围只能在我们的宇宙之外。但宇宙之外有意义吗？不知道。我们所能确认的是，它仍然只能存在于痴狂追求逆时旅行者的幻想之中。

所以，作者在《时间简史》的虫洞和时间旅行这一章总结说，“如果我们接受我们可称作时序防卫的猜测，就能避免这些问题。就是说，物理学定律共同防止宏观物体将信息传递到过去。这个猜测还未被证明，但是有理由相信它是真的。其原因是，当时空翘曲可能旅行到过去时，利用量子理论的计算显示，不断绕一个闭合圈环运动的粒子/反粒子对能够产生足够大的能量密度，赋予时空以正的曲率，抵消了允许时间旅行的翘曲”⑤。这对时间旅行幻想的总结归纳是很具智慧的，实际上它已经否定了时间旅行的可能性。当然，这里把时序防卫作为一种未经证实的猜测而给时间旅行留下了一线希望。但所谓时序防卫的本来意义是什么呢？它应该如何证明呢？它能被经验证明吗？

时序防卫实际上就是时间不可逆性的本性而已。因此，要理解时序防卫，就要回到时间本性和本质的研究，在对时间本质的理解中寻找消除时间旅行的充足理由。

第二节　时间的本性和本质

我们之所以时而把时间当作幻象迷惑不解，时而把它当成实在想要穿越时空进行时间旅行，是因为我们已经忘记了时间是什么。说得更加准确一点，我们实际上并没有严谨而认真地思考时间是什么这一根本问题。在世界统一性理解中，世界没有悖论。时间悖论表明了我们的时间概念缺乏统一，对时间现象的理解没有以时间的本性和本质的合逻辑认识和理解作为根据，因此所谓时间悖论或佯谬只是一些意见而已。对时间现象的理解，必须建立在对时间的本性和本质的统一性概念之上。所谓时间的本性是指时间究竟是什么，它是东西抑或不是东西；时间的本质则是指时间之所以为时间的根据，是时间的独特规定性，时间的本质把时间和非时间有根据地区分开来。有了时间本性和本质的统一性认识，我们就不会再在时间幻象中被迷惑，也不会再为时间悖论所困。

一、时间的本性

人们描述在时间中跳跃及逆时间旅行这些现象的时候，或许并不知道，他们已经把时间当作实在存在了。但时间究竟是形式还是客体存在，这是关于时间是什么即时间的本性的思考，是首先要深入批判和考察的命题。

康德的批判哲学把时间规定为人类感性认识客体世界的先天形式之一，是空间和时间这两种先天形式使人类的知性认识能把杂乱无章的感性认识综合归纳为普遍有效的客观知识。所以，康德指出，空间和时间都不是概念，而是直观。空间、时间具有经验的实在性，有了空间、时间才有经验产生，经验和时间、空间不可分；但空间、时间又具有先验的观念性，即它在和经验结合之前只是观念，即形式，而不是具有经验内容的概念。所以，时间和空间一样，是人类经验及知性认识客体世界的描述形式，它是描述世界的，而不是在世界的经验中被认识和描述的，所以它们是先验的。空间作为认识世界的形式的根据是自明的感性直观，那么时间能直观吗？康德把时间称为人类感性直观的内感官形式，即人类的感性能力从空间中建立起来的表象即感性认识不再在空间形式里面，而是在时间形式里面。“外部现象只要被意识到，它们就成为意识中的表象，从而就必定从属于时间。所以，空间只是外部现象的形式，时间则直接是内部现象，间接是外部现象的形式。”⑥

完整地把握批判哲学的时间观并不容易，在此也无必要。康德把时间作为我们认识世界的形式，而不是世界之存在客体的这一思想是合理的。我们在此需要就时间是形式而非客体存在这一关乎时间本性的首要问题进行深入探讨。

以时间为题并且引起最广泛关注的著作包括史蒂芬·霍金和列纳德·蒙洛迪诺合著的《时间简史》，该书曾荣登《伦敦星期日时报》畅销书榜首长达237周之久，全球平均约每750人就拥有一册，这也是我此生最喜爱的著作之一，在《世界统一性原理》中你可以发现它对我影响之深，它是启迪《世界统一性原理》智慧的重要源泉之一。《时间简史》以科普的形式，归纳和总结了人类关于时间观念变化的简明历史，所以说它是以时间为对象的。但浏览过此著作的读者不难发现，书中时间自始至终都不是这个世界的主体或客体，而是对这个世界演化过程进行描述的基本形式，性是观而非体。所以，《时间简史》并不是把时间作为主人翁，而是以宇宙作为主人翁，在对宇宙演化的认识不断深化过程中，从人类用以描述宇宙本性和演化过程的相应的时间形式的变化中，展开了人类对宇宙产生、发展、运动认识的一幅幅壮丽画卷。《时间简史》虽然是科普读物，但它是科学性和形而上学思维非常浓郁的严谨著作，它是人类关于宇宙起源、演化及命运这些最激动人心的重大问题认识成果的高度综合，是用不熟悉宇宙学的读者可以理解的文笔去介绍诸如关于宇宙我们知道了什么，如何知道这一切，宇宙从何处来，又向何处去等等一系列重大而又基本的问题。为什么不叫《宇宙简史》而叫《时间简史》呢？因为人类认识史上每一次关于宇宙认识的重大革命，都伴随着关于宇宙认识描述形式的时空观念的革命，关于时间描述形式的演变即相对时间观的建立是人类认识宇宙最根本的革命，这正是人类认识宇宙的精髓。它最精华之所在在于最普遍的统一性描述的时间形式之中。

《时间简史》的立足点是二十世纪物理学的相对论和量子力学这两大科学成就，以及由此引起的人类关于宇宙膨胀、宇宙大爆炸的认识以及建立量子引力来追求物理学力的统一的尚未完全成功的那些努力。一个由大爆炸为时间起点产生的、不断膨胀和演化着的动态宇宙取代了传统牛顿物理学中的循环不变的宇宙图景。对这两种宇宙图景的最精炼的概括就是相对的时间观取代经典的静止、绝对的时间观。从人类对世界认识的这种历史性总结中，我们可以发现，作为画龙点睛的时间，它不是世界本身，也不是世界演化的事件本身，而是世界演化的形式，离开时间是无法理解世界的。无论是在牛顿经典理论中，还是在相对论和量子力学中，时间都是形式，只不过是不同的形式罢了。反过来说，恰恰因为时间是描述世界过程的先天形式，它的演变就从最普遍、简洁的形式转变中揭示了人类对世界认识的转变，用《时间简史》来归纳对宇宙演化过程认识的发展，恰如其分。

因此，无论是亚里士多德、牛顿、康德还是爱因斯坦，在他们的世界知识体系中，时间都只是描述世界的形式，而不是世界的存在者本身。爱因斯坦狭义相对论的真正意义是什么？是在高速运动的不同描述参照系之间空间描述形式和时间描述形式的变量之间的统一性变换关系，它所涉及的只是世界事件的描述形式，根本不关乎具体的世界客体运动过程。然而正因为是形式的转换关系，它就是普遍性的，即保持所有的物理定律在相对运动的不同参照系中的描述关系的相对不变性，它对一切具有具体内容的物理定律有效，因而它对世界认识的影响就是根本性的，是对整个宇宙范围的认识有革命性意义的。凭这一点，我们就可以把宇宙演化认识史概括为时间简史。

《时间简史》从时间形式的演变去描绘宇宙的演化，它的主体是宇宙，运动是宇宙的运动，所有它探讨的事物本性是着眼于宇宙本身，即思考世界的本性的，对时间的思考则是围绕着它的描述形式演变进行的，没有专门对时间本性进行思辨，也没有把时间作为描述形式从描述中进行内容和形式的细分。认为《时间简史》的时间是形式范畴，这应符合作者的真实意图，符合爱因斯坦关于时间的基本观念，也符合世界的本性及人类认识的特性。但是，由于经典的时空观特别是早期静止的时空观，把空间、时间作为实在者大有人在，如果不对时间、空间的本性进行反思而坚守空间、时间是先天形式的信念的话，即使在用现代相对时空观去思考世界演化过程时，也会不自觉地回到既相对又实在的时空观中，导致莫名其妙的悖论。把时间作为形式而非实在是消除时间悖论的最基本前提。

时间和空间一样，它作为描述客体事件的形式变量，是世界事件函数关系描述的自变量，是在其定义域中连续的，它的形式本性、先天性的充足理由就是它的连续性。这种基于连续性的先天性的根据，在空间性形式中已经详细讨论，无须赘述。但时间的先天性具有与空间先天性不同的特点，这是需要专门讨论的。

时间和空间先天性的不同之处在于它们的经验实在性是不同的。空间的经验实在性是直接性的，就是说，当我们用先验的空间形式去建立实在客体的感性经验认识的时候，空间形式就必然直接融合于感性经验认识之中，故一切关于实体的感性经验必然包含空间形式。反之，我们同样可以说无先天空间形式则无任何关于实在客体的感性经验认识之可能。但时间形式不同，它的经验实在性是间接性的，就是说，当我们用先验的时间形式去描述客体事件的时候，它并不以关于客体的直接经验为描述对象，而是以关于客体直接经验所建立的空间形式中的认识为对象。所以，空间性具有直接经验实在性，时间性则只有间接的经验实在性，它并不体现在人的感官对世界的感知之中，没有人可以凭视觉、听见、触觉去感受时间或物体的时间性。所以，尽管空间和时间都是人类感性直观客体世界的先天形式，但空间是更为基础的，时间却是更加抽象的。空间形式是一切感性形式的基础，没有空间形式则无时间形式，但反之则不成立。这是时间先天性和空间先天性的显著区别。我们关于世界的感性直观一定首先是在空间形式中的，然后才可能是在时间形式中，并且时间形式一定包含空间形式，即间接经验实在性一定是包含直接经验实在性的。但是，离开了时间形式也得不出经验认识，因为认识源于经验，经验是历时性的，是由时间形式把历时性统一为经验认识的，时空形式之于认识源头即感性经验是不可或缺的。上面说空间形式的在先性是在逻辑而非过程意义的，感性具体认识内在机制是时空形式不可分割的。

空间和时间作为人类认识世界的形式，都是抽象形而上学的，但时间更加抽象，也更难把握。所以，尽管时间的描述形式只是一维独立变量，一目了然，但关于时间的这个简单形式的理解却是非常困难的，对时间理解的困惑还易产生悖论。因为时间形式描述缺乏直接经验实在性，更加抽象因而按常识和经验更难理解，更易误解。因为它不但是形而上的，还是更纯粹的形而上学。

当我们判定时间是形而上学的形式时，已经包含了它是抽象而非具体的判断。在逻辑上来说，只有抽象才有普遍性，具体一定是个体性的。我们尽管经常称具体时间，但这不是指时间具有个体感性具体形式，而是抽象的具体，它是普遍时间整体的部分。至此，我们申明，时间形式和空间形式一样，只有整体和部分而无可还原结构，时间同样是可以无限可分即连续的，并且是既无始点也无终点的，是在知性意义上抽象的无限形式，因而它可以成为描述一切有限过程的最普遍描述变量。《时间简史》中不是说时间有起点也应有终点吗？不是说宇宙大爆炸那一刻是时间的起点吗？没错。但那不是指纯粹先天时间形式的起点和终点，而是指宇宙创生和走向灭亡这一特定事件的特定时间形式的起点和终点，它是由事件决定的，而不是由纯粹时间先天形式决定的。

在时间是抽象形式和具备形而上学本性这一判断基础上，我们可以进一步考察上一节所提及的时序防卫假定的论证。

重复一下，所谓时序防卫猜测是指物理学定律共同防止宏观物体将信息传递到过去。称之为猜测是因为它还没有得到科学证明，不能称之为定律。但应如何去证明它呢？按照科学认识的逻辑，我们应该在经验中、实验中对之证真、证伪，像宇宙大爆炸理论那样，通过对大爆炸残留的宇宙背景辐射的预言及其经验证据证真，像1887年阿尔伯特·迈克尔孙通过以太运动从平行方向到与以太成直角方向的地球相对以太变化中产生的相干光干涉测定对以太证真或证伪。但是，这在逻辑上根本就是不可能事件，我们根本无法用实验来证明它的科学性。时间的时序防卫本性如果能由经验证明，那它就不是抽象形式而是经验中的实在了；如果它不是实在而是抽象形式，则关于时间的知识就是形而上学的，是只能从演绎而来的，故时序防卫是永远不可能得到经验证实的。

推敲一下，物理学定律共同防止宏观物体将信息传递到过去的意义是什么呢？这里物理学定律所涵盖的不是特定的具体物理客体经验抽象出来的认识对象，而是关于物理世界认识的全部知识的总体，宏观物体将信息传递到过去的关键之点不是物体传递信息，而是将信息传递到过去，这就是关于时间形式本性的描述。所以，时序防卫不是关于物理世界客体经验中抽象和综合出来的因果关系规律的陈述，而是关于一切物理世界客体描述的普遍的时间形式特征。说得更简明一点，就是指一切关于宏观物体的物理学定律描述的信息传递过程即时间形式意义上是指向未来方向的。所以，这不是一个经验描述，而是关于物理经验描述的先验形式的法则，它不是经验境域的命题，而是地地道道的形而上学命题。实际上，将时序防卫猜测进一步扩展就是关于时间之矢的形而上学命题，它包含在这样的普遍性命题之中：物理世界一切过程的时间之矢是不可逆的，它的方向永远指向未来。因为只有在不可逆时间形式中，才能建立一切过程的普遍因果关系描述，这是过程认识的普遍统一性先验地决定了的。只有在连续不可逆的时间形式中才有过程性因果普遍关系的可能，这就是时间连续不可逆的必要而充分的理由。

对一切形而上学命题而言，因为它是先验的，所以就不可能从直接经验去证明其合理性。实验、观察、假定、证真或证伪，这是对经验观察的客体行为而言的，而不是对认识的形式而言的，用经验去证明形式合理性那是开错药方了。为什么要把数学、逻辑学、空间、时间归纳为形而上学呢？因为这些学科知识所研究的对象不是可以直接经验的客体存在者的属性、行为或关系，而是关于经验对象因果关系认识所必需的普遍性的描述形式，它们是用来构造经验的因果关系的，而不是经验内容本身，因而所谓形而上学的就是关于非经验客体内容的，是纯粹形式的知识。既然是非经验的形式，它的合法性就不是由经验来检验和证明的，而是由逻辑合理性即协调性或统一性来判定的，是以符合自明的感性直观为前提的。时间作为内感官的直观形式，直观时间的不是感官而是思维，是关于事件过程认识的自明的思维中的直观，是普遍思维的而不是个体心理感觉和思维意义上的。能作为一切时间描述形式逻辑起点和根据的思维中的感性直观一点也不神秘，就是连续不可逆性。时间作为形而上学且又是内感官直观的形式，它的经验性是间接的，它必须在和内容相统一的描述中才可以通达经验，但经验证明的是内容和形式相统一的知识，而非纯形式的形式本身。爱因斯坦的狭义相对论是关于时间、空间形式变换的科学理论，它就是形而上学的科学知识。但相对论并不是直接用经验来检验的，而是由逻辑的一致性来建立合法性的。所有关于相对论的验证都是间接的，不可能产生对相对性时空变换关系的直接经验检验。

时间和空间都是描述世界客体的形式变量，但为什么我们需要两个不同的独立变量去描述客体世界的事件呢？为什么我们可以认为空间是而时间不是世界客体描述的必要条件，因而空间形式可以独立完成对客体世界的完整描述，而时间形式则一定建立在空间形式描述的基础上呢？这些问题正是区别空间形式和时间形式的关键，也是认识时间形式本质的关键所在。

我们已经把空间形式定义为感知具体客体的形式描述变量，它是关于客体存在本性描述的形式，我们是通过空间状态来确认并描述感性实体客体的存在的，故它是实体客体存在描述的必要且充分形式。而时间不是从描述客体世界的存在状态来规定存在之所以存在的描述形式，是从存在向演化过程的转换时产生的，是描述存在演化过程的形式变量，这正是空间和时间的不同。由于时间形式不是规定物体存在之所以是存在的描述，当我们对客体世界做存在性思考之时不需要时间形式，而思考存在的演化过程时则需要空间和时间形式。这正是空间形式能独立构造存在客体描述，而时间形式不能独立构造存在客体描述，时间形式描述过程一定在存在之基础即空间形式上的缘故。

康德把空间叫作外感官直观形式，把时间叫作内感官形式，其意义应如何理解呢？实际上，它解释了人对外界的经验感知是以空间形式来构造他的直观认识的，而对历时性过程的认识、对共时性认识成为思维中的经验而言，则一定是在空间形式构造的认识基础上的第二次构造，是在思维中构造的。时间是在思维中构造客体过程的形式，因而它对感性经验只有间接性，通过空间形式来间接直观客体过程。当康德从“在我们意识中的表象不是在空间里面，但必定在时间内”⑦来说明时间是内感官形式的意义时，就是意识自身成为现实必定隐含时间形式这一意义。我们的空间表象成为感性认识而在我们的思维内构造、储存、处理、运转的时候，是一定需要时间形式的感悟在先的，因为经验是过去时的。如果认识只是关于存在而与存在运动过程无涉，这个认识意义构建无须时间形式作为构建意义结构的自变量，在直接意义不涉及时间形式，但作为经验认识则在形而上学意义上是以时间形式为基础的，外感官的感性直观构建为感性认识的时候不一定要时间自变量描述不代表经验认识可以摆脱形而上学的时间形式。至此就可以解释牛顿力学定律及引力定律可以摆脱时间变量去陈述且具有整个时空定义域的普遍意义。

牛顿经典物理学理论的核心是引力定律和运动三大定律，其中引力定律、惯性定律、作用力和反作用力定律的描述形式是和时间形式自变量可以完全无关的，而加速度定律和时间有关系，即它是速度的时间变化率，速度又是路程的时间变化率，但也可以陈述为F=ma这一与t无关的形式。为什么呢？因为牛顿经典物理学理论主要是通过规律来描述世界稳定性的静态结构，而不是世界演化的描述，即它是关于存在本身运动和稳定结构作用关系的认识，而不是一套完整地揭示世界演化过程的理论。这些理论的应用当然涉及过程，惯性运动也是过程，但惯性运动规律本身不是过程性的，和时间变量无关，是更加抽象的规律性关系描述，甚至也是和空间性无关的，不能把客体存在的空间性是存在的必要条件等同于客体规律一定要空间性形式描述，那不是一回事。

牛顿经典物理学理论的主要时空特征是，时间、空间是完全相互独立的变量，而且是绝对空间和绝对时间形式的独立变量（承认空间描述形式相对性和在绝对空间形式中描述是相容的两个问题）。时间性不是一定建立在空间性形式基础上吗？没有存在何来演化？时间形式为什么可以脱离空间形式而成为独立变量呢？这个问题的答案在经典物理学的最基本抽象之中。最基本的物理学称之为质点动力学，即它的认识客体是可以不考虑其大小的质点。以前教科书说质点是没有大小的点，那是不严谨的。不是质点没有大小，而是在质点动力学中通过抽象规定性，不考虑它的大小对描述的影响和作用。质点动力学所描述的空间性是质点运动位置而非形状的空间性，当对形的空间性的影响和作用不予考虑的时候，空间性和时间性就是完全独立的变量，它们在时间描述中建立规律性联系，但作为变量本身，质点动力学中的空间和时间之间是没有相关性的。牛顿相对空间变换即伽利略变换也只和空间有关，时间是没有相对性的描述自变量，经典物理学是在相对空间和绝对时间为自变量基础上构建起来的。牛顿动力学的基本定律是符合逻辑的，是科学真理。

最后，我们考察现代物理学的相对论时空观。在相对论和量子力学描述中，科学家用一个称为时空的变量集合而不是相对独立的空间变量和时间变量形式去描述事件。空间形式为什么不再是独立描述的呢？这并不难理解。因为量子力学不是关于世界客体存在的理论，而是关于世界演化过程的理论，它所描述的客体不是不考虑其大小影响的质点，在最微观的量子力学领域，我们是无法不考虑粒子尺寸的影响的。这似乎很荒唐，牛顿力学把太阳、地球当作不考虑大小的质点来描述，量子力学却必须考虑粒子大小对运动及演化过程的影响。但这才是真正科学的认识逻辑，科学认识以对认识客体的抽象规定性为前提，牛顿理论和相对论及量子力学关于认识对象的规定性是不同的，它们在各自规定性条件下成立。不管客体是太阳、地球或微观粒子，如何看待它以其对对象的抽象规定性而定。此外，现代物理学把波动现象纳入描述范围，波动现象是无法用静止实体方法去描述的，静止无波，波只能在运动过程中去描述。相对论和量子力学都是因波而起，是为解决波粒统一性而建立，所以，它们都一定是关于世界过程的理论，它们的描述一定是以时间、空间为形式的。这就是为什么现代时间、空间观可以统称时空观的最根本理由之一。至于为什么洛伦兹变换中时空不可分，和伽利略变换有本质区别，那必须从运动本性去理解。最基本理由在于，伽利略变换只是物质质点在相对空间中的变换，相对运动参照系中的空间自变量是由伽利略变换统一的，时间变量的作用反映在空间变量的相对性中，而时间自变量本身却是绝对不变的；洛伦兹变换则把物体相对运动速度和光的绝对运动速度统一起来。要保证光速与参照系绝对无关，那就要通过时间、空间的统一变换了。否则，绝对时间描述的光速在相对参考系中一定是相对的。本体论是认识论的根据，光速绝对性是时间相对性的根据，主客体统一性是主客观统一性根据的原则是绝对不能动摇的。

综上所述，时间作为我们认识世界的形式之一，它是描述世界存在演化过程的独立变量，它的本性不同于客体存在，更不能把时间理解为具有实在本性的本体论意义的存在，它是认识过程的先验形式，不是经验中的过程，不是实在，不可倒流，无法穿越。因此，所谓物理学的时序防卫并不是客体存在的必然性规律，不是从现实经验中归纳出来的，也不是能经验证实的。物理学家把时序防卫纳入物理学经验范畴，已经在先地把时间作为经验中的实在，追求时序防卫的经验证明是永远不可实现的，南辕北辙只能离目标渐行渐远。所谓时序防卫并不是客体世界的本性，而是人类普遍意义认识形式的范畴，是人们对客体过程普遍因果关系认识的必要前提，是过程因果关系普遍性的必要条件，亦即构建过程因果关系普遍描述的独立自变量的本性。时序防卫的法则是时间作为客体运动变化过程的先验形式即自变量先验地决定了的。在日常生活中，我们实际把时间和过程作为同位语使用，认识时间的本质，就必须从时间形式所描述的过程中去寻找，或者说，时间的本质就是过程。

二、时间的本质

作为描述世界的形式，时间之所以不是其他形式，是由作为它所描述的世界中事件过程的独立自变量本性所决定的，时间的本质规定性必须从客体运动发展的过程中去寻找根据。在时间形式本身去寻找时间的本质实际上已经陷入循环论证，产生悖论不足为奇。

什么是过程？存在的状态不是过程，存在的状态演化才是过程，静态是结构，动态则构成过程。我们说世界是在统一性的普遍联系和永恒运动变化中的世界的时候，普遍联系不是过程，普遍联系的变化才是过程。对过程的认识是从存在到演化的认识，它们是不同而又具有逻辑上的因果联系的。存在是本体论意义上的，过程则是进展到本体论和认识论相统一意义上的，这是存在和过程的本质区别。

现实世界的普遍联系和永恒运动是统一的，是不可分割的。把世界的认识划分为存在和演化是思维中的抽象，我们在抽象中假定存在是静止的客体状态及相互关系时，是在不变的条件下去对客体世界进行描述，成为静态描述，又称共时性描述，即在描述中没有描述过程的变量，只有描述客体的状态变量。这种抽象的共时性状态是一切关于世界描述的最基本形式，因为更具体、复杂的描述是以共时性状态描述作为基础去展开的。在此基础上引入过程描述就上升为历时性描述，亦称动态描述，从对存在的描述上升为对存在演化过程的描述。于是，过程描述产生了描述过程的描述变量，这个变量就是我们称为时间的形式变量，时间概念从对过程的思考中产生，时间的规定性以过程的规定性为基础，时间形式和过程的本质在逻辑上一定是统一的。

我们称之为历时性过程的规定性是什么呢？它的本质是动态性，而不是静态不变性。它的普遍本质规定是存在演化的前后相继的规定性。我们说过程的时候，就是指一连串存在状态之间的演化关系，所有共时性状态的集合构成了历时性的存在演化描述。共时性状态集合必须满足两个规定性才构成具有普遍意义的过程描述：一是一个过程集合中的所有共时性存在状态是连续的，即在任何相继的两个状态之间还可以有中间连接状态，所以描述过程的变量一定是连续的。连续性是所有形式描述变量的必要条件，没有连续性的过程是不可科学描述的。比如，宇宙大爆炸理论对大爆炸起点那一刻的描述和整个事件不连续，我们把那一点称之为大爆炸事件的奇点，那一点上的事件并不纳入大爆炸理论描述的事件之中。所以，大爆炸理论可以预言、推测大爆炸发生百分之一甚至千分之一秒之后的过程中任何时刻的宇宙状态，并对预言和预测寻找观测和经验来检验。但在不连续的那t=0的奇点处，我们根本无法做出任何预言，科学理论在不连续的奇点之处崩溃了。所以，对过程描述的必要条件是描述过程的变量必须在其描述过程中具有连续性，这样我们的描述才能覆盖过程的任何时刻，这样的描述形式才称之为形式，才具有普遍性意义。所以，从过程的连续性本质中，我们可以得出描述过程的时间形式的最基本规定：连续性。

构成过程的共时性状态集合的另一个规定性是有序性，就是说，在集合中所有的共时性状态之间的秩序、顺序是固定不变的，是由规定性确定的。这个规定性就是前后的规定性，顺序就是前后关系。按这一规定性构建的统一有序的共时性状态集合才是过程性描述，打破这一规定性，颠倒了前后关系就使集合变得无序，就不再是过程描述。由过程描述集合的有序性可以推断，时间作为描述过程的形式变量一定是有序的，时间的有序性赋予了过程的有序性。为什么我们往往把时间和过程同一呢？就是因为时间变量的意义就在于用有序性集合去标记共时性事件集合的秩序，使这个集合成为一个完整的过程，而对于共时性状态的描述本身，时间变量没有任何贡献。因此，构建过程有序描述的时间形式的本质就在于它的有序性，即时间一定是按照过程前后相继关系的不可逆的有序形式去定义的。失去了不可逆的顺序，时间就失去了本质，就无法成为构建客体演化过程的自变量，过程就再也不是过程了。所以，不可逆性是时间之所以为时间的必要条件，是时间的本质规定性。科学家们说的所谓时序防卫，就是保证时间过程的序不颠倒，即保证时间不可逆性，从而否决了时间旅行。用时序防卫来否决时间可逆是智慧的，但企图去证明时序防卫却是缺乏智慧的。时序防卫是时间不可逆性本质，时间作为抽象先验形而上学形式，它的不可逆性本质是自明的。只要不把时间当实在，就无须也无法证明时序防卫命题。形而上学知识是演绎非经验归纳证明的。

连续和不可逆性是时间的本质规定，连续不可逆的时间独立变量赋予了客体世界的一系列共时性状态的集合是有序过程的本质。我们对普遍联系和永恒运动演化世界的认识和理解只有在过程中才是完整的，只有在有序性中才是可认识和理解的。所以，时间虽然不是实在，我们看不到它，也感知不到它，但我们在关于世界过程的观察、思维、理解的一系列领悟中离不开它，离不开这种玄而又玄的纯粹形而上学形式，它是我们认识、思考世界的先天形式条件，所以它又是和思维的主体最密切的。在我们的直觉和对直接经验的意识中，时间的连续性本质需要抽象的思维才能把握，但时间的不可逆性本质却是自明的。时光一去不回头，我们可以留住一切财富，唯独留不住时间。这是人类从对经验世界现实过程的直观中领悟而来的，时间不可逆性并不是一个需要争辩的命题。

相对论和量子力学的重要效应如时间膨胀、长度收缩、时空弯曲、测不准原理等是反直觉的。直觉并不是科学真理，但科学真理必须能解释经验。反直觉是可以理解的，但它必须能够通过反直觉的现象去揭示世界的本质，并解释我们许多原来无法解释的经验现象。真正令人难以理解的是“佯谬”，即这些理论衍生出来解释世界现象时似是而非的时间可逆性现象。“佯谬”是介绍相对性时空理论的科学家们解释时间旅行现象时制造的一个专用概念，但在凡人看来它和时间旅行现象一样令人费解。当用相对论的时间膨胀效应来解释双生子事件时，由于它违反直觉，人们觉得大谬不然，但科学家们告诫说这是真的，你觉得这荒谬只因为你固守在绝对的时间和空间观念里，从而觉得相对时空中的双生子事件不可思议，但它的这种荒谬只是假象，所以叫“佯谬”。“如果双胞胎中的一位乘宇宙飞船去进行一次长途旅行。他被加速到接近光速，则差异就大得多。当他返回时，他就比留在地球上的那一位年轻得多。这称作双生子佯谬，但是只有当你内心还有绝对时间观念之时，这才是一个佯谬。在相对性理论中不存在唯一的绝对时间；相反，每一个个体都有其自身的个人时间测度，这个测度依他在何处以及如何运动而定。”⑧

双生子佯谬的上述解释回避了最根本的问题。第一，绝对时空和相对性时空并不是描述时空中事件时两种不同的观测、归纳并规范的形式，而是指确定性的绝对时空之间统一性关系的。甚至我们可以承认有两个不同的时空这样的东西（时空只是形式，不是实体，不应是东西），那么，这两种时空的统一性关系是什么呢？没说。但如果通过它们统一性关系来理解那不就不佯谬了吗？如果世界没有统一性，那乘坐宇宙飞船的那一位归来之后、出发之前和在时间旅行之中不就是破碎而不连续的，在时间奇点中度过了不可理解的某些时间吗？相对论时空观的意义是扩大对世界统一性的科学理解而不是去肢解它。第二，坚持时间旅行那一位归来时更年轻的解释在本质上是绝对时空观的解释，这一点蒙蔽了不少人。因为在这个描述逻辑中对两个运动系的时间测度是相对的，但对两个运动系之间时间测度的单位而言，它们是绝对的，不动的，因而是同一的，哥哥的一年和弟弟的一年是一样的。时间的本质在它的周期性规律中，在由此归纳而来的单位之中。单位绝对，周期绝对就是绝对时间，描述上才是相对的。但时间单位的绝对性是不证自明的还是从逻辑推论而来的呢？不知道。这是否说按玛雅历活了三十几岁的人比按地球历活了五十多岁的人要年轻二十岁呢？第三，两个运动参照系之间的时间描述形式的相对性被说成是个人性的时候，究竟是指用时间形式来测度个人认识的事件过程是个人的，还是指时间形式本身就个人性的呢？但如果形式是个人性而非普遍性的，那还是形式吗？把相对论时空观解释为个人性描述或将之从形式转换为实体，不仅在现象解释中引起悖论，最要命的是在逻辑上不成立。如果时间是实体，那么它就不是对其他客体的描述形式，而是在建立时间实体与其他客体之间的相互作用关系，时间就不再是世界客体现象过程的普遍性描述变量了，反而还要借助其他形式来描述自身，所以时间在逻辑上一定是非实体的。如果把相对时空描述退化为个人时空描述的话，这种所谓个人性的时间还具有时间意义吗？如果用来描述世界客体时间的时间标记都是个人的，则这种时间显然是没有普遍形式意义的。没有普遍性就没有时间意义，个人性时间把世界统一性的信念弄得支离破碎。难怪钟情于时空穿越的当代人类对世界的统一性如此漠不关心。

逆时间旅行的幻想在逻辑上不只是引起悖论，而是已经从根本上消灭了时间。当我们今天出发，昨天到达时，我们真的还有时间吗？时间一旦可逆，它的真正意义不是悖论，而是再也没有时间了。今天和昨天、明天，现在和过去、将来之间再无法从时间变量的值中建立相应的有序信息的时候，我们也无法由时间变量的确定点去确定每一个共时事件状态集合中每一个共时状态的顺序点，那就没有了过程，所谓时间也绝对是没有任何普遍意义的符号。所以，否定时间的不可逆性是把时间置于死地。也正是基于这个逻辑根据，我们才有充足理由说，时间之所以为时间就在于它本质上是连续不可逆的过程描述变量，时间的本质就是不可逆性。

时间“佯谬”的论证中的最根本谬误是思维的逻辑方法出现了问题。大家细细品味时间旅行的表述，比如回到过去，在时间中跳跃而到了未来，实际上已经犯了多么严重的逻辑错误！时间是描述客体世界演化过程的形式变量，它的对象是世界客体的演化，用时间形式来描述时间行为自身是不符合逻辑的。罗素在类型论中已经严谨地对这一逻辑原则做了论证和规定。在逻辑中常发现一类悖论，即如果这个判断是真的，那么它就是假的，反之亦然。康德称之为二律背反。比如我们判断一切规律都会过时，这个判断就是一个无法判定其自身真伪值的例子。如它指称自身，如果它是真的，它本身就会是伪的，因为它本身也会过时，那它就变成假的了。所以，罗素用类型论规则来解决这种悖论，指出一个判断不适用于判断自身，对自身的判断不符合逻辑，也没有意义。按照类型论的规则，我们考察时间旅行时可以发现，它实际上已经违反了逻辑。时间形式是描述客体演化过程的，但在时间中跳跃到未来，穿越时空回到过去，诸如此类的描述不是以客体为对象，而是以时间自身为对象的，用时间形式来描述时间自身这种逻辑错误，是一切时间旅行幻想的根源。我们真不明白在时间中跳跃的物理意义是什么。我们只能理解客体在空间中速度加快而导致客体跳跃，但空间形式和时间形式是不能跳跃的，时间旅行的逻辑不是客体旅行，而是时间跳跃、时光倒流。我们可以想象水倒流，但能像水倒流那样去构造时间倒流吗？不可能。除非你坚持时间和水一样是实在，是需要普遍形式来描述的具体实在。如果我们坚持不用时间形式来描述和解释时间自身，我们就无须为一系列时间悖论和幻象所困扰，心安理得地在不可逆的时间形式中去追求对客体世界统一性过程的不断深化的认识。

从时间的过程描述形式本性和连续不可逆的本质规定性中，我们来进一步讨论时间的普遍客观性问题。当我们把时间的本质规定为事件过程描述的形式的时候，已经隐含了把时间作为普遍性的概念这一命题。因为从逻辑上来说，无普遍性就无形式之本性，故时间的普遍性应该是一个从形式本性中直接推论出来的命题，不须深入讨论。在经典科学的时间形式中，这种时间普遍性确实是不可怀疑的，甚至我们可以凭直觉把它当作自明的。但是，由相对论产生而引起的时空观革命，已经超越了经典科学认识中的绝对时空观，时间被认为不再是和事件无关的纯形式，而是事件本身的函数。因此，时间的普遍性问题就转化为：与速度有关的时间形式具有普遍性意义吗？按开尔文勋爵的说法，早期只有三个人懂的相对论，经由科学精英诠释而被更多人理解，人们把相对论中时间和空间单位在不同坐标系中不再是绝对不变的常量，而是和速度相关的函数这一转换法则解读为时间形式是个人性的，即认为空间、时间的测度和每一个描述对象所处的地点及运动速度相关，已经把时间和空间变为个人性而非普遍性的形式了。这种理解是不符合逻辑的，事件速度描述的时空变量和事件速度相关的根本意义是根本就没有速度之意义本身，那又何来和速度相关的时空关系呢！从逻辑上看，只要时间、空间仍然是形式，那么不管它们是常量还是速度的函数，它们都必须是普遍性的。那么，问题出在哪里呢？

时间和空间描述形式和速度有关的描述有含混之处，这是引起时间、空间个人性幻觉的根源。我们必须回到用时空独立变量对客体状态及过程描述的最基本形式去思考。任何过程必须在绝对时空坐标系中才能描述，在这个绝对时空坐标系中，时间和空间是独立的过程及状态描述变量，与描述客体的速度无关。在任何一个坐标系中的事件描述，时间尺度规定在前，速度描述在后，无时间尺度则无速度描述。认为一个物体的速度决定描述速度的时间尺度，那只能说认为速度是多少都行了。事实是，我们发现世界上有无限多的空间描述时空绝对坐标系，而非只有最常用、最符合我们感性直观的地心坐标系，在所有这些绝对坐标系中物理世界规律保持相对不变性。因此，我们不需要去发现各个不同参考点的坐标系的科学规律，而只要通过适当的时空坐标变换关系，就能使科学定律在所有坐标系中都成立，从而保证了科学真理的普遍有效性。所以，尽管科学描述一定是在绝对坐标系中进行的，但它的规律在所有的绝对坐标系中成立这一事实使我们建立了相对的时空观，即我们科学规律的描述时空参考点是任意的，以普适、简洁、经济为目的，每一个绝对参考系都有效。无数绝对参考系就构成了时空参照系的相对性。绝对时空是指用独立空间、时间变量描述事件过程的基本描述形式；相对时空则是指各不同的绝对时空在描述同一事件过程时，保证科学规律普遍有效并保持其描述结构关系不变的统一性关系下的时空坐标系的统一性。相对时空统一性是通过洛伦兹变换关系实现的，它使相对时空坐标系和任何事件过程在绝对坐标系中的描述得到统一，从而达到世界统一性理解。人类确立了相对时空观后，在经典物理学中用伽利略变换来建立空间描述统一性，在相对时空中用爱因斯坦的相对论来建立高速相对运动及相互之间有加速运动的参照系之间的描述统一性，实现对世界的最普遍的统一性描述。回到任何一个关于世界客体运动过程的科学描述本身，我们可以斩钉截铁地说，所有科学真理据以思考和描述的时间和空间形式一定是与它所描述的客体的运动速度包括加速度无关的独立变量。因为任何科学真理都是在绝对时空参考系中才是可以描述的，当我们在一个选定的坐标系中去描述物理事件过程时，难道可以认为高速运动或受到强引力作用的客体的时间流逝得慢一些吗？不，在这个坐标系中，时间和空间是绝对的，认为坐上宇宙飞船接近光速空间旅行同时是时间旅行的看法，对于从任何参考系出发的描述来说，都不存在。在选定参考系描述客体运动时，它的时间、空间自变量的尺度和客体运动速度及加速度均无相关性。

和时间、空间描述形式尺度相关的不是它所描述的客体的速度，而是在保持物理定律普遍性前提下，把物理定律从一个参照系转换为另一个参照系描述的时候，两个参照系之间的相对运动速度对时间、空间描述形式有影响，因为原坐标系描述的物理规律放在新坐标系中描述的时候，必须把新坐标系和原坐标系之间相互运动所产生的效应叠加进来，才能完整、准确地描述客体的运动过程规律。在保持物理规律不变性的条件下，两个坐标系之间相对运动的效应就由两个坐标系之间时间变量和空间变量的变换关系来反映和描述。所以，时间、空间和运动相关之速度不是指它描述的客体的速度，而是指将客体描述规律从一个坐标系转换到另一个坐标系时两个坐标系之间的相对运动速度。所以，只有在转换坐标系时，才有时间、空间和速度相关的问题。而在用时间、空间坐标描述任何客体运动时，它们作为度量客体运动的尺度，本身是不能依赖于物体速度的，一定是独立于客体的自变量，是普遍性的描述形式。所以，时空相对性、时空坐标和速度相关性只关乎形式，只和坐标系的相对速度有关却和客体描述无关。在客体关系描述中，如果时间尺度是相对于客体速度的，客体速度又是由时间尺度来测量的，那决定时间尺度的客体速度就只能是上帝可理解的了。真想不明白那些物理学泰斗们为何连速度是物体单位时间经过的路程这种常识都忘了。

所以，从时间作为物理过程描述形式及这种描述一定在绝对时空参考系下才可以实现这两个规定性，我们可以得出推论，时间是普遍性的，在任何关于特定事件和过程的描述中，都不会出现和客体运动相关的个人性的时间。在科学描述中时间首先是绝对的，把科学规律转换为另一相对运动系的描述时，才产生了两个描述参考系间的时间描述形式的相对性关系问题。由一个坐标系转向另一个坐标系，是从一个绝对时间形式转到另一种绝对时间形式。在新的坐标系描述结构中，时间和空间仍然是普遍性的形式。所以，时间归根到底是普遍性的。从一种普遍性转向另一种普遍性的变换中，两个坐标系之间的时间、空间变量的转换规则即伽利略变换和洛伦兹变换等，保证了时间普遍性不变。因此，我们完全可以坚守时间普遍性的信念不动摇。不要误解了相对论的意义。相对论的意义是对世界统一性的更普遍描述，而不是把世界降解为互不相关的个人性世界。只有坚持时间、空间的普遍性意义，才能真正理解相对论时空关系转换的本质和意义。

坚持时间的普遍性就是要把时间作为客观的，而非个人主观的描述形式。但时间不是实在，它的客观性不是以实在为根据的，形式是和认识有关的，没有主体的认识就没有形式产生，同时没有普遍的形式就没有普遍性的知识认识。我曾和某道长探讨过人产生之前有没有时间这一问题。我的看法是，因为时间不是世界存在的客体，没有主体描述形式就没有时间，但时间描述的客体过程则是由客体决定的，与主体无关。由客体的客观性及时间对客体描述形式的普遍性要求出发，我们同样可以说，时间是客观而不是主观性的。所以，时间是我们描述客体世界过程的普遍客观性形式，唯此它才能为世界统一性认识提供普遍性形式。但时间的客观性是间接的，普遍性才是最直接而本真的，关于时间的知识只能是演绎和推理的，由逻辑推理证明其为真的，不能是经验归纳和实证证明的。既然时间知识的直接性和经验无关，时间的本质意义就不能是感性认识意义上的个人性的，只能是知性普遍性的。

其实，把相对论描述的时间形式误解为个人时间或许和爱因斯坦的科学陈述风格有关。爱因斯坦把不同的坐标参考系用不同的自由观察者来陈述，相对性关系是不同的自由观察者的观测之间的统一性关系，用严谨的物理学语言陈述就是不同参考系之间科学普遍关系陈述如何保持其形式不变性，从而成为最普遍意义知识。但后来物理学家向大众诠释相对论时，把爱因斯坦的自由观察者望文生义地解释为每一个具体现实的人，在同一参考系中不同的具体个人，于是，不同参考系的时空统一性被偷换为同一参考系中的个人时间。如果在同一参考系中时间度量是个人性的，要钟表干什么？格林尼治时间、北京时间、夏令时、冬令时还有意义吗？在共同世界中生存的个人按共同的时间标准和参考点去看世界时，个人时间就是普遍时间，只有普遍性时间，没有个人性时间。普罗大众跟在精英后面人云亦云个人性时间时，总不会忘了迟到和早退的意义吧？把爱因斯坦关于不同描述参考系之间时间的相对性曲解为同一参考系中时间的个人性且误导了人类整整一个世纪更不应该。相对论开始时难被普遍理解，但也不能做时间个人性的反逻辑理解。这或许是爱因斯坦说时间什么都不是，只是幻象的原因。

时间本性是先验认识形式，本质是具有客观普遍意义的连续不可逆性，对此理解的最深刻问题在于它的本质的根据是什么。先验形式的绝对根据不能是经验，只能是自明的直观。但时间和空间不同，没有经验直观和纯直观提供的人类感官感性形式的齐一性、普遍性作为自明的前提，它只存在于人的思维中，故康德称时间为内感官形式和思维中的直观，其实就是思维合乎因果逻辑的自明性。时间连续不可逆的本质规定性作为过程认识形式的本质规定性，是在思维中形而上学地设定起来去作为解释事物过程的根据的，它成立的理由在于，在形而上学意义它提供了把一切过程统一起来的最普遍基础，在此基础上建立的各种认识统一了我们的一切经验认识的时序，把世界的运动变化在前因后果意义上统一起来了。时间倒流不是经验，也不是知识，只是反科学反经验反常识的奇思妙想，一笑置之可矣；它若是经验则我们必须重新调整时间的形而上学规定性了。幸好时空穿越并不是经验，我们就有充足理由把连续不可逆仍然作为时间先验形式的普遍形而上学逻辑根据。

三、时间的意义

时间虽然不是自然界的客体，不具有存在论意义上的优先性，但对于主体性本质的人类而言，时间确实是先天性的，是基础性的。这种对人类存在而言的先天的基础性地位，首先体现在人类关于世界的因果规律关系认识中。

在时间对人的存在的先天性意义这一命题中，人类不是动物即生物学意义上的，而是文明史意义上的。因为动物生命虽然具有生物钟周期性感知、控制结构，但生物并不具有文化意义上描述过程的普遍性时间形式，没有任何可靠证据和经验显示非文化的生命具有用普遍抽象的时间形式建立客体事件过程因果关系认识的行为。所以，时间抽象形式对认识的作用，只限定在建立了客观、普遍的客体化认识的人类范围，甚至不包括仍然野蛮的人类早期阶段，即专门探讨建立了文化、步入了文明的人类的生存阶段中，时间抽象形式对人类文明发展的意义问题。

人类告别野蛮而成为文化的存在，本质上是由具体感性个体认识上升为理性具体认识实现的，感性的具体到理性的具体是以抽象普遍性的知性知识认识为中介的，从感性认识上升为知性普遍知识认识是人类历史上划时代的进步。知性认识的建立使人类把对复杂世界的各种直接、杂乱、无序的具体感性认识，通过知性认识的综合和整理，成为具有普遍意义的知识，使世界由感性经验的神秘世界上升为具有普遍意义的统一有序世界。知识认识的进一步飞跃是进入绝对知识即科学真理知识认识的历史时代。真理是对客体世界必然性普遍规律的认识，由此人类对世界的普遍认识达到客观普遍有效的水平，世界成为由必然规律支配的可以认识、预言甚至按人的意志和需求去改变的世界。这个历史飞跃的标志，就是科学认识的诞生。科学知性认识的建立使人类文明进入更加普遍性的历史，最终达到世界历史这一绝对普遍境界。科学认识的先天形式，离不开空间和时间，时间的普遍客观性形式，对于科学的因果关系认识具有决定性意义。

科学认识的成果即科学真理知识的意义是什么呢？它是对客体世界中所研究的认识对象的相互作用及其运动变化的因果关系的必然性的因而是普遍有效的客观描述，它揭示的世界客观规律在形式上就是一种普遍抽象的因果必然性关系。因此，知性历史时代也就是建立了因果关系认识的时代。在人类建立因果必然性关系的时候，必定以普遍的时间和空间描述形式作为理性认识的基础。康德之所以把时间和空间作为人类认识的先天形式，就是因为从思维和描述的意义上来说，没有空间和时间这一普遍性形式，任何普遍性因果关系都无法建立，更谈不上必然性因果关系的规律性认识了。空间和时间对因果关系的优先地位是不容置疑的，自变量对建立抽象函数关系的前提性是自明的，所以康德完全有理由把时间和空间视为建立普遍客观因果关系认识的先天条件。没有空间、时间的合逻辑的普遍描述形式，任何科学认识都是不可能的。所以，时间和空间从形式上为必然性因果关系的认识提供了可能性，它们虽然不是科学真理客观性的充分条件，却一定是必要条件，所以它们是科学认识的基础。知性认识的普遍性是基于时空这些描述自变量的普遍性的，普遍性自变量建立的特定函数基于自变量的普遍性而成为具有普遍意义的抽象关系。

把时间连续不可逆的本质放在科学认识的必然性因果关系之中考察时，就更加简单明了。为什么为了提供世界统一性原理的认识逻辑，我们要事先思考时间的本质？为什么自始至终要视时间旅行和可逆时间为洪水猛兽？因为这不是一个抽象的观念之争，而是涉及我们科学认识的最深层基础的原则问题，即还有没有必然性因果关系，有没有普遍知识，有没有科学认识。这是关系到人类异于禽兽的文明人的根本性问题。一旦可逆，时间就失去了普遍性形式意义，也就没有了时间，没有了先后顺序，没有了过程，没有了过程演化中必然性的因果，我们关于世界的科学知识乃至科学认识本身都全部崩溃了。更为糟糕的是，一旦相对论确实在科学上证明了时间可逆性，那么它就否定了自身，因为它证明了一切因果关系不复存在，相对论所揭示的逆时旅行因果关系同样不存在。并且这个悖论不能用罗素的类型论去消除，因为它否定的不是一个命题，而是科学的基础。所以，时间对于因果关系乃至科学认识的基础作用是不可含糊的，我们坚定时间描述形式的先验本性和普遍过程认识前提地位，应该使我们更加坚定对时间的连续不可逆本质的信念，在这种信念支持下去运用科学认识揭示世界演化的普遍规律和有序过程。

时间形式的先天本性和在科学认识中的基础地位提出了时间形式认识和认识孰先孰后的问题。这有点类似于数学和物理学建立的先后次序问题。我曾和一位学数学的朋友就此展开讨论，最后的合理答案是这是一个逻辑上的先后问题，而不是发生学上的前后问题。在发生学意义上，数学形式的建立和物理学关于经验事件因果规律真理知识的建立，并不是两件事情，而是一件事情的两个方面，最早的探索者们是在建立对物理世界因果关系认识的同时建立了这种物理关系描述的数学形式的，这既是建立物理规律又是建立数学描述形式的过程，所以在发生学意义上没有物理学和数学孰先孰后问题。时间形式和认识在发生学上是同源关系，人类建立了认识的同时就建立了时间形式，它们在发生学上是没有先后问题的。但在逻辑上，形式在先，所以说时间是认识的先天条件。普遍时间形式的起源、发展乃至时间观的革命，都不是时间形式形而上思考的突变事件，而是在对世界过程的因果规律认识之中实现的。相对论的发现，不是对时空的形而上学思考催生的，而是对客体世界统一性思考产生的最伟大革命。但它之所以成为革命而非突破，就是因为它的最终成果并不是增加了对某个特定认识对象的新的运动变化的因果规律知识，而是彻底改变了人类长期来用以描述一切客体规律的科学知识所依赖的时间和空间形式理解，它对科学认识的影响是基础性的、全面的。

时间作为构建因果关系的先天形式，在科学思维中具有形式上的优先性意义。从感性时代进入科学时代是人的本质得到充分发展的翻天覆地变化的历史阶段，把科学开始至今的人类历史归纳为知性的历史是恰如其分的。但是，科学并不是人的世界的全部，人的存在有许多科学所无法回答的命题，构成人类认识世界形式的时间之意义就不仅在科学中，在人的存在的非科学领域，它同样具有深刻的形而上学意义。

时间之于人的存在意义和科学意义有什么区别呢？人的存在意义不包括科学意义吗？人的存在意义是一个复杂意义结构的统一体，在这种意义上人的存在意义包含着科学意义。这里人的存在意义指的是对人的统一性的具体理解，尤其是人的终极价值和意义。科学本身的认识对象是一个个抽象了的特定命题，科学只能把人抽象为物，达不到理性具体境界，所以，科学回答不了人的统一性的意义，解决不了人的终极价值问题。人的存在之意义包括科学意义而又远远超出科学意义，要从对人的各种认识和感悟中，从整体统一性和终极价值的高度去理解人的存在之价值和意义。时间的存在意义就是要探讨时间不可逆性的本质和人的存在的终极价值和意义的关系问题。

把人的存在定义为此在，是存在主义哲学大师海德格尔的代表作《存在与时间》中的关键概念，此在之所以为此在就是因为他的时间本性，故人的存在就是时间境域中的一种建构过程和领悟过程。海德格尔此在的建构方法是胡塞尔所创立的现象学的方法。现象学的方法和科学方法完全不同，科学方法揭示对象客体的因果关系必然性规律，是关于存在之物即客体存在的思维方法；现象学则是揭示作为主体的人在存在的展开过程中实现主体的可能性。所以，科学研究人也是把人作为物研究的；而现象学则是研究作为主体而非客体存在物的人的可能性的展开过程，在过程中去把握人的主体性，把人作为能动的主体而非被动之物去理解人的意义，这是现象学方法的独到之处。

海德格尔运用现象学的方法去思考人的存在的关键概念是与时间性相关联的此在，人的现实、具体的存在是此在。此在的阐释并不复杂：我就是当下如此的，向来如此的现实具体的存在。而对此在阐释的理解那就靠智慧来领悟了。这有两点是非常重要的。一是向来如此的存在是过程中的存在，也就是在连续不可逆的时间中的存在，所以，时间就是人之所以为人的存在得以展开的一个境域，没有时间就没有过程，就没有人的存在，没有此在。物可以离开时间性去做静态抽象理解，但人只能从过程中去理解，时间过程性是此在即人和物的第一个区别。二是向来如此的存在是当下如此的存在，就是说，在时间境域中人构建自己的本质的意义在于我就是当下如此的存在，向来如此的存在就体现在当下如此的存在之中，人就是过程中的存在。人的本质不在于存在的规定性之中，存在和本质同一是物的逻辑，存在先于本质则是人的逻辑，人在此在中构建人的本质，人向来如此的一系列所作所为构建了人的现实本质。人的本质不是抽象规定性，而是人自身不断建构着的实现的过程，人是什么样子不是由它的本质规定的，而是由它的过程实现的，它达到什么样子人就是什么样子。所以，人就是一种可能性存在，而不是由必然性规律支配之物。换句话说，人的本质就是在于人是一种在时间进行时状态的可能性，没有必然性的人必须由自身对自身负责，人就是一种自由，同时也就是一种责任。

海德格尔把此在作为阐述人的存在的关键概念，精妙之处在于他洞察并牢牢抓住了时间这一描述过程形式的形而上学本质，所以他的著作就命名为《存在与时间》。人类对时间的感悟确实并不仅仅体现在科学认识的必然性因果逻辑关系中，人类关于自身境遇乃至终极价值和意义的体验和感悟，往往都和形而上学的时间领悟相关联。海德格尔的此在是现实、具体的个人，而不是抽象的类存在。此在在时间中展开的终点就是人作为可能性存在之不可能性，时间的不可逆性和此在的有限性已经在先地决定了它的结果是一种不可能性。我们对人的存在的领悟就只能在时间过程中而不能在目的和结果中，逻辑如此。人作为可能性存在，在时间境域中展开的终点是不可能性，这就深入人的存在的价值和意义这一最高命题了。

对人的存在的终极价值的领悟不是科学的命题，因而也就不存在非此即彼的真假答案，它取决于人的此在过程中关于人的存在之统一性和世界统一性的理解，这种理解的非因果决定性赋予了终极价值观念的不确定性。我们处于技术社会高度发展的今天，支配我们的基本价值观是科学功利主义的，即所谓需求和经济利益驱动型社会，但终极价值观并不由基本价值观所决定，因为基于科学的功利主义基本价值观无法回答此在可能性在不可逆地向不可能性展开的终极意义这种抽象形而上学问题。当我们在奔波劳碌、繁忙烦心的生命之旅中，当停顿下来离开经验现实而形而上学地扪心自问：人生一世，为名利忙，当返回究竟这种钻营忙碌的真正价值和意义是什么这种终极价值命题的时候，并不都能给自己一个完美的答案，无法给此在一个充足的理由。

终极价值的另一个符号叫作理想。我们年轻时接受的理想教育对当下的年轻人而言可能是难以理解的。当年充满理想的我们还年轻，在高声朗诵保尔·柯察金关于理想的至理名言时热血沸腾。“人生最可贵的是生命，生命对于每个人只有一次。人的一生应当这样度过：当他回首往事的时候，他不会因为虚度年华而悔恨，也不会因碌碌无为而羞愧；在临死的时候，他就能够说：‘我整个的生命和全部精力都已经献给了人类最壮丽的事业——为人类的解放而斗争。’”这是一种积极地解释人的基本价值的终极价值观，我们可称之为理想主义价值观。

最消极的价值观是叔本华和尼采等的非理性哲学。尼采洞察此在走向不可能性的悲剧，由此断言人生就是悲剧，人的最好是不要出生，次好是马上死掉。因此，人的完美终极价值就只是审美价值，在审美中才能赋予人存在的充分理由：既然人生只是场梦，既然我们已经来到这世上去做这场梦，那我们就只能在审美的艺术中有滋有味地做完这场梦，我们才有生存下去的充足的理由。以消沉的终极价值去解释人生意义，长此以往不精神错乱才是奇迹。从叔本华肇端的西方非理性哲学的共同点是止步于人的自然生命去思考人的存在，因而不管视角、观点如何不同，却都局限于非理性，不可能通达人的存在的完美理性境界。

从理想主义和消极主义这两种终极价值观，我们要思考的是时间对终极价值的意义。所有的终极价值问题，一定和时间不可逆性的本质相连，因为它和人的一生走到时间终点的思考休戚相关。因此，终极价值和人的存在过程本身都和时间的本质密不可分。换句话说，时间的不可逆本质在人的存在的完整过程即从可能性构建到成为不可能这一完整生命存在周期中，用终极价值赋予了时间本质对每个人的存在的全部意义。如果生命可以重来，我们或许不会如此；但生命不会重来，即使科学发达到可以支配一切，也永远不能支配时间的不可逆进程。

迄今为止，科学和哲学还未能解决人关于终极价值的焦虑和困扰问题。几千年来，在终极价值领域给予人们心灵慰藉的首推宗教信仰，宗教信仰用它特有的时间观念超越时间不可逆性对人的存在带来的不可能性问题。

宗教用信仰的方式为我们设立了领悟存在的前提，这个前提就成为我们作为可能性存在的根据和充足理由，宗教以此来解决终极价值问题。我们在此阶段不去讨论宗教，要说明的是一切宗教信仰的出发点一定是基于对人的存在的时间不可逆性困境的一种解释和解脱。

人类从动物世界独立出来，成为超越纯粹动物界的独特人类社会的早期是以长达数万年的蒙昧时期为过渡时期的。这一过渡时期的特点之一是人和动物逐步分化但人和神共存，即人把人作为和神灵共同生活的大家庭中的一员，在这个大家庭中，神灵才是家长。人的一切事件、过程的原因都在神灵之中，人死后灵魂还在，先辈的灵魂仍然在我们的生活之中。解决人的困境归根到底要借助于神灵，或祭祀求神灵保佑，或请来更强大的神灵去驱逐作恶的神灵。我们考察史前人类蒙昧时期发现，支配这个时期人类价值判断的因果关系不是逻辑因果，而是神人因果关系。神人因果关系是早期人类的宗教信仰的本质关系，我们从图腾崇拜、祖宗崇拜乃至神人同形的多神论中，都可以得出这种解释的充足理由。可以断言，蒙昧时期人类的一切战争，所有民族口头流传下来或文字应用早期记录记载的战争，都是人与神共同参与的战争，本质上都是神的战争，那时人神大家庭中的所有英雄一定是神，一个人都不会有。

在神人因果关系中，没有时间的不可逆所带来的困惑，人的终极价值和神的价值直接同一，因而蒙昧时期的人类没有对自身终极价值的困惑，一切都在神灵之中得到解释。在这种多神崇拜和祖宗崇拜之下，人的生存可以有时间，但没有对时间不可逆性本质的领悟和困惑，原始的时间甚至可以在本质上是固定的，在我们今天不可逆时间的意义上，可以说他们并没有真正成型的时间形式，至多只是一些不完整和不成逻辑的零星时间片断。

文明产生的同时也是科学因果逻辑关系认识的产生，这是真正不可逆时间形式的创生，同时也标志着人类社会和神的世界的分离，人终于自成域中一大。从科学产生的意义来看，人类客体世界的时间和过程由世界自身的必然性因果关系来解释，不需要上帝和神灵。从科学产生的形式来看，它产生了不可逆的时间描述形式，由形而上学的时间去构建客体世界过程有序性的逻辑关系，客体世界本质上就是必然性规律支配而不是神灵支配的，必然性的逻辑因果关系是由不可逆的时间形式来构建和描述的，因此，科学思维基于不可逆的时间。人类进入神人分离的文明社会是一个渐进过程，即首先由神灵统治进入神灵统治和客体必然性规律支配共存的二元文化结构。当科学不断发展，人类关于世界必然性规律认识越来越丰富的时候，终于明白无误地认识到客体世界是自然必然性规律支配而与神灵意志无关的领域。但是，科学无法解决客体以外的问题，即主体本身的认识是无法被科学彻底描述的。科学思维建立的普遍性不可逆时间形式对主体的意义不能用因果逻辑去解释的时候，就为神灵留下了一席之地。科学时代的神灵已经不是一切的原因，只是解释人的存在的终极意义的根据，它不解释人的生存现实，却赋予人的存在以完整的价值和意义，这种从信仰出发对终极价值意义的解释我们称之为宗教信仰。宗教具有组织、教义及一整套复杂规定性，但宗教信仰却是广义的，不信仰任何神也是一种无神论信仰，它也是对人的此在的一种终极价值理解。

在人神分离了的科学技术社会形态中，人类用不同的宗教信仰来解释由时间不可逆性而带来的人的有限生存的价值和意义。基督教、佛教和中国道教的时间意义各有各的精彩。

基督教信仰的核心价值是原罪、赎罪、末日审判、地狱和天堂这些概念构成的完整的时间性因果链条。在这个因果链之中，天堂是终极价值之所在，此在的不可能性并不是时间的终点，而是不可逆时间进程中人告别尘世进入天堂抑或地狱的分岔点，天堂的理想境界超越了纯粹在世生存的时间终点的困境，而赎罪、末日审判及地狱天堂的不同等待把终极价值和存在的过程展开联结成为一个完整的价值链。基督教信仰超越人生命有限性的天堂寄托既符合逻辑又最简单明了。

佛教的核心价值是善恶因果报应和在前世今生来世轮回中的无穷因果链。佛教认为有果必有因，前世的因是今世的果，今世所为是下一世之因，因果关系是一个永远向前展开的无穷链条。这个无穷的因果轮回既基于此在的此时此刻，又超越了人的此在的时间有限性，人在轮回之中获得完整的空色统一之意义，在皈依佛的圆满智慧中超越此生有限性而成为永生。释迦牟尼创立佛教的最深刻智慧在于了然生死，超越生死轮回的慰藉抚平人类心底人生苦短之痛苦，为人的此在提供了充分理由。人的此在的意义在于它是下一个此在之因，又是上一个轮回之果，这种无穷的因果链使人的生命超越时间不可逆性制约而走向永恒。这种无穷的轮回中的善恶因果关系既超越了此在时间有限性，又赋予了此生在无穷因果链中的实实在在的意义，即色无异空，空无异色的统一性意义。

道教的核心价值在人类宗教信仰中是最具特色的，它超越人生苦短的方法是技术性的，即通过修炼得道成仙而永生。所以，它不需要天堂地狱，不追求前生后世的圆满，而是追求此生的永恒。道教的基本思想来自《道德经》道法自然的价值观念，不主张禁欲、赎罪，而是鼓励一种积极的现世生活态度，所谓积极即按照自然的规律，清心寡欲，自然无为，按自然规律要求去生活，从而得到最佳的生存状态。但老子从不主张长生不老，他在《道德经》中非常明确地说，物壮则已；又说天长地久，天地尚不能长久，而况人乎！这是玄学思想的原意。既然自然无为，而春华秋实，生老病死是自然的法则，我们岂可逆其而为？所以，道教的不死追求却不是老子的追求。但道教作为宗教，它要解决人生苦短这一生命的时间有限性问题，就必然超越自然本身的法则，不能无为，必须有为。这是道教和道学的本质区别之一。道教的为是修炼，或者练功达到不老状态，或者炼丹获得不死的仙药。所以，道教是最贴近人生现实的宗教，它只在此生的生存状态之中。但它却是给人终极关怀最少的信仰，因为我们无法经验永生，所以道教本身的丹和术都没有真正解决人生命的有限性困境。从逻辑上来说，超越时间不可逆性的生命是只能在思维和观念价值之中建立的，是绝不可能在技术上实现的，所以道教以法和术为手段是无法为超越生命时间有限性困境提供切实可行的技术方案的，否则它就是科学而非信仰了。

从宗教信仰的角度看，人类试图用一种终极价值去支持人在此生所作所为的合理解释，就必须超越此在。佛教、基督教和道教都没有否认时间的不可逆性，但佛教和基督教把时间尺度扩展至未来赋予此在以无限的意义。道教没有超越此在，所以道教作为一种信仰往往总是和祖宗崇拜、灵魂不死以及佛教的轮回学说整合在一起，共同来诠释人的价值和信仰问题。中国文化在信仰意义看，是释、道统一，并统一于祖宗崇拜的自然灵魂观基础上。从宗教的时间意义来说，只有对此在现实的时间不可逆本质中生存状态的困境做出合理的解释，把此在向不可能性之外延伸即打破生命的时间终点壁垒的时候，这种信仰才能为人类提供终极价值关怀。从这个意义来看，中国道教的不死追求并没有构成独立的终极价值体系，这是道教对现实的作用往往不是局限于纯粹道教理论的原因。

第三节　物理世界的时间形式统一性

对时间形式的理解影响着人认识世界过程的方方面面，但它最基础的领域是物理学所描述的客体世界。因为物理学是其他学科的基础，它的知识，包括概念和规律渗透在其他学科之中。从人类科学知识由简单到复杂的统一性认识过程来看，物理学在发生学意义上也是最早的知识，时间描述普遍客观形式在构建客体世界因果必然性关系规律中和科学认识自身一起建立起来，这科学应当是物理学。从科学各学科的内容来看，与时间描述形式关系最密切，争议最多的实际上就在物理学领域，由相对论引领的时空观革命就在理论物理学领域。对时间形式的深入理解，必须在物理学领域中进展到具体水准。因此，在对时间本性、本质及意义讨论的基础上，我们就第一节中理论物理学有关时间的几个重大问题的解释，包括牛顿定律的时间性、双生子佯谬及引力影响时间，用我们上一节对时间本质的认识去做具体探讨，建立物理学不同层次理论描述的时间形式的统一性。这既是对我们时间本质学说的检验，又是为下一步对世界统一性认识做理论准备，即首先把时间本质对世界统一性认识的意义从物理学理论中展示出来。

一、牛顿物理学的时间性思考

从时间的本性和本质的认识出发去分析牛顿科学理论的目的在于消除对牛顿经典物理学在时间形式问题上的那些似是而非的质疑。因为牛顿物理学是经验科学理论，它的真理性是经验和观察证实的，仅从形而上学的抽象时间形式的抽象理解出发对牛顿说三道四有欠公允。对牛顿经典科学的时间性发难并非个别事件，而是当代过程学派、生命学派、熵定律学派乃至相对论物理学的一些学者的共同吼声。要回答这些质疑，仅在科学证据角度恐怕远远不够，还是必须回到形而上的时间形式领域去具体讨论牛顿物理学时间性的含义及意义。

对牛顿质点动力学定律时间性的思考可以划分为三个不同层次：一、它是否与时间有关以及是否有时间性；二、为何它是时间反演的，时间反演的物理学意义是什么；三、牛顿物理学是时间可逆的吗。其中争议的核心是可逆性问题。我们的讨论也应该从对可逆性的详细考察入手。

时间的本质是不可逆性，爱丁顿称之为时间之矢，它指向未来而不会逆转到过去。但这种描述并不严谨，还是回顾上一节我们关于时间描述形式的规定：时间是描述共时性空间事件构成的集合中各事件先后连接顺序的独立变量，它的作用就是对每一共时性事件描述赋予对应的序即变量值，依次把集合中的共时性事件联结为有序的过程描述。所以，不可逆是由过程的本性和时间形式对过程顺序的描述性共同规定的，违反了不可逆性就破坏了过程的时序，也就否定了时间本身。同时，我们也可以这样理解，当我们使用时间变量去描述客体过程时，只要它满足过程顺序性的要求，它就是时间的不可逆描述。

首先，用t表示时间变量，那么t为负值是否描述可逆时间呢？不一定。这和时间描述给定的时间起点即初始点有关，而和时间是否可逆无关。比如，我们用$s=vt$描述路程和速度随时间变化的规律，这时时间初始条件和边界条件是$t=0$时$s=0$，设$v=1$，则$s=t$，当$t=1$时$s=1$，$t=-1$时$s=-1$. 那么，$t=-1$是代表时间可逆吗？当然不是。它的物理意义是说，在时间参考点之前的1个时间单位，路程在s轴的-1点所描述的位置上，并不是表示时间是由0向-1逆向变动的，它完全可以理解为由-1到0再到1的不可逆顺序构成的运动过程。在$s=vt$的规律描述中t从（$-\infty$，$+\infty$）都是具有意义的，就是说，在时间定义域中，对任意给定的时间变量确定的过程顺序点，我们都可以根据$s=vt$的关系描述去判断这一时刻路程变化所处的位置。整个过程的物理意义仍然是由t从$-\infty$到$+\infty$来依次有序地描述的，它完全满足过程有序性的要求。所以，用时间为负描述完全可以是不可逆时间形式描述，不存在时间倒流问题。实际上，真正产生可逆时间效应的是在超光速相对运动的参照系之间，只有在相对超光速运动的坐标系中描述物体并进行时空坐标转换时才会发生，否则物理学的描述中时间都是不可逆的。但超光速已经超出了洛伦兹坐标变换关系的定义域，所以，在物理世界中和逻辑上都没有时间参考点之前时刻的事件依必然性过程描述的规律去判断看作是时间可逆。若对负时间做时间可逆理解，那对未来事件的预言不就变成时间跳跃了吗？那时间还有意义吗？如果规律不能预言未来又有什么意义呢？由此，我们必须明白，所有科学规律描述中的时间，在其定义域中都是有效的，都是符合时间不可逆性的顺序描述这一本质的。

其次，时间反演是否意味着时间可逆呢？那些非难牛顿经典理论者对此是持肯定意见的。彼得·柯文尼、罗杰·海菲尔德在《时间之箭》中说："牛顿的运动方程式把一个物体的加速度直接和作用力联系在一起，这样就产生了一个奇妙的结果。在加速度的瞬时值中时间出现两次：加速度是速度随时间的变化率，而速度是位置随时间的变化率。在微积分中，这样一个量被称为位置对时间的二阶导数。这就在牛顿运动方程中产生了一个重要的后果，即时间是作为两次幂，也就是平方出现的。如果我们把前进的时间替换（正的时间）为倒退的时间（负的时间），这些方程没有改变，因为两个负数的乘积和两个正数的乘积一样总是正的。负时间的平方等于正时间的平方。这样，牛顿力学是不能够区分这两个不同的时间方向的。牛顿方程式本身不能告诉我们是变老还是变年轻，但这一点正是人生至关重要的一个方面。"[⑨]这种说法不无强词夺理之嫌。牛顿力学运动定律不解释人变老或变年轻有问题吗？它是质点动力学规律，生命是能用质点去理解其本质的吗？两次负时间在逻辑上就是正时间，在物理意义上也是正时间，这也有问题吗？比如向东为正，向西为负，你向西走后再反过来不就是向东走了吗？那不是沿正方向走吗？何错之有呢？注意，这里的负时间是指时间反演，而不是指时间为负值，即在牛顿运动方程中-t和t等价。但是，时间反演是所描述的事件的性质，与时间本身无关，即在时间反演描述的事件中，时间是不可逆的，事件是可逆的。所有责难牛顿力学的人都有一个共同点，把牛顿定律描述的物理规律的时间反演性理解为时间可逆性，不分青红皂白地指责牛顿使时间失去了方向，让时间可逆。对此，我们必须严肃指出，事件可逆和时间可逆完全是风马牛不相及的两件事；牛顿力学定律的时间是按照不可逆的有序性去描述运动过程的，至于牛顿方程描述的事件是否真的是可逆事件，那由科学实验和观察来证明和检验，而不能在毫无相关的时间形式中搬弄是非。把可逆事件和可逆时间等效是一个非常低级的错误。今天早上我8点钟开车从家里出发，9点钟到达办公室，忘了带手机9点又从办公室开车返回，10点钟回到家，在这一事件中，事件是可逆的，但时间不可逆，并不能说我9点钟从办公室开车返回，8点钟回到家。

一个物理事件是否可逆由事件自身的本性来决定，只能与所描述的时间形式完全无关才有所谓可逆事件的意义，故时间是自变量，以此为前提才能构建有意义的事件描述即建立有确定性意义的可逆或不可逆事件。在可逆事件中，时间作为不可逆的形式，在描述上却往往具有反演的特性，这是我们世界的本性，客体的本性，而不是时间的本性和本质，更不是什么时间可逆、时光倒流、时间失去了方向。在可逆事件中时间一样是不可逆地向前的。时间反演只是可逆事件的一个性质而已，时间反演所描述的是事件性质，而不是时间本身，用时间本身去描述时间那是一个人自己抓住自己的头发往天上扔。说时间反演是时间可逆就是这类无稽之谈。如果作为过程描述的自变量即时间形式是可逆的，我们何以合逻辑有根据地判断区别可逆和不可逆事件呢？可逆、不可逆概念有意义的前提就是时间的形而上的不可逆性，这不只牛顿理论、物理学理论必须遵守，而是在一切条件和情形下都必须绝对遵守，这就是形而上学先验规定性的绝对意义。

我们的世界是各种各样的复杂性事件的集合。为了认识世界我们必须在科学的意义上抽象出特定的认识对象，在对对象做出规定性前提下去建立所描述对象的因果关系的规律。不同的认识对象，不同的事件，有不同的规定性，不同的本性。我们把一类称为可逆事件，即非时间性事件，因为它本性可逆而和描述它的时间的不可逆本质不一样；把另一类叫作不可逆事件，这种事件的一个最显著特点是它与时间初始条件无关，不同初始条件的最终过程总是趋于共同的结果，这种事件是不可逆的，因为我们不能从结果推断出初始状态，只能从初始状态去确定结果，这就是不可逆事件。物理学的热力学过程就是典型的不可逆事件，因为一个封闭系统的最终状态一定是热平衡，不管它的初始分布如何，我们根本无法从它的平衡态去决定它的初始状态，它也绝不会从平衡态自发回到初始态。在这种不可逆过程中，时间一定是不可反演的。但牛顿定律是时间反演的，所以它描述的事件应该是可逆事件。对牛顿定律的时间性分析，必须回到事件中来，不能停留在抽象的时间形式本身。

回到牛顿力学理论本身，可以这么说，把牛顿经典科学说成是时间可逆或时间反演而使时间失去了方向还不是最苛刻的。必须认识到，牛顿经典科学理论本质上是非时间性的，这并没有任何不可见人之处，反而恰恰正是它的最深刻的意义之所在。

经典物理力学理论可以看作由两大块构成，一块叫运动学，一块叫动力学。运动学描述质点在空间中的运动，主要概念是路程、速度，是运动现象科学描述。动力学则是关于运动的原因的科学描述，它的核心概念是力，用力来描述客体的相互作用，解释运动现象的原因。所以，动力学是力学的本质，力是力学的核心概念，把它称为力学是恰如其分的概括。牛顿的贡献正是在动力学之中。

牛顿引力定律的表述形式是与时间变量无关的必然性关系描述，它的意义是说，任何两个空间距离为R的物体之间存在相互吸引作用，这种作用可以用一个叫作引力的函数来表示，引力大小与两个物体的质量成正比，与它们的距离的平方成反比。在引力定律中，所出现的是具有静止质量的物质客体之间相互作用关系的描述，它跟客体的空间状态相关，但却和时间变量无关，即引力这一概念作为物质客体相互作用的抽象描述，它只是空间状态变量的函数，但不是时间的函数。换句话说，引力是物质客体相互作用的状态描述，不是过程描述，非过程描述决定了它是非时间描述的，更不是时间反演的可逆过程描述。物质客体的引力作用如果从过程的角度进行描述的话，则一定以时间作为描述变量，只有在过程描述中我们才能根据它的过程规律去判断它是否是时间反演的，在纯粹状态描述中则与时间变量无关。所以，引力作用的发生虽然是过程性的，但牛顿引力定律并不描述过程而只描述状态，它和时间变量无关的性质正以此为据。牛顿引力定律不描述过程和否认引力过程是完全不同的两回事。

牛顿运动第一定律即惯性定律：一个客体除非受到外力作用，否则将保持匀速运动或静止状态。这是牛顿对自亚里士多德以来的运动观的革命性变革。按照人类的感性直观和直觉，世界的永恒运动是力在起作用，从亚里士多德以来人们就一直坚守着从直觉而来的力是运动的原因的信念，但其实这只解释客体运动的现象，并没有真正揭示客体运动的本质规律。牛顿惯性定律则揭示，运动的本质不在于运动本身，因为在相对空间观中，运动和静止的描述是相对的，它取决于描述的参照系，根本就没有绝对运动和静止，因此运动就只是现象而不是本质。客体永恒运动现象的本质在于运动的改变，运动的改变和参照系无关，是绝对的运动。力是运动改变的原因而不是运动的原因，力对世界永恒运动的原因描述就不是现象描述，这就真正抓住了客体运动的本质，这才是绝对的普遍的科学真理。从惯性定律的描述中不难发现，它同样是状态描述而非过程描述，即也是和时间变量无关的。同理，我们同样不能把运动过程现象和客体运动改变的原因在于外力作用这一本质等同起来，毫无道理的指责惯性定律时间反演或时间可逆，它既不是时间反演的，也不是非时间反演的，而是和时间变量无关的。

牛顿第二定律即加速度定律似乎是和时间脱不了干系的。因为加速度是速度对时间的变化率，速度又是路程的时间变化率，不能离开时间去理解速度和加速度。加速度的单位是m/s^2，s^2的意义应该仍然是时间，从量纲上来分析，加速度肯定是时间描述的。但是，加速度描述的运动变化现象和客体加速度的规律却不是同一的，决不能因为加速度和时间有关而简单地断言描述客体加速度关系的本质规律也一定和时间有关。回到加速度定律最简单、普遍的静态描述关系$F=ma$可以发现，从力是物体运动改变的原因的惯性定律的定性描述到物体速度改变量和外作用力大小成正比，和客体质量成反比的定量描述，是加速度定律的本质意义。在这种最本质的意义上来看，尽管加速度本身是由时间变化率定义的，但在揭示客体加速度和作用力的规律这一因果关系来看，同样可以认为，它是与时间无关的，同样不存在时间反演或时间可逆问题。

至于牛顿第三定律即作用力反作用力大小相等、方向相反，分别相互作用的定律的非时间描述则是明白无误的了。其实，从逻辑上来说，如果作用力和反作用力是时间变量的函数，则根本就没有作用力和反作用力定律了。

试想一下，一根绳子挂着一个吊篮，绳子对吊篮的张力和吊篮的重力对绳子的拉力应该是永远大小相等方向相反而且与时间无关的。如果作用力和反作用力随时间变量而异，初一十五不一样，那不是总有什么时候篮子可以自己跳上天了吗？这还是我们可以理解的世界吗？

综上所述，牛顿引力定律和运动三大定律不是物体运动过程的运动学规律描述，而是对运动原因的归纳和综合，即力的作用和物体运动状态改变的因果关系规律，故它是动力学的，研究引起运动的力和物体相互作用规律的，而不是描述客体运动过程的规律的。它是状态描述及力对物体作用的效果描述，故牛顿理论的核心本质上是与时间无关的。

从思考现代物理学界对牛顿经典物理学理论时间可逆、时间反演的质疑开始，我们已经反复说明了牛顿动力学的本质是非时间关系的，而不是时间可逆或反演关系的。经典物理学既有非时间关系规律，也有符合时间反演规则的可逆过程的规律，还有具有时间性的不可逆演化和运动过程。为此，我们必须做明确的区分，从而合理地理解牛顿动力学理论和时间的关系。

物理学的非时间描述的对象不是物体的过程，而是状态或关系。当描述对象限定在这种范围中时，讨论这些规律的时间性是没有意义的。世界是过程中的世界，客体运动是永恒的过程，这毫无疑义。但科学命题及真理认识都是抽象而非具体的，当我们把运动过程抽象出和时间无关的普遍、永恒的规律的时候，我们是说规律描述的关系和时间无关，而不是说运动过程和时间无关。而物质世界客体相互联系和作用的规律中，那些和时间无关的往往正是更为普遍的抽象，因为它在时间定义域中普遍有效。

牛顿动力经典物理学理论如此，麦克斯韦电磁场方程也是如此。麦克斯韦用波动方程来描述波运动过程，肯定是和空间状态及时间过程相关的，一定是用空间和时间变量描述的。但是，麦克斯韦电磁场方程揭示电磁统一关系的时候，并没有时间变量，即变化的电场产生磁场，变化的磁场产生电场是波动行为的一个性质，是在时间过程中实现的，但电磁场之间的关系则是和时间变量无关的。更简单一点，我们由麦克斯韦电磁场波动传播规律抽象出波动传播速度时，同样可以断言电磁波传播速度和时间无关，和空间也无关。正是时空无关性赋予了电磁波传播速度最深刻、最本质的意义。如果我们不应质疑为什么电磁场传播速度与时间无关，那又有什么理由去质疑牛顿动力学理论与时间无关的合理性呢？

物理学对以抽象质点为对象进行描述的客体运动和演化过程的许多规律是时间反演的。时间反演是我们这个世界的一个本性，但它只意味着这个世界的许多变化和运动是可逆事件，却绝不能解释为这种规律描述中的时间变量是可逆的。时间作为这些过程的描述变量，它在描述关系的所有定义域中有效，以不可逆时间为自变量建立的过程规律是普遍必然性描述，不只是一个事件描述。在这种可逆事件描述中，时间反演是事件的性质，而不是时间的性质，更不代表是可逆时间描述。时间作为描述变量，在其定义域中是按其规定性去标记过程的前后顺序的，在可逆事件中也是按其规定性去标记过程的前后顺序的，在可逆事件中时间不可逆。如果时间可逆，我们在逻辑和概念上都无法理解和定义可逆事件了。那些责难牛顿理论时间可逆的人实际上是在质疑牛顿定律描述的事件或关系的可逆性。但牛顿四个重要定律是非时间变量描述的，和时间变量无关。以牛顿理论为核心的经典力学体系当然有时间规律，比如路程、速度等一系列在牛顿动力学关系规定下展开的过程，则都是和时间变量有关的过程规律。时间反演的账不应算在牛顿身上，而应由整个经典物理学力学理论特别是运动学理论来承担，这些理论确实是时间反演的。这并不值得惊讶，这是物理世界最普遍的现象，因为我们知道大多数力都是保守力，保守力做功只能和起点及终点位置有关，和运动路径无关，这种物理学规律揭示的物体运动过程一定是可逆的，否则保守力做功无法和路径无关。时间反演正是从质点去描述物体运动的一个特性，它是由能量守恒的世界本性决定的，这是以抽象质点作为认识对象描述时所揭示的我们这个世界的一个本性。

不可逆过程在什么样的事件描述中发生呢？传统的科学描述是对抽象认识客体建立普遍有效的因果规律，这些规律是用数学的函数关系描述的，当函数关系的自变量包含时间的时候，如果时间是反演的，即用$-t$代替t时，函数关系在t的定义域中恒成立的话，则该函数描述的科学规律就是可逆事件的规律。但是，有一类称为耗散过程的演化则不同，它不是描述客体之间的相互作用和交换关系，而是描述对象客体和对象环境之间的关系，即对象客体向环境发散从而消耗能和功，因此，耗散过程的描述就不是质点相互作用而是认识对象和环境的相互作用，这往往是不可逆事件和过程描述，因为作用客体基于对环境的耗散作用而不能仅从能量守恒关系去得到完备理解。还有一种是对大量客体组成的系统的无规运动的统计描述，比如分子热运动的温度描述，这种大系统无规运动的演化过程在统计意义上是单方向演化的，因为大系统中系统由无规运动交换动能的最终结果是趋向平衡态，即每一个自由运动的分子的平均自由能在统计意义上最终是相同的。所以，这种系统是由最初的分子动能差异分布向缩小差异分布演化并最终达到无差异分布，并且这个最终结果和起始分布状态无关。因此，这种系统内部的物质粒子间交换能量的演化过程是不可逆的。这就是我们熟知的热力学第二定律，它被称为时间之矢。为什么热过程不可逆呢？最根本原因在于它不是质点的位置、速度、状态描述，而是宏观系统自由能状态描述，按最小能量原理，它就只能是不可逆的。可逆性和不可逆性的冲突被归结为人类科学发展的两大遗产之一，它使动力学和热力学无法统一，也使热力学论者总喜欢质疑动力学的可逆性。动力学和热力学都是科学的，我们只有一个具体自然，它们就一定是统一的，无法理解它们的统一与自然无关，与人类理性幼稚有关。我们在第三卷才能透彻地讨论动力学和热力学的统一问题，在此必须坚定牛顿理论科学真理性的信心，不必为世界的可逆事件大惊小怪，更不能由事件可逆性去把抽象时间形式当成可逆的，那就得出寸金能买寸光阴的判断了。

根据上面的讨论，我们就可以理解经典力学及牛顿定律了。经典力学中描述运动及物质客体功能转换关系的规律大多是与保守力相关的可逆过程。其中最特殊的非保守力则是摩擦力，但它所描述的并不是对象客体间的交换，而是对象客体的功和能向环境的耗散，摩擦力实际上是对环境耗散对象客体能量的一种抽象描述，所以，摩擦过程是不可逆过程。摩擦力有一个非常独特的规定性：它没有固定的方向，而是永远处于和客体运动相反的方向，这就是对环境耗散特性最精辟的抽象描述。

牛顿动力学的最主要成果即引力定律和运动三大定律，由于它和时间变量无关，所以，我们根本就不必担心它的所谓时间可逆或时间反演问题。至关重要的是，牛顿定律之所以是科学认识的划时代里程碑，就是在于它们的非时间描述。在此之前，以时间变量描述的运动学定律的因果函数关系可以看作永恒运动的世界的运动现象之规律，而动力学则是支配这些运动的原因的规律，它不是运动本身，不是过程，不需要时间变量描述，但它是运动的原因和本质。由之我们不仅知道物体在运动，如何运动，而且知道它为什么运动，由什么规律支配运动，推动物体运动的终极力量是从哪里来的。引力定律使我们摆脱了上帝。引力用自然的本性给予自然的永恒运动现象提供了可理解的理由。这个推动力按照三大定律去支配物体之间关系从而决定了按必然性规律展开的大千世界永恒运动变化的诸现象。所以，牛顿动力学定律使人类洞见物质客体世界普遍联系中相互作用和永恒运动变化的本质，使关于物质自然的科学第一次成为具有宇宙意义的普遍统一性的科学。牛顿理论在科学上是划时代的，其最根本原因就在于它建立了物理学乃至科学的统一。牛顿质点动力学是物理学的基础，物理学则是其他科学的基础，牛顿动力学四个定律开启了人类对世界科学认识统一性的崭新时代，牛顿永远是人类的光荣和骄傲。用时间性去对牛顿指三道四不仅不公平，而且是无知。

二、狭义相对论和时间相对性

人类从牛顿时代的绝对时间观转变为现代相对时间观是二十世纪科学革命带来的重大变化，爱因斯坦的相对论在最根本的意义上来看，首先是关于时间和空间描述自变量变换关系的统一性理论。由于相对时间的抽象性和反直觉特点，相对论并不易于理解。不幸的是，大多数人的相对性时间观念是在“双生子佯谬”这种感性语言描述的经典案例中构建起来的，而非基于对相对论的理性统一性理解。但“双生子佯谬”恰恰是解释相对论时间相对性的一个低级的错误，尽管人们已经被这个深奥而神秘的谎言欺骗了一百多年而惘然无知。因此，对时间相对性的理解就从剖析“双生子佯谬”开始，让“佯谬”的荒谬大白于天下。

双生子佯谬是用来形象地解释狭义相对论的时间膨胀效应的思维实验案例。在开始讨论时间起源和演化时我们已经把它作为一个令人对时间困惑产生的问题，并对之做了详细介绍。对“双生子佯谬”，有科学家解释说只有你坚守绝对时间观才觉得这是不可理解的，而相对论建立的是相对时间观，相对时间观是个人时间，兄弟俩由于处于不同运动状态下，时间流逝不同从而年龄变化不同，所以运动者年轻，静止者先老是正常的，一点也不荒谬。换句话说，从绝对时间观来看待相对时间观那就会觉得荒谬。但绝对时间和相对时间是矛盾还是统一的呢？如果是矛盾的，那么还有科学的统一吗？这是我们需要深入考察“双生子佯谬”的真正意义所在。

科学家将狭义相对论的时间膨胀效应形象地叫作动钟变慢，即“钟”作为时间的测量标准，在运动中将显得比静止状态时走得慢一些，这种变慢效应和速度相关，当接近光速运动时这种时间变慢的效应就非常明显了。按照动钟变慢的时间膨胀效应解释，实际上宇宙中一切物体的“钟”都是不一样的，是个人性的，因为一切都处于永恒的运动之中，但由于在远低于光速的运动状态下，动钟变慢效应非常小，我们感觉和观察不到这种时间膨胀效应，因而把时间作为绝对不变的，是与运动速度无关的，但这只是我们的错觉而已，说得包容一点即只是近似地认识我们所处世界的本来面目而已。按照这一解释，人类在相对论之前，一直只是生存在对世界过程的幻觉或近似之中。这种解释回避了物理学空间描述相对性问题，物的动和静、速度的快和慢只是相对性的，故钟的慢或快只有相对认识意义，不可能是绝对的。

“双生子佯谬”思维实验的用意就在于粉碎人类的绝对时间幻觉。尽管人类目前还没有能力实现动钟变慢效应非常显著的高速飞行，但并不妨碍我们在思维中虚拟它。科学家设想宇宙飞船以接近光速飞行，动钟变慢效应达到30倍的话，一对双生子兄弟中，留在地球上那一位的时间和做高速宇宙飞行的那一位所度过的时间的差别就显露出来了，比如两兄弟3岁分开，高速飞船上那位度过3年后即6岁时，地球上的那一位已经93岁高龄了。如果再加速，可能飞船中一年相当于地球上几千年了。所以，科学家们劝大家不要把太空旅行当作一种美妙的乐趣，因为一年后你返回地球时世上已过千年，一切已经面目全非了。

“双生子佯谬”解释时间膨胀效应有理有据，似乎无懈可击。但其实对时间相对性的解释更像幻觉，更难以理解。吴承恩在《西游记》中把时间规定为天上一日，地上一年，想不到竟和“双生子佯谬”有异曲同工之妙。但前者是神话，后者是科学。对神话一笑置之，对科学则必须坚信无疑了。但我们真的一直误解了真实时间而被时间幻觉欺骗了吗？在相对论之前甚至对至今不懂相对论的人而言，岂不是活在感性现实的梦幻之中？其实，“双生子佯谬”实验虽然是言之凿凿的科学思维实验，却不是无懈可击的。我们姑且全盘接受前面相对性时间的“双生子佯谬”实验解释，再继续深入探讨。

首先，“双生子佯谬”实验是以地球作为描述参照系的。为什么太空飞行者动而留在地球上者静呢？因为这是从地球观察者的视角和尺度来描述的。这是“双生子佯谬”实验的前提假设，否则动或静、快或慢就无法判断，也无动钟变慢之效应了。

其次，根据空间描述的相对性原理，相对于和以地球为参考点的参考系，实际上有无限多的惯性参考系存在，一切惯性系中物理学规律保持着形式不变性，即对“双生子佯谬”事件的描述也是保持物理定律形式不变性的，以地球或以飞船为参考点都是成立的。那么，以飞船为参考点的参照系如何呢？从在宇宙飞船中的观察者角度来看，以飞船作为参考点的描述是最简单的。那么，以宇宙飞船为静止参考点的参照系是地球的惯性参照系吗？当飞船和地球之间的位移关系有加速度变化时两者不是惯性参考系，而相对做匀速运动时则可视为惯性参考系。由于相对论的动钟变慢效应和速度而非加速度有直接函数关系，所以我们可以限制在两者相对做匀速运动的情形下来考察，即它们是惯性参考系。这就是说，以宇宙飞船与地球匀速运动状态来描述的话，速度的时间测量效应对两个参照系都是成立的，我们完全可以以宇宙飞船作为静止的描述参考点去考察和分析“双生子佯谬”所描述的时间膨胀效应问题。

最后，我们想象观测者不是在地球上，而是在以近光速匀速运动的宇宙飞船上，以飞船为参照系描述飞船与地球之间的位移及运动状态，这种参考点描述的结果是地球在以近光速离飞船运动而去，这时飞船是静止的，地球是运动的。这在运动学的观点来看，没有任何可指摘之处。但回到相对论时间膨胀效应的“双生子佯谬”解释时间问题就严重了。因为按照动钟变慢的规律，现在动的是地球，静止的是飞船，在飞船上的观测者看来，留在地球的那一位的时间已经膨胀得足够慢了，当飞船经过几十年飞行后再回到地球，留在地球上的弟弟还只长了几岁而已。这样，在双生子快要重逢之际，每一位都应该根据动钟变慢原则断定另一位兄弟会比自己年轻得多。那么，“双生子佯谬”论者能否给出一个符合真理和事实的答案，说明双生子中究竟哪一位更老一些呢？不可能。所以，“双生子佯谬”这一思维实验并不是佯谬，而是地地道道的谬论。因为哥说哥老，弟说弟老就是真正的公说公有理，婆说婆有理。因此，说地球上那一位更老和说在宇宙飞船中高速飞行那一位更老只能同时成立，但又不能同时成立，这不正是谬论吗？

如果相对论的时间效应是经受科学检验的真理，而这一点到目前为止是完全成立的，那么，问题就一定出在“双生子佯谬”思维实验对相对论的曲解之上。所以，要回到狭义相对论本身去更进一步分析和思考。“双生子佯谬”的荒谬性并不在于它所据以解释的相对论时间膨胀效应原理，而是在于它是对相对论一知半解的误用。说句俗话，治病的药没有错，只有医生开错药，或者病人生错病。

相对论的时空观革命的意义是深远的，它把牛顿的相对空间绝对时间观转变为相对空间、相对时间之观念，它像牛顿把亚里士多德以来的绝对空间观念转变为相对空间观念的伟大革命一样，对人类认识世界的统一性具有普遍而深刻的意义。而“双生子佯谬”的思维实验对时间膨胀效应的解释表面上是用相对时间观去取代绝对时间观来解释世界，却首先就犯了把空间绝对化的错误，即它在先地把地球作为宇宙中唯一的、绝对不动的运动观测、描述的参考点。在地球上是绝对静止，在宇宙飞船上就是绝对运动，这恰恰忘记了运动和静止只有在相对描述下才有意义，而等价描述的惯性系是无限多的这一最基本原则。所以，可能亚里士多德会同意“双生子佯谬”思维实验的佯谬解释，但牛顿不会认可，爱因斯坦也不会赞同。已经熟习了爱因斯坦相对空间观的人类为何要回到绝对空间观念呢？

但悖论并不止于此，而在于一旦回到绝对空间观，则又一定不会出现相对时间描述，即在绝对时间和绝对空间描述中一定不会出现双生子兄弟由于相互之间运动速度不同而产生的时间流逝速度不同一的问题。所以，亚里士多德也是不太可能认可“双生子佯谬”思维实验解释的。实际上，它是绝对空间观和相对时间观杂交而成的一个怪胎，根本不符合相对论时间膨胀效应原理的本意。

时间膨胀是狭义相对论从光速不变性出发为保持物理学定律包括牛顿力学理论和麦克斯韦电磁场理论的描述形式相对不变性，把力学中的伽利略变换上升为更普遍性的洛伦兹变换而产生的效应或原理。在洛伦兹变换中，两个相互运动的惯性系之间的空间变量和时间变量的统一性关系和它们的相对速度有关，相对运动的坐标系中空间收缩、时间膨胀的关系是速度的函数。时间膨胀俗称的动钟变慢。关键的问题在于，伽利略变换和洛伦兹变换并不是对客体运动的描述，而是对描述客体运动的描述形式即时间空间坐标系在不同的惯性参考系之间相互转换统一性关系的描述，它是纯粹的形式即形而上学的思辨，而非经验客体行为的描述规律。牛顿引力定律和力学三大定律是经验科学的，是对世界的客体存在的经验认识的真理，而伽利略变换则是关于认识形式的定理。回到狭义相对论和洛伦兹变换，我们同理可以这么说，它是关于时空坐标系变换的形式规则，而不是时空中的客体运动规律描述，时间膨胀和长度收缩效应是对不同的惯性参考系中时空相对统一性而言的，而不是对一个参考系中不同速度运动的客体而言的。把坐标系之间形式变换规则套用在选定了坐标系的相对运动的客体之上，那不是张冠李戴了吗？

如果稍为严谨一些，这种张冠李戴之说是不难发觉的，即我们说动钟变慢是指在相对运动的时空参照系中，物理规律由静止的参照系转换为与之相对运动的新的参照系描述时，新参考系中的时间和空间坐标分别膨胀和收缩且依赖于两个参考照之间的相对运动速度。但对选定了参考系的任何物理客体的科学描述而言，它的时间变量和空间变量一定是独立变量，一定是不依赖于客体运动速度的。因为在任何绝对时空中对客体的速度描述以绝对时空为前提。所以，“双生子佯谬”在现实的科学描述中绝不会发生。如果动钟变慢是指一个经验客体的科学描述中时间变量随客体速度而变化，那么，时间就不再是独立变量，就不再是世界过程描述的形式了。其实，没有标准的单位时间为依据，根本就不会有速度本身，科学泰斗们看来连速度是物体单位时间中的位移这一物理学基本概念都抛诸脑后了。稍有物理学常识者都明白在相对空间意义下的速度相对性，速度的确定性是建立在空间参照系基础上的，相对速度是指相对于参照系才有确定性的速度之意义，相对速度之相对本质上是指参照系的相对性，速度相对性是以参照系相对性为本质的现象，离开参照系的相对速度是无意义陈述。同理时间相对性也是基于惯性系之间的时间独立变量的统一性关系描述，和时间尺度有关的速度是不同惯性系之间的运动速度，决不能偷换为绝对时空描述时物的速度。否则，基于物的普遍运动本性，根本就不会有衡量物体运动速度的单位时间产生。更有甚者，抛弃了基于不同参照系描述的相对统一性，还原为绝对时空形式下的相对描述时，速度、时间就变成怎么说都行了。科学认识的普遍性意义是实现相对时空形式下的绝对描述，而在绝对时空中的相对描述叫神经错乱。

把动钟变慢效应从不同惯性系时空坐标统一性关系置换为一个经验客体描述中客体的时间本性的这种常识性错误后果是严重的。说它是常识性的是因为它违反了罗素在类型论中设定的一个定理不能描述自身的常识性原则。所以，在用时空形式独立变量来描述物理世界运动规律的时候，它们必须是独立变量，即不依赖于它所描述的客体的运动速度，否则就一定陷入悖论。而说它是严重的是因为一旦把时间与速度的关系由不同坐标系之间扩张到客体运动描述的时候，我们关于世界的一切认识及描述都已土崩瓦解了。因为时间一旦是个人时间而不是相对的统一性时间，就失去了过程描述的普遍形式，也就不再有任何客观普遍性的过程描述可以存在，包括狭义相对论及洛伦兹变换本身，甚至速度描述本身。没有普遍有效的单位时间尺度为标准又何以有单位时间中运动的位移呢！所以，狭义相对论的时间膨胀和长度收缩效应是不同惯性参照系之间描述形式的统一性关系，是相对性关系而不是纯粹与客体相关的主观关系。时间在本质上一定是普遍性的形式，绝不能有“个人时间”之说。我的三天和你的三天完全不一致，不可比较，那还有时间意义吗？

狭义相对论的最根本意义是建立了相对时空观。在此之前，在牛顿经典理论中，时间是绝对的，即在不同惯性参照系中观测同一运动所经历的时间尺度都是相同的，时间和所选择的坐标系无关。但狭义相对论提出了不同于经典力学的相对时间观，不同惯性系中对同一事件的时间描述尺度是可以不同的，它们之间是统一而非同一关系，时间就不再是绝对的了。两个惯性系之间时间相对关系由洛伦兹变换来得到统一。在时间相对性描述中，在某个惯性系中一个事件描述的时间尺度和与之相对运动的惯性系来描述所采用的时间尺度不同，它们统一在光速不变性基础上。在一个惯性系中看来同时发生在两个地点的事件，在另一个惯性系中可能是不同的。

不少人把狭义相对论理解为相对时间对绝对时间的否定，这种理解的意义仁者见仁智者见智。如果坚持时间描述形式的尺度只有唯一性，那这种绝对时间观是有局限性的，就像坚持玛雅历的人否认地球历一样。但是，如果认为时间的绝对描述形式是错的话，那就大错特错了。因为在任何时空坐标系中进行的科学描述，时空一定是绝对的独立变量，它们的相对性是指在不同惯性参照系之间描述时，不同参照系中的时空变量具有相对性，而不是指对客体运动描述时，时空变量是相对性的。所以，时空绝对性在对客体科学描述中是必不可少的，任何经验科学描述时的时间变量都是绝对性的。时空相对性则是指不同惯性系之间的时空变量的函数关系。如果否认不同惯性系之间的这种时间相对关系，坚持在所有的惯性参照系中时间变量都是绝对同一的，那就是有局限性的观点了，那光速就和参照系有关从而失去绝对不变性了。

所以，时间相对性和绝对性不能仅仅从时间观去理解，不能仅把它们理解为同一形式的两种不同观念，甚至是非彼即此、不对则错的对立形式。真正的意义在于把它们理解为不同层次上的统一关系。合理的相对时空观是绝对时空形式和相对时空关系的统一。就是说，我们用时空形式去描述客体的运动过程的时候，在任何情况下，描述关系中的时间和空间变量一定是独立的，所以它们是绝对的。但由于有无限多的惯性系，所以有无限多的这种绝对时空形式下的描述。不同惯性系之间的描述中，时间和空间变量是相对的。这就是真正的相对时空观。如果把时空相对性理解为科学描述本身而非不同惯性系之间的关系，那就大错特错了。事实上，没有一个科学定律是可以同时由两个不同惯性系中的时间和空间变量来共同描述的，所以时间相对性绝对不会出现在任何特定的科学规律之中。

其实，时间相对性和绝对性的统一关系并不难理解，因为我们早就对空间的相对性和绝对性的统一关系有了完整的把握，而它们两者在逻辑上、形式上乃至原则上实际是一样的。我们知道，牛顿的贡献之一就是建立了相对空间观。但我们也知道，在牛顿力学规律的任何具体事件描述中，时间变量和空间变量都是绝对的独立变量，是绝对时间和空间变量下的描述。牛顿的空间相对性指的是不同惯性系之间的空间描述自变量的统一性关系，它终结了人类认为宇宙只有地球这一绝对静止的空间坐标参照系的观念，而不是终结了绝对空间。当我们按照空间相对性的逻辑来理解时间相对性的时候，一切就简单明了了。绝对时间是对世界客体运动过程描述的前提形式，只有绝对的、普遍的、独立的时间变量才是描述运动过程的唯一可能形式。换句话说，时间作为客体世界运动变化过程规律的描述形式，它一定是普遍性、确定性的独立变量，即是自变量而不是因变量。否定了自变量的绝对独立性，由非独立变量建立的科学定律的因果关系是不具备普遍性的，因而也就不会有真正的科学规律。狭义相对论和牛顿经典力学理论的区别在于，后者考虑一切惯性参照系描述之间空间描述变量的相对性和统一性，而不考虑其中时间变量的相对性和统一性，时间变量在不同惯性系中是不变的。而洛伦兹变换同时考虑到不同惯性系之间空间坐标和时间坐标的统一性变换关系，从而把不同惯性系中对物理力学定律描述形式的不变性扩展到包括力学和麦克斯韦电磁场方程在内的物理学定律的描述形式不变性，在更高的层次、更普遍的领域建立了物理学的统一性关系。

爱因斯坦是以坚定的科学统一性信念去建立狭义相对论的，从洛伦兹变换到质能关系、动量关系，他都纳入牛顿力学规律，即牛顿力学规律是最普遍相对性和统一性关系下的一个特定范围的规律描述（不是近似规律，规律无近似可言）而已。狭义相对论终结了绝对时间观，但不是否定绝对时间，而是把不同惯性系中的绝对时间通过相对性关系统一起来。从相对时空观看，牛顿的相对空间、绝对时间观只是其中特定的意义而已。

只有在统一性的意义下去完整把握绝对时间和时间相对性，我们才不至于误解爱因斯坦的深刻思想，才不会去一面使用绝对时间描述，一面又唠唠叨叨地数落它。同时，也避免了把时间相对性直接引入对客体过程的理解，不会把时间想象为流逝着的东西而非世界过程描述的纯粹形式。确实，很难去想象时间是什么样的“东西”。这不是东西的形式如何能跳跃或后退？就像我们经验中的飞机和火箭那般加速或减速，那纯属幻觉。而正确理解时间绝对性和相对性的统一关系，我们才能摆脱时间幻觉的迷惑，洞察时间的本质，把握世界演化的进程。

三、广义相对论：引力影响时间测量的本质

科学家把时间从过程描述独立自变量理解为函数即在世界中如客体存在般能加速后退的实在的另一个理论根据是爱因斯坦的广义相对论原理。所以，对物理世界时间统一性思考的最后一个任务就是分析广义相对论的时间形式，还时间以形式这本来面目。

广义相对论带来的对时间的困惑是引力影响时间流逝的快慢这一判断。时间不是河水，只是形式。这种形式在流逝的意义是什么？是否有可理解的物理意义呢？引力影响时间流逝那不意味着时间不再是自变量，而是存在者，是客体了吗？时间不是形式而是世界事件内容的时候，它还能成为客体过程的描述形式吗？它本身又是用什么形式来描述自身之内容呢？如果还是用时间形式来描述时间内容，这种描述能有意义吗？在引力场非均匀分布的宇宙中，时间受引力影响成为引力的因变量时，一切以时间为自变量描述的关系都不具备普遍性了，客观普遍有效的真理知识归纳再无可能。

广义相对论的目的在于建立非惯性系之间科学描述的统一性。我们知

道，从伽利略变换到洛伦兹变换都限制在惯性系之间，但世界的普遍本性是永恒运动和变化，相对匀速运动或所谓自由运动只是思维中的抽象，世界上没有不受引力作用的客体存在，自由运动的客体只是力相互作用的合力在某客体中恰好相互抵消的特定状态，即非惯性系是最普遍的，数量上可以无限多的惯性系只是非惯性系的一种特定形式而已。因此，关于世界的最一般描述形式的坐标系之间的统一性关系就必须是关于非惯性参照系之间的。

但是，非惯性系之间科学描述的统一性对传统的参照系而言是无从下手的。因为所谓非惯性系是指参照点受力运动而非自由运动的状态。在自由运动中参照系没有和力发生关联，因此可以方便地描述力的作用规律在不同参照系中的转换，并且基于时空关系统一性而保持规律描述形式不变性。但非惯性参照系意味着参照系的参照点受到外力作用并且本身在非匀速运动，那么，这个作用于参照系的力如何叠加在原参照系描述的科学规律中呢？从一个参照系转换到另一个参照系描述时要叠加新参照系中产生加速的力对客体的动力学作用，物理定律从一个参照系转换为另一个非惯性系后无法保持形式不变性，故伽利略和洛伦兹变换限制在惯性系之间。

爱因斯坦广义相对论通过等效原理变换方式来解决这一问题。爱因斯坦的过人之处就是从等效原理出发，把非自由运动转换为引力场作用，把引力场的作用和经典时空参考系综合，建立了统一引力时空描述形式，从而成功地化解了从运动来描述运动，用力来描述力的悖论，成功地建立了非惯性参照系之间统一性关系的广义相对论理论。广义相对论的引力时空形式不再是纯粹抽象形式，而是三个独立空间变量，一个独立时间变量和引力共同结合的统一性描述形式，所以在形式上就产生了弯曲空间即包括引力分布状态的非各向同性、非均匀分布的描述形式。物理学家认为，引力对参考系的非惯性效应的本质就是引力影响时间。引力影响时间的物理意义如何理解呢？这才是至关重要的问题。

最为基本的是广义相对论等效原理的含义。爱因斯坦指出，在处于均匀的恒定引力场影响下的惯性系中所发生的一切物理现象，可以和一个不受引力场影响但以恒定加速度运动的非惯性系内的物理现象完全相同。因此，所有非惯性系和有引力场存在的惯性系对于描述物理现象都是等价的。从等效原理出发，我们知道，在加速运动的参照系之间，加速效应改变不同参照系中时间测量结果。从等效原理来看，引力效应和加速度效应等效，所以，引力场的存在也影响时间测量，所以说引力影响时间。但说引力影响时间流逝速度则很费解了。时间有速度吗？没有时间就没有速度，没有速度就没有时间吗？

这里要澄清两个问题，一是对等效定理的理解，二是对引力影响时间的解释。

首先，等效原理并不是将两个事件等效，而是一个物理事件可以从两方面去描述，从哪一个方面出发的描述都是有效甚至是等价的。在均匀引力场中和做匀加速运动是一个物理事件的两个方面，受均匀引力场作用是动力学描述，加速运动则是运动学描述，两个方面描述对客体运动规律都是客观的。很难想象这个世界上存在着在均匀引力场影响下的惯性系，引力的作用就是加速运动，怎么能有受引力作用且又匀速运动的物体呢？用等效原理从动力学而非运动学分析，从而避开加速运动描述的复杂性，最终把引力关系引入描述形式去约化力对物理过程运动的影响，把加速运动的非惯性系还原为引力时空形式下的匀速运动的惯性系，建立加速运动的非惯性系之间的统一性关系，这是爱因斯坦的过人之处。但等效原理是把同一事件的运动学描述转换为动力学描述，而不是把一个动力学事件和另一个运动学事件等效。这是等效原理的真正意义所在。这种技巧的最有效运用在数学中就是指数和对数方法，即通过取对数把指数运算还原为乘法运算，其逻辑根据和爱因斯坦的等效原理是一致的。

第二，引力场如何影响时间？按照等效原理，对一个物理事件的描述，动力学和运动学是统一的。既然非惯性系加速运动效应影响时间，那么，引力的动力学描述也一定影响时间。但是，非惯性系不是影响时间的流逝，因为时间流逝无法定义也无法理解，说影响时间流逝已经违反了时间作为过程描述形式的本性，也根本没有确定的意义。从广义相对论等效原理关于加速运动对时间影响的思维实验中，我们能得出的结论是加速运动影响时间的测量，而时间测量是基于时间普遍尺度的，时间是描述形式而非事件内容。在统一场论中，这种影响是由引力时空描述形式完成的，不是由这一形式描述的物理关系的内容实现的。时间的测量和时间的流逝是完全不同的两回事。时间是形式，时间的测量事件是时间形式的描述和使用。一切物理事件过程的时间测量以普遍性的时间形式为前提。如果没有独立的时间变量，又何来事件时间过程的描述和测量呢？

因此，引力和加速运动的时间过程描述都可以对时间描述产生影响，但所影响的是事件所经历的时间描述，是事件的时间测度，而不是时间本身。时间作为纯粹过程描述的形式是描述事件的自变量，而不是被描述的因变量即函数。引力影响时间是指影响物理事件时间的过程，而不是影响时间的本性。这一点，在引力影响时间的几个有名实验中可以得到清晰的说明。

“1962年，人们利用安装在水塔顶部和底部的一对非常精密的钟表，检验了这个预言。在底部的钟表更接近地球，发现它走得更慢，和广义相对论精确地一致。”[⑩]引力影响时钟的实验证明被转换为引力影响时间流逝的证明。而“时间流逝的这些改变同样影响我们的生物钟。假定一对双胞胎中的一位住在山顶上，另一位留在海平面上，则第一位比第二位衰老得更快。于是，如果他们再次相遇，一位就比另一位更老。在这种情形下，年龄的差异会非常微小”[⑪]。广义相对论告诉我们，对于在一个引力场中不同高度的观察者，时间推移不一样。“根据广义相对论，由于时间在接近地球表面处运动得更慢，引力场越强，这个效应就越大。牛顿的运动定律终结了空间中绝对位置的观念。现在我们已经看到，相对性理论如何摆脱了绝对时间。”[⑫]

引力影响时间测量的这种实验是真的，但对该实验的上述解释是不完备的。因为绝对时间、绝对空间和绝对时空观所指意义是不同的。科学终结的是绝对时空观，但科学描述的最基本形式却依然是绝对时间和绝对空间形式，只不过同一事件可以由不同的绝对时间和绝对空间构成的参照系来描述，而这些不同的参照系是按一定的转换规则而联系起来，从而构成相对统一性时空中的统一的世界。上述解释已经含有终结绝对时间的含义。当每一个钟表因所处引力场位置不同而测量的时间移动不同，人们因在引力场中不同位置而生物钟移动也不同，那么，我们的时间还有什么意义呢？没有绝对时间作为标准，相对时间又何以相对呢？没有绝对时间的纯粹相对时间还有可能成为我们描述世界客体事件的普遍形式吗？按照前面时间绝对性和相对性相统一的观念，我们不能终结绝对时间，因而无法接受在不同引力场中时间移动得不一样的观点。它实际上误解了实验的物理意义。

首先，引力影响时间测量是一个技术性事件。在这个事件中，我们可以排除钟表的误差和不精确性，把塔的顶部和底部的区别判定为只和引力有关，而与其他因素无关。但是，我们从这钟表测量中得出的时间读数以及两者之区别不能和时间形式本身的区别同一，即塔底的钟表测量的是塔底这一地点的钟表读数，塔顶亦然。这个读数我们用来计量时间的流逝并不等于这个读数就是这个点的时间的真实流逝过程，时间只是形式，不是存在者，是用时间这一形式去描述测量事件本身的过程。所以，测量是一个事件，是钟表按规定设计去实现测量时间，而不是钟表的读数就是时间，它是事件的时间测量，不是时间形式本身的测量，逻辑上形式在前，事件在后，不能把事件和形式相同一。

其次，水塔顶部和底部钟表测量读数的区别说明的是引力对时钟测量事件的影响，而不能理解为对时间描述形式的影响。时钟是人类设计出来计量过程即时间的标准仪器，但它的计时功能是由一系列复杂的机械运动合成的，钟表的周期计数性是在运动中实现的，这个运动不是钟表在引力场中的运动，而是钟表的各个部件的运动，只有这个精密完整的运动的最终结果才向我们显示“时间读数”，所谓钟表的时间读数就是钟表内部运动的结果，我们用这个结果来描述时间本身，而不是说钟表读数就是时间本身。所以，塔顶和塔底对钟的读数区别并不代表着两个位置时间形式不同。只有以塔顶和塔底钟表测量的时间形式同一为先验前提，才有经验中测量的时间差异之意义。

最后，我们来讨论水塔顶部和底部两个钟读数不同的原因及意义。时钟作为力学机器，它肯定和力有关。但从钟表机械的工作原理角度而言，它在弹簧驱动力或者其他形式的驱动力下运转的机理中，是不考虑外部环境的引力对它的影响的。一个运动装置在引力场中受到引力作用那是理所当然的，至于引力作用的影响方式和大小则与机械本身的工作原理有关，并与引力大小有关。在承认引力确实对时钟机械运动有作用时，预言并检测到钟表在不同引力大小下的运动有变化，导致钟表运动的显示装置即钟表读数与引力场大小有关，这是完全合乎逻辑的。但这种读数的不同是钟表内部运动受外部不同引力作用而产生的结果，而不是在不同引力场点位时间形式本身推进得或快或慢。从对一个事件的时间测量意义上来说，时间形式是绝对的，测量时间的时钟运动这一事件是相对的，所以运动受引力影响不能理解为时间受引力影响而变慢。说引力影响时间流逝快慢的时候，实际上是把时间形式作为相对甚至个性化描述，已经在前提下把时钟运动这一事件作为绝对的了。但这恰恰颠倒了形式和内容的关系。真正的意义是形式是绝对的，内容则是相对的，即在任何事件的科学描述中，时间形式是绝对的独立变量，而由它描述的事件即以时间变量来描述的运动过程是相对的。在时钟运动中，时间形式是绝对的，时钟运动则是相对的，是由绝对的时间来描述的。所以，时间测量中钟表读数和引力场的相关性的真正原因在于钟表自身受引力作用影响了时间读数，钟表则测定了引力对时间测量的影响。引力影响的是客体和事件即钟表的运动，而不是用来描述钟表运动的时间形式。引力作用于客体是可理解的，引力作用于时间形式则是没有意义的。钟表是测量时间的机器，但它并不是时间本身，而是由一系列复杂运动构成的过程性事件。引力影响运动，但不影响时间形式的快慢，引力影响钟表对时间的测量，却改变不了时间的本性，即使在对时间测量这种事件描述中作为形式的时间仍然是绝对的。时间测量的相对性与时间形式本身的绝对性是不同的，别混为一谈。所以，从本性上来说，钟表测量的相对性并无法证明引力影响时间。从逻辑上看，如果时间只是个人主观时间，时间形式和引力或运动相关，则不会有钟表存在的必要性了。

时间作为客体运动过程独立描述变量，在纯粹的形而上学意义上，即在本性上它是普遍的形式，在任何特定的时空坐标系中它的本性首先是一个独立变量。广义相对论认为引力影响时间是影响时间形式的本性，当时间流逝的快慢和引力强弱有关时，已经在本性和本质上违反了时间的规定性。广义相对论的时间预言不错，但对其物理学意义的如上解释则是不成立的。最简单一点，任何坐标系中的时间变量如果不是独立变量，则已经没有了时间，没有绝对时间作为基础，谈相对时间是没有意义的。广义相对论的弯曲统一时空在普遍性意义上是最基本的，但在逻辑形式上绝对时间和绝对空间则是最基本的，弯曲时空也必须以它们为基础来描述。记住，时空是形式，在描述形式上绝对时间和绝对空间是最基本的，没有人可以终结它们。真正要做的是超越它们的局限性，实现更普遍的描述形式，这正是广义相对论建立统一场论的意义所在。

广义相对论的引力影响时间流逝预言的证据是当代的卫星导航技术系统。“随着依赖卫星信号的非常精密的导航系统的发明，在地球上方的不同高度钟表的速率之差，目前在实用上非常重要。如果无视相对论的这个预言，计算出的位置会差几英里。”[13]我们相信和尊重广义相对论是科学理论而非猜测或假定，它是严格的科学。但这并不意味着一定要同时相信广义相对论相对时空观的引力影响时间流逝快慢的物理意义解释。如果在地球上方不同高度的时间本身流逝不同，那实际上意味着时间已经不再是普遍性的形式，那确实是再也没有绝对时间。但钟表速率是客体运动事件。它在不同引力场下运动有差别并不等于在不同引力场下时间这一描述形式是不同的。即我们承认广义相对论关于引力影响运动过程的时间测量的同时，不能承认引力影响时间推移速率，钟表速率和时间形式的速率是不同的概念。那么，如何从时间这一普遍描述形式去解释引力影响客体运动过程的时间测量问题就是至关重要的。对导航技术的引力影响时间测量效应的解释，有助于我们理解广义相对论引力影响时间这一预言的意义。

广义相对论是考虑到非惯性系之间时空坐标变换关系的科学理论，根据等效原理把加速运动的非惯性系的运动学描述转换为受力作用的动力学描述，最终把引力效应在绝对空间和绝对时间中的描述统一为弯曲时空。因此，广义相对论的时空是统一的，是考虑引力作用的。但弯曲时空的描述基础是建立在绝对空间和绝对时间之上的，不能理解为弯曲时空否定了绝对时间和绝对空间，而只能说广义相对论由于考虑了引力效应而建立了以各向同性时空描述形式为基础而超越了纯粹描述形式的统一性时空关系——具有引力效应的弯曲时空统一描述形式。

广义相对论的弯曲时空中的客体的惯性规律已经不是匀速直线运动，而是沿测地线的运动，这是弯曲时空的真正意义，即引力时空不是各向同性的，而是由引力不均匀分布这一事实决定的。在不可分割的弯曲时空中，把时间分割出来已经没有传统时间形式的物理意义，引力影响时空弯曲形式从而影响在其中的客体运动描述，这是广义相对论的真正意义所在。广义相对论的预言的最有力证据是光谱红移的解释以及光线经过大质量客体附近时由引力场影响所产生的光线偏转效应。按照这种逻辑，我们可以分析卫星导航的时空测量问题。如果无视广义相对论预言的效应，从传统的平直空间中的绝对时间和绝对空间描述形式来分析信号的运动，一定会产生误差。因为在这种运动描述中信号沿直线运动，信号所经过的路程是由直线距离来描述的。但是，按广义相对论预言，由于引力场作用，卫星导航信号是沿测地线运动的，在卫星和地球这么大的距离中，引力场引起的测地线微小弯曲也可能产生可观测的效应。所以，以信号直线传播为基础理论的卫星导航技术会和实际上在引力场中沿弯曲测地线传播的信号有可观察得到的误差，只有考虑到广义相对论的时空弯曲效应才能消除这种误差。所以，这一技术应用虽然再一次证明了广义相对论弯曲时空理论的真理性，但并不等于否定了绝对时间。我们知道，光及射电波的传播速度是不变的，如果引力场中每一点时间形式的标准不同，那光速和信号速度已经是不可描述的，那狭义相对论的基础都崩溃了，还何来广义相对论。

于是，对卫星导航技术中广义相对论的时间效应的物理意义可以做如此这般的理解：按照经典运动学理论，卫星信号在平直空间直线传播的速度为C，所需时间为t，t是绝对时间度量该事件的值。由于经典运动学没有考虑到地球引力对信号的弯曲效应，因而产生误差。而广义相对论用弯曲时空来描述信号运动时，因为考虑到地球引力场对信号的弯曲作用而消除了误差。对将广义相对论这种不可分割的弯曲时空中的时间描述，还原为经典运动学的绝对时间和绝对空间描述变量来看，实际上可以认为这是一个信号按不变光速沿曲线传播的物理运动学事件和过程。所以，从相对时空观来看，时间和空间描述绝对形式不变，光速不变，变化的是信号的运动轨迹，原来没有引力作用的直线运动变为受到引力场作用的弯曲运动，因为非均匀引力时空的测地线不是直线。所以，信号的传播距离和平直空间的直线距离不同一。由速度和时间及路程的关系可知，速度不变而路径改变即路程改变的时候，该运动所需时间发生了改变。这里改变的是该事件的时间测量，而不是时间的形式以及单位时间的绝对标准，它没有否定绝对时间，而是以绝对时间作为基本描述形式，是对引力场中客体沿测地线运动的更复杂形式的描述。

在经典物理运动学理论中，对非惯性系之间描述的转换是难以描述的。因为非惯性系的引力实际作用已经包含了经典力学所需描述的动力学行为，在经典时空中无法消除非惯性系之间的动力学作用，因而包括动力学作为运动原因的力学规律的经典形式在非惯性参照系中无法保持形式的相对不变性。经典物理学的一切描述必须把事件抽象为惯性参照系之间的描述才能保持其相对不变性。广义相对论则用弯曲时空来描述，把绝对空间、绝对时间和导致非惯性的运动学加速度行为和动力学作用的引力统一为弯曲时空，使物理学描述的普遍形式在弯曲时空下变换为惯性系，从而把一切物理定律的适用范围从惯性系推广到非惯性系。所以，广义相对论是关于世界客体运动的最普遍的描述形式，这种最普遍形式就是弯曲时空。引力影响的不是时间流逝而是影响时间独立变量构建的函数，所以非惯性系条件下物理定律即函数无法保持形式不变性，所以爱因斯坦以引力时空为形式把对不同参考系作用的引力剥离出来并将其作用综合在引力时空中，使普遍的引力时空成为统一的惯性系。在这里，时空是统一的概念，是广义相对论最为本质的概念。它和经典时空不同，它们是不能分割的统一性形式。所以，弯曲时空是以绝对时间、绝对空间为基础而又超越了它们的最普遍的世界描述形式。牛顿建立的相对空间观把绝对空间中的科学描述形式不变性推广到宇宙中任何惯性空间，爱因斯坦的广义相对论则建立弯曲时空和相对时空观，把绝对时空中的科学描述形式相对不变性推广到宇宙中包括非惯性系的更加普遍的形式之中。所以，绝对空间和相对空间是不同层次的统一描述，绝对时间和相对时间也是不同层次的统一描述，绝对时空和弯曲时空也只能是统一性描述形式。在这些不同参照系的描述形式中，所有绝对性描述都是相对性描述的特定形式，绝对性是特殊的，而相对性则是普遍统一的。弯曲时空的曲率为零的特殊情况就是平直的绝对时空，怎么能说弯曲时空终结了绝对时空呢？被终结的只是把特殊作为普遍的绝对空间观、绝对时间观而已。

这就是弯曲空间和引力影响时间的真正物理意义。只有在弯曲时空和绝对时空的统一性下才能得到时间形式的统一性理解，并在此形式中去建立世界统一性理解。

注释

①史蒂芬·霍金、列纳德·蒙洛迪诺合著，吴忠超译《时间简史》，长沙：湖南科学技术出版社，2006年第1版，第38页。

②史蒂芬·霍金、列纳德·蒙洛迪诺合著，吴忠超译《时间简史》，长沙：湖南科学技术出版社，2006年第1版，第41页。

③同上，第99页。

④同上，第104页。

⑤同上，第104页。

⑥苗力田、李毓章主编《西方哲学史新编》，北京：人民出版社，1990年第1版，第528页。

⑦同上，第528页。

⑧史蒂芬·霍金、列纳德·蒙洛迪诺合著，吴忠超译《时间简史》，长沙：湖南科学技术出版社，2006年第1版，第41—42页。

⑨柯文尼著，江涛、何守平译《时间之箭》，长沙：湖南科学技术出版社，1995年第1版，第35页。

⑩史蒂芬·霍金、列纳德·蒙洛迪诺合著，吴忠超译《时间简史》，长沙：湖南科学技术出版社，2006年第1版，第41页。

⑪同上。

⑫同上。

⑬同上。

第十章
存在的结构

引　言

【提要】二十世纪人类文化产生革命性进步的重大标志是“复杂性的科学”即一般系统论的诞生。实际上，科学是将复杂世界变成简约、普适的认识的，把系统论当作复杂性科学理论是不严谨的，以复杂性为对象的认识不是科学，是对认识的反思，是形而上学。它是科学知识丰富后产生了复杂性技术的条件下，人们对知识回归现实技术的智慧反思，是对抽象认识回复具体世界的认识论和方法论思考的成果，是对抽象和具体、存在和认识相统一的逻辑的自觉。认识史上把复杂性事物分析和综合的概念是结构，这正是系统论思考的关键概念，因此，先验哲学理应把结构形式纳入自觉反思的范畴。

一、结构认识把抽象质点或感性具体之物变成多样性统一的具体系统，结构就是具体系统的统一性形式，是作为整体的具体的本质规定性。结构是统一性具体思维，知识是因果抽象思维。统一性思维指整体下一层次的部分相互联系和作用关系构成了整体具体的本质，整体和部分无相互作用，无因果关系，整体是部分的统一性关系，这种统一性就是整体之为具体的抽象结构关系。结构形式的本质就是由统一性形式赋予具体以本质意义。

二、结构形式通过层次性结构实现多样复杂性具体的统一性理解，使认识既是相对性又是统一性的。一个具体对象既可以是具体整体也可以抽象为部分，如何认定依赖于由认识目的决定的系统界定，不同层次的系统结构把多样性复杂存在归纳为普适、简约而又是绝对统一性的具体。多样性复杂性自然就是以最简单结构为起点，从简单层次到复杂层次结构演化而来的完美统一世界，老子无生有、道生一、一生二、二生三、三生万物归纳的自然是结构统一的完美自然界，依赖于相对性结构的多样性具体之物的存在即结构。对自然的认识从多样复杂到简单普适的元中求元以结构分析还原为手段，其认识方法的形而上学前提就是复杂性具体存在的结构统一性。

三、认识发展是和自然演化共轭的从复杂多样到简单统一的过程，其统一性的结构构建是和元中求元共轭的多元归元过程，柏拉图称之为理念的统一，黑格尔称之为从相对真理到绝对真理，实质上是相对独立元知识的统一性及构建普遍知识的形式统一性问题。人类认识从个别到一般到普遍的发展保持着统一的知识结构，其形式范畴的具体统一性是人类理性之为理性的基础。黑格尔的辩证逻辑是认识形式统一性的精辟总结，但将之作为真理和科学又产生了历史局限性，二十世纪西方哲学叛离黑格尔，主流转向逻辑和语言，直指普遍意义构建最底层的逻辑和概念，但没自觉和普遍认识形式统一起来，艾耶尔直言再去构建体系已过时，使人类文化呈现出知识爆炸多元不统一势态，科学把时空穿越导向人类文化常识的原因就在此。在最基础意义上，人类把信息转换为思维中抽象意义认识的文化进程是具有完备的逻辑和结构的，是信息—意义—意识—知识—真理—自觉理性的不断复杂性发展，而后一形式统一了前面基础形式的全部意义，是不同层次意义结构的统一构成人类文化理性的。

四、将自然、理性复杂多样性统一为具体结构的法则是老子所说的高以下为基，即复杂性整体包括底层所有层次结构，下层结构完备稳定是更复杂的上层结构产生的前提条件，即一个由简单到多层次构成的复杂性系统是受其所有各层次的存在条件制约的，包含系统各层次的全部意义。据此老子把世界概括为人法地，地法天，天法道，道法自然的主客体统一世界。高以下为基的常识陈述即结构复杂性演化所遵循的法则及其意义是由低层次到高层次结构依次叠加的，整体是绝对统一的。

五、由结构统一性可以对传统哲学范畴得出更具体理解。本原不生不灭的规定性转换为无结构客体即不能再分解更合逻辑，感性意义的不生不灭本原构建不了一元统一自然，不生不灭的质点和推动它的力是二元分立的。本性是构成整体的下一层次的普遍属性，本质是对本性的扬弃，是在本性的结构统一性关系基础上产生的特定规定性，赋予整体具体之为具体的根据。本体是自然哲学中把具体本原和普遍抽象本性统一起来的概念，指具体和抽象相统一的客体世界。从结构相对性抽象出不同层次的主、客体世界诸如生命世界、主体世界这些相对独立的认识对象时，其相对世界的本体作为抽象和具体相统一的具体世界描述时，隐含着构成该相对世界的最底层基础结构的意义。

六、按照《道德经》人法地、地法天、天法道、道法自然的统一性结构，世界统一性原理按道（无）、天、地、人四个层次结构建立世界统一性理论。最基本的是以能量为普遍本性的统一自然界，在此基础上演化出物质统一世界，进化出生命世界，自然是无、天、地统一的，生命统一了自然的最普遍意义；在生命世界中文化出了主客体统一性的人的世界，统一了无、天、地、人的最普遍意义。

关于世界的认识是由空间状态变量和时间过程独立变量来构建和描述的，时空统一性是统一性原理的最基本前提。尽管二十世纪的弯曲时空已经建立了统一时空的框架结构，但一个世纪以来，人类关于世界统一性认识，甚至限定在自然界的认识本身，实质上仍停留在知性认识之中，还没有开启关于世界统一性认识的纪元。其基本原因之一是时空统一性只是统一性逻辑的必要而非充分根据。在关于客体必然性因果关系的科学认识中，时空可以是统一的，但在时空形式中建立的科学规律认识的统一性却并不是自在统一的。世界的统一性是自在的，关于世界统一性的认识却一定是自在自为的，它取决于我们智慧的水准。虽然牛顿经典力学理论和热力学第二定律都是科学真理，都是必然性的普遍有效客观知识，但人类至今不仅谈不上将它们纳入统一性框架中理解，而且在物理意义上是把它们看作相互冲突的。因为科学知识是有限性的普遍抽象规律，它根本没进入无限的具体统一性自觉水准。因此，科学知识的进步不能自然而然地解决科学乃至世界统一性问题，有时甚至会加剧它自身知识体系的内在不协调和冲突。至于考察人的自由意志发生作用的非自然行为，由科学真理去为世界的统一性提供充足理由就更无从谈起了。自由意志和科学必然性规律支配的冲突是古老而又尚未解决的思维冲突，人类被这个虚构的冲突折磨了数千年而依然不知所措。为什么？因为人类至今还没有自觉建立起多样性世界结构统一形式，从有限知识描述形式上升为无限具体认识。世界统一性描述的形式还必须包括结构形式概念。结构是揭示相互关系的范畴，普遍联系和永恒相互作用中运动的世界有质点无结构无从进入统一性理解和描述。但结构不限于复杂性客体存在的科学描述形式，它的意义不仅在于以复杂性作为思考和描述的对象，它最本质的意义还在于理性统一性的形式，即世界的统一性形式，也是关于世界认识的统一性形式，是存在和认识相统一的形式。只有把对世界结构和世界认识从复杂性对象的结构上升为无限的结构统一性范畴，建立了关于世界统一性思维中结构的逻辑法则，我们才有可能超越认识、知识的有限性，达到对世界的具体理解。

第一节 结构的统一性本质

在科学描述的意义上，系统和系统的结构是描述复杂性认识对象的方法，这是结构概念的起点。但如果仅停留在科学描述上，我们就无法洞察结构的本质和深刻意义，从而和世界统一性认识失之交臂。因为知识需要统一性，而不只是知识构建统一性。统一性是对世界和人生认识的一种智慧，统一性不是知识。所以，从结构概念的起源、原初规定性以及概念自身的发展和演化之中，从关系描述过渡到复杂系统整体本质描述，最后上升为无限的抽象统一性关系描述，就能洞见结构的本质。抽象统一性关系的意义在于把抽象的原子认识即有限的抽象知识构建为无限的具体认识。任何科学认识乃至所有知识性认识都是抽象的，但我们的世界却是具体的，我们不能停留在抽象知识，要以之为基础去构建统一性的具体世界的理解。只有把结构上升为无限统一性的描述形式的时候，我们才找到走出抽象迷宫的火把。结构形式的最深刻意义在于由抽象的普遍进展到理性的具体，没有结构统一性形式无法由抽象回复具体。比如，在抽象意义上，本原客体是最普遍的具体存在，在理性具体意义上，由本原、物质、生命、理性灵魂统一性结构构成的具体才是最普遍意义的理性具体存在；在空间形式中，三维各向同性绝对空间是最普遍的存在形式，它就在一切空间形式中，但在绝对空间、相对空间、弯曲空间的形式结构统一性中，弯曲空间才是最普遍意义的统一性空间，才是关于世界空间描述的最普遍形式。由此应初步觉悟到结构形式之于理性具体的深刻意义。

一、结构的本质

科学，我们这里限定为关于自然客体的科学，是关于经验客体抽象认识对象相互联系和作用的必然性因果关系规律性知识的探求。任何科学认识和知识都是以特定的关系结构为形式来描述的，都是一种关系判断陈述，因而同时也就是一种结构描述。实际上，在我们的语言和思维之中，除了指称符号及所指对象的最简单的符号意义规定性这类非判断亦即非知识性的规定陈述之外，一切陈述都是一种结构。所以，知识的基本形式是结构。

自然科学认识的产生是人类步入文明后第一个历史性飞跃，它的一个特征就是因果决定的逻辑结构关系描述的产生。为什么科学是普遍真理而非观念和意见呢？是它认识结构的因果关系的客观必然性赋予了它的普遍有效性。这是主体的能动作用和行为的产物，但这种产物却超越了主体的主观性而对一切主体有效，不再依赖于任何特定主体本身。为什么这种描述是客观普遍性的呢？因为必然性的因果关系描述关于事件或过程的判断已经与主体思维无相关性，是由普遍必然因果关系来确定的，不以任何自由意志为转移，所以是客观有效的。当我们认识了科学真理的时候，我们就可以预测未来，在思维和认识中构建了超越时空的思维世界；这个世界又揭示了具体真实世界过程的普遍本质，现实就是多样而统一的有序世界。所以，科学真理的意义在于我们从世界的本质规律认识中去把握多样性世界的具体进程。

人类在科学认识不断深化过程中的一个重要发现是物质客体存在即结构，即世界复杂性现象存在是一个结构性的体系。这个结构在认识中不断被分解和还原，有人把近代科学的发展称为对世界不断拆零的过程，由此推动了人类对物质结构科学认识的不断发展。这种对物质世界拆零驱动力来自两个方面：一是每一次拆零即当物质向更基本结构还原的成功都使我们对物质世界从复杂到简单的认识实现巨大飞跃；二是我们在逻辑上设定有一个最终不可还原的物质结构的存在，德谟克利特称之为不可分的原子，哲学家称之为世界的本原，这个最简单物质实体是无结构的，因而将是人类对物质世界还原拆零的彻底胜利。当年狄拉克建立关于电子运动方程规律的描述即将完成之际，原子物理学大师玻尔以按捺不住的狂喜对来访的同行们预告：物理学将在几个月内结束。但是，狄拉克关于电子运动方程的成功描述并没有终结物理学，人们发现所谓不可分的粒子仍在可以继续分解下去，哪里是尽头，科学无法确定。即使有朝一日我们找到了那个无结构的“不可分”，我们却不能断定它不可分，我们只能认为它目前未被分，分解它的努力将持之以恒。因此，不可分的信念却是由无限可分的探索去追求的，这是一个无法圆满的有限境界。

不断还原物质客体的成功以及这种科学真理的因果决定关系普适本性的发现极大地鼓舞了人类。拉普拉斯在几个世纪前将之归纳为经典的决定论信念：只要给出一组描述物质客体的定律以及给定这些定律的空间边界条件和时间初始条件，我们原则上可以从科学理论上去确定宇宙中小到任何一个粒子的任何时刻的状态和行为。在这种决定论逻辑下，整个世界是一个被决定的、必然性的无法改变的过程。于是，问题来了，科学成为新的上帝，人不是在上帝的庇护下，而是在科学必然性的宿命中失去了人之所以为人的本质和意义，人被自己所创造的科学谋杀了，退化为物。“如果你相信宇宙不是任意的，而是被明确的定律制约的，你最终必须把部分理论结合成一个完备的统一理论，它描述宇宙中的万物。但是，在寻找这样一个完备的统一理论时，存在一个基本矛盾。在上述有关科学理论的思想中，假定我们是任性的生物，乐意随心所欲地观测宇宙，并且从看到的事物中得出逻辑结论。在这样的方案中可以合理地假定，我们可能不断地趋近制约我们宇宙的定律。然而，如果确实存在一个完备的统一理论，它也很可能决定我们的行动，于是，理论本身会决定我们寻求它的结果！而为什么它必须决定我们从证据中得到正确的结论？难道它不会同样地决定我们得出错误的结论吗？或者根本没有结论。”①

拉普拉斯侯爵对科学因果必然性关系的信念是值得钦佩的，正是这种对科学的崇拜和追求成就了近代科学革命并从根本上改变了人类世界。但他为人诟病的因果决定论或者是被人们误解，或者他本身把具体世界看作无穷因果链支配的世界而犯了一个致命的逻辑错误，即所谓一簇科学定律及其边界、初始条件就能决定宇宙中任何一个客体的状态或过程的逻辑中，把一簇物理学定律之间的关系看作是因果决定性的，不是统一性的。但事实和逻辑并非如此，一簇定律中的每一个都是一个严格的因果决定结构，但这些相互独立的因果结构并不构成一个无穷因果链，任何一个科学定律一旦超越了它的定义域和抽象限定条件就失效，失去了因果决定关系。每个科学定律都是这种有限性知识，所以它们根本就没有无证自明的因果相关性，根本就没有无穷的因果递推关系。我们不能在因果决定的科学逻辑结构之内达至对世界的具体科学认识。最严酷的现实是，那些在各自限定条件下成立的科学规律之间，因缺乏统一性的理解，往往会出现不协调乃至冲突的现象。

霍金敏锐地看到对宇宙的科学认识是一个完备的科学认识理论体系，它是由一系列局部认识来构成的，而且是一个不断接近的过程。但他对完备统一的科学理论是否已经在先地决定了我们一定能得到正确完备的宇宙统一理论或根本就不会通达它的疑虑却是不符合逻辑的。这是罗素类型论所解决的认识悖论的幽灵在作怪。科学认识理论不能断言这个认识行为自身，这个行为的逻辑不能由哪个统一科学理论体系去决定。关于宇宙自然的科学认识是经验的，而认识的逻辑本身却是先验的，根本就不是同一回事。即使在经验领域中，对客体世界的认识和对主体行为的认识也是不同领域的知识，对自然因果规律的认识根本没有包括人作为主体的经验过程的规律性。因此，宇宙规律的完备、统一的科学体系能否建立起来，取决于人类的科学智力和理论智慧，而绝不会是由其决定论的自然客体本性已经预定了的独立于认识主体的必然事件。认识主体对客体必然性规律认识是一种可能性事件，它不能由因果必然性去判断和预言，而是取决于我们的努力。关于宇宙的完备、统一的科学理论能接近到什么水平？这取决于我们的智慧水平和努力程度，我们可以预测、估计、断言，但决不能以科学必然性的名义去预定，更不能把事实理解为被决定。

人类把物质客体还原到分子、原子水平的时候，在个体意义上，大量分子之间的相互作用和运动交换，虽然都可以是遵从质点动力学定律的，但在现实中却无法用质点动力学定律来描述大量粒子构成的质点运动，因为一滴水中据测算已经含有数以亿亿计个分子。为了把分子之间的相互作用转换为宏观状态描述，近代物理科学的另一成就分子物理学亦即统计物理学出世。它用大量分子行为的统计描述来描述系统的宏观状态，把复杂系统的描述简单、普适化，用温度、压力、体积这些宏观系统状态参量去描述大量分子组成的系统的运动规律。在统计物理学中，概率描述虽然和统计方法被引入。概率和统计数学描述虽然和传统的数学描述的自变量和函数关系完全不同，它的结论是可能性而不是决定性的，但同样是因果逻辑决定关系的，因为它的最终描述结果是由统计定律决定的系统的确定性结果，它所追求的结果以及实现这种结果的具体方法是符合因果决定逻辑关系的，所谓必然性规律的决定性是指向抽象因果规律的确定性，不是指向具体特定事件的必然性的，具体的必然性是无意义陈述。

统计物理学研究的复杂系统是在大量客体为元素意义上的，大量客体被视为是同质的，因而可以通过统计描述建立数学因果关系。但对非同质客体构成的复杂系统，任何决定论的因果数学描述都失效了。最直接的例子是我们的生命，我们称之为复杂的有机生命整体是无法用数学因果关系去彻底描述的。对这些非同质客体组成的复杂性系统的认识，产生了当代的一般系统论思想，它用系统整体结构的统一性去解释一个复杂系统的行为即功能。系统及结构是基于具体的复杂性而产生的统一性概念。

一般系统论的创始人是贝塔朗菲，他是在具体的复杂技术系统应用过程而非抽象的复杂客体相互作用理论研究中总结出一般系统论理论的。二十世纪是人类技术化生存登峰造极的辉煌年代。在航天飞行、登月技术、生命科学、信息技术等这些复杂的系统工程中，人类把各种技术集成和综合起来去实现某一现实的目的。在一个复杂的系统工程中，它可能涉及成千上万项科学技术，这些技术所依赖的每一个科学理论都是因果决定关系的，但所有的科学原理之间的关系却不是可以用因果决定关系的逻辑去理解的。那么，如何对复杂系统本身的性质进行归纳和综合呢？贝塔朗菲由此总结出了一般系统论理论去概括一个复杂系统的一般特性。实际上，任何一个系统都是我们可经验世界的客体事件，是形而下的；但把经验世界抽象为系统，并从中综合归纳出系统的一般性质的时候，一般系统论就不再是经验科学，而是形而上学。二十世纪人类形而上学的最伟大成就之一就是系统论思想。

一般系统论思想对人类认识世界的重大意义在于它把世界的普遍联系这一抽象原则具体化。当我们从系统思维来思考普遍联系的世界的时候，在系统意义下的联系就是在特定的边界条件下的具体相互联系和作用，而不是一般意义下的联系和作用了，在系统边界之内的事件就是具体而非一般的。更进一步，在系统边界条件之内的事件的相互作用和联系，也是按照系统的层次性结构去认识的。系统的真正意义不是它的边界条件的划分，而是在边界限定之中的系统结构分析，即一个系统是什么样的层次结构构成的，每一层次的组成部分之间如何联系和运动，这些联系和运动又如何影响更高层次结构的行为。从系统论的思想来看，科学还原方法对物质结构的分解和还原其实是系统认识的一种特定方法而已，它在从整体出发去不断还原物质结构的部分，同时又将这些部分建立起统一的联系和作用，从而得到对物质结构更高层次整体的更深刻的把握和理解。

所以，系统思想的核心概念是由结构概念来描述的。所有的系统分析，无外是结构和功能分析，离开了结构就无从描述系统了。系统本身就是由结构来定义的，它是指一个由不同部分按特定结构联系起来实现既定功能作用的整体。系统论的一般理解是强调整体，这当然是对的，但它指的是结构整体，无结构的整体不是系统，只是本原存在或思维形式。所以，系统论的整体思维是整体结构思维，即结构统一性思维。有一种比较直观的形象描述，认为系统论的本质是整体大于部分之和，这没有错，但只是系统中一种特例，即部分和由部分结构而成的整体在功能意义上是同质而具有可大小比较意义的时候。而对于世界上大多数可以看作不同层次结构的非同质性系统，根本就不存在系统整体和部分之间的大小或功能比较问题，甚至在一个系统内部同一层次之间也根本不存在可比性。所以，系统的最一般最普遍本质不是整体功能和部分功能的比较，而是部分结构的统一性所赋予的系统整体的本质和意义。

从这个意义来看，系统论思维是通过结构将世界联结起来从而建立具体的世界统一性的思维，这就是结构的本质意义。

在思维回顾科学描述结构和一般系统论的结构整体基础上，我们从本性、本质和意义三个方面深入探讨一般的结构概念。

第一，结构的一般抽象本性是形式而非客体存在。我们在常识中不乏把结构作为一种客体存在者，但这是把结构整体的所有构成包括在内的缘故。当我们把客体之间的相互联系、相互制约的作用关系抽象出来，并把这种关系称之为结构的时候，结构就是客体相互制约关系的抽象形式。所以，结构是超验的形而上学范畴，而不是经验科学的概念。我们的经验是客体，而且主要是具有复杂结构的客体综合整体。这些复杂整体客体包含结构统一性才称之为整体。但我们经验到该客体存在的时候，所经验到的是客体本身，而不是客体结构。结构是我们抽象描述该客体的形式，它必须存在于我们的观念之中才可能存在于客体关系之中。同一客体，我们从不同边界条件、不同角度去描述的，可以有不同的相互制约关系描述，可以处于不同结构中。所以，结构作为形式而非客体，在思维中不能离开认识主体而存在。

但是，这并不意味着结构是主观的。我们已经多次强调过，形式不是客体，但必定是客观而非主观的。因为主观不是普遍性的，不成为知性认识形式。结构形式不是主观经验的产物，在逻辑意义上，它是先于经验的，因而是普遍性的。在普遍性的意义上，结构是客观的，同时是形而上学的。结构的客观性的最终根据，仍然是客体存在的客体性，以及由之决定的关系的客观性。如果违反了客观性，则无结构形式之意义。

第二，结构的本质实质上亦即系统的本质，即整体统一性。系统的本质是整体性，结构的本质是统一性，从结构形式去思考的整体就是统一性的复杂结构组成的整体，因而结构的本质就是统一性这一形而上学的形式。统一性指整体和部分之间的关系是不可分割、不可还原的。部分是整体的基础，没有了部分以及部分的特定的结构形式，整体就无复存在。但是，整体的性质不能还原为部分的性质去理解，而应从部分之间的相互作用关系的形式即一个系统的特定结构去理解。为什么不能还原为部分，或者理解为部分之和呢？因为从结构的形式来看，由相同部分实体按不同相互依赖和制约关系去形成不同的系统整体结构的时候，它们之间的整体的性质是完全不同的。在最简单的物质基础结构中，我们称之为同分异构体就是最好的说明：一个分子具有相同的物质构成即相同的分子式，但构成元素的结构不同称之为同分异构体，同分异构体的物质之间的性质完全不同。同分异构体的不同性质是由相同构成部分即元素按不同相互制约关系即不同的结构构成的。所以，一个整体的东西的性质的还原分拆并不是在简单地拆零，而是在拆零的基础上按结构把它们重组为整体。分解、还原分拆世界物质结构在逻辑上是分解和统一同一进程的另一方面，离开统一性是无法理解拆零这一行为的意义和作用的。所以，结构在逻辑上是以统一性为起点的，没有统一性也就没有结构之基础。

系统统一性结构的特定形式之一是同一性，即系统整体的性质和构成系统的部分是同质的。分子物理学的统计描述就是针对同质部分构成的系统的，它的整体的本性同样可以从组成部分去理解。统计物理学用温度去描述一个大分子组成的系统结构的特性时，也给予这个宏观状态量一个合理的微观物理学意义解释：所有系统构成的分子的平均自由能。正是这种同质性的部分使之进行统计描述成为可能，而这种统计描述的物理意义和部分即微观状态的分子的行为是同质的：都是能量运动描述。因此，整体大于部分之和和只在这种同一结构系统的特定情形下才是有意义的。对真正称之为复杂性的相互作用即不同质的部分通过复杂联系和相互作用而联结为一个整体的时候，这个复杂结构整体的性质就不能由各个部分的性质而应由不同性质的部分之间的特定结构去解释和说明。异质结构整体的性质是不可还原的，不能由部分的性质来描述，而由结构所决定，由结构构成的所有部分的统一性关系来描述，这就是统一性的真正含义。在系统论思维中，有一种说法是结构决定功能，这无疑是对的。对这种理解有人称之为结构主义思维方法，也有人从功能意义对此心存疑虑。但其实结构和功能是一个整体系统的两个方面。结构是系统的统一性本质，是功能的根据，是形而上学的；而功能则是关于系统整体行为的，是经验的。问题在于一个整体系统的任何经验行为最终必须从它的抽象形而上学的结构逻辑去解释。所以，结构是因，功能是果，从因果思维来说，把结构统一性形式作为整体行为的根据是符合逻辑的，把结构统一性作为系统整体的本质，把统一性作为结构的本质，也是符合逻辑的。

第三，从统一性结构形式去理解整体的本质为我们关于复杂世界的各不同层次的客体世界存在及其相互作用的普遍联系的抽象认识提供了具体理解的思辨方法。我们关于世界客体的认识，首先必须建立在思维抽象的基础之上，一切科学认识的起点是对具体客体的抽象，认识对象的建立就是一个抽象的过程。任一科学真理作为抽象因果关系描述，只有在抽象规定性范围限定之内才具有确定性意义，没有抽象就没有科学认识本身。但我们以抽象为手段的科学认识的终极目标是揭示具体客体的真面目。抽象的认识如何去反映具体客体的真面目呢？当我们把世界的复杂性理解为一个复杂层次结构的整体的时候，就找到从异质化存在的个体去构成整个复杂世界的统一性思维方法，找到从最基本的结构开始不断构建复杂性世界的思维方法。从认识的意义上来说，结构是认识可以从指称向意义复杂化发展的唯一形式，没有结构就没有知识的产生。从统一性的意义去理解认识的结构，则不但可以理解一个科学认识描述的意义，更可以理解抽象的知识如何去描述和把握具体的客体，一个由符号和意义构成的世界如何去再现现实的世界。一句话来概括，结构的统一性理解构筑了从抽象通达具体的桥梁。

因此，从主客体和主客观统一性看，对结构的更深刻理解就在具体客体世界和符号意义世界的统一性意义之中。

二、客体结构的统一性

中国玄学之所以不只是唯心论而是完备的主客体世界统一性理论，是因为它是本体论、认识论、价值论的统一，是以客体世界统一性为基础的，玄学之道是统一之母，在自然范畴包含着客体、客体之现象以及支配客体的本质规律，是结构完美统一的自然统一性理论。客体存在是一切存在之基础和前提，客体结构的统一性是存在统一性的基础。

西方哲学本体论的传统信念是客体即实体，即物质客体。至于把灵魂、上帝、精神现象当作实体的唯心主义哲学是不符合世界统一性逻辑的，这一点将在下一节做出说明。在此我们仅按照实体即物质客体的规定性去思考客体结构的统一性问题。

我们关于世界认识的发展逻辑是从现象到本质，在现象意义上从简单到复杂，在本质意义上则是从复杂到简单。就是说，随着认识的不断发展，我们通过对事物本质的不断深化的认识，不断概括和综合出世界普适、简单的本质规律，由之去理解复杂的世界现象。从感性现象经知性的普遍抽象通达理性的具体，多样性现象在普遍必然性本质中达到理性的现实性理解。对世界的本质认识越发展，对世界本质的描述和理解越简洁、普适，就越能解释更为复杂的世界现象。在此，我们按照历史和逻辑相一致的思维，首先考察西方文化关于客体的结构统一性认识。

当人类成为自觉的认识主体，即产生了自我意识并由之把自身的存在和环境中的存在区分开来，从而试图去理解与之休戚相关的客体世界的时候，它认识的起点是经验的感性认识，即它的认识对象是感官可经验感知的有形之物，以及由感官可以感知的有形之物的声、光、气味、运动等属性。所以，人类的认识从经验开始，更直接的意义是指从对物质实体即世界万物的经验开始。

感性现象中物的存在构成了一个有个性无普遍性的经验世界，只有个相而无共相认识的人类早期阶段为自然认识的蒙昧阶段。因为没有普遍性的归纳，多样而变幻的现象界是杂乱无章、难以理解的，这时人类还处在纯粹感性认识而无知性认识的原始思维阶段，理解的世界也是无序的混沌，无因果逻辑关系，无结构意义之形式产生。在感性认识中，存在即物质实体，一切物质实体都是个性化的，同时也是无结构可言的，更谈不上实体的分解和还原问题。这时，存在就是个体存在，是个别之物的存在，不是结构统一性的具体存在。

从思维的角度看，人类从蒙昧跨入文明的划时代进步实质上是从基于感性的个别存在物经验上升到知性的普遍统一性的抽象思维。抽象思维产生了从个别到一般，从现象到本质的思维和认识的飞跃。对一般的抽象认识表现为两个不同方向：一是对存在现象从个体到普遍性的类的抽象认识，把大千世界的缤纷杂乱现象整理为分门别类的秩序世界，使之得到简单有序的理解。二是对感性经验的个体之物的生生息息、千变万化现象的抽象认识，把一切变动不居和生长消灭的可感性经验之物归纳为由不生不灭的元素构成，这些元素不变而构成的不断变化产生了我们经验之物的变动生灭现象，构成一切现象之物的元素才是世界客体的根本原因。万物统一于物，多样性统一于物，万物概念产生标志着人类理性认识进入由结构形式去统一理解自然的历史。对万物统一性意义的追求推动了人类对世界科学认识的不断进步。它的划历史意义可以从如下三方面去理解：

第一，它催生了科学并推动着科学的发展。为什么西方把科学称之为拆零的事业呢？事实上近代至今科学认识的最重大课题之一就是去发现物质客体的终极结构。于是，分子、原子、原子核乃至当前核物理学前沿几百种“基本粒子”的发现，构成了人类对世界认识的不断深化的过程。没有万物统一于物的形而上学信念及物是结构性存在的信念为前导，人类或许无法获得这些科学成就。其实，当古希腊的泰勒斯第一次提出世界一切物质都是由水构成的时候，他的角色不是思考世界永恒不变的本原的哲学家，而是一个地地道道的讨论世界万物构成的最底层元素的科学家。德谟克利特的原子论是唯物主义哲学的基础，但它首先是对自然物质的科学认识，它的意义首先是科学的。

第二，它向最普遍抽象思维的发展催生了哲学形而上学。哲学史把泰勒斯的水是世界本原学说作为哲学学说的历史起点，这是因为这一学说第一次以关于世界本性的最普遍问题的科学知识为根据而建立了理性统一性意义的思考，这一最基本科学问题因为具有最普遍本性而具有哲学意义。真正完整独立的哲学学说形态是巴门尼德的存在论创建起来的。在巴门尼德的存在论中，本原的存在已经超越了纯粹的科学思考，而进入了具有神性意义的形而上学思辨，即关于世界存在的永恒性，绝对普遍的统一性即本原作为世界一切存在之原因决定了客体存在的绝对性。所以，自然哲学称本体存在论，本原则是本体论的一个命题。从本原出发去理解客体世界复杂结构的统一性，这才是哲学思考本体存在之根本意义。

第三，由对世界普遍性抽象思维产生的对世界统一性追求实质上是以结构作为统一性的具体样式去描述的，对复杂多样性之物做还原分解并在思维中达到最普遍具体本原存在的形而上学前提是物质客体是结构统一性的具体存在。尽管长期来人们并没有意识到这一点，停留在抽象的永恒、整体、不变实体等概念之中，但我们实际上在以结构作为先验认识形式对自然进行科学和哲学思考。从科学认识的意义上来说，可以说句大白话：存在即结构，对存在的科学认识即结构分析，它既包括结构拆零，又包括拆零后的部件的统一性组装这同一事件的两个相辅相成的方面。存在即结构在人类把存在限定在物质客体意义上，在到目前为止的认识水平下是成立的。因为我们还没有找到被德谟克利特定义为本原的那个不可分解的“原子”，即我们所有经验之物都是结构性存在。从存在即结构的意义去理解物质实体具有两方面的意义：一是每个特定的结构有其质的规定性和不可还原性，这是存在之所以存在的根据；二是每一结构分解后的组成部分在其所在层次中，又成为有各自结构规定的具有自身质的规定性的独立自在之存在。物的具体存在就是这么一种多层次复杂性结构组成的。对这种复杂结构的认识，不能仅按照特定认识对象条件下的因果决定关系逻辑去思考，而必须在对每一特定对象的科学认识基础上，把同一层次不同独立结构做统一性思考，从而进展到不同层次结构相互联结和作用而组成的具体世界的理解。

存在即结构的命题的极限是我们发现了那个为“一”的不可分的“皇帝子”即真正的物质世界本原。物质无限可分说否认这个“极限”的到来，但我们在逻辑上可以承认“一”的存在。这时，我们可以把它定义为物的最基本结构，或重新表述为多样性之物是由“一”组成的复杂结构性存在。真正的问题是物质实体的“一”是不可分不可灭的吗？能向复杂性演化却又不能结构还原和生生灭灭和统一性逻辑是不协调的，由复杂结构向简单结构还原可以无限进行也是不合逻辑的，这是科学对物质终极结构认识无法摆脱的二律背反。中国玄学的自然统一性理论承认“一”又不把它作为本原而作为世界结构统一性存在的中介，从而摆脱了西方哲学的内在矛盾。因此，我们转向玄学世界统一性理论的自然结构统一性命题。

中国玄学对世界的思考、认识、描述和西方追求普遍有效性的科学思维方法不同，我们称之为唯象理论，即用一套抽象的符号、概念系统去解释经验现象世界的变化及其规律和原因。中国文化关于世界认识的理论，也是超越了感性个体认识的一般抽象认识，是知性的，因而包含了中国文化关于世界结构统一性观念。

唯象理论和实证科学理论都是关于个别感性经验认识向一般普遍性的知性认识的归纳和概括。实证科学描述客体以可经验实体客体即物质实体为基础，物质实体概念和物质实体结构性存在相对应，言之有物，证之有物，通过普遍的描述形式实现对物质客体的规律归纳和描述的普遍性，回到经验实证归纳的客观性，科学真理知识是可经验实证的抽象绝对真理。唯象理论则不同，在物质实体结构的意义上看它是非结构描述而是功能描述，更准确地说，是由虚拟存在之“象”的结构来描述世界现象的功能结构，象的结构没有实在本体论的意义，而是抽象的符号、概念意义，它不指真正实体结构，而是用以解释实体结构功能的虚拟结构。唯象理论不追求实体结构本身，而是追求经验现象世界的相互联系和相互制约作用的规律以及原因解释。因此，唯象理论超越感性经验去进行知性抽象综合，却又没有最终超越经验。它的经验现象归纳和综合所得认识依然带有主观性成分而没有上升为客观的普遍有效性，这是东方思维和西方科学思维的最根本区别。打一个形象的比喻，与实证科学的真理知识相比较而言，唯象理论就是一种归纳得比较成功而且实用性很强的经验公式。因此，中国传统文化更多的是方法之法和技术之术，而鲜见关于自然的普遍客观之学。

然而，正是在唯象描述中产生了人类关于世界统一性原理认识的第一个完整的理论体系：《道德经》玄学理论。这一现象是可以得到合理解释的。按照西方的思维规则，个体经验上升为普遍客观性的科学知识，科学知识统一性的形而上学思辨再构建关于世界的统一性理论体系。这一体系的最基本问题是西方科学历来所追求的最高命题之一。不要说古希腊时代关于世界的本原是朴素的猜测，即使今天科学不但对这个本原是什么依然是雾里看花，最糟糕的是就有没有这个本原争论不下，物质无限可分信念实际上已经把本原终结了。因此，在客体自然即宇宙存在的意义下，西方科学抽象知识还没有提供建立起一个统一性理论体系的基础条件，只能始终围绕本原问题打转。中国文化则恰恰不受本原的科学追求所制约，西方人几千年的科学追求中国人用一个“道”或“无”的唯象概念就全部装进去了。中国文化因为取消了与象对应的实体结构的限制，因而在统一性逻辑归纳和综合方面具有更大的自由，关于世界统一性理论的完整认识体系首先在中国文化的土壤中产生就是可理解的了。

不能把玄学理论武断地当作唯心主义本体存在论。因为玄学理论的世界是自然生成的，自然是最原初的，这和把精神作为存在本体的唯心主义哲学理论是完全不同的。玄学理论是高度抽象的，却不是以纯粹主观思维为对象的，唯象理论是解释经验现象的，即是以经验作为出发点及目的的，而不是纯粹想象的胡说八道，只不过象没有达到经验科学的实证性而已。所以玄学统一理论是对世界经验现象的高度概括，但缺乏统一理论结构中的科学实证证据，这是后人称之为玄学的一个可能原因。玄之又玄，那确实是看不见，摸不着的。但从对经验的综合以及统一性体系的逻辑完备性意义上来说，玄学统一理论是充满了深刻智慧的。

玄学对宇宙统一性的结构概括是科学思维所无法在逻辑上理解的，即万物生于有，有生于无；道生一，一生二，二生三，三生万物。片言只字，把气象万千的宇宙基本结构统一性关系精辟地概括其中。这个归纳在逻辑上是完美的。当我们能够把它的唯象描述转换为严格科学描述的时候，就可以自信地说，已经在整体意义上把握了宇宙即自然界的本性和本质。

玄学统一理论的自然界结构归纳精辟干练，而且是一个包括演化而自然生成的复杂结构性宇宙的统一性理论。它最为玄妙而和西方传统不同的是世界结构的起点是无而不是有。西方文化所追求的世界本原即“一”在玄学统一结构中却是中介性的，是由道所生的。实际上，道是普遍性存在，一切皆道，本原无外，同时作为世界本原之道老子又将其称之为无。所以，更准确具体地说，玄学统一性宇宙结构是以无作为本原、世界演化的起点的。在实证科学意义上，究竟是“一”之有还是无构成世界本原，到现在都同样是没有答案的。在逻辑意义上，究竟是从“一”开始，还是从“无”开始，其实具有相对性，很难判断其合理性。那为什么老子说世界从无开始呢？也应该是从经验归纳出来的。因为生生灭灭是宇宙最基本现象，而生就是从无生有，而灭就是有变为无。因此，无中生有是对宇宙生生不息现象的高度概括。从逻辑上就只能是无中生有，有则是一生二，二生三，三生万物的复杂性演化了。

老子玄学是圆满的宇宙统一理论体系，这一体系中关于宇宙按自然规律自己生成的复杂性结构演化过程学说，只是回答了世界结构复杂性演化现象，还没有从本质上回答世界统一性问题。《道德经》的自然生成演化学说的进一步发展便是关于自然生成的世界统一性结构的逻辑，从而达到玄学宇宙学说的圆满境界。

《道德经》第二十五章是老子玄学理论的核心，它提纲挈领地勾勒出宇宙统一理论概貌。“有物混成，先天地生。寂兮廖兮，独立而不改，周行而不殆，可以为天下母。吾不知其名，字之曰道，强为名之曰大。大曰逝，逝曰远，远曰反。故道大，天大，地大，人亦大。域中有四大，而人居其一焉。人法地，地法天，天法道，道法自然。”② 我们可以从相互联系的四个方面，解读这一阐述的宇宙统一性意义。

第一，道是宇宙的本原。在发生学意义上，它先天地生，所以，天地万物只能从道中演化而来。道生物，物混成而为之天地。我们说天地万物时总是把物放在天地之中去思考，但实际上，没有物是无所谓天地的，只有物的产生才有天地的产生。天地是物整体结构，而万物则是构成天地的低一层次的部分，如果部分结构不在先，那整体结构的来源就无以说明了。所以，从发生学及逻辑关系来说，道在先，物在后，物的统一性是天地。

道作为世界本原的另一根据是道周行而不殆。不殆即不灭的意思。不生不灭的才是本原，老子说道不殆不灭，由此可推论出它不生的本性。生生息息或不生不灭是不可违背的逻辑法则，只灭不生的东西是不存在的，因为越来越少，就像濒危动物那样，最终结果是不存在。而如果有只生不灭的东西，那么宇宙中最后就会只剩下这一种东西了。所以，有生有灭不可分割，道具有不灭的本性，同时也就具有不生的本性，故道就是不生不灭的东西，这种东西我们就叫作世界的本原。如果道由其他东西组成或可以分解为其他组成部分时，即可生可灭时，那就违反了本原之规定性，那是绝对不能称之为本原的。

第二，道的属性或者说是本性是绝对的运动。这是以道为本原和以不可分的“一”即物质“原子”作为本原的最根本的区别。在逻辑上来说，只有绝对运动者才具有本原的本性，而一切相对运动之物，即具有静止属性的客体，在逻辑上是无法成为本原的。设想我们已经在科学上找到了一个不可分的物质粒子，我们称之为“皇帝子”或“一”，并且已经证明其他的物质客体都是它的结构性存在时，我们仍然无法从逻辑上判断它就是世界万物的本原。因为“皇帝子”是静止的，是什么力量去推动它演化为复杂性结构的大千世界？最终还是需要上帝的第一推动。但从逻辑上来说，是第一推动者而非“皇帝子”是世界的本原。当然，也可以理解为牛顿的引力是第一推动，但引力是什么本身就是一个亟待解决的问题。即使西方科学家找到了“皇帝子”，也还没有解决宇宙的本原问题。在这种认知框架中，上帝的存在是必不可少的。

但老子之道作为世界的本原则是不需要第一推动的。因为道独立不改，周行不殆，自身就是绝对运动的。如何运动呢？老子说是周行，因为周行，所以，因远逝而大，却又因远逝而返。正是在这种永恒、绝对而不发散的周行运动中，道自然而然地按自然法则演化生成了结构复杂化的世界。所以，当我们有能力把形而上的玄学理论转换为具体的形而下统一描述的时候，我们的自然领域不再需要上帝的第一推动，上帝就不应在自然之中，而应保留在我们的精神文化和智慧之中。

第三，“道大，天大，地大，人亦大”是一种逻辑结构描述而不是空间比较性描述，离开结构统一性无法理解它的真正含义。道、天、地、人本身并没有空间属性或其他属性可以进行比较的实际意义，老子这里也没有比较描述，也很难把这种并列描述和其他东西做比较，那没有意义，与老子所指亦无关联。这里的“大”就是道，老子不知其名，强为名之曰大。所以，域中四大即宇宙的本原之道、天之道、地之道和人之道构成了统一之宇宙结构，四大即宇宙四个层次的独立结构，而且这种结构是逻辑结构意义，而非实体结构意义的。因为从实体的意义来看，人既是地，也是天，也是道。但天、地、人之所以能够成为独自的一大结构，在于它们的道有自己的结构规定性，是不可还原的，即人道不能还原为地道，地道不能还原为天道，天道不能还原为本原之道即无。但四个层次的道又是统一之道，比如具体的人的存在，不仅包括人的抽象规定性，而且包括人的生命特性、物质特性和能量特性，抽象的道、天、地、人四大抽象结构的规定性在具体的、现实的人中得到统一。这就是我们前面提到的结构的本质意义：它是实现抽象到具体之统一的桥梁。

第四，道、天、地、人四大的统一性有其固有的自然法则支配逻辑，即人道必须符合地道，地道必须符合天道，天道必须符合本原之道，世界的统一性只有在这个法则下才能得到解释。我们知道，道之为道，天之为天，地之为地，人之为人作为宇宙中的独立存在结构，它由自身结构统一性而决定的本质是不能还原的，是不能用因果决定逻辑去分析和解释的，各自具有其独立的本质，还原将失去本质，失去其之所以为天、地、人的根据。但它们的独立性却又是寓在统一之中的，即道、天、地、人并不是四个独立的客体存在，而是复杂多样的具体存在结构不同层次的质的抽象规定性，即抽象的结构决定了整体的本质规定性。这些抽象规定性在具体客体中的统一性就是由人法地，地法天，天法道，道法自然的必然性法则支配的。用老子的另一说法是高以下为基，即道、天、地、人是宇宙复杂性演化中依次自下而上的结构化进程，任何下一层次结构都是上一层次结构的必要条件。人是具有超越了动物本质而具有人的自由本质的抽象存在，但具体的人首先必须是生命存在、物质存在，必须有能量交换过程，这就是人之所以为人以及人与世界的统一性关系。人是宇宙中具有非物本质的存在，又是宇宙中存在之物；这种解释在科学因果决定逻辑来看是胡言乱语，但从抽象结构统一性意义来看，唯此才能从抽象的知识中得到对人的具体而完整的理解。没有结构统一性思维，我们就无法超越知识的抽象性从而真正把握具体现实世界。

所以，尽管是玄之又玄的抽象理论，是唯象而不是实证的，但唯有玄学理论对客体世界的统一性做出了合乎逻辑的阐明，把自然界理解为道（无）、天、地三个层次结构统一的，本原之道即无为本原的自然统一于普遍能量本性，天即普遍能量世界中质能统一性的特定物质世界，地即物质世界中躯体和灵魂相统一的特定生命构成的统一世界，生命世界统一了自然的绝对意义。

三、理念的结构统一性

有学者认为，古希腊亚里士多德已经构建了到目前为止西方文化的基本知识框架结构，这是有道理的。考察古希腊认识发展史，这个框架是由苏格拉底肇端，柏拉图创造出其核心理念论，最后由亚里士多德集大成而构建起来的。

西方哲学史上叛离神而回归人自身的启蒙是从苏格拉底开始的。在此之前的古希腊文化，包括关于自然的科学知识，基本上都是在外在于人的神的前提下进行的，所有关于世界本性思考的科学或哲学理论，最终都去试图揭示灵魂是怎么样的。苏格拉底指出，人们关于感性世界包括自然界的认识是不可靠的，真正包容并解释万物的原因是善，也就是把世界上一切都做如此这般安排的决定性力量。要在自然中寻找善是愚不可及的，善在人自身，在人的心灵之中，真正的世界原因思考是“认识你自己”。苏格拉底在把认识转向自身而贬低自然认识的同时，最要命的是抛弃和贬低了神灵。苏格拉底的罪名就是渎神。

真正由苏格拉底所追求的善和德性的普遍定义和绝对本质导向最一般普遍本质思考的是柏拉图的理念论。亚里士多德指出，苏格拉底在德性和善的伦理中寻找普遍性的时候，并没有把个别和普遍的东西区别开来，因而就无所谓普遍的至善这东西。柏拉图则在苏格拉底基础上前进一大步，真正在认识中把普遍和个别区分开来，把普遍的东西认作是独立的理念。按照理念论，理念世界和可感知世界是二层世界，理念世界是普遍的可知的，而可感世界则是个别的不可知的，理念普遍世界提供的是知识，而可感世界所产生的却只是意见。意见不是真知识，故在知识意义可感世界不可知。

为什么可感世界即个体存在的客体世界不可知呢？柏拉图认为一个具体个性事物处在永恒的生生息息之中，既不是存在，也不是不存在，是既存在又不存在，所以是现象，是暂时的相对的变动不居的。现象世界的原因则是永恒的稳定的绝对的，这才是真正的存在，普遍才是本质，才是存在，这个存在就是理念。理念的最好阐释就是："我认为存在着一种事物叫做相等——我不是指一块木头等于另一块木头，一块石头等于另一块石头或者诸如此类事物的等同，而是超越在它们之上的相等自身。"[③]柏拉图把对现象的普遍认识抽象出独立的理念世界，把苏格拉底所寻求的普遍本质从个别现象独立出来。

在一般的哲学意义上来说，柏拉图的理念论是唯心主义的。因为他的理念论认为普遍、永恒的理念是可感之物的根据，理念才是存在，个别之物是介于有和无之间的现象。不得不承认，柏拉图的理念论是人类认识史上的最深刻智慧，是人类文化和文明的活的灵魂。但是，柏拉图虽然建立了理念论，随后对理念的分有、模仿等实现样式进行了一系列思考，并对之不完备性进行反思，但它的理论体系并没有通达理念的最普遍本质。此后几千年来，理念已经成为我们文化和文明的核心，但并不代表我们对理念的本性洞若观火，我们长期来经常只是游离在现象中而已。

理念的本性是什么？可感世界和可知世界所对应的是什么呢？是感性认识和知性认识。感性认识是个别的现象的，知性认识是普遍的本质的，前者是意见，后者是知识。这就是理念论的精髓。也就是说，理念论的本性是认识论，而不是本体论。正是在认识论意义上，柏拉图及其理念论是人类文化和文明的最宝贵财富。至于把认识论当作本体论，把理念的普遍和绝对性作为客体存在的绝对普遍性，那是柏拉图的历史局限。在逻辑上说，由认识论命题去作为本体论根据是不合法的，理念论在世界本性认识上对人类并没有什么贡献。从认识论的角度，只要把理念作为认识问题，已经在逻辑上在先地承认客体世界存在性，否则认识就失去了对象。因此，尽管理念论执唯心主义的本体论观念，却丝毫不影响它在世界是自然客体性存在这一唯物主义宇宙观基础上去发挥它在认识世界中的重大作用，认识论本性在本体论的误用并没能遮蔽住它的光芒。

从认识意义考察理念论，理念即概念，可感世界即感性认识，理念则是具有普遍性的概念之认识，所以理念是知识，感性认识由于主观性而只是意见。苏格拉底把人类对世界的本性思考引向人自身的思考，柏拉图则把“认识你自己”深入人的抽象思维和普遍认识这一关于人的本质的思考。柏拉图应该是认识论的鼻祖，理念论是哲学认识论体系构造的起点。纯粹的本体论思考并不能从根本上回答世界的本体论命题。因为本体论本身就是一种认识理论，对世界本性的思考是一种认识行为，世界的本性需要概念框架和认识方法为前提去思考，所以，哲学只有进展到本体论和认识论相统一的水准才成型。精神文化是人异于禽兽的根据，只有在认识论意义上建立起认识的普遍统一性，对人及世界的理性具体认识才有现实性。因此，归根到底，哲学既是本体论，又是认识论，理念论的划历史意义则是在认识论意义上的。

柏拉图创立理念论只是人类对自身普遍认识统一性进行反思的起点，而当他把理念论误当本体世界命题时则陷入了悖论。当一个相等自身的理念成为实体存在，而且是比石头、木头这种暂时性存在更为稳定甚至是永恒、绝对的东西的时候，世界就被割裂为孤立的现象世界和理念世界，和现象世界无关联的理念世界就失去了基础和意义。柏拉图反思理念论时就已陷入了矛盾和苦恼：人们用类建立起普遍理念，比如“大”的理念，把“大”的理念和大的事物放在一起又会有第二个“大”的理念，以此类推，理念会陷入无穷这一荒谬之中。把理念作为实体无法摆脱这种恶无限困扰。

只有把理念作为认识论范畴才能避免理念无限多的恶性循环，同时才能把现象世界和理念世界联系起来，最终建立两者之间的统一。我们用普遍的概念去思考认识和描述感性客体存在的时候，概念是对感性客体普遍本质的抽象，没有抽象就没有普遍性，就没有知识；但抽象的普遍性不是客体自身，而是客体的抽象普遍本质。那么在认识主体之中抽象的认识和知识如何反映具体客体的本性呢？这才是认识论的真正命题。这个问题必须分解为两个层次才能思考和分析：一是基本描述层次，即如何保证一个关于具体事物的抽象认识在它所抽象限定条件前提下是客体行为的真的描述，即是客观知识而非主观意见，这是任一特定抽象知识的客观性问题；二是抽象的普遍性知识如何成为对具体的客体存在的现实认识，这是人们长期以来漠视了的认识论的最重大问题。

哲学认识论发展的一个成功之处是把认识对象规定为认识中抽象规定性所限定的东西，使认识成为在人的头脑思维之中独立完整的过程。但是，思维中的认识最终必须回到客体世界才有意义，它的真理性是由客体的经验、实验所检验和证明的。把可感世界和可知世界截然分开时，从抽象到具体始终横着一条深深的鸿沟。从具体客体角度来看，我们对任何具体存在的抽象认识是无限的，我们只能得出关于抽象命题的确定性认识，却绝不可能去得到对任一具体存在的绝对认识。因为它本身没有绝对认识，对之认识是无限的，不能穷尽的抽象对具体的认识只能由不知到有所知，由知之不多到知之甚多，但绝不会达到绝对认识即终结对它的认识。对一个具体存在的认识是一系列抽象知识，是不断丰富和发展着的知识来构成的系统知识，这些系统知识之间的相互关系的统一性，即知识结构的统一性，就是我们对具体客体存在的具体认识和把握的基础。从抽象的普遍理念即概念的角度来看，理念不是一个个独立无关的“第二实体”，而是一个个相对完整的认识元结构。仅有一个个确定的知识其实和意见相去并不远，因为与其他知识无关而能独自成为所谓知识的认识，只能是对认识对象命名的指称和对象对应关系规定性这种东西，它并不包含因果关系，故亦可视为一种意见。知识皆判断陈述，真正的因果关系知识已是结构性的关系所描述的。对特定知识而言，它往往以另外一些确定性知识作为基础，故知识总是在特定的完整的知识体系中才成为真正的知识的。从知识体系来看，它是一个由简单到复杂，具有不同层次、不同部分而又互相联系依赖的系统结构。所以，知识总是分科目、类型、理论体系的，我们对世界的认识，是在一个复杂的概念和描述结构框架中进行的。单个知识的确定性描述无法摆脱有限性和片面性，知识体系的统一性和完整性是我们尽可能避免抽象性和片面性从而通达具体的客体存在的有效手段。所以，从抽象知识去把握具体客体存在的另一手段就是从完整的知识理论体系去理解世界。以物理学为例，它的最大目标不是去解决某一命题，而是寻求物理学的统一理论。爱因斯坦晚年的大部分智慧就用于追求这一统一理论。

肇始于苏格拉底的辩证法和柏拉图的理念论对人类追求统一性的最精辟概括是辩证逻辑。

黑格尔是继承柏拉图理念论并把它发展成为完整辩证逻辑体系的唯心主义大师。当我们把理念论及辩证逻辑纳入哲学认识论范畴时，计较它们在本体论意义上的唯心主义并无实质意义。黑格尔将他的辩证逻辑命名为《逻辑学》，实际上已经表明辩证逻辑主要是认识论和方法论意义上而不是本体论意义上的。而且，如果不是从认识方法角度去思考，能对辩证逻辑有一知半解否？从哲学认识论和方法论角度，我们方能理解辩证法和黑格尔哲学理论的深刻意义。

黑格尔的辩证法理论体系博大精深，是极难理解和把握的。这和它的高度抽象的形而上学本性以及黑格尔晦涩的哲学语言描述多少有点关系，但归根到底在于它是和科学知性认识完全不同的思维和描述。我们一切知识的最基本法则是必须遵从矛盾律，自相矛盾的指称或判断没有任何意义，不是知识，连意见都不是。但辩证思维的核心就是对立统一的矛盾，没有矛盾就没有辩证法，世界上凡事无绝对。由此可见，辩证逻辑是一种关于认识统一性的思维方法，而不是确定性的无矛盾抽象知识本身。用辩证法作为知识去解释客体世界现象和规律，而不是去考察知识的边界条件及有限规定性，所得到的确定性结论都会是非确定性的，如果不是对辩证法一知半解，那就一定是存心曲解了。

辩证法是关于知识的统一性认识，黑格尔称之为跟在知识之后的反思。辩证法反思知识自身必须解决的问题，否则就不称之为反思的认识。所谓反思的具体内容是什么呢？客观性、普遍性、有效性？这没错，但远远不够。这些是知识之为知识的根据，在知识之后的反思的是知识之间的统一性，实现抽象知识对具体世界的完整把握。黑格尔认为知识是体系，真理是全体的真理，全体的真理才是具体的真理。黑格尔这里用决定论知识的真理概念去表述统一性的知识关系，甚是不当。不完整地理解辩证逻辑理论体系确会产生误解。黑格尔的本来意思是说，我们关于世界客体存在的知识是以知识体系形态构成的集合，在知识体系结构的统一性意义下运用确定性知识去认识具体事物才是全面认识世界存在的方法。如果把这种知识统一性本身作为真理知识的话，那这种统一性就必定是矛盾的，而不是对立统一的了。取消了知识体系的对立统一性，还原为因果决定关系，那就回到拉普拉斯的无穷因果决定链条之中，我们在逻辑上就永远陷于抽象而无法再达具体，辩证法就成为决定论逻辑而不再是辩证法了。在本论著中，为了避免混淆统一性智慧和因果关系确定性知识，真理始终只限定在抽象的确定性知识范畴中，而对世界的具体认识则用统一性的智慧去思考和描述。

辩证法反思得出的知识并非关于自然的科学知识，而是纯粹理念，即思维的抽象要素的统一性，从而得到思维规定之理论体系。本体论的对象是自然界，而辩证逻辑体系的对象则是抽象的思维和认识，这是两者的根本区别。辩证逻辑按照历史和逻辑相一致的原则，把人类认识史上最一般的普遍形式概念和范畴构建为有机联系中辩证发展的统一逻辑体系，把人类认识的纯粹思辨理念区分为三个层次结构的统一体系。最基本的是存在论理念，主要是质、量、度概念，实际上是认识对客体存在的多样性进行符号概念和意义指称建立对应关系的最一般规定，是物之为物的特殊个体性和类的普遍性的统一。这种最原初的规定是最少规定性和联系性的，因而是最抽象的，是缺乏客观性的，所以称为自在的。在存在论理念基础上发展出来的第二个层次是本质论概念，主要是本质、现象和现实理念，它们不是对客体的抽象规定，而是客体抽象规定的普遍性思辨关系，是思维中抽象规定性的普遍联系和对立统一结构关系，本质就是矛盾关系。抽象规定性只有在与他物的相互作用和联系中才能脱离纯粹抽象而成为具体的存在，差异的矛盾关系正是事物的本质。所以，本质是在关系中的，而不是抽象的纯粹规定性。本质又是在现象中表现出来的，本质和现象的统一性则是现实性，表现为可能和现实、偶然和必然、因果关系和相互作用、自由和必然这些现实关系。本质理念的核心在于从普遍联系和矛盾中去具体认识事物从而超越存在理念的纯粹抽象规定。关系是思维的能动作用结果，所以它是自为的。但是，思维在本质认识的矛盾结构中把握的是事物之所以为事物的本质规定性，在本质中矛盾依然存在，还没有达到思维的最高境界即绝对的统一性。思维发展的最高阶段是理念的最高层次即绝对理念，也叫概念论。概念是对存在的本质建立最普遍的统一规定性的认识。概念是认识主体的能动活动，但它又必须以思维的普遍性辩证逻辑形式去思考，当达到普遍客观性的概念的时候，就是绝对理念了。所以，黑格尔的辩证逻辑体系是人类思维认识世界的普遍抽象形式的一个有序的结构，是从简单到复杂发展中生成的统一理论体系，对存在的客体直接抽象的规定性，在客体抽象规定的矛盾关系之中得到抽象本质的认识，最后将存在的本质按照辩证逻辑建立普遍客观性的概念，这是由低级到高级不断发展从而在结构演化中达到最普遍统一的过程，由之得出认识形式统一性理论体系。尽管这个体系是思维形式而非客体世界的描述概念结构的发展，无法在客体世界中验证，但从人类思维认识发展史来看，辩证逻辑的概念体系结构发展和人类最一般的抽象思维概念结构的产生和发展是一致的。

那么，辩证逻辑的精髓是什么呢？从构建思维理念结构的角度看，关系即矛盾的对立统一是核心；从结构统一性体系的角度来看，否定之否定即辩证的否定才是核心。把辩证逻辑作为思维和认识统一性智慧的话，它的精髓就是否定的辩证法。科学的逻辑是无矛盾的形式逻辑，科学认识建立关于世界的客体关系即有限认识对象的普遍认识，无法超越知识的有限性而最终达到无限具体认识。辩证逻辑不是关于世界客体或思维理念的单纯知识，而是这些知识的智慧理解，亦即统一性关系，这种统一性关系是依靠辩证的否定建立起来的。辩证的否定不是形式逻辑的否定，而是扬弃，即保持肯定的东西于它的否定的东西中，保持前提的内容于它的结果之中，唯此矛盾关系扬弃和发展的同时又保持了先后的联系，始终把统一性作为发展的根本。所以说，辩证的否定是理念结构统一性智慧的源泉。

辩证逻辑追求的是主体认识行为的客观性和普遍性，黑格尔称之为绝对理念。客观性的知识由客体世界来检验，但客观性思维本身则是以逻辑的普遍性为基础实现的。黑格尔的局限性和历史上的唯心主义者一样，在于把客观性和客体同一，从而把认识论和本体论同一，武断地把存在的理念和存在的客体同一，或者说用认识论来代替本体论，最直接的后果是始终把统一性作为知识，称之为科学，追求统一性的全体的真理，从而造成了混乱。真理的全体是统一性智慧，全体的真理则是知识了。混淆了智慧和知识，追求具体知识去认识统一性是缘木求鱼。

在黑格尔辩证逻辑之后兴起分析哲学是顺理成章的。分析不是一种理论，而是一种方法——分析方法，它和辩证逻辑同样是认识论范畴的，但两者恰恰构成了认识思辨的两极，辩证逻辑构建认识理念的结构统一性体系，分析哲学则专心致志地研究这个结构体系中最为基本的单元结构，特别是语言、语句结构的逻辑和意义。这和科学认识世界有点相似，宇宙学思考整体世界的统一性，原子核物理学则专注于如何把宏观物体还原为最基本微观构成元素，最终目标是找到不可再还原的本原结构。分析学派的一些哲学家把思考对象称为“原子事实”，这即科学陈述结构的最基本事实意义是不可再还原。认识原子微观基本结构不但和宇宙统一性无冲突，而且是很有必要的，是统一的；同理，分析哲学对认识的统一性是具有深刻意义的。

先来看罗素的摹状词理论，它和类型论一起被认为是罗素的主要哲学贡献。摹状词理论的讨论对象是名称的意义。一个名称的意义与它所指称的对象是如何联系的呢？一个不存在的东西如何成为一个命题的主项？罗素用摹状词理论说明，具有确定或不确定摹状词的表达式并不一定是指称而具有意义，而是可以作为一种不完全符号，这种不完全符号又是可分析的。所谓分析就是把摹状词的隐含的断定表达为不完全符号，扩展为存在陈述。当一个自称的指示短语转化为存在陈述的时候，回避了不存在的东西成为主项的问题。由此可见，罗素的摹状词理论所研究的正是我们用思维符号去认识描述世界时构成认识的意义之最基本结构单位：名称的指称及意义的断定，用陈述来转换自称的指示短语，把它的隐含断定变成陈述。指称的意义是一切认识和概念的最原始结构单位，是一切认识构建的起点元素，这类分析是认识统一性的结构大厦的基石，它本身并没有否定统一性的认识逻辑结构本身。

分析哲学大师维特根斯坦则从重言式概念的意义展开，构建了其逻辑实证主义哲学理论。他的《逻辑哲学论》认为：“世界是一个事实的集合，这些事实本身是原子事实的存在。这些事态由简单对象组成，表示这些事态的是逻辑上彼此独立的基本命题。一个语句需真正的有意义就必须表达成一个或真或假的基本命题，或者表达一个把一定真假值分配给基本命题的命题。”[④]所以，维特根斯坦的分析哲学的研究对象是一个语句是否有意义，以及真假值的逻辑结构问题。这种基本语句也正是一切认识描述可以进行的基础，是任何更为复杂的认识和思维的构件，因而同样也是辩证逻辑体系的最基本问题。

那么，为什么对语言、语句、意义做结构分析的二十世纪分析哲学彻底抛弃了黑格尔哲学传统呢？艾耶尔对二十世纪哲学史的归纳是以叛离黑格尔作为起点的，并且认为罗素的分析哲学和詹姆士的实用主义哲学是导致黑格尔主义大厦坍塌的主要力量。分析哲学对意义和真理的研究是哲学认识论的，所以是哲学而不是科学的，不是实证研究，不是关于客体的经验实证，而是所谓“逻辑实证”，即是从认识逻辑结构的最基本关系所做的逻辑分析，在思维和认识起点上保证认识的有意义从而可证真证伪。分析哲学和黑格尔辩证逻辑的性质一样，都是关于认识逻辑的形而上学思辨，它们并不是关于同一对象的两个冲突的理论体系，而是以思维作为对象但在不同层次的思考。辩证逻辑研究思维结构的统一性以保证多样性元知识在形式上的统一性；分析哲学则研究认识的最为基本的“原子结构”。所以，分析哲学和黑格尔的区别是逻辑结构的层次，它们的冲突则不是逻辑上的，而只是观念上的。

黑格尔哲学的最大局限性是用逻辑认识替代了世界的本体，把本质存在当作最真实的客体存在，这种毫无根据又毫无逻辑性可言的独断论正是被经验主义哲学特别是基于经验论传统的二十世纪分析哲学所深恶痛绝的。所以，分析哲学抛弃了黑格尔，抛弃了辩证法，最终抛弃了一切形而上学。然而，当它不仅在本体论，而且同时在认识论和逻辑意义上抛弃了一切形而上学，抛弃了统一性而故步自封于认识描述的最基本、最简单结构的时候，它就失之偏颇了。罗素追求哲学的最强驱动在于他坚信纯数学的真命题不是偶然地真，而是必然地真。但仅从数学的最基本结构而离开数学理论体系的统一性的时候，能解决数学真命题是必然性地真吗？这肯定是不能充分证明的，哥德尔不完备性定理已经下了结论。

分析哲学和辩证逻辑在认识论上的冲突根源在于它们同时具有的科学追求倾向上。语言、概念、陈述的基本结构及意义是知识性描述，需要的是确定性的、无矛盾的意义。所以，分析哲学的努力就是把传统哲学问题科学化，把这些认识描述的最基本结构从传统的哲学中分离出来，使逻辑学像数学那样脱离哲学而自立门户，所以，它们称为“实证研究”或艾耶尔所说的“证据研究”。分析哲学是向科学蜕变的思考逻辑和语言的哲学，因而具有越来越强的科学色彩，并最终提出拒斥一切形而上学。这是逻辑学走向科学知识理论体系的合逻辑的进程。黑格尔同样把辩证逻辑称之为科学真理，这从科学意义上，从分析哲学的角度来看，是不可理喻的。如果辩证法能够脱离哲学而成为科学的话，那就没有关于统一性的辩证法理论了，也就真的没有哲学了。黑格尔把辩证法既当哲学又当科学，既是知识体系又是统一性理论本身，是既包含矛盾运动于自身的统一性又是无矛盾科学知识，这是黑格尔的“全体真理”“具体真理”及“绝对真理”之误，这和分析哲学从哲学分化出来自立门户的科学化进程完全是两回事。从科学的意义上来说，分析哲学抛弃辩证逻辑的“全体真理”形而上学是无可避免的了。

综上所述，结构作为人类认识世界统一性的先验逻辑形式，是从简单认识进展到复杂性认识不可或缺的思维工具。结构先验形式存在的根据是经验世界多样性和复杂性，是对客体世界认识的复杂多样性，但结构归根到底是自为的而非自在的，是人类认识抽象中的形式，是先验形而上学的。先验形式和经验知识的一个根本区别在于它不依赖于主体的主观经验，它的逻辑统一性是人自觉建立的，但统一性关系却是不以人的主观意志为转移的，唯此才是可以通达普遍性的。人类的认识不仅是对客体世界的规律及过程的认识，更深刻的是对自身认识的自觉反思，包括对知性知识统一性、构建认识统一性的普遍形式的反思，这就是理性哲学的使命。只有以先验认识形式的统一性为基础，具有普遍意义的文化意义世界才是可能的。时间、空间形式是和客体认识不可分割的，是人类最早自觉到的形式概念。与此不同，从还原解构为直接手段的知识认识往往忽略了统一性形式的结构概念，直到进入复杂性科技时代，才在科学意义上自觉地提出系统的结构统一性问题，结构形式才进入人类自觉的视野。长期漠视结构形式使人类陷入机械论，根本无法得到多样性世界具体的统一性理解。如果仅用时空形式，则抽象认识基本对象就只能是质点，它很难实现复杂性对象的具体认识，用质点去完成生命这种复杂过程性结构认识是痴心妄想。要构建世界统一性原理，首先要理解多样性世界统一性的结构形式，理解形式实现其普遍性意义的规定性，按这种形式认识的统一性世界才具有普遍可理解的意义。

为什么统一的本体论和本质论在哲学史上相对立呢？为什么同为统一认识论的逻辑实证主义和黑格尔辩证法格格不入，前者要叛离传统哲学认识论并宣称拒斥形而上学呢？归根到底是卢梭说的，人类理性还很幼稚，自觉理性没发育成型，就像一个生命的遗传结构没进化完成。人类的自觉理性即哲学的统一性思维结构还没完成文化，自身还没达到自圆其说的最低水准。哲学统一性思维的完成以从抽象回归具体为标志。不需要抽象的形而上学思辨，哲学是智慧无须争辩。哲学两千多年挣扎求存却忽视了一个最基本的现实，智慧就是人自觉理性地生存，离开人生无智慧之意义，哲学不回归人的现实生存就没回到具体，就没发育成型，完整的哲学是理性具体之人的哲学，是人生哲学，是人生存的智慧。世界统一性原理的哲学就是人生，它把人生理解为理性生存之具体，追求每一个人自觉理性生存的智慧。旧哲学的局限性被柏拉图一语道破，要么哲学家成为国王，要么国王成为哲学家，足见它还没达到人的理性自觉的水准。人类至今也没超越柏拉图这一水准，故很幼稚。哲学是自然统一性、社会统一性、思维统一性，是本体论、认识论、方法论，是客体统一性、主体统一性，是本体统一性、本质统一性，这些都是哲学的命题，但都没进展到元哲学的最普遍的统一性水准。所有哲学命题都只能统一于元哲学之下，即人的具体生存的理性智慧。一切理性统一性统一于人生哲学才到达具体，才有抽象统一性的现实意义。在自然、社会、思维、主体、客体的抽象统一性中哲学没完成向具体的回归，统一性认识本身还没统一。人类自觉追求科学体系统一性，却忽视了理性认识的统一性，甚至连统一性的形式即结构还没进入理性的自觉视野，哲学又何以能统一于元哲学呢？元哲学的统一是结构性的，是包括所有层次统一性的，是扬弃中辩证发展的统一。由此可以断言，只要不同层次哲学还有对立斗争，只要理论体系还是旧哲学框架下的板块，不是从个别到普遍到最普遍的人生智慧的内在的辩证发展，哲学就没达到自圆其说的最低水准，没超出抽象经院哲学的水平，将在现实中被唾弃。离开人的智慧生存，真理、智慧和精神病有区别的根据吗？理性要回归具体，统一性就要统一在人生智慧这元哲学中，并且是以统一性结构为形式统一为一元论智慧，即归元于主客体统一性的理性具体存在的自觉理解。统一是按结构法则内在地生成的，不是主观上拼凑起来的，这才是自圆其说的意义。

因此，人类认识特别是普遍形式认识一定要自觉统一起来。理性精神文化是人之为人的本质，人类精神统一于理性。从意识上升为普遍知识，从知识上升为真理，知识统一于理性，人类精神文化是无限发展着的结构统一的意义世界。

第二节　结构统一性法则

当我们把一般系统论综合的结构概念作为最普遍的世界本身及对世界认识描述的统一性形式范畴的时候，就必须把握这一形式之所以是统一性形式的充分且必要的根据。我们分析客体系统或理念系统的结构是为了综合归纳出该系统结构相互作用、相互制约的内在的统一生成规律；当我们反思结构这一形式的时候，它不称为具体客体系统或理念系统的规律，而是纯粹结构形式生成的内在逻辑规定性，这种规定性是形而上学的法则。从这种法则出发，我们可以对传统哲学的最基本的概念和范畴如本原、本质、本性、本体在世界统一性和认识统一性的意义下得到深刻的理解。罗素的摹状词理论研究一个自我指示短语的确定性意义，但摹状词短语转换为一般陈述结构所得出的确定性意义只是认识的基础，只有按理念系统结构统一性法则才能理解这种“原子意义”的具体意义。至于客体世界的“原子”结构，则在结构统一性法则下才是有意义的。

一、结构统一性法则概述

关于结构统一性法则的思考，我们从玄学这古老而又完整的统一性世界理论开始。

老子《道德经》阐释宇宙之道按其内在演化法则生成大千世界的规律，道即是黑格尔说的“全体的真理”，我们严谨地称之为“全体的智慧”。玄学体系中道是客体，是客体运动变化的现象和规律，也包括人即主客体统一世界，所以道即是统一，包括从本原到宇宙整体到主客体统一性之人的完整世界的全部意义，是由结构构建为多样性统一的绝对之道的。结构统一性的本质在于结构的层次性，系统结构分析意义讲的结构及其层次是整体与部分之间的关系，即一个整体系统是由下一层次的多个组成部分相互依赖、相互制约作用而联结成为整体的；每一层次的任一组成部分同样可以视为一个整体进行结构分析，这种客体存在结构分析就是我们通常所说的拆零。这种结构分析是现象分析，还不是真正的结构形式统一性自身。

分析客体结构有点像解剖学，科学首先是解剖学的，所以是经验的。但科学不仅是解剖学，纯粹的解剖学不是完整的科学，科学的最终目的不在于是什么，而是为什么，即客体结构的构成机理及相互制约、相互作用等规律才是科学的真正目标。

科学认识追求规律的普遍客观性和知识的确定性，所以，每一个科学真理描述都是在特定边界条件定义域中、在抽象规定下的有限描述，形象地说都是一个知识点。一门科学的描述总是自成知识体系的，知识统一性指描述复杂结构系统的多个知识之间的相互关系，同时又指特定科学知识点的描述结构与其他知识的依赖关系，纯粹自我圆满的科学规律是不存在的，它总是以其他的知识作为基础的。每一特定知识的独立元结构本质产生了科学的统一性问题，这是结构统一性所思考的，而不是科学自身思考的形式统一性问题。

至此，我们可以得出结构统一性的第一个规定性：它是客体结构或认识结构的逻辑统一性关系，是非经验的，是先验的形式统一性。

抛开具体客体结构，从抽象的逻辑形式结构去思考统一性的时候，它就不是对世界的机械拆零，而是在思维中从形式上建立一个具体认识对象或一个抽象知识体系的统一性。比如对一个具体的人的生命体的客体结构认识，我们把它拆零为器官，器官拆零为组织，组织拆零为细胞，然后是组成细胞的分子结构乃至分子的离子、原子结构，每一层次结构都可以作为认识对象得出科学知识。关于人生命存在的知识就是一个体系而不是一个真理认识了。当我们把人的生命分解还原并进行各个层次科学抽象的时候，始终是从人这一具体客体为基本出发点的，由此所得的各个知识都是关于人的生命认识的一个构成部分。这些一个个部分的知识如何是关于人的统一描述呢？就因为它是一个统一性的知识体系，为这一体系的统一性提供保证的逻辑就不是客体的规律，而是逻辑的普遍性法则。我们知道，人类的科学知识是呈指数增长的，因为人类科学认识是一个统一性的体系。科学知识很少以纯粹否定的方式去发展，大多数是包容性的，即一个新的认识以原有知识体系为基础和基本描述结构，并超出原有知识的普遍性而实现更加普遍的描述，新的描述同时又把原有知识纳入体系之中，旧的描述则成为新知识体系的一个特例。

从科学理论体系的统一性，我们归纳出结构统一性的第二规定性，它不是客体存在本身或客体运动规律本身，结构统一性法则不是客观知识，它是在思维中建立客体或知识的相互关系的抽象形式。

结构统一性法则是我们认识世界统一性的根本，这就像矛盾律是我们建立科学知识的根本一样。离开矛盾律无真假可辨从而无知识可谈，离开结构统一性法则无法从差异和矛盾的现象及抽象认识中得到对现实世界的具体理解。结构统一性是先验的世界认识法则，是更为根本的。两千多年前老子用道及经的概念去描述世界及其演化规律的时候，就非常精辟地提出了先天的统一性法则之法的概念。我们知道，人法地，地法天，天法道，道法自然是玄学理论的精髓，而法正是先验逻辑法则的意义，而不能从规律去理解，更不能解释为方法。道法自然之法是具有深刻智慧的。

结构统一性法则作为形式，它的形式关系和客体关系的区别在哪里呢？客体关系是相互作用关系，结构和系统本身就是描述复杂性事物的相互作用以及复杂性认识之间的相互制约和相互联系的，当然包含相互作用关系。但是，当我们抽象出一个结构复杂性系统的统一性形式的时候，它本质上是指整体和部分的逻辑关系，也即复杂层次结构之间的关系。这种关系不是相互作用关系，而是抽象形式统一性关系，否则我们无法理解一个系统结构的整体和部分相互作用的意义是什么。如果整体和部分相互作用则无法界定整体及构成整体的部分。正是这种非相互作用性的联系，决定了统一性形式思辨和对客体相互作用规律科学认识的本质区别，科学规律是相互作用的因果逻辑决定关系，而结构统一性法则不能从相互作用的因果逻辑去理解，这种统一性就只是抽象法则而不是涉及客体相互作用的规律。

所以，我们可以把结构统一性法则归纳为一个系统结构的整体和部分之间关系抽象的、先验的形式规定性。它描述整体和部分的相互联系而非相互作用关系，这种相互联系形式的规定性就是结构统一性法则的真正内容。

结构统一性揭示整体和部分之间的关系是非相互作用关系，而是一种逻辑上抽象规定性。构成整体的部分和它所构成的整体之间的第一个统一性法则称之为单向叠加法则，即指一个复杂结构整体的规定性是由不同层次结构依次由底层基本结构向复杂性结构不断叠加的总体所构成的，复杂结构整体为构成它的低层次的组成部分之间的相互作用关系所制约，用老子玄学语言表述，叫作高以下为基。

在发生学的意义上，根据我们对客体的世界认识，我们确信复杂性的客体存在是由最简单的不可还原的存在者为元素，由简单到复杂逐步演化而成的。宇宙大爆炸理论对宇宙复杂性的演化解释就是最有力的证据；古希腊的泰勒斯提出水是世界万物的本原的观点时，也是基于客体世界结构演化由简单到复杂这一信念的，这成为西方科学不懈分解还原客体结构的持续驱动力。在结构意义上，世界的复杂性演化就是结构复杂化进程。

在认识逻辑的意义上，复杂性认识同样是从简单到复杂的。最基本的符号及其指称意义构成了最简单的描述结构，用这些简单结构构成每一个特定的认识结构，每一个认识结构又可以作为基本结构去构成更为复杂的结构，这种认识结构的复杂化发展就是我们不断丰富着的人类认识体系。尽管人类并不是从最简单的客体开始去认识世界，但一定是从认识描述意义上最简单的事物开始去认识世界的。

结构统一性的单向叠加法则是一个结构之所以是整体的必要条件。如果部分与整体无任何联系，对整体没有任何贡献，则它就不是整体的结构，而是与之无关的系统之外的东西。如果整体和部分之间有相互作用关系，则整体就是部分，部分就是整体了。所以，整体不是与部分发生作用的结构抽象，而是同一层次相互作用的结构产生的一种不同于各个部分性质的新质结构，整体由部分的结构统一性所决定，而不是由部分的性质来决定。但所有部分结构的性质、作用又都体现在整体之中。正是这种由底层次到高层次的单向复杂性演化，构成了层次复杂而统一的世界。

世界的复杂性客体存在一直被追求纯形式的唯心主义者们称为杂多，认为感性事物变化多端，生生息息，是存在的现象，不是真正的存在，永恒的存在才是真正的存在，抽象的、纯粹的永恒形式才叫作存在。这种唯心主义认识论彻底割裂了内容和形式的统一，把存在作为无内容的纯形式。但纯形式只在思维中存在，世界却不是单纯思维中存在，而是内容和形式相统一的存在，这种存在才是具体真实而又普遍、永恒的。内容和形式相统一的真正可理解描述形式就是结构统一性，首先是结构统一性的单向叠加法则。以人是什么为例。不同的思维角度、不同的层次有不同的认识；达尔文说人是万物之灵，柏拉图说人是两足肋下无毛动物，拉美特里说人是机器，这些都是关于人的正确且抽象而非具体的认识。从统一性的角度来看，就人的生命有机整体而论，人是细胞组成的复杂生命结构；从物质结构意义上来看，人就是由大量分子、原子组成的复杂机器。所以，人首先是物质客体存在，但物质客体存在不都是人，所以，人是一种特定的物质客体结构存在。何种特定结构？具体生命结构的特定物质结构。所以，人只是生命结构中的一种特定结构，即灵长类中由自身种群稳定遗传结构决定的特定结构。这就是关于人的具体生命的统一性的意义，所以，说人是动物是对的，是物质也是对的，但是抽象而非具体的。结构统一性法则教会我们从抽象认识中去理解具体、统一的世界。

结构统一性单向叠加原理启迪我们复杂结构的脆弱性和简单基本系统的稳定性。高以下为基，皮之不存，毛将焉附！客体世界在向复杂性进化中，越处于复杂结构顶端的复杂性系统稳定性越脆弱。今天，我们发现地球生命物种中有不少复杂生命已经灭绝，还有不少物种也濒临灭绝，而最早的生命形式，最简单的细胞生命在地球上已经生活了三十几亿年。由结构统一性法则可知，在逻辑上越复杂的结构，在发生学意义上出现在越后，而它的结构稳定性解体则在世界结构消解的最前端。这是不以人的意志为转移的铁的法则。

这种现象并不难理解，没有细胞何来细胞复杂性结构生命？没有物质稳定结构又何来细胞物质呢？依逻辑，在复杂性的统一世界结构中，所有复杂性结构存在能产生并稳定的条件是必须满足所有下一层次组成结构稳定存在的规定性。所以，一个复杂结构的制约条件是它所有下层结构组成部分制约条件的集合。只有在符合集合中所有规定的时候它才能稳定存在。所以，我们虽然是万物之灵，但我们却必须以遵守生命乃至物质客体世界的一切规定性为前提，这才是人和世界统一的真正意义。

与结构统一性单向叠加法则相对应的是整体性的非还原法则，前者是从构成部分来理解整体统一性，后者则是从结构整体性来理解统一性的。

结构整体性的非还原法则是指当相互联系和作用的部分成为一个结构整体的时候，尽管在存在论意义上整体是由部分构成的，但这个整体的性质是不可还原的。所谓不可还原的意义是指整体的性质和构成整体的部分之间是不同质的，它们之间不存在逻辑上的因果决定关系，不能根据整体的性质从因果逻辑上决定组成部分结构的性质。当从整体还原到部分的时候，整体就失去了它的质的规定性，就失去了整体的意义。整体的意义只能由统一性去理解，这是结构统一性认识复杂世界有序性的基本法则。

从整体结构的非还原法则才能理解存在即结构的意义，才能合理地解释世界的客体性。我们关于世界的一切认识都建立在感官对具体客体存在的经验感知基础上。感性经验中的客体是什么？是物质，但不是世界的本原性客体，而是本原客体的复杂结构复合物。别说古希腊时代，即使是今天，我们又如何去感知本原存在呢？所以，对世界的认识从经验开始，同时也就是从结构复合物的经验开始。那么，如果存在不是结构，只是本原，就像柏拉图所说那样，认为一切结构性存在都只是现象，人类关于世界的经验就只是现象而已，人类的一切关于客体的认识，除了本原的认识之外，就只有现象的认识了。如果我们的认识只是现象的，那就都是不可信的。所以，存在不只是本原，存在还是本原的复杂结构。我们需要认识和处理的世界事件，和我们发生关系的一切存在者，在最终意义上是永恒的本原存在，在直接意义上都是结构性存在。从经验的意义上来说，一切物质客体存在都是结构，是由本原构成的结构。我们真正需要认识的世界岂止本原本身，更重要的是本原的结构及结构法则以及结构之间相互作用的规律，我们依赖各种复杂结构所构成的环境去生存，没有结构就没有我们存在，不认识结构就不认识世界。所以，存在即结构告诉我们，与我们息息相关又千变万化的客体世界是由各种复杂结构构成的。

存在即结构的更准确陈述是结构性存在是达到了其内在目的性的必然性客体存在。为什么我们的世界是一个结构客体多样化世界呢？最根本的原因就在于任何有稳定结构的客体，都有不依赖于它的构成元素性质而由构成元素的结构关系决定的独特本质规定性使它在世界中是异质的，是具有独特本质的客体使它就是它自身。这就是结构统一性的整体不可还原性。

从结构统一性的整体非还原法则才能理解复杂世界的完美性。据说当年牛顿归纳出经典物理学动力学定律体系时为它们的普适、简洁和完美性所震撼，并断言这世界一定是上帝的杰作。其实，从结构统一性法则去看世界，世界一定是完美的世界。它的美妙在于它不是枯燥的，而是由一结构而成的多。由一到多的不同层次在简单到复杂的演化中，每一层次的特定结构都具有自己独有的本质，为世界的完美贡献了它的风采。客体结构不断复杂演化构成了一个层次分明、结构完整、形态多样的物质世界，最终产生智力的人类去欣赏这种统一之美。不仅是物质运动的动力学描述是完美的，实际上从本原的本质，到物质运动的本质，一直到生命结构的本质，它们在自身整体结构规定性意义上都是完美的。任何具体生命结构存在，一定既遵从细胞生命的规律，又必然遵从物质客体的诸定律，同时一定遵从世界的能量守恒和转换定律，能量、物质、生命结构的定律一定是统一的。完美的规定性是什么？就是世界的这种美妙的统一性。圆满的认识是什么？是对统一性客体世界认识的统一性体悟，世界的一切现实存在都是亚里士多德所说的按必然性达到了其内在目的性的存在。

根据结构整体不可还原法则，我们可以更深刻地理解统一性是一种智慧。追求知识的科学认识在逻辑上不可能解决统一性问题，因此，世界统一性是哲学理论思维的根本目标和任务。科学建立认识对象的因果逻辑必然性关系的时候，为什么不能把不同层次之间结构关系作为认识对象，把它们相互作用规律用科学定律描述呢？如果能实现这一目标，关于世界的认识就会普适、简单得多，世界就可以作为由齿轮、连杆构成的一部完整的机器，就能建立当年拉普拉斯侯爵断言的关于世界的完整因果链。但是，这在逻辑上不成立。因为结构整体是不可还原的，没有相互作用关系的不同层次之间没有因果关系，更谈不上必然性规律了。整体和部分之间不是可以用科学因果关系描述的，这个复杂世界由于它的结构层次性及整体的不可还原性使纯粹科学描述不可能。科学认识不能一蹴而就地解决对世界的认识问题，它是关于客体世界不同层次结构存在的独立的元认识，需要理性的智慧把它们统一起来，从而实现科学的统一、认识的统一。

从结构整体不可还原性法则去思考客体世界的复杂性统一的时候，基于本原客体的规定性就是不可还原的，对本原客体的认识是理解具体世界统一性的起点。

二、结构统一性法则中的本原概念

世界万物的本原是西方自然哲学的基本命题，也是西方哲学的创生点。不过，本原概念在巴门尼德创立的存在哲学中已经发生了根本转换，永恒的存在由本原转换为存在本身，从而根本上改变了西方哲学关于存在思考的方向。

米利都的泰勒斯在人类历史上第一个提出本原概念，因而被称为西方哲学的始祖。“亚里士多德说：在第一批哲学家中，大多数人只把物质性的东西当作万物本原。如果存在着一个东西，它是万物最根本的来源，万物由它产生，最后毁灭时又复归于它，实体随万物的变化而形状多变，但本身仍保持不变，他们就称这为万物的元素和本原……这类哲学的奠基者泰勒斯认为是水，他因此宣告大地浮于水上。”⑤

为什么第一批哲学家都把物质性客体当作世界的本原呢？从逻辑上来看，这是因为他们首先都是在对感性自然界做科学思考而非哲学思考。古希腊早期的科学主要是关于物质世界的认识。在自然科学的意义上深入思考构成万物的最基本元素时，得出的结论一定是特定的物质性实体，泰勒斯说是水，其他哲学家说是气、火等，阿那克西曼德还称之为无定，即没有性质和形状的规定，不是固定性的水或气。这种无定的事物也是物质性的，所以同样称之为质料。其实，在科学已经充分发展，人类对物质结构已经知道得很多的今天，关于构成复杂结构物质实体的基本元素的科学认识，仍然是科学家的差事，要靠不断强化的对撞实验去寻找，而绝不是思辨哲学家纯粹在思维中抽象可以解决的问题。所以说，对本原的思考，首先是科学的思考。

泰勒斯在进入世界的本原思考的时候，世界上还没有哲学家，当时没有人（包括泰勒斯自己）会因为泰勒斯思考本原问题而把他当哲学家。这个“第一”是哲学思维建立以后后人尊称的。当时的泰勒斯在米利都因博学多才和富有成就而被尊为圣人，他的才气和成就当然是科学而非哲学。所以，美国作家房龙在《宽容》一书中论述泰勒斯关于水是万物的本原的学说时幽默地写道：“当地最有影响的媒体报道：米利都最优秀的科学家发现了自然的最大奥秘。”

为什么关于世界本原的科学认识能够成为关于世界哲学思考的生长点呢？因为关于世界本原的知识把世界从多变为一的时候，世界的统一性关系产生了，在多样性世界中从一出发去把握多样性存在的统一本性时，就不再是对一的科学认识，而是从一转向对整个自然界普遍本性的认识，它就是自然哲学。把本原存在转换为哲学存在命题的则是巴门尼德的存在哲学。

巴门尼德继承了他的老师克塞诺芬尼的一神论思想，吸收了自然哲学和科学关于世界存在本原的成果，建立了存在哲学。他认为只有常住不变的东西才是真理性认识对象，存在的本原是永恒不变的单一的本质，是真正的存在。存在的规定性是永恒，唯一且不可分的，是不动的。这三个规定性是一神论的神性与客体世界本原的单一性的奇妙结合。

巴门尼德存在哲学的意义首先在于把对世界的科学认识问题上升为最普遍的哲学问题，存在的本性不是客体性，而是神性，是单一、永恒、普遍、不自相矛盾的，所以，它超越了传统的科学命题和知性思维，建立了世界最普遍本性的哲学思辨传统，为西方本体存在论哲学奠定了基础。其次，巴门尼德已经把泰勒斯的存在本原问题统一纳入存在概念之中，存在的本原是单一的不生不灭的，那它就是存在自身。因此，巴门尼德存在论创立之后，哲学就是关于存在的思考，这个存在已经把世界本原纳入其中，而且大多数存在论中，存在和早期存在本原是同一的，只有本原即单一不动且永恒的存在才是存在。最后，巴门尼德的存在哲学的世界本原思考已经不只限于客体或实体概念，而是进展到原因范畴，并且提出了对立是本原的看法，他认为明和暗、冷和热、火和土是两种性质相反的对立的本原。

巴门尼德把泰勒斯的本原这一科学概念转换为存在哲学概念的时候，最关键之处在于存在即本原的规定性。在此之前，存在和存在的本原是不同层次而又相互联系的，存在是由存在本原构成的，是本原存在的多样性形式，但在巴门尼德的存在论中，只有本原存在才是存在，凡是变动不居、生生灭灭的都算不上存在，因而把现象和本质彻底割裂为两个世界。用最高不动的神性来统一世界以建立认识的最普遍理论体系即哲学思维，从体系建立的起点概念和逻辑上就把世界割裂为互不关联的存在的本质和变动不居的现象界，给西方的哲学理论思维开辟了坎坷之旅。

按照世界统一性的信念和世界结构统一性形式的逻辑，永恒而不生不灭的本原是世界的基础，由此出发才能得到对世界统一性的完整理解。当把不生不灭的“一”作为独立自在、自我封闭的存在，它不在变动不居的现象界之中，而是和现象毫无相关的时候，这种存在即使是永恒的，也是毫无意义的。巴门尼德的存在哲学是西方唯心主义者哲学的源头。从结构统一性法则来看，唯心主义的本体论是不符合逻辑的。

巴门尼德的存在哲学把存在和世界的本原同一，把存在和生成割裂，而把存在和不变的真理结合起来，这是一切唯心主义哲学的逻辑根据，从柏拉图到黑格尔存在的是理念，而不是万物世界。在唯心主义者看来，世界只是现象，理念才是本质，本质才是存在。所以，唯心主义的一个重要命题是“作为思维和作为存在是同一的”即“思维存在同一性”。

思维存在同一性是西方哲学史上对理性认识和概念认识的第一个规定，这个规定在认识论意义上是成立的。这个规定实际上就是认识和客体存在的相符合一致问题，它更深到的意义是主体的认识就是主体之为主体存在的根据。可是，西方唯心论哲学一开始就把主体还原为客体，始终止步于认识和客体的符合性即客观性水准，没有进展到主体的存在认识论和主客体统一的具体理性。到了康德批判哲学才自觉进入认识论，从主体出发探讨科学认识的客观性和普遍有效性问题。我们的一切认识，追求的是对认识对象的真实反映，与世界及事实无关的认识，真正说起来只是胡思乱想。没有对象，认识什么呢？所以，认识是关于认识对象的，关于认识对象的认识追求思维存在同一的时候，那就接近了认识的本质。唯心主义哲学在人类认识本身的发展中一直发挥着至关重要的作用，存在和思维同一这一命题的作用是不可忽视的。不仅黑格尔的辩证逻辑、柏拉图的理念论，连巴门尼德的存在哲学，都是以认识论为基础的。巴门尼德从认识不同途径即真理的道路和意见的道路去引入存在哲学，前者认识的是单一本质，后者认识的是变动不居的现象，而单一本质才是永恒的，才是存在。所以，巴门尼德把存在和不变的真理同一的时候，实际上是进行另一种意义上的转换：从认识论向本体论的转换。巴门尼德的存在论和认识论同一，而且以认识论作为基础。但认识论的存在思维同一性是认识的规定性，是被认识所限定的存在。在本体论意义上的存在思维同一性却是自然而然的，或者说是自在的，两个层次的意义根本不是同一的。存在思维同一性在认识论上有积极意义，在本体论上则理解为统一性更合理，而用思维否定本体存在是荒谬的。

首先，把存在的本原和存在同一是荒谬的。我们是从存在出发去思考存在的本原的。如果一切存在都是本原，非本原都只是现象，本原和现象就是绝对割裂而毫无相关的。然而，与一切世界现象无关的本原即存在有意义吗？如果本原和现象无关，自身就是自足而封闭的，是自我圆满的。如果单一而又圆满的本原和非本原没有任何关系的话，本原即存在的规定性又从何而来呢？存在不能由存在来论证自身，割裂了和现象相关的存在是纯粹抽象的，没有任何本体论上的意义。巴门尼德把存在和存在的本原同一是不符合逻辑的。如果一切存在都还原为单一、不动、永恒的存在，存在就是死的，又何来对立作为本原去生成现象世界的逻辑呢？如果存在只是单一的本原，那说得难听一点，就相当于我们吃下去和拉出来的都是同一的存在，存在的本原和存在同一就是这种荒谬的逻辑。

存在的本原和存在的关系只能从结构统一性法则去理解，它们不同一而统一。在认识论意义上，本质就在现象之中；在本体论意义上，存在的本原就在存在之中，本质和现象是统一而不是无关的，本原和存在是统一而不是同一的。单一存在和复杂结构性存在不同但统一，即后者是前者的特定质规定性的结构性存在，本原的复杂结构产生了不同于本原的多样性结构，这些结构相互关系又构成了更为复杂的结构，从而形成了按单向叠加法则构建起来的复杂存在现象，产生了形态各异的客体世界。客体世界的各种特定结构基于它整体质的不可还原性而具有自身的质，所以，这种结构就是存在，而不是存在的本原。世界是本原和存在的统一。本原不生不灭，且是永恒运动的，因此它就存在于一切存在之中，它的运动使一切结构性存在是“现象的”，由此产生生生息息中不断演化的世界。

其次，把认识和本体存在同一是荒谬的。思维的意义是认识，思维的外化是知识，普遍有效的知识叫真理。巴门尼德把早期希腊哲学和科学对世界本原的真理追求进一步抽象为绝对普遍存在的认识，并把常住不变的对象认识规定为真理认识对象的时候，这是对的。因为认识就是从繁杂的现象中抽象出简单不变的规律性，这是唯心主义哲学推动人类认识发展的积极意义。但是，把认识获得的普遍永恒规律和认识对象同一，或者只有关于常住不变的永恒对象的认识则是荒谬的。认识以认识对象为起点，无认识对象则无认识。当认识所得和认识对象同一的时候，认识从何而来呢？那就变成封闭在认识自身的无穷而无意义的恶性循环中了。从分析哲学对认识基本结构的理解看，这种认识概念指称本身无意义。从传统认识过程的理论来说，这不构成一个真正的认识过程，只是纯粹抽象的认识自身而已，并无意义。所以，认识包含认识对象，认识对象是认识结构中的一个基本组成部分，按结构统一性法则，认识对象在认识过程中发生作用并对认识本身具有不可或缺的意义；但认识本身不能还原为认识对象，认识所获也是和认识对象不同的，即使它们在认识构成结构意义上处于同一层次，但绝对不是同一的东西。所以，把认识和认识对象以及把对存在的抽象认识或真理认识和本体存在同一是不妥的。

巴门尼德存在哲学认为认识的对象只有常住不变时才是真理认识的对象，这又是违反认识逻辑的。常住不变的是真理而不是认识对象，对常住不变的对象不需要真正意义上的思考和抽象认识，只需要临摹、复写、扫描这种技术活。但我们所指的真理不是画家杰作或传真扫描，真理认识是从复杂多样性和变动不定性中归纳和抽象出简单普适性，得到必然性的真理知识。真理是不变的，但它所描述的现象都是万变的。所以，无论如何，把认识和对象同一，把认识限定于单一存在，是没有逻辑根据的。巴门尼德武断地从对本原的认识直接以同一的逻辑转换为本原自身乃至存在本身，用对知识的普遍性追求消解了世界的多样性，实乃唯心主义哲学对人类认识世界产生消极作用的根源。

在自然本体论意义上存在和思维同一性不成立，在认识论意义上思维必须和存在同一则是认识的第一法则，是主体认识首先要遵守的，否则就得不到真理，只能得到意见而已。因此，存在和思维同一性不是本体论意义的必然性法则，没有自然本体论意义。巴门尼德的存在哲学是西方本体论的基础，在这种理论基础中没有存在思维同一性。那么，是否只有存在和物质的同一性才是合理的呢？未必，这个问题不是非此即彼的，还需要具体的分析探讨。

唯物主义哲学继承并发展了泰勒斯的世界本原理论传统，在把对世界本原的科学认识上升为普遍的哲学思考的时候坚守着泰勒斯的基本信念，从而一直和存在思维同一性势同水火，坚信世界的本性是物质而非思维，概括地说就是坚持世界的物质性，坚持存在和物质的同一性。

既然存在思维同一性在本体论上是不成立的，那么，存在物质同一性就应该是合理的，但只能说基本如此。从始至终世界统一性原理的逻辑在本体论上以客体自然为前提，在认识论上以经验为起点，故和唯物主义存在物质同一性观点是相容的。但是，客体自然和物质世界却并不是自明的同一概念，世界统一性原理并不仅限于物质世界。从更普遍意义来看，存在物质同一性又是有严重局限性的，仅从物质统一性去把握世界的统一性只能是盲人摸象。洞见并超越这种局限性是走向最一般、最普遍的世界统一性认识的出发点。

存在物质同一性在逻辑上把本原和存在同一。本原是物质性的，所以，存在就是物质性的，世界的物质性就是指存在的本原是物质性的，至于这种物质是水或气或火或原子、原子核、质子、中子或分子，那是科学家要回答的，哲学家只要承认它仅是物质性的就可以了。既然存在的本原是物质性的，由本原构成的多样性现象世界在总体上就可概括抽象为物质的，世界的本性是物质的。据此，存在就和物质同一。唯物主义理论体系中，存在即物质，思维即意识，这是存在物质同一性的最直接诠释。

存在和物质同一在逻辑上和世界结构统一性并无矛盾。可以这样理解，世界的本原是物质性的，世界是由本原构成的复杂结构存在共同构成的，所以，一切客体存在的本性都是物质性的，世界的最一般存在即物质，世界是物质性的。但是，这种理解的准确表述是，世界是复杂性物质结构的统一存在。把存在和物质同一，物质和物质本原同一的时候，它的理解就不限于统一性，同样是可以做纯粹同一性理解，从而产生了局限性。这种局限性主要表现在如下两方面：

第一，它混淆了哲学和科学、普遍和个别之间的关系。存在是哲学的普遍概念，物质是共相概念，物质本原是个相概念。所以，存在、物质、世界本原之间的关系是不同层次的。从结构统一性的意义来说，不同层次的结构，包括认识和概念结构，乃至实体客体即物质结构，是不可能同一的，只能从不同层次的统一性关系去理解。同一和统一的不同之处在于，两个同一的对象之间是双向等价关系，而统一的对象之间则是单向叠加而不是双向等价的。所以，存在和物质同一即物质是存在，存在即物质；物质和存在统一则说物质是存在，存在却不一定是物质。作为科学描述，存在和物质肯定不是不证自明的同一概念。作为哲学的最一般抽象，物质如何和存在同一成为最普遍的抽象乃至理性的具体则是需要由概念的发展去生成的。无限的存在首先是最直接的无规定性抽象，那么物质是吗？显然不是。因为物质是共相概念，是从世界的本原这一个相概念中综合归纳出来的，当然有内容，有规定性，并且是限定于实体之物的。本原、物质、存在是世界三个层次的概念结构，把它们看作世界的统一性描述才是准确的，而把它们看成同一则是不准确、不完备的。

第二，它武断地取代对世界科学还原认识的真理追求，将本原断定为物质实体。世界的物质性隐含着世界的本原是物质实体的科学判断，存在和物质同一则断言了存在者都是物质实体，都是由物质本原所构成的。这种独断结论在逻辑上的局限性是一目了然的。世界的本原首先是科学问题，泰勒斯首先是科学家，哲学作为世界的最普遍本性的思考，建立在科学对本原认识的知识基础上。当科学对此还在不断还原的深化认识进程之中时，哲学的综合便已言之凿凿地下结论，那哲学真的是把自己当作科学了。唯物主义哲学一直把自己作为关于世界本性的科学真理，放弃了对世界科学真理认识的统一性这最高抽象的真正哲学命题，正所谓舍本求末了。按照世界统一性原理，世界的本原是世界统一结构的起点，这是由本原概念的规定性所决定的。这个本原是什么，首先是科学认识，是知识问题。世界的本原是哲学的起点命题，但它之所以成为哲学命题，在于它必须以关于本原的科学认识为前提和依据。它之所以是哲学问题，在于在本原知识基础上，哲学思维可以有理有据合逻辑地建立客体世界统一性的认识，从而在最普遍的意义上揭示自然界的本性。所以，完整的世界本性的哲学理论建立在世界本原的科学认识基础之上，它无权断言本原是什么。在科学未最终解决世界的本原是什么的时候，哲学思维也没有任何根据为世界的本性下结论。传统哲学的唯心主义和唯物主义在本原问题上吵吵嚷嚷都只是一些空洞的意见，离开科学知识的所有论证只是诡辩。人类对世界本原的认识，取决于人类科学认识，本原认识是不折不扣的知识，是绝对性的真理。把本原的真理认识上升为哲学抽象思辨的起点命题时，就要以它作为逻辑出发点，在逻辑和概念上建立一个能解释客体世界的统一体系，得到对世界整体的具体智慧理解。所以，世界的本原是什么，不管是否作为哲学命题，它首先一定是一个严谨的科学命题。哲学只能借用科学的成果，决不能还原为科学自身。哲学和科学、智慧和知识只能统一，不能同一。然而，这正是几千年来西方各种哲学流派常犯的低级错误。艾耶尔在总结二十世纪哲学时一语中的：哲学没有自立的本钱。哲学只能利用却不能解决本原是什么。

自然哲学两千多年发展并没有本质进步，泰勒斯从万物到本原即从本体到本原的认识以科学认识为必要条件，这个从特殊到普遍再到最普遍过程还没完成，科学的进步对自然哲学本体存在论并没有决定性意义，今天的自然本体论和泰勒斯的唯物主义是同一的。当然，唯物主义哲学断言世界的物质本原的时候，对人类认识是有积极意义的。它在信念上鼓舞了人类对世界的科学追求，它对人类对世界还原研究的持续推动有极为深刻的影响，成为近代以来人类技术社会形态高速发展的基本宇宙观。另一方面，唯心主义哲学则始终坚持普遍性和不变性，这对于科学认识追求普遍客观真理的信念也产生了深刻的影响。所以，人类关于世界的认识，是在唯物主义和唯心主义相对立的不和谐中曲折前进的。如果人类历史上只有一边倒的传统唯心主义或唯物主义宇宙观，人类的历史就不是现在这个样子，可能会陷入片面性而误入歧途。当然，唯物主义和唯心主义的对立也不是完善的，必须把它们统一起来，建立世界统一性认识。

西方自然哲学两千多年停滞不前的根本原因不在于科学。当科学家普遍认同物质结构无限可分时已经背叛了自然哲学，即否定了传统本原存在的可知性。不生不灭的本原存在统一不了自然，就像离开力理解不了质点运动的原因。统一多样自然的是本性，不是本原，本原是本性的根据，把本原定义为不生不灭是违反一元论逻辑的，永恒不变的是自然本性，不是本原。玄学的自然统一性逻辑才是自圆其说的，本原之无、生有之无是在有无相生相伴相随中生生息息的，它永恒不变的是道之本性，无转化为有时无灭了但道不灭，世界统一于道而不是统一无，自然统一于道才是一元统一的。本原作为自然存在的起点在于它是结构分解的极限，是不能再解构甚至没结构的，这才是复杂结构世界演化和认识的合逻辑起点。

三、结构统一性法则下的本性、本质和本体概念诠释

从本原出发去思考世界统一性结构的时候，就遇到了本性的概念。在刚刚结束的存在物质同一性讨论时，我们已经看到，传统唯物主义把物质存在

同一，其逻辑是基于世界的本原是物质这一推断，并由本原的规定性推出一切客体都是物质本原或它的复杂结构，世界在本性上就是物质性存在的结论。物质虽然是共相概念，但它通过本性把具体性本原存在和它统一甚至同一起来。由此可见，本原和本性是密切相关的，所以我们要专门讨论本性概念的意义。

最容易混淆的是本性和本质的意义。本质属性的简称不就是本性了吗？不，这种理解并不严谨，因为这样理解的话，本性和本质就只具有符号而无意义之区别，本性概念的意义和本质概念意义同一就失去了意义。

事实上本性和本质属性并不同一，而且有根本的意义差别。本性是一个普遍属性概念，本质却是特定属性的概念，仅此就可见它们意义之不同。本性概念在世界描述的各个层次具有普遍意义，思考人生有人的本性，思考知识有科学的本性。而统一性原理从最普遍的意义去思考本性的意义，当我们用统一性的符号和意义结构去建立世界统一性认识的时候，我们使用的本性这一符号的普遍性意义是什么？

首先，本性具有还原、分析之意义。当我们思考一个特定对象的本性的时候，所指的意义不是它的行为或现实的属性，而是深入行为属性的理由和原因层次。因此，从结构统一性意义来说，本性是还原和分析性的概念，它所思考的是对象存在的组成部分这一结构层次，由基础层次的属性来理解整体的行为和属性。比如启蒙读物《三字经》一开头就说“人之初，性本善”，这就是人性的性善论。虽然性善论对人的本性并不做普遍的意义结构探讨，而仅限于对人的本性的抽象特征描述，但深入分析性善论特征描述的逻辑结构可以发现，人的本性是在人之初的，就是在人的其他属性之先的。不管在逻辑结构意义还是发生学意义，人的本性之于人都是先天的。从这个特例中可以归纳出本性的第一规定性，即一个对象的本性不是对象自身的行为特性，而是先于对象自身的。所以，本性不在对象行为属性之中，却是现实行为和属性的最初原因和根据，并且不是因果性原因，而是统一性的，因为它和现实属性不是同一层次的。从结构意义上说，本性就是一个整体系统的基础层次结构，它是在逻辑和发生学意义上都先于整体存在的规定性。这就是本性是结构还原和逻辑分析的意义之所在。只有把本性作为先于对象的独立的属性，我们才能理解本性“与生俱来”而不是“后天习得”的意义。回到人的本身可以发现，存在主义对人的思考得出“存在先于本质”的结论，在于它是从本性去规定人的存在的，人的存在从本性的意义上来说，一定是先于本质的。

其次，一个对象的本性既在对象之中，又在对象之外。这正是本性概念对于世界统一性认识的最深刻意义。本性是属性，必附属于所指称的对象，对象是主词，本性是宾词，归属于对象的本性才有所指，才有意义的起点。所以，本性概念作为形式是在对象之中，它的意义是指称对象之意义，而不是本性自身意义，本性作为属性不是独立自在的存在。但是，本性既然对于对象而言是在先的，在另外一种意义上又是独立自为的结构，如果它不是独立的客体结构或意义结构，世界和对世界的认识就没有复杂性进程产生。前面讨论的结构统一性单向叠加法则体现在本性意义结构思考中，就是意味着一个对象的本性的意义不依赖于对象本身而能独立自足地存在。我们把作为一个系统整体的各个组成部分抽象为独立的对象即进行还原分析时，这些组成部分都是和整体无关的独立的存在，而当把这些部分作为结构整体思考时，部分就不是独立而相互联系和相互作用的，它就在整体之中。所以，本性作为对象的基础结构层次的意义概念，它是独立自足的，是不依赖于对象的，作为对象的本性它就成为对象的部分而失去了独立性，成为对象的属性，本性就只在对象之中才有本性的意义。正是这种既独立又不独立，既在对象之中又在对象之外的对立统一关系，使本性概念具有揭示一个对象的统一性意义。当我们思考一个对象的本性时，是从它的基础、深层原因层次去对之做统一性认识的，而不是仅限于对象的现实行为和属性去做直接因果关系思考。

第三，本性之于对象是从整体向基础层次的还原分析，因而本性之于对象而言，具有更加普遍的意义，即本性是普遍的，包含本性的对象则是普遍本性的一个特定形式。因此，世界的复杂演化是由普遍性结构向各种特定结构的演化，而人类对复杂世界的认识则是从特定到普遍，从特殊到一般，从复杂到简单。科学认识一直按照还原分析的逻辑不断深入，就是不断地发现世界越来越普遍、简单的结构及其相互联系的原因。当我们把这种简单性还原到本原存在的时候，我们就有可能得到关于世界本性的最简单而又普遍的理解。至此，我们可以理解，为什么巴门尼德可以把泰勒斯的世界本原科学认识和最普遍的神性同一起来建立存在哲学。因为尽管仍然是对世界的科学还原分析，但一旦到达本原的时候，它就具有了和神性共通的绝对普遍简单性；在逻辑上就具备了把这种本原本性和神性同一的条件。

最后，本性之于对象的原因意义，是在结构统一性意义上的，而不是在科学因果决定意义上的。本性对于对象的意义是潜在的基础性的制约关系，但不是因果决定关系。因果关系解决必然性、简单性问题。统一性关系则解决以可能性形式演化的复杂性问题。我们一直用科学决定论的语言、概念和方法来描述复杂对象的统一性，因此既不合逻辑，又偏离了本来意义。比如经济基础决定上层建筑，把两者当作同一层次的对立关系而非不同层次的统一关系描述理解时，就会得出对历史唯物主义的历史决定论片面理解，根本无法通达共产主义的境界。其实，划分经济基础和上层建筑的时候，它们就已经是社会结构中两个不同层次关系，不应该按决定论的必然性关系去思考，而应该按结构统一关系去思考和描述了。所以，不能从本性去决定本质，存在本性先于本质，但存在本性不决定本质。反之，只能是本质决定存在。人之为人是由人的本质决定的，不是由本性决定的，无论自然人或文化人意义上，人都是不可还原的结构性存在。

综上所述，从结构统一性的意义来看，一个对象的本性是指它先于对象的独立自足的基础意义，它以潜在的制约形式成为对象现实行为和属性的原因，并成为对象的本性而被纳入对象的统一结构之中。自然的本性在一切自然中，它又通过还原和自然的最底层结构即本原统一起来，由本原为根据的本性就由摆脱了纯粹抽象，成为具体和抽象相统一的对自然的普遍而具体的理解。本原和本性相统一就进展到自然本性的统一性理解，成为完整的自然哲学即本体论。本性作为原因并不构成与对象之间直接的因果逻辑决定关系，对象的直接属性和行为则不能从本性去解释，而必须超越本性的意义从对象自身整体性去理解，这就必须从普遍性的本性概念进展到特定性的本质概念。

对本质意义的认识，是一切称之为知识的认识的根本目的。我们认识所追求的是透过现象把握本质，一个对象之所以为一个对象的充足理由不在于它的现象或行为，也不在于它的本性，而在于它的本质。因此，本质的意义之于存在或认识形式、概念都是决定性的。

首先，本质是一种抽象的关系。在黑格尔的辩证逻辑体系中，本质论是从自在的存在论阶段过渡而来的逻辑结构，本质就是矛盾，就是对立统一关系。所以，本质作为关系是抽象的。本质不是东西或客体，而是东西或客体的关系，但东西或客体只是由于它的抽象的本质关系，才成为东西或客体。在人类认识中，存在着一种既追求本质的真理认识又尊崇具体鄙视抽象的偏执倾向，须不知本质的真理认识一定是抽象的。本质既然是抽象的关系，本质的认识又何能具体呢？具体的是客体存在。本质如果是具体的，那客体的本质就是客体，本质就是一个无穷而无最终确定解的客体链条了，还有可能得出所谓确定性的真理知识吗？答案是否定的。所以只能从抽象关系去思考本质。黑格尔把本质规定为反思或映射，即在与他物的关系中映现自身。但这个他物又仍是自身的他物，所以是自身中介，在自身中的规定。事实上，当我们从复杂结构统一性思维去思考对象的本质的时候，一个整体结构的本质正是由各个组成部分的关系来规定或实现的，部分在独立意义是他物，部分之间的关系是他物关系，但部分作为整体的部分来看，这种他物关系同时即自身关系，所以又是自身中介，自己规定自己。对本质的意义，归结到底只能从抽象的相互关系角度去理解，唯此才有凡物皆必有其本质的逻辑根据。

第二，本质是抽象的关系，但哪些关系是本质的，哪些关系又非本质关系呢？即本质关系的规定性是什么呢？从凡物皆有其本质于自身可以得到推论，本质是一切存在者之所以是存在者的充足理由。按照存在即结构的观点，则本质也可以看作是一个结构整体之所以是结构整体的充足理由。一个存在者或一个整体结构如果丧失了它的抽象的本质关系，不是改变了它的性质，而是失去了它的存在自身。因此，本质虽然是抽象的关系，却是决定着存在还是不存在的充足必要条件。所以，要理解具体的存在，就不得不把握抽象的本质。

第三，根据本质的关系是存在之所以为存在的充足理由，我们可以得出本质关系的抽象的规定性；本质关系是一个整体结构的基本组成部分结构的相互作用关系中，扬弃了普遍性而保持其区别于普遍性的特定关系，是普遍性之中的特殊性关系。所以，本质关系所追求的不是普遍统一性，而是不同层次关系的差别性。只有差别性才是异质存在的充足理由。至此，我们可以悟出黑格尔从矛盾的对立统一去揭示本质关系的深刻之处，扬弃了无差别的同一而上升到对立的矛盾就是在同一之中建立差异，从而为存在找到了规定性。所以，本质关系是普遍性之中产生的整体的差异性关系，它赋予了整体的质的规定性，我们称之为本质。所以，本质又往往称为本质特征，这种并联概念一语中的地揭示了本质的特定性和差异性。

第四，本质关系的差异性和个体性只能在统一性结构意义下去理解。本质是关系，对本质关系差异性的理解不能沿用形式逻辑和因果决定关系，因为这是整体和部分之间的统一性问题，只能按辩证逻辑的结构统一性去理解。整体结构的本质关系是对组成部分的普遍关系的扬弃，普遍性仍然包含在整体之中，本质的关系仍然深入组成部分的相互关系之中，具有了自身本质的结构整体依然以保持着组成部分的结构关系为前提。因此，普遍性的关系仍然被保留在本质关系之中，否则，本质关系也会荡然无存。所以，本质关系也即矛盾关系的意义在于，本质和假象、个别和普遍、整体和部分是相互依存、相互联系和相互规定的，是对立中的统一。

所以，本质概念的意义在于抽象出一个结构整体诸普遍关系中的特定的差异性关系，赋予结构整体构成区别于其组成部分的特定规定性。这种差异性的特定规定性又在整体意义上包含着组成部分的普遍关系。至此，我们可以体会到本性和本质之意义的区别。本性是向结构底层还原分析以寻求普遍简单关系规定性的，本质则是将部分综合统一以寻求该结构整体作为复杂结构统一性的特定规定性的。从辩证逻辑来看，本质来自本性，但本质扬弃了本性。所以，本性和本质的意义是大相径庭的。

本体是源于西方自然哲学的基本概念。把哲学研究对象限定在客体时的理论称为本体论；以对世界的认识和思维作为对象时称为本质认识论。本体论哲学以客体世界统一性作为认识对象，是否意味着本体即客体呢？这就不能一概而论了。本体论意义上的客体是存在者，但存在者和存在是否同一却正是哲学分歧的根源。哲学自认为是最普遍的认识，它的本体论历来所追求的意义不是具体的存在者，而是最普遍的存在，即存在者的存在，所以本体论哲学又叫存在论。本体论以客体即存在者为对象，对它的最高目标的不同诠释，就构成了不相同甚至冲突的哲学本体论理论。自然哲学特别是唯物主义哲学从自然出发去解释存在，存在者和存在同一，因此客体即本体；唯心主义则从客体的多样性和变动性出发否定客体的普遍不变性，把本体论的普遍性转换为抽象认识的普遍性，进而推断世界普遍不变的本体不是自然客体，而是思维中关于客体的理念或概念，这就是以柏拉图和黑格尔为典型代表的唯心主义本体存在观。亚里士多德作为古希腊时期人类认识的集大成者，把客体分为第一实体即具体的个体实体存在和第二实体即客体的普遍共相，所以亚里士多德的第一哲学是包含了本体论的本质论，是深刻的理性统一性智慧。后来哲学界说亚里士多德游离于唯心论和唯物论之间，无怪乎雅斯贝斯说在精神统一性意义上人类一直没有超过柏拉图和亚里士多德的水准。本体论存在的最极端理论是经院哲学，论证存在者存在的最根本原因是上帝，只有神才是不变不动不生不灭的存在，所以神才是存在，才是存在者的根据。这时，神就是主体，即本体是主体而非客体了。

世界统一性原理的对象世界首先是自然生成的世界，在本体论意义上遵从自然哲学和唯物主义传统和逻辑，坚持世界的本体存在是客体存在。客体存在的最普遍具体存在是本原客体，即一切感性实体都是本原客体的结构性存在，本原客体就存在于复杂性客体之中。按照传统的哲学思维，世界的本体问题归结为世界的本原问题，哲学的存在归根到底就是本原问题。但是，按照世界统一性原理的结构统一性逻辑，本原客体认识首先是自然科学认识问题，它之所以成为哲学命题在于以客体的科学知识作为最可靠的根据和初始逻辑起点，在思维中建立起由本原复杂性结构演化生成的客体世界统一性理解。在世界统一性理论中，世界不能仅还原为纯粹同一本原的无差别的死寂世界，而是一个活生生的运动和演化着的差别化的结构性统一体，我们关于世界的科学认识及一般归纳其实是遵从结构统一性原理的，即世界是一个结构性的统一层次体系。在自然意义上，世界是宇宙；在人类意义上，我们归纳出人类世界。而在不久前，我们也曾有根据地把人类社会划分为第一、第二、第三世界。所以，世界是相对性的，相对性的世界有相对性的边界，有特定的结构统一性。

宇宙自然世界的结构起点是本原客体，由本原结构生成的复杂性客体本性统一于本原的本性，本性统一的具体自然就是本体。本体是普遍的具体，具体的根据是本原的具体性，普遍的根据是形而上学设定的本性概念。那么，其他相对划分的世界的本体也是指它的具有普遍意义的具体存在性。那么，不以本原为起点的相对世界，比如生命世界成为普遍统一本体世界的具体性根据是什么呢？只能认为是构成该世界的多样性结构存在中，具有该特定世界具体存在意义不可结构还原之具体存在提供的，这种具体存在不是本原或抽象本性，也可以理解为本体结构。有结构就可以分解还原，为什么又说本体可以是结构性的，同时又是不可还原的呢？从世界本体结构的不可还原性我们可以得出结论，本体是世界之所以为世界的必要且充分的条件。只要不具备该世界的本体结构，它就不是该世界中的结构性存在，反之，具有该世界本体结构的存在，一定同时是该世界中存在。据此，我们可以得出另一个结论，本体结构是包含一个特定世界中的全部对象的最基本结构，它对于该世界所有对象有意义，即它是普遍统一性的具体存在。为了把复杂世界层次化、简单化，我们建立了不同层次的世界，每一世界以它的本体结构为基础建立复杂性的统一性，不同层次世界的统一就是世界的统一。这样，我们就能在理论认识上去描述一个复杂而又简洁的统一世界。

按照扩展了的本体概念，我们就具备了对统一世界进行层次划分的基本认识框架，道、天、地、人四层次世界理论体系的统一性基本结构就可以从抽象到具体展开，不再由于抽象而玄而又玄，深不可识了。

第三节　四层世界结构的统一

中国玄学宇宙统一理论体系逻辑圆满且玄而又玄，但后人对之局限于纯粹唯象和抽象形而上学的理解从而与经验世界缺乏关联，它的智慧之于大多数人主要在于那些警句名言的哲理启示，而不是世界统一性的整体把握和体悟。世界统一性原理继承西方自然哲学的唯物主义传统，汲取中国玄学理论的统一性逻辑和西方唯心主义哲学认识论追求普遍性的逻辑，构建具体世界认识的统一性结构。普遍性的空间、时间形式以及结构统一性形式的法则是复杂世界统一性认识的基本工具，我们已经赋予这些老工具以新的内涵和意义，从统一性原理思考转向世界统一性原理研究已经水到渠成了。基于世界层次的复杂性，世界统一性原理将在不同层次世界由简单到复杂运动中展开。为承上启下及世界统一性原理的逻辑统一性的清晰性，本节讨论本章最后一个问题：统一世界的层次结构问题。这就是四层世界理论了。

世界结构的生成、演化以及逻辑描述从简单到复杂，但人类对世界的认识，无论是对象还是知识，却是从复杂到简单的相反过程。为了和人类认识相一致且方便叙述和理解，四层世界理论从最复杂的人类世界作为讨论起点，完成从复杂到简单的还原式认识过程。

一、人类世界：历史性存在

世界既指宇宙，但同时又用来指称人类世界，这意味着人类产生了自我意识而自成一大的同时就已经把人和自然界区分开来，这就是老子所说的域中有四大，人居其一的意义。把人作为宇宙中异质化的独立世界标志着人的自我意识诞生，人和非人世界的区别亦即人和人类世界的本质是认识人类世界的起点。

人的本质是人的非自然物的本质，人和自然物的本质区别就是主体和客体的区别。人是客体，但人的本质关系却不是客体关系，现实的人不是纯粹客体或纯粹主体，而是主客体统一性存在。现实的人的抽象本质是人区别于纯粹自然物的充足理由，它依逻辑应该是主体而不包含客体关系。客体是自然物，把人作为客体就是把人作为自然物，非自然物才是人的本质。所以，人的本质的第一条规定性是人是主体性的存在。

主体和客体的本质区别是什么呢？主体是自由的，客体是必然的。科学认识以建立认识客体为起点，只有在客体的规定性意义上才可能有必然性因果关系，才能抽象归纳出真理性知识。主体关系则不是必然性的客体因果关系。非必然性关系在必然性这一层次叫偶然性和或然性，但它是客体关系之规定性，用偶然性、或然性关系去描述主体就犯了把主体当作客体的逻辑错误。主体关系是由和客体关系不同的范畴规定和描述的，我们称之为可能性和选择性，这些范畴既不是必然也不是或然和偶然的。可能性和选择性赋予了作为主体的人的自由，所以人的本质的第二条规定性是人是自由的存在。当然，始终不能忘记的是，自由是人的主体的本质规定性，而必然是一切客体同时也是人的客体的规定性，现实的人是主客体统一性存在，亦即自由和必然统一性存在。

人的本质是它的主体性和自由选择性是当代人类社会的基本信念，但并不是人的本质的最终规定性。存在主义哲学是专注于人的主体性的，所以它用现象学而非必然性因果关系认识方法去思维主体，因而对人的认识特别是人的自由的本质认识达到了较高的境界。但是，它仅仅限于主体自身，没有把主体的自由本质和客体的必然性关系统一起来，没有最终从主客体相统一的高度去理解人的具体存在，人类几千年来关于自由和必然的冲突问题尽管回避了但依然存在。但这还不是最主要的，真正的问题在于，存在主义指向具体感性之人，人的自由本质是抽象的个人的本质，而不是人类世界的本质。在人类世界中，个人既是主体，又是客体，既自由又不自由。哲学理性关于人的认识必须回答个人和人类的统一性问题。存在主义哲学尽管深刻，但同样具有局限性，没有对人是什么给出完整的理解。

个人本质总和不就是人类社会的本质吗？人类社会不正是现实具体的人

的实践活动构建而成的吗？这里，个人本质总和是没有意义的，总和是物的相加关系，求和中个人就变成社会原子，人的本质就变成原子本质了，这实际上与把人类世界看成理想总体热力学系统无异，把人又作为物去考量了。此外，我们不否认具体的人的实践构成了人类世界，但我们思考的人类世界的本质和人的本质却是抽象关系而非具体的人的实践，前者是从后者抽象出来的，所以，它们只能是统一而不能同一的。在统一性原理看来，人类是由现实的个人构成的，每一个现实的人都是人类，没有不是人类的个人；但一个个人又都只能是人类却不能代表人类，人类是不能由哪个或哪部分具体个人去代表的，无论是奴隶还是英雄。所以，人类是个人的统一，个人是人类的具体现实性本身，人类世界的抽象本质也必须从个人的抽象的主体自由本质的统一性中去理解。

超越了个体关系去思考人类世界本质的传统理论主要从人的社会性出发。马克思把人的本质规定为人的一切社会关系的总和，实际上就是从个人和类的统一高度去揭示人的本质。如果仅把社会性理解为人的本质还远未达到马克思的境界，而且在先验逻辑上有致命缺陷。我们知道，人的社会关系本质理论的核心概念是社会关系、劳动关系和物化的劳动工具，但这三点恰恰都是客体关系，而非主体关系，仅在这些概念中思考只能得到人类世界的客体性统一而不是主客体统一关系，所以最后将陷于历史决定论。社会不是人的本质，人天生就是社会动物，既然是天生的就不是人的本质。社会性是动物社会的常见现象，绝对不是人类专有的，它对于人类而言是与生俱来的，而不是人类从自然界中异质分化产生出来的，所以它断然不是人之所以为人的充分理由。至于劳动及劳动工具的属性，和社会性同理，都不是属人的本质。所以，必须在人的社会劳动及工具创造发明使用的基础上进一步抽象，从社会关系总和归纳出人类社会的本质，找到人类世界之所以为人类世界的充分根据。

从使用劳动工具进行社会化分工合作的实践活动意义来看，人类社会和动物的本质区别在哪里呢？在于人类是历史性存在，而动物世界却是非历史性的周期循环存在，所以人类世界的本质在于它是历史性的，人的本质归根结底在于它的历史性，就是说，人类世界是历史性存在世界。

这里的历史性是在本体存在论意义上的统一性概念。在认识论意义上，我们可以议论阿猫阿狗及恐龙的历史，也可以思考宇宙大爆炸起源后宇宙世界演化的历史，但这些历史不具有本体论的历史性意义。我们知道，生命世界的客体以种群意义划分，纯粹生命结构是生壮老已完整过程与生命繁殖实现种群重复连续的统一性存在，每一物种的遗传结构决定了它的下一代的生长空间，它是在科学认识意义下的必然性事件和过程，所以称之为物，能生壮老已之物称为生物。生命世界是一个个连续的周而复始的循环构建起来的，在客体世界的必然性规律支配下去展开它的存在。这种循环性中有连续性但不具有历史性。所谓历史性是指整体意义的统一性，人类世界的本质在于它的历史性的意义，人类社会的存在和运动是一切历史过程构建的结果，又是新的历史的起点，整个人类社会如果割断了历史性是无法理解的，人类作为整体性社会存在只能从历史的整体性中才能得到理解和说明。所以，历史是过去，历史性的意义则是指向未来的，历史可以分割，历史性却一定是整体不可分的。所以，人类之所以为人类，就在于人类已经不再仅仅是动物世界中一个循环往复延续的物种，而是勇往直前、永不重复、不断发展的历史性存在。

从人类世界历史性本质可以深刻地理解人的社会性。人作为社会动物基于它的历史性本质而超越了动物世界，赋予了人类世界以充足理由和根本意义。因此，我们通常说人类社会的同时又说社会历史，马克思主义关于人类社会的完整理论体系称为历史唯物主义。对于人类世界而言，社会性具有普遍意义，历史性则具有独特意义，社会性和历史性的统一就是人类世界，人类社会历史世界就从抽象的本质展开为现实的社会历史过程。

从人类世界的历史性本质可以更深刻地理解人的主体自由本质。在历史上产生过有名的“教育决定论”，认为人类世界是人的主体自由创造活动的结果，因而教育是前提。这在一定意义下是对的，我们今天仍然坚信人类社会发展要教育先行，下一代才是人类世界的未来。但是，任何教育者又首先必须以接受教育为前提。所以，仅从个体意义来看，教育决定论就是一个无法摆脱的自我循环。但是，在人类世界历史性本质的视野中，这就不再是恶性循环，而是人类世界历史性构建的真正意义和实现机制了。我们的历史性就是靠世代相传的文化教育去实现的。为什么每一个人都是人类，为什么每个人都可以是主体而具有自由的本质呢？这是历史性的人类世界通过教育机制来实现的。在现实世界中，每个人可以是教育者，但必须首先是被教育者；每个人都在实践中消费客体世界，同时又在创造着主体世界，就是说，人类每个人的现实的活动已经摆脱了纯粹的自然本能性，具有人类文化教育的影响于思维的深层结构之中，具有目的选择性于现实行动之中。在主体和选择意义上，任何个人的行为一定是自由的，正是这种自由赋予了人以本质，是人类世界的历史性本质赋予了个人自由的本质。生就离群索居的“人”不是人而只是动物，那就没有自由。正因为人的活动本质上是自由的，所以，人既在主客体关系层次上改造世界，又在主体关系层次上创造着人类历史。人的本质意义在于创造，创造就是创造历史。

人类世界的本体思考必须回答人类世界之所以区别于客体世界的决定性结构是什么这一基本问题。人类世界是宇宙演化生成的复杂结构金字塔顶端的最复杂结构，究竟是哪一种本体结构使人类脱离了纯粹自然界而能够独成一类，并且这一结构又存在于人类世界一切现实个体之中，从而赋予人以自由的本质呢？所以，人类世界的本体结构，从结构统一性意义上来说，是人类越出自然界的分水岭，是人成为主体性存在的决定性结构。

对人类社会复杂结构的还原分析的最大成就是劳动创造人的理论。从劳动结构的还原中，工具就是最基本的结构，可以视之为传统的人类世界本体结构认识。恩格斯专著论述劳动在从猿转化为人过程中的作用，认为劳动工具的使用是决定性的，它使人与自然的关系摆脱了纯粹动物直接作用和利用的模式，使人区别于纯粹动物。人和自然世界的关系是人以工具为手段作用于自然物，是以工具为中介的三元关系，动物则是直接二元相互作用关系，与自然交换作用的不同模式使人和纯粹动物界区别开来，从劳动工具开始逐步产生了人类的更复杂的社会结构，所以人的本质就是一切社会关系的总和。从劳动工具作用出发去思考人类的本质很有启发意义，但把工具作为决定性却是不充分的。因为劳动是一切生命和外界交换从而得以生存的普遍行为，劳动不是人类专利；人类劳动依靠工具，但动物同样也会利用自身之外的工具。劳动创造人的命题在逻辑上并不成立，因为劳动是普遍性概念，它无法赋予创造人这种特定意义。工具不是人类世界的本体结构，除非我们承认那些用木棍、石块的猴子也是人类。

我们在最普遍的劳动意义上并不普遍的劳动工具中抽象思考它对于人类的特定意义，即劳动工具之于人和猴子的本质区别是什么。是文化。猴子用木棍当工具是一种生存手段，但这种手段并不是一种内在于其本质的文化行为；而人类的工具在活动意义上是和自然交换的中介手段，在人类本体存在意义上是文化，工具是人类文化的客体化，是人类主体文化和自然存在的统一。当我们发掘追寻人类祖先早期阶段的演化、发展史的时候，除了从考古化石的人体形态比较分析外，其实最可靠、最有说服力的是从工具的演化发展去概括和归纳，不是从客体形态而是从文化意义去概括。人类历史从工具的文化意义上大致断代为旧石器文化、新石器文化、铜器文明、铁器文明等顺次由简单到复杂的发展阶段。所以，从劳动和劳动工具出发思考人类的本质是起点，从工具中抽象出它的文化意义才是人类对工具最普遍本质的认识。

从劳动工具中抽象出它的文化意义的时候，我们就找到人类世界和自然世界的分界线。至少到目前，我们坚信文化才是人类特有的，还没有任何关于非人生命文化的认识思考及证据。文化和自然的抽象的分界线同时也恰恰就是主体和客体世界的分界线。自然界是客体世界，它按照客体世界的法则和必然规律去演化和运动。而文化的世界是指由文化现象构建的人类主体世界，文化世界建立在对客体世界认识基础之上，首先以客体世界为认识对象，它的目的在于发现客体世界的必然性规律，为人类的自由选择行为提供充分的根据。对客体世界认识所形成的人类文化已经不再是客体本身，而是独立于客体世界的。具有非客体本质规定性的特定现象不是客体性而是主体性的，所以文化就是主体性现象，是人类世界的本质，是人的本质是主体性而不是客体性的根本理由。精神文化在形而上学思考中可以是客体，但只是认识论意义上的认识客体，而在本体存在论意义上则一定是主体性的。从文化的主体性出发，我们就不难理解人作为主体存在而具有的自由选择的本质之意义。

从文化出发才能对人类世界的历史性本质得出合理的解释和说明。为什么猴子用石头、木棍作为工具只是纯粹工具而不是具有历史性意义的工具呢？因为猴子的工具没有抽象的文化意义，人类的工具因为具有抽象的文化意义从而与猴子的工具本质上不同。人类的历史性是如何构建起来的？是用文化构建的历史，所以社会是社会历史，历史是历史文化，社会历史文化就是一个统一的整体。教育决定人，人又是被教育者在历史文化意义下不再是难以理解的恶性循环，而是人在历史性活动中构建人类社会的统一性。文化的传承性和连续性使社会成为一个历史性的不可分割的整体，它在历史性意义上的不可逆的前进过程的另一种意义就是后天经验性文化的不断发展的整体过程。对此，西方学者用文化进化来概括，用进化这种表述自然选择过程的概念去描述主体统一性过程并不贴切。因为进化适应的结果是符合客体必然性关系描述的，但文化发展和人类却不是只由科学因果关系去理解的，那样就又回到历史决定论，人就失去主体性而失去了人的本质，人类的世界就失去了历史性存在之真正意义。

从人的结构现象去理解人类世界的历史性本质的时候，对人类世界本体结构的思考从人类文化自身的复杂结构中去概括和抽象才是合理的，问题就转换为究竟人类文化结构的最基本的不可还原为纯粹客体的结构是什么，或者说人类普遍文化现象的构成元素即文化的“本原”是什么。按照分析和还原的方法和原则，二十世纪分析哲学对此最有贡献，它归根到底就是符号结构和意义问题，这是一切文化现象的逻辑起点。任何文化现象都是由文化符号所携带的意义构成的，并且文化符号的意义不是能够无限分析和分解的，当任何文化现象分析还原到概念符号和客体指称的意义及客体关系、行为的最基本规定意义的时候，它是不能再进一步还原的，再还原它就没有文化意义和主体性意义了，那就是作为符号载体的客体了。所以，文化世界是一个符号意义构成的复杂结构体系，它的最终不可还原的意义结构就是文化世界的本体结构，精神文化构成的意义世界是人类主体世界的本体。这是文化世界最一般、最普遍的规定性，这个规定性的本质在于意义而不在于符号结构本身，用字母符号、图形符号、象形符号还是楔形符号都是符号，但符号不同，它们的意义却是可以相同的，因此就有一门技术称之为翻译，不同文字符号的民族因为都具有普遍性的意义结构，都是文化意义上的人类世界之中的。如果有外星智慧生命，他们同样必须具有最基本的意义结构，并由他们特有的符号结构承载，我们把这些可能存在的和我们不同种的宇宙生命同样尊称为“人”。

必须指出，最基本的符号意义结构而不是纯粹的意义结构是人类世界的本体结构。思维、认识、意义历来被认为是万物之灵即人类的专利，其实那是一种盲目而狂妄的人类中心论。动物进化出大脑就是用来思维的，思维又离不开意义，必产生认识。所以，意义和认识只是人类世界的基础而非本质，它是动物世界的普遍现象，动物用声音、行动来传递信息就意味着它是一个意义和认识的世界，没有这些信息沟通和交换动物就不会构成社会。认识普遍性的有力证据则在动物的“教育”中，动物社会的许多技能是后天习得的，学习不是人类专利。据称南美洲一种专吃硬椰果的猴子用坚硬的大石砸开坚硬的椰果去获取维系生命的食粮，而一个幼猴从上一辈那里学会这种技术要七八年之久。那么，从动物世界的普遍认识和意义现象之中独立出来的人类符号意义的独特规定性是什么呢？是意义的客体化，即人类世界的符号意义是由客体的符号载体来承载的，它的可理解认识的意义建立在客体化的符号载体之中。这一标志性的转变不是工具的产生，而是文字的创造发明和使用。用文字作为意义信息的载体才使人类超越了动物界而成为万物之灵。纯粹动物的符号（比如声音）永远依赖于具体的主体，意义无法上升为类普遍性的，局限于感性具体认识从而只能永远停留在世代更替的循环之中。人类则由于使用文字符号这种客体化的信息意义载体，使意义信息可以脱离具体的认识者而独立存在，因而人的认识就可以是具有普遍性意义的，普遍意义的知识才使人成为历史性的“类”而超越了动物界。文字载体使意义信息客体化的最大意义在于它使意义摆脱了个体性而上升到普遍性从而有了人类普遍意义，这样，人类整体文化进程就不因具体个体的更替而陷入循环，而是下一代站在上一代的肩膀之上，使文化现象成为一个连续的整体历史进程，使人类世界成为永远向前的文化世界。其实，在认识论意义上，具有脑器官的动物都是主客体统一性存在，高等动物都基于感性认识去选择性生存，也可以说具有主体性。但无文化的动物选择性是自然而然的遗传机制决定的，是世代循环的，是有限的，而以社会历史文化认识为选择根据的文明人的生存方式才是历史地发展着的，即历史性赋予了人的主体性超越有限进入无限意义，使人走出了动物界。

从文字符号的信息意义载体结构去思考人类世界的本体结构时，我们可以得出推论，人类的历史即文明人的历史只有文字记载和传承下来的短短几千年。这不是和人类学和考古学特别是进化论的“猿是人的祖先”的理论相冲突吗？否。这里指的人类世界是理论上抽象出来区别于动物世界的概念，不是物种分类意义的世界。现实的人类世界是主客体相统一的，而不是抽象的主体世界，也不是自然世界。人类学和进化论讨论的不是人的本质即人和动物的区别，而是人的起源，即人作为自然动物的起源。这就要回到人的本性问题。

按照传统的思维习惯，从文字、文化及意义去抽象人的本质一定是历史唯心主义的，因为把人类世界的本体建立在客体化的符号之意义上就是建立在精神之上，而不是建立在物质性基础之上。但是，世界统一性原理认识的结构统一性理论和传统的非彼即此的非统一性的矛盾对立思维方法根本不同，它并不承认科学还原方法的绝对意义，并不认同把人类世界用因果决定论逻辑还原为物质结构去看待的还原方法，而是在人的主客体具体存在中抽象出人的主体本质作为人异于禽兽的根据。与人主体相关的属性显然是精神文化的，是心非物的，却不一定是唯心的。世界统一性原理从自然生成演化出发看世界，首先是拒斥唯心主义本体论的，切不可把它作为唯心主义历史观。当然，人的历史性本质是统一性认识，是抽象而非具体的，现实世界是具体而不是抽象的，现实的人是主客体统一性的。所以，对人类世界的认识不能停留在抽象的本质之中，必须在回复具体中达到理性的具体，从而把人类世界的抽象本质和现实的世界统一起来。实现这种统一认识的发展就要把握人类世界的本性即它的来源地，从本性到本质的统一关系把握现实的人类世界。

人类世界的本性即人类世界的先天性问题，即产生出人类世界的基础是什么。它和人的起源和来源是同一个问题。人从哪里来这问题并不特别复杂，因为这毕竟是由进化论给出了确定性答案的命题。按照我们现在普遍接受的达尔文进化论的科学解释，人是从类人猿进化而来的，就是说，人既是超越万物之灵又在万物之中的。所以，当古希腊柏拉图用人是两足肋下无毛动物来给人下定义的时候，在动物生命意义上柏拉图是很有智慧的，这和林奈后来创立的种差加属的命名法不谋而合。从抽象的人的本质和人类世界本质来看，人是万物之灵而超越了动物界；从人的抽象本质赖以存在的基础来看，人是万物之一，就是动物性存在。动物性是人的本性，是人成为具体现实存在的根据。人是天生的政治动物或社会动物这些先圣名言指人的本性是群体性动物，人在生物意义上是以群体生存方式存活在这个弱肉强食的竞争世界中的。

从更普遍的意义来说，人首先是动物存在。我们说人是从低级动物进化而来的，是在生命进化意义下讨论人的来源问题，而且是人的现实的生命来源而不是抽象的本质的来源。有血有肉的生命存在是人存在的前提，否则一切免谈。所以，结构统一性原理把这种本性层次的条件作为更高复杂性的整体本质的先决性条件。人的进化是人生命存在的前提，是人类世界的基础，没有这个坚实的基础，关于人的一切认识就都是抽象的。但是，人类世界之所以是人类世界的充足理由不在于它满足人类存在的必要条件，而是具备了人类自成其大的充分条件。所以，两者不可混为一谈。这就是只能把进化理论应用于人的生命存在领域，不能用文化进化来描述和解释人类文化现象的理由。把文化发展的内在机制也理解为进化论的选择和竞争，那确实贻笑大方了。适者生存的是人种本身而不是文化，一种文化只要存在，它就是历史性的，它就一定是自由创造的，不是由必然性支配的。

今天我们的科学知识已经使我们不再依赖造物主为我们的存在提供根

据，进化论已经告诉我们人从哪里来。尽管关于人的起源及人生命本身的科学认识没有终点，但人是动物世界的一个特定物种这一科学结论是无须怀疑的。所以，人的直接生命起源就一定在生命世界之中，因为人的自然属性就是动物性，从本性的意义来看，人就是动物。关于人的自然属性的更多的认识是生命科学家的工作，统一性原理既无能力也无兴趣过问。统一性原理的兴趣点在于，具有自由本质的人，在历史性中不断构建着的人类世界，应如何去理解自身与生俱来的本性，实现人的本质和本性的完美统一。应该说，对此人类几千年历史进程是缺乏真知灼见的。人的本质和本性的冲突以自由和必然的冲突一直贯穿于人类历史，这是人类最大的悲哀之一。

人类主体意识的产生并不断增强，把自身从自然世界中独立出来，但这种抽象的主体自由意识一旦和人的自然本性割裂则演变成为一种狂妄的人类沙文主义，认为万物之灵的人类就是自然界的主宰，把人的自由理解为随心所欲地去支配世界，人类理所当然地统治着世界。由于文化积累的马太效应，近代科学革命兴起到二十世纪的短短几百年间，人类做到了翻天覆地，彻底改变了赖以生存的自然界。但是，当二十世纪人类面临能源危机、环境危机的时候，人类终于醒悟过来，自然界是人类生命存在的基础，我们的自由本质不能脱离了我们的本性，人不能离开自然而抽象地存在。在沉痛的教训面前，人类悟出了一个道理：我们只有一个地球，这是人类共同的家园，我们不能肆意破坏它，必须保护它，人类世界必须在可持续发展的自然边界条件中发展，否则人类世界的历史性将终结，无法逃脱灭亡的命运。因此，关爱自然，保护环境，节约能源等成了当代人类对自然认识的最具进步意义的历史性转变。这归根到底是关于人的本质和人的本性关系认识的变革。

但是，这个转变刚刚开始，我们的认识基本上还是浮在现象表面，根本没有洞察人的本质和人的本性统一性关系的内在本质。许多人似乎把关爱自然看成是人类恩赐，而不是基于自身内在本性的刚性制约要求。人类关爱自然、重视自然环境问题时有一个最基本的描述结构：人与自然。这就是说，我们归根到底是把人和自然作为非此即彼的两个世界去思考，把人的本质和本性割裂开来，并没有真正把握它们之间的统一性。首要的问题在于人就是自然，人的本性就是自然的，人的自然本性是人的存在前提，人就在自然之中。人与自然始终在观念上在先地把人划为自然之外独立的自然统治者，只不过现在要当一位相对仁慈的统治者而已。从人的本性和本质相统一的意义看，人和自然是统一性关系，人和自然是不可分割的。和自然相对独立的不是人本身，而是人的抽象本质即人的文化。所以，自然是与文化相对的概念，当用人与自然相对的时候，实际上是用人的抽象文化本质取代了具体的人，因而是不合理的，同时也表明了人与自然的提法是不符合人的本质和人的本性的统一关系的。

割裂了人的本质和本性关系直接导致自由和必然的矛盾。人作为自然存在是受自然必然性规律支配的，人作为主体性本质的存在是具有自由选择性的，这是两个层次的问题。人的自由选择并不具备改变人的自然本性所受的必然性规律支配的自由，而是基于人对自然规律认识去选择满足自身目的行为的自由，这种自由和必然在具体的人身上得到统一就是人的本性和本质的统一。反之，当把人和自然割裂开来的时候，人的自由和必然的关系就是外在的，永远得不到统一。一旦认可必然性规律人就陷于宿命，一旦认可人的自由就似乎无必然性可言。其实，这是缺乏统一性智慧的结果。自由和必然一定是统一的，因为人的本质和人的本性就是一个现实统一体，人既是动物又是万物之灵。

二、生命世界：时间性存在

人类世界的基础是生命世界。人类是普遍生命世界的特定种群之一，它既在生命世界之上又在生命世界之中。尽管人的现实生存基于文化选择超越了自然选择，但人毕竟首先是自然生命，文化选择以符合自然必然性为前提。人是主客体统一性存在，主体文化选择的根本意义在于满足人生存目的从而成就人现实具体的主客体统一性存在。生命是宇宙复杂性演化运动中自然生成的具有自身质规定性的最复杂结构性存在，它为人类世界即文化世界的创世纪提供了前提。

按照玄学世界统一性理论，域中四大结构统一整体的顶端是人，人的基础是地，玄学理论的道、天、地、人结构中的地的含义就是生命世界。我们念叨了两千多年人法地、地法天，但对地之所指却缺失合理的具体现实性理解，所谓人法地，地法天的意义也是纯粹抽象的，玄而又玄。中国传统文化中地的一种解释是天界、地界、人界这三界之一界，这种认知框架中的地指的就是阎王统治的阴间，这显然和玄学理论的地牛头不对马嘴。地的感性常识意义是指地球，只能从这个角度去思考玄学之地所指。但地是抽象概念，它是指地球的具体统一性，还是某种抽象出来的规定性呢？从道、天、地、人的结构统一性及人法地、地法天、天法道、道法自然的统一性关系看，地所抽象的并不是物理学意义上的地球的客体规定性，否则地法天无法解释。从物质客体结构的关系看，地球和宇宙中的其他天体是同质的，它是天体的一个组成部分，在物质客体意义上地球不是异于其他天体的异质结构统一体。和其他天体相比，地球最独特的异质结构是它的生命结构，它既是我们所知的天体独特结构，又是在逻辑统一性意义上以物质客体为前提异于纯粹物质客体的结构性存在，故玄学之地不是指地球的物质客体结构，而特指地球生命结构的统一即生命世界。地是生命，人法地、地法天、天法道、道法自然才具有可理解的意义。地即生命世界是域中自成一大的整体，那么生命之道是什么呢？生命之所以为生命的充足理由是什么？这就是生命最普遍的本质规定性问题了。

生命是什么的最一般思考的基础是生命科学家对生命科学的认识，但生命科学很难从普遍意义去得出生命的本质规定性描述，因为生命是不可还原的具体复杂结构性存在，生命又是自成一统的多样性复杂世界。在宇宙的实体结构之中，生命结构处在结构演化的最顶端，所以是最复杂的，是超越复杂实体之物的结构的，这种复杂性演化有一个专门概念描述：进化。科学把复杂生命结构抽象为具有确定性描述意义的认识对象，归纳出关于生命存在的真理认识，这些科学认识是一个体系，关于生命的普遍本质是在科学知识体系基础上统一性归纳抽象的结果，而不是某个生命科学真理认识本身。有生命科学家把生命本质规定为新陈代谢，但汽车发动机工作时就在新陈代谢，我们却不能说汽车是生命；遗传学家把生命本质视为复制和繁殖，但复印机、电脑常常复制而无生命，骡子不下崽但仍然是生命，我们不能说当代丁克一族是非生命之人……科学关于生命的各种确定性真理知识描述对于生命本质认识而言是必要的，但还不是充分的。生命之所以为生命的充足理由不是某一生命科学真理，而是生命科学真理的统一性体悟。

生命的充足理由应该从生命和非生命的分界线去寻找，即从生命和非生命的规定性出发，去找出它们的边界，从而确定生命之为生命的界。所以，关于生与非生，包括生与死的统一关系思考是认识生命本质的关键。

生之最普遍的含义是出生、生存，生壮老已则是生的一个完整的过程。所以，生命一定是过程性存在，没有过程没有生命。生命在于运动，而且是自身内在结构不可逆的绝对运动，生物是绝对运动过程中的具体存在。

过程是现象，现象是客体的现象，所以生命又一定是客体性存在，而且是结构性客体存在，非结构性客体中没有任何生命的特征。当从生命过程历时性转向生命共时性结构思考的时候，我们逐步接近生命存在结构的本质了。生命结构之所以是运动过程中的结构，那就一定是因为生命结构是非平衡结构。平衡结构没有内在结构运动，没有生命。生命运动的生物学概念叫新陈代谢，生命是和环境持续进行物质和能量交换的复杂性系统结构。所以，生命结构是非稳定的，但又是靠近稳定态的。远离稳定平衡态结构将使共时结构失去连续性，失去运动连续性，从而失去生命的过程。生命结构的新陈代谢又意味着生命是自组织结构，它在和环境的物质能量交换的新陈代谢过程中始终依靠自身组织机构来维持生命结构的动态稳定性。所以，从逻辑上来说，任何生命结构都是自然必然性规律和法则的完美集合，不自身圆满构不成持续的生命运动。从结构的角度看，生命是一种近稳定态复杂性自组织结构，在与环境的连续交换活动中实现其生命过程，而且在过程中结构的自组织功能使之是不可逆单方向结构演化过程，这决定了仅由确定性之物出发是无法理解生命的。物的不断结构演化过程扬弃了物本身。

生命结构运动过程的另一特征是有限性，这种有限性决定了生命之死，赋予了生命过程有限而完整的意义。如果生命是一种永恒运动的结构，那就不需要生的概念而只要存在概念来描述了。我们之所以有生命世界，用生来描述这一类存在结构，就在于这类结构的运动是有限而非永恒的，当运动终止时生命就终止，我们称之为死亡，生与死的统一赋予了生的完整意义。生命在于运动的另一种表述是运动停止即生命死亡。死和生命结构之间没有决定性关系，只与生命结构的运动有直接联系，生命结构破碎损伤解体使生命运动停止而死亡；如果生命结构完整但环境不满足生命运动边界条件时生命同样死亡，比如需氧生命因缺乏氧气而死。即使在充分合适的环境条件中，任何生命结构运动都有其极限，这个极限是生命的本质规定性之一，是生命的曲终人散。所以，任何现实生命物种都是周期性的存在，这个周期的长度是由自身的结构内在地决定的，在良好环境中生命能持续运动到周期极限时，我们称之为达到了天命。这里“天”的意味深长，即生命之死是已经先天地决定了的。生命个体有限性由种群繁殖的连续性来超越，所以，生物学上生命是以种群而不是以现实个体作为认识对象的。

这就是生命。生命复杂性结构存在之过程具有时间不可逆性，运动连续性和周期有限性三大特征。连续不可逆性和周期性同时就是时间形式的本质规定性。所以，从存在的普遍形式意义看，生命本质上是时间性存在。在时间形式思考中，时间形式的本质就是连续不可逆性和周期性描述。在生命结构运动的过程思考中，连续不可逆和周期有限性则是生命事件过程的内容，生命的时间性是形式和内容相统一的。我们用时间形式作为独立变量去描述物质客体运动时，时间只是形式，物理客体运动过程和时间的本质规定性并无相关性，所以物质客体的过程用时间描述但它本质上并非是时间性的。唯有对生命这个特定复杂自组织物质结构的新陈代谢过程进行时间描述时，它运动规律的过程本性才和时间形式的本质相一致。所以，物质客体运动是非时间性的，生命过程的运动本质上才是时间性的，这就是时间和时间性的不同意义。时间是形式描述变量，时间性则是形式和内容相统一的。责难牛顿科学理论的非时间性是不符合逻辑的，只有生命运动过程才是时间性的。生命的本质就在于它是时间性的存在。非时间性客体结构存在叫物质存在。

从时间性可以更好地理解人类世界的历史性本质。人首先是生命世界的一个特定种群。所以，人首先是一种时间性存在。而当人这一物种创造了客体化的载体去承载意义信息而构建人类独有的文化世界的时候，凭借文化信息独立于有限个体而具有类的普遍性和共享性，超越了认识对有限个体的依赖性而上升为类的普遍连续性，使个体生命更替过程中的文化创造联结成为连续的整体历史性过程，使人类世界由生命世界的时间性中演变出历史性的异质世界。历史性也是一种时间性，但它是具有新质规定性的，是由文化结构联结起来的整体连续不可逆的时间性，不再是生命物种中有限周期性的时间性。所以，时间性是历史性的本性，又是生命世界的本质。生命之所以为生命，生命之所以生生灭灭，循环更替，生命个体之所以生壮老已，就在于它的本质是时间性的。

生命世界的本体思考要回答这世界中一切生命个体的共同基本结构是什么这一问题。生命世界的时间性普遍本质是由生命体的哪一种共同结构创生而实现的呢？这就是生命世界的本体结构问题，也是生命起源问题。从形态上来看，它从对生命的过程本质深入决定生命过程时间性本质的具体结构层次的最基础层次思考中。

根据我们现有的生命科学知识，可以认为细胞是一切生命共同结构起点，故细胞是生命世界的本体结构。其理由非常明了：我们生命科学基础教程就是从细胞和遗传开始，从简单到复杂地展开生命复杂结构及其运动过程的。因此，生命世界本体的认识也就集中于细胞结构，并从细胞的科学知识开始。

按照叶创兴等主编的《生命科学基础教程》的定义，“细胞是生命活动的基本单位，能够通过分裂而增殖是生物个体发育和系统发育的基础。细菌、酵母菌等微生物是以单细胞的形式存在，而高等动物，植物则是由多细胞构成的生命有机体，因而细胞也是结构的基本单位”。[6]随之归纳介绍了细胞的原理：第一，地球上的生物都是由细胞构成的；第二，所有的生活细胞在结构上都是类似的；第三，所有的细胞都是来自原有细胞的分裂。这些科学定义和原理是合理的，但第三原理表述有欠严谨，如果真的如此，细胞就只能是上帝的杰作，或者是与宇宙共生的永恒存在，而不是在宇宙复杂性演化中生成的，这和生命和细胞的起源思考在逻辑上是不相容的。第三原理比较严谨的表述是细胞通过分裂活动来实现生命的繁殖及生命机体的分化生长。但细胞自身不能提供细胞起源的完整答案。

至此，生命科学不就已经完整回答了生命的本体结构问题吗？细胞既然是一切生命结构及活动的基本单位，地球生命的细胞都是同型甚至同源的，它就是生命本身的本体结构了。然而，为什么“数千年来，生物学家和哲学家一直试图为生命确定一套精准的定义，但是没有成功”呢？[7]因为这还必须解决两个非常重要的问题：第一，细胞本身是一个非常复杂的结构性实体存在，单细胞就已经是完整的生命，它由细胞膜、细胞质、细胞器等共同构成，一个细胞是包含着成千上万大分子的复杂结构，所以细胞的结构是可以分析还原的，现代科学对细胞的认识就是结构分析和还原，那断言细胞就是生命基本结构单位的依据是什么呢？基本结构是指生命意义上是不可还原的终极结构吗？第二，现代生命科学对生命新陈代谢等运动过程的还原分析已经证明，生命活动包括细胞层次的生命活动与能量、信息及质量交换关系表明，在分子层次的生命活动严格遵守分子、原子、离子之间的定律，在能量层次严格遵守能量守恒定律和熵定律，细胞生命的新陈代谢分裂繁殖生长、ATP合成等，在基础层次实际上是宇宙自然界普遍必然的化学科学定律和物理科学定律制约下的运动。细胞生命活动的认识已经在不同程度还原到化学和物理过程，凭何断言细胞是生命活动的基本单位呢？为什么它不是生命中介结构和活动而是终极结构和活动呢？

关键在于这些问题科学不需要回答，科学也回答不了。因为科学既是还原的，也是基于因果逻辑的，而且它是有限的，它提供有限对象特定关系的确定性知识，却无法从诸知识之中建立具体思考客体的统一性。所以，在科学知识基础上的统一性思辨智慧应当思考细胞是否为生命的本体并给出理性的说明。

从理性统一性思维思考细胞结构之于生命世界的意义时，依据是生命的时间性本质，即从生命作为不可逆活动过程来思考细胞的作用。如果仅从普遍客体结构意义看，生命运动归根到底是能量转化、转换和转移过程，细胞显然不是生命活动基本结构。但生命世界的本体思考是普遍客体世界中异质化了的特定对象的思考，它的异于客体普遍的本质是生命的时间性本质。当在时间性这一限定条件来考察细胞在生命结构和生命活动中的地位和作用时，我们就能对之是否生命的基本结构即不可再还原分解的终极结构做出合逻辑的判断。这是思考生命本体的出发点。

细胞是时间性复杂自组织结构，它的时间性本质是无须重述的。因为单细胞就已经能够成为独立完整的生命个体，所以细胞活动过程理所当然具有连续性、不可逆性和个体有限性、种群周期重复性的时间性特征。但这只是细胞为生命本原结构的必要条件，它的充分条件是细胞结构活动对于生命的时间性本质而言不可还原，构成细胞的部分结构本质上是非时间性的。

按照科学认识的分析、还原方法把细胞还原到化学过程和物理过程的时候，这些化学、物理层次的活动显然是非时间性的。不要再指责牛顿物理学乃至化学过程时间描述的非时间性，这正是它们之所以是关于客体运动及结构过程的物理学和化学知识的充分理由。没有任何根据把分子的化学反应及能量转换看作细胞的基本生命活动单位和基本结构单位，即生命的时间性结构不是分子层次简单结构。那么，更为复杂的分子结构体，比如我们经常谈起又一直在密切地影响着生命活动的病毒这一类低于细胞层次的复杂结构呢？病毒是与细胞最接近的低一层次结构，病毒在生命活动中又带有非常显著的生命活动特征，因而细胞能否还原为病毒这一层次的时间性结构就成为判断细胞是否为生命最基本时间性结构的根据。

可以这么说，病毒不是独立的时间性结构。病毒不是参与了生命活动并且以复制、分裂等生命细胞的生长方式出现在生命过程中吗？生命过程不正是时间性的吗？这是因为病毒是作为细胞的非时间结构参与了生命细胞活动，在细胞的整体结构活动中才显示出时间性的。病毒不是细菌，它的独立结构并不具备复制能力，而是借助于细胞来完成的，它的时间性生命活动特征是寄生在细胞结构及其活动中的，不是它自身内在本质规定性。所以，病毒就不是时间性生命结构，而是构成转换生命细胞原有结构功能的一种特定的非时间性物质结构。病毒在没有合适的生命环境时就只是物质性的结晶体物质，一旦有合适的条件它就参与到生命体细胞的时间性过程并改写原细胞的活动过程。在时间变量描述中，病毒活动不具有时间连续性特征。而细胞则不同，我们不能想象切下来的手、晒干后的细胞还是生命过程中的，还具有时间性。所以，细胞有死亡，故它是生命。病毒不叫死亡，应叫毁灭，解体，所以是非生命物质结构。我们始终是从时间性过程而不是从物质结构来定义生命的，否则活人和死尸就没有本质的区别了。

综上所述，细胞的进一步分析还原就进入了非时间物质结构层次，就再也不呈现出时间性的结构运动过程。所以，从生命的时间性本质来看，细胞确确实实是最基本的时间性结构，细胞进一步还原就失去了生命世界的时间性本质。所以生命世界以细胞为本体，为起点，细胞是生命的源头，又在一切生命之中。构成细胞的非时间性低层次结构是在物理化学层次的结构及运动，仅它们并不构成生命本身，还不是生命的充足理由。当然，作为生命世界的基础，它们是一切生命结构及活动的前提，但这是生命世界的本性而非本质。

当我们熟悉了结构统一性原理并据此去思考生命世界的本性时，应驾轻就熟了。生命的本性指的是构成生命的时间性结构的基础和前提，是生命的先天性条件，是先于生命的非时间结构，同时又是它们的复杂性关系产生了与之异质的生命世界。生命科学对细胞生命的还原分析所取得的丰硕成果已经证明了生命活动的基础结构及活动过程是严格遵守物质世界的普遍规律的，我们称之为物理学和化学所描述的客体世界就是生命的基础，生命活动中的光合作用、ATP合成、细胞分裂生殖等所有的可分析还原过程，都是普遍性的物质客体能量过程和物质客体结构在化学反应中重组、反应的普遍规律的特定形式。所以，生命本性是物质的，生命由生命物质有序组合而成。反之，我们又可以把生命称之为物质生命，生命本体的基础是物质实体，物质不一定是生命，但生命一定首先是物质，这就是生命本质和本性的统一性，也是世界统一性原理的一个特定组成部分。

对生命本性的物质实体性真正需要思考的问题是什么呢？物质不是生命的充分条件，那么它是生命的必要条件吗？或许还没有人思考并论证过这一命题，但这对于世界统一性认识却是非常重要的。物质生命中的物质对生命的限定性是一种必然性条件，但把这种必然性条件看作不证自明是不够的，把生命看作物质为基础的存在只是近代科学发展特别是十八世纪法国战斗的无神论之后的观点。因此，我们从不同的历史阶段去考察生命世界和物质世界的关系问题。

在人类生命的早期阶段，人们并不认同生命对物质的必然依赖关系。在人类野蛮和蒙昧时期，人类是把人的世界和神灵的世界混合在一起的，神和人一起生存，祖先们虽然肉体生命消失了，但他们的灵魂仍然和我们一起生存，并且神灵是我们肉体世界诸事件的真正决定性原因。在人类相当长的历史阶段中，神灵是和人同形而且共同生存的，神人共存的世界中，有多少种人就有多少种神，神的世界决定着人的世界。这就是为什么口头流传的人类早期历史上的战争都是神的战争的原因：神人同形不可分割且神在世界中起决定性作用。在这种神人共存世界中，无物无形的神是生命的更高形式，所以生命的高级形式是可以超越肉体物质基础制约的，即物质并不是一切生命形式的必要条件。

人类跨入文明门槛之后，神灵在相当长的历史阶段中仍然是人类最重要的文化现象之一，而且至今仍然是许多民族文化的深层基础。然而，随着人类对世界认识的深化，特别是人类关于自然客体必然性科学真理的认识发展，使人类不再需要以神灵来解释自然的原因，而是从自然自身的必然性规律去解释自然界，早期那种万物都有灵魂并用神灵来解释一切现象就是多余的了。但是，人的生命世界中，灵魂仍然是头等重要的问题，同时神灵也逐步摆脱了早期神人同形的朴素存在形式，向普遍性的、统一的、超越了人的个体性的神过渡，并形成了人类文化中各民族的一神论的各种宗教信仰。在一神论信仰中，神是永恒的，因而它无须生命，超越了生命的有限性。多神论和一神论的一个区别之一是神的生命性观念，神人同形的多神是有生命的有限之神，普遍永恒的神是超越了生命有限性的最高存在。所以，一神论的世界中没有无物无形的生命问题。

从根本上确立生命对物质的依赖关系的理论是无神论。十八世纪法国战斗的无神论即唯物主义把生命对物质的绝对依赖关系明白无误地表达了出来；拉美特里宣布人就是机器，没有了神灵，一切生命就只是物质生命，人在物质结构意义上就是机器，只不过是更复杂的机器而已。随着对自然科学认识的发展，尽管人类对生命本质还没有达成一致认识，但对生命的物质基础依赖性即生命的物质性是坚信无疑的，到了当代，这就是常识性的问题了。当然，还有一些不同的非主流观点，除了宗教的，也有科学猜测的。比如曾有某作家关于人的来源考证著作中，把人推断为外星人的实验产品。但外星人如何能够摆脱生命有限性，从遥远的外星来到地球呢？作者猜测，这些高级外星智慧生命已经进化到摆脱了物质肉体制约的高级阶段，所以是和神灵无异的无形生命，因而能实现星际旅行并来到地球，把地球上的猴子改造为人。当然，这种无肉体的生命只是臆想而已。从地球生命来考察，我们还是认为生命无法超越物质本性。

按照世界统一性原理的结构统一性逻辑，生命结构一定是物质结构，生命的本性一定是物质的。所以，拉美特里宣布人就是机器的时候，对于生命的本性而言是正确的，但人无论如何都无法接受生命的本质就是机器的结论。如果说马和摩托车都是无本质区别的东西，那是神经错乱了。人的生命的本性同样是物质性的，是血肉之躯，但人的生命本质是时间性的，是一个出生、成长、成熟，最后瓜熟蒂落失去生命的不可逆的必然性过程。摩托车也许还有机会成为文物，但没有生命可以是文物。这就是生命的本质和本性的区别，但它们却又同时统一在具体的生命之中。

从结构统一性逻辑看，生命的本性是物质，人的生命本性就是机器。那么能否由此断言世界统一性原理是无神论的呢？否，神灵的灵和神的不同意义是需要具体考察的。自然神虽然不成立，但人的灵魂却不是一个已经证伪了的概念。人类关于灵魂的科学认识是零，所以它到目前为止既没被证伪也没被证真，它没有科学意义的原因只在于人类无能为力，没有从关于灵魂的感性经验中归纳出必然性普遍因果关系。所以，科学既不肯定也不否定灵魂存在及其意义。因为从结构统一性来看，灵魂不是生命本性问题，甚至是超越了生命本性的生命本质命题。从生命世界统一性意义看，生命进化的宏观表型由达尔文进化论归纳，生命本质的进化则只能由灵魂进化的统一性去理解。当然，生命灵魂是在亚里士多德的抽象本质意义上，而不是人类感性经验意义上独立于生命的不死灵魂。从生命的意义来看，灵魂不死和关于生命灵魂本质的观念是不协调的，亚里士多德的生命灵魂学说一直被理解为只是神秘生命活力论标志着对生命的认识止步于知性，对生命灵瑰本质的认识只停留于感性经验，没达到理性统一性的水准。从理性统一性去看复杂结构性且不可还原的生命时，亚里士多德把它理解为灵魂和肉体的统一，灵魂本质使之成为现实，肉体只是生命的潜在的抽象活力论理解是精辟的，凭现代知性普遍知识将之从神秘中解放出来就能进入对生命的理性具体理解。在结构意义上，灵魂和肉体的统一是本质和本性的统一，即生命的本性即物质，躯体是时间性生命本质的基础和前提，物质世界统一性是生命统一性的基础。在这种意义上，我们说生命的本性就是机器，生命时间性本质被还原分解后就是一系列机器原理的物理化学过程。

三、物质世界：空间性存在

从世界统一性原理的逻辑来看，人类关于客体世界本性的统一性思考的历史成果，除了毫无建树的怀疑论（自觉的二元论其实也是怀疑论）以及中国玄学理论之外，就只剩下唯物主义了。历史上那些享有盛名的唯心主义哲学之所以为唯心主义只在于它们的两个前提：一是把存在规定为普遍、永恒和不动，二是把认识即意见、理念、真理这些认识论概念毫无规定性地和本体存在论概念同一。本体论是对自然存在的认识，认识论则是对这种认识的认识，以意见、真理、理念、概念作为认识对象，那毫无疑问是认识论意义上的。所以，这种指鹿为马是不合逻辑的，那些智慧的唯心主义并不构成哲学本体论的任何主义。

真正的哲学本体论思考没有在先的原则，这是知识认识和智慧思考的本质区别。哲学本体论没有起始立足之本，它从怀疑一切开始。怀疑一切如何进展？最具智慧的是笛卡儿的“我思故我在”。怀疑一切本身作为一种认识行为，一定建立在具体怀疑者基础上，以我的存在为前提，这就是一切认识论一定以本体论为前提和根据的具体化。所以，哲学的本体论思考就从怀疑一切转入对我的存在思考。根据这种思维逻辑不断进展，关于存在的思考就是具体客体世界不断深入的认识，这些认识成果都可以归结为唯物主义，即从物质客体而不会从理念和真理去认识感性具体世界。存在和存在的理念、真理是两个层次的，正如康德无不幽默地指出那般，口袋里的一百块钱和脑袋里一百块钱的观念当然是不同的。

哲学从具体客体存在出发思考世界本性，从个别上升为普遍，从个体多样易变之物抽象出普遍的存在，所以亚里士多德把存在区分为第一实体和第二实体，第一实体是具体的感性之物，第二实体是抽象的类概念，从类中不断抽象得到世界的最普遍实体存在共相概念我们称之为物质，世界就是由物质构成的，这就是唯物主义也是整个人类关于世界本性认识的最基本观念。

世界是物质的，这是无可怀疑的。但物质作为描述宇宙自然的整体概念，它的本质规定性是什么呢？这却是一个需要高度抽象智慧和丰富科学知识相统一才能体悟的概念。我们从辩证唯物主义原理教科书中接受的却是一个不合逻辑的物质概念，从而使世界物质性理论黯然失色。这个概念把物质定义为不以人的意志为转移的客观存在，但能为人的感觉所反映和复写。这是哲学史上最常见又最不应该产生的低级逻辑错误之一，如果只有人的感觉和意志才可以对物质做出规定的话，那物质世界就是唯心主义的了，这种概念规定本身是违反哲学唯物主义的。

对物质概念的普遍抽象以对具体存在即第一实体的感性认识为基础，以对第二实体的科学知识为根据，而不是以人的感觉和意志为依据。传统自然哲学两千年如一日维持在泰勒斯的唯物主义水准的根本原因在于仍只从感性具体去理解客体世界，从感性认识去规定物质存在。人类对具体存在之物的普遍规定是什么？是体，所以在感性经验中为物，科学中成为体，又称物体，更具体称物质客体，哲学将之抽象为实体，并区别为第一实体和第二实体。所以，物质的第一规定性是它的体的规定性，即物一定以三维空间感性直观之体表现出来。物在黑格尔的辩证逻辑结构中有一个意味深长的意义：持存，即保持其自身具体存在之为存在的特定结构。物的更普遍具体的规定性即体的更普遍描述是什么呢？是形，即形状，物之为物在于它是有形的，是实体。某物之所以为某物在于它有自身独特的形，在世界中占据特定空间的形。

物质的第二规定性是质，故物才称之为物质。何为质？科学上用质量来规定任一物自身和其他物体之间相互作用关系，物质的相互作用由引力质量和惯性质量作为最基本的载体去描述，从相互联系和作用揭示物质的规定性。所以，物质概念从经验和科学上就是指具有确定的引力和惯性质量的客体存在，以质量为根据物质客体即实体。质是物之为物的普遍抽象规定性，物从抽象之质成为具体现实存在是以确定性的量为规定实现的，质和量的统一使物质从抽象普遍的质的规定性成为具有特定质量的具体存在。有质有量，质量相统一才是物，才是物质共相中的具体特定存在。把没有质规定性的场也叫物质，是精神错乱。从感性看，无质故无形，无感性具体；从知性看，无质故无具体统一性质量，质点动力学对之失效，它在物质统一性描述中是无法描述的；从逻辑看，无质量之场和力一样是描述物质相互作用的，它如果又是物质，则物质相互作用就自我封闭陷入悖论。科学描述用真空中的电磁场概念，若又把场当物质，这种真空和场物质不但凡人不明白，物理学家也讲不明白，也许只有上帝晓得。

从对物质规定性中可以进一步思考物质的抽象本质，从它的形和质规定性中，可以得出物质存在是空间性存在的结论。就是说，物质之所以为物质在于它一定具有空间形状规定性，一定是以其内在的质量为据而在空间中普遍联系、相互作用从而永恒运动的。所以，物质本质上是空间性存在，物体即有，有是以空间性为最基本形式存在的。物质的空间性本质可以从三个方面去理解。第一，具体的物质一定是实体性、有形状的空间性存在，这是物质存在之所以为物质存在的第一个前提。所以，从本体论意义上来说，物体就是实体，实体是共同、普遍的类概念而不是具体之物本身，第二实体的限定性称谓是没有必要的。至于没有空间性的所谓实体，包括无限的实体、不动的实体等是子虚乌有的概念，不必认真看待。第二，既然凡物为皆有形的空间性存在，空间形式就是认识一切物质实体所构成的世界现象的最基本的描述形式。在统一性原理中空间是作为世界认识的最基本形式概念而提出来的，空间形式的逻辑统一性是物质世界统一性认识的基础。如果我们仍沉迷于穿越时空，则不可能得到物质世界乃至整个世界的统一性认识。第三，人类关于物质世界的科学甚至经验认识是以物质的空间性为出发点的。抽象的数学形而上学描述对象是数与形，形即空间性的抽象认识。经验科学的物理学基础是什么呢？是力学，即运动学和动力学。它们就是研究物质客体空间联系及运动变化的，物质世界的科学认识从物质的空间性开始。所以，离开空间性无以认识物质，也没有物质，空即无一物，故空间性即物质的本质。

人类对物质世界从个别到一般不断深化的普遍性认识过程中，最终达到了本原存在这一最普遍的物质世界认识命题。在结构统一性原理看来，这是物质世界的本体论和本原论的统一性问题。本体和本原在物质世界的同一意味着物质世界是宇宙世界中已经不可还原、分解的最基础世界，它的本原是世界的本原意味着它本身是不可再还原分解的。从古希腊产生世界本原问题以来，哲学唯物主义一直以世界的物质性作为基本前提去思考物质世界，因而它的本体问题就以世界本原的形式提出来，并成为物质世界思考的基本问题。至于唯心主义哲学思考的是世界普遍性的认识问题，并不涉及物质世界本体论意义的本原问题。

世界统一性原理的结构统一性逻辑不以未经论证的物质世界是宇宙世界的最基础结构的结论为前提，并不把物质世界不证自明地理解为宇宙的最基础结构，不把物质作为不证自明的绝对的存在，首先只能把物质世界作为宇宙的一个层次结构而不是根本层次结构甚至就是宇宙世界的结构本身。故在这里，我们先讨论物质世界的本体和本原，即传统西方哲学讲的世界的本原。如果最后我们能够证明物质世界本原不再可分，则它的本原即世界本原。但如果物质世界还有更基本的非物质空间性之具体存在构成其基础结构的话，物质世界的本原非世界的本原，物质世界就不是最普遍的统一自然界了。

人类对世界由浅入深、由个别到普遍的认识中，对物质结构还原到最终结构即泰勒斯所说的构成万物的本原的时候，达到了对物质结构还原分析的最深入的地步，在认识的概念结构上则同时达到了最普遍的抽象高度，为从科学认识上升为统一性的哲学智慧提供了契机，于是古希腊哲学破土而出。但是，古希腊哲学从诞生之日就带有局限性并延传至今。首先，它把物质世界和世界同一，这是西方文化绝对物质观的总源头。但这不能是不证自明的前提，而恰恰是关于世界本性认识的最基本问题。凭何我们关于客体的世界只能限制在物质世界之中呢？这是命题不是前提。其次，希腊哲学的产生不是在泰勒斯的世界的本原是水的科学猜测意义上抽象出存在，而是直接从科学命题转换为哲学命题，从科学知识意义上本原存在的普遍性转换为哲学意义上普遍的存在论思考。但哲学思考和科学认识是完全不同的思维，西方哲学用存在来转换或者包含了存在的本原问题之后，它就成了哲学命题而不再是科学命题。西方文化两千年来关于存在的争论包括存在的本原的思辨似乎已经忘记了世界的本原首先是科学家认识的确定性真理问题，忘记了离开关于本原的科学真理知识，任何关于本原的纯粹形而上学思辨只是观点和意见而已。两千多年来的本原思辨其实对世界本原的科学认识并无真正的积极意义。最后，本原概念的纯粹形而上学超验性又成了西方哲学形而上学的桎梏，忘记了哲学思辨不是论证世界本原的智慧，而是以本原知识作为起点去论证和构建世界的统一性，这才是真正智慧者的重任。囿于本原知识之中知识替代了智慧，世界就失去了真正的普遍统一性，从本原开始的复杂多样化世界的完美统一和秩序，在大多西方唯心主义哲学家的逻辑中却是变动不居的存在又不存在，不变的永恒存在就只是理念而不是现实世界了。但追求和具体感性现实世界无关或无法统一的理念世界有意义吗？

所以，世界统一性原理不把物质世界和世界作为不证自明的同一概念。物质世界的本原问题思考，在此仅限在物质世界即空间性世界的范围中讨论，并把古希腊传统哲学的世界的本原问题限定为物质世界的本原问题。

物质世界的本体和本原的统一性思考主要有如下几个方面：

第一，物质世界的本原认识，首先是科学认识，它首先是确定性的知识而非统一性的智慧。统一性原理把物质世界的本原问题等同为传统西方哲学的世界本原问题。既然世界本原首先是科学真理认识问题，那么物质世界的本原问题就同样首先必定是科学真理认识的对象。物质世界的本原作为科学认识对象的时候，它并不指整个物质世界，而是指对物质世界进行结构还原分析达到最终不可还原时的终极结构，不是纯粹抽象的类或第二实体。我们在思维中建立这些具体的结构的抽象的类概念，随之可以对类概念进行抽象规定，按照不同的规定性把物体的形、质、相互作用等不同属性和行为抽象为不同的认识对象，这就是科学认识的有限对象了，因而关于它们的确定性因果联系关系的知识就是可能的。只有当这种关于客体的质、量、结构、运动等方面的知识和客体结构的规定性相符合，我们才能认为它被证真，而当它被证伪时，我们就不再把它作为物质世界的客体结构知识。所以，客体结构始终是科学认识的命题。

第二，由于科学知识是有限性的，它的开放性决定了科学认识在不断的猜想、反驳、证伪的过程中不断超越有限性，构成了科学自身无限的发展过程。人类关于物质世界本原的科学认识就是一个最好的范例。当科学发现了物质的原子结构的时候，科学家将之命名为原子就是基于古希腊德谟克利特的原子即不可分的规定性，这个命名意味着原子是物质世界的不可分的终极结构。但科学发现最终对原子的不可分性证伪，原子具有可分结构的科学认识使人类不再把原子作为物质世界的本原结构，而是把已发现物质基本粒子的结构分解不断进行下去，这意味着科学追求物质世界本原存在的认识是无限的。但人们把认识的无限性往往又与认识对象即客体无限性等同起来，认为物质结构是无限可分的。这和历史上唯心主义哲学局限性是相同的，对有限客体存在的无限认识并不能说客体是无限的。在本体论意义上，物质无限可分是不成立的，因为物质结构无限可分的话，从逻辑上来说，当这个无限过程趋于无穷大的时候，既再无结构，也再无物质了。在认识论意义上，物质结构无限可分的等效陈述是它的本原结构是不可知的。

第三，在对物质世界本原结构不断深入的认识进程中，关于它的规定性即结构形式的认识却是确定性的，是先验的。这个规定性就是德谟克利特的不可分，也是玄学理论中的“一”，莱布尼茨称之为单子。这个“一”的最终答案由科学家来提供，不由哲学家在思辨中解释。但是这个“一”的科学认识，却正是哲学家建立物质世界统一性认识的坚实基础，故对“一”的思考既是科学命题，也是哲学思考的最基本问题，是哲学和科学对物质世界思考的联结点。

必须指出，物质世界的本原之所以不是世界的本原，主要根据在于它只是在空间性意义上不可还原，而不是说它不生不灭不可分解。老子把道或无称为世界的起点，道生一说明一可以还原为道。按此观点，物质客体终是以道作为基础的，而不是不可再还原的。

关于物质世界本性思考的关键在于物质世界有没有本性。长期以来我们把物质性作为世界的本性，把物质世界和世界同一的时候，所思考的是世界的本原。从逻辑上来说，如果物质世界的本原结构和它的本性同一，物质世界以它自身的本原结构作为它的本性的时候，物质世界就是世界之母，就是一切世界存在及现象的最终原因，因为本原即本性意味着本原结构不再可还原。作为世界结构的最基本层次，只有本原没有本性，或者说，最基本层次世界的本性和本原同一，这种同一的结构我们称之为世界的本原，因为它是整个世界统一性结构的构建起点和认识的逻辑结构起点。

物质世界的本原结构“一”是世界的本原吗？这个问题由科学家来回答，证真过程是无限的，但证伪则是有限的。我们对此可以给出确定性答案，物质世界的不可还原空间本原结构“一”不是世界的本原，因为物质不灭已经由科学证伪，物质结构是生生灭灭的，不存在不生不灭不可分解的“一”结构，所以它不是世界的本原，物质世界不是最基础的世界结构。

人类关于物质是世界的本原结构的最流行的观点由科学认识中物质不灭定律支持。在化学反应方程式描述中，一个化学反应前后物质的总质量不变，改变的是物质的分子结构而不是物质本身，所以物质不灭。这一定律也称为质量守恒定律。既然质量守恒，那就意味着物质结构底层的元素是不生不灭的。既然物质不灭，世界的复杂性只是物质基本粒子的不同结构而已，那么，世界的本性归根结底就是物质性的，物质结构中那不生不灭的基本结构就是世界上一切复杂性存在的本原。物质不灭定律的影响已经远远超出化学结构领域，渗透在人类关于世界的基本观念之中，甚至由此而超越生命世界的生死，坦然一笑，物质不灭，死何足惧。

然而，一旦进入物质结构的核反应层次，质量守恒定律就失效了。我们经验中的物质世界基本上是在核层次稳定而在原子、分子层次由于相互作用而不断演化运动的世界，物质不灭定律在此起着支配作用。然而，二十世纪开始人类开拓了核能利用的新时代，从威力强大的原子弹、氢弹这些核武器发展到今天和平利用核发电站，核与我们生存息息相关。核能利用的理论基础是爱因斯坦狭义相对论的质能关系即质量和能量是等效的，用公式描述为$E=MC^2$。按照质能关系，当我们能有效地控制使质量转换为能量时，就能从很少的物质质量转换为巨大的能量，因为C^2是一个极大的常数。当我们确实在技术上实现爱因斯坦的质能等式描述的理论预言的时候，产生了核武器、核电站。理论告诉我们，巨大的核能是以质量损失为代价的，在这种核能利用反应中，质量不再守恒，质量损失越大，获得的能量也越大。在核反应层次，质量守恒定律失效，物质不灭神话破灭。核反应过程告诉我们，物质结构中既然有一部分质量损失，那么构成它的最基本结构就必然不再是不生不灭的，质量损失是由部分最基本结构的毁灭引起的，不生不灭物质基本结构不存在。

证伪物质不灭的另一个直接完整的证据是当代粒子物理学关于反粒子的发现。比如电子带负电荷，电子的反粒子叫正电子，它的结构、性质、行为和电子相同，相反的是它带正电荷。正粒子和反粒子相遇的时候，它们双双化为光而彻底失去了各自的空间性结构。正反电子并不是特例，物理学家断言所有核以下层次的基本粒子在理论上都有其反粒子，这意味着一切物质结构在理论上都是可湮灭于无形的，再也没有无生无灭的空间性物质结构存在。科学家们甚至据此猜想或许有与我们宇宙相似的反宇宙、反人存在。但当你遇到你的反人时，千万不要与之握手，否则两个人一接触就会消失于无形。

综合上面物质不灭定律、质能关系等式及反粒子的发现，我们可以断言，物质的基本结构不是世界的本原，空间性结构是我们世界中的一种可生可灭的中介性结构，包括在逻辑上被我们视为一的物质世界的最基本空间性结构也是会解体毁灭的。由此，我们得出推论：

第一，物质世界的本原不是世界的本原，本原物质是可以继续分解还原的结构性存在。所以，物质世界有它的本性，即有它创生根源和基础，这个本性和它的本原结构不同质且不同一，不在物质世界之中。

第二，物质世界的本性不在物质世界自身，那就说明有一个为物质世界提供基础和条件的更初始的世界存在，这个世界我们称之为本原的世界。即本质、本原、本性同一而不可再继续分解和还原的世界。至此，世界的基本结构就是一个四层世界统一体。本原世界是由不可再还原的本原客体构成的同质无分化世界，我们称本原为永恒的存在。在这永恒而无分化的存在中，存在的本质、本体和本性同一，称为本原，并且是整个世界的本原，纯粹本原构成的同质无分化世界就是混沌。本原世界分化产生了异质性的空间结构，空间结构的复杂性分化的统一产生我们感性经验中直观的物质多样性世界；物质世界空间结构复杂演化在完美的自组织结构中产生出异质的时间性生命结构，并由此进化出复杂性的生命世界。生命世界中的独特文化世界就是我们人类世界，人类世界的本性是动物生命世界，它的本质却是以客体化符号之意义构成的文化构建起来的历史性的存在。人的本质是历史性的类整体存在，但它本性上首先是生命存在，生命本性上又是物质存在，物质本性又是本原存在，世界就是本原世界、物质世界、生命世界和人类世界的统一整体，这个整体才是完整的世界而不是特定世界。

第三，本原世界作为同一性无异质化的世界，首先是科学认识的对象，它的客体性是由科学家来认识的。但本原世界又是哲学认识世界的起点，是统一性原理的逻辑起点。为什么哲学从一开始和本原命题难舍难分？因为从结构统一性意义来看，本原问题既是统一性的基础，又包含在统一性的一切存在之中，本原存在首先是客体，非本原存在则是本原客体结构性存在或客体现象，所以本原又在一切存在之中。关于世界的统一性思考，就从本原世界开始。在即将结束统一性逻辑思考而转向世界统一性认识的时候，我们将从抽象形式回归具体的世界，首先就是本原世界。下一卷将进入永恒的存在：本原世界的认识了。

统一性原理的本原世界不是物质本原，不是一，而是无。老子说无中生有，道生一；正反电子湮灭为无而还原为光，核反应中质量转换为能量。所以，无、能量、光都是本原世界的不同行为描述形式，它们的最普遍的哲学抽象是无。世界统一性从科学开始，本原世界的理论就叫能量一元论，这是关于本原世界的统一性理论。从能量一元论的统一性世界，我们终将理解这个世界为何无所不能。

注释

①史蒂芬·霍金、列纳德·蒙洛迪诺合著，吴忠超译《时间简史》，长沙：湖南科学技术出版社，2006年第1版，第13页。

②转引自张尚仁著《新译　新编　新解　道德经》，昆明：云南民族出版社，2008年第1版，第16页。

③转引自苗力田、李毓章主编《西方哲学史新编》，北京：人民出版社，1990年第1版，第63页。

④艾耶尔著，李步楼、俞宣孟、袁利均等译《二十世纪的哲学》，上海：上海译文出版社，1987年第1版，第128页。

⑤转引自苗力田、李毓章主编《西方哲学史新编》，北京：人民出版社，第12页。

⑥叶创兴等主编《生命科学基础教程》，北京：高等教育出版社，2006年第1版，第32—33页。

⑦同上，第1页。

世界统一性原理

第二卷 无论

永恒的存在：能量转化的守恒原理

钟微子 著

南方日报出版社
NANFANG DAILY PRESS
中国·广州

第二卷　无论

永恒的存在：能量转化的守恒原理

引　论

从物质一元论进展到能量一元论导入世界统一性原理。

艾耶尔在《二十世纪的哲学》开篇断言再去构造理论体系已经过时，霍金则在《时间简史》结尾抱怨哲学家无所作为令二十世纪哲学何等堕落。科学家的抱怨是有理由的，事实上十九世纪末二十世纪初科学家已经为从特定物质世界进展到普遍能量一元论世界提供了坚实的知识基础，可一百余年来自然哲学依然活在泰勒斯以猜测为据的物之梦中，没醒悟到普遍而现实的能的世界。把人类从物引向能的科学家叫麦克斯韦。

麦克斯韦把电场的高斯定理、磁场的高斯定理、变化电场和磁场关系的安培环路定理、变化磁场和电场关系的法拉第电磁感应定律修正、扩展后建立起统一的电磁场方程组，预言了电磁波的存在，计算出其传播速度就是光速；1877 年赫兹用实验证明了电磁波的存在。以此为触发点，产生了以太假设及其证伪，催生了狭义相对论，实现了科学的伟大革命。可哲学对这场革命的原因和意义毫无反应，仍执于物质一元论从而发现不了这一科学革命的深刻意义。世界统一性原理超越物质一元论就以麦克斯韦理论的革命性意义为起点。

麦克斯韦统一电磁场的成功及深刻意义首先在于建立了位移电流这一物质一元论无法解释的概念，它是撬动物质一元论根基的铁棍。在恒定电流激发磁场的安培环路定理中，电流是闭合的传导电流；但在交变电流构成的电路中，闭合回路中可以串联电容器，电容器两极板间是非导电介质或真空，这时传导电流不再连续而无法构成闭合回路，安培环路定理应用受到限制。麦克斯韦设定电容器中变化的电场也是一种电流，叫位移电流，引入位移电流后，通过全电流（即位移电流和传导电流之和）实现了电流的连续性，使安培环路定律推广到变化的电场和磁场的关系描述。为什么麦克斯韦电磁场方程组触发了物理学革命？关键在于它引入了全电流中的位移电流。传统的电流是传导电流，它从物质存在可以得到充足的存在理由，但在真空中存在的位移电流再限于由物质提供存在根据就不成立了，物质一元论装不下位移电流，即装不下整个自然界时，还叫一元论就强词夺理了。位移电流和麦克斯韦电磁场方程组把人类对自然界的科学认识推到最普遍的能量世界，它包括物质世界又超越了物质世界，对自然的统一性思考就从超越物质的能量开始。能非物、无非有是思考自然统一性存在的起点，由之构建了本卷思考自然存在本性的全新理论，简言之，叫能量一元论。

目　录

第一章
绪论：永恒的存在

引　言

【提要】西方自然哲学两千多年的最高水准只是自然的二元论境界，这是由它关于本原论和本体论的形而上学规定性的局限性在逻辑上先验地决定了的。自然哲学以自然科学为基础，离开自圆其说的形而上学为先验前提是不会有自然一元统一性的理性具体理解的，现代文化形成普遍的物质结构无限可分常识是对传统唯物论从根本上的放弃，人类是达不到对物质结构无限分解的“无限”之现实性的。自然哲学很少从形而上学最普遍规定性去自身反思和自我批判，那才是哲学家种的田。传统自然哲学的局限性首先在于本原论和本体论的形而上学规定性中，对自然统一性的思考就以对之的形而上学批判开始。

一、自然哲学存在的定义域是自然，存在的本原、本性、本体都是具体的，唯心论的抽象存在是本质存在，不属于自然哲学范畴，是认识论非本体论。唯物论才是合逻辑的本体论且与唯心论无对立统一关系，哲学是以自然哲学形态创生的，唯心论是哲学发展的产物。从本原知识这一自然哲学基础看，唯心论的本体论无意义，自然哲学批判的对象主要是唯物论。

二、唯物论的最根本的局限性是泰勒斯建立自然哲学时关于本原是不生不灭存在的形而上学规定性，它实际上是以感性具体为主要根据的，但得不到自然一元统一理解。从知识基础看，质点和力是构成统一自然的两个普遍之元，不生不灭的本原客体存在及其一切复杂结构性存在统一在质点抽象中，仅由质点可以建立自然统一性认识是不现实的，西方文化是唯物论和上帝共存且互补的，上帝才是自然的最终决定性根据。从逻辑上看，如果一元论的不生不灭的本原客体是一切自然存在的基本结构，则自然合逻辑地只是无多样性结构的混沌，本原客体没有结构复杂性演化的理由。唯物论由本原之有去统一一切具有之有，有就没超出质点范畴，由有统一的存在是相对性的统一，不是一元统一存在。中国玄学由无中生有，由无、有、物去统一自然界，超越了唯物论，但理论起点的玄和无缺失相对应的经验意义，统一了玄和无于自身的一元统一之道止于抽象统一性理解，没回归具体自然本身，天下对玄学的自然统一性智慧始终莫能知莫能行。

三、唯物论局限性之根在于本原不生不灭的形而上学规定性。本原合逻辑的普遍规定性是不可再结构还原和分解，是一切复杂结构性具体存在最底层的具体存在，从而成为自然演化和认识的逻辑起点。由不可结构还原转换为不生不灭的根据是感性思维和知性机械论的逻辑，是不符合统一性逻辑的，两者并不等效。不只质量不守恒，而且量子化不可分即无结构可还原的能量子也是生生灭灭的，有无相生才有多样化，永恒运动变化的自然容不下不生不灭的具体存在。因此，以不生不灭的本原为根据去演绎自然统一性和存在永恒性是缺乏根据的，不生不灭的客体是不可知无意义的。本原论是本体论的起点；本体论才是自然统一性理论，它不能由本原论演绎出来，而物质一元论正是由自然本原是不生不灭的具体之物为形而上学演绎而来的。

四、自然由质点和力二元统一构成，质点统一了有质有量之物，无质有量的量子化不可分客体统一于力的范畴。由量子化粒子的不可分、力是运动变化的原因这两点，可断言本原客体一定在能量子的定义域中，据此由玄为众妙之门、无为自然起点的玄学理论才符合自然一元统一性意义。

五、自然统一性和存在永恒性是由本原客体认识为核心的本原论进展到由普遍本性统一的本体论完成的，自然一元论是本原和本性相统一的普遍自然具体理解。本性的具体性以本原的具体客体本性为根据，本原的普遍性扬弃了本原的具体个体性，生生灭灭的本原造就了多样性现象世界，本原生灭转化但本性不变，普遍而具体的本性统一起来的自然就是永恒的，多样性的现实世界是以其必然性决定的内在目的性为本性的完美世界。自然哲学始于本原论成于本体论对自然统一本性有根据合逻辑的理性具体理解。

六、根据迄今为止的客观知识可以得出最普遍的归纳：自然的最普遍本性是具体的能量。作为本原的能量子的本性是能量，客体生生灭灭而它的能量不灭，在永恒的转化和运动中能量守恒从而保持着能量永恒存在的绝对性，由此决定了自然多样性演化中质量也是能量，力也是能量，运动的根据是能量。能量是统一自然一切的普遍本性，因为它只有定量这唯一规定性，定量之能量是一切具体自然是具体存在的必要而充足的理由。能量在一切自然中保持着绝对的自身等同是能量守恒定律的绝对普遍意义；以能量为普遍统一本性的自然是绝对自足自洽的具体存在。

按照历史和逻辑相一致的原则，世界统一性原理从自然统一性开始，自然统一性从西方哲学的本原论和本体论开始。本章“永恒的存在”探讨的就是宇宙自然本原和本性相统一的本体存在论，由之为根据得到宇宙自洽自足的统一性理解。

泰勒斯基于水是世界万物本原的猜测性判断和万物生于本原灭于本原而本原不生不灭的规定性，把古希腊文化导向自然统一性思考，西方哲学以自然哲学形态创世纪。西方自然哲学两千多年始终没有超越泰勒斯朴素唯物论的最根本原因不是知性科学的，而是理性哲学的。泰勒斯之后的自然哲学家是在泰勒斯关于本原存在是不可再分解还原即不生不灭的最普遍具体存在之物这个前提下去思考宇宙自然统一性的。在这一规定性下最普遍的本原之物为何物是科学家耕的田。自然哲学的使命是对自然知识作普遍性归纳，得出对自然有普遍根据的统一性理解，最终目标是以宇宙万物本原存在的客观知识为根据，在形而上学和客观知识相统一中得出关于宇宙普遍本性的具体理解，合理解释关于自然的一切经验，把多样宇宙统一为完美有序独立自足的一元具体存在。要实现这一使命，自然哲学首先必须从无限的理性统一性逻辑出发，为自然的科学认识提供统一性的形而上学根据，具体地说，就是要对本原存在的知性抽象规定作理性的批判，为本原知识的探索乃至统一性归纳提供完备的规定性。两千多年自然哲学放弃了这种理性的批判，在泰勒斯的本原规定基础上演绎唯物论，无法超越泰勒斯的水准是合逻辑的。自然哲学未能建立自洽自足的自然一元统一性理论，其局限性首先就在本原存在是不生不灭的具体之物的规定性中。

泰勒斯作为哲学创世纪的始祖，他是从水的抽象有限认识进展到无限的哲学思考的。从本原知识到本原论再到本体论诞生了自然哲学，刚诞生的自然哲学是朴素的，不光本原知识是朴素的猜测，更要紧的是联结有限和无限的本原论又是带知性有限性的。限于物去认识世界万物是限于感性具体，当科学发现真空中有光、电、磁这些无质有量粒子普遍存在时，物质一元论的有限性就产生了。退一步看，即使把光、电、磁粒子硬说成是真空中的物质，或者限于统一的客体去规定万物本原，也得不出完备的自然一元论，因为以这种形而上学规定为前提，客体运动变化的原因就是外在的，客体一元论需要配备宇宙第一推动即上帝才能完备。本原规定的有限性最终得不出一元论宇宙存在论。因此，对本原存在的思考应从对本原规定性的理性批判开始。

首先，本原从知识上升为哲学概念成为有限和无限相统一的理性具体概念。这里统一于无限的有限包括两层意义：一是本原是自然最普遍的具体存在，本原认识首先是抽象有限知识；二是它限定在自然范畴即万物之中。自然哲学之自然先验地把本体论限定在自然范畴。这自明的前提在西方哲学中基本是糊里糊涂的，因而唯心唯物的对立没完没了。唯物论用客体统一性去涵盖主客体统一性，把主体当成客体的婢女，越界界定甚至否认主体之存在；唯心论用主体世界去否定而不是扬弃客体统一性于其普遍意义统一性之中，坚持抽象实体才是真正永恒的存在，感性具体多样性存在是既存在又不存在。否认感性具体的理性是执于空的抽象形而上学，西方哲学割裂了感性、知性、理性的具体统一性，根本就没进展到主客体统一性的理性具体水准。唯物论是客体统一性认识，唯心论是主体统一性认识，两者层次不同而统一于主客体统一的具体存在中。唯心论是包括唯物论的成果于认识对象的，不是取代自然哲学的，更没有什么抽象实体。本原论是本体论的基础，只能限于自然范畴，即它是以具体存在为对象的，不是以抽象认识为对象的。由本原到本体的统一的认识对象是宇宙自然，本体自明的具体本性决定了本原是具体存在，故唯心论的存在不是本原或本体存在。抽象之鸡下不出现实具体之蛋，这是自明的，无须论证、验证，更不该争论。

第二，限定于自然范畴的本原知识必须为统一自然界的最普遍本性提供根据，由超越实体、客体有限性的普遍形而上学本性去统一具体的自然。为什么不生不灭的本原存在必须进展到普遍本性从而扬弃实体或客体呢？限于客体不生不灭就限于绝对不变的感性具体，就达不到普遍统一性的水准，由不生不灭的本原客体去统一多样性自然既不符合逻辑也不合事实，更无法解释生生息息永恒变化着的自然界，只能是不能离开上帝怀抱的机械论宇宙观。因此，以本原为根据的普遍自然本性包括体而超越体的制约，不可还原分解之体不是不生不灭的，而是在体的生生息息相互转化中的永恒的存在，永恒的存在不是体而是性，由此才有生生息息中存在和演化相统一的自然一元论理解。具体之为具体不只是感性具体，还包括无法感知的光、电、磁，更重要的还有客体的运动变化本身。把具体限于感性是短视的。在知性抽象的普遍意义上，由具体物理量描述的质点和力都是具体的，抽象质点或力是由确定性的量导入具体的，这些具体之量在转移和转化中按绝对守恒的法则保持着宇宙具体之量的绝对不变性，唯此才有充足的理由把具体自然绝对统一起来。把具体限于实体的传统唯物论是局限于感性具体的朴素认识而已。因此，世界统一性原理用永恒的存在扬弃不生不灭的本原存在，由不可再还原分解去理解本原客体，在本原客体向多样性存在演化的生息变化中理解它不变的本性，由永恒存在本性去理解自然的绝对统一性意义。

第三，否决抽象实体、扬弃有限实体，本原客体的形而上学规定性是什么呢？不生不灭是感性规定性，本原知识给出的万物生于斯、毁灭时回归于斯是知性抽象规定性，理性本原规定性统一感性具体和知性抽象而超越之。本原客体的最普遍规定性是不可再结构分解还原，由此形而上学设定赋予它作为具体自然存在起点的充足理由；由本原和普遍进展的本性概念则赋予一切生息变化的自然存在是永远自身等同的具体存在之意义，达到这一水准的存在才是最普遍的具体存在，才是统一了全部自然存在的存在，才达到宇宙抱一式理解，以本原为起点构成且多样多变的自然本性是永恒不变的，由普遍本性统一的自然才是完美有序的。永远自身等同的自然本性是一又是多，它就是统一的具体宇宙完美的充足理由。一元论宇宙之于老子抱一于道；现代知识统一于能量，宇宙永恒存在本性就是道，就是能量。宇宙的客体、实体、运动、状态等一切具体存在统一于绝对守恒之具体能量，能量就以绝对自身等同形态统一了宇宙多样多变的一切存在，赋予了宇宙基于绝对永恒不变能量之上生息变化的存在和演化之统一过程。

第一节　永恒的存在是具体的存在

一、永恒的存在是哲学本体论的基本命题

在第一卷关于认识形式的道论思考中，我们指出本体论具有对认识论的优先性，没有本体论就没有认识论。哲学本体论是以客体世界为认识对象的，寻求的是关于客体世界本性即多样性自然界的统一性认识；哲学认识论则是关于人类认识世界这一特有现象的认识，是认识的认识，包括了本体存在认识本质的认识，这是两者的区别和统一。认识和认识论是两个层次的概念，认识从感性开始，包括对客体及主体的认识；认识论却是特定的反思性认识，即对认识本身的反思。哲学作为对世界整体的复杂统一性思考，它本身是非常深刻的哲学认识论问题。但对认识的认识是纯粹思维的抽象，又必须以对客体的认识为前提，这是哲学理性从自然哲学开始，自然哲学以本原的普遍知识为起点的理由。本质存在论必定包括哲学本体论认识，这正是哲学本体存在论优先性的根据。因此，近代哲学从康德批判哲学以后逐渐自觉转向认识论思考，当代语言、分析哲学则已经深入到认识的最深层结构即概念指称的意义、语言意义的结构这些认识元问题中。但是，语言分析的最基本问题指称和意义在先地隐含了本体论前提。指称的意义指向是客体而不仅代表客体的符号，意义作为认识论问题，它的根依然在客体世界之中。所以，认识论的基础和目的都是客体的，即是以本体论为基础和前提的。这是思考世界统一性原理时须再次强调的原则。

世界统一性的对象是世界，最普遍的世界并不能理解为具体自然界，但它是从自然客体世界开始最终回归客体和主体相统一的理性具体世界的，没有客体世界就没有世界的具体现实性，没有自然统一性理解就没有世界统一性原理。哲学理性不能是纯粹形而上学，不能只思辨世界统一性的逻辑，也不仅仅是关于世界认识的统一性。统一性逻辑是认识方法论，它的现实意义

在对世界统一性原理的追求中，哲学的对象只能首先是客体世界，所以它首先是哲学本体论意义的理论。如果只从追求世界认识统一性角度就说它是形而上学认识论的话，就没有任何本体论之可能了。任何论的结果都是观念，是抽象意义形态的认识，从结果来看就只能是认识，但并不就是认识论。真正不同理论的规定性不是以它的理论形态，而是以它的认识对象作为依据的。世界统一性原理的认识对象已经冠以世界这一最普遍对象，它就必须包括并且首先是哲学本体论理论。它是关于世界统一性的思考，而不是像黑格尔的辩证逻辑那种描述和认识世界的概念的反思，不是停留在抽象普遍理念形式统一性的思考。本体论以具体为认识对象，追求具体的绝对；认识论以抽象为认识对象，追求抽象的绝对，这是两者的本质区别。

关于世界本原的命题历来是哲学本体论的最基本命题，这是任何不相同的哲学本体论的共同点，因而它也是哲学思考的逻辑起点。我们同样可以说，它是一个地地道道的本体论命题。诚然，哲学本体论往往隐含着认识论，认识论也往往以本体论的判断为前提，本体论理论体系和认识论命题是相容的。但就世界的本原这一命题而言，它首先只能是本体论层次的，所以它是最地道的哲学本体论概念。

首先，它的本性是科学的，是关于客体自然科学认识中抽象出来的普遍知识概念。自然科学的对象是客体自然界，这是毋庸置疑的。当泰勒斯提出水是世界万物的本原时，世界的意义是指称具体的客体世界而非某种抽象世界。理由很简单，泰勒斯是西方哲学的鼻祖，在他之前西方文化还没有产生形而上学的抽象哲学，故他对世界本原的思考首先是纯粹的科学思考，是以自然世界为思考对象的，本原存在首先只能从具体客体存在意义去理解。

世界本原作为科学命题是最独特的，故它能从科学概念上升为哲学概念，开创人类关于世界哲学认识的纪元。世界本原概念的独特性在哪里呢？在于它是最普遍的具体存在认识的科学概念。人类对变动不居、复杂多姿的自然界建立有序性理解的方法是从复杂到简单，从个别到普遍。认识论的方法是建立抽象普遍性的类概念，用共相把殊相、个相统一起来，使对世界的认识有序化、简单化；本体论的方法则是对复杂客体进行结构分解和还原，寻求构成多样性自然客体的更简单且更具普遍性的基础结构，并从这种简单、具有普遍性的结构去解释复杂结构的生成及运动变化。世界本原命题的独特规定性在于它是复杂客体结构还原的极限，它本身是不可再还原的，所以它就是自然客体最简单最基本的结构，同时也就成为客体世界最普遍的客体存在。它的最普遍的本性在于它是一切自然客体的最终不可分的基础结构，当从科学上得到对世界本原的认识的时候，不仅意味着我们对本原客体的认识，同时意味着对自然复杂性客体乃至整个自然界我们有了统一性理解的基础。这就是说，关于本原认识的产生同时也是关于自然界统一性之根据的产生，这就是本原的知识催生了哲学的原因。所以，世界本原命题是哲学关于世界统一性认识的起点，是科学和哲学的连接点，以之为根据才产生了哲学，人类对多样性自然经验的最普遍形而上学统一性感悟才有了普遍知识根据，摆脱了上帝创造世界那种纯粹形而上学。

上升为哲学命题的世界本原思考的对象和科学思考的对象是同一又不同一的。在直接的意义上看，哲学从世界统一性出发对世界本原的思考是以科学知识作为对象，而不是直接以自然界为对象的，所以是不同的。但哲学对世界本原的思考是基于科学知识的，并以此为起点思考自然界统一性，在世界本原的普遍性中把握自然界的统一本性。本原认识以自然界为对象，所以，从科学知识中把握的统一性归根究底是客体世界的统一性，在最终意义上哲学的世界本原命题的对象依然是自然世界，是和科学知识同一的。世界的本原离开自然的科学认识，离开自然界就失去了本来意义。所以，它归根到底以自然界为对象，本原统一性构成的本体即宇宙自然基于本原的具体性也一定是具体的存在。

第二，世界本原从科学认识上升为世界统一性的哲学命题后，最早是以自然哲学形态出现的，它依然保留着科学认识对象的明显特征，即仍然把关于世界统一性的理性哲学的对象限定在自然界的感性客体范畴中，更具体地说就限定在物质实体客体中。泰勒斯之后的自然哲学把气、火猜想为世界本原，德谟克利特创立了物质原子概念，从逻辑上确立以自然实体客体作为世界本原的规定性，这是人类哲学唯物主义的坚实基础。换句话说，哲学唯物主义本体论关于世界的物质性理论是建立在世界本原存在的物质客体性这一形而上学基础上的。从泰勒斯至今两千多年来，人类对宇宙自然的认识已经天翻地覆了，科学不仅找到了原子，而且发现了质子、中子、电子是一切多样性原子的下层结构，并以这三种基本粒子为新的起点，向构成它们的更基本结构即最普遍的实体具体粒子的探索不断努力。最为根本的进步意义在于，我们今天关于物质基本粒子的知识是真理性的，不再是古希腊时代的猜测。但是，以本原知识为基础理解自然本性，则还是唯物主义的，万物的本原依然限定于物中，即在自然哲学意义上人类至今还没超过泰勒斯的水准。

但哲学并不仅限于自然哲学，哲学学说中还有非唯物主义的本体论流派。从自然哲学上升为更普遍的世界统一性思辨的标志是巴门尼德创立的存在哲学。巴门尼德在事实上把传统的世界本原和存在同一，即非世界本原的客体及现象都不是存在，只有永恒不生不灭不动的客体才是真正的存在。巴门尼德赋予存在的规定性已经超越了此前的自然哲学，达到了一元神的最普遍的规定性，物的规定性成为存在的否定性规定。柏拉图的解释一语中的：感性的具体客体不是存在，也不是不存在，而是既存在又不存在，所以不是存在哲学的永恒的存在。

巴门尼德创立的哲学存在论的存在仍然限定在自然哲学的自然客体本体存在范畴中，因为他规定存在者不能不存在，这是本体论的存在规定性，在认识论中不存在才有意义。随后柏拉图的理念论哲学、中世纪的宗教哲学及经院哲学、近代西方的各种唯心主义哲学理论，它们既讨论存在又讨论不存在的意义，其存在已不再是自然客体存在，它们的世界也不仅限于自然界。既然这些哲学思想体系的对象和自然哲学不同一，它们的存在范畴依然是本体论意义的吗？答案是否定的。这些非唯物主义哲学流派的存在理论是存在论理论是一回事，但是否是本体存在论则是另一回事。它们以存在为思辨对象，但对存在的本质规定是和自然哲学完全不同的。可以这么说，它们是以存在作为思考世界最普遍统一性基本命题的哲学，它们的存在概念虽是在本体论意义上展开的，但它们的对象不是具体客体，而被称为实体，并且用抽象实体去否定具体实体存在。抽象实体尽管不再是自然客体但却被唯心主义本体论赋予了具有更加普遍即世界中永恒存在实体之意义。最典型的是宗教哲学及经院哲学关于上帝存在的论证，不论如何，论证一定是本体论的论证，即从独立自在意义上论证上帝因为是永恒不动的存在所以是最普遍的存在。这种存在在本体论意义上叫实体，上帝才是唯一实体。由此可见，在西方哲学史上，以非自然客体为对象的存在哲学，它们的世界中的存在尽管不再是自然客体，但仍然是在自然哲学本体论意义上去思考世界统一性的。哲学史认为巴门尼德的哲学存在论的意见的道路和真理的道路这两个世界的划分，“从一个方面奠定了本体论哲学产生的基础”[①]。这种把非具体客体世界存在统一性和具体客体世界统一性理解为同一存在论的不同理论观点的看法，是两千多年哲学史最大的误区。唯物论和唯心论都是关于存在统一性的认识，但两者是不同层次的，此存在非彼存在，唯物论的对象是具体客体存在，唯心论的对象是抽象主体存在，对不同对象何来非此即彼的矛盾判断、你死我活的斗争呢？何况哲学理论本身不能只从观点和判断去理解。两千多年唯心论和唯物论的斗争史和堂吉诃德与风车之战有异曲同工之处。唯心主义的存在不是关于客体世界统一性的存在，不能是本体存在论理论。关于自然的唯物主义本体存在论由永恒的本原客体存在去理解多样性和多变性万物构成的自然的统一本性，存在的本原是永恒的存在，非本原之物是本原的结构性存在，因而不是永恒的存在，存在之为存在并不是永恒的，而是统一于永恒的本原存在而成为存在的。巴门尼德建立本体存在论哲学的最重大转换在于把存在本身定义为永恒存在，是半本体论半本质论的。存在者存在，存在者不可能不存在是本体论的规定；存在的永恒性是自然哲学本原存在规定，也是本质认识的最普遍性规定；存在是不动的则只能是抽象本质规定，不动的客体无存在之意义。巴门尼德的存在论并不是自觉统一的本体论体系，而是在本体和本质两者之间摇摆的，既是哲学从本体论进展到本质论的桥梁，又埋下了本质论和本体论分裂的种子。当柏拉图建立本质存在论时，以存在的永恒性为据，只能把客体多样世界理解为既存在又不存在，超越了存在者存在，不可能不存在的本体论规定性，完成了从本体论到本质论的转换。其实，本质论的永恒、不动的规定性是指最普遍的本质认识、真理认识的意义。在世界统一性思考中，永恒的存在是在客体意义上的，普遍的本质认识用真理足矣，不必用永恒的存在陈述引起混乱。

关于主体世界存在统一性思考的唯心主义是认识论，也可称之为本质存在论。本质存在论是和本体存在论不同层次的统一性理论，它们既区别又联系且是相统一的。本质存在的统一性是在本体存在统一性进展中产生的，它超越本体存在又包含本体存在，本体论是本质论的基础。亚里士多德在第一哲学中建立存在的四因论时，就是以质料为起点的，这实质上就是自然哲学的客体存在。没有具体客体就没有抽象的普遍本质，这是本体论基础性最充足的理由。退一步看，即使康德建立的批判哲学是在自觉的纯粹认识论意义上的理论，也无法割舍本体论问题，因此，他用一个“物自体”来巧妙地把本体论问题和批判哲学的认识论命题隔离开来，而“物自体”就是哲学本体论的存在概念。由此可见，哲学认识论始终是以本体论为基础的，本体论的基本命题在一般哲学中称为存在，在自然哲学中是世界的本原论和本体论的统一，本原就始终是一切哲学统一性理论的真正逻辑起点。

最后，世界的本原是世界统一性原理理论体系的最基础的本体论命题，这是为什么在讨论统一性原理之后转入世界统一性思考时的第一个对象是永恒的存在。世界统一性原理的目标是构建具体世界统一性的自洽自足理论，达到从抽象认识中把握现实、具体世界的目的，它的对象世界包括自然界，自然界就是它的基础和起点。而且，世界统一性原理是以关于世界的科学认识为基础的，自然科学的对象世界即自然界是它最根本意义上的世界，所以它也只能从自然界开始认识复杂世界。世界的本原是世界统一性原理的逻辑起点，在本体论意义上它就是自然世界结构演化的起点，世界的本原就在自然世界中，就是自然界最基本、最普遍、最简单的存在。这种本原存在超越科学认识而具有世界统一性的理性认识意义时，它就一定是地地道道的本体论命题。

世界统一性原理按照玄学的道、天、地、人四大世界来理解复杂世界的统一性具体结构。道的世界就是永恒存在的世界，但道无始无终，自我圆满，自洽自足，一切皆出于道，因而道又超越了纯粹的本原性存在或本体存在，本原性存在就是最普遍的道的一种具有特定规定性的形式，或者说是道的本原存在形态。这种形态的道老子又名为无，因为老子说万物生于有，有生于无，有无相生就是现实的复杂世界，而无的世界就是本原的世界，或者说在玄学的世界统一性理论中，世界的本原就是无。

把无理解为世界本原的时候，无就不只是我们长期以来理解的否定性副词，而是独立的主词和宾词了。其实如果不这样理解无的话也无法正确理解有。我们常识中的有是和无相对应的肯定性副词，但哲学讲“有”的时候，往往是作为主词和宾词来使用的，即它是存在者，而不再只是存在者的属性。既然有和无是相对应、相依存的，无就同样具有主词和宾词的意义。在本体论意义上的无，在玄学理论体系中的无，不只是副词，更是主词或宾词。因此，从玄学理论出发来理解世界统一性的时候，第一件事就是必须讲清无，理解无。如果仅把无作为否定性副词，对玄学理论的智慧只能望文生义而已。

世界统一性原理把世界的本原作为本体论命题，并由此构建统一性的本体存在论。按照这一原则，我们可以做进一步的推论，即存在的本原一定是具体的存在，不能是纯粹抽象。因为由无生有，有无生生息息，有是具体存在，无则必须也是具体存在，否则由抽象的鸡生出具体的蛋就非凡人可以理解了。

二、永恒的存在是具体的存在

世界统一性原理以自然统一性为基础，从本原存在开始思考自然客体世界统一性，以人类对自然的科学知识为基础，其中具有直接意义的当然是对世界自然客体存在结构还原的真理知识。哲学是以人类知识为直接对象的统一性反思，人类自然科学知识是对具体现实世界的普遍抽象认识，形而上之道以知识为基础、中介把现实世界统一起来，从感性具体进展到理性具体，使人本质上异于禽兽。按照上一卷关于统一性原理的认识，我们知道，人类一切知识都是抽象的，而且构成知识的认识之对象也一定是思维中抽象的产物，抽象既是知识的本性，也是知识得以产生的前提。世界统一性原理以知识为基础，以关于世界本原的知识为根据去思考世界永恒的存在问题，是否意味着世界的本原是抽象而非具体的存在呢？否，永恒的存在是具体而非抽象的，这是存在之所以为本原存在的必要条件。抽象和具体、个相和共相、感性具体和理性具体的区别和统一的问题看似简单，但其实形而上学色彩很浓，并不容易理解，所以需要专门讨论并尝试厘清它。

把世界本原命题作为科学知识对象看待时，它作为科学命题的认识对象是指向具体客体存在的，这并不难理解。当经验科学对客体世界进行结构分解还原而追寻世界本原是何存在物的认识时，它的认识对象是从具体的自然客体存在的感性认识中抽象出来的，以自然感性具体存在为前提。尽管本原知识并不一定能得出何物是本原存在的真理，但在逻辑上它一定限于具体自然存在之值域中是无须争辩的。诚然，在哲学认识论看来，科学认识是人的大脑中思维创造性活动的产物，它的认识是抽象的观念形态的意义，产生知识的认识对象也是从感性具体对象中经思维抽象，成为思维中特定规定性意义的抽象存在才能成为认识对象的。具体的存在是无法直接进入思维即认识主体大脑中而进入能动的认识过程的；固执于具体而不以抽象规定性限定意义为前提则无法抽象出认识对象，执于具体缺乏普遍抽象是无法综合出具有确定性的因果必然性关系知识的，没有抽象认识对象何来关于它的知识呢？但是，科学认识活动本身并不是对自身认识活动的反思，不是哲学认识论，而是直接指向客体，即抽象认识对象源于感性具体，其认识本身指向具体，但不是特定个体具体，而是普遍的具体，是抽象和具体相统一的。经验科学的对象就是经验中的客体，就是自然中的对象。至于认识客体的属性、运动、生成及相互作用关系，则由思维对客体的规定性将之抽象为认识对象后在思维中进行加工而实现。自然科学的对象首先是自然世界，说它的认识对象就是自然客体并无不妥，这与它的认识过程的抽象性及所得出的普遍知识的抽象性并不矛盾。说得直接一点，自然科学就是建立具体客体存在及其运动变化上的抽象因果必然性真理知识，是从具体到抽象的知性认识过程，它的对象首先是具体的客体，它的抽象真理是对具体客体的普遍认识。科学的目的和意义就在于揭示客体的必然性规律，揭开自然的奥秘。所以，切不可说科学家的真理只在认识之中，那真是有辱斯文了。没有哪位科学家会把真理当作思维之中而非现实世界的。所以，科学认识本身的对象一定是本体论意义的具体存在，自然科学一定以得出自然客体运动变化普遍规律为目的，其对象世界就限定于具体自然界。至于哲学家从认识论的形而上学思辨说真理是思维中的抽象时，是在说真理是如何产生的，即揭示真理在思维中抽象的认识过程，而不是指真理意义所指之对象是抽象而非具体的。科学描述本身不能指向自身过程，只指向它的对象客体，否则就违反了逻辑而陷入循环了，这是科学认识和哲学认识论的区别和统一。因此，关于世界本原的科学认识把世界本原作为对象时，它所指之意义就一定是以具体自然存在为值域的，绝不会是抽象的观念。

但是，世界本原概念上升到形而上学的哲学层次，不再只是经验科学的概念时，它的意义所指是否依然保持着科学概念的具体自然本性呢？我们知道，哲学是一种形而上学反思，世界统一性原理以科学真理认识为根据去建立理论体系，不正是建立在抽象知识基础之上的吗？没错，形而上学与经验科学的界线就在于经验科学的认识对象归根究底是感性经验中的客体，而形而上学思考对象则是抽象思维中的意义，是认识的认识，思想的思想，故艾耶尔说哲学没有自立之本，古希腊人说哲学是科学之科学，即哲学形而上学是以科学知识为基础、为认识对象的。思想中的知识认识是看不见、摸不着的，是无形因而无感性经验之意义的，故中国文化称哲学为形而上之道。哲学关于世界的统一性思考以人类的一切知识为对象，所以，哲学的对象是抽象的。但这并不意味着世界本原从科学概念上升为哲学概念后，就成为抽象而非具体的存在了。本原的知识是抽象的，但本原存在作为哲学思考对象却依然是具体的存在。

真正的问题在于，哲学以抽象知识为认识对象，包括以世界本原的抽象真理知识为对象的时候，并不等同于这些抽象知识本身的意义指称或指向就变为抽象的，经验科学的抽象知识之意义指向所及的仍然是经验中的具体客体。如果这一条规则不成立的话，就不会有关于客体世界的任何真理知识了，真理的抽象性和它的意义所指对象的具体性是统一的而不是矛盾的。正是在这种意义上，我们在上面已经说明了科学的世界本原知识以自然客体为对象，当这种科学知识成为哲学关于世界统一性思考的抽象对象的时候，这种抽象知识指向的意义依然是自然存在本身。哲学无自立之本的意思就是说哲学自身没知识，只能利用科学知识去思考世界，哲学无知识之本性，就没有改变知识的权利和逻辑。所以，当世界本原命题从科学认识层次上升为世界统一性层次的命题时，就从知识成果变为认识对象，从认识终点变为认识起点。在这个转变之中，它的知识之指称意义仍然是科学意义上的，仍然是指向自然客体的，哲学思考正是要利用它，以它为原料，而不是丢弃它或重新判断它。所以，作为哲学形而上学思辨的抽象对象，世界本原这一抽象命题的意义所指的仍然是科学意义上的自然客体。它从科学命题上升为哲学命题的根本意义在于：科学从具体客体世界中综合和归纳出抽象的科学知识，哲学则从这些抽象知识中建立理性的统一性关系，使对世界的认识从抽象回到具体，这是从感性出发经过知性抽象而后达到理性统一的具体的完整认识世界的过程。感性的具体是有个性而缺乏普遍性的具体，理性的具体则是包含普遍抽象的具体，是人类认识的最终目标，也是人类能超越感性、知性而理性地“认识你自己”的真正意义。说得简单一点，世界万物的本原是感性具体存在，关于具体本原的认识、概念、知识才是抽象思维中的存在。自然科学以具体客体存在为起点，自然哲学以自然科学知识为起点时，自然哲学作为统一性思考而非新的因果关系判断的意义在于它要保持以知识陈述为前提，这隐含着自然哲学的认识对象是具体的自然存在这一规定性。哲学以抽象知识为对象，以回归具体为目的，是包含感性具体和知性抽象的理性的具体，而具体之为具体是由感性具体提供的，理性之为理性是以知性普遍抽象为根据的，感性具体和知性普遍抽象的统一才有理性的具体。哲学本质上是具体的，从这种意义就能理解哲学本原论的具体性在于它是自然哲学范畴的理论。这一结论无论在哲学史上还是在逻辑上都是成立的。

由于作为形而上学思辨世界统一性起点的世界本原的意义仍然是自然的具体存在，世界统一性认识起点的抽象知识是关于具体客体的认识，所以，世界本原问题的真正解决一定是以关于本原客体的科学真理认识为前提和依据的。离开科学认识而在形而上学思辨中争论世界本原是什么是没有意义的。巧妇难为无米之炊，离开科学认识的确定性知识，独断地从逻辑上去认定世界的本原是什么，这就违反了哲学思辨的具体本性，即对世界本性的理解就不是从怀疑一切开始，而是从原则开始的。在逻辑上没有现成的原则给哲学利用，哲学只能从无规定性开始，从已经成为客观真理的科学知识中综合和反思以建立自己的规定性，这样的哲学本体论才有可能是自洽、圆满的。世界本原概念正是因为它的科学知性才具有了统一性思辨起点的意义。

由此可知，世界统一性原理是和玄学的世界自然生成统一理论一致的，在逻辑上和西方哲学唯物主义也是一致的。就是说，人类在对客体世界结构分解还原的科学认识不断深化的过程中，不断加深对具体自然存在的科学认识，从而不断深化对世界统一性的理解。诚然，科学对自然客体结构的还原分解是一个逐步推进的过程，这个过程能否最终到达不可还原的具体存在，仅科学是无法独立解决的。但逐步推进过程意味着我们离终极结构的本原存在越来越近，我们努力的方向是正确的。至于能否找到世界本原，既取决于我们科学发现的能力，也取决于我们关于世界统一性思辨的智慧。传统的西方科学和哲学唯物主义虽然没有达到最终目标，但为我们铺平了前进的道路；中国玄学从形而上学的逻辑指明了寻找世界本原的路径，但它由于缺乏真理的支持而失去了具体之意义。现在我们就是要沿着世界本原是具体的存在这一方向，归纳人类关于客体世界的科学认识成果，试图从世界统一性的完美境界去回答世界本原和普遍本性问题，这就是本卷关于永恒的存在思考和思辨的基本目标。

从永恒的存在首先一定是具体存在这一归纳可以得出推论，哲学从思考世界的本原存在开始，在逻辑上就一定从自然哲学开始，哲学史就是从唯物主义开始的，是符合逻辑的哲学史。但哲学史并不是只在唯物主义形态中发展，而是在发展中产生了唯心主义。唯心主义把抽象的精神当作世界万物的本原，构成了和唯物主义相对立的观点。诚然，停留在有限观点之争并没有上升到统一性智慧的境界，但对观点的理解又正是对世界统一性理解的现实而具体的构成，其中关于本原存在的认识和理解更是基础性的，即对哲学史上以抽象存在作为世界永恒存在的哲学理论的理解和解释是不可缺少的，否则就陷入独断论而不是统一性智慧了。所以，本节最后讨论的就是对经院哲学及唯心主义哲学的永恒存在的理解问题，即必须解决具体的存在是永恒的存在的必要条件，抽象存在不是永恒的存在，抽象实体不是世界的本原存在，自然的具体本性不是抽象精神实体这一重大哲学命题。

三、抽象本质存在不是永恒的存在

哲学史上关于世界本原的不同判断是唯物主义和唯心主义的分水岭，唯心主义把精神作为世界永恒的存在，且认为只有永恒的存在才是存在。由泰勒斯的世界万物的本原猜测诞生了哲学，但本原知识又是以自然世界是统一的物质世界即万物世界这一朴素的形而上学感悟为基础的，本原论和本体论的统一性决定了本体论之存在的具体本性。那为什么唯心论哲学竟然越过自然客体具体存在的定义域，把抽象精神作为永恒的存在、世界的存在，断言存在即思维呢？哲学之为哲学的充足理由就在于它是超越了抽象知识判断的智慧。退一步看，在知识意义上，思维作为世界万物的本原存在被证明为否时，并不能证明物质性本原为真，这在逻辑上表明它们并不构成非此即彼的判断关系，不是同一层次命题。更为现实的是，人类在知识意义上依然把世界万物的本原作为未解问题。为了更深入地讨论唯心主义精神存在的意义，我们可以从几个特例去思考和分析。

哲学史上最早的唯心主义哲学流派之一是古希腊毕达哥拉斯学派的数目哲学。毕达哥拉斯学派首先是极有造诣的科学学派，但它和泰勒斯等自然哲学家们不同的是其杰出成就不是经验对象的自然科学，而是形而上的纯数学。我们中国人叫作勾股定理的著名数学定理在西方就称为毕达哥拉斯定理，说明了这一学派在数学领域有辉煌成就。毕达哥拉斯学派和泰勒斯等自然科学家一样，非常关注世界万物的本原问题，但他们不以有质料的自然客体为世界本原，而是以抽象的数目作为世界的本原。按照毕达哥拉斯学派的观点，世界是以抽象的数为本原存在的，理由是一切具体的存在都可以用抽象的数目来表示，数目的元素便是万物的元素，数目便是万物的本原。毕达哥拉斯学派开了用抽象概念作为世界万物本原的唯心主义哲学的先河。为什么说数是抽象的呢？数学不是一门严谨的科学吗？对，数学是一切科学的基础，它本身是科学知识，但它不是经验科学知识，而是形而上学的科学知识，就是说，它的理论体系即数学知识和定理不是从经验认识基础上抽象归纳出来的，而是以关于经验客体世界简单自明的感性直观公理为基础演绎分析而来的，它的科学真理性不是由客体世界来检验和证明的，而是由纯粹逻辑推理的无矛盾性来保证的，所以它实际上是认识过程中的纯形式，而与具体经验存在无直接关系，是形而上学的，也就是纯粹抽象的。之所以是纯粹抽象而不称为具体的抽象，是指数作为概念中的抽象，不是从具体感性经验现象中普遍抽象归纳而来的，是说数这一概念的指称意义不是具体经验客体属性或现象，而是描述具体存在的抽象的形式，是认识的自变量，是用来构建普遍关系的，不是从具体中归纳出来的普遍抽象关系本身。数之为纯粹抽象之数的最充足理由在于它是无量纲之纯数，是抽象之量，而凡是具体之定量都一定是以物理学之单位为中介指向具体的。数之所以被毕达哥拉斯学派认为是世界万物本原的一个可能的主要理由在于它的抽象普遍性，但这时他们忽视了抽象的数目作为普遍的抽象不是从具体感性多样性现象中归纳而来的，而是以感性直观的简单自明认识为前提演绎而来的，所以说数目是纯粹的抽象，在本质上不同于具体的抽象。如果觉得这过于抽象难以明白的话，那可从数学和物理学的区别和统一中体会，纯粹抽象的数学和具体抽象的物理学的最简单区别在于，前者是无任何具体单位限定的纯量，后者则一定以具体单位来限定从而是具体的抽象，并在单位和定量相统一中由具体普遍抽象回归具体个体意义。所以，毕达哥拉斯学派以数目作为永恒的本原存在，就是把世界万物的本原看作纯粹抽象而非具体的存在了。

为什么对自然万物的本原存在认识是从具体转向纯粹的抽象呢？其实，在当时的认识条件下，毕达哥拉斯学派从数目的逻辑普遍性去归纳本原是达到较高智慧水准的，只不过两千多年来人类执于感性具体对之知而不识而已。当然，并不是说毕达哥拉斯学派的数目本原说是合理的，但更不应该将之当成疯言疯语，而是要理解其深刻意义，特别是从其局限性去洞见其深刻而现实的重大意义。数目是从感性世界抽象出来的，它是最基本、最简单、最普遍的抽象，是具体之为具体的最普遍的描述形式，这个形式黑格尔在《逻辑学》存在论中称为纯量。纯量是抽象的形式，不是世界的本原，本原是具体而非抽象的存在，但量之为量的现实意义是具体之量，当量以内容和形式相统一的形式回归具体之量的时候，就回归到具体感性世界，自然的一切普遍抽象共相是由纯量回归具体定量从而由抽象回归具体的。由此来看，其实量就是世界一切具体存在之为存在的形式规定性，也是本原存在的形式规定性，定量是由本原存在到本体存在都必定是具体存在的形而上学根据。一切具体存在之为具体的根据是具体之定量规定性，物理学叫作单位，即无单位是纯量，有单位是具体之量，即有量纲之量一定是关于具体存在的陈述，也可以说具体之为具体是由有量纲之定量去描述的。由此可见，量是具体世界认识的最普遍描述形式，但人们只注重以感性直观为起点的空间形式及与之相关的时间形式，对基于知性的普遍抽象的量这一更基本的形式缺乏相应自觉，只知道毕达哥拉斯学派以数目作为世界本原的不合理性，却根本没觉悟其局限性的深刻意义。

柏拉图的理念论哲学是古希腊唯心主义哲学的杰作，它的理想国和理念论是西方文化的灵魂。卡尔·雅斯贝斯把柏拉图哲学尊为西方精神统一性追求不可逾越的极顶，足见柏拉图理念论的历史影响。但理念论普遍而深刻的历史文化意义并不说明抽象理念才是世界存在的合理性。柏拉图用抽象的理念而非具体的自然客体存在来解释世界，并且理念的抽象普遍性显然远远超越了毕达哥拉斯学派的数目的层次。柏拉图继承了巴门尼德的存在规定性，认为永恒的存在才是存在，变动不居的自然客体则是既存在又不存在的。但柏拉图的存在和巴门尼德的存在又是有很大不同的，巴门尼德认为不存在是不可想，不可说，无意义的；柏拉图则认为，一切可经验的具体之物处于永恒的变动和生生灭灭过程之中，生是从不存在到存在，灭则是从存在到不存在，所以，生生灭灭之具体存在是既存在又不存在，不是存在也不是不存在，而是存在的现象。支持存在的现象的绝对、稳定、永恒的存在才是真正的存在自身，这个存在自身就是理念。理念不再是具体个体，而是类的规定性构成的共相，实际上是普遍抽象的概念。柏拉图认为，每一类事物都有一个共相即理念，每一个具体存在都有相应的理念。具体之物是生生灭灭的，抽象理念才是永恒不变不动的存在。存在归结到底是本原的存在，存在只能是永恒的存在，只有永恒的理念即共相才是真正的存在，感性具体之物既存在又不存在反而不是存在。比如相等的理念不是指一块木头等于另一块木头，而是超越了具体事物的相等自身，这种超越了具体木头的相等自身的理念才是永恒的存在。理念作为永恒的存在，也可以解释为由一种特殊性质表明的类。柏拉图理念论已经直截了当地否定了永恒存在的具体客体性，直接从抽象的类概念赋予了永恒的存在即世界的存在以意义。

比较特殊的是中世纪经院哲学，把它归入唯心主义哲学并没错，但实际上它和非宗教哲学唯心论相去甚远，共同点是都把世界万物的存在看作是抽象的。经院哲学的目的是用理性论证来支持它的信仰，证明上帝的存在，它以上帝为对象。经院哲学对上帝存在的本体论证明得出结论：上帝是唯一永恒不动的实体，是世界上其他一切存在的根据和原因。凭何认定上帝实体是抽象的呢？上帝实体抽象性的依据在于上帝的无限性。无限是一种抽象而不是具体存在。数学不是用无限的极限方法成功地处理了无限问题吗？对，但只能在纯数学形式中，而不能在具体客体的经验世界中处理无限，我们还没有处理无限客体的办法，也无法证明具体客体的无限性。一个典型的例子是爱因斯坦在建立广义相对论方程时遇到无穷大，为此引入宇宙常数来消除这个无穷大。物理学弦论等往往也会碰到无穷大问题，这只能通过所谓重正化的数学手段去消除无穷大。所以，具体经验世界的真理知识不能以无限为对象。反之，我们同样可以说，无限的上帝是抽象的存在，我们只能对无限的上帝形成各种意见，却无法得到它的任何真正知识，上帝是不可知的，同时也是抽象的。所有的经院哲学首先是基于信仰来理解上帝的，而不可能有关于上帝的真理知识使我们认识上帝的普遍本性，除非上帝是有限的，但这又和上帝无限的原则相冲突了。所以，上帝是实体也是抽象实体，而不是传统科学意义上的具体实体。正是基于上帝的抽象性，上帝作为本体实体存在的经院哲学就属于唯心论范畴。

必须指出，经院哲学属于唯心论只是在于它把抽象的上帝作为实在，作为世界万物的根据和原因这一对世界存在的特定意义上来说的，除此之外，它和柏拉图、黑格尔的哲学唯心主义是有本质区别的。严格地说，经院哲学本质上不是哲学，只是披着哲学外衣而已。哲学以追求对世界自足自洽的圆满理解为己任，它没有前提，以批判和怀疑一切为基础建立起点，从起点开始建立多样性世界的统一性关系，统一性世界的终点就是起点，在自我发展的完整统一性意义上，得到对多样性世界具体统一的理性理解。宗教哲学、经院哲学是以上帝是无限的实体存在作为原则的，它旨在论证上帝存在的圆满性，和建立世界统一性的自觉理性哲学本质上是不同的，基于信仰甚至迷信的经院哲学绝不能是自觉理性的，把哲学当成神学婢女的经院哲学本质上并不是哲学，它和真正哲学唯心论的本质区别是显而易见的。首先，经院哲学是本体存在论理论，围绕上帝是最高实体存在展开；而哲学唯心论则是围绕主体认识世界统一性展开的，是本质存在论，是关于人而不是关于外在于人的上帝的。其次，经院哲学是从前提出发的，是无法达到自我圆满境界的；而哲学唯心主义并没有在先的前提和原则，它必须设定前提并最终返回前提才成为统一性理论体系。因此，经院哲学关于上帝存在的本体论证明并不是关于世界永恒的本原存在的理性统一性理解，它本质上就不是理性哲学的。经院哲学的唯心主义是在世界本原的观点上去知性划分的，可以把它当作唯心论，但并不是哲学唯心论。

唯心主义哲学存在论也是以世界万物永恒的存在作为逻辑起点思考世界的本性的，在共同起点上它是如何与唯物主义分道扬镳，把永恒的存在变成抽象而非具体的存在的呢？永恒的存在是最普遍的存在，这是没有异议的。真正的分歧点从对存在的最普遍性理解开始。唯物主义以对自然客体的结构还原分析的科学认识为基础。在对物质结构从复杂向简单的还原分析中，每一次成功的还原都是对物质世界普遍统一性认识的飞跃，达到更高层次的普遍性。当将具体复杂的自然客体的结构还原到不可再还原的结构的时候，这就是世界万物的本原结构，也是自然世界最普遍的元结构，按万物世界的形而上学设定，这最普遍的存在者的本性依然是具体的物。但所有唯心主义哲学本体论的普遍性所指的都是抽象的类的普遍性，黑格尔的存在、柏拉图的理念意义所指都是客体世界抽象出来的最普遍的类，中国哲学称之为共相。从类的普遍性出发赋予世界存在意义的时候，永恒的存在就是抽象的类了，故亚里士多德将之归纳为第二实体即抽象的类实体。唯心主义存在论一方面坚持本体论对象的实体意义，一方面又坚持从最普遍的类概念去解释永恒存在的普遍性，所以它的本体论的核心就是第二实体或抽象实体。

抽象实体概念有意义吗？在本体论意义上这是一个没有意义的伪命题。这就是我们反复引用康德的至理名言——口袋里的一百元和理念中的一百元是有完全不同之意义的——的理由：这也是世界统一性原理在本体论领域拒斥唯心主义而遵从玄学世界自然生成理论的理由。但是，唯心主义哲学为什么在哲学史上长盛不衰并且为人类奉献了深刻的智慧呢？它的最深刻的智慧是在认识论领域而非本体论理论。唯心主义哲学用抽象的类普遍性指向永恒存在之意义的时候，实际上已经从本体论转向了认识论，成为一种真理论，把真理的普遍性等同于自然客体本原存在的最普遍性是不合逻辑的，但追求真理认识的普遍性却正是人类认识的真正目标和意义所在。巴门尼德的意见和真理两条道路之区分，柏拉图的类自身、相等自身的理念，就是概念认识形式以及最普遍的真理认识问题。所以，唯物主义从最简单的自然客体结构把复杂世界简单化，它的最大历史意义在于推动关于自然的经验科学的不断发展；唯心主义则从最普遍、最简单的概念统一性去思考人对复杂世界的认识本身，它的深刻的历史意义在于推动人类关于世界的认识从个别到一般到最普遍的概念的发展，即实现认识的统一性问题。细心体悟哲学史上那些留下深刻影响的唯心主义哲学，不难发现它们在人类认识不断从一般上升为普遍的统一性认识中产生的巨大推动作用。人类世界和自然世界的本质区别就在于人类世界是能动、自觉的主体世界，在于它以对世界的认识引导自身的行为来实现自身的目的，它的历史性进步的一个决定性方面就是对世界的认识不断向更具普遍性的认识发展，为知识认识提供普遍性形式的统一性正是唯心主义哲学的贡献所在。但是，唯心主义哲学贡献的意义是在认识论层次的，而且主要是在认识和思维的纯粹形式上，是在认识的统一性而非认识的科学性上。实际上，按照哲学本体论的规定性，所有唯心主义哲学把世界普遍性存在从具体客体转向抽象的类的时候，已经离开了哲学本体论而转向认识论领域，因而任何完整、深刻的唯心主义哲学体系，作为本体论理论都是不完备的。可以再说一遍，唯心主义并没有完整的哲学本体论理论。

唯心主义哲学把本体论和认识论同一的主要理论根据是思维和存在的同一性。对这一命题可以有三种完全不同的解释。第一种是本体论意义上的思维是存在。如果把存在和道一样看作无所无在的最普遍性存在的话，这种理解并没有问题，但并不能反过来说存在即是思维。存在是具体统一性的，不限于抽象思维本身。思维不是具体存在，更不是本原存在，所以不能说存在即思维，而是无限的存在包括思维，但具体的存在不包括抽象思维本身，更不能说一切存在都是思维。唯心主义哲学显然不是这样理解作为思维的存在的，而是把思维中永恒的存在视为真正的存在，而凡是结构性的客体存在都是现象，是非存在，或者是既存在又不存在。从统一性意义看，思维是存在等价于存在即思维时，那就只把存在当成有限抽象概念了。唯心主义哲学对思维即存在的理解是第二种解释：存在即思维，即在认识中具有普遍真理性的理念、概念才是存在，而客体则是既存在又不存在故不是真正存在。正是把认识上的抽象概念转换为本体论上的根据，使唯心主义哲学在世界万物的本原这一本体论哲学的基础命题上走上歧路。更深刻地看，存在即思维是主客体统一性世界的本质存在规定性，但西方哲学唯心论并没达到这一水准，仍停留于抽象实体即本体论客体意义。思维和存在同一性的第三种解释是认识论意义上的，它的含义是指关于存在的认识必须保持存在的本来面目，反映存在的普遍本质才是真理性的思维，才是有意义的思维。这正是哲学认识论的基础命题和第一原则：认识的客观性和真理认识的普遍有效性问题。这才是几千年来西方唯心主义哲学之所以生存并对人类历史产生深刻影响的原因，也是它的精髓和真正的价值所在。

哲学唯心主义把本体存在转换为本质存在时，哲学本体存在论的概念意义及逻辑结构也已转换。唯心论用存在概念置换唯物论的存在本原概念，把不生不灭永恒的本原存在才称为存在，其先验逻辑原则是唯本原存在才存在。哲学本体论和本原论是统一的，它的本质意义是以本原存在的永恒存在的普遍知识为根据，得到多样而永恒变化运动的客体世界感性、知性、理性相统一的具体理解，把感性具体世界理解为理性具体世界，把貌似无常莫测的自然界理解为统一有序的世界。当唯心论把存在和存在本原同一时，在逻辑上已经不再有本体存在论即客体世界统一性命题，所以哲学唯心主义不可能得出本体存在论理论，它的存在论不是关于客体本体存在的。按照自明的逻辑，抽象的鸡是下不了具体的蛋的。当然，历来的唯心主义哲学家在用存在置换存在的本原，用永恒的抽象本质存在去作为唯一、真正的具体存在时，总是自认为那才是本体论意义的存在。但认为本质存在是本体存在是一回事，这种认识和观点是否成立是另一回事，停留在观点中争执是很没有哲学智慧的。

为什么唯心主义哲学家们能理直气壮地把抽象实体当真正实体呢？为什么像亚里士多德这么智慧的圣哲也把本质当本体存在呢？这应从唯物论和唯心论两个方面全面地看问题。一切分歧都是建立在“永恒”这一共同的存在规定性之上的。朴素的唯物论对世界本性的猜测上升为自觉理性哲学，是以永恒而不生不灭的本原存在为证据、根据的。问题在于真正的本原知识仍停留在猜测水平，不要说古希腊时代，我们今天找到本原存在并实现了本原论和本体论的统一了吗？显然没有。更为糟糕的是，当哲学家和科学家众口一词认定物质结构无限可分时，科学界向本原客体知识举起了白旗，哲学家则在原则上断言了客体世界不可知。这正是唯心主义哲学家怀疑唯物论的正当理由。当客观知识无法为本原存在提供可靠充足的理由时，它的根据就只是感性经验层次的，但这一层次的存在既是具体的，又是永恒生息变幻的。感性世界没有永恒的存在，只有永恒的既存在又不存在的生息变化现象。正是对永恒存在的追求和对感性具体世界非永恒现象的理解，使唯心主义哲学家从感性具体世界转向思维的抽象世界。永恒的存在是什么？柏拉图认为，共相的理念才是永恒的，个相的具体则是变动不居的，并不是这或那一块木头是永恒的，而是在具体之上的木头的理念才是普遍而永恒的，理念才是永恒的存在。亚里士多德建立第一哲学，完成唯心论理论体系，关于存在的四因论最终是从存在之为存在的内在目的性去理解存在的，所谓存在的内在目的是指存在的第一原因和根据，用今天的话语来陈述是存在之为存在的本质，不再是本原构成的多样性具体客体世界的统一性命题。这就是唯心论是本质存在论而不是本体存在论的充分根据。在此基础上，唯物论和唯心论就不是同一层次且你死我活的，唯心论是在唯物论基础上向更高层次统一性认识的发展，是从客体世界统一性向主体世界主客观相统一的认识的发展。由于唯心论是更高层次的统一性理论，本体存在论的最基本命题，哲学理论体系起点的本原存在即永恒的存在并不是唯心论的命题。自然哲学以具体本原存在为起点，在本原到本体的统一性存在中完成本体论结构；认识论以存在为起点，进展到存在和思维关系这本质存在论基本问题，存在是西方自然哲学和主体哲学的连接点。把抽象本质存在作为本体论意义永恒的存在，只能说是张冠李戴了。但反过来看，如果谁对唯心主义哲学的理解仅限于客体世界永恒的存在是精神，那只能说对之本质一无所知。

其实，唯心论哲学从理念、本质的普遍有效性去理解存在的永恒性时，和哲学本体论关于本原存在是永恒存在规定性的“永恒”的意义显然是不同的。从本体论意义看，永恒的本质并不永恒。世界从简单到复杂性的演化过程中，只有在起点的本原存在才是永恒的，演化的存在则是生生灭灭且永恒运动变化着的。世界从本原存在开始，演化出多样化客体存在，更高级的主客体相统一的存在出现才有抽象主体存在的产生，才有普遍抽象本质的认识。从本体论来看，抽象的本质存在不能离开主体独立存在，主体不能离开客体独立存在，所以本质存在不是本体论意义的永恒的存在，永恒的存在是独立自足的具体存在，只能存在于客体世界中，只能从本体存在论意义去探讨。

综上所述，我们在肯定唯心主义哲学认识论的深刻智慧和重大意义的同时，不能把思维和存在同一转变为唯心论哲学本体论的依据，从而把永恒的存在转换为抽象的本质存在。唯心主义哲学自始至终都不是完备的本体论哲学理论，它一开始就已经离开了具体的自然存在而专一地思考思维中的抽象普遍性问题。所以，从自然世界出发的唯物主义哲学的思考方向才是可取的，永恒的存在一定包括存在者的具体存在，纯粹抽象一定不是本体存在。困难之处在于，并不是存在者就是永恒存在，而只有最普遍的存在者才符合永恒存在的规定性。具体存在只是永恒存在的必要条件，但真正回答这一命题需要的是永恒存在之所以为永恒存在的充足条件。唯物主义哲学是否解决了这一问题呢？这就必须从唯物主义存在论关于永恒存在的规定性来讨论，去作出判断了。

第二节　永恒的存在是不生不灭的存在

一、永恒的存在是永远自身等同的存在

在肯定哲学唯物主义循着合理的思考方向探索世界万物本原问题的同时必须指出，迄今人类还没有真正从关于自然客体的科学真理知识中归纳出何为世界本原这一具体的永恒存在，依然停留在用抽象的物质这一类概念去解释世界本性，即人类对自然本性的物质性理解还只是基于猜测的，不是建立在客观知识坚实基础上的。但是，没有坚实的具体本原存在知识作基础，用物质这一类概念去笼统地解释世界的本性肯定是不完备的，它并不见得比唯心主义把存在理解为抽象的类概念更有智慧。更基本的问题在于，本原为何物的知识以完备的本原规定性为前提，讨论世界本性问题以世界万物的本原知识为前提，在知识意义上的必要条件首先是要回答世界万物存在的本原规定性是什么。

米利都的泰勒斯从对自然界的科学认识中抽象出水是最普遍的自然界万物的本原这判断的时候，立论的前提首先是基于科学认识本身对本原存在客体建立的确定性的规定即建立了认识对象的抽象规定性：本原是世界万物的最根本来源，“万物由它产生，最后毁灭时又复归于它。实体随万物的变化而形状多变，但本身仍保持不变，他们就称这为万物的元素和本原……这类哲学的奠基者泰勒斯认为是水（他因此宣告大地浮于水上）”[②]。从科学知识的角度看，本原是一种特定的实体客体，和世界万物相比，有着它特有的规定性，即作为本原的存在是不能从其他东西中产生的，也不能再继续分解为其他更为基本的元素，它就是最基本的。不可再分解又基于感性自明等效为它是不生不灭的，因而它是永恒的存在；永恒的存在与本原存在、不可分解还原的存在、不生不灭的存在具有同一意义。当然，哲学史上对本原的意义解释很不一致，所以，我们用永恒的存在这一概念来指称不生不灭的存在，

并且指明传统哲学的本原的不可结构分解和永恒存在的同一性，而不像其他哲学流派那样，离开泰勒斯的本意去随心所欲地规定本原，比如把对立作为世界的本原，那本原就是属性、现象而非具体存在了。

本原存在从科学认识上升为普遍的哲学认识后，哲学家们在它的科学概念规定基础上，从客体世界统一性的普遍意义角度对它作出了更为抽象的规定，其中非常深刻的是黑格尔的归纳。对毕达哥拉斯学派把数目这一存在物的形式作为永恒本原存在的观点，黑格尔指出："这个数不是感性的，但也不是思想。因为数还不是个永远自身等同的概念。"[③]黑格尔把永恒的存在规定为永远自身等同的，他这里的意义指的是永恒的本原存在，永远自身等同是永恒存在之所以是永恒的规定性。永远自身等同是对本原存在不生不灭规定性的更加抽象、普遍的归纳。本原存在或永恒的存在无论是作为自身存在，还是他物存在，永远都是自身，一物作为他物存在时和他物存在不等同的是具体感性现象，永远自身等同的是它的普遍本性。因为从逻辑上来说，在永恒生息变化的自然现象中，只有在现象后面永远自身等同的存在才可以是最普遍的，由这种永远自身等同的存在去理解普遍的自然才有统一性的具体意义。这才是达到普遍理性的永恒存在的规定性，超越了感性的不生不灭的规定，仅从万物由之产生但它不由他物产生即不可分解的感性理解中很难把多样性世界统一起来。

尽管黑格尔是从概念即理念的普遍联系和运动发展而不是从客体世界具体存在者的结构还原分解理解永恒存在规定性的，他的永远自身等同也是从思维和逻辑形式的角度提出来的，但这种普遍的统一性逻辑对于我们理解自然客体的本原存在是具有深刻意义的。我们知道，要探寻世界本原存在为何物是基于科学认识的，但仅科学认识自身并不能最终解决这一命题，因而它就转变为最普遍的哲学命题。在古希腊早期的自然哲学中，从科学知识出发解释世界本原就形成了各种不同的观点，各有根据却又不充分，甚至还有赫拉克利特的"一切皆变，无物常在"的流变哲学。不能从直接的科学认识中归纳出世界本原客体，它需要哲学层次统一性思维的综合和归纳，这是本原概念既是科学又是哲学概念的独特性。不要追溯到古希腊时代，就以我们今天所拥有的关于世界自然客体构成结构的丰富科学真理知识而言，仅科学角度能回答世界万物的本原是什么这一命题吗？不太可能。因为科学自身是开放而无止境的，科学理论体系本身不是自洽和充足的，在逻辑上它可以把物质客体结构向下一层次分解还原，但并无法确定哪里是还原的终点。说句公道话，人类关于世界本原客体认识困境的主要责任首先在于哲学家而非科学家，科学家分解出本原性自然客体后仍有理由和逻辑支持他尝试把这种分解事业持续进行下去，因为从科学思维的因果逻辑及对世界的分解还原方法中并没有划定不可分的根据，对科学家而言只有技术上不可分结构而没有逻辑上不可分结构。所以，对物质结构分析还原的科学家所追求的是不断增大高能加速器的撞击能量去揭开微观粒子的奥秘。能够对本原客体作出完备规定性的只能是自洽、封闭、自足的统一性理论，即理性哲学的理论才有可能从科学真理认识中归纳出世界万物的本原是什么的完备规定性，从而让科学家领悟到什么是不可再分解的自然客体存在，终止有限科学无法解决的无限后退的困境，这才是自然哲学从本原知识基础上创生的理由。本原客体的不可分不能是受限于技术手段，而只能是基于它不可分的本性，否则它在原则上就是不可知的。最有说服力的是对物质微观结构还原分析的粒子物理学理论。人类刚发现物质原子结构时认为它就是物质的终极结构，是本原客体存在，叫作原子就是基于德谟克利特的原子本原学说，称为元素则应来自亚里士多德对本原存在的规定性。对哲学家而言，原子当然不是本原客体，因为原子是多元素共存的，原子如果是本原，则物质世界就不是一元统一性的，而是一百多元而无法统一的了，原子的可分性是逻辑上先验地决定了的。科学发现所有原子由质子、中子构成的原子核和核外电子组成时，质子、中子、电子这三种微观粒子预示着物质结构多样性已经统一在“三”，离统一于一元本原存在近在咫尺。按照结构复杂性演化从简单到复杂的逻辑，一生二，二生三，构成质子、中子、电子的应该是二元结构，二元结构则应是本原客体演化的最简单结构。但粒子物理学的发展似乎完全不按逻辑，比质子、中子、电子低一结构层次的粒子家属已经达到四百多种，根本就不符合物质结构复杂多样化规律，倒是产生了简单多样性现象。这几百种基本粒子都不是最基本的且每一个都是有科学证据的，不能从逻辑去否定它们的存在，只能由哲学家对它们作出统一性解释。这就是说，本原之为本原并不是纯粹的科学命题，离开统一性逻辑是无法最终解决本原存在问题的。把本原客体不生不灭的科学规定性抽象为永远自身等同的更普遍意义就在于它回到存在的本性而非现象去回答本原存在问题。按照本体论和认识论相统一的理解，尽管黑格尔的永远自身等同是指抽象思维的最普遍性的，但如果客体具体本原存在是永恒的存在，在逻辑上同样必然是最普遍的具体存在，同时也必然是在一切多样性存在中又是永远自身等同的存在。将不生不灭的本原客体作为自然统一性认识的起点，执于每一具体本原存在的绝对性，如何由之过渡到统一普遍的自然是真正的难题，当将永远自身等同作为永恒存在的普遍本性时，由具体个体到普遍自然的统一才具备了合逻辑的现实可能性。

在世界统一性原理中，我们从本质、本体和本性三个不同角度去描述多样化复杂世界不同层次之间的整体结构统一性。上一卷我们指出，本质的规定性是区别，本性的规定性是联系，本体的规定性是自成体系的多层次世界的统一性。在非本原存在中，本质和本性是不相同的，本性是基础，本质是在本性基础上异质化而自成体系的更复杂客体结构的整体存在性的根据，异质是不自身等同的另一种规定表述，多样性是以异质为根据而产生的多样性，多样性世界才产生了从本原存在去理解本体世界的统一性命题思考。在本原世界中，本原存在的本质规定性和本性规定性是同一的，本质即本性，是它的本体结构，所以在最初的本原存在世界中，存在是无差别的同一，是本性、本质、本体的无差别的同一，是绝对的、永远的自身等同，但随着自然从无结构的同一即混沌形态向复杂有序结构演化出多样性存在，本原、本性、本体就不是同一而是统一的。从形而上学普遍意义看，本体是多样性的统一，本原是个体性的具体，在自然生息变化中赋予一元统一自然普遍而具体意义的是本性，在一切存在中永远自身等同的不是本原，而是本性。只有符合这种绝对自身等同规定性的存在本性才可以具有永恒的不生不灭的存在意义。抽象而普遍的绝对自身等同在科学认识中就是不生不灭，一切复杂结构从其中来，又可以回到其中去，不同的结构具有不变的本性。唯物论的物质是本性概念，它统一了水、火、土、原子等被当成本原客体的意义又从根本上超出了具体个体意义，属于具体和普遍统一性的范畴。世界的结构复杂性演化在逻辑上就是无差别的本原世界中产生出异质化的结构性存在，从而使世界的本原、本性和本质不再同一，在结构演化中从普遍产生出特殊的结构性存在来。所以，永恒存在的概念，在科学意义上来说是不生不灭，在哲学统一性层次上来说就是自身永远等同的存在。因为它只能和自身等同，所以它在多样性和变动性中保持着绝对不变性，在生生息息现象中保持着不生不灭的本性。因为它永远自身等同，由之异质化生成的多样性世界才能统一于它，不能像酸和碱中和反应生成盐和水那样，生成反应物后反应底物就不存在了，那就是既存在又不存在，不是永恒的存在。

永恒的存在作为自身永远等同的存在，它的普遍性超越了科学认识的客观普遍性，即它不仅被理解为不生不灭的永恒存在，而且是自洽自足的存在，即是自己决定自己运动的存在，它是自身存在的原因和根据，即不再需要外在根据和原因的存在。亚里士多德在第一哲学理论中归纳了古希腊哲学关于世界存在的各种规定性，并用四因论来综合表述之前哲学关于世界存在的思考。亚里士多德的第一哲学即形而上学研究世界的第一本原和根本原因，所谓原因“是指一切感性事物存在和生成的形而上学根据和条件，如果没有这种原因，一切感性事物就无法存在和生成”[④]。他将各派的观点归纳分类为四种相互联系的原因：质料因、形式因、动力因、目的因。这提出了一个非常深刻的问题：仅从质料即本原客体的存在并不能完整地解释本原存在之所以为本原存在的充足理由，物体运动不是以自身为根据和原因，由本原之物构成的多样性之物的永恒运动变化表明本原之物是无法达到永远自身等同的水准的，存在和演化如果不统一，存在者为本原是不可能永远自身同一的。质料因是事物构成的根基，形式因是事物何以是的原因，动力因说明运动来自何处，目的因是事物何所为的原因。从亚里士多德的四因论可以窥见哲学形而上学作为统一性而非确定性知识思维的智慧萌芽，从这种统一性思维出发可以发现仅科学思维不能完整地理解存在，所以它从科学问题上升为哲学命题。一个无可回避的问题是如果仅从质料去规定存在，比如古希腊自然哲学家们的各种物质实体，包括基于科学规定性的想象本原客体——德谟克利特的不可分的“原子”，无法解释本原质料为何运动，凭何运动而成为复杂结构性存在，所以唯物主义哲学从本原客体为绝对根据建立的自然统一性理论仅局限于科学对质料的知识中，已经给第一推动即上帝留下了席位。从理性观点看，自然哲学家从万物本原去理解万物世界统一性时，由万物的物质性去推断本原的物质性，其实仍局限于感性思维，难以达到自然自足统一的理性理解。西方文化中对物质客体的科学认识坚定性是和上帝作为世界运动最终原因的观念长期共存的。即使以质料不生不灭为根据，离开上帝也无法解释多样性之物为何以如此形式存在和运动，也就无法从不生不灭的质料基础上构建起统一的客体世界自足自洽的理解。

本原存在首先是科学认识的对象，但一个确定性的科学知识并不能从根本上回答最普遍的本原客体存在问题，它需要的是一系列相关知识，所以知识的统一性问题产生，从而成为哲学命题，即本原论、本体论的产生。从哲学统一性思维看，它对本原存在的规定性思考是以科学思维的永恒的存在是不生不灭的存在去表述的，其实质根据是以本原是客体终极结构从而不能再分解为基础演绎出来的，但两种表述并不是绝对等效的。同时，对存在的具体认识还必须包括它的动力因、形式因、目的因的科学知识。永恒的存在是永远自身等同这种统一性的抽象规定性确实是比不生不灭更为普遍的规定。从它是永远自身等同的存在去看，无论是从质料还是动力因、形式因、目的因来看，它都是自身等同的，它的运动是自身可以圆满说明的，它的永恒运动中有形式变化，在感性中它表现为永恒的有无相生，但作为存在之为存在的本性永远自身等同，作为客体它可以不再是它，作为普遍本性它还是它，它就是把一切自然存在统一起来的根据和原因，故它只能被理解为是永远自身等同的才是自洽自足的。这就是永恒存在的最普遍抽象规定，是比质料因的不生不灭更普遍性的抽象。所以，我们思考永恒的存在，并不只是从物质客体结构还原分解为不生不灭的质料层面，而是要从它的质料、形式、运动的永远自身同一性中，归纳出存在之为永恒存在的规定性，找出存在之所以为统一性存在的充足条件。

事实上，唯物主义哲学主要是从质料因来探求和解释自然存在本性命题的。这个思考方向没有错，但显然不完备，也不意味着已经得到了对世界存在本性的基本理解，由此决定了唯物主义思考本体论两千多年仍处于泰勒斯的水准，世界本性的物质性信念是泰勒斯的贡献。科学的规定性无法也无须完备，但理性哲学的规定性必须完备。迄今唯物主义哲学主流理论关于永恒存在规定性的认识本身是需要重新审视的。哲学本体论不是追求本原知识，而是为统一自然界的本性认识提供统一性的形而上学根据，并根据已得知识建立自然本性合逻辑和现实的具体理解。

二、自然本体论和本原论的统一性

恩格斯在十九世纪对自古希腊以来的西方哲学不同流派作了精辟的归纳，把林林总总的各种哲学理论划分为唯物主义和唯心主义两大阵营，并以存在和意识、物质和精神关系中何为第一性、何为第二性为划分标准，凡是坚持存在即物质为第一性、意识即精神为第二性的哲学是唯物主义，反之则是唯心主义。摇摆其间的是二元论哲学，实际上是怀疑主义哲学，这种哲学无论如何深刻都不可能成为自洽自足的理论体系，因此只能算作观点，不需要太认真对待。非统一性理论交由科学去判断可矣。

按照上一节的观点，从世界统一性原理来看，唯心主义哲学理论归根到底是认识论理论体系，它所包含的本体论观点不是理论本身的结果，而是它理论所需的基础和前提，唯心主义本体论是把认识论和本体论头脚倒置的结果，不能太较真地把它的唯心主义观点看成关于自然统一本性思考的本体论理论。因此，真正关于世界统一性的西方哲学本体论认识，到目前为止，大体上都在唯物主义之列。

其实，支配人类理解自然界本性的统治观念基本上是绝对物质观。只有在蒙昧的神人共存及文明史上宗教统治的时代，在经验世界从属于神的形而上世界的时候，物质世界才失去绝对性。非宗教哲学在思辨存在时，只要不把存在作为认识论范畴，则基本上就必须承认客体世界的存在，就在先地具有哲学唯物主义的倾向。二十世纪哲学的兴趣转向认识论，但逻辑实证主义、语言分析哲学和唯物主义相容而与黑格尔那种传统唯心主义不相容。这些哲学研究认识的基本结构特别是科学认识的描述形式是以客体世界为对象的，这些哲学认识论和哲学本体论的唯物主义是相容的。至于存在主义、生命哲学这些本体论哲学，因为其对象是特定的现象界，即生命现象而不是世界整体，所以在逻辑上也没有反唯物主义的唯心主义之嫌。人类经验世界的哲学本体论观念，包括实用主义、科学主义、功利主义等，都是唯物主义的特定形式或以唯物主义为基础的，绝不能说是唯心主义的。因此，毫不夸张地说，绝对物质观是人类文化根深蒂固的统治观念，哲学唯物主义是绝对物质观的理论基础。如果不是现实地面对经验中的客体世界，人类根本就无法生存，更无法发展。绝对物质观的最坚实理由在于我们是现实而非纯粹观念的存在，这是一切存在包括人的存在的第一个前提。人们可以偶尔做做白日梦，但不能只活在梦中。当然，精神病患者另当别论。所以，在本体论意义上，哲学唯物主义才是我们需要认真思考和严肃对待的，否则是自欺欺人。更重大的问题在于，当把唯心论请出本体论领域时并不代表着本体存在论在凯歌中完成，而只是才准备入题。这才是哲学，才是不同于有限知性判断知识的理性哲学。

唯物主义的基本理论是世界是物质的，物质是处在永恒的运动中的，时间和空间是物质运动的基本形式。这里有两层意义：一是世界的物质本性，二是物质的运动本性。前者是自在客体存在，后者则是自然客体的现象，是不同层次的。

世界是物质的，其本体论意义是指客体世界的本性的物质性。问题在于，两千多年自然哲学发展史的现实是世界物质性的本体论已经和本原论渐行渐远，人类只坚持世界物质本性而漠视本体论的基础即本原论命题。不以本原论为基础的物质本体论只能是和上帝创造宇宙类似的纯粹形而上学。执于物质一元论的当代人似乎忘记了一个非常基本的哲学问题：如果把物质和本原同一，那么，按照亚里士多德的逻辑，物质应当是第二实体，即抽象的类概念，那已由唯物主义转向唯心主义了。第一类实体是具体个体，如这个石头、那条河，没有叫作物质的具体个体客体存在，所以物质不是第一实体，只能是第二实体。物质是我们对个体客体共同属性进行抽象并达到最普遍的类时得出的抽象概念。对具体个体的指称概念和从具体个体中抽象出来的普遍概念是一个东西的两种描述，没有抽象的东西。这棵花梨树是具体的，花梨树则是带着普遍性的抽象了，这棵花梨树是物质存在这一陈述中，物质是达到对实体存在最普遍抽象的共相，这一陈述是同一对象的不同层次统一描述。用抽象物质概念来描述的是世界的本性，而抽象物质作为具体和抽象相统一的世界本性描述，必须建立在具体本原认识基础上从而成为有具体根据的。如果物质范畴没有本原知识基础，只是抽象的形而上学信条，那和唯心主义哲学本体论没本质区别。唯物主义从具体自然客体出发去解释世界，用抽象的物质概念描述和解释世界的本性，那是在本体论而非本原论意义上的。当回避本原论和本体论统一性时，最常见的结果是本体和本原同一，用第二实体来指称世界的本原时则陷入了抽象的唯心主义。

其实，用物质性来描述世界的本性是符合唯物主义的逻辑的。世界的本性是一种理论归纳后的抽象描述，它一定是抽象的。世界的本性和世界万物存在的本原客体是不同的概念，指称不同的意义。世界的本原首先是科学认识的对象，所以它就一定是作为具体而存在的，它首先是科学知识认识，在此基础上才有可能上升为哲学认识的命题。世界的本性本身就是哲学的统一性思辨命题，还没有哪一门经验科学以世界整体为对象，并由此得出世界本性的科学知识，它只能是哲学思维对世界整体作统一性思考的命题和理论认识，这种认识不是知识而是一种智慧。所以，世界的本性不同于世界万物的本原，它一定是纯粹的抽象理论，是形而上学的非经验思维的产物；世界万物的本原则首先是经验认识的具体个体客体，对它的认识所得出的抽象知识本身所指向的对象是具体而非抽象的存在，具体的知识即指关于具体客体意义的抽象知识，是经验知识而非形而上学知识。当在世界本原知识基础上进行再抽象去理解自然存在统一性时，它就上升为抽象的形而上学命题。用抽象概念和命题来描述具体世界和将具体客体世界描述为抽象的思维世界是两码事，作为科学思考对象的世界万物本原和作为哲学思考的世界的普遍本性也是两码事，它们不能混为一谈。所以，哲学唯物主义用抽象的物质类概念去描述客体世界的本性是符合思维的逻辑的，而这种以本原认识为基础的抽象是具体的抽象，其意义指向具体自然界。

上一节我们说过唯物主义和唯心主义对普遍性的理解是有根本区别的，前者是具体的普遍性，后者则是抽象的普遍性。这种区别体现在对世界本原客体意义的理解上。由于世界的物质属性不是本原问题，所以它的普遍性就是抽象的普遍性，这是世界本原和世界物质本性的最根本区别。世界万物本原的普遍性意义在于它是世界中最简单、不生不灭、不由其他客体构成，而构成了其他一切非本原客体的具体的存在，即它是最简单、最普遍的东西。世界的本性则是从世界科学认识知识中综合抽象出来描述世界的普遍性概念，所以它是抽象的。我们可以想象整个世界，抽象它的本性，但决然拿不出世界本性这种东西来，因为它本来就不是一种东西。世界本性以本原为根据去抽象时就是由具体而来的抽象，是具体和抽象相统一的。

那么，世界的本性是物质性这一最普遍的抽象从何而来呢？没有知识何来智慧呢？它的来源和知识基础就是世界万物本原客体的知识，这是本体论智慧的基础，这才是它们之间的真正关系，就是物质本体存在论和关于具体的物质本原论的统一性关系。世界的物质性就是指世界万物的本原是具有物质属性的具体客体存在，由本原构成的复杂结构客体同样具有物质属性，任何不同的个体都在物质属性之中，所以物质就是世界一切客体存在者的最普遍的抽象属性。物质并不指本原客体是一种叫物质的具体存在，而是指这种具体存在具有抽象的物质属性，故物质是一个地道的抽象概念。正因为它是抽象的，所以历史上的哲学流派，无论把世界本原指认为水、火、气或原子，只要它是具有物质属性的具体物质客体，就都属于唯物主义，由此出发建立的世界统一性本性就是物质性。由此可知，关于自然界统一性认识的自足完整的理论体系应该是以世界万物的本原为起点，而不是以世界的本性为起点的，在统一性认识意义上自然本性则既是起点又是终点，把终点和起点连接起来的就是本原论。

由此可以窥见现实中唯物主义哲学理论僵化的一个重要原因。二十世纪是人类对客体世界的科学认识翻天覆地的伟大时代，但哲学并未把握住时代的脉搏，从科学的进步中充实和丰富自己的理论体系，实际上仍然困在古希腊以来的朴素唯物主义的基本框架之中，没有以历史地进步的本原知识为基础建立相应的本原存在理论，使本体存在论失去了历史地发展的机遇，仍然只是古希腊时代精神的灵魂，而不是当代人类精神的灵魂。我们看到，在人类思想观念中占有绝对支配地位的唯物主义以理论形态出现的时候，它是以世界的物质本性作为基本点的，即从世界的物质性出发去解释世界的。但哲学唯物主义圆满的理论形态应该以本原论为根基，从人类对世界不断丰富的科学认识中综合出其精华和灵魂，构建世界统一性的物质本性体系。从物质普遍本性出发去演绎唯物主义开环理论体系是无法自洽自足的，这既违反了哲学不崇拜任何在先原则的批判精神，也丢失了它的知识本性的基础，所以它无法反映二十世纪时代精神，无法跟上科学的发展。从原则出发是二十世纪唯物主义哲学主流理论体系的缺陷所在，它断送了哲学的科学基础和孜孜不倦的求索精神。其最深刻的理论原因在于它混淆了世界本原和本性问题的关系，脱离了哲学的坚实起点。

从世界物质性出发的唯物主义理论体系隐含着世界本原问题的两种可能答案。一种是本原和世界本性同一，这是不合逻辑的，因为世界万物本原是具体的，而世界的物质本性是普遍抽象的，所以尽管不少人认为唯物主义哲学认为世界的本原是物质，但这是误解而已。另一种是世界的具体本原客体一定是具有物质属性的，而这种属性正是本原客体乃至由本原所构造的一切现实具体存在者的最普遍的抽象，所以世界的本性就是物质的。应该是后一种理解才符合二十世纪唯物主义哲学理论体系。这种理解在逻辑上是成立的，但不意味着在现实世界中一定成立，即世界万物本原是否一定具有物质本性呢？物质本性的规定性是什么呢？这才是哲学所面对的真正问题。所以，既然世界本性问题以世界本原为基础，我们就不能对本原视而不见，却夸夸其谈世界的抽象物质普遍本性。真正的智慧从具体中来，世界本性认识从世界万物本原认识中来。

三、物质客体不是永远自身等同、不生不灭的存在

唯物主义物质一元论是以世界万物本原这种最普遍的具体存在者具有物质属性为基础和认识起点的自然世界统一性认识理论，它隐含着具体的本原存在者一定具有物质属性这个判断，因而本原客体是否具有普遍物质属性，或者说物质具体存在是否具有永远自身等同的不生不灭本性的可能性就是关于哲学唯物主义思考的至关重要问题。综前所述，本原存在是否具有物质属性既是科学知识命题，又不是纯粹科学命题，而是以本原知识为基础的本原论，即统一性智慧命题。

前提问题是物质概念所指称的意义是什么？物质首先是科学概念，哲学的物质概念必须和科学的物质概念相统一。传统的哲学唯物主义理论以世界的物质性作为理论体系起点，因而远离了科学真理，也抛弃了本原论而背弃了哲学史。从本原客体知识的意义来看，唯物主义哲学理论体系的物质概念也是与之缺乏关联的，很难从它的物质规定性中得出本原客体一定具有物质属性这种自明的道理。按照传统的唯物主义理论，物质的规定性是不以人的意志为转移的客观存在，但能为人的感觉所复写和反映。但不以人的意志为转移的客观存在只是它的认识论属性，不是本体论属性，所以从这一规定性出发无法建立它和具体本原客体存在的相互联系。不以人的意志为转移的存在与不生不灭的永恒存在是无逻辑关联的，我们无法从存在者的不以人的意志为转移规定性出发去论证这客体存在是永恒的存在，是具有物质属性的，从而得出物质是世界一切客体存在最普遍抽象属性的结论。世界统一性原理以科学的物质概念规定性作为基础，把物质规定为具有静止质量和空间形体的感性实体客体存在，物质就是一切具有静止质量及形体这一属性的客体存在者普遍的类概念。在知性普遍认识意义上，一个具体的物质客体具有质和量两个规定性，牛顿质点动力学的对象就是物质客体，抽象质点是通过质量发生作用的，发生作用时叫引力质量，被作用时叫惯性质量。在感性具体认识意义上，物具有三

维空间直观形式中可感官感知之形以及触觉等特征。质和量的统一才是对物质客体的客观性理解。按照本体论和本质论相统一的原则，坚持本体存在论的基础地位时，用认识和感觉去规定物质显然是本末倒置的。

按照上述物质概念规定性，关于本原存在的思考首先就可以转换为科学认识中究竟有没有具有静止质量和形体的不生不灭客体这一低一层次的相对简单命题。这一命题虽然无法为本原存在提供肯定性的充足理由和根据，但却能提供否定性的充足理由。因为在科学认识意义上，证伪是充足的、最终的证明。在世界统一性原理中，统一性是以知识为基础的，科学证伪了的非知识认识不在统一性思考之列。科学证伪的认识，统一性原理同样认为它是伪的，是不能以伪知识作为世界统一性认识基础的。按照这一原则，我们在上一节已根据精神实体的非具体性规定，从科学的非此即彼的确定性判断中把抽象精神实体断定为错的，从而把唯心主义排除出自然哲学定义域。抽象精神实体为伪和绝对物质是否为真并无相关性，只能从物之存在本身去综合和判断。

在二十世纪科学对物质微观结构认识没达到核层次之前，哲学唯物主义是具有坚实的经验基础和科学基础的。在经验认识意义上，可感觉的有形体之物是感性认识的基本对象，物质形体是经验感知的第一要素，是认识的起点，同时也可作为世界的起点。在科学认识意义上，亚里士多德等一些早期科学家把物体理解为连续性存在，即一块铅无论如何分割下去依然是铅，这种物质连续观在逻辑上否定了物质世界多样性中的统一性，认为物质世界并不存在最简单而又最普遍的本原存在。但在亚里士多德之前泰勒斯提出水是世界万物本原的时候，已经在逻辑上确定了物质的不连续性即结构性，任何复杂性物体都是最简单的本原客体的结构性存在，所以物质是不连续的，特定的本原物质也不是连续的，而且是不可分的独立自足的具体存在。从泰勒斯肇始的古希腊自然哲学认为世界万物本原之水或气或火，在现代科学认识中都是具有静止质量和空间形体这一物质属性的具体存在，都是唯物主义的。由德谟克利特创立、伊壁鸠鲁丰富发展了的朴素原子论把唯物主义推向更加普遍的层次。“原子”的含义是不可分，它是按照本原客体存在规定性量身定做的概念。按感性的自明性，它既然是不可分的，那就是不生不灭的；同时它又是符合经验客体的规定性的，即具有空间形体，有大小及可度量的形体，既具有物质属性又具有不生不灭属性的“原子”就是世界万物的本原存在，世界的本性就是物质性的。这是唯物主义完备的理论形态，并成为人类对客体世界本性理解的绝对物质观。最有力的证据是当人类发现了物质原子结构的时候，认为它就是当年德谟克利特猜测的永恒的、不可分的物质性具体存在，并把它称为“原子”。

但科学探索未知的本性使它并不止于原子发现，而是继续对“不可分”的原子进行分解。科学认识的逻辑完全可以把物质结构理解为无限可分的，科学认识可以在追求物质结构无限分解的过程中永不停步。二十世纪科学的重大发现之一是原子结构乃至更微观的粒子结构的发现，它不但证实了原子是可分的，而且这种分解是可以继续下去的，所谓“基本粒子”已经不再具有科学上不可分的意义。科学认为物质结构可以无限可分，这种科学认识逻辑一旦上升为哲学统一性逻辑，危机来了，因为物质结构无限可分是传统哲学唯物主义信念的危机。最简单的理由是数学上无限大的分母和有限的分子构成的描述的结果是零，质量为零的实体粒子还具有物质属性吗？它和物质具有静止质量之规定性是矛盾的。退一步讲，按照数学趋向无限的定义，无限可分使物质粒子质量趋于零时并不等于零，而是大于零的任意小数而已，可以坚持认为任意小的物质粒子依然是物质粒子。但是，在技术和现实上我们有可能对物质粒子进行无限分割吗？不可能。无限只存在于数学抽象形式中，经验世界的科学认识无法应付无穷大问题，即不能由这一无穷分割得出最终的确定性答案。逻辑上可能但技术上不可能的在现实中就是不可能的，这意味着无限小的本原客体是科学不可认识的。离开科学认识基础，纯粹思维中永恒的本原存在还有意义吗？

物质一元论真正的困境并不只在于统一性的逻辑，而首先在于科学对物质本原客体不灭的证伪。尽管我们还不知道那个极小的本原物质客体是什么和怎么样，但从它不生不灭并且是构成一切复杂物质客体的基本元素这规定性出发，可以归纳出物质不灭定律，即物质不能创生，也不能毁灭，只能转换结构。这一定律的更准确表述是质量守恒定律，即在客体世界的运动和转化中，物质的总质量一定保持不变。这道理并不复杂，既然构成各种具体物质客体的本原客体是不生不灭不能再分解的，那么它的变化和转化过程实际只是一种结构的重组而已，而重组前后物质的总质量是守恒的。由此还可以得出推论，宇宙的总质量一定是常数。科学发现，在不涉及核变化的物质结构运动和转化中，质量守恒定律是成立的。但是，随着原子核放射性现象的发现及对核聚变和核裂变的研究证实，在这些过程中物质的质量不守恒，它伴随着质量损失并放出极大的能量。所以，物质不灭定律和质量守恒定律并不是最普遍的真理，它不能描述核聚变和核裂变行为。关于物质结构还原分析的微观粒子物理学发现了一个非常基本而重大的事实，宏观之物的结构演化即在分子结构重组中质量守恒，但在质子、中子、电子这三种基本粒子中的更低层次结构演化都是质量不守恒的，微观结构的结合能是由质量损失补偿的，即把微观粒子捆绑在一起的短程力是由质能转换提供的。据此就能理解自古希腊哲学始的自然哲学形成绝对物质观的原因，朴素的唯物论是以感性直观之物为起点、基础的，唯物论在感性宏观之物的层次是符合客观规律因而能解释现实经验的，只有进展到比物更基本的微观层次才超越了质量守恒定律的有限性。质量守恒定律在核聚变和核裂变中的失效告诉我们，如果世界上确实有不生不灭的永恒存在者的话，它一定不是具有物质属性的存在者。如果物质一定是由这种设想中的物质性本原存在构成的话，任何具体物质客体的质量一定是本原客体质量的整数倍，在核突变中损失的质量也一定是本原客体质量的整数倍，就是说，有一部分不生不灭的本原客体已经消失了。这是自相矛盾的。

对世界万物本原一定不是具有物质属性的具体存在者这一结论还有许多论据，但仅质量不守恒这一条就足够了，在科学意义上的证伪是具有普遍性意义的。至此，我们可以断言，这个世界如果具有绝对自身等同的永恒存在的话，它一定不是具有物质属性的具体物质客体粒子。在原子结构发现之前的绝对物质观，如果不随二十世纪科学发现而发展和改变的话，那就是哲学家的罪过了。物质原子核裂变和核聚变并不是非常专业且只有该领域的几个专家可以精通的科学领域，在知识领域中它应算是物理学的基础理论，甚至在中学阶段人们都已经有了初步了解，并且科学理论明确解释核反应产生的巨大能量来自于质量损失。另一方面，核技术是二十世纪以来和人类生存休戚相关的极为重大的现实问题。人类不会忘记第二次世界大战后期那两颗夺走几十万人生命的原子弹，不会忘记冷战时代几近疯狂的核竞赛笼罩在人类文明天空的乌云，至今防止核武器扩散仍是关乎整个人类命运的头等大事。原子能的和平利用特别是核电站的普遍建设使用令核技术和人类大众关系非常密切，苏联的切尔诺贝利核电站爆炸事故、日本福岛核电站的辐射泄漏，都是普罗大众极为关注的热点问题。在如此基本的质量换能量的理论和技术应用面前，整个人类竟然对质量不守恒对物质一元论的证伪和否定熟视无睹，只能说明人类文明离相对成熟的自觉理性还有相当长的距离。质量不守恒实际上直接证伪的是我们整天挂在嘴上的物质不灭的金科玉律，这正是物质一元论的基石。质量不守恒对物质一元论的否决在逻辑上是简单明白的，即构成一切物质客体的本原存在不遵守质量守恒定律，则由质量构成的物质客体无论其结构还原分解的结果进展如何，都无法改变静止质量的终极结构不是不生不灭的永远自身等同的结构的事实，物质客体的本原存在、自然界万物的本原存在不是和物质客体同质的东西，物不断分解下去不会永恒为物，物不是永恒的存在，物质一元论不再成立了。

如果从自然出发而非从思维认识或上帝存在原则出发的哲学本体论对世界的认识都可以归入唯物主义阵营的话，那么历史上的哲学唯物主义也不全都是绝对物质观的。比如中国玄学作为世界统一性本性的形而上学智慧，将世界看作是自然生成的，强调自然无为即一切按客观规律办事，所以它肯定不是唯心主义本体论，在方向上和唯物主义是一致的，但玄学理论就不把物质作为世界的本原存在。玄学把物质客体称为有，把本原客体称为无，无中生有。物质一元论以有为起点、本原去理解世界一元统一本性，中国玄学则以无为世界本原和统一性起点。世界统一性原理按照玄学理论来解释世界统一性结构，也是以无即本原状态的道作为世界的本原的。但这里的无是和有相对的范畴，不是副词或形容词，而是主词和宾词，即无是具体的存在，无也可以是一种客体性存在。老子又把无叫作无物之物，以无为本原的自然哲学也可以理解为广义的唯物论，但唯物之物不是物质而是无物之物，即本原之道的无。所以，如何从具体性去理解无，这才是我们认识世界本原的关键，也是第二卷的真正目标。自此开始，我们不再从有而将从无去思考世界的本原问题。

其实，永恒的存在是无而非有的逻辑性并不难理解。从有生成有，有从有中来是很难自圆其说的，本原是不能生成的，不应该是有，否则本原存在者和复杂存在者最终是同质的无差别存在。在逻辑上看，把万物的本原限于物即由有生有是有问题的，本原之有能结构复杂性演化的逻辑完备性必须是能分解还原，有结构就有合逻辑的解构，设想不可还原的结构之物是不合逻辑的，限于感性具体的由有生有确实是很有问题的。回想古希腊哲学早期的唯物论者关于本原的猜测——水、气、火，它们究竟有何共性呢？先哲们是视之为有还是无呢？可以这么猜测：水、火、气这些现代科学知识中的物质客体在古希腊圣哲心目中可能是无而不是有，这些物质客体的共同特点是在人类感知层次没有确定的形体，这就是无的意义——没有形体。想象以无形的东西去构成各种有形的东西要比由有形的东西构成有形的东西合理得多，所以，古希腊朴素唯物主义对世界本原的猜测中，同样已经产生了从无来理解世界万物本原的萌芽。但是，这种以无形之有产生有形之有仍局限于感性具体，没从根本上摆脱背悖。现代科学已经证明这些感性经验意义上无形的客体在本质上是有形有质的，并不具有世界本原客体的特性。我们应该按照当代科学的认识成果，继承并光大古希腊圣哲们和老子的聪颖智慧，追寻到符合现代科学真理的无这一最特定的存在来，为世界统一性原理提供坚实的基础。

至此，我们已经否决了思维、物质属性客体的世界万物本原资格，并指明将从无这一具体存在的思考中探索世界万物本原的真面目，为建立自然本性具体理解提供坚实基础。这既是科学问题，又是哲学命题，归根到底是世界统一性中的最基本形而上学命题。科学可以证伪，但证真达不到无限，只有统一性思维才能超越有限，对世界的本原和本性给出充足的理由。所以，最后一节将从统一性原理层次讨论无作为世界本原存在者的规定性。

第三节　永恒的存在和无中生有之无的统一

一、无是具体客体性存在

具有静止质量和空间形体的物质性客体因为质量不守恒而被判断为非本原存在，它失去质量就不再等同于自身，故只能是本原存在的结构性存在物，物质并不是自然的统一本性。于是，只能从没有静止质量和空间形体的具体存在中去思考永恒的存在。无质无形的具体存在的抽象共性不再是绝对物质观的有，只能是玄学世界理论起点的无。必须记住，作为本体的无不是认识论意义上什么都没有的空无，而是无物、无质、无形，是无实体之具体物，老子说是无物之物。这里物是有无统一性概念了。有质有形之物我们称为有，无质无形不是实体之物谓之无。进入玄学之无的范畴，必须首先把无和空区别开来，玄学之无是具体存在，有无相生相随之无基于它的具体本性而获得具体存在本性，空则是纯粹抽象而区别于具体之无。世界万物本原存在既不能是具体之有，则只能是具体之无。由此开始，我们把对客体世界本原存在和统一本性的思考，从西方哲学传统的有进展到中国传统文化的无。

西方哲学和科学把无和空同一，把无作为状态副词而不是独立自足的主词，而与之相对的有则具备二个完全不相同的意义：一个是与空无相对的副词有，这是认识论意义之有；另一个则是和物质客体同一的主词有，这是本体存在论绝对存在意义之有，并由本原之有赋予本体之有，有就是物质一元论的本体论概念，存在即物质由存在即有等效而来，有就是自然的本性。哲学家们把有作为主词的逻辑应该是从物质客体的有形有质这一“有”的副词规定性转换而来，由有来指称有形有质的物质实体。按照玄学有生于无和有无相生相伴相随的统一性陈述，有与无作为一对相互依赖和互相对应的概念，在作为主词的时候也应该是相互依赖和相互规定的，即有是主词决定了无也是主词，有的具体本性决定了无的具体本性，无中生有之无就是指与具体之有相对的无形无质的具体客体存在。但是，西方文化是绝对物质观占统治地位的，有变成绝对概念，它指称物质实体时不需要无这一客体概念提供相对规定，西方文化中鲜见把无作为主词和宾词看待，这也足见西方物质观是绝对的。物质性客体不需要非物质性客体来规定，在物质本体存在论意义上，非物质性客体存在是不能说、不可说的，是无意义的。巴门尼德的存在哲学是在本体论意义上建立的，所以，存在者存在，非存在者存在是不可能的。在绝对物质观中，客体绝对是物质性的，本原物质是绝对的存在，物质客体只能自己规定自己，这是由物质本原是永恒的存在所决定的。然而，当物质失去永恒存在资格时有也失去了绝对性，有就一定是相对概念，有客体则一定与无客体相对应才能成立。把有绝对化、无空虚化正是西方文化的局限性。

两千多年前老子建立的玄学世界统一性理论的一个非常重要的客体存在概念就是无。老子在说有无相生，有生于无的时候，有和无只能从具体存在者去理解，它们都是主词和宾词而非状态副词，并且它们是相对应而统一的一对概念，是相互规定的。当然，玄学体系玄之又玄，其中的无概念是最难懂的概念之一，对无的理解仁者见仁，智者见智，但前提是要把它作为具体存在概念去见仁见智，这是不能含糊的。把玄学之无作为对应于有即物质具体客体存在的另一个具体存在概念，这首先是先验的统一性所决定的，否则有无相生就是痴人说梦而非深刻智慧了。

诚然，两千多年前老子把无作为客体概念描述有无统一的宇宙自然界，并不意味着中国人早就明白了无之意义而通达了宇宙具体统一性理解。恰恰相反，至今我们对无的具体意义的理解仍处于纯粹抽象之空中，两千多年历史的注经释经也只把具体的无注解为纯粹抽象之空而已，根本没有赋予无这一具体存在符合指称的具体理解，也根本没有基于玄学理论去解释具体的宇宙自然界。这一方面跟科学认识发展水平不高这一历史条件有关，一方面也与长期把玄学当成是纯粹形而上学抽象理论有关，更与割裂形而上之玄和具体的朴素感性思维有关。玄不是具体形而上学概念的话，以玄为众妙之门的玄学理论本质上就不是指向具体现实存在的，无是空则玄也是空。玄学作为智慧而非确定性知识，对它的体悟可以无限延续、扩展下去，但却是永无定论的，除非把它从形而上学理论转换为形而上和形而下相结合的理论，基于客观普遍真理知识去解玄释无，才能从抽象进展到理性的具体，通达具体统一之道，这就是我们正在努力尝试的事业。否则，停留在纯粹抽象形而上学中是无法真正理解无的意义的。老子说："吾言甚易知，甚易行。天下莫能知，莫能行。"但对芸芸众生来说，《道德经》绝对不是甚易知、甚易行的。而且，即使智慧超人的老子对作为世界本原的无的描述和解释也是颇费周章的。道在本原意义上和无同一，道生一和无生有是同一命题。对作为本原之道的描述，老子自己也说是"吾不知其名，字之曰道，强为名之曰大"[5]。由此足见道和无的概念之深奥。世界统一性原理从世界的本原开始思考世界统一性，首要的任务就是把无从形而上学抽象中引回到经验和具体中来，还无的具体存在真面目，赋予世界统一性原理坚实的经验和知识基础，由无和道的统一去理解自然的具体本性。

第一节已经论证了永恒的存在首先是具体的存在，就是说本原存在和自然本性一定包括具体性这一规定性，不能是纯粹抽象思维。按照这一规定性，当我们现在把有否定而由无出发去思考自然永恒的存在时，无的意义就一定是包括客体的具体而不能是纯粹抽象的，有无统一且只能统一于最普遍的具体之无。世界统一性原理对无的客体性思辨是遵循形而上学和形而下经验知识相统一的原则，以经验和科学认识为基础的，这是它和玄学理论传统理解及辩证逻辑的根本区别。所以，思考无的客体性只能从经验而非概念开始。我们经验中的具体存在者以及从经验中抽象出来的知性认识对象中，没有静止质量和确定性空间形体的客体就是我们考察和思考的目标。本卷任务首先就是从经验和科学认识中综合和归纳出具体的无这一客体来。无首先必须是包括具体客体存在规定性的，无不是对客体的否定关系，而是对客体的形和质即物性的否定关系，我们对无客体性的思考就不能从物而从非物开始。从逻辑上看，具体感性之物虽具体但质量不守恒，故物质客体不是永恒的具体存在，永恒的存在就只能循具体之无去挖掘了。

在古希腊自然哲学早期阶段，无固定形体的水、火、气都被猜测为本原存在。根据当今的科学知识，水和气都是复杂结构性物质，不是不可再还原的。那么火呢？让我们从普罗米修斯偷来送给人类的光明之火开始考察具体的无客体。火的使用是人类进化历程中一个重要的台阶，它是具体的，又是和人类生存经验具有最直接关系的。从火中产生出光和热这两个概念，没有光明就没有生命，也没有我们最重要的感知即可观世界。发光发热在经验中是物质客体的属性，但光和热虽然紧密相关却又是完全不同的概念。爱迪生发明了灯泡给人类带来光明，而灯泡同时又是热的，在直接经验中光和热似乎是物质客体两个不同属性而又不可分割的现象。但我的同学二十世纪发明了一种叫节能灯的东西，它的灵感是冷光源，这表明光和热并不是同一存在的两种不同属性。按照科学认识，光和热是不同的，同时又是可以相互转化的，为此用一个叫能量的抽象状态量来统一描述之：光具有光能量，热也有热能。我们讨论的重点是光和热究竟是不同的现象还是它们并不都是现象呢？按照物理学的气体动力论，热是物质客体的属性，是现象，是构成宏观物体系统的微观粒子动能的宏观表现。而光是物质属性还是自足自在的独立客体呢？按传统的光波动理论，它就只是光源的运动属性。光被物质客体吸收后转换为热能，转换为热的光当然是物的属性和现象，但没有被物质吸收而在空间传播的光究竟是客体还是客体的现象呢？光由光源产生，光源是物质性的，这似乎可以支持光是光源的现象，是物质属性的观点，但现代科学告诉我们，太阳辐射的光要约八分钟才到达地球，这表明光源消失光依然存在，它又应该具有独立自在的客体本性。光速不变性的第一推论是光速有限性，第二推论是光的客体本性。为什么这么说呢？因为光速有限且不需传播媒介，光传播速度的所有权只能是光本身，光具有自然客体的地位。所以，光和热有联系但又有本质区别，本质区别是热是物质客体的属性，光则是独立于物质客体的客体性存在，即光不是有质量有形体之物，又是具体独立的感性客体存在；光和热的统一就是它们总是相伴相随并相互转化。

物理科学尽管自始至终一直以质点为最基本对象，把自身理解为关于物质客体存在及其运动发展规律的科学，但却不能不包含对自然界光和热现象的运动变化规律，其形而上学的假定就是把光限定于物的属性和运动现象。

以物质一元论为基础的物理学确实只能把光和热作为物质存在或物质客体的属性、现象去理解，这构成了物理学理论体系在先验意义上无法协调的内在矛盾。光的本性不只是物理学的内容，更是涉及我们对自然本性理解的重大命题；热是物理学基础理论中最令人痛苦的部分，热力学定律是人类对自然界科学认识中最令人沮丧的真理。理论物理学对物质热运动的研究是围绕功和能的概念展开的，对热的能量关系研究总结出的热力学第二定律及熵绝对增长法则对于人类而言是悲剧性的。热力学第二定律表明温度一定自发地从高到低传播，最终趋向热平衡，这种状态用熵原理来描述则是绝对物质构成的宇宙是绝对、不可逆地走向热平衡的，它演化的终极目标是静寂而无热流动的死亡宇宙，而且演化过程是不可逆的，宇宙演化是一个越来越趋近死亡的必然性过程。当然，这里有一个前提，即物质客体是绝对性存在，即永恒的本原存在是物质性的。因为热是物质实体的状态量，当物质客体是绝对存在时，它的状态演化过程也是绝对的。但如果无客体是世界本原存在，物质只是相对性的客体存在，则它的状态演化就没有绝对意义，即热平衡不具有宇宙学的绝对意义，仅基于物质热运动就不能对整个宇宙状态变化作出有根据的判断了。因此，无客体相对于物的存在能验明正身是打破热力学魔咒的唯一出路。

光和热之间能量转化的一个重要关系是物质客体的热辐射关系。科学发现所有物体都在既发射又吸收各种波长的电磁波。实验表明，热辐射具有连续的辐射频谱，波长自远红外区延伸到紫外区。麦克斯韦电磁场方程组已经证明了所谓光只是特定频率波段的电磁波而已，热辐射已经超出可见光频谱范围。热辐射的频率特征及能量的频率分布主要取决于物体的温度即宏观热状态。开始研究黑体辐射定律时用的是非量子的经典辐射理论，连续发射波谱意味着在任何两个频率之间总仍有可插入的中间频率，所以发射频率是无穷多的。经典物理学框架描述的热辐射定律的一个非常荒谬的结果就是辐射能的无穷大。但关于能量的知识告诉我们，能量是不能无穷大的。普朗克在1900年用内插法将适用于短波的维恩黑体辐射公式和适用于长波的瑞利-金斯公式综合起来，得出了整个波段都和实验相符的黑体辐射定律。普朗克从理论上深入分析黑体辐射定律，发现从谐振子理论推导出来的黑体辐射定律，必须使谐振子的能量取分立值才有意义，所以他提出，谐振子的能量只能处于分立而非连续的状态中，谐振子的能量并不允许具有连续取值，而只能是最小能量的整数倍。二十世纪的杰出物理理论——量子理论由之产生。后来，爱因斯坦根据普朗克的量子假设解释光电效应时，指出物质吸收光能量方式本身也是分立的、量子化的。普朗克的分立谐振能量称为能量子，爱因斯坦的辐射能量称为光量子。至此，物理科学把光和辐射能的经验归纳为由无质无形的光量子或能量子客体来描述的科学知识。由于光只是辐射的特定频段的能量子，我们随后主要用更普遍的能量子概念作为标记无客体的符号。

按照质能等式，坚持实体物质粒子无限可分同样会产生荒谬的能量无穷大问题，只不过对物质实体结构的还原分析没有从质能关系去考虑而掩盖了可能出现的能量无穷大问题而已，而且物质无限可分只是观念而不是理论，所以没有被证伪。但即使连续频谱分布的能量子辐射，它的能量子也是分立而非连续的。我们从上一卷开始一直强调的一点是，客体世界的具体存在者基于有限定量而成为具体存在的规定性，在逻辑上就能断定其一定是不连续的，只有抽象形而上学形式才是一定连续的。这在黑体辐射中得到证明，并且由此产生了人类对世界认识的伟大革命。由黑体辐射的能量子的不连续本性，我们可以说，它就是具有客体本性的存在，而且这种存在就是无质无形的客体存在。

其实，能量子客体性的最早证据在麦克斯韦电磁场方程组发现之后就呈现出来了，可惜哲学家们不理解它。麦克斯韦电磁场方程组证实了光是电磁波的一种，并从理论上否定了牛顿力学描述的力学作用的超时性和超距性。牛顿经典动力学用力来描述相互作用，用引力来归纳物质之间的相互吸引作用，没涉及运动过程，和超距作用是相容的。但麦克斯韦电磁场方程组的作用过程描述否定了超时超距作用之后，就产生了力的本性问题，光的本性、波的本性问题也同时产生。光是什么？麦克斯韦统一电磁场方程告诉我们：第一，光只是电磁波的一种，人的眼睛结构成像机理只能分辨可见光频段的电磁波而已，但自然界中还有大量肉眼不可直接感知的电磁波，及大量不可见的自然而普遍的“光”即波存在，不能认为不可感知就不是客体存在。人是万物的尺度，人的一切认识从感性认识开始是本质认识论意义的，不能从本体存在论意义去作本末倒置的理解，只能说没有存在就没有认识，不能说不认识就不存在，更不能说不能感性认识的就一定不存在。感性存在是具体存在，但具体存在并不一定是人类感官可感知的。不理解这一本体论优先原则而坚持具体客体的感性必然性，就永远无法理解无何以是具体客体存在。第二，由于一切非机械波均按有限速度且不依赖媒介传播，宇宙中没有超时超距作用，光以及一切非机械波就是独立于波源的自足的存在。这在逻辑上并不难理解，即一切客体的属性不能离开客体成为独立具体的存在。绿色的树叶，树叶是存在者，绿色是树叶的属性，没有具体树叶存在就没有树叶绿色这一属性。存在者的优先性原则在哲学陈述中存在者是主词和宾词，没有主词和宾词的陈述无法构成完整独立的意义。反过来说，任何属性只能是存在者的属性，是以存在者为主词和宾词的。光波按有限速度传播，这是光的速度，是与光源无关的速度，光就是独立于光源的主词，是速度的承载者，是具体客体存在。按亚里士多德的第一哲学理论，光就是具备了完备的内在目的性的存在。由此可见，只有把光和电磁波理解为客体，我们才能避免超距作用，才能得到对麦克斯韦电磁场方程组合理、具体的理解。这是能量子客体性的最早的科学证据和最充分的科学理论证明。

实际上，牛顿早就指出光是粒子流，只不过牛顿是从有而不是从无去理解光的具体客体性的。牛顿把光解释为非常微小的物质粒子，故人的感官无法分辨它，它太微小以至无法像通常感性之物那般进行科学观测和实验检验。光波动理论的成功确立了光波动说的地位，惠更斯的波动说否定了牛顿的微粒说，光就被理解为光源的运动属性。量子力学建立后，人们发现实体粒子具有波动特征，而光辐射同样具有粒子特征，所以当今我们有了一个光本性非驴非马的波粒二象性概念。实际上，粒子性是存在本性，波动性则是客体存在的运动属性，是现象，把波粒混在一起理解光的本性是不符合逻辑的。物质实体是粒子，光即能量子也是粒子，只不过前者是有粒子，后者是无粒子而已。波动特性是一切无粒子的运动特征，也是微观实体物质粒子的运动描述特征。说光的本性是波粒二象性，也必须承认实体粒子的波粒二象性，它们的逻辑关系是一样的。但说物质的本性是波是难以接受的。所以，不要再用波粒二象性概念来和稀泥，我们应直截了当地宣布，能量子是粒子，是客体存在，是无质无形的非物质性客体，也即老子所说的本原之道，即无。

对能量子客体性的认识是世界统一性原理认识的关键一步，当然，能量子的客体地位即它的客体性只说明它符合永恒存在的必要条件，它是具体而非抽象存在。它是否为不可再分解的本原存在以及它的本性问题则须作进一步的思考。

二、无是不可再结构还原的量子化具体存在

具体客体存在者只是不能够成为永恒存在的必要条件，最为根本的问题在于能量子这一称为无的具体客体性存在是否是不生不灭的。有的非永恒存在本性是由科学认识证伪来提供充分理由的，但无的不生不灭的永恒存在性不被证伪而成为肯定性结论时，它只具有科学上的有限意义，并不能成为统一性层次无限意义的结论。更为深刻的问题是，既然有无相生且有无统一，有客体和无客体作为具体存在又何以能有生生灭灭而无不生不灭呢？无生有则无就应该灭了，怎么会有不生不灭的客体存在呢？这确实是感性具体和知性有限认识无法彻底解决的问题。所以，无的不生不灭本性和物质实体的生生灭灭本性是不协调的，后者是科学证伪意义上的，前者则也只能理解为是被科学证伪了的，由此可知，无论本原客体是有还是无，都不可能是不生不灭的具体客体存在，有无相生在形而上学逻辑上就能断言自然中不可能有不生不灭的客体，古希腊哲学创生时关于本原存在不生不灭的形而上学设定是不成立的。本原客体不能再分解只决定它是自然最普遍、结构最简单的客体存在，却不能由此推论它是不生不灭的永恒存在。其实，仅从逻辑上就能断言，本原存在若不生不灭则自然只能是无结构复杂性演化的混沌，不可能在此形而上学前提下建立多样性自然统一性理解。

思考无不生不灭本性的前提是对客体生灭属性的理解。老子说，死而不亡者寿，这是具有非常深刻智慧的。我们常把死亡作为一种现象解释，但死只是对生命存在而言的，并不是对一切客体存在有意义的。死是指生命客体存在失去了生命的本质即时间性，退化为非时间性的纯粹客体存在，生命过程的终止和生命客体结构的存在是不同的两件事。灭的意义即亡，灭指消失了，亡指没有了，两者意义是同一的，是用来描述客体属性的。物质客体在分子层次反应生成物质结构时，它反应前后总质量不变，我们由此判断组成它的最基本的物质粒子结构保持不变，所以说物质在这个层次的反应中是不灭的。而在核聚变和核裂变反应中，由于反应前后质量不守恒，我们由此判断组成它的最基本的具有静止质量的粒子肯定有一部分消失了，没有了，所以说有一部分物质灭了，物质在这些反应中不遵守物质不灭定律，物质客体的不灭性被证伪。所以，客体的灭这种现象就是指它的结构解体从而失去它的存在的本质，是一种结构性概念。

由此可知，物质客体世界的生生灭灭是一种永恒的结构生成或解体现象，故在此意义上存在即结构。每一结构的不同本质决定了它作为客体的特定规定性。统一性原理关于结构讨论时我们指出，每一类异质结构存在有它的本体结构，是本体结构决定了这一类异质客体的普遍本性，本原客体则赋予了自然本体存在统一本性。客体的灭就是它的结构的解体。在这种灭的结构规定性中，它就是一个不同层次结构的现象。然而，从逻辑上来说，只有不同层次结构性现象才有可能产生灭现象。如果按照无穷因果思维和传统自然哲学，一切都追溯到本原来解释，都找最终结果和原因去说明，这世界就没有灭的现象产生了，因为传统唯物论赋予本原存在的规定性是不灭的，物质在最终意义上是不灭的，所以灭就只具有不同层次结构规定性下的意义，它就只是一个相对而非绝对概念，只能描述相对客体存在而不能去描述绝对的永恒存在。反过来说，永恒的客体存在就是不生不灭的。但是，限定于客体去理解永恒的存在却是有限性的，这是基于本原客体不可再还原等效于客体不生不灭的感性具体思维，执于有限性不能自圆其说，达不到自觉理性水准。为什么说这是有限性的呢？限于能量子就是一种有限性，是限于客体去理解存在。尽管限于客体比限于实体更普遍，但把具体存在限于客体同样是有局限性的，因为宇宙自然作为统一的具体存在是永恒运动变化的，具体的客体存在和具体客体运动变化的统一才是现实的自然，才是绝对的具体。在一个有无相生相随的永恒变化的自然中，有的生生灭灭和无的生生灭灭在逻辑上必定是相对应的，无生成有无又如何不生不灭呢？有退化为无时无又何以是不生的呢？能量子是无客体，但无是否一定限于客体呢？在科学有限性中，局限于客体性的无和有，都无法达到永恒存在的绝对性理解。

在我们的感性经验和科学真理知识中，能量子是生生灭灭的。其中对光子这一特定能量子的经验是最直接的。光是太阳核爆炸产生的辐射；火点着了，物质燃烧产生了熊熊火光；电灯开关开了，消耗了电能从而灯泡放出光明。我们没有发现无源之火，能量的基础是能源这种物质客体，所以能量子是物质客体转化过程中产生的。既然它由能源提供，依逻辑它能生就必定能灭，生生息息即有无相生是相伴相随的。科学对光行为的描述也说明它是灭的：当一个光子照射到物体上时，它可能被反射，也可能透射和折射，但还有一部分被吸收，转化为吸收它的物质客体的热能。我们的太阳能热水器就是按这个原理设计，利用光量子来转化为热水器中水的热效应的。光的能量子被吸收转化为物质客体能量的时候，失去了自身的客体性，不就是失去了独立的存在，从而消失了吗？这不就是灭了吗？逻辑和经验都告诉我们，能量子是生生灭灭的。如果相信这种逻辑和经验认识为真，则意味着无客体的永恒存在性也被证伪了，它即使是世界万物的本原存在也不是永恒存在之物。其实，能量子和物质实体粒子都必然是生生灭灭的，唯此才能合逻辑地理解现实世界是在永恒的生生灭灭中运动变化着的。

当然，经验认识是无法从根本上为永恒的存在提供充足理由的，哥德尔不完备性定理已经先验地断言了自圆其说自我完备的知识在逻辑上不可能存在。自然存在的不生不灭本性以经验知识为基础，最终必须从统一性的原理去解释经验，进入本原论就超越了知性有限性，由本原论上升到本体论就上升到无限理性统一性。那么，从统一性原理的结构概念和方法出发，我们来思考能量子的结构是什么这一命题。普朗克假定能量子是不可分的量子化分立存在，并且其能量和频率相关，一个能量子的特定规定性是由其频率决定的不变数，即为频率和普朗克常数之积；爱因斯坦对光电效应的光量子解释证实了光量子的与频率相关的不可分割的量子性特性。那么，频率对能量子的意义是什么呢？它是否是能量子的结构性描述概念呢？能否把连续性频谱的能量子频率分布结构作为能量子结构呢？答案是否定的。频率是能量子的状态描述量，这一量用于描述一切周期性现象，而并非是能量描述的特定概念，任何频率规定性都不是能量子之所以为能量子的充足根据。因为能量的频谱分布可以视为连续的，所以从频率根本找不到能量子的本体结构，频率构成并不具有客体结构意义的能量子结构。可以这么说，频率是表示能量子的量这一本质规定性的，因为频率和能量子的量之相关性是由不变的普朗克常数建立起比例关系的，在逻辑上，能量子的频率和量值是同一的，相对的只是认识描述而已。由此看来，频率并不是能量子的结构规定性，它和能量子的量的规定性同一，是能量子具体存在的规定性。具体客体存在的结构规定性是关于质的，作为和量同一的能量子的频率，显然不能理解为能量子客体的结构规定性。

从世界统一性原理的结构概念看，能量子的结构规定性是无结构规定。就是说，能量子之所以为能量子就在于它没有结构规定性。能量子之所以难以被感知，首先在于它没有结构，没有三维感性之体。尽管人类没有从客体存在角度得出关于能量子的相对完整理论描述，但迄今关于能量及光等能量子现象的描述中，从来没有涉及它的结构，因而同时也从来没有涉及它们的质的规定性。我们把能量子的本质规定性综合为量而非质，用能量描述它们的时候，是没有考虑到它的质的规定性的。按照统一性原理，质的规定性是由它的特定结构决定的，特定结构性的本质就在于它的本体结构决定的统一性异质结构。但能量子没有结构规定性，所以它同时就没有质的规定性。所以，说能量子是一种没有结构的存在时，就是说它是没有质的规定性的存在，是有量无质的客体存在，因而既是无质规定性的又是感性具体的存在。能量子只有被理解为无结构存在，才能解释有生于无并将无作为世界复杂性结构演化运动的绝对性始点，也只有基于它非结构性存在本性才能解释为什么它和外界的作用和转换一定是量子化不可分割的，自然中绝对不会有半量子存在。由本原客体是不可再还原分解的意义看，能量子才是不可再分解的量子化存在，是最简单结构的客体存在，故本原客体的本性只能是无，不能是有，即一定是某种最普遍意义的能量子，无中生有，道生一是自然演化的起点。

我们说过存在即结构，一种具体存在之所以是具体存在，根据就是它的特定具体结构，一类客体之所以能够成为一个统一的类世界，就在于它们是同一本质结构构成的统一性存在。能量子既然无结构规定性，那么如何理解它的客体性存在呢？由此来看，结构即存在不是绝对的，是在一定条件下的，是有限规定性，不是最普遍的规定性。客体存在结构规定性的极限形式是无结构，有结构就有能结构还原的可能性，就难以符合绝对不可再还原分解的本原存在规定性。由此可以得出结论，存在即结构这一有限规定性，严格地说，只有在物质客体范围才有意义，只对相对性客体存在有意义，不包括绝对性客体存在于其定义域中；存在即结构对于无形无质的能量子客体来说，只能是无意义的。为什么质量守恒定律不是最普遍的客体本性呢，因为质是结构规定性，具有质的物质是结构性存在，逻辑上它就不可能是绝对不可还原的，因而在核反应中，在正反粒子相互作用时，均出现结构解体即失去质的规定性现象。为什么普朗克发现能量子是不可分解的量子化存在，光子在光电效应中以不可分粒子和电子发生作用呢？因为它们是无结构的，是谈不上分解还原的，半量子不存在的本质意义就是能量子客体无结构。至此，我们可以更准确地表述，有的存在即结构，是本原存在的结构性存在；而本原存在则不能是结构性的，否则它就是生成物而非本原了。能量子这一无结构的规定性，表明了本原存在只能在无中，不会在有中。

能量子既然无结构规定性，它的客体存在规定性是什么呢？是量。所以能量子用能量的纯粹的量关系而非质的规定性关系就能充分描述。在物理学中，我们用能量描述物质客体运动及变化关系时，考虑范围只有量而没有质，而且是标量，不是矢量描述。除了量，我们无须也无法对能量行为和事件得出任何质的、结构的描述。正是它无质的结构规定性，它就是单纯的量状态描述，频率描述的也是它的量状态而不是质的规定。所以，能量子是一种有量无质的无结构性客体存在。有质有量谓之有，无质有量谓之无，无质无量谓之空，有量就是具体的充足理由，无量就是纯粹抽象的空。由之可知，无和有都是具体的，有无相生就是自然界物质客体和能量子客体之间永恒的现实转换过程。

既然能量子无结构，那么能量子就没有本质结构的解体问题，所以能量子没有再结构还原的更基本层次的存在。如果能量子无结构客体性成立的话，它的不可再分解还原就是同时成立，这是从结构统一性原理推论出来的。于是我们可以得出最后的结论：无结构、无质无形的能量子没有分解还原的问题。所以，它才可能是不可再分解的本原客体存在的定义域。

能量子的不可再还原的粒子本性不仅是结构统一性原理思辨的产物，也是我们经验世界的最普遍、最基本的本性。科学对能量子本性认识还不多，但对它的行为及运动变化规律的认识和描述却是非常成功和极为丰富的。在光、电、磁的量子性被发现之前，惠更斯的光的波动本性说占统治地位，但并不妨碍人类在现实世界中探索和发现它的运动变化规律。在物质世界中，它的运动变化规律以最一般的抽象状态量——能量从经验及抽象的科学认识中展现出来，没有结构规定性，只有量的规定性的光、电、磁的科学描述是无质的规定性的能量。毫不夸张地说，能量理论是理论物理学的基础，能量是自然世界存在和运动变化的根据和原因。物理学的能量理论归纳出我们现实世界最为普遍的一条定律——能量守恒定律。它和质量守恒定律不同，没有任何限制条件，是关于世界本性的绝对的定律描述。任何客体世界的认识和描述，不管从哪个角度，作何种限定，当它和能量守恒定律发生矛盾的时候，我们会毫不怀疑能量守恒的绝对普遍性。能量守恒定律是我们世界的本性，是最普遍的，所以它的认识是从经验世界归纳综合出来，而不能从其他的科学认识中推论出来。认为物理学的能量守恒定律是从牛顿运动学理论推论出来的，那是本来倒置了。实际上，牛顿定律是能量守恒定律的推论结果，能量守恒定律才是牛顿质点动力学的根据，它是从实证经验知识中归纳出来的。能量守恒定律的绝对性对于我们深入思考能量子不生不灭本性，具有重大的意义。

如果能量子是世界万物的本原客体存在的定义域，按传统的本原即客体且是永恒的客体存在的理解，它必须是不生不灭的。但不可分解和不生不灭同一吗？不生不灭的具体意义如何理解呢？从能量子是现实中生生灭灭客体存在的思考出发，我们从世界统一性原理来讨论它和永远自身等同的永恒的存在的统一性关系问题。

三、能量是永远自身等同的自然具体本性

现代物理学已经得出了能量是不生不灭的守恒量的结论，它和能量子客体存在生生灭灭的现实知识和经验如何关联呢？从科学知性规定性看，能量子肯定是灭的，光被物质吸收转化为热后就没有光量子存在了。在纯粹知性规定性下是很难通达本原和本体的统一性理解，无之为无的规定性必须和永远自身等同的自然普遍本性达到具体统一性意义。

按照泰勒斯对世界万物的本原定义，即从科学认识及传统哲学唯物主义的规定性出发，我们可以得出能量子和物质实体粒子一样都不是世界万物不生不灭的本原的确定性判断。但是，从世界统一性原理的角度，仅从知性出发是不够的。因为能量子的生生灭灭客体本性还只是它的具体存在现象，不是普遍本质规定性。按照亚里士多德的四因论，仅从客体存在本身去理解它的存在根据是不充分的，质料为什么、凭何、如何能够成为世界的本原？驱动客体复杂性演化的动力是什么？如果在它自身，那仅质料本身就还没包含动力因之意义，所以还没达到普遍必然本质的理解；如果动力因在本原存在之外，它就难以称得上本原。具体地看，如果我们认为客体世界是物质粒子或能量子作为质料的复杂结构性存在，但它们的复杂运动和演化是由外在于它们的上帝主宰的，那么，就不能说物质基本粒子或能量子是自然最根本的原因，而只能说上帝是世界的本原了。所以，不生不灭的存在的充足条件就是它是永远自身等同的存在，不生不灭必须从永远自身等同的绝对规定性去理解，不能从感性具体去理解，具体不能限于客体去理解，应从普遍的具体去理解自然的统一本性。

现实地看，从客体去解释世界的统一性具有极大局限性。传统哲学唯物主义以物质客体本原为质料去解释具体自然存在统一性是不完备的，即使以不生不灭的能量子客体作为质料去解释自然统一性也同样是不充分的，普遍联系和永恒运动的世界并不能从质料就得到完整的说明，因为合逻辑地看质料本身无法达到完备自足的绝对存在水准。离开亚里士多德四因的统一性是找不到存在之为存在的充足理由的，更别指望通达绝对即永恒的存在。从形而上学逻辑看，限于绝对的客体存在之本原去统一自然界达不到一元论的水准。牛顿的质点和力是存在者和存在者的相互作用，两者是绝对分立的，西方自然哲学未曾达到一元论的水准是因为没达到自觉理性的圆满境界，局限于抽象知性，面对具体时只能退回到感性，具体就只是感性具体。对自然的统一性理解限于感性和知性是不可能完备的，这不是形而上学纯抽象思辨，而是渗透在现实中的关于自然知识的统一性、完备性问题。

第一个问题来自我们熟知的热力学第二定律。按照热力学第二定律，热总是从高温物体自发地流向低温物体。除非外力对系统做功，增加能量，否则这一热运动过程就是不可逆的，并且一定是以热平衡为终点的。把宇宙看成一个孤立系统，即如果认为宇宙没有上帝主宰而在自然生成和运动演化的话，那么宇宙的物质系统最终一定是达到热平衡的，宇宙演化过程也是绝对地向热平衡态方向演化的，这就是我们熟知的宇宙热寂说。这就告诉我们一个道理，仅从质料并不能完备地解释世界统一性命题。如果宇宙的本原只是客体世界构成元素，即使我们对这一元素了如指掌，但却根本无法解释它的演化和运动状态，这种本原认识又具有多大意义呢？在这种本原认识基础上能得到世界统一性原理认识吗？这是值得怀疑的。退一步讲，当我们将生生灭灭的能量子客体换为物质基本粒子作世界万物质料的话，它同样不能从质料出发去解决热力学第二定律的宇宙热寂问题。基于热力学定律和熵原理，我们已经知道热平衡并不违反能量守恒定律，克劳修斯的热力学第一定律即宇宙总能量是常数，但第二定律则说明只有热差才能做功。热平衡态能量守恒，但可做功的能量已经消耗殆尽，所以宇宙即使总能量不变也是热寂的死亡世界，这种理论是有局限性的。而如果仅从客体去理解世界的本原存在的话，是无法超越这种局限性的。换句话说，仅以质料为根据无法为自然统一性原理提供完备性。

第二个问题来自物质和能量之间的相互作用。在分子、原子层次的化学反应过程中，质量是守恒的，即反应前后的原子数目、结构不变。由质量守恒我们可以判断，不但我们还未知的构成原子、分子的本原结构在反应中是不生不灭的，而且物质在质子、中子、电子这一层次结构的质量在参与结构复杂性演化时也是保持守恒的量，但是，为什么这一层次的相互作用即我们称为化学反应的过程既有吸热过程，又有放热过程呢？由此可见，仅从一个化学反应前后的分子的质量构成还不足以描述客体世界相互作用和演化运动的完整过程。当然质量是必要条件，没有质量就无任何化学反应现象，但仅质量本身却无法对客体世界的运动和演化包括化学变化给出完整的描述。更典型的是在可逆化学反应过程中，反应物和生成物之间的反应是双向的，这种双向反应在一定的浓度时达到平衡，即反应物和生成物的反应速度相等，反应处于动态平衡状态。这个平衡点和浓度有关，还和温度有关，即一个可逆反应在一定反应物浓度条件下，反应的平衡点随温度而改变，是温度的函数。温度不是客体，而是物质客体的宏观状态参量，它的微观意义是分子平均自由能。就是说，可逆反应的平衡不仅和反应物质量有关，还和反应物的状态有关，质量不变而其状态改变时的相互作用和化学变化仍然发生。由此可见，仅从质量本身无法对客体的运动和演化作出合理、完备的说明。

从上述两点可以发现，即使客体质量即所谓元素的不生不灭性成立，客体也还不具备解释自然统一性的充足理由，限于客体无法建立自然统一性的完备理论。说得准确一点，仅从元素即质料的不生不灭性出发未能为世界统一性原理提供完备的认识起点，质料的运动乃至运动的原因、机理是必须考虑的因素。因此，泰勒斯从质料、元素来思考世界的本原存在，在科学意义上是充足的，但从有限科学概念上升到理性具体意义建立统一的宇宙自然具体存在理论的时候，这种仅从客体本身去理解存在统一性的认识就有局限性了。科学是有限的确定性知识，但哲学理性追求的是无限认识的统一，所以按照亚里士多德的归纳，世界统一性原理不仅从质料，而且从形式、运动和由自然必然性决定的内在目的性这多方面的统一去思考存在，进而思考由本原客体存在如何进展到永远自身等同的存在，建立对自然的绝对具体理解。

唯心主义是从永远自身等同这一最普遍的本性去规定存在的永恒不变性的，这才是超越了感性具体和知性抽象的理性思考。当然，这并不意味着世界统一性原理认同唯心主义的存在观。我们已经反复指出，唯心主义的存在是抽象的本质存在，是认识论而非本体论的存在，是概念抽象从个别到一般的普遍过程，是抽象共相扬弃个相的认识过程，所以唯心主义的抽象普遍存在把个体存在看作既存在又不存在的现象存在，真正的存在和个体存在是无关的，它追求的是认识中的最普遍存在而不是客体世界的最普遍存在。它具有深刻的认识和逻辑统一性意义，但没有任何本体存在论意义。试想，我们思考的世界万物本原如果不包括世界具体万物，这种本原和上帝又有什么区别呢？这种本原对于客体世界的存在描述而言有何意义呢？所以，世界统一性原理不是从抽象的永远自身等同去规定本原存在，而是按永远自身等同的最普遍规定去思考具体世界，由此才能基于最普遍的具体本原存在得出宇宙自然自洽自足的完备理解，再不需要在无限后退中求助于任何外在原因，比如上帝。本原存在是最普遍的具体存在，但没有永恒不变的客体才有多样性统一的宇宙。因此，必须从本原论进展到本体论，在两者统一性意义基础上思考自然永恒的存在，由最普遍的永远自身等同规定性去统一具体自然，以之为据才有具体而无限的完美宇宙自然界。能量子是灭的，但灭的是客体，永恒存在的是能量，能量子的本性是能量。能量子被吸收后没有了，但它按守恒原理转化为吸收者的能量，不是客体却仍是自身等同的能量。按照质能相当性关系，一定的质量相当于相应的能量，有无相生中有和无生生灭灭，但无论是以有还是无的状态存在，其都是自身等同的能量。把质量、能量子、动能统一于能量时，宇宙的一切具体存在统一于能量。能量是一切具体存在的普遍本性，自然一切具体存在生息变化的运动中其能量本性是永恒绝对自身等同的，能量绝对守恒即是不生不灭的永恒存在，自然是以能量为普遍本性的一元统一世界。无是能量子，道才是最普遍的能量，玄学理论自然以无为起点，无也是道，且有也是道，即自然统一于道。以能量为自然统一本性则为本原客体是特定能量提供了理由。

第一，能量子是自身运动的原因，它赋予自然自我推动从而自洽自足的理由。根据迄今我们所知的客体世界知识，一切能量子都是处于辐射状态的，我们把它的运动叫作波动运动，把它的存在叫作波，能量子客体就是波，波就是波动，这说明了它最独特的自身同一性：存在者和它的运动状态、属性的绝对的自身同一性。没有不波动运动的能量子客体存在，一切光、电、磁能量子都绝对处于运动之中。它运动的绝对性在于它不需要外在推动力量来左右、规定它的运动，所以它的本性就是运动，它的存在就是它的运动的根据和原因，没有非运动的辐射存在，这就是存在和运动的绝对自身同一性。为什么能量子存在和运动自身同一？没有理由，这是我们世界最普遍、最基本的本性，是它可以成为世界本原存在的理由，也是更复杂的非本原结构运动的根据和理由。反过来看，没有静止质量又没有运动的东西能存在吗？能量子的具体存在是由具体之量规定的，这和质无关的量就是它运动的量，量是它的存在论规定性等效于运动就是它的存在论规定性，简言之，能量子的存在和运动是直接自身同一的。

第二，能量子的运动是绝对的运动，这是它的本质，是它和结构性非本原存在的根本区别。客体世界是永恒运动的，物质客体的运动却是相对的。所谓相对就是说物质客体的运动判定和据以判断的空间坐标系有关。一个物质客体在一个坐标系中是运动的，在另一个坐标系中却可以是静止的，所以它的运动状态判定依赖于坐标系，相对于坐标系而言，这就是物质客体运动的相对性。传统的物质一元论为了符合自然界绝对运动的必然性本性，只能得出物质客体绝对运动的结论。但说物质处于绝对运动相对静止是无意义的，绝对运动是无静止可言的，有相对静止状态时则运动也是相对的，这才是符合逻辑统一性的。物质客体运动是相对于确定性的空间坐标系才能进行认识和描述的，既然空间形式在先验意义上都已经是相对性的，以之为形式的物质客体运动描述的绝对性又以何为根据呢？处于相对空间中的物质客体的状态是运动还是静止是相对的，取决于坐标系本身，根据在于空间描述形式的相对性。物质客体运动相对性的更深层根据在于物质客体存在和它的运动状态是相互分离的，不是永远自身同一的，就是说，物质客体的运动是需要外部推动的。对此不需要高深的形而上学思辨或知性科学论证，而就在对现实生存经验感悟之中，这个感悟的抽象就是力，力不只是知性认识的概念，它更具有感性认识之朴素意义。力的普遍性就是物质客体普遍运动相对性的更深刻的原因。物质存在和运动从来都不是自身同一的，它的运动是相对的，物质一元论本质上只能是二元论。只有处于本原状态的能量子的运动才是和坐标系无关的，这正是它令习惯于从物质客体相对运动描述的人类最为困惑的现象之一，但这就是它的本性。十九世纪末二十世纪初它这一本性的发现和思考导致了人类关于世界认识的伟大革命——相对论的产生。即使迄今没有人解释这是为什么，但我们最终正是通过狭义相对论接受了这一事实，这一本性用一句话来归纳就是光速运动和光源及观察者的运动状态无关，所以光的本性就是绝对运动。因为它的运动一旦是相对的话，光就是可以静止的，但这就和光的本性冲突了。所以，爱因斯坦相对论光速不变性的前提是坚实的，因为它正是能量子的存在和运动的永恒的自身同一性的现实存在形式。其实，即使在知性意义上，速度不变的光速就是绝对速度，光是绝对运动是显而易见的。能量子存在和运动绝对同一的等效陈述就是波速绝对性：能量子的波动运动速度和波源、自由观察者及传播介质无关。人类至今还没明白波速和介质无关的绝对性，把波速和介质关联起来就是还根本不懂绝对运动的本质和意义，即不懂能量子的本性。所以，要弄明白宇宙自然绝对而永恒的存在就更是勉强不得了。

第三，能量永远自身等同的无限绝对本性的最深刻表现在于它的转移和转化之中。从古希腊泰勒斯猜测水是世界万物的本原开始，历经两千多年哲学理性思考，人类至今仍局限于物质一元论的自然世界本性统一性理解，只能说明人类自觉理性还停留在朴素的初级阶段。从理性统一性意义看，物质性本原客体在逻辑上是不完备的。设定我们找到了物质本原客体即那个产生多的“一”，仅仅这个“一”在数量上的“多”就能产生出自足自洽的多样性自然界，同时又在多样性世界的一切客体存在中绝对保持着“一”的绝对存在吗？倘若果真如此，以水为本原的宇宙只能是纯粹的水世界，以火为本原的宇宙只是一个大火球，而绝对不是我们看到的这个样子。不能机械叠加地理解本原和本体的统一性，就是本原知识必须上升为本原论的统一性智慧的理由。遗憾的是两千多年来圣哲们在本质存在论和本体存在论思考中，很少专注于本原论这一理性统一性智慧的最基本领地，基本上停留在本原知识水平，坐等物质结构的科学发现来为物质一元论提供根据。但对本原的完备认识一定是在知识基础上的理性统一性认识，这就是本原论。本原论要基于自然存在永远自身等同的最普遍意义，提供本原之为本原的充足理由。本原论是统一性思考，它至少要把本原存在的几个基本规定性统一起来：一是存在意义上的不再可分解性；二是存在和运动的自身同一性，由外力推动本原的理论不可能是绝对一元论；三是本原构成的多样性复杂结构中它如何保持永远的自身等同性，即它在变化中不变的本性是什么，由此把本原论和本体论统一起来。按照这种本体论的统一性逻辑，物质客体是不具备自然客体本原存在的完备理由的。我们在逻辑和经验中都无法确定物质结构的终极性，更无法否定外部推动对物质客体的作用。最为致命的问题在于，由物质本原构成的复杂结构性存在中，质料、推动力、结合力在逻辑上无法统一于以物为本原的存在，仅物质客体并不是物质世界运动和演化的充足理由，质料、推动力、结合力不是同一的，质料并不是构成复杂物质结构的唯一原因，物质质料不是复杂结构的同一性存在，物质世界的永远自身等同的本性就不能是物质性的，物质一元论是不成立的。自然的本性是能量不是物质，因为质量相当于能量，但能量不都是质量，能量具有比物质更普遍的统一性意义。

从能量的自然普遍统一性意义否定有的世界本原资格，那就必须转向玄学的无思考自然统一性，把无和道、能量子和能量统一起来。首先必须指出，光、电、磁这些波动能量子是无，但它并不是最普遍意义的存在，仅停留于具体现象就没通达能量子的普遍本质，客体和状态不统一就没通达存在就是运动的绝对性。在我们的经验中，光产生热是常识性的，光发热的机理是光量子被物质吸收后转换为物质结构中微观实体粒子的动能。宏观物质热效应的物理意义是微观粒子的平均自由能，自由能越大温度越高，物质吸收光量子后微观粒子平均自由能增大，所以温度升高。物质吸收能量子并把它转换为热本质上就是把不可分的光量子转换为物质客体的状态，光量子失去了量子性，粒子性消失了，转化为物质的状态即属性。由此现象看来，能量子不是不灭的，而是能由粒子性客体湮灭而转化为非客体性的属性存在。能量子既然是能灭的，那就一定是能生的。理论物理学告诉我们，一切物体都在既吸收又辐射能量，能量子概念就是在研究物质黑体热辐射理论时由普朗克建立的。物质热辐射中质量守恒，温度变化，本质上就是把物质的状态转换为独立的能量子客体存在。能量子的生生灭灭现象表明它不是永恒的存在，那就只能说能量子和能量统一而不同一，能量才是能量子最普遍的本质规定性。如果把能量子客体的本性局限于具体客体，那还是执于现象的有限认识，同样无法摆脱物质实体粒子作为本原存在时的二元论魔咒。从统一性意义看，能量子客体是玄学之无，但不是最普遍的无，只是特定的有限的无，即只是具有粒子性规定性的无，能量子作为现实现象存在的更一般的本质是量子性之量，现象上生生灭灭的是客体性，本质上永恒存在的是量子化的不生不灭之量。从本质意义看，更普遍的能量是客体性和非客体性相统一的，既包括能量子客体，又包括能量子转化后的物体的状态，我们称这种普遍的具体为能量。无是世界万物本原的更一般意义是能量是万物的统一本性，又叫作能量一元论。只有把客体存在和状态存在统一起来，才能超越有限达到无限，自洽自足完备的宇宙一元论达到无限才是可能的，在现实中也才是可行的。

把能量子客体和物质的状态统一于能量是符合逻辑、知识和经验的。根据相对论，普遍的能量还包括物体的质量。在世界统一性原理的进一步探讨中还将揭示抽象的力、物质结构的结合力都是能量。只有在这种最普遍意义的能量存在基础上才有统一而自足的世界。为什么能量能够成为最普遍的存在呢？因为它只有唯一的规定性，一切自然存在只要是存在，最后一定能统一于量的最普遍规定性。具体是以具体之量为根据的。具体不只指向感性实体之具体，还包括物理描述中一切具有单位的具体之量。形而上的数学之量是抽象之量，形而下物理之量是有量纲的具体之量，理性具体之具体是一切物理之量的统一，据此无质有量的无就是有根据的具体存在，由守恒法则支配其转移和转化的能量也是具体存在。以能量子为例，它的本质规定性就是量，当它转换为物质状态后，尽管没有了粒子性，但它的量永远不变，绝对守恒，作为能量子的能量和作为物质状态的能量在量的规定性意义上是绝对同一的，我们称之为能量守恒定律，其实就是能量不生不灭本性的归纳。具体考察物质光吸收，一个光子被物质吸收了，它转化为物质粒子的温度，变为宏观意义上的热能，微观意义上的动能，但它依然是能量，而且保持自身守恒不变。正反粒子相互碰撞湮灭转化为光即本原状态的能量子态存在；根据不生不灭、有灭则有生的原则，我们完全有把握预言能量子在一定条件下可以转化为具有静止质量的物质实体粒子存在。爱因斯坦相对论的质能等式已经十分明确地指出，质量和能量是等效的，$E = mc^2$ 是我们宇宙的重要法则之一。所以，能量可以是本原状态的能量子存在，可以转化为特定的静止质量实体存在，还可以转移到实体客体中以客体的状态存在。在能量子可以转移、转化的三种形态中，能量的本质规定性永远没有失去，它按照能量守恒法则保持着自身等同。我们已经指出，能量子没有结构，没有质，量的同一就是完备的自身的永远同一，而能量守恒正是这个世界一个不证自明的本性。反过来说，宇宙的一切客体包括客体的运动状态，全部可以等效为具体的能量去理解，所以能量子就是宇宙一切客体存在的本原客体，它既是最简单、具体的，又是最普遍的客体存在，它统一于能量之中。所以，能量就是世界万物的质料和原因，是世界万物的本性。最普遍的多样性世界的统一性，应从最一般的能量去理解。

综合上述，能量就是绝对自身等同的存在，是绝对运动着的存在，是最具体、最简单而又最普遍的存在，能量子就是我们所追寻的宇宙万物的本原客体，是能量的最基本存在形态。它既是一切客体存在的元素，又是自足自洽的具体独立客体，还在转化为静止质量以及物质客体状态时仍然保持永远自身等同，成为一切客体运动的动力和原因。世界多姿多彩的复杂性存在是它自身运动向复杂性演化的杰作，它的永恒运动是世界复杂性演化的根本动力和最终原因，它在世界的一切具体存在之中而又依然以能量这一普遍形式独立自足地永恒、守恒地存在着；它的运动定律和法则，在最根本的意义上制约和决定着宇宙运动和演化的一切过程，客体世界的一切运动演化定律都在能量定律支配之下，甚至都应该从能量定律中推导出来。能量子作为本原客体存在，能量作为统一之元，能量守恒定律是只能从经验综合和归纳出来，无法从其他原理中推论出来的，既是真理，又是无限的，是多样性宇宙一切具体存在的统一。更为重要的是，能量是本质意义上的永远自身等同的存在，而非限定在客体现象意义上的，更不是感性具体客体意义上的。在绝对客体存在中构不成一元统一的自然界。本原的不生不灭规定性是感性具体意义上的，把本原客体的不可分解等效为感性客体存在的不生不灭就没有超越感性，不可能得到自然理性统一性理解，这是西方自然哲学建立之始的局限性。将本原的规定限定在不生不灭的永恒客体存在甚至是物质客体存在标志着理性的幼稚，执于物质一元论标志着西方自然哲学至今仍处在泰勒斯的水平。这种局限性和科学认识水平无关，它是由理性思维的水准决定的，这从另一方面标志着以柏拉图理念论为基础的西方哲学唯心论也没达到具体理性。自然哲学限于客体之物去理解世界统一性的根本原因在于认识论，有什么样的唯心主义本质存在论就有什么样的本体存在论，人类文化存在是具体统一而不可分割的。自柏拉图始的西方唯心论哲学把对象转向主体认识的普遍统一性而超越了自然哲学，但只是从感性具体进展到知性抽象和抽象理性，没达到具体理性，最根本原因在于唯心论不是自觉包括感性具体存在，反而否定唯物论，把感性存在叫作既存在又不存在就是说只能感性认识感性存在，唯心论拒斥唯物论就永远止步于抽象，达不到具体理性，对感性具体统一性理解就永远只是感性具体的。把本原存在的永恒性限定于客体存在是局限于感性思维的产物，这是唯心论的幼稚造就的，是感性具体没以知性抽象为中介进展到具体理性的合逻辑结果。

把本原存在理解为无中生有之无，并由无进展到存在者和存在者状态相统一的能量时，对本原存在的思考才真正超越了感性具体和知性抽象，进展到感性、知性和理性相统一，形而上和形而下相统一的智慧境界，把本原论和本体论统一起来。能量是需要理性智慧理解的概念，是包括能量子和质能统一性之能量、运动能量、推动运动的能量的多样性统一存在，是存在和运动演化相统一、质料和形式相统一的存在，这是它和纯粹独立于运动、推动、形式的物质实体质料的本质区别。只有在存在和演化相统一的能量普遍本性基础上，才能超越以客体为本原的先天的二元论局限性，才能通达自足自洽的一元论宇宙理解，才能把宇宙理解为一部自足圆满的永动机。

把无理解为能量统一性存在，以之为本原才能合逻辑地生成一元统一的宇宙，这同时赋予形而上学以普遍而现实的意义。传统观念中把形而上学理解为纯粹抽象精神而将形而下经验世界理解为自然客体世界是有局限性的。自然客体并不是普遍可感官直接经验的，能量子客体中有大量是人类无法直接感知而只能借助思维才能间接经验理解和实证的，所以宇宙自然不能再被理解为只是感性具体存在之物的统一。究竟有多少波客体存在，它们如何运动转化并和外部环境发生作用才是人类应知而知之甚少的世界，才是理解世界的最普遍意义的基点，也只有由之才能解释物和物相互作用的内在机制，才会明白月亮何以支配地球的潮涨潮落。从这种最普遍意义出发将赋予形而上学以更普遍的统一性理解。形的知性确定性意义是物质客体的空间规定性，感性具体意义是人的感官可认知性，据此，形而上学就不是纯粹抽象思维，更本质的是必须借助抽象思维才能通达的无客体存在及它的状态性存在本身，无是具体形而上学，空才是纯粹思维中的抽象形而上学。从老子玄学理论体系看，同样可以把道之无理解为形而上的存在，由形而上之无生形而下之有，由有生可感性感知具体之物，构成了形而上和形而下相统一的一元论自然，这是符合最传统的形而上为道、形而下为器的统一性理解的。器即有形状能被人的感官感知的具体之物，非器物之无是道，因之无器谓之玄。如此理解形而上和玄，玄才是宇宙统一性的起点，才是众妙之门，玄学理论才是关于宇宙自然生成的统一性具体理论体系，从而区别于西方唯心论哲学的认识纯形式统一性抽象理论。在自然意义上，形而上或形而下的判断依据合逻辑地只能是客体之形，只不过人类理性还幼稚而无法通达这一自觉境界罢了。

把形理解为客体规定性并由之区分形而上、形而下，也符合西方哲学发展史。西方哲学史上形而上学的概念源自后人对亚里士多德第一哲学著作汇编的定名，其直接意义是物理学之上或之后。西方物理学从古至今无论内容如何发展，它的认识对象显然是限定在有形的感性之物范畴中的，能量是物的抽象状态描述，光或者是波动现象，或者是物质存在，物理学中没有物之上或之后的客体存在，只有形而下存在，故物理学之上的形而上学也是以形来划分的，只不过西方文化的形而上只停留在抽象思维，没有进展到具体存在水准，只有抽象形而上学，还没达到玄学具体形而上学境界。

当从逻辑上基本得出能量子就是无客体，能量就是世界永恒存在的结论后，绪论的任务基本完成了。以能量子这一不可再分的量子化客体存在为最基本构成粒子的客体世界就是一个自洽自足的圆满世界，我们不再需要上帝给予第一推动。能量既是世界万物的质料，又是世界万物运动的原因和运动演化的法则，所以它就可以成为一个自足、自洽、圆满的宇宙存在认识体系的可能且充分的认识起点。人类思索宇宙几千年却无法达成一个具体的自足宇宙存在理论，长期以来西方文化不得不依赖上帝来为宇宙存在提供自足自洽的完备性。那些深刻博学的有识之士慨叹，如果我们能够建立一个自洽的宇宙理论，那么上帝对我们而言有什么意义呢？确实，世界统一性原理的自洽自足的自然世界理论体系是不需要上帝来帮忙搭建的，在自然领域没有上帝。以能量作为存在普遍本性的世界统一性理论首先要从基础上提供充足理由。所以，我们就要从一般的规定性转向具体客体世界的真理知识讨论和归纳，从而得出形而上和形而下相统一的能量存在丰富认识，关于能量的科学真理认识的回顾和综合就是具体思考的起点。

注释

①苗力田、李毓章主编《西方哲学史新编》，北京：人民出版社，1990 年第 1 版，第 27 页。

②同上，第 12 页。

③黑格尔著《哲学史讲演录》，北京：商务印书馆，1960 年第 1 版，第 1 卷，第 219 页。

④苗力田、李毓章主编《西方哲学史新编》，北京：人民出版社，1990 年第 1 版，第 81 页。

⑤张尚仁著《新译　新编　新解　道德经》，昆明：云南民族出版社，2008 年第 1 版，第 16 页。

第二章
物质状态的能量理论及其局限性

引　言

【提要】能量是自然最普遍的本性，人类知识从特殊到一般到普遍的内在发展机制决定了对能量的认识不是基于感性认识的归纳，而是在理论物理学形成相对成熟的理论体系后才能用客观知识描述的。能量范畴已快速全面渗透人类文化，成为常识，但人类对其本性和本质的理性反思近乎空白。自然哲学两千余年执于物质不知能量本性，其实根本就讲不清物质本性，更解释不明白质能统一性的具体自然界。

一、能量是在质点动力学理论体系中作为描述对象运动状态的单值函数而建立的客观普遍性概念。它和力做功概念统一为功能范畴和功能原理，两者在具体描述中数量相等但物理意义不同，功是力做功的空间累积效应，能量是对象客体在空间点抽象状态描述的单值函数，能量比功有更简单、普适的自然描述意义。能量范畴的普适、简单性决定了它已经迅速渗透在人类文化一切领域中，但哲学和科学都没自觉到能量范畴之于自然本性的最普遍意义。在质点动力学体系中作为抽象的状态函数，能量的具体物理意义只能基于质点，能量就只能限制在物质范畴，没达到自然最普遍意义，而且在质点动力学中也没获得比力概念更普遍的统一性意义。

二、在热机工艺学基础上归纳产生的物理热力学是用经验中的宏观状态参量温度为描述变量的，动力学和热力学的统一是理论物理学的重大命题，且只能从能量的最普遍意义把两者统一起来。温度的微观物理意义即基于分子论的统计描述揭示其本质就是能量，绝对温度已经赋予能量自足的存在论意义。由温度描述的热力学第一、第二定律及熵原理本质上是宏观物质系统的能量必然性关系归纳。

三、局限于抽象状态描述量的能量以质点为具体存在根据，在物质一元论意义下解释世界，由特定物质范畴限定最普遍的能量范畴得不到自然统一性理解，在绝对物质观基础上无人能破解物质世界自由能绝对不可逆递减、熵绝对增大的困局。因为物质一元论的自然是绝对封闭的独立系统，只有自然之外的上帝才能解救宇宙熵绝对增大的命运。破除熵垒的唯一出路是扬弃唯物论，回归自然的最普遍能量意义看世界。

按照基于能量一元论的世界统一性原理，我们生存的世界是统一于最普遍能量的多样性世界，是在最普遍的能量运动转化规律支配下永恒发展和运动的统一世界。人自认为是万物之灵的充足理由在于人创造了文化，不断发现和积累对于客体世界普遍必然性规律的认识，通过文化选择来实现人的现实生存活动，使人本质上成为超越自然生存的社会历史性存在，走出了纯粹生命自然界。人类五千多年文明积累中理所当然地包括相当丰富的关于能量的真理知识，并且科学真理形态的能量理论主要基础在物理学之中。必须看到，在人类科学认识中，与物质客体相比，对能量的认识是相对滞后的，能量理论尽管渗透在物理学的整个理论体系之中，但并没有被归纳和整理为相对完整、统一的理论体系，还是老子两千多年前所说的万物恃之以生而不辞，功成而不有，衣养万物而不为主的状况。因此，人类关于能量的所有理论认识都首先是基于物质属性即物质的状态参量的认识和描述发展起来的，还只是关于最普遍能量的片面知识，没进展到超越物质世界的更普遍归纳。人类对世界的认识是遵循从个别到一般到最普遍这个一般规律的，对最普遍的能量存在的统一性认识滞后是合乎规律的。问题在于人类不能长久地困在绝对物质观的牢笼中，不能成为蹲在物质之井中观能量之蛙。近代科学革命把人类引向知识爆炸的时代，尽管历史上屡屡有伟大的科学家向人类宣告就要终结物理学，或者谨慎而乐观地持人类已接近认识自然的尾声的观点，但从能量一元论的观点看，我们对最普遍的能量的统一性认识还没真正开始。二十世纪科学理论的革命性突破是相对论和量子力学，它们虽然突破物质一元论，但还未开启最普遍的能量一元论革命，迄今人们仍然在物质一元论的框架中讨论、认识和理解能量，苦于欲把最普遍的能量装进物质特定框架中却无法统一地理解自然界，只能用二象性去描述一元统一的自然。世界统一性原理开始从能量一元论去理解自然，理解世界最普遍的统一性，还只是一块进入能量最普遍统一世界的敲门砖。进一步海阔天空，能量世界的统一性认识，也许需要人类上千乃至上万年前赴后继的努力，几千年文明史其实也可看作弹指一挥间。你不妨闭上眼睛想象一下真空的现实，具有基本科学知识的当代人都知道其中有各种无线电波，那是叠加了无数能量子客体的真空。稍有物理知识你就会知道，宇宙大爆炸的辐射弥漫在整个宇宙空间；你也许应能理解，用不同频率的照相机给你照相，会发现你在向外辐射着各种波长的不可见光。真空其实是充满存在和运动的无穷奥秘世界，永恒有无相生的自然在玄和无的面纱后等待着文明人探险。尽管个人的自然生命只是昙花一现，所幸人类本质上是历史性的存在。

目前的能量理论不过两百余年发展史，而且完全局限在对能量现象的描述。这些现象描述虽然不全面，但却是我们思考能量的基础，是从现象到本质认识的起点。现有的能量理论虽然停留在物质状态描述角度，且也没有表现为相对完整的理论体系，但我们至少明白最普遍的能量在自然世界中无所不在，关于能量的真理知识是非常丰富的。最重要的是每一个关于能量的真理知识都是客观普遍有效的绝对知识，对能量的本质认识具有永恒的价值和意义，是人类宝贵的财富，也是建立更普遍的能量理论的坚实基础。因此，本章的重点是总结科学对能量认识的成果，从科学关于能量的归纳描述中揭示它的状态意义。并重点围绕热能的科学认识定律以及描述热运动的状态函数——熵，讨论与我们的生存休戚相关同时也是本论著的原始触发点的热力学第二定律和熵问题，作为我们真正切入本原客体存在思辨的关键点。最后，从能量科学真理认识的历史成果中揭示仅从状态现象认识能量的局限性：作为属性的状态参量是一种科学意义下的相对描述，仅从物质客体属性描述的能量是相对性的，因为表述物质客体运动的速度是和描述空间坐标系相对性有关的，所以，作为物质实体状态参量的能量是一种相对性的描述。物体的机械能即动能和势能是和空间位置及运动速度相关的，停留在物质状态意义上的能量显现出相对性之量的假象，产生了正能量、负温度的假象。

但是，实际上能量描述在本性上即在存在论意义上是绝对的，是与空间形式相对性无关的。机械能的动能就不仅有相对描述，同时还以绝对描述为基础：热状态用温度作相对描述，但温度本质上是绝对描述。绝对存在产生相对描述是认识形式的相对性产生的，并不是能量的本质和本性。热力学和熵定律物理意义理解的矛盾就在于既把热状态作为相对的，又把热状态用于绝对描述。当然，本章主要是对既有能量理论的总结，这些理论知识的科学性是毋庸置疑的。世界统一性思考的是能量理论的统一性意义，特别是它和现实世界的统一性问题。

第一节　能量的动力学描述

一、能量是物质客体运动状态的科学描述

自然科学早期阶段主要致力于发现物质世界客体相互作用及运动变化规律，并在牛顿经典物理动力学科学理论中形成了相对完整的质点动力学理论体系。它是人类发展史中划时代的重大成果，是古希腊建立对自然界科学知识以来的飞跃式进步。相对于运动学和动力学而言，对能量的科学认识要晚得多，它是与物质运动学和动力学相关的运动状态描述，以运动学和动力学为基础。运动学和动力学主要研究运动的瞬时量，比如速度、加速度、作用力的大小等，这对于物质客体运动描述而言是基础性的，因为物体的相互作用和运动变化首先是我们感性认识的现象存在。一切认识从感性认识开始，自然科学从物理学开始，物理学从运动学开始，运动学现象认识的进一步发展是运动的本质即原因和根据的认识，物理学称之为动力学理论。能量则是描述物质运动过程状态时建立起来的概念，所以是更加普遍的抽象概念。它的直接来源不再是感性认识，而是物理学的运动学和动力学知识本身。

对物质客体受力作用过程累积效果认识最早的物理描述概念是冲量和动量，它们是由笛卡尔在1644年引入的描述物体机械运动的物理量。描述物体运动的物理量是速度，运动改变还和质量大小有关，质量和速度的统一性作用产生了动量这一抽象物理量，它定义为物体质量和速度的积，这是建立力和速度变化的动力学关系的基础。外力对质点作用在一段时间内的累积量叫作力的冲量。力是物体运动改变的原因，冲量、动量把力对物体运动的作用及效果统一起来，物体在运动过程中所受合外力的冲量，等于该物体动量的增量。物体运动状态改变和作用力及质量两个因素相关，从动力学原理看，速度越大，质量越大，则推动其加速或将它停下来所需作用力越大，反之亦然。但从冲量及动量原理来看，同样的动量增量可以由不同大小的力来

实现，前提是其作用时间不同，只要作用力大小和作用时间的乘积相等，对物体运动作用就是等效的，这个等效的关系就是动量增量或冲量。所以冲量即动量增量是对物体运动过程累积效应的物理学描述量，即是力作用的时间累积效应的描述概念。

力的作用在空间的累积效应则用功的概念来描述。一个力对物体发生作用时，它所做的功是力的大小和物体沿力的方向的位移的乘积。由于力是矢量，力的作用方向和物体位移不一定是同向的，所以数学上用点积即标积来描述，即位移和力作用方向不同时，以力沿位移方向的分量去计算力对物体位移运动所做的功。功是标量，只有和方向相关的正负之分。当位移和力同向时功是正的，表示外力对物体做功，反之则功为负，说明物体抵抗外力做功。

由对物体作用在空间位移中累积效应的功描述转换为物体运动路程中任一确定点的运动状态描述的转换关系产生了能量概念。能量规定性的依据是功能原理，即由功去规定能。从最简单的质点运动来理解功能原理非常明了：外力对一个质点作用产生的运动位移所做的功，就是该位移末点处的能量增加量。能量和功都是标量，并且大小、单位都相同，但它们的物理意义是完全不同的。功是力作用产生的位移路程的累积量，能量是运动位移路程某一确定点的状态描述量，也可以看成是瞬时量，但必须排除静止这一特定状态或对之瞬时性作出规定。能量概念的最基本意义是把物质运动的空间累积效应描述转换为空间确定点的运动状态描述，从而把过程描述和空间中确定点的描述统一起来。物理动力学对物质运动的描述是以空间坐标系作为独立描述变量的，关于物质运动只有能够转换为空间独立变量描述即空间定义域中任何确定点的描述时，才能在动力学理论体系中具有统一性之意义。从功到能量概念的转换的意义首先就在于实现了物体运动过程描述和瞬时描述、路程描述和确定点运动状态描述的统一，使我们对物质运动的认识和描述进入更高层次的普遍统一性认识框架。

理解能量概念规定性的关键在于“状态”之意义。它和功不同，功是力在空间路程中作用效果的累积量，而能量是特定路程点上的特性，即“状态”描述，它就是我们用以揭示物质运动的一种属性描述。这个状态属性的最大简洁性在于它有一个确定的量值，不同的量值对应不同的状态描述，所以能量是物体状态的单值函数。按照能量概念的功能原理规定性，能量的值和功的值是符号相同、大小相等的；而根据功的定义，功在其运动路径上任何一点都只能有一个确定的值。一个物体运动中任一时空点上功都是单值的，故能量作为物体空间任何点给定的状态就只有一个值，是空间独立变量的单值函数，物体的状态即能量就是一个由单值函数来描述的物理量，并且这个量是标量，是最简单、普遍的描述量。

物质世界普遍联系和相互作用的总体图景是运动，反映运动的路程、速度、加速度是最基本的运动学描述量，用抽象的力描述这些物理量的相互作用规律的则是动力学。能量作为描述物质世界客体状态的函数，它的最基本的形式就是动能。动能是物体运动时的状态量，根据功能原理及动力学原理可以推出一个物体的动能和它的质量与速度二次方的乘积成正比，即 $E=\frac{1}{2}mv^2$。从动能的表达式，我们可以看到能量确实是确定点物体状态量而非过程量，因为速度是一个时空独立变量描述，是空间点坐标的函数。由动能和速度平方的正比关系可以得出动能也是空间独立变量描述单值函数的结论。但是，能量状态的量值是由力在运动位移中累积的功来定义的，所以，它在量值上恒等于功。我们从运动学的瞬时关系转换为点的能量状态关系描述之后，又可以得到力作用空间累积效应的结果。由于动力学是物质运动的最基本描述形式，所以在大多数情况下，我们并不是由力作用累积效应而是由运动学的物理量去直接求解能量值，有了能量值之后，我们则可以对力的空间作用效果累积效应有了完全的了解。在实际应用中，把功作为物体在某过程中能量改变的一种量度是更加简单易懂的。

从功、能及动力学的统一性关系中，我们发现能量这一状态函数的引入使对物质世界的运动描述更具普遍性。它把过程和状态统一起来，从而能更好地揭示物质世界的普遍联系和运动。能量的最普遍、简洁的规定性是指物体具有的做功的本领。从这个普遍意义来理解能量的时候，这一状态函数在描述物质客体在空间中的状态的同时，已经包含了力对物体空间作用的累积，又揭示了客体随后的发展和运动的方向。虽然能量这一状态参量描述的是确定性时空之中的量值，但它实际上包含着时空的连续过程。物质世界从复杂性存在中抽象为简单的质点动力学描述，而能量状态参量的引入则把普遍联系的物质世界的相互作用和运动的认识和描述，提高到了经典动力学的传统概念无法比拟的普遍性认识之中。

能量作为物质运动的状态参数，和物质世界的运动形式多样性相对应，与抽象功的多种规定性相对应，它有多种不同的形式。它最大的普遍性意义在于，在我们的经验和科学中已经证实，因为不同形式之间的能量只有量而没有质的规定性，所以它们是同一的，形式的不同只是假象。只要是能量就没有质的区别，就是可等效和等量转换的。不同形式的力及运动之间无法直接转换，而物质世界中的相互作用的普遍结果就是转化和转换，这才是永恒的运动本身。这些形形色色的运动转换只要还原到能量的状态，它们就建立起了联系，而且是在能量意义上等效的。所以，能量状态函数是描述世界普遍联系和作用的简单、有效的手段。这正是能量理论迅速发展的内在原因。

二、能量是物质客体运动现象的统一描述

能量是物理学力学理论引入的概念，但它的普遍性已远远超越了力学范畴。实际上在关于自然的科学认识中，能量的概念具有普遍意义。它已迅速成为自然界各种现象科学认识都可以共通的基础概念，根据在于它的意义的普遍性，即它在不同现象领域所表现出的相异的状态在量上具有同一性，就像可普遍兑换的宇宙货币，因而它是建立世界统一性原理的基础概念。

能量的概念由物质运动的力学描述引入和规定，反映物质机械运动状态的能量形式自然而然成为能量科学的基础概念。这种物体运动现象中的能量就叫机械能，动能则是机械能中的一种特定形式的状态描述，即和物体速度相关的状态。机械能还有一种形态就是我们十分熟悉的势能。势能描述物体的什么状态呢？不是运动状态，而是由物体在空间势分布中所处位置决定的具有的做功的本领。动能是现实性的运动状态，势能则是物体运动可能和现

实相统一的状态，在动力学中能量以势能和动能相统一的机械能形式被归纳出来。从动能到势能再到统一性的机械能，这是自然统一性认识的重大进展，势能的发现及其转化规律的归纳，具有非常深刻的意义。比如，在地球引力的分布中，高处的水由于处在势即引力场分布的高点，具有由该点位置所决定的势能，所以在势能作用下由高向低流，并且能推动水轮机转动并发出电能。势能的大小与物体质量大小有关，但决定性的是它在所在场中的位置即所处的势。在一个河流的某一确定点上，任何同等质量的水或其他物体在该点处的势能都是相同的。所以，势能和动能不同之处在于它不是单个质点可以描述的，而是整体分布关系描述，以及从这种分布关系描述系统中得出对任一具体点位的物体的状态描述，它是系统分布描述函数，具有从点进展到场的空间普遍性描述意义。

能量是单值函数，势能在系统分布函数中同样要保持其单值性。从力做功改变物体能量状态的角度看，只有这种力作用对物体做功本领这一状态的改变只与位置有关而与路径无关时才能保持势能是场分布的单值函数。所以，物理学把这种力称为保守力，反之则是非保守力。保守力就是指由之做功时功的大小只与物体的始末位置有关，而与经历路径无关的力。由此可以知，保守力沿闭合路径所做的功一定为零。物理学能量理论认为，保守力是最常见的一类力，引力包括地球引力是保守力，电磁力是保守力。常见的摩擦力则是非保守力。这种保守力和非保守力的规定及划分是浮于表面现象的，这种理解是缺乏统一性智慧的。其实不同的力指称着不同的相互作用方式，有不同的物理意义。这是关于世界本性认识的一个非常深刻问题，将在后面详细讨论。在这里我们至少应该明白的就是引力、电磁力引起的物体相互作用是可以由它的分布函数、统一的场来描述的。物体在这一场分布中由于所处位置所具有的做功的本领叫势能，由于引力场分布而产生的势能叫引力势能。我们经验中的引力作用是地球引力起决定作用，地球对一定质量的物体的引力大小表现为重力。所以，我们通常讲的机械能中的势能就是指地球重力场分布所决定的物体的重力势能。弹簧弹性力也是保守力，也可以用弹性势能来描述。

把动能和势能看作统一的机械能，可以得出对物体机械运动功能原理的更简洁、完整的理解和描述。在没有外力作用的情况下，一个物体在保守力场中的运动是在势能和动能之间的转换，但总的机械能保持不变，这就从整体上给出机械运动中质点运动特性的本性描述。在有外力作用的情况下，则总的机械能为原机械能和外力做功之和，物体动能和势能之和为原机械能和外力做功之和的恒等关系不变。用机械能的功能原理对更为复杂的质点系统进行描述时，由于涉及系统内部之间相互作用，产生了系统内部所做的功，能量描述会更为复杂一些，但原则和方法是不变的。物理学上用系统功能原理来描述，即当系统从状态Ⅰ变化到状态Ⅱ时，它的机械能的增量等于外力的功和非保守内力的功的总和。

机械运动是复杂物质世界普遍运动的最简单、最基本形式。但实际上世界上一切客体运动都可以从能量过程去思考和描述，所以能量和力一样，是描述世界运动的最普遍概念之一。而且由于不同形式的能量的同一性，即它们之间在量上的等效性和可转换性，它们是描述物质世界客体运动的硬通货，是最普遍和最简洁的。对宇宙世界的各种复杂形式，我们总是喜欢用与特定运动和相互作用形式相互联系的能量状态参量去描述，从而得出无质规定性区别的能量状态在表现形式上的多样性形态。

从作为物体状态函数的意义看，能量既然由力在空间位移中的累积效应来定义，那么它的最基本形式就和力的基本形式相一致，它的具体多样性形式也和力的多样性形式相一致，它的多样性形式的统一性同样必定和力的多样性形式的统一性相一致。说得直接一点，具有多少种相互作用力描述，就有多少种能量状态形式描述；力的统一性达到哪种普遍性水平，理论上能量形式的统一性就达到什么水平。然而，只局限于物质状态函数描述的物理学家们从来就没有觉悟到，为什么多样性能量的统一性是自然而然不证自明的？理论物理学的最重大命题、最伟大追求是力的统一性理论，但物理学家们在追求力的统一时却都冷落了能量。但连力的本性都尚未明了之时力统一于何处？

物理学追求力的大统一理论虽没成功，但已经把力归属为三种基本力：

引力、电磁力和核力。所以能量状态也具有相对应的三种基本形态，即与引力相对应的机械能，与电磁力相对应的电磁能，与核力相对应的核能。

动能和势能统称机械能，是描述物质客体运动状态的概念，所以是最基本的。人类进入工业化时代的标志就是机械力代替了人力，用机械功为人类做功，把人从沉重的体力劳动中解放出来。我们工业化社会主要使用的动力都是由最终转化为机械能状态的能量来提供的，这就是我们通常所说的齿轮和蒸汽机带来工业革命时代的理由。

蒸汽机是产生机械能的装置，它把热能转换为机器的机械力和运动。热是动能的一种，它是非常重要的能量运动形式，下一节我们将详细讨论热的能量理论问题。蒸汽机的热能不是由其他机械能转化过来的，而是由燃料提供的，所以燃料也称为能源。燃料提供的热能从哪里来？是它燃烧时释放的化学能。它在燃烧时发生放热的化学反应，实际上就是把化学能转换为气体分子动能，能量的来源在于燃烧物的化学键。化学键的物理意义是物质结构中质子和电子的电磁吸引力，所以，化学能实际上是电磁能。燃料燃烧提供热能的反应，实际上就是在分子结构中释放出它的电磁能，并转化为总体分子的动能的过程。所以，电磁能是非常基本的能量形式，物质的分子结构主要是依靠电磁能来构建的，这就是分子键的物理意义。

人类关于电磁现象的感性认识非常早，天空雷电就是电现象，而且磁铁的特性也使人类很早就有了磁的经验。但早期电和磁是不相关的两种现象。1819 年奥斯特发现了电流的磁效应，1820 年安培发现了磁场对电流的作用，1831 年法拉第发现了电磁感应定律，把电和磁相互作用关系建立起来。1865 年麦克斯韦建立了统一的电磁场理论，并指出光实际上是一种电磁波，这是人类对电磁能量认识划历史意义的里程碑。在现代人类现实生存中，机械能和电能之间的普遍转换装置是机械化和电气化的基石。我们不但进入了机械化和电气化时代，二十世纪后期，我们还进入了信息时代，它的科学技术基础就是电磁能量作为信息载体的普遍应用，依靠电磁波传播信息具有高速、高效和简单性，信息技术的普遍使用把地球变为地球村。

能量的另一个基本概念是核能。由于核力是强力，在物质结构中十分稳定，所以直到十八世纪人类才在放射性现象中经验到核现象。真正给出核力科学解释是二十世纪的科学成就，但它一经发现就给人类历史带来重大的影响，这包括第二次世界大战期间在广岛和长崎爆炸的那两颗核弹带给人类的巨大创伤，以及人类由此开始而不断增大的限制核武器扩散的压力。核能的发现为人类解决能源需求提供了新的天地，和平利用核能是人类不断增长的能源需求的新方向。但核能利用的安全性仍然是极具争议的，在我们短暂的生涯中已经经历了苏联切尔诺贝利核电站和日本福岛核电站两次重大的核事故，并且核废料的处理和潜在污染问题也是不容忽视的。我们把这只老虎关在笼里干活固然很好，但如果它跑出笼子，后果难以预料。

三种基本力和三种能量基本形式相对应。如果我们对能量状态函数是世界普遍现象统一描述这一性质有所领悟的话，那么对力的统一性就有充分的信心。把引力、电磁力和核力统一起来的大统一理论目前毫无进展，因为我们对三种基本力的不同质的规定性是清楚的，但对三种基本力的统一性还不清楚，不具备建立它们统一性的理论基础。除非三种力是同一的，即它们没有本质区别，只是同一种东西的不同形式，就像电磁力和放射性力是同一的一样，但这一点也是目前科学无法解释清楚的。所以，虽然目前谈力的统一为时尚早，但力的统一的信念却是不应动摇的，最可靠的根据就在于不同的力的不同能量状态描述形式虽然是不同一的，但它们并无本质区别，可以作为同一的状态去叠加和转换。既然力的空间作用累积效应概念规定的物体运动状态描述是统一的，不同形式能量的量是永远同一的，我们有什么理由怀疑力的统一性和世界的统一性呢?

能量状态函数描述形式不同但实质上同一的一个例子是势能函数。物理学把机械势能归纳为三种形式：重力势能 $E_p = mgh$，弹性势能 $E_p = \frac{1}{2}kx^2$，引力系统势能 $E_p = \frac{GMm}{F}$。它们之间是可以转换、转化的，其中最明显的是重力势能和引力系统势能。其实重力就是引力的一种，地球对物体的引力就是重力。所以，重力势能绝对是引力系统势能，甚至连表现形式都是同一的，只不过描述形式不同而已。为什么引力系统势能描述是曲线，而重力势能描述是直线呢？细心的思考者会发现，实际上两个函数选择的坐标系及描述变量是不同的，而且重力势能只是以重力场均匀分布这假定为前提才产生直线函数图像的。所以，引力系统势能和重力势能只是形式同一而描述相异而已。机械势能的形式实际上只有弹力和引力两种基本形式，说成三种形式是不严谨的，是把描述形式和表现形式混为一谈了。按这种逻辑，我们用 $E_a=\frac{1}{2}mv^2$ 描述动能，又用功来描述动能，只能说是同一动能状态形式的两种描述而已。

形式相同而描述不同的能量状态是同一的，这是同一事件描述的相对性问题。真正需要我们理解的是形式不同的能量也是同一的。科学家似乎并没有责任和兴趣去思考不同能量形式的同一性，哲学家们也甚少去思考能量概念，然而能量恰恰是我们经验世界到科学认识中的一个最普遍的统一性现象。无论何种形式的运动，当我们把它变为能量状态描述的时候，它就超越了形式规定性的束缚和限制，成为和任何其他形式能量等效意义的东西。这不是理论，而是我们关于所生存的世界的本性的一种经验。用功利主义的语言来描述，能量之所以能脱离形式而同一就在于它可以不依赖于过程，只依赖于结果，是特定位置结果的状态描述。所有的结果用力的做功表示时，功没有质的规定性，与力的规定性无关，故能量这一状态函数在逻辑上就是与形式无关的同一描述，而它在经验和科学理论中可以数学求和的普遍有效性才是它作为物质世界多样性现象统一状态描述的最可靠根据。

科学的能量概念是物质客体状态描述。所以，在这种意义上，它既是最普遍的，又是现象的，是物质客体的现象。所以，对能量状态概念规定性的意义是需要进一步展开分析的。

三、能量是物质客体运动最普遍意义的描述概念

理论物理学从物质客体质点动力学理论中引入的能量状态函数是适用于物理学整个领域的科学概念，和力、运动等概念一样，是科学描述物质世界

普遍联系和永恒运动过程的普遍、基本概念之一。甚至可以说，能量概念是物质世界运动变化规律认识中最为普遍的概念，能量规律是支配物质运动变化的最基本、最普遍的规律。

物理学是自然科学的源头，现代理论物理学是现代自然科学的基础，现代理论物理学体系是人类对自然运动变化规律科学真理认识历史性发展的缩影，是与人类认识发展从一般到更普遍的逻辑相一致的。物理学理论以揭示物质客体运动最基本最普遍形式的必然性规律为己任，当然所谓运动已经从古希腊时代物体的空间形式中的位置变化这一简单、基本形式发展为包括分子热运动、电磁运动、原子及原子核等微观层次的运动等多样性形式的统一。在物理学乃至科学发展史上，牛顿对质点动力学理论体系的成功综合统一和归纳总结，是具有划时代的伟大历史意义的。它把物理学的各种成就，尤其将伽利略和开普勒的理论成果统一起来，建立起更普适、简洁的质点动力学理论，把貌似变幻无定的自然界物体运动变化在抽象理论体系中统一起来，向人类展现了一个统一有序的完美物质自然界。连牛顿自己都惊叹，这个世界如此完美，除了是上帝杰作外别无可能。但当今很多人对牛顿经典物理学理论不以为然，把机械论宇宙观的责任归结于他，这不公道。机械论世界观是以古希腊以来自然哲学的绝对物质观为形式的，本质上是以因果必然性抽象真理思维方式为绝对的西方哲学唯心论的具体表现方式，而不是以牛顿经典物理的质点动力学理论为根据和原因的。更合理的解释是，牛顿质点动力学理论实现了物质世界的抽象统一性描述，同时也强化了绝对物质观，牛顿经典物理学理论以物质世界运动变化规律为对象，和自然哲学的唯物主义是统一的。绝对物质观的特点是存在和运动演化的二元独立性，这正是牛顿质点动力学的质点和力这两个假设在起点上抽象的形而上学基础。质点动力学是物质世界一切更复杂运动和演化的基础，包括复杂的生命运动。生命当然不是机器，但构成生命基础的物质元结构同样是由质点动力学等物理学规律支配的，人类不理解这一点时永远只能对神秘生命活力感到困惑，期望摆脱物质世界普遍规律支配而用特殊的生命物质去解释生命活力是弱智的。直到物理学家薛定谔 1944 年发表《生命是什么》这一关于生命思考的力作，提出生命的基础结构由普遍的物理学规律支配的革命性观点时，才把物理学和物理学家引入生命领域，使生命科学进入微观层次的物质、能量、信息结构和过程研究，推动了生命科学的根本变革。今天，我们已经认识到，复杂生命结构和过程最终都能还原为由最基本的物质、能量运动构成的结构和过程。至于用还原论观点去理解复杂生命，认为生命本质上和物质没有根本区别的机械论观念，是因为物质一元论和科学因果决定论思维在人类文化中有绝对支配地位。

绝对物质观对人类思维的统治地位的现实表现形式就是存在和演化的二元性，是质点运动和运动推动的力的绝对独立性，在知识中就是物质和能量的二元性，具体的理解则是能量是物质的抽象属性，只是相对于第一性物质存在的第二性存在。在这种本末倒置的理解中，物质世界的抽象质点和相互作用的抽象的力的概念就都是最普遍的，能量最终必须依附于质点，还原到力的关系才能得到理解，但两者绝对分立不可能达到一元统一性理解。二十世纪伊始，人类面临超越绝对物质观，进入能量统一性最普遍世界的最好机遇，当时物理学的两大革命性理论——相对论和量子力学，本质上是关于普遍能量的本性和本质的，它们产生的直接原因和动力就是要解决传统的质点和力这两个抽象认识基础对能量子即波描述的局限性问题，即解决牛顿经典物理学理论和麦克斯韦电磁场方程组的统一性问题。遗憾的是，这两个理论在抽象科学真理知识意义上虽然是科学认识世界的新纪元，但在由抽象普遍必然性规律去解释具体自然界的统一性意义时，却没有超越物质一元论的传统框架，在特定的物质世界中理解最普遍的能量的本性和本质，难以达到完美统一性的高度，最终使这两个科学革命性理论的现实意义大打折扣，而且成为人类知识中最难以理解的理论。从绝对物质观去理解它们，其实类似于不精通德文的人在硬着头皮啃康德、黑格尔的德文原著。从世界统一性观点看，一切都必须在最普遍的能量意义基础上才能得到自觉理性的统一理解。即使限制在物质运动关系中，能量的状态描述同样是最普遍的抽象，是统一质点动力学的基础。就是说，能量是比力和质点、运动还要普遍、基本的概念。能量是从物理力学知识基础上归纳而来的，不是演绎的，它合逻辑地就是更普遍的抽象。

物理学的力是描述物体相互作用的抽象概念。研究物体运动变化的原因及规律都需要用到相互作用力，所以物理学的基础是力学，核心是动力学，牛顿经典物理学的精髓是引力理论。引力无所不在，世界普遍联系，物体相互作用是运动的原因，所以力是最普遍的物理科学概念。从力和能量概念的关系上看，能量是由力的做功来定义的，力在物理学理论体系中，比能量更为基本。但是，从另一个角度看，力和能量由功统一在一起，能量和力具有同等的普遍性，但能量所描述的状态不仅仅和功相联系，更普遍的能量概念已经超越了力的做功的范畴。当能量被归纳为做功的本领的时候，它就不仅包含了一切力的现实动力描述关系，而且包含了尚未展开的、可能的力的行为，所以它是更基本的，它不只是限于运动状态，而且是状态和根据的统一，机械能是动能和势能相统一的。而从动能向势能概念扩展的时候，它所描述的做功的本领就超越了力的直接相互作用所抽象描述的范围，在统一性的更普遍场中去描述质点的运动关系和必然性规律。至于光能、核能等概念就更是如此。另外，物理学所归纳的三种基本力是统一而非同一的，尽管我们还没有建立完备的力统一理论，但至少我们不认为力同一。三种力相关的三种形式的能量状态描述却是绝对地统一的，即实际上是同一的状态函数，从这种意义上来说，能量就比力的概念更为基本和更加普遍了。

能量还是比运动更加普遍、基本的概念。尽管我们坚信世界是永恒运动的，但运动的科学描述和力的描述是同一层次的。所以，在科学描述的意义上，能量状态函数揭示的不仅是运动现象，更包括支配运动的规律及其原因，是运动的可能性和现实性的统一，是最普遍的运动的统一性基础。一般说来，能量作为比运动更普遍的物质属性的理由和上文对力与能量概念的比较是相同。

能量是物理学描述物质世界客体运动规律的最基本概念，但物理学有力学、电磁学、热学、光学，就是没有能量学，但各分学科都不能离开能量基础理论，因为能量和一切基本领域的科学认识和描述是不可分割的。从整体上分析物理学理论体系结构，对物理学理论体系的统一性进行综合，可以发现能量是贯穿于物理学一切领域的统一性概念，能量定律在一切物理现象中都具有支配性地位。那么物理学是否可以称为能量学呢？否。在现在的物理学科理论体系中，尽管能量状态函数是最基本、最普遍的物理学描述概念，但它的本性是状态函数，即它是现象描述，是物质客体的行为属性描述。物理学的对象是物质世界的运动现象，能量还只是现象层次的概念，它是以物质客体为基础的，脱离了物质客体就没有能量状态函数。对物理学理论的物质状态函数意义上的能量概念的讨论到目前为止，我们得出的第一个结论就是能量作为物理学描述物质世界普遍联系和永恒运动的抽象状态函数，在物质世界运动变化现象的普遍必然性关系中，是多样性现象统一的基础。物质状态描述是现象层次的，所有物理学所指的能量是指物质客体的能量现象。物质和能量是存在和认识的关系，物质是存在者，能量状态函数是对物质存在者的状态描述，所以物质和能量不是同一层次的概念。我们经常把物质、能量、信息三者联系起来，但并不是说三者是三个东西，而是三个层次的统一性关系，物质才是基础。说能量是最基本、最普遍的物理学概念时，是在现象意义上说的，即它是描述物质世界运动变化现象的最普遍、最基本概念。至今理论物理学的能量意义所指是物体之现象而非物体本身。

物理学理论到今天已经自觉或不自觉地把能量作为物理学最基本的现象描述概念。在当今物理学理论中，只要发现可以用能量状态描述的现象，物理学就会告诉你这个状态现象的所有者权益一定是物质客体，比如基于引力场的能量状态的证实，坚定的物质一元论者在物理学教材中与时俱进地加入了引力场是物质的判断。这是一种绝对的因果思维：既然物质运动现象一定可以用能量描述，那么可以用能量描述的客体现象就一定是物质客体的。以能量状态为根据，现代物理学已经拓宽了它的物质客体的领域，以前一些感性经验无法确定的现象，从能量状态可以判断其承担主体是物质，其中最为重要的是引力场和电磁场的物质性结论。传说中砸在牛顿头上的那个苹果是改变人类历史的划时代的存在，它触发了牛顿万有引力的灵感，创造了引力理论，使人类对物质世界是普遍联系和相互作用的原因和规律建立统一性的科学描述。在经典动力学理论中，引力是最为关键的，正是抽象的引力把物质世界的动力学抽象规律和现实的物质世界建立起联系和统一。但牛顿引入引力概念时并没有指明引力的本性是什么。动力学中力是对物体相互作用的抽象，这也应该是牛顿创立引力时赋予引力的本性。后来引力描述扩展为引力场理论，在理论中发现了引力场具有能量状态描述，在经验中检测并证实了引力场的能量，因此，物理学家们赋予引力场以物质特性。同理，物理学家们同样断定了电磁场的物质性。引力场和电磁场物质性的判断依据就在于能量是物质的状态函数描述。既然电磁场和引力场都具有能量状态，那如果它们不是物质性的，它们的能量如何解释呢？所以当代物理学理论把引力场和电磁场作为特定形态的物质客体存在。当物理学家如此这般地在物理学教程中向后人传授知识时，从科学因果必然性逻辑看显然没问题，从理论物理学体系统一性思考看却很有问题，回到现实世界时更有问题。质点在引力场中运动变成在物质中的运动了，抽象的力变成具体东西了，抽象的鸡下了现实的蛋，哪个物理学家还能在实验室中实现真空呢？真空中还有万有引力吗？真空中若没有引力就不叫万有引力，就没有引力场了；真空中有引力物质就没有叫作真空的理想空间了。为什么由引力场的能量状态去判断场是物质会引发悖论呢？因为能量是比物及运动更普遍的概念，它和物质是统一性关系，仅从物质属性去理解能量是短视的，比仅从物的绝对存在去理解现实中气象万千的永恒有无相生的具体世界还要糟糕。绝对因果思维只能悟到冷冰冰无生机的机械论世界。

综上所述，传统物理学理论的能量概念作为状态函数，没有本体存在意义，只有认识描述意义，它是建立在物质客体包括电磁场和引力场基础上的现象。能量只有认识意义意味着能量状态函数的描述一定是相对而非绝对的。在逻辑意义上，只有具体客体存在者的存在本身的描述才可以是绝对的，而对绝对存在者的属性现象的认识则只能是相对的。能量状态描述的相对性是极易理解的，比如动能和速度平方成正比，而速度就是一个取决于空间坐标系的相对量，所以动能的描述显然依赖于相对的坐标系，是相对性描述。势能同样和势能的零点选择有关，只有选择势能零点以后才能得到有意义的势能函数值，而参考点的选择是任意的，所以，势能的描述是相对描述。我们由此可以推断，能量作为客体状态函数去描述客体运动和变化行为时，它是一种相对性描述，它只有认识论意义而无本体存在意义。

所以，在物理学理论体系中，能量作为最普遍的概念是现象意义上的普遍，说它的本性是现象是在认识意义上的，在存在论意义上能量无本性。它的认识意义上的最普遍的本性是建立在物质世界物质客体的绝对普遍存在的本体论本性之基础上的。然而，仅局限于状态的抽象能量描述是有局限性的，它不可能在最普遍意义上把物质世界的多样性现象统一起来的同时，又只是依附于物质客体的相对性存在，这就是能量的相对性和绝对性如何统一，物质和能量在一元统一世界中何为绝对的命题，这不是抽象质点动力学可以从根本上回答的问题。科学是普遍抽象有限性认识，仅科学回答不了世界本性，必须由世界本性来为有限知性科学提供根据。在动力学理论中，机械能守恒定律是完美的，但对具体世界认识仍是有限的。由空间相对位置决定的势能按守恒的法则转化为具体的动能时，势能也必须是具体的。动能的具体性以质点质量为根据，势能的具体存在根据是什么呢？依逻辑就是场，但场又在真空中，场源的具体性如何赋予场具体性呢？场又是抽象作用力的概念，它的根据又回到质量，由引力或重力为势能的具体性提供根据时就产生了它们的本性问题，不只是抽象相对性认识问题了。这些才是关于宇宙统一性认识的更深刻问题，物理学的能量理论就不可能只局限于质点动力学中。在物理学中的能量理论不断深化发展，在热力学和熵函数描述中，绝对描述和相对描述无法统一时，局限于物质状态的能量理论的局限性就表现出来了。

第二节　物质宏观系统的能量理论：热力学和熵函数

一、热的温度描述的物理意义

热是对物质世界最基本现象的感性认识，温度则是对热现象的科学描述概念。热是关于物质客体的经验感知，物质客体的运动变化是由抽象质点和力去描述的，关于热现象的科学理论认识叫热力学。但热力学和牛顿质点动力学又有本质的区别，它不是关于质点的，而是关于大量质点构成的系统宏观状态的。简言之，热是宏观态物质客体的基本感性特性，是我们关于物质客体感知的基本经验之一，温度这普遍概念是从宏观物体的热现象的感性认识基础上归纳而来的。随着分子物理学的创立和发展，物理学揭示了热实际是物质客体能量状态的宏观现象，在质点动力学中其状态由单值函数能量表述，所以热又可称为热能。

在经验归纳基础上，我们用温度来描述物体的冷热程度。温度实际上是一个复杂的概念，但我们在经验中归纳出来描述物体冷热程度的摄氏温度却非常直接简明。它以水的冰点作为零摄氏度、沸点作为一百摄氏度来设定温度描述的标准，发明了温度计来测量、指示并描述物体的冷热程度，使我们对物体冷热的感性经验可以转换为知性确定性普遍意义的点描述。因此，温度是把感性的冷热知觉综合为知性描述的普遍科学概念。

用摄氏度来描述热现象时，温度仍然停留在宏观物体的表面现象之中，它只不过是把定性描述转换为定量描述的技术手段而已。止于此，我们还不了解热现象的本质、原因及运动规律。真正从微观层次揭示热和温度本质及其运动变化规律的是分子物理学，特别是气体动理论。分子物理学在物质分子结构理论基础上用统计描述的方法建立了描述物质热运动规律的科学理论，揭示了温度的本质，并合理地解释了物质世界中流动气体的特性、热的传导、比热、热胀冷缩及三态变化等热现象。在分子物理学意义上，我们才能有根据地把热称为能。

从世界统一性原理的角度看，麦克斯韦、玻耳兹曼等物理学先驱们建立的分子物理学理论是与牛顿经典物理学理论相媲美的又一个里程碑。首先，它建立了宏观物体与其微观结构层次组成部分相统一的运动变化描述，把物质分子结构理论和物体宏观状态的变化现象统一了起来，把质点动力学和宏观热力学统一起来，这是划时代的，对理解世界的统一性具有重大意义。当物质分子运动和物体宏观热状态是不同层次的统一科学描述成立时，我们就有充分的理由坚信世界的统一性和可认识性。其次，分子物理学创立了微观层次分子运动的统计描述方法，实现了从物质结构微观层次综合分析、归纳客观必然性规律，由之去解释物体宏观热状态变化的根据的重大进展，这是科学认识方法论的巨大进步。人类对物质结构还原分析达到微观层次时，如何把微观认识和人的宏观感性现实经验统一起来，既是科学认识中一个极其棘手的问题，又是理解科学统一性和世界统一性的具有重大现实意义的问题。一滴水中含有约 10^{24} 个大量分子，大量微观粒子之间的相互作用决定了物质世界中的宏观现象，提供了我们日常感知之经验。尽管理论上每个水分子抽象为质点是合理的，单个分子的行为当然符合质点动力学和运动学规律，但要用质点动力学的因果决定关系规律去描述大量分子行为以理解宏观现象在现实中是不可能的。分子物理学把分子、原子层次数量巨大、杂乱无章的热运动转换为有规律的统计描述，得出微观、宏观相统一的规律性描述，物质世界就是一个不同层次的统一性存在，而统计描述就是我们认识世界统一性的行之有效的科学思维和认识方法之一。最后，分子物理学成功地在微观层次从分子平均平动动能的角度揭示了宏观热现象即温度的物理意义，进而归纳出物质世界宏观热运动演化的规律，合理地解释了物体的相变及热传导的机理等问题。实际上这已经向我们揭示了世界统一性的一个重要特性：能量状态及其运动变化规律对物质世界的演化和运动是基础性、原因性的，能量对揭示世界统一性具有重大意义。以物质相变为例，物质分子组成不变的条件下，随着温度即分子运动自由能的增大，逐步从固态变为液态，最后转化为气态，所以，能量就是支配、决定物质结构运动演化的根本原因。

分子物理学的核心概念是温度。温度已不再是简单的经验定量描述技术手段，而是揭示热的本质的物理学概念。在理想气体情况下，温度与分子的平均动能成正比，宏观态的温度是大量气体分子热运动的集体表现，它在分子层次的微观物理意义则是气体分子平均动能的量度。虽然从每一个气体的动能去描述宏观态能量不可能，但从统计平均意义则可以将微观层次的分子平均自由能及宏观热状态建立起联系和统一，物体宏观热状态就有了确定性的微观物理意义，即温度的本质就是构成宏观物质系统的微观层次粒子的运动能量的统一，温度是能量的量度，热就是能，而且是宏观物体的内能。

热现象的温度科学描述的本质是物质分子的平均动能这一科学结论，对于思考世界统一性原理具有深刻的意义。

第一，热作为物质世界的普遍现象，是物质客体存在的一种特定的属性或行为。仅从感性经验我们对物体热现象的本性只能做种种猜测。当分子物理学把物体宏观热现象转换为分子层次微观运动描述的时候，它就从科学上揭示了热运动的本质，并得出了物质客体热运动现象的必然性理解。因为分子的平均动能是分子运动状态的描述，它就是物质在分子层次的动能，就是一种存在现象，这种微观运动现象在宏观态上就表现为热现象，热就是现象，是以物体为主体的，没有非物质客体的热问题。这是非常基本却不能自明的。如果没有分子物理学，我们就不可能有根据地得出热是纯粹现象的客观判断和认识。其实不理解分子物理学关于温度本质理论者，常常会在此问题上犯错。比如宇宙大爆炸理论断言宇宙早期处于炽热的高温状态，这是对的；但有人据此推断温度太高是宇宙大爆炸的原因，这就违反逻辑了。因为物质实体粒子和分子是宇宙大爆炸后才产生的，大爆炸发生的那一零点时刻是宇宙大爆炸理论描述的奇点，大爆炸理论并不能解释大爆炸零点时刻如此演化的原因和机理，只解释大爆炸后的宇宙演化过程，即它只是宇宙演化理论模型，不是宇宙创生的理论根据。至于能否以别的理论模型断言宇宙因为温度太高而发生大爆炸是另一回事。从演化的过程看，宇宙大爆炸的早期阶段，宇宙没有物质分子存在，故也没有分子运动自由能存在。用太热去描述宇宙大爆炸那一瞬间及用温度来理解宇宙大爆炸是没有意义的，即宇宙大爆炸的原因绝对不能从温度和热状态去思考和解释，空无一物时，凭何有物的热现象呢？

按照这一逻辑我们具体考察热运动的三种传统形式：传导、对流和辐射。传导和对流是同质现象，传导是固体物质分子在振荡中交换动能，对流则是气态物质分子在自由运动中通过碰撞交换动能，但辐射却不是。辐射是指物体发出波的行为，除了放射性元素的辐射在发出波的同时也伴有物质粒子发射外，稳定结构物体的辐射和吸收实际上是波的辐射和吸收，热辐射和热吸收是指物体因自身的热运动而吸收或辐射能量子，而不是指辐射或吸收热，否则物体就在不断发射和吸收具有一定速度的分子或原子了。热辐射和放射性物质辐射的本质区别就是放射性物质辐射才辐射物质粒子，热辐射是不涉及物质实体粒子辐射的。认为辐射热即辐射具有动能的实体粒子是感性常识，不是符合客观知识的，热辐射的真正物理意义不是辐射热，只有物质的核聚变、核裂变或放射性物质衰变现象才辐射热。把辐射看作是物质热运动的特定形式是不合逻辑的，它和热传导、对流的本质完全不同，它是物质和波相作用的相互转换问题，而不是物质分子、原子间的动能交换。把热辐射理解为发射出热能或吸收热能并不符合热辐射的本质规定性。热辐射或吸收概念中之热，并不是基于过程和结果的因果关系描述，而是纯粹原因描述，即物质由于放热发射能量子，因吸收能量子而获得热能。热辐射之热是原因，是辐射源作为辐射体的内在原因和根据。是热运动导致辐射，辐射的是能量子而不是热，辐射运动不是物质热运动，而是能量子运动。故物理学一直强词夺理说光、电、磁是物质，但把热辐射归纳为物质热运动时却又忘记了这一规定。根据对热辐射的热感知，人们往往可能误认为热是辐射的直接产物，但实际上它是热辐射的能量子被感知者的皮肤分子吸收转化为吸收分子的动能增量而已，它实质上是不同的能量转换过程的统一。

第二，温度是物体宏观状态量，没有微观意义。质点、微观物质客体没有温度描述之意义，描述它们的状态的有意义的物理量是能量和速度等。比如宇宙大爆炸发生之后的短短时间内，基本物质粒子产生后，我们只能说这些粒子具有非常大的运动能量或速度，不能说这些粒子的温度非常高，而只能说这时宇宙的温度非常高。由此可见，能量状态描述是更加普遍的描述，它不但可以从粒子微观层次的自由能去描述物质世界的运动状态，而且从统计意义上得出的物体热状态宏观描述本质上也是能量描述，宏观、微观态物质运动描述在能量意义下得到了统一。所以，我们用温度来描述热现象时，顺理成章地把热称为能。温度是系统内部能量状态描述量，是以宏观系统为对象的物理量，对粒子、物质质点和能量子都没有描述意义。切记，热描述的宏观系统严格限定在物质宏观系统，能量子构成的描述系统同样没有温度之意义。因为在微观粒子意义上，能量子是不适用动能描述的，用热能去描述能量子系统不可能有合逻辑之意义。从具体物理意义看，温度是物体的状态能，是动能，但能量子是速度不变且没有质量的，是不能用动能状态去有意义地描述的，故能量子宏观系统没有温度，不会有热传导、对流现象，太阳热辐射据此才能到达地球，太阳送给地球的是光不是热，地球和太阳只有能量交换，没有物质交换。由此看来，假如把宇宙大爆炸的奇点抽象为没有空间体积的零点状态的话，那就说明零点时刻无物存在，没有温度，只能说那一时刻能量密度无限大，却不能说温度非常高，炽热的宇宙早期这种描述只有在大爆炸之后，无中生有之后才有意义。我们是宇宙漫长演化并进化的产物，既是具体物质性存在，又是绝对运动的生命存在，热能是与我们生存经验休戚相关的，对能量的进一步思考就是热能之意义。

第三，热现象宏观态温度描述是绝对而非相对的科学描述，具有严谨的存在论意义。从分子平均自由能推导出的理想气体宏观态温度描述是绝对温度，叫作热力学温标，它比摄氏温标低 273. 15 摄氏度，即它一定是非负的。按照绝对温度的规定性，热力学零度将是理想气体分子热运动完全停止时的温度，所以热力学零度是它的绝对下限，我们不能设想分子的“负运动”，无规运动的终极状态是静止，所以绝对温度永远大于或等于零开氏度。物理学认为，实际上分子运动不可能停息，热力学零度是不可能达到的，理想气体在零摄氏度以下时已经成为固体或液体，而对固体或液体，即使在热力学零度时，组成固体点阵的粒子还保持着某种振动的能量——零点能量。但我们现在思考和讨论的不是零点是否有能量，而是绝对温度描述的本质问题。

绝对温度描述确实有绝对的意义，因为绝对零度是不可逾越的壁垒，低于绝对零度的物质宏观态不仅没有意义，而且不可能，绝对零度是物体宏观温度的极限，这就是绝对的意义。物体宏观热状态的温度是它的大量构成微观粒子的统计平均动能，是由速度这一状态量来规定和描述的，物体速度是基于相对空间的相对描述量，为什么从运动的相对描述出发的宏观热状态反而产生了绝对描述呢？这是物质宏观态能量理论中一个非常重大、深刻的统一性命题，但长期以来被人类忽略了，或者是在物质一元论的观念和认知框架中根本无法解释它。在理论描述的技术性本身，这是可理解的。一方面，物体的动能由速度和质量决定，但动能和速度的关系不是单纯正比的关系，否则从速度矢量描述中根本无法得出能量是标量的结果。物体的动能和速度二次方成正比，任何速度的二次方都绝对是正的，把速度转换为普遍的能量状态描述的时候，得出温度绝对大于零开氏度这种绝对描述。另一方面，由功能关系和力的做功关系可以看到，矢量力所做的功分解为分量的力所做的功的叠加时，在直角坐标系中，按矢量合成规则，分力的平方和就是合力的平方，这就确保了功和动能增量在量值上的恒等性。温度本质上是热的能量描述，它描述的绝对性就是动能乃至能量的绝对性，相对描述得出绝对结果的更深刻的根据应该是本体存在论意义的，而不仅是认识论意义的，就是说温度、能量的绝对性是我们所处的自然界本性，并不依赖于我们的认识本身，这正是关于永恒的存在应该思考的真正命题。

当然，温度首先是科学概念，科学意义上的绝对描述还不是世界统一性原理追求的绝对，因为这种知性描述是有限的，是在它所规定的边界意义范围内的，即它只能对指称的物体作为一个完整系统整体时才有效。我们说一个物体的绝对温度是100开氏度时，是以这一个宏观物体作为一个封闭、独立、完整的对象而言的，它的温度只在这个前提下才有意义。在这个限定下它是独立的、绝对的，不因这物体运动描述的参考点选择改变而改变，它以地心为参照系或以其他点为参照系时它的绝对温度都是100开氏度。这就是它的绝对的真正含义。物体的动能描述和参照系有关，但温度却与此无关。温度是一个物体的内能，这就是它绝对描述成立的原因。如果温度和参照系有关，物体的温度描述就失去意义了，故它只与作为宏观系统物体的内部状态有关，由之所决定。

温度描述的有限绝对性赋予了从宏观热状态描述物质世界的重大意义，它使我们可以避开大量微观粒子运动的复杂性和随机性，从可观测、操作的，与经验直接相联结的宏观态去观察和认识、描述热运动，而这种宏观描述的微观统计解释又使我们对宏观热运动描述在世界现象中得到统一性理解。对能量的科学认识的一个重要内容，就是宏观层次热现象的运动变化规律的探讨和描述。

二、热功关系和热力学定律

近代科学革命是工业革命的先导，又在工业革命的推动下加快发展步伐，所以近代史是以科学和工业革命为标志的。工业革命用机器大生产代替了传统的人力劳动，提高了社会劳动生产率。用机器代替人力有一条机械运动的定律制约：任何机械都省力不省功，机器生产就要解决机器在功能转换中的效率问题。近代机器生产力以热机为主，热功关系就理所当然成为近代科学研究的最有现实意义的领域，热力学就是在这种背景下产生和发展的，它是近代工业革命直接推动的产物。近代机器生产力的基础是热机，热机的热功关系就是近代科学最具现实意义的领域。热力学的能量理论就在这一历史背景中产生，并成为近代科学中最具魅力的领地之一。热功关系科学研究发现了热力学第一定律、第二定律，这是人类认识世界的又一次革命性飞跃，意义非比寻常。

热力学与分子物理学研究热现象的观点和方法不同，它抛开热现象的本质，不关注热运动微观过程，而是着重以宏观热现象的观测和实验为依据，从功、能、温度等宏观状态出发去建立宏观热状态过程的变化规律。这些规律揭示了宏观态下热功转换的关系和条件，对于解决热机工作原理及提高热机效率及能量的利用率，具有重大的实用意义。热力学定律是在热功转换技术应用研究中建立起来的更具现实性和普遍性的科学理论。

热力学主要理论源于十九世纪法国工程师卡诺对热机最大可能效率的研究。把热能连续地转换为机械功的装置叫热机，热机工作时所产生的机械功和所消耗的热能的比值就是热机的效率。理论上理想气体等温膨胀过程推动热机机械运动，把热能转换为机械功，但要在技术上形成连续的机械功输出，必须使热机循环工作，即热机在利用气体等温膨胀过程做机械功后必须返回初始状态，然后不断重复这一过程，热功转换必须在循环过程中才能形成由热能提供的连续不断的机械功。循环是指热机工作系统经历一系列变化过程又回到初始状态的过程。卡诺就是通过这种循环过程来从理论上研究热机效率，他建立的理想循环叫作卡诺循环。

卡诺循环由一个恒温高温热源、一个恒温低温热源提供热能，工作物只和热源交换能量，不考虑实际工作中的其他损耗因素，因而是一个理论上的理想循环。工作物和高温热源接触时等温膨胀，和低温热源接触时等温压缩，工作物只和两个热源交换热量，当它脱离热源时是绝热平衡过程。一个完整的卡诺循环就由两个平衡的等温过程和两个绝热过程组成，完成一个循环后，气体的内能回到原值不变。设高温热源温度为 T_1，低温热源为 T_2，工作物气体等温膨胀过程从高温热源吸取热量为 Q_1，等温压缩过程向低温热源放出热量为 Q_2，则按照卡诺循环，可以得到热机把热转换为功的效率 $\eta = 1 - \frac{Q_2}{Q_1} = 1 - \frac{T_2}{T_1}$。按照物理学的归纳，对卡诺循环热功转换效率得出如下三条结论：

“(1) 要完成一次卡诺循环必须有高温和低温两个热源（有时分别叫作热源和冷源）；

“(2) 卡诺循环的效率只与两个热源的温度有关，高温热源的温度愈高，低温热源的温度愈低，卡诺循环的效率越大，也就是说两个热源的温差愈大，从高温热源所吸取的热量 Q_1 的利用价值愈大。

“(3) 卡诺循环的效率总是小于 1 的（除非 $T_2 = 0$）。”①

实际上，这个归纳的表述是不够严谨的，因为它把热功转换效率和热机把热能转换为机械能的能力这两个完全不同的物理概念混淆了。首先考察热功效率问题。按照热机的效率是它所输出机械功/热机所耗费的热能的定义，考虑到理想卡诺循环不考虑任何损耗，所有的热能全部转变为机械功，按照功能等效原理和能量守恒定律，卡诺循环的热功效率一定等于1，否则能量守恒定律就被证伪了。为什么物理学家们一直坚持热功转换效率一定小于1呢？因为把高温热能理解成转换为机械功的输入能量是不严谨的。实际上卡诺循环中转换为机械功的热量 $A = Q_1 - Q_2$，即它是由高低温热源之差所决定的。外力要维持热源 Q_1 状态，也就是对高温热源供能做功，即把 Q_2 恢复到 Q_1 状态，所需补偿的热量也是 A，不是 Q_1。所以，理想卡诺循环的热功效率按照能量守恒原理，是一定等于1的，$\eta = \frac{A}{Q} = \frac{A}{Q_1 - Q_2} = \frac{Q_1 - Q_2}{Q_1 - Q_2} = 1$ 是恒等式。所以正确的结论是：理想卡诺循环的热功转换效率是1。理想的卡诺循环既然是不考虑循环内部任何损耗的理想状况，作为循环自身的功能转换关系而言，热功效率理论上只能是1。

下面再考察卡诺循环中热机所具备的将热能转换为机械能的能力问题。热机作为机械装置一定是省力不省功、不省能的。它的作用在于把热能转换为机械能，依靠热能来做机械功并不省功但省力，即用热能亦即热力来替代人力，所以叫热机。热机的本质，首先在于具有把热能转换为机械能的能力，其次才是它的转换效率。按照能量守恒定律，各种形式的能量在遵守量的守恒原则下相互转化，机械能可以转换为热能，热能也可以转换为机械能，两者之间能否转换、向哪个方向转化取决于特定的边界条件。只有在特定边界条件下热能才具备转换为机械功的能力，这个边界条件是由热机提供的，热机的本质就是建立使热能转换为机械能的边界条件的特定装置，把输入的热能转换为输出机械功。不同的热机提供不同的边界条件，即具有不同的把热能转换为机械功的能力。热力学所探讨的热功效率的物理意义就不是传统物理学的效率概念，而是描述热机把热转换为机械功能力的概念。卡诺循环指出，只有两个热源的温差才是可转换为机械功的热能，低于或等于低温热源的热能不是被热机白白损耗掉，而是热机无法利用它而已。$\eta = 1 - \frac{T_1}{T_2}$

所反映的不是热机工作效率，而是热功转换能力。在理想卡诺循环中，传统机械效率意义上的机械转换工作效率一定是1，但它的热功转换能力却不是1，即并不是所有热能都能够转化为机械功。但不转化为机械功的热能并没有被消耗，只是保持不变而已，它在理论上并不是理想卡诺循环的有效输入。从所谓热力的意义看，推动运动的热力是温度差而不是温度。这和动力学的理论是协调的，因为从相对空间普遍意义看，力是运动改变的原因。从热力学意义看，热力作为推动机械运动的原因只能从温度差而非绝对温度去理解。从这个意义看，所谓热功效率即指一个热机将温度转换为热力的能力，而热力在理想卡诺循环中是全部转换为输出机械功的，在理想条件下其实并不考虑热力转换为机械功时的效率问题。从热、热能深入到热力，就能理解卡诺循环之于热力学的意义。

所以，从卡诺循环的热功关系分析提出热机热功转换的两个基本的原理性问题：功能关系及热转换为机械功的转换能力关系，它的更普遍的抽象理论归纳就是热力学第一定律和热力学第二定律。

热力学第一定律本质上是能量守恒定律普遍描述形式在热和温度描述条件下的特定形式。最基本的能量守恒定律是机械能守恒定律，当考虑到热功转换作用时，单纯的机械能守恒定律就无法描述了，于是扩展为包括机械能和热能在内的守恒定律。普遍的能量守恒定律认为，对一个系统而言，外界对它传递的热量为 Q，系统从内能为 E_1 的初始平衡状态改变到内能为 E_2 的终末平衡状态，同时系统对外做功为 A，那么 $Q = E_2 - E_1 + A$ 就一定恒成立，这就是热力学第一定律。热力学第一定律的意义就是：外界对系统传递的热量，一部分使系统内能增加，另一部分使系统对外做功。热力学第一定律是热能、机械能守恒定律。由此也可以得出卡诺循环的热功转换效率一定等于1的结论。因为机械功是由热转换而来的，它们的量纲也是相同的，在一个完整的卡诺循环中，热机系统的内能的起始状态和终末状态相同，即 $E_1 = E_2$，所以，热力学第一定律的描述就是 $Q = A$；所以，$\frac{Q}{A} = 1$ 是恒等式。

热力学第一定律已经在先地决定了卡诺循环理想状态下热功转换工作效率是1，这是理想循环得出的合逻辑结果，否则能量守恒定律和热力学第一定律就被证伪而失去其真理性意义。热力学第一定律从理论上否定了永动机的可能性。我们不能从较小的热能获得较大的功，没有效率大于1的机械装置，任何机器都只能省力不能省功。如果考虑到实际机械工作过程的换耗，热机转换中并非全部热能都转换为机械功，同时机械功也不能全部为我们所利用，非理想状态下，热机效率总是小于1的。

效率大于1的永动机由于违反了热力学第一定律而被彻底否定。但能否在能量守恒前提下，制造一种只从一个热源吸收热量，并将热全部转换为机械功的热机呢？这类热机被称为第二类永动机。这就是卡诺循环所揭示的一个系统把热能转换为机械功的能力问题。从卡诺循环可以看到，工作物从高温吸取热量转换为机械功后，总要向低温热源放热才能回复到的初始状态，否则高温热源无法再向工作物传递热功而使热机做机械功。卡诺循环中工作物系统利用热能做功的能力是由 $T_1 - T_2$ 决定的。如果 $T_1 = T_2$ 则热源无法向工作物供热，即可用于做功的热量 $Q = 0$。所以，一个热机系统把热转换为功的能力由高、低温热源的温差决定。根据这些事实，开尔文总结出热力学第二定律：不可能制成一种循环动作的热机，它只从一个热源吸取热量，使之全部变为有用功，而其他物体不发生任何变化。1850年克劳修斯将热力学第二定律归纳为更加普遍性的表述。热量不可能自发地从低温物体传向高温物体。

热力学第二定律实质上是关于热的转移交换这种运动规律的描述。热功转换中保持量的守恒是最基本的普遍定律，但这种转化运动如何可以发生？它的转换变化的制约规律是什么？这就是热力学第二定律描述的内容。热力学第一定律和热力学第二定律是相辅相成的，第一定律对能量转换过程的守恒性作出规定，第二定律则对能量在守恒的规律制约下如何按自身的规律去运动和转化的法则作出阐明。并不是所有守恒的能量过程都是可实现的，热能运动遵从守恒定律，但并不是一切符合守恒定律的热运动都是可能的，热力学第一定律只是热运动的必要条件，它和热力学第二定律一起才构成热运动的充分必要条件，在热力学第二定律制约下的能量运动和转换才是可实现的。没有第二定律就无法揭示热能的运动变化规律，不正确认识热能的运动和转化就算不上得到对热能量过程的科学认识。热机转换问题及卡诺循环所揭示的本质主要是热能的运动及热功转换的根据，主要是热力学第二定律问题。由卡诺循环总结出了卡诺定理：一切可逆机的效率都等于 $1-\frac{T_2}{T_1}$，这里的效率不是指可逆热机消耗的热能和它所输出的机械功的比率，而是指一个热机将热能转换为机械能的能力。热机的转换能力基于使输入热量成为有效输入的热机装置本身。符合热力学第二定律制约的条件，即有温度差才能为热能转换为机械功提供必要条件，只有高于低温的热能才是热机工作的定义域；只有在热力学第二定律制约下能够产生运动、转化的热能才是我们可以利用来做机械功的热能。η 这一效率揭示的是热机利用的热能的边界条件，而不是热机把热能转换为机械功时的效率。所以，卡诺定义的效率概念必须基于热力学第二定律去理解，而不能从输出或输入这一传统的物理意义去理解。它是热力学状态和过程描述的特定概念，不可和动力学的机械效率概念混淆。由此可见，热机的发明和应用使用热来做机械功，实现节省人力的目的，它的广泛应用使提高热机效率成为近代科学技术一个十分迫切的问题。这里的效率有两方面的含义，一是尽可能增加能为热机利用的热能的范围，提高热机的转换能力，更有效地利用能源；二是在实际中把利用的热尽可能转换为我们所需要的机械功，要最大限度减少各种损耗，使实用的热机更加理想一些。前者是卡诺定理的效率问题，后者则是一般机械的效率问题。

实际上，热机工作原理的前提，首先是卡诺效率，如果不能充分利用热能，那么再高的机械效率都没有意义。所以，热力学第二定律和热机转换能力的卡诺循环意义上的转换效率是非常重要的，是热机理论的基础。对热力学第二定律及热机转换能力的更一般研究，产生了更普遍的熵概念，这又使热力学第二定律上升为世界更普遍的规律描述并同时产生了热平衡即“宇宙热寂”问题。

三、封闭系统状态的熵原理

热力学第二定律的更一般意义是揭示了热状态运动的不可逆性，这是我们生存的世界热能运动演化的本性。热只能自发地从高温物体流向低温物体，反之则不可能发生，这就是热能运动的内在规律。我们称热能这种运动、变化的本性为不可逆变化。于是，物理学对世界客体事件的描述就有两类，一种是可逆过程，另一种是不可逆过程。系统状态的可逆、非可逆过程的描述函数就是熵函数。

熵函数是在卡诺热循环基础上建立起来的。在一个完整的卡诺循环中，系统从初始状态开始变化，回到终态即循环完成时，又回复到初始状态，一个完整的卡诺循环能够成为循环的条件就是保持起点和终点的状态不变，而与过程无关。卡诺循环能成为循环的条件用熵去描述，就是循环起点和终点保持熵不变，所以熵与具体演化过程无关，只跟状态有关。这类似于能量状态函数作为功能关系是质点运动的单值函数描述原理，是点的状态描述，但现在是循环过程的时间点，不是力作用下运动过程的空间点。由此可见，熵就是一个复杂系统运动演化过程的状态函数描述，并且系统的熵值只与状态有关，而与状态过程、状态运动无关。在这种意义上看，一个系统状态确实可以用熵这一单值函数来描述。物理学用 S 来表示熵，在卡诺循环中，以热作为状态，把 dQ/T 看作系统的熵变，在一个可逆循环中，系统的熵变等于零。这和保守力做功的特点相似，与势能函数描述相似，即它的状态只和描述的点有关而与时间过程或空间路径无关。这就是熵可以看作系统状态函数的充分理由。

熵和能量一样都是状态函数，但熵比能量抽象得多，难理解得多。实际上，物理学界对熵的解释及理解是非常不完备的，也经常不一致，以至没几个大学生在物理热力学理论学习中，能从普遍抽象熵函数及熵原理出发得出和感性经验现实有实质关联的理解，很难超出基于热力学第二定律的理解水准，熵原理就通常被当作热力学第二定律的另一种表达或等效形式，无法觉悟到熵原理是包含热力学第二定律的更普遍的归纳。热力学第二定律是热状态运动描述，熵函数是热状态描述，因而热力学第二定律是不可逆的，熵变却是可逆的；把熵原理和热力学第二定律当成同一规律的不同表述形式是肤浅的，只能说两者是统一的。熵函数及熵原理更加普遍而抽象的一个重要原因在于，熵是从热能的运动演化现象推导出来的，它是现象之现象、状态之状态。熵是描述能量运动状态规律的，能量又是描述物质客体运动状态的，熵比能量更抽象，更远离对具体客体能量运动过程的感性经验。熵的物理意义的具体理解及在经验中的实际运用是无法和能量状态函数相比拟的，大多数人只是在物理学中对之有粗略印象而已。实际上，除了一些专业的物理学及热力学理论及技术工作者外，大多数人对熵基本上是知其然而不知其所以然，对熵原理的运用往往是望文生义或以偏概全的。从更普遍意义说，人类至今对熵原理和物理世界的统一性意义解释大多是不合逻辑且违反经验的。

熵函数描述热能运动变化规律的最基本意义在于判定一个系统热能运动过程究竟是可逆过程还是不可逆过程。一个系统在和外界进行热和功交换的时候，如果它的熵值在一个完整的运动循环中是保持不变的，则说明这是一个可逆的热功运动过程，就像卡诺循环一样是可逆过程。如果熵值在循环中发生了变化，则它就是不可逆过程。这和用力做功来判断力的性质相类似，如果力做功只与终点或始点无关，我们称该力为保守力，反之则称之为非保守力。

用熵状态函数来描述物体系统宏观热运动规律的一个最重要结论是一个封闭、孤立系统的熵是绝对增大的运动过程，熵最大是这个系统的终极运动状态。这个状态的实现与初始状态无关，与热运动演化的具体过程无关。系统这种熵最大的状态叫作平衡态，它是一个孤立热力学系统运动的吸引子，或叫终极状态，一切孤立系统的热运动的最终结果一定是在不可逆运动中达到熵最大的热平衡态。

孤立系统热运动一定是趋向平衡态的运动的根据是什么呢？热力学从统计的意义对一个系统的宏观状态分布进行分析和描述，并得出一个系统内部的运动总是由概率小的宏观状态向概率大的宏观状态进行的结论，亦即系统的不可逆运动实际上是包含微观状态数目少的宏观状态向包含微观状态数目多的宏观状态进行的，而与之相反的过程绝对不会自动发生。一个典型的例子是自由膨胀的不可逆性。按照熵函数分析，一个自由膨胀的系统运动的熵是增大的，即系统的热膨胀是不可逆的，它不会自发实现收缩状态。用气体动力理论来解释热膨胀过程的不可逆性时，把分子的每一种可能分布称为一个微观状态，则 N 个分子有 2^N 个可能的概率均等的微观状态。从统计分布可以证明，基本上均匀分布的宏观状态包含了 2^N 个微观状态的大多数，而任何一个特定的分布只是总状态数之一，在 N 很大时概率几乎为零。实际上，在统计的意义上，我们可以这么认为：大量分子运动状态的每一个特定的分布的可能性概率为零，它的最大可能就是所有微观状态的平均分布，所有微观状态数就决定了这个系统微观分布的宏观状态性质，这个微观状态数就是熵的状态值。波耳兹曼用 W 表示一个宏观热力学系统的微观状态数，并得出熵 $S = k\ln W$ 的结论，其中 h 是玻耳兹曼常量；物理学教科书称之为波耳兹曼关系；它的物理意义是表明了分子运动无序性或混乱性的程度，故又有物理学家称之为波耳兹曼有序性原理。这一关系从微观角度对热力学系统宏观态的熵函数作出了说明。

波耳兹曼关系对热力学系统熵函数描述具有两层意义：第一，一个给定系统的熵是确定的，因为它由确定的微观状态数构成，所以熵也是一个确定的值，并且是它的最大值、终态值，一个孤立系统的终态熵值一定是最大值。第二，孤立热力学系统的平衡态熵值只由系统的参数决定，而与起始状态及过程无关。这是由统计原理决定的，因为任何特定的微观态分布概率都近于零，只有均匀分布才是大概率事件。所以，一个热力学系统最终一定到达热平衡的熵最大状态，也即一定在微观意义上到达所有的分子自由能均匀分布的状态。微观意义上的分子自由能均匀分布和宏观态的热平衡是对孤立热力学系统运动最终结果这同一事件在两个不同层次的统一描述，所以波耳兹曼关系把分子热运动和宏观热状态变化统一了起来。

波耳兹曼关系对热宏观运动的微观解释是基于数学统计原理的。实际上，我们还应该回到微观物理意义去解释热运动宏观态的不可逆性和熵的绝对增长性，得到对热力学第二定律的统一性理解。

热力学宏观态的温度概念的微观物理意义是微观分子平均运动自由能。在理想气体中 $W=\frac{1}{2}mv^2=\frac{3}{2}KT$，即宏观量温度 T 与微观量分子的平均动能成正比。对此作进一步的具体考察：

分子之间通过碰撞交换能量，假设分子的碰撞是完全弹性碰撞，即它们之间交换运动能量时遵守动量守恒定律。我们讨论最简单的由两个分子构成的系统的碰撞问题。

设分子 1 的速度为 V_1、动能为 E_1，分子 2 的速度为 V_2、动能为 E_2，它们之间发生碰撞并交换能量的条件为 $V_1 \neq V_2$，$E_1 \neq E_2$，如果这个条件不成立，则碰撞不会发生。得 $\triangle_V = | V_1 - V_2 |$，$\triangle_E = | E_1 - E_2 |$，所以，物质分子交换能量的条件是它们之间速度不同，动能不相等。能够用于交换的能量是它们的能量差 $\triangle_E$，我们称之为这个系统的自由能。

对于只有两个分子组成的运动系统的相互作用，为简单起见，我们总可以选取一个适当的坐标系，使其中一个分子的速度和动能为零，设分子 2 的速度和动能为零，则设 $\triangle_E = E_{11}$，$\triangle_V = V_{11}$。

当分子 1 和分子 2 发生完全弹性碰撞时，由动量守恒及能量守恒定律可知

$$m_1 V_{11} = m_1 V_{21} + m_2 V_{22}$$

$$E_{11} = E_{21} + E_{22}$$

式中 m_1、m_2 分别代表分子 1、分子 2 的质量，它们实际上相等。V_{11} 代表碰撞前分子 1 的速度，V_{21} 代表碰撞后分子 1 的速度，V_{22} 代表碰撞后分子 2 速度，E_{11} 代表碰撞前分子的动能，E_{21}、E_{22} 分别代表碰撞后分子 1 和分子 2 的动能。通过对碰撞结果分析，我们可以发现，

$$| V_{21} - V_{22} | < V_{11}$$

$$| E_{21} - E_{22} | < E_{11}$$

恒成立，除非 E_{22}、V_{22} 等于零，即没有碰撞及能量交换发生，这和发生碰撞的前提矛盾。由此，我们可以得出结论，分子在微观层次相互碰撞交换能量的运动结果，一定是可发生碰撞的速度差及可交换的自由能减少。这个

结论对大于2个分子相互碰撞的任何大分子系统一样适用。在一个大量分子构成的孤立系统中，分子之间通过碰撞交换能量，每一次碰撞都使可交换自由能变小。不断碰撞的最终结果是可交换自由能不断变小，并且最后变为零，即系统中分子之间再没有在统计意义上的可交换自由能量，统计意义上每个分子都已到达系统所有分子的平均状态。实际上，微观状态的分子平均自由能等于零的均匀分布状态就是宏观的热平衡态。所以，宏观的熵函数及热传导、热平衡状态描述具有与之相对应的严格的微观物理意义。从分子无规统计运动交换自由能来分析宏观热力学状态过程，可以得出如下几条结论：

第一，宏观物质系统的热运动状态变化本质上是构成它的宏观系统的微观分子间的自由能交换。只有自由能才是可交换的，自由能决定了系统内部的能量运动，宏观系统热状态本质上是系统的自由能状态。任何自由能交换的结果一定是使系统的自由能减少，所以孤立系统中自由能交换就是一个不可逆地趋于最小自由能的运动过程。微观层次的分子动能交换所构成的宏观状态，即热和温度的变化就相应是一个由高温向低温物体传递的单方向过程。用熵函数描述时，则这个宏观系统的熵是绝对增长的，熵的导数一定大于零。

第二，一个孤立系统中分子交换自由能的最终结果是所有分子处于统计意义上的平均自由能状态，即每一个分子在系统中的地位和作用在统计意义上是一样的，这意味着在统计意义上系统之间再也没有可以交换的自由能。这就是自由能最小状态。在微观意义上，孤立系统分子交换自由能的最终结果就是无自由能可交换的系统自由能等于零的状态。这个最终状态与系统的初始状态及交换过程无关，它只依赖于系统的结构参数。微观层次的分子自由能交换运动在统计意义上转换为宏观态的熵描述的时候，它就成为熵增最小及熵最大状态。实际上自由能最小和熵增最小、熵最大是微观、宏观两个层次的不同描述而已。由于相互作用系统向最小自由能演化的终态与初始状态及过程无关，所以熵最大状态同样与系统初始状态及过程无关。

第三，由于微观分子运动交换的决定因素是系统自由能而非能量，而自由能的作用结果是绝对减少的，所以，自然界的热力学运动不会自发地在相互作用中产生越来越大的自由能，即在宏观状态中熵不会自发减少，热不会自发地由低温流向高温物体。熵可逆只能发生在系统吸收外部自由能基础上，自发演化的孤立系统则一定是熵不可逆增大的。

熵原理是热力学的最普遍抽象规律之一。从质点动力学进入宏观热力学，是抽象科学知识以更贴近人的感性尺度去描述客体世界，在逻辑上更加容易理解，也更加能解释现实。它的缺点在于虽然更贴近现实物质世界，但却是抽象基础上的抽象，远不比牛顿经典物理学理论普及。当然，物质一元论为牛顿经典物理学理论的普及提供了最普遍的基础。在我的现实经验中，并没有几个人和我一起关心过熵垒问题，也许真正理解熵原理普遍意义和重大意义的人并不多，理解它的本质的人更是少得可怜。并没有几个人能意识到，在两千多年前的《道德经》中，老子就朴素地道出了熵原理的精髓。老子曰，天之道，损有余而补不足，人之道则是损不足以奉有余，精辟之至。人之道并不难理解，人类此后两千多年的文明史依然是损不足以奉有余的贫富两极分化的发展史，不过现代经济学为之打造了一顶温文尔雅的帽子：马太效应。至于损有余补不足的天之道，可以肯定地说，绝对没有第二个人会把它和理论物理学的能量运动的最一般的熵原理联系起来。老子的天之道指的是物质世界的普遍规律，与人相对应的天，在玄学理论的统一世界中指的是物质世界，不是最普遍的宇宙自然界。物质世界运动变化的一般规律就是损有余补不足，就是宏观物质系统的自由能均分原理，是物质客体相互作用的最小能量原理，这些原理的更具体的综合就是熵原理。

熵原理和热力学第二定律是统一的，后者是前者的特定描述形式。我们从微观物理意义理解宏观物质系统热状态运动时，得到对热和熵函数在知识统一性中的合理解释。但这还不够，还没有从抽象回归现实，对熵和热力学的物理学意义的理解才是一个非常深刻而严峻的问题。

第三节　绝对物质观不可逾越的熵垒

一、熵垒的幽灵

热力学第二定律和熵函数的建立，是人类从传统质点动力学的简单抽象质点因果决定规律关系去描述世界转向以统计规律去描述大量物质分子构成的宏观系统状态的重大进展。按照世界统一性原理及科学真理认识的统一性逻辑，动力学和热力学是对物质世界运动规律在两个层次的描述，我们已经从温度的本质论证了它们的统一性。但是，大多数人对熵函数的物理意义是糊涂的，物理动力学和热力学的关系也一直被物理学理论界作出不合逻辑的解释，统一物质世界的动力学描述和热力学描述根本达不到统一性的理解。质点动力学和宏观热力学在理论上是不同层次的统一理论，但它们和现实世界的统一，即对它们物理意义的解释却从来都是不统一的，甚至是直接冲突的。尤其是由熵的不可逆性产生出的时间之矢的理解，得出宏观和宇观熵不可逆增长的热平衡世界，和基于牛顿质点动力学的统一有序物质世界完全不相协调。

在第一卷中我们已经指出，物理力学对质点运动学的牛顿经典科学描述是可逆性事件过程描述，牛顿经典物理学是可逆事件的规律描述，即在时间、空间作为独立变量的物理力学事件过程的时间描述中，时间形式变量是不可逆的，但由之来描述的函数即事件本身却是可逆的。牛顿的经典动力学是运动原因描述，甚至不涉及事件过程，所以动力学规律是非时间性的，但由之扩展到位置、速度、加速度、机械能等物理量变化过程的规律描述时，其因果关系是关于时间独立变量反演的。热力学建立以后，特别是热力学第二定律及熵状态函数建立以后，很多人以热运动的不可逆性为根据，认为只有热力学定律的不可逆性及热运动状态的熵函数绝对增长性才符合时间一去不回头的单方向性质，才是宇宙演化的真正科学描述。从热力学过程及熵的时间之矢本性出发，很多科学家对牛顿经典物理学理论提出了质疑，认为牛顿经典物理学理论代表了一种机械论和循环论的世界观，根本就不符合现实自然界的演化进程。一大批知名科学家开始质疑时间在牛顿科学可逆性描述关系中的合理性，认为在牛顿质点动力学中时间失去了方向，牛顿力学揭示的由齿轮和机器构成的永恒循环的世界是一种幻象，由热力学和熵定律所描述的不可逆过程才是世界运动演化的真实过程，才揭示了宇宙不可逆演化的本质，我们生存的宇宙和我们自然生命一样在不可逆的生老壮已中必然地奔向死寂的归宿，只不过宇宙的宇观尺度比人的生命尺度更宏大而被遮盖罢了。

关于牛顿经典物理学的时间性，上一卷对时间形而上学探讨中已有详细论述。同时，对牛顿物理动力学定律时间性的任何质疑并不影响它们的科学真理性。真正的问题倒是出现在热力学及熵定律的物理学及宇宙学意义的理解上，因为它们不只在理论上带来质点动力学和宏观热力学的理解不协调，最致命的是在它们对现实世界的物理意义解释上。牛顿给我们展现了一个统一有序的完美世界，热力学论者斥之为齿轮和螺丝钉构成的循环往复的世界。从熵原理和热力学第二定律揭示的物质孤立系统不可逆演化规律出发，熵论者认为熵定律揭示的本质就是宇宙演化的时间之矢，自然界的演化是不可逆的，热力学第二定律才是宇宙最普遍的发展规律，宇宙演化是不可逆地趋向热平衡的。从热机理论到热力学普遍定律再到普遍抽象的熵状态函数，理论物理学的热力学奉献给人类的最高成果竟然是一个叫作“熵垒”的幽灵。

“熵的概念一开始就和能的概念关系密切。克劳修斯把它定名为‘Enteopie’，是德语‘能量’的词冠‘EN’和变易的词根‘tropien’相结合。他说：‘我有意地把这个词换成 Enteopie，以便与 Energiec（能量）尽可能地相似，我认为是有好处的。’从热力学意义上看，熵与能关系是这样的：熵增加意味着系统的能量从数量上讲当然守恒，但‘品质’却越来越差，越来越不中用，被用来做功的可能性越来越小，不可用程度越来越高，这就是‘能量退化’。……熵的增加意味着能量在质方面的‘退化’。所以，熵和不可用能关系十分密切。”[2]由此可见，物理学家在创立描述能量状态的熵函数的时候，是把熵作为能量状态变化关系的物理量的。而当自发状态下热力学系统的熵是绝对增大的时候，熵就是这个世界的一个壁垒，它只能越来越高，我们永不能克服它，不断增大的宇宙之熵就是横在我们面前一道不可逾越的壁垒。我们希望改变但始终无所作为。熵垒告诉我们，宇宙在能量不可逆的退化中不断老去，死亡是宇宙的命运。

当克劳修斯提出热力学第二定律时，人们从宇宙的宏观热状态去理解宇宙演化的热力学不可逆过程，得出的是“宇宙热寂说”。就是说，宏观物质乃至宇观物质世界是向最终热平衡状态不可逆演化的，宇宙的热运动最终趋于极限而不再可能有热运动，能量、质量守恒但再没有热交换即物质动能交换的宇宙因为热寂而死亡，物质、能量存在且守恒，但依赖能量交换的生命再无存在之可能。宇宙热平衡理论的产生对人类的影响是极大的，但毕竟热只是物质客体的一种特定状态，并不是所有人都认同开尔文把热力学第二定律当作宇宙最高法则、最普遍规律的观点，这种观点本身是无法由科学来证明的。“宇宙热寂说”尽管结论悲观，描绘的人类前景暗淡，但并不妨碍乐观主义者和现实主义者拒斥它。乐观主义者的主要论据之一是把无限的宇宙当作密封瓶子里的孤立系统是没有根据的，热力学第二定律没有最普遍的宇观意义。现实主义者用现实生命世界从简单到复杂的有序进化去否定基于抽象热力学第二定律的宇宙热平衡结论。当然，这些观点都有一些合理性，但毕竟也和“宇宙热寂说”一样，既不能证真也不能证伪。从统一性的意义看，热力学和进化论对宇宙自然演化趋势的传统解释首先是直接对立的，如果没有其中一种理论对世界的解释把另一种理论解释包含，统一性理解就是自欺欺人。

从宇宙热平衡进展的熵垒时，问题严重得多了。从抽象理论意义说，热力学定律和熵原理是统一的，但熵原理本质上是比热力学第二定律更普遍的一般能量运动原理。热力学第二定律是基于无规统计的宏观系统的，非无规统计的结构性存在比如生命存在可以认为不服从热力学定律，即热力学第二定律是物质世界演化的最普遍规律并没有充足根据；但熵原理不只是无规统计系统，而是一切物质系统的能量交换的必然性关系规律描述，比如太阳系或物质分子、原子结构的运动都是熵原理支配的结果，这时它被归纳为最小能量原理。如果它确是最普遍的物质运动原因的话，熵垒就似乎是无法逾越的。具体地说，第一，不能再以宇宙无限和开放为否决熵垒提供根据，因为能量是守恒的，宇宙可以开放而无限，但能量只能极大，不能无限大，否则就和能量守恒定律相矛盾了。就是说，只能以宇宙无限为理由去拒斥宇宙向热平衡不可逆演化，却没有无限的能量来否定熵垒的不可逆增高。第二，不能再用生物进化来否定熵垒。生命世界的进化和热运动并没有直接的因果关联，对它们的统一性关系可以作各种主观理解，而生命和熵的关系却是有客观性基础的，不是纯粹基于人的主观理解的。关心生物学的人应该知道，把物理学方法和概念引进生命科学的著名量子物理学家薛定谔在《生命是什么》中将生命的本质理解、归纳为生命是负熵。现代生命科学对地球生命圈和外部环境的关系也是用熵理论去解释的，即地球生命圈是依靠太阳提供的能量，从太阳获取负熵来维持生命圈的熵环境的动态稳定的。生命是负熵的具体意义是生命是消耗环境的负熵去实现生命的存在和生长过程的，这正是万物生长靠太阳的经验认识归纳的科学理论基础。因此，用特定的地球生命圈去逾越宇宙熵垒肯定是不客观的。

熵垒和热寂理论的最大不同在于它们的现实意义。对于大多数人来说，宇宙热寂只是一个纯粹抽象的理论问题，离我们的现实非常遥远。不要说广阔无边的宇宙，就我们的太阳系而言，粗略估计太阳可能有六七十亿年的寿命，还能为地球生命圈提供十数亿年的能量，仅从地球生命圈及其外部关系去看，热寂或太高的熵垒根本不是现实问题，真正的问题在于工业革命从根本上改变了人类和外部自然界的交互作用方式，农业社会主要依靠人生命自身的自然力去生产，工业社会则依靠机器提供的力量去作用于自然界，这就是近、现代化中的机械化、电气化，信息化是它们的更高发展阶段。机械能和电能的主要基础不是太阳直接辐射到地球的负熵，而是贮藏在地球上的不可再生能源。人类创造了工业化、信息化的崭新时代，但却不能创造能源。依赖不可再生能源的工业社会在二十世纪初全球工业化普及浪潮就暴露出它的局限性，依赖于不可再生能源的生产生存方式是不可持续的。人类的现实困境不是特定的热平衡，而是普遍而无所不在且不可逆增大的熵垒，这正是罗马俱乐部提出增长的极限观点的现实背景。从此，能源和能源危机成为人类文化的关键词，二十世纪末产生了极具影响又极为悲观的熵的世界观，它从熵原理出发去解释人类的现实生存困境，断言人类发展已经逼近了能源和熵的分界线，人类社会历史所持的单程车票已经越过了增长阶段，迎在前面的是不断逼近的灭亡。

有历史责任感的科学家们并不放弃克服熵垒的努力。普里戈金是从系统远离平衡态的自组织理论去探索克服“熵垒”的杰出科学家之一。他在为《时间之箭》一书作序时说：“‘我们有一天能克服热力学第二定律吗？’阿西莫夫（Asimov）的科幻小说《最后的问题》中的世界文明不断地问一台巨型计算机。计算机回答道：‘资料不足’。亿万年过去了，星辰、星系都死了，而直接和时空联结的计算机仍在继续搜集资料。最后没有任何资料可以搜集了，不再‘存在’任何事物了，可是计算机还在那儿计算，在那儿寻找相关关系。最后它得到答案了。那时候要知道这个答案的人也都不存在了，可是计算机知道了如何克服热力学第二定律。‘于是光明出现……’对阿西莫夫来说，生命之出现，宇宙的诞生都是‘反熵’的，非自然的事件。”③这是人类发现热力学第二定律并建立热能熵状态函数描述后对熵垒带来的困扰及克服熵垒的不懈尝试的精辟概括和总结。

自从发现热力学第二定律和热能系统的熵原理以后，就产生了“热寂”的困扰。十九世纪一些物理学家把热力学第二定律推广到整个宇宙时，认为宇宙就是一个孤立系统，所以宇宙的熵在一直绝对增大，并在趋向极大，这就是说宇宙的可用做功的能量在绝对地、持续地趋向递减并向完全消失的目标前进，它的宏观状态现象就是宇宙物质的温度差在绝对地减小并正在向所有物质温度在统计意义上达到均等状态演化，所以宇宙在不可逆地从有序走向混乱，并将最终达到平衡态而死亡。因为熵最大的热平衡态宇宙已经失去所有可以有效地做功的能量，尽管宇宙物质存在依旧，能量守恒而不变，但没有可做功的能量使宇宙一切宏观运动消失，宇宙必然进入万劫不复的死寂状态。对此持不同意见者认为，实际上宇宙并没有趋向热平衡，宇宙生命进化就是违反熵定律的，所以宇宙的诞生和生命的诞生都是反熵事件。为什么宇宙能反熵状态演化出复杂有序的高级物质结构呢？一种似乎可以成立的解释是，宇宙的反熵事件是局部事件。这些局部事件所处的系统是和外界交换熵的开放系统，由于从外界吸收负熵使这些开放系统状态是可逆而不是单向不可逆演化的。比如，生命之所以出现和存在，根据在于生命圈是和外部环境交换能量的动态开放系统，它克服熵垒是由生命圈外部提供的负熵流所决定的，所以生命消耗环境负熵来保证自己有序而不趋于混乱和热平衡而死亡。用开放系统从环境取得负熵流来维持其自身低熵状态的解释确实在一定意义上回答了现实宇宙的复杂性演化问题，但它没有真正回答热寂问题，因为局部有序是以环境即整个大系统的无序为代价的，在宇宙尺度的熵增及趋向热平衡状态依旧。对此最终有三种不同的解释：一是宇宙局部有序化但整体走向无序，所以宇宙在根本上就是向热寂演化着的存在。它的死亡是不可挽回的。二是宇宙死亡以后可以重新创生，即上帝可以重新赋予它自由能，推动它的运动，即好像上帝为宇宙的生命之钟重新上紧发条一样。这正和上帝创造宇宙的信仰一致，同时也能合理地解释自然界的科学必然规律，即上帝启动了宇宙，承担了宇宙创生的第一推动，而接下来是由自然必然性去干预宇宙的运动过程。认为宇宙的诞生是反熵事件的说法，实际上已经隐含着上帝创造宇宙、赋予宇宙生命之负熵的意义。三是用宇宙“恶无限”来替代，这是科学的解释。科学家们可以坚信宇宙在空间上的无限性的真实性，一旦宇宙的这种无限性被确证，熵垒就不攻自破了。因为宇宙不是封闭的而是无限的，所以趋于绝对增大的宇宙之熵没有极限值，而是在宇宙趋向无穷大之中抵消了熵增，无穷大没有最大，所以熵增不会停止，热平衡不可到达，因为无限膨胀的宇宙不断扩张宇宙的边界条件，宇宙之熵既按其规律增加但又永不平衡。二十世纪宇宙大爆炸理论和膨胀理论为之提供了理论基础。但是，宇宙的这种无限性是科学无法证真的。在经验科学意义而非认识形式的数学描述意义上，我们没有解决任何“无限”对象的科学手段。宇宙无限性只能是一种信念，而非科学认识真理。实际上，对宇宙熵增及热运动的三种解释都是观点而非真理知识或一种理论体系，故它们并行相悖地存在于我们的文化中，各领风骚。

但是，热能及其运动变化的定律包括热力学第二定律和熵增定律的物理意义并不仅仅是抽象理论或不同观念之争，它从工业革命实践中来，和我们在环境中的生存方式休戚相关。工业革命和近代科学革命从根本上改变人类的生产生活方式，用自然力来代替人的体力，使人类从繁重的体力劳动束缚下解放出来，使人类的生产力成倍增长。但是，功能原理及机械功原理是无法改变的，一切新机器新技术的使用，只省力不省功，生产力的提高是做功的增加，是能量消耗的增加。自然界没有无米之炊。近代工业革命早期技术进步的一个隐含的前提是推动我们机器的能源是无限的，这和宇宙无限的信息相一致。然而到二十世纪七十年代能源危机的出现，人们才猛然回首，发现自然界中可供我们利用的能源是有限而非无限的，敲响了人类生存前景的警钟。“1972年，马萨诸塞理工学院的丹尼斯·米都斯领导的一个十七人小组向罗马俱乐部提交了一份题为《增长的极限》的报告，对当代西方增长癖文化进行了批判。报告指出由于地球的能源、资源和容积有限，人类社会的发展和增长必然有一定的限度。用倍增的速度来去求得经济和社会的发展，注定使社会在能源和物质方面达到极限，给人类带来毁灭性灾难。”[④]至此，人类不断追求增长和进步的社会历史发展观面临挑战，因为早前为这种发展观提供基础的“无限”变成极限。即使我们无法证实宇宙是有限的，但我们现实中能利用的能源、资源、环境是有限的。从人类生存现实层面，热力学第二定律及熵增所形成的环境的变化对世界乃至人类生存是强有力的刚性约束，抽象熵原理向人类提出了一个非常深刻而严峻的现实问题。

从熵的观点对这种现实现象进行归纳总结的是杰里米·里夫金、特德·霍华德著的畅销书《熵：一种新的世界观》。它不是对热力学第二定律及熵原理的理论探讨，而是以这些原理为根据，从理论抽象回归现实社会，对人类现实生存的环境、能源、资源消费状况及限制条件之间的关系作精辟归纳，确有发人深省之意义。作者认为统治人类的是热力学第二定律及熵定律，不是牛顿的物质运动定律。前者是不可逆的，后者是可逆的，而不可逆正是我们世界的本质。近代科学和工业革命以来人类的“进步”创造出来的“财富”更多是“垃圾”，实际上消耗了大量人类赖以生存的环境条件中最为宝贵的“负熵”。人类已经接近了能源和熵极限的临界线，持续的物质财富增长只会加快毁灭人类。所以，著者认为熵定理不只是抽象的科学真理，而应上升为最普遍意义的世界观，成为我们判断行为得失、指导我们选择合理行动的最根本规则，人类必须按熵的世界观去合理生存，减少能源、资源消耗，告别追求物质财富最大化的生产生存方式，才能减缓熵的增长及延缓走向热寂的过程。作者是坚定的热寂论者，把走向热寂看作宇宙自然必然的不可逆转的过程，认为我们只能在熵定律制约下尽可能更好地利用负熵，让不能幸免的热寂灾难迟一点到来。

我们刚开始讨论宇宙自然统一性，还不具备完整地回答宇宙热寂问题的知识和理论准备，在世界统一性原理建立之前，缺乏对世界统一性理解的人类文化并没有直面热寂和熵垒的本钱和勇气。人类并不甘心宇宙必然的死亡宿命，无可奈何中熵垒成了忌讳，当代科学家、哲学家、思想家们不去想它，所以人们看不见它。现实总是现实，人类虽并未大张旗鼓宣扬熵的世界观，但从上世纪末开始逐步转变了社会发展观，更加注重节约能源和利用再生、循环、洁净能源，强调社会的环境友好型和可持续发展战略，环保、气候、能源、碳排放控制等已经是人类共同责任和任务，已经形成我们只有一个地球，地球是我们共同的家园这样一种新观念。也就是说，我们在现实中已经在逐步按照热力学第二定律及熵原理去思考和决定我们的行动。

然而，对宇宙热寂问题理论的回避，表现了我们对之的彷徨和恐惧。二十一世纪之后没有人再从理论上思考熵问题了，回避熵垒而谈经济和社会发展，真有“商女不知亡国恨，隔江犹唱后庭花”之末日狂欢之感。无论如何，真的猛士，必须直面熵和热力学第二定律提出的热寂和熵垒问题。

传统熵理论探讨的困境迫使我们转换视角反思我们的思维方法本身。“我们有一天能克服热力第二定律吗?”热力学第二定律是科学真理，即它是普遍客观有效的，谈克服热力学第二定律岂不是螳臂挡车？所以对热力学第二定律及熵原理的思考，只能去真正地理解和把握它们在世界统一性原理中的意义，即对热力学第二定律和熵原理的意义的理解才是首要的。热力学定律和熵原理是绝对真理，但并不代表我们由之出发返回对自然世界的统一性理解本身就一定是没有问题的。

二、对熵原理和热力学第二定律的误读

熵原理和热力学第二定律作为物理学基本原理，只要不被证伪，克服它们就是痴人说梦。坚信它们的科学真理性却并不等于一定要认同宇宙热寂说，后一个问题不是科学认识本身可以回答的，它是世界统一性原理才有可能回答的现实具体问题。在把它们纳入世界统一性原理进行思考之前，我们还是从严格的科学概念和定律意义去检讨关于熵原理及热力学第二定律中的一些严重的偏见及其局限性。

第一个误读是熵与能量的关系，即熵反映的是能量“品质”的退化问题。能量的退化是一个似科学而非科学的伪概念，能量退化的前提是能量有品质。“例如，汽车轮子与地面摩擦生热的过程是个熵增的过程，摩擦的机械运动变成分子的热运动，机械能变成热能；虽然能量守恒，但让热能做功，再完全自动地变成机械能却无此可能，显然，热能的品质要比机械能差，热能的不可用程度要比机械能高，熵的增加意味着能量在质方面的退化。”[5]因为，按照现代物理学理论，“能量不仅有形式上的不同，而且有质的差别。机械能和电磁能是可以被全部利用的有序能量，而内能则是不能全部转化的无序能量。无序能量的可资利用部分要视系统对环境的温差而定，其百分比的上限是$\frac{T_1-T_2}{T_1}$。由此可见，无序能量总有一部分被转移到环境中去，而无法全部用来做功。当一个高温物体与一个低温物体相接触，其间发生热量的传递，这时系统的总能量没有变化，但熵增加了，这部分热量传递给低温物体后，成为低温物体的内能，要利用低温物体的内能做功，必须使用热机和另一个温度比它更低的冷源。但因低温物体和冷源的温差要比高温物体和同一冷源的温差为小，所以内能转变为功的可能性，两相比较，由于热量的传递而降低了。熵增加意味着系统能量中成为不可用能量的部分在增

大，这叫作能量的退化。"⑥

我们用严谨一点的物理学描述来建立上述不同温差的热功转换模型。设三个热源为 $T_1 > T_2 > T_3$，按照热功转换能力效率 $\eta = 1 - \frac{T_2}{T_1}$，可得 $\eta_{13} = 1 - \frac{T_3}{T_1}$，$\eta_{23} = 1 - \frac{T_3}{T_2}$，由此得 $\eta_{13} - \eta_{23} = 1 - \frac{T_3}{T_1} - \left(1 - \frac{T_3}{T_2}\right) = \frac{T_3}{T_2} - \frac{T_3}{T_1} > 0$。这是上面热量传递降低热功转换效率的结论的根据。

但是，这个结论的不合逻辑之处在于以下两点：第一，$\eta = 1 - \frac{T_2}{T_1}$是在卡诺循环工作条件下总结出来的，而高温热源向中温热源传递热量增加其内能是不能用卡诺定理的转换效率来衡量的。所以，不能把由高温热源向中温热源传递热量和热功转换、内能不变的卡诺过程作为同质事件。由此得出第二个结论，即高温热源和低温热源作为两个热源提供热量的热功转换过程和高温热源向中温热源传递热量而由中温热源和低温热源作为卡诺循环的工作热源时的热功转换过程没有可比性，不能把一个纯粹的热功转换过程分解为一个热传导过程和一个热功转换过程，然后相叠加。所以，绝不能由此说明内能的变化、热量的传递令 η 减小、熵增大使系统的能量退化。

从概念上来说，能量之所以为能量及之所以是物质运动的最普遍的状态在于能量没有质的规定性。物理学没有关于能量状态的任何质的规定，不同形态、不同存在和运动形式都不是能量的质的规定性，即能量不是由于自身的某种形式的规定性构成了能量。反之，正是因为能量无质的规定性，任何形式的能量都是等效的，是可以算术相加的。能量赋予"品质"的说法是缺乏严格的科学性的。凭什么断言机械能的品质优于热能呢？热能不是同样可以转换为机械能吗？那凭什么断言它退化不进化呢？我们有什么根据和标准去区分能量的"含金量"和纯度吗？显然不能。更为关键的问题在于，物理学家们不能忘记热能的本质就是动能，就是机械能，只不过热能是大量无规统计质点系统内部的机械能而已，同为机械能又怎能认为热能的品质劣于机械能呢？真正符合物理学理论的理解是：质点的机械能和由大量质点构成的宏观物质系统的机械能由于本身的边界条件不相同，两者在普遍能量规律支配下的特定运动转化规律是不同的，这和机械能的品质无任何相关性。

在宏观状况描述下，说机械能的品质优于热能的品质可能误导大部分人，但如果回到宏观热参量的物理意义就真相大白了。热是什么？在宏观它是一个系统的状态，是一种宏观描述量，但它的真正的物理意义是构成物体分子的自由能，在理想气体中就是平均动能。热能是什么？它真正的本质就是动能。尽管作为一种宏观描述量，热能描述形式上和机械能不同，但它作为真正的物理量意义就是构成物体的分子的自由能，在理想气体中就是平均动能。所以说，热能的真正的本质就是动能，就是机械能，热机本质上是控制机械能运动装置，热功转换本质上是能量转移，机械发电才是不同形式能量在转换。说机械能品质优于热能实际上在说机械能品质优于动能，这在逻辑上是不成立的。实际上我们用宏观热状态来描述的能量本质上和形式上都是机械能，只不过基于技术上的理由，我们用统计描述的状态量即温度、热能去描述大数目相互作用系统的机械能罢了。

给能量以品质的规定，肯定是不符合科学认识的规定的，但能量为什么给人以品质的假象呢？这应该是基于技术层面的思维习惯，而热功关系的起源和实践意义正在于热机技术中。在热机理论和技术应用中，我们最关心的是热机把热能转换为机械功的能力，即宏观状态下什么样的热状态有利于转换为机械功。另一个方面是一个热机如何具有较宽范围利用热能温度差工作的能力。卡诺循环表明热机可利用热能与高低热源温差有关，除了以绝对零度作为低温热源这一特定条件外，任何热机在理论上都不能有效利用全部热能去转换为机械功。从热机技术应用角度看，热能不能在理论上全部都转换为机械能，对热机而言不能转换的那部分能量是一种白白的消耗，所以，机械功的利用效率比热能的利用效率高。但从能量守恒原理及能量的本性来看，热机不能利用的热能并不是低品质能量，只不过在特定的条件下它保持自身而没有转换为机械功而已。不参与热功转换就是低品质能量，那只是热机技术语言，不是能量的科学描述。当把热机技术标准上升为科学理论的时候，不应把对技术应用的价值判断带到科学理论中。技术应用及评价是与人的目的有关的，是带价值判断的，所以有没有用是技术的主要价值判断依据。但一旦把对技术实用性的价值判断原封不动地当作科学真理的时候，那就越过技术的雷池了，科学就变成带价值判断的认识了。科学之所以为科学就在于它是价值中立的，即科学认识是与认识主体的价值判断无关的。任何带价值判断的认识都无法在逻辑上保证其普遍客观有效性，它就失去了科学认识的本质。用热机技术对能源及能量利用的实用价值判断为能量“品质”判定提供科学依据是不成立的。在科学意义上，能量无品质高低之分，把能量划分为“品质”系列，把能量转化看作退化或进化的谬误，本质上反映了人类文化深层次根深蒂固的功利主义价值观，其价值中立的科学也带有浓郁的功利主义色彩。这是对科学追求的极大伤害。

从热力学理论统计描述方法考察，就可以发现热能比机械能“品质”差假象产生的原因。热能在本质上是机械能，但描述巨大粒子系统的动能时，按质点动力学理论描述虽成立而技术上不可行。最可行的就是用统计平均描述方法，把质点动力学描述转换为宏观态描述。所以热能只是微观动力学描述转换为宏观态统计描述的一种相对描述形式而已，微观的分子平均动能描述和宏观热状态描述只是对一种事件、行为的不同描述而已。它们是统一的，统一在分子运动本身。但为什么统计描述结果会产生热能“品质低劣”的假象呢？从描述形式看，统计描述是以边界条件作为描述约束的，这和质点以空间坐标系作为描述约束在形式上有了根本的区别。在有边界条件而无坐标参考点的粒子相互作用描述中，真正可描述的作用量直接就是两个相互作用粒子间的“自由能”，即它们之间能量的相差量才是可交换的。这个描述量由于无坐标系，所以无相对性，对温度的统计描述也就失去了相对性而成为绝对描述。在温度绝对描述基础上的相互作用描述量就是温度差。温度差肯定小于绝对温度，温度差小于绝对温度表明并非所有的动能都可以交换。可交换的能量小于内能，这就得出热能不能完全利用而劣于机械能的结论。这种错误在于把状态描述和质点在坐标系中的描述混淆了，不同描述的量根本就没有可比性。实际上质点动力学描述是在坐标系中的相对描述，每一个质点都有它的动能，它似乎是可以完全转换的，但实际上在一个坐标系中两个动能相同的质点之间同样是没有能量交换价值的，这和统计描述中的分子行为完全一致，并无区别。所以说质点的机械能可以转换因而“品质”较高是不成道理的。

最典型的例子是摩擦力做功。摩擦力做功就是将运动物体的动能转换为热能，它和路径有关，所以是非保守力。实际上应该说摩擦力是非保守力描述。摩擦力抽象描述的不是质点运动，而是运动质点和大量分子之间的宏观态的相互作用。运动质点和大批分子作用时，只有质点是在坐标系中描述的，而其他分子是非坐标系描述的，所以根本无法形成一个闭合的描述系统，无法形成保守力描述。如果运动质点和几个甚至一个在坐标系描述中的分子发生相互作用，这时几个分子的摩擦作用转换为质点相互作用的力学描述时，它就是保守力作用描述。所以，保守力、非保守力，热能或动能、机械能只是能量描述的相对形式，由描述相对性去判断客体的本质是不符合逻辑的。实际上，我们对统计描述的理解是不够的。

对热力学宏观统计描述的另一个误解是“无序”。热力学理论把热能称为无序能量，把机械能和电磁能则称为有序能量。什么是有序？什么是无序呢？“从统计意义上看，熵反映了分子运动混乱程度，它是混乱程度的量度。熵增加反映自发过程总是从热力学概率小（或微观态数少，亦即混乱程度低）的宏观态向热力学概率大（或微观态数多，亦即混乱程度高）的宏观态进行，系统的最终状态是对应于热力学概率最大，也即最混乱的状态——平衡态。墨水分子在清水中扩散，就是从有序到无序（混乱），从概率小的状态向概率大的状态演变。”⑦这种无序即混乱的逻辑是很有问题的。一个系统的状态数是统计方法已经决定了的，系统演化的终极状态是由它的自由能可交换这一必然性规律决定的必然结果，我们凭何断定自由能交换达到平均能量的平衡态就是混乱和死亡呢？如果说那时系统已再无法交换自由能就是死亡的话，那么设想这个世界的物体自由能是不可交换的这一抽象状态下，世界就永远是最有序的了。但这种恒无能量交换而不是最终平衡态的最有序状态不正是一种绝对的死亡吗？统计只是一种描述，它描述的可预计宏观态就是我们认识的序，而不是混乱和死亡。按照平衡即混乱和无序的观点，那么请回答，宇宙从大爆炸至今的一百多亿年的演化是从有序到无序呢，还是从混沌到有序呢？从熵增即无序的角度看，宇宙大爆炸之后的演化绝对是趋于无序混乱的过程，但宇宙结构演化乃至生命结构进化不正是从无序到有序的过程吗？

有序无序不是科学概念而是功利主义的恶果。在世界统一性原理中，自然是按其必然性规律运动的，这种必然性决定了自然的秩序，所以自然界一定是完美、有序的。对这种必然有序性的认识就是科学的追求，从认识的描述形式得出宇宙运动演化有序、无序的结论是不可信的。一个坚定的科学信徒第一信念就在于敬畏自然不可更改的客体规则的必然性。离开世界的秩序和完美性，科学真理就成了实用的工具而非必然性真理的追求了。

所以，从严谨的科学态度看，把热力学运动和熵定律当作能量品质退化及系统由有序走向无序及混乱死亡首先是极不科学的，不能再用能量退化及平衡就是混乱死亡来诠释热力学第二定律和熵函数。熵原理的本质在于揭示能量运动、转化的必然性规律，对这一规律的理解，它对于我们的世界现实而又最普遍的永恒意义，应该在世界统一性原理中。

三、绝对物质观和熵垒幻觉

抛弃熵是能量退化和系统无序度量的非科学概念，但熵的科学理论上的意义依旧，即它是系统物体间相互交换自由能的必然性规律，孤立系统的自由能交换运动过程的终极状态一定是再也没有可交换自由能的平衡态。只要还有可交换的自由能，逻辑上物体之间的能量交换就不会停止，所以也不可能有内部还有可交换自由能的终极平衡状态的系统存在。对面热力学第二定律和熵垒问题的最好办法就是对它们的意义作出符合科学的解释，而不是试图去克服热力学第二定律和熵原理。我们真正要克服的是生态环境恶化和能源短缺危机。

克服热力学第二定律或熵原理是异想天开。但熵原理的熵垒却不是一个纯粹科学问题，而是理解熵科学理论的问题，所以归根结底是世界认识的统一性问题。为什么会出现熵垒？为什么熵垒不可逾越？根本的原因在于我们一直奉为金科玉律的绝对物质观的宇宙观。因为从逻辑上可以断言，如果将物质客体作为世界的绝对存在即本原存在者的话，熵垒就是现实的，而且是不可逾越的。换句话说，熵垒是我们在绝对物质观支配下误解熵定律而产生的幻觉。

绝对物质观是人类工业革命以及科学革命以来占统治地位的宇宙观。它由相互关联的基本原则构成：第一，世界的客体存在的最终不可分解的元素质料是物质性的，它就是世界的本性，即世界的物质本性；第二，世界的本原是物质性的客体存在，即本原存在一定是物质存在，任何非本原存在都是本原存在的复杂结构存在物，所以一切客体都是物质客体，世界的本性就是物质性的，存在即物质。在物质客体之外的一切就只是物质客体的属性或现象，它们不是存在，而是存在之现象，或称之为第二性存在。按照绝对物质观的理解，能量是物质运动状态参量，是存在的属性和现象。按照本体论的优先性原则，离开物质及物质的支配规律，能量运动是不可理解的。

绪论已经指出，仅从质料而避开质料的运动原因去理解世界的本原是不完备的，它不可能赋予世界本原以完备的一元统一性。这一不完备性在对世界物质客体还原分解及对何物是本原的争辩之中还没有显露出来，因为这时问题仍局限在质料的思考之中。然而，当热力学定律及熵定律被发现，以质料为本原的逻辑不完备性就成为现实问题了。因为热力学定律和熵原理就是对复杂物体之间相互作用及运动的传递和转换进行规律描述的，它们和物体的质料无关，只和质料的状态有关。既然如此，从质料自身无法解释它的状态，从本原出发无法解释本原运动的原因，也就是以质料为本原出发无法解释本原运动的原因。事实上以质料为本原的规定去定义世界本原，但这一本原无法成为解释客体世界演化过程的根本原因，合逻辑的结果只能得出一个质和能、存在和演化绝对分立的二元论不统一世界。如果死抱质料本原不放，那以热力学第二定律及熵原理来描述世界的物质运动过程时我们就会碰到暗礁，面临不可逾越的熵垒壁垒。如果一切存在都是不同结构的物质客体，它们之间的相互作用结果总是交换自由能并使自由能绝对地减少，在宏观状态上一切物体的温度在相互交换后一定趋于热平衡，结果是熵增大，那么宇宙任何运动演化本质上就都是在运动中不断丢失自由能。不管世界物质结构、初始状态、运动演化过程如何，它的最终热平衡即死寂结局是无可避免的。只要世界的本原是物质性客体存在，同时熵原理和热力学第二定律不被证伪，宇宙热寂就绝对的真。面对宇宙熵越来越大的状态，我们就像面临一道不可逾越而且越来越高的熵的壁垒，在无可奈何之中发出“我们有一天能克服热力学第二定律吗?”的充满了悲哀的慨叹！除非有一天我们将热力学第二定律和熵原理证伪从而把它们像燃素和以太般逐出科学的殿堂。

只要坚持绝对物质观，任何试图掩饰熵垒的所谓“解释”都是掩耳盗铃。我们看一看流行的反热寂论者的解释：“有人认为热寂说把热力学第二定律推广到整个宇宙是不对的，因为宇宙是无限的，不是封闭的。1922 年，苏联学者弗里德曼在爱因斯坦引力场方程的理论研究中，找到一个临界密度，如果现在宇宙的临界密度小于这个临界密度，则宇宙是开放的，无限的，会一直膨胀下去，否则，膨胀到一定时刻将转为收缩。1929 年，美国天文学家哈勃的天文研究表明，星系越远，光谱的红移愈大，该现象可用星系的退行运动引起的多普勒效应来解释。据此，人们会很自然地得出宇宙在膨胀的推论。对于一个膨胀着的系统，每一瞬时熵可能达到的极大值 S_m 是与时俱增的，当膨胀得足够快时，系统不能每时每刻跟上进程以达到新的平衡，实际上熵值 S 的增长将落后于 S_m 的增长，二者的差距愈拉愈大。这样系统的熵是不断增加，但它距离平衡态（热寂状态）却越来越远。正如现实中的宇宙充满了由无序向有序的发展与变化，呈现在我们面前的是一个丰富多彩、千差万别、生气勃勃的世界。”[⑧]这种解释的前提是不成立的。为什么热力学第二定律不能推广到整个宇宙呢？如果宇宙的一切客体存在绝对是物质的话，那么热力学第二定律揭示的温度只能由高温物体传递向低温物体的规律就是对全宇宙的一切客体存在适用的普遍规律。如果把宇宙作为一个孤立的系统来看，热力学第二定律是适用的，热寂是必然的。如果坚持熵定律不能推广到整个宇宙是因为宇宙是一个开放的、无限的存在而不是孤立系统的话，似乎克服了热平衡但实际上产生了更大的麻烦。宇宙无限只能是空间性无限，它的物质性不是无限的，否则本原就不是不生不灭而是无穷无尽的了。宇宙空间性无限却不是科学可以回答的问题，因为科学还没有描述开放的无限大空间的手段。科学描述不能以无形的无限作为边界条件，说宇宙空间无限只是说这个世界不是科学可以认识的，并不是真正回答了熵增问题。它在逻辑上和上帝推动宇宙一样简单、实用，但绝不是科学。只要上帝作为宇宙的第一推动，一切问题就迎刃而解了。至于用宇宙膨胀来解释熵增大但达不到平衡，就是说宇宙没有极大熵，只有无限大熵，所以宇宙遵守熵增定律同时却又永不到达平衡，这是最美妙不过的了。但是，他们忘了，在质量守恒和能量守恒的世界中，如果宇宙是在直线膨胀永远开放的状态中运动的，则宇宙虽然不会热寂，但却一定趋向绝对零度。如果这种宇宙膨胀速度超过热平衡速率的话，宇宙会更快地奔向另一种绝对状态的热平衡死亡，即趋向绝对零度的宇宙死亡。如果坚信质量守恒和能量守恒为真，那么一个开放、膨胀、无限的宇宙的命运一定是以平均质量和能量密度不可逆趋于零为最终极限的，用宇宙膨胀和无限来解释熵增问题只不过是一种自我安慰而已，还不如去信仰上帝的第一推动更为直接有效。很多物理学家用宇宙膨胀抵消熵垒时并没有意识到的一个问题是，以宇宙射线红移为宇宙膨胀提供根据是把宇宙射线当成机械波，但机械波能成为宇宙辐射吗？另外，怎么又把爱因斯坦的光速不变性定理丢了呢？

我们反复强调，热力学第二定律和熵原理的科学真理性与基于它们的真理知识对熵垒的理解是两回事，前者是不可克服的绝对真理，后者是基于对世界各种认识的对世界的统一性理解，所以也可以看作是科学认识的统一性理解，热寂和熵垒也可以看作是科学认识的统一性问题。为什么会产生熵垒，它的根源就在于绝对物质观，它暗示绝对物质观已经到了应该被终结的时候。但是，至今我们的认识框架还是执着于古希腊传统，而绝对物质观根本无法圆满解释物质运动现象，因为物质一元论本质上是存在和运动绝对相互独立的二元论。物理学认为：

“能源问题的物理实质是物质和能量的转化问题，这些转化都为以下三条基本规律支配。

“(1) 物质守恒定律，物质可以从一种形式转化为另一种形式，但它既不能产生也不能消灭。

“（2）能量守恒定律，普通的能量守恒和转化定律是大家所熟悉的，对一个孤立系统其总能量是一个恒量，力学中的机械能守恒定律、流体力学中的伯努利方程、热学中的热力学第一定律、电学中的基尔霍夫第一定律、量子物理中的爱因斯坦光电效应方程等都是能量守恒定律在不同物理过程中的具体表现。

“历史上有不少人为解决能源问题而试图设计一种无须输入能量而不断对外做功的机器，这种‘第一类永动机’之所以失败，就是由于违背了能量守恒定律。

“（3）熵增加原理，效率为 100% 的循环动作热机，即所谓第二类永动机的失败导致了热力学第二定律的发现，无论是热能传递还是热功转化，这些不可逆过程的非对称行为，相当于孤立系统中熵总是增加的至少是保持不变，这就是熵增加原理。”⑨

这就是说，我们认识世界是以物质守恒定律为基础的，物质的运动状态即现象描述则依据能量守恒定律，能量的转化及运动趋势则是由熵定律所描述的，它们是物质存在、物质运动状态及物质运动交换的三个层次的定律。在这种认识框架中，它的最终世界图景就是绝对物质观下的热平衡。我们不接受“热寂”宇宙图景时，必须重新思考这些规律之间的关系。

首先，质量守恒定律是有条件的，只有在物质核结构不发生运动变化的条件下，我们才能有充分的把握认为质量守恒定律是成立的。所以，物质守恒不是宇宙自然最普遍的规律，仅在传统的本原即质料意义上，物质已丧失本原的资格。所以，能量定律是比物质守恒定律更基本、更普遍的定律。

其次，能量守恒定律是比热力学第二定律和熵原理更为基本的定律。因为热传递和转换受能量守恒定律制约，是反映热能在守恒基础上的相互作用和变化趋势的。熵原理是关于能量运动即转移的支配规律，是关于能量“存在”的“运动”的，它建立在能量守恒的前提下。

最后，我们把传统的思维观念颠倒过来，从能量守恒定律出发去理解质量守恒定律和熵定律。人们会心存疑虑，没有物质何来物质的状态参量描述即能量呢？这就是问题之所在。但凭何毫无根据而不证自明地认定能量一定是附属于物质的状态呢？假如老子问你，有无相生，万物生于有，有生于无时，凭何确定无只是有的否定性属性，你能有理有据地回答吗？物质的状态是能量，但并不是所有能量都是物质的状态，把能量和物质状态同一是我们认识局限性的根源。能量是状态，但它的本性就只是认识论意义上的状态吗？其实经验一直告诉我们：不是，因为能量守恒定律告诉我们，能量不只是存在于抽象思维中的相对性认识，而是具有绝对性意义的，具有本体存在论意义。作为状态的能量描述并没有囊括一切能量，比如光能就不是物质的状态量。另外，物质的热能传递只是能量运动的一种方式，传导、对流是物质热传递，但辐射不是物质之间的热能传递可以描述的。把辐射当成物质热运动是热力学诞生以来人类对宇宙自然认识的重大错误，是产生熵垒的根源。所以，我们下一章从光和热的关系开始，进一步探讨能量的普遍本性问题。

注释

①程守洙、江之水主编，胡盘新等修订《普通物理学》，北京：高等教育出版社，1998 年第 5 版，第 1 册，第 363 页。

②同上，第 394 页。

③彼得·柯文尼、罗杰·海菲尔德著，江涛、何守平译《时间之箭》，长沙：湖南科学技术出版社，2007 年第 11 版，第 4 页。

④转引自杰里米·里夫金、特德·霍华德著《熵：一种新的世界观》，上海：上海译文出版社，1987 年第 1 版，第 2 页。

⑤程守洙、江之水主编，胡盘新等修订《普通物理学》，北京：高等教育出版社，1998 年第 5 版，第 1 册，第 394 页。

⑥同上，第 386 页。

⑦同上，第 395 页。

⑧同上，第 387 页。

⑨同上，第 396 页。

第三章
能量的客体本性

引　言

【提要】以物质为本性统一不了整个自然，质点和力、质量和能量构成的统一自然之本性必须转向能量去探讨，其先决条件是确证能量子的客体地位和能量本性，将能量理解为客体和状态相统一的具体自然存在，本章的主题即无质量之能量子的客体性及能量本性。

一、物质被理解为自然本性可追溯到自然哲学史前的万物世界这一形而上学感悟之中，能量概念只不过约两百年历史，能量子概念则直到二十世纪才创生，科学史对有和无两类粒子本性的思考是围绕光的本性进行的，自然哲学鲜见溯及光的存在。在十九世纪末麦克斯韦统一光、电、磁之前，人们并不知道光是特定频率范围的电磁波，且总是以自然物质本性为根据去讨论光的本性，或者把光当成特定物质得出光的微粒说，或者把光当成光源物质的运动属性得出光的波动说。把光当成物是不可能合理解释经验的，光的微粒说终究只是为了圆唯物论的一种意见，最终被光的波动说否定。麦克斯韦统一光和电磁波把光的本性思考导向更普遍意义，是二十世纪人类认识自然从物质世界进入更普遍能量世界的历史转折点。

二、在麦克斯韦统一光和电磁波之前，光的波动说的本质意义是把光当成光源物质的现象性存在。唯物论是几千年前在感性经验认识基础上建立起来的，以感性为据很难想象光的本性，在感性水准大多数人甚至不会明白光和热的统一性。由科学的波动理论才能明白热的传递和光的传播本质是不同的，但仅此离认识光的本性还远，当光和电磁波在理论上统一起来时提出波动意义统一性问题。波动运动描述来自机械波，波只能在介质中传播，波速取决于传播媒介而与波源无关；电磁波不需要媒介因而波速不变。机械波和电磁波的不同本质意义并没有被科学关注，物理学一直以特定的机械波为根据去理解电磁波，以传播介质去理解光速，真空中的光速被当成无介质这种特定条件下的描述，光速不变性并没有包括它和媒介无关这一普遍规定性。真空中的光速必须具有绝对普遍性意义才有光速不变性之意义，光在真空中传播就和媒介无关，即光和电磁波的传播媒介是无意义概念。光在空气中、水中的速度和真空中相同，空气、水不是电磁波的传媒因而不会影响波速，它们的引力场分布影响了波动运动的路径，磁导常数和介电常数的物理意义是引力场分布对波弯曲路径的作用，不是影响波速的媒介作用的归纳。和媒介无关按绝对速度运动的电磁波是比机械波更普遍的波动形式，无须媒介揭示了光、电、磁是独立自足的客体存在的充足理由。

三、光的客体性不是由光速不变性及狭义相对论提供根据的，物理学还没自觉到以太不能存在及光速不能相对的形而上学普遍根据，也没觉悟到没以太光就一定是自足的客体存在。光的客体性是普朗克统一黑体辐射定律解决物理学紫外灾难后研究方程的物理意义时提出来的，具体陈述为黑体辐射的谐振子不是以连续方式而是以不连续的量子化方式辐射能量，相应的能量是某一最小能量的整数倍。这就是量子假设。爱因斯坦从量子理论出发，解释了光电效应的发生机制，表明了电子吸收光子也是量子化的，光是量子化存在。光和物的相互作用即辐射和吸收都是量子化的，普朗克把量子化能量称为能量子，爱因斯坦称之为光子，物理学将之统称为粒子。

四、物理学将能量子和光子统称为粒子表明，我们还只从相对认识描述意义理解量子理论，没有从存在论意义赋予光和电磁波以自足的客体存在意义，只限于波粒二象性去理解。但量子力学理论揭示了实体粒子也可以波动描述，这意味着波粒二象性是普遍自然本性。而从自然哲学意义看，用二象性去描述自然本性没达到具体统一水准，其实是不合逻辑的。两千多年来不是由二象性理解物的本性，说物质本性为波动是荒谬的，对光和电磁波亦同此理。从自然统一性意义看，实体粒子和能量子粒子都是具体客体存在；波动是自然客体的普遍运动属性，故光和电磁波的本质与本性和实体粒子一样，只能从粒子性即客体性意义去理解，自然是波粒统一性的普遍自然。

五、确立能量子为客体存在产生了世界统一本性这一传统本体论命题的新的思考方向，从万物世界自明前提出发，用物质性去统一自然本性的传统宇宙观就失去自明性了，因为没有把光和电磁波纳入物质范畴的充足理由。物质有质和量两个规定性，质是物的抽象形式规定性，量是物具体之为具体的根据，以质和量的统一作为自然本性统一不了无质量的客体。能量子只有量子化之量这唯一规定性，能量之量具有统一自然一切具体存在的普遍意义。从逻辑上看，物的本性不应从质或质量去理解，应从赋予其存在具体性的质量之量去理解，以量为本性的自然才合逻辑地是一元统一的。

从机械能到热能的讨论中，能量是作为物质客体的状态描述变量这一角色出现的，即能量是物质客体运动属性的一个特定的状态描述量，是物质的现象性存在。这些理论是由严谨的科学证据证明了的普遍有效的客观真理。但是，仅从状态及机械能、热能状态来描述能量是不够的，我们经验和科学认识中的能量有很多是无法用机械能和热能来描述的。这就表明，仅停留在能量的状态量即物质客体的属性是不够的。并不是科学的能量理论有问题，在科学意义上的真理描述是经受了证伪、经受着证伪的。问题在于状态能量认识的有限性，在于对这些真理认识的具体现实经验世界的物理意义理解中，在于从有限科学认识中无法洞悉能量的本性。科学在从抽象回复具体经验世界、从知性进展到理性时才获得现实意义，能量知识必须统一起来，通达最普遍本质。在人类认识史上，和经验息息相关的光是能量的一种常见的存在形式，但它显然既不是物理意义上的机械能，也不是物体宏观状态描述意义上的热能。光既是存在又不是现象性存在，所以必须从客体性这一角度去思考它的本性。光的本性是人类关于自然世界本性的本体论认识中思考和争论了几千年至今仍然得不出是非曲直的命题，它暗示这才是本体存在论最根本、最普遍意义的命题。从能量科学描述中可以发现，它是自然中最普遍的守恒量，宏观系统温度是绝对性描述，仅把能量作为物质状态量，只限于相对性认识意义是无法把握它的本性的。从认识论回归存在论的思考就是回复能量的客体性这一更普遍的基本命题。

光是独立的感性存在，最普遍的证据是可见光的存在。对客体之形的视觉是感性感知的最主要形式之一，我们看到光说明它是感性存在。光是感性存在的证据还包括光产生热感觉这一现象。从光的感性存在本性，人类应理直气壮地把光作为具体客体性存在，因为在逻辑上，感性存在必然是具体的存在，具体的存在必定是客体存在或以客体存在为前提的现象或属性。把感性之光理解为自然世界的具体存在者是既符合感性经验又合乎逻辑的。但人类几千年的认识告诉我们，光的本性真的不是简单自明的命题。人类对光的普遍本性的思考基本上是建立在绝对物质观基础上的，这才是光本性命题成为复杂性问题的最根本原因。在对光的客体本性的思考和争辩中，客体性是以物质性为先验形而上学根据的。按照物质一元论，只有符合物质客体的普遍本质规定性时，光才有资格在存在者的餐桌上占一席之地，否则就只是物质的现象，不是具体客体存在。在绝对物质观的桎梏下，人类对光的本性思考一直是在干着想把大瓮子装进小瓮子里的勾当。于是，从古至今对光的本性认识都是二律背反的，最后用波粒二象性向光的本性命题举起了白旗。所谓“波粒二象性”的本质意义是什么呢？即从物质客体的绝对物质观出发，光的感性存在本性既是无法否定的，又是不可肯定的，所以是二律背反的。从视觉角度，对光和物的感知是不同的，我们看到物之形从而肯定感知到可见之物的存在，但我们看不到光的形象，光使我们看到了物的真面目，但却没有其他感性手段让我们看到光的真面目，光就成了既存在又不存在。所有人都承认我们借助光看到的物是具体感性存在，大多数人却不一定会把眼睛真正直接感知的光当作具体感性存在。对光的热感知同样如此。

以物质一元论为形而上学根据，无法得出对光的本性的统一性理解。在科学认识史上最早的直接理论对立是牛顿的微粒说和惠更斯的波动说。微粒说把光理解为非常微小的物质粒子流，我们看不见、摸不到、抓不住它的形体是因为它太小了，它超出了人的视觉和触觉的实际感知能力。微粒说坚持了光的具体客体性，而且是物质客体性，但这和泰勒斯的水是世界万物本原说一样，只是基于主观猜测的观点，并且在先地断言这种猜测是永远无法证实的。这是牛顿光的微粒说的硬伤。牛顿微粒说的真正意义是捍卫了绝对物质观，从而使质点动力学成为自然界最普遍运动的统一科学描述，其前提是自然世界就是物质世界。惠更斯的光的波动说的真正意义是什么呢？波动是物质客体普遍运动的一种特定形式，它最基础的科学理论是物质机械波，是波源机械振动产生的动能通过物质媒介在空间中的传播运动描述概念。机械波波动运动的描述主体是机械振动的动能的传播运动，波动速度不是波源或媒介振动的速度，而是波源传播的动能在空间中运动的速度。惠更斯用能量传播的波动运动理解光的本性的科学根据是什么呢？是光符合波动运动普遍的干涉等现象的规律。从本质上看，把光的本性理解为波动的意义是光无客体本性，只是物质的属性。因此，光的微粒说和波动说在理论上是对立的，在理论前提下却是一致的，即自然是统一于一元物质存在的。当人类具备实验测定光速的能力时，光在水中的传播速度小于空气中的实验测定支持了惠更斯的光波动说，否定了牛顿的微粒说，人们普遍认同光的波动本性说。光的波动说的最深刻意义是否决了光的具体客体性，把光理解为光源物质的运动现象，同样捍卫了物质一元论。因为波动是普遍运动的一种形式，只能从物质属性去理解；从机械波出发去理解光波时，光波就对应于机械波运动中传播的动能，光就能合理有据地被理解为光源传播的能量，光能就成为人们普遍认同的一种能量存在形式。因此，光的波动说是把光的本性理解为非存在者存在，是光源之物的现象性存在，是依附于传播媒介之物的现象性存在。打破光的波动说统治地位的转折点是麦克斯韦建立的统一电磁场方程，它首先从理论上推断出光实际上是特定频率范围的一种电磁波；还有 X 射线、Y 射线、射电波等，它们都是波的存在，即波本质是相同的，只不过人的肉眼看不到所有频率的波动运动而已。麦克斯韦统一电磁场方程把各种形式的波动现象统一起来，也把波动运动传播的速度、介质等的相关性统一起来，对否定以太及产生狭义相对论，具有直接意义。直接动摇光本性波动说一统天下的是普朗克的能量子理论假设。在研究黑体辐射定律时，普朗克在建立了统一的物质热辐射方程时发现，热辐射能量只有在分立的量子态条件下，方程才有意义，据此普朗克提出了物质以分立量子态辐射能量的能量子假设；爱因斯坦用光子理论解释了光电效应现象，为辐射的量子性提供了充分的证据，实质上是为光、电、磁波的粒子性一锤定音，结束了光本性是波动运动现象的统治地位，产生了光本性的波粒二象性理论。从波的量子性出发我们可以确认光子等辐射的主体是以量子特征存在的客体，这些客体和物质客体有本质区别，不能简单地称之为物质客体，这就是另一种客体存在者——能量子的存在。光的波动运动理论和光的量子理论都是科学必然性规律认识，它们的真理性是由科学证明的，但它们的真理性并不是光波粒二象性的可靠根据，反而是需要统一性智慧去对之得到统一性理解的。光和电磁波亦即能量子的本性就是世界统一性原理对自然统一性思考的首要命题。

第一节　能量子的波动性

一、光和热的统一性关系

光是我们生存经验中的普遍客观存在，但人类却没能理直气壮地将之理解为客体存在。没有光我们的视觉就失去了意义，我们对世界的认知模式乃至整个世界本身就会根本不同。经验和科学认识都告诉我们，万物生长靠太阳，光是一切生命存在的前提，地球生命圈出现并持续存在的前提是太阳提供持续不断的光和热。人类开始思考世界的时候就已经把光作为基本对象，把光明作为人类未来的追求。在中国传统文化中，光来自太阳和月亮，太阳和月亮普照大地使之明亮，汉字“明”是由日月结构而成的，是具有本体存在论意义的。西方文化赋予了光浓重的神话色彩，是普罗米修斯不惜违犯天条，偷来天火送给人间，使人类摆脱了漫漫长夜，获得了光明。无论是中国文化基于感性经验综合出来的光之明，还是西方神话传说中神圣的天火，它们表明了一个最基本的事实：光和热是人类乃至一切生命存在的根和本。

天火对于我们而言有两个象征意义：一个是光明，一个是温暖。用科学语言来描述，一个是光，一个是热。光能和热能是本质不同的存在，这是最基本的科学常识。但光和热又是关系最为密切的，在我们的直接经验中，光和热就像一对双生子，总是相伴相随的，光明就是温暖，黑暗总是寒冷的。这种如影随形的共存性使许多人并不深究甚至忘记了光和热之间的区别，把光和热的统一性当作同一性，把物理学启蒙知识都忘掉了。这不是危言耸听。和校友们聚会时我问到光和热的区别，基本上没人讲得清楚，而这是一批 1977 年参加高考进入重点理工大学的精英！最基本的东西反而被高知们忽略和遗忘了，而这正是知识爆炸时代困扰人类的大问题之一。我们对光本性的探讨就从最基础的知识开始。

区分光能和热能的不同本质，不但具有基本的理论意义，而且具有非常重大的技术意义和生存意义。二十世纪八十年代初刚从学校毕业不久，我们一位同窗好友提出了冷光源的概念，发明了一种叫作节能灯的玩意。那时全世界基本上用钨丝灯泡和日光灯管照明，灯泡发光同时就发热，而且非常热，这是常识。基于这种常识人们似乎把光和热作为同一事件的两个不同属性了。但冷光源概念明确地把光和热区分开来。我们照明时光耗费的电能和热耗费的电能是两个不同的部分，以照明为目的的装置必须尽可能减少热功消耗才能节约能源，提高效率，而实际上钨丝灯泡消耗的电能大部分都用在发热上。那位同学设计了一种电子转换、控制装置，把电能主要转换为光，并尽可能减少热损耗，这就叫冷光源，通俗叫法就是节能灯。这个技术发明依据的科学理论是非常基本的，技术也不复杂，为什么到二十世纪八十年代才发明出来呢？这说明人类对那些基本理论的统一性意义还是一知半解的。二十世纪七十年代我在老家乡下读书，高中二年级时，班上有位同学用宿舍里唯一的白炽灯泡烤鞋，把那只宝贝弄坏了，也把班主任气坏了。班主任在班会上说：教这种学生不如对牛弹琴，高中二年级了还不知道 40 瓦的灯泡能发出多少热量。我听了心里想，不就是 $Q = 0.24I^2RT$ 吗，这有什么难的。从冷光源概念看，这种理解其实是错的，是把光和热作为同一存在去理解了。看来我们尽管不断学习各种科学知识，但从抽象知识到具体世界的理解更重要，我们必须深刻检讨现有的学习和教育方式。光和热本质上不同，电光源就是要尽最大可能把电能转换为光，尽可能不让电能转换为热能。以这个最基本理论为基础的冷光源技术的意义是重大的，节能灯普及多年之后基本上没几个人知道它的来龙去脉了，人们也不关心它的工作机理，但它的发明和普及，已经为我们节约了无数宝贵能源。

从冷光源这一具体技术的理论基础出发，我们来深入探讨光能和热能的不同。

首先，光和能是两种不同的能量存在形态。这个道理并不复杂。光源消耗的电能，转换为我们从视觉感知的光和从触觉感知的热，从感性经验知觉意义上，无法判断它是两种不同现象还是同一现象的两种感官的不同感知。但是，一旦进入理论和技术装置中，一切就简单明了了。从理论上来说，如果一个光源工作时它的消耗电能的量和它所发出的光强成正比，同时与发出的热能无关，或者热能和光强总是正比关系，那光和热才有可能是同一现象存在的不同感性现象，总的电能全部用于发光，而发热是发光的另一种表现形式；或反过来说，一切电能都用于发热，光是热的另一种表现形式。但技术应用和理论证明，用于发热和用于发光的电能可以分为相对独立的两部分，比如发热效率最高的红外线对人类感性而言不是理论上的光，不是感性可见光，光源就必须减少甚至去掉红外频段乃至一切不可见光的频段的辐射。并不能简单地认为发热的电能和发光的电能之和是光源消耗的总电能，并不是总电能一部分转化为热能，一部分转化为光能，其中包括光源辐射及辐射波被吸收转换为热的统一过程。光源辐射的可以是连续频谱的光，也可以是一段频谱的光，甚至可以是单色光，不同频率的光具有不同的光和热特性。以热为目的和以光为目的的电装置应该辐射不同频段的光才是高效节能的，用于加热的电装置主要辐射红外频段的不可见光才具有高的热效率。照明装置则不同了，冷光源才是高效节能的。至于传统的钨丝灯泡，辐射光频率不合理之处在于，钨丝本身高温消耗了电能，这部分电能转换为光源物质的动能后再产生的光辐射应该是连续频谱分布的，作为光源和热源都不可能是高效的。光辐射和热非直接对应关系确证了热能和光能是相互独立的存在，它们就只能是统一而绝不能是同一的。理想的光源是把电能转化为可见光频段的辐射，理想的电加热装置则是把电能只转换为热能而不考虑发光的装置。光源和热源都利用光辐射来实现，但理想装置是基于合理频率选择的。技术应用上电热转换装置和电光源是基于相同理论的不同技术。光和热是本质不同的能量存在形式的根据，在于它们是相关联而不是同一的。理论上一切辐射都可以称为光，普朗克将之称为能量子，爱因斯坦将之称为光子，它的规定性是基于特定频率决定的量。热不是辐射本身，也不是光本身的属性，也不是物质质点的属性，而首先是关于宏观物体的感性经验属性，是物之现象存在，在普遍知性归纳中用宏观参量温度来描述，微观物理意义是构成物质系统的大量分子的平均动能，所以它是光被物质吸收后的效应，是物的现象存在。说热现象是合理的，但只认识光现象则是远远不够的。

其次，光能和热能这两种以不同形式存在的能量往往是相伴相随的主要原因有两点。一是客体世界的运动和转化作用中，许多现象和过程往往同时伴有热和光两种现象，比如灯泡既发光又发热，火既发光又发热。二是光和热是自然界中两种不同但又经常相互转换的能量，老子说的有无相生这一普遍现象中就包括光热相生。我们在阴影下感觉不到热，但在阳光下却能感觉到热，即阳光带来的热。我们用太阳能来给热水器中的水加热就是常见的太阳能利用方式。但我们直接利用的是太阳光能而非太阳热能。太阳源源不断输送给地球的是光能而不是热能，是物质在和光的有无相生作用中把光能转换为热能。光和物质实体作用时有反射、透射及吸收三种基本形式，反射及透射后的光能依然是光能，想象太阳把热传递给地球是痴人说梦。热是按温度梯度从高温向低温传播的，但地球上空海拔越高温度越低，从太阳来的热怎么能传递到地面呢！所以，太阳奉献给地球生命圈的是光而非热，只有被物体吸收了的阳光才失去了它的光能本性，成为吸收它的物质粒子的动能，在宏观态上就是转换为吸光物体的温升，即由辐射变成为物体的热能。对光而言，黑色会吸收，白色会反射，其他颜色则反射与之相应颜色频率的光。吸收太阳能的聚热管一定是黑色的，而隔热材料的表面应该选择白色或浅一点的颜色。所以，热能不是光能，光能不是热能，但光能、热能可以相互转化，我们感受到太阳光的热效应并不是太阳光本身的热，而是我们身体吸收了太阳光能量后转化为我们身体上的热状态，说太阳光很热是没有意义的，只有从转化的意义才能正确理解光能和热能的密切而又不同的特定关系，否则就无从理解为什么在三十几摄氏度的水，可以被太阳能热水器加热到八九十摄氏度，为什么太阳晒的石头比站在阳光下的要烫，这是从热传导理论永远无法解释的。同时，光能没有温度，物质客体抽象为质点时也没有温度描述。它们的根本区别在于，光能没有动能，而热能的物理意义正是物质分子的动能。

根据对光和热不同本质的统一性理解，说明物理学基础理论把热传递方式归纳为传导、对流和辐射是错的，辐射并不是物质热传递的方式。本来辐射是归纳热在真空中传播这一形式的，但热在真空中是不能传播的。热是微观层次的分子通过碰撞交换动能的宏观现象，它不能脱离物质分子独立存在，热交换本质上是分子随机碰撞交换自由能，固体、液体物质分子以传导方式，气体中物质分子通过对流方式产生碰撞交换自由能，在宏观上就表现为热传递。但真空中没有物质实体粒子存在，没有碰撞发生，没有自由能交换，何来宏观意义的热传播呢？真的还有以太吗？真空不能传播热量，其理由和根据跟真空中不能传播声音是一样的。真空中高温物体同样会失去热量，但所失去的热量并不是以热能的方式传递出去的，而是以能量子这一和热能不同的能量形式通过辐射来传播出去的。能量子的传播不需要以太这类物质媒介，这是物理学中极为重大而基本的理论，由此可知高温物体在真空中辐射的只能是能量子，不是热。在相对论、量子力学、热力学知识已基本普及的条件下，仍然误人子弟地传播热辐射是物质热运动一种形式的知识，足见光热同一的观点何等根深蒂固。

最后，从世界统一性原理的思维层次来看，光能和热能的区别是本质或本性的区别。我们知道，热能的本质是物质客体的动能，它的本性是现象性而非客体性存在。但光的本质或本性是什么呢？目前为止我们仍未得出结论性答案。但尽管如此，我们仍然可以得出光能和热能本质或本性不同一的结论。因为光能不是动能，这是从动能的本质规定性得出的否定性结论。因为物体的动能与它的静止质量及速度二次方的乘积成正比，而光子的静止质量为零，所以它的动能永远是零，实际上是没有动能。光子在宏观态上也没有温度。热能在宏观态上表现为温度，它的本质是系统分子的平均自由能，这是光子所不具备的本质规定性。所以，光能和热能在形态上不同，其形态的本质规定性也不同。当然，热能形态即物质分子动能的本质规定性是对热能这一宏观形态而言的，而不是对动能的能量规定性而言的。就能量自身而言，它并没有质的规定性，否则，不同形态的能量就不能用算术求和来计算了，不同形式、形态的能量的转移和转化就无法用守恒定律来描述了。不同质的量是不能算术求和的量，说它们守恒是没有意义的。

那么，光的本质是现象吗？这是一个非常深刻的问题。在感性意义上，光是现象，但在本性意义上它是现象吗？就是说，它仅仅是一种现象性存在吗？那么，它是什么东西的现象呢？那就只能把它当作物质客体的现象了。但它和物质客体的热能、机械能现象存在的区别是什么呢？我们不知道。我们只知道对能量本身而言，它虽然以物质客体状态现象普遍存在，但如果把能量当作只是物质客体现象性存在的话，是无法理解和描述世界的统一性的，因为我们无法逾越熵垒，一个在熵垒面前无可奈何的宇宙绝不可能是一个自足、完备的宇宙，它既不是我们所追求的，也是和我们对宇宙的经验理解不一致的。既然机械能和热能是物质客体之现象存在，我们在没有充足理由时，不应该贸然把光也作为物质客体的现象性存在。我们的根本目的在于超越能量的纯状态描述局限性，追求关于世界统一性的理解。并且，从人类认识史来看，对光和物的关系一直是理解世界的一个非常重要而又一直没有得出比较可靠科学答案和认识统一性理解的命题。所以，我们在思考热能和光能本性是否同一的时候，首先要回到光的本性这一古老的命题。

二、光的波动性理论

光是一种极为奇妙的存在，奇妙在似有似无，从某一方面看光是有，从另一方面看光又是无，对它的本性的理解就一直在有和无两极之间摇摆和争论。对这一现象最贴切的比喻是美人鱼。美人鱼究竟是美人还是鱼呢？都有道理，但又都不充分。这就是人类对光本性认识的历史。

对光认识的起点即感性认识中的“有”无二元现象性是光本性科学认识二象性的根源。我们当然能感知光，因为我们能看到它，而且实际上我们看到的一切归根到底归功于光，视觉的直接对象是光，有形之物是视觉的间接对象，在黑暗之中我们看不到任何东西。所以，经验之中有光存在，这是确凿不移的。但光是有吗？经验又无法回答了。我们通常所说的有即东西，那么，我们看到的光是什么样子呢？无法描述。我们能真正用经验确切描述的不是直接所见之光，而是间接的反射光之有形之物之形状。最为重要的是，如果光是有，为何我们抓不住它呢？从有即物的意义以及物的普遍具有形状意义上来说，可见不可捉摸的光又是无。因此，在感性意义上，光是和感性经验不可分割的存在，是自明的东西，但又是不可捉摸的东西，我们最熟悉它，它对我们又是神秘的，这是光的迷人之处。当然，在人的感性生存经验中，光甚至可以说是神圣的，它给人类带来的是温暖和光明，是生命的希望，黑暗的世界对人类意味着绝望和死亡。

当人类文明建立了对自然存在及其运动变化现象的普遍科学因果抽象规律认识后，对光的感性认识自然而然地上升到科学普遍真理认识，光学是古老的物理学的构成部分。两千多年前亚里士多德就能根据对月食的天文观测，断定地球的形状是圆球而不是圆盘，这种高超的天文学观测显然是包括了光学知识的。对光的科学认识同样由各种因果关系陈述为独立的元结构构成，比如光学成像的几何原理等。光的科学元知识并非一定要追问光的本性这种形而上学的元问题，它是从感性经验中归纳和综合的，是从现象到本质而不是从本性到本质的。抽象知识的意义在返回具体世界去统一多样性经验现象之中，对光的科学认识为人类理解光的本性提供了普遍性的基础，人类追求光的知识时同样思考和解释光学对象的本性问题。坚持光的本性是有的观点把光当作细微的物质粒子流，牛顿就是坚定的光粒子论者。光粒子论肯定了光有的特征时，用光粒子的非常微小特征解释它的感性认识中无的行为特征。为什么我们看见光而看不清它的形状呢？为什么看见它又把握不住它呢？那是因为它太微小了，我们的视觉分辨率和触觉灵敏度无法感知它。实际上，光的粒子论是光的物质实体粒子论，光是非常细微的特定形态的物质客体。光的微粒说和人类占支配地位的物质一元论协调一致，在绝对物质观的宇宙框架中合理地解释了光的存在现象。

在物质微观结构科学认识建立之前，光的粒子论实际上只是一种抽象的意见，不是真正意义的理论。因为按照物理学对物质客体的科学认识真理本性，无法对光粒子这种细微物质实体性进行有实际科学意义的描述和检验，它在缺乏微观物理学知识支持的条件下，实际上是既不能证真又不能证伪的，所以只是纯粹的抽象观念而已，这是光的粒子论的根本缺陷。

退回到经验认识层次，光的粒子论也是很有问题的，因为我们不仅无法直接看到光粒子的真面目，抓摸不到细小的光粒子，而且无法经验到大量光粒子的宏观形态存在。比如光虽然微小到我们无法直接感觉到它的粒子实体性，但它长年累月的积聚效应该是可经验观察的，如果光确实是微小物质粒子，它长期照射聚集的效果应该使我们可以看到它，就像我们看不到空气中的微小灰尘，但它积累在宏观物体表面时我们确认了它在空气中的存在。但光没有这种聚集效应，好像它已被照射物全部反射、散射或吸收了。最重要的否定性证据是物体吸收光之后并不是变重而是变热，即光转变为物质的状态，据此很难支持光是物质微粒的假设。

与光的粒子论相对的是光的波动理论。所谓波首先是物质振动状态传播的描述概念，是物质运动中通过振动来传播能量的特定运动形式，这种物质波叫机械波。现在我们还熟知电磁场也是波动运动的，这下面再详细探讨。由波源机械振动而产生的物质波由波源及传播波能量的物质介质构成，即机械波是波源机械振动而产生的能量在介质中传播运动，比如声波和水波。声音是声源振动能量通过介质传播到达我们听觉器官而产生的现象，在真空中没有介质，所以声波是无法在真空中传播的。

科学描述机械波的最基本的是波动方程，它是理想状态下机械波在空间中传播过程的数学模型，是空间坐标系中波源能量传播关于时间独立变量的函数描述。波动的最显著特征是周期性，所以，周期、频率和传播速度、振幅就是波动方程中对一个波动传播描述的最主要物理量。机械波的传播速度取决于传播介质的特征，而与波的强度无关。声音在空气中的传播速度是由空气的特性决定的，并不是声音越强传播越快。波长和频率是从不同角度对波动进行描述的物理量，波长是波动周期运动一个完整波的长度，波动运动经过一个波长的时间叫周期，周期的倒数叫频率。波速、波长、周期（或频率）三个物理量之间的关系为波速是波长和周期倒数的乘积，这是一个波动运动的最基本描述。当然，波动传播的是能量而不是物质，物理学已经证明，一个波动的一个完整波所携带的能量与它的振幅及频率的二次方都成正比。必须反复强调的是，机械波的主角是能量，运动传播的是能量，波动的传播速度是指能量传播的速度，不是波源物质或传播介质的速度。最为重要的是，机械波传播的能量是物质客体的运动能量，机械波是波源通过实体介质传播动能的运动，现象性的物质动能状态才是波动的主角。由于机械波的主角不是独立的客体存在，是依附于传播介质的第二性存在，只有在具体物质媒体介质基础上抽象的物质波才成为现实，故物质波不能在真空中传播。

与牛顿主张的光的微粒说相反，以惠更斯为代表的波动学派主张光的本性是波，即光本性的波动说。它认为光不是微粒，而是在介质中传播的一种波动。在当时的认识条件和水平下，同时考虑到波动传播的是能量，而能量又是物质客体的状态描述，所以，光的波动说把光的本性看作不是物质客体存在，而是物质客体存在之现象。光的微粒说和光的波动说是关于光的本性的两种截然对立的学说，但又都和物质一元论相容，光的波动本性说的本质意义是光无本性，只能从物质去理解它存在的根据。光的波动说和物质一元论相容隐含着一个形而上学的前提：光传播的波动也是依托于物质媒介的。

光的微粒说与波动说在解释光线从空气中进入水中的运动速度改变现象时得出相反的结论，微粒说认为水中光速大于空气中光速，波动说认为水中光速小于空气中光速。因为十七世纪人们不能准确测定光速，所以无法从科学上去证真或证伪微粒说和波动说。十九世纪初，人们发现了光的干涉、衍射、偏振的现象及其规律，证明了光具有波动特征，但这些特征与微粒说也相容。后来又测定了水中光速，证实它小于空气中光速，这为光的波动说提供了有力的证据，微粒说因此被证伪，光的波动说成为对光本性理解的主流观念，对光的科学认识也被称为波动光学，成为波动物理学研究的主要内容。

支持光的波动说的第一个有力证据是光的干涉现象。波动传播理论揭示了波的干涉现象规律。干涉现象的基础是波的叠加原理，即任一时刻，传播波媒介质点的振动位移是各个波在该点所引起的位移的矢量和。任何复杂的波都可以用傅里叶级数分解为一系列不同频率简谐振动传播的波的叠加结果。两列频率相同、震动相同、相位相同或相位差恒定的简谐波在空中任何一点相遇叠加时，它们的振幅也是恒量，即它们叠加作用的结果在空间某些点始终是加强的，在某些点始终是减弱或完全抵消的，这就是波的干涉现象。按照光的波动理论，单色光就是固定频率的光，把单色光源的光一分为二就是两束相干光波，即它们满足发生干涉现象的基本条件。当用特定的光学装置使两束相干光叠加时，如果光程差为波长整数倍的点光在始终加强，光程差为半波长的奇数倍的各点光始终在减弱，则证明光发生了干涉，我们可以看到明暗相干的干涉条纹。杨氏双缝实验最早证实了光的干涉现象。随后光的干涉现象得到更多的实验证实，并成为许多精密光学仪器的主要理论依据。光的干涉现象的证实及应用，成为十八世纪以后光的波动理论战胜微粒说的最重要根据。当然，随后对光的衍射现象规律的发现更加强化了光的波动理论的地位；光的偏振现象证实了光是横波，光的波动理论的科学真理性是不容置疑的了，光的本性波动说似乎也是不可推翻的了。

光本性的微粒说和波动说的分歧是不可调和的，它们的真正冲突在于究竟是把光作为物质客体存在还是非物质客体存在。光的波动科学理论和证据已经将光的物质客体本性说证伪，排除了微粒说，因而光的本性波动说实际上是没有选择性的理论观点。光的波动说的意义是什么呢？在绝对物质观的观念中，如果光不是物质存在，那就一定是物质客体的现象性存在，所以把光看作能量也是合逻辑的，因为它们至少同是现象层次的描述，具有同一性的基础。波动现象是光本性的根据，而波动现象实际上是描述物质客体运动状态的概念，它是对物质性介质中通过周期振动这一特定运动形式传递能量现象的过程描述，所以光波就是一种现象，一种传播光源物质能量的现象。按照机械波的原理，没有媒介作为载体就无所谓能量传播，所以早期的波动理论是建立在传播媒介基础上的。光的传播媒介是什么呢？科学家们称之为以太。

但以太是一个无法证明的概念。麦克斯韦建立统一的电磁场方程时，证明了光实际上就是电磁波，这一发现最终导致了对光本性的更深刻认识以及对以太的抛弃，这就是二十世纪爱因斯坦狭义相对论的发现。这个伟大科学发现的基础就是麦克斯韦统一电磁场理论对光的更普遍本性的解释和说明。

三、麦克斯韦电磁场统一理论：光的本质是电磁波

从思考热能转向思考光能的时候，我们实际上已经从机械能转向电磁能领域，因为光能本质上是电磁能。但早期的光理论和电磁理论是完全不相及

的两个现象领域的科学描述，麦克斯韦统一电磁场理论时，纳入了光。

狭义的电磁能量并不包括光能量，它是对物质客体电磁现象的科学描述概念。早期经验中电和磁是相互独立的物体现象，带电物质和磁性物质是特性不同的物体，它的共同特点是对外表现出电作用力和磁作用力；带电物质对带电物质产生作用力，叫电场力；磁物质对铁磁物质产生作用力，叫磁场力。力对物体作用使之在力的方向发生位移时我们称力做功，而这个功又和运动状态相统一，所以就产生了电能和磁能的概念。后来电产生磁、磁产生电的现象把电磁现象统一起来，建立了电磁场理论。电磁能量是和机械能完全不同形式的能量，而且它们之间相互转换的技术装备是工业化和电气化时代的技术基础，我们把高处的江河之水的势能转变为电能，把电能传递到需要的地方，变为光或其他装置的机械能。二十世纪初列宁有过一句名言：共产主义就是苏维埃制度加电气化，由此可见电磁能量的认识和利用对于人类进步有重大意义。

电磁场理论是在电场力、磁场力及其做功、能量关系这些基本的物理理论基础上建立起来的，电磁理论在麦克斯韦电磁场方程组中才得到完备的统一描述，这是对世界统一性认识的又一次深刻革命的起点。麦克斯韦电磁场统一理论的革命性意义在于揭示了以物质世界为对象的牛顿经典动力学理论的局限性，并提出了质点动力学和电磁场理论的统一性问题。思考它们之间统一性关系的历史性成果是二十世纪最重大的科学革命——狭义相对论理论的创立，从而把人类对世界的统一性认识推向一个更加普遍的层次。麦克斯韦方程普遍性意义的一个重要方面首先在于光、电、磁的统一性，它把光波纳入电磁波的统一描述概念之中。

在麦克斯韦电磁场方程组建立以前，光和电磁是互不相关的自然现象，在物理学科学理论中也是分立的。但麦克斯韦电磁场方程组不但建立了它们之间的统一性关系，而且揭示了光本质是电磁波的本性。“麦克斯韦在研究了安培环路定理运用于随时间变化的电路电流间的矛盾之后，提出了变化的电场激发磁场概念，从而进一步揭示了电场及磁场的内在联系和依存关系，在此基础上，麦克斯韦把特殊条件下总结出来的电磁现象的实验规律归纳成体系完整的普遍的电磁场理论——麦克斯韦方程组。电磁场的一个重要成就就是预言了电磁波的存在——即变化的电场和变化的磁场相互激发，形成变化的电磁场在空间传播，并算出其传播速度等于光速，1877 年赫兹（H. Hertz）首先用实验证实了电磁波的存在，这不但从一个方面证明了麦克斯韦电磁场理论的正确性，也揭示了光的电磁本质。”①

光的电磁本质把一直困扰着人类的光的本性问题转换为电磁场的本性问题。因为光只是特殊的电磁波，如果我们能够认识电磁场的本性和本质，那就意识着已经得到对光的本性和本质的认识了。实际上，电磁波是一系列不同频率的波动现象存在，它在完整的频率中分布，我们通常所说的光是指可见光，但还有大量频率的肉眼不可见波存在，只是我们的视觉器官无法感知它们而已，X 射线、Y 射线、射电波等都是特定频率之中的电磁波。所以，这些波现象我们可以统一归纳为电磁现象，把它们的能量统一称为电磁能。对电磁能量的认识是认识世界普遍规律的一个最基本构成部分。从能量描述角度，机械能和电磁能就是能量的两种主要形式。机械能是物质客体的状态描述，那么电磁能量的本质是什么呢？它和机械能的统一性关系是什么呢？这些根本性问题的思考使人类对自然的思考达到了新的深度，并把此前传统科学认识中的那些局限性问题暴露了出来。二十世纪的相对论及量子力学理论是思考这些根本性问题的成果。但是，这些理论还不是完备的，对这些科学理论的理解更有问题。所以，根本矛盾依然存在于我们的理论中，这是人类至今仍然无法建立自然界统一性理解的一个重要原因。

第一个问题是波动的本性是什么？在绝对物质观下，它就只能是物质的现象。因为波动是运动，物质客体是运动主体，没有物体就没有物体的运动，没有传递运动的物质媒介就没有振动和波的产生，这是绝对物质观的基本逻辑。问题在于电磁波能在真空中传播，从波动是以媒介为载体的能量运动这一逻辑出发，只能推断宇宙中存在着一种叫作以太的无所不在的物质，它就是一切非机械波包括光波的传播媒介。只有在以太存在的前提条件下，绝对物质构成的统一性宇宙才满足电磁波动现象存在的必要条件。但是无所不在却又无法经验的以太不符合科学概念的要求，波动作为现象存在的科学真理性需要以太的科学证据，寻找以太就是十九世纪麦克斯韦电磁场方程组统一光电磁理论之后一项根本性的科学使命。1877年阿尔伯特·迈克耳孙和爱德华·莫雷设计了一个非常精巧的实验来证明以太存在，以此为传统的光波动本性解释寻找充分理由。但是，实验的结果是以太不存在。正是这一发现导致爱因斯坦抛弃了以太概念，建立了相对论力学。但是，一百多年来人们一直回避抛弃以太概念时必须面对的一个非常深刻的问题：对传统波动理论描述而言，以太的存在是必要条件，抛弃这一必要条件后我们还能继续解释传统的波动理论吗？把波动作为物质现象的观念在机械波中是完全正确的，真空中不能传播声波这类机械波就是最可靠的证据。电磁波的科学描述是参照机械波建立的，但是电磁波不是机械波，不但能在媒介中传播（其实光和电磁波传播和媒介无关，因为波速和媒介无关，这个问题随后探讨，暂按现有理论从媒介对波速的影响去讨论物体引力对波传播路径的影响），还能在无以太的真空中传播，这都是违反机械波的概念和描述的。从普遍的波动理论意义来看，既能在媒介又能在真空中传播的电磁波是比只能在媒介中传播的机械波更为基本、普遍的波动形式，电磁波动是一般的，机械波动则是特定的运动现象。对波动的本性只能从一般去理解特定，而不能从特定去理解一般。所以，不能从机械波去理解波动的本性，只能从电磁波中才能得到一般的波动本性认识。在取消以太这概念之后，对波动的普遍本性认识及基本的理论描述，还停留在从振动出发的机械波基础之上是不充分的。我们在抛弃以太之后必须回答为什么波动能在真空中传播？这才是关于波动本质，即电磁现象和光的本性认识的根本问题。

第二个问题是电磁波动运动揭示了牛顿质点动力学的局限性，如何理解这些局限性从而实现电磁运动和质点动力学描述的统一性呢？首先是质点动力学描述的超距瞬时作用问题。光的速度有限性从理论上否定了一切超距瞬时作用的可能性，以太被证伪的同时对超距瞬时作用提出了质疑，科学已经彻底抛弃了超距瞬时作用，并不意味着牛顿物理学的质点动力学理论是错的，它依然是颠扑不破的真理，但它是忽略了过程的科学抽象，即牛顿质点动力学尽管不依赖超距瞬时作用，但它和超距瞬时作用是相容的。人们应用牛顿质点动力学时由于忽略了过程性，往往基于瞬时超距作用理解抽象的力作用，在思维抽象中月亮和地球的作用和反作用关系往往在直观中被想象为像一条绳子的张力那样联结起来。但对超矩瞬时作用的否定使我们必须回答我们抽象地描述物体的相互作用的力的本质是什么？引力的本质和意义是什么？如果不回答这些问题，物理学要建立力的统一理论是天方夜谭。按照力的抽象定义，从定义出发无法得到引力和电磁力的统一理解。所以，物理学对力的统一的追求以对力的本性及物理意义的合理解释为前提，这就是迄今力的统一理论得不到根本性突破的决定性原因。其次是牛顿质点动力学的相对描述空间坐标系和波动描述的坐标系的统一性问题。爱因斯坦用狭义相对论在描述上解决了这一问题，即用时空坐标变换关系取代了伽利略空间变换，实现了描述的统一性。洛伦兹变换的基础和依据是光速不变性，这是狭义相对论的前提。但光速不变性的根据是否定以太的科学观测实验，这一观测结果充分证伪了以太，但对光速不变性并不是直接证据，也不是充足理由。至今我们从理论上无法解释光速为什么是不变性描述的。狭义相对论的洛伦兹变换关系既和牛顿经典物理学理论的伽利略变换原理不同一，它的经验解释也和我们的经验和直觉相悖。对此如果不能从理论上得到合理解释，相对论就很难真正得到理解。为什么狭义相对论对大多数人如此艰深，一个重要的原因就在于我们对光速不变性的理由一无所知。如果人类对光速不变性不知其何以是，则对狭义相对性原理也只是知其然不知其所以然，对其抽象普遍知识返回具体世界解释时能否保持统一性是存疑的。实际上，光速不变性假定基础上的狭义时空相对性变换原理是人类进入更普遍、最一般的电磁波运动统一质点运动的起点，但人类一百多年来满足于在起点上欢呼狂欢，不思进取。

第三个问题是电磁场的物质性问题。麦克斯韦电磁场方程组超越牛顿经典物理学理论的空间相对性描述，进展到洛伦兹时空相对性变换原理的时空相对性描述形式后，人类并没有敏锐地觉悟到电磁波动相对于质点运动的普遍性，更没有智慧地觉悟到这是事关波的本性和物质本性的重大本体存在论问题，依然从物质一元论宇宙观去看世界。现代物理学基于绝对物质观才敢于理直气壮地把电磁场作为物质客体存在。“电磁场是独立于人们意识之外的客观存在，这已为大量实验事实所证实。在前面讨论静电场和恒电流的磁场时，总是把电磁场和场源（电荷和电流）合在一起研究，因为在这种情况中电磁场和场源是有机地联系着的，没有场源时电磁场也就不存在，但在场随时间变化的情况中，电磁场一经产生，即使场源消失，它还可以继续存在，这时变化的电场和变化的磁场相互转化，并按一定的速度按照一定的规律在空间传播，说明电磁场具有完全独立存在的性质，反映了电磁场为物质存在的一种形态。”[②]电磁场的物质客体特性由它具有能量、质量和动量来证实，这符合绝对物质观的信念，即电磁波、光是物质，能量是它的现象。由于它有物质客体的能量和动量，所以它就是物质，这种归纳在逻辑上是不完备的，除非有充足的理由确证物是绝对的存在，否则物质具有动量、能量绝不能等效于有动量、能量的一定是物质。把电磁场当物质的根据实际就是物质存在的绝对性和能量一定是依附于物质的抽象属性。思考电磁场的物质性，首先的问题在于，如果光是物质的话，那么回到早期光的本性学说，则牛顿的微粒说就是成立的了。但为什么惠更斯的波动说能够战胜牛顿的微粒说呢？现代物理学把电磁场理解为另一种形式的物质，即不是牛顿的实体微粒，而是光子这种无静止质量的物质，它以波动形式在空间传播，用粒子形式与实物物质相互作用，由此可以解释牛顿微粒说所不能解释的现象。但是，实体物质和电磁物质是否都是特定形式的物质，还是实体是物质的基本形式而电磁物质是它的特定形式呢？如果它们都是特定形式，那么物质的一般形式是什么呢？它和我们传统的物质概念同一吗？如果实体是一般物质形式，电磁场是特定物质形式的话，它们之间一般和特殊的逻辑关系是什么呢？如果没有对这些实质性问题作出完备的描述和规定，把电磁场作为特定物质形式的论断是武断的。除非我们抛弃传统物质概念，否则把波和电磁场作为物质是很难令人信服的。没有严格科学规定性的物质概念是没有科学意义的，更不要说上升到统一性的普遍理论之中了。一个最简单的问题是，电磁场、引力是相互作用力的统一性描述，力又是抽象相互作用描述，则物体相互作用是通过物体实现的了，力就是物质是什么逻辑啊！

其次是把电磁场作为无静止质量的特定物质存在形式时，必须从科学认识理论体系中建立起能量守恒定律和质量守恒定律的统一性。在热力学中，物理学把能量当作物质现象，把质量守恒定律、能量守恒定律和熵定律作为揭示物质世界客体、客体运动、客体运动趋势的三个层次的定律。如果把电磁场作为物质存在的话，必须对传统的质量守恒定律及能量守恒定律、熵定律的关系建立统一性描述，就这些定律得出在电磁场物质规定性意义下的物理意义统一性解释，才可以令人信服地把电磁场当作物质，否则这就不是完备的理论，而只能是说说而已。

最后是电磁能量和机械能的关系的统一性问题。在能量描述中，它们是一般能量的不同形式，它们在量的意义上是等效的，它们是可以相互转化的。如果机械能是物质的状态，电磁场是物质，电磁能是电磁场物质的状态还是电磁场本身呢？电磁能转换为机械能后电磁物质还存在吗？这时如何统一质量守恒定律和能量守恒定律呢？所以，把电磁场当作物质并不是一个规定性可以解决的问题，电磁场、电磁波、电磁能量的本性是我们的世界本性的基本问题，甚至应该比物质的本性更为根本，因为电磁波运动是一般的运动形式，而机械运动的波动只是特定的波动形式而已。既然如此，为什么电磁存在一定是物质存在，而不是比物质存在更根本的存在呢！所以，我们不能仅限于物质，而应从不同于物质的客体性、粒子性去思考电磁能量的本性问题。就是说，电磁波的本性、光的本性的统一性思考必须是彻底批判性的，不能再建立在物质一元论的前提下。

第二节　能量子的量子性

一、电磁波的辐射和吸收

辩证唯物主义把世界看成普遍联系、在相互作用中永恒运动的，这和世界统一性原理是一致的，它揭示的正是世界统一性的具体机制和现实模式。但在绝对物质观基础上无法建立完备的世界统一性原理，无法把存在和演化统一起来。这无论对物质客体存在还是电磁波的存在而言，都是成立的。传统的自然科学以物质客体为最基本认识对象，用抽象的力来描述物体之间的相互联系和作用，建立了描述物质客体相互联系和作用的质点运动学及动力学理论体系，对物质世界的基本原理作出了解释和说明，并成为其他科学的理论基础。人类一直把质点动力学理所当然地看作认识客体世界的基础，这在牛顿时代是合理的。但是，随着麦克斯韦统一电磁场理论的建立以及波动物理学理论体系的成功构建，已经在逻辑上否定了经典物理力学作为自然科学最普遍基础的地位，因为质点动力学真的无法回答波动力学的本质和物理意义，因为即使把波量子抽象为质点也无法用力去描述对这种“质点”的作用。正如上一节所述，抛弃以太之后，我们无法用质点动力学来解释普遍性的波动运动的物理意义。狭义相对论的洛伦兹变换把牛顿的相对空间观统一在相对时空观中，相对空间观只是相对时空观的特定形式，揭示了自然的深刻的本体论意义：牛顿经典物理学理论统一于麦克斯韦电磁场理论的本质是质点统一于电磁波，实体客体统一于能量子客体。

物质客体之间的相互作用用质点动力学和热力学描述，电磁现象用电磁力或电磁场来描述，从而把电磁作用抽象为电磁力作用，用力把质点动力学和电磁作用统一起来，力依然是电磁作用描述的基本抽象概念，但它是抽象电磁作用而不是对电磁起作用的。另外，现实世界不能统一在纯粹抽象的力基础上。在物理学理论中，电磁波的运动和相互之间的作用用波动函数以及干涉、衍射理论描述，这些波的叠加及传播，在理论描述中依然可以看作是力的相互作用就是场的叠加，力依然具有基础描述概念的地位。那么，电磁能量和物质客体的作用，比如光和物体的作用是力的作用吗？能用力的概念作完备的描述吗？

机械波是在物质媒介中传播物体动能的波动运动，理想情况下媒介只起传播能量作用，但实际上媒介对波有吸收作用，实际的机械波在媒介中既被吸收又被传递，形成了衰减的机械波。按照物理学理论，电磁波传播不需要媒介，但它在媒介中同样会被吸收，而且媒介的物理意义被理解为能影响波的运动速度，这种影响由介电常数 ε 和磁导常数 μ 表示，这时所说的媒介是从机械波的传统意义上引申过来的。实际上电磁波并不需要什么传播媒介，电磁波和物质客体的相互作用关系不必要添加一个多余的以太，不能从媒介对波传播的影响去思考，只能从两者的相互作用去思考。比如对光而言，它所考虑的问题与媒介无关，实质上是光和物体的相互作用问题。这种相互作用，就是物质客体与电磁波之间的吸收作用或辐射作用，这是物和波相互作用的基本方式，这恰恰是质点动力学无法描述的。根据波和物的吸收和发射关系，我们只能承认电磁波不是物质，不能用抽象质点和动力学规律去描述，据此只能否定牛顿质点动力学描述自然客体普遍运动的最普遍统一性意义。

在传统物理学理论体系中，电磁波对物体的辐射作用同样可以从力的作用去思考和描述。按照物理学理论，电磁波携带能量，也具有动量，物体吸收电磁波的能量也可以看作同时吸收动量，按动量原理可以计算出电磁波作用在物体表面的作用力。彗星经过太阳附近时尾巴远离太阳可能就是太阳辐射对它的作用力所致。列别捷夫设计了精密的测量装置，用它测出了光的辐射压力，光压就是一个综合了光学和力学知识的综合概念。

但是，用光压、光的动量、光对物体作用力这些传统质点力学概念来描述电磁能量和物质客体相互作用的真正意义，主要在于解释它们之间相互作用的物理意义，而不在于描述这种相互作用规律。这和热力学中用分子平均动能来解释温度的物理意义有异曲同工之处。就像我们很少用每个分子的动能去描述大量分子系统的宏观态一样，对电磁能量的运动及其与物体相互作用，我们主要用波函数及吸收、辐射的概念来描述。所以，辐射和吸收是描述物体和电磁波相互作用的基本概念。

物体既吸收电磁波，也辐射电磁波，现实世界中物体和电磁波的相互作用是一个处于不断吸收又不断辐射的永恒动态运动中的，当吸收和辐射相等时并不意味着相互作用的停止，而是在永恒运动和作用中保持着动态平衡。只有考虑到电磁波和物体永恒作用才能真正理解世界的普遍联系和永恒运动。在我们的日常经验中，白天物体吸收太阳电磁能量变热，夜晚辐射能量后逐渐变冷，这是自然昼夜交替而永不停止的作用和运动，这种作用和运动是比质点力学描述的物质客体运动更为普遍的世界运动形式。

辐射和吸收概念的本质在于它描述的是物质和电磁波之间的相互作用，它和物质之间的能量交换、转移具有本质上完全不同的意义。质点动力学描述的物质相互作用规律转换为宏观态描述时，物质世界遵从热力学第二定律，即温度总是从高温物体流向低温物体，它的物理意义是指物质客体交换能量、动量的相互作用中，总是由能量、动量、速度较大的物体传递到这些物理量较小的物体，宏观系统自发相互作用的变化趋势就是使世界向物质客体能量平均值变化，向具体客体系统能量差即系统自由能减少的方向演化。如果没有在物质客体系统之外的推动，物质世界的自由能将趋于零。但电磁能和物质客体之间的吸收和辐射作用则不受物质客体之间的相互作用规律制约，即辐射和吸收定律不是热传递定律，故不受热传递定律制约，不属于物质热运动范畴。唯有这样理解，我们才能合理解释现实经验中为什么太阳能热水器能把水加热到远离环境温度之上。物质热吸收和热辐射不是热运动的充足理由，在于这是热和力的相互转换作用，热是物系统宏观现象，本质是质点动能，热辐射、吸收是动能和能量子的相互转化，不是仅以物为对象的描述，不是热运动。同时，基于辐射定律本质的理解，我们必须对辐射现象作出合理的解释，必须明白白天被太阳晒热的石头到夜晚变冷，不仅在于热石头向环境中的物体传递热量，同时石头还主要以辐射方式向环境辐射电磁能量从而使温度下降，这是热传递和辐射两种运动共同起作用的结果。把热依靠介质传导和对流作为物体发生温度变化的必要条件是片面的，把辐射作为物质客体之间能量（热量）传递交换方式也是错误的，因为电磁波的运动不依赖以太；辐射不依赖以太。更为根本之处在于，物质热辐射和吸收不服从热传导的傅里叶定律，即不按温度梯度关系传播，太阳能热水器的理论基础不是热运动，而是物体对光辐射的吸收。

关于物体吸收和辐射电磁波的相互作用的本质思考，从另一方面证明了把电磁波作为物质客体的不合理性。如果把电磁波作为物质性客体存在的话，辐射和吸收就是物质相互作用的一种特定形式，物质之间的宏观态相互作用在热力学描述意义上就是传导、对流和辐射，但这就和热力学的概念、理论不相容了。因为热力学第二定律作为物质宏观态相互作用的规律描述，已经揭示了物质宏观热状态总是从高温流向低温物体这一规律性。如果电磁能量被物质辐射和吸收还原为物质热状态运动，则打破了热力学第二定律的真理性，使热力学理论体系崩溃。从质点动力学到热力学理论，物理学的物质是具有严格规定性的，贸然把电磁波作为物质的一种形式对于科学理论体系来说不但不合逻辑，甚至是灾难。坚持绝对物质观，把一切具有客体性的存在都束缚在物质的桎梏之下是一种无知和偏见，电磁波具有能量、动量，光对物质具有辐射力，这不是它是物质客体的充分理由，而电磁辐射和吸收只能从客体转化去理解，恰恰是它不是物质客体的理由。

把电磁波和物质客体作为不同的客体存在来看待，则物质客体之间的动力学、热力学意义的相互作用与电磁波与物体之间的辐射吸收作用就是两种不同性质的相互作用。在世界统一性原理中，这两种相互作用是统一的，这意味着这两种客体相互作用方式中有一种是更为普遍和基本的，它包含了另一种特定作用。根据至今的讨论，可以认为吸收和辐射这种作用形式是更基本的。首先，因为它的描述对象包括物质客体和电磁能量客体，超出了纯粹物质客体相互作用描述的范畴，描述物质和电磁作用的概念应该比纯粹物质客体之间相互作用的概念更普遍，从逻辑上来说，它应该把物质相互作用的特定规律包含在它的一般规律描述之中。两种相互作用之间的统一性是由科学家来解释的，但电磁波的能量、作用力、光压等概念，已经初步说明了物质客体相互作用规律应该包含在物质和电磁能量相互作用的一般描述之中。无须争辩，牛顿经典物理学理论必须统一在麦克斯韦方程组中，这才是狭义相对论的理由和本质。其次，物质波的能量传播需要媒介，而电磁波在真空中可以传播，这说明电磁波是比机械波更普遍、更基本的能量运动过程。最后，物质客体的相互作用以力这一抽象概念描述把力和运动位移、路程、速度等与做功联系起来，把做功和能量关系统一起来，最终得到相互作用结果的描述。在这种描述中，力既是最基本的概念又是抽象的概念，力的定义就是物体之间的相互作用，力所代表的相互作用本质仍然是一个谜。但物质辐射和吸收电磁波不需要抽象的力去作为中介描述，而是直接揭示了宏观态上的热温度在物体和电磁波之间能量转换中的关系规律。所以，物质辐射和吸收电磁波是这个世界的更基本、更普遍的相互作用，不能仍坚持这还是特定的物质相互作用，把没有力为中介的相互作用仍当作物体相互作用是不合逻辑的。

对世界相互作用的认识也是遵循从特殊到一般的规律的，当人类从物质客体动力学和热力学上升到波动物理学探索时，对热辐射的研究导致了一场深刻的革命：量子理论的诞生。

二、普朗克的量子理论

研究物质客体热辐射规律的时候，科学家们大概仍把它作为物质世界普遍运动变化中的一种特殊现象规律，没有人能预料到它将导致物理学乃至人类对世界本性认识的深刻革命。甚至百余年来，人类仍局限于物质热现象去理解热辐射，使这一革命的深刻意义大打折扣。

热辐射是指物体受热后激发辐射出各种频率电磁波的现象，它是和物体吸收光即电磁波相辅相成的逆向运动。任何固体和液体在任何温度下都在发射各种波长的电磁波，其原因在于这些物质的分子、原子受到热激发而发生振动，物质振动形成波动运动就是热辐射。所以，物质热辐射向外传播的是电磁能而不是物质的状态能量即动能，辐射的结果是以波动形式传播的电磁波，所以它不需要物质媒介。热辐射是指物体受热辐射电磁波，热是导致辐射的原因，不是辐射运动本身，这是两种意义完全不同的陈述，把两者混淆只会导致矛盾。

物质热辐射现象和物质的温度有关，这并不难理解。温度是物质中分子、原子自由能的状态度量，温度高低在微观物理意义上代表着它的内部分子、原子振动的剧烈程度，温度越高，物体的分子、原子振动越剧烈，辐射的频率和强度将越高。实验表明，热辐射具有连续的辐射能谱，波长自远红外区延伸到紫外区，并且辐射能按波长的分布主要取决于物体的温度。这些实验结果和热辐射的机理解释及机械振动、机械波的产生、传播机理的解释相一致。

但是，用经典物理学概念去描述解释热辐射时碰到障碍，这个问题在当时称为“紫外灾难”。实际上对“紫外灾难”有两种不同的理解。

按照霍金在《时间简史》中的归纳，紫外灾难的原因在于那时的辐射定律认为一个物质热体必须在所有频率上同等地发出电磁波。由于波函数的连续描述，以及热辐射能谱的连续性，那么，热辐射的频率分布的无穷性以及每一频率都是包含能量的，这就决定了总的辐射能是无穷多的数之和，就一定是无穷大量，这显然是荒谬的。我们已经反复强调，除了数学描述形式的无穷大，在现实世界的客体存在和运动中的任何无穷大都是实证科学无法描述的。

热辐射在所有频率上同等地发出电磁波的观点是不成立的。对连续光谱的描述涉及数学上极限描述的技巧，它不一定导致无穷大。因为当连续频率划分为无限多时，每个独立频率的能量就成为无穷小了，它是无穷多的无限小之和，仅从它的频率无穷分布并不能断定这些无穷多的频率的能量之和一定发散，从数学意义上来说，它的极限可能存在，能量之和可能是有限而非无穷大，它取决于具体的描述形式。所以，由于辐射能谱连续性带来的辐射能无穷大不可能只是数学描述的理解问题。

真正导致辐射能无穷大的紫外灾难不是基于热辐射能谱连续性解释引起的，而是从瑞利和金斯得到的热辐射理论公式中产生的。瑞利和金斯将统计物理学中的能量按自由度均分定理应用到辐射，假设每个线性谐振子的平均

能量都是 T，则任意频率 λ_0 的单色辐出度：

$$M\lambda_0\ (T) = C_3\lambda_0^{-4}T$$

上式中的 $M\lambda_0$ 代表波长为 λ_0 的热辐射辐出度，也代表了辐射的强度，C 是常量，λ 是波长，T 是温度。这个描述在波长很长处和实验比较吻合，但在短波紫外光区则趋于无穷大，这就是真正的“紫外灾难”。

在短波段对热辐射规律的描述和实验比较吻合的是维恩公式。1893 年维恩在假设黑体辐射能谱与统计物理学的分子速率分布相类似基础上，推导出热辐射公式：

$$M\lambda_0\ (T) = C_1\lambda^{-5}e^{-\frac{C_2}{\lambda T}}$$

上式中 C_1、C_2 是常数。维恩公式虽然在短波段和实验比较吻合，但在长波段却和实验结果有较大误差。所以，从实验表明，维恩公式和瑞利-金斯公式分别对黑体辐射的短波段和长波段得出较好的描述，而每一独立公式均无法构成黑体辐射定律的独立完整描述。

为了解决维恩公式和瑞利-金斯公式对黑体辐射定律描述的局限性从而建立统一性描述，1900 年普朗克用内插法将维恩公式和瑞利-金斯公式统一起来，建立了黑体辐射定律的统一描述：

$$M\lambda_0\ (T) = 2\pi hC^2\lambda^{-5}\left(\frac{1}{e^{\frac{hC}{K\lambda T}}-1}\right)$$

上式中 C 是光速，K 是玻耳兹曼常量，h 是一个新引入的常量即普朗克常数，这个定律就是普朗克黑体辐射定律。它克服了维恩公式及瑞利-金斯公式的局限性，把两者的优点保留了下来。在长波段，普朗克公式可近似看成瑞利-金斯公式，在短波段，它又可近似看成维恩公式。普朗克黑体辐射公式从理论上归纳、综合了黑体热辐射实验结果，得出了完整的科学描述。

但是，普朗克黑体辐射定律的革命性意义不在于黑体辐射规律本身，而在于这一描述特别是其中引入的普朗克常数 h 对于我们所认识的世界本性的颠覆性。在得出黑体辐射公式后，普朗克指出，即使这个新公式证明是绝对精确的，但如果它仅是一个侥幸揣测出来的内插公式，它的价值就是有限的。因此，普朗克深入研究这一公式的理论根据，回答 h 这一常量的物理意义。“他发现必须使谐振子的能量取分立值，才能得到上述普朗克公式，由此他提出以下假设：辐射黑体分子、原子的振动可看作谐振子，这些谐振子可以发射和吸收辐射能。但是这些谐振子只能处于某些分立的状态，在这些状态中谐振子的能量并不像经典物理学所允许的可具有任意值，相应的能量是某一最小能量 E（E 称为能量子）的整数倍，即：

$$E,\ 2E,\ 3E,\ \cdots\cdots nE$$

n 为正整数，称为量子数，对于频率为 V 的谐振子来说，最小能量为 $E=hV$，式中 h 就是普朗克常量，在辐射或吸收能量时，谐振子从这些状态中的一个状态跃迁到另一个状态，即谐振子‘跳跃式’地辐射能量。”[③]

普朗克黑体辐射定律的量子描述的直接意义是完美地给出了和实验观察相一致的黑体热辐射理论描述。我们已经指出，热辐射研究对象是物质和电磁能量之间的相互作用关系，这是比物质客体之间相互作用的动力学、热力学科学描述更为基本和普遍的自然界的相互作用关系，普朗克在牛顿、玻耳兹曼及克劳修斯的基础上，把人类对自然的科学认识推向新的高度。量子力学和相对论是二十世纪科学进步中的最重大事件，是人类科学史上重要的里程碑。稍微留心就发现，它们都是建立在对质点力学和波动力学的统一、物质客体和电磁能量的统一性描述基础之上的。相对论建立了质点力学描述和麦克斯韦电磁场运动描述之间据以描述的时空坐标参照系的统一性，把两种运动描述形式统一起来；量子力学则在具体的相互作用规律层次，把物质客体和电磁能量的相互作用关系用科学规律描述出来。这一事实反过来证明了物质客体的相互作用及运动相对于波动运动是特定的形式，牛顿经典动力学和热力学是自然界特定领域的科学真理。二十世纪人类关于相对论和量子理论的发现正是人类从特殊到一般的科学认识规律的体现，把物质和电磁波的相互作用看作自然界更普遍、更基本的相互作用是有充足理由的。

普朗克黑体辐射定律的最深刻意义则在于它的量子假设以及基于这一假设之上的能量子概念。在此之前，人类对物质世界的科学认识有一个共同特点，就是对运动及相互作用进行连续性描述，在连续性描述中我们不得不忽略质点尺寸的影响，只有在连续性基础上我们才能得心应手地应用极限方法及微积分手段去建立运动规律的数学模型描述。然而，当我们深入到世界更深层次的物质和电磁能量的相互作用的时候，我们在质点力学中认为理所当然的质点和力这两个起点上的抽象假定失效了，只有用分立的、不连续的能量子作用模型，才能够得出符合经验观察的科学理论模型。这意味着接近自然世界底层的客体相互作用及其运动规律和经典物理学是不同质的，这种质的不同一已经达到了认识方法的不同一的程度。所以，对世界更深入认识的量子理论本质上也是科学认识方法论的一场深刻革命，在此之后产生的量子力学理论体系正是基于这一革命性的方法之上的。量子力学告诉我们，微观物质实体粒子的动力学规律同样是符合波动运动规律的，这说明了电磁波的波动运动方式确实是自然界最普遍的运动方式。

普朗克能量子假设的最深远的意义在于提出了电磁波的本性问题。在对世界的认识中，有两条先验形而上学的公理是自明的：一是存在者一定是分立的存在。对世界的本体论思考是建立在这自明的公理之上的。如果一块铁可以无限分解下去恒得出同质的铁，则多样性世界就没有什么普遍的本原存在，也不需要本体论和统一性思考了。正是具体现实是结构复杂性存在，我们才有可能和必要去思考世界万物的本原，得出多样性世界是统一性的有根据、有证据的理解。本原存在是最普遍的具体存在，由之结构复杂性演化生成的多样性存在也是具体的存在，这就是体之为体的充分而必要的条件。换一种陈述，就是具体存在者一定是分立的，无论是绝对的本原存在，还是结构性的存在，每一个存在者之为自在存在者的充分必要条件是它是独立而自足的，即存在者之间是有确定的边界的，存在者是相互分立的存在。用亚里士多德的概念去理解存在者的分立性，就是说存在只有达到独立自足性才是实现了内在目的性的存在。二是一切存在者在时间、空间形式中的运动演化的状态和过程一定是连续的。我们在讨论客体运动描述的先验时间和空间形式时，主要目的就是建立对之的连续性理解。为什么认识运动形式的连续性如此重要呢？除了连续性是具体存在者和抽象先验认识形式的本质区别外，就是它们作为认识形式的完备性是必须具备的。因为不只客体的运动变化是连续的，只有连续的认识形式才能实现对一切运动变化的描述要求，更加根本的理由在于，只有连续的形式自变量才是满足一切不连续的分立客体存在和演化描述的完备形式，才能达到最普遍的统一性意义。从这两条自明的公理出发，我们回到光和电磁波的本性问题。惠更斯光本性的波动说和牛顿微粒说的对立是把光理解为存在者还是存在者运动属性的区别，光的波动说本质上就是把光理解为光源的运动现象。诚然，光和电磁波的运动是连续的，但普朗克的分立能量子假设表明，波动运动是连续的，但波动运动者是不连续而分立的能量子。传统的波动说回避了波动运动的主体存在者这一根本性问题，真空中的波速不是波源或传播媒介的速度，光和电磁波运动速度的所有者为何历来是无头公案。普朗克量子假设实际上指出分立的能量子是电磁波运动速度的承担者，电磁波是分立的能量子在时空中连续运动的波粒统一性存在。在物质媒介中传播的机械波的能量传播速度依赖于具体媒介，所以是现象性的状态量；而电磁波无须媒介传播，能量子就只能是具体的存在者，它的分立的量子性则是它具体存在者本性的又一个可靠的根据。这正是量子假设的最深刻意义。

从分立量子假设到能量子概念的提出，普朗克量子理论提出了人类关于世界本性认识的一个最基本的问题：自人类开始思考世界本性即万物本原问题以来，唯心主义用认识论的抽象普遍性替换具体存在的普遍性，宗教哲学用信仰的普遍性当实在，它们其实都不是真正的哲学本体存在论。所有真正的西方哲学本体论对存在的本原总是基于感性经验的实体存在者这一形而上学前提的，存在、物质、实在往往被视为同一的。但是普朗克的能量子理论假设在这个绝对物质观理论中捅开了一个缺口，能量子不是实体，但它又是分立不连续的，即具有粒子特征，最小量子的概念意味着能量子具有不可分的本性。不可分的最小粒子正是人类苦苦思索的世界万物本原的特征之一。然而，在能量子行为中却出现了不可分现象，这对于世界本性的思考富于启迪意义。在客体存在意义上，不可分就是本原客体的规定性。在逻辑上，永恒的存在限定在客体时，本原存在才是不生不灭的，这一规定性和不可再还原等效，但这决定了存在者及其演化推动的二元性，逻辑上达不到一元论水准。一元论的本原存在一定是存在和演化相统一的，永恒的本原存在是存在者及其状态相统一的，不可分的客体存在不等效于不生不灭的客体存在，自然本原客体生生灭灭才有多样化客体存在，本原客体能灭但它的本性不灭，本原客体的普遍本性统一了自然，同时也统一了特定的本原客体之本性。本原客体不可再还原分解决定了它是自然最简单、最普遍的客体存在，终止了对多样性自然复杂结构还原分析的无限后退及其产生的不可知问题；以本原的自然本性作为多样性自然的普遍本性，自然在其统一本性中达到具体现实可知的统一本性理解，从本原论进展到统一的本体论，从本原的具体个体存在进展到本体的具体普遍性自然理解，所以从彻底一元论逻辑看，本原存在作为客体存在时，它的本原规定性不是不生不灭，而是不可再分解还原。对物质粒子的分解不但没找到不可再还原的本原结构，甚至在原则上只能认为物质结构无限可分。无心插柳柳成荫，普朗克在思考黑体辐射定律的物理意义中，奉献了这个人类苦苦追索了数千年的不可再分的粒子性存在。这是能量子理论的最深刻意义所在。

能量子假设成立吗？爱因斯坦对光电效应的理论解释为能量子的存在提供了充分的论证，这使爱因斯坦获得了诺贝尔奖，也使量子由假设成为科学理论，催生了量子力学，推动了人类对自然的认识上升到更普遍的水平。

三、光电效应的光子理论解释

光电效应是电磁波和物质客体相互作用中的一种特定现象，即光照射在某些金属表面时能激发金属表面发射自由电子从而形成电流的效应。赫兹在发现光电效应现象后，他的同事纳德测定了受光照射激发的金属表面所释放的粒子的电荷，确认所释放的粒子是电子，证实赫兹发现的光电效应确实是金属表面自由电子受到光照射激发而形成电流的效应。

光电效应和黑体辐射是物质和电磁波相互作用的两种相对应的现象。黑体辐射是物质分子、原子受热激发振动辐射电磁波，是把热转换为电磁辐射现象；光电效应则是物质的电子吸收光波后自由能增加到能逃逸分子原子结构中键力的束缚水平时电子自由逸出形成电子电流，是吸收电磁波而发射物质实体粒子的现象。普朗克用内插法解决了黑体辐射定律并得出黑体辐射的量子性结论及能量子的假设，而爱因斯坦用光子理论来解释光电效应则得出物质吸收电磁波同样是量子性的结论，从而得到量子理论的完整描述和可靠证据，使量子理论从假设成为普遍的科学概念。

经典物理学的传统光波动理论原则上可以解释光电效应现象，即这是金属表面电子对光波的吸收效应使它的自由能超出金属原子核对它的束缚力而成为自由电子的结果。但回到光电效应实验的具体机理时，经典物理学的能量理论和波动理论就无法解释了。按照经典物理学理论，电子的逸出初动能即速度取决于它所吸收的光能，所吸收光能越大，获得的能量越大，它的逸出速度就越大，反之亦然。光波的能量和光的强度成正比，所以按照经典物理学理论，光强越大，电子获得的能量及由此而来的电子逸出初速度就越大。但是实验结果表明，任何金属所释放的电子的初动能与入射光的频率呈正相关性，而与光强无关。经典物理学理论在解释光电效应的具体发生机制时和实验结果是不协调的，它失效了，这表明经典物理学理论确实是有局限性的，但这不能否定经典物理学理论的科学真理性，这一事实表明，经典物理学理论对解释波和实体粒子相互作用的微观机理是不适用的，以抽象质点为对象，以抽象力去建立质点相互联系和作用的物质世界运动变化规律描述的经典物理学理论，确实不是对宇宙自然存在和演化的最一般、最普遍、最基本的理论，再一次说明物质一元论是有极大局限性的。

还有，按照传统的光波动理论，不管任何频率或强度的光环境下都将有光电效应产生，频率低、光强弱只意味着电子从开始吸收光能到积累出足够的逸出动能的时间长一些，光强度大则光电效应的反应时间快一些。但实验结果表明，并非所有频率的光都有光电效应现象，而是每种金属都有一个最低限度频率存在，小于这一频率的光，无论光强及照射时间如何，都不会有光电效应发生。并且所有光电效应发生都没有时间弛豫现象，即从光照到光电流产生几乎是即刻的，并没有观察到光照射电子吸收光能积累到一定程度才产生电子逸出效应的时间滞后现象。无论光多弱，只要频率大于光电效应的最低频率，光电现象就马上发生。其实，按传统的电子积累光照能量的理论解释，已经否定了稳定原子结构存在的普遍现实性，因为原子结构中键能是确定不变的，外层电子吸收环境辐射能如果是累积性的，则不会有相对稳定的原子结构，因而分子层次乃至更复杂层次的相对稳定结构都难以维持，这是明显违背经验的。光电效应发生的充分必要条件和光强无关而只和光频率有关、光电效应发生没有弛豫时间的事实说明，基于物质抽象状态描述的传统能量理论，可以解释光电效应的产生，却断然解释不了它何以产生。

在普朗克以物质热辐射的能量子假设解释黑体辐射定律后，爱因斯坦受到启迪，不再局限于传统的波和能量理论，而是转到粒子理论去思考光电效应。爱因斯坦用光量子理论解释光电效应，解决了波动理论无法解释的光电效应中的一系列问题。“爱因斯坦从普朗克的能量子假设中得到启发，他认为普朗克的理论只考虑了辐射物体上谐振子能量的量子化，即谐振子所发射或所吸收的能量是量子化的，他假设空腔内的辐射能本身也是量子化的，就是说光在空间传播时，也具有粒子性，想象一束光是一束以光速运动的粒子流，这些粒子称为光量子，现称为光子，每一光子的能量也就是 $E=hV$，不同频率的光子具有不同的能量。”[4]按照光子理论假设，爱因斯坦圆满地解释了光电效应现象。金属中的电子只能以量子形式吸收入射光，由此获得的能量增量为 hV，即电子只能吸收整个光子能量，不能吸收一个光子的部分能量，量子化的意义就是说一个光量子在它和电子发生相互作用时是不可再分的基本单位。如果 hV 大于电子从金属表面的逸出功，这个电子就可以从金属表面逸出，这种逸出电子的定向运动就是光电效应的电流。

光量子理论圆满解释了光电效应中的诸现象。由于电子对入射光按量子化吸收，所以，hV 大于电子从金属表面逸出功时就有光电效应发生，小于这个逸出功时就不能发生光电效应，这解释了为什么光电效应有最低频率即红限的原因，不能发生光电效应的入射光肯定在红光频段，因为在这个频段光的量子化能量 hV 随频率减小而减小。同时这也解释了为什么发射电子的初动能和光强无关而与光的频率相关。因为每一电子所获能量为 hV，这是电子动能的能量来源，hV 与频率相关而与光强无关，所以，光电效应中发射电子的初动能与光强无关。光强增强只是使整个金属中可以发生光电效应的电子数增加，使光电效应电流增加，但每个电子的动能却和光强无关。同样，由于电子按量子化方式吸收入射光，所以一个光子和一个电子的相互作用是要么整个被吸收，要么被反射或散射，电子吸收光子的量子化形式说明它是一个要么发生要么不发生的相互作用关系，不存在电子积累光能量过程，所以光电效应是瞬间发生的，而不是光强强时发生快些，光强弱时发生慢些，即不能从过程来描述和理解电子吸收光子。

爱因斯坦的光子理论对量子理论的确立起了非常重要的作用，获得诺贝尔奖是实至名归的。量子理论告诉我们，世界本质上是以量子化存在为基础的复杂结构统一体，它使我们以与世界本性更相符合的观念和方法去思考世界的本性，对世界统一性的理解达到了前所未有的纵深层次。量子是自然界最基本的存在形式，波动是自然客体普遍的运动现象，而不是只局限于以无形状态存在的能量子和光量子。以有形态存在的物质微观实体粒子的能量特征、行为也是量子性的，它们转换为能量的运动也是由波动方程去描述的，完全符合波动运动特征。“1924 年，德布罗意（L. V. de Broglie）在光具有波粒二象性的启发下，认为微观实物粒子（如电子、质子、中子等）与光子一样，也具有波粒二象性，提出了物质波的假说，这一假设不久为电子衍射实验所证实。1925 至 1932 年间，薛定谔（E. Schrodinger）、海森伯（W. K. Heisenberg）、玻恩（M. Born）、狄拉克（P. A. M. Daric）等人在物质波假设的基础上建立起描写微观实物粒子运动的新理论，称为量子力学。”⑤由此可见，只有从世界统一性的高度，从能量子和微观粒子相统一的高度，才能真正把握量子理论的革命性意义。

客体的量子化存在和波动运动方式是自然界最普遍、最基本的存在和演化形式，不只因为量子理论把物和波、有和无统一起来，更因为物质客体的存在和演化中，量子理论是比质点理论更基本、更普遍的规律描述，质点描述是量子描述在特定边界条件下的描述形式，这个特定边界条件就是抽象质点。或许大多数人觉得量子力学的描述对象是微观实体性基本粒子，只是特定边界条件下的物质客体运动规律；抽象质点的动力学描述才是最一般、最普遍的物质运动现象的规律描述，这其实是本末倒置了。从存在的观点看，微观基本粒子是比由它结构而成的宏观物体更普遍的存在，物质世界一生二，二生三，三生万物是由一般到特殊物体演化的过程，只能说微观粒子是更普遍的存在，而传统物质一元论的本原物质客体则是最普遍的具体物质存在。如果把本原存在理解为最特定的存在，那就不会有本体论和世界统一性之意义了。至于经典物理学对物质客体的质点抽象，根本没有本体存在论意义，我们现实的物质世界不是由抽象质点构成的，而是由各种基本粒子构成的。从运动演化的观点看，微观粒子的波动运动是物质运动的最普遍规律描述形式，它包含质点的各种运动形式，或者说物质运动最终必须统一在以能量为对象的波动运动下才能得到和光电磁波动运动相协调的理解。只能从波动运动去解释宏观物体的各种形式运动描述，不能从宏观物体运动形式去解释波动运动。按照统一性的逻辑，物质客体的各种运动形式必须是统一协调的，不能彼此冲突，各种运动形式的统一性理解，只能以服从量子力学的普遍波动运动规律为基础。粒子波动描述比质点运动描述普遍确实是较难理解的，或许大多数人只是将两者看作相互独立的运动描述形式，没有考虑它们的统一性关系，但这样的话，物质运动都失去统一性，更不要说世界的统一性理解了。粒子波动运动的普遍性的最坚实基础是本体存在论意义上微观粒子的普遍性意义；它的另一个理由是质点动力学根本无法描述能量子的运动，可以把能量子抽象为质点，但力对之没有作用和反作用，不可能有能量子质点的动力学描述；电磁波运动遵守光速不变性原理，不只加速度描述对之失效，伽利略的相对空间变换原理对之也是失效的，其实能量子是不能在牛顿相对空间中得出完备描述的。人们也许会问，为什么我们通常不用最普遍的粒子波动理论去描述物质世界的运动，而更偏爱质点动力学呢？理由非常简单，这和我们更加偏爱伽利略变换的道理是一样的，只要边界条件允许，我们在必要时首选的是伽利略空间变换而非洛伦兹时空变换。但这并不影响我们坚持洛伦兹时空是包含伽利略空间的更普遍时空形式。根据量子力学理论，物质波的波长和它的动量成反比，宏观物体的物质波的波长其实非常之短，甚至可以认为已经短到难以观测分辨。

爱因斯坦的光子或光量子和普朗克的能量子是同一的概念，只是它们在不同的特定事件和描述中采取了不同的形式而已。在普朗克的黑体辐射理论和爱因斯坦的光电效应量子解释理论中，能量子和物质的分子、原子发生相互作用时，由物质热辐射的能量是量子态的存在。当我们把它称为能量子的时候，它是独立于物质分子、原子的，而不再是物质本身的状态即动能。动能是物质运动描述量，是现象性存在。因为物质实体粒子动能是连续性描述而非分立形式的量子化描述，所以物质的机械能不是能量子，至少科学理论对它们的描述是非量子化的。量子化的能量子是与物质相互作用且独立于物质之外的存在，它作为独立存在者在与物质实体粒子发生相互作用之前都是量子化的，一旦它被物质粒子吸收它就成为物质的现象性存在，即转化为物质粒子的自由能。它失去独立性存在时也就失去了它的量子性。同理，物质实体粒子辐射能量时，在辐射之前属于物质粒子动能的能量是现象性的、非量子化的，而一旦它辐射而脱离了物质实体粒子自身它就成为独立于物质粒子的量子化的粒子存在。所以，并不是所有的能量一定是量子化的，而是所有独立于物质实体粒子的能量一定是量子化的。换句话说，物质的能量状态描述没有量子化的意义。所以，量子理论对能量本性认识具有深远意义，它赋予能量独立存在性，说明了能量不仅仅是物质的状态量，同时也是我们世界中独立自主的物理量。这才是能量子根本而深刻的物理意义。

爱因斯坦把光电效应中起作用的光看作光子或光量子，但光只不过是一定频率范围的电磁波而已，故能量子和光子就是普遍和特殊的关系，它们不仅是统一的，而且直接是同一的。所有频率的电磁波一样可以看作光，否则就没有可见光和不可见光之说了。但由于我们习惯上把我们肉眼可见的电磁波叫作光，所以，从普遍性意义上来说，我们直接用能量子概念更易理解，并且把光子概念纳入能量子概念，不再专门讨论光子或光量子问题。

量子理论及能量子概念的确立实质上是电磁波能量粒子性本性的确立，早期牛顿和惠更斯的关于光的粒子理论和波动理论之争在偃旗息鼓数百年之后又起波澜了。毫无疑问，从表面上看，量子理论和波动理论是不统一的，但世界一定是统一的，不统一的理论说明我们的认识有问题，故必须在量子理论和波动理论相统一的意义下去揭示电磁波的本性。

第三节　波粒统一性

一、能量子是客体性存在

相对论和量子力学的革命性意义在于它们提出了世界本性的重新认识问题。在此之前关于世界本性的思考一直循着具体的空间感性实体存在即物质实体基本粒子的方向进行，由此推动了科学对世界物质结构认识的不断深化和发展。尽管我们还不能从科学上得出世界万物本原的物质基本粒子是什么的真理知识，但对于它的本性的物质性理解却是确定的。在缺乏本原知识为证据的前提下，世界物质性其实只还是纯粹形而上学设定，根本不是以确定性知识为根据的理性统一性理解，而且是需要不断怀疑和批判的。量子理论的确立，能量子的存在获得科学实证，这对传统的物质一元论发出诘问：能量子是物质粒子吗？是物质的基本粒子吗？如果是，它的理由是什么？如果不是，那么是物质粒子还是能量子才是最基本的永恒存在？因此，从量子理论出发思考能量子的本性是世界统一性原理认识的基础性问题。

在量子力学和能量子概念创立之前，我们早已得心应手地应用能量概念去描述物质客体世界，也就是说，能量概念是从对物质世界的认识中抽象出来的，在这个阶段物理学所描述的能量是物质客体存在之现象，是物质运动状态的描述量，这就是机械能，其中包括热能的物理意义。作为物质运动状态描述的能量是建立在物质客体基础上的。迄今为止人类对世界的科学认识是建立在物质客体基础上的，对能量的认识则是建立在机械能基础之上的。当我们把普遍的能量概念归纳为物体所具有的做功的本领的时候，实际上已经把一切能量纳入现象性存在范畴，对所有能量的本性理解都建立在机械能的规定性基础之上，量子理论揭示限于认识描述抽象意义去理解光电磁现象是远远不够的。

光本性的微粒说和波动说之争并没有在能量是物质客体存在现象这一稳

固观念中打开任何缺口。至今一切科学认识始终把能量作为现象而取消它的本性思考，甚至物理学基于电磁场、引力场具有能量来断言它们具有物质性时，并不是指能量是物质性的，而是认为具有能量现象的场存在是物质性的，能量至今仍是局限于物的状态的现象存在意义去理解的。当牛顿微粒说失去主导地位，人类从波动理论来理解光的时候，对光的本性的理解实际上也是现象性的。因为波动来自振动源的振动，振动总是物质客体作为谐振子的运动，所以物质客体及其运动就是一切波动的原因，波动就是物质之运动现象，所以波动说的光本性理论归结到底是把光作为现象来看待的。光、电、磁在科学描述中都是物质世界的特定现象，物质存在的基础前提性是绝对的。

按照人类认识世界总是从个别到一般，从特殊到普遍的一般规律，执着于机械能及机械振动作为能量及波动的最一般基础是缺乏理由的。能量和波动的最一般本性必须包括机械能及机械振动，而不是固守其中。量子理论及能量子、光量子概念的确立，实际上已经向传统的世界本性理论和观念提出了挑战。从能量子的规定性出发，能量已经不再仅仅是物质客体的现象性存在，同时又可以是不依附于物质客体的独立客体性存在。能量的客体性是事关世界本性的重大命题，量子理论至少从以下三个方面给出了能量子作为独立客体存在的充足理由：

第一，能量子是独立的存在者。在世界普遍联系和相互作用现象中，相互作用总是成对出现的，否则相互的描述就失去了意义。经典的物理动力学对物质世界相互作用的相互性给出了精辟而严谨的科学描述，即牛顿动力学第三定律：物体相互作用力总是成对出现，并且大小相等，方向相反，这是物质世界相互作用的基本法则之一。我们用能量状态概念描述物质世界相互作用时，第三定律约束就转换为能量守恒定律约束，即机械能守恒原理，物质客体是承担守恒原理的主体。所以，机械能、热能之间的相互转移同时也是物质客体的相互作用。但是，当进入黑体辐射及光电效应这些事件的时候，所涉事件相互作用的承担者不再都是物质客体，而是物质客体和能量子。用量子理论描述，这是物质原子、分子和能量子之间的相互作用，它已经超越了物质客体之间相互作用的意义，最可靠的证据是描述一切物体相互作用的力已无法描述这种相互作用。绝不能认为由于能量子是物质辐射的，所以能量子与物质原子、分子的相互作用归根到底是物质客体之间相互作用。科学对任何事件的描述都在设定的限制条件之下，如果一切都按归根到底去解释则无科学真理可言，因此尽管我们目下对世界还刨不到根底，但已有了丰富的科学知识。对能量子在黑体辐射及光电效应中身份的思考，不必陷入恶无限的因果链，而就限制于能量子本身。不要考虑黑体辐射产生后又如何，物体作用或产生光电效应的能量子从哪里来，我们只需要知道，黑体辐射时谐振子以分立态的量子化形式吸收和辐射能量子，在光电效应中电子按量子化形式吸收光量子产生光电流。在科学认识中，能量子就是与物质实体发生相互作用的主体，它们在这些相互作用中具有传统物质客体般的独立地位。所以，按照牛顿的第三定律及能量守恒原理，能量子就是辐射这类物质与波相互作用行为中独立的客体存在，而不是机械能及热运动中的那种非独立的现象性存在。所以，能量子是独立自足的存在，是存在论意义而不只是对自然认识描述的相对性意义的概念。

第二，能量子是具体的客体存在。机械能和热能作为现象性存在，是具体物质客体的现象，而能量子作为独立的存在与物质实体原子、分子或电子发生相互作用的时候就是具体客体存在，这是能量子和机械能及热能的根本区别。能量子的量子性是它的客体存在性的充足理由。量子性指能量子只能以与之频率相关的能量及其整数倍即 nhV 为作用单位与物质发生作用，hV 就是一个不可再分割的相互作用的最小单位能量。回到物理力学传统描述时，我们说这个单位能量的本性具有粒子的性质，并说能量子具有粒子性。当能量子具有粒子性的时候，它就不再是现象的状态描述概念，而是具体的客体存在者了。当然，能量子的粒子性和物质实体粒子性并不同一，前者是无形无静止质量的粒子，而物质粒子则是有形及静止质量的粒子，所以，我们把能量子称为非实体粒子，把物质粒子称为实体粒子，物质客体也常被称为物质实体就是因为此。最为重要的问题在于，能量子才真正具备“基本粒子”的本性，这是目前我们所认识的任何物质实体粒子所不具备的。在早期的粒子概念中，基本粒子是指具有万物存在本原本性的不生不灭、不可再分的粒子，在发现物质原子结构时人类以为找到了它，但最终又发现它依然可分，所以，物质实体的基本粒子是一个兴旺的家族，“基本粒子”其实已经失去了它原来的意义。但是，能量子的量子性正是它的不可分性，这是目前一切实体粒子所不具备的。所以能量子不仅是粒子性的，而且还具备了真正的基本粒子不可再分性这一必要条件，它很有可能是构成世界万物的真正基本粒子。在这一点得到充分证明之前，至少把它作为具体的粒子性存在是具有充分理由的。从逻辑上看，可分还是不可分是对具体客体存在的结构形式而言的，只有分立且独立的客体才有可分还是不可分的物理意义，而一切抽象形式及由这些形式得出的现象描述一定是无限可分的，因为它们是连续的，连续性描述的任何两个点中间总有第三个点可以内插，这种内插可以无限地进行下去，所以连续的形式和现象性存在一定无限可分。按照这一逻辑，不能无限可分的能量子，不能是客体的状态现象存在，只能是具体的客体存在本身。普朗克分立能量子的假定，是对自然界能量存在的客体性假定；爱因斯坦对光电效应的光量子解释，本质上是对光的客体存在本性的解释。

第三，能量子是自足的客体存在。电磁波的量子性确立之后，它的粒子性也就被确认了。在波动说的传统理论中，电磁波是作为物质振动的现象存在的，而它的量子性得到承认时，它就不再仅仅是物质的状态量，而且是独立的具体客体存在了。但能量子虽然在从物质振动即波动源中辐射出来后成为不再依赖于物质波源的独立存在，可它终究是由物质实体中产生出来的，它的最终原因还必须从物质实体中去说明，否则它就不能自圆其说，所以说它不是自足的客体存在。没有光源、能源、波源就解释不了光、能量子及电磁波。如果世界万物的本原确证是物质实体的话，那么这种观点显然是成立的。但波源又是从哪里来的呢？这依然是一个没有得到答案的问题，物质实体存在也不是具有自足的完备理由的。究竟是没有物质波源就没有波，还是能量子和物质实体是绝对相互独立的存在者呢？这正是关于世界本性认识的真正问题。但根据我们目前的科学认识，我们已经确切地知道物质粒子可以转换为能量子，能量子也可转换为物质粒子，它们是可以相互转化的，仅凭这我们不能确定是物质粒子抑或能量子才是绝对的存在。这正是世界统一性原理的最基本命题，也是本卷的主题所在。但目前的讨论，还远没有达到对最普遍的具体存在作出统一性归纳的火候，贸然地断言万物本原为何物只是独断的形而上学，和两千多年前物质一元论的本体论设定没什么区别。按照从个别到一般到普遍的原则，在思考最普遍的绝对存在之前，必须对一般的客体存在有比较有把握的了解和理解。我们对物质客体是独立、自足的具体存在是有把握的，但对能量子这种一般存在的客体性则还是没把握的，否则光的本性就不会困扰了人类几千年，人类也不会还陷入波粒二象性认识的尴尬境地。人类在对光的本性自感迷惑时却又一直坚信绝对物质观，这是很不合情理的，这先验地假定光要么是牛顿的物质微粒，要么是惠更斯的波动运动现象，但这恰恰是人类最没有把握的。因此，在思考绝对存在之前，首先要解决光的本性、能量子的本性问题。绝对存在是最普遍存在思考，一般存在之为本体存在的充足理由则是对之存在独立自足性的思考。

根据人类现有的知识，把能量子理解为自足独立的存在是以绝对科学真理为根据的，那些科学知识转化为具体的技术，普遍应用于人类现实的经验生存之中。自麦克斯韦从理论上断言了电磁波的存在到赫兹实验测定电磁波，不过一百多年，电磁波已经从未知、猜测变成人类现实生存的有机构成部分，很难想象没有了电磁波，陷于网络和手机依赖的现代人如何生存；利用电磁波实现通信干扰是现代战争的高技术手段；太阳表面黑子异常活动产生的强辐射也会对人类的无线通信产生干扰。这些都已是常识和经验。托夫勒把信息时代归纳为人类文明史的第三次浪潮，人类这一文明进步的技术基础就是通信技术，特别是无线信息通信技术。这一技术应用的存在基础就是信息的载体——电磁波。构成电磁波现实存在的前提是能量子的存在，电磁波成为信息载体的充分必要条件是能量子必须是独立自足的存在，唯此它才能独立于波源，携带信息在空间独立运动中传送。我们技术上应用的电磁波是利用辐射技术实现的，但由波源发射的波不再是波源的一部分，而是独立于波源的，这样电磁波才能成为信息的载体，实现异地通讯和传播功能。电磁波携带的信息是抽象的，携带信息的载体电磁波就一定是具体的，否则无线通信就不会成为具体现实。信息时代的健全人从知识和经验相统一中理解电磁波和能量子的独立存在性是合乎情理的，并不是玄而又玄的形而上学妄想。然而，就这一简单平常的观念转换后，人类理性理解的世界却大不相同，收音机、电视、八分钟前从太阳出发现在刚到达地球的阳光，遥远星体的光历经上千万年长途跋涉到访地球，甚至一百多亿年前宇宙大爆炸留给当代人的宇宙背景辐射，它们在能量子的独立自足客体本性理解基础上统一起来，一切自然而然。反之则一切变得神秘且不合情理。光和能量子是我们生存最切身、最直接的经验和体验，却又是最难理解和把握的经验，回到能量子和光量子是具体独立存在者的理解，这些经验才是可理解的。在能量子具体客体性理解基础上，我们的感性世界和泰勒斯、德谟克利特、伊壁鸠鲁等先古圣哲的感性世界并无本质区别，但理性理解的世界则是完全不同的统一世界。“真空”并不空，只是无，存在着大量无形无质的能量子，是充盈的波和场的存在，实体存在沉浸在非实体客体存在的“海洋”中，统一的宇宙是统一的场世界，这就是对老子抽象玄学有无相生共存的具体现实理解。我们感官感觉不到场不能说场不存在，虽然人是万物的尺度，但人本质上是理性存在，人的尺度不能只是感性的。综上所述，我们可以得出初步结论，能量子是独立自足的具体客体存在。

在能量子成为科学理论认识的具体量子性粒子存在一百年之后，为什么绝对物质观依然如此顽强，能量子的具体客体性却一直犹抱琵琶半遮面呢？这和西方文化从有理解世界的形而上学信条有关，也和中国文化局限于用和术，没有通达玄学的有无相生统一性相关。把有作为客体存在规定性和把无理解为有的否定性限定，在先地否定了能量子的客体性。对世界的统一性理解不是以原则为根据的，是以现实为根据的，必须对客体即实体的传统形而上学原则作彻底批判和检讨。

二、能量子是无客体存在

光的本性思考是在微粒说和波动说的冲突中展开和发展的，光的本性只能是微粒或运动状态的，这一直是不证自明的形而上原则。量子理论建立后的波粒二象性光本性理论是否把光的微粒说和波动说统一起来呢？否。我们现在提出的光即能量子的本性是客体性、属性是波动性的结论更是和微粒说不同一的概念。因此，思考能量子的本性，必须深入讨论微粒、粒子、客体这三个概念的联系和区别，才能真正理解光的本性学说的历史演化，把握能量子客体本性的根本意义。

牛顿把光本性看作一束连续的微小粒子流的时候，这个微粒就是指物质客体微小形态的存在。在当时的历史条件下，人类可经验和科学认识的具体对象都在物质世界范围之内，光是可经验的，当然也可以看作物质客体存在。牛顿物理学理论就是建立在物质客体是最普遍认识对象这一假定上的，据此质点动力学才有资本成为对宇宙运动变化规律的最一般综合。当牛顿用他的科学思维、逻辑去思考光的本性的时候，是基于抽象质点的普遍本体存在意义的，把光看成物质微粒是顺理成章的。我们认为牛顿的微粒就是物质微粒是符合事实和逻辑的。

但光不是一般的物体，牛顿给它冠以“微”来规定它的特定性，就是说，光物质粒子是非常微小的，小到我们只能看到它成束的集体存在，而无法去感知和把握一个个具体的光微粒的存在。“微”解释了我们无法捕捉到光微粒的原因：不是它不存在，而是它太小。

但是，把光作为物质微粒的理论在逻辑上是不完备的，它的不可把握性在于逻辑。物质世界的典型微粒不是光，而是气体分子。从感性意义上来说，光的感知和空气的感知类似。我们同样看不到微小的空气分子在空中游荡，但我们可以感知它，并确认它作为物质微粒的存在。它们作为物质微粒存在有充足的科学证据，也有可信的经验感知。氧气和氢气结合成了水，这就是氧分子和氢分子是物质粒子的最可靠证据。我们可以把空气收集在容器中压缩它们，可以发现空气浓度增加后容器的重量也随之增加了，即空气微粒具有质量，所以它们是物质粒子。光的微粒说在描述其规定性上和空气的微粒性是相同的。但是，我们找不到任何可以把光装起来的容器，无论如何我们都无法把握它，无法发现它的重量和质量。光连续照射并没有物质累积效应，光不会像氢和氧原子结构为水一样结构为我们可见的宏观物质。现在我们已经由此得出了光的一个重要本性，光的静止质量为零。没有静止质量的一个非常重要的结果就是，我们不是限于技术，而是在逻辑上永远无法拿出一个可供反复观察、实验的叫作光子的这个东西。所以，光的微粒说在描述及逻辑上均与空气微粒相类似，但光的本性和空气的本性是完全不同的，空气是物质微粒，但说光是微小物质粒子流则是缺乏根据及科学证据的，这是微粒说的缺陷所在。牛顿用传统的物质客体规定性来解释光，但关于物质客体的运动学、动力学描述对光无效，光的微粒说是不成立的。

光的波粒二象性学说中的粒和牛顿的微粒并不同一，光的波粒二象性对粒的定义有其规定性。“电磁场和实物物质一样，都具有能量、质量和动量，因此我们确认电磁场是另一种形式的物质，场物质不同于通常由中子、质子、电子等基本粒子所构成的实物物质，电磁波以波的形式在空间传播，而以粒子的形式和实物相互作用，参与作用的‘粒子’就是光子，光子没有静止质量，而电子、质子、电子等基本物质粒子却具有静止质量，实物可以以任意速度（但不大于光速）在空间运动，其速度相对于不同的参照系也不同。但电磁场在真空中的速度永远是 $3 \times 10^8 m/s$，并且其传播速度在任何参照系中都相同，一个实物的粒子所占据的空间不能同时为另一个微粒所占有，但几个电磁场可以互相叠加，可以同时占据一空间”⑥，所以，波粒二象性对波的粒子性解释和牛顿的物质微粒说是具有根本区别的。

但是，波粒二象性理论在折中波和粒解释光即能量子的本性的时候，不仅把波动运动现象当作存在者的本性，同时还把与传统物质客体具有不同规定性的光子即能量子的粒子性简单武断地归入物质性。如果回到传统的物质性概念，则光子归根到底还是牛顿的微粒说，这就很有问题了。如果说这里的物质概念是扩展了其内涵的，和牛顿时代的物质概念并不同一，则需要给予详细讨论、规定和说明，但这却是和光子本性一样不是三言两语、一个主观规定就可以解决的。如果物质概念扩展了，则我们关于物质世界的所有科学认识都必须重新定位和讨论。

世界统一性原理在尊重惠更斯光波动学说及麦克斯韦电磁场统一理论关

于电磁波的传播理论的同时，把这些波动运动描述作为光子即能量子的现象而非本性，坚持光子即能量子本性的粒子性而否认它是现象性存在。这种粒子不是牛顿微粒说的微小物质实体粒子，也不是物理学波粒二象性学说所说的那种不同于实体物质粒子的非实体物质粒子。因为非实体物质是一个未经批判并且与现行物质客体科学认识理论体系不相容的概念，其实和唯心论哲学的抽象实体倒有几分相似。我们首先有把握地称能量子为具体客体存在，没有必要局限在客体即物质客体的抽象形而上学假定中，首先把光子即能量子的客体本性和物质客体区分开来，再去思考两者究竟是同一的还是统一的。不能简单断言能量子是物质或是物质的波动运动现象。电磁波既是波动运动现象，又必须是独立、具体、自足的客体性存在的运动，应从存在和现象相统一去思考能量子。

在统一性原理第一卷思考存在的一般性时，我们首先把世界区分为客体存在和现象存在，这是关于任何存在认识和思考的前提和起点。世界由客体存在者作为本体，通过客体存在者的普遍的相互联系和相互作用的诸现象而构成统一而永恒运动的自然界。没有客体就没有任何现象性存在，现象存在总要回到客体存在去找最终的原因来说明，作为现象存在之所以存在的根据，客体是客体现象权益的所有者。只有当我们把能量子作为客体的时候，电磁波传播、光的辐射这些波动运动现象才有根据。必须把能量子的客体本性作为光和电磁波存在的本体论根据，去解释、说明它们的运动现象和规律。

把能量子作为客体存在是具有充足理由的，我们确信能量子是独立的、具体的、自足的存在，它自己可以是自己的原因，它可以通过一系列现象、属性来认识和描述，比如波动、干涉、衍射、偏振等，这些现象是能量子客体的行为，而不是物质客体的直接行为。至于能量子客体和物质客体的关系，则是另外一个问题了。

在探讨能量子的客体性规定性时，按世界统一性原理的逻辑，首先设定能量子客体和物质客体是不同一的存在，客体是它们的抽象的普遍统一性概念，即它们都是具体客体存在，但物质客体和能量子客体有各自不同的本质规定性。这里，我们着重讨论能量子的本质规定性。到目前，我们只能有根据地得出能量子是客体性存在的真的判断，至于它的客体性是否为物质客体性，我们没有充分的证据。在客体性这一层次看待能量子的本性，我们是有充分把握的。物质客体是客体存在的一种形式，能量子客体是自然界的又一客体存在形式。物质客体肯定是独立、具体的存在，但物质客体除了一般客体的规定性之外，还有它的特定的规定性，这就是实体性，所以物质客体又称物质实体或实体客体。但客体并不一定都是物质一元论所理解的物质实体客体，能量子和实体粒子的本质区别，普朗克的能量子、爱因斯坦的光子和牛顿的光微粒的本质区别，就是微粒是实体客体存在，能量子和光子是无实体的客体存在。如果根据实体规定性来定义物质客体的话，能量子就不是物质客体了。物质一元论的客体存在本质是有，则能量子客体存在的本质就是无，能量子就是无客体存在，简称为无。这里的有和无是本体存在论的概念，是独立自足的主词和宾词。简言之，它们都是东西。对无的这种本体存在意义上的主词理解是革命性的。比如老子的玄学理论体系，无和有都是极为重要的概念，甚至无在理论体系中是比有更重要的概念。

无客体存在不是以抽象的玄学理论为依据，而是以客观科学真理知识为根据的。在本体存在论意义上，最有力的证据是对以太的否定和光在真空中按有限速度传播，以及黑体辐射和光电效应中能量子、光子量子性的分立本性。没有以太，光和电磁波在真空中的运动就是自身本体存在和运动相统一的，这和物质机械波依赖物质媒介为载体传播非客体性的动能是完全不同的。电磁波在真空中能传播说明它自身就是客体存在者，存在者在真空中运动就是电磁波。当我们说光在真空中以不变且有限的速度传播时，在语义逻辑上和子弹以有限速度飞出是相同的，即光是和子弹一样是主词性质的存在者，也即现在讨论的能量子客体存在。如果把这类描述中的光和电磁波局限于运动状态和现象，运动现象就成为无承担者的纯粹抽象了，这当然是不符合经验和我们的知识的。在黑体辐射和光电效应实验中，能量子、光子和物质实体粒子的相互作用只有被理解为存在者的相互作用才是合逻辑的，它就是有无相生的客体世界的普遍联系和相互作用的具体形式之一。相互作用一定是存在者之间的关系，和物质粒子发生相互作用的能量子和光子只能合逻辑地是存在者。相对于有，这种存在者我们称之为无客体，以传承老子玄学智慧的精髓。

得出能量子是无客体的结论，并不能说无就是和电磁波、能量子绝对同一的概念，而是把能量子作为光和电磁波现象的客体存在者，无则是能量子客体和它的波动运动相统一的更普遍概念。任何存在者都是存在和演化相统一的具体现实存在，没有抽象的自在存在。能量子是无静止质量的，这一规定性说明能量子客体和物质客体的本质区别之一是它没有相对静止状态。我们通常说光和电磁波时，一般是在存在和运动相统一的意义上说的。因此，对能量子客体的认识，还必须包括波粒统一性的具体理解。

三、波粒统一性

二十世纪人类确立了能量子和光子的分立量子性特征后，再拒绝它们的粒子性就是睁着眼睛说瞎话了。遗憾的是，能量子并未由此开始名正言顺地回归客体存在家属，至今对电磁波和光本性的“统一性”理论不是波粒统一性理论，而是毫无统一性逻辑的波粒二象说。波粒二象性这种机会主义折中理论的负面作用是极为严重的，它不只关系到光的本性问题，还关系到物质的本性问题，它直接否定了世界的统一性，本质上把世界看成二元论的。按二象性逻辑，一元论意义的宇宙即使是真的也是不可知的，不可知的真实质上是伪的。

简单回顾波粒二象说的演化史是必要的。牛顿和惠更斯对光本性的粒子说和波动说之争，由于光的干涉、衍射、折射等现象与波动描述的一致性的发现而使波动说成为主流，粒子说逐渐被淡忘了。随后人类都是从波来理解发现的电磁波包括 X 射线、y 射线、射电波的本性的。所有传统波动理论的基础、波动之为波动的根据是物质机械振动作为波源并以物为介质的机械波，波动的本性是物的状态能这种现象性存在，光的波动本性说实际上是把光及各种电磁波的本性看作物质实体的现象性存在。爱因斯坦狭义相对论提出抛弃以太概念的时候，实际上已经提出了重新建立波动理论基础的问题，但人类并没有正视它。普朗克的量子理论和爱因斯坦的光子理论确立的同时也确立了电磁波动的客体存在性，但这和传统的波动说是直接矛盾的。量子理论是人类重新认识能量子本性，建立世界统一性原理的重要契机。可惜人类错过了这个机会。一百多年来人类用波粒二象性学说来解决能量子的粒子性和波动性的冲突，但这种学说在逻辑上是经不起推敲的。特别是二十世纪二十年代开始，德布罗意等一批杰出的物理学家建立起微观物质粒子的量子力学理论，用波动方程描述实体微观粒子的运动规律时，人类已经认识到波动不只是光和电磁波特有的现象，而是包括物质实体粒子在内的普遍性的客体存在现象。在这种认识基础上的波粒二象说本质上就是二元论的宇宙观了，即光和物都是波粒二象性的。

光的量子性确立之后，物理学理论无可奈何地用光的波粒二象性概括光的本性，以应对不同条件下光的本性解释，那是错误的。光量子不仅具有能量，而且还可以算出它的等效质量和动量，列别捷夫测量了光压，直接证明了光子的动量和能量。动量和能量是描述物质粒子运动状态的，这就说明了光具有粒子性。但光同时又有波长和频率，它的能量、动量、等效质量又和波长、频率相关，光的波动性也是不可否认的。所以，光就成为一种波粒二象性存在：当用动量、能量描述时，我们说它是粒子性的；当用频率和波长描述时，我们说它是波；对光电效应等许多波动说无法解释的现象从光的粒子性可以得到圆满解释，而光的干涉、在不同介质中的折射等粒子性无法解释的现象则用波动性来解释，这就是光的波粒二象性的真正用意。但是，光的波粒二象性是一种实用主义或机会主义的光本性理论。任何普遍、有效的客观科学知识及其关于存在本性的理解绝不能是机会主义的，光本性的波粒二象性学说作为一种机会主义理论，仅从科学意义上也是不能恭维的。

1924 年，德布罗意在光的波粒二象性启发下，提出了物质粒子的波粒二象性的对应理论。“他认为，整个世纪（指十九世纪）以来，在光学中，比起研究方法来，如果说是过于忽视粒子的研究方法的话，那么在实物理论中，是否发生了相反的错误呢？是否是我们把粒子的图像想得太多，而过分地忽略了波的图像呢？”[⑦]德布罗意假设质量为 m 以速度 p 运动的物质粒子具有波长和频率，它的物质波波长 $\lambda=\frac{h}{m_0V}\sqrt{1-\frac{V^2}{c^2}}$，当 $V\leqslant c$ 时，λ 则为$\frac{h}{m_0V}$，这就得到了对物质粒子的能量、动量、质量、波长、频率、速度的完美描述，这些物理量的统一性关系和在光的波粒二象性描述理论中是协调一致的。德布罗意物质波的假设由电子衍射实验得到证实，最后由薛定谔建立了物质波的函数方程，由海森堡建立了量子力学的测不准原理亦称不确定度关系，建立了完整的量子力学理论。所谓量子力学是用与光量子、能量子相似的方法，把认识描述对象质点转换为能量客体，用波动来描述微观物质粒子运动的物理力学理论。量子力学在物质微观结构及行为的研究中取得了一系列重大成果，是描述物质微观结构层次运动的更普遍的科学理论。德布罗意物质波的假设以及完整的量子力学理论的建立，是人们走出波粒二象性认识误区的重大机遇。可惜绝对物质观如此根深蒂固，量子力学理论依旧在波粒二象性认识框架下去解释物质世界的本性，这是人类认识史上的一大憾事。

波粒二象性学说在逻辑上同样是不完备的，即使在经验中也是行不通的。在学生时代读过一本名为《量子史话》的专门介绍量子力学创立史的科普畅销书，讲述从微粒说到波动说再到波粒二象性的理论演变史时，饱含着对波粒二象性的礼赞。书中反复用美人鱼究竟是美人还是鱼呢来比喻波粒二象性，这个比喻是非常贴切的。从科学概念和描述意义上来说，美人鱼的本性一定是鱼而不是美人，即它的本性是鱼而不是人，那么美人鱼之美人的意义是什么呢？是鱼的属性，是对它本性的限定，是把它从一般的鱼中区分出来的特殊规定性。美人鱼和其他鱼类最大的区别是：它的形状的类人性，这是它的外形属性，而非它的本性。光既是波又是粒只能从和美人鱼同样的意义结构去统一理解，即波和粒中只能有一种是它的本性，而另一种则是它的属性。说光或物质粒子的本性是波粒二象性是不符合一元统一性逻辑的，它们本性可以既不是粒子又不是波，但绝不能既是粒子又是波。我们必须在波和粒子两者中找出何为本性何为属性，摆脱波粒二象性的困扰。波粒二象性是严肃的科学和世界统一性原理理性思辨的基本问题。

波和粒子两者何为本性何为属性已经不仅仅是光和电磁波的本性问题，

物质波概念及量子力学理论建立以后，它已经涉及包括物质客体在内的整个世界的本性问题。按照我们对自然界概念描述中关于世界本性的一贯逻辑和意义，以及上面关于光及电磁波的客体性讨论所得出的肯定性结论，我们可以断言，从世界客体存在的本性意义上来看，物质的本性肯定是它的实体粒子性，电磁波的本性也一定是它的客体性，即分立的量子性。所以，无论物质实体还是非实体的电磁波客体，它们的本性都是粒子性的。当德布罗意建立物质粒子的波长和频率描述的时候，尽管沿用了波粒二象性概念，却绝不能说物质客体的本性是非粒子性的。物质的粒子性是无可否认的，至于它的波本性倒是需要认真思考的。所以 ，我们应该在坚持物质和电磁波的粒子性的前提下，对它们的波动性作出合理的解释和说明，把波和粒统一起来。

当我们判定世界的本性是粒子性的时候，也就从逻辑上对波的现象性即它是粒子的属性作出了肯定判断。事实上，科学的波动概念自始至终是描述客体运动属性的概念。何谓波动，波动就是能量传播的一种特定方式，物质波是简谐振动传播物质的动能，而简谐振动形成的简谐波运动就是波动运动的特定描述形式。至于光和电磁波，首先也是在运动的意义上为人类感知和认识的，而运动是属性而非本体存在论意义的规定性。所以，波动概念的产生、建立及其具体规定性都是从描述客体运动这一角度提出的，波动就是运动，波的最基本意义是运动轨迹。运动就是属性而不是世界的本性，说波粒二象性实际上是说世界是由一种叫作波动的运动构成的，这种概念有意义吗？波动运动的干涉、衍射、偏振等现象是这一运动的特征，而不是它的本性的证据。实际上，从机械波到电磁波一直到德布罗意波，所谓波动现象、波的干涉、波的函数及波动方程等关于波的描述，有哪个不是关于波动运动属性的描述呢？

认真检讨就可发现，我们在什么时候偏好波动性呢？在思考和描述运动和变化规律时必须用波动概念。既然客体的运动属性包含波动形式，当描述符合波动形式的运动时，当然就要波动理论了，这时，我们不考虑本性，只考虑运动形式及运动关系，所谓干涉、衍射不正都是运动中的现象吗？它就是运动的叠加原理在特定条件下的特例而已。我们什么时候偏好粒子性呢？

当思考和描述物质实体和能量子相互作用关系而非运动过程的时候，我们不需要波动运动规律，需要从粒子性的质量、能量、动量即客体相互作用关系去讨论它。客体相互作用涉及它的本性，它的运动则是它的属性，这是粒子是本性，波是属性的一个理由。所以，科学从振动开始对波动的科学认识，以及光的波动运动规律、电磁波乃至德布罗意波的波动规律的科学描述是完全正确的科学真理，但它们是客体世界的运动描述，不是世界本性的解释和说明。

回到光的本性的粒子说和波动说之争就可以清楚地看到，这实则是光的本性的物质实体性和物质的现象之争，而不是两种不同客体本性之争。惠更斯的波动说是把光作为物质运动的特定波动现象性存在来理解的，是由物质波的特定运动现象即干涉、衍射等来支持的。物质波的波动运动是物质的属性，它的特征是干涉，那么基于光的干涉等符合波动运动规律的发现，我们就能得出光运动是波动运动的判断，并由此进一步得出波动的光实际上是物质的现象存在而不是物质粒子存在本身的结论。当证实光从空气进入水中折射时速度改变符合波动规律而违反粒子理论时，光的波动性确立，实际上是把光的本性看作物质的运动现象，把光看成现象性存在了。光的波动说没有专门讨论过光是物质的现象性存在问题，但它的逻辑性是无可争辩的。在绝对物质观支配的时代，光不是实体性粒子就只能是现象性的。但波动说把波动作为运动属性或物质的现象性存在需要可靠的根据才能自圆其说，为了使光只是物质的波动运动属性自圆其说，人们不得不设想一种弥漫于整个宇宙空间的微小物质粒子作为荷载光的本体，这种实体本体就叫以太。按照以太的假定以及光的属性说，没有光源就没有光，没有以太就没有光传播的媒介，光运动就不会产生。光是一种能量传播，按机械波的理论来解释，就是物质中的能量传递运动过程，这种波动中波动是运动是现象，波动传播的能量在机械运动中也是现象而非客体性存在。所以，光的波动说是把光作为运动的属性来描述的。

由此可以得出结论，光的本性是粒子性而非波动性，粒子性和波动性是从本性和现象两个不同层次对光的思考和描述，它们只有统一性，没有对立性，即不能由光的粒子性本性否认或取代它的波动运动性，也不能由它的波动运动描述的科学真理性去否定或取代它的粒子性的存在。当爱因斯坦建立狭义相对论抛弃以太的时候，我们就应该明白了波动运动是不依赖于物质的，不能只从物质的属性、现象的意义去理解它，这就是它的粒子性的最可靠的根据。没有了以太为媒介，能在真空中波动运动的光本身首先就一定是粒子性客体存在，不变的光速只能是粒子性之光的速度。从逻辑上可断言，对在真空中以不变且有限速度传播的光而言，它如果不是粒子性客体存在，就一定不会有光波动现象产生，所以光是波粒统一性存在。依此理解光的粒子性的时候，光的波动就是它的粒子的运动描述，是现象性存在，波动是光粒子的运动属性而不是光的本性，我们再也不能用波粒二象性来描述光的本性。

由波粒二象性进展到波粒统一性，确认了在空间波动运动的光电磁的客体性存在地位，其最深刻的意义在于把能量由纯粹依赖于物质客体存在理解为客体和现象相统一的最普遍意义存在，这是由能量去理解自然本性的必要条件。如果能量只是物质的状态量，依赖于物质客体才有具体现实性，则物质就比能量更有普遍意义，更有理由去统一自然本性。当和物质实体本质不同的能量子获得具体客体存在根据时，波粒统一性的它就获得了客体存在和现象相统一的意义，就具备了成为自然最普遍本性客体存在的必要条件。更为重要的是，尽管实体粒子和能量子都是波粒统一性的客体存在，但实体粒子的本质是二元结构的质量统一体，其波又是能量意义上的，它得不到一元统一本性理解；而能量子的运动和存在规定性是同一的能量，只有量这唯一的规定性，它的本性就是由频率决定的量子化之定量能量。当物及其状态可由能量去统一其本性时，能量就有可能统一多样性自然本性，给出能量一元论的完美自然理解。

从世界最一般统一性意义看，本体存在和本质存在是统一的，客体的存在和演化是统一的，波粒统一性是世界最基本的具体存在形式，有和无客体都是波粒统一性的。但是，它们波粒统一性的具体形式是有本质区别的。实体粒子的存在本性和运动属性有相对独立性，即我们可以在抽象中把实体粒子看作相对静止的，可以独立地思考它的粒子性或波动属性，我们可以感知实体粒子的存在，可以把实体粒子看作相对静止的存在；但绝对感知不到能量子的相对独立的客体性，它是依靠知性科学和理性智慧才能通达的。不能把能量子理解为相对静止的存在，它是绝对运动的，任何相对运动都有静止状态，静止且无质量的存在不是能量子，而是不存在。无的客体性是和它的波动性绝对统一，不能相对分离的，它没有静止质量的根据就在于这种绝对统一性。这一表述的具体意义就是能量子是没有质量而绝对运动的客体存在。既然能量子和物质客体的波粒统一性有各自不同的本质特征，它们作为客体是有不同规定性的客体，它们客体性的统一就是世界统一性原理的基本命题。

注释

①程守洙、江之水主编，胡盘新等修订《普通物理学》，北京：高等教育出版社，1998 年第 5 版，第 2 册，第 395 页。

②同上，第 407 页。

③程守洙、江之水主编，胡盘新等修订《普通物理学》，北京：高等教育出版社，1998 年第 5 版，第 3 册，第 324—325 页。

④同上，第 331 页。

⑤同上，第 312 页。

⑥程守洙、江之水主编，胡盘新等修订《普通物理学》，北京：高等教育出版社，1998 年第 5 版，第 2 册，第 408 页。

⑦程守洙、江之水主编，胡盘新等修订《普通物理学》，北京：高等教育出版社，1998 年第 5 版，第 3 册，第 349 页。

第四章
能量是物质之母

引 言

【提要】量子理论确立了能量子的粒子性后，科学家从描述相对性角度称光本性是波粒二象性并不值得大惊小怪，光本性是哲学家应回答的问题；但物理学执于传统物质观把电磁场、引力场当物质就违背了科学的客观统一性了。不但要把能量子的粒子性和波动性统一起来，还要把它的粒子性和物的粒子性统一起来，本章试图从能量本性出发，把实体客体统一于能量子客体，最终统一于普遍能量本身。

一、当代物理学理论依然执于传统物质一元论宇宙观，越界地断言能量子本性是物质性，其理论根据是狭义相对论的质能关系，并根据电磁场的能量推断出其等效质量。该推论并没有具体完整把握爱因斯坦质能关系的物理意义。首先场是力的时空分布描述，其本质就是力，每一确定时点的场描述就是该时点对单位客体的作用力。把力的本性也归结为质量，那叫质点动力学情何以堪？其次是将电磁场当作物质时，用什么样的力去描述对电磁场物质的作用呢？作用于引力场物质的具体意义是作用于引力，力作用于力是违背逻辑的自我循环陈述。最后，如果物理学能客观描述作用力对光量子运动速度的影响，光速不变性就被证伪了。

二、必须深入探讨狭义相对论和质能相当性关系的物理意义。爱因斯坦是从物质大世界去理解统一自然的，质能关系之质量超越又包括了经典物理学之意义，动质量包括静质量 m_0 才有意义，对没有静止质量的电磁场按质能关系求其等效质量是越界的。静质量、动质量是具有限定性的相对认识范畴，在本体论意义只有质量，无所谓动质量、静质量之说，因为凡有质量之物的动和静都是基于相对参照系而言的。所谓静质量是指与相对描述无关的质量，这是本体论意义的绝对量，动质量是反映物体运动状态的相对描述量，传统质量是绝对量即静质量。爱因斯坦建立动质量的深刻意义在于把客体存在和运动状态即质和能统一起来，但只能从普遍的量去理解它们的统一。所以，质能等效是量的相当，不是质和量相当，是质量之量和能量之量相当。由于能量只有量规定性，故质量统一于能量，这是自然最基本最普遍的统一性关系之一。

三、物是形的感性规定性，质是物的普遍抽象规定性，物质是抽象共相概念。普遍物质的抽象规定性和特定量的具体规定性的统一构成了多样统一性的具体物质客体存在，质和量的统一是具体物质客体的本质规定性。物是具体统一性存在，亦即结构性存在，结构是质的普遍统一性形式，物质存在即结构。普遍结构形式赋予了统一物质的多样性和复杂性，决定了物一定是相对性存在，绝对的、不生不灭之物不可能存在，由物为本性得不到自然一元统一性理解。物在自然哲学中称有，有质有量谓之有。有是质量统一性结构存在，它或统一于质或统一于量，唯不能统一于质量，以质量为本质的物质客体之物质性不是自然统一本性。

四、量子理论赋予光和电磁波以具体粒子性客体存在的根据，产生了能量子这一客体性概念，能量子的本质规定性就只能是分立量子化之定量能量，它的客体性的根据是分立量子化能量的独立自足的具体现实性。能量子只有量子化定量能量这唯一规定性，是无质有量的具体存在，它的本性只能是唯一的本质规定性即能量。没有质规定性的能量子无结构，也不可再还原分解，从而是量子化不可分的绝对性存在，纯粹能量子构成的世界是无结构的同一存在构成的混沌。能量子无质量、无结构、无形体，老子在《道德经》中称之为无。有量才成为具体客体存在，有量无质无形谓之无；按以物去统一自然的传统，无又被老子归纳为无物之物。

五、能量子唯有能量这一规定性，以能量为自然本性才有合逻辑的自然统一性意义。物有质和量两个规定性，具体之量的规定性才是它统一于普遍自然的本性，抽象的质是物的异质规定性，物和非物的区别，多样性之物的区别是由质决定的。以量为物的本性正是爱因斯坦质能关系的本质，由此把物质客体和能量子客体统一起来，得到玄学有生于无的现实具体意义理解。

现实自然是质能统一性世界，具体之物是质量、统一质量结构的结合能和外部相互交换的状态能的统一，有从无中来，在更普遍意义上又可以说能量是物质之母。质量由能量子转化而来，有由一而二而三而万物的复杂性演化是按自然内在目的性从混沌到有序的完美进程，在能量的普遍本性基础上才能赋予永恒运动的宇宙以完备而完美之意义。

当我们得出能量子是非物质性客体存在的结论的时候，能量子客体和物质客体的统一性关系就成为世界统一性原理的最基本命题。在西方文化中，有和无的统一是不成问题的，因为西方文化是以有即物质作为世界客体存在的起点的。在物质世界的运动和变化中，能量是作为物质的现象而存在的，这正是机械能和热能的科学意义。当西方科学超越物质世界的现象来认识能量子的时候，最终还是在绝对物质观的框架下扩展物质的内涵去包括能量子，能量子就仍是有。但这种扩展了的物质概念和西方传统物质世界的科学理论是有矛盾的，其中最为重大的是热力学第二定律及以太问题。以太被科学实验证伪了，人类接受了爱因斯坦抛弃以太后建立的洛伦兹时空变换关系，但没有深究为什么必须如此理解世界。以太不存在了，绝对物质观还在，质点动力学和热力学的不统一性还在，绝对物质观迈不过熵垒这道坎。西方文化始终是二元论的，哲学思索自然统一性两千多年仍限于物质一元论中。当现代形成波粒二象性的光本性进展到物本性认识时，物质一元论就只剩下躯壳，其灵魂却是二元论即不可知论的。现代西方思想家想超越物质一元论去建立熵的世界观，可没有统一宇宙观又何来一元统一世界观？

中国玄学世界统一性理论尽管是朴素的，但却是一元论理论，一元论的本性决定了世界的起点是道，终点也是道，一元论的世界是有无统一的世界。在中国传统玄学文化中，有只是世界演化到特定阶段的产物，道之才是世界的起点，在这个阶段的道又称为无。从逻辑上来说，无中生有比有中生有更为合理，有中生有是物质世界复杂化，无中生有则是物质世界的创生，所以无是物质之母。中国传统玄学的无客体就是我们今天科学认识中的能量子客体存在，无客体即能量子不是物质，是无。按照玄学理论，“有名万物之母”，这和西方的传统唯物论是一致的，但反过来看，西方哲学唯物论的有和玄学理论却是不协调的，即玄学作为最普遍本体论包含了物质世界统一性，但自认为是一元论的唯物主义却无法包容无，最简单的例子是它无法赋予麦克斯韦设定的真空中的位移电流的意义。玄学和西方哲学的本质区别在于，西方以有为世界起点，中国玄学把有看作中介，即不但天地万物是有在后天演化中生成的，而且有本身也是后天生成的，有和万物的关系不是本原和本原复杂结构关系，而是不同层次的物质结构统一性关系。道的统一自然世界是无、有、物三个层次构成的，其中无和有的统一性是最基本的。根据玄学统一性理论和我们现已有的知识，有无关系就是质能关系，有无相生就是物质和能量在相互作用中按内在必然性转化的现实世界永恒的生息过程，宇宙运动演化就是有无统一性的。在有无统一中可以更深刻地理解能量子和物质实体粒子的统一关系，并合逻辑地把物质看作能量子的特定结构性存在形式，完整理解物质的质能、结构能和状态能的统一性，真正悟到能量是物质之母的普遍意义。从逻辑上看，把能量子理解为非物质客体产生了质能统一性命题，从物质实体为本原去统一能量只能达到质能二象性的二元论水准。颠倒传统质能关系认识，以能量为本性去统一物质，就能达到存在和演化的一元统一性宇宙理解。世界统一性原理是关于具体世界的，有无统一性必须从逻辑回归具体经验世界，在客观真理知识基础上得到质能统一性的现实理解。

第一节 有质有量谓之有

一、实体粒子与能量子是不同一的客体存在

电子、质子、中子等实体粒子和光子即能量子都是客体存在，因为它们是独立、自在、具体的存在者。在狭义的存在概念中，存在总是存在者的存在，存在就和客体同一。人类从经验世界开始认识世界，经验世界的客体是有即物质客体，所以，物体和客体同一，实体和客体同一，物质和实体同一，最普遍的概括就是存在和物质同一，这是西方文化的基础。不管你承不承认，西方确实是在物质客体这一认识对象基础上建立起对客体世界的科学认识体系的，有的普遍抽象是质点。二十世纪量子理论及光电效应的光子理论解释把能量子与物质的相互作用确定为客体之间的相互作用后，物理学按照客体和物质同一的传统，抛弃了物质和实体同一的原则，把非实体的能量子和物质同一起来，把引力场、电磁场当作物质存在者。但这种物质概念内涵的扩充根本上是不合逻辑的。

非实体物质概念的不合理性首先表现在描述的逻辑关系上。在普朗克量子理论中，具有无客体本性的是物质谐振子吸收和发射的能量子；爱因斯坦对光电效应的光子理论解释是照射在金属表面的光子。当然，光实际上也就是电磁辐射的特定频率的波。在这些相互作用现象中，起着“粒子”本性与物质实体粒子产生相互作用的存在者就是能量子和光子，根据这种相互作用的“粒子性”而把参与相互作用的存在者看作物质存在的时候，在逻辑上就应该说能量子和光子就是物质客体，是物质性存在者。但是，物理学理论却不按照这一逻辑描述把能量子和光子称为物质存在，而是把电磁场以及引力场这些描述能量子和光子作用力分布的函数称为物质。力和物质同一在逻辑上是不可思议的，力是描述物体相互作用的抽象概念，绝不是具体的客体存在，没有人能从经验中感知到具体的力，只能经验到具体的物质客体的

力作用现象。力是物质客体的话，力所描述的物质客体相互作用就变成物质客体是物质客体的相互作用了，质点动力学就失去可理解的意义了，这是没有任何意义的废话。但为什么物理学界用场来定义能量子的物质性呢？有一种可能是执于把能量作为物质现象的传统，并根据场的能量作用的现实性去推断场是物质。在机械能和热能形式中，能量确实是物质客体的现象，但在辐射中我们没有充分证据证明能量依然是物质的现象性存在。波的能量和物的状态能是有本质区别的：物交换状态能量而保持自身质的规定性；波没有质量故没有状态能，它不是和质量交换能量，而是自身转化为物的状态能量。物之间通过普遍相互作用力去抽象归纳状态能交换，并以力为中介建立起质点动力学理论体系，质点是物的统一，力是相互作用的统一。能量子之间则是没有相互作用的，所以是用干涉等特定作用形式描述。能量子之间在任何空间点上是和平共存的，故不能用力去抽象它和外部的作用，甚至力也无法描述能量子和实体之间的相互作用，因而物理学的所有动力学规律对能量子描述失效。因此，物质有能量状态并不等效于有能量状态就一定是物质。但在绝对物质观的观念中，能量、动量一定是物质属性，把能量的现象存在绝对化导致物理学家们转向用场来作为真正的客体存在。把电磁场和引力场作为物质存在，恰好和具有能量与动量属性的存在一定是物质存在的逻辑相一致，从这些场的能量及动量存在就有充足的理由称之为物质存在。物理学家这时恰恰忘记了，场的规定性即力是和客体规定性相矛盾的。我们真正要超越的不是场的现象性，而是能量的现象性，即能量作为物质状态函数的时候是现象，但作为物体辐射的能量子及光电效应的光子形式存在的时候，它是独立、自在、具体的客体性存在了。所以能量的现象性是相对的，反而场的现象性才是绝对的。把电磁场和引力场作为物质是不符合逻辑的，场是力的分布函数，是由对单位客体的作用力来定义的。如果电磁波确实是物质客体存在的话，只能说能量子和光子是物质性的，不能说电磁场是物质性的。

当然，如果仅仅是描述逻辑的错误则是容易改正的，把能量子和光子作为物质客体，把电磁场作为能量子客体的现象存在就解决问题了。为什么这么多年来没有人指出电磁场作为物质存在的逻辑错误呢？道理很简单，把电磁场作为物质只是一种观念和对能量本性的形而上学解释，它并没有真正深入到对物质世界能量行为的经验科学理论之中，没有深入去考察把电磁场作为物质存在时，它和已经构成的物质世界科学认识体系的统一性问题。而这恰恰才是电磁场或能量子是否物质存在的根据。所以，能量子和物质客体的同一性不是纯粹形而上学问题，它的形而上学理解必须建立在物理世界的经验科学理论基础上。

电磁能量是以波动作为它的基本运动形式的，能量在波即辐射形式运动中时是量子化的独立客体存在。我们假定能量子和物质客体同一时，考察其对传统的波动理论的影响，即考察物质性电磁场和电磁波理论的统一协调性。在机械波中，波动由物质机械振动源产生，并通过物质介质来传播。传播什么？传播波源的状态能量。波动速度是指波源发出的能量在物质媒介中的传播速度，不是指物质媒介振动时的运动速度，媒介不是在运动，而是在平衡点附近来回往复振动。在物质机械波中，有两点是非常重要的：一是机械波传递能量一定要依赖于物质媒介体，真空中无法传输物质机械波。由此可以判定机械波传播的能量是物质客体的现象性存在，而非独立具体的能量子客体存在，物质的机械能和能量子的能量是不同形式的。前者是依附物质的属性，只能存在于物质客体存在的基础上，只能在介质中运动；后者是独立于物之体的具体存在者，无须物质媒介和以太也能决定自身的现实存在和速度不变的绝对运动，在媒介、真空中能普遍存在。二是物质波的传播速度是由波的传播媒介所决定的，在电磁波中，以机械波作为理论基础来解释光波和电磁波时，人们设想了一种与物质媒介本性、作用相同的无所不在的以太物质为电磁波的波动理论提供完备性。如果以太存在，那么电磁波即使和物质没有充分的同一根据，至少它和机械波是同一的。但以太一旦被证伪，电磁波就不需要介质而自己运动了，它和机械波就不同一了，更不要说以波动形式传播的能量子和物质是同一的了。从抛弃以太那天起，我们就应该得出能量子和物质客体是不同一的客体存在的结论。在我们的科学理论体系中，电磁波是可以在真空中传播的。真空的概念已经决定了能量子和物质客体的不同一性。因为具有物质实体的空间不是真空，没有物质实体的空间叫真空。由于电磁波在真空中传播时真空还是真空，我们不能说能量子是物质或电磁场是物质，能量子或电磁场所在空间无物质客体时仍是真空。所以，从我们关于真空的概念中可以得出结论，科学的物质概念是以实体粒子来限定的，非实体的能量子不能作为物质的组成部分。能量子和物质客体同一将使传统的物质世界理论失去完备性，陷于矛盾。

按照传统物理学理论，电磁波的传播速度同样和介质有关，它在无介质时的速度叫真空中的传播速度。麦克斯韦电磁场方程组指出，电磁波的传播速度和媒介的介电常数 ε 及磁导常数 μ 有关，真空的介电常数和磁导常数分别为 ε_0 和 μ_0。但我们从物质客体意义上能赋予 ε_0、μ_0 什么意义呢？在机械能的传播速度推导中，媒介对机械能传播速度的决定作用是和介质的弹性模量等参数有关的，但 ε_0 和 μ_0 很难和物质客体的物理意义有关联性。所以，能量子这种在真空中可以以自己为介质波动运动的独立客体和物质客体是不同的。

我们再来考察物质的热运动。热力学第二定律是物质宏观状态热运动的普遍规律，它告诉我们，物质客体之间自发热运动总是通过热传导和对流的方式，把温度从高温物体传递到低温物体，而绝不会自发地由低温物体传递到高温物体。它的微观物理意义是说，大量自由运动的分子、原子相互作用交换能量的结果总是自由能较高的分子、原子将能量传递给自由能相对较低的分子、原子，这种相互作用的演化趋势是使每个分子、原子都具有均等自由能，即系统中分子、原子间的自由能趋于零。然而，一旦我们把能量子、光子都作为物质客体，把能量子的辐射、吸收行为纳入物质热力学行为的话，热力学定律将土崩瓦解。这时，物质分子、原子和能量子之间的相互作用不仅是交换自由能，还要包括能量子转换为自由能了，辐射作用形式的加入彻底打破了热传递的规则，热力学第二定律将彻底失效。所以，在物质热力学理论中，物质就是实体物质的概念，不能把能量子纳入热力学理论的物质范畴。

最后，我们来考察最基本的物理学理论：力学理论。如果我们把能量子作为物质客体的话，它能够由动力学概念描述吗？至少它不能由力来描述。能量子能有动力学作用吗？它可以有加速度吗？显然不行，它也不能用动能、势能描述。所以，能量子在物理力学意义上也不是物质客体。牛顿质点动力学的两大形而上学基础是质点和力，它们的统一即力对质点作用的普适规律统一了永恒运动发展的物质世界。而电磁场在牛顿质点动力学的普适描述范围之外，质点动力学和麦克斯韦电磁场方程组的统一性是二十世纪物理学革命的主题，爱因斯坦建立狭义相对论的意义是把牛顿的力学规律和麦克斯韦的统一电磁场理论统一起来，并且只能认为洛伦兹变换统一了伽利略变换，相对时空包括相对空间是不证自明的，牛顿物理学理论统一于麦克斯韦电磁场理论是无须争辩的。既然如此，把电磁场认定为物质不只是武断的，而且是本末倒置的。故我们可以斩钉截铁地说，能量子和实体客体不同一，能量子是比物质客体更普遍、更基本的客体存在。

在得到能量子客体和物质客体不同一结论后，世界统一性原理就要回答它们的统一性问题，而这又以它们的不同规定性为基础。能量子客体和物质客体是不同客体的本质规定性是什么，这是需要首先解决的问题。

二、物质客体是结构性的特定存在

我们从物质客体开始讨论能量子和物质实体的规定性，这符合历史和逻辑相一致以及从特殊到普遍的原则。人类认识世界是从特定的物质客体开始的。世界统一性原理坚持经验主义认识原则，故将感性经验的物质客体作为讨论起点。诚然，按照我们现在的认识，非实体客体的能量子比如光也是可感知的客体存在，但在人类认识早期主要是把它作为物质的现象、属性看待的。二十世纪量子理论使能量子获得了独立存在性，但同时又把它（实际上是它的场抽象描述）装进物质客体这一大垃圾桶中。按历史和逻辑相一致的原则，我们以物质客体规定性思考作为世界客体认识的逻辑起点。但这并不意味着教条主义思维习惯，预定了物质客体是客体存在的基础。按照认识总是从特殊性到普遍性的规律，我们现在可猜测，物质客体应该是世界的中介性而非本原性的存在。

事实上，人类基本上一直把对自然界的普遍性认识局限在物质世界中。就物质世界而言，最简洁的概括是存在即结构，对物质存在的形而上学认识原则是具体之物都是结构性的存在，物质世界的统一性即结构统一性。

对物质世界的任何认识都建立在具体个体之物的基础之上，离开了这一基础任何纯粹的抽象认识实际上不可能存在。但个体的世界是复杂性、多样化的世界，人类在漫长的蒙昧时期主要从感性认识的各个具体个体存在去把握世界。受个体的认识机能限制，他所感受和利用的信息量表面上虽然巨大，但所含意义却少得可怜，而且这些意义之间并没有有序的联系和关系。从个体上升到一般抽象，共相概念的产生是人类发展史上最伟大的革命。最典型的共相概念系统是生物学分类的界、门、纲、属、科、目、种抽象结构，通过对生物个体不同层次的共同特征的不断抽象，对世界上最为复杂多样化的生命世界建立了统一性的认识和理解。在这种认识基础上我们才能去简单、普适、有序地去理解生命世界，建立它们之间的普遍联系以及必然性的进化规律。物质世界的所有领域的科学认识，都是从经验个体上升到抽象共相的普遍因果规律认识实现的。无论是共相概念描述结构，还是由物质客体相互作用必然规律描述的关系，归结到底是在统一的结构中对物质世界的把握。当我们认为已经认识到了物质世界的许多本质规律，甚至基本上从整体上把握了物质世界的时候，也就意味着我们已经通过统一性的结构形式把貌似杂乱无序的物质世界理解为统一的整体以及物质世界按必然性规律发展、运动的过程。

但物质存在即结构的最深刻意义不在于物质世界抽象的结构统一性关系，而在具体的物质客体存在形式之中。这不是从具体到抽象，从特殊到一般的认识，而是从具体到具体、从个别到一般然后达到最普遍统一性的认识追求，这就是对物质结构的还原分析以及人类对构成复杂性物质结构的最基本物质元素的不懈追求的真正意义，也正是唯物主义宇宙观和唯心主义宇宙观的最根本区别。唯心主义把个体性和普遍性对立起来，认为具体的个体没有普遍性，最普遍的存在就只能是抽象的共相，所以，存在是共相，和概念同一。但和个相割裂、对立的共相是无源之水、无根之木，失去了共相的真正意义。就生物学的共相分类概念结构而论，它并不是纯粹思维的产物，它的最深刻的意义在于客观上揭示了生命世界现实个体从简单的单细胞到复杂生命不断进化的真实过程。而唯物主义宇宙观坚持物质世界存在的具体性，追寻物质世界最普遍的具体存在，并希望从最普遍的具体存在出发建立对复杂多样性结构的物质世界的统一性理解。唯心主义把存在建立在抽象共相之上，所以它实际上就是认识论。只有从具体的物质存在出发去探究构成世界的具体的、最普遍的本原存在的世界本性学说才是真正本体存在论哲学，西方哲学史上唯有唯物主义哲学担此重任，当仁不让、前赴后继地去寻找物质世界最普遍的、既是共相又是个相的具体存在。正是唯物主义宇宙观推动了人类对物质结构认识的科学理论不断深化的发展历程。

对物质客体从具体到具体的科学认识方法就是对复杂物质结构的不断还原，它的最终目标是还原到不可再还原的构成世界万物的本原元素为止，这就是西方学者常戏称的对世界的科学认识的不断拆零件过程。这种比喻并不确切，但有一点可以肯定的是，拆零件是从具体到具体的认识。这种对物质客体的结构还原分解可以从两个不同角度去理解：一是从整体到部分，即把一个物质客体整体分解为不同组成部分，从部分之间的相互制约关系来理解整体的本质规定性。这就是结构分析的真正意义，即通过结构形式来把握对象的整体统一性；二是从个体到普遍，即对个体进行结构分解后，把构成整体的部分结构具体物质实体进一步归纳和概括，把它看作同类物质个体的一般结构，上升为普遍性的具体存在，这就是结构还原分析的本体论意义，即通过还原去不断找出物质世界普遍性的具体客体存在，故还原的终点就是不可再还原的基本物质粒子即世界本原存在者。这种本原存在者既是具体的物质实体，又是构成其他物质的基本元素，是物质世界最普遍的具体存在。所以，结构是认识物质世界的基本形式，它具有认识论和本体论不同角度的意义。从本体论意义上说，物质世界是最普遍的具体本原物质构成的；从认识论意义上说，物质客体存在即结构性存在，经验中的个体不是绝对的个体，而是普遍的具体客体的结构存在形式，是个体性和普遍性的统一，这才是物质存在即结构的最完整理解。

物质即结构的感性认识描述称为形，这就是两千多年前老子所说的“物形之”的意义。按照老子的这个规定，无形无状谓之无，由有所生之万物一定是有形状的，是感性具体的存在。我们对物质的感性认识首先是基于感官对具体物体具体形状的认识，物质客体的形是它的具体存在性以及个体性的根据，是个体和个体的区别。当然，感性认识是初步的、不全面的，世界上许多物质是我们所无法感知的。我们看不到空气之形，在感性意义上可说有空气存在，也可以说空气不是物。但实际上空气也是有形的物质实体存在，只不过我们感官的感知能力有限而已。

物质即结构的知性认识描述形式是空间性。物之形的知性描述叫作图形，数学描述叫作几何图形，几何图形就是描述物质的感性之形的知性形式。更为普遍复杂的知性图形描述是解析几何，即用数的因果关系描述来建立图形的规律描述，这种描述也首先是空间性描述，最充分的理由是一切解析几何都必须在空间坐标系规定了的空间形式下才能建立有意义的科学描述。由此可见，空间性形式对于物质世界的认识是前提性的。上面讨论的物质结构分解还原分析并建立组成部分的规定关系去理解整体的本质的时候，所谓部分间的关系同样包含着空间关系，同样组成部分结构为不同空间结构的同分异构体的时候，它们并不是相同的物质。所以，物质即结构的另一种描述是物质客体是空间结构性存在。

空间性对物质客体的重要意义还在于它是物质客体具体个体性的规定性。每一具体物体具有它的形状的差别，当然并不否认在最基本结构层次，同类物体的形状是同一的。即使我们并不能从它们形状的差异性去确认它是具体的存在者，但是，我们坚信每一具体物质客体都必须只占据唯一空间来实现它的存在，所以，形就是它的具体个体存在的充足理由。如果一个物质不需要空间的话，我们无法感知它，无法在空间中描述它的存在。如果一个空间可以同时容纳不止一个物质实体的话，我们就无法从空间性去感知和判断一切物质的客体存在，在逻辑上就无法感知和描述物质世界，至少用空间形式无法描述物质世界。但恰恰是空间形式为物质世界提供了完备的描述手段，所以，这是物质空间唯一性的充分理由之一。物质具体存在和空间存在的唯一对应性是物质世界的最基本性质，是物质世界之所以为物质世界的一个充分理由。正是基于具体之物的唯一性空间存在本性，才会有物之间的相互作用，才会有普遍抽象的力的概念产生，才有质点动力学。无论在经验上，还是在信念上，我们都以物质客体空间性的唯一性作为认识物质世界的前提。如果不是这样，物质世界就不是我们现在适用的空间形式可以对之进行科学描述的。从物质即空间唯一性结构存在的意义上，我们把物质和实体同一，即物质即实体，这就回到老子物形之的意义，并且不仅是感性意义上，而且在知性科学认识意义上，物形之是普遍的本性。所以，非实体物质不能存在。

物质客体是结构性存在解释了多样性物质世界的统一性，提供了物质世界之所以为物质世界的充分理由，但物质世界的结构统一性并没有为物质世界的本质提供说明。所以，对物质客体的思考最终还是要回到它的本质规定性中来。

三、质是物质客体的本质规定性

物质的感性特性是物之形，但构成物之形的实体性的根据是它的质的规定性，所以，质才是物质的本质规定性，才是物质存在的本体论根据。以前读哲学时总觉得唯物主义哲学对物质的规定（即不以人的意志为转移的客观存在）与科学的物质观格格不入。物质的本质规定性是物质世界的最基本概念，它是本体论问题，所以用认识论的概念去作本体论的规定缺乏说服力，只有回到对物质的本质规定性，才能对世界的物质性得到真正的体悟和理解。因为无质无以为物，无质无据以成形，物质存在的根据就在于它的质的存在。

质是抽象的概念，是一切称为物质的客体的最普遍规定性，是包括物质世界一切客体的最普遍的抽象规定性。但是，最普遍抽象的物质之质的概念，无论在知性还是感性描述中又都是非常基本的，对物质客体的科学描述是建立在它的质的基础上的。物理学建立对物质客体运动规律的认识和描述的时候，对抽象的质的规定性要求比形的抽象规定性要求重要得多。物理学是从质点这一抽象认识对象展开它的认识理论体系的。所谓质点就是忽略了它的形状大小而保留了它的质量规定性的抽象存在。在运动学中，质点之质在路程运动中可以只具抽象符号之意义，然而一旦进入动力学描述，质点的质量就是具有具体规定性的概念了，质点的具体规定由质量来描述，质量就是一个物体所含物之具体之量是多少的度量。只有以这个有了具体规定性的质量概念为起点，我们对物质世界的动力学乃至其他更进一步的思考和描述才是可行的。所以，牛顿建立经典的物理动力学时，就以质量概念为前提。

牛顿采用质量来描述物理动力学的加速度定律时，我们称这个质量为惯性质量。物体保持其运动状态的特性即惯性，物体改变其运动状态即运动速度发生变化时，这种变化与外力有关，也与物体的惯性有关，惯性大的物体速度变化所需外力大。惯性用质量来描述，所以牛顿第二定律就表述为：物体受到外力作用时，它所获得的加速度的大小与外力的大小成正比，与物体的质量成反比，加速度的方向与外力方向相同。

牛顿利用质量来描述引力定律时，我们称这个质量为引力质量。两个物体的引力大小相等，相互作用并总是吸引的，这是物质世界运动的力之源，是物质世界普遍联系和相互作用描述的最普遍、最精辟的概念，称之为万有引力非常恰如其分。引力定律表明，两个物体的引力与它们距离的二次方成反比，与它们的质量乘积成正比。

尽管我们常用惯性质量和引力质量来区分在不同物理定律中的质量概念，但事实上它们是同一的。这不但已经是科学证实的，而且也是逻辑上的必然性要求。质量就是质量，它不依赖于力来规定自身，质量是物质客体的存在规定性，物质客体的存在本性是独立、自在的，是不依赖于外力的，所以质量也不依赖于力，区分引力质量和惯性质量没有意义，所以质量就是一切物质自身所固有的最基本的物理抽象描述。其实，在牛顿引力关系中，任何质量都是引力发出者和被引力作用者，它隐含着引力质量和惯性质量同一性为不证自明的前提。

质量是物质自身规定性而与外力无关这一事实决定了质量和重量的统一性关系。质量是物质自身所固有的，其中质是抽象形式，量是具体存在，质和量是可经验的统一性具体存在。那么，我们如何在经验中把握物体的质量呢？我们经验所感知的是物质本身的具体存在形态，并不能直接感知质量自身，所以质量是在物质的感性认识基础上通过科学知性认识归纳出来的概念。重量和质量不同，但它们是统一关系，重量是物体在重力场中所受到的重力。力是可测量的，根据质量在重力场分布中与力的必然性因果关系，我们就可以从力间接推断出物体质量的大小。在重力和引力关系中，我们知道，质量是恒定的，一定质量物体的重量则随它在重力场中所处的位置变化而变化。换句话说，质量是物质固有的规定性，它赋予了物质客体的具体独立本质，重量则是它的属性，它随引力场而变化，所以我们通过物质客体的重力来判断它的质量。当我们规定了重力和质量关系的测量标准后，根据质量和重力的关系以及重力场的分布，我们便可推断出物质的恒定质量。实际上，质量都是通过力的作用关系来推断的，在地球上主要是考虑重力关系，在太空中则是根据更一般的引力关系来推断。

所以，质量才是物质本身成为独立、具体实体客体存在的普遍根据，是物质之所以是物质的充足理由。物质实体的最重要的规定性是静止质量不为零。为什么要限制在静止质量不为零意义上呢？这似乎和物质客体存在规定性无关，是为了和没有静止质量的能量子相区别。事实并非如此，物质实体无论是静止还是运动，它的质量都不能为零。为什么这么说呢？我们知道，物质的运动描述和空间描述坐标参照系有关，静止和运动是相对的，但物质具有质量则必须是绝对的，否则基于物质客体都是可相对静止的特性，它就是既存在又不存在，相对运动时存在，相对静止时就不存在了。所以，质量是具体之物存在的绝对规定性。如果物质客体的质量和运动状态有关，则质量就变成相对的了，逻辑上就会产生矛盾。相对质量在逻辑上包括无质量，这和相对运动包括静止是同理的。所以，质量就是质量，无所谓静止或运动质量。至于相对论中和速度相关的质量，是描述相对性问题，不在此讨论范围。但有一点必须明白，相对性描述是认识论问题，在本体论意义上是无法讨论物质质量的相对性的。

质量作为物质客体存在的本体论根据，可以从本体存在论意义合理解释物质世界的普遍统一性和物质客体的具体独立性。在普遍性意义上，我们把一切具有质量的客体称为物质，物质与人的意志、意识无关。同时，只要不是具有质量的客体，我们不将之视为物质世界的存在，而不是从该客体是否具有能量、动量判定它的物质性。只有从质量规定性出发理解物质客体，才能既满足物质世界普遍统一性要求，又满足它的普遍存在中每一个具体存在者具有物质本性的要求。在物质世界质量规定性的普遍意义下，同样可以合理地解释物质客体意义的个体性。无论是复杂结构物质客体，还是在物质客体意义上不可再分解的基本粒子，它们都具有自身的质量规定，都是具体的个体存在，复杂结构物质客体的质量实际上又是构成它的所有独立的基本粒子的质量之总和，复杂性结构客体是由构成它的各独立基本粒子结构所形成的具体个体，这就合理解释了物质世界的存在即结构的完整意义。同时，只有从质量是物质客体自身存在的充足规定性出发，才能理解人类一直追寻的物质世界的基本粒子的意义。正是每一个基本粒子都具有质量规定性，由基本粒子复杂结构形成的复合体的质量是构成它的基本粒子质量的总和，基本粒子才对物质世界复杂性演化的统一性以及我们对物质世界统一性的理解具有根本意义。

质量作为物质客体具体存在的充足根据，它包含着质和量的两方面含义，两者的统一才能圆满解释物质客体的存在。质是抽象的概念，是从一切物质客体的诸属性中抽象出来的，是把物质客体和非物质存在区分开来的规定性。质是物质世界普遍性的规定性，它赋予了物质之为物质、物质世界之为物质世界的本质意义。量不是物质规定性的特有概念描述，而是一切客体存在必须具备的存在论意义的概念，量是具体之量，量和质统一为质量，质在物质世界的普遍性范围内作出限定，量则对物质世界中每一个具体、特定的存在者作出规定性描述，把质的抽象普遍性描述转化成为质量的具体、个体性描述，即一定量和质的统一所描述的一定是特定的、具体的物质客体个体，同时又是具有物质客体普遍质的规定性的具体个体。所以，质量是在概念中完成了的对物质世界的普遍性和具体个体性的统一规定，它就是物质客体的完备的本质规定性，即具体而非抽象的规定性，这就是质量使物质成为具体物质存在的充足理由。至于形状、空间性、运动等都是质量的属性，是物质客体存在的现象描述。所以，我们可以理解为什么人类对物质世界的认识在牛顿经典物理学中达到了第一次完整的综合和统一了 。牛顿经典物理学理论的最大贡献在于引力定律、动力学三大定律及微积分数学方法。为什么牛顿能够得出物质世界的统一性科学描述呢？这不仅仅是理论方法或技术问题，最根本的基础在于牛顿按照物质世界的本质，建立质量、质点的规定性，解决了物质世界的根本性问题。质量、质点、引力是牛顿经典物理学理论最核心的概念的深刻意义就在于此。

物质客体是由质量规定的实体客体存在，物质的实体性同样是它的质量规定性的必然结果。实体客体我们称之为有，有形状、有重量、有质量的具体存在之物就是有，基于质量的本质规定性地位，我们可以归纳出更为简洁的表述：有质有量谓之有。

第二节 无质有量谓之无

一、能量子是无结构规定性的无形客体存在

能量子是宇宙中的具体客体存在，又是与物质客体不同一的存在。它的客体性不是在经验认识基础上归纳出来的，而是在确立了量子理论与光电效应的真理性及量子概念的科学性之后，才得到证实和确认的。在此之前，人类对光量子、能量子的经验认识是摇摆不定的，光的本性的微粒说和波动说就是人类对能量子客体本性缺乏认识的产物。但反过来看，光即能量子在经验意义上是很难准确把握和描述的，这正是它和物质客体的根本区别之一。

我们知道，虽然物质的本质规定性即质量是近代科学发展到一定阶段才建立起来的，但对物质普遍性本质认识的局限性并不意味着对物质客体存在性的怀疑，事实上人们对物质的实在存在性总体来说是持肯定态度的。牛顿建立了物质世界统一性的基本理论框架，对坚定人类的绝对物质观起了积极作用，但绝对物质观并不是牛顿的成果，它在人类历史上一直处于支配地位。为什么这样说呢？因为感性经验是一切认识和观念的基础，物质客体是感性经验的实在，人类理解实在性的基础不是它的质的规定性，而是它的物之形的感性具体规定性。它的空间形体性使它一开始就成为感性中最基本的客体存在者，甚至在经验意义上它是唯一的，所以又被当成最普遍的存在者的存在，对自然界最朴素原始的统一性感悟是世界万物和万物世界的统一。

但回到光的经验考察时，情况就变得复杂了。我们无法否认光的经验性，没有光我们就不能看清物体，只有光才能明明白白地把万物显示于我们视野之中。但是，我们感觉到光的存在，却把握不了它的形态，看不到它的实体。所以，在感性认识层面，能量子客体的根本特征就是无形。感官很难肯定无形的物体存在，但感官又确实感觉到它的存在。所以，在感性层次对光的最合理解释就是物质的波动现象，它是物质的属性而非有形体的物之存

在本身。把光理解为物质属性的另一个感性认识根据是，我们所能感知的光都是由所谓的光源提供的，它是光源直接产生的现象，光在感性中的传播感觉是超时超距的，这是把光理解为物的属性的感性理由。由这些感性经验认识去综合光的普遍知识时，光的现象性存在本性理解依然是协调的，仅从人类知识的光源这一普遍概念中就能理解这一点。一切光依赖光源提供存在根据时，光就只能是光源的属性，是物质的现象性存在。

将感性之形上升到知性意义上的普遍描述是空间性形式。从知性意义来说，能量子和物质客体的根本区别之一是物质有空间性，而光即能量子没有空间性。这是说光及能量子没有空间存在具体形式，我们无法在空间形式中去描述它们的形状。而更为重要的是，能量子根本就不应该有空间形式，而不是它超出我们感官感知及知性描述的能力。我们知道光和能量子在空中运动空间形式的形式是波动。波动的叠加性说明能量子在一个空间点上可以有多个具体的能量子存在，所以空间性不是能量子作为具体存在的规定性。由此可以说，在知性科学描述意义上，能量子是无空间性的具体客体存在。

物质客体是具有空间性的结构性存在，物质客体在存在论意义上的结构是指空间结构，所以空间性和结构性是物质客体具体个体性这一属性的两种不同形式的描述。按照这种逻辑，既然能量子无空间性，那么它也就是没有结构规定性的具体客体存在。

能量子具有不同的频率，具体现实的辐射和吸收是连续频谱结构分布的。阳光在棱镜折射后得出七彩的光谱结构，这不正说明光即能量子是有结构的吗？没错，能量子的频率是结构性描述的，但这种结构是认识论意义上的结构，而不是物质客体本体论意义上的结构。物质结构是指组成部分的具体物质客体的相互制约关系，这种关系产生了结构整体的新的本质规定性，整体就是一种具有新的本质规定性且不能还原为部分来理解的独立、具体的物质个体客体存在。物质世界就是这种结构复杂性演化的统一性存在，物质存在即结构。物质基本粒子中最简单的是被称为“一”的最基本结构，因为它的规定性是不能再还原为由部分构成的物质元素，它没有部分。这种结构是物质存在意义上的，是本体论意义的，而不仅仅是认识和描述的逻辑结构。空间性结构是物质客体的本性，与我们是否认识以及如何描述无关。而能量子的描述结构则是没有本体存在论意义的，它仅限于认识论意义。对能量子的频率结构分类是一种认识和描述，但这些不同频率的能量子之间永远构不成整体和部分关系，每一个能量子都是量子化的，是不可分割的，它是没有部分的，所以不同频率的能量子之间根本不构成客体存在意义上的结构关系。一旦这种关系被发现，它的量子性就不再成立了。原色光由棱镜折射出的光谱结构恰恰是光是无空间性结构客体存在的证据，即在阳光的原色光中，空间中任一点都同时存在着各种频率的能量子，这些能量子在空间中叠加在一起，但并没有形成超越能量子规定性的新的客体，它们只不过由于无空间性的本性而共存于空间中同一位置而已。当棱镜把它们折射分解为不同光路而呈现出七彩光时，只是空间同一点的多种能量子散开来而已，而不是原色光的结构分解。原色光是多种频率在空间中共点存在现象，它不是能量子本身，而是能量子的混合物。既然原色光不是具体的能量子客体存在，那它分解为七色光就不能看作客体结构的分解还原。能量子既然是量子性的，在逻辑上它就是不可还原的，同理它也不会结构复杂化的，否则就和不可还原性矛盾了。所以能量子作为无结构存在，它就永远只能是独立的量子化分立形态的客体存在。

正是能量子的无结构性，我们可以发现能量子和物质客体的运动、发展、变化有本质区别。比如能量子只能转移或转化，但绝不会复杂性演化，它没有新质产生的复杂性演化进程，它只能以量子化的基本形态存在和运动。所以，能量子世界是一个简单的世界。只不过由于无形、无结构规定性，我们在经验中很难直接把握能量子，所以从物质客体的结构性思维来看，它又是神秘而难以理解的客体存在。

二、能量子是无质规定性的客体存在

具体之物的根据是它的质的普遍抽象规定性，由此规定出发的质和量的统一构成了物之为物的具体客体存在性。能量子不是有形之物，但它又是客体，那么，能量子具有质量吗？

牛顿的光微粒说认为光即能量子是微小的物质实体粒子流，故我们虽然看不到它的形状，但必须承认它有质量。而惠更斯的波动说把光看作物质客体的现象存在，所以在逻辑上是不承认光的质量存在的。在传统的波动理论中，光是在以太中传播的，所以光本身就不能是具有质量的物质，否则光就可以是光传播的媒介，就不再需要以太为传播载体了。

量子理论及光电效应确认了能量子的客体存在性。传统物理学的粒子性概念实际上是与具有质量的物质实体粒子概念同一的，能量子客体的物质粒子本性学说决定必须承认它的质量存在。如果没有质量这一物质粒子的本质规定性，它就从本质上失去了存在性。但既然是粒子为什么又无形无结构呢？这只能从传统的波动理论去解释。干涉、衍射等是无实体结构客体的波动运动形式。折中的结果叫波粒二象性，波解释了它的无形无结构本性，物质性的粒则解释了它的独立自足的客体本性。所以，波粒二象性理论在逻辑上是肯定能量子的质量存在的。有质量而无形体结构的波粒二象性这种特定概念把能量子本性规定性的二元性活灵活现地表现出来。

物理学根据波粒二象性理论，把粒子性和物质客体性同一，根据电磁波在空间中传播时与波源无关的完全独立的存在性质，断定电磁场为物质存在的一种形态，并根据实验事实概括“电磁场具有一切物质所具有的基本特征，如能量、质量和动量等”[1]。电磁场的能量为 $W=\frac{1}{2}(DE+BH)$；根据质能公式，电磁场的质量 $m=\frac{W}{C^2}=\frac{1}{2}C^2(DE+BH)$。所以，在波粒二象性理论中，由能量子构成的场是具有质量、动量的物质客体存在。列别捷夫用实验测量了变化的电磁场对实体物质的压力，这是物理学提供的能量子质量性的最重要证据。

但是，在绝对物质的宇宙观认识框架中，能量子的质量是一个二律背反的命题。按照绝对物质观，如果它无质量，则无法解释它独立存在的客体性本质。所以，只能从粒子性出发，确认它是有质量的具体存在。但承认它有质量，我们却又面对着物理学理论无法解释的很多重大问题。

首先，具有质量的能量子却无法用牛顿的动力学理论进行描述。如果没有质量概念，就没有牛顿经典物理学理论对物质世界的统一描述，如果没有牛顿对具有质量的具体物质客体的动力学规律描述，质量概念就失去了意义，而只能用波动理论描述它的运动。在波动描述中根本就不需要牛顿力学所适用的质量概念。因为我们不能够在确定性的物理意义下去理解能量子的惯性；我们不能按照动力学定律去断定一个能量子受到力作用时的加速度；一个既无法受到力作用的质量，又无法用惯性和加速度描述的质量有意义吗？物理学以不同的作用形式把质量描述为引力质量和惯性质量，那么能量子的质量是引力质量还是惯性质量呢？显然，两者都不是。因为惯性定律和引力定律及定律中的运动作用力是无法描述能量子的。既不是引力质量又不是惯性质量形式的能量子，其质量的存在性又有什么根据和意义呢？

其次，具有质量的能量子无法用与质量有关的状态进行描述。对物质客体相互作用描述的重要内容是它的状态，即功能关系。用物体在力作用距离上的位移来定义所做的功，并由功定义物体的状态，即能量，也叫机械能。热能是机械能的宏观系统描述形式，物体的机械能是以具有确定质量的具体物体为对象的状态描述量，是一种抽象的科学描述。能量子当然是能量，但它却不是动能，也不是热能，即不是以质量为基础的现象性存在，不是在不断和环境相互作用中改变着的状态，而是具体的客体存在，它作为具体存在却又不适用与它的质量有关的状态描述。它没有随其状态变化的状态量，即它没有以质量为本体根据的状态能量。能量子的能量不是一个与其自身质量相关的状态函数，而是只依赖于其频率的量。所以，质量与能量子的能量无相关性。机械能和能量子形态不同，它们都符合同一的功能定律，都是同一的能量，但它们在功能转换中的形式是完全不同的。状态能在其客体质量不变的条件下，改变其运动状态，满足功能定理要求；能量子由于没有状态量，所以是由自身消失来转化为质量物体的状态能，或通过消耗状态能来创生自身，量子理论已经证明，这种转化是以量子化形式进行的。所以，我们从存在的形态及能量的相互作用过程来看，只有作为物质客体状态的能量才和质量有相关性，作为客体存在的能量子的能量是与质量无关的，是没有状态描述意义的。

最后，如果能量子有质量，我们无法解释能量子没有结构复杂性演化的事实，甚至无法解释能量子无结构性存在的问题。我们前面已经说过能量子是非空间结构性的无形存在。退一步，即使它具有非常微小的空间结构存在，只是我们还无法去把握它而已，但如果真的如此，那就必须回答为什么我们没有能量子结构复杂性演化的经验及科学认识问题。既然能量子可以消失转化为状态能，就意味着它的质量转化为现象了，那么物体吸热和热辐射时质量守恒就不成立了，但这显然是不符合经验和科学认识的。坚持能量子具有质量的观念正是建立在物质是宇宙的绝对存在基础上的，这就是悖论。而且，既然能量子的质量是可以分解消失的结构，则它就必须同时是可以复杂性演化的结构，但现实中没有发现能量子的复杂性结构演化现象。那能否说物质的复杂性结构就是以能量子的基本结构为起点的呢？这就必须提出它们之间结构复杂性的依存关系；同时能量子可以消失转化为现象性存在，也足以说明将之作为物质性绝对存在之最基本结构是不符合逻辑的。坚持能量子的质量存在性在经验、理论、逻辑上都是不完备的。

坚持电磁场具有质量的观点，实际上是波粒二象性理论的基础，它的二律背反同样说明把光即能量子的本性看作既是波又是粒是不符合逻辑的。这种不完备的理论最根本的基础在于绝对物质观的宇宙观，在于把客体和物质实体同一。当我们把物质客体作为最普遍客体存在的一种特定形态的时候，我们就可以既坚持能量子的客体性，又不必由质量、结构的实在性来保证它的客体性。这样，我们可以认为能量子是无实体结构的，亦即无质量的客体存在，关于能量子质量的二律背反及其波粒二象性的困扰就不再存在了。所以，能量子既是无结构的客体，也是无质量的客体，只有这样理解世界才有可能是统一的。

能量子是无质量、无结构、无空间形体性的客体，所以，相对于物质实体客体而言，能量子是更少规定性、更基本的客体存在形态。无质量、形状、结构规定性的能量子的客体规定性又是什么呢？这是关于能量子本性认识的最根本问题，对之缺乏认识是人类长期以来无法摆脱物质客体规定性制约的一个主要原因。如果离开物质客体的规定性来理解能量子，即不再把一切客体首先理解为物质客体，就必须解决它自身的规定性是什么问题。对物质客体而言，无只是对规定性的否定，无质量、无结构及无形都不是规定性本身。但离开这些客体存在的最基本的规定性，又如何去规定能量子的本性呢？

上一节我们把物质归纳为有质有量谓之有，是质的普遍抽象规定性和具体的量的统一构成了物质存在的具体而普遍的存在。与之相比，我们说能量子是无质量客体存在的时候，并不是说它既无物质普遍性的质，又无具体性的量，而是说它没有两者统一的具体存在形态，即能量子无质的规定性但有量的规定性。所以，它无质的更根本意义在于它没有一般物质所具有的普遍的质的存在规定性，所以它没有质，没有结构，没有形状。所以和物质客体称为有相对，能量子可称为无，能量子是有量无质的客体存在，它的客体存在性就必须从它的量去作出肯定性的规定。

三、量是能量子的本质规定性

量是我们认识和描述客体及客体现象的最普遍的抽象概念之一。黑格尔在《逻辑学》的存在论概念结构中，就是从质、量、度三个概念来对存在之所以为自在客体存在给予完整的描述的。黑格尔的自在存在指的依然是质和量相统一的物质客体存在，它的具体进展就是物。黑格尔对物的规定是保持自身为存在，即以物的感性之形为具体自在存在的基础。当我们说能量子是有量无质的客体存在，并希望由它的量的规定性得出它的客体存在肯定性规定的时候，这个量与我们传统认识的纯粹抽象的量是不同一的，但它们之间又应该是联系和统一的，否则就没什么意义了。所以，我们还是从量的抽象规定性开始。

最一般的量是纯粹的抽象，叫作纯量。量表示客体的大小多少长短等抽象状态的具体规定性，还用以描述客体状态及其运动变化现象的程度。从抽象的量进展到确定性的量是从抽象存在到具体存在的进展，是确定性的量和抽象的质的统一使质量统一性的物质客体是具体存在者的存在，是量赋予了质量的具体存在性。质和量的统一是形式和内容的统一，抽象的质是形式，量才是质量的具体内容，这就是量赋予质量具体存在性之具体现实性的根据。由此可以说，量是存在之为存在的必要条件，具体之量是任何具体存在之为具体的充分且必要的条件，没有任何量规定性时存在只能是抽象的，绝不可能是具体的，具体之量才是存在之所以是具体存在的根据。纯量与客体的抽象质规定性无关，纯量的变化不会对质的存在发生影响。纯量是规定了单位的连续性的量，单位是量的基础，是独立、不连续的量，但以单位为基础的纯粹的量的抽象描述一定是连续的。这一点从数学的数轴概念规定性便足以说明。因为时间空间形式是独立变量，如果纯量不连续则独立变量也不连续。我们的科学因果数学描述模型在所有不连续点即所谓奇点是没有意义的，奇点不在定义域中。

加以特定限定性的纯量叫定量，又叫数量，数就是定量的特定规定性。对于数量的量之于纯量的关系而言，在一定意义上我们可以把数量看作具体的。这种具体性不是存在者的存在，它包含如下两层意义：一是与抽象纯量这种自变量相比较，数量是具有了确定规定性的量，不再是一般、普遍的量，而是包含了普遍、抽象纯量规定性并有了特定性的量，所以也叫具体数量。它再不是一般的域、范围描述，而是确定性的点描述，这个点可以看作相对于整个定义域的具体描述。二是所有数量的意义所指都有与之对应的具体存在者基础，对存在者现象的数量描述也是建立在存在者的具体存在上的。所以说数量是具体的，并不是说它本身不再是概念、形式描述的抽象，而是说它指向具体存在者因而赋予它数量的具体意义，而不只是纯形而上学形式的抽象。最有意义的是，物质客体普遍抽象的质只有统一于具体定量时才从抽象成为具体实体存在，量才是具体的质量，成为物质客体具体存在的根据。所以，定量虽然本身不是具体的东西，但却是构成世界具体存在者之存在认识不可或缺的规定性，亚里士多德称之为质料。没有无数量规定性的具体存在者，这充分说明数量即定量这一抽象概念深刻的具体性之意义。数学是形而上学知识，它研究纯量；物理学是经验知识，一切物理概念都有物理单位作为基础，只有具体之量才有具体物理意义，一切具体现实描述统一于量。物理学关系合乎逻辑的前提是量纲的统一。

能量已经不是纯量，而是定量。能量概念本来就是十九世纪初英国物理学家杨（T. Yong）引入用以描述物体状态单值函数之数值的概念。但在机械能（包括热能）状态中，能量依旧是现象的定量，即它本身是对具体物质客体状态的描述，不是具体的存在者本身。所以，我们一直把机械能、热能称为物质客体的现象性存在。能量子虽然是能量，但它不是和热能、机械能具有同一形式的物质现象性存在，而是独立的存在者自身。它既没有物质客体的质规定性，也不是物质的附属状态，那么它的定量的规定性，便是它和状态能量及物质质量之量的根本区别，是能量子之所以为能量子的本质规定性。对质量而言，质是普遍抽象形式，具体定量是构成物质实体的质料，形式和内容的统一就是有具体质量之物；对只有定量规定性的能量子而言，量子化的定量既是形式又是内容，也可以说它是还未分化的混沌，形式和内容的统一性还没有产生。

从认识论意义看，能量子的量是一个绝对客观性的量。对世界的科学描述，包括对物质状态的能量描述，必须是具有普遍有效的客观性描述才是科学真理，所以科学知识是客观知识。能量子理论作为科学知识，它的客观性是必不可少的。但大凡客观知识的客观性作为主体对客体世界的认识描述，它的客观性的检验和证据，它的客观性描述的相对性的统一才是认识的核心问题。比如动能、势能的描述和物体描述的参照系有关，是相对性的描述，它必须在限定边界条件和定义范围中才有意义。但能量子的量的客观性是自明的，即它只和频率有关，它就是它的频率和普朗克常数的积。它的客观性是自明的客观性，而不需要在复杂相互作用世界客体现象中进行归纳、抽象综合、验证，更不需要相对性的描述参照系。科学客观性描述具有有限的相对性意义，能量子之量的描述却是绝对量，就是说，能量子是绝对客观的定量。

从本体存在论的意义看，能量子之定量是具体而非抽象的，是客体存在根据之量而非客体现象之量，所以它是分立而不可分的绝对确定性之量。按照普朗克量子理论以及爱因斯坦对光电效应的量子解释，光子即能量子是量子化的独立客体存在；电磁波理论也已证明了电磁能量的客体独立存在性。当我们用否定的规定性确认它是无质、无形、无结构的客体存在的时候，它的具体客体的规定性就只能从它的特定的量的规定性中寻找。能量子是绝对性的量子化之定量描述，量子化是它的内在规定性，是能量子之所以为能量子的规定性，是能量子之所以能以“粒子”方式和物质实体粒子发生相互作用，即它的独立客体存在本性的根据。没有量子理论的量子化描述，就没有能量子的概念，无所谓能量子客体规定性问题。所以，量子化正是量是能量子特定规定性的根据，也是能量子客体性问题的源头。量子化的能量子的定量已经不再只是抽象的状态量，而是具体的存在量子，即量子是具体的、独立的存在量，唯此能量子才能是独立的客体存在。量子的独立性、具体性还在于它绝对的客观性。按照世界统一性理论，客观性的根据在于客体本身，量子这一定量的绝对客观性的根据就只能在能量子客体存在之中，能量子的量子性决定了它基于定量的具体独立性，它的客体性决定了它的定量的客观性，这就是我们把物质称为质，把能量子称为量的深刻的原因。物质的具体客体性是由它的普遍的质的规定性和与之相应的定量的统一性构成的；而能量子的具体客体性没有质只有量，是由它特定的量子化的量所决定的。所以，能量子就是以量子化的定量为规定性的存在，量子之定量是具体的而非抽象的量。量子和实体粒子是不同一的客体存在，量子化存在是粒子化存在的一种特定形式，传统的粒子大都是在分立但非量子化意义下去理解的。概括地说，能量子是分立状态和量子化状态相统一的客体存在。

从世界统一性原理来看，能量子与实体粒子是统一而不同一的客体存在，它们的统一性体现在相互作用和相互转化关系中。能量子和实体粒子的相互作用是客体的相互作用，它们都是客体，只不过一种是实体另一种是非实体而已。非实体客体在这种相互作用中表现出来的存在者特征和实体粒子无异，所以说它有粒子性。实体粒子的粒子性基于它自身固有的质量，能量子的粒子性则基于它自身的量子性，质量和量子之定量规定性就分别是物质及能量子作为客体存在者的根据。能量子和物质粒子相互作用的最显著特点依然是它的量子性，即它是以不可再分的量子化独立客体形式参与相互作用的，所以它是一种不可再还原分解的最基本客体存在，这是人类对客体世界本性认识追求的终极目标之一。人类一直企图在物质实体结构中找到这种不可再分的客体结构。然而，无心插柳柳成荫，在物质实体粒子和能量子的相互作用中，我们发现不是物质粒子而是能量子才真正具有不可再分的基本客体存在特征。还有不生不灭问题，能量子是不灭的存在吗？因为能量子没有质的结构规定性，没有结构分解发生，传统的物质生灭概念描述对之没有意义。但它可以由客体存在变为非客体性的现象性存在。一个光子被实体粒子吸收后，它的客体性消失，它不再是具体的客体存在，而是转化为吸收它的实体粒子的现象性存在，即它已转化为实体粒子的动能，成为吸收它的实体粒子的具体状态存在。从能量子的客体存在形式来说，它是灭了的。但是，能量子的内在规定性不在它无结构形式的无形。作为它存在根据的形式和内容是同一的，也可以说它的形式即具体的量子化之定量。当这种量子性消失转化为状态能量的时候，它的形式变了，但它的量的规定性是不变的，在量的意义上又是不灭的。这种不灭的量同样可以由现象状态转化为能量子态。一切物质都既在吸收能量子同时又在辐射能量子，这才是世界上最普遍和最基本的相互作用，是普遍而永恒的有无相伴、相生、相互转化的过程，是其他一切相互作用的基础。在这种普遍、永恒的转化作用中，从能量子生生息息不断转化而又保持其本质之量的恒等不变性中，可以认为，能量子的固有能量只能转化而不会消失，因而可以说它作为客体形态存在不可分解但可消失，但它的具体的存在规定性即定量是不生不灭的，即在客体性意义上的转化是和定量之量的不灭性统一的。恰恰是这种形态转化而本质存在不灭的统一性关系，使世界的相互作用是统一且可理解的。反之，对有质结构规定性的物质实体粒子而言，它的质量的可转化性和客体的不灭性是不相容的，它就不是永恒的存在，只能是生生息息的中介结构性存在。所以，物质世界是一个结构性世界而非不灭结构的客体世界。只有无质有量的能量子才能绝对遵守能量守恒定律，成为永恒保持其存在规定性的存在。能量子在客体规定性意义上是在转化中永恒生生息息运动的存在，在它最本质的存在规定性即定量规定性意义上，它是不生不灭的存在。为了区分能量子生生息息的客体性和不生不灭的定量规定性，并把两者统一起来，就要回到更普遍的能量概念了。

综上所述，能量子客体的肯定性规定性就是它自身固有的量子性，能量子的量是具有量子规定性的特定的具体的量，这是能量子之所以是客体性独立存在而不是现象性存在的充分理由。能量子无形、无结构、无质量，这些无是它的否定性规定性，无的本义是限定性副词，但当能量子的量子这一特定量的规定性赋予它独立自在的客体意义的时候，它获得了肯定性的规定性，这才是它的内在规定性，而否定性的规定性只是外在的。所以说，量子化的特定的量是能量子的最基本规定。我们把能量子称为无客体存在的时候，无不能视作外在的属性规定性，而是它自身内在的肯定规定性。如果表述得全面些，那么无既指特定的质、结构、形状的外在的否定规定性，从量的意义上，它是有，不是否定性的无。没有质量，只有量子化特定量规定性的能量子客体称为无。这就是无质有量谓之无的含义：

综合上述，我们回到传统玄学的有和无的概念中，对之进行从朴素到理性具体的理解。在两千多年前人类对世界的知识水平限制下，要得到对玄之又玄的无的客观认识和统一性理解是很困难的。玄学之玄在中国文化中始终是和神秘相伴的，朴素理解的玄带有不可知的成分，这就是玄乎一词的由来。整部《道德经》，玄学是道学，玄之又玄的是无，悟到了无，悟道就已经入门了。无一这概念在老子的玄学体系中，不能只从抽象逻辑统一性去理解，那样玄学就不是世界最普遍的统一性了。如果承认玄学是关于世界统一性的朴素理论体系，则它的意义必须在逻辑和经验相统一的意义上去理解，不能停留在逻辑中，更不能陷入神秘主义。把玄之又玄当成空即纯粹抽象意义绝对不是老子的本意，老子认为他的理论是甚易知、甚易行的，不可能是神秘不可知的。

就《道德经》理论体系本身看，应如何理解玄之又玄的无的意义呢？就《道德经》“无名天地之始”这一规定性而论，可以把无理解为抽象的世界起点设定，作为起点的无既可以是具体的世界存在者，也可以是纯粹抽象的逻辑上的设定。卢梭在建立私有制是人类不平等起源的原因的社会历史理论时，就是从人类平等地生存的自然状态为起点的，并说明这种起点上的自然平等状态只是为了叙述方便而作的抽象假定，而不是对社会历史具体认识的结果。《道德经》中作为天地之始的无，是可以理解为起点上纯粹抽象设定概念的。从统一性的意义看，如果玄学的无只是抽象设定的起点，那老子就必须在理论体系中讨论从无到有的宇宙起源问题，否则它就不具备世界统一性理解理论的条件，也无法解释有生于无的陈述。因此，天地之始的无应该是具体存在，不只是抽象的逻辑设定。

进一步考察老子万物生于有，有生于无的意义时，再把无理解为纯抽象逻辑起点就有失偏颇了。无生有、有生万物的世界是无、有、物三个层次统一的具体现实世界，如果现实世界最基本的存在只是抽象的，具体的世界就成为抽象世界了。《道德经》对无的直接论述似乎不多，但如果把无理解为本原之道，则无的具体存在性就易于理解了。无是本原之道，反过来说，玄学之道的主要理论是由本原之道构成的，本原之道既是具体的存在，又是以无的形态存在的具体存在，老子说的道常无名，无状之状，大象无形，周行而不殆等，就指向本原之道即无。由此看来，天地之始的无是本原存在意义上的具体存在，是无、有、物构成的统一世界的起始存在，始是本原的意义。把无看作具体存在，令惯于从感性常识去理解世界者觉得不可思议，对于思考世界统一性的圣哲们而言，这才是合乎常理的。哲学家理解世界的统一性的基础当然是对世界的感性经验认识，而深入到本原存在思考时，德谟克利特以在概念抽象思维中的原子为本原的学说才是超越了感性具体的，而且要在感性存在中找到最普遍而确定性的物才是不合情理的。古希腊自然哲学家猜测的各种本原存在基本上具有无固定形状这一特征。老子的无的感性认识意义是什么？可以大胆地揣测是光，因为他对本原之道的各种描述与光的感性及本性是协调相容的。既然古希腊哲人能因为水滋润万物生长而猜测水是世界万物的本原，既然万物生长靠太阳是朴素而普遍的认识，那老子把光理解为无，理解为万物之母，就不是不可理喻的了。

真正难以理解的是从普遍的无到多样性之物的统一性。如果局限于感性具体，无纯粹是有结构的具体之物的否定性意义，而不是独立自足的自身存在的肯定性意义。把无作为具体存在缺乏充足的感性实证经验根据，以感性万物为起点的西方自然哲学基本上局限于感性具体去思考自然万物的本原。两千多年来，《道德经》对中国文化乃至人类文化的影响是极为普遍的，人们对它几千年的研习，并不是没有发现在逻辑上玄学之无不能只是认识起点上的抽象，而是在经验世界中无法理解无中生有的现实意义，因而对无始终无法进展到具体存在者的理解。从这个意义上看，没有量子科学理论的产生，没有科学客观普遍知识为基础，要揭开无的神秘面纱，把玄之又玄的无变为甚易知的存在者，实在是难以想象的。从量子理论出发，我们得出分立量子性的定量是无客体自身存在的肯定性规定性时，无就摆脱了对有的依赖性，不再只是相对于有的属性，而是自身规定自身的独立而绝对的存在，无就是在感性、知性、理性统一性意义上的具体的存在，玄之又玄就不再是深不可识的，玄妙的世界就是精彩而完美地统一着的世界。

有与无是世界上两种基本的客体，世界统一性原理是建立在有和无的统一性之上的。

第三节　能量是物质之母

一、无中生有的逻辑

当我们归纳出无质有量谓之无的能量子客体本性，把与频率相关的量子化具体之量作为能量子客体存在的肯定性规定性时，已经彻底超越了西方文化关于世界本性的思考，赋予了无这一概念完全不同的意义。西方文化中有与无只有作为限定性副词时才是一对对立统一的相互依赖概念，而当有作为主词，即有是存在者或存在之意义的时候，在存在论意义上无不能指非存在，无没有意义。非存在不是存在客体，而是对存在的否定性限定，本体论意义没有非存在即无的存在，在这种意义上有和无就不是一对统一性概念了。因为有是指称存在本体的概念，无是描述有的认识论概念，它们不再是相互依赖缺一不可的对立统一概念。西方哲学的有是独立自足、不需要对立面限定的概念。所以，有是绝对的概念，有在客体存在意义上是绝对而不是相对的。存在、物质、有是同一且绝对的概念，它们就是世界的本性描述概念，从这种观念和逻辑去理解世界的宇宙观就是绝对物质观。从西方哲学回到中国玄学时，如果把玄学之无只当作世界起点，则玄学就只有认识论意义；如果玄学具有本体论意义，无就不能只是认识世界的逻辑起点，必须是现实世界客体存在的起点。

无即能量子客体的概念把世界的客体存在者分为两类：一类是物质客体，我们称之为有；另一类是能量子客体，我们称之为无。思考“有”无两种存在者的关系，就不能仍在西方绝对物质观框架下展开。因为“有”已经不再是自明的、绝对的存在者了。在绝对物质观的宇宙观基础上思考“有”与无之关系，就在先地把无当作和“有”同一的了。所以，西方科学理论从绝对物质观出发只能不证自明地把能量子、电磁场当作物质。这种思维定势恰恰是认识世界统一性原理的最大障碍。人类实际上不得不放弃追求世界统一性原理，归结到底是放弃了追求世界本性认识，这是二十世纪哲学的悲哀。一个真正在逻辑上完整的统一性宇宙理论，不能回避无的本性、“有”无关系这两个根本性问题。中国玄学理论在两千多年前构建的世界统一性体系就是一种有无相生的统一性理论。尽管两千多年前人类对世界客体存在的科学认识非常有限，对光的本性也只是感性认识而已，但是两千多年前老子在《道德经》中确实是用“有”和无来描述客体世界统一性及其在这种统一性中宇宙的复杂性结构演化规律及进程的。所以，可以这么认为，玄学理论主要是从逻辑而非经验知识基础上得出有关统一的宇宙结构理论的，对无的经验，特别是无作为客体存在的认识，主要还局限在老子的个人认识中，没有上升为具有普遍意义的经验知识。所以，首先要从逻辑上去理解玄学理论体系的有无相生及万物生于有、有生于无的实质。

第一，把能量子和无同一，并不仅仅是借用玄学理论无的概念描述能量子客体，而是它们确实具有同一的指称意义。《道德经》第十四章说：“视之不见，名曰夷；听之不闻，名曰希；搏之不得，名曰微。此三者不可致诘，故混而为一。其上不皦，其下不昧，复归于无物。是谓无状之状，无物之象，是谓恍惚。近之不见其首，随之不见其后。执古之道以御今之有，能知古始，是谓道纪。”[②]这是老子对道、无之规定，准确地说，是对在无层次的道之规定。玄学之道包含宇宙一切存在，是道、天、地、人四个层次的结构统一体，道的规定性是由道、天、地、人四个层次自下而上的复杂性结构演化来逐步展开的。《道德经》第十四章所说之道，则是指称在宇宙结构中最基本层次的道，这可以从“执古之道以御今之有，能知古始。是谓道纪”得到理解。最基本层次的道同时又叫作无。老子在《道德经》开篇规定：“无，名天地之始。”就是说，天地开始产生之时的道叫作无，所以，最基本层次的道不是统一性的道，而是道的一个特定形态。这个特定形态，既是道，也是无，故老子的无不是我们习惯意义上的否定性副词，而是与“有”一样并列的主词，无是指称客体而非对客体属性作否定性限制使用的。如果不是这样理解，就无法理解《道德经》第二章中“有无相生”的意义。有和无的互相转化决定了它们都是客体存在的概念。这和我们说物质世界普遍联系和相互作用时，总是指物质客体之间相互作用的逻辑是一样的。

无作为客体性概念的时候，是看不见、听不到、抓不住的客体，是用感性知觉无法把握的客体，那只能是能量子而非物质实体。视觉、听觉、触觉分别感知不到它的形状、实体，就只能把它领悟为一种和可感性感知的实体不同的存在者。如果一定要用传统的物给它命名的话，只能叫无物。它的形状是没有形状，它的图像就是不是物体。这种非实体客体的意义就是无形无结构无质而只有量子规定性的能量子。在面对它时看不见它的前面，跟随它又看不到它后面的东西，肯定不是物质实体，只能是以永恒的波动形式绝对运动着的能量子。所以，本原状态之道的意义即无的意义和能量子客体同一。据此，能量子客体也可称为无客体，它完全符合玄学理论的逻辑及意义。

第二，无和有是世界上两种具有不同规定性的存在者，玄学的世界统一性理论用有生于无来解释它们的统一性。有无相生、互相转化是世界普遍联系和永恒相互作用的另一种描述。在以有为起点的物质一元论世界中，物质是绝对的存在，没有有无相生问题。有为本原的不生不灭规定性否决了有无相生的逻辑可能性，只有有无之间的普遍联系和相互作用问题。但承认无客体存在后，世界统一性理论不仅要描述它们的作用，还必须回答它们之间何为更基本的客体存在、何为本原客体存在问题，否则就陷入二元论了。西方文化主流是物质一元论的宇宙观，因为无不是客体存在，有才是客体存在，无只是有的否定性规定而已，只是有的现象。至于能量子，或者看作有的现象，或直接把它作为有。但玄学理论中的无是客体存在者的描述概念时，就产生了有和无两种客体的统一性是建立在有之上还是建立在无之上的问题。对此，《道德经》的答案是无中生有。《道德经》第一章就开宗明义指出无是用来描述天地开始的概念，“有”是用来说明万物母体的概念，据此无在过程及逻辑意义上都是先于“有”的。所以，有无相生，据此归根结底是无中生有。《道德经》第四十章明确指出：“天下万物生于有，有生于无。”

接着第五十一章说：“道生之，德蓄之，物形之，势成之。”这同样说有形的物体是由道产生的，它的意义仍是无中生有。

道是贯穿玄学世界统一性理论的核心概念，无是它的整体世界结构的起始概念，是统一性的基础；无中生有则是理解世界统一性构建过程的具体机制，是把握世界统一性的关键。但是，悟道、释道、讲道两千多年来，人类对道的解释是缺乏统一甚至明确的指称意义的，道成了一个纯粹抽象、玄之又玄的符号。但老子的玄学之道是有其明确的概念规定性的，在理性具体意义上，道是包括形而下之器的具体统一性概念。由于道是世界统一性理论的整体核心概念，它的规定性就首先寓于起始之道即无的规定性之中。所以，对无的理解及对无中生有这一宇宙演化自然规律的理解是悟道之基础。对道的意义误读的一个重要原因，在于对无及无中生有的误解。所以，从某种意义上来说，悟无及无中生有是悟道之关键，这就是玄为道、玄之又玄为无的理由。

限于感性经验或从绝对物质观出发是无法解释无中生有的自然法则的，这是无法理解玄学统一性理论的根本原因。在经验及非玄学理论意义上，无中生有是一个贬义词，比胡说八道好不到哪里。如果把无仅作为有的限定性副词理解，不把无作为与有一样的具体客体存在，想圆满地解释无中生有是不可能的。无如果不指称有具体存在意义之客体，它唯一可能的意义就是逻辑起点，即无是我们开始思考客体时的概念，这就像我们描述物体运动规律时从设定原点开始一样，这种抽象是合逻辑的。把无作为思考世界的逻辑起点是不错，但只把它作为抽象的逻辑起点不能够完整理解《道德经》中无的意义，因为，这样就已经舍弃了《道德经》的本体论意义了。

仅把无作为抽象的逻辑起点，不符合哲学历史和逻辑一致的一般原则，当然更不符合玄学理论的本来意义，已经抛弃了《道德经》的根本。《道德经》是讲道的，无是道的最基本存在形态，如果无只是世界的逻辑起点，那么世界的演化结构就以有为起点了。《道德经》对无之道的规定性作了充分的描述，包括它的运动属性“周行而不殆”等，这些对最基本层次的道的描述就是无之道的描述，并且是把它作为存在者来描述的。比如“有之以有利，无之以为用”揭示了物质世界中两种客体之间相互联系、相互依存的统一性关系。所以，《道德经》的无是最基本层次的道，是具体的客体存在，而不是抽象的逻辑起点概念。如果无之道只是描述世界的逻辑起点，那它就只有认识意义了。但《道德经》作为世界统一性理论，首先是自然生成的本体存在论。只有把无作为最基本的客体存在才符合《道德经》的原义。

第三，无中生有具有逻辑上的合理性。从最抽象意义上来说，我们思考经验中的物质世界从哪里来时，有两种答案，一种是有来自有，另一种是有来自无。这个答案有两种完全不同的意义：一是把无作为有的否定性副词，认为有是从什么都没有而创生出来的，但它凭何创生已经是在逻辑上无法再追寻的问题，实际上已经从原则上否定了世界本原客体的存在，这和我们追求世界本原基础上的统一性相悖。二是把无作为独立存在的客体，有是由无客体转化而产生的，是无的结构性形态，是从无质到质的创生。《道德经》把无作为世界最基本的独立客体存在，无是产生有客体的基础性存在。无中生有是符合玄学理论统一性原理的逻辑的。《道德经》用无、有、物三个不同层次的客体概念来构建客体世界的统一性。道生一、一生二、二生三、三生万物，这是三种客体的关系；无，名天地之始，有，名万物之母，讲的也是三种客体的关系；万物生于有，有生于无，讲的还是三种客体的关系。所以《道德经》的自然世界统一性是由无、有、物构成的统一世界。无即能量子客体，有相当于我们现在物理学所说的基本粒子，老子把它规定为一、二、三这种简单且基本的有形有质结构，由有的复杂结构形成的复合体就是物了，物的最基本形式在现代科学知识概念体系中以元素为起点，并且它们确实是由简单的“三”经过复杂性演化而来的。有结构复杂性的多样化解释了物的世界的复杂多样性现象。有生万物，所以叫万物之母。老子的天地不指宇宙，指自然界复杂性进化的统一性物质世界和生命世界，故他说，天地尚不能长久，而况人乎！天、地、人是统一于周行而不殆的道的，天、地、人是不能永恒的。有是万物之母，基本粒子和复杂物质结构的关系是无须争辩的。从这一坚实基础出发，既然物不生无，无不生物，无就只能生有，有无相生的前提是无中生有。无、有、物是世界由简单到复杂演化的唯一可能的统一性逻辑，这也正是《道德经》自然统一性的最基本的逻辑，舍此无法理解它的统一性意义。

二、质能关系以能量为基础

现代物理学把电磁场看作有质量的物质客体存在来解释能量子的粒子性本性，虽然并不完备，但它是有根据的。它的根据就是爱因斯坦狭义相对论的质能关系。既然质能关系的科学真理性是确信无疑的，那么具有能量交换作用的电磁场和引力场的物质性是建立在科学真理基础上的，世界统一性原理为什么又对电磁场和引力场的物质性持否定态度呢？这是不是在胡乱怀疑狭义相对论的质能关系原理呢？因此，我们首先必须回答为什么不能从质能关系出发断定电磁场或能量子的质量存在，才能以科学认识为基础来回答能量是物质之母这一命题。

质疑电磁场的物质性并不等于质疑质能关系原理的真理性，因为电磁场的物质性和质能关系是相互联系但又不同一的命题，把不同层次的命题未经严谨推演而同一起来是不应该的。爱因斯坦的质能关系是科学真理性的普遍抽象知识，电磁场的物质性是对电磁场本性的统一性理解，后者是在前者基础上从抽象普遍知识返回具体世界时对具体存在本性的统一性理解。质能等式的抽象等量关系是数学形式的，但它本质上是关于形而下的，它的现实意义在经验世界中。物理学的最关键问题是它的物理意义，即抽象真理知识和现实经验世界的统一性。电磁场的物质性并不是抽象理论问题，而是抽象的质能关系的物理意义问题。对电磁场和引力场的物质性思考，是建立在质能关系的真理性基础上的。

爱因斯坦从狭义相对论基本变换关系出发建立了相对论中的动能表达式 $E_K = mc^2 - m_0c^2$。提出了经典力学所没有的独特见解：m_0c^2 是物体的静止能量，mc^2 是运动时的能量。这一动能表达式赋予动能更普遍的物理意义，包括但又超越了经典物理学。经典物理学的能量是纯粹状态量，是独立于物质客体存在而一定依赖于它的运动速度的。爱因斯坦的动能表达式产生了与速度无关的能量，这说明质量和能量是不可分割的，凡具有静止质量的客体必有与之质量相应的能量，而通常所说的动能仅是 mc^2 和 m_0c^2 的差额。当物体速度远小于光速时，它为$\frac{1}{2}m_0v^2$，也即经典物理学的动能表达式。

物理学理论根据质能关系认为“在电磁场不为零的空间，单位体积的场的质量是 $m=\frac{w}{c}^{2}=\frac{1}{2}c^{2}$（$DE+BH$）”，③其中 $w=\frac{1}{2}$（$DE+BH$）是电磁场的电磁能密度。这个解释把质能关系中凡具有质量的物体必具有相应能量的定理当作可逆的，但这个逆定理是否成立并普遍有效是需要考察和论证的，不是自明的。

首先，质能关系所揭示的质量和能量的关系可以是统一性关系，也可以是同一性关系，质能关系本身并没有就这一关系及质量本性问题作出限制性规定，它给我们揭示的是质量和能量在量上的等量关系。等量关系却不意味着是等质关系。如果等质关系成立，则说明能量、电磁波就是特定形态的物质，质能是同一性的。如果能量和质量只是等量而不同时是等质关系，则说明能量不是特定的物质形态存在，它们之间就是不同一的统一性关系。打个简单的比方，市场上每个鸡蛋价格 1 元，经济学家乃至我们普通人都可以把 10 元和 10 个鸡蛋之间的等量关系建立起来，去描述和理解鸡蛋这一具体存在物在一般抽象市场概念中的意义，但没有人说 10 元钱就是 10 个鸡蛋，而是说 10 个鸡蛋具有 10 元钱的市值，这就是统一性关系。爱因斯坦的质能关系在量上的等量关系是否意味着等质关系，那是需要另行考察的，质能关系自身不能回答它们的同一性或统一性问题。在得出它们是同一性关系之前贸然把能量和物质同一，由场具有能量去断定它的质量是不完备的。

根据我们现有的关于物质客体结构还原分析的理论成果，把质量和能量子看成同一结构性存在是不成立的。在物质核结构的基本粒子理论中，对基本粒子有一个非常基本的假定，它具有静止质量 m_0，爱因斯坦的质能关系式也是以客体的静止质量为基础的，$E_k=mc^2-m_0c^2$ 中的 E_K 是指物质客体的动能，mc^2 是它的总的能量，m_0c^2 是它的静止质量所具有的能量，也即由它的内在固有质量所决定的能量，故状态动能必须从总能量中排除与运动无关的固有能量。但动能是物质的状态描述量，它是存在的现象，即没有 m_0。则没有动能描述的对象作为基础，所以，$E_K=mc^2-m_0c^2$ 是成立的，$E_K=mc^2$ 则是没有意义的，因为我们没有办法去定义一个静止质量为零的物体随运动速度而变化的动能。事实上静止质量为零的物体的运动速度是绝对不变的，$M_0=0$ 时，E_K 恒等于零。E_K 的定义域是 m_0 大于零，m_0 等于零时的 mc^2 不是动能，而是一个能量子的固有能量，它与频率有关，而与速度、静止质量无关，说它是动能是不成立的。动能是依赖于相对速度的状态变量，但能量子的定量 hv 不是运动状态量，是和速度无关的绝对量。在爱因斯坦的动能表达式中，质量是依赖于速度的，但电磁波的速度是恒等于 c 的，能量是恒等于 $hv=mc^2$ 的，静止质量恒为零，运动能量不变，如何能从动能关系中得出它的质量的推论呢？由 $E_K=mc^2$ 得出 $m=\frac{E_K}{c^2}$也是没有意义的。所以，不能由 $E_K=mc^2-m_0c^2$ 断言静止质量为零的光即能量子的质量就是$\frac{w}{c^2}$，它只是在量上的等效关系而已，并不是从物理学意义上去预言光子和能量子的“质量”。这种等量关系只有在量意义上才是有效的。所以，质能关系式所揭示的是能量和质量的统一性而非同一性关系。

按照基本粒子理论模型，构成物质实体结构的底层微观态是一批“基本”粒子的结构性存在，这个模型所预言的各种基本粒子已经几乎全被发现，但尚有最为关键的、被称为希格斯玻色子的所谓“皇帝子”还没有被证实。近来常听到“皇帝子”已经被找到但尚需要更进一步证实的利好消息。“皇帝子”在模型中是一个处于结构中心且没有自旋的基本粒子，它对解释物质质量的构成具有重要意义。尽管“皇帝子”未被证实，但这至少证明物理学关于质量是有严格的结构性定义的。只有符合物质实体结构模型的质量，才有真正物理学意义上的质的规定性及质量的意义。那么，光子、能量子与物质粒子结构模型的关系如何呢？有没有人试图用基本粒子模型去理解光即能量子的粒子结构呢？从未听闻，想来也不太可能。它们归根结底是无结构规定性的存在。如果静止质量要靠希格斯玻色子等一批色子的结构来证实和理解，那么，把和这些结构全无相关性的光即能量子断定为有质量的客体的根据又从何而来呢？这种质量具有物理学意义吗？当然没有，除非它的质量能在希格斯玻色子的微观结构模型中得到同一性的解释，因为质量的最终定义是从这一结构中产生的。现代物理学把场和波叫作无静止质量的物体，但从结构规定性看，无静止质量即存在论意义的无质量，在逻辑上和结构有关的动质量是不成立的。理由在于，一切有质量的实体的运动状态都是相对性的，取决于运动状态的动质量也只能是相对性的，在存在论意义上就是既存在又不存在，故绝对性意义上动质量不存在。相对性的动质量只有相对性认识意义，并且是把质量还原为等效能量时才是合逻辑、有意义的概念。爱因斯坦讨论动能关系是限定在物质范畴中的，有静止质量才有动能，基于动能才有动质量，没有动能状态的波和场就只能既无静止质量又无运动质量。所以，质能等式不是能量和质量的同一关系，而是在量上守恒的等效关系而已，它们在量上的等效关系构成了它们的统一性。话说回来，如果能量子是特定形态的物质客体，那说质能等效关系就不符合逻辑了。

第二，在质量和能量统一性关系中，能量是统一性的基础，质量在能量基础上实现和能量的统一性关系。这也是老子所说的万物生于有，有生于无的意义。更为重要的是，能量作为质量基础的结论不仅是逻辑上的，而且是被科学认识所证实的。这一点是当我们接受爱因斯坦的狭义相对论而抛弃了以太的时候，就应该悟到的。因为狭义相对论之前，光和电磁波的波动说是将光和电磁波作为物质客体的现象来理解的，所以，光和电磁波的产生及传播必须以物质客体为基础，以太就是按照机械波理论来解释光、电磁波现象时从理论上得出的必然性存在。没有以太，光的波动就无法从传统的波动理论得到解释。

但物理学家的实验证明以太并不存在。爱因斯坦则更直截了当，他根据实验事实以及麦克斯韦电磁场理论，把光速不变性作为前提，抛弃了以太，建立了狭义相对论，把麦克斯韦电磁场理论和经典物理学理论统一起来。狭义相对论对两个不同速度运动坐标系的时空坐标变换关系与洛伦兹的变换在形式上是同一的，故常称为洛伦兹变换，但他们两人的物理学观点则是完全不同的。洛伦兹从时空坐标测量相对于以太的效应去解释实验以挽救以太，爱因斯坦则否定了以太，并超越了传统的伽利略相对空间统一性关系，以光速不变性作为前提去建立相对运动描述的更普遍的洛伦兹时空坐标变换关系。换言之，光速不变性在这种描述中是恒成立的，经典物理学和麦克斯韦电磁场方程组得到了统一。人们最终接受了相对论并抛弃了无用的以太概念。

当光和电磁波可以抛弃以太而在真空中传播这一事实被证实并被承认的时候，在理论上实际上已经承认了电磁波是比机械波更普遍、基本的波动形式。那么，产生机械波的物质客体和以电磁波运动形式波动传播的能量子这两种客体本性只能是不同的，而且能量子是更基本的客体存在。如果把物质实体作为构成能量子的基本粒子结构，则无法解释能量子在真空中的传播问题。所以，以太被抛弃的另一个深刻意义在于它揭示了能量子和物质实体是不同本性的客体存在，而能量子是更为普遍、基本的客体存在形式。爱因斯坦质能等式中质量和能量的等效关系是能量为基础的统一性，只有在纯粹的量意义上两者才是等价的，对它的物理意义必须理解为质量是特定形式的能量，普遍的能量形式却不必然具有特定的质量。能量子没有质量，能量子的普遍基础意义及物质实体的特定能量形式意义的概括就是能量是物质之母，物质是能量的特定存在形式，这才是从狭义相对论出发对质能统一性的唯一正确理解。

从逻辑上看，能量子只有量的规定性，物质有质和量两个规定性。具体的能量子的存在规定性是由其频率和普朗克常数的积决定的，具体物质客体的存在规定性是质和量相统一的。有客体有质和量两个规定性，其中质的规定性是物质客体特有的规定性，量的规定性是物质客体和能量子客体共有的规定性，所以量是比质更为普遍的规定性，只有量子这一定量规定性的能量子在逻辑上就是比物质客体更基本也更普遍的存在。这就是有无相生且有生于无的理由。

第三，只有把能量子作为特定的物质实体客体的母体，我们才有可能克服传统的绝对物质观的局限性，合理解释热力学第二定律，得出对世界的统一性理解。热力学第一定律是能量守恒定律在热力学领域的表述形式；热力学第二定律则是物质世界的能量交换作用的宏观态描述，但热力学第二定律在绝对物质观的描述框架下得出的结果却是不统一、不协调的。试想一个理论体系把能量称为做功的本领，世界的能量守恒但做功的本领却不守恒，物质世界在能量守恒中绝对失去做功的本领并趋于最终失去一切做功本领的热平衡状态，这是一个统一的理论体系吗？绝对不是。在绝对物质观下能量的定义、能量守恒定律和热力学第二定律是极不协调的。这些特定的定义及定律的真理性是无可怀疑的，不协调的原因不在于定义及规律本身，而在于对它们之间统一性关系的理解上。其实，归根结底是绝对物质观惹的事。我们已经反复强调，由绝对物质构成的宇宙无法摆脱热力学第二定律及熵垒幽灵的困扰。

对宇宙热寂的解释不但在观念上令人难以接受，在经验中它也是不符合事实的。至少在总体上我们已经知道宇宙是一个结构复杂性演化乃至生命结构进化的过程，而不是一路走向死寂的热平衡混沌态。有人把宇宙的出现叫作反熵事件，这实际上是说宇宙是上帝的造物，只有上帝具有违反最高绝对的熵定律的本事。所以，绝对物质观和上帝必须同在才能对能量守恒定律和热力学第二定律的不统一性作出统一的解释。但是，用上帝来摆脱困境的统一性理论就不再是在科学认识基础上的统一性认识了。

当我们一反传统的绝对物质观，把物质客体作为特定形态结构的能量存在时，由传统的热力学第二定律及熵原理而来的熵垒幽灵就消失了。因为物质只是能量的特定形式，物质之间的能量传递，即热力学第二定律所描述的传导和对流运动对物质客体的影响和作用依旧不变，但它已不再具有宇宙学的普遍意义，不能由此去推论包括一切能量在内的整个世界的热寂。对整个世界的统一性认识必须把能量和物质统一起来，最终要把一切物质客体还原为能量客体才能得到理解，以能量子作为最基本客体存在的时候，它的统一性定律就是能量守恒定律。热力学第二定律描述的物质客体间的特定能量交换和作用形式，是在遵守能量守恒定律的基础上进行的，但这些特定形式客体的相互作用并不构成世界整体的描述，我们根本就不需要再去考虑热平衡或所谓熵垒幽灵问题。更为重要的是，在能量守恒基础上建立的世界统一性原理，不需要上帝的第一推动就能得到自洽自足的理解，这才是我们梦寐以求的。

还有一点必须说明，即从热运动形态来看，物质也不是最终的客体存在。因为物质间的热运动描述是传导和对流，并不包括辐射。辐射是物质实体和能量子之间的相互作用描述，不包括辐射运动的热力学第二定律就只是宇宙特定定律。如果把能量子纳入物质范畴，则辐射就是物质热运动形式之一，热吸收和热辐射又将傅里叶热传导定律和热力学第二定律证伪了。因为只有把辐射、传导、对流都纳入其统一性描述框架的热力学定律才是普遍的定律，包括辐射时已超出物质热运动范畴，这其实就是热功原理，即热力学第一定律，它是能量守恒定律的另一种描述形式罢了。所以，最一般、最普遍的客体相互作用必须纳入能量子。离开能量纯粹的物质世界只是一种特定形式的抽象，只是一些特定领域的认识。最普遍的客体关系一定包含能量子，最一般的客体相互作用过程一定包含能量交换和转化的过程，相互作用的本质就是能量交换。所以我们断言，能量子是宇宙的最基本客体存在形式，物质客体则是它的一种更为高级的特定复杂性结构形式罢了。所以，能量是物质之母。

爱因斯坦的质能关系式 $E_K = mc^2 - m_0c^2$ 揭示了物质和能量的新的关系，即只从静止质量来认识物质是远远不够的。能量作为物质之母，它在物质结构性实体中的作用也是结构性、复杂性的，把能量作为物质之母就要建立一种结构性的能量物质统一观，从而更全面地理解质能统一性。

三、物质是质量、结构、状态三个层次能量的统一体

能量是物质之母揭示了能量和质量之间的统一性关系。对这种统一性关系可以从两个不同层次去理解。一是在直接性意义上把构成物质的质量看作能量子由无结构转化为有结构的特定形态的结果。能量子转化为质量的过程中，物质客体的质是新产生的客体规定性，量是构成物质客体的能量子的规定性，质和量相统一的具体物质客体由于具有了质的规定性，所以是由能量子转化而来的特定具体存在，能量子作为物质之母，它的规定性即量依然保留在具体之物的质量中。量的规定性已经不是物质存在的本质规定性，而是物质客体作为普遍客体存在的一般规定性，是具体之物的存在的必要而不充

分条件。质和量的统一是物质客体的充分而必要的条件。在这种意义上理解能量是物质之母时，它揭示最基本的质能统一性关系还只是狭义的质能统一性关系。它更严谨的狭义陈述是能量子是物质之母，这种质能关系揭示的是无中生有这一命题。二是在广义的能量和物质概念意义下理解质能统一性关系，才能得出对世界统一性的一般理解。这种一般理解包括有无相生的客体世界的永恒运动发展过程。在一般意义上，能量是客体和状态相统一的存在；物质客体是具有复杂整体结构的质量能量统一性存在。按照传统物质观，物质客体是绝对存在，它的质量就已经是它存在的充分理由，形状等属性是它们客体性的诸现象而已。当我们颠覆了传统的绝对物质观，把物质看作非绝对的、由能量转化而来的结构性存在的时候，最为根本的理由当然是它的质量是由能量转化而来的特定能量结构。但这还不够。正如亚里士多德指出的那样，仅有质料因还无法完整地描述存在，必须从质料因、动力因、目的因、形式因才能真正把握存在。把能量作为物质之母，这首先就超越了从质料去充分描述物质的局限性，把质料、结构和运动统一起来，而且它们都统一在能量基础上，从而得到对物质客体的总体理解。故我们以质量和能量关系为基础，进一步展开物质客体结构、运动与能量关系，从而有充足的理由把能量看成物质客体的一切原因和根据，把物质看成结构性的特定能量存在形态。

爱因斯坦的质能等式的第一个革命性见解是引入了静止能量 m_0c^2。按照经典物理学机械能的定义可知，静止能量不是机械能，它与物体的机械运动及位置无关，且不会在机械运动中转移和转换。对之可以定义为质能，即一个物体由于自身的质量所具有的能量。质能的非机械能本性说明它是物体自身所固有的，是物体之所以为物体的根据，没有质能的物体不存在，有质能的客体一定是具有质量的物质客体。对能量客体和物质客体的统一性关系，首先必须在质能关系中得到合理的解释和说明。质能的最古老概念是亚里士多德的质料，质料是有之所以为有的基础。当我们把质料理解为质能时，已经包含了能量是物质之母的最基本意义。质能统一性关系就是能量为质量之母。在绝对物质观的认识框架中物质是绝对存在，所以质能按逻辑就只能是物质的现象性存在。如果回到电磁场的物质说，那质能就不是物质现象，而是物质本身，这可以解释质能的非现象性本性。但我们已经说明了能量子、电磁场不是物质的充分理由。同时，把质能仅仅看成物质性存在，实际上只是同语反复而已，恰恰远离了质能概念的本质。所以，质能就是能量，就是物质客体性的能量存在形式。它既然由质量所决定，那就说明在最一般意义上，质量是特定的能量，是能量存在的特定形态而已。

我们无须再去重复讨论能量子客体是基本物质客体高级形态这样的伪命题，但有必要把能量作为物质客体的基本构成根据的理由稍加整理。首先，物质客体是复杂性结构存在，认识物质客体本性的科学方法就是不断向它的初始结构还原，以找到最普遍的“基本粒子”，由此去解释物质世界的各种复杂性存在。从还原的分析逻辑来说，由一定是结构性的物质实体还原为无结构的能量子客体。其次，科学实验已经证实了物质结构确实会向无结构能量子还原，甚至理论物理学断言，一切微观基本粒子的结构都是可还原为纯粹能量客体存在的，有力的证据是粒子物理学中发现的正反粒子之间相互作用现象。电子是带负电荷的粒子，但狄克拉早就预言了带正电荷电子的存在，它又被称为带负电荷电子的反粒子。1932 年安德逊在宇宙射线中发现了正电子，它和电子具有等量异号电荷及相同的质量。从 1955 年起陆续发现了反质子、反中子、反介子和反超子，进一步证实了所有基本粒子都有其反粒子的理论预测。物理学已经在实验中证实，射线通过物质或基本粒子衰变都能产生正电子。如果在方室中放置多层铝板，宇宙射线中的高能光子通过铝板时，将转变为一个电子和一个正电子，接着电子和正电子再放出光子，光子又转变为电子，正电子形成所谓族射现象。这就是有无相生的相互转化过程。它证实了把能量子看作非客体存在即物质的现象性存在是不成立的。在绝对物质观念下，把正电子和负电子结合转化为光子的现象称为湮灭，即物质没有了；但从能量的意义看，电子、正电子是能量的特定结构存在形态，它们相互作用结果是存在形态发生变化，从结构性存在还原为无形的非结构性存在，在这种转化中它的能量本身是不变的。所以，能量子才是物质之母，是客体存在的终极形态。最后，物质核层次的相互作用核聚变和核裂变所释放出的巨大能量，就是质能转换而不是纯粹结构能量转化或转换的结果。在没有质能转换的反应中，能量来自结构能而质量守恒，放热反应一定是结合能大之物生成结合能小之物。但在物质核聚变和核裂变中，总是结合能小的物体生成结合能大的物体并同时释放巨大能量，反应前后的质子和电子数保持不变，给人一种它的质料保持不变的假象，根本无法解释核聚变和核裂变中的质量损失现象。实际上我们把氢原子的质量数定为1，因为它由1个质子组成，而质子和中子质量相等，所以一个原子核的组成由它的质子数及中子数来表示。但质子和中子本身是结构性的，而不是不可分割的存在。所以，核聚变和核裂变时质量损失不是整个中子和质子消失了，而是某些质子、中子中的部分质量构成基本单位粒子转化为能量了。把核聚变、核裂变时的质量损失看作是它的巨大能量来源是对的，但把这能量看作是原子核的结构能量是不符合逻辑的，因为结构能没有质量，结构能转化为巨大释放能量并不能解释质量损失问题，否则通常的吸放热化学反应就不遵守质量守恒定律了。所以，尽管核裂变和核聚变中质子数、中子数没明显变化，但既然有质量损失，我们可以从理论上断定这过程中产生了最基本层次的物质粒子转化为能量客体的现象。这种由质量向能量的转化证明了质量来自能量，并且质量聚集着巨大的能量，而且转化为物质固有质量的特定形式结构的能量存在形态是不遵守热力学的传导和对流定律的。质能不是现象性存在，而是现象性存在的主体和根据。对这种物质自身固有的质能，可以称为物质的本征能量，它就是和决定物质存在的静止质量相对应的能量；换句话说，质量是物质的本质，质量的本性是能量。

爱因斯坦质能关系式的另一个革命性意义是把物质客体看作本征能量和状态能量的统一体，即 $mc^2 = E_K + m_0c^2$，式中 mc^2 是物质的总能量，E_K 是它的状态能量，即机械能，m_0c^2 是本征能量。理论已经证明，在 $v \leqslant c$ 时，$E_k = \frac{1}{2}mv^2$，即 E_K 和物体的运动速度有关，它代表了物质的运动状态，所以它是物体的现象性存在，并且还是相对性的描述变量。因为物体的速度本身是相对描述的，它取决于坐标参照系的选择。由此可见，如果把 $m = \frac{E_K}{c^2} + m_0$

看作可变质量，m 由可变质量和静止质量构成，这在量的意义上是成立的，但把$\frac{E_K}{c^2}$转换为具有物理意义的质则是不成立的，$\frac{E_K}{c^2}$是状态量，是现象性存在，没有本体存在论意义，把$\frac{E_K}{c^2}$称为物体的可变质量是没有物理意义的。

机械能除了动能外，还有势能。在物理学中，势能是空间位置的函数，它与场的描述有关。与势能相关的位置是指场中的位置，而非纯粹空间形式的位置。所以，能量是描述物体与其他物体之间相互作用关系的状态的。如果一个物体在场中受作用改变了运动状态，同时物体的动能没有向其他物体传递或转化为其他形式的能量，则增加了的动能就是势能转化而来的，制约它们之间转化的法则是能量守恒定律。所以，机械能的最普遍定义是做功的本领，物体总的机械能和做功关系，在机械运动层次是由动能、势能及功之间在相互转换中保持守恒来实现的。但从普遍能量关系来看，势能是独立于物之外的，将之理解为物自身属性是不足够的，它只能被理解为能量子本身，是能量子推动物质运动改变而做功，所以，势能反映了场具有的做功的本领，做功者是势能。把势能和动能统一为机械能是基于物的能量转换关系的产物。物质的运动是它的属性，物质与运动状态变化相关的能量叫作机械能，其中动能是以质量为根据的，势能是对物质产生作用的，故机械能和质能是完全不同形式的能量。每个物体都既有质能又有动能，前者是自身固有的存在规定性，后者则是它和外部普遍联系和作用的规定性，其本质意义是物体和其他客体的相互作用，是相互作用的函数。

爱因斯坦质能关系式没有涉及物体的结构能，因为质能关系描述中是把一个物体看作牛顿抽象的质点即不可再分的统一的整体，而不是把它看成复杂性结构存在。实际上，对物质及物质世界的认识，离不开结构能。为什么宇宙的演化是一个结构复杂演化的进程呢？是什么力量推动和决定着物质结构演化的进程呢？这就必须回到物质结构能。对物质结构的还原分析方法实际上就是克服它的结构能，把它分解为下一层次结构的科学研究方法。科学已经证实，不同层次的结构具有不同数量级的结构能，越是基本层次的结构，结构能越大。核物理层次的物质结构实验研究需要越来越高的撞击能去轰击核子以解构它们的结构，达到向下一结构层次还原的目的。高能加速器须用巨大能量来加速撞击粒子的原因就在于微观结构粒子的结构力越来越强。物理学上把中子和质子结合成原子核的核力称为强力，这同时说明它们之间存在极大的结构能。当然，核裂变及核聚变所释放的巨大能量是否就是目前物理学所说的结构能值得商榷，但它的结构能很大是不争的事实。实际上越低层次结构的结构能越大，结构越稳定，这是符合结构复杂性演化的逻辑的。对结构能的最简单的理解在于熟知的无核变化的物质分子化学反应之中，物质分子发生化学反应构成新的分子时，它的物理意义是最外层电子转移从而出现了新的结构，在结构变化中伴有结构能的变化。化学中用化学键来表示电子和正电荷的吸引力，所以这种能叫键能，它的本性是电磁能。电磁能在分子、原子层次的结构演化中起决定作用。在一个化学反应中，它可以是吸热反应，也可能是放热反应，具体视反应前后结构而定。但我们可以断定的是吸热反应说明分子反应中生成物的结合能高于反应物，放热反应则是反应物的总的结合能高于生成物的，多余的结构能以热量形式释放出来。因为分子、原子层次化学反应前后质量守恒，也不能从机械能角度去解释它的吸、放热现象，所以只能得出结论，反应的吸、放热反应是反应物和生成物的分子结合能决定的，这是结构能的充分证据。长期以来我们习惯于总是把物质客体作为整体，但是，从物质存在即结构来看，它的结构能对于理解它及整个世界的运动和演化都是具有重大意义的。

至此，我们把能量是物质之母的意义推向了一个新的高度。物质是质料的复杂性结构存在，是本征能量、结构能量和状态能量的统一体，这才是一个永恒运动的宇宙中质能相统一的多样性存在的真面目。只有达到将物质作为特定能量统一性结构存在的认识，我们才可以理解世界的普遍联系和永恒运动，而不是仅把它作为僵死的信念和教条。把全部客体还原为不可再还原的能量客体存在，我们就通达了整个世界的最底层，从而为世界统一性原理提供稳固的出发点。

能量是物质之母的概括性归纳是能量是客体和状态相统一的存在，世界是以能量为基础，能量和物质相统一的多样性统一世界，自然的统一本性是能量，复杂结构性物质客体是多样性形式能量的统一，质量和能量构成的质能统一性自然以能量为本性，自然一切具体存在本性是能量。至此，我们对本原和本体相统一的世界，已经有了相当程度的理解。这为人类对世界统一性的普遍理解提供了现实的可能性，不再是精于形而上学思辨的哲学家才去、才能思考的纯粹思辨问题，其实这种统一性的完美有序就在于我们的一切现实生存经验之中。我们的经验、知识和亚里士多德的第一哲学是统一的，形而下具体经验、知识基础上的形而上学统一性智慧才是哲学所追求的，才是通达了具体现实的自觉理性。亚里士多德是西方文化的集大成者，现在，我们把亚里士多德形而上学的存在统一性进展到具体的质能统一性理解时，理解本体存在和本质存在的统一性就容易得多了。在当时的历史条件下，亚里士多德的存在还只是有限性的，是具体的感性存在者，亚里士多德的深刻之处就在于把具体之物理解为统一性存在。质料因就是自然哲学的物质本体存在，就是当代科学知识中的质能；形式因是本质存在，是当代知识意义上的结构，内容和形式的统一就是质料的结构统一性，这才是具体的物质存在。但是，第一哲学并不满足于自在的自然存在，存在的统一性还包括动力因，即我们能量理论所描述的物体运动状态的机械能。物质存在的最高认识是目的因，统一性存在统一于目的因。局限于本体存在论，目的因是不可理喻的；在本体和本质相统一意义上，目的因也是最难理解的。目的因表明，存在论不只追问存在是什么，而是要从本质上理解存在何以是，对自然而言，目的因不是主体的主观目的性，是支配客体的必然性，实现了内在目的性的存在是以必然性为基础的现实性存在。目的性是存在的内在目的性，也不能理解为外在于客体存在的合上帝的目的性。内在目的性就是每一个具体存在之所以独立完整、自足自洽的充分理由。在抽象思维中，这种充足理由是最难以把握的。当建立质能统一性认识，由每一个具体之物的结构能去统一物质存在时，具体存在就有了普遍而客观的依据了，对目的因的统一性理解就成为感性、知性、理性相统一的了。我们今天有充足的依据把两个氢原子和一个氧原子结合而成的水分子理解为自足的、有充足理由的具体存在。具体存在的内在目的性就是支配和决定具体存在成为有充足理由存在的必然性法则，具体物质存在的结构稳定性即存在的完备性当然只能从结合能去解释和说明。

从质能统一性理解多样性存在世界，世界的统一性就是形而上和形而下相统一的，就开始进展到自觉理性。在对存在统一性形而上学思考意义上，质能统一性还没有超越亚里士多德第一哲学的高度，但在形而上和形而下相统一的自觉理性意义上，我们向具体推进了一大步。当然，仅限于物质存在的统一性思考是不够的。我们已经把能量理解为客体和状态的统一，就能量而言，它是否具有永恒存在的本性，还是需要进一步思考的问题。对此，我们就从它的不生不灭性即广义能量守恒定律去探讨。

注释

①程守洙、江之水主编，胡盘新等修订《普通物理学》，北京：高等教育出版社，1998 年第 5 版，第 2 册，第 407 页。

②张尚仁著《新译　新编　新解　道德经》，昆明：云南民族出版社，2008 年第 1 版，第 10 页。

③程守洙、江之水主编，胡盘新等修订《普通物理学》，北京：高等教育出版社，1998 年第 5 版，第 2 册，第 407 页。

第五章
绝对守恒之能量是自然普遍本性

引　言

【提要】把质量统一于能量的革命性意义在于突破了自然普遍物质本性的传统理解。当质量是能量的特定存在形式具有客观性根据时，物质就不是最普遍的自然描述范畴，能量则是具有更普遍意义的自然描述范畴。本章的主题就合逻辑地进展到扬弃物质用能量去统一自然具体普遍本性。

一、两千多年一贯不变的自然物质本性理解并不是理性自觉的具体认识，只是进入自然统一本性理性自觉思考时在感性经验基础上的形而上学普遍设定，并没有客观普遍知识为中介去统一形而上学和经验。自然物质本性是世界万物的形而上学感悟中的物之普遍性赋予的，是自明而不是自觉的。唯物论两千余年不变的充足理由在于，当一切自然存在及其现象认识都统一于物质客体范畴时，它就是合理的。当牛顿质点动力学建立自然运动普遍规律描述时，质点无法统一力意味着物质不再是最普遍的范畴，量子力学确立了光和电磁波的具体粒子性是对自然物质本性的根本否定，我们应在这些客观知识基础上建立自然本性的新理论。

二、自然统一本性的目的在于建立自然永恒而有序的绝对意义，为之提供客观性根据的一定是具有绝对守恒意义的具体物理量。物质本性说以其结构底层不生不灭的本原客体存在为其绝对守恒性根据，科学陈述为质量守恒定律。现代科学还有能量守恒定律，两个守恒定律必然是普遍和特殊的统一性关系才有一元论宇宙的意义。以物质为自然本性的本体论以质量守恒定律为根据，却又无法统一能量守恒定律之意义，故自然本性物质说是缺乏客观性根据的，本质上只有抽象形而上学意义。

三、能量是在质点动力学理论体系发展中进一步普遍归纳生成的概念，是物体状态的单值描述函数，叫机械能，是物的现象性存在。机械能守恒定律揭示了客体运动交换中能量守恒的必然性，能量成为具有守恒本性的概念。能量概念的深刻意义在于它在自然各学科具有普适性，不同学科的大师们在追求自然现象背后的统一支配作用不变的“当量”时，不约而同地指向能量，从而进展到普遍意义的能量守恒定律，能量成为运动变化的一切自然现象后面起支配作用且在交换和转化中总量永远不变的绝对守恒量，能量守恒和质量守恒成为分别支配力和质点在生息变化中都永恒存在的两大自然基本定律。

四、人们至今仍普遍坚守着质量和能量两个守恒定律的绝对独立性，认为它们分别决定了宇宙中存在和运动的绝对守恒本性，但事实上能量守恒定律在理解自然中获得了更普遍之意义。发现核衰变现象时，按传统理论解释和能量守恒定律不协调，泡利用中微子假设捍卫自然的能量守恒本性，发现了中微子存在的证据。核变化是涉及质能转换的过程，其中质量和状态能都不守恒，物理学称之为质量损失，本质上否定了质量守恒定律及状态能量守恒定律的绝对性，中微子假设捍卫的能量守恒定律具有更普遍之意义，即质能、结构能、状态能在相互转化中保持着总能量的不变性，守恒之能量是包括了质能的广义能量，故可称之为广义能量守恒定律，质量守恒定律只是它在没有质能转换条件下的特定规律。

五、广义能量守恒定律把自然存在和演化统一为永恒存在，宇宙既是生息变化的又是永恒不变的，现象是生生息息，本性是永恒。统一了质量、状态能、无质量客体量子化本征能量之广义能量范畴才有宇宙绝对守恒本性的理解，广义能量才是不生不灭的具体存在，它包括一切自然现象，就具备了自然认识的普遍形而上学本性。老子用道归纳自然本性，用道法自然去揭示自然统一性，回归能量去理解道就回到感性自然去体悟玄学理论的具体意义了。

六、自然本性统一于能量的根据在自然本身，能量渗透在人对自然的科学认识乃至人的文化生存实践中。对能量作用的最基本归纳是功能原理，功是从人类生存目的性出发限定的特定能量，掌握能量规律是利用它来做对改善人类生存有意义的功。热机普遍应用是人类大规模自觉控制自然能量转换的划时代事件，在热机工艺学基础上产生了热力学理论，但以物质为本性去理解热功转换中的普遍能量运动本质是有局限性的，不只无法理解热力学第二定律和熵原理的具体物理意义，甚至不能合理解释热机热功转换的本质意义。现代人类更大规模利用不可再生能源生存，缺乏对自然能量本性的具体理解把当代人类导向生存危机。道法自然决定了人类只能在现实的能源条件下生存，以能量为本性统一自然的根本意义在于把人类导向道法自然的文化生存。

我们从物质的状态函数即机械能开始探讨能量的统一性，深入到以量子理论为基础，把光和电磁波的本性理解为以分立量子的定量为根据的无客体存在，进而以质能统一性理论为基础，建立了自然客体的统一性理解。质能统一性的理解才能通达具体存在的内在目的性，具体存在才是有充足理由和可靠根据的。质能统一于能量，质能、结构能、运动状态能、分立量子态的能量子客体存在的固有能量是能量的多样性形式，多样性世界统一性是质能统一性，最基础、最普遍的统一性是统一于能量的。因此，我们必须进展到对能量作为自然普遍本性的归纳，为世界统一性理解夯实基础。

把一切形式能量统一起来的最普遍规定性是能量之量，把一切能量之量统一起来的规律是能量守恒定律。物理学把物理系统内发生的各种过程中始终不变的物理量叫作守恒量，对自然界的经验和科学认识证实能量守恒、动量守恒和角动量守恒是世界的本性，这些守恒定律比其他的物理定律更简洁、深刻，更普遍，因而更基本。在物理理论的一切守恒量中，能量守恒定律是最普遍的定律，是其他守恒定律的基础，其他守恒定律都是能量守恒定律的特定表现形式。能量守恒、动量守恒和角动量守恒依然是支配量子力学理论的最基本定律。

经典物理学在质点动力学中定义了动能定理，并扩展为由动能和势能组成的统一机械能之后，发展为机械能守恒定律。机械能守恒定律把对机械能各种形式的相对描述转换为物体系统相互作用过程中能量关系即物体状态关系的绝对描述。只有机械能守恒定律才能体现出能量在世界普遍联系和相互作用中的角色和作用。但机械能守恒定律是在诸多严格限定条件下的特殊的能量守恒定律，对非保守力做功系统及能量子参与的能量过程无法描述，非质点无法适用质点机械能守恒定律。包括物体系统做功、机械能、热能参与其中的统一的能量过程的守恒定律叫作普遍能量守恒定律，它是在机械能守恒定律基础上发展而来的，比机械能守恒定律更加普遍和基础。但是，传统理论认为包括了一切能量相互作用的能量守恒定律并不是最普遍的，真正最基本和最普遍的能量守恒定律是包括物质客体质能、结构能、机械能、能量子在内的广义能量守恒定律，它使能量守恒定律不但超越了纯粹的状态描述进入包括客体自身在内的能量交换描述，而且成为在存在论意义上的世界统一性的基础。不仅我们对世界科学认识的各种规律都可以在能量守恒定律中找到最终根据，而且多样而永恒运动变化的自然是一个统一之量绝对不变的完美有序的具体现实世界。

第一节 广义能量守恒定律

一、机械能守恒定律

人类对客体世界的认识是从特定的感性物质世界开始的，关于物质客体运动状态的知性普遍知识即机械能知识是认识一切能量的起点，能量普遍规律认识同样遵循人类认识从个别到一般到普遍的统一性过程。对能量的普遍统一性关系即交换和转化运动中的守恒关系，同样首先是从特定的机械能转换运动中归纳出来的，最基本的能量守恒定律即机械能守恒定律，“如果一个系统内只有保守力做功，其他内力和一切外力都不做功，或者它们的总功为零，则系统内各物体的动能和势能可以相互转换，但机械能的总值不变，这个结论叫作机械能守恒定律”①。我们可以从下面三个方面去理解机械能守恒定律：

第一，机械能守恒定律是对物质世界客体相互作用的绝对性描述，这是它和牛顿经典质点动力学描述的最根本区别。

牛顿建立动力学理论的革命性意义之一是建立了相对空间观。从亚里士多德时代起，人类把感性经验中静止的地球当作绝对静止的、唯一的空间参照系，这就是绝对空间观。但伽利略和牛顿推翻了绝对空间观念，建立了把绝对空间统一起来的相对空间理论。牛顿的质点动力学理论建立在相对空间描述基础上，从而使对物质自然界的普遍规律认识进展到更普遍的水准，使在一切惯性参照系中的科学规律在伽利略变换下保持了描述形式的不变性。尽管牛顿在观念上把空间当作实在，但在理论上却把空间作为形式，不同的惯性空间参照系具有统一性，它们之间可以通过伽利略变换统一起来。物理力学描述是在特定的绝对时空中的描述，但每个绝对时空实际上只是无数的等价的时空形式中一个特定的时空而已，这个“绝对”指在特定的时空描述参照系之意义，是确定性参照系之有限意义。相对于其他惯性参照系而言，力学描述是相对的。我们用位置坐标、速度来对物体作动力学描述时，这些物理量只是相对量，在不同坐标系中，许多物理量的描述是不同的。

由速度、坐标的相对性可以知，物体的机械能即动能和势能的科学描述也是相对描述量。物体的动能是它运动时所具有的做功的本领，而在不同的坐标系中它的速度不同甚至可以静止不动，所以，物体的动能是一个依赖于所选取的坐标系的相对描述量，在不同的坐标系中具有不同的数值。同理，势能也是依赖于参照系的选择的，所以，物体的机械能是一个相对描述量。从机械能作为质点状态函数的物理意义出发，它的描述相对性是顺理成章的，因为它们的物理意义是建立在质点的空间位置及运动速度基础上的。

但是，机械能守恒定律对相对性描述的机械能之间的转移和转换关系的规律描述是绝对的。所谓守恒的意义是什么呢？即绝对不变。所有守恒定律都是对物理量关系的绝对描述。如果这种关系是相对描述，那就是说在某些坐标系里它是守恒的，而在另外的坐标系里又是不守恒的。守恒定律之为守恒定律，在于它是在一切参照系中保持着守恒关系的，即物体运动遵守守恒定律是绝对的，与参照系无关。简言之，动能势能是相对描述量，但这些相对描述量交换和转移时的守恒支配法则是绝对的。

为什么机械能是相对描述，而机械能守恒定律又是绝对描述呢？因为，机械能守恒定律揭示的是相互作用的物体系统的客体之间的机械能关系，它的本质是通过机械能的转移来揭示客体之间相互作用的制约规律，是对系统中总的能量增量及各客体能量增量之间关系的规律描述。从逻辑上可知，一个物体的机械能的定量描述是相对的，依赖于坐标系，但它的变化即增量是绝对的，与坐标系无关。最显著的例子就是温度，一个物体的温度在不同的温度测量标准下有不同读数，但它们的温差变化在不同测量系中是相同的。

机械能守恒定律把基于相对空间的经典物理学相对性统一描述导向绝对性的守恒描述，其深层启迪意义在于支配相对性之物的能量转移规律是绝对性描述而与空间相对性无关的，仅从物的属性和状态去理解能量是不充分的。从科学认识的逻辑看，能量理论不是从质点动力学推导出来的，而是从本质相互作用规律中进一步归纳而来的，具有更普遍意义。

第二，机械能守恒定律是物质客体相互作用关系在特定限制条件下的抽象规律。机械能守恒定律的最经典范例之一是弹簧振子的简谐振动。弹性形变状态物体具有的能量叫作弹性势能，被拉伸或压缩的弹簧在恢复原状的过程中能够做功，机械钟表就是依靠弹簧的弹性势能来带动钟表运行而实现做功的。弹性系统的势能：

$$E_p = \frac{1}{2}kx^2$$

式中 k 为弹簧的弹性系数，在一定拉伸范围内它是常数，x 为弹簧拉伸或压缩离开平衡位置时的距离。在弹簧顶端系一小球，把小球拉伸离平衡位置距离为 x 时，如果不考虑空气阻力的摩擦，则松开小球时它将在弹簧平衡点 p 附近，在 $-x$ 和 x 之间作来回往复的周期性振动，这就是简谐振动的模型，也是机械能守恒定律的模型。在 $x=0$ 的平衡点位置，弹簧的势能为零，但它全部转化为小球的动能，小球获得最大速度；在端点处小球速度为零，但势能最大，小球的动能全部转化为势能，这时势能在量上和平衡点时的动能相等；既不在平衡点又不在端点时，小球既有势能又有动能，两者之和与平衡点的动能、端点的势能相等。所以，在简谐振动中，弹性系统的机械能是绝对不变的守恒量。

但现实中的弹簧谐振子总是阻尼型的振动，在外力即空气摩擦力作用下它总会逐渐在平衡点静止下来。能够连续下去的弹簧振动总是对之施以外力的受迫振动，这告诉我们，弹簧谐振子的能量、势能在无任何外力作用下的转换模型是一种抽象，它把现实物质世界客体相互作用的能量过程中的其他作用排除掉，而来集中考虑动能和势能之间的转化问题。所以，机械能守恒定律对物质客体能量关系的描述是在严格的限制条件下才适用的，所以它是有限性的特定能量守恒定律描述。

机械能守恒定律的第一个限制性在于它只考虑机械能相互转移和转化的情况，无法描述非机械能参与的相互作用过程。我们已经知道，物质客体世界并不是客体世界的全部，物质世界的能量也不仅仅限定于以物质客体运动状态现象形式存在的机械能，所以，机械能守恒定律不仅对于整个自然世界而言是特定性的定律，即使对于物质世界而言也不是普遍性的规律描述。

机械能守恒定律描述的物质客体相互作用也是有严格的边界条件限制的。机械能守恒的物理学分析条件是系统机械能增量为零，即外力对系统所做的功与非保守内力所做的功的总和必须为零时，机械能守恒才能成立。虽然理论上外力做功和非保守内力做功总和为零这一特定条件下，机械能守恒定律可以应用于分析处理有外力及非保守内力共同作用时的普遍情形，但实际上符合这一条件的特例并不常见，且对非保守内力做功的处理并不是简洁的事，所以，机械能守恒定律的最主要应用还是局限在没有外力及非保守内力作用的特定机械运动过程之中。所谓外力和非保守力做功总和为零的物理意义是什么呢？即原则上它必须限制在封闭质点系统中才是普遍有效的。所以，机械能守恒定律虽然是能量守恒定律的基础，但它对于物质世界乃至整个世界的普遍联系和相互作用的描述，是远远不够的。它既是绝对性的普遍规律，又是特定边界条件下的有限抽象归纳，它的绝对性和普遍性只有认识论意义，没有本体论意义。当从抽象回归具体时，它的有限性就表现出来了。

第三，从机械能守恒定律的有限性和特定性出发，可以推断出热力学第二定律不具有宇宙学的普遍意义，熵函数不是宇宙整体运动趋势描述函数的结论。

在对能量的形式分类中，物理学总是把热能当成是独立于机械能之外的另一种能量形式，比如热机做功的原理就是把热能转换为机械能。但这只是现象上的认识，不是本质理解。尽管孤陋寡闻，但多年来，鲜见有把热能纳入机械能的理论，反而是在日常中大多数人凭感性直觉，流行把热能和光能混为一谈。实际上，热能在本性上是机械能。热能和机械能都是物质客体的状态描述量，它们的区别在于描述的角度不同。物体的热能是对物质客体构成的宏观系统的机械能状态描述，用温度和热这些宏观状态的统计描述量描述大量分子、原子构成的客体系统的机械能，用抽象的状态参量去描述和测定这些由大量个体客体相互作用构成的系统的宏观状态。在以质点为对象的描述中，在技术上无法实现由大量微观粒子构成的大系统的机械能的相互作用关系描述。动能和势能这些机械能的本来意义是以具体物质客体为对象来描述它的机械能状态的，并以此为基础去描述各具体物质客体组成的简单系统的机械能之间的转移和转化关系。尽管质点描述和系统描述的对象、角度不同，但物理学已经从理论上论证了抽象的宏观状态量温度的具体物理意义是微观粒子的平均自由能，即它是系统各构成分子、原子的平均动能，实际上就是物质客体的状态能量。宏观的热能的本性是动能，是机械能，只不过它把具体客体的动能描述转换为大量分子无规作用系统的统计意义的状态描述而已。所以，在技术和描述角度，热能和机械能不同，但在本性上来说，热能就是机械能。

既然热能是机械能，那么，热力学定律就只是机械能守恒定律的特定形式，热力学第二定律关于温度总是从高温物体自发地流向低温物体的定律所描述的是物质客体之间机械能转移现象，准确地说是宏观系统中大量分子、原子间在遵守机械能守恒定律前提下交换动能的规律，并且它的描述物理量不再是普遍的能量，而是大量微观粒子交换能量而构成的宏观系统的能量运动状态，即特定的系统热状态参量。既然热力学第二定律只是自然界客体相互作用的特定边界条件和限制条件下的特定形式，妄言它是宇宙间最普遍定律并由此推断宇宙是不可逆地趋向热平衡是没有根据的；用于揭示物质系统热传递趋势的熵函数也只有严格限制在物质客体间能量交换作用时才有意义。熵函数是科学的真理性知识，但它绝对不是揭示宇宙由有序走向无序乃至死亡的演化趋势的函数描述，它只有严格限制在物质世界的封闭系统中，限制在物体机械能转移和交换这种特定的相互作用形式中才有不可逆熵增的意义，即它不具有宇宙学的普遍意义。它在物质世界中是非常重要的定律，但它的真正意义不是揭示物质世界的热平衡，而是揭示物质世界由简单到复杂的“一生二，二生三，三生万物”的结构演化的根本规律，这将是第三卷关于物质世界演化探讨的理论基础。

从机械能开始的能量科学理论在机械能守恒定律的描述中明显地暴露出限制在质点描述的认识的局限性，复杂世界的普遍联系和相互作用绝不是以物质世界的运动和相互作用就可以解释的。物质客体的能量关系超出了机械能守恒定律可有效描述的范围，这决定了机械能守恒定律被普遍性的能量守恒定律超越的必然性。只有包括机械能守恒定律在内的普遍性的能量守恒定律才能更充分地解释和说明世界的客体相互作用。

二、普遍能量守恒定律

自然界的能量形式是多样化的，光能、电能、原子能这些常见的能量都不是机械能可以描述的；热能本性是机械能，但也不在机械能守恒定律描述范围。而且一个物质系统中没有非保守力的假定只是一种抽象，现实的物质世界中非保守力是普遍存在的，所以，机械能守恒定律这一特例向普遍化发展就是能量守恒定律，它纳入其他形式的能量及非保守力的作用，成为普遍的能量守恒定律，使能量成为更普遍的守恒量。

“一个不受外界作用的系统叫孤立系统。对孤立系统，外力的功当然为零。如果系统状态变化时，有非保守力做功，它的机械能当然就不守恒了。但大量事实证明，一个孤立系统经历任何变化时，该系统所有能量的总和是不变的，能量只能从一种形式变化为另一种形式，或从系统内一个物体传给另一个物体，这就是能量守恒定律。它是物理学中具有最大普遍性的定律之一。”②

能量守恒定律比机械能守恒定律更为普遍的第一个根据是它考虑了系统内的非保守力做功。当系统中有非保守力做功时，系统的机械能不守恒。这里的机械能特指经典物理学传统意义上物体的动能和势能，不包括用宏观状态描述的系统热能。常见的非保守力是摩擦力，在机械系统运动中，摩擦力的做功就是把物体的动能转换为对之产生摩擦的物体的热能。因为机械能守恒定律不包括热能，所以不适用于非保守力做功时的描述，普遍能量守恒定律则包括热能在内的所有状态能量，所以它和机械能守恒定律的关系就是一般和个别、普遍和特殊的关系了。

在系统内有非保守力做功时的能量守恒问题中，有一个问题是需要特别说明的，即既然我们说热能的物理意义归根到底是动能即机械能本身，但为什么机械能守恒定律不把这些宏观态上表现为热能的机械能包括进来呢？这不是相互矛盾吗？泛泛地说机械能、动能、热能这些概念的时候，这确实好像是一个似是而非的问题。所以，必须清楚，摩擦力做功虽然是和系统做机械能传递，但却又不能包括在机械能守恒定律之中，因为摩擦力抽象的交换关系不包括在机械能守恒定律限定描述的质点之中。在相对认识描述意义上，宏观系统或外部环境和质点之间的能量转化关系是无法用限于质点动力学的机械能守恒定律去认识描述的。热能不包括在机械能守恒定律，是因为机械能守恒定律描述并不包括一切机械能，而是限定在质点动力学意义上进行质点运动状态描述的动能和势能中。以质点为对象的机械能描述是一切机械能描述的基础，但这并不代表着一切机械能都是以质点为对象进行描述的，恰恰相反的是，热力学把大量分子、原子的机械运动状态转换为宏观态的热状态描述。在宏观物质热力学描述系统中，对每一个作为质点的分子、原子而言，当然是按质点动力学意义上的机械能定律来描述它们的动能和势能的，按质点动力学描述的分子、原子相互作用系统当然是符合机械能守恒定律的。但是，描述大量分子、原子构成的系统的内部运动状态的时候，把每个分子、原子作为质点进行动力学分析只在抽象的理论意义上成立，技术上却是不可行的，即在认识和描述意义上是不成立的。据测算一滴水中就会有约 10^{23} 个水分子，用质点动力学去描述构成它的分子的相互作用和运动是不可能的，至少我们现在的技术手段和描述方法还没有实现的可能。从感性经验出发，建立对物体用热、温度、压力等宏观状态量的科学描述的时候，开始时这些宏观物理状态量只有认识论意义而并不具有存在论意义，这就是质点或非系统的对象客体没有温度状态描述的原因，同时也表明了热作为宏观状态的系统统计描述和质点的机械能描述对象是完全不同的。但统计理论证实了宏观系统的热状态量是微观分子、原子平均动能的统计描述，因此宏观热力学状态量温度和热能的本性就是机械能。但是，由于它是大数量质点系统的统计描述而非质点的状态描述，我们用热能而非质点动能来描述它的时候，和以质点为认识对象的机械能的转化关系的边界条件不相一致。把质点和环境的能量交换作用抽象为非保守力做功时，实际上就是对象质点向非质点对象以摩擦力的形式转移动能，导致对象质点的机械能不守恒。所以，保守力和非保守力的描述对象是不同的，不同的描述对象得出不同的描述规律是可以理解的。只有在普遍性的能量守恒定律中，质点的机械能和系统统计意义上的机械能才被统一起来，这时统计意义的机械能是以热能或热功描述的。反过来说，正是由于系统的内能实际上是机械能，所以把非保守力所做的功统一考虑进来时，它和能量同样是等效的，故能量守恒定律就可以把非保守力做功纳入其理论描述之中。

能量守恒定律比机械能守恒定律更为普遍的第二个根据是它可以把电磁能、光能等非机械能形式的能量纳入其中，建立各种形式能量的守恒关系。按照世界统一性理论，光量子即能量子是独立的客体存在，当把光及电磁能量包括进能量守恒定律的时候，能量守恒定律的实质已经不仅仅是客体运动状态关系的描述，而是包括能量子客体与物质客体的相互作用关系的规律描述。对物质客体而言，参与能量守恒关系转换及相互作用的是它的状态量，即机械能和热能，但对能量子而言，参与能量守恒关系转换及相互作用的是能量子客体存在本身。退一步说，即使把一切能量均作为物的属性即状态量，光、电、磁能量也不属于动能和势能范畴，包括电磁能的能量交换那就显然超出机械能守恒定律的范围了。

其实功能原理及能量守恒定律的最现实意义不能离开电磁能去理解，人类能量利用离开电磁能量不可思议的，当代新能源利用的重点之一是太阳能，故从机械能守恒定律上升到更普遍的一般能量守恒定律具有重大的意义。

从当今的客观知识看，质点动力学无法描述光电磁行为，质点统一了物质客体，则光电磁能量就超出了物之范畴，它能被纳入更普遍意义的能量守恒定律在于自然具有比物质性更普遍的本性，而不是光电磁具有物质性。

所以，把能量守恒定律看作包括物质状态能量及光即能量子客体本征能量在内的能量相互作用和转移、转化关系的定律才是合理的。按照这一思路，我们可以把物质客体的本征能量和结构能量也包括在能量守恒定律的描述对象之中，因为物质客体本身是质能统一性的存在。这样，一个关于客体存在和现象存在相统一的具体世界的完备自足理论就有了可能。

三、世界最普遍的统一性原理：广义能量守恒定律

现代物理学理论把能量守恒定律作为具有最大普遍性的定律之一，同时又把能量作为各种运动的一般量度。可是，这种限于现象认识的最大普遍性还是有局限性的。“能量守恒定律所阐明的实质就是各种物质运动可以相互转换。但是，就物质或运动本身来说，却是既不能创造，也不会消灭的。”[3]物质和物质运动本身相互独立的守恒性是质和能二元存在的绝对性，它把客体世界和现象界彻底割裂开来，在逻辑上已经在先地决定了一元论物质世界和一元论世界运动相互割裂的世界是二元论的。存在的最普遍规律和运动演化的最普遍规律是绝对独立而没有相关性的，说物质和运动不可分只是说这二元既不可分又不可统一，并不是从本质上把存在和演化统一起来。但现实世界的一元统一性信念是不能动摇的，否则世界在本质上就是不可知的，认识就失去本质意义，人就失去本质意义，人和禽兽的区别也无所谓意义。存在和演化二元世界理解被归纳为两个绝对性的守恒定律：物质不灭定律和能量守恒定律。既然有两个绝对的守恒定律，就很难断言能量守恒定律是世界的最普遍定律，没有任何根据说明它比物质不灭定律具有更普遍的意义。此外，二元论的理解决定了其对理解物质世界的能量现象也并不是足够的，关于中微子的理解就是一个极具说服力的例子。

中微子的发现是物理学史上由能量守恒定律出发发现新事物的经典案例。在二十世纪初对β衰变的研究中，按照当时对物质世界的能量形态的认识，实验结果不符合能量守恒定律。在当时的知识背景局限下，一些物理学家主张放弃能量守恒定律。但是，“年轻的泡利（W. Pauli）坚信能量必须守恒，实验上的差别在于人们当时未能捕捉到一个中性的、穿透力太强、质量又太小的幽灵，这就是泡利的中微子假说。20多年以后，科学家终于找到了中微子，支持了泡利的假说，捍卫了守恒定律”[4]。

所谓β衰变是核电荷改变而核子数不变的核衰变，它包括$\beta-$衰变，$\beta+$衰变和电子捕获。$\beta-$衰变是原子核放出高速电子和一个相关联的反中微子，$\beta+$衰变是原子核放出正电子，同时伴有一个相关联的中微子，与β衰

变相反的过程是电子捕获，即原子核俘获了与它最接近的内层电子，核内一个质子转变为中子，同时放出一个中微子。

“由于中微子既不带电，质量又近乎为零，在实验中就极难测量。”[5]但是，在β衰变中只有按照泡利的假设，每次电子发射或被质子俘获都必须伴有中微子的发射，才能使原子核在衰变前后保持能量守恒。直到1955年人们才在实验中找到中微子，证实了泡利的中微子假说，证明了核衰变中的能量是守恒的。

中微子是宇宙中无所无在的客体存在。因为我们的太阳包括天空中的所有恒星就是通过源源不断的核反应向外部发射光及中微子的。恒星为什么能持续不断地发射能量呢？除了把恒星当作巨大的核电站外别无他解。1926年，爱丁顿爵士估算恒星中心区的温度约为4000万摄氏度，这个温度对于核反应来说太低了，按照经典物理学理论，温度只有达到几百亿摄氏度时才能发生核聚变反应。但爱丁顿坚信恒星的能源只能是核能。他依然写道：“我们不和那个认为恒星内部温度过低，从而不能发生这种过程的批评者进行争论。我们只是告诉他，走吧，去找个温度高的地方吧。”[6]随着量子力学理论的确立，乔治·伽莫夫的量子力学理论的隧道效应解释了恒星在4000万摄氏度这种温度下核聚变的可能性问题。最后，物理学家根据隧道理论，用恒星内部的隧道效应解释了恒星内部的核反应现象，找到了恒星之能源所在。现代科学发现了氢聚变为氦的过程，这是一个在碳催化作用下氢核生成氦核的过程。氢和氢的聚变也可以在没有碳或氮催化的条件下，由两个质子碰撞发生，放出一个正电子和一个中微子，余下的核由一个质子和一个中子组成。

在早期恒星能源的核反应理论同样由于中微子存在的怀疑而备受质疑。中微子是电中性的，实际上没有质量，它以光速运动。在描述质子－质子链时我们已经发现，每两个氢核发生聚变时，就会释放一个正电子和一个中微子。正电子很快和一个负电子结合并产生一个光量子，而中微子不和任何其他粒子反应，因而它不被任何物质偏转，它从产生地以光速沿着直线飞出去，周围的太阳物质对中微子毫无影响。正是由于中微子的这种独特性质，人类花费了近二十年时间及精力，才最终确定了它的存在。

中微子是从能量守恒定律推论出来的，但对中微子本性的理解不一致，实际上意味着对能量守恒定律的理解不一致。物理学理论有时称它是“中性的，穿透力太强、质量又太小的幽灵”；而鲁道夫·基彭哈恩的恒星理论又认为它是电中性、无质量、以光速运动的客体存在。近来又屡屡听闻中微子超光速的科学实验这种最新发现。从这些不和谐音中折射出我们对能量守恒定律的认识局限性。中微子的发现从哪个角度证明能量守恒定律的真理，并不是无关紧要的问题。

首先，如果我们按照当今物理学理论，把中微子作为质量极小、与其他物质很少发生作用的实在客体，根据传统的能量守恒定律，则在β衰变中保持能量守恒的中微子能量是它的运动能量，中微子作为实在客体本身是不包括在守恒定律中的，经典守恒理论中质量和能量是分别守恒的。那么，科学家能够分别证明β衰变中的质量守恒和能量守恒吗？恐怕未必。因为科学已经从实验中得出中微子以光速运动的结论，甚至有中微子超光速之说，那意味着它的质量必须为零，否则将意味着它的能量无限大，那就没有什么能量守恒定律可言了。

第二，如果我们相信鲁道夫·基彭哈恩等物理学家的理论，把中微子作为无质量的辐射粒子，即能量子客体，那么它就是无质有量的能量子客体存在，能量守恒定律包括了它，从而应能说明能量守恒定律的真理性。但这又和能量守恒理论是物质运动一般度量中的关系发生矛盾。当然，只要我们排除能量是绝对物质的运动状态描述量，把无质量的能量子和它的能量度量同一，从这种物理意义出发的能量守恒定律就可避免上述矛盾。所以，鲁道夫·基彭哈恩等天体物理学家对中微子本性及能量守恒定律的理解在原则上是可行的。

第三，最为重要的问题在于，无论是把中微子看作能量子客体还是物质实体，都必须回答在中微子的β衰变反应过程中，究竟质量和能量是否都守恒？只有证实这一点，才能从根本上证实作为独立于物质存在本身的客体运动状态度量的能量的普遍守恒关系。如果质量不守恒，独立于质量的能量守恒是没有最普遍意义的。这个问题需要专业的物理学家来回答。但即便一个粗通物理知识者，都可以判断在产生β衰变的核聚变中，质量和能量并不各自独立遵守守恒定律。天体物理学家关注核聚变是要为太阳及所有恒星源源不断的辐射能源提供根据，如果这些辐射能量真的是在恒星物质守恒的前提下产生的，那它的终极来源只能是上帝了。上帝主宰的宇宙是不需要也不可能有能量守恒定律的，上帝凭什么受能量守恒定律制约呢！太阳向外辐射的能源已经证实爱丁顿爵士预言的核反应，恒星实际上是一个不断运行的核电站。在原子能核电站已经成为普及性的能源提供者的时候，再去追问核反应原料在反应之后是否质量守恒显然是多余的了。原子核物理学关于核聚变、核裂变的理论认为，核聚变和核裂变所释放的巨大能量来自核的强大结构能。按此逻辑，反应物的结构能应比生成物的结构能大，所以必须有能量释放出来才遵守能量守恒定律，这从理论上来说和木柴燃烧是同一的。但核聚变和核裂变释放出巨大能量的同时，反应前后质量不再守恒，并且生成物结构能总是大于反应物的，这和木柴燃烧的原理是相反的。只能认为，它的主要能量是质量转化为无质量客体产生的，而不是结构演变中多余的结构能产生的。质量损失不就是质量不守恒吗！何必遮遮掩掩呢？又何必创造一个巨大的结构能呢？核反应既放出巨大能量，又生成比结合能更强之物，如果这些新增能量不是来自质能，那只能归于上帝了。我们无妨坚守科学精神，说句大白话：在核聚变和核裂变中有β衰变产生，同时反应中质量不守恒。

既然β衰变及核聚变、核裂变中质量不守恒，那么传统的能量守恒定律并不能完整解释这一现象。这告诉我们，当科学家用中微子来证实能量守恒普遍规律的时候，已经超越了传统的能量守恒定律范围，进展到广义能量守恒定律之中。

其实，只要我们的观念从绝对物质观的桎梏下解放出来，问题就简单了。把质量守恒看作能量守恒定律在特定条件下的形式，即没有发生由质量转化为能量子或物质状态能的限制条件下，系统的质量和能量均守恒，两个特定守恒定律的统一就是真正最普遍的能量守恒定律，在此称之为广义能量守恒定律。

回顾上一章关于能量是质量之母的考察，我们已经为广义能量守恒定律的诠释提供了理论准备。在普遍能量意义上，物质也是能量，但物质客体的特定规定性是多样性能量的结构统一体，质能是物质客体本征能量意义上的能量，以质量为根据之物是具有特定结构和状态的能量，是多种能量特定存在形态的统一结构，所以它是有而不再是无。无中生有，有无相生是天经地义的，在广义能量守恒定律中，物质客体质量就是一个参与能量演化的演员，不再是置身能量之外的旁观者了。它以自身统一性的能量参与能量守恒定律，在不同条件下赋予能量守恒定律相应的形式。广义能量守恒定律是最简洁、最普遍、最基本的。它的描述形式为：对任一独立系统而言，$\sum E = C$。即任一独立系统的总能量是一常数。$\sum E$ 是总能量，它包括系统中物质客体的本征能量、结构能量及运动状态能量，以及量子化的能量子的本征能量。其实物质客体的结合能也应是量子化的能量子客体存在，它的特定限定性是在作用意义上的。质能、动能、能量子本征能量统一了宇宙中全部的存在者及存在者的状态的具体存在意义，它们在任一独立系统中可以转移和转化而总量是保持不变的，这是理解一元宇宙相互联系和作用的形而上学前提。

广义能量守恒定律非常简明且深入人心，只不过僵化的绝对物质观导致了认识上的二元化，使能量守恒定律在理论和描述上陷于局限性。考察由中微子的预言及发现去证实能量守恒定律这一具有重大科学价值和历史意义的事件时，我们便会发现，根据中微子的预言去坚定能量守恒定律信心，用科学寻找中微子存在的根据证实能量守恒定律的科学真理性的过程中，科学家们是在广义能量守恒定律的意义下去理解和追求的，只不过用质量损失来替换质量不守恒，以避免与质量守恒定律的冲突使能量守恒定律的最普遍本性被遮蔽罢了。

但是，从世界统一性理论体系构建的意义来看，从能量守恒定律迈向广义能量守恒定律具有革命性的意义。因为自然界不再被分割为客体存在者与客体存在者的运动这两种相互独立的二元结构，支配客体运动的力量和根据就在于客体存在者自身。同理，质量守恒和能量守恒不再是相互独立的定律，质量守恒定律只是能量守恒定律在特定条件下的定律而已。只有如此，我们才有可能结束几千年来对自然认识的二元分裂现象，实现世界统一性认识。所以，对广义能量守恒定律的本质的理解，是世界统一性原理认识的基础性命题。

第二节　绝对守恒的能量是自然的统一本性

一、守恒的能量是不生不灭的存在

广义能量守恒定律对于能量守恒定律的最深刻意义在于解决了人类几千年来追求的不生不灭的客体存在者问题。向人类奉献了能量守恒定律从特殊到一般到普遍的真理知识的是科学家们，但对能量的认识不能只知其然不知其所以然。既然科学家们已达成了能量守恒定律是最普遍的物理学定律的共识，以追求世界一元统一性为己任的哲学家们实在不应该忽略了能量的本性和能量守恒最普遍规律的本质。永远面向物质一隅使人类一次次和最普遍的一元统一性自然理性理解擦肩而过。

从本原存在出发，从本原知识到本原论再到本体论，形成了本体论即自然世界统一性的理性理论的最初形态。历经几千年的苦苦追索，人类对世界的认识已经无比丰富了，甚至历史上极具自信且很有造诣的一些科学家曾多次断言我们已经接近认识自然世界终极定律的尾声，但最后都显得过分乐观而言过其实。科学家从有限抽象认识方法看世界，在特定限定下觉得能通达终极认识；哲学家从无限定的统一性去理解世界，是不可能得出终结普遍人类认识的结论的。实际上，人类对本原客体的认识是一个从充满信心到放弃自信的过程。当坚持世界本性是物质性的又断言物质结构无限可分时，那就成了世界本原不可知论。如果不知道世界的本原客体是什么，宇宙统一性的基本结构就是沙滩上的大厦，更别侈言所谓宇宙终极定律了。宇宙只有最基本定律，有统一性原理，但绝没有终极认识。宇宙是有限的，对宇宙的认识则是无限的，对有限宇宙的无限认识的坚实基础就是宇宙存在的本原。

在绪论中我们深入讨论了作为永恒存在的世界万物统一本性的三个规定性：不可再分解还原的具体存在性、不生不灭性和自身赋予自身根据从而在永恒变化生息中保持着永远自身等同的永恒不变性。哲学唯心主义把思维和意识这些抽象的普遍性认识认作唯一的绝对普遍性，用空置换无，用认识论的普遍性抽象概念取代本体存在论的绝对普遍具体存在是违反逻辑的，世界万物永恒本性不可能是抽象存在。在人类关于世界本性非物质即精神的这种的非彼即此的事实判断中，舍弃抽象的唯心主义而保留具体以物质客体为本原、物质性为自然本性的哲学唯物主义是必然的选择。在本体存在论中，坚持从具体去认识和理解现实世界最普遍本性的哲学唯物主义是占绝对统治地位的理论。唯心主义哲学理论尽管产生了一大批推动人类历史前进的思想大师，但他们的成就和贡献毫无例外都是关于认识论的，是在世界认识的抽象普遍性意义上去建立主体意义世界的统一性的。但抽象实体即使普遍而永恒也是抽象的，永恒而普遍、绝对的形式是公斤、米这类物理单位无法度量的，不是本体论意义的具体存在。

几千年来在世界本性物质、精神两者必居其一的逻辑判断前提下，抽象唯心主义由于其存在非具体的抽象性而被否定之后，世界的本性就是物质性的，这似乎就是天经地义的了。换句话说，绝对物质观的最充足的理由就是物质客体的具体存在性，至于它究竟是否是不生不灭的存在，那还是未经彻底论证和证明的，是缺乏充分根据的。物是具体存在并不代表它一定是不可再分解之物构成的多样性存在，由多样性万物的具体实体性推断其分解还原到无法再还原时一定还是具体实体只是基于感性直观的猜测，它作为由本体论预设而来的猜测不能停留在永恒的朴素猜测中，而是必须由科学提供实证知识，以之为根据使本体论的预设上升为具体理性理解。但科学还无法完成这一使命，实际上现代科学关于物质结构无限可分的观念已经是对传统本原论的质疑。于是，近代以来西方哲学本体论发展史上出现了一种奇怪现象，即把哲学本体论上的唯物主义理论的最普遍概括归结为世界的物质性，有意无意地回避了世界本体存在的本原这一逻辑起点上的问题。离开本原和本原论的本体论，实质上是理论认识上的返祖现象，回到泰勒斯之前，从感性经验基础去独断世界的最普遍统一本性。按常理而论，我们到现在还不确定被称为万物本原的东西的真面目如何，为什么我们不用具体的存在者去作为世界存在本原论描述的最简洁概括，反而要用抽象的物质性这种共相概念去表述存在论的最基础概念呢？理由只有一个，那就是世界万物既然不是抽象的观念所构成，那就只能是具体物质客体了。尽管我们不知道本原客体存在是什么，但我们却可以断言它的物质属性本性，因为只有具有物质属性的客体才是具体的存在。如果真是这样，物质客体作为世界本原和它的不生不灭及永远自身等同的规定性就是不证自明的了。

但是，当我们对非彼即此的知性判断逻辑提出质疑，不把具体的物质客体当作唯一具体客体存在的时候，物质客体的不生不灭本性首先就是一个需要怀疑和批判的问题。但一旦动真格思考物质客体的不生不灭问题，我们马上面临着非常尴尬的境况：对世界万物本原的科学认识是结构分解和还原，通过不断地向基本层次还原，不断从对物质世界多样化结构存在的认识深入到更普遍的基本结构性存在的认识，这是一个不断逼近世界本原的科学认识过程。令我们不安的问题是我们究竟是只能不断逼近还是最终可以通达不生不灭的本原物质客体呢？我们不知道。那不是意味着本原不可知、世界本性不可知吗？而且，在逻辑上而言，物质客体的无限可分是基于它是结构性存在而言的，那么，反过来说，具有结构规定性的物质客体可以是不灭的吗？这在逻辑上是令人怀疑的。

物质客体不生不灭性的另一种表述是物质质量守恒定律。在没有发现原子核结构的聚变和裂变以及物质反粒子存在之前的漫长岁月中，质量守恒是普遍性的真理。但核反应中的质量损失现象及反粒子和正粒子相互作用转化为光子的现象被揭示出来以后，质量守恒就不再是这个世界的普遍真理，物质客体就不再是不生不灭的客体存在。不生不灭的客体存在就只能向物质客体湮灭时转向的那个客体去考察，世界统一性原理把它称为能量子，它包括爱因斯坦的光子。

进行自然本原客体存在和本性思考的第一个前提是不再坚持物质是宇宙的唯一客体存在形态。也必须舍弃光即能量子本性的波粒二象性观念，必须坚定光子即能量子的客体本性，即它是独立自足的具体存在，波动则是它作为独立自足客体存在的属性和现象。在能量子客体本性基础上，我们就可以有根据地去思考它是否不可再结构分解、它的本性是什么以及是否具有自然最普遍统一性问题。

在逻辑上看，能量子满足不生不灭的基本条件，即它是无结构、无质规定性的存在，没有物质客体那种质量结构解体而灭的可能性。但这种逻辑分析只是对能量子是否生灭的抽象假设，只是对本原存在重新认识的起点。它的最终答案必须回到具体的现实世界去证明和解释，必须是逻辑和经验相统一的。

回到现实的自然世界，按照对物质世界的生生灭灭的基本观念，我们不得不承认，在直接的意义上看，能量子也是生生灭灭的客体存在。在原子核裂变、聚变中，巨大的能量主要是由质量解体转化而来的，能量子是被物质粒子生出来的；在光电效应中，能量子即光子被金属电子吸收后转化为电子的动能，它自身的客体性没有了。在强 y 射线照射时能释放出电子—正电子对，它们又会相互结合后消失为光，在适当的边界条件下这种电子—正电子对的产生又湮灭过程会产生连续反应即簇射现象。这告诉我们，宇宙中的物质粒子和能量子之间是相互作用和相互转化的，物质粒子和能量子在这种转化中都是生生息息的，根本就没有绝对不生不灭的客体存在。如果自然界真的像质能二元结构所说那样物质绝对不灭，物质运动状态的能量绝对守恒，那么自然界的复杂性和完美的统一性是不可思议的，正是质能的生息转化运动产生了奇妙而统一的宇宙自然界。由此可知，我们在直接意义上去理解的不生不灭客体在世界上是不存在的。只要永恒的客体存在成立，我们身处其中的世界就绝对不是一元统一世界。不只是物质客体生生灭灭，生成物质客体的能量子更是生生灭灭的。

但是，一旦我们超越生生灭灭现象，不再局限于客体存在去追求永恒的存在，上升到世界的客体和状态、存在和演化的统一性高度时，就会体会到进一步海阔天空的意义。在质能统一性关系中，我们已经知道物质客体统一于能量的道理。有质有量之有和无质有量之无只能统一于量，无法统一于质，所以能量子即无客体是比物质实体粒子更普遍的存在。更进一步，从无质有量谓之无的普遍意义去看，无是能量子客体的规定性，但能量子客体的唯一规定性是量子化之定量能量，能量是它的本质也是它的本性，能量子能灭但能量不灭。其实，物质客体的状态同样是无质有量的现象性存在，也是相互转化中保持着自身等同之量的特定存在形式。状态能作为具体状态不是具体客体也仍是具体的，具体之为具体是以守恒的能量定量为根据的。这才是能量守恒定律是自然界最普遍定律的根据和理由。当我们根据质能统一性去理解世界统一性时，具体的陈述形式就是广义能量守恒定律了。

从能量之于自然客体和状态存在的统一意义才产生了广义能量守恒定律，我们可由之得出能量才是真正不生不灭的存在的结论，开启了通达一元论统一世界的大门，自然不生不灭的永恒存在是存在和演化相统一的能量，永恒生息变化的多样性自然永恒不变的是统一的能量。物质实体粒子一旦转化为能量子我们说物质灭了，就是说它的质的结构规定性解体了，它不再具有质的规定性故而也没有质量，所以它不再是物质客体。但它并不是变为空，而是转化为能量，即质消失而量仍在，所以，物质生生灭灭但它所具有的具体之量是绝对守恒的。质是抽象形式，量才是具体质量之为具体的根据。任何能量都不是纯粹的抽象，而是现实具体的定量。物质实体的具体是质和量统一性的具体，是具体的量而非抽象之质赋予具体之物的具体性，每一个具体之物都对应于普遍的质和特定具体的量。同理，能量子的定量赋予了它具体客体存在的充足理由，没有抽象质因而没有静止质量只能说它不是实体之物，基于它具体的量子化之定量有充足理由称之为具体客体存在。无论是物或能量子客体，都是生生息息的，能量子比物质实体更基本就是因为它是以不可再还原分解的量子化之定量为存在根据的具体客体存在，是只有量子化不可再分能量为唯一规定性的客体存在，也是本性即本质的客体存在。不生不灭不是指向客体，而是指向客体和状态相统一的能量本身，唯存在者和演化相统一的存在才是一元论存在，唯能量之定量才是不生不灭的具体而永恒的存在。于是我们又回到了广义能量守恒定律，即宇宙中不生不灭的是能量，宇宙的总能量是常数。

至此，问题就转换为能量守恒和能量不生不灭的同一问题，以及能量守恒与各种形式的能量之间的统一性的理解问题了。能量守恒和能量不生不灭是等效的，但是同一的吗？如果能量只是客体的运动状态度量的话，它不生不灭是没有意义的，因为不生不灭的指称不能离开运动者本身，不能只是运动状态。但能量除了抽象运动状态，还包括物质客体质量等效能量的量，以及能量子客体的本征能量，所以量守恒和客体的不生不灭就不一定是同一的。不生不灭的只能是更普遍的客体本征能和状态能相统一的普遍能量本身，绝对守恒的是量，与客体的粒子性无关。对物质客体而言，质的解体和量的守恒使我们可以将之视为物质结构解体而灭，但量守恒而不灭；对能量子而言，它无结构能，无状态能，只有本征能，当它转化为物质粒子状态能量或质量本征能量时，它的客体性是灭了，没有了能量子了，但是，无论是物质实体粒子也好，能量子也好，它自身的消失一定转化为与之相等的另一种形式的能量，真正守恒的是能量本身，而不是能量的某一特定形式或形态。所以，如果从能量的最一般存在的规定性上来说，能量才是不生不灭的。并且正是这种在能量意义上的不生不灭真正赋予有无相生永恒变幻的世界统一性意义，能量才是我们追求的一元论意义上不生不灭的最普遍存在。试想一下，如果某一特定形态的客体或特定形式的能量是不生不灭的，那么世界还有可能是普遍联系的吗？世界还有统一性吗？没有。传统思维希望从某种特定客体存在中去寻找不生不灭的存在在逻辑上是不成立的。因为特定的存在即使不生不灭，它也无法构成在统一性世界的联系和作用，它的所谓不生不灭也失去了意义。至此，我们可以得出结论，能量是包括具体客体本身本征能量在内的各种形式的能量的总和，广义能量守恒定律包括这些总的能量而不是某种特定形式的能量，总能量在各种形式、形态能量转移和转换中绝对守恒的意义在于能量才是不生不灭的存在，存在者和存在者状态相统一的能量才能合逻辑地成为多样化一元世界中不生不灭的存在。在广义能量守恒定律中，能量是本征能量和状态能量的统一，不再是普遍能量守恒定律中纯粹状态函数意义的能量形式。最普遍意义的能量是存在和演化的统一性存在，它才是自然界最普遍的具体存在。只有通达这种最普遍的具体水准，才能通达永恒存在的认识和理解。

我们可以把最普遍的能量作为不生不灭的存在，和传统的把物质客体实在作为不生不灭的世界万物本原观念进行比较，从中发现把世界本原局限于实体客体的不合理性。那种用实体本原构造的世界是僵死的、无活力的，根本无法解释世界的运动和演化，这种观念下的世界就是机械论的世界。即使回到能量子客体本身，它作为量子化的存在，在与其他客体发生作用时是以其不可分割的量子化整体能量发生作用的，但这并不意味着它真是一团永不可分割的僵死东西，实际上它在转化为其他形式时已经失去了不可分的量子性，当其他形式的能量再转化为能量子的时候，它已经不再是原来那个不可分割的能量子。1923 年康普顿用 X 射线对 DB 物质散射的实验发现，在散射光谱中除了有与入射线波长 λ_0 相同的射线外，同时还有波长 λ 大于 λ_0 的射线，这种改变波长的散射被称为康普顿效应。按照波动理论，散射的光频率一定和入射光相同，无法解释康普顿效应。但应用光子理论则可以对之作出解释：一个光子和电子发生作用，它可以被电子吸收并转化为电子的状态能，这个电子再发射一个光子时，它就不一定和入射光子波长相同了。电子吸收的光子和发射的光子是两个不同的光子，这时散射还包括物吸收和发射波这两个独立过程的统一，吸收的能量子和辐射的能量子是不同一的。由此可见，能量子客体具有不可分的粒子本性，但它在普遍的客体作用和相互转化中又呈现出转化为其他波长能量子客体的特性。所以，能量子既是量子化的不可分客体存在，又是可以转换为另一个波长的不可分客体存在，是不可分和可分的统一。这才是真正反映了世界的永恒而普遍的相互作用中永恒运动变化的真实图景。

综上所述，我们可以这么说，认识世界本性中追求任何不生不灭的实体或客体是不符合世界统一性逻辑的。真正不生不灭的存在一定是最普遍的，是包括宇宙中一切客体以及客体运动状态、客体结构的存在，这种存在就是能量。广义能量守恒定律的最重大意义就是揭示了世界最深刻的本质：唯有能量是不生不灭的具体存在。

二、广义能量守恒定律是经验和先验的统一

广义能量守恒定律作为最普遍自然科学规律的最显著特点是它既是由经验归纳而来的客观知识，又具有形而上学的绝对意义。经验和先验相统一是

它与其他所有科学真理知识不同之处，由此就能理解能量之于自然统一本性的具体意义。

广义能量守恒定律的科学真理性是具有充足的理由和根据的。首先它来源于科学真理认识的理论体系本身，是以特定的机械能守恒定律为基础，按照科学认识从特殊到普遍的一般规律逐步发展和演化而来的。它的最基本的描述对象即能量概念首先就是一个纯粹的科学概念，是从物理学的知性认识理论体系中综合和抽象后建立起来的。所以，能量守恒定律和广义能量守恒定律具有坚实的科学认识基础。其次，能量守恒定律是可以经受住各种证伪检验的普遍、有效的因果必然性规律。至今为止，我们不仅没有真正发现与能量守恒定律相悖的任何自然现象，也没有发现任何一个能量守恒定律描述失效的自然科学领域。至于广义能量守恒定律虽然在理论上来说，它需要今后接受或不愿意接受它的科学家们的实验证明和检验，但是，我们应坚信它是无法被证伪的普遍科学真理。因为它以能量守恒定律及机械能守恒定律为基础。更为重要且充分的根据是，我们前面讨论的关于中微子假说及证明能量守恒定律的理论和实验，实际上并不仅把能量作为物质运动状态量度意义上的，而是把质能转化关系包括在内的能量守恒定律意义上的，它实际上是广义能量守恒定律的实验证据，中微子假说和实验被证明的真正意义是证明了广义能量守恒定律。基于这种理解，我们应对广义能量守恒定律的真理性有足够的信心。最后，能量守恒定律在整个科学认识理论体系中是统一的自洽的，它不仅仅是运动描述、物理学基本规律，而是在所有科学领域中具有普遍适用性。至于广义能量守恒定律，它是在能量守恒定律基础上把质能转化的能量守恒关系综合进来的结果，只要在质能转化的核作用领域它成立，则在其他非核变化领域它的真理性就是自明的。既然当代核物理学相信质能转化时的能量守恒关系的真理性，则这意味着广义能量守恒定律在整个科学理论体系中是统一协调的。它是自然科学领域的基础性定律，它可以在一切自然科学领域中发挥作用，并在其基础上演绎出各种特定领域里特定边界条件及限制条件下的能量守恒定律的具体规律描述。

当从能量守恒定律上升为广义能量守恒定律的时候，就进入了对世界统一本性普遍认识的层次，由经验科学进展到先验形而上学。广义能量守恒定律所指之能量已经不仅仅是从功能关系去定义和理解的物质运动状态的现象描述量，它具有更加普遍性的意义，即它包括了物质客体的质量本征能量、结构能、状态能以及能量子客体的本征能量。当宇宙的全部能量还原为具体的无质有量的能量概念的时候，这个能量概念就有了一个非常独特的性质，它既是最简单的、确定性的，又是最普遍的，是统一了宇宙全体具体存在的。从最简单、最基本的对象中建立起的广义能量守恒定律就是最简洁的科学因果规律关系，而这种最简单的对象是通过复杂客体世界的客体存在及其现象存在还原而来的，它描述了整个世界。它对整个自然界的描述是建立在世界统一性意义上的，又是对世界整体的统一性描述。由此可见，广义能量守恒定律既是知性知识，又是理性智慧，是经验科学和形而上思辨的统一。只有把能量守恒上升为绝对形而上学法则才能超越知性有限性，知识和智慧统一才能得出能量是自然本性的具体理解，在形而上学和经验科学两元分裂状态下是理解不了自然具体本性的。只有在对广义能量守恒定律这种统一性的理解和把握中，人类才能走出抽象和具体经验智慧绝对分割而无统一性联系的困境，真正把知识构建为统一性知识，把对自然统一本性理解建立在科学知识和现实经验基础之上。

具有世界统一性意义的广义能量守恒定律作为科学知识的时候，与一般有限抽象科学真理知识的一个重要区别就是它既是可经受证伪的，它的认识对象和适用范围又是不受任何限制条件制约的，是真正最普遍的规律。机械能守恒定律不能描述光电效应，能量守恒定律不能描述核聚变和核裂变反应及正反粒子的相互作用，但广义能量守恒定律是普遍有效且无限定性的真理，它适用于任何边界条件、初始条件及对象条件。尽管每一个涉及广义能量守恒定律的事件描述总有它具体的边界条件等限制，但只要给出这些限定条件，广义能量守恒定律总可以得出对该事件的描述，所以它对限定条件无限定性，这就是它无限制、普遍有效的真正意义。我们关于客体世界的复杂性相互作用及联系、发展变化规律的认识是一个不断增长的科学知识体系，广义能量守恒定律只是世界最简单、最基本的规律而已，它当然不能替代其他知识。但是，作为具有理性统一性意义的无限规律描述，只要你愿意，它可以适用于所有其他科学知识对象，没有广义能量守恒定律不能涵盖的现象。而且最为重要的是，如果任何科学真理认识一旦违反了广义能量守恒定律，那么我们首先会检讨这个科学真理描述的完备性，对之完善以满足广义能量守恒定律。如果无法达至完善的话，只能说这个所谓科学真理是不完备的，甚至被证伪了。

广义能量守恒定律作为知识和理性认识相统一的最普遍成果，与其他科学真理的不同还体现在它的证明中。经验科学的最终真理性证明是证伪检验，广义能量守恒定律也不例外。所不同的是，尽管特定的科学规律是从认识对象因果关系中综合得出的，但从世界的统一性及认识统一性的意义上来说，任何科学规律都可以从理论上进行论证。从经验上升为科学论证的最终要求是充实和发展世界统一性理论。任何科学规律一定是特定的，但它的意义一定是在世界统一性意义上的。所以，找到论证经验中综合出来的科学认识的统一性理论就是科学的根本目标。科学定律中确实还有一些理论上无法解释的概念，比如物理学的一些宇宙常数，我们已经接受了它，但也有人把它叫作“胡说因素”。这未免过于极端，但也说明了科学认识内在逻辑统一性的理论本性的重要性。对于那些宇宙常数，我们的目标一定是在世界统一性理论中证明和解释它们。但对广义能量守恒定律而言，它却是只可验证而无法在理论上证明的。如果它是最普遍的宇宙定律，它就不能蕴含在其他的理论前提之中，如果它有存在的前提，它就不具备最普遍的先验形而上学意义。有一种观点认为，从牛顿定律推出机械能守恒定律，从机械能守恒定律推出能量守恒定律，这是不准确的。按照唯理论的原则，结论已经在先地包含在前提之中，故称为“推论出来”。但对客体世界的认识是从经验中归纳出来的，在从特殊到一般到普遍再到最普遍的认识过程中，怎么可能说最普遍的东西是从特殊现象中推论出来的呢？从特殊到一般的认识是归纳而不是演绎，最普遍的抽象和综合是无前提的，是没有论证基础的，否则就否定了它的最普遍性。所以，广义能量守恒定律作为科学真理是必须经受实证检验的，作为理性统一性认识却又是无法论证的。反之，它是其他科学知识演绎推理的起点，是一切科学知识构成的理论体系统一的根据，它实质上就是我们存在和思考着的宇宙自然唯一的、自明的前提，是存在论和认识论相统一的最普遍、最简单的自明前提。它在现实中生成了统一的宇宙，在思维认识意义上蕴含了自然的所有必然性规律，其他归纳的知识都应能从之演绎出来，在形式上统一于其中。在这一最普遍意义上，它又是形而上学的原则和前提，故它是形而上和形而下相统一的，是人类自然认识统一性的基础。

三、能量是自然的最普遍统一本性

达到先验和经验相统一的广义能量守恒定律，是人类思考复杂多样而且永恒地运动、变化着的世界本性的根本革命，它把关于自然本性的形而上学信念由传统的物质导向能量，把质点和力、质和能二元分裂的物质本性世界导向以能量为最普遍本性的统一自然界。

以广义能量守恒定律为根据，我们有充足理由抛弃把自然界看成经验感知的万物世界的狭隘观念，把对世界普遍本性的形而上学理解从基于感性经验上升为以客观普遍知识为根据统一一切经验的理性具体理解。只有以广义能量守恒定律所揭示的宇宙整体统一性理解为基础，我们才能克服几千年来把世界的存在者与它的现象绝对割裂开来的本质和现象两层世界的逻辑和理论，把本质和现象、质点和力统一于能量，为理性统一地诠释自然界的本性提供客观普遍性的基础，使形而上学、知识、经验相统一的对自然统一性理解有了现实可能性。

认识自己的最高目标是世界统一性原理，人之真、善、美就在于人是世界最高、最普遍意义的理性统一性存在。真是善和美的前提，自然生命是主客体具体之人存在的前提，又是最普遍意义的自然存在，因而人类认识自己的理性自觉从自然哲学开始，以追求自然本性理解为基础。

传统的宇宙观是以物质性去理解世界的普遍本性的。在以物质客体作为宇宙绝对存在的认识框架中，物质第一性是自然的最高法则，这是西方科学理性文化自明的形而上学法则。人类把这一法则通俗化表述为普遍认同的物质不灭，物质不灭定律是物质一元论宇宙观中最高的法则，具有最基本而又最普遍的意义。但物质客体并不是自身永恒的绝对客体存在，它更无法解释物质世界的普遍联系和永恒运动，无法理解它作为绝对存在者的运动的推动原因和根据是什么。为了解释物质世界运动的原因及规律，人类用一组而非一个规律去解释。在绝对物质观的理解中，质量守恒定律是最高定律，物质可以有结构形式复杂性演化，但不能产生也不能消灭。能量守恒定律断言了第一类永动机的不可能，世界上没有免费的早餐。物质世界的能量状态所描述的运动变化现象则受熵增加原理支配。熵增加原理断言了效率为100%的循环动作热机即第二类永动机的失败，它的具体描述规律是热力学第二定律，它揭示了物质世界的运动状态演化不对称、不可逆的本性。“一切宏观自发过程的结果，必然是导致物质密度的均值化（均匀分布）和分子能量的均值化。”⑦用这组规律作为理解世界的最基本原则的话，意味着如果没有上帝外在推动，宇宙自发运动这一最大的宏观过程的命运是走向物质均匀化和能量均值化的死亡过程。这就是我们反复强调物质一元论和上帝存在信念相容的理由。物质灭还是不灭即使不由上帝支配，但它的运动由上帝支配，物质不灭就不是宇宙最高律法了。

用物质不灭、能量守恒、热不可逆趋于平衡这三个层次的基本规律去统一解释宇宙的理论实际上得出的是世界不统一性结论。一是把物质和能量作为两个相互独立的守恒量，它们都在自身定义域中才能转化，即物质客体的存在和它的运动属性是不同质且不统一的概念，它们之间有不可逾越的界限。没有物质客体就没有它的运动把物质和能量分割为两个绝对相互独立的定义域的描述，同时又说它们是统一的，那在逻辑上是不具备充足理由的，硬说它们是统一的只是强词夺理。二是质量不是能量的特定存在形态的话，物质客体自身的运动就不能从它自身得到解释和说明，物质绝对运动的根据就不在于它自身。物质的运动由它自身之外的独立原因去说明的时候，物质世界作为绝对存在的推动就在它的外部。需要外部原因去说明的物质世界还能是独立、自足的统一性世界吗？显然不是。说物质客体的绝对运动是独立于它的存在本性的属性的时候，只能说明要么运动是独立于物质客体性的，要么是我们对之不可知。三是这个规律体系的不统一性在一开始就埋下了毁灭的种子。因为独立于物质的运动状态的演化规律是不可逆的熵增过程，在这个概念框架及规律体系下产生了描述宇宙演化的一些似是而非的话语体系，如从有序走向无序，混乱、平衡即死亡等。这不但令人类感情无法接受，其实也在一开始就否定了世界永恒运动变化的观念，不可逆的趋势所决定的运动变化如何是永恒的运动呢？在逻辑上只有在一个条件下可以实现，即一切都是无限的。物质无限，能量无限，所以物质世界不对称的单向运动状态也可能永恒而无限。但这是不可知论。我们说空间无限、时间无限、认识无限等，只有在指称认识形式时才是有意义的。当回到客体世界及经验领域，涉及内容和形式相统一的存在论描述时，无限、无穷大就失去了意义。用科学语言来表述，则称该理论是发散而无法证明的。如果物质世界的运动是内容和形式相统一的描述就不能用无限、无穷去描述和解释。

中国传统玄学理论不同于西方文化传统的绝对物质观，尽管它的知识基础不足，但从逻辑上看则是关于世界统一性理解的自圆其说认识。在玄学理论体系中，绝对的存在是道，自然最基本、最普遍的存在者是无，物及万物之母为道，即无。但玄学之道和无一直以来只是纯粹抽象而缺乏具体所指的概念。当我们从理性智慧和知性经验科学相统一的意义去思考现实世界的统一性原理时，把能量子作为无质有量的具体客体存在，把物质实体作为有质有量，是质能、结构能及状态能统一性的特定形态具体存在的时候，终于揭开了道和无的神秘面纱，为从世界统一性逻辑迈向世界统一性原理揭开序幕。在世界统一性原理中，只能有一个最基本的客体存在、一个最普遍而绝对的守恒量、一个最基本的相互作用规律，才能有自然最普遍的统一本性。在物质客体和能量子客体中，何为最基本的呢？能量子是最基本的客体，物质客体是特定客体，这不是抽象的逻辑，而是客体世界的规律和经验：一是质能转化反应否定了质量和能量的独立分割观念；二是以太概念的否定表明能量子的波动运动是比物质运动更为普遍的客体世界运动形式，由此决定了物质客体是客体世界中特定而非最普遍的客体存在；三是物质客体除了自身固有质量的能量之外，还需要结构能、状态能才能成为完整统一结构性存在，没有能量就没有物质结构，但没有静止质量的能量子自身就是独立、自足的客体存在。所以，我们得出能量是质量之母的结论，因为能量子的本性和本质都是能量，能量子生生灭灭但能量守恒。在相互作用和转化的质量和能量中，能量是最基本、最普遍的存在，由广义能量守恒定律可知能量是一切的自然本性，是比物质更普遍的范畴。从知识意义看，广义能量守恒定律作为宇宙的最基本、最普遍的定律，是客观普遍有效确定性判断知识意义的，不再是只基于朴素感知的形而上学感悟。广义能量守恒定律把世界的客体相互作用和转化即有无转化，以及物质世界普遍永恒的运动即物质实体间的运动传递、转移以及由能量子和物质状态能量的永恒有无相生这些复杂性相互作用的客观性意义全部包括，从而成为世界统一本性理解的客观知识基础。广义能量守恒定律是既符合玄学统一性逻辑，又符合感性经验，可以经受科学实验证伪的理论，所以，它既是形而上思辨的又是经验的。在这种经验和形而上思辨的统一性中，我们通过普遍的能量范畴把道和无从玄之又玄中揭秘。何谓无？能量子就是无客体，能量子和物质状态能相统一之能量就是无，能量子转化为物质客体就是无中生有。何谓道？能量就是道，能量贯串一切，道支配一切，从客体存在直至客体的运动和变化乃至客体自然多样性的统一。无是特定的道的形态，就是说，能量子是能量特定存在形态，而且是最基本的形态。所以，道的世界统一性从无开始，以能量为本性的自然在本体论和认识论中都以能量子为逻辑起点，以能量为普遍本性，在无中生有、有无相生中理解质能多样性的自然的绝对统一性和永恒性。

把广义能量守恒定律作为世界统一本性理解的基石是因为它是最普遍的客观知识。这里的最普遍性包括两层意义：一是任何过程和现象及对之的规律描述都不能违反广义能量守恒定律；二是任何定律都可以从它得到解释和说明，它是其他科学规律的基础和根据。广义能量守恒定律和其他科学认识的相互关系，可以回到上一卷关于世界结构形式概念去理解。我们身处其中而试图用我们的文化概念去归纳和描述的现实世界是一个多样化、复杂性且普遍联系和永恒运动变化的现实世界，普遍、永恒是变动无居的世界的本质和本性，认识多样化现象世界和普遍性的世界的本质统一的方法之一就是对特殊复杂结构的分解和还原，从而归纳和综合出一般普遍性本质。对物质结构性世界的每一次成功的还原和综合，就是从特殊到一般认识的进步。在这个认识不断深化过程中，每一次成功的还原和综合都意味着已经把世界物质结构还原为低一层次的、具有和原来层次不同质的结构规定性的基础结构，我们得到更加普遍性的认识实际上是又发现了支配低一层次结构之间相互作用的客体的客观规律，由此构成了关于世界科学认识的真理知识体系。自然统一性在认识论意义上就是关于世界的客观认识的统一性。在我们的真理知识系统结构中，按照本体论和认识论相一致的原则，任何特定的真理知识都必须为一般的真理知识所制约，真理知识适用的普遍性与它所描述的客体世界的结构层次性有关，最基本的知识同时就是最普遍的客体世界规律。在关于结构形式的思考中，我们称之为客体结构复杂性演化中的支配法则的单向叠加原理，也即《道德经》所说的“高以下为基”的客体世界复杂性演化的法则。按照这种理解，当我们认为广义能量守恒定律是包括对特定客体世界从复杂性结构还原直至最终无可再还原的无结构的能量子客体的相互作用规律的最普遍归纳时，那么它就是在结构还原意义上最基本的底层结构关系规律，同时也就是支配和决定其他一切客体运动变化规律的最普遍定律。它不受任何客体规律制约，而制约着整个世界的运动和变化，这就是它最普遍性的意义。它就是“高以下为基”的本质和本性。

从广义能量守恒定律的最普遍本性就能觉悟到它的经验和先验相统一的意义。在真理知识体系中，罗素的类型论规定了任何科学规律陈述不能指称其自身的最基本法则，阐明了封闭的循环论证在科学真理中的不合理性和不可能性。所以，一般的科学真理知识不可能由其自身去完成论证，它总有前提和限定性，并为更基本的真理知识所制约。但是，在科学真理认识的理论体系中，在“高以下为基”的基础性规律中，必有一个且只能有一个制约着所有其他规律同时又不为其他规律所制约的最基本规律，这个规律就是只能验证而不能论证的，它就必须同时具有科学真理性和理性统一性。现在唯有广义能量守恒定律符合这一充分且必要条件，所以可以断言它是宇宙最普遍的客体规律。

能量是自然本性，广义能量守恒定律是自然性本统一的根据，其根据的现实性就在自然中。就是说，我们从这个最简洁、最普遍的自然规律出发，可以更深刻、更完整地理解各个不同层次的一般自然规律及特定的客体运动规律，从而把握它们在统一自然界中的地位和意义。所以，我们应该在广义能量守恒定律基础上，去演绎、解释复杂性的世界的完整的客体规律体系，把多样而变幻的现象界理解为普适、简单、有序的现实。对具有内在目的性的一切自然现象认识而言，理性具体智慧完美境界在于了悟一切现实都是完美的。

第三节　人的现实生存和能量原理的统一

一、功的本性和功能原理的意义

能量的最普遍意义、广义能量守恒定律是形而上和形而下相统一的最普遍定律并不是纯粹思维中的抽象，而是就在具体的自然世界中，就在人的一切现实生存活动过程中。尽管人类自觉地归纳出能量概念及能量守恒定律的历史还很短，但必须指出两点：它们是客体的、自然而然的本体存在的本质认识，不依赖于人的认识、感觉、复写和反应，这是其一；能量绝对是现代社会历史文化最核心的关键词之一，这是其二。能量作为抽象状态描述量的现实生存意义，首先是以功为中介来产生并展开的。

在物理学描述中，功是表示力对物体作用的空间效果的概念，它以力在物体位移方向上的投影和位移大小的乘积来规定，即功等于力和位移的点积。在功的概念基础上，综合归纳出能量的概念去度量、描述各种形式运动。能量是物体状态的单值函数，这就是物理学一直把能量作为物体运动描述量的可靠依据，也是在认识意义上机械能守恒定律是能量守恒定律的基础的原因。在认识发生学意义上，功是功能关系的基础，尽管在抽象的功能原理中两者是等效的。

功能原理揭示了功和能概念的统一性意义，问题在于是能统一于功还是功统一于能？能由功定义并不能说它必定统一于功，不能从发生学意义而应从逻辑统一性去理解它们之间的统一性。在人类知识体系中，有两类本质不同的知识，一类是关于知识普遍统一性的纯粹形式知识，比如数学，它是从普遍的前提中依逻辑演绎出来的，推论出来的新知识已经包含于前提中，即统一于前提中，故演绎性知识体系的统一性是历史和逻辑相一致的。另一类是由经验归纳而来的普遍知识，新的归纳以原有认识为基础又超出了其意义，经验知识总是归纳的，它的知识体系的统一性是历史和逻辑共轭的，即后来归纳的新知识往往把原来该领域的知识包含其中并作为一个特例，新的归纳达到更普遍意义。物理学是经验实证知识，以质点、力、速度、动量、位移功、能等概念发展史上，从逻辑上可以认为能的概念比功的概念具有更普遍的统一性意义。我们就按照这一逻辑去具体思考功和能的统一性问题。

功的本性是什么？按照功能原理，功就是能量。功等效为能量，但能量却不恒等于功，热力学第二定律和熵原理揭示了功能统一而非同一的本质。虽然能量具有多种形式，甚至物体的质量也是本征能量，能量不一定是功，但功却一定是能量。理由有两条：一是按照广义能量守恒定律，质量、结构能、辐射态能量子、物质的运动状态都是统一的能量形式，这个宇宙的存在，包括存在者及存在者状态，无非都是能量的特定形式。所以，在最终意义上，作为物质运动空间效果这一特定状态描述的功也只能从能量去理解。二是功和机械能不仅都是运动状态描述，而且都是量纲相同的量。量纲相同的意义就是它们的本性相同，它们是同质规定性的存在。正是基于此，功和能量的量在数学上是可以用代数和来描述其相互作用关系的。能量概念是以功的概念为基础归纳出来的，是更普遍的运动状态描述，意味着它们的共同本性就是能量而不是功，所以说功的本性是能量，这是归纳的逻辑。只有在能量概念是由功概念演绎出来的时候，我们才有根据地说能量的本性是功。但这显然与事实相悖。

功是能量，能量不一定是功，用数学语言表述，功是能量的子集；用逻辑语言表述，功是特定形式的能量。功的限制性条件是什么呢？

首先考察功和机械能的关系。功和机械能都可以理解为物体运动状态的过程描述量，所以，它们有共同的形式。功是特定的机械能，功能转换关系主要是机械能做功。功的本性是能量，在这一限定下那肯定是指具有机械能形式的功，即机械功。机械能不等于是机械功，但能不能认为功是特定形式的机械能呢？这必须根据我们对功的定义的内涵及外延去考察。比如，热辐射和吸收，这已经不是纯粹的物质运动，而是物质客体和能量子客体的相互作用和转化了，已经超越了机械能转化的范围。如果我们用做功来描述物体热辐射及吸收行为的话，则功同样可以是能量子形式的能量。同理，对具有质能转化的反应过程同样可以用做功来描述，功也可以是质能形式的能量。如果这样理解、描述功，则功就是各种形式能量的交集而非某一形式能量的子集了。

实际上功能关系中功主要是指机械功。我们对功的概念稍作限制，即它在各种形式的能量相互作用和转化过程中，只指称那些最后转化为机械能的特定能量部分，比如核力做功、电磁力做功是指它们转化为机械能去做机械功。在这种限制规定性下，功就是特定的机械能，是机械能的一个子集。

从功能关系可以发现，功作为特定能量概念的特点是功并不是纯粹客体描述概念，而是带有主体目的性的，是主客观相统一的概念。它的客观性根据是能量的客体性和客观性，它的主观性则是对能量这一客观性概念的进一步规定，把主观目的性对能量的特定要求和能量的客观性统一起来。所以，功的概念是包含了主体目的性的特定能量形式的抽象。功作为科学概念，当然是客观性的，但它不是纯客观，而是主客观性相统一的。如果这种抽象的语言难以理解的话，我们无妨通俗一点来理解，比如功总是和利挂钩，所谓利就是主体的目的性及愿望基础上的描述。我们在科学描述中的做正功、做负功其实就带有主体目的色彩，在主客观统一中由描述的相对性包含主体目的性。诚然，功首先是客观性科学概念，力和作用路程的点积是力作用在空间中的客观效应衡量，能量是在空间这一确定点时的状态描述量，这是我们认识功和能量的起点。但这些只是功和能量概念产生并综合为客观概念的特定形式，能量并不仅仅限于上述意义，功同样也如此。否则，我们无法去解释为什么功是主体目的性和能量客观性相统一的特定形式的能量，只能把功和能看成两种不同的状态，但这显然是不符合它们的共同本质的。

把客观的能量概念予以进一步规定形成功这一特定能量概念，对于我们认识世界是具有重大意义的。它对于不断深化对能量本性的认识建立完备的能量描述，具有无可替代的作用。其最重大的现实意义则是功能原理。功能原理是指“当系统从状态 1 变化到状态 2 时，它的机械能的增量等于外力的功与非保守内力的功的总和”[⑧]。功能原理对于认识和描述世界的能量，具有不可替代的地位，它实际上是能量守恒定律的特定形式，是归纳出普通的能量守恒定律的基础。

功能原理的最直接意义是为从机械能守恒定律归纳出更一般的能量守恒定律提供基础。机械能守恒定律是特定的能量守恒定律描述，它的适用范围受到诸多严格限制，实际上只适用于一切外力及非保守力都不做功或总功为零的条件，是系统内物体的势能和动能之间相互转换的制约规律。它虽然简单，但适用范围有限，现实世界的相互作用大多是很难严格符合机械能守恒条件的，所以它有效但非常有限，不足以认识和解释客体世界。当我们从功和能的概念归纳出功能原理之后，可以以这特定的机械能守恒定律为基础，归纳出一般的能量守恒定律。在一般的能量守恒定律中，一个孤立系统的能量守恒定律更把非保守力作用的能量考虑进来。最典型的非保守力就是摩擦力，它的物理学意义实际上是分子之间的机械能传递和转移，但它是统计描述而非质点描述，在系统分析中两种描述的能量是无法直接求和的。但是，当我们把统计描述的能量作为统一的功来描述时，它就和质点的能量同一了。因为功的本性是能量，功能原理早就阐明了功和能在数学描述上的等效性。于是，用功来描述非保守力的能量转移效应，就可以从机械能守恒定律推广到包含保守力做功情形，得出能量守恒定律。

功和功能原理的最重大意义在于实现了能量守恒定律对世界的普遍性描述和解释，成为描述客体世界普遍联系和相互作用的基本规律。有了功能原理之后，我们对描述对象的能量分析不必局限在孤立系统，而是完全可以实现开放系统的能量过程认识和描述。只要建立了对象质点系统的边界条件，在系统边界条件之外与系统的一切复杂的能量转移和交换用外力所做的功来描述，既简洁又方便可行。在复杂世界的相互作用的功能分析中，尽管一切都可以最终还原为能量，但在宏观世界的质点运动分析中，把一切分解为基本形式的能量分析是不可行的。对任何具体分析对象而言，我们只需要根据分析对象设定具体的系统边界，就可以把其他一切与之无关的能量全部抽象为简洁的功描述，对对象客体则作具体的能量关系分析，从而简易地达到具体特定对象分析和客观描述的目的。哪些对象须作能量分析，哪些对象的能量抽象为功，完全取决于分析的目的和分析者的意愿，所以功就是主客观相统一的特定能量。有了主客观相统一的功这一特定能量概念作为能量描述相对性的有效工具和功能原理的方法，能量守恒定律可以简便地去分析复杂世界的客体相互作用及运动变化规律和过程。

功和功能原理的最现实意义在于它们不只是抽象的科学概念，而是人类用机械力去替代人力，实现机械化、电气化及实现现代工业社会的决定性技术的理论基础。能源、能量、热能、机械功，机械能转化为电能，电能转化为机械能和热能，这些概念及技术是人类自工业革命以来生存现实的理论基础，是人类生存实践的重要组成部分。在近代工业革命这一重大社会技术和生产力革命的历史事件中，蒸汽机技术的发明和推广具有划时代的意义，与之相应的对能量的思考和认识是热功转换效率及由此催生的热力学的基础理论问题。

二、功能转换效率及热力学定律

能量和能量守恒定律对人类生存的重大意义的现实性是从近代工业革命开始的，是以热功关系和热力学定律为具体内容表现出来的。以蒸汽机的发明和使用为标志的近代工业革命推动了人类社会生产力的巨大飞跃。至二十世纪下半叶以依赖非再生能源为主要动力能源的社会生产技术及消费模式面临新的挑战，能源、资源、环境危机向人类不断发展的技术型社会敲起了警钟。在热力学第二定律刚被发现的时候，把热力学第二定律推广到宇宙这一孤立系统而得出的宇宙热寂说还只是理论上的抽象问题，它离我们的现实生存似乎无限遥远。当能源危机出现时，热力学第二定律和熵理论的预言似乎成为现实，并在现实的环境和条件下成为一种新的、悲观主义的流行思潮。在新的社会历史现实下，它以“能源和熵的分界线”为现实判断标准，断言人类对地球环境、资源和能源的消耗已经接近从增长走向衰落的分界线，人类社会已经从发展上升阶段迈向衰退甚至衰亡的历史时代。

把熵原理上升到宇宙观高度，把世界看成在不可逆的熵增中由有序向无序衰退的必然历史过程，把热力学第二定律揭示的不可逆自然过程看作人类历史时间之矢单方向运动演化的本质，这是对近代科学革命以来形成的人类历史由低级到高级不断进步的历史观念的反动。熵增幽灵已经从人类对自身及宇宙命运的终极判断变成了对现实生存的最深刻的恐惧。人类期望用生命世界进化的必然规律打破熵增退化的魔咒，其中最具影响力之一的理论是关于生命结构形成的从混沌到有序的自组织理论。但生命世界只是物质世界的一种特定复杂性结构形态，由个别去演绎一般是不可能成立的，理论的最后结论是生命的有序是以消耗环境的负熵、以环境更加无序为代价的。这不但挽救不了宇宙的热寂，反而是加快了宇宙及它自身的灭亡。这就像《熵：一种新的世界观》所描绘那样，人类社会就像一辆即将耗尽燃油的汽车，这辆汽车在到达下一个加油站之前，如果保持最经济的匀速运行，这剩下的油能够走得更远，有可能达到下一个加油站。但人类社会却是在以尽可能大的最不经济的速度狂冲，这只能更快地耗尽最后那些宝贵的燃料。当然，人类社会这辆汽车前面没有无限的加油站，所以它最终将失去一切能源而完成它的历史使命。由此看来，不断耗费自己生存所依赖的环境负熵的生命世界，从诞生之日起就埋下灭绝的种子，而宇宙热寂和无序的命运不是可以去逆转的。

对熵和能源分界线的另一种摆脱是借助于宇宙无限且高速膨胀的物理学理论，它是在物质世界的普遍意义上的。物理学的乐观主义者用二十世纪关于宇宙膨胀的科学发现来破解熵增和热平衡问题，认为由于宇宙不断膨胀，物质世界的热趋向平衡但绝对达不到平衡，熵在绝对增大但永远达不到极大。宇宙膨胀的科学真理性是需要推敲的，但即使宇宙永远高速膨胀，同样不是人类破除熵增魔咒的福音，反而是熵增的另一种极端形式，它带给人类的是更加恐怖的未来。依靠宇宙膨胀克服热平衡实际上只是一种片面性的乐观而已。宇宙现在膨胀不意味着永远膨胀，但永远膨胀亦解不开困局。一是把宇宙的辐射看成直线在宇宙空间径向辐射是不成立的，在感性直观的平直空间形式下去想象宇宙膨胀是弱智的，宇观和感性直观相去太远了；二是把宇宙看成无限的存在是不成立的，无限的空间只是纯形式，而不是宇宙存在本身；三是如果上面两点成立即宇宙无限的话，那么宇宙就是发散的，意味着热不会平衡，但宇宙能量密度会趋于零，而且在远没达到这种状态之前生命就荡然无存了。那些片面乐观的物理学家把物理学熵原理的本质忘掉了：熵增和热平衡不可逆过程的本质是不断失去物质客体间可实现自由交换来做功的自由能，当能量密度快速且不可逆地趋向零时，宇宙岂是在反熵，而是以绝对零度作为平均温度的热平衡过程。

实际上，把质量守恒和能量守恒作为两个相互独立的定律去支配宇宙的演化的话，热寂是必然的最终结局。

以能量为自然本性不再把质量从能量中绝对割裂开来，不把质量守恒和能量守恒看成绝对独立的定律，而是从广义能量守恒定律出发，把质量守恒定律看成广义能量守恒定律在没有质能转化条件下的特定表述形式。以广义能量守恒定律为基础去思考能源、能量及熵问题，将得出不同以往的理解。接下来我们从对第一类永动机及第二类永动机的思考来讨论热力学定律和热功效率问题。

热力学第一定律粉碎了第一类永动机的美梦。热力学第一定律用功、热量、内能来描述热力学过程。功和热能是等效的，1 卡热能等于 4. 186 焦耳的功。热力学的功不只是机械功，还有电磁功等多种形式，“做功是系统和外界相互作用的一种方式，也是两者能量相互交换的一种方式，这种能量交换的方式是通过宏观的有规则运动（如机械运动、电流等）来完成的，我们把机械功、电磁功等统称为宏观功。传递热量和做功不同，这种交换能量的方式是通过分子的无规则运动来形成的，……也可以把热量传递叫作微观功。”[9]热力学统计系统在一定状态下所具有的能量叫作它的内能。热力学第一定律认为，外界对系统传递的热量，一部分使系统内能增加，另一部分是用于系统对外做功。所谓第一类永动机是不需要任何动力和燃料，物质内能不变而能不断地对外做功的机器。当一个机器的能量和功的转移效率大于 1 时就有永动机，其中等于效率 1 的部分可以维持机器自身的永远运动，而大于 1 的那部分则用于对外做功，从而成为所谓永动机。热力学第一定律的直接结论是任何热机的效率的最大理论值是 1，所以没有什么永动机。

热力学第一定律实际上是用功、内能、热量作为能量描述形式的特定的能量守恒定律，否定第一类永动机的最根本根据是它违反了能量守恒定律，从广义能量守恒定律出发才能对之得出更加完整而准确的理解。克劳修斯对热力学定律作出了最普遍的概括——宇宙总能量是一个常数，这无疑是正确的。但这里的总能量是独立于质量之外的概念，并不是真正的宇宙总能量。回到热机做功及热力学第一定律可以看到，由功、内能、热量作为变量来描述的热力学第一定律这一特定的能量守恒定律所揭示的是热机这一系统对环境的能量进行转换的特定规律，输入系统的能量叫热能，系统吸收能量而使自身状态变化后的能量状态叫内能，输出的机械能叫功，同一的能量由于其形式、目的不同而区分为能或功。在这一能量过程中，它不只是系统的能量守恒分析，更是以系统为基础对它和环境的相互作用进行分析，所以，它实际上是以广义能量守恒定律为基础的。热力学第一定律是在热功转换技术基础上综合的，由热能转换为机械能的功能转换关系的确可由能量守恒定律演绎和说明。但是，功能转换不仅仅是热功转换这一特定形式，机器也不只是蒸汽机，机械能、热能、电磁能、原子能之间的转换是最普遍的转换关系，我们现在大量使用的技术装置是电气化装量，现代社会能量利用主要模式是将其他形式的能量转换为电磁能量后再进行第二次消费。我们所依赖的能源也不再仅是燃料，而是包括原子能。所以，热力学第一定律用能量守恒定律的特定形式来描述热功关系，揭示客体世界能量传递和转换中的守恒定律，它的最终的理论基础就是广义能量守恒定律。

热力学第二定律证明了第二类永动机不存在的观点就需要商榷了。第二类永动机是指不违反能量守恒定律但效率为 1 的循环动作热机，即它从一个热源吸热后全部转化为功。现实的热功转换机器是循环工作的，它从高温吸热后总要向低温热源放出一部分热量才能回复到初始状态。物理学家从理想卡诺循环分析热机热功转换能力开始，归纳总结出一般的热力学第二定律：不可能制成一种循环动作的热机，只从一个热源吸收热量，使之全部变为有用功，而其他物体不发生任何变化。克劳修斯将之归纳为更普遍形式的表述：热量不可能自动地从低温物体传向高温物体。由于热力学第二定律归纳出热机效率一定小于 1，所以第二类永动机是空想。

问题出在卡诺循环的效率总是小于 1 的解释中。理想的卡诺循环只和两个热源交换能量，在不考虑散热、漏气等因素的理想条件下，按照能量守恒定律，它的效率一定是1。但为什么它却一定小于1呢？这不是违反了能量守恒定律吗？我们考察 $\eta=\frac{A}{Q_1}$，这一效率概念的物理意义是什么？Q_1 是高温热源传递的热量，A 是热机输出的机械功，既然没有损耗，为什么 A 不等于 Q_1 呢？因为热力学第二定律证明，必须有低温热源，只有在低温热源为零的情况下，$A=Q_1$，$\eta=1$，但低温热源不等于零时，$\eta<1$。因为 $A=Q_1-Q_2$，即 $A=\triangle Q$ 即两热源温差。当低温热源从高温热源吸热时，吸收的热量是 $\triangle Q$ 而非 Q_1。$\triangle Q=A$ 告诉我们，能量是守恒的，在有意义定义域中理想卡诺循环从高温热源吸取的热量全部转化为机械功，当不考虑一切损耗时效率为1。这是能量守恒定律决定的必然结果，即一个装置把输入的全部特定形式的能量转换为另一种形式的输出能量：输出功。一个装置的效率的传统物理意义是指输入的能量和输出的功的比值，这个意义上的效率，对卡诺循环而言，不是小于1，而是恒等于1。

那么，说卡诺循环效率小于1之效率概念的物理意义是什么呢？从 $\eta=\frac{A}{Q_1}=\frac{A}{A+Q_2}$ 考虑，当 Q_1 不变时，η 是 Q_2 的函数，Q_2 的定义域为（0，Q_1），当 $Q_2=0$，$\eta=1$，$Q_2=Q_1$，$\eta=0$，Q_2 从0上升到 Q_1，则 η 从1递减到零。即 η 反映了卡诺循环把热源转换为机械功的能力依赖于高低温热源之温差，这正是物理学家总结的热力学第二定律的真正意义。从物理意义上来说，它不是描述输入能量和输出功的效率关系，而是描述提供做功的热源在多大程度上是可以转换为符合输出目的的机械功，成为可资利用的有效输入能量的关系。所以，这里的效率不是传统物理意义的效率概念，不是输入能量扣除损耗后的输出功和全部输入能量的比值，而是描述和判断一个工作机器系统所具有的将热源能量转换为机械输出功的能力。所以，它是效能而非效率概念，它小于1和能量守恒定律并无矛盾。它的物理意义在于告诉我们，能量在守恒的原则下可以相互转化，但如何转化，由何种形式向何种形式转化，是有条件制约的，是有规律的。热力学第二定律的本质意义在于它揭示了守恒能量转化的趋势和规律，而不是证明热机效率小于1。卡诺循环的效率则是指热机的效能，即热机装置有效地利用转化热源能量为目标能量的能力。

从更普遍的意义看，能量永恒在于它在转移和转化中保持着量的绝对守恒，但不同形式能量之间如何转移和转换是自然而然的，尽管宇宙的能量是守恒的，但它的形式及转化是否符合我们的主观愿望却是自然内在目的性支配的。热力学第二定律揭示了热能运动规律的更深刻意义在于，温差即能量差才能做功，热源的客观意义是温度差构成的相互作用系统，这和电位差而非电位才是电源同理。由温度而非温度差去理解驱动热机的输入，以此为据理解热机热功效率是没有客观意义的。能量不生不灭只是我们现实生存的普遍基础，更现实具体的是它的转移和转化和人自然生存的协调统一问题，这才是理解自然能量本性的根本意义。

三、能源：本体和状态、主观和客观相统一的能量

人类对能量的最重大的现实意义的觉悟并不是从它提供的福祉中获得的，而是从能源危机中感悟而来的。

广义能量守恒定律把一切客体存在及它们的运动状态都统一于能量，意味着我们关于自然的一切创造，是通过能量的转移和转换，把旧东西转变为新东西；而所谓消耗是将所消费的东西在能量转化中变为另一种形式的能量存在。但我们不应过于乐观，不应为能量不生不灭而扬扬得意。因为守恒能量的转移和转化是由自身规律所支配的，比如热力学第二定律就是宏观系统中热能的运动和演化规律，所以总量守恒的能量的不同存在形式不是不变，而是按自身规律处于永恒的变化和运动中。至关重要的是，我们的生命过程在能量交换意义上看，也必须符合非常苛刻的自然条件，必须在一个完整而美妙的叫作生物链的能量转换链条中才能够延续。一个小行星从天外撞入带来巨大能量，或邻近星系一次超强的超新星爆发送来巨大能量，对地球人类而言都不是福音，而可能是灭顶之灾。几万年前地球生命世界的霸主恐龙可能就是因为小行星撞地球改变了环境而荡然无存。所以，生命是脆弱的，越

高级、复杂结构的生命就越脆弱。人类末日不是庸人自扰，高级生命种群在进化链的末端，从进化角度，由于环境变化导致的物种灭绝首先就是最复杂的生命物种。地球历史上也许已经有一批又一批前赴后继的复杂高级生命成为过客。

人类在生物学角度是一个脆弱的复杂生命结构种群，但人类却顽强地在地球环境变化中生存下来，并且坚信美好的未来。其信心来自于我们是万物之灵，是能动地生存、生活、创造着的而不是纯粹适应外部环境的客体存在，人类创造自己的未来。但是，1978 年罗马俱乐部那份题为《增长的极限》的报告对人类不断进步的发展观泼了一盆冷水，它的分析表明，由于资源、能源条件的限制，人类的发展、经济的增长有其不可逾越的极限，而且人类已经面临能源资源短缺的边界点。从地球资源、能源角度去思考地球整体对人类社会发展的支撑能力，使我们能从另一个角度，即能量角度去思考人类自身的问题。这个特定条件下的能量，我们称之为能源。

能源是一个社会生存和发展的基础，这是广义能量守恒定律在人类社会生存和发展中起决定性支配作用的一个非常重要的现实内容。在渔猎及农业耕种为主要生产模式的时代，人们所直接面临的现实制约条件是生存及为生存而生产的资源，最基本的能量及能源制约规律所起的作用隐蔽在深层，人们并不直接感觉到它。进入机器代替人力的工业化时代，推动机器的能量大多是不可再生的限制性资源，我们把这种资源称为能源，这种资源的稀缺性随着它的消耗逐步显现出来。近代工业革命的几百年在人类历史上是非常短暂的，但是，就人类整体而言，二十世纪下半叶工业化的历史任务尚未完成，能源危机的威胁就已经来临。工业化社会的生产、消费模式直接受到能源条件的制约，我们利用机器把自然能源的能量开发出来转换为我们所需的能量形式，转变为我们所需的功，但这种转换是单方向的，而不是循环的模式。热力学定律告诉我们，能量守恒但按它自身的规律去转化，工业化社会正常运转的基础是有充足的能源去推动机器转动为人类做功，而能源的能量转化客观规律以及我们利用能量的机器模式决定了我们只能利用特定形式的能量来生存，决定了我们只能在能源的边界条件制约下去谋求生存和发展。当人类对能源的需求相对于能源条件不再是微不足道的时候，能源条件就成为一个社会现实生存和发展模式的边界条件，就是一个社会生存和发展的最基础条件。

作为人类现代社会基础的能源是特定形式的能量，本质就是它这种能量的特定的规定性。从这个意义上来说，能源这一概念的最一般意义就是指自然界中能够直接为人类所利用的能量，以及能够为人类控制和转化为可直接利用的能量形式的各种客体存在。所以，能源是这个世界的特定具体存在，是能量的各种具体形态存在。但它之所以是能源取决于我们这些消费能源的主体存在者自身。如前所述，我们这种复杂结构的生命存在可以直接利用的能量形式是非常有限的，我们拓展生存空间的另一种表述是通过技术和机器将一些不能直接利用的能量转化为可以利用的能量。由此可见，能源是和主体自身规定性、目的性相关联的概念，是和人类对能量的认识和利用能力相关的相对性概念，因而有新兴的新能源概念。能源既是客体存在，又是符合主体目的，能为主体控制和利用的能量，它的特定性就是主观性和客观性的统一，主体目的性和客体存在性的统一。所以，能利用为人类做功的具体存在才是能源，这种特定性的能量对于主体存在者具有直接的意义。从主客体相统一的角度，我们对能源的意义作进一步考察：

第一，能源是能量的子集，但在经验的直接性意义上，能源是形式多样化的存在。它的多样化反映了人类社会主体这种复杂结构存在者和外部环境复杂相互作用的特性。在技术意义上，能源则主要指现代工业化社会生产模式中推动机器做功代替人力的那些能量形式。在社会生产意义上，能源一般特指能量资源，如煤、油、气等化石燃料，铀等核燃料，这些自然资源被称为一次能源，由一次能源加工转化而来的燃油、气、电等则被称为二次能源。流水、潮汐、风、太阳能等形式的能量经过加工转化为电，也是现代常见的二次能源。从人类生产生存活动的直接经验来看，能源的特定形式有很多，但从能源普遍性概念来看，能源主要来自于太阳的能量。太阳对地球辐射所提供的能量，是人类社会在目前可以预计的条件下生存和发展的最深层的基础和最终的能源边界制约条件。有朝一日太阳的核燃料消耗殆尽，不断变冷而无法再如此照耀着地球的时候，人类只能在新的能量边界条件下去谋取生存和延续社会，估计这是数十亿年后人类才能面对的问题。

第二，能源的主体性特征的最有力证据是，能源是一个随人类对客体世界的认识和控制能力的发展而发展的动态概念。为什么会出现石油危机呢？因为人类对石油这类能源的无限制的需求和它的不可再生性及有限性发生了矛盾。如何解决能源危机呢？近几十年来人类作出了巨大的努力并取得了可喜的进步，除了节约能源、提高能源利用效能和效率之外，更重要的是开发利用新能源，特别是开发利用可循环利用和可再生性的能源。这不仅是一个国家，而应该是人类的发展战略。生物能源可以通过人类生产来提供，是最可靠的再生资源。太阳能、风能、潮汐能等虽然是自然提供而不是人类生产和控制的能量，但它相对石油、煤、气这类物质性能源资源而言，对人类社会的生存发展具有广阔得多的边界条件，至少在看得见的将来，我们可以把它们视为用之不尽、取之不竭的能源。所以，从能源的主客体相统一本质出发，我们的任务就是要不断由消耗有限不可再生资源的传统工业社会模式向开发利用再生资源及太阳能等具有稳定来源能源的可持续发展模式转变，让人类社会的发展模式符合世界的客体运动规律，谋求人类社会的可持续发展，使人类成为自觉面向未来的历史性存在。

第三，能源是主客体相统一的能量的本质认识的最重大理论意义在于，我们既要认识能源对我们生存和发展的基础地位和制约作用，又要在能量运动的客观规律认识基础上，发挥人的能动创造性，科学合理地解决生存和发展中的能源问题。《增长的极限》及《熵：一种新的世界观》这些理论观点的最深刻意义在于揭示了能量及能源在世界及人类世界中的决定性地位和作用，把人类对世界的认识从直接经验的物质表层深入到支配着物质世界的深层的能量世界，真正把人类和世界的关系纳入世界统一性的思维框架之中。这些理论最大的局限性则在于依然是在传统的物质世界框架中去认识能量的，归根到底是二元论的世界理论，不可能从世界统一性高度去回答人类世界和自然世界的关系。认为能源和熵的分界线对人类社会的制约是不可逆的理论有三点是不成立的：一是物质世界的熵原理在能量子状态下并不适用，辐射不遵守熵定律，最普遍的能量规律制约着物质世界的演化。所以，必须从能量出发去解释物质世界，而不能以物质世界为基础去解释能量。二是能量及能源是制约人类社会的边界条件，并不意味着人类无可奈何地走向灭亡。实际上，我们一直在能量制约条件下生存和发展。以前没有发现这种制约性，那和原始人类不懂消化原理同样在消化是同一回事。现在我们发现了这种更基本、更普遍规律，就能更自觉地运用它。我们根本不可能超越这一制约，但在这一制约下我们应能在主客体相统一的意义下更好地生存，而不是认为能源一定枯竭。从不可再生能源去描述人类未来发展是不科学的，认为离开对不可再生能源的依赖人类就无法生存是片面的。人类可以而且必定能改变生存方式，在能量和能源制约条件下去生存。三是我们对能量的认识非常肤浅，对世界的深层规律知之甚少。然而，一旦明白了能量的本性和意义，对世界将开启进入深层规律认识的崭新时代。当对能量运动规律得到更多的真理知识的时候，能源的能量的形式及利用、转换方式也将发生革命，赋予人类新的发展推动力量。第三次浪潮不是从工业革命向信息社会的跨越，而是从传统能源利用模式向新的可持续发展的能源利用模式的跨越。这是人类真正摆脱能源困境，走向持续发展的唯一可能之路。

注释

①程守洙、江之水主编，胡盘新等修订《普通物理学》，北京：高等教育出版社，1998 年第 5 版，第 1 册，第 123 页。

②同上，第 124 页。

③同上，第 124 页。

④同上，第 125 页。

⑤同上，第 471 页。

⑥鲁道夫·基彭哈恩著，沈良照、黄润乾译《千亿个太阳》，长沙：湖南科学技术出版社，1996 年第 1 版，第 42 页。

⑦程守洙、江之水主编，胡盘新等修订《普通物理学》，北京：高等教育出版社，1998 年第 5 版，第 1 册，第 396 页。

⑧同上，第 115 页。

⑨同上，第 341 页。

第六章
力的本质是能量交换

引　言

【提要】质点动力学的普适性意味着质点和力是统一自然的两个最基本组成部分，广义能量守恒定律把质点和力统一于能量。把统一一切质量的质点之本性归结为能量后，还必须回答力的能量本性从而把力统一起来，这是本章的主题。

一、力的规定性是物体相互作用关系的抽象，故力是设定起来的抽象概念。在以物质为本性的宇宙观中力具有最普遍的相互作用抽象意义，在能量为本性的宇宙描述中力没有最普遍意义，因为它不包括物和无质量客体的相互作用，牛顿质点动力学理论是和麦克斯韦电磁场理论不同而统一的。更为根本的问题在于电磁波似乎就是电磁力本身，我们无法描述力和力或物和力之间的相互作用力；狭义相对论用洛伦兹相对变换统一了伽利略变换意味着牛顿经典物理学理论统一于麦克斯韦理论；质点动力学由力去统一物体运动的本质预示着力有超出其抽象规定性的深刻意义。

二、在质点动力学体系中，力的统一性是形而上学地被设定的，质点动力学的普适性证实了统一力这形而上学设定是成立的，任何形式的力对质点动力学描述都是有意义的。科学的目标是把自然而然变成所以然，以力的形而上学为根据去归纳经验，还要为形而上学提供客观性基础，理论物理学的前沿课题之一就是自然力的统一。力在抽象设定之时就是统一的，追求力的统一的具体意义就是回归物理世界把力统一起来，使力由纯粹抽象成为具体抽象，由纯粹认识论范畴进展到本体论和认识论的具体而普遍的范畴，归根结底是赋予一切抽象力以本体存在论根据。因此，物体之间直接作用力即惯性力以物为本体论根据就不在力的统一命题思考的定义域，关键是在物之外的独立作用力要在本体论根据中统一起来。现实地看，这是核力、电磁力、引力如何统一的问题。物理学家希望用力本身去统一力，就像把放射性力归结为电磁力般，把所有力归结为某一个力，但这没有抓住力的统一命题之本质，退化为力的同一命题了。

三、力的统一命题必须回归力的能量本性，电磁力是电磁能量子能量的抽象，力抽象作用的本质意义是交换能量，速度、位置的变化是能量交换的现实结果。构成空间有距离之物相互作用的中介力存在的根据是具体能量子客体存在，物和物的相互作用是以有无相生相伴为中介实现的。狭义相对论确立光速不变性后否决了超距作用，空间中的抽象力以无质量客体为存在根据就是常识，物理学讨论力的统一时用粒子携带力是客观的。力统一的最终问题在于携带能量的粒子存在的根据是什么。核力是质量转化而来的，电磁力是由物的结构决定的，它们的存在根据是质量，质量是中介性的结构，电磁力和核力就不是最基本力。自然的最基本力是引力，引力能量子是质量、动能、电磁能、核能的本体存在最终根据，它本身存在的根据是形而上学的，是不能由其他客体存在提供理由的。由此得出结论，力统一于引力，自然统一于能量，引力能量子是自然最普遍的本原客体存在。

四、引力是引力能量子与物的动能相互转化作用机制的抽象，它在空间中以绝对不变的光速运动，牛顿引力定律只是和超距作用相容，不是揭示了引力的超距作用。引力作用是有时间过程的，是物体通过发射或吸收引力客体实现的，物和物的引力作用是科学抽象，现实的作用机制是物和引力客体的状态能之间按能量守恒法则处于永恒的转化之中，物体对外的引力作用和被引力作用在逻辑上是相互独立的，不能作同时产生、同时消失理解。

五、牛顿质点动力学三大定律揭示了物质客体能量交换机制，统一于能量守恒。在光速不变性否决力的超距作用后，再用同时产生、同时消失去理解作用力和反作用力是不对的。

广义能量守恒定律揭示了客体世界普遍联系和相互作用中的永恒运动的根本原因，它就必然成为物理学的最基本概念——质点和力之形而上学根据。对永恒存在的统一性思考进入最普遍的广义能量守恒定律时，还没有完成对物质一元论的超越，因为物质一元论由物质客体存在和它的运动变化这两个元存在构成，从能量子的客体性、质能统一性、能量的客体和状态统一性认识基础上归纳的广义能量守恒定律首先是超越了物质客体存在的永恒性命题，更深入的认识必须进展到对感性之物存在和演化之根据的统一性理解。在广义能量守恒定律看来，能量当然是客体和状态、存在和演化相统一的存在，但按物质一元论，力才是一切物质运动的原因，对物质世界作最一般抽象描述的是质点动力学。把力和能量统一起来，从而最终把质点和力统一于能量，是建立彻底一元世界理论的阶梯。力在能量本质基础上的统一就是本章的主题。

科学描述物质世界的抽象普遍统一性基础是牛顿质点动力学，其理论基点是质点和力这两个抽象概念。物理学的基础为力学。牛顿经典物理学本质上是研究物质普遍运动的根据和原因的，它认为力就是质点普遍运动的原因。力的概念首先是物质世界中客体相互作用现象的抽象描述，但这个现象性概念的本质不只在于揭示物体的运动现象规律，还在于揭示物体运动的原因，它的核心内容是质点动力学。其实，物质静态结构还原分析的微观粒子物理学，其核心同样离不开力，唯此才能理解其结构产生的根据和原因。因此，传统物质一元论是用抽象力建立起普遍联系和永恒运动的统一物质世界的，物理学的伟大目标即建立力的统一，这是物质一元论在逻辑上先验地要求的。从逻辑上看，只有统一的力的基础上才有质点和力的统一。但把质点和力绝对独立，仅在力自身中抽象思考是无法通达力的统一性的。因为力毕竟只是一个有限的抽象概念，力的统一在于它的本质而非现象，引力、电磁力、核力这三大基本力是在形式即现象意义上划分的，它们的统一只能在其基础上实现。物体相互作用的本质是能量转移，力的作用就是广义能量守恒定律演绎出来的客体世界相互作用中的能量转换现象的抽象描述，在此基础和意义上力就是统一的。希望建立所谓量子引力去实现引力描述与电磁力及核力描述形式的一致，从而找到它们的统一性关系，这是物理学力的统一性理论一筹莫展的根本原因。引力其实就是能量转换作用，如果仅从经典物理学的引力定律把引力看作物体的直接吸引这种相互作用的抽象，那就把它看成本质上是超时超距作用的，但这显然是违反逻辑和经验事实的。牛顿引力定律只是动力学关系规律的抽象描述，没有涉及作用过程和力的本性问题。从广义能量守恒定律及力的统一性本质出发，通过对经典物理学引力定律及动力学三大定律演绎关系分析，我们就可以真正把握力的统一性真谛，将世界统一性原理构建到新的水准。

第一节　力相互作用现象的本质是能量交换

一、经典动力学理论之力概念的有限性

对复杂性多样化物质世界建立简洁、普适的统一性认识和描述的划时代进步是以牛顿建立的经典动力学理论为标志的。动力学的最基础概念是质点的相互作用力，所以力的概念的本质和意义就成为理解物质世界统一性的基础。

力这一概念是从物质世界复杂性相互作用现象中抽象出来的，它源于感性经验认识，渗透在我们的日常普遍行为的现象描述和理解之中。人具有能力、动植物有生命力这种表述表明力在物质世界经验认识中具有普遍性意义。对物质世界运动变化规律进行综合抽象理论探讨的物理学把力归纳为物体之间相互作用这一知性科学认识的规定性之后，建立的动力学即经典力学理论就成为认识物质世界运动变化普遍本质的基础。由力的抽象规定性出发建立的动力学描述的真正意义和本质不只是对运动现象本身的过程描述，更是对决定运动现象的本质关系描述，故称动力学而非运动学。从运动学向动力学的归纳进步对物质世界运动认识，在从特殊到一般再到普遍认识的进步过程中具有非常重要的意义。力是对物质世界进行简洁、普适的普遍性描述的基础概念，对世界的理性认识就必然深入思考力的本质。

力是抽象的概念。如果仅从力是物体的相互作用这一抽象规定性来看，力只是一个纯粹抽象的规定而已，根本不可能由此得出对力的本质的理解。力的概念对世界认识而言已经是近乎自明的普遍性概念。力无所不在，但是，有谁见过无所不在的力吗？力不是具体存在的东西，而只是物体相互作用现象的抽象关系描述。只有感性具体现象，没有感性具体的抽象，没有人能用感官去感知抽象的力或用弹簧秤去度量一个物体的重力。我们感知的是

物体引起的弹簧秤读数改变，并由此读数判断和确定物体的重力。既然我们感知不到力本身，又何以说力是无所不在的普遍经验中的抽象性概念呢？因为我们感知到的并不是抽象的力本身，而是具体的物体相互作用，对力的感悟就在物体相互作用的感知基础上产生。在普遍联系的世界这种相互作用无所不在，我们由此判断力无所不在。所以，力的作用是在物质相互作用的表现中归纳和抽象出来的，从力的表现去理解的力才是具体理解的力。由此可见，把经验中的物体相互作用综合为力的时候，力就是一个在思维中而非感知中的普遍抽象概念认识，是从个别到一般的抽象。

抽象的力作为普遍性的概念，它的普遍性是抽象的普遍性。就是说，力在描述具体客体世界相互作用的时候，它始终只是抽象的，它不是它所描述的客体世界的一个组成部分，它只具有认识论上的意义，没有本体存在意义。在世界统一性理论中，抽象的普遍性和具体普遍性是绝对不能混淆的概念。抽象的普遍性是在认识世界中所建立的抽象概念的普遍性，世界统一性原理所追求的普遍性首先是客体存在的具体普遍性，试图揭示从特殊到普遍的世界客体结构统一性存在，具体统一性才具备本体存在论意义。具体客体及其现实的运动变化的普遍性认识是抽象的普遍性，是主体认识中思维意义的普遍性。人类对世界的认识追求主客观统一的根据是本体存在之于认识的优先性，离开客体无客观。所以，具体统一性是客体及其运动现象存在统一性，人类对物质世界客体结构还原分解实质上就是对世界具体统一性的追求过程。从分子结构再到原子、原子核以及核结构分解的不断发现，使我们对物质世界结构的认识不断向普遍性深化，这种普遍性就是具体普遍性。力作为物质存在者的关系，不能离开存在者独立存在，它存在于一切存在者的相互作用中。物质世界的普遍联系和相互作用现象决定了这种抽象关系的普遍性，所以说力是抽象的普遍性概念。但力的普遍有效性不是必然的，而是必须以经验来确定它的客观性的，离开质点无力之意义，这是力只是抽象概念的根据。抽象的力必须在质点的相互作用中才回到具体而获得现实意义，力的作用规律只有与客体世界的经验检验相一致，才为真，才有意义。唯心主义的著名命题：思维和存在同一，并不是说思维和存在是无差别的东西，而是说思维必须和存在相一致才有意义，所以它是认识论的原则，而不是客体世界的本性。把本体论对认识论的制约理解为客体世界的本性，把对认识世界原则的深刻智慧转换为客体自在存在，那就会从智慧走向谬误。故思考力的本性时，首先要把普遍的力的本质看作抽象普遍性的认识论概念。

但即使在认识论的抽象意义上，力的普遍性也还没有达到最普遍的抽象性层次。在物质世界中，物质客体的普遍联系和相互作用关系决定了力是普遍性的相互作用关系的抽象描述概念，当进入广义能量守恒定律定义的普遍世界的时候，仅用力来描述客体的相互作用关系就显得“力”不从心了。我们可以在想象中把能量子等效为具有非静止质量的实体粒子，从而用力及动力学关系理解光线弯曲及黑洞，但这在技术上和描述上是绝对不可行的。比如对光电效应现象，即金属电子吸收光子逸出表面形或光电流时，光子和电子的作用，那是不可能用抽象的力去完备地解释和描述的。按绝对不变速度运动的“物体”，从质点动力学看是不可思议的；一切试图用力去描述光、电、磁运动现象或规律都是弱智行为；用力去描述场是同义反复。由此可以断言，力并不是客体相互作用关系的最普遍描述概念。人类对能量子的认识尽管不多，但也已建立了相应的概念、方法和理论，其中最基本因而最普遍适用的描述概念是能量，最基本规律是能量守恒定律。光、电、磁被作用不适用力描述，它们对物体的作用恰恰是可以转换为抽象力描述，并在力的基础上进一步抽象出场的概念和场描述。场是由力来规定的，场强是单位客体所受到的作用力，由此看来似乎力是比场更加基本的，但事实恰恰相反，用场描述单位客体所受力的时候，它已经以单位试验物为中介对一切客体的作用关系给予了普遍规定和描述，场的空间分布肯定是比力的点分布更普遍的相互作用关系描述。但还有更重要的理由，即用力来描述相互作用是在作用力和反作用力的统一描述中的，它只解释动力学关系，却无法解释动力学关系制约下的运动过程，否则力就是超时超距作用的抽象，不符合客体世界的经验，而场的描述则完全可以合理地解释这些问题，这是下一章将详细探讨的问题。至此，我们必须明白的一点就是：力不是世界客体相互作用关系的最普遍抽象概念，它只能作为物质客体作用描述的简洁、有效的思维、分析工具，只对物体发生作用有意义，因而说力不是最普遍概念。经验世界的普遍性及物质世界是人的感性经验尺度的主要对象这一事实使人们形成了力是最普遍概念的认知，这不是真的。实体粒子和能量子相互作用时，对能量子的作用是不能用抽象力去理解、分析和描述的，不可能有关于能量子客体的动力学描述产生，除非把光速不变性证伪。

抽象普遍性概念的智慧大师黑格尔在《小逻辑》中恰如其分地确定了力在概念逻辑体系中的位置和地位，并揭示了其有限抽象性的本质。在《小逻辑》中，力是本质论中发展而来的概念。本质论在黑格尔辩证逻辑体系中就是关系论，力的概念就是在相互关系中发展而来的。力所揭示之关系的基础和前提是实存之物，力是从实存之物的相互作用现象中抽象出来的，力所揭示的关系的进一步发展是相互作用。按照这一概念的逻辑发展结构，力就是揭示实存之物相互作用关系的中介性抽象概念。黑格尔认为，那种“力的本身不可知，只有力的发挥方可知的说法，必须被斥为没有根据，因为力之所以为力，只在于向外发挥，而我们从力的全部发挥里所得到的规律，同时就是对于力的本身的认识。但以力之本身为不可知的说法里，却已正确的预示着力与力的发展的关系是有限的关系了”[①]。如果离开力的发挥，力就是一个纯粹空洞的概念，而非客体，离开它的发挥就无所指，就无任何意义。力由力的发挥所限定，它是从力的发挥中归纳出来的。“力的整个内容规定与力的客观的内容规定正是同一的东西，因此用一种力以解释一个现象，只是一空洞的同语反复。所以一般人以为无法知道的东西，实只不过自身反映的空洞形式，唯有通过这种空洞形式，力和它的表现才有所区别，而这种空洞形式同样是某种熟知之物。”[②]

力作为有限性概念的充分理由，在于力是在相互作用关系中设定起来的概念，它的规定性以他物为中介，在反映它物中反映自己。“力及力的发挥关系的有限性，最明显的证明即在于每一种力都是受制约的，都需要其自身以外的别种东西以维持其存在。例如磁力，如众所周知，需要有铁才能发挥出来。至于铁的别种性质，如颜色、比重或与酸的关系，却和铁与磁力的关系不相干。”[③]力及力的表现的中介性即由此而产生的他物对之的制约性，使力在本质上是有限的抽象概念。根据这一逻辑，我们可以断定场是比力更普遍的概念。因为在所有关于场的描述中，场不是相互作用关系描述，而是场源或场存在者自身的本性描述。

在抽象普遍性意义上，力不是最普遍的概念。在世界统一性原理的理论结构中，力作为抽象的中介性描述，它的真正意义在物质世界运动的动力学规律描述之中。物质世界本身只是统一性世界的复杂化了的高级形式，它的统一性不可能限于它自身可以得到圆满的解释，力是物质客体运动变化原因的形而上学意义在于在先地设定了物质运动是以有外在于质点的原因为根据的，故质点和力就都不可能是最普遍的统一性存在。质点非绝对性决定了力也是有限相对性的描述。事实上，从物质世界的客体相互作用关系中抽象而来的力就随物质客体作用方式的多样化而表现为多种形式，多种形式的力的统一性就是物质世界统一性的重大理论课题，现代物理学把追求力的统一摆在物理学和科学统一的高度。物质世界统一性是宇宙统一性理解的具体构成部分，在认识论意义上是基础性认识，物质世界是由质点动力学统一起来的永恒运动且有序统一世界，但质点动力学所抽象之力和现实相互作用的抽象力的统一性却不是自明的。摩擦力、弹性力、重力等多样性相互现象的原因被归纳为多样性的力，多样性的力是与牛顿三大定律同一的力，都适用于质点动力学，都能统一作用于同一质点并得出共同作用的结果。但我们可以把质点动力学用于一切形式的力不能基于自明性，故我们要追问力统一性的根据，力的统一理论是物理学的伟大目标。力从纯粹抽象进展到理性具体的统一把握时，才有物质世界乃至宇宙自然的统一性理解。但是，力的统一理论进展并不乐观，真正的问题首先不是力如何统一，而是力统一的意义是什么？我们所追求的这种力的统一性是成立的吗？是可能的吗？这就深入到力的本性和本质思考，不能停留于相互作用抽象中介的设定中了。

二、力的统一性根据不在力自身

力是质点动力学的主角，是物质世界运动的原因，是描述物质世界客体相互作用关系的普遍性概念，但对统一性世界而言它还是有限抽象的。就物质世界认识而言，力的统一性是物质世界统一性问题的基础理论。如果力得不到统一性理解，由质点动力学建立的物质世界的统一就只是半拉子工程。

在传统的绝对物质观中，世界的统一性根据当然只能是物质。但在质量守恒和能量守恒且两者绝对相互独立的理论中，物质的状态变化即运动本身是独立于物质客体存在自身的，从物质运动描述中归纳出来的力的概念因此也是独立于物质客体的独立抽象关系描述，质点动力学之力合逻辑地是外在于质点的。力的统一性由于缺乏和物质客体存在自身的相关联系，在逻辑上无法在物质客体中找到合理的根据，力的统一的伟大追求目标的思考，就始终只能局限在力自身，即最终用一种力来统一一切力。但力作为设定起来的描述相对性抽象概念，离开本体论根据是难以得到绝对统一性的，这是当代对力和物理学统一性追求的深层次局限性之所在。

纯粹空洞的力抽象概念在现实世界中的展现，与复杂多姿的自然世界一样丰富多彩，从而发展为众所熟知的多样性统一概念，渗透在人类意识的深层。人格魅力、心理压力、冲突张力等不胜枚举，这都是力的抽象概念发展和深化的有力证据。限制在物理学领域，力的内容同样是丰富多彩的，它的形式与客体作用形式、描述的对象世界抽象相关，从不同角度有不同描述。从形态角度划分，有引力、重力、惯性力、弹力、浮力、摩擦力、电磁场力、核结合力等等；从另外一些角度，我们又有保守力与非保守力、吸引力和斥力、动力和阻力、宏观力和微观力等各种各样的划分。这各种各样的力都称为力的话，就必须有它们之所以为力的统一性根据。仅从力是物体对物体相互作用是无法理解力的统一的，因为单纯的相互作用并不是统一性的科学描述概念。但力的统一性在实用中无证自明，因为无论哪种形式的力，只要它们有共同作用点，则它们无论如何都是被视为同一的。例如，一个物体运动，当处于引力场中时，必须考察引力对之作用，但如果同时在电场中时，又必须同时把电场作用考虑进去，引力和电场力对之作用的动力学效果是同一的，它们是可以叠加的，叠加后合力产生的动力学作用是统一的，再去追向究竟是引力还是电场力起决定性作用没有意义，只要把它们看作不同作用力的叠加即可。这说明我们描述物质世界相互作用的各种形式的力本质上是统一力，即都适合物理学质点动力学描述。但是，我们必须从理论上找出力统一性的科学根据，由统一力何所是进展到何以是，真正从理论上解决力的统一性问题，才有资格说达到了对物质世界统一性的具体理解。力的统一性追求的最高境界不只是力是什么，而是为什么它是多样性统一的存在。力的统一性是我们世界的本性所决定的，相信物质世界的统一性就应该坚信力的统一性。真正的科学理论则要从科学统一性的理论高度，回答力何以是统一的，从而为物质世界统一性提供根据。

对力的统一性追求是从特殊到一般的进一步抽象认识，也是从抽象到具体、从现象到本质的认识，力的统一性归根结底就是力的本质是什么的命题，人类对力的本质的思考也是对力的统一性的思考。随着对物质世界客体相互作用的规律的认识不断深化，科学家把物质世界相互作用关系，首先归结为四种不同性质的力，它们是物质之间的引力，电磁力，构成物质微观原子核结构、把质子和中子捆绑在一起的核力，以及放射性物质中使物质结构发生放射性衰变的放射性力。并不能简单地认为宇宙中任何物体之间的相互作用产生的运动变化现象，都可以由这四种抽象力之一或者由它们的共同叠加作用去建立动力学关系规律描述，其他多样性的力都是这四种力在特定边界条件下的特定形式。事实上，可以用牛顿第三定律描述的物体直接作用力，比如惯性力，并不属于上述四种力的范围。需要统一的四种力是还找不到本体论根据的相对描述，引力和物体的直接相互作用也不能仅从引力质量去理解，因为力的趋距作用不成立。这是力的统一性的第一阶段，其显著成果就在于把力首先统一于四种特定的力本身。引力又称弱力，最大特性是它是非极性力，即它总是相互吸引的力，这一特性决定了在相互作用中它是只能相互叠加而不能抵消的。一个物体的电磁力通常比它的质量引力大几十倍，在电磁力和引力共同作用的时候，引力的影响几近于零，可以忽略不计。但电磁力是极性力，即同性电磁力相互排斥，异性相互吸引，而在几乎具有稳定结构的物质客体中，有极性的电磁力相互作用往往局限在局部，对外而言作用往往为零，即稳定结构物体对外通常是呈现出电中性现象。这种电中性现象的普遍性实际上是我们世界的一个本性，它是下一卷主要讨论的命题。在这里扼要地说，这是物质的原子结构的规定性所决定的。因为在物质结构中，微观层次中分子和原子之间的结构是由电磁力构建起来的，原子结构的核电荷和核外电子的电荷是等值反极性的，原子结合为分子时正负电荷依然等值，所以原子、分子结构是对外电中性的。事实上，这种电中性结构才是稳定的物质原子结构，即电中性是物质原子结构生成并稳定存在的必要条件，由此决定了原子结构为基础的分子乃至宏观物质结构在稳定状态下一般是电中性的。核力又称强力，我们对之知道的还不是很多，但它的作用力很强，能克服电磁力把带正电荷的质子结合在一起，从而形成原子核结构。最奇异之处在于它是短程力，即在原子核范围之外迅速衰减而由电磁力发挥主要作用，它的短程作用本性是它最难破解的谜团之一。

放射性力是十九世纪发现物质放射性衰变现象后提出的新形式的力。铀、钋和镭自发蜕变为另一种同位素，同时放出各种射线，证实了原子核是结构性存在。在人们发现的2000多种同位素中，绝大多数都不稳定，会发生放射性衰变。二十世纪发明人工放射性技术是核能利用的开始。放射性蜕变既然证明不稳定同位素的核具有不稳定结构，其结构之间相互联系和作用的力就是结构力，克服结构力而使原来的核结构变化，从而形成新的同位素的相互作用力就是放射性力。放射性力作用的结果和引力、分子结构的键力在形式上不同，因为它的作用不但产生新的同位素结构，而且放出各种辐射线，故称之为放射性力。由于它的作用结果显示和传统各种力所不同的特性，人们把放射性力看作一种基本力。但是，根据我们对物质原子及分子结构的理论知识，把核及电子结合为原子、分子的结合力是电磁力，是不同质电荷的吸引力把带正电荷的核和带负电荷的电子结合为电中性的原子及分子结构。把原子核中的质子和中子结合在一起的肯定不是电磁力，因为核中的电磁力是相互排斥的，原子核的结合力必须充分克服电磁力才有核结构产生，所以核力是一种基本力，它和电磁力这种极性力不同，又比引力强很多，但又只在核范围短程中有明显作用。根据这些认识，从逻辑上可以判断放射性力应该和核力不同，因为它不是克服核力形成新的核结构。放射性力作用形成新的原子及分子结构这一事实意味着，它极可能是电磁力的特定形式。二十世纪七十年代物理学家从理论和实验中证明了放射性力不是一种基本力，而是电磁力的一种特定形式，是电磁力作用导致了放射性现象的出现。

放射性力实质上是电磁力的科学发现，是人类认识物质世界力的统一性的重大进展。基本力由四个减少到三个。从理论上来说，只要把电磁力和核力统一起来，进而把引力、电磁力及核力完全统一起来，就能得到物质世界普遍运动原因统一性的理解。放射性现象是电磁现象的发现极大地鼓舞了人类建立力和物理学统一性的雄心壮志，科学家们提出了 GUF 理论（力的大统一理论），并乐观地预言，我们或许已经接近发现宇宙终极规律的尾声。

但是至今，奇迹仍未发生。这可能是火候未到，也可能是我们已在森林中迷失了方向，即我们关于力统一性的形而上学理解首先就有问题。按照现有的知识和理解，力的统一面临着很难逾越的壁垒。即使我们能够把电磁力和核力统一为一种基本力，但这种基本力和引力的统一在逻辑上面临着巨大的困难。因为深入到更为普遍的基本粒子层次，核力和电磁力是用量子力学的语言来描述的，它们的宏观描述只是量子化普遍描述在特定条件下的形式而已。但引力则不同，它不需要量子描述，牛顿建立的引力宏观描述已经行之有效了，还没有引力理论本身需要用量子化描述的必要性。量子力学描述和经典引力理论宏观描述之间的内在联系还没有稳固地建立起来的话，实现力的统一的理想永远是空中楼阁。为此，科学家们寻求建立一种用量子化语言描述的量子引力理论，旨在为力的统一铺平道路。但是，从外在于引力的主观目的性出发的量子引力理论究竟能否在引力理论的内在联系和规律性基础上建立起来，还有待商榷。时至今日，量子引力理论依然在黑暗中探索，很难乐观地断言力的统一的伟大目标一定要实现或即将实现了。

世界统一性原理从来不怀疑力的统一性，并把它看作是世界统一性原理的一个重要组成部分。但力的统一性不是客体必然性的自在的统一，而是主观认识和客观认识相一致的自为的统一性。在物质一元论的理解中，力只是描述物质客体相互作用的普遍的抽象概念。自为的统一性的坚实基础不仅仅在其自身，即认识不仅要自圆其说，符合逻辑，而且任何关于客体世界而非纯粹形式的认识的基础和根据一定是客体存在本身。力不是纯粹认识形式，是关于客体世界的经验科学描述概念，力的统一性应该从更高的层次和更深刻的基础去思考和讨论。

力的统一性追求实质上是关于力的普遍性本质认识的追求。当力作为空洞抽象的物体相互作用规定性下的概念时，它通过力的表现证明自身，返回自身。但力和力的表现不同一，不同一的一个标志是力是统一的普遍抽象概念，而力的表现则随复杂物质世界的特定相互作用形式而成为特定的现象，随之产生了不同形式的各种特定的力。对物体的相互作用本身进行进一步的限制和规定，摩擦力、引力、弹力、热力等一大批从力的表现中归纳出来的特定力由此产生。当我们发现了放射性这种物质结构自我蜕变的相互作用现象时，在理解它的电磁力本质之前，就把它定义为放射性力。同放射性力归纳为电磁力的道理一样，宇宙中物体的各种相互作用力分别归纳为引力、电磁力和核力这三种基本力，这三种基本力就分别是其他多样性形式的力的本质。但三种基本力的本质是不同的，所以它们是力的一般本质而非最普遍的本质。追求力的统一性，把三种基本力统一为一种最基本的力，实质上就是从三种基本力的一般本质规定性中归纳出它们共同的本质，这就是力的最普遍的本质。力的统一性问题也就是力的最普遍的本质是什么的问题。引力、电磁力和核力一定具有共同的最普遍的力的本质，认识到它们的共同本质就认识了力的统一性。

按照放射性力统一于电磁力的经验和逻辑，力的最普遍本质可能是引力或电磁力或核力，即三种基本力中有一种基本力含有其他两种基本力。这正是当代科学界追求力的统一性认识的基本逻辑。引力和其他两种基本力的不同描述形式决定了这种归纳逻辑在目前的知识基础上是不可行的。但力的最普遍本质也可能是由三种基本力归纳出来而和每一种力形式都不同一的共同本质，在引力和其他两种力无法建立内在联系的条件下，这或许是突破认识瓶颈的明智之举。引力的非量子描述意味着力的最普遍的共同本质应该超越目前关于力的描述的限制条件。从把力作为认识论而非存在论意义概念的逻辑上来说，力的最普遍的本质就不是在力概念自身中可以得到完备的归纳和描述的。由哥德尔不完备性定理可知，任何普遍抽象关系判断都不能自我完备；用理性哲学的语言来表述，则任何抽象认识的最终根据只能在客体存在者中，本体存在论对认识论而言具有在先的基础性地位，这是不可怀疑的。所以，力的统一性在力抽象概念自身的封闭边界内是难以独立自足地建立起来的，它的最终的根据不是抽象的规定性，而是制约、检验它的描述是否客观的客体世界的现实。只有回到它所描述的客体本身，它才能超越抽象而成为具体的知识，才能有真正意义上的统一性。所以，力的认识最终必须回到具体客体的相互作用中，才能把握它的普遍本质和可靠根据。

三、力的本质是能量交换作用

尽管迄今为止物理学对力的统一的理解仍然不得要领，但必须坦承，从牛顿建立了经典物理学的动力学理论以来，我们一直把力作为统一性的概念来应用。这个道理很简单，因为我们用来描述物体在力作用下运动、变化的规律时所涉及的变化动力是最普遍的统一力而不是特定的引力或电磁力、摩擦力等。质点动力学和力的特定形式无关，它是最普遍意义上的统一之力，囊括了一切相互作用的力，在质点动力学范畴，统一的力本身就是直接同一的力。牛顿动力学理论的客观有效性证明了我们把力作为统一概念是符合客体世界的本性和本质的。由此可以坚信力的统一性是客观性的，我们无法对力的统一性作出合理解释是因为我们的认识本身是主观认识，无法把握客观真理。力的统一性何所是是没有问题的，要解决的是力何以是统一性的存在问题。

世界统一性原理坚持认识主客观统一的基础是客体存在者本身，这是主客观相一致的根据和检验标准，是抽象认识能揭示具体存在的唯一理由。力是抽象的认识论概念，力的客观性根据和标准在它所描述的具体客体世界之中。但是，为什么我们无法在力所描述的物质客体本性认识中建立力的统一性理论呢？这应归结为自古希腊以来人类文化中把存在和状态、本质和现象二元分割的绝对物质观的认识局限性。在物质世界中，力描述物体之间的相互作用，但力之于所作用物体是外在的，力外在于存在者故无法从抽象回归具体达到一元论的境界。另一方面，正是基于力对作用对象的外在性，我们才能有根据地把一切物体抽象为质点。尽管物理学理论体系发展出物体系统的内力概念，但内力对质点而言也是外在性的，内力是指系统内部物体亦即所谓部分间的相互作用，内所规定的是这种相互作用，而真正的相互作用即力之于作用物体或所谓部分而言，仍然是外在的。物质基于质量而产生引力，但引力作为相互作用描述概念也是外在于物即质量存在本身的。在绝对物质观中，物质客体已经是不可再往前追寻的本原性结构存在，质点抽象包括一切具体之物，当然包括最普遍的具体存在之物即本原之物，绝对之物对应绝对之力，力和物体的外在关系就成为绝对外在的关系，物质客体和作用于物质客体的力在认识上就是存在和现象的二元结构。但既然力是认识论意义上设定的抽象概念，离开所设定的根据而在力的概念基础上建立自圆其说的理论是不具备逻辑可能性的，除非把力当成纯粹形式演绎性概念。但物理学是关于客体世界的，关于力的认识、用力描述的普遍抽象关系本质是归纳的。质点和力二元描述结构之间深深的鸿沟实际上就是力的作用现象无法统一为统一之力的壁垒。所以，几百年来，我们用统一的力概念去描述物质世界的统一运动变化规律，但却始终说不出力的统一性的充足理由，对于力，我们只能说至今还是知其然而不知其所以然。

在经典动力学中，我们用统一力概念描述物质世界的普遍运动变化规律时极其成功，但这并不意味着思考力的本质是无关紧要的。缺乏对力统一性的合理理解，我们对世界统一性的认识就会止步不前，甚至走向谬误。对热力学理解的分歧和错误源于对力的本质理解的匮乏，源于物和力的二元分裂描述结构。热力学用统计描述把大量分子、原子相互作用转换为宏观系统描述参量温度，由压力、体积、温度这些宏观参量描述热运动规律，并归纳出热总是从高温物体流向低温物体而绝不会自发地从低温物体流向高温物体这一宏观状态必然规律。这是不以人的意志为转移的，但对它的解读则取决于主体对之的理解和把握。离开本质浮于现象者把现象当本质，把热运动规律和热运动的主体即物体割裂开来，把物质作为绝对存在者时一定得出热平衡乃至宇宙热寂的必然推论。由于缺乏对力的本质的认识，我们始终只能在宇宙有序演化还是向热平衡退化的冲突中彷徨，停留在绝对物质中无法深入洞察和把握力的本质。把热现象当世界本质的人们最终总是拿无序、混乱、平衡、退化、灭亡这些没有可靠根据的想象甚至幻想来吓唬无知之人。其实，热传递和热平衡现象是宇宙必然规律，一个物体系统的热平衡即能量均匀分布真的那么阴森可怕吗？如果没有热趋于平衡态的传递，就没有物体之间的相互作用了，连饭我们都无法煮熟，那才是真正阴森死寂的世界。一个相互作用中按必然性规律运动变化的世界，凭何定义它为无序、混乱和死亡状态呢？要理直气壮、有理有据地回答这些问题，必须回到世界最深层的本质，回到热力学的本质去。这又首先要回到力的本质中来。

我们以力的普遍抽象——物体之间的相互作用——作为思考力的本质的出发点。力是知性普遍抽象概念，不能从感性具体现象去理解力。深入具体思考可以发现，物体的相互作用可以进一步归纳为更普遍的能量交换、转移及转化过程。力是物体运动改变的原因，力作用使物体状态能量改变，这表明一切力都是能量交换过程，物质世界的力是物体间能量交换具体现象的抽象。于是，力的进一步的规定性就可表述为物体之间相互作用的本质是物体之间能量的交换。能量交换不只发生在物体相互作用中，同时还发生在能量子和物体的相互作用中。能量交换是比力更普遍的现象，因为力只是物体之间相互作用的抽象描述概念，能量交换则归纳了一切客体之间的相互作用。最为重大的问题是，力只是认识论意义上的抽象概念，能量交换则是具体的，因为能量是客体和状态相统一的具体存在概念。物理学从力的做功归纳出能量这一状态量时，尽管只是在认识论意义上把能量理解为存在，但也应把能量理解为比力更普遍的归纳，仅把能量状态当成力现象的现象是不合逻辑的。当深入到能量交换层次来理解物体相互作用时，力就不再是一个自圆其说的抽象的概念，而是由广义能量守恒定律演绎出来的，是有客体根据的有限性概念。只有在这种高度才能在本质和现象相统一意义上把握力的概念。

最有说服力的是电磁力产生作用时的现象。电磁力做功在宏观上用电动势及电压、电流来描述，当在导体闭合回路中具有电动势存在的时候，就会形成电流，并把电磁能量转化为其他形式的功和能，这归根到底就是能量交换过程。在电现象中，经验意义上最能体现能量交换的是电流现象。什么是电流？物理学认为，金属导体中自由电子在电压作用下定向移动就形成了导体中的电流。电子定向移动是电流存在的现象，是相互作用的结果，而不是电流的原因，也不是电流形成的机制，不是本质。电流现象的本质是电动势在闭合回路中建立起电场，所有自由电子受电场力推动作用而定向移动的，电场的建立才是电流形成的机理及原因。只有从电磁场而非自由电子的质点运动出发，才能合理地揭示电流传播速度。电动势建立的导体闭合回路中的电场实际就是特定频率的能量子辐射而已，它的本性和光是一样的。由此可以推断电流的传播速度应该与光沿导线的传播速度一致。电动势的电场力做功是一个复杂过程，只不过在宏观电压、电流、电功率等描述下它被抽象化罢了。电场力推动电子运动时有一部分电磁能量转化为电子抵抗运动阻力所做的功，这就是电阻的热能，在现象上是自由电子的动能转换为抵抗其运动的非自由电子的动能，本质上是电磁场能量在做功。在电动机中，通过电磁感应作用把定子的电磁能量转移到转子上，再由转子把电磁能量转换为机械能。所以，在电能转化为机械能中，并不是自由电子的定向移动做功，而是电磁场自身在做功，闭合电路提供的是电磁场回路，自由电子定向移动只是闭合导体回路中电磁场运动的结果，是现象不是本质，它抵抗导体阻力所做的功成为损耗。如果能够实现超导状态的话，自由电子的移动则没有做功，即没有参与能量交换。在电磁场做功机理中可以看到，无论是电转化为热、光或机械能量，在根本意义上都是能量交换过程，都是以能量交换、转移、转化来实现的。电磁力所描述的复杂电磁运动现象或其中每一具体环节的运动，都是不折不扣的能量交换过程。更一般地看，不只电磁力，而是抽象的力的本质都可以从能量交换作用去理解，因为一切力相互作用的能量过程通过功能原理已在先地统一起来。功能原理即功和能的等效性、各种形态能量的统一性即守恒法则下的转换性，正是一切力统一于普遍抽象力的根据，一切力对物体作用统一于对具体存在者的做功之中，所有这一切又统一于无质有量的永恒存在之能量中。

从能量交换来理解力的本质，力和它所描述的客体关系就不再停留在外在关系上。因为按照广义能量守恒定律，客体的状态是能量的一种特定存在形式，力的作用改变物体的状态就是改变能量自身，力之于能量而言不是外在的，而是内在统一的，能量的转移就由力的作用效果去描述，能量的改变就是力作用而交换能量的结果，力是物交换能量作用的抽象，力的抽象本质回归于最普遍能量时就从抽象回到现实具体，世界统一于能量是力统一于能量的根据。

为什么各种相互作用中抽象出来不同形式的特定力都可以在动力学理论的统一力中具有普遍适用性呢？因为从能量的本性可知，能量是无结构无质规定性的存在，它只有量的规定性，即任何形式的能量都是可以进行算术求和运算的，这就是广义能量守恒定律的充分必要条件。力的本质是对物体相互作用的能量交换作用的抽象描述，无论何种能量交换，无论何种力，它的本质都是无差别的同一，所以是可以作为同一性的量来进行叠加的。这种由能量本质同一性决定的力的本质同一性能圆满地解释不同形式的力的统一性，这和不同形式的能量统一性是一致的。力可以直接叠加的理由在于力的本质是能量，力的相互作用是能量交换，能量可叠加和力可叠加是同一存在的本性，能量的统一性赋予力的统一性，亦即从能量守恒定律可以得到力的统一性理解。从力进展到功、能、功能原理、能量守恒定律，最后达到最普遍的广义能量守恒定律，是我们对自然认识从一般到普遍到最普遍的进展。力统一性的根据、世界统一性的根据在能量中。

由具体能量交换把抽象力统一起来，其深刻意义包括如下三个方面：第一，统一于能量交换的力就不再是纯粹认识中设定起来的，而是有本体论根据的。第二，由能量交换理解力又超越了力对相互作用描述的局限性，理解质点和能量子的相互作用机制。第三，力的统一的本质意义是为抽象设定的力提供存在论根据，亦即为相对性描述的客观性提供绝对性根据。广义能量守恒定律把质能统一性世界统一起来，由能量作为力的本质，把一切物体相互作用理解为能量交换过程对物的相互作用理解就达到了主客观乃至主客体相统一的绝对意义。

由能量交换去统一力的本质，必须以能量为根据得出多样力统一性的具体理解。物质世界的质量结构统一于“一”，多样性之力统一于哪种力呢？力的分类角度不同，力的描述五花八门，但力的统一是本体存在论意义的，即力的统一是指本体存在论意义的统一。物体之间直接碰撞作用力是物的状态能量交换的抽象，只有认识论意义，它的本体存在论根据是物存在本身，故这种纯粹相对描述的抽象力并不属于物理学力的统一思考的定义域。物理学已把存在论意义的力归纳为核力、电磁力、引力，这三种力都是描述物非接触条件下相互作用的，物无法赋予物之外的具体存在力以本体论根据。事实上，物理学是用粒子来携带这些力从而由抽象认识导向本体存在论，进入力的统一性思考的，这和力的本质是能量交换相协调，交换粒子当然是交换能量。

核力不是普遍力，核力局限于核结构的物理意义是它是区别于磁力和引力那种空间场分布力的，不是过程作用的抽象，是由质量转换为结构能的抽象。它是中子和质子质量中有一部分转换为的结合能，故它只局限于核范围从而把中子、质子捆绑为稳定结构，它不向核外传播才有稳定核结构，核结构生成一定伴随质量损失。可以断言质量转换为结合能是瞬间完成的，由之才能解释核结构的稳定性。核力由质量转化而来，它的本体存在论根据是质量，它是有无相生之无，不是无中生有之无，即不是统一其他力的最基本力。

电磁力不是最普遍力，因为它是极性力，在稳定原子、分子结构中不同极性电磁力相互吸引生成其结构，对外则由于极性力对消表现为电中性，即没有对外作用。电磁力的极性特性和物体的质量结构正相关，正负电子质量相同结构共轭从而呈现出相反的极性。结构共轭决定了正反粒子不能和平共存，一旦相遇将结构解体还原为无结构的光。电磁力的存在根据也是质量，故它也不是统一其他力的最基本力。

综合上述，只能断言引力是统一其他力的最基本力，携带引力的能量子就是自然演化起点上无中生有之无，是质量及依赖于质量的核力、电磁力最终的本体存在论根据，是本原论意义上那个不可再分解还原的本原客体，是自然最普遍的具体存在。引力是弱力，却是无极性力，是物之间绝对而最普遍的作用力。由引力无极性及和质量的正相关性可以断言它抽象了物质结构最基本的“一”的对外作用关系，这是质点抽象成立的充分理由。在以物质为本性的宇宙观中，质量是引力具体存在的根据；在能量为本性的宇宙观中，质量则一定是被生的，只有本性和本质同一的能量子才是不需被生的具体存在，所以可以断言引力能量子是一切自然存在是具体存在的本体论根据，是自然一切质量及核力、电磁力的本体论根据，归根到底是自然的根据，即质点和力统一于引力。

由引力去统一质点和力，对引力的具体理解具有重大意义，对引力规律的动力学关系和过程关系的统一性以及动力学关系的根据和意义问题的具体理解也应水到渠成了。

第二节　引力的动力学关系与过程关系的统一性

一、引力构建的统一物质世界

统一物质世界普遍运动变化的原因是动力学规律的支配，动力学之力无外于引力、电磁力和核力。引力是弱力，核力是强力，电磁力是介于两者之间的局部力，物质结构多样性演化正是由这三种力的性质及强度决定的。如果强力是最普遍的力，则物质客体就只有核结构是最复杂性的了；如果电磁力不是极性决定的局部力，则引力对物质世界运动的影响就可忽略不计了。最弱的引力是物质客体相互作用的最普遍的力，物质世界宏观到宏观的相互作用是由引力实现的。牛顿经典物理学的质点抽象的最重大意义就是便于集中思考宏观物体的引力相互作用，得到物质世界统一性理解。牛顿经典物理学的抽象普遍理论是依赖引力定律最终赋予其关于具体物质世界以物理意义的。因此，把物质客体相互作用力的本质理解为普遍的能量交换时，首先要具体认识引力作用的能量关系和过程。

牛顿经典物理学理论是人类对物质世界认识伟大而深刻的革命。然而，随着人类对世界认识的不断深化和进步，绝对物质观的历史局限性也逐步显露出来，二十世纪开始，随着相对论、热力学理论、生命科学及对熵原理思考和认识的深化，人们从复杂性及时间性过程现象中思考世界的演化时，发现了牛顿经典物理学理论的局限性。诚然，牛顿经典物理学理论是以物质世界为对象去认识自然界的动力学规律的，但它并不是人类认识世界的终结，而是把人类对世界的认识引入对物质世界统一性理解的历史性进步。至于能否在牛顿提供的理论平台上更进一步，甚至从物质世界统一性上升到更普遍的世界统一性理论，那是我们这些后来人的历史责任。某种意义上，牛顿经典科学理论的最深刻、最重大的意义就在于它的历史局限性，故而它能成为人类文明史的丰碑并随历史奔腾而指向未来。

基于广义能量守恒定律的世界统一性原理把物质世界看成普遍世界中具有空间结构规定性的特定存在形态，这是一般而非最普遍世界，故它同样排斥绝对物质观，但它绝对不会怀疑物质世界统一性，也不会排斥或者怀疑牛顿经典物理学理论，而是合逻辑、有根据地把牛顿动力学理论看作人类科学理论体系中的一个非常重要甚至是最基础的组成部分，把牛顿看作世界统一性原理追求的最有成就的先驱和大师，他的理论是物质世界统一性理解的客观性基础。从理论统一性关系看，能量守恒定律当然是质量守恒定律、牛顿动力学定律及引力定律的基础；但从人类关于世界统一性理论的追求和认识的历史过程看，牛顿动力学定律则是广义能量守恒定律的认识基础。在第一卷，我们已经理解世界统一性原理对世界的认识发展逻辑持经验主义而非唯理论态度，即把对世界的经验认识看作是由个别到一般的知识概括和综合过程，而不是从前提演绎推理的结果。按照经验论的逻辑，如果物质世界的统一性还没有基本合理的解释和理解的话，最普遍的世界统一性就只是空中楼阁。所以，世界统一性原理的认识是建立在对牛顿经典物理学理论对物质世界的动力学规律及引力规律对物质世界统一性的深刻意义的理解上，并理所当然地将自己看作牛顿经典物理学理论的继承、发展和新的革命性飞跃。牛顿经典物理学理论就包括在世界统一性原理之中。

牛顿经典物理学理论对物质世界统一性认识的杰出贡献首先在于提出了引力这一特定的基本力概念。不理解引力的意义就无法理解牛顿物理学理论的深层意义。引力概念的重大意义不在于没有它就没有引力定律描述的基础，而在于它直接指向物质客体的本性，使质点动力学从抽象回归具体，在赋予抽象概念以具体物理意义中成为抽象的具体认识，成为物质世界统一性认识的基础。

必须指出，在牛顿建立引力概念之前，人类对物质世界统一性的认识仍然停留在抽象概念之中，其中包括德谟克利特提出并且由伊壁鸠鲁大力发展的原子论，它依旧只是对物质世界统一性认识的抽象理论，因为与物质客体的现实运动变化是毫不相关的，是外在的。然而，当牛顿引进引力概念描述物质客体属性的时候，它把物质客体现实的相互作用中的运动变化规律及原因与它的存在者本身的内在本性的联系建立起来了。引力这种物质世界最普遍的相互作用对一切物质客体而言是内在的，它又叫作质量引力；反之，物质自身固有的独立自在的质量规定性就称为引力质量。正是引力对物质客体而言的这一内在性和普遍性，成就了它是物质世界统一性认识基础的地位。牛顿为打开物质世界统一性认识的大门找到了引力这一钥匙。

引力描述在物质世界的普遍性，令牛顿踌躇满志。他宣称，引力对大至星球运动，小至苹果落地的一切物质客体运动都能得出精确的描述，后人则艺术性地描绘了一个苹果落在牛顿头上触发他创造引力概念灵感的美妙故事，这从另一个侧面反映了牛顿引力概念的重大意义。在引力概念基础上的引力定律对太阳系天体运动规律作出了正确的描述和预言，经受了科学证伪的严格检验，使人类第一次在宇宙这一广度以及一切物质客体本体存在的普遍性意义上，科学地认识和描述物质世界运动变化的原因。引力定律使人类第一次在科学认识意义上确立了物质世界统一性信念，这是牛顿经典物理学理论具有划时代意义的根据所在。

但是，牛顿引力定律的最根本意义不只在于它的普遍性。引力又常被称为万有引力，普遍性是它的重要特征，却不是它的本质特征。引力定律的决定性意义在于它赋予了引力质量以现实意义。引力是和质量相关的，引力的作用是物质客体自身固有的作用，物质之所以为物质不是抽象的思辨，是因为它与现实一定通过引力表现出来，牛顿的引力定律建立起了物质世界的普遍联系和相互作用。引力不是通常力学所说的外力，它超越了传统力学的外力、推动力概念，它是物体的固有力，用内力称呼恐有所混淆，我们无妨称之为内在固有力。所以，引力不再是空洞的抽象，而是和物质客体具体存在相联系、相统一的具体认识概念了。引力最深刻的统一性意义是存在和演化的统一，作用和被作用的统一提供了现实物质世界普遍联系的统一性现实理解。引力的内在固有性和普遍性的统一，最深刻意义在于物质世界的永恒运动是自己推动自己，不需要外在的推动。当上帝对物质世界的第一推动意义被消解之时，物质世界的统一性才可以产生，这才是引力概念及引力定律最重大的革命性意义，许多人甚至包括牛顿本人或许都没有意识到这一点。牛顿在建立经典物理学理论描述后，自己都惊叹这世界太完美了，并认为除了世界是上帝的完美杰作之外，再无其他解释的可能。但是，引力理论已经把上帝请出了物质世界永恒而完美有序的运动变化现实，上帝至多只能是第一推动，即创造物质世界的动力。所以，那些追求自然科学真理的科学家同样可以保留对上帝的信仰，他们的最合理理解是上帝只启动了世界开始的按钮，余下的一切由自然按其内在必然性规律去运行。正是基于这种逻辑，我们说牛顿引力概念的最深刻意义是物质世界而非普遍世界统一性的基础，它把物质世界本身的运动、演化规律从上帝手中解放出来。上帝可以是创生自然的原因，但不参与物质自然界的相互作用过程。这是人类科学认识发展史上具有划时代意义的进步。

引力概念及引力定律对物质世界的统一性意义并不限于此，只不过人类尚无法理解而已。力和物理学统一性追求已经把力归纳为引力、电磁力、核力这三种基本力。但从宇宙统一性逻辑来看，引力应该是最基本的，因为宇宙中物质世界的普遍联系和作用是由引力建立起来的。引力是不需要外部理由而以质点为根据的物质客体自身固有力，它的普遍性和物质客体存在的普遍性同一，所以它是物质世界最普遍的相互作用，是比电磁力和核力普遍得多的相互作用。而且，它的意义不仅是被作用或相互作用，而且是每一物质客体自身对外作用的能力，每一物质客体存在以引力为中介，和整个物质世界建立起内在的、必然性的普遍关系。电磁力虽然作用比引力强，但电磁力是极性力，它主要在物质分子、原子结构层面起作用。任何结构相对稳定的物质客体，即老子称之为物的现实存在，基本上是电中性的，物质世界宏观态的普遍联系和相互作用是不能从电磁力得到整体的解释的。至于核力，它的作用范围的限制性就更强了，尽管它是强力，但只强在核范围，在核外它迅速衰减而失去主导作用。所以，物质的力的相互作用在强弱关系上依次由核力到电磁力到引力递减，在作用范围上则由引力到电磁力再到核力缩小。物质客体间的相互作用是三种力在共同起作用的，但在核内，由于核力非常强，电磁力和引力的作用完全可以忽略不计；在原子核和核外电子相互作用结合为原子和分子的行为中，核力在核外衰减近乎为零，而引力的作用相比电磁力同样可以忽略不计；由原子、分子及其复合物所构成的电中性物质的相互作用则只有从引力去解释了。由此可见，引力尽管是弱力，可它才是最普遍的相互作用，是比核力和电磁力更为基本的力。换一种思维角度，可以把引力看作物质世界最普遍的整体相互作用力，而电磁力和核力则是局部作用力。如果没有引力这一弱力，则无法解释物质世界相互作用的普遍统一性。

综上所述，我们认为引力是物质世界核力和电磁力产生的根据和原因，是永恒运动的物质世界的最基本的推动力。根据宇宙大爆炸理论，我们可以认为现实的物质自然界是一百五十亿年前宇宙大爆炸后逐步演化为今天这个样子的，大爆炸后首先产生各种基本粒子，进而产生原子及分子等更复杂结构的物质，物质由于引力作用形成星云、星体，构成了太阳系、银河系这些宇观尺度的物质天体结构。宇宙物质质量约百分之九十九集中在恒星中，恒星的核反应及对外源源不断的辐射，只能由引力去解释。恒星和行星的本质区别在于质量，它们自身运动变化的根据则在于引力。

引力总是相互吸引的，这是它能够成为支配宇宙宏观意义上乃至物质世界整体意义上相互作用关系的关键。从引力总是相互吸引这一事实可以得出三个非常重要的，关于宇宙本性的推论：

第一，任何复杂性结构的物质客体系统与系统之外的物质客体的相互作用关系中，系统内部的物质客体的引力是各组成部分引力的代数和，而与物质客体系统内部的相互作用无关。正是基于这一性质，在物质世界的力学分析中，把物体抽象为没有大小的质点才是成立的，这是质点动力学的根据所在。所以，大至月球、地球、太阳甚至太阳系和银河系，我们都可以把它们当作引力质点去合理地思考和描述，而这正是对物质世界整体思考和描述得以进行的前提之一。牛顿由质点抽象开始构建质点动力学体系，质点在科学认识上可当作抽象设定的前提，理性具体认识则必须赋予这一抽象设定以充足理由，从而能把抽象导入具体。抽象质点成立的充足理由就是无极性引力的叠加性。具体地说，思考地球对外引力作用时，由每一个原子的引力去描述其作用再叠加作用总结果，和把所有原子质量之和作为总质量构成的抽象质点在质心产生的作用，其结果是相同的。

第二，由引力总是相互吸引的特性可以从逻辑上得到物质世界的整体图景，即对物质世界的几何中心而言，宇宙中一切物体相对于它的运动如果不是径向趋近的，那也一定是曲率大于零的运动，没有物体会沿着宇宙几何中心的半径方向离它而去，这是物质世界可以进行统一性思考的基础。如果不是引力总是吸引的本性，物质世界之整体概念都可能只是抽象的。如果光在现实中真的像感性现象和知性抽象中所理解的那样直线逝去，则宇宙一定是发散和不可知的，更不要说什么世界统一性了。

第三，引力是物体相互作用的概括甚至可以理解为引力就是产生核力和电磁力的原因。物质结构复杂性演化的过程和逻辑必然是老子说的高以下为基，即一生二，二生三，三生万物，最基本的普遍同一结构就是一，引力无极性的同质叠加属性表明引力是和最基本的“一”结构相关的。“一”的同一性赋予了基于质量的引力以同一性，质量的算术求和决定了引力可算术求和，基于此质点抽象才是成立的。至于局部力则一定是和结构复杂性正相关的，也是不能绝对地算术求和的。作如是理解的话，则电磁力、核力和引力是不同又统一的，在抽象普遍性意义上电磁力和核力首先应统一于引力，即由引力支配物体相互作用超越了简单同一的物质结构才产生了和结构相关的核力与电磁力，产生了新的能量交换方式，推动了物质世界多样性有序演化。

这就是引力概念的最深刻意义，是牛顿对人类文明进步的伟大贡献。当然，牛顿经典物理学理论只是一个阶梯，是从物质世界统一性认识向世界统一性认识发展的一个特定的阶段。牛顿经典物理学理论对物质世界统一性的认识也有它的历史局限性。

二、引力的动力学作用过程

牛顿经典物理学理论是人类从古希腊以来对物质世界科学认识的统一性概括和总结，并成为近代科学革命和工业革命的强大推动力量。牛顿经典物理学理论的巨大成功同时也极大地强化了绝对物质观。

但是，必须强调的一点是，牛顿经典物理学的质点动力学理论，使物质世界统一性得以建立，而物质世界统一性的建立是人类对世界认识的一次最重大的进展。人类科学认识世界的历史不是从绝对展开的，而是从个别到一般的不断综合、归纳中不断地发展的。所以，如果没有物质世界统一性认识的基础，世界统一性认识只是梦呓。牛顿经典物理学从知性科学普遍真理意义上为物质世界统一性提供了基础，使两千多年朴素的物质世界统一性认识成为感性、知性、理性的统一性理解。诚然，物质世界的理性统一性并不等于绝对物质观，但它是向最普遍世界进展的必经阶段，是通向绝对的必然之路。

科学认识的不断发展，对牛顿经典科学理论特别是引力理论在建立物质世界统一认识描述的局限性提出了三个非常重要的问题，而这些问题的答案已经超越了牛顿动力学理论的范畴。

第一，科学思维基于它的开放性，对引力寻根刨底的诘问是科学认识的本性。我们已经在科学真理知识的意义上知道引力是与物质客体自身存在相关的固有力，它由物质自身的质量所决定，但反过来也可以说引力才是质量的表现，因为我们一样可以说引力质量。没有引力就无所谓质量，引力和质量是不可分割的统一。但它们为什么是统一的，是如何统一的？这却是引力理论没有解决的问题。所以，科学家、哲学家们可以追问：引力的本性是什么？质量如何产生引力？诚然，我们可以根据已有的科学认识和经验把引力归结为物质的本性。在物质世界意义上它确实就是物质本性，但不充分。为什么呢？因为这种本性说同样给非本性说留下了足够的空间，同样可以说物质的引力是上帝赋予的。但物质世界统一性理论如果给上帝留下推动的空间，则它就不是自我完备的，自然就不是绝对而只是相对存在了。因为这时真正绝对的存在只有上帝。所以，不回答引力的本性，仅把它作为物质本性，由此得出的绝对物质观是不完备的。这是相信物质世界统一性和规律性的科学家们依然可以把上帝作为世界根据的真正原因。

第二，对物质统一世界质点描述和统计描述的不协调是对牛顿经典物理学关于物质世界统一性描述的真正科学挑战。牛顿引力理论建立的物质世界统一性描述是质点动力学，但机械化和热机做功的工业革命技术的理论是宏观统计意义上的理论，即把热能转换为机械能做功的热机理论。热能是统计描述的，统计物理学理论已经证明了热宏观状态描述和质点描述的统一性关系，并合逻辑地把温度和热这些宏观统计状态描述看作是对原子、分子平均自由能的统计描述，所以温度就是一个系统的内能。到此为止一切都还相安无事，协调统一。然而，一旦把宏观态统计描述引入热运动普遍规律制约下的过程分析时，问题产生了：宏观热过程是系统内微观粒子自由能均等化过程，热力学第二定律说明热总是自发地从高温向低温物体传递，熵定律揭示了物质世界热运动演化过程是绝对地趋向热平衡的不可逆过程。所以，当从统计意义去分析和认识物质世界统一性意义的时候，物质世界的统一性演化就是向热平衡演化的不可逆的统一性。从热力学和从牛顿质点动力学理论出发理解的物质世界统一性是完全不同的。且在目前的理论认识条件下，两种物质世界统一性认识之间没有交集，没有合理的因果联系。持不同论点者都坚持说自己的理论才是最普遍的世界统一性理论。由此可见，仅停留在引力对物质世界制约关系去理解的世界统一性只是现象，必须回归引力的本质去解释世界统一性问题。

第三，对引力本质及引力定律关系的直接拷问是对它的动力学描述和现象过程的描述之间统一性问题。简言之，引力的动力学作用是超时和超距作用吗？如果引力作用是超时超距的，那么根据何在？如果没有超时超距作用存在，那么引力定律如何在时空中具体发生作用呢？这是关于物质世界认识的一个极为深刻而又基本的问题。

诚然，牛顿经典物理学理论包括引力定律是非时间性的动力学理论，它不涉及运动过程的时间性问题。所以，说牛顿经典物理学理论是违反时间不可逆本性的超时超距作用是有欠公允的。即使我们可以证明世界上不存在任何超时超距作用，也不等于说牛顿经典物理学理论错了。但是，由于牛顿动力学定律应用时既可作超时超距理解，亦可以作非超时超距作用理解，而引力这一抽象概念描述相互作用中的物体是在空间中没有直接接触的，那么它们的相互作用也许不是超时的，但直观的认识则是超距的，而超距作用和超时作用实际上是同一相互作用的时间和空间两种不同形式的理解而已。两个物体的引力是最简单、直接的物质客体相互作用，但又是最难以理解的相互作用。尽管我们无法证明它、解释它，但引力定律的真理性顺便把引力的超时超距作用本性馈赠给我们。实际上，在牛顿经典物理学理论发现后的相当长时间里，引力作用是否超时超距问题对它的应用及对世界的解释并无直接影响，从简洁性和便利性出发，把引力看作超时超距作用是合适的。

但是，麦克斯韦统一电磁场方程的建立粉碎了超时超距作用的梦幻。它证明了一切相互作用过程作为时间独立变量描述的现象，一定是需要时间的，光速是一切相互作用速度的上限，宇宙中没有超距超时作用存在。牛顿引力定律描述的引力相互作用关系，既不要求，也没说明引力作用是超时超距过程，但从牛顿引力定律出发也无法解释引力相互作用的时间性过程，这说明牛顿引力理论还不是对物质客体相互作用的本质解释。在更深层次的意义上，它所揭示的引力作用仍然只是现象，而这些现象的本质就是对引力的本质的思考和认识了。

三、引力的能量交换本质和引力作用的动力学过程

第一节已经得出了力的本质是物质客体的能量交换作用。引力是普遍的力的一种特定形式，它的本质同样必须从物体的能量交换作用去理解。当回到能量交换作用这一引力的最普遍本质时，我们希望能得到引力作用的质点动力学关系和它作用的过程关系的统一理解，从而能合理理解引力的本性及非超时超距作用。

广义能量守恒定律把世界一切物质客体的相互作用及能量子客体与物质实体之间的状态转化关系归纳为最基本的能量交换和转化规律。当回到能量交换理解引力本质的时候，引力的作用不再是简单的物体之间的直接相互作用，而是物质实体之间以能量交换为中介实现的相互作用，这就从简单的抽象动力学关系转换到具体客体之间的能量过程关系描述。从能量交换关系来理解的引力不再是非时间变量描述，而是在能量运动、交换及守恒规律制约

下的过程描述量，由此可以解决仅从动力学角度描述引力而带来的前述几个局限性问题。

一是为什么物质客体自身固有与质量相关的引力作用问题。按照广义能量守恒定律，物质客体是质能、结构能、状态能统一性结构，可以认为它的引力作用是在其结构稳定性的前提下发生的，即引力只与它的质量有关。两个物体之间存在引力说明它们之间有能量交换活动，但它们交换能量的原因只与质能有关，与结构能及状态能无关，由引力作用产生的现实状态变化只能由物之质量去解释。引力作为物质自身固有的力，又是在对自身之外的物体的作用中才成为引力的，由此可以得出推论，引力是基于物质自身质的规定性，依赖于具体质量而与外部环境进行能量交换的特定相互作用。当我们在能量交换意义下去理解引力的时候，引力对于物质客体的内在固有性所指的就是物质的特定质量所固有的特性，而不是指物体内部具有取之不尽、用之不竭的产生引力的能源，引力的普遍性及永恒性应该从物体与环境进行能量交换的普遍性和永恒性去理解。因为按照能量守恒定律，如果引力所交换的能量是基于物质客体质量所含的固有能量，则它一定会随交换而变化甚至会枯竭，这无法理解引力的现象，也无法理解质量之于物的存在的规定性。打个形象的比方，物质就像一台把热能转换为机械功的热机，它不是能源，而是能量交换器，所以它的稳定结构才是不随时间变化的，而只随能量输入的具体边界条件而改变运动状态。热机装置把热能转换为功的工作过程中，热机的物质结构是稳定不变的，它的本质是在自身状态的运动中实现输入、输出功能的转换，而运动过程中每一特定时刻，热机的输入、输出和自身内部的运动状态，都由能量守恒定律和热力学第二定律所约束，在功能转换动态过程中始终维持着能量守恒。物体在引力场中受引力作用又对外部产生引力作用，每一个独立的物质客体实质上就类似于一台热机，只不过输入和输出都是引力而已。这就是老子所说的“有之以为利，无之以为用”的自然世界有无统一性关系，由此去理解的物就不再是冰冷僵硬的东西，是在普遍联系和永恒运动中的动态存在，自然是统一有序的美妙世界。如果对引力的能量本质作这样理解的话，我们就无须因是否上帝为物质引力提供动力和根据而苦恼，因为引力所描述的相互作用是由能量守恒定律提供根据的。当从能量交换、转换的守恒本性去理解一切相互作用包括引力时，上帝的推动作用就是多余的了。当然，坚定的上帝信仰者可以说能量只能是上帝赋予的，但这是无法证明、理解而只能信仰的。如果这种信仰和我们关于自然的一切经验及认识都无关，那么上帝对我们究竟还有多大意义呢?

二是物质世界统一性的引力相互作用理解与热力学第二定律作用理解中何为更基本的问题。按照广义能量守恒定律，物质世界只是特定能量结构形式的存在，物质世界统一性虽然不是世界统一性的全部，但却是多样化世界的感性现实形态，它的统一性是世界统一性认识的现实基础。引力定律和热力学定律在物质统一性世界中一定是统一的，而哪一定律是特定的，哪一定律是起着最普遍的制约作用的，对理解它们的统一性关系至关重要。热力学论者从绝对物质观出发，把熵原理和热力学第二定律推断为自然最普遍的运动变化支配规律。世界统一性原理把广义能量守恒定律作为自然界最普遍的支配法则，且认为热力学定律统一于能量守恒定律。一旦建立起引力是能量交换作用的观念，这个长期纠缠不清的难题便迎刃而解了。引力作用比热传递描述的能量交换要普遍、基本得多。热传递只是在宏观意义上可以相互接触的物体之间的能量交换，不可逆热运动是指可以视为相互接触后通过动力学碰撞来交换动能的宏观物质系统中的不可逆过程，而非整个物质世界是一块铁板般向热平衡态演化的过程。热过程需要媒介去传播，物质客体的动能不能在真空中传递。但引力在物质世界中是最普遍的相互作用，它把一切物质客体普遍联系和相互作用建立了起来。有人别出心裁地认为“外星人”智力发展到可以屏蔽引力从而在宇宙随意来去，岂不知引力是不能用屏蔽来描述和解释的。屏蔽只在有极性的电磁力作用现象中才成立，利用极性反应实现电中性空间就叫屏蔽。引力是无极性力，总是指向发出引力的物质本身，又何以去消除它从而达到屏蔽的目的呢？所以，引力是物质世界最基本最普遍的相互联系和作用，热传递则是特定的局部现象，物质世界的统一性首先是建立在引力相互作用基础上的。

三是把引力看作能量交换作用时，两个物体的引力就不是它们之间的直接相互作用，而是能量交换过程。能量交换过程是以能量为中介的相互作用，这才有超距作用现实存在的具体机制，同时也就消除了超距作用的困扰。由于能量在空间中是以有限速度传播的，超距而不超时作用同时也成为可理解的现实。牛顿用引力来描述两个物体之间相互作用实际上就是用最简单的形式描述能量交换规律。从能量交换来理解引力既能合理地解释牛顿引力定律，又能消除对该定律的超时瞬间作用解释，把动力学关系和过程关系统一起来，把牛顿动力学理论和麦克斯韦电磁场方程组统一起来。

在把引力看作能量交换作用基础上，需要进一步分析和考察引力抽象的能量交换过程和牛顿引力定律动力学描述的统一性关系。

从物体能量辐射、传播并和传播中所遇物体发生能量交换的角度分析，最简单的方法是用引力场来建立物体的能量传播描述，再用场来描述对其他物体的能量交换作用，而不再需要建立物体之间相互作用描述。

设物体质量为 M_1，它以稳定的速率向空间传播产生引力作用的能量通量一定和 M_1 有关，即：

$$E ¢ = kM_1$$

式中 E 指由物体质量决定的单位时间辐射能量，为常数。根据能量守恒定律，对物体的任一闭合曲面而言，它的能量通量不变，用球面坐标描述时，我们可以从几何上得出距离物体距离为 R 的点的单位面积能量通量和距离二次方成反比的关系。这个单位面积能量通量定义为引力场强度，则物体的引力可用引力场函数来描述：$E \propto K\dfrac{M_1}{R^2}$。从能量传播和交换观点看，引力作用的基础是物体质量在其外空间建立的稳定的能量梯度传播的分布场。它对物体的作用是场在起作用，是场中的能量转化为对物体的作用，这种作用就是牛顿所说的引力。引力的作用和场强及被作用物体的质量成正比，即：

$$F_1 = E_1 M_2 \propto K\frac{M_1 M_2}{R^2} = G\frac{M_1 M_2}{R^2}$$

同理，M_2 产生的场强 $E_2 \propto KM_1/R^2$，它对 M_1 的作用力为：

$$F_2 = E_2 M_1 \propto K\frac{M_1 M_2}{R^2} = G\frac{M_1 M_2}{R^2}$$

这就是牛顿的引力定律，但我们把它视为能量交换作用而进行过程分析时，两个物体之间的引力作用已经不再是两个物体直接相互作用那种作用力和反作用力性质的瞬时作用，而是两个独立的物在空间中以有限速度传播波的相互作用过程。就地球和太阳的引力相互作用而论，很难想象似乎有一根无形的绳子把它们直接联系在一起，因为这根无形绳子的拉力是随距离而变的力，如果不是从场强及能量通量密度与距离的二次方反比关系去理解，那真的只能从上帝的魔法去理解了。从能量交换观点把引力看作时空中的过程现象时，实际上应该把地球对太阳的引力作用与太阳对地球的引力作用看作普遍联系和相互作用的物质世界的独立运动过程，只不过两个独立过程恰好作用力大小相等、方向相反，我们将之等同为超距超时的物体直接相互作用是不正确的。当然，在不需要考虑实际过程的动力学关系中，牛顿引力定律更简洁和直接，但牛顿引力定律只是引力场作用的特定抽象描述，引力场才是更普遍的概念。我们从力来定义场，但逻辑上场在前，力在后，场是无所不在的，力则只有在场中的物体中才表现出来。

从引力的本质是能量交换得出对引力作用的动力学关系与过程关系的统一理解，牛顿引力定律就不应再看作物体之间超时超距的直接相互作用规律，引力的作用就是在引力定律揭示的动力学规律制约下的时间过程现象。当然，对引力本质的思考已经超出了传统物理理论框架，它解释了引力的时间过程，但又在更普遍的意义即在世界统一性理论思考中向我们提出了更深刻的问题。对此，仅从逻辑统一性意义上作出简单的归纳和假设，或许对追求世界统一性的科学家们有所启示。

首先，物质客体以引力形式发生的对其他物体的相互作用并不是传统物理学理论描述的直接相互作用，而是以能量为中介的间接相互作用。物质客体辐射引力能量建立能量场，它的能量场与处于场中的其他物质客体直接产生能量交换行为，引力的现实作用是非物质状态的能量存在与处于场中的物质客体之间的直接能量交换，物质客体辐射和吸收引力场的能量是两个无关联的独立过程，物质客体之间抽象的引力作用不是瞬时的，现实上也没有可理解的既直接又超距的相互作用这种现象。辐射引力场能量的物体是引力场的能量源，是引力作用的发生者，吸收它的引力场能量的物体则是被作用者，每一个具体之物都具有作用者和被作用者双重属性，两种属性统一于具体质量且它们之间没有相互依赖的必然因果关系。抽象引力以能量为中介在过程中现实表现出来，能量场的中介性消除了引力超时超距作用的魔咒。在物质世界意义下，物体的引力作用对任何一个客体都是独立的完整存在，即引力场源的客体存在性不依赖于被作用物体的存在，这是物质世界的任一客体都是具体、独立自足的客体的充分根据。每一个具备独立自在完备性的物体与世界的普遍联系和相互作用都是以能量交换形式建立起来。这样理解的物质世界才是物质独立实在性和物质世界普遍联系相统一的世界，而引力正是世界统一性构建之中的能量交换作用的抽象描述，故它对物质世界的统一性认识具有优先的基础地位。当我们从特定的引力定律归纳出引力场及引力场中物体与能量交换过程关系后，对牛顿引力定律必须作为忽略了过程的动力学定律而非超距超时作用的物体直接作用反作用规律去理解。

其次，把引力的相互作用还原为能量交换，并且是在具体引力场形式下的自由能交换，同时考虑到引力场和光同样是以有限速度传播的科学知识，我们就能进一步探讨引力的本性，回答引力是什么这一最基本问题。现代物理学已经得出宇宙中一切过程都不能超越光速的结论，就是说，引力在空间的传播、引力场的传播速度和电磁波的性质是一样的。科学家告诉我们，如果太阳在某一时刻突然消失，它对地球的引力作用并不是同时消失的，而是和它的辐射光一样，在约八分钟后才影响到地球。据此，我们完全可以推断，引力的本性和光一样，是独立于产生它的物质客体的自足自洽的客体存在，这种由物质客体辐射的引力携带者就是和光本性一样的能量子客体，否则引力的有限传播速度就是无法解释的。物质的引力并不是物质的运动，则只能理解为物质辐射的能量子的运动，引力的传播及它和物质的能量交换作用只能推断为是和光本性相同的能量子在发生作用，只不过它是无客体，它的辐射不在可见光范围，不能由人的感官直接感知而已。

把引力这种抽象相互作用力的本性推断为和光及电磁波同一的能量子，就能从理论上为爱因斯坦的广义相对论提供合理的根据。广义相对论的目的是消除非惯性参照系对物理学定律相对不变性的限制，将之推广到最普遍的相对参照系。由于引力对一切物体作用的绝对性，不同星体构成的惯性参照系是纯粹理论抽象，只有在同一星球上的不同观察者才有可能满足惯性参照系条件，从而保证科学定律描述形式的相对不变性。引力作用的绝对普遍性使伽利略变换的适用范围大打折扣。爱因斯坦广义相对论要消除引力在参照系之间的直接相互作用，才能把一切参照系变为惯性系，故广义相对论的前提就是一个大胆的假定：引力并不是力，它不是一般相互作用的力，而只是时空并非平坦这一事实的结果。当从世界统一性原理的广义能量守恒定律出发，把引力的作用看作是引力能量子和物质客体的能量交换，把引力的本性理解为能量子客体时，广义相对论把引力理解为不是力而是时空不平坦这一事实的结果就不只是革命性的大胆假设，而是有充分而合理的根据了。对引力能量子和物质客体的相互作用，可以像牛顿那样用抽象相互作用力去描述，也可以从能量交换去直接描述，在后一描述形式中引力的作用就不是力，而是直接还原到能量交换关系了。事实上能量子和物的作用是超越了抽象力描述的，根本就不需要力去抽象。广义相对论的革命性假设并不是否定和取消牛顿的万有引力作用，而是把抽象的相互作用力描述还原到更基本的能量关系去描述。广义相对论的科学真理性在更普遍意义上证实了抽象的力实质上就是具体的能量交换，抽象引力的本性其实就是具体客体存在。所谓时空不平坦的事实的结果则不能从传统的伽利略空间和时间意义去理解，也不能仅从狭义相对论的统一时空去理解，这些时空是和客体世界存在及其运动无相关性的纯粹认识形式。这些纯形式的统一性是由演绎推理来保证的，不是由经验综合并证明的，不存在所谓事实和结果。广义相对论的不平坦时空不是纯粹时空形式，它还包括引力在时空中的分布，它严谨的概念应该是引力时空形式，所谓时空弯曲就是指引力在各向同性时空中的分布是不均匀的，这是它和纯粹形式各向同性时空的本质区别。产生这一区别的原因就在于引力不是纯粹形式，而是具有客体本性的存在，它的具体现实形式是取决于引力能量子客体存在的分布及运动变化的，在这种和客体相关的引力时空中，才有所谓事实和结果。

最后，从世界统一性原则出发，对引力能量子的存在及运动形式作一般性的大胆猜测，真正具体知识只能留给物理学家们了。原则上可以设想物体辐射的引力能量子的特性是依赖于物质底层最基本结构的质量存在的，由此才能解释引力和质量的正比相关性、非极性特性及由此派生的算术求和特性，它和质量正相关而与具体结构性无关的事实表明它和构成一切复杂实体结构的“一”相关。按照量子理论，能量子的能量是一个只和频率相关的不可分割的独立量，它的弱力性质表明了它的能量交换作用远比电磁力低，即它的能量比电磁场的小，即它的波长要长得多，频率低得多，以至在经验中我们很难感觉和检测到它。而且，在波长极长的情况下，可以对引力不受其他物体屏障而具有普遍性及每一物体引力存在的独立完备性进行合理的解释。

把引力场理解为物质基于其质量而对外部源源不断的能量子辐射，按常识就要回答提供源源不断的引力能量子辐射的恒场源是什么。如果不对此作出解释和证明，引力和力的能量交换本质就没有根据，甚至能量守恒定律也面临崩溃的危险。但至少我们对广义能量守恒定律是具有足够信心的，应在此基础上完备地解决引力所描述的物体能量交换的完整过程。宇宙中已知的最大的辐射源是恒星，按照能量守恒定律，恒星辐射将损失自身的物质和能量，故一切太阳都是有寿命的。但物质在产生引力作用时保持着质量的稳定性，且引力和物体结构能无关，物质的质能和结构能不是引力的能源，引力能量子就只能从状态能去理解，物体的质能和结构能只是起着引力能量转换的“机器结构”作用，这是从能量守恒定律得出的可靠推论。否则，物质客体在发射能量建立引力场的时候，就与发生放射性衰变同一原理，自身的质能、结构能将发生演变，不再是稳定结构存在了。但我们所知道的引力作用是不影响它自身的质能、结构能的独立存在性的，引力过程是保持物体自身不变而发生的对外作用。引力作用作为物体的自身固有性质正是这种转换功能的本性，而不是将自身转换为建立引力场的能量。从老子对世界统一性那句耐人寻味的概括——“有之以为利，无之以为用”来理解引力或可茅塞顿开。物质客体作为有是利用能量的根据和条件，它只有通过自身状态的变化，由状态能这一特定的能量形式，在状态的运动变化中，按照能量守恒和运动定律与整个外部物质世界完美有序地在动态相互作用，才是有无统一的现实存在。这种具体的引力作用和热辐射、吸收一样，是双向的，是分立量子化的，是在抽象状态能和能量子的转换中真正实现的。物质世界“有之以为利，无之以为用”的最基本、最普遍的具体现象就在引力作用关系之中。

把物质实体的引力作用理解为能量交换作用时，逻辑上就规定了物体吸收的能量和辐射的引力能量子是相同形式的能量，具体来说是引力能量子和物质状态能量的转换，如果把两者视为同一，就是把物质发生的引力只理解为抽象状态量，则有无相生的转换就失去意义了。为什么物体既吸收又发射引力能量子呢？这只能从自然界在动态相互作用中绝对保持着能量守恒的意义去理解，既吸收又发射引力能量子的物质客体必须保证在任何时刻、在引力场中任何势能位置能量守恒关系不变，在质能、结构能不变的条件下，物体状态能和引力能量子的转换，是能量在动态守恒过程中合乎逻辑的结果。被物质客体吸收的引力能量子不再是客体，转换为物质状态能，引力作用就是改变物体的运动状态。物质辐射的引力能量子则只能理解为由状态能转换而来，物质既吸收又辐射能量是最普遍的有无相生作用，是质和能建立世界普遍联系和相互作用的基本形式。物体既吸收又发射引力能量子是由能量守恒定律决定的，在质能、结构能不变的条件下，物体的势能、动能依赖引力能量子的吸收和辐射维持着动态的守恒。由此看来，说引力建立了物质世界统一性就是说能量建立了物质世界统一性，物质世界的统一性不仅可以理解为物质客体之间的抽象相互作用建立的普遍联系和相互作用，更应该具体理解为物质实体粒子和能量子客体的普遍的转换作用过程。

把力的本质理解为能量交换，把引力的本性归结为能量子，最终需要科学家们的贡献。本人只是粗通那些常识性物理知识，在思考力的本性时是最痛苦的，一个很基本的问题常常令你止步不前。在把引力的本性理解为能量子时，曾面临一个无法回避的难题：为什么引力作用是矢量相加的，这一特性如何和能量的标量特性相协调。每个质点的引力是矢量和，宏观物体的能量、质量作用叠加则退化为算术和，这是牛顿抽象质点成立的根据，否则说地球引力就没有意义了，这也和引力的能量子本性相协调。但一个物体受到不同物体的引力作用时，总的作用结果是矢量和，如果两个大小相等、方向相反的引力作用于一物体，两引力的总作用是合引力为零，没有实际作用。从抽象相互作用力去考虑，一切顺理成章；从引力的能量子本性考虑，问题产生了：它似乎意味着能量子共同作用于一个客体时相互抵消了，这是和能量子的本性及能量守恒定律不协调的。能量是不生不灭的绝对存在，它如何能抵消了呢？能量子的本性是无结构规定性，它和物质客体的最本质区别在于物质客体有空间结构性，因而一切物质粒子在理论上都有共轭结构的反粒子存在，无结构的能量子却是不会有反粒子的。同样的能量子客体作用于同一物体时何以能相互抵消变成不存在了呢？能量存在的绝对性说明能量在存在意义上没有反能量，只有正能量，否则正反能量相互抵消就没有能量守恒了。我们常识中和正能量相对应的负能量只有相对性的认识论意义，不是指有一种和正能量相反的负能量存在，而是指失去能量。在存在论意义上，能量就是能量，是绝对的存在，根本没有正能量、负能量问题。既然如此，在把引力理解为能量交换作用，把能量子理解为引力本性时，必须合理解释引力合力矢量和的理由和根据。这一问题在光的客体性理解中同样存在，否则，光的干涉就是光是运动现象的证据，是对光的客体性的否定。

为什么光量子在波动传播中会出现干涉现象呢？为什么引力叠加作用是矢量和，可能出现总引力为零的情况呢？经过探索，我找到了答案，真正的原因在于自然客体相互作用最普遍的量子性。引力对物体的作用是能量子对物质粒子的作用，这种作用和光电效应本质上是一样的，即能量子转化为实体粒子的状态能，引力作用的矢量和不是引力能量子的相互叠加作用，而是按分立量子态与实体粒子相互作用并转化为状态能后，才产生力学意义上的矢量和的，这是由实体粒子的运动状态描述规律所决定的，和能量子能量的标量本性无关，更不能理解为能量子相互作用并相互抵消，使能量趋于零。否定能量子的直接相互作用，同样可以合理解释光量子客体的干涉现象。光相干不会在真空中发生，我们看到的干涉现象只能理解为光作用于物质粒子时的结果。如果把能量子理解为自身相互作用的存在，则自然在底层就是无无相生相灭的，不是有无相生相灭的世界。所幸我们的经验只支持有无相生，不支持无无相生，相互作用力和场只对物质客体有意义，我们也不能把能量等效为质量去计算其产生的等效引力，能量在客体和状态之间的转换也是以物质实体为载体才能实现的。由此可见，力只是物质客体能量交换作用的抽象描述概念。

力不是最普遍的相互作用描述概念，最普遍的相互作用是能量交换和转化。因此，物质世界的动力学定律都只是能量转换的特定规律，牛顿三大定律的根据同样是能量守恒的绝对法则。

第三节　牛顿三大定律的能量交换意义

一、惯性定律：能量交换是物体状态改变的根本原因

牛顿在1687年发表的重要著作《自然哲学的数学原理》中，把最一般的抽象力对物体的动力学作用关系综合归纳为牛顿三大定律，这是经典物理学体系的基础和核心。牛顿三大定律的第一定律即惯性定律，指出：任何物体都保持静止或直线匀速运动状态，直到作用在它上面的力迫使它改变这种状态为止。从形式上看，惯性定律并不涉及通常力学研究中的在因果必然规律支配下的运动变化量的行为描述，不涉及运动变化及其推动力的定量预言及判断，所以它是最简单的定性描述。但它对于物质世界统一性关系的描述却是至关重要的。惯性定律对力和运动关系的认识，特别是对力的普遍意义的定性认识和抽象统一，是人类自亚里士多德以来关于力和运动关系认识和深刻的革命性变革，正是这种变革才创生了物质世界统一性的科学认识。

力是人类在和外部世界交互作用以及观察描述外部物质客体之间相互作用中的最早的基本抽象概念之一，但它和物的指称概念不同，它是人类产生了抽象思维之后才建立起来的概念。直到牛顿建立惯性定律对之定性描述之前，力依然是基于感性经验的抽象而非普遍客观性的知性科学抽象概念。

在以地球为静止参照系的绝对空间观下，亚里士多德的力是运动原因的归纳甚至还没有把匀速运动和变速运动区分开来，在逻辑上绝对运动只能是变速运动，因为匀速运动是没有力推动的。随着哥白尼“日心说”的传播和普及，地球的绝对静止状态受到严重质疑，力是运动原因的信念也从基础上被动摇了。因为地球一旦不是绝对静止的，那么以它为参照系的运动或静止就是相对的，由相对的运动来理解和规定力没有绝对的普遍意义。同时，即使在以地球为静止参照系的运动现象研究中，十六世纪伽利略在自由落体、斜面、单摆等大量实验中已经发现，只有把力理解为物体运动改变的原

因才是普遍性的事实。牛顿在哥白尼“日心说”和伽利略把力作为运动改变而非运动的原因的科学结论基础上进一步综合，在更加普遍层次上归纳出惯性定律，得到物质世界统一性认识的基础。对惯性定律的意义，可以从如下三个方面去认识：

第一，它最核心的、最简洁的意义概括为力是运动改变而不是运动的原因，这是对惯性定律众所周知的中肯评价。这种概念规定性转换的本质和意义是什么呢？是否意味着力是运动原因的规定性是胡说八道呢？从科学描述意义上看，力是运动原因乃是力是运动改变原因规定性的特定形式，而不是纯粹胡说八道。力是运动改变的原因这一陈述限定在已经确定的坐标系中，在以相对坐标系静止状态作为描述起点这种特定边界条件下，它就简化为力是运动的原因。实际上，这种边界条件下，在把运动理解为变速运动的限定下，运动的改变还原为运动本身是合乎逻辑的，而这正是我们感性经验中常用的简洁描述和思维模式，也是古希腊时代以地心为绝对静止参照系去感知和描述物体运动的基础，其真正的局限性在于绝对空间观。伽利略和牛顿的贡献在于把绝对空间扩展到相对空间，把对物体相互作用的抽象力概念从地心参照系特定情形推广到惯性系中任一绝对空间。因为，即使在相对参照系中，在对象客体初始速度不为零的条件下，它的运动改变都是确定性的绝对描述量，因此它具有更加普遍的客观性，不随参照系及物体初始状态而变，成为对物质世界运动及物体相互作用描述的最普遍抽象描述。

第二，用运动改变而非运动来规定力时，对物质运动的绝对空间描述就上升为可以在不同的绝对空间惯性系中的等价描述，而不会对描述的客观普遍有效性有任何影响。不同的绝对空间的统一就是相对空间观了。惯性定律以伽利略相对空间变换关系为基础，但它不是从相对空间理论中演绎而来的，而是以之为基础进行更普遍的综合而归纳出来的。这里需要记住，绝对空间不是绝对空间观，绝对空间是指确定了参考点的确定性空间描述体系，它是普遍相对空间描述的特定的确定形式；而绝对空间观则是认为只有一个空间参考点从而排斥一切其他参考点。我们否定了绝对空间观却摆脱不了绝对空间，因为任何具体的运动描述都是特定描述，都必须在确定性的绝对空间中进行。没有绝对空间就没有相对空间，相对空间是绝对空间的统一。从绝对空间观向相对空间观的观念革命是人类走向普遍的物质世界认识的又一个重大进步，甚至可以用革命性去充分肯定之。其实，从力的本质是能量交换就更能明白惯性定律的本质意义，物体运动状态的改变的现实意义就是获得或失去状态能量，它把相对运动描述导向绝对性意义。

第三，惯性定律是比力是物体运动改变原因这一普遍抽象更加普遍的物质世界本性归纳。因为惯性概念是一个描述物质客体存在和它运动状态相统一的概念，而不是力或运动这种纯粹是物质运动状态描述的一般概念，惯性质量是存在论意义上的，从爱因斯坦建立广义相对论时对惯性质量和引力质量同一性论证就可见一斑。惯性定律是一个定性描述，给力定性。但并不仅限于此，它的最深刻意义是给物质定性，所以它是存在和状态相统一意义上的定性。惯性对存在者的定性我们称之为惯性质量。物质之所以为物质的充足理由就是它具有质量，惯性是物体的惯性，是由其质量决定的；反之，如果不具有惯性，意味着它不是质量客体，它就不符合物质规定性。所以，惯性和质量既不同一又同一，不同一是一为存在者，一为存在者属性或现象，同一的是它们是不可分的，所以惯性定律的最深刻的本体论意义在于它是物质存在和它的运动状态的统一性归纳。如果不理解这一点，就无法体会到力在物质世界统一性认识中的基础地位，并且往往会出现逻辑混乱和错误，把电磁波、电磁场当物质存在就是典型例子。在绝对物质观支配下，对光及电磁能量子客体性的不可否定性导致人们把它作为物质客体。但这是违反惯性定律的，尽管在技术上可以根据相对论的质能等效关系得出光量子的等效质量，但等效质量就是非质量，两者不能混为一谈。因为具有等效质量的光量子根本不能用惯性来描述，即它根本没有质量，不能谓之物质。试想一下，能通过力来改变光量子的“惯性”吗？不能，光速不变性是绝对不变性，我们既不能加速也不能减速它的运动，甚至不能通过转换参考点用相对描述来改变它的“惯性”。由惯性来规定的具有惯性的客体才是物质客体，唯此惯性和力才成为物质世界普遍联系和相互作用的基本描述，这就是惯性定律“定性”的根本意义。

从力及惯性无法描述光量子即能量子运动可以进一步确证，物质世界只是普遍世界的一个特定的结构性存在形态，对惯性及力的更普遍的本性思考必须回到更普遍的能量概念和运动变化规律中来。力的本质是能量交换在惯性概念及惯性定律中又得到了印证。从力的本质即能量交换的观点来看，惯性定律的含义就是说物体除非吸收或放出能量，否则它的运动状态就不会发生改变，物质客体的动力学关系就是状态能量或所谓机械能在守恒法则下的交换关系。当我们把物质作为各种能量统一体的时候，从能量去描述的物质运动状态的改变就具有更普遍的意义。

用能量交换去理解物体相互作用这一力的概念的本质的时候，运动描述的相对性已经自然而然地解决了，因为从能量交换角度看，力与物体的初始速度无关，也与参考坐标系无关，所交换的能量是与初始条件无关也与相对空间参照系无关的绝对性描述。据此，我们有理由充分相信，用能量描述的世界是更普遍的统一世界，世界的最终本性和本质应该在能量世界中得到统一性的理解和描述。

惯性定律的本质意义是力是运动改变的原因，能量描述是状态能量改变是物体运动改变的原因。说两者等效不难理解，说能量描述是包括力描述的更普遍归纳却可能令大多数人难以接受，因为我们思维已经形成了力是最普遍抽象的惯性。力的普遍相互作用关系是在物质世界这一定义域中的普遍性，质点和量子化的能量子的相互作用是不能用力去描述的，以质点动力学为基础归纳而来的能量状态描述和机械能守恒定律在逻辑上是更普遍的经验归纳，不能机械地坚持力的抽象的最普遍意义。质点动力学的革命性意义是相对空间观的建立，它对物质运动的革命性意义是运动和静止都是相对的，是依赖于所选择的运动描述参照系而言的。从理性统一性意义看，相对性认识不是最高目标，人类追求的最高境界是绝对，对运动认识也无出其左右。正是这种信念产生了静止是相对的、运动是绝对的所谓绝对运动观，这当然是不合逻辑的。惯性定律的科学陈述实质上隐含着这样一个绝对命题：力的作用绝对决定物体运动状态的改变。惯性定律告诉我们，有力的作用绝对有运动变化，并且这种变化和空间相对性无关。与之同理，动力学的机械能和参照系有关，但其改变量同样和参照系无关，是绝对描述。在依赖于参照系的运动描述中，一切运动，包括在改变中的运动速度都是相对性的，遮蔽了运动改变和参照系无关的绝对性本质。如果回到惯性定律的能量交换描述，一切都一目了然了。能量是不生不灭的绝对存在，能量交换是物体运动改变的原因就是绝对的了。从最普遍的能量出发描述的惯性定律才是最普遍、最简洁、最基本的。

力的能量交换本质与惯性定律对物质世界的定性规定性是统一的，惯性是普遍世界现象的特定存在和特定运动描述形式。那么，广义能量守恒定律这一支配世界的最高定律是物质世界相互作用制约规律的根据，即牛顿力学第二定律同样必须在广义能量守恒定律特定描述形式意义下得到合理的说明。

二、加速度定律：运动速度变化率由能量交换量决定

牛顿加速度定律即牛顿力学第二定律把力对物体作用时产生的运动变化作定量描述，建立起力和物体运动速度变化率的必然性因果关系，这个定理中运动速度变化率是用加速度 a 这个概念去描述的。

牛顿对科学认识的另一重大贡献是在数学这一形而上学领域，并且正是在数学方法上的突破才使经典力学理论成为可能。这种数学认识的科学成就的重要意义就直接体现在他的《自然哲学的数学原理》中。其中最为本质的就是牛顿用微积分描述的物体速度变化率（即加速度）与作用力的因果关系规律，它是牛顿三大定律中最重要的内容。说得简单一点，牛顿的划时代贡献是用微积分进行速度和加速度的瞬时形式描述，并得出了加速度定律等经典物理学定律。

按照感性直观的思维，运动变化的瞬时速度是一个很难理解的概念。从古希腊的芝诺提出飞矢不动这个诡辩命题起，瞬时速度就一直在困扰着人类。牛顿通过微分方法，实现了瞬时速度的科学描述。微分方法就是将平均速度 $V=\frac{\triangle_s}{\triangle_t}$ 对时间取极限，当时间间隔 $\triangle_t \to 0$ 时的平均速度就是瞬时速度。

对一个连续函数描述的运动方程，如果它是可导的，则我们就能用微分方法求出它的导数函数，并由此得知这一运动描述在定义域中任一点的瞬时速度。牛顿用微分及极限方法得出完美的瞬时速度，即在运动过程中每一点的速度的科学描述。所以，只有理解微分及极限方法的本质，理解$\triangle_t \to 0$但不等于0，无限小趋近于0但又不等于零的物理意义及数学意义，才能从根本上理解牛顿经典物理学理论。由此可见，正是新的数学原理使牛顿的自然哲学超越了经验，建立了物质世界运动描述的客观、普遍有效的定律。

牛顿第二定律用加速度来描述在力作用下物体运动瞬时速度变化的必然性因果普遍关系。牛顿对第二定律的描述是：运动变化与所加的动力成正比，并且发生在这力所沿直线方向上。运动的变化即运动速度的变化，速度的单位时间变化率，叫加速度。用微分方法同样可以得到加速度 a 的瞬时描述。但牛顿在定律中指的运动不是速度描述，而是动量描述，即物体的质量和速度的积$p=mv$，所以$F=\frac{dp}{dt}$即运动的变化是用微分求导来描述的。

当m与运动无关时，$dp=Fdt$，$F=\frac{mdv}{dt}=ma$。其中$a=\frac{dv}{dt}$就是随时间变化的速度的变化率，即瞬时加速度。力和运动变化率的最普遍的定量关系，还是$F=\frac{dp}{dt}$这一牛顿的最初表述，因为它不仅是运动和力的定量关系，还包括了质量变化在内的普遍关系。

从加速度定律的微分形式考察能量与运动变化的定量关系，从物理意义考察，力的量纲是LMT^{-2}，能量的量纲是L^2MT^{-2}，意味着力不是能量本身，而是能量交换的一种抽象关系描述，而能量则是包括具体客体存在及其状态现象在内的统一性描述概念，是具有本质规定性的概念，它们不能直接等效和比较是合乎情理的。从它们的量纲考察，能量和力的联系是通过 L 建立起来的，即力与位移的积就构成了等效的能量描述。位移和力在位移方向的分量的乘积是力所做的功，它和能量是等效的。按照物理学的传统概念，功是力在路程中作用的累积效应，能量是在某一确定点的状态函数，它们量纲、数值相同但物理意义不同。但从世界统一性原理看来，功是特定形式的能量，即主客观相统一的能量。至于能量，它不仅是现象，不仅是纯粹抽象的状态函数，而是包括功在内的最普遍的宇宙统一性存在。所以，力的作用所产生的行为就是能量行为，力和能量的关系就通过它所作用的位移得以统一。在质点动力学的特定意义上，力是运动的原因；从最普遍的能量意义看，运动的变化是物体按照能量守恒定律得到或失去状态能的过程，运动的变化是状态能的变化，运动变化量和变化率是由能量守恒定律决定和支配的。

由上所述可知，要由加速度的微分形式用能量交换关系把力与物体运动变化定量关系统一起来是困难的。因为微分形式是以点速度及加速度描述的关系，而能量交换作用的最直接形式是过程位移中的累积关系。所以，它应该从加速度定量变化了的积分形式去考察才易于理解。牛顿第二定律有动量定理和能量定理两种不同的描述形式，从动能定理的积分形式去理解加速度和能量交换的统一性关系应该是最直接简便的。

作为牛顿第二定律积分形式的动能定理告诉我们，当物体在变力 f 作用下，从 a 点沿曲线运动到点 b 时，用 V_a 和 V_b 分别表示起点 a 和终点 b 的速度，则这过程中 f 所做的功 $A=\frac{1}{2}mV_b^2-\frac{1}{2}mV_a^2$，表明外力对物体做的功总是等于物体动能的增量。牛顿第二定律的这一表述形式和它的动量定理形式及牛顿最早的积分形式都是等价的，是同一定理从不同角度去考察而表现出不同的描述而已。但从动能定理中却能更清楚地描述出力的能量交换关系。因为它建立了运动的改变和能量的改变的相关关系，由此得出牛顿第二定律所揭示的力与运动变化关系同能量交换关系的具体统一性理解。

第一，动能定理表明，力作用改变物体运动状态最终只能从能量状态的改变去理解，从而进一步说明力的作用的本质就是能量交换。物体在力作用下的运动，不管力是恒力还是变力，也不管物体是做直线运动还是曲线运动，它的运动的改变即速度的改变只由它的能量改变所决定，速度的增量与动能的增量是单值对应的。从动能定理描述中，动能增量与过程无关而只与始点及终点速度有关的特性可以推断，运动的改变只和动能改变有关是在整个过程中恒成立的，动能既是状态，又是量积量，因为任一状态都是以前累积而来的状态，它把初始状态及随后的变化全部包括了。这就说明，力本质上就是能量交换，力作用强就是交换之能量大，外力作用于物体时物体动能增加，而物体动能减少实际上意味着物体把动能转化为对外做功，即向物体外传递能量。为什么力作用的累积效应能全部在点上表现出来呢？这是由能量守恒的特性决定的。正是这一特性，使得力即能量交换作用的过程和它任何时空点上的存在状态都是统一而完美的。

第二，动能定理表明，能量交换是一种绝对作用，它反映了物体在力作用下发生运动变化的本质。为什么物理学的物体的位置、速度以及由速度来规定的动能这些概念都是相对性的呢？为什么空间描述具有相对性呢？这是一个具有世界统一性智慧才能理解的问题。它的最根本原因在于物质世界并不是绝对的世界存在，而是相对性的存在，除此之外无法对物质世界的相对性有任何可能的解释。牛顿相对空间观说明物体的速度、动能这些状态描述量是具有相对性的，它只有以指定的参照系为前提才有确定性意义。但是，客体世界包括它的相互作用不管如何描述，总是它本来的样子，任何相对描述必须以它的绝对性为前提，但这个绝对性的前提不在物质世界自身，而在物质世界的前提和根据之中，即在能量世界的本性之中。从牛顿第二定律的动能定理看，尽管我们的动能是对物质客体状态的现象描述，物质世界描述的相对性在先地决定了它的描述相对性。但抛开抽象的状态描述，回归现实的物体相互交换动能的过程时，速度、运动依然是相对性描述，但能量交换关系则是绝对性描述。这是广义能量守恒定律作为世界最高定律的又一证据。从科学认识意义上看，牛顿第二定律的动能表达式也是更基本和普遍的，因为牛顿第二定律在动能表达式中达到了绝对科学真理所追求的客观而普遍有效的绝对知识。

第三，从动能定理中我们可以把能量及能量交换理解为物质世界及物体运动的本质。因为能量的普遍性及动能之于速度的普遍性是在存在论而不只是认识论意义上说的，所以由能量及能量交换来理解的力改变物体运动过程更具普遍意义。也许有人会认为动能是由速度来规定的，从逻辑上看是速度、运动决定动能，后者只是前者的状态描述而已。这在认识逻辑上是有合理性的，但人类对自然界的科学知识的归纳正是从个别到一般再到普遍的。没有物质自然没有状态，但物质的状态并不是它的外衣，而是它自身统一性存在的不可分割的组成部分。它的状态和它的质量一样是与生俱来的本质，质、量、状态相统一的实在之物只是从本原状态转化而来的特定结构性形式的能量罢了。同时，在认识论意义上如果我们坚持经验论原则，把人类对具体现实客体世界的认识理解为从个别到一般的归纳过程的话，则把能量概念、动能概念及能量定理理解为从物体运动特定现象中综合出来的更普遍概念及规律就是合理的了。

所以，力对运动改变的定量描述的决定性关系即牛顿第二定律是以能量交换作为运动变化的根据的，正是能量守恒定律决定了力对物体运动改变作用的定量关系。换句话说，我们既可以说从牛顿第二定律中归纳出能量守恒定律，也可以说，从能量守恒定律可以演绎出牛顿第二定律。后者只是前者的特定描述形式，两种说法都具有合理性，只不过描述的角度不同而已。

三、作用力与反作用力定律的能量守恒意义

牛顿第三定律又叫作用力和反作用力定律。它既不是纯粹的定性也不是纯粹定量的定律，倒有点把定性的第一定律和定量的第二定律统一起来的味道。但事实上物质世界的普遍联系和相互作用的本性和规则是用牛顿第三定律来表述的，而这才是真正体现了牛顿动力学三大定律的完整意义。

在物理学教程描述中，牛顿第三定律是［“两个物体之间的相互作用力，在同一直线上，大小相等而方向相反。或者说，当物体 A 以力 F_{AB} 作用在物体 B 上时，物体 B 必定同时以力 F_{BA} 作用在物体 A 上；F_{AB} 和 F_{BA} 作用在一条直线上，大小相等而方向相反，亦即 $F_{AB} = -F_{BA}$ 我们把 F_{AB} 和 F_{BA} 中的一个叫做作用力，则另一个叫做反作用力，第三定律表明，作用力和反作用力总是同时以大小相等方向相反的方式成对地出现的，它们同时出现，同时消失，没有主次之分”］。[③]

牛顿第三定律这非常简洁、普适的内容描述所包含的信息量是非常丰富

的，且其意义还需要以特定的限制条件为前提，而不是自明的。上述物理学教科书中所举的作用力和反作用力例子及说明也有不尽如人意之处。

比如说“作用力和反作用力总是同时以大小相等方向相反的方式成对地出现”的解释在动力学意义上是基本成立的，就是说，描述物体 A、B 相互作用的动力学关系时这么理解没有问题。比如马通过绳子的张力拉车，车的阻力即反作用力以张力形式反作用于马，在绳子的任何一点上都可以得到一对大小相等、方向相反的作用力和反作用力，这两个力分别作用于马拉的车和拉车的马身上。产生张力的绳子内部的相互作用机理并非如此简单，而且许多微观作用机理是我们现在还不明白的，但是就宏观运动分析而言，我们可以忽略中间的一切微观过程，把它统一抽象为一对作用力和反作用力来描述马与车之间的相互作用关系，这在动力学宏观描述的边界条件下是成立的，而且是非常必要和成功的。但不能忘记这是在特定边界条件和假设前提下的抽象描述，不要误认为两个物体就是通过张力这种抽象描述直接相互作用似的。现实的物质世界相互作用比这种抽象描述不知道复杂多少倍。通过这种抽象把复杂关系简单化、普适化是科学的魅力所在，也是牛顿智慧之所在。但是，对其中总是“同时”出现的同时性，则只能严格限制在动力学意义下理解，一旦进入运动学的过程关系解释，真理就变成谬误，超时超距作用就会由此产生。

严格地说，用同时发生、同时消失去描述作用力和反作用力的普遍关系是有问题的。物理学的意义指向具体自然界，同时发生和消失的互相作用力关系在经验中导向的是力超距瞬时作用的常识，这就是问题所在。从理性认识意义看，即使牛顿由超距瞬时去理解力的作用也在情理之中。牛顿把人类导入现代科学的是和过程无直接相关性的动力学理论，并没有进入相互作用内在机制和过程，由同时性去理解作用力和反作用力是从直接相互作用之抽象意义上的。牛顿时代还没有能量概念，更无光速不变性和狭义相对论，对电磁力、引力的本性所知不多，还没进入力是否具有超距作用的思考。真正要反省的是，在能量理论、相对论已经普及的现代，为什么要执于超距作用去理解力？牛顿第三定律只适用于直接相互作用的质点，亦即主要指向惯性力。空间相应之物体的相互作用不能是瞬时作用，其过程不适用第三定律描述。

在对牛顿第三定律上述具体意义讨论的基础上，我们可以从世界统一性及物质世界统一性中肯地赋予牛顿第三定律以重大意义。

第一，牛顿第三定律使牛顿三大定律成为物质世界普适性的科学真理描述体系，为人类对物质世界运动的统一性认识提供了充分的根据。我们在牛顿第二定律中看到，力与运动变化的关系定量描述是局限在运动物体自身的特定边界范围之中的，它还没有包括物体相互作用，也没有指明改变运动的力来自何方。牛顿第三定律把牛顿第二定律揭示的力和运动变化的定量关系从物体自身解放出来，甚至推向整个物质世界，物质世界的统一性就是这种相互作用关系建立起来的统一性。所以说，牛顿第三定律对于牛顿动力学理论作为物质世界普遍永恒运动的世界的统一性认识具有总体归纳和概括的意义。唯有在牛顿第三定律的合理理解基础上，我们才能够有根据地认为物质世界是统一的，是可以对之进行统一性认识和描述的。

第二，牛顿第三定律归纳出来的作用力和反作用力大小相等、方向相反的这一物体相互作用的普遍规律，恰恰正是能量守恒定律在物质世界的特定表现、在物体相互作用中的特定表现。为什么作用力和反作用力大小相等、方向相反呢？回到更普遍、更本质的能量交换关系看，这是能量守恒的必然结果。物质世界的物体相互作用从一般能量关系转换为特定的力作用关系描述时，必须在遵守能量守恒定律的条件下才成立的。所以，在力的抽象形式的描述中，能量守恒关系就成为作用力和反作用力的关系。这个关系告诉我们，从来就没有一个单独的抽象力，力不能单独产生和能量不能创生是同一件事的两个不同描述形式而已。所以，力只能成对出现。能量守恒定量关系就决定了成对产生力的定量关系一定是大小相等、方向相反，分别作用在两个物体上的。所以，我们可以说牛顿三大定律作为物质世界统一性认识的精髓和基本规律，它和世界统一性原理的基础即广义能量守恒定律是统一的，前者是后者的特定形式而已。

第三，物质世界只是普遍世界的特定结构形态，所以关于物质世界运动变化描述基本概念的力就不可能是普遍世界相互作用和运动变化描述的最普遍抽象概念，由此可以理解为什么我们不能用作用力和反作用力来描述光电效应中金属表面自由电子吸收光子而发生的运动变化，无法解释光电流现象，甚至也不能解释太阳光把石头晒热这些极为简单、常见的自然现象。所以，对世界运动变化的普遍描述必须在力的概念基础上进一步抽象出最普遍的描述。下一章我们就从力进入最普遍的场抽象描述，去考虑包括物质世界在内的最普遍世界的运动及演化问题。

注释

①黑格尔著，贺麟译《小逻辑》，北京：商务印书馆，1980 年第 2 版，第 286 页。

②同上，第 284 页。

③同上，第 285 页。

④程守洙、江之水主编，胡盘新等修订《普通物理学》，北京：高等教育出版社，1998 年第 5 版，第 1 册，第 50 页。

第七章
绝对运动的能量子是自足宇宙的永动机

引　言

【提要】以能量为宇宙本性，以引力能量子客体为自然最普遍的具体本原存在，就要进一步以能量子的运动属性为根据去理解统一宇宙的运动特性，存在和运动相统一的理解才通达宇宙的具体存在。

一、以物为本性的宇宙只达到相对性认识水准，因为对物的运动描述都是相对性的。量子理论确立了光和电磁波的粒子性导入绝对运动本性的全新宇宙理解，光子及各种能量子客体的运动绝对性是先验形而上学意义的，根本无须经验实证。运动绝对性的本质是其运动描述不依赖于相对参照系，在任何参照系中速度必须相同，因为一旦从相对速度描述则任一能量子客体都是合理的静止存在，只要选取适当参照系即可，相对性描述下能量子就是既存在又不存在，这是不合逻辑的。

二、运动绝对性即运动速度绝对性，其具体意义有三：一是和描述参照系无关，这是绝对速度超越相对速度的本质规定性；二是和辐射源无关，这是能量子的客体本性先验地决定了的；三是和媒介无关，能量子是具体客体存在，它和外部客体只有相互作用关系，没有媒介关系，媒介对之无意义。

三、运动绝对性是自然的本性，相对性运动描述必须以绝对性运动为根据，相对性统一于绝对性。爱因斯坦建立狭义相对论由相对空间绝对时间上升为相对时空描述的意义在于，用时空形式的相对性来保证科学描述在不同参照系中的形式不变性，同时保持着能量子速度的绝对不变性，由洛伦兹变换统一了伽利略变换表明了牛顿力学理论统一于麦克斯韦电磁场方程组，相对速度统一于绝对速度，从另一个方面证明了能量才是统一了质量的更普遍意义存在。

四、确立能量子绝对运动本性的重大意义在于揭示了能量子是不需要推动的绝对运动着的具体客体存在，能量子就是永动机。以能量为本性、能量子为本原客体的多样化质能统一性自然的运动推动力就在自然本身，宇宙是独立自足永恒运动的完美世界。

五、广义相对论的本质意义是统一场论，它把引力的动力学作用转换为描述形式变量，建立了引力场统一于时空分布的非各向同性描述形式，约化了引力在科学描述中的动力学作用，使科学描述的非惯性系转换为普遍惯性系从而获得了更普遍的意义。以能量为自然本性、引力能量子为自然本原客体，则统一场不仅是抽象描述形式，而就是自然描述本身，广义相对论方程得出宇宙模型的解意味着科学已经通达了绝对宇宙描述，弯曲时空是物质世界指述形式意味着它决定和支配着物质统一世界。统一场的独立自足描述性赋予了宇宙自足自洽的永恒存在和运动本性，宇宙从存在到演化到第一推动都不再需要上帝提供任何理由。

在关于宇宙自然的科学认识历史进程中，对光及电磁波这些辐射能量的认识是至关重要的，每一次新的认识几乎都具有革命性的意义。对光的科学认识相对完整的理论应是惠更斯的波动理论。波动理论用运动来阐明光的本性，却无法说明光的运动速度，运动描述的不完备性决定了早期光理论体系的不完整性。真正相对完整的光的科学理论是以对光传播速度的有限性及不变性的认识为起点的，其中麦克斯韦电磁场方程组揭示了光是特定频率范围的电磁波，对统一辐射能量的认识具有决定性意义，而光速不变性的最深刻意义在于它揭示了能量辐射运动的绝对性。但麦克斯韦统一电磁场方程揭示的电磁波运动的绝对性和物质世界的相对运动描述无法协调。爱因斯坦以光的绝对运动为前提，用洛伦兹变换关系，从相对空间绝对时间描述形式进展到更普遍的相对时空统一描述形式，把绝对运动和相对运动描述统一起来。同时，作为物体运动改变原因的力概念在描述速度不变的能量子时失去了意义；物质相对空间描述在非惯性坐标系即在有外力作用下时，不同描述空间也失去了统一性意义。仅在物质范畴中不仅达不到最普遍宇宙统一性理解，也无法建立相对性物质世界的统一性理解。随后，爱因斯坦建立了广义相对论的统一场论，用场而非特定的力对世界的普遍运动包括绝对运动及其原因进行描述。广义相对论的引力时空描述形式是人类认识史上最大胆又最成功的革命，开启了人类从特定而相对的物质世界去理解自然，步入认识质能统一性的绝对、普遍客体世界的新的历史时代。以质能统一性的现实世界作为最普遍世界，把物质世界作为最普遍世界的一个具体特定世界，这是世界统一性原理全部理论的基础，是人类文明史上的一个里程碑。

在广义能量守恒定律为最普遍定律的宇宙观中，物质的状态变化要从总的能量关系去理解，而不能只以物质运动状态变化为能量和自由能变化的根据。不要只从数学形式的等效性去机械地理解能量、力、运动状态的量的相互关系，首先要理解它们的相互关系中何为因、何为果。从能量的观点看，比物质存在更基本的能量就是分立量子态存在的能量子客体的本征能量，这才是宇宙无中生有和有无相生的根本原因，是物质存在和演化的根据。二十世纪量子力学和相对论建立的最深刻意义就是找到了打开最普遍能量世界大门的钥匙：能量子与光子理论告诉我们能量子是具体分立且不可再分的存在者；相对论告诉我们能量子即光和电磁波的运动是绝对的运动。把量子理论和相对论统一起来，我们就可以有充足的理由和可靠的根据推断，宇宙并不是一部只能逐渐老化变慢的发动机，而是绝对、永恒运动的存在。把能量子作为宇宙存在和演化的根据时，它与生俱来的永恒不变的绝对运动本性使之成为统一性宇宙永动机的决定性角色，成为运动变化的宇宙永恒的第一推动。据此，宇宙就不应寻求所谓“反熵”去自救，也不必再求助于上帝的第一推动，它就是自洽自足、永恒按其必然性法则去运动变化的。

第一节　能量子的绝对运动本性

一、光速有限性

在感性认识意义上，光是我们最熟悉、最基本的“东西”，因为离开光我们最基本的视觉知觉失去了意义，它是感知认识的重要基础之一。但光却又是最难把握的“东西”，因为它具有无形状、无质量、无静止状态的特性，我们无法用物质实体的传统概念及方法去把握它，甚至连它究竟是不是“东西”都把握不定：从光源发出的光究竟只是光源的现象属性还是从光源分离出来的“东西”即存在者本身呢？光难以把握的另一原因是它的运动特性。光作为一种辐射传播的光速运动者，它的运动速度很快但究竟是有限还是无限的并不是感性认识可以回答的问题。所以，光的本性问题和光的运动属性纠缠在一起，问题就更复杂了。光的物质微粒说与实验观察不符，所以人们把光当作“波动”而非粒子理解。但是，把波动理解为光的运动特性是成立的，把它理解为光的本性却是不合逻辑的，难道我们可以说物质实体的本性是它的惯性运动吗？显然这是不完备的。然而把波动作为光的本性而非它的运动属性恰恰掩盖了光的运动特性这一非常重要的问题。光本性的波动说本质上是光无本性说，所谓光的波动和声音波动传播的本质一样，只是波源的属性即运动现象而已，在存在即物质的传统本体存在论意义上，光不是存在者，只有属性，没有本性。

尽管认识和思考光的本性和光的运动属性非常困难，但事实上，在人类为光的本性的“微粒说”和“波动说”争论不休时，丹麦天文学家奥勒·罗默已经成功地发现并论证了光速有限性的事实，这比牛顿发表《自然哲学的数学原理》还要早十几年。罗默观察了木星卫星的月食现象，发现这些月食并不以相同的时间间隔有规律地发生，而是无规则的。如果从纯粹的物体运动角度看，这一事实意味着木星的卫星运动是无规律性的，而这又和我们对天体运动的规律性理解冲突。

罗默假设木星卫星绕木星作周期性规则运动，从对运动的观测本身来寻找规则运动产生不规则观察结果的原因，认为这是由光传播速度有限性以及木星和地球距离是一个运动中的变量这两个事实共同决定的。设想木星卫星围绕木星作规则运动，如果木星和地球距离恒等，则无论光速如何，我们都不会观察到无规则运动；如果光速无限大，即在木星卫星发生月食那一瞬间我们即可观察到它的月食现象，则无论地球和木星距离如何，我们也不会观测到无规则运动。而当且仅当木星和地球距离有变化及将木星卫星月食现象显示出来的从木星卫星发出的光是以有限速度进行时，地球观测者才能得到木星卫星月食现象不规则的观测结果。由于光速有限性，地球上的观测者总是滞后地观测到木星卫星月食现象；由于木星和地球距离在运动变化中，每次观测到木星卫星月食现象的滞后时间依赖于光从木星到地球的传播距离，即它是距离的函数。正是这种原因，木星卫星月食的规律性运动对地球观测者而言是偏离了规律性的观测结果。

罗默按照这种解释，根据观测到的木星卫星月食现象在一年中出现的时间差，从理论推算出光的运动速度为 140’000 公里/秒，证明了光速的有限性。尽管罗默的计算和后来更精确的光速实验测量有一定误差，但他真正从科学认识意义上建立了对光的运动速度的科学认识和描述，并证实了光速的有限性。

光速有限性发现的第一个重大意义是它使对光的相对完整的科学认识成为可能，开启了人类从物质客体这一特定客体存在迈向更普遍的包括能量子即光量子客体在内的统一性世界认识的探秘之旅。在世界统一性原理认识中，我们一直强调世界科学真理的一个非常重要的原则——有限性原则，即除了纯粹知性形式描述本身的无限性外，任何关于具体客体世界、客体存在者及其运动变化的无限描述在科学上都是无意义的。所以，如果停留在光速无限的感性认识中，我们根本无法建立光的运动特性描述，对光的科学描述则一定是不完备的。正是由于对光无限快的理解，人类数千年来感性最强的光现象本身却又一直是扑朔迷离的难解之谜。事实上，光干涉现象是基于光速有限性的，光速如果无限，光程就无意义，干涉现象就不会发生。当认识了光运动的速度有限性并能用实验和理论来认识它的速度值的时候，光就渐渐被揭开神秘的面纱，为我们直达它的深层本质提供了基础。平心而论，在建立了光速有限性认识之后，我们确实应该把波动性纳入光的运动特性思考范畴，不应该把它等同于光存在本性本身。

光速有限性的另一个深刻意义是它预示着物质世界是非普遍性的存在。可以这么说，在认识到光速有限性之前，人类对物质世界的运动变化规律的科学认识和描述中，描述物体运动的时空抽象形式是无穷的，在这个定义域中速度的值域也是无穷的，物质世界的无限性是人类亘古以来就具备的基于直观认识的基本观念，其中包括速度的无限性。尽管我们赋予每个物体一个有限的确定性描述的速度，但对物质运动速度而言它是没有极限值条件限制的。当从传统绝对空间观上升到普遍性的相对空间观以后，速度描述依赖于坐标系的性质更加强化了速度无限性的可能，传统的质点运动学理论中运动速度可以是无穷大，因为对给定任意大的速度，我们总可以找到一个新的描述坐标系，使质点的速度大于原先给定的任意大速度，这正是数学意义上的无穷大。但速度无穷大意味着传统的质点力学理论是具有奇点的，它的描述在速度无限大处是无效的。然而，一旦光速有限性成立，问题就产生了：在光是客体存在者甚至是物质客体的设定下，光速有限性是否意味着质点速度有限性呢？既然非常小的光微粒速度是有限的，比它更需推动力的质点的速度能够超越光而是无穷大的吗？这是非常值得怀疑的。光速有限性揭开了光的神秘面纱，真正开始了人类从物质客体向能量子客体存在认识的科学进程。

当然，光速有限性只是一个革命性认识的起点，对光速有限性的进一步发展是理论上的综合统一，并且以光速不变性这一新的描述把世界统一性原理认识推向新的高度。

二、光速不变性

把光速有限性上升为普遍性理论的是麦克斯韦。能把光速有限性从实验观测上升为普遍性理论描述的一个重要条件是必须回到光的能量子客体性去思考和描述能量子的辐射运动，从而从特定的物质世界描述上升到普遍的包括能量子在内的客体世界描述。在人类科学认识史上，正是麦克斯韦第一次成功地实现了这种思维方式的转换，从而开启了十九世纪末二十世纪初世界统一性认识进入最普遍世界的序幕。麦克斯韦的思维革命，首先是建立在一个全新的概念——位移电流基础上的。

人类最早关于电和磁的经验是相互独立的，并把它们看作物质客体的两种不同的属性。物质带有电荷的状态是产生电场，磁性物质周围则存在着磁场。“1819 年奥斯特发现了电流对磁针的作用，1820 年安培发现了电磁铁对电流的作用，才开始认识到电和磁的关系。1831 年，法拉第发现电磁感应定律，使人们对电和磁的关系有了更为深刻的认识，法拉第最早提出电场和磁场的观点，认为电力和磁力两者都是通过场起作用的。”[①] 当然，当时法拉第提出的电场和磁场概念还只是物质属性描述的抽象概念，是抽象的物质现象描述，还没有上升到独立的存在者的普遍认识。与此相对应的是，当时认为电流本身是物质客体中的运动现象，它局限在物质导体中自由电子在电场作用下定向移动这一特定的电流形式中。这种理解至今还是占统治地位的。

在交流电发明并广泛应用之后，再局限于自由电子定向移动来规定电流的本质就不合适了。因为交流电路中有非导体器件串联在电流闭合回路中，电容器就不是金属导体连续性结构，而是两极之间具有非导体介质的非导体连续结构，但在交变电流中电容器是传导电流的，再从自由电子定向移动来解释介质中的电流就不合适了，只能回到电流的普遍本质去理解。麦克斯韦首先做到了这一点。

麦克斯韦认为，在有电容器串联的闭合回路中，电容器极板充电和放电时，导线中自由电子定向流动在电容器极板处被截断了，但电容器两极板上的电荷量及电荷密度随时间变化，极板间的电位移 D 及通过整个截面的电位移通量 SD 也都随时间变化，麦克斯韦把电场中某点的电位移的时间变化率叫作该点的位移电流密度，把通过电场中某截面的电位移通量的时间变化率叫作该截面的位移电流。引进位移电流概念后，在具有电容器的闭合交变电路中，电容器充放电过程中，传导电流虽然不连续，但由传导电流和位移电流相加的全电流却总是连续的。麦克斯韦还假设位移电流在磁效应方面也和传导电流等效，即它们都按相同规律在周围空间激发磁场，并得出磁场中沿任一闭合回路的线积分在数值上等于穿过以该闭合回路为边线的任意曲面的传导电流和位移电流的代数和的全电流定律。

无可否认，麦克斯韦是在把电磁现象依然看作是物质客体现象的传统认识框架基础上建立位移电流概念及全电流定律的，但他在此基础上向更具普遍性的综合已经超越了传统的电磁理论框架局限性。如果回到演绎思维的逻辑，完全可以说位移电流和传导电流是普遍电流现象的特定形式，而电流现象是电磁场传播运动产生的现象，所以电流的本质就是电磁能量在特定边界条件制约下的运动而已。所以，麦克斯韦的归纳和综合已上升为世界的普遍本质，而不再局限在物质客体电磁现象之中。麦克斯韦大概没有预料到，真空中电容器极板间可以是填充介质，也可以是真空，而真空中电磁场的传播运动的归纳将是对绝对物质观的重大挑战。因为无物质介质中的运动对绝对物质观而言是不可思议的。正是这种挑战导致了二十世纪科学认识的伟大革命，即相对论的发现。但是，不管麦克斯韦是否意识到建立位移电流及全电流定律对超越物质世界局限性的意义，他事实上已进入这一普遍性的综合描述概念，顺理成章地得到关于世界普遍运动的最普遍描述，这就是统一的电磁场方程。

按照麦克斯韦的理论假设，变化的电场和传导电流一样激发磁场，变化的磁场激发涡旋电场，所以，电场和磁场就是一个相互联系的统一电磁场的构成部分。因此，传统的电磁场方程就可以用更加普遍的形式归纳出来。一是用高斯定理归纳为由自由电荷和变化磁场共同激发的总电位移表述的普遍形式；二是变化电场和磁场的安培环路定理关系，不是用传导电流而是用全电流来描述的；三是变化的磁场和电场关系的法拉第电磁感应定律所指称的电场是由自由电荷和变化磁场共同激发的。这些普遍形式的电磁场方程与磁场的高斯定理一道构成了描述电磁场普遍运动规律的统一方程组。设想电磁场在无限大均匀介质中运动，从电磁场统一方程组的微分形式解出电磁场在空间分布中的变化过程时，就得到了电场和磁场的空间分布及随时间变化的规律。理论上的推导证实了电场及磁场的偏微分方程正是标准的波动方程，即变化的电磁场在空间中是以波动形式传播的。麦克斯韦统一电磁场方程组的建立把电磁现象从特殊现象规律上升为普遍统一性规律的革命性变革意义在它的波动方程描述中充分显示了出来。它首先是从理论上预言了电磁波的存在，这是人类从物质世界的质点运动向能量子的波动运动的普遍运动形式认识的飞跃，电磁波的理论预言、发现及应用是人类认识世界和利用世界来改变生存、生活方式的重大历史事件。其次，波动方程从理论上揭示了电磁场的传播速度和光的速度精确地一致，断定了光也是电磁波的一种，揭示了光的电磁本性。从更一般的意义上，它说明一切非物质波即以能量子形式辐射产生的一切运动都是以波动形式在相同介质中以相同速度传播的，把一切非物质波即能量子形式的客体的运动规律统一起来。这不但使我们对一切辐射的运动有了科学的认识，同时也使我们相信一切不同频率的能量子的本性是相同的，这是建立包括能量子客体在内的普遍世界统一性认识的决定性进步的起点。

但是，从世界统一性原理的最普遍意义出发，麦克斯韦电磁场统一方程组的最深刻意义首先在于它从本质上揭示了能量子运动速度亦即光的传播速度的不变性：一切电磁波在特定的介质中以某种固定的速度运动。

但是，光以不变的速度传播的意义是什么呢？按照牛顿经典物理学理论对物体运动速度相对描述规则，人们提出了宇宙中存在一种无所不在的以太物质。以太具有两大意义：一是光波以以太为传递介质。按照物质波的波动理论，一切波动都是波源的能量通过物质媒介之间交换从而由近及远传播的过程，没有以太作为媒介就无法从传统的波动理论去解释光的波动性。二是以太是光波的静止描述参照系，麦克斯韦电磁场理论断言的光波动速度的不变性是相对于以太而言的，而以太又是和观察者之间具有运动的，所以光的运动速度对于观察者而言是由观察者和以太的速度及以太和光之间的运动速度合成的，所以归根结底光速同样是相对性的。它和物体运动速度一样，它的确定性取决于特定的参照系即以太本身，而从普遍的描述意义上，它的速度可以是任意的，只要描述的参照系恰当就行。所以，以太把麦克斯韦电磁场理论和牛顿经典物理学理论协调起来，把光的运动纳入物质客体世界运动的统一性描述之中。

但是，1887年科学家证明以太存在的精确实验证明了以太不存在，这是对人类认识物质世界统一性的严重挑战。回到观测实验证据本身，它的直接意义在于告诉我们，光速是不变的，因为以太不存在，麦克斯韦电磁场理论所揭示的电磁波的不变速度不是相对于以太，而是相对于波源而言的，也是相对于观察者即不同的相对空间而言的，这就是著名的光速不变原理。为什么光速会不变呢？因为光速如果和物速一样是相对空间中的状态描述量，它就会和所有感性物质客体一样，必定可以得到相对速度为零的静止状态描述，直观地说就是我们有机会把光装进自己口袋中，而这是彻底违反关于光的一切经验，违反光的本性的。这是当年科学家们假设以太来解释光运动速度相对性，以协调牛顿相对空间中物体速度和麦克斯韦电磁场方程组揭示的不变速度时所忽略的最重要问题。按照世界统一性原理对能量子无质有量的理解，能量子之定量是它客体存在的规定性，假如光速静止则它就无质无量不存在了。据此，光速非零的本性决定了光速不变性，因为光速不变才能合逻辑地从根本上否定零光速，从而和我们对光的感性经验一致。所以，我们必须接受光速不变的事实，并真正理解它所包含的深刻意义。

按照世界统一性原理关于现有科学认识的真理知识的统一性理解，甚至可以说麦克斯韦电磁场理论断言的光速不变性还不是最普遍的描述，即物理学基于麦克斯韦波动方程对电磁波传播速度的物理意义解释还带着相对性空间描述的历史包袱，因而还没达到把电磁波运动速度理解为彻底的绝对不变速度的境界。我们知道，在麦克斯韦电磁场理论中，电磁波的传播速度的不变性是在同一介质或者真空中的不变性，在不同介质中及真空中电磁波的传播速度是不同的，它取决于介质的电导常数和磁导常数的大小，即电磁波的传播速度和介质特性相关。这和宏观观察相一致，在物质波的模型下也可以得到合理解释。但回到能量守恒定律及量子理论，介质阻挡影响电磁波传播速度的机理就很难成立了。把电磁波传播速度解释为和传播介质相关是有问题的，因为和传播介质相关的电磁波传播速度本质上就是相对速度，不是绝对速度。这就和光速的不变性冲突了。为什么科学实验的观测和测量证实光的传播速度和传播介质相关呢？观测没有问题，但对观测的理论解释很有问题，问题在于当时人们并不知道光的直线传播只是一种有限性的抽象，光本质上是曲线传播的，即按老子所说，是周行而不殆的。所幸爱因斯坦的广义相对论在宇观尺度上断言了光在引力场中的弯曲效应，用科学的普遍性真理知识为老子的大曰逝、逝曰远、远曰反作出了客观性的解释和说明。回到电磁波运动速度的绝对性和在介质中的相对性如何协调问题时，就不能再以光的直线传播为前提，必须从波速绝对不变性和曲线运动去统一理解。从微观意义来看，实际上电磁波的量子数、能量及传播速度都是绝对不变值，它在介质中和在真空中传播的速度必须是不变的，否则它的运动就有相对速度，就能静止，但在逻辑和经验中都绝对不允许质量为零的静止客体存在，否则存在就是非存在、不存在了。事实上，在介质中传播时，从广义相对论即统一场论的观点看，由于介质的质量的引力效应使它在介质中以不变的速度作非直线运动，所以它在介质中的路程和距离是不相同的，当我们用距离来描述它的运动路程时，就抽象出一个介电常数和磁导常数来描述介质引力场对它们运动路径的影响，得出符合宏观观测的科学描述。介电常数和磁导常数从哪里来？只能从基于光、电、磁波动在介质中直线传播的假定前提下由实验测定得来。所以，光速不变性是普遍性的，并且是和它传播时所遇到的介质无关的。用介电常数和磁导常数去描述对光速的影响实际上是对光运动路径偏离直线运动的影响，只能是技巧性的便宜行事。

这才是对光速不变原理的最普遍物理意义的合理理解。这告诉我们，光的运动和物质客体运动描述的形式是不同一的，光和物质不是同一的存在者，光也不仅仅是物质的现象性存在。光运动速度不变性的另一种表述形式就是光速的绝对性，这是它和物质运动相对性的本质区别。从相对性认识上升到绝对性认识是人类从特定物质世界向普遍世界统一性认识的飞跃，也是量子理论和相对论建立以来的一百余年中，人类思考宇宙的真正主题。

三、光速绝对性

把光速不变性转换为光速绝对性表述时，我们可以从更深刻而普遍的意义去理解它的本性。光的速度不是相对速度，而是绝对速度。什么叫作绝对速度呢？相对于牛顿经典物理学理论对速度相对性的定义，我们可以把绝对速度简单地概括为，光速作为绝对速度，是和光源运动速度以及描述的坐标系无关的，这是从相对空间物质运动描述形式来看不可理喻但又由实验证实了的光运动速度的本性，所以光速和物速是本质不同的，用物质运动理论去描述光的运动才一定是不可理喻的。

我们知道，没有静止质量是光的最基本的规定性，否则光就是物质实体粒子的一种特定结构形式了，那牛顿的光的物质微粒说就成立了。光没有静止质量的含义的进一步分解描述等价于光要么是非静止的，要么不存在。静止质量为零的意义是对客体存在者本性而言的，而不是对存在者的属性现象的描述，它否定了光的质量性，同时也否定了光的静止性，既是对光的运动特性的肯定性陈述，又是对光非物质实体性存在本性的肯定性陈述。用简单明了的语言表述，光是绝对运动的。我们从经验到理论都无法接受静止、凝固了的光，只接受运动着的光的观念。光的绝对运动本性在形式上和时间绝对不可逆形式有共通之处，故中国文化有时光、光阴这种时间的另类陈述，光的波动本性也有把光作为纯粹抽象运动形式的感性认识基础。只运动无静止的运动就不能是相对运动，它的运动既然不是以相对空间参照系为基础的，根本就不可能有相对静止状态描述出现，而是由自身的运动来提供运动的充足理由的，这种运动就是绝对的运动。因此，相对性运动和绝对性运动是物质客体和光的本质区别，把光叫作物质是对光运动绝对性视而不见。

从光的运动的绝对性可以得出光速不变性的逻辑推论。这似乎很难理解，但用反证法则可以得到合理的说明。假设光的运动速度是可变的，那么，则在两个方面产生了悖论。一个是光的速度可变意味着它是从某一固定、静止的参考点出发来描述的速度，然而从某个静止参考点出发的速度描述本质上就是相对性描述而不是绝对速度描述了。另一个方面只要光的运动速度是可变的，则它的速度变化为零这一特定情形就是合乎逻辑的，但这明显是违反了光是没有静止质量的这一基本规定性的。所以，光速的绝对性同时就意味着它的不变性。换句话说，可变的运动速度一定是相对性描述，所以可变速度不能描述光的运动速度。正是基于这种逻辑，前面关于光速不变性讨论时我们把它作为最普遍的世界本性。宏观上的介质中光速受介电常数及磁导常数的影响而产生的速度变化只是一种宏观描述，只是把介质对光的路径影响转换为直线距离描述时的影响的抽象描述而已。在微观机理上，我们只能坚持光速不变性，即无论在介质中还是真空中，光速都是不变的，是绝对同一的。

光的绝对运动和物质客体的相对运动的不同本质，由以太存在的被否定而成为事实，并由此演绎出光和物体之间的不同本性。首先，绝对运动的光是自身推动自己运动的，或者说运动是它的固有本性，这和物质客体的运动本性是不同的。物质世界的运动变化的本质不是在物体运动变化现象中得到普遍性理解的，而是以作用力为根据建立起来的，质点和力是物质世界运动变化普遍理解的两个不可或缺的元概念，也是牛顿质点动力学能得出物质世界运动统一性描述的原因。牛顿建立相对空间观之后，运动和静止只是相对于不同参照系的描述，运动的绝对性则是由运动的变化来给予规定的，即运动改变必有推动，必有原因，物质世界普遍运动的认识不仅在于运动现象本身，不仅是运动学的路程、速度、位置、方向等的描述，它的更普遍、更深刻的本质规律关系是决定着运动学现象的动力学关系。所以，就物质世界运动的科学认识而言，动力学关系作为揭示物体运动原因即运动改变和推动之间因果联系的必然性规律，才是更基本的。牛顿的伟大贡献就是动力学而非运动学的，他从动力学关系和引力的作用揭示了物质世界普遍的联系和相互作用。但对光的运动而言，用动力学概念根本就无法规定和描述它，更不要说动力学的因果关系规律了。所以，物质世界的普遍联系和相互作用关系的动力学描述是无法涵盖光的运动的，一定要说光是物质纯属强词夺理而已。

其次，由于物体动力学描述对光的无效性，可以演绎出实体状态描述对光的无效性。在物质世界中，用力的抽象综合物体之间的相互作用，用状态量来描述力作用的效应，产生了冲量、动量、机械能等基本状态描述概念。但光是非动力学可描述的，不但无法用力去描述对它的作用，也无法描述它对物体的作用力，状态量比如机械能等对光也没有描述意义，它和物的光电、光热效应的相互作用是用能量转换、转移、转化而不是力去描述的。道理非常简单，尽管在技术上可以把一个光量子等效为一个具有等效质量的实体，但并不意味着它就是一个可以用力来描述对它发生的作用的等效实体。否则，当力作用于它时，按照质点动力学关系，它的状态即运动速度、动量、机械能必须按必然性规律发生改变，并且唯此才符合能量守恒定律。但能量子的能量与位置、外部作用无关，而只和自身频率有关，并由其唯一地决定了的，所以它的速度、能量值都是一个不变量，外力无法按作用于物质客体的方式来与之发生作用。所以，抽象的力概念对光的描述是没有意义的，物体的运动状态即机械能对之也是没有意义的。对它的确定性的具有物理意义的描述是它的能量子本性及其运动的不变性，不变性决定了它的状态不变性及力描述的不可能性。

最后，从以太的被否定可以演绎出物质客体相对运动只是客体的特定运动形式的推论。比如，波动的最普遍形式并不是机械振动和机械波所能概括的。机械波是波源的机械振动能量通过媒介相互作用而将波源的能量向外传播的运动过程，没有媒介就没有机械波，在真空中声波就无法传播。变化的电场产生变化的磁场，变化的磁场产生电场，所以光波不需要媒介，它自身就是自身的媒介，或者说，它不需要媒介而以自身存在为根据作波动运动。所以，光不仅是自身推动自身的存在，而且是自身传播自身的存在，它才是真正绝对意义上的存在，它的运动才是绝对运动。

由光速不变性上升到光速绝对性的理解是对自然认识的重大转变。光速绝对性是自然一个极为重要的本性，这才能理解抛弃以太建立狭义相对论的深刻本质和重大意义。这一本性认识的重大意义在于它给出了宇宙自己推动自己从而永恒而绝对运动的充足理由。物为本性的宇宙模型中熵垒和热寂是绝对的结果，以能量为本性的宇宙把物质世界转换为开放系统获得了能量流从而否决了热寂的绝对宿命，但这不是宇宙命运的答案，以能量为本性的独立宇宙向何处去才是最终答案。能量子是质能统一性宇宙的更基本粒子，引力能量子客体是宇宙最基本的本原客体，以它为起点，有无相生的宇宙的演化无论是什么状态和结果，基于能量子客体绝对运动本性都可以断言宇宙永恒存在和绝对运动是先验的，它的能量是不生不灭的，以能量子为最基本客体的宇宙也就合逻辑地不需要外在推动或第一推动，就是一部自足的永动机。

但是，光运动的绝对性是非常难以理解的概念，因为它超越了传统的物质世界相对性描述的范畴。把相对速度和绝对速度混为一谈是错乱的。偏偏习惯于物质客体相对空间形式中运动状态描述的我们往往在不知不觉中常犯把绝对速度当作相对速度的毛病，甚至不可理喻地把物体运动当作绝对的，静止当作相对的，真有点近乎错乱了。把相对速度和绝对速度统一起来是建立世界统一性认识的基础工作之一。真正迈开革命性步伐，把物速和光速在光速不变性前提下统一起来的是爱因斯坦，他的杰作就是二十世纪最伟大的科学发现——狭义相对论。

第二节　狭义相对论：绝对运动和相对运动的统一

一、绝对速度和相对速度的统一

人类对光的运动速度及其本性的认识经历了漫长的历史演变过程。光速不变性是对光速有限性认识的再一次飞跃，它揭示了光绝对运动的本质。因此，对光速不变性现象必须上升为光运动的绝对性的普遍本性高度，才能得到根本上的理解。然而，科学家致力于回答光的运动是怎样的同时，并不一定回答它何以是这种涉及绝对运动之光的本性问题。

为什么对光运动速度的科学认识必须上升为普遍的本性思考呢？因为光速不变性原理和我们描述物质世界的相对空间观并不是自然而然相协调的。从认识论的意义看，它超越了传统科学认识对物质运动描述的基本框架和范畴。只有上升到光速运动绝对性才能确切理解光的运动超越物质运动描述的真正意义，并真正理解光速不变性的本质。

从本体论意义来看，光速不变性的绝对意义已经是对传统哲学本体论的绝对物质观的诘问，因为它不仅是世界的运动描述问题，而且是涉及世界本性的问题。当我们用以描述物质客体普遍运动的框架不足以描述光的运动的时候，就再没有任何理由把光作为物质世界的现象性存在，或把光理解为一种物质存在。因此，从存在的逻辑去判断，光速的绝对性所挑战的是几千年来最稳固的绝对物质观，它表明再从物质出发去解释世界的一切已经不再合乎时宜了。究竟绝对运动者是世界的绝对存在还是相对运动的物质存在者是世界的绝对存在呢？必须在对一切的再批判中产生新的答案。

非常遗憾的是，至今还没有几个人能够清晰地理解光速不变性这一重大科学发现的重大意义，否则人类不会陷入时间倒流的集体精神错乱状态之中。时间可逆性肯定是反直觉、反经验、反科学的，但支撑当代时光倒流的理论家们坚信其最坚实的理论基础就是相对论。实际上这是对相对论的不理解或曲解造成的，也就是说，它是人类不理解光速不变性的绝对运动本质而产生的幻想。我们来详细剖析其中的具体原因。

时光倒流的观念肇始于超光速概念。当科学得出光速不变性原理之后，按照物质客体运动速度描述方法，产生了我们能否超越光速运动的问题。按照传统的运动观以及相对空间观，理论上超光速运动是不成问题的。因为光速是有限且不变的，物质世界的客体运动速度是可变的，当我们具有足够大的推动力，或者对物质客体加速足够长的时间，那不是总有一天会达到甚至超越光速了吗？如果物体运动速度没有极限，超光速似乎就是不证自明的，只不过我们现在还没有能力实现这一目标而已。从逻辑上看，无限的物质运动速度超越有限光速是必然的，问题在于如何变成现实而已。

科学家把帮助人类超越光速的装置称为“时间机器”，它就是人类发明的飞往太空的高速飞行器——宇宙飞船。为什么把宇宙飞船叫作时间机器呢？因为按照相对论的科学理论，时间和运动速度有关。“旅行到未来是可能的。那就是说，人们可以创造一台时间机器，它使你在时间中跳跃。你步入时间机器，等待，发现地球上的时间流比你体验到的要长久得多。我们今天还没有能够实现这些技术，但它只不过是个工程问题：我们知道这是能够做到的。……因为根据相对论，时间和空间是相关的，时间机器也是宇宙飞船，你对此不应感到惊讶。无论如何就你而言，在整个过程中，你所待的地方仅仅是时间机器之中。而当你步出，你将发现在地球上流逝的时间比你更久。你已经旅行到未来。但是你能返回过去吗？我们能创造逆时旅行的必要条件吗？”[②]从旅行到未来和过去的相对性关系而言，当你从未来返回之时，同样可以看作是回到过去，即这是一个向未来旅行和向过去旅行的统一过程。

时间旅行不是科幻小说，而是从科学知识得出的推断。尽管这个推断和我们的经验不协调，但相对论的许多推论确实是反直觉的，这并不奇怪，反科学的直觉最后总被自觉为错觉。我们宁可坚信科学而不被直觉所欺骗，这是近百年来时空穿越潮流的坚定信念基础。但时间旅行的真正软肋不在于反直觉，不在于技术不成熟，而在于摧毁了人类建立科学认识赖以为基的因果关系。时间的过程关系一旦消解，一切因果关系也将因此而荡然无存，这才是时间旅行令人难以理解的理由。如果你旅行到过去，在你双亲出生之前就谋杀了你的亲爷爷和奶奶，这当然符合时间旅行的逻辑，但符合因果关系吗？没有父母你又从何而来呢？没有了你的存在又何以有你的逆时旅行及其回到过去的相关行为呢？

科学家们用各种方法来消除时间旅行对因果关系的破坏，其中一种称为协调历史方法。"它是说，即使时空被卷曲得可能逆时旅行，在时空中所发生的必须是物理定律的协调的解，换言之，根据这个观点，除非历史已经表明，你曾经到达过去，并且当时并没有杀死你的曾祖父，或者没有采取任何行为，这些行为和到达你现状的历史不相冲突，你才能在时间中回到过去。解决时间旅行佯谬的其他可能方法可以称作选择历史假想。其思想是，当时间旅行者回到过去，他们进入和记载的历史不同的另外历史中去，这样，他们可以自由地行动，不受和他们原先历史相一致的约束。"[③]稍有常识的人都知道这是无稽之谈，协调历史方法保持了人回到过去的自由选择行为，只是纯粹抽象人而已。选择历史假想以取消世界的统一性为前提，同样是不现实的。为什么我们不能回到过去或看不到来自未来世界的人，原因只有一个，就是时间旅行根本不存在，而不是我们在技术上暂时还没实现它。因为我们不能否定宇宙中比我们技术更先进的生命会实现它，但我们显然没有可能碰到来自未来世界的外星人，告诉我们十年、二十年甚至一百年后的人类历史，那意味着人类历史就只是宿命，这是违反人的世界的法则的。所以，唯一的确定性答案只有一个，时间旅行不存在。

从科学认识推断而来的时间旅行的谬误是如何产生的呢？在第一卷关于时空形式本性认识中，我们已经从时空形式的形而上学规定性论证了时间旅行的不可能性，在这里，我们从光速的绝对性这一角度，揭开时间旅行神秘面纱。我们已经知道，只有绝对速度才是在所有参照系中不变的速度。光速不变性有两条非常基本的陈述：一是与光源运动无关，二是和观察者的状态无关。光速不变性不仅是指光速以每秒 30 万公里的速度相对于我们运动，而且是指光以这个不变速度相对于所有自由观察者在运动。设想你乘宇宙飞船以每秒30万公里的速度离开地球，但别以为你在与光同行，别以为你可以在飞船上把辐射的光装进口袋里。事实是你从宇宙飞船上观测，光的速度仍然是每秒30万公里，无论是飞船之外的光还是飞船辐射的光，概莫能外。因为宇宙飞船的速度是相对于地球的相对速度，光的速度是绝对速度，它们两者是本性不同的，不能把光作为物体的相对速度，超光速论误解了光速，把光速和物速都当成相对速度。但光速不变性不只是每秒30万公里这一僵化的数字，而是指不同惯性系中的自由观察者观测到的光速都是一样的，由相对运动的惯性系中的自由观测者得出的光速，不能由伽利略变换关系去得到其他参照系中光速不是每秒30万公里的结果。伽利略相对性失效在于光的速度是绝对速度，空间相对性在绝对运动描述中失效了。由此可见，对以任何速度相对运动的自由观察者而言超光速都是不可能的。而且，科学还证明，具有相对速度描述的物质运动速度也限制在光速以内，否则将出现能量无穷大谬误。所以，时间旅行的幻象来自于超光速幻象，而超光速迷信是由缺乏对光速不变性原理的光速绝对性认识，把光速和物体运动速度看作同一的相对速度的谬误造成的。

从物质世界的相对运动描述扩展到能量子波动的绝对运动描述是一件十分痛苦的事，因为我们的直觉、经验甚至物质世界的科学描述对之都极为陌生，无法理解。实际上，在涉及光及电磁波的运动时，大多数人总是不自觉地从相对运动速度来理解它，所以常常出现错误。从对世界统一性原理的普遍认识意义上看，只有真正理解了光速不变性原理所揭示的光的运动绝对性本质，才有了认识能量子真正面目的基本认识框架，理解能量子的本性，进而理解客体世界的统一性。光速运动绝对性的最深刻意义在于它揭示了光和电磁波的存在和状态不可分割的统一性，甚至可以说是达到绝对同一性的统一性，从而产生了它只是纯粹现象性存在的假象。光是存在和状态不可分割的同一性存在，光速绝对性的更深刻意义是光是绝对的存在，这将为宇宙自然的统一性认识提供坚实的起点，无须外部推动的绝对运动又为统一性宇宙的自足自洽性提供了可靠的证据和根据。当然，光速绝对性及其对宇宙自然统一性的意义不能是纯粹的形而上学顿悟，也不能停留在感性直观，它要成为人类普遍理解就不能离开科学的客观普遍性知识基础。在人类科学史上把光速不变性原理上升为绝对速度理解，并在此基础上把光速和物速统一起来的大师就是爱因斯坦，他建立起狭义相对论，把相对运动和绝对运动统一起来，在物理学意义上则是把牛顿运动定律和麦克斯韦电磁场方程组统一起来，在世界统一性意义上则是把物质世界和普遍的能量子世界的运动统一起来。

二、狭义相对论：绝对运动和相对运动的统一

按照绝对物质观，绝对运动的观念是对相对空间观的背叛。但从世界统一性原理看，这是由相对的、特定的物质世界向绝对的普遍性世界存在认识的超越。在历史上，从科学理论形态解决牛顿运动定律和麦克斯韦电磁场理论统一性的并非爱因斯坦一人，而且爱因斯坦不是最早得出科学意义上的解决方案的。现在爱因斯坦狭义相对论建立的时空坐标系之间的转换关系仍称为洛伦兹变换就是有力证据。当时，法国著名的数学家亨利·庞加莱在爱因斯坦狭义相对论发表不久也提出了类似的观点，但他把这种实现统一性关系的变换看成是纯粹数学的，至死都不接受爱因斯坦对理论的物理意义解释。为什么我们一致把狭义相对论归功于爱因斯坦的贡献而忽略了洛伦兹和庞加莱呢？这充分说明，狭义相对论对世界统一性认识意义的理解，才是它的革命性的本质。它不仅是认识客体世界的一种新的数学描述手段，而且是对客体世界本质的革命性的阐明。对狭义相对论而言，它的本质不是纯粹形而上学形式，而是形而下之器构成的现实世界的认识形式。不理解它的这种本质和意义，就谈不上懂得了它的理论。

第一，关于狭义相对论的相对性原理的意义。不难看出，狭义相对论的相对性原理不同于伽利略相对性原理，它是伽利略相对性原理的推广。狭义相对论的相对性原理包含着如下三方面的意义：一是由伽利略相对性原理建立起来的牛顿力学描述的物质世界是一个统一性体系，在光速有限性以及不变性发现之前，人类把物质世界和世界同一，光就是特定的物质或物质的特

定现象两者之中必居其一的存在，这就是牛顿光的微粒说和惠更斯的波动说的真正本质区别。然而，无论光是微粒还是波动现象，物质世界和世界都是同一的，用以描述物质世界客体的普遍联系的力的抽象概念是建立宇宙自然联系和作用的普遍形式，质点动力学规律在最普遍意义上揭示了世界的运动变化规律和过程。伽利略和牛顿统一物质世界描述的决定性根据在于他们揭示了物质世界的客体在相对空间中相互作用及其运动描述的相对性，并建立了把不同的静止空间统一起来的伽利略相对性原理，从而保证了物理运动规律描述的形式不变性，使科学规律描述成为普遍、客观、有效的科学真理。所以说，空间相对性和伽利略相对性原理是建立物质世界普遍运动规律认识的两个相辅相成的部分，甚至可以说是同一理论的两个不同描述角度。正是在这个最基本的理论规则下构建了力学理论体系，得出了物质世界的统一性认识理论。

二是明确规定了由麦克斯韦电磁场方程组描述的电磁运动现象不是物质世界的现象，是相对空间统一性描述理论即力学理论及伽利略相对性原理不能将之容纳在内并作出科学描述的现象。如果承认牛顿经典力学理论是关于物质世界普遍联系、作用和运动规律描述的科学理论体系，而它又不能描述一切物理运动现象，那我们就只能断言，物质世界和世界并不同一，物质世界是普遍世界的特定形式。麦克斯韦电磁场方程组揭示的电磁运动速度不变性显然不是相对运动理论及动力学理论足以描述的物理现象。必须将伽利略相对性原理推广到更普遍的形式去说明，这就从逻辑上断言了物质世界的相对运动是自然界普遍的运动的特定形式。电磁运动是和物质客体运动本质不同的更为普遍的客体运动形式；从伽利略相对性原理向爱因斯坦相对性原理的推广，是人类对自然世界普遍运动规律从特殊领域向最普遍领域的推广。这正是人类认识发展史的内在规律性。

三是断言了世界的统一性法则，所有物理规律描述在一切参照系中都是等价的这一判断包含着整个自然界是统一的，关于自然界的科学认识是具有统一性的这一结论。所以，爱因斯坦狭义相对论首先通过相对性原理的推广，把由经典力学描述的物质世界和由麦克斯韦电磁场方程组描述的电磁现象区分为本性不同的两个世界的物理现象，从而解释了用传统的力学理论去描述电磁现象出现谬误的原因，说明我们为什么必须抛弃“以太”假设。但最重要的是这两个不同的世界是一个统一的世界的两个不同层次的认识和描述，两个层次之间的关系是一般和普遍的关系。一般的规律和关系，必然包含在普遍性的关系和规律中，我们必须坚信一切物理定律对所有惯性系描述都是等价的。至此，我们可以说，狭义相对论的相对性原理，是人类从物质世界认识向真正的统一世界认识发展的基石。

第二，关于光速不变原理的意义。爱因斯坦假设在彼此相对做匀速直线运动的一切参照系中，所测到的光在真空中的传播速度都是相同的。这一假定和伽利略相对性变换是矛盾的。按照伽利略变换，光速和观测者与光源之间的相对运动是有关的，它还和观测者的运动有关，但这又和麦克斯韦电磁场方程组矛盾。所以，爱因斯坦以麦克斯韦电磁场理论解释的光速不变性为根据，以承认光速不变是最普遍的世界现象的前提去描述统一的世界。由此可以断言伽利略相对性原理的有限性以及这一特殊原理在普遍性的电磁现象描述中失效的必然性。这和把物质世界和电磁现象世界看成本质不同的两个世界或两个层次世界的概念是一致的。所以，必须在伽利略相对性原理的特殊表述基础上进一步综合出更普遍的相对性原理来，以确保光速不变原理普遍地为真。光速不变原理是思维形式和观念的一场最深刻的革命，因为它把真正的绝对运动、绝对速度描述引进科学认识世界的描述之中，在任一惯性系中都是不变的是光速不变性的真谛。

第三，关于洛伦兹变换关系的意义。这是爱因斯坦建立的狭义相对论与洛伦兹的时空以太效应及庞加莱的纯粹数学形式的区别。虽然他们对变换的形式的推导即描述是同一的，但所赋予的意义不同，因此才有狭义相对论。对爱因斯坦对洛伦兹坐标变换的物理意义解释，必须从如下三个方面去理解：

一是由洛伦兹时空坐标变换关系中，当两个惯性坐标系之间的相对速度 $V \leqslant C$ 时，还原为 $X' = X + Vt$ 这一特定的伽利略相对空间变换形式的事实可以得出结论，爱因斯坦把伽利略空间变换作为时空变换的特定形式，把狭义相对论的相对性原理作为特定的伽利略相对性原理的推广是成立的，是由洛伦兹变换关系来实现两种相对性原理之间的统一的。从它们两者的关系来看，显然，狭义相对论的相对性原理是更普遍的，所以它对自然界的一切物理现象描述都是有效的。而伽利略相对性原理只有在物质世界中才行之有效，而在描述自然界的电磁、光现象时是失效的，在物体运动速度不是远小于光速时是不适用的。这又从另一个方面证明了描述相互作用的力只是物质客体相互作用描述的特定概念，它无法描述电、磁、光和物的相互作用。从速度描述角度看，相对速度只能描述物质客体的运动，不能描述电、磁、光的绝对运动；只能描述低速运动，不能描述高速运动，更不可能有大于光速的相对运动速度。由此我们可以得出判断，由力及相对速度来描述的物质世界是普遍世界的特定形式，而电、磁、光现象是不能强行用物质客体的本性、行为、概念去解释和描述的。所以，从伽利略相对性原理上升为狭义相对论的相对性原理，是从物质世界描述到普遍世界描述的拓展，是超越有限的物质世界统一性认识而真正步入世界统一性原理认识的开始。在物理学理论体系意义看，它把牛顿质点动力学和麦克斯韦电磁场方程组统一起来，把物速和光速的统一性关系建立起来。

二是洛伦兹变换关系式中对时空坐标独立变量的值域及定义域的限制条件同时也是对伽利略变换的限制条件。因为从逻辑关系看，这种值域及定义域的边界条件是普遍性的，即洛伦兹变换关系的定义域和值域必须包括伽利略变换这一特定的相对性关系描述的定义域和值域。在建立洛伦兹变换关系之前，我们把伽利略变换关系看作自身独立自足的关系，除了受其本身规定性制约之外，再无其他限制条件。从这一意义上看，伽利略变换 $X' = X + Vt$，的定义域和值域在（$-\infty$，$+\infty$）中都具有意义。只要遵守伽利略变换关系条件，我们可以给任一物体得出超光速值的相对运动速度的真的描述。但是，在最普遍的洛伦兹变换关系中，两个参照系之间的相对运动速度是有限制性的。因为变换关系中 $1-\left(\frac{V}{C}\right)^2$ 这一因子必须大于零，否则没有意义，就是说，$V<C$ 是速度的定义域。所以，在洛伦兹变换关系中，物体之间的

相对运动速度亦即两个空间描述参照系之间的相对速度的定义域是 $V < C$，所以光速是物体不可到达的壁垒。既然在最普遍的洛伦兹变换关系中 V 是有定义域限制条件的，则它的特定形式的变换关系 $X' = X + Vt$ 中的速度 Vt 实际上也必须遵守同一的限制条件，否则它就没有意义。对相对速度的这一绝对限制，我们在物质世界相对运动描述中并不理解它，甚至没有意识到它。而在建立了牛顿力学定律和电磁定律都适用的普遍性的科学描述统一性关系中，我们才能理解这一点。由此可以断言，相对速度描述是以其低于光速作为限制条件的，超出限制的相对速度描述没有意义。这是对洛伦兹变换关系是普遍世界统一性描述变换关系理解的关键。在相对速度描述中，超越光速其实也是不允许的，更不可能是世界统一性的普遍描述。

最后必须指出，狭义相对论变换关系从运动学向动力学推广而建立的质量和能量关系 $E = mc^2$ 及 $E_0 = m_0c^2$ 是对世界统一性本性的最精辟概括。牛顿力学规律和麦克斯韦电磁场方程组在力学描述中的不协调性是我们关于世界本性认识的不完备性引起的，当把一切自然规律的描述建立了统一性关系后，质量和能量的统一性关系就顺理成章地推断出来了。虽然物质世界的力学描述已经包括能量——状态能量，但如果仅从状态能量即机械能去理解世界是不足够的，非常简单的事实是，相对速度的值域是（$-\infty$，$+\infty$），而动能和 V^2 成正比，这意味着物体的动能在特定参照系描述中可以是无穷大，但能量守恒定律已经在最基本原则上否定了能量无穷大的合法性，否则能量守恒定律就失效了。因此，相对速度定义域无限制的规定性和机械能守恒定律是不相协调的。只有得到普遍性的洛伦兹变换关系，给相对速度设定限制，才可以合理地解决相对速度和机械能之间的协调性问题。而且必须看到，由狭义相对论建立的统一性关系已不仅仅是一种科学描述，而是涉及世界的本性，即物质世界和光、电、磁世界的不同本性，质量和能量的统一性关系就是世界统一性的本性关系。由质能关系我们必须体会到，质量和能量在什么意义下是具有不同的本质的客体存在？在什么意义下是统一的存在？它们之中的特殊和普遍性关系是什么？只有在这种深刻的形而上学体悟中，才能更深刻地把握狭义相对论的科学描述的内容和意义。

既然狭义相对论及洛伦兹变换关系及质能关系揭示了世界的统一本性，那么，对狭义相对论的基础，即爱因斯坦建立洛伦兹变换关系时所提出的两条假设，我们不仅必须在科学意义上去验证它，而且必须在世界统一性原理的理性形而上学思考中，给它的合法性提供解释和说明。

三、绝对运动是相对运动的根据

狭义相对论的相对性原理把绝对速度和相对速度的运动统一起来，把物质客体的运动和电、磁、光的波动运动统一起来，它对人类认识世界的革命性意义是有口皆碑的，但人类对这种意义的理解却又是极不完备的。

对相对论的误解有很复杂的原因，霍金在《时间简史》中指出："在牛顿时代，一个受过教育的人至少在梗概上能掌握人类知识的整体。但从那以后，科学发展的步伐使之不再可能。因为理论总是被改变以解释新的观测，它们从未被适当地消化和简化到使常人能够理解。你必须是一个专家，即便如此，你只能希望适当地掌握科学理论的一小部分。此外，科学进步的速度如此之快，以至于在中学和大学所有的东西总是有些过时。只有很少人可以跟得上知识快速进步的前沿，但他们必须贡献全部的时间，并且局限在一个很小的领域。其余的人对于还在作出的进展或引发的激动，所知甚少。另一方面，70 年前，如果爱丁顿的话是可信的，那么只有两个人理解广义相对论。今天，成千上万的大学毕业生能够理解，并且几百万人至少熟悉这种思想。如果科学家发现了一套完备的理论，以同样的方法将其消化并简化，在学校中至少讲授其梗概，那只是迟早的问题。那时我们大家就都能够对制约宇宙并对我们的存在负责的定律有所理解。"[④]狭义相对论和广义相对论是包括非物质客体运动的统一性世界描述的形式，其中狭义相对论是更为重要的理论基础，因为它决定了思维方式从相对世界到绝对世界的转换。相对论对许多人晦涩难懂的原因非常复杂，霍金上面的归纳是合理的。但从另一个角度看，有两点是最不容忽视的：一是大多数人只理解相对论的规律描述而缺少对之意义的思考，并不真正理解它的绝对描述的意义，因而还是在物质世界的统一性范畴里去理解光、电、磁这些非物质客体的绝对运动，故出现对相对论的不正确理解是难免的。二是爱因斯坦狭义相对论描述本身的基础即相对性原理和光速不变原理是在经验观测基础上以假设的方式陈述的。按照这个假设产生了洛伦兹变换，洛伦兹变换描述和经验观测一致，证实了它为真。但从理论上来说，这两条假设的真理性是没有真正展开来的。如果我们能够有充足的理由坚信相对性原理的普遍性及光速不变性，那我们才能说真正理解了它，并对在此原理基础上的洛伦兹变换关系等具体描述有更深刻的理解。

按照世界统一性原理的思维逻辑，牛顿力学定律和电磁定律在任一参照系中的规律描述形式是相同的这一狭义相对论的相对性原理不是假设，而是必然性的自然法则。我们的世界就是由多样性物质结构客体以及光、电、磁这些非物质客体共存并处于永恒相互作用而运动演化中的统一世界，具体的客体世界只有一个，客体世界的统一性是不可怀疑，甚至不能讨论的。需要讨论的是我们思维中抽象的客观世界是否真的是客观世界，即我们对世界的认识和描述是否符合客体世界的本来面目。所以，狭义相对论的相对性原理包括光速不变性不必要停留在假设中，而是不以人的意志为转移的客体世界本性。这种理解才能解释当证明“以太”的实验否定了“以太”存在后，为什么洛伦兹、爱因斯坦等一大批科学家致力于寻找牛顿力学和麦克斯韦电磁场方程组的统一性关系。因为大家认同客体世界的统一性信念，没有科学家会怀疑客体世界的统一性，这是科学认识客体世界的前提。

坚信客体世界统一性和得到客观的世界统一性认识是两回事。但从世界统一性信念出发，我们首先可以把力学定律支配的相对性物质世界和光、电、磁构成的世界抽象为两个不同层次的世界，它们就是特殊和普遍的关系，问题就转换为：究竟是相对运动的物体还是不变运动的光、电、磁为最普遍的客体存在？对此的回答正是爱因斯坦和其他科学家的不同之处。现在回过头来才恍然大悟，其实，把物质世界作为统一世界的出发点，把相对运动作为一切运动描述的基础是不完备的。但对于长期从物质客体出发解释世界现象的科学家们来说，超越它的局限性却非易事。在狭义相对论问世一百余年后，许多科学工作者对物质世界描述的局限性可能依然无知，随手可以举出许多这样的案例来。

比如，物质世界的相对运动是动力学关系描述的，动力学的律令是有运动改变必有力作用，那么，如果把不变的光速看作具有可变速度的物体运动特定形式，在逻辑上似乎更加完备，但我们无法回答力是从哪里来的问题。从逻辑上来说，需要力来推动改变其运动的物体构成的物质世界就绝对不会是最基本的世界抽象，而以不变速度运动着的电磁客体因不需要推动而永恒运动才有可能是自足的、自己决定自己运动的最基本的客体存在。

我们反复说明物质世界是特殊的抽象，是为了使读者能从绝对物质观中解放出来。关于物质的本性、运动属性、状态描述时，有一个共同特征：相对描述。所以，我们只能用相对物质观来解释世界。习惯于物质世界思维的人们喜欢说凡事无绝对，其实物质世界无绝对，但光、电、磁的世界却是绝对的，因为能量绝对守恒，光在绝对运动。从逻辑上来说，绝对决定和支配相对，世界统一性原理的认识就是要找到绝对，从绝对的客体、绝对的运动开始去揭示统一性的世界存在。

从这种思维和逻辑出发，我们可以发现，爱因斯坦的狭义相对论正是从光的绝对运动出发来统一牛顿力学定律和麦克斯韦电磁场方程组的，这就是光速不变原理。在上一节的最后一个问题中，已经得出光速不变性的意义就是光速的绝对性，说明了光、电、磁的运动是绝对运动。爱因斯坦把光速不变性作为狭义相对论的一个重要假设，但我们从光的绝对运动本性来看，它不应停留在假设，而是由光绝对运动本性决定的现象。因为静止质量为零是光的本性，即只有运动它才存在，它的存在是和运动绝对同一的。绝对的运动在逻辑上就只能是不变的运动，可变的运动总会变化为零速度运动，产生静止，从而由绝对运动转化为相对运动。静止的光不但不符合我们经验，不符合麦克斯韦电磁场方程组，更不符合逻辑，不符合光的本性。所以，不必再把光速不变性看作假设，它是由光的运动绝对性决定的必然性法则。

爱因斯坦正是在光的绝对运动意义上理解麦克斯韦电磁场方程组，并以此为根据来统一牛顿力学定律的，这正是相对到绝对、特殊到一般的科学理论体系的逻辑。正是把物质世界和电磁世界关系颠倒之后，牛顿力学理论和麦克斯韦电磁场理论完美地统一了起来，而这种颠倒过来的关系描述产生了在特殊物质世界描述中不可思议的结果：时间膨胀，长度收缩。但道理其实非常简单，在物质世界相对运动描述中，时间和空间坐标是相互独立的自变量，物质运动相对性是由空间相对性来描述的，所以叫相对空间。在相对匀速运动的惯性参照系之间，由伽利略变换统一了相对空间坐标之间的关系，但时间坐标的单位长度是不变的，时间尺度是不变量。但在狭义相对论的洛伦兹坐标变换关系中，两个坐标系之间的光速度是相同的，由速度是单位时间中物体所经过的路程这一规定性可知，仅变换时间或空间描述形式中的一个自变量，相对惯性系之间的光速不变性是不可能成立的。为了确保一切惯性系中光速不变性恒为真，唯一的办法是协调决定速度的时间和路程这两个参数，通过时间膨胀、长度收缩来遵守光速不变原理。于是，相对时空中的物体相对速度成为由光速不变性决定的相对描述，而相对性则在时间形式和空间形式的相对性中体现了出来，而不仅仅是空间相对性。在普遍的运动描述形式变换中，时空是不可分割的，所以称之为洛伦兹统一时空相对性变换关系。至于时间和空间成为绝对相互独立的自变量的伽利略相对空间，只是洛伦兹时空变换退化后的特定形式，是参照系相对运动速度远小于光速时物质客体描述的特殊形式而已，只在相对限定范围内有效和有意义。这和广义能量守恒定律在没有质能转换特定条件下，退化为能量守恒定律和质量守恒定律的道理是一样的。同理，和物质不灭即质量守恒不是最普遍存在定律一样，伽利略变换统一起来的相对空间不是客体运动描述的最普遍形式，洛伦兹统一时空当然是比伽利略相对空间更普遍的形式。

由此可见，狭义相对论用以统一牛顿力学定律和麦克斯韦电磁场方程组的洛伦兹变换关系的两个前提假设的原理正是我们世界的本性，是普遍世界绝对运动本质的概括和归纳。狭义相对论实质上是以绝对运动为最普遍的运动，把电磁运动作为牛顿力学描述的物体相对运动的根据，把两者统一起来，得到普遍性世界描述的统一性关系的。只有从运动相对性认识上升到绝对性认识，我们才有根据说找到世界统一性认识的钥匙。历史上哲学关于世界统一性认识没有统一的意见和理论，但有一点是一致的，即理性认识的最高目的是绝对的存在，所以唯物主义把物质作为绝对，黑格尔把绝对理念作为逻辑理念进展的最终目标。当我们从知识和智慧相统一的意义上得出能量子即光、电、磁的绝对运动本性认识及科学描述理论的时候，我们可以有几分把握地说，现在真正进入了思考世界统一性理论的阶段了。这就是爱因斯坦相对论发现对人类认识世界的革命性意义。

综上所述，我们可以把光速绝对性的意义归纳为三个最基本方面：第一，它揭示了宇宙存在的绝对性。局限于物质世界理解宇宙统一性，我们永无法得到对宇宙存在完备性的统一理解，一方面把物质不证自明地当作绝对存在，一方面又发现物质世界中找不到绝对的存在，只能感叹世界上凡事无绝对。光速绝对不变性打破了一切皆相对的魔咒，能量子的运动是绝对的，光速是绝对的。运动绝对性是指它静止质量为零、静止的能量子不存在，故它是绝对运动的存在，是在任何惯性系中都绝对不静止的存在。运动速度绝对性是指它的速度与辐射源运动状态无关，与所描述的参照系无关，和运动时的介质无关。第二，它揭示了宇宙存在的自足性。一切都是相对的宇宙是无法为自身提供充足的存在根据的，凡事无绝对的物质世界不是自足的存在。抛开形而上学思辨，从科学客观性知识的观点看，物质客体运动的相对空间形式已经先验地决定了物质世界凡事无绝对，永不可能通达自足的存在。相对运动的本质在于它是速度可变化的运动，牛顿质点动力学告诉我们力是一切物体运动变化的原因，质点和力是物质世界运动变化认识中绝对独立的两个元存在，一个是客体存在之元，一个是状态存在之元，物质世界多样性运动变化普遍规律和多样性现象及过程都是由这两个元构建起来的。从本质上看，物体运动相对性的根本原因在于运动原因的外在性，在于这是依赖外力推动的运动，第一推动是物质一元论无法逾越的壁垒。一旦理解了能量子运动的绝对性，关于第一推动的所有疑虑都变得多余。绝对运动的能量子是非质点动力学描述的，其最重大的存在论意义在于它是不需要外力推动的运动，与其说它是自身运动的原因，倒不如说它运动不需要原因。就是说，宇宙中绝对运动的能量子存在决定了宇宙运动的绝对性，不需要第一推动和外在力量推动的宇宙才有可能是自足的存在。第三，它揭示了宇宙存在的自洽性。宇宙的自洽性指宇宙多样性存在和永恒的运动变化并不是朴素的感性直观那般杂乱无章和变幻无常，它是由必然性普遍规律支配的，是协调有序的，是多样性的统一，变幻着的永恒宇宙是一元论的统一世界。爱因斯坦在光速不变性假设基础上建立的狭义相对论的统一时空相对性描述形式最深刻的意义在于揭示了统一时空形式之于相对空间的普遍性，以光速不变性为根据把多样性的宇宙运动统一起来，在更加普遍意义下去建立关于宇宙的统一性理解。如界没有相对运动和绝对运动的统一性洛伦兹变换关系，光速绝对不变性的经验观测成果的价值和意义就只是有限的。爱因斯坦抓住了机会，把绝对运动和相对运动相统一的认识描述形式奉献给人类。狭义相对论是超越了相对空间的更普遍世界认识理论，我们不能仍局限在相对的物质世界去理解统一的宇宙，我们已经具备了思考和描述绝对存在的认识形式基础。

狭义相对论把我们从物质相对世界引入以能量子为基础的绝对世界，原先的许多特定描述概念失去了普遍性意义，比如力这一物质世界相互作用描述的最普遍概念在能量子运动描述中显然无能为力。如何想象引力对光的作用？如果回到粒子性，想象它像炮弹一样被作用，则它就不再是以绝对速度运动的了。但光、电、磁不能用力描述对之作用不等于它们永远做匀速直线运动，以前人类认为光是直线传播的，但那只是特定条件下的抽象，光其实是弯曲传播的。光的弯曲岂不是意味着它是不变速率而变速度的运动？这一切表明，仅传统的物理力学的运动描述框架已无法描述普遍的统一世界的运动。为了解决这一困境，还是爱因斯坦出场，提出了广义相对论，建立了普遍世界描述的最基本形式，使世界统一性认识的科学理论基础真正建立了起来。

第三节　广义相对论：绝对运动的场描述

一、从特定的力向普遍场描述转换的意义

真正把物质世界统一性认识推向新的普遍性高度的是爱因斯坦建立的广义相对论。爱因斯坦的目的就是建立把相对描述统一时空变换形式的定义域从惯性参照系扩展到非惯性参照系，把物质客体之间在不同参照系中的描述真正统一起来，这是广义相对论的直接意义。但是，从世界统一性原理来看，广义相对论和统一场论的客体世界运动描述形式的深刻意义远远超出物质世界非惯性系统一描述的范围，它的最深刻意义在于为最普遍的能量子客体存在的运动建立了可能的描述形式，为非外力作用下客体运动变化提供认识和描述的工具，为实现世界统一性认识而不仅仅是物质世界统一性认识提供了思维和描述的普遍、有效的框架。因为原有的物理世界的动力学描述对于电磁运动描述不是不协调的，而是无能为力的。

首先，经典动力学理论描述和光速不变原理是不协调的。传统的物理学理论把光的直线传播作为一个不证自明的公理，但相对论预言并实验证实了光线同样的受引力作用而发生偏转，光的直线传播只是其运动路径曲率为零的特定情况。在三维平直空间中，光的运动路径是可以用曲率来描述的，即弯曲路径的运动才是光、电、磁波动运动的本性。而最为重要的是如果光的运动路径曲率恒等于零，则黑洞就不可能产生。其实，从光速不变原理及电磁波传播速度又和媒介有关的经验归纳的统一性关系看，光在媒介中的运动轨迹必定是曲线，不能是直线，否则光速不变性就不成立了。但光速不变性究竟是指速率还是速度呢？两者的不同意义对我们的理论的影响如何呢？这必须由物理学家来回答了。但从世界统一性原理来看，在传统动力学意义下，用物体相对运动来描述光、电、磁的绝对运动出现不协调是必然的，远不止光的变速运动这么简单。如果不放弃动力学作为世界描述最普遍形式，

这类不协调会不断产生。

其次，从最根本的意义上来说，经典动力学无法建立关于光、电、磁运动的动力学描述，而不仅仅是这种描述不完备或无意义。为什么说经典动力学无法建立光、电、磁的动力学描述呢？必须指出，经典动力学的场描述是停留在特定形式上的力的描述，是以力为基础的，电磁场及引力场的作用依旧是最终通过力的作用实现的，场只不过是力的中介描述形式罢了。因为在所有这些描述中，它的实质是物体与物体之间的相互作用，而不是物体与场、场与物体之间的一连串作用的累积效应。仅从动力学关系描述物体的相互作用是不充分的，只达到一定程度的理论抽象，没有深入到它们之间相互作用的机制及其过程。用现代控制论的观念来说，描述物体动力学关系的相互作用力及场描述概念是一个复杂的“黑箱”系统，场强或力的描述就是这个系统的一个参数，代表了系统对外的联系和传递的特性而已。这是牛顿动力学理论的最玄妙和最成功之处，因为它用力这一简洁普适的抽象参数把复杂的过程关系转化为简洁而普遍的动力学关系，勾勒出物质世界的总的图像。但是，从人类对世界认识理想及追求来看，我们不会停留在对“黑箱”参数抽象描述上，更不能把抽象的“黑箱”变成超距作用的根据。然而，一旦超越物体相互作用去探讨相互作用过程的奥秘时，就不能再只局限在动力学理论的领域了。从现实来看，我们还没有可以从动力学意义描述物体和能量子相互作用关系的理论知识；而从逻辑来看，这种动力学描述是不可能存在的。理由很简单，动力学理论特别是力的概念就是对这种具体过程的综合和抽象，那就不可能用这种抽象出来的概念和理论去论证和解释自身，这种循环论证从科学意义上来说肯定是狗屁不通的，这是罗素在类型论理论中已经解释了的科学理论体系的最基本逻辑原则。所以，动力学理论虽然是客观有效的科学真理，但它对相互作用的过程描述，特别是能量子的具体运动、转移及转化过程而言，是不具备充分描述能力的。

最后必须指出，能量子和物质实体之间的相互作用关系既是最基本的，又是动力学无法染指的领域。能量子如果只是状态，不是存在者，则它们就只是相互作用现象本身，这只能归结为物质客体的现象。但光的运动速度是和光源的运动状态无关的，光和光源之间没有动力学意义上的必然性因果关系。如果承认能量子是客体，那么就必须回答它在统一的宇宙自然中和其他客体的相互作用关系问题。世界是在普遍联系和相互作用中永恒运动变化的世界，否则就无世界统一性原理可言。如果不能把握能量子和物质实体粒子的相互联系和作用，世界统一性就是一句空话。根据我们至今为止关于能量子的思考，断定光、电、磁现象本质上是能量子客体的运动，而且是世界最基本的客体存在的普遍的绝对运动，而特定的抽象物质世界的统一性描述理论对认识它们是不足够的，而且这些概念和理论的普遍性意义必须在更普遍性的能量意义下去解释和说明。这就是动力学概念和理论无法合理描述能量子和实体粒子作用关系的原因。能量子的运动速度不变性，相互作用中不涉及状态能量交换关系，决定了加速度、力这些特定概念对之描述的失效。即使是速度以及能量这些概念，在物质世界和普遍世界也有着不同的意义和内涵。能量子是量子化的，所以是没有状态能量的，更不能把它等效为有质量的粒子客体看待，若如此它就可以受力作用去加速或减速并产生状态能了，那就不是其能量与频率有关的不变能量的量子化客体存在了。能量子的速度和物体的运动速度是统一但不同一的，即前者是绝对速度，后者是相对速度，它们的统一性关系必须通过洛伦兹变换来建立。最为重要的是，绝对运动的能量子的运动描述是相对空间参照系不适用的，这正是在相对空间描述的动力学理论对能量子运动描述失效的一个重要原因。

所以，对牛顿动力学和麦克斯韦电磁场理论描述相统一的世界的运动描述形式，不能再停留在相对空间的动力学描述之中。狭义相对论解决了运动速度统一性问题，但没有具体解决非动力学可描述的能量子运动变化问题。为了实现对相对空间的传统力学概念更普遍意义的解释和规定，爱因斯坦发展了广义相对论，用最普遍的引力时空描述形式把一切描述形式统一起来，为最普遍的宇宙统一性理解和描述提供了框架，这是统一场论的最普遍意义。统一场论的场已经超越了传统物理学场概念及理论的意义，所以称之为统一场。统一场是建立在引力过程而非仅在引力动力学关系上的，对场的普遍性意义及引力场对世界统一性意义的理解，是思考广义相对论本质的基础和前提。

二、场的普遍本质和引力场的普遍意义

在经典物理学理论中，场的概念和力的概念在本质上是直接同一的，因为无论是电磁场还是引力场，场的规定性就是作用力本身。但从力上升为场的概念也已经是从特殊到一般的综合抽象，因为场就是一般的力，它是场源对一切描述范围内的空间点单位物体的作用力的分布描述，而不再仅限于物体之间的相互作用，也不再受牛顿第三定律的描述限制直接描述物质的能量特征及过程。因此，场的概念就有可能进一步抽象和推广，去描述用力的抽象概念无法描述的能量传播交换过程。必须从超越力的特定性之普遍性意义去理解场抽象综合的普遍本质。

首先，场是在相互作用过程基础上归纳产生的动力学描述概念。尽管在经典物理学的电磁场理论的静电场以及稳定电流激发的磁场这些电磁作用的场描述中，我们首先是从电场对带电的物体的作用力以及载流导线的磁作用力去规定和描述电磁场的，这些描述是直接和动力学描述同一的，同样可以看作电磁动力学概念。但是，它和质点动力学的力的概念又有不同之处，它不是纯粹相互作用的抽象规定性，而是电磁现象的空间分布普遍关系。更为重要的是，这些电磁现象的空间分布关系规律性隐含着时间过程关系，麦克斯韦正是把电磁现象描述的场分布关系统一起来，在统一性的时空关系描述中推导出电磁波的传播关系，完成了对光、电、磁波动运动的科学规律描述，揭示光、电、磁运动的绝对性本质的。由此可以说明，场和力尽管在直接意义上同一，但在根本意义上是特殊和一般的统一性关系。试想，从特殊的电磁力作用描述中能够推导演绎出电磁场传播运动方程吗？不可能。更简单的证据是，在力描述中，我们可以把电磁力的作用作超时超距的非时间性解释，但回到场分布本身，电磁作用就必须是时间过程中的分布，它既不超距也不能超时。如果说，电磁场描述转换为电磁作用力特殊描述的时候，根据对电磁场的认识和理解，或许没几个人会坚持这些力的描述是超时超距作

用的，但在抽象引力中情形可能极不相同。真正带来超距作用困惑的是引力相互作用，引力场还只是一种与引力一样停留在抽象规定性中的概念，引力场的作用还是物体之间的直接相互作用描述。由此可以说，传统的引力理论没有真正揭示引力的本质以及引力分布的过程。

其次，场的概念不是特定的客体相互作用关系的抽象描述，这是场和力在描述形式上的根本区别。诚然，场的描述和客体相互作用力的量纲是同一的，但实际上，场规定性中的单位客体也叫实验客体，它与力规定性中的相互作用客体的根本区别在于它不是特定的具体客体存在者，而是普遍性的抽象客体存在者，即它只在概念的抽象规定性之中。在力描述的相互作用中，两个具体物体的相互作用力是大小相等、方向相反的相互依存的关系，但场描述则不是相互作用关系，没有相互作用场的规定性及其描述，它是具体的场源客体对抽象的实验客体的作用，揭示的是场源的对外作用特性。正是这种抽象作用使场比具体物体的力的相互作用具有更高层次的普遍性意义。所以，场不是一种关系抽象描述，而是场源客体即描述对象自身的属性描述，它只由客体存在自身及它所处的环境条件所决定，而与其他客体无直接关系，其他客体甚至不构成它的环境条件。所以，从力向场概念的综合和归纳，是对客体世界普遍的相互作用关系向客体本身所具有的与世界普遍联系和相互作用的本性和能力推广的抽象概括。客体世界的普遍联系正是建立在客体的这种本性和能力的基础上的，故从逻辑上就能断言，场是力的普遍抽象，力是场的特定形式而已。场和力的这种非同一的差异性是它们最重要的区别。

最后，我们思考力和场的本质区别是什么。力的本质为物体之间的能量交换。所以，在直接性意义上，场就是物体自身的能量空间辐射运动状态的函数分布描述。当我们从这种本质来理解场，并不再把场描述的对象限定在物质客体本身，而是建立在物质客体和能量子客体的统一性关系的时候，才能得出永恒有无相生的世界统一性的理解和描述。物体的场不仅是它的属性，在更普遍的意义是它的能量过程的特性，而能量过程既是物体的内在规定性，又是普遍世界的规定性。因为能量子本身就是独立、自足的客体存在，而且是更为基础、普遍的客体存在。世界的普遍联系和相互作用就是在这样具体的物质实体与能量子客体的吸收、辐射的不断转化及转换中建立起来的。更进一步说，当把物质客体和能量子作为客体看待时，按照世界统一性原理，能量是物质之母，能量的运动是绝对的运动，物质客体是能量的特定结构形式，物质的运动是相对运动，则我们就能得出能量子的绝对运动是相对运动的根据的结论。场是关于绝对运动和相对运动相统一的描述形式，是世界运动最基本的描述形式。这是它和力的不同本质决定的合逻辑的结论。

二十世纪人类对世界统一性的认识从特定世界向最普遍世界最伟大的进军就是广义相对论建立的统一场论。坚持物质世界绝对性和具体性的人们把这一理论的意义局限在物质世界运动描述相对性从惯性参照系向非惯性参照系推广方面，这种理解当然是成立的，但远远不够。

三、广义相对论的统一场论描述及其意义

宇宙自然界统一性认识的最普遍描述形式是爱因斯坦在狭义相对论的统一时空形式基础上，把相对性原理从惯性参照系向非惯性参照系推广。实现这一普遍性推广的核心是把引力的抽象作用转换为普遍的作用描述形式，建立时间、空间、引力场统一为一体的引力时空这一最普遍的客体运动描述形式即广义相对论，所以广义相对论本质就是统一场论。

广义相对论的理论基础是等效原理：在处于均匀的恒定引力场影响下的惯性参照系中，所发生的一切物理现象，可以和一个不受引力场影响但以恒定加速运动的非惯性参照系内的物理现象完全相同。等效原理最简单直接的意义是可以把加速运动的非惯性参照系转换为在引力时空形式下的惯性参照系描述，从而符合狭义相对论相对性原理对惯性参照系这一限定条件。惯性参照系之间由引力产生的非惯性运动加速效应转换为惯性参照系的非各向同性形式效应，由动力学原因而非运动学结果描述引力对不同参照系的作用，这是符合逻辑的。因为按照最基本的动力学规律，力是物体运动改变的原因，就是说，力的作用效果就是导致加速度的产生来改变物体运动状态，力

和加速度是力学规律的两个方面统一的描述，而每一方面的描述都是等效的。如果把力和加速度割裂，认为等效原理是说在足够小的空间区域中，不可能区分你是静止地处于引力场中，还是在空虚的空间中作匀加速运动，那就不准确了。静止处于引力场中那说明还有其他力作用，合力为零；空虚的空间中如果没有引力则必须有其他力作用，否则加速度无以产生。如果限制在引力范围内考虑则在引力场中的任何客体都不会静止或做匀速直线运动，而任何变速运动的发生则反过来证明有引力场在起作用。所以，只能把引力作用及其产生的加速运动看作同一事件的两个不同层次的描述，故两种描述是等效的。广义相对论正是根据等效原理，把非惯性参照系之间的加速效应转换为惯性参照系中相应的引力作用效应描述，引力的作用不再由对物体的加速作用去描述，转换为物体运动的纯粹描述形式，引力效应只出现在最一般的引力时空描述形式中，不再由事件的因果关系去陈述。原非惯性参照系的引力加速效应被引力时空描述形式取代，从而实现了在引力时空描述形式下一切非惯性参照系转向惯性参照系的关系转换。

由此可知，等效原理的实质就是把运动学加速运动描述转换为动力学的引力描述，用惯性参照系叠加引力场效应来等效非惯性参照系的加速度效应，使狭义相对论的相对性原理在非惯性参照系中，可以和局部惯性参照系中完全相同，但在局部惯性参照系中要叠加和非惯性参照系等效的引力场的作用。或者说，所有非惯性参照系与有效等效的引力场存在的惯性参照系对于描述物理规律都是等价的，由于引力场对运动的作用被剥离物理规律描述本身，非惯性参照系对运动的影响由引力时空形式来表现，从而在引力时空下物理定律在不同参照系间保持着形式不变性。这一相对性原理是最普遍意义上的，不受任何特定条件的限制，所以它是世界统一性原理描述的最基本形式。反过来说，只有在广义相对论的相对性原理的描述形式中，世界统一性原理的完备认识和描述才是可能的。因此，把广义相对论的统一场论看作是近代科学认识世界的划时代发现是实至名归的。

广义相对论从最普遍描述形式意义上解决了关于世界科学认识的相对性知识的统一性问题，其最直接意义是物理学定律在一切参照系中具有形式的同一性，任一科学真理的有限知识都具有了世界统一性的认识意义。由广义相对论带来的思维革命是极深刻的，但对这种最普遍的认识形式的理解却是需要深刻智慧的。

广义相对论描述形式和传统描述形式的本质区别是什么呢？从等效原理和相对性原理的描述中，我们可以说，传统的科学描述形式是由时间和空间两组独立变量来描述物体的运动状态及其演化过程的，广义相对论则是由时间、空间、引力场三组独立变量来描述客体的运动变化规律和过程的。它最大的革命性改变就是霍金在《时间简史》介绍广义相对论弯曲空间那章开头所归纳的：爱因斯坦广义相对论是基于一个革命性的设想，引力和其他力不同，它不是力，只不过是时空并非平坦这一事实的结果，而早先人们认为时空是平坦的。就是说，传统的科学描述是时空描述，广义相对论的描述是引力时空描述，它的描述形式包括了引力场这一独立变量，而传统的描述则只是引力场恒为零时的特定形式而已。

引力场变量和时空变量是本质上不同的描述形式变量。因为时间变量和空间变量只是纯粹的抽象描述形式，是抽象形而上学的概念，而引力场不是纯粹抽象形而上学概念，而是具体的客体存在者的本性、属性关系的经验认识的抽象，是形而下经验意义下的具体存在。在传统的认识体系中它是客体世界的内容而非纯粹形式。所以，广义相对论的描述形式不是形而上学的纯形式，而是形而上和形而下相统一、内容和形式相统一的形式。这就是霍金恰如其分地把这种描述称为“事实”的理由。因此，广义相对论的理解就转换为两个最基本的命题：引力何以必须转换为形式描述独立变量？本性是内容的引力为什么可以转换为世界描述形式的独立变量？

为什么必须把引力转换为形式描述独立变量呢？这是因为在宇宙的三种基本力中，决定物质宏观结构、建立世界整体联系的整体的力就是引力。按照动力学规律，引力作用必引起运动的改变，所以引力是宇宙在宏观意义上一切物体在普遍联系中相互作用并产生运动变化的根本原因。消除引力的运动学效应而保留它的动力学描述，这是既保留引力的作用及效应描述，同时又消除它的运动学效应即产生加速效应的非惯性参照系，实乃明智之举。引力的动力学作用表现在引力时空形式中，不再表现在对参照系的加速效应中，宇宙中一切自由观察者由于不再考虑引力作为外力的作用，于是就处于惯性参照系中，一切科学定律于是有了最普遍的形式不变性。引力时空描述的关键在于用引力的动力学作用去等效引力的运动学描述，这种转换的可能形式就是把引力作用转换为独立作用，并且是具有独立描述变量意义的作用。在这种新增独立引力场描述变量的描述形式下去描述客体运动规律时，引力的运动效应就不再由科学规律去描述了，非惯性参照系就在最普遍的引力时空形式描述中转换为惯性参照系。所以，把引力场从内容转换为独立描述变量形式的目的就在于把描述参照系转换为各种相对性条件下都普遍适用的惯性参照系，由时间、空间、引力场三组独立变量构成的描述形式就是满足客体世界任何描述条件的最普遍的描述形式，在这一描述形式下一切科学因果必然性关系都具有形式不变性。

那么引力场为什么可以作为客体世界运动描述的独立形式变量？这是广义相对论等效原理是否成立的根据。我们知道空间、时间、结构之所以是纯粹的形式在于如果它们不是纯粹的抽象而是存在者本身的话，它们对存在者的描述就不是独立变量描述，空间、时间如果不是纯粹的形而上学抽象则它们就无法成为连续描述变量，就不具备作为客体运动描述独立变量的资格。所以，传统的形式描述变量是抽象的，形式对客体世界的描述则是内容和形式的统一。但是，引力场既然是能量分布状态的内容和时空形式相统一的描述，它又何以成为描述形式呢？从我们思考能量得出的诸认识中，可以归纳出如下几条可靠的理由和根据：一是引力是非极性力，即引力的作用总是线性叠加的；二是引力场的时空分布是在宇宙整体统一性意义上的，引力是物质世界相互作用的统一性描述手段；三是引力场的本质是能量在时空中的分布函数。基于上述三大理由，引力可以作为客体世界的动力学组成部分纳入整个动力学过程去描述，也可以把引力的作用和其他力抽象的相互作用分开思考和描述，独立描述各自的作用后再将这些作用效果叠加，这是允许的。因为能量作为力的本质，能量相互作用和交换是严格遵循线性叠加原理的。由于引力场描述的普遍性，它就具备作为描述其他非普遍场和力的基础即独立描述变量的理由，引力场在时空中的分布实际上就是由时间、空间、引力三个独立变量构成的统一性的描述形式，这个描述形式已经在先地纳入了引力的作用效应，转化为其他力作用下的物体运动描述的形式。所以，严格地说，由时间、空间、引力三个独立变量构成的描述形式应称为引力时空，是内容和形式相统一的描述形式。在这个描述形式中一切由引力作用产生的非惯性参照系都转换为惯性参照系描述，在此描述形式中的动力学和运动学规律和过程描述的另一种解释就是在引力时空作用分析基础上再叠加其他非引力产生的运动变化作用规律，从而得出完整的客体世界运动变化规律描述。从对能量本性、引力本性及三种基本力的分析中，我们可以断言，唯有引力和引力场才具有转换为普遍世界运动描述形式的条件。正是基于上述原因，爱因斯坦广义相对论的等效原理才是真的陈述，传统的引力才可以被看作是不再产生运动学效应的具体作用力，而是可以转换为普遍的描述形式的。

引力时空作为客体世界普遍运动的最基本描述形式，已经不再是纯形式，而是引力作用内容和纯粹时空形式的统一。严谨地说，普遍的引力时空是统一不可分的整体，离开了时间或空间变量不可能得出引力场分布描述。当不考虑引力场效应，即在把引力作用规定为零的特定条件下，引力时空描述形式就退化为纯粹的时空形式描述，再进一步忽略时间过程则得出纯粹的空间描述，这才是对引力时空的统一性理解。引力统一时空描述形式实际上就是统一引力场理论，所以，广义相对论和统一场论的概念指称本质上是相同的。必须记住，时空不可分是在世界本性意义上的，是在相对论的惯性参照系时空变量统一性转换意义上的，不是物理科学描述意义上的。特定科学描述中时空不可分是不可思议的。

统一场是引力场的分布函数，所以统一场描述形式和特定的各向同性平直连续时空描述形式是不同的，它作为描述形式，本身是场时空分布函数，因为具有内容和形式相统一本性，不再是各向同性平直连续时空变量描述形式。物理学称统一场为弯曲时空，这种仅从时空去理解的概念往往会产生时间空间实在化的误解。就纯粹时空形式而论，说弯曲时空是不可思议的。统一场的弯曲时空是指时空中引力场分布的非均匀非各向同性的性质，其实叫作弯曲引力场才准确。如果理解为引力分布使时间空间弯曲，那就差之毫厘，谬以千里了。在引力时空中，时空描述形式仍然是各向同性即均匀分布的，抽象的空间何以弯曲呢？地球和太阳的相对空间位置，无论在平直时空还是引力时空中都是绝对不变的，没有什么可以抄近路的时空细管存在。

在统一场描述形式中，物理定律具有描述形式不变性。比如，在统一场中惯性定律的运动路径是测地线，即统一场中两点间的最短路径是沿等势面法线方向的连线而非直线距离。只有在忽略引力效应，退化为非引力作用的平直连续时空中时，惯性定律的运动才退化为匀速直线运动。在引力时空形式描述意义上，自由运动为匀速直线运动实际上是在引力场分布为零这一特定条件下，物体沿测地线运动的特定形式。物体在引力时空中沿测地线运动，和在纯粹形式时空中在引力作用下的运动是完全相同的，广义相对论对太阳系行星、卫星沿测地线的自由运动描述，和牛顿引力动力作用描述结果完全一致。所以，在不同描述形式中的不同的描述始终是具有统一性的。描述是相对的，世界的本体存在是绝对的，相对性认识统一于绝对具体才有认识之意义。

统一场作为客体世界普遍运动变化的最普遍描述形式的根据在于它同时为能量子的运动过程描述提供了形式。在传统的描述形式中，从运动学和动力学规律无法对能量子的运动作出合理的描述，但回到普遍的统一场描述，把引力不再看作力，能量子的运动变化描述就迎刃而解了，光线弯曲、黑洞现象乃至宇宙辐射的总体图景就找到了可靠而有效的描述手段。同时，时间作为独立变量是不变的，它给人受引力而改变的假象是由于在统一场中测地线是曲线而非直线距离而已。当从直线距离和平直连续空间的传统描述去解释统一场中的惯性定律及能量子运动、速度、时间的关系时，难免得出引力改变时间流逝的幻想。

综上所述，在世界统一性原理中，统一场是最普遍的世界统一性描述形式，它对客体世界的任何描述都具有意义。它既满足物质世界运动的相对性描述，同时也满足能量子客体的绝对运动描述，它的普遍性意义就在于把绝对运动和相对运动的描述形式统一起来。引力是宇观物质客体相互联系和相互作用关系的普遍抽象，是理解物质世界统一性的核心概念。从抽象引力进展到普遍的引力统一场论，综合引力的能量交换本质和能量子客体本性，引力时空描述形式即统一场论的深刻意义就不难理解了。统一场论最深刻而重大的意义在于，基于自然的普遍能量本性和引力能量子是宇宙最普遍具体的本原客体之理解，统一场即引力的时空分布不只是描述物体运动的最普遍形式，它首先就是现实具体而普遍统一的宇宙本身，它永恒的运动就是宇宙的永恒运动。爱因斯坦广义相对论方程得出宇宙基于统一场论的模型陈述时，我们实质上已经得出绝对存在和运动之宇宙的解，有充足理由不再把宇宙第一推动留给上帝。为自己运动提供推动的宇宙中再保留上帝还有什么意义呢？

注释

①程守洙、江之水主编，胡盘新等修订《普通物理学》，北京：高等教育出版社，1998 年第 5 版，第 2 册，第 1 页。

②史蒂芬·霍金、列纳德·蒙洛迪诺著，吴忠超译《时间简史》，长沙：湖南科学技术出版社，2006 年第 1 版，第 94 页。

③同上，第 103—104 页。

④同上，第 122—123 页。

⑤同上，第 32 页。

第八章
能量一元论

引　言

【提要】本章由以无为主题进展到以道为主题。这里无是能量子客体范畴，又是特定的引力能量子概念；道是能量范畴，特指自然的统一本性。用哲学话语陈述就是由本原论进展到本体论，把关于能量子本性的各种认识统一为自然自足自洽的能量一元论。

一、本章讨论的元、一元论概念限定在自然哲学范畴，元是统一自然一切存在和现象的绝对性概念，一元论就是以具体而普遍的统一本性为根据得出对自然永恒而自足自洽的完美理解。不只纯粹形而上学的世界理论，以抽象认识为对象的哲学唯心论、各种多元论及不可知论都不在讨论范围。西方自然哲学有资格称一元论的是物质一元论，它从自然哲学创立起就一直是具有支配地位的宇宙观，但它本质上是质点和力绝对分立的二元论。唯物论创哲学世纪的原因在于形而上学和知识相统一的本原论的创立，由具有知识意义的本原客体的物质本性为朴素的万物世界的统一物质本性提供客观性根据，得到对自然物质本性形而上学设定和知识、经验相统一的具体理性理解。本原为何物是真伪知识判断，本原不生不灭是形而上学规定性，基于此本原的物质性才是自然物质性的根据，本原论才上升到本体论。问题在于本原不生不灭的形而上学规定性是不完备的，解释不了物的多样性演化及运动变化原因，物质一元论的宇宙摆脱不了对上帝第一推动的依赖。本卷的主题就是用能量一元论超越物质一元论，通达自然自足自洽的绝对统一性理解。能量一元论是宇宙观，是世界观的基础，是世界统一性原理的基础，最普遍的世界是主客体统一性的世界。

二、根据现代科学知识完全可以理解能量是自然普遍本性归纳的客观性。按照狭义相对论的质能关系，质量等效于相应能量，物质客体的质量、结构能、状态能统一于能量，物的本性是能量；按照量子理论，无质量客体的本质和本性都是量子化不可分的能量。综合两者可以得出自然普遍本性统一于能量的归纳。

三、能量作为自然统一本性的最根本理由在于以能量子这一最基本形态存在的客体只有能量这一唯一规定性，它的本质和本性都是能量，客体性和运动性绝对不可分割，因而它把自然的存在和运动、质点、力统一于自身。因此，能量是自然存在和运动的统一本性，是质点和力的统一，由此可以把整个自然在一元论意义上统一起来。

四、以能量为本性去理解宇宙就是能量一元论。能量一元论超越物质一元论的深刻之处不只是能量统一了物质的质能、结构能、状态能及独立于物质的无质量客体的本征能，统一了自然存在和演化的所有现象，更重要之处在于它是以支配自然一切现象生息变化的最普遍本质规律为客观性根据把一切能量现象统一起来的，是宇宙形而上学本性、客观知识、经验相统一的理性具体之一元论。

五、能量一元论赋予绝对具体宇宙自足自洽而永恒的完美意义。在能量一元论宇宙中，没有熵垒，没有无序，无须反熵，无须上帝。能量不生不灭，宇宙总能量就是常数，宇宙就是永恒的。引力能量子是宇宙最普遍的具体存在，是绝对运动的存在，是宇宙永恒的运动源泉，它决定了宇宙本性是永恒存在和永恒运动不可分割的，根本无须借助上帝第一推动，也根本不会有静止、无序、平衡宇宙之意义。能量是构成宇宙一切具体存在的质料，结合能是支配客体结构形式多样复杂性演化的根据，能量交换规律支配着宇宙按必然性运动的永恒过程，能量一元论的宇宙就是自然依必然性不断实现其内在目的性的永恒存在，是道法自然的完美存在。

综合前述关于能量状态科学描述、客体本性及绝对运动特性的认识，可以得出能量就是自然普遍本性，引力能量子是世界最普遍的具体存在者的结论。就是说，引力能量子是自然世界的本原客体，能量是自然世界一切存在者的存在及其永恒的相互作用、运动变化的根据和原因。在理性统一性认识意义上这就是能量一元论，是世界统一性原理的基础理论。客体世界的一元统一性是世界统一性认识不可或缺的坚实基础，从物质一元论进展到能量一元论，后者是人类两千多年来对本体存在论认识不断探索和积累而得出的最大胆的革命性结论，是人类对宇宙自然本体存在统一性认识从一般物质世界向包括物质世界的最普遍能量世界的革命性飞跃。它继承了两千多年来自然哲学关于物质世界统一性认识的丰富成果，扬弃了僵化、有限并且基于感性朴素经验和猜测性知识的古希腊自然哲学的物质一元论和绝对物质观，第一次有科学知识根据和合统一性逻辑地去理解和解释在多样性中统一、在运动变化中永恒存在的统一宇宙自然界。

西方自然哲学本体存在论发展史的最大问题有两个：一是由巴门尼德开始，柏拉图和亚里士多德构建完成的唯心主义本质存在论没有区分心和物、本质和本体的区别，笼统地在存在统一性意义上，用本质存在否定本体存在，用唯心论否定唯物论，把客体统一性和主体统一性这两个不同层次的统一性命题对立起来，对本体存在论的发展产生了极大的消极作用，又令本质存在论止于抽象，无法进展到具体；二是本体存在论自身也长期处于停滞状态。本体存在论和本质存在论的根本区别在于，本体存在论不像本质存在论那样主要以主体抽象思维认识的统一性为对象，它必须建立在关于宇宙自然客体认识的客观性知识基础上。同时，没有这一客观知识就没有本原论的可靠基础，更无法得出多样性客体自然界在本体存在论这一普遍意义上有客观普遍性根据的统一性理解。本原存在知识的探求不是哲学家能完成的，科学家在发现原子结构后，竟然得出物质结构无限可分的结论，那等于告诉哲学家，物质自然界无本原存在，即使逻辑上有现实中也不可知。这才是唯物主义本体存在论陷于尴尬境况的最根本原因。翻开近代科学革命几百年来的西方哲学史，在唯物主义哲学大家的理论体系中，鲜见本原论的蛛丝马迹。没有本原论为基础的本体存在论无论如何都不能说是自成体系的，甚至刻薄者可以把它当作只是独断的观点。为什么泰勒斯会成为哲学的始祖？因为他开了本原知识和本原论的先河，以此为据，对物质世界统一性理解就是自觉自为的理论体系，这种理论体系不再只是一种观点，而是诞生了人类自觉理性意义上的哲学。

世界统一性原理把自然一元论作为本质论的基础，因为本体论是本质论的前提和基础，一元论是客体自然统一性的本质，本原论是世界统一性原理基础的基础。本卷关于永恒存在的思考实质上是围绕着本体论中的本原论去统一自然普遍能量本性的。综合前述各章的认识，本章直奔本体论的主题，在合理地解释世界的“元”的规定性及“元”的存在本性基础上，建立客体世界统一性基础的一元论即能量一元论。按照元是最普遍的永恒存在的规定性，在能量永恒地存在、自足地存在的认识基础上就能得出能量一元论的充足理由和完整理解。根据统一性原理的认识论逻辑，能量一元论就是世界统一性的起点。能量的本性、运动变化过程及其规律在最终意义上决定和支配着世界的存在和运动变化，由此就得出了关于自然界的最基本的整体把握和说明，并为宇宙的复杂性演化及运动的认识提供了坚实的基础。

第一节　自然界是一元统一世界

一、元和一元论、多元论

元是日常世界的最普遍概念之一，也是理性哲学理论体系的最基本概念。它的日常意义和哲学思维既有联系又有区别，并且几千年来哲学形而上学思维对元的理解并不一致。没有统一的元概念规定性就别侈言一元论。所以在讨论能量一元论之前，必须对元、一元论和多元论的概念稍作讨论并得出它们的统一性意义。

元首先是结构性描述概念，指结构整体与部分关系描述中的特定部分，它与非元部分的区别在于它通常是有普遍规定性的，满足这普遍规定性的部分就称为元。元是整体结构中作为最基本结构单位的部分，最简单的例子是我国货币的基本单位是元，比元大的货币单位由元累积之数而成，比元更小的货币单位不再称为元，实质上是将元这一基本单位细分而产生的，但我们通常仍把元理解为基本单位，细分后往往当小数理解。元既然是基本单位，所以元经常和单位搭配构成单元这一概念。由此可见，元是指整体中具有独立规定性的基本构成部分的概念。

哲学思维中的元概念则具有更严格的描述意义，它和日常元概念的区别在于后者是相对性描述，前者是绝对性描述。日常的元概念实际上是认识论意义上的相对性描述范畴，但哲学的元概念是本体存在论意义的，它是在分解还原世界客体存在结构到不可还原的时候产生的，是本体存在论的绝对性描述概念。哲学本体论思维的基本对象是自然世界的本性，且这个世界是整体意义的绝对世界。对绝对性思维对象的最基本结构单元的认识同时也就是一种绝对性的描述，故自然哲学指称的元就是指称客体世界在存在论意义上的最基本的构成单位，它是绝对之元。绝对之元的本质规定性是它不可进一步分解为部分。哲学本体论的元是绝对性描述的，它只能是或者不是，而不能在某种条件下是元，在某种条件下又不是元。在哲学家的本体存在论追求中，思维对象的最基本的结构组成部分即元原则上只能有一种答案、一种解释，否则客体世界就失去了统一性。一般说来，哲学本体论所追求的认识本质上是一种一元论，而只有以绝对意义的元概念为基础，一元论才有意义。元中求元只是认识论意义的，本体存在论断然否定元中求元。

哲学之元的绝对性是由哲学的理性统一性本性所决定的，它的元概念和科学知性认识的相对性的元概念是有本质区别的。科学是有限抽象因果关系知识，任何确定之元都可作为再还原对象，元中求元符合科学认识的逻辑，基于此才能理解认为物质结构无限可分是科学家追求未知的正当权益。哲学作为统一性智慧，它求元的意义是以其为基础建立对整个自然界多样且多变中的有序统一性的理解，这就是本体存在论的意义。自然哲学就是本体存在论，本原存在之元的本质意义不只是最基本结构单位，本质上是宇宙自然完美的统一性的根据，故本原存在之元是具体存在，更是最普遍的存在，是存在和运动合内在目的性的统一，自然的一切存在归根到底就是以它的存在为根据的。由这种理性具体的本原存在为据，才有合逻辑的理性一元论。

哲学“元”概念的基础是泰勒斯的世界本原概念。泰勒斯从对世界的科学认识意义提出了水是世界万物本原的猜测，认为水就是构成世界上一切事物的元素，因此世界的一切非本原存在之物都是以水为元的更复杂结构组成的，最终消解时又可以分解还原为水。当世界万物本原概念建立以后，人类对世界认识的概念描述就产生了质的飞跃，即从相对性的知性认识上升到绝对的理性认识阶段，因为本原存在已经是终极的，因而是绝对的存在，同时又是世界最普遍的具体存在。它以元的形态存在于万物之中，成为多样性万物存在的根据，元的本性统一了多样性自然的本性。这是泰勒斯是西方哲学思维的起点、本原存在是哲学思考世界的理论起点的理由所在。

把泰勒斯的带有理性思维的世界本原科学概念上升为纯粹形而上学哲学概念的是巴门尼德的存在哲学。巴门尼德的存在不是指称多样化世界的存在，而是直指世界本性的存在，亦即由世界万物本原不生不灭本性拓展到一切具体存在的绝对永恒性。巴门尼德的存在哲学是将传统自然哲学的世界万物本原认识思考从经验观察和科学猜测上升为理性逻辑而产生的，它最显著的特点是从最大普遍性意义去思考世界的本性。当然，最大普遍性的形而上学本体存在思辨必须包含世界万物本原这一哲学起点概念的意义。从巴门尼德抽象存在哲学发展出来的柏拉图和亚里士多德的唯心论存在哲学，尽管在直接意义上和自然哲学唯物论对立，也只思考存在而非存在本原，但其实他们的存在已经内在地包含了本原存在的规定性，即生生灭灭之物既存在又不存在，不是真正的存在，真正的存在是永恒的存在，永恒的本性正是自然哲学的本原存在的本性。由此可见，唯心论的本质存在和自然哲学的存在、本原存在是既有联系又有区别的，本质存在论没有本原论，在逻辑上的统一性并不是一元论的本体存在统一性，而是主体认识包括对自然的认识的统一性思考。唯心论本质存在的相对完整的理论形态是本体和本质相统一的，这鲜明地表现在亚里士多德的存在四因论学说中，并反映在唯心论哲学至高无上的实体概念中。

实体概念揭示了西方文化基础建立在经验和科学认识之上的传统，即始终坚持从“有”出发去理解世界。东方传统文化中的无概念的外延和内涵肯定是和“有”相对而言的，西方文化的“有”则包含了无。“有”实体就是绝对的概念，实体是绝对存在，从世界万物本原到实体概念的发展，显然是西方哲学对世界本性思考从一般向最普遍性思辨的发展。实体理所当然地纳入了世界万物本原概念，但它又不仅限于此。因为世界万物的本原是物，但西方哲学的实体却不是非物不成立的概念。具体之物是实体，但唯心主义哲学的抽象思维也可以看成实体。西方哲学和中国文化传统的重大区别之一就是它的抽象实体概念，发展到中世纪宗教哲学占统治地位时，上帝就成了唯一实体。

抽象实体的概念不是没有问题的。但同时必须看到，迄今为止的一切世界认识和理论中，具体实体的概念也是不具备充分理由的，否则就没有抽象实体概念的留存空间。因为万物本原作为具体实体去解释世界的本性虽然和经验及科学知识相一致，却没有达到最普遍的具体，不足以解释世界的本性。为什么这么说呢？因为从本原概念去思考世界的本性的时候，是在构成世界的质料是什么这一意义上的思考。一切唯物主义哲学基本上都是按照这一思路展开的，并且坚持这是世界的最普遍本性。西方自然哲学的先验原则是本原存在作为绝对的存在一定是“有”即物的具体存在，但理论思辨并不能只停留在质料之上。按照我们直接经验的启示，仅从质料去解释世界，哪怕最简单的事件都是不充分的，何况是整个世界的本性。质料只是我们对事件和过程认识中的一个特定抽象描述方面而已，只是认识描述的一个要素而已。西方哲学存在论发展到亚里士多德的时候，建立了相对完备的逻辑，亚里士多德把存在规定为质料因、动力因、目的因、形式因，认为四因的统一性描述才是世界本性的完整认识理论。

四因统一性的存在论就是统一性的理性世界理论。人类至今还只是处在追求这一认识的坎坷之途中，对世界本性的思考随人类知识的丰富而陷入了迷惘之中。我们的哲学文化遗产中有各种各样的一元论，还有二元论及多元论，甚至不可知论。这些理论各执一词，但都不具备充分的理据。产生这一现象的最深层原因在于各自对“元”的规定性的不同理解。唯物主义把元理解为构成世界的质料，唯心主义则把元理解为构成世界的质料因、形式因、动力因、目的因的统一。从思维的普遍性高度以及理性哲学思考世界统一本性意义来说，唯心主义是更深刻的。但这并不意味着只有唯心主义哲学才是合理的，恰恰相反，后亚里士多德的西方哲学唯心主义并没有真正把质料因归纳在其理论之中，而是仅抓住抽象的普遍性，否定具体的普遍性，用抽象实体、抽象存在去代表具体的世界。自然客体世界的本性是需要最普遍的具体存在去提供一元统一性根据的。按这种思维逻辑去理解的“元”的概念才符合世界统一性理论，即一元论的本体存在论是世界统一性理解的基础。

由此可见，世界统一性原理的“元”概念是绝对的概念，元的概念和质料概念是统一但不同一的，即元在承认构成物的世界的质料基础上进一步向普遍性存在综合和归纳，它必须把运动、形式、目的即形式及运动的必然性这些因素和质料统一起来才有资格成为绝对，才能具备描述世界本性的充足理由。当然，由四因论去理解的自足的存在并不特指本原存在，而是以本原客体为质料的多样性的具体存在；本原是宇宙演化起点上最普遍、最简单的不可分解还原的客体存在，它决定了回归自然的本性却不是自然最普遍的统一本性，客体和演化相统一才达到一元统一的逻辑意义，故元才是最普遍的存在的根据，它就一定是质料、形式、动力和内在目的的统一性存在，它就在一切存在之中，同时它作为一切存在的根据又首先可理解为最普遍的存在。因此，元和实体是不同的，元是包括感性具体实体的理性具体概念。当我们从质料、形式、动力、目的相统一的高度去思考世界的时候，所谓抽象实体就是多余的了。按照哲学理论描述传统，在抛弃抽象实体概念之后，实体就是具体实体，它指称的就是以质料为基础的物质客体存在，实体在世界统一性原理中就是和物质客体同一的概念。绝对的“元”概念把质料、形式、动力、目的统一起来的时候，并不只指一切由必然性支配，从可能成为实现了内在目的性的现实的具体存在，它的本质就是永恒的存在。永恒的存在既包括具体的存在，又是不生不灭的存在，因而是统一了自然普遍本性的绝对的存在。

元作为绝对的概念，它必须包括客体世界的普遍联系和永恒的、绝对的运动本性，从感性具体上升为理性具体才有资格叫哲学。它对客体世界普遍联系和相互作用的关系，它对构成世界普遍的、永恒的绝对运动的关系，它的这些关系的统一所决定的世界存在、运动、演化的必然性和规律性，就是传统哲学追求的形式因、动力因和目的因。从本原论到本体论的统一之元才统一了多样性具体世界的本性，它以本原客体本性为根据把整个自然的本性统一起来，以本原为据的自然统一本性才是理性具体意义的一元统一之元，这才是对“元”概念的最普遍的归纳和抽象。所以，我们可以得出概括性的结论：构成客体世界的“元”是揭示世界最普遍本性的哲学概念，是世界的质料因、形式因、动力因和目的因的统一，是把本原论和本体论统一起来的概念，是关于自然普遍具体本性的绝对性归纳。所以，元存在即绝对的存在、永恒的存在，元是超越了感性具体的感性、知性、理性相统一的具体理性的范畴。

对“元”概念的绝对性具体理解是构建与哲学史传统不同的世界本性

理论的起点，但它又建立在对传统理论精髓的汲取和继承的基础上。它所继承的成果就是唯物论的宇宙观。

二、一元论的宇宙观

对“元”概念缺乏统一性理解，是哲学史上各种一元论与多元论产生的根源。

世界统一性原理把元规定为世界的绝对存在，任何认识的相对性都是在客体存在的具体现实性基础上产生的，任何现实客体世界的多样性存在和演化都是在绝对、普遍性的统一之元意义之中的。因此，按照世界统一性原理的信念以及对“元”概念的绝对性理解，统一的世界首先是一元的统一自然界，世界统一性原理并不否认是极端一元论的。当然这是本体存在论意义上的绝对一元论，而不是客观认识意义上的极端一元论。艾耶尔总结二十世纪西方哲学一元论和多元论的分野时，讨论的实际是认识的客观性、主体意义世界的统一性问题，已经完全离开了自然哲学传统之元及一元论、多元论的本来意义。西方哲学对“元”概念的认识论转换的根源在于从巴门尼德、柏拉图开始的从本体向本质存在概念的转换。从一元论之元为起点去建立主体认识世界的统一性是本末倒置的，这在逻辑上并不难理解。西方哲学进展到本质存在论的唯心论更高层次理性统一性思考时，没有自觉意识到本质存在包含本体存在，本质存在是以本体存在为基础的更普遍意义的世界统一性思考，反而用本质存在去替换、否定本体存在，使西方哲学唯心论失去客观性基础。多元认识之所以能够且必须归元就在于本体世界的一元统一性，没有客体性为根据的客观性是空中楼阁，没有客体性就没有客观性之意义。时至今日，西方哲学从来没有跟上过科学发展的步伐，黑格尔的猫头鹰从黄昏到子夜都没有起飞，根源就在于西方以真理认识客观性为己任的唯心论哲学是无体之观，难怪科学家们愤而疾呼拒斥一切形而上学。世界统一性原理充分肯定唯心论哲学进入更普遍意义世界自觉理性统一性思考的历史进步意义，但不认同唯心论对唯物论的存在替换和否定，而是把自然客体世界统一性作为主体精神认识意义世界的基础，坚持本体存在的优先性。基于这种理解，世界统一性原理从宇宙自然统一性的本体存在论开始，它所指的绝对之元是自然界统一之元。这种理性具体一元论是本体存在论的灵魂，是本原论到本体论的统一，是自然哲学的理性具体意义本身。

从自然统一性去理解一元论才是符合历史和逻辑的。首先，世界统一性原理的真正意义不仅在于关于世界认识的各种特定知识之间的统一性，更重要的是从这些统一性原理中去把握世界的统一性，它的思考对象不只是知识本身，更根本的是知识本身所描述的对象——世界的本性。因此，一元论首先是本体存在论意义上的理论思考。人类对世界认识的相对性问题，对各种特定知识的统一性关系的把握是通达世界统一性认识的手段，而不是最终目的。只有这种手段实现了它的目的之时，即对世界的统一性认识在认识论和本体论意义达到统一的时候，我们才能说达到了绝对的认识。仅仅在认识论意义上是无绝对可言的，凡事无绝对是限于认识论的，以物为绝对是限于感性具体的，存在和演化、客体和认识相统一的绝对才是理性具体的。多元论的根据是认识的相对性，从多元论演绎出来的任何观点都不能代表世界统一性理论本身，所以世界统一性原理和多元论是直接对立而无法统一的。其次，从元的本体存在论观点看，一切多元论其实都与元的规定性相悖，多元论的“元”概念不是普遍理性思维的绝对概念，而仍停留在日常意识及知性科学的相对描述之中。在这些有限性意义下，元是相对的概念描述，从不同的相对性假定去得出不同的客体描述方面是最基本的事实，但这并不证明世界是多元的或关于世界的认识是多元的，而在于认识之“元”规定性本身就是多元的，而这些多元认识最终必须多元归元，因为我们只有一个自然界，相对性多元所归的绝对之元就是一元论之元。由认识相对性断言世界的多元性或世界本性认识一定是多元性的，那是不符合逻辑的，是一种前后矛盾的理论。世界统一性原理既不能停留在相对的知性认识之中，更不会接受这种前后概念不一致的逻辑悖论。它坚持“元”概念的绝对性，同时就坚持了绝对的一元论。最后，从逻辑上来看，如果坚持元的绝对性观念，则任何多元论实质上都是一种不可知论，它隐含了相对认识不可能通达绝对的命题于其中，演绎出来就是世界的本性不可知，这可比康德的“物自体”不可知严重得多了。康德只是说知性不能直接通达无限，抽象不能直接通达具体，而多元论则断言了世界本性在原则上不可知。其实，说批判哲学是不可知论是冤枉康德的，哲学不可知论的源头在柏拉图，当他说感性现象是既存在又不存在时，在逻辑上断言了世界不可知，因为只能感性认识感性具体，故感性世界不可知，在理性具体意义上世界也只能不可知，可知的就只是无任何现实性的抽象意义世界了；抽象精神实体可知具体客体也不可知，因为西方唯心论是精神和客体二元分裂的。世界统一性原理如果承认不可知论，那就不再存在世界统一性原理了。所以，世界统一性原理必定是坚持以绝对一元为前提的理论。

世界统一性原理的一元论不同于传统的物质一元论和精神一元论。物质一元论坚持从具体的物质客体原子、分子或者更基本的物质实体粒子出发去解释世界的统一性，这在物质世界中有效但还是有限的。因此，仅从物质一元论出发，限于感性具体客体，不可能构建一个完备的世界统一性理论。一元论之元是绝对之元，现实中已知之物都是相对之物，对物的认识形式即空间本身就是相对性的，凭何去坚信相对性之万物的解构终点一定是物呢？这种本原之物是绝对的还是相对的呢？这种逻辑上的不协调性不是人类感性可以通达的。唯心主义一元论在逻辑上倒是完备的，完全可以达到最普遍的世界本性描述，但它的普遍性只是知识抽象理念的普遍性，即认识论意义上从个别到一般、从特殊到普遍的抽象认识的普遍性，这种抽象普遍性是认识的本性而非自然的本性。因此，我们只能坚持唯心主义只是认识论的观点，世界统一性理论也不能只停留在抽象普遍性中去认识世界的本性。几千年来，唯物主义一元论和唯心主义一元论就像一只小车的两个轮子，它们共同构成推动人类对世界认识的发展的力量。但两只轮子极不协调，思考具体存在时唯物主义理论起主要作用，思考普遍性综合统一时唯心主义理论起主要作用，两个轮子两个方向盘之间的永恒相互作用构成了人类认识世界本性的曲折历史进程。

世界统一性原理的绝对一元论是对唯物主义和唯心主义一元论的扬弃，保留物质一元论的具体性而舍弃它的感性有限性，汲取精神一元论的绝对普遍性而克服它的抽象性，它是从最普遍的理性具体存在去解释世界本性的统一理论，这种意义下的元才具有绝对意义，才是真正的一元论，才是世界统一性原理的认识起点。

世界统一性原理包含绝对的一元论，就意味着它不只是一元论理论。换句话说，仅客体一元论并不能构建完整的世界统一性原理。这似乎有点陷入悖论了，这不是意味着世界统一性原理是多元论了吗？不，世界统一性原理不等于一元论，因为它不只是客体一元论，而是从一元论宇宙出发对最普遍世界多样性的统一性理解。多样性统一和世界的多元论也是不同的概念，一元论和多元论只能限于客体自然具体存在统一性去理解，不能作抽象普遍意义存在理解，在自然统一性思考中必须遵守元的自然存在这一规定性，不能无限拓展其外延，必须对宇宙一元论在世界统一性中的基础地位作具体的理解。

三、世界统一性原理超越传统的一元论

何为元是哲学本体存在论的最基本问题，是哲学理性思维认识世界的起点。按照一元论的逻辑，对世界本性的一切更进一步认识，就应该在元的规定性和意义上展开。这似乎意味着理性哲学也可以说就是一元论哲学。这种观点不是没有道理，但是不完备的。在世界统一性原理的理论体系中，它以绝对一元论为基础和前提，却不止步于自然一元论。这并不是说它在坚持一元论的同时，在世界认识发展的一定阶段又转为多元论。一元论转换为多元论就没有一元论，而只是多元论了。所谓它不止步于一元论，是说仅仅从自然一元论的逻辑无法得出完备的世界统一性原理认识。所以，自然一元论是世界统一性原理的组成部分，而不是从元角度描述和构建的世界统一性原理的全部意义。如果不是这样理解而把自然一元论作为理性思维的全部的话，则可能会陷入机械论和决定论的局限性之中。这恰恰是传统自然哲学理性思维的一个重要缺陷，并由此而产生了人类思考世界的另一个难解的命题：自由和必然的对立问题。

人类超越野蛮和蒙昧跨过文化和文明的门槛后的第一个革命性进步是科

学因果关系思维的诞生。它的最深刻的本质和意义在于揭示了世界复杂现象的必然性的普遍规律，使人的社会历史性本质具有了全新的意义，历史性成为人的现实本质的构建过程，人类历史进步的最基本的意义首先是对世界必然性规律认识的科学进步，没有它一切进步都无法得到合理的解释和说明。今天我们把科学技术的发展概括为人类社会历史发展的第一推动力，这是对人类数千年文明史的精辟概括。

但是，科学知识的第一推动并不是全部故事，所谓第一推动是对人类文明史或整个世界而言的，也不是对自然界而言的。此第一推动非彼第一推动，如果将之绝对化，最终就会陷入片面的机械决定论，拉普拉斯侯爵那著名的决定论链条就是最生动的写照。对世界的决定论信念是对科学认识的充分肯定，但如果停留在此会带来两个严重的问题：一是囿于科学知性思维之中无法得到关于世界的理性思维，对世界的普遍联系和相互作用只停留在抽象因果必然性而非整体统一性的意义去理解，实际上用科学代替了哲学。二是坚持以科学因果必然关系去解释世界本性的最终结果一定是不可知论的。这是由科学认识的逻辑描述形式决定的，批判哲学已经充分论证了知性对物自体不可知，否认这一法则一定陷于机械论。知性科学认识的任一特定因果必然性关系陈述是普遍有效但有限的。它的有限规定性是在建立认识对象时必须作出规定的，否则科学陈述就不具备初始条件，就不能合逻辑地构建起来。这就决定了科学陈述的开放性和抽象有限性。用罗素的类型论来陈述就是任一个科学陈述不能陈述自己的前提，不能指称自身；用哥德尔的话来说就是任一科学定律都不可能是自身完备的。如果一意孤行硬要以科学因果必然性认识无穷因果链去描述整个自然界，性本开放无限的科学因果链是无始无终的，如果世界的本性必须由这种无限去把握，而我们又永远不可能通达这种无限，故只能断言世界本性不可知。

哲学一元论是理性统一性思维，它不是用科学的因果链去把握世界，而是从科学因果必然性认识的统一性去思考世界的统一性，从抽象普遍关系回到具体世界，把握世界的本性。科学必然性认识在一元论中的统一就是自然界的完备性，它是从因果认识向统一性认识转换从而进展到理性具体的。所以，一元论是封闭而自成体系的，它必须从它的统一性理论体系中对客体世界作出完整的解释和说明。从科学必然性陈述转换为理性统一性描述，则必然性支配的世界是完备而完美的，世界的完美性就在于它的必然性规律支配下的永恒而合内在目的性的有序运动变化。具备了统一性理解的复杂性世界就不再是杂乱无章的，而是完美、有序的世界。所以，世界的完美性基于它的必然性，寓于它的统一性之中，这就是世界就是完美的意义。一元论不是无穷因果链，而是以元存在为基础的对客体世界的统一性理解。因果必然性的科学认识不是一元论理论本身，而是一元论的思维对象。这才是超越了知性的理性一元论。

理性一元论建立自然统一性思维，但它还不是完整的世界统一性原理，因为必然性并没有支配整个世界，仅必然性无法解释主体自由世界。人的世界并不是纯粹由必然性规律支配的世界，人的行为并不能通过还原到构成人的实体的分子、原子或更基本的元客体去得到完整的理解和说明。如果坚持自然一元论就是世界统一性原理的全部意义，那么从一元论出发去解释人类世界往往导致把人类历史作为必然性规律支配的历史过程去理解；如果一元论思维局限在科学因果关系的必然性逻辑中，那么历史规律就是知性科学的因果决定关系制约下的必然性关系，退化为历史决定论。近代科学革命的成功确立了科学的崇高地位，科学思维模式也渗透到人类社会历史领域，人们开始用科学因果必然普遍关系对历史总结归纳，试图用历史规律的概念去描述人类社会，这既是对社会历史整体性认识的一种进步，但同时也带来了将文化自然化、将人物化的倾向。如果把泛科学化的历史规律概念作严格科学化的理解，那就背离了人的本质，走到了反面。历史决定论的历史规律就是这种东西，这种决定论的规律既不能得出历史的真实描述和预言，也违背了人的最基本的价值和情感。如果从历史中归纳出人类社会的必然性规律，我们现在就能对未来作出确定性的科学预言，那人类历史的必然性的另一种陈述就是人类只不过是一种宿命，由此得出的最终结论是人类并没有成为人类的充足理由，因为人的本质和物无异。无法超越自然的物化人类社会历史在最终意义上只是自然史的一部分。

人之所以为人的充足理由在于它的自由的本质，具有自由本质的人类社会历史过程就不能从自然必然性得到完整说明。所以，从元出发的一元论首先是一种自然宇宙观，是自然世界的统一性原理，是自然世界的整体性把握。世界统一性原理之下的一元论客体世界并不是最普遍的世界，而是特指由必然性规律支配的自然界。泰勒斯在科学意义上提出世界万物的本原概念并催生了哲学思维的时候，具有本原意义的元就是物的概念，世界万物限定的世界就指称自然界，至于自然界的元是不是物那是另一个问题，但它一定是自然存在，是自然界的存在。由元出发理解的世界本性就是自然世界的本性，本体存在论就是以本原论为基础的对自然界的统一性理解。因此，早期的哲学是自然哲学，世界观又叫宇宙观，这种意义的一元论是自然世界的一元论。尽管随后理性哲学向更普遍抽象中产生了抽象的“元”取代了自然界的本原，使一元论变成抽象唯心主义一元论，但这种一元论并不是本体论意义上的理论，而只是认识论问题。这种非本体存在论意义上的“元”取代客体之元是不合逻辑的。抽象一元论是一种悖论，是虚幻的。理性哲学的客体一元论就是关于自然世界的统一性理论，超越了自然必然性的人类自由意志问题不在客体一元论涵盖的范围之中。世界统一性原理的最高命题是回答必然和自由相统一之人的自由创造本质赋予人理性具体无限之意义。所以，我们就有根据地断言它是以一元论宇宙观为基础而又超越了自然一元论的统一性理论。

用客体一元论思维来思考人类社会历史是不现实的。我们必须承认一个最基本的事实：人类社会是多元化的文化意义世界为本质的。这里多元化的“元”概念和一元论宇宙观的“元”是同形异义的，指称完全不同。它的“元”概念不是指构成人类世界的具体的物化存在的最普遍的具体本性，而是指构成人的抽象本质的人类文化的最基本意义结构以及由此演化出来的文化统一性结构，故此“元”非彼“元”，人类多元意义世界和自然一元世界之间并不矛盾。如果坚持一元论宇宙观包括人类文化现象，那就把两个“元”视为同一概念，产生逻辑矛盾了。

世界统一性原理超越一元论宇宙观的意义是说，它要在理论上实现一元统一的自然界和人类世界的统一，也即实现必然性支配规律和人的自由创造的统一，从根本上解决几千年来人类未能合理回答的必然和自由的关系问题。按照世界统一性原理的逻辑，必然和自由并不是同层次的一对范畴，而是不同层次的统一性范畴。必然性和偶然性是非此即彼的对立统一概念，自由则是与主体被剥夺了创造性和选择性的奴役相对立的概念。所以自由和必然不是面对同一对象、同一命题的不同状态描述，而是内涵和外延完全没有交集的两个概念，把自由和必然对立起来是不合逻辑的。在世界统一性原理中，自由和必然的关系是存在和思维同一性命题在人类历史性创造活动领域的描述。这里存在是自然界的存在，思维是具有自由本质的人的思维，存在和思维同一性的真正意义指关于存在的思维必须符合存在的必然性本性和客观规律，自由和必然的统一性的真正意义是具有自由本质的人的自由选择性的主体行为必须符合自然界的必然性规律才有意义，才有自由。所以，不能说要么是存在，要么是思维，非彼即此地去理解世界万物的本性和人的本质。同理，也不能认为人的行为要么是必然性支配，要么是自由意志选择的非此即彼的产物。实际上和现实存在不相一致的思维以及与必然性自然规律不一致的所谓自由是虚幻无意义的，更不要说存在和思维、必然和自由之间非此即彼关系是符合逻辑的了。

必然和自由是两个不同层次的非对立概念，它们之间的关系就只能是统一性关系。必然性是一元统一的自然世界的本性。没有因果必然性就没有超越个体的一般、普遍意义的认识，因而也就没有所谓世界本性问题。而一元论的意义则是以有限的、特定的世界因果必然关系为基础的人对自然的认识构建起统一性关系，从而得到对自然的完美世界的整体把握和理解，从知性自然上升为理性自然。自然界的必然性规律和法则是客体世界的本性，与主体认识无关，也与主体的自由选择无关。但是，必然性又包含在自由之中，即必然性归纳是构成人的自由本质的基本内涵，没有必然性认识就没有自由，因为只有按照必然性规律去活动和选择时主体才能实现其目的并获得自由。所以，必然是构成自由概念的基础和核心，而和自由不是非彼即此的。概括地说，自由是揭示人类作为主体性、创造性的存在者对客体自然必然性规律认识水平的状态描述概念，只有得到更多的必然性规律认识，人类才能得到更大的自由。所以，必然和自由是不同层次的但又是统一性的概念。必然是一元论的自然界的本性，自由则是多元文化世界的本质。严格区分一元世界和多元世界的区别和联系，并正确理解它们的统一性关系，才能得出世界统一性原理认识。

在必然和自由、一元自然统一世界和多元文化选择世界的关系中，多元文化的自由是更高的，但一元自然统一世界的必然性却是最基本的。无必然性就无自由，客体必然性和一元论统一自然世界在存在论及认识论意义上都是优先性的。因此，世界统一性原理的坚实基础就在一元论宇宙观的认识之中。

第二节　能量的元本性

一、宇宙的有、无统一性

世界统一性原理建立在一元论宇宙观基础上，它的“元”概念包含了泰勒斯的本原之意义，也包括了巴门尼德的最普遍具体存在的本体论意义，元存在也和亚里士多德的自然世界存在和运动变化的根据和充足理由的概念相一致，从而把元统一为理性具体概念。在亚里士多德的第一哲学看来，传统自然哲学或水或火等的本原说只局限于存在的质料，对于具体存在之元而言是不充足、不完备的。本原论以本原客观知识为根据、起点，从古希腊到今天科学一直无法为物质本原论提供知识根据，本体存在论只能有意无意地回避本原知识命题和本原论。到近代科学革命后，物质一元论基本上成为无本原论基础而由纯粹形而上学的世界物质本性演绎而来的本体论。执着于唯物主义的哲学家们抛弃了本原知识和本原论的时候，并没有自觉到和科学分道扬镳是哲学贫困的根源。二十世纪最重大的科学突破即量子力学和相对论的最普遍意义是对物质性本原知识的证伪，同时也是对物质范畴最普遍形而上学规定的扬弃，远离本原论的自然哲学家们对此竟长时期视而不见，依然躺在古希腊自然哲学的唯物论上优哉游哉。更为重要的是，在科学对自然发现了革命性知识的时候，哲学家的使命不仅仅是以此为根据去批判、质疑早先对自然本性的理解的有限性，更重要的是在扬弃中建立和新的科学知识相协调的自然本性新的理解，哲学批判的本质才成为建设性的。既然量子理论和相对论证伪了绝对物质存在，对光和电磁波这些质点动力学描述范围之外的存在和演化，是否能用波粒二象性去解释，那是哲学家的任务。哲学家不能不知道，本原知识是科学认识，本体论是哲学理论，本原之为本原、由本原为出发点去统一自然本性是需要哲学家去论证的。普朗克作出热辐射的量子假设去解释黑体辐射定律的物理意义，爱因斯坦用光量子概念解释了光电效应从而确证了光和电磁波是不可分割的量子性粒子存在，他们完成了科学家的使命，不能苛求他们同时去告诉人类能量子的本性是什么。在传统的光波动理论无法解释量子现象时，科学家用波粒二象性陈述是无可厚非的。解开波粒二象性死结的责任是哲学家必须担当的。当波动的光现象呈现粒子本性时，当质点动力学无法描述这些粒子时，当物质不灭定律失去自然界普遍意义时，正是哲学本体论革命的契机。世界统一性原理就是以此为据去批判和重建宇宙一元论的，尽管已经迟到了一百年。

西方文化传统一直执着于从“有”的角度思考世界的本原即元存在的规定性。有的直接性意义是质料，有为万物之元即构成世界上万物且复归于它的存在只是质料。但上升为亚里士多德的哲学理论时，有便不再止于质料的意义，而首先是质料和形式的统一。亚里士多德从质料和形式的统一关系中赋予了“有”的第一个规定性，即“有”是具体而非概念、思维认识中的存在，是真正本体论哲学的范畴。

亚里士多德坚持从具体感性存在开始思考有，实际上继承了泰勒斯的世界万物的本原是水的传统，坚持从具体存在之物的质料和形式相统一去把握有，这就奠定了西方文化几千年对自然界本性思考的唯物主义理论基础。因为从感性存在的观点来看，质料和形式统一的存在是物，“有”便是世界万物中最基本、最简单、最普遍的存在为根据的一切现实存在的统一本性。元在世界万物之中，所以它在逻辑上就必定是具有物的本性的。一切存在统一于物之本性的根据是本原存在是物，由本原复杂性演化生成的万物基于本原的不生不灭本性从而保持着永恒的物质本性，多样性自然就统一于物性，物质就是一元论自然的统一之元。尽管至今我们不知道本原为何物，但我们坚信它一定是物，这不只是人类对具体客体存在认识受科学认识历史局限性制约而产生的结果，更是理性具体思维不成熟的产物。

按照能量子是无质量客体的理解，从具体物质实体即“有”为绝对存在去归纳自然统一之元就有片面性了。物质实体这种“有”并不是自然最普遍性客体存在，不能以之为据把物质性上升为理性哲学最普遍意义的自然本性，所以有并不是理性哲学所追求的自然统一之元。能量子形态存在的客体之具体存在本性和属性是从物质客体角度无法完备描述的，把光、电、磁现象仅作为物质属性的理由并不充分，把它作为物质客体之中的特定存在者的理由也不充分。如果能量子既不是物质客体又不是物质客体的现象存在，而且它是具体客体存在的认识成立的话，那我们就可以得出判断，以具体的“有”即“物质客体”的物质性为根据归纳自然统一之元是缺乏充足理由的。具体的存在一定是包括客体存在的，但客体存在包括物质客体和能量子客体两种存在，由物质客体的具体性断言它就是“元”的根据就有问题了。本原客体究竟是能量子客体还是物质客体是需要思考批判的，而不是由物质客体的具体性不证自明地断言这种具体的有就是自然界最普遍的具体存在，物质性就是自然的本性。由感性万物的具体性去推断它不断解构的终极结构一定是有形有质的感性之物是感性具体思维的产物。如果坚持实体即有的规定性，那只有回到玄学的有概念才是合理的。

第三章从量子理论及能量子科学概念出发，对能量子的普遍本性进行思考，归纳出能量子是具体客体存在的结论。我们并不否认能量的状态参量描述的特性，但这并不意味着以能量子形态存在的能量也只是物质的状态和属性。能量子不是抽象现象而是具体的客体存在，否则我们无法解释光、电、磁运动及演化一旦发生便再与辐射波源无关的独立性现象。这些现象不能作为波源的属性，而只能作为两类不同的客体之间相互转换和转化关系去理解。所以，能量子的客体性是无可否认的科学真理。在对能量子客体本性认识的基础上，进一步思考的问题是它与物质客体的关系以判断何为世界的更普遍客体存在。

第四章从物质客体的正反粒子结构现象和质量守恒定律的非普遍性关系出发，思考能量子和物质客体何为最普遍的客体存在问题，并得出能量是物质之母的结论。本原客体是自然世界演化和认识的逻辑起点，它是自然界各种非本原存在客体之母，所以本原客体一定是最普遍的客体存在。就是说，宇宙中一切结构性客体存在一定可以分解还原为无结构的本原客体，正是基于此才进一步归纳出它是最普遍的、不生不灭的永恒存在的规定性，也正是由此决定了它对宇宙存在及演化的决定性意义。由于物质客体在微观基本结构层次具有正反粒子结构，由逻辑可以得出物质客体不具备绝对结构的结论。任何物质结构都是可以解构而退化为能量子的，因此能量子就是物质客体结构性存在的根据和条件，物质客体就是特定形态、结构的具体存在，只有能量子客体才有可能是绝对的即不可再分解的本原客体存在。普朗克的量子理论和爱因斯坦对光电效应的量子解释从科学认识意义上为能量子的不可分性提供了可靠的证据和解释，这是把能量子看作最普遍的客体存在的可靠理由。从逻辑上来思考也可以发现，只有能量子而非物质客体才能合逻辑地成为最普遍的客体存在，因为结构性存在的物质客体具有结构规定性来作为存在的根据，而有结构就有解构，这是这个世界的本性。能量子客体的结构规定性是无结构，它无结构因而无形。它的规定性只有一个，那就是它的频率，量子性不可分的能量子的规定性就是由频率决定的有量无结构的规定性。所以，能量子不存在解构问题，无结构的客体就是绝对结构的客体存在。这也是能量子在世界中的运动、变化以及外部的相互作用总是以不可分割而又分立的量子态进行的根据。所以，以量子化存在的能量子客体才是最普遍的客体存在。在现实的永恒运动中，能量子和物质实体粒子在不断相互作用和转化中，仅从现实的有无相生现象中并不能判断能量子和物质实体粒子何为母，但从它们的结构演化中，我们能合逻辑地断言能量子是比物质实体粒子更普遍的客体存在。能量子的本质规定性即量子化之量存在于物质的质量之量中，但物质的质的规定性不包含在能量子之量子化规定性中，故能量子是比物质实体粒子更普遍的客体存在，本原存在只能在能量子范畴中。

把能量子作为宇宙中是普遍的客体存在即最简单客体存在时，元的根据就超越了有，物质一元论就应该被超越了。尽管物质世界是统一的，但不是自足的，不是最普遍的，自然界和物质世界其实并不同一。因为有是有限性的特定概念，它就不再和不可再分解的本原存在本性同一。在能量是物质之母关系的讨论中，得出了有质有量谓之有、无质有量谓之无的关于物质客体和能量子客体的统一性规定性，由此看来，有作为质和量相统一的存在，只能是无质有量的能量子客体的特定结构性存在，玄学的无中生有是符合宇宙自然的本性的。对物质客体和能量子客体统一性关系的纯粹逻辑统一性理解是和现代科学真理认识相一致的。物质客体是有而能量子是无，这个无是客体性的，并且量子化之能量是它具体存在的唯一规定性，统一了有的具体规定性即质量之量。有是结构统一性复杂性存在，物质的本质规定性是质和量的统一，无和有统一于量，无质有量的无客体才是自然最基本、最普遍的客体存在。从普遍性意义看，有和无统一于无质有量之能量子客体，在客体存在意义上，只有无才可能是世界万物的本原，宇宙只能由无结构存在向结构复杂性之物演化。在得出能量子的客体性真理知识之后，仍把有作为宇宙自然起点，把无客体作为有的特定存在形式，实在不可理喻。以无为起点去思考客体世界后，具体客体不再和有同一，而是有无的统一性关系，而且无是最普遍、最基本的具体客体存在。

能量子客体在玄学中称为无，有量无质之无。从有与无的统一性出发就能对老子两千多年前创立的玄学理论得出形而上和形而下相统一的具体现实理解。万物生于有，即一切复杂性物质客体都是由有质有量的基本物质实体结构粒子在复杂演化中产生的。在这个层次上，玄学理论和西方文化从有出发去解释物质世界统一性是一致的。但西方哲学把有作为世界最普遍的本原结构存在乃至自然本性，作为世界演化和认识的起点；玄学理论则把有作为中介存在，认为有生于无，有不是宇宙自然的元存在。这在逻辑上符合从一般到普遍的抽象，不理解道和无的具体现实性玄学理论就回归不了具体，如果不从无质有量的具体能量子来理解无的话，无永远只是抽象的符号。所以，中国玄学对世界本性的思考虽然在理论思维上超越了以有为出发点的西方文化，但它长期以来和形而下经验世界割裂而停留在玄之又玄中。只有把无从抽象转向具体的客体存在时，才能得到无中生有，有生万物的玄学之无概念的具体现实理解。有无相统一的无，对于超越唯物主义宇宙观的历史局限性，构建最普遍的自然统一认识，具有重大意义。

当我们从无即从能量子客体来理解客体世界最普遍的客体存在的时候，就赋予了亚里士多德的形式因和质料因以新的意义。亚里士多德的四因论的基础是质料因和形式因的统一，当认为本原客体作为质料和形式相统一的结构，从有来思考的时候，它就是最普遍、最简单的物质基本结构，这是基本粒子科学对物质基本粒子的思考的逻辑根据。这当然是具有重大意义的。但物质结构是否具有元结构在逻辑上是无法判定的，这就是物质结构无限可分观念的根源，也是物质本原原则上不可知的必然性逻辑。以有为元的世界中我们永远不知道具体的元是否为元，这是不可逾越的怪圈。但从无即能量子客体出发去理解客体世界最普遍的具体存在的时候，能量子作为世界的最基本客体存在，在质料因和形式因相统一的意义上是有根据的。由 $h\nu$ 决定的量是它的有，是它的质料，而它的不可分割性和分立量子性就是它的形式，能量子客体的规定性 $E=h\nu$ 就是最简单、最普遍并且不可再还原的质料和形式相统一的存在规定性。作为能量子，它是绝对不可分割的，作为形式，它只与频率有关，是最简洁的。所以，从质料因和形式因相统一的意义来看，能量子就是最基本、最普遍的客体存在，由它的本性去统一物质性才有自然普遍本性，自然统一本性必须回到最基本的能量子客体去思考。

二、能量子的波粒统一性

麦克斯韦建立的统一电磁场方程组，把光、电、磁的运动变化规律统一起来，把以牛顿质点动力学为根据固化了的物质一元论宇宙观打开了缺口。相对空间描述形式对描述电磁波传播失效，牛顿质点动力学描述对能量子失去意义时，科学家面对的问题是把牛顿经典物理学理论和麦克斯韦的统一电磁场理论统一起来，哲学家思考的则应是为什么物质世界的普遍认识形式竟然不再普遍有效。科学家及时完成了自己的使命，普朗克和爱因斯坦贡献的量子理论和狭义相对论，把质点动力学和电磁场统一方程组统一起来。为了和传统的物质一元论协调，兼顾光、电、磁的绝对波动运动特性，科学家们只能用折中的办法，用波粒二象性来归纳光、电、磁的本性。从理性统一性意义看，这种二象性本性解释只是在形式或姿态上保持着与物质一元论的协调性。按照绝对一元论的逻辑，宇宙自然没有二象性折中调和的余地。要坚守一元论信念，光的波粒只能是统一性关系，波和粒之中只能有一是本性，一是属性，否则微观物质实体粒子的本性也是波粒二象性的，连物质世界自身都失去统一性了。从科学家的波粒二象性现象描述到哲学理性关于波粒统一性的理解，是建立理性一元论宇宙观数千年难遇的良机。如果光量子是物质粒子的特定存在形态，则宇宙自然统一于物质，物质一元论不但成立，而且获得了包括光、电、磁于其中的更普遍的意义。而这就必须把光、电、磁现象纳入相对空间描述及相应的质点动力学普遍规律支配作用之中，但这恰恰被科学证实是不可能的，否则就不会出现质点动力学和电磁场统一方程组的协调问题了。反过来看，如果把能量子作为宇宙最基本、最普遍的客体存在，物质实体客体就只是能量子客体的特定存在形态，宇宙客体存在就统一于能量子，物质一元论则应该寿终正寝了。能量子是宇宙最普遍客体存在的证据在于光、电、磁绝对运动的时空统一描述形式是质点动力学相对空间的更普遍形式，质点描述的相对空间只是绝对运动描述的统一时空的一个特例而已。据此，我们完全有理由去思考，由质点动力学统一描述的物质世界是否只是宇宙中统一客体世界构成中的特定世界，宇宙最普遍意义的客体世界是由最普遍的能量子客体为本原客体构成的。能量子作为宇宙万物最普遍客体存在的另一个充足理由是它作为客体存在的运动本性的绝对性，它自己为自己，并且为一切存在者的运动提供了动力因的解释，为世界普遍的相互联系和作用中的永恒的运动变化提供了内在的说明。

从有出发思考世界本性的理论最致命的软肋是不能为世界的普遍永恒的运动变化提供充足的内在依据。亚里士多德认为一切客体存在的条件和根据必须包括动力因的思想反映了对本原存在者自身作为具有充足理由的元存在者的深刻智慧。如果把泰勒斯的本原存在仅理解为质料，那这种本原就是感性的，不是自觉的理性认识。感性质料之本原没有元的完备规定性，不能构成世界一切事物存在及其变化的根据。“动力因是一切事物运动变化的源泉，是一切生成事物的生命原则，一块大理石只有在外力的作用下才会变成一尊雕像，这种外力，即雕刻家，就是使石头变成雕像的动力因。这样，在亚里士多德看来，事物所由此构成的质料自身缺乏一种内在的运动。但这种动力因并不总是外在的，它认为，最简单的四种元素——土、气、水、火——都具有内在的运动能力，或火本性是向上运动，土的本性是向下运动等等。”[3]仅有质料或质料和形式相统一的客体理解并不能解释客体世界的永恒运动变化，如果由元构建的世界的运动变化必须由与元无关的外力推动来解释的话，则元存在本身就失去了绝对性意义。如果上帝是客体世界运动的始作俑者，是一切运动最后原因，则元意义的存在就只能是上帝。所以，亚里士多德正确地指出元的动力因是内在的，并在当时的认识条件下用内在的动力来解释被自然哲学家们视作本原的土、气、水、火这些元素内在的运动特性。问题在于，物质运动的质点动力学表明质点和力是二元分立的，由物为本性达不到自然一元统一性理解。从能量子出发去思考世界本性就是要由它自身把存在和运动完美统一起来。

如何认识能量子的动力因呢？它不是用力去描述的，它就是力抽象作用的具体存在根据本身。能量子的存在用粒子性描述，运动用波动性描述，它存在和运动的统一在世界统一性原理中概括为波粒统一性。

但是，仅停留在波粒统一性并不能得出能量子存在和运动的内在统一性理解，因为微观物质粒子也是波粒统一性的。在牛顿经典物理学理论中，光的波动描述和牛顿的质点动力学描述是完全不同的。当从波动说来理解光的本性的时候实际上是把光看作运动现象而非客体存在，波动应该是光的运动本质。但是，德布罗意建立了物质波概念，并用量子理论建立了物质微观粒子运动的量子力学描述，我们认识到物质客体同样也是可以进行波动运动描述的，波动运动就不再是光之所以为光的规定性了。因此，能量子和物质客体运动的区别就不在于是否波动运动，而在于两者波动运动的本质区别了。它们的区别是本质的，物质波是相对性描述的，物质波必须以传播媒介为条件，这意味着它传播的是物质状态能量；物质微观粒子的运动也是相对时空中的相对性描述；光、电、磁的波动运动则是和空间相对性无关的绝对运动，它的运动以自身为媒介因而能在真空中传播，而以自身为媒介正是它是以不变的绝对速度运动的独立存在者的根据和原因。

能量子客体运动的规定性就是绝对运动本性，这正是它和物质的运动本性的本质区别。对它的运动绝对性的认识是二十世纪人类从物质世界进入包括能量在内的普遍世界统一性认识的开端，这就是相对论和量子力学对认识世界的划时代意义。当人类抛弃“以太”概念的时候，意味着已经认识到光的运动和物质的运动的本质区别：物质运动是在相对空间参照系中的相对描述，光的运动却是和相对参照系无关的绝对运动描述。牛顿经典力学理论在物质世界运动统一性描述中认为运动都是相对的，物体运动和静止都不是绝对的，而是取决于运动描述的参照系。一个人坐在运动的火车上，他对火车而言是静止的，相对于铁路和站台而言却是运动的，一切物质客体的运动描述归根结底只有相对性意义。但光、电、磁对火车上和火车下的自由观测者所表现出来的速度都是同一的，火车上和火车下发射的电磁波对一切自由观测者是同一的，在真空中和在媒介中光、电、磁的运动速度还是同一的，这是从相对空间运动形式无法理解的，相对空间在统一时空中只有特定限定意义。光速不变原理归纳出光的绝对运动本性，同时也就意味着人类对世界的思考从特定的物质世界步入普遍的绝对世界之中。

能量子的运动是和物质相对运动本质不同的绝对运动。绝对运动是只运动无静止的运动，是在不同参照系、不同环境作用下都以不变速度运动，其最深刻的意义在于它是和推动力无关的运动，甚至可以说运动就是它的本性，就是它的存在规定性，没有了绝对运动它就失去了其存在的现实性，无质量的能量子只有绝对运动才是具体现实性存在。能量子波粒统一性的意义在于它的存在和运动的绝对同一性，它的动力因是不需要外在推动的内在运动本性，它的客体性存在同时就是它的动力因。这就是能量子客体和依赖外在推动力相对运动的物质客体的本质区别。由此理解能量子的存在和运动的统一性，由它的绝对运动本性就能对世界的普遍而永恒的运动变化作出合理的说明。在物质世界的相对运动中，最令我们困惑的是物质世界没有永动机，即物质客体相对运动如果局限在物质世界本身思考的话，则物体相互作用的变化趋势总是趋于平均运动从而逐步失去相互作用潜能，这就是热力学熵原理揭示的物质世界演化趋势是绝对熵增的壁垒过程，因此，第一类永动机和第二类永动机都不存在。如果把物质世界看作一部独立完备的机器，那它就是逐步减缓并最终趋向静止的机器。要维持这部机器的永恒运动，唯一的办法是从外部给它源源不断的推动。因此，如果我们的世界以物质性为本性，则需要物质世界之外的推动力去解释我们的存在，这个动力因就只能是宇宙之外而又掌控这宇宙命运的上帝。但是，当我们上升到以能量子客体为最普遍的客体存在去思考宇宙自然界时，则能量子的绝对运动就可以为宇宙的动力因提供圆满的答案，上帝就是多余的了。能量子的绝对运动本性意味着它就是永动机，这个宇宙中没有静止的光、电、磁现象，这表明能量子客体是永动的，这就是光速不变性所揭示的最深刻、最根本、最重大、最普遍之意义。绝对运动，以不变的速度运动着的能量子客体中的每一个具体的存在，在物理学意义上都是一个永动机，除非它被物质吸收而失去它的粒子性存在而转化为物质客体的运动状态改变，否则它就是永动机。如果它不是永动机它自身就不再是存在者，它向物质客体奉献自身同时就成为物质客体外在的推动，成为物质世界在永恒相互作用不断运动变化的永恒动力之源，它的这种永动机本性就是我们世界的一个最基本的本性。它的绝对运动是真正由本性决定的，是与外部相互作用无任何关系的运动，这才是不需要动力学原因、不需要第一推动的绝对运动，它就是真正的第一推动，它自己推动自己，由自身的存在决定自身的绝对运动。这样的绝对运动才是真正的内在运动能力，而亚里士多德所说的土向下，火向上的内在运动只是在一定有限条件下相对而言的。回到能量交换及动力学理论，土向下及火向上并不是物质存在本性所决定的，是被动力因而不是世界运动的动力因。从逻辑上来说，世界运动的最根本的原因只能从绝对运动中得到说明。因此，把能量子作为宇宙世界的最普遍、最基本存在者，能够真正摆脱上帝的第一推动而从宇宙本身的自我推动本性去理解普遍运动的最根本原因。

从能量子作为宇宙世界的最普遍存在者并由之绝对运动本性去解释世界的动力因的完备性还在于它的绝对运动已经包含了物质世界的相对运动。第六章我们把力的抽象概念综合为能量交换作用已经把物质世界的相对运动和能量子绝对运动统一起来。物质为什么会发生运动变化，动力学归纳为力的作用，但力的作用就是能量交换，所以是普遍的能量交换决定了物体的运动变化。为什么相对空间的伽利略变换要限制在惯性参照系这一苛刻条件下呢？因为不同惯性参照系之间没有相互作用力即没有能量交换时，才能保证不同惯性参照系中的因果关系具有形式不变性。牛顿三大定律的动力学规律是受能量转换和交换的能量守恒定律制约的，这才是理解物质世界普遍运动的最根本原因。物体运动变化来自于动力学关系揭示的动力作用，这种作用的本质就是能量的交换和转换，物质世界运动根本的动力因就是能量。如果把物质世界看作一个具有封闭边界的独立系统的话，那能量交换就不仅是物质世界运动的根本原因，并且还可以作为物质世界的外部推动去理解，能量就是第一推动的上帝之手。如果从普遍的宇宙世界来看，它的运动就是内在的而不需要动力来推动的了。因此，我们可以断言，物质世界是普遍世界中抽象出来的特定存在形式，物质客体的相对运动在最根本意义上是由能量子的绝对运动制约和决定的。只有把能量子理解为宇宙自然界的最根本的客体存在，才能从它的绝对运动中得出一元论宇宙永恒运动的根本原因，这样的一元论世界才是有可能自足、圆满、完备的。

在第六章关于力的本质是能量交换的讨论中，已经把力统一于引力，把引力能量子理解为自然的本原客体、自然存在和演化的根据，对多样性自然统一本性的思考就以此为起点。本原客体不是不生不灭的，否则自然的多样性存在和演化就不是一元统一的。能量子客体不是不生不灭的，自然是有无相生中永恒生息运动着的，把自然统一起来的是本原客体的本性，由它的本性的永恒性赋予自然统一而永恒的本性。引力能量子只有量子化定量能量这唯一规定性，这就是它的本质规定性，也是它的本性，能量子在有无相生中客体性可消失但能量在守恒定律下转换，它的本性是绝对不变的。更为精彩的是，一切由它转化而生的自然存在及现象都可以由能量去统一描述，它们在生息运动中都保持着能量不生不灭的绝对永恒性，即以本原客体为起点的自然既是多样性生生灭灭又是不生不灭的，生生灭灭的是现象，不生不灭的是本性，能量就是自然的本性，它把物质和物质的运动统一起来，就是一元论自然之元。以能量为本性的自然是永恒而统一的，永恒于能量不生不灭，统一于按守恒定律转移和转换能量的宇宙的总能量是永恒不变的定数。以能量为本性的引力能量子演化出以能量为本性的统一自然的最根本理由在于它的本质即本性，粒子性和波动性同一，存在就是运动，更关键的是能量的守恒本性。离开自然的普遍能量范畴及能量守恒法则，一元论自然是可思不可达的。能量守恒是自然最普遍的形而上学本性，不要问为什么能量守恒，那是讨论不出所以然的命题。

三、宇宙客体存在和演化的统一

关于世界存在的根据和第一原因思考的最高规定性是事物目的因。唯物主义哲学注重质料，唯心主义哲学执着于纯粹的形式即普遍的抽象理念，但即使是达到质料和形式相统一，甚至达到客体自身是运动的内在原因的统一性认识时，对自然本性的认识仍然是不充分的，因为还没有达到对存在是必然性支配的现实性理解。亚里士多德的目的因是一切存在之为存在根据的内在目的，不是外在的主体主观认识意义的主观目的性，是必然性意义上的目的性。只有从必然性决定的内在目的性的高度，才能理解能量作为自足自洽的自然本性的绝对意义。

一元论宇宙观的描述对象是自在的自然界，元是宇宙自然最普遍的存在，在客体存在意义上是最普遍的具体存在，元存在的目的因是和我们通常用于描述人作为主体存在的目的性原因完全不同的概念，它并不是指人的自由意志产生的主体目的性，而是指自然世界内在完美的规律性，是必然性决定的目的性而非选择性体现出来的目的性，是自然界一切事物生成变化及运动发展的必然性目标，必然性决定的现实性就是自然的内在目的性。“由于亚里士多德认为事物的目的，乃是事物按其本性所期望充分达到的最高目标。因而，这种目的是一种内在目的。在亚里士多德看来，一事物的发展变化，一旦获得了自己的本质，同时也就实现了自己的本质。所以，亚里士多德将形式因看作是和目的因同一的，不仅如此，形式因、目的因和动力因也是同一的，事物的目的便是导致事物运动变化的根源。同时，事物达到自己的目的，也即意味着它获得了自己的本质和形式……这样，在亚里士多德看来，四种原因要归结为两种原因，形式因和质料因。”④

把自然界的目的理解为它内在必然性规律支配下完美的统一性，是理解一元之元的目的因的真谛。亚里士多德的四因是统一的，而目的因是它们的最高统一，即达到了事物的完美统一性。如果没有把握目的因，则对世界的理解就不能说是完备的，就不可能得到自然世界的统一性认识即完备的一元论理论。哲学史上的各种理论长期以来要么从质料，要么从形式去理解世界的本原和根本原因，那是片面性的。即使从质料和形式的统一去理解存在，那也还不是充分的，这种认识可以概括为存在的实体论，即质料和形式的统一是实体，即存在是实体，这正是一切机械论的根源。即使把实体推广到更为普遍的客体存在，包括能量子客体存在，即从实体扩展到客体，到此为止对一元论宇宙观的存在的把握依然是不充分的。内在目的性之于自然而言就在于存在有它存在的充足理由，本原存在的目的性就在于元之为元的根据和第一原因。从客体去限定元存在的局限性体现在如下两个方面：

第一，从质料和形式相统一的客体存在者去把握自然界的本性，限于客体性去理解自然界根本原因的局限性表现在客体存在者和它的存在现象是绝对割裂的。这是我们从感性存在去思考世界形成的思维惯性，正是这种思维惯性使早期的科学家把光只看作一种现象性存在。从客体即实体出发得出的逻辑结论一定是机械论的宇宙观，从内容和形式相统一而与动力因及内在目的性无关的客体存在去理解的存在也是根据不充足的。离开演化的存在是思维中的抽象，离开演化更无法把存在理解为绝对自足的存在。在物质世界中，实体和现象肯定是两层世界，它们是本质不同的，绝对不能混为一谈。在能量子客体中，它的存在者本性和它的绝对波动现象也是不同的，我们拒绝了波粒二象性而归纳为波粒统一性。问题在于，从形式和质料的统一出发去对自然存在作终极存在理解，把存在者即客体作为世界的绝对存在的时候，它的现象就永远只是属性，客体和现象之间永远不可能发生相互作用和转化关系，客体性和现象性的分裂就是绝对的，具体的客体世界和客体现象世界之间只是外在的而不是真正完整的统一世界，即还无法达到自然界客体性和现象性存在完美统一的绝对，现象对于客体而言绝对的外在性限制了完美的目的性的理解和把握。

第二，割裂客体和现象导致了对客体世界的机械论理解。如果终极存在客体即本原是不生不灭的客体并由之去构成一切复杂客体存在者的话，世界的多样复杂性存在就是本原存在者搭积木而已。由本原出发去理解的存在即结构就变成一个由齿轮和螺丝钉构成的机械论世界，不生不灭的本原以客体性形态作为多样性自然演化的起点，客体运动变化、结构的复杂化演化对于本原存在而言就是外在的，构成复杂世界的绝对客体存在是僵化的，本原其实就是僵化的同义词。历来追求最普遍存在的哲学家总是把存在规定为永恒、不动的存在，然而，没有任何理论可以去真正对僵化不动的本原客体如何产生一个复杂而生气勃勃的完美宇宙作出充分的阐明。由僵化、不动的客体搭积起来的世界的本性不一定是僵化和不动的，而且一定是以外在于客体存在的推动为演化的第一原因和根据的，由此出发来揭示事物内在发展变化而达到自己必然性的完美本质的根据和理由从何而来呢？在其内部？但在绝对意义上是永恒不动而僵化的本原存在如何能在内部产生演化的动力呢？若在其外部，则一元论就不再成立了。

从上面两点可知，仅从质料和形式相统一的客体出发去理解自然本性的时候，抛弃了存在通达自然完美统一即目的性，无法理解自然界的必然性本性。把客体和演化、质点和力统一起来，由运动及支配之的必然性去理解自然内在的目的性，达到了最高目的性统一之元，才能对自然的本性提供圆满的阐明，才有一元统一的完美自然界理解。

传统本原论无法回答的最关键问题在于，一切客体都不是绝对的、不生不灭的存在。物质客体的非绝对存在性是无须争辩的，否则就不能得出能量是物质之母的概括了。但能量子客体同样不是绝对的存在，这是非常浅显的事实。光电效应中电子吸收了光量子后，光量子没有了，转化为电子的自由能了。日常经验中太阳光晒到物质上，被吸收的光就不存在了，而是变成物体的温度了。所以，说光、电、磁的能量子是不生不灭的绝对存在客体是错的。那这不是说这个世界并没有不生不灭的永恒存在，世界的本性是不可认识的了吗？非也。准确地说，自然界并没有不生不灭的永恒的客体存在，传统的绝对物质观的缺陷就是把物质客体当作不生不灭的存在者，并得出物质不灭定律即质量守恒定律是自然界最根本、最普遍定律的错误结论。根据我们前面对能量的思考，特别是第五章关于广义能量守恒定律的思考，可以得出一个非常简洁的归纳：不生不灭存在是客体和现象相统一的存在，这个最根本、最普遍的存在就是能量，真正不生不灭的是能量。能量子客体在生生息息运动中能量不灭，在有无相生中能量不灭，最普遍的守恒定律是广义能量守恒定律，而质量守恒定律和机械能守恒定律只是它的特定条件下的特定形式而已。

本卷关于能量的思考，可以归纳出能量的几个基本特征：一是物质客体的运动状态描述，是现象性存在。二是独立自主的、以量子化形态存在的客体性存在。三是质和量相统一的物质客体存在形态。物质客体的静止质量实际上是从等量的能量子转化而来的。尽管爱因斯坦的质能关系只是揭示了质量和能量之间的等量关系，但根据质量不守恒而能量守恒的最普遍规律，以及物质波和能量子波动运动中物质波只是在物质媒介中传递能量的特定波动形式，能量子的波动才是最普遍、最一般的波动运动形式的事实，我们可以推断能量子是最基本的客体存在，物的质量是它的特定结构形式，质量是物质客体的本质规定性，能量却是物质客体的本性，而纯粹的质和质料一样只是一种抽象。四是能量子是它自身运动的原因，是绝对的运动客体。光、电、磁的运动是绝对运动现象，它的这种绝对性是世界普遍联系和永恒运动的根本原因，能量的相互交换和转化则是特定的物质客体运动的原因，是构成物质世界运动的力的作用的根据，而一切相对运动只有在绝对运动中才能得到最终的理解和说明。由此可见，能量既是客体，又是状态，还是运动的原因，这些都是能量的特性，从这些特性出发的最一般的综合可以得出最普遍的概括：能量是客体性存在和现象性的统一，是自然界存在和运动变化的最根本的根据和原因。在自然界的意义上，能量就是它的全部意义，包括质料、形式、运动以及内在必然性的目的，因而是自然界的最根本的原因，宇宙自然就是以能量为根据、为原因并在自然必然性支配下成为达到其内在目的性的现实而完美的存在。能量才是自然界的普遍本性，宇宙完美有序在于多样及运动的现实世界统一于能量这一第一原因。能量作为自然界的本性既是客体性又是现象性的，因而它才能是完美的世界充足的理由。能量作为宇宙万物之元的最深刻意义在于它的客体性和现象性存在是一种相互依赖、相互交换和相互转化的统一性存在，它就是自然的绝对存在。因此，以基本形态存在的能量子是以量子态存在的不可分割的绝对存在，它以不可分割性存在并与物质世界发生作用；但它可以转换为状态性存在，即它不再是能量客体，而是保持着不变的能量、以物质客体的状态形式出现的能量。不生不灭的是能量而不是能量子，能量子作为客体是在质能转化和能量子与物质客体运动状态的交换、转化中生生息息的。因此，我们的世界并不是存在者和它的现象绝对割裂的世界，而是以能量为第一原因完美地存在和演化相统一的世界。构成客体的质料并不能从僵化、永恒不动的传统意义去理解，世界并不是由冷冰冰的“元砖头”用搭积木的方式搭建起来的，元的本性、元的活力、元的变化的自身绝对同一性决定了以之为根据的自然是复杂多样多变而完美的。不可分的量子客体可以转化为物质实体的抽象状态能量，物质客体同时又在辐射运动中产生出能量子客体这种普遍而永恒的有无相生、相互转化的双向过程中赋予了量子性不可分割的能量子丰富多彩而又极具活力的本性。它既是不可分割的，但它同时又是可分割的：作为量子化客体，它是不可分割的；但在从客体存在到现象性存在再到新的量子化客体的转化中，它的客体存在形态保持着不可分割的量子本性，转化为物体状态能时又是抽象连续量，不是量子化不可分割的。能量子在有无相生的运动变化中，又可以转化为不同频率和量能的量子化不可分割的新的能量子，这就是康普顿效应揭示的散射频率偏移的真正意义。原有的能量子被吸收了，新的能量子被发射出来，前后之间的能量子的频率并不绝对地同一。所以，对每一个能量子客体存在而言，它的规定性就是不可分割的量子性；而对宇宙普遍的能量相互作用及转化过程而言，能量子并不是绝对不变的存在者，而是可以转变为状态或其他量子化客体和状态相组合的新的客体存在，真正保持永恒不变的是最普遍的能量本身。正是基于这种原因，我们才能有十分把握地说，包括了质能、结构能、状态能、能量子客体在内的能量守恒定律才是最一般、最普遍的守恒定律，是宇宙存在和演化的最根本原因和根据。也就是说，只有把自然本性理解为客体性和现象性相统一的能量，这样的元才是符合一元论意义规定性的统一之元，才是质料因、形式因、动力因和目的因相统一的存在，它的最高规定性就在于这种对自然界而言一切无出其左右的内在必然性决定的目的性之中。能量是世界的元，能量绝对守恒就是自然的内在目的性，那它就是世界的本性，是认识复杂世界的最稳固的基点，对这种能量之元的统一性理解就可以称之为宇宙的能量一元论。

第三节　能量一元论

一、能量一元论的含义

能量是自然界客体和现象性存在的统一，是构成自然界的一切复杂性存在及其运动变化现象的根本原因，所以，绝对守恒不生不灭的能量就是宇宙的元存在。基于此我们终于能够归纳出宇宙统一本性的最基本理论：能量一元论。

所谓能量一元论就是说，能量是自然的统一本性，宇宙的一切存在包括客体存在和它的普遍而永恒的运动变化现象的根据和根本原因就是能量，能量赋予了宇宙自然内在独立自足完美有序的统一性，宇宙的一切结构性存在最终都可以还原到无结构的能量子，宇宙的一切运动和相互作用都可以在能量守恒定律这一最普遍规律支配下得出必然性理解。宇宙自然界的基础、起点和运动变化的原因就是能量。

按照能量一元论的观点，能量包括了西方文化中泰勒斯所提出的世界万物本原概念，但并不限于此。它达到了巴门尼德的最普遍而永恒的存在概念，但它不再是纯粹抽象的普遍性，也不仅是纯粹具体客体的最普遍性，而是达到了客体和演化现象相统一的绝对普遍性。从最普遍的意义看，它达到了西方文化几千年来视为最高的抽象神性，在从抽象到具体现实世界的进展意义上则彻底超越了西方文化。在亚里士多德看来："神是有生命的，永恒的，最美好的存在，生命的连绵不绝和永恒归属于神。"[⑤]这种神不是人格神，而是根据"无限后退不可能"从逻辑上推出来的最后原因，是一切存在的最后根据。能量的最基本存在形态是量子化的能量子，是无结构、不可还原的客体存在，它为对世界客体结构的分解还原的无限后退设定了最后极限。

从抽象逻辑意义看，能量一元论作为最普遍的宇宙统一性认识，是与中国玄学世界理论不谋而合的。玄学是真正摆脱了宇宙外在原因而达到自身逻辑完美的世界统一性理论。无中生有，有生万物；无，名天地之始，有，名万物之母对这些玄学智慧有各种各样的诠释，但从能量一元论的意义来看才能得出这些概念的完整、完备的具体统一性理解。从能量一元论的逻辑和意义来看，天地不是宇宙概念，天地之始也不是宇宙创生概念，把天地和宇宙同一绝对是在生吞活剥《道德经》。老子说“万物生于有，有生于无”时，有就不是没有原因、不可分解的本原，有生万物说明有作为构成万物的基本元素而和万物不同一。因此，有就是构成物质复杂结构的基本物质粒子的概念，玄学的有和西方哲学的有的意义是一致的，从有作为本原来思考世界本性的西方哲学从来就不可能达到最普遍的理性统一性。即使在纯粹抽象的逻辑意义上，西方文化的结构起点也决定了它不可能是完备的，它的理论体系就绝对不可能是完满的，它不得不借助宇宙之外的上帝来为它的存在提供根本原因从而通达完满神性。玄学理论把有作为中介性存在，把无作为有的根据，它就是能够自圆其说的，玄学理论根本不需要上帝或神来为自然提供根据。至于道教的神或仙之意义和玄学理论是完全不同的两回事，绝对不可混为一谈。

基于世界统一性原理的这种理解，无，名天地之始，有，名万物之母的解释才能是完备的。按照自然统一性的理解，无质有量谓之无，有质有量谓之有，无就是能量，有就是具有静止质量的物质实体结构性存在。所以，物质世界的基本粒子是由能量子转化产生的，这些基本粒子的进一步复杂性演化则产生了人感性尺度的多样性万物存在和演化的统一自然界。

既然有从无中来，无中生有，能否由此断言能量子是统一自然界的根据和根本原因呢？否。因为能量子在客体性这一规定性意义下并不是永恒的、不生不灭的存在，不可分解还原，并不和不生不灭是绝对同一的规定性。一个光子被物质实体吸收之后它就不再是能量子，转化为静止物质实体客体后它就是物质实体而非能量子，物质实体由能量子而来和它就是能量子肯定是两回事。宇宙的完美性就在于它的运动变化产生了异质结构，产生了和原初结构所不同的本质存在，否则世界就是一种纯粹的同一，那就不需要什么一元论了。一元论的意义就在于建立异质复杂结构的统一性理论，理解从混沌到有序的复杂性演化的内在目的性。能量子作为无结构规定性的绝对结构即不可再分解还原的量子化存在并不是不生不灭的，所以不是最普遍的存在，所以可以根据它不可再分解还原的本性将之理解为本原客体，但本原客体还没有通达世界万物本原的最普遍意义。比能量子更普遍的归纳是能量，这才是最普遍的概念，因为只有在能量中才能达到客体性和现象性的统一，在能量守恒定律中才能洞见自然基于必然性的内在目的性，唯有这样才可能得出对世界的完整描述。所以，我们归纳出能量一元论，即能量才是宇宙一切存在的根据和运动演化的根本原因。

从这个意义上看，能量的意义就是玄学之道，而能量子则是玄学之无。从最普遍的能量即道出发去概括世界本性的理论就叫《道德经》，无只是道的最基本存在形式，和能量子只是能量的特定形式是同一的。玄学理论体系中，无的意义确实和能量子相一致；道的普遍性意义则和能量的普遍统一性意义相符合。所以，玄学描绘了宇宙的统一性结构，能量一元论关于宇宙存在自圆其说的理论体系是中国传统玄学理论从抽象到现实具体的进展。老子的玄学世界理论体系在逻辑结构上是不可逾越的，但这只是起点，不是终结。但如果两千多年没有从抽象到具体的实质性进步，子孙后代何颜见他老人家?

正是如此，一个圆满但又抽象的玄学理论体系是不够的。为什么人类几千年来仍在苦苦追寻世界的本性呢?我们为什么还要建立能量一元论去描述宇宙统一性呢?因为我们追求的是对宇宙自然界的一种理性统一性认识理论，而玄学理论还不是达到理性具体的认识理论。何为玄?在当下普遍认识水准上，停留在纯粹形而上思辨中谓之玄，只有哲理而无真理成分。玄学的基础概念道、无与现实经验世界无任何相应的指称和意义规定性，导致它所指称的意义与我们的经验理解并不一致甚至根本完全不同。这种纯粹形而上学思辨理论体系的最大优点是它的玄妙性，即它可以说明一切。玄学理论可以解释世界本性，可以解释战争，可以解释爱情，但一百个释道者有一百种理论解释，这种解释的追求可以到达永恒，这就是《道德经》永不褪色的一个原因，即它作为完备的形式可以装下各种内容。但反过来看，能解释一切的玄学理论如果没和现实世界经验相统一，就实际上什么也解释不了，它就只是理念论而不是世界论，这就是对它认识的最大缺陷所在。

人类文明创造了文化符号表达信息，它的意义就是把个人内在的思维认识外化为客观性的普遍意义，在类群体中传播和交流，理论的意义在于它的普遍的意义可理解性和接受性。玄学的基本概念缺乏共同的意义理解，玄学的理论、文化意义又能有几何呢？要是认为自己体悟了玄学理论体系就悟到了世界的本性，那是不足够的。关于世界的本性可以有无限多种理论，最糟糕的理论也是理论，但纯粹形而上学的理论既不会是错的，也无法说是对的。如果真的从玄学理论中悟到世界的本性，那就必须让玄学理论从天上回到人间，回到经验世界，对现实世界作出形而下的解释和说明。所以，能量一元论与玄学理论传统理解的重要区别之一就在于能量一元论不是纯粹形而上学思辨，而是形而上和形而下相统一的宇宙统一性理论，它所追求的是对宇宙世界的理性而非玄不可识的理解。玄不可识就进不了众妙之门，把玄局限于无质无量之空，把无当成纯粹思维和意义就进不了自然哲学之门，玄学理论就不被理解为关于现实世界包括自然界在内的最普遍统一性理论了。对《道德经》理论体系的理解首先要明白一个浅显的道理，玄之为玄如果只是意义不是自然客体存在，玄就是无质无量之空，玄学本性就类理念论，是以抽象主体世界不是以主客体统一世界为对象的，但这已经把《道德经》的根本意义阉割了。必须坚持把老子玄学理解为主客体统一性现实世界的理论体系，是本体和本质相统一的，本质是以本体为基础的，作为起点即众妙入门的玄是具体的，无不是空。众妙是多样性世界的统一，众妙之门的玄即无是多样世界的本原。空是无质无量的抽象，无是无质有量的具体本原存在，认识了无就进入了理解多样性世界具体统一的智慧之门。

从玄学思辨回到感性经验现实世界，不得不叹服西方文化底层基于经验的知性科学思维的重大历史和现实的意义。从古希腊文化繁荣时期就已建立的从经验出发的西方关于自然因果关系必然性归纳和认识的知性科学追求，对人类认识世界以改变自身的生存状况、推动人类社会历史发展，具有决定性意义。自泰勒斯的本原概念创立以来，西方同样充满了对世界完整本性认识的形而上学追求，但这种追求和玄学的自圆其说封闭理论不同，是始终建立在对经验世界的知性真理认识基础之上的。西方抽象形而上学思辨虽然抽象，但却不是纯粹形而上学，而是在形而下经验世界的普遍知识认识基础上的形而上学，所以古希腊哲学是科学之科学，亚里士多德的存在是经验存在基础上的抽象存在。康德批判哲学把西方对理性统一性的理论追求看作是理性自身天生的倾向和要求，即知性解释经验世界，而经验世界的知性知识是不系统的，人类自身所具有的理性认识能力就是要把这些不系统的知性知识建立理性的统一性关系。由此可见，西方文化是数千年如一日执着于真理追求，因而也是建立在感性经验基础之上的。尽管西方哲学没有形成玄学这种圆满的世界统一性理论，但随着对客体世界知性科学认识由个别到一般、由特殊到普遍的不断积累和发展，西方理性哲学对世界统一性的认识，也在不断发展和完善。

遗憾的是，在二十世纪西方文化对世界的知性科学认识实现了从物质世界向普遍能量世界认识进展的伟大革命，产生了爱因斯坦的相对论和普朗克的量子理论的时候，囿于物质世界的西方理性形而上学思辨却不能对之得出理性统一性理解，使二十世纪的哲学和知性科学分道扬镳，导致了西方哲学的失落和科学的迷惘。为什么物理学爆发式变革连珠炮般发生？只能说这是由以传统物质世界为认识对象进展到更普遍质能统一性世界的结果，突破性的进展都是在能量存在和运动意义领域的。这是由物质世界统一性进展到更普遍质能统一性认识的重大契机，可自然哲学严防死守在泰勒斯的唯物论中，哲学认识论龟缩在语言意义的探究中离开了经验世界。第三次浪潮即后工业社会的信息时代，信息意义的统一有序性是人类生存挑战中最大的威胁，如果不能得到信息意义的统一性理解，那将是人类文化文明史崩溃和解构的开始。

因此，世界统一性原理以构成它的基础理论即能量一元论为起点，追求对世界的统一性理解，把哲学史统一起来，并把理性统一性建立在对知性科学真理认识的统一性思考之中，使哲学理性成为形而上和形而下相统一的理论，回到经验和现实来回答世界的本性问题。在世界统一性原理的道论即第一卷的认识逻辑思考中，它的主要思考命题：空间、时间、结构虽然是认识世界的形而上的纯粹描述形式，但对这种纯粹形式的思考不是纯粹形而上学的，同样是以经验和知性科学为基础的，离开经验内容形式还有意义吗？我们是在内容和形式相统一的意义上去思考空间、时间和结构的形而上学意义的，否则就没有坚实的证据去否定时光倒流、空间弯曲这些不合理的描述。至于本卷关于能量的思考，主要是在科学认识之中进行的，能量一元论是从对能量的科学认识之中综合出来的。关于能量的科学真理知识归纳中，量子理论及相对论是最重要、最基本的科学根据，能量一元论是建立在对这两大理论的深刻领会和完整把握基础上的。

为什么科学思维支配的西方理论家们不能从相对论和量子力学中归纳出更普遍的世界本性理论呢？原因很复杂，用霍金的话来说，它和科学真理知识爆炸性增长的复杂性有关，他认为在当今的知识背景下很难在形而上和知性科学相统一意义上思考世界统一性问题。这确是一个重要原因，但最根本的原因是知性科学思维无法上升为理性统一性思维，因而不光是哲学家，就是科学家们也无法对相对论和量子力学的本质及物理意义作出相对完备的解释和说明。世界统一性原理的能量一元论之所以能够突破绝对物质观的桎梏，首先在于它的具体理性思维方式。

二、能量一元论的本质：宇宙统一性

关于世界本性思考的一元论和二元论或多元论的本质的区别在于，一元论中世界本性是可知的，而任何非一元论一定是不可知论，因为多元存在意味着不存在统一的世界本性。由此可以得出推论，不同的世界一元论除了在世界本性可知性这一点上一致外，各自的元的规定性可能完全不同甚至是相互冲突的。物质一元论和唯心主义一元论就是最典型的。所以，关于能量一元论的第一个基本问题是它的本质是什么，它和传统的物质一元论及唯心主义一元论的本质区别在哪里？

对此，我们可以从最普遍的高度得出最简洁的概括性答案：能量一元论是宇宙统一性理论，而传统的一元论所涉的世界并不和宇宙所指称的边界相符。如果坚持自然哲学一元论是关于宇宙自然界的普遍本性的基本理论的话，传统一元论在本质上还不能称得上是完备的一元论，只有能量一元论才能达到对宇宙统一性的完备描述。

唯心主义哲学的存在不是最普遍的吗？巴门尼德的存在已达到一元神论的神的绝对境界了，在其看来，一切无出其右，宇宙只不过是其存在之中的宇宙而已。从这种意义上来看，所有唯心主义哲学理论在普遍性意义上都超越了宇宙的意义，柏拉图的理念、黑格尔的绝对理念在概念上显然把自然世界即宇宙包括在内，理念和绝对理念显然比特定的宇宙理念或概念更为普遍。这在逻辑上是无可指摘的。但达到如此普遍性高度的唯心主义一元论理论为什么没有达到完备的一元论的逻辑条件呢？因为一切唯心主义一元论的普遍性是认识抽象概念的普遍性，关于宇宙本性的一元论思考是哲学本体论的思考，这和抽象认识是完全不同的。概括地说，唯心主义一元论哲学虽然在形式意义上达到了元存在的普遍性，但因其只是形式而无具体内容，它的一元论在元规定性意义上就是不完备的，用一元论去统一心而非物是无法完备的。

与此相反，以“有”作为宇宙思考起点的唯物主义哲学始终是扎根在经验世界的具体存在客体去思考宇宙本性的，它既随着对物质世界结构还原分析的不断深化而发展，同时又对经验世界的科学认识起了积极的推动作用。但是，有形之物的存在同时就是具有空间性结构的存在，在逻辑上任何结构都无法证明是绝对的，绝对结构只能是无结构，有结构的可还原性就不可避免地和元存在的不生不灭和不可再还原规定性产生矛盾，所以以有为宇宙思考的起点在逻辑上已经是不完备的了。唯物主义一元论的绝对物质观最为纠结的情形是，随着物质结构分解还原的不断深化，证实我们在不断逼近物质结构的终极结构，同时又只能从有的结构规定性出发断言这种分解还原的无限性，即物质无限可分，因而同时又彻底否定了物质终极元结构的可知性。这种无法摆脱的悖论就是把相对的有作为绝对的存在引起的。特别是，当科学认识超越了物质客体领域而进入能量子客体领域时，从物质世界出发去解释宇宙一切具体存在就明显地是从特殊去解释普遍，以偏概全了。进入二十世纪后唯物主义绝对物质观成为人类关于自然的科学认识发展的主要阻碍力量，囿于绝对物质观，人类对宇宙的复杂性认识失去了统一性，出现了严重的矛盾和分裂。所以，物质一元论虽然对具体的物质世界认识起了决定性的作用，但当人类认识超越了物质世界的时候，依然以特定的物质世界为前提去思考宇宙，这种思考的理论在逻辑上就是不完备的，物质一元论并不是普遍的宇宙统一性理论。

对宇宙统一性作最普遍、最一般的统一性思考的可靠出发点是无，完备的宇宙统一性理论是能量一元论。反过来说，能量一元论的本质就在于它得出宇宙统一性描述。首先，从能量意义出发的宇宙描述是最普遍的，它是客体和现象、存在和演化、原因和过程的统一描述，这种绝对普遍性是包含具体客体存在的普遍性，而不是唯心主义一元论的抽象认识普遍性，宇宙的本性就是这种最普遍的具体和现象相统一的能量为元的统一世界，能量一元论的宇宙就是统一性的绝对存在。它的绝对性意义在于它已经包括了宇宙的一切存在及自然现象。其次，由能量的元本性得出的能量一元论否定的是物质一元论，即否定物质世界的绝对性，而不是否定物质世界包括在能量世界之中。这是理性统一性思维和知性非彼即此的因果思维的区别。从物质世界本身来看，它是一个具有自己规定性的特定世界；从宇宙统一性来看，它又是能量子客体为本原，转化为结构性简单物质实体后，在能量普遍规律支配下，在有无相互作用和转化中向复杂性结构演化运动的特定结果，所以它既是物质世界，又是能量世界。在普遍宇宙世界意义上，它是能量世界；在具有静止质量及空间运动相对性规定性意义上，它是宇宙中独特的物质世界。作为能量世界的存在和现象，它受能量守恒及转换、交换定律制约；作为特定的物质客体，它同时又遵守物质世界的运动相对性及能量转换的特定的动力学定律。这种异质结构复杂性演化及运动宇宙的统一性才是我们对宇宙本性的真正把握。只有整体统一、永恒运动演化的生机勃勃的宇宙才是我们所追求的宇宙本性，宇宙的本性在于它的统一性之中，而不是在于那最普遍的具体质料之中。所以宇宙的本性认识始于元本性思考，圆满于一元论，世界统一性原理始终从能量一元论的统一性思维中去理解宇宙的存在，而且坚持只有唯一一个具体的宇宙存在。

能量一元论的宇宙图景消除了存在和演化、客体和现象的虚幻对立。它把广义能量守恒定律作为宇宙一切存在和演化的最高法则，质量守恒定律和热力学第二定律则是它在特定条件下的描述形式。在宇宙运动演化不涉及质能转化的条件下，广义能量守恒定律就由质量守恒定律和物质客体的状态能量守恒两个定律分别描述。至于热力学第二定律则只是在物质系统内部客体之间的状态能量交换的规律，即热平衡只在物质客体封闭系统中才有意义，根本不具有宇宙学意义。

能量一元论是宇宙自然的统一性理解，和唯心论一元论的本质区别在于，它是以具体宇宙为对象的本体存在论陈述，后者却是以抽象意义为对象的本质统一性陈述。具体之为具体的理解才是更深刻的问题，实体客体是感性具体存在，但如果坚持感性实体才是具体就止步于感性具体，又还原为物质一元论。自然统一性从感性具体到理性具体的进展关键在于具体概念的统一性之中。现实的具体是形式和内容相统一的，亚里士多德说是质料因和形式因相统一的，具体之为具体是由质料赋予的，纯形式是抽象的，纯质料是不现实的，质料和形式相统一才有现实具体的存在，是质料赋予一切具体以根据。按照这一逻辑就能由能量一元论得到现实具体的宇宙理解。能量是宇宙之元的本质意义是什么呢？能量不是抽象的纯量，是由守恒规定性决定的定量，定量是具体之量，是宇宙一切具体存在之为具体的根据。因此，可以说一切具体存在一定是有定量规定性的。数学才有纯量，物理学概念一定有单位即量纲，这是物理学之为物理学的必要条件，而且物理学的所有单位统一于量纲就是统一于具体之量。能量子客体的质料是由其频率和普朗克常数之积决定的具体不变量，其形式是量子化的分立性即不可还原性，在结构形式意义上是无结构性，其作为具体存在是由质料和形式相统一的能量子而成为只有量规定性的具体客体存在的。当能量子被物体吸收失去客体性时并不失去具体存在性，它转化为物体的状态能即动能时不是变成抽象的，而是转化为非客体性具体存在。物体的状态是具体存在是由其守恒的定量提供根据的，能量子转化为状态能时只是形式变化，质料不变而形式改变是成为形式和内容相统一的新形式具体存在。不理解状态存在的具体本性，把存在限于客体甚至实体就是只从感性具体看世界，是传统自然哲学的真正软肋。客体和状态相统一的能量才包括自然最普遍的具体，才有宇宙完备的一元统一性理解基础。具体不只是物，还包括事，是事和物的统一，本质上是客体和状态的统一，现实具体是质料和形式的统一，这才是最普遍的自然统一性理解。物质客体、生命客体都是形式和质料相统一的复杂性存在及运动，复杂性之为复杂性的根据是抽象形式即结构，其具体之为具体则仍然是以定量之能量为根据的，故复杂性存在本质是形式即结构，宇宙统一性本质上是结构统一性。构成宇宙具体存在根据的质料即能量之定量是绝对不变的守恒量，守恒质料在形式结构的复杂有序性运动中赋予多样性宇宙是一元统一性具体存在的充足理由。由这种具体之为具体的智慧中就能觉悟能量是无的具体理性意义，悟到自然基于内在目的性的完美有序存在本身。

能量一元论的宇宙是统一性的宇宙，统一性宇宙的真正意义在于宇宙自身是完美的存在。

三、能量一元论的意义：宇宙完美性

任何一元论的追求都力图从总体上对世界的本性作出最终的说明。玄学将玄而又玄的无作为进入众妙之门的起点，由之成就了众妙构成的无他无外的具体统一之道，从而赋予了自然完美统一性的根据和第一原因。这种最终理解不是知性科学的因果链可以描述的，因为因果链是开环的，无限后退不可能通达圆满；从另一个方面看，知识一旦完备而完美就合逻辑地终结了科学。任何一元论理论只有从理性统一性思维去思考才符合逻辑，这是哲学和科学随人类认识发展而分化为两类本性不同的学科的内在根据。所以，哲学思维是形而上的理性思维，它以因果必然性为基础去构建超越因果关系陈述的统一性关系，在统一性关系中消除因果关系思维的无限后退思维模式，在体系之中得出完备的理论，得出存在之为存在、自然之为自然的充足理由。科学理论一定是不完备的开放体系，而哲学理论则应该是自成体系的闭环体

系，理性智慧之为理性智慧就在于对世界的本性以及我们存在的价值、意义得出可靠而圆满的解释和说明。科学理论的完美性就在于它的不完备性，理性理论的完美性即在于它的完备的统一性。从这个意义上来说，能量一元论作为宇宙本性思考完备的统一性理论，它的最深刻意义在于揭示了宇宙存在是完美的。

宇宙的完美性是亚里士多德关于存在的内在目的性那样的内在完美性，不是主观的价值判断或审美判断。带主观性于其中的完美性不是宇宙的完美性。宇宙自然的完美性是与主观性无涉的，因为即使没有思维主体产生，没有人的宇宙同样是完美的宇宙，这才是自在的基于自然必然性的宇宙完美性。所以，宇宙完美性首先是客体存在及其现象相统一的完美性，真正揭示宇宙完美性的完备一元论理论是客观性和客体性相一致的理论体系。宇宙完美性的根据在于宇宙自身，它只能是作为自身内在本性才可能是完美的。由此可以推断出完美宇宙理论三个必不可少的基本特征：一是由客体必然性规律支配的宇宙才是可理解的、完满的宇宙，这种完美性常用有序的复杂性陈述，即复杂性构成且永恒运动变化的宇宙不是杂乱无章的，它的存在及其一切运动变化是受必然性规律制约的，所以是可认识、可预测的，甚至是可利用各种复杂性抽象模型去描述的。二是宇宙演化呈现给我们的是异质复杂结构，宇宙客体的相互作用以及永恒的运动变化也是多姿多彩的。因此支配宇宙运动变化的必然性规律不是一个，而是一个完整的体系。这个复杂性规律体系是统一性体系而非无穷因果链体系。三是宇宙完美的理性一元论一定是自我圆满的，即它的一切只能在它自身之中得到说明，宇宙就是宇宙自身存在和变化、运动的根据和根本原因。这种自我完备性是开放的知性因果关系不可通达的，有限知性的开放性决定了知识一定是可以无限后退的，故完备性只能是用理性智慧构建起来的统一性理论才可能具备的，即只有理性一元论智慧才能赋予宇宙以完美性之意义。

能量一元论自然观的深刻意义在于克服了物质一元论的局限性即自身的不完备性，得到了对宇宙的自圆其说的完满理解。按照广义能量守恒定律和能量一元论，宇宙是以能量为元存在的完美统一性存在。量子化不可分割的能量子不但是独立自足的客体存在，还是一切具有静止质量的结构性存在即物质客体的质料，并且这种无结构的质料是只能转化而不会毁灭的，不可再还原分解的规定性只有在无结构规定性的能量子之意义上才是完备的，绝对的守恒定律只能是广义能量守恒定律，其他守恒定律都是它的特定形式而已。能量又是宇宙客体相互作用中不断向复杂性异质结构演化的结构力的本质和原因，构成物质结构的核力、键力本质上都是能量作用的抽象。所以，能量既是宇宙客体的质料，又是客体结构的结构形式演化的原因，甚至可以说是质料和形式的统一。能量交换作用是物质世界一切客体相互作用及运动变化的根本原因。能量不仅是客体存在，也是现象存在，它是客体性和现象性存在的统一，这是能量最深刻的本质。它就是一切宇宙具体存在的统一性，宇宙一切具体存在的统一在能量意义上是不生不灭的绝对守恒量，宇宙的具体总量是永恒不变的存在。这既是宇宙论意义的形而上学，又是我们生存的切身经验本身。能量子转化为物质的运动状态，物质改变运动状态时吸收或辐射能量子客体，这是宇宙最普遍、最基本的永恒相互作用和运动变化的形式。宇宙中物体的相互作用除了热力学的传导、对流运动这类实体以直接碰撞交换状态能这种特定形式外，更普遍的非直接碰撞的物体间的相互作用都是以能量子为中介实现的，本质上是有无相生过程。所以，能量既是客体存在的根据又是客体运动的根本原因。但是，最终能赋予能量一元论之宇宙完满性的充足理由在于它的守恒性和运动的绝对性。尽管能量可以转移、转化甚至从客体转化为物质客体状态性现象存在，但在最基本的能量规定性意义上，它是不生不灭的永恒的存在。所以，我们不必也不可能去探究能量的来源或原因。由能量构成的一元论世界的存在性就不需要再在能量之外，即宇宙之外去寻找根据和原因，能量就是自身存在和宇宙存在的根据和原因。另一方面，能量以无的能量子形态存在时的绝对运动决定了由能量构成的一元论宇宙的运动不需要外在推动，物质客体运动由能量决定，而能量的无状态作为基本存在状态是绝对运动的，这是它的本性，它不需要从外在原因去解释运动的推动。由此可得出宇宙自足完美性的一个重大结论：物质客体的运动改变由能量推动，能量客体的运动是它的本性，所以，由能量构成的宇宙的运动是由自身内在决定的，宇宙的运动是永恒的、绝对的，是不需要从宇宙之外寻找原因的。

能量一元论为宇宙存在提供了充足的根据，为宇宙的运动提供了充足的理由。以能量为元存在，由广义能量守恒定律这一最普遍定律支配的宇宙就是一个必然性的宇宙，是自足的世界。由此可以得到宇宙完美性的具体理解。

注释

①艾耶尔著，李安楼、俞宣孟、苑利均等译《二十世纪的哲学》，上海：上海译文出版社，1987 年第 1 版，第 17—19 页。

②苗力田、李毓章主编《西方哲学史新编》，北京：人民出版社，1990 年第 1 版，第 81 页。

③同上，第 81 页。

④同上，第 81—82 页。

⑤同上，第 88 页。

⑥同上，第 89 页。

第九章
宇宙完备性三大定理

引 言

【提要】基于能量一元论对绝对具体宇宙的理解，本章演绎出宇宙完美性的基本意义。

一、由能量守恒决定的宇宙永恒性理解，终结宇宙起源命题。因为能量不生不灭，以能量为本性的宇宙也只能不生不灭，宇宙只能和构成宇宙的能量永恒同在。为什么宇宙能量守恒？这是人类理性无法讨论的绝对形而上学命题，它为真的理由在于它在一切经验中恒为真。这称为宇宙永恒性定理。

二、以能量为宇宙本性，以引力能量子为宇宙本原客体，赋予了爱因斯坦广义相对论统一场以绝对宇宙具体存在之本体论意义，统一场有界无边的描述解决了困扰宇宙认识的边界问题。在最普遍的统一场描述中，它的边界就是宇宙的边界。基于引力总是吸引的特性，统一场是正曲率的弯曲空间，它就是有界无边的，是收敛的。物体在场中的运动是没有边限制的，又永远被限制在统一场的界中，所以宇宙是有界无边的。统一场的界是由宇宙自身的质量、能量特性决定的，是宇宙内在特性，有界无边的宇宙就是自洽自足的。这称为宇宙有界性定理。

三、世界统一性原理的宇宙、能量一元论和宇宙、科学和常识的宇宙，都是形而上学设定起来的绝对性概念，不能相对。只有对宇宙相对无限的认识，没有相对性的宇宙，相对性否定了宇宙本体论的存在意义。统一了一切自然的宇宙一定是绝对的，宇宙形而上学的绝对不变规定性是对之相对认识的前提。现代科学基于反粒子、反物质、反能量发明了镜像宇宙，其实是不成立的。在本体论意义上，只有能量和物质，无反能量和反物质，反粒子不是由反物质、反能量构成的，所谓镜像宇宙是皇帝的新衣。这称为宇宙唯一性定理。

以能量的状态属性、客体本性以及绝对运动属性知性认识为基础的广义能量守恒定律和能量一元论，完成了对能量的形而上和形而下认识的统一，构建了宇宙完美性描述的统一性理论，以此为基础我们可以对宇宙的本性作出最基本的描述，归纳出揭示宇宙完美统一性的三大定理。一是宇宙永恒性定理。它探讨关于宇宙起源和它向何处去这个古老而又迷人的永恒命题。上帝创世说中的宇宙尽管基于信仰可以说它是完备的，但被创造的宇宙却一定是不完备的，这是永恒的悖论。科学的宇宙大爆炸理论是可以令人信服的真理认识，但它的零点、奇点的存在即使不是预埋了理论崩溃的种子，也至少表明它还不是完备的宇宙统一理论。能量一元论坚持宇宙永恒的完美性，合理地回答宇宙时间性问题，合逻辑地得出宇宙无开端的结论，使宇宙能够摆脱了上帝而依然是完美的存在。二是宇宙有界性定理。它是关于宇宙空间整体完备性的思考。传统的宇宙无限概念建立在以纯空间形式为依据的无限性之上，先验地把空间当实在了。如果坚持宇宙是内容和形式相统一的具体存在的话，从能量一元论就能得出宇宙空间有界而非无限的逻辑推论。按照统一场论及光的曲线传播认识，可以得出宇宙空间性有界无边的合理解释。三是宇宙唯一性定理。从能量的无结构规定性得出无反能量存在的结论，守恒而绝对的能量本性从根本上否定了镜像宇宙存在的幻象，宇宙合逻辑地只能是唯一的，宇宙之外是无意义陈述。永恒性、有界性和唯一性的统一就是宇宙作为完备、完美存在的最一般的具体理解。

第一节　宇宙永恒性定理

一、上帝创造的宇宙是不完美的

人类有史以来对宇宙创世纪的理论或猜测究竟有多少是无解的命题？在所有的宇宙创生理论的历史演变之中，上帝创世纪的学说则一定是影响最广泛的，因此它就是回顾宇宙创生理论历史的关键。

《圣经》中说上帝用六天创造了世界，这是大家所熟悉的。这在中世纪漫长的宗教统治时代是最高律法，是无可怀疑的。关于客体世界的一切认识只能以感性经验认识为源泉，更普遍的认识是从经验认识中综合和归纳出来的。关于宇宙创生的认识也不能例外。受苦受难而又志在抚慰受苦受难众生的耶稣借上帝之口宣称上帝创造世界时，是由他根据当时关于世界的极为有限知识归纳出来的。以当时的知识得出宇宙六天完成基本结构创生的认识已经是难能可贵的了，它对宇宙复杂性结构演化过程的统一性关系的归纳也是合乎逻辑的。我们不应对两千多年前的上帝六天创造世界的朴素认识求全责备乃至全部归为迷信和欺骗，其道理和亚里士多德的地心说理论是相同的。虽然我们现在可以否定上帝用六天创造世界，但不能从根本上否定上帝创造了宇宙。抛开上帝创造宇宙这六天的技术性细节，根据当代的宇宙学知识进行理论重构，上帝创造世界的理论完全可以包含宇宙膨胀及大爆炸理论。正是基于此，对宇宙创生问题不能抛开上帝创世说而不顾，必须回到上帝创世说的本质及其深刻的社会历史原因中来。

从神到上帝观念的转型是一个漫长的历史过程。神肯定是与灵魂相关联的概念，人类从蒙昧和野蛮时期步入文明之后的古希腊时期，神的世界是多元化人格神的世界。在东方文化中，神至今依然以具体的人格神形象存在。然而，早在公元前五百多年，古希腊爱利亚学派的哲人克塞诺芬尼就建立了一神论思想，并成为他的学生巴门尼德建立存在哲学的基本逻辑。一神论的神反对蒙昧的神人同形论，主张单一的、非人化的、理性即思想上不自相矛盾的神。一元神论认为人格神是不完美的，这和人的世界的不完美是一回事，而一元神则是完美的。人格神把人的矛盾转换为神的矛盾，把人的战争转换为神的战争，因此人类早期口头流传的历史是以神的战争为主要线索的。一元神中已经没有神的矛盾，它揭示的是人和神之间的关系，人的世界的矛盾和不完满只能借助于神的完满性去解决，所以神就是人的世界的根据和根本原因，所以只有一元神能达到完美的神性。

基督教信仰成为西方社会主流信仰的历史过程中，宗教哲学、经院哲学发挥了重大作用，杰出的经院哲学家们用哲学思维来为宗教寻找根据，用理性为信仰提供说明。从巴门尼德存在哲学到亚里士多德的第一哲学再到中世纪的经院哲学之间是有着理性思维的继承性和逻辑上的一致性的，尽管它们的具体理论在演变，但它们追求理性完美性的本质却始终是一致的。经院哲学和巴门尼德的存在哲学的逻辑根据是恰好相反的，后者用完美的神性赋予存在完美性，经院哲学则用理性的逻辑来赋予上帝的完美性理解。后人往往把经院哲学对亚里士多德哲学的继承关系解释为只是概念上的借用，那是不足够的，本质上的统一性才是最深刻的原因，第一哲学所追求的完美性和经院哲学追求的完美性是相通的。经院哲学以上帝信仰为原则，违背了理性哲学自我圆满的彻底批判性精神，本质上不是哲学是宗教信仰，但它借哲学来为信仰辩护就是基于哲学追求的完美性，由经院哲学的完美性形式为上帝信仰提供圆满的理由。

如果不只停留在《圣经》中上帝创造世界的直接信仰，而是深入经院哲学对上帝存在的论证中，可以更深刻地理解上帝创世纪的意义。为什么世界是被创造的呢？因为在此之前的一切关于世界理论本身都是不完备的，而不完美的存在一定是被创造的。为什么是上帝创造了世界呢？因为上帝是完备的、永恒的存在，它才是不完美的、非永恒的存在（柏拉图称不是存在也不是不存在，而是既存在又不存在的具体世界是现象界）的根据和最终原因。这就是上帝创造世界理论的根据。然而，如果把理性哲学的神性和经院哲学的理性看作同一理论的不同描述形式的话，经院哲学的理性即关于上帝存在的各种论证始终是循环论证，对世界或上帝的完美的理解在逻辑上是一种统一性理解而不是必然性论证的结果。因为凡是能够被证明的存在一定是不完备的，因而上帝是不能通过论证来得到完美性证明的，它的完美性是基于世界统一性的一种理解。那些真正具有智慧的经院哲学家非常明白这一点，所以尽管不遗余力地论证上帝的存在，但最后往往断言上帝是必须在信仰中认识的。

永恒性是存在完美性的第一个必要条件。上帝完美性的重要根据就是创造世界。奥古斯丁在他的经院哲学中用非常高超又异常深刻的智慧对此作出诠释。面对既然上帝用六天创造了世界，那么在此之前上帝在干什么这种高深命题，奥古斯丁认为，时间和世界同是上帝的创造物，上帝创造世界的同时就创造了时间，时间只对非永恒的世界有意义，对永恒的上帝没有意义，追问创造世界之前的上帝本身是错误的，用当今的话来说是无意义陈述命题。“奥古斯丁认为，没有过去和将来，只有永恒的现在。但时间究竟是什么呢？奥古斯丁自己也无所适从了。他似乎把时间理解为事物的运动变化。但他很快又批驳了这种观点，认为各种物体有动有静，时动时静，运动有快有慢。我们不仅用时间来测量运动，也用时间来测量静止。物体的运动并不是时间，相反，物体只能在时间中运动。时间只是一种延伸。奥古斯丁认为：‘说时间分过去、现在和将来之类是不确当的。因为过去已不存在，将来尚未存在，而现在又仅仅是一瞬间，是正在过去，因而没有丝毫长度’。”[①]奥古斯丁虽然没有直截了当地揭示时间的纯粹描述形式本质，但已经敏锐地察觉了时间作为客体存在及其运动现象描述形式的连续性独立变量的本质特征，这正是世界统一性原理对时间本质的解释。奥古斯丁基于时间的形式性理解，把变动不居的世界在时间中的存在解释为由永恒的上帝支配的世界，以上帝超越时间过程的永恒性为世界的非永恒性提供理由。上帝是超越一切变化的，因而是超越时间而永恒的，无法超越时间变化的世界就只能由完美、永恒的上帝去说明，世界就只能是完美上帝的创造物。

回到今天的宇宙知识，我们当然不屑于上帝用六天创造世界及其时间的解释，但却无法彻底去否定上帝创世的信仰和观念。因为没有了上帝，世界诞生还没有第二个充足的根据和理由。上帝创造世界的信念不仅是一种宗教文化传播的结果，它的另一个深层原因在于人的认识本性对完美性的终极追求。但最为痛苦的问题在于，在上帝创造世界的理论中，上帝是完美的，但宇宙却是不完满的，特别是我们这些宇宙中具有文化本质的人也是没有自由因而是失去自己本质的存在。

上帝创造宇宙的第一个后果是自然界的必然性规律失去了根据。科学知性认识的建立和知性知识的积累是人类历史性发展的不可辩驳的事实和人类历史性本质的最深刻意义之一，按照必然性因果规律支配去解释世界现象时世界才是完美而统一的，但以上帝为根据和根本原因的世界中的因果必然性规律关系还是必然性的吗？这就是悖论。从根本意义上来说，由上帝创造的世界不可能是纯粹由必然性因果规律支配的可理解的完美世界。如果宇宙不是在确定性意义上可理解的，侈言完美性和完满性又有什么意义呢？上帝创造世界理论从根本上否定了科学真理认识的合法性，坚定的科学信仰者有充足的理由排斥它，并把它作为无根据的迷信付之一炬。

问题在于科学本身并不能成就宇宙的完备性理论，因此并不是所有相信科学的人都排斥上帝，牛顿就是光辉榜样。在科学已经成为人类文化最基本构成的现代社会，上帝信仰以及诸多其他一元神乃至多神论的信仰依然是人类文化的最基本构成部分，科学和信仰是并行不悖而不是绝对冲突地存在于我们的文化结构之中的。对上帝创造世界和科学规律必然性关系的不协调性，有一种调和性的机会主义解释：上帝在创造世界之后不再随心所欲地干预世界事件，而是放手让世界按其必然性规律去运动变化。这种解释表面上很美妙，但实际上纯属无稽之谈。说无所不能的上帝创造了一个不可支配的必然性世界和说它可以创造出一块大到自己也举不起来的大石头是同样的悖论。因为自然界按必然性规律运动就意味着上帝不是它的运动原因，那就更不可能是根本原因；而如果上帝能够被决定给予宇宙必然性支配，那上帝就不是完美的。所以，只要完美的上帝创造了世界，世界遵守必然性规律的完备、完美之梦就彻底破碎了。

由上帝创造世界学说带来的矛盾并不限于必然性规律支配的宇宙自然

界，还延伸到宇宙中的人类文化现象之中。上帝否定了自然的必然性就摧毁了人的自由本质的基础。因为这样人类以对自然必然性规律的掌握为基础和前提实现自身既定目的的自由意志选择性行为就失去了根据，归根结底是失去了选择和自由的意义，失去了人的本质，使人的一切不能从因果关系而要从冥冥之中的上帝杰作中得到最终理解。至此我们对既承认上帝创造世界，又认为上帝不干预自然必然性法则的二元文化观念之根源有了更深刻的理解：自然界由必然性规律支配为人的自由本质的现实展开和实现提供了基础。在现实世界中人类按照科学知性真理的认识去思考和选择、过现世生活，这时，我们尊重科学，不需要上帝。但一旦超出科学本身可以解释的范围，特别是在思考形而上的终极价值时，我们皈依上帝，由之对自己的存在及生存的世界提供绝对的理解。所以，人类文化归根结底停留在无可奈何的二元结构：信仰和科学二元共存的现实之中。这是人类生存于知性思维中的必然结果。

世界统一性原理追求超越知性局限性而达到理性统一性，知性是统一性的基础但绝对不能成为统一性认识本身。对宇宙的科学认识是必要的前提和基础，但仅由科学认识是不可能得出宇宙统一性理解的。

二、宇宙生成科学理论的不完备性

二十世纪人类关于宇宙的科学认识取得了划时代的进步，爱因斯坦的相对论的诞生使宇宙生成理论有了新的发展。按照爱因斯坦方程的描述，在它的所有解中宇宙都有一个非常明显的重要特征：在方程描述的现象的最早状态中相邻星系之间的距离为零，宇宙的始点就是一个理想的牛顿质点，即大小为零的点。大小为零时刻的宇宙在理论上和逻辑上应该是宇宙的起点。在那一时刻宇宙的密度和引力时空曲率的方程描述达到无穷大，这就是宇宙大爆炸理论的来源。科学家把那一刻称为宇宙诞生零点，把从那一零点开始的事件称为“宇宙大爆炸”，把从那一诞生点开始的宇宙运动和演化描述称为“时间简史”。

史蒂芬·霍金和列纳德·蒙洛迪诺合著的《时间简史》是当代对宇宙诞

生、演化及宇宙本性的认识进行归纳介绍的畅销科普著作，其第八章“大爆炸、黑洞和宇宙的演化”对宇宙大爆炸理论以及与此相关的宇宙创生及演化学说作了概括性的归纳和综合，它代表了当代宇宙科学关于宇宙认识特别是宇宙创生及演化的最前沿成果。故在此首先对之作出简要的概括，有兴趣者可直接从作者原著中领会。

作者首先一语中的地揭示了把宇宙大爆炸那一刻作为宇宙时间起点的理由：我们宇宙理论描述都是在时空光滑近乎平坦的假设基础上的，所以它在大爆炸处崩溃了，零点时刻具有无限大曲率和密度的宇宙绝对不是平坦和光滑时空可以描述的，大爆炸之后的事件和大爆炸之前的事件没有因果必然性关系描述。所以，宇宙大爆炸理论只是以宇宙大爆炸那一刻为起点的宇宙理论，并且零点时刻是定义域的开环点，方程描述在开环的零点没有意义，在此之前的时间更不可能是该科学模型陈述所包含的部分。因此，基于宇宙大爆炸理论的宇宙模型断言大爆炸是时间的开始，在时间之前的时间以及谁创造或设定了时间不是科学要过问的问题。至此，可以说，当代科学宇宙理论是宇宙有起点的创生型宇宙理论。

从时空曲率无限大的零点时刻开始的宇宙大爆炸及随之的演化则是宇宙按其自身必然性规律展开的过程。它是可预言、预测和描述的，它和宇宙外部无关，只由宇宙自身的必然性规律决定。早期支配宇宙的主要规律是物质的热力学规律：随着大爆炸产生的膨胀，宇宙密度变小。这对宇宙的演化具有决定性意义：随着温度的下降，我们可以预料宇宙中粒子的相互吸引力逐步超过逃逸力，更为复杂的物质结构由相互吸引的粒子的聚集而产生，甚至宇宙中存在的粒子的种类也依赖于宇宙的温度亦即宇宙的年龄。所以，宇宙的时间演化史实际上就是从大爆炸开始起在热力学等必然性规律支配下宇宙运动变化的过程。

能用自身存在向我们证明宇宙大爆炸理论预言真实性的是宇宙背景能量辐射。按照热辐射理论，宇宙大爆炸热辐射的残余应该存在并且以宇宙背景辐射的状态存在。科学家根据热辐射规律预言这个辐射的强度已经衰减到非常低的状态，它的温度已降低到比绝对温度高几开氏度。1965 年彭齐亚斯和威尔逊发现的宇宙微波背景辐射就是支持宇宙大爆炸理论的最有力证据，并由此证明宇宙的创生和演化是完全按照其内在必然性规律展开的。根据热力学规律和热辐射规律，可以把宇宙大爆炸展开的时间历史划分为几个具有独特规定性的不同阶段。

大爆炸后的1秒，宇宙膨胀使温度下降到大约100亿开氏度。在这个温度状态下宇宙主要包含光子、中微子、电子和一些质子和中子，以及它们的反粒子。这些粒子在如此高的温度状态下意味着具有极高的状态自由能，它们碰撞时会产生许多不同的粒子反粒子对，而正反粒子相遇又会湮灭。具有质量的实体粒子反粒子对相遇湮灭，但相反过程即无质量能量子即光子相互碰撞产生实体粒子反粒子对却没那么容易，因为相互碰撞的无质量粒子必须具有最小能量，满足包括实体粒子质量等效能量在内的所有能量的需求才符合能量守恒定律的制约条件。因此，随着温度在时间过程中的下降，宇宙会产生更多的光子类无质量粒子，余下少量具有静止质量的粒子即物质客体存在。当宇宙温度下降到10亿开氏度即最热恒星内部温度状态时，核力起了重要作用，它把质子和中子捆绑在一起形成了原子核，因为这时质子和中子的自由能已经低于核力的作用。随着温度继续下降到几千摄氏度，原子核和电子将不再具有足够的自由能去克服它们之间的电磁力吸引，原子结构开始产生。氢、氦等轻原子成为宇宙早期形成的主要物质实体粒子。按照大爆炸理论，轻元素的产生在大爆炸后的几个钟头之内就停止了，而从核及电子结构形成原子大约经历了一百万年。

物质原子结构形成后，它的引力和物质热辐射定律一起支配着宇宙物质结构的复杂性演化。这就是当年康德的星云假说以及包括当代黑洞理论解释的宇宙星系这一物质空间结构演化的图景。这是下一卷要详细探讨的内容。这里我们只要简要地知道，由于引力的作用，宇宙中的氢气和氦气等物质实体形成星云并逐步演化出星系即宏观的宇宙空间结构。这些空间结构除了诸如我们地球这样的行星、月亮那种卫星、太阳那种恒星之外，还有黑洞。

宇宙大爆炸理论不是一种猜测，而是真理性的知识。但是，根据宇宙大爆炸理论得出宇宙是具有创生时刻的时间性存在的结论已经超出了科学理论本身，因为这不是一个仅由实证的因果关系认识就能得出确定性认识的抽象命题。因为在宇宙始点（假如宇宙真的有始点的话），宇宙大爆炸理论是失效的，即科学并没有断言宇宙具有有意义的零点时刻存在。退一步说，假设宇宙大爆炸理论在零点时刻有意义，也不能断言零点是时间的绝对起点，不能否定零点之前的一切过程。更一般地说，零点时刻及由此开始的宇宙是一个具体的存在，对之的认识是具体的统一性认识构成的，单一的抽象的科学真理认识并不是洞察宇宙本性的充足条件，而只是必要条件。

从科学认识意义上看，宇宙大爆炸理论的不完备性表现在它是一个具有零点奇点的陈述，具有奇点的科学描述是不完备的。正如《时间简史》所述："宇宙从非常热的状态开始，并随着膨胀而冷却的这一图景是基于爱因斯坦的引力论，即广义相对论，它和我们今天得到的所有观测证据都相符合，这是理论的伟大胜利。然而这理论预言了宇宙从大爆炸，也就是当它的密度和时空的曲率都为无限大的时刻。因为数学不能真正地对付无穷大数，广义相对论预言了在宇宙中存在一点，在哪里，理论本身崩溃或者失败了。这样的点正是数学家称之为奇点的一个例子。当一个理论预言如无限密度和曲率的奇点时，这是一个征兆，说明该理论必须做某种修正。因为广义相对论不能告诉我们宇宙是如何起始的，所以它是一个不完备的理论。"③一个为宇宙是有时间起点的演变过程之结论提供根据的科学理论不能有意义地描述宇宙始点。

然而，按照世界统一性原理的逻辑，即使宇宙大爆炸理论不存在无限大的奇点，它也不是宇宙有时间起点的充足理由。宇宙大爆炸的起点和宇宙有诞生的起点不能视为完全同一的命题。为什么不能把宇宙大爆炸这一事件看作是宇宙的始点，而只将它看作宇宙演化的一个特定事件的过程描述呢？宇宙大爆炸理论预言并被实验检测证实了其符合因果必然规律的完美性，科学家们对此的惊叹程度和牛顿当年发现引力理论及动力学三大定律时对其完美性的惊叹如出一辙，认为除了把它作为上帝的杰作之外，其他的任何解释都是非常困难的。然而这同时又使上帝的杰作和宇宙演化的完美必然性之间留下内在的冲突，这种冲突本身不是科学能够回答的。既然如此，又有何根据把宇宙大爆炸的科学认识作为宇宙有始点的根据呢？这显然是自相矛盾的。科学据以认为宇宙大爆炸是时间的起点和宇宙演化的开始的逻辑依据在于，大爆炸之前存在的时间与大爆炸之后的事件描述没有关联即没有连续性，零点的奇点本性使我们可以顺理成章地把它作为宇宙的开始。但这种逻辑忽略了两个问题，一是事件的连续性或奇点是否存在和事件描述本身有关，用膨胀和热辐射扩散中物质客体演化来描述宇宙演化过程有零点奇点并不意味着一切关于宇宙的科学描述都是必定产生零点奇点的。科学家们希望建立量子引力去解释宇宙的一个重要原因就在于在量子引力理论中，通常的科学定律在所有地方，包括在开端处都是成立的，这不正说明了零点奇点只和特定科学描述有关而非宇宙本性吗？如果真如此，还能根据零点奇点去断定大爆炸之前的事件对之后的事件毫无影响吗？二是时间是宇宙演化诸事件过程顺序性的独立描述变量。时间的起点只对宇宙大爆炸描述有效，而并不能由此推论它对宇宙所有描述有效。所以，宇宙大爆炸理论的科学性以及它的零点奇点的存在确实不能成为宇宙开端的充分理由。宇宙的时间起点和宇宙大爆炸的时间起点是完全不同的命题，两者可以一致，也可以完全不同，前者是最普遍的命题，而后者是一个特定的命题而已。

当科学家争辩说为何宇宙大爆炸会产生零点奇点、宇宙大爆炸的零点时刻为何是如此等问题不是科学所应回答问题的时候，无疑是非常明智的。但仅如此陈述并不够，它揭示了科学不能对宇宙是否有时间起点问题得出确定性的完备陈述，同时又隐含着把这一命题的答案交给上帝的意义，并且事实上这正是人类对宇宙起点问题认识的现实状况。但正如前面所述，如果上帝创造了宇宙以及宇宙的时间，那么宇宙就不是完备、完美的，我们关于宇宙的必然性认识，包括宇宙简史，在本质上就都只是或然性的，真正的必然性只在上帝之中。

但追求宇宙完美性理解的不只能从上帝寻找根据，理性哲学统一性思维同样思考宇宙的统一性包括宇宙有无开端这种形而上学问题，但它建立在知性科学真理认识基础上。如果理性哲学能够在形而上和形而下相统一的意义下回答宇宙的时间性问题，则宇宙将是真正完美的存在。

三、宇宙时间永恒性定理

在人类认识史上，凡是称得上相对完整的思考世界整体本性的理性统一性哲学理论，基本上都不会涉及宇宙的创生及时间起点命题，更不要说把它作为基本命题。中世纪的经院哲学是例外，它似乎把上帝创造世界的论证作为哲学理论体系的一部分。但事实上经院哲学的最基本命题是上帝存在的本体论命题，上帝创造世界只是由此而来的对《圣经》故事的解释。最为重要的是，经院哲学的宇宙不是绝对的整体，而是相对的部分，宇宙只是上帝创造的相对性的存在，不是经院哲学思考的基本对象。

为什么哲学史上相对完整的理论体系对世界作整体思考时都不会围绕宇宙诞生问题展开呢？这在逻辑上是非常显而易见的。因为任何理性哲学理论自身总是追求自我圆满的理论体系，即理性统一性思考本质上是具有彻底批判性的，它不承认任何在先的不证自明的前提，否则它就是以前提为条件的非自圆其说的理论了。它的思考对象一旦是时间性的非永恒存在，则该对象就是有限定条件的从而是不自足、不圆满的了，这和全能的上帝能否制造出一颗连自己也举不起来的石头一样是没有意义的陈述。理性思考追求的不是在有限规定条件下的确定性知识，而是无限的全体的统一性的本性。如果把宇宙作为无限的全体，则宇宙一定是永恒的才能是无限的全体。如果宇宙是创生的非永恒存在，则它就不是无限的全体的存在，存在之光就只能是绝对理念或永恒的神。理性追求关于全体对象认识的完美性，因而决定了这个全体一定是永恒而非创生的产物。如果坚持宇宙是由物质作为本原存在的话，则宇宙一定是永恒而不是创生的，唯此才能保证物质一元论的完美性。由此可见，在物质世界以科学认识为基础去推论宇宙有时间起点的任何理性哲学理论都不可能是完美的，它会把真正的完美存在预留给不动的、永恒的、制造出创生性宇宙的绝对存在——上帝。

中国玄学的统一性理论体系是关于世界完美性理解的统一性理论，它是以宇宙自然的完美统一性为基础，从自然开始的，同样把世界理解为永恒的，但也没有讨论宇宙创生问题。或许有不少人会从玄学理论中解读出宇宙创生的意义，因为其中包含着天地生成的时间性过程，认为天地万物就是宇宙，则包括生成描述的宇宙就是有生成起点的了。另一方面，无中生有，如果无只是抽象的原则，有才是具体的存在者的话，具体客体构成的宇宙当然就是有创生的起点的了。故只能把这种理解当作对玄学理论的误读，是把宇宙和天地同一的误解造成的。玄学理论是从道开始的，不是从天地开始的。不能把道理解为纯粹的思维抽象，不要机械地生吞活剥形而上谓之道形而下谓之器的意义，统一性的形而上之道是包含形而下之器的，天地在道之中。如果不是作如此这般理解，则根本参不透老子所言的道周行而不殆的意义。能周行的道只能是具体的存在者，用当代科学语言来陈述则是，能在真空中绝对运动的光、电、磁一定首先是存在者，然后才能有存在者在真空中的运动属性。道周行而不殆表明老子认为道是永恒的存在，即玄学理论同样把整个宇宙自然理解为永恒而运动演化的。玄学关于天地生成的过程理论只能说明玄学的天地不是自然整体统一性概念，在这种意义上天地创生倒是和现代科学宇宙理论的大爆炸时间起点描述相一致的。玄学天地生成过程理论和经院哲学的上帝创造世界理论体系有类似之处，但本质并不相同。即经院哲学的宇宙被创造过程和玄学的天地生成过程具有对应性，且两者都不是永恒的存在本身，本质区别在于前者是以上帝为本原，宇宙是不自足、不完美的；后者则以道为本原，天地只是相对性的部分存在，因而宇宙自然是自足而完美统一的。玄学和经院哲学的最大区别在于上帝是宇宙之外的，而道却是宇宙之中的，所以玄学理论体系的宇宙是不需要外部原因和根据的，是彻底的宇宙一元论理论，是真正符合元的圆满规定性的理论。

当然，玄学理论是朴素的形而上学的宇宙观，对大多数人而言，它只为宇宙存在的完美性提供逻辑演绎，很难转换为对统一经验世界的解释。这不只是玄学理论的历史局限性，而是迄今为止所有理性哲学理论的局限性。如上所述，在一切理性自然哲学理论中，宇宙起源是不存在的命题，宇宙的永恒性是没有问题的。但其实宇宙起源还一直是人类关于自然界认识的最基本又极重大的命题，是科学探索的前沿领域。宇宙大爆炸理论被称为当代科学的杰出成就当之无愧，科学家完全有充分的理由把宇宙大爆炸那一刻作为宇宙的始点，从根基上颠覆宇宙永恒存在的信念。这就是人类的现实，这就是一切理性自然哲学必须面对的重大问题。如果理性哲学只是不证自明地坚守宇宙永恒性信念，不把宇宙大爆炸理论纳入宇宙永恒性理论体系之中，被人类唾弃只是迟早的事。因为最严重的问题在于，如果宇宙真有起源，则一切关于本原、永恒存在的世界统一性理论就在基础处彻底崩溃了，两千多年理性哲学的所谓成果其实一钱不值。一切一元论的自然哲学理论之所以把宇宙永恒性作为基础，理由在于创生的宇宙是不自足、不完满的。哲学从自然哲学开始，从本原论开始，从泰勒斯开始，其理由就在于泰勒斯的本原说为自然的自足的统一性提供了理论基础。一个有起源的创生宇宙是令人类恐惧的，因为它形而上地隐含着宇宙消亡的必然性结论。

以大爆炸学说为基础的宇宙从大爆炸零点开始的信念显然是和两千多年哲学本体论的观念格格不入的。在被彻底动摇了的宇宙永恒、存在永恒的现实面前，以理性统一性去解释世界的哲学失去解释、包容、统一宇宙大爆炸科学知识于一元论永恒宇宙理论之中的能力和勇气，成了把头埋进沙子的鸵鸟，不再是黄昏展翅的猫头鹰。由此可见，近代科学革命以来，哲学确实僵化了，根本跟不上科学进步的步伐。这是科学家们公开宣称要用剃刀剃掉一切形而上学的主要原因，是二十世纪哲学龟缩在语言分析一隅的理由。科学家追问宇宙起源的知识是正当的，这不能简单地理解为科学家们不相信物质一元论或宇宙永恒存在性。另外，科学不是以形而上学信念为根据的，而是以经验和现实世界的事实检验为根据的。在古希腊时代，哲学和科学分立的时候，哲学和科学基本上是统一的，在科学知识还比较贫乏的条件下，哲学作为科学之科学是高尚的。进入近代科学革命以后，科学发展日新月异，哲学却相对落后了。特别是自然哲学，尽管十九世纪吸收了物质原子结构、能量守恒定律、达尔文进化论这些重大科学发现的成果，但其自然观、宇宙观与古希腊时代相比实质上没有明显的进步。

真正能够合理解释宇宙完美性的理性理论是能量一元论，因为这是对最普遍自然的统一性思考的归纳，是绝对的自然一元论；它不是纯粹思辨，也不是大胆猜想，是形而下和形而上相统一的宇宙本性理性理解。从它出发可以由对宇宙的经验以及知性认识的统一性中得出宇宙作为完美的永恒存在的合理解释。

首先，能量一元论的宇宙理论体系是一个自圆其说的完整理论。一元论关于宇宙的存在及演化的根据及根本原因在于宇宙自身，它不需要宇宙之外的任何相关性来诠释，一切只由宇宙自身来说明。能量是宇宙的本性，是宇宙中一切客体以及现象的原因，即宇宙归根到底可以从能量的存在及其运动去理解。什么是宇宙？天地是宇宙的组成部分而非全部，老子说“道周行而不殆”，又说“天长地久”“天地尚不能久，而况人于乎”就是这一意义。什么是物质？物质客体是能量的特定形式而非宇宙客体存在全体，宇宙的最完整规定性是能量存在的永恒运动和复杂性结构演化的整体统一性。宇宙有过程，并且是永恒的运动演化过程，但宇宙不是任何过程创生的，逻辑上宇宙在先才有宇宙演化过程的描述意义。由能量的不生不灭的永恒存在性可以有根据地得出宇宙是非创生性的永恒存在性的合乎逻辑的结论，同时又能从能量规律制约下宇宙自身永恒运动中，对各种时间性特定过程得出统一性的合理解释。由能量守恒定律我们可以推论出宇宙的永恒性，既然能量都是永恒的，由能量复杂运动构成的统一体即宇宙就是永恒的，否则我们无法回答没有宇宙之前能量存在在哪里之问题，或者我们必须在根本意义上否定能量守恒定律的普遍性，把能量看作宇宙创生之时或创生之后出来的而不是不生不灭的守恒性存在。但否定能量守恒定律是和我们的经验和信念相悖的。因此，我们在绝对的意义下得出以能量为本性的宇宙的永恒性定理，即宇宙是没有起始、没有结尾的永恒存在。能量一元论作为自成体系的完美统一性理论，赋予了永恒性宇宙存在的完美性。

其次，由能量一元论得出的宇宙永恒性的结论是在知性科学认识基础上的理性统一性理论的结论，它不是纯粹的玄学逻辑，而是具体现实的宇宙存在和演化相统一的理论。能量一元论的最基本依据是广义能量守恒定律。广义能量守恒定律摆脱了一切科学真理认识的知性局限性，即它不能也不必向更加普遍性推广来为自身的合理性提供外部根据。它的充分理由仍然只包含在它自身之中，即它是完备的统一性理论。因此，唯有广义能量守恒定律是严格的形而上统一性思维和因果必然性科学认识相同一的理论，它为形而上的能量一元论和现实经验世界的科学认识的统一性提供了根据。因此，在能量一元论的体系中，完全能够在坚持宇宙永恒性的完美前提下，对知性科学描述的宇宙运动、演化的各种具体过程得出完备的解释，特别是在否认宇宙大爆炸理论的宇宙创生结论的同时充分肯定宇宙大爆炸科学理论的真理性。宇宙大爆炸理论的科学描述是真的，但由此得出的宇宙从大爆炸开始创生的形而上学归纳则是不完备的，其最基本的局限性在于它显然是以物质一元论为根据的。把世界看作由物质客体性本原构成的时候，宇宙大爆炸揭示的零点时刻前后物质客体描述之间没有必然性因果关系的事实为宇宙创生提供了充足的理由。但是，如果回到能量一元论以及广义能量守恒定律，则我们可以断言无论在宇宙大爆炸的零点时刻还是在此之前或之后，宇宙都是能量守恒的存在。所以，以能量为本原的宇宙是永恒性存在，以物质客体为本原的宇宙是创生的有限性存在。在能量一元论体系中这两个事实是统一的，以能量为本原的永恒性宇宙包含了特定形式的能量存在形式即物质世界的过程性。所以，只要我们扬弃物质一元论的僵化观念，把宇宙大爆炸的科学事件不再看作宇宙的全部及起点，而理解为永恒性的宇宙在永恒的运动变化中的特定事件和过程，宇宙的永恒性和宇宙大爆炸理论就是完美地统一的。因此，能量一元论宇宙观的宇宙永恒性定理是形而上和知性科学相统一的认识，它是具体和统一的。说得直白一点，宇宙是时间无限性的存在，宇宙没有起点也没有终点，宇宙的空间性物质结构则是宇宙演化过程中的有限性存在，宇宙大爆炸不是宇宙创生，而是宇宙演化中的特定事件，至多只可以看作是宇宙中物质世界创生的重大事件。所以，宇宙永恒性不是形而上的信条，而是宇宙存在和演化的完美统一的永恒的现实，问题在于我们有没有足够的胸怀和智慧去理解它而已。

包含科学关于宇宙演化过程真理认识的宇宙永恒性定理赋予了宇宙知性认识的完备性及理性认识的完美性，为宇宙提供了内在完美的存在根据，即宇宙作为自然存在不是造物主的杰作，而是自然而然的存在。这种自然而然的存在不需要由自然之外提供任何根据和理由，宇宙存在就是它存在的充分理由。这种理由和根据只有被理解为按自然规律运动演化的必然的完美性时才是有根据、可理解的，据此我们才能得到宇宙具体的统一性理解。在永恒性和必然性支配的宇宙中，我们很难想象上帝的存在还有什么意义。

为什么中国文化不需要上帝？为什么开天辟地的盘古也不是上帝？以玄学理论为基础的中国文化不需要上帝，因为它的宇宙只有演化没有创生，盘古开天辟地只是宇宙演化而不是创生，玄学的天地在宇宙中。玄学世界统一性理论完美的理由之一就是赋予宇宙完美的永恒存在意义，玄学的自然就是宇宙，道法自然就是宇宙完备性的归纳，自然而然就是宇宙完美性的归纳，不殆之道生一生二生三生万物的宇宙就是一个气象万千的永恒世界。

第二节　宇宙空间有界性定理

一、宇宙无限性的含义

宇宙无限性中的无限概念是被宇宙所限定的，所以这是本体存在论的无限性而非思维认识的无限性。这意味着，宇宙无限性不是指宇宙认识，而是指宇宙作为客体存在时的本性或属性，是宇宙作为存在者的规定性，所以宇宙无限性首先是本体论意义的命题。

宇宙无限性是内容和形式相统一的描述。从形式的意义上看，它包括时间形式和空间形式；而从内容和形式相统一的意义看，则涉及引力时空这种特定描述形式下的宇宙本性问题。从时间形式或空间形式去思考宇宙无限性是必要的，但绝不是充分的。如果剥离了时间和空间形式所描述的内容而从纯粹时空形式去思考宇宙的话，则往往因陷入片面性而走向反面，得出完全错误的结论。比如从空间形式看，尽管它作为独立变量在（$-\infty$，$+\infty$）这一定义域中有意义地描述宇宙是成立的，我们也决不能据此得出宇宙是无限空间性存在的结论，因为这就把空间和宇宙同一了。但空间不是实在，而只是实在存在的形式。纯粹的空间无限性和宇宙无限性是本质完全不同的概念，形式的无限性并不能成为内容无限性的根据。实质上，内容和形式相统一的无限性才是宇宙自然的无限性。

首先，从时间形式来看，宇宙是永恒的。说宇宙无限如果特指宇宙的时间本性的话，那是可以接受的。但我们平常所说的宇宙无限不是特指宇宙的时间性，甚至完全不包括时间形式描述。道理非常简单，凡是相信上帝创造宇宙者的宇宙无限信念肯定不是指宇宙时间无限性，而是在有限时间形式中的无限宇宙，所以这种无限不包括时间性的无限。现代科学揭示了宇宙大爆炸事件并认为大爆炸开始那一刻是宇宙时间描述起点，得出对此之前宇宙不可描述的结论，凡是接受这种科学真理知识的人，即凡是相信科学理性的人，都认为宇宙是有时间起点的时间有限性存在，在这种信念下的宇宙无限性观念就一定是指非时间描述形式的无限。回到现实世界，我们可以这么说，在相信宇宙无限性的人中，既完全不接受上帝存在信仰，同时又完全排斥科学认识的宇宙从大爆炸开始的人恐怕屈指可数。因此，我们首先可以断言，在人类思维深处根深蒂固的宇宙无限性信念作为人类关于宇宙本性的自明的信念，它的指称意义恰恰不是我们已经论证过的宇宙时间形式的无限性，而是非时间形式意义的无限。

那么，宇宙的无限性就应该是宇宙具有无限空间性。宇宙空间的无限性是在我们人类观察和思考宇宙的最质朴的感性认识基础上建立起来的。人是万物的尺度，人也是宇宙的尺度，从人的感性尺度去观察宇宙，认为宇宙无限是不足为奇的。即使人类早期把地球作为宇宙中心，但对这个中心之外的世界也只能是以无穷远去表述的。《三字经》这类最基本的启蒙读物说宇无极，宙无边，言简意赅地归纳了人类关于宇宙空间性无限的观念。所以，我们的无限宇宙观，实际上是指宇宙的空间性的无限本性。这是宇宙无限观念的真正意义。

宇宙空间无限的信念和现代宇宙科学认识是相容的。牛顿经典物理学理论是以各向同性平直空间形式为自变量去建立宇宙普遍关系规律的，空间以无穷为定义域决定了牛顿经典物理学理论和空间无限宇宙观念相容，故从感性到知性认识都支持宇宙空间无限的信念。但是，二十世纪科学发现了宇宙膨胀。按照爱因斯坦广义相对论方程的特定边界条件下的解，所得出的宇宙模型可以在三种不同状态中演化：一是牛顿力学描述的静止结构和边界的宇宙；二是宇宙大爆炸后不断膨胀的宇宙；三是大爆炸之后由于引力吸引作用而使宇宙物质不断聚集即一个不断收缩的宇宙。天文学的观测表明，我们观测到所有星系都向我们显示出红移效应，且越遥远的星系离我们而去的速度越快，科学家们由此得出一个结论，即宇宙不是稳定空间结构的存在，而是一个不断膨胀着的存在。牛顿之静止宇宙只是特定抽象规定性下的有限性科学描述，根本不是宇宙的整体空间性全貌。

宇宙膨胀的科学发现和人类的宇宙空间无限观念是相容的。宇宙空间有边界吗？我们不知道。但既然已经确定宇宙在不断膨胀，那么，在科学描述意义上，我们的空间形式描述变量的定义域是无穷大，否则到达某一空间边界宇宙就不能再膨胀了。但我们不但无法证明这一点，而且也无法想象这一点，无法想象宇宙之外有一条不可逾越的边界去限制宇宙膨胀，那在逻辑上就可以接受宇宙空间无限的观念，宇宙对于我们来说就是无限的存在。但是，必须看到，由星系红移现象来证明宇宙膨胀或许也不是完备的。遥远星系辐射到我们观察点的光的红移和汽车汽笛声随汽车向我们开来或离我们而去时所产生的不同频率偏移效应应该是不同性质的。因为机械波的波速是相对速度，它发生偏移是完全可以理解的；但光是能量子辐射，光速是不变的，它和光源运动无关，也和观察者运动无关。那么，星系之间运动的多普勒效应是真实的吗？如果是真实的话，那么它的物理意义应如何解释才符合光速不变性原理呢？这是其一。另一个问题是遥远星系发出来的光作为量子化的能量子客体存在，一旦从星系发出它就是独立完备的客体存在，与星系及观测者无关，而只与普朗克常数及频率有关，这个固有频率应该是不变的，我们无法解释 hV 光量子到达地球后成为hV'光量子，即变为另一种频率的辐射粒子。如果它们是能量不同的能量子，实际上已是两个能量子了。光量子假设是以其分立和不可再分解为前提的。我们如何解释由于星系之间的相对运动而导致它们相互辐射的能量子在传播中间会获得或失去能量呢？所以，用多普勒效应来解释红移是与光速不变性及能量子的量子理论有冲突的，由此得出宇宙膨胀的证明还是不完备的。

退一步说，在承认宇宙膨胀的前提下，说宇宙空间就是无限的也是不完备的。为什么这么说呢？因为离开具体的宇宙描述而只从空间形式思考得出宇宙空间无限的结论，与我们的一些最基本观念和认识是有冲突的。

二、宇宙空间无限性的不完备性

宇宙空间有限还是无限是比宇宙时间性更为复杂的命题。从把宇宙作为独立完美的整体存在的意义看，把宇宙空间看作无限的观念是无法接受的，这和宇宙时间性不能是有限的理由是一致的。在上帝创造宇宙的理论中，宇宙是时空中有限的存在，所以它一定不是完美的，而只能是以完美的上帝为根据的存在。如果上帝创造了宇宙，则上帝就不在空间中，而是上帝创造了空间，所以空间只能是有限的，宇宙的空间性也是有限的，那么，宇宙就不是自己为自己提供根据和理由的自洽自足的完备性存在了。但是，离开上帝信仰，相信无限时间中宇宙空间无限将带来宇宙不可知命题，不可知的宇宙当然不是完美的。

按照能量一元论和广义能量守恒定律，宇宙的总能量是一个恒定的常数，由此不但得不到宇宙空间无限性的根据，而且还会得出宇宙空间无限引起的一个严重后果——宇宙的平均能量密度为无穷小。尽管我们可以坚持认为宇宙的能量密度不是均匀分布的，这当然是复杂性结构的宇宙呈现给我们的实际图景，但理论上得出宇宙平均能量密度为零则绝对不是一件令人安心的事情。宇宙在膨胀而且向无穷膨胀的后果比热力学第二定律所预言的物质热传导使物质绝对地向系统内热平衡状态演化的结论更可悲。因为热平衡是系统内能量守恒而自由能重新分配，缘于自由能在物质中均分，它并不涉及其他非传导的能量过程；但宇宙无穷膨胀则意味着每一单位体积空间中的能量在绝对地减少，宇宙正在不断失去每单位空间内的运动推动力，所谓宇宙的永恒运动其实就是一个平均能量密度和自由能密度不断趋零极限、运动不断趋于静止的永恒过程，宇宙空间无限以及能量守恒决定了它是一个不断趋向运动终止而面向死亡的存在，这种宇宙就绝对称不上是完美的。生存在这个宇宙中的我们，当务之急不是从根本上把握宇宙的本性从而得出对自身存在之完美价值的领悟，而是思考无穷膨胀的宇宙究竟能在多长的时间里保留在人类可以生存的能量边界条件范围之内。因为在无限且绝对膨胀的条件下，宇宙时间永恒性对于我们这种复杂性结构存在是无意义的，我们只能在特定的环境条件下存在，时间对人类而言是有限的。最糟糕的问题是，向无穷空间膨胀的宇宙能量分布状态演化是单方向的，宇宙产生适合生命结构存在的环境是不可逆事件，一旦逝去或许就永不复返了。

宇宙空间无限还带来一个认识论上的严重问题，即宇宙整体作为认识对象，它在科学认识意义上是不可知的，因为科学无法对空间性无限的对象进行有效的规定和陈述，无限空间的宇宙不是科学所能据以思考的抽象对象。

时间对宇宙而言不是无限的吗？为什么时间可以无限呢？这个问题可以从三个方面去理解。一是时间形式是内感官形式，即它是思维的形式而非感官感知的形式。即使是思考宇宙，它依然是在内感官即思维之中的，它的无限首先是思维中的无限。二是时间无限即宇宙的永恒性以宇宙的本原存在能量不生不灭为根据，即以能量作为超越时间的非时间性形式存在为根据。宇宙的时间无限本性是超越了时间形式的本性，对宇宙的时间形式的认识可以是超越了时间的，是非时间过程性的，同时也就是时间无限的了。三是从时间独立变量的描述形式看宇宙事件过程，时间变量对周期性规律的描述是科学因果必然性关系，同时这种周期性关系描述的时间过程的定义域又可以直至无穷，所以，将事件乃至宇宙作为认识客体来思考时，时间形式变量的无穷是合乎逻辑的。

但对宇宙的空间性而言，它一旦进入无穷大就难以得到知性科学描述了。空间性是我们认识世界的外感官形式，以外感官感觉无穷无尽的、无边界规定性的宇宙这种感性认识为基础无法建立宇宙的科学认识对象，没有数学形式可以描述无限空间的宇宙这一独立客体存在，我们找不到科学描述的边界。所以，离开空间形式去描述宇宙存在本身以及宇宙的运动变化是不可能的，把宇宙作为空间无限的存在者的同时将之作为科学陈述的对象也是不可能的。如果宇宙的空间性是无穷的，则宇宙的整体结构在科学意义上就一定是不可知的。我们没有任何可以描述宇宙无限空间结构的工具和方法。

对空间无限之宇宙缺乏科学描述工具这一事实决定了宇宙空间无限的观念只能是纯粹形而上学的。这种形而上学观念缺乏知性科学基础，所以它必要时非常好用，用它可以去回答我们用科学无法回答的关于宇宙本身问题。但是，这种没有任何科学依据的形而上学独断结论可以为知性科学提供基础性说明吗？只有天晓得。这种纯粹形而上的结论可靠吗？当然不可靠。正如我们曾经说过的那样，由宇宙快速向无限空间绝对膨胀而产生的宇宙向死亡状态演化比热平衡死亡演化严峻得多，用宇宙空间无限的形而上学结论解决了宇宙热寂问题的代价是，宇宙将比热平衡演化更加快速地趋向零平均能量密度状态而死亡。所以，纯粹形而上学的宇宙空间无限理论虽然颇好用，但没有科学根据作为基础不可靠，实际上是不能用的，否则会产生一大堆似是而非的谬论来。

实际上，人类关于宇宙空间性思辨的认识往往陷入一个认识上的误区：把宇宙和空间割裂开来，把空间理解为宇宙空间，由空间实在的无限性赋予宇宙的无限性。这种看法的错误根源在于它把空间看成构成宇宙的实在而非宇宙存在描述的纯粹形式。由于空间性是人类认识的外感官形式，因而常常把空间形式和它所描述的客体割裂，产生把空间形式本身作为内容和形式相统一的存在这种错误，即产生空间是实在性存在幻象。比如，牛顿认为时间和空间都是实在，按照这种观点，只要时间或空间具有无限本性，我们就可以断言宇宙无限本性。因为宇宙包括了时间和空间实在，反之只要实在的时间或空间是无限的宇宙就是无限的。难道能够设想构成宇宙的部分是无限的，而宇宙整体却是有限的吗？问题在于，时间和空间作为宇宙存在描述的纯粹形式或者说是独立变量，它们的定义域就是无限。为什么我们会不证自明地把宇宙作为无限存在去理解呢？除了从人的感性认识尺度宇宙有无限大的感觉之外，最主要的原因在于我们相信空间的无限性和实在性，并由此得出宇宙无限的自明观念。

莱布尼茨坚持时空是纯粹形式而非实在，这是非常智慧的。为什么空间只是纯粹形式而不是实在的理由我们在上一卷已经讲得比较透彻了，不再赘述。而从形式意义来看，空间形式的无限性并不能赋予宇宙的无限性，纯粹的空间形式和宇宙空间具有完全不同的意义。纯粹空间是纯形式，而宇宙空间则是宇宙空间性形式和它的客体存在的统一。所以，宇宙空间无限还是有限不能从纯空间形式中找根据，必须在宇宙存在的内容和它的空间形式相统一的基础上去思考和认识。因此，从纯粹抽象空间形式转换为宇宙空间无限存在是没有根据的。

当爱因斯坦建立了统一场论后，如果能够真正领会统一场论的本质，我们就决不会由空间形式的无限性去轻言宇宙的无限性了。在经典科学中，我们对宇宙的空间性思辨是无所适从的，用各向同性平直空间去描述宇宙，说它无限或有限都不完备。但在广义相对论的统一场论中，我们已经超越了物质世界的有限性而得到宇宙的整体统一性认识方法，因而完全有可能在此基础上对宇宙空间性得出完备的答案，即对宇宙空间统一性得出合理的说明。在物质世界的时间、空间描述中，宇宙空间要么无限，要么有限，但在统一场论中，时间和空间形式对宇宙的统一性描述是不足够的，时空描述只能得出物质客体世界的统一性描述，而得不到最普遍的宇宙统一性描述。对宇宙统一性进行描述的最普遍形式是引力时空，宇宙有限无限的问题应该在引力时空中思考才有可能是完备的。

三、宇宙空间有界性定理

在爱因斯坦广义相对论的统一场论中，引力不再被看作物体相互作用的抽象的力，而是和独立时间变量、空间变量性质相同的独立引力变量，是描述客体世界存在属性及其运动变化规律的独立描述形式变量之一。统一场论是由独立时间变量、空间变量和引力变量这三组独立变量构成的引力时空描述形式这一客体世界描述的最普遍形式，当忽略或取消引力变量时则还原为传统科学描述的特定时空描述形式——各向同性平直的纯粹时空。引力时空形式的根据在于引力抽象描述的最普遍性和独立性，即引力总是相互吸引的性质决定的引力作用线性叠加性质，以及引力对一切物质都存在且只与质量相关的本性。引力总是叠加而不会因极性而产生对消，这为引力作为最普遍的独立描述变量而从客体世界的描述中分离和独立出来提供了根据。引力时空描述形式的最根本意义是它是对宇宙的最普遍描述形式，即它是绝对运动和相对运动相统一的描述形式。更为重要的是，引力时空把引力作用转换为描述形式后，把在传统科学描述时空形式中，由引力引起的物体的加速动力因素及作用从科学因果必然性关系中剥离出来，使宇宙中的不同引力时空参照系所描述的科学规律不再受引力的作用影响。传统时空描述形式中的非惯性参照系转换为引力时空描述形式中后，本质上是转换为普遍的惯性参照系中的科学因果关系描述，使科学定律描述形式的不变性从惯性参照系推广到整个宇宙。引力时空和传统时空描述形式的最本质区别是，传统时空是宇宙的纯粹描述形式，只有认识论而无实在之意义；引力时空则不是纯粹的描述形式，而是内容和形式相统一的描述形式，它具有本体存在论意义。引力时空是把宇宙客体的引力作用独立出来，对引力作用在时空中的分布作出科学描述，所以它就是宇宙的描述，是内容和形式相统一的描述而非传统时空的纯粹认识形式。特别要强调的一点是，按照本卷第六章的归纳，一切力统一于引力，引力能量子是宇宙的本原客体，是其他宇宙存在的根据，所以引力和时空分布的统一场是有本体存在的充足理由。由之可知，空间、相对空间、时空统一描述形式和宇宙空间是不同的概念，而引力时空则是和宇宙空间同一的概念。就是说，引力时空作为宇宙一切客体存在及运动规律的最普遍描述形式，它的定义域就是和整个宇宙有意义的空间同一的，它本身是包含宇宙最普遍的引力的，是本体论和认识论、内容和形式相统一的。宇宙的空间性思考必须上升为最普遍的引力空间思考才具有本体存在论意义，那才真正是宇宙空间性的具体认识，而不是纯粹思维中的空间形式的抽象。由此可以得出宇宙空间性思考的第一个结论，即它实质上是引力时空问题。如果引力时空是有限或无限的，我们就说宇宙有限或无限，如果有限或无限不能完备描述引力时空特性，那我们就必须超越传统描述的有限性，在引力时空中得出对宇宙空间本性的最一般、最普遍的理解。

引力时空和传统时空纯粹描述形式是不同而统一的，其区别是，传统时空——严格地说是传统空间——是各向同性的，客体在其中的自由运动是匀速直线运动，而引力空间则由于引力分布的影响是非均匀的，是各向不同性的，客体在其中的自由运动不是匀速直线运动，而是沿测地线运动，只有在引力场均匀分布的条件下才还原为特定的匀速直线运动。就是说，只有在均匀分布或球形对称分布引力场中，引力空间的测地线才是直线，物体的惯性运动才是直线运动；在球形对称分布引力时空形式中，惯性运动是变速直线运动；只有在零引力分布的特定引力时空中，即在退化为特定的统一时空或相对空间的特定条件下，自由物体的惯性运动才是匀速直线运动。在非均匀引力场的引力时空中沿非直线测地线变速运动才是宇宙中一切物体惯性运动的最基本、最普遍形式。引力空间在最普遍意义上是弯曲的，平直引力时空只是特定状态，在物理学上说的弯曲空间实际上是指称引力空间而不是纯粹空间。纯粹空间一定是平直的，把引力空间陈述为弯曲空间是不够严谨的，把弯曲空间理解为一种纯粹空间形式则大错特错了。

宇宙空间就是引力空间，宇宙客体的运动变化在空间中的最一般统一性描述在引力时空中才是有可能的。因此，从引力时空去理解宇宙空间性，从统一场论对物质客体世界的运动描述去理解宇宙空间才能得到对宇宙的空间性最一般理解。

从物质客体存在对宇宙总体图景建立成功科学描述模型之一的是弗里德曼。弗里德曼对宇宙作了两个假定，我们向任何方向观察宇宙，或从宇宙任何地方观察宇宙，宇宙看起来都是一样的。“弗里德曼证明，仅仅从这两个观念出发去理解广义相对论方程，我们应该预料到宇宙不是静止的。”④弗里德曼建立的宇宙模型预言宇宙是膨胀而非静止的，这和后来哈勃望远镜对星系观察的红移结果相一致。实际上，按照弗里德曼的分析方法，可以有三种不同类型的广义相对论方程的解，即三种宇宙模型：“在第一类（弗里德曼找到的）解中，宇宙膨胀得足够慢，这种不同星系之间的引力使膨胀减缓，并最终使之停止。然后，星系开始朝着相互靠近的方向运动，而宇宙收缩。在第二类解中，宇宙膨胀得如此之快，以致引力虽然能使之缓慢一些，却永远不能使之停止。最后，还有第三类解，宇宙的膨胀刚好快到足以避免塌缩。星系分开的速度越来越小，但是它永远不会达到零。”⑤按照传统的空间形式看，这三种解描述的宇宙要么是有限的，要么是无限的。这三类模型描述的宇宙的空间性预言是不同的：在第一类模型中，宇宙在空间上不是无限的，但是却没有确定的边界，而是既有界又无定界，在非静止状态中膨胀后收缩，即宇宙是有界有边的，只不过边界是动态的，在纯粹空间形式意义上宇宙是有限的。同理，在第二类宇宙模型中，永远膨胀、永不收缩的宇宙是无限的。这种无限宇宙既和人类长期形成的朴素认识相一致，也和宇宙遥远星系到达地球的光线的红移观测相一致。第三种模型也是只膨胀不收缩的无限宇宙模型。其实，由纯粹空间形式去理解宇宙空间性确实是不完备的，宇宙既然在膨胀就很难说它在空间形式意义上是无限的，已经是空间无限大的宇宙还能向更无限的宇宙扩展吗？比无限大宇宙更大的宇宙这种陈述有意义吗？但永远膨胀的宇宙能说是有限的吗？似乎也不是，根本就无法预言宇宙空间的边界又凭何断言宇宙有限呢？特别是根据宇宙永恒性定理，时间永恒性且单向膨胀的宇宙无论如何都是不可能空间有限的。这进一步证明了相对空间形式意义下的有限无限状态根本不足以描述宇宙的空间统一性。超越这种局限性相对空间形式的是广义相对论的统一场论的引力时空。从引力时空的形式看，宇宙不是由空间有限还是无限去理解，而是由有界无边去理解。

在纯粹空间形式描述中，空间边界是一个不可分割的概念，空间中的边就是空间中的界，有边就有界，宇宙空间就有限；无界则无边，宇宙空间就无限。因此，在平直空间中解释有界无边的宇宙空间是非常困难的。纯粹空间是各向同性平直空间，这是边和界不可分割的原因。引力时空是非平直的时空形式，最直接的证据是三个遥远星系的光线构成的三角形的内角和可以大于一百八十度，即光在宇观尺度不是直线传播的。现实的宇宙引力时空是不均匀的，所以说是时空弯曲，即引力在各向同性统一时空中非均匀分布，物体在其中的自由惯性运动是曲线运动，不是匀速直线运动。引力弯曲时空的感性直观可以通过沿地球表面的曲线运动来想象：你可以沿地球表面按直线方向一直行进而不会掉下去，但你却无法越过地球表面的界限。在空间性意义上，地球是有限的、有界的，但沿地球的运动是无边即无终点的。这种类比较易理解，但肯定不完备。因为在纯粹空间形式中，凭什么我们不能越过宇宙的界而只能在其界内运动呢？纯粹空间形式中，所有任何确定的界之外的空间描述是有意义的。

但是，一旦进入统一场论的引力空间，有界无边的物理意义就容易理解了。在引力时空中，描述形式的定义域和纯粹时空形式不同。纯粹时空中空间独立变量的定义域是（$-\infty$，$+\infty$），纯粹时空形式的定义域就是无限。但在引力时空中，它的形式描述是由三组独立变量来构成的，引力时空的定义域除了与时间、空间形式有关外，还与引力变量有关。具体地说，引力空间的定义域是引力在空间中的分布，空间无限并不意味着引力时空无限，在无限空间形式中的引力时空分布是既可以有限又可以无限的。如果引力时空是各向同性的则它就和纯粹空间一样是无限的，并和纯粹空间同一。但引力时空是非各向同性的，所以在非均匀引力场的引力时空中惯性定律的惯性运动就不再是匀速直线运动而是沿测地线的非匀速运动。由此可见，引力时空可以收敛，即有限，也可以无限，即发散。在宇宙整体描述意义上的引力时空究竟是收敛还是发散决定了宇宙本身是收敛还是发散。因为宇宙只有在引力时空中才是最普遍性的描述，而引力时空本身并不是纯粹思维中的描述形式，而是和宇宙客体存在引力关联的，是内容和形式的统一，它就是宇宙的一个构成部分，是具有本体存在论意义的。从空间性意义来看，引力时空和宇宙时空是同一的，宇宙的有限无限命题即空间的有界无界问题与引力时空的有界无界问题同一。所以宇宙有界无边的空间本性就还原为引力时空的有界无边问题。

按照引力的本性以及统一场论的引力时空描述形式，我们可以得出引力空间有界的结论。任一物质客体的引力场在该客体之外的空间分布是以该客体的质心为圆心的球形对称分布，场强与距离的二次方成反比。由引力的无极性本性及叠加性可以证明，物质系统在系统边界之外的引力场是以系统质心为圆心，与系统质量成正比的球形场分布，其场强同样是与半径的二次方成反比的。由此得出一个结论，宇宙的引力场分布空间必然大于或等于物质客体空间分布，所谓等于就是物质空间分布无限的情形，即宇宙无内无外的极限情况。在科学宇宙模型中，可以作为对象的宇宙模型在思维中是有边界的，只要承认这种边界存在，那么，从引力时空出发就能证明这种宇宙不管如何演化，即不管是膨胀还是收缩，它一定是有界的。因为这种宇宙模型设定的认识对象的能量是常量而不是无限大，宇宙总质量来自能量，同样不能为无穷。在能量和物质有限的边界条件下，宇宙模型的引力分布就不能达到无限，二次方反比分布的结果决定了引力场分布的有界性，在无限远处即半径趋于无穷时引力为零即引力时空不存在，宇宙膨胀的事实也不能改变无限远处引力时空不存在的结论。所以，从引力时空及宇宙模型存在的可能性意义上说，宇宙一定是有界的，否则，宇宙就不可设定为科学认识对象，是不可知的。这就是宇宙科学认识有界性定理的最基本逻辑。

在宇观态，物质是在引力时空形式中存在和运动演化的，引力时空又是宇宙自然内容和形式相统一的存在，逻辑上物质世界的空间性又可以理解为引力时空的子集，宇宙空间的有界无边理解就简化为对宇宙统一引力时空有界无边的理解。从引力时空的场形式去具体思考宇宙客体的运动演化时，从客体的运动演化就可以得出宇宙有界性有界无边的进一步具体理解。引力时空是引力场的时空分布状态，由引力的非极性以及指向物质客体的吸引特性可以得出推论：引力时空的分布一定是正曲率的，即一定是向内弯曲的，这种状态分布以宇宙中任何物体作为观测参照点都是成立的。如果引力时空分布不是径向或向外弯曲的话，则引力时空一定是收敛有界的，除非引力时空中引力恒为零而退化为纯粹各向同性的空间形式。引力时空中物体的惯性运动是沿测地线运动，即是沿向内弯曲的轨迹运动，它不可能超越引力时空。所以，无论是从物质客体还是从引力时空来看，宇宙无限无界只是纯粹的形式，而由客体构成的内容和形式相统一意义的宇宙则不能是无限的，而是只能在引力时空分布的界限之中的。所以，宇宙是独立自足的总体存在，它却只有在引力时空之中才是具体的存在，引力时空的有界性分布决定了宇宙一定是有界的。既是整体、全体存在又是有界存在，这是宇宙之所以为宇宙的最独特规定性。这就是宇宙有界性定理的具体而客观的根据。

宇宙有界无边给光、电、磁的运动传播的理解提供了基础。按照经验，光、电、磁在空间中沿直线传播，它的最严重后果是导致宇宙发散而死亡，因为这些能量子不断向外空间传播的最终结果是使物质世界的能量绝对地趋向于消耗殆尽，宇宙在不可逆地走向死亡。但其实宇宙并不是各向同性空间中的无限抽象存在，而是引力时空中的具体存在。在引力时空中，在宇宙尺度，光不是沿直线传播的。光沿直线传播只是在人的感性经验这一小尺度或在引力分布均匀的特定条件下才成立。在宇宙尺度，在最普遍意义上，光、电、磁的波动传播是曲线运动的。按照引力时空理论，这些能量子永无止境地向前运动而同时又收敛在引力时空之界中。

两千多年前老子的玄学理论已经用另一种形式对宇宙有界性作出精辟的描述。《道德经》说“道周行而不殆”，“迎之不见其首，随之不见其后”，它的真正意义正是宇宙是有界的，收敛的；而“迎之不见首，随之不见其后”说明由道构成的世界乃至道自身是无边无际的。老子玄学理论对宇宙有界无边的另一启迪是道曰大，大曰逝，逝曰远，远曰反。这里的“反”应作“返”理解。在人的感性经验尺度，光、电、磁逝去当然是一去不复返的。但从宇观尺度，从引力时空形式和光弯曲运动去理解，远曰反才是合理的。当今天我们从引力时空的科学描述推论出宇宙有界无边的本性时，就能得到对玄学的宇宙理论深刻而具体的理解，不再停留在玄之又玄的抽象之中。另一方面，从宇宙有界无边的定理中，我们必须学会在宇宙尺度用引力时空去思考和描述才不至于谬误。比如宇宙膨胀以及星系红移这些科学发现，只有将之放在引力时空形式下去理解才是合理的。按照世界统一性原理，只有有界、收敛的宇宙才是完备的、可认识的。我们从有界无边的描述中，应该深刻地参透宇宙既是自足、完备的整体，又是可以作为完备的认识客体的真正意义。

第三节　宇宙唯一性定理

一、宇宙无限性和唯一性

在传统的宇无边、宙无极的无限观念中，宇宙唯一性应当是不证自明的。多宇宙概念的前提应该是宇宙有限或有界才是完备的、可能的，这当然是科学宇宙观的逻辑。因此，说宇宙无限同时就是说宇宙唯一，把宇宙无限性和唯一性放在一起思考，似乎有画蛇添足之嫌。

但是，我们在承认时间无限空间无边的宇宙必定是唯一宇宙这一科学思维的逻辑的同时，仍然坚持对所在宇宙唯一性和无限性统一思考的必要性。理由在于，不只科学对于宇宙本性知之不多，而且我们的许多宇宙观念不是以科学真理认识为前提的，最初的宇宙观念是非科学思维的产物。由于对宇宙科学认识的局限性，这些非科学的宇宙观念依然渗透在我们的认识即文化中。最为重要的是，无限宇宙本身并不是科学证明的真理知识，指望建立其上的宇宙认识一定符合科学的逻辑本身是不可靠的。抛开科学认识的逻辑必然性的制约，在我们文化中既承认宇宙无限又认为宇宙多重、多元而不是唯一的就不值得大惊小怪了。这种观念是原始文化传统延续下来并且是根植在我们思维深层的，并不是天方夜谭。

非科学的宇宙生成理论当首推上帝创世纪的学说。它告诉我们，全能上帝创造的宇宙是有限的，无限的是上帝，因此上帝创世纪在逻辑上是有限宇宙理论，但是它同样不排斥宇宙无限的观念。在另外一种意义上来说，即对人而非上帝而言，宇宙依然可能是无限的，上帝的有限同样可以是人的世界的无限。因此，在上帝信仰占统治地位的西方文化中，坚定的上帝信仰者同时也是科学主义者是普遍现实。比如牛顿，他建立了经典的物理学关于物质世界统一性描述的科学理论后，认为如此完美的物质世界除了出自全能的上帝之手外，再无别的可能。在经典科学认识中，凡从相对空间性去思考宇宙的时候，宇宙的无限性是不证自明的，因为空间的定义域是无穷的。但这种自然意义上无限的宇宙却并不代表着宇宙唯一性，而是宇宙完全可以是多元宇宙并存的。因为在生成意义上宇宙是上帝创造的，没有任何证据和理由让上帝只生我们存在的宇宙这一个独生子。全能而自由的上帝可以随心所欲地创造无限多的无限宇宙，只不过这些宇宙不是我们人类所能理解的而已。其他宇宙与我们无相关性，也就对我们认识自身生存宇宙的科学认识没有直接的、实质性的影响，宇宙学的科学思考就可以全然按照自然必然性的规律和逻辑去展开探索的旅程。

从人类文化深层考察，认为宇宙无限同时又相信宇宙非唯一性的更深刻的原因还在于人类知性认识无法通达灵魂而带来的困惑。在人类刚刚告别动物界而建立自身文化的时候，认识中依然延续着蒙昧时期的灵魂观念，即现实的世界和神灵的世界是统一的。神灵包括已经告别人世的祖先，他们依然以神灵的形式和现世的人共同存在乃至共同生活，只不过我们的感官不能直接感知他们而已。生存的法则是不能得罪神灵，或者依靠更强大的神灵保护自己以抵御有恶意的神灵。多神论的世界，包括古希腊神话及中国古代神话，神灵世界和现实世界的存在模式别无二致。原始人正是用这种思维和文化来理解生存经验中的灵魂问题。在这种观念中，在狭义的意义下可以有神灵世界和人的世界之分，但在广义宇宙意义上，人的世界和神灵的世界就既可理解为同一的世界，又可理解为本性完全不同的世界，正是不同于现实自然才使我们无法感知它。比如中国传统文化把世界划分为天界、地界和冥界，可将之理解为三重独立的宇宙，我们只在地界现实生存；也可将之理解为一个宇宙的三个构成部分，因为三界是相互联系和作用着的，是统一的整体 ，所以宇宙就是唯一的。

真正的困惑产生在人类建立了知性科学认识并取得巨大科学进步的现代。牛顿建立了近代科学认识物质统一世界的理论基础，我们现在用“革命”来称之。近代科学革命的最重大事件是它迅速成为生产力，把人类带向机器和电气化时代。这是一个建立起“知识就是力量”的崭新科学信仰的时代，其根本原因在于人类从对世界必然性规律的科学认识中获得了越来越多的自由和福祉。但是，即使在当代的科学技术条件下，人类依然无法对生存经验中的灵魂问题从科学意义上作出一丁点的解释和说明，因为它根本就不可能构成科学认识的对象。于是十八世纪的法国唯物主义以科学的名义举起了无神论的大旗，把科学无法解释的灵魂经验现象全部归入虚幻的迷信，把人类从作为纯粹动物存在的蒙昧时期肇端而且一直延续下来的关于灵魂的认识和观念统统扫进了历史的垃圾堆。在科学的名义下，一切神灵的观念都是迷信的、反科学的，所以是愚昧的。

用科学破除迷信是科学发展和人类文化进步的历史性过程，但这并不意味着凡是非科学的就一定是迷信和愚昧的。因为科学之所以为科学就在于它的开放性，在于对未知世界的永无止境的追求。这是科学在认识意义上的无限性，科学的使命就在于不断地把非科学转变为科学的描述，而不能把一切非科学等同于反科学，从而堵塞科学生命之源泉。事实上神灵是人类文化早期甚至蒙昧时期的本能认识中就产生的普遍的经验现象，并且是至今为止全然无法对之建立科学描述的经验。既然神灵的认识是非科学的，科学无法证明它，但科学也没有资格去全盘彻底否定它。对神灵经验现象的某些解释反科学并不意味着一切神灵认识都是迷信和反科学的，更不能成为神灵不存在的充足理由。在尚未对灵魂作深入、具体探讨之前，在此必须指出，在多神论文化传统的民族中，至少在我生活的现实人的世界中，大多数人在坚信科学的同时，在思维深层坚定地相信灵魂和神灵世界的存在。这种观念是我们文化传统中最顽强、最深邃的部分，而且这种认识并不一定和科学认识相冲突，甚至还可以从科学认识最前沿中找到一些相关的佐证或安慰性解释。比如，相对论提出关于统一时空关系普遍性的认识后，有些有识之士和我探讨时会从时空角度去思考灵魂问题，即认为灵魂虽然是经验中的现象存在，但我们三维空间一维时间形式中的宇宙和神灵的时空即宇宙是不同维度的，是不重合的，故我们无法理解它。按照这种信念，我们在相信科学认识的无限三维空间的同时，还应想象有一个灵魂存在的多维时空。这种理解的前提是宇宙不是唯一的。

按照对高维时空的一般理解逻辑，在低维时空中是无法观察和理解高维时空中的客体及其事件的。你能想象四维空间中的人是什么样子的吗？反正我没有这种超人的想象力。爱因斯坦对此有很生动的解释性描述：想象一个二维空间世界。在那里我们只要在二维平面上画一个框就可以将一个生物框在里面，而三维空间的我们完全可以将那个生物在高维度方向提起来，在不触及平面框的情况下让它到达平面框外面。从三维世界观点这很平常，但这对于一个在二维世界中生存及观察、思考的生物而言，不触及平面框边界而能到达框外部是不可思议的。基于对多维时空的这种理解，那些智慧之士完全可以这样考虑：神灵的经验为什么得不到任何可重复观察的描述呢？为什么神灵现象在科学意义上是不可观察和描述的呢？是否神灵存在于比我们高维的时空中，因而三维空间一维时间中的我们对之在本质上是不可理解的呢？如果这样，宇宙就可以分为无限多个各种时空维度的宇宙了。即使四维时空的宇宙是无限的，也无法包括高于四维时空的神灵存在之宇宙。

但是，世界统一性原理不接受这种观念。第一，时间、空间只是宇宙存在的描述形式，并不是宇宙存在本身。我们用不同的维度时空去描述事件及宇宙客体乃至宇宙整体时，只是为了达到描述目的以及简便而作的相对选择而已。决定世界究竟是多少维的是客体存在本身而非客体存在的描述形式。我们现实世界中怎么会有二维具体存在呢？所以，不能用认识论概念去等效存在论概念，宇宙的存在当然首先是本体论问题。宇宙客体的运动过程是在三维空间四维时空中运动演化的，并没有非三维空间一维时间的客体存在和运动，有的只是对非三维空间一维时间的认识及描述。世界统一性原理首先是关于世界存在的思考，所以坚信世界客体及其运动的三维空间性及时间过程的一维性。第二，如果把宇宙看成不同维度的具体存在，而且由于低维度世界无法观察和理解高维度世界，那么三维空间的我们是永远无法理解高于三维空间中的存在及其现象的。而世界统一性原理的第一个信念就是世界的可知性，所以，无论宇宙有限还是无限，都不能将之理解为不同维的具体存在。由不同维度去想象各种不同的宇宙是缺乏根据和理由的。

二、宇宙有界性和镜像性

根据我们对自然的科学认识，特别是基于当代宇宙学的科学成果以及由爱因斯坦创立的广义相对论的时空理论，只要我们把宇宙作为具体对象而非纯粹时空形式，宇宙在空间意义上是无边而有界的。那么，一个在空间形式中有界的具体宇宙存在是否是唯一性存在就是对宇宙本性思考的基本命题。

从逻辑的观点看，一个有界的宇宙的唯一性同样是一个颇为纠结的问题。如果我们承认当代科学认识的宇宙有界性结论，似乎就不必再执着于宇宙唯一性问题，因为一个有界的宇宙已经为另一个宇宙留下了存在的空间，我们有什么根据和理由把我们生存的宇宙认定是唯一的呢？对这个有界宇宙中的我们而言，宇宙界外或许有另一个世界，对另一个世界我们虽然很无奈，但或许它真的很精彩。但是，从另一方面来说，非唯一性的宇宙和宇无极、宙无边的宇宙概念又很不协调。因为宇宙是一个整体性的概念，说部分宇宙是不符合逻辑的。宇宙由部分构成，但它绝对不能成为另一个更大整体的部分。如果宇宙真的是多重性的，则所谓宇宙就不是真正的宇宙本身，而只是宇宙构成的部分而已，那个更大的整体才是真正的宇宙本身。按照这种逻辑，不管今后我们如何冲破原有的宇宙观念，宇宙都是唯一的，即只有一个宇宙才符合我们关于宇宙的概念。所以，尽管宇宙有界，但按照绝对一元论的逻辑，这种有界性并不给另外一个宇宙留下存在的可能性空间。如果在一个一元论的有界宇宙之外还有另外的宇宙存在，那就是相对一元论，并不是理性自然哲学追求的绝对一元论。但所谓相对一元论是无意义陈述，我们完全可以按照相对性意义，说地球是一元论的宇宙。实际上，更加准确地说，同构性存在只能包含在一个宇宙之中，只要有这种同质结构性存在，它就必须包含在有界的宇宙之界限之中。所以，同质性结构的宇宙是唯一的。如果宇宙界外还有宇宙，这个宇宙不能被我们这一有界宇宙所包括，则只能说明界外宇宙和界中宇宙一定是不同质结构性存在。因此，宇宙唯一性问题就转换为是否具有非同质结构，从而无法统一在一起的宇宙存在问题。如果没有，则我们的宇宙就既是全体存在，同时又是唯一性存在；如果有，宇宙就是多元并存的。

现代科学恰恰为我们提供了这样一种异质结构性存在的宇宙，且已经普及为当代人的基本信念。从关于物质反粒子存在的理论及其发现得出了镜像宇宙存在的推论，按照这种理论及推论，我们这个主要由正物质构成的宇宙并不是唯一的，在它的界外应该有一个由与我们宇宙构成物质相反的物质构成的反宇宙。而非唯一性的宇宙本身都是整体性的存在，完全符合宇宙的整体性这一根本规定性。因为正物质宇宙和反物质宇宙是不能有交集的。正物质和反物质的相互作用是灰飞烟灭，不再存在任何结构。所以，不能把由正物质和反物质构成的两个宇宙看作一个整体的两个部分，只能把正反宇宙都看作自足的整体性存在。

反物质是由狄拉克在二十世纪二十年代最早从理论上预言的客体存在。狄拉克在建立描述电子运动的方程时发现，理论上允许反电子即带正电荷的正电子存在。正电子的质量、结构和负电子一模一样，但它的电荷极性和自旋则恰恰和电子相反，用最形象的语言来描述，即电子和正电子是互为镜像的。所谓镜像的通俗理解即物体和它在平面镜中所成的像之间的那种特定关系，我们在镜子中可以看到和自己的形状以及行为完全一样的图像以及同步的运动变化，但这里所说的一模一样不包括左右方位及旋转方向，镜中之像和境外实在之物的左右恰好是完全颠倒的，实物的右手螺旋对于像而言则成为左手螺旋了。

在狄拉克作出正电子存在的科学理论预言之后，科学家们花了约二十年时间终于提供了正电子存在的科学证据。随后一批粒子的反粒子结构陆续被发现。尽管我们的世界基本上是由正物质构成的，但我们还是在宇宙射线以及高能加速器的对撞机中发现了一批反粒子的踪迹。从理论上来说，任何一种结构性粒子都有它的反粒子存在，但由于正粒子和反粒子不能和平共处，一旦它们相遇则结构解体而同归于尽，还原为无静止质量的光、电、磁性客体存在，所以我们的宇宙基本上是由一种本性的粒子构成的。互为镜像的正反粒子何为正何为反在描述意义上是一种随机选择，把两者颠倒过来也无可非议。但从存在论意义上则不同，所谓正粒子是我们宇宙中稳定存在并由其复杂性演化去构成我们稳定宇宙结构及其运动演化的物质实体结构性粒子；反粒子则是在我们宇宙中不可能稳定存在的粒子，它只能稳定地存在于镜像中，在我们的宇宙中它们永远只是昙花一现的。至于为什么是正粒子结构占优而非反粒子占优去构造我们的宇宙，则是另外一个问题了。最简单的理解就是宇宙早期从混沌中演化出结构性存在的时候，正粒子在数量上占优势，正反粒子相互作用同归于尽的最终稳定结果就是数量上处于劣势的反粒子消耗殆尽，数量占优的正粒子在对冲反粒子之后剩余下的那一部分作为我们宇宙中微观物质实体的稳定结构性存在而保存下来，并由此开始了宇宙结构复杂性演化的进程。

由于理论上断言一切物质实体基本粒子都具有反粒子结构存在，如果从物质总体结构去理解宇宙的话，则从反粒子向普遍性推广就产生了镜像宇宙的概念，即在我们这个以正粒子结构为基础的有界宇宙的界外，完全有可能还存在着一个与之对应的镜像宇宙，这个镜像宇宙的结构及运动和我们宇宙完全相同，不同的是镜像宇宙的演化过程也是与我们的宇宙互为镜像的，即那里同样有镜像的太阳系、银河系、地球乃至地球人，只不过这些都是反粒子的复杂性结构。科学家们甚至诙谐地说，在镜像宇宙中还有一个与你互为镜像的人的存在，但当你遇到你的镜像存在者时千万不要和他握手言欢，否则你们两者都会在轰隆一声巨响中解体而化为光。镜像宇宙理论以当代科学对物质结构的认识为基础，再加上宇宙无边而有界性定理，宇宙的非唯一性就在逻辑上、技术上是可能的。既然镜像宇宙是可能的，我们就不能宣称我们存在的宇宙是唯一的。

镜像宇宙为多宇宙存在和宇宙是整体而非部分存在的规定性之间提供了相互协调的可能。我们无法把互为镜像的宇宙称为部分，从而认为存在比每一个镜像宇宙更为普遍的宇宙，使每一个镜像宇宙降格为部分而不再是总体，失去其之所以是宇宙的根据。因为镜像宇宙之和不是一个更大、更普遍的宇宙出现，而是消失为零。所以，如果坚信镜像宇宙存在的话，则每一个宇宙都是具有充足理由的宇宙总体，绝对不会成为另一个宇宙的构成部分。这同时也从逻辑上说明了只要镜像宇宙存在，作为整体的、自足的宇宙存在就一定不是唯一的。

镜像宇宙不是幻想或猜想，而是在科学认识基础上得出来的更普遍的推论。但反宇宙和反粒子的科学意义是不同的，即反粒子是可以证明的，但反宇宙在逻辑上却是不可证明的。生存在正宇宙中的我们只能在思维中认识镜像宇宙，却无法在经验和技术上进行实验和证明，因为我们无法在反宇宙中稳定地存在，而且我们也无法超越正宇宙为我们设定的界。所以，由反粒子科学理论推论出的反宇宙在本质上只是形而上学而非科学的。

对镜像宇宙的形而上学观念，世界统一性原理是与之不相协调的。因为世界统一性原理以世界的可知性为前提，以形而上理论和经验科学的知性认识相统一为根据，而镜像宇宙理论作为最普遍宇宙理论只是纯粹形而上学，根本无法得到科学和经验的观察、检验和证明。镜像宇宙在科学意义上对我们是绝对不可知的，所以无法将镜像宇宙理论协调地归纳在世界统一性原理的理论体系之中。因此，必须对镜像宇宙理论作进一步的深入思考，在尊重反粒子科学真理的前提下找到镜像宇宙理论的不完备性，为世界统一性原理的完备性以及宇宙存在的完备性提供说明。

三、宇宙存在唯一性定理

世界统一性原理是追求自身完备的宇宙理论。因此，在坚持宇宙的永恒性及有界性的同时，还必须给出宇宙唯一性的充分理由。镜像宇宙理论以科学的名义给出了多个宇宙并存的解释，如果世界统一性成立的话，则镜像宇宙必定是不成立的。因此，必须从对镜像理论不完备性的进一步思考中否定镜像宇宙之存在，从而坚持宇宙的唯一性以获得宇宙的完备性理解。

镜像宇宙理论的不完备性首先在于它把正反粒子的互为镜像存在本性推广到宇宙学意义之中，即科学关于正反粒子的认识并不能为镜像宇宙存在的真理性提供根据。在传统的绝对物质观看来，宇宙客体存在的绝对存在者即最后不可分的不生不灭的存在者是具有物质实体结构的基本粒子，即世界的本性是物质性，对宇宙的认识以最基本的物质实体基本粒子为起点。因此，正反粒子就是镜像宇宙的起点，成为镜像宇宙的科学依据。但是，人类一直没有意识到，正是正反粒子的证明证伪了物质不灭及质量守恒定律的绝对普遍性。既然正反粒子不是正反宇宙的最基本存在，由它的存在性去说明正、反宇宙的存在性就是不可靠的了，故将正反粒子存在的科学证据及真理认识贸然推广到最普遍的宇宙学意义，并由此得出镜像宇宙理论，其根据是不足够的，其理论是不完备的。

发人深省的是，人类得出正反粒子存在这一重大科学真理认识的时候，并没有按照科学思维的必然性及完备性逻辑去反思物质存在的绝对性，反而坚持物质绝对性基础上的镜像宇宙理论，把人类对宇宙的认识依然束缚在有限而相对的物质实体范畴之中。由此可见绝对物质观之根深蒂固，它甚至令对物质世界科学认识的不断进步成为人类向更普遍的宇宙世界认识迈进的阻碍力量！

退一万步讲，权当基于正反粒子科学认识的镜像宇宙理论没有问题，它还必须面对着能量守恒的解释问题。在传统绝对物质观的宇宙中，质量守恒定律和能量守恒定律是两个完全相互独立的宇宙最基本、最普遍定律。质量守恒定律解释宇宙客体的存在及结构演化规律，能量守恒定律解释宇宙客体运动状态变化规律，质量和能量是宇宙的两个最基本的元结构，即绝对物质观的宇宙本质上是二元宇宙观。那么，从绝对物质观出发，从正反粒子的认识去推论镜像宇宙理论的时候，它只回答了镜像宇宙的客体存在问题，却还没有回答客体的运动变化问题。没有能量守恒定律的支持，仅从质量守恒定律去为镜像宇宙提供根据，则这种根据显然是不充分、不完备的。因此，从绝对物质观出发既不能解释我们生存的宇宙的普遍本性，也不能去为镜像宇宙存在提供充足的理由。

镜像宇宙理论的完备性以我们存在于其中的宇宙的完备性为基础，即以世界统一性原理为基础。按照一元论的完备宇宙统一性原理，物质只是能量的特定存在形式，质量守恒定律只是能量守恒定律的特定形式，宇宙的最普遍本性是从能量而非物质客体得到完备的统一性说明的。因此，镜像宇宙的根据是能量而非物质正反粒子理论，只有符合能量守恒定律的镜像宇宙理论才有可能是完备的。事实上，在我们的宇宙中，正反粒子相互接触而湮灭并不是变为什么都不存在，而只是结构解体而还原为能量子客体存在而已，能量依旧存在，并且这种转变过程一定是符合能量守恒定律的。只要从最普遍的能量守恒关系出发去理解镜像宇宙问题，它的答案对于特定的正反粒子形态的存在而言也一定是成立的。

镜像宇宙理论并不回避能量问题，并且慷慨地用负能量理论来确保能量守恒定律制约下镜像宇宙中的能量行为的解释合理。按照这种慷慨的负能量理论，能量就像我们的信用卡，它是可以任意透支的，只要总的债权债务不变。就是说，只要保持总能量守恒，能量可以透支。这种能量理论给镜像宇宙提供支持，只要两个宇宙总能量守恒，那么在正宇宙中增加正能量，在镜像宇宙中增加负能量，维持总能量守恒即可，所以能量守恒定律对于镜像宇宙而言是没问题的。

这种能量信用卡理论确实是很迷人的，但其实并不牢靠。如果这种逻辑为真的话，我们无妨把地球上的人类划分为南北半球边界内的独立体，并让南半球的人尽情享受信用卡的债权，让北半球的人尽情消费信用卡的负债权，只要保证信用卡总债权债务平衡。然而这是可能的吗？显然不是。所以，能量的信用卡理论肯定在哪里出岔子了。这可以从如下几个方面去思考：

第一，正能量、负能量和正粒子、反粒子不是同类概念，即负能量不是反能量，不能因为正反电子的电荷极性相反就把反能量和负物质等同起来，把负能量作为反能量看待。从逻辑上说，反粒子是结构性物质实体粒子的概念和范畴，不能将之推论到能量甚至把负能量作为反能量看待。正反粒子的本质规定性是实体结构同一而自旋和电极性相反，这只对于结构性存在才有意义。能量、能量子是非结构性存在，谁能指出正反能量子、光量子的结构规定性是什么呢？在存在论意义上，正反能量和质量之分是没有物理意义和几何意义的。量子的规定性只依赖于周期或频率，那么反周期和反频率有物理意义吗？显然没有。能量子没有正负之分，不可分割的量子化存在之能量子不但不可能有正、反之本性，甚至它们之间连直接性相互作用都不可能存在，更不要去想象正反能量子间类似正反实体粒子的相互作用了。所以不能从反物质推广到反能量、反质量概念，也不能用负能量来指称反能量的真正意义，即负能量无存在论意义，反能量无任何意义。另外，反质量不等于反粒子，反粒子之反是指其结构，不是指质量。

第二，负能量的物理意义是什么呢？负能量是在认识描述中的相对性描述而已，它只具有认识相对性意义而不具有本体存在论意义。就是说，并没有负能量客体或状态，能量就是能量。热能就是最简明的例子，宏观物体的热能的物理意义是系统分子、原子的动能的统计平均值，它只有状态参量意义。当我们用温度来描述宏观态的热状态时，在描述意义上可以用负温度表示，比如摄氏温度，也可以不用负温度表示，比如绝对温度。两种表示是统一的，所以负温度只具有描述相对性意义，而不是说具有和正温度性质相反的一种负温度的热能存在，负温度所表示的热能和正温度表示的热能都是热能。相对描述中负能量的意义是什么呢？是指特定状态的能量转换为另一种形态的能量或转移到另一个物质客体之中，从而使原客体所包含的该种形态的能量减少，减少的能量依然是同一的能量，它和所谓正能量的本体论意义是一致的，而在描述意义上才是不同的。正是能量就是能量的本体论本性，才可能有能量转换和转移的守恒定律，才有正能量、负能量的相对性描述。所以，在本体论意义无负能量，在本体论和认识论意义都没有反能量。细心的读者认真思考可以发现，科学关于能量的规定性描述往往是用二次方项来表示，或用均方根值来表示的，所以能量的本性是非负的。正能量和负能量是在能量守恒定律下对特定能量转换过程按照人们的价值选择而作的相对描述而已。而人们在振聋发聩高呼正能量之时，是否意味着能量就是能量，在本体、存在论意义上正能量是无意义陈述呢？正或负对能量的限制性意义必须严格限定在获得或付出能量的认识描述相对性意义理解，不能作有正、负两种不同本性规定的能量存在去理解，更不能把正能量作为和反能量相对应的概念去理解。一贯尊重并坚持能量守恒定律是最普遍客观规律的科学家们应该都明白一个浅显的道理：存在论意义上的正负或正反能量为真的话，能量守恒定律就失去最普遍意义了，就和物质不灭定律一样，只有有限性意义了。最可靠的证据是，绝对温度是不能为负的。

第三，能量的相对性描述没有宇宙学意义，更没有镜像宇宙之意义。按照广义能量守恒定律，一个有界宇宙的总能量一定是不变量，所以在宇宙存在意义上没有负能量之说。至于把互为镜像之宇宙的正能量和负能量之总和作为能量守恒定律的衡量和判定看似是遵守能量守恒定律，实际上并不是那么回事。为什么这么说呢？因为互为镜像的宇宙是两个绝对独立而不能发生相互作用的整体，每一个宇宙只能在其有限的界中存在、运动。如果两个互为镜像的宇宙从相互作用去考虑则只能一切是空，再无宇宙可言。因此，所谓镜像宇宙的总能量是没有意义的，更不要说这个总能量是符合能量守恒定律的了。两个互为镜像宇宙之间不可能有能量交换，能量守恒定律对描述它们之间的关系有什么意义呢？

从上述的能量分析可知，负能量、反能量观点并不构成镜像宇宙的任何理由。是否在我们生存的有界之宇宙之外还有镜像宇宙或其他宇宙存在，对我们而言是只能幻想而无法作科学探讨的，我们宇宙中的一切都只在我们的界限之内才有现实意义。并且我们宇宙的一切，从能量到物质，从存在到演化，都是自给自足的，不需要宇宙之外的任何作用或原因去赋予它完满。因此，我们承认宇宙有界，进一步的推论就是宇宙唯一性。既然有界的宇宙是一个总体存在，那么在这个总体存在之外还有部分在逻辑上是可能的吗？显然不可能。因此，从科学认识及经验角度和纯粹形而上学逻辑思辨角度来看，我们的宇宙是唯一的。对此，我们可以称之为宇宙完备性的第三定理：唯一性定理。我们关于世界的一切有意义的思考甚至幻想只有在这唯一的宇宙之中才有意义。

永恒性、有界性和唯一性的宇宙完备性三大定理构成了对宇宙本性思考的最基本结论，实际上是从宇宙存在的时间性形式、空间性形式以及整体性结构形式三个方面对宇宙本性作出了基本描述。传统宇宙学的宇宙生成理论和演化理论在此就统一为演化理论。宇宙完备性三大定理不是公理，不是假设，而是在广义能量守恒定律基础上合逻辑地推论而来的，它构成了世界统一性原理思考的完备基础。因为在这三大定理下宇宙是可知的，宇宙的统一性原理是可能建立起来的。

既然宇宙完备性三大定理终结了宇宙生成理论，那么世界统一性原理本质上就是永恒存在之宇宙的演化理论。关于永恒存在的认识只是世界统一性思考的起点，进一步的认识在于宇宙复杂性演化之中。从对自然理性统一性认识的自然哲学意义看，永恒的存在本质上是本原论思考的命题，是自然哲学的起点而非终点，它的更普遍意义在于一元论的本体存在论，由之出发的更宏伟目标是永恒存在、永恒运动演化的自然界的统一性的具体理解。

注释

①苗力田、李毓章主编《西方哲学史新编》，北京：人民出版社，1990 年第 1 版，第 151 页。

③同上，第 74—75 页。

④同上，第 51 页。

⑤同上，第 56 页。

世界统一性原理

第三卷 天论

空间性存在：物质结构演化的熵原理

钟微子 —— 著

南方日报出版社
NANFANG DAILY PRESS
中国·广州

第三卷　天论

空间性存在：物质结构演化的熵原理

引　论

由能量一元论扬弃物质一元论的深刻而现实的重大意义就在于物质世界统一性的理解中，在永恒有无相生之质能统一中，开放的物质世界才是在熵原理支配下有序演化和运动变化的完美多样性统一世界。天论试图在熵的本来面目中破解熵垒困局和热寂噩梦，把动力学和热力学、物质运动的可逆性和不可逆性统一起来。

在能量是最普遍世界的永恒存在及广义能量守恒定律基础上，本卷进入由之转化而来的特定的物质世界的思考：天论，认识的主要对象从玄之又玄、无形无定的道之无世界转向感性、有经验可循的实在的道之天的世界——物质世界。道之天是一个完美的整体世界概念，与我们日常经验之天的有限性部分概念并不相同。古人大多不清楚遥远的天边与足下坚实的土地有什么共同之处，但今天稍有天文学、宇宙学或一般科学常识的人都明白，在月球或任何其他星球上观察和描述，地球也是天的一部分，是天空中一颗同样平常之星，并无特别优越之处。这就是弗里德曼宇宙模型理论中假定在宇宙中任一位置观测和描述宇宙的结果都相同的合理性所在。所以，天论之天不是指宇宙中相对于地球观测者而言的遥远的世界，而是宇宙引力时空形式下物质世界的统一性描述概念。地球在天的意义下也是天的构成部分，地球同样是宇宙引力空间中的存在。所以，道之天不是与地相对而言的，天和地是不同层次的统一性概念，只有这样的天地统一性理解才符合宇宙同构性原理，才有客观普遍的科学知识，才有世界统一性原理。这是其一。

经验中的天是和空间性不可分割的，故称天空。道之天同样是空间性概念，所不同之处在于，这时的空间性不是纯粹经验中的虚空或逻辑中客体存在及其运动的描述形式，而是首先在于实体存在及其运动的规定性之中，只有内容和形式相统一的空间性才有具体的物理意义。空间形式本质上是实在存在描述的形式，道之天具体意义之所指是物的规定性，空间性是规范之形、位、位移三方面的度量和描述。因此，空间性是物质实体存在的规定性，天所指称的实际上就是特定的物质世界。只有这种概念的天才符合老子玄学理论中天概念的确切意义。这是其二。所以，天论就是对物质世界生成及演化规律的探讨。

永恒能量世界运动变化的基本形式是转化，能量在复杂性转化中绝对不生不灭而守恒。由能量世界转化而来的特定形式物质世界既是永恒运动变化的又不是永恒的，即它不是不生不灭的存在。老子说，天地尚不能长久，而况人乎！物质世界的变化不是质量绝对守恒的，我们称之为演化。物质世界普遍联系和相互作用构成了它的永恒的演化过程。所谓演化，就是物质客体按必然性规律展开的结构复杂性生成及解体的生生灭灭运动变化过程。从这个意义上说，物质客体的空间性存在就是结构性存在，物质演化就是结构的运动变化。直截了当地说，在物质世界中，存在即结构，演化即结构变化。

关于物质世界统一性思考的最终目的在于揭示支配它演化的必然性法则——天之道。物质世界是能量世界的特定存在形式，在统一性意义上它既是能量世界又是物质世界，支配物质结构演化的最普遍定律依然是能量守恒和转化定律，并且在物质世界中以熵定律的特定形式表现出来。熵定律就是支配物质世界结构复杂性演化的最基本法则，也是在抽象质点对象描述的空间位置运动变化中的最终支配法则，天之道就是熵定律。任何物质系统相互作用的演化一定朝自由能最小方向进行，任何独立物质实体结构的稳定结构一定是熵最大结构，任何动态结构的动态稳定状态一定是自由能最小熵最大状态。自然界总是趋向于做最省力的事，热往低处传，水往低处流，原子核外电子稳定在低能级处，这是物质运动演化的最一般规律。这一普遍法则下的具体边界和初始条件向我们展示了一个结构多样化、状态多样化的物质世界，多样而变幻的感性世界本质上是有序统一的，但不是统一于泰勒斯的水、德谟克利特的不可分原子、柏拉图的理念，也不是唯物论的物质，而是统一于能量。物质客体是质和量相统一的存在，质是物的本质规定性，量是能量的本质规定性，质和量统一于能量之量。物质是能量的结构性存在，熵原理是物质运动演化特定形式的能量最小原理，熵定律揭示了物质世界按必然性演化的有序完美性。

在缺乏世界统一性认识条件下，人类从物质世界自身的封闭性出发根本无法解释熵定律。熵的不可逆增长特性是困扰人类的重大问题，它导致了世界热平衡而不可逆地走向无序的悲观结论，所以熵是壁垒是幽灵，是物质世界构成的宇宙不可逆地退化而死亡的支配规则。但熵的悲观主义者同时又无法解释物质世界结构复杂性演化以及生命世界复杂性进化的事实。陷在科学理性的知性有限性之中的人类又给自己创造了一个虚幻的矛盾：熵原理和进化论的矛盾。熵原理给出一个不可逆地走向熵增无序的宇宙，进化论却揭示了生命世界从简单到复杂的进化过程，无序演化和有序进化不可调和地集于我们自身。人类破解这一矛盾较有建树的是普里戈金，他用其发现的远离平衡状态开放系统的自组织理论把生命进化和宇宙熵增统一起来，揭示了生命进化是以消耗环境的负熵、增加宇宙的总熵为代价的。进化和演化的冲突消解了，人类却兴奋不起来，由之得出的结论是进一步强化宇宙向熵增不可逆演化的悲观结局，似乎江河日下是宇宙演化不可抗拒的必然趋势和过程。普里戈金破解熵垒的尝试成为绝唱，人类在默认宇宙不可逆熵增理论时已无力也无心去破解熵垒难题，留下的是科幻作家的哀鸣：有一天我们能克服热力学第二定律吗？科学必然性真理知识是只能证伪但无法克服、不能违背的，试图克服科学真理揭示的必然性规律叫作狗急跳墙。在绝对物质观和物质一元论框架中，克服熵垒是徒劳的。

和熵垒理论冲突的并不是生命进化论，它们是对不同层次客体世界的科学认识，并无直接矛盾冲突的可能。唯一的可能是统一性的，否则只能将其中之一证伪。真正和熵垒理解相冲突的是宇宙的现实演化杰作。一批批探讨熵垒的理论家是否意识到，把熵增即自由能减少解释为宇宙无序退化几近颠倒黑白。宇宙大爆炸之初自由能极高，但不见得是最有序的时候；太阳的熵比地球小甚至源源不断为地球输送着自由能，而地球的复杂性有序演化程度却明显高于太阳，太阳连稳定的分子结构都没有产生，地球则进化出高度复杂完美的生命结构。物质世界只要是封闭的，热寂和熵垒就必然存在，现实物质世界没有热寂不是火候不到，而是物质世界不是一元封闭的绝对世界，它只是普遍能量世界中的特定世界，热力学第二定律只是普遍的能量最小原理在物质状态能量交换中的特定形式，这一切只能在能量基础上理解。热运动本质上是物体交换自由能，熵定律揭示的是物质状态能交换产生的系统自由能不可逆减少的规律，但它只包括热传导和热对流这两种宏观态的能量过程，不能包括物质热辐射和热吸收过程。后者不是物质交换状态能，是物质和能量子有无相生的能量转换过程，它才是宇宙最普遍、最一般的质能统一性运动，不是物质热运动，不遵守热沿温度梯度法线运动定律。宇宙不是温度梯度构成的整体系统，只从物质存在及物质运动交换状态能去建立一元论宇宙则太片面。如果不懂这些大道理，至少在生活常识中总不该糊涂到把微波炉、电磁炉加热理解为物质热交换运动吧！把热辐射和热吸收归纳为物质热运动是万错之始，物质一元论是片面性的根源。不包括热辐射和热吸收的物质热运动如何从根本上决定宇宙熵增是绝对不可逆的呢？我们又有何德何能去妄想改变必然性的熵定律呢？我们又何必去企图改变熵定律呢？人是万物之灵，不是只顾头不顾屁股的鸵鸟，没有熵定律，没有物体之间的热传导和热对流，宇宙马上就是死寂的存在，那比不可逆向热寂演化要恐怖万倍。只有在世界统一性思维下，按照广义能量守恒定律和能量一元论，把物质世界理解为最普遍能量世界的产物，把物质世界理解为最普遍、自洽的统一能量一元论世界中特定的开放系统，把熵原理理解为支配物质运动演化的普遍能量定律的特定形式，把绝对运动的能量子理解为推动物质世界运动的永动机，才能合逻辑地把熵定律理解为支配物质世界复杂性演化的完美法则，由此有根据地理解物质的生成及复杂性演化乃至生命世界的诞生，从而得到物质世界之所以为物质统一世界的完美理解和说明。在质能统一性、天地统一性、绝对运动和相对运动统一性的自洽宇宙中，自成一大的物质统一世界才是完美有序的，支配它运动演化的熵原理才是天使，不是恶魔。这就是天论即物质空间性世界理论探讨的根本目的和意义。

天论的特色在于以能量为根据理解质能统一性物质世界，核心有如下三个方面：一是热能运动只有热传导和热对流两种形式，不包括热辐射和热吸收，热力学第二定律没有热能转移和转换的最普遍意义，由之去判断宇宙总能量状态演化是不成立的。二是温度的本质意义是物的状态能量，它已经把动力学和热力学统一起来了。热力学以温度为对象的运动规律是不可逆描述，它和质点速度可逆描述不同但不矛盾，把质点相互作用的速度变化描述转换为系统自由能描述时也一定是不可逆的，可逆还是不可逆取决于描述对象，和动力学还是热力学无关，即动力学和热力学是统一的且统一于能量。三是热力学第二定律和熵原理不是同一规律的不同陈述形式，是不同层次的统一性规律。热运动是绝对不可逆的，熵变却是可逆的，它们绝不是同一定律。热力学第二定律只描述物质系统的动能交换，是特定的能量运动规律；熵原理是支配物质系统能量状态运动的普遍规律，对一切物质结构中一切形式的能量作用都具有描述意义，本质上是支配物质系统结构有序性演化的必然性规律，热力学第二定律只是它在无规则随机统计系统特定条件下的陈述形式。

目　录

第一章
绪论：空间性存在

引　言

【提要】能量一元论的永恒完美自然的理解的本质意义在从混沌到有序的永恒生息变化的内在目的性觉悟中，多样性自然才有一元统一性的意义，能量一元论的具体现实性是物质世界的统一性，本卷以自然能量本性为根据进入天之道的探讨，首先讨论物之为物、天之为天的本质规定性，在道、天、地、人的统一之道中参悟天和道的统一性意义。

一、自然哲学以唯物论为起点是合乎逻辑的，因为一切认识从感性对可感官感知之物的认识开始，对自然本性的朴素形而上学感悟是万物世界，哲学以本原论为生长点得出唯物论的意义在于依靠理性自觉去赋予世界统一于万物之物的充足理由。在麦克斯韦设定位移电流建立电磁场方程组及电磁波运动方程获得客观普遍性意义之前，人类对自然的一切认识包括光可以认为都在物质范畴中，唯物论确有万古常新的意义。真空中有具体存在标志着物质并不是自然最普遍的范畴了，自然哲学执于物质一元论把引力场、电磁场当特定物质，把物质不灭和能量守恒两大定律当绝对独立的，那就缺乏理性统一性智慧了。僵化于绝对物质观产生了本不应有的以太怪胎，无法解释光和电磁波的本性，甚至无法统一动力学和热力学。随着人类自然知识的进步，物质一元论的二元本性已经彻底暴露出来了。

二、唯物论的二元本性与科学认识无关，科学只是把矛盾暴露出来。其根源在于自然哲学创生时执于感性具体的本原客体形而上学规定性是不完备的，物质不灭定律不具备一元自然的最普遍意义，不生不灭的本原客体解释不了生生息息的统一自然界；物有多样性结构就能无限可分，不可分的极限是无物存在；逻辑上无限可分是永不可达到万物本原的。事实上，西方哲学自苏格拉底始重心转向认识论而忽视了本原论和本体论，连物质的规定性都摆脱不了经验认识，物质客体变成了依赖于客观认识的感知，这是不符合本体论逻辑的。

三、物质的具体规定性是形、质、量不可分割的统一。形是物之为物的规定性，凡物皆有形，故对自然的感性认识从对物之形为起点，老子归纳为物形之。质是物质的普遍抽象形式规定性，多样性之物的根据是质的多样性，更具体的陈述是结构形式的多样性，不同结构形式决定了不同质之物的存在，在普遍本质意义上可以说物的存在即结构。量是物之为具体个体存在的根据，一物不同于另一物在于每一物自身特定的量；量即按能量守恒法则由无转化为有的能量子的量子化能量，它决定了物质的本性是能量。质和量即结构形式和内容的统一使物成为以具体质量为规定性的具体客体存在，物质的知性普遍规定性是质量。质量是由物质客体对外作用及被外力作用成为经验中的现实性存在的，在经验中是转换为重量来实证的，在科学陈述中称为惯性质量和引力质量。形、质、量是物质具体存在的规定性，是它能被感知及建立普遍抽象陈述的本体论根据，和对之如何认识无关。

四、具体物体质、量、形的具体统一概括为空间性，即它是在空间中占据特定范围的具体存在，它的结构形式的现实性是在空间中展开的，不能离开空间去想象、认识、描述物质具体存在。人对宇宙认识以感性之物为起点，空间是感性认识的基本普遍形式，物质和空间不可分及物的运动和时空不可分的本体论根据就是物质是空间性存在，它是统一了物质本质规定性的物质存在的具体现实性。

五、以空间性物质客体为根据的空间认识形式是相对统一性的认识形式，这表明了物质客体是相对统一性存在。物之为具体之物是相对的，复杂之物是简单之物的统一，物质世界是一生二、二生三、三生万物从简单到复杂多样性演化的，把不同层次之物统一起来的法则叫高以下为基。一切相对之物的统一是具体绝对物质世界，老子称为天。物质客体的运动状态也是相对的，它依赖于空间描述参考系。相对性是物质世界的本性，是永恒完美自然的精彩之处，据此才有多样而统一的自然，才有永恒生息变化充满活力的自然，才有一切都在变化只有变化不变的永恒自然，才有人诞生和生存的根据和意义。

按照经验主义认识论原则，对自然界的一切认识和思考，其源头都是感性认识。无论是从感性、知性还是理性的意义上看，具体感性之物的存在都是自然认识的基础，物质是自然认识的最基本概念，在认识发生意义上往往是具有起始性的。正是因为物质概念这种特殊性，它作为自明的概念是最易于理解的，作为论证的概念却是理解起来异常艰难的。很难说我们不明白何物存在，但实实在在的问题是几千年来的智慧思辨，至今人类还无法得出一个严谨的物质概念。哲学唯物主义在马克思主义的辩证唯物主义理论体系中尽管达到空前绝后的高度，但在最经典的教科书中也只能用不以人的意志为转移的客观存在，但能为人的感觉所反映和复写来规定物质。这是一个不折不扣的感觉论定义，如果没有人的感觉为基础，我们真的不知道何以为物了。这种物质规定性在逻辑上显然是不完备的，感觉是具体个体的，一个具体个体在宇宙中能感觉几许呢？又有谁感觉到太阳上的物质呢？不能从感觉去论证物质存在，否则人就根本不配自称万物之灵。对物质世界的统一性思考当然必须从对物质的本质规定性的反思开始。

为什么客体世界思考从物质开始呢？在认识论意义上说，按照经验论的逻辑，物质是我们经验可感知的对象，是感性认识的前提。一切认识的基础是感性认识，所以物质客体是感性认识甚至知性认识的基本对象。牛顿经典物理学的对象就是从特定的物质客体抽象的质点开始的。可经验感知的物质实体的本质规定性是什么呢？在感知意义上在于它们是有形之物，形是感性认识的基础，也是物质之所以为物质的基本规定性之一。物之形既是物之为物的规定性，又是复杂性物质世界物之为多样性万物的规定性，是物的具体个性规定性。物之形是物的普遍和具体规定性的统一。从抽象形式意义来说，感性的物之形就是空间性。因此，特定形式的能量形态即结构性的物质客体存在的规定性就在空间形式下的实体性规定之中，对物质世界统一性的思考就从对物质客体的空间性思考开始。

第一节 绝对物质观

一、哲学唯物主义的合理性

哲学思维是从总体上思考世界本性的理论思维。恩格斯把几千年哲学史上对世界本性的不同哲学观点划分为唯物主义和唯心主义两大阵营，凡是认为世界的本原是物质性的，意识和思维只不过是物质的产物的哲学是唯物主义，反之是唯心主义。对哲学史的这种高度的概括是客观和中肯的。从哲学本体存在论的意义来看，唯物主义在哲学史上具有举足轻重的地位；从世界统一性原理去思考，在本体存在论意义上看，哲学史上的唯物主义理论是最合理的。但是，这有一个前提，我们现在是在自然世界意义下思考世界，这一理解必须限制在自然哲学范畴之中。

首先，从历史和逻辑相一致的意义上看，哲学唯物主义既是哲学思维的源头，也是对世界作总体思考的逻辑起点。哲学是以自然哲学形态萌芽的，是在对客体世界经验认识的基础上产生的。它不是超人智者头脑中苦思冥想的灵感，归根结底是人类对经验世界的知识积累到一定程度，达到从总体上对世界进行综合归纳时产生的高度抽象认识的产物。以西方哲学为例，公认它的源头在古希腊米利都的泰勒斯的世界万物的本原是水的理论之中，由此肇端的古希腊哲学是自然哲学，即思考自然世界最普遍的客体存在来从总体上对世界的本性作出根本说明。哲学在这里破土而出，泰勒斯的世界万物本原这一最普遍的客体存在命题就是哲学创生的命题。这一命题贯穿了整个西方哲学史且始终被认为是自然哲学甚至哲学的最基本命题。作为命题，它是永恒的，对它的思考结果则是常新的，这是理解哲学及哲学史的一个基本出发点，也是理解哲学理性思维历史发展的根据。

不容否认，几千年哲学思维的发展产生了各种流派和理论，在形式上很多哲学思考似乎偏离了自然本原命题。苏格拉底把哲学思维从自然转向人的德性本身就是一个开端，中世纪宗教哲学把世界本性思考转向上帝存在的证明，康德的批判哲学把哲学的重心转向探究主体认识能力的认识论；二十世纪西方哲学的兴趣重点则转向对语言和意义的探究，甚至还有一股关于具体生命存在意义思考的澎湃的非理性哲学潮流。这些哲学与泰勒斯关于世界万物的本原命题已经相去甚远，在内容和意义上似乎已经找不到连接点。然而，这只是表面现象。严格地说，任何流派、任何命题的哲学理论都是哲学，但它并不一定是最普遍的哲学，特定的哲学理论离开哲学基本命题并不意味着哲学基本命题的转变，而只代表着特定的哲学理论只关注由世界本性问题产生出来的统一性原理中的新的命题。新的命题是生成的，是以传统的基本问题为基础的。不懂得生成原则就无法理解哲学史，甚至不懂得理性统一性的哲学本身，这就是理性辩证法的意义。比如苏格拉底的德性和善以及海德格尔的人的存在之哲学，我们承认它们是智慧深刻的哲学，但并不能说只有这些哲学才是哲学，并由此取消了自然哲学的本原存在命题，必须理解新哲学生成的基础。从哲学是对世界总体思考的意义上看，哲学本体论归根结底是以世界万物本原存在问题为基础的，是以客体世界为对象的。凡是不以哲学本体存在论基本命题为思考对象的哲学理论或者以特定的基本命题答案为前提的，或者把它看作自明的，这些哲学理论就不是地道的本体存在论，不能囊括哲学的全部意义，甚至没有穷尽哲学的最基本意义。比如康德的批判哲学以主体即人的认识能力为核心，认识论以认识对象为前提，并以认识客体是客体经验认识的产物为出发点，科学认识的来源终究还是客体存在本身。所以，康德的认识论是建立在本体论哲学基础上的，批判哲学是以感性经验的认识为起点的，离开本体后，感性经验认识从何而来呢？其实二十世纪具有重要影响的语言分析哲学所追求的认识的逻辑意义的探究，其认识对象也是以客体实在为基础的。即使中世纪的经院哲学同样是在哲学本体存在论基础上展开的，只不过它的答案和泰勒斯的答案不同而已。哲学本体存在论的基本命题是哲学从人类认识中自立出来的根据，我们可以讨论它，也可以以之为基础进展到更普遍意义的思考，但哲学思维不能否认它，并且归根结底离不开它。所以，只要是哲学理论，总包含或隐含着关于世界万物本原的答案，并由此区分出沿着泰勒斯相反方向即从心去理解世界本性的唯心主义。从历史和逻辑相一致的意义来看，自泰勒斯从物去理解世界本性的统一性思维开始，哲学史上唯物主义是更加合理、可靠的本体存在论理论，是真正的本体论哲学。

其次，从历史和逻辑相一致的意义看，唯心主义哲学本体论不仅是不合理的，甚至是不成立的。在唯物主义和唯心主义哲学几千年的论争中，人们忽视了唯心主义哲学把其存在等同于自然哲学的存在的逻辑前提的不完备性这一根本性问题，反而陷于一些知识性细节中纠缠不休而忘了根本。哲学以自然哲学形态，以哲学本体存在论的形式从人类认识中独立为哲学，这是哲学之所以为哲学而不是物理学或数学的不可或缺的条件和根据。哲学本体存在论思考的是以世界万物本原为根据的自然最普遍统一本性这理性具体问题，世界万物本原统一起来的世界最普遍的本性是它的认识对象。如果把认识对象转换为非物甚至与物相反的心或思维的时候，就像一切唯心主义哲学惯常所做的那样，它已经离开了哲学本体存在论的对象，它就再也不是哲学本体存在论了。是否属于哲学本体存在论，其判断的依据不在于对世界万物本原的答案为何物，而在于是否以世界万物本原为根据的统一自然即最普遍的统一存在之物为对象。以具体自然为对象的就是哲学本体存在论。如果不是以世界最普遍存在之物为对象进行思考，它凭何被称为哲学本体存在论呢？永恒存在本原的设定前提限定是世界万物，而不仅仅是抽象的永恒，和世界万物无关的永恒存在不是本原存在，无法建立本原论，故不可能从本原论进展到本体存在论。

唯心主义哲学认为自身是和唯物主义哲学本体存在论关于同一对象或基本命题即存在的思考，其实是认为关于存在的统一性思考都是本体论，在把自身作为和唯物主义相对立的本体存在论意义上不断发展。但唯心论和唯物论对存在或万物存在本原的不同回答只是一种假象，转移或偷换了认识对象即哲学本体论的基本命题才是实质。唯心主义哲学把世界万物本原说成是心灵、意识、上帝的时候，它表面上是与唯物主义的水、火、气等学说截然相反的结论，不只是对同一种认识对象的不同可能认识的选择，实质上是直接否定了自然哲学认识对象本身。所以，两种相反的答案比较不符合逻辑，也是没有意义的，因为两者指称的根本不是同一对象，对象的统一性是虚幻的，是没有根据的。因为说最普遍的存在之物是心灵、意识、上帝，就是说它是非物，然而，说万物的本原是非物是不合逻辑的。因此，唯心主义哲学从非物来解释世界本性的时候，它已经不再是从自然哲学中产生的本体存在论，已经不再思考客体世界的本原和本性问题。从这个意义上来说，地道的、合逻辑的哲学本体存在论只能是唯物主义，所谓唯心主义本体存在论只是一种观点或对唯心主义哲学认识的误解而已，只是哲学唯心主义对存在本性的转换而不自觉到这种转换而已。只有这种理解才能深刻地体会哲学本体存在论和唯物主义的意义。

诚然，哲学唯心主义在人类认识史上具有深刻的智慧和积极的意义，从毕达哥拉斯、巴门尼德伊始便产生了一大批思想深刻并对人类文化发展产生巨大推动作用的唯心主义哲学家，并且大多唯心主义哲学家都在本体存在论意义上去论证世界万物本原的非物性。但是，迄今为止，我还没发现有哪一位唯心主义哲学家能够在本体存在论意义上构建完整的唯心主义世界本性理论。能够建立智慧的哲学理论的唯心主义哲学家无一例外地把本体存在论命题转换为认识命题，用认识的抽象的最普遍性替代客体世界的具体普遍性，用真理代替客体存在，用客观等同客体。因此，那些深刻的唯心主义哲学家在对世界最普遍抽象认识、对世界的真理性客观认识的思考中为人类作出了不可磨灭的贡献。文明人存在的本质离不开普遍的认识，人的认识就是人的存在，文明人存在本质上是理性思维，这才是存在就是思维的深刻的主客体统一性意义。人的进步是人的理性进步，而不是进化为四肢更发达、头脑仍简单的禽兽，人类进步的历史是文化发展史，是从个体到一般到普遍进而追求最普遍客观真理认识的历史。这是人类历史进步的根本意义所在，也是唯心主义哲学大师的历史功绩和贡献所在。只有回到认识世界的本质，通达人的主体自由自觉创造本质，才能体会唯心主义哲学的历史意义。历来的哲学家都是在解释世界，人类文明史的进步在本质上就是通过不断地发现新的世界认识和解释去改造世界，哲学最普遍、最深刻的意义就在改造世界的解释世界之中。唯物论的世界是客体自然界，本体存在论思考具体存在者构成的统一自然界的最一般、最普遍的本性；唯心论的世界是主体认识的精神意义世界，思考的是抽象的人类认识的统一性，亦即人的主体性的本质，所以不是本体存在论，是主体本质存在论。本体存在论和主体本质存在论不是同一层次相互对立、非此即彼的哲学理论，而是不同层次的，它们的统一才可能有完整的世界统一性理论。

本体和本质的统一性关系应如何理解呢？从哲学史的角度看，哲学从自然哲学本体存在论中产生。按照人类认识从个别到一般到普遍的规律，本质存在论是比本体存在论更普遍的统一性理论，必须包含本体存在论于其中。离开感性客体世界无理性主体世界，理性是感性、知性、理性相统一的具体理性，一切认识从经验开始，客体世界特别是感性物质世界是认识主体本质存在的基础，更普遍的本质存在论在逻辑上不是和本体存在论相对立和否定的，而是应将之统一于其中。从理论形态看，本体存在论以具体存在的客体世界统一本性为对象，并不包括抽象的认识于其中；但本质存在论是关于精神认识统一性的最普遍思考，人类对自然世界统一性的认识是最基本的统一性认识，本质存在统一性不能离开本体统一性认识这一基础。因此，本质存在论不是本体存在论，又必须包括本体存在论作为认识对象，必须和本体存在论相统一。反过来说，本体存在论是本质存在论的基础和前提，它作为独立的统一性理论，完全独立于本质存在论。从唯心论的非本体存在论意义上看，只能把唯物论理解为本体存在论理论，它不是和唯心论相对立的，其实它正是本质存在论的基础。在西方哲学史上，本体论以泰勒斯的本原论为生长点，在巴门尼德的存在哲学中才完成本体论的构建，成为本体存在统一性具体理解的理论。本体论统一性存在在存在范畴下生成的意义又是唯心主义哲学对象的生长点。唯心主义认识论是以唯物主义本体论的存在概念为起点的。关于人类普遍认识的认识以人类对自然统一性认识为直接对象是合乎逻辑的。

最后，从哲学理性思维是形而上学思辨和形而下经验认识及知性知识相统一的意义上看，把自然界的本性看作是客体之物的本性的唯物主义才是可取的。自从产生了爱智慧的哲学之后，它以最普遍的形而上学思维区别于传统知识的经验思维及知性科学思维。学问和智慧、知识和哲理是不同的，哲学在历史上具有科学之科学的崇高地位。但同时有些自认为很有智慧的人把它和经验及科学割裂开来，把超群的智慧看作是智慧绝顶的脑袋的产物。当代哲学正是不断远离日常经验的现实，困在象牙宝塔中而被人类世界遗忘。我的老师在著作中说了一个很中肯的道理：如果哲学不关心人，人们也不会再关心哲学。说得更具体一点，哲学如果远离人的现实生存的体验和经验，所谓智慧就只是夸夸其谈的无病呻吟而已，它最应该待的地方就是历史的垃圾堆了。所以，哲学是形而上学，但它是在形而下经验认识中创生并生长的形而上学，经验和知识是它生存的基础。在哲学统一理论形态中，本体存在论是基础，以感性经验世界认识为基础的唯物主义本体存在理论的基础地位也是不能否定的。

哲学形而上学是关于世界的最普遍的抽象认识。最普遍的抽象认识是在从个别到一般、从特殊到普遍的基础上不断综合归纳而得到的，没有学问决然不会有智慧，这和有学问不代表有智慧并不相悖。知识、学问从哪里来？从现实世界的经验中来。无论是感性经验认识还是知性科学认识，都离不开从中抽象出认识客体的具体客体存在。所以，离开有经验可循的具体客体世界便无认识更无哲学。回顾哲学史这一点就明白无误了。泰勒斯提出世界万物本原最普遍命题而建立哲学思维的时候，它既是以对世界的科学认识为基础的，同时也是以科学对世界的认识这种形式实现的。在此之前对客体世界的思考并无所谓哲学，因而也没有哲学和科学思维的区别。泰勒斯关于世界万物本原的命题是作为科学认识命题提出来的。但是，由于在科学认识从简单到复杂、从个别到一般的积累发展中，这一问题达到了最普遍的具体存在思考，上升到了世界的本性问题，仅靠经验和知性的传统因果思维便已无法再适用，由此产生了客体世界统一性认识要求，亦即从知性认识上升为理性认识。然而，如果进入了哲学思辨就把它和经验及知性认识割裂，让形而上学自我封闭，那就是地地道道的数典忘祖了。哲学对世界本性认识的基础依然是经验世界，客体存在依然是基础之前提。因此，自然哲学对世界的总体思考对象依然是客体世界，只不过是总体意义上最普遍的客体世界。只要从客体世界开始，自然哲学就不能言之无物、思之无物，只能思考何之为物、何物存在，不能思考物何以不为物而只是关于物的思维。所以，自然哲学对客体世界的总体思考就只能是唯物主义的，而正是这种和经验相统一的唯物主义哲学为人类科学认识发展产生了积极的作用。说句大白话，离开经验和知识去思辨超人的智慧，那是地地道道的上帝的事业。

因此，尽管哲学理论众多，流派各异，既有唯心主义也有唯物主义，唯物主义哲学理论之间也大相径庭，但有一点是不能改变的，那就是哲学以关于万物构成的自然世界最普遍本性思考的本体存在论而成为异于经验和科学的认识，从诞生之日起自然哲学的基本对象和基本问题就是不能改变的，改变的只是对基本问题的答案本身。正是以客体世界总体为认识对象所决定，哲学本体存在论只有在唯物主义哲学框架之内产生才是合乎逻辑的。即使从最普遍的能量一元论去看，自然哲学不再是物质一元论，但仍然可视为是唯物的，只不过唯物之物不再是物质，而是老子所说的无物之物即无。能量一元论的本质意义在于从更普遍具体之物扬弃了特定物质之物，物质存在包括在能量之中，唯能量主义是最普遍意义的唯物主义。

二、唯物主义与绝对物质观

如前所述，人类几千年来对客体世界本性的存在论思考，只有在唯物主义前提下才是有意义的。所以，对哲学史上本体存在论考察的关键不在于世界的本性是物质还是精神的分歧，而在于世界万物的本原是何物，从何物为本原的认识中如何建立起客体自然统一本性的理解，这才是具有实质意义的。从这种本原论到本体论相统一的历史演变中把握人类对世界认识的发展和变化，才是哲学本体存在论思考的真正意义。

当代唯物主义哲学家似乎认为只要和唯心主义作斗争而坚持世界的物质性就达到了基本目标。然而，如果仅停留在世界物质性的本体存在论思考起点上，我们对世界的本性其实还是一无所知。客体世界整体的统一本性是哲学本体论的思考对象，世界的物质性首先是对认识对象的另一种指称，而不是对之的认识，它就是在思维起点上的世界万物的朴素形而上学体悟，自然哲学在本原论中诞生的本质意义就在于以本原知识为根据进展到世界万物统一于物质本性的理性具体理解。要从认识起点的抽象设定变成世界物质性的理性具体认识，必须由抽象到具体，必须提供世界本性是物质性的证据和论证。当我们从世界万物的本原这一本体存在论最基本概念进展到世界的本性乃至世界的物质性本性的时候，并不是对世界本原的回答，实际上只是转换为不同层次的描述，由知识进入理性智慧，由本原知识进展到本原论再进展到本体论的统一性智慧而已，是把对世界本性认识从抽象上升到具体。从唯物主义观点来看，世界本性的物质性当然是对的，但世界的物质性并不是哲学本体存在论的本原存在是什么这一基本命题的答案。我们知道，物质和物质性是描述共相及共相属性的概念，并且这一共相概念并不能同时指称具体的个相存在，所以物质及物质性只是一种抽象描述而已。然而，哲学本体存在论关于世界本原存在的追求既然是本体论的，就要求它必须是具体的，即在抽象的物质中，究竟是何具体之物是构成其他一切存在之物的最普遍的存在。如果说世界万物的本原是物质，那就等于说世界本原是抽象的，那就不是唯物主义，而是挂唯物主义的羊头卖唯心主义本体论的狗肉了。世界的物质性是本性不是本原，本性是抽象认识对象，本原是对本性的具体认识，本性由本原提供统一性根据时，它就由抽象而具体了。对世界万物本原的思考以对世界物质本性的朴素理解为基础，本体存在论却只有以本原为起点才是具体的，由万物世界的朴素本体论感悟发展到本原论才是哲学的诞生。本原概念的前提是世界万物，它是以万物构成的世界即世界物质性的本体论抽象预设为前提的，本原认识首先作为知识故不能是无前提的无限认识。但不包含本原论的本体论是纯粹抽象的，其实算不上哲学理论，故哲学只有达到本原认识水平才以自然哲学本体论形态创生。唯物主义本体论真正的进展不在于对唯心论的克服和斗争，而在于对万物存在本原认识发展成果的综合和归纳，从而得到客体世界统一性的更合理的理解。哲学本体存在论发展史的真正发展，不是唯物主义和唯心主义相斗争的历史构成的，而是在对世界本原之存在为何物的不断探索和思考中创生、演变和发展的。可惜当代的唯物主义哲学大师们恰恰忽视了这一点，貌似完备的唯物主义哲学体系还只停留在世界本性物质性这一思考的起点上，这种对人类哲学思考毫无贡献的形而上学被人们抛弃是理所当然的。如果觉得这种观点过于尖锐，那无妨扪心自问，如果泰勒斯只是说万物生之于它而又分解还原时最终复归于它的万物的本原是物质性的，那不只是同语反复吗？那他会为哲学思维创世纪吗？哲学的诞生在于泰勒斯认为万物由水生成而最终分解还原为水，而水就是客体世界不生不灭的永恒存在。正是以本原为起点，人类开始去探索和追求客体世界最普遍的具体存在，开始以本原为据去建立客体世界统一本性思考的历程，进入自然统一性思考的新的历史时代。泰勒斯开创唯物主义自然哲学两千多年了，如果到今天还把哲学思考的本质执于本体世界永恒本原存在是物质还是精神的知识判断命题，那就仍停留在知性起点上，还没达到泰勒斯的水平。哲学家们或许根本就忘记了，永恒的存在首先是知性真伪判断命题，那是科学家种的田，不是哲学家耕的地，而且离开知性认识基础的理性本原概念是无意义的。所谓唯物或唯心的争执更主要的意义在于真伪判断的知识上，但本原知识判断命题在于本原是什么，本原不是心并不能反证本原就是物，心物何为本原首先是真伪判断命题，它的确定性根据由知性提供，不是纯粹形而上学的命题。哲学家的思考不是为本原是何物提供判断，而是以本原概念形而上学前提限定基础上的经验知识成果为客观普遍性根据，建立从本原知识到本体论的自然统一性理解。从知性本原概念及知识去拒斥以心为本原的本体论是合理的，但只是起点上的合理性，有效但有限。如果哲学停留在唯物唯心争执境界，那就没进展到理性哲学的本质，而是停留在起点上，其实是在哲学门前徘徊，否则只要知道世界是物质的，物质是运动的，物质世界是可认识的就是哲学家了，那人们要想成名成家都去当哲学家好了，什么柏拉图、黑格尔都不在话下。

世界本原为何物不是从单纯的抽象思辨中来的，而是从经验中得来的，是从关于客体世界的科学认识中高度抽象综合而来的，这就是世界统一性原理始终坚持哲学形而上学和经验科学相统一，并以经验科学为基础和前提的根本原因。按照人类认识特别是科学认识是由简单到复杂、从低级到高级的历史性积累中不断增长的一般规律，人类对世界最普遍的本原存在的认识也是不断变化发展的，而且是随科学对客体世界的认识发展而发展的。所以，任何一次科学认识世界的重大突破，同时必将带来哲学本体存在论思维及理论的重大变革，这是哲学发展史证实了的。在泰勒斯时代，哲学家们并不都认为世界万物的本原是水，古希腊的本原有水、气、火、土等各种不同的理论猜测，这种状况反映了当时人类对客体世界的科学认识水平。哲学史上对世界本原思考的里程碑是德谟克利特的原子论，同时还要归功于他的继承者伊壁鸠鲁的重大贡献，因为它从逻辑完备性的意义奠定了人类关于世界万物本原的正确方向，决定了人类对物质结构科学认识从特殊到普遍、从复杂到简单的不断进步和不断发现的过程。我们今天对物质微观结构认识的伟大成就，其实完全可以在古希腊原子论中找到源头。

唯物主义哲学发展的历史意义同样体现在认识论和方法论之中。唯物主义的认识论一定是经验主义的，唯此哲学唯物主义才能建立在坚实的基础上，才能使形而上学思辨和形而下经验世界得到统一。当然，经验论的合理性并不意味着唯理论演绎推理的不合理性，实际上经验论和唯理论是必须从不同层次的统一去看待才能得到恰如其分的理解的。经验论指的是认识的来源，唯理论指的是认识中实现其普遍性的逻辑形式，并无矛盾。真正的矛盾在于唯理论者越俎代庖硬要把演绎说成是一切认识的来源。从认识来源意义上看，一切认识只能来源于经验，这是和唯物主义本体论相一致的认识论。更具体地说，关于自然的认识只能源于经验，关于认识的普遍抽象形式的统一性则是由演绎推理来保证的。近代由洛克、培根等提倡的新的方法论，即经验认识中的实验方法这一新工具，对于人类科学地认识客体世界的积极意义是不可低估的，对近代科学革命以来人类对世界认识的不断发展产生了极大的推动作用。

哲学是时代精神的精华，是历史的活的灵魂，因为哲学在人类对世界认识的发展中不断对构成世界万物的本原得出更普遍的概括和归纳，从而不断地向那个永恒存在之物逼近，并且期望早日揭开这个谜底。但是，哲学思维对科学知识的普遍性综合并不是自然而然产生的必然过程，而取决于哲学思考者的创造性智慧。从这个角度看，二十世纪以来恰恰是本体论哲学最无建树因而丝毫没有体现出时代精神的时代。二十世纪伊始建立的量子理论和相对论科学认识，把人类对世界的科学认识引入了全新的领域，实现了最伟大的革命。然而，所有自然哲学家仍然守在古希腊的传统之中而不敢越雷池一步，让哲学龟缩在语言和意义的探究之中苟延残喘。造成这种局面之原因见仁见智，但最深刻的根源在于哲学唯物主义演化成为绝对物质观，从而成为人类本体存在论认识的桎梏，阻碍了人类思维的创新能力。由对世界万物本原是具体之物理解中建立唯物主义本体论在一定历史条件下是合理的，却不是绝对的。在新的历史条件下它失去了原来的合理性意义。

所谓绝对物质观并不难理解，即坚持客体世界的本原存在一定是具体的物质存在的观点。按照这种观点，最普遍而具体的物质性本原客体构成世界中一切复杂性结构存在，它是一切其他具体存在分解还原的终点，即它是不生不灭的，因而是绝对的存在。绝对物质观的概括性陈述并不是相对于精神意识的物质第一性，更准确地说是物质一元论。按照这种观点，尽管我们现在还无法准确地知道世界万物的本原这最普遍的具体存在者为何物，但应该毫不犹豫地坚信一个自明的形而上学前提：具体之物只要还能继续解构，其构成的元结构也绝对是具体之物，最终不可分解而绝对的存在一定是具体的物质性存在。由物质一元论出发，客体世界的本性绝对是物质性的，多样性存在统一于绝对的本原物质存在。

这不正是几千年来所有唯物主义哲学本体存在论的基本认识逻辑和结论吗？没错。但哲学唯物论对自然的认识还没达到绝对而最普遍的具体水平，还只是相对有限的。当我们对客体世界的经验及科学认识都符合物质客体存在者的规定性时，这当然是合理的。本体论建立在本原知识基础上，但本原知识是没有完成真理性认识的，它是权宜之计，决定了本体论的权宜之计。但我们的认识突破物质客体这一边界之后，若仍然坚持物质实在的绝对性会束缚认识的发展。本原存在和本体存在的绝对性不是物质存在自明的绝对性。相信不证自明性就不是哲学思维，哲学辞典中没有不证自明。当本原客体知识超越物质客体性存在时，我们首先要做的就是深刻地思考客体、实体、物、物质这些概念的区别和联系。当我们的认识世界中只有物质性客体的时候，客体、实体、物、物质这些概念在本体论意义上指称的意义是同一的，因此，唯物主义就是绝对物质观，而且迄今为止，人们还是这么认为的，这似乎是自明的。然而，物和物质、客体和实体并不都是同一的概念。比如亚里士多德对存在的定义就已经超越了纯粹的物性，从质料因、形式因、目的因以及运动因的统一性去理解存在，其中最深刻之处在于运动因，客体或质料、实体的运动是自然世界统一性最深刻的问题，因为没有运动变化就没有多样性统一命题的产生。在世界统一性原理之前，人们用物质和运动不可分来理解运动，那是描述，不是原因，实际上是把物质的运动说成是自明的。亚里士多德虽然不能解释客体运动的原因，但他在几千年前能深刻地揭示运动原因之于客体的重要性，无愧为人类历史的伟大思想家。世界运动的原因是迄今为止一切唯物主义哲学无法解释而回避的问题。但如果对此缺乏充分的理解，所谓世界万物本原存在者的认识就永远不可能是完备的，除了为世界附设上帝作为永动机，别无他法。

物和物质的同一性也不是自明的，二千多年前老子的玄学理论对此就做了明确的区分。《道德经》说："有物混成，先天地生。"其所指的混成之物即道和构成天地的物质就不是绝对同一的东西了，否则就不能先天地生。混成之物不是天地中之物，老子又称之为无物之物。无物之物中第一个物是天地中之物，第二个物是先天地生的混成之物，是无。而且，老子认为构成天地的物质不是永恒的存在，否则"天地尚不能长久，而况人乎"就无以解释了。按照玄学理论，天、地、人不是永恒的存在，只有世界的本原之道才是永恒的，因为它周行而不殆，不殆就是不灭的意思。归纳以上分析，可以把老子的物看作客体存在概念，有看作物质基本粒子结构概念，万物才是具备复杂性多样性的物体存在。物体是由物质基本粒子构成的，但是，物质是客体，并不等于客体一定是物质，客体是无、有、物的统一，是比物质客体更为普遍的概念，物质是附加了特定规定性限定的客体。当人类认识中客体和物质客体、实体的定义域相同时，客体即实体，唯物主义就是绝对物质观。但当把物质客体即实体理解为特定的客体存在形式，即实体客体只是客体的子集的时候，再坚持客体和实体的同一性就产生矛盾了。当二十世纪科学认识发现客体世界的存在者已经超越物质实体存在意义的时候，我们才能真正理解老子所说的“有物混成，先天地生”之物的普遍客体性意义。二十世纪量子理论的建立以及光、电、磁这些一直被认为只是物质客体属性、现象的存在以它们的量子性本性表现出它们的客体性的时候，对其粒子性存在成功地验明正身正是人类关于客体世界认识对传统物质客体的超越。因此，在二十世纪以来仍然坚持绝对物质观，已经成为对人类向更普遍世界认识发展的顽固阻碍力量。今天，绝对物质观仍然是人类文化中主导的世界观，由此对人类认识发展造成的不利作用是显而易见的，我们必须正视这一点。

三、绝对物质观的局限性

绝对物质观是特定历史条件下的产物。在人类对客体世界知之不多，仍然局限在物质客体范围之内去认识客体世界的时候，绝对物质观合理地综合和归纳了人类对客体世界总体的认识水平。但是，必须觉悟到，以万物本原之物为根据的绝对物质观其实只是局限于感性具体认识的产物，不只没达到理性具体，甚至连知性普遍抽象知识基础都没具备，科学实证意义上还没有具体本原存在之物的确定性知识。二十世纪静止质量为零的非实体客体的科学真理知识的建立，传统的物质范畴包括关于物质客体的科学描述对之失效的时候，标志着人类的认识已经超越传统物质客体世界的意义，绝对的最普遍的客体存在就不再是物质客体本身。一百余年来，由于绝对物质观的根深蒂固，人类一直无法超越物质世界去建立更具普遍意义的客体世界统一性认识。从世界统一性原理来看，传统的绝对物质观是具有严重缺陷的，到当代已表现出非常明显的局限性。

从哲学形而上学思维的角度看，绝对物质观最根本的局限性首先在于它在逻辑上是不完备的，它不可能成为圆满自足的客体世界一元论，物之为物不可能通达绝对，不只物质客体不可能绝对，任何客体都不可能绝对存在，只要有绝对不生不灭的客体存在，就有存在和演化绝对分立的二元世界。不生不灭的本原规定性是对自然统一本性而言的，本原存在的意义在于由它的本性构建多样性自然的统一本性，不生不灭的规定性是自然的统一本性，在客体和状态相统一意义上以不生不灭的本性为根据才有合逻辑的多样性自然统一性，才有一元本体论的可能，如果一元论自然的本原客体不生不灭，自然就只有同一性没有多样统一性了。从世界是万物本体世界和本原存在是物质性存在为逻辑出发点去认识世界，它的最终宇宙图景是冷冰冰的毫无活力的宇宙，因而常被人们诟病为机械唯物论。对此许多人会有异议，认为机械唯物论只是唯物主义哲学中的一种特定理论认识，而大多数唯物主义并非是机械论的。比如辩证唯物主义哲学在坚持世界物质性的同时还坚持物质和运动的不可分割性，物质是绝对运动的客体存在，它和时间、空间、运动是不可分割的，它所揭示的物质世界是普遍联系和永恒运动着的有机整体世界，所以就不是机械唯物论的。这种貌似有理有据的反驳其实是站不住脚的。打个非常简单的比方，当你看到马达在转、风扇在动的时候，你是否认为你已经真正认识它们的机理和本质了呢？显然不是，你所看到的只是现象，这和把握它们的本质还相去甚远。因此，坚持物质的运动绝对性和理解物质运动的本质是完全不可同日而语的。经验到物质运动并承认其绝对性只是经验到物质的现象而已，而我们真正需要理解的不是运动现象的存在，而是物质运动的本质及运动的原因，特别是运动变化的原因。只有得到对物质运动变化本质的理解，我们才称得上得到对物质世界的统一性理解。这就是亚里士多德把存在规定为质料因、形式因、目的因及运动因的统一之充分理由。如果世界万物的本原是不生不灭的物质客体性存在，那么它运动的原因是无法解释的，说物质的本性就是运动，物质自身在运动其实什么也没有回答，这等于说它的现象就是它的本质，运动没有本质，没有原因。所以，绝对物质观的出发点是一元论宇宙，但逻辑上只能得出二元论宇宙，即世界的存在和它的演化是二元分裂的，这就是绝对物质观在逻辑上不完备的理由，它给出的是一个机械论的世界。唯物论作为物质一元论，只要一彻底就是机械论，要是不彻底又达不到绝对统一性水平，这是不可摆脱的悖论，更是哲学史的现实。智慧的哲学家们已经悟到此点，张尚仁老师在《聊哲学》中专题探讨了“彻底的唯物主义要不得”问题。不彻底就不唯了，就不是一元论，一彻底又要不得，这是二十世纪以来自然哲学的现实窘态。

需要特别说明的是，上一卷我们对光、电、磁能量客体进行思考时，得出它们是不需要推动而绝对运动着的，所以运动属性就是它们的本性的结论。这不正是运动现象即它们的本质的结论吗？否。准确地说，这是它们的本性。这种运动是不需要外力推动的，是与生俱来的，这才是和静止无缘的绝对的运动。为什么我们一直强调动力学描述对光、电、磁能量客体是失效的？其根本原因在于它们的运动作为绝对运动是不需要外部推动的，力描述对之是无效的，与推动无关的运动才是无静止无相对的绝对运动，所以这是它们的本性而非仅是运动现象。与此相反，物质客体的静止和运动是相对而言的，是在外力作用下发生变化的相对运动，所以它的运动是有原因的，是可以用动力学来描述其推动关系的。运动和静止是物质的属性而非本性，相对运动特别是运动的改变是必须用外部作用力来解释的，所以牛顿三大定律首先是定性归纳的惯性定律，相对运动的物质客体的完备理解需要动力因，仅从物质客体自身存在是不可能对之得到完备的理解的。性本相对且相对运动，故能从质点动力学去揭示其在相对空间中相对运动变化原因的物质客体存在是彻底不得、绝对不得、一元不了的。

绝对物质观的最大不完备性其实首先在于本原存在的可知性和物质概念的规定性，因为坚持物质结构无限可分就涉及世界在绝对意义上是否可知的问题。我们不可能达到具体、现实的无限，无限可分的物质之绝对存在结构又何以可知？另外，唯物主义哲学本体论把水、气、土或原子作为世界万物本原时，这些具体物质的概念是有确定性意义的，而用普遍而抽象的物质概念去指称具体的世界本性时，由本原的物质性上升到自然普遍本性是需要客观普遍根据的，在朴素唯物论就是物质本原的不生不灭性。但本原不生不灭只是形而上学的规定，没有客观根据，而且本原一旦不生不灭自然就是存在演化二元论的，故物质一元论不可能是完备的，这就是辩证唯物主义哲学长期以来只能停留在感觉论的物质概念之中的重要原因。物质作为普遍的抽象概念需要规定性，作为世界万物本原的具体存在只能自己规定自己，而不能由外在的规定性去描述，这就是逻辑上的悖论。

绝对物质观的机械论倾向导致哲学认识论的决定论思维，即导致认识方法论的局限性。现实的西方哲学史由本体论进展到本质认识论时仍局限于机械论的唯心论，最后把人类文化导向科学理性的现代。物质世界是多样性存在的精彩世界，它在结构复杂性演化中向我们呈现了一个缤纷多彩而又内在统一的美妙世界。对物质世界统一性的理解只能用哲学理性统一性思维。但是，哲学唯物主义发展为绝对物质观以后，在认识方法论方面也同时产生了与之相应的决定论思维；其最著名的代表便是拉普拉斯线性决定论的无穷因果链，它把决定论思维推到了登峰造极的地步。决定论思维的现实基础是科学因果必然性规律认识在近代科学革命以来的巨大成就，而它的理论基础就是机械论宇宙观，即把世界看成由齿轮和发条构成的钟表般的可预言其准确未来状态的决定论世界。知性科学关于因果必然性规律的认识对于人类历史发展的伟大意义如何评价都不会过分，但科学的因果规律指的是特定的抽象认识对象在特定边界等限制条件下的必然性因果关系，而不是各个科学真理知识之间有必然性因果关系。不同科学真理知识之间的认识对象是不同的，根本就不是因果逻辑关系，而是统一性关系。科学知识体系乃至学科体系只有统一性而无因果必然性逻辑关系，否则科学真理的客观性就无从证真或证伪了。所以，拉普拉斯的线性决定链方法对于科学认识而言也是不成立的。

科学上的无穷因果链实际上是用科学知性思维来思考哲学理性对象，因为无穷因果链所描述的不是特定的认识对象而是整个世界，因此把世界统一性命题转换为科学因果必然性命题，而绝对物质观就是这种无穷因果链的理论基础。当世界万物之本原是物质性客体的时候，对之的科学认识的统一性在机械论中就还原为决定论的因果链，不但在物质客体世界，而且在人的社会历史领域也产生了历史决定论的倾向。哲学家们用决定和被决定之概念去描述社会历史领域的运动发展的时候，所谓决定和被决定的意义就是从科学的因果决定关系之意义引申而来的。社会存在决定社会意识、经济基础决定意识形态就是历史唯物主义，并且是科学的社会历史观。然而，把社会历史领域即人的文化世界的统一性还原为科学的因果决定关系却又否认这是历史决定论，这很难说是完备的统一性原理。用科学思维和认识方法去寻求世界统一性的方法论是断然不可行的。没有科学的统一性知识，只有科学必然性知识，任何称得上科学的真理都不可能是统一性理论，都无法摆脱因果决定关系的内在本质。

绝对物质观的最大局限性并不是在哲学本体论或认识论抽象形而上学思辨中，而是在科学和经验之中。哲学史上具有非唯物主义观点的本体论哲学是中世纪上帝哲学。经院哲学和宗教哲学确实不是纯粹认识论而首先是本体论，因为它的对象是世界的永恒存在，但它的对象是上帝而非具体的物质性本原存在，是世界的主体而非客体。它并非有意义的本体论哲学，因为它从信仰出发，从而与哲学不从任何信条出发的本性是不相容的。更为重要的是，它是纯粹形而上学而非和经验世界相统一的，所以它无统一性可言，因而并不具有理性哲学之统一性意义，真正说来也不算是有意义的本体论哲学。所以我们断言有意义的本体论哲学只能是唯物主义，而赋予哲学唯物主义现实意义的，是它和经验及科学认识的统一性。形而上学的基础及意义都在形而下之中，据此唯物主义哲学的智慧才是由学问而来的智慧，才具有现实意义。

哲学本体论是关于客体世界最普遍的统一性的抽象思考，它的晦涩理论在哲学家的书本和课堂中。大多数人可以具有明确的哲学观点，但并没有建立适应哲学本体论的抽象统一性思维，自觉理性的自觉性很低，以知性知识和观点当理性是科学理性流行的基础。但这并不意味着哲学只与少数人有关，真正的意义是哲学与每一个人休戚相关，不管你是否意识到，不管你是自觉还是不自觉地思考哲学问题。因为哲学是文化的基础，任何一个现实的人不需要专注哲学，而是在接受文化和传统时就已经把人类的各种宇宙观纳于其中，所以哲学才是最深刻、最普遍地影响着人类文化生存的精神文化性存在。它不是为我们提供知识，而是提供知识的前提以及认识和思维的基本框架，离开这些文化基础生存的只有抽象的人。从这种意义来看，各种各样的唯物主义哲学本体论，以各种形式出现的具有唯物主义倾向的认识方法论，在从根本上影响着人类的历史进程。即使是那些坚持唯心主义观点甚至宗教、神学信仰的人，也不能离开具体的客体世界去思考和行动，只不过他们不承认、不自觉到这一事实而已。从现代的现实意义看，绝对物质观的最大历史局限性是制约人类科学认识世界的能力。二十世纪量子理论和相对论的发现实际上已经揭开了人类从特定物质世界迈向更普遍能量世界的新篇章，光、电、磁本性及本质的科学认识为人类建立完备的客体世界统一性提供了现实可能。但是，即使是人类最杰出的科学巨匠也未能越过绝对物质观的雷池半步，使人类建立世界统一性的原理的伟大目标整整耽搁了一个世纪的宝贵时间。二十世纪尽管人类对客体世界的科学认识实现了伟大的革命性变革，但由于未能越过绝对物质观的藩篱而建立起统一性理论，所以科学本身也是不统一的，甚至在许多重大问题上陷入了悖论。从上一卷能量一元论的讨论中可以归纳出如下几个重大问题：

一是物质的非普遍性客体问题。按照物质客体的波动理论，以波形式传播的能量是物质状态的传播，即波源的动能通过波源物质和物质传播媒介的振动来传播。在传统波动理论中，只有从物质客体出发才能合理地解释波动现象，没有物质传播媒介就不会有物质波的产生和传播。惠更斯关于光的本性波动说战胜牛顿的微粒说之后，人们把光的本性理解为波动，实质上是理解为光源物质的现象存在即属性，即认为光波和声波一样，是需要物质作为传播媒介的。但是，近代科学发现光、电、磁的波是可以在真空中传播的。真空中既然没有物质载体，为什么会有物质的状态出现呢？无源有水、无本有木是无论如何不能接受的。于是，为了符合绝对物质观要求，人们设想了以太物质，它无所不在地均匀分布在宇宙，包括真空中，从而为真空中的波动提供充足的理由。以太是绝对物质观诞下的一个怪胎，在没有任何物质存在的真空中以太物质无所不在，这种逻辑和我们今天下午出发昨天晚上到达如出一辙，当普罗大众都盲从这些“科学”“理性”时，地球村就和疯人院无异了。不须去回顾以太被证伪的科学实验，只需从逻辑上就能断定以太存在是悖论，因为在以太中的不变速度对于其他非以太参照系就是变化的速度，于是除非上帝的特定旨意，否则我们无法排除光、电、磁以零相对速度运动的参照系存在，即总有一个坐标系，其中光、电、磁波是静止的。这就是真正的悖论，因为既然是波就不能静止；并且这也和光、电、磁本性的经验认识不协调。静止的光、电、磁波动既无静止质量又无运动能量，它就是绝对的零存在。零存在的意义是什么？是不存在。所以以太不能存在。既然没有以太，光、电、磁的波动运动就不需要物质媒介，在物质客体中传递的波动运动就只是波动的特定情形，最普遍的情形是波动运动的传播与媒介无关。所以，物质就不是最普遍的存在了。但绝对物质观不允许物质之外的客体存在，因而无法完备地解释真空中的波动运动的真正原因，只能指望用以太来为光在真空中的波动传播提供第一原因。这种用一个更大的谬误来掩盖一个特定谬误的做法并不聪明。

二是光、电、磁的本性问题。历史上光、电、磁是不同的认识对象，电和磁现象是以物质客体的属性即现象性存在而非客体存在的身份出现的。最具争议的是光的本性问题，这就形成了近代科学对光本性的波粒的争论。惠更斯把光看作波动，即它是光源物质的现象性存在。而牛顿则持光的微粒说，即光和其他物质客体一样，是实体客体存在，只不过这种微粒太微以至于我们无法独立地观察到它的微观存在，只能从宏观上经验到它们。光的波动说和微粒说的本质分歧在于光是物质客体存在还是物质客体的属性和现象。当然，两种学说的意义都是和绝对物质观相协调的，更准确地说是以绝对物质观为根据的。由于光的干涉、衍射及反射现象的发现，提供了光波动性的科学证据，特别是实验发现光在水中传播时的速度小于在真空或空气中的速度，验证了波动说预言，同时证伪了微粒说关于光在水中比空气中传播速度大的预言。因此，十九世纪就是光的本性波动说占统治地位的时代，牛顿的光的微粒说因为被证伪而被抛弃了。其实，牛顿从他的质点抽象普遍性出发，坚持光的物质微粒说是合乎逻辑的，但从抽象质点回归具体感性经验世界时，光的微粒说是不完备的。不只光微小不可把握，空气中的气体也不可把握甚至不可见，但它终究还会在感性经验和知性普遍认识中以宏观态表现出来。如果光不在统一性的宏观物质具体客体中成为可证实可经验的存在，它就不是太微的物质粒子存在。如果微观实体粒子没有结构复杂性演化，就没有多样而统一的物质世界了。光是非实体结构性元素即无结构规定性，这才是光和物、转化和演化的本质区别，微和宏只是本质所显现的现象。故只能转化不能复杂性演化是光的本性，不过在牛顿时代人类认识没达到这一水平而已。

麦克斯韦电磁场方程的建立拉开了超越物质世界边界的序幕，它是导致以太被证伪并建立相对论科学描述的导火索。它的另一个重大意义是揭示了光、电、磁现象本性的同一性，它们都是以波动形态运动的，只不过各自的频率不同而已，光波只不过是特定频段中的电磁波，于是光、电、磁现象实现了统一，光的波动说就是一切光、电、磁等辐射现象的波动说。因此，当普朗克为解决黑体热辐射实验结果而创立量子假设时，它就涉及光的本性问题。随着量子理论的建立特别是爱因斯坦对光电效应实验的量子性解释，光的量子理论的科学性得到了充分的证明，这些理论在根本意义上是和光的粒子本性而非波动本性相协调的。仅仅把光、电、磁现象看作物质客体的现象是不够的，它的另外一些行为必须从客体粒子的本性才能得到解释和说明，它的干涉等波动本性又必须用波动性来说明。于是，在波动性和粒子性的两难选择中，现代人类作了最无奈的妥协，即发明了光、电、磁本性的波粒二象性学说。当然波粒二象性的粒子和牛顿的实体客体微粒本质上是不同的，它的意义在于它虽然不是实体，但同时在许多方面具有实体粒子的行为特征，从而为它的粒子本性提供了证据。

无论是从科学认识还是统一性认识的意义来看，光本性的波粒二象性理论都是不符合逻辑的，它的真正意义是我们对光的本性还未知。为什么我们不能从光的新科学发现中对之作出更普遍的概括和归纳呢？其症结在于绝对物质观的束缚，僵化在其中是无法对超越了物质世界的科学描述作出新的、更普遍的统一性概括的。只有回到世界统一性思维，从客体存在的本性去理解光、电、磁存在的客体性及粒子性，把牛顿的实体微粒作为最普遍客体存在的特定的实体客体存在形式，而波动运动则是客体最基本、最普遍的运动属性，我们才可以超越物质局限性去理解光、电、磁客体的本性及它们的波动运动属性，建立起普遍的波粒统一性理解，从而得到对世界本性的更深刻理解，再也不必在所谓粒子本性和波动本性的两象悖论中痛苦地挣扎了。

绝对物质观的第三个重大局限性是制造了宇宙不可逆熵垒幻象。自十九世纪热力学科学理论发现之日起，熵垒的幽灵就无时无刻不折磨着号称万物之灵的人类。人的生命不可逆地生、壮、老、已已经让人难以参透和释怀，但这毕竟可以从种族世代更替的连续去理解并得到心灵的慰藉、价值的肯定，由之去建立人现实生存追求未来的形而上学根据。但我们生存于其中的宇宙的不可逆老去死去就无可奈何了，不能想象更缥缈的反熵事件即宇宙重生，没有人能在宇宙重生预期中乐得起来。二十世纪量子理论的证实已经揭穿了熵垒的假象，但在绝对物质观统治下人们又把光、电、磁装进物质客体这一绝对大口袋中，又在熵垒幽灵下战战兢兢地煎熬了上百年。光、电、磁的量子性及热辐射的量子解释直接揭示了辐射是非物质客体热运动现象和过程，把物质热运动趋向热平衡规律作为支配宇宙的最普遍规律是不合逻辑的，不能用特殊规律解释最普遍的宇宙。封闭孤立的物质系统自发运动不可逆趋向热平衡是真的，但并不能由此说宇宙不可逆趋向热平衡也是真的。现实的太阳和地球的能量交换并不是热交换，太阳和地球之间并没有形成物质系统热交换运动的梯度分布，光传播不等效于热运动，热运动这一小碗装不下光传播这大水缸。如果不一定坚持太阳送给地球的光就是热能，而是实事求是地承认是地球物质吸收了太阳光子并将之转换为热能，就必须承认热总是由高温向低温运动的科学描述对自然运动不是最一般的归纳。热不只有传播，还有质能统一性下的热产生及辐射。太阳光是花了八分钟才完成低温太空漫长的旅程并到达地球的，不是瞬时超距到地球来送温暖的。但一旦在绝对物质观框架下，把光、电、磁能量子当成特定物质客体，宇宙就又在熵垒阴云笼罩之下令人不寒而栗了。因为这又把一切客体运动都退化、限定于物质运动，热辐射不证自明是物质热运动，宇宙尺度的物质宇观系统的运动描述只能由比质点运动更普遍的热运动描述，是服从热总是从高温物体传向低温物体的必然性规律的。如果你不接受宇宙之外上帝仍在劳心劳力地为宇宙提供运动推动的信仰，就必须接受克劳修斯早就给你断言了的宇宙熵垒和热平衡的宿命。至于用宇宙无限来克服熵垒，那连上帝推动的信仰档次都不够，不可知显然比信仰要低几个档次。但上百年来竟然没有坚信辐射是热运动的科学家，质疑为什么太阳光到达地球是不遵守热运动的规律的。

从哲学本体论对客体世界存在本性认识的历史演变中可以得出基本结论：只有把客体世界总体作为认识对象去思考世界本性的存在论哲学，才是具有自然界最普遍本性统一认识意义的本体存在论的最普遍理论。尽管只有在唯物主义的认知框架下，即在客体之体的具体存在性基础上才能开始对世界本性的本体论意义思考，但唯物主义之物如果局限在物质实体客体则将导致绝对物质观，无法对普遍的客体世界进行统一性描述。物质客体只是客体世界中特定形式的存在者，却是世界之所以是复杂性演化而又完备地统一的世界的决定性形式的存在，因为物才是多样性万物，由之才有多样性世界统一性意义的产生，才有我们这些主客体相统一性存在的基础。对物质世界的理解之于世界统一性的具体理解又具有认识上的先在性意义，否则就没有自然统一性意义的产生，更不会有自然哲学的现实意义。能量一元论扬弃绝对物质观的真正意义就在物质世界统一性的理性具体认识中。

第二节　物质客体是空间性存在

一、物质客体的本质之质

对物质世界统一性的思考以它的认识对象即物质以及物质世界的规定性为前提。在传统的唯物主义哲学中，物质概念的规定性并不是没有问题的。当泰勒斯说万物世界的本原是水，其他自然哲学家说是土、气、火，德谟克利特和伊壁鸠鲁说是原子的时候，这些唯物主义哲学所指的认识对象是具有具体确定性意义的。但当代哲学唯物主义的思考对象从世界万物的本原转换为世界的本性，并从普遍意义得出世界物质性的绝对物质观的时候，问题就产生了。历来人类似乎认为由本原的物质性转换为一切复杂性客体的物质性是等效的，是不证自明的，但哲学思维从来不依赖自明的概念。事实上从万物本原向世界物质本性转换概念时，依赖于两者等效的自明性是近代哲学唯物主义的缺陷之一。物质性本原既然可以结构为什么不能解构呢？依逻辑能结构就能解构，物质结构就无限可分。自然本性是在从本原论到本体论的统一性认识中构建起来的，不是自明的。一切唯物论的自然哲学家可以明了世界的物质性，但如果并不明了物质的意义即它的规定性，那实际上终究无法从总体上把握物质世界的本性。

由世界万物本原向世界本性的转换是从具体向普遍的转换，具体的本原存在之所以为本原存在就在于它是最普遍的，是构成一切存在的具体存在。所以，确切地说，这是由具体普遍性向抽象统一性的转换。世界万物的本原是最普遍的具体存在，而世界的本性即它的物质性却是理论和思维中的抽象，因为物质概念本身是抽象共相。说世界本原是水或原子的时候，水或原子概念虽然是共相，但所指是具体的共相，在具体意义上只有唯一的质的规定性意义，一切特指、单称意义上的水或原子的质的规定性是唯一的。在唯一的质的规定性意义上，水就是水，土就是土，水原子就是水原子。至于物质概念，当然所指也是具体的存在，却是更普遍的共相抽象概念，是多样性的具体存在者之质的规定性的统一。所以，如果说世界的本性即它的本原，那本性就和本原之意义同一，毫无意义。真正的问题在于经验以及知性科学认识的对象不是终极的本原存在，而是由本原构成的复杂性存在。本原构成的存在是一个异质结构演化的复杂性统一世界，因此需要把不同质复杂结构构成的统一世界的总体本性用一个具有普遍性的抽象概念来描述，即综合归纳物之为物的普遍本质规定性，这就是唯物主义哲学从具体本原概念转换为抽象物质概念描述的原因。在理性统一性意义上，这是本原论上升为本体论的统一性命题。所以，物质是一个关于感性实体存在的最普遍的抽象的共相概念，不是具体的个相，是普遍抽象的质的规定性建立起来的一般共相概念。本原才是共相和个相同一的最独特概念，这是本原之所以为本原的充足逻辑条件。物质是具体世界的抽象本性而非世界的具体本原存在，世界上没有一个叫作物质的具体东西。凡是抽象为物质的东西总有另外的具体指称意义与它的具体存在本性相对应，这种物质是水，那种物质是土，水和土才是具体的概念。这就是本原存在和物质存在的区别和统一，是本原论和本体论的统一性关系。当哲学思考世界本性而进入抽象普遍性思维和描述时，实质就是要对抽象普遍性概念建立规定性。唯物主义哲学从物质性来概括世界本性，它的起点及终点就是物质之所以为物质的完备规定性。无论是把物质世界解释为最普遍的自然界，还是解释为特定的实体客体的统一性世界，物质之为物质的普遍规定性都是首先必须解决的问题。

绝对物质观并没有给出抽象物质概念的完备规定性。绝对物质观把世界的本原看作是物质性具体存在，本原之为本原是不能追根寻底的，即不能追问本原性物质甚至物质是从哪里来的，但物质的规定性即物质的充足而完备的根据则是必不可少的，否则绝对物质观乃至唯物主义就失去了真正的意义。但是，把哲学唯物主义推向顶峰的辩证唯物主义在物质规定性认识上是苍白无力的，只能停留在抽象认识论意义上去给出物质的本质规定性。说物质是不以人的意志为转移的客观存在，但能为人的感觉所复写和反映并没错，但这只是物质存在的现象及认识论描述，并不是物质普遍的质的规定性，不是物质存在的根据。这里的人的意志、客观存在，人的感觉、复写、反映是纯粹的认识论概念，根本就没进入哲学本体论的门。然而，客体世界存在本性的总体概念如果被揭示出只有认识论意义而无本体论的任何规定时，问题就严重了：它就只是纯粹的形而上学，物质和上帝就只是意义相同而符号不同的概念，并无本质区别。所以，物质概念的规定性一定首先是本体存在论意义的。

抽象的普遍物质概念是从具体的存在中归纳而抽象出来的，是在人的感性经验和知性科学基础上的普遍抽象。对物质概念的思考应从感性认识及知性认识开始，在本体存在论意义上归纳出物质之所以为物质的充分理由，而不能只在认识中构建半物质半精神的不伦不类的存在概念，就像所谓波粒二象性那样。哲学的物质概念是感性、知性、理性相统一的，这才是哲学和知识的区别和统一。

对物质概念最成功的科学抽象是物理学，所以物理学是关于具体世界认识的最基础的学科。经典物理学以物质的结构及其相互作用中的运动变化关系、规律为对象，经典物理学开篇就定义了一个抽象的质点，抽象出只有质量没有大小（实际是不考虑其大小）的物质客体，质点是统一了一切物质客体的抽象，质点动力学归纳的是整个物质世界有普遍意义的运动规律。所以，质点之质、质的规定性就是物质之所以为物质的基本规定性，是一切物质之所以为物质的充足理由。物质概念的普遍规定性问题就首先是对构成物质之质的抽象规定性思考。

黑格尔在逻辑学中把质规定为存在的直接同一性，存在之所以存在是和它的质同一的，即有质就有存在，没有了质也就不复存在了。物质之质是物质客体存在的根据。在哲学上常把物质存在称为有，按照世界统一性理论则是有质有量谓之有。所以，无论从何种理论和观点看，无质不成为物质是恒为真的，这正是黑格尔把质看作和有直接同一的意义所在。质就是物质之为物质的必要条件。当然，对质概念的最基本理解，还是经验科学的质点概念。没有抽象的质点就没有物理学认识世界的最基本对象，故它是最基本的科学概念，没有质点就没有经典物理学。质点概念的质和点分别具有肯定性和否定性之完全不同的规定意义：质是肯定性的，是物理对象存在的肯定性规定；点则是否定性的，把各种具体的点抽象为没有大小的点；质点就是否定了物质实体之形的抽象认识对象，它在思维中，不在现实中。因此，物理学质点的规定性的本质就是质，质是质点存在的根据，也是物质客体存在的根据，质的普遍性赋予了物质概念的普遍共相意义。

质之所以为本质的必要条件是它的非具体的抽象本性。质作为物质客体的本质规定那理所当然是抽象的，我们可以指称具体的金木水火土乃至太阳、地球等具体物体存在，但无法指称某种具体的叫作质的东西，因为质是纯粹抽象共相，物质之为物质规定性的质只能是抽象共相概念。我们指称具体个体之物，并在普遍意义上称之为物质，因此往往误认为物质是具体个相概念。但质的抽象普遍性则是自明的，具体个体之物具有质于其中，个体是物而不是质，质是抽象的普遍规定性，物才是具体所指。那么，这种抽象普遍规定是如何实现从抽象到具体的统一从而把个相之物的世界建立为统一的物质世界的呢？那就是量。质和量的统一，我们称之为质量。量不是和物的存在直接同一的，而是对物的质的普遍性基础上的个体性规定，它不是物之存在的根据，而是此物是为此物而非彼物的根据，是一切具体存在之所以是具体的充足理由。因此，质和量的统一即质量是物质的普遍本性与物质作为个相具体之物存在本性的统一性概念。物质世界的普遍认识以质点概念为基础，它的具体的科学认识则以质量概念为基础，这就是物理学动力学理论的真正意义，其中的最重要概念质量可以从惯性质量和引力质量两个方面去理解。

引力质量和惯性质量由牛顿引力定律和惯性定律、加速度定律作了普遍的规定。引力定律是指物体之间基于它们的质量大小而产生的相互吸引的作用力，它和相互作用的物体质量成正比，这时我们称物体的质量为引力质量。惯性质量是指物体受到外力作用改变其运动状态时既与作用力有关又与物体的质量有关，这时我们称物体的质量为惯性质量。惯性质量不是惯性定律，它在物质运动中的地位和作用是由牛顿动力学第二定律即加速度定律来描述的。问题在于，惯性质量和引力质量是同一的吗？如果不同一，物质世界的统一性就无从谈起。从世界统一性原理角度，引力质量和惯性质量的同一性是必然性条件。我们上一卷指出爱因斯坦的广义相对论是对世界普遍性认识的最基本理论，它的重要前提条件就是引力质量和惯性质量的同一性，广义相对论原理的最基础关系是基于引力质量和惯性质量是同一的质量基础上的等效原理。爱因斯坦用非常严谨的科学逻辑论证了引力质量和惯性质量的同一性，在此基础上广义相对论的等效原理才有意义，广义相对论才是科学的真理认识。

世界的统一性可以给出引力质量和惯性质量同一性的合理解释。在统一世界中，在存在论意义上，质量就是质量，其实并无引力质量和惯性质量之分。物之为物的具体存在的根据是质量，而引力或惯性则是与物体质量相关联的对立统一的属性，说成质量引力和质量惯性或许更简明易懂。质量的引力关系和惯性关系实际上是物体作用和被作用两种不同关系的描述。按这种理解，并回到普遍的引力场理论，把引力看作具有一定质量的物体向外部传播引力辐射能量并在其外部空间建立引力场的行为，则引力就是对外作用的描述，牛顿第二定律则是物体被外力作用时的运动改变规律的描述，所以这是任何物体基于它的质量而表现出来的对外部物体作用和受到外部作用不同视角下的描述。不同属性表现的主体承担者只有一个，故没有引力质量和惯性质量之分，只有质量的引力作用和惯性作用之别。其实，回到牛顿的引力定律，它如果成立的话，则引力质量和惯性质量就一定是同一的。根据牛顿引力定律描述，两个质量分别为 M_1 和 M_2 的物体相互作用时，同时包括作用和被作用两种描述，即 M_1 受到 M_2 作用并同时对 M_2 产生作用，M_2 亦然。产生引力作用和受到引力作用的是同一的质量，M_1 产生引力作用并受到 M_2 引力作用的质量是 M_1，M_2 亦然，根本就没有引力质量和惯性质量之分。按照惯性改变描述的牛顿第二定律，改变既定质量物体运动的作用力是普遍的力，当然包括引力，故牛顿引力定律的质量就既是引力质量又是惯性质量，实际上有质量概念足矣。物质之所以为物质就在于它有质量，有质的规定性。质是一切具体物之为物的普遍抽象存在形式，它和具体之量相统一，成为内容和形式相统一的具体现实之物。质及统一性质量这种规定性是物质客体本身固有的，与我们的感觉或认识无关，与客观性无关。

所以，物质最普遍的抽象规定性是它的质规定性，物有质才称有，才能被称为物质。它的抽象的质不是人脑中纯粹的抽象符号概念，而是通过与其质量相联系的对外的引力作用以及受到外部作用时按照惯性定律改变运动的必然性规律来表现它的存在的，质和质量决定了物质客体世界的普遍联系及相互作用统一性中每一个作为个相存在的具体之物的独特存在，构成了差异性、个体性之中统一的物质世界。

二、物质客体的物之形

老子在玄学理论中对世界作了精辟的统一性描述：道生之，德育之，物形之，势成之。因此，形是思考物和物质规定性的另一个重要方面。物质客体存在是本体论思考的对象，但同时任何本体论思考都包含着认识论。对物之形的思考，在本体论和认识论相统一的前提下，更主要的还是必须从认识论的意义去认识它。

具体之物是有形体的存在，它的形体是由它的质量和结构共同决定的。所以它首先是有形的客体，并不依赖于我们对它的客观认识本身，它的客体之形才是我们对之感知和认识的起点，是对它的客观认识本身，它的客体之形才是我们对之存在认识是否真实的判断检验根据。对感性世界的认识从感性开始，对物质客体规定性的思考不是从它内在的根据即质量的规定性开始的，而是从它作为具体之物存在之形开始的，我们按认识之顺序称之为物质而不称为质物。物和形是直接同一的概念。物是具体个体感性认识，质是普遍抽象认识，物质是从感性上升到知性的普遍共相概念。

为什么在认识论规定性上物在先而质在后呢？这是人类认识的本性所决定的。认识的来源是经验，最原始的认识是感性经验，即认识主体通过自己的感觉器官与外部世界的联系和作用去建立关于外部世界印象的基本信息，以此为基础在思维机能中对之分类、储存、加工，建立感性表象，作为更加抽象、普遍的复杂性思维和认识的基础。人类沟通外界主要通过视觉、听觉、触觉、嗅觉等感知，其中视觉及触觉的作用最为基本，这些感知接收和整理外部世界丰富而复杂的信息来建立表象认识的时候，一切表象的基本描述首先就是物之形，即对感性对象通过感性的表象而判断其为物，在思维认识中构建起最基本的认识对象。所以，认识从感性经验开始，从对感性对象建立认识对象开始，归根结底就从对物之形的感性直观开始。即使上升为抽象知性的几何学知识，我们仍称之为直观，直观最原始形式的感性直观就是直观物之形，由形得出物之存在的感性表象。所以物和形是在感性意义上同一的，形就是思考和认识物质世界的最初的起点。

至于物质客体的质及质量的规定性，它们不是感性认识的产物，而是在感性基础上通过对感性经验的分析、判断、综合和归纳而得出的普遍性抽象认识。它们的普遍性是抽象普遍性，因而与具体的感性经验无涉，只能是知性科学认识和理性统一性认识的成果。因此，物的认识在前，质的认识在后，物质概念是要将具体感性认识和抽象知性、理性认识相统一才能完整把握的，离开物之形的理解就没有物质的完整性概念。在认识论意义上，对物质的理解应该从物之形开始。

对物之形的感性认识作为一切物质客体认识的出发点，在逻辑上对物的形的规定是最直接和最简单的，它不以其他复杂认识成果为基础，反而是其他认识的基础，它近乎是自明的概念。这种自明性的认识方法称为感性直观，这种认识的结果称为象。对物的感性直观认识结果就是形象。形象是物质之所以为物质客体的感性规定性，我们把形象作为物存在的最初步依据。从这个意义来说，无形之象就不是物。老子说大象无形，意思是道在本原状态的形象不是有限、确定性，而是无限大的，由于无限大而没有特定形状，是无象之象、无形之形，所以道在无形状态，是无而不是有，是道而不是物。无作为无象之象可以称为大，也可以称为小，由于其无限大或无限小而成为无象之象，道在本原形态是无形之形的极限状态。而物既为有，有形有象，就是有限的存在，即物的形状既不能是无限大，也不能是无限小，而是介于无限大和无限小之间的有形存在，唯此物才是可感性直观的，成为我们对客体世界感性认识的最原初东西。当然，并不是说我们的感官无法感觉到其形状时物体就一定不存在，我们的感官无法感知到电子、质子和中子时，这些层次结构的物体形状依然存在。尽管我们感觉不到它们的形状，但是，当我们用知性科学方法来超越感官限制而得到无法感知的微观之物的认识时，我们确信可以用科学方法得到它们的形象认识，即微粒再微也是具有形的规定性的。无形无为物是物之为物的感性认识，同样也是物之为物的充分必要条件。

从物之形的基本规定性出发，我们从逻辑上可以断言物质结构不能是无限可分的。尽管在科学实证认识中还没有得出物之形的极限即最小实体结构客观知识，也应合逻辑地得出这一终极结构必定存在的结论。如果承认物之形是物存在的直接规定性，那么就不会再盲目相信物质基本结构无限可分了。老子说大象无形的另一种诠释是小象无形，即道在无限小的极限条件下就失去形的规定性，就从有形转化为无形，无形就不再是物，就不能再继续分解，因而物质结构不能无限可分。不可分的概念来自德谟克利特的原子概念，他根据对世界万物本原的不生不灭、万物生于斯而还原于斯的规定性创造了原子概念。当人类第一次发现了物质原子层次结构的时候，认为它是不可再分结构，因而就用不可分的原子概念来称之。但随后人类发现了物质原子的核及核外电子这可分结构，原子核具有中子和质子的可分结构，并且这些基本粒子其实都还不是德谟克利特的不可分“原子”，依然是具有可分解的结构的。正是对物质基本结构不断深化的科学认识不断突破原先的基本粒子概念，产生了物质结构无限可分的观念。但从物质结构在目前认识水平下依然可分贸然地得出无限可分的逻辑推论是不合理的。无限可分既在现实世界中没有现实性，而且无限可分和物之形相矛盾。无形的物体已不是物体，不可能存在。其实，由有限去推断无限的悖论正是哲学史上休谟问题的症结所在。当今具有基本科学素养的科学家都明白一条自明的形而上学法则：经验科学无法应付无限对象。由此应明白物之为物一定是有限、分立性存在才成为具体之物的道理，明白连续无限的时空只能是抽象形式，不能是具体实在的道理。

对物之形的感性直观认识，尽管是最原始、最简单的认识，但它已经包含相对完整的信息意义，具体可归纳为如下三个方面：

第一，物之形给出了物和非物的最基本区别的规定性，这是对物质世界总体存在的感性认识和知性科学认识的基础。是否有形是物质客体存在与物质客体现象性存在的本质区别，也是与非物质客体的区别。为什么说感性之形是知性科学认识的基础呢？因为即使我们对物质微观结构的科学认识已经远远超越了人的感性感知能力，但我们在对物质结构解构还原以追求更微观层次结构认识时，始终是以其是有形的客体存在为基本前提的，并且这些微观客体形状是解释经验可感知的宏观物体形态结构的基础。所以，无论在感性还是知性意义上，形都是物之为物的必要条件，是物和非物的区别标准。

第二，物之形在感性意义上提供了多样化物体的统一性物质世界，这种感性意义上的物质世界是由每一个具体物体之特定的形状的总体构成的。在最直接的感性意义上，凡是有形具体客体存在都是特定的物质客体存在，而所有的物质客体的总体就是统一的物质世界。所以，物之形从感性直观上向我们展现了物质客体的具体性、多样性和复杂性，并对这种多样性具体存在构成的世界的统一性在最基本的认识起点上就给出了万物世界这一初步的认识规定性。

第三，物之形为物质世界的普遍联系和相互作用中永恒运动的认识提供了基础，这种运动变化正是物质世界统一性的本质。在知性认识中，物体的运动变化规律是从没有大小的抽象质点作为认识对象而开始的，这不是物之形对物体运动相关性的否定吗？这种理解是有一定道理的，但并不全面。忽略了物之形的质点运动认识确实不考虑物体形状对其运动属性的影响，但归根结底，质点的抽象是忽略了物之形而不是取消了物之形，而且物质质点运动的最根本意义是运动的变化发展规律，即质点是静止和运动的对立统一性存在。质点运动概念从本质上规定了物质客体的静止规定性以及运动变化的规定性，这恰恰是物质客体和非物质客体的本质区别。这世界只有静止的物质客体，没有静止的能量子客体，所以运动及其改变正是物之为物的根据。回到感性认识层次，物体的运动变化不仅是有形具体存在之物的运动变化，而且包括物体形状本身的变化。种子发芽长成参天大树，这正是物质世界运动变化的最奇妙现象之一。从根本意义上说，运动变化是和物之形密切相关的，质点的抽象只是为了认识的简明和便利。抽象的认识只是世界的描述，而非世界本身。物之形作为最基本的感性认识，它是从世界本身的感知而来的，并且渗透在物质世界的运动和静止的相对性认识之中。

三、物质客体是空间性存在

物质客体的感性规定性是物之形，本质规定性是质，形和质的统一就是物质。就是说，任何具有形状的客体存在一定是具有内在质量规定性的存在；反之，任何具有内在质量的客体存在一定是具有具体形象的感性存在而不只是纯粹的抽象，物质之为有的更具体陈述是有质有量有形谓之有，质量形的统一是具体物之为物质存在的充分必要条件。

质是物质本质的抽象规定性，而由质及量、由质量到形象的认识发展是对物质客体从抽象向具体认识的发展。物质是抽象共相概念，但物质客体所指的是具体的可经验存在，包括一切特定之物的具体存在，物质不是形而上学概念，是从感性具体中综合而来的，关于物的一切都来自具体经验世界，故只能在经验中才有现实意义。因此，物质之为物质的规定性不能停留在抽象之中，必须从抽象到具体，得到更全面的综合。从质、质量、形象诸规定性中可以综合出物质的最一般规定性：物质客体本质上是空间性存在。可以说，空间性是物之为物的普遍本质，从理性具体意义看它又超越了物的抽象本质规定性，是物质客体普遍本质的具体现实性，是普遍而具体的范畴，由之才从质的普遍抽象本质进展到物质存在的具体现实性意义。

空间不是实在，而是描述实在的纯粹形式。在第一卷中已经对空间作为纯粹形式的诸规定性进行了详细探讨。首先必须坚持空间作为纯粹形式的非实在性，不能把空间作为物中之物或物外之物，空间形式如果离开它所描述的内容就没有实在意义。空间形式描述的内容即客体，首先是物质客体，而且首先是物质客体之形，故首先应从物之形的空间形式去在形式和内容相统一的意义上思考物质空间性的本质意义。

康德把空间看作认识的外感官形式，所谓外感官机能即指认识主体感知官能对外部世界的感知。空间形式是感性认识的基本形式，不在空间中的东西则只能在认识主体的内感官即思维之中，只能是抽象的存在。因此，我们说认识从感性认识开始，归根结底是从对感性存在物的感知开始。感性存在物之所以能被感知似乎在于它存在于可被感知的空间，但这种在空间之中的理解已经蕴含着空间实在性倾向，即似乎有一个叫作空间的东西把其他东西置于其中，这种理解的空间就是有内容而非纯粹形式了。从空间形式而论，空间之物之所以能被感知在于这感性之物是具有空间性本性的客体存在，物质客体的空间性是它存在的具体形式，只有在内容和形式相统一的意义上才有具体之物存在。所以，物体之所以是感性存在就在于它们是认识主体感官可感知的空间性存在。我们只有理解了物的空间性是形式和内容相统一的具体存在规定性，才能在空间形式对物的质、量、形具体理解中参透空间性的现实意义。没有空间性存在之物，空间形式就失去了先验认识形式的意义，更不要说有空间这种实在存在之意义了。事实上，我们是在对感性之物的空间性认识中把物和空间区分开来的，但朴素的感性认识产生了一种错觉，由于空间性存在的经验感知中产生了空间形式认识，且物体移开后空间还在，空间就被理解为独立于空间性之物的独立实在存在，并且被理解为由感性感知的实在存在。实际上，对空间形式的所谓感知是一种错觉，我们真正直接感知的只是空间性之物，对空间的所谓感知是以感性之物为中介的，是间接推论而来的认识，而且这种推论的认识是以否定性认识形式得出来的，根本就没具备空间感性存在的肯定性意义。物之为物在于它可被感知，空间不是实在在于它无法被感知，所谓见到空间只是幻象，见不到悟得到那才是空间。以感性认识中空间是独立认识对象的朴素认识为根据，把空间实在化是把认识论和本体存在论的关系颠倒了，合逻辑的关系是认识中的具体存在一定是形式和内容不可分的，空间是纯形式，空间性是用空间形式描述的实在即有形之物的本性，形式和内容相统一的空间性存在才是具体现实性存在，是本体论和认识论相统一的概念。

这就是空间形式和空间性的区别和统一。所谓空间是对客体存在描述的纯粹形式而言的，而空间性则是对以空间形式描述的客体的本性或属性而言的。空间性之于空间只是同义反复，之于客体则是内容和形式之间的统一性关系。从空间到空间性是从抽象形式进入具体，空间性包含空间形式才成为空间性。

空间形式作为客体世界的普遍性认识形式，它既是物质客体的独立描述变量，也是能量子客体的描述变量，光、电、磁现象的运动变化同样是用时间、空间独立变量来描述的。那么，为什么说光、电、磁等能量子是量子性的永恒存在，而质、量、形相统一的物质客体是空间性存在呢？这是因为所谓空间性不是空间形式的规定性，而是客体存在本身在空间形式中思考和描述而来的特性，亦即客体特定的空间形式的规定性。所以，物质的空间性和光、电、磁客体的非空间性本质，必须从它们自身的存在去思考和解释，这对量子理论的理解是极为重要的。

量子是普朗克在解释黑体辐射定律时创立的全新概念，即它是对能量辐射现象描述的概念，它的革命性意义在于揭示了波动传播运动的光、电、磁现象的客体性，即所谓粒子性，它的最独特之处在于发现了能量子量子化不可分的本性。客体可分还是不可分始终是在理论上困扰着物质结构认识的重大问题，然而它最终在能量子客体中得到了客体存在不能无限可分的理论以及科学观察和实验的证明。光、电、磁波动性运动的主体不是辐射它们的物质，而是它们自身，故它们是独立自足的客体存在而非依赖于物质客体的现象性存在，于是产生了波粒二象性概念取代传统的波动说；德布罗意由波粒二象性启发去建立物质客体粒子的波动描述，从而在物理学上建立了相对完整的量子力学理论，这是二十世纪物理学的两大杰出成就之一。既然实体粒子和非实体能量子粒子都是波粒二象性的，那它们的本性不是同一的吗？从波粒统一性的观点看，它们作为客体的本性是同一的，作为能量子客体和物质实体粒子来看，又各具有不同的本质规定性。从前我对为什么量子力学的对象是微观粒子而不包括光、电、磁非实体粒子感到困惑，为什么量子力学离开了它的源头呢？后来终于明白，能量子客体和物质实体粒子有不同的本质规定性，前者是不能进行动力学描述的，所以量子力学就只能在实体粒子领域有效，这是能量子和实体粒子均为粒子客体但又具有不同本质规定性所决定的。实体粒子区别于能量子的本质原因就在于它是空间性存在。

波动理论最早是一种特定的运动描述形式，它是在揭示物质作机械振动时震源的能量在介质中传播的运动规律时建立起来的。在十八世纪光的波动说和微粒说的争论中，光的波动说最终赢得普遍认可的最重要证据之一是光相干现象的发现，即同频率的光在空间相遇时，基于光程差的原因，可以产生在某些空间点始终相加而某些空间点始终抵消的结果，从而出现稳定的明暗相间的光条纹，这也称为光的干涉现象。光的干涉现象只能从波动理论解释，而从当时的物质质点运动学则无法解释，故光的波动说被认可而微粒说被遗弃了。德布罗意建立波动描述的量子力学理论的最成功的科学证据是微观粒子干涉现象的预言和证实，电子散射中依照量子力学预言产生了干涉，证实了微观实体粒子的波动性。由此，我们完全有理由把波动运动作为世界上一切客体运动的最基本、最普遍形式。在特定的宏观物体运动中之所以观察不到波动现象，只是因为它本身的尺寸已经超过了它的德布罗意波长，从而把波动性抹平，成为振幅为零的特定形式波动。既然一切客体都遵从波动运动规律，那就不能再说波粒二象性，而应该从波粒统一性去理解客体世界存在和运动之统一了。

但是，人类至今还没有意识到光、电、磁的波动运动和实体粒子波动运动形式相同，但它们的物理意义是有根本区别的。在光的干涉现象中，它的物理意义是指光量子在确定点的行为，即在某些点是叠加的，在某些点是抵消的，这种描述对所有点是有效的。通俗地说，光、电、磁能量子客体的存在没有空间规定性限制，在任何空间点中可以叠加无限多的能量子客体。在房间我们可以开一盏灯，也可以开十盏灯；其他形式的能量子客体同样在这些空间点存在。所以空间对能量子是共享的，反过来说是能量子没有空间性的限制条件。但实体粒子波动传播的干涉现象中，所谓干涉的物理意义与光的干涉完全不同，它并不是预言在空间中确定点实体粒子的叠加或抵消效应，而是预言实体粒子在确定点出现的概率。多个实体粒子是不能在同一空间点叠加在一起的，量子力学的干涉现象最有效的描述实际上是点的区域描述而非确定点描述，量子力学严格的抽象质点描述是没有意义的，由此可以进一步理解量子力学不确定性关系的深刻意义。

能量子客体和物质实体粒子的波动干涉现象具有不同物理意义这一事实证明了它们的本质规定性是不同的，而两者相区别而存在的根据和条件就是空间性。能量子客体没有空间规定性限制，而物质实体粒子则有严格的空间限制性条件，而且这个限制条件首先是在存在论意义上的，即每一个具体的物质实体粒子有其独有的、唯一的空间性形式存在，是它之所以是具体存在者的根据和前提。它的空间性对其他任何客体而言是不同的、不可共享的，所以空间性就是具体的物质客体之所以为具体个体存在的规定性，是物质客体之所以为物质客体而与非实体客体区别开来的决定性条件，空间性也就是物质客体存在的本质规定性。至此可以说，物质客体本质上是空间性存在。

物质客体的空间性本质决定了它是自然界特定而非最普遍的客体存在，因为它在普遍客体存在规定性之上增加了空间性这一限制条件，它就只能作为世界特定形式的客体存在。只有没有空间规定性限制的客体才是更为普遍的存在，这就是无空间规定性的无质无形的能量子客体是宇宙最基本存在的根据之一。当这一基本客体转化为有空间规定性的物质客体的时候，它就是以实体形态出现的特定形式的存在，所以空间性制约的物质世界是特定世界而非最普遍的世界。

物质客体空间性的综合概括了物质之所以为物质的具体规定性，包括质、量、形、运动变化的规定性，是对具体物质感性认识和知性科学抽象归纳认识的统一。空间性归纳了感性认识的物之形，也归纳了科学认识的质和量，具有空间性存在的客体的充分必要条件不是有形有象，而是有质有量的静止结构，它已经把物质客体的运动及静止的对立统一的相对性归纳于其中。关于物质世界的具体的认识，就是在空间性的意义下展开的。空间性的展开就是物质客体结构的建立、演化和变化及支配其运动变化的客观规律，空间性是物质具体存在内容和形式相统一的普遍规定性，物之本质就在普遍的空间形式之中，空间性存在在相对性空间中的演化及运动普遍规律的具体统一性探讨就是《天论》这一卷的基本内容。

物质客体的空间性由具体存在之物上升到物质世界的普遍性的总体描述时，这个总体的空间性，老子称之为天。世界统一性的天是玄学的天概念，是总体的、全体的空间性概念，而不是物理学、天文学或宇宙学或日常感性经验中的部分和整体之间的空间概念。天不是形式，而是内容和形式的总体统一性描述，是本体存在论之天，不是抽象空虚之天。物质客体是空间性存在，统一的物质世界就是天，天就是空间性存在的统一，不是地球之外的空间。这就是“地法天、天法道、道法自然”的真正含义。

第三节 空间性存在的相对性

一、空间性存在相对性的逻辑

物质客体的感性具体性的根据在于它的空间性，一切物质客体都是以相对空间为形式的存在。这就告诉我们，物质客体在物质存在意义上都不是绝对的，而只是相对性的存在，因为空间形式本身是相对性的。只有对物质客体有这种理解，才能体会老子玄学理论万物生于有、有生于无的意义。所以，物质客体作为空间性存在虽然对我们感性而言是最现实、最可靠、最熟悉而最可信赖的东西，它却不是真正永恒而绝对的存在，物质世界是在生生息息永恒变化运动中的相对性世界。

传统的哲学唯物主义坚持物的绝对存在而陷入绝对物质观，其认识既有科学认识的局限性，也有依赖感性感知并以此取代理性统一性思维的局限性。感性是认识的基础，但它绝无法把握世界的本质。其实在坚持绝对物质观的同时又坚持物质世界永恒的生息变化和运动，甚至在科学认识意义上把宇宙大爆炸理论作为科学认识而承认物质客体世界是宇宙大爆炸演化而来的时候，这些理论和观点在统一性意义上无论如何是无法自圆其说的。永恒生息变化之中的物质世界又怎么可能是一个永恒绝对存在的世界呢？所以，确立了物质客体空间性的本质规定性之后，首先要在本体论意义上确立相对物质观来取代传统的绝对物质观，在能量一元论的统一世界中去理解空间性存在的相对性物质世界。

空间性存在相对性的逻辑根据是有生于无，所以无是绝对的，有是相对的。老子的有生于无可以从客体世界的现实去解释，也可以从纯粹的逻辑关系去理解。西方哲学从经验和对经验的科学认识出发去理解自然界，所以客体自然界本性思考的出发点就是有，并且是只有有，没有无。无是有的否定性关系而非与之相对的一种存在，所以西方哲学的无和老子玄学理论之无同形不同神，即符号相同但所指意义不同。西方文化从有为出发点去思考世界，把空间性存在之物中最普遍的具体存在看作其他空间性存在之本原的时候，在逻辑上就决定了这种唯物主义是物质一元论的宇宙观，归根结底是绝对物质观。因为有是绝对的，无是否定性存在，所以，在西方哲学史中，不只物质是有，在更普遍意义上是存在即有。所谓唯心主义哲学从上帝、心灵、精神去解释世界本原和本性的时候，上帝、心灵、精神等才是真正的存在，而空间性存在则是既存在又不存在。存在是有而非有，所以，上帝、心灵和精神也是用有来规定的。从根本上来说，西方哲学的任何理论观点实际上都带有绝对物质观的影子，就算唯心主义哲学也不能免除，只不过唯心主义的存在即有和唯物主义的存在即有形之物具体指向不同而已。存在即有，这是西方文化的底线。由此可见，西方文化是以有为绝对存在的。既然泰勒斯的最普遍的有形之物是西方哲学的源头，那么随后的各种哲学流派都带存在即有的“遗传基因”于其中就不难理解了。即使宗教哲学亦是如此，否则就是纯粹宗教而非宗教哲学了，这就以无限的上帝实体概念表观出来。唯心主义则创造了不可理喻的精神实体概念。非唯物主义哲学追求的尽管并不是自然的统一本性，但在追求最普遍的绝对这一意义上说，一切哲学是相一致的，在把有理解为绝对存在这一点上也是一致的。

西方哲学的逻辑是坚持有从有中来，这不是逻辑上的同义反复，而是把有看成不同结构层次的存在而得出的合理陈述，即由有产生出来的有是结构性的相对性存在者，而产生相对者的有在最终意义上是无结构的绝对存在。这个存在有人说是水，有人说是火，有人说是原子质子等。最终意义上的有是绝对存在，所以有从有中来的意义就是说自然客体的复杂结构存在由简单结构客体构成，一切结构在最终意义上只能理解为由最基本结构即称为“一”的绝对之有来构成。由绝对之有产生相对之有，在逻辑上并无矛盾。真正的逻辑悖论在于，作为绝对存在的有即“一”既然是有形之物，又有何根据断言它最简单的结构是永恒存在的呢？“一”虽然是有之万物的最简单结构，但它同样是结构性的，否则它就不是有，而且也无法解释由之构成的复杂性结构的相对性物体的存在。从逻辑上说，有结构就有可能分解还原，科学家基于科学认识逻辑本身只能说物质结构无限可分。

中国玄学世界理论与西方哲学不同，它不是从有而是从无来解释世界的统一性，即无中生有，也即“道生一，一生二，二生三，三生万物”。故玄学理论认为世界从无中来，无才是绝对的存在，而有则是由无生成的相对性存在。包括西方哲学认为绝对的“一”也是由无生成的，一切称为有的客体都是相对性的存在。有和相对性存在是同一的，或者说相对性是一切有客体的根本规定性，无才是绝对的存在，有则是绝对的相对性存在。

从无出发来解释世界回答了有从哪来的问题，即无中生有。从有出发来解释世界是不能追问有从哪里来的。追问绝对的本原、不生不灭的本原存在从何而生而来是违反逻辑的。从无出发去解释世界的理论在逻辑上更为完备，因为从无生有解决了作为“一”之有究竟是有结构还是无结构的逻辑悖论，对“一”的结构性存在本性作出了肯定的答复。“一”就是有结构的空间性存在，是一切空间性存在的最基本单元，一切有都可以从它得到解释和说明，所以“一”是空间性存在的起点。但“一”既然是有结构的，它就是相对性的，是生成而不是永恒的。“一”能复杂性演化的另一个意义就是它在逻辑上必定能解构，不可能是永恒的绝对性存在，即从逻辑上也表明了它即使不可分也不是不生不灭的永恒存在。无中生有说明无才是普遍世界的起点，有也必须从无中解释和说明。因此，无中生有比有中生有在逻辑上更为完备。无中生有不是无的结构复杂性演化，不可分的量子化存在是无结构规定性的，它就不是自然结构复杂性演化的逻辑起点，由之生有是转化不是演化范畴。正是基于这一点，我们才有充分的理由说老子玄学理论是人类历史上第一个相对逻辑完备的世界统一性理论。

玄学之无中生有比西方哲学有中生有更符合逻辑的原因在于玄学之无的概念和西方哲学相对于有的无的概念是完全不同的。西方哲学的有是绝对存在，有与无就不能是一对对立统一概念，即有是存在而无不是非存在，无只是有的否定性修饰副词，而非与有相对的另一种存在。无只是有的一种规定性，只是存在的属性而非存在本身，所以说无即非存在没有本体存在论意义，无不是自足独立的概念指称，只有认识论意义，没有无这种东西可以存在。唯物主义哲学从有开始解释世界，并合逻辑地把一切存在看成有的特定复杂结构，于是存在即物质，世界的本性是物质的，在客体世界中没有无的存在位置，在本体存在论中没有非存在的意义。西方唯心主义哲学同样从有出发去说明世界，但它们坚持的有即存在是永恒的、最普遍的存在，与之相对的非永恒存在并不是无，而是在存在论意义上既不是有也不是无，在认识论意义上既是有也是无。按照柏拉图的观点，变动不居的感性物质存在现象不是有也不是无，而是既存在又不存在，所以不是有，不是绝对存在。绝对存在的有只能是最普遍的抽象理念。所以，西方唯心主义哲学中同样没有无的存在，无同样只是绝对之有的一种否定的规定性，是存在现象而非存在本身。但唯心论把自身理解为本体存在论而从绝对之有出发理解存在，但实质上它只是认识论范畴的。在抽象认识中当然必须讨论有无、存在非存在问题，柏拉图使用不存在概念已经标志着理念论不再是本体存在论，硬要当成本体存在范畴的西方唯心论长出了一个背悖的抽象实体概念。长期以来很多人望文生义，认为西方唯心主义从精神出发实际上就是从无出发去说明世界，然而实际上唯心主义哲学家从来就没有人把精神现象规定为无，而是看作真正的、绝对的有。存在即精神，无则是非存在，也是非精神的，否则就不能说西方哲学都是从有出发去思考存在了，唯心论也不需要抽象实体概念了。老子的无并不是存在属性的规定性，而是存在本身。说得逻辑一点，即西方哲学的无是存在属性，是认识论的范畴；老子的无则是存在本身，是世界的客体存在，首先是本体存在论的范畴。老子的无和西方哲学的无是完全不同的范畴。认为老子从无开始去解释世界是和西方唯心主义哲学从精神去解释世界是同一的，从而得出玄学理论是唯心主义宇宙观结论者，实际上既不理解西方哲学也不理解玄学。如果不从与有相统一的客体存在去理解玄学的无，按照西方哲学无概念的规定性去参悟老子玄学的无，并且自认为能够得出对《道德经》道、天、地、人构成的世界统一性理论的基本理解，那纯粹是自欺欺人。无如果是非客体存在，自然哲学就只能从有开始。无既然是道的最基本形式，是主客体统一性世界的逻辑起点，在本体存在论意义上它就一定是客体存在，而且唯无才能是最基本、最普遍的存在，唯此有生于无才有实质性意义。

从客体存在去理解无和无中生有时，在逻辑上就圆满地解决了世界统一性问题。因为无中生有解决了有从哪里来的问题，有就是无客体的特定形态的存在。西方传统思维中有既是终极无结构不可再分解的存在又是有基本结构存在的矛盾消解了。有就是结构性的相对存在，而不是无结构的绝对存在；即使是作为物质客体世界起点最基本的“一”结构，也是相对性的存在，它的起点本性对物质世界而言才有意义。因此，我们至此可以概括地说，物质客体作为空间性存在只是无空间性客体存在转化生成的一种特定形态，是相对性的存在，物质世界只是普遍世界中具有空间性规定的特定世界，真正的绝对存在是无。这正是老子所说的以今之有御古之道，是谓道纪的意义所在。

二、空间性存在的相对性

物质客体存在的相对性认识不是纯粹的逻辑问题，而首先是本体存在论意义上现实世界中的重大命题。理性统一性认识不只是黑格尔那种纯粹抽象的《逻辑学》或老子《道德经》那种玄之又玄的道学的朴素理解，而是形而上思辨和经验世界感性及知性科学认识基础上的。物质空间性存在是在感性认识基础上建立其绝对存在观念的，而它的相对存在本性则应该从对世界的科学认识中得到合理的理解，否则再完备的抽象逻辑思辨也只停留在两千多年前老子的玄学世界理论水平。

人类对物质世界本性科学认识的最基本方法是结构还原分析方法，西方人戏称之为对世界不断的拆零。这种认识方法既符合泰勒斯关于世界万物本原的规定性，也符合科学对经验世界从特殊到一般、从复杂到简单、从低级到高级的逻辑规律。西方有识之士戏称物质结构还原为“拆零”时无不带有轻蔑之意，但这其实正是人类关于物质世界科学认识的最基本方法。正是对物质结构认识的不断深化构成了人类科学认识不断积累而进步的一个主要方面。对物质世界的科学认识的回顾和归纳，毫无疑问必须从物质结构还原分析开始，这在历史意义和逻辑意义上都是合理的。结构还原分析是西方科学思维认识方法的重要特点，而这恰恰是中国传统文化所缺失的。中国文化因为缺乏实体结构认识而停留在抽象的唯象理论之中，因此尽管有玄学世界统一性理论，但由于缺少经验和科学认识的支撑，玄学之玄本身始终只是被理解为抽象逻辑和思维。西方文化则在对物质结构科学认识的不断突破中不断得到对物质世界本性的新理解。西方科学对物质结构认识的追求和进步对人类历史的进步具有重大意义。

物质客体是结构性存在的思想根源也体现在泰勒斯关于水是世界万物本原的科学猜测之中。水是生成其他一切复杂性物体的基本元素，而其他变动不居、生生息息的物体最终结构解体又还原为水，水本身则是不生不灭的，因而对物质世界的认识就在于理解由水构成的各种复杂性物体的机制和机理。当然，水、土、气、火等作为世界本原还只是朴素的科学猜测，不是科学真理性认识；甚至德谟克利特创立逻辑完备的原子学说，并在伊壁鸠鲁的哲学中得到极大丰富和发展时，这仍然只是合逻辑的科学猜想，并不是真正的物质结构科学真理性认识。

科学对物质结构认识的划时代发现是物质原子结构的发现。在物质原子层次结构上人类第一次得出了物质世界统一性结构的科学认识，由称为元素的一百多种原子组合构成了各种复杂结构的物质分子，这是其他一切混合物质结构的基础。而且多样化的物质世界可以从一百多种元素的原子结构中演绎出来，真正实现了由特殊到一般、从复杂多样性到简单统一性的科学描述，这确实是人类对物质世界统一性认识的里程碑。但是，科学家把原子结构理解为当年古希腊哲人在逻辑上定义的不可分的绝对客体存在时，这在逻辑上肯定是不成立的。因为原子不是一而是多，一百多种元素的原子如果是不可分的，那物质世界就不是一元论统一世界，而是一百多种元构成的百元论不统一世界了。

原子是由原子核和核外电子组成的结构性存在，这一发现证实了原子结构也是相对性存在。最具意义的是原子核结构的发现，实际上原子核是由中子和质子组成的，于是一百多种元素的原子以及它们的同位素都是质子、中子和电子的结构性存在，大千世界万物归根结底是它们的结合体。人类虽然没从科学上发现最普遍的物质世界之“一”，但已经发现了具有普遍意义的“三”，物质世界具有了在质子、中子、电子这三种基本粒子基础上的统一性意义。但由“三”而“二”，由“二”而“一”的进程非常艰难，对质子、中子、电子结构的进一步分析发现，在更微观层次是一个庞大的更基本粒子的家族。人类已经发现了几百种“基本粒子”，很难用这些粒子对质子、中子及电子的结构统一性得出归纳。其中，夸克是最为重要的发现，人们猜想它或许是“一”，但也许它同样是结构可分的存在。实际上，从物质结构分析去找寻世界万物的本原结构仍然是非常艰辛的任务，人类仍在黑暗中上下求索。

事实上，科学追求物质结构绝对性存在的目标不但受技术条件制约，而且也面临着逻辑上的两难选择。技术上的原因在于越来越微观结构的分解需要对分析对象施以越来越大的能量，用来观察测量这些微观结构的光的频率也越来越高，这种不断向深层微观结构分解的过程是不能无限延续下去的。由于能量守恒，能量不能无限大，光的频率不能无限高，所以物质微观结构的分解有极限壁垒而不是可无限进行下去的。问题在于在理论上和逻辑上我们无法判定极限点所在，只能任由这种分解无限进行下去。这就是从物质结构分解还原去研究物质终极结构的科学认识的局限所在。

其实，对物质客体结构的科学认识完全可以循着与结构分解逆反的路径展开，结构分解是使相对性结构“灭”即解体去认识更深层结构，相反的思维则从物质客体的“生”去思考它的最基本结构。关于物质世界生成的最重大科学理论是二十世纪的宇宙大爆炸学说，我们完全可以从大爆炸理论的真理认识中去思考物质结构的创生及演化问题。

宇宙大爆炸理论描述了从约一百五十亿年前那次大爆炸开始的宇宙演化过程，并把大爆炸那一零点时刻作为宇宙创生的始点。宇宙大爆炸的许多重大的预言已经被科学观察证实，所以它是科学认识而非猜想，宇宙背景辐射以及宇宙元素丰度的理论预言和科学观测相一致是它科学性的可靠证据。当然，作为如此宏大的科学理论，它还不是完备的，其最大的缺陷是零点奇点存在，即在理论描述中零点那一时刻恰恰是理论所无法描述的。在大爆炸发生之后的0.1秒，理论可以得出预言，科学家对此有相当的把握。宇宙大爆炸理论既然断言宇宙是从零点开始创生的，宇宙是有限时间中的存在，但真正证实宇宙起点的零点是奇点，所以宇宙有起点的论断肯定是极不完备的。那么，根据宇宙大爆炸理论的现有成果，我们来思考物质世界的“生”的问题。

首先，按照宇宙有起点的科学论断，则宇宙中的一切客体，当然包括物质客体都是有创生起点的，宇宙中根本就没有永恒的存在，由此可以推断一切物质客体都是相对性而非绝对性的存在。按照世界统一性原理的广义能量守恒定律，能量是不能创生的，宇宙的总能量是一常数，即和时间变量无关，故宇宙存在是永恒的，宇宙创生和能量守恒定律冲突。除非证伪能量守恒定律，否则不能认可宇宙创生理论。宇宙大爆炸科学理论的最深刻形而上学意义是提供了一切物质客体都不是绝对存在的科学根据。但对这一根据的统一性认识又局限于物质一元论的框架中，由此得出宇宙创生的结论，同时产生了和能量守恒定律的不协调问题。由此可见，把物质客体作为绝对存在是不可能建立起宇宙自然圆满自足的统一性理解的。

其次，考虑到宇宙大爆炸理论在零点的奇点性，即理论无法为零点时刻是否有物质客体存在或一切物质客体都是零点以后创生问题提供根据，因此无法证明一切物质客体都是相对性客体存在。那么，从另一个角度，即理论预言指大爆炸那一时刻宇宙被压缩为近乎零空间点的状态时发生大爆炸，由此可以推断，零点时刻宇宙中可以视为没有物质客体存在。因为物质客体是空间性存在，想象整个宇宙不生不灭的物质客体在零点时刻被压缩在空间性几乎为零的空间，那肯定是不成立的。可以按逻辑判断，在宇宙大爆炸的零点时刻，宇宙中还没有物质客体存在，一切物质客体都是宇宙大爆炸的产物，而不是大爆炸的起源。如果物质客体确实是由不生不灭的本原物质客体构成的，在逻辑上就可以推断宇宙的本原物质存在是恒量，任何时候宇宙的本原物质存在都绝对和大爆炸产生的零点时刻相等。当今宇宙全部物质在大爆炸的零点时刻被压缩在几乎为零的空间中是无法想象的。物质客体之所以是具体的空间性存在，就在于每一个具体存在的物体都必须占有唯一的存在空间。在大爆炸的零点时刻，即使无法确知具体物质客体的情况，那一时刻的宇宙空间无法容纳当今宇宙全部质量的物质也是可以断言的，即我们当下宇宙的物质存在中，至少大部分是在大爆炸之后生成的，而且是在最基本空间性存在意义上生成的。在大爆炸之后生成的物质客体就只能是相对性存在，不是不生不灭的绝对存在。如果大爆炸之后有基本物质粒子生成，那就只能断言一切物质客体本质上都是相对性存在。这是由一元论的统一性得出的必然结论。

最后，回到宇宙大爆炸理论预言有效的非零点时刻考察。按照理论预言，宇宙大爆炸 0.1 秒后暴胀的结果产生了第一批宇宙的基本粒子——轻子，主要是氦原子。在非常高温下这些粒子具有极大的自由能，因此以自由态存在。当温度逐步下降时，才产生了相对稳定的物质原子、分子结构，并最终由于引力作用而聚集为星系，在星系引力质量作用下的核聚变产生了更大质量的元素原子和分子，并形成和不断演化出我们现在所处的宇宙。在这里我们思考的主要问题是：我们现在所处宇宙中如果所有物质客体都是在大爆炸之后 0.1 秒就存在的基本实体粒子结构复杂化的产物，那我们就承认有永恒的物质基本粒子存在。但根据大爆炸理论已有的认识，我们宁可相信构成现存宇宙总物质客体的基本实体粒子主要是大爆炸以后的产物。因此，物质基本粒子主要是大爆炸之后创生的，不是永恒的存在。既然我们相信大多数物质客体是后生的，在逻辑上就完全可以认为一切物质实体基本粒子都可以是后生产物，是相对性存在。

宇宙大爆炸理论认为，在大爆炸早期，宇宙产生的基本物质粒子是以正、反粒子不同形态产生出来的，大部分的粒子在高速运动中相遇而湮灭，从而最后形成以正粒子为实体存在的宇宙物质结构。至于为什么宇宙中是负电子而非正电子为基本粒子结构的世界，这是正、反粒子共生机制无法解释的。因为共生机制的最终结果一定是共灭，无法给出正粒子存在而反粒子消失的充分理由。但正、反粒子理论恰恰在科学理论上提供了一切物质客体结构在最终意义上只是相对性结构存在的确凿证据。

从宇宙大爆炸理论得出的不仅是物质客体是相对性存在的结论，而且一切客体都是相对性存在的结果，因为如果宇宙大爆炸的零点时刻才是宇宙的开始的话，则在此之前无宇宙存在，亦即无宇宙客体和宇宙客体之现象性存在。于是，能量子客体也是相对存在，能量守恒定律就只是相对性规律而非宇宙绝对的规律了。于是，能量从何而来就成了科学无权过问亦无法过问的问题。这是从现有宇宙大爆炸理论去解释宇宙创生及演化时的困惑所在。真正的问题依然在零点奇点处。

对宇宙本性的最终回答以科学为基础但不能停留在知性科学层次，这是理性统一性才能提供最终答案的命题。按照世界统一性原理，宇宙并没有起始点，而是永恒的存在，只有这样才能和能量不生不灭的守恒定律相协调。宇宙大爆炸理论揭示的宇宙创生实际上是永恒宇宙中相对性的物质世界的创生，所以理论的合理性只有在以特定物质世界为描述对象时才是可理解的。宇宙大爆炸不是宇宙创生理论，而是宇宙演化之中物质世界创生的理论。物质世界有开始不等于宇宙有开始，所以，宇宙中有绝对存在，但这绝对存在不是物质客体，而是永恒的能量。从宇宙大爆炸理论得出的真正结论不是宇宙非永恒性，而是物质世界非永恒性，即物质客体是相对性的存在。

三、物质客体运动的相对性

物理学对物质世界的认识主要包括物质存在之所以存在的结构以及普遍联系的统一物质世界中客体相互作用产生的运动两方面。牛顿建立物质世界普遍科学描述的经典物理学理论的两个作为起点的抽象认识对象是质点和力，质点是物质客体存在的普遍抽象，力是物体普遍相互作用关系的抽象，以它们为对象建立的科学真理认识叫质点动力学。质点动力学本质上是支配物质世界普遍运动变化的必然性普适规律体系，揭示的不仅是物体的运动变化现象，更重要的是物质客体运动变化的根本原因。物质世界在感性认识中是多样性且变动不居的世界，由牛顿质点动力学普适规律体系去理解永恒运动变化的物质世界时，它不再是变幻不定和杂乱无章的，而是由普遍的必然性规律支配的完美有序世界，它不只是变幻的现象，更是基于自然必然性的现实，现实性才是扬弃了感性现象性的理性具体水平的完美理解。牛顿经典物理学理论的真正认识对象不是物质客体存在本性，而是它的运动属性。质点抽象的意义在于忽略了物质存在的空间结构差异性，力的抽象的意义在于探求支配物质运动变化的普遍原因，建立支配物质世界普遍运动变化的一般规律。质点动力学是揭示物质统一世界何以是多样多变而又统一的理由和根据的，这正是牛顿科学发现的深刻意义所在。从牛顿科学理论的重大历史意义可以得出归纳，永恒运动变化中构成的多样物质世界统一性的客观根据是质点动力学，它是关于物质世界何以是统一性存在的深层理解，是物质世界统一性的本质。更进一步看，物质结构复杂性演化的必然性关系同样基于质点动力学关系为基础，故质点动力学是普遍自然科学认识的基础。因此，物质客体存在的相对性还必须从它的运动特性作进一步的探讨。

按照传统的哲学唯物主义理论，物质世界的运动是绝对的，静止是相对的，最规范的描述是物质和时间、空间及运动不可分割。世界统一性原理认为，时间、空间是物质客体存在及运动变化的描述形式，物质具体存在是空间形式中的空间性存在，我们把物质客体归纳为空间性存在。至于物质和运动不可分割的最基本意义如果只是指物质总以特定具体状态存在，则这是可理解的。运动是物质状态属性的描述并无异议，但由此不证自明地从物质和运动不可分割而推论物质运动是绝对性的则是缺乏充分理由的。

物质客体运动的绝对性实际上有两种意义完全不同的理解：一种是物质客体运动是绝对运动而不是相对运动；另一种是物质客体一定是运动的，至于它是以绝对运动还是相对运动的方式与它是否运动无关。根据我们已有的物质客体运动学及动力学科学知识，说物质客体和运动不可分割是在后一种意义上说的，即它并不是认为物质客体以绝对运动方式运动，而是说物质客体总是运动变化的，只有从运动变化中才能真正把握具体的物质客体的本质和本性。

然而，即使从总是运动的物质客体去理解物质和运动不可分割也是不完备的。在物质客体运动状态的描述中，有两个基本问题是无法回避的：一是物质客体运动是变化中的运动，匀速运动或静止是物体运动的特定状态，变速运动才是最普遍的运动形式。这是什么意思呢？它告诉我们，物体的运动有变速运动、匀速直线运动和静止非运动三种基本状态，所谓运动则是与静止相对而言的。运动和静止是描述物质客体时空状态的对立统一范畴，离开静止就无所谓运动，说物体绝对是运动的是不合逻辑的，因为描述物体运动状态的运动概念本身就已经是相对的，说物体绝对运动和说大于零的负数一样是矛盾的。二是任何物质客体运动只有相对于描述参考系才有意义，任一独立的物质客体是不能为它自身的运动属性、状态提供任何说明的，没有人能从一物质客体存在本身去有意义地指称它是运动还是静止的。物体的运动状态只有在指定的参考物前提下才有意义。运动是不同客体之间的相对性关系，运动的有意义描述则只有在选定的参考系中才有可能实现。因此，物体的运动或静止是相对于参考系而言的，相对于参考系 A 运动的物体相对于参考系 B 可能静止，坐在火车上的人对于火车而言是静止的；而火车在开动时，对路轨而言，他则是运动的，离开参考点谈论运动或静止没有意义。所以运动或静止状态不是一种绝对状态，而是以参照系为基础得出的相对性描述，所谓运动相对性的完整意义是指只有相对于选定的参考点才有物体运动状态描述的绝对确定性意义。因此，物质客体的运动只有从相对性去解释和描述才有意义。物质客体运动的相对性可以简要地归纳为如下几个方面：

第一，物体运动状态是空间性属性，即它不是存在之为存在的属性，而是存在之物之间相互关系的空间属性。物之为物的存在属性是在它自身就具有充分根据和充足理由的，但物体的运动之所以是运动、静止之所以为静止的状态，这是不能由它自身的状态得出的。一切物体的运动都是相对于他物的关系，一切相互关系都不具有绝对性，关系总是相对性关系。用黑格尔的对立统一辩证逻辑陈述，那就是在他物中显现自己，所以，物体的运动都是相对的。

第二，物质世界物体运动统一科学描述用坐标系来规范物体运动的相对性描述，这首先是笛卡儿的贡献。物体运动和静止总是相对于其他物体而言的，而所谓其他物体是特殊而非普遍的，所以建立空间坐标系之前的物体运动描述不具备物质世界普遍性意义。笛卡儿建立空间坐标系使对物体空间运动描述的相对参照点由具体之物上升为具有普遍意义的抽象参考点，为物体的相对运动描述具有物质世界普遍性意义提供了基本形式。真正实现物体运动描述普遍性意义的是伽利略的相对性原理，即建立相互做匀速运动空间坐标系之间描述变量之间的伽利略变换，使同一物体的运动规律在不同的参照系中具有描述形式不变性，使同一物体在不同惯性系中的不同运动状态描述具有统一性。用描述变量的函数关系实现运动规律描述不变性，运动学规律就不只对特定参照系，而是对物质世界中一切做匀速运动或相对静止的空间参照系都具有普遍意义。对物质空间运动特性得出最普遍综合的是牛顿的相对空间观，即运动相对性的充分理由是运动描述形式空间本身的相对性。在此之前，人类从自己感性的尺度出发把地球作为宇宙中心，作为一切物体描述的绝对参考系，这就是绝对空间观。绝对空间观是绝对运动的基础，但牛顿在伽利略变换基础上进一步综合出空间相对性原理，即描述物体的存在及其状态的空间形式只有相对性而没绝对意义，不同的空间系对物体运动描述是等价的，故由之描述的空间运动也是相对的。空间相对性决定了物体空间运动的相对性。

第三，物质和运动不可分的意义与物质客体运动绝对性并不同一，它的真正意义是一切空间性物质客体存在都具有空间状态属性，正是这种最基本属性建立了物质客体之间的普遍联系，使宇宙自然由无差别的混沌演化成气象万千的多样性统一世界。物质世界的精妙之处就在于它不是绝对的同一，而是相对的统一，是相对性结构和相对性运动的统一。能量是物质之母，相对性是多样性之根，是统一性之源，没有相对性就没有多样化的自然存在，宇宙就只是无区别同一的混沌，从混沌到有序的演化就是相对性物质客体的产生和复杂性进展。物质客体结构是相对的，分子是物，夸克是物，太阳系银河系也是具体之物。物是质能统一、存在和演化相统一的存在，原子中的电子云和太阳系行星绕太阳运行性本相同，既是物之间的关系，又可以看作独立具体之物的内在结构规定性。离开空间相对运动无法理解有无统一性的物质存在，离开相对性无法理解物质存在及其运动变化。对物质客体的认识，除了它的质、量、形之外，还必须从它与他物的相互关系得到具体的把握和理解，但它的运动状态存在的绝对性和运动状态是绝对的意义完全不同。所谓绝对运动是与参照系无关的运动，即能量子客体的运动。绝对运动无静止状态，甚至无速度变化，否则由于空间相对性原理，任何一个空间中变速运动的物体总可以在某个特定的空间参考系中实现静止。所以变速运动一定是相对运动，与参照系相关的运动描述也一定是相对运动。因此，不能把物体绝对具有运动状态属性理解为它的绝对运动，更不能由此得出物质的运动是绝对的，静止是相对的。准确地说，物质的运动和静止都是相对的，它们运动或静止的相对性取决于我们用来描述的空间坐标参考系。只有相对空间中相对运动的物质世界才可以是多样性演化的，绝对运动绝对无结构的能量子构成的真空是不可能产生相互作用并向复杂性演化的。所以，纯粹由能量子构成的世界是无差别同一的混沌，相对性物体存在才合逻辑地有从简单到复杂的多样有序性演化。

由此可见，物质客体作为相对的空间性存在，是存在和运动的统一，是质、量、形、状态的相对性的统一，由此可以得到对物质之所以为物质的相对性的诸规定性的统一理解，合逻辑地把物质客体理解为中介性的相对存在，是绝对的无产生出的相对有形态的存在。它的运动状态也是相对空间基础上的相对运动。几千年来，我们视为和宇宙同一的物质世界并不是绝对世界，而是在绝对世界之中具有特定规定性的相对世界，只是宇宙中具有自身本质规定性的特定部分而非宇宙本身。物质世界和宇宙并不同一，这是世界统一性原理颠覆性的重要观念和理论。

只有把物质世界看作非最普遍的相对世界，把物体在空间中的运动看作非最普遍性的相对运动，才能对二十世纪人类关于世界科学认识的最主要成果得出统一性的综合归纳，从而得到对量子力学、相对论理论以及粒子物理学的最新科学成果的合理解释和统一性理解。比如为什么普遍运动形式的时空坐标中最普遍的关系是洛伦兹变换，而伽利略变换只是洛伦兹变换的特定形式呢？这是由电、光、磁能量子客体绝对存在的绝对运动和物质客体相对存在的相对运动性质决定的。如果伽利略变换满足光、电、磁运动在不同坐标系中速度不变的描述，则它们的运动就是相对运动，就既可以用运动来描述又可以用静止来描述。而这恰恰是违反它们的本性的，没有静止的光、电、磁能量子客体存在，它们是真正意义上绝对运动的，是既非静止又不改变速率的绝对运动着的存在者。物质客体的运动和光、电、磁能量子绝对运动之间的统一性描述就是必须遵守光、电、磁绝对运动的本性，即相对运动的必须符合绝对运动的规定性时才是和绝对运动相统一的。我们知道运动学中最基本的关系是路程等于速度和时间之积，当在绝对运动中光速具有不变性时，即在任一参考系之间光、电、磁的速度都是与参考系无关的绝对不变量限制下，不同坐标系之间统一性转换的不变性关系就只能通过路程和时间的相对性来实现，即描述空间的坐标和时间的坐标在不同惯性系中是统一而非同一的。包括光、电、磁绝对运动于其中的普遍运动规律的描述，当其在不同惯性系中变换时，在时间和空间变量的统一变换关系即洛伦兹变换下才能保证绝对运动不变性，才符合最普遍运动描述的相对不变性要求。在相对运动描述习惯中，不同坐标系的空间坐标是按伽利略变换统一起来的，时间坐标是绝对不变量，时间坐标的不同一性是不可思议的；但在光、电、磁绝对运动描述中，光速变化才是不可思议的，而相对性的空间关系形式及时间描述形式的调整才是天经地义的。只有在速度远远小于光速的坐标系之间，洛伦兹变换才退化为特殊的伽利略变换。所以，伽利略变换只有在相对运动描述这一定义域中才有普遍意义。由特定规定性限定的普遍性当然不是最普遍的。人们对狭义相对论的相对时空大惑不解，但从逻辑上看，既然接受相对空间观就不应拒斥相对时间观。

至此，在能量一元论基础上，我们建立了在最普遍而绝对守恒意义上的能量世界中，在相对空间中相对运动的物质客体规定性的统一性理解。物质客体本质上是相对性的空间性存在，这是对数千年来支配人类的绝对物质观的彻底扬弃。习惯于流行的物质一元论者或许觉得相对物质观听起来刺耳，但其实绝对物质观和我们的科学知识才是极不协调的。本体存在论是关于客体自然界统一性本性的理性理解，它不能只基于我们感性认识基础上的朴素猜测，更由不得我们主观凭感情循习惯对待之。真正的理性是具有客观普遍性认识基础的，是建立在客观普遍有效科学真理知识基础上的统一性智慧。在泰勒斯时代，在亚里士多德以地球作为绝对空间去对一切客体运动变化进行描述的认识水平限制下，把物质客体理解为绝对空间中做绝对运动的绝对存在者是顺理成章的。我们今天没有资格对早期圣哲们说三道四，人类必须对推动人类文化文明贡献了智慧的圣哲们永远怀感恩之心、崇敬之情，他们是人类走向更普遍文化认识、更高级文明历史的台阶。近代科学革命牛顿科学理论大厦落成是人类走出绝对物质观的绝好契机，由绝对空间观向物质世界具有普遍意义的相对空间观的转变是革命性的观念变革，由相对空间到运动相对性乃至物质客体存在相对性的合逻辑进展是有可能的。可惜在最基本的运动相对性问题上都无法超越物质运动绝对性的传统观念，而相对描述空间形式下的物体运动还坚持运动绝对性是毫无道理的，由此足见习惯和传统的顽强。从牛顿科学理论发现至今，人类依然把物质客体理解为绝对的存在，把宇宙自然和物质世界同一，自然的本性是在相对空间中绝对运动着的物质存在的本性，其中的不协调是显而易见的。二十世纪量子理论和相对论的科学发现已经从根本上颠覆了传统的绝对物质观。不变性的光速运动才是绝对运动，在一切参照系中以不变速度运动的电磁波传播才是绝对运动，量子性的能量子才是不可再还原分解的绝对客体存在，客体和状态相统一的能量才是绝对不灭的守恒量，才是永恒的存在。但在绝对物质观惯性思维支配下，光的本性被理解为波粒二元性，同时又把光的粒子性当成物质粒子性，把场和力也装在物质这大口袋中。如此的客体世界知识体系是支离破碎甚至自相矛盾的。世界统一性原理对自然的统一性认识任务就是消解矛盾，建立对宇宙自然统一性的最基本理解。完美的自然界在最普遍意义上是绝对运动、绝对守恒的能量构成的绝对一元论的自足、自洽的统一世界；它的复杂性演化产生了在相对空间形式下相对运动的特定空间结构性物质存在。物质客体作为空间性存在就只能是相对性存在，由空间性物体构成的统一物质世界就不是最普遍的宇宙自然界，而是宇宙自然界运动演化而生成的特定世界。

或许会有不少人对物质相对性很反感甚至视为大逆大道，其实真的不必对此耿耿于怀，除非你只会用机械还原论思维去思考世界。从理性统一性思维看，进入能量一元论统一世界宇宙观的最深刻意义首先就体现在物质世界统一性之中。宇宙世界从能量转化到物质运动演化是从低级到高级运动的起点，是多样性宇宙运动发展的基础，能量世界只有转化为物质世界才产生了多样性而生生息息的完美世界，相对性存在的诞生才赋予了宇宙多样性存在的可能性，展开宇宙从转化到演化到进化到文化的从低级到高级、从简单到复杂的有序统一的运动发展过程。同时，回到能量一元论的基础，我们才能从自然自身中找到物质世界多样性演化统一有序的根据和充分理由，物质世界的统一性只有在能量一元论基础上才能建立起来。物质不是绝对存在，物质世界也不能还原为能量世界，物质世界统一性问题仍在，物质世界和能量世界的统一性关系产生了。多样性物质世界不是独立于能量之外的世界，具有质规定性的物质只有在质和能的统一性存在、在质和量的统一中才成为现实，这是理解物质世界统一性的基础。对物质空间性客体存在的相对性思考中得出物质客体是非绝对存在，物质世界不是最普遍宇宙世界的结论时，无论对特定物质世界的思考，首先应该建立在它与最普遍能量世界的统一性关系基础上。

第二章
质能统一性

引　言

【提要】爱因斯坦狭义相对论的质能相当性关系为超越质点和力绝对分立的二元论宇宙观提供了客观性根据，以绝对物质观为传统的人类文化则把能量当成特定质量，把电磁场和引力场叫作物质，保持着两千多年来物质一元论的绝对不变性。质量和能量的关系不能以物质一元论为前提，哲学的彻底批判精神就是不仅以自明前提为根据和逻辑起点去统一多样性世界。质量和能量的关系是涉及世界本性的根本性命题，本章主题是通过以能量统一质量，得到自然统一能量本性的更具体理解。

一、物理学是自然科学的基础，能量及其守恒定律的发现是十九世纪三大科学发现中具有最普遍客观性意义的成就。其最根本的意义在于科学对自然的客观认识终于割断了感性具体的脐带，进展到普遍抽象的本质归纳，能量不是由感性认识为直接对象抽象而来的共相概念，而是在物理学普遍知识基础上更具普遍意义的自然本性和本质归纳，能量守恒定律从根本上超越了质点动力学范畴，以不变的普遍当量形式把整个自然乃至它的每个细部联系并统一起来了。诚然，在质点动力学理论体系中成长起来的能量范畴当然以质点和力的二元分立为形而上学前提，反映力作用的状态函数能量概念只是相对性认识范畴，其存在论根据是质点。就是说，当时能量概念的物理意义是物质运动产生的状态描述，质量和能量是自然绝对分立的两个元，这是合历史和逻辑的。

二、爱因斯坦建立的狭义相对论是二十世纪最重大的科学革命之一，其对自然认识直接现实性的革命性变革是质量和能量相当性关系的发现，由此终结了质点和力、存在和演化绝对分立几千年的传统，是由二元论进展到一元论宇宙认识的契机。诚然，爱因斯坦是以物质一元论为形而上学前提，以物质世界为统一世界去建立质能关系的，离开静止质量时质能相当性无意义，所谓动质量是和物体状态相当从而随运动改变而改变的物理量，离开静止质量无运动状态变化之物理意义。从哲学意义看，动质量的本体论根据是静止质量，即爱因斯坦的质能相当性关系是在抽象科学相对认识意义上的质量能量同一性关系。不加批判地把质能同一性上升为本体论意义的自然本性就有问题了，结果是产生了把引力场、电磁场当物质的谬误，物质产生引力场物质，那引力场物质产生什么样的物质呢？

三、以能量为自然普遍本性就能得出质能相当性是能量相当性的具体理解，就能明白在本体论意义上质量统一于能量。爱因斯坦关于质能关系的推演及陈述是在能量范畴进行的，相当性是在能量之量意义上的相当性。质量有质和量两个规定性，质量转换为可和只有量规定性的能量可比较之量时才有可比较即相当性的意义。质量可转换为能量的根据在于它的本性就是能量，最为根本的理由在于自然永恒而普遍的有无相生即质能转化是严格服从守恒定律时，科学描述中质量之量和能量之量的比例必须是常数才能符合能量守恒定律。爱因斯坦的重大发现是能量和质量的比值恒等于 c^2 这一常数，为质量统一于能量提供了客观根据。

物质结构的产生是宇宙从混沌到有序的逻辑起点，由量子化不可分割的能量子转化为相对性的质量结构才有多样性的万物，才有在普遍联系和永恒相互作用中生生不息的永恒运动的世界，在物质结构复杂性演化的最高阶段才进化出我们这种复杂有序的生命存在。质量有其特定规定性，其本性又永恒是能量，质量和能量的统一即质能统一性是理解自然一元统一性的基本命题。本章的思考重点就是特定的物质世界在最普遍的宇宙中的地位和意义。

人类对世界本性的理性统一性思考只能以经验世界为起点，在认识史上就从感性物质客体开始。能量是近代科学革命以后才被人类思维溯及的自然现象，它首先是成为科学认识的对象而进入人类认识视野的。在此之前的漫长岁月中，人们始终局限在有形有质有象的感性经验实在去认识世界，并把此作为客体对象不证自明的规定，于是形成了本体存在论的唯物主义哲学数千年的机械唯物论传统。十九世纪英国物理学家杨（T. Youmg）提出了能量的科学概念，这对认识物体的运动状态及变化具有划时代意义，人类进入从能量角度思维自然领域普遍现象的新时代。杨提出的能量概念是从物体状态单值函数去规定的，所以能量是在物质客体的现象性存在意义上，是在科学知性认识思维中的抽象存在意义上为人类所认识的。能量只有抽象知性认识而无感性认识的特点使人类理所当然地把它理解为只是物质客体存在的属性和现象，基于这种认识基础理解的质能关系是存在和现象的关系，是二元观的质能观。在这种质能观中，质是决定性的，能是附属性的，质是本体论的，能只有相对抽象认识意义。二十世纪爱因斯坦的相对论是从质能关系革命性变革开始的。1905 年，爱因斯坦的论文《物体的惯性同它所含的能量有关吗?》完整地提出了狭义相对论，揭示了物质和能量的等效性。自此能量不再仅是物质的属性，而同样是存在。这就是至今主导人类认识的质能同一观。

在科学真理意义上，爱因斯坦质能关系的真理性是毋庸置疑的，这一科学发现的重大意义是有口皆碑的。但是，这并不意味着人类至今对质能关系的理解是合理的。恰恰相反，迄今，哲学家并不过问质能关系在现实自然世界中的物理意义和统一性关系问题，一如既往地躺在古希腊自然哲学物质一元论的“思梦席”上，把一切存在装在无所不包的物质共相中。质能关系的物理意义主要是物理学家完成的，在抽象知性思维中，质能等效关系的物理意义可称为质能同一观。质能同一观的革命是不彻底、不完备的。能量从现象上升为和物质客体同一存在的观念从根本上改变了几千年来人类形成的世界图景，解释了许多经典物理学无法解释的重大物理现象，预言并证实了新的物理效应。它最深刻的革命性意义在于把宇宙自然界从物质世界上升到包括能量客体的更普遍世界，开启了人类对世界统一性认识的新历程。但是质能同一性关系的革命性变革是有局限性的，它仍然是旧瓶装新酒，即依然在物质客体这种相对性、有限性的存在规定性框架内去思考和认识能量客体的存在。它既突破了物质世界的局限性而又在绝对物质观桎梏之中，困在物质世界之中。把物质和能量看作同一性存在在逻辑上肯定是无法完备的。最明显的是用波粒二象性去归纳客体本性，这显然是违反最基本逻辑的。在物质客体为绝对存在的前提下，物理学绝不可能建立抽象力的统一性理解，更不要奢望去建立世界统一性原理了。

从物质世界向普遍宇宙的拓展需要以质能统一性的合理认识为前提。只有把物质客体和能量看成统一而非同一的存在，把物质看成具有特定规定性的非普遍客体存在，我们才能真正超越物质客体世界的有限性制约，进入最普遍的能量世界思考。即使在抽象科学描述意义上，质能也是不同一的存在，只能被理解为不同一而由质能等效关系制约的统一性存在。质能等式或质能等效关系这些科学描述的物理意义必须在具体自然统一性认识中去思考和理解，不能停留在抽象关系。质能关系更必须从抽象的知性等效关系进展到具体的统一性关系去理解。质能等效是指一定量的静止物质质量可以还原并等效为相应定量的能量，质能关系就是建立定量质量和相应定量能量的关系。就是说，只有在量意义上质能等式才有物理意义，把质量还原为能量，由质和量相统一的具体物质还原为无质有量的能量之量时，在同一的能量之量的意义上，质能等式才具有物理意义。如果反过来，认为一定量的能量和相应的定量质量物质是同一的，那就大谬不然了。没有静止质量的能量子和静止质量客体肯定是不同一的，作为物质客体状态的现象性能量和荷载这些状态的物质质量本身如果也作同一性存在理解，那简直是疯了。质能等效关系只能从最普遍的量意义去理解，决不能从物质客体特定的质的规定性去理解。质能关系的这种理解是统一性理解，它们按质能等式的必然性关系统一在量上。能量并不等于物质，更不是物质世界的特定存在形态或现象。同理，物质世界不等于普遍世界，物质只是特定的能量形态，即有了质的规定性的特定能量形态存在，相对于普遍的能量存在而言，它还有自身存在意义上不可还原的质的规定性。失去质的规定性，物质客体就失去它存在的根据，我们就说它灭了。从最普遍的能量存在意义看，质量又是统一性意义的能量，是普遍能量存在的特定形态，特定就特在质的规定性中。作为普遍能量存在的特定存在，物质世界的运动演化首先受能量运动的最普遍规律支配，并由此产生了与之相统一的物质世界运动变化的特定规律，其中包括物质世界的质点动力学规律。能量作为客体和状态相统一的存在，为实现世界统一性原理认识，其中最基本的是物质世界的统一性认识，提供了逻辑上的可能。

第一节　质能二元观

一、唯物主义与形而上学

能量是宇宙自然界最普遍的存在。人类对自然存在的认识从一般感性物质存在上升到最普遍的能量存在，历经了几千年的坎坷过程。一直到十九世纪初，英国物理学家才在物质运动状态抽象意义上提出了科学认识描述意义的能量概念，并逐步得出了物质状态能量运动变化的各种必然性规律知识，其中最卓越的成就是能量守恒定律的发现，这被誉为十九世纪三大科学发现之一。能量的客体性认识则到二十世纪量子理论和相对论建立才开始。在十九世纪之前，人类只是在物质客体存在基础上思考自然的统一性，这注定了此种认识起点上的自然统一性认识是不可能通达圆满的一元论境界的。回顾哲学本体论的历史，可以发现一个基本事实：有质无能的自然界一定是机械论的不完满世界。

人类对宇宙自然界万物本原和自然本性的本体论思考基本上是在唯物主义哲学理论形态下不断深入而得到发展的。当哲学唯物主义发展到十九世纪辩证唯物主义这一高级形态时，它继承了哲学唯物主义从物质客体去理解世界本性的传统，摒弃了把客体世界看成僵化、教条的机械论宇宙的局限性，把物质世界看成普遍联系和相互作用的永恒过程。辩证唯物主义哲学把之前的唯物主义哲学归纳为形而上学唯物主义，它的局限性就在于形而上学。然而，这里形而上学所指之意义是非常微妙而复杂的，它恰恰揭示了哲学唯物主义的本性及历史局限性。传统唯物主义哲学最主要的局限性并不在于形而上学，而在于它局限在有质无能的有限性中。没有形而上学哪来哲学呢？形而上学又何以成为哲学本体论的有限性根源呢？这不正是明摆着的二律背反吗？只能说，有质无能的哲学形而上学对自然统一性的理解最终一定局限于机械论，形而上学哲学智慧又成为黑格尔指责的人类对世界认识客观性中一种僵化、片面的思维认识方法，形而上学从天堂堕入地狱了。

按照辩证唯物主义观点，所谓形而上学是指用孤立、静止和片面的观点去看问题，在宇宙观意义的形而上学就是把宇宙看成一个永恒不变的世界。中国文化传统的“天不变，道亦不变”则概括性地陈述了中国式的形而上学宇宙观。形而上学在日常经验中就是刻板、僵化、食古不化的代名词。在这种意义上，形而上学是地道的贬义概念，首先引人联想到的是那种迂腐透顶而近乎死活人的落泊儒生，比如鲁迅先生笔下的孔乙己。

但形而上学事实上具有最高贵的血统，说它具有人类文化之王族血统毫不为过。形而上学的源头应追溯到人类最博学多才且多贡献的亚里士多德。亚里士多德没有创造形而上学概念，它的哲学叫作第一哲学。亚里士多德的著述涉及政治、经济、哲学、伦理学、美学、历史以及当时一切其他自然科学，被尊为“集大成者”。后来，安德尼罗科在编纂亚里士多德著作时，将有关自然哲学方面的论稿编成《物理学》，而将第一哲学方面的论稿称为“在物理学之后”即形而上学。中国人把它称为形而上学则源于《易经》之“形而上者谓之道，形而下者谓之器”。由此可见，形而下是关于器即具体之物的世界的知识，西方人在科学分化前称之为物理学，当代的严格意义则是指经验科学知识。形而上是对具体经验认识的进一步理论抽象，用现在的话来说就是思考世界的本性，用理性哲学去思考世界本性就是世界统一性的理性思考。所以，形而上是智慧，形而下是知识，形而上学概念当然是具有高贵血统的。在古希腊那个爱智慧的时代，哲学的地位是科学之科学、科学之王，形而上学是最高的褒义词。如何理解哲学形而上学的高贵性呢？创造了理念论的大哲学家柏拉图对理想国的最高理想的归纳精辟绝伦，他认为理想国的理想实现之路要么是哲学家成为国王，要么是国王成为哲学家。所以说哲学形而上学具有人类文化中高贵的王族血统。

近代哲学史上，高贵如科学之王的形而上学成了死狗。事实上，人类一直在极端矛盾的两极继续使用着形而上学的概念，而且对两极背反的形而上学概念在特定语境下的具体意义基本上心有灵犀，这实在是人类文化中的独特怪象。这种奇特的矛盾现象深刻地揭示了人类对世界本性统一性思考中的二元分裂的局限性。大多数人并没有洞见这种内在分裂的本质，而从外在概念规定性去独断地区分高贵的形而上学和僵化的形而上学，把它们看作是同形而不同神的两个独立概念，把对亚里士多德第一哲学的形而上学归纳与形而上学唯物主义的形而上学看作毫无联系的概念，这恰恰无视哲学本体论历史发展和演变的内在逻辑，缺乏对形而上学概念二重性的真正理解。哲学本体论的发展史其实就包含在形而上学概念规定性的演变之中。

在哲学本体论的源头泰勒斯的理论中，关于水是世界万物本原的猜测性学说既是形而下又是形而上的，而且首先是形而下之器的学问，这个所谓的器就是具体之物水。在经验及知性科学的意义看来，具体之物水和其他物体一样是认识的具体对象，对之可以得出各种具体的科学或经验知识，所以水作为感性认识对象与其他感性之物并无本质区别。但是，当泰勒斯猜测并提出水是构成世界万物本原的存在之物时，对世界的认识从形而下学向形而上学的飞跃由此产生了。由于水被认为是世界万物所由来的东西，万物由它产生，毁灭时复归于它，而它本身则是不生不灭的，于是，水便是世界上最普遍的具体存在，又是不生不灭的存在，从水出发去解释世界就不仅获得对水的经验知识，而且获得了对世界万物统一于水的统一性理解之智慧。所以，水是世界万物本原的认识既是水这一具体存在之物的经验知识，又是对世界普遍本性统一性思考的智慧，这就是哲学形而上学创生的奥秘。

哲学形而上学之所以在形而下知性科学认识中脱胎而出，其根据就在于它是对世界最普遍统一性的认识，是最高智慧。没有这种最普遍性思考就没有达到世界统一性思考水平，同时如果没有达到最普遍具体本原存在的有限知识也无法实现对世界本性的形而上学统一性智慧理解，即哲学本体论只能脱胎于形而下之器的万物本原的存在知识。同时，如果依然局限在经验知识中，也无法上升到对万物构成的多样性世界最普遍的统一性理解水平。这种对世界最普遍统一本性的思考就叫形而上学，它的追求是智慧，从形而下之器的知识进展到形而上学智慧的进步赋予了哲学、哲学家和形而上学的高贵地位。古希腊时期把大哲学家尊为圣哲，可绝对没有刻板僵化儒生可怜又可恨的形象。从逻辑完备性意义上，最普遍的存在又一定是不生不灭的。若它由他物所生，生它之物才是最普遍的，所以它不能生；由于不能生，所以不能灭，能灭不能生的东西在逻辑上不具备存在条件。自然最普遍本性思考的起点就是关于不生不灭的本原客体的思考，它所追求的是永恒的存在。所以，形而上学就和永恒、不生不灭建立了不可分割的联系。由本体论转向本质论的存在，继承的正是它永恒而最普遍且不生不灭的遗传基因，追求永恒不动不变是哲学形而上学代代遗传而不变异的本性。正是对永恒不动的永恒追求，导致在哲学史演变中形而上学沦为面目可憎的贬义概念。

早期希腊哲学家从不同的物质客体去说明世界的本原，到巴门尼德创立存在哲学时则从更加抽象的思辨建立了以存在为对象的哲学范畴。存在是有，但并不是具体的可感性认识之有，而是有着最普遍意义的不生不灭之有，至于何物存在或有为何物则是另一个问题了。亚里士多德归纳在他之前的哲学时，对第一哲学即形而上学的规定是研究存在第一根据和根本原因，并形成了存在的四因说，即存在可归结为四种缺一不可、相互关联的原因：质料因、形式因、动力因、目的因。这是对自泰勒斯万物本原概念产生以来哲学思维的高度概括和精辟总结，并揭示了早期自然哲学中唯物主义的局限性。即作为一种圆满的形而上学理论，仅从质料和形式的统一即具体之物去规定世界存在是不够的，离开运动因根本无法得出最普遍的世界本性的理解和说明。从亚里士多德的存在四因说可以理解为什么对世界万物本性的思考会产生那么多唯心主义宇宙观，这是因为仅从质料意义之物去解释世界时达不到最普遍的统一性，而从思维最普遍统一性出发去思考时又只能得出抽象认识中的最普遍性。从巴门尼德存在哲学开始，西方哲学主流离开了本体论出发点，转而从抽象认识去解释世界普遍性关系，在抽象认识中追求现实可能永恒不变的最普遍存在，从客体世界本体存在统一性转向主体意义认识世界统一性，由唯物论转向唯心论，由本体存在论转向本质存在论。早期唯物主义哲学的不完备性为唯心主义哲学把精神意识作为永恒不变存在的观点预留了生存空间。唯心论转向本质存在时仍把自身作为与传统自然哲学即唯物主义相对立的本体存在论，本质存在被理解为取代本体存在，而不是合逻辑地理解为统一了本体存在于自身的更普遍意义的存在，并由此构成了几千年西方哲学理论纷争的主题。

近代科学革命使西方世界从中世纪神学统治中解放出来，人类从神的世界回到现实世界。在哲学理论中则是唯物主义哲学得到蓬勃发展的时代，这和近代科学革命的伟大进步形成相互促进的局面。但唯物主义哲学越发展就越显出它先天的局限性。所以，黑格尔在《逻辑学》中总结哲学史上思想对客观性的三种态度时，把形而上学归纳为第一种思想态度，把形而上学从圣殿驱逐到地狱。黑格尔认为，这种朴素的认识方法实际上是停留在科学知性的有限性中，用科学有限的思维去认识理性无限的真理。这种形而上学思维实际上使用知识思维方法去思考统一性，用知识取代智慧的结果是有智慧之名而只有知识之实，所谓智慧便不再是统一性而只是独断论。唯物主义哲学便是从知识而来的，唯物主义哲学在近代得到繁荣和发展的时候依然带着它与生俱来的局限性，依然是把具体有限之物之知性认识当作理性统一性的智慧。所以，黑格尔批评的形而上学思维方法主要针对传统唯物主义哲学本体论。黑格尔主张从辩证的运动发展中去把握理性统一性，从有限到达无限的认识。因此，形而上学作为思想认识方法就是和辩证法相对立的。正是在这种意义上，后来的唯物主义吸收了黑格尔辩证法去改造旧唯物主义，坚持物质世界普遍运动和联系中的辩证发展，这种哲学本体存在论叫辩证唯物主义哲学，把还在知性科学思维之中去解释世界普遍本性的哲学叫形而上学唯物主义，亦称为机械唯物主义。正是黑格尔这种理论给形而上学的美丽概念披上了一件褴褛的外衣，使之失去往日的光芒。

黑格尔对旧唯物主义的看法是有其深刻之处的。但是，把传统唯物主义哲学的局限性归结为形而上学思想方法本身不能不说是缺乏充分理由的。最明显的理由在于，今天我们除了在形而上学唯物主义这一特定语境下赋予形而上学贬义外，在其他语境下形而上学概念依然是神圣的，这明显是不符合概念和意义之间的统一性逻辑的。事实上，当黑格尔把形而上学当作有限思维的时候，真正的意义是近代唯物主义是用非统一性的因果必然性思维去取代统一性形而上学思维，用有限去取代无限，因而无法通达理性的具体而产生了局限性。所以，近代唯物主义的局限性在于混淆了有限因果思维和无限形而上学思维的区别，而与形而上学本性无关。所谓形而上学唯物主义的真正本质是知性唯物主义，知性不是形而上学而是经验科学，用孤立、静止观点，非全面去看待问题正是有限知性科学的本性。科学真理的知性方法没有错，但把知性因果关系当作理性统一性关系就大错特错了。其实，反过来也是一样的，把理性统一性当作真理知识，比如把辩证法当作真理认识方法也是危害无穷的。就黑格尔的理性辩证法而论，它本身是关于概念统一性的形而上学理论，是关于人类认识逻辑的高超智慧。然而黑格尔把它称作关于全体真理的认识而退化为因果关系知识的时候，问题就非常糟糕了。正是长期以来把辩证思维当作科学因果链的思维方法，企图用辩证知识去判断经验及实在世界中有限因果关系的真伪，最后的结局是辩证法和形而上学的概念一样变成了死狗，这是哲学在当代如此沉沦的一个重要原因。因此，辩证法本身就是形而上学统一性思维，它们本身并无不妥，不妥之处在于把它们当作知性有限思维，或把因果抽象关系当成具体统一性关系。因此，辩证法和形而上学不是对立概念，辩证法正是形而上学统一性逻辑，说形而上学唯物主义和辩证唯物主义对立是不成立的。所谓形而上学唯物主义的黑格尔意义是说传统哲学唯物主义没有达到形而上学统一性思维的智慧，停留在有限知性认识中而又自认为已经达到最普遍的世界统一性智慧，是自认为形而上学的非形而上学。所以，它的合理解释意义是知性唯物主义，非形而上学唯物主义。这种历史局限性的责任和原因不在形而上学本身。因此，形而上学始终是神圣的理性统一性基础概念，辩证法是特定的形而上学。这是人类的智慧，而不是面目可憎的。所谓有限的知性认识是因果关系认识，它只有以“孤立、片面、静止”的方法才能得出具有真伪意义的知识，归纳出可证真伪的科学真理。科学知性知识是我们认识世界的基础，所谓有限、静止、孤立并没错，而正是它的本性，是科学认识之所以能够是科学真理的必要不充分条件，没有任何理由对知性科学的有限性有丝毫的不敬。真正有问题的是把知性当理性，把理性当知性，出现有限的形而上学和无穷的因果链、全体的真理这种根本上违反逻辑的概念，抑制了哲学和科学的真正生命力。所以，传统的哲学唯物主义是知性唯物主义，不是形而上学唯物主义，不能创造一个知性形而上学的概念。

为什么传统哲学唯物主义不能超越知性有限性而达到形而上学无限性的认识呢？为什么黑格尔把这种局限性归结于形而上学而非唯物主义本身呢？这正是问题关键所在。智慧深刻如黑格尔这样的客观唯心主义者一样不能超越绝对物质观的局限性，无法从绝对物质观的局限性发现知性唯物主义的历史局限性所在。在绝对物质观不证自明的前提下，唯物主义的有限性就成了“形而上学”的同义词，非形而上学变成了形而上学。这不能不说是黑格尔统一性辩证法思维的一大缺陷；黑格尔辩证法所追求的全体的真理亦深深地带着绝对物质观的烙印。

当把黑格尔的概念辩证法本身理解为形而上学时，不能不承认他把形而上学理性统一性思维推向新的高度。黑格尔的概念辩证法是以柏拉图的理念论为出发点的，但他对理念、共相即普遍概念的统一性认识已远远超越了柏拉图的理念哲学。柏拉图形而上学理念论局限于纯粹抽象的认识普遍性的逻辑形式，黑格尔的概念辩证法则在历史和逻辑相统一的高度，在普遍共相概念从个别到一般到普遍的历史进展中，归纳了人类对普遍概念认识发展的历史成果，揭示了概念辩证发展的内在统一性关系，使人类认识普遍性的统一形式，在历史和逻辑、内容和形式相统一意义上，在永恒不断的辩证扬弃中生成，达到了新的境界。在黑格尔的概念辩证法中，人类普遍的概念不是主观规定的有限认识，而是合逻辑合历史地生成的，是内在地统一的，是客观性的。但是，黑格尔的和形式相统一的内容并不是客体世界的知性认识，而是关于认识本身的，所以叫作概念辩证法是极为贴切的。它是对人类认识形式发展的综合和归纳，不是形而上和形而下相统一的归纳，是纯粹的形而上学。在这种意义上，概念辩证法的普遍性意义就没有达到亚里士多德第一哲学的境界，即没有把本体论和本质论、质料和形式统一起来。黑格尔概念辩证法的真正局限性首先是纯粹形而上学，是把知性作为其对立面的形而上学，结果在概念辩证法中把真理的全体当成全体的真理，把概念和认识的抽象统一性当成世界的具体统一性，把本质存在统一性当成本体存在统一性。这种主客体关系的颠倒导致了纯粹形而上学否定本体论形而上学的奇特而又合逻辑的结果。

我们今天的积极态度是继承概念辩证法的精髓，不必对之求全责备。概念辩证法的本质意义是人类认识普遍概念内在形式的统一性，是本质和本性相统一的普遍性认识的基础。对世界普遍统一性认识不是用概念辩证法的纯粹形而上学置换本体论的形而上学，而是像亚里士多德第一哲学那样，把质料和形式统一起来，在运动发展的内在目的性即自然的必然性意义上去理解具体的存在和统一的世界。本体论和本质论的统一不能局限于承认世界是普遍联系和相互作用中永恒运动发展的统一世界，而要解释永恒运动变化的多样性世界是统一世界的充分根据和充足理由，给出世界何以是统一世界的合理理解。本体存在论和本质存在论的统一并不是把概念辩证法的存在由精神、概念置换为物质存在，承认客体世界普遍联系和永恒运动发展就可以完成。客观地看，即使古希腊时代亚里士多德的第一哲学在逻辑上建立了本质论和本体论的统一，但真正的世界统一性认识还只能达到抽象形而上学的水平。因为限于当时的自然知识，自然的统一性认识还不可能产生，还不具备世界理性统一性完整认识的基础。即使在自然科学有了革命性进步的黑格尔生存的时代，支撑自然统一性理论的科学真理知识也还没有产生。牛顿质点动力学建立了经典物理学理论体系，质点统一了一切物质存在之意义，力统一了物体之间一切相互作用，在物质一元论基础上，质点动力学在抽象理论中统一了整个物质世界，它的客观普遍有效性就是自然哲学唯物论的客观性基础，牛顿经典科学理论也就当仁不让地成为机械论宇宙观的知识基础。物质世界统一性和统一性世界是物质世界，两者相去甚远。物质世界不可能是最普遍宇宙自然界的充足理由就在于牛顿质点动力学的基础即质点和力的二元分立性中，在物质世界基本描述空间形式相对性的先验本性中。由质点动力学抽象描述中统一起来的物质世界不是绝对一元论的世界，不可能达到亚里士多德第一哲学追求那种必然性统一存在的理解。最根本的原因是能量的认识还没有产生，在一个有质有力无能量认识的理论体系中，要达到完满的绝对一元论是不可能的，由绝对物的存在去理解的宇宙一定是机械决定论的。传统机械唯物论的历史局限性与形而上学统一性思维无关，与它追求绝对一元论的永恒而不生不灭的自然本性无关，与它把绝对的本原存在理解为不生不灭的永恒客体存在有关。具体地说，绝对物质观是机械唯物论的根源。当我们把黑格尔颠倒了的形而上学和科学、智慧和知识关系再颠倒过来，恢复形而上学的名誉时，就必须从绝对物质观的僵化物质概念去揭示传统哲学唯物主义的真正历史局限性之所在。

二、绝对物质观和机械论

在回顾哲学唯物主义发展史时，在为形而上学这一冤假错案平反时，必须看到，与形而上学唯物主义有等效意义的机械论宇宙观恰如其分地揭示了唯物主义的局限性。所以，我们从机械论开始革命性思考。

机械论宇宙观的最本质特点是见物不见能。用最形象的语言来陈述，则变动不居、多样化存在永恒相互作用中永恒运动变化的复杂世界本质上就像由齿轮和螺丝钉、连杆构成的机器一样，只不过复杂程度上有区别。机械论的哲学典范是十八世纪的法国唯物主义者拉美特里。“拉美特里认为物质自然是唯一真实的客观存在，他说：‘自然界只有一个唯一的物体，那就是物质……万物有生有灭，但物质却是永恒的，因为它凭自身而存在。’他用物质元素和物质结构来说明世界的物质性。他把物质元素叫作‘面粉团子’。植物、动物和人都是由它构成的，区别在于他们是面粉团子以不同的方式变化而成的。”[①]所以，拉美特里的结论是人就是机器，并且认为笛卡儿第一个完满地证明动物是纯粹的机器。既然宇宙的最复杂结构人和一切动物是纯粹的机器，那么世界就是一部大而复杂的机器。关于世界的一切最终可以从机器原理去解释和说明，这就是唯物主义机械论宇宙观的真实写照。

机械论宇宙观是建立在牢固的经验科学认识成就基础上的。近代科学在牛顿经典科学理论中达到了物质世界统一性认识的辉煌成就，它在几千年来科学认识积累的基础上，在物理领域概括出引力定律和动力学三大定律，得出对一切物质客体的运动变化规律及支配运动变化的动力学关系规律的统一性描述。大至行星，小至微粒的运动变化都在它的普遍规律支配之中。牛顿经典科学定律可以从三个层次去理解：一是何在动？是物质客体在运动，而且它们都可以抽象为无差别的质点；二是如何动？这由运动学规律阐述；三是何以动？这是具有最普遍意义的，牛顿用引力定律和动力学三大定律回答了这一问题。近代科学的本质在于揭示了物质世界普遍的运动变化规律，物质世界这种空间形式中相互作用及运动变化的最基本描述就是机械运动。拉普拉斯乐观地断言，只要给出一组科学定律及初始条件，原则上我们就可以确定宇宙中小到任何粒子的行为。这把科学认识的每一特定有限确定性因果关系看成一个完整因果链中的组成部分，这种认识的逻辑就是科学知识与无限统一性的同一。正是科学由有限而被视为无限的经典信念使机械运动上升为机械论宇宙观。问题在于，科学的每一个真理认识都是成立的，但把所有科学认识连成统一的因果链是不合逻辑的，无限的因果链并不能合逻辑地存在，这就是有限知性不能和无限理性同一的原因。所以，机械论在科学意义上是成立的，在宇宙观意义上是不成立的，不能由科学真理性为据得出机械论宇宙观，也不能因为机械论宇宙观的局限性而怀疑科学真理本性。把牛顿经典科学理论看作机械论宇宙观是不公道的，它们是两个不同层次的问题。

把复杂世界的本性归结为齿轮和螺丝钉构成的机器无论如何是难以令人信服的。对机械唯物论的质疑首先来自对“生命纯粹是机器”机械论陈述的质疑。那些有识之士把生命活动理解为有机整体，用有机论去驳斥机械论。生命存在是我们最基本、最直接的经验，因为我们自身首先就是复杂性的生命存在。生命的生长、变化的不可逆过程，推动生命活动的基本规律以及神秘的活力本身绝不是可由还原为纯粹的物体机械运动以及相互作用而得到充分说明的。近代科学在生命领域取得巨大进步，特别是达尔文进化论以及生命物质细胞结构的发现为人类提供了复杂世界有机统一性的充分理据，从而机械论宇宙观逐步被人类抛弃，并被作为贬义概念。有机整体观念在揭示机械论宇宙观局限性方面具有决定性意义，但它本身无法为建立新的宇宙观提供充分的根据，因为有机论坚持物体整体统一性的同时维持了每一事物的特殊性，失去了普遍性，因而仅从有机统一性出发是无法得出关于世界最普遍本性认识的统一性理论的。任何有机整体由特殊性向普遍性还原的时候，就回到了基本的物质世界，复杂生命结构整体还原到基本相互作用时，实际上是简单的物理学定律起着支配作用，机械定律无法解释生命活动的整体，却在最基本层次构成了生命活动的一切基础，世界最普遍的存在及其运动规律最终离不开物质客体本身。所以，世界的最普遍本性思考最终还是必须回到物质本身，机械唯物论的根源应该在绝对物质观中寻找。

按照绝对物质观，世界上一切客体都是物质性的，任一具体的存在或者是本原存在本身，或者是本原存在的复杂结构体，本原存在本身则是不可再进行结构分解的，是不生不灭的存在。把一切客体存在还原到本原去看待时，一切存在就是本原存在，所以本原就是世界最普遍、最简单、最基本的客体存在，多样性存在其实只是本原客体结构性存在。世界的多样性只是结构形式多样性，世界永恒的运动变化只是结构在演变，存在之为存在的根据即本原存在是绝对、永恒的存在。绝对物质观断言这本原存在是物质性的，因而世界的本性就是物质性。世界万物本原概念和经典物理学的质点概念似乎有共通之处，质点正是经验科学认识的起点。但质点和本原存在肯定是完全不同的两个概念，本原是具体、绝对的存在，质点却是抽象、相对的存在，所以从牛顿科学理论直接推广到机械论宇宙观肯定是不合理的。机械论的真正根源在绝对物质观之中，具体原因有三：

第一，绝对物质观之物是僵死、冷冰冰的存在。我们把物质客体归纳为质、量、形、运动之统一的具体存在时，专门讨论了它这种规定性的相对性。也就是说，物质客体空间性存在的本性决定了它一定是相对性存在。如果把物之为物的存在看成是绝对性的话，问题就产生了：构成世界的一切本原之物是自足的，它自己本身就具有存在规定性的完备根据，那么它们的相互作用归根结底是外在的，是与自身存在规定性毫不相关的。所以，尽管可以承认物质世界的普遍相互作用，但一切相互作用都只是外在现象，而不是存在之物的本性。因为绝对存在之物的质、量、形规定性如果是绝对自足的，则无法说明它的运动属性，终结了物质运动之源。坚持说运动是物质本身绝对存在与生俱来的属性，就等于坚持物质客体运动的绝对性，那显然是与物质客体运动的相对性相悖的。拉美特里把不同之物看成由本原物质即相同“面粉团子”的不同结构性存在的观点并非不可取，但把它们看作绝对存在得到的只能是僵化的绝对物质，得到的并不是世界的普遍统一性理解。绝对之物构成的世界统一性是外在的，或者是上帝赋予的，或者是一盘散沙般的非统一性存在。

第二，把绝对存在看作本原之物实质上只是把它看作质料和形式的统一性存在，由质料和形式的统一得到的物质客体规定性事实上是不完备的。既然是不完备的，又如何能是绝对的呢？按照绝对物质观，我们从物的空间性规定性中已经绝对把握了它的存在。但是，按照我们对物质世界的认识水平，仅从质量、形乃至它的运动特性，我们还不能说已经得到对物质客体存在的绝对把握，所得到的只是相对性认识。由它们这些相对规定性出发得出的认识都是相对性的，还没有完备的绝对统一性意义。把相对性作为绝对性去解释世界的严重后果就是仅从质、量、形及运动去理解世界的统一性，把机械运动看作世界的全部故事，这种宇宙观就是用有限代替无限的机械唯物主义宇宙观。

第三，机械唯物主义的思维特点是用因果逻辑知性思维代替理性统一性思维，用子虚乌有的无穷因果链去解释世界的统一性，因而取消了世界的统一性。因为在无穷因果链中，世界的整体和构成它们的各层次结构都是同质的，都是受物体的机械作用方式规律支配的。这种绝对的普遍性是取消了本质区别的同一的普遍性，没有特殊性异质结构产生的世界是同一而非统一的世界。因此，绝对物质观支配下的机械论宇宙观是绝对的还原论，是由因果链条构造的还原论，根本无法对超越了物质机械运动的复杂性现象得出合理说明，更无法对复杂性多样化的世界得出统一性理解。所以，在生命这种复杂统一性结构中，机械论的宇宙观是不会有市场的，生命结构中的分子、原子的运动当然按照物质分子、原子的运动规定性运动，但认为仅从物质结构分子、原子的运动就可以得出对生命活动的理解，那显然是荒谬的。

综上所述，从僵化、冷冰冰的物性并不能得出对物质统一性的理解，更不可能得到宇宙自然界一元统一性的理解。物质世界普遍联系和永恒运动的进一步思考首先涉及近代科学的能量概念的产生，物质客体运动变化的状态在能量即机械能概念中得到了进一步深入、具体的认识和描述。这是对物质世界得到普遍统一性认识的必要条件和基本前提，也是向更普遍的宇宙统一性认识的新起点。

三、质能二元观

十九世纪初英国物理学家托马斯·杨创立了物体运动状态描述的单值函数：物体能量状态描述。能量概念把物质客体运动变化的科学认识和描述推向更普遍层次的主要原因在于，能量首先是揭示物体运动速度和位移转换关系的本质规律——机械能守恒定律，即物质世界普遍联系和相互作用不仅可以用能量状态单值函数作现象描述，而且在机械能守恒定律中揭示了制约物质客体普遍联系和永恒运动变化的根本规律。因此，机械能守恒定律和普遍能量守恒定律的发现是人类认识世界的重要里程碑。恩格斯把进化论、细胞发现和能量守恒定律的发现归纳为十九世纪科学认识的三大贡献。事实上正是这三大发现动摇了从泰勒斯建立物质世界统一性思考之始就主导着人类的绝对物质观，其中进化论和细胞学说对机械唯物论的质疑具有重大现实意义，能量理论则对打破绝对物质观具有决定性意义。

进化论是生命世界的统一理论，细胞学说揭示了生命活动这一独特运动变化形式是在复杂性结构整体意义上对传统机械唯物主义的超越。细胞之所以为细胞只能从它的整体结构、功能、行为去理解，不能还原为构成它的低层结构的分子、原子的机械运动，尽管是这些机械运动构成了细胞整体功能活动的基础，但它的整体已经具有超越机械运动的特定本质。所以生命活动不能作为纯粹的机械运动，人就不是拉美特里所说的只是复杂一点的机器。生命客体具有机械物体所没有的特定规定性，它是复杂机械运动整体的非机械运动存在形式，生命具有纯粹物质客体没有的特定规定性，即它有异于空间性的本质。当然，不能否认生命首先以物为前提，但生命物质和生命本质不同，猪肉和猪本质不同。所以，在进化论和细胞学说得到普及后，人们以之为据对机械唯物论用因果还原方式、用物质机械运动去解释一切观点的怀疑和批判是合乎逻辑的，人类由此懂得要从有机整体去全面地看待问题，而不能僵化、片面地从机械运动去理解整个世界。但是，有机整体的观点批判的是机械的因果还原思维方法，它的整体统一性包含着基本层次的结构及物质机械运动于其中作为前提，因此，对在构成世界最普遍的具体存在者的思考及世界的本性问题上，它没有怀疑和批判。所以，生命学说的有机整体观是反机械唯物主义的彻底还原论而不反对绝对物质观的，它也没有质疑绝对物质观的理由。

能量理论则完全不同。首先，它不是作为关于部分整合而成的整体理论，而是直接关于被认为是绝对存在的物质客体的现象的理论。它的对象不是复杂结构整体，首先是具体的物质客体即抽象为质点的相对性之物本身。因此，从能量理论出发对物质客体本性和行为的思考和描述是直接关乎最普遍、最基本的物质世界存在者本身的。当从能量理论得到关于物质客体进一步认识的革命性成果，对物质客体存在本身的思考就有可能是革命性的。因此，能量理论的不断深化和发展对于物质世界本性的认识有着决定性意义。但是，能量理论的本体存在论根据是质点，其普遍意义是物质世界这一传统唯物论的最基本存在，能量理论又是一个从简单到复杂的漫长历史发展过程，因此，它的革命性意义只有在达到一定的认识高度时才能显现。事实上，近两百年来能量理论的丰富和完善至今还没有形成独立于物质客体的完整理论体系，依然依附在物质客体之上，绝对物质观的统治地位依然如故。

能量概念是基于物质客体运动状态的单值函数意义而创立的，在最初的意义上，能量概念是和绝对物质观相协调的。能量概念最早是机械能，即物质客体运动的动能及其在时空场中位置所决定的做功的本领：势能。机械能是物体运动状态的函数，是运动现象的科学描述，是现象之现象，并不是独立的存在者本身。具体地说，运动是物质客体的属性，能量是物质客体运动状态的单值描述函数，所以能量概念以物质客体在本体论意义上的存在为前提。没有物质客体就没有它的运动，就没有机械能。所以，在建立机械能科学描述时，它的本质就是科学相对性描述，能量是有限的相对性概念，只有认识论而无本体论意义，故由此断言机械能是和绝对物质观相协调的。当然，说机械能理论和绝对物质观协调是在人类现实意义上说的，也就是说，人们还没有足够的知识和智慧去觉悟而把能量限于认识论意义。为什么这么说呢？仅从起点上关于能量的规定性即动能规定性意义看，将能量当成纯粹相对性认识描述是合理的，它的本体论根据就是质点的质量，故和绝对物质观相容。但是，进展到势能及机械能守恒定律时，作为相对认识的势能的本体论根据就产生了。位于某空间位置之物的势能的存在论根据和动能完全不同，不是物本身，物是被作用者，产生确定点作用的存在论根据才是更深刻的命题。一般认为，引力势能、重力势能、电动势能是有物质性场源为存在论根据的，但由场源产生的抽象力和场本身的本性恰恰是极为深刻的命题，如果力和场只是场源物质作用的抽象描述而无本体论意义，则势能乃至机械能的本体论根据还只是一个谜，因为没有本体论意义的势能是无法成为真空中的具体存在的，这和真空中无法传播声波是同理的。人们没觉悟到这一谜题，从来没思考势能的传播媒介，在于人类坚信绝对物质观，把势能限于相对认识意义。但仅基于场源物质是无法为真空中的势能提供充足的存在论理由的。

能量概念创立后，按照从简单到复杂、从现象到本质的一般认识规律取得了理论和实践上的重大进步，能量和物质一样成为客体世界描述的最普遍概念之一。尽管机械能作为物体的状态函数描述是科学的真理，但今天我们对能的理解和把握已经不限于当初的意义，因为能量的概念已经从机械能扩展到物质世界乃至普遍世界的一切领域，机械能只是特定的能量形式。能量的转移和转换不只是在机械能之间，而且是在普遍的能量形式之间进行的，这是能量概念从特殊机械能概念上升为普遍能量概念的原因。然而，即使在特定的机械能范畴中，能量理论的发展事实上已经对绝对物质观提出了质疑，只不过由于人们一直把机械能量作为纯粹物体的现象性存在而忽视了这个内在的深刻矛盾。

能量理论在机械能领域的根本意义不在于它为物质客体机械运动描述找到了状态函数描述的另一种现象形式，丰富了物质运动认识，关键在于它揭示了支配这种运动状态的最普遍的因果必然性规律：机械能守恒定律。这是能量转移和转换中最普遍的必然性关系，它回答了能量按什么规律进行转移和转换的问题，实际上从本质上回答了物质客体的运动状态变化何以为此这一本质问题，从根本上揭示了普遍的物质世界相互作用和运动变化的原因和根据。所以，能量守恒是物质世界永恒运动的真正本质。按照亚里士多德的形而上学存在论观点，机械能守恒定律是原因和根据，不是现象，是根本性的。把物质客体看成质料和形式的统一体，把运动看成客体现象，把能量看成物质客体运动的动力，把机械能守恒看成物质客体相互作用和运动变化的根据，这将得到对物质世界更完整而协调的理解。从这种意义看物质世界，能量守恒定律作为原因及根据，它揭示的就是世界的本质规定性。

机械能守恒定律对物体运动本质的描述比物质运动的动力学规律描述具有更加普遍的意义。人们或许一直坚信，物质是最普遍的客体存在，而它又是绝对运动、相对静止的，所以物质客体运动现象必然是最普遍的现象。然而，这种不证自明的信念是不完备的。在现象意义上或许它有一定的合理性，但对世界统一性原理而言，这个世界最普遍的是存在的本质，绝不是存在的现象，人类还没有懂得能量守恒，才把它作为物体最普遍的本质。在应用能量理论去解释物体运动问题时往往可以发现，用机械能守恒定律去解决物体运动变化往往更简单而直接，因为能量只有量规定性且是标量，是最简洁的描述。这里面有一个非常重要的原因。物体运动学现象过程是与时间、空间独立变量相关的描述，运动速度是至少不能离开空间形式的独立变量。但能量守恒定律则不受时间、空间形式制约，可以不需要时空独立变量描述，故减少了时空形式制约的能量守恒定律更少规定性，在形式上就更简单而直接。而从逻辑上来说，由于没有时空制约条件限制，机械能守恒定律对物体运动状态的函数描述就是比运动学更为普遍的描述。

诚然，机械能守恒定律比运动学定律更为普遍，但它终究是物质客体的状态函数描述，由此可以断言，在存在论意义上物质才是根本的存在，才是绝对的存在。机械能守恒定律作为现象性存在的函数同样必须以物质客体存在为前提，故能量比运动概念更为普遍并不能说它比物质客体更为普遍。由此看来，能量守恒定律与绝对物质观似乎并没矛盾之处，绝对物质观的物质一元论因此一直被视为是与机械能守恒定律和平共存的。但是，这种观念一直忽视了一个至关重要的问题：绝对物质观的质量守恒定律即传统的物质不灭定律和能量守恒定律的关系究竟是什么呢?

按照传统的哲学唯物主义理论，绝对的存在唯物之外别无可能，这就是质量守恒定律的绝对性意义。物质世界变动不居地运动演化，最终意义只是物质结构的演化，而构成复杂物质结构的最基本物质组元即本原物质存在是永恒不变的绝对存在，用科学描述归纳就叫质量守恒或物质不灭。比如酸与碱物质发生反应生成盐和水，酸和碱消失了只是因为它们的特定结构解体了，而不是作为存在本性的物质毁灭了，物质依然存在，只不过转变为盐和水的新的物质结构形式。最有力的证据是反应物酸和碱的质量与生成物盐和水的质量保持守恒，这就是物质不灭的有力证据。这一质量守恒定律最早被称为物质不灭定律，物质不灭的另一种陈述就是物质存在的绝对性。所以，多少年来，人类已经树立了牢固的绝对物质观念，并把质量守恒定律作为宇宙最普遍的绝对规律。所谓绝对，意味着这个世界的其他规律都以它为根据，不能与之发生矛盾。按照一元论的观念，其他自然定律都是它的特定形式，都可以在其中找到根据和理由。

按照绝对物质观，能量守恒定律是质量守恒定律的特殊形式，是相对的。但是，随着对能量认识的不断深化，能量已经从机械能守恒定律发展为更具普遍意义的能量守恒定律，即宇宙中一切能量的转化和交换都是严格遵守守恒定律的，能量是严格的守恒量，这是绝对的。能量作为绝对守恒的量不是理论的推导，而是从世界经验认识中归纳出来的，这是世界的普遍本性。对这个世界的任何事件和过程，不管其时空边界及初始条件如何、客体具体情况如何，只要从能量角度去分析和思考，则能量的守恒性是不能有丝毫怀疑的。所以，能量守恒就是我们存在于其中的世界最普遍、最基本的本性，是绝对而非相对自然规律。从理论和逻辑上，无论如何都无法把能量守恒定律作为在质量守恒定律制约下的特定形式的自然规律，能量守恒定律是否成立与质量是否守恒毫不相关。所以，坚持质量守恒定律绝对性的同时，又无法否认能量守恒定律的绝对性，其结果是一元论的宇宙观面临着两难选择。当代物理学把质量守恒定律和能量守恒定律作为两个层次的最普遍理论，认为质量守恒定律是关于世界存在的最基本理论，能量守恒定律是关于物体运动状态的最基本理论，它们共同构成了自然世界科学描述的基本出发点。这种描述在有限知性科学认识意义上尚可被接受，但从对世界统一性原理认识的理性意义上则是无论如何都不能被接受的。按照一元论的宇宙观，如果质量守恒是绝对的，则能量守恒就是质量守恒规律的特定形式，只具有相对意义，能量守恒就是在特定规定条件下才成立的有限规律。反之，如果能量守恒定律是绝对、最普遍的自然定律，质量守恒定律就只能是它的特定条件下的特定形式。所以，说质量守恒定律和能量守恒定律共同构成世界描述的基本定律尚可理解，说两者都是绝对性的最普遍定律就有问题了，因为它违背了一元论宇宙观的最基本规则，质量规律和能量行为规律各自的绝对普遍性和独立性使物质和能量成为构成世界的两个绝对独立的元。物质制约着世界的存在，能量制约着世界的运动变化，它们共同作用得出的世界描述就是二元世界而非一元论统一世界描述。所以，这种物质能量关系的学说实质上是质能二元论，是不符合世界统一性逻辑的。

能量概念产生于特定的机械能概念，机械能是物质客体运动状态的单值函数，所以，把能量看作物质客体存在的状态存在，在本体论意义上从属于物质客体存在是合乎逻辑的。但当能量理论发展为势能乃至普遍能量守恒绝对性自然定律的时候，我们就不能再将之统一在质量守恒定律之下了。解决质量、能量二元分裂认识局限性的最成功努力还是要归功于爱因斯坦，他的相对论揭示的质量能量关系，对超越物质和能量的二元分割的经典理论做出了重大贡献，是人类世界统一性认识中的又一重大革命，具有深远意义。

第二节　质能同一观

一、爱因斯坦的质能关系科学描述

爱因斯坦的相对论和普朗克的量子理论是二十世纪科学发展中最重大的革命，它们的革命性本质在于把人类对普遍世界的思考和认识从传统的物质世界推向更具普遍意义的能量世界。相对论的最深刻意义之一是从科学角度揭示了物质和能量不只是存在和属性的关系，能量不只是局限于物质运动状态描述的抽象物理学相对描述量，必须把能量作为相对独立于质量的物理描述量去理解，能量由之获得独立存在的地位。在理性统一性认识意义上，它从能量和物质本性关系的全新角度，为合理解决质量守恒定律和能量守恒定律的统一性关系，真正进入普遍的一元统一性宇宙认识提供了现实可能性，为把物质世界理解为只是普遍世界的特定存在形式提供了科学实证的根据。实际上，这两个革命性理论的核心都是能量问题。在普朗克量子理论中的核心概念是能量子，在爱因斯坦的相对论体系中关于自然界认识的核心理论是质能关系。对把能量局限于物质运动状态的传统观念的挑战始于普朗克的热辐射分立能量子理论，对质量、能量二元论分裂的传统观念的挑战则是从爱因斯坦的质能关系开始的。量子理论和相对论理论获得科学真理知识地位标志着质能二元观已被彻底颠覆，这是建立质能统一性理性理解的契机。

按照科学史记载，相对论是在研究传播电磁场的以太物质介质是否存在时产生的，准确地说是在科学观察将传统物理学假想的无所不在的传递光、电磁场波动运动的介质以太证伪以后，在建立麦克斯韦电磁场方程和牛顿运动方程统一性时产生的。用爱因斯坦的科学语言来陈述，狭义相对论就是抛弃虚幻的以太物质存在后，建立起使麦克斯韦电磁场方程和牛顿运动方程在不同惯性参考系中具有相对性不变形式的时空坐标变换关系。这一成果把牛顿质点动力学和麦克斯韦电磁场方程统一起来，在超越了质点动力学描述的定义域意义上，把物理学科学描述在不同相对时空惯性参考系中的描述形式相对不变性，推向宇宙自然界更普遍的水平。相对论的革命性表现在它对经典时空关系、质量和能量内在关系以及引力本性的全新思考、认识和超越。其中，狭义相对论的洛伦兹时空变换关系和广义相对论的引力时空是关于宇宙自然更一般、更普遍的描述形式的，质能关系则是由这新的普遍认识形式出发，得出的对自然界内容和形式相统一的特定关系的发现，是爱因斯坦相对论的核心之一，是相对论体系的重要成果。实际上，按照中文版爱因斯坦《相对论》一书译者的观点，爱因斯坦其实是从物质质量和能量关系开始实现理论上的突破的，即他们认为爱因斯坦是从他的《物体的惯性同它所含的能量有关吗?》这一长篇论文为标志，完整地提出了狭义相对论理论的。这从另一个侧面说明了质量能量关系对世界统一性认识的决定性意义。

质能关系的基础是质量和运动的关系。在经典科学理论中，物体的质量和它的运动是不同层次的概念，质量是客体存在规定性，运动是客体的现象属性，质量是绝对的不变量，运动是时空形式中的变化量。但狭义相对论终结了绝对质量观，从理论上表明了物体的质量是随着速度而变化的，是依赖于速度的相对描述量。物体质量变化规律为与速度成正比，即物体相对于静止惯性参考系的速度越大，则质量越大，反之亦然。物体相对于惯性参考系静止时的质量最小，叫作静止质量。在此之前我们讨论物质客体质量时总是在物质静止的特定状态下进行的，实际上指的是特定的静止质量，而不是爱因斯坦的一般质量概念。

物体质量和运动速度的相关性是被实验证实了的科学真理认识。“考夫曼（W. Rawfmamn）曾用不同速度的电子，观察电子在磁场作用下的偏移，从而测定了电子的质量。实验证明，电子的质量随速度不同而有不同的量值。”②当物体速度不大时，其质量变化微不足道，可忽略变化而用静止质量描述其质量。但当速度与光速相比不可忽略时，则其质量变化也不可忽略。

物体质量的相对性有两个方面的含义：一是直接性意义即质量和物体速度的正比关系；二是绝对性意义，即物体的质量一定是相对的，即使在物体相对于参考系静止时与运动无关的质量也不是绝对的，因为坐标系本身已经是相对性的，从相对性坐标系出发的科学描述显然都是相对的。这是质量相对性的根本意义。但是，质量相对性不能否定物质客体的实在性，因为质量与速度的正比关系有一个极限，它以静止质量为极限点，即以速度为零为极限点。事实上，质量与速度成正比，与速度方向无关，因为它的定量关系是以速度的平方关系描述的，绝不会出现由于负速度而出现质量为零静止质量甚至负质量的情况，这是质量是物体实在性根据的最充足理由。

物体运动现象本质规律的经典物理学描述是质点动力学定律。在能量这一运动状态函数描述建立后，特别是在机械能守恒定律及普遍的能量守恒定律发现后，实际上能量定律是支配动力学规律的更根本自然法则。力是物体作用的抽象中介性概念，但能量不仅是中介概念，它还具有本体存在论意义。而且，即使仅从中介描述概念思考，能量概念也显然比力的概念更具普遍意义。因为能量可以不受时间、空间状态变量的制约去描述物体的存在状态，而力的作用对物体运动状态的描述则是必须依赖于时空形式描述变量的。同时，由于能量守恒法则，它能更普遍地揭示在能量转换和交换中对物体状态的影响，从根本上解释物体的普遍联系和相互作用的内在机理。力当然也具有这种意义，但由于力的抽象性和中介性，力不是一个自身统一的概念，仅在力的抽象规定性意义上无法建立力的统一性关系。力的本质是一个待解而不是不证自明的问题；引力的本质在牛顿理论中是避而不谈的，在爱因斯坦的广义相对论中才得到阐述。爱因斯坦后半生的科学目标是建立引力和电磁力的大统一理论，但始终只能止步于引力理论即广义相对论的成果，未能再有实质性进展。从能量对物质运动状态描述的根本性意义，我们可以理解为什么爱因斯坦对物质惯性和运动关系的思考最终不是以动力学关系成果而是以质能关系来实现的。质量和能量的关系之所以是狭义相对论的最本质关系，理由在于相对论的时空坐标变换关系即洛伦兹变换是认识和描述世界的更普遍形式，在认识意义上具有比伽利略空间惯性系更普遍的基础地位。从世界统一性原理看来，这种最普遍认识形式的革命性不仅体现在时空形式的革命性观念变革之中，更基本的应在于对具体世界的描述，即形式和内容相统一的成果之中。质能关系是狭义相对论认识形式和现实世界存在相统一的关系，不仅具有认识论意义，而且更重要的是本体论意义，是本体论和认识论意义的统一。因此，在本体论的意义上，完全可以得出质能关系是狭义相对论最重大成果的结论。由此也说明了爱因斯坦以“物体的惯性同它所含的能量有关吗?”为题去全面阐述狭义相对论理论的原因，而这才恰恰是我们认识现实客体世界的真正目标。如果仅从描述形式去理解相对论的意义，那是远远不够的。事实上，这种思维方式已经使相对论类似晦涩难解的纯粹形而上学，这正是难以把握相对论本质的主要原因之一。

狭义相对论从动能与质量的关系去阐释质量和能量的关系。在物体速度增大时，其质量和动能同时也在增大，而且质量的增大和动能的增大在量值上是正比例关系，能量与质量之比恒为光速 c 的平方这一常数。这正是物体的质量与它所含能量有关的科学结论，是质能关系式的基础。

按照动能的规定性，它指物体运动时所具有的能量，在经典物理学中 $E_k = 1/2 \cdot mv^2$，即动能和速度的平方成正比，而质量 m 为恒定不变量。在相对论中，动能的一般规定性是不变的，不同的是质量 m 不再是常量，而是与速度亦即与它的能量相关的函数，是因变量，按定义 $v = 0$ 时动能为零，$m = m_0$，$v = \mathrm{k}$ 时，动能为 E_k，由此得出：

$$E_k = mc^2 - m_0 c^2$$

这就是相对论的动能表达式，爱因斯坦把 $m_0 c^2$ 叫作物体的静止能量，把 mc^2 叫作运动时的能量。即：

$$E_0 = m_0 c^2 \quad E = mc^2$$

这就是爱因斯坦从物体的惯性即质量与它的运动相关进而推导得出的质能关系式，得出了对客体世界关系的本质性认识。在质能关系中，有几点认识是革命性的：

第一，物体具有与机械能无关的自身固有能量，它是与其运动状态无关而与自身质量即其存在规定性有关的能量。这是对能量作为物体运动状态单值函数规定性的超越。能量不再是纯粹运动状态量，不只是一种抽象现象描述，而是与物体具体存在本性相关的。爱因斯坦把 $m_0 c^2$ 称为静止能量，把 m_0 称为静止质量，把能量与物体的存在关系建立起来，使能量成为最普遍的概念。这从逻辑上告诉我们，由于能量与质量之比恒为常数，所以，如果我们基于物体的质量把物体作为存在者的存在，那么与之以固定比例描述的能量同样具有作为存在者存在而非纯粹存在者状态存在的充分理由。如果考虑到物体一切状态时仍然有静止能量，那么只把能量理解为状态函数描述显然是不充分的。

第二，物体的普遍质能关系必须从 $E = mc^2$ 去理解，这是运动时的能量和质量，E 不是指物体运动的动能，而是指物体的总能量，即它的静止存在能和动能之和。由于 m_0 为常数，所以 E_0 也为常数，物体由于运动状态变化产生的能量变化与 E_0 无关。所以动能实际上是物体能量变化的度量，它为 $mc^2 - m_0c^2$。能量的变化由速度变化决定。由于动能与速度的平方成正比，所以能量变化也是与速度的平方成正比的。最为重要的问题是，$E = mc^2$ 中的 c^2 是常数而并不具有速度之物理意义，速度之变化所引起的能量变化关系与 c 无关，只与 m 有关。所以，m 才是速度的函数，它的变化才真正反映了能量的变化。所以，m 一定是变量才是合逻辑的，速度的变化导致的能量的变化只有在 m 的因变关系中才能揭示出来。所以，m_0 才是经典物理学的质量概念，m 绝对不是，m 作为变化着的质量，是与速度相关的科学描述，只具有认识论意义，它与 m_0 不同，不具有本体存在论意义。物体质量和运动的关系是得到科学证明的，但终究只是认识描述关系。想象它的本体存在论意义即物体的质量是质、量、形相统一而随运动改变的东西时，质量就不再是质量，本体论意义上的质量就是静止质量。

第三，经典物理学的动能表达式是质能关系表达式的特例。相对论理论已经在数学形式中证明，当物体速度远小于光速时，$E_k = mc^2 - m_0c^2$ 退化为 $E_k = 1/2 \cdot m_0v^2$，和经典力学动能表达式完全相同。这一结果再一次证明狭义相对论及其对客体世界质能关系规律的概括是对客体世界普遍规律的综合，经典物理学从物质客体出发的普遍描述只在物质世界范围内才具有完备性，并无宇宙普遍性意义。所以，物质世界只有从普遍能量世界的特定形态去理解才是完备的。

狭义相对论是人类认识世界的革命性事件，洛伦兹变换是革命性的世界认识描述普遍形式统一性关系，质能关系的革命性结论则是对客体世界统一性认识的革命性成果。按照这一理论，再像传统的经典理论那样，把质量守恒定律和能量守恒定律作为两个完全独立自足的最普遍定律，由质量守恒定律解释物之存在，由能量守恒定律去支配物质存在之运动状态已经是不足够的了。质能二元观的局限性由此完全暴露了出来，这是爱因斯坦质能关系的革命性之所在。

二、质能同一性

爱因斯坦狭义相对论建立了 $E_k = mc^2 - m_0c^2$ 的最普遍的质量和能量关系描述，并证明了 $E_k = 1/2 \cdot mv^2$ 只是 $m = m_0$ 这一特定量描述下的特例。当 m 不等于 m_0 而是与物体的运动速度相关时，$E_k = 1/2 \cdot mv^2$ 这一特定条件下的物体动能描述就失效了。特定限制条件下的描述当然是不具有普遍性意义的。普遍质能关系和特定质能关系的本质区别在于哪里呢？

由 $E_k = 1/2 \cdot mv^2$ 的物理意义可知，质能 m 是不变的常量，所以物体所含的动能只是它运动速度的因变量，动能的变化与质量无关，因为质量作为不变量与运动速度无关。所谓特定限制条件就是物体质量是常量，速度才是变量，它们之间是相互独立、无因果相关性的。在经典物理学中，物体质量为与速度无关的常数是不证自明的，并被视为物质客体存在之为存在的最普遍规定性。物体质量为不变量是从人类感性经验中归纳出来的普遍认识，它不但在经典物理学中普遍客观有效，而且和数千年的绝对物质观是相互协调的。但是，在 $E_k = mc^2 - mc_0^2$ 或 $E = mc^2$ 这一相对论普遍性质能关系描述中，m 不再是特定的常量，而是与速度相关的因变量，m 和 E 都是速度的函数。m 作为质量的规定性不再是特定的物体静止质量，而是包含物质普遍运动属性的普遍性质量规定性描述。在 $E = mc^2$ 中，由于 c 并不是物体运动速度，它只是一个常数 k，而这一常数恰好等于 c^2 这一定值。所以它的最简单关系实际上是 $E = \mathrm{k}m$ 或 $E/m = \mathrm{k}$。由这一关系的物理描述中得出的最直接结论是质量就是能量，能量就是质量，它们的区别只不过是各自选择的单位描述不同，但在本性或本质上是同一的。在 $E = \mathrm{k}m$ 之中并不能从物理意义上得出 E

和 m 之间不同本性描述的任何理解和说明。因此，在最直接意义上，狭义相对论的质能关系揭示了质能同一性关系。

质能同一性的普遍物理意义与传统物理学质能关系的区别在哪里呢？在质量为恒量的经典动能描述中，动能由 m 和 v 来描述，因此质量和能量是有本质区别的，是不同一的。但在相对论普遍性描述中，能量只由 m 来描述，与速度变化相关的能量变化描述不是直接通过与能量相关的因果关系去描述，而是通过速度变化引起质量的变化来最终得出能量变化的因果关系。所以，普遍的 m 和经典物理学的 v^2 具有同样的物理学意义，故称之为质能同一性。但这里的质和能都是在普遍意义上说的，质、能在近代物理学中截然分开而相对独立只是特定认识，并且这种特定规定性的质量 m_0 并没有完整包括普遍质量 m 的全部物理意义。

必须指出，在爱因斯坦建立普遍性质能关系以前，经典科学理论是在特定条件下进行能描述的。此时质量 m 的物理意义只是相对质能关系中 m_0 的物理意义，再一次强调的是 $E=mc^2$ 中的 c 不是速度变量，c 是不变量，与引起物体动能变化的可变速度具有完全不同的物理意义，c 的物理意义只是一个固定不变的绝对常数。经典物理学中，引起物体能量变化的速度变量作用，其因果关系在狭义相对论中体现在 m 的变化之中，m 是与速度相关的变量，它具有比经典物理学质量更为普遍的物理意义。如果在 $E=mc^2$ 描述的因果关系中，按照经典物理学的定义，把 m 理解为质量，把 c 理解为速度，那就大错特错了。

事实上，爱因斯坦首先是从质能同一性意义上来解释他的质能关系规律的。爱因斯坦《相对论》的编译者在导言中指出："1905 年 6 月，爱因斯坦完成了开创物理学新纪元的长论文《物体的惯性同它所含的能量有关吗?》，完整地提出了狭义相对论。这是爱因斯坦 10 年酝酿和探索的结果，它在很大程度上解决了十九世纪以来经典物理学的危机，改变了牛顿的时空观念，揭示了物质和能量的相当性，创立了一个全新的物理学世界，是近代物理学领域最伟大的革命。"[③]这里所说的物质和能量的相当性的准确描述就是质能同一性。唯此，需要从爱因斯坦的解释中作进一步理解。

第一，爱因斯坦对物体的实际质量和静止能量做出明确划分，把物体的实际质量看成其静止质量与其通过运动多出来的质量之和，而“物体的静止能量是它的总内能，包括分子运动的动能、分子间相互作用的势能，使原子结合在一起的电磁能，以及原子核内质子、电子的结合能……物体静止能量的揭示是相对论最重要的推论之一，根据物理学知识我们可以知道，静止粒子内部仍然存在着运动。一定质量的粒子具有一定的内部运动能量，反过来，带有一定内部运动能量的粒子就表现出有一定的惯性质量。在基本粒子转化过程中，有可能把粒子内部蕴藏着的全部静止能量释放出来，变为可利用的动能”[④]。对此可以归纳为两个基本观点：一是物体的静止质量实际上是由静止能量来规定的；二是物体的静止质量和运动时多出来的质量之和才是完整的质量概念。

第二，在相对论的质能关系描述中，质和能的物理意义可以看作是同一的。在经典物理学中，质量和能量是相互独立的量，但在相对论质能关系中，能量和质量作为物体力学性质两个不同方面的描述概念，其性质是相同的，叫作质量或叫作能量只是根据不同需要而已，以质量来度量和以能量来度量只差一个比例常数 k。“于是，我们被引到了这样一个更加普遍的结论上来，也就是物体的质量是它所含能量的量度。这个结果有着特殊的理论重要性，因为在这一结果中，物体系的惯性质量和能量以同一种东西的姿态出现，我们无论如何也不可能明确地区分体系的‘真实’质量和‘表现’质量。把任何惯性质量理解为能量的一种储藏，看来要自然得多……质能方程说明，质量和能量是不可分割而联系着的。一方面，任何物质系统既可以用质量 m 来标志它的数量，也可以用能量 E 来标志它的数量；另一个方面，一个系统的能量减少时，其质量也相应减少，另一个系统接受而增加了能量时，其质量也相应地增加。”[⑤]这里爱因斯坦的观点可以概括为，在相对论的质能关系描述中，质量和能量的度量关系是同一的。而从度量和描述同一性来看，由于我们无法分辨出物体体系中何为“表现”的能量，所以也无法区分“真实”质量和“表现”质量。

第三，爱因斯坦指出：质量转换和能量转换的守恒定律在相对论中仍然是普遍客观有效的。“质能方程并不违反质量守恒定律。质量守恒定律是指在与周围隔绝的任何体系中，不论发生何种变化或过程，其总质量始终保持不变，或者说，化学变化只能改变物质的组成，但不能创造物质，也不能消灭物质，所以该定律又称物质不灭定律。而质能方程是表述了质量和能量之间关系，所以不违背质量守恒定律。”⑥因为在物体整体静止时，它的总能量一般不等于所有粒子静止能量之和，而是由所有粒子静止能量之和加上所有粒子的结合能构成的，这个结合能称为质量亏损，即$\triangle E = \triangle mc^2$，其$\triangle E$叫作结合能，$\triangle m$称为质量亏损。而与周围隔绝的体系从更基本的角度看是不包括结合能的。所以，质量亏损和质量守恒定律的边界条件不同，并没有直接矛盾。“在高速情况下，静止质量与运动质量相互转化，总质量仍然守恒。如在电子光子簇现象中，当一个高能电子或光子进入原子序数较高的物质中，在很短距离内就可以产生许多电子和光子。在这个级联过程中，粒子的静止质量与运动质量相互转化。但在级联前后，总质量保持守恒。”⑦由此可以概括地说，质量守恒定律与能量守恒定律是相协调的，而且传统的质量守恒只考虑静止质量时，它实际上只是质量守恒定律的特例。而在相对论理论中，质量守恒定律中的质量并不局限在静止质量，而是与能量变化相关的总质量，所以这时的质量守恒定律实际上已经不是与外界隔绝的体系的质量描述，而是运动着的相互作用体系的能量描述了。当然，从质能同一性的理解来看，它既可以说是能量守恒定律，也可以说是质量守恒定律，只不过不符合静止质量守恒这一特殊限制性规定。其实，从逻辑上来看，如果承认质能同一性，坚信它们的度量之比为常数k，则能量守恒和质量守恒的同时成立性是不证自明的。不可能有质量或能量一者守恒而另一者不守恒的悖论出现。

所以，质能关系的实质是质能同一性，这是对经典物理学质能二元观的超越，这正是爱因斯坦的本意。他认为对$E = mc^2$的最简单理解就是多少质量就对应多少能量，多少能量就对应多少质量，两者之比就是光速的平方。历史上的质量是相对论里的静止质量，而静止质量和能量概念是不相同的，两者是相互独立而无相关性的。所以，经典物理学的质能是相互独立的二元世界，在相对论的质能关系中，质能转化是在动质量而非静质量的普遍意义下去描述和解释的，因而具有更加普遍的意义。

三、质能同一性的相对性

狭义相对论质能关系常被陈述为质能等效性、质能相当性，实质上就是质能同一性。说得简单直接一点，就是我们实际上并无法真正区分质量与能量，因为物质的质量就是能量，而能量就是质量，质量就是物质，所以能量就是物质。究竟把存在客体称为物质还是能量，只取决于哪种描述更加经济、便利，而不能把质量和能量再像经典物理学那样限于非此即彼的两个绝对物理量去理解。但是，质量既是能量又不能还原为纯粹能量，质量有其特定的质规定性，有稳定的空间结构，和无质有量的能量有本质区别，即质量本性是能量，本质不是能量。在人类对世界从复杂到简单、从特殊到一般的认识过程中，从传统实在物质客体作为世界终极存在者的认识上升为包括与运动相关的可变质量即能量、能量即质量时，为什么仍然保留两个符号去指称同一存在呢？这显然是违反了认识从复杂到简单的逻辑的，是与认识描述的经济原则相悖的。但一百年以来似乎没有人思考过这一基本问题。

在几千年来绝对物质观的存在论占统治地位的历史文化基础上，质能同一性在本体论意义上是强化了绝对物质观。由于经典科学中质量和能量的二元分割，无法完备地按一元论逻辑来解释物质客体存在运动变化的原因和根据，产生了局限性。当质量即能量时，物质和它运动的根据、原因就是自身同一的，不再二元分裂了，世界的存在和演化两个层次达到了一元论的统一理解。在传统绝对物质观基础上，人们更偏爱能量即物质这一符合历史传统描述的形式。在爱因斯坦质能等效原理建立以后，物理学家们终于理直气壮地把一切存在者装进物质大口袋，物质客体的绝对性具有了更坚实、更普遍的存在论意义。只要具有能量属性便是物质客体存在的确凿证据，电磁场是物质，引力场也是物质了。但从来没有人质疑过，由这种简单化的质能同一性理解得出的一切皆物质的推论是完备的吗？场的概念实质上是力概念的普遍性描述形式，力是空间确定点中物体相互作用的抽象，场则是物体对其他物体作用力在空间分布的一般描述转换为空间分布函数描述，是从相互作用力描述转换而来的更一般的相互作用抽象概念。抽象的力、场摇身一变，成为具体的物质存在，那么，力究竟是具体的还是抽象的呢？难道真的还要创造出抽象具体二象性本性理论去解释这一矛盾吗？所以，如何理解质能同一性是深刻的统一性思维的问题。换句话说，把一切场和力归结为物质存在的质能同一性解释一定是不完备的。

把等效性、相当性理解为无差别的同一性在逻辑上是有问题的。从价值去考虑，可以说一斤猪肉和五斤白菜相等或等效，但不意味着一斤猪肉就是五斤白菜。这种等效性、相当性是在既定的设定前提下产生的，是相对的，是相对的同一性，是相对于货币衡量的价值而言的同一性。而绝对同一性则是无条件的同一，是绝对性的描述，是最普遍意义上不受任何前提和边界条件限定下的同一性。把一切归结为物质的质能同一性，本质上是把它们理解为绝对同一性。由质能的相当性相对描述转换为同一性的绝对性描述，在逻辑上是缺乏充分根据的。事实上，质量和能量的等效性是有条件的，不是绝对的，故质能同一性并不具备绝对普遍的意义，它只在特定条件下有意义。

诚然，我们可以把质量就是能量作为相对同一性的陈述，这时，质能同一性是成立的。正如爱因斯坦举例所述，“当 π_0 介子衰变为两个光子时，由于光子的静止质量为零而没有静止能量，这时，π_0 介子内部蕴藏着的全部静止能量转化为光子的动能”⑧。爱因斯坦所说的 π_0 介子内部蕴藏的静止能量主要包括我们所说的静止质量，即 π_0 介子是具有静止质量的物质实体粒子，它衰变为无质量的光子从而失去了静止物质实体粒子的本性，而且在整个转变过程中绝对遵守着能量守恒定律。所以，我们既可以认为 π_0 介子是实体粒子，同时也可以把 π_0 介子看作能量客体，是由一定能量构成、具有静止质量的特定形态的能量客体存在，我们称 π_0 介子为能量客体。作为具有静止质量或爱因斯坦称之为静止能量的特定存在形态，我们把 π_0 介子称作物质实体粒子或能量客体都是成立的，而且是相互协调的。如何去称呼或研究它，取决于我们的主观愿望。π_0 介子的例子对于一切具有静止质量的物质实体粒子都是普遍有效的，故质量就是能量，这具有普遍性意义。

然而，如果反过来说，能量就是质量，静止质量为零的能量客体是物质客体的特定存在形式，这就很有问题了。静止质量为零是非物质客体存在的规定性，不是特定的物质客体存在规定性。在相对论的质能关系中，物质客体的质量尽管是和运动有关的，但最基本的静止质量存在是与运动无关的。因为静止质量是物质总质量的最小极限状态，如果这个最小极限质量为零却仍然称之为物质，这首先就与我们对物质的经验认识不协调，与物质之所以为物质的质与量相统一的规定性相悖，无质之质、无物之物是物质否定性而非特定形式之物。老子所说的无物之物、无象之象存在是具有深刻智慧的，但老子绝对不会把无物之物称为特定之物或把无象之象称为特定之象，那是道或无而非物了。把能量作为无这种具体存在的话，把无作为物质就肯定是不符合逻辑统一性的。

没有静止质量的物质不是还有运动质量吗？那不是仍然可以称为有质有量的物质吗？这是对相对论质量概念一知半解而已。事实上，没有静止质量的光、电、磁、能量子的能量是与频率有关而与运动无关的固有能量。物质的运动能量之所以为运动能量在于它随运动变化而变化，但静止质量为零的客体的运动和能量是不变的，这和物体的运动及由此引起的质量、能量变化是完全不同的。物质客体的运动以及能量乃至变质量是相对的，但光、电、磁这些无客体的运动以及它的能量是绝对的，这是它们的本质区别。尽管可以从质量等效原理去理解一个光、电、磁客体粒子的等效质量，但这个等效质量与物质实体的静止质量是完全不同的概念，与物质实体粒子的运动质量也是完全不同的。因此，从光、电、磁客体有等效质量出发，并不能得出它们有质量的结论。事实上，我们关于质点的任何动力学描述对于等效质量的光、电、磁粒子而言都是无效的，一切相对性描述对于它们同样是缺乏充分性的。所以，光、电、磁能量子的所谓等效质量只具有有限意义而无普遍性意义，把质量等效关系理解为一切能量都是质量是不成立的。能量并不是质量的一种特定存在形式，只能说质量是能量的特定存在形式，能量才是最普遍的存在。所以爱因斯坦指出，质量守恒定律只适用于隔绝的封闭物体系统，能量守恒则涉及质量能量转化的普遍相互作用。从这个意义上来说，能量守恒定律才是最普遍的，质量守恒定律只是它的一个特例。

离开静止质量而仅从运动质量去定义物质质能乃至物体的存在是极有问题的。因为物体的运动是相对描述的，离开静止状态而依据运动状态给物体质量下存在论的定义，那么由运动相对性以及不同惯性系的等效性，那我们可以得出一个荒唐的结论：一个物体的质量想是多少就是多少，只要选取不同的坐标系描述就可实现。若然如此，对世界的认识就无客观普遍性可言了。但事实并非如此，我们关于物质客体首先是在静止状态下去认识和定义的，静止质量才是物质客体存在之为存在的客体根据，是客观认识的前提，没有了它就没有物体运动，因而也就没有所谓运动质量了。而光、电、磁客体的等效质量是与参照系无关的。这正是科学认识客观性的前提所在，决不能说物体质量想多少就是多少。

物体运动能量及质量的描述相对性告诉我们，质能等效性作质能同一性理解时，它只有认识论上的描述意义，而没有本体存在论之实在意义，并不能由此得出能量就是物质的存在论结论。爱因斯坦的科学革命首先是在认识描述意义上的，他直言不讳我们并不能确定何为真正存在的“实在”质量，何为“表现”出来的质量时，已经表明这是在世界认识和描述意义上的结论。所以，质能同一性在认识和描述意义上是成立的。

但是，认识论绝不可能为本体存在论提供最终根据。所以，爱因斯坦的质能同一观不能从本体存在论去理解，就是说，能量即物质并无本体存在论意义。质能同一性、等效性、相当性只有认识论上的相对性意义。科学认识是世界本性认识的基础，但客体世界不是认识本身，本体存在论对自然界的绝对认识不是纯粹的相对认识问题，更不是可以由科学给出最终答案的知识问题。苛求作为科学的相对论的质能等效原理在理性统一性意义上去回答质能关系是不现实的。别说科学有限认识，即使深刻智慧如建立了批判哲学的康德，即使他自己有理直气壮地把批判哲学称为哥白尼式革命之豪情壮志，但从本体论转向认识论后，在哲学本体论的“物自体”问题上，他只能谦逊地回答：知性对之不可知。所以，质能同一性、等效性、相当性的科学陈述是合理的，而质能同一性是否我们生存于其中的宇宙的绝对本性，则必须由哲学本体存在论来回答。爱因斯坦把质能二元的自然界归纳为质能同一的世界，其科学的重大意义已经妇孺皆知，但更深刻的本体存在论意义即对从质能二元世界向质能一元世界认识进展的本体论意义长期被哲学家们忽略了。从科学的质能同一性为基础去建立真正绝对的宇宙一元论理解，是哲学理性认识必须从本体存在论去探讨的问题。

第三节　质能统一性

一、质能同一是能即量规定性的同一

把质能等效关系看作同一性关系，只是有限的科学真理。尽管相对论的质能关系是人类对客体世界科学认识的伟大革命，但并不能据此得出质能同一的理性统一性结论，更不能把同一性当作质量和能量的最根本关系。恰恰相反，理性的世界统一性原理以爱因斯坦质能关系的科学认识为基础，按照理性统一性思维而非知性科学的因果逻辑思维去思考客体世界的质量和能量相互关系，才能从科学认识上升到哲学本体存在论，从知性上升到理性，对质能统一性关系得到理性具体的理解。

绝不应该仅仅在认识或描述意义上理解质能关系，因为物质和能量即质点和力具有本质区别历来是以关于客体世界本性认识的本体存在论为根据的，以相对认识为根据去颠覆本体论是不恰当的。在得出质能等效关系前，尽管物质和能量是作为二元概念出现，物质说明存在，能量说明存在状态，且两个概念对世界的认识都是不可或缺的。因为物的存在是一切存在现象的基础，哲学本体论的智慧就是从最普遍存在之中找到多样化世界统一本性去解释和说明一切自然经验，哲学唯物主义产生的历史意义就是从最普遍的本原存在去解释一切存在者都是本原存在的复杂性结构存在，由本原不生不灭形而上学绝对普遍本性为一切具体之物统一于物质本性提供根据，使由物质本性统一起来的具体而普遍的自然是永恒的存在，由本原的永恒性得出自然存在的永恒性。物之为物是由它的质的规定性为充足理由的，用爱因斯坦的科学语言描述，它是由具有具体的惯性质量（又是引力质量）去表现出来的。能量最早作为物质客体状态的单值函数描述，则对世界的普遍联系、相互作用以及运动演化提供了说明。所以，物质和能量是理解世界统一性的两个重要概念。当爱因斯坦建立质能关系，得出质能同一性描述的时候，我们对世界的统一性认识已经前进了一大步。这一重大发现表明，在我们认识中一直以存在和现象二元形态表现出来的质量和能量在根本意义上并不是二元分裂的。但是，质能同一性并不是质能的本质关系，不是最普遍的具体关系。如果从质能等效关系的科学认识中直接得出存在论意义上质能同一的结论，那就和传统唯物主义一样，陷入把有限当无限、把知识当智慧的局限性，用因果必然性思维代替统一性形而上学思维就变成新的机械论宇宙观。试想，当爱因斯坦说我们不能肯定地区分“真实”的质量和“表现”出来的质量的时候，如果我们不把这种质量对速度的依赖性限制在爱因斯坦的质量规定性以及由此得出的观测、描述意义，而在存在论意义上将之解释为无真实质量存在的话，那么表现质量也不复存在了。没有 m_0，就没有 m，就没有物体了。所以，质能同一性的科学描述只是相对性描述。对客体世界的物质和能量的关系认识，必须在此基础上，按照理性统一思维，进入本体存在论的探讨。

从本体存在论意义探讨物质和能量是否同一可以分解为两个不同但又紧密联系的命题：一是物质和能量之所以为存在的规定性是什么？二是它们的规定性关系是什么？只有从它们规定性的同一才能得出质能同一性的本体存在论结论。

物质的规定性最初是从感性认识中归纳出来的，有形的东西称为物，有形之物给我们重量的感知，我们把这种由知觉感觉得出的认识归纳为物之质量，质量是通过引力的重力作用向我们呈现的。所以，有形有质之物就是物质，物质就是一切有形有质多样性之物的共相描述概念。进入科学的普遍物质概念之后，经典物理学从质而非形去认识物质运动成功的理由在于质量是物之为物的本质根据，牛顿的质点就是忽略了形而从质和量统一性去规定物质客体，它的普遍的科学规定性就是质量。物质的质量通过作用和被作用两个方面被揭示出来，物之为物在于它对外部存在发生作用，产生引力，引力质量证明它自身的存在；物之为物的另一个规定性是它在外力作用下发生运动的改变，惯性质量也证明了它自身的存在。惯性质量和引力质量是同一物质的同一质量，只不过从发生作用和被作用两个不同角度去看待质量则得出不同规定性。所以，在科学意义上，物质的普遍规定性是质量，质量是物质客体存在并与世界发生普遍联系，在相互作用中运动演化着的客体存在的普遍规定性。科学的质量概念提供了物质之所以为物质、物质之所以在普遍联系中不断运动演化的本质规定性。从理性统一思维来看，物质规定性是感性认识和知性认识的统一，物质就是具有形、质、量规定性，由质量规定性决定的形的演化运动的实在客体存在。在最一般的抽象意义上，我们把物质客体称为空间性存在。

能量最早是以物质属性即存在的现象身份登上人类历史文化舞台的，在机械能意义上，说质能同一即能量就是物质是不可思议的。在动能和势能的经典物理学描述中，物质的惯性质量是静止质量，在爱因斯坦的质能关系中实际是 m_0。能量是速度或位置的函数，质量是物质存在的规定性，是不变量，说什么也无法把它们设想为同一的存在。物体是存在者，能量是存在者的状态，所以它们是不同一的存在。但随着科学认识的发展以及能量子概念的确立，我们认识到能量不仅是状态这一唯一形式的现象存在，在光、电、磁这些能量存在形式中，它们表现出独立的“粒子性”即客体特征，能量子登上科学舞台使能量不再只是依赖于物质的现象性存在。作为客体和物质客体现象性存在相统一的能量，仅在这一意义上，就超越了物质客体的客体规定性，是更为普遍的存在，由此就无法得出能量即物质的绝对性结论。

能量的客体存在状态即在光、电、磁形式的能量子客体存在状态下，它作为感性认识对象的规定性是什么呢？除了可见光之外，其他的能量子客体并非直接的感性存在者。我们关于不可见光及电、磁、能量子客体存在的感知都不是直接的，而是通过它们与物质客体的作用，以物为中介来得到感性认识的。至于可见光的能量子客体，我们是否直接感知它们的存在同样是一个有争议的问题，这就是历史上关于光的本性的微粒说与被动说争议的本质。我们可以说抓不住、触不到但可以见到光，并且只有看见光才能看见物，我们所见之物的形状实际上是物反射光在眼睛之中聚焦成像的结果，如果没有光就没有视觉感觉，看不见光就没有视觉了。所以在感性意义上，由于可见光的存在，能量子客体可以说是感性存在。但是光的可视的感性提供的感性之形是物之形，可见光自身不是具有确定性形状的客体，并且它对触觉、嗅觉而言也是不可感知的，它似乎又是人类不可直接感知的存在。因此，在感性世界中，光的本性是一个谜，牛顿认为光是存在之物，它的无形无味无定的原因在于它太小而超出了人的触觉和嗅觉器官的感知能力。波动说认为光不是由微小之物构成的，它只是一种波动运动。按照传统的波动理论，波动是物质客体运动状态的传播，光是光源物质的状态能量运动传播方式，只是现象而已。在初级物理学教程中，声、光、电往往是作为同一类现象进入启蒙课程的。所以，光的波动说不把光当作物而作为属性，成为与光的微粒说相对立的光本性理论。但是，仅从感性认识去归纳是无法真正得到光的本性的规定性认识的。

光的知性认识是以光的运动为对象开始的，光的波动运动特性的科学发现是光本性认识的最初科学成果，它有力地支持了光的波动说并否定了光的物质微粒理论。但麦克斯韦电磁场方程揭示了光、电、磁现象本质的同一性，随之普朗克建立能量子假设，科学证实了光、电、磁能量子是以波动形式运动着的“粒子性”客体存在，能量的转化和转换并不局限在物质客体状态，更普遍的转换还在于客体存在和状态转换之间。光电效应首先就是光量子客体转换为电子动能的客体—状态转换。其实光热转换也是客体—状态转换，它的物理意义是物质粒子吸收光量子后将之转换为自身动能，在宏观物理统计描述意义上就是光转换为热能。抛开能量的状态性存在，就以客体性的能量子而言，它的规定性与物质粒子的规定性同一吗？答案是否定的，能量子没有静止质量，所以它根本就没有质量，或者说是有量无质所以无质量。在科学描述意义上，能量子具有等效质量 $m = h\nu/c^2$，但这个等效质量和物质客体的质量只有量的等效性，却有着完全不同的物理意义。能量子的等效质量与物质客体的静止质量 m_0 当然不同，这一点并不难理解，因为它的静止质量为零即不存在，所以能量子等效质量和物质客体的静止质量本质上完全不同。更为重要的是，能量子的等效质量与物质客体的运动质量也完全不同。尽管两者都与运动速度有关，但物体动质量是与相对速度有关的变化量，而能量子的速度是绝对运动速度，是与参照系无关的不变速度，它的等效质量就是一个常数而不是变化量。由于光、电、磁、运动速度的绝对性和不变性，可以认为能量子的能量和它的等效质量与速度无关，它实际上只和频率有关。这是等效质量和物质客体质量的本质区别。等效质量只有量而无质的规定性意义，所谓等效是就量而言的，并不是既对质又对量而言的。因为从等效质量中根本得不到对物质客体本质的普遍知性规定性惯性质量和引力质量。因为有量无质，所以对能量子等效质量根本得不到引力作用和被力作用的物理意义。既没引力作用又无惯性规定性的能量子，其等效质量就只有量的等效意义，没有质的同一性的物理意义。所以，在质能关系中，质能的等效关系只具有认识描述意义，没有能量就是质量的本体论意义，能量的等效质量和物体的质量的物理意义是不相同的，因为它们的规定性赋予它们以不同的物理意义。

实际上，爱因斯坦从质能同一性、等效性、相当性意义去归纳出质能普遍关系时，是严格限定在物质客体范畴之中的。思考物体的惯性质量和它的运动、能量的相关性，当然限定在实体客体即有静止质量的物质客体范畴之中，最可靠的根据当然是 m_0 的存在。在爱因斯坦建立质能同一性认识的时代，对量子的客体性认识还没有确立起来。退一步看，迄今为止的物理学理论对能量子的客体性认识也只停留在波粒二象性水平，把能量子粒子性本性当作物质实体本性。由此可以有把握地断言，爱因斯坦的质能同一性关系是关于物质客体的质量和能量关系的陈述。更进一步看，也只有在物质客体范畴中，才有和运动状态相关的能量这种特定概念，才有和运动无关的静止质量、和运动相关的可变质量这些特定概念的产生。对能量子而言，静止质量、运动质量、运动状态能量是无意义的，这些概念只对物质客体描述有意义，并没有一切客体描述之普遍意义。由这些只对物质客体描述才有意义的概念建立起来的质能同一性关系陈述的定义域，就只能限定在物质客体范畴中。由物质客体质能同一性关系出发，推论光、电、磁、能量子是物质，并由其能量去理解其有等效质量，其实是违反科学认识的逻辑的，也并不是客观地理解爱因斯坦质能同一性的本来意义。

限制在物质实体客体范畴的质能同一性如何理解呢？究竟是质量就是能

量、能量就是质量，还是能量就是质量、质量不都是能量，或者质量就是能量、能量却不都是质量呢？在此三者必择其一的理解中，能量都是质量，质量不都是能量是不成立的，因为动能是和质量相关的，能量都是质量时，那就变成动能就是质量、物质运动状态就是物质的悖论了。由此可进一步推论，能量就是物质，得出物质就是能量也是不成立的。因此，质能同一性的合逻辑解释就只能是质量就是能量，能量却不都是质量，质量只是能量的特定存在形式，能量才是包括了质量在内的最普遍存在形式。这正是能量一元论对宇宙自然统一性的基本理解。在这种意义下理解的质能同一性是在最普遍能量意义上的存在同一性，并表现为科学描述认识意义上的同一性。至于质的同一性，无论在本体存在论上还是认识论上，都不成立。

相对论的质能等效关系的本体论意义最重要的是终结了传统唯物主义哲学观念中的质能二元理论，认识论上的同一性揭示了本体存在论上的统一性，即我们不必再只停留在物质客体去理解存在，只停留在物质客体的运动状态去理解世界的演化，而应该在质能统一性中去理解世界的统一性。按照世界统一性原理的一元论信念，物质和能量既然不同一那就必须统一，就必须回答质量和能量的统一性关系为何这一基本问题，唯此才有真正的一元论宇宙观。因此，在本体存在论意义上否定质能同一性的意义在于建立质能统一性的理性理解。

二、质能统一性关系是质量统一于量即质统一于能

在质能等效的同一性认识基础上归纳出更加普遍的质能统一性关系，就是要从质量和能量无差别的同一性上升为有差别的统一性关系。世界统一性认识和纯粹因果还原的机械论的本质区别就在于不是从无差别的同一，而是从多样性的统一去理解最普遍的自然本性。质能统一性是理解多样性自然统一性的最基本方面，是从无差别的同一进展到有差别的质，在质和量的统一性中去具体理解世界统一性的起点。质量和能量既不是质能二元观那种独立而无相关的存在，也不是能量就是质量这种无差别的存在，而是两者既有区别但又不是截然分割的存在。所谓统一性关系，就是要回答能量和质量两者

何为普遍性存在，何为普遍性中的特定存在，它们何以是多样性不同一又统一的存在。打个最简单的比方，在数的统一概念中，有理数是数的特定形式，整数是有理数的特定形式。所以数是最普遍的概念，有理数是普遍性的概念，整数是特定概念，1，2，3则是具体的数了。1，2，3是具体的数量描述，又是整数描述，在普遍性意义上是有理数，在最一般意义上是数，这就是数的统一性意义。用集合语言来陈述的话，1，2，3这些具体的数是构成数的集合的元素，而数是一个集合整体，有理数是数的子集，整数又是有理数的子集，这就是集合的统一性意义。

二十世纪量子理论及相对论的建立确立了能量子的“粒子性”，即它是一种客体性存在，能量是客体存在和物质客体状态存在的统一，不再仅是特定物体的运动状态单值函数描述。统一性的能量包括客体时，构成世界的客体从传统的实在客体扩展到具有非静止质量的非实体具体客体。在质能相互作用的统一世界中，质能等效关系揭示了质量和能量之间的联系。它们的联系又是建立在它们是有差别客体存在的前提下的，把一切客体都机械地划入物质存在是武断的，把电磁场、引力场叫作物质更是不合逻辑的。根据一元论世界统一性信念，质量和能量的统一性就成为世界本性思考的基本问题之一，甚至可以说这就是世界本性命题本身。它们的统一性关系归根结底就是要回答这样的一个问题：这个世界最为普遍的绝对本性究竟是能量还是物质，而最普遍的存在又是以何种形式或法则把特定的存在纳入自己的统一性之中，使世界成为一元论的统一世界？

根据此前我们对物质客体及能量存在的思考和认识，可以斩钉截铁地说，能量是最普遍的绝对存在，而物质客体只是特定形态的能量存在，这就是质能统一性关系。

首先，一切物质客体都可以从能量的角度看作是能量存在，但是能量子客体不能从物质的角度看作是特定质量的存在，物质的状态能量即机械能在逻辑上就更不能看作是物质客体存在了。说物质的运动状态也是物质那不是胡话吗？所以，用集合的概念来陈述，整个世界可以用由能量为元素的存在——包括客体存在和物质客体运动状态的现象性存在——构成的集合总体来描述，物质客体则是这个集合总体中一个特定的子集合。这个子集合的特定规定性是什么呢？它是指在物质子集合中，所有构成元素在能量的意义上看都是能量存在，符合能量的普遍规定性，但还必须符合物质客体形、质、量的规定性。从质量的角度看，它就是特定客体的集合，物质客体的规定性是在能量普遍规定性前提之下建立的，它受能量规定性制约。但反过来则是不成立的，不能说不符合物质规定性的存在就不是能量。正是这种普遍和特定的关系决定了我们可以把质量看作和能量同一的存在，但不能把能量看成和质量同一的存在。质量和能量同一而能量和质量不同一决定了能量是最普遍的存在，而质量只是特定的能量存在形式。

回顾狭义相对论的质能关系 $E_k = mc^2 - m_0c^2$，为什么由此可以得出质能同一性的结论呢？因为这个等效关系是在能量规定性意义上描述的，mc^2 是与运动相关的能量，m_0c^2 是由于物质自身质量而固有的能量，在把质量转换为普遍的能量而建立的等效关系中，所谓转换就是把质量作为能量描述，因此得出质能同一性结论就不足为奇了。这一点在表达式 $E = mc^2$ 中更加明白无误，m 可以叫作质量，也可以叫作能量，但此质量不是彼质量，不是静止质量，而是用最普遍的能量来描述的“可变质量”。可变质量就是能量，它是一种描述，和赋予物质客体存在之所以存在的静止质量是不同的。能量具有更普遍的意义，即把物体的一切能量包括于其中。

其次，从统一性原理的逻辑来看，能量一定是比质量更为普遍的描述概念。从特殊到一般的逻辑是什么呢？在认识和描述意义上就是一般比特殊有更少的限制规定性，最普遍的存在是最少规定性的存在。事实上，只有定量为其存在规定性的能量是最简单的，并且已经是规定简单性的极限，因而它合逻辑地是最普遍的。对于能量子客体而言，它的规定性就是波长或频率，这是它的规定性的全部，这是一个纯粹的量的规定性。在第二卷关于能量的探讨中，把能量子客体称为无客体，即有量无质无形的客体谓之无。至于作为物质客体的状态函数的能量存在，它的规定性也只是一个量，所以叫能量，这个量是物质客体运动状态单值函数的量值。如果按照质量就是能量的观点来看，质量就是能量是成立的，它符合能量之定量的规定，甚至可以说质量之量就是能量之量。而从能量的最普遍观点看待质量的时候，作为能量包含的质量规定性只是它的量的规定性，而与它的质没有相关性。所以，从能量的观点和逻辑去看世界上一切存在时，它是最少规定性最普遍的存在。同样是物体的质量，当我们从质量而不仅仅是从能量的观点去看待它时，它就不只有量的规定性了，它还必须具有质的规定性、形的规定性，这些规定性是在量的规定性之上的特定限制性规定，正是这些特定的限制性规定赋予了质量在遵守量的规定性基础上成为普遍能量存在中的特定形态存在之意义。所以质量是能量，但它不仅具有能量的规定性，而且还有质量之为质量的特定规定性，正是这种规定性给出了物质之所以为物质、物质是能量的特定形态存在的充分的根据和理由。所以说，最少规定性的能量是最普遍的存在，而在量的规定性之上还有形和质规定性的物质是普遍能量存在的特定存在形式。

最后，制约能量交换和转化的能量守恒定律是世界最普遍的定律，它制约着宇宙中一切客体存在的演化过程；而质量守恒定律只是能量守恒定律的特定形式，它只有在能量守恒定律中才得到完整的理解。在对能量没有客观认识之前，从有出发去解释世界万物存在本原的哲学唯物主义，在科学领域自然而然地把质量守恒定律当作世界的第一定律，并称之为物质不灭定律。在绝对物质观中，一切科学定律都可以是有限的，但物质不灭定律是绝对、无限的真理，并且是真理和智慧的统一。在能量守恒定律建立后的近两百年间，它得到越来越丰富的真理认识，它的普遍性已经被实践和经验证明是无限的，即任何和能量守恒定律产生冲突和质疑的观察或理论最终只能以观察及其理论解释的不完备性告终，能量守恒定律是不可动摇的。它是一个不需要附加任何设定条件而绝对成立的最普遍定律。然而，传统理论并没有建立起质量守恒定律和能量守恒定律的统一性关系，而是把它们看作分别制约存在和演化的两个绝对定律，存在和演化就是这个世界相互割裂的两张皮。

爱因斯坦建立的质能等效关系第一次建立起质量和能量、存在和演化的联系，他明白无误地指出：在相对论的质能关系中，质量守恒定律和能量守恒定律是协调的，否则这个世界就会变得一团糟。爱因斯坦把质量守恒定律解释为在隔绝的物质系统中的定律时，实际上已经指明了质量守恒定律的有限性；质能等效则是表述了质量和能量的关系，和质量守恒定律并无矛盾。

但对质能关系仅停留在它与质量守恒定律并无矛盾的理解是不够的，因为还没有从根本上回答质量和能量的统一性关系是什么这一根本问题。质能关系 $E=mc^2$ 所揭示的质能统一性关系是什么呢？由于 c^2 是一恒定常数，所以 m 和 E 等效，这里质量 m 与质量守恒定律的质量 m_0 是不同的概念，爱因斯坦把后者称为静止质量。质量守恒定律是以静止质量为对象描述的，而与狭义相对论的运动质量无关。用随运动而变化的质量去描述所谓质量守恒定律是毫无道理的，它至少应被称为质量转换和变化定律。事实上，动质量就是能量，静质量也是能量，质能等效关系是把一切质量转换为能量，在能量守恒定律基础上建立质能等效关系。决不能把它解释为把一切能量转换为等效质量后，在质量守恒定律基础上建立的质能同一性关系，只能理解为一切质量即能量。但反过来说，一切能量都是质量是不符合它的物理意义的，也是与现实世界的经验相违背的。因此，由质能等效关系 $E=mc^2$ 得出的结论是能量守恒定律而非质量守恒定律是它的基础，它的普遍的质量 m 描述与质量守恒定律的特定静止质量 m_0 指称的对象并不等效。而且，m_0 的守恒是在与周围隔绝的特定条件下才成立的，而即使在这一特定环境中，质量守恒并不是普遍性规律。爱因斯坦以 π_0 介子为例说明它由实体粒子转化为静止质量的两个光子，当静止质量转化为能量子的时候，已经揭示了孤立物体系统质量守恒定律的有限性和相对性。只有在 m_0 不发生转化为能量子即没有核反应发生的条件下，质量守恒定律才是成立的。所以，质量守恒定律只是特定定律而非最普遍定律，离开特定条件是不成立的。真正不受任何条件约束的绝对守恒量是能量，只有能量守恒定律才是最普遍的。狭义相对论建立了质能等效关系，为质能统一性提供了根据，即只要我们根据质能关系把一切质量转换为能量描述，则包括质量本身在内的任何存在的相互作用及运动变化都可以在能量守恒定律中得到解释和说明，而质量守恒定律即是能量守恒定律的特定形式。因为由质量与能量的相当性可以得出质量守恒即能量守恒的结论，而从能量的观点来看，质量守恒定律又包括在最普遍的能量守恒定律之中。

质能同一性是在量的意义上的同一性，物质作为质和量相统一的特定结构性存在，静止质量是它存在之为存在之充分必要理由，它就只能理解为普遍能量存在的特定形态。质能同一性、等效性、相当性关系就是关于具有静止质量的物质客体实体的关系描述，它的定义域就必须限制在具有静止质量的物质实体存在范畴之中。由此可见，爱因斯坦的质能同一性关系并不是关于宇宙自然最普遍的关系归纳，而是关于特定物质客体的特定关系归纳。爱因斯坦质能关系是关于物质客体的，但它又是革命性的，因为它超越了传统的质能二元观，把物质和能量在量的科学描述意义上的同一性建立起来，为质和能在存在论意义的统一提供了基础。它的深刻意义在于它实质上超越了有限的物质存在去理解物质存在，是人类认识从特定物质世界进展到更普遍能量世界的坚实真理知识基础。从这种意义上看，质能统一性关系本质上是最普遍的波粒统一性在特定物质世界的特定表现形式，即质能统一性和波粒统一性是统一性的，是特殊和普遍的关系。人们一直限于特定之物去理解光、电、磁的粒子性，用波粒二象性去归纳它们的本性，从更普遍意义看，一切客体存在都是波粒统一性的，这并不是限定于光、电、磁存在的特定关系。事实上，对量子性和波动运动的普遍关系及规律的认识在物质领域即量子电动力学中的科学成就在二十世纪物理学中是最令人骄傲的。普遍的波粒统一性关系对具体的物质客体而言，就是质能统一性关系，是物质客体存在和演化的统一性理解。

综上所述，质能等效关系的本质是一切质量归根结底是能量，它们的统一性关系表明能量是最普遍的存在，质量是能量存在的特定形式。所以，能量是绝对存在，质量是特定能量存在，是相对性的中介存在，是生生灭灭的多样化存在。一元论世界统一性原理的元就只能是绝对的能量，任何物质客体只是能量存在的更高级形式。所以，质能统一性关系归根结底是能量一元论基础上制约物质客体运动变化的规律。从质能统一性和波粒统一性关系中，可以真正悟出老子万物生于有、有生于无玄学理论的深刻智慧意义。

三、质能统一性世界才是多样统一性世界

在能量一元论基础上的质能统一性关系为完整地把握物质客体的具体存在及物质世界的统一性提供了可能。以此为基础的理性统一性思考，直接结果首先是终结传统的绝对物质观和机械论的宇宙观。

从泰勒斯以水是世界万物的本原这一猜测性的科学命题开始，人类开始了对自然世界存在的最普遍本性的思考，并在这一最普遍的科学命题中产生出本质上是哲学理性思考的命题。但是，这一朴素的哲学是从科学直接过渡而来的，带着科学知识认识有限性的烙印。特别是在科学尚未充分发展的古希腊时代，对这一命题的答案都还不是基于客观知识的，全都带着感性具体认识的朴素色彩，所谓本原为何物包括本原规定性本身都是在感性经验的万物基础上产生的朴素经验归纳。由其决定的历史局限性以几千年来西方哲学始终从有出发去解释世界本性为基本特征。由于固执于有的形而上学理性思辨带着逻辑不完备性的先天缺陷，西方哲学不可能构建起以有为出发点的完备的世界统一性理论，即无法真正得到世界统一性的理性解释和说明。各种西方哲学理论对客体世界本性的理解始终游离在唯心主义的抽象普遍性或唯物主义的机械论之间，能够调和其冲突的充其量是多元论或不可知论。当人类的知性科学及实践经验对客体世界的认识已经十分丰富甚至出现爆炸式增长及革命性变革的时候，那些传统的哲学已经彻底失去对经验和知性知识进行统一性智慧解释的光彩，失去了自身发展的活力甚至是存在的充足理由。二十世纪以来，人类普遍拒斥形而上学是哲学思维与科学发展不相适应的必然结果。

为什么从有出发去解释世界的统一性在逻辑上是不完备的呢？试想有一种最普遍的绝对的有存在，它在泰勒斯的理论中是水，在德谟克利特的理论中是原子，按照现代物质结构理论我们可称之为“皇帝子”或最基本粒子，它在玄学理论中的具体概念为“一”。从有出发，解释世界本性的特点是这个“一”，是独立自足、自我圆满的，它的存在不需要根据，而它正是其他一切存在的根据。按唯心主义者的观点，感性具体之有不是真正的存在，由

它构成的所谓存在是变动不居的，在存在意义上只是一盘散沙，由此根本无法去解释为什么“一”会变成多。没有根据却硬说“一”构成多，那就是机械论的，所以由“一”出发去解释物质世界统一性是武断的，因而是不完备的。如果按唯心主义抽象普遍性的逻辑，变动不居的存在不是存在，那么“一”就不在一切存在之中，不是真正的最普遍的存在，也就没有自然世界统一性问题了。世界统一性原理就是要回答这样的问题：一切存在包括实体存在及它们的状态演化为何以最普遍的本原存在为根据，物质存在为何是从普遍存在中复杂性演化而来的特定的具体存在？任何具体的存在既是特定的具体存在，也是最普遍的本原存在之存在，这就是客体世界的统一性。这种理性统一性的认识仅从有开始去思考是无法完备的。

能量一元论的质能统一观不再从有出发，而从能量即无出发去解释世界的本性，把物质客体作为特定形态的能量存在，基于能量的客体和状态的统一性，在质能统一性理解中把世界的存在和演化统一起来，为世界统一性思考提供了新的视野。按照这种思维，物质客体不是纯粹“一”的搭积木，而是质能统一性的具体存在。

物质客体本质上是空间性存在，即形、质、量的规定性是物质之所以为物质的根据，形和质量不正是有的感性特征和知性特征吗？那为什么说从有出发去理解物质是不完备的呢？形和质量是物质的规定，但质量之质才是物质最一般的抽象本质。这个本质规定是抽象的规定，仅从这抽象规定并未能完整地揭示具体物质的本性。物的具体现实性不只在于它的本质规定，更要将之理解为本质和现象相统一的现实，它具体之为具体的现实性基础在构成物质本质规定性的前提之中。所以，物质的本性是能量，只有在质能统一性的理性思维中才能得到对物质具体存在的完整理解。物质从抽象的质进展到具体是在质和量的具体统一中实现的，量是能量之定量，能量之定量赋予了物质从抽象之质向具体统一之质量之飞跃。在本质意义上，质量之具体定量就是具体能量之定量，质和量统一于量而进展到具体，质量和能量就统一于能量。质量统一性就是质能统一性，因为能的规定性就是量，只有量。

物质之所以为物质的根据在于它的质量，形状及运动都建立在质量基础上，没有无质之形，也没有无质的物质状态。正是质量使物质成为具有自身独特规定性的存在。但是，在普遍的能量意义上，质量就是能量，是具有质的规定性的独特能量。即使还原到物质客体最基本的粒子形态即“皇帝子”的状态，它的质量同样是能量，并且由 $E = Mc^2$ 来描述，由能量守恒定律来决定它们的运动和变化。以 π_0 介子转化为两个光子为例，我们可以由此断定质量可以全部转化为能量，失去了它的特定的质的规定性，不再是特定的以物质形态存在的能量，而是退化为本原的能量子形态的存在。在这种转化中，能量守恒定律总是成立的。所以，无论是以基本粒子状态存在的“一”，还是转化为能量子状态的能量，我们都有充分理由把其视为能量，具有静止质量的特定能量状态存在则是质能统一性的存在。

人类对物质客体的认识是从经验开始的，物质认识的现实起点不是“一”而是多，“一”是在对物质多样性世界的统一性追求中产生的。所以对具体物质客体的理解是“一”和多的统一，而不仅仅追求“一”是什么。“一”和多的统一就是质能之统一。为什么“一”结合为多样性的物质客体呢？因为结合能在起作用的缘故，物质在核子层次有称为强力的核力在起作用，这些力把各种微观粒子结合在一起；在原子、分子层次是电磁力在起作用，它把原子核和电子结合在一起；而一种称为引力的弱作用力在各种具有静止质量的物体之间产生普遍的相互作用，建立了宇宙中一切物质之间的普遍联系和相互作用，并形成了大至星系、星球，小至我们经验中的各种实体结构的物质结构。就是说，除了在基本层次的“一”的意义限定之中的物质粒子，一切由它构成的物质是由各种力的作用而形成的。任何力的描述只是一种抽象，正如第二卷所述，力的本质是能量交换，力的相互作用所抽象的是具体现实的能量交换过程。按照这一理论，由“一”结合成为各种复杂物质客体，本质上就是在能量交换作用中形成的各种“一”的相对稳定的结构。换言之，任何非“一”的物质客体本质上是由结合能为内在构成机制的质能统一性存在，而不是仅仅由微观静止质量叠加的存在。将质量结合为稳定结构的能量，我们称之为结合能。

结合能是揭开物质世界奥秘的钥匙。按照抽象的逻辑，物质世界的终极奥秘应该是揭开“皇帝子”即“一”的神秘面纱。但是，尽管直到今天我们对神秘的“一”知道的并不多，但在物质世界基本结构的认识上所取得的成就是有目共睹的。寻找本原之“一”的过程是对复杂物质结构拆零的不断分解还原过程，但这种所谓分解还原并不是机械系统拆零件，而是由浅到深，逐步揭开各个层次物质客体在特定结合能作用下物质结构的一般规律，实现对物质客体结构的更加简单而普适的理解，从而不断逼近物质客体结构的最终奥秘。所以，寻找“一”是物质客体结构认识的终极目标，而唯有由浅到深的各个层次的结构分析才是认识“一”的具体进程。任何结构层次物质认识的本质规律并不只在于结构构成本身，真正的本质是支配这种结构演化的一般规律，这个一般规律就是能量作用规律，它正是通过结合能把各个层次物质结构的一般规律归纳出来的。物质结构告诉我们物质的结构何所是，而从结合能出发去描述的物质结构让我们明白物质世界的结构为何是。所以说，结合能是物质结构认识的钥匙，离开结合能就只能机械地看待物质结构，物质就只是偶然拼凑的一团乱麻；从结合能去描述物质结构，物质就是一个个质能统一，按照自身规定性、必然性演化的完美的存在。所以，物质客体存在的具体性和完美性就在于它的质能统一性。

最后，必须看到，物质客体的质能统一性不仅是对物质客体具体存在性的完整描述，同时也是物质世界统一性的描述。在整个物质世界意义上，一切相对性意义上的物质客体通过引力、电磁力等形式吸收和传播能量，建立起物质世界的普遍联系和相互作用。相对独立性的物体与外部世界交换能量的最基本形式是交换状态能，从而在与世界的普遍联系和相互作用中发生运动的变化，构成了物质世界在必然性规律支配下的运动变化过程。物质客体质能统一性的另一意义是它作为相对独立的存在，以它自身的质量及结构为根据，和外部世界进行永恒的能量交换，从而将自然统一性建立起来。在世界统一性意义上看，任何物质客体不仅是实在，而且是实在和状态的统一，这才通达了具体物质客体的完整意义。我们知道，一个围绕着地球运动的卫星比如月亮，与一个向着地球冲撞过来的行星，即使两者的质量、尺寸相同，但作为物质客体的意义显然是完全不同的。

所以，物质客体的质能统一性包括它自身静止质量的能量本性、结构性物质客体的质量与结合能的统一性，以及它在物质世界中由状态能表现出来的与外部环境的相互作用本性三个方面。在质能统一性的必然性规律之下，我们才可以从抽象到具体地去理解复杂结构和运动的规律和本质，从而合理地理解客体世界的必然性过程，并有根据地把宇宙自然理解为本性是一元统一的有序世界。

世界统一性原理之所以是理性统一性的，最坚实的基础就是质能统一性，据此才能认为宇宙自然不再是无差别同一的机械论的存在，不再是存在和演化、物质和运动二元绝对分立的，而是多样化且在永恒运动发展中一元统一的，有无相生永恒运动的世界又是永恒而统一的世界。我们就生存在多样且变动不居的感性现实世界中，我们从感性认识上升到知性认识，进而进展到理性统一性理解时，多样和变动的宇宙自然就是统一而完美有序的，是由自然必然性支配的自足自洽的自然界。人类对宇宙多样性的认识是从低级到高级、从特殊到一般、从复杂到普适不断深化的，这正是和宇宙自然演化的历史和逻辑循相反路径进行的。我们认识自然的最终目的在于认识我们自己，因为我们不仅不能离开现实具体自然去生存，更根本的是我们自己本性就是自然存在。如果没有自然按其必然性规律从无差别的同一到多样性的演化进程，宇宙就只是同一能量子存在的混沌，更不要说进化出我们这一类高级的复杂性存在。追求通达最普遍意义的世界一元统一性理解，其意义在于从根本上对人类自身的存在得到最普遍的统一性理解。从理性的意义上来说，能量一元论的根本意义在我们的存在之中，波粒统一性的更大意义在质能统一性之中。这就是理性统一性和知性机械论的本质区别，也是在能量一元论基础上，在波粒统一性和质能统一性基础上，我们要进一步深入思考物质世界按能量普遍规律展开的特定复杂性演化进程的充足理由。

注释

①苗力田、李毓章主编《西方哲学史新编》，北京：人民出版社，1990 年第 1 版，第 455 页。

②程守洙、江之水主编，胡盘新等修订《普通物理学》，北京：高等教育出版社，1998年第5版，第1册，第249页。

③爱因斯坦著，周学政、徐有智编译《相对论》，北京：北京出版社，2007年第1版，导言，第7页。

④同上，第38页。

⑤同上，第39页。

⑥同上，第39—40页。

⑦同上，第39—40页。

⑧同上，第38页。

第三章
存在的结构演化

引　言

【提要】宇宙观的本质意义是给出多样性万物世界普适统一有序的理解，自然哲学的前提在于人类形而上地以结构为普遍形式去统一万物世界。物质分子、原子结构，宏观天体结构的知识都是近现代科学认识成果，但由结构形式去统一万物世界远在文明史早期阶段就开始了，西方自然哲学从本原论开始的前提是对万物世界结构统一性的形而上学感悟，它以设定多样性之物结构还原的极限为逻辑根据，实现对自然结构的统一性理解。人类认识是从特定到一般到普遍不断发展的，西方哲学唯物论尽管逻辑不完备，但对推动物质结构的科学认识有重大现实意义。另外，在科学还没发展起来的两千多年前，老子的玄学统一性理论对自然结构统一性归纳令人拍案惊奇，从现代知识看，它确实是万古常新的。

一、人类文化以结构形式统一性去建立一元论的普适自然理解，根本原因在于自然物质世界是多样性结构之物构成的结构统一性世界，物的存在本质即结构，人是以感性之物为逻辑起点去理解统一自然的。自然物的生成依逻辑是高以下为基的，人们在电脑中虚拟出多样性现象并以抽象的 0、1 为元结构，由它们的复杂结构去建立多样复杂性意义，自然物质结构复杂性演化的逻辑也必然如此。人对物的结构认识和自然演化的逻辑是共轭的，是从复杂到简单的过程。对物结构还原的每一次进展都具有重大科学突破意义，都把人类对物质世界统一性的理解推到更具普遍意义的认识水平。

二、物质结构复杂性演化是自然而然的，是自然按必然性实现其内在目的性的天工杰作。但绝不能简单地把物质结构统一性理解为因果关系，它是包含因果必然性于其中的复杂统一性关系。因果必然性是普遍抽象关系，它离开特定边界条件则不能通达具体，通达具体的是现实性。物体每一层次结构都是具体的，不同层次结构的复杂之物是统一性的具体存在，不是因果必然性存在。由此才能理解结构形式的统一性意义及由结构统一性去理解具体自然的合理性，才能明了从复杂性之物顶层结构开始向下面层次逐级分解是有客观根据的，每一层次的结构认识都可以有充足而独立的客观普遍意义。

三、老子在《道德经》中用万物生于有去归纳物质世界统一性，从当今科学实证知识意义看，确实比西方哲学用有统一万物要合理得多。多样性之物的合理起点是原子结构，这无论从经验、知识、逻辑意义看都是合理的，原子在科学上具有元素意义，构成原子的基本粒子不在多样性之物范畴，老子称为有，有的结构复杂性演化产生了人感性可认识的多样性万物。现代科学意义的原子结构和老子的万物起点是相容的，其万物负阴而包阳，充气以为和的描述，和原子结构理论是完美协调的。

四、老子用“道生一，一生二，二生三，三生万物”把物质结构从微观到宏观的复杂性有序演化做出了精辟的归纳。由万物生于有可得出一、二、三即有是微观基本粒子，物是以原子为起点的复杂多样性结构之物的判断。根据物质结构理论，微观层次的一、二为何结构之物是还没定论的，但生成万物之三即原子下层结构的构成基本粒子是有客观认识的，它们就是中子、质子、电子这三个基本粒子。

五、老子用天来作为宇观物质世界统一性概念，从道生之，德育之，物形之，势成之就能悟到普遍联系的自然完美自足自洽之具体统一性意义。

质能统一性表明宇宙自然界的本性是能量，物质客体只是普遍能量世界的特定存在形态，统一性的物质世界只是特定的世界，是具有自身质的规定性的世界。按照世界统一性原理的逻辑和观点，特定的物质世界才是世界之为多样性现实世界的本质，才是宇宙自然从混沌走向有序、从无差别的同一演化出差异化多样化世界的根本所在。没有从无差别的同一能量形态存在演化出质和量相统一的空间性物质客体存在，没有空间性物质结构从简单到复杂的多样性演化，就不会进化出生命，就不会产生思维和人类文化进程，就没有从混沌走向有序的演化着的多样性统一之宇宙自然界，世界就无所谓意义。因此，世界的本质意义不仅必须从能量、物质客体存在去理解，而且更应该从质能统一性世界从简单到复杂的多样性演化进程去理解。本章从存在的结构演化问题思考中去进一步揭示现实世界永恒运动变化的本质及统一性之意义。

物质客体本质上是空间性存在，物质客体由简单到复杂的多样性演化就是空间性多样性演化。空间性本质是物质和能量的区别，却是物质的普遍共性。物质多样性世界的统一性形式是空间性多样性演化的统一，这种统一的描述形式是结构。这就是存在即结构在物质世界才是有意义命题的原因，也是世界统一性原理把结构和时间、空间一起作为世界描述三大基本形式的理由。在结构形式中，可以合逻辑地把物质世界的运动变化规范地描述为必然性的结构演化过程，从而对物质世界从简单到复杂的结构演化在逻辑和过程相一致意义上得到统一性理解，同时又从复杂多样性现实世界结构演化规律中得出统一物质世界普适性的理解，有根据地合理解释变动不居的物质世界的统一性本性和必然性过程。把感性具体的多样变幻现象有根据地理解为具体的现实性存在，就通达了现实就是合理而完美的深刻智慧。

物质客体的产生是宇宙从无差别同一的混沌进入有序性和复杂性演化的起点，也是宇宙从简单同一性存在进入多样性统一世界的起点。所谓混沌并不是指杂乱无章的传统理解，宇宙处于纯粹能量子客体构成的状态时，同样是由能量运动的必然性规律支配的，并且这些规律是自然界最基本、最普遍的必然性规律；多样性统一世界的运动变化同样由这些规律支配，不同层次特定客体世界的运动变化规律只是最基本规律的特定表现形式。如果不是作如此理解，宇宙就真的在杂乱无章意义上失去了可理解的统一性。在世界统一性原理中，宇宙永远是统一性的，宇宙的混沌存在状态不是指其杂乱无章的无序状态，而是指宇宙还处于统一性最简单的无差别同一性状态，还是同质而无差异性结构产生的纯粹能量存在状态，是多样性存在还没有出现即序还没有产生的极限状态。从混沌到有序的演化就是指宇宙由无差别同一能量客体存在状态中产生出异质结构的物质客体，由同一性客体世界进展到多样性异质客体构成的统一世界。能量子无客体空间性，故无结构，无结构复杂性演化，纯粹由能量子构成的世界是没有演化的混沌，玄学理论无中生有即从混沌到有序的意义。所谓从无序到有序对宇宙自然而言是不成立的，从混沌到有序的合理理解是从没有序即同质化世界到产生序即异质化多样性统一世界，能量子转化为基本物质实体粒子才开始有了转化并演化的现实意义。世界的多样性演化越复杂，可以同时理解为它具有越大的序。宇宙向更有序演化的本质意义不是宇宙越来越统一圆满，宇宙自然永远是统一而圆满的，存在论意义无矛盾，故存在就是圆满的，现实总是合理的，不合理的是我们对之的认识和理解，是只限于现象而不是作为现象和本质统一性的现实性理解而已。宇宙更有序指的是宇宙进展到更丰富的多样性异质分化状态，是更复杂更高层次构成的多样性存在的统一。这同时表明，传统的从简单到复杂、从低级到高级的宇宙运动发展指的是自然界越来越复杂的结构复杂性演化进程，自然向更有序演化就是更高层次复杂结构的产生，即由原子到分子，由无机物到有机物，最后是最复杂有序生命的产生。物质客体本质上是空间性存在，同时也可以理解为结构性存在，空间性和结构性不可分割。物质客体的具体存在本性是以它唯一且不可或缺的空间性为充分必要理由的，它的多样性、相对性的统一性则只能在空间结构多样性、相对性的统一性中，才能得到充分的理解和合理的说明。这就是物质存在即结构、演化即结构复杂性演化的现实具体意义。

第一节　实体存在的本质即结构

一、虚拟世界结构的逻辑

结构一词是人们在对复杂事物进行思考和认识中产生的形式概念。它成为普遍的形式概念应该是在贝塔朗菲的一般系统论理论中归纳产生的，一般认为它指复杂整体的构成部分之间相互联系、相互依赖和相互作用的联结关系。尽管结构是与功能相对的描述，它们共同成为普遍的概念，渗透在人类文化各个方面，甚至在结构主义各种学科中产生了倚重于结构分析的各种学派，但结构的一般意义都是在科学和经验意义上阐释的。只有在世界统一性原理中，它才作为与时间、空间并重的世界描述的纯粹形式被提了出来，并在统一性原理中作了专门的探讨。

与时间、空间形式相比，结构不是最普遍的客体世界描述形式，因为本原意义的最普遍存在即能量的最一般形态是无结构规定性的存在。但是，具有特定空间规定性形式的能量存在即物质客体一定是可以用结构形式来描述的。物质客体本质上是空间性存在，空间性存在就是具有一定结构形式的存在，最简单的结构形式就是“一”这物质基本粒子实体的存在。所以，结构是物质世界描述的最基本形式，也是最普遍形式。因此，存在即结构这一命题并不具普遍自然意义，而是在物质世界这一定义域中才有意义。进一步考察可以发现，对自然界朴素的统一性理解是蕴含着朴素的物质结构性存在的。自然哲学始于世界万物本原概念，由本原概念到本原论再进展到自然统一性理解的本体存在论，其实就是由无结构的本原这一极限存在形式出发，把自然界理解为多层次复杂结构的统一性存在。更进一步的思考可以这么认为，对世界万物本原思考的产生是建立在世界万物是复杂性结构存在这一朴素的先验形而上学感悟基础上的，万物本原的思考起点是万物，在结构先验理解上才有从多样性万物到万物本原存在概念的产生。由此可见，结构的确是人类认识世界先验感悟中产生的认识形式概念。但结构并不是明晰的形而上学形式概念，并未像时间、空间这些认识形式那么普遍应用并成为哲学史上的基本范畴，它主要以内容和形式相统一的方式显现在人类文化中。为什么呢？只能从结构不是最普遍的认识形式去理解。世界万物本原被理解为最普遍的具体存在时，人类致力于追求物质世界无结构因而不可再分解的具体存在，这始终是自然哲学的首要命题。在科学知性因果关系认识中，物质客体首先是在无结构的抽象质点意义上描述的，科学因果关系以及人类认识元结构知识主要不是基于结构形式去认识和描述的，这是结构先验形式被长期忽视的主要原因。当人类知识发展到比较丰富的条件下，开始对复杂统一性对象进行思考时，结构形式的认识才自觉地进入人类认识的视野。一般说来，时空形式是抽象因果思维的基本认识描述形式，结构则主要是复杂存在统一性关系的认识描述形式，这恰恰表明了结构作为纯形式概念对物质世界统一性思考的意义。传统哲学本体论往往容易陷入机械论，把科学知性当哲学理性，只注重因果关系，忽视统一性关系，缺乏从结构形式对多样性之物作统一性思考，只用因果必然决定关系去理解多样性统一世界。世界统一性原理把结构先验形式作为建立世界多样性统一的最基本形式，对具体物质世界的探讨从对结构形式的探讨开始，在物质客体结构从简单到复杂的演化中展开，从抽象到具体去理解现实的统一自然界。

结构概念的一般性形而上学基本探讨在第一卷《道论》中。进入具体的世界统一性思考时，结构不再在纯粹形而上学先验形式中思考，而是在先验和经验、形式和内容相统一的意义上去具体探讨，在这种意义上进展了的认识是具体存在是结构。这并不是说具体的物质实体和抽象结构形式同一，而是说具体多样性之物作为质料和形式相统一的具体存在，是以抽象结构形式为其具体存在本质的现实存在。存在即结构应从本质意义、内容和形式相统一的意义去理解，不能进行机械的理解。

从抽象结构形式统一性进入形式和内容相统一的感性具体经验世界的结构统一性意义思考时，同样必须遵循从简单到复杂的认识规律。多样性复杂世界结构统一性的抽象而简单的认识起点是什么呢？这是一个需要智慧去理解的命题。所谓从简单到复杂去理解物质世界的统一，按原则和经验似乎必定以最简单的本原存在为起点，在一生二、二生三、三生万物的不断复杂结构演化中再现现实具体的世界。这在原则上看应该没问题，但进入实际运用是很有问题的。问题在于这对统一性具体世界认识而言依然是纯粹的抽象，否则两千多年前已知道一生二、二生三、三生万物的文化人类，在现代科学对物质各层次结构认识已经有了虽不全面却也极为丰富的条件下，对物质世界乃至宇宙自然的统一性理解，就不应该依然停留在朴素唯物论和绝对物质观之中，更不应陷入因果决定论支配的机械论宇宙观中。统一性认识和因果决定的有限抽象知识认识是有本质区别的。科学和知识是以一个个相对独立的元意义结构形式存在的，每一个抽象知识可以在抽象限定条件下独立地成为有意义的判断，可以独立地由经验证真证伪，这正是知识和真理可以从简单到复杂、从贫乏到丰富不断积累而增长和进步的原因。但统一性世界的认识恰恰没有这种从简单到复杂不断积累而发展的便利性，当你从最简单的基本物质粒子结构出发去建立世界统一性理解时，并不能把这种理解分解为独立的元结构，只有通达圆满自足自洽的自然统一性理解时，才有资格说已经形成对宇宙的统一性理解。就是说，统一性认识只有在完成的时候才是统一性认识，在途中还只是知识和观点，很难据此去断言统一性认识过程是对世界统一性理解由简单到复杂不断发展的过程。也许根本就没有复杂和简单、高级和低级的宇宙统一性理解，只有深刻和浅薄、全面和片面、合理和不合理、圆满和不圆满的区别，统一性只能从完整的理论体系去理解。把理性哲学统一性还原或局限于知识和观点是科学理性思维的通病，也是从基本物质结构出发，从简单到复杂性演化去理解宇宙自然界的现代人类依然困在科学理性的重要原因。这种循科学结构还原分析去理解自然统一性的思维其实是朴素感性色彩极浓的思维方式，与真正的结构统一性理解相去甚远。这其实正表明哲学理性统一性思维的深奥之处，无法把它分割还原为简单的“元统一性”去逐步理解。说句难听的话，如果不能找到进入自然多样性世界结构统一性的合理而简单的理解起点，所谓宇宙统一性认识就很难走出迷宫，终究还只是机械论的知识，或独断论的观点，断然上不了智慧的餐桌。

人类对内容和形式相统一的结构性存在的自觉且相对完整的认识并不在宇宙自然中，当然也不能在纯粹形而上学的形式统一性认识中，而是在经验和科学抽象认识相统一的计算机科学和技术的发明和普遍应用中。由此去感悟结构概念，从中进一步抽象归纳出结构纯粹形式逻辑的现实意义，理解具体存在的结构统一性，是最基本的，也是最现实的。二十世纪科学技术应用最广泛、影响最深远的发明之一是以电子计算机为标志的信息科学技术，它不但作为计算及智能化工具解放了人类的大量智力劳动，而且创造了“虚拟世界”这一信息时代特有的概念，为我们在思维中理解和认识多样性复杂变幻的现实世界提供了新的认识工具。它是比洛克当年归纳的人类认识新工具更具革命意义的新工具。模仿当年拉普拉斯侯爵的自信口吻，我们今天完全有胆量这般说：只要给予足够的内存空间以及时间，人类完全可以把现实世界任何复杂性存在的事物和过程在电子计算机的显示屏上显示出来。

虚拟世界只是现实世界的模拟，它和现实世界当然是两回事。但虚拟世界不是纯粹梦幻世界，和人思维中抽象的意义认识有着本质的区别，它是联结着抽象思维和现实世界的，是两者相统一的。在严格科学意义上说，电子计算机模型的模拟结果，在一定条件下揭示的是现实客体世界的本质及规律的抽象现实性。尽管这种结果是有限而抽象的，却一定是关于具体世界客体和事件的，即它不是纯形式，而是内容和形式相统一的“虚拟世界”。因此，我们完全有理由相信，虚拟世界复杂事件的相互联系和制约的规律与现实世界在逻辑上是具有同一性的。既然我们能够在电脑屏幕上构建一个类似于现实世界的多样化复杂虚拟世界，我们就可以相信这个虚拟世界的构建形式即结构形式的逻辑同时也是现实世界结构演化的逻辑。现实世界的结构演化规律是从特殊到普遍去逐步发现的，但虚拟世界则是从最基本、最普遍的结构开始去构建复杂“世界”的。因此，虚拟世界的结构形式逻辑对我们理解现实世界的结构形式具有重大的启发意义。

虚拟世界技术实现的结构形式的奥秘存在于它的软件即语言的逻辑结构之中。无论多么复杂的虚拟世界，它都是抽象的0、1这两个符号模态按照各种规则组合的复杂性结构的产物。所以，一切虚拟世界，无论其整体如何、是在如何变化，在最普遍的意义上看，它的“本原存在”就是0、1，在最根本的存在意义上，它们只是0、1，其他一切都只是0、1的复杂性结构。如果再往前走一步，甚至可以说这一切只是一个开关的复杂性结构，0和1只是这个开关的开和关两种不同状态的函数或意义。所以开关就是构成虚拟世界的“一”。当然，开关是具体的实在之物，而开关两个工作状态所指称的0或1已经抽象为纯粹逻辑意义的存在。因此，电子计算机的算法语言即它的逻辑结构是以0、1两个元素为起点的，开关实在之物只是作为抽象逻辑符号0和1的载体。从由0、1符号结构复杂化实现的复杂功能直至变幻多彩的虚拟世界的事实中，可以归纳出结构演化的一般逻辑意义：

第一，虚拟世界中任何复杂性的对象最终都可以确定只是最普遍、最基本的0、1符号的复杂性结构。按照因果还原论的逻辑，虚拟世界的一切对象归根结底只是0、1或甚至只是一个开关的状态。但事实上，虚拟世界以0、1为基础去实现其强大的功能目标的时候，它的意义并不在于0、1本身，而在于0、1的结构本身。如果停留在一个软件语言的本质就是由0、1构成的这种认识水平上，那事实上就对这一软件的语言意义及真正本质一无所知。由0、1结构而成的语言系统有着与0、1本身完全不同的本质和意义，不同的结构系统之间同样具有不同的本质和意义。所以，0、1是构成系统的元素，而系统的本质和意义是由0、1的结构关系决定的。不同本质和意义的认识对象对我们而言就是不同的存在，不同的本质决定了它们不同一。正是在这种意义上，我们才有充分理由说存在就是结构，存在之所以存在，在于它有自己独特的本质规定性，不同的结构赋予了0、1元素组合不同的本质，所以说存在即结构。坚持说只有0、1存在而0、1的结构只是结构形式而不是存在是不合逻辑的。因为0、1结构性存在的本质与0、1的本质规定性完全不同，它的存在是不能还原为0、1这种构成元素去解释的，即它之所以是具有特定本质规定性存在的充分理由在于0、1元素的结构形式而非0、1元素本身。

第二，由0、1作为最基本信息意义符号元素结构复杂化所构成的系统的本质和意义是受内在逻辑制约和支配的。但是，理解这种逻辑不能仅仅停留在知性因果决定的逻辑关系之中。无可否认，在一个复杂性软件系统中，每个具体直接的逻辑关系本身一定是科学的因果必然性逻辑关系，整个复杂系统是由一系列相关、复杂的因果逻辑关系构成的，但决不能由此说一个复杂的软件系统是一个因果逻辑关系链构成的。一个软件语言由机器语言转换为汇编语言，由汇编语言构成各种算法及子程序甚至相对完整的应用程序，最后得出完整的软件意义，我们无法在真正科学因果逻辑上从 0、1 开始去建立构成整个复杂系统的因果链条。反过来说，从 0、1 构成元素开始的一个无穷的因果链其实无法产生如此复杂多彩的虚拟世界。所以，构成这个复杂系统的各个因果逻辑之间的关系是统一性关系，复杂结构形式就是各种因果逻辑复杂关系的统一性逻辑关系。我们知道，虚拟世界的软件语言是从最简单的 0、1 作为构成元素在逐步复杂化中形成和发展起来的，这个发展过程不是从因果必然性规律发展中实现的，而是在遵守因果必然关系的前提下，按照因果关系统一性原则，按照人的目的和需要去创造、发明的。任一更高级的语言、作为基础的语言和系统之间是统一性关系而非因果必然性关系，故由各组成部分的结构形式决定的系统的本质规定性就是一种独立的统一性规定，这就是复杂结构形式是统一性形式的真正意义，所以说结构形式是统一性而非因果性的描述概念。

第三，从结构形式是复杂系统统一性描述形式可以真正理解存在即结构及结构演化即物质世界复杂性演化的本质和意义。为什么电子计算机的软件系统从最初的简单算法语言迅速发展为如此复杂的系统呢？理由很简单，因为它要适应新的、更复杂的功能目标需求，不断的结构复杂化结果产生了功能适应性越来越普遍的系统，能够实现越来越多特定的功能需求，能够模拟越来越复杂的对象系统。根据最基本的排列组合的数学关系可知，一个层次上结构的可能形式是由构成系统结构的组成元素的排列组合数决定的，不同层次结构的可能结构形式不断复杂化的时候，它的可能结构形式是随结构层次数指数增长的。这意味着复杂层次结构具有实现大量复杂性结构的能力，具有模拟和描述大量个性化事件和过程的能力。结构层次复杂性是系统向复杂性多样性演化的真正形式，而且是在复杂性的统一性意义之下的演化。不同层次的结构都是存在，由存在演化出的更多样化复杂性结构也是存在，所以存在是统一性的存在。

虚拟世界的结构意义是从0、1开始的，它的目标及发展指向的是系统的复杂性、多样性、个性化的普遍过程。但对现实世界物质客体存在结构的科学思考则恰恰相反，我们从多样化、复杂性的个性存在之物开始去逐步还原它们的低一层次结构，并希望最终找到构成现实世界的0、1甚至具有0、1状态的开关是何种实体或客体，从而得出对世界的最终的解释和说明。虚拟世界是人的自主创造产物，现实世界是自然生成的，两者都是在从简单到复杂的演化中不断生成的，它们结构形式的逻辑应该是一致的。对自然的复杂结构性认识只能由个别到一般到普遍、由表及里、由浅到深，认识过程和生成过程是共轭的。但是，虚拟世界是人自主创造的，其生成和认识是统一甚至是同一的，完全可以从虚拟世界结构统一性逻辑去启发物质世界结构复杂性的统一性思考。

二、物质的结构统一性和因果必然性

无可否认，现实世界和虚拟世界是不同一的。虚拟世界是主体主观能动创造的世界，现实世界是客体存在按其必然性规律演化出来并永恒演化着的现实世界，虚拟世界中有现实世界所没有的九龙戏珠及麒麟飞腾现象，虚拟世界也没有达到可以完全描述现实世界一切事物及其运动变化的水平。但是，虚拟世界也不是纯粹抽象思辨的认识，而是由客观必然性知识为基础的，是由各种知识按统一性的普遍意义去构建起来的，是具有客观普遍意义且又是有具体现实可能性的，不是纯粹主观思维的产物。人类还没跨入文化文明门槛前，个体主观意义认识已在自然状态之下产生出来了，虚拟世界技术却是人类抽象知识和具体复杂统一性认识达到较高发展阶段的产物，它当然不能仅从主观认识意义去理解。说虚拟世界把现实世界和人抽象认识意义世界联系起来时应如何具体理解呢？简单地说，虚拟指称的是人的主观认识，世界指称的是现实客体世界，虚拟世界是人的主观认识对客体世界统一性理解的现实反映。限制在虚拟范围，它不是客体世界的，作为具体认识它又是建立在客观普遍意义认识基础上的。在这种意义上看，虚拟世界尽管还不可能通达主客体存在的统一性，但必须满足主观和客观相统一的要求，即它是实现主客体相统一认识的必要非充分条件，它在主客观相统一的意义上把人类对客体世界的统一性认识建立起联系，为最终实现自然存在统一性理解提供了现实可能性。

虚拟世界的统一性关系是现实世界统一性关系必要非充分条件的理解是至关重要的。虚拟世界的模拟陈述是主客观相统一的具体陈述，是统一性认识，并且是把因果必然性抽象认识统一为整体的具体认识。它自身一定是一个自洽自足的认识体系，是人类认识现实世界相对简单易行的认识起点，是从简单到复杂、从低级到高级、从抽象到现实的世界统一性认识的坚实起点，由之出发才是真正从简单的认识出发去追求对世界的更深刻理解。这和科学知性由元知识积累得到更丰富的认识是完全不相同的，不然的话，科学真理知识发展就自然而然得到宇宙自然统一性理解，哲学就真的成为要用奥卡姆剃刀切除的毒瘤了。事实是人类的科学知识增长到今天，对宇宙自然统一性的理解基本上还处在古希腊朴素自然哲学的水平。对虚拟世界统一性形式结构是现实世界形式结构统一性的必要非充分条件，这种理解并不难，即虚拟世界的结构不一定出现在现实世界中，现实世界的一切结构性存在原则上一定能在虚拟世界中再现。比如，我们在计算机上不但可以再现已经发现的一百余种原子的基本结构，还可以虚拟原子序数大于一百五十的原子基本结构，但我们已知这些原子结构并不可能存在。由此可知，虚拟世界的虚拟就是一种简单的抽象，并没有包括具体存在的普遍关系，它模拟的存在结构的规定性对现实世界而言就是必要但不充分的。在虚拟世界中，结构性存在的统一性本质同时对现实世界是普遍客观有效的，这是从虚拟世界去思考现实世界时得到的最基本认识。

人类对客体世界的认识从感性认识上升为具有普遍有效性的知性客观认识是人类历史的里程碑。近代史上把科学的意义归纳为知识就是力量，当代则概括为科学技术是第一生产力。毫不夸张地说，人类历史的进步，人类生存状况和生活方式的改变和改善，在根本意义上都是由科学技术的发现和发明所赐的。但是，近代科学革命以来，人类建立起来并不断强化从而根深蒂固地积淀在文化深层的科学理性概念和观念是不合逻辑的。当年康德把人类认识世界的能力和形式分为感性、知性和理性，尽管康德的哲学智慧博得了大多数思考哲学形而上学的后人的由衷敬佩，却鲜见后来的哲学家们继承康德的传统，人类认识基本上简化为感性认识和理性认识两个层次，知性认识被抛弃了。感性认识是经验认识，只有个体特殊意义而无普遍性意义；由感性认识上升为理性认识即从特殊认识中归纳出具有普遍有效性的客观认识，得出普遍、具体、全体真理，也即得到理性认识。从康德批判哲学看来，他之后的哲学家们的逻辑是知性即理性，理性即知性，知性、理性合二而一了。

人们或许可以争辩，哲学形而上学作为智慧本来就是没有既定决定性知识和概念的，从感性、知性、理性去思考和描述人类认识和从感性、理性去思考和描述只是不同的选择，各有各的合理性，感性到理性认识的模式之所以流行是因为它更合理。这种貌似合理的观念实际上是强词夺理，因为这无法回答一个最根本的问题：从感性认识上升为理性认识所得到的究竟是知识还是智慧？那首先肯定是知识，如果有智慧，那也是叫作智慧知识。知性和理性的同一的另一种陈述是知识和智慧的同一。所以，从古希腊泰勒斯开始的对世界本性即统一性思考开始产生哲学和科学分化，进入科学理性时代，智慧和知识分化的历史终结了。智慧回归知识，理性回归知性是近代文化发展最严重的局限性，而黑格尔的哲学对这一倾向和潮流的形成具有重大意义。在黑格尔的辩证逻辑中，理性是它的最高目标，但这个最高目标依然是知识即真理。黑格尔所说的全体的真理、统一的真理与科学认识中特定的真理当然是有区别的，但全体的真理意味着各种有限真理之间的统一性关系或理性认识也是一种科学真理知识认识，只不过这是最普遍的科学真理，而特定有限科学认识不是最普遍的真理，所以，辩证逻辑的统一性智慧还原为知性真理知识了。黑格尔是从来不吝啬用真理概念来描述辩证逻辑的。因此，自黑格尔之后，知性理性同一的哲学潮流渐成，大多数哲学理论跟随黑格尔传统，理直气壮地宣告自己的理论是科学的。于是，科学真理逐步成为至高无上的宗教，所谓辩证法或科学的哲学则因其并无实质性的真理知识而成为以真理为最高目标者心目中的丧家之犬了。

理性知性化思维逻辑的最大局限性表现在无论是对特定的有限客观因果关系，还是对客体因果关系中各种科学真理认识之间的关系，它所追求的都是一种科学必然性的答案。按照这种逻辑，不但客体世界的抽象客体关系，而且具体的客体存在、整体的世界存在，都是可以用因果必然性关系建立起确定性真理描述的。然而，这种认识上的具体真理甚至全体真理只是一种空洞的概念，从来就没有什么具体真理或全体真理发生过。所谓具体、全体的真理当然只能是无限的真理而不是有限的真理，但无限的真理在逻辑上是二律背反的，因为真理之所以为真理就在于它是确定性判断而能被实践检验，是能被证真并能被证伪的。但有谁见过一个具体真理能在无限意义上被检验和证明呢？休谟的怀疑论命题对绝对、有限、抽象科学真理而言是无意义陈述，但对所谓具体真理或全体真理而言，就是量身定制的，休谟命题的土壤就是全体、具体真理观。人类无法回答休谟的怀疑论，实际上就说明具体真理、全体真理、无限真理是一个伪概念。反过来说，那些自认为发现了无限真理的人，在认识论意义上不是自诩终结了人类认识，达到了无限的顶峰吗？但是，人类认识无顶峰可言，只要人类历史没有完结，人类的认识也不会终结，这是不证自明的形而上学法则。

理性知识化的严重后果是我们在知识的不断增长中丧失了智慧，进入了文明畸形发展的特定历史阶段。人们慨叹世界越来越精彩也越来越混乱，我们深入到世界的细微之处，把握到客体及其运动的越来越多规律，却无法把握世界的普遍本性。我们生活在一个诸多矛盾和冲突的不协调世界中，对世界认识的不协调是其中一个重要原因。善于归纳的思想家们把当代人类世界概括为多元化的复杂世界，却再也没有人去追求多元现象之中本质上统一的世界。爱因斯坦后半生致力于物理学的力的统一，这是值得全世界有志之士敬礼的，不管这一事业是否在他手中最终完成。一个多元而无统一性的世界是人类的噩梦。这绝不是危言耸听，大家对无序世界的结局多少有所感悟。真正的解决方案在于，我们首先必须恢复理性统一性思维的智慧。就是说，必须从黑格尔的具体真理的理性观回到康德的知性、理性观念上来，用理性智慧去把握知识认识的统一。

用感性到理性认识两个层次去理解人类对世界的认识的局限性在于混淆了知识和智慧、因果必然性思维与结构统一性思维，回复到泰勒斯之前的知性、理性思维未分化的时代。这实际上是以知性即科学思维作为最高思维形式的，因为知性思维是确定性知识认识，是理性的基础，是直接面对人类经验和实践的，知性与理性合二而一的混沌状态实际上还是停留在知性思维中。在科学理性观念中，理性思维就是科学因果必然性思维，所谓统一性思维只是更为普遍的无穷因果链式思维，其实这只是科学思维而非统一性思维。科学真理知识的发现推动了人类知识的增长，但科学理性又使人类进入了极有知识但智慧匮乏的特定历史阶段。这个阶段就是近代科学革命以来延续至今的机械论、功利主义、庸俗实用主义在人类历史文化中占主导地位的历史。机械论把世界看成一部复杂机器，就像由无数齿轮和连杆联结起来的系统一样。其实，不要以为把整个世界、生命世界当作纯粹的机器才难以接受，把具体的物质客体存在看作机械似乎并无大错，其实也是大错特错的。一切复杂具体存在及其运动变化现实过程都是结构统一的，不是抽象普遍因果关系。机器本身也是各种物质实体的整体结构性存在，也是因果思维无法通达的具体复杂结构统一性存在。所谓机械论，其实质意义是把结构的各个层次甚至结构整体本身看成都是同质的，因而是由因果链联结产生了复杂性结构，其逻辑就是世界构成的同质性。在同质性条件下因果思维才是有效的，把一切复杂性具体存在都当成因果关系支配的思维方式是不合逻辑的因果必然性整体思维。把异质结构世界同质化是机械论不能真正揭示复杂世界关系的根本原因。可以把具体之物的结构性存在理解为机器，但机器本身是异质复杂结构的统一性存在，机器的形式结构关系是统一性的，不是抽象因果性的。这才是问题之关键所在。

面向具体的统一性思维方式在于建立不同层次异质结构之间的整体统一性关系，追求复杂世界的整体把握和具体客体的统一性理解。它以因果必然性的确定性知识为基础，而不是以其为目的。因此，历史上所谓哲学智慧是科学之科学、真理之真理，是关于有限、相对真理的绝对真理的观念恰恰陷入了二律背反，成为机械论因果思维的根源。哲学对具体的理解、整体的把握的思维成果是理性统一性的，即它不是可以用经验直接检验去判定对错的。一个不能证真也不能证伪，无法客观、普遍地确定对错的认识是不能叫作知识的，所以也不能叫作真理。人类历史上没有对错之分的哲学形而上学，所以我们把理性统一性称为智慧，没有错的智慧。智慧只有深刻或浅薄之分，这才是理性统一性和知性必然性关系的本质区别。说智慧是客观、普遍、有效的真理是没有任何意义的陈述，不能被证明的认识具有普遍有效性吗？没有任何理由要求理性哲学具有普遍有效性，哲学真正是多元化的不同智慧存在。哲学可以是很多种形而上学的理论体系，黑格尔、尼采、叔本华、海德格尔的哲学大相径庭，但它们都是哲学，这是不可怀疑的。所以，哲学是什么是很难讲清楚的，但哲学一定不是科学则是很容易讲清楚、想明白的事情。这意味着什么呢？即世界统一性的理解有不同选择，它取决于理论的形而上学认识对知识的综合、归纳能力，即它对形而下世界的统一性描述归纳水平。我们可以容忍不同的统一性理论，但不能接受的是把因果必然性知识本身直接作为理性统一性理论，把知性当理性，并把统一性追求转换成对普遍、有效、客观、正确的真理追求。

异质复杂结构整体只能作为各种因果关系构成的统一性具体存在才能得到合理的解释，这一本质在相对简单的虚拟世界模拟表达中更容易说明。从0、1抽象意义为起点的每一个虚拟世界模拟都是多个层次复杂结构的具体统一性抽象存在，它包含无数的元结构意义。这些元结构是由统一性联结为统一整体的，不是由一条长长的因果链联结为整体的。从0、1出发的结构复杂性发展关系不是与主体能动创造性无关的必然性所决定的，而是人基于主体目的性创造的产物。不是纯粹必然性支配的关系就不能理解为简单因果关系，只能是简单因果关系的复杂统一性关系。诚然，复杂整体结构中所包含的基本关系是客观性知识，但在整体意义上一定是主观和客观相统一的，不是纯粹客观性的。虚拟世界科学技术的发展本身对世界复杂结构的统一性本性是一个缩影，我们完全可以由对之的认识为基础，对现实物质世界复杂性存在从结构统一性意义作具体的探讨。

三、物质世界是结构统一性世界

物质客体的具体存在，物质世界之所以为物质世界必须在统一性的意义下去体悟与理解，而结构这一描述形式就是理解异质复杂性物质世界统一性的最重要形式。物质世界统一性思维本质上就是结构形式逻辑下对具体物质世界存在的思维。因此，必须在结构形式与物质客体存在相统一、认识论与本体存在论相统一的普遍性意义下去思考物质世界的统一性存在。

结构首先是纯粹的物质世界描述形式，尽管我们不能否认现实中已经把结构概念从纯粹的认识论意义扩展为具有本体存在论意义的概念。任何纯粹形式描述概念都是从现实客体世界认识中抽象归纳出来才成为纯粹形式的，结构也如此。但结构作为纯粹形式概念，与空间、时间形式相比，它有更加强烈的本体存在论倾向，以至于大多数人更多地从存在和实在的意义去理解结构，使它从纯粹形式扩展到内容和形式相统一的具体概念，带上强烈的本体论色彩。虽然空间、时间、结构作为纯粹形式的真正意义在于它们对客体世界的内容与形式相统一的描述之中，纯粹形式只是抽象，具体感性经验的认识则一定是内容和形式的统一，但时间、空间形式在描述客体世界时保留着较为明显的纯形式特征，它们的形式本性基本上得到普遍认同。虽然也有空间、时间实在化的观念，但这种实在是把纯形式作为实在，而不是把形式和内容相统一的存在作为实在。但是，我们使用结构这一概念指称的意义，一般并不限于纯粹的形式，而常常直接在形式和内容相统一的意义下使用，从而使结构概念带有更强的本体论意义。比如，我们说物质结构、客体结构的时候，可以有两种不同意义的理解，一是认识论意义上的理解，即把物质、客体看作限定陈述，把结构看成指称纯粹形式的主词；二是把物质结构、客体结构看作一个完整、独立而不可分割的主词，这时“结构”一词就具有了本体论意义。我们平时说结构的时候，上面两种指称意义都是符合习惯的。所以，结构概念既有认识论的纯形式意义，又有本体论意义。

结构概念从纯形式拓展为具有本体论意义并不只是偶然习惯所使然，而是有内在的原因和根据的。当我们说某一具体存在之物是结构性存在，甚至说它是具体结构的时候，具体结构或结构性的意义已经从纯粹形式的结构概念转换为内容和形式相统一的结构概念，内容和形式相统一的结构所指称的意义就是具有本体论意义的了。这里最关键的问题在于，为什么时间和空间保持着纯形式，不会在内容和形式相统一意义上拓展为具有本体论意义的概念呢？为什么时间和时间性、空间和空间性不会转换为同一意义的概念，而结构和结构性却有这种本体论现象呢？这个问题对于结构的认识是极有启发意义的。空间形式对客体的描述主要是在不同客体之间划分界限，确立客体之所以为具体存在之具体独立性；时间形式对客体过程的描述主要是客体运动变化之间的划分，确立不同状态之间的独立性。而结构形式则不然。用结构形式对客体具体存在的具体性描述也可以从空间独立性意义去理解，但它绝不仅限于此，否则结构形式就只是拾空间形式的牙慧了。用结构形式描述客体存在的本质意义，不在于所描述的客体与其他客体之间的界限划分而赋予自身独立存在之意义，而是在于对自身是由复杂元素组成的客体，赋予由下一层次客体存在相互关联而形成的整体层次的存在之相对独立、完整的存在论意义。我们用空间去描述或想象物质的分子、原子客体存在时，所要把握的是它的边界形状或它与其他存在之物的区分，但我们用分子结构、原子结构概念进行描述时，所指称的是分子、原子是具有内部特定结构的相对独立完整的客体存在之意义。因此，空间、时间形式在于揭示自身存在和外部存在环境的关系特性而保持着相对独立的形式色彩，而结构形式在于揭示具体存在自身的相对独立完整的客体存在具体性，它的形式与内容的统一是融合在它所描述的存在自身之中的，因而具有更强烈的本体论意义，从而产生了用结构概念直接指称物质结构概念的本体论意义。正是在这种意义上，我们才能合逻辑地断言：物质客体存在是结构，更严谨的描述是结构性存在。但是，我们决不会说存在就是空间或时间。这就是结构形式与空间、时间形式的不同之处，也是它可以合理地拓展为本体论意义概念的原因和根据。

存在即结构不是最普遍的陈述，限定在物质客体存在范围才是有意义的陈述，结构形式的意义也同样在物质世界之中才具有和内容相统一的本体论意义，它首先是物质世界存在的特定描述形式。从这一意义上看，结构对于物质世界的认识，对于揭示物质世界之为物质世界，对于物质世界是一个内在统一的完整独立的世界，具有本质的意义，所以结构形式的本质意义在物质世界之中。反过来说，物质世界的统一性意义即结构统一性也是不难理解的。

从存在即结构去揭示物质世界的本质是对传统哲学关于物质世界本性思辨的超越，它与哲学本体论的唯物主义哲学是有联系又有区别的，但与以抽象普遍性为具体世界存在的唯心主义哲学则是完全背道而驰的。从物质世界存在即结构去认识世界，不再把物质世界看成绝对存在，而是一个相对的统一性存在，这是它与传统哲学唯物主义的本质区别。传统哲学唯物主义是把物质世界作为普遍的世界去把握的，世界的本性就是物质性。唯物主义的存在是泛指一切物质客体实在的共相概念，所以存在即物质。它的基本命题或根本目的就是通过对最普遍的绝对的本原物质的把握，得出对物质世界的统一性理解。与虚拟世界结构构建过程相反，现实世界的统一性认识是从复杂物质个体开始去寻找构成复杂物质世界的最基本、最普遍的元素——本原的存在。尽管本原存在是从世界结构的统一性意义提出来的，但无论是泰勒斯的具体的水元素，还是德谟克利特抽象定义的“不可再分”的原子，哲学唯物主义在向着它的终极目标努力的时候，始终着眼于它的基本问题而忽视了结构统一性的意义。人类对现实世界物质结构科学认识是唯物主义宇宙观的胜利，是对物质世界统一性认识不断深化的认识进程。但这些科学认识是因果必然性的有限认识，无论是分子结构、原子结构乃至更深层的基本粒子结构的科学成就，它的主要意义依然体现在推动哲学统一性思维对绝对本原存在的追求向终极目标迈进上。哲学理性却没有及时地将这些不断取得的物质世界结构的真理认识的统一性关系建立起来，而是仍然停留在朴素、有限的知性科学因果必然性思维之中。由此造成了哲学唯物主义的两个严重的局限性：一是缺乏统一性思维而停留在知性科学有限思维之中，实际上根本无法终结无穷因果链，因而得出物质结构无限可分的荒谬结论；二是对已经从经验和科学意义上把握的现实物质结构，缺乏理性统一性的理解，从而对世界的整体把握陷入知性的机械论思维之中。由此可断言，机械唯物论方法论的缺陷之一在于缺乏对物质世界结构统一性的理解，固执于知性的因果逻辑思维方法，从而无法真正达到形而上学理性统一性认识水平。可以说，传统哲学唯物主义本质上是知性、有限的认识，成为机械论是顺理成章的。

至于一切唯心主义哲学离开客体世界存在而从认识去探讨存在，虽然得到了存在的统一性，达到了最普遍的认识，却只是概念逻辑上的统一性，虽然是形而上学，却只是关于存在认识而非具体存在本身的形而上学。所以，唯心主义的存在不是现实世界的结构性存在。正如柏拉图所说，我们经验到的物质世界是生生灭灭、变动不居的世界，这既不是存在，也不是不存在，而是既存在又不存在。唯心主义把绝对存在和相对存在彻底割裂开来，把绝对存在看作相对存在之外的一种绝对独立的存在，而不是把相对存在作为绝对存在的相对复杂性结构存在。绝对存在不在相对存在之外，就在相对存在之中，没有绝对存在就没有相对存在，没有结构复杂化就没有相对存在。所以，唯心主义把绝对永恒的存在看作存在，而把绝对存在的结构性复杂存在看作是既存在又不存在，所以不是真正的存在。由此可见，唯心主义哲学由于缺乏对物质世界结构统一性的理性认识，割裂了绝对存在和相对存在的统一性，抛弃了相对性存在的存在性，因而最终抛弃了绝对存在，远离了客体世界存在本身，陷入了纯粹抽象的普遍性逻辑概念思维之中，因而失去了本体论哲学思考的根本对象，变成统一性逻辑而非世界统一性原理。如果结构性相对存在都不是存在，那么唯心主义哲学存在论的对象还能称得上本体世界吗？与本体世界无关的哲学理论还能称得上本体存在论哲学吗？显然不是。唯心主义哲学在逻辑上把相对性存在视为不存在，实际上是在消解本体论哲学的基础和前提。从这种意义上说，对世界存在的本体论思考不仅是永恒存在，而且还包括非永恒的相对存在，最关键的还在于要从结构统一性的思维认识中把握永恒存在和相对存在的统一性关系，揭示一切相对存在来自永恒存在，永恒存在的真正意义就在于它就存在于一切相对存在之中。能够达到这种统一性智慧的方法是关于物质世界结构统一性的思维方法。在这种思维中，永恒的存在是存在，变动不居的存在也是存在，即本原存在和结构性存在都是存在，世界就是这种具体统一性现实世界。

最后，必须指出，唯心主义哲学在抽象概念统一性意义上建立最普遍的统一性追求，它在否定唯物主义哲学本体论的存在论基础时，其实也深刻地揭示了传统哲学唯物主义认识方法论的局限性。柏拉图认为哲学的对象是存在，现实客体世界变动不居之物不是哲学对象，不是非存在，而是既存在又不存在。这种对立统一的矛盾性揭示了现实物质世界经验客体存在是相对存在而非绝对存在的事实。要揭示客体世界的本性，就要在相对存在之中揭示绝对存在的本质，归根结底就是要揭示既存在又不存在之物的存在根据和意义。它的意义只在于两个方面，绝对存在的存在及绝对存在构成的相对存在，具有内在目的性结构的才是基于普遍必然性的现实存在之物，这就是真正的理性统一性思维。仅用科学因果逻辑思维是无法理解现实物质世界客体既存在又不存在这种对立统一现象的。对立统一的矛盾不是科学研究的对象，而是理性哲学的研究对象，在这种对立统一的关系中，理性统一性思维才可能去构建一个完美的自然世界。

所以，对物质客体而言，存在即结构。一切物质客体都是存在，而且我们所能感性认识之物都是相对性存在，由分子组成的物质是存在，构成分子的原子是存在，构成原子的原子核和电子也是存在……物质世界就是由多层次相对性存在构成的不同层次的客体实在，是由绝对存在结构复杂性演化而来的相对存在。尽管构成相对结构存在的绝对存在究竟是否物质实体依然是一个仍待回答的问题，但这并不影响我们把由之复杂性结构演化而成的各层次物质结构看成独立、自足的客体存在，物质不同结构层次的统一性就是物质世界统一性的可靠证据。物质世界的统一性就是在从个体到一般、从复杂到简单不断深化的结构认识之中建立起来的。

从存在即结构可以对物质客体作为空间性存在的相对性得出更具体的理解。尽管一切物质实体在原则上可以理解为“一”的复杂结构性存在，但物质世界之所以在由混沌到有序演化中生成，是不断向更高层次有序结构演化的多样性且永恒运动变化的，就在于每一层次的物质结构本身都有本身的质的规定性。原子和分子是不同层次的物质结构，它们不同质的规定性就是它作为分子或原子存在的规定性。这种不同层次的质的规定性本质上就是空间结构的规定性，因而异质结构是不可还原的。之所以不可还原是因为在存在即结构意义上，向下一层次结构还原意味着上一层次结构已不再存在，上一层次的整体之物也不复存在。这正是不同层次结构是不可还原的异质结构的理由。物质不同层次结构的异质性决定了物质客体是相对性存在，相对性物质客体构成了多样性统一的物质世界。以物质最基本不可再还原的实体结构为起点，每一层次结构的产生都是新质结构的产生，是新的物质客体存在的产生。无论在过程还是逻辑意义上，这种朴素的理解是自然而然的，也是合理的，正是从朴素的物质客体结构统一性理解中产生出本原存在概念和本原论，从而产生本体论哲学的认识起点。从存在即结构和异质结构的不可还原性意义看，物质客体只能是相对性的概念，即水分子是具体存在之物，构成水分子的氢原子和氧原子也是具体之物，具体之物就是相对性的。从最普遍的实体存在即“一”开始直到整个物质世界，可以把每一个层次都看作具有特定结构规定性的存在，分子是物，原子是物，地球是物，整个物质世界也是具体之物，物质世界就是不同层次异质结构的统一性存在，物质世界统一性就可以由存在即结构和结构性存在的相对性去得到统一性的理解。

物质世界是不同层次复杂性结构组成的统一世界，对存在即结构具体理解的另一统一性意义是一生二，二生三，三生万物。从最普遍的实体存在一出发，物质结构的异质结构演化赋予了物质世界越来越丰富的多样性结构存在。根据排列组合数的规则可知，一个层次物质客体包含的不同质结构层次越多，它所可能产生的不同形式结构的数目就越大，这正是三生万物的根据。物质世界结构异质化演化本质上就是更高层次结构的产生，并以越来越丰富的多样性表现出来，这就是我们生存于其中的现实世界。具有结构多样统一性的物质世界貌似杂乱无章和变幻不定，其实本质上是多样性的有序统一世界。按照从混沌到有序是从没有异质结构即没有序向异质结构产生即序的产生的理解，物质世界复杂性演化本质上是有序性演化。物质世界只能理解为从低序到高序的复杂性演化，根本就没有所谓自然的无序状态存在。觉得多样性世界无序只是我们感性和知性认识能力的有限性所致。在理性统一性的观点看来，物质世界绝对是有序的统一性存在，它结构复杂性演化产生的不断增长的多样性是向越来越有序的世界的演化进程。我们应该从结构演化的意义上去具体揭示物质世界普遍联系、相互作用而产生的永恒的运动变化的本质和意义。

第二节　存在的演化

一、物质世界运动变化的本质是演化

传统本体论哲学始终围绕着它的基本问题，追求世界的本原即绝对存在的答案，哲学唯物主义则循着现实、具体物质世界一如既往的结构还原去寻求构成生生灭灭的结构性客体的不生不灭本原存在。本原存在是物质客体世界认识的逻辑起点，却是传统本体存在论理论认识的终点，因为这是唯物论追求的达到最普遍存在认识的最高目标。但这不是哲学理性的最高目标，理性哲学是本体论、认识论和价值论的统一，如果仅停留在绝对客体存在认识中而没有达到世界统一性的认识，那就像在虚拟世界统一性结构仅停留在0、1抽象关系中一样，不过类似于建立二进制模式，根本就没有真正在结构复杂性演化之中实现强大的虚拟世界的表达功能。所以，本原问题不是哲学理性的全部，哲学的本质是统一性即自觉理性，它是由世界从何而来、如何演化、人在世界中的位置、人们价值和意义这四个层次基本问题的统一性意义构成的。哲学唯物主义局限在物质世界，但根据最普遍的世界统一性原理的逻辑和观点，物质世界本身认识并不是以世界从何而来，而是以世界如何演化为认识的根本目标的。

在能量一元论中，我们已经在形而上和形而下相统一的意义上得出世界的本原存在是引力能量子的结论，有质有量有形的物质客体是相对性中介存在而非永恒的存在，物质世界的本质意义不在于绝对存在而在于存在的相对性，即在于它的演化之中。物质世界的统一性是演化的统一性，由之去理解多样且运动的物质世界才是完美有序的。在对绝对物质存在的科学认识中，宇宙大爆炸理论是最基本的普遍性认识，但把宇宙大爆炸理论的真正意义理解为宇宙有一个开始是不合逻辑的，它彻底否定了本原存在。从哲学本原论和本体论看来，它的真正意义是物质世界演化的理论。另外，由于宇宙大爆炸理论的科学描述定义域不包括零点，零点是理论的奇点，所以说宇宙从零点开始在科学意义上也是没有根据的。它所揭示的是零点时刻之后物质世界演化的过程，而且宇宙大爆炸理论已经说明一切物质实体客体都不是永恒的存在，而是在演化中生成的多样化存在，这已经从科学意义上否定了物质客体的绝对存在意义，它的根本意义就在于揭示了物质世界从简单到复杂的演化过程及其规律。所以，物质世界的本质和意义寓于它演化的本质中。演化是物质世界运动变化的特定形式，是物质世界统一性的现实，从演化这一特定运动形式可以得出物质世界之所以为物质世界而非能量世界的具体理解。在绝对物质宇宙观中，物质世界的永恒运动与它的存在属性是两个不可或缺的方面，一般的陈述是物质和运动不可分，物质的变化是运动变化。但这两个方面陈述又把存在和演化分为两个绝对割裂的方面，存在是客体存在，演化是客体存在的运动变化，是客体属性，存在和演化构成了物质世界的统一性认识。但演化和运动变化是同一的吗？在绝对物质观中，它们可以理解为同一的概念，演化就是变化，变化就是演化，都是与绝对物质世界的存在状态相同意义的指称。在牛顿的质点动力学意义来看，演化和运动变化的意义当然是同一的，因为质点是无空间性的抽象认识对象，无结构规定性，故质点的演化只有空间位置运动变化意义。但对世界的认识以抽象质点为起点而不是终点，对物的存在从质点到宏观系统乃至具体结构性认识是从抽象到具体的认识，质点描述是宏观系统结构的元描述而不是完整的认识对象描述本身，故质点是普遍抽象描述，质点动力学是普遍抽象的基础理论，但对物质运动变化的认识基于质点而不止于质点，由抽象质点陈述进展到无规宏观统计系统产生了相对具体的统计物理学，进展到异质复杂结构产生了物质结构的各层次科学认识，这时质点只是宏观系统的构成元素即组成部分的意义。由此可见，在现实的常识中，可以把运动变化和演化同一，然而细心参悟可知，演化和变化的规定性是有区别的，不是同一概念，但在绝对物质观下这种区别是很难发现的。只有在能量一元论的世界统一性原理中才能真正把握演化与变化之间不同一而统一的意义。

演化是有限规定性概念，证据是即使在绝对物质观的宇宙观中，在把电磁场、引力场等能量子或它们的抽象描述都看作是物质客体存在形式的条件下，对它们的运动变化的描述却鲜见用演化概念来描述。如果把变化作为最一般的状态描述概念，那么能量的状态变化描述就不是能量演化，而是叫作能量转化。能量从一种形式转变为另一种形式，或从一个物体转移到另一个物体时，称为能量的转化，绝不会有人称之为能量的演化。所以演化的概念是不满足、不适合于能量世界变化描述的，它只能作为物质实体状态的特定描述概念，只对物质实体世界具有描述意义。演化不是转化，这是其一；演化是运动变化，但并不是一切变化都是演化，能量转化就不是演化，这就是演化作为特定描述概念与作为转化的能量变化描述概念的区别，从而说明了特定演化概念和普遍运动变化概念是统一而非同一的。运动变化是最普遍的客体状态描述，而演化只是其中特定物质世界运动变化的描述，这是其二。

为什么物质世界统一性描述不能满足于一般的运动变化描述，必须回到演化这种特定的变化描述呢？可以概括地说，这是由物质存在即结构决定的，演化才真正揭示了物质世界普遍运动变化现象的本质，即物质世界是结构复杂性运动的相对性、多样性的统一。变化是普遍的，但只是世界的普遍现象性存在；演化是特定的，却正是特定物质世界运动变化的本质。所以，演化是物质世界的变化，而且是变化的本质，本质的变化。演化揭示的不是物质客体一般运动的普遍意义，是异质结构有序性产生和发展这一本质意义。物质世界的普遍运动最终必须在演化意义上才能得到本质的理解，相对性的物质客体存在必须从抽象质点的普遍运动变化进展到具体的结构演化，才能达到理性具体认识。

第一，物质客体的本质规定性在于它的结构规定之中，相对性具体之物之为达到内在目的性的现实性之物，其充足理由在于它的必然性的结构规定性之中，否则就无法解释凭何原子是具体自足之物，分子也是物，甚至太阳系也是物，最终还可以合逻辑地把物质世界理解为具体有限存在，而不仅仅是抽象共相。在最一般的物质运动认识中，我们忽略了物质客体的结构时，把一切物质客体抽象为有质量无结构的质点去思考它的一般运动变化现象，质点动力学是从运动现象中归纳物质客体动力学普遍规律的物理科学认识。

这种认识是把一切物质客体作为无差别的同一的抽象认识对象去揭示物体运动现象及运动变化的动力学原因的，它还没有深入到物质之所以为物质的具体规定性之中，而是其他更复杂运动包括演化的认识基础。动力学是抽象质点运动产生变化的原因思考，不是具体之物的演化运动思考。真正从结构意义上具体揭示物质本质及其性质的重要科学学科之一，我们称为化学，它在分子、原子结构层次，在结构意义上具体揭示了物质客体的本质规定性以及物质之为物质的真正存在论意义。更深层次的原子核物理学、粒子物理学则是对物质结构规定性认识向更加基本、更普遍意义的深入思考和描述；生命科学则是对更为复杂的自组织生命结构规定性的综合和归纳。这些科学认识是在揭示物质之所以为物质的存在论意义上的基础性知识，是决定物质的本质而非一般现象的。由此可得出结论，科学认识对于物质客体的存在性思考是以它对特定层次物质对象客体的结构认识为现实目标的，这就是物质客体即结构所揭示的物质本质规定性的意义。

第二，物质客体在现象意义上是相对性存在，何以为物即具体之物的边界是相对性的，我们甚至可以把地球、太阳系甚至更加宏观的物体系统抽象为质点去描述它的运动现象。因为所谓物体就是一个由主观规定其边界的相对性概念，物就在物之中，原子就在分子之中。但这是现象意义上的相对规定性，物质客体作为相对性存在的规定性不仅是现象性的，而且是本质性的，即物质客体是在结构意义上的相对性存在。正是相对结构客观必然性意义上的相对性才揭示了物质客体存在的本质，得出物质存在的客观性认识。当我们从微观粒子结构、原子结构、分子结构乃至复杂生命系统结构这些不同层次去认识和描述物质结构的时候，这些不同层次结构是确定性的关系，是必然性的关系。何为原子结构，何为分子结构，何为生命结构，这是由它们自身的本质规定性决定的，各种不同层次物质结构之间的边界以及它们之间的区别和联系是客体自身的规定性，与我们认识主体的主观愿望没有必然的关系。这是从质点抽象和具体结构这两个不同角度去描述物体的不同之处，从而说明了正是具体结构描述揭示了物之为物的真正客体本质，而质点描述只是相对性的现象描述，结构的相对性具有客体之体的意义，才有本质存在意义。

第三，具体结构是物质客体的本质规定性，不同的结构决定了物质世界是异质化的统一世界。由原子核和电子构成的原子的本质与原子核及电子是不同的，由原子构成的分子的性质和原子的本质是不同的。不同层次的物质结构构成的物质世界就是一个由简单到复杂、由单一普遍到多样化特殊化结构的统一性存在。这种结构由简单到复杂的复杂性变化或演变就是演化概念的真正本质，它才真正揭示了物质客体存在及物质世界统一性的意义。如果离开结构的本质规定性和统一性去思考物质世界，只从一般运动变化现象去理解物质世界，我们就永远无法把变动不居、生生灭灭的物质世界统一起来，无从把握物质世界的本质。这种视角下的物质世界就是一个柏拉图式既存在又不存在的世界，物质客体作为相对性空间存在就等同于主观的、依赖于感觉的、虚幻的存在。物质客体失去了结构规定性就失去了它的本质，它的演化就以变动不居的幻象展现给我们。在结构复杂性的演化概念中，可以合逻辑地理解变动不居的物质世界演化中物质存在的相对性和必然性的统一，理解物质世界在变动不居的永恒演变中的统一性的本质，进而有根据地把相对性之物甚至整个物质世界理解为达到了内在目的性的现实具体存在。综上所述，物质客体作为结构性存在，结构的复杂性演化才是物质客体永恒运动变化现象的真正本质，演化就是物质存在以底层结构为基础产生更高层次的异质整体结构，物质世界从简单到复杂结构的产生就是演化的真正意义。物质世界的统一性就存在于结构复杂性的演化之中。

二、玄学理论“有是万物之母”的演化意义

在第一卷《道论》中，我们把中国玄学理论概括为在逻辑上达到完满的世界统一性理论体系。西方文化对世界的思考主要是建立在科学认识基础上的，而老子玄学理论虽然并不是完全与现实世界无关的纯粹理论抽象，但它与世界的关系缺乏科学真理认识基础，基本上是在感性认识和经验知识基础上抽象出来的。与现实世界的紧密结合是西方文化的长处，而老子玄学理论与现实经验之间缺乏科学因果必然性认识作为中介，所以它不是基于必然

性的理解，是与认识主体本身主观性因素有紧密关系的，得到的不是以普遍客观性知识为根据的普遍具体。所以，老子的道是悟出来的，不是读得懂的。这或许就是玄学之玄的认识论含义：玄学就是非科学，不是明明白白的知识，而是悟出来的哲理，《道德经》的真正价值在于它的抽象统一性逻辑本身。另外，西方文化以经验科学为基础，科学因果必然性思维在文化发展中越来越具有统治地位，从知性有限思维上升为理性统一性思维则一直是西方文化这一“理论水桶”的一块短板。综合出逻辑辩证法的黑格尔尽管藐视把有限当作无限的“形而上学”，但他的理论带有强烈的把无限当作有限的色彩，始终无法超越真理认识的局限性，即仍然停留在因果关系逻辑中。因此，循着辩证法逻辑去归纳复杂人类社会历史过程的理论，最终的陈述仍然是决定、被决定的科学陈述结构，带有浓厚的历史决定论气息。老子玄学理论由于没有因果思维的局限性，因而就是一个追求统一性而非因果必然关系的体系。这是它的长处，也是它的生命力所在。

西方哲学唯物主义把特定的物质世界作为最普遍的世界。在西方哲学唯心论的机械论思维看来，多样性物质世界的统一性关系是无穷因果链联结起来的决定和被决定关系，普遍的世界就是一个机械论的世界。玄学理论则不然，它的世界是道、天、地、人四层世界的统一，物质世界实际上是天这一层次的特定世界，是道或无的普遍世界的特定形态的存在。即使在物质世界这一特定领域中，玄学理论也是用统一性思维去描述的，和因果决定论思维完全不同。对此须作深入、具体探讨。

《道德经》第25章说：“有物混成，先天地生。寂兮寥兮，独立而不改，周行而不殆，可以为天下母。吾不知其名，字之曰：道，强为名之曰：大。大曰逝，逝曰远，远曰反。故道大，天大，地大，人亦大。城中有四大，而人居其一焉。人法地，地法天，天法道，道法自然。”[①]如不认真辨考，可能认为所谓“有物混成”中的物指的是本原物质，这与西方哲学的唯物主义理论一致。但这里的物，实际上只能从客体存在这一最普遍概念去理解才是协调的。因为有物混成之物是无物之物，还没有有的概念规定性，所以老子指称为道、大，把有物混成之物理解为西方的物质客体概念时，则老子所说的道、大、天等概念就无从解释了。玄学理论并不是用物，而是用天这一概念来指称物质世界的。老子对物概念在不同地方赋予不同含义时是给予明确规定的。有物混成，先天地生之物是本原客体，而物质世界之物叫作万物，即物质客体。但最为关键的问题是老子的万物概念指称物质客体，但物质客体并不都是万物中之物，仅从万物出发并无法理解物质世界的统一性，只能停留在变动不居的万物世界之中。老子的高明之处在于，把物质世界的万物看作是物质世界复杂性演化的结果，从物质世界最基本的“有”简单结构出发，从逻辑上对由有演化为万物的统一物质世界即统一之天，作出合理的说明。《道德经》第一章开宗明义指出：“无，名天地之始；有，名万物之母。”就是说，无客体是世界的本原存在客体，有客体是演化出复杂万物世界的基本客体。基本客体不是本原客体，而是从本原客体转化而来的。因为老子还说，万物生于有，有生于无。所以把有作为本原存在不符合有生于无的内涵，把有作为物质世界整体或一切物质客体不符合万物生于有的内涵。只有把由无生有、由有生万物理解为统一的演化过程，才能真实地反映《道德经》中无、有、物之间的统一性关系。无和有的区别在经验意义上是形的区别。老子说：“常无，欲以观其妙；常有，欲以观其徼。”就是说，处于稳定状态的无客体，我们看不到它的具体形状，只能经验到它的作用，无的存在不是经验直接感知的具体存在，而是由它的作用而被经验间接感知到它的存在，所以这就是玄，就是妙。有则不同，它是具体的有形之物，应该理解为具体形态的结构性意义。所以，无即无形，有即有形，无即无结构，有即是结构性客体存在之意义。这就是有与无的统一性关系。

玄学作为世界统一性理论，其意义不仅在于道、天、地、人四层世界的整体统一性理论，而且还包含着特定物质世界的统一性理论。在玄学理论中，有的世界、万物世界都不是完整的物质世界本身，而是构成物质世界的两个层次结构。有和万物统一而不同一，这是中国玄学物质世界理论和西方哲学本体论物质世界理论的重大区别，也是东方与西方思维中统一性思维和因果必然性思维的不同而产生的认识结果。西方的世界客体谓之有，一切客体存在都是无差别而同一的有。《道德经》中有不是万物，而是万物之母，万物是从有中产生出来的。用世界统一性原理的语言来表述，物质世界的复杂多样性客体存在是有的结构性存在，有就是复杂物质客体存在的底层基本结构。有的复杂性演化造就了在柏拉图看来是既存在又不存在的变幻世界。把物质世界划分为有和万物两个基本层次，从今天物质结构的科学知识看来，确实是具有深刻智慧的。现代科学的物质结构理论把微观领域的物质粒子结构统称为基本粒子，由这些基本粒子的复杂结构演化去解释我们经验中的宏观物质客体存在。“基本粒子”家族的意义就是两千多年前老子所说的万物之母即有的意义。有趣的是，科学的基本粒子概念是在哲学的世界万物的本原存在概念基础上产生的，最早是德谟克利特按“不可分”的规定性去规定的最基本的物质粒子。随着分子结构、原子结构以及原子核结构的不断发现，基本粒子演变为一个兴旺的家族。科学家们明确指出，所谓“基本粒子”一点都不基本，基本粒子与本原存在并不同一，它同样是有结构、可分割的存在。基本粒子的“基本”的意义已经不再是“不可分”的意思，而是指它们是物质结构底层的普遍、简单性结构，在物质结构底层的不同层次上，它们都具有相对独立、稳定的结构，并且可以看作上一层次物质结构的构成元素或元结构。基本粒子的客体存在是复杂性、多样性物质客体存在的前提和根据。“基本粒子”不再是不可分的“基本”存在，从另一个角度说明了西方哲学本体论执着于“有”去解释世界统一性，其实是缺乏充足理由的。老子生活的时代当然没有物质结构的严谨科学知识，更不要说微观基本粒子领域的理论了。事实上，现代的物质结构科学知识都是西方的舶来品，中国人主要是学来的，不是发现的。但为什么两千多年前老子就得出有生万物的形而上学描述呢？这只能从形而上学的逻辑和形式去解读。玄学理论不是因果逻辑知识体系，它的意义不是读懂的，而是悟出来的，所以玄之又玄。之所以要悟，就在于它是一个地地道道的统一性思维体系，它的真正意义要用智慧去领悟，而不是用因果知识去理解。它的统一性思维不仅体现在道、天、地、人的宇宙整体的统一性结构之中，而且同样体现在具有复杂性结构的物质世界之中，所以玄学世界理论是自始至终用统一性思维构建起来的。把复杂多样性物质世界划分为基本之有和复杂多样化之物，在逻辑上具有两个重要意义：一是物质世界是由不同层次结构构成的多样性统一世界。它之所以是统一的，就在于具体的物质客体本质上是不同层次的结构性存在，复杂性结构可以从简单、基本的元结构去理解。任何一个复杂的具体物质客体，实际上是各层次物质客体的统一性存在。二是物质世界是由简单结构到复杂结构演化运动的，这就是有生万物的最深刻意义。一个复杂结构的具体物质客体是各层次物质元结构的统一体，而每一层次的结构又都是相对独立、具有充足根据的物质客体存在，任一层次物质客体存在的根据与构成它下一层次的结构有关，而与它构成的更复杂层次无关，所以不同层次具体物质结构存在之间就是一种统一性关系，而不是因果逻辑关系。简单结构就是复杂结构的根据和理由，物质世界就是按这种法则由简单向复杂演化，从而构成多样化统一的世界。物质世界的运动，本质上就是由简单到复杂的有生万物的演化，而不只是无差别的抽象质点的状态在相互作用中的运动变化。单纯从质点运动去理解的物质世界统一性是抽象统一性，牛顿质点动力学建立的物质世界统一性就是抽象统一性。从存在的结构演化去理解的物质统一世界才是具体的，演化才是物质世界本质性的运动变化。

如果按照系统论整体性思维，即按照所谓整体大于部分之和去理解物质世界结构演化的话，那就与“有生万物”的观点不太协调了。实际上这是两个完全不同的问题，整体大于部分的陈述是不太确切的，但它的主要意义是在功能方面的。其真正意义是指一个结构整体与构成整体的部分是不同质结构，只能从统一性而不能从因果关系去理解，不同质对象之间根本就不具备科学上大小比较的条件和根据。有生万物是存在论意义上的陈述，揭示了物质世界结构产生从而演化出多样性中统一世界的事实。整体和部分不同质，在结构这存在论意义上无整体和部分之和的可比性，只有在简单同质系统特定条件下才有关于特定功能的抽象可比性。在科学因果认识基础上，还要用理性统一性思维去综合统一，才能得到对物质世界全面、具体的理解。

世界统一性原理把物质世界理解为有生万物的复杂性演化，物质世界在普遍、简单的基本结构基础上产生出一个多样化复杂世界，这个复杂世界是统一有序的世界。

三、复杂性演化的有序性

从结构性理解物质客体，从结构复杂性演化理解物质世界的统一性的一个重要意义是，变动不居的物质现象世界本质上是一个有序的完美统一世界。

人的认识以对感性世界具体个体的认识为起点，感性物质世界呈现在我们面前时有两个显著特征：一是多样性。具体个体存在对于我们的感性辨别能力而言，是多样性的存在。特别是复杂的生命世界领域，感性具体对象的多样性已从具体个体上升为更为复杂的个性化存在，即每一个具体个体存在都带有它自身独特的规定性特征，每一个具体个体都是独一无二、不可替代的。莱布尼茨把这一多样性现象归纳陈述为：世界上没有两片完全相同的树叶。二是变动性。用赫拉克利特流变哲学的语言来陈述就是：人一生中不能两次蹚过同一条河。物质世界中的一切都在永恒、绝对的运动变化之中，只有运动变化本身才是永恒不变的。当你第二次蹚过那条河时，从运动变化的观点看，此河已非彼河了，是与第一次经过的彼河完全不同的此河，此河和彼河不是同一条河，所以人根本不可能第二次蹚过彼河。由此可见，在感性认识和现象层面，物质世界是一个复杂而多变的世界，黑格尔称之为“杂多”。

人类对世界的认识目标最基本上是由个体到一般，由特殊到普遍，从而达到将复杂世界简化为简洁、普适的现实，这才是可理解的世界。这是人类理性不断进步的内在机制。一个简单的例子是，我们用0到9这十个符号代表十个个体存在，但我们从个体上升到一般时，用这些符号的规范结构代表一般、普遍的意义，则这十个符号可以由极其简单的结构去指称巨大数量的个体的数量。这说明，简单的结构规则使基本的数量符号可以在一般、普遍意义上去描述千千万万数量之意义。如果只停留在个体符号之中，每一符号对应一个个体之意义，则我们所能理解和描述的数量世界是非常有限的。只有通过既定规则的组合结构，我们才能得出普遍数字世界的简单理解，不再把巨大数量看作是复杂而难以把握的。数字描述结构化的逻辑正是现实的物质世界结构复杂化的逻辑，正是结构演化的层次不断增加使物质世界客体越来越复杂化。复杂性的另一个意义就是多样化甚至生命世界那种达到个体化的复杂性现象的产生。当我们从感性认识去思考世界时，对象世界对我们而言就是复杂而变动不居的，我们对世界的认识只能停留在非常简单的意义以及非常狭窄的范围之中。如果循着物质世界复杂性演化的逻辑，从结构的意义去理解复杂多样化个体的一般共同结构，就能把复杂的个体世界简单化，不断地结构还原分解的最终目的就是从最简单的元结构去把多样化的现实世界理解为简单、普适的统一性存在，结构还原分解是物质结构复杂性演化的逆分析。从简单到复杂是物质世界复杂性演化的真实过程，从复杂到简单的还原就是我们在逻辑思维中对复杂多样化世界统一性追求的认识方法，而唯此才是我们不断提高认识世界的能力并最终达到统一性理解的根本方法。西方科学对物质结构还原分析不断成功的意义是巨大的，戏称其为机器拆零不太厚道。

为什么说唯心主义哲学本质上只停留在认识论领域，根本没有真正触及本体存在论命题呢？这从物质世界客体存在的结构统一性可以得到更深刻的理解。唯心主义是从个别到一般以及最普遍描述的理论体系，但它从具体个体的个别上升为一般不是从具体的结构及元结构去展开，而是把具体个体作为个相，把一般作为个相的共相去抽象地综合，所以抽象的方法最终得出的最普遍的存在只是抽象概念，而不是具体存在结构意义上最普遍的具体存在。本体论循着结构还原分解方法去在多样化个体存在中寻找构成它独特个性的共同元结构，在元结构层次得到对具有共同元结构的个体的共同个性的理解时，普遍性是指元结构的普遍性，个体性是指普遍性元结构的不同相互关系决定的各个体的不同的本质。这是一种结构统一性思维，而不是抛弃了个体性而把所谓共性保留下来。唯心主义从个相到共相的一般抽象则正是抛弃个性保留共性的抽象思维，所以它是抽象认识的普遍性，不是具体客体存在本身，一般、普遍的共相是抽象概念而不是具体存在。因此，任何唯心主义理论最普遍的存在一定是抽象的，它与现实中的具体存在并不是同一的关系，所以柏拉图等唯心主义哲学家否认一切变动无居的存在是真正的存在，宽容的柏拉图称之既存在又不存在，不是真正的存在。但真正的存在不在现实世界之中有什么意义呢？与现实存在无关的存在理论是不能叫作关于世界何物构成的本体存在论的。

唯物主义哲学本体论是以具体现实物质世界的经验及科学认识为基础的，所以，在认识论意义上往往表现为经验主义特征。在物质结构的科学认识取得重大进展之前，它侧重于世界万物的本原存在问题。虽然本原存在的概念在逻辑上包含了一切复杂物质结构是由本原存在所构成的必然推论，但这种认识依然只停留在抽象的逻辑上，对物质世界的结构统一性缺乏真知灼见。原子结构的科学发现是物质结构真理认识的划时代事件。最初把原子作为不可分物质客体存在的时候，它为把一切物质客体都是原子或原子的结构性存在提供了科学的解释和说明。当然，原子是“多”而不是“一”，氢原子和氧原子在原子层次当然是不同一的，这在逻辑上就决定了它不可能是不可分的本原存在，它只是更为复杂之物的中介性元结构。如果有万物本原存在，原子就一定是可分解的结构性存在。科学发现了原子是原子核和电子的结构性存在的时候，物质世界从简单到复杂的演化得到了美妙的理解。如此纷繁复杂的多样性物质客体实际上是由一百余种元素组成的，是一百余种元素不同排列、组合的结构复杂性造就了复杂性的万物，原子结构则揭示了一百多种元素原子结构只是原子核中的质子、中子与核外电子的不同组合结构。把一百多种元素解释为简单的原子核及核外电子的统一结构，复杂的物质世界客体得到了简单、普适的说明，真正实现了从个别到一般、从复杂到简单的科学认识，并形成了一门称为化学的科学基础理论。化学学科的本质就是在分子、原子层次揭示物质的结构及支配这些结构演化的规律和法则，从它的结构去解释物质客体性质及物质世界的演化的。化学科学的杰出成就是门捷列夫发现的元素周期律，它在结构的意义上综合和归纳了宇宙中一百多种元素的结构，以及原子基于质子、中子、电子数目和相对位置决定的结构特别是最外层电子排列决定的物质化学性质的周期性变化，从而把物质化学性质的变化充分解释为以结构为根据，找到了支配多样性物质分子性质的普适规律，在分子、原子层次解释了物质世界从简单到复杂性演化现象，对貌似变化多端的多样性物质客体得出简单、有序的理解。

化学学科主要是在分子、原子结构层次去认识物质客体的，但它还没有达到对物质世界结构的最普遍认识。因为原子核结构存在意味着物质结构继续可分。这种不断可分性没有到达终点之前，即没找到物质客体的“一”这最基本的元结构之前，物质结构分解就没有完结，不断可分甚至被误认为是无限可分。尽管无限可分是不合逻辑的，但这种观点和信念对物质结构的科学认识成果并无任何影响，它的局限性影响主要体现在对物质世界乃至整个世界本性的理解。为什么会出现这种现象呢？因为物质世界不同层次客体结构之间是统一性而非因果决定的逻辑联系。具体地说，当我们从原子构成去理解分子结构时，是通过原子的相互关系即结构关系去理解由之所构成的整体即分子的本质，原子的本质和分子的本质是不同的。分子的本质是由原子之间的结构关系决定的，而不是由原子的本质决定的。在分子的意义上，构成它的原子是作为独立自足的元结构出现的，原子的内在结构与分子的性质并无因果必然性逻辑关系，而只是统一性关系。换句话说，原子核和电子的结构对于理解原子的性质，原子的组成结构对于理解分子的性质才是决定性的，是充分的。这种决定性的科学理解既然是充分的，所以是直接的因果关系而非长长的因果链决定了整体结构的新的本质，这就是结构统一性的精髓。正是这种直接因果性和整体统一性的逻辑，才保证了对物质结构的科学认识从复杂到简单是可行、符合科学逻辑的过程。如果一定要从完整因果链去理解物质结构，物质结构就是永不可知的了。

从复杂到简单、从个别到普遍的物质结构科学认识，不断深化、不断建立了更加有序的物质世界统一性理解。物质原子、分子结构的认识即化学科学从三个方面揭示了物质世界的规律性即有序性：一是物质分子、原子的组成结构及其演变规律，它的普遍关系归纳在元素周期律中；二是支配物质分子、原子结构演化的原因，它归纳为键，实际上就是核外电子与原子核在原子结构中的统一性相互作用，并主要通过核外电子在结构意义上的运动去描述物质在这一层次的演化，我们用化学反应方程式描述它；三是由分子、原子结构特别是原子核外电子数这一结构特征所决定的它的性质。它告诉我们存在即结构的意义还包括存在的性质决定于结构。于是，我们对复杂物质客体世界在分子、原子层次的结构得到了规律性的客观知识，得到了简明而普适的理解，这种确定的必然性和规律性就是有序性。化学元素周期表中有一个叫原子序数的概念，它是元素周期性规律的根据，是物质存在本质即结构的充足理由，是物质复杂性演化是结构有序性演化的充足理由，包含着深刻的哲理。

当然，物质世界的有序性并不仅仅从物质分子、原子等微观结构进行完备描述，物质世界的统一性并不仅仅停留在微观的原子、分子等粒子意义上，经验中变动不居的世界首先是宏观世界。微观世界和宏观世界的划分是在感性认识层次上，主要以人的感官感知的尺度为根据。人的认识从感性开始，所以古希腊人有充分理由说人是万物的尺度。但在科学的意义来看，知性认识才真正揭示了客体世界的本质规律，而知性意义的宏观和微观的区别就不能再停留在感官对物质客体形象大小的感知之上。从知性科学角度来看，可以把宏观物质客体看成主要由万有引力作用形成的物质结构性存在，还包括电磁力作用形成的物质分子、原子的结构性存在。在感性意义上，物质分子、原子当然是微观客体，但在知性和感性相统一意义上，完全可以把物质原子、分子看作宏观态的存在。理由在于，按照科学知识，原子已经是多样性之物的客体存在；在感性意义上，尽管我们不能区分每一个具体的物质原子及分子，但可以感觉到由原子或分子组成的宏观态存在，即我们不能感知宏观物体意义上的质子、中子和电子，却可以感知到宏观的水、金、银、铁等物体的存在。我们把一块可感知之物称为铜的时候，是把它作为铜原子、分子的结构性存在去理解的。我们把由核力以及更基本的力构成的更基本层次的物质结构性存在理解为微观物体结构，即原子核中的质子、中子和核外电子及构成它们的更基本的实体粒子结构。微观的感性意义是不可感知，即我们永远感知不到电子这类物体的宏观存在，没有感性意义的电子、质子、中子之物在我们的感知中存在。中子是电中性的，在知性意义上，科学家认为有纯粹由中子构成的宏观星体存在，但这种宏观态的中子结构也应是只能在知性去认识，不能由感性去直接感知的，它的巨大引力质量产生的引力场根本不允许任何有意识的生命结构性存在去直接感知它。微观结构是整个物质世界有序性的基础，而宏观结构是物质世界演化的更复杂性形式。按照世界统一性原理的逻辑，只有微观世界和宏观世界都是统一有序而且它们之间也是统一时，我们才能有充分的根据相信物质世界整体是多样性结构演化中统一有序的世界。

第三节　多样性的统一

一、三生万物：多样性的统一

在世界统一性原理看来，从古希腊开始的哲学本体论的实质就是追求多样性物质世界的统一性理解。为什么本体存在统一性理解总是无法摆脱知性因果决定思维的困扰，长期陷入机械决定论呢？因为本体存在必须包括本原论才成为自觉理性本体存在论，本原论又必须建立在本原客观知识基础上。这在逻辑形式上并不复杂的问题在现实认识中却是相当复杂的，因为关于本原的科学认识是现实物质客体世界的实证性知识，不是在纯粹形式中就能解决的。西方自然哲学两千多年来一直困在本原论中，实质上直接受制于对物质终极结构的知识认识，故始终带有科学因果认识的强烈色彩。

中国玄学世界理论的“有”是基于感性直观的万物之母，是构成宏观物体的微观实体基本结构。有是万物之母，是万物的基本结构而非万物存在本身。现代科学意义上构成物质原子更加微观层次的基本粒子结构，具有和玄学之有相同的意义。从常识出发的宏观世界、微观世界没有严格的划分标准，所以没有普遍客观性；从原子结构以下的结构去规定的微观世界则是具有普遍有效的客观性的。玄学理论的“有”和物的统一性关系是耐人寻味的，它在两千多年前提出，当然不可能是在经验或知性认识基础上归纳和概括出来的，而是纯粹从逻辑形式中推断出来的，或者可以说它只是复杂性世界有序演化的必然性逻辑描述。所谓一、二、三只具有符号意义而无与现实世界相对应的实体客体的指称意义。在老子的时代如果坚持所谓一、二、三是子虚乌有也是无可辩驳的。然而，今天我们发现，玄学的三生万物逻辑与现代科学对物质结构的认识是完全协调的，这正是令人惊讶之处，也是《道德经》玄学智慧确是深刻智慧实实在在的证据。

《道德经》第 40 章说：“反者道之动，弱者道之用。天下万物生于有，有生于无。”[②]这里的“反者道之动，弱者道之用”的意义是极其晦涩难懂的，我们将在下一章作深入辨析。“反者道之动”的意义应由第二卷已经详细讨论的广义相对论统一场中光、电、磁等能量子曲线运动构成的有界无边的宇宙引力弯曲时空去理解；“弱者道之用”则只能由能量运动的最一般规律能量最小原理去理解。“天下万物生于有，有生于无”的意义是明白易懂的，但由于对“有”和“无”概念的客体存在意义缺乏理解，它的逻辑意义就很难与现实世界的感性经验及知性真理认识统一起来，所以实际上是停留在似懂非懂状态。作最扼要的概括，应该说这一章从整体上揭示了整个世界的演化法则及演化的统一性。至于特定物质世界的演化，《道德经》在第42章作了更详细的描述：“道生一，一生二，二生三，三生万物，万物负阴而抱阳，冲气以为和。”[③]这是老子从“有”层次去解释物质微观世界演化出多样性复杂宏观世界的精妙逻辑，并且这个抽象逻辑关系被当代科学真理认识证实是合理的。

按照中国传统文化的意义，《道德经》第42章前面部分应该作如下解释：“作为本原的道是统一而未分化的，统一的道在它的运动过程中自然地分化出阴、阳二气，阴、阳二气交合而产生出第三种事物。第三种事物呈现出无限多样性，也就有了万事万物的存在。可见，万事万物都是由负面的阴和正面的阳构成。阴阳之所以能构成不同事物，是因为二者以不同的数量和方式调和结合。”[④]这种解释无论从逻辑一致性上，还是从中国传统文化特别是《易经》的阴阳转化组合向复杂性演化的意义上，都是协调一致的，而且在一定程度上归纳了物质结构科学的真理认识成果。但还必须进一步辨析，否则无法解决两个基本问题；一是《道德经》复杂性演化逻辑和《易经》变化规律逻辑的根本不同之处是什么；二是它的形而上思辨与经验科学认识协调一致性的理解问题。《道德经》的物质世界复杂性演化逻辑与《易经》的变化逻辑是有联系又是有区别的，而且这种本质区别就体现在纯粹形式之中。《易经》的白话文意义就是变化的逻辑形式规律，它本质上是纯粹逻辑形而上学意义上的。它的基本逻辑可以概括为：原初的起点为混沌的无极或太一，亦称太极。由太极变化生出阴、阳两仪，两仪生四象，四象生八卦以及随之按十六、三十二和六十四的指数增长率，随着层次的增加而不断复杂并趋于无穷。而《道德经》的“道生一，一生二”与《易经》的“太极生两仪”并非完全相同，道是起点，而不是以一为起点，一是道生成的，所以，它们的起点是不同的。真正相同的只有“太极生两仪”与“一生二”的描述形式，由再往后的“两仪生四象”等与“二生三，三生万物”的描述形式看，玄学和《易经》就大相径庭了。那么，《道德经》与《易经》的根本区别在哪里呢？应该说，《易经》类似于纯数学，只是纯粹变化的形而上逻辑；而《道德经》是关于宇宙世界形而下之物的形而上逻辑，它的意义不在于纯粹的一般性规律，而在于从理性统一意义去解释具体的客体世界。正是基于这一本质区别，《易经》与《道德经》的根本区别就在如下三个方面明白无误地表现了出来：

一是起点不同。《易经》以一为逻辑起点；《道德经》以无之道作为起点，这个起点不是纯粹形式，而是现实世界的客体存在。二是阴阳在《易经》中的意义是0、1符号，由符号的不同结构排列和组合产生了千万变化之象，概括地说是阴阳两仪生万象。而在《道德经》中构成万物的基本元素不是0、1，而是一、二、三，即不是阴阳变化生万物，而是三生万物。万物负阴抱阳的意义与阴阳两仪组合变化生万象显然是完全不同的。《道德经》的阴阳指的是构成复杂万物的基本元素的属性，而不是指称这些元素本身。既然对构成元素有了属性规定性，它就是关于客体存在的描述，而不再是纯粹形式了。三是三生万物明白无误指向客体世界，而不是纯粹形式。《易经》的变化规律可以用它的象数 $M=2^N$ 来描述，2是由阴、阳两个描述符号决定的，N 是变化的结构层次数，由 $N=0$，1，2，3……得到 $M=1$，2，4，8……，所以它的变化规律是纯形式，与内容无关。而《道德经》的“三生万物”的三不是指三个元素符号，而应该看作三种基本物质粒子基本结构，由三种基本粒子不同数量组合及不同排列结构而得到的可能结果，不是3的立方即27，而是多，即3的复杂性结构演化的上一层次已经是多，进一步复杂化就是万物。这种演化就不只是纯粹形式，而是内容和形式相统一的，是包含现实世界的抽象形而上学描述。所以，《道德经》和《易经》的意义是完全不同的。必须回归客体世界才能真正悟到“道生一，一生二，二生三，三生万物”的现实具体意义。

根据科学知识，我们当今完全可以解读“三生万物”之“三”的含义。在哪一个层次上的三种基本粒子的结构复杂性演化产生了万事万物呢？十八世纪建立关于物质结构认识的化学学科时，物的起点是元素，最基本的结构理论是不可分的原子结构复杂性演化产生了多样性物质客体存在，所以物质以分子形态存在，而分子由原子构成。尽管当时认为原子不可分，但元素为基本物，故原子是多而不是一，这决定了原子一定是逻辑上可分的结构性存在，否则世界就是多元而不统一的。原子结构的发现证实了这一点，并且物质结构从多样性之物进入了普遍性的基本粒子层次。科学发现原子由原子核和电子组成，原子核由质子和中子组成，并且这些基本粒子也是结构性存在而不是“一”。尽管目下在科学意义上我们不能确定何为一、一如何，但按照统一性原理，分子、原子、电子、质子和中子都是不同层次独立自足的物质实体存在，从它们自身出发可以对它们结构复杂性演化产生的上一层次物质实体结构作出充足的说明。因此，我们有足够的条件在科学真理认识的基础上诠释“三生万物”的形而下意义。按照“有”和万物两个层次的划分，我们把万物之物的最基本、最简单层次确定为原子是合理的，原子是构成各种不同单质元素的基本结构，多样化元素的存在说明原子是属于万物之中而不是“有”这一层次的基本粒子结构存在。所以万物即元素的起点是一切元素的原子结构。把原子看成原子核与电子的结构体，就是二生原子或二生万物，但如果把电子、质子、中子看成物质世界微观基本粒子同一层次的结构，则可以说，一切物质原子都是质子、中子和电子三种基本粒子不同组合的结构性存在，万物都是由质子、中子和电子构成的。这就圆满地解释了“三生万物”的现实意义。

把原子看成由原子核和电子组成的二元结构还是由质子、中子和电子组成的三元结构更为合理呢？把原子理解为三元结构是否有牵强附会“三生万物”的削足适履之嫌呢？客观地说，抛开“三生万物”观点，科学家们纯粹从结构角度也往往把原子看成由质子、中子、电子组成的三元结构性存在，所以说这种观点是有一定根据的，不是纯粹的主观臆想。从原子结构的认识历史看，它最早是从原子核与电子二元结构去认识的。而且，从构成原子核的核力以及构成原子核与电子之间的力是电磁力这种区别来看，把原子核和电子作为二元结构也是有充分理由的。所以，一般说来，说原子是由原子核与核外电子的二元结构性存在并无不妥之处。且由于历史和逻辑的一致之处，二元结构原子理论一直占主导地位。

但是，这并不意味着原子由质子、中子和电子构成的三元结构观点是不合理的。因为这是一个对物质结构统一性理解而非因果必然性理解的问题，它本身并无非此即彼的确定性答案，而取决于理解统一性关系的不同思维角度。事实上，我们一直从统一性思维角度坚持不同层次的物质结构都是独立自足的物质实体存在，故而一切物质实体都是相对性存在。所以，把原子核看作物质实体和把它分别看作质子和中子结构都是可以理解的。关键的问题在于，从结构演化的角度，把电子与原子核作为同一层次的两个独立之元合理，还是把电子、质子、中子看作同一层次的独立实体结构更为合理？从这一角度，应当持原子是三元结构观点。因为原子核其实已经是演化过程中“半成品”性质的中介性结构，即它既不是电平衡的稳定原子结构，也不是“基本粒子”结构，因为有多少种元素原子（包括各种同位素）就有多少种原子核，所以原子核已经具有原子雏形，它更接近万物的元素概念规定性，不应看作构成万物的“基本粒子”即“有”范畴的实体存在，否则，仅这种所谓基本粒子就上百种甚至上千种了。物质原子在最普遍意义上由质子、中子、电子的稳定结构组成，只由质子和电子组成的原子是二生万物，它其实只是三生万物的特定形态。只有把构成原子核的质子、中子看作独立的基本粒子结构，把原子核看成由基本粒子向复杂性万物结构演化的中介性结构，才能更合理地理解物质结构从简单向复杂演化的内在逻辑。在这种逻辑下，质子、中子、电子就是同一层次的“基本粒子”即“有”的存在，有生万物就是三生万物，即电子、质子、中子的结构多样性组合产生出物质最基本的一百多种基本元素及其上千种同位素，这是物质世界从简单向复杂演化的质变节点，这是“三生万物”的真正意义。多样性的物质世界是不同层次物质结构的统一性存在，不一定要找到物质世界的本原或称为“一”的“皇帝子”才能检验它是正确的。在统一性原理看来，只要“三”即质子、中子、电子的实体客体存在是确定性的，由其出发去理解的物质世界复杂性演化就是具有充分根据的，更微观层次结构的意义是在解释质子、中子及电子这“三”的实体客体的存在本身，它的最终意义解释才是整个世界。正是基于这种统一性逻辑，我们从复杂多样性物质客体开始的结构还原分解过程的一切真理性认识，就既是阶段性的，又是真理性的，不需要最终的“一”的实体客体存在的真理知识为根据。在任何认识的特定阶段，所取得的阶段性认识成果都是有充分根据的科学真理性认识，都是对世界统一性认识的深化。物质客体之为相对性存在，每一相对性存在都是有充分根据的存在，每一层次的每一具体存在都是基于内在必然性的现实性存在，每一个质子、中子、电子都是完成了的现实具体的存在。从多样性物质实体元素向构成它们的质子、中子、电子的分解还原，对于从一般到普遍的世界统一性认识，具有非比寻常的决定性意义。

《道德经》“三生万物”逻辑对物质客体世界的意义还表现在它的“万物负阴而抱阳，冲气以为和”的精妙描述中。它不仅指阴、阳两极相反组成的抽象关系，更应该指向“三生万物”的具体实体结构中，带正电荷的质子及中子集中在原子中心即原子核区域，它几乎集中了原子的全部质量；带负电荷的电子在核外相对于稳定的核进行高速运动，形成稳定的电子云，实际上是电子波动运动的驻波状态。电子的负电荷与质子的正电荷相互平衡，从而构成了相对稳定的电中性原子结构。读者们根据这幅图像可以独自去参悟负阴、抱阳、冲气、和的意义，无须在此画蛇添足了。仁者见仁，智者见智，有多少智慧，留与读者自我体验可矣。但有一点是确凿无疑的，即这里的阴阳之意义与《易经》的太极所生的阴、阳两仪是有本质区别的，同名异义而已。

从形而上和形而下相统一意义看，“三生万物”对物质世界统一性理解具有极为重大的现实意义，因为它把多样性物质世界首先在微观和宏观层次统一起来。从多到三的理解是多到一理解的必经之路。在科学认识意义上，对微观物质“一”结构最终破译的难度可能与“三”相差几个数量级，由宏观到宇观的统一之“一”同样如此。完备的物质世界统一性是微观、宏观、宇观相统一的，对它的理解并不是基于以科学为微观到宏观、宇观物质结构提供确定性答案去进行的，一切认识从感性经验开始决定了物质世界统一性认识一定是以可直接感官感知的物即宏观物质的认识为基础的。理性统一性和科学因果确定性从来都是不可分割、唇齿相依、相互促进的，对基础性宏观之物的结构知识达到中子、质子和电子层次时，当在逻辑和经验相统一中得到物质世界“三生万物”是微观世界向宏观世界演化的现实现象的普遍归纳这一认识时，这标志着人类数千年对物质世界统一性的认识取得了实质性的突破。它的深刻意义首先在于人类对物质结构的必然性规律认识从宏观世界进展到微观世界，把微观世界和宏观世界统一起来，为向更微观层次的科学认识提供了基础。它的最重大而深刻的意义首先在于物质世界理性统一性理解中，它表明我们实实在在地把一切感性的宏观态多样性之物统一到三个简单的基本粒子的结构性存在的有根据的普遍理解中，这表明人类文化早期关于本体世界统一性的朴素理解是合理的。由泰勒斯从水是万物本原开始的自然哲学对客体世界统一本性认识尽管还只是基于感性具体的猜测性朴素认识，所谓万物世界只是无、有、物统一世界中特定的多样性万物的统一，但万物也是统一性的，其统一性的充分根据是“三生万物”，这是从多样性具体通达最普遍具体的必经之路，由统一的万物世界为基础才有统一的物质世界认识，才有最普遍的自然统一性即无、有、物的统一性认识。以万物统一性为对象去追求自然本原既是认识规律支配所使然，也是有限性的，在万物之物中不可能达到最普遍的具体即绝对自然存在的水平。但是，由于自然统一本性是先验的，认识一定是从一般到最普遍、从相对到绝对的，由万物世界出发建立的本原说、本原论直到客体世界的本体存在论是合逻辑的，它是从相对统一性进展到绝对统一性的必经阶梯，泰勒斯就永远是哲学的始祖。基于“三生万物”的有无统一性理解，我们已超越了以万物世界本原论为起点的传统自然哲学，并有把握、有根据去坚信物质世界是微观、宏观、宇观相统一的世界。

二、宇观世界的统一性：天

老子创立的玄学世界理论把有生万物的物质客体世界整体称为天。从“道生一，一生二，二生三，三生万物”以及“人法地，地法天，天法道，道法自然”这两段陈述的统一性意义中，在逻辑上可以非常明白无误地归纳出有及其所生的万物就是天这一总体概念的全部内涵。玄学理论是用统一性思维来陈述天这一整体概念的，并且天又是宇宙整体中的一个特定部分，是统一性具体存在，是共相和个相的统一，不只是思维中纯粹的共相概念。天作为具体个相概念的最深刻意义在于相对性物体存在在天之中通达了绝对，对物质世界统一性认识以对天的绝对理性认识为目标。老子之天是理性具体的，是感性、知性、理性相统一才能理解的物质世界的绝对概念。老子的宇宙概念是自然，所以说宇宙自然是符合玄学理论本来意义的。但是，两千多年来，古今中外并没有人真正理解并诠释玄学之天的意义，并没有完整理解天与宇宙的统一性关系。所以，老子虽然天下第一，即在人类历史上第一次提出了道、天、地、人的四层次统一世界理论，却因玄之又玄而天下莫能知之，这确是人类文明史的一大憾事。因此，如何合理地理解具体绝对之天是理解世界统一性原理亟须解决的重大命题。

中国文化中的天一直保留着感性认识的朴素色彩，是一个混沌之中包含着一切的概念，是和宇宙同一的概念，是最高存在的概念。按照《淮南子·天文训》的说法，共工战败，怒而头撞不周山，致天柱折，地维缺，重浊者下沉为地，轻清者上浮为天。但这似乎也难以说是天地的创生，因为天柱折为因，天之存在为前提，故至多只能理解为天的演化。《三国演义》中张温、秦宓辩天一节把中国文化对天的解释的主观随意性暴露得淋漓尽致。例如，问：天有足乎？答：有足。根据是天步艰难，无足何能步？说实话，停留在感性认识水平的概念是无法超越主观性而成为客观普遍概念的。粗略梳理，中国文化的天有几个方面的含义：一是天地构成相对概念，天、地、人三界则构成了整个世界，即宇宙。这里的三界是相互独立的，和玄学统一性的天、地、人完全不同。由于地与人是有限的，天是无限的，故又可以引申为天即宇宙自然界的意思。二是感性直观形式的天概念，它以天空概念来陈述，所以它是感性直观空间性形式概念。除了地，其他天体是天空之中的，故天空的确切意义是一切物体的空间存在形式。但是，由于停留在朴素的感性直观中，天作为空间形式概念意义时，往往隐含了空间实在性的意义，在这种实在论的天概念中，天就是宏观的世界，就是宇宙。三是文化意义上引申而来的最高概念，天命、天道、天条都具有最高而不可逾越之形而上学意义。当然，这也不妨碍把天道作为自然必然性规律去理解。君权神授，皇帝作为人的世界的最高统治者，受命于天，贵为天子。皇帝无道，百姓造反，用替天行道来正名。由此可见，天已经超越了宇宙自然意义，成为文化和自然相统一最高、最普遍的概念。综合以上三点，可以认为中国文化的天之概念是感性意义基础上的宇宙自然概念，中国传统文化的对象可以概括为天、地、人。

西方文化的天、宇宙概念则经历了由感性到知性的发展过程。古希腊文化已经建立了科学因果思维的基本形式，近代科学革命确立了科学文化的主导地位。早期对宇宙的科学思考实际上并未达到宇观层次，基本上把天文学当宇宙学。宇宙是浩瀚的，把太阳系、银河系这些认识对象作为天文学认识对象恰如其分，作为宇宙学对象显然是不够的。天文学研究天体、星系的运行演化规律，而宇宙学要回答宇宙的起源及它的存在状态这些天文学无法回答的宇观问题。宇宙太大了，据称我们接收到二十五亿光年显示的光辐射信号。或许宇宙根本就没有边，很难用天文学的大小概念去描述。最为关键之处在于，用感性直观乃至传统的各向同性空间去描述宇宙其实是知其不可为而为之的，它先验地得出的一定是宇宙无限即知性不可通达的不可知论的结果。所以，在爱因斯坦建立广义相对论这一科学理论之前，宇宙学的科学命题一直是只能由神学来提供答案的。只有在爱因斯坦的引力时空即广义相对论描述形式中，才能建立宇观的最普遍描述，才有真正科学意义上宇宙理论的产生。近百年来，宇宙学取得了重大的科学成果，其最杰出的成就当然是宇宙大爆炸理论，它从科学角度为回答宇宙如何产生及如何演化提供了基本的描述框架以及经受科学检验的真理知识。

但宇宙问题仅停留在知性科学认识层次显然是不充分的，这个最普遍对象的科学认识必须上升为理性统一性层次的思考。爱因斯坦指出："宇宙是一个大物质世界。在绝对的能量守恒的客观规律下，宇宙变得相当小，以至于它根本不承认无限的存在。无论是无限的空间还是无限的时间，它都给予了最绝对的否决。因此，宇宙就只能在一个封闭的空间里进行有限的发展。"⑤这是从科学知性得出宇宙是有限空间存在，在时间上宇宙有一个开端的理论的逻辑概括。但从理性统一性思维来看，这种归纳是很不完备的。既然已经承认宇宙中的能量守恒规律是绝对规律，就无法得出宇宙时间有限的结果。按照西方科学的质能同一说，能量就是质量，就是物质，能量绝对守恒就是物质绝对守恒而不灭，无论如何也得不出宇宙不守恒即有一个时间开端的推论结果；但把能量当作物质的侍女，即把能量限定于物质状态，把光、电、磁客体当作特定物质存在形式时，把能量守恒看作附于物质不灭之皮上之毛时，由宇宙大爆炸理论断言物质世界创生及演化时，能量就因宇宙创生而不守恒了。能量既绝对守恒又创生是悖论，任何知性抽象关系一彻底就陷于悖论，故停留于知性抽象物质的机械唯物论真的彻底不得。如果按照世界统一性原理的能量一元论宇宙观，则宇宙大爆炸是能量转化为物质客体的起点，是物质世界的诞生起点而不是宇宙的起点。能够支持爱因斯坦上述理论的基本条件是：能量不是物质，不是客体，只是物质客体的状态，只是依附于物质客体的现象性存在，在本体论意义上能量不存在。这就是退回到经典力学的机械能这一特定形式中去理解能量了。然而，科学已经证明，仅把能量作为状态显然是不足够的，是无法得出客体世界的最一般描述的，在这种限制条件下得不出宇宙学意义上的科学结论。麦克斯韦、普朗克、爱因斯坦这三位科学巨匠开始了人类从特定物质世界认识进入普遍能量世界认识的革命，但只是开始而不是完成。更为客观现实的是，作为启蒙者，基于知性抽象普遍知识的革命并不是理性自觉意义上的，还没进展到理性具体思考的水平。更直接地说，这几位科学领域的革命家是在绝对物质观局限之下超越物质一元论的，作为科学家，这是合乎情理的，甚至是天经地义的，和我们不能苛求泰勒斯有自觉理性圆满水平而仍尊之为圣哲之父是同理的。

问题的深层原因在于爱因斯坦已经建立了关于包括能量运动描述的广义

相对论，但在理性思维层面，他依然保留着西方文化几千年来形成的绝对物质观，在这种统一性框架中是无法对广义相对论乃至整个宇宙得出统一性合理解释的。爱因斯坦上面第一句话说得直截了当："宇宙是一个大物质世界。"它的意义是宇宙即物质世界，引力统一时空是描述物质大世界的抽象形式，不是内容和形式相统一的宇宙实在存在本身，因为引力在传统认识中是纯粹抽象的相互作用，只是形式，不包含内容。由此可见，西方科学的宇宙与东方感性意义上的天即宇宙其实是同构同质的，故都没有达到无限具体的宇宙概念，起码没有达到两年多年前老子创立的道、天、地、人四层世界相统一的理性宇宙概念框架水平，既没有达到宇宙统一性水平，也无法得到天的具体理性理解。

世界统一性原理建立在老子玄学理论的世界统一性描述框架基础上，能量一元论的宇宙观不认同宇宙是一个大物质世界的知性观点，也不认同宇宙即天的朴素观念。世界统一性原理认为：第一，宇宙不只是物质大世界为概括的，也不是感性认识基础上的"天"的常识意义的另一种表述，宇宙无外，宇宙无边，宇宙无起始，也没有末日。物质有起始，物质不守恒，它有起始就意味着它可以毁灭。所以，宇宙和物质世界不同一，宇宙是绝对的存在，而物质世界是相对性的存在，说它们同一是不合逻辑的。质能统一性的更具体进展是天和宇宙的统一性。只有这种统一性理解才能解释能量守恒定律的绝对性和能量作为客体存在和状态存在的统一性。只要宇宙不再与物质大世界同一，宇宙大爆炸理论的科学真理认识就不必再作为宇宙创生的根据，避免了它与能量绝对守恒定律的不协调性。第二，物质世界是宇宙中特定的统一世界，即物质世界虽然可以按质量即能量的观点还原为能量存在，但质量之所以为质量已经有了特定的规定性，它不是一般的能量，而是有了自身结构规定性的特定形式的能量，而且是质能、结构能、状态能相统一的特定具体存在。它与本原存在形式的能量具有质的区别，而保持着量的统一。物质世界和一般普遍形式的能量世界的统一性关系就是这种既区别又统一的关系，具有特定本质的物质世界是一个自身完整的世界整体，但它又在能量世界之中，所以它是独立自足但又是相对的存在。所谓物质世界，在普遍能量世界之中不是空间之中之意义，不是在一个普遍的能量世界中放入一个与之不同的物质世界。而是说，从能量的量的规定性来说，物质世界依然是符合能量守恒规定性的能量存在；从物质之为物质的特定规定性来说，它已经是有了形、质规定性的特定的量，是形、质、量的统一性存在。所以，物质世界是宇宙中具有特定规定性的特定世界。对中国玄学文化而言，天不是最高、最普遍的，道才是普遍的，天是道的特定形态。当然，天亦是道，即所谓天道，但天道是统一之道的特定存在形态。这才是真正符合老子玄学世界理论体系的解释，也符合科学对现实世界真理认识的理解。第三，特定的物质世界是具有宇观意义的特定世界。这一点对物质世界的理解尤为重要。为什么东方与西方的文化都执着于宇宙与物质世界同一性理解呢？除了一切认识以感性为基础这一认识论原因外，还有一个非常重要的原因，即物质世界是宇观意义上的特定世界，它之所以特定不是它只存在于宇宙中的某些特定部分，特定不是空间的特定性或时间的特定性，而是它具有自身客体存在本质即形、质、量的特定规定性，关键在于形、质、量的统一性表现为空间性。物质客体本质上是空间性存在，空间是物质客体存在及运动状态的描述形式变量，物质客体存在与非物质存在的本质区别就在于由空间形式去区别，具有空间性的客体就是物质客体；反之，无空间形式规定性的客体就不称为物质客体。另外，我们关于宇宙的描述在普遍意义上虽然并不局限于物质世界，但它依然必须以空间、时间独立形式变量作为描述框架，离开时空变量去思考宇宙是不可能的。空间性作为物质客体的本质规定性，物质世界的描述同样是在时空独立变量描述框架下进行的，物质世界的描述时空形式和宇宙是同一的。由于空间性是物质存在的本质规定性，物质世界统一整体空间性的定义域就具有宇观的意义。用数学语言陈述为：宇宙空间形式描述的定义域对物质世界空间描述都是有意义的。正是这一性质，在对能量世界缺乏认识的条件下，在不理解道为何物的情况下，把物质世界和天作为宇宙就是顺理成章的了。

世界统一性原理把天理解为普遍自然界中和宇宙空间形式边界条件同一的统一物质具体世界，天是自然范畴的特定具体存在，又是相对性物质达到了绝对的具体存在，即天是理解物质世界具体统一性最高、最普遍的范畴，故在感性及知性宇宙观中天就是自然而然的最高范畴。由天和空相统一的天空概念，从感性直观上升到理性统一性感悟时，会发现其中有丰富而深刻的哲理，天和空、物质和能量、有和无对物质世界认识而言是不可分割的，是统一的。物质客体是空间性存在，空是天的前提，能是质的前提，无是有的前提，这是物质世界是普遍能量世界特定世界的充足理由。在传统的物质宇宙概念中，离开引力时空，把整个物质宇宙当作统一的具体存在之物是很难讲清楚的。一、二、三是物，原子、分子是物，它们的宏观结构是物，地球、太阳系也是具有独立性的具体之物。这种相对性之物的相对认识能否达到绝对，即把整个物质世界看作具体之物呢？感性和知性无法对之提供充足理由。感性直观是具体但有限的，无法回答无限的具体。天的直观是形式和思维中的无限，具体空间性之物在逻辑上又不能是无限的，这是感性的有限性。牛顿万有引力理论把空间中的具体空间性存在的普遍联系建立起来，但由之统一的物质世界还只是抽象的，以平直空间为自变量描述无法确定宇宙的具体边界，无限空间的宇宙是得不到具体认识。爱因斯坦引入引力统一时空描述，不再停留于无限的空间纯粹形式去描述宇宙整体时，人类才在统一场形式中真正进入宇观的具体认识和描述。从世界统一性原理的观点看，统一场就是能量的宇观分布描述，引力作用其实是统一引力场把整个物质世界结构为一个统一的具体世界。这是质能统一性与天空统一性关系的具体理解。

进展到具体理性的天的范畴，才能有充足理由理解统一物质世界的具体现实性。在感性中，要么把空间当成实在，要么把天只理解为纯粹天空提供的物的存在形式，不可能通达物质世界的具体统一性。物质世界的知性统一性是牛顿质点动力学和引力定律建立起来的，它只达到抽象统一性水平，还没达到具体理性。抽象之为抽象的第一原因在于质点和力是普遍的知性抽象，由质点去描述，用抽象引力统一起来的物质自然还只是抽象地统一起来的。原子、分子、质子、地球、太阳系、银河系是抽象质点，多层次结构复杂性存在都可以抽象为质点，但多抽象质点不能统一为一个抽象质点，由引力构建全体物质客体的具体存在不能抽象为质点，单质点无相互作用的抽象质点意义，对物质世界的质点抽象有效但无意义。质点描述只能建立在多质点相互作用或抽象力对质点作用的基础上，它就只是抽象的描述，达不到具体理解。对物质相对性客体的抽象描述只能局限于相对性，达不到具体的全体，达不到相对性的具体统一，即达不到天的具体理解。在抽象质点动力学和引力场作用意义上，物质世界的全体是共相，还没达到具体个相存在的理解，天的知性抽象意义其实是基于空间形式的，即知性也无法达到物质世界具体认识的水平。

从感性、知性、理性相统一的具体理性思维看，天才是具体的存在概念，物质相对性多样性世界在具体之天的存在中才有充足理由是具体存在，从而通达存在即结构的绝对理解。由质子、中子、电子结构生成的原子是稳定存在，它就可以抽象为质点，不是多质点构成了原子质点，而是原子相对结构基于必然性的现实性存在赋予了它抽象为质点的充足理由。同理，地球、太阳系、银河系的质点抽象也基于同样的理由。当这种质点抽象进展到绝对即整个物质客体构成的统一物质世界时，同样是成立的，赋予其必然性的充分根据就是引力抽象的物体的普遍而绝对、必然的相互作用这一关系提供的。物质世界可抽象为质点时，从质点抽象回归具体，物质世界就是具体个体存在。全体物质是由必然性决定了的现实性的感性具体存在，是超越了人的感性尺度而又合逻辑的感性存在，又是人必须依靠理性才能认识的具体存在。天作为物质世界的具体理性范畴，是相对性和绝对性相统一的，它就是物质世界的具体理解，这才是玄学之天的理性具体意义。

综上所述，可以得出结论，物质世界即天不是宇宙本身，而是宇宙在宇观层次的一个特定形态的具体而统一的存在，天是空间性存在的整体，是物质世界的整体。虽然物质世界并不就是宇宙本身，但对宇宙的存在和演化的认识思考只能在空间形式下进行，现实地说，必须在物质世界的基础上去进行，天又具有宇宙学层次的意义。物质世界统一性的认识归根结底就是在有生万物的演化运动中得出微观、宏观、宇观物质空间结构性的统一性理解，在合理解释物质世界貌似生生不息变幻不定的必然性的完美演化中才能理解自然存在的具体现实意义。

三、微观、宏观、宇观世界的统一

在虚拟世界中，由0、1结构复杂性构建出来的多样化世界是统一性的产物；现实世界认识则是从多样性物质客体存在中去发现它们的统一性关系，从逻辑上来说，它的最终奥秘将以本原存在这一最普遍的具体存在为根据去具体解释。按照能量一元论的宇宙观，宇宙的存在、生成及多样性演化的过程最终必须从能量的观点才能统一解释和说明其推动原因。但是，为什么在绝对物质观的宇宙观支配之下，人类对客体世界的科学认识在由特殊到一般、由复杂到简单的不断发展过程中取得了如此辉煌的成就呢？这是否意味着绝对物质观的合理性呢？客观地说，哲学唯物主义的宇宙观对人类关于物质世界的科学认识是具有积极而重大意义的。它的历史局限性主要是在人类关于客体世界认识不断逼近最普遍的具体客体存在时才表现出来的。对这一历史现象，必须从如下方面去合理解释：一是在思考多样化世界的统一性时，物质世界才是最基本的对象，能量世界作为存在现象是玄之又玄的无，作为本质是支配整个世界运动、发展变化的根本原因和最基本推动力，但能量世界不是复杂性、多样化的世界。我们把能量的基本规定性归纳为有量无质、无形的存在，所以它是无结构规定性的，它本身并不是多样性的存在。虽然能量有不同形态，能量子有不同频率，但它们具有且只有共同的本质规定性即定量、恒量这一规定性，不具备多样性演化的基本条件，作为状态的能量只能是物质客体存在的属性。不同形式的能量之间相互转化，并没有新质结构性存在产生。最为根本的理由在于，无形无空间性的能量子在空间可以叠加却不会结构复杂化，没有物的中介无法理解它们之间的相互作用。共存于空间的光、电、磁之间合逻辑地看应没有相互作用，宇宙中没有无无相互作用，只能是有无相生，有之以为利，无之以为用，不产生有就没无之用。物质客体却不同，它虽然在量意义上依然是守恒的能量，但在质的规定性上已经有着特定的结构规定性，相对性赋予了不同质结构存在的可能性和现实性，不同质的结构产生异质化了的客体存在。我们称这种结构复杂性为演化，为新物质的产生。也就是说，演化是产生多样化不同质的客体存在的运动变化现象，现实多样化的世界是物质世界。所以，物质世界的统一性是世界统一性认识的基础和最基本的认识内容。哲学唯物主义对物质世界统一性认识的伟大意义就在于此。二是只要抛弃机械的因果决定无穷链条思维，回到理性统一性思维，就可以完全明白从特殊到一般的物质结构分解还原分析方法的每一次科学认识的进展，对于世界的统一性认识都是有效的，都是认识深化，每一次向更深层次结构认识的突破都具有更普遍意义，并把原先的普遍意义包括在其中。因为世界统一性原理的物质世界是统一性结构存在，一个整体结构的本质是由构成它的下一层次的元结构之间的相互关系决定的，这些元结构是作为结构完整、独立的客体去看待的。因此，对元结构再进一步还原分析时，它就是整体了，它的结构关系与它作为更复杂结构时的元结构规定性无关，它自身的本质规定性与它作为元结构去构成的更复杂结构的本质规定性无因果必然性关系。正是这种统一性关系而非因果关系才能揭示物质世界复杂性结构关系的本质，并由此保证从复杂到简单的结构还原方法是行之有效的，因而唯物主义宇宙观对物质世界结构的认识具有积极的意义。哲学唯物主义思考的命题确实在认识意义上而言是客体世界统一性认识的最主要、最基本的命题。

感性世界是多样性复杂之物构成的现象世界，对它的理性具体认识就是得到多样化的统一理解，唯此才能感悟到变幻不定的大千世界中完美的必然性。人类对世界的认识从感性开始，从物质世界开始，并且从人的感性尺度开始。人作为万物的尺度，感性的尺度是带主观性的，所以感性只停留在物质世界变动不居的表象，无法通达微观和浩瀚无涯的宇观领域。物质世界的统一性认识必须在微观、宏观、宇观层次的科学认识基础上的统一性关系理解中才能有所斩获，而物质客体作为结构性存在及结构演化的必然性规律是它统一性认识的基础。

在物质世界中，存在即结构，结构性是统一性的基础，结构性赋予了物质客体的多样性中的统一性。在现实中，两个不同之物在本质上只是两个不同结构，钻石和玻璃质料相同而结构不同，所以，它们是不同的东西，不同的根据在于结构而不在于质料。一切物质客体都是质料和形式的统一，而结构形式对于物质客体的本质具有决定性意义。结构性又赋予了物质客体的相对性，在逻辑上看，只能追求本原存在的绝对性或全体物质统一的绝对性，不能追求多样性物质具体个体存在的绝对性，否则就会像柏拉图那样，把多样性的物质世界变成抽象的，把物质变成存在又不存在了。何以为物？具有特定结构为物。物何以如此复杂？因为物的结构多样复杂。为何物是相对性存在？因为物的结构是相对的。在分子结构层面，我们把分子看作物，把原子看作它的构成部分；在原子层面，则原子为物而电子、质子、中子是部分元结构了。在感性尺度是宏观形态的万物，在宇观尺度，天体、星系甚至整个物质世界即天亦可以作为独立存在之物，我们常说太阳系由恒星及它的九大行星及各行星的卫星构成，但太阳系亦可作为一个独立的整体之物去看待。一个微观分子，甚至原子、原子核同样既可以看作独立客体，也可以看作多个独立客体的结构体系，它和太阳系的结构性本质并无二致。正是这种结构性决定的物之为物的相对性，才使物质世界成为一个多样化的现象世界。结构性的根本意义在于它构建了整个物质世界的统一性关系。多样化万物似乎杂乱无章，但一切结构之物的结构复杂性演化是有根据、有规律、有必然性的，所谓杂乱无章的现象可以在结构的本质中得到完备的解释和说明。对这一点，只要从虚拟世界描述的复杂性中，就可以悟到“道生一，一生二，二生三，三生万物”的结构统一性意义。

物质世界的结构最简单的划分是微观、宏观、宇观三个层次，三个层次的结构统一性就是多样化物质世界的统一。由于观作为主体认识论范畴，划分没有统一客观标准，在此我们在知性认识意义上来区分所谓微观、宏观和宇观。所谓微观物质结构是指玄学理论有这一层次的物质结构，因为这是一个具有“基本粒子”结构规定性的范畴。基本粒子不是本原粒子或“皇帝子”，而是还没有成为复杂性之物，以复杂性之物基本元结构身份出现之物质客体。基本粒子当然也可以看作结构之物，但它作为物与作为构成元素是同一的，并没有成为复杂性之物，不是感性具体之物的普遍存在。质子、中子、电子及构成它们的更基本粒子家族成员，我们说它们是电子或质子时，并无须区分它是作为物质粒子存在还是物质元结构存在。原子则不同，我们说原子时只能指称它的普遍共相结构意义，却无法描述它的具体结构意义。

它的具体结构意义必须加上限定规定性的氧原子、氢原子等才完整，所以原子结构已经是物而不再是基本粒子了。从科学的逻辑来看，把质子、中子、电子及更深层结构的基本粒子作为微观结构是合理的，其根据除了它们作为物质客体与元结构的同一性外，还有一个重要原因，就是支配和决定这些微观粒子的作用力比如核力等，和原子、分子结构之间的电磁力性质是完全不同的。微观世界的一生二、二生三是科学家还在攻坚的问题，但微观领域统一在质子、中子、电子这一层次的三个特定的结构性存在，这是毫无疑问的。

物质世界在宇观意义上的统一就是天的本质了，但它是理性意义而非感性意义的天。认为我们感觉中无际无涯甚至无限就是天的本质，那是把现象作为本质了。感性直观把纯粹空间形式视为天，把空间视为实在，把物质世界和宇宙设为无限，所以天对于感性直观而言是神秘而不可知的存在。西方文化中天即宇宙，但这一直只是神的认识对象，从人的感性尺度去理解天确实是困难的。爱因斯坦曾慨叹，像我们这样的存在也许真的很难参透宇宙的本质。然而，正是具有这种谦虚胸怀的他创造了描述天即宏观宇宙物质世界统一性的描述方法——广义相对论，使对宇宙的思考摆脱了纯粹神学而进入科学，使世界包括物质世界的统一性原理认识和描述成为可能。在内容与形式相统一的广义相对论的引力时空中，宇宙的描述形式摆脱了纯形式无限，使宇宙建立在内容和形式相统一的基础上。它的内容就是引力，引力是物质客体与外部世界普遍联系的抽象描述，所以引力时空就是以物质客体存在为对象的描述形式，它才有具体的宇宙意义。引力正是宇宙中一切物质客体统一性的抽象描述量，它的无极性本性赋予了它的宇观作用意义。引力总是吸引这一事实决定了引力时空不但是不平坦的，而且一定是具有正曲率的弯曲时空，是指向质心的时空。在引力时空中，我们才悟到了一个有界、收敛、可认识的统一宇宙，才理解天以及老子之天的真正意义，从而现实地理解为什么道大曰逝，逝曰远，远逝反，悟出“反者道之动”的宇宙学意义。在天的层次中，光、电、磁在宏观意义上的直线运动似乎永远在离我们远逝而去，但在引力时空中，它是返回来的，这就是“反者道之动”的真正意义。

引力时空的有界性从科学意义上为宇观物质世界的统一性提供了可能的坚实基础，使我们不必再借助于上帝去对宇宙存在作出最终说明。

宇观世界的统一是多样性物质存在的统一，从基本的微观物质结构演化出复杂万物世界构成了宇观意义上的统一世界。真正多样化的统一体现在宏观物质客体世界上。微观世界主要由核力支配，引力的作用几乎可以忽略不计。从微观世界向宏观世界的过渡则主要由核力和电磁力起作用，质子和中子在核力作用下结合为原子核，原子核与电子由电磁力相互作用构成了多样化的各种物质元素的原子，“三生万物”正是由微观基本粒子简单世界向宏观多样化物质世界演化的精辟概括。知性科学建立了系统的化学学科，对三生万物的原子及分子层次的结构、由结构决定的性质、在相互作用中结构的变化即在化学反应中物质世界的演化的过程及规律，形成了严谨的科学真理知识体系，这是宏观世界认识的起点。在感性认识中虽然分子、原子不可知，但它们以纯物体面目出现时，则是可感知的。亚里士多德时代就坚信物质是连续的，所以元素为物既是微观意义又是宏观意义上的，但这绝对不是宏观世界演化的全部。因为电磁作用力是极性力、局部力，分子层次的物质客体之所以叫分子是因为它的质子和电子的电磁力作用局限在分子内部，它对外是电中性的。宏观物体的电中性是一个基本特征，产生电磁作用的宏观物体则是特定条件下的作用现象了。因此，仅电磁力是无法解释世界的普遍相互作用的。物体之间的远程作用力是引力，电磁力在局部平衡对外显示出电中性时，真正支配物质客体联系和相互作用的就是引力了。所以宏观世界是由电磁力和引力起支配作用的世界，电磁力实现了由微观到宏观的统一，而引力则实现了由宏观到宇观的统一，引力才是宇观统一性作用的真正角色。引力是牛顿经典科学理论的精髓，引力时空是爱因斯坦广义相对论的精髓。但引力的意义不仅只停留在宏观、宇观层次，在统一的物质世界中，它的作用必须从整个世界去理解。宏观物体，特别是大质量物体如恒星、星系的形成，是引力作用的结果。恒星的核反应及演化过程的支配力量是引力，这就是引力对世界统一性的根本意义。

引力是科学描述的抽象，一切力的本质是能量交换作用。物质世界结构演化运动的推动即它的原因或本质最终必须由能量交换作用去说明。

注释

①张尚仁著《新译　新编　新解　道德经》，昆明：云南民族出版社，2008 年第 1 版，第 16 页。

②同上，第 26 页。

③同上，第 27—28 页。

④同上，第 27—28 页。

⑤爱因斯坦著，周学政、徐有智编译《相对论》，北京：北京出版社，2007 年第 1 版，第 96 页。

第四章
物质结构演化的最小自由能原理

引　言

【提要】多样性物质世界是结构统一的，其根据在于支配其结构生成并不断向更复杂结构演化的必然规律本身，以这本质规律为根据才能得出多样性存在基于必然性的统一性意义理解，在从复杂多样性现象进展到普适统一性本质中通达自然完美的内在目的性。本章以能量一元论为根据，把物质世界理解为质能统一的现实，由支配物质结构演化的普遍能量原理去理解生生息息的物质统一世界的本质意义。

一、传统唯物论以不生不灭的本原物质客体为自然存在提供永恒存在根据，这在逻辑上就是缺乏充足理由的，它最高只达到物何所是的水平；亚里士多德由质料、形式、运动、目的四层次原因的统一去理解万物生成和存在的第一原因才是对物何以是的具体理解。亚里士多德的时代对运动和力的客观知识有限，力主要是从外部作用意义去理解的，但亚里士多德同时已认识到存在运动变化原因的内在性。从逻辑上说，为完满存在提供第一根据的运动因即推动力本身一定是存在自身内在的规定性。物质客体是相对性存在，物体相互作用力的内在性、外在性是相对的，把统一物质世界作为认识对象时，一切相互作用都是内在的。质点动力学的普适性使人们习惯于把力理解为独立于物的抽象，但从抽象质点回归多样性物质系统才回归现实世界，由内在性去理解力抽象的相互作用具有更现实的意义。把物质世界理解为结构统一性具体存在时，动力因的本质意义是结构演化的动力因，它应为物质结构生息演化提供普遍必然的根本理由。

二、牛顿经典物理学是现代科学的起点，习惯质点动力学使人们忽视了结构统一性及支配结构生成和演化的推动力意义。由自然普遍能量本性可知，力是有限性的抽象。在物的核结构分析中，力的范畴不再适用，它无法陈述核结构的质量损失现象，物的结构分析回归到结合能概念，这证实了能量比质点和力具有更普遍的意义，物是质能统一性的具体存在。结合能不是一种特定形式的能量，而是以其功能为根据的归纳，是指把同一层次物质的构成部分稳定地联结为确定性结构整体的能量。结合能概念的深刻意义在于回归物质客体质能统一本性的具体，由物的本身去理解物之为物的充足根据。这是科学认识自然从抽象到具体的重大进步。

三、物是相对性存在决定了结合能的相对性，物体之间的能量联系和作用关系，从不同角度看有不同理解，把同一层次元结构即部分联结起来的能量才是结合能。坚信物质世界统一性就能理解结合能是非质能的统一；反过来说，由结合能去理解物质结构存在和演化的原因就会觉悟到能量之于质量的更普遍意义，理解由多样性结构演化生成的物质世界是统一的，具体之物是质能统一的，其存在和演化的根据就在于自身。从结合力进展到结合能思考统一物质世界的重大意义在于从逻辑上先验地否决了永恒运动生息的物质世界的外在推动力问题。

四、由结合能去理解物质结构有其根本意义，即能量运动的必然规律给出了每一相对之物是确定具体之物的普遍本质规定性，这就是物质世界的内在目的性。这一规律就是最小自由能原理，即一个相对物质系统结构自发演化的最终稳定结构是自由能最小状态，在自由能为零时，属于静态稳定结构。分子、原子是典型的静态稳定结构，太阳系、银河系是向系统自由能最小方向运动的动态稳定结构。最小自由能原理就是支配多样性质能统一性存在的最普遍定律，就是物质客体存在的内在目的本身，由之就得到物质世界统一性普适简约的理解。

五、物质客体是以最基本粒子即“一”为起点的不同层次结构具体统一性存在，不同层次具有不同形式的结合能，上一层次结合能比下一层次小几个数量级。物质世界是层次分明且各层次相对稳定的统一性存在，“高以下为基”的法则支配着物质结构复杂演化是合内在目的性的有序过程，质能统一性具体存在的普遍本质意义最终必须回到最普遍能量运动规律去理解。由结合能的普遍统一意义及能量守恒定律可知，物质结构不能无限可分，结构层次复杂性演化也是有极限的。

世界统一性原理对物质世界的思考并不停留在物质结构及其演化本身，更重要的是在支配物质结构演化的规律中揭示物质世界统一性的本质，掌握推动物质世界演化运动的动力及其作用规律，唯此才称得上对物质世界的统一性理解。用传统哲学语言陈述，就是得到物质世界从现象到本质的理解。

物质世界普遍联系和永恒运动作为现象存在是不难理解的，牛顿经典物理学理论在质点动力学意义上对貌似杂乱无章的物质世界给出统一有序的描述，这已经成为具有中等教育学历的所有人的常识性认识。物质客体从质点抽象返回感性具体时，物质客体多样性的统一性是理解物质世界统一性的更基本问题，也是传统自然哲学本体存在论的真正奥秘所在，在科学意义上就是物质结构还原和综合问题。物之何所是首先是感性经验认识中直观的产物，并不神秘。真正神秘莫测的是物质世界生生息息变幻现象的支配因素。上一章把物质多样性世界的统一归纳为从简单到复杂的结构多样性演化，在此基础上要思考物质结构何以是这更基本的问题，即物质世界为什么是如此永恒生生息息地演化运动的？推动它永恒运动演化的动力、原因是什么？支配物质世界结构复杂演化的规律是什么？这就是本章探讨的主题。

按照一元论的宇宙观，支配物质世界运动演化的力量存在于自然世界，否则就和一元论的信念冲突，宇宙自然就不是自足而完美的。宇宙外部非自然力量对自然界的支配、统治作用是和一元论宇宙观不相协调的，所以宇宙永恒运动的永动机就只能在宇宙自然中去寻找，不能假手于支配宇宙的外部统治力量，比如上帝，否则宇宙就成为时时需要上帝照料的劣质产品。在物质一元论的宇宙观中，物质结构演化和物质客体运动的最终原因在逻辑上也只能由物质客体自身来说明，但在现实中这恰恰是物质客体自身无法说明的。物质客体既不能从自身出发去解释它在时空形式下的相对运动，更无法从自身的结构出发，对结构的演化原因及规律提供完备的说明，由此决定了哲学唯物主义无法成为完备的一元论宇宙观，同时也说明了在本体论意义上，物质客体必须从质能统一性去理解。因此，牛顿质点动力学建立的物质世界统一性还不是完备的，莱布尼茨有理由讥笑牛顿的“上帝制造之宇宙”就像二等钟表匠的产品。

在能量一元论的宇宙观中，物质客体作为能量的特定结构性存在形式，它成为统一性存在就无须也不可能是自足的，它的结构演化及运动变化则合逻辑地必须从能量的角度去最终认识和理解，物质世界运动变化的推动力就不再是神秘的，物质结构演化的原因就不在物质结构性存在的本质规定性即质及质量存在本身，质能统一性存在的演化原因只能在能量运动变化规律之中。能量运动的规律和法则才能为物质结构演化现象的支配规律给出合理的说明，能量推动对于物质世界而言才是完备的，它的必然规律才是任何一个具体相对性物质结构成为现实性独立个体的充足理由，它才是质能统一性物质结构的内在目的性，它就在于每一个现实的物体存在之中。至于能量的运动，我们在上一卷得出了结论，它是不需要推动的运动，因为在无质量的能量子形态中，它是绝对运动的，运动就是它的本性，只有具有运动相对性的物质客体，其运动变化才是需要推动原因的。所以，由能量来解释物质客体的运动并不会导致无穷后退这种不可能的悖论，能量一元论才有可能是完备的一元论，质能统一性的物质存在基于普遍的能量运动规律于内在结构的现实作用才成为以内在目的性为根据的现实存在。

按照老子的玄学理论，宇宙是无、有、物的统一性存在，物质结构演化就不是笼统地理解为有本身的复杂性演化，而是基本的有即一、二、三生成多样性万物的演化。从现代物质结构科学理论看，玄学的“有生万物”比西方哲学的“有是万物”更合理。物是人的感性直观尺度的概念，物在原子层次以上才开始成为人的感性存在物，才成为多样性之万物。构成原子的物质粒子是知性意义上才为人类所认识的，同质原子聚合体可形成感性意义之物。物质结构演化不是无限的，既不能无限可分，也不能向更复杂的结构无止境演化。这个论断在知性的物质一元论中是不可思议的，在理性具体的能量一元论中却几乎是简单自明的。能量是守恒的，宇宙总能量是常数。物质结构每向下还原一个层次，结构能都有几个数量级的增大，物质无限可分意味着物质的结合能无限大，和能量守恒定律不协调，故物质结构无限可分是不成立的。另外，物质复杂性演化的层次也不能无限增加，无限增加的结果是结合能趋于零。结合能极小的物质结构不能现实存在，零结合能的物质结构是不合逻辑的，没有结构结合能又何以发生结构演化呢？由能量的观点看，物质结构演化是有起点、有极限的。物质结构演化和还原，只有从能量角度才能得到最终的理解。物质微观基本结构的科学认识手段是什么？靠高能加速器加速去尽可能增加撞击粒子的撞击能量来分解被撞击粒子的结构，依靠的是能量。迄今为止我们经验中最复杂之物是生命，生命如何从物质结构意义去认识呢？我们自身就是生命存在，但生命是什么？这是数千年来人类找不到合理答案的命题。最早解释生命的是神秘活力论，给出不知道生命是什么的答案。近代科学发展后，形成了生命有机体的基本认识，开始走出神秘活力论，从有机结构整体去理解生命。生命科学认识的革命性事件是物理学家薛定谔于二十世纪四十年代发表的《生命是什么》，它把生命本质理解为负熵，从能量角度去理解复杂生命结构的过程和本质。能量、物质、信息相统一的生命有机整体把生物学、化学、物理学统一起来，推动了生命科学认识质的飞跃。由此可知，最复杂的存在之物的结构也必须从能量角度去最终理解。

在物质一元论中，物的运动变化和结构演化的根本原因是由抽象的力去解释的。根据物质结构的科学描述，把物质原子束缚在一起结合为分子，把质子、电子、中子捆绑在一起结合为原子核及原子的是各种不同性质的力，这些力又归结为强力、电磁力、引力，放射性力实际上也是一种电磁力。物质结构的演化由力的作用来支配的解释还只是抽象的。按照能量一元论，所有力所描述的抽象相互作用归根结底是能量交换作用，现代物理学用交换光子来说明电磁力，用交换介子来说明核的强作用力。物质客体作为质能统一性存在，是由特定的能量作用将质量元素结合为稳定的结构性存在。不同形式、层次的物质结构具有不同的结构能，结构能的特定规律决定了物质结构形成及演化的基本规律，即它既揭示了任一特定物质结构之所以是稳定物质结构的根据，又揭示了物质结构演化中的结构能制约规律。物质结构演化不是杂乱无章的，所谓变幻不居只是一种假象。物质世界运动及其结构演化有其内在目的性，即受必然规律支配，这个规律是特定的能量运动规律，它就是能量最小原理。它决定了每一个水分子必定是一个氧原子和两个氢原子的稳定结构，决定了放射性物质结构是不可能稳定的，决定了千姿百态的每一个具体物质是如此这般存在并如此这般运动变化的。感性中变幻无居的多样性世界是按其内在目的性存在和演化的完美而精彩的世界。

第一节　结构演化的推动力是能量

一、从动力因到演化因

从泰勒斯肇端的对世界万物本原的思考产生了哲学，并且在古希腊亚里士多德的形而上学理论中得到了理性逻辑的相对完整描述。泰勒斯在对物质世界的科学认识中建立了万物本原这一最普遍具体物质存在的概念，这是西方绝对物质观文化的源头。亚里士多德的形而上学即第一哲学本质上是原因论，他认为第一哲学研究的是第一本原即根本原因。“亚里士多德以前的几乎所有哲学家，都对‘本原是什么’的问题做出解释，所谓‘本原’，乃是万物所由以产生，并因之存在，最后又复归于它的东西。亚里士多德在自己的哲学中，则更多地使用另一个词，以代替‘本原’一词，这就是‘原因’。亚里士多德所指的‘原因’，是指一切感性事物存在和生成的形而上学根据和条件，如果没有这种原因，一切感性事物就无法存在和生成。亚里士多德的原因论就是对以前哲学家们关于本原学说的概括和总结。在他看来，以前的哲学家们所争论不休、各执一端的‘本原’，可以归结为四种缺一不可，相互关联的原因：质料因，事物构成的根基；形式因，事物何以是的原因；动力因，运动自何处来；目的因，事物何所为的原因。”[①]亚里士多德的哲学当然是在绝对物质观基础上的理论，但它超越了以往哲学家们的有限思维，把自然哲学家的有形体质料、思辨哲学家的无形体的形式，甚至柏拉图的“理念”，在理性意义上归纳为统一性的逻辑，达到对物之为物存在的本质的认识。正是在这种理性统一性逻辑中，萌发了最终超越绝对物质观有限思维的种子。因为绝对物质观只能回答质料和形式问题，却根本无法在最终原因和根据意义上解决动力因和目的因问题，不可能给出存在之为自洽自足的存在之充足理由。即使达到质料和形式相统一的水平，也只达到对具体存在何所是的自在认识水平，还要以动力因和目的因为根据才能从必然性去理解现实存在的根据，得到存在何以是的本质理解。基于必然性运动演化的存在才是达到其内在目的性的现实具体之存在，必然性的运动规律本身才是存在之为存在的第一原因即形而上学的存在根据，才是客体存在的内在目的性。在此必须谨记，客体内在目的性是基于必然性的，主体内在目的性是基于选择性的，绝不能把内在目的性当成外在的合目的性，那就是纯粹信仰而非自觉理性了。

第一哲学的动力因是一切事物运动变化的源泉，是一切生成事物的生成法则。所以，动力因的内涵，从形而下的经验认识及当代科学认识意义上看，包括两方面意义：一是物质客体作为相对独立自足的存在者，在可以忽略其大小的质点意义的存在者条件下，它与他物之间的相互作用、普遍联系中所产生的变化的原因。这种变化由它的状态来描述，包括位置、速度、温度等一系列物理量的变化。这种运动变化现象及其规律，产生这种运动变化的动力即原因主要是物理学的研究对象。二是物质客体作为物质客体存在的根据，它的产生原因和动力，它的结构复杂性演化的动力因，即物质客体结构生成与演化的推动力量是什么的问题。更深刻的是为什么每一种相对性物质结构必然具有如此这般稳定结构这本质性问题，这是物理学和化学的研究对象。化学学科主要研究物质客体在原子、分子层次的结构及相互作用产生的结构运动变化，并从它的结构去解释它的化学性质。正是基于这一原因，我们把物质客体结构不变而状态改变的现象称为物理变化，反映物理变化的属性叫作物理性质；由于结构改变而使物质发生的变化叫作化学变化，由于这种变化而产生属性变化，这些属性就叫作物体的化学性质。但是，化学学科并不囊括物质结构演化的一切领域。我们知道，对物质世界而言，存在即结构，而存在是相对性的存在，是不同层次结构的统一性存在，而不是仅在分子、原子结构意义上的存在。比原子、分子更为微观或更为宏观的层次就不再是化学的研究对象，而是物理学及其他具体学科的认识对象了。事实上，对相对性的物质存在而言，两个层次的动力因是统一的，一个作用力的作用是改变物体状态还是推动物之结构演化，和以该层次作为物之存在的相对性有关，地球和太阳之间的引力对以太阳系为系统的结构而言同样是结构结合力。一般而言，质点动力学是普遍、基本的抽象，结构演化分析则是在此基础上更具体的认识。

尽管动力因有两方面含义，但亚里士多德时代对物质结构的认识非常有限，人们主要是从物体运动状态的推动力去理解动力因的。从推动物体运动状态意义去理解的动力因与亚里士多德存在四因论的动力因，在逻辑上并不是非常贴切、协调的。为什么这么说呢？抽象地说，动力因应包括动力来自何处和如何发生作用两个方面，但具体到存在之为存在的四种缺一不可、相互关联的原因时，它要提供的根据不在于物体为何是运动的，不是外部力量对物体运动状态改变的作用，而是一切感性物体存在和生成的根据和条件，是存在自身成为自足、独立且合目的性的存在的根据意义上的动力因。因此，它首先就必须能合理说明一切事物存在之所以存在，而不在于说明存在者凭何运动。亚里士多德的动力因本质上是存在者的存在论描述，而不仅仅是存在者的存在状态描述，它所指的动力不是推动物质客体运动状态变化的外部作用力，而是具体存在之物自身在演化中生成为合目的性存在的决定性原因之力。物之为物的动力因是推动其在生成中实现其必然性存在的力，只能从物的内部作用力去理解。故在逻辑上，动力因作为存在论的第一原因和根据之一时，它的首要意义就应该是结构性存在的内部结合力意义，这是状态描述的前提和基础。但由于对物质结构并无所知，所以亚里士多德之后，人们长期对他的动力因仍然是停留在事物的存在者状态层面去思考和描述的，还没有在形而下意义上上升到存在者的存在这一层次。把动力因规定为运动来自何处，其实就明显地带有从外力推动及相对运动状态去理解动力因的局限性。“当一块大理石被雕塑家赋予了一定的形象后，大理石就不再只是单纯的大理石了，而变成让观众欣赏的工艺品，从而取得了雕像的类本质。一块大理石只有在外力的作用下才会变成雕像，这种外力，即雕刻家，就是使石头变成雕像的动力因。这样，在亚里士多德看来，事物所赖以构成的质料自身缺乏一种内在的运动。但这种动力因并不总是外在的，他认为，最简单的四种元素——土、气、水、火——都具有内在的运动能力，火的本性是向上运动，土的本性是向下运动等等。”[②]由此可见，在当时的历史条件下，亚里士多德是既从事物外部即运动状态变化的推动原因去诠释动力因，又从内部本性去理解动力因的。但对于一切生成事物的生成原则而言，从内在本性去解释动力因才是充足的。亚里士多德的这种动力因观念一直延续到今天，并且当大多数人说到物质世界运动变化动力的时候，无论从外部推动还是内在动力去诠释，基本上是从改变事物运动状态的推动力去理解的，动力因的意义就退化为推动事物存在状态变化运动的力量源泉之意义，失去了推动物质世界向复杂性结构生成演化的存在论意义。根据第一哲学存在四因论的统一性逻辑，它的动力因只能是内在的，而不是外在的。外在推动力即外部条件会对存在产生作用，甚至可能不仅仅改变存在状态，而且还会改变存在自身，否则客体存在的生生息息就无从解释了。但这不是存在的根据，存在状态改变和存在之为存在的规定性并无相关性，外力改变存在本身时，外力就不是存在之为存在的原因，而是存在变成不存在的原因了。存在的动力因只能从内在动力去合逻辑地理解，也只有以内在动力因为根据的存在才是必然性的、合内在目的性的存在。从外在动力去理解动力因时，目的因就变成外在目的，目的因之意义就彻底变质了，变成羊存在合狼目的了。

在世界统一性原理看来，物质客体的存在、结构演化和状态变化是统一物质世界中三个层次的不同命题，物质客体存在的动力因也就不能只从改变物体状态的推动力去片面理解，而应该从存在生成、结构演化和状态变化三个层次去作统一性思考。在存在论意义上，存在生成和演化的动力因才是最基本的，才是揭示存在之所以存在的动力因。亚里士多德的时代无法建立起动力因的统一性关系，但今天我们已经对物质世界的复杂结构及其演化规律有大量科学真理认识，尽管在最细微的微观物质结构及最宏大的宇宙物质世界结构层次，我们仍然有许多尚未解决的问题，但在从质子、中子、电子到星球、星系这一系列从简单到复杂性的物质结构中，我们可以非常有把握地说已经掌握了它们的结构及支配其结构演化的基本规律，完全有条件从统一性的思维去对物质世界运动变化的动力因进行思考。不能长期把形而上学的理论和逻辑与知性科学知识割裂开来，仍停留在抽象的动力因形而上学纯思辨之中，甚至把动力因退化到感性经验的状态变化运动的推动这一有限情形之中。动力因的统一性认识，首先是在本体存在论意义上的，即一切事物的存在或生成原则意义上的动力因。在世界统一性理论体系中，物质世界的动力因首先是演化的动力因，动力因的运动自何处来所指的不仅是一切事物存在状态变化的推动从哪里来，而首先是指一切物质客体以特定的相对稳定结构维持其存在的力量是什么和从哪里来的。它要回答的不是物质世界永恒运动的变动不居现象，而是生生息息的现象的本质是什么的问题，这才是一切事物生成的原则，才是物质统一世界的演化原则，才是物质之所以为物质的根据和根本原因。所以，动力因的基础是演化动力因，简言之即物质结构性存在的演化因。

从形而上学的动力因向形而上和形而下相统一的演化因的认识是从抽象认识到具体认识的深化，是从现象认识向存在本质认识的回归。只有在演化因的基础意义上才能具体思考一切感性事物之所以存在的根据，从状态变化的现象中去回答存在之所以存在那绝对不是充分的答案。存在之为存在及存在的演化才是存在论的最基础命题，物质结构产生、形成的原因，推动结构演化的力量才是理解物质世界一切结构性客体存在何所是和何以是的关键所在。因此，演化因的对象是物质结构性存在产生及演化的推动原因是什么，要在回答物质世界存在和演化的根本原因和动力是什么的基础上，进一步去思考传统的动力因对象，即物质世界一切感性存在状态的变化是从哪里来的。外在的动力因是与演化因相对的运动因。大体上说，演化因是一个物质客体结构自身的内在规定性，是结构性存在的根据和原因；运动因则是一个物质客体作为独立的存在者与外部环境相互联系和相互作用导致的自身状态的变化，是物体的外部推动原因。这种外部原因的推动作用对物质的存在及演化在一定条件下发生作用时，就是外因必须通过内因来起作用的情形。物质世界动力因的内因始终是演化因，物之为具体之物及物之演变就始终只能从其内在结构及其演化的意义去认识和思考。

物质结构及其演化的最重要层次首先是三生万物层次，即由质子、中子构成原子核，由原子核与电子构成原子，由原子构成分子的作用力及其作用机制是对演化因归纳认识的主要内容。尽管最底层微观世界及整体宇宙世界的结构及构成原因还没有得到可靠科学真理认识，但统一性原理使我们有信心认为在一切中间层次的科学真理认识是真的，它和未知领域的规律只是统一性关系而非因果逻辑关系，只会对统一性理解产生影响，不会影响既有科学认识的真理性。所有这一切科学真理认识是物质世界结构生成及演化动力因的坚实基础，也是宇观及更微观物质世界结构认识的依据。当然，物质客体的演化因并不仅限于原子、分子层次，而是涵盖整个物质世界的统一性原因。因此，粒子物理学研究基本粒子的结构及相互作用关系规律，广义相对论揭示宇观物质世界的统一性结构原理，这都是理性统一性思维归纳物质世界动力因的对象。否则，演化动力因就只是分子、原子的根据和原因，不配称为物质世界的演化动力因了。

从动力因到演化因的理解是对物质世界力的作用从抽象到具体的进展，动力因和演化动力因是统一的。物质存在是相对性结构存在，是多层次结构的统一，这是动力因和演化因统一的根据。物质世界中任一相互作用力，都是状态运动力和结构演化运动力的统一，没有非此即彼的抽象力，两者区别的依据是物质客体存在的相对性。比如，原子结构中原子核和电子的库仑力对电子、质子而言是推动其状态变化的力，对原子而言是内在结构力。从逻辑上说，一个相对性物质客体的演化因是它的基本结构及所有更基本层次结构作用力的统一。在宇观意义上，则一切物体的相互作用力统一于演化因，物质世界据此就是统一而具体的。

二、质能统一性与物质结构演化因

物质存在的动力因向演化因转换的根据是能量一元论，具体而言，是质能统一性理论和抽象力的相互作用本质是现实世界能量交换作用的抽象理论，据此把物质结构演化和能量的联系建立起来，把动力和能量的联系建立起来，得到形而上存在的动力因和现实经验世界物质复杂性演化相统一的理解。世界统一性原理把物质客体作为质能结构统一体看待，无论是一个独立物质客体自身的内在结构，还是独立自足实体与外部环境的相互作用，都必须从质能统一性去认识和理解，由此才能理解物之为物的相对统一性，否则所有物都将是孤零零的“死物”。尽管可以承认一切物质客体之间普遍联系和相互作用并导致永恒运动，但这种承认并不意味着理解了一切物质客体之间的相互联系和作用，不意味着理解了物体运动变化的根本原因。所以，绝对物质观是无法摆脱机械论本性的，它的局限性不仅表现在无法现实地解释物质世界的相互作用，更在于它根本无法解释物质世界生生息息演化运动的内在原因，找不到物质客体存在的第一根据和原因。

绝对物质观坚持，最终不可还原的绝对客体存在是物质性客体存在，世界一切存在和现象在最终意义上必须由绝对存在即本原物质客体存在来提供根据和说明。按此逻辑，动力因同样最终必须由本原物质客体来说明。但是，尽管只停留在物体运动状态改变现象这种表面的动力因中，由本原物质客体来解释物体状态改变的运动来自何处也是无能为力的。即使回到引力质量之引力是物体内在力的形而上理解，在形而下意义上也不足以简单地说引力是存在的内在动力因，这和我们的知识不统一。亚里士多德继承了哲学史上各种流派理论并加以综合，归纳了逻辑完备的第一本原的四因论，同时还继承了哲学唯物主义的物质本原传统，既从外在动力又从内在动力去解释动力因，所以他的理论体系自身是无法达到形式和内容统一的圆满水平的，这是他的历史局限性所在。

从绝对物质观出发，可以对亚里士多德的质料因和形式因作出合理的解释。质料是潜能，形式是现实，质料和形式的统一是潜能向现实的转变。所谓质料即构成元素，所谓形式即结构。在此，亚里士多德已经以高超的智慧揭示了物质是结构性的现实存在，一切实在的物质、现实的物质的本质是形式即结构。当然结构不只是纯形式，在现实中，是和内容相统一的结构，这就是我们现在所强调的存在即结构的意义。但后人对他第一哲学动力因和目的因的理解往往限于知性机械论思维。“在亚里士多德看来，一事物的发展变化，一旦获得自己的本质，也就实现了自己的目的。种子的目的是生长为大树，种子一旦生长为大树，就达到了自己的目的，完成了自己的本质。所以，亚里士多德将形式因看作是与目的因同一的，不仅如此，形式因、目的因和动力因也是同一的，事物的目的便是事物运动变化的源泉。同时，事物达到自己的目的，也就意味着它获得了自己的本质和形式。如在生物中，'灵魂'不仅是一切生物的形式因，而且也是一切生物的动力因和目的因，这样，在亚里士多德看来，四种原因实际上要归结为两种原因——形式因和质料因。”③

把亚里士多德的四因归结为形式和质料两原因，其根据是把形式因和动力因、目的因同一。但这恰恰是违反了亚里士多德关于第一本原的四因论规定的。既然质料因、形式因、动力因、目的因是相互关联、缺一不可的，故说形式因和动力因、目的因同一就是违反了这一规定性。从逻辑意义来看，四因是统一性关系，即通过四个方面的抽象规定性的统一描述去把握具体的物质客体存在和生成的根据和条件，所以四因是统一而不同一的，是缺一不可的，只有在它们相互关联的统一性中，才能得出具体本原存在乃至它多样性结构存在完整、具体的根据。把动力因及目的因与形式因同一，不管是后人对亚里士多德四因论的独断解释，还是亚里士多德自己形而上学理论中的这种意义，那都是违反逻辑的，是不可接受的。

从内容和意义规定性来看，动力因、目的因和形式因是不同一的。形式因是事物何以是的原因，用现在的语言陈述，就是一个具体感性物体的结构规定性。形式和质料的统一是完整的具体客体存在。但是，必须指出，这只是在感性认识意义上具备了完整规定性具体之物的存在，在知性及理性意义上，这种认识远不是充分的，它只是现象而非本质的认识。在这种感性认识中，物质世界确实是生生息息、变动不居的，不是一个统一有序的必然性完美世界，而是由偶然性支配的复杂无序的现象世界。动力因和目的因则是在知性和理性认识意义上的抽象，质料和形式的统一只在感性意义上告诉我们存在者是什么；动力因则要从知性和理性的角度去回答存在者为何是这样的，是什么样的力量和作用机制支配和决定存在者以这种质料和形式相统一的样式去存在；目的因则要从最终的意义去解释何所是，就是要回答存在者在何种必然性法则支配下生成和演化。最简单的理解是为什么每一个水分子都由两个氢原子和一个氧原子构成且结构完全同一的必然性存在？是何种内在目的性决定了它这种必然性的演化和确定性的结果？目的因是最高的意义，它给出了存在之为存在的必然性决定的现实性，这才是存在之为存在的根本原因。从必然性支配的现实性来理解的目的才是内在目的。从内在目的看，感性认识理解的偶然性多样性物质现象世界才是一个按必然性法则生成和演化的必然、有序、统一的世界。由此可见，只有四因相互统一，才能在感性认识、知性认识和理性认识相统一的意义上得到对物质世界的整体把握，才能悟出物质客体之所以为物质客体的充足理由。第一哲学的目标在于为世界的存在提供充分的根据和原因，而真正充分的根据只能在四因统一中，最为关键的是要进展到动力因和目的因认识和理解的境界。如果只是从质料和形式去理解物质存在，我们只能在感性意义上看到一个多样而杂乱的世界。只有在理性统一性思维中，即在质料、形式、动力、目的四个抽象层次的统一中，才能得到对物质世界具体存在的深刻理解，物质世界对我们而言才不是杂多，而是一个完美统一的必然性世界。如果仅停留在质料和形式中，世界就是一个偶然性世界，从理性哲学的意义看，我们对世界的本质依然一无所知。

事实上，亚里士多德对四因相互依赖关系的观点是统一性而非同一性的。他认为，事物在发展变化中一旦获得自己的本质就实现了自己的目的，获得自己的本质是实现了自己的形式，实现了自己的目的，所以目的因和形式因同一，进而与动力因同一。这种同一是一种统一性关系，即它们统一于具体的物质客体存在者。按必然性规律去演化，按必然性演化规律与机制去构建存在的形式，在完成了的形式中获得自己的本质是三个不同层次的问题，它们只能是统一的，而不能说是同一的。四因论是相互依赖、缺一不可的统一性关系，说物质客体生成的演化规律、演化机制及演化形式同一是不可接受的。亚里士多德四因论本质上是统一性理论，硬要说形式因、动力因、目的因同一，四因实际上是质料因和形式因，那确实是知性抽象认识了。

为什么在对亚里士多德形而上学理论的理解中会出现自相矛盾现象呢？为什么几千年来哲学唯物主义也一直沿袭这一传统呢？最根本的原因在于，全部哲学唯物主义的起点一直坚守在泰勒斯所提出的生成一切而一切又复归于它的本原存在之物的本性上，这就是绝对物质观。绝对之物的存在最终只能在质料和形式相统一的意义上去解释物质世界，根本无力从动力因和目的因去解释物质世界。假设真如早期唯物主义哲学家所猜测的那样，存在一种最普遍的具体物质客体，不管它是水、火、土还是气，或者德谟克利特的“不可再分”原子，一切其他物质都由它构成并且最终生生息息之中又复归于它，那么物质世界就最终统一于它。但仅从这种本原存在之物能够解释它的运动来自何处吗？能从必然性意义上决定它将何所为吗？这在逻辑上是不可能的。正是绝对物质观无法为动力因和目的因提供根据，在绝对物质观的框架下，亚里士多德的四因说最终又退化为质料和形式的两因说。至于对世界的推动及目的，西方文化历来都不是在本原存在中去说明，而是在它之外提供各种答案的。由此可见，绝对物质观确实不可能成为完备的一元论宇宙观，由其出发不可能合逻辑地回答物质世界的动力因和目的因，从而合理地解释复杂性物质世界的生成、演化运动过程及其统一性问题。它的最大成就只在于物质和运动不可分的信条之中，这对物质世界科学认识成果的综合和归纳而言，又有多大意义呢？

人类对世界的认识从复杂到简单，从特殊到一般，直至最普遍的统一性认识追求目标包括对世界运动变化的动力因思考。就物质世界而言，如果不理解支配物质客体运动及演化的力量及作用机制，世界的统一性就永远只能停留在哲学唯心主义那种抽象的概念普遍统一性之中，感性世界永远既存在又不存在，所谓多样性的统一就只是一句空话。世界统一性原理的逻辑决定了物质世界统一性原理，物质世界的统一性不但表现为多样化的结构，不但是多样化结构的统一，更重要的是揭示支配物质世界运动演化的规律，揭示推动物质世界运动演化的动力及作用机制，从而把握物质世界的本质。只有在本质意义上，在必然性规律支配下去运动、演化并达到必然性即合目的性存在的物质世界才使多样化的统一世界成为现实的可能。按照世界统一性原理的一元论宇宙观，物质客体是特定的能量存在而不是绝对的存在，物质客体本质上是质能统一性结构，因此，物质世界演化运动的动力就不局限在物质的质料本身去理解，而应从质能统一性关系去理解。在能量一元论的宇宙观中，世界的本原客体不是物质客体，而是能量子客体，而且一切客体是可以相互转化即都是生生息息的，永恒存在的是它们的普遍本性即能量，由此决定了物质世界作为特定的世界，它的生成、存在和演化、运动的根据和原因就不能只局限在物质存在的质料和形式之中去理解，而应该从世界统一性关系去理解，在能量一元论的基础上去理解，从质能统一性去理解。物质世界不再是一个自我封闭的体系结构时，它的动力因及目的因就可以从物质世界的质料之外去说明，但又是由质能统一性的物质结构内在去说明，即从能量的观点去思考和说明。就是说，能量是物质之母，它不但是物质质量的构成之元，而且也是物质结构生成之决定物，是推动物质结构演化的最终决定力量和根本原因，它的普遍必然性规律就是一切具体之物的内在目的性。因此，质能统一性关系为我们在坚持一元论宇宙观的同时，从物之具体存在的内在原因思考物质世界的动力因，为揭示物质世界的演化运动提供了可靠的基础和依据，并得出物质结构形成和演化的内在本质是能量运动作用的合理结论。

三、物质运动和结构演化的最终推动力是能量

老子在《道德经》第 5 章对感性经验的物质世界作出了高度精辟的概括：道生之，德育之，物形之，势成之。按照能量一元论，自然世界存在、演化和运动的最终根据只能由道去得出统一性的理解。感性物质客体以其形获得它的感性存在规定性；多样性的形的普遍联系，相互作用构成了统一的物质世界，亦即“势成之”的意义所指。物及物所成之势的来源、根据只能根植于本原之道，即作为世界万物本原存在的引力能量子。能量作为物质之母，不但是构成一切质量存在即有形的质量实体最原始的质料，还必须是决定质料结构的形式因和动力因，它的必然性规律法则是支配物质世界演化和运动的必然性规律的最终根据。这样理解的宇宙世界才是一元论的、由必然性支配的完美统一的世界。从这种意义上，我们可以有把握地说，推动物质客体结构生成和演化的动力只能是能量，能量的转化、转换作用支配着物质世界的演化进程，赋予了向复杂性演化的多样性物质世界内在完美、普适

的必然性存在之本质。所以，能量是动力之源、运动之源、演化之母，这是“道生之”的具体意义。

一切认识从感性认识开始，更直接一点是从感性对象即多样性的物质客体开始的。没有这一感性对象就没有任何认识，甚至可以说没有认识本身。感性认识是个体的、非客观性的多样性现象认识。人类文明进步的划时代意义是知性普遍客观必然性真理认识的产生，即从杂乱无序的主观感性认识中综合归纳出具有客观普遍有效的必然性因果规律，由此人类对世界的认识进入了具有人类历史性意义的自我积累和永恒增长的新的历史阶段。那么，开启人类历史新纪元的知性认识从哪里开始呢？在特定意义上可以说，从感性之物相互作用开始，以知性的力的抽象概念为逻辑起点。

或许大多数人认为力首先是感性具体意义上的常识，并把这作为不证自明的常识。理由非常简单，我们在日常经验中感知到各种各样力的相互作用，具体力的表现经验丰富无比，我们从这些对力感性的具体经验中综合出力的一般概念。这种理解其实是缺乏逻辑根据的。试想一下，如果没有抽象力概念作为描述框架，一个感性行为者在经验中是否能够得出具体的力的经验呢？答案显然是否定的。经验者得到的是行为本身而不是抽象力本身的经验。没有人可以体验到抽象的力，只能体验到客体世界的具体、现实的相互联系和作用。为了描述这种经验中的相互作用，我们用一般、抽象的力概念去描述它。所以，力是抽象描述概念，是知性的科学抽象，而不是具体的感性存在物或直接的感性现象。尽管力是描述物质客体世界关系的最普遍概念，但力的本质绝对不是自明的，力的本质其实是关系到世界本质理解的重大命题。如果从发生学意义来看，把力作为人类知性认识的起点是有充分理据的。自然科学认识的基础是物理学，且首先是研究物体运动变化规律的力学，所以，质点客体是物理学的对象，这是从感性之物中抽象出来的；描述对象关系最基本、最普遍的抽象科学概念应该就是力的概念。力是什么？力是物体相互作用关系的抽象描述。变动不居的物质世界的相互作用的必然性的因果逻辑关系，以抽象力为原因描述揭示出来，力对建立杂乱无序万物的必然性有序关系起到了普遍的规范和描述意义。于是，普遍物质客体相互联系和作用就转换为无所不在的力的作用。力这一知性抽象概念普遍地渗透于一切物体关系，成为感性经验转换为知性描述的重要概念。力这一抽象概念的重要地位也体现在亚里士多德的四因论中，亚里士多德归纳了自泰勒斯以来的各种哲学学说，认为对存在的充分描述除了质料和形式相统一所决定的感性存在物之外，更要从动力因及支配动力作用的最终必然性根据去揭示存在的必然性本质，才能最终得到一切存在的形而上学根据和原因。

对力的作用不断深化的认识同时标志着人类对自然界科学认识的进步。在亚里士多德时代，人们把绝对静止的地心作为观察万物的尺度，在此基础上得出力是一切运动原因的结论。牛顿在总结开普勒的行星运动三大定律和伽利略相对空间坐标系的成果基础上，归纳出了在相对空间坐标系基础上的引力定律和力学三大定律，在最一般的普遍抽象关系中建立了物质世界统一性科学力学的描述。他最重大的本质性革命是揭示了运动和力的普遍性关系，即在一般意义上，力是运动改变的原因。二十世纪初，爱因斯坦建立了狭义相对论，把牛顿经典力学和麦克斯韦电磁场方程统一起来，使人类对世界的认识从特定的物质世界进入了以光、电、磁为基本对象的普遍世界，牛顿经典力学描述就只是普遍世界描述的一个特例。二十世纪科学对世界认识的最伟大目标是爱因斯坦后半生孜孜以求的力的统一理论，即宇宙相互作用关系的四种基本力即引力、电磁力、放射性力和强力的统一性关系。尽管这一目标并未实现，但这足以说明力的认识对世界统一性认识的重大意义，并由此可以充分理解亚里士多德四因论的深刻意义。

自从科学揭开物质原子结构奥秘以来，人类对组成各层次物质结构的力已经获得相当丰富的认识。当今有基本物理学知识者都懂得，把质子、中子结合在一起的是强力，它是短程力，只在核范围内产生作用，在核外衰减很快；把原子核和电子结合在一起组成物质原子、分子结构的是它们之间的电磁力，亦叫库仑作用力；放射性物质的放射作用的驱动力在二十世纪被证实也是电磁力；最普遍的力是引力，宇宙中比分子层次更大的结构几乎都是它的杰作。实际上宇宙的物质结构是三种力共同作用的结果：在原子核范围以下，三种力都在起作用，但核力比其他两种力强得多，主要是核力起支配作用。在作为相对独立的原子核结构和电子组成的原子和分子结构层次，基本上没有强力作用，主要由电磁力和引力起作用，但电磁力比引力的作用大几个数量级，引力作用可忽略不计，是库仑力在起支配作用。物质分子结构是电中性的，分子之间的相互作用力就只剩下引力，当然还必须考虑分子的初始状态，它的惯性作用也可以称为惯性力。所以，引力是最普遍的力，引力又是最弱的力，但它和物质质量的正相关性以及总是相互吸引的非极性特性决定了它在物质一切层次结构中都在起作用，只不过在分子结构及更基本层次结构中没有起支配性作用，宏观意义物质客体的普遍联系和相互作用是用引力去描述的。正是基于这一理由，物质世界的普遍性科学描述是由引力来完成的，而不是由电磁力来描述的，这是牛顿建立引力理论的伟大历史意义所在。综上所述，从强力到库仑力再到引力，我们已经对物质结构演化的作用机制有了可靠的真理知识。那么，从三种力的统一中，我们就能合逻辑地得到物质世界演化动力因的理解。但这里有两个令人困惑的问题：一是三种力的统一只是尚未实现的目标，而且抽象的力能否在力的抽象概念中得到统一是存疑的。二是即使建立了抽象的三种基本作用力的统一，是否意味着在理性认识的最终意义上解决了物质演化和运动的动力因呢？从逻辑的意义看，说物质变化的动力因是某种力实际上是否同义反复呢？用抽象的概念去解释具体存在的动力因是否具有本体存在论的最终意义呢？事实上，仅停留在抽象概念中是无法在本体论意义上得到具体客体存在和演化动力因的充足理由的。

关于微观物质结构的粒子物理学的发展证实了上述逻辑。它的进一步发展已经不再停留在抽象的力的描述中，而是从抽象的力回到相互作用的承担者本身，由此揭示抽象作用力的本质和意义，在从具体到抽象的基础再返回具体的本体存在。返回直接客体存在之间的相互作用的微观物质结构认识不再是纯粹认识，而是本体论和认识论相统一意义上的。“现在，我们已经明白原子世界中的主角是电子和原子核，它们通过交换光子产生电磁力，由此可以解释一切电磁现象和光学现象。在原子核世界中的主角则是质子和中子，它们通过 π 介子产生核力，由此解释了原子核的现象。于是，电子、质子、中子、光子、π 介子等成为千变万化物质世界的基本单元。”[4]在物质结构纵深认识的夸克理论中，夸克由超强力作用结合，超强力也顺理成章地被设想为交换一种称为胶子的粒子的作用，这说明科学对物质客体相互作用的认识已经从抽象普遍力进展到具体的客体存在，深入到力的本质即能量子客体的交换和转化，因为光子、π 介子、胶子正是能量子客体的不同存在形态。但是，在绝对物质观的宇宙观支配下，波粒统一性关系被误解为波粒二象性关系，质能统一性关系被误解为质能同一性关系，所以力的本质即能量交换未能被揭示出来，力的统一性也就无法建立起来。力的抽象统一性理论的最大障碍是引力是非量子描述的，如果不把引力作用归结为能量子交换行为，从宏观态作用去建立量子引力是很难找到因果关系的。但如果把引力和电磁力、强力及超强力一样理解为能量子交换作用，则它的量子描述就是自然而然的了，宇宙抽象力的统一性关系就能在具体的能量子存在中，在能量交换的意义上实现统一。

按照能量一元论的宇宙观，一切力所揭示的物体相互作用都是它们能量交换具体关系的抽象描述，推动物质世界永恒运动和不断演化的一切力量最终是能量，一切运动变化的发生都是进行中的能量交换的过程，物质世界最普遍的相互联系、相互作用和运动变化根本原因最终只能从最普遍的能量转化和交换关系去理解。至此，我们就不必只把各种抽象力作为物质存在和演化的动力因，也不必再为不同形态作用力的统一性理解而困惑。我们可以得出结论，物质世界的存在、演化及运动的根本原因在于能量，既包括物质客体作为特定形式结构的不同层次的、同一层次不同结构形式的原因及支配规律，还包括物质客体状态变化的根本原因。物质客体的动力因，包括具体的演化因，归根结底是能量在起作用。物质存在作为质料、形式、动力、目的四因不可分割的统一，这些抽象原因的真正统一性关系就统一于具体的能量存在，在于物质客体的质能统一性存在中。理解多样化存在和复杂性运动的物质世界统一性，必须回到自然的本性即能量才能得到以普遍、普适的本质规律为根据的具体理解。

第二节　物质结构的结合能

一、结合能的一般含义

物质客体是质和量相统一从而成为有质有量有形的结构性存在，结构的多样统一性赋予了多样性物质世界的统一性。能量支配着物质结构的生成、存在和复杂性演化，能量运动和转化的最普遍规律是物质世界一切特定运动变化规律的根据，而且首先是一切物质客体之所以为结构性客体存在的第一原因。能量是宇宙自然的元存在，这决定了物质客体存在是能量、质量、信息三位一体不可分割的统一性存在，物质状态运动变化和自身结构的产生、复杂性演化也必须回复到能量才能得到最根本的理解，即多样性、动态性物质客体世界的统一只有在能量的存在和转化中才能得到自洽自足的解释和说明。从存在论的意义上看，形的空间性只是物之为物的感性现象存在认识，只有在能量的普遍规律支配下去理解物质客体的质、量、形以及结构，才能把握物质客体存在的本质，多样性物质世界只有从本质上才能合逻辑地理解为统一性的世界。人类对物质客体从现象到存在本质理性认识的飞跃不仅体现在把它理解为结构性存在，更为重要、本质的认识是把它理解为由能量规律支配的质能统一性具体存在。这种认识在知性科学意义上被综合和归纳为物质结构的结合能。

结合能是特定形式能量存在的归纳，它的特定规定性不在于它的形态，而在于它的功能，即物质结构结合能不是一种特定形式存在的能量，而是具有同一特定功能作用各种形式能量的统一。它是一个相对独立自足物质客体内部的能量，是把一个具体之物各层次元结构物体稳定地联结在一起从而构成一个完整独立物质结构存在的能量，所以结合能就是一个物质客体的结构能，它揭示的是一个物体之所以为一个物体在存在论意义上的必然性本质关系。一个物体与外部环境的普遍联系与作用本质上也是能量作用和交换转化，但这种能量是一个物体与外部的关系，与世界的关系，而不是决定自身存在的现实性关系。所以，内在性是结合能的本质规定性，这是它和普遍能量形式的区别，是结合能之所以称为结合能的根据。

结合能是物质客体存在的内在规定性意义上的能量，但它又不是我们通常所说的内能。科学上把一个宏观物体或一个物质系统在统计学意义上的动能即热运动能量称为内能。所以，内能不是物质结合能，它的描述对象不是一个可以抽象为质点的独立自足客体，而是把一个物体看作多质点系统，是综合而来的概念，是我们称为状态能的非实体、非客体性能量。它以物质客体质量为本体，以质量统一体的状态现象为根据而存在，所以实际上是现象性存在。作为状态的内能，是能和外部环境交换且只改变物体存在状态不影响物体存在本身的。热能作为内能，是按无规统计意义去描述的，是对相互作用的物质系统内部而言的，不是一个独立自足自洽之存在物的，对构成宏观系统的每一个具体之物而言依然是和外部作用的。内能的最深刻本质意义不是把系统内部结成有序的整体，而是在向平均动能分配交换中不可逆地弱化粒子间的相互作用，最后必定达到的平衡态是在统计学意义上系统内部再无自由能的极限状态，构成系统整体的随机粒子是无稳定结构的一盘散沙。内能并不是把物体部分建立起稳定相互作用的能量，它是物体系统而非物体内部能量描述的概念。结合能不同，它是存在论意义上的，这是结合能和内能的最根本区别。一个物体的内能改变了，它的作为独立自足的物体存在的本质不变，所以内能就是现象而非本质性的存在；但是，物体的结合能不同，它一定是不同物体自身内部各组成部分之间稳定的相互联系和作用着的能量，所谓稳定是说这种相互作用是物体内部且具有相对不变性的。如果一个物体的结合能和环境产生交换作用而发生了变化，它的结构就发生了变化，它就发生了质变，它就是不同的物质客体了。自然界中的同分异构体就是结合能不同而组成质料相同的不同物质存在。所以，结合能对于物质存在之所以存在而言，是充分的、决定性的条件和根据。物质客体存在本质上是结构的更一般更普遍的陈述应该是：物质客体存在本质上是由结合能决定、支配的质量结构性存在，物质世界的多样性、演化性、复杂层次统一性的根据和本质就在物质结构结合能的多样性和层次性之中。多样性的统一正是由能量普遍运动规律支配的。

物质客体是质能、结合能和状态能的统一性存在构成的特定形式的能量。质能指它的静止质量构成元素，即亚里士多德在四因论中所说的质料，这是物质客体的基础。质料和形式的统一才是现实的物质客体存在，形式才是物之为物的现实存在的本质，任何具体存在之物都是内容和形式相统一的。把具体之物的存在理解为内容和形式相统一的存在还只是感性的具体，只停留在物何所是的水平，没有达到物的存在何以是的理性境界，无法理解物之为物的必然性的根据。运动因意义的结合能才是物质现实存在的根据。仅从实体质料的规定性意义看物，质料还只是潜在而非现实之物；仅从内容和形式相统一意义看物，还只是多样、变幻而无必然性、统一性的偶然之物或感性之物。物质的结合能对于理解物质客体作为质料和形式相统一存在的必然性，对于理解物质客体的生成、存在和演化，具有决定性的意义。传统意义上物质客体状态参量意义的能量，则是物质客体的现象性能量存在，它的意义在于揭示物质客体与世界的普遍联系和作用，决定它在世界中所处的地位和位置。更具体的状态能描述概念是物体的动能和势能。动能和势能作为状态描述量，是以物质客体的存在为前提的，是可以将物质抽象为质点去描述的。因此，在存在论意义上来说，质能和结合能具有优先性的基础意义；从物质具体现实的多样存在意义来说，结合能具有决定性的意义。这就是作为质能、结合能和状态能相统一的物质客体具体存在的结合能的特定规定性及其根本意义。离开结合能，看到的只是表面、僵化的物质，只能得到僵化、机械论的宇宙观。当深入到结合能的时候，我们所理解的物质就不是刻板的现象性存在，而是深入本质，从而理解具体物质客体何以是必然性的现实具体存在。

物质结构的结合能是在对物质结构分解还原的科学认识中产生的概念。在物质结构还原分解中，思考物质结构部分之间相互联结、相互依赖而成为整体结构的原因和根据时，首先产生的是抽象的力的描述，在此基础上进一步的具体认识才得出结合能的概念。结合能概念的产生是对物质结构思考从抽象到具体的发展。另外，物质结构的分解还原认识虽然从泰勒斯、德谟克利特时代已经提出来，但都只是猜测意义上的，还没有成为真正知性意义上的科学认识。近代科学揭开了物质分子和原子层次的结构奥秘，对物质结合能的认识才有现实的可能。严格科学意义上的结合能是在物质分子、原子以及更微观层次的结构描述和科学认识的概念。在原子、分子层次的物质结构科学认识中，其实还主要用电磁力来解释物质的分子、原子结构，是电磁作用力同性相吸引、异性相排斥的本性，以及原子由带正电荷的原子核和带负电荷的电子相互吸引的事实充分解释了物质分子、原子作为电中性稳定结构存在以及发生结构演化的基本原因，我们最熟悉的陈述叫作化学键。化学键有离子键和共价键两种完全不同的形态，一个离子键表示一个正电荷和负电荷的结合，共价键则是共用电子对的结合。化学键的意义主要是电磁力的抽象相互作用。当然，化学键已经隐含了结合能的存在，我们说键能的时候，已经表明了化学键既是力的抽象描述，也是能量的抽象描述，局限性在于说键能的时候往往把能量作为抽象而非具体的存在去理解。实际上，对人类利用外部世界的能量行为模式而言，键能利用是最基本的：物质发光发热，利用的主要是键能；动物摄取食物，消化并转换为生命过程所需的能量，在基本意义上是利用键能。在早期化学科学坚信物质是绝对不灭的时候，物质变化产生的一切能量显然只能从键能即化学能去解释，不可能从核能或质能去解释。即使人类掌握了核结构原理及质能关系，但事实上动物生命过程的新陈代谢并没有涉及质能转化过程。在质能没有发生转化的相互作用中，质量守恒定律和能量守恒定律都是分别严格成立的，所以键能即化学能从电磁力去解释是足够的，结合能的分析和认识并不是物质分子、原子结构认识的主要内容。

结合能的概念主要是在思考和认识物质原子核结构时产生的，它对原子核及更深层次结构的认识具有非常重大的意义。核力不是异性吸引力，原子核由带正电荷的质子及不带电的中子构成。从电磁力的角度看，核中的电磁作用力是同性相斥的，核的结合能必须大于质子间的电磁作用力才有稳定原子核结构的产生。所以，核相互作用关系本质上和化学键不同。当然，核的结合首先使用的也是核力即强力概念，但这是远远不够的。因为核的作用力强力远远大于电磁力，这意味着它的结合能相对于电磁能非常强大，从结合能角度才能理解核是非常稳定的元结构。当然，最重要的原因在于，在质子、中子及更微观层次的相互作用中，用抽象的力描述的观测和检验的优越性已经远远比不上具体、现实的能量描述了。熟悉量子力学的人都知道，在微观状态下，经典物理学的位置、速度、力的描述是有局限性的，真正普遍的描述是能量守恒、动量守恒和角动量守恒。在微观领域，对物质结构的结合能描述就肯定比抽象力描述有效和具有现实意义，这是对原子核结构的认识产生了结合能概念的原因所在。

结合能反映了物质结构的稳定性。原子核的结合能非常大，所以原子核是非常稳定的结构。另外，由质子、中子和电子构成万物的几千种基本元素，“三生万物”的基础是“三”生出几千种中子和质子不同结构的原子核，这几千种原子核的结合能是不一样的，它们的稳定性也不一样。由于原子核的质子数、中子数不同，所以总的结合能并不能确切反映一个原子核结构的稳定程度。为了合理客观地描述结合能和结构稳定性的因果关系，微观物理学用每个核子的平均结合能来评价和比较一个原子核的结构稳定程度，这个物理概念叫作比结合能。

结合能和比结合能虽然在科学意义上主要用于微观物质结构描述，但由于物质世界的同构性和物质客体的相对性，结合能是一切层次物质客体的本质规定性。当把太阳系这样一个物质系统作为质点时，它就是独立自足意义上的物的具体存在，把太阳系联结为整体的相互作用能量就是结合能意义上的结构能量。一个原子核分解为更微观的中子、质子结构甚至夸克结构时，这个结构在本质上和太阳系并没有本质的区别，只不过从人的感性尺度观之，太阳系是一系列星体构成的，而一个原子、分子是整体不可分割的。所以，当把质子、中子作为独立物质结构存在看待而不是原子核总体结构的元结构的时候，中子、质子之间的相互作用关系就转换为客体与外部世界相互作用关系而非由结合能去理解了。这就是存在即结构及一切结构性存在都是相对性存在的本质意义。

从结合能去认识物质结构本质的主要意义在于微观领域，它并不仅仅是从一个抽象作用力的概念向能量作用概念的简单转换，而是向物质结构本质认识的重大飞跃。只有在这个意义上才能解读出物质结构结合能的深刻含义。

二、原子核的结合能和质能统一性

物质结构是不同层次的统一性结构存在，人类对分子、原子层次独立物质客体的结构之间的相互依赖和相互作用关系基本上是以抽象的力为描述变量去认识和分析的，从力深入到结合能的思考首先并且主要是在物质的原子核结构这一层次上。

在原子核结构认识中产生结合能概念有其充分理由，因为核结构是从基本微观结构向万物结构演化的转折点。在经典观念中，核尽管已经是决定多样性结构的万物基本结构，但还不是完整之物，它的带电本性决定了原子核还不是电中性的稳定结构，还只是万物的“半成品”，它还要和电子结合才成为我们通常意义上的多样性之物。但物之为物的具体规定性是由原子核结构决定的，原子核和电子结合为原子不是产生新的物质元素，而是使物质元素基本结构由带电离子态进展到电平衡的稳定结构状态。所以，核是物的组成结构本质，又是非稳定自足的物之存在本身。另外，核的结构是非常简单的二元结构，即由中子和质子两种基本粒子组成，并且这两种粒子也不是稳定的独立存在之物。质子带正电荷，中子独立存在时将快速分解为一个质子和一个电子，也是不稳定结构。核的意义是结构上的，而不是稳定的存在之物，这是核可以理解为既是有又非物的理由。它既非物又是万物演化的奥秘所在，是理解物质结构复杂性演化的关键所在。

实际上，原子核结构思考中结合能概念产生的原因是质量亏损现象。在物质分子、原子层次的结构分析中，我们以一个最基本的定律即质量守恒定律为基础，长期以来这一定律以绝对性的物质不灭定律形式支配我们对物质世界的认识。在这一定律基础上，物质分子、原子结构演变即发生化学变化时，它的中子、质子、电子的总数量及每一粒子的质量是不变的，反应前后总的质量不变，变化的只是分子的键能即结合能。但事实上质量守恒只是一个抽象的规律，是相对性的规律，即我们忽略了化学反应中物质质子、中子、电子非常微小的质量变化时才成立的定律。物质不灭绝对性是不符合科学认识本身，更不符合客体世界本身的，只不过在分子、原子层次的化学反应中，物质结构变化时质量变化非常细微因而不易觉察，并对我们宏观意义上的质量、能量认识和分析没有明显影响。但在原子核结构中，结构变化时的质量变化已经不能忽略不计了，$1+1\neq2$，$1+2\neq3$ 是核结构中不可忽略的必然性现象。就是说，由多个质子和中子所构成的原子核的质量一定小于它的构成质子、中子质量的算术之和，一个分子的质量一定小于构成它的质子、中子及电子质量的算术之和。一个核结构的总质量和构成它的粒子质量算术和的差额部分质量，在物理学上就叫作质量亏损。

质量亏损的物理意义是什么呢？按照能量守恒定律和相对论的质能等式，可以认为，在质子和中子结合为核的结构时所失去的质量一定转化为相应的能量，质量和能量的改变符合能量守恒定律和质能关系式。由于质量损失而转化产生的能量在物理学上就称为原子核的结合能。反过来，它的物理意义是说，质子和中子之所以结合为原子核，是结合能起作用的缘故。最为完美的结果在于，把质子和中子结合为核的真正推动力量并不是外在于它们超自然的目的和力量，而正是自然本身的规律在起作用，推动它们结构复杂化演化的原动力在于质子和中子自身，它们的质量损失转化为结合能，使质子和中子成为特定的复杂结构。由此可见，从质量亏损到结合能的引入，人类对物质结构的认识，从传统的力的相互作用关系，深入到能量作用本身，达到了相互作用的本质。原子核结构的科学认识及结合能概念及其认识、分析方法的提出，对于物质结构的认识具有革命性意义。在结合能定义中，假定原子核结构的全部质量亏损转化为结构的结合能，这一点是否为真，那是科学家的问题，但全部结合能来自质量亏损则是毫无疑义的。因为能量守恒和转化定律是绝对的普遍性定律，结合能只能从质能转化而来。所以，物质结构的复杂性演化是自然界按必然性规律运动发展的完美过程。

原子核结合能对核结构解释的最重要意义之一体现在核素图的理论解释上。类似化学和原子物理学中按原子序数建立元素周期表的方法，原子核物理学建立了质子、中子二维的核素图，然后让每一核素都用二维核素图上的一个点来表示；反过来说，核素图上任何一个二维点都代表着一个特定的质子、中子组合构成的核结构。但事实证明并不是核素图上所有的点而只是一些特定区域的点才有核结构的存在，天然存在着280多个稳定核素、60多个寿命很长的天然放射性核素。理论预言允许存在的核素至少应有5000个，并且核素的分布是有规律制约的，而不是随机分布的。“考察核素图，可以发现，稳定核素几乎全落在一条光滑曲线（称β稳定线）上或紧靠曲线两侧：这个区域成为核素的稳定区。对于轻核，这条曲线与直线 $N=Z$ 相重合，当 N、Z 增大到一定数值之后，稳定线逐渐向 $N>Z$ 的方向偏离，中子数或质子数过多或偏少的核素都是不稳定的。”⑤对核素分布的力学解释是，在轻核区，库仑力影响不大，$N=Z$ 的核素比较稳定。因为按照泡利原理，每个能态只能存在两个中子和两个质子，不能同时存在四个质子或中子。若有四个质子或中子的话，必有两个处于高能态，所以只有 $N=Z$ 时体系能量最低，结构最稳定。在重核中，由于质子数增大，库仑作用力的增长大于核力的增长，因此需要不具备库仑力的中子的增大来抵消库仑力的增长作用，维持核结构的稳定。所以，随着质子数的增大，稳定核素所需的大于质子数的中子数也越来越大；再继续增大质子数，稳定核素已无复存在；进一步增大核子数的结果是连长寿命放射性核素亦不复存在。在核素图上，已知的稳定核素及放射性核素分布只在特定区域中才是可能的，人工制备的放射性核素也只能限制在核素图所揭示的可能区域中。核素图及其理论解释揭示了物质世界全部现实和可能的、稳定的和放射性的物的结构在核素及原子元素层次的整体分布状况，对“三生万物”的结构复杂性现象及规律作出了相对完备的描述。需要特别指出的有两点：一是核素图分布曲线的力的理论解释最终是建立在泡利不相容原理及量子力学的最低能态理论之上的。二是核素图上核素存在区域的界线，一条称为质子泄漏线，线上质子结合能为零，一条称为中子泄漏线，线上中子结合能为零，所有可能的核素处于两条线之间，即它们的质子结合能和中子结合能不为零的区域。所以，核素图同样从结合能的角度去揭示了物质核结构及基本元素结构的一切可能和现实的存在。

原子核结合能认识的另一重要成果是揭示核结构中比结合能随质量数变化的结合能图，它的分布是两头低、中间高的曲线，这说明中等质量核素的比结合能比轻核、重核大，即中等质量的核结构结合得比较紧，轻核和重核则结合得相对比较松。原子能利用就是指利用原子核结合能发生变化时所释放的能量。按照能量守恒定律，如果把核结合能作为与质量无关的独立物理量来考虑，则应是结合能较大的核结构演化为结合能较小的核结构时将有结合能释放以供我们利用。但实际上恰恰相反，原子能利用技术是在轻核聚变为中等质量的核或重核裂变为中等质量的核的情况下实现的，即我们在技术上把结合能比较小的核结构转换为结合能比较大的核结构，同时获得释放的能量。原子弹以及核电站、核动力就是利用核裂变的能量，氢弹的巨大威力则来自轻核聚变时释放的巨大能量。在核物理学家的分类中，原子核的结合能并不属于高能物理范畴，还只属于低能物理现象，核聚变和裂变所显示出来的巨大能量实际上是由微观向宏观转换时阿伏伽德罗常数的巨大性的效应引起的，即释放能量的微观核子的数目大引起的。更为全面的解释是，在人的感性尺度，宏观物体所释放的能量，在核结合能层次是远比原子、分子结合能层次大得多的。人的生活环境，人所利用、转化的能量主要是在分子、原子结合能的领域，即我们日常利用的能量要比核结合能小得多。所以，尽管核结合能还不是科学家所研究的高能物理领域，但核能对于人的感性经验及生存意义而言，当然是非常规的，而且是巨大的。这向我们揭示了一个道理，物质世界作为相对存在的世界，物质客体结合能的大小也是相对的，感性世界中人是万物的尺度，核结合能的巨大性就是基于人的感性尺度而言的。

对原子能利用技术和理论的进一步思考，是在能量守恒定律支配下，结合能小的核生成结合能大的核的反应中的能量守恒问题。如果离开质量亏损去考虑，只局限在结合能范围中，则根本无法解释核反应的能量过程。既然核反应过程有能量释放，并且所释放的能量来自反应物的结合能，则根据能量守恒原理，生成物的结合能一定小于反应物的结合能，其差额就是反应中所释放的能量。但事实正相反，生成物的结合能大于反应物的结合能，同时释放巨大的能量。那么，新增的能量从何而来呢？来自质量亏损，即如果没有质量亏损提供结合能，则中子、质子结合成为核结构的反应就不会发生，或者发生后也不会以相对独立、稳定的核结构存在去与电子发生作用再结合为元素的原子、分子。所以，核反应的原子能利用在直接意义上是结合能利用，但在根本意义上是质能利用，是质量亏损所释放的质能为反应物提供了更大结合能及释放的其他非结构能，包括放射性衰变释放出来的能量，以及生成物结构的状态能，这才是质量亏损完整的物理意义。所以，把质量亏损和核结合能通过质能关系等效起来，只有在质量亏损所转化的能量转化为非结合能部分可以忽略不计时才是成立的。这说明，在对外释放出较大的能量的核聚变及核裂变反应中，质量亏损的等效能量与生成物的结合能是不相等的，后者与反应中所释放的非结合能之和才和前者相等。

质量亏损现象揭示了质能在物质核结构演化中的决定性意义，也进一步证明了质能统一性的本质，即物质的质量确实是由能量转化而来的，质量还能转化为能量来为物质结构的演化提供结合能。在质能转换关系中，真正守恒的是能量，不守恒的是质量，所以能量是物质之母。说物质产生了能量，物质是能量之母，是不成立的，因为质量实际上是生生息息的，不是守恒量。一切物质都可视为能量，但只有特定能量才是物质，才是质量，这就是质能统一性关系的本质。如果停留在质能等效关系，认为能量即质量，质量即能量，那么说质量亏损就没有任何物理意义了。如果说质量是能量之母，质能在质量基础上统一，那么质量守恒就是绝对的定律，而能量守恒就是相对性的定律了。但原子核结构的结合能及核结构在反应中的结合能关系及质能关系，进一步证实了能量的守恒性和质量的相对性，证明了质量是以能量守恒为基础的质能统一性存在。

原子核的结合能对解释物质世界从简单到复杂的演化具有决定性意义。现实的、可能的、稳定的、放射性的核素结构是一切我们称为物的元素原子的基础，因为核和电子的结合就构成原子，原子就是多样性物质中最基本的东西，这所谓“东西”就是物，由物开始展开了多样性的世界。结合能概念则是对整个物质世界普遍有效的，是物质世界多样性统一的根据即根本原因。

三、结合能的多样统一性

物质世界是不同层次的相对性结构存在，它既是质能统一性结构，又是不同层次的复杂性结构。深入到结构意义看，质的结构统一性是结合能统一性的现实实现形式，结合能的统一性才是质的结构统一性的根据，即物质结构能是一个统一性的概念。每一层次结构的原因和根据就在它特定层次的结合能之中，物质客体作为统一性存在结构整体，它的存在结构统一性的根据就必须从结合能的统一性去得到最终理解。这就是结合能与物质结构的统一性问题。就是说，在存在现象上我们把物质客体作为不同层次的复杂结构统一体，在本质上则必须把它作为不同强度范围结合能作用下形成的不同层次结构的复杂统一性结构，结合能才是结构的本质，支配着结构生成、解体及演化的必然性过程。

物质结构的还原分解即对物质客体不断深化的结构简单化还原分解是人类追求物质世界最普遍本质的认识过程，这是人类对物质世界本质认识的最基本目标之一。尽管经过几千年的努力，我们还没有找到那个被泰勒斯概括为既不生又不灭，一切东西由其生成而最后又复归于它的“皇帝子”，但随着科学对物质分子结构、原子结构、原子核结构以及更微观“基本粒子”结构的真理认识的发现，我们实实在在地得到了对感性现象中多样性物质世界的更加普遍、必然的规律性认识。我们不但深信正在不断逼近物质结构的奥秘，而且随着原子核及更微观层次结构的真理认识，凭着质子、中子和电子这三种微观粒子的“三生万物”的逻辑结构关系及科学观察和实验，我们也完全有理由相信离揭开物质结构的终极奥秘已经不太远了。但是，我们并无法有把握地预言究竟何时能到达胜利的终点，甚至对许多人来说，我们根本无法预言终点是否存在。这一困扰有两个重要原因：

一是逻辑上的原因。在人类认识史上，从原子的发现起，人类曾经多次认为已经找到物质存在的本原，但总是一次又一次地把本原又变成中介性复杂结构存在，每一次“本原存在”的发现都把本原存在推向更深的层次，人类探索微观物质结构的活动就像向无极的山顶登高一样，永远只能把足印留在后面，用不停顿的脚步向着理想之中的顶峰前进。问题在于我们并不知道顶峰在哪里，甚至不知道何谓顶峰。我们的科学探索无法在逻辑上建立确定的结构还原的终点，这就是物质结构无限可分的不可知论观念的逻辑根源。因此，本著已经三番五次强调，坚持物质结构无限可分是科学的正当权利，没有任何理由去责怪认为物质结构无限可分的科学家。

二是技术制约的原因。物质微观结构还原分解的主要手段和工具是利用高能粒子轰击目标粒子来实现向更低层次元结构或无结构构成元素的分解，所以粒子加速器就是微观物质结构分析的主要技术手段，这才是物理学上高能物理的真正研究领域。目前世界上已经有几百 GEV 级的同步加速器以及 TEV 级的对撞机，但在宇宙射线中已经发现最高能量达 10^{12} GEV 的高能粒子。用高能粒子撞击分解物质微观结构向纵深发展时面临着新的难题：在微观结构中，越微观层次的物质结构，其结合能越大，在原子核结构中，结构能和静止质能之比还只是 3∶10，但在高能物理中结构能甚至已经超过静止质能，即它们是非常微小但又结合得非常紧密的存在之物，这意味着要破坏这种结构需要大得多的能量，但在技术上又要求轰击粒子必须比目标粒子线度要小得多，所以，技术制约了对无限小微观结构还原分析的可能，因为我们无法提供无限大能量的探击粒子，也无法提供无限小尺度的粒子。所以，自然界在技术上为我们设立了限制，我们无法把对物质结构分解的进程无限进行下去。从现代已经成熟的量子理论来说，经典物理学那种无限准确的速度、位置描述只在宏观领域有效，在微观领域则是受到限制的。在量子力学中，真正不变的有效描述物理量是能量、动量和角动量，宏观描述中确定点位置的速度描述对量子领域而言是有局限性的。所以，在微观结构中，能量描述、结合能的描述是更现实可行的。

从结合能的概念看，物质微观结构无限可分肯定是不成立的，这个问题可以从认识论和存在论两个方面给予充分说明。

从认识论的意义来看，假设物质结构无限可分是成立的，那么对这种无限可分结构的认识是不可能实现的。在分子、原子结构层次，物质结构的变化，包括旧结构的解体和新结构的生成，是我们通常所说的发生了化学变化，这是物质世界最普遍、最基本的现象，对此我们已经有了比较全面的认识和理解。至于核结构，那是感性经验无法感知的，它是知性科学才能认识的对象。物质在核结构层次的解体和生成的自发过程，主要存在于非稳定结构放射性元素中。稳定核结构的还原分解需要对之施加能量，中子、质子、电子这些物质结构的实验和观察的原理也与此相同，所区别之处在于越微观层次的结构，它的结合能就越大，用以克服它稳定结构结合能所需的外部作用能量就越大，同时用于观察变化的光子的波长也必须越来越小，频率越来越高，撞击的高能粒子的尺度也必须越来越小。我们现在用高能加速器来获得高能粒子去轰击物质结构，探索微观物质结构的奥秘，但我们所获得的高能粒子的能量不是无限大，尺度不是无限小的，而是有极限的。现实中不存在无限小的粒子，也没有无限大的能量。所以，从逻辑意义上看，要实现对无限小物质结构的认识是不现实的，若物质结构真的无限可分，那它无限小的微观结构一定是不可知的。如果这种微观结构一定不可知，我们又何以去断言它是无限可分结构呢？所以，从认识论意义上看，物质结构无限可分只是一种抽象的观念或信仰，不是科学认识中归纳出来的普遍原理和结论。

其实，从能量的观点看，按照结构的结合能理论，物质结构无限可分在存在论意义上是不成立的。物质客体即结构，是不同层次的结构统一体。大至星系小至质子、中子、电子甚至我们还没有完全弄清楚的夸克，都是物质结构，都可以称为物质客体。究竟什么时候把星系或星球作为物体，什么时候把质子、中子、夸克作为物体，这取决于我们的主观标准，这正是物质客体是相对性存在的真正意义。物质客体的另一本质意义是它是统一性存在，即星球存在于星系结构之中，分子、原子结构存在于星球之中，质子、中子、电子结构存在于原子、分子之中，夸克结构应该存在于质子、中子、电子之中，物质世界就是在结构层次复杂化中由普遍到特殊、从微观到宏观最后在宇观意义上的统一性存在。它的统一性本质意义在于不同层次结构的统一性。用老子的话来陈述，叫作“高以下为基”，即更复杂的宏观结构以它下一层次的元结构为基础和前提。物质结构的运动变化有两种不同的意义：一种是在同一层次中的变化，化学变化的物质结构在分子、原子层次的变化就是最典型的情形；另一种叫演化，是不同层次结构之间的运动，即老子所说的“道生一，一生二，二生三，三生万物”的宇宙物质世界演化的统一性过程。决定物质结构是化学变化还是结构演化的本质在于结合能，即不同层次结构之所以为不同层次，是由结合能支配和决定的。不同层次结构的结合能往往存在几个数量级的差别。所以，较高层次、结合能较小层次的结构变化运动时，结合能较大的较低层次的结构不受影响，能够继续保持其独立、稳定的元结构地位，但较高层次的结构实际上已经发生了变化。这种统一性关系就是“高以下为基”的结构统一性关系。按照这种结合能在下一层次比上一层次要大而且必须明显大的逻辑，物质结构无限可分意味着物质结构的结合能将无限大。因为从数学上说，物质结构的结合能作为随着结构分解而趋于单调增长的数列，结构无限分解时结合能只能无限大。但现实世界中没有存在论意义的无限大。所以，在存在论意义上，从结合能的观点看，物质结构无限可分是不成立的。

从结合能去思考物质结构及物质世界统一性，得出如下三条基本结论：

第一，物质世界是一个相对的特定世界，构成物质世界整体的不是僵硬冰冷的“物”，而是质能统一性的物质客体。一切物质结构包括各个层次的元结构都是质能统一性的结构性存在，只从质量去理解的物只是感性现象认识，在质能统一性意义上理解的统一性结构才是物质存在的本质，才是对物质客体和物质世界的知性认识和理性认识。这就是老子的“有之以有利，无之以为用”的有无统一性的深刻意义。只有在质能统一性结构意义上，在以结合能为物质统一性结构的根据和原因意义上，微观、宏观、宇观每一层次的相对性物质客体存在才是既是相对性的，又是达到了内在目的性自足自洽的存在。甚至在最普遍意义上，宇宙中的物质世界整体也是独立自足自洽的具体存在，是必然性支配的存在，这就达到了物质世界统一性的理性具体理解。

第二，结合能理论从逻辑上冻结了物质结构无限可分的独断理论，预言了物质结构一定有一个最基本的起点，即“道生一”之“一”是一定存在的，而且不会再一分为二，只能再还原为纯粹的能量子存在形态。所以，物质世界在结构上、时间上是可以有开始的，生生息息的是宇宙中的物质统一世界，而不是宇宙世界本身，否则能量守恒定律就失去决定性意义，宇宙世界存在的自洽性也就成为难解的命题。事实上，物质结构不能无限分解下去，而且我们在“三生万物”的“三”这一层次已经有了丰富、可靠的科学真理认识，由此我们完全可以断言我们离物质世界的起点结构已经不太远，其实只是两步，甚至只是一步之遥。但长期以来，绝对物质观支配下的质能分裂观、同一观对物质微观结构科学认识有极大的阻碍作用。面对越来越大的“基本粒子”家族，我们似乎知道得越多就越无所适从。没有人能解释，质子、中子、电子这三种基本粒子产生了多样性万物，几百种基本粒子为什么最后只产生“三”，以“三”为中介才产生万物。只有回到质能统一性和结合能理论，我们才能清晰而合逻辑地归纳和思考“一生二，二生三”的命题。至少，我们应该把基本粒子中的物质结构粒子和无质量粒子作为两种性质统一性存在去思考，并把物质粒子的稳定结构与非稳态结构区别开来，才能够把握“一生二，二生三”的具体意义。

第三，结合能理论从根本上解决了物质世界运动变化中结构演化的统一性问题。“高以下为基”，从夸克到质子、中子、电子，再到原子、分子、物质晶体、宏观物质结构、星球、星系、宇宙，这是一个不同层次结构的、由结合能支配的统一性世界，世界就是如此这般由普遍到特殊、从简单到复杂演化的。当我们从力的观点去描述时，就是在用核力、电磁力、引力去描述物质世界的普遍联系和相互作用，但在作用现象中无法得出统一性的理解。当我们深入结合能这一物质结构性存在本质的时候，则可得出不同层次物质结构统一性完整、清晰的统一性理解，得到质能统一的真实世界的具体理解。“高以下为基”揭示的正是结构复杂性演化中单向叠加的结构统一性原理，正是这一世界本性为我们从复杂到简单的物质结构还原分析的科学探索的有效性提供了根据，物质世界的结构的产生、存在、演化过程最终能从结合能的思考和认识中得到最终说明。比如恒星的光源问题，恒星的诞生、演化等，最终需要结合能理论来理解。为什么恒星有热核反应，地球这种行星没有？这是由引力质量决定的。只有当星球的质量达到一定边界条件时，其引力产生的内部能量才能克服物质的核稳定结构，产生热核聚变并向外界辐射光能量。结合能对物质世界结构演化、运动起着最终支配作用，能量法则支配着物质世界的运动变化过程。

第三节　物质结构运动的能量最小原理

一、物质存在的目的性在于必然性

亚里士多德把在他之前不同哲学家关于世界万物本原的理论归纳为第一哲学的四因论，用四因的统一性代替以往唯心主义哲学家无限的神性或唯物主义哲学家的纯粹质料的抽象性。从逻辑意义上说，这确实把基于万物本原的自然统一性思考引向普遍的现实世界，把感性多样性现象世界导向理性具体的现实，赋予感性存在之为存在充足的根据和理由。在当时的知识水平上，这种统一性认识尽管还只停留在抽象的逻辑，无法通达现实、具体的世界，但确实是有高超智慧的，在他之后的各种哲学思想依然可以在其中找到源头。亚里士多德四因论中最难理解因而境界最高的体悟是目的论，这是人类对世界理性认识最为深奥的问题之一。世界的目的性理所当然是统一性原理中的最高命题，不但人的主体目的性最普遍世界的最高命题，而且宇宙自然存在、物质世界乃至每一个相对性具体存在的内在目的性也是理性具体认识的重要命题。因为在不同层次的相对性存在中，每一个具体存在既是相对性又是独立性存在的充足理由和根据只能由内在目的性去理解，它赋予了每一个相对存在又是独立自足存在的可靠根据，据此才能把太阳系看作存在之物，又把构成太阳系的星球乃至不同层次之物看成独立之物的存在。应该看到，在当时的认识条件下，四因论所指的统一存在是具有质的规定性的物质客体统一性存在，所谓质料即物质的质量之量的规定性。正是由于物质客体是相对性存在，它才是多样性存在，作为相对性存在之物的存在的必然性即内在目的性才成为四因说的最高原因，达到内在目的性的必然性理解才能通达相对性存在的理性理解。

唯心主义哲学从一开始就把世界本原的普遍性思考转换为抽象概念逻辑的普遍性思考，因而绝对不可能回到现实世界去思考世界的目的性问题。唯心主义哲学中的宗教哲学把亚里士多德四因论中的目的因发展为目的论，但实际上两者是完全不同的概念，形似而神不同。亚里士多德的目的因作为存在之所以存在的形而上学条件和根据是对存在自身而言的，是一切事物生成、存在及变化的根据，是它为自身的存在提供的根据，说得直白一点是存在的内因。从目的因转换为目的论后，目的对一切存在而言是外在的，因为目的论的目的不是无意识的自然所具有的，而是具有自由意志意义的目的，是主体存在而非纯粹客体存在的目的。自然世界作为客体存在，没有所谓自由意志，所以以自由意志为基础的目的是超自然的，也就是外在于自然的，是在自然之外支配着自然的自由意志。宗教哲学用神的自由意志去解释存在的目的的时候，和亚里士多德存在自身的内在目的性是完全不同的。正因为这种本质上的区别，宗教哲学的对象就不再是世界，而是上帝，世界只是上帝的合目的的造物，上帝才有目的，才是世界的根据，才是世界的本原。因此，把上帝本体和目的论的源头追溯到亚里士多德的目的因是牵强附会。扪心自问，今天我们从生命科学意义上对生物链的内在必然制约关系的规律理解，与神学目的论认为上帝创造老鼠的目的是创造猫的外在目的论理解，难道不是本质上完全不同的吗？所以，目的因是内在原因，目的论是外在自由意志支配的理论，不可同日而语。

机械唯物主义哲学同样无法合理解释物质世界的目的因问题。机械唯物论的根本特点在于从纯粹的物去思考世界的绝对存在，从物体的力学去解释物质世界的相互作用和普遍运动。经典物理学的力学是关于机械运动的理论，所以基于力学知识为客观基础的唯物主义就顺理成章地被称为机械唯物论。其实这只是现象，机械论的本质是用绝对的抽象因果关系去理解具体的物和事，没有从抽象进展到具体，机械唯物论是抽象唯心论的现实存在形态。机械唯物论的世界是一个跟目的无关的齿轮和连杆结合起来的世界，这种世界观的典范就是十八世纪的法国唯物主义哲学，它的主要代表人物之一拉美特里本身是个医生，而他的哲学代表作是1747年发表的《人是机器》。一般说来，从事医学、生物学这些生命科学领域的专家们应该先天地对机械唯物论有所抵触，但拉美特里是坚定的机械唯物论者。他认为自然界只有一个唯一的物体，那就是物质。他把物质元素看作面粉团子，植物、动物和人都是相同的面粉团子的不同结构物，区别只在于构成的方式。所以，归根结底，人就只是机器。机械唯物论在本体论上以绝对的本原存在是物质性客体存在为前提，在认识上则是纯粹的还原论，在方法论上是知性的无穷因果链条的决定论，所以还原的结果是只分析无综合，失去了统一性，所以最终陷入僵化、片面的机械论。机械唯物论的缺陷是片面性。比如拉美特里说“人是机器”在一定意义上是对的，但说“人就只是机器”那就陷入片面性而走向谬误了。机械唯物论希望用无穷的科学因果链去揭示物质世界的本质，但这恰恰是违反科学认识内在本性的，并且用知性方法也是不可能建立理性统一性的。所以，传统的机械唯物论尽管有各种理论观点，但哲学史上鲜见机械论者深入思考和探讨物质世界的目的因问题，世界的目的性只留给上帝。

辩证唯物主义哲学克服了机械唯物论的还原论和决定论思维模式，用辩证的发展观点去揭示世界的运动变化。但是，它的本体论起点依然是拉美特里的“面粉团子”，它依然是绝对物质观的宇宙观，因而它也无法在理性统一性意义上对物质世界运动演化的目的因作合理的解释和说明。因为绝对的存在是物质，而物质客体是既运动又静止的相对性存在，从物质客体自身无法得到对它的运动及其支配规律的合理说明。如果从外部作用去解释物质客体运动的原因，物质客体就失去绝对存在的本质，就只是被作用、被推动的被动存在，这是和绝对物质观相悖的，是唯物主义哲学不能接受的。但如何从绝对存在的“面粉团子”去解释它的运动变化呢？这正是一切唯物主义哲学无法逾越的壁垒。所以，坚持联系和发展的辩证唯物论在发展的起点面前同样束手无策，同样只能停留在机械唯物论的水平上。辩证唯物主义哲学对物质世界的运动因和目的因的解释是“运动是物质的绝对的、固有的本性，物质和时空及运动不可分”，而这正是机械唯物主义的杰出代表人物狄德罗的理论观点。中肯地说，这种没有根据的独断只是纯粹的形而上学，说物质的运动是绝对运动则是直接违反科学关于物质运动相对性的真理认识的，有相对静止的运动一定不是绝对运动。所以，尽管辩证唯物论合理地把亚里士多德的目的因看作内在目的，是事物按其本性所期望充分达到的最高目标，却无法最终回答物质世界运动演化的动力因和目的因为何这两个第一哲学的命题，最后的解释只能是把目的因、动力因和形式因同一，把不可或缺的“四因”退化为残缺不全的“两因”。“在亚里士多德看来，一事物的发展变化，一旦获得自己的本质，同时也就实现了自己的目的，种子的目的，是生长为大树，种子一旦生长为大树，同时也就实现了自己的目的，完成了自己的本质，所以，亚里士多德把形式因和目的因看作是同一的。”⑥存在的形式因和目的因的关系是统一性关系，种子按其内在本性实现其本质的发展，这一具体事件既体现了它的形式，也体现了它的目的，所以，是目的和形式的统一，而不能说目的即形式。用形式因取代目的因是不符合亚里士多德四因论基本思想的，因而无法对物质存在的形而上学条件和根据进行充分的说明。

对物质客体及物质世界目的因的思考不能将之还原为形式因，也不能仅停留在质料因、形式因、动力因、目的因的统一性的空洞抽象中。如果我们不知道什么是目的因，不理解它是如何起作用的，则我们实际上对它仍然还是一无所知。对目的因的思考就归结为两个最基本的问题，即它何所是和何所为的问题，而首要的问题是“目的因的规定性是什么”的问题。

对目的因规定性思考的出发点，是亚里士多德对目的因最抽象的普遍规定性：事物何所为的原因。更具体地说，乃是事物按其本性所期望充分达到的最高目标。事物何所为就是事物按其内在的规定性，自己展开、自我运动发展的过程。所以，目的因就是内在的，是由存在自身决定的，而不是被外在目的决定的。但目的因不能简单归结为运动变化过程，它作为四因中最高层次的原因，它的两条特定规定性按其本性达到最高目标。本性的意义是什么？是事物内在的、不以外在作用和意志为转移的必然规律性，它的最高目标则是事物按其内在必然性达到的最终结果。这种必然结果是在本体存在论意义上的，与我们是否认识无关。如果我们掌握了这种必然性关系，我们就能有把握地预言事物发展的必然结果，就能按自然必然性去办事，这就是老子说的“自然无为”的真正含义。温度能使鸡蛋孵出小鸡，但不能使石头孵出小鸡，这是由鸡蛋和石头的本性决定的。不同本性决定了它们所能充分达到的最高目标不同。这是它们自身存在决定的，是不以人的意志为转移的物质客体存在本身的规定性，我们称之为事物内在的必然规律。所以，作为内在目的性的真正意义，正是指事物内在必然性的规定。故自然的目的性不是自由意志的选择性，而是它的内在必然规定性。对自然存在而言，只有必然性的世界才是可理解的，才是完美的。

事物内在必然性规定不是抽象的，而是在具体的运动展开过程中实现的。那么，必然性的目的性作为事物内在规定性，一定是在具体的运动过程中表现出来的，在这过程中充分达到它的最高目标即它的必然性得到完美实现的时候，它就达到了目的性。所以，目的性是必然性规律的完美实现，而目的性之为目的性体现在过程中，表现在最高目标实现的结果中，但本质之意义在支配这一过程和结果的普遍、必然的规律之中。由此看来，目的因的本质是支配存在运动变化的最基本规律，唯此它才是存在最高、最完美的根据。物质世界作为结构性存在，支配它的结构生存、存在、演化的规律才是最本质的东西，只有在这种必然性规律支配下的物质世界演化过程的认识，才是物质世界普遍、本质的认识，在这种必然性支配下的物质世界才是一个可理解、完美的世界。

综上所述，我们不仅要把物质世界理解为统一性结构存在的总体，不仅要明白是能量在推动物质世界质能统一结构永恒变化和运动，还要从最普遍、最根本意义上去揭示物质演化的必然性规律，从而真正洞察物质自然界内在完美的目的性。我们已经知道，真正推动物质客体质能统一性结构演化的动力是能量，那么，我们的目的因思考就必须找到支配这种演化的最基本、最普遍的能量转换及转化的必然性规律，从而在本质上把握物质世界存在和变化的根据和目的。

二、物质原子结构的能量最小原理

尽管我们对空间性物质结构起点的“一”的认识尚未完成，但这实际上对物质世界统一性的认识并没有本质的影响。其理由在于物质客体是相对性存在，并且是各个不同层次的物质存在，人的感性尺度的具体存在之物，既是相对的，又是相对独立的。相对之存在是独立存在的理由，不是它是内容和形式相统一的感性具体性，而是每一个相对性的具体之物都按结合能作用的必然性规律演化并达到了完美的现实性。在这种必然性支配的现实的内容和形式相统一的具体存在意义上，物有了相对独立存在的充足理由。每一层次结构的现实相对性独立存在，对理解物质世界统一性具有同样的地位和意义。这与在波动传播中取波阵面任何一点作为新的波源相类似，以任一层次相对独立之物作为认识起点去思考都是成立的，这正是物质世界统一性认识可以合逻辑地从个别到一般到普遍展开的根据。对物质客体结构生成并存在，在运动中演化的必然性支配规律的思考，从物质原子结构这一层次可以归纳出最一般的认识。因为原子结构是科学认识相对完善的领域，我们已经具有原子结构生成和演化的比较完备的因果必然性关系的真理知识，掌握了它的一般运动规律。另外，从物质世界统一世界整体来看，如果按照“万物生于有”及“三生万物”的世界统一性原理框架去思考物质世界，则原子这一层次的结构正是多样性万物的基础，是物质世界由有向物演化的联结点。因为经验世界中物的最基本概念及物的划分正是从元素开始的，而元素在一定意义上和原子是同一的概念，至少是同一层次的概念，而分子已经是不同元素的结构性存在。至于构成原子的质子、中子和电子，尽管同样是相对性的完备独立物质结构，但把它们看作构成物的元结构比把它们看作独立存在之物更符合物概念的外延和内涵，所以，对物质原子结构的演化必然性规律认识具有重大的现实意义。

原子结构是物质结构的一个非常重要的层次。从质能统一性意义去理解的原子结构不仅在于它是由质子和中子构成带正电荷的原子核，再由之与带负电荷的电子结合而成的电中性的稳定、独立结构，而且包括将这些实体粒子结合为稳定结构的结合能。但这还远远没有真正揭示原子结构的本质，对之的真正完整理解在于知道支配实体粒子构成稳定结构的必然性规律是什么，从而真正理解现实具体存在的各种原子何以总是如此成为特定的稳定结构存在。亚里士多德的目的因本质就是存在按其本性所期望达到的最高目标，对原子结构性存在而言，它的目的就是按照结合能作用的必然性规律去构成它的稳定结构性存在，它的目标就是它所形成的稳定的物质原子结构。世界统一性原理把物质客体作为多层次的统一性存在，物质客体之为物质客体是从不同层次的相对性意义去定义的。为什么我们有充分根据去划分物质的不同层次结构，并有充分理由把特定层次的结构作为独立完整的物质客体存在呢？最直接的例子是我们说一切物质都由原子组成，而原子又是独立、完整的物质客体存在，其根据和理由就在于原子具有它所特有的结合能，并在结合能规律支配下产生了稳定的原子层次结构，原子层次的稳定结构又是更复杂分子层次结构的元结构。因此，任一层次物质结构的本质和意义在于由它的结合能作用必然性规律决定的充分实现的稳定结构。所谓稳定结构，就是亚里士多德的目的因所指的期望达到的最高目标。正是最高目标的实现才成就了该存在之为存在的本质，存在之所以存在的另一种陈述是稳定结构性存在。按这种理解，就能深刻领悟亚里士多德四因说的统一性以及目的因作为第一哲学理论中存在之最高本质的意义。

在 1911 年卢瑟福发现原子核之前，人类一直把原子看作物质客体不可分的终极结构，所谓原子的意义在古希腊语中就是不可分。1909 年卢瑟福的学生盖革和马斯顿在用 α 粒子轰击原子的实验中，发现 α 粒子大约有八千分之一的概率被反射回来。据此，卢瑟福在 1911 年提出了原子的核式结构模型。他认为正电荷和原子质量集中在原子中心小范围，这就是原子核，核外电子在核的库仑场中运动，构成了原子结构。1932 年，查德维克发现了中子，人们认识到原子核由带正电荷的质子和不带电的中子组成，从而合理地解释了原子的各种结构。在原子结构的科学理论建立中，玻尔用量子学说，从核结构意义解释了氢原子光谱，这对理解原子稳定结构起到了决定性推动作用。

最初在经典物理学意义上建立的原子核模型是非稳定结构。“根据卢瑟福提出的原子模型，电子在原子中绕核转动，这种加速运动着的电子应发射电磁波，它的频率等于电子绕核转动的频率，由于能量辐射，原子系统的能量就会不断减小，频率也将逐渐改变，因而所发射的光谱应是连续的。同时

由于能量的减少，电子将沿螺线运动逐渐接近原子核，最后落在核上。因此按经典理论，卢瑟福的核型结构就不可能是稳定的系统。”⑦为了解决这一问题，玻尔用量子化概念解释原子核结构，并成功地解释了氢原子光谱。玻尔理论有三个假设：一是定态假设，即原子系统只能处在一系列不连续的能量状态，在这些状态中，绕核加速运动的电子并不辐射电磁波。二是当原子从一个能量为 E_h 的定态跃迁到 E_k 的状态时，发射或吸收一个频率为 V_k 的光子，$V_k = | E_h - E_k | /h$。三是定态满足电子的角动量 $L = nh/2\pi$ 的条件，n 为正整数，也称为量子数。玻尔在三个假设基础上计算了氢原子在稳定态的半径和能量，合理地解释了氢原子光谱实验测定结果。玻尔用量子化理论解释氢原子结构的最重大理论贡献是提出了能级的概念。

玻尔的氢原子结构理论是经典物理学描述与量子描述结合的，它引进量子化条件的最大意义在于建立了原子结构的能级概念，从量子理论角度对氢原子结构的能量状态进行描述。按照量子化条件，氢原子在核外就只能处于分立的各个能级上，而不是像经典物理学理论那样可以作连续分布。由角动量的量子化条件中，$L = nh$ 中 n 为正整数，n 取 1，2，3……时电子具有不同的能量，所以能量也是分立而不连续的，n 的数值代表电子在核外第 n 个稳定轨道，这时的能量为氢原子系统的能量，对应于不同的 n 系统有不同的能量值，$n = 1$ 时为系统的最小能量，成为基态能量，这是氢原子的最低能级，也叫基态级。$n > 1$ 时能量大于基态能量，这种状态成为受激态，$n \to \infty$ 时能级趋于连续。能级理论解释原子从较高能态向较低能态跃迁时发射光子现象，并正确地预言了发射的光子的频率，合理地解释了氢原子的光谱。所以，能级概念是理解玻尔理论的关键，是从经典物理学向量子物理学描述转换的开始。

玻尔对氢原子结构的量子进行解释时，量子化条件还只是假设，而不是完备的量子理论。当时提出量子化概念时，量子物理学的理论还没有建立起来，所以理论仍然是建立在经典物理学基础上的。但电子处于定态能级绕核运动不发出辐射的假定没有理论根据，而且与经典物理学是矛盾的。玻尔的量子化假设是在量子力学建立以后才成为理论而非假设的，并且在量子力学理论中，物质在原子层次微观结构的运动规律才从特定的单电子结构发展到普遍的结构描述的运动规律。薛定谔、海森伯建立量子力学理论后，才对氢原子的结构运动问题得出完整的理论解释和说明。

德布罗意在1924年提出了实物粒子的波动运动理论，认为质量为 M 的粒子以速度 V 匀速运动时，具有能量 E 和动量 P，从波动描述看，则有相应的波长 $\lambda = h/p$ 和 $E = hv$。德布罗意波是真正的物质波，即物质粒子的波动理论；传统的波，包括物质机械波则是能量的波动传播运动。德布罗意认为，在氢原子结构中，电子的物质波绕核运动，当满足驻波条件时，电子才在轨道上持续运动，而驻波的条件正是玻尔假设的电子轨道角动量量子化条件，从而对玻尔的量子化假设提供了理论证明。对薛定谔波动方程求解，从理论上推出了它的量子化特性：一是能量的量子化，即氢原子的能量必须满足量子化条件，能量方程才成立，氢原子系统的能量按量子化取分立状态，不同状态时的 $n = 1$，2，3……称为主量子数。二是轨道角动量量子化，即要使方程有确定的解，电子绕核运动的角动量也必须满足量子化条件。三是轨道角动量空间量子化，即电子绕核运动的角动量的方向在空间的取向不能连续改变，只能取特定方向，即角动量在外磁场方向的投影也必须满足量子化条件，并由磁量子数来描述。由此可见，量子力学用一组量子数即主量子数、角量子数和磁量子数来描述氢原子中电子的稳定状态。用薛定谔波动描述方程描述的原子结构中已经没有经典理论的电子轨道概念，而是空间概率分布概念，即电子在某处出现的概率，并用电子云图来形象地描述。

量子力学才是物质运动描述的普遍理论，牛顿力学的宏观力学运动描述只是波动描述在特定边界条件下的特定描述，即当 $n \to \infty$ 时由分立状态变为连续状态，这种连续状态只是分立状态的极端形式，它们的理论描述是统一的，只不过在宏观状态下转化为连续的简单描述而已。在微观状态，特定的连续描述已经失效，只有普遍的量子描述才是适用的。当我们对物质世界从宏观世界进入微观世界时，只有普遍化的量子力学描述才是有效的。

在微观粒子的量子力学描述中，最本质的革命在于它的描述是建立在能量基础之上的，是在能量守恒定律基础之上的。经典物理学的概念基础是质点，以及质点的位置、速度，质点之间的相互作用力，但这些概念在量子力学中已经失去基础地位，甚至有些概念的前提和假设已经和量子化条件相悖而受到限制，比如位置和速度。海森伯的不确定度关系也即早期的所谓测不准原理指出，我们不能同时确定某一粒子的准确位置坐标和速度大小。科学家一再告诉我们，不要被不确定关系的描述迷惑，它不是我们测量技术限制性结果，而是世界的本性，与测量无关。但这种解释并不充分，科学所揭示的真理当然是世界的本性，不符合世界本性何以是客观普遍性认识呢？真正合理的解释是经典物理学和量子力学认识对象的边界条件不同，由此决定它的描述方式的有效性不同。因为经典物理学的认识对象无限小，所以可以得出对象客体位置速度的极限性描述，得出确定性结果。但量子力学的认识对象比经典物理学的认识对象要大，它不是无限小的，即它不是用无限小的质点来描述的。量子力学的对象严格来说不是用空间性描述，而是用能量描述的，它的描述参数是能量、动量、角动量、质量等，而不是客体作为无限小的点以及它在无限小精确空间点时的运动速度。由此可见，普遍性的量子力学和特定的经典物理学的本质区别在于：经典物理学可以离开能量而对客体作空间运动描述，但量子力学描述则是以能量为基础的。质量、能量、动量、角动量的基础肯定是能量，所以量子力学超越了纯粹物质运动描述，而进入质能统一性的最普遍描述。物质的原子结构的演化决定作用是它的结合能，解释物质原子结构的理论不能离开能量，所以量子力学才能最终从理论上回答原子结构的生成及演化的制约规律。

量子力学理论解释的不仅是氢原子结构及光谱，而是在一般意义上给出了原子结构演化及生成的最一般能量规律，揭示了原子结构的本质。这个规律称为能量最小原理："原子系统处于正常状态时，每个电子趋向占有最低的能级，能级基本上决定于主量子数 n，n 愈小，能级也愈低，所以离核最近的壳层一般首先被电子填满，但能级也与量子数有关，因而在某些情况下，n 较小的壳层尚未填满，而 n 较大的壳层则开始有电子填入了，这一情况在周期表第四个周期中就开始表现出来。关于 n 和 L 在不同状态下的能级高低问题，我国科学家总结出这样的规律，即对于原子的外层电子而言，能级高低以（$n+0.7L$）值来确定，该值越大，能级就愈高。”[7]

能量最小原理揭示了支配物质原子结构生成演化的最基本规律，在质能统一性意义上解释了一切原子结构何以是这样的稳定结构存在问题，也在最终意义上解释哪些原子结构不稳定，哪些原子为什么不可能稳定存在的问题。物质原子结构是万物的起点结构，由此我们就能充分理解万物何以一定向着它的内在目的即最高目标演化并最终以稳定结构形态停留在它的最终目标之中。所谓最终目标，就是它演化所趋向的稳定结构，实现最高目标就是特定物质原子稳定结构的最终生成，这就是它之所以作为相对性某物存在的充足的理由和根据。因为达到这种最高目标的稳定结构是由能量最小原理这必然性规律决定的，它一定以这种稳定结构现实地存在。万物的演化、生成及生生息息运动变化的最基本层次是原子结构，在这一层次上，它的存在和演化的动力是能量，而目的因就是由能量最小原理这一必然性规律支配的一切物质原子结构按它内在的必然性运动演化而最终稳定在这种结构性存在上的。这就是一个完美的必然性世界，也就是一个具有内在目的性并向着这种目的性不断演化的世界。亚里士多德形而上学的目的因，在现代量子力学的理论中得到了形而下的科学诠释。所以，现代文化的物质存在的目的因应该不再是亚里士多德时代纯粹形而上学的抽象思辨，而是在形而上和形而下相统一意义上通达理性具体认识的水平。

物质世界是一个多层次复杂统一结构存在，原子结构作为万物结构的起点，对世界统一性的本质认识具有非常深刻的意义。所以，在能量最小原理对物质原子结构必然性支配认识基础上，就可以进一步解决支配普遍物质结构演化的一般能量规律问题。

三、物质结构演化的最小自由能原理

能量最小原理是支配物质原子成为稳定结构的必然性规律，我们今天有充分的理由坚持原子结构是有序的，是按必然性规律生成和演化的微观世界。但是，能量最小原理不能限于原子结构，必须从能量原理解释统一物质世界的结构演化。不能满足于仅理解原子微观层次是有序的，而由之复杂化

构成的宏观世界则是无序、杂乱的，这种观点肯定是有悖于世界统一性原理的。

哲学史上唯心主义的杰出人物巴门尼德创立了存在哲学，把对世界的形而上学思辨推向绝对的普遍性高度的同时，由于陷入抽象普遍性而把世界的普遍性思考与现实世界割裂开来，因而最普遍的神性的存在是与具体现实世界没有关联的存在，无法解释物质多样世界的统一性。唯心主义哲学虽然建立了普遍统一性，却不是物的世界具体现实统一性，这就是一切唯心主义哲学在最终意义上否认物质存在的原因。唯心主义哲学把物质存在的相对性及演化统一性解释为变动不居和变幻不定，柏拉图把感性经验的存在归纳为既存在又不存在，不是理性哲学追求的永恒、普遍存在。所以，唯心主义哲学理性统一性思维并不是具体理性，只是抽象理性，抽象理性只有回归具体理性才获得现实意义。只有达到具体理性统一性思维才能在变动不居和生生灭灭的现象中得到世界具体存在的统一性理解，才能理解最普遍的具体存在并不神秘，它的普遍本质就在于个体化、多样化复杂结构的具体现实存在。永恒的存在并不抽象，它正以生生灭灭的具体形态向我们展现，我们存在的世界就是这样一个多样性统一的永恒而完美的世界。

只有始终坚持从感性具体存在去思考世界本性的哲学唯物主义才能合逻辑地沿着世界统一性认识的方向前进，它的最朴素的成果首先体现在古希腊德谟克利特以及他的继承者伊壁鸠鲁的原子论中。尽管由于对世界科学认识所限，人类当时并不能具体地回答什么是原子，仅从物质客体存在去思考世界的本原在逻辑上也缺乏完备性基础，但只有这个方向即从具体世界出发，从感性经验出发，才是思考客体世界存在的根本原因和根据的正确方向。人类对原子结构科学真理认识的发现，不但具有科学上的里程碑意义，而且对世界统一性思考同样是至关重要的，因为在构成万物起点的最基本结构层次中，我们已经有充分的证据和足够的理由说物质世界的结构是由必然性支配的完美统一性结构。以原子结构科学认识为基础，一方面可以向更微观的物质结构探索，寻找比原子更基本的结构即质子、中子、电子更普遍的具体存在，从而最终回答世界最普遍的具体存在为何的问题；另一方面可以对原子的复杂结构存在即万物所构成的世界建立统一性描述，把感性现象中变幻的世界有根据地理解为完美、统一的必然性物质世界。这种理解不能是在现象上的，而是要在本质上的，即不但要理解多样化世界是统一的世界，更要理解它为何是统一的世界，即从本质上掌握支配貌似变动不居、变幻不定的物质世界的必然性运动、演化的普遍规律。

但是，原子结构的科学发现距今已有一百多年，人类并没有在此真理认识的基础上，归纳出多样性物质世界形而上和形而下相统一的理性认识，合逻辑地把多样化的物质世界解释为理性统一的世界。这里面的原因是多方面的，除了对世界统一性思辨的哲学家们没有真正洞察原子结构理论科学发现的深刻本质意义，更重要的在于科学认识本身。科学对原子结构的真理认识是质能统一性的认识，但长期以来还只停留在质能同一性认识中，因而掩盖了量子力学以能量为主要对象揭示原子结构规律的真正革命性意义，没有从特定物质世界上升为普遍的能量世界。另外，在宏观及宇观意义上，物质世界的科学认识是与原子微观结构形态完全不同的，前者主要是以力为作用关系描述的，后者则主要是以能量为作用关系描述的。在合理地把力的抽象描述归纳为能量作用的交换关系这一本质之前，缺乏对力与能量关系的统一性认识，把原子结构的量子力学描述推广到物质世界普遍相互作用的经典力学描述显然是不切实际的。力无法抽象地统一的最大阻碍是宏观作用中占支配作用的引力，它不是量子描述的。事实上，抽象力本身的统一性，在经典物理学的特定描述框架下是难以建立起来的。

回到具体原子结构能量支配规律即能量最小原理的描述来看，将之直接推广到原子的更复杂结构乃至普遍的物质结构是有困难的。尽管量子力学的微观描述和宏观物质客体的经典力学描述的参数形式完全不同，但从世界统一性原理来看，它们都是物质世界具体客体存在的描述，因而一定是相互统一的认识理论，否则世界统一性原理就不存在，或者量子力学理论和经典物理学理论必定有一不为真。但这都是不可能事件，因此，它们的统一性不容置疑，统一的最终根据一定在于具体的物质客体存在本身。但是，由于量子力学和经典力学描述参数及形式的不同，我们无法在理论上不证自明地断言我们理解了它们的统一性的真正意义。就原子结构的能量最小原理而论，我们无法解释在一般的相互作用的物质系统结构中能量最小原理的意义，更不要说它的意义的真伪问题了。在经典物理学中，主要描述参量是位置、速度，它的能量描述是连续量，没有分立的能级概念，没有能级规定性，能量最小原理就失去了描述意义。因此，我们不能信心满满地说，太阳系及其行星的结构是由最小能理原理决定的。并且需要记住的一点是，量子力学理论对原子结构从能级概念进行描述的同时，已经证明了不同能级间的距离是不断递减的，当 $n\to\infty$ 时其能级是连续的，物质在离子态运动时它就处于连续能级之中。所以，分立的能级是特定描述而非最一般能量规律描述，基于能级的能量最小原理就不是物质结构生成和演化的最一般规律，不能直接推广到整个物质世界。支配物质世界的结构生成、演化的能量规律必须在能量最小原理基础上进一步抽象、综合，才可得到更为一般的普遍性描述。

按照世界统一性原理的能量一元论观点，物质客体普遍相互作用抽象力的本质是能量交换作用。当我们把物质客体抽象为质点时，质点的相互作用即能量交换之能量指的是物体特定形式的能量——状态能量，构成物质质量的质能和结合能一般认为是固定不变的，不在能量交换之列。当然，在核反应中，质能和结合能是能量交换的主角，但这时的物质客体不再被看作质点，而是看作由元结构组成、由结合能支配的结构性存在，质能和结合能的作用和转换是一个系统的演化行为，不再是抽象质点之间的相互作用关系。尽管自然界的本性归根结底是能量，支配世界演化、运动的推动力是能量，但在质点普遍相互作用中进行交换的能量不仅是一般意义上的能量，而且是具有特定规定性的能量，我们称之为相互作用系统的自由能。在宏观物体中，自由能一般是物体状态的机械能，在分子结构及原子结构中是键能即结合能，在核反应中还包括质能。自由能不是能量存在形式中的某一种特定形式，不是可以与各种形式能量转换的另一种能量，而是一个物质系统中物质客体能量之间相对关系的描述。概括地说，系统中物体可以进行相互交换的那部分能量就叫作自由能。

自由能之所以为自由能，既在于它是能量，又在于它的“自由”的规定性。“自由”的规定性产生于物质系统结构之中，所以只有在物质系统中才有相互作用，才有所谓自由能。对一个独立的质点而言，它可以具有各种形式的能量，但不能说它具有自由能，因为独立的物体没有相互作用关系，因而绝不会有所谓自由能。至于以能量子形态独立自足的客体，那就更没有自由能的意义了。辐射对物质的作用，能量子被物质粒子吸收或物体辐射能量的行为不是物体之间的相互能量交换，而是物体和能量子之间在相互作用中的相互转换，用自由能来描述是不可行的，是没有意义的。所以，自由能的特定规定性之一，就在于它是物质系统相互作用的特定描述概念。

自由能概念的意义在于它把物质世界的存在与其演化、运动现象区别开来，专门研究和描述物质客体系统的结构演化及系统的运动变化，从能量的关系去揭示物质世界普遍联系和相互作用的本质和规律，揭示物质世界运动和演化的根本原因，在质能统一性关系中去把握物质世界的本性。能量一元论是在存在和演化的最一般意义上对世界的最普遍认识，而自由能则是在运动和演化的特定意义上对物质世界运动一般规律的认识。自由能概念的目的和意义就在于揭示支配物质世界运动、演化的一般规律，对经典物理学的力学描述、微观世界的量子力学描述，都可以从自由能的概念和规律描述中得到统一性的理解。

经典物理学指出，力是物体运动改变的原因。量子力学告诉我们，在具有分立能级的微观物质结构中，相对运动的微观粒子的运动、演化的目标和趋势趋向最小能级，以形成相对而言最为稳定的物质系统结构，这是物质结构生成、存在、演化的根本支配法则。对经典物理学和量子力学描述进一步归纳和综合，我们可以得出结论，一切物质系统结构运动、演化的动力是其元结构之间的能量交换，能量交换现象产生的根本原因是系统具有自由能。换句话说，一个物质系统内部的自由能除非到达各元结构的均分状态，否则它内部的相互交换作用导致的运动和演化就不会停止。由此，又可得出结论，即一个物质系统的自由能的极限状态是元结构均分自由能从而达到系统内部自由能等于零的特定状态。对于一个物质原子结构系统而言，核外电子趋向能量最小能级的运动，从自由能意义上说，就是趋向自由能等于零的运动，所以，最低能级和自由能为零具有同一的意义，只不过描述的角度不同而已。而从描述意义来看，自由能比能级具有更一般的意义，从自由能概念可以对相对的各层次物质系统的能量推动结构运动演化规律得出更一般的描述。

据此，我们可以从原子结构的能量最小原理出发，归纳出一般物质系统相互作用的运动演化规律，即最小自由能原理。物质客体之间相互作用不仅受能量守恒定律支配，相互作用系统本身还受最小自由能原理支配。系统中物体在守恒规律下相互作用交换能量行为的方向，总是由自由能大的物体向自由能小的方向转移。只要有自由能存在就有系统运动演化发生，而运动演化总是朝着系统内部总的自由能递减的方向进行。对一个相对封闭的独立物质系统而言，它的运动演化是按必然性规律运动的，是向自由能均分即系统内部自由能递减的方向运动的，这种单方向递减的运动演化的极限状态就是自由能达到零这一最小自由能状态，这时物质系统成为稳定结构状态的存在。而对于与外部存在相互作用的开放物质结构系统，系统本身不会到达零自由能状态，但趋向最小自由能的趋势是不变的。当与系统外部的能量交换相对稳定时，系统内部的结构也将趋于最小自由能的稳定状态，成为动态稳定结构。故科学家们感叹，大自然总是按自己内在的必然性行事，总是趋向于做最省力的事，归根结底，物质自然界总是按最小自由能原理去展开自身的运动演化进程。

最小自由能原理揭示了支配物质世界普遍运动的一般规律，由此去理解的物质客体就不是既存在又不存在。因为物质世界不是杂乱无章、变幻不定的，而是由必然性规律支配的多样化统一世界。当仅从形去理解物，仅从力的相互作用去理解物质世界的时候，确实令人迷惑，生生灭灭永恒变化运动的物质世界的统一性似乎是难以把握的。然而，当从质能统一性去理解物质世界，从最小自由能原理去理解物质世界的演化和运动时，它就是一个按内在必然性展开的完美的可理解世界。西方文化几千年的绝对物质观的机械论化倾向是柏拉图把多样化物质世界看作变动不居的既存在又不存在的根本原因。东方玄学作为人类最古老的世界统一性理论，既不是从物，也不是从有作为世界存在的起点，而是从“无中生有，有生万物”的观点去理解统一的自然界，因而从起点就避免了见物不见能的机械唯物论，把世界看成一个“道法自然”即按自然必然性法则演化和运动的统一世界。玄学作为玄之又玄的抽象形而上学理论，在两千多年前还根本不懂得能量守恒定律、能量最小原理或最小自由能原理这些形而下经验科学认识，但依然能合逻辑地解释有无统一、“道法自然”的统一性世界，其智慧确是超乎寻常的。它的许多玄之又玄的抽象形而上学理论，与当今的形而下经验认识统一起来思考的时候，更彰显它的深刻智慧。比如《道德经》第40章说：“反者道之动，弱者道之用。天下万物生于有，有生于无。”寥寥数语，从形而上学意义玄之又玄，但回到经验世界却提供了非常丰富的信息，足见其博大精深。它把世界描述为由无中生有，有生万物的统一世界，用今天的科学经验语言陈述，就是由能量作为世界永恒的本原存在，它以特定的相对静止结构形式产生了物质客体的微观基本粒子，这些粒子更为复杂性的结构则生成了我们称为物的各种元素以及由之构成的多样化感性物质世界。更为重要的是，它还在形而上意义上描述了世界由无而有、由有而物的复杂性演化的两条最基本规律。一是“反者道之动”，即本原之道的绝对运动是返回的，它与光、电、磁形态的能量子在宇观意义上沿宇宙统一场的曲线运动是一致的，而唯此才能把宇宙作为统一而不发散的存在，才能解释推动世界运动的根源。二是“弱者道之用”。关于用，老子还有明确规定：有之以为利，无之以为用。物之为物在于它是有无统一的存在，有结构中起作用的是无，亦即我们今天所说的结合能或物体之间的作用力。物体之间相互作用的规律就是“弱者道之用”，说得现代一点，它就是最小自由能原理的抽象描述。只有这样理解，才能真正体会玄学理论的统一自然世界的深刻、完整意义。如果诸位觉得这种理解过于牵强附会，则请再觉悟老子所说的“天之道，损有余而补不足，人之道，则是不然，损不足以奉有余”之意义。

从最小自由能原理去理解物质结构复杂性演化的普遍支配规律，我们得到了从微观到宏观到宇观物质世界有序性演化的根本的统一性理解，它的最现实意义在宏观物质世界和宇观物质世界的统一性理解中。按传统力的理论，物质相互作用被归纳为三种抽象力：强力、电磁力和引力。三种力支配着物质客体三个层次的结构，强力支配原子核以下的基本粒子结构，电磁力支配多样性之物的多样性原子、分子的结构，引力支配分子组成的多样性感性之物结构乃至宇观物质结构。由三种基本力支配产生了物质世界三个层次的基本结构，人类达到这种认识可以说是普适、简约而异常精彩的。无论物质结构底层之有的一、二、三的结合能是什么，具体结构形式是什么，至少在物的层次，即在真正多样性之物质世界产生及由简单到复杂的结构演化的领域，我们对之的统一性已经有了相对完整的理解。美中不足的是，由于物质一元论的局限性，质能二元，存在和演化绝对割裂，抽象的力始终无法统一，三种基本力支配的三生万物的多样性世界没最终完美地统一起来。能量一元论在物质世界的特定形式是质能统一性，其现实意义是把整个物质世界各种抽象的力相互作用还原到普遍的能量交换，把一切力统一在能量基础上。从能量的观点看，三种基本力是统一的，由之支配的物的世界就是完美地统一的，最小自由能原理支配着物质结构的复杂性演化过程。从结合能的不同范围可以理解具体之物何以是不同层次结构的统一性存在，从最小自由能原理可以解释每一相对独立的具体物体何以是自足而独立的相对性存在。

人类对自然世界的认识从感性经验开始，从可感知的具体物质客体开始，更具体地说是从宏观意义的多样性万物开始。人的感官无法通达具体的分子、原子及更微观的具体个体存在，所谓微观在传统意义上就是人的感官辨别力极限之外的具体存在。在这种意义上说，物质分子及其更基本层次的微观结构是知性认识和理性认识才能通达的幽微世界。事实上，人类关于物质分子、原子及更微观基本粒子的认识是近代科学革命到达一定阶段和水平之后才实现的，德谟克利特的原子只有不可分的纯粹抽象逻辑意义。据此，我们回到物质世界统一性认识的一个非常具体现实而又意义重大的问题：从古希腊圣哲泰勒斯开始的对自然世界统一性思考的真正起点是什么？泰勒斯的存在、亚里士多德的存在、我们今天的物质存在之间的区别和联系是什么？它们究竟是同一的还是统一的？不能两千多年来一直把存在稀里糊涂地同一。根据我们对物质世界作为质能统一性存在的理解，根据物质世界由最小自由能普遍必然性规律支配下由简单到复杂的统一性演化的理解，对两千多年来物质存在的统一性认识简约地综合为如下三个方面：

第一，古希腊自然哲学本体存在论的存在是具体物质存在的概念，泰勒斯的万物本原存在是猜测性的，由此开始直到近代原子结构科学认识之前，一切关于本原存在的认识都是基于猜测的朴素认识。根据一切自然认识从感性开始的经验论原则，可以把多样性感性之物的经验认识作为朴素的本原存在抽象思辨的基础。由此可以得出两点：一是本原概念抽象的基础是具体万物多样性的朴素统一性理解。本原论的基础是本体存在论，本原论成为自然哲学的诞生地不是自然本体论思维的创生，而是在于它使朴素的本体论成为自觉的自然统一性理论认识形态。二是古希腊本体论的存在的定义域并不是普遍的物质世界，实际上是感性的宏观之物为定义域的，即中国玄学三生万物的物的统一性世界，这是由人的感官限度和感性认识的基础地位所决定的，是西方自然本体论总是从感性之物去寻找本原存在的原因。把古希腊自然哲学的存在限定在宏观可经验之物的统一性理解是客观和合理的，从个别到一般到普遍到最普遍是人类认识无法违背的规律。这种理解在理性意义上没有丝毫对圣哲求全责备的意思，建立物的世界统一性认识乃至这种统一性思维本身的划时代意义是和人类文明史永恒共存的，泰勒斯永远是人类哲学的始祖。对圣哲的理性尊崇和感恩不是俯在他们足下，而是站在他们肩上去追求更广阔、更普遍的世界。圣哲不是完成而终结了哲学，而是开创了哲学，把我们导入理性的自由创造世界。从这种理性态度看问题，尽管今天的物质一元论应该被超越而绝对物质观应被扬弃，但这是继承基础上的进展。物质世界统一性、物的多样性的统一性，都是能量一元论的主要构成部分，它就在能量一元论之中，能量一元论则赋予它们更具体、更丰富、更普遍的意义。这正是对圣哲、对人类文化文明成果的理性态度。圣哲永远是圣哲，反倒是现代人类在量子理论和相对论等各种科学知识已经普及时依然局限在物的统一性去理解自然，理解物质世界的统一，这是需要深刻反省的。

第二，亚里士多德的存在和此前泰勒斯等古希腊自然哲学家的存在是同一的存在，也是多样性感性之物的具体存在。但亚里士多德的第一哲学和传统自然哲学有本质区别，已进展到更深刻的理性统一性境界。这种区别表现在两个方面：一是传统自然哲学注重的是存在的本原，目的在于由本原的感性实在性为本体世界统一性提供根据；亚里士多德注重的是存在本身，目的在于由存在的理性统一性理解为具体现实性存在提供必然性的存在理由。二是对本原存在的思考集中在最普遍具体存在之物何所是，第一哲学的统一性思考则是多样性具体存在之所以存在的根据和理由，对具体之物存在从必然性支配的现实性得到它何以是存在的本质理解。第一哲学的存在已经不是此前自然本体论哲学意义上的存在，而是本体和本质相统一的具体存在，不只是感性具体存在，而是理性统一性的具体存在。第一哲学的起点依然是自然哲学，四因论的第一因就是自然存在的质料，但并不停留在质料，而是进展形式，从质料和形式的统一去解释感性之物何所是。形式因继承了柏拉图到理论智慧，形式就是本质，形式因标志着第一哲学从本体论进展到更普遍的本质论，而且不只是柏拉图那种纯粹抽象的认识的普遍形式，而是一切质料和形式相统一的具体之物抽象而来的物的存在的普遍形式。把唯物论和唯心论、本体存在和本质存在非此即彼对立起来，把讲质料当成唯物论、讲形式当成唯心论，硬生生把亚里士多德分割为半唯物半唯心的怪胎，实在是生吞活剥了存在，玷污了圣哲。

第三，从物质结构演化的最小自由能原理看，亚里士多德第一哲学的最深刻意义和智慧体现在动力因和目的因中。当然，那个历史时代的人类各种知识都很贫乏且说不上什么统一，对物质结构的真理知识还是空白的。然而，正是在这种历史条件下，第一哲学从质料和形式相统一的存在何所是进展到动力因和目的因相统一的存在何以是的境界，才令人感到神奇，它是纯粹在从必然性到现实性的逻辑抽象思辨中产生的。动力因为存在的必然性提供根据，必然性支配的存在自身内在的运动演化达到它完满的目的性就是现实性的具体存在。反过来说，具体现实的存在不是既存在又不存在，而是具有普遍本质，由必然性规律支配生成的合目的性的完美存在。今天，我们从能量一元论、质能统一性和最小自由能原理出发去理解支配物质世界结构演化的本质，用物质结构结合能把抽象的动力因和目的因具体统一起来，把最小自由能原理决定的物质各层次的稳定结构性存在的相对独立性理解为必然性支配的现实性，把具体物质存在理解为自下而上和由简单到复杂演化的统一性存在，得到对亚里士多德第一哲学更具体的现实理解。

注释

①苗力田、李毓章主编《西方哲学史新编》，北京：人民出版社，1990 年第 1 版，第 81 页。

②同上，第 81 页。

③同上，第 82 页。

④程守洙、江之水主编，胡盘新等修订《普通物理学》，北京：高等教育出版社，1998 年第 5 版，第 3 册，第 476—477 页。

⑤杨福家、王炎森、陆福全著《原子核物理学》，上海：复旦大学出版社，2000 年第 2 版，第 11 页。

⑥苗力田、李毓章主编《西方哲学史新编》，北京：人民出版社，1990 年第 1 版，第 82 页。

⑦程守洙、江之水主编，胡盘新等修订《普通物理学》，北京：高等教育出版社，1998 年第 5 版，第 3 册，第 388 页。

第五章
牛顿综合的意义

引　言

【提要】牛顿经典科学理论是现代科学的起点，并使两千多年前的自然哲学本体论第一次获得了重要的客观知识基础。质点动力学并没有为自然的普遍物质本性提供客观性根据，仍是建立在绝对物质观基础上的知识，质点普遍抽象的形而上学根据就是唯物论，它的划历史意义是建立了物质世界的抽象统一性。因此，对物质世界统一性的思考必须理解牛顿科学综合的本质意义。

一、物理学是一切自然学科的基础，但亚里士多德的物理学知识基本上只达到或然性水平，以地心为唯一参照系的物理学定律也没达到整个自然的普遍意义。近代科学革命以哥白尼的日心说为起点，起决定性作用的领军人物是伽利略和开普勒。伽利略建立了不同空间惯性系中保持物理学定律形式不变性原理，把加速度概念引进物理学，用天文望远镜观测星空并公布观测结果支持日心说；开普勒建立了行星运动三大定律，确立了日心说的科学地位。伽利略和哥白尼等近代物理学家从经验中归纳的普遍抽象知识已达到客观普遍有效水平，但还没有把支配物质世界运动变化的本质规律统一起来。把物理动力学理论在普遍物质世界意义统一起来的是牛顿，他建立的质点动力学三大定律、万有引力定律、空间相对性原理是统一的理论体系，把物质世界在抽象普遍科学描述中统一起来，达到对物质世界普遍客观的理解，开启了人类科学地认识整个统一物质世界的新时代。后人戏说开普勒用一只眼睛看世界（看天上），牛顿用两只眼睛看世界（看天上又看地下），把天体和地球上的运动统一起来就把物质世界统一起来了。

二、牛顿质点动力学三大定律和万有引力定律是奉献给人类文化的永远财富，而他的科学归纳达到物质世界普遍意义的根据在为这些经验知识归纳提供普遍性根据的先验形而上学智慧之中：以抽象质点为对象统一了一切有质量之物的意义；普遍抽象的统一力统一了一切物体之间的相互作用；空间相对性使每一个特定参考系中经验归纳的科学定律获得了在整个物质世界的普遍有效性。这才是牛顿经典科学理论达到物质世界抽象统一性描述的根本原因。

三、现代西方文化汇聚了一股强大的贬低牛顿经典物理学的潮流，是很不客观的。牛顿理论有局限性是无可厚非的，一切科学理论都是有局限性的，知识唯有有限性才有确定性判断意义；但说牛顿理论只是狭义相对论的近似则只是不懂科学本质者的外行话，牛顿理论是狭义相对论的一个特例，科学无近似意义。说牛顿是机械论世界观大师并非空穴来风，尽管牛顿理论不是哲学，但它确实为物质世界统一性提供了客观基础，几千年来朴素唯物论据此才获得了物质世界统一性的根据，机械唯物论盛行与它是有相关性的。但必须理性地具体认识牛顿理论之于世界观的意义：一是机械唯物论固然有局限性，但又是对传统朴素唯物论的革命性超越，具有重大历史进步意义；二是无论牛顿持何种世界观，机械唯物论产生的历史责任在于后来人特别是近现代哲学家。客观地看，质点动力学实现了物质世界运动普遍描述已预示绝对物质观的不完备性，牛顿对此是有所觉悟的，他坦言把太阳和地球联系起来的引力之于人类是神秘的，所以他不是把物质世界的普适完美归因于绝对的物质，而是归因于全能的上帝。牛顿的上帝不是纯粹信仰，而是自然完美统一的根据，归根结底是理性的。

从世界万物本原去追求自然世界的统一性理解使人类对自然界的认识从朴素感性认识和知性抽象认识蜕变而进展到理性哲学境界。朴素感性认识上升到理性统一性认识的根据是关于本原存在的普遍知识。但自哲学创生并以绝对实体作为存在论的本原答案而形成绝对物质观之后的历史长河中，在牛顿之前的几千年中，本原知识还只是在猜测中，对物质世界的真理认识还是不系统的，是以没有统一的科学真理认识为基础的形而上学理论。牛顿经典动力学理论体系第一次在抽象理论形态中建立起多样而永恒运动的感性万物的统一性，为哲学唯物主义提供了相应的科学基础。必须充分认识牛顿理论的伟大历史意义，坚定对它的科学真理性的信念。首先必须明白，牛顿理论作为机械论世界观的科学基础的充分必要条件是科学真理性，对之除了证伪别无怀疑理由。不少人在批判机械论世界观的局限性时却常常转移命题，把它归咎为牛顿经典动力学理论本身，这是极不地道的。我们一边把牛顿科学理论作为科学基本理论一代代传承，一边对它说三道四，实乃咄咄怪事。

科学是哲学之母，但哲学是科学的早产儿，所以自然哲学在相当长历史时期内只以零星且不统一的科学真理为基础。因果关系的必然性规律认识是人类从蒙昧进入文字文明后文化发展的第一个里程碑，它标志着人类能够从自然普遍的因果必然性关系而非神的目的论去理解自然世界，为人类自由的文化选择生存开拓了越来越宽阔的选择空间。从知识进展到真理认识的历史性意义在于，以因果必然性规律综合的真理知识对人类而言是普遍有效而且是千秋万代的，因果必然性关系的建立开始了人类从神统治下的宿命世界向人对自然必然性规律认识下能动改造世界的自由历史转折。但人类至今依然没有彻底摆脱神的目的论统治，科学认识在相当长历史时期内只是神学目的论框架下的补充。古希腊的科学认识已经有了长足发展，并且在亚里士多德的成果中集大成，但它还不是具有普遍世界意义的科学理论，仍然置于神学理论统治之下。亚里士多德的集大成对现代文明而言是极具意义的，我们在现代意义上的科学发展，几乎都可以在亚里士多德那里找到最基本的框架。亚里士多德的局限性在于它不是普遍统一性的客体世界科学理论，还不是关于自然统一性描述的普适而统一的理论。比如它在科学上把力规定为运动的原因的特定描述是建立在地心说的绝对空间基础上的；他的存在目的论不仅可以被解释为自然客体存在内在的最高的必然性亦即最后必须达到的目标，同样可以被解释为神的目的，世界的必然性可以解释为在神的目的支配下的世界的必然性。

科学因果规律必然性从神学目的论中争取解放的最大胜利是由哥白尼开始的，经第谷、开普勒以及伽利略等科学先辈前赴后继地努力，最后由牛顿的科学综合而实现，这是人类文明史上的第二个里程碑。牛顿质点动力学三大定律及万有引力定律与历史上所有科学真理认识一样，都是有限的知性普遍真理，并没有具体世界的绝对普遍性意义。但是，牛顿把“力是运动的原因”综合为更普遍的“力是运动改变的原因”的时候，引入了空间描述的相对性，用科学否定了地心说，从而动摇了几千年来上帝创造世界的理论基础。更为重要的是，牛顿归纳的引力理论把物质世界在相互联系作用中的运动从上帝推动中解放出来。物质运动现象的原因在于物质存在本身，它由自身的质量决定，由物质客体的普遍联系和作用决定，物质运动具有自身必然性规律，而不必遵循上帝的目的和旨意。这是牛顿科学综合深刻而重大的历史意义。

牛顿经典科学理论为自泰勒斯开始的哲学唯物主义提供了可靠的科学基础。通过无所不在、由物质客体质量决定的引力概念，抽象的科学描述和具体的物质存在的统一性关系建立了起来。另外，牛顿的质点动力学理论描述的对象即抽象质点包括具体世界的物质本原存在于其中，牛顿的质点是物质世界客体最普遍的抽象。实际上，牛顿的光的微粒说同样是坚持光的物质性的，它的微粒不是现代光子理论的粒子意义，而是由于微小故我们无法观察到的有质量的实体粒子。赋予抽象的作用力与抽象质点指向具体物质客体存在相关的意义，对一切物质客体抽象为质点的普遍描述的客观有效性，使牛顿科学理论成为人类历史上第一个具有本体论普遍基础的物质世界运动的科学理论，成为唯物主义的可靠科学基础。这对于从神学目的论的世界走向自然必然性规律支配的世界的宇宙观，具有决定性意义。

牛顿科学理论的知性有限性是无可非议的，科学唯其有限才成为科学。科学真理知识基于其有限性才能有可经验理解和证实的普遍客观的必然性关系陈述，才是形而下的实证知识，无限的知识不可能存在。真正的问题是以牛顿科学理论为基础的唯物主义成为机械论的宇宙观，物质世界变成一个由齿轮和杠杆构成的机器，人们往往把机械论的局限性归因于牛顿的科学理论，称牛顿为机械论世界观的大师。这种理解是缺乏理性智慧的，实际上把牛顿理论当作机械论，根本没有真正理解牛顿的综合对人类科学认识及对物质世界统一性认识的划时代意义。把牛顿讥讽为机械论世界观大师者，得出这种片面观点的原因就在于他们一直用机械论思维去理解牛顿，理解世界。机械论是用因果决定论去认识具体现实统一性事物的思维方式，不是关于物体运动规律或机械普遍工作原理的理论。从理性智慧意义看，现实的机械运动、物质客体的现实运动变化，同样是要从统一性意义才能得到具体理解的，用机械论思维一样不能合理理解感性物体运动变化的现实复杂过程。牛顿经典物理学理论是抽象的质点运动必然性规律综合，由这些普遍知识出发究竟是机械地还是理性统一性地看待物质世界的实际运动变化，与牛顿科学理论无关，把关于物质、机械运动的抽象科学真理综合叫作机械论实在是牛头不对马嘴。牛顿的综合是客观普遍有效的真理，是我们理解感性万物世界的根据，由之出发如何理解现实物质世界运动变化，那才是见仁见智的理性智慧问题。世界统一性原理不但尊牛顿为近代科学的丰碑，更要深刻理解他的科学综合对物质世界统一性认识的划时代意义。牛顿对世界的科学认识是以自然界为对象的，当然还局限在人类至今还没有超越的物质客体这一定义域中。自然界就是物质自然界是几千年来自然哲学为人类科学和经验认识提供的形而上学基础，牛顿显然也是以此为认识自然的形而上学前提的。更进一步看，牛顿科学理论的对象即抽象质点甚至还没有达到自然客体乃至物质客体最普遍的抽象，牛顿质点动力学理论在微观量子态及能量子状态描述上是失效的，抽象质点并不是一切客体存在的最普遍抽象。在无、有、物的统一客体存在构成的宇宙中，质点是宏观之物的理论抽象。即使如此，牛顿科学综合的意义依然是划时代的。一是它已经将宏观之物构成的多样性世界统一在抽象的质点和力这二元之中，特别是引力定律在宏观层次乃至宇观层次把抽象力和具体物的存在统一起来，为宏观物质世界的运动提供了基本原因；二是质点动力学把运动发展貌似变动不居的感性现象世界统一为由普适的动力学必然性规律支配的有序的完美统一世界；三是它把伽利略的惯性系变换原理综合为空间相对性原理，从亚里士多德特定的地心参考系扩展到普遍相对空间，为物质世界相对性本质的认识提供了科学根据，使宏观、宇观感性世界进展到理性统一性认识成为可能。由相对空间描述的质点世界不只是质点系统，也是物质结构性演化支配规律的普遍性基础。没有质点运动规律，就根本无法描述有序结构演化的物质世界，抽象的质点和力的普遍性规律使具体相对的物质质能统一性存在的理性认识成为可能。由此可见，牛顿综合的历史性意义在于它使人类几千年来追求的对感性经验世界的理性认识，第一次在宏观物质世界意义上成为现实，是人类对宇宙统一性的认识的第一个具有普遍客观意义的理性认识理论的普遍客观知识基础。宏观物质世界的理性统一性认识是普遍物质世界乃至宇宙自然界理性统一性认识的前提，人类对自然统一性的认识进入理性的现实，这是牛顿综合的划时代意义，它为自泰勒斯开始的对万物多样性统一性理解的自然哲学提供了知识基础，使自然哲学的唯物主义从此成为感性、知性、理性相统一的。

以牛顿经典物理学理论为基础的近代哲学唯物主义和历史上传统的唯物论是不可同日而语的。今天，我们更多地看到机械唯物论的历史局限性，却往往忽视了它对人类认识的革命性意义，忘记了它的局限性是基于它的深刻历史进步意义上的局限性。没有局限性的哲学理性理论大体上是不会有什么现实意义的。近代机械论唯物主义对宏观物质世界的统一性理解始终都是合理的，是进展到更普遍理性的阶梯。把宏观物质世界统一性理解为物质一元论，在当时的认识条件下是合乎情理的。真正应该超越其局限性的知识基础是在二十世纪量子理论和相对论产生之后才具备的，这时应该超越局限性的也是物质一元论而不是否定宏观万物世界的统一性，至今还坚守物质一元论是不合时宜的了。对近代机械唯物论嗤之以鼻的现代自然哲学才真正是必须为至今仍局限在机械论世界观承担历史责任的。

对机械唯物论的局限性思考必须在理性统一性层面进行，不能还原到它的客观知识基础即牛顿的科学综合本身。科学知识性本有限，谈不上有局限性。机械论在理性认识意义上的局限性在于把科学知性的因果关系思维推广到无限具体理性统一性思维，把支配具体世界运动普遍抽象规律的必然性当作具体世界的运动变化现象也是必然性的，把必然性支配的自然世界理所当然地当作宿命的世界，把性本自然、具有自由本质的人化世界当作一个有必然无自由的无可奈何的宿命论世界。在方法论意义上，它把因果必然抽象有限关系拓展为无穷因果链，把统一于具体现实事物的无限抽象知识理解为也是由因果关系联结起来的，这就是近代科学革命以来人类不断强化了的机械决定论思维。无穷因果链把抽象知识转换为具体存在现象，为人类提供了必然性现实世界的一幅虚幻图景。它的现实形态以真理为最高目的，以科学理性为最高价值，展开在人类近现代、当代的历史中，在局限性和片面性中把人类引向全面的生存危机。人类的可持续发展不是纯粹科学命题，单靠科学，企图以开发新能源去最终解决能源危机不仅不足够，甚至可能是饮鸩止渴。理性存在之人类可否持续发展是理性具体问题，人类只能在知性和理性相统一意义上才能自觉地认识自己，按自觉理性去生存，才能从根本上走出科学理性带来的生存危机。

第一节　从亚里士多德到牛顿的综合

一、亚里士多德对物理世界的综合

人作为具体的族群存在，据说已经有数以万年计的历史，但人摆脱蒙昧跨入文明门槛还只是不久之前的事，这时人才有资本自称万物之灵而与其他生命族群有了本质区别，从而成为具有特定意义的人类世界的纪元。文字符号的发明和普遍使用使人类生存方式摆脱了自然生命的周期循环，赋予了人类社会独特的历史性意义。人类进入历史性本质的文化文明社会的第一个革命性事件是对世界认识从普遍知识到因果必然性关系的客观普遍知识的进展，即科学真理认识的产生。在此之前，人类的全部活动及其结果是由神的目的论来解释和支配的，这是人类从蒙昧和野蛮时代带到文明历史时期最基本的遗产。按照神的目的论观点，人类生存的现实世界只是神的世界的一个部分，祖先的灵魂是和我们永恒地共同生活在一起的，现实的一切结果都可以归纳为神的原因。神的目的和法则就是时下现实世界的法则，这是人类文明早期结成社会共同体生存的最基本的社会基础。

从神的目的论世界中开出天窗的是科学因果关系的建立和科学真理认识的发现。我们现在无法准确地说出科学因果关系在人类进入文明后哪一时刻以哪一特定规律描述形式诞生，但我们可以断言它在人类进入文明即普遍应用文字符号之后才能诞生，并且在古希腊已经达到空前的繁荣，正是它的繁荣孕育并生产了古希腊哲学。科学认识的本质在于它建立的是普遍抽象认识对象之间的因果关系，它的成果是因果关系普遍有效的必然性规律陈述。当对特定对象的特定行为可以用科学因果关系去解释的时候，就从神的目的论的绝对统治中打开了一个天窗，即并不是所有结果都归因于神的目的，而是可以由自然本身去解释它的原因的。科学因果认识的强大生命力在于它的普遍有效性以及实践性，普遍有效性决定了科学真理认识对人人平等从而具有了普遍传播、普及而成为人类共同认识的理由，实践性即由于它对人与自然相互作用中的积极意义而成为人们追求科学真理认识的内在动力。认识自然和合理地利用自然是人类为了生存第一要务的真正问题，神的目的也好，科学因果认识的作用也好，最终的意义将体现在人类生存状况的改善之中，抽象认识的意义成为意义的根据就在人类生存实务之中。当科学认识为改善人类生存、减轻人类痛苦而起到普遍作用的时候，它自身就具备了内在的发展动力，它的不断积累和发展就能使人类从神的目的论中逐步解放出来。这就是世界统一性原理把科学因果认识的建立看作人类文明发展史第一个里程碑的理由，这是人类文明从必然支配走向自由追求的现实起点。

在人类历史中，神的目的论和科学因果逻辑的解释是长期共存的，并且因果关系长期置于神的目的论之下。科学因果认识足以从根本上和神学目的论分庭抗礼并最终推翻神的目的论是从近代科学革命开始的，并且在十八世纪法国唯物主义无神论中达到高峰。神学目的论的根基归根结底是由牛顿的经典科学理论动摇的。在此之前，因果逻辑认识一直置于神学目的论之下。即使在科学已经比较繁荣的古希腊社会，其状况也是如此的。

古希腊文明是人类四大古文明之一，但它对人类现代文明的意义最为重大。因为古希腊文明是近代科学革命的源泉，用时髦的遗传学语言陈述，它构建了现代科学文化的遗传基因。古希腊文明的重大特征是文化的繁荣，包括科学和哲学文化的繁荣。古希腊是奴隶制社会，是人类文明史中最缺乏自由的社会形态之一，但古希腊奴隶社会结构中有一个颇具规模的自由民构成的相对独立的社会，这不但为各种形式自由民社会的各种政治制度包括民主制度提供了肥沃的土壤，而且为科学思维必需的自由环境以及对超越纯粹实际功利的形而上学追求提供了得天独厚的条件，这使古希腊成为在那个历史阶段人类文化最为繁荣的社会，产生了包括柏拉图在内的一大批科学和哲学方面的圣人。其中对人类文明史影响最深刻的是百科全书式的古希腊文化集大成者亚里士多德。对人类文化早期文明史可以从亚里士多德集大成的理论中得到概括性理解。

亚里士多德被后世誉为百科全书式的天才人物。他是柏拉图的学生，但他“爱吾师更爱真理”，故其成就为具有重大历史意义的人物。“亚里士多德被认为是最博学多才的科学天才之一。他一生著述丰富，广泛论列了政治、经济、哲学、伦理学、美学、历史、数学以及当时所有的一切其他自然科学的内容。现通行的贝克尔所编亚里士多德文集（柏林，1831—1870）共收集亚里士多德著作 46 篇，以后，在 1890 年在埃及纸草中还发现了他的《经典政制》。不过，这还只是他著作的一小部分，据说他的著作有 1000 多卷。”①亚里士多德的自然哲学占他著作三分之一以上。其中，《物理学》是最重要的，哲学形而上学则被称为“在物理学之后”，后人称之为形而上学。仅就作为科学天才而论，即使从我们现代人的知识背景和科学认识手段来看，通过观测归纳出“地球是球形”的科学论断，亚里士多德也足以被尊为科学天才。在《论天》中，亚里士多德论证了地球是球形而不是平板。“一个论证是基于月食。亚里士多德意识到，月食的产生是地球运动到太阳和月球之间引起的，这时地球把它的影子投射到月球上，月食因而发生。亚里士多德注意到，地球的影子总是圆的。如果地球是一个圆球，这正是你预料的结果，如果它是一个圆盘，就不会这样。如果地球是一个平坦的圆盘，则只有当月食发生在太阳位于圆盘中心的正下方的时刻，它的影子才能是圆的，而在其余时候影子将会被拉长成椭圆的形状。”②

尽管亚里士多德学识如此渊博，思维如此深邃，科学因果关系认识在他那里依然是从属于神的目的论的，科学本身还没有具备与神分庭抗礼的资本。这可以归结为如下三个主要原因：一是受科学认识的整体能力所限。即使当时已经有非常系统的天文观察，并得到一些天文学的科学知识，但都是以地球为参照系去观察的，即科学认识对物质客体的运动不只是基于以地心为坐标原点的绝对空间去认识和描述的，而且基于感性直观地球被不证自明地当作绝对静止的宇宙中心，所以当时的科学描述只是在特定空间中的描述而缺乏普遍空间中的意义。正是以这个绝对坐标为基点，亚里士多德得出“力是运动的原因”这一非常有局限性的基本科学描述。这种科学自身局限于特殊描述空间而缺乏一般普遍描述意义，科学认识对世界本性认识就缺乏普遍的科学理论意义。二是亚里士多德的科学成就不在于建立一个从特殊到一般到普遍的自然世界科学描述理论体系，他是百科全书式的科学天才，最杰出的科学地位是作为一切以往科学认识的集大成者而铭刻于人类历史丰碑上。这就是说，亚里士多德的科学不是一个理论体系，而是一个图书馆，在这个图书馆中不乏相互冲突的理论。这种科学理论的集大成并没有具备为世界统一性提供科学基础的能力。三是在古希腊，尽管文化和科学已经长足发展，但人类从蒙昧时代带来的神的目的论统治的遗产依旧是处于绝对地位的，科学不能冒犯它。柏拉图时代苏格拉底就被以渎神的罪名处以极刑，因此柏拉图从雅典逃往麦加拉的欧几里得处避难，在外游历十几年之久。亚里士多德在逝世前一年，雅典掀起反马其顿浪潮，他因与马其顿宫廷的关系被控以不敬神之罪。为了避免苏格拉底的悲剧重演，他离开雅典避难，并在次年殁于卡尔基斯。

在这种特定的历史条件下，古希腊最伟大的天才人物亚里士多德的科学渊识并没有为他的理性统一性认识提供革命性变革的条件，他的理性即最高的统一性认识仍然是合于神学目的论的神道论，神是他哲学的最高范畴。当然，他的神已经摆脱特定人格神的意义，是理性的神。按照科学因果逻辑，一切认识都是有前提的，无限后退不可能，必须归根于一个最终原因才能避免无限后退。神就是这最终原因，是没有原因的原因，是一切存在的根据。而神自身是不存在任何外在的根据的，是推动一切运动的不动者。因此，从人格神上升为最普遍、永恒、不动的理性神，既满足了神学目的论的需求，又给出了因果关系的最后根据，这是亚里士多德思想集大成之本质所在。从这个认识出发，我们进一步考察亚里士多德的理论对后世产生重大影响的两个问题：

第一，神学目的论的影响。亚里士多德的理论集大成是置于理性神学目的论之下的，但这种意义可以作两种完全不同的理解。一是把宇宙中的一切放在神目的至高无上的支配之下，这就是中世纪宗教哲学对之的定义。另一种是把神目的上升为理性的，即世界内在必然性基础上的目的，这种内在目的论为科学认识的客观普遍有效性争取到形而上学的合法权利和基础。因此，对亚里士多德神学目的论意义的理解是见仁见智的。其实，在形而上学的最基础部分即原因论中，亚里士多德“四因论”的最高原因已经是带内在目的论的目的因。当我们把事物的目的因理解为内在目的因，即事物自身必然性规律运动变化所追求的目标和运动发展的终点时，它就是一种理性目的论。从事物发展内在的必然规律去解释它的最终结果，它的所谓目的只不过是内在必然规律和具体现实相统一的意义。今天，科学取得绝对统治地位，神学目的论不再显赫一时，我们基本上是这样去理解亚里士多德目的论的。但在漫长的历史长河中，对他的理论中神学目的论的解释是在特定历史条件下具有不同内容的。

第二，科学知识的普遍形式统一性还没有达到最普遍形而上学统一性意义的历史局限性的影响。亚里士多德集大成的科学知识，除了能被后人证伪从而成为伪科学的那些之外，它们永远是人类的共同财富，是人类踏上文明新高度的必经梯级，其历史意义和现实意义是不言而喻的。我们这里要指出的不是亚里士多德集大成的科学认识本身，而是他从这些知识中归纳出来的具体世界解释意义，其中最为重要的是空间观和运动观，即“力是运动的原因”和“地心是宇宙空间绝对中心”的形而上学归纳。这其实是同一个问题的两种表现形式。因为他把力作为运动原因的实质是把运动改变和运动同一，即把运动的参照系固定在特定球心坐标系之中，从固定的绝对空间对物质运动作绝对运动描述。并不是说这种描述有错，而是这种科学因果必然性规律只在非常特定的条件下才成立，才有意义，它没有上升到一般科学描述的普遍高度，当我们离开地心参照系时这些科学描述就失去意义。所以，亚里士多德的绝对空间及绝对运动在他的限定意义下并没有错，但把空间理解为只有绝对静止空间，把运动理解为只是绝对空间中的绝对运动时就有问题了。这正是亚里士多德建立的科学理论在后世中引起最大争议的问题，也是它的局限性所在。

当然，亚里士多德的光辉永远是耀目的，无论是作为哲学家还是作为科学家，他都是我们的榜样。但必须记住，他的最大特点在集大成而非构建统一的理论体系，所以我们无须拘泥于个别问题的逻辑不完备甚至冲突。比如，亚里士多德认为物质是连续的，一块铜板无限瓜分下去得到的永远是铜，这明显就是和万物由不生不灭的物质本原结构演化而成的唯物主义理论不相容的。所以，不要在亚里士多德的图书馆中寻找统一性理论的科学基础，它还没成形。

二、哥白尼、开普勒、伽利略的革命

古希腊科学文化是在神学目的论支配下发展的。亚里士多德的目的论已经上升为理性目的论，即内在的目的论。但在拳头战胜脑袋的时代，古希腊文明因野蛮民族入侵而陷入衰落，未开化的野蛮民族继承的文化遗产是以外在神学目的论为主要内容的，这就是上千年的欧洲中世纪神学统治的时代。西方人后来把这一历史时期归纳为黑暗的年代或断裂的年代，即文明断裂的年代。对中世纪的价值判断不在此处讨论，但外在神学目的论对科学因果逻辑认识的扼杀作用是不言而喻的。没有对未知的自由追求以及对因果必然规律的尊重，科学就失去了生存的土壤。

欧洲的近代科学革命以文艺复兴为前奏，文艺复兴则是在宗教改革、人文思潮和自然科学革命等不同层面展开的。自然科学革命的杰出人物是哥白尼，他的重大贡献是论天体运动的日心说科学理论，完全有理由以此为近代科学革命的开端。

古希腊人在亚里士多德之前已经对天空天体进行了几个世纪的科学观测，并发现其中除了独特的太阳和月亮外，还有五颗与天空繁星不同的星星，这就是太阳系中肉眼可观察到的金星、木星、水星、火星和土星。因为它们与地球一样围绕着太阳公转，从地球观察它们的运动轨迹时就是由东向西的有规则轨道运行。遥远的星星在夜空中的运动轨迹则简单得多，所以遥远的星星称为恒星，太阳系中那五颗星就称为行星。亚里士多德根据天文观测，提出了以静止的地球为观察参考点的模型：地球静止在宇宙的中心，而太阳、月亮、行星以及恒星均围绕地球做圆周运动。托勒密则完成了这一具体的模型：8 个圆球依次由小到大围绕着地球中心，最大的圆球上是远处的全部恒星，它们相对位置不变而整体围绕着地球旋转，因而在观察中它们是一起穿越天穹的。但中间圆球上行星、太阳、月亮的行为和远处恒星不同，它们不是固定在圆球某一点上，而是在圆球绕地球运动时还在球面上做圆周运动，两个运动的合成真实地反映了天文观测得出的行星运动轨迹。但问题出在月亮的运动中，月亮与地球的实际运动轨道是椭圆，而当时的观测是以圆而非椭圆运动描述的，所以这个圆周的半径就不能是固定不变的。所以，托勒密假定月亮沿着一条特殊的轨道前进，在这轨道上月地距离有时是其他时候的一半，由此来保证理论模型和天文观测的一致。对此，我们不能不赞叹古希腊人在天文学上的杰出成就。亚里士多德的理论和托勒密的模型是科学对天文观测最早的归纳描述，并且在当时的历史条件下具有积极的科学意义。现在很多人指责亚里士多德的地球绝对静止观念，但平心而论，基于天文科学观测归纳的托勒密模型和朴素的"天圆地方"观念简直是天壤之别。

以地球为中心的天体科学描述模型与把地球作为绝对静止中心是两回事，后者是基于前者的对宇宙的一种解释。在人类对自然特别是天体运动所知不多的条件下，局限于特定绝对空间中的观察和描述是合乎认识发展从特殊到一般的普遍规律的。根据我们现在的科学知识，众所皆知地心参考系只是无数个相对参考系中的一个特定参考系，只不过我们生存在地球上，直觉上地球不动，描述上地心参照系更简便且符合人的感知经验，所以成为人类对世界描述的第一个特殊的参考系。真正的问题在于不仅由这一科学模型及绝对空间观产生出绝对静止的地球，而且由于它和《圣经》相符，根据教皇的旨意，经托马斯·阿奎那把这一模式定为上帝创造的世界图像，使"地心说"超出了科学因果认识范畴，具有了神学目的论的绝对意义。是这种神学目的论而非亚里士多德的地心科学模型成为扼杀科学发展的真正原因。

把特定地心为参考系的天体科学描述上升为一般相对空间中科学描述的科学革命先驱是哥白尼。他于 1543 年出版的《天体运行论》一书，建立了以太阳为不动的描述参考中心、地球及行星围绕太阳运行的科学模型。哥白尼根据行星视运动的不规则性及行星到地球距离的变化，断定地球并非行星旋转的中心。从地球运动而非静止这一判断出发，经过长期的观测和思考，他建立了日心说的假定："我们所处的轴心旋转的同时，和其他行星一起绕太阳运行；月球是地球的卫星。行星由太阳为中心由近及远的排列顺序是：

水星、金星、地球、火星、木星、土星，最外层是‘恒星天层’。”[3]

哥白尼拉开了近代科学革命的帷幕。他的日心说的深刻革命性意义可以从两个方面去理解：一是从地心到日心参考系的转变反映了由绝对空间到相对空间的科学观察和描述的转变。绝对空间并不是唯一的，而只是无数相对空间中的一个特定观察描述空间。这标志着人类对自然的科学认识实现了从特殊到一般的飞跃，具有革命性意义。二是日心说从根本上动摇了神学目的论的基础。天体是按自然的因果必然性规律运行的，而不是按上帝的目的运动的。这对于打破神学目的论的禁锢，解放追求自然因果必然规律性科学认识的精神具有革命性意义。所以，日心说又是近代科学反对宗教神学而争取自身解放的重大历史事件。正是这一意义，哥白尼在临逝世前一年才将《天体运行论》公之于世，而此后因宣传日心说而被宗教统治者视为异端的布鲁诺则为此付出了血的代价。

最终建立日心说严谨科学真理认识的是开普勒。他的导师第谷是著名的肉眼观测天文学家，生前积累了丰富的天文观测资料，并在去世前在床上嘱咐开普勒据此编制一个行星运动表，以支持他的地心说观念，即地球仍然是所有运动天体的中心。与亚里士多德一样，开普勒也是一个“吾爱吾师，更爱真理”的典范，他用从观测中归纳出来的行星运动三大定律证明地心绝对不动的观念是错的，哥白尼的天体圆周运动的描述也是不完备的。他用三个简洁、优美的科学必然性规律来描述行星的运动：“在第一个定律里他描述了轨道的椭圆形状；第二个定律说明行星的轨道速度如何变化；第三个定律得出了轨道大小和轨道周期之间的关系。”[4]行星运动三大定律不仅用数学模型建立了以太阳为参考点的行星的必然性运动规律，而且它是建立在经验观测基础上并由经验证实的，所以它作为客观天体运动普遍规律的科学认识真理而被接受，科学因果逻辑最终战胜了神学目的论的支配和统治。

近代科学革命的另一杰出领军人物是伽利略。伽利略 1564 年出生在意大利，他为追求科学、反对神学贡献了一生，并在物质的运动力学领域作出了极大的贡献。伽利略是一个坚定的科学斗士，他说：“《圣经》所指出的是通往天堂之路，而不是天空自己走的路。”伽利略是第一个把望远镜用于天文观察的科学研究，并第一个公开发表自己观测结果的人。他用自己的观测结果来支持哥白尼的日心说理论，因而与教会教义相抵触，被教会监禁。伽利略的最大贡献是在物质世界的运动方面。在科学家的个人轶事之中，我们从小就知晓“两个铁球同时落地”的经典故事。从古希腊亚里士多德时代起，人类就相信权威的“力是运动的原因”的解释，由此认为较重物体的下落将比较轻物体快，10 磅铁球的落地速度应该是 1 磅铁球落地速度的 10 倍。但伽利略不相信权威，在公众场合公开试验证明 10 磅铁球和 1 磅铁球同时落地，从而打破了“较重物体下落较快”的错误观念。这个故事在我幼小的心灵中就留下了科学英雄伽利略的光辉形象。

在往后岁月里的科学知识学习积累过程中，才更深地体会到两个铁球同时落地的深刻意义。伽利略首先建立了“力是运动改变的原因，而非运动原因”的运动一般描述，使运动的科学描述超越了传统的绝对静止空间。而且，伽利略还发现了物体的匀速运动并不需要力的作用，从而在动力学意义上把运动和速度变化的因果关系建立起来。是伽利略第一个提出了加速度概念，实现了运动学到动力学这一由特殊到一般的飞跃。但伽利略对动力学从特殊到一般发展的最伟大贡献应是他建立了不同惯性系之间物理学规律保持形式不变性的伽利略变换原理。因为这不仅推动了相对空间观念的普及，而且是在科学意义上建立了相对空间统一性的描述，使之成为严谨的科学理论本身，同时又具有科学认识论的科学描述空间相对性意义。至此，相对空间就成为科学认识的一部分，既是一种形而上学的世界观，又是科学的认识方法论，这正是它最“革命”的地方。

从哥白尼开始，而经由开普勒、伽利略等人前赴后继的近代科学革命的否定性意义是科学因果认识对神学目的论的否定，它的肯定意义则是对自古希腊以来的人类科学认识成果的继承发展，之所以誉为革命在于它把科学认识从一个绝对静止、狭隘的地球空间上升为具有宇宙普遍意义的相对空间的高度，而不是用普遍的科学真理去革特定科学认识的命。这才是对人类科学本质的合理理解。哥白尼和开普勒在天体运动领域，伽利略在一般的物质世界运动意义上建立了相对空间的描述，实现了由特定科学认识向一般科学认识的飞跃，最后将这些革命性飞跃综合为统一的物质世界科学原理则是由牛顿来完成的。

三、牛顿的综合：物质世界统一性的抽象描述

牛顿是人类科学史上第一个建立起物质世界统一性科学描述的巨人，他于 1687 年发表的《自然哲学的数学原理》至今看来仍是物理科学史中最重要的著作，成为人类对物质世界科学认识的一座丰碑。牛顿的成功首先归功于他对自然世界统一性的坚定信念，在那个依然是上帝的目的统治欧洲的时代，牛顿坚持自然世界自身内在的规律性，即使用神的目的论来解释也只是自然内在的目的性，从上帝来说只是自然内在目的性对上帝而言的合目的性。这对于坚持从因果逻辑出发、用科学去认识和解释世界具有重大意义。牛顿“在他的《光学》一书著名的第三十一个问题里断言，自然是非常和谐和自适的”[⑤]。如果不是这种理解，就很难对牛顿建立质点动力学这一物质世界抽象的科学描述理论作出合理的说明。

牛顿的理论使他成为活着的民族英雄，他的影响甚至远远超出物理学以及自然科学领域，成为一个时代的象征。但牛顿的理论当时遭到欧洲唯理论科学家们的抵制，他们认为牛顿理论只是经验的综合，并没有最普遍的科学意义，并试图用经验去最终否定它。但是，在布丰和拉普拉斯这些伟大科学家的强大影响下，它终于征服了整个欧洲。十九世纪，牛顿科学理论已经成为公认的最高科学成就，征服了整个世界。“在十八世纪英格兰人的眼里，牛顿就是受过所谓‘律条’指引的‘新的摩西’。”[⑥]

牛顿经典科学理论的直接来源是哥白尼、开普勒、伽利略及笛卡儿，所以有人把牛顿视为亚里士多德一样的科学集大成者。但这种比拟并不恰当，牛顿的综合并不仅仅是集大成的意义，而是在这些科学革命先驱的基础上，对天文学和运动学的从特殊到一般的科学认识进行综合，产生了一个有独特见解的关于普遍物质世界运动科学描述理论体系。所以，应该把牛顿看作从哥白尼开始的科学革命的最终完成者而不仅仅是集大成者。他不但赋予前人的普遍理论以更加普遍的描述，而且将之统一为一个完整的质点动力学理论

体系。可以这么说，牛顿经典理论达到了人类建立科学因果逻辑认识以来用因果逻辑对整个万物世界进行统一描述的无与伦比的高度。这是人类继建立科学因果认识之后的第二个历史丰碑，即第一次用科学认识去描述整个感性自然界。当然，这里的自然界指的是当时视为整个世界的宏观物质世界。

牛顿奉献给人类的第一笔科学财富是对自然物理规律科学描述的普适的数学工具。从牛顿将他的理论形成著作《自然哲学的数学原理》就可窥见他对数学描述手段的倚重以及数学方法在他理论中至关重要的地位。牛顿创立了运动变化定量描述的有效科学工具——微积分。把力作为运动变化的原因并概括出加速度概念描述运动速度变化的是伽利略，但他还没有把这些现象归纳为普遍客观科学描述的数学手段。其实我们在感性经验中视为自然而然的瞬时速度及加速度概念在经验意义上又是相悖的，一个点上如何描述速度和加速度？点的路径为零，所以瞬时速度和加速度只能是零。换句话说，速度和加速度按定义只能是平均意义的概念，但这对于运动及其变化的普遍科学描述而言，停留于平均速度及平均加速度描述肯定是不充分的。牛顿发明了微积分这一科学描述的最基本工具，用极限方法建立了点的速度及加速度这些物质世界运动描述基本概念的科学描述方法，从而为物理动力学的普遍描述提供了有效的工具。不少科学家坚信物理动力学是一切更复杂科学的基础，有人把数学誉为科学皇后的皇冠。对数学特别是微积分的重大意义，只要从我们现代教育的知识体系中就能得到深刻的理解：微积分是自然科学的必备工具，是学习科学者的最基础的工具知识，并且一切学习者应该在开始学习物理学科学理论之前掌握它。

牛顿奉献给人类的另一笔科学财富是质点动力学三大定律。第一定律把力是运动变化的原因归纳为惯性定律；第二定律是用他发明的微积分方法把力的作用引起的速度变化即加速度归纳为普适的数学定律描述；第三定律则揭示了物质作用与反作用之间的相互关系。三大定律把伽利略和开普勒对物质运动变化规律的科学认识概括为普适、简约的动力学描述体系，揭示了物质质点在力的作用下发生运动变化的因果必然关系，成为物质客体运动状态变化原因的普遍规律描述，从本质上揭示了物质运动的根本原因和必然性规律。质点动力学是物质世界运动变化的普遍本质的认识，是其他一切更为复杂的运动及演化描述的基础。所以，牛顿质点动力学三大定律从此成为物理学学科知识最基本的基础内容，对宏观物质世界的运动变化的原因的一切认识都可以在质点动力学基础上去认识和理解。

牛顿奉献给人类的最珍贵的科学财富是万有引力定律。万有引力的源头是开普勒对天体运动描述的三大定律。当时开普勒从理论上得出天体运行规律的根本原因是力在作用的结论，并从能不接触而发生作用的力的经验中认为是电磁力。但从现代的观点看，电磁力是局部力，它的极性效应以及由此产生的不同极性力的抵消效应决定它不可能成为普遍天体之间的作用力并支配天体运行。牛顿则是提出了无极性、由物体质量决定的引力概念，由一切物质依赖于自身质量而产生的相互吸引作用力解决了天体运动的动力问题。由自然存在自身给出它运动的原因，牛顿的引力是远比开普勒所设想的支配行星运动的力更普遍的概念。我们知道，电磁力作为局部力，它在大多数稳定物质结构中总是以电磁中性的状态对外显现出来的，在环境中产生的电磁力只是特定结构的物体的现象。但牛顿的引力则是最普遍的抽象，因为它只与质量有关。所以，凡是物质实体都产生与之质量相关的引力。它作为物质世界最普遍的抽象力，与物质存在同一，所以恰如其分地称之为万有引力。牛顿把引力规定为总是吸引的无极性力，所以，引力不仅“万有”，而且是无法消除对冲的，只有电磁中性物质而无引力中性物质。只有引力才能把物质世界的普遍联系和相互作用建立起来，使物理动力学成为普遍物质世界运动原因的科学描述理论。

牛顿从经验观测中归纳出“引力作用与物体质量成正比，与距离平方成反比”的引力大小的确定性描述，把引力假设上升为普遍的自然科学规律，并且实验证明这个规律是普遍有效的。按照引力理论，行星绕太阳运行是因为太阳对它的引力使它产生加速度，从牛顿的引力定律及运动三大定律可以把开普勒天体运动三大定律推导出来。但牛顿引力定律是更加普遍的科学综合，而且他不只解释天体运动、海洋潮汐变化，还解释了地球上包括苹果落地、江河低流这些普遍现象。所以，牛顿引力定律源于开普勒，但它的综合比开普勒运动三大定律要普遍得多，它才是一般物质世界运动变化原因的普遍归纳。引力定律是牛顿经典力学理论的精华，用诺贝尔奖获得者温伯格的话来说："牛顿破除了两种物理学之间的壁垒。他不仅消除了太空的神秘性，而且开辟了太空和地球放在一起研究的可能性。"⑦

引力理论是牛顿最引以为豪的科学发现，苹果落地是后人对他这一科学发现的形象描述。伏尔泰说过，牛顿在花园里散步，看到苹果从树上掉下来，从而首次想到引力理论，而牛顿确实也用苹果落地来形容过引力。人们用这个形象的故事述说引力定律的发现，实际上意味着引力定律的普遍性意义：它无所不在，习以为常的苹果落地这些物质世界运动现象本质上是引力作用的结果。这就赋予了引力以"万有"的普遍意义。

牛顿经典科学理论把从哥白尼开始的近代科学革命带向一个胜利的顶峰，成为近代科学革命的完美总结。因为牛顿理论为物质世界运动的科学描述提供了最基本的概念和框架，使我们从运动的本质去透视整个物质世界的运动，从相对运动去理解普遍统一的物质自然界。自古以来，物质世界对人类而言是变动不居的，但支配它的复杂而貌似变动不居神秘莫测的运动原因实际上是由几个普适的必然性规律支配的，动力学是一切复杂运动本质的科学。在几个简单动力学定律支配下，只要加上任何已知的关于运动的边界条件和初始条件，我们就能得出任何看似变动不居的运动过程的确定性描述。因此，整个世界物质客体的相互作用和运动变化，其本质就归纳在普适而简约的牛顿动力学理论之中。正是牛顿动力学理论对整个物质世界运动描述具有普遍有效性，后人戏说，开普勒用一只眼睛看世界（看天上世界），牛顿则用两只眼睛看世界，把天上和地下世界统一起来，从而得到对物质世界最普遍的动力学运动规律真理认识，把物质世界运动变化的奥秘展现在世人面前。所以，在牛顿的墓志铭上刻着：自然和自然的法则在黑暗中隐藏；上帝说，让牛顿去吧！于是一切都被照亮。

从当代各种不同观点看，牛顿的人格应该是颇有争议的，他和莱布尼茨的微积分发明权之争，他和格林尼治天文台弗雷姆斯蒂德之间的知识产权纠纷，使有人对他的性格以冷酷、自私、骄傲、惯于欺骗来形容。但从人类历史的尺度看，牛顿经典科学理论的胜利尽管不只是他个人的功劳，但他站在这一普遍科学综合的顶峰是不能否定的，它的真正意义是人类近代科学革命的胜利，是人类从神学目的论迈向科学和理性追求的旗帜。毋庸讳言，它不仅在科学领域，而且在经济、社会、伦理乃至人的生活方式等方面极大地改变了传统的世界。而且，不可否认的是，就作为科学真理认识而言，它仍然是我们现代人学习科学知识时必须掌握的最基本内容，依然是一切科学认识的基础理论。但是，随着二十世纪对传统动力学的超越，当年辉煌的牛顿理论似乎已经褪去了光芒，在相对论及量子力学这些更加普遍的科学描述面前似乎成了没落贵族。更为甚者，物理学甚至把牛顿理论看作相对论描述的一种近似，说牛顿理论已经过时。这是不客观也不合逻辑的。这个世界没有近似的科学，只有近似的观测；没有过时的科学，只有过时的技术；只有被证伪而被淘汰的伪科学，没有近似证真的科学；过时的科学是伪科学，是像燃素和以太般被驱逐出科学殿堂的东西，而不是人类基本教育中必须普及的知识。牛顿理论的局限性不是理论过时，而在以它为基础的对感性具体物理世界意义的解释，并且它的过时又是以它的巨大进步为前提的。

第二节　牛顿质点动力学的意义

一、引力抽象和感性经验世界的统一

引力及引力理论是牛顿经典物理学的最杰出成就。牛顿经典动力学是一个相对完整的理论体系，它包括动力学三大定律、引力定律的科学描述，以及它的科学描述基础即空间相对性及时间绝对性理论。空间相对性既是牛顿理论合逻辑的结果，又是该理论得以产生的前提，既是因又是果，把它纳入牛顿科学理论体系是可以接受的，离开它就没有完整的牛顿经典物理学理论体系了。由此看来，相对空间理论对于从物质世界运动的传统绝对静止空间上升为普遍相对空间是具有决定性意义的。但是，从对物质世界统一性描述的意义来看，最具意义的还应是引力概念及引力理论。

空间相对性是哥白尼日心说的核心，是近代科学革命的起点。但是，空间并不是世界存在，而只是物质客体存在的形式，是我们描述物质客体运动的独立变量。当然，对空间本性的理解，实在论并非个别观点，事实上大多数人都具有空间实在化的倾向。在地心说的唯一绝对空间观中，空间实在性的倾向就更明显。但在相对空间观中，从逻辑上来说，把空间相对性的描述独立变量作实在理解是行不通的，只能坚持空间的独立描述变量的形式本性。所以，无论是作为对空间本性的形而上理解，还是对空间独立变量在科学描述中的地位和意义考虑，它都只是我们认识世界的抽象形式，即对世界统一性思考而言，它只是认识形式，而不是世界统一性理解本身。对世界科学描述而言，它也只是描述形式，而非科学真理抽象描述本身。正是这种纯粹的描述形式决定了它在认识世界中先天性的基础地位，所以空间观对任何认识而言都是意义重大的，这也是近代科学革命从与空间观相关的日心说与地心说的冲突开始的原因。但空间观即抽象空间描述形式的基础和前提作用只是基础，它并不能决定在此基础和前提下的革命对具体世界认识达到的高度。真正的成就是在此基础上与其描述形式相统一的内容来决定的。因此，抽象的空间观革命固然意义重大，但它是由对世界认识的内容实现的，它的意义体现在与内容的统一而非纯形式之中。可以这么认为，空间观革命的成功是由它在与内容相统一的描述中的成功来支撑的。所以，从绝对空间观到相对空间观的转换是近代科学革命的成果之一，却不能说是最有代表性的成就。

牛顿对开普勒天体运动定律及伽利略运动定律的综合包括动力学三大定律和引力定律。在这一经典动力学理论体系中，引力定律对具体物质世界普遍运动变化描述最具现实意义。为什么不称牛顿四大定律而称三大定律和引力定律呢？因为它们虽然都是物质运动的普遍规律，但三大定律和引力定律的意义是不同的。不同的原因不在于这几个规律描述的意义上，而在于它们所指称的力的不同意义上。

力是什么？这是最直观又最难限定的概念，亚里士多德说力是运动的原因，伽利略和牛顿则解释力是运动变化的原因，当代物理学把力规定为物体对物体的相互作用。这似乎常识的概念其实是很难理解的概念。力不是本体论意义上的具体存在，而只是具体存在的现象；它不是现象本身，而是对现象进行描述的抽象。如果说这种现象的抽象平白易懂，那就大言不惭了。物理学的基础是力学，以力为中介在抽象概念中展开，而力恰恰是最抽象的，而且是缺乏统一规定性的。物体之间的相互作用是多种多样的，因而直接的抽象力本身也是多样性的，把多样性的力统一起来正是当代科学最伟大的目标之一，而且是未竟的事业。所以，力其实是一个非常深奥的概念。

牛顿动力学三大定律揭示了力作为运动变化的根本原因的普遍规律，这里的因果关系指的是力和运动之间的因果关系。在动力学因果关系中，作为运动变化原因的力恰恰是最抽象的，且是最无规定性的抽象，力的规定性并不在力学运动的因果关系制约之中。所以，力在三大定律的抽象理解中是物体运动变化的原因，但对具体物质世界运动的科学描述而言，作为运动改变原因的力只是动力学必然规律发生作用的自变量，它在因果关系描述的定义域里都是有效的，所以它是最无规定性的。在牛顿质点动力学三大定律中，在其定义域中普遍有效的力是可以千变万化的边界条件之一，不管是什么形式的力，不管它的大小如何，只要使运动方程描述有意义就行。也正是这种边界条件的无规定性，才使用几个简洁的动力学定律去描述千变万化的物质世界在复杂相互作用中的物体运动变化成为可能。所以，动力学揭示的是力支配物体运动变化的本质，而不是力的本质，力作为“三大定律”的边界条件，它其实是最无规定性的抽象，从牛顿三大定律去寻找力的本性或本质的理解是最不现实的。如果牛顿经典物理学理论仅限于质点动力学三大定律，我们对物质世界运动变化的原因就只停留在抽象认识中，无法回复到具体的感性现实世界。假如如此，牛顿科学综合的现实意义就大打折扣了。

但引力则不同，引力定律的完整理解包括引力自身的规定性，引力定律的因果关系不是引力作用与物体运动的规律描述，所以它不属于动力学三大定律范畴。它不是把引力看作物质运动变化的原因，而是把引力看作基于物体自身存在质量规定性的自然而然的必然结果。所以，在引力定律中，力不是在定义域中的自变量，不是边界条件，而是以物体质量和距离作为自变量的函数。所以，在引力定律描述中，引力不是独立的，而是被决定的。在引力的因果关系中，物体质量和距离是因，引力是果，引力定律揭示的就是以相互作用的两个物体的质量及距离为原因的相互作用的必然性结果。但这个结果不是直接运动现象，而是支配运动现象，是作为物质运动原因的抽象的力。所以说，引力定律不是动力学定律，而是关于物质客体相互作用关系的属性的定律，不是力的作用，而是力本身的本性、属性及大小的科学描述，这是理解和描述物质客体动力学作用的前提和基础。

把引力定律作为动力学三大定律的前提和基础，从逻辑上就可以得出引力定律在物质世界统一性认识理论体系中是比动力学定律更加普遍的一般规律的结论，它是对物质世界运动变化的科学认识从特殊到普遍、从抽象到具体的重大进展。从力的最一般抽象规定性看，动力学描述的力和引力定律描述的力都是抽象的物体相互作用关系的描述，所以都是抽象而不是具体的。当然，只有这种抽象才能产生科学真理描述。动力学中作为独立变量而无规定性的力是最抽象的力，而引力定律中作为物体质量及距离的函数的引力则是有规定性、被决定的，所以是比抽象作用力有了具体规定性、具体化了的抽象。从另一个角度看，力是运动变化的原因的动力学规律对具体物质世界的理解意义必须建立在力抽象存在的前提和基础上，我们不但需要认识动力学规律，而且还需要认识力本身与具体物质客体的关系，才能得到动力学定律与具体物质世界之间统一性关系的可能理解。所以，引力自身的科学描述是比引力以及一般抽象力作为物体运动变化原因的描述更基本的，因而是更普遍的。从世界统一性原理看，引力是比动力学三大定律描述中的抽象力更普遍、更具体的科学抽象概念。正是引力的这种普遍性及具体性，使牛顿理论对物质世界的科学描述达到前人无法企及的具体普遍性的高度。伽利略的决定物质运动变化的力，开普勒的支配行星按其三大规律运动的力，在牛顿的引力综合中达到了科学综合统一的更高层次。所以，从哥白尼肇始的近代科学革命对物质世界从特定绝对空间中运动的特殊科学描述向相对性空间中运动变化的科学描述的普遍而具体的认识，在牛顿经典理论体系中完成了它的基本目标，牛顿科学理论的建立是近代科学革命胜利的历史性标志。牛顿理论的意义和亚里士多德的物理学是不可同日而语的，它不是对近代科学革命以来科学新发现的集成，而是对物质世界运动变化更普遍规律的科学描述，其中最根本的是对伽利略和开普勒科学发现的更一般综合。这是归纳了人类对物质世界运动科学认识的一个理论体系，它的本质意义是人类对物质世界运动变化科学认识的高度的总结和归纳，绝不是集成。如果把人类建立科学因果认识作为人类文明进步历史上的第一个里程碑，牛顿理论的综合统一就是第二个里程碑。它在随后的几百年中风靡世界，至今它也不会过时，依然是我们认识物质世界的最基本理论，也是我们迈向更普遍科学认识的必经阶梯。

即使从对力的科学认识的当代最全面科学理论看，上面对牛顿理论及引力定律的评价也是中肯的。诚然，引力作为具体规定性的力不是最普遍的力，只是宇宙中一种特定的力，即只是物质世界中物体相互作用的一种特定形式，经验中力的直接表现形式是多样性的。现代科学对多样性力的统一的努力，在二十世纪八十年代成功地把弱作用力即导致物质发生放射性衰变的作用力归结为电磁力后，物质相互作用就归纳为核力、电磁力及引力三种基本形式。但是，核力虽是强力，但是短程力，它只在物质核结构层次起作用，超出核结构的物质客体运动变化与之无关。电磁力是局部力，且其作用强度比引力要大几个数量级，在它起作用的边界条件下引力的作用几乎可以忽略不计。但电磁力是极性力，它主要以局部力形式出现的原因不在于它在空间中随距离增大的衰减，而在于不同极性效应的相互抵消，从而在局部之外显示出电中性。我们生存于其中的物质世界的稳定结构是以电中性为基本形态出现的，非电中性及放射性只是在局部或不稳定结构中才出现的现象。我们对物质世界以物质质点为对象的科学认识是在电中性和稳定物质结构的前提下抽象出来的，而这又是符合物质世界具体存在本性的科学抽象。所以，引力才是物质世界中客体相互作用的最普遍形式的抽象。动力学定律的抽象力虽然包括一切力，但对于具体物质世界而言，引力才是最普遍、最基本的。据此，牛顿理论就成为以抽象质点来描述具体物质客体的物质世界科学认识的普遍的理论描述。引力的建立使动力学描述具有了统一物质世界的抽象认识意义，同时又有了具体物质客体的存在决定的相互作用的科学描述意义。正是这一从传统纯粹有限科学抽象认识向具有本体存在论意义的具体物质客体所决定的科学理论的飞跃，使它成为物质世界理性统一性思考的科学基础。

二、牛顿理论是唯物主义的科学基础

科学是哲学之母，哲学是科学的早产儿。要真正理解这一论断的意义，就必须回到对哲学理性的意义以及它与科学认识的统一性关系去考察和理解。

在人类脱离纯粹生物界而成为文化存在的历史中，科学因果思维的建立和科学真理知识的发现及积累是历史性的进步。科学知识与非科学知识的本质区别在于它是客观的，因而是普遍有效的。世界统一性原理把科学真理看作自然世界本身内在规律的客观认识和描述，但自然界的客体存在及其现象的内在规律是无限的，是不能穷尽的。知性科学真理的确定性客观认识之所以能够是确定性的客观认识，就在于它不是以无限的具体客观存在及它的现象为对象，而是以具体存在及其现象的特定抽象认识对象去建立因果必然性关系，发现自然的真理。所以科学真理知识都是科学抽象的结果，都是有限的客观知识，有限性赋予了它的确定性关系，以此为前提才有客观普遍有效科学陈述的可能。用数学语言来陈述就是，只有有限对象的因果关系才能是收敛的，才有确定性的客观必然性关系的可能，这就是智慧大师们说科学概念往往因其局限性才被理解的原因。只有有限的因果关系才能得出确定性的关系陈述，只有确定性关系才能是可以证真或证伪的，只有能经受证真或证伪的认识才能判断其是否客观而普遍有效，否则就只是经验的片面认识或既不能证真亦不能证伪的纯粹形而上学思辨。科学真理知识因为它的客观性而具有历史性意义，成为与时间、空间无关的人类知识财富，它的绝对增长的积累性赋予了人类历史绝对的“进步”意义。不少人把人类历史进步看作一种纯粹的价值判断或者自我陶醉，这是历史虚无主义的浅陋之见。我们对人类历史的价值判断显然是以价值标准为前提的，但它不是随心所欲的，而是主客观相统一的，而且构成人类文化进步的最重要的基础即知性科学真理认识是价值中立而且普遍有效的。所以，历史意义包括历史进步的意义不是一种纯粹主观幻象，而是一种主客观相统一的认识，科学真理知识的积累、增长以及它对人类生存状况的作用赋予了历史进步的客观性意义。正是基于这种认识，我们把科学因果认识的诞生和牛顿经典科学理论的建立看作人类文明进步的两个最具意义的里程碑，前者是客观真理认识的建立，后者则是一个对物质世界客观真理认识的基本理论体系的建成。

科学真理认识借助于科学抽象获得了确定性普遍关系描述的同时失去了具体性，但科学认识的来源、目的和意义直接指向具体的客体存在本身，离开了具体客体的科学认识是虚无缥缈的，而不是客观的。人类知性知识认识不是绝对独立的，它的相对独立性是在抽象思维中建立起来的。人类认识本质上是理性的，即一定是感性、知性、理性不可分割的统一性认识，据此才说文明人类是理性存在。从理性意义看，人类知识认识既要依靠理性形而上学抽象统一性形式去表述知识的内容，使个体的认识具有普遍之意义，又要依靠理性统一性思维将有限抽象知识引回无限的具体，返回现实世界本身，赋予抽象知识以现实意义。科学回归现实的手段，我们称为技术。科学是抽象的，技术是具体的；科学是知性的，科学技术则是知性和理性相统一的理性的具体，科学的作用是以科学技术为第一生产力的形态而成为推动人类社会历史的现实力量的。康德把人的理性认识归结为人对知性科学认识先天地具有一种不满足的自然倾向，要把各种知识综合统一为最高、最完整的知识，追求认识无条件、绝对的完整的统一体，“也就是认识现象界之外的‘本体界’即‘物自体’世界，这就是理性为自己提出的任务”[8]。康德批判哲学关于“物自体”不可知的真正意义是指知性科学认识作为抽象的确定性有限知识并不能完整地揭示具体的现实存在本身，有限不能直接通达无限，这是康德作为哲学大师的智慧过人之处。但把理性认识对知识认识的综合统一看作一种人认识的自然倾向就不够深刻了。较妥帖的陈述是：具体客体存在的科学真理认识是无限的，每一个有限科学真理认识都是该具体存在认识的一个部分，对具体的认识是由无限定的知性有限知识构成的，这种认识就是无止境的过程。每增加一个新的认识，我们对具体客体存在的认识就增进一点，就更丰富。在由各种知性抽象知识去理解具体存在时，就产生了知性认识的统一性理解问题，这就是康德所说的理性统一性的真正意义。对知性认识的理性统一性认识是关于真理知识的认识，它不是抽象的知识，而是对具体理解的智慧，而且是基于科学真理知识的智慧。所以，科学是知识，是真理，哲学理性是智慧，理性哲学的最高意义是从知性科学认识基础上建立起来的对具体世界的统一性理解。所以说科学是哲学之母，离开科学则无理性哲学。

哲学是对知性科学真理认识的综合统一，所以在科学认识发展到一定阶段基础上，真理知识积累到一定水平时，自觉理性即哲学才破土。为什么哲学史上一般把古希腊的泰勒斯关于“水是世界万物的本原”的猜测作为哲学诞生的标志呢？泰勒斯所作的是科学思考，是对客体世界的抽象科学猜测，但对这一猜测中的本原存在的不生不灭、万物生于它而又复归于它的规定性已经超越传统知性科学的有限意义。因为这从逻辑上规定了本原是世界最普遍的具体存在，由此出发可以对整个物质世界作出具体统一性的解释。所以，本原的认识作为抽象的认识对象，它首先是科学的命题，从本原出发的对整个物质世界的统一性理解就不只是对本原作为抽象认识对象的有限描述，而是以之为基础的关于整个物质世界生于斯又回归于斯的无限多的抽象真理的统一性意义。所以，对本原的抽象认识是科学，从本原认识出发对整个物质世界具体存在的领悟是哲学，这个整体世界具体认识是以普遍知识认识的综合统一来实现的。从这个意义来看，把泰勒斯作为哲学之父是合理的。

但为什么说哲学是早产儿呢？因为哲学以科学真理知识为基础，是知性知识的综合统一。问题恰恰出在泰勒斯在对世界万物本原的科学思考达到最普遍具体存在而上升为哲学统一性思考的时候，作为理性基础的科学真理认识本身对本原存在的认识还只是一种猜测，而不是确定性的真理知识。所以，古希腊的唯物主义哲学是建立在猜测的沙滩上，不是建立在科学知识的坚实基础上的。这就是断言哲学唯物主义是科学早产儿的理由和根据。不但在泰勒斯的知识体系中，古希腊到古罗马时代的科学认识等都无法使哲学本体论摆脱形而上学思辨或感性经验局限而成为真正建立在真理认识基础上的理性统一理论。德谟克利特可以从原则出发设想出不可分的原子概念，伊壁鸠鲁可以从不可分原子概念出发设想原子的运动及偏移来解释物质世界，但这一切都只是思维中的猜测而非从具体世界归纳出来的抽象，不要说是真理，严格地说连知识都不是，只是姑妄言之、姑妄听之的主观意见而已。哲学本体论即唯物主义要在这些所谓思辨中得到关于具体物质世界的综合统一的智慧理解，确实是强人所难了。由此，我们可以完全理解，为什么西方文化中唯物主义尽管是逻辑上唯一的一元论本体论哲学，但它在历史中并未一帆风顺地茁壮成长。没有科学的基础，没有科学真理认识的进步，理性的智慧就只是空中楼阁。

据此，我们就可以对二十世纪下半叶把牛顿称为机械论世界观大师得到合理解释了。牛顿奉献给人类的是经典物理力学理论，但它的巨大成功使之影响人类历史各个方面，包括哲学形而上学，成为几千年前就产生的唯物主义哲学的科学基础。当从泰勒斯开始的哲学唯物主义发展为机械论唯物主义并作为主导世界观去影响人类生活方方面面的时候，哲学唯物主义在历史上才第一次真正摆脱纯粹思辨和猜测，成长为以牛顿经典力学理论为科学基础的机械唯物主义，成为对科学抽象真理知识的综合统一。所以，牛顿是科学家而不是哲学家，但他的科学理论在那个时代的绝对统治地位从根本上影响了当时的哲学形而上学的理性思辨，使哲学唯物主义以统一意义将之纳于其中成为牛顿式的唯物主义，这是牛顿经典科学理论的更普遍意义。

牛顿科学理论之所以为哲学理性提供坚实的知识基础，就因为它确实已经形成人类历史上对物质世界运动科学认识的完整理论体系，达到了需要对之进行理论综合统一的高度。特别是引力概念的引入和引力定律对引力概念的科学规定性，建立了抽象科学陈述与具体物质客体存在的联系，使牛顿科学理论描述不再是传统科学相对抽象描述那种纯粹认识论意义的，而是与世界的具体存在即物质客体的存在相关的。引力是具体物质存在内在的，是由它的具体存在的质量规定性决定的。所以，在引力理论中达到最高科学描述的牛顿经典物理学就具有了本体存在论的意义，它的深度不是止于对运动认识的抽象规定，而是指向产生引力并由之支配物质客体在相互作用中按必然性规律运动的物质具体存在本身。这是牛顿经典物理学理论成为哲学本体论科学基础的逻辑根据。另外，引力尽管不是全部力的统一，但它是宏观物质客体相互作用的最普遍的力，物质客体的普遍作用在引力理论中找到了可靠的科学证据。所以，以引力定律为最高成就的牛顿科学理论就是物质世界统一性认识最可靠的科学基础，以物质世界作为思考对象的哲学唯物主义就在历史上第一次在科学真理认识中找到自己的统一性世界理解的根据所在。必须明白，古希腊哲学唯物主义由本原到本体的统一世界，实际上的定义域是万物世界，即宏观可感之物构成的统一世界，恰恰这都纳入引力描述的有效定义域中。

哲学唯物主义是以物质世界的终极结构即万物的本原存在为基本问题而产生，并构成一直围绕这一命题而展开的历史。一个意味深长的问题是，牛顿理论是关于物质世界运动变化描述的科学真理，根本就和物质世界本原存在无关，它的动力学定律中物体质量及支配运动的力都是无规定性的边界条件。引力定律中力有了规定性，但物体质量依然是无规定性的边界条件之一。那么，凭何断言与本原存在知识无关的牛顿经典力学理论能成为哲学唯物主义的科学基础呢？难道牛顿科学理论的成功促使唯物主义转换了自己的基本命题吗？事实并非如此，万物本原始终是哲学唯物主义的基本命题，从逻辑上说，抛弃了本原命题，哲学本体论已不复存在。对此，我们首先作一个反向假设：如果牛顿科学理论对物质世界的思考是存在的本原结构而非物质世界的运动变化，那么它到现在还不会达到科学追求的目标，人类至今还没有从科学真理认识意义上解决物质世界本原存在问题。所以，正是与本原结构探索无关的牛顿力学理论成为物质世界普遍的科学理论体系，并成为哲学唯物主义的科学理论基础。真正的奥秘在于，牛顿对物质世界运动变化的科学认识是建立在哲学唯物主义宇宙观基础上的，作为科学家的牛顿是一个唯物主义者，因为他科学认识的抽象对象是其科学理论的起点，是建立在传统哲学唯物主义基础上的，这就是牛顿力学的研究对象抽象质点的深刻哲学意义所在。经典物理学的抽象认识对象即质点是一个只考虑其质量而忽略其大小即空间形状的理想对象，它揭示了物质客体的本质，它既符合物质本原客体，也符合一切具有相对稳定结构的物体的本质特征，以抽象质点为对象的科学认识与以具体的本原结构为起点的物质世界统一性理论是协调而和谐的，抽象质点统一了一切具有质量的具体之物的意义。质点动力学理论的巨大成功不但在于对物质世界的普遍联系和作用以及由之产生的运动变化得到规律性的描述，而且对由本原存在构成的物质世界在运动变化现象中的统一性本质得到科学上可靠的解释和说明，从而最后成为以本原为起点的物质世界统一性认识的科学基础。基于此，哲学唯物主义也从传统的围绕本原命题猜测和思辨的形而上学，发展为以牛顿科学理论为基础的，以本原存在为自然起点的，是在运动变化复杂性中统一性万物的机械唯物主义理论。所以说，牛顿经典科学理论的最深刻意义在于它作为科学基础，推动哲学唯物主义从纯粹形而上学思辨发展为以知性科学真理认识为基础的物质世界统一性认识理论，牛顿知性科学的成功推动了人类理性进入新的历史时代。

诚然，牛顿经典物理学理论还不是自然哲学本体存在论完备的科学基础，它并没有从科学意义上回答“宇宙自然本原存在是什么”这一最根本命题。从泰勒斯开始的自然哲学两千多年来始终关注的是“物质世界最普遍的具体存在是什么”，而牛顿的抽象质点是以感性之物的存在为前提的，仅以牛顿理论为基础是无法支撑整个自然本体存在论理论大厦的。然而，自然统一性不是本原知识，而是以本原知识为基础的对整个宇宙自然的综合，从本原知识到本原论的进展，对自然感性客体存在分解和综合的统一才产生了自然哲学。牛顿的贡献是对自然的综合统一，为物质世界多样性和永恒运动的统一理解提供了普遍客观的知识基础。尽管以抽象质点为对象的牛顿经典物理学并不包括整个物质世界，但以引力为相互作用关系建立起来的感性宏观物质统一世界其实正是泰勒斯以来唯物论哲学的物质世界范畴，引力的相互作用关系为古希腊以来的自然哲学提供了客观知识基础，本体存在论第一次成为以客观知识为根据的理性统一性理论，这是牛顿经典物理学最普遍意义所在。尽管这种物质世界统一性理解并没有达到最普遍宇宙自然统一性境界，也还没有达到普遍物质世界统一性水平，但这是从特殊到一般到最普遍认识的必经阶段，这是人类关于感性之物的统一性认识作为第一个以客观知识为基础的理性理论具有划时代意义的理由所在。尽管物的统一性认识只是宇宙统一性认识的阶段性成果，但它具有相对独立的完备意义。按照上一章关于物质结构演化的最小自由能原理的讨论可知，上一层次结构演化并不影响下一层次结构的稳定性，在牛顿理论有意义的定义域中，至少在感性具体之物的存在尺度上，把感性具体实在客体抽象为质点是合乎逻辑的。这就是说，以抽象质点为对象的牛顿经典物理学理论，确实为泰勒斯以来的哲学唯物论提供了客观知识基础，人类对世界的统一性认识，首先在感性多样性和变动性的物的世界层次，达到感性、知性、理性相统一的境界，本体论哲学不再只是朴素的理论认识了。

今天，我们诟病机械唯物主义的种种弊端，但从历史性的观点看，机械唯物主义的确是人类文明史上理性的伟大胜利。一个不容否认的事实是，近代科学革命达到牛顿理论的成就后，它在几百年的历史中已经从根本上改变了人类世界。无论我们把近代科学革命以及随之而来的大机器工业时代称为文明进步也好，走向僵化教条也好，不可否认这是牛顿科学及机械论宇宙观主导人类并使人类发生了巨变的革命时代，这是中世纪乃至古希腊都无法比拟的。机械唯物主义的确立具有重大的历史意义，而从历史的角度看，它还表现为人的解放的过程。

三、从目的论向因果论转变的历史意义

人类从蒙昧跨入文明历史是带着史前的神学目的论遗产的。文明历史的进步在特定意义下表现为人类不断依靠科学规律认识的发现，不断摆脱神学目的论的统治，在对自然必然性规律认识基础上去支配人在世界中的生存，从而不断得到更大自由解放的历史进程。牛顿经典科学理论作为近代科学革命伟大胜利的成果，它的历史意义就在于极大地推动了人类从神学目的论统治下解放出来的历史进程。

牛顿本人的宗教信仰是一个被人们反复提起的历史话题，根据以往的历史传说，可以认为牛顿是一个比较坚定的上帝信仰者。因为据说牛顿在完成他的科学理论的综合之后惊叹世界竟然如此完美，除了把它理解为上帝的精心杰作外别无可能；据说他后半生曾专心致志地以微积分为手段去证明上帝的存在。所以，牛顿应该不是哥白尼、布鲁诺和伽利略那样反宗教统治的科学斗士。当然，除了文化信仰的因素，还不得不考虑到他当时所处的历史时代的宗教统治背景，但总的印象是“牛顿在其自然观上是与上帝合作的，因为他有着强烈的宗教信仰。他坚持认为太阳系需要上帝时时刻刻的照料，否则就会不稳定。对于牛顿来说，上帝是宇宙的造物主和维护者，但这却使莱布尼茨讥讽牛顿的上帝好像一个二等钟表匠，造出的钟表每次停下来，还非要他自己去维修”[9]。

牛顿是近代科学革命的代表，他实现了物的质点世界的抽象统一性科学描述，揭示了按自然和谐、普适的必然性规律运动变化的物质世界，这是对几千年以来的神学目的论特别是中世纪建立起来的基督教神学统治最有力的打击。一个坚定的上帝信仰者去综合完成物质世界按科学必然性规律运动的

普遍综合统一，似乎是不可思议的。但是，只要我们区分牛顿作为个人的宗教信仰与他的科学理论的反神学目的论的意义，对此就可以得到合理的解释。此外，必须指出，科学对宗教迷信的破除作用应该在特定历史条件下的具体形式中才得到合历史的具体理解。并且还有一点是最基本的，即人格神的目的论和理性无限的神的目的论是有本质区别的，牛顿的上帝只能从理性神去理解。

古希腊是人类科学发祥的处女地，古希腊文化是科学的第一次繁荣，至今我们还不得不诧异于古希腊文明的科学成就。但那同样是一个神的目的论统治的时代，数以万年计的神灵观念支配的历史遗产肯定在最终意义上支配着古希腊文化。从苏格拉底的悲剧到亚里士多德为逃避因渎神带来的灾难而客死异乡的典型事例，都可以证明这一点。但古希腊的神灵统治是多神统治，并且主要是人格神统治的时代，还没有形成一个绝对至高无上的统治万物之神，神的世界也是一个战火纷飞的世界，同时神的统治和政治统治是分离的。从科学因果认识的角度看，希腊科学虽然繁荣，但也仍处于启蒙时代，各种科学认识还没有形成相对完整的学科理论体系，更没有达到对世界进行统一性科学描述进而上升为理性统一的世界本性的整体解释水平，因而启蒙的古希腊科学还没有威胁到神学目的论的统治地位，反而是把自己置于神的目的论之下，赢得了在神的统治下科学因果认识的生存空间。所流传的古希腊哲人的理论认识中，自然哲学基本上是从属于神性思考的，并且对世界的科学及哲学理性思考的目的和意义最终都指向灵魂和神的存在及意义问题，泰勒斯如此，巴门尼德如此，柏拉图和亚里士多德也是如此。所以，古希腊的科学思维是在神学目的论的高墙大院里生长出来的。最有意义的是当神学目的论由传统的外在目的论发展为内在目的论，无所不能的神上升为具有普遍意义的理性神的时候，它就为古希腊科学发展提供了相对自由的空气和土壤，这是古希腊科学得以繁荣的一个重要原因。

欧洲中世纪则完全不同，神学已发展为基督教的上帝统治世界的一元神论，《圣经》成为解释一切的最高律条，最为重要的是基督教取得了政教合一的最高统治地位，它用上帝的世界直接管治人的经验的世界，基督教会首先作为经济统治机构，向全体教民每年收取百分之十的什一税来作为它的政治和宗教统治的强大基础。它用宗教裁判所的宗教法庭来对付一切“异端邪说”，它的权威凌驾于一切世俗司法权力之上，后者只是它的辅助执行机构。人类从史前带来的神统治世界的遗产在和政治、经济制度一体化的一神统治中达到了登峰造极的地步。特别是，对追求自然因果必然客观规律的科学而言，在《圣经》的樊笼中再也没有古希腊时代那种空气和阳光。中世纪是宗教和科学直接对峙的历史时代。哥白尼的日心说天体运行科学理论是人类对自然科学认识从特定的单一静止地心空间向普遍的相对空间的飞跃，但它与教会及《圣经》对上帝制造处于宇宙中心的地球的教义相违背，因而被作为异端邪说而遭禁锢，宣传日心说被迫害；伽利略因相信并传播日心说理论同样因为与天主教会相抵触而被抓进宗教法庭，被迫公开宣布放弃自己的观点，且在69岁时仍然被软禁在家中。由此可见，中世纪的神学目的论是人格化的，这是一个神带着各种政治、经济目的来统治人的时代。这种目的论对于被统治者来说，是外在的目的，是自由的剥夺，对科学因果认识而言则是失去了赖以生存的空间。所以，欧洲学者们把中世纪神学统治归纳为黑暗的时代，从哥白尼开始的近代科学革命经开普勒、伽利略，最终在牛顿理论中取得胜利，完成了综合和统一，其间经历了漫长的两个世纪。

牛顿经典物理学理论大厦建成，可以看作是近代科学革命胜利的宣言。不管牛顿个人对上帝信仰的态度如何，他的理论体系的成功及普及是科学对宗教统治的伟大胜利。牛顿坚信自然的和谐和协调，坚信自然按内在必然规律运动的完美性，这种因果规律信念和中世纪神学目的论支配一切的观念肯定是直接对立的。他活着时被作为科学英雄，死后像国王般被安葬的深刻的历史意义不在于他生前身后的荣耀，而在于科学对宗教统治的胜利。“罗素甚至认为，由于牛顿科学的兴起，‘在1700年，受过教育的人的思想境界就已经完全现代化了；而在1600年，除去极少数以外，绝大多数人仍处于中世纪。’神在世界秩序中的作用被大大降低；上帝即使他存在的话——而拉普拉斯和其他一些人认为连这假设都没必要——也只是在时间的开端给所有的物体一个推动，其后就再不需要他管了。实际上当时根本就不知道时间是否有一个开端。总之，天体的运动成为可以预知的了，虽然人类在宇宙中的地位变得无关紧要，但是人们开始赞美人类聪明才智的力量，不可避免地这导致神学上对上帝和人类关系的新的评价。教会的教条几乎是黯然失色了。”[10]牛顿理论的胜利是人类发展从宗教桎梏下解放出来的伟大历史转折，人类开始进入追求科学，崇尚理性，以知识就是力量为信条的新的历史时代。

牛顿经典物理学是关于物质世界运动的科学理论，它把物质存在作为理论的抽象前提，所以，仅从牛顿科学理论无法从存在论意义上彻底否定上帝的存在，这给牛顿的上帝信仰留下了选择空间。牛顿坚信上帝的造物本性，从对上帝的信仰出发，坚信上帝制造的世界的完美和谐。当然，他也可以像拉普拉斯那样选择。当拿破仑询问拉普拉斯上帝在世界中处于什么地位时，他直截了当地回答：我们的世界不需要他。

但是，尽管牛顿和拉普拉斯作了不同的选择，即他相信上帝存在并把此理解为世界完美的原因，但他的上帝目的论是一种内在的目的论，甚至我们可以将之理解为最普遍的抽象的理性的目的。自然界完美的运动变化是由它内在自洽、完美的客观规律支配的，并不需要外在的目的去理解和说明，这种理性神的内在目的论与物质世界运动变化的科学认识是可以作协调性理解的。基于上帝信仰的内在目的论与中世纪上帝无所不在的统治是完全不同的，具有本质上的区别。如果一定要坚持神目的论的合目的性，那也是世界运动变化的内在目的与上帝的目的自在地一致的合目的性，上帝的目的性失去了必然支配地位。当由自然内在的因果必然规律去理解世界的时候，神的目的性已经失去了早先的外在统治意义，成为内在完美的自然世界的终极意义的形而上的阐明。正是在这种神学目的论的转变中，我们才能解释坚信上帝创造世界的牛顿能够完成物质世界运动变化的因果必然规律的成功的综合，用他的科学理论为人类从神学目的论统治下解放出来提供根据，使人类按照科学因果关系去认识和改造自然世界。坚信上帝存在的牛顿因他的科学成就而被誉为指点人类走向科学和理性时代的新的摩西，这就是近代科学革命的真实历史写照。

牛顿理论的成功是科学的胜利，这个胜利让人类陶醉了几个世纪。但作为科学的牛顿理论，本质上只是人类从特定世界科学认识迈向更一般物质世界运动规律认识的新起点，它赋予了科学和理性认识旺盛的生命力和更广阔的发展空间。经历了三个世纪的科学发展，我们已经发现牛顿科学理论的局限性，而事实上牛顿理论作为科学理论就一定是有限的知性认识理论，不可能达到最普遍的统一性认识水平。关键是以牛顿科学理论为基础的哲学唯物主义即以机械论形态表现出来的机械唯物主义在近三个世纪的绝对支配地位中，历史局限性越来越明显，甚至成为人类科学向更普遍世界认识的桎梏，由推动科学进步走向反面。所以，必须正视基于牛顿理论的机械论世界观的历史局限性问题。

第三节　机械唯物论的局限性

一、牛顿理论的历史局限性问题

马克思说过：在科学的道路上并没有平坦的大道可走，只有不畏崎岖努力攀登的人，才有可能到达那光辉的顶点。马克思的归纳对牛顿应该是恰如其分的。牛顿是人类建立科学认识后，特别是近代科学革命以来的最成功的科学综合大师，他的理论是人类科学认识的一个巅峰。但从科学真理普遍有效的客观本性及对具体客体存在认识的无限本性而言，任何科学高峰都只是相对的，它只是更高峰的起点。牛顿理论的胜利在引领风骚两百年后，开始失去神圣的光环。这真如牛顿生前所说："我好像是一个在海边玩耍的孩子，不时为拾到比通常更光滑的石子或美丽的贝壳而欢欣鼓舞，而展现在我面前的是完全未探明的真理大海。"[11]但对牛顿理论意义的现代认识的变化中带有极强烈的主观性及不合理性，甚至有人格上诋毁牛顿的倾向，这是极为不公平的。因此，首先要弄清的是牛顿理论局限性的意义所指是什么。

对牛顿理论的责难很难有统一的归纳，但可以基本归类为如下几个方面：一是牛顿理论描述的世界是一个机械论的、失去人性的冷冰冰的世界。牛顿理论的静态和决定论描述、时间反演和速度反演的可逆性描述，把世界作为一个齿轮和杠杆构成的纯粹机器。二是牛顿科学理论在相对论动力学理论建立后露出了严重的科学局限性，它只是相对论科学描述的一个近似。三是随着复杂性科学的兴起，牛顿机械力学理论已经过时。可以把对牛顿理论的局限性评价叫作机械论、过时论和近似论。这些评价并非空穴来风，但这些评价本身大部分是糊里糊涂的。其实，对"牛顿理论"本身如果不作出明确的界定，是无法理解所谓过时论和近似论的意义的。

哲学家牛顿和科学家牛顿是具体的同一人，却是抽象、完全不同的两个人，不能把哲学家牛顿和科学家牛顿混为一谈，就是说，牛顿科学理论的局限性与以之为基础的物质世界统一性理论的局限性是完全不同的命题。但是，近代科学革命以来科学赢得了崇高甚至理性地位，所以大多数人认为理性就是科学，把知性科学和理性统一性同一起来，其实就是把哲学家牛顿和科学家牛顿同一起来，对牛顿理论的评价就知性和理性混同为一，因而得出一大堆貌似有理但实际上完全违背逻辑的结论。

首先必须从科学理论意义来评价牛顿理论，因为科学意义是理性统一性意义的基础，牛顿的胜利是科学理论的胜利。我们首先认识的是伟大的科学家、经典物理力学理论的综合大师牛顿。那么，牛顿科学理论有局限性吗？这是一个无意义的命题。诚然，牛顿理论是以质点为抽象对象的物质运动变化因果必然性关系描述，它无法对光、电、磁这些无质量粒子的运动进行有效描述，光子和物质粒子的辐射、吸收作用也不能用“作用力反作用力大小相等、方向相反”去解释。但这并不能理解为科学认识的局限性，这并不是牛顿理论的缺陷，而是它能够成为科学认识的必要不充分条件。如果它不是有限性的，它就不是科学的真理。科学认识的本性以及真理认识的客观必然性决定这一定是抽象的有限认识。所以，不只是牛顿科学理论，而是一切科学理论都是有限性的，根本就没有具体、无限的科学真理认识可以合逻辑地存在。黑格尔所说的全体的真理是既不能证真亦不能证伪的辩证统一性认识。如果把全体真理理解为确定性科学真理，那只是昏话。这个认识的建立要归功于康德，这是批判哲学奉献给人类的最主要精神财富。科学真理认识的普遍有效是可能的必要条件在于它对认识对象的抽象规定性之中。正是这一抽象使认识对象的必然因果关系建立起来，因而必然性因果规律可能被归纳出来。科学认识的有限性决定它不能通达具体，不能通达无限，它的有限性就在于抽象有限性。所以，康德的至理名言是对物自体这种具体存在而言的，抽象的知性科学认识不可知。所以，这种所谓有限性并不是牛顿科学理论的过错或缺陷，不能理解为真理知识的局限性。真理之为真理在于它的客观普遍有效性，故真理是放之四海而皆准的，何来局限性之谈呢？有限性和局限性是完全不同意义的概念，有限是科学真理认识的本性，局限性是指认识的不足和缺陷。用局限性去评价科学真理是不合适的。

至于把牛顿科学理论理解为对世界描述的一种近似，实质上是不理解科学认识本质者的外行话。事实上科学并无近似或准确之分，科学之所以为科学就在于它揭示的是认识对象存在或演化因果关系的确定性普遍关系，只能在理论上确定其是真的或者伪的，但不能判断是比较精确还是误差较大的。科学认识的真理性往往通过观测的具体实践检验，但观测的近似和理论本身的确定性不能混为一谈，否则科学真理的证真和证伪概念就没有任何意义。把科学理论理解为近似的根源和将之理解为局限性缺陷是相同的，即把科学知识和理性统一性等同起来，把普遍抽象当作现实具体，认为科学真理应当揭示的是具体存在客体的客观规律性，这是人力所无法企及的。

最严重的是不少人把至今依然是物理科学教科书中最基础的牛顿经典物理学看作过时的。这就大错而特错了。有过时的科学真理吗？从逻辑上说，能够过时的只是基于科学真理认识的技术应用而不是科学真理认识本身，科学真理认识的普遍有效的客观性与规定性赋予了它的真理性与时空无关性，所以它是不会过时的。科学认识当然和时空有关，但与之相关的不是它的真理性，而是它对象的抽象规定性以及它的边界条件及初始条件的规定性，否则真理就变成主观性了。科学真理认识的发展可以是对伪科学认识的证伪，比如对以太和燃素的科学认识理论；也可以是对原来不太精辟的陈述的更普遍、简洁、普适的综合和归纳，但这不是过时，而是发展。而且更为重要的是，科学对原有真理认识更普适的归纳和综合正是科学自身不断发展的内在机制，是科学对人类文明的真正历史意义所在，是科学认识从一般向更普遍归纳进展的人类理性统一性不断进步的历史过程。科学在向更加普遍的客体世界认识进步过程中，最一般的规律是把它赖以发展的梯级即特定科学认识真理纳入更普遍的综合归纳，使之成为一个更普遍的统一科学理论体系。原有的理论不是过时，而是成为更普遍理论的特定形式而有意义地继续存在于科学知识理论体系中。如果科学认识真的是像破鞋一样可以过时而被抛弃的，那么人类对世界的科学认识就是猴子抱西瓜、狗熊掰玉米，摘一个，丢一个，那人类至今可能仍然活在单纯动物世界的循环之中，还在树上采野果充饥。作为客观普遍有效真理的科学认识的意义就在于它的积累性，在于它各个抽象真理所构成的理论体系的统一性。为什么我们把科学因果关系认识的建立和牛顿对物质世界质点运动理论的综合统一分别看作人类文明史上第一个和第二个划时代的里程碑呢？就是基于科学认识这种永不过时的普遍有效性，以及由这种永不过时的客观认识自身积累而形成的理论体系对具体物质世界认识从个别到一般、从复杂到简单、从抽象到具体的不断进步过程。对人类历史“进步”的评价并不只是一种基于主观目的性的价值判断，它首先包括科学客观真理认识在积累中绝对增长的客观意义。科学认识这种永不过时的客观性是人类社会历史文明进步的最深层基础，任何把科学认识看作“过时”的思维根本无法解释人类社会历史过程。所以，牛顿科学理论不会过时，任何真正的科学真理认识都不会过时，它们只会作为发展了的更普遍的科学认识的特殊形式继续保持在科学理论体系之中。从这种观点去理解科学的发展，我们就会对牛顿科学理论的意义及它在我们科学知识理论体系中的地位和意义得出合理的理解。当然，随着科学理论的新发现以及科学认识从一般向普遍形态的进步，原先作为科学认识巅峰的理论成为更加巅峰的新理论的铺路石，没有了早期那种引领潮流的“时尚”色彩，而以科学认识中最基本的理论形态朴实无华地呈现在我们面前。这就是在相对论及量子力学时代的牛顿科学理论的本色。但是，从另外的意义上看，相对论和量子力学这些新的发现是牛顿科学胜利的果实之一，没有牛顿的相对空间就没有相对论的洛伦兹时空及引力弯曲时空，它依然是这些理论描述的基础语言和概念，它的规律描述依然包含于其中。形象地说，当我们在牛顿科学理论大厦的顶端搭上梯子看得更远的时候，没有任何理由说牛顿的大厦是无用的废墟，中国古人所说的数典忘祖之过就是这种行为。如果这种过时论真的有几分理，那么，任何站在人类科学探索最前沿并且最终向人类奉献出伟大科学真知的大师，都和牛顿一样逃不脱理论过时的宿命。因为科学不像泰山，也不像珠穆朗玛峰，没有极顶，没有哪位大师能够终结科学，任何踌躇满志宣布即将揭开世界终极奥秘的科学杰出人物在终结科学这个问题上最终落下的都只会是历史的笑柄。所以，真正科学大师、杰出科学发现的意义就在于它在人类科学认识理论体系中体现着永恒的价值，这就是牛顿科学理论的真正历史意义。只要人类历史没有完结，牛顿科学理论的价值就不会完结。

所以，作为科学家的牛顿永远是伟大的科学家，只要对牛顿经典物理学理论还没有确切的证伪根据，就没有任何理由对科学家牛顿说三道四。我们当代对牛顿理论局限性的所有质疑，不管本意如何或解释如何，其实根源都在于那个作为哲学家即机械唯物论大师的牛顿身上。从世界统一性原理看，建立在牛顿科学理论基础之上的物质世界统一性理论的历史局限性是不容否认的。我们承认它的历史进步意义，同时也必须承认它的历史局限性。因为理性统一性认识是对科学认识的综合统一，科学真理知识不会过时，但科学真理认识在历史地发展，对世界越来越丰富的科学认识的统一性理论就必须不断发展，否则就会失去理性统一性本质而变成僵化的教条，变成科学发展的内在阻力。牛顿科学理论由于成就巨大，对人类历史的影响是无所不在的，因而它为机械唯物论提供了坚实基础，为人类理性认识从抽象到具体的历史进步作出了不可磨灭的贡献。但由于它太成功了，所以两百年的伟大胜利光环，即作为机械唯物论的物质世界统一性认识，因为墨守成规而最后变成人类历史发展的阻碍力量。所以，牛顿理论局限性的真正意义是基于它的机械唯物主义历史局限性的。要真正理解这一局限性的本质，就要深入剖析近代机械唯物论宇宙观的局限性问题。

二、机械唯物论的历史局限性

我们对机械唯物论的历史局限性问题并不陌生，而且通常把它理解为牛顿机械论世界观。牛顿的历史功绩是杰出的科学成就而非哲学理性理论，严格地说，牛顿不是正儿八经的哲学家。那么，把机械论称为牛顿的世界观的理由是什么呢？这里有直接和间接两种解释。直接的解释是把牛顿科学认识指称的对象理解为具体的物质客体存在，即牛顿科学理论的认识对象是具体感性之物，牛顿科学理论对物质质点的抽象统一性描述直接就是物质世界运动的统一性描述。当赋予牛顿科学理论对物质世界直接描述意义的时候，牛顿科学定律揭示的就是对物质世界的具体认识，因而就运动规律描述的牛顿理论使牛顿不仅是一个科学家，也是一个哲学家，因为他的理论体系已经达到对物质世界的具体普遍描述，已经从根本上揭示物质世界的具体本性。这种观点正是近代科学革命取得成功以后许多人普遍地把科学当理性的观点。如果从这种观点出发，牛顿科学理论本身就是机械论的宇宙观。反过来也可以说，机械论宇宙观的局限性就是牛顿经典科学理论的局限性，它的过时就是牛顿科学理论的过时。然而，正如我们前面讨论过的，牛顿科学理论是不会过时的。任何科学真理都不会过时，这就从逻辑上否定了牛顿科学理论是物质世界理性统一性认识的可能。所以，牛顿是伟大科学家，但不是伟大哲学家，把机械论世界观的局限性理解为牛顿科学理论的局限性是不成立的。牛顿科学理论体系作为知性科学认识，它并不是机械论世界观本身。

对牛顿机械论世界观和牛顿科学理论的关系只能从间接的非同一即统一性关系去理解，即机械论世界观作为哲学唯物主义第一个以客观知识为基础的具体理论形态，它不是建立在对世界的抽象思辨和猜测基础上的，而是建立在人类对物质世界的知性科学认识基础上的，是对科学真理综合统一而得出的对物质世界本性的理解，从而在对物质世界抽象科学认识基础上把对具体世界的把握建立了起来。这个理性统一性据以综合统一的科学真理认识的基础内容，就是牛顿建立的经典物理学理论体系。基于这一原因，机械唯物主义也称为牛顿机械论宇宙观。

凭什么给一个哲学理性理论贴上科学家牛顿的标签呢？这其实是意味深长的。哲学唯物主义自泰勒斯以来把何物看作世界万物的本原的几千年思考中，经历了对物质世界本原的种种猜测，思考世界本性的哲学家们根本缺乏可靠的科学认识作为综合统一的基础去建立一个关于具体物质世界的统一性认识理论。只有牛顿建立他的科学理论体系的时候，哲学家们的思辨才第一次有了科学认识的基础，才有了对知性科学认识进行综合统一的资本。没有自立资本的哲学理性认识第一次在牛顿理论基础上获得了具体理性统一性的物质世界意义理解。严格地说，牛顿理论并没有深入思考物质世界的存在本性问题，而是揭示物质世界存在的普遍运动变化规律，但它所达到的对物质世界运动变化描述的普遍高度，引力对物质存在自身运动内在关系的揭示，使它完全有资格成为对世界进行综合统一理性思考的知性科学认识基础。哲学唯物主义是人类历史几千年来形成的物质世界统一性猜测理论，它经历了一系列哲学家的加工和提炼。从猜测的世界统一性理论上升为以牛顿科学理论为基础的物质理论统一性思考，并不是某一唯物主义哲学家的杰作，而是牛顿科学理论极大地影响和改变了世界后，哲学家们对唯物主义哲学的归纳和总结，它的最具体和本质的内容就是牛顿科学理论。所以，把以牛顿科学理论为主要基础的哲学唯物主义称为牛顿机械论世界观就是可以理解的了。它首先意味着，牛顿的科学发现确实极大地改变了世界，连当时的伦理学和政治学都把牛顿理论作为它们论据的基础。"于是德萨古利耶把新自然秩序的含义移进了政治教本；君主立宪制乃是最好的政体，因为国王，像太阳一样，其权力受到它的限制：像大臣们注视着他的眼色，六部围着他的王位神秘起舞，他从他弯曲的路线上使他们运动，借助于吸引力使他们的轨道屈从，他那受法律约束当行使他们自由的权力指导着而不是破坏着他们的自由。"[12]

从这一意义去理解牛顿理论的局限性和过时就完全顺理成章了，它所指的意义并不是牛顿科学理论本身，而是以之为基础的对物质世界具体统一性的理解，即哲学家牛顿是有局限性的，由机械唯物论去看世界过时了。机械唯物主义作为人类历史上第一个以科学为基础的关于宇宙自然的理性统一性认识理论，它的真正意义不是人类理性认识的顶峰，而是知性和理性相统一的具体理性认识的开始。理性哲学的本性是批判的，即它作为一种理性统一性智慧并没有确定的目标或终点，而是在对新的科学认识不断的综合统一中得出对世界越来越丰富的具体理解。机械唯物主义在历经一百多年黄金时代之后暴露出它的局限性，正从本质上显示它推动人类认识特别是科学认识高速发展的深刻意义。

牛顿机械唯物论的局限性体现在哪些方面呢？从不同角度、不同科学认识水平得出不同的解释。从世界统一性原理的宇宙观来看，对它的局限性可以归纳为绝对物质观。牛顿理论是以哲学唯物主义的物质本原猜测为起点，从中抽象出具有一定质量而忽略其大小影响的质点作为描述对象去构建起经典力学理论大厦的。这一理论对质点运动描述的完整理论体系证明了质点抽象的合理性，但并不是从科学上为物质本原提供了解释和说明，物质性本原恰恰是牛顿理论的前提。牛顿科学理论是从运动变化统一性而非物质结构存在统一性意义去建立万物运动变化中的必然有序的统一性的。当然，这也已经是非常了不起的科学成就，并且基于质点的物质动力学抽象描述是复杂结构统一性认识的理论基础。所以，基于牛顿科学理论的宇宙观就继续坚持它的理论假设的前提，即传统的哲学唯物主义的物质本原存在信念，并且自此，自然哲学一般用世界的物质性来代替“物质世界的本原是物质客体”这一命题。把物质客体作为绝对的存在是拒斥“物质从哪里来”这种形而上学问题的，如果这一命题有意义，物质本原存在就无意义了。不能追问物质从那里来，自然界的本性就是物质性，物质结构多样性存在和永恒生生息息中的演变，在最终意义上万变不离其宗，还是具体物质性存在，所以最终结论是绝对存在是物质。在绝对物质观基础上，对变动不居的物质世界的统一性理解就首先归结为物质世界运动变化的统一性问题。牛顿的最大成就是通过引力科学概念及其作用定律对物质质量的依赖关系，由物质客体自身存在的本质规定性去解决了“物质运动变化的推动从哪里来”的问题。物质世界运动的根本原因是内在于它的存在的，这为几千年来唯物主义对物质存在与它的运动推动的二元论解释提供了一个最合理的解决方案，为彻底的物质一元论提供了科学根据。当然这种根据还不是充分的，因为引力只是物质运动变化的一种原因。尽管有把一切相互作用归结为引力的尝试，但已经证明这是行不通的。所以，牛顿科学理论作为物质世界运动变化的理论，还不是故事的全部，而是在质点抽象意义和引力作用形式下物质世界运动演化的科学描述，只是对物质世界科学认识理论的一个部分。物质存在的绝对性仅以牛顿理论为根据去综合统一是不足够的。

但是，牛顿机械论宇宙观的局限性并不主要在于它的不完备性，而在于它面临超越物质运动领域的绝对运动时失去了有效性，这和亚里士多德的唯一地心静止空间在日心相对描述中失效是同一道理的。真正的局限性产生于十九世纪以来关于光辐射理论的紫外灾难以及麦克斯韦电磁场方程对光及电磁波传播速度的绝对性描述与牛顿运动相对性理论的格格不入。普朗克用量子假设解释了黑体辐射理论化解了紫外灾难，而量子假设的革命性意义远远超出了黑体辐射本身，因为它开始了人类从特定物质世界向包括特定物质世界于其中的更普遍的能量世界迈进的新纪元。光量子作为客体存在，已经彻底超越了由静止质量作为客体存在规定性的传统意义。另外，爱因斯坦建立了狭义相对性理论，把光、电、磁的绝对运动和物质客体的相对性运动描述统一起来，这是从物质世界相对运动向更普遍的能量世界绝对运动认识迈进的第一步。从存在到运动演化的更普遍性认识即量子理论及相对论的革命性意义就在于它超越了牛顿理论的特定物质世界描述，进入最普遍的能量世界，物质世界这一在牛顿理论中绝对、最普遍的存在就只是能量世界中相对、特定的存在及现象。遗憾的是，历经一个世纪，普朗克和爱因斯坦的能量存在及运动理论并没有真正综合统一为完备的能量理论。这些先驱的角色就和近代科学革命时代的杰出先驱哥白尼、开普勒和伽利略一样意义深远，但还需要站在他们肩膀上新的牛顿式科学综合和理性归纳，对他们的理论进行更高的综合和统一，建立起更加简洁、普适的能量理论体系，使人类真正进入从能量的科学理论和理性统一性智慧去认识和理解最普遍世界的伟大时代。若能如此，那将是人类文明进步的第三个里程碑。

更深刻地看，在牛顿理论迸发出耀眼光芒、机械唯物论在引领人类进入自然统一性认识新境界之时，存在和演化的二元分离已经埋下绝对物质观自戕的种子。机械唯物论的伟大历史进步意义在于它推动而不是终结人类关于自然统一性的理性理解。万物多样性世界的统一性并不是最普遍的世界统一性，物质世界统一性并不能为物质一元论和绝对物质观提供充足、完备的根据。牛顿科学理论只解决质点运动统一性，并没有解决物质结构演化统一性，没有指向世界万物本原这一本体存在论的根本问题。退一万步说，即使假定牛顿的抽象质点包括本原物质客体存在，绝对物质观依然有几道迈不过去的坎。一是建立物质世界宏观、宇观统一性的引力无法统一一切力，基于引力的自然统一性当然不是最普遍意义的统一性。以质点动力学为基础的物质世界统一性则是存在和运动二元构成的，以之为根基去构建存在的一元论是缺乏根据的。二是牛顿理论是基于各向同性平直空间为形式去描述的，它的定义域是无穷的，无穷空间中无限大的宇宙是科学无法描述的，它预示着宇宙是发散的，不收敛的宇宙何来统一性理解！三是空间相对性带来新的问题，物质运动是相对运动，相对运动的统一性如何产生绝对统一性是很难解决的问题，独断地宣称机械唯物论已经得到对自然的绝对统一性理解是缺乏根据的。

由此，我们可以更深刻地体会到绝对物质观局限性的根本所在。即使像爱因斯坦这样伟大的科学天才，也没能最终摆脱绝对物质观的束缚，用质能同一性及波粒二象性的概念和观念去解释和描述自己的能量理论。更为糟糕的是，深陷于绝对物质观的大多数人非但不理解量子理论及相对论的普遍意义本质，反而用物质存在去解释光、电、磁乃至引力场现象，把现代物理学理论变成一个毫无科学逻辑和客观性的理论体系。由此看来，在人类科学发展史上起过重大积极作用的牛顿机械论世界观的局限性已经越来越明显，是该用新的理性统一性理论去克服它了。

最后必须指出，以牛顿科学理论为基础的机械唯物主义对物质世界自身的认识和理解也是具有严重局限性的。它的局限性的表现正是用因果决定链的决定论模式去解释具体物质世界，把有限科学抽象认识拓展为无限理性具体认识，把理性和科学同一，其思想认识根源正在于把一切物质抽象为质点的还原论思维的具体绝对性理解之中。从这更深刻的层次看，机械唯物论的本质是抽象的哲学唯心论，它的局限性不仅在于从物去看世界，自然哲学从物出发是合逻辑的，机械唯物论的意义是指它是由抽象有限知性因果必然因果链去理解多样性自然乃至物质具体统一性的认识和思维方式，本质上是认识论范畴的，是从柏拉图到黑格尔的以具体真理为绝对的西方哲学唯心论的现实成果，它最终把近代科学革命以来人类向世界历史迈进的进程引向科学理性时代。

三、科学理性的决定论思维

以牛顿科学理论为基础的机械唯物主义的历史局限性的思想认识最深刻的根源并不在于牛顿科学理论本身，因果决定关系归纳和陈述之于科学认识不只是正当的，而且是必要的。问题产生在由知性抽象向理性具体的统一性归纳和理解之中，这不是牛顿科学理论抽象性和因果性的局限性，而是把抽象因果必然知识理解为理性具体统一性的局限性，问题产生于对因果必然性知识的理性统一性认识本身。这一局限性实实在在地是历史的局限性，就是说，这是西方哲学史两千多年来继承发展的合乎逻辑的结果。按照雅斯贝斯的人类精神统一性认识没有超越柏拉图的观点，只能得出西方哲学迄今仍没有从根本上摆脱机械论的结论。西方哲学关于思维统一性一直延续着两个基本传统：一是精神现象的意识、知识、真理、理性之间是可以作同样理解而可置换运用的，缺乏严谨的统一性关系理解；二是精神的最高目的和对象是真理，从巴门尼德到柏拉图到黑格尔到当今，西方文化中精神的绝对境界是真理，并且合逻辑地是全体的真理。在这种抽象唯心论的文化基础上，当牛顿经典科学理论对多样性万物相互作用和运动变化的动力学关系得出最普遍抽象归纳时，西方理性成为科学理性，只由机械唯物论的因果决定关系链去理解具体物质统一世界就不足为奇了。

机械唯物论还有几个同义概念：形而上学唯物论及线性决定论的机械论，严谨的说法是它用孤立、静止、片面的观点去看待复杂的物质世界，形象的说法是它把世界看成是由齿轮和杠杆连接起来的大机器。牛顿经典科学理论的质点动力学描述当然是真理认识，但仅凭此就断言它认为世界只不过是一部相对复杂的机器是缺乏根据的。对复杂事物的研究，特别是对生命物质现象的研究，人们理所当然地拒斥把一切还原为机器行为的机械论，人作为一种复杂的物质结构，当然和纯粹机械有本质区别。正如黑格尔所说，切下来的手已经不再是手了。所以，从整体有机观点去思考世界的人是强烈反对机械唯物论的。其实，更为基本和深刻的问题在于，最简单的物质客体存在的具体变化，包括具体的机械运动和机器做功，都是必须从统一性认识才能合理、全面理解的，机械论思维和机械工作是两回事，从机械论思维出发其实并不能对机械行为得到现实具体的认识和理解。

为什么机械论不能解释复杂有机体的整体行为呢？因为牛顿动力学理论是以抽象质点为对象来研究物质客体运动变化规律的，它是一种还原论的研究方法。科学研究需要还原，但不能只还原而无综合，以还原为基本方法的质点运动理论的普遍有效性只在质点抽象的限定条件下才有意义，不能用质点运动来描述的结构复杂性问题就不是牛顿动力学的认识对象。所以，对物质世界统一性认识所依赖的科学知性真理当然包括牛顿理论，但不能限于牛顿理论，而是需要把质点的科学认识和复杂性系统结构的科学认识等进行综合统一，才能得到对物质世界的理性统一性理解。仅从牛顿科学理论综合统一出来的关于物质世界统一性认识的片面性就是在所难免了。由此得出的世界并不是真正的具体世界理解，而是变成一个抽象、静态、无演化的冷冰冰的世界。

牛顿理论是以物质世界的运动变化为它的研究对象的，但关于物质运动变化的科学理论为什么反而会成为一个静止世界模型的科学基础呢？因为牛顿的认识对象是还原了的抽象质点，它的运动是质点的运动，物质世界的一切运动都在质点的运动中描述和解释。质点按必然性规律的运动是在物质世界静态结构假设基础上的运动，因为质点运动的世界本质上是无结构的世界，即无结构演化的世界，这就是静态结构的真正意义。在无结构运动的世界中，一切都是可循环、可预言和被决定的，故这个模型中的世界就是一个机器运动般的世界，将之作为物质世界具体统一性理解的宇宙观时就得出一个静态稳定而无结构演化运动的机器宇宙观念。正如我们前面对物质世界的理论归纳那样，物质客体存在当然可以抽象为理想质点，但它的本质是空间性结构存在，物质世界的运动演化从根本上说是结构的复杂性演化，由简单到复杂演化的现象及决定这种演化的规律才是对物质世界认识的最高目标，质点运动只是复杂结构运动中最简单、最基本层次的运动，它是复杂结构运动的基础，但不是物质世界运动的全部，仅从质点运动去综合整个物质世界的运动演化是不足够的。所以，现实的世界并不是机械论宇宙观所解释的静止结构条件下的循环和反复，而是一个从简单到复杂的运动演化过程。机械论世界的结构不变性使以它的运动理论为基础的世界图景停留在抽象和静止之中。

运用牛顿理论的质点抽象的还原论分析方法，并考虑到牛顿科学理论建立以来两百多年来的主导地位，我们就可以理解为什么人类在对物质世界建立科学认识的抽象形式变量中一直主要局限于时间和空间这两个纯粹描述形式的思辨和争议，而对于揭示物质世界运动演化的另一最重要形式描述概念即结构却鲜有描述，根本没有对之作为形式的规定性及意义进行有深度的探讨。因为近代科学革命的胜利奠定了牛顿科学的崇高地位，由之主导的宇宙观是一个无结构演化的整体世界，一个没有结构的世界的运动是无演化的运动，是抽象的运动，是实质上的静止世界。所以，世界统一性理论除了把空间、时间作为认识世界的独立描述形式变量外，把结构这一形式概念的思考同样放在统一性逻辑举足轻重的位置。因为没有结构的演化就没有物质世界整体意义上可理解的运动变化，没有结构统一性理解的物质世界就没有物质世界统一性理论，所谓“世界统一性理论”就只是一句空话。

退一步来看，即使在对无结构的质点运动描述意义上，牛顿经典物理学的理论描述也是不足够的，由此去得出物质世界非结构性思考时的物质客体相互作用产生的运动变化理解也是片面的。这种片面性的最大特色就是机械唯物主义的线性因果决定论思维，对这一思维得出最高概括的是拉普拉斯。

拉普拉斯成为机械论的重要人物是因为他是在近代科学革命特别是在牛顿科学理论的推广中作出了杰出贡献的伟大科学家之一。他的贡献以拉普拉斯定理的形式留给了人类，而他的另一重大贡献是在欧洲唯理论的科学家普遍质疑牛顿理论的科学普遍意义的历史背景下，他是推动牛顿理论在欧洲普及的主要人物，所以他对近代科学革命的贡献是卓著的。从某种意义上说，他对科学信念以及牛顿科学理论的信心甚至超出了牛顿本人。牛顿对动力学理论体系的完美性惊叹之余把它归结为上帝的杰作，但拉普拉斯只相信科学，不相信上帝，所以，他直截了当地回答拿破仑：在我们的体系中不需要上帝。这是对近代科学革命把人类文明从神学目的论中解放出来的伟大历史意义的精辟概括。不需要上帝作为根据而从世界客观规律去解释具体世界的本性，走向极端时则陷入机械的决定论。

拉普拉斯的决定论陈述并不是什么谬论，如果从科学认识本身意义来看，它是既中肯又精辟的。他认为，只要给出一组科学定律及必要的初始条件，原则上我们可以决定任何一个物质粒子的状态，包括它的历史、现在和未来。这其实正是牛顿动力学理论体系的意义。我们有了动力学理论，则对抽象为质点的物体就一定能按照理论描述的客观规律及其具体边界、初始条件去预言它按必然性支配的运动过程。在动力学的必然性描述中，只要确定了任何一点上的初始状态，则它的其他点的状态都可以依规律描述出来，因为定律在它的定义域范围内普遍有效。这里除了初始条件和普遍动力学运动规律之外，还有一个边界条件，即被抽象为质点的物体的质量，这是科学描述的具体客体的抽象。牛顿定律的普遍意义还在于它不特指某一物体，而是对一切在其边界条件范围中的物体都有效。这个边界条件的定义域就是拉普拉斯所说的一切粒子，严格地说是可以抽象为质点描述的一切物质客体。正是这种普遍有效性，包括边界条件和初始条件在其普遍定义域中的有效性，拉普拉斯才能理直气壮地断言，我们的世界体系运动变化的理论系统中不需要上帝。

但是，一旦对拉普拉斯的论断作超出科学真理本身的有限归纳，上升为具有理性统一性意义的具体物质世界的本性理解的时候，问题就出来了。如果宇宙中任何一个物质粒子以至任何一个物体的具体存在结构及运动状态都是被决定的，从而整个物质世界的运动变化是按已经被决定的状态去展开的，那么我们就陷入了无可奈何的宿命。在科学必然性的支配下，人类从上帝的统治下解放出来，但同样没有得到一丁点真正意义上的自由。自然的意志即必然性规律的绝对支配作用取代了随心所欲的全能上帝，从而束缚了人的自由解放的全部意义。在一个宿命论的世界中再讨论自由解放就是多余的。

机械的因果决定论宇宙观的缺陷就在于用因果决定的知性科学认识取代了理性统一性思维，把抽象的科学描述等同于具体的现实世界，这正是把科学当理性的近代机械唯物主义的真正历史局限性所在。对具体的物质世界的理性认识是在科学真理对世界描述的全部知识中建立综合统一而得到的智慧，而不是某一抽象对象的因果关系知识。所以，只要说到“因果决定”一词时，我们就能马上断言它只是知性科学认识而不是理性统一性认识，不能把它作为无限的具体思维方式，为世界提供一个宿命的因果必然性决定的统一性意义。当因果关系扩展为无限时，世界的具体统一性就还原为纯粹同一性的因果关系，哲学就还原为科学之科学，抽象知识的具体统一就仍是因果关系的真理，科学就是理性。理性的无限被理解为具体、无限的真理，实际上就是把一切因果归纳为一张无所不包的因果链之网，从而把有限因果关系推向无限具体世界。既然世界是普遍联系的，那么因果关系为什么就不能是一张普遍的因果天罗地网呢？这种思维正是知性思维的局限性所在。我们来考察这一因果网的最形象描述"蝴蝶效应"：在大峡谷的蝴蝶抖动翅膀产生了推动它身边树叶运动的一个效应，这个树叶的运动又引起了其他物体的运动……这种不断扩展效应的最终结果是形成了北大西洋上空的飓风。真不明白一大批聪明绝顶的人竟也津津乐道于这种无稽之谈。果真如此的话，现代气象科学理论不是一文不值吗？从蝴蝶效应的线性因果链中得出由蝴蝶抖动翅膀引起大西洋飓风的因果关系其实已经不再是因果关系，而是披着因果关系的江湖骗术了。从大西洋飓风出发逆向考察，就会发现这种因果链并不只是一只蝴蝶的单线链条，而是由无限多的因果关系联结起来的因果网，同样可以说是太平洋一只鲸拍尾巴引起北大西洋的飓风。所以，所谓因果链再也没有任何因果决定关系，不再是因果关系了。实际上，从因果网去解释世界，可以解释一切但又什么也解释不了。所以，因果关系就是因果关系，不存在科学因果链，因果关系是科学真理认识的最基本手段，而扩展到因果链则是毁灭一切科学认识的可能，把因果关系扩展到因果链就走到了科学的反面。所以，对拉普拉斯的决定论观念，从知性科学认识本身来言，是合理的；把它作为理性统一性认识，作为具体物质世界的哲学理解，就走向反面。一切知性真理走向无限和具体都会变成谬误，因果关系作为科学认识的基础同样如此。

从逻辑关系上来说，因果链是指因果关系之间的联系，即科学真理认识之间的关系。如果把这种关系视为科学因果关系，那它就是科学的科学，而非原来意义上的知性科学，所谓"科学的科学"其实并不是科学，而是哲学，即已经是理性认识而不是知性认识了。如果把理性认识理解为因果关系，那就把哲学理性当知性而不是智慧了。统一性关系与因果关系是两种完全不同的关系。科学和理性是不同层次的范畴，混淆它们就会陷入盲目和片面性，这种低级错误不能再重复了。我们不能老是陷于知识越来越丰富、智慧越来越贫困的窘境之中。所以，抛弃因果链而坚持因果关系是我们对拉普拉斯决定论合理理解的根本原则，作为科学陈述，拉普拉斯的决定论思维是正确的，但将之推广到理性统一性则一定走向反面，走向反动。

拉普拉斯的决定论表述从科学上看是严谨的，他恰如其分地使用了“原则上”一词，这十分深刻地揭示了牛顿理论的有限意义。“原则上”意味着牛顿质点动力学理论是具体世界抽象认识的基本理论，但不是全部理论，质点理论是更复杂的结构性科学理论的基础，因而它是最基本的。“原则上”已经在先地揭示了用质点理论对物质世界作全面描述的抽象性。我们知道，就一滴水的分子描述对质点动力学而言，就只是原则上可能而现实上不可能的，尽管对每一个分子都可以得出动力学确切行为描述，但一滴水中巨大数量分子的初始条件及运动状态描述就只是原则上可能现实上不可能的了。所以，抽象质点描述与物质宏观系统描述是物质世界统一性中必须进一步思考的基本统一性命题之一。

注释

①苗力田、李毓章主编《西方哲学史新编》，北京：人民出版社，1990 年第 1 版，第 78 页。

②史蒂芬·霍金、列纳德·蒙洛迪诺著，吴忠超译《时间简史》，长沙：湖南科学技术出版社，2006 年第 1 版，第 4 页。

③苗力田、李毓章主编《西方哲学史新编》，北京：人民出版社，1990 年第 1 版，第 244 页。

④彼得·柯文尼、罗杰·海菲尔德著，江涛、何守平译《时间之矢》，长沙：湖南科学技术出版社，1995 年第 1 版，第 28 页。

⑤伊·普里戈金、伊·斯唐热著，曾庆宏、沈小峰译《从混沌到有序》，上海：上海译文出版社，1987 年第 1 版，第 62 页。

⑥同上，第 61 页。

⑦彼得·柯文尼、罗杰·海菲尔德著，江涛、何守平译《时间之矢》，长沙：湖南科学技术出版社，1995 年第 1 版，第 33 页。

⑧苗力田、李毓章主编《西方哲学史新编》，北京：人民出版社，1990 年第 1 版，第 540 页。

⑨彼得·柯文尼、罗杰·海菲尔德著，江涛、何守平译《时间之矢》，长沙：湖南科学技术出版社，1995 年第 1 版，第 34 页。

⑩同上，第 33—34 页。

⑪同上，第 34 页。

⑫伊·普里戈金、伊·斯唐热著，曾庆宏、沈小峰译《从混沌到有序》，上海：上海译文出版社，1987 年第 1 版，第 62 页。

第六章
动力学和热力学的统一

引 言

【提要】质点描述只是物质世界运动描述的基础，对复杂结构性物质系统而言，它只能原则上适用但技术上不可行，宏观物质系统热力学不是从质点动力学导出来的，而是从热机工艺学中进一步普遍抽象归纳而来的。热力学从认识对象开始就和质点动力学分道扬镳了，其普遍规律归纳陈述也和质点力学特征不同，热力学是不可逆运动描述，动力学是可逆运动描述，可逆性和不可逆性揭示了热运动和质点运动的本质区别，同时也被理解为两个学科理论的冲突，执于热力学定律是宇宙最普遍本质的大师们一直在质疑牛顿质点动力学对物质世界描述的真实性。普里戈金把可逆和不可逆、有序和无序问题归结为科学的两个主要遗产，因为它们被科学界反复提起并争论且始终有花无果。自然一元统一则动力学和热力学先验地就是统一的，本章的主题就是以能量为根据把它们统一起来。

一、热力学是在热机工艺学转向研究热机热功转换效率时上升为抽象理论形态的，出生之时和动力学之间并没有联结的脐带。热力学的本质是第二定律即热运动定律，但止于此并没有完成理论抽象，没有从卡诺循环需要高、低温两个工作热源的经验中归纳出温度差才是真正热源这一本质意义，以经验中具体热源出发去揭示的热运动是本质上缺失了热源的，还只有片面认识意义。由于热力学的普遍理论抽象远未完成，由之去解释热机热功转换原理尚可，解释整个自然界就很有问题了。卡诺从理想循环分析中建立的热机热功效率概念的物理意义和机械力学的效率是完全不同的，其现实意义是由高、低温工作热源的温度差去揭示热机热能利用的定义域。温度差的本质意义是热源，热力是由热源即温度差决定的，不是由高温决定的，等高的高温之间无热力。

二、热力学最重大的理论意义是热力学第一定律，它是包括热能转换于其中的能量守恒定律的陈述形式，热力学描述和动力学描述的相对独立性决定了热力学第一定律比机械能守恒定律具有更普遍意义。

三、由热力学第二定律揭示的热运动的本质特征是不可逆性的，这在传统科学规律描述中是独特的，因而被认为是和动力学不协调的根据。其实不可逆性并不是热力学中独有的运动必然性规律，而是自然的普遍本性。以电流为例，交流电在现实中电流是可逆的，但以电源为根据的电流本质上则是不可逆的，离开边界条件和前提抽象地争论可逆性和不可逆性的矛盾是鸡和鸭之争而已。

四、由动力学可逆性描述和热力学不可逆性描述的想象中的矛盾发展到质疑甚至否定科学规律的因果必然性决定关系就走火入魔了，无因果决定性又何来科学之意义？不只质点动力学的规律是因果决定性的，热力学的不可逆运动规律也是因果决定性的，由随机性出发用统计方法归纳出的规律也是因果决定性的。统计规律的随机性是指规律的认识对象的初始条件被设定为随机平均性的，由齐一化约化了复杂性认识对象的初始条件；统计是把随机性对象归纳为普适描述的数学方法；在这些基础上归纳而来的普遍科学规律也是因果必然性陈述。

五、热力学和动力学是由宏观热状态描述量温度统一起来的。热现象以温度为普遍认识对象建立抽象科学描述，温度的质点动力学意义是构成宏观物质系统的基本粒子的平均动能，热能的本质是动能，是构成系统内部粒子动能的统一，对宏观系统而言就叫内能。回归自然普遍能量本性，动力学和热力学就统一起来了，无矛盾可言。热力学第二定律产生不可逆描述的原因在于它是宏观物质系统内部自由能交换描述，和热力学或动力学无正相关性。对质点不作位置、速度描述，而是转换为简单质点系统的自由能交换描述时，也是不可逆描述，即一定是动能大的质点向动能小的质点转移能量，封闭系统的自由能是不可逆减小的，这就是支配物质客体能量交换的最小自由能原理。

牛顿经典力学建立了物质世界统一性描述的基础框架，量子力学则把物质世界描述深入到微观领域，这似乎已经完成了从微观到宏观乃至宇观物质世界的完整科学描述。然而事实上不能如此简单化地理解，在认识论意义上，所有动力学描述都是微观描述，而且经典动力学比量子学更为“微观”。因为即使把太阳系、银河系作为质点进行动力学描述时，这些认识客体依然是没有大小规定性的理想质点。质点本身是超微观描述，我们不妨称之为微观描述，由之抽象而来的现实具体之物才是宏观的。从质点动力学角度对宏观物质系统进行科学描述的困难不在于逻辑上，而首先在于技术上。仅一滴水就含有大约 10^{23} 个分子，理想气体分子之间每秒钟约进行 90 亿次不连续相互作用，要用质点动力学独立完成具体物质世界的完整描述是不现实的。对大量客体相互作用着的物质客体系统之间的相互作用的最成功的科学描述是热力学而不是经典动力学，它的描述方法不是线性因果关系陈述而是随机统计方法，它的描述参数不是点的位置、速度、加速度，而是宏观状态参量，如压力、体积、温度等。所以，热力学描述和动力学描述的方法本质上是不同的，而且热力学才真正赋予认识对象在认识论上的“宏观”本质意义，即动力学在本体论意义上的宏观存在是通过认识论意义上的微观抽象对象实现科学描述的，只有热力学才在本体论与认识论意义上都具有宏观意义。热力学的宏观科学描述才是更加贴近具体物质世界现实的抽象科学认识，这是热力学的最深刻意义所在。

众所周知，热力学不是对客体世界纯粹抽象理论归纳的产物，而是近代工业革命实践推动下的成果，它的来源是热机的热功转换关系特别是转换效率的研究。热力学在实践中的伟大成就特别是在工业革命和人类生产机械化历史进步中的作用是有口皆碑的，它在理论上的伟大贡献在于推动了从机械能守恒定律向普遍能量守恒定律的拓展。但是，它终究还未能合逻辑地归并到动力学，热力学和动力学、生物学一直以一种虚幻的矛盾状态存在，并由此产生了困扰人类的宇宙热寂及其熵垒这一问题。人类至今仍然对世界统一性原理缺乏清醒认识，这和对热力学的本质缺乏真正认识实际上是同一件事情的两个不同侧面。热力学的宏观参量描述必须和原子论协调，和质点描述统一。动力学和热力学的统一是世界统一性特别是物质世界统一性认识的纲领性命题。

本章试图从理论上解决热力学与动力学统一问题。宏观状态参量温度的微观物理意义是热力学和动力学统一的联结点。宏观态的温度，实际上是微观态粒子在宏观系统描述条件下，它们的微观粒子的动能的统计平均描述量，所以宏观温度和微观粒子动能，或者说热力学温度和动力学客体动能本质上是同一的，只不过在不同描述对象下以不同形式认识和描述，这正是热力学和动力学统一的根据。它们的统一是在能量这一根本存在意义上的，所以温度的另一概念是热能。由热力学拓展而来的普遍能量守恒定律的最深刻意义还在于从绝对温度的非负本性中进一步证明了能量在本体存在论意义上的非负本性，所谓正负能量只具有相对描述条件下的认识论意义。由温度和能量出发理解热力学和动力学的统一，则传统的两者对立观念只是一种纯粹误解。动力学和热力学的本质区别在于它们的认识描述对象根本不同，前者以质点客体为对象，后者以大量粒子的系统为对象，前者用运动方程的因果关系陈述，后者用大系统的数理统计方法描述，而统计描述只是另一种形式的因果决定关系。说热力学违反了因果关系是不合逻辑的，统计作为系统因果关系描述，它和动力学的因果关系不同但又是统一的。

第一节　热力学理论的建立

一、热力学的产生

按照物理学家的观点，热力学是研究物质热现象及其运动规律的科学。大量分子的无规则运动在宏观状态下表现为气体系统的热运动，用系统的温度、压力、体积等宏观状态参量进行描述。这些宏观描述参量的物理意义由气体动理论阐释，它对构成宏观系统的大量微观粒子的位置、速度分布作概率描述，随之用统计方法综合，得出大量气体分子系统宏观行为的规律性，并给出温度、压力这些宏观状态参量的存在论意义。严格意义的热力学不包括热现象的气体动理论，它不关心物质系统的微观结构和过程，而是着眼于物质系统的宏观状态参量，以宏观状态参量的观测和实验事实为根据，从能量的观点出发，研究物质系统宏观热状态运动的普遍规律。这种研究宏观物质系统热状态变化规律的学科就是热力学。

纯粹从物质宏观系统状态进行思考的热力学完全独立于构成宏观系统的微观粒子及其微观运动过程的理论这一特点表明，热力学不是在经典物理学理论框架内合逻辑地发展而来的进一步具体化的理论，而是在经典物理学的动力学理论之外另立门户的新研究领域的理论。它的生长点在于经验和观察，它的真正驱动力是近代工业革命对机械化取代人工体力的追求，即它是工业革命实践的产物，准确地说是蒸汽机产生的机器大工业生产催生的结果。在人类用蒸汽机等热机取代人力和畜力作为驱动工业社会的最主要动力时，热机技术作为热力学具体系统，它的热功转换关系、条件、效率、能力就是实用价值极高的技术问题，热力学就是在热机技术应用中发展起来的一门新学科。热力学诞生之时，它的最大动力不是思考热的本性，而是热产生机械能的可能性。所以，热力学是以独立于经典物理动力学的新学科面目登上人类科学文化历史舞台的。

1811 年，傅里叶因其对固体中热传播的数学描述成果而获得法国科学院奖金，这标志着热力学理论的诞生。傅里叶用数学模型简洁地描述了热流与温度梯度成正比的普适规律。“值得指出的是，这个简单的定律适用于各种物质，无论是固态、液态还是气态的。此外，无论物体的化学成分是什么，无论它是铁还是金，这个定律都同样有效。只有热流与梯度的比例系数随着每种物质而不同。”[①]

把傅里叶的热传导理论作为新的物理学科诞生的标志是具有充足理由的。首先，热传导理论的普适性表明它的科学真理性，它是物质世界运动的必然性规律，而且其普遍有效性赋予它以基本科学理论的意义。它和牛顿经典理论一样具有数学的严谨性和简洁普适性，它的科学性是毋庸置疑的。其次，热传导定律与传统经典动力学理论系统是完全相对独立的，它与传统物理学没有理论上的继承关系乃至相互联系。它的诞生意味着从这时起，数学、物理学与牛顿科学不再是同义语。热传导定律的简单性与从分子论观点去思考的物质系统世界运动规律描述是完全不同的。热传导定律用宏观状态参量进行描述，而物理动力学则以微观客体抽象为质点进行描述，前者是系统状态演化，后者是轨道运动，其因果关系模式也是完全不同的。并且热传导宏观状态描述的普适性不是建立在动力学普适性之上，而是建立在严格的科学实验和观察基础之上的。所以，热传导定律是不属于经典物理动力学的科学真理。最后，热传导定律标志着新科学诞生的最充足理由在于，经典物理学以物质世界的运动规律为研究对象，但一切物质客体最基本、最普遍的运动规律并不是以普遍而具体的物质存在来描述的，而是将这些具体的物质存在者抽象为质点进行描述的。任何具体之物都有一定大小、形状、质量和内部结构，将具体之物作为认识描述对象对于经典物理动力学而言是无法建立起因果必然性普遍关系的，只有将其抽象为具有质量而没有大小和形状的理想物体即质点时，一切轨道物理学的运动变化描述才是可能的。质点运动是一切更为复杂物质客体运动的基础，动力学的认识对象并不是具体的物质客体，而是抽象的质点，任何非抽象质点的物体的动力学描述都是建立在质点动力学基础之上的。所以，从根本意义上说，经典动力学或所谓轨道运动的物理学是以质点为认识对象的科学理论。但热传导定律不是质点描述，而是物质系统的宏观描述，即以宏观物质系统为认识对象，用温度、梯度等宏观状态参量来描述宏观系统热运动变化的必然性规律。由此可见，热传导定律的抽象认识对象不是质点，而是物质宏观系统，这是它和动力学的最根本区别，即它是关于宏观物质系统运动变化规律的科学理论，而不是像动力学那样，把具体的宏观物体抽象为理想质点，实现宏观物体的微观描述。热传导定律无论是对于所描述的具体物质对象还是抽象认识对象而言，都是宏观意义上的。傅里叶热传导定律发现是热力学新学科诞生的标志，这一新学科缘于新的认识对象，以宏观物体系统为认识对象使之成为关于物质世界运动变化宏观规律认识的新学科。

对热力学理论作出最重大贡献的是卡诺，他在对热机效率问题的研究中得出对热转换为功的能力的研究成果，并由此直接决定热力学第二定律的产生。所谓热机，是利用工作物持续不断地把热转换为机械功的装置。热功转换在工艺学或实践应用中有两个貌似相同实质上完全不同的问题：一是一个热机装置的热功转换能力如何？二是一个热机把热转换为机械功的效率如何？

对热机效率有影响的力学机械描述首先由拉扎尔·卡诺提出。从高水位落下的水能够推动磨盘，类似地，使热机做功的就是热量通过位于不同温度热源之间热流的运动，就像水有落差一样，必须有温度差才能产生机械推动力。要得到尽可能大的机械功就必须尽可能提高热机的机械效率。那么，热机效率指的是什么呢？拉扎尔·卡诺认为，要在一个力学机械中得到最大的效率，就必须使它的震动、摩擦及速度突变尽可能小。与此同理，“理想的热机虽然不必避免以不同速度运动的物体间的一切接触，但必须避免具有不同温度的物体间的一切接触”[②]。这实际上从力学机械效率的角度回答了热机如何实现较高热功转换效率的问题。

萨迪·卡诺重复了他父亲拉扎尔·卡诺的问题：哪种热机将具有最高的效率？按照拉扎尔·卡诺的理论，热流的直接接触耗费热量，降低热机效率，所以热机的工作循环一定要设计得使任何温度变化都不是来自两个不同温度物体之间的直接热传导，这种理想循环就是卡诺循环。卡诺循环是在两个恒温热源之间工作的热机循环装置。在整个循环中，工作物只与高温或低温热源交换能量，不考虑散热漏气等因素。“理想的卡诺循环分为四个阶段。在两个等温阶段的每一个中，系统与两个热源中的一个相接触，而且保持在该热源的温度上。当接触温度高的热源时，它吸热并膨胀；当接触温度低的热源时，它放热并收缩。连接这两个等温阶段的是另两个阶段，此时系统与热源隔绝，就是说，热量不再进入或离开该系统，但系统的温度由于膨胀和压缩而发生变化。体积不断地改变，直到系统从一个热源的温度达到另一个热源的温度。”③在卡诺的理想热机工作循环中，由于没有热传导损耗，同时并不考虑摩擦振动等因素，在循环中转换为机械功的热量在理论上一定是达到百分百的，即热机消耗的热能和它转换为输出功的机械能一定是相等的，理想的卡诺循环效率最高并且达到极限的理想情况，这是卡诺循环被抽象为理想循环时在先地决定了的，否则能量守恒定律会就被打破。由卡诺循环证明一切热机转换效率一定小于1是一种误解。那么，卡诺循环的真正意义在于什么呢？

由卡诺循环的四个阶段可知，热机从高温热源吸收的热量是 Q_1，热机传递给低温热源的热量是 Q_2，则热机将热转换为机械功所耗费的热量为 Q_1-Q_2，则量 $(Q_1-Q_2)/Q_1=1-Q_2/Q_1=1-T_2/T_1$（因为在体积不变的热机装置中，$Q$ 和 T 成正比）在物理学中称为热机热功转换效率，也即卡诺追求的热机最高效率。但这里的热机效率其实是概念上的误用，它真正的物理意义不是反映热机将热能转换为机械能的效率。理想状况下，热能只要转换为机械功，它的效率就一定是1，这是基于能量守恒最基本原则得出的必然结果。卡诺追求的热机效率的真正物理意义是揭示了一个卡诺循环即理想热机所具有的将热能转化为机械能的能力或本领。在不考虑漏气、热传导损耗等理想情况下，它只与热机工作循环的工作温度有关，高温越高，低温越低，即两个热源的温差越大，它的转换能力越强；当低温热源为绝对零度时，所有热机吸收的热能都可以转化为机械功，这是热机转换能力的极限状况。这和水从高势能推动机械运动的能力不由高位的势能决定，而由推动工作装置的水位差决定是一样的。这时的热机效率是衡量一个热机装置转换热功的能力而已，它不能利用低于低温热源的热量来转化为机械功与它利用了低于低温的热能只消耗而不做功是两回事。所以，卡诺循环的效率和力学机械效率是完全不同的概念，它解决的问题不是热机把热能转换为机械能的效率有多高，而是一个热机装置将热能转换为机械能的有效输入热能有什么限制，它揭示了一个热机利用热产生功的能力如何问题。设定工作温度的热机只能把高于低温热源的热能转换为机械功，这种热能才是热机的有效输入。因此，萨迪·卡诺对热机转换热功能力的研究真正深入到热机和传统力学机械装置的本质区别，它的成就因而也远远超出了拉扎尔·卡诺对热机作为力学机械的效率研究。卡诺循环才真正超越了经典物理学的力学机械理论范畴，具有热力学这一新的学科知识的意义。再重复一次，尽管萨迪·卡诺使用了热机效率概念来描述热机的热功转换能力，而且后来的物理学也一直沿用它，但它是一个热力学概念而非物理机械力学概念，并不具有机械力学装置的效率概念的物理意义。如坚持热机热功效率的能量损耗解释，那就只停留在工艺学水平；如果对之作机械力学的与输入输出比相关的损耗的物理意义解释，那实在是误人子弟。必须记住，卡诺循环的真正热能输入是温差决定的。更为本质的问题是温差而不是温度才是抽象热力的现实性，才具有热做功的可能性，卡诺循环的两个工作热源的普遍抽象意义是热源，由热源出发才能理解热力及热转换为机械功的根据。这和电源及电力、电磁能做功是同理的，只不过能量的具体形式不同。热力学停留于温度就相当于电磁学停留于电位，没有归纳出温度差的本质意义就相当于电学中没有电位差概念，离开热源或电源概念去理解热功或电功转换运动是幼稚的。问题的症结就在于从工艺学上升为热力学的普遍理论还没达到热源就是温度差的抽象本质归纳，热运动理论是无源的片面理论，其实热力学的理论体系还没完成。离开热源去理解热运动的热力学第二定律，其有限性是不言而喻的，尽管一批批大师把它称为宇宙最普遍意义定律，但以之为据真的无法完备解释自然热现象的基本经验，热力学大师和电磁学大师真的不在同一水平，热力学离热机工艺学并没有多少距离。

卡诺循环的两个热源四个阶段提供了一个完整的热功转换模型，卡诺随此在 1824 年给出了物体温度总是由高温流向低温物体的热力学一般规律的表述。1850 年，克劳修斯从能量守恒这一新的角度考察卡诺循环。“他发现，卡诺所说的需要两个热源和他提出的理论效率公式表达出热机所特有的问题：一定要有一个对转换进行补偿的过程（在此处的例子里，就是用接触低温热源的方法进行冷却的过程）以便使热机恢复到它初始的力学状态和热学状态。在表达能量转换的平衡关系中，现在又加上两个过程对系统状态间新的等效关系，一个过程是热源之间的热流，另一个是热转换为功。一门新的科学——热力学（它把机械效应和热效应联系起来）出现了。”④从卡诺到克劳修斯归纳出一般意义上的热力学第二定律描述，使热力学从工艺学上升为普遍的理论物理学。尽管热力学还不是完成的理论体系，但他们在热力学发展史上的伟大作用也是不可磨灭的。

十九世纪热力学在工艺学基础上产生，它甚至上升到宇宙学的高度，从热力学第二定律得出宇宙热寂的推论来。平心而论，人类至今对热力学的认识仍是肤浅的，包括克劳修斯这样的热力学巨匠同样带有严重的历史局限性。其中最大的缺陷在于热力学和传统的物理学没有真正得到统一。从世界统一性原理来看，这种理解不仅一定是不完备的，而且我们实际上还没有真正洞察热力学的本质。只有在世界统一性原理中才能实现热力学和动力学的统一，才能把握热力学的本质乃至世界存在的本质。这就是我们当下的神圣使命。

热力学的历史局限性和它的历史进步意义同样令人瞩目。一个重要的原因在于热力学在本体论和认识论意义上都是宏观的，更贴近具体的现实世界，具有更现实的工艺学和技术上的意义。另一个重要原因在于它在热功转换关系中拓宽了对能量的认识，把能量从力学的机械能拓宽到普遍的宏观物质世界各个领域，得出更一般意义上的能量守恒定律。从世界统一性原理来看，这是人类向世界本性认识进程中非常重大的进步。所以，在热力学诞生的基础上，我们回顾普遍能量守恒定律的诞生及其深刻的历史意义。

二、普遍能量守恒定律的发现及其意义

能量守恒定律最早是以机械能量守恒定律的特定形式，作为经典力学状态参量的变化规律建立起来的。在人类物理学知识体系中，能量守恒原理是经典力学的重要组成部分，它以运动的守恒定律为对象，以客体运动时力的做功为出发点，建立了力做机械功时相应的单值状态参量能量，并综合出了机械能守恒定律，力的相互作用中的能量交换关系最早以普适的机械能守恒定律形式表述出来。普遍的能量守恒定律则是在机械能守恒定律基础上从特殊向更一般规律归纳的产物，它是十九世纪科学发现的最伟大成果之一。但是，尽管它以物质运动守恒研究为主要线索，并且在物理学理论体系中是经典力学的最主要组成部分，用普里戈金的话来说是“能量在经典力学中所处的中心位置”⑤，但普遍的能量守恒定律并不是思考物质质点客体的运动时可以发现的，它真正的产生基础是有别于经典力学的新学科即热力学的产生。同样可以说，能量守恒定律并不是理论物理学自身发展的产物，而首先是十九世纪工业革命及机器时代到来的必然成果，它的历史意义应该放在热力学历史框架中才能得到真正的体悟。

从经典力学理论体系的逻辑结构关系来考察，从特定的机械能守恒定律推广到普遍的能量守恒定律既没必要也不可能。之所以没必要，是因为经典力学作为对质点运动规律的描述，能量作为质点运动状态的参数，动能描述了质点在确定位置时的状态，它与速度的平方成正比；而势能则描述了质点在系统中所具有的做功或转化为动能的本领，势能的本质意义就是质点动能的蓄能器。所以，动能和势能已经把一个质点运动状态，包括运动状态变化的支配能力作了充分的描述。就质点运动状态而言，机械能的描述是足够的，机械能守恒定律把动能和势能转换关系的守恒本性充分表述了出来。一个机械力学质点的运动状态归根结底就是运动和静止之间的函数变化关系，从能量的观点来看就是动能和势能之间的转换关系，不需要超越机械能范畴去思考和描述质点运动状态。至于经典力学不可能产生更普遍的能量守恒定律则是显而易见的，因为更普遍的能量概念及能量关系已经超出质点的描述范畴，以质点运动规律为认识对象的经典动力学是无法产生甚至是无法涵盖

一般能量守恒定律的。

在历史上，在十九世纪迈耶、焦耳和亥姆霍兹等一批杰出科学家的共同努力下，人类对功能关系的普遍归纳从机械能守恒定律上升为普遍的能量守恒定律。意味深长的是，迈耶、亥姆霍兹及李比希都不是物理学家，而是生理学家或化学家，他们在对生理学现象的物理化学行为的研究中，归纳出普遍的能量守恒原理。“他们全都毫不犹豫地得出结论：整个自然界，自然界的每一个细部，都服从一个原理——守恒原理。”[⑥]当然，这些生理学家的信念是与传统的生命活力论相反的，即坚持生物的机能是可以用精确的物理和化学术语进行描述的，因而他们在生命生理现象中可以归纳出物理概念的能量守恒定律。所以，能量守恒定律归根结底是物理学命题，但又不是限于经典物理力学的命题。

从物理学意义上把能量守恒定律推向普遍意义的最直接成就是焦耳的热功关系。从逻辑上来看，正是功能关系、热功关系才把热和能联结起来。“1847 年，焦耳迈出了决定性的一步：他把化学、热学、电学、磁学和生物学之间的联系看作是一种‘转换’。假设有某种东西在数量上保持不变，同时它在性质上发生了变化，这就是转换的思想，这种思想把原来在机械运动中发生的事情推广了，焦耳为物理化学变化定义了一个一般的当量，由此便可以测量出那个守恒的量。这个量后来就成为众所周知的‘能量’。他测量出使一定量的水的温度提高一摄氏度所需要的机械功，从而得出第一个当量关系。贯穿于物理、化学和生物系统所经历的各种各样变化之中的能量守恒为这些新过程的解释提供了一个指导性原则。”[⑦]由此开始，能量不再局限于动能、势能等机械能，而是整个自然科学领域的普遍概念。由此可见，一般意义的能量守恒定律已经超越经典力学的质点运动领域，对复杂系统甚至复杂生命运动过程作出了统一的阐明，成为普遍的自然定律，就是支配自然的最基本定律。普遍能量守恒定律的发现是人类对自然的认识从抽象向具体、由特殊向一般的进展中具有决定性意义的进步。

在上一卷中，在第五章“自然最高律法　广义能量守恒定律”中，我们已经得出“广义能量守恒定律是宇宙自然最高的普遍定律”的结论。一般的能量守恒定律不包括质能转换关系，因而还不是最普遍的。在一个物质系统的静止质量为恒量的条件下，纯粹的能量关系就是系统中物质客体的状态关系。所以，对物质系统运动状态的认识描述而言，机械能守恒定律是普遍的；而对物质系统结构复杂性演化而言，在质量守恒的前提下，能量守恒定律则是最基本、最普遍的定律。人类对世界运动发展规律的认识总是从经验开始，按照从个别到一般、从一般到普遍的逻辑去实现的。但这里人们忽略了一个非常重要的逻辑根据，特殊规律之所以为一般规律的特殊规律，就在于特殊规律是隐含在一般规律之中的。当我们超越特殊规律的制约条件进入一般领域思考的时候，实际上一般规律往往首先是以特殊规律的形而上学前提和根据的形式出现的。为什么迈耶、焦耳、亥姆霍兹乃至卡诺这些杰出科学家为能量守恒定律的发现作出了如此巨大的贡献呢？回到科学史就会发现，他们都坚信世界是由守恒规则支配的，有把一切自然现象看作是某种潜在的现实之产物的倾向。“亥姆霍兹十分公开地承认康德对他的影响。在亥姆霍兹看来，能量守恒原理不过是所有科学赖以建立的一般先验条件在物理学中的体现，这个一般的先验条件就是假定在各种自然变化的背后有一个基本的不变量。”[8]这个不变量支配自然现象产生变化的规律就是宇宙最普遍的规律。

拉扎尔·卡诺从机械力学的观点去思考热机最高效率的问题时，已经超越机械能守恒定律，隐含着能量守恒定律形而上学的假设。把一个力学机械的震动、摩擦以及突然加速尽可能减到最小来提高机械效率的隐含前提是什么呢？为什么要避免不同温度的直接接触呢？就是把摩擦这些非机械能的损耗看成和热传导一样是自然而然地可以转换的，甚至它们在转换中的量的守恒特性也可以认为已经隐含于其中。至于萨迪·卡诺对热机把热能转换为机械能的效率分析，则已明明白白地把热能和机械能看作是等量守恒关系的。在理想的卡诺循环中，当一切震动、摩擦等不理想损耗因素被排除而纯粹考察热能和机械功的转换关系时，热机的效率即它的热功转换能力只由高、低温热源决定，即温差是它所能利用的热能，温差决定它的热功转换能力，它所用的转换为机械功的全部热量就是温差决定的热能，它全部转换为机械功。所以，理想卡诺循环中用以做功的热能全部转换为机械功，它的传统机械效率意义上的转换效率就一定是1。这就是说，把热能看作能量，把机械功看作机械能时，热功转换是遵循热能转换为机械能时量的守恒法则的。萨迪·卡诺把这看作是自然而然的，从而得出热机转换能力的效率关系。因此，一般的能量守恒关系，作为形而上学的根据出现在萨迪·卡诺的热机循环理论中。从另一个意义上说，卡诺循环被发现的一个非常重要的条件，就是萨迪·卡诺把自然界的形而上学当量的守恒关系看作是不证自明的，即它是在一般能量守恒法则支配下得出合乎逻辑的热功转换必然结果的。

从机械能守恒定律上升为普遍能量守恒定律的意义是极为重大的，这是人类世界统一性认识的划时代进步。在人类把物质客体作为存在的最普遍基础的条件下，牛顿经典物理学从理论上建立了物质世界统一性的基本框架，但是，即使在绝对物质观的意义上，牛顿动力学理论对物质世界统一性的描述也还是特定、抽象的。它的特定性表现在它局限在抽象的质点描述中，把太阳、银河系作为质点去描述当然是抽象的（所谓近似的说法是不科学的，科学理论无近似之说）。所以，牛顿理论描述只能把一切宏观、微观客体抽象为微观甚至没有大小、有质无观的客体去描述，它的局限性在认识论意义上就在于无法真正得到宏观客体系统的理论描述。在抽象意义上，牛顿理论可以将系统中每一个客体作为质点进行描述，它虽然有效但有限，即对大量客体组成的物质客体系统作质点描述是不现实的，它超出我们人脑甚至最大型电脑的现实思维和描述能力，所以是抽象即不现实的。真正实现物质宏观系统描述的是热力学而非质点动力学。从纯粹的系统状态参量温度、压力、体积等与理想质点无关的描述统一于能量描述的时候，热力学就建立了宏观描述和质点描述联系乃至统一的基础。所以，从机械能守恒定律上升为普遍能量守恒定律的最深刻意义，从世界统一性认识原理的角度看，它是人类对世界的认识从特殊到一般、从抽象到具体的革命性进步。能量守恒定律的直接意义是把能量从机械能形式推广到各种非机械能形式，它的最本质意义则揭示了能量作为自然界各种运动发展中不变的支配量的意义，并使对世界的认识从抽象的质点认识进入到复杂性系统的认识，并为两个不同层次对象的统一性认识提供了可靠基础。

热力学以及一般能量守恒定律的建立把人类对自然世界的认识推向更普遍、更具体的阶段。因此，热力学和动力学具有本质上的区别，热力学全新的本质规定性赋予了它所谓“全新的科学”的充足理由。

三、力和热、可逆性和不可逆性

热力学和动力学最原初的分野是从认识对象开始的。对具体的特定客体存在而言，动力学将之抽象为有质无形的理想抽象质点，热力学则将之抽象为在既定边界条件下的质点系统。所以，动力学是认识对象在时空中与其他对象进行相互作用的状态变化描述，它的主要描述概念是位置、速度，支配速度变化的是力，由力决定的运动、位移、速度的必然性普遍因果关系则是动力学的规律。动力学的因果关系通过一个抽象的力的概念作为中介去描述，力是认识对象与外部相互作用的抽象概括，而不是对客体存在本身的描述概念。从逻辑上来说，动力学最基础的认识对象是有外无内的，一个没有大小的质点的“内在”是不存在的，这就是动力学之力是描述认识对象与外部相互作用的中介概念的理由，也正是质点总是大小相等、方向相反的作用力和反作用力相互作用的理由。牛顿第三定律的显要地位表明了力描述相互作用时的这一普遍本性。

当认识对象从质点上升为由质点构成的宏观系统时，热力学和质点动力学就产生本质区别。热力学的认识对象是有具体边界条件的，正是边界规定了“系统”的存在，边界构成了认识对象内和外之间的界线。所以，热力学的认识并不仅是对象和外部环境之间的相互作用关系，而最基础的、最重要的首先是对象自身即系统边界范围内运动变化的规律。所以，热力学的认识对象不只是认识的起点，而且还是认识的目的及规律描述的载体本身。热力学的宏观状态参量如温度、体积、压力等之所以宏观就在于它们在质点状态并没有描述意义，质点无温度也无体积。宏观参量是宏观认识对象即描述系统存在本身的特性描述，而不纯粹是与外部环境之间相互作用关系的描述。因此，热力学与动力学的重要区别在于，热力学不仅是认识对象与环境相互作用的认识描述，而且首先是自身存在的特性和状态的描述，不像动力学只着重于对象与外部的相互作用关系。动力学描述客体之运动状态是纯粹的，是不可再还原分析之状态，而热力学对认识对象的状态描述不是不可还原的状态，而是具有内在复杂结构的状态，这是质点状态和热力学宏观系统状态的本质区别。

动力学对质点运动的位置、速度、加速度等状态描述的进一步普遍化思考是支配这些状态变化的原因和规律，即动力学关系，它通过一个叫作力的抽象中介实现这种描述。所以，从力是运动的原因到力是运动变化的原因，从亚里士多德到牛顿建立的经典力学理论中，力始终是物理学对物质世界运动变化思考的核心的原因。牛顿经典力学理论的核心是力，包括引力规律、作用力和反作用力规律。力是运动变化原因的规律以及运动变化与力的大小有关的规律，无一不是以力为最核心概念去展开描述的，所以，牛顿经典物理学又称力学，支配质点运动发展的原因必须从力的作用去解释说明。而热力学之所以为热力学，顾名思义，支配热力学认识对象即物质系统热状态运动变化的原因应该是热力，它的变化规律应该用热力去解释和说明。但何谓热力呢？如果仅把热力和力作类比，说热力是宏观系统相互作用似乎没错，但停留在这种抽象中，对热力的描述信息则几乎为零，没有什么意义。热力学的认识对象及状态描述概念和动力学具有本质的区别。它的状态描述基本概念是温度而不是位置和速度，一个系统温度的变化是热量的变化，因此热力这一抽象相互作用概念描述的交换关系不是速度关系，而是热量交换关系。热量交换变化的中介是抽象热力，以热力为原因产生的结果，称为热流，所以热力作用的意义是支配决定热运动即热流。热力学是研究热量流动从而使系统热状态改变的规律的科学，支配热流变化的规律就是热力学追求的本质规律，是热力学系统普适的运动变化规律。由此，热力学的规律就是支配热流运动的必然性规律。这个抽象的支配热流的热力的具体物理意义是什么呢？在动力学中，一般抽象力是具体感性经验的综合，并不难理解力的具体物理意义。最普遍的具体力是引力，生存在地球上的我们最深切感受的就是地球对物体的引力，又称重力，感性和知性理解为重量。由重力产生的运动实际上是由引力场的势能分布支配的。按照世界统一性原理的统一场论和能量最小原理，在引力场中的自由物体将沿场等位线法线方向向最低能级位置运动，并由能量守恒原理制约，在由高势能向低势能运动时将势能转换为动能。所谓重力就是势能差，这就是水向低处流并有水力的原因。热力和引力、水力是相类似的，而且本质上都是能量最小原理在最终起支配作用，不同之处在于热力不是势能差、水位差，而是热差即温度差。从傅里叶的热传导规律可以更清楚地表明这一点：热流和温度梯度成正比，即热力学系统状态的改变正是通过热流来描述的，并且是沿温度等温线法线方向从高温向低温流动的，热流速度和温度梯度成正比，温差越大，热流越快，本质上热力就越大。热流和力学中势能概念以及在势能作用下的水由高处向低处流动的情形本质上是一样的，在现象中热流和水流确实具有相似甚至可类比之处。因此，推动热运动的原因完全可以抽象为热力，并恰当地将这一新学科称为热力学。由此启示我们：热力和质点之间作用力在具体现实中虽然完全不是一回事，但回到更基本的能量概念，它们又应该是本质同一的同一回事。由此，本质不同的热力学和动力学统一点，就应该在能量这一更基本的概念之中。

至此，热力学和动力学的区别并没有什么特别之处，既然热力学是新的学科，它和动力学的这些区别就是正常的，没有区别反倒是不合逻辑的。但是，再进一步深入，问题产生了。因为热力学描述的过程是不可逆过程，而动力学过程是可逆过程，因此不可逆正是热力学行为的最重要特征，也是它对人类认识世界的最重大贡献。正如普里戈金和斯唐热合著的《从混沌到有序》中所说：“能量的转换不过是一种差别的消灭，同时伴随着另一种差别的产生。于是，自然界的能力就由于当量关系的使用而被隐藏起来。但是，还有自然界的另一个方面，它包括蒸汽机的锅炉、化学变化、生和死，它超出了当量关系和能量守恒的范畴。这里我们便接触到了热力学最基本的贡献，即不可逆性概念。”[9]毫不夸张地说，不可逆性是热力学理论的精髓，又正是对不可逆性概念的一知半解，成为十九世纪热力学创生以来的近两百年中人类对自然的科学认识的主要局限性。从经典质点动力学框架出发不可能真正理解不可逆性的本质，也就没有真正读懂热力学。

牛顿经典力学是基于可逆性的理论描述体系。牛顿力学研究物质质点的运动状态变化，这个质点用以抽象的具体物质客体存在大至天上星体、地上从树上掉下来的苹果，小至我们肉眼看不到的微粒存在。简言之，作为质点描述的牛顿力学理论对一切可以称为质点的客体的描述都是普遍有效的，因而称为物质世界物体运动状态描述的最普遍抽象的普适性科学理论。简约、普适的牛顿理论是如何去描述如此浩瀚又细微的物质客体世界的呢？可以从三个层次去考察：一是最基本的动力学规律，即牛顿三大定律及引力定律构成的动力学基本定律，这揭示了一切物质质点运动状态变化的根本支配原因，它是最普遍的，因而是与时间、空间规定性无关的最抽象、最普遍的因果必然性关系，描述了力制约质点在时空中状态变化的最普遍的支配规律，揭示了力是一切物质运动变化的根本原因。正是牛顿动力学三大定律不受时空描述变量制约，所以它对一切时空有效，因而构成物质世界运动变化统一性描述第一个完整的科学理论体系。二是在动力学定律支配下展开的质点在空间运动状态的变化规律描述，用专业的术语来说就是建立质点在空间中各点状态的描述以及它在空间中的运动轨迹。空间独立变量的连续性本性为应用微积分这一精妙数学手段把空间无限的点与线轨道统一起来提供了条件，微积分简约而普适的数学描述则实现了空间意义上宇宙世界中一切物质质点运动轨迹的普遍描述，把质点的空间点的状态及变化综合为空间轨道上的变化描述，把动力学的描述意义展开为“空间宇宙”意义上的普遍定律。经典物理学从与时空坐标无关的动力学普适规律展开为空间轨迹的描述时，它就又被称为轨道物理学。三是空间轨道的时间变量描述即过程描述，实现了物质质点在时空中更具体多样化的描述。动力学规律与时间变量无关，但动力学规律支配下的质点运动过程则和时间有关，所谓过程就是时间独立变量描述的特定时间定义域。我们知道，物质是时空中运动着的物质，当展开时空过程中物质质点在动力学规律支配下的轨道运动时，我们就得到所描述对象的具体认识，从动力学的抽象进入质点运动的具体描述，得到质点构成的物质世界的统一性认识。

以牛顿定律为最普遍规律描述的经典力学是一个质点描述的理论体系，它是三个层次的统一体。这个统一体系即经典力学的显著特征是它的因果决定性和可逆性。“一切都是给定的，这个被柏格森反复强调过的经典力学的结论标志着动力学所描述的现实性。”[⑨]即在经典力学中，只要给定了作用力，并且知道初始条件和边界条件，我们就能决定质点在空间中各种态的确定性描述，无论是过去还是未来。因此，这种决定性又和可逆性直接联系在一起。可逆性的数学语言陈述则说，经典力学的方程对于时间反演 $t\rightarrow -t$ 和速度反演 $v\rightarrow -v$ 是等价的。正是经典力学对质点系的决定性和可逆性描述的这一特征，拉普拉斯侯爵才有充足理由断言，只要给出一组定律和给定初始状态、边界条件，我们在原则上就可以决定任一粒子在任一时刻的状态，即物质世界是可以决定论描述的。如果限制在质点描述的条件下，拉普拉斯的断言是合乎逻辑的。

拉普拉斯决定论的局限性在于他把具体的世界局限在质点描述的物质世界之中。然而，不但物质世界不是最普遍的世界存在模式，而且即使在物质世界中，质点描述也只是最简单、最抽象的认识和描述模式，对大量质点构成的宏观系统热力学描述就不再是质点动力学可以适用的了。最为重要的是，在热力学中，经典动力学的决定性和可逆特征失去了意义。因为人们一开始就发现，热流导致的状态演化已经不再是可逆性行为，即时间反演在热力学状态描述中不再成立。对一个热力学系统而言，我们没有把握由它现在的状态去确定它之前的状态。热力学最显著特征就是不可逆性。对一个热力学系统而言，它不会自动恢复到初始状态，而是向平衡状态单方向不可逆地变化，并且向终极状态变化的趋势和结果与初始条件无关。如果要恢复它的初始状态，则一定要对它有所补偿，这正是热机效率及转换能力的核心问题，也是热力学产生的理由所在。所以，热力学从诞生之日起就是以不可逆变化为特征的，这是它和质点动力学的最大分野。

经验中的现实世界既有可逆性变化，也有不可逆变化，把世界理解为可逆、决定论制约的世界，是以偏概全、用特殊来代表一般了。时间一去不复返，生命世界不永恒，不可逆变化是我们生存经验中最基本、最重要的旋律。科学认识总要寻找确定性、重复、可逆的东西，热力学的建立终于打破了可逆世界的幻象。热力学描述的不可逆世界被爱丁顿形象地描述为“时间之矢”，由热力学的不可逆性信念对经典力学的决定论和可逆信念的质疑和冲击是十九世纪乃至二十世纪科学发展中最不和谐的音律。正如伊·普里戈金引述凯斯特勒的话：

“我们已经听到诺贝尔物理学奖金获得者的全部合唱，告诉我们物质死去了，因果性死去了，决定论死去了。如果真是如此，就让我们伴着电子音乐的挽歌体面地埋葬它们。是我们从二十世纪的后机械论科学中汲取教训和摆脱十九世纪唯物主义加在我们哲学观点上的束缚的时候了。佯谬地说，假如那种观点保持与近代科学本身并列的话，我们就不会落后一个世纪而是早从哪个束缚下解放出来了。……但是，一旦承认这一点，我们就可能变得更加善于感受我们周围的现象（过去由于片面强调物理学，使我们对这些现象毫无所知）；我们就可能感到通过理性大厦的裂缝而吹出来的风，我们就会更加注意会合事件；就会把那些超正规的现象纳入我们的正规观念之中；而且会认识到，我们一直生活在‘盲人国’之中。”[11]

但是，由热力学产生的不可逆性去否定经典力学的可逆性并不是一个简单的非此即彼的选择性问题。经典力学依然是我们科学理论中最基本的组成部分，依然行之有效。不可逆事件对因果关系的否定是一个悖论，因为热力学不可逆规律描述是科学真理认识，科学真理又是建立在普遍因果关系基础之上的必然性描述，皮之不存，毛将焉附？所以，从世界统一性原理观点来看，把可逆性和不可逆性严格区分开来是合理的，但由此得出热力学和经典力学的对立则是不合逻辑的。在得出质点动力学和热力学统一性认识之前，首先要从根本上解决它们“对立和冲突”的伪命题。

第二节　热力学和动力学的区别

一、可逆性和不可逆性的本质区别

可逆性和不可逆性是经典力学和热力学规律的本质区别，因而可逆性和不可逆性一直被误解为是经典力学和热力学矛盾的构成原因。

不可逆性概念的基础是时间不可逆性，即作为描述任何事件过程的时间独立变量的规定性一定是连续不可逆的，否则就不能成为过程描述的独立自变量。事件过程是指前后相继顺序关系下的变化运动情况分析，所以，无论事件本身状态如何变化，描述事件的时间自变量一定是连续不可逆的独立变量，它的不可逆性与它所描述的事件无关。不管作为描述过程的独立变量在不同坐标系中的具体规定性如何不同，连续不可逆也一定是相同的，这是时间之所以为时间的最本质规定性。如果时间失去了不可逆性特征，由时间独立变量描述的任何过程的可逆性或不可逆性就失去了标准和意义，可逆性和不可逆性概念也就失去了意义。因此，可逆性和不可逆性的区别都是建立在时间独立变量不可逆性基础上的。这就是“时间之矢”和“逝者如斯”的含义。

所以，严格地说，可逆性和不可逆性所指的不是时间本身，时间的不可逆性是先验的，是不需要争论的，不能荒唐地思辨时间是否可逆这种伪命题。可逆性和不可逆性是事件的性质，是以时间为变量去描述事件过程时得出的一种性质判断。构成可逆和不可逆区别的是事件而不是时间。所谓时间可逆如果是指时间变量描述的过程性事件的性质那是可以理解的，如果说时间本身是可逆的那就是无稽之谈了。这就是时间穿越、倒流而回到过去完全是精神错乱产生的幻觉的理由，任何把时间超越纯形式而看作实在的做法都是违反逻辑的。对任何事件而言，它的可逆或不可逆是以时间变量为尺度去评价的。当事件的运动状态是循环变化的时候，它的变化规律是时间反演的，它就是可逆事件，尽管这时它的运动变化状态是时间变量的单值函数，并且状态和时间变量是单值对应着的，但状态本身是可逆的。而当事件的变化过程是非时间反演的时候，它的变化过程不是每一特定状态对应着唯一的时间变量值的时候，这就是不可逆过程，不同的初始状态可对应同一变化状态，因而初始状态是多元构成的时候，因果之间失去了一一对应的线性关系，即无法从确定性的果去反推决定性的因。复杂世界千变万化，既有大量可逆过程，也有大量不可逆过程。从科学知性和经验感性意义来说，一个特定的运动变化过程，要么是可逆的，要么是不可逆的，在知性意义上是非彼即此的，决不能“辩证地”得出某一过程既可逆又不可逆。正是在这种意义上，我们说牛顿质点动力学描述的运动方程是可逆方程，而热力学的状态运动变化过程则是不可逆过程，可逆和不可逆性是质点动力学和热力学的显著区别。

质点动力学的轨道描述给出了一个可逆的、决定论的秩序世界。当牛顿归纳出质点动力学最基本定律而建立物质世界第一个统一性描述理论的时候，由此出发去理解的物质世界的图景就是一个失去时间性的循环的世界。因此，有人曾指出，牛顿理论的成功为机械论的世界观提供了基础，甚至称之为机械论世界观的大师；有人说牛顿为人类提供的是一个失去了人性的、冰冷的世界。在牛顿取得巨大成功之后，确实有一大批科学家和哲学家在承认牛顿理论对物质世界统一性描述的同时还坚持一种还原论的观念，即认为看似千变万化、千差万别的多样化世界的一切现象最终都可以还原为最简单的机械力学行为去解释，因而世界在最普遍本质意义上是普适的牛顿质点动力学理论描述的可逆的、机械论的世界。但在十八世纪工业革命推动下发展起来的热力学则和质点动力学得出完全不同的结论。宏观系统的热力学过程是不可逆过程，因而复杂的物质世界本质上就不是机械论可逆的决定论世界，而是一个朝着热力学决定的平衡态运动的不可逆的世界。这就是热力学和动力学对世界看法的根本矛盾和冲突。从某种意义上来说，热力学的建立揭示了质点动力学的局限性，表明把复杂世界最终还原为机械力学行为去解释它的本质的观念是有严重问题的。这是人类对世界认识的一个重大进步。

人类作为这个世界上一种复杂的生命，仅从其自身的感性出发，要坚持一切物质运动变化现象都可以还原为机械力学行为是十分困难的。若果真如此，那人就只是冷冰冰的机器，只不过更复杂一点而已。因此，热力学揭示的世界不可逆现象对质点动力学可逆世界图景的否定，对于大多数人而言，当然是可接受的。

真正的问题在于，热力学上升为绝对不只是对世界存在不可逆性行为的肯定，而是对世界可逆性本性的否定。因此，由可逆性和不可逆性导致的质点动力学和热力学的矛盾和冲突，不是理论本身的矛盾和冲突，而是两种理论去解释世界本性时产生的宇宙学意义上的冲突。只有从这种意义上去理解，我们才能恰如其分地说明，质点动力学和热力学作为科学认识的理论，它们在热力学揭示世界的不可逆现象之后，由质点动力学描述的可逆性行为依然是符合客体运动规律的真理，质点动力学的理论和以往一样还是行之有效的，并且仍然是我们认识复杂世界的最简单起点。区别在于，质点动力学是描述质点客体运动可逆性现象的科学真理，而热力学是描述大量质点构成的宏观物质系统状态运动变化的科学真理。对物质世界而言，质点的运动是可逆的轨道运动，而宏观系统的状态变化则是不可逆的状态演化过程。所以，世界的运动既有可逆现象又有不可逆现象。对同一现象描述而言，它既可逆又不可逆才是矛盾和不合逻辑的，不同现象之间，不同客体的运动变化，它们的可逆性或非可逆性并没有关联。因此，说热力学和质点动力学理论本身在不可逆和可逆性问题上产生矛盾是没有任何根据的，只是一种虚幻的矛盾，在现实上和逻辑上都不存在。

可逆性和不可逆性的真正矛盾发生在对物质世界运动本性的理解上。究竟物质世界的运动变化是可逆的还是不可逆的呢？这种命题是没有意义的。因为物质世界的运动变化是复杂多样的，质点的运动是机械运动，当然是可逆的；宏观系统的热运动和生命的运动，显然是不可逆的。所以，只能追问，世界本性是可逆的还是不可逆的变化。就是说，按照质点动力学理论，物质世界是可逆运动的；而按照热力学理论，物质世界的运动变化是不可逆地进行下去的。这就是真正的可逆性和不可逆性的矛盾。如果把质点动力学和热力学都上升为宇宙学意义的理论，它们就产生矛盾。所以，热力学和质点动力学作为宇宙学理论解释世界时矛盾发生，而不是在科学意义上产生矛盾。

牛顿质点动力学理论建立之时就是辉煌的，牛顿生前就已经是民族英雄。牛顿质点动力学理论体系由于是物质世界第一个统一描述普遍抽象的理论而同时被不少人赋予了宇宙学意义。当热力学对物质世界的宏观系统科学描述建立以后，坚信热力学具有宇宙学意义者与坚信基于质点动力学的机械论世界观者发生了宇宙学意义上的矛盾。这个矛盾是现实的，却是没有意义的，因为无论是质点动力学还是热力学，都没有不证自明地推广到宇宙学意义的任何理由。从科学认识的意义来看，热力学是比质点动力学更为普遍的理论，质点的可逆机械运动的集体宏观行为构成了不可逆的热力学运动。但即使如此，热力学只要是知性科学理论就不具有宇宙学意义，它就只是对具体世界抽象认识对象的认识。对世界的具体认识不是科学所能达到的，它只能在智慧理性的认识中得到统一性理解。

概括地说，产生动力学可逆世界和热力学不可逆世界的冲突的理解在理性和知性层次都有严重的误解。在物质世界统一性本性的理性认识意义上，把科学当理性，把抽象当具体，赋予质点动力学和热力学具体无限宇宙学意义是最根本的误区所在，这是西方科学理性文化几千年传统产生的局限性，责任在探究世界理性统一性的哲学家身上。但即使从科学知性真理认识的具体意义理解，科学家们同样走进误区，对动力学和热力学虚幻冲突的理解也有不可推卸的责任。对可逆或不可逆事件意义的理解缺乏科学知性意义的确定规定性，是动力学和热力学相冲突的主要原因之一。可逆或不可逆事件只能用于指称事件的抽象性质，用于区分循环反复的闭环运动规律支配的事件和单向开环运动规律支配的事件。动力学支配的轨道是可逆的，热力学规律支配的运动变化用图像描述是单方向不可逆的，因而动力学规律和热力学规律的性质是不同的。但可逆或不可逆事件描述似乎并不限定在抽象的性质，人们说可逆事件时往往包括事件的过程，恰恰是由可逆事件向可逆性过程转换造成重大的混乱。抽象的可逆性本性当然只有在具体时空过程中才成为现实的可逆事件，但任何现实可逆事件的现实过程都是不可逆的，没有可逆过程。说可逆过程和说时间可逆一样是精神错乱，把可逆事件理所当然地理解为可逆性过程同样是精神病。可逆事件和不可逆事件的过程都是不可逆的，一切过程都是不可逆的，因为过程的描述变量时间是不可逆的。可逆事件时间反演和时间可逆根本不是同一回事，从过程去理解不可逆性就根本不懂得不可逆性的本质。问题在于不少理论家总喜欢用不可逆具体过程去诠释不可逆事件，比如说人老不能还童、死而不能复生等。这些过程当然是不可逆的，但如果由此去暗示可逆事件的具体过程是与之相反的、是可逆过程时，那就很有问题了。事实上，如果不细加思考，人们就会被引入由事件过程本身去理解可逆性和不可逆性的误区，造成思想认识上的混乱。其结果是，要么陷入时间倒流误区，由时间向未来和过去两个方向去理解可逆过程和不可逆过程并存的现实世界；要么把可逆过程看成是不完备的，认为热力学揭示的不可逆过程才是现实世界的本性，热力学和动力学就是不协调的。从热力学不可逆过程的观点看，动力学的循环世界描述是有问题的。实事求是地看，把动力学和热力学对立起来的最根本认识根源的是人类理性思维的局限性，在现实上却是科学描述时知性和理性不统一造成的，它的直接来源就在于科学对可逆和不可逆的理解不协调本身。

二、因果决定论终结了吗

从宇宙论最普遍的具体认识回到抽象、有限的知性科学认识领域，十九世纪热力学的建立对质点动力学的责难依然存在。它主要表现在对由质点动力学发展中强化的科学因果决定论的怀疑和批判之中。诚然，对因果决定论的最有力否决的观点是建立在二十世纪量子力学的测不准原理的发现基础之上的，但它的肇始及源头却在十九世纪的热力学理论的思考和认识之中。

由对对象世界的感性认识上升为知性认识，这是人类社会历史发展中具有最重大历史意义的里程碑。因为知性认识与感性认识的最本质区别在于知性认识是普遍性的，知性真理认识是不依赖于特定认识主体而客观普遍有效的，而感性认识只是依赖于认识主体的特殊主观认识。因此，从感性上升为知性真理认识，人类对外部世界的认识才真正脱离特殊认识主体有限性的制约，具有人类意义上普遍的历史意义，才构成对世界客观规律认识不断积累和不可逆地递进的永恒发展的历史进程。发展和进步是人类社会历史上非常重大的概念和观念，它们的外延和内涵可以相当宽泛，可涵盖各个领域，但是，严格地说来，历史发展和进步观念的最坚实的基础首先就在科学的发展和历史的进步中。

科学知识认识的客观普遍有效性赋予了它人类历史性意义。它的基础就是因果关系建立的确定性判断，它的现实的实现就是普遍抽象因果关系中必然性因果关系确定性判断的建立和发现，也就是在必然性因果关系中描述普遍有效的客观真理，得到关于认识对象普遍因果关系的确定性描述的知识。这种客观知识与特定的认识主体无关，因而也被陈述为必然性的因果决定关系，即科学知性认识是在因果决定关系的逻辑关系建立之基础上实现的。在最传统、最基础的意义上来说，知性科学认识的逻辑就是因果决定的关系之逻辑，没有因果决定逻辑就没有知性科学。离开因果决定论，我们将倒退回只有具体个体主观感性认识的漫漫长夜。

在古希腊时代，科学还处于早期阶段，支配性的世界图景是由不可分的原子构成的物质组成的世界，世界的运动变化归根结底就是构成世界的原子的碰撞，这是运动变化的最终原因甚至唯一原因，对世界的认识首先是物体运动变化的规律认识。亚里士多德认为，力是运动的原因，所以研究物质世界运动规律的科学就是力学。亚里士多德把对自然的科学认识叫作物理学，对世界的形而上学思辨则被后人汇编为第一哲学即在物理学之上或所谓物理学之后。到了伽利略时代，物理学的中心问题从运动本身转换到运动变化这一焦点，即从物体运动速度转到加速度的描述；牛顿则把开普勒行星运动定律和伽利略自由落体定理作出更加普遍的综合，用微积分这一极限描述的新数学方法，得出动力学三大定律简约而普适的描述，实现了瞬时速度和加速度与作用力关系的必然性因果关系描述。引力的发现找到了一切物体相互作用力最根本的动力学原因，它既决定了天体的运动，也决定了地球上一切物体的运动，理论上它也满足原子之间相互作用的动力学关系。因为只要具有质量，抽象质点的一切认识对象对于牛顿理论就是等价的。正是这种普适性使牛顿动力学定律及引力定律成为整个质点理论的基础，使由此建立起的质点动力学对于质点构成的物质世界具有统一性的科学认识意义。质点动力学对质点的轨道描述是一种绝对的决定性关系，即由力这一原因根据动力学规律对质点产生作用时的结果是确定性的描述，是可预言、可追溯历史的，并且是唯一的，是可重复的，这就是决定论的真正含义。从亚里士多德时代开始直至牛顿动力学理论大厦的落成，物理力学自始至终是决定论的。

今天，对决定论科学思维模式颇有微词者常常把它和拉普拉斯联系起来。事实上，作为十九世纪杰出的科学家，拉普拉斯对科学包括牛顿经典物理学理论的发展发挥了重大作用。当牛顿动力学理论在英国被普遍认可时，它曾在欧洲大陆受到怀疑和挑战，当时欧洲大陆那些具有唯理主义传统的伟大科学家认为牛顿理论是纯粹经验的发现，拒绝把它作为普适的科学客观真理，并且试图从经验上对之证伪，以证明牛顿理论错了。但是，最终“历史要证明自然主义者是对的，对于他们来说，力不仅是数学技巧，而且是新的自然科学的本质。后来，物理学家们被迫承认了他们的错误。五十年后，拉普拉斯能够写出他的《宇宙的系统》，万有引力定律成功地经受了各种考验，许多场合看来是要反驳它的，却被转变成对它的有效性的出色证明……到十九世纪初，牛顿的纲领，即把一切物理化学现象归结为力（除了万有引力的吸引力以外，包括使物体膨胀和促进融解的热的排斥力，以及电力和磁力）的作用，已经变成拉普拉斯学派的正式纲领。当拿破仑统治欧洲的时候，这个学派统治了科学界”[12]。这正是拉普拉斯和决定论的牛顿质点动力学有如此深刻的历史联系的根本原因。作为杰出科学家的拉普拉斯，正是在因果决定关系这一科学知性认识的本质关系中一语中的地揭示了牛顿经典理论的真谛，并有根据地从质点动力学角度揭示了牛顿理论对整个物质世界统一性描述的普遍意义。

因此，在十九世纪热力学和二十世纪量子力学这些新的学科建立起来之后，精通这些领域的科学大师们用怀疑的目光和批判的精神去面对经典物理科学理论的时候，他们审视的不仅是理论体系的知识本身，而且深入到经典科学的认识和描述方法即因果决定逻辑本身。牛顿经典物理学理论体系作为人类物质世界科学认识的第一个统一性认识理论体系，它是从古希腊以来以物质质点作为世界存在者为认识对象的自然存在的因果关系认识从特殊到普遍的连续性发展。至此，在科学真理认识在不断进步的过程中，科学真理认识的逻辑和方法即因果决定的必然性规律描述是不变的，它的变化只是普适性和严谨性随着新数学工具的发明而不断进步而已。但是，热力学的建立打破了质点动力学的框框，宏观物质世界不再抽象为质点，而必须作为由大量微观粒子构成的具体宏观系统而存在，用宏观系统描述参量如温度、压力等去描述。新的认识对象的思考不仅应用传统的数学描述，而且产生了新的数学描述方法，即大量粒子组成的系统的随机性假设以及对随机现象的概率统计描述。对大量微观粒子组成的宏观系统的状态变化描述和传统质点动力学状态的轨道描述的形式乃至物理意义是完全不同的。首先是热力学状态的统计描述方法本身，与传统质点动力学确定性轨道描述已有本质上的区别。因此，十九世纪和二十世纪一大批科学家和思想家以热力学的科学描述为根据，指出质点动力学因果决定论描述的局限性，认为只有热力学的非因果决定性描述才是真正揭示具体物质世界的普遍科学描述。其中最重要的理由在于，在人类对具体自然世界的经验感知中，世界并不是可逆的，时间中的物质世界存在肯定是不可逆过程，牛顿质点动力学丧失了时间性，只有热力学才真实地描述了“时间之矢”。因此，牛顿质点动力学以及它的基础的科学思维方法即拉普拉斯决定论的普适性是没有普遍意义的。过激的学者们甚至从热力学出发，断言因果决定逻辑普适性的终结。

把一切客体运动变化归结为动力学系统因果决定论描述的追求显然是不切实际的。当我们不把认识对象抽象为质点，而是看成内部相互作用变化着的宏观系统时，质点动力学的假设及描述就肯定失效了。但是，动力学描述的失效亦即动力学传统线性因果关系描述对统计系统的失效和因果逻辑关系本身的失效是完全不同的两个问题。否定因果决定逻辑关系论者是否意识到，用热力学去否定因果决定关系其实是在否定它自身，这和一个人自己抓住自己的头发想把自己扔上天空无异。因果关系及其必然性规律并不是质点动力学的特定思维方法，而是一切科学认识的最基本逻辑。科学之所以为科学就在于它建立了客体运动变化的因果关系，并由此归纳和综合出必然性的普遍客观规律。如果没有普遍有效的客观关系陈述，那就不叫科学，充其量只是伪科学。没有因果关系并且是必然性因果关系认识的话，又何来客观性的真理认识呢？显然，因果必然性关系是一切科学认识的充分必要条件，因果关系本身则是科学认识的必要条件，甚至可以说是科学认识的基础和前提。如果对科学认识作如是理解的话，那么任何关于因果决定论失效的说法都是站不住脚的。不管从热力学理论还是量子力学理论去否定因果决定论以及经典物理学都是不成立的。如果热力学没有因果关系，就没有热力学的产生；如果热力学认识客体即宏观系统运动时的因果关系中没有归纳出确定的必然规律，它就没有理由称之为科学。我们把傅里叶热传导定律作为热力学科学理论创生的始点，就是它揭示了热力学系统热流传播运动的必然性因果关系。难道能说热流与温度梯度成正比不是普遍有效的因果决定关系吗？当然不能，它当然是因果决定的确定性关系，是必然性规律。那就是说，热力学理论本身是因果决定论的，用热力学理论体系去怀疑因果决定逻辑是没有道理的。

有一种观点认为，由于热力学系统行为的不可逆性特征，我们无法像动力学那样，从系统描述的热力学方程及已知状态去决定它之前的时空点状态，所以热力学说明了因果决定论的失效。这种观点的逻辑在于认为只有像动力学描述那样，可以从方程及初始条件去得出所有时空点状态描述时，才称之为因果决定论。这种观点其实是本末倒置的，从根本上说是颠倒了因果关系。不能从已知结果唯一地推断它的因并不是因果关系的失效，只有从已知的因得不出确定性结果时才能说因果关系不再成立。对由可以从多种不同状态演化产生的同一结果而言，要从结果唯一地确定其初始状态是不成立的，而据此断言因果关系失效也是不成立的。只要能够根据边界条件、初始条件及必然性因果关系规律预言它的结果，那就是符合因果关系的。如果这种因果关系是客观必然性的，那这种因果关系就是必然性的决定关系，才成为科学真理认识。这正是作为宏观系统描述的热力学科学的主要特征之一。

我们根据热力学定律及它的现时状态可以从逻辑上确定它随后的状态变化，那就说明热力学定律同样是因果决定论的，只不过由于它和质点动力学不同，多质点的共同状态决定了它状态运动的不可逆性，所以它的结果和初始条件不是唯一相对应的，我们不能从唯一的结果去确定唯一的初始状态，但这同样不影响它的因果决定论科学描述。不可逆性正是它运动规律的最一般因果决定论描述之一，它是“热力学是因果决定的科学真理认识”的证据，而不是否定因果决定论的武器。以热力学统计规律为据去否定因果必然性论者肯定不明白，所谓随机即不确定性并不是指统计规律本身，而是指构成系统的微观粒子的初始条件的假设，其目的和意义就在于得出统计规律的必然性因果关系归纳。

综上所述，热力学的创立并没有终结因果关系，而是拓展了对客体世界因果决定关系科学描述的方法，从质点运动状态的因果唯一对应关系上升为大量粒子组成的宏观系统的宏观状态运动变化的不可逆行为的因果逻辑决定关系。由热力学出发断言终结因果决定论的逻辑错误在于把世界客体相互作用的因果关系科学描述不是看成特定对象及边界条件下的特定关系，而是看成科学因果链，其错误根源和拉普拉斯的决定论思维是完全一致的。

在科学认识意义上，从质点动力学到宏观态热力学的进展是从特殊认识到普遍认识的重大进展。多样性复杂之物构成的世界不再只能抽象为质点去作还原论的理解，在质点抽象中被“原子化”的物质世界在热力学中综合为由科学因果规律支配的系统去认识，这对从抽象知识去理解具体物质世界是重大进展。当然，这种进展的现实意义的前提就是动力学和热力学的统一性，离开质点动力学的还原就无法最终理解抽象的热力学理论的具体现实意义。可是两百年来，人类恰恰在动力学和热力学的统一性认识上出现了问题，从热力学理论出发去理解具体世界时并没有进展到自觉理性统一性水平，把不可逆事件和可逆事件对立起来本身就还在机械决定论具体思维支配之中，热力学论者对以质点动力学为知识基础的机械论的质疑只是五十步笑一百步。从世界统一性原理的观点来看，热力学绝对化的具体意义解读是极为片面的。说物质死了，那是把物质和能量、存在和演化绝对分立的二元论宇宙观支配产生的必然结论。真正应该被超越的是绝对物质观，而不是坚持绝对物质观又否定物质客体存在的意义。在能量一元论的宇宙观看来，质能统一性的物质客体正是多样化现实世界从简单到复杂演化的主角，由此才有了多彩多姿的多样性统一自然界，才有了更复杂的生命的产生，才有了思考自然界意义的文化文明的产生和发展。物质死了，我们何以能生，人类社会历史何以发展呢？所谓因果性死了、决定论死了，是知性理性化的机械论思维的产物。在理性统一性思维看来，理性认识是包括感性自然经验具体认识和知性普遍抽象因果认识的，没有因果决定关系的普遍抽象知识就没有理性认识，因果性和因果决定关系认识是构成人类理性的最基本文化意义元结构。人类具体理性是感性、知性、理性相统一的，理性不死则因果性和决定论也不死。从自觉理性统一性意义看，真正应该被超越的应该是用知性因果决定论思维去思考具体统一性命题的机械决定论。必须把因果必然性认识装在抽象普遍知性真理这元认识结构的笼子里，彻底抛弃无穷因果链的具体思维，从知性统一性中恢复到理性的具体，在动力学和热力学知识相统一的理性理解中，具体解释物质世界运动发展变化的现实过程，得到对多样性和变动性物质世界的统一性理解。

三、力学现象与生命现象矛盾吗

牛顿质点动力学把自然统一为质点构成的宇宙，这是物质质点世界最普遍的科学理论体系，它的科学真理至今已经接受了一切证伪的检验，我们可以斩钉截铁地宣布它是科学的真理。但十九世纪以来对之质疑之声仍此起彼伏，究其根源，错不在质点动力学理论本身，而在于把抽象质点对物质世界的抽象科学描述自然而然地当作具体物质世界的最普遍具体的真理。基于牛顿科学理论的机械唯物论是严格意义上的绝对质点观，但是，当我们从具体世界的不同角度和层次进行思考时，甚至我们把对世界的客体认识抽象为非独立质点的宏观系统时，基于牛顿质点动力学体系的绝对质点观就失效了。对这种绝对质点观的怀疑不仅来自以宏观质点系统为对象的热力学，在感性经验意义上它也来自对生命现象的经验感悟。如果从生命现象的角度去思考，由牛顿理论描述的静态质点宇宙的图景无论如何是难以接受的。

用物质不灭去理解生命，那不是无知，而是百分百的无赖。对于具有理智去思考物质和生命现象的任何人而言，在最低意义上肯定可以区分物质和生命的不同意义。把生命退化和还原为物质，把生命和物质同一是基于对生命的藐视，缺乏对生命最基本的敬畏和尊重。人类进入文明的启蒙阶段后，即使还只有客体世界非常简单的一些科学真理知识，也从来不会把复杂的生命现象简单地还原为物质运动。在亚里士多德年代，人类用物质机械运动之外的活力去解释生命活动。活力论显然不是科学理论，而是对无法用科学理论去解释生命现象的一种形而上解释，活力论的最深刻意义在于它把生命现象划出机械运动范畴之外，即物质不灭的世界并不能成为生命的本质特征，这为生命现象的思考留下了合理空间。近代科学迅速发展，并分化为各种学科，生物学得到长足发展，人类抛弃了形而上的活力论，开始从科学意义去思考生命的本质和运动。对生命现象的科学思考同时就变成对经典科学的挑战。严格地说，是对把经典科学作为物质世界最普遍统一性理解的绝对物质观的挑战和质疑，形成了生物学和物理学的一种不协调现象。所以，生物学与物理学的不协调，表现在与质点动力学上，也表现在与热力学的不协调之中。

近代科学抛弃亚里士多德的活力论，并不意味着必须回到生命的机械论解释，即不能用动力学的质点运动、物质的引力作用或仅仅是惯性质量的作用去解释和描述生命运动的本质。近代科学对生命解释的基本学科是医学、生物学和化学，生命的活力即胚胎的生长、分化和组织、生命机体的形成以及生长直至死亡的过程，这当然是物质过程，但不能仅理解为力对质点作用产生的机械运动，而是要从非物理学意义上找到能产生生物活性的物质去取代惯性物质，用生命特定的运动去取代物质机械运动，使生命成为可以被理解的。近代科学启蒙的杰出代表人物狄德罗选择了医学去思考生命现象，但用感受性超越质点动力学并取代生命的活力论解释，本质上仍只是机械论的生命观，仍没超越绝对物质观的历史局限性。他写道：“你看见这个蛋吗?我们就拿这个蛋来推翻一切神学学派和地球上的一切神庙。这个蛋是什么呢？在胚芽进来以前，是一块没有感觉的东西；这个东西是怎样过渡到另一种组织，过渡到感受性，过渡到生命的呢？依靠温度。什么东西会产生温度呢？请你不要回答我，你坐下，我们用眼睛一步一步紧跟着看。起初是一个震荡的点子，然后出现了喙、翅膀尖儿。两只眼睛，两只脚爪；有一团团黄色的物质环绕着，产生出了内脏；这就是一个动物……牢狱碎了，它出来了，它走，它飞，它发怒，它逃走，它走近来，它哀鸣，它痛苦，它爱欲，它享受；它有你们的一切感情；你的一切动作它都做。你是不是和笛卡儿一样，主张这是一架纯粹的模仿机器？可是小孩们讥笑你，哲学家们会答复你说，如果这是一部机器，你就是另一架机器。如果你承认动物与你之间只有机体组织上的差异，那你就表明了自己是有意识和理性的，那你就是正直的；可是人家会从这里面得出一条结论来反对你，说用一种按一定方式构成的呆板的物质，浸染上另一种呆板的物质，加上温度和运动，就得出感受性、生命、记性、意识、欲望、思想……你想一想，就会怜悯你自己了；你就会感受到，要想不接受一个可以说明一切的简单假定，不接受感受性这一物质的一般特性或机体组织的产物，你就是抛弃常识，就是投入神秘、矛盾和荒谬的深渊。”⑬

现代科学不再用神秘的活力论解释生命，也不再一味简单地把生命现象还原为纯粹的力学机械，因此产生了不同于物理学理论的化学和生命科学以及医学等新的认识。生命科学对生命机体的思考已经深入到生命中的化学反应活动过程，甚至更加基本的信息、能量转换和传递过程。但无论如何，在生命科学意义上看，生命过程是不能还原为纯粹的自动机器去理解的，这是生命科学和物理学的本质区别。平心而论，对生命的思考产生对机械论世界绝对地位的怀疑是自然而然的，生命领域的思考一直是人类反对机械决定论的主要领域之一。生命至少被看成有机统一体，而不是世界中抽象质点的集合，还原为绝对质点构成的物质世界很难合理地对生命现象作出令人信服的解释。

从有机统一整体去思考认识对象的生物学等生命科学与经典物理学的一个重要区别是对客体运动过程的时间性关系理解，即经典物理学描述的是质点可逆运动的普遍规律这种非时间性因果关系，而生命之所以为生命的最重要特征之一就是它的不可逆运动过程。如果有人把生命理解为可逆过程，那就像狄德罗所说，小孩子们会讥笑你，因为你违背了最基本的常识而陷入了荒谬，可逆过程消解了生死界限，无生无死的世界就无所谓生命。所以，生命不可逆现象不能还原为物质质点运动的可逆过程而得出生命本质的理解，可逆性和不可逆性是经典物理学和生命科学认识对象之间最根本的区别之一。在这一意义上说，生命科学和热力学都是思考世界的不可逆现象的运动发展规律的科学。就这种不可逆过程现象思考世界而言，把整个物质世界最终还原为“原子”即最基本质点的可逆行为作绝对解释的理论与之一定是不相容的。所以，热力学和生命科学是十九世纪以来挑战传统机械唯物主义世界观的主要科学根据和推动力量，而且事实上走得更远，它们成了怀疑和批判牛顿质点动力学理论体系局限性的最有力武器。质疑之声锋芒所向不是止于基于经典物理学的机械唯物论，而是直接指向它的科学认识基础即经典动力学特别是牛顿经典科学理论本身。二十世纪的文化思潮中，一大批当时的杰出思想家、科学家在把牛顿作为摩西高高举起之后又狠狠摔下，甚至不失时机地再踏上一脚，把机械论宇宙观的历史局限性责任归结为牛顿经典科学认识，普遍客观有效的科学真理竟然遭到嗤之以鼻的境遇，足见人类认识世界及其自身陷于知性缺乏理性的真正历史局限性所在：各抱地势，钩心斗角，恰恰断送了科学追求客观真理的精神。

知性局限性所造成的对世界认识的分裂并不只体现在对牛顿经典科学的不公平待遇上，而是还发生在普遍科学理论之间。比如热力学和生命科学都坚持世界过程的不可逆性而共同拒斥把世界还原为质点世界的可逆运动过程，但从各自的理论出发对整个宇宙的统一性理解上升为所谓理性认识的时候，它们同样是不协调的。坚持把热力学作为支配宇宙宏观过程最基本、最普遍规律之论者把世界的不可逆运动演化最终归结为能量退化和热平衡的无序死亡过程；但是生命科学家有根据地说，世界从无机中演化出有机并最终产生出了生命，所以，这是一个不断走向更高更有序的变化，我们称之为进化。因此，演化和进化构成了自然界向无序和有序两个不同方向运动的不可逆过程，也代表了两个不同学科的代表人物将其知性真理认识上升为理性宇宙理论时不可调和的矛盾和冲突。

近代科学革命的重要成果之一是建立了一种不断进步和发展的乐观信念，不可逆过程是“明天会更好”的不断进步过程。十九世纪达尔文的进化论是支持进步发展观的最重要科学理论，因此也被誉为“十九世纪三大重大科学发现”之一，也和牛顿经典科学理论相类似，渗透在人类文化特别是宇宙观和价值观的深层。但是，热力学理论上升为普遍世界最终支配理论时，一切进步戛然而止，不可逆过程不是进步而是走向静寂和死亡。进化论与之不协调，我们感情上更不情愿。不少有识之士希望用生命的进化去抵抗或消除热力学的热平衡不可逆过程，但生命世界的特定过程终究无法逆转热平衡过程的普遍趋势。按照耗散结构的观点，生命系统的更加组织化的不可逆过程建立在对环境热平衡过程的加速作用基础上，自然没有免费的午餐，生命现象作为耗散过程不是否定而是强化了宇宙论意义上的热平衡不可逆过程。从这一观点出发，生命科学和热力学科学理论的矛盾消解了，它们是可协调的，但同时得到的是“世界不可逆过程是走向死亡”的悲观结论。

生命现象的独特性和热力学不可逆过程的普遍性似乎在逻辑上决定了热力学对世界普遍本性的解释地位，但这种理解其实是很有问题的。事实上，质点动力学、热力学、生命科学的真理性认识是普遍有效的客观真理，都具有普遍性意义，但这种普遍性是知性的普遍性而非理性统一性意义上的普遍性。因此，它们都是科学真理，但都只在本身学科设定的抽象认识对象范围内有效，它们的普遍性是有限普遍性而非无限普遍性，在它的认识对象之外，它没有意义。所以，质点动力学、热力学、生命科学是不同的认识对象的科学真理，它们都不能对其他认识对象的科学真理的真伪作出确定性的判断和说明，说它们之间对立和矛盾是不合逻辑的。这只是一种虚幻、想象中的对立，是把知性有限普遍性上升为理性无限普遍性而造成的幻觉，是混淆了抽象普遍认识和具体现实统一性理解的结果。事实上，理性普遍性是统一性智慧而非真伪性的知识判断问题，如果把热力学知性普遍性的宇宙学意义上升为理性普遍性的宇宙论意义，那就犯了把知性当理性的错误。缺乏统一性而执着于知性，是把动力学和热力学、生物学和物理学对立起来的认识根源。

第三节 动力学和热力学的统一

一、动力学和热力学统一的根据是世界统一性

十九世纪热力学对物质世界宏观系统的认识得出与传统质点动力学质点轨道理论描述完全不同的形式，并产生了诸如可逆性和不可逆性、对称性和非对称性、决定性和随机性、简单性和复杂性、进化和退化、稳定和不稳定、有序和无序等困扰人类的问题和矛盾，而最受瞩目的是时间的本性问题。人们觉得牛顿的循环时间和热力学的不可逆时间完全不同，同时进化论时间箭头指向发展和乐观而与热力学的退化和平衡格格不入。所以，对时间的观点即对物质世界时间性本质认识的矛盾是矛盾中的矛盾。自热力学第二定律被发现起的近两百年来，人类被一个抽象的时间形式弄得筋疲力尽，始终无法合理地解释时间的意义及物质世界的时间性本质，其根本原因是人类困在科学知性之中吵吵嚷嚷。殊不知，这些统一性问题是理性无限认识的命题，是在知性有限真理认识基础上的向无限统一性进展的智慧，在知性知识中去争论这些问题是没有意义的。用数学语言陈述，在定义域之外故没有确定的解。

按照世界统一性原理的逻辑，动力学和热力学、物理学与生物学的统一性是天经地义、毋庸置疑的。因为任何关于客体世界的科学真理知识都是抽象的认识，每一个科学真理认识都是基于其抽象规定性限定范围中的因果关系必然性判断的独立元结构，属于认识论范畴，认识的最终根据不是由纯粹的认识或逻辑形式去判断和检验的，而是由它的描述与客体世界存在的一致性来检验和证明的。这就是世界统一性原理坚持认识从经验中来并由实践经验检验其普遍有效客观性的理由，也是在统一性原理中必须坚持本体存在论优先于认识论的理由。如果坚信本体存在论是认识论的基础，那么，否定近两百年来动力学和热力学、物理学和生物学的冲突的观念的充足根据就在于

客体世界存在的统一性是不证自明的前提，因为自在自然存在无矛盾，矛盾只在于与存在不统一的认识中。因此，对自然界存在统一性持否定或怀疑态度的话，那对之认识的不统一和矛盾才是可能的，对统一的世界产生不统一、矛盾的看法一定是不合逻辑的。从自然统一性的存在论信念看，冲突和不协调指的是各种认识之间的不协调，归根结底是认识和存在之间的不协调。因为存在是基础，存在是统一的，物质客体世界是统一的，那么对物质世界抽象出来的各种科学真理认识终究就一定是统一的。所以，上一节我们一直在强调，热力学和动力学、生物学和物理学的冲突只是人类认识中的幻象。

科学认识相互矛盾冲突的幻象是科学至上、知性无限的狂妄科学理性观念作怪。近代科学革命是人类对世界科学认识取得革命性进步的时代，是人类科学认识积累到一定程度时科学本身的一个质的飞跃，进入了科学知识指数增长的高速发展阶段。科学揭示了自然界的普遍规律，为人类提供了越来越多福祉，人类从自然中获得了越来越多自由，科学也获得了越来越高的地位，“知识就是力量”是这一时代的座右铭。科学甚至已经成为理性本身，因而科学也就成为理性殿堂的主宰。当我们把所有鲜花和光环都奉献给科学的时候，我们目光所及的一切只要是非科学的，那就是迷信或荒谬的，这甚至包括历史上一切形而上学。如果形而上学要存在，那只能冠之以“科学的形而上学”之名，这就是近代科学革命以来人类文明发展的咄咄怪事，但这就是人类近代的真实历史。近代西方哲学圣人康德也认为形而上学的最终出路是科学的形而上学，并谦逊地把哥白尼式的哲学革命即批判哲学最后归纳为未来科学的形而上学导论。西方几千年文明史最终没有超越真理和认识客观性的高度，其极顶就止步于科学理性，其现实结果不可能是科学成为理性，而是理性退化为知性。正是这种观念，使牛顿质点动力学理论同时成为机械论的世界观。牛顿综合了开普勒及伽利略的成果，它是人类历史上第一个关于物质世界客体运动规律达到宇宙学意义上普适性的理论体系，即它普适简洁，对整个物质世界普遍有效。牛顿的胜利曾使他被称为新的摩西。在这个理论的基础上，人们把物质世界理解为一个由机械力学定律最终支配的统一世界。然而，当从牛顿经典科学理论上升为机械论宇宙观的时候，知性科学真理知识变成了理性统一性智慧，有限的真理变成无限的知识统一性本身。这就是科学和理性同一因而知性取代理性的最典型、最重大的谬误，由此造成了几百年来人类思想认识上的混乱。牛顿科学理论是有限而抽象的，但上升为机械论宇宙观时它就变成无限而具体的了，这是问题的症结所在。牛顿理论的描述对象不是具体的物质世界，而是从具体物质世界中抽象出来的质点构成的世界。它的认识对象的抽象性决定了它的有限性，即它的理论描述既不指向具体物质实在，也不指向其他抽象形式的认识对象，而仅限定于抽象质点本身。从逻辑上看，非但牛顿科学理论，任何能称之为科学的知识都是抽象而非具体的。说有以具体存在者为认识对象的科学真理和具体知识，只是脑袋发高热时说的胡话，真理知识的真理性是与有限抽象性不可分割的。具体存在的具体认识不叫知识，而是知识统一性，即无限的知识构成的智慧理解本身。这才是知性和理性的关系，是有限和无限的关系。从这种解释出发，我们就可以理解，尽管一直有人对牛顿科学理论说三道四，但它的科学真理性是不可否认的，它是科学认识世界最基本、最重要的真理知识之一，它在学校里和教科书中的基础地位毫不动摇，它构成了我们用更复杂的科学方法去认识客体世界的基础。至于以质点动力学为基础的机械论宇宙观的局限性与科学性无关，它取决于我们理性统一性认识的水平。

同理，热力学、化学、生物学等一切科学学科的真理认识都是有限抽象知识，都不具备完整描述具体客体存在的能力，在理性统一性意义上都是有限而非无限的，都不具有具体无限的宇宙学意义。人们或许要问，科学真理是普遍有效的客观知识，那么它们所描述的领域不是无限的吗？确实，就科学认识的基本描述变量即时间和空间的描述而言，大多数科学定理定义域是无限的，比如牛顿力学，我们并不限制它在时间、空间变量的某些领域，而是在一切时空定义域中都普遍有效的。热力学的规律也是如此，我们并不能说傅里叶热传导定律在哪些地方或什么时候无效。因此，一切科学真理认识的时空定义域是无限的。那么，凭何说科学是有限抽象的呢？这里必须非常清醒地看到，科学所指的时空定义域中的普遍有效性是时空的无限性，这种无限性叫作知性无限性，即有限的知性认识对象在无限时空中必然性因果规律的客观有效性。从认识对象这一基础来看，知性无限性已经是有限的，由此决定了由无限时空变量描述的科学认识归根结底是一种有限的因果必然性关系，并且只有这种有限性才赋予了因果关系的确定性即客观真理性。这种无限是在有限知性认识形式限定之下的无限，本质上是有限的。如果将之当作理性无限，那就成为黑格尔批评的恶无限，其结果不是得到多样性认识的收敛统一而从抽象回到具体现实世界，而是陷入无限大、无限远、无限久因而永不可知的抽象幻象，世界在本质上，在根本意义上就是不可知的。一般而言，大多数人并不知道，但真正以科学为事业的科学家都明白一个基本道理，即人类普遍知识认识根本没有描述无限对象的手段，说宇宙无限和说宇宙不可知是等价的，因为无限的边界条件是抽象而不是具体的，抽象普遍关系没有具备边界条件因而回复不到具体世界，所以科学无法应付无限边界问题。理性的无限则不是时空中的无限，而是对认识对象抽象规定性的无限，正是这一无限即无限定性使对具体客体的认识既是可能的又是无限的。从具体客体抽象出来的有限认识对象得出的各种真理知识的统一性就构成理性智慧，就得到对存在从抽象到具体的理解和把握。我们懂得的抽象知识越丰富，由之的综合统一去理解的现实世界就越具体，处理现实世界的生存选择就越理智，这就是抽象回复具体、有限进展到无限的人生智慧。在牛顿质点动力学中我们得到对物质世界的机械论理解，在热力学定义域中我们得到世界宏观行为不可逆的理解，在生命科学中我们得到生命世界复杂有序性进化的理解……因此，随着科学的发展，我们对世界的理解不再限于机械和齿轮，还包括宏观不可逆现象，还包括生命进化现象，这些知识的统一性是一个无限、不断发展的过程。这就是理性的无限，就是智慧，是由知识发展而来不断深刻的智慧。所以，具体的智慧一定是通达理性具体的，但它又是以科学为基础构建起来的，这就是由有限到无限、形而上和形而下相统一的真正意义。由无限时空变量描述的科学认识归根结底是一种有限的因果必然性关系，并且正是这种有限性赋予了因果关系是确定性客观真理的可能性。理性的无限则不是时空中的无限，而是对认识对象抽象规定性的无限，对构成具体认识有限知性元知识的无限定性，正是这一无限即无规定性使对具体客体存在的认识既是可能的又是无限的，既是现实、确定性的又是不断发展的。对具体客体抽象出来的有限认识对象得出知识这种认识本身是无限的，人类认识又是无限的，这些知识的统一性是一个无限、不断发展的过程，它为我们对具体世界存在提供了一种最基本的理解。这就是理性的无限，就是智慧，是由知识发展而来不断深刻的智慧。所以，具体的智慧一定是形而上学的，但又是以科学为基础构建起来的，这就是由有限到无限的真正意义。

对时间的实在论理解是产生不同学科冲突幻觉的另一个重要原因。空间和时间是人类认识客体世界的抽象形式变量，对不同认识客体的过程因果关系描述是以时间为描述自变量去构建的。时间作为过程描述的独立变量是连续不可逆的，至于不同对象的运动过程描述是否可逆，则取决于事件及过程本身，与时间无关。热力学过程是不可逆过程，动力学过程是时间反演的可逆过程，但热力学和动力学的时间变量本身都是连续不可逆的，在任何情形下都没有可逆时间的可能。不同认识客体、不同运动状态变化过程究竟是可逆还是不可逆的则取决于其本身，既与其他学科无关，也不会影响到其他认识对象的过程，因此谈不上可逆性和不可逆性的矛盾。所谓矛盾和冲突是如何产生的呢？在于把时间作为实在而非形式，似乎每个过程中都有一个叫作时间的实体存在，不同认识对象的过程是在同一的实在时间中展开的，因此必须保证在不同过程描述中时间实在的同一性。从时间实在论的观点来看，动力学过程是可逆的时间实在，热力学、生物学过程是不可逆的时间实在，本是同一的时间既可逆又不可逆，所以这就是矛盾和冲突。时间实在要么可逆，要么不可逆，非彼即此。但这时已经犯了两个重大的逻辑错误，一是把时间纯形式变量作为客体实在，二是把事件的时间本性和时间变量同一，由此产生了所谓可逆时间以及可逆性和不可逆性的虚幻的矛盾冲突。没有可逆时间，没有实在时间存在，如果不是这样的话，世界就是一团乱麻。

消除实在时间幻觉和知性直达无限的传统观点，一切科学知性真理都不会产生理性意义上的不统一性，不会出现所谓不同科学真理认识的矛盾冲突现象。我们所有抽象知识回复具体时都指向唯一的自然世界，这是科学统一性乃至宇宙统一性的最充足理由。从形而上的逻辑意义看，由诸知性有限真理构成的理性认识对具体存在的智慧理解是不会有矛盾的，是不断发展的。当然，形而上学只是原则，从形而上和形而下相统一的意义看，动力学和热力学的统一性不能仅停留在抽象原则上，更需要从知性科学本身因果必然性关系更深入的思考中得到更深刻的理解。

二、动力学速度和热力学温度的统一

十九世纪在热机工艺学基础上发展而来的热力学理论与传统物理学的动力学理论在发生学意义上是没有关联的。当时对动力学和热力学的关系形成了唯能论和原子论两种完全相反的理解。“热力学的表述怎能与动力学的表述相调和呢？在十九世纪末，大多数科学家认为这是不可能的。热力学原理是新的定律，它们构成一种不可能约化为传统物理学的新学科的基础。无论是能量在性质上的多样性，还是能量趋于耗散的倾向性，都必须被当作新公理来接受。这就是‘唯能论者’反对‘原子论者’的论据，后者拒绝放弃他们认为是物理学基本使命的东西，即把自然现象的复杂性约化为由运动定律所表达的基本行为的简单性。”⑭

按照世界统一性原理的逻辑，把热力学和动力学绝对割裂开来的“唯能论”是不可接受的，因为它在逻辑上否定了世界的统一性。原子论是物质一元论，唯能论却不是能量一元论，而是质能二元论，原子论和唯能论本质上都是二元论，但原子论是不自觉的二元论，唯能论却是自觉而旗帜鲜明的二元论，只不过偏向于其中一个元去理解世界而已。偏向一个而把另一个拒斥在自身统一性之外时，这种宇宙观先验地就是二元论的。抛开抽象的形而上学逻辑，回到热力学的发源地热机工艺学本身，它就是动力学和热力学相统一的。热是热力学的，机是动力学的机械运动，热机是将热转换为机械功的装置，热力学理论回答的是热的状态变化规律，但这个变化的工艺基础还是回到机械功即动力学行为本身的，所以，把热力学和动力学绝对割裂开来是不合逻辑的。但也不能简单地说热力学可以约化为“原子论”的机械行为。因为科学家们说“约化”的时候，在实际中往往把约化理解为在因果逻辑决定关系中的还原和化简，因而把对世界的科学描述理解为一个天衣无缝的无穷因果链系统。但从世界统一性原理来看，这种无穷因果链并不存在。在无穷因果链中由热力学约化为动力学，实现它们的同一，而不是理解它们差异性之中的统一性，这在逻辑上是不可能的，因为约化的前提即无穷因果链并不存在。热力学和动力学关系的纠葛其实在于科学家们停留在知性去追求两者的同一之中。

动力学和热力学统一的根据首先在于它们的差别，即它们是性质不同的学科理论。这种差别是由认识对象的差异决定的。动力学的对象是理想抽象质点，热力学的对象是大量微观粒子构成的物质客体系统，在认识对象上的微观性和宏观性是它们差别的基础，由此开始产生了两个学科对各自认识对象运动变化规律的不同概念描述。

在经典物理学中，从抽象质点开始产生了一系列相应的运动状态描述概念，而其中最基本的概念是什么呢？是速度。经典力学的目的在于得出质点运动变化的动力学规律描述，运动及运动变化的状态描述概念是速度和加速度，产生速度变化这一结果的原因是力，动力学的因果联系就是在力的作用下，质点由时空独立变量给出它的速度变化规律的必然性关系，从而得出质点的机械运动在动力学规律支配及初始条件制约下的确定性过程描述。从因果关系的本质来看，力是动力学理论的核心，但从运动状态描述本身来看，速度是最基础的概念，是理解动力学理论的基础，是构建动力学理论的最基本概念。

热力学是宏观系统热状态运动规律描述的科学，其中热状态的最基本描述概念是温度，其他的状态概念如压力、体积等都以温度概念为基础，所谓热是用温度来作知性科学描述的。火热冰冷，所以，热和冷是描述宏观物体状态的感性经验认识概念，而温度概念则把物体的热冷状态转入知性普遍、客观性描述。因此，最初的温度概念是相对温度，以标准大气压条件下冰点温度规定为零度，水沸腾的温度规定为 100 摄氏度，叫作摄氏温度标准。通过温度计及标准温度，我们对物体热冷的主观经验感受转换成为普遍客观的温度描述，建立了知性科学的普遍抽象描述概念。从热机工艺学出发的热力学基本目标就是要揭示宏观物质系统温度状态变化的规律，特别是支配这种变化的原因，在这种原因作用下温度状态的变化规律就是热力学理论揭示的热运动的最普适本质。因此，温度之于热力学理论，就像速度之于动力学，是理论体系的最基本描述概念。由此可以认为，动力学和热力学的联系，应该反映在速度和温度的联系中。

但是，仅从相对温度概念出发，想建立起温度和速度之间的关联是极其困难的。因为速度的描述对象质点的前提是原子论，是抽象的物质实体粒子抽象出来的认识对象状态的描述，它的认识对象具有存在论意义上的物理意义，它描述的是存在者的运动变化。而温度是宏观物质系统状态的描述，相对温度本身不具备存在论意义上的物理学意义。如果仅停留在温度表示一个物体是热还是冷这种相对描述中，它的所谓物理学意义就只是一种经验基础的综合，而不是自在的世界存在状态描述。就是说，从相对温度概念中无法得出原子论物质世界观念基础上的物理学意义解释，这同时就意味着动力学速度和热力学温度是两个完全外在的概念，这就是唯能论者和原子论者对此一直持不同意见的充分理由。

对温度的本质认识是用统计的数学方法，建立大量微观粒子无规运动时宏观状态温度的绝对描述，即绝对温度概念的建立。气体动理论对理想气体进行统计学抽象，并从理论上推导出理想气体系统宏观状态量温度与它的微观气体分子的平均能量的关系，揭示了气体温度的本质是气体分子平均动能的量度。分子的气体动理论的温度和动能关系说明，温度是大量气体分子运动的集体表现，具有统计平均意义，对个别分子，说它温度是多少是没有意义的。绝对温度揭示了温度的本质和统计学意义，它对一切物质粒子构成的系统都是有意义的，但对任何动力学质点没有意义。一个具体的物质客体一定有温度，但动力学抽象出来的理想质点是无法对之作温度描述的。这就是动力学的既普适又局限的特性，它对一切质点在普遍时空中的机械运动描述有效，但对大量质点构成的物质系统的宏观运动描述是无能为力的。因此，从动力学到热力学，是人类从微观物质世界上升到宏观物质世界认识的重大进步，热力学对复杂的大量微观粒子系统的运动变化得出简洁而普适的科学描述，而这在动力学看来是无能为力的。所以，热力学的发现是人类对世界认识从一般抽象向现实具体进展的一个典型范例。但是，基于不同认识对象，温度描述对质点而言也是无意义的。这正是温度和速度、热力学和动力学的本质区别，由此决定了它们是非同一的统一性关系。

绝对温度概念揭示了温度的本质，表明温度不仅具有认识描述上的相对意义，而且具有本体存在论的绝对意义。按照绝对温度的定义，热力学绝对温度零度是理想气体分子热运动完全停止时的温度，是温度理论上的最低极限值。在存在论意义上，没有负的温度存在，因为没有人能想象负的热运动有什么物理意义。因此，绝对温度是相对温度的依据。从热的相对温度到绝对温度不断深化的认识过程中，人类对物质客体系统状态的认识从经验上升为知性，最后达到具有存在论意义本质的普遍认识。存在论意义上的本质认识的最深刻意义在于它建立了微观物质客体和由之构成的宏观系统之间的统一性解释，实际上把动力学的运动速度与热力学的温度概念统一起来。至于动力学状态描述的质点的运动速度，当由独立质点描述转向大量质点构成的宏观系统描述的时候，再用速度描述已经面临着技术的局限性而失效，而对之的统计平均速度描述就是它的温度，用简洁、普适的热力学温度变化规律描述的宏观系统的运动与动力学用速度描述质点的运动本质上是统一的。动力学和热力学虽然认识对象不同，描述的状态参量及规律不同，但不同认识对象描述的规律本质是一致的。所以，动力学和热力学是统一的不同学科，它们的统一性关系体现在宏观系统的描述量绝对温度与微观粒子的动力学描述量运动速度关系的统一性之中。所以，世界是统一的，不同学科尽管对象不同，描述的参量、规律各不相同，但作为客体世界的本质描述，它们归根结底一定是统一的。

从绝对温度的本质理解速度与温度、动力学与热力学的统一性关系时，关键必须对统计方法及统计学意义得出正确的理解。长期以来，主流的观念认为统计是可能规律而非因果决定规律，因此温度的统计学意义与动力学的因果决定意义本质上不同。这种观点是糊里糊涂的。所谓统计方法的可能性，不是指可能性规律，可能性不是规律，规律一定是必然性因果关系判断，说可能性规律是荒唐的。那宏观热力学系统可能性概率统计描述的意义是什么呢？是指统计对象的可能性假定，可能性统计对象的统计规律不是可能性规律，而同样是因果逻辑决定关系。一个硬币随机下投时出现正反的概率都是百分之五十，这个结果是决定性的，而不是可能的，否则就不是统计规律了。大多数人认为由于概率无法给出确定性结果，比如不能决定硬币下次投下去究竟出现的是正面还是反面，所以只是可能性结果描述。这种貌似有理的观点犯了一个偷换概念的错误。因为概率和统计的决定性结果预测并不包含事件结果的确定性描述，这不是它的任务，因果必然性指普遍规律本身，不是指规律支配下产生的特定现实结果。就宏观热力学统计描述而言，可能的是微观分子的状态，必然的是宏观系统的温度、体积、压力按规律的运动变化，所以，统计规律是决定性的，它只对宏观系统可能性事件的描述有效。对于一个宏观系统中任何一个可能性意义上的组成单元来说，它的确定性描述即质点动力学描述同样是有效的。决不能说统计规律是可能性的而非决定性的。因此，就客体而言，作为动力学质点，它是动力学描述对象时遵守动力学的因果决定关系，当把它作为宏观系统中的可能性对象时，它服从热力学的宏观状态描述，而微观质点的运动与宏观系统热运动的统一性则由温度的微观统计学意义给出本质上的说明。

动力学和热力学统一的根据在于世界的统一性。对于物质世界的具体客体存在而言，它既不是抽象质点，也不是宏观系统中由可能性来定义的微观粒子系统，它就是具体的相对性存在。所以，并没有确定性和可能性这两种非此即彼的具体物质实在，一个客体属于何种认识对象，取决于我们认识的目的所决定的认识对象。一个分子在热力学描述中是组成宏观系统的可能性行为分子之一，在动力学中则是一个抽象的质点，在不同学科中的差别是由不同学科的抽象假定产生的，但作为具体存在的它是同一的。对同一具体存在者的不同层次、不同角度的抽象认识，只要是科学的，即客观、普遍、有效的，则它们之间就一定是统一的。不管我们是否能从理论上证实这一点，它都必然是统一的。假如我们的理论不统一，那是我们的认识发生偏差，但自然本身是绝对不会有问题的。因此，科学理论之间的矛盾和冲突是不存在的，动力学和热力学、物理学和生物学都是统一的。关键在于我们能否自觉而理性地把它们统一起来，最终把客观性认识和自然客体存在统一起来，通达自然的理性统一性理解。

三、动力学和热力学统一的基础在于能量

动力学和热力学统一的直接意义是物理学的统一。但它的本质意义不仅仅是学科内部或科学之间的统一问题，而是世界的统一性问题。统一性的基础是世界存在本身，而不在于我们对世界的看法即宇宙观。关于世界统一性思考必须坚定两个形而上的信念：一是知性知识的统一性认识，取决于我们的理性认识能力，但它们是否统一与我们的认识能力无关。二是不同客体对象的科学认识是理性统一性认识，不能用科学的还原论即因果决定论的逻辑去理解它，只能用传统的辩证逻辑即统一性逻辑去理解。如果坚持用知性科学的因果逻辑去解释不同学科之间的统一性问题，那么不是陷入矛盾，就是陷入机械论的僵化思维。在能量一元论的世界统一性理论中，能量是客体世界最普遍的本原存在，又是物体相互作用实现状态交换的载体，是客体世界的普遍本质，所以，它是世界统一性的基础。在上一卷中，我们专门讨论了力的本质是能量交换作用，在能量的基础上对物理学的抽象力作出了统一的本质解释。对物理学中动力学和热力学的统一性，同样必须从能量一元论的观点才能得出本质性的理解和说明。

动力学和热力学的统一，并不只是形而上学的理性思辨命题，这首先是感性生存经验中的现实具体问题，是我们生存世界中的现实。如果动力学和热力学不统一，热能和动能不统一，蒸汽又何以产生出机械能，热机又如何产生呢？即使回到热机技术和工艺学的层次，热和力统一的焦点依然是能量，热能转换为机械能的热机的本质和核心当然是能量。从能量的观点看，热力学在工艺学阶段，即研究热机效率的技术性问题的早期阶段，实际上并不是纯粹的热力学问题，而是热力学和动力学相统一的问题。热机工艺研究的兴趣点和傅里叶热传导定律描述的热流传播规律不同，即不在于热流的运动变化，而在于热功转换，即热能转换为机械能问题。所以，这既是热力学

问题，也是动力学问题。因为从能量的观点看，热能是热力学研究的问题，机械能是动力学的概念，研究热能转换为机械能的命题，在能量意义上就是动力学和热力学的统一性关系问题。卡诺父子在致力于热机效率工艺学研究的时候，并不是为了发现新的学科理论，而实际上是在机械力学的传统概念和理论基础上，思考热机这一具体装置的热功转换效率这一工艺技术问题，卡诺父子都是在动力学的传统概念框架下去探讨热机效率的。拉扎尔·卡诺对热机效率的思考基本上是在传统机械力学的效率及功能转换意义下进行的，实际上是动力学思考，他的所谓热机效率就是指热机作为一个机械装置它的输入功和输出功之间的关系，是地道的机械力学问题。萨迪·卡诺的理想循环才真正从能量转换的意义上探讨热功转换能力问题。在理想卡诺循环中，已经不再考虑传统机械力学的损耗，即纯粹考虑输入和输出之间的转换关系，故传统的输出输入比之机械效率在理想状态下必定是百分百，不再在考虑范围内。他真正思考的问题已经与拉扎尔·卡诺的机械效率本质上完全不同，它的兴趣点在于对一个给定的理想即无损耗热机而言，哪种热能输入之后可以转换为机械功，什么样的温度可以转化为机械运动。因此，尽管萨迪·卡诺仍然沿用了机械力学的效率概念来描述热机的热功转换能力，但它和机械效率已经是完全不同的概念。按照逻辑，一个理想化装置的机械效率是在先地设定了的，再说研究它的效率肯定不是机械力学意义上的效率了。萨迪·卡诺用了热机效率这一不太清晰的概念描述热机的热功转换能力，这表明他是在用旧瓶装新酒，也足以证明他是在传统动力学的机械力学意义下思考热机热功转换能力问题的。但是，由于热机的热功效率和热机机械效率之间的概念没有明确区分，而且除了在低温热源为绝对零度情况下，热机对整个温度定义域中的热转换为机械功的能力总是小于1，这和机械力学中效率总是小于1并只有在理想情况下即达到极限时才等于1完全相同，所以往往造成把热功转换能力和热机机械效率同一的误解。严格地说，热机热功转换能力是指它的工作温度范围，抽象地说是它的温度定义域，不在这一定义域中的热能对这一热机没有意义，只有在一个热机工作温度定义域中的热能才能通过它转换为机械能。卡诺循环是对工作温度而言的，而提供工作热源的形式及燃料的使用效率，根本不在它的描述范围，这是另外的问题。从科学描述的角度看，把热功效率理解为燃料的利用效率是非科学的，它们是一系列相关的科学问题，但绝不是卡诺循环本身所研究的问题。理想卡诺循环追求的最大效率严格地说不是指一个热机装置的热功转换效率，而是研究一个热机装置可以利用的热能的边界条件，该热机系统输入的热能实际上是由两个热源的温差决定的，温差决定的热能才是热机的真正输入，用数学语言抽象陈述就是热机热功转换关系的定义域，只在高、低温两个工作热源构成的闭区间之中，超出该区间的热源和热功转换无关。卡诺循环推导出的热机效率实际上揭示了热机输入热能的有效区间，所以说它是关于热机热功转换能力的量度，而不是输入/输出的能量比值。一个热机装置的无效热能输入是与热机本身无相关性的，非工作热量输入的损耗和热机的摩擦等自身损耗是完全不同的，后者才是和热机本身有相关性的。正是基于这种原因，以卡诺循环为基础归纳出的认识才超出了传统机械力学范畴，在工艺学基础上建立了热力学这一新的学科。卡诺循环推导得出的热功转换效率是从装置充分利用能源的热能意义去理解的，即热机有效利用燃料释放的热能越充分，能源的利用效率越高，这是设计热机的第一个出发点。从能源利用效率到热能再到机械能，孕育热力学的热机工艺学确实也是围绕着能量展开的。从热力学早期的发展过程可以看到，它一开始就是在机械力学基础上的热机工艺技术研究中发展起来的，当进入热能转换为机械能这一超越传统动力学的领域后，产生了新的热力学学科。新学科在运动的状态及规律描述上与动力学性质完全不同，但它归根结底是从质点动力学中发展起来的，它的最根本问题是热能和机械能之间的关系问题。所以，从能量的观点看，尽管热力学是不同于动力学的新学科，但它们之间绝不是彻底割裂的，更不可能是矛盾和冲突的。

从逻辑的观点看，热力学和动力学的统一性只能在能量的观点下得到最终的理解。前面我们指出，温度的微观统计学意义把宏观热力学和微观动力学行为通过统计描述建立了关联，温度和速度之间有了不同描述之间的统一性关系，宏观温度状态和微观速度状态描述的并不是不同的具体物质存在，而是对物质实在从不同角度和假设进行描述得出的不同结果。必须指出，温度和速度之间的关联不是通过什么新的奇妙发现而是通过能量关系去建立起来的，温度与气体的微观分子平均动能成正比。正是动能把温度与速度的关联建立起来的。因为动能与速度有关联，所以温度和动能的关系决定了温度与速度之间的关系。如果离开能量观点，仅从动力学和热力学运动规律是得不到温度和速度之间的关系的。我们都非常清楚，它们是两个不同的学科，它们本身的描述概念一定是不同的。

能量概念之所以对动力学和热力学的统一具有最终解释权，就在于世界是能量一元论的世界。即使在绝对物质观支配的时代，能量也只不过是物质的婢女，即在它仅作为物质状态的现象性存在的认识条件下，在动力学中机械能守恒也已经是一条独立于质量守恒的普遍定律。在动力学的机械能中，它们之间的守恒关系是由转移来具体描述而实现的。但在热功转换中，由燃料放热推动热机释放机械能做功，这已经不同于传统动力学中的能量转移，我们称之为能量转换。所以，能量运动具有从一个物体转移到另一个物体和由一种形式转换到另一种形式的区别。在不同的学科看来，不同形式的能量是不同的，机械功和烫手的温度在感性经验中当然不同，在知性描述中也具有不同规定性，但不同的能量之间又何以相互转换呢？这正是问题关键所在。如果坚持不同学科所涉及的能量不同形式是本质上相异而不同的现象存在的认识的话，那是很难想象不同形式能量之间的转换现象的。但热机工艺学已经告诉我们这种转换在工艺及实践意义上是客观存在的，它就不再是能否转换而是如何转换以及凭何转换、为何转换的问题。只有从能量一元论的观点才能回答为何转换的问题。不同学科给出不同形式能量的定义，但在能量一元论中，不同形式的能量是同一的，形式的区别是从学科视角及现象角度区分的，而不是本质的区别。因为能量无本质，没有人能够给出不同形式能量之间的质的规定性，能量在最普遍的本质意义上是无质有量的存在，它是最基本、最原始的存在。正是无质有量以及量的同一性，才产生了真正的普遍守恒定律，才有既转换又守恒的特定现象存在。如果不同形式的能量之间具有不同的质的规定性，即它们是不同的东西，那么，不同形式能量之间转换之后的能量守恒之说是没有意义的。不同质的东西何以比较？无法比较又何以守恒呢？所以，能量作为最普遍的有量无质的存在，作为无质规定性的存在，只能是同一的存在。这是能量何以转换的真正根据。人类没发现能量一元论及广义能量守恒定律之前，在特定领域循着这一原则则能合理地解决特定的问题。在热机热功转换及热力学中真正有意义的突破，在于那些探索未知的科学家坚信普遍的能量守恒及不同形式的能量是同一的存在，这是不证自明的形而上学前提。拉扎尔·卡诺的热机机械效率研究是在各种能量同一的前提下的；热功转换是在热能与机械能转换时的能量守恒这一形而上学假定上的。因为当时还没有发现能量转移与转换关系的能量守恒定律，如果没有这种假定，没有基于对守恒信念的坚持，没有追求支配各种交换变化背后那个不变的“当量”的努力，热力学的创立及发展是不可能的。正是对更普遍的守恒关系的坚信，催生了比动力学更为普遍的、从微观描述向宏观描述发展的热力学。这些学科最普遍的理论基础在于能量概念之中，因为世界的统一性在于它的本性即能量存在，从特殊认识向普遍认识飞跃的最重大发现之一是普遍能量守恒定律的发现。

从热机工艺学产生的热力学本质上是热能学。热力学和动力学统一性的更深刻意义本质上是物质世界质能统一性问题，这是人类从物质一元论进展到能量一元论的又一个现实契机。从机械能守恒定律向普遍意义的能量守恒定律即热力学第一定律的进展就是一个关键性进步。在此之前，人类感性经验基础上对物质世界的认识局限于质能二元分立中，从质点和力去理解物质世界的一切运动，得出绝对物质观的宇宙观是可以理解的，因为人类认识还没有进展到最普遍的能量统一世界。遗憾的是，在归纳出普遍的能量守恒定律后，对物质世界的统一性认识不仅就此止步不前，反而在进一步归纳出热力学第二定律这一宏观态物质系统状态能量运动变化的普遍规律后，人们将热机工作原理中的热力学理论和动力学理论的现实统一性关系忘得彻底干净，以至于陷入热力学和动力学相互冲突的压迫性妄想症中。这一子虚乌有的妄想症的传染流行已经折磨了人类近两百年。这是数千年来西方文化局限于最高的真理，只执着于抽象的观而忘了根本意义上具体的体的局限性的最充分演绎。从热力学第二定律出发得出的宇宙热寂说在现象层面似乎是能量至上的唯能主义面孔，仍骨子里仍然是存在和演化、质点和力、物质和能量二元分立的宇宙观。唯能主义既反对绝对物质观又坚守绝对物质观，坚持绝对物质观时承认物质不灭和能量守恒，反对绝对物质观时则坚持宇宙的有用能量即可资交换的热能在总体上不可逆地减损，赋予宇宙绝对不可逆地行将热寂死亡的命运。绝对地趋向热平衡的宇宙最终彻底否定了物质不灭和能量守恒的绝对意义，这是对以牛顿质点动力学为客观基础的机械论的物质一元论的否定，在科学意义上责难轨道描述的动力学失去时间性，在理性统一性意义上否定有序循环往复中的永恒运动的物质世界。殊不知，唯能主义的前提恰恰是绝对物质观，如果没有绝对物质为前提，没有质和能、质点和力的绝对分立，就不会产生如此狭隘片面的唯能主义，质和能、存在和状态演化就不会绝对分立，热力学和动力学也不会分裂，对热力学的物理意义也不会得出宇宙意义的热寂理解。由此可见，动力学和热力学在认识上的不协调既根源于绝对物质观，更归因于片面的唯能主义，即狭隘的唯动能、唯热能主义。从绝对的热能去解释整个宇宙时，本质上是从绝对的动能去解释整个自然界，是不可能割断绝对物质观的脐带的。绝对的物质存在的绝对的动能，哪一个才是绝对！要超越绝对物质观，不能止步于物质状态的机械能和宏观态的热能，而要进展到普遍的统一能量本质，进展到质能统一的物质存在的理性具体理解。

所以，动力学和热力学的最深层基础是能量理论，一切其他自然科学的基础也如是，能量一元论是统一的自然界的统一性根据。热力学从宏观系统得出物质世界更普遍的运动变化描述，而它真正的最终推动即“动力学”关系还是必须回到能量去思考和探讨。动力学和热力学都是关于物质世界运动变化规律的归纳，它们的能量关系不但统一于能量守恒定律即热力学第一定律，更具体地看还应统一于支配物质世界运动变化的普遍能量运动规律，即热力学第二定律和质点运动定律应统一于普遍的能量最小原理。从能量运动规律看，不但宏观系统的状态是不可逆的，而且质点动力学的能量状态也是不可逆的，自发运动的水不可逆地由高处向低处流，树上的苹果自发掉下只能不可逆地掉到牛顿头上再掉到地上。从能量守恒和能量最小原理意义看，动力学和热力学是统一的。至于科学规律描述中既有可逆描述又有不可逆描述，只是认识描述对象不同、描述参数不同引起的，并不是热力学和动力学的冲突。不同的描述是统一的，统一于能量，统一于唯一的宇宙自然界。

注释

①伊·普里戈金、伊·斯唐热著，曾庆宏、沈小峰译《从混沌到有序》，上海：上海译文出版社，1987 年第 1 版，第 146 页。

②同上，第 155 页。

③同上，第 155—156 页。

④同上，第 157 页。

⑤同上，第 149 页。

⑥同上，第 152 页。

⑦同上，第 150 页。

⑧同上，第 152—153 页。

⑨同上，第 154 页。

⑩同上，第 98 页。

⑪同上，第 70 页。

⑫同上，第 105—106 页。

⑬同上，第 121 页。

⑭同上，第 166 页。

第七章
热力学统计描述和熵的物理意义

引　言

【提要】本章主题回归热力学定律包括熵原理的物理意义本身，由热能的状态能限定性为客观性基础，揭示它在质能统一性自然中的特定物理意义，否决热力学第二定律和熵原理的宇宙学意义，从而终结宇宙热寂和熵垒幽灵，用能量一元论否决熵的宇宙观和世界观。

一、热由温度作为普遍抽象物理量去描述，温度是宏观物质系统的内能，是构成系统的微观粒子平均动能的统一，反映了一个物体内部构成粒子运动的剧烈程度。热运动只有在宏观物质系统内部或视为宏观系统的物体之间相互作用描述才有意义。温度的本质是物体的状态能，没有普遍能量之统一意义。

二、热力学第一定律是考虑了热能转换的普遍能量守恒定律的特定形式。热力学第二定律揭示了物体直接相互作用中交换动能的必然性规律，热从高温传向低温是最小自由能定理在宏观物质系统条件下的特定表现形式；它只是运动现象归纳，还没有深入到热力去揭示支配热运动的普遍根据。热力学第二定律必须限定在传导和对流两种形式，热辐射和热吸收不属于热运动范畴。

三、克劳修斯在热力学第二定律基础上抽象归纳出更普遍的熵原理，它一直被理解为只是与热力学第二定律等效的另一种陈述形式。其实两个定理是不同而统一的，热力学第二定律是不可逆运动定律，熵是系统状态变化规律；熵是可逆变化的，封闭系统熵变才是不可逆的。热力学第二定律揭示物体动能按最小自由能规律转移；熵是热运动的结果，是系统自由能状态函数，熵原理是系统自由能变化规律，所以两者不同而统一，熵原理具有更普遍的本质意义。

四、克劳修斯发现熵原理后作出了两个颠覆性的判断：宇宙总能量等于常数；宇宙的熵趋于最大；这就是熵垒和热寂的意义。这个判断的形而上学前提就是绝对物质观，能量则局限于物的状态能，熵是自由能，二十世纪兴起的熵的世界观实际上以物质、能量、自由能三元宇宙观为根据，和传统机械论世界观相对立的熵的世界观的形而上学根据是同一的，归根结底也是物质一元论宇宙观的产物。以绝对物质观为前提则物质和能量是绝对分立的，只以热交换为能量转移的唯一方式则宇宙自由能是绝对递减的。当代物理学把质量守恒定律、能量守恒定律、熵原理作为三个最普遍意义的绝对定律，先验地得出熵垒和热寂的结论。以物质一元论为前提只有上帝的反熵可以打破熵垒魔咒，麦克斯韦、玻耳兹曼等一大批杰出科学大师在熵垒面前全线败北，留给现代人类文化的遗产是“我们有一天能克服热力学第二定律吗?”的疑惑。

五、熵垒和热寂说的荒唐性在于赤裸裸地颠倒了宇宙存在和演化的现实。太阳到地球的能量不是按温度梯度传播的，热力学第二定律根本没能量运动的最普遍意义；宇宙大爆炸后是随熵增而向越来越有序演化的。问题的根源在于质能二元分立的物质一元论宇宙观，只要扬弃绝对物质观，从能量一元论看自然，熵垒和热寂就不攻自破了。以引力能量子为本原的多样性宇宙是质能、状态能、能量子的统一性存在，能量子的绝对运动本性赋予宇宙永恒运动之意义，物质热吸收、热辐射等形态的能量转换就是物质世界的热源，既有热源又有热消耗的自然才是现实具体统一协调的世界，由之才能解释宇宙之熵何以是可逆的，何以是从混沌到有序并且向越来越复杂结构有序演化的。

牛顿质点动力学建立了宏观物体在宇观意义的统一性描述，但这还只是科学抽象意义上的统一性，还没有从根本上解决具体现实感性经验世界的理性具体统一性问题。其有限性不只表现在微观世界质点动力学的失效，还表现在感性之物的宏观世界本身，即它对复杂系统的描述是无能为力的，故拉普拉斯用决定论的无穷因果链去陈述宏观物质世界抽象统一性时，谨慎地加上“原则上”这一限定。对大量粒子构成的物质系统的相互作用关系，用质点动力学去描述即使是合逻辑的，也是不可行的。由大量无规则微观分子的相互作用构成的系统叫热力学系统，它是用热力学规律而非质点动力学规律去描述的。本章在能量一元论的统一性原理基础上讨论热力学理论特别是熵概念和熵原理的物理意义问题，核心是彻底解决困扰人类两百多年的热平衡即所谓“宇宙热寂”问题。

由机器大工业时代催生的热力学理论在它诞生后上升为宇宙学普遍理论时就产生了困扰人类的“宇宙热寂”这一抽象的理论问题。机器大工业时代的不断发展，人类改造和利用外部世界的能力呈指数型增长，同时人类对非人力资源、能源的利用和依赖以指数增长的现实生存方式，到二十世纪下半叶开始遇到了资源危机、能源危机和环境恶化等增长的极限问题，热力学理论预言成为严峻的现实。热平衡不可逆过程的限制性对人类生存和发展是理论上和实践上的挑战，因而从理论上试图回答热力学定律特别是热力学第二定律的不可逆向热平衡演化预言的问题成为那些具有迫切的历史责任感和危机感的科学家和思想家的重大努力方向。同时不得不承认，在传统的绝对物质观的桎梏之下，任何试图突破热平衡预言理论的努力都是吃力不讨好的，只不过是作茧自缚。从世界统一性原理看来，已有的任何关于热平衡不可逆宇宙的理论或宇宙从无序到有序演化的理论解释多是不能恭维的，因为最普遍的自然界仅归纳为物质世界是不足够的。最普遍的自然世界是能量构成的世界，最普遍的宇宙不是从物质过程而是从能量过程去认识才能通达理性具体理解的。

热力学在理论上和实践上都和能量休戚相关。热力学第一定律实际上是能量守恒定律在考虑热功转换关系条件下的特定描述形式，所以热力学第一定律与能量一元论是统一协调的。但热力学的最重大理论成果是热力学第二定律，即热总是自发地从高温物体流向低温物体，而对之的物理意义的理解是与能量一元论不相协调的。作为单纯理论形态的物理学理论，热力学第二定律的科学真理性是不容怀疑的，但对该定律在世界统一性原理中的地位和意义确实是需要智慧而且需要大智慧才能理解的。它是宏观物质系统热状态运动的不可逆过程的理论描述，如果建立在物质一元论基础上，那就把物质系统的状态和存在彻底分离，那么热运动的不可逆过程就具有宇宙学上的绝对普遍意义，宇宙热寂的平衡吸引子就以必然性的宿命决定了宇宙走向热平衡死亡的不可逆转的必然结果。宇宙热寂说以传统的物质一元论为形而上学基础的同时，它在方法论上还以西方传统唯心主义哲学的机械论为特征：存在和演化的绝对分离，实际上就是物质热运动状态即热能和机械能的绝对分离。所以“热寂说”是一种高超的悖论，既把热能作为可转换为机械功的能，又把热能和机械能绝对地独立。与此相关联的还有一个精巧的逻辑悖论：热力学论者否定传统的可逆性机械论，但它的不可逆过程又是以机械论宇宙观的绝对物质为前提的，机械论的知性因果逻辑决定论的无限性同样是热力学从工艺学向最普遍宇宙理论推广的不合逻辑的思维方法论。

热力学定律的统一性智慧理解必须建立在能量概念和能量一元论宇宙观基础之上。不但热力学第一定律，包括热力学第二定律在内的所有热力学理论和能量一元论也都是统一的，实际上热力学第二定律是在宏观统计系统中最小自由能原理的特定表现形式，用能量概念来描述的热力学第二定律就是宏观统计系统中各构成微观粒子的能量均分原理，即系统中各微观粒子相互作用是朝系统自由能最小方向演化的，并且各粒子均分能量的结果在统计意义上是系统内部自由能趋向零的最终极限状态，用宏观状态参量温度来描述时则叫作热平衡，这是热力学微观解释以“统计”的方法定义系统时已经形而上地确定了的结果。当回到能量概念思考热力学第二定律时，热平衡演化的必然性趋势就失去了宇宙学的无限意义，只在有限的知性认识范围中有效，所以热平衡规律没有根据去得出宇宙热寂的预言。宇宙演化的最终统一性解释不能仅在物质之间的动能交换行为中得到理解，而是必须在总的宇宙能量交换、转化的转换过程中去理解。另外，在物质系统结构意义上看，热平衡定律只对热力学统计系统描述有效，而对更为复杂的多层次结构系统，比如生命结构，用无规质点和统计描述并用热平衡去作最终解释肯定是荒诞无稽的。相对性的物质存在是结构性存在，是质能统一性存在，由结构统一性去理解的物质客体的能量关系不只是质量的状态能，而是质能、结合能、状态能的统一。状态能揭示物体的相互作用，质能和结合能才是相对性之物存在之为存在的本质规定性，是存在论意义上的必然性规定。热力学第二定律是物体状态能运动变化规律，但它进展到更普遍的熵原理归纳时，已经揭示了包括物质稳定结构演化在内的普遍能量关系，是结合能和状态能的统一描述，仅把熵原理当作热力学第二定律的另一陈述形式是短视的。统一的热力学理论体系由三个层次构成：特定无规统计系统状态能的运动规律即热力学第二定律；一般物质系统状态能和结合能运动规律的统一性归纳是熵原理，其普遍意义远远超过热力学第二定律；最一般抽象因果必然性的系统状态动力学规律即傅里叶热传导定律，它揭示了物质热运动的根本原因，在热力学理论中具有牛顿质点动力学第二定律在质点物理学中一样的普遍基础地位及意义。

第一节　热力学理论概述

一、热力学发展的三个阶段

按照耗散结构理论大师普里戈金的观点，热力学分为平衡态、近平衡态及远离平衡态三大领域，并对应着热力学发展的三个阶段，他的耗散结构理论是属于研究远离平衡态热力学过程的第三个阶段的热力学。它和前两个阶段的根本区别不仅在于平衡态，最重要的是耗散结构理论希望克服传统热力学世界无序演化的观点，在克劳修斯热平衡无序退化与达尔文复杂有序性进化的现实世界的冲突图景中找到协调的解释，为宇宙自然界从混沌到有序进化这种特定的演化方式从理论上给出合理的说明。

十八世纪发展起来的热力学首先是平衡态热力学，它创立后引发的“宇宙热寂说”足以证明它平衡态研究的特点。为什么呢？从理论形态看，平衡态热力学是所有其他形态热力学的特例，同时揭示了热力学最基本的特征：不可逆性。热力学基本理论描述指出，物质系统热运动演化是不可逆过程，而且系统的热平衡态是系统热运动的吸引子，它既决定了演化的方向，又设定了演化的极限即最终目标和结果。因此，平衡态热力学是热力学中最基本的基础理论，没有平衡态热力学就无所谓热力学。在十八世纪刚建立起热力学这一新学科时，它的理论特征与传统的质点动力学的轨道理论描述完全不同。由于它的描述对象是宏观系统而不是微观质点，所以轨道描述失效，轨道描述中线性因果的速度、位置及动力学关系也完全失效。对宏观系统而言，我们无法在统计描述中，从现在的宏观状态去回溯系统的历史状态演化过程。宏观系统的热平衡结果是唯一的，但实现这一热平衡结果的非平衡初始态不是唯一的，平衡的最终唯一结果与系统的初始态无关。因此，对热力学描述而言，演化过程的确定性描述之意义与质点动力学完全不同，它最本质的意义在于给出系统的演化趋势及最终结果，而非演化过程中的确定性关系及其运动变化。故早期热力学的兴趣在于趋势及系统的最终确定性状态，而非运动的确定性过程。热力学的确定性状态是热平衡态，而且与初始态无关，因此，热力学首先是平衡态热力学。平衡态热力学给出一个宏观物质系统热运动的确定性结果描述，而这个确定性结果一定是热平衡态的，所以称之为平衡态热力学。

但平衡态热力学理论只是揭示物质世界热运动的特定抽象，因为平衡态热力学是宏观系统与外界完全“孤立”而从环境中独立出来的特定状态下的热力学理论描述。这里的“孤立”主要指没有与环境进行物质和能量交换的特定限制条件。对于普遍联系与相互作用的物质世界而言，世界中的孤立封闭系统主要是理论中的抽象，现实的孤立系统只能是对象系统与外界相互作用的各种复杂因素综合后全部抵消的特定情况。所以，封闭、孤立系统只是开放系统的一个特例。热力学研究宏观物质系统热运动时，以孤立、封闭系统为对象的平衡态热力学只是特定认识对象的理论；它应该包含在开放系统的理论体系之中，当且仅当开放系统与外界的物质、能量交换为零的特定状况下才还原为封闭系统的平衡态热力学理论。所以，开放的物质系统的热力学理论才是更一般的热力学理论，封闭系统的平衡态热力学实际上是静态的抽象，开放系统的热运动过程才能更好地描述物质世界动态的热运动过程。按照从个别到一般的认识逻辑，热力学从平衡态热力学转入到开放系统非平衡态热力学阶段。

开放系统的热力学理论要揭示系统内部状态运动对外部环境的依赖关系，其中最简单、最基本的是近平衡态的关系，它指环境对系统的作用是“弱相互作用”条件下系统热运动的关系。它的主要特征是平衡态热力学的基本运动规律保持不变，这个区域称为热力学的线性区域，因为它与平衡态热力学一样，热运动状态依然用“热力”的线性函数来描述。由于开放系统与环境的相互作用，系统不可能达到自由能为零的最小自由能状态，即不可能到达平衡状态，但在最小自由能原理的支配下，它趋向于保持系统自由能最小的某个定态。这个非平衡态就是开放系统在与环境相互作用下，对应于环境的作用而趋向于自由能最小的吸引子。所以，这种开放系统的热力学可以称为定态热力学。从定态热力学的观点来看，平衡态热力学只是定态热力学的一个特例，平衡态就是最特殊的定态。所以，定态热力学是一般理论，平衡态热力学是它的特例。

把平衡态看作定态的特例，那么平衡态热力学和定态热力学的运动规律是相同的。从能量的观点来看，本质上都是最小自由能原理在支配系统中的微观粒子的相互作用和能量交换行为，所不同的只是对应于不同外界环境交换作用而产生了不同的定态。平衡态和近平衡态系统这时具有“同质性”，就是说，两种态之间保持着线性关系，定态热力学被称为线性热力学。由于线性热力学的有效区域往往只保持在近平衡态，故又称之为近平衡态热力学。定态热力学是热力学的一般理论，它“描述了系统趋向于与提供给它的流相容的最小活动性行为。这种行为是稳定的，是可以预言的。像平衡态热力学一样，线性热力学可以用一个势即熵产生来描述。这个事实说明，无论在趋向平衡的演变中还是在趋向某个定态的演变中，初始条件都被忘却了。无论初始条件是什么，系统最终都将达到由外加条件所决定的态。因此，这种系统对边界条件的任何变化作出的反应就是完全可以预言的”[①]。

普里戈金把耗散结构理论称为热力学理论的第三个发展阶段。耗散结构理论主要研究一个宏观开放系统在远离平衡态的非线性条件下，通过和边界外的交换产生了系统内的复杂性自组织行为，形成特定的组织结构即定态结构的行为。耗散结构理论是否属于热力学理论呢？这取决于对热力学的理解。如果从十八世纪热功转换关系的理论角度来看，耗散结构理论应该不是热功转换理论，不是热力学。从普遍的定态热力学理论来看，耗散结构理论没有给出支配系统能量交换的热力学规律及定态描述，它也不应该是热力学理论。但从另外一个角度看，近平衡态线性阶段是远离平衡态非线性阶段宏观系统状态的特例，因此可以把耗散结构理论看作研究复杂系统演化的一般理论，把定态热力学看作复杂系统在特定条件下的理论描述。但是，从理论描述角度看，耗散结构理论和传统热力学理论其实是不同一的。因为热力学理论宏观对象系统中的微观粒子是同质的，是无组织结构的，是统计平均意义上的；而耗散结构的对象系统是复杂组织性的系统，它的目的和意义就在于给出大量粒子构成的复杂性系统的非统计平均结果描述，从而解决统计平均意义产生的熵不可逆增长的热平衡必然结果问题，并试图对自然界诸如生命这类复杂而有序的非统计平均系统的产生及运动给出合理的解释和说明。因此，两者是不同性质的科学理论，它们归根结底是统一而非同一关系。

但是，为什么普里戈金把耗散结构理论看作热力学理论第三阶段的科学认识呢？其主要原因不在于认识对象即宏观物质系统从简单统计性向复杂自组织性的发展，而在于他认为要用耗散结构和自组织理论去回答热力学理论关于物质世界演化的总趋势是趋向混乱和无序的问题，把克劳修斯和达尔文的理论协调起来，解释在热力学定律普遍支配下物质世界如何进化出有序的生命结构并形成我们生存于其中的生命世界这重大问题。所以，把耗散结构理论看作热力学理论的第三发展阶段本身表达了普里戈金统一生物学和热力学的良好愿望，它真实地反映了人类一直把热力学定律作为支配宏观物质世界行为的最终定律的观念的历史。如果热力学真的是最普遍的客体世界定律，那么把耗散结构理论作为它的第三阶段理论就不足为奇了。从对象看，耗散结构描述更为复杂的自组织系统，同质统计系统只是诸复杂系统的一个特例；从理论的结果看，传统热力学只是向定态的不可逆运动，而耗散结构则通过自组织理论来解释复杂结构及不同定态如何产生的问题，它是对物质宏观系统更为具体而普遍的描述。所以，如果把耗散结构看作宏观系统的热力学理论，称之为第三阶段是无可非议的。

当然，并非一定要把耗散结构理论纳入热力学理论，非统计平均意义上的大量粒子构成的系统行为是否能归纳在热运动中是值得商榷的。传统热力学又叫分子物理学或统计物理学，它的最精妙成功之处在于把构成系统巨大数目的分子规定为统计学意义上的无差别分子，把大量粒子相互作用的复杂性行为统一在简单的宏观参量即温度、压力、体积中得到简洁而普适的规律性概括，它的普遍真理性和现实性是近代科学革命催生的人类机器大工业历史证明了的。没有分子层次行为的统计平均假定，宏观热运动的微观物理意义是不可理解的。既然如此，离开分子层次统计平均假设的耗散结构理论就不应是热力学范畴的认识了。当我们从世界统一性原理出发，把热力学看作知性有限真理时，把耗散结构理论看作热力学理论就是多余的了。

二、热力学第一定律：热与能的统一性

热力学是从能量观点出发，分析宏观物质粒子系统热状态变化及功能转换的科学理论，它的基础是热力学第一定律和第二定律，其中最为基本的热力学第一定律在某种意义上说是广义能量守恒定律或一般的能量守恒定律在热功转换特定运动时的特定描述。当然，比热力学第一定律更为普遍的能量守恒定律在逻辑上是在热力学定律的认识过程中进一步向普遍化综合的结果。在发生学意义上，热力学第一定律在先；而在逻辑意义上，能量守恒定律是基础。

热力学第一定律是能量守恒定律的特定描述形式，它的特定性在于引进了几个热力学特有且又与能量相关的特定概念去描述热力学运动的能量守恒过程，即功、热量和内能的概念。功是动力学的概念，它指力和力作用下客体位移这两个矢量的标积。在上一卷中我们已经指出，功的本质是能量，它是特定的能量，所谓特定即主客观相统一的能量。功在机械力学中是客观的，但它是相对性的，主观性寓于它的相对性之中。正由于功的本质是能量，而能量是构成世界的最普遍的客体与状态相统一的存在，所以在热力学中功的概念外延要广泛得多，其中热功是最为重要的概念之一。热力学用认识对象的温度作为系统热状态描述，系统的热量是它的温度状态与质量的积。热量又叫热能，它不证自明地把热量作为能量。正是因为机械做功和温度传递都是能量转换，所以做功和传递热能是等效的，在本质上是同一的，所以就有了热功当量的客观性关系。在热力学中，热量用卡作单位，而做功用焦耳作单位，所以，焦耳和卡实际上是同一存在用不同的参照系及描述标准进行描述产生的区别。热功同一的本质用热功当量即 1 卡热量等于 4. 186 焦耳功揭示和描述。热功关系的发现进一步证明了能量作为热和功共同本质的合理性。

传统物理学理论把通过宏观有规则运动进行能量交换的做功称为宏观

功，而热传递由于不涉及宏观运动，所以把热量传递叫作微观功。但这种宏观、微观功的区分只有感性经验意义，实际上热力学的描述对象在科学描述意义上才真正是宏观的。做功与热传递的真正区别首先在于对象上，即宏观功是质点客体宏观运动与外界作用时交换的能量，而所谓微观功是宏观系统作热量交换时交换的能量。真正的区别在于“内”“外”关系上。对理想质点而言，它无所谓内外，它在认识意义上是不可再还原的，所以有外无内，故无内外，它与外界的作用是以不可分割的整体来描述的。但热力学的描述对象是大量统计学意义上的无规则微观粒子构成的系统，它有明确的边界，由边界界定了它的内和外的关系，并由此产生了系统与外界交换能量时内能改变的现象，就是说，热力学的对象是可以用内能来描述的，它的温度状态就是它的内能的客观描述。用温度或内能来描述热力学系统只是同一件事的不同描述，对系统传递热量会使其内能增加，系统向外界传递热量，则系统的内能减少。科学实验证明：“内能的改变量只决定于初、末两个状态，而与所经历的过程无关，换句话说，内能是系统状态的单值函数。从气体动理论的观点来说，如不考虑分子有内部结构，则系统的内能就是系统中所有分子热运动的能量和分子和分子之间相互作用的势能的总和。”[②]这个结果是必然性的，因为能量本身是客体状态的单值函数，内能作为系统特定形式的能量，如果对系统状态而言是多值的，那倒是不可思议的了。

由功、内能、热量这几个特定形式的能量概念出发，归纳出了热力学第一定律：如果有一系统，外界对它传递的热量为 Q，系统从内能为 E_1 的初始平衡状态改变到内能为 E_2 的终末平衡状态，同时系统对外界做功为 A，那么，无论过程如何总有：

$$Q = E_2 - E_1 + A$$

热力学第一定律的意义是外界对系统传递的热量，一部分使系统内能增加，另一部分用于系统对外做功，它的本质是能量守恒定律。因为热量 Q，内能 E_2、E_1 及系统对外所做的功 A 本质上都是能量，只不过是能量的不同特定形式。因为在能量转化过程中，不管过程如何，能量守恒是恒等式，即能量守恒一定是成立的。

热力学第一定律本质上是能量守恒定律的特定形式，这一点在热力学理论发现过程中是没有疑义的。说得更直接一点，热力学实际上是研究宏观物质系统的能量转换过程必然规律性的科学理论。因此，热力学第一定律说明了它和能量守恒定律的统一性，进一步证明了能量存在的最普遍性及能量守恒定律的最普遍意义。按照一般的说法，在热力学基础上可以推导出能量守恒定律，但严格地说，能量守恒定律是在热力学理论思考中归纳出来而非推论而来的。因为能量守恒定律是更为普遍和基本的科学真理，对于热力学第一定律而言，它具有形而上的普遍意义。所以，在理解热力学第一定律和能量守恒定律的统一性的同时，更深刻的思考在于为什么它们是统一的。

物理学是关于世界客体存在的经验科学，物理学理论不仅追求数学描述的普适性和严谨性，同时还要明确它所描述的概念及其规律的物理意义。物理学和纯数学形式的区别在于，数学上只需认识论意义就是充足的，但物理学真理则一定是认识论和存在论相统一的，并且是以存在论为基础的，它的描述最终所指的物理世界是具体的客体世界。在物理学分析中有一个最基本的技巧：量纲分析，量纲的本质就是一个物理量的物理意义，一个物理理论分析的结果正确的必要条件是量纲正确。如果说得出一个物体的运动速度是三公斤那肯定是错的，质量单位不能描述路程和速度，反之亦然，说一公斤道路没有意义。从更一般的意义上来说，不同的物理量单位赋予了它特定的本质规定性。但是，量纲分析在能量领域失效了，一卡热量和一焦耳功在传统的量纲意义上不同，运动带来的位移与一块物体温度升高是完全不同本质的运动现象。但是，热机把热量与机械功联系起来，热力学第一定律把热功、内能、热能同一起来，即看似不同形式的状态描述之间实际上有着共同的量纲，作为能量的不同形式，它们在本质上是同一的。因此，由热力学第一定律再到能量守恒定律的普遍世界规律的综合向我们揭示了世界的一个深刻本质：作为客体世界客体状态不同形式的能量概念的同一性说明了它的同质性，即不同形式的能量的量纲是相同的，能量只有量的不同，没有质的区别，不同的能量规定性在于量本身。

不同形式能量的同一性是能量守恒的必要条件。在感性经验中完全不同的热状态与机械运动，由于热机工艺学统一在一起了。一定量的热能够转换为一定量的机械功，即不同形式的能量之间可以转换，而不仅仅是机械能之间的转移，能量转移和转换具有同等意义的话，不但机械能中的动能和势能是同一的，而且热能和机械能也是同一的，进而推论，一切形式的能量都是同一的，否则所谓能量守恒就是公斤和米那样风马牛不相及的，没有任何实际意义了。能量的同一性不是理论的推导，而是热功转换的经验及工艺学实践基础上的理论综合，在此综合基础上才能思考与能量转移性质不同的诸形式能量的转换，进而思考能量守恒问题。

能量守恒认识的触发点是与人类坚信世界统一和守恒本性而追求的支配一切现象的那个守恒当量联系在一起的。人类寻找的那个守恒的当量就是能量，这个当量的科学描述就是能量守恒定律。在追求那个不变当量的能量过程中，它启迪我们的一点是，世界守恒本性和统一本性的追求和思考是在舍弃一切差异性和规定性而追求纯粹的量的守恒关系中建立的。从逻辑上来说，纯粹的量的守恒关系确实是比与质量等因素有关的关系更为普遍的关系。由此我们可以开始悟到能量无质有量谓之无的规定性。当然，在这个阶段，对能量的普遍性本质的认识还只是初步的，还没有达到最普遍的广义能量守恒及质能统一性的认识水平，世界统一性原理也就没有最终建立起来。

能量转换的普遍原理是基于物质客体状态描述的，在此所指的一切称为能量形式的存在是状态存在即现象性存在，它是存在者的现象而非存在者本身。因此，停留在一般的能量守恒定律关系上无法通达世界统一性原理。从热力学科学认识来说，把热力学第一定律作为能量守恒定律的特定形式是正确的，但这还不足够，仅停留在物质状态去认识现象性的能量存在，存在者和存在者现象的统一就是一个无法解决的难题。这个问题在热力学第二定律的物理意义解释中暴露出来，并且产生出十九世纪以来困扰着人类的极为严重的熵垒和宇宙热寂等伪命题。

三、热力学第二定律：热运动的不可逆过程

热力学第二定律更具有“热力学”的意义，因为它与传统质点动力学的描述形式相似，揭示在“热力”作用下系统热运动不可逆过程的一般必然性规律。质点动力学中力与运动变化的因果关系，在热力学第二定律中表现为推动热运动的热力与由之产生的热流运动变化的因果关系。换句话说，热力学第一定律揭示热流运动能量守恒的必然性法则，热力学第二定律则揭示支配热流运动变化的根本原因，才是地道的“热力学”，即关于热流运动过程支配原因的必然性普遍规律描述，正是热力学第二定律赋予了热力学的重大而现实的意义。

热力学最普遍抽象的归纳是傅里叶的热传播原理：热流与温度梯度成正比。这实际上是热运动包括传导和对流现象最基本、最普遍的规律，是包含热力学第二定律具体描述在内的普遍性的科学陈述形式。但从工艺学即热机热功转换的角度看，这种普遍的描述有待细化。因此，一般认为，特定的热力学第二定律的科学描述是在卡诺循环的研究基础上归纳出来的普遍原理，而最后是克劳修斯对之作了普遍化归纳陈述，上升为普遍的科学理论。

热力学第二定律必须追溯到卡诺循环。在研究热机热功转换作用时，卡诺循环从工艺学角度阐明了两个不同温度的工作热源对实现热能连续不断地转换为机械能的必要性，并说明这种热功转换的持续获得必须以一个完整的循环形式持续重复才能得到。按热力学第一定律，热能可以转换为机械能，但热能连续地转换为机械能输出单靠一个热源无法完成。热源的一般作用是热传导，热能可转化为机械功也无法持续。回到机械功时，我们回想动力学过程的特点，即机械过程是可逆和循环的，但一个热源无法实现循环和可逆。事实上，热功转换不是直接转换，而是通过热机系统来完成的，热向热机系统传递热量使系统内能增加，再由系统内能减少而对外做机械功，我们说热转换为功，是从理论抽象意义陈述，而忽略了中间的细节。要实现持续、循环的机械功输出，热机的热能输入也必须是持续的，热机内部的热状态也必须是循环和可逆的。为此，必须使用温度不同的两个热源使热机工作，并且必须设置合理的循环过程，在每一次热能通过热机转换为机械能后

热机工作系统须回复到初始状态，从而周而复始地工作，把热能通过热机转换为机械功的过程变成可逆和循环工作的，这就是卡诺循环对热机工作研究总结出来的最一般意义。为此，开尔文总结出热力学第二定律：不可能制成一种循环动作的热机，只从一个热源吸取热量，使之全部变为有用功，而其他物体不发生任何变化。

从具体的描述来看，开尔文总结的热力学第二定律是地道热机工艺学范畴中归纳出来的一般科学陈述。从工艺技术的角度看，强调“循环动作”具有重要的意义。如果不是循环动作，则一个热源等温膨胀做功而不放出热量是可能的，但一个热源无法得出循环动作，没有循环动作就构不成可以连续不断地把热能转换为机械能的热机工作过程。所以，热机必须有两个工作温度的热源。但为什么一个机械工艺学的规律能上升为具有如此普遍意义的物理学定律呢？因为在热机工艺学强调用两个热源去实现循环动作的热机时，揭示了热能与机械能之间的重大区别，实际上就是动力学对象和热力学对象的本质区别：动力学规律是重复和可逆的，而热力学自发行为则是不可逆和单向的，所以在由热能转换为机械能时，必须有两个独立的热源配合热机系统的合理装置，才能把可逆的机械运动和不可逆的热运动统一起来。因此，开尔文的工艺学的热力学第二定律已经从工艺学角度把动力学和热力学的不同本质特征揭示出来。

把热力学第二定律从热机工艺学上升为普遍的自然科学理论的杰出人物是克劳修斯。“1850 年，克苏修斯从能量守恒所提供的新角度描述了卡诺循环。他发现，卡诺所说的需要两个热源和他提出的理论效率公式表达出热机所特有的问题：一定要有一个对转换进行补偿的过程（在此处的例子里，就是用接触低温热源的方法进行冷却的过程），以便使热机恢复到它初始的力学状态和热学状态。在表达能量平衡的关系中，现在又加上在两个过程对系统状态的效应间的新的等效关系，一个过程是热源之间的热流，另一个是热转换为功。一门新的科学——热力学（它把机械效应和热效应联系起来）出现了。”[③]

这时，克劳修斯提出了热力学的更加普遍化的陈述：热量不可能自发地从低温物体传向高温物体。这描述和开尔文的描述是统一的，但它们的普遍性意义不同。传统的观点认为这两种表述是等价的，这当然没错，但并不确切，没有洞察两种表述的不同意义，否则克劳修斯的表述就是多此一举了，但事实并不是这样的。按照世界统一性原理的观点，一切自然界的必然性规律是与认识主体无关的客体规律，认识主体发现客体规律并将之表述出来，这就是客观规律。客观规律之所以客观，就在于它对客体规律的符合一致，普遍有效。就自然界的热力学规律而言，无论从哪个角度、哪个层次去陈述，它们都必定是统一的，否则，世界的统一性就失去了意义。所以，开尔文和克劳修斯对热力学第二定律的不同表述肯定是统一的，关键的问题在于为什么要从开尔文的表述上升为克劳修斯的表述，它们之间的区别和意义何在?

克劳修斯的热力学第二定律表述比开尔文的表述具有更加普遍的意义，它是从热机工艺学到一般科学理论的更普遍的归纳和综合。中肯地说，开尔文的热力学第二定律的表述还只是符合客体热运动普遍规律的特定的热机技术特定规律描述，它的直接描述对象是特定的热机本身，它只是符合物质世界热传递客体规律的热机工作原理陈述，还不是普遍的科学抽象。开尔文的热力学第二定律虽然与克劳修斯的热力学第二定律等价或统一，但并不具有后者的普遍科学抽象理论意义。热量不可能自发地从低温物体传向高温物体，这不仅是热机技术中的规律，更是整个物质世界中物质客体之间通过热传导和对流交换热量的普遍规律，是宏观物质世界一个非常重要的性质，它才真正具备了自然界普遍科学真理的意义。所以，从卡诺到开尔文到克劳修斯，热力学从热机工艺学上升为普遍的科学理论，克劳修斯的热力学第二定律陈述已具有普遍客观真理的意义。因此，作为理论物理重要学科的热力学，它的诞生及意义始终是和克劳修斯的名字连在一起的。必须承认，克劳修斯发现热力学第二定律是热力学科学理论发展中的一座丰碑。

克劳修斯的热力学第二定律陈述在热力学科学真理认识中的地位之所以如此重要的一个原因在于，热力学第二定律是整个热力学理论体系的精髓，是热力学最深刻、最本质的规律，即这才是地道热力推动下热流的一般运动规律，从而最终把热流与机械力学的做功关系统一起来，诞生了热力学。热力学理论体系以热力学第一定律和第二定律为核心，但热力学第一定律是真理知识，实际上是自然界占支配地位的普遍能量守恒定律在热功转换过程中的特定形式。从世界统一性原理、自然规律的普遍性来看，能量守恒定律固然比热力学第二定律具有优先性，但从热力学理论的学科角度来看，真正把热力学和其他学科区别开来，真正揭示了热力学本质，赋予热力学作为一门独立新学科的充足理由的，并不是能量守恒定律，而是关于热传递的热力学第二定律。热力学第一定律的能量守恒法则及功、热能、内能等概念，并没有真正揭示物质世界宏观热运动的本质特征。这个本质特征是由克劳修斯的热力学第二定律归纳和概括出来的。甚至可以说，没有克劳修斯的热力学第二定律，就没有热力学科学，它就只停留在工艺学水平上。

与其他自然科学理论相比，特别是与传统物理学理论相比，热力学理论的本质特征在哪里呢？不在于认识对象，不在于认识方法，更不在于具体规律本身，而在于它揭示了物质世界各种运动变化中的不可逆变化这一特定现象。传统科学理论描述的因果逻辑关系总是以可逆和周期性、重复性形式出现，用数学家语言陈述，即这些现象和规律是时间反演的，是严格的因果决定论的。正是热力学第二定律揭示了热流的不可逆行为，从而真正揭示了宏观物质世界热运动的本质，并建立了与传统动力学理论本质不同的热力学理论体系。热力学科学理论的创立，开启了思考物质世界不可逆运动的新时代。概括地说，热力学是研究宏观物质世界不可逆热运动现象及规律的科学，不可逆性理论认识正是热力学之所以为热力学的本质所在。

克劳修斯的热力学第二定律一般性归纳使热力学从热机工艺学中脱颖而出，但只是热力学的起点，并不能视为学科的完成。以之为本质的热力学的局限性表现在如下三个方面：

第一，它还只是热运动学意义的归纳，还不是热动力学意义的归纳，没达到揭示热运动本质的水平。从理论形态看，傅里叶热传导定律才达到热动力学本质规律的水平。

第二，没有把温差抽象为具有普遍本质意义的热源使热力学还带着经验的直接性，使理论描述中缺失了热运动的本质原因之阐明，这表明学科没达到普遍科学抽象的局限性，是热力学理论体系不完备的理由。

第三，对热运动现象的一般陈述缺乏相应的定义域限定。热运动只能包括传导和对流两种形式，把辐射包括在热运动中就是谬误了，而克劳修斯等热力学大师把热力学第二定律当成支配整个宇宙的最高定律明显有把热辐射纳入热运动范畴的意义。温度是宏观物质系统的描述物理量，热运动在物质系统相互作用描述中才有意义。质点无温度描述，在真空中运动的辐射客体更无温度描述，更没有热运动之意义。

热力学理论思考宏观物质世界的不可逆热运动，它的科学思维及描述方法与传统的动力学是有根本区别的。但是，在质点动力学基础上发展和成熟的宇宙观和方法论已经深入人心，当新的科学即热力学进入不可逆现象认识领域的时候，就产生了一种十分奇特的现象，并构成了十九世纪热力学科学建立以来人类科学发展中的似乎是二律背反的问题：不可逆的规律质疑传统的可逆科学真理，但不可逆理论与可逆理论又都建立在一个共同的前提即绝对物质观的基础上，因此动力学可逆理论与热力学不可逆理论的世界是矛盾和冲突的，它们的真理性又都是无法证伪的。更为致命的是，以绝对物质观的质能二元分裂为基础，人们又赋予了物质热运动最普遍的宇宙学意义，热力学从知性科学飞跃为无限宇宙学的过程中产生了人类无法理性理解的宇宙热寂问题。

第二节　绝对物质观的熵垒幽灵

一、热平衡的宇宙幻象

从理性统一性的观点看，人类认识是以丰富多样的知识为元结构构成的，其中真理知识具有最普遍的客观性意义。但是，由于西方哲学本质存在论只停留在主客观相统一的抽象统一性阶段，没有进展到主客体相统一的具体理性境界，近代科学革命以来以西方文化为主流的人类文化就始终停留在真理为最高意义的局限性之中。人类文化本质是理性的，关于世界的真理知识既然是最高的意义认识，真理就责无旁贷地担当了人类理性的角色，科学理性就是最崇高和神圣的。因果必然性的科学真理知识本来只是构成人类理性统一性智慧的元结构，将元结构作为多样性元结构的统一性本身，其后果是极为严重的。真理和智慧、知性和理性的混淆直接后果是抽象的普遍因果必然性关系同时被当作具体现实的统一性关系，因而陷入片面性。科学理性认识方式的一个主要特点是把抽象当具体，甚至把关于抽象因果关系的必然性偶然性范畴也当作具体现实世界的本性，毫无意义地纠缠在“人类社会历史过程和人的命运究竟是必然还是偶然”的伪命题中不能自拔。知性当理性的另一后果是真理由有限的认识变为无限的认识，离开真理有限抽象性这一前提去理解真理放之四海而皆准的意义是荒谬的，结论是世界上只有一个真理，亦即黑格尔所说的全体的真理。把真理知识元结构构成的统一性知识体系当作真理本身，这种统一性就被还原为因果关系，无穷因果关系就是真理从有限进展到无限、从抽象返回具体现实的机制，科学理性就是这样不合逻辑地去理解宇宙自然界的。从黑格尔到当今，西方哲学家始终没有意识到，真理知识之间是没有因果必然关系的，每一个因果必然关系的定义域和值域是不同的，每一知识作为元意义结构是相对独立的，否则真理就是无法证真证伪的了。要是只有一个全体的真理，那么人类只能在无法通达真理和终结人类认识之间非此即彼地生存了。这显然是不合逻辑也不符现实的。西方学者就是用这种观点去科学理性地看世界，永远得不到对世界的统一性理解。从牛顿质点动力学理论出发，机械唯物论把物质世界理解为无穷因果链构成的机器，甚至得出蝴蝶效应这种逻辑。从热力学理论出发，把热力学定律的真理描述推向无限的具体时，后果就严重得多了。质点动力学推向无限具体只是得出一个宿命的必然性现实世界的抽象幻象，从热力学无限具体意义去理解的唯热能论世界却是一个不可逆地走向混乱无序的灭亡着的世界。要从根本上拨乱反正，以正视听，就必须进展到自觉的哲学理性统一性境界，对热力学特别是它的第二定律和更一般的熵原理的物理意义得出理性统一性的解释和说明。

为什么对热力学特别是热力学第二定律统一性意义的理解是关于物质世界统一性理解的关键问题呢？因为十九世纪热力学上升为系统的科学理论以后，对它的意义的理解已经远远超越了特定认识对象的科学命题，而且被上升到了宇宙观及世界观的理性统一性的最高意义的高度，由此产生了长久困扰人类的宇宙热寂问题。对自然具体统一性的理解，热力学比动力学更有现实意义。质点动力学的认识对象是抽象质点，它是物质世界普遍相互作用关系的抽象相对性认识，没有具体现实的直接存在论意义；热力学是以宏观物质系统为对象的，更接近具体现实，物质客体不同层次的相对统一性为热力学抽象认识对象提供了存在论感悟，使之回归现实，在最极端的相对性设定中甚至完全可以合逻辑地把宇宙物质世界当作宏观物质系统。更为现实的是，近代工业革命推动的大机器生产模式在二十世纪下半叶开始面临严峻的增长的极限问题，人类在近代科学革命和技术进步鼓舞下建立起来的不断发展进步的乐观主义在能源危机、资源枯竭、环境恶化面前遭遇到质疑和挑战。在这种危机挑战面前，基于热力学宇宙论者反思的不仅是人类生产生存方式，而且是把不可逆走向无序热寂平衡理解为宇宙自然的本性。因此，无论是从人类对世界统一性认识的意义看，还是从人类生存现状的实践经验以及人类历史未来的意义看，对热力学第二定律在世界统一性原理中的理解问题都已经是一个不能回避的重大问题，这就是本卷作为关于物质世界统一性的思考，它最终的核心命题进展到热力学第二定律及熵原理的理性具体意义探讨的原因所在。

热力学第二定律的宇宙学意义是由汤姆逊开始并由克劳修斯最终完成其一般阐释的。“卡诺认定热机损耗的一种可能原因是傅里叶的热传播。因此卡诺循环‘不再是“理想循环”，而是“实际循环”’成了十九世纪发现的两种普适性——能量守恒和热传播——的汇合点。这两个发现的结合引导汤姆逊去表达他的新原理，自然界中存在着一种使机械能逐渐减损的普遍趋势，请注意‘普遍’一词，它显然具有宇宙学的含义。……由于汤姆逊的宇宙学不仅是新的理想热机的一个反映，而且把不可逆热传播的结果纳入了能量守恒的世界。因此，这个世界被描述为机器，其中热被转换为运动只是以不可逆的浪费和无用的耗散为代价。自然界中能够被产生效应的差别在逐渐减小。世界在从一种转换走到另一种转换的过程中，逐渐用完它的种种差别，而趋向热平衡的终态——‘热寂’。按照傅里叶的定律，最后将不再有任何能够产生机械效应的温度差。这样，汤姆逊便作出了热机工艺学到宇宙学的令人昏乱的飞跃。”④

在热力学从工艺学上升为普遍客观科学理论的过程中，集大成者的大师是克劳修斯，热力学上升为宇宙学的最杰出贡献者也非他莫属。克劳修斯引进了一个叫作熵的新函数，对他原来的热力学第二定律从科学抽象意义上作出更普遍的归纳。克劳修斯引进熵函数的目的，就是要对动力学的可逆现象和热力学的不可逆现象作出一个科学意义上的严格区分。熵是一个宏观热力学系统的热状态描述函数，它的是否可逆描述了对象系统热状态是否可逆。热机的理想卡诺循环是理想循环，因而熵就是可逆的，即可以向增长或减小两个方向变化。其实，无论是否理想循环，每一次循环结束时，系统的状态函数熵都必定回到它的初始值，所以，循环系统对应着循环的熵。按照傅里叶热传播定律和克劳修斯的“热流总是从高温物体流向低温物体”的热力学第二定律，熵的自发变化则一定是一个方向的，这就是热机一定要有两个工作温度以形成循环工作，使系统熵可以向两个方向变化的理由。从热机循环工作去思考热运动过程的不可逆性，就是熵状态双向变化和热运动单方向变化之间的统一问题。为此，克劳修斯对熵函数概念进一步作出了决定性的区分：系统的熵由两部分构成，一部分是系统内部的熵的变化，另一部是系统与环境之间交换的热流，一个与环境交换着的系统的总的熵函数是由系统内部的熵产生及与环境交换的热流的统一构成的。由此可以解释，一个与环境没有交换的系统的熵一定是单方向的，即它自身热运动过程的不可逆决定了其热状态变化也是不可逆的；一个系统要成为熵双向变化的可逆运动系统，就一定要由环境吸收负熵，由其补偿系统内部的熵变化，这就是卡诺循环一定要由两个温度工作及两个绝热过程构成的原因。系统外部输入的热流补偿热机输出机械功及各种损耗，从而得到连续循环的机械功，这是热力学第一定律从普遍理论意义即能量守恒定律决定了的；系统必须有两个热源工作才能形成循环热功转换过程则是由热力学第二定律所决定的，热总是由高温物体流向低温物体这一规律决定了一个工作热源无法把不可逆热运动变成熵循环的热机连续热功转换过程。两个热源和两个绝热过程解释了热运动的不可逆性和热机工作循环可逆性的统一性问题。

但是，问题到此并没止步，而是产生了熵原理的宇宙学意义问题。“对于一个与周围环境没有任何交换的孤立系统，熵流按照定义等于零，只剩下熵产生这一项，并且系统的熵只能增加或者保持不变。于是，这里不再有把不可逆变化看作是可逆变化的近似问题，增加着熵相当于系统自发地进化。这样一来，熵变成了一个‘进化指示器’，或像爱丁顿恰当地所说的‘时间之矢’。对一切孤立系统，未来就是熵增加的方向。有什么系统能比宇宙更孤立呢？这个概念构成了1865年克劳修斯对热力学两个定律所作宇宙学表述的基础：宇宙的能量是常量。宇宙的熵趋于最大。”⑤

这就是最经典宇宙学意义上的热力学定律表述，热力学第二定律解释的宇宙熵趋于最大赋予了宇宙“热寂”充足的科学根据。

热力学科学理论包括热力学第二定律和熵原理的科学真理性是经受了上百年证伪检验的，它的普遍有效的客观真理性至今仍是无懈可击的。但是，知性科学真理的宇宙学意义不再是科学本身的真理性问题了。所以，普里戈金在《从混沌到有序》中恰如其分地把这称为令人昏乱的向宇宙学的历史飞跃，这种昏乱的飞跃已经困扰人类太久了。二十一世纪以来，不知是因为在昏乱中麻木，还是因为长时间被这种昏乱弄得束手无策，人类似乎在热寂宇宙的未来沙漠的熵绝对增大壁垒面前集体当起了鸵鸟，把头埋进沙子中从而不再看到沙漠。但是，看不见和不存在并非等效，自诩为万物之灵和不断进步的人类不能不对热力学及熵定律的意义问题寻找出合理而又符合经验的解释和说明。

热力学第二定律对宇宙热寂及熵趋于无穷大的解释从一开始就带来轩然大波。断言我们生存在一个不可逆地向热寂死亡退化的宇宙之中并不是值得庆幸的事，这对于近代科学革命及启蒙运动以来人类已经牢固建立起来的不断发展的乐观主义价值观简直是当头一棒。当然，像宇宙热平衡这么宏大的宇观问题，从人的感性尺度而言，离现实很遥远，早期对热寂宇宙的思考和争辩其实是形而上的，是那些惯于寻根问底的哲学家或关心终极价值的思想家的事。当然，由于热寂理论与基督教等许多宗教理论的相容性，甚至对宗教教义有利，当时也有知名主教狂热吹捧“宇宙热寂说”的情形，但这确实只是闹剧而已。按照基督教义，宇宙是上帝创造的，以此为前提，宇宙是否热寂只取决于上帝的意志，又何须热力学第二定律去提供根据！上帝的所作所为如果还需要根据的话，那上帝就不是全能的了。从科学角度看，既然宇宙是上帝造物，那它的所谓孤立系统的边界条件就只是科学相对性的抽象，在绝对存在意义上宇宙绝对不是孤立的，所以宇宙热平衡就失去了根据。所以，按照宗教教义去坚信上帝创造宇宙是信仰问题，要用热力学科学去证真或证伪上帝信仰，那真是画蛇添足了。全能的上帝还需要科学来提供根据吗？这是不可思议的。

但是，二十世纪下半叶，罗马俱乐部关于人类社会《增长的极限》的报告把热力学的熵增导致宇宙热平衡问题从形而上带到现实世界。科学和机器大工业的积累性发展使人类赖以生存的环境对人类而言不再是无限的，而且是有限的，资源、能源的枯竭及生态环境的恶化告诉我们，熵增定律不只是抽象的理论，而是我们面临的严峻现实。不少有识之士认为，熵定律不只是抽象理论上的，而且具有关乎人类现实生存的重大且迫切现实的经验意义，不只具有抽象宇宙学意义。其中最有影响的是杰里米·里夫金和特德·霍华德所著的《熵：一种新的世界观》所归纳的观点。该著作认为，人类社会发展的历史表明，近代科学革命以来以牛顿经典科学理论为基础的统治人类的机械论世界观已经被现实证明是不再合时宜的，应该建立以热力学第二定律为基础的熵的世界观，赋予了热力学熵定律以理性宇宙学即哲学统一性的意义。该著作的特色以及它的真正影响力不在于熵定律的抽象理论思考或形而上学哲学思辨，而在于从熵定律全面考察了经济、政治、教育、宗教领域现实以及关乎人类现实生存和未来的重大问题，指出人类技术进步和对自然界改造和利用能力的所谓“不断进步”和不断创造的财富，从热力学第二定律的观点看，更多是制造出有害于人类的垃圾，高速消耗人类的未来。在熵的世界观看来，能源作为物质虽然是守恒的，但可用能源和可资人类利用的资源在熵定律绝对支配下绝对地减少。我们虽然无法改变宇宙熵不可逆增长的趋势，但在熵的世界观指导下，我们应该选择符合减慢熵增长及延缓宇宙热寂进程的生存方式，从而最大限度地延长人类的未来时间。对熵的世界观的最形象的归纳是：宇宙及生活于其中的我们形而上地是癌症患者，它的本性就是患了熵不可逆增长这一不治之症的，它现在已经从潜伏期“发展”到发病期了。为此，我们必须用熵的“宇宙医学”理论去指导，尽可能拖延走向末日的进程。

熵的世界观是令人沮丧的，它釜底抽薪地终结了文明人类生存的自足的终极意义。在传统的知性认识思维框架中，我们并没有充足理由否定熵的世界观。尽管在《熵：一种新的世界观》引起巨大反响之后有过一些微弱的“抗议”，但实际上“宇宙之死”已经成了人类忌讳的话题。大师、大家们都没有能力再拿熵定律来说事，沉默成了无可奈何的选择。但必须承认，熵作为一种世界观，正在对我们的社会潜移默化地作用并改变着人类历史的方向。曾几何时，我们已经从“喝令三山五岳开道”之气吞山河的征服自然走向自由的统治观转变为亲近自然、环境友好生存观，从无止境追求经济“利益”转变为追求可持续发展战略，节能、减排、降耗、开发可持续利用的再生能源等已经是人类世界的共同目标，并且已经成为国际峰会最基本、最重大的议题之一。另外，人类世界的国家区域的矛盾、冲突、争端以及控制权的争夺，无论表现形式如何，在其深层都带有争夺能源控制权的影子，富油的中东成为是非之地，油价是人类社会经济走势的重要指标。这是人类社会自二十世纪以来的最重大转变之一，并且这确确实实是具有人类历史性意义的改变。对我们的子孙后代而言，这或许是诗意的改变，史诗般的改变。

虽然熵的世界观比机械论世界观对自然得出了更为普遍的理解，并且它的出现对人类社会已经产生了重大的作用并显现出了积极的意义，但这并不意味着它对世界的统一性理解是合理甚至是完备的。恰恰相反，从理性统一性思维和世界统一性理论看出，熵的世界观和机械论世界观的根据是同一的，它们都只是知性的，熵的世界观否定机械论世界观只不过是五十步笑百步。

二、机械论和熵的世界观的同一性

牛顿经典科学和热力学分别是机械论和熵的世界观的科学认识基础，这是毋庸置疑的事实。对宇宙机械论循环的理解和熵增不可逆热寂结局的理解的矛盾和冲突是人类文化中自热力学科学发现以来的重大问题。至此，人类当代的主导观点是把机械论和熵作为两种截然对立的世界观。但从世界统一性原理来看，这种理解是现象而非本质的。就作为科学知性真理而论，热力学和动力学的所谓矛盾是无稽之谈。科学真理是具有相对独立意义的元知识，它只能在具体现实经验中证真或证伪，不能由与之值域及定义域不同的其他抽象科学真理知识去证伪。事实是牛顿经典物理学理论和热力学理论是经受着证伪考验并保持着其真理性的。只有一个具体现实的宇宙存在，关于唯一宇宙的抽象元真理知识相互矛盾是不可思议的。矛盾产生于由牛顿理论和热力学理论对现实世界物理意义具体理解的不协调不统一之中，是真理知识上升到世界观宇宙观的具体理性认识意义时失去了对自然世界理解的协调统一性，不协调的宇宙观之间并没有非此即彼的必然性关系。必须指出的是，所谓机械论或熵的世界观都是具有严重局限性的非自觉理性统一性意义上的世界观。在根本的意义上，两种世界观本质是同一的，即它们具有共同的本质，它们的对立和冲突是由它们自身的局限性决定的。对立的宇宙观并非意味着非此即彼。从自觉合理的统一性理解将明白，它们两者都是缺乏理性自觉的片面性理论，这也是它们的共同点之一。

熵的世界观论者指出，牛顿的机械论世界观给出了一个可逆、循环而永恒的世界，时间在牛顿的世界中失去了方向。拉普拉斯决定论的世界是永恒的，物质世界就像一个永动机，世界就是一部井然有序的大机器。一切存在都是物质，一切现象都是物质运动现象，这些运动和演化的复杂性现象隐藏着普适、简洁并且可以用数学语言精确描述的动力学规律。用笛卡儿的话来说，给出空间和运动，他就可以造出宇宙来。而从熵的世界观去看，恰恰是运动对宇宙而言出现了问题，笛卡儿那种可以创造出宇宙的运动并不是永恒的，而是有代价的，并且是递减的。因为熵定律告诉我们，宇宙的物质可以不灭，质量可以守恒，能量也是守恒的，但也无法赋予宇宙以美妙的永恒，因为决定做功、推动运动变化的不是能量，而是能量差。用物理学的术语陈述，推动物质世界运动变化的充足条件不是能量，这只是必要条件，充分必要条件是自由能。问题在于热力学第二定律和熵原理已经揭示宇宙间自由能绝对地减少亦即机械运动总体上逐渐减缓的必然性趋势，所以机械论世界观永恒的运动并不存在，宇宙具体现实的物质运动是不断消耗而逐步消失的过程，宇宙守恒的总能量随着自由能的减少而不断退化。所以，宇宙就不可能是永恒运动的循环，只是像一部即将耗尽燃料的发动机，正在不断降低运动速度并在不断、绝对的减缓过程中最后变成一部报废的机器。由于没有再供推动运动的自由能，宇宙不可逆的最终命运是进入“热寂”，宇宙机器就不再是机器，而只是破铜烂铁。由此可见，熵的世界观对宇宙演化的趋势及最终结局确实是与机械论世界观作完全对立理解的。

但是，回到世界观的最基本问题，机械论世界观的真正意义是什么呢？是绝对物质观的宇宙观，即世界是由绝对的物质本原构成的。牛顿质点动力学解释了抽象物质质点的运动演化规律，得出了物质世界统一性描述和解释，这并不是说牛顿经典科学理论本身是机械论的宇宙观，而是说牛顿的经典科学理论和绝对物质观是相容的，它是机械论宇宙观的科学基础。真正的机械论宇宙观不是质点动力学，而是绝对物质观的哲学理论。那么，熵的世界观是否与绝对物质观相对立的世界统一性理论呢？答案是否定的。从热力学作为科学理论及熵作为一种新的世界观的理论来看，它并没有否认世界绝对存在的物质性，而是与牛顿质点动力学一样，是以哲学唯物主义观点即世界的本原存在是物质客体实在为自明的前提的。因此，尽管熵的世界观矛头直接指向绝对物质观的机械论，但它本身也仍然停留在传统哲学唯物主义阶段，也是从绝对物质观出发，结合热力学科学理论，得出对物质世界演化的解释和说明。没有一个熵论者质疑过物质实在的绝对性，熵世界观只是唯物主义世界观的一种特定的理论。从宇宙观是作为对世界存在最基本问题即从世界万物本原的答案来理解宇宙自然统一性的意义看，熵的世界观和机械论的世界观是同一的，都是以绝对物质观的宇宙观为基础的世界观。所以，熵的世界观与传统机械论世界观本质上是同一的，它们的分歧只在现象中，而不在自然哲学基本问题中。从熵原理和质点动力学原理出发对物质自然界得出不同统一性理解的时候，根本问题在于从科学真理知识返回具体世界统一性理解时的深层基础即绝对物质观本身，质点的永恒运动循环自然世界和熵不可逆增长趋向热寂的物质世界的相互不协调揭示了它们的共同基础即质能二元的绝对物质观一定是有问题的。

从共同的绝对物质观这一基础出发，熵和机械论世界观对物质世界的运动现象的理解产生了分歧。机械论把物质客体抽象为质点，描述质点在动力学规律支配下的轨道运动，在时间空间中位置、速度、加速度这些参量的可逆性及决定性描述构成了永恒运动的物质世界的基本图景，这就是牛顿和拉普拉斯科学理论描述的永恒运动循环中变化不息而又由必然性支配的有序完美的物质世界。热力学科学理论则把大量微观粒子统计性相互作用的系统作为认识对象，揭示系统内部及系统与外部环境之间的相互作用，并以热的状态参量即温度为主要参量进行宏观状态描述，归纳出热力学不可逆性的运动规律。宏观系统的热运动是按照热力学规律进行的，而它的每一个微观组成粒子抽象为理想质点的话，它的运动则又是用质点动力学可以充分描述的，这就是动力学和热力学统一性的本质。一个运动状态究竟是可逆的还是不可逆的，取决于究竟是从质点去描述还是从大量微观粒子构成的宏观系统去描述，这里可逆性和不可逆性是对不同抽象认识对象而言的，它们之间本来就是不同问题的答案，它们的不同并不是矛盾和冲突。但是，如果把某种特定抽象认识对象的运动状态等同于具体物质世界，从而由此断言具体物质世界的运动状态，就超越科学理论有效描述本身了。质点动力学揭示了质点运动的可逆性特征，但并不能由此说物质世界的运动状态就是可逆的。同理，从热力学定律及熵的世界观出发去断言物质世界热运动是不可逆并趋向热寂的运动，那也是不合逻辑的。热力学描述对象与宇宙自然世界并不同一。从科学认识的本性和本质来看，由科学认识出发去直接断言具体物质世界的运动状态是没有意义的，科学理论无法指称具体的物质世界。简言之，任何科学真理既都是放之四海而皆准的普遍客观有效知识，又都是抽象有限的，都没有进展到具体理性统一性水平，都没有宇宙学的具体意义。

把科学真理作为理性认识，以知性科学真理层次的抽象有限理论为据直接推论出对具体物质世界本性统一性解释，这是人类智慧匮乏、退化从而产生对世界统一性具体理解相互冲突的根源，以知性抽象为现实具体的世界解释一定是独断论的。以科学为基础的具体理性统一性与以抽象科学知识为具体世界理论是完全不同的东西，前者是智慧，后者则仍只是抽象知识而已。按照这种观点，我们来考察科学界对热力学第二定律由工艺学向宇宙学历史性飞跃这一认识和描述所指的意义是什么。这是理解宇宙热寂说的一个至关重要的问题。

当我们说由汤姆逊开始而由克劳修斯完成热力学第二定律由工艺学向宇宙学的历史性飞跃时，对之具有两种完全不同意义的理解。把热力学定律的发现理解为科学普遍定律的发现，热运动的规律从热机工艺学上升为普遍的客体世界科学理论描述，它不只对热机工作系统而且对整个物质世界作为热力学系统都具有普遍客观意义，这是热力学科学发展本身的历史，这种理解是符合历史也符合逻辑的。另一种理解是把热力学第二定律上升为形而上的绝对定律，它不只具有科学描述的相对有限意义，而且具有无限和绝对意义，无限、绝对是“宇宙学”一词所隐含于其中的。对宇宙学的理解已经不限于科学的最普遍意义，而是最宏大的整体具体世界。对具体对象的理性具体认识本质上不是有限而是无限，不是相对而是绝对的，它就不是科学抽象认识，而是形而上的绝对智慧了。所以，热力学理论上升为宇宙学理论的意义就是它是无限的形而上认识，这就是人们把热力学第二定律当作宇宙最高定律并上升为熵的世界观的基本逻辑。

从理论描述的抽象形态来看，动力学的质点描述只是热力学对象特定构成部分的抽象，所以宏观系统的热力学描述是比质点动力学更为具体的科学认识，热力学理论对于具体世界的认识具有更普遍的意义。所以，爱因斯坦坦言：“一种理论前提越为简练，涉及的内容越为纷杂，适用的领域越为广泛，那这种理论就越伟大。经典热力学就是因此给我留下了极其深刻的印象。我相信只有内容广泛而又普遍的热力学理论才能通过其基本概念的运用而永远站稳脚跟。”[6]但作为普遍的理论，热力学理论仍然是科学抽象理论，依然是知性知识，它的宇宙学具体意义只能作为宇宙统一性认识的科学普遍性知识基础意义去理解，热力学的普遍宇宙学意义也只能限制在宇宙有限抽象知识范畴去理解。不能把它理解为指称具体的自然界的理论，否则就不是知识而是智慧了。对世界的智慧理解寓于统一性之中，而非在抽象的知性理论之中。

把知性当理性，科学当哲学，抽象当具体是人类文化发展至今一直没有解决好的老大难问题，是人类自觉理性还没有成熟的现实表现。从巴门尼德、柏拉图的真理之路到黑格尔的全体的具体真理，直至二十世纪拒斥一切形而上学的科学理性，西方文化一如既往孜孜不倦地追求科学的、真理的哲学，这种思维构建起来的文化把质点动力学或热力学上升到宇宙统一性意义是合乎逻辑的。每一特定抽象认识对象上升到宇宙学的具体意义时自身似乎都有科学客观性根据而自我感觉完美，但不同抽象认识上升为宇宙学意义能否协调就讲不清楚了。按照科学抽象的逻辑，普遍的就是宇宙意义的，但这只是抽象的普遍性，不是具体宇宙存在意义的普遍性。熵的世界观论者赋予热力学第二定律及熵原理以具体宇宙存在意义时，根据是自然运动变化过程中熵增的普遍趋势。但牛顿质点动力学的可逆性轨道运动描述不同样是物质世界普遍的规律吗？牛顿的抽象质点不正是物质客体存在最普遍的抽象吗？凭何断言把普遍的热力学理论作为具体宇宙学意义真理是合理的，以质点动力学为根据的永恒循环有序的物质世界理解则是有问题的呢？机械论宇宙观有局限性并不是熵的世界观合理性的根据，事实是熵的世界观是由作为熵科学原理直接由科学的抽象普遍性转换为具体无限宇宙理论，不只是有局限性，而且是不合逻辑的，即熵原理并不是具体客体世界的统一性，熵增的必然性和宇宙的热寂并不是同一事实的不同表述，抽象的熵增原理如何得出宇宙热平衡的具体理解，是要经过批判性考察的。

从熵原理上升为宇宙学的宇宙观和以质点动力学为基础的机械论宇宙观为什么会得出对物质世界演化趋势完全相反的理解呢？它们的共同基础是绝对物质观，都是在此基础上对物质世界运动变化的统一性理解，都是以质能关系为核心去理解物质世界演化统一性的，但两者又有不同之处。质点动力学以质点存在为对象，以力的相互作用即质点之间的能量交换为原因，由抽象普遍的力去揭示质点运动变化的原因。热力学以质点系统为对象，直接以系统的能量交换为对象，从系统自由能交换变化规律去揭示物质客体状态演化趋势。它依然建立在质量守恒、能量守恒基础上，不守恒的是系统的自由能。系统自由能不守恒是自然世界的最基本法则，否则就没有能量交换和相互作用可言了。最简单的事实是如果热不是从高温物体传向低温物体，我们就连米都煮不成饭了。热运动和一切自然运动一样，总是按自然必然性规律进行的，热从高温物体流向低温物体如果不是必然的，系统的熵如果自发地演化不是绝对增长的，自然就是杂乱无章且无规律可言的，自然界就不是现在这个样子，也没有任何理性存在可以去理解统一的宇宙自然界了。轨道可逆运动没有问题，热从高温物体传向低温物体没有问题，熵增也不是问题，一切自然而然。那么什么是问题呢？把宇宙只理解为质点运动或热运动才是问题，赋予动力学或热力学定律以具体宇宙统一性意义才是问题所在。这一切又归根于它们的共同基础即绝对物质观。如果物质是绝对客体存在，那除了上帝推动或宇宙基于其无限大即不可知之外，视为独立、封闭的物质宇宙的热平衡是不可逆且不可抗拒的。但宇宙大爆炸一百五十几亿年来物质世界的复杂性演化证明熵垒的幽灵是虚幻的，宇宙热寂是人类自己吓唬自己。这就说明，绝对物质观是有问题的，由之不可能得到宇宙自洽自足的一元统一性理解，更不能合理地解释我们生存于其中的现实自然界。在机械论宇宙观中，绝对物质观本质上是质点和力、质和能、存在和演化二元绝对分立的不统一世界。在熵的世界观中，绝对物质观、绝对能量观、绝对自由能支配观都具有绝对独立的地位，物质、能量、自由能是宇宙中具有绝对独立意义的存在，是三元论的宇宙观，是由自由能独立且最终决定宇宙趋势的宇宙观，这就是物质不灭、能量守恒、自然界自由能普遍减损的陈述所包含的宇宙学意义。从三元论去理解宇宙统一性，产生不协调和局限性是必然的。质能不统一不可能真正通达自然而然的一元统一性宇宙理解。

综合上述，熵作为一种宇宙观，本质上也只是传统哲学唯物主义在新的、更普遍的科学认识基础上的新解释，是对世界从存在到演化的进一步思考。热力学和熵原理是从质点运动到宏观系统运动状态的更具体思考，是人类对世界从抽象到具体认识的历史性进步，但熵的世界观并不是一种完整、独立的世界观理论，它依然是传统哲学唯物主义世界观的特定理解形式。所以从宇宙观意义上来说，熵的世界观与机械论本质上是同一的。

三、唯热能论是多元论的宇宙观

熵这种新的宇宙观和传统物质一元论的宇宙观对自然的统一性理解是根本不同甚至截然相反的。熵的世界观论者毫不留情地拒斥机械论的永恒存在的并可以无限地循环往复的自然界，把宇宙的演化过程看成持单程车票般一去不回头的变化，并且是从有序到无序的绝对不可逆演化。从对宇宙认识的一般意义看，从抽象质点的运动变化规律认识进展到大量粒子构成的复杂系统变化规律的认识是重大的进步，是从简单认识对象向以复杂系统为对象的科学认识的进步。在科学真理这种元知识意义上，质点动力学和热力学规律是无矛盾可言的，一切称得上真理的元知识之间是不会有矛盾的。矛盾产生于由抽象普遍规律返回具体现实理性统一性的理解之中，是人类理性认识层次在冲突，在现实中就表现为机械论和熵两种不同世界观，得出对宇宙自然本性两种完全不相协调的理解。把质点动力学或热力学有限抽象真理知识理论体系理解为具体自然界的统一性是有问题的，把有限抽象推向无限具体得出的是抽象的宇宙幻象。宇宙观是对自然界统一性的具体理解，无论是机械宇宙观还是熵的宇宙观都是有严重的局限性和明显的片面性的，它们都建立在西方文化几千年来绝对物质观的基础上，是从不同角度理解物质一元论宇宙的结果。两者对宇宙运动演化进程理解不同，但在物质一元论这一基础上是共同的，都是质能二元论的宇宙观。它们的区别在于对质能二元的宇宙而言，究竟是从质还是热能去理解自然的本性；对物质运动状态而言，究竟是从能还是自由能去理解宇宙总体演化的根据和原因。机械论从物出发，熵的世界观从能出发，从而得到对物质世界本性的不同理解。一切二元论自然哲学都不可能通达自觉理性的境界，但从质到能的科学认识是进步，从机械论到熵的世界观也是人类对宇宙本性认识有意义的进展。它尽管没有进展到一元论，但从质到热能的视角转换把西方本体存在论延续几千年的二元论局限性从根本上揭示了出来。机械论宇宙观以抽象质点和力的绝对分离为形而上学基础，它是对自泰勒斯肇端的物质客体本原构成多样性宇宙的物质一元论的肯定；熵的世界观从自由能的观点看世界，实质上是对传统自然哲学最基本逻辑的否定，在维持绝对物质观的同时则陷入矛盾和片面性，得出世界热寂的反机械论的宇宙本性理解。熵的世界观的根本的局限性不在于从能量的观点看世界，而在于没有从彻底的能量观点即能量一元论看世界，在质能二元论中、在能量和自由能的二元分立中走向谬误。坚持热力学第二定律具有无限之宇宙意义的观点在历史上也被称为唯能主义。如果把唯能主义和熵的世界观真正上升为理性统一性意义的理论，那么它应该是超越绝对物质观的宇宙观。如果仅从唯能主义概念的书面意义去理解，它似乎就是能量一元论的宇宙观，但这只是望文生义。历史上的唯能主义观点与世界统一性原理的能量一元论是根本不同的，所谓唯能是唯机械能，唯热能亦即唯动能，是在绝对物质存在基础上的物体状态能，这是它局限性的根源。如果能算得上宇宙观，那它就只能是质能二元论的宇宙观，甚至是质、能、自由能三元分立的多元论，这和能量一元论当然不可同日而语了。

从宇宙观的理性统一性意义去考察历史上的唯能主义时，可以把它的基本观点归纳为如下三点：第一，存在论意义上的世界是物质的，构成世界一切客体存在的本原是物质性的，在本原意义上的物质是不生不灭的，因此宇宙的物质不灭，总的质量是守恒的，这就是绝对物质观的基本信念。第二，物质是在相互作用中普遍联系和运动的物质，物质的运动决定了它和时空的不可分割性。物质客体运动状态、相互作用关系，除了用时空中的速度变化作动力学描述外，还可以用客体运动状态的单值函数能量来描述客体存在运动及相互作用现象，物质客体间复杂的相互作用也可以归纳为不同形式的能量转换——从一个物体转移到另一个物体，或从一种形式转换为另一种形式。能量转换的规律是普遍的守恒关系，这就是克劳修斯对热力学归纳的第一条定理：宇宙的总能量是常数。第三，物质客体间的能量转换是有时间方向性的，按照最普遍的热力学第二定律，热量总是自发地从高温物体流向低温物体，而相反的事情绝对不会发生。所以，能量转化、能量做功的过程不是可逆而是有方向的，总能量守恒但并不意味着能量可持续利用，因为总能量中只有可以用于转换做功的能量才是有用的能量。随着能量转化的不断进行，由于能量利用效率总是小于1，而且基于自然界自发能量过程的不可逆性，自然界总的守恒能量中有用的能量存在着不断递减的绝对趋势。从热能转换为机械能的特定形态看，就是宇宙的机械能绝对减损的趋势。所以，宇宙尽管物质不灭、能量守恒，但它受有用能量绝对递减规律制约，实际上是不断趋于热平衡和无序的绝对过程。

所以，物质不灭定律、能量守恒定律和热力学第二定律共同构成唯热能论的基本观念，三元分立关系清楚明白地归纳在大学物理学教程中。在迄今为止的科学及哲学本体论理论体系中，绝对物质观的支配地位是坚定不动摇的。热力学第二定律甚至整个热力学理论是对物质客体运动状态的描述，是以物质客体存在为前提的，所以热力学第二定律与哲学唯物主义并没有不协调之处。如果从它作为科学理论来看，它的形而上学基础依然是世界的物质性本性，所以它和机械论世界观在哲学基点上是同一的。如果把熵上升为世界观，把热力学第二定律作为支配世界统一性的最高定律去理解，并得出哲学世界观意义上的唯能主义观点的话，那它就不再是物质一元论宇宙观的产物，而是不承认物质绝对存在、坚持运动绝对独立性的以能量为绝对存在的宇宙观了。但它的能归根结底是绝对物质的运动状态属性，这意味着它不可能超越物质一元论，没有进展到能量一元论的水平。因为唯热能主义并没有否定物质一元论，而是在此之外提出唯热能主义，它实际上是一种二元论的宇宙观，即世界必须从绝对独立的存在和演化两个角度去理解。存在是演化的存在，演化是存在的演化，而存在是与演化绝对不同质不统一的，对存在必须从唯物主义去理解，对演化则必须从热能、从热力学第二定律去理解，因此，物质是存在之元，热能是演化之元，离开演化之元是死的物质，离开物质并无所谓演化，所以二元是缺一不可的。对演化而言又是能量和自由能二元分立的，无能量则无所谓自由能，无自由能则无所谓运动，而能量守恒时自由能是不守恒的，物质运动又是由自由能绝对支配的。三个绝对决定的宇宙是三元的。因此，熵作为宇宙观，与机械论世界观的区别不在于世界的本性，而在于对世界的状态演化的理解之中。

人类对自然界认识的历史一旦上升到宇宙观的理性统一性追求的时候，它合逻辑的追求只能是一元论理论。尽管历史上不乏二元论及怀疑主义及不可知论理论，但作为哲学本体论理论，这些理论肯定是不合格的，很难称得上是完成了的哲学本体论。因为哲学本体存在论正是在追求世界统一性的一元理解中产生的，非一元论哲学只是人类因困惑迷茫而结下的果子，而非理论上对一元论的超越而创新发展。从泰勒斯开始的物质一元论尽管在逻辑起点上还没有达到一元论的境界，但在当时的历史条件下，人类并没有自觉到它还只是二元论的。熵的世界观则完全不同，它已经把质能二元提出来并得出世界二元论理解。尽管唯能主义有比机械唯物主义更普遍的科学认识作为基础，但它既然无法否定物质一元论，那么唯能主义作为一种宇宙观的影响是有限的，追求世界本性的认识本质上是排斥一切二元论的。如果唯能主义不能否定物质一元论，那么就没有多少人会认真地把它作为一种世界观去看待。说唯热能主义时已经不自觉地陷入二元论，而说熵的世界观的时候，它否定的只是机械唯物主义，而对之同样可以作为唯物主义一元论世界观的新的解释去理解，这或许是人们接受熵的世界观理论而对所谓唯热能主义缺乏兴趣和共鸣的原因。

从人类认识的历史和逻辑来看，唯热能主义陷入二元论是顺理成章的。人类从感性开始认识世界，感觉的基础首先是实在物质客体的存在，感觉的深化则是实体存在者的形状、大小、颜色的静态认识，更进一步是客体的运动、发展等状态的变化，即从静止状态到运动变化状态的发展。从感性认识上升为知性科学认识则在于发现存在者的普遍本质及其状态运动变化的普遍规律，得出对世界的秩序、规则的必然性理解，在必然性中解释现实、预言未来。至于理性，在认识论意义上，感性、知性、理性是统一的，即理性包括知性和感性认识意义于统一性认识中；在现实意义上是使人的生存选择基于以普遍知识为基础而由感性具体进展到理性具体生存的。当这种自觉追求达到最普遍世界统一性理解水平时，就是归纳出整个世界最普遍的共同本质，由此得到复杂世界整体的具体理解。在人类认识不断发展的诸历史阶段中，存在者和存在者状态的绝对分离是不证自明的前提，这在逻辑上是必需的，这就是“皮之不存，毛将焉附”的含义。物理学建立能量概念描述动力学质点的运动状态时，机械能就是物质客体的状态描述单值函数，它只有认识论而缺乏本体论意义。当热力学科学理论建立起来的时候，能量概念由机械能扩展到热能等多种形式，不同形式能量之间的转换关系由能量守恒定律支配，但这时的能量依然是系统的状态参量。所以，科学知性认识中，直到热力学创立并形成自己的理论体系的时候，质能的绝对独立性依然是不证自明的，它是从存在者和存在者状态的绝对分离关系中自然而然地引申过来的。这一关系的合理性根据就在于能量只是存在者的状态而非存在者本身。正是质能的绝对分离以及能量只是物质客体的状态参量，进入能量绝对守恒认识水平时，质能二元论就是不可避免的。质能二元论的最重要证据是我们一定把质量守恒定律和能量守恒定律作为两个最普遍、绝对性的定律。它们之间如果不构成一般和特殊的统一性关系，要想在此基础上合理地归纳出一元论的宇宙观是不可能的，合逻辑的结果只能是二元论的世界。所以，质能非统一性、存在和演化的非统一性理解是人类文化无法达到对自然界统一性认识的根本原因。

唯能主义虽然有能量一元论的外貌，却具有二元论的本质，所以它绝对不是能量一元论的宇宙观或与之统一的对物质世界的一种解释。与其说唯能主义与能量一元论一致，倒不如说它本质上和机械论一致，因为它们都是从绝对物质存在出发，即从共同宇宙观去理解物质世界的，只不过由此为基础，从质点运动或从物质宏观系统运动这两种不同角度去抽象地描述世界时得出不同的状态描述而已。如果把每一种抽象都独断地作为具体世界无限、绝对的描述，那么世界就是支离破碎和矛盾重重的。如果把它们只看作具体世界特定限定条件下的抽象描述，则可能建立起不同抽象描述之间的统一性理解，得到一元论的宇宙观。能量一元论之所以能够摆脱传统思维的历史局限性而建立起世界统一性原理，其中重要的一点是它把能量作为客体与状态的统一性存在，是世界真正的元，而物质实体并不是不生不灭的元存在，它只是能量客体的特定存在形式。与此相应，能量守恒定律是包括质量在内的一切存在的守恒定律，质量守恒定律只是能量守恒定律的特定形式，它只有有限意义，而非绝对意义。能量守恒是绝对的，质量守恒是相对的。能量守恒定律和质量守恒定律的统一性是我们消除二元论而得到一元论宇宙观的必要条件。如果坚持能量只是状态，甚至说世界的推动最终是独立于存在者的外部力量如上帝来实现的，奢言什么一元论纯属无稽之谈。

唯热能主义的熵的世界的局限性在于它并不是从彻底的能量去解释自然界，只局限于物质客体存在的状态能量去理解世界，这就是片面性的根源所在，唯能主义根本就没达到绝对能量理解的水平，作为物体状态之能有何唯一存在之意义呢？热力学理论已经证明宏观系统温度状态参量的微观物理意义是系统微观粒子的平均自由能，把热力学第二定律和熵原理推到无限的宇宙具体存在意义，本质上就是把物体的状态能量即机械能中的动能看成无限的绝对性状态，所谓唯能主义的熵的世界观本质上是唯热能主义、唯机械能主义。这种半拉子的唯能主义连能量本身的存在统一性都达不到，更不要说得到对整个多样而永恒运动变化的宇宙的统一性理解了。这就是唯能主义和唯物主义相分离而得不到一元论宇宙的原因，是与真正的能量一元论有本质区别的。

其实，自热力学第二定律及熵原理发现以来，在关于宇宙以“热寂”即自由能不可逆趋于零演化为吸引子的理论争执中，持肯定或否定观点的科学家、哲学家、思想家们都陷于抽象中争辩，从来没人回到具体，故一批批聪明绝顶的人类精英竟无一人发现“皇帝的新衣”是不穿衣服。这不是童话，不是闹剧，是人类近200年来科学理性时代沉痛的历史和现实，是文明人类的下一代不能忘记的沉痛教训。回到现实世界来看，无论在哪一层次，物质世界都不是热寂无序的演化过程。从宇宙大爆炸理论揭示的宇观层次看，宇宙是熵增和有序演化相统一的；从地球生命圈看，生命之有序性在一定条件下是和熵增正相关的，低熵并不符合宇宙中最复杂有序的具体生命出现的边界条件。最简单而现实的是回到热力学第二定律的诞生地即热机技术本身：由两个热源工作的热机热流循环一定从高温物体流向低温物体，但热机完整的工作循环在现实中从来就不是绝对不可逆地从高温物体向低温物体运动的，推动热机的高温是从低温燃料产生的，宇宙不只有从高温物体向低温物体的热传递，还有从低温条件下产生高温这统一的热运动。从高温到低温是热传播运动，由低温到高温是热产生，必须是热产生和热传递运动相统一热力学才是完整的理论，只有热传递运动而没有热产生的理论，得出“热寂说”是必然的，也是弱智的。可能伟大的科学家、哲学家、思想家们不食人间烟火故缺乏热产生之常识和经验，但现实生存的凡夫俗子不能离开热和火的产生去生存，钻木取火不是高技术，火种不是只能高温保持的，这是小孩都有的常识。燃料、热源产生高温，高温产生热传播，只有出现温差才有热传播，在常识和经验中不可能产生热寂命题。科学家不能生存在一个只有热运动而没有热产生的单面世界中而被“热寂”折磨，可偏偏这就是克劳修斯归纳出热力学第二定律近200年来人类文化世界的现实。从人类文化认识看，哲学和科学都有责任。绝对物质观由物观能无法理解热产生，只能把一切运动统一于物质状态能量交换即热运动过程；物理学把物质热吸收和热辐射当成热传递运动就是把热产生误当热传播的谬误。因此，不只是经验和常识中没有绝对不可逆运动，知性科学和理性哲学也不可能有绝对不可逆运动，不可逆热运动是有限相对意义上的。能量一元论在以能量为元的质能统一性关系中解释世界复杂性演化和运动，热力学第二定律就是特定的能量传播定律罢了，根本就没有无限的宇宙学意义。“热不可逆运动是宇宙不可逆运动的时间之矢”的观点是时髦的，却是无据的。对熵的世界观的科学基础即熵原理，必须回到科学描述本身去理解它实实在在的物理意义。

第三节　热运动的能量均分原理

一、熵的状态能量描述本质

按照世界统一性原理的能量一元论，复杂世界存在的演化都是质能统一性的复杂运动，只不过在特定结构复杂化的演化过程中，我们把异质结构抽象出来独立认识和思考而已。在最终意义上存在和演化都可以从能量出发，得到统一性的说明。就像老子所说，大道泛兮，无其左右。道作为本原存在，它不只是在本原之中，而是以本原的形态存在于一切客体及其运动之中，所以道、天、地、人四层世界都是道，还有天道、地道和人道之说。物质世界即天的世界的天道是由更基本、更普遍的无之道制约的，这就是“天法道”的真正含义，天所法之道是生出有的无之道。无之道是最普遍之道，故可称之为道，在统一性意义上又可以合逻辑地把道作为存在论意义上最普遍的具体概念。用能量一元论的概念来说，能量法则在最终意义上决定和支配着物质世界的运动及演化进程。因此，无论是质点的机械运动，还是宏观物质系统的热流运动，都必须从能量出发得到统一性理解。说得更具体一点，热力学定律只是能量运动普遍规律在特定对象及边界条件的特定形式，这就是热力学定律最根本的物理意义。

热力学是研究由大量无规则微观物质粒子构成的物质系统热运动规律的科学，热运动的最根本规律是热力学第二定律，即热总是自发地由高温物体传向低温物体，用傅里叶定律来描述则是物质间的热流与温度梯度成正比。由于热力学是比把一切物质客体抽象为质点的动力学更普遍更具体的科学描述，因此，从科学统一性的意义来说，质点动力学实际上是包含在热力学对象之中的特定对象的物质客体运动规律的描述，是更抽象的基础知识。对具体物质世界而言，热力学的科学抽象描述显然比动力学理论具有更具体意义，但唯能论者由此断言热力学定律是最普遍的科学定律因而是宇宙最高定律又是不合逻辑的。除了最普遍的科学定律也是具体世界的抽象、有限描述而无法通达形而上无限世界这一原因，还有对世界最高认识和最基本认识的关系问题。在热力学和动力学的统一性关系中，动力学的认识对象是构成热力学对象的原始的更基本对象。从逻辑上来说，对物质世界运动最终结果的解释和预言，热力学比动力学具有优先性，但对世界运动基本原因的理解，动力学比热力学具有优先性；所以，最高的并不是最基本的，最高的必须由最基本的认识出发去理解和说明，这是理解复杂异质结构性世界的原则。

由此，我们就可以对动力学和热力学的统一性关系作出合理理解：动力学揭示独立微观物质客体即抽象质点的运动变化规律，热力学揭示大量无规则微观粒子构成的宏观物质系统的热运动规律，它们的统一性关系由温度的统计本质揭示的微观意义建立起来。温度把热这一感性认识概念归纳为知性科学概念，但如果纯粹在热力学意义上理解温度概念的物理意义，它只有相对性的认识意义，无法理解其绝对性的存在论意义。因为在热力学的科学描述框架中，没有办法对温度是什么从存在论意义上得到说明。但温度作为构成宏观系统微观粒子平均自由能的统一性描述，给出了温度的绝对意义，即通过微观动力学赋予了宏观热力学系统宏观状态描述概念温度以确定性的存在者的状态的物理意义，这是存在论意义上的物理意义。因为如果仅停留在宏观系统之中，这种所谓客体就只是认识论意义上的抽象，而回到微观质点客体的抽象时，这种客体无论是绝对的存在还是相对性的结构性存在，都具有具体客体之存在论意义。所以，热力学定律的物理意义、温度的本质不能停留在热力学概念本身，必须从热力学和动力学的统一性关系中得到存在论意义的理解。

但这还不够，还没有深入到温度及热运动定律的本质意义去理解热运动本身。如果离开世界统一性理解，离开支配世界最基本的能量作用规律，期望得到热力学第二定律的本质理解是不可能的，这是几百年来人类止步于物质客体而对热运动本质感到困惑迷茫的深层原因。没有深入的本质原因，那就仍然停留在现象之中。所以，对温度的本质及热力学定律特别是至关重要的热力学第二定律，一定要从最根本的能量关系出发，得出统一性的解释和说明。大道泛兮，无其左右，能量规律在最终意义上支配着热运动，能量对温度的本质也作出了最终的阐明。

温度的本质是一个早已解决了的科学问题，只是我们对之意义的理解没有达到能量这一最终意义。一个宏观物体的温度是构成它的微观粒子的平均动能，从这个科学命题可以看出，温度的本质正是能量。在微观粒子的平均动能这一陈述中，能量是主词，微观粒子是主词的限制定语，如果承认这一陈述揭示了温度的本质的话，就必须承认温度的本质是能量，且这和热能作为能量的一种形式的感性认识也是统一的。为什么是动能这种状态能量而非普遍的能量形式呢？因为热运动描述的就是状态运动变化，温度是热状态变化的描述参量，用状态能去揭示温度的本质也是符合统一性逻辑的。所以，温度的物理意义的最终理解就是状态能量意义的物理量。

据此，我们进一步考察热力学运动定律的能量本质。热力学第一定律直接就是能量守恒定律的特定形式，这已经是科学上的老生常谈，关键就在于热力学第二定律的能量关系理解。热总是从高温物体流向低温物体，系统自发的无规则热运动总是向着热平衡态不可逆进行并最终达到热平衡，这种热运动宏观描述完全可以转换为相应的状态能量描述。从能量观点看，无规则宏观物质系统的微观构成粒子之间的无规则运动交换能量的相互作用总是由状态能量高的粒子向状态能量低的粒子转移能量，相互作用的趋势是使系统本身的自由能不可逆地减少并最终达到平均自由能为零的状态。所谓热平衡就是微观粒子构成的系统的自由能为零，熵定律所说的“热平衡状态能量守恒而可转换做功的能量消失”指的就是热力学系统的能量守恒而自由能为零的运动演化的极限状态。所以，宏观系统的热力学第二定律可以转换为等效的能量描述：无规则热运动的宏观物质系统总是向系统自由能减少方向自发不可逆运动，并最终达到所有微观粒子的平均状态能量相等即系统自由能为零的极限状态。所以，热力学第二定律实际上是无规则热运动对象的能量均分原理。由热力学第二定律的能量陈述，我们可以得到一个非常重要的结论：热力学系统的能量均分原理是和热力学描述对象无规统计性假设相联系的，这是世界没有热平衡的一个重要原因，因为我们没有任何理由把整个世界还原为无规的热运动系统，生物物理学家有充足根据说你我他的生命存在和一罐汤本质上完全不同。具体世界是复杂性及异质结构规定性的存在，同质无结构的无规则系统只是普遍异质结构性系统的特例。

从热力学第二定律的等效能量陈述中，我们就不再有任何理由将之作为支配整个物质世界的终极定律，反而能够从它的特定陈述中找到它更普遍的能量运动关系，揭示它作为普遍能量关系的特定形式的真正意义，使它在世界统一性意义下得到合理解释。能量均分原理实际上是最小自由能原理在热力学无规则运动系统的特定表现形式。在对物质世界质能统一性认识基础上，我们已经得出物质世界结构演化的能量最小原理并由此出发去理解一切物质客体的复杂结构。一个稳定的物质结构形成并稳定地存在的最终原因在于构成物质结构的每一个组成部分稳定存在于可能的最低能级之上，这是任何物质结构之所以为稳定结构的充要条件，这是结构性存在的物质世界运动、演化的最基本法则和最普遍的能量原理，物理学称之为能量最小原理。当我们从异质复杂性结构的物质世界还原到无规定性同质热力学物质世界这一特定系统并以之为认识对象时，大量无规定性微观物质客体之间的能量能级关系就转化为无能级的无规则统计关系，能量最小原理就转化为特定的最小自由能原理，即无规则运动的微观粒子相应交换能量的结果总是状态自由能高的粒子将能量转移给状态自由能低的粒子，系统的总的自由能总是趋于减小并最终使得所有粒子在统计学平均意义上状态能相等从而系统的自由能为零的状态。所谓能量均分就是指在统计学意义上无规则运动的所有微观粒子的等价性。在不考虑波动、起伏的情况下，在平均意义上所有粒子的能量状态是相同的，如果不相同就没有所谓的无规则而是有特定规定性的非热力学认识对象了。由此可见，自由能为零的无规则系统和所有微观粒子均分能量是两种不同陈述，实际上是等价的，热力学第二定律描述的热总是自发地从高温物体流向低温物体这一运动定律等效为热力学系统的能量均分原理后，热力学第二定律实际上是物质客体相互作用中能量最小原理在无规则热力学系统中的特定描述形式，物质世界客体相互作用都是受能量最小原理支配的，或者说热力学第二定律本质上是能量最小原理在无规则热力学系统结构这一特定认识客体中的特定描述形式而已。因此，热力学第二定律没有绝对意义，只是普遍的能量运动定律的特定描述形式。对一个热力学系统而言，从最小自由能原理或能量均分原理抑或热总是自发地由高温物体向低温物体传递原理去陈述，实质上是等价的。热力学第二定律的温度状态描述是宏观描述，具有更直接的经验与知性相统一意义，而能量描述则揭示了它的本质意义。

在一元论宇宙观意义上，宇宙是有无相生的永恒运动世界，包括物质世界的普遍联系和相互作用。物质客体直接相互作用是物体相互作用的常见形式，故作用力和反作用力大小相等、方向相反是质点动力学三大基本定律之一。物体直接相互作用的理想模型是完全弹性碰撞，作用力和反作用力大小相等的物体碰撞相互作用的本质意义是交换状态能量，并且总是单位质量动能高的物体把能量转移到单位质量动能低的物体，这是物体碰撞交换动能的必然规律。老子说天之道总是损有余以补不足，物理学将之归纳为最小自由能原理。动能高的物体通过碰撞向动能低的物体转移动能，在宏观系统热运动描述中就是傅里叶热传导定律和克劳修斯归纳的热力学第二定律，这是我们生存于其中的感性自然界的基本特性之一，是不以人的意志为转移的必然规律。人类由热力学第二定律得出宇宙热寂的推论时，把热总是自发地从高温物体流向低温物体视为毒蛇猛兽，甚至偏执到幻想有一天能克服热力学第二定律。不妨设想，如果热总是自发地从低温物体流向高温物体，会有一个如此复杂有序的宇宙供我们生存吗？如果热有时从高温物体流向低温物体，有时又反其道而行之，我们根本就无法认识宇宙世界。如果自然本身并无普遍必然规律可言，又何来客观普遍认识呢？问题不在于热必然从高温物体传向低温物体，而在于热传导、对流只是能量交换的特定形式，普遍的能量转换并不都循物体直接碰撞交换动能这一唯一形式进行，由热力学第二定律去断言宇宙热寂就是荒诞不经了。最简单的具体经验是太阳能热水器的热能利用，热能来自光子被吸收转换为物体动能，这就不受物质系统最小自由能原理支配了。在小小的太阳能热水器中，热不可逆地趋于平衡都不再成立，还有什么宇宙热寂之忧呢？这个世界没有问题，热力学理论没有问题，是人类理性认识出现了问题，宇宙观有问题罢了。

二、宇宙热寂的认识根源是绝对物质观

自从克劳修斯完成热力学第二定律从工艺学到无限宇宙学的历史飞跃以来，由热力学第二定律推断的宇宙将无可避免地演化到热平衡即热寂状态的结论就成了人类不情愿但又无法否定的痛苦命题。正如科幻作家阿西莫夫在其科幻小说《最后的问题》中通过大型计算机所提问的那样：我们有一天能克服热力学第二定律吗？而最大型的电子计算机给出的答案是资料不足，直至宇宙热寂而再无人类存在，计算机的答案依然如是。这暗示着热寂是无法克服的问题，反熵及宇宙重生的出现则是现代版的上帝创世说。科学及理性到今天还要回到上帝创世及第一推动去为存在提供根据，人类理性是成熟的吗？

宇宙热寂的推论对人类的影响确实是“昏乱”的。仅“我们有一天能克服热力学第二定律吗”这一命题本身就是昏乱甚至荒诞无稽的。人们似乎已经忘记，作为科学真理，热力学第二定律的客观有效性是无从克服的。非但热力学第二定律，凡是被我们称为科学真理的定律一概在不可违反之列，根本没有克服之谈，违背科学定律就只能自取其咎，得到事与愿违的结果。人类为什么昏乱到幻想克服科学定律呢？说白了，一是人类把热力学第二定律与宇宙热寂自然而然地等效起来，把所谓克服热力学第二定律和克服宇宙热寂等效起来。殊不知这是虽有联系但又完全不同的两回事。二是人类对未来的期望和焦虑，这是人作为历史性存在而产生的合逻辑的愿望和追求。确实，对热力学第二定律所推论的宇宙热寂演化趋势，在相当长的历史时期内都是大批有识之士苦苦追思的重大问题。

历史上最早提出克服热力学第二定律的平衡态设想的知名科学家是麦克斯韦。他作为十九世纪最杰出的科学家之一，统一了电磁场理论，从理论上预言了电磁波的存在，断言光波只是特定频段的电磁波，这对于自然的认识从物质世界上升到普遍的能量世界，包括爱因斯坦光速不变性的相对论的发现，具有先驱者的意义，我们完全可以将他作为对最普遍自然界统一性认识

的起点。像麦克斯韦这样的科学大师，在试图解决宇宙热寂困局时，依然寄望用科学的方法，即通过“克服热力学第二定律”来实现。他的设想是寄望于通过一个能够识别处理单个分子的巧妙装置去否决热力学第二定律。“麦克斯韦提出了这样一个设想。把一个封闭容器分为两个部分，中间用一道小门隔开。这个与世隔绝的容器里充满了‘温度均分’的气体，按照熵的定律，在均匀的温度下是不能做功的，于是麦克斯韦另辟蹊径。他在那个小门边安排了一个小妖。这个小妖目光炯炯，能识别分子。它让高于常速的分子从左边部分进入右边部分，又让低于常速运动的分子从右边进入左边。既然高速运动的分子与高温对应，而低速运动的分子又与低温对应，那么右面部分的气体温度就会上升，左边部分的气体温度就会降低。现在该不言自明了把？一旦建立了温差，就可以用它来驱动热机做功了。”⑦

但是，麦克斯韦用小妖来克服热力学系统平衡态，并使之由平衡走向不平衡的设想至多只能停留在科幻水平，因为不但现实中找不到麦克斯韦小妖的存在，而且在理论上也没有这种小妖存在的任何可能性，最直接的理由是在一个平衡态热力学认识对象中安排麦克斯韦小妖违反了热力学第二定律最基本的前提假设：热运动的自发性。即使找到那个可以打破封闭系统热平衡的小妖也无法否定热力学第二定律，因为小妖干预的系统不再是自发演化的封闭热力学系统，不是热力学统计平均系统，即不是无规则而有特定规定性的系统。斯坦利·安格里斯特与劳伦·赫普勒在《得克萨斯季刊》上撰文论证了麦克斯韦小妖对熵的定律也是无能为力的：

“麦克斯韦假定他的小妖能识别分子运动的速度（速率和方向），并能见机行事，当小妖窥入充满这均匀温度的气体的封闭容器的两个部分时，均匀的辐射使它什么也看不见，容器里的均匀度使它察觉到热辐射及其消长，它却看不见任何分子……于是我们认为他的小妖需要一定的光源来打破容器中辐射的平均状态，所以我们给它一定光线来识别分子。灯光把高质量的能量带入了容器系统，从而使小妖管好小门，把高速运动和低速运动的分子分开。虽然这个小妖能使气体的秩序增加（从而降低它的熵），然而光源的混乱度与熵有了更大的增加。如果把光源、小妖以及气体作为一个系统来看，那么正如热力学第二定律所要求那样，只会使熵的总值增加，从而使永动机成为泡影。”[8]

对克服热力学第二定律的宇宙热平衡解释的另一重要人物是热力学领域的杰出科学家玻耳兹曼。在气体动理论中，玻耳兹曼把理想气体的速率分布律推广到在任意力场作用的条件下，建立了在力场作用下理想气体的玻耳兹曼分布律。这一定律的最深刻物理意义是，它表明就统计意义而言，气体分子将占据能量较低的状态，这正是能量最小原理这一物质结构中最普遍能量原理的特定描述。玻耳兹曼在热力学中的另一重大贡献是建立宏观热力学系统的微观状态数与熵函数之间的关系：

$$S = k\ln W$$

式中，S 是热力学系统的熵函数，k 是玻耳兹曼常数，W 是系统微观状态数，也叫作热力学概率。

作为热力学领域的科学大师，玻耳兹曼并不设想去克服热力学第二定律，他认为，在一个封闭系统里熵是增加的，热力学第二定律在一定程度上是合理的，这是玻耳兹曼作为一个杰出热力学大师的深刻之处。在克服热力学第二定律的宇宙热寂结论时，玻耳兹曼并不试图克服科学定律本身，而是试图对热力学定律的宇宙学意义进行重新解释来摆脱热寂困境。所以，玻耳兹曼不是从知性科学本身，而是从对知性科学的理性统一性理解中去思考克服宇宙热寂问题。玻耳兹曼从概率统计意义去解释热力学第二定律，认为对系统的热平衡状态用“可能”这个说法比“肯定”这个说法更为合理，即热总是自发地从高温物体流向低温物体是可能性大，而由低温物体流向高温物体不是没可能，而是可能性小而已。如是解释似乎摆脱了宇宙绝对地趋向热寂这一痛苦结局问题。

但即使接受玻耳兹曼的统计解释，热力学第二定律推论的宇宙热寂问题依然是令人痛苦的。正如爱丁顿所说：“如果有一群猴子在打字机上乱蹦乱跳，它们也‘可能’会碰巧写出大英博物馆的所有藏书。然而就是这样的可能性，也要比分子回到容器中的一半的可能性大得多。”[9]因此，玻耳兹曼的“可能”与“肯定”之间并没有实质区别，承认“可能”并不能给我们的心灵以慰藉。

真正的问题在于是否能把热力学第二定律从统计学意义上解释为可能性。一直以来，玻耳兹曼以及他的激烈批评者们都没有一矢中的。把热力学第二定律从统计学意义上解释为“可能”而非“肯定”是违反科学认识逻辑的。热力学第二定律的宏观描述是以必然性规律来陈述的，毫无“可能性”可言。从微观粒子统计假设出发去证明热力学系统微观状态与宏观状态的统一性时，所谓可能性只是指微观认识对象即大量无规则粒子的统计假设，而绝不是指称在这一假设基础上得出的统计描述结果。事实上，这个描述结果是确定性而非可能性的，否则它就和热力学宏观描述的第二定律相冲突。所以，热力学第二定律预言的热流运动的单向不可逆性是确定性陈述，根本就没有“可能”的余地。所谓可能是微观粒子的状态，所谓确定肯定的是热力学的宏观认识对象的状态变化，而热力学第二定律是描述宏观系统热状态运动规律而非其中某些微观粒子的运动规律的，所以它是必然而非可能的。玻耳兹曼作为科学家是杰出的，但是在理性统一性形而上学思辨时难免犯糊涂。当然，那些因所谓可能性太小而不愿意接受玻耳兹曼“可能”解释的人同样是思维不清晰的。还有一个史实也是饶有意味的，坚持由原子论出发去理解宏观无规则统计系统的玻耳兹曼与他的科学家同胞们包括马赫等，在实在论和唯名论等形而上学问题上争论了三十几年，备受折磨而身心疲惫，直至他以自杀的方式去结束一生才告终。

二十世纪末对宇宙热寂无序问题思考中最有建树的应该是耗散结构理论的创始人普里戈金，他在与伊·斯唐热合著的《从混沌到有序》一书中全面检讨了热力学第二定律及其带来的宇宙热寂问题。他是化学领域的杰出科学家而非物理学家，对生命科学的领悟使他更偏爱达尔文而非克劳修斯，他从耗散结构理论来解释物质世界如何从混沌无序中产生有序结构性世界。如果仅从这个意义上说，耗散结构的物质结构有序演化理论正是克服热力学第二定律宇宙热寂观念的。但事情并没有如此简单，尽管普里戈金把耗散结构理论称为热力学的第三个阶段，即远离平衡态的热力学，但这从逻辑上已经承认他的理论与传统平衡态热力学理论的对象及条件是有区别的。严格地说，耗散结构理论描述的对象并不是传统热力学的对象，即并不是大量同质微观粒子的无规则运动构成的宏观系统，而是有特定条件限制的。所以，远离平衡态的耗散结构自组织理论尽管完成了物质世界从混沌到有序的演化运动的理论解释，为我们理解复杂物质结构特别是生命结构提供了有益的启迪，但期望由此来克服所谓热力学熵垒是不切实际的，因为两者并不是指称同一的对象。但有一点极为重要，即耗散结构对物质运动从混沌到有序的自组织行为是远离平衡态的开放系统在吸收环境提供的自由能的条件下实现的，所谓耗散是指耗散环境的自由能，系统从混沌到有序的演化以消耗环境的自由能为代价，这反而进一步证明了平衡态热力学定律的正确性。这种有序的实现与麦克斯韦消耗光源的有序自由能实现高低速运动气体分子分离有异曲同工之处。看来自然界真的没有免费午餐。

进入二十一世纪以来，还没有发现哪位大师在克服热力学第二定律上有所“建树”，也许我们都已经在各种挫折中明白了热力学第二定律是不可克服的科学理论，人类倒是在节约能源、保护环境的实际行动中显示出对该定律的体悟和尊重。但最糟糕的是，我们一直把热力学第二定律和宇宙热寂自然而然地画上等号，那就意味着人类不再思考热寂问题是一种忌讳，是一种无奈之举。但热力学第二定律与宇宙热寂是等效的吗？这个不证自明的转换才是关键所在。

热力学第二定律是抽象的科学因果必然性的真理描述，而宇宙热寂是具体现实世界的状态描述，抽象科学描述与具体现实世界描述肯定是不能绝对同一的，即它们不是等效的陈述。抽象认识是知性的，而具体认识是理性统一性才能通达的。准确地说，人们是以抽象的热力学第二定律描述为普遍根据去推论出具体物质世界的热寂状态的，由热力学第二定律向宇宙热寂推论转换的可靠性才是至关重要的，这实际上是热力学第二定律的物理意义能否得到理性具体理解的问题。如果我们能够证明这种转换的理由不充足，那么无须克服热力学第二定律就能消除宇宙热寂问题的困扰。为什么几百年来人类对热力学第二定律与宇宙热寂的等效性深信不疑呢？因为几千年来支配人类文化的宇宙观是绝对物质观，在一个质量守恒、本原物质不生不灭的世界中，宇宙绝对是一个热力学统计学意义上的封闭系统，热传递的不可逆性决定了宇宙虽然质量守恒、能量守恒但不可逆地趋于热平衡态的最终命运。因此，绝对物质观构成了热力学第二定律与宇宙热寂完全等效陈述的最基本前提和根据。换句话说，只要坚信宇宙自然是物质质量守恒而不生不灭的世界，那么在热力学支配下宇宙趋向热平衡就是顺理成章的，这正是如此聪慧的科学大师们终其一生也解不开热寂魔咒的根本原因，是坚定的绝对物质观的宇宙观蒙蔽了他们的心灵。正所谓成也萧何，败也萧何也！

存在和演化的分离使唯物主义物质一元论从来就是存在和状态相分离的二元论，它承认物质与运动不可分割但始终无法回答运动的原因是什么这一根本问题，所以它的完备性需要增加一个推动宇宙诞生和演化的上帝来满足，或者设想一个科学无法解释和人类理性不可理解的“反熵”去赋予宇宙热寂死亡后重生的可能性。在物质一元论的存在论原则下去理解物质存在的运动变化时，如果以质点动力学为基础就得出一个齿轮和螺丝钉构成的机器世界，从宏观系统热力学这更一般的科学抽象出发则得到一个不断走向热平衡的死亡中的宇宙。所以，要在热力学第二定律的科学真理认识基础上消除宇宙热寂的困扰，真正要克服的是绝对物质观而非热力学第二定律，因此，必须以能量一元论为基础来理解热力学第二定律的具体意义。

三、能量一元论终结宇宙热寂说

按照能量一元论的宇宙观，回到能量这一本质去理解热力学特别是它的第二定律的具体意义时，由于消除了绝对物质观的局限性，热力学第二定律和宇宙绝对不可逆地趋于热平衡的观点就不再是等效的陈述，我们完全可以在世界统一性原理中坚持热力学第二定律作为科学真理认识的客观普遍有效性的同时，找到拒斥宇宙热寂的充足理由，彻底终结热力学第二定律发现以来一直困扰着人类的宇宙热寂幽灵。

能量一元论的宇宙观已经在逻辑上彻底地终结了宇宙热寂论。从能量一元论的观点看，宇宙热寂是一个地地道道的伪命题。宇宙热寂说是指在物质世界中，由于物体间的热交换总是由高温物体向低温物体不可逆地自发传递，因此物质间的温差绝对地趋于减少并最终达到所有物体等温的热平衡状态。这种描述以物质客体的绝对存在为前提，以绝对物质观为根据。因为宏观温度描述的微观物理意义是构成宏观物体的微观粒子无规则统计学意义的平均状态能，主要是动能，微观粒子的状态能的统计平均描述和宏观物体的温度状态参量描述是统一的。没有物体就没有温度，没有微观物质粒子就没有它的状态能，没有物质客体就没有状态能及温度描述，因此在逻辑上就再也没有热平衡概念了。在物质世界的热运动中，宇宙热平衡是以绝对物质观为根据的。如果物质世界的本原存在不是物质客体，物质客体不再是不生不灭的存在的话，那么，一个已经达到热平衡的物质系统也不是死亡的热寂之物，因为状态能即温度的载体物体客体本身还是可以生生息息地运动变化的，那有什么理由去断言热平衡的物质系统是不再有运动的死亡了的存在呢？物质系统的热平衡如果不能终结它的运动，则系统的热平衡和系统热寂就不再具有同一的意义。

在能量一元论的世界统一性理论中，它对宇宙的理解和绝对物质观的理解是完全不同的。宇宙的普遍本性是能量，是作为客体存在和状态存在相统一的能量。在没有任何物质客体存在的特定条件下，宇宙就是由纯粹以无的形式存在的能量客体构成的。在宇宙大爆炸理论中，零点时刻及其附近就可以视作无物质而纯粹由能量客体构成的宇宙，物质客体基本粒子的产生就可看作是宇宙大爆炸之后的产物。

没有任何物质实体粒子存在的宇宙是一个没有温度热状态描述的宇宙。不但没有宏观温度，而且任何物质实体的状态能量如势能、结构能都不存在，所以在无物质实体的宇宙中的温度描述以及状态能量描述都是失效的，说宇宙热平衡是没有任何意义的。在宇宙大爆炸理论对宇宙的解释中，说宇宙早期存在于非常炽热的高温状态是指大爆炸产生出物质实体粒子之后的宇宙状态，如果理解为宇宙大爆炸是从炽热的温度开始则是不合逻辑的。没有物质实体存在就没有温度现象，说“宇宙由于温度太高而大爆炸，大爆炸产生了物质世界”是颠倒因果关系了。由此可知，包含物质实体在内的结构性宇宙并不是宇宙最普遍、最一般的状态描述，故宇宙中物质客体之间热运动的高温物体热能向低温物体传递热量，最终即使可以达到整个宇宙的物体温度相等的状态，但宇宙也没有达到热寂，因为这种热平衡是特定的状态而非绝对的最普遍的状态，而宇宙热寂说的意义是在绝对的、最普遍的意义下所说的。所以，退一万步，即使宇宙的物质真的达到热平衡，从能量一元论的宇宙观看来，它也不是绝对热寂的存在，相对物质存在没有最普遍意义，不构成最普遍的宇宙绝对陈述对象。因此，能量一元论实际上首先在逻辑上终结了在宇宙统一性意义上的宇宙热寂问题。

进一步，从普遍宇宙存在的特定的物质世界本身看，同样可以说，热平衡的观念也是不符合物质世界统一性的逻辑的。

从能量一元论的观点看，由物质客体作为特定实体存在时，物质客体是由质能、结合能和状态能构成的特定形态的质能统一体，物质客体的本质规定性在于它的质，在于能够用引力和惯性来知性描述的质量，并由此产生了它的状态描述和动力学描述，这又产生了它的相对运动状态及相对速度、加速度等运动概念。相对性是物质客体运动区别于能量子客体运动的本质特征，状态能是和相对运动相统一的。状态能和物质客体的运动相对性是对物质运动不同层次的统一性描述，能量描述是对物质运动现象的本质描述。从能量的观点看，物质客体运动与相互作用的最普遍的能量规律是能量最小原理及最小自由能原理。前面已经说过，均分自由能的热力学第二定律只是能量最小原理在无规则统计学系统条件下的特定描述形式。在普遍的最小自由能原理支配下，物质客体的热运动即无规则统计系统的微观粒子的自由能交换，在宏观状态上表现为热流从高温物体向低温物体传递，在微观意义上是自由能高的粒子向自由能低的微观粒子转移能量，从而趋向能量均分状态。这种热往低处流只是能量最小原理的特定形式。还有我们在动力学中最熟悉、在感性经验中耳濡目染的一种表现形式，叫作水往低处流。这和热往低处流何其相似！这就是自然界物体总是向最小能级运动的普遍必然性规律在支配而产生的结果。水往低处流的另一个文学描述是百川归海，在中国西高东低的地势条件下有一江春水向东流及大江东去的诗意描述。基于感性直观的人们根本就不会理解，其实水由高处向低处流之高低的意义也是以引力场的能量分布为根据的，并不是纯粹空间性的。地球海平面的空间形状是球状的，不是平面。海平面之为海平面在于它是引力势能的等势面，水归大海在于大海平面是低势能点，物体的自由运动就是由高势能位置向低势能位置运动的必然过程。基于水的势能起作用，势能转换为动能便形成水流，势能推动水流向势能最小的位置运动，这就是能量最小原理。尽管地球上的江河湖海构成的水流宏观运动与热流具有相同的运动规律，然而奇怪的是，人类从来没有地球“水寂”之忧，我们欣赏的不是地球百川归海而“水寂”，是青山依旧，绿水长流。如果有谁自命为智者，用动力学的原理去教育孩子，并推论说地球的水是绝对不可逆地归到大海而成为一潭死水，那么孩子们会毫不留情地讥笑他不是傻子就是疯子。汤姆逊和克劳修斯当年把热力学第二定律直接推向无限的宇宙学的时候，问题主要出在理性统一性思维而非知性科学认识本身。因为热力学的科学描述对象不是具体的宇宙，热力学定律是有限抽象而非无限具体描述，把热力学第二定律作具体统一性描述，断言宇宙的总熵不可逆地趋于无限大是不成立的，这种具体宇宙的科学陈述根本没有意义。此外，还有一点是不能忽略的，即汤姆逊和克劳修斯的热力学理论是宏观状态描述，在当时的认识条件下，对温度及热运动的存在论本质还没有得到科学认识，更没有把握宏观热运动的能量交换本质，因而对热力学认识产生局限性是可以理解的。但是，在气体动理论解释了温度的本质是构成系统的微观粒子的平均状态能以后，再坚持物质世界的热平衡就没有理由了。

宇宙不会热寂，物质世界不会热平衡的理由和地球不会“水寂”是相同的。即使从静态抽象结构的观点看，地球也是不会“水寂”的，即使不考虑水循环的水源供给，地球静态结构下水的单向不可逆运动的最终结果并不是一切水都流到大海，因为江河、湖泊，静态抽象中水也不会全部归到一个“平衡”的大海。地球是有结构的，而不是无结构的一马平川。这正是物质世界不可能不可逆地趋于热平衡的道理。物质世界不是一个无规则统计学意义上的无结构存在，而是由无实体、无结构的能量客体产生出特定结构并且向复杂性结构演化的存在。物质世界是由不同层次质的不同规定性的相对性之物构成的复杂性世界，硬要说物质世界本质上是无规则结构的统计性存在是睁着眼睛说瞎话。所以，构成物质世界的各个无规热力学统计系统在静态抽象中会最终趋于热平衡，但所有这些子系统构成的物质世界是绝对不会达到热平衡状态的。宇宙进化出物质世界，物质世界由简单结构向复杂性结构演化，这个进程是不容怀疑的。据此，复杂规定性的复杂性物质世界是永远不会达到热平衡状态的，除非有朝一日所有物质实体退化为统计学意义上无差别的同质实体粒子，这是物质世界热平衡的充要条件。

必须注意，上述解释是基于物质世界静态结构抽象意义上的，而不是对具体物质世界热运动的统一性理解，否则就可以说物质世界虽然没有热平衡，但由于没有热流因而实际上也是热寂状态。对真正物质世界热运动的理解还必须回到物质世界的动态演化运动中。能量一元论的宇宙观和绝对物质观对物质世界理解的本质区别在于前者在有无统一、有之以为利、无之以为用的统一性意义去理解物质实在，而绝对物质观则把物质实体作为绝对自足的存在，把能量作为附属于物质实体的状态而已。按照“有之以为利，无之以为用”的观点，物质客体的意义就在于它作为具有质量的相对性运动实体，它为宇宙中能量的转换和相互作用提供了特有的作用机制，正是在与外界的能量转换关系中，物质世界建立了普遍联系和相互作用，成为一个特定的、统一的物质世界。物质世界最基本、最普遍的联系和相互作用是引力，这是人类不能不敬重牛顿的理由。所以，物质客体之间的相互作用归根结底是能量转换，而热力学只是特定的无规则统计物质系统平均动能交换的描述，因而物质客体能量关系的统一性理解包括热运动但不限于热运动。在感性意义上，热运动似乎是最基本的；但在知性意义上，引力决定的能量作用和转换才是最基本和最普遍的。因此，对质能永恒联系和有无普遍作用的物质世界的运动状态，不能从热力学的知性认识得到最终解释。由热力学第二定律去断言物质世界的热流趋于零是不合逻辑的。从动态的观点来看，物质世界中没有孤立、封闭的系统，任何系统一定是开放的。所谓封闭、孤立的系统只是我们思考世界时的抽象，没有具体真实的物质封闭系统。理由非常简单：你能找到一个没有与外界发生引力作用的物质系统吗？这显然是不可能的。在一个相互作用、由不同层次的子系统构成的物质世界中，由热力学第二定律断言物质世界只能趋于热平衡是没有根据的。

考虑我们已经非常熟悉的太阳能利用系统，在没有阳光照射时，我们可以将之看作热平衡系统，而且它的静止实体结构也可以看作引力及各种结构力的相互作用的合力为零的特定情形，系统在统计学意义上只做无规则热运动，在平衡态附近涨落。当吸热管吸收了照射光子时，它把太阳发射的能量子客体转换为自身的动能，并把这些动能传递给水箱的水，使水温升高，在光转换为热状态能时，太阳能系统的温度升高了。在特定结构的开放系统中，温度就是这样升高的，我们从低温得到高温，实现了温差，打破了热平衡，回到热力学定律，我们又有了可以做功的热能。人们当然可以说，做功的能量是由高温的太阳供给的。但是，太阳的高温从何而来？这才是真正的答案所在。按照我们现在的天文知识，我们相信星体是由太空中的微小粒子通过同心运动聚集为星云而最终形成的，引力这一普遍的能量作用在此起了决定性作用。在星云形成的早期阶段，从热运动的观点看，它实际上是一个热平衡系统，但是，当星云收缩而聚集达到一定质量，比如我们太阳质量水平时，引力的作用使星体进一步收缩，并使其中心温度不断升高，最后达到可以产生核聚变的水平，在星体中发生热核反应，于是恒星诞生了。我们的太阳只是无数恒星中的一颗普通恒星，只不过它离我们最近，我们主要依赖它取得辐射的光子而已。从这个过程来看，太阳能系统吸收的能量虽然是从太阳高温辐射的能量子吸收中获得的，但太阳辐射这一事实的整个过程，包括太阳诞生的完整过程，并不仅仅是热运动支配，而是引力起了支配作用，并且引力作用下太阳形成和运动的过程是从低温到高温演化的过程。所以，在复杂结构化及以引力为主要相互作用形式的物质世界中，断言物质世界绝对按热力学运动第二定律趋向热平衡确是无稽之谈，仅抽象的热力学定律根本无法描述复杂物质世界的运动和演化。只有回到普遍的能量观点才能对物质世界乃至宇宙得出统一性理解。至此，我们可以斩钉截铁地说，不需要克服热力学第二定律，而所谓宇宙热寂或物质世界趋于热平衡死亡是人类因囿于物质一元论而虚构出来的幻想而已，我们无须再为此耿耿于怀，既不必以所谓“宇宙无限”的不可知论作鸵鸟政策般的反热寂辩护，也不必用所谓宇宙膨胀因而宇宙热平衡速度追不上宇宙膨胀速度的五十步笑百步的解释来慰藉被“宇宙热寂说”折腾了数百年的人类心灵。天下本无事，庸人自扰之。

能量一元论的宇宙观把物质世界理解为最普遍能量世界中特定的实体结构构成的相对性存在的特定统一世界，否定了物质客体存在及其运动状态的绝对性意义，超越了本质二元的物质一元论，从而终结了物质世界热寂的绝对意义。能量一元论的宇宙图景不是时空无限的，而是有界无边的唯一性存在，无论宇宙统一引力时空的边界如何，但基于引力总是吸引的特性，宇宙一定是收敛的，即宇宙是有限的。从系统的角度看，宇宙只能被理解为孤立系统，不能想象宇际意义的能量、物质、信息交换，否则宇宙就不是自足的，不自足的宇宙其实是不能叫作宇宙的。在能量一元论的宇宙中，物质世界只是其中具有质的规定性的特定世界，即它是开放而非孤立封闭系统，是没有热寂之忧的。封闭孤立的宇宙是能量一元论的宇宙，那么，自足而孤立的宇宙是否会像统一性物质世界一样产生能寂问题呢？能量一元论用最普遍的能量存在解决了特定物质运动的绝对推动问题，但它能为自身提供自足自洽的存在理由吗？如果对上一卷的能量理论有基本了解，就不会产生这种多余的担心。能量一元论把能量理解为宇宙永恒且最普遍的本原存在，它就是绝对的存在。能量存在包括存在和运动相统一的绝对意义，即它是绝对运动着的绝对存在。能量绝对存在是由最普遍的能量守恒定律归纳而来的，守恒即不生不灭，是不能在发生学意义上追问它从哪里来往哪里去的，这是本原之为本原的规定性。能量子的绝对运动是由光、电、磁波动运动的绝对性决定的，它和参照系无关的不变速度表明了运动是它的本性而非属性，宇宙中没有静止的光、电、磁能量子存在，它们的运动是不需要推动的，是动力学无法描述的。绝对运动的绝对能量为最普遍本原存在的多样性宇宙既是孤立的又是自足自洽而永恒运动着的，根本没有能寂问题，也没有物体自由能在不可逆地减损问题。自由能只不过是永恒存在永恒运动转化的统一能量世界的一种特定形态，它只能在能量统一性的宇宙中得到具体理解。正是在这种最普遍意义上，我们才能有把握、有根据地宣称，能量一元论的宇宙观彻底终结了宇宙热寂这一假命题。

综合上述，可以对物质宇观世界的热平衡和熵垒问题、热和流的可逆性和不可逆性的统一性意义作出简要的归纳了。

第一，力的可逆性描述和热流的不可逆描述是关于物质自然运动的普遍真理知识，两者不同但并不矛盾，并且它们是形而上地统一的。因为体是观的根据，我们只有唯一一个物质世界。如果它们在直接知性意义上矛盾，那表示它们之中必有其一已被证伪；如果它们在回归现实世界的物理意义理解不统一，那就只能从我们理性智慧过于偏执去找原因了。那一定是理性认识有问题，不是现实具体自然宇宙有问题。动力学规律可逆性和热力学规律不可逆性的根源在于前者是抽象质点的位置、速度、加速度、动能、势能描述，后者是无规则统计平均粒子随机运动构成的宏观物质系统的温度、压力、体积、系统状态熵的描述，是关于唯一的物质世界不同认识对象的统一性描述。它们的统一性由宏观温度和微观粒子的动能建立了起来，由温度是宏观物质系统微观构成粒子无规则统计运动的平均动能的必然性关系把动力学和热力学统一起来。从根本意义上看，可逆运动是质点描述的特性，不可逆运动是宏观物质系统状态描述的特性，更本质的意义是系统自由能状态运动的特性。由不同认识对象归纳出不同特性是不值得大惊小怪的。不信你反向思考就能发现，宏观物质系统的构成分子不作随机假设，将之作为抽象质点时就还原为可逆性的动力学描述了。最有说服力的证据是，对相互作用的动力学质点描述作进一步分析，建立相互作用质点构成的认识系统自由能随质点相互作用而运动变化的函数描述，就能得出一切质点相互作用中质点系统自由能绝对减少的结论。这正是物质客体运动变化受能量最小原理支配必然地决定了的。热力学不可逆热运动描述的根据在于它是由普遍能量最小原理支配的系统自由能状态描述，它只能是必然、绝对地不可逆的，否则物质世界真的是无序运动的一团乱麻。物质宏观世界乃至宇观世界必然、绝对不可逆的宏观、宇观状态有序运动中，每一个相对的认识质点按必然规律支配的可逆性运动既是宏观微观世界的统一、热力学和动力学的统一，更揭示了物质世界的运动变化是有序统一而绝对完美的过程。如果宏观状态可逆，宇宙就是混沌的；如果微观状态不可逆，物质世界就是死寂的；宏观状态不可逆，微观状态可逆的物质世界才是现实且完美有序的。

第二，从能量一元论的质能统一性观点看，宇宙甚至宏观的物质系统能量状态按最小自由能原理不可逆运动演化的另一种陈述就是系统熵自发运动不可逆增加，熵原理本质上是物质系统的能量运动规律。宇宙乃至宏观物质系统熵不可逆增加但不会得出无限熵垒的结论，因为在质能统一性的物质世界中，决定物质宏观系统状态的是能量，但不是唯一的动能，也不是仅仅物质系统的机械能；是总的能量，还包括非状态的质能，还包括物质范畴之外的能量子的本征能量，物质宏观系统的能量状态是由总能量决定其运动方向的。孤立宏观物质系统是认识论意义的抽象存在，现实中无孤立封闭的宏观物质系统，没有不和系统外发生引力交换和质能交换的物质实体存在，恒星演化并最后成为向外部源源不断提供能量辐射的物质系统就是引力的杰作。以宇宙物质世界作为对象看时，它也不是孤立封闭的。它是质能统一性的开放系统，能量守恒的宇宙才是绝对封闭的孤立系统，物质统一世界是最普遍能量世界的子系统，质能统一性的具体物质世界是开放系统。由绝对物质构成的孤立系统只是思维中的抽象，现实的物质世界是在永恒而绝对的有无相生中演化着的开放系统。对宇宙能量状态的运动还要从能量子的分布和作用去考虑。由能量子无静止绝对运动本性出发，可以把它理解为宇宙物质运动的永恒绝对的推动力量，由有无相生的永恒相互作用构成的孤立宇宙是一部自洽自足的永动机，根本就不可能存在热寂和熵垒。

第三，由热力学第二定律得出宇宙热寂结论，由熵原理揭示的宇宙绝对熵增规律得出熵垒幽灵，当然有绝对物质观的局限性影响，但首先是物理学家们有不可推卸的重大责任。熵垒不断增高的宇宙不只是一种浅薄的理解，更是科学认识意义上的一种谬误。谬误之处在于把热辐射和热吸收当成物质热运动过程去理解，把之和热传导和热对流一样作为热运动的一种特定形式。在这种知识基础上，宏观物质系统的状态能交换就变成物质运动过程的唯一原因了。在能量为最普遍存在的宇宙中却把特定的物质世界当成封闭的孤立系统，热寂和熵垒由之产生。但物质热辐射和热吸收有无相生运动本身已超出物体相互作用范畴，这是能量子和物质的相互作用，是可以在无物质媒介条件下产生的，不是物质系统的热运动过程，根本就不是物质热运动。把物质热辐射和热吸收当成物质热运动实在粗枝大叶，其结果差之毫厘失之千里了。一旦把能量子和实体粒子交换能量纳入物质状态能转移范畴，物质世界就成了封闭系统。然而，哪位物理学家有本事从理论和现实意义解释清楚热吸收和热辐射总是和温度梯度成正比并由高温物体传给低温物体的呢？若如此太阳光何以到达地球？太阳能热水器如何获得热能？热辐射由高温物体按温度梯度传递而来又何来太阳能热水器可做功？总不该如此信口雌黄吧！若热吸收、热辐射不遵守傅里叶热传递定律和热力学第二定律，就不能将热力学定律昏乱地飞跃为宇宙学意义的最普遍定律了，物质世界就不是封闭系统了。

从能量一元论的观点揭示热力学第二定律和熵原理的能量运动本质，我们把热力学第二定律关进宏观无规则物质系统知性科学认识和物质系统状态能运动规律的笼子，终结了它的无限宇宙学意义。在热力学描述对象领域中，热力学第二定律作为科学真理认识当然是普遍有效的客观真理，是不可克服、不应违反的自然定律。既然如此，按照传统的理论，热力学对象的热运动是一个封闭系统向无序演化的绝对熵增过程。就是说，我们终结了宇观的宇宙热寂说，但还无法消除宏观世界的无序演化观。所以，对热力学描述的宏观物质世界的运动，还必须回到宏观世界作更深入的思考。熵原理是物质系统能量状态运动的一般规律，具有比热力学第二定律更一般的意义，它不限于无规则粒子构成宏观物质系统，更深刻的意义在于具有结构规定性的物质客体中，因而它的意义远远超出了热力学范畴，具有物质客体存在结构复杂性演化的普遍能量规律之意义。

注释

①伊·普里戈金、伊·斯唐热著，曾庆宏、沈小峰译《从混沌到有序》，上海：上海译文出版社，1987 年第 1 版，第 182—183 页。

②程守洙、江之水主编，胡盘新等修订《普通物理学》，北京：高等教育出版社，

1998 年第 5 版，第 1 册，第 341 页。

③伊·普里戈金、伊·斯唐热著，曾庆宏、沈小峰译《从混沌到有序》，上海：上海译文出版社，1987 年第 1 版，第 157 页。

④同上，第 158—159 页。

⑤同上，第 163 页。

⑥转引自杰里米·里夫金、特德·霍华德著，吕明、袁舟译《熵：一种新的世界观》，上海：上海译文出版社，1987 年第 1 版，第 40 页。

⑦同上，第 36 页。

⑧同上，第 37 页。

⑨同上，第 38 页。

第八章
物质结构有序性演化的熵原理

引　言

【提要】破的意义在于立，否决熵垒之后要以客观性为依据得出熵原理之于物质世界统一性的具体普遍意义。本章主题是把熵函数的物理意义从物质系统热状态回归更普遍意义的自由能，由普遍的能量最小原理去解读熵原理，使其意义由热状态变化规律拓展到整个质能统一性的物质世界。在物质世界是结构统一性世界理解基础上，拓展了物理意义的熵原理就具有揭示统一物质结构生成和不断复杂性演化的普遍本质规律之深刻意义，由之就能更具体理解以能量为本性的物质多样性世界在永恒生息变化中绝对完美有序的具体统一性意义，熵原理支配着物质世界的内在目的性，它就是自然统一的目的性本身。

一、熵函数是克劳修斯在热力学第二定律基础上更普遍抽象归纳出来的宏观物质系统热状态描述参量，其热状态不是指温度而是温度差，在普遍能量意义上是自由能，不是热能。一个系统的熵和自由能是共轭的，熵增大是自由能减小，熵最大则自由能为零。热运动不可逆，熵却是可逆变化的；在孤立系统中熵是不可逆增大的，熵最大自由能最小是系统自发演化的吸引子，热不可逆运动现象是由这普遍本质决定的，这就是普遍熵原理和特定热力学第二定律的统一性关系。

二、物质运动推动力是能量，更具体地说是自由能，具有自由能的系统才有能量交换，才具备相互作用的现实性。从能量的本质意义是做功的传统出发，自由能为零熵最大的系统被理解为最无序的热平衡系统，物理学理论把熵增和能量退化同一，并认为电磁能、机械能是高品质能量，热能基于熵增本性则是低品质能量。统一能量只有量这一唯一规定性，无质的规定性，说能量品质有高低之别是不合逻辑的。能量有质的规定性则能量普遍转换及其守恒本性是无法理解的。

三、系统熵最大的微观物理意义解释是最无序混乱状态，其主要根据是玻耳兹曼有序性原理。玻耳兹曼用随机统计方法建立了系统熵和其微观最大配容数关系，由大数定律可知宏观系统的微观状态达到能量均分状态是大概率事件，它对应熵最大状态。由熵最大自由能最小的平衡态是热寂死亡态则推断出均分自由能的微观态是系统最混乱无序的状态。有序无序不是有序性原理的客观性陈述，是对该原理物理意义的主观理解。这种理解的不合理性在于：一是宇宙熵增中微观越来越无序和宏观有序演化是不协调的；二是系统越复杂越无序是不合逻辑的，全球化分工合作时代对每个人而言绝不是获得最混乱无序的意义；三是它解释不了结构复杂性演化过程，熵增无序性意味着物质越基本层次结构越快趋于无序，由此何以产生出越来越复杂层次的物质结构是无从解释的。

四、序的物理意义应达到主客观统一性具体理解，“道法自然”的统一宇宙是从混沌到有序不断复杂性演化的，越复杂的统一性物质系统越有序，序和系统结构层次的复杂性正相关。从混沌到有序是结构的创生，结构复杂性演化是有序性演化，生命是自然最复杂有序的存在，由此就能理解序对于统一物质世界复杂结构演化过程的意义。自然是以必然性为根据的具体统一性存在，只有从低序到高序的演化和进化，无无序之意义；混沌指无结构因而没有序之意义的抽象状态，不是无序混乱状态。

五、熵原理微观状态的本质意义就是赋予物质结构复杂性演化的统一有序性。熵最大自由能最小是每一层次物质结构生成并稳定存在的必要条件，是“高以下为基”的复杂结构演化的内在机制，物质系统以熵最大为内在目的性才有稳定的物质结构存在，只有以环境熵不断增大为前提才能演化出结合能更小的更高层次复杂结构存在。熵原理对普遍物质世界的支配意义决定了物质世界是在永恒运动生息中统一有序的具体存在。

热力学定律更为普适的抽象描述是熵定律，它是克劳修斯在对热力学第二定律进行重新表述时归纳出来的。他的目的在于找到热机工作循环系统的一个状态变化函数，在守恒的概念和可逆性的概念之间作出清楚的划分。熵函数的最重大意义就在于熵流和熵产生之间的区分，从而把一个循环工作的热机这样的系统转换能量与它内部演化产生的状态变化区分开来。熵流是系统与环境之间的交换，它由对边界条件的控制决定，所以是可逆的。一个卡诺循环能正常连续地将热能转换为机械能的根据在于循环即可逆性运动，在循环的每一个确定点上，它的状态即熵函数都是相同的。克劳修斯的熵函数描述证明了热机循环回复到起始状态时熵确实是相同的，所以熵的确是循环系统的状态单值描述函数。但还有系统内部运动产生的状态变化引起的熵的变化，对此称之为熵产生。克劳修斯的熵定律证明了系统的熵产生是单方向的，即系统内部的自发运动是不可逆过程。熵的单方向改变的物理学意义就是一个系统内部的自发运动过程是不可逆的。对一个封闭系统而言，没有熵流只有熵产生，只有不可逆过程。所以，正是熵的概念把不可逆概念引进物理学，用那些钟情于热力学的科学家的话来说，熵发现了时间之矢。熵原理的最大影响在于它对封闭系统熵不可逆地趋向最大的结论，这是热力学由热机工艺学上升为普遍科学理论及无限宇宙学的真正根据。克劳修斯宇宙学意义上的热力学定律正是用熵概念来表述的。

熵概念对科学的影响是深刻的。我们已经论证了把热力学定律上升为无限宇宙学的无意义性，所以宇观熵理论即宇宙熵绝对增大并最终达到最大是无须再关注的无意义问题。但熵在宏观系统的不可逆性如何与微观动力学描述一致以及与能量理论相统一则是世界统一性原理必须解决的问题。普里戈金在远离平衡态耗散结构理论中用选择性原则来解释微观动力学的熵的不可逆性现象，而物理学理论则把熵的增长与能量退化联系起来。普里戈金的理论虽然缺乏充足理由，但还是有所启迪的；而把熵解释为能量的退化就纯属胡说八道了。

熵是把能量和物质统一起来的关键概念。熵原理本质上是能量原理，但并不如热寂论者所说是宇宙最普遍的定律，而是能量一般原理在物质世界中的特定表现形式。在自然统一性意义上，熵原理的重大意义并不因为它只是特定物质世界的能量运动定律而弱化，只能理解为对自然统一性认识的更高级阶段。感性自然世界的多样性形式最主要的是感性具体之物的存在，我们自身首先也是感性存在，没有质能统一性理解根本就不可能有自然统一性理解，更不可能理性地认识人自己。对熵原理的认识不能只停留在一般宇宙学意义，满足于否定热寂说和绝对不可逆熵垒的理解，也不能局限于无规则统计学系统去理解质能统一性的物质存在的熵过程，更为关键的是理解它在物质世界统一性演化中的支配作用和意义，超出热和温度的特定限制去思考熵原理对物质世界的普遍意义。在对物质世界统一性认识中，能量一元论和物质一元论同样把熵原理作为最重要的基础理论，所不同的是，质能绝对分立的物质一元论只能把熵理解为物质世界趋于混乱无序的魔鬼，质能统一的能量一元论则合逻辑地把熵理解为物质世界乃至整个自然界有序统一演化的天使，从而对现实世界多样性存在及运动得出统一性理解。

现存的理论对熵的本质的微观解释与物质世界无序性概念密不可分。对宏观系统熵的微观意义的科学认识作出最卓越贡献的首推玻耳兹曼，他从二十来岁成为教授直至六十几岁随悲剧式的自杀辞世，一生之中为关于熵的微观解释苦斗不息，并得出了非常精彩的成果。最为成功的成果是玻耳兹曼的有序性原理，它把一个宏观系统的微观状态数与它的熵状态值的因果普遍关系建立起来，它的真正物理意义在于揭示了熵是一个宏观统计系统的固有属性，是决定系统宏观状态不可逆运动的“吸引子”。但对熵产生不可逆性的微观统计解释从此就和有序无序的概念联系起来。普遍的理解是熵作为宏观系统自发演化的时间指示器，它的增大与系统趋于无序是等价的，熵最大的系统平衡态是它最混乱无序的状态。对熵这种似是而非的有序无序解释似乎是建立在熵函数微观统计学意义基础上的，但实际上其间的逻辑推论是不成立的，它曲解了熵函数的微观物理意义。所谓有序无序是一个伪科学概念，尽管它已经流行多年并广为接受，甚至被一大批科学大师使用，但伪科学概念就是伪科学概念。试想如果每一个独立热力学系统的自发运动都是向混乱和无序不可逆演化的，那么由其构成的多层次结构规定性复杂物质世界又何以是有序的呢？我们又何以解释物质世界从简单到复杂的有序性演化进程呢？

普里戈金的耗散结构理论把远离平衡态看作物质世界有序之源，这种看法并不准确。从能量一元论的观点及物质结构演化的能量最小原理来看，熵原理在无规则统计系统中是最小自由能原理的特定描述形式，在多样性复杂系统结构意义上是能量最小原理的特定描述形式，是物质结构演化中的稳定性原理，即只有满足能量最小原理的物质结构才是稳定结构，多层次复杂结构演化而生成并稳定存在的必然性支配规律就是熵原理，每一个稳定而相对的物质结构性存在的现实结构不是随机的，而是以必然性为内在根据的确定性现实存在，宇宙中每一个水分子、氧原子等具体之物的稳定结构是同样的，其同一性的根据就是能量最小原理，也即有规复杂结构演化的熵原理。在特定条件下，只有满足最小自由能即熵最大的复杂系统才是稳定的系统结构，一个复杂系统层次，熵最大是它达到稳定结构状态的指示器，稳定结构正是与有序具有等价意义的表述。所以，熵的最深刻本质意义在于它是物质结构演化的稳定机制，物质结构演化正是在趋向熵最大状态时建立起有序、稳定结构的。热力学的无规则统计系统的非稳定结构是一切更复杂的多层次有规则结构的一种极限形式，元结构是物质结构演化的起点。宏观物质系统演化是由熵原理支配的，并不是宏观系统按熵原理演化的吸引子都是无规热力学系统，而是演化出不同层次的物质相对结构性存在，产生了多样而统一的物质世界，这才是熵状态函数的普遍物理意义。普里戈金说远离平衡态产生有序并不是指热力学系统这种统计学意义上的无结构系统，而是不同层次的复杂结构，远离平衡态只是打破原稳定结构建立新的稳定结构或从混沌中建立新的稳定有序结构的必要条件，最终的稳定结构以平衡态或近平衡的稳定态才能现实存在。任一层次或复杂层次的物质结构的最终稳定同样是在熵定律支配下进行和完成的。所以，正是能量最小原理这一物质结构演化的最普遍规律支配着物质世界由简单到复杂结构演化的有序进程，直至复杂生命结构的产生和进化。能量最小原理在宏观物质结构中的特定描述就是熵最大原理，在无规则系统中趋向热平衡，在有规则结构中趋向静态稳定结构。正是熵最大的定律赋予了宏观物质结构向稳定性结构演化的内在目的性，熵向最大值不可逆的运动决定了物质结构向更高序的复杂性结构演化进程。

第一节　熵原理及其意义解读

一、热机工艺学归纳的熵原理

热力学近200年的历史中，熵是它最普遍的科学概念，熵原理是热力学最基本的科学定理，甚至熵及熵原理的意义已经超出传统热力学的范畴和意义。但回到根本上，它首先是在热机工艺学概念中抽象出来再推向普遍意义的。

克劳修斯在归纳出热总是自发地从高温物体流向低温物体的热力学第二定律一般表述后，于1850年建立了热力学第二定律的熵原理表述。这种表述的转换意义何在呢？热机是把热能转换为机械能的能量转换装置，在能量转换意义上，一切过程受能量守恒定律支配，在理想情况下热机的效率就是它把热能转换为机械能的能力，在实际情况中还须考虑机器本身的损耗。但无论如何能量总是守恒的，能量转换及热机的转换能力主要是热机与它的边界条件即外部工作环境的关系描述，而熵的概念主要是对热机系统自身状态的描述。克劳修斯希望用一个类似能量状态的单值函数去描述热机工作中自身状态的变化，于是在热流运动基础上，以热机工作循环为基础，归纳出熵这热机工作状态的单值函数描述概念，把能量守恒过程和热运动不可逆过程区分开来。

在热机工作原理的理想卡诺循环中，热机的能量转换能力（物理学仍称之为效率）与高、低温两个工作温度差有关。理论证明 $Q_1/T_1+Q_2/T_2=0$（Q_1，Q_2 表示气体在等温过程吸收的热量，T_1，T_2 表示循环的两个工作温度）。任一可逆循环对 Q/T 积分，有

$$\oint[\mathrm{d}Q/T]_{\text{可逆}}=0$$

这一关系意味着：“可逆过程中，系统可得到不同的热量。但在所有情

况中，$\oint[dQ/T]_{可逆}$将有相同的数值。这就是说，它与过程无关，只依赖于始末状态。因此，系统确实存在一个状态函数，我们把这个状态函数叫作熵，并以 S 表示之。

对于一段无限小的可逆过程。

$$ds = (dQ/T)_{可逆}$$

亦即，在可逆过程中，可把 dQ/T 看作系统的熵变。而且在一个可逆循环中，系统的熵变等于零。"①

熵的物理意义是热力学系统的状态函数，把（dQ/T）理解为熵变只在可逆过程中才有意义，而在不可逆过程中，尽管一个等温膨胀的绝热过程 dQ 为零，但熵变并不为零。根据熵状态函数只和始末状态有关而与过程无关的性质，可以计算出一个等温绝热气体膨胀过程的熵是增加的。

克劳修斯建立熵函数的最初目的在于用一种新的形式去表达一个热机在其循环终点回到其初始状态的必要性。就是说，这个描述系统的熵函数在循环中的变化必须为零，这正是上面已经说明了的。而熵状态函数和能量状态函数的区别在哪里呢？在理想卡诺循环中，每一次循环结束时熵回到初始值，系统回复到初始状态，这过程中能量守恒，所以理想卡诺循环熵变为零和能量守恒一样是必需的。但熵函数描述的是工作系统自身的状态，能量描述的是工作系统与环境的相互作用，即把环境的热能按照守恒的规律转换为等量的对环境作用的机械能。所以，熵函数是工作系统自身状态运动变化描述，而能量作为状态函数则主要是工作系统与环境相互作用和交换的运动描述。熵描述自身内在状态，能量描述工作系统对环境的作用，这是两个状态函数物理意义的根本区别之处。在非理想热机中还必须包括各种损耗，即能量守恒但并不是所有热能转换为输出的机械功，热能所转换的功必须补偿自身机械损耗以后才是输出机械功，这就产生了传统机械力学的效率问题。但熵函数及能量函数的本质不变，只不过在能量守恒过程中必须考虑损耗能量以及由此带来的机械效率。并且必须记住，这种机械力学意义上的效率和卡诺循环中揭示系统热功转换能力的所谓效率具有完全不同的物理意义。熵函数和能量状态是统一的，它描述系统的状态归根结底是系统的自由能状态，这就是熵的物理意义。

由于熵的本质意义在于系统自身内在运动状态演化描述，所以克劳修斯把熵函数分成 d_eS 和 d_iS 两部分，d_eS 是描述系统与环境交换作用的，“d_eS”中的“e”就是 exchange 即交换的意思，它是由系统的边界条件决定的，所有它的作用取决于环境的边界条件。它的变化依赖于边界条件，那这个改变量就一定是可逆的，从数学上来说它的符号可正可负，环境可以向系统输入正熵流，也可以输入负熵流，关键在于这是从热力学抽象对象系统外部流进或流出的能量引起的。真正揭示系统自身状态运动的是 d_iS，这里“i”是 inside 即内部的意思。系统内部的热力学运动是不可逆过程，系统内部运动引起的熵变化是与环境无关的，它不叫熵流，而叫作熵产生。这个熵产生不依赖于环境，所以是自发而不可控、不可逆的，即单方向改变的，它总是向增加方向变化。所以，d_iS 即熵产生取决于热力学系统自身，并且永远是正的，即一个热力学系统的熵产生是绝对地增加的。

“克劳修斯能够用系统获得（或提供）的热量来定量地表达熵流的 d_eS，在被可逆性与守恒性概念统治的世界中，他主要关心的就是这一点。在涉及熵产生中所包含的不可逆过程时，他只说到存在着不等式 $d_iS/dt > 0$。尽管如此，还是取得了重要进步。因为如果我们离开卡诺循环，考虑其他热力学系统，就依然可以得出熵流与熵产生之间的区别。对于一个与周围环境没有任何交换的孤立系统，熵流按照定义等于零。只剩下熵产生一项，并且系统的熵只能增加或者保持不变。于是这里不再把不可逆变化看作是可逆变化的近似的问题，增加着的熵相当于系统自发地进化。这样一来，熵变成了一个‘进化的指示器’，或如爱丁顿恰当地所说的‘时间之矢’，对一切孤立系统，未来就是熵增加方向。有什么系统能比整个宇宙更孤立呢？这个概念构成了 1865 年克劳修斯对热力学所做宇宙学表述的基础：宇宙的能量是常量，宇宙的熵趋于最大。”②

综上所述，对熵的概念及熵原理可以归纳出如下几点：

第一，确实可以用一个单值状态函数来描述一个热力学统计系统的热状态运动变化，这个被称为熵的函数的物理意义就是热力学对象的热运动趋势描述，亦即系统的自由能。克劳修斯建立熵函数的最深刻意义在于对热力学系统熵产生规律的揭示，而这正是热力学和动力学的本质区别，也是热力学比动力学具有更普遍意义的理由。动力学描述物质客体的运动仅限于客体间的相互作用，而客体存在本身是不可约化的绝对存在，这种抽象世界与具体物质世界之间是有很大距离的。而热力学关于认识对象的运动认识，除了与客体环境相互交换，还必须考虑到认识对象自身内部的运动变化。所以，熵产生 d_iS 才真正揭示了认识对象内在规定性，这就是爱丁顿的“时间指示器”的深刻意义。

第二，热力学第二定律的熵原理表述比温度状态描述具有更普遍意义。用温度描述时说热总是自发地从高温物体流向低温物体，用熵函数描述热力学系统的熵产生总是单方向不可逆的，孤立系统的熵是绝对增大的，这两种表述是完全等效的，而且两种表述都是从热机工艺学中归纳出来的。但作为普遍有效的知性科学真理描述，热量总是自发地由高温物体流向低温物体描述形式是传导定律表述，明显缺乏数学描述的严谨性、简约性和普适性，甚至可以说它还没有归纳出普适的数学描述，没有完成科学表述中的数学模型建立工作。克劳修斯对温度状态表述的热力学定律表述形式重新探索并建立熵函数表述，它的直接目的和动力应该就是将带有经验色彩的温度状态表述归纳为严谨和普适的数学模型的普遍化表述。熵函数的建立确实提供了热力学运动的普适数学模型。更加重要的是，熵归纳了物质客体运动的普遍本质即自由能的意义，是对物质世界普遍运动原因更具体的认识。所以，两者意义相统一，且热力学第二定律的熵原理比温度状态原理具有更加普遍的意义。温度状态与热力学对象的熵状态，是特殊和一般的关系。我们知道，温度、体积、压力等系统状态宏观参量本身只有认识描述意义，只有回到温度的微观物理意义即分子运动的平均动能的理解，才能是认识论和存在论相统一的。对物质系统宏观参量进行微观理解，熵就具有更普遍意义。在微观意义上无温度描述可言，熵才是具体物理意义的描述概念。所以，熵原理是热力学第二定律更普遍的科学陈述。

第三，熵原理的宇宙学描述没有意义，即克劳修斯关于“宇宙的总熵是不断增加的陈述”没有意义。热力学第二定律和熵原理这两种表述是等价的，温度状态描述是熵状态描述的基础。既然宇宙热平衡已经在上一章中被证实为是无意义陈述，那么熵原理的宇宙学陈述的无意义性也一样是等效的。从科学意义上看，物质世界不会是一个热力学统计平均意义上无规则运动的整体系统，没有克劳修斯的最大熵的现实性，既有热产生又有热传递的物质世界的熵是可逆的。所以，熵原理的意义无关宇宙学，而在于宏观物质系统的热运动，而且传统上基本限定于无规则运动大量微观粒子构成的宏观系统的热运动描述。所以，熵原理的有效性在于揭示了物质复杂世界中任一宏观层次的微观元结构的状态演化规律。一个孤立的宏观物质系统，无规则热运动的趋势是熵绝对增大并最终达到最大。而在复杂结构中，一个独立层次的热力学系统是开放系统，它的无规则热运动在与外界相互作用中不会达到熵最大，而是达到动态平衡，即在熵流作用下自身的熵产生最小的稳定状态。实际上，封闭系统的熵最大只是熵产生最小的稳定态的一个特例，是趋于极限的特例而已，而且在物质世界中，它只是一种理论上的抽象。物质世界中是不存在孤立或封闭的具体宏观物质客体的。按照传统的熵观点，熵最大是系统趋于死亡。按此逻辑，复杂物质结构的元结构构成的系统整体的运动趋势是趋于死亡的，那意味着任何更复杂的物质结构都不复存在！这是熵原理要解决的真正问题。

二、宏观系统熵原理的物理意义

热力学的熵原理是宏观物质系统不可逆热运动状态变化的普适数学描述，它揭示了自发热运动的最本质规定性：不可逆性。热力学理论的独特本质就是把不可逆性引进科学规律描述，从而与传统的动力学可逆性运动规律形成强烈反差。热力学第二定律是热力学作为新学科出现的根本标志，实际上不可逆性的普遍意义是由熵原理表述的。热力学和动力学的分野是从认识对象开始的，是从物质客体抽象质点描述向宏观无规则热运动物质系统描述的发展，但它给人的最强烈的震撼首先表现在它的结果即物质世界热运动的不可逆性规律中。自热力学揭示物质世界自发热运动不可逆这一特定规律后，可逆性和不可逆性就成为关于物质世界思考的重要关系。对之有两种完全对立的观点：一种是二元论观点，认为热不可逆运动不可约化为微观原子论的解释，物质世界的存在与存在的运动是两个绝对独立的元，热不可逆运动即熵原理是支配物质世界运动最普遍的终极定律，熵原理具有绝对意义；另一种是一元论观点，认为不可逆运动与可逆运动具有统一性关系，必须对宏观热运动的不可逆性从微观物质客体的原子论意义上得到合理的说明。二元论观点最省事，但它只是一种形而上学的观念，并破坏了世界统一性，使物质世界成为支离破碎而不能最终得到统一有序的理解；一元论观点是世界统一性原理所追求的，但它必须建立在科学认识统一性关系之上，它首先是一个严谨、可证的科学命题。

在科学认识描述中，物质客体动力学客观规律性的普遍有效性总是与可逆性联系在一起的。动力学理论，无论是牛顿质点动力学还是量子力学、相对论力学，都是可逆性规律描述的。热力学熵原理不可逆性描述发现后，近200年最普遍的观念是认为熵定理真正发现了“时间之矢”，而传统的动力学可逆性规律是违反时间不可逆性本质的。这种支配性的观念的最大欺骗性在于它把事件的可逆性等同于时间的可逆性。任何描述中时间可逆都是无意义陈述，因为时间一旦失去不可逆独立描述变量的意义，由之来描述的规律还有什么意义可言呢？动力学描述中时间作为独立变量肯定是不可逆的，真正可逆的是动力学运动规律。在热力学熵原理中，时间变量及热运动规律都是不可逆的，因此，可逆或不可逆是事件或规律性描述，根本没有可逆的时间。由此可见，对时间本性的理解对一切认识都是至关重要的。把时间形式实在化，说热力学熵定律重新发现时间，是人类认识中的一大误区。

尽管热力学绝对论者对动力学理论的可逆性描述持怀疑甚至否定态度，但一切成熟的动力学规律的科学客观性又是不可否认的事实。除非它本身被证伪，否则仅凭热力学熵定律是无法否定动力学定律的。这种观点的误区在于西方文化的机械决定论传统以及由之产生的全体、具体真理观，把科学因果规律元知识之间的统一性关系还原为因果关系本身，由无穷因果链去理解具体统一性的现实世界。这种具体真理观既不能统一人类抽象的元知识，更无法通达对现实具体存在的理性理解，最终产生了对科学真理知识乃至现实物质存在的怀疑。对这种怀疑态度，爱因斯坦毫不客气地指责，说不可逆性只是玻耳兹曼引进概率统计造成的幻象。爱因斯坦实际上已经敏锐地触及了产生动力学定律可逆性和热力学定律不可逆性区别的真正原因：前者是质点描述，后者是宏观系统统计描述，它们是统一但又是不同层次的物质客体对象的抽象，在科学认识意义上，它们的对象是完全不同质的。既然如此，凭什么要求它们的规律一定是可逆性或不可逆性的描述呢！用任何一种对象的认识去否定另一种都不成立，至关重要的是将它们统一起来。

从科学意义探讨动力学与热力学的统一、宏观不可逆性和微观动力学可逆性规律统一性的杰出科学大师是玻耳兹曼和普里戈金。玻耳兹曼几十年致力于热力学规律的原子论解释，对热力学特别是熵原理的微观意义作出了卓有成效的科学描述。玻耳兹曼从统计学意义提出了有序性问题，这将在下一节专门讨论。这里专门讨论普里戈金从耗散结构理论来解释熵原理的意义，以及如何理解宏观不可逆性现象的微观意义问题。

普里戈金创立了耗散结构理论，他称之为热力学第三阶段，即远离平衡态时开放系统的自组织理论。耗散结构的研究对象是开放系统，这意味着它对宇观描述而言无意义。说宇宙是和外部环境交换物质、能量和信息的开放系统是白痴，所以它不能断言宇宙熵最大的真伪，只能在宏观物质系统中有效。在克劳修斯和达尔文的选择中，普里戈金是坚定的达尔文主义者，耗散结构理论是追求解释宏观物质世界从混沌到有序演化的描述理论。从耗散结构理论去解释宏观热运动不可逆性和微观动力学的统一性，主要有如下几点：

第一，普里戈金认为动力学和热力学作为轨道运动描述和宏观系统过程描述，它们不是相互对立和冲突的，物质世界的运动既有可逆过程也有不可逆过程，物质世界就是这样一个复杂世界。他的耗散结构理论也不是热力学的全部，而只是远离平衡态的开放系统的热力学理论。所以，普里戈金对关于复杂性世界的科学认识的有限性有清醒的认识，他写道：“我们的朋友利昂罗森菲尔德常说，概念只能通过其局限性被理解。”[③]用世界统一性认识的逻辑来陈述，就是一切科学真理都是有限的抽象认识，因此，不同科学真理的对象、方法、角度不同，其结论及陈述的形式不同是正常的，不能因为动力学是可逆性描述而热力学是不可逆性描述而把它们理解为相互冲突的。具体世界的统一性不是一个科学陈述可以穷尽的，而是必须在不同层次、不同学科体系的科学真理知识的统一性中得到具体的理解。不能从热力学出发去指斥动力学混淆了“时间之矢”，不能从动力学出发说热力学的不可逆只是一种幻象，也不能说不可逆的概率解释表明它只是一种近似的科学陈述，科学抽象陈述只有真伪而无近似。普里戈金承认动力学的有效性，这对于一个自认为是从事热力学耗散结构理论的科学家来说是难能可贵的，基于这种智慧他才有可能像玻耳兹曼一样，追求令人生畏的宏观热力学不可逆现象的微观动力学意义。不可否认，普里戈金是在玻耳兹曼之后为解决热力学的微观物理学解释作出最大努力的科学家之一。自从熵原理发现以来，“人们在两个极端间犹豫不决，这一点也不奇怪。它们之中一个是如我们已提到的由爱因斯坦提倡的在物理学中根本排除不可逆性，另一个则是像在怀特海的过程概念中那样强调不可逆的重要性。正如我们在第五章和第六章所表明的那样，不可逆无疑在宏观层次上存在着，而且有着重要的建设作用。因此，在微观世界里一定有着某种东西，它的表现就是宏观不可逆性”④。

第二，微观世界的动力学理论是可逆性规律描述的，动力学的质点描述中有什么东西表现出宏观不可逆性呢？普里戈金指出，要想从动力学中依逻辑推论出宏观不可逆性是不可能的，即宏观不可逆性不是动力学的一般结果。微观动力学规律可逆性的表现是它对时间反演和速度反演的不变性，所以微观动力学是时间对称和空间对称的，因此，不可逆性在动力学中的意义就是对称破缺，即其运动规律对于时间而言是对称的，但方程的实现可以与丢失这种对称的演变性相对应。“由方程的对称性所加上的唯一条件就是这种实现要以成对的方式实现。例如，如果我们找到一个在很远的未来（不是很远的过去）达到平衡的解，那我们也应当找到一个在很远的过去（不是很远的未来）达到平衡的解。对称破缺的解是成对出现的。”⑤所以，动力学的对称破缺不是出现在它的规律中，而是隐含在动力学的初始条件中。动力学的解由其运动方程与给定的初始条件决定，动力学的对称破缺指的是初始条件的破缺，宏观不可逆性在微观动力学意义上就是初始条件的条件规定性带来的对称破缺，它限制了实现方程的初始条件的范围。

在质点动力学中，轨道运动的初始条件是任意并可精确确定的。这给我们一种可逆性世界图景。但科学发展发现质点轨道运动学的有限范围比我们早前预想的还要有限得多。现代动力学已经从质点描述发展到系统描述，这就和热力学对象有点类似了。在系统的动力学描述中，要想描述系统任何时刻的确定性行为在一般情况下是无法实现的，因为大多数动力学系统以不稳定的方式行动着，所以我们不能预言系统的确定点描述，而只能预言系统的统计性未来。爱因斯坦说过一句名言：上帝不掷骰子。彭加勒说过：对一个高级数学家而言，没有什么位置是留给概率的。但对于系统而言，对于大量元结构构成的系统，要确定每一元系统的精确的初始条件是很困难的，它在理论上趋向于我们关于初始条件信息量的无穷大，然而这是无解的。只有用概率统计描述才能消除初始条件和边界条件信息无穷大的难题，得出复杂物质系统动力学行为的确定性理解。由质点动力学描述转向无规统计描述的深刻意义就在于把复杂宏观物质粒子系统的初始条件约化为统计平均意义上的因而是简单的信息描述，使对之运动的因果关系规律的综合抽象是可能的。对宏观复杂系统的运动规律描述，既不是违反质点动力学的，它本身的归纳同样是以因果必然性普遍形式陈述的。大数定律当然同样是必然性普遍规律，而不是差不多的现象描述。

所以，普里戈金认为，热力学的宏观不可逆现象是从概率统计描述中产生的，在热力学中它表现为系统初始条件的统计描述。他认为，“在不可逆性描述中，我们发现有三个基本要素

不稳定性

↑

内在随机性

↑

内在不可逆性

内在不可逆性是最强的特性，它隐含着随机性和不可逆性。”⑥

所以，普里戈金认为，不可逆性是从不稳定性中产生的，不稳定系统描述的信息限制迫使我们把随机统计描述引入科学描述。热力学熵增大的描述对象与动力学中考虑的不一样，我们必须放弃通常的动力学描述，才能达到宏观系统描述；对应于不可逆描述，才能达到热力学宏观系统描述。对应于热力学宏观不可逆描述，微观物理学中对于像热力学这样的系统对象，动力学描述的初始条件已经不再是任意的了。所以，在宏观热力学限制熵减少，而在微观动力学意义上则表现为对方程初始条件的选择性限制，即有某些初始条件是不允许的。

按照世界统一性原理的逻辑看，宏观系统演化的不可逆性可分别从存在和认识两个不同层面去考察，从而得到其不可逆性的理性理解。在存在论意义上，系统熵产生必然增大是自然客体世界的必然规律，这是不以人的意志为转移的，我们无法改变它，只能按这一规律去理解现实具体世界，而不是妄想去克服它。我们的困境在于认识这一抽象规律却没有理性地理解其具体意义。我们的宇宙、我们的现实生存都是熵增大定律于其中发生作用的结果，自然界在其必然性规律支配下产生了多样性物质世界，最精彩的是产生出了我们这般理性的具体现实存在。仅凭这一点常识就已不能把熵原理理解为猛水洪兽。扪心自问，如果热自发地从低温物体流向高温物体，我们何以产生、何以生存？

在认识论意义上，必须回答熵原理和热力学为什么不是可逆性规律描述，不是时间反演形式陈述？在动力学过程描述中，时间变量是不可逆的，但由之描述的事件是可逆的。并且，现实中时间不倒流，抽象认识中则可以回到过去，即我们能根据动力学定律及其具体边界条件和初始条件，得出认识客体在整个时间定义域中的确定解。我们不仅能由质点动力学计算地球围绕太阳的当下运动、预言未来运动，还能追溯到过去。但是，热力学系统熵增无法从现在回到过去的描述，现在的确定性状态并不能推定它从前确定时刻的唯一确定状态。这种描述的不可逆性产生的根本原因在于认识对象不再是简单质点，而是大量无规则运动粒子的相互作用，再也没有整个时间定义域中点对点的简单一对一对应关系，后边的结果是无数粒子相互作用形成的，由单一、确定性的结果去倒推过去的多样性相互作用是无法达致的。由于只有在初始条件随机性假设前提下，才有可能建立基于微观构成粒子运动基础上的宏观系统运动状态的有效因果关系描述，玻耳兹曼引进统计假设是有智慧的。按照普里戈金的观点，随机统计的初始条件决定它是对称破缺的，由对称破缺导入不可逆性。这也许是爱因斯坦认为“热不可逆运动描述是玻耳兹曼引入统计假设造成的”之聪慧之处。

第三，普里戈金认为熵的普遍本质意义是作为一种选择原则，在宏观方面禁止某些过程而允许另一些过程，在微观方面禁止某些初始条件而允许另一些初始条件，而被允许或禁止的东西的区别始终由动力学定律维持着，由微观向宏观系统的过渡同时是向概率过程的过渡。它引进新的实体。从这种新的实体，第二定律可以被理解为从有序向无序的演变。所以，普里戈金和传统的观点一样，认为系统熵增大意味着系统变老，系统热平衡是死亡，而从混沌到有序只能在远离平衡态时产生，远离平衡态是有序之源。

普里戈金从耗散结构理论出发对熵微观意义的解释摆脱了纯粹的形而上学思辨，实实在在地从科学描述中寻找动力学和热力学的关系，他的观点是富于启迪性的。但是，从统一性原理来看，他并没有真正解决热力学和动力学的统一问题，他直言这是一个多元世界，他没有致力于复杂现象的统一性理解，而是停留在世界的复杂性现象之中，承认复杂多元世界多种现象并存的合理性，但无法进一步在复杂性和差异性中建立起统一性。耗散结构描述的世界是一个既有序又无序演化着的多元世界。在远离平衡态时，系统通过自组织行为从混沌向有序演化，在近平衡态系统则随熵增大而老化，在平衡态熵最大系统热平衡而死亡。这种多样化而无法统一的世界是支离破碎的世界，这不是我们追求的对世界理解的最终目标。在普里戈金对耗散结构理论的解释中，可以发现他对热力学与动力学矛盾冲突的传统观念归纳、剖析时对那些混沌而模糊的概念的中肯批判，但在最基本的概念中，他依然停留在传统认识水平上。比如关于时间可逆性这种伪命题依然是讨论的主要问题。用轨道理论和过程理论来区分动力学与热力学的本质肯定是不得要领的，质点动力学同样有过程描述，它们的区别是质点轨道描述与系统状态描述。这种表述不是选择，而是根植于时间实体性、可逆性的传统观念之中，由此出发是很难达到动力学和热力学、可逆性和不可逆性的统一性理解的。

按照统一性原理的逻辑，所谓宏观热系统熵产生不可逆增长的微观动力学意义的统一性并不是针对物质世界不同具体存在对象的关系理解，而是对同一具体对象抽象为不同认识对象而得出的抽象认识之间的统一性理解。就是说，对一个具体的宏观物质系统，我们用微观质点动力学理论对之构成的质点作分析时，它的质点运动是按可逆性规律支配的法则运动的，当组成物质系统的粒子太多时，即在所谓大系统中，动力学描述虽然理论上有效，但实际上无法实现，因为我们无法给出关于粒子初始条件的无限信息去满足动力学描述要求，所以我们用统计平均去建立状态的宏观描述，用宏观温度这种能由简洁、有限信息描述其初始条件的状态参量去描述系统的变化，归纳出这种宏观状态的热运动是不可逆的过程。所以，两种描述都是有效的，都是同一具体存在的描述，只不过它们从不同层次、不同认识对象及不同状态去描述而得出不同的规律描述。所以，动力学和热力学、速度和温度、加速度和熵是不同而又统一的概念，它们的统一性的最根本、最可靠的根据就在于同一的物质具体存在之中，即它们都是物质客体的普遍、客观有效真理认识，所以它们是统一的。当然，对这种统一性的理解，最终还必须回到能量一元论之中。能量和熵这两个状态量的关系才是熵原理所带来的最深刻、最重大的问题。

三、熵增演化与能量退化

熵原理本质上揭示的是宏观物质系统的能量运动变化关系，对熵原理意义的各种不同理解是基于对熵与能量关系的不同理解的。恰恰是对作为最普遍存在的能量的认识是滞后的，人类在对世界从特殊到一般、从一般到普遍的认识发展中，对能量的本质认识是最困难的，也是在认识过程中处于最后阶段的。对能量的认识停留于现象而未深入本质的后果是对能量与熵的关系认识陷于局限性，从热力学熵原理去得出热不可逆运动导致宇宙热平衡死亡的结论其实是建立在对熵与能量关系的错误理解上的，且首先在于对能量本性的无知。把熵增和能量退化相联系甚至等同起来不仅是唯能论者的观点，也是渗透在原子论者包括玻耳兹曼、普里戈金这种杰出热力学理论大师中的普遍观念。或许自熵概念产生以来，人们就把“熵等同于能量退化”看作是不证自明的自然本性。然而这种貌似不证自明的等效其实是很有问题的，首先，“能量退化”的概念是不成立的。

在物理学教科书中，对能量与熵的关系描述归纳为熵的意义是能量的退化。“熵与能都是状态函数，两者关系密切，而意义完全不同。‘能’这一概念是从正面量度运动转化能力的，能愈大，运动转化能力愈大，熵却是从反面，即运动不能转换一面量度运动的转化能力，熵越大，系统的能量将有越来越多的部分不再可供利用。所以熵表示系统内部能量‘退化’或‘贬值’，或者说，熵是能量不可用程度的量度。我们知道的能量不仅有形式上的不同，而且还有质的差别。机械能和电磁能是可以被全部利用的有序能量，而内能则是不能全部转化的无序能量，无序能量的可资利用的部分要视系统对环境的温度而定，其百分比的上限是（$T_1 - T_2$）/T_1。由此可见，无序能量总有一部分被转移到环境中去，而无法用来全部做功。当一个高温物体与低温物体相接触，其间发生热量的传递，这时系统的总能量没有变化，但熵增加了。这部分热量传给低温物体后，得到低温物体的内能，要利用低温物体的内能做功，必须使用热机和另一个温度比它更低的冷源。但因低温物体与冷源的温度要比高温物体和同一冷源的温差更小，所以，两相比较，内能转变为功的可能性由于热量的传递而降低了。熵增加意味着系统能量中成为不可用能量的部分在增大，这叫作能量的退化。”[7]对于自由能，从普遍的系统能量状态表达式 $F = E - TS$ 中，得出的结论是，随着熵 S 增大，在系统总能量不变时，它的自由能 F 在减少。一般科学家对熵函数的物理学意义解释是一致的，即都认为熵是和能量竞争的因素。对一个能量守恒的系统而言，熵增大和自由能减少是同一件事的两种不同状态描述，所以，熵与能量的关系就归结为与特定自由能的关系。熵增的另一种陈述是自由能减少，自由能减少意味着可做功的能量在减少，这就被理解为能量的退化。

100多年来被奉为经典的这些观念真的是自然而然、不证自明的吗？在物质一元论的二元论宇宙观中，这或许是对的。但从能量一元论的观点来看，这不能作不证自明的理解。必须在能量作为自然最普遍本性存在的基础上得出对能量退化的合理解释。据此，对能量退化的观点我们从如下三个方面进行探讨：

首先，能量的退化只能是质的退化，绝不会是量的退化即减损，因为能量之量是不生不灭的绝对守恒量。能量退化意味着能量之所以为能量是以它的质的规定性为依据的，并且不同形式的能量是有特定的质的规定性的，之所以能把熵的意义理解为能量退化，就因为它建立在能量的质的规定性基础之上。故物理学理论说我们知道能量不仅形式不同，而且有质的差别。但是，能量质的规定性是什么呢？进一步而言，能量可以有质的规定性吗？

从杨提出物体运动状态的单值函数即机械能概念以来，我们对能量的质的规定性的认识是什么呢？机械能即动能和势能，它是物质机械运动状态的单值函数，跟物体的质量、运动速度以及在保守力场中的位置有关。机械能概念提出来的最大意义不在于它有质的规定性，而在于它无质的规定性。所以，在不同形式的运动转移中，在不同物质客体之间，可以从纯粹的量的关系去描述，这就是机械能守恒定律。在机械能意义的能量，只有描述意义而无本体论意义，能量是以当量这种通用物理运动描述状态形式产生的。所以，机械能并无质的规定性。能量概念扩大到光电磁领域，它描述的也是不同形式运动的量的当量性，从而使不同形式的运动状态交换得到科学描述。即使二十世纪发现了光、电、磁的量子性即客体本性以后，不同形式的量子只有量的不同规定性而无质的规定性，因为与频率相关的量子客体的能量是量的关系而非质的关系。真正与质的规定性有关系的能量是质能，它由爱因斯坦的质能关系揭示出来。一定质量的物质等效于一定的能量，物质的质量是物之为物的特定规定性。但物质客体的质的规定性是对特定形式的能量即已经结构化为静止质量的能量而言的，它作为能量是从统一性意义上说的，即从质能统一性关系来说的，物质的质的规定性则是对质量而非能量而言的，是由普遍的能量产生的对质量的规定性，不是普遍形式能量的规定性。

所以，质能的规定性不是能量的规定性，而是物质客体的规定性。因此，在上述能量概念中，能量作为普遍的当量概念是没有质的规定性的，对这些形式的能量而言，说能量退化显然没有意义。故把机械能及电磁能看作可以全部转化的能量并不能说它们是优质能量。既然无质的规定性，优质的意义是什么呢?

能量的本质规定性是有量无质这一最普遍的规定性。在不认识这一规定性的条件下，它是按当量这一特定的无质有量形式去思考、认识和描述的。按照世界统一性原理，本原存在客体是在生生灭灭中保持着其能量本性守恒的，它按守恒法则转化从而构成宇宙一切客体存在以及一切客体存在状态的存在，恰恰是广义能量守恒定律揭示了能量是自然的统一本性，即能量之所以能够在绝对意义上遵守守恒定律，就在于它们是不生不灭的。各种形式的能量之所以可以转移和转换，就在于它们是构成世界一切存在者以及存在者运动状态的本原存在。作为本原存在，它们没有质的区别，不需要质的规定性，也没有办法去得出它们质的规定性，唯此它们才是这世界最普遍的当量，才有所谓守恒定律。把不同质规定性的东西或状态堆在一起能得出守恒关系吗?那是不可思议的。能量无条件绝对守恒已经在逻辑上在先地预言了能量本身无质的规定性的事实。也正是无质规定性而具有多种形式的能量(包括质能、能量子及状态能等多种形式)，各种形式之间的“通用”即在能量“当量”守恒条件下的相互转换，才构成了多样化的复杂世界，而且是由共同的本原存在复杂性演化出来的统一多样化世界。这就是我们说“无质有量谓之无，而最普遍的无是宇宙万物以及万物运动的根本原因”的充足理由。从绝对的能量一元论的观点看，最普遍而永恒的能量存在没有质的规定性，量绝对守恒，因而不会产生“能量退化”这一无意义命题。

其次，能量的质量退化观念来自热机工艺学产生的热力学，其主要依据是卡诺循环对热机转换能力（即所谓效率）的关系（T_1-T_2）/T_1，由此可知在热机中并不是所有热能都可以转换为机械能。在传统的经典力学理论中，机械能是按守恒定律全部转化为热能的，正是由这种不对等的转换关系，人们得出结论，内能是无序的能量，系统熵增大就是增加无序性，从而意味着系统内能的质量退化，即转换为机械能的能力变差。这种逻辑并不严谨，既然热机是把热能即物质系统内能转换为机械能的装置，那是否热功转换就是把无序能量转换为有序能量呢？如果热机的作用是使世界上的能量由无序转换为有序，那么物质世界有序性的问题就迎刃而解了。但热机的热功转换根本不可能解决所谓世界由无序向有序演化问题，它就是一个能量转换装置。说热能比机械能无序没有科学根据，“高温物体与低温物体接触产生热传递使熵增加，从而总能量不变但质量变差”的说法也是值得商榷的。所谓质量退化的理由是热传递使温度降低，因而转变为功的可能性低了。这个理由实有忽悠之嫌，因为做功能力与温度有关，真正决定做功多少的是热量，是由温度与体积共同决定的热量。两个绝热的不等温系统通过热传递成为等温系统，尽管可以说它的熵增加了，但由两个系统构成的总的系统热能只要能够转换为功的话（即热机工作的低温低于两个供热系统的温度，否则高温系统将有一部分能量补偿低温系统，转化为它的热能），则它们在热传递成为等温系统后，或保持绝热状态分别作为热机的高温工作热源做功，两种情况下可提供给热机的热量之和一定是不变的，因此转换为功的能力也是相同的，根本就不存在由于温度传递熵增加而使做功能力减小这回事。所以说熵增意味着热系统内能无序和质量退化是没有站得住脚的根据的，从热力学熵原理出发说明能量的质量及质量退化是不科学的。说句大白话，如果真的能在严谨的科学意义上证明上面说的高温系统与低温系统接触后熵增加，内能做功能力（指高低温系统构成的总系统）降低的话，那将颠覆我们科学认识的整个理论体系，因为它直接证伪的是能量守恒定律。不要说找到能量守恒证伪的科学证据，斗胆问一句，我们现在还有质疑能量守恒定律的勇气吗？

由热机工艺学的卡诺循环得出热力学第二定律及更普遍的熵原理是科学认识的巨大进步，但由此去推断物质世界熵增的物理意义是能量退化就过于牵强了。能量退化说认为物质系统内能增加是能量在退化，却忘记了两个极为重大的问题：一是热机热功转换即把宏观热能转换为机械功输出的卡诺理想循环中，热并不是卡诺循环工作系统的内能，而是输入的能量，是外能；

二是热能转换为机械功输出这种陈述首先是工艺学上的，至多只是宏观热力学状态描述的相对认识意义上的。如果回到存在论和本体论相统一、宏观状态和微观存在相统一的意义看，热能本质上就是机械能，热机的作用是机械能在物质系统中合目的地转移，根本就不应理解为将热能转换为机械能。热能是物质客体分子的平均自由能，是动能，内能指它是系统内部的动能，不是说它是非动能。热能转换为机械能只有热机工艺学才有约定俗成的意义，在最基本微观意义上不存在热能转换为机械能，在微观描述中也无所谓温度和热能。把特定的热能概念当作普遍概念，甚至由此得出能量退化说，确实无理无据。至于物质系统内部的粒子平均动能如何按能量规律运动，那是另外一个问题，但这绝不意味着作为系统内能的动能比一般机械动能不同质或退化。不然的话，对物质系统温度是粒子平均动能的结论中的动能概念就无法理解了。

最后，退一步说，即使从卡诺循环的热机转换能力能够证明由于熵增大确实使热能转换为机械能的能力降低，也不能由此证明熵增大是系统内能的退化。卡诺循环的热机效率是热机工艺学原理，是特定条件下能量转换的特殊规律，它不但对最普遍的能量的规定性没有充分的说明意义，而且相对于熵原理而言也是特殊的原理。由（T_1-T_2）/T_1 的关系去说明最普遍的能量质量并断言熵增意味着内能质量退化是不够的。在热机工艺学意义上，热机转换能力（T_1-T_2）/T_1 是绝对小于1的，值域是（0，1）。但这不是最普遍的答案，因为热机工艺学中 T_2 恒大于零，卡诺循环中需要两个不同工作温度，且低温在工艺学上不能等于零。但在逻辑上，T_2 等于零是成立的，即抛开热机的限制性而言，理论上 $T_2=0$ 是成立的，在这种特定情况下，所有的热能就转化为机械能，就不存在所谓能量退化问题了。当 $T_2=0$ 时，说能量退化没有意义。如果把熵原理及其他能量运动规律意义理解为普遍的科学描述甚至最普遍的理性认识的话，它必须包括 $T_2=0$ 这一特定情形。然而正是这一特定情形对能量品质退化的论断证伪。如果把能量理解为普遍的概念，把能量原理理解为支配世界的最普遍原理，则说能量退化没有任何根据了。

熵是热力学演化状态的一般函数描述，它的直接来源是热能转换为机械能的特殊热机工艺学理论，但回到一般的功能转换原理，回到能量本身去理解这种转换是具有普遍意义的。把由热功转换归纳出来的一般熵原理的本质理解为是能量运动原理是合乎逻辑的。但是，熵绝对论者颠倒了能量和熵的本末关系，认为最普遍的熵状态演化决定了能量的特定运动，所以熵绝对增大决定了宇宙的总能量虽然不变但有用的能量在不断减少，所谓热寂就是自由能消失殆尽。自克劳修斯归纳出热力学第二定律熵原理以来，不和谐音一直令人烦躁不堪。从能量一元论的观点看，这是一种头脚倒置的观点，根本不符合一般和特殊关系的内在逻辑，也根本无法解释现实、具体的复杂性世界。卡诺的理论只适用于热机，达尔文的理论则适用于更复杂、更普遍的领域，否则我们无法理解物质世界的复杂性演化乃至生命世界的创生。能量是宇宙的本性，它在绝对意义上是一切存在，包括一切客体存在以及客体的状态存在，而熵首先是宏观力学系统的能量状态运动规律描述，有什么理由认为熵是最普遍的概念，熵原理是最普遍的定律呢？认为熵原理是科学真理的普遍有效性并不是说它能解释具体世界的一切，或者对世界作出统一性说明，而是说它在所描述的定义域中是还没有证伪的因而是绝对正确的真理。这种科学描述的客观普遍性与世界的普遍性完全是两回事，唯能论者的问题恰恰就在于偷换了普遍性概念的内涵，把熵原理科学陈述的普遍真理与普遍世界等同起来，从而得出耸人听闻但实际上是荒诞无稽的结论。

按照世界统一性原理，能量是世界的本性，是一切复杂性存在及其运动现象的统一性根据，能量的转化规律支配着一切运动变化规律，所以，能量运动规律才是最普遍的运动规律。熵原理则只是在宏观物质统计系统中归纳出来的能量普遍定理的特定形式，拓展后也只对物质世界有意义。物质世界最普遍的运动定律是能量最小原理，在非结构性客体相互作用中就是最小自由能原理。宇宙中并不是只有热流运动不可逆，江河之水一样不可逆，引力吸引作用下物质相互吸引的运动也不可逆，但世界并没有被吸引成为一个星体，江河依旧长流，所以世界不会达到热平衡。最小自由能原理支配着一切物质客体系统的运动变化，而能量均分原理则是热力学无规则统计学系统中最小自由能原理的特定描述形式。所以，熵原理的本质是能量均分原理和最小自由能原理，这才是一个复杂而又永恒运动着的统一有序自然界。熵原理揭示的热力学系统的不可逆熵增原理的本质就是构成热力学系统的微观粒子均分自由能从而达到最小自由能状态，熵的本质就是自由能，熵最大就是熵产生最小，也就是自由能最小的状态，能量原理正是特定的熵原理的普遍本质。由熵原理去推断能量退化确实是本末倒置了。

从熵原理断言宏观系统内能退化的现实意义就是指宏观系统的微观状态在向无序演化，传统的观念认为自由能为零是最大无序状态。一个世界的基本宏观结构是无序的，这世界还有序可言吗？所以熵与序的关系必须有合理的说明。

第二节　热平衡状态的微观无序性问题

一、宏观热平衡和微观无序性

从热力学第二定律向更普遍熵定律的综合并不只是宇观不可逆熵增的形而上学理解，它首先是严格科学真理意义上的知识，是关于现实客体世界的必然性规律的综合，它的普遍而具体的意义就存在于现实物质世界运动演化过程的理解之中。热寂论者首先把热力学第二定律当作宇宙最普遍定律，但事实上熵定律是包含热力学第二定律又比它更普遍的归纳。熵定律不仅综合了宏观物质系统宏观参量热和温度的必然性运动规律，还统一了宏观物质系统中微观描述量速度、动能的必然性运动的意义，具有宏观和微观相统一、热力学和动力学相统一的更普遍意义，是对物质客体世界运动演化规律更普遍因而是更具体的综合。事实上，熵定律赋予我们对物质世界意义更具体的理解，它不只是揭示了热自发地从高温物体流向低温物体的必然性规律，在能量最小原理意义上还揭示了物质质点意义上粒子的演化规律，人们由之出发建立了对物质客体结构演化的基本理解。所以，熵不只是流的规律，也是力的规律。霍华德和里夫金在《熵：一种新的世界观》中就是从这种普遍意义去理解熵定律的，并认为物质的熵增就是不可逆地走向无序和混乱。直观地看，常识地说，比如香水的分子必定不可逆地扩散到空气中并最后达到均匀，相反的过程即空气中的香水分子自发聚集在一起一定不会发生。熵增是物质系统向混乱无序演化论者认为香水聚集在一起是熵最小的有序状态，香水分子扩散并均匀分布在空气中则是熵最大且最混乱无序的状态，熵原理的具体意义由热流拓宽到物质系统分布，成为物质世界演化运动最普遍的规律描述，物质系统的混乱无序对应着熵最大的无序状态。作者在书中引用尼古拉·乔治斯库－罗伊根的话来归纳，认为“在一个封闭的系统里，物质的熵最终将达到最大值”[8]。因此，对熵定律的意义，不能只局限于宏观热流运动去理解，必须深入微观物质客体动力学过程本身。

热力学第二定律和熵原理在宏观态的结论是热平衡，在宇观的推论是热寂，在微观的意义则是无序和混沌。从熵原理被发现归纳之日起，所谓序就成了热力学科学描述的概念，热力学宏观系统熵增的微观意义是系统向无序演化，熵最大是与系统微观最无序状态联系在一起的。所以，从有序无序概念去理解热力学熵原理的微观意义是对熵原理思考的重要方面，然而也正是长期以来对热力学熵原理理解最缺乏科学严谨性的方面。因此，必须从热力学无序概念的源头去全面回顾它的历史及意义。

在上一节中我们讨论了宏观熵原理的微观意义，主要讨论了被称为远离平衡态的第三阶段热力学创始人普里戈金的熵观念以及他的耗散结构原理，其中侧重讨论了宏观不可逆热运动的微观动力学可逆运动的统一性关系问题，即运动规律的宏观、微观统一性问题。而有序无序的微观意义则主要是从运动状态产生的结果去思考热运动的微观意义，所以它与宏观热平衡是相对应的。当然，无序作为结果是熵增的结果，无序化也是一种熵增过程，所以，熵增的运动变化规律与系统趋向平衡无序是水乳交融而难以割舍的。普里戈金介绍耗散结构理论的熵意义的著作是《从混沌到有序》，足以说明“序”这概念在热力学中举足轻重的地位，他在书中亦直言许多场合有序无序性概念的模糊性。因此，对热力学的有序无序性的序的概念，必须溯本追源去清晰地解释和说明。

十九世纪把热机工艺学综合为普遍的热力学科学的大师是克劳修斯、麦克斯韦和玻耳兹曼三位科学巨匠。克劳修斯在宏观意义上归纳出热力学第二定律的温度状态描述，并转换为更为普遍的熵原理；麦克斯韦和玻耳兹曼引入概率统计描述，解释了宏观系统温度参量的微观物理意义，他们是宏观热力学和微观动力学的统一性思考的开山鼻祖。玻耳兹曼则走得更远，他是坚定的原子论者，本质上坚持自然存在绝对的统一性，故他坚持以微观粒子的动力学关系去解释宏观热运动，而有序无序的概念正是他在对微观粒子的宏观概率统计描述定律的意义解释时产生的。所以，对有序无序的历史回顾，就应以玻耳兹曼的工作开始。

玻耳兹曼坚信："力学是整个理论物理学大厦的基础，是其他一切科学分支的根基。"[⑨]他一生最主要的目标之一是从微观动力学中导出宏观熵原理的微观物理意义。当时，麦克斯韦把分子、原子的机械碰撞概念引进宏观气体系统，并对原子、分子的碰撞行为作统计平均描述，把统计描述引进物理学。麦克斯韦的气体动力学理论把宏观温度状态与微观粒子的统计运动及平均动能之间的关系建立起来，对气体热运动的一些基本定律作出微观解释。麦克斯韦的理论是热力学平衡状态的理论。"但是，玻耳兹曼打算走得更远。他打算不仅描述平衡态，而且描述达到平衡态（即达到麦克斯韦分布）的演变过程。他想发现与熵的增大相对应的分子机制，即驱使系统从任意速度分布走向平衡态的机制。"[⑩]

1872 年，玻耳兹曼就得出了把刘维方程用于气体中大量分子集合的结果，并分析处理热力学平衡的途径。麦克斯韦用碰撞理论对理想气体分子进行分析时，只考虑分子动能而不考虑势能，并且空间各处密度相同。玻耳兹曼把麦克斯韦速率分布律推广到在任意力场中运动的情形。考虑了势能作用的玻耳兹曼分布就不再是均匀分布，而是气体分子将占据能量较低的态。当温度不变时，气体分子的动能是一定的，所以它将占据势能较低的态。在重力场作用下，动能使气体分子达到均匀分布状态，但势能则使气体聚拢地面，当两种作用达到平衡时，分子数随高度减小。实验证明，玻耳兹曼分布律对实物粒子在不同力场中运动的描述是成立的。玻耳兹曼方程是一个事件不对称方程，"此方程对所谓的单粒子分布函数成立，这种分布函数是对气体中单个分子运动的一种统计描述，从这一方程他构造出一个新的数学函数，即所谓的 H 函数，它随着时间而减小，这个函数为熵的箭头提供了一个互补箭头，熵在系统向平衡态演化过程中是随时间增加的（H 函数在数值上与熵相对，但符号相反），因此，玻耳兹曼声称，他在分子层次上解决了不可逆性佯谬"[⑪]。

玻耳兹曼认为从微观动力学推导出宏观不可逆性的观点，当时就遭到质疑，理由之一是玻耳兹曼的分子混沌假设与传统动力学的时间对称性是不相容的，正是分子混沌的时间不对称性产生了玻耳兹曼方程的时间不可逆性。

最有力的反驳是普朗克的助手泽梅洛。在被玻耳兹曼断言解决了分子层次动力学上的不可逆性问题后二十年，泽梅洛根据庞加莱的回归论，认为从动力学意义描述的孤立系统，迟早总会回到它的初始状态。“这些非难，使玻耳兹曼如此震惊，他从通过力学找到时间箭头的最初打算后退。以致他最后认定，第二定律根据的是概率论而不仅仅是力学，因而必须摒弃力学归并论，而采用原子论的形式，并且原子也必须用统计方法处理。他后来甚至赞同这样的观点，即宇宙早就已经处于热寂的状态，或者说是总体热力学平衡的状态，但是我们恰恰位于一个有涨落的区域，涨落使我们离开平衡态，现在它又使我们朝着平衡态回返，同时伴随着熵的增加。这样，玻耳兹曼的主张就是，在宇宙下是没有时间箭头的，有许许多多和我们时间箭头相同的区域，也有同样多的区域，在那里时间箭头和我们的相反。”[12]

与熵作为不可逆“时间之矢”观念相关联的还有一个非常重要的“序”的概念。从严谨的动力学科学描述去得出序与宏观熵状态的因果关系的同样是玻耳兹曼。热力学熵原理中的熵是一个抽象的宏观状态描述概念，玻耳兹曼建立了宏观熵与微观粒子的关系 $S=k\ln W$，从微观物理意义对宏观熵作出统一说明。其中，S 是熵，k 是玻耳兹曼常数，W 是宏观系统所包含的微观状态数。玻耳兹曼关系也可以看作是由宏观系统微观状态来规定熵的概念，是熵定义的另一种描述形式。这一定义把序的概念引进物理学，所以该关系又叫玻耳兹曼有序性原理，它把宏观熵状态与微观状态基于序的关系建立起来。

在微观动力学中没有序的问题，因为抽象质点的轨道运动描述是可逆的，是决定性的，并没有有序无序的区别。微观粒子动力学运动的有序无序概念是把概率统计描述引进宏观系统的微观粒子行为分析时产生的。气体动理论已经把宏观气体温度的物理意义解释为构成宏观系统的分子的平均动能。对大量微观粒子运动的动力学分析，也许全能的上帝可以不掷骰子就完成，但我们凡人只能掷骰子，在无规则统计假设前提下才能思考和描述之。我们根本没有处理如此大的动力学描述信息的能力，连最基本粒子的初始条件信息对我们都是天文数字，是无法处理的无穷大量。所以，我们只能掷骰子，即引进概率统计描述。

“让我们考虑一个把概率概念应用于物理学的简单例子。一个由 N 个粒子组成的系统装在一个分为相等的两格的盒子中。问题是要求出粒子在两格中的各种可能分布的概率，也就是在第一格中找到 N_1 个粒子［第二格中有 N_2（$=N-N_1$）个粒子］的概率。

“用组合分析的方法，很容易计算出实现 N 个粒子每一种不同分布方式的数目来。例如，如果 $N=8$，那么只有一种方式能把这八个粒子放到一格内，但是，如果像在经典力学中那样，我们假定这些粒子是可分辨的，那么把一个粒子放到一格内而把其余七个粒子放到另一格内，就有八种不同方式，进一步说，把这八个粒子在两格中均匀分布，就有 $8!/4!4!=70$ 种不同的方式［$n!=1\times2\times3\times\cdots\times(n-1)\times n$］。类似地，无论 N 为何值，在物理学上都可以确定一个配容数 P，给出实现任何给定分布 N_1，N_2 的方式数，它的表达式是 $N!/N_1!N_2!$。

“对于任何给定的粒子总数，N_1 与 N_2 的差越小，则配容数越大。当粒子总数在两格中均匀分布时，配容数最大，而且，N 的值越大，相应于不同分布方式的配容数之差越大，在宏观系统中 N 的值为 10^{23} 的数量级，因此最可能的分布是 $N_1=N_2=N/2$ 这种分布，对于大量粒子组成的系统，与对应于均等分布的态不同的一切态就都几乎是不可能的。”⑬

玻耳兹曼从对宏观系统微观配容数的概率统计描述分析中敏锐地认识到，由于系统的配容数 P 是向最大配容数不可逆地演化着的，不管一个宏观热力学系统的初始微观分布如何，它都将不可逆地向实现最大配容数的方向演化，在孤立系统中将最终达到最大配容数状态。这种演化过程的一个最显著特点就是以最大配容数状态为吸引子的微观状态演化的结果与初始分布无关，从逻辑上来说，它忘记任何初始状态其实是忘记任何中间演化过程的不可逆演化，这与温度的热平衡以及熵的不可逆增长的规律是一致的。温度只是宏观状态量，熵是宏观抽象状态描述，而配容数 P 则是具有微观动力学中关于微观粒子的物理意义的，所以，玻耳兹曼把宏观熵与微观状态配容数 P 的统一性关系建立起来。最大配容数 P 在物理学中也被称为微观状态数 W，也叫作热力学概率或系统的状态概率。玻耳兹曼关系就是 $S = k\ln W$，普里戈金的表达式则是 $S = k\ln P$，代表最大配容数的标记符号不同而已。

物理学把玻耳兹曼关系恰如其分地称为玻耳兹曼有序性原理，这是玻耳兹曼在热力学科学理论中取得的卓越成就，是他被誉为热力学大师的充足理由。因为热力学熵原理是宏观描述，是从经验认识中归纳出来的抽象认识，而它的不可逆性特征恰恰与传统的动力学可逆、决定论描述格格不入。如果熵与微观动力学没有统一物理意义，则它永远只是具有认识描述意义的。人类对客体世界的认识是建立在物质客体实体观念基础上的，微观动力学理论是完整的科学真理，具有认识论和存在论相统一的意义。熵原理的存在论意义只能在与微观动力学统一性中通达，否则就背离一元论的逻辑。熵的不可逆性特征与动力学可逆行为的不同使热力学定律的存在论意义实际上成为悬而未解的难题。玻耳兹曼有序性原理在微观粒子层次建立了与宏观熵原理的统一性关系，微观状态概率统计配容数的演化规律与宏观熵函数的演化完美地相一致，我们完全有理由认为玻耳兹曼有序性原理已经从根本上解决了热力学和动力学的统一问题，并赋予熵原理及热力学科学以坚实的存在论基础，它对科学的统一乃至世界统一性认识具有重大意义。

玻耳兹曼有序性原理的重大历史意义在于它把序的概念引进了科学。在传统的热平衡和熵最大的宏观态是热寂和可用能量消失殆尽的观念的意义之下，玻耳兹曼把最大配容数与之协调地解释为系统微观状态的最大无序状态，热力学系统微观状态从任何初始分布不可逆地向最大配容数状态演化的过程是微观上从有序向无序不可逆演化的过程。正如物理学教程归纳的那样，玻耳兹曼关于“熵的这个定义表明它是分子热运动无序性或混乱性的量度，为什么这么说呢？以气体为例，分子数目愈多，它可以占有的体积愈大，分子所可能出现的位置与速度就愈多样化，这时，系统可能出现的微观状态就愈多，我们说分子运动的混乱程度就愈高。如果把气体分子设想为都处于同一速度元间隔和同一空间元间隔之内，则气体的运动将是很有规则的，混乱程度应该是零。显然，由于这时宏观状态只包含一个微观状态，亦即系统的宏观状态只能以一种方式产生出来，所以状态的热力学概率是 1，代入式（7－31）（即玻耳兹曼关系）而得到熵等于零的结果。但是，如果系统的宏观状态包括许多微观状态，它就能以许多方式产生出来，W就是很大的，高度可能的宏观状态的熵因而也是大的”[14]。

由玻耳兹曼关系得出热力学过程系统的微观状态趋于最大无序的解释是最致命的。尽管它和熵的不可逆增长一致，甚至这种解释在先地带有熵最大就是热平衡死亡的印记，但从认识本身来说，微观解释具有更直接的存在论意义，它反过来成为证明宏观热平衡热寂是死亡的科学根据。我们现在知道，宏观热寂理论上升为宇宙学是违反科学本身规定性的，是无意义的，但玻耳兹曼关系的微观解释是对客观科学真理认识的微观和宏观相统一的物理意义解释，在逻辑上宏观热平衡是以向微观配容数最大的最无序演化为根据的。

尽管我们已经在宇观上否定了热寂，但宏观态的热平衡以及微观态的无序演化则仍然是我们面临的重大问题。

二、有序和无序的佯谬

普里戈金在《从混沌到有序》一书的序言中指出：“我们的科学遗产包括至今两个尚未得到答案的基本问题。一个问题是有序和无序的关系。著名的熵定律把世界描绘成从有序到无序的演变。然而生物或社会的进化向我们表明的却是从简单中出现的复杂性。这怎么可能呢？结构怎能从无序中得出呢？在这个问题的解决上已经取得了巨大的进展：现在我们知道，非平衡（即物质和能量的流）能成为有序的流。但是还有第二个问题，甚至是更为基本的问题：经典物理学或量子物理学把世界描绘成可逆的、静态的。在这种描述中，没有什么进化可言，既没有向有序的进化，也没有向无序的退化。动力学所能给出的‘信息’不随时间而改变。因此在动力学的静态观点和热力学的进化范式之间有着明显的矛盾。什么是不可逆性？什么是熵？没有什么问题在科学史的进程中曾被更为频繁地讨论过。现在我们能够作出一些回答了。有序和无序是些复杂的概念：包含在动力学静态描述中的那部分概念，并不同于为了得到以熵增加来表示的进化范式而不得不引入的概念。这个转变引出了物质的一个新概念，即‘活性’物质的概念。因为物质导出不可逆过程，因为不可逆过程组成了物质。”⑮

从世界统一性原理的观点来看，普里戈金所概括的科学遗产中两个悬而未决的基本问题可以视为一个问题的两个不同方面、不同层次的思考。有序和无序是从微观意义上对宏观热力学系统的描述，而可逆和不可逆是动力学和热力学描述的运动演化在形式上的根本不同。有序和无序的演化过程是和热力学不可逆性的熵增原理密不可分的，熵增是状态不可逆运动规律，无序是熵增产生的微观结果，所以，两个问题只能同时得到解决。普里戈金对两个问题的解决都持谨慎的乐观态度，认为已经快揭开谜底，其根据就是：耗散结构理论即将揭开从混沌到有序演化的内在机制，而非平衡正是从无序到有序演化的根据。耗散结构理论的一个重大目标似乎是导出科学的“活性”物质概念。“活性”“物质”把孤立状态的物质实体看作“种子”，在平衡态下互不理睬，但在非平衡态下发生了相干性，在远平衡态下完全可以从混沌走向有序，所以远离平衡是有序之源。普里戈金已经独具慧眼地猜测：由于物质不是被给出的，“它一定是用量子场的手段由某个更基本的概念构成的。在这个物质的构成中，热力学的概念（不可逆性，熵）具有一定的作用”⑯。但普里戈金至今还没有真正建立起不可逆过程的微观理论，并给活性物质概念以严谨的科学描述。在统一性逻辑来看，这个结果是天经地义的，因为普里戈金的目标是世界统一性理解。但他所沿用的概念、观点是传统的多元论观点，深入考察可知，这些思考从一开始就是包含悖论的。

首先，在绝对物质观的基础上，普里戈金用远离平衡态下可以由混沌到有序演化的物质客体运动去解决生物世界乃至人类社会这些在复杂化中走向更高度组织化的有序问题，但它带来新的、更大的环境的无序。只要坚信热力学系统的熵增就是无序的过程，那么尽管任一个宏观复杂性结构可以在远离平衡态下演化而生成，但它以环境的负熵消耗、熵增加快为代价，所以有序以无序为代价，物质世界的有序无序是此消彼长的。如果回到下面三个基本原理——宇宙总能量为常数，孤立系统的总熵不断增大即自由能绝对地减少，热能转换为其他形式能量时效率一定小于1，那么对由宏观物质系统构成的宇观世界的有序性就绝对得不到任何乐观的结论。比如，我们认为地球的生物进化和人类进化是一个不断走向更加有序化的发展，但如果说我们的这种有序化是以牺牲地球的存在环境为代价的，我们对自己的所谓进步就一点也高兴不起来。所以，这是一个宏观有序而宇观无序的佯谬。之所以说是佯谬而不能简单地称之为矛盾，是因为这种宏观有序化以宇观无序化为代价既不符合经验，也不符合逻辑。从经验现实看，我们相信物质世界是宇宙大爆炸产生的，早期非常高温状态的宇宙中只是一些非常基本的物质实体粒子结构存在，只是随着大爆炸后宇宙不断膨胀、温度不断降低从而逐步演化出越来越复杂的物质结构，然后产生了星体并最后进化出我们生存于其中的地球以及地球生命圈这种复杂有序的生命世界。从物质世界结构复杂性演化的意义上来看，物质世界是一个不断有序化的进程，是世界整体意义上的有序化，而不是某部分的有序化以另一部分的无序化为代价。从逻辑意义上看，如果相信物质世界是一个普遍联系相互作用的物质客体构成的整体，那么所谓宏观孤立系统就只是一种理论抽象，任何一个热力学宏观系统都不可能是封闭和孤立的，如果说地球是孤立系统那是不符合事实的。因此，任何一个抽象的宏观物质系统的演化都是由它的边界条件决定的，这在生命结构中最为显著，达尔文将其表达为自然选择。其实，广义上说，任何物质宏观客体的演化都不是自足即孤立的，而是“自然选择”的产物，它的存在状态一定依赖于它的边界条件。那么，边界以内的有序性伴随着边界外环境的无序性这一物质宏观系统演化的逻辑就是违反“自然选择”的原则的。正是基于这种理由，物质世界宏观系统与宇观世界的有序无序的冲突并不真实，只是佯谬，只能是人类无知的误解。

其次，坚持熵定理的孤立系统熵最大的热平衡宏观态是微观统计意义上系统达到最无序状态这种物理意义的话，那就产生了熵最大宏观系统既有序又无序的微观状态佯谬。普里戈金用远离平衡态的耗散结构自组织理论去探讨物质结构演化由混沌到有序过程时，将之称之为第三阶段的热力学理论，从而与平衡态及近平衡稳定态的热力学区别开来。他追求从混沌到有序的演化是以承认熵最大孤立系统及熵达到极大值的近平衡稳定系统的无序及“老化”状态为前提的，所以，它的物质结构从混沌到有序的演化只是特定条件下的理论，不是物质结构演化的普遍理论。在承认热平衡系统最无序的前提下，耗散结构理论即使完备也解决不了物质世界无序演化的困难，因为把可逆和不可逆、有序和无序看成多元并存而不是不同层次统一的现象，在思维的起点上就把热平衡和无序作为肯定性的前提了。真正的问题在于把热平衡与微观最无序直接挂钩是一种佯谬，是动力学和热力学的佯谬，即微观动力学与宏观热力学的佯谬。比如考虑一个双分子构成的系统，用动力学理论描述时就是一个可逆的、决定性的有序运动；但如果用热力学理论去描述，它就是达到平衡态时成为最无序运动的系统。进一步推广到多粒子及大量分子构成的系统，它们的每一个微观作用都是有序的，但从热力学无序意义来看，它们在微观意义上是最无序的。那么究竟系统的微观状态是有序还是无序呢？这个矛盾就是一个佯谬。作为动力学客体是有序的，作为热力学客体它们是无序的，这种有序无序还有意义吗？再者，从微观到宏观关系看，尽管动力学意义上每一个抽象质点的运动是决定性的，是有序的，但热力学的统计描述引进了无规则的统计平均假设，按照玻耳兹曼的熵的有序性原理，构成系统的微观粒子数越多，系统就越混乱无序。于是，无序和复杂性建立了依赖关系。但真的是越复杂系统就越混乱吗？这并不成立。回到我们的经验，即使是在无规则统计学意义上，这也是很难令人信服的。“麦克斯韦本人看来便受到社会学中‘平均人’创造者凯特尔的著作的影响。”[17]我们回到社会学的“平均人”的统计假设概念去体悟所谓熵与无序的问题。按照熵最大是系统最无序，构成系统的单元越多越复杂就越混乱的逻辑，应该是越社会化就是越无序的，全球化应该是最无序的了。这显然和我们的经验是对立的。当然，你可以说，全球化是组织结构演化的结果，不能把它作为‘平均人’的统计系统思考。但即使在全球化条件下，把社会系统从平均人的意义去描述，在存在论意义上并不会影响到社会的真实有序、无序状态，而在认识意义上则是把复杂性问题简单化了。所以，无论从构成社会的个人意义来看，还是从社会系统来看，都根本不存在系统越复杂就越无序的问题。同样道理，我们凭什么理由认为由 $2N$ 个分子组成的热平衡系统就比由 N 个分子组成的热平衡系统更加混乱和无序呢？所以这种宏观上的无序是一种假象，它和微观有序的矛盾是莫须有的。

最后，就物质世界宏观结构有序化、复杂化的过程来看，有序和无序状态也是一种佯谬。普里戈金的耗散结构理论的直接目标就是通过远离平衡态的热运动的自组织行为，揭示物质结构有序演化的规律和原因。物质世界的这种演化鲜明地展示在生命世界和人类世界中，这是不证自明的。把宏观系统划分为有序、无序、可逆和不可逆过程系统似乎既注重了热力学熵原理的平衡态理论，又能回答生命世界等物质世界宏观结构有序性演化问题。但任何多元论肯定是一种二律背反的结果。因为物质世界中并没有纯粹可逆、有序或不可逆、无序的宏观系统，那只是理论中的抽象。对任何一个具体物质客体系统而言，二元论可以断言它是有序结构，也能说明它就是根本无序的。生命结构肯定是复杂有序的自组织系统，构成生命的最基本单元被我们称为细胞，是一个由几万个分子组成的大系统，它的高度复杂而有序的组织化行为不仅在于在环境交换中生存、生长，而且通过遗传结构把自身的结构信息传递到下一代。早期人类无力解释生命力的源泉时乞灵于古老的活力论，但随着细胞的发现以及生命科学不断发展，人类逐步揭开了生命过程中一层又一层神秘面纱。我们现在可以把复杂细胞结构还原到分子甚至更基本的层次，而且稍具科学常识的人都知道，细胞在微观层次的动力学行为是完全符合动力学微观抽象质点描述的，细胞中热力学系统的行为也是完全符合热力学的熵定律等热力学规律的。如果按照玻耳兹曼有序性原理对熵的无序性解释，我们完全可以说，细胞尽管有序但它是由一系列低层次的宏观无序热力学系统构成的。即使把这些热力学看作开放系统，也是临近平衡态的稳定系统，它的熵增大也是走向无序，使系统“变老”。但生命科学是不能接受这种解释的。我们可以用熵原理来探讨细胞中的热力学过程，但并不能先验地断定它一定在走向无序。因此，在宏观系统演化的过程中，只能从复杂性演化是有序性增长去理解，而不能从既有序又无序去理解。普里戈金的耗散结构理论即使能够成功地揭示宏观系统远离平衡态时如何通过涨落的不稳定性从混沌走向有序，通过自组织行为建立其新的复杂性有序结构，但还必须回到一个更加基本的问题，即从混沌中产生的有序结构并不是永远处在远离平衡态，而是必须回到稳定态，退还平衡态或近平衡态。道理非常简单，远离平衡态的系统行为是高度不稳定的，它是产生出新有序结构的边界条件，却不是新结构稳定存在的条件，一个高速不稳定的结构决不能说是有序的。由此可见，把宏观系统划分为有序系统和无序系统并不能真正完整地回答物质世界的复杂性演化问题。平衡态和近平衡态的熵最大和熵极大是一道绕不过去的坎，必须直面它。

有序和无序对热力学描述乃至物质宏观系统描述的佯谬使我们只能作出非此即彼的选择，鱼和熊掌不可兼得。如果我们坚信世界的一元统一性，那么，我们就只能坚信世界的有序性而抛弃无序性的理解。这是走出佯谬的唯一可能的选择。

三、熵增即向无序演化是伪科学命题

有序和无序是玻耳兹曼留给人类历史的科学遗产，是所谓尚未解答的两个最基本问题之一。一百多年来，人类为解决可逆性和不可逆性、有序和无序这两个问题（实际上是热力学熵定律一个问题的两个方面）一直徘徊不前，束手无策。其实，这并不能归因于科学家的无能，真正的原因在于所谓有序无序并不是真正的科学概念，熵增就是向无序演化只是一个科学无法得出真伪判断的伪科学命题。

回顾有序无序概念是如何成为热力学科学的基本描述概念的。它的肇端是玻耳兹曼有序性原理。玻耳兹曼建立了宏观熵函数与热力学无规则系统微观粒子的状态概率之间的关系 $S = k\ln W$，这个关系有问题吗？没有，这是一个经受了一百多年科学证伪证明的客观科学真理。这个原理不是从科学上揭示了熵增大状态对应着微观状态数增大，熵最大对应着微观状态数最大的最无序状态吗？打住，这正是问题的症结所在。玻耳兹曼有序性原理的科学描述的确定性意义只是指一个宏观无规则热力学系统的熵函数与构成系统的微观粒子的微观状态数成正比，并且系统不可逆地向最大状态数演变决定了它向最大熵不可逆演化，却没有提供关于“最大微观状态数分布就是最混乱无

序状态”的任何科学根据和说明。宏观的熵的不可逆增长与微观状态分布一定向最可几的均匀分布演化是系统演化及状态描述的两个不同描述层次，它揭示了热力学宏观熵函数的微观意义，实际上已经从根本上解决了宏观热力学和微观动力学的统一性问题。从玻耳兹曼有序性原理中能够找到与有序无序相关的科学因果关系描述或有序无序概念的规定性吗？完全没有。它的微观描述概念只有一个状态概率，或所谓微观状态数，以及从熵原理及统计学意义得出最大配容数是最可几状态，但这些客观描述本身没有有序无序的意义。所以，有序无序并不能说是由玻耳兹曼有序性原理得出的科学结论。把序作为科学概念有一个非常重要的逻辑，即状态概率是和序同一的概念。正是不证自明地把微观状态数与序同一，把最可几状态与最无序同一，有序无序概念借玻耳兹曼有序性原理堂而皇之地坐镇科学殿堂，甚至成为科学遗产中最难解决的两大基本问题之一。

但是，除非先验地把宏观熵函数最大规定为最无序的状态，从而根据玻耳兹曼有序性原理的因果关系推论出状态概率就是序，最大配容数就是最无序状态，否则真的想不出仅从微观粒子统计学意义上得出最可几状态就是最无序状态的任何理由。实际上，熵最大系统自由能最小而衰老死亡，热寂与最可几状态最无序是地地道道的循环论证，最终演变成了熵最大是最混乱最无序微观状态的宏观、微观统一性表述。从严格的科学描述意义上，状态概率无论如何与序没有因果关系，最可几状态并不是所谓最无序状态。这里涉及科学认识中两个最基本的问题：一是客观性问题。状态概率、最大配容数是确定性的科学描述，具有与主体无关的特性，因而具有普遍有效性。但有序无序并不是客观描述，而是带价值判断的，是带主观性的。一个系统的状态数是客观的，而它有序无序确实是可争辩的，传统热力学观点认为它无序，但动力学论者却可以坚持它有序，就如爱因斯坦所说：所谓不可逆性只是引进概率统计带来的幻象。寻根究底地看，宏观统计系统最可几状态是最混乱无序系统也只是由熵最大是系统死亡为根据带来的幻象。客观的状态概率与带主观价值判断的有序无序绝对不是同一的，硬把它们同一带来了科学上的一系列佯谬。二是相对性问题。引进概率统计是描述大量粒子构成的热力学无规则系统的数学手段，它的目的在于使复杂问题简单化和普适化。用统计描述并不等于说质点描述不正确，而是说质点动力学描述在技术上有限制。但无论是质点描述还是统计描述，都是抽象描述，它们在各自的描述范围内都有意义，它们不同一而统一。所以，科学描述是相对的，绝对的是具体的物质客体及物质客体构成的系统这些存在者的存在。所以，质点描述、统计描述，包括微观状态数、最可几状态数这些统计描述只具有科学认识的相对描述意义。但是，当我们用有序无序概念去描述物质系统，说一个物质系统达到最混乱、最无序状态的时候，它就已经不仅仅是描述意义，而是已经达到对存在本身的具体状态的陈述。正是有序无序概念这种非认识论的本体存在论意义，戴上科学客观描述面具的熵最大就是系统最无序、最混乱的科学陈述内在地具有无限宇宙学的本性的，它在把熵定律的有限科学认识提升为绝对的、宇宙最普遍定律的观念中起着决定性作用。但是，正是它内在的这种无限本性，决定了它和相对有限的状态概率描述是完全不同的概念。从根本意义上来说，最大配容数、熵是严格的科学概念，玻耳兹曼有序性原理是严格的科学必然性规律，而有序无序确实是带价值判断的主观概念，具有理性统一性的无限意义。所以，从科学客观性意义说，无序演化是一个伪概念，作为科学认识有序无序留下来的两个基本问题之一是伪科学命题。在科学认识意义上，这是一个无解的“方程”，因为它并无科学意义。

有序无序问题无科学意义却不等于没有意义，它的意义是形而上学的，具有统一性认识意义。我们对玻耳兹曼有序性原理的物理意义的解释是宏观熵函数是热力学系统微观粒子热运动混乱和无序程度，这是一种意义解释，是对科学定律即玻耳兹曼有序性原理的意义理解。问题在于我们一直把现实意义理解与科学抽象描述本身等效起来，把主观意义解释也当作客观普遍真理的内容，所以造成了热力学科学意义理解中的一系列乱象。实际上热力学科学理论创立以来产生的所谓与动力学的矛盾等现象都与科学本身无关，而与科学认识的统一性意义有关。正是这样，我们就完全可以明白，一百多年以来，尽管各种所谓矛盾冲突之声不绝于耳，但动力学和热力学的科学定律依然都是颠扑不破的绝对真理，任何一个学科都无法否定另一个学科，因为所谓矛盾和冲突不是科学的，而是形而上学的，问题出在对世界统一性理解的冲突中。

但是，科学无法摆脱形而上学自立，这是科学的宿命。因为任何客观必然性的科学真理认识作为有限抽象描述，它必须在统一性意义理解中，才能指向具体的世界，才能获得从抽象到具体的现实意义。纯粹的科学只有客观陈述而并无具体统一性意义可言，我们追求科学，归根结底是在追问具体客体世界的意义。所以，科学史上那些真正在黑暗中探索未知并把黑暗照亮的科学摩西，包括亚里士多德、牛顿、克劳修斯、玻耳兹曼、普朗克、爱因斯坦等等，都对世界意义这些形而上学命题情有独钟。因为他们都必须赋予自己的科学发现以具体的意义。回顾爱因斯坦对热力学科学理论中的一些有关思想是很有意义的。

玻耳兹曼一直抱怨他的理论没有人真正懂，他人生的后半段是为热力学孤军奋战的。爱因斯坦是动力学理论创新的先行者，但他对玻耳兹曼的科学理论是非常尊敬的。“1900 年，即玻耳兹曼自杀前仅仅六年，21 岁的爱因斯坦写给他的女友勒娃说，玻耳兹曼‘是一位高明的大师，我坚信他的理论原则是对的，也就是说，在气体的情况下，我们确实是在处理具有确定的有限大小的分立质点，这些质点按照一定的条件运动’。”⑱但这并不意味着爱因斯坦赞同玻耳兹曼对他的科学定律意义的解释。爱因斯坦的名言是上帝不掷骰子。他也许是针对统计描述者对热力学最可几状态是最混乱无序状态，从而在根本上否认自然的规律性而发出这种感慨的。为什么上帝不掷骰子而我们要掷骰子来描述热力学的微观态呢？全能的上帝当然不会被无限信息难倒，但我们无法超越信息无限壁垒，不能用动力学质点运动完成大系统的运动描述，所以只能用统计平均来化复杂为简单去处理。掷骰子只有相对性的认识意义，没有绝对意义。绝对的意义是上帝无须掷骰子的动力学关系，这也是玻耳兹曼坚持从原子论出发去理解宏观热力学系统的理由，唯此才能赋予热力学以存在论的绝对意义。由此推论，从上帝的绝对意义上说，这个世界并没有动力学和热力学的意义冲突，也无所谓向无序演化问题，也没有不可逆性问题。爱因斯坦斩钉截铁地说，不可逆性只是引进统计平均描述带来的幻象，所以不可逆性只有描述意义。对热力学的不可逆无序演化问题，爱因斯坦还从根本上给出了意义解释：时间只是一种幻象。这实际上揭示了时间作为存在描述纯形式的真正本质。当时间成为幻象，即只是一个描述形式的独立变量时，我们就不必再为基于时间的所谓“时间之矢”及时间不可逆现象耿耿于怀，更不必去为不可逆演化的所谓热平衡和最无序而苦苦挣扎。人存原理是非常深刻的，世界为什么是这样子，就因为世界就是这样子。我们还可以进一步说，世界就是这个样子，这跟你用什么眼光去看它无关。爱因斯坦对这些科学意义的形而上学问题的理解，对于他在动力学理论中的伟大成就是必需的。如果他和克劳修斯、玻耳兹曼及爱丁顿一样对“时间之矢”耿耿于怀，就不会有相对论的发现。

作为热力学科学理论的主要代表人物之一，玻耳兹曼的一生是悲壮的，他把一生献给了热力学科学。他曾说：“支配我全部心思和行动的，是发展理论。……为此我可以牺牲一切，因为理论是我整个生命的内容。”[19]他在热力学理论中的卓越贡献是史册性的，是我们称为热力学科学的重要内容。但在对这些科学发现的统一性意义的解释中，他带有严重的历史局限性。把熵和热平衡的意义理解为热寂死亡，把不可逆性推广到宇宙甚至相信宇宙早已达到热平衡，现在所谓的不平衡是平衡的起伏，把最可几微观状态的意义解释为最混乱、最无序状态，这些不同的意义其实是同一的。这种形而上学意义解释折磨了这位科学大师一生。而他对最可几状态是最无序、最混乱状态的解释，已经作为科学史最难问题折腾了人类一百多年。

玻耳兹曼的悲剧在于他把科学认识的物理意义误解为科学问题，其结果是可想而知的。对这些包含形而上学意义的问题当成科学常产生悖论，康德称之为二律背反，黑格尔归纳出逻辑辩证法，从主客体相统一、主客观相统一的意义上，我们称之为世界统一性原理。想在科学中解决科学概念及定理指称的具体意义，就一定会陷入悖论，这就是玻耳兹曼在涉及意义问题时所面临的真正困难。他一直在挣扎，试图去解一个先验地无意义解的方程。这是一个历史时代的局限性，它是由绝对物质观、科学理性主义以及科学无穷因果链决定论共同构成的，这正是知性时代的根本标志。由于玻耳兹曼走在热力学科学最前沿，所以他必须最先去思考热力学科学的意义问题。但科学形而上学从根本上把问题引入悖论，把问题的解决带入绝望之中。

玻耳兹曼一生饱受折磨，在孤立无援中历经三十年论战。有人因他1906年的自杀而将其归结为三十年论战的受害者。但从最根本上看，科学形而上学宇宙观的支配地位，以及近代科学革命以来形成并不断强化的科学形而上学这种二律背反的观念和逻辑限制了他，这是悲剧的真正根源所在。

当我们把有序无序问题驱逐出科学殿堂时，又必须让它回归形而上学，更要回归常识和经验。即我们要从理性统一性的意义上去回答熵定律以及与之相关的微观状态向最大配容数不可逆演化规律的具体现实意义这一重大的理性具体命题，得到物质世界微观到宏观、存在和演化的合逻辑合经验合科学认识的智慧理解。如果通达了理性统一性智慧，就一定会明白自然存在无矛盾无悖论，那些折腾人的名堂只存在于理性没成熟的认识中。

第三节　物质结构有序演化的熵原理

一、序的具体统一性意义

我们前面说过，在对物质世界的认识过程中，从质点动力学到由大量微观实体粒子构成的物质系统的宏观热力学理论的发展，是人类对具体物质世界抽象认识从特殊到一般、由抽象到具体的历史性进步，对这些抽象科学认识在具体物质世界中的统一性理解，则是超越了科学自身的理性具体认识问题。人类对热力学的科学描述是客观真理，但对它的具体意义解释则一直受制于传统的绝对物质观和科学形而上学而陷于知性的悖论、佯谬之中。在揭开这些佯谬的面纱之后，我们更坚定动力学及热力学这些科学理论的真理性客观认识的信心，同时必须在世界统一性原理的认识中赋予熵及有序和无序等概念以合理的形而上学意义，从而把动力学及热力学科学理论纳入世界统一性认识之中，在形而上和形而下经验相统一中得到对现实世界的理性具体理解。

按照认识从个别到一般、从特殊到普遍的发展逻辑，我们必须把质点动力学作为科学认识的基础，这正是玻耳兹曼的坚定信念。质点动力学的科学抽象只是宏观热力学系统最简单状态的特定形态，只不过按照数学描述法则，超过三个对象的动力学系统在理论上一般是不可积的，所以对多粒子系统不得不采取无规则概率统计描述，而单粒子的热力学系统作为最基本、最特殊的形式就退化为质点动力学描述。所以，质点动力学的描述是热力学一般描述的基础。从科学认识的统一性意义看，质点动力学的描述是宏观系统描述的前提，根本不应该有质点有序运动和宏观系统向无序运动的截然不同的理解。那么，对宏观熵及微观序概念的统一性意义思考，就应该建立在对序概念的合理理解基础之上。所以，在此专门讨论对热力学的序的解释的意义。

在玻耳兹曼有序性原理中，序的本质是赋予宏观系统微观状态概率或最大配容数以意义，最大配容数对应着最大无序状态的意义理解。但最大配容数并不必定只能当作最无序理解，同样可以理解为是最有序的，关键是要理性理解序的意义。对玻耳兹曼有序性原理进一步延伸可以发现，状态概率产生的前提是对热力学系统的微观粒子的无规则统计性假定。任何一个微观粒子在任何时刻处于系统中任何位置以什么速度向何种方向运动，在动力学中是通过动力学必然性规律来描述的，但我们没有上帝般的全能本领，无法处理由大量粒子构成的宏观系统的如此复杂信息，所以只能掷骰子，即用统计的方法把大量信息平均化为最简单、可描述、能由人的理智处理的信息。所谓用随机统计的方法，即我们不必逐一去追究每一个粒子的细节，得出它的必然性陈述，而只需要将之视为无须动力学必然规律描述时必需的特定初始条件和边界条件的信息限制，用随机性初始条件信息即平均行为来约化初始条件，从而使在粒子随机行为的假设基础上建立大量粒子构成的系统运动规律描述是可行的。所以，正是从无规则统计假设开始，动力学和热力学的描述形式分道扬镳了。同一个粒子，动力学描述它必然性支配的可逆运动，热力学则假定它是随机运动的，大量随机运动粒子构成的系统则向均分能量、使系统自由能趋于最小方向不可逆运动，并得到整个系统统计平均意义上的必然性运动规律。我们说动力学是有序世界，热力学熵最大是无序状态，最可几状态对应最无序状态时，实际上表明，有序和无序的概念在根本上是对必然性和偶然性概念的描述。用序来描述一个系统行为是必然性和偶然性的关系，必然性、确定性运动是有序运动，而偶然性支配的运动就是混乱而不可预言的，所以是无序的。正是对认识对象的统计平均假设产生了热力学不可逆性规律陈述。所以，爱因斯坦一针见血地指出：不可逆性只是引进概率统计描述造成的幻象。

从必然性支配的是有序运动因而能得出确定性结果描述，随机偶然性支配的是无序运动并产生无法确定的结果的意义来看，最大配容数是最无序状态吗？人类对玻耳兹曼有序性定理的意义就是这样解释的。但这是违反逻辑、头脚颠倒的。因为最大配容数的产生，系统从最特定状态向平均状态的演化根本不能说是偶然性的，而是必然性的演化规律，熵原理和玻耳兹曼有序性原理描述的宏观系统演化规律及逻辑因果关系是地地道道的必然性关系，热平衡状态熵不是可能最大，也不是偶然最大，而是必然、绝对最大。既然这是必然性描述，得出的是系统演化可预言的确定性状态，又凭何而说系统是一个混乱、无序的演化状态呢？能否说是宏观系统必然性运动，但微观意义上粒子无序呢？这种貌似有理的托词实在是荒诞无稽的。微观粒子的状态不是因果关系描述的产物，而是我们建立因果关系时的先验性假设，是我们无法用大量信息对各粒子边界及初始条件作确定性描述而引进统计描述，但又根据这一假设说微观粒子的随机性就是无序，那这种无序是主观先天地设定的，与最大配容数并没有任何关系。所以，由玻耳兹曼有序性原理出发说热力学系统最大配容数状态是最无序状态是不合理的。只能说假定微观粒子的无规则统计学状态是假设它们处于无序状态，这种所谓无序是一种先验的假定，而不是运动演化的科学规律。热力学理论描述的是系统宏观态，它得出系统宏观态的必然性演化规律，那么宏观系统就是在必然规律支配下有序运动。至于构成宏观系统的各个微观粒子是否有序，则与宏观系统运动必然性规律无关。如果你高兴可以把它看成是随机性无序粒子行为，但最基本的质点动力学会告诉你，每一个微观质点的运动，从动力学关系来看，都是必然、有序的。把熵最大即系统均分能量理解为微观最混乱无序状态是张冠李戴、颠倒因果的。熵函数及热力学诸定律的对象只有指向其描述对象即热力学系统时才有意义，由之去解释构成系统的微观粒子状态是强词夺理的。包括把微观粒子和宏观系统统一起来的玻耳兹曼有序性原理，它的描述对象及得出的结果也是宏观热力学的熵函数，揭示的是宏观状态量熵的必然性规律，微观粒子的随机运动是假设，是原因，是产生宏观热力学系统熵不可逆增长的原因。并非所有因果关系都是可逆的，都是可以因果互相置换的。在 $S = k\ln W$ 这一恒等式中，熵 S 是函数，宏观系统的微观粒子最大配容数 W 是自变量。在纯粹形而上学形式意义上，反函数是一定成立的，即把 W 当作函数、把 S 当作自变量是成立的。但玻耳兹曼有序性原理不是形而上学的抽象形式关系，而是具体现实经验中的物质宏观随机系统状态演化的必然性抽象因果关系综合，其因果的区分是在建立因果关系之前就设定了的。如果因果设定颠倒，原有的因果关系对新的因果设定就不是恒为真的。最基本的是时间变量，一旦将之作为因变量，它就不再是时间纯形式，就会产生时间可逆性佯谬，可逆时间描述的过程就成了无意义陈述。可逆时间形式下何以建立前后过程的因果关系呢？同理，玻耳兹曼有序性原理的对象只能是系统熵状态，绝不是关于系统微观状态的结果描述，即使从数学形式中由 S 推断出 W，也只能理解产生出如此熵状态的原因在于对象的微观随机粒子的最大配容数是 W。如果反过来说因为 S 所以 W，那就谬之千里了。W 作为原因在于它是设定的，不是由因果关系决定的。设定的规定性是微观粒子的随机无规则统计性，只有符合这一设定抽象条件的具体宏观系统才满足玻耳兹曼有序性关系。至于你我的生命肉体存在系统，分子、原子意义上的微观状态数并不产生符合玻耳兹曼关系预言的熵状态，生命存在在没有与外界交换物质而封闭地存在时也不会成为随机粒子构成的热平衡系统。由此可见，热力学科学理论并没有包含微观物质粒子构成的系统中微观粒子无序演化这一必然规律，没有关于其微观状态的任何因果必然性描述，微观状态是在先地设定了的。

把有序无序的意义理解为必然性和偶然性的关系，那么在逻辑上就轻而易举地得出对客体世界的科学描述中所谓无序性没有意义的判断，所以对科学而言，无序是一个伪命题。人类对世界的科学认识就所谓有序无序问题吵吵嚷嚷了一百多年，其实是在争一个毫无意义的问题。序是对世界的具体意义理解，既是常识的，也是理性的。对序的理性认识应以关于自然的客观知识为基础，不能被越复杂就越混乱无序的常识欺骗。但以科学为基础的序的具体意义理解一定不是纯粹科学的。我们回到老子的玄学理论的精髓即自然无为来讨论这一命题。俗不可耐之辈把自然无为解读为一切顺其自然，听之任之，不要作任何努力，把最具哲理的自然无为退化为一种典型的宿命论。对自然无为的最基本的直接解释应该是自然界是按其必然性的客观规律去存在和演化运动的，我们无能力去改变支配客体世界的必然规律，所以对自然界必须顺天应人，即一切按自然的必然性规律办事，利用自然规律去实现人的目的。而对自然无为的更深刻意义应向“有之以为利，无之以为用”去体悟。这里的无不是否定性副词，而是客体性主词，是和有相对的无之以为利之无。这样理解无的意义时，自然无为的意义就是自然界一切包括存在到存在的演化都是无客体及它的状态在起作用的结果，从最终意义上说，能量规律支配着整个宇宙的存在和演化。宇宙的存在和演化是不可改变的客体自身的规律，我们通过科学认识归纳出客体必然性规律则称之为客观规律。所以，客观规律必须符合客体规律才有意义，而不管客观规律是否被发现，客体规律都是先验的，是与客观规律无关的，是不以人的意志为转移的。这就是人存定理的真正意义，自然规律不因我们认识的局限性而改变。所以，在本体存在论意义上，一切自然过程都是由其内在客体规律支配的，都是必然性的，是不以人的意志为转移的。在自然领域，没有偶然性规律，只有必然性规律。这就是无序性演化对自然运动演化而言是伪命题的根据。热力学描述的热运动同样是必然性的有序运动，根本不存在无序演化这回事。把自然现象看作偶然及混乱，是我们客观认识能力的限制造成的。

自然只按其内在的客观规律性行事，自然不做偶然或或然的事，所以自然排斥一切偶然性，自然就是有序的。如果有序的意义是必然性的话，那么必然性支配一切的世界不就是一个失去自由的宿命论世界吗？我们又回到几千年来令人类困惑的自由和必然关系的命题。在此尚未展开对人类世界的认识，所以只能简单地说明：必然性世界是自然界，而偶然性的世界是主观选择性的世界，所以，与无序相对应的偶然性概念在选择性世界中有意义，我们应该从主体主观性的意义去进一步思考所谓无序性的意义。

从无序性的意义来看，无序的序概念带有两个明显特征：

一是主体主观性特征。当我们说有序无序的时候，已经先验地把主体的价值判断带到其中。最直接的例子就是玻耳兹曼认为微观状态的最可几状态是最无序、最混乱的状态，其实在这种价值判断中已经带有熵最大就是热平衡热寂的信念的影响于其中。所以，我们用无序性陈述客观实在的意义的时候，是无法做到科学所要求的价值中立的。对客观陈述的解释并无客观标准，也很难做得到价值中立。特别是把意义解释理解为对具体存在的统一性意义时，主体的价值判断是无法割舍的。没有客观的无序，只有客观的有序，因为只要客观就一定是有序的，因而只要无序就必然带有主观性的印记。你看对面小山坡上郁郁葱葱，达尔文会说这是自然选择必然规律的杰作，普里戈金会激动地向你描述这是如何从无序混沌中在远离平衡态演化出来的生机勃勃的生命，但隔壁的农民告诉我那里杂草丛生，一片混乱。有序乎？无序乎？见仁见智。所以无序描述的状态不是纯粹客观描述，而是带有主体目的性和价值判断的。无序概念虽然不是客观科学概念，但它对我们理解世界的统一性，则是有特定意义和作用的。

二是主体选择性特征。为什么不能把自然必然性支配的世界理解为宿命的世界？因为人类世界不是纯粹自然界，而是文化选择性的世界。自然必然性世界不在文化选择世界之外，而在它之中，就是说，人类与外部世界的交互作用不是自然的，而是文化的。所谓文化的，就是指人类是基于对自然必然性规律的认识以及人对自身的认识及目的去有意识地发生与外界的相互作用，所以人类的行为就是文化选择行为。人类不能用选择去有目的地改变自然必然性规律，而是选择自然必然性规律起作用时具有决定性的边界条件和初始条件，使普遍抽象必然性规律在特定具体条件下支配产生的结果最大限度地符合人的目的。所以，按客观规律办事是一种积极的文化行为而不是人类的宿命。正是在人类的选择行为中产生了有序无序问题。当人类行为过程或它的结果符合必然性规律并符合人们的目的时，我们谓之有序，反之则产生了无序的价值判断。由此可见，有序无序的深刻意义不在客体自然中，而在于人的主体文化世界中，在人的主观认识中，在对物质客体世界统一性意义理解的智慧中。

由人类行为产生的带主体主观性及主体选择性特征的有序无序概念的主观性特征是它的本质特征，是从自然有序行为概念中产生有序无序概念的根源。当然，也不是说离开人类文化行为而限制在自然必然性领域，我们就没有必要使用有序无序概念，一个必然性的概念已经足够了。主观认识应该以客观知识为基础，理性是主客观相统一的。正是人类文化选择行为产生了必然性和偶然性概念，并由此产生了有序无序概念，但人类把这对概念引进自然领域时的意义理解还只是常识性的，是不合逻辑的，是和自然无为的客观性本性相冲突的。为什么人们把热力学系统的平衡态称为最混乱无序的呢？因为对热力学系统的微观分析作出了微观粒子无规则平均运动的统计假设，正是无规则运动的随机性被理解为偶然性赋予了它无序性的意义。但这时用无序性描述热力学宏观系统的人们忘记了两个最关键的问题：一是这是对象的假设而非对象的运动规律本身；二是这只是我们相对性假设的结果，而不是自然行为中必然性因果关系得出的结果，即它只有相对、有限描述意义而无存在论的具体实在之意义。正是把认识论取代本体存在论的逻辑错误，结果把热力学系统微观粒子无规则统计假设作为我们对自然的热行为规律认识的结果，由此得出熵最大宏观态是微观最混乱无序的荒唐结论，使必然性的热运动同时又是最无序的运动。把认识当现实，把抽象当具体，用认识论取代本体论，这是说自然热运动无序的错误根源。

最后，必须指出，基于人类文化行为的有序无序概念带主体主观性特征，却不是纯粹主观性的概念，而是主客观相统一的概念。它应当从三个层次去理解：一是对自然必然性规律的认识，这是知性科学层次的意义；二是基于认识的选择行为，这是实践经验层次的问题；三是支配选择行为的价值判断以及对行为实践的价值评价，这是形而上学的统一性问题了。所以，有序无序的概念不是纯粹科学概念，而是主客观相统一的形而上学概念，但它又和科学性密不可分，以科学真理认识为基础，这也正是人们只注重它的客观性而将之看作科学知性概念的一个重要原因。但是，把有序无序作为科学概念和把必然、或然、偶然性的知性认识作为具体统一性意义理解一样，肯定是有问题的。所以，把热力学熵增定理解释为物质世界由有序向无序演化，把熵最大解释为微观态最混乱无序是没有根据的。

在由质点动力学进展到热力学这更一般物质世界科学认识的时候，为什么对热力学科学规律具体现实意义的理解却基本流于常识，产生熵原理具体意义理解的局限性和片面性呢？具体统一性意义理解还原到纯粹常识只能表明人类理性还很不成熟，几千年来支配人类理性的物质一元论是不成熟的。从质点动力学进展到热力学，两者对物质世界的整体理解是不协调的，动力学可逆的决定论支配的完美确定性物质世界和热力学不可逆随机无规则运动支配的熵增世界被理解为是矛盾和冲突的，完整的物质世界被活生生地割裂为两个不同的世界。在现象层面，熵的世界观被标榜为唯能主义，和自古希腊泰勒斯开端而延续至今的唯物主义是水火不容的。但深入到理性本质，唯能主义和唯物主义其实是协调相容的，唯物论的一元论物质是绝对运动着的物质，唯能主义的热寂论则坚持质量和能量守恒，区别在于后者认为能用于交换的自由能同时在绝对递减，得出绝对运动的绝对物质向最后自由能寂的最无序方向演化的结论。唯物论和唯能论本质上相容的根本原因在于人类理性还没有成长为一元论，还只是质能二元论，它们是二元论一根藤上结的两个苦瓜。二元论得出物质世界演化的矛盾意义理解是可理解的，要得到物质世界统一性理解才是不可理解的。人类理性陷于质能二元论是物质世界按必然性规律向越来越无序状态演化之佯谬根本原因。

世界统一性原理从能量一元论出发，把宇宙理解为自然无为地演化着的完美有序的统一客体世界，客体世界统一性的最基本意义是质能一元统一性，这是理解自然无为的关键所在。宇宙自然有序演化的意义理解并不纯粹是人的主观判断，在理性意义上必须以客观性为基础，必须使客观认识回归具体现实的自然存在本身。自然有序演化，序概念具有客观性意义，其主要内容包括两个方面。

第一，我们把现实宇宙理解为不同层次具体物质结构构成的统一整体，从“无中生有”到“一生二，二生三，三生万物”，多样性而统一的万物是按“高以下为基”的原则，由简单结构向复杂多样性结构逐层次演化而来的。从已知的质子、中子、电子层次到原子、分子、复杂有机物，最后是最复杂的自然生命，每一层次结构的产生都建立在前一层次稳定结构性存在的基础上，每一个具体存在都是包括所有基础结构层次的多层次有序统一性存在。自然物质结构有序性演化令人拍案叫绝之精妙性在于多样性在随着结构层次性增长而爆炸性地增长，几个层次的演化结果就得出了多姿多彩的多样性世界。更精彩之处还在于这种貌似变幻而多样具体存在的万物世界其实是统一的，每一个具体物之存在都是符合质能统一性和结构统一性的，整个自然的多样性之物，包括每一片都有其独特规定性的树叶，其实统一在几个基本物质结构层次的复杂性演化之中，在结构演化意义上既统一又不复杂。在中子、质子、电子层次，整个宇宙只有三种普遍的物质结构性存在，由之进展到原子层次结构时，就产生了一百多种元素原子结构以及上千种各元素的同位素结构，由原子复杂性演化出分子，由分子演化出生命细胞结构，由单细胞进化出统一生命多样化世界时，每一层次的复杂性演化都产生了爆炸性的多样性结构存在，这就是我们存在于其中的宇宙，也是我们存在自身的具体统一性意义的真谛。当我们认为我们自身存在是自然从简单到复杂有序演化的产物时，隐含着结构复杂性演化是有序性演化的意义，有序就是自然按其必然性规律展开的物质结构复杂性演化，只有在有序意义上才能解释复杂性。把复杂性系统理解为从简单到复杂的多层次有序结构的统一才产生了具体的复杂性意义，有序性的具体意义正是在对复杂性系统的思考中感悟而生的，复杂性和有序性是正相关的，我们在常识和经验中也是这样理解物质结构和生命复杂结构的。复杂并不是意味着混乱和无序，把复杂性理解为无序是反常识、反经验的。即使在最简单的热力学随机统计平均系统假设下，也不能说微观状态数越大系统就越混乱无序，也不能说系统必然性地趋向均分能量的最可几状态是最无序。系统宏观态必然性地趋向确定性的点，这是可预言的、可检验的，在宏观态意义上由必然性规律支配的运动当然是有序的；至于构成系统的微观粒子，它们的运动规律是由质点动力学描述的，也只能理解为有序的。因此，自然界在必然性规律支配下的复杂性演化只能理解为有序性演化，物质世界从简单到复杂性演化应该理解为向越来越有序的状态演化，由热力学定律断言自然向无序退化是不符合感性经验世界现实的，把玻耳兹曼有序性原理中最大状态数的状态理解为宏观或微观状态意义上最无序状态是不合逻辑的。

第二，物质结构复杂性演化的有序性的内在机制是老子归纳的“高以下为基”，即每一层次结构之所以能成为一个基本层次，在于这种层次结构一定是必然性规律支配下的普遍性稳定结构，一个层次结构能稳定存在就意味着它是相对独立而有序的，用亚里士多德的话来说就是实现了其内在目的性的有根据的完美存在。质子、中子、电子、原子、分子、细胞、生命这些具体之物都是实现了其内在目的性的现实性存在。具体复杂性存在是多层次结构有序演化的统一体，质子、中子、电子的稳定结构性存在是原子结构演化的必要条件，原子稳定结构是分子结构的必要条件，稳定的分子结构是生命进化的必要条件。我们生命存在是质子、中子、电子、原子、分子、细胞诸多层次的复杂性统一体，据此我们将生命理解为自然有序复杂性演化的典范，包括了自然统一性最丰富的、全部的意义。复杂性和有序性演化相关联的充分根据是什么？在于每一基本层次结构必然地实现其内在目的性，一定会在确定性结构形式中成为现实性的具体存在，这是复杂性演化的内在机制。复杂性的有序性是建立在每一层次结构有序性基础上的，一个独立层次结构的现实性是复杂有序性的奥秘所在。如果不理解复杂客体存在的各层次现实结构的必然性，仅抽象地奢谈物质普遍联系、相互作用和永恒运动，则复杂多样性世界只能被理解为变幻无常和杂乱无章的。多样性世界演化的有序性，自然按其内在必然性实现其现实性存在，首先在于每一层次结构运动按必然性规律最终稳定于普遍意义的现实确定性结构，这是自然有序演化之源，是有序性的真正本质。质子、中子、电子、原子、分子、细胞、生命结构的现实性是自然有序的现实性本身。我们生存于其中的宇宙、我们存在本身，就是如此这般的复杂性有序存在，是从简单到复杂有序地演化出来的。宇宙的复杂性演化可以归纳为两个层次的统一，一是每一层次现实结构是从无序向有序运动从而最终实现其稳定性存在的，二是随层次增长的复杂性演化在整体上实现了自然越来越复杂有序的运动进程。因此，序的本质意义是物质系统稳定性结构复杂层次演化的描述概念，物质从简单向复杂结构的演化就能合逻辑地理解为越来越有序的进程。

凭借具体现实经验对世界有序无序的意义进行理解还不是理性、具体的。理性认识必须把常识和客观知识统一起来，必须从热力学的熵原理去具体理解世界有序性演化的现实意义。

二、熵不可逆增长的能量运动本质

到此为止，“热力学系统熵增是微观状态向混乱无序演化”作为伪科学问题已经不是问题，在理性具体现实中也没有问题，那是我们把假设当结果、用认识论取代本体论而带来的幻觉，科学真理认识并没有揭示热运动是微观状态趋于混乱无序的过程。但化解这一幻觉还没有从根本上解决热力学定律的意义问题。热力学微观意义是一种意义解释，而热力学的宏观演化规律中最为重要的是熵原理，那就不是解释而是科学定律本身了。熵原理是科学客观真理，这是毋庸置疑的，这不是幻觉，不是认识上的相对性，而是物质世界热运动的最普遍的必然性规律。所以，如果不对熵定理的不可逆性与动力学的可逆性关系得出完整的科学解释，而仅仅是主观的、形而上的意义解释，那么解决热力学悖论就只是一句空话。主观的意义解释没有客观标准，再好的解释也会让热力学熵原理困扰千秋万代。所以，对熵原理困扰问题的解决必须用科学方法，必须直面熵原理描述的因果关系本身，由此解决可逆性和不可逆性的统一问题。

前面我们多次引用了爱因斯坦的名言：不可逆性是把概率统计引进物理学造成的幻象。这个论断对于玻耳兹曼有序性原理是恰如其分的，并具有深刻含义。但这个论断并不全面，至少对克劳修斯并不公平。热力学第二定律包括熵原理是克劳修斯的卓越科学贡献，它是从宏观经验认识中归纳并进一步普遍化中产生并不断完善的，克劳修斯对宏观热运动普遍熵原理归纳的整个过程中没有引进微观统计假设，而全部是从宏观状态层面展开的。热运动熵不可逆性普适描述是从“热总是自发地从高温物体流向低温物体”这一规律中提炼出来的，所有这些认识的基础是热机工艺学的必须有两个热源工作的热机原理，中间没有引进统计描述，没有由统计假设造成的幻象。所以，准确地说，熵增导致的混乱无序才是引进统计描述带来的幻象，而不可逆性是热运动的本质特征，是客体热运动的客观描述。对热运动不可逆的科学解释才是热力学的关键所在。我们不能用一句“把统计引进物理学造成的幻象”搪塞了事。

普里戈金把有序和无序、可逆和不可逆概括为科学史留下的两个尚未解决的遗产，这实际上是热力学的微观层次意义和宏观状态运动规律的物理意义这两个问题。微观无序演化是幻象，宏观不可逆运动是必然性的热运动规律。所以，可逆性和不可逆性是科学史留给我们的重大问题。这个问题在科学史中反复提起，但在科学意义上的努力总是无疾而终。从玻耳兹曼一直到普里戈金，他们的努力使我们不断逼近最终的答案。玻耳兹曼试图把不可逆运动归并入动力学的机械运动描述，因为他坚信动力学是物理学乃至一切科学的基础。在知识意义上这是对的。但从特殊和普遍的理性统一性关系看，真正要做的是把动力学的意义纳入热力学，因为热力学是更具体的客体世界抽象科学描述理论，即这种归并是理性统一性意义上而不是科学因果链意义上的归并。玻耳兹曼作为热力学理论的卓越大师，也没有能力把动力学和热力学连成一条因果链，因为这在逻辑上不可能。这种思维正是十九世纪拉普拉斯决定论思维历史局限性的真实写照。普里戈金虽然没有最终在科学意义上解决热运动不可逆性和动力学可逆性的矛盾，但他显然已经前进了一大步。他指出，热不可逆运动不可能是从动力学一般原则推导出的结果，热力学不可能从动力学推导出来。他的见解的启迪在于把宏观不可逆运动和构成宏观系统的微观状态运动的初始条件联系起来。尽管宏观热运动的根本原因并不是微观态初始条件的对称破缺，微观粒子初始条件的随机假没并不是对称破缺，但这是把我们导向微观动力学运动和宏观不可逆热运动统一性理解的正确方向。这是人类从动力学推导热力学一百多年屡屡碰壁后得出的最精辟的结论之一。

热力学的时间不可逆运动不可能从动力学的时间反演、速度反演运动推导出来，所以它们之间没有科学意义上的因果逻辑关系。但可逆性和不可逆性的统一只能从动力学和热力学的科学关联中才能建立起来。宏观热力学与微观动力学关系最成功的科学描述首推玻耳兹曼有序性原理。因此，必须从对该原理的科学分析开始。

在玻耳兹曼关系 $S=k\ln W$ 中，S 是宏观状态熵函数，k 是玻耳兹曼常数，W 是系统的微观状态数，亦称微观状态概率。在这一因果关系中，k 为常数，可以不考虑它，需要考虑的是 S、$\ln W$ 和 W 这三个物理量的意义。如果

忽略常数 k 的影响，则 S 和 $\ln W$ 实际上是等效的，两者之差只是一个常数 k 而已。$\ln W$ 就是一个宏观状态描述函数，它的物理意义和 S 等效。所以，真正的宏观热力学与微观动力学关系中 S 或 $\ln W$ 与微观状态数 W 的关系是决定性的，而对 W 的理解才是关键的关键。

W 是宏观变量还是微观变量描述呢？从因果关系看，如果 lnW 是宏观函数，则 W 也是一个宏观变量，否则一个微观变量取对数是无法变为一个宏观描述的。因此，我们得出的第一个结论是，微观状态数 W 是一个宏观描述变量，它虽然是对微观状态的统计平均描述，但它本身的性质是宏观而非微观的。微观状态数的数的规定性恰恰赋予了 W 作为宏观变量而非微观变量的本质规定性，这是将微观和宏观统一起来的关键所在。

W 变量是如何变化的呢？作为一般的函数的自变量，它在定义域中的任何值都是有意义的。但 W 作为自变量，它的取值范围除了在定义域中这一规定之外，还要受它作为状态概率统计平均假设的规定性制约。所以，如果只考虑状态数而不考虑过程时，W 的值在它的一切定义域中有效。但这个 W 一旦转换为过程描述，就必须考虑统计假设规定性的限制。一般过程是由时间作为自变量来描述的，但作为过程描述来思考时，玻耳兹曼关系并没有时间变量描述于其中，所以，这种过程描述思考是一种推论，基于 W 的规定性的推论，即从 W 这一自变量的时间演化的规定性去推论该定理的过程描述性质。所以，把玻耳兹曼关系作为过程描述时，其中自变量 W 实际上是时间变量的函数，W 隐含了时间关系。由统计假设的组合分析以及 S 的不可逆增长这两方面都可以得出第二条结论，孤立热力学系统的 W 是不可逆增长的宏观描述变量，对 S 而言它是自变量，但作为过程而言，它是时间自变量的函数。熵不可逆增大的问题实际上等效为宏观状态概率 W 不可逆增大的问题了。

W 是如何把微观动力学可逆运动转换为宏观不可逆描述的呢？依靠的就是把微观粒子动力学规律的运动描述转化为概率统计描述，即假设所有微观粒子都在统计学平均意义下运动，对动力学描述而言是无规则运动。这个统计假设只是一种认识意义上的相对性描述，并不能由此断言热力学系统中微观粒子的无规则运动是它的本性，据此去否定动力学的可逆性运动规律是无根据的。引进统计平均假设的意义在于消除了动力学描述中的信息壁垒，即对大量粒子组成的宏观系统而言，它们运动的动力学规律是简洁而普适的，但描述它们运动的动力学初始条件的信息是无限大的，对人类理智而言是无限的。所以，无规则统计假设消除了这个无限信息壁垒，使大量微观粒子的热力学运动是可描述的，并由此归纳出微观粒子运动状态的宏观描述量。所以，可以得出第三个结论，W 作为宏观描述变量的根据正是引进概率统计描述的结果。从另一种意义上说，引进概率统计描述才能把热力学系统的微观粒子运动与宏观状态运动的关系建立起来。

最后，必须指出，引进概率统计建立了热力学系统的微观描述并不等于由此引进了不可逆性关系，热力学宏观不可逆性运动不是前提假设，也不是统计结果，而是在概率统计结果基础上归纳出的因果必然性运动规律。爱因斯坦把不可逆性归咎于引进统计假设是不全面的，因为这不是不可逆性的根本原因，否则不可逆性就只是无序性一样的幻象了。我们来考察 W 的不可逆性过程是如何产生的。W 是一个宏观热力学系统的微观状态数的宏观描述，它的构成对象即微观粒子的运动的动力学描述是时间和速度反演的可逆性运动，但这些大量粒子宏观状态的演化是一个不可逆的过程，不可逆产生的原因是从微观到宏观的描述转换，是从可逆性运动着的微观粒子中通过统计而产生的。但统计并不是不可逆性产生的原因，统计假设下微观粒子相互作用运动引起状态必然性变化的规律才是不可逆现象的真正原因。我们在无规则统计假设前提下如何描述 W 的演化过程呢？我们描述的 W 作为状态的统计描述，它的运动状态指的是微观粒子相互作用的能量演化状态，以之为基础去建立宏观系统自由能状态运动变化规律。微观粒子相互作用时的能量变化是受最小自由能定律支配的，即任何两个微观粒子相互交换能量的结果，一定是使由它们构成的系统的自由能减少，这种自由能的绝对减少从双粒子相互作用推广到任何粒子复杂相互作用时也是成立的，所以宏观系统的自由能状态演化就是不可逆的，这正是热力学系统不可逆运动的本质。在最小自由能定理作用下热力学系统达到热平衡状态时就是自由能最小状态，它的另一种静态陈述就是能量均分原理，即在统计学意义上所有微观粒子的平均动能相等，它们不再交换运动能量。所以，W 描述的状态指的是能量即系统自由能均分状态。以最小自由能和能量均分原理为基础，这些规律在无规则统计系中的表现就是按大数定律必然地向最可几状态不可逆演化，只不过在宏观上我们按照经验和科学传统用热和温度的不可逆运动描述罢了。最小自由能原理决定了宏观系统的微观状态不可逆向每一个粒子均分能量运动，W 就是宏观系统以每一个微观粒子能量状态为根据的能量状态描述物理量。

从最小自由能原理去理解 W 及 S 的运动演化，就得出了热力学不可逆运动和动力学可逆运动不同的根本原因：它们描述的是完全不同的认识对象的运动规律。如果它们描述的认识对象是同一的，则它们描述的规律一定是同一的。如果我们分析一个动力学相互作用系统的自由能，在可用动力学规律描述的简单系统条件下，就可以证明这个系统的自由能的相互作用一定是绝对地减少而绝对不会增加的。所以，动力学描述的系统自由能同样是不可逆的。为什么我们长期以来总是说动力学规律描述是时间和速度反演的，是可逆的呢？因为我们动力学描述的速度、加速度以及能量状态是可逆过程，但如果对系统自由能作动力学描述，那是绝对得不出可逆性描述的，除非你能证明最小自由能原理在动力学描述对象中失效。故在自然中，不只热往低温传，还有水往低处流、树上苹果往地下掉，这就是物质世界客体相互作用的普遍支配规律，将它证伪是不可能的。同理，宏观热力学系统的每一个微观粒子作动力学的速度、加速度描述也一定是可逆的。因此，可逆不可逆并不是由动力学描述和热力学描述来决定的，而是由究竟是系统能量的自由能状态演化描述还是质点速度、位置、状态能量的运动描述来决定的。由于宏观热运动系统只能从自由能状态去描述，无法从粒子位置、速度作动力学描述，故只能得出不可逆运动规律归纳。热不可逆运动本质上是由系统自由能相互交换中必定趋向最小的均分能量原理决定的。从更普遍意义看，能量最小原理是物质客体相互作用中能量交换的一般规律，并不只体现在热力学描述中。热往低温传和水往低处流、苹果往地下掉的本质是相同的。

热力学的宏观状态运动描述是系统自由能运动演化描述，动力学的微观状态描述是理想质点的速度、位置、状态能量描述，所以，热力学是不可逆运动描述，动力学运动是可逆描述。但这种描述的分野与热力学还是动力学本身并无必然性关系，只是长期以来人类没有理解世界能量运动的本质规律而造成误解而已。

为什么热力学要采取不可逆描述，而不继续沿用动力学的可逆描述呢?因为热力学从热机工艺学开始就是追求对物质客体宏观状态实际上是自由能状态的因果规律揭示。正是由于它的描述目标和动力学不同，所以它不能从动力学中推导出来，而是从热机工艺学中归纳出来。为什么不能从动力学推导？理由就是从微观粒子描述宏观系统的无限大信息壁垒，所以我们必须掷骰子才能解释我们宏观归纳的热力学定律的存在论意义。我们不仅要掷骰子，即通过概率统计描述、通过状态概率以及玻耳兹曼有序性原理来从科学上给热力学的不可逆状态演化给出解释，我们还需要统一性思维，即我们不仅知道热不可逆运动是宏观热系统的宏观规律，知道它是比微观动力学更具体的描述形式，还要理解这种科学定理揭示的抽象规律对于具体世界统一性理解的意义。物质系统相互作用的自发过程一定是系统自由能绝对地减少，宏观上是热不可逆传导和熵不可逆增加。物质世界是相对性结构构成的多层次统一世界，存在和演化相统一的能量是世界存在和演化的根本原因。当回到自由能即能量运动去理解熵原理的时候，对之的普遍物理意义认识就超越了热机工艺学甚至无规则宏观系统热力学的水平，从而思考它的不可逆运动对质能统一性物质客体结构演化的决定性意义。

三、熵增原理是普遍能量运动定律在物质结构有序演化中的特定形式

我们最终解决了由热力学熵原理产生的科学史上两个一直悬而未决的问题——有序无序和可逆性与非可逆性问题后，在科学认识意义上解决了热力学科学理论普遍有效的客观性信念问题。长期以来，面对可逆性和不可逆性的佯谬，有一种观点认为，热力学熵定律的不可逆演化只是引进概率统计而造成的近似而带来的后果。但这种牵强的解释是很难令人接受的。普里戈金认为："但是只要把与技术的不相干联系撇在一旁，上面这种解释就成为荒

唐的了。……起源于不可逆性的组织现象在生物学中起作用的程度，使我们不能再把它们认为是由于我们的无知而产生的简单的幻觉，我们自身——活生生的和能操作的生物——只是由于我们的不完善的感觉所产生的虚构之物吗？生与死之间的区别难道也仅仅是幻觉吗？"[20]当然，最充分的根据是科学真理认识的客观性是不能用近似的概念描述的，科学只抽象而无近似，只有坚持热力学科学的客观性而排斥它的近似性解释，我们才有充足理由称之为科学。所以，必须消除有序无序的幻觉解释并合理解释可逆性和不可逆性运动的必然性规律的意义，从而坚定对热力学的科学性的信心。

由热力学科学产生的最重大问题并不在于科学陈述本身，而在于对科学陈述本身的统一性理解及解释，对熵原理的怀疑是由于我们对这一定理所陈述的事实无法给出合理的解释而产生的。按照最小自由能原理，在相互交换能量过程中物质客体自由能绝对地减少，物质世界自发的熵产生总是大于零的，小于零的情况永远不会发生，一个系统的熵流使之变小是以环境中付出更大的熵增为代价的。熵的绝对增大给人们描绘出一幅世界奔向自由能消耗殆尽的热平衡状态画面。这正是问题的根源所在。但这不是科学定律本身的问题，而是对知性科学认识的具体意义解释问题，即理性形而上学的世界统一性认识问题。所以，仅仅在科学意义上论证了熵原理和动力学、有序和无序的统一性还不够，还只是抽象理性。具体理性最后必须回答熵原理的普遍意义问题。正如普里戈金所坚持的那样，普遍熵不可逆增长的现实世界演化出或说是进化出了我们自身这种活生生的有思维能操作的高度复杂有序性现实存在，没有任何理由将之只当作是幻觉。

世界统一性原理在思考熵原理的普遍意义问题时的最基本原则是本体存在论优先的原则。但是，它又以坚持科学认识的真理普遍有效为前提，不能由于对意义的解释面临困境而去怀疑科学真理本身。科学真理的客观性不是由意义解释来提供根据的，反过来才对，这就是人存原理的真正意义：世界为什么这样？因为它就是这样。不能用相对性去否定绝对性，不应用感觉描述去等效甚至质疑客体实在。在科学史上，这种例子并非少见。比如我们一直习惯于光的直线传播，但这不过是一种基于近似的抽象假定。如果告诉人们光在本质上是曲线传播的，不少人会觉得这是科学的危机。其实把光直线传播绝对化才是最大的问题，殊不知光、电、磁这类有量无质的客体的绝对直线运动的后果有多严重，那是宇宙发散的充分条件。再比如以太，在狭义相对论发现之前，科学依靠以太来完善自身的光波动传播理论，一切似乎如此才是完美的。因而，当实验证明以太不存在的时候，似乎理论要瓦解了。可是，当你真正读懂狭义相对论并理解它所包含的意义的时候，就会发现，以太不能存在才是科学理论的真正答案，因为以太在理论上预言了静止的光状态，而这正是现实世界经验所不允许的。所以，必须坚守科学客观性原则，否则无所谓统一性理解之意义。

言归正传，从一般原则回到熵原理的普遍意义问题。对于熵增不可逆性的恐惧并未能否定它的客观必然性。但是，回过头来扪心自问，如果物质世界不是按最小自由能原理行事，不是趋向熵最大状态，从宇宙大爆炸开始的物质世界的自由能在相互交换中依旧甚至越来越大，那么，能够设想大爆炸后演化出这样一个物质世界、生命世界和人类世界吗？这是不可想象的。既然最小自由能定理支配的物质客体相互作用中的演化是从基本粒子到复杂物质结构乃至生命复杂结构产生的历史，为什么我们要把不可逆运动规律视为洪水猛兽甚至宇宙末日呢？所以，我们在坚信熵原理客观普遍有效的基础上，思考它在物质世界演化中的普遍意义。

首先，我们必须摒弃克劳修斯关于宇宙的总熵趋于最大的科学陈述。因为物质世界和宇宙不同一，热力学定律没有无限宇宙学意义，它所有关于宇宙的无限陈述是无意义的。这一点已经在上一章即热运动的能量均分原理中充分讨论，无须赘述。同理，对玻耳兹曼关于宇宙已经处于平衡态，现在只是在平衡态附近起伏涨落的解释必须持否定观点。玻耳兹曼热力学理论的目标是涉及微观层次即分子、原子层次的大量实体粒子系统的无规则统计学行为的，拿来解释大至行星、星系的偶然性涨落，那不是搬起石头砸自己的脚吗？热力学宏观态没有涨落的必然性陈述，只是在分子、原子这种微观层次上，在无规则随机假定基础上才有所谓无规则涨落之说。玻耳兹曼或许忽视了这一点。当然，从根本上否定熵原理的宇宙论解释的根据是能量一元论。

因为自由能只是能量状态描述的一种特定形式，并不是能量的最普遍的运动规律，所以熵原理只有有限意义，无宇宙论无限意义。最直接的证据就是关于我们头顶闪闪发光的太阳这类恒星的演化的科学理论。太阳并不是在宇宙大爆炸那刻产生高温火球，然后在漫长岁月中按熵原理不可逆地变冷，而是从宇宙尘埃通过星云聚集形成球体，再在引力作用下达到核聚变和核裂变的边界条件，最后才演化为天上的核电站，从而不断供给我们光和热的。必须知道一个事实，宇宙约 99% 的质量都集中在恒星中，对太阳和恒星尚不能用熵增热平衡理论来完整解释，那又何来宇宙热平衡的理由呢？

其次，我们不能完全接受普里戈金的多元论解释。远离平衡态时耗散结构的自组织理论对物质结构从混沌到有序的科学认识即使完全成立，我们还是不能回避平衡态和近平衡态的热力学科学理论意义问题。不能只回答某些特定边界条件下物质宏观系统可能产生的有序结构问题，而是必须对物质世界中熵原理的普遍意义作出合理的解释。不能满足于物质世界中一些结构有序而另一些结构平衡而无序，这实际上是一种多元论的宇宙观。但世界统一性原理只承认一元论的宇宙观，任何多元论的世界意义解释都是不圆满的，本质上是一种不可知论。世界统一性理论不能把具体的物质客体结构性存在或物质系统看成一些是熵最大的平衡而无序状态，另一些是远离平衡而有序状态。从逻辑上来说，物质结构之所以为物质结构，远离平衡态是暂时的，趋于稳定态才是根本的。如果离开平衡态和临近平衡的稳定态，所谓远离平衡态创生出新的有序结构也就是昙花一现，没有现实意义。平衡态的熵原理作用并不在复杂组织结构之外，而在其中每一层次起着它的作用。在生命复杂有序的自组织过程中，它的系统基本层次的相互作用在很多情况下是完全可以用熵原理描述的。熵原理并不是物质世界中一个孤立起作用的规律，而是渗透在一切复杂结构的任何层次中。

这才是理性具体的统一性思维，这就要求我们完整理解熵的普遍意义。耗散结构自组织理论把熵理解为一种选择性原则，这种理解有其合理性，但并不全面。可以把熵原理看作选择原则，但从能量一元论意义看，它是支配物质客体相互作用的普遍客观规律，是物质客体运动必然性规律的科学描述，而不仅仅是选择原则。所以，耗散结构理论并没有从根本上揭示熵原理的普遍意义。

最后，必须指出，耗散结构自组织理论对于理解熵原理普遍意义的思考应该是富有启迪的。特别是普里戈金已经敏锐地发现了熵原理在生命结构演化中的对组织结构产生过程的积极意义。现在，我们就从物质世界组织结构复杂性演化的内在机制去揭示熵原理的普遍意义。

第一，按照能量一元论的质能统一性关系看，物质客体是由能量客体转化生成最基本结构，在此基础上不断结构复杂演化的质能统一性存在，就物质客体存在作为存在而言，存在即结构，而且是空间结构。所以，物质客体是可以从不同层次去定义或描述的相对性客体存在。我们对物质客体追根究底的科学认识，几千年来一个最重要的方向就是不断还原已知物质结构的下一层次结构，并且这个工作还在继续。所以，离开结构无物质可言，要理解熵原理对物质世界的普遍意义，实质上就是要理解它在物质结构演化中的地位和作用。熵原理的本质是物质系统的能量运动规律，它的意义不能只限于无规则统计系统，而是对包括一切系统结构性存在的物质结构性客体都是普适的规律，是质能统一性之物能在“高以下为基”中从简单到复杂性演化的内在机制。不只是无规则热力学系统，包括异质规定性在内的一切物质系统的演化都是由能量最小原理支配的，这才是熵不可逆增长对自发演化的物质结构向必然性现实存在生成的深刻而普遍的意义，才是支配物质世界多样性演化的必然性法则。这就是一切现实具体的质能统一性之物的内在目的性的根据和第一原因，这才是熵原理的普遍意义。为什么基本粒子、原子、分子是如此这般的存在？为什么氢原子一定是这般必然性结构存在？物的质能统一性本质只能由能量原理去理解，最为核心的是从熵原理去得出物质结构复杂性演化的必然性理解。

第二，根据我们已经发现的科学真理认识，我们确信生存于其中的现实物质世界是在一百五十多亿年前的那一次宇宙大爆炸开始，从简单到复杂逐步演化而来的，科学界在这一点上已经形成共识。从我们地球生命进化的科学认识中，达尔文的生物进化论以及二十世纪开始突飞猛进的生命科学理论，从总体上揭示地球生命这一特定的物质结构是从简单到复杂、在自然选择中逐渐进化出来的。因此，我们应该有足够的信心，相信物质世界在以往的演化史是一个由简单到复杂、从低级到高级的演化过程。物质世界为什么这样演化？就因为它就是这样演化出来的。我们对物质世界演化机制的科学认识、对支配物质世界演化规律的归纳及意义解释，必须与上述认识及生存经验相一致，这是科学认识之所以是真理认识的最终标准。就是说，物质世界的演化规律及机制不在于科学如何去揭示、描述和解释之，而在于科学建立的物质世界演化的因果规律回归现实世界时是否符合我们已知的物质世界的结构复杂性演化进程。只有符合，我们才能称之为科学真理，才能说它是对物质世界演化的理性统一性的意义解释。因此，人类必须从不可逆增长的物质系统结构之熵去合理解释宇宙自然的统一的物质世界向越来越有序的现实演化进程，而不是在抽象的熵垒幻象面前仍活在梦中。

第三，自从克劳修斯归纳出热力学熵原理以来的一百多年中，人类已经被宇宙总熵趋于无穷大及宇宙热寂的推论吓破了胆，总是谈平衡色变，把热平衡看作这个世界最糟糕而又无法抗拒的消极因素，整天陷入“有一天我们能克服热力学第二定律吗?”的梦呓之中。我们反向思考，如果没有热平衡态，没有自由能在相互作用时不可逆地减少，而是随机、偶然性在支配自由能状态，我们的物质世界能够有稳定的结构存在吗？物质世界能够由简单到复杂、从低级到高级演化吗？打个比方，在自由能较大的恒星比如太阳中，能够有复杂物质分子结构稳定存在吗？答案是否定的。那么，凭什么我们把自由能趋向最小看作物质世界结构演化的破坏力量呢？事实上，从结构稳定性和复杂性演化的观点看，自由能是新的复杂结构演化的革命性力量，这是远离平衡态是从混沌到有序之源的理由；但从另一个角度看，自由能又是建立新的稳定有序结构的破坏性力量，宇宙的物质结构复杂性演化正是在自由能不断减少即物质系统熵不断增大的边界条件下展开的。正是因为地球物质系统的自由能比太阳低，所以它能进化出比太阳上物质结构复杂得多的生命物质结构。从这个意义来看，熵增大及自由能递减对于物质系统结构复杂性演化起了决定性作用，熵原理对物质世界的演化具有积极而现实的意义。从另一意义来看，既然熵原理作为物质世界的普遍定律对物质世界的演化起着支配作用，而物质世界又是一个不断复杂地演化的进程，那么除了把熵原理作为支配物质世界复杂性演化的规律这种解释外，还能有什么解释更加合理呢？所以，熵原理揭示了物质世界的演化乃至生命世界进化的内在机制，最普遍的熵原理在能量交换的最基本层次决定了物质结构复杂性演化进程，正是熵的绝对增长决定了物质世界复杂性有序演化的现实进程，从无结构的混沌开始，在物质系统熵不断增大、自由能不断减少的边界条件下，演化出一个复杂多样性又统一有序的物质自然界，最高阶段则进化出我们这种高度复杂而有序的具体生命存在。所以，热力学和生物学进化论是完美地统一的，进化论是熵原理的特定描述形式而已。

人们总是把平衡态视为洪水猛兽，这真的大可不必。牛顿引力定律已经揭示了物质世界的普遍联系和相互作用，所谓孤立系统的平衡态只是一种理论上的抽象而不是具体存在，只是便于从最简单的特定边界条件去讨论问题的抽象假定而已。对物质结构而言，最有意义的是近平衡态的稳定状态和稳定结构，而平衡态只是稳定态的极限这一理论抽象。对物质世界而言，存在即结构，而且是稳定的结构，这才显示出熵原理对物质世界的普遍意义。正是熵的不可逆增长构成了物质结构复杂性演化的内在机制。对于物质世界乃至我们这种极为复杂的物质结构存在而言，熵是天使，是福音，不是魔鬼。

热力学第二定律是温度状态运动描述，它仅限于物质系统的热运动。深入到热运动的自由能交换普遍本质综合的熵原理具有更普遍的意义，物质系统的自由能演化更能揭示系统运动演化的本质，具有更加普遍的意义。熵的普遍意义不仅是热平衡，而且更要从系统自由能状态演化去思考才能得到最普遍意义的理解。从最一般意义看，熵原理是支配物质结构复杂性演化的普遍定律，宏观无规则系统只是现实宏观物体系统的一种特定存在形态，故你我他和一罐汤肯定有本质区别，而熵原理对一切宏观物质系统有普遍意义。这是对质能统一性具体物质存在得出统一性理解的关键。在具体现象存在意义上，物质客体存在即结构；在普遍本质意义上，是熵原理支配着物质世界结构复杂性演化的具体现实进程，熵原理是物质世界运动演化的最一般规律，从根本上支配着物质世界向复杂性有序演化。熵原理是能量运动最普遍的能量最小原理在物质世界中发生作用的具体特定表现形式，又是支配物质世界演化的最普遍规律，由此去理解的自然界才是质能统一性的一元论世界。

综合上述，熵原理作为支配物质世界有序性演化的普遍规律，其具体意义可归纳为如下几个方面，

第一，自然无为的宇宙是按自然必然性规律有序演化的完美世界，能量运动的最普遍规律支配着宇宙一切现实具体的运动进程。物质世界普遍能量运动规律是熵原理，它支配着物质世界从简单到复杂的有序演化进程。物质世界的普遍联系、相互作用和运动变化只能由熵原理去得出统一的解释和说明。无论是质点还是复杂性系统描述的相互作用，归根结底都是能量交换作用，并且物质客体的状态能交换一定是能量最小原理支配的不可逆过程，即一定是状态能高的物体向状态能低的物体转移能量，使相互作用系统可交换的自由能绝对减小，在宏观状态参量温度描述时是热总是自发地从高温物体流向低温物体，在普遍的系统熵状态描述是熵产生绝对不可逆地增大。正是这种必然性规律的普遍支配作用，使感性常识中貌似杂乱无章和变幻莫测的现实世界成为本质上是必然性支配的完美世界，是热往低温传、水往低处流的可认识又可预言的统一世界。从质点动力学进展到热力学，归纳出物质世界能量运动的熵原理，是从抽象质点到复杂性系统认识的进展，更是从抽象力作用到具体能量交换过程认识的进展，从热力学第二定律向熵原理的更普遍综合为实现物质世界质能统一性具体理解提供了客观科学知识基础。动力学和热力学是统一的，动力学的意义包含在热力学普遍意义之中。

第二，熵原理是物质客体相互作用和结构演化的最普遍支配规律，这体现在一切物质客体相互作用产生的运动变化过程中，而不只是无规则热系统状态运动的必然规律。熵增的本质意义并不仅限于特定的系统宏观态的热平衡或微观粒子的均分自由能，它的最普遍意义是系统自由能在相互作用中绝对地减少。简单质点系统在力相互作用下的运动同样是系统自由能绝对减小的绝对熵增过程，无规则系统是熵产生单方向增大直至热平衡态的必然运动

过程，具有非无规则统计学意义的物质系统结构的运动变化同样是系统自由能绝对减小的熵增过程。正是一切物质相互作用的能量交换是普遍而绝对的熵增过程决定了物质客体在永恒相互作用中的运动变化是由必然规律支配的确定性行为，是有序的运动演化；正是一切物质系统熵产生的绝对增加并最后一定达到熵最大即系统自由能等于零的极限状态，自然界才从混沌进入有序结构，各个层次的稳定有序结构的统一才形成了物质世界现实具体的结构性存在。熵最大是物质结构演化从混沌到有序的稳定结构产生并存在的充分理由，是现实物质结构性存在之所以存在的充要条件。原子结构的认识是人类关于物质结构性认识中最具历史意义的事件，卢瑟福根据散射实验断言了物质原子核和电子构成的统一原子结构，玻尔用行星模型解释了氢原子光谱，量子力学及泡利的不相容原理给出了原子结构的更一般科学解释，使我们确信在原子结构层次一百余种物质原子结构的存在。其实，原子结构的现实性同样能从熵原理得到更普遍意义的理解。为什么原子核外电子必须按必然性次序分布？为什么核外电子数决定了原子的化学本性，形成了活跃原子和惰性原子这种不同性质的原子结构？为什么原子序数会趋于极限，更大的原子核不可能产生？这归根结底是由能量原理决定的，能量最小原理、系统结构的熵原理表明，只有在自由能最小、熵最大的状态下才有稳定的原子结构存在，才有现实之物存在。熵最大不是系统死亡，而是结构性存在从可能性依必然性演变为现实性，是从混沌到有序的演化，其建设性意义是新的物质结构存在的创生。不只是分子结构，而是一切物质系统的运动、一切结构层次的生成都受熵原理支配，都在不可逆地奔向它的内在目的性即熵最大的稳定结构。当然，一切物质都是相对性结构存在，并不存在一切物质趋于绝对稳定结构的宇宙衰老或死亡这回事。宇宙是有无相生中永恒运动的，支配物质结构稳定性的是能量定律，把物质存在绝对化并基于质能二元分裂理论去说宇宙自由能绝对减少是不成立的。在宇宙大爆炸的早期阶段，无物质结构时无自由能，怎能说宇宙中自由能在绝对减少呢？

第三，熵原理给出了物质世界统一性的最基本理解。为什么复杂性统一之物是由如此这般的层次结构自下而上演化而来的，是因为熵原理。在普遍联系和相互作用的物质世界中，一个层次的稳定物质结构生成并稳定存在的必要条件是它的结合能必须大于与之相互作用的外部环境的自由能，这正是我们理解宇宙基本结构、太阳系结构乃至地球生命圈结构的最根本依据。在更普遍意义上，熵状态是我们理解和预言物质结构的基本依据，我们根本不会幻想熵极小、自由能极大的恒星上会有复杂生命结构产生，在100摄氏度的环境下复杂生命结构不可能稳定维持。我们的产生和世代生存应感恩于自然演化形成的地球稳定的高熵、低自由能状态，唯此复杂生命结构才可产生和生存。为什么唯能论者如此片面，总是把低熵当作福音，把高熵当作末日呢？这是质能二元论和片面功利主义结合诞下的怪胎。有之以为利，无之以为用，质能相统一的现实世界只有在质能统一性意义上才能得到理性理解。

至此，物质世界复杂性演化的内在机制找到了，有序无序的幻象消除了，熵不可逆性的建设性意义已经昭然大白。熵原理是支配物质客体相互作用能量状态的普遍必然性运动规律，它的普遍必然性赋予各层次相对性宏观物质存在以合内在目的性的现实性意义，熵原理就是物质世界多样而统一有序的第一原因。我们终于接近物质世界思考的尾声，可以对物质世界统一性作出归纳了。

注释

①程守洙、江之水主编，胡盘新等修订《普通物理学》，北京：高等教育出版社，1998年第5版，第1册，第377—378页。

②伊·普里戈金、伊·斯唐热著，曾庆宏、沈小峰译《从混沌到有序》，上海：上海译文出版社，1987年第1版，第162—163页。

③同上，第317页。

④同上，第310页。

⑤同上，第313页。

⑥同上，第330—331页。

⑦程守洙、江之水主编，胡盘新等修订《普通物理学》，北京：高等教育出版社，1998年第5版，第1册，第386页。

⑧杰里米·里夫金、特德·霍华德著，吕明、袁舟译《熵：一种新的世界观》，上海：

上海译文出版社，1987 年第 1 版，第 33 页。

⑨彼得·柯文尼、罗杰·海菲尔德著，江涛、何守平译《时间之矢》，长沙：湖南科学技术出版社，1995 年第 1 版，第 171 页。

⑩伊·普里戈金、伊·斯唐热著，曾庆宏、沈小峰译《从混沌到有序》，上海：上海译文出版社，1987 年第 1 版，第 292 页。

⑪彼得·柯文尼、罗杰·海菲尔德著，江涛、何守平译《时间之矢》，长沙：湖南科学技术出版社，1995 年第 1 版，第 171 页。

⑫同上，第 172 页

⑬伊·普里戈金、伊·斯唐热著，曾庆宏、沈小峰译《从混沌到有序》，上海：上海译文出版社，1987 年第 1 版，第 167 页。

⑭程守洙、江之水主编，胡盘新等修订《普通物理学》，北京：高等教育出版社，1998 年第 5 版，第 1 册，第 381 页。

⑮伊·普里戈金、伊·斯唐热著，曾庆宏、沈小峰译《从混沌到有序》，上海：上海译文出版社，1987 年第 1 版，第 28—29 页

⑯同上，第 344 页。

⑰同上，第 166 页。

⑱彼得·柯文尼、罗杰·海菲尔德著，江涛、何守平译《时间之矢》，长沙：湖南科学技术出版社，1995 年第 1 版，第 170 页。

⑲同上，第 174 页。

⑳伊·普里戈金、伊·斯唐热著，曾庆宏、沈小峰译《从混沌到有序》，上海：上海译文出版社，1987 年第 1 版，第 304 页。

第九章
统一的物质世界

引　言

【提要】以结构为形式，以能量为本性，以普遍的能量最小原理为内在机制，以熵原理为物质世界结构演化的特定能量作用规律，就能建立质能统一性物质世界的具体理解。

一、物质客体是“高以下为基”的多层次结构性存在，是“一生二，二生三，三生万物”的结构复杂性演化构成的，质子、中子、电子生成原子是“三生万物”的现实意义。物质世界从微观到宏观到宇观是内在统一的，这种统一性必须从结构统一性去理解。

二、永恒生息运动的物质世界是依必然性的内在目的性演化的动态统一性存在，推动其演化的力量就是能量，揭示物质客体系统自由能运动的熵原理是其演化的普遍支配规律，它把质能统一性的物质世界从本质上构建为统一完美有序的世界。

三、现实的物质存在是质能统一性的，物质世界的本性是能量，物和结构及运动不可分割，对物质世界更深刻的本质理解在于力即能量本身，在于势能及引力的更深刻而具体的认识本身。势能其实是引力能量子作用的抽象，支配统一物质世界的宏观、宇观结构演化作用的是引力，由引力统一场进展到势能统一分布则由抽象回归具体，对理解质能统一性的具体自然应具有更现实的统一性意义。

能量一元论超越物质一元论的重大而现实意义在于得到物质世界统一性的具体理解。纯粹能量世界是无结构的混沌，从混沌到有序并向越来越有序复杂结构演化的自然界才是人感性尺度的现实世界，但只有在质能统一性的理性认识中物质世界才是依必然性达到其内在目的性的完美存在。我们从物质实体是有质有量的空间性形式实体存在这一本质规定性开始，揭示了物质存在即结构的意义，探讨了物质结构演化的内在机制与制约它运动演化的能量运动定律，解决了科学史上一直悬而未决的物质世界无序演化和热运动熵产生不可逆增长带来的宇宙热寂这两个最基本问题，揭示了熵原理作为最小自由能定理的特殊陈述形式及它对物质世界复杂性结构演化的建设性普遍意义，由此就有足够的理由把物质世界理解为统一有序的多层次具体结构性存在，把它的创生、存在和运动看作是按照熵原理不断从简单到复杂演化的统一性过程，这就从总体上完成了物质世界的统一性归纳。我们无须再谈熵色变，不必再为热平衡的不可逆性恐惧，我们所要做的是尽可能“道法自然”去生存。

世界统一性原理的物质世界统一观是对物质世界的理性统一性认识，这包含牛顿经典力学基于引力描述的物质世界抽象统一观，但又超越了它，从而超越了抽象，得到物质世界具体的统一性理解，所以这又是能量一元论宇宙观对物质一元论的二元论宇宙观的超越。能量一元论和熵原理支配其运动演化的物质世界不再是一个封闭且不可逆演化的孤立系统，而是质能统一的现实性存在，是相对的而不是绝对的存在。物质世界是一个开放的统一整体，只有在不断能量交换中运动演化着的物质世界才是活生生的现实物质世界，才既不是冷冰冰的齿轮和螺丝钉构成的循环机械，也不是不断丧失自由能而越来越无序的世界。在能量运动和转换规律支配下，物质世界展开了从简单到复杂的演化过程。在人的宏观尺度上，我们把经验中可感觉的物质客体结构称为物，而可感觉之物是由人的感觉无法直接观察的微观实体粒子结构组成的。亚里士多德把物质看作是连续可分的，但泰勒斯关于世界万物本原的猜测以及在此基础上建立起来的古希腊原子论为物质世界的统一性认识提供了逻辑起点，并构成了西方文化主流的物质一元论宇宙观。对这一物质世界起点的认识首先是人类科学对物质结构认识的主要任务，它推动了人类对物质微观世界结构的认识并提供了物质世界统一性的基本说明。但由于物质一元论的二元论本性，仅在物质实体粒子自身构成的封闭系统中追求对物质实体的“自洽”性解释是不可避免地陷入悖论的。微观世界结构还原本来在逻辑上是揭示越来越普遍因而是越来越简单的基本具体存在，但我们在科学上发现了越来越庞大的“基本粒子”家族，这对物质世界统一性逻辑而言似乎是难以理解的。所以，还是必须从能量一元论出发，按照玄学理论“道生一，一生二，二生三，三生万物”的逻辑，才能得出对物质世界微观与宏观统一性的合理解释，并在此基础上理解更为复杂的天体结构，包括黑洞以及更大规模的物质独立结构的存在，达到对物质世界从微观到宇观的统一性合理说明。

物质客体不是永恒的存在，它是结构性演化生成的，因此也是永恒地演化运动的。静态结构的物质世界只是一种理论上的抽象，具体的物质统一世界是在生生息息中演化着的存在。它的最深刻的统一性并不是一切实体结构的空间性集合，而是多样性的统一，即支配着物质世界永恒运动不断演化的最基本的、最普遍的必然性规律，以及最普遍规律不断展开的具体形式，这就是广义能量守恒定律制约下物质世界能量运动的具体形式，即能量最小原理、最小自由能原理及能量均分原理。从物质结构及系统的意义看，这就是普遍的熵定律，甚至隐含着达尔文进化原理。正是这些最基本的定律和原理的统一性在思维和逻辑中构建了多样性物质世界的统一性，从而我们能有根据地把物质世界合理地解释为从无中生有、从简单到复杂的有无统一演化过程。支配宇观物质结构演化的能量定律是引力定律，要得到在引力定律支配下物质世界的统一性描述，其高超的智慧之一是以描述自变量形式描述引力的普遍作用，在动力学描述中消除引力作为力的相互作用，实现整个物质世界作为统一的惯性系描述，这就是广义相对论的统一场论及其引力时空描述形式的深刻意义。没有统一场论，仅从各向同性平直空间去思考宇观物质统一世界是不成立的，不摆脱空间无限性的宇宙先验地是不可知的。

建立质能统一性物质世界理解框架开启了物质存在及运动认识的新里程。物质世界那些非常基本的问题在更加开阔的视野中应有新的认识进展。最基本的首先是当年泰勒斯的那个“本原”和德谟克利特的“原子”，这虽然不是绝对存在，但在实体意义上仍是物质世界起点的“皇帝子”。

其次是对引力本性的认识。牛顿引入引力只是一种假定的描述手段，而引力却应该是物质世界相互作用和演化的基础，是能量宇宙的背景，因而是真正绝对、普遍的形而上和形而下相统一的存在。第三是在统一场论描述下势能从相对性描述到绝对性描述意义以及能量最小原理的最普遍演化作用问题。

第一节　物质世界的结构统一性

一、物质世界结构统一性的意义

自从米利都的泰勒斯提出“水是构成物质世界万物的本原存在”的猜测起，人类对世界的思考从科学上升到理性统一性即哲学的思考。因为本原存在不仅是一种具体实在，而且是赋予整个感性世界以统一性解释的最普遍的具体存在，由此产生了世界统一性命题，所以这是哲学创生的标志。从这一本体存在论哲学创生之日起，它追求的就是从对物质本原存在探索中得出世界统一性有客观性根据的解释。对本原的不生不灭以及万物生于斯、毁灭回归于斯的感性具体实体理解中，必然得出绝对物质观的物质一元论统一世界理解。世界的统一性和物质的统一性同一，物质世界作为结构性存在，由本原存在作为构成一切实体存在的最基本元素终止了无限后退的物体解构还原，使物的统一性认识成为具有现实性的可能。因此，物质一元论宇宙观的物质世界是一个自洽的、孤立的世界。

但是，世界统一性原理是能量一元论的宇宙观，最普遍的世界是由能量构成的，物质客体只是能量转换产生的特定客体存在形态，在最普遍意义上它首先是能量，在特定的物质客体规定性意义上它才是物质，这就是爱因斯坦质能关系最深刻的意义。能量一元论超越物质一元论的最直接根据是在宇宙中只有能量是永恒的，而物质质量的守恒性只是有限的真理，没有绝对普遍性意义。质量不守恒已经在科学上对物质不灭定律绝对性证伪。在否定了物质一元论的科学和经验的基础后，再坚持物质一元论就缺乏正当理由了。哲学唯物主义几千年来对人类认识的发展特别是对物质结构的认识和思考具有重大意义，但由于它具有不完备性而始终带着极大的历史局限性，最后成为人类对最普遍世界认识的束缚力量。当我们用质能同一性、物质热辐射和热吸收是热运动、电磁场是物质这些观念甚至科学知识来认识和解释世界时，这种局限性就显露出来了。物质一元论的局限性主要体现在绝对物质观，即把本原客体作为不生不灭的感性实体存在，这是哲学唯物主义无法摆脱机械论的根源。物质存在绝对性的结果是物质是孤立、自洽所以也是冷冰冰的孤独存在，它根本无法真正揭示生机勃勃而普遍运动着的物质世界。辩证唯物主义用黑格尔的逻辑辩证法来改造机械唯物论以克服机械论思维，但最终结果也只限于思考客体世界的认识论问题，根本没触及自然哲学本体论问题。迄今为止，在自然哲学本体存在论中，人类的认识即唯物主义在理性上并没有超过泰勒斯的水平。辩证唯物主义坚持物质世界普遍联系和永恒运动，坚持物质是运动的物质，运动是物质的运动，运动和物质不可分割，但这只是哲学史上旧唯物主义独断论的信念，而非统一性的合理解释。我们需要的是从根本上理解物质世界运动的原因，而不是仅承认运动现象；我们不接受的是把物质作为运动原因的解释，不接受物质和其运动状态绝对分立从而产生熵垒的宇宙理解。存在和运动绝对分立是哲学唯物主义传统的西方文化中上帝信仰根深蒂固的重要原因，即哲学唯物主义与上帝终极推动是相容的。从根本上质疑和动摇上帝信仰的，不是唯物主义而是自然科学的新发现。另外，近代西方哲学唯物主义又坚持自己是科学的，从对世界统一性思考还原为有限的知性真理认识，辩证法也就成为知性认识即科学认识的形式逻辑了。但是，大浪淘沙，一百多年的历史经验证明，黑格尔把辩证逻辑作为科学知性认识全体真理的结果是彻底断送了智慧的辩证思维，人们发现既不能证真又不能证伪的科学辩证思维对世界的科学认识而言纯粹是独断和诡辩，二十世纪末二十一世纪初的一个重要现象是黑格尔及其辩证法像黑格尔时代的莱辛那样成了死犬。这对辩证法是很不公平的，对辩证逻辑的误解和乱用的过错不在于辩证法本身，根源还是在于绝对物质观本身，因为它所设定的前提在逻辑上就先天地决定了这是一种二元论的宇宙观，是存在和状态各各自洽的绝对存在的二元论，所以想依靠辩证法来把二元统一为一元是不可能的。如果不把唯心主义辩证法理解为关于主体精神文化认识世界的本质存在论，不把唯物辩证法理解为本体存在和本质存在、客体统一性和主体统一性、唯物论和唯心论的统一，还像柏拉图传统的旧哲学那样把唯物论和唯心论当作本体存在的对立理解，只止于用存在即物质去置换存在即思维，哲学唯物主义对唯心主义辩证法的改造结果就不是挽救唯心主义和发展了唯物主义，而是断送辩证法理性统一性本质，使之还原为客观真理认识的知性有限思维方法。

从能量一元论出发理解客体世界，把客体存在和客体状态存在统一起来，对客体在能量转换中转化为物质客体状态性存在现象，通过存在者与存在者状态的统一关系得到合理解释，因而在自然存在意义上有根据地解释了物质世界运动演化的根本原因，唯此才是彻底一元论的本体存在论哲学。在能量一元论宇宙中，物质客体不再是绝对的存在，而是生生灭灭、变化不息的相对的存在。无中生有，能量客体在特定边界条件下转化为特定的实体结构性存在，物质客体只是能量客体的特定存在形式，物质只是普遍宇宙存在中的一种特定存在形式，物质世界只是普遍宇宙世界中的一个特定规定性世界。正是这种特定世界存在，决定了它是一个时空中开放、有限的相对世界，不是孤立而无限的绝对世界。物质世界的有限性和开放性才能从根本上解释物质世界运动和复杂性演化的根本原因和推动力量，从而得到物质世界的统一性理解。物质世界不再是孤立而冷冰冰的，也不是自身决定自身的永恒运动，而是有原因、有规律的必然性过程。没有能量一元论，就没有基于一元论意义上物质世界的统一性理解。物质世界的统一性是在质能统一性关系基础上的统一性，是在“有之以为利，无之以为用”的相互作用中，在能量运动普遍规律支配下，物质世界的创生、复杂性演化的统一性过程。现实自然界是在普遍而绝对、永恒的有无相生中演化的。

物质客体作为特定形态的能量存在的根据在于它的特定规定性，也即物质之所以为物质的本质规定性，这就是“有”的本质。“有”就是有量有质有形，所以质量是物质之所以为物质的本质规定性，物质实体是质能统一的结构性存在。质能统一性的另一等效陈述就是质量统一性，质是物的本质，量是能量的本质，自然界质不守恒而量守恒，能量才是绝对存在，质量相统一的物质只是特定的、相对的存在。物质实体是质和量统一的空间实体结构性存在，我们用惯性质量和引力质量来描述和规定物质客体，物质客体的特定性就特定在惯性质量和引力质量上。非物质的能量客体是不能用引力质量和惯性质量来描述，即不能作为动力学描述对象的。动力学是物质世界相互作用的理论，但它对能量子运动描述是无效的。正是物质客体相对性的本质，决定了描述物质客体运动的特定动力学描述一定是相对性描述，一切动力学的科学描述只具有相对描述意义，即动力学的速度一定是依赖于相对性空间参考系的，无论在知性还是感性意义上，在存在还是运动演化意义上，物质客体和空间形式都不可割裂。物质客体的规定性除了引力质量和惯性质量描述外，还有感性和知性相统一的形的规定性，即质的实体存在的具体空间规定性。所以，作为具体的实体存在，物质在本质上又是空间性存在。任何抽象的质一定以空间性实体形式表现出来。从认识发生学意义上说，空间性先于质量规定性认识，物质概念的基础是可感性经验之物，对感性经验的空间唯一性之物的科学抽象归纳出它的引力质量和惯性质量，据此才有了普遍的物质概念。对物质的形和质的规定性，我们作最普遍的概括：空间性，或空间结构性。物质结构性不是指抽象的逻辑结构，而是具体的空间性结构描述，物质即实体的根据是物质存在即结构。所以，对物质客体而言，存在即结构。基于物质客体相对性本性以及普遍联系和相互作用，物质世界是一个结构的世界，物质世界的统一性就是结构统一性问题。

一般意义上，结构分析是静态的共时性分析，过程分析是动态的历时性分析，静态分析是抽象，动态过程分析才真正揭示具体的存在，即存在总是过程中的存在。怀持海坚持一切都是过程中的变化，只有这种变化本身才是绝对不变的。这种观点对于物质结构而言有一定道理，但并不全面，而是极具片面性。在科学知性认识意义上，我们当然可以对物质世界作静态结构抽象思考和描述，但在理性统一性意义上，物质的结构也是具体的现实命题。物质世界生生灭灭，运动不止，演化不息，物质客体不能永恒，结构不能一成不变，否则就会与它作为相对性存在的规定矛盾了。但所谓生灭演化并不是瞬息万变，而是在必然性规律支配下的规则运动和演化，是在结构稳定性和结构复杂性相统一意义上的演化。对物质存在即结构而言，它指的不是永恒结构，但也不是幻灭的结构，而是稳定性结构。只有稳定性结构，我们才称之为物质结构，只有稳定性结构才能解释物质结构从产生到复杂性演化的真实过程，只有基础结构稳定性才有产生更高层次的多样性结构的可能性，更概括地说，只有稳定结构才是达到内在目的性的现实之物的存在，仅从生息变幻去理解万物世界是弱智的。所以，对能量而言，它的本质意义在于它的永恒而绝对运动；而对物质世界而言，它的本质意义则在于它的稳定性实体结构。只有在我们感性经验可感觉、可观测条件下具有稳定性结构的物质对我们才有意义。所以，物质结构思考不能仅停留在抽象的静态分析意义去理解，要把对物质结构演化中稳定结构的存在和演化规律作为重要命题，并以对之的认识为基础归纳出物质世界具体统一性的理解。物体之为相对性存在有其充足根据，即每一个相对性存在都是达到其内在目的性的具体现实性存在，唯此多样变幻的物质现象界才是本质上有序完美统一的现实世界。

综上所述，物质世界的统一性问题首先归结为它的结构统一性问题，即在把物质世界理解为普遍世界中具有质、形规定性的空间性特定世界的基础上，它在能量转换和作用产生的普遍联系和相互作用中的运动归纳和概括为从简单到复杂的结构演化运动，从而在逻辑上有根据地把物质世界揭示为一个在自然必然性规律支配下不断从简单到复杂地演化乃至生命世界的进化过程，是微观、宏观、宇观不同层次的相对性具体存在。所以，结构统一性思考是物质世界统一性思考的逻辑起点。

物质世界结构统一性认识对物质世界的具体认识具有决定性意义。几千年来在绝对物质观支配下，物质世界认识的目标在于追求永恒的本原物质实在，但物质客体的经验及科学认识总是给出物质绝对性是无法证实甚至是无解的答案。从能量一元论观点看，物质无限可分的逻辑是不成立的，至少是不可知论的，而这和一元论又是矛盾的。当我们把物质客体作为相对性结构存在去认识时，就不存在无意义的绝对实体问题，从永恒的虚幻追求回到真实具体的稳定性结构追求，从天国回到自然世界。稳定结构的相对性物质存在的统一性才真正揭示了现实世界复杂多样性的统一，才能对具体物质世界给出解释和说明。因此，物质世界的统一性意义就应从传统的绝对永恒实在追求回到稳定结构的统一性认识中来。

二、物质的微观结构统一性

自从泰勒斯提出世界万物本原的猜测，人类开始了对世界统一性的思考，微观物质结构的思考就是人类认识的最基础命题，由此产生了古希腊的原子论，推动了近代自然科学对分子、原子结构的发现，并不断推动着向更深层次物质结构探索的追求。有人戏称近代科学实质上是对物质机器不断拆零。其实这并无可非议，拆零没错，不拆零才不会有对物质结构认识的任何进步，还会停留在德谟克利特及伊壁鸠鲁的想象原子或莱布尼茨的单子之中。至于拆零后如何理解物质结构层次的统一性，那是与拆零即物质结构还原分析相统一的另一个问题了。所以，必须充分肯定对物质微观结构还原认识的重大意义，这始终是物质结构认识的基本问题，一切简单微观结构是更复杂结构的根据。所以，物质微观结构的统一性是物质世界结构统一性的基础性问题。

微观世界的“微观”意义是什么呢？所谓“观”是认识意义上的。用古希腊哲人的话来说，人是万物的尺度，人从人的尺度出发对世界的认识描述就是人的“观”。在古希腊科学认识手段匮乏的条件下，微观是人的感性尺度无法直接感知的世界，所以它只带有猜测的成分，微观概念就并不是古希腊人的普遍描述概念，因为那是人类还没有达到科学知性的微观认识的时代。但限于感性经验认识，微观对于古希腊哲人又是不可检验、不可观的。既没有经验意义又没有科学测量描述意义时，古希腊没有微观概念。泰勒斯的万物本原是微观意义的，但它的来源不是直接的微观知识，而是从客观的水的经验认识中猜测得出的。我们今天可以把泰勒斯的本原、德谟克利特的原子理解为微观意义的存在猜测，但这种确定性的微观描述意义是我们赋予的，不是古希腊人的。微观概念不是来自感性经验，它是近代科学对物质分子、原子以及更深层次结构得出客观认识后才产生的。它又不是严格的科学概念，而是对物质元结构科学分析对象的一种定性描述，它的直接意义可以是对物质实体空间尺度的一种界定。

对微观物质结构而言，除了对象的空间尺寸的直接意义，它的更深刻意义是结构的规定性。可以认为它尺寸很小，是我们无法感知之层次的物质结构，但更合理的解释是物体的基本元结构。仅从尺寸大小去描述的微观结构只具有相对描述认识意义，从元结构去描述的微观结构则具有存在和认识相统一的意义。因此，世界统一性原理认为，统一物质世界的微观结构不是指一切微观粒子的集合，而是指构成物质世界的基本元结构，即我们在物理学中所说的“基本粒子”。从这一意义来看，古希腊的原子概念在逻辑上并不是物质世界的微观结构。近代科学在发现原子结构时，称之为原子就是基于认为它是物质世界的微观结构的理解。但从原子结构深入到核和电子结构及原子核的质子、中子结构以后，再把原子结构看作物质基础元结构就值得商榷了。在粒子尺度上，分子、原子甚至生命物质的细胞都是微观的，但在物质基础元结构意义上，它们都不是构成复杂性物质的基本元结构，最基本的理由在于很多原子集合自身已经是宏观之物本身。铜是元素，是原子，是分子，也是感官可感知之物。按照老子有生万物的逻辑，原子是万物层次的，不再是有层次的基本粒子结构了。因此，世界统一性原理从物质基本粒子结构去思考微观物质结构统一性，只考虑基本粒子领域的统一性结构关系问题。

基本粒子是物理学研究的科学前沿领域，微观物质结构的统一性思考就是要对这个领域的科学成果认识得出统一性的解释。这种解释是逻辑和意义上的，不是科学认识本身。在现代科技条件下，基本粒子的研究已经不是纯粹的理论问题，而首先是实验问题。微观物质结构的研究除了一些宇宙射线中的观测和分析之外，主要还是依靠高能加速器去产生巨大能量进行撞击实验来研究基本粒子的结构。目前人类世界中只有少数几个实验室具备这种条件。所以，基本粒子结构的科学研究只是非常少数的那些尖端科研机构和领先的科学家们才能涉猎的领地。对此，形而上学的理性统一性思考除了拾人牙慧之外能有发言权吗？这种担心是不必要的。非但粒子物理学，任何科学领域都不能从形而上学的逻辑去得出科学真理认识，否则就会重复用黑格尔辩证逻辑去证明科学对错的真理论证那种低级错误。统一性认识思考的是科学真理认识的统一性关系问题。微观基本粒子层次物质结构的科学认识同样需要从统一性逻辑思考。溯本追源，基本元结构的探索正是在最早的统一性形而上学逻辑基础上猜测和假设而开始的。当它从猜测进入实证科学领域并取得长足进步以后，统一性逻辑非但没有过时，而是更有现实意义。微观物质结构的统一性关系是世界统一性认识的最基本问题，否则世界统一性就是空话，微观物质结构的科学认识也会迷失方向。康德那句至理名言是深刻的：理性无知性则空，知性无理性则盲。

首先，微观物质结构的逻辑统一性关系应如何理解？西方微观物质结构的思考从本原概念开始，它直指物质世界的终极元结构。但每一次认为元结构被发现后又证实为并非不可分的终极元结构，多次反复之后的归纳是所谓"基本粒子"一点都不基本，它已经不再具有本原存在之意义，最终导致的是对本原可知性的怀疑即物质结构无限可分的观念，这肯定是不符合逻辑的。所以，西方近代科学进步并在物质微观结构的科学认识上取得了一次又一次突破性进展，但对这一领域的统一性逻辑认识是极不完备的。对于中国传统文化而言，它缺乏知性科学内涵，对世界的客观认识基本上局限于有术无科、有经无学的基于感性认识的唯象统一理论描述，没有达到对客体世界普遍有效必然性真理归纳的水平，所以对物质结构的微观认识只能停留于思辨而无法成为科学。我们的微观物质结构认识基本上是从西方文化中传播过来的，并在现代才成为普及的科学知识和对世界认识的基本观念。但是，中华民族在物质微观结构探索中的科学贡献甚微，并不决定它在微观统一性逻辑思考中同样是匮乏的。真正地说，如果能悟出两千多年前老子玄学世界统一性理论的意义，就同样能对微观物质世界的统一性得出非常深刻而智慧的理解。玄学统一性理论中对微观世界统一性的解释，依然是最具智慧的，并且从这种逻辑去理解当代微观物质结构科学认识的统一性具有非常现实的意义。

老子玄学理论的微观物质结构理论主要包括两层意义："一是万物生于有，有生于无"；二是"道生一，一生二，二生三，三生万物"。老子这些智慧之言已经成了几千年的经典，但如果只停留在纯粹形而上学抽象思辨中，并不能给后人多少实在的信息意义。如果把玄永远局限在变幻不定和不可识之中，则我们得到的信息意义永远接近于零。只有结合现代微观粒子科学认识，才能悟出它的深刻意义，玄学统一性才回到现实世界而不是纯粹玄空之谈。所以，我们必须从经验科学真理认识基础上去理解玄学微观物质结构理论的统一性意义。

“万物生于有，有生于无”的逻辑包括世界由无客体产生有客体与复杂性万物的统一性逻辑，在此只讨论“万物生于有”的现实意义问题。老子赋予有区别于普遍实体存在意义，这是玄学之有和西方哲学之有的本质区别。玄学之有不是全体实体，而是全体实体中具有特定规定性的实体结构，否则把有和物同一又说有生万物，那就变成有生于有的同义反复了。有与物的区分似乎并无形而上学意义，但从现代科学知识看来是极具智慧的。物是复杂性的统一，而有是复杂性之物的基础结构，尽管它们都是实体性存在，但有是最简单而基本的普遍性存在，物则是多样性的世界。由这一理解中我们可以悟出“基本粒子”的含义和意义。按照这一逻辑以及物质微观结构真理认识，物质的原子就是物而非有的范畴，原子就是物的起点，非电中性的原子核也是物的半成品而非有的范畴，元素之物的具体规定性是原子核的具体规定性。于是，物质微观、宏观的结构的划分就有了结构上的现实意义，而这正是统一性原理所追求的。

“一生二，二生三，三生万物”则是物质结构从微观向复杂性宏观之物演化的统一性逻辑，这和西方追求终极本原存在的目标是一致的，即物质世界从“一”开始。道生之一和西方的本原之一都是物质世界最普遍的具体存在，它是一切实体存在，它就存在于一切物质结构之中并作为元结构存在，非一的存在是它的结构性存在。但西方文化从一与多的统一性关系理解复杂物质世界，而玄学理论用一、二、三和多的结构统一性关系去描述物质世界从简单到复杂的演化。如果回到现代粒子物理学的科学认识，纵观基本粒子不断随认识深化而变得不再基本的历史，不得不承认玄学理论的结构统一性描述比起一与多的统一性描述具有更深刻的现实意义。我们至今仍然可以这么认为，两千多年前老子玄学的微观世界统一性逻辑依然是这个领域最完备的逻辑理论。

其次，如何从玄学微观世界统一性逻辑去理解现代粒子物理学的科学真理认识成果，从而得到微观粒子结构科学认识的统一性理解？完美的抽象逻辑认为物质世界从最普遍、最简单而无内在结构规定性的“一”开始，从简单到复杂，按照排列组合的多样化复杂性规则演化出多样化的物质世界。物质微观结构科学探索虽然总是以求“一”为己任，却一定是与它的演化过程相反的结构还原过程，即只能从多到少从而最后趋于一。一是物质结构演化的起点，却是结构科学认识的终点。至今为止我们还没在科学意义上找到一，甚至对此还不能持所谓“谨慎的乐观”态度，但从玄学理论的逻辑看，如果把原子结构作为万物的开始，作为最简单的物质复杂结构，则可以得出“三生万物”的科学解释。原子由原子核与核外电子组成，但原子核不能作为逻辑上独立的基本结构，因为核已经具备原子的雏形，原子核只是一类结构的统称，而不是一个同一的结构，某物之为某物的区别正是由核决定的。有多少原子结构就有多少核结构，所以原子核是物而不是有，是由有而物的不稳定中介结构。原子核由质子和中子组成，不管有多少核，质子和中子都只有两种，构成核之物才真正具备“有”这一基本粒子结构的意义。所以，把质子、中子和电子看作复杂性结构万物的基本元结构是合逻辑的。玄学的“三生万物”对现代科学认识而言，就是质子、中子和电子的不同排列组合产生了复杂性的物质结构。

但是，由三往二这一层次分解还原的科学发现就与玄学微观结构逻辑大相径庭了。在质子、中子层次以下的微观结构基本粒子是一个兴旺的家族，现在粗略估算已经发现四百多种“基本粒子”。由四百多种粒子组成质子、中子、电子是不可思议的。同时，在科学上也没有建立起质子、中子、电子与这几百种基本粒子的结构关系。对此，只能根据“一生二，二生三”的逻辑作出猜测和解释。一是构成二的元结构，它的科学认识当然还没有完成，但它在逻辑上是最简单的，是可以设定的。我们可以根据当前的认识水平，把“一”设定为夸克，那么由夸克到质子、中子、电子的结构演化中间有玄学界定为“二”的基本中介结构。问题在于庞大的基本粒子与“二”之间如何得到统一性理解。基本粒子家族是科学发现，这是客观事实，但我们必须对这些“基本粒子”分类。一是必须把“二”限定于构成质子、中子、电子的实体元结构。所以，基本粒子中的虚粒子并不在“二”的范畴；二是“二”必须是具有稳定结构的实体粒子，而粒子家族中那些并非具有稳定结构的实体粒子只可以视为由“一”到“二”演化的中介形态结构，并不具有“二”的意义。“二”必须以稳定结构形式作为质子、中子、电子下一层次的稳定结构，存在于一切物质原子的更低层次结构之中，这才是生“三”之“二”。所以，“二”作为物质演化第二层次的基本粒子结构，最终只能由科学实验来发现和证明。当然，也不排除这样一种牵强的解释：“二”不是指两个而是两类由一结构而成的结构。这在粒子家族中称为费米子和玻希格斯色子，它们的性质完全不同，是基本粒子的两个大类。真正的答案并不在逻辑之中，而在科学找到它实实在在的结构形式的证据。但由复杂到简单作为结构还原的逻辑，在微观粒子领域也是必须成立的。否则，结构还原不是得到普遍的具体存在，而是更加多样化的具体存在了。玄学的抽象微观结构演化理论是合乎逻辑的。

最后，可以得出物质微观结构统一性的一般理解：能量子本原客体在宇宙演化的一定条件下转化为具有静止质量和相对性空间结构的最基本实体粒子，老子称之为一，现代科学猜测和探索中命名其为夸克。夸克在一定条件下结合为两个（或两类）稳定的结构，并由之进·步结构演化而产生了稳定的质子、中子和电子结构，这些微观实体结构的复杂性排列组合产生了万物的原子核及原子结构，物质世界从微观粒子向宏观之物演化，向多样性演化。微观结构揭示了多样性万物之世界的统一性。所以，必须明白，所谓“一”“二”“三”这些基本粒子结构并不只是实验室的宠儿，而是最普遍或极普遍的物质实体结构性存在，它们必须以不同层次稳定结构存在于我们称之为物的一切实体存在的深层结构之中。粒子物理学作为前沿科学，就必须回答“一、二、三是什么”和“为何是如此这般稳定存在”的问题。回到能量一元论的宇宙及物质结构演化理论，我们可以断言，物质从最基本层次向复杂性演化是能量最小原理在支配，它决定了物质各层次稳定结构之所以存在。从另外的意义说，任一层次稳定结构存在的充分理由在于它的结合能大于更高层次的结合能。上、下两个层次结构的结合能一般具有几个数量级的差别。所以，由现有基本粒子的结合能可以对更基本层次的基本粒子的结合能作出基本的判断。夸克的结合能是最大的。质子、中子、电子的结合能小于夸克，也小于“二”基本结构，但它比原子核的结合能还要大几个数量级。正是这种结合能自高而低的规律，决定了物质结构是复杂性的统一，不同结合能的结构作为不同层次的实体元结构统一存在于宏观事物之中。正是这种结构能的性质，决定了下一层次结构是更高层次元结构的必要而不充分条件。物质世界正是在自由能不断降低的演化过程中，提供了结合能更低的物质结构稳定的条件，实现了“一生二，二生三，三生复杂的世界万物”的从简单到复杂的多样性演化过程，由微观到宏观，演化出了多样性统一的物质世界。在结构统一性意义上看，熵原理从微观结构开始就支配着物质世界的演化过程。

有和无的统一、有的微观统一思考的最基本原理是质能统一性。爱因斯坦的过人智慧就在于从能量去思考质量，物质核聚变、裂变的质量损失揭示了质能统一性理解对微观世界的深刻意义。“无生有，一生二，二生三”的微观演化过程只有在重新认识质能关系基础上才有可能得到突破性的认识。把微观世界变成多样化基本粒子构成的世界情理不通。哲学家不能代替科学家去断言现实的微观之“一”“二”是什么，科学家也不可能颠覆“无生有，一生二，二生三”的形而上学法则，否则，微观领域涌现出越来越多诺贝尔奖的意义是对之得到越来越复杂无序的理解，这就是“知性无理性则盲”的原因。

三、宏观世界的结构统一性

从微观进入宏观物质世界时，这里的宏观依然是从结构而非纯粹空间尺寸意义上而言的，即它是指非基本粒子结构的一切复杂性物质结构，亦即从物质原子开始的一切复杂性结构。所谓宏观世界物质结构统一性的宏观包括空间意义上的微观、中观、宏观乃至宇观，它要揭示的是复杂而多样化之物的世界统一性。

与微观物质结构相比，宏观物质世界有它的特征：

一是多样化特征。从物质基本元素的百余种单原子核及其同位素的核素开始，在核和电子的稳定电中性结构中产生了最基本的上千种多样性之物，在此基础上随着物质结构层次的增加，宏观之物的数量以指数级数暴涨。这是由排列组合数的规则决定的。所以，随着物质宏观结构的增长，我们看到的是物质世界的多样化特征的不断强化。当演化到生命结构这一最复杂层次的物质结构时，多样化达到了登峰造极的地步，即已经多样化到了个性化结构的极限状况，这就是莱布尼茨所说的“世界上没有两片相同的树叶”所揭示的意义。多样化作为物质宏观结构显著特征的意义，在于我们对世界的认识从感性开始。由于对世界多样化的认识是从人的感性尺度开始的，多样化是物质世界复杂性演化的高级阶段，个性化是多样化的极限形式，我们对自然的认识就是以多样化为起点，从多样化中寻找统一性，从而形成从个别到一般从而达到普遍及最普遍认识的必然过程。

二是变幻不定的特征。我们经验到的宏观物质世界是变动不居的，与我们几千年来追求的永恒的物质存在相去甚远。柏拉图根本就不把这种变动不居的存在作为存在，而是说它们是既存在又不存在。我们说物质存在即结构，而且从熵的意义看是指稳定结构，但一切稳定结构都只是相对的稳定存在。这是合乎逻辑的，否则就没有物质结构统一性演化之说了。演化是既创生又毁灭的两种过程的统一，所以物质结构是生生息息的，从而在感性意义上是变幻不定的。并且，从结构的意义看，越复杂、越是结构演化链顶端的物质，其结构就越不稳定，越变幻无常。这种变幻无常的规则其实是结构演化的能量原理在起支配作用，也只有这种后生先灭的生生息息的规律才决定物质结构是从简单到复杂的过程，才赋予物质不同层次结构统一性的意义。从这种统一性思维的逻辑，我们可以断言，在物质世界的演化中复杂生命结构是最不稳定结构。在环境选择中，最后出现的生命却将最早退出物质复杂结构性存在的舞台，个性化的生命世界在物质世界的演化中是最变幻无常的特定世界。从复杂结构变动不居、生生息息的过程中，我们可以更深刻地悟到微观物质结构是“基本粒子”的意义。这些粒子之所以更基本是因为它们比复杂结构更稳定，“高以下为基”的深刻意义在于它们的相对稳定性是变幻无常的复杂物质世界生生息息的充足根据和理由。

三是相对性特征。物质客体的相对性具有多方面的含义：与守恒能量相比较的非绝对性存在的存在论意义；在空间中运动描述相对性的认识论意义；宏观物质结构的相对性则是指把一个层次结构的物质统一体看作独立完整的物质客体存在的相对性。在牛顿质点动力学中，这种相对性的特征最明显。我们可以把构成热力学全体系统的分子、原子作为相对独立的物质实体客体，也可以把诸如地球、太阳系甚至银河系抽象为一个独立的物质实体。在感性经验中，我们把一个连续的物体称为“一个”而把不连续的多个物体看成物质系统，但从科学知性意义上，一个分子系统和一个行星系统的结构形式是同一的，我们说一个物体密不透风只有经验意义而无科学描述意义。一个分子、原子也是由实体和虚空构成的结构性系统存在。当然，对物质结构相对性的这种理解主要是基于空间性意义的，回到更深层的能量意义看，宏观结构之间还是有特定规定性的。宏观结构的结合能，除了把质子和中子结合在一起的核结合能是短程力外，较强的还有电磁能。但电磁力是极性力，所以是局部作用能量。我们经验中联结在一起构成的个体之物首先是电磁能局部作用的结果，因为电磁能作用的数量远比引力大得多，在电磁力作用条件下，引力的作用可以忽略不计。然而，大尺度宏观意义上的物质系统结构是通过引力结合起来的，引力作为非极性力从而无所不在的本性决定引力在物质世界宏观统一性结构中的最普遍作用意义。

牛顿经典力学对物质世界统一性认识的突破正是建立在引力定律基础上的。通过引力场描述可以把整个物质世界作为一个普遍联系和相互作用的统一整体。但牛顿经典力学引力描述的物质世界的统一性只是抽象知性科学意义上的统一性，不是世界统一性原理的理性统一性。因为牛顿引力对物质客体的整体描述建立在一切物质客体的抽象质点这知性假设之上，它还不是具体的物质世界统一性认识和描述。

对宏观物质结构统一性的具体理解则是要把它看作由最基本的物质原子结构开始，在电磁力作用下结合为分子结构，以及由分子结构进而结合为更复杂的宏观物体，在引力作用下形成更宏观的结构，所有物质在最宏观即宇观意义上是天的结构。这样一种从简单结构到复杂结构乃至整个物质世界作为一个系统整体，就构成了完备的物质世界的统一性。这种统一性关系就不只是在引力场中抽象的质点的系统结构，而是每一层次的结构都是相对性具体存在，整个物质世界是最终由引力为结合能构建而成的具体实体存在。每一层次、每一具体相对性存在都有其作为独立相对性之物的可靠根据，既是相对的又是依必然性达到了内在目的性的现实存在。每一个相对性之物是客观的，不是主观随意性的，客观性的根据在于它达到内在目的性的客体现实性中。这就是从原子开始直至整个物质世界的宏观统一性关系的具体理解。

物质的原子、分子结构即主要由核能、电磁结合能构成的物质结构是一切由引力构成的更宏观结构的基础，在宏观结构的统一性关系中处于底层基本结构地位。由引力相互作用的大尺度物质结构是更复杂的宏观结构，对于这些结构的认识和理解是最困难的。人是万物的尺度，而就人的感性尺度而言，物质世界太浩瀚了，老子用“天”这一概念去描述之。从我们童年开始，人类在文明的早期阶段，就对遥远无涯的苍穹充满了敬畏和恐惧。中国人把自己的星球之外头顶那片物质世界奉为最高的天，并且信奉“天不变，道亦不变”，古希腊人则最早对物质世界的统一性作出了科学的思考。亚里士多德在几千年前就对月食及对海上远处驶来的帆船进行观察，根据日食时地球的圆形投影及海上帆船先露出桅尖的事实，作出了地球是一个球体的科学判断，这对于坚信“天圆地方”的感性经验认识而言，其进步意义是非凡的。古希腊人托勒密建立了以地球为核心的太阳系模型，其中行星、太阳、月亮及远处天空背景上闪闪的恒星构成了俄罗斯套娃式的模型，这是人类对宇观物质世界的第一个科学模型陈述。具有普遍意义的物质世界统一性科学认识是由哥白尼开始，经开普勒等科学家的努力，最后由牛顿完成的。它经历了几百年的风风雨雨，最后终于由牛顿用引力规律的科学描述完成，并以物质世界空间描述的相对性为基础。空间相对性对于理解宏观世界乃至宇观世界具有革命性的意义。

牛顿的物质世界统一性描述是静态的、抽象的，还没有达到物质世界的具体描述。对宇宙物质结构演化从静态到动态、从抽象引力描述到复杂性具体物质结构演化描述的基本理论是广义相对论和宇宙大爆炸理论。这是二十世纪人类对物质世界认识中两个最具革命性的成果之一，对物质的宏观乃至宇观统一性而言，这是最深刻而最具智慧的理论。广义相对论及宇宙大爆炸首先是科学真理描述，但这一重大科学理论带来的对物质世界运动、演化理论的全面革命，使这场科学史上的革命超越了纯粹知性科学认识，具有了统一性认识的意义。我们可以由此去解释物质世界的创生以及由简单到复杂的结构演化进程，可以在宇观意义上去思考和描述宇宙的膨胀及它的演化趋势等对物质世界统一性而言是决定性的重大命题。所以，宇宙大爆炸及它的理论基础广义相对论的深刻意义不仅在科学认识中，而且在对世界的理性统一性认识之中。

从广义相对论及宇宙大爆炸理论出发去理解物质宏观结构的革命性变革之一在于我们超越了从星体及空间去理解宇宙空间结构的局限性。传统上，由经验和观察出发，我们把地球之外的空间称为天或天空，它的意义是指地球之外是空间及叫作星体的宏观物质结构的统一存在。当然，这不否认宇宙尘埃的存在，但从宏观意义上说，这是微不足道的。所以宇宙的物质结构就是星球的结构。但是，从广义相对论出发，我们可以预言恒星并不是宇宙中最大的宏观物质结构，而只是宏观物质结构的一种中间形态。从统一性的结构演化逻辑看，基本的宏观物质结构是宇宙中形成稳定物质原子、分子结构的宇宙尘埃。在引力的作用下，它们通过引力潮汐的作用而集为星云，并最后收缩为星球，十九世纪康德提出的星云假设已经被科学证实。按照这种理论，引力的作用决定了星球的演化，它不但决定了星球的诞生，而且决定着它的未来。质量在一定范围内的星球的引力作用没有使其内部达到核反应的能量，这个星球的原子、分子的结构就具有稳定性，这就是自身不发光而只反射光及能量的卫星和行星。而一旦质量达到一定水平，引力收缩产生的能量达到星体内部产生核反应的水平，就会产生不断发生核反应并向外辐射的恒星。从广义相对论对光线在引力作用下弯曲的预言，我们还可以推论出到达一定质量的球体的引力大到可以吸进一切光，包括自身的辐射光，这个球体就不再向外部辐射，就不再是传统意义上的恒星，而是黑洞。黑洞由于传统观测对之无效，所以早期只是一种预测和假设。但不再用可见光而用其他手段来检测的时候，就证实了黑洞其实是宇宙中非常简单而普遍的宏观物质结构。可以想象，随着黑洞质量及引力的不断增大，除了引力效应之外，对它的所有其他观察和检测手段比如X射线等应该都是无效的。从黑洞结构可知，物质宏观结构是宏观空间性结构，它的存在并不以人的感性空间尺度为依据，看不见不等于不存在，并不是眼见为实，眼不见的黑洞才是质量更大的实体。对物质空间性结构的经验及实验认识的手段不只是光谱分析，还应包括引力分析。物理学界从传统理论描述出发，猜测并讨论暗物质和暗能量的存在。必须指出，能量是无形无质无空间实体结构的存在，所谓暗能量无意义，只有能量，没有暗能量之意义。就可见光及光谱测量分析尺度而言，黑洞就是暗物质结构。如果从引力作用关系看，所谓暗物质只有感性意义，无科学普遍客观描述意义。从逻辑上看，用传统科学观测手段及基于恒星知识得出的物质世界宇观描述一定是极不完备的。只有从引力关系出发，把黑洞这类更宏观物质结构纳于其中，宇观物质结构统一性认识才更符合客观，更加具体而完备。我们几千年来视而不见的暗物质可能是宇观物质结构的最主要构成部分。果真如此，就能合理解释从星体出发的宇观状态演化方程总是不能和实验观察吻合的原因，因为已经把最主要的物质结构给忽略了。

多样性的物质世界是完美的统一性世界，天是由普遍的必然性规律支配产生和演化的，基于必然性去理解的物质世界就是按自己的内在目的性存在和演化的完美有序的世界。从古希腊泰勒斯以水为万物本原思考自然统一性开始，自然哲学在古希腊原子论中建立了逻辑上的第一个理论体系。按照中国玄学理论和世界统一性原理的逻辑，原子论的统一性理论既没达到自然统一性，也没达到物质世界统一性，而是多样性万物的统一性，即宏观物质世界的统一性。从人的感性尺度，从对多样性统一的理性追求看，宏观物质世界统一性既是最基本的，又是最具现实意义的。宏观复杂物质结构可以分为两个基本层次，即原子、分子层次及它们的复合复杂结构层次，原子、分子层次结构是由核力和电磁力支配的，更复杂的复合结构则是由引力支配的，物质结构的演化运动的必然性就是支配它的核力、电磁力定律和引力定律的必然性，基于这种必然性理解的所谓多样多变的现象性存在是理性意义的现实性存在。从普遍必然性才能得出“物质世界何以是”的本质理解，才有充足理由说物质多样性世界是统一的。从存在到演化、从静态到动态思考宇宙物质结构统一性时，在宏观尺度，引力描述才是宏观宇宙结构及其复杂性演化的普遍支配规律。把引力理解为统一了电磁力和核力的最普遍力有认识论和存在论根据，只不过物理学还没有进展到这一统一性水平。从认识论看，引力的作用和反作用对一切质量有效，电磁力和核力只是局部力，如果三种力是统一的，合逻辑地看只能统一于物质世界对一切物体无所不在的引力。从存在论意义看，无所不在且无极性的引力只能和物质终极结构性存在有关，即只能和“一”粒子有关，局部力和极性力则只能和比“一”复杂的结构有关，故引力是物质普遍相互作用最普遍、最根本的原因，是电磁力、核力等一切非引力的存在论根据。由此看来，引力的普遍意义不仅在于是物质宏观统一世界的决定性力量，更应该理解为统一之天即整个物质世界有序统一性的根据和原因，爱因斯坦的引力弯曲时空描述形式的深刻意义在于为物质世界统一性认识提供了现实可能性。当然，引力在经典物理学中只是一种特定形式相互作用的抽象，但在世界统一性理论中，一切力的本质归根结底是物质客体之间具体能量交换作用的抽象描述，在最终意义上，是能量转换和运动定律支配着物质世界从简单到复杂的演化过程。只有深入到支配物质世界运动的能量定律的本质，才能有对物质世界统一性从“何所是”深入到“何以是”的更深刻理解，才有真正的多样性统一认识之意义。

第二节　物质世界演化的统一性

一、物质世界演化的本质是能量运动

世界统一性原理把物质客体看作相对性的结构存在，多样性物质世界的统一性不仅是知性的抽象统一性或传统静态结构的抽象认识，更本质的还是在此基础上物质结构从最简单元结构开始而不断复杂化，在复杂性演化生生息息的永恒运动中才能得出对物质世界结构统一性的理解，由此理解从宇宙大爆炸开始的宇宙的动态结构演化具体过程。从这个意义上来说，物质结构统一性的本质就是它的演化，统一性结构是在演化过程中展开的，不是静态的、抽象的。在此基础上进入物质世界演化统一性思考的时候，实质上就是进入了更普遍的思考，即它把结构统一性的演化作为现象，从物质演化现象中概括出支配物质演化的最一般规律，从而在最普遍意义上得到物质世界统一性的具体认识，即在支配物质结构演化的普遍规律性中理解物质世界“何以是”必然如此演化的统一有序完美世界。

按照能量一元论及质能统一性的基本观点，支配物质世界复杂有序地按其内在目的性必然运动演化的根据和原因是能量的普遍规律，离开能量规律至多只能认识物质世界何所是，不懂得它多样性的统一何以是。我们一直强调物质存在的相对性，强调物质世界是非自洽的，把它看成普遍能量世界中一个特定的开放世界，而不是一个一元论的自洽、独立、封闭的孤立世界系统，否则就无法解开宇宙热平衡、熵不可逆增长的死结，更无法合理解释我们生存于其中的自然界的现实。物质世界是普遍联系和相互作用中永恒运动演化着的统一世界，物体的运动速度描述是相对量，是可逆和时间反演的，但它的能量状态交换即物质世界的自由能运动变化是绝对量，是不可逆的，水向低处流是绝对的。如果物质世界是封闭、自洽的完美一元论世界，宇宙就是最不完美的，即一定是不可逆地奔向热寂死亡的，物质不灭对自然并没有根本意义。从根本意义上看，推动物质世界运动的原因是能量，物质世界在普遍能量世界中是开放的子系统，它自身的能量状态是由整个宇宙的能量决定的，根本就没有自身能量交换导致总自由能绝对不可逆递减问题。至于能量自身，它是不受熵原理支配的，能量子客体是绝对的存在，即量绝对不可分割，运动速度绝对不变，光速不变性原理的本质意义就是光、电、磁客体是不需要外部推动的绝对运动的存在，这是宇宙永不热寂的根本原因，也是物质世界演化的根据。在这种基本认识框架中，才能理解我们头顶那个照耀地球并赋予地球生命活力的太阳。由此可见，物质世界何以是的统一性理解不能封闭在物质存在自身，只有从质能统一性普遍关系中才能得到它统一性的必然性理解。

从古希腊开始思考世界统一性的哲学本体论是唯物主义一元论，它从万物生于斯又回归于斯的本原存在去解释多样性物质世界的统一性。近代科学进步使人类有条件和能力从实证科学方法还原物质结构，寻找那几千年思辨和猜测的永恒的存在。这种静态的结构还原分析即使能达到目的也只能回答物质结构是什么，不能回答它为什么如此结构的问题，所以它还无法达到完备的世界统一性解释，这也是传统“形而上学”陷入僵化机械论的最主要原因，最后使形而上学也沦为刻板僵化教条的象征。牛顿经典动力学理论不正是忽略了静态结构，从抽象质点出发去描述物质世界普遍运动规律的吗？不错，牛顿经典科学理论确实是物质客体运动的最普遍描述，它最基本的三大运动定律以及引力定律只要配以与多样性物质运动状态相应的多样性初始条件和具体边界条件，就能得出对多样性物质运动的确定性描述。但牛顿理论只是科学抽象，而不是对具体物质世界的理性统一性认识，以牛顿经典理论描述的物质世界的运动并不是演化，而是在静态背景下的确定性的循环，它揭示的是一个抽象的齿轮和钟表构成的可逆的世界，而不是一个具体、现实地演化的世界。牛顿的静态运动理论与传统的静态结构形而上学理论是互补的，它们在从结构到运动的统一中为我们提供了一个机械的物质世界。从抽象质点去描述物质运动是最基本的科学抽象，但只能从原则上而不是现实地建立起从宏观物质世界到宇观物质世界的统一描述，多质点系统仅靠质点动力学肯定是不足够的。

辩证唯物主义用黑格尔的辩证逻辑改造机械论的传统唯物主义可谓一矢中的。辩证逻辑是人类历史上第一个完备地从简单到复杂演化的统一性逻辑，是从抽象到具体的辩证运动中的统一性，它真正有资格被称为“理性辩证法”。但它并不是世界统一性的本体论哲学，还只是认识论的逻辑学理论，所以只是抽象的理论而非具体的世界认识。据此而论，非要给辩证法加上唯心主义本体论帽子其实是不合逻辑的。即使黑格尔的哲学理论具有本体论的唯心主义观点，也不代表辩证逻辑是本体论意义的唯心主义理论，离开本体论去判断唯物还是唯心已经无标准，因而无意义。然而，正是理性辩证法与本体论的唯心、唯物之间无必然关系，才有所谓辩证唯物主义合逻辑的可能。真正的问题在于辩证唯物主义用理性辩证法对传统唯物主义的改造并不成功，它只是外在现象上的一种拼接，而不是本质上的突破，得到的只是独断论而非理性统一性的对世界的新思维。其根据在于本体论意义的唯物主义依然是古希腊传统的二元论，就是说，并没有真正实现用辩证法去成功地重构传统的哲学本体论，从二元论进展到一元论的自觉理性境界还没有超越西方文化把理性当真理的传统。这主要表现在它仍坚持唯物论、唯心论相对立无统一的西方哲学传统，仍然把客体统一性还原到知性科学思维，把辩证唯物主义当作科学理论，这就同时把理性辩证法还原为知性因果逻辑的科学方法，断送了用理性辩证法改造唯物主义的真正目标，陷入了知性有限思维之中，因而只停留于抽象而上升不到具体的统一性认识之中。辩证唯物主义对传统唯物主义的改造体现在坚持物质世界普遍联系和绝对运动，在于这种运动不断从低级到高级的辩证发展。但是，普遍联系相互作用和由此产生的运动变化只是物质世界的现象，不是物质世界的本质，是需要由世界的统一性本质去解释的现象。普遍联系并没有超出牛顿引力定律的意义，甚至牛顿引力定律已经完成对普遍联系的物质世界一切客体之间最基本的相互作用归纳，得出了普遍的规律性描述。“静止是相对的，运动是绝对的”这种由牛顿相对空间观引申出来的陈述并没有给我们任何新信息，但归纳为物质运动绝对性的独断论反而混淆了知性科学意义上真正的绝对运动和相对运动的区别。由于辩证唯物主义用知性科学设定前提的思维方式去构建自己的理论，所以它只是知性的；由于它的物质运动绝对性的前提设定只是现象，所以由此演绎不出世界统一性的本质，也就无法真正揭示世界由简单到复杂、从低级到高级的演化进程，无法成为关于物质世界演化和发展的理性统一性认识。

基于能量一元论的世界统一性原理不是把联系、作用和运动作为物质世界认识的本质，而是作为普遍的经验现象，根据对这些经验对象的科学认识及其一般运动规律的描述，概括出这些规律的最普遍的本质和意义，从而得到对具体的物质世界在普遍联系和相互作用中的永恒运动演化现象的理性统一性意义上的理解。具体地说，就是从能量作为物质客体相互作用的抽象的力的具体本质，揭示在能量交换中物质客体之间相互作用所遵循的必然规律，从更深的层次揭示物质运动规律的更普遍的本质和意义，从而找到物质世界从低级到高级演化的推动力所在，这就是物质世界演化的最深刻本质——运动变化的根本原因。只有把握了根本原因，我们才有理由说得到了复杂多样和变动不居的物质世界的运动和变化的统一性理解，才能在理论上再现物质世界从无到有、从简单到复杂的现实演化进程。

首先，按照能量一元论的统一性思维才能从存在到演化的完整统一性去理解物质世界的统一性问题。传统的物质世界统一性思考以世界的物质性为前提，实际上在前提中已经把存在和演化割裂为孤立的二元，一开始就已经陷入二元论，同时也把自然统一性理解变成演绎的。把物质自然客体当作自洽而独立的实在只是一种感性经验概括出来的认识，把物质作为自洽独立客体只是科学认识上的一种知性思维的抽象，如果以此为据把具体的物质存在看成孤立的、冷冰冰的存在，物质世界的相互作用及其原因就成为外在的，就不是世界内在的、自身的必然运动。从能量一元论出发，把物质看作由能量生成的特定形态的结构性存在，物质具体就是质能统一性结构，在永恒的质能相互作用中，物质世界的普遍联系才有具体的意义。能量不但是物质客体作为相对独立存在客体运动的推动原因，而且还是它自身内部结构运动演化的原因。这样，把物质世界作为一个特定形态的能量构成的相对性结构的统一世界，它就从存在到演化都是可以得到统一性理解的。直截了当地说，绝对物质观下看到的只是物质的死的躯壳，所以它一定是机械论的僵化和教条的物质观。只有从能量一元论出发，在质能统一性关系中才能把握物质存在的本质和灵魂，这才是理性的真实具体物质的统一性理解。这是对物质从存在到演化、从简单到复杂性演化理解的坚实基础。

其次，多样性物质世界是变动不居的，它以运动变化包括结构演化的生生息息现象呈现给我们。寻找这些复杂性现象的运动变化规律，揭示运动变化的原因，是人类对自然世界从复杂到简单的普遍性认识的永恒追求。我们必须从感觉的世界上升到理性的世界，把多样性和变动性归纳为简单规律的普遍理解，这种理解的最基本形式就是必然性因果关系的规律性，这就是知性科学认识，牛顿经典动力学就是这种科学认识的典范。但科学认识受制于因果规律确定性关系，它只是对具体物质客体运动的抽象描述，科学真理认识的最大局限性在于任何因果关系都是在抽象认识对象有限性假定下的确定性即必然性因果关系陈述。对同一具体客体的不同科学抽象以及不同因果关系之间并无因果关系，所以对一个具体客体存在或它的事件而言，它的科学描述是无限的，不只是无限地多，而是没有办法得到逻辑上在先的限制。这些无限的科学真理认识之间并不是用必然性因果关系联系起来的，所以科学真理之间的关系是理性统一性关系，不是知性因果必然性关系。于是，对具体存在的理解的最全面认识是各种抽象、有限科学真理的统一性理解，这是哲学思维是理性具体的真正意义。据此，我们回顾物质世界的运动规律的科学描述，从牛顿经典动力学一直到相对论以及量子力学，这些科学规律的统一关系体现在“力”这一抽象概念中。因为力是相互作用的抽象概括，是一切物质世界运动的抽象原因，包括宏观态的热运动理论，我们也称之为热力学，推动热运动的热流是抽象的热力。所以，各种不同运动因果关系规律的无限关系的统一性就归结为力的统一性问题。力的统一是科学大统一理论的伟大目标。但是，力是对各种不同运动作用原因的抽象概括，在这个意义上它只是现象抽象，统一于现象是不合逻辑的，所以在力概念中追求力的统一的目标遥不可及。如果承认世界的统一性，那力自然而然就是统一的，但它不只是现象中的统一，统一的是本质，多样性的统一是现象的本质。当从能量一元论去理解世界的存在和演化，把抽象的力还原到它的能量本质的时候，多样性的力现象就在能量交换中得到了自己的本质，世界变动无常的运动现象的根本原因就得到统一性的说明。所以，物质世界演化的统一性的本质在于能量，是能量交换推动了它的运动和演化现象的产生和发展。

最后，必须指出，对世界的统一性理解是意义理解，而且是基于科学必然性因果规律真理认识的意义理解，所以它实质上是真理认识的统一性关系。所谓真理统一性关系，就是说真理之间不存在因果必然性关系。机械论世界观的局限性之一就是把科学之间的关系看作是科学的，因而真理认识不仅是因果关系，而且真理的统一性是一条无穷的因果链，这就把统一性关系还原为科学真理。把理性当作追求真理的方法是近代以来从科学家到哲学家们常犯的常识性错误。殊不知，无限因果链在逻辑上已经不再具有科学意义上的因果关系，把真理当作无穷因果链的一环就葬送了它客观普遍有效的标准。所以，否定无穷因果链就必须回到真正的理性统一性思维。具体地说，对物质世界运动演化统一性思考，就是要把物质运动特定对象的特定的运动规律与支配世界运动最普遍的能量运动规律统一起来，在个别和一般和普遍的统一性理解中，得到支配多样性物质世界复杂运动的最普遍的推动、最根本的原因的理解，这就是世界演化统一性的真正意义。

二、能量最小原理是物质结构演化的最基本规律

能量最小原理是从对物质原子结构的科学认识中归纳出来的，它解释了为什么原子核外电子排列总是趋于最低能级即最内层位置才是稳定的，而且原子自身的演化总是向这一稳定态结构运动的现象。但其实它是物质客体之间能量交换作用的最普遍定律。人们从来没有悟到，两千多年前老子的玄学世界统一性理论已经对此现象作出纯粹形而上学的陈述。《道德经》第 77 章说：“天之道，其犹张弓乎？高者抑之，下者举之，有余者损之，不足者补之。天之道，损有余而补不足。”①老子的天应作物质世界理解，道则首先作为能量理解，然后才作为规律理解。玄学中道有规律的意义，但规律的确定

性陈述概念是经而非道。如果把天和道作如上理解，则智慧者可从中悟到它的能量最小原理及最小自由能原理的内在含义。由此可以说明一点，能量原理确实是理解支配物质世界运动根本原因的钥匙。

世界统一性原理把广义能量守恒定律理解为支配整个宇宙最普遍、最根本的定律，它既是科学的，又是理性统一的。说它是科学并不奇怪，它是由经验综合出来的普遍科学因果规律关系，我们已经没有任何再去怀疑它的理由。我们坚信它基于经验理解，因为它不是推论而来或由假定论证而来的，它无前提、无假定、无抽象对象、无相对性，所以它又是绝对的、先验的、形而上学的。就是说，广义能量守恒定律是宇宙最普遍的规律和法则，所以它是无前提和无限定性的。广义能量守恒定律最普遍的表现之一在于它既是宇宙的存在法则，又是宇宙的运动演化法则，是宇宙生成和运动演化中最根本的支配规律。但广义能量守恒定律对物质世界相互作用中由能量在守恒法则下交换时所产出的状态变化及趋势并没有规定，这种特定的状态描述就是一般的能量运动原理而非最普遍的守恒定律关系了。

能量最小原理的描述范围是特定的物质世界，描述的是物质客体的运动关系即状态能量的交换关系。能量最小原理是物质世界的规律而不是最普遍世界的规律，它是广义能量守恒定律的一般能量守恒原理的特定描述形式。把物质世界的运动及演化作为认识对象来看，能量最小原理则是具有普遍意义的。它的意义并不限于结构或物质结构，而是适用于一切物质客体相互作用的运动、变化及结构演化现象。打个比方，我们可以用动力学的定理和语言去描述太阳系之间各星球的运动变化规律，也可以把太阳系作为一个引力结构系统，而在这一系统中各星球之所以按如此这般的动力学轨道运动，其根本原因就在于它在趋向该系统引力场中的最低能级的轨道上。从能量运动意义看，这是一个能量最小原理支配下的作用过程。根据前面物质世界的相对性特征所述，把星系甚至宇宙作为一个系统结构与把原子、分子作为一个行星系统去模拟都是合理的，所以，能量最小原理本质上是物质世界能量状态交换并推动物质客体按规律运动演化的普遍科学定律。

但是，人类对物质世界运动的认识历史是遵循从抽象到具体、从特定到一般、从复杂到简单普遍的逻辑展开的，物质世界的运动是从抽象、特定、限定的质点开始，从质点的位置、速度、加速度这些状态去描述的。在动力学的特定描述中，质点之间的运动状态关系而不是质点系统的统一场论描述构成了科学陈述的基本模型。动力学的概念、框架和模型中，能量最小原理失去了描述的直接性，统一系统结构中的能量最小原理就转换为最小自由能原理这一特定描述形式，即抽象质点相互作用的趋势总是使它们作为质点系统描述时，系统的自由能向最小状态运动变化。比如，对一个原子结构的行星模型描述，按能量最小原理核外电子的运动趋势是趋向最低能级，而把它作为动力学系统描述时，则可以断言这个模型系统趋于最小自由能状态。无论是最低能级还是最小自由能状态，都同样赋予原子以稳定结构之意义。所以，最小自由能原理和能量最小原理是统一的，而且最小自由能原理正是能量最小原理在质点描述中的特定描述形式。

质点动力学描述的最大局限性是它的描述形式的复杂性，它的简单、普遍的陈述只有在特定质点抽象下比较简单的系统中才有现实意义。当进入大量质点或粒子构成的物质系统运动描述时，它的复杂性本性就显露出来了。因为动力学的具体描述不仅取决于普遍规律本身，还必须包括质点的边界条件和初始条件才有意义。当边界条件扩展到大量粒子构成的动力学系统时，这些粒子的初始条件信息对于动力学描述而言是天量的，是无法现实地描述的。所以，宏观物质系统的运动变化规律不是从质点动力学中推导出来的，而是从经验和热机工艺学中归纳出来的，并且是以热和温度等宏观可操作测量的宏观参量来描述的。热机转换实现了从热能转换为机械能的事实使我们归纳出了热能的概念，但热能运动规律的宏观归纳和传统的动力学产生佯谬。热力学运动的状态描述是热总是自发地从高温物体流向低温物体而相反的过程绝不发生；它的普遍的科学归纳是熵原理：系统的熵增即热状态的自发运动是绝对不可逆的。熵原理断言热系统向平衡态不可逆运动使基于热机工艺学而来的科学理论认为整个宇宙的自由能不可逆地绝对减少，从而宇宙发动机正在不可逆地缓慢下来。热力学带给人类科学的两个重大问题是可逆和不可逆问题、有序和无序问题。自熵原理产生后，科学从此多事了。人们用熵垒这一概念去陈述面对熵不可逆增长时的无奈和绝望。当然也可以痴人说梦地追求“我们有一天能克服热力学第二定律吗”，并把此作为直至自由能耗尽人类毁灭而最大型电子计算机仍无法解答的“最后的问题”。

从世界统一性原理来看，热力学的宏观理论包括熵原理只是从经验中归纳出来的状态描述，就其本身而言，只有认识论意义而无存在论意义。所以，把熵原理独断地上升为无限的宇宙学定律是不合逻辑的。动力学和热力学的统一是决定热力学存在论意义解释的关键。对此，麦克斯韦迈出了决定性的一步，它引进概述统计描述，揭示了热状态即温度的本质意义。气体温度是系统分子的平均平动动能，这把热力学宏观状温度描述与微观态的分子、原子的运动及其状态能量的统一性关系建立了起来。绝对温度的概念更赋予了热力学理论充足的本体存在论意义的理由，即温度不是我们感知或认识中相对性的测量、描述量，而是物质世界的内在本性。

为动力学和热力学的统一作出最卓越贡献的是玻耳兹曼，他归纳出宏观系统熵函数与微观粒子状态因果关系的玻耳兹曼有序性原理，指出系统的熵是它的微观状态概率，熵最大趋势这结果与系统微观状态向最可几的最大状态数的演化趋势及结果相符合。至此，熵函数获得了确定性的微观意义，宏观熵和微观粒子的运动得到了统一性描述。遗憾的是，他未能最终从原理中揭示出宏观不可逆运动和微观动力学运动的统一性理解，反而在占统治地位的熵最大热平衡是热寂状态观念影响下，把微观状态宏观统计描述中向最大概率的演化之意义解释为有序到无序的演化，又为人类增添了有序和无序这一虚幻的科学命题。

从能量一元论的观点看，可逆运动和不可逆运动与动力学描述或热力学描述并无必然联系，把热力学运动看作不可逆运动、把动力学运动看作可逆运动描述只是浮于现有的学科描述现象，根本没有深入可逆运动和不可逆运动的本质。运动规律的科学描述究竟是可逆的还是不可逆的，这是客体运动规律的客观反映，而不是我们的主观感觉或判断。就是说，它是由规律本身决定的。如果说动力学定律是可逆的，热力学定律是不可逆的，这是一种矛盾，那么这种矛盾不是客观规律的矛盾，而是我们主观认识欠缺而导致的佯谬，这种佯谬只能通过现象抓住本质才能破解。可逆和不可逆描述的根源在哪里呢？当我们用能量状态特别是自由能状态去作系统描述时，自由能函数是由最小自由能原理决定的，它就一定是不可逆的。这对所有系统描述包括热力学系统及动力学系统都是成立的。在动力学描述的简单质点系统中，相互作用的自由能变化和宏观热力学系统是一样的，也是不可逆地减小的，连续作用过程也是自由能不可逆递减的。同理，对客体作速度、位置描述时，不管是热力学还是动力学系统描述，它必定是可逆的，只不过在宏观热力学系统中我们只能在理论上而不能在实际上做到这一点。因为我们不是上帝，对大量粒子的微观运动状态只能掷骰子转换为宏观统计描述才有可能。所以，可逆不可逆既不矛盾，也跟动力学或热力学无因果必然关系，只不过热力学的统计描述是能量状态描述，正是这一本质决定了它一定是不可逆的。如果在动力学描述中引入自由能函数描述，那么它同样是不可逆的。所以，可逆和不可逆描述并不是科学的矛盾，而是由不同描述函数得出的不同形式的运动规律描述。至于所谓热寂或有序无序问题根本不应对科学造成困扰，它的本身不是科学自身的问题。

从宏观系统的自由能状态演化运动这一本质去理解熵的本质及不可逆运动，就可以合乎逻辑地把熵原理首先看作普遍能量运动原理在热力学系统中的特定描述形式。它在微观意义上是所有粒子在均分自由能从而使自由能趋于最小，在宏观意义上自由能不可逆变小就是熵不可逆增大，这就揭示了物质客体相互作用是能量最小原理及最小自由能原理支配下的必然性过程。这才是宏观热力学熵原理在物质世界统一性中的真正意义，即自然的必然性、内在目的性、有序性的现实意义。

从最一般运动意义得出熵原理不可逆描述的统一性理解，是否意味着热寂理论的普遍意义呢？非也！在科学统一性理论体系中，熵原理只有特定的意义，即它是宏观无规则统计物质系统中自由能运动的状态描述，所以它并无宇宙学意义，由之断言宇宙热寂是没有根据的。如果从更普遍的意义去理解熵原理，即不仅把它当作物质系统的特定温度状态运动规律，而是一般的自由能状态规律，熵原理就有了更普遍的意义。从这个普遍意义出发，不光热从高温物体流向低温物体，而且水向低处流、树上苹果掉下来砸在牛顿头上（使他发现了引力定律）等，都可以用熵原理来陈述，这些都是必然的不可逆运动。质点动力学把苹果的运动描述为可逆的，而熵原理把它描述成不可逆的，两者都是科学描述，但描述的变量和函数不同，所以得出的规律不同，并无矛盾之处。

从自由能这一更普遍意义去理解熵原理及物质世界运动演化中自由能状态的不可逆运动规律，同样不能对世界作出“热寂”或“能寂”的宇宙论解释。自由能只是能量特定状态，并无最一般的普遍意义，它只能局限在物质世界的客体状态能量范畴中。它既不是物质世界的全部能量，更不是宇宙的全部能量，由此去断言宇宙存在的状态的总体描述是没有根据的。它的有效范围是物质世界的客体运动状态，它的真正意义是揭示了物质世界在自由能最小的熵原理支配下，在宇宙大爆炸之后，产生出物质粒子，随着物质粒子环境自由能的不断降低，从而逐步演化出从简单到复杂、从结合能高到结合能低的不同层次构成的稳定物质结构。它是物质世界结构演化的最根本原则，正是这一原则决定了宇宙从简单到复杂性演化的进程。

三、统一场论是物质世界统一性最普遍的科学描述

以能量一元论的广义能量守恒定律为基础，我们概要地归纳总结了在能量守恒定律支配下物质世界的能量运动从一般到特殊的规律间的统一性关系，这就是从能量最小原理到热力学熵原理的统一性关系，以及这些从一般到特殊的各个能量运动原理的物理意义。另外，回顾科学认识发展史我们可以发现，对物质世界的科学认识正是遵循从特殊到一般的普遍规律的，正是这种内在统一性本质赋予了人类作为历史性主体存在的历史同样是一个从低级到高级的发展过程。按照这种历史和逻辑相一致的理解，我们同时也可以说，对内在具有统一性的物质世界而言，广义相对论及其统一场论作为二十世纪科学认识的最新成果，是物质世界迄今为止得到的最普遍的科学描述形式，而且是内容和形式相统一的最普遍认识形式，对物质世界的统一性理解具有重大意义。因为它是从质能统一性意义，以引力的最普遍作用为基础去

描述统一的物质世界的运动变化的。

量子理论、狭义相对论和广义相对论是二十世纪科学认识的最重大成果，但它们产生的际遇及动机极不相同，意义也极不相同。狭义相对论和广义相对论实际上是本质完全不同的科学理论；量子理论是以普朗克为解决黑体辐射的紫外灾难而提出的量子假设为契机建立起来的，狭义相对论是爱因斯坦为了解决光及电磁波传播中以太作为波动媒介的假设被证伪而带来的危机而创立的。从世界统一性原理来看，紫外灾难和以太危机是人类对宇宙的科学认识从特定的物质世界扩展到普遍的能量世界时，习惯于从物质世界相对性运动描述及抽象质点描述并将之应用于能量运动描述，用特殊来概括和描述一般，出现了危机。量子力学和狭义相对论是人类从几千年的绝对物质世界认识上升到更普遍的能量世界认识的纪元事件，但物质世界绝对性的思维传统束缚了人们对之意义的理解，依然只把它们作为物质世界的科学运动定律来理解。但广义相对论不同，它的产生不来自危机，它的对象依然是传统物理力学的物质世界，它是爱因斯坦在对传统理论统一性理解基础上建立的物质世界更普遍的科学描述理论。因此，本卷作为物质世界统一性认识的思考，在对物质世界统一性作出总结性归纳后，有必要对物质世界最普遍的科学描述形式作进一步的意义探讨，从而在形而上和形而下相统一的意义上更深刻地理解统一场论以及物质世界统一性的意义。

牛顿质点动力学理论第一次建立了统一物质世界的科学抽象描述，确实从苹果落地到太阳、地球、月亮之间的动力学关系都可以从中得到科学描述。但它的局限性在哪里呢？在于空间描述的相对性。牛顿经典力学的革命性意义是用空间相对性否定空间绝对性。这里的空间绝对性特指在此前把地球作为宇宙中心即空间坐标原点的绝对意义的地心说理论。哥白尼用日心说否定地心说去合理地描述太阳系行星运动规律，但在牛顿相对空间理论意义中这个宇宙并没有确定性的“心”，坐标原点的选择是相对性的，日心说只是对太阳系描述的特定情形下的特指，并无普遍意义。在相对惯性参照系中物理规律保持形式不变性，自变量之间的变换关系由伽利略变换实现。问题是伽利略变换限制在相对静止或做匀速运动的参照系之间才有效，所以相对空间描述实际上在地球上的参考点才有实际意义。对于不同天体的参考点而言，由于引力作用的普遍性，它们之间并不满足伽利略变换的要求。所以，对宇观或天体间的物理运动规律描述，经典物理学受到限制。广义相对论的统一场论，正是为了克服这一局限性而建立的。

为了把整个物质世界作为伽利略参照系，使物理定律在物质世界时空中的任一点为参考点时保持描述形式不变性，关键是要消除引力对物质客体产生的加速作用。为此，爱因斯坦提出了等效原理：一个做匀加速运动的物体与它受到的引力作用是等效的。有人把等效原理解释为一个物体不受到引力作用而做匀加速运动和静止地处于引力场中是等效的，这种等效原理是不成立的。物体在引力场作用下一定做加速运动，物体做匀加速运动时一定受力的作用。物体受到引力作用和做匀加速运动是同一件事。等效原理的意义是说，对该事件从动力学关系去描述和从运动学关系去描述是统一的，引力作用是动力学关系，而做匀加速运动则是运动学关系。为了得到最普遍的伽利略空间，就必须把引力的动力学作用的运动学效果消除掉，使引力作用不出现在物理动力学定律中，从而保持运动定律的形式不变性。为此，爱因斯坦引入引力时空描述形式来反映引力的作用，把引力的作用从对物质客体的加速作用中剥离出来。引力时空对一切物质客体而言，对任何参照系的参照点而言，就转换为伽利略参考系，实现了物理学定律对一切参考系的形式不变性。引力的动力学作用则转换为引力时空，即引力场在时空中的分布，所以称之为统一场论。由于统一场论中的时空不是纯粹形式描述变量，而是叠加了引力场分布的时空变量，是引力作用的内容与时空独立变量的统一，所以它不再是各向同性及均匀的，而是非均匀分布的。爱因斯坦广义相对论的统一场论描述的最重要一点就是他称之为“弯曲时空”的概念。但把引力时空称为弯曲时空没有恰如其分地揭示统一场的本质，反而造成很多误解。许多对统一场论一知半解者望文生义，把时空理解为弯曲而非各向同性时空中引力非均匀分布，这实际上把时空形式实在化了。他们并不理解引力时空独立变量不是客体运动描述的纯粹形式，纯粹时空形式的弯曲是不可思议的。所谓弯曲时空即引力时空不是纯粹形式，是引力场在纯粹时空形式中的非均匀分布，所以弯曲的是统一引力场非均匀分布而不是纯粹时空本身。在引力时空中，一切物质客体的运动对一切参照系而言，它的运动规律都具有形式不变性。

在统一场的引力时空描述中，它对一切物理运动定律具有形式不变性的理由是运动的普遍参照系之间不再考虑引力的加速作用，引力已经在描述时空中“过滤”掉了。引力的作用以引力时空的非均匀分布即“弯曲空间”来描述去叠加。对于物理运动描述，把引力作用作为动力即作用力来描述它对质点的加速作用和将引力作用由弯曲时空描述，两者是等效的，这就是等效原理真正的意义。但是，在引力时空中质点的最短距离已经不再像各向同性均匀空间，即不是直线，这时两点最短距离在场中由沿着等势面法线连成的路径决定。由场的定义即场分布的单值性可知，广义相对论将自由运动轨迹称为测地线，测地线是不相交的。那么，质点在没有受到外力作用时，在平直时空中做匀速直线运动，但在引力时空中将沿最短路径的测地线运动，即各向同性时空中的匀速直线运动与弯曲时空中沿测地线运动是等效的，都可理解为惯性运动。另外，引力时空中的惯性运动就不再是匀速直线运动了。对此最直观的例子是：地球绕太阳做椭圆轨道运动，在各向同性时空中它是在引力作用下的加速运动，而在广义相对论的统一场论描述中，太阳系的引力由弯曲时空描述，地球在弯曲时空中不再考虑引力的动力学作用，而是不受任何力作用而在引力时空中沿测地线运动。这两种描述结果是一致的，所以等效原理的成立并不难理解。

对世界统一性原理而言，所思考的问题不在于统一场论本身，而是我们已经有了牛顿科学的普适、简约描述，为什么还要建立广义相对论？伽利略定理适用的牛顿各向同性时空和引力时空的统一性关系是什么？

建立统一场论的理由是各向同性时空描述的有限性。伽利略变换适用的空间描述主要在观察者所在的星球上的惯性参考系，而对相互运动的天体之间，它的描述意义实际上与绝对空间并无本质区别，只有把一切星体抽象为理想质点时才可行，而对天体之间进一步的描述就不可能了。因为引力的作用使不同星球之间的参考系一定不是惯性参考系。只有在引力时空的统一场论描述中，宇宙中不同天体之间的坐标系才是统一的，物理定律的形式不变性才成立，唯此才有可能去实现对整个宇宙运动的统一性科学描述。在地球自身范围的物理学描述，除了加速的特定条件下，各向同性空间以及伽利略变换所要求的惯性参考系的条件是满足的。以地球为参照系，把宇宙中的星体抽象为理想质点描述，我们也不需要统一场论，其实也不需要伽利略变换。但是，当超出上述描述限定的边界条件时，就只能将统一场论的引力时空作为描述自变量形式了。所以，长期以来，人类在上述限定范围中得心应手地应用各向同性时空，现在在传统领域我们依然用各向同性空间来描述存在及其演化。但对宇宙空间更大范围的描述，就必须用广义相对论的统一场论的引力时空描述才是有效的。广义相对论描述的最重大突破是关于宇宙大爆炸的理论描述，由此足见统一场论建立的重大意义。实际上，天文学上很多现象只能依赖统一场论才能得到描述。统一场论把人类对世界的科学认识描述从经验的世界扩展到宇宙的整个空间即物质世界的整体范围。

但是，这并不意味着统一场论只是关注宇宙及天文学的科学家的理论，而是从根本上关系到我们每个人对自己每天切身经验的现实世界的理解。传统的绝对物质观把物质实在抽象为可以孤立自足的“僵尸”般的存在。从能量一元论的质能统一性关系看，自洽自足的物质实体只是一种观念上的抽象，具体的物体是处在永恒的质能相互作用中的。没有这种最普遍的、绝对的质能相互作用就无法从根本上合逻辑地理解物质客体的普遍的演化本性。所以，对物质客体的具体认识不能离开能量关系及由能量交换而产生的相互作用，对物质运动的动力学、热力学规律的统一性理解不能不最终回归能量运动规律。但在传统力学理论及其描述的各向同性时空中，能量子的运动是无法描述的。按照动力学理论，我们只能理解光、电、磁的直线传播，因为它们没有质量所以没有加速度描述，既没有径向又没有切向加速度的运动只能是匀速直线运动，所以在传统的理论中光只能是直线传播的。这是几千年来的经典定论。但光的直线传播不是绝对的，只是相对条件下的抽象描述，只是曲线传播中曲率等于零的特定状态。黑洞现象证实了光传播的曲线性，而曲线运动显然是包括了直线运动的更普遍运动形式。但传统的理论是无法解释光的曲线运动的。因为光没有质量，光子受到引力作用无法用引力定律描述，事实上一切动力学描述对光、电、磁能量子都是不适用的。人们基本上是从爱因斯坦的质能等式关系把光子作为具有“等效质量”的动力学客体，由此出发用传统动力学解释光子的弯曲运动。这种貌似有理的解释实际上是违反科学常识因而是荒诞的。倘若果真如此，那么光、电、磁、粒子在外力作用下不仅能弯曲，同样会产生加速度，若光子有加速度则光速不变性原理就崩溃了。但光速不变性包括麦克斯韦电磁场方程没有科学上证伪的任何证据，所以只能断言所谓“等效质量”纯属胡编，用传统时空及动力学规律是无法解释光线弯曲现象的本质的，这是用特殊无法解释一般的又一例证。更为深刻的问题在于，光的直线传播在逻辑上决定了宇宙空间是无限因而是不可认识的，在能量守恒定律下光直线传播宣判宇宙在不可逆地走向死亡。所以，光线的普遍运动形式是曲线运动，对之只有回到统一场论才能得到统一性的描述。引力时空描述形式中引力不再是力，光子在引力时空中也不需要动力学描述，它只是在引力时空中运动，引力时空的有界性决定宇观光传播的非直线性，光子的运动轨迹的普遍形式就是曲线而不是直线了。由此可见，要得到物质世界的统一性解释就首先要把物质世界作为最普遍世界的特定结构，在质能统一性中的物质统一世界才是真实、具体的物质世界。基于经验直观抽象地演绎的各向同性均匀时空对于物质世界描述是简约的、有效的，但也是有限的，只是一般的引力时空的特定形式，引力时空的引力分布为零时就退化为特定的各向同性时空。对宇宙以及物质世界的科学认识，引力时空即统一场论描述才是最普遍的形式自变量。

综上所述，我们还可以归纳出引力时空和各向同性时空的统一性关系：引力时空是最一般的科学描述时空，对一切科学规律描述具有形式不变性；

各向同性均匀时空是引力时空的特定形式，即引力场为零条件下的引力时空，它只在符合引力场等于零的特定条件下，才对一切物理学科学规律描述具有形式不变性。这个条件与惯性坐标系实际上是等价的。这证实了引力时空和各向同性时空是统一的。

至此，天论对空间性物质世界的思考已经接近尾声。我们在能量一元论的基石上，思考了物质世界的创生以及由简单到复杂演化的存在和演化的统一性关系。在质能统一性关系的基础上，从物质世界运动演化的一般规律中建立起与支配它们的更普遍的能量运动规律的统一，它们就合逻辑地成为能量运动规律在特定物质世界中表现出来的各个层次的特定形式，从而在本质上赋予了熵原理的意义，合逻辑、合经验、合历史地把熵原理看作支配物质世界从简单到复杂性结构演化的能量运动定律的特定表现形式，揭示了熵原理对物质世界统一性的建设性意义。最后，在认识论意义上，我们认识到广义相对论的统一场论是宇宙及物质世界最普遍的科学描述形式，是传统牛顿时空从特定形式向更普遍的形式，即在宇宙中能够使一切科学描述形式具有不变性的时空形式描述的进展，它为我们建立物质世界乃至宇宙的统一性科学思考提供了最有效的思维认识和描述的工具。综上所述，我们关于物质世界理性统一性的思考是圆满的了。

所谓圆满是指它在结构和逻辑上自成体系，而不是说它是完美无瑕的。这是人类认识从所谓无限而实质有限的特定物质世界的故步自封中越过绝对物质的牢笼走向更普遍的能量世界的第一次尝试。在这种自成体系的圆满逻辑结构中，统一性理论不但谈不上完美，而且是极不完善的，它是更有智慧的大师们金玉良言的引路之石而已，也可以作为具有形而上学思辨兴趣一族茶余饭后的谈资。世界统一性原理的本质是意义的参悟而不是真伪的证明和确认，见仁见智对之最恰如其分了。但它最拒斥的是认为理性思维只配思考抽象语言意义的绝对经验主义，更加不认同那些不认同世界有统一性或可以通达理性统一性认识的怀疑论者。从泰勒斯肇始的宇宙世界统一性思考一定是可以通达的。当我们把从麦克斯韦、普朗克、爱因斯坦这些科学家所创造的从物质世界的科学思维上升到普遍的能量宇宙的壮举推广到理性统一性思考的时候，在能量守恒不生不灭本性的基础上，当然可以在逻辑和思维中构建起一个独立、自洽而圆满的自然世界，并合理地把物质世界作为其中一个开放又自成体系的统一世界。对这个圆满统一性理论框架而言，它只是一个模型和框架在统一性意义上的圆满，理论本身只不过是胚胎。但从这一框架出发可以把我们引入更深刻的思考，使之不断于完善中变得完美。

第三节　物质世界统一性认识的基本问题

一、物质世界的元结构

世界统一性原理把物质实体看作存在即结构，因而物质元结构即终极无内在结构之结构的认识是一切实体结构的起点，也是物质结构认识的终点。因此，能量一元论尽管不再把物质元结构即传统的物质本原看作不生不灭的永恒存在，但依然将之视为统一物质世界认识的最基本问题，而且，从能量一元论的观点出发，赋予它更加丰富的意义。

我们在此把元结构作为物质结构性实体的最底层的不可再分解为下一层次实体结构的实体元存在，这在传统哲学本体论中称为物质世界万物的本原。它理所当然地是传统哲学本原论的最基本命题。在人类文化尚处于启蒙阶段的古希腊时代，米利都的智者即科学家泰勒斯在由水是生成更复杂之物的元结构即世界万物本原的科学猜测中，对这一世界万物本原不生不灭、万物生于斯又毁灭回归于斯的归纳，使它作为科学命题的同时又具有对客体世界统一性理性思考意义，生生息息变动不定的物质世界在本原存在中得到最普遍而又永恒的理解。这种最普遍性是具体的存在者的普遍性，不是思维概念中抽象的普遍性；本原存在不是抽象的存在，而是一切具体实体存在之所以为具体实体存在的根据，物质作为结构性存在归根结底是本原的不同层次复杂结构，据此我们得到的不是关于物质世界的抽象有限的因果关系认识，而是关于整个具体而多样性物质世界的统一性理解。正是理性统一性的产生使哲学或智慧形而上学从科学因果关系的有限知性认识中脱颖而出，泰勒斯理所当然地成为人类理性启蒙的先哲。对世界万物本原的思考，也就理所当然地成为自然哲学存在论创始之日起对世界本原论思考的最基本命题。

在几千年来的理性启蒙历程中，人类并没有深刻地领悟到本原作为本原论最基本命题之“最”的意义。当物质和意识、存在和思维在哲学史的展开中演化为一对只对立不统一的范畴的时候，最基本命题之“最”逐渐消退了它的耀目光芒，因为思维和存在已经成为平起平坐的概念。在本体论的逻辑中，存在和思维、物质和意识是不能成为一对对立统一的概念的。按照本体存在论的思维逻辑，思维也是一种存在，它不是本体或实体存在，而是本体或实体的现象存在。本体和本体的现象当然是不能成为对立统一相互转化的范畴的，它们只能是不同层次的逻辑统一性关系才是合逻辑的。说思维存在并不矛盾，说存在就是思维就纯属胡说八道了。思维是本体存在的现象性存在，没有本体存在，在逻辑上就没有思维，更不能说存在就是思维。存在和思维的真正聪慧而深刻的关系是存在和思维同一性命题，但这是认识论的命题，不是本体存在论的命题，它指向的是认识主体和认识客体的关系，是主体主观认识必须符合客体的实际。这是认识论的原则，而不是自然而然的必然性现象或规律，思维和存在不同一比比皆是，我们生存在一个“公说公有理，婆说婆有理”的现实中，甚至二十世纪彻底经验主义哲学家们已否认世界统一性认识的可能性。所以，它不是自然的必然规律，首先只具有认识论意义，在进展到主客体统一性的人的存在时则获得了存在论意义，自然哲学范畴的思维无本体论意义。一切唯心主义哲学观点认为思维决定存在的前提在于否定本原存在是对世界本体论思考的起点上的命题，随后将之转换为存在和思维在同一层次的对立关系，并由思维在抽象概念中的最普遍性来论证思维是决定性的，而本体存在即物质世界由于变动不居和多样复杂性，所以是由思维决定的。从巴门尼德到柏拉图，唯心主义哲学大师们成功地实现从客体到思维的转换秘诀就是把本体存在论问题转换为认识论问题，转换为对世界的最普遍的认识、认识真理的道路等命题，真理认识的普遍性就是思维决定存在的可靠论据。但这种理论逻辑已经完全偏离泰勒斯从对世界万物本原统一性思考而开始的对具体世界理性认识的哲学本体存在论本身。真理的认识尽管是普遍的，却是抽象的，与最普遍的本原具体存在的最普遍性的具体存在完全是两回事。康德是把哲学认识论从不自觉认识论引向自觉认识论的“哥白尼式革命”的大师，他最深刻之处在于首先严格区分了本体论和认识论的问题，并直截了当地指出：一百元的观念和在口袋里的一百元完全不是一回事；他对人类科学知性认识能力的理性思考即《纯粹理性批判》这一认识论哲学的著作中，对本体论的“物自体”问题，合理而谨慎的回答是知性对此不可知。这是“对你不了解的，保持沉默”的最高典范。与此相反的是一大批思考思维和认识同一性的哲学家把主体对客体真理的客观认识转换为客体存在本身，并由抽象普遍性取代具体普遍性，用观念中的一百元取代口袋里的一百元，最后说是观念中的一百元支配口袋里的一百元，否则那口袋里的一百元没有意义，所以也不是一百元了。正是这一系列的概念转换得出唯心主义哲学理论。由于这种转换已经离开由泰勒斯创立的自然理性统一性思考的对象，所以不再是哲学本体论命题。从分析哲学的观点看，存在和思维、物质和意识的第一性之争作为本体论问题是无意义的，所以唯心主义从一开始到现在的所有理论本质上都不是本体存在论哲学，而基本上是世界统一性思维中抽象的统一性逻辑思辨，唯心主义对唯物主义哲学的任何质疑并不具本体论意义。这就是说，从本体论意义上看，世界本原的思考依然是哲学本体存在论的基本命题。哲学本体论从对世界的本原科学思考中产生，在哲学理性中对世界本原的科学认识是基础，所以对物质本原结构的科学认识一直是科学认识的前沿问题。从泰勒斯的水是本原的猜测、德谟克利特的原子论假设，直至近代分子、原子结构的发现，再到随后质子、中子、电子以及基本粒子家族的发现，都是科学本身的认识。粒子物理学一直是对物质结构认识的最前沿，对世界统一性认识的进步总是基于对物质基本结构科学认识的成果。这是哲学理性和知性相统一的法则决定的。当我们从物质一元论上升到更普遍的能量一元论的时候，物质结构的元结构在物质世界统一性中的基本命题地位不变，在科学认识中的前沿地位不变。所改变的是它在世界统一性中的地位，以及从能量一元论出发对它的意义的更深刻的理解。

首先，物质客体的元结构不再是不生不灭的永恒存在，所以物质不灭定律只是能量守恒定律的特定形式。只有在质量和能量不转换的特定条件下，特定的能量形式即质量形式才保持质量守恒，在质能统一性普遍意义上终究还是能量守恒。质量守恒定律又叫物质不灭定律，质量守恒定律的有效性是由是否产生质能转化运动决定的。在由引力和电磁力直接作用而产生的运动变化中，物质不灭定律成立，而当在核力作用下结构演化运动时，它的结合能与质量之间发生转化运动，这时质量就不守恒了，只有广义能量才是守恒量，质能、结合能和状态能都不守恒，它们的总和才守恒。

根据已知的科学真理认识，我们可以有把握地断定，在由质子和中子由核力提供结合能演化出新核结构以及由核结构向纵深分解的层次上，质量不守恒，通常是产生质量损失来补偿结合能增量甚至向外释放能量。在传统的物质元结构理论中，它的不生不灭的本性使这种质量损失无法得到合理解释：既然元结构是不生不灭的，由它演化而来的质子和中子的质量就应该是恒定的，中子、质子的结构即核的质量也应该是它们的算术和。但核反应和新核结构的产生中产生了质量损失，那么这种损失难道只是我们测量与观察的结果，而不是存在论意义上自然世界的客体行为吗？质量损失只是现象，这现象的本质是什么呢？只有用能量一元论的观点来思考，才能尝试对核反应质量损失现象的本质作出解释：在核算反应中有部分构成核的元结构崩解还原为纯粹的无质量能量。如果从这种意义去理解，我们可以得出几条结论：一是核反应释放的巨大能量主要是由质量转化而来的，而不是状态能的转移，这正是核反应比原子、分子结构重组的反应释放能量大得多的原因，因为后者是质量守恒的，所释放的只是电磁结合能，但电磁结合能比核能要小几个数量级；二是构成物质实体结构的元结构不是不生不灭的，否则就不会有质量守恒定律的非普遍性；三是物质客体的元结构的生生灭灭不仅在最初的“无中生有”“道生一”的过程中，而且延续到它的结构演化的一定阶段，在核反应中伴随着元结构的产生或解体。这对于突破传统的物质结构还原理论和方法来说，是具有现实意义的。不一定只在能量生成元结构中才能观察和描述它的创生，在核反应的质量损失中一样可以观察它的解体，这对于元结构的认识具有积极意义。

其次，在质量损失及核反应中元结构解体的猜测中，我们的进一步猜测就是它一定是从无到有的后天创生结构。因为这个世界的生生灭灭和不生不灭一定符合完满的必然性法则，宇宙中没有只生不灭的东西，否则宇宙中最后只有它；也没有只灭不生的东西，因为它不可能稳定存在，不可逆只灭不生的最后结果是没有东西去灭，即不存在。如果元结构在核反应中能灭，那它就一定能生，它就是生生灭灭而不是不生不灭的存在。从逻辑上来说，只有不生不灭即绝对守恒的能量才能为物质最基本结构的生生息息提供合逻辑的根据，这就使我们能悟到老子玄学理论“无中生有”“道生一”与“有生万物”的意义。从能量一元论的宇宙观去理解物质世界及它的元结构的时候，世界万物的本原只是特定物质世界的命题，只有对物质世界作结构思考时它才是最基本命题。所以，能量一元论坚持物质元结构对物质客体结构的最基本意义，但不同之处首先在于把元结构理解为相对而非传统的绝对存在。作为绝对存在是不能追问它从哪里来的，作为相对的存在，世界统一性理论就要解释它是从哪里来的。所以，从世界统一性原理来看，对物质世界的最基本结构的思考除了回答“它如何”，还要回答“它从何而来”的问题，即对它必须追根刨底，它已经不再是不能追根刨底的命题了。当然，对这一问题理解的基础，依然是知性科学真理。科学必须回答物质元结构如何创生的问题，而不仅是它如何及怎样演化的问题。

最后，能量一元论的相对物质观对于物质元结构的科学认识是有积极意义的。在核反应这一并非最微观的层次，如果就存在物质元结构的解体现象的话，科学对物质元结构的实验、观察和思考就拓展到比现在要广阔得多的空间。根据物质结构演化的稳定性原理及结合能原理，我们可以对现有基本粒子的属性作出分类，在稳定结构的意义上去理解基本粒子，去筛选构成质子、中子、电子的基本粒子，从一般结合能规律去猜测和判断物质最基本结构及介于它与质子、中子、电子之间的中间稳定结构的结合能的量级水平，真正从质能统一性关系出发得出对物质结构的新发现。当然这些所谓意义是否有意义完全取决于科学家的理解和努力，是否真有实际意义，在此保持沉默。

总而言之，传统哲学对物质世界本原结构思考这一最基本命题依然是具有重大意义的，对它的科学认识的新的进展，不但对物质世界而且对普遍的能量世界的统一性理解都具有重大意义。只有如此，世界统一性原理才是真正体现世界具体统一性的一元论理论。

二、引力的本性和本质

从牛顿的万有引力定律到爱因斯坦的广义相对论统一引力场理论，说明了一个道理：对物质世界运动演化的统一性描述，引力是最基本概念。把质点动力学之力理解为质点能量交换行为的抽象时，它的本质就是在质能统一性意义上去思考统一的物质世界，只不过人类过分执于感性具体之物，还没认识到质点动力学之所以能达到物质世界抽象统一性描述是因为它是质能统一性理论而已。引力是物质世界最普遍的作用力，是抽象和具体统一性概念，故从世界统一性原理来看，引力的本性和本质是关于物质世界具体统一性思考的传统而永恒的又一基本命题。引力的本性和本质是能量，它能通过真空发生作用就一定是具体客体存在，且它比电磁力及核力更基本，在上一卷中已经将引力能量子推断为宇宙的本原客体存在。质能统一性的物质世界统一性理解必须包括对引力的具体理解。

牛顿经典科学理论是人类对物质世界抽象统一性认识的科学根据，已经达到当时人类历史上最高的认识水平，第一次为普遍联系和相互作用着的统一性物质世界认识提供科学基础。牛顿经典物理学由三大定律和万有引力定律构成基本科学描述理论体系，但真正使牛顿定律具有统一性意义的是引力定律。牛顿三大定律与其他所有的科学因果规律认识一样，都是有限、抽象而普遍客观有效的真理，对世界统一性而言，它和开普勒定律、阿基米德定律一样并无特别之处。真正对物质世界描述具有突破性革命意义的是引力定律。引力定律的突破并不是“万有”的特性使之对物质世界具有普遍描述意义，其实任何科学真理在其有限范围的抽象规定性下都是普遍客观有效的，都是“万有”的。它的最深刻的革命性意义在于引进了引力质量描述，引力质量和惯性质量的关系在对世界认识和描述意义上是具有决定性的。所以，爱因斯坦深悟其理，他引进等效原理建立统一场论的基础工作是论证引力质量和惯性质量的同一。但牛顿并未论证，而是把引力质量和惯性质量统一只称同一的质量，把它们的同一性当作自明的。这种自明的假设出发建立的引力定律科学描述的真理性反过来证明了引力质量和惯性质量是同一的，而且引力质量和惯性质量的同一首先在于质的意义，即在存在论意义上同一，这对物质世界认识的统一性具有决定性意义。为什么这么说呢？在牛顿引力定律 $F = GM_1M_2/R^2$ 中，M_1 和 M_2 既是引力质量，又是惯性质量，它们被对方吸引时是惯性质量，对对方发生吸引作用时是引力质量，在存在论意义上是同一的。引力是对外作用，被力吸引是被作用，这种作用和被作用与质点动力学中牛顿第三定律的作用力和反作用力并不完全相同，它不是单纯抽象的、由外在作用提供的推动力的作用，而是物质客体基于自身质量的存在本性而产生的对环境中其他物体的作用，它有了具体作用者的存在论意义。于是，我们对引起物质运动改变的原因第一次有了由物质客体自身来推动物质运动改变的科学解释。再综合考虑到引力的非极性即只叠加而不能因极性相反而抵消的特性，它就真正具有对物质世界自身最普遍运动进行最普遍解释的意义。所以，由引力定律的发现，我们应有充分的理由认为对物质世界进行统一性思考的科学基础已经建立起来，这是牛顿经典力学理论最深刻意义所在。从此，坚信上帝创造世界的西方圣人们不再坚持无所不能的上帝无所不在地支配和主宰世界，物质世界的运动改变不需要上帝干预，上帝自此只负责启动世界的创生，而任由它按规律演化。

爱因斯坦建立广义相对论统一场论的目的在于克服经典物理动力学的局限性，实现物理学定律在整个宇宙中保持形式相对不变性并将之拓展到包括光、电、磁等非物运动描述。牛顿经典动力学的另一革命性意义是由静止的绝对空间上升到比之更一般的相对空间描述，并由伽利略变换来保持运动规律描述形式的不变性。但伽利略变换只适用于惯性参考系即没有相对加速运动的参照系之间。然而，恰恰是牛顿的万有引力定律已经证明，作为空间中独立存在的物质客体，宇宙中的星球之间是处于无极性因而是最普遍的引力作用之中的，每一物质实体在对外发生引力作用的同时，又受到其他一切物质客体的引力作用。在这种普遍联系和相互作用的物质世界中，任何两个空间中的独立自由运动物体只在特定时空点上才可能会出现无加速运动状态，而最普遍的状态当然是加速运动。在引力作用描述下，宇宙中并没有普遍的惯性参照系存在，反而是不同星球上的参考系一般都不是惯性系。除了在地球上的惯性系，对宇宙空间其他参考系中的物理学描述，因不同星球间的非惯性系性质而不能保持形式不变性。所以，尽管引力定律具有“万有”性质，但由引力定律去建立物质世界普遍的统一性科学描述是不现实的。

上一节我们已经专门讨论了广义相对论的统一场论问题，并把它作为迄今为止实现对物质世界最普遍科学描述的最有效工具。物质世界的最普遍描述，必须在引力时空作为独立变量的科学描述中才具有整个宇宙中物理定律的形式不变性，才能得到对物质世界最普遍有效的客观描述。在此基础上，我们进一步回到引力概念本身，思考它的本性和本质问题。

广义相对论的统一场论是科学的因果必然性描述形式，但它没有专门讨论引力的本质是什么。实际上，统一场论这一科学上最伟大革命的深层基础是对物质世界及其运动的革命性理解。对统一场论意义最精辟的归纳是：“爱因斯坦的广义相对论是基于一个革命性的设想，引力和其他力不同，它不是力，只不过是时空并非平坦这一事实的结果。而早先人们认为时空是平坦的。”[②]据此，我们来深入探讨引力的本质问题。

第一，引力和其他力不同，它不是力。这里面的意义是，作为力的引力并不是它的本质。事实上任何力都不是本质性存在，而是我们为了描述物质客体运动规律而抽象设定的描述概念，它不是本质，不是存在自身而是存在的一种现象，而且是具有相对性描述意义的现象。至于是用抽象力描述还是用其他概念描述，则完全取决于相对性描述本身。如果力是实在，那就不能这么理解了。为什么统一场论不能从抽象的引力概念去描述，即不再把引力作为描述手段呢？因为要消除引力在动力学中引起的加速度效应，就不能通过动力学现象来描述，就不能停留在抽象力作用本身，而必须将之作为独立描述形式的自变量，才有可能解决问题。

第二，把引力解释为时空不平坦的事实，而早先人们认为时空平坦这种描述并不严谨，甚至带有时空实在性的倾向。世界统一性原理把时间和空间作为纯粹认识的描述形式，而不是实在存在。但从牛顿到爱因斯坦，他们都有时间空间实在性倾向，从弯曲空间概念中可以更加清楚地看到这一点，但这正是使广义相对论反直觉而难以理解的一个主要原因之一。所谓“早先人们认为时空是平坦的”是指在牛顿引力理论中，在各向同性时空中物质通过引力来相互作用，但这种各向同性时空描述明明是符合科学真理标准的。由此可见，无论是弯曲空间还是平直空间的描述，在它的边界条件内都是有效的，而弯曲空间或平直空间成立的充分理由是它们都只是相对性描述形式，而不是实在。如果用引力时空概念指称弯曲时空，问题就简单了。纯粹空间形式的弯曲空间逻辑上不成立，现实中不存在。如果纯粹空间是弯曲的，它就不只是纯形式，而必须是实在存在即存在者的存在。引力弯曲空间在认识论上仍是描述形式，引力是存在者的抽象描述，但当把引力作为能量客体交换作用的抽象时，引力就不是纯形式，引力弯曲时空就已经是实在了。对于引力弯曲空间，只有在内容和形式相统一的存在论意义上，所谓弯曲才是有物理意义从而是可理解的。最直接的理解是引力在时空中的分布即统一场，真正弯曲的是引力场而不是它所分布的描述空间，在引力场不均匀分布的弯曲时空中，纯粹时空形式和各向同性平直时空还是同一的。最简单可靠的证据是，在用引力“弯曲时空”描述太阳系运动现象时，太阳系各星体之间的空间关系和各向同性平直空间描述还是同一的，地球和月亮之间的空间关系哪有丝毫“弯曲”可言呢！

第三，用引力弯曲时空描述物质客体运动时，引力不再通过对物体的加速作用现象来描述它的作用，而是用已经反映了引力作用的弯曲时空来描述，这样，在统一场论的弯曲时空中的所有坐标系都可以视为惯性参考系。当然，对于引力场不均匀的事实，这个原理描述采取的是对微小的、互相交叠的区域分别运用，但这是技术细节问题。最重要的是广义相对论开辟了把非惯性系转换为惯性系的一条可行之路。它与经典科学描述的最本质区别就在于不从对物体的加速运动现象去描述引力作用，这意味着它回到引力本质，不再把引力看作抽象力，不再用抽象引力作为物体相互作用的描述，返回到抽象出引力的存在者自身，回归到它的自身即引力的本质去描述它的作用。引力弯曲时空就是它在时空中的作用的科学描述，产生时空弯曲分布的存在者自身只能是能量存在或物质存在。但从逻辑上来看，它只能是能量作用的结果，因为引力是关于空间内无直接接触的物质客体间的相互作用的抽象描述，把物质的作用抽象为物质的作用是同语反复，同时也会产生本不可能产生的超距作用。所以，引力所据以抽象的相互作用其实只能是能量客体的转化和交换。物质客体正是通过普遍的能量交换才使世界上的物质客体建立起普遍联系和相互作用的。相互作用的本质是能量交换，力只是描述能量交换的抽象概念，它的本质就是能量，它的意义就是能量交换。两个物体的引力作用本质上是一种能量交换过程。所以，弯曲时空是一种特定形式的能量空间分布。当我们回到能量本质用弯曲时空描述能量统一场分布时，就不再需要用力来对物质运动作现象描述了。所以，把引力的本质归纳为能量是合理的。

从物质客体相互作用的本质是能量交换这一普遍意义看，一切力的本质都是能量。但为什么引力这种能量具有支配物质世界普遍联系和作用的本性呢？这才是我们很少顾及但实际对物质世界统一性认识而言是最为重要的问题之一，它包括几个基本问题：

一是它的普遍性本性。引力是物质世界最普遍的力，而其他的力即电磁力是局部力，核力是短程力。我们知道引力的作用是最弱的，却是最普遍的。我们所知道的理由是它是无极性的，它们总是相互吸引的。我们知道它就是如此，却无法理解它为什么如此。其实引力非极性本性的最根本依据在于它只和质量相关，即只和我们刚刚讨论的物质结构最普遍具体的元结构有关，元结构是物质结构性存在最底层的最普遍同一结构，它决定了物之质量，也决定了只和质量有相关性的引力一定是最普遍的无极性力，物质世界统一于“一”和一切力统一于引力在逻辑上是等价的，根本无须画蛇添足地去建立量子引力以谋求力的统一。基于和质量相关的引力的非极性本性归纳的真理性，我们完全可以得到物质世界统一的最普遍的具体之“一”现实存在的推论，由引力确实可以从存在到演化的统一的事实提供物质世界统一性的充足理由，使之不再只是理想追求甚至朴素猜测，而是基于客观真理的理性具体的现实理解。如果回到一切力的本质都是能量交换的观点，那么以引力作用形式的能量客体与其他作用形式能量的区别之处在哪里呢？到现在为止，我们对能量子客体的规定性只有频率是决定性的。那么，引力所描述的能量子的频率是多少呢？不同力的能量子的区别究竟是由频率决定的还是它们还有不同的规定性呢？这是理解引力及其他各种力的本性的最基本问题。

二是统一场不仅是物质运动的普遍描述形式，也是光、电、磁运动描述的唯一形式，否则我们永远无法解释光的曲线运动及黑洞现象。但是，这种引力统一场本身是一种特定形态的能量，而且是宇宙中物质客体之间建立相互作用的能量客体存在本身，它还有可以描述的框架吗？统一场论是目前所知的最普遍的客体世界运动描述框架，但对引力的能量子则一定是失效的，这就是罗素所归纳出来的认识的最基本原则：一个定律决不能描述自身，所以统一场论不能描述引力能量子的运动。更一般地看，无空间性规定性的能量子客体本身是不会像物般相互作用的，故力描述只对“有”有效，对“无”无效。那么，是否引力能量子真的是形而上地存在而无法由科学因果逻辑去描述的呢？科学认识自身是不可能完备的，这也许是我们对世界作科学思考时最痛苦的问题。但哥德尔不完备性定理已经把这一痛苦合法化。我们也许真的应该思考，宇宙中最普遍相互作用的承担者，或许真的对我们而言永远是形而上的，是玄而又玄的，是找不到它存在的直接存在证据的，因为它是不需要根据而存在的。如果能在科学上找到引力能量子客体存在的直接证据，或者在理性形而上学意义上得出引力是宇宙最普遍的背景存在客体的论证，那对物质世界统一性认识将是革命性的突破。反过来看，如果能找到引力能量子存在的直接科学证据，引力可能就不是宇宙的背景，它就有存在的背景了。如引力存在无法也不需要科学提供存在直接证据而有充足理由的话，我们就能对宇宙自身是完备的永动机这一信念充满信心。引力是最普遍的，把一切实体之物乃至光、电、磁能量子客体的普遍联系建立起来。它和一切能量子一样是绝对运动的，但非极性的本性使它成为宇宙中最普遍的绝对存在，在统一引力场中的宇宙就是统一并且是永恒充满活力的永动机，引力就是宇宙永动机的永恒能源。

三是物质实体借助于统一场的永恒的能量交换，一个物体所辐射的引力能量子和所吸收外部的引力能量子是同一的，在统一引力场中就是在一个引力能量子的海洋之中。我们不能把牛顿引力定律理解为超距的引力相互作用，那只是最简单的抽象。更具体地看，只能把引力理解为物质客体辐射的引力能量子为统一场做出贡献，同时又在统一场作用下运动，即场描述才是具体的。但是否能把引力作用更简单地理解为物质客体与统一场的能量交换中或者吸收，或者转移出能量呢？从这个角度思考，我们还必须进入另一个重要概念，即引力势能的意义问题。

三、从统一场论到统一势能理论

势能是经典物理学的基本概念。势能的引入使对物质运动状态的能量关系有了更深刻的理解，即不仅物质的运动状态是与速度相关的单值函数，而且它在一个场中的位置对它的运动同样具有决定性意义，其实这在存在论意义上意味着真空中的场既无物又是具体的现实性存在，宇宙是有无统一性的现实世界。最具决定性的是由此才从物的状态描述进展到能量守恒的本质规律的认识，这才是能量的本质、宇宙的本质。质点的位置及速度共同构成了它处在一个场中的完整的运动状态描述，并由此产生了机械能守恒定律。这是人类从实体存在现象深入到它存在及运动的本质普遍认识的新起点。由于还处在认识起点上，因而在动力学科学中的势能理论还是非常简单的，只是初步的有限性认识。

在机械能框架下描述的势能的有限性的最主要特征是它仍然局限于势能的机械理解。势能是通过做功即能量转换现象引申出来的，机械能守恒定律中质点的动能和势能之和守恒的转换关系给出了势能与动能一样是质点状态描述参量的印象，这在一定意义上是成立的，我们一直把势能和动能看作科学描述中同一层次的概念。但从统一性意义看，这种理解是不充分的，具有局限性。质点的动能是它的相对运动现象的状态描述，势能则是它在场中相对位置的状态描述，物体由于运动而具有做功的能量这种描述具有直接的感性经验基础，它是感性现象认识的抽象归纳；但物体处于一定位置而具有能量这一归纳是更普遍抽象、更一般层次的归纳。物体处于引力场中势能较高位置，它转化为动能并做功这一连串过程可以从机械能守恒及功能转换原理去理解，但同样可以理解为在势能驱动下物体发生运动，把势能转换为动能而做机械功。在后一种理解中，势能就比动能具有更普遍的意义。事实上，在所有科学理论描述中，势能是比力、速度状态都更具普遍意义的归纳陈述。产生电流的原因是电压，抽象电压的物理意义是电场的电动势；热流的运动也可以用势来描述，熵就具有由势推动的意义。势不是一种运动现象，而是运动的原因。对物质客体的动能和势能的关系而言，这种理解不但成立，而且更能揭示物质运动变化现象的本质。从统一场论的最普遍关系看，宇宙是由引力作用统一为整体的，最普遍的势能是引力势能，是以整个统一宇宙为对象的势能，重力势能只是引力势能的特定抽象形式。从这一最普遍意义看，物体的动能是它运动变化的现实状态，势能才是推动物体运动的根本原因。物质世界的最一般运动应理解为在能量守恒和能量最小原理支配下由势能推动物体运动变化的过程，老子对之归纳为势成之。

势能比动能是更普遍描述的另一个根据是它不是特定质点意义上可以理解的，它是一个完整的场系统所产生的势，势能只有在普遍的系统场描述基础上才有意义。所以，势能的本质不是物质客体的状态，而是一个物质系统相互作用的场的普遍性关系，场系统才是势能的本质，质点在场中确定点时所具备的势能大小的描述只是场系统势能本质的现象显现。质点是被作用者，统一之势才是具有决定性的推动作用本身，是普遍联系的物体如此这般运动变化的原因，能量最小原理在统一场中具有普遍而现实的意义。场的概念对于习惯于感性直观的我们来说似乎非常抽象，但在科学描述中是不难理解的。不考虑被作用的特定物体存在时，在数学描述中就是用单位客体在空间点的被作用代表普遍场描述，故场、当量在数学上具有相类似的普遍性描述意义。系统场的建立使我们对世界相互作用的复杂性描述上升为在统一场中的统一描述。势能是系统作用的场描述基础上的概念，就包含相互作用的本质、原因、趋势等一般意义，不再只是现象描述。势能局限于现象理解决定传统势能描述的相对性，即它的大小与场描述中选择的参考点有关。从科学描述意义看，这没有任何问题，这与温度可用摄氏温度相对描述也可用绝对温度描述是同理的。但从统一性意义看，绝对温度则意义深远，它真正在存在论意义上揭示了温度的本质。那么，势能描述能否有绝对描述呢？势能的绝对描述同样是具有重大意义的，作为绝对描述的势能对物质客体动能转化即运动状态变化的决定性作用认识，使我们可以对在普遍能量支配下物质世界的运动变化得到更深刻的本质理解。在势能局限于相对性描述的情况下，为了简便，我们往往选用无限远处作为势能的零点。这在认识描述意义上是合理的，在技术意义上是先进的，但在本体存在论意义上是欠缺的。人们把无限远处的这点作为势能零点描述往往赋予它本体论意义，即认为物质世界或宇宙空间就是无限远的。而这种无限的具体世界的思维反过来束缚了对绝对势能理论的思考。

世界统一性原理的宇宙是有界而自洽的宇宙，宇宙中特定的物质世界是有界宇宙中一个有限的开放系统，也不能是无限的。广义相对论的统一场论的前提也应该建立在物质世界的有界性而不是无限性之上，对无限物质世界是不可能建立统一场理论描述的。除了抽象形式之外，科学对客体存在的无限至今依然无能为力。如果按照世界统一性原理及统一场论观念，我们认为统一场论是可行的理论描述的话，那么就有理由认为绝对统一性的势能描述也是可能的，从统一场论可以向统一势能理论合理扩展，这才真正达到自然统一性的境界。

统一场论是用引力弯曲时空取代传统平直时空去描述自然界的规律的。这里的场特指引力场，正是引力场才具有宇观的统一性描述意义。因此，从统一场论向统一势能理论的拓展，同样是对宇宙中物质世界的引力势能即我们通常所称的重力势能的普遍描述理论。物理学往往把引力势能和重力势能看作两种不同形式，但重力势能即引力势能，只不过它局限在地球这一独立引力系统的作用这一边界条件之中。地球的引力场可以转换为势能分布状态描述。它的分布函数是 mgh。同理，整个宇宙建立了统一场论描述的话，同样可以由此转换为势能分布描述。引力场分布和势能分布是引力作用这一行为两个不同层次的描述。这就是建立统一势能理论的可行根据。宇观统一势能分布的建立就是对势能的绝对描述。因为在这种统一的势能分布描述中，零点就不再是抽象的无限远处的点，而是自由运动物质在场中运动时所趋向的点，亦即零点能级，这时宇宙任何时空中的势能就是确定性描述，因而不再是相对性描述，任何两个时空之间的势能差是确定的，而且每个点的势能描述也是确定的，这是它之所以是绝对描述的充分理由。如果承认能量子客体存在，引力能量子是本原客体存在，在存在论意义上，统一宇宙的引力势能场就是确定的，每一点的势能也是确定的。

统一势能理论描述能否从可能可行性转变为现实性，取决于这一科学领域大师们的兴趣和能力，这一领域首先是理论物理的广义相对论领域。对此，从事统一性形而上学思考的哲学家爱莫能助，我们能够再说下去的只是它的意义问题。

首先，统一势能理论是比统一场论更普遍、更具体的客体世界描述理论，因而更具统一性意义。统一场论是对引力分布的科学描述，引力虽然不是纯形式，而是自然客体相互作用的形式，由此赋予了引力时空内容和形式相统一的最普遍描述形式的本性，但引力仍然是一种客体作用的抽象，仍然只是抽象的最普遍性。用统一场论描述形式去建立的统一势能分布函数理论就不同了。势能在传统能量理论中是物质系统状态描述的一种抽象，但在能量一元论的世界统一性理论中，以无存在的不直接依赖于物质客体运动状态的能量只能是能量子，势能只能是能量子，唯此才能解释它转化为物质动能的守恒意义，也唯此才能理解引力的作用同样是波的绝对速度而不是无限大的超时超距作用。所以，统一势能分布函数理论是具体客体存在的科学描述，是以统一场的引力弯曲时空作为描述变量的自然客体运动规律的描述，它就是更具体、更普遍的世界认识和描述理论。从另一角度来说，统一场论只有通过统一势能分布函数理论，才能真正达到它的目的和意义。抽象的普遍描述形式的真正意义是由之实现对具体世界的规律和本质的普遍描述。

其次，用统一场的弯曲时空描述建立起统一势能科学描述理论的话，它就能从科学因果描述的确定性意义去回答能量理论中最普遍的能量运动的能量最小原理起作用并支配物质世界运动演化的问题，从而在宇观上得出对宇宙运动演化的理解。对统一场的势能描述中，如果建立起势能等位线的描述，那么自由客体在势能作用下的运动就是沿着等位线法线方向由高能级向低能级的运动，它的运动速度就与能级成正比，即与势能梯度成正比，热传导的傅里叶定律只是它的一个特例。从统一的势能分布描述中则可以得到自然统一性的最一般理解，因为统一势能理论的世界是一个结构统一的世界。对于宇观而言，势能的能级结构和原子的能级结构是类似的，所以能量最小原理就是物质世界在引力作用下向稳定结构运动的支配规律，这对质能统一性宇宙的理解具有积极意义。当然，由此也可以解释在能量最小支配下宇宙不趋向最终平衡结构而趋于死亡的问题。因为低能级物质结构在一定条件下产生另一种形式的能量后就不再是自由客体了，它产生了局部力即转化为新形式的能量，这就是我们所理解的恒星的产生和演化现象。所以，物质世界的演化是普遍引力作用和局部力共同作用的统一结果，只有在完整的能量关系中才得到全面的理解。

最后，可以把牛顿引力定律看作是统一势能理论的特定形式，即牛顿引力定律一定能从统一势能理论中推导出来。牛顿引力定律作为特定条件下的抽象描述，其局限性在于无法揭示引力的普遍本质。当我们深入到引力的能量本质时，从引力定律本身就很难解释引力作为物质客体之间交换能量的意义。两个物体既吸收引力能量又辐射引力能量的物理意义是什么呢？再回到普遍联系的引力“万有”本性就更难理解了。但回到引力势能理论的统一描述，我们不再拘泥于物质客体之间的能量交换，而是物质客体在引力势能分布场中的能量交换，它就在吸收势能并转换为动能，或反之将动能转换为势能，向哪个方向转换则由能量守恒和能量最小原理决定。整个统一势能分布对于它的运动而言是在先的，它的运动本身又影响着统一势能的分布。世界就是处于这样一种动态的相互作用和演化之中。以统一引力时空为描述变量，用统一势能理论去描述，这就是统一势能分布起作用，也是统一势能分布函数描述的具体演化过程。

因此，建立引力时空中的统一势能分布描述，对于物质世界的统一性，对于物质世界永恒演化的趋势乃至规律的思考，具有普遍意义。当然，对于能量运动本身的描述和认识也是具有深刻意义的。比如，对于红移问题的思考就富于启迪的。

在对物质世界的科学认识历史中，由于一切认识以绝对物质为基石，一切运动也以物质运动来归纳，用特殊解释一般带来了一系列佯谬。用特定的机械波传播理论解释光和电磁波的传播产生了虚幻的以太。爱因斯坦以光速不变性假设为前提，超越了物质机械波传播理论的光波传播解释，否定了以太，创立了狭义相对论。这是二十世纪科学认识的革命性成就，但这个革命很不彻底，因为绝对物质基石还是铁板一块，革命还只是达到质能同一性、波粒二象性或粒波二象性的初级水平。人类的基本宇宙观没变，所以还在孜孜不倦地寻找逻辑上绝不可能的超光速，并集体迷恋上时光倒流的穿越幻觉快感。但这种观念是直接违反科学真理的。

对普遍能量世界的一个革命性认识还有量子理论。它涉及能量子的本性，狭义相对论则涉及能量子的运动规律，它们共同构成普遍能量世界认识的基石，所以能量运动必须同时遵循它们的制约。对于惯于从物质相对性去描述一切运动的思维来说，这是艰难的。光的红移问题又是最典型的佯谬命题。

光的红移产生于多普勒效应。在波动传播中，波源和观察者之间的相对运动使波的频率发生变化的现象称为多普勒效应。机械波在介质中才能传播，以介质作为静止参考点。用伽利略变换把波源或观察者对介质的相对运动转换为相对介质静止时的形式描述，则从理论上得出多普勒效应的波动频率偏移的科学规律描述。在电磁波中也存在着多普勒效应，天文学家根据对星系多普勒效应几乎都是红移的观测结果，从理论上推断出几乎所有星球都在离我们远去，所以宇宙正在膨胀，宇宙大爆炸理论是符合对星系红移的观测结果的。电磁波的多普勒效应已普遍用于汽车速度监测等实用技术。从理论上来说，光是不需要介质作为传播媒介的，而且它的速度是不变的。对机械波而言，理解多普勒效应没有太大的困难，但光速不变，而与波源及观察者运动无关，没有媒介的光速运动可以用相对论的洛伦兹变换描述，由此得出电磁波多普勒效应的频率偏移关系的定量规律描述。从运动的角度看，这个描述是完美的，但回到光、电、磁的量子本性时，我们却碰到佯谬：相对运动的物体之间的光波频率偏移，从粒子意义上来说，这意味着它不再是原来的粒子。因为光粒子的唯一本质的规定性就是频率，并且光量子是不可分的，这就产生了波描述和粒子描述的佯谬。还有，按照光速不变性原理，远方星光到达地球时的速度是不变的，速度不变，频率不变，为何会有频率偏移。能把二者统一起来吗？这在传统理论框架中应该是不可能的。这是普朗克和爱因斯坦理论的佯谬，在此我们称之为无质量客体存在和运动的佯谬。这是我们对整个世界统一性认识中一个极为重要的基本命题。

也许，统一势能理论的思考可以对光粒子的存在和运动统一性提供新的思路。我们把广义能量守恒定律和统一势能理论描述放在一起思考时，可以设想，实体粒子在势能场中运动的守恒性由机械能守恒定律决定，即它从高能级向低能级运动时失去了相对高的能级推动力，却取得了动能，从而实现了机械能守恒。但无静止质量且运动速度不变的光量子在统一势能场分布中运动时如何保持能量守恒规律的不变性呢？按现在的解释，它的能量只与频率有关，与引力场及势能分布无关，这就保持了能量的守恒。但是，它的前提在于引力场或势能分布对它不起作用，而事实上光线弯曲表明它是受引力场作用的，而且多普勒效应也证实了这种作用：在存在意义上的作用。其实，爱因斯坦对多普勒效应看作不只是由光源及观察者相对运动导致的，引力也是其中一个原因。因此，假设或猜测，光量子在引力场中的行为是由多普勒效应所描述的频率偏移现象来实现的。光量子在引力场中也具有势能，它才能与引力有关联，考虑到引力势能及能量守恒，一个能量为 hv 的量子的能量是理论能量，是在引力场为零或引力势能能级为零的位置时的能量，对此可称之为本征能量。而它在具体引力场中的能量必须由 Khv 来描述，其中 K 是与引力场特征或势能分布函数相关的量。这样，一个符合普朗克量子理论的不可分的光量子在引力场中或因观察者与光源相对运动产生的红移就是可理解的，光量子的存在和运动就能统一而不再是佯谬了。K 的引入其实与实体粒子在势能场中的受作用描述是一致的。在重力引力场中，我们观测到的与质量相关的是重量而非质量，故质量与光量子相当，而重量变化则与频率偏移现象相当，它把引力场即势能的变化考虑并包括在其中。至于引力

场的影响即 K 的描述，必须在统一场描述、能级描述和能量转换守恒定律的统一性中建立起来。建立这样一个由绝对运动的本原无质量量子存在和演化相统一的理论，才是世界统一性认识的最终目标，我们才有资格说已经认识了整个宇宙世界。

对物质世界的统一性探讨到此基本完成。所谓基本，即它还只是第一次建立的基本框架，有待后人充实、完善甚至重构。说它基本还有另外一层意思，即它还只是在质能统一性关系上物质世界结构演化运动的一般思考。物质世界的复杂性演化是统一性世界中最有魅力的，多样性的世界才称为真正的世界，“有”才更有意义。在这个“有”构成的万物世界中，最复杂、最高级而又最迷人的是我们存在自身，即作为物质复杂结构存在的生命的世界。所以，我们对物质世界统一性的思考并没有结束，而是站在新的台阶上向复杂性的顶峰迈进，深入思考最复杂的物质结构构成的生命世界。用玄学的语言来说，我们要从天到地了。

注释

①转引自张尚仁著《新译　新编　新解　道德经》，昆明：云南民族出版社，2008 年第 1 版，第 47 页。

②史蒂芬·霍金、列纳德·蒙洛迪诺著，吴忠超译《时间简史》，长沙：湖南科学技术出版社，2006 年第 1 版，第 32 页。

世界统一性原理

第四卷 地论

时间性存在：生命灵魂进化的统一性

钟微子 —— 著

南方日报出版社
NANFANG DAILY PRESS
中国·广州

第四卷　地论

时间性存在：生命灵魂进化的统一性

引　论

从天论进展到地论追求对具体生命存在的统一性理解。认识自己的生命是人认识自己的基础。在感性具体意义上生命是最基本的，在理性具体意义上生命是最复杂的客体存在，它就是宇宙自然的复杂统一性本身。二十一世纪是生命科学世纪，潜台词是生命科学在人类自然科学知识体系中是很不完善的，只能算是起步阶段。吃过猪肉、见过猪走路的人肯定知道猪肉和猪当然不同，但能否从本质上找到两者区别的确切之处就不能想当然了。世界统一性的地论和传统生命哲学的区别首先不限于人的自然生命，而是从普遍自然生命乃至整个自然的统一性去思考人的自然生命，这是思考“我从哪里来，要到哪里去”的最主要基础理论，了然生死是通达超越生死达到永恒意义境界的前提。

一

生命科学和生命哲学无证自明地以生命为认识对象。生命科学研究所有叫做生物的具体存在，又叫生物学；二十世纪的生命哲学却基本限于人的感性具体自然生命，其实和生命科学基本上井水不犯河水。问题在于现代的生命科学家或哲学家试图为生命确定一套精确定义的努力都不成功。地论的目标首先是得出“生命是什么”的具体理解，给出生命之为生命的充足理由。

生命作为认识对象的特殊性在于具体生命是不可还原的。科学是抽象的，知性对于具体生命之“物自体”不可知，若没有客观科学知识为基础又只能止于感性直观生命，找不到猪不只是猪肉的充足理由。生命科学不是一门学科，而是从具体生命抽象出不同认识对象建立的学科群，由它们的统一去构成具体生命认识。广义地说，既然生命的意义统一了自然的最普遍意义，一切自然科学就统一于生命科学，故我们常识中的生命科学是狭义的，以和具体生命直接相关的现象之本质规律为特定学科认识对象。据此应明白一个哲理，生命科学必须与其他学科知识相统一，生命还原得出的是普遍意义的物质和能量，生命之为生命的充足理由绝不能是特殊的活性物质或神秘活力，只能是具有其特定本质的结构和与功能相统一的具体规定性，生命是不可还原的具体统一性存在。因此，试图用传统、抽象、科学的方法，从某一抽象对象角度去为生命制定一套精确定义没有成功不在于水平和能力，在于科学抽象不能直达物自体，只能由知识的统一去理解具体生命，在亦此亦彼的具体而不是非彼即此的抽象意义去理解现实生命。从认识方法论看，对生命的认识在感性、知性、理性统一性中达到具体才能完成。

生命作为具体之物是宇宙中最复杂的自然存在，生命哲学的存在论意义就是在能量、物质、生命的统一中参悟生命是什么。

生命是能量，离开能量就没有生命。能量一元论得出自然界统一于能量的具体理解，但生命是能量的认识不能止于一般抽象，能量之于生命的具体现实性具有直观自明的意义，在科学上用新陈代谢去普遍归纳。生命科学的革命性事件是二十世纪四十年代量子物理学大师薛定谔的力作《生命是什么》开了从负熵去理解生命之先河，从物理学和能量过程去理解复杂生命，把生命科学和自然科学统一起来，从狭义生命科学进展到广义生命科学的变革掀开了生命科学新的一页。但生命和能量统一而不同一，生命离不开能量却不能说能量就是生命，从来没科学家或哲学家说过能量就是生命。能量不是生命的自明性基于感性直观，能量是从知性认识中归纳出来的概念，不是感性可以通达的具体，生命的自明性是感性直观基础上的具体，据此就可得出能量不是生命的确定性判断。

生命是物质，有血有肉是每一个人生命存在的自明直观，但物质并不都是生命，生命科学研究所有被称为生物的东西时的自明前提就是并不是具体之物都是生物，即生命和物质统一而不同一。生命和物质的统一性是最难参透的，执于知性抽象或感性具体完全可以坚持生命就是物质而已。十九世纪哲学家说人就是机器，二十世纪进化生物学大师得出生命和物质没本质区别的结论明明白白地教导人们把生命和物质同一。这种“理论”无论如何有理有据，都是谬论，因为它违背了自明的感性直观，活人和木头、木乃伊不证自明地是有本质区别的，至于这本质区别是什么才是可见仁见智的。传统的机械论思维制约了对生命的具体理解。物也是具体的，生物和物的区别是物是可还原的，物是相对性存在，生物是不可还原的绝对性存在，如何理解生命绝对性是思考生命区别于物质的普遍本质之牛耳。

物由物复杂结构演化生成故是相对性的，生命是物的复杂结构，不是生命以生命为组成结构，故其既不可还原又不能作为部分参与更复杂生命构成，世界上没有两片一样的树叶的原因就在于此，生命和物质就是统一即不同一的。

其实，对生命区别于物的本质的普遍体悟是灵魂。从原始社会到文明史，对灵魂的体悟始终伴随着人对自身生存的理解，甚至在亚里士多德的生命灵魂本质学说中已得出精辟的统一性归纳。亚里士多德把肉体理解为生命的潜在，灵魂才是生命的普遍本质，灵魂赋予肉体以生命的现实性，多样性生命世界统一在植物营养灵魂、动物运动灵魂，最终统一于人的理性灵魂。把灵魂作为生命的普遍本质是合逻辑的，为什么人类最终抛弃了灵魂概念而始终得不到生命普遍本质的理解呢？最根本原因是灵魂的感性认识缺乏普遍现实性，对之更得不到任何知性普遍意义理解，亚里士多德的生命抽象灵魂本质理论和人类基于经验的灵魂感悟并不兼容，其现实意义至多只在神秘活力论水平，进入科学理性时代抛弃活力论就是抛弃生命抽象灵魂理论。坚持这种水平的灵魂理论并不能为生命区别于物的普遍本质提供任何有客观性根据的理由。

因此，要把能量、物质、灵魂统一起来去理解绝对意义的生命，理解生命之为生命的充足理由。相对性之物和绝对性生命的区别在于生命是绝对运动的感性具体存在。每一相对具体之物有绝对确定性的结构规定性，每一绝对具体之生命却只有相对性结构规定性，有尾巴的蝌蚪长大变为无尾巴的青蛙还是那个生命，却当然不是不变之物，你的一生在物之意义上是绝对运动变化的，但你仍是从婴儿成长起来的那个具体生命，长出了白发的你还是当年满头黑发的你，这就是生物超越了纯粹空间性之物的根据。有位老医生把脉时告诫我：人到六十后一年和一年不同，七十后一月和一月不同，八十后一日和一日不同，九十后一时和一时不同，这是关于生命的深刻哲理。生命的绝对性是运动的绝对性，不是相对空间中位置的运动，而是自身物质结构在新陈代谢中绝对不可逆的运动，每一个生命都是不可重来的绝对运动过程中的，由此赋予了自然中没有两个相同生命个体的现实性，这即生命是绝对性存在的统一性的意义。

能量、物质、灵魂统一而成的绝对运动之生命的普遍形式规定性是什么呢？是那一普遍形式把自然诸形式统一起来去描述绝对运动的生命存在呢？是时间，绝对连续不可逆结构运动过程描述形式是时间，具有连续不可逆绝对运动结构的生命过程就是普遍性的时间性存在。时间是独立的描述自变量，时间性存在则是统一了能量具体性、物的空间结构性、灵魂抽象意义于自身的具体统一，是自然一切普遍意义的统一。在这种感性、知性、理性相统一意义上，世界统一性原理把躯体和灵魂相统一的现实生命理解为时间性的具体现实性存在，不可还原的具体生命不是之于抽象灵魂本质而是基于时间性的具体现实性才能得到理性具体觉悟的。时间性的具体意义是生和死的统一，不是生和非生的区别，离开生死无生命可理解的意义，故世界统一性原理把生命归纳为时间性存在。时间性的具体现实性统一了生命普遍抽象本质意义，在普遍抽象意义上也可以认为生命本质上是时间性存在；仅执于非此即彼去理解具体生命是极无智慧的。

二

认识生命统一性的现实意义在于认识自己，人从那里来的根据之一是生命从那里来。局限于人的感性具体，没有生命起源的合理理解为基础，不可能得出人从那里来的合理理解。把人割裂于普遍生命世界之外，人就可以作上帝按自己形象制造出来代上帝管治自然万物这种独断论理解，人就以上帝为据成为万物之灵。现实地看，离开普遍生命起源的合理解释不可能有根据地思考人从那里来的命题。

从感性具体或知性抽象无法通达生命起源的智慧理解，人类总是觉得先有鸡还是先有蛋这种弱智命题是非常奥妙的。其实，从理性统一性智慧看，生命起源并不是什么复杂问题，先有蛋后有鸡自然而然简单明了。按照玄学一生二，二生三，三生万物的自然复杂性演化的归纳，按照高以下为基的必然性法则，生物必定从物演化中进化而来；按宇宙大爆炸理论，宇宙是能量生物质，物质生生物从而演化出现存宇宙的，后生的生物只能由物质运动中自然自生而来。达尔文进化论的卓越成就揭示了一切生命物种包括万物之一的人的起源都是自然进化的杰作，根本无须从自然之外找原因，自然不需要外在于自然的原因。

在生命意义上，鸡和蛋的关系是亦此亦彼的统一性关系，而且统一了鸡不是蛋的非此即彼抽象判断关系于其中。鸡是现实的生命，蛋是包含在鸡生命中的物质结构，不是在鸡生命之中的另一个完整独立的生命。但蛋又是潜在的生命，在适合的温度下鸡蛋又会发育为小鸡。蛋是潜在生命的意义就是它既是物质又是生命，既是生命又不是生命，这只能回到具体环境条件去作确定性判断，不能在抽象中泛泛而论。正是既是生命又不是生命的蛋把物质和生命统一起来，物质结构复杂性演化出蛋的时候，在相应的自然条件下生命自然创生。所谓蛋在这里的意义是生命的种子，在生命科学意义上是生命的细胞结构，其本质意义是细胞的遗传结构即DNA。在现实意义上，每个由遗传而来的生命都是首先是亲本生命中的物质结构，随后才按必然性过程进化为子代的新生命的，所以每个具体生命都是“蛋”在先的。在物种起源意义上，无论是地球上第一个具体生命细胞的起源，还是由简单生命物种向复杂性物种的进化，都首先是在细胞遗传物质结构创生意义上的，是超越了物种遗传的物种起源本身。因此，由亲本去理解物种变异只有现象意义，由遗传物质结构演变才能揭示其本质意义。其实，生命人工克隆再现的就是生命产生过程，克隆不是制造“鸡”，而是克隆“蛋”，再由之培养出生命之“鸡”。至于转基因，那就是如假包换的物种起源本身，只不过是人为去法自然以创造新物种罢了。

达到这种生命起源理性认识水平就能气定神闲地讨论人的生命从那里来命题了。人是生命界最复杂物种之一，只能在简单生命基础上复杂性进化而来。但是，不能基于从简单到复杂进化的逻辑，认定人是从与其外形最相近的猿进化而来的，那是基于宏观外形即感性直观为根据的判断，而以感性为据是最缺乏根据的，是不合逻辑的。从简单到复杂性演化链顶端是三生万物，不是一物生一物，和人同属的灵长类是同一层次结构的生命物种，如此理解断乎得不出猿进化为人的合理判断。在逻辑上只能说原子组成分子，决不能说小分子构成大分子，生命结构也只能按此逻辑理解。从猿进化为人的判断是基于早期获得性状遗传的朴素认识及物种直线进化的时间种概念得出来的，这些早期理论早被当代生物学证明是不合理的。因此，我们坚持人的生命自然而然进化而来，但真的不应再狭隘地执于认猿为父，不能再斥责同类为那几只猴子，也不必去动物园探亲。

三

生命哲学追求生命统一性理解的直接意义是对生物进化论的理解，因为进化论是关于多样多态性生命世界的最大统一性理论，它把生命世界那些看似毫无关联的现象统一起来了。十九世纪由拉马克、布丰肇始的生物进化论在达尔文的《物种起源》中进一步综合而公开发表后，很快就征服了世界，并进而影响到人类文化的方方面面。在人类文明史上达尔文具有牛顿般的崇高地位，恩格斯将进化论评价为十九世纪三大科学发现之一。进化论由生命和自然环境的关系即从自然选择角度去思考生命时，已达到整个自然统一性水平，赋予宇宙自然而然的完备性，更具体现实意义在于有根据地由自然内在必然性去回答人的生命从那里来的这一长期困扰人类的命题 。这对于长期由上帝文化主宰的欧洲，更具有重大的革命性意义。进化论又是自然生命本身物种起源即生物自然起源并由简单向复杂多样多态性进化的统一性理论，从地球生命圈物种具有共同起源的归纳赋予整个地球生命世界完美的统一性。

但是，达尔文进化论和牛顿质点动力学的际遇很不相同。牛顿经典物理学理论在引领潮流三百余年后尽管也有不少人说三道四，但它的质点动力学和引力规律归纳的客观普遍有效性是无人能撼动的。达尔文进化论的命运却是起起伏伏的。进化论和遗传学并不协调，遗传学兴起阶段进化论曾一度被冷落；自然选择理论和微观的分子进化中性理论至今也不协调。进化论的顽强生命力不是客观普遍有效性，而是不断蔽而新成的成长性，从传统进化论丰富发展为综合进化论乃至现代进化论。这一事实的本质意义该如何理解呢？它表明进化论不只是客观普遍抽象知识本身，而是以此为根据的对地球生命圈统一性的现实理解，是基于普遍知识的理性智慧。把进化论作为十九世纪三大科学发现之一是合理的，但仅限于科学去抽象地理解进化论又是有极大局限性的，进化论产生的所谓不协调是执于科学知性去机械地看待具体生命世界产生的。进化论必须不断完善发展，质点动力学却绝不会越长越美丽。

回归统一性本质的生物进化论对生命世界解释就是现实的，不会有矛盾和不协调。进化论的所谓自然选择不是因果决定意义下自然环境对生命进化的支配和决定作用，而是指生命和环境不可分割的统一性，即环境的许可性是在新陈代谢中绝对运动之生命得以从潜在成为现实的前提，以此为基础的生命必然性运动本质在于生命自身，环境只是支配生命按必然本质绝对运动的随机性具体边界条件，生命和环境的统一即生命内在普遍本质和随机性特定环境的统一，这即生命具体存在的现实，由此造就了随机环境下具有共同本质即同一物种发育而成的多样性不同生命个体的统一性，这才是自然选择适者生存的完整意义。由此就可以明白温度可以使鸡蛋变成小鸡但不会使石头变成小鸡这种事实的根据，更应在普遍意义上理解作为边界条件的自然环境，对于生物分子层次的进化一定是中性的，不是因果决定性的，不是支配生命本质运动变化的，任何环境制约性转换为与生命内在运动相关意义的描述时，一定是作为生命运动一般规律的特定边界条件参与进来的，不是规律的抽象描述变量本身。认为分子进化中性理论和达尔文宏观进化论不协调是只把进化论当抽象因界关系带来的误解。其实，把达尔文进化论的自然选择适者生存归纳当成因果决定关系是自相矛盾的，如果环境决定着生命本质则环境和生命的关系就只是普遍物质相互作用，生命并没有区别于环境的本质，根本就不会有合逻辑的环境决定生命本质的可理解意义。达尔文的宏观进化论和现代综合进化论是统一的，自然选择适者生存法则和自然对分子进化影响的中性即非决定性、选择性是统一的。达尔文进化论的自然选择理论是在生命科学还没真正形成理论体系的条件下，主要是基于宏观表型的经验观察归纳出来的，是宏观层次进化论，是回归具体的。由于作为归纳基础的普遍知识不够，它的理性具体归纳还是初步的，是在不断发展中逐步丰富的。分子、基因层次的认识是基于客观普遍知识的，是本质层次的微观进化论，故它和达尔文的宏观进化论只能是统一的，不是矛盾的，也不是因果的。

自觉地把宏观和微观进化论统一起来，把能量、物质、灵魂统一于生命世界的现实性本身，就能得到生命世界更普遍的具体现实性理解，也就通达了自然统一性的完美理解。由灵魂作为本质去理解生命的现实性时，生命进化的统一性即灵魂进化统一性。缺失了灵魂意义的生命世界不是有局限性，而是不可理喻。能量、物质统一性超越质能统一性之物而成为绝对不可逆运动之生物的根据在于它按自身必然性的本质规定性选择最优环境去展开现实生老壮已之过程，支配它选择生存的内在必然性选择形式就是一个物种的规定性，是每一个生命从潜在成为现实的决定性普遍形式，它又具体于每一生命个体之中，在遗传物质 DNA 携带的选择性意义结构形式中。因此，DNA 是物种之为物种的根据，生命进化统一性的更普遍具体统一性是灵魂进化统一性，它在物种意义上把同一物种的绝对个体统一起来，在灵魂进化意义上把整个生命世界统一起来。世界统一性原理修正和发展了亚里士多德朴素的灵魂统一理论，不再基于感性具体把灵魂理解为植物营养和生殖灵魂、动物运动灵魂、人的理性灵魂的统一，而是基于生命对环境的选择形式，把统一生命世界从本质上理解为无意识灵魂、意识灵魂、理性灵魂的从简单到复杂的统一性现实进展过程。在灵魂进化统一性中，自然的能量、物质、灵魂完美地统一起来，其最高的统一性就是人的理性具体存在。人的理性灵魂是无意识灵魂和意识灵魂的统一而超越之，现实具体之人就既是最普遍意义的自然统一性存在，又基于理性走出了纯粹自然界，人就是文化和自然相统一的主客体统一性的理性具体存在。

目　录

第一章
绪论：时间性存在

引　言

【提要】对“生命是什么”的思考的难点在于生命是不可还原的具体存在，是统一了自然一切存在意义的最复杂意义的存在，只有在抽象和具体相统一的理性具体认识意义上才能通达对生命普遍抽象本质的具体现实性基本意义理解。本章是生命世界具体认识的逻辑起点，通过生命的普遍时间性本质去归纳生命之为生命的普遍而具体的现实意义。

一、人类对自身自然生命本质和本性的认识是不断发展的历史性过程。在蒙昧时代人以朴素的神灵即独立不死的灵魂意义为根据去理解生命存在的现实性，在神话中萌芽的人类文明史在相当长历史阶段内始终带着由灵魂为本质去理解生命的烙印。由朴素神灵转向理性自觉去认识灵魂和生命具体统一性的是古希腊圣哲亚里士多德，其成果凝聚在《论灵魂》中。亚里士多德把灵魂理解为使生命从潜在获得现实性的本质，断然否定在生命之外游荡的幽灵，认为生命是肉体和灵魂相统一的具体存在。他的生命灵魂本质理论缺乏客观知识且与传统独立于生命的灵魂朴素认识不协调，只是唯象理论意义的神秘活力论。近代科学革命产生了“人是机器”的生命观，最后进展到生命有机论，这是以客观知识为基础回归具体理解生命的重大进步，但其机械论的局限性是毋庸置疑的。

二、机械论生命观的合理性在于回到生命物质基础赋予生命具体性的本体论根据，生命以复杂性自组织结构为存在基础，但使生命成为现实存在的是它的绝对运动过程。“生命在于运动”的意义指具体生命自身结构在适应环境生存中绝对不可逆的生、壮、老、已统一过程，仅从物的结构离开结构的绝对运动解释不了生命。绝对生命结构运动和机器运动的本质区别在于，物的运动本质是普遍规律支配的相互作用，生命的绝对运动是以生命自身对随机环境选择作用为内在机制的，选择性活动是生物和非生物的分水岭。选择性是特定具体概念，它统一了抽象的物体相互作用又超越其意义，生命是物又是生物，选择性生存是万物世界进化出特定生物的起点。选择性以生命和环境的确定性边界为前提，物是可由不同边界区分的相对性存在，生物则是以自身客体边界决定的绝对存在，由此决定了生物是个性化的具体存在。

三、生命的本质是决定生命选择性生存的根据，被称为灵魂。生命选择性生存的现实性是在随机环境条件下选择最优条件实现生命生存最大可能性，它以生命最优生存本能为目的，根据对环境信息刺激产生的意义为基础，决定生命适应环境生存中每一个对环境的选择性行为，最大限度地实现生命自身和环境的统一。一个生命对环境信息建立的抽象意义结构就是它的灵魂本质，由之支配的生命对环境的选择性生存才使生命超越纯粹之物而获得生存的现实性。抽象灵魂本质具体存在的本体论根据对现代人并不神秘，就是生命的遗传物质结构。

四、灵魂给出了生物和非生物的本质区别，却不包括生命自身生和死的统一性意义。离开死则无生的意义，对生命的形而上学感悟是生命不可重来，死而不能复生，所以仅从生和非生的根据达不到对生命的具体统一性理解。生与死统一的生命完整意义是它是连续不可逆有限过程中绝对运动构成的具体统一性存在。连续不可逆是时间先验形式的抽象规定性，却是生命具体存在的绝对统一性的现实意义，世界统一性原理把生命普遍而具体的本质归纳为时间性存在。时间性统一了以灵魂为根据的生存选择的普遍意义，回归生命绝对运动的现实过程的统一，通达生和死的统一性意义。灵魂本质赋予生命普遍抽象统一意义，时间性本质把对生命的理解导向绝对运动统一过程的现实性意义。

五、进展到时间性的具体现实性是理解生命的智慧，仅限于非此即彼的确定性判断是难以了然生命的具体意义的。因此，对生命连续不可逆的时间性本身首先就要从理性统一性去智慧理解。

生命世界的思考从生命的本质开始，即首先要给出生命之所以为生命的充足理由。由于生命不是基于还原而是基于综合统一的具体复杂性存在，因而生命的本质是比物质和能量的本质更需要智慧去思考的命题。

“生命是什么”是与人的存在共存的基本命题，因为人的存在首先是血肉生命的存在。即使在蒙昧、野蛮的未开化时期，人们还没有建立起自己的历史文化，对生命的直观、感性思考就已经自然而然地产生了。因为在本能的意义上作为万物中一种自然生物物种存在的人类，生存的第一要务仍然是生存问题，生存的感悟无疑必须以“生命是什么”“生死的本质是什么”为前提。所以，“生命是什么”不仅是理性、知性思考的命题，甚至可以认为它是从人以动物本能形态现实生存时代就产生了的问题，它与人的产生一样古老。

从本能感觉对生命的感悟延伸到文明时代，人类对生命本质认识的第一个系统理论是亚里士多德的活力论。活力论是从经验感悟中归纳出来的对生命本质的唯象理论解释，即它在无法对生命存在得出实体结构科学认识的特定历史条件下，用抽象的活力去解释生命存在的具体活动和功能，从生命的活与动现象中归纳出生命与非生命、生与死的区别，并把这种现象区别的本质归结为活力与非活力存在的区别。活力的抽象性决定了活力论的神秘性。活力之为活力，在亚里士多德的生命理论中是生命神秘的抽象灵魂本质。亚里士多德的灵魂是抽象的，它和人类与生俱来的灵魂经验认识是有联系但又是有本质区别的。必须承认，尽管缺乏真理的普遍客观性，但神秘的活力论只在活力本质上是神秘的，但由此神秘本质去解释的生命活动功能是经验的，是可理解的。不能否认它作为人类对生命本质思考的积极意义。

对生命本质的科学思考是近代科学革命的产物。在牛顿经典科学理论取得胜利并在人类文化生存的各个领域形成主导地位的机械论宇宙观时，哲学家们同样用机械力学的科学样式去解释生命，把人的生命看作只不过是更复杂一点的机器。“人是机器”的观点是对生命本质从感性活力唯象理论上升为知性科学认识的标志，它在一定意义上是合理的，但它未真正归纳出生命的本质，未能给出生命之所以为生命的充足理由。如果人只是机器，则人这种生命结构就与一般物质结构没有本质区别，亦即抹杀了生命的意义。因此，与“人是机器”的观点相反的则是“生命是有机整体”理论，它从结构和功能相统一的关系，把作为机器的生命和具有活力的生命统一起来，在整体上而不是在还原论意义上给出生命的意义。当代生命科学从生命细胞结构、器官结构到新陈代谢功能，从DNA遗传结构与生命在种群意义上的繁殖和延续等意义上对生命存在得出了深入、丰富的认识。但是，如何把科学认识真理体系综合为统一的生命本质的理性认识，对复杂生命现象而言依然是一个问题。生物科学领域的大师们坦言：在科学意义上仍无法归纳出复杂生命存在的统一规定性，“生命是什么”依然需要进一步探讨。

按照世界统一性原理的观点，复杂生命的本质的最普遍归纳是对生命感性认识到知性科学认识的统一综合，它的最普遍本质中既包括生命的活力，也包括生命的机器模式结构；既包括复杂的实体结构，也包括复杂的功能结构。所以，生命是物质结构，但它不是普遍的物质结构，而是具有内在活力即特定功能活动的结构，即生命不仅是存在，而且是存在和演化相统一的具体概念，它就是复杂结构的特定功能活动过程。这种特定结构表现出特定而又复杂的功能活动，该过程最一般的规定性是时间性，即这种功能活动过程的特定规定性是和一般过程描述的独立时间变量的规定性相一致的。这个规定性即连续不可逆，所以生命在最一般意义上可以理解为一种时间性存在，更准确地说是时间性的空间存在。时间性即不可逆性是生命的真正本质特征，而连续性给出了生死概念的一般意义，时间性既是生命普遍本质更是不可还原的具体现实性。所以，生命的意义是“时间之矢”，是对人生感性具体生存现实性的深层感悟。人类一直把热传导作为“时间之矢”，但热不可逆过程在现象上是相对的，不是绝对的，因为它只在封闭系统中才有意义，这只是科学上抽象的不可逆性。但生命的不可逆性是具体而绝对的，人死不能复生，生命的生、壮、老、已是必然而不可逆的，生命不可重来的感悟是光阴之箭感悟的基础。但不可逆时间只是先验的认识形式，时间性生命过程的不可逆却是我们现实具体的存在自身，这就是时间和时间性的区别和统一性意义，这就是时间性是生命之所以为生命本质规定性的充足理由。生命是不可还原的具体认识对象，生命的本质可以有不同角度的统一性认识，生命不可还原的具体存在性决定了生命本质认识是多样性理解且必须是统一的。时间性作为生命存在形式的本质是从生命存在认识的最一般普遍抽象形式进展到具体现实性的感悟。在内容和形式相统一的具体生命存在中，把时间性结构形式理解为生命的本质是合逻辑的。

把生命的普遍本质理解为时间性存在是一种智慧，它包含知性科学但又超越知性局限性。坚持严格的科学有限思维，很难完整地把握具体生命存在的最一般规定性。比如，从非生命到生命产生过程的统一性，生命的连续性与生命过程的终止即死亡之间的统一性关系，非生命不可逆过程和生命不可逆过程的本质区别等，都不是可以机械地理解的。这正是生命科学最需要智慧的理由。

第一节　生命是什么

一、生命本质的唯象理论

普里戈金在《从混沌到有序》中说："近代科学诞生的标志是抛弃活力论刺激，特别是抛弃亚里士多德的原因。"[①]这表明关于生命的科学理论是近代科学革命的成果，而在此之前对于生命现象尚没有科学理论。但没有科学理论不等于没有理论，活力论就是此前关于生命本质解释的最基本理论，在此称之为生命的唯象理论，即从生命整体的功能去理解生命存在规定性的理论。它从整体功能活动意义上把生命和非生命存在区分开来。活力论对生命的具体理解是不足够的，却不能说是错的，毋宁说是最基本的，是认识"生命是什么"的历史和逻辑的起点。可以有根据地说，和活力不兼容的任何生命理论大多是很有问题的。没有活力哪来现实生命！至于如何理解活力包括无知而将之神秘化则是另一个问题。

唯象理论的生命活力论对生命的解释可以溯源到人类在自然界中刚刚诞生的蒙昧时期。人作为动物生命存在的最早、最简单的感性经验必须包括对生命存在的基本理解。人类从创生到当代漫长的进化演变史中，不变的是人作为生命存在的首要问题是生存问题，最原始的生存意义就建立在最原始的生命存在的感性体验之中，即必须以自我和非我、人和物、生命和非生命、生命的生存和死亡的最简单区别为基础。好生恶死、趋生避死是生命之能产生并生存下来的最基本本能，生物学家说自私的基因时充满了智慧，如基因本性公而忘私牺牲自我则按逻辑不会有生命能稳定存在，即不会有生命产生。自私和无私的统一才有公而忘私。所以，最早的生命意义感悟不仅是感性认识的，甚至可以直截了当地说是本能的，好生恶死是一切动物生命的本能。人作为动物世界中最复杂的高级生命形态之一，在进入文明之前已经在本能意识中产生了关于生命的意义、生与死的本质区别的简单朴素认识，这是一切复杂生命认识的起点和基础。

对生命意义的本能感悟既然起源于史前人类从自然界诞生的蒙昧年代，对这种感悟的发生学稽考在逻辑上就是不可能的，我们现在所能做的是从具体人类生命个体对世界及生命认识的婴幼儿阶段的经验去作粗略的猜测。求生是一切生命的本能，是生命之所以能成为真正生命存在的必要条件。求生建立在对生与死的经验判断之中。当最简单直接的经验把我的生命与世界区分开来的时候，就产生了对生命最简单的理解；当把生命的生存与死亡的区别和判断建立起来的时候，就形成了最初步但也已经是完整的关于生命意义的感悟。因此，最原始本能意义上人类对生命的认识，就在于生命是生即动态而不是僵化的，生命是活的，而不是死的，有生命之物就是一种活动着的存在者，活之动赋予了生命和非生命的根本区别。推动生命活动的力量叫做活力，这是生命存活力量的根源。所以，延续了漫长历史阶段直至近代科学革命才被抛弃的生命活力论，其实是在人类对生命感性感知基础上形成而被归纳出来的。它虽然带着神秘色彩，却以直接本能和经验为基础，而不是一种纯粹基于迷信而产生的荒诞幻象。把神秘活力论和生命灵魂意识理解为纯粹迷信或基于幻想是片面的。

当今能对史前人类本能意义上的生命感知认识找到些许蛛丝马迹的，也许主要在人类从史前带进文明时代的主要遗产即神灵和灵魂统治世界的古老传统观念之中。史前的人类世界是由神灵统治并且神人共处的世界，人们相信那些离自己而去的先辈们的灵魂依然和现实的人生存在一起，并且在支配着现实世界，现实生存的一切经验行为都可以从神灵中找到原因。从原始神灵目的论中可以得出两点基本判断：一是灵魂是构成生命的必不可少的部分，但它不是生命本身，因为灵魂不死而永恒，所以它不是生命。但生命不能没有灵魂，生命是肉体和灵魂的统一体。二是灵魂是生命的本质，肉体只是生命的基础，肉体是会死亡而最终腐朽的，但灵魂在肉体死亡后离开肉体而永恒存在。灵魂是永恒的，是生命的本质，离开灵魂就没有生命。肉体不能决定它是生命还是非生命存在，灵魂却可以决定肉体存在的生存或死亡是生命还是非生命。因此，循着这条逻辑，我们可以大致认为，早期人类用神秘活力来解释生命与非生命本质区别的时候，大多数情况下这种神秘生命活力的指向与神秘的灵魂是同一的。人类进入文明历史阶段，包括在进入古希腊文明这种科学因果思维已经成形并且可以说是繁荣兴盛的历史条件下，那些颇有建树的先哲们对世界的认识总要回归解答灵魂的问题，这其实也可以看作他们在追求“生命是什么”这一命题的基本答案。

古希腊最伟大的科学家和哲学家亚里士多德在他的哲学理论体系中同样回归灵魂本质去回答“生命是什么”问题，并且形成了较前更加普遍抽象的灵魂理论。亚里士多德的时代当然是神学目的论统治的时代，但在亚里士多德归纳的理论中，神已经不是感性的人格神，而是具有普遍抽象意义的理性神。他的神学世界目的论不是外在、主观的目的论，而是内在、带客观必然性意义的目的论。在这种哲学体系中，灵魂与史前本能意义上的感性灵魂观点本质上已经完全不同。“在亚里士多德看来，灵魂，既不是如德谟克利特所说的精细原子，也不是毕达哥拉斯学派的数目的和谐，也不是柏拉图的独立于身体之外的不死的东西。‘灵魂是一个潜在地具有生命的躯体的完全现实性。’这个定义一方面肯定了灵魂是非物质的东西，另一方面也揭示了灵魂和躯体之间的联系。”[②]亚里士多德的灵魂观可以从三个层次去理解：一是灵魂是非物质的，这和此前唯物主义哲学家试图用特殊物质去解释灵魂的观点不同，而与传统的灵魂活力论兼容。这在逻辑上是必需的，用特殊物质来解释灵魂实际上是否定了灵魂的存在。特殊的物质其实也是肉体，说灵魂是特殊物质构成时灵魂和肉体就没有本质区别，就无所谓灵魂。否认灵魂比把灵魂看作神秘活力是一种认识上的倒退。所以，只能把灵魂作为非物质性存在，才能把灵魂和肉体的区别和统一建立起来，这是亚里士多德生命灵魂理论的智慧所在。二是灵魂不是永恒不死的。这是亚里士多德灵魂观与原始本能灵魂观的本质区别。在亚里士多德的生命肉体和灵魂统一性学说中，灵魂不再是可以和肉体分离并可以四处游荡的幽灵，而是和肉体不可分割而相统一的存在。不把灵魂看作独立于肉体的存在者，就不存在灵魂死或不死的命题，所谓灵魂不生不死不再是指灵魂不会死亡，而是灵魂不是生命因而没有生命死亡之意义，灵魂不死的充足理由是它不生。一般而言，把具体生命理解为肉体和灵魂的统一性存在时，生命死亡肉体腐朽意味着抽象灵魂应随着荷载灵魂的具体肉体生命失去存在现实性而不再存在，没有躯壳就没有灵魂。如果说灵魂死亡，则在前提下把灵魂和肉体的具体统一性生命分割为肉体和灵魂两种独立的具体生命存在了，那才会出现灵魂不死而肉体死的可能性，但这与肉体和灵魂不可分割的统一性产生矛盾。所以，否定灵魂不死和说灵魂会死是不同一的，灵魂不死可以理解为说灵魂死或生存没有意义。三是灵魂是生命的本质。亚里士多德并不专指人类灵魂，而是把灵魂作为一切生物的生命本质。为什么躯体可以有生命，而有许多和躯体同质的物质结构没有生命，其区别就在于躯体由于有灵魂而成为灵与肉的统一性存在，不再是纯粹的肉体存在，因而成为有生命的生物。离开灵魂的躯体，本质上不叫躯体而叫物，躯体是在和灵魂相统一意义上的特定物的结构性存在概念。所以，物是独立自洽的概念，躯体则是和灵魂不可分割的物的概念。自洽、独立的躯体概念只有抽象而无具体现实生命意义。亚里士多德敏锐地指出，躯体只是潜在的生命，是灵魂的潜能，躯体与灵魂的统一才构成生命存在，灵魂才使生命从潜能变为现实，所以灵魂才是生命的本质，是生命的根本原因。

亚里士多德的灵魂观在生命意义上可以看作关于生命本质的理论。因为生命与非生命的区别，即生命之所以为生命的充足理由是由灵魂来提供的，无灵魂则无生命，灵魂是生命的普遍抽象本质。在亚里士多德的理性认识逻辑中，存在的最终理解归结为形而上学即存在的根本原因和根据，必须由最终原因出发去理解世界的统一性。按此逻辑，在生命世界中决定生命之为生命的灵魂就是生命的最终决定性原因，是生命存在的根据。亚里士多德的生命原因尽管是灵魂，却不再是本能意识中的灵魂，而是超越了个性主观感性的普遍抽象性生命形式，是理性统一性意义上的，是人类对生命本质认识中的重大进步。

但是，从神秘活力的灵魂到亚里士多德普遍理性意义的灵魂，都没有达到自觉的具体理性意义，还只是抽象的普遍性，灵魂还只是生命存在的抽象普遍本质。关键这种抽象没有以知性普遍客观认识为基础，从感性具体观点看，灵魂还只是依附于具体肉体存在的抽象形式。亚里士多德的生命理论还不可能是在有限的知性客观知识基础上综合统一而建立起来的，还不具备达到无限具体理性统一性认识的条件，故只能达到抽象普遍性水平，再精辟也只是神秘活力论，还无法具体解释生命活力的经验。这是受人类科学认识能力和水平制约而产生的局限性。在亚里士多德时代，达到客观普遍有效意义上的生命科学真理知识几乎为零。即使在当代，人类对灵魂的经验也还没有科学意义上的认识手段、描述框架及基础概念，所以对灵魂及生命活力的任何统一性归纳都不可能有普遍的知性科学真理作为基础，只能从主观感性经验认识中直接进行普遍性的归纳和综合。因此，无论是活力、独立的灵魂抑或作为普遍抽象形式的灵魂，最终的归纳由于缺乏科学客观性基础而永远只是抽象、主观性的，因而生命既是感性现实的具体又是神秘而不可捉摸的。本能的活力论的活力是神秘的，普遍抽象的生命原因也是神秘的，生命的灵魂本质也是神秘的。这种受认识主观性制约而综合统一的抽象理性统一性理论，我们称之为唯象理论，它以感性经验感知的具体经验认识为基础去对认识对象的功能或行为作出统一性的解释和理解。所以，唯象理论是活力论和生命灵魂理论陷入神秘性的根本原因。

要得到复杂生命本质的具体理性统一性理解，首先要超越基于感性经验的唯象理论，建立对生命现象的科学真理认识，为生命的具体统一性理解提供客观性的基础。但是，知性科学理论对感性唯象理论的超越不能简单地理解为抛弃。近代科学建立生命科学认识的同时，彻底抛弃了活力论和亚里士多德的灵魂本质和原因，这并不是明智选择，反而使自身陷入新的片面性。从活力论到原因论的目的在于解释生命生存经验，这是人类对生命认识的积极成果，不是纯粹的梦幻和迷信。唯象理论的根据即“象”是神秘的，但由象而产生的理论解释包括对理论的验证却不是梦幻，而是基于经验的，是对抽象之象结构的具体功能行为的感性经验解释，对生命存在的功能描述和经验解释是具有一定意义的。从经验出发是一切知性科学认识的基本原则和基础，所以科学的生命理论应该是对生命唯象理论的超越和发展，而不是全盘简单否定或彻底抛弃，这才符合人类认识发展的必然规律。

二、机械唯物主义的生命观

近代科学革命以牛顿经典力学理论胜利为标志，其伟大历史意义在于人类社会进入了以科学认识占统治地位的新的历史时代。牛顿科学的胜利并不只是在物理学领域，而是人类认识在一切领域的胜利。生命的认识从感性认识上升为科学真理认识同样自近代科学革命开始，并且直接接受了牛顿机械论思想的影响，形成了最早期以科学认识为基础的机械唯物主义生命观。

机械论生命观的早期代表人物是十八世纪法国唯物主义哲学的优秀人物拉美特里。十七世纪牛顿理论在英国的胜利在十八世纪的法国达到了新的顶峰，产生了十八世纪法国的启蒙哲学和战斗的唯物主义无神论理论，拉美特里就是这一运动的杰出代表人物。他的唯物主义思想的最重大历史影响，就是他在《人是机器》这一代表作中所阐述的机械论生命观。

拉美特里的生命观具有深刻的历史意义，首先在于它不再是唯象理论，而是建立在自然科学真理认识基础上的统一和综合。哲学家拉美特里首先是一个生命科学家。“他出身于圣玛洛城的一个富商家庭，希望儿子将来从事神学的父亲把年幼的拉美特里送到巴黎，接受约翰逊教派的教育。但他对神学无兴趣而转学医学，1733 年来到荷兰莱顿大学，师从当时的名医波尔哈维，不仅学到高明的医术，而且深受老师的唯物主义和无神论影响。1735 年回国，在故乡一面行医，一面翻译出版波尔哈维的著作……1747 年匿名出版了主要哲学著作《人是机器》。”[③]十八世纪生命科学的主要领域是医学，正是医学的知识基础和医生的职业实践，使拉美特里对生命的统一性思考建立在科学认识基础上，从而和历史上基于经验唯象理论的生命观有本质的区别。

拉美特里把哲学直接规定为对人的本质的探讨，他唯一的哲学是人体的哲学。他是彻底的唯物论者，他的哲学就是用物质性来解释人的本质的哲学。他把历史上哲学家对人的心灵和肉体关系的不同回答划分为唯物论和唯灵论哲学，这两种哲学分别从肉体与灵魂去理解人的本质。拉美特里从肉体去理解人的本质，实质上就是以物质客体存在为根据去思考人的本质。拉美特里是彻底的唯物论者，在继承了十七世纪法国著名哲学家笛卡儿的机械唯物主义的同时拒斥他的二元论。从唯物论出发，拉美特里以物质、自然是唯一真实的客观存在为前提，认为物体有生有灭，但物质是永恒的存在，世界的物质性可以由物质元素的结构来说明。按照这个前提，人体的哲学就是物质结构的哲学，神灵只是头脑中毫无根据的幻影，人体就是肉体，人就是人体即肉体而不是灵魂，人的本质就是机器。他认为笛卡尔“第一个完满地证明了动物是纯粹的机器”。[4]在此基础上，他进一步论证了人也是纯粹的机器，“拉美特里以丰富的医学知识，指出人是物质性的东西。‘人并不是用什么更贵重的粒子捏出来的；自然只用了一种同样的面粉团子，它只是以不同的方式变化了这面粉团子的酵料而已。’所谓心灵，‘一是指我们身体里那个思维的部分’，即大脑，它‘也是用同样的面粉团子从同样的作坊里制造出来的’……他指出，心灵是依赖于身体的各种器官的，与它们一同形成，长大和萎缩。人有了身体，也就有了心灵。人吃了食物，吸收了养料，身体发育长大了，心灵也随之发育长大。身体死亡了，心灵也就随之死亡……拉美特里还指出：‘心灵的一切机能，直到意识为止，都只不过是依身体为转移的东西。’”[5]按照拉美特里的还原论逻辑，人的灵魂、思维是依附于肉体的，只能以肉体为根据去说明，所以人本质上就是肉体。人的肉体和其他动物肉体是同样的，所以人就是纯粹的动物，或者说人和动物本质上没有区别，故反推之动物也有良心，猴子也可以教育训练为人。人和动物的区别只在于后天的教育，而不是先天地具有本质区别。进一步还原的结论是动物和机器没有本质区别，只不过更复杂一点，人又比动物更复杂一点。“从动物到人并不是一个‘剧烈的转变’。比最完善的动物再多几个齿轮，再多几条弹簧，脑子和心脏的距离成比例地更接近一些，因此所接受的血液更充足一些，于是那个理性就产生了。”[6]拉美特里从机械唯物论出发，把人还原为纯粹动物，再还原为纯粹机器，还原为物质的机械运动，最终还原为物质。所以，唯一的哲学是人体哲学的拉美特里哲学，就是彻底的唯物论哲学。

十八世纪法国唯物主义者中对拉美特里的人是机器的理论有所丰富和发展的是霍尔巴赫。他坚持世界的物质性以及自然界中物质运动的必然规律性，用科学认识来否定神学目的论。他用通过考察自然得出的一般法则来考察“对我们最有关系的自然物”即人，由此所得出的合乎逻辑的结论就是和拉美特里的“人是机器”的结论相一致的。他与拉美特里的“人是机器”理论的区别在于他承认人和动物的区别，认为人的理性和智力使人高于一切动物，动物则是在绝无理性参加的生理刺激影响下才进行活动，而这又归结于人的大脑活动。所以，意识，包括思维和理性就表现为大脑的机能。霍尔巴赫认为：“灵魂是物质性的，它是我们身体的一部分，只有通过抽象才能把它和身体分开。灵魂本来就是身体，只不过从能够感觉和思维看，才称之为灵魂。这就是人的大脑。作为思维器官的大脑，是物质性的东西，是身体的一部分……。大脑究竟如何形成理性智力的那些活动呢？霍尔巴赫依托当时刚刚出现的生理学知识，指出‘脑子是一个公共的中心，所有散布在人体的一切部分中的神经都要通到这里，并且在这里汇合起来，一切归之于灵魂的作用都借助于这个内在器官进行着’。”⑦霍尔巴赫把理性和智力思维看作人与动物的区别，而不是把人还原为纯粹的生物。同时他把智力等思维活动归结为大脑器官机能，用人的大脑去解释思维的根据，从而把人存在的本质最终建立在唯物论基础上。

如果用当代已经获得的对人科学认识的知识及从对人的本质的理解来看，把人看作机器实在过于天真幼稚。说实话，除了哲学史上这批机械唯物主义哲学家外，应该没多少人会对“人是机器”的理论产生共鸣。在哲学史意义看，人是机器的最显著特征就是机械唯物主义，它的历史局限性是不言而喻的。但是，按照世界统一性原理，“人是机器”尽管没有揭示人的本质，但它是人的本质的统一性中一个基础的部分，首先必须充分肯定它在人的本质认识中的作用和重大历史意义。

第一，“人是机器”的理论归纳在人类对生命的认识史上第一次把对生命的统一性思考建立在科学基础上，是从以唯象理论为基础的生命认识向以科学真理为基础的统一性认识的历史性转折。在这一历史性转折的起点阶段，对科学认识及其在此基础上的统一性思考求全责备是不公平的，而恰恰必须承认这一阶段的生命科学不但不是完美的，而且还是非常初步的，以此为基础的人的统一性理论就难免过于幼稚天真。但是，一旦实现这一历史性转折，科学的真理认识将按照它自身从特殊到一般、从现象到本质的规律从低级到高级不断发展，对人的本质的统一性理解就会在从抽象到具体的丰富性发展中不断完善。所以，今天我们人的本质认识已经不再局限于机械论理论，但不能否认机械论的人是机器理论对今天理论发展的基础作用，它是基于科学真理的人的本质的理论出发点。

第二，必须充分肯定机械唯物主义的“人是机器”的哲学对彻底摧毁中世纪宗教神学统治中的伟大作用，即深刻理解十八世纪法国唯物主义的战斗的无神论的伟大历史意义。人类从史前本能经验中带进文明社会的神灵目的论的遗产在文明社会中以唯象理论形态存在并继续去解释人的本质以及人的生存。当这一抽象的神灵上升为绝对的、最普遍的神而取代与经验相关的人格神的时候，神就获得了绝对意义，这就是基督教信仰的绝对意义。于是，人的本质不是仅由灵魂去决定，而是由最普遍、永恒、不动而绝对的上帝去决定了。中世纪政教合一造就的基督教上帝的绝对统治地位不但彻底断送了生命的唯象理论上升为知性科学理论的可能，而且神学目的论最普遍的绝对统治扼杀了科学必然真理的认识和发展，在神学的教条下科学找不到自由成长的空间。所以，从文艺复兴、近代科学革命到十八世纪法国启蒙运动是一个人不断解放的过程，即人从神的统治下解放出来的过程。人的解放既是人性从神性统治下的解放，同时也是从神学目的解释世界向自然必然性规律解释世界的解放。法国十八世纪唯物主义用“人是机器”的理论托起用科学反对宗教神学的大旗，并且达到了彻底无神论的高度。从近代发展史看，这是从路德宗教改革开始，从泛神论、自然神论到最终用无神论来取代上帝统治的最高发展阶段。这正是机械论的人的本质观在近代反宗教统治斗争中伟大历史作用的深刻意义。

第三，按照世界统一性原理的观点，“人是机器”的人的本质理论作为最幼稚形态的基于科学真理认识的人的本质思考，是人的统一性认识非常重要的基础部分。今天人们在强调它的机械论局限性时，往往把它的基础性意义也一同丢掉了。这种基础性意义至少可以从三个方面去归纳：一是它合理地揭示了生命客体的复杂物质客体结构意义。离开物质结构无生命可言，这正是世界统一性的逻辑，唯此生命世界才能成为一般物质世界中的特定世界。二是它从人脑的机能出发去解释人的思维活动，这是具有合理性的，并且比传统生命唯象理论只用抽象的灵魂去解释人的活力是巨大的进步。所以，意识是人脑的机能始终是一切唯物主义哲学解释一切精神意识活动的最基本原则。非常遗憾的是，经过数百年的发展，其实我们并没有真正超越霍尔巴赫的意识是人脑机能的理论，未能从中得出更加具体的认识的载体、符号及意义的完整统一性理论。三是拉美特里和霍尔巴赫已经非常深刻地提出了动物的思维机能和人的思维机能的同一性，把人和动物思维的区别不再建立在物质结构上，而是从它的内容和意义上去区分，比如教育、符号的不同等。但由于人类沙文主义作怪，后来人反而把这种真知灼见当作机械论抛弃了，始终把思维、精神作为人的专利，否认动物的思维能力，反而始终陷于对生命本质思考的片面性中，以至于无法思考“人的精神现象从哪里来”这些最基本的认识论基础性命题。

当然，“人是机器”作为理性统一性认识，显然是极不成熟的，这只是人之所以为人的必要条件，而非充足理由。因为并不是机器都可以称为人，否则那就只有一个机器的非人世界了，因为以此为据时人已经彻底丧失独立存在的任何理由。

三、生命有机体的理论综合

对生命存在的感悟是人与生俱来的经验，在本能和经验意义上它首先以活力即活与死的对立显现在人面前。当十八世纪机械唯物论用物质结构即“机器”去解释生命的本质而抛弃活力论的时候，它只给出了生命存在的前提，而非生命存在的本质。人如果只是机器，我们就无须思考无意义的生命的本质，即“生命结构和非生命结构的本质区别是什么”的问题。但每一个活生生地感性经历着自身存在的人在理智上和感情上都根本无法接受自己只是一块结构复杂一点的石头的观点。石头不会自己活动，而我们能；石头不会死，但我们确实是一步步走向死亡的。人类对生命本质如此深沉的形而上学情结与其说是关注生命本质，倒不如说是对生之眷恋和对死亡的无奈和恐惧。因此，“人是机器”的理论尽管以科学认识为基础，并且含有合理成分，但与人之所以为人的本质相去太远，所以“人是机器”的彻底唯物主义和战斗的无神论在历史上确实反对宗教统治的政治意义远远大于理性认识意义。严格地说，生命的科学认识不是以物质结构的普遍规定性为直接基础的，而是以复杂性有机物质的科学为直接基础的，我们通常说的有机整体主要指称生命整体具体结构意义。对生命有机整体的认识是结构和功能相统一的认识，科学家希望由此去逐步解开生命复杂结构的活力之谜。

在十八世纪法国唯物主义无神论哲学体系中，狄德罗是对生命的本质提出非还原论即坚持生命和非生命具有本质区别的哲学家。他坚持世界的物质性、生命的物质结构性，拒斥肉体和灵魂分立的二元论。他把生命看作物质结构的同时，提出了“异质元素”的概念，用质的区别而非量的区别去解释物质世界的多样性。承认质的区别就从逻辑上决定了不能把复杂生命结构还原为纯粹物质客体去说明它的本质，这是狄德罗和拉美特里唯物主义理论的重大区别。在当时自然科学对生命结构和过程认识非常有限的条件下，狄德罗并没有从纯粹抽象逻辑上说明物质世界从无机到有机、从非生物界向生命世界过渡的具体过程，而是坚持对生命起源这些重大问题必须“进行严格的审查”。他显然是不同意把生命理解为机器的。他认为生命的科学认识被物理学的胜利压制下去，而物理学只在梦中而不是在醒着的时候关心生命现象，用机械力学去解释生命的根本原因是不恰当的。他写道：“这个蛋是什么呢？在胚芽进来以前，是一块没有感觉的东西；……这块东西是怎样过渡到另一种组织，过渡到感受性，过渡到生命的呢？依靠温度，什么东西会产生温度呢？请你不要回答我，你坐下，我们用眼睛一步一步紧跟着看。起初是一个震荡的点，然后长出一根有颜色的细丝；然后形成了肉：然后出现了喙，翅膀尖儿，两只眼睛，两只脚爪；有一团晃晃的物质环绕着，产生了内脏；这就是一个动物……牢狱碎了，它出来了，它走，它飞，它发怒，它逃走，它走近来，它哀鸣，它痛苦。它爱，它意欲，它享受，它有你的一切感情；你的一切动作它都做。你是不是和笛卡尔一样，主张这是一架纯粹的模仿机器？可是小孩子们会讥笑你，哲学家们会答复你说如果这是一架机器，你就是另一架机器。”[8]狄德罗是彻底的唯物主义者，但又超出了拉美特里的“人是机器”理论的水平。当狄德罗从感知、感情即基于感受性的思维和意识去思考生命时超越了“人是机器”的水平；当他把物质客体理解为具有迟钝的感受性，生命和物的区别是不同感受性区别时，在根本上就又退回到“人是机器”理论。其实，坚持生命的物质基础和坚持把生命本质还原为纯粹机器是完全不同的两回事。坚持生命是一种物质结构，但生命之所以是具有活力的生命，并不是还原为惯性和引力的作用去理解的，而是必须从生命整体去理解，这就是生命有机整体的概念。生命科学正是在结构和功能、存在和过程的统一中展开生命奥秘的旅程的，并不是将之视为机器拆零的把戏。生命之为生命就在于它是不可还原的具体整体，生命认识对象不再还原为终极之物时，生命科学终于成为严谨的科学，不再是物理学之中的部分理论。

今天，生命科学已经相对成熟了，而且前景迷人，任重而道远。有人断言二十一世纪是生命科学的世纪，这在一定程度上显示出生命科学的现状及未来趋势。现代生命科学是一个丰富的学科理论体系，包括植物学、动物学、微生物学、遗传学、细胞生物学、生物化学、生理学、生态学等具体学科。这些学科从宏观到微观、从结构到功能、从存在到演化、从个体到种群等不同角度分别去揭示生命活动的基本规律及特征。从生命的理性统一性思考角度来看，科学真理认识对于生命本质的思考是极有意义的。

第一，生命细胞结构的新陈代谢活动过程的理论。恩格斯把细胞发现总结为十八世纪科学三大发现之一。细胞发现对揭示生命复杂结构及其生命活动的有活力过程迈出了决定性一步，对理解生命的本质有深刻的意义。因为科学已经证明，细胞是一切生命形式共有的基本结构，是一切物质结构中生命结构和非生命结构的区别特征。生命细胞不同，结构就不相同，复杂生命中的不同器官细胞结构也不相同，但所有细胞之为细胞有自己确定性的规定，即它是一个自身完整的结构，能与外部环境进行物质和能量的交换，即实现生命过程的代谢作用，又能在自身生长过程中通过分裂来复制和繁殖，实现自身的生长。所以，细胞为理解生命的生和长这两个关键问题提供了结构和功能、存在和过程相统一的理解。新陈代谢就是生，就是生命的活力，没有新陈代谢就没有生命过程；细胞分裂繁殖过程就是长，这就是生命力的实现。所以，细胞结构的功能活动过程，对于理解生命的本质具有非常重大的意义。

第二，由生命的DNA编码即遗传结构来解释生命繁殖生长过程的遗传学理论。生命结构和非生命结构的一个显著区别在于，一般的物质结构是用各种基本力的相互作用去解释的，即通过惯性或引力、电磁力、核力来推动物质结构复杂性演化；但生命运动不是全部还原为这些力作用，而更重要的是由自身的活力——繁殖力来说明的。新生命的产生并不是惯性力作用产生的新结构，而是生命自身繁殖力产生的下一代。为什么下一代作为新的个体能沿袭上一代亲本的最基本特征，使物种得以世代相传下去，使生命这一物种在创生之后得以延续并且实现从简单到复杂的进化，发展为一个多样化的生命世界？生殖生长是生命和非生命物质结构运动变化的本质区别，是生命世界之所以能够成为生命世界的必要条件，是多样性个体化生命具体个体存在的种群统一性的根据。所以，DNA结构及其功能的科学真理认识是生命科学的最前沿领域。人类集中了大量的力量，用集体的智慧去建立复杂性的各种生命基因图谱，为揭开生命的奥秘提供可靠基础。

第三，以现代生态学为基础的生物圈理论。它是对生命世界统一性的科学理论概括，把整个生命世界作为统一整体去思考它与环境的关系，是对生命和环境关系最全面的统一性思考。它最早的陈述形式是十八世纪达尔文的进化论理论。进化论也被誉为十八世纪三大科学发现之一。达尔文的《物种起源》用进化论的观点揭示了生命在与环境的依存关系中，从简单到复杂、从低级到高级的进化过程，得出了生命世界的统一性描述，同时也就对生命与环境、生命和非生命的联系和区别提供了合理的说明。进化论的精髓可以归纳为“物竞天择、适者生存”的进化法则，亦称丛林法则。在进化论思想影响下，人类也产生了社会达尔文主义思潮，用丛林法则去解释人类的一切，这就使人倒退为纯粹生物而失去人的本质。即使在生物意义上，达尔文的适者生存法则貌似客观科学陈述，却又容易引起非价值中立的意义理解，即把生命世界的现实片面地理解为残酷的竞争和你死我活的命运。事实上，适者生存作为科学陈述是价值中立的，并不带有赤裸裸的你死我活之争的含义，而是指环境对生命结构运动的制约性，本质上是生命和环境的统一关系。生命客体之间并不是拟人的竞争和掠夺关系，而是互为环境关系，而且生命之间互为环境不只是竞争性的，更多是合作性的。生命世界不只是弱肉强食的生物链，更复杂的生命往往是多生命共存的共生系统。所以，不能片面地把生命与环境的依赖关系理解为不是你死就是我活的丛林法则，而是相互依存之中的必然性自然法则。而且自然选择法则对自然生命而言只能在价值中立前提下去理解，所以，当代形成的生态学以及由此提出的生物圈理论是比达尔文进化论更普遍、更客观的科学陈述，它对生命世界统一性的理解是富于启迪的。

与十八世纪相比，当代生命科学的成就是骄傲的。但生命科学认识对象的复杂性、整体性及过程性决定了揭开生命的奥秘仍然任重而道远。二十一世纪的科学如果是生命科学的时代，那么它也就是综合统一的时代，这是更需要理性统一性思维的时代。正如在引言所说，对生命科学的探索确实是需要具备较高的理性智慧素养作为底蕴的。生命科学家应该是哲学家，但不一定是机械工程师。比如上面所述生命科学的细胞学说、遗传理论、进化统一等相关理论，在科学发现意义上都是非比寻常的，但这离揭示生命的本质还有一定距离。进化论作为生命世界统一性科学理论，要以生命本质规定性为前提，而不是由之提供生命与非生命的界限。细胞学说以复杂细胞结构为基础，从细胞代谢过程解释了生命活动这一具有活力的非物理力学过程。但新陈代谢并不是生命的本质规定，因为它在非感受性等非生命物质结构的过程中一样存在，不是生命独有的，机器运动就是典型的新陈代谢过程，用代谢去规定生命的本质则退回到拉美特里的“人是机器”了。所以，代谢和产生代谢的生命物质结构一样，都是生命的必要不充足理由。DNA 遗传编码结构及其支配生命的繁殖过程应该最接近生命的本质，这是生命结构和非生命结构的重要区别甚至本质区别，但它对生命存在而言尽管是充足的但又不是必然的，因为生命的繁殖不仅是生殖生长，还包括大量无性繁殖。更为重要的是，生命世界的生命总是具体的个体存在，而且每个生命个体都是有异质规定性、不可重复的特定存在，但在生命的抽象认识中，它是以种群的普遍性为基本对象去认识和描述的。依靠生殖生长延续物种的生命中有大量非生殖生长的生命，而且生殖生长是到一定发育阶段才表现出来的。特别需要指出的是，袁隆平院士发现了水稻不育系从而发明了水稻杂种优势利用技术，为解决人类粮食问题做出贡献。水稻不育系在遗传结构上是不完备的，即自身并不具备 DNA 遗传的全部编码，不育系就是自身无繁殖结果的物种系列，但我们决不能把它划到生命世界之外。

从“人是机器”到“生命是有机整体的综合”是生命认识史上的重大进步。机器生命观和有机生命观都是基于客观知识得出的综合，但后者的综合具有更普遍意义，因而更具合理性。但把生命理解为有机整体尽管是无可非议的，却是远不足够的。生命是有机体，但有机体大多不是生命。有机体是物质结构性存在的综合概念，最根本意义上还是停留在物体实体去理解生命之为生命的充足理由，从“人是机器”进展到“生命是有机整体的综合”只是从五十步进展到一百步。对生命认识的最基本命题首先要归纳出生命普遍本质，找到生命之为生命的充足理由。有机体不都是生命说明这只是生命的必要条件，不是充分条件，不是生命的本质，只是生命的基础，故停留在有机体去理解生命是不足够的。猪和猪肉都是有机体，不知道猪之为猪的充足理由也不会分不清猪和猪肉之所指，但停留在感性直观基础去感悟生命只是不得已而为之。生命是多样而复杂的，生和死是极为重大、严肃而现实的问题，人类不应该永远停留在死马当做活马医的无可奈何境地。

所以，对生命的思考不能放弃追求生命本质的认识。必须求索生命之所以为生命的本质的根据，必须在科学认识的基础上进一步综合统一，用理性去理解它，从“生命是什么”进展到“什么是生命”的更普遍理解中。

第二节　什么是生命

一、生命存在的结构

世界统一性原理首先是关于客体世界存在本体论思考的理论综合。按照本体论优先的原则，对生命存在统一性的理性思考合逻辑地从生命存在结构的思考开始。任何纯粹的结构或所谓静态结构显然不可能构成生命本质的完整描述，否则就不能说生命在于运动了。生命作为在过程中运动着的存在，它的运动是结构的运动和活动，离开实体结构就失去了生命的基础。所以，结构是生命存在的必要条件。通俗地说，有血有肉的躯体是人的生命存在的必要条件。所以，在这一点上，我们坚持唯物论的“生命是结构”的观点，否定离开物质结构的一切纯粹灵魂的生命存在，或由灵魂决定的生命物质存在，以物质结构作为对生命理性统一性思考的逻辑起点。并且这里所说的生命存在的结构，直接指的就是构成生命客体存在的物质实体结构，是普遍物的意义的结构性存在，不是异于普遍之物的特殊的活性物质，不能由物本身赋予生命以活的充足理由。生命首先是一种普遍意义的物质结构性存在，这和十八世纪机械唯物论的生命观是一致的，这也正是我们承认“人是机器”作为第一个基于科学认识的生命观具有其合理性的理由。所不同的是，我们并不是把人的本质仅理解为一种物质结构，而是由物质结构存在开始去思考生命的本质是什么。

从结构去具体思考生命并不在于对生命作抽象结构分析。在一般结构存在意义上，我们在上一卷中已经得出“物质客体存在即结构”的结论，并对物质结构的演化过程有了统一性的理解。生命结构并不在物质结构一般规定性之外，而是只在其规定性之中的特定结构。用数学语言来描述的话，就是在物质结构性存在的客体集合中，存在着一个特定的生命结构客体存在的子集，对它的认识首先就是找出这个子集的规定性，得出生命结构的特定规定性来，并以这种特定规定性结构作为解释生命独特活动的根据和基础。

机械论的生命观的局限性在于仅用复杂性来认识和描述生命结构。说生命是复杂结构当然是对的，但并非所有复杂结构都可以和生命存在联系起来。所谓复杂或者简单只是相对的经验陈述，并不是严谨的科学描述概念。对于以近代科学认识为基础的机械论生命观而言，仅停留在复杂结构现象去认识生命特定结构恰恰是最不应该的。世界统一性原理对生命结构规定性的思考，主要从如下三个方面去展开：

第一，生命结构的必要条件是它一定是耗散结构。耗散结构是伊·普里戈金在二十世纪下半叶提出的科学结构模型理论。他是物理学、化学和生命科学中跨领域思考并取得杰出成就的科学家，他的思想及科学成果对世界统一性原理的形成有直接的启迪意义，因此他的事迹和理论、观点反反复复出现在本论著中。普里戈金把他的理论称为非平衡态或远离平衡态的物理热力学，他的成就使他取得了诺贝尔化学奖。他的理论致力于解释自然界从混沌到有序的演化机制，从而对复杂有序的生命结构性存在如何在混沌无序中产生提供合理的科学解释理论模型。耗散结构就是他的理论模型，所谓耗散结构就是指与外界不断进行物质、能量交换的动态物质结构系统。这种系统依靠从环境获得物质和能量来维持自身的运动发展，并以系统自身为整体与外部环境发生交换作用。这里的耗散指的就是消耗环境的物质、能量。对于生命客体而言，它的物质结构的耗散性是存在的必然性条件，因为生命是适应环境而生存的，即适者生存。何为适者呢？即能从环境中获得自身生长所必需的物质和能量时就和环境相适应，如果获得不足时就不正常而陷入病态，当无法获得时就无法生存而失去生命之意义。所以生命本身的适者生存过程也可以解读为与环境发生耗散作用的过程，一定要有耗散作用才能成为生命，而产生耗散作用的生命实体复杂物质结构本身就一定是耗散结构了。

按照物质世界统一性原理，任何意义上的物质结构系统都不是孤立和封闭的，都在和外界发生相互作用，从而构成物质世界的普遍性联系。那么能否说一切称为物质系统的结构都是耗散结构呢？不能这么说。我们把与外界既无物质交换又无能量交换的系统称为孤立系统，这种系统除了宇宙外实际上并不具体存在，它只是思维认识中的理论抽象。与外界有能量无物质交换的系统称为封闭系统，而既有物质交换又有能量交换的则称为开放系统。当一个物质系统只通过引力等能量作用与系统外部发生联系而不发生物质交换时，我们就把它看作静态结构稳定的封闭实体，牛顿的抽象质点就由此抽象而来。但开放系统是不能抽象为质点的，因为它涉及质量交换。所以封闭系统是质量相对稳定的物质系统，而开放的耗散结构系统则是质量变动着的系统。我们在此把生命结构看作耗散结构，就是把它看作开放系统，即它是一个和外部环境进行物质和能量交换的动态物质系统结构，这是生命作为认识对象时首先是具体且不可还原的结构性存在的理由，也是生命存在的必要条件。

第二，生命结构一定是近平衡态的稳定耗散结构。耗散结构在逻辑上排除了平衡结构，就只能是近平衡稳定结构和远离平衡态不稳定结构两者之一。根据上一卷对物质世界结构演化能量规律即熵定律的分析，可以得出生命结构不能是远离平衡态的高自由能即低熵环境下的结构的结论，生命不能是非稳定结构系统。在一个高自由能低熵物质系统结构中，由于自由能均分原理的作用，物质构成组分之间将产生强相互作用，根本就无法形成相对稳定的物质结构。在环境对系统输入的自由能极大的物质系统中，能够稳定存在的只是结合力比较强即结构比较稳固的基本物质结构，结合能小于作用自由能的复杂层次物质结构不可能稳定存在。这正是在几百摄氏度高温环境中没有生命结构存在的原因，也是自由能巨大的恒星中连稳定的物质分子结构亦不复存在的理由。生命已经是我们所知的宇宙中最复杂的物质结构，由此可以断言它是可以承受低熵高自由能交换作用，而保持其复杂结构稳定性的适应性最差的结构。当构成整体复杂结构的基本结构都无法稳定存在的时候，奢言复杂性结构毫无意义；当外部环境的作用增强时，物质结构系统内部首先崩溃分解的一定是最高层次的复杂结构。因此，生命结构自身一定是适应高熵低自由能环境的近平衡态稳定结构，并且生命客体只能在相对外部环境对之能量交换作用比较弱的条件下生存。万物生长靠太阳，但不是阳光越充足、植物生长能量越充沛，生命活力就越旺盛。任何生命只在一定的环境边界条件区间中生存，生命结构的生存区间相对于一般意义上的物质结构而言要苛刻得多。所以，不可能在远离平衡态的不稳定结构条件下存在的生命结构，就一定是近平衡态稳定结构。

第三，生命结构必定是具有自组织和自调节机制的自适应复杂物质系统结构。前文说过，生命结构的特征不在于其复杂性，而关键在于理解它为什么如此复杂，为什么像分子、原子或更为复杂一点的有机物分子无法成为生命，而始终只能作为生命结构的底层结构存在。这是因为在这些简单结构之中不可能形成可以适应一定范围外部环境、具有复杂自组织和自调节内在机制的完美系统结构。任何具体的生命运动都可以从适应环境生存考察，更根本的还是必须从它自身结构考察。适应环境是从生命自身对环境的关系而言的，因此它必须满足生存生长和适应环境这两个最基本的边界条件。所谓自组织机制，即生命在和外界进行物质能量交换中获得生命物质，形成新的生命结构形态，排除无用物质的新陈代谢过程。生命的生长归根结底是新陈代谢活动，这种在新陈代谢中自身结构的生长性是在生命自身的物质结构基础上进行的，是自身不断更新的结构。赫拉克利特说人一生中不能两次踏入同一条河流，用此来比喻生命的物质结构恐怕更恰如其分。生命通过自身细胞分裂、新陈代谢实现生命的生长，既保持结构稳定性，又形成了它的动态成长性，这才是生命活力的表现。这种决定生命在动态稳定性中生长直至死亡的机制就是生命结构内在的自组织机制，它以遗传基因编码的形式嵌入每一特定生命的内在规定性之中。生命对环境较强的适应性则取决于它结构中的自调节机制。所谓适应能力强就是它的自我调节以保持自身结构稳定性能力强，适应能力差即自我调节能力差的物种将最先退出大自然的席位。这种自我调节机制实际上就是一个复杂结构系统的负反馈机制，正是这种负反馈机制提高了系统结构在一定环境输入边界条件区间中的稳定性，使生命得以稳定生存。生命结构的自组织机制和自我调节机制是生命结构能够适应一定变化范围的环境的保证，所以又称之为自适应结构。正是基于这一自适应能力，生命才能够在地球生命圈一定范围内传播，并在环境不断波动的自然条件下延续下来。当然，不可否认，大多生命物种已经灭绝，特别是那些极为复杂的处于生命结构进化链顶端的物种，它们的生生息息正是我们这个生命世界不断重复的故事。真正稳定的是在进化链底层的自适应能力较强的生命。最后出现的生命一般都是可能最早退出自然舞台的生命，这是生命世界的一般规律。

综上所述，生命结构就是物质世界中具有自适应功能的近平衡态稳定耗散结构。当然，这只是生命之为生命的必要条件，仅从结构抽象认识是不可能完成生命本质的统一性思考的。因为一个具有完备物质结构的客体并不一定就是生命，鸡蛋应该是这种完备性结构的最典型例子，但鸡蛋和现实的生命还是有本质区别的。鸡蛋只是可能的生命存在，它的现实生命物质结构只有在恰当的环境下展开生命运动过程时，才从潜在进化为现实的生命存在。所以，必须从生命结构的运动过程去进一步思考生命的本质问题。

二、生命结构的不可逆运动过程

生命在于运动，就是说，只有在运动中才有现实的生命，离开运动的生命只是一种思维中的抽象。因此，生和活对生命而言是同一特征的不同陈述，活则一定由动态的时间过程现实地构成，所以活生生的生命一定是在运动进行中的存在，一定在运动过程中展开它的本质。对生命本质更现实、具体的认识就要深入生命运动过程中去考察。

第一，生命运动是内在于生命存在的绝对运动，这和传统物理学对质点运动描述的意义是完全不同的。时间过程中的绝对运动和相对空间形式中的相对运动的本质区别就是生命和物质的本质区别之一。

辩证唯物主义把物质世界看作一个普遍联系而永恒运动着的世界，这里的永恒运动又被看作绝对运动，即物体的运动是绝对的，静止是相对的。这种理解本身是不合逻辑的。假设把运动和静止作为物体两种对立存在状态的描述概念，那么，如果运动是绝对的，则没有静止状态；如果有可定义的静止状态，则运动只能是相对的。否则，说一个绝对运动的物体静止在桌子上有什么意义呢？那是疯子的想法。说一个绝对运动的静止物体和说一个很高的矮子的逻辑是一样的。

究竟物质运动是绝对还是相对的呢？这是值得商榷的。最一般的物质运动应该泛指物质存在的一切发展变化，而狭义的运动则指物质客体由空间独立变量描述的位置移动过程，即空间位置的变化，更通俗一点即机械运动。这就是物理质点动力学和运动学所描述的运动概念。“物质运动是绝对的，静止是相对的”这一命题虽然没有对运动概念做具体规定，但有一点是肯定的，即它建立在空间位移变化的运动基础上，并根据空间相对性而得出该命题陈述。在哥白尼的日心说之前，人类把地球作为唯一的绝对参照系去观察物体的位移变化，并得出该物体是运动还是静止状态的确定性描述，在这种前提下运动和静止都是绝对的。所谓绝对是指一个物体的状态如果是静止的，就不能是运动的，反之亦然。所以，在唯一绝对空间中，物体的运动和静止描述都具有绝对确定性意义。物体在绝对空间中的空间位置状态要么是运动的，要么是静止的，但物体仍然是相对性存在，即既可能处于静止状态，也可能处于运动状态，关键在于物体的空间状态是绝对地确定了的，这和物体运动绝对性意义完全不同。哥白尼提出以太阳为参照系的太阳系行星运动描述打破了空间绝对性，经伽利略和牛顿归纳综合为空间相对性理论，即物理运动在不同空间惯性参照系中都是等价的，伽利略变换保证了物理规律在不同惯性空间参照系中的形式不变性。在相对空间理论中，物体空间运动状态的描述取决于所选择的参照系，在参照系 A 中静止的物体在参照系 B 中可以是运动的，对火车静止的人对路轨是运动的，火车和路轨构成了不同的参照系，而且两个参照系都是等价的。所以，物体运动和静止都是相对的，是相对于参照系而言的。绝对运动论的根据是在 A 中静止的物体其实并不静止，在 B 中它是运动的，所以运动是绝对的。殊不知，把静止这一概念符号置换为运动概念同样可以得出静止也是绝对的结论。严谨的表述是在一个参照系中，物体运动状态是绝对地确定的，而由于参照系的相对性，所以由该参照系描述的运动和静止也只有相对意义，即只有在该参照系下才有确定性意义。所以，在相对空间中，运动和静止都是相对的，通过惯性坐标系的相对性变换，任何一个惯性运动的物体在不同惯性系中可以分别从静止或运动的不同状态去描述。按照相对空间观，物质客体的空间状态变化没有绝对运动，真正的绝对运动即与参照系无关的运动是光、电、磁这些能量子客体的运动。

物质世界真的没有绝对运动吗？否，物质世界中的生命运动就是绝对的运动，“生命在于运动”的本质意义就是它是以运动绝对性为本质的存在。生命首先以物质存在为前提，物质客体的运动或静止是相对的，说生命是绝对运动不是自相矛盾吗？在还原论思维中确实如此，在理性统一性意义上则是合理的。“生命在于绝对运动”是关于生命本质的感悟，不只是生命物质结构作为物之存在的空间性状态变化描述，此运动非彼运动。就是说，生命虽然是物质结构性存在，但我们这里说它的绝对运动并不是指它的空间位移意义上的绝对运动，而是与空间性无关的自身存在结构的运动变化，即生命个体一生绝对的生长直至衰老病死，以及由生命繁殖来实现在个体更替中生命种群的运动变化过程。这种意义上的运动变化，对生命而言是存在论意义上的，而不仅仅是相对认识描述意义上的，更不是在生命物质空间运动意义上的。只有在这种生命生长变化过程中，我们才能从本质上体验到生命的存在。如果这种生命自身内在的运动是相对的，那就等于说生命也是僵死的。所以，生命在于运动是关于生命的本体存在论归纳，对于生命存在而言，运动只能是绝对的，否则一个具体生命就是既存在又不存在、既生又死了。不少人把“生命在于运动”仅仅理解为要维持生命活力就要多锻炼和运动，这当然没错，但这不是“生命在于运动”的本质。把生命运动理解为生命自身结构进展并作为存在的绝对根据，才是它最深刻之意义所在。“生命在于运动”所指的运动之所以是绝对性的，是因为它是关于生命自身作为复杂性存在的内在状态的感悟，而不只是相对于环境的生命质点描述，唯此它才有可能是指向生命之为生命的本质意义的。

至此应可以觉悟到把生命整体作为认识对象，与物理力学把物质客体还原为质点作为认识对象的深刻的区别。忽略了一切结构因素的质点运动就只是空间位移运动，这只是物质世界的现象，即运动是现象，支配运动现象的动力学才是它的本质。时间中的运动过程是多样性现象，与时间无关的普适动力学规律才是物质质点世界运动统一性本质，这正是牛顿动力学与时间性无关的真正原因。但作为认识对象，生命不可还原之整体才具有认识对象意义，而且这个整体的意义只有在自身内在复杂结构运动中才有生命整体之意义，因而它是无法超越过程去理解的。因此，过程既是生命存在的现象，又是生命的本质，生命的本质就在于现象之中。怀特海的过程哲学强调一切皆变，只有变化才是不变的，这在现象存在意义上有一定合理性，这个“一切”是值得商榷的。物质客体空间位置是普遍变化的，但变化只是相对的，而且是现象意义上的，并且支配这种变化的本质规律是不变的。但怀特海的绝对变化观点对生命存在而言确实是恰如其分的，生命之所以为生命就在于它绝对的运动变化过程。对生命而言，不变的只是变化本身。对生命这种绝对运动着的整体认识对象，一定要从过程意义才能最终得到本质的理解。

第二，生命绝对运动是不可逆的过程。

生命具体对象和抽象为质点的认识对象的重大区别在于生命的不可还原性，所以不能离开整体的过程去理解生命。人类对生命最原始的本能感悟是在整体过程感悟中产生的，即对生命生、壮、老、已过程的运动变化中感悟到它和非生命的本质区别，感悟生和死的形而上学意义，并用唯象的活力、灵魂这些对生命存在特有的“象”去解释经验中的生命绝对运动过程。所以，我们说，唯象理论生命观的象是抽象的，但抽象之象所解释的现象是经验现实的。从经验出发，这是一切认识无法绕开的最原始起点。但机械论生命观恰恰忽视了这一点，把一切唯象理论都斥为只是头脑错乱产生的幻象而彻底抛弃，仅从抽象的物质结构开始并且始终停留在抽象的复杂性物质结构的水平上，因而不可避免地陷入片面性和抽象性，根本无法窥见生命的绝对性具体存在的本质，实际上是否定了生命本质的存在，亦即否认了生命的存在。所以，对生命本质的认识不能离开经验，不能离开过程，且根本上不能离开生命自身存在结构运动变化的过程。

物质客体运动变化过程是用时空独立变量来描述的，时间独立变量赋予了描述的过程意义。在机械力学描述中，最普遍的本质规律是与时空变量无关的动力学描述，用时间独立变量描述的不是运动的本质，而是多样性的现象。但生命存在离开过程无意义，所以它的本质认识就只能在过程展开的多样性现象中；就是说，生命之所以为生命的充足理由只能在生命生、壮、老、已的绝对运动过程中归纳出来，即从过程中找出它和一般物质运动过程现象的本质区别。物质空间运动是相对的，同时也是可逆的，机械运动的本质既然由动力学规律制约，与时空独立描述变量无关，那么它就没有时空独立变量定义域的限制，因此它一定是可逆的过程描述。热力学不可逆过程是在普遍规律意义而非现实过程中的，否则就不会有循环工作并持续地把热能转换为机械功的热机存在了。生命结构的运动过程则完全不同，它不能离开时间独立变量去描述它的存在乃至它的本质，它的运动现象和机械运动现象的本质区别就在于它是绝对不可逆运动。生、壮、老、已是不可逆转的，春生、夏种、秋收、冬藏的生命周期也是不可逆的。说得刻薄一点，不会老的或越活越年轻的只是妖精，而不是正常的生灵。凭何断言对生命感悟是人与生俱来的本能认识呢？就因为人首先自身就是生命存在，生命的生存经验首先就是它的不可逆的单方向变化现象，这是生命与非生命区别的最原始的质朴体验，实质上也只能从过程现象去理解的生命存在与非生命现象的根本区别。所以，生命的绝对运动过程又表现为绝对不可逆的生命自身存在结构演变过程。廉颇老矣，尚能饭否？

第三，生命结构的不可逆运动是连续性的。从逻辑上来说，生命的绝对运动必定是连续的过程。因为生命运动过程作为绝对过程的意义是指它只有运动，没有静止，没有静止的绝对运动实际上就是连续的运动过程。物质客体的空间机械运动轨迹是连续的，但它在时间过程中的运动本身是可以不连续的，即在整个连续时间过程中，运动既可以发生，也可以终止，即以静止状态存在和以运动状态存在都是具有合理意义的。所以，可以将之理解为不连续运动。但生命运动是没有静止现象的过程，所以它就只能是连续过程，并由此构成了它和非生命物质和机械运动的本质区别。当然，生命运动的绝对性、不可逆性、连续性都是在生命自身结构过程具体统一性意义上的，不是物质质点空间运动陈述。还原为物体，任何生命的空间运动同样符合物质质点运动的规定性，同样是相对、可逆、可不连续的，但这只是生命相对运动现象，不是生命绝对运动的本质。

在对生命现象原始本能的经验体验中，生命运动的连续性现象具有独特的重大意义，这却是人类长期以来忽视了的一点。为什么这么说呢？因为只有从连续过程这一现象中才能得到生命之所以为生命的否定规定性，即从死亡的意义去规定生命，从而赋予了生与死以统一性意义，从而给出生命的完整规定性意义。如果没有死亡，生存就变成一个没有意义的概念了。生存自始至终是一切生命的首要问题，即一切生命存在都要直面死亡，这才是生命感悟和思考的最深刻意义。海德格尔把人规定为可能性存在，人的死亡就是可能性的不再可能。世界统一性原理把生命过程理解为连续不可逆结构运动过程，则生命是绝对的运动，死亡则是生命运动的终止，并且这种终止也是不可复原的，即死不能复生。否则，生命过程就不是连续的，而是可以暂时停顿的了，因而生命运动就可以静止，因而就只是相对而不是绝对的了。但这恰恰不是我们对生命现象的经验感悟。正是对生命连续过程的体验赋予了人类对生命存在的关切。它既是人作为一种存在的最原始本能经验感知，又是人对自身思考和认识的形而上学最高命题，这就是从“认识你自己”中可以演绎出理性哲学从存在论到终极价值论的几个最基本命题的理由。从另一角度看，理性哲学对世界的统一性认识就是“认识你自己”，因为你自己既是能量，也是物质，也是生命物质，还是具有理性思维的万物之灵，所以，你自己就是一个具体的、包含整个宇宙意义的完整世界。为什么哲学要关心人，因为人关心自己，人就是一个统一性的完整意义世界。

死亡是生命连续性运动过程的终结。任何具体生命运动都是有限的过程，没有死亡就没有生命，是生命连续过程的终结即死亡使生命的意义成为关乎人存在的终极价值即最高意义上的命题。我们必须对我们生存及死亡的意义找到形而上学的最充足理由，这就是终极价值命题产生的根源。这其实也是人的存在的最原始本能体验的问题，因而没有人能回避它。中国道教回避死亡，追求长生不老；但健康长寿可以，不死则只是幻象。生命运动的过程不但是连续的，同时还是不可逆的，所以它在逻辑上不能通达时间过程的无限性。试想，一棵树如果不可逆地无限、连续地生长，那它最后不是要超出整个宇宙空间吗？所以，连续不可逆的生命过程决定了生命存在本质上是既有开始又有终结，即生生息息的在有限时间中的存在。离离原上草，一岁一枯荣，而我们人生一世，草木一秋，其中哲理由聪明的读者们自由体悟可矣！

所以，生命的本质就存在于生命结构连续、不可逆的绝对运动现象之中。换句话说，我们应该在生命的抽象结构及结构的具体不可逆绝对、连续的运动过程中归纳出生命的最一般普遍本质，找出生命之所以为生命而非生命不能称为生命的充足理由。

三、时间性是生命存在的最普遍本质

回答“生命是什么”可以从不同视角、不同层次展开，得出对生命现象的各种描述，但停留于多样性现象难以通达生命的普遍本质。回答“什么是生命”则必须从多样性特定生命现象中归纳出生命的普遍本质规定性，给出生命和非生命的界限，有根据地把具体现实中的死马和活马区分开来。

根据上面考察，按照生命是近平衡态自适应复杂结构连续不可逆的绝对运动过程，包括它在环境中作为物的机械运动、和环境的物质、能量交换以及它自身存在结构的复杂生长性的变化运动过程的认识，可以把生命与非生命的本质区别，即生命之所以为生命的本质规定性作进一步概括：生命从普遍本质到具体现实意义统一于普遍而具体的时间性存在。

时间性是最一般的生命本质的概括，包含如下三方面普遍含义：一是生命从现象到本质都不能离开过程去理解。生命存在本质的思考是存在论的思考，生命存在以物质结构为前提，但仅物质结构对生命的本质甚至现象而言都只是必要条件而非充分条件。生命仅作为现象都不能离开过程，这就是生猪和猪肉的本质区别。猪的生命不能离开过程，但猪肉可以从单纯的物质结构性存在去理解。当然，更严谨的陈述是：生命存在一定是在结构和过程相统一中才能被认识的特定物质结构性存在，结构是生命的潜在，结构的运动才是生命的现实，运动过程的普遍形式即时间形式变量才是认识和描述生命的最普遍形式。二是生命运动除了具有物质客体的一般规定性外，还有它自身严格的规定性，即它自身存在结构的必然性运动构成自己的本质。生命的

必要条件是它一定是物质结构性存在，且生命的结构一定是在永恒、绝对的运动中生、壮、老、已着的动态结构。生命的新陈代谢是生命个体的具体结构运动演化；生命的繁殖则是生命种群乃至生命世界结构的运动演化。没有这种内在的新陈代谢运动，生命个体就会失去生命本质而死亡；没有生命的繁衍，生命种群就一定灭绝而不复存在。所以，内在结构的永恒、绝对的运动性把生命过程与自身结构相对稳定不变的物体的空间运动如质点的机械运动从本质上区别开来。生命是机器，但生命的本质不是机器，普遍的机器不是生命，只有符合生命本质的特定机器才可以称为生命。所以，机械论的生命观只符合生命的必要条件而不符合充分条件，因而没有揭示生命区别于机器的本质。三是生命的绝对运动过程具体表现为一个连续不可逆的运动过程。绝对运动是只用运动不能也无法用静止状态来理解的运动。生命的机械运动可以用运动或静止作相对状态描述，但生命自身结构的内在运动是不能用静止的观点去看待的。当你盯住一朵含苞待放的花蕾时，你可能感觉得到它是静止不变的，但那只是感觉欺骗了你，实际上它的生命结构处于绝对的运动之中。把稍微长一点的摄像连续起来播放，你就会看到花开花落的灿烂生命的绝对运动过程。事实上，我们对生命运动的绝对性是有丰富的感性经验的，我们知道那花蕾若无意外将开花结果；我们还知道活蹦乱跳的猪是和盘中猪肉有本质区别的，肉在室温条件下是要腐烂的，因为它没有生命；但猪只要有生命，你绝对不会担心明天醒来时它会发霉变臭。流水不腐，绝对运动赋予了生命活力。因此，绝对的结构运动是生命的本质，绝对运动的过程性描述就是连续不可逆的时间性过程。

把生命过程作为时间性现象当然不难理解，过程就是用时间独立变量去描述的。真正要回答的问题是：为什么时间性是生命存在的最普遍本质？作为生命存在本质的时间性的意义是什么？时间性是生命之所以为生命的必要而充分的理由吗？

首先要理解从时间概念向时间性概念转换的意义。时间概念是基础性的，但它恰恰是理解极不一致的最普遍过程描述形式概念。对空间时间的争议从未停止，这是对世界过程理解具有根本性意义的概念。对时间概念理解的冲突主要表现在时间的抽象形式性和实在性之分歧。二十世纪科学理论的新发现主要是相对论的建立，狭义相对论的洛伦兹变换的本质是时间、空间形式变换，空间、时间的本质意义是作为描述形式。但对相对论科学理论意义的解释中，诸如“时空不可分”“引力影响时间”等又赋予了时间实在意义。至于反直觉和反经验的所谓基于科学的“时间穿越”则直接赋予时间本性的实在性了。世界统一性理论以时间作为纯粹的前后相继事件描述的独立变量，及纯粹认识论意义上的形式去理解，并在统一性逻辑中作了详细讨论，在此只是简单地重复此前的结论：时间是主观形式概念，只有认识论而无本体存在论的独立意义，即时间不是实在存在，只是描述实在存在过程的纯粹形式。因此，引力不能作用于非客体的时间形式从而影响时间，我们也不能穿越纯粹形式的时间，所以根本就没有穿越或回到过去的命题可以有意义地存在。我们不同意爱因斯坦关于引力改变时间及弯曲时空的不严谨陈述，反倒非常欣赏他那句智慧名言：时间什么都不是，除了只是幻象。

由时间的形式本质可以得出它作为过程描述独立变量的两个本质规定性，一是不可逆性，即时间是单方向不可逆增长的。这是事件过程前后相继关系描述独立变量所规定的，如果时间是可逆的，它就失去前后相继事件描述自变量的意义，就失去时间的本质，也就不再是时间形式。所以可逆时间概念和时间概念是直接冲突的，是无意义概念，只要是时间，就必须不可逆才具有意义。二是时间是连续的独立变量。数学描述中非常注重连续性问题，许多数学定理必须在自变量连续条件下才有意义。那些非连续的时间点或空间点，我们称之为奇点，一个科学描述在它的奇点是失效的。连续性的意义即它是可以无限分割的，连续性既是空间和时间可以作为客体世界抽象科学描述的充足根据，又是它是纯粹形式而非实在存在的充足理由。所谓实在存在不仅包括实体客体，还包括光、电、磁这些无实体质量的“无”粒子，即量子性的能量子客体。凡具有客体规定性的东西，即是存在者，是本体论意义上的存在。客体存在的必要条件是它不能无限可分，不能以零即不存在为极限。客体一定是粒子性的不连续存在，物质粒子如果无限可分则将因最终质量为零而失去物质客体规定性；作为粒子，能量子的量子规定性意义就是它不可分，同时它的粒子的波长分布也不能趋于零，否则频率将趋于无穷大而导致能量无穷大。所以，客体一定是粒子性的非连续性存在，所谓“体”就包含粒子性的意义。正是客体的粒子性以及对客体描述空间、时间独立变量的连续性，使时空形式变量对客体的描述成为可能，是无奇点的有意义描述。所以，连续性和不连续的粒子性给出了“形式之所以是形式，客体之所以为客体”的根本区别。因此，不可逆性和连续性是时间的本质规定性。

时间性则是用时间形式概念去描述存在特性的概念，它不是纯粹的形式，而是形式和内容相统一的概念；它不是纯粹主观概念，而是主观和客观相统一的概念。一般来说，当对运动变化过程的时间独立变量进行描述时，得出的一般特性认识总是内容和形式、主观和客体相统一的。在一般意义下，客体世界的任何过程描述都是以时间为自变量的过程描述，却不可以都称之为时间性过程描述。把时间性作为生命存在的本质不是在一般存在现象意义上的，不只指称生命过程，而是在本质意义上把生命的本质规定性理解为和描述一般过程的时间形式相一致的连续不可逆过程。真正的问题在于抽象的时间性何以揭示出生命现象的最普遍本质？作为形式意义的时间，是对一切被称为过程现象的描述自变量，但作为生命本质意义的时间性是生命存在和非生命存在的根本区别。因此，必须给作为生命本质的时间性赋予意义。对此，可以从下述三个方面去说明：

第一，生命现象的过程描述和一切存在现象的过程描述都是时间变量描述，似乎并无什么区别。但是从本质意义去看时，两者的区别就显露出来了。一般物质意义的本质规定性不需要过程描述，而是纯粹存在意义上的规定性。物质运动的本质也不需要时间性过程描述，因为支配物质客体运动的本质规律是非时间变量描述的。对物质世界的过程描述主要是作为现象的物质运动的时间变量描述。所以，纯粹物质存在的时间描述是在多样性运动现象意义下进行的，而不是在本质意义上进行的。因此，对普遍物质世界而言，时间过程是多样性运动的现象，而非物质世界的本质，物质之所以为物质不是由它的过程现象决定的。生命存在则不同，生命过程不但是一种现象，而且还是生命存在的本质，因为离开过程则无生命。生命之所以为生命的本质规定性就只能在过程现象之中，不能存在于区别于现象过程的非过程“本质”之中。换句话说，物质存在的本质寓于现象之中，生命存在的本质却直接就是现象。当一个生命客体存在失去过程现象时也同时失去本质，就退化为纯粹的物而不再称为生物。因此，在本体存在论意义上，本质的时间过程性是生命存在还是非生命纯粹物质结构存在的区别，存在现象的时间性对于生命存在而言也是本质性的。所以，生命本质上是时间性存在。失去了时间过程性的存在本质上只是物质存在而非生命存在。

第二，为什么生命存在的本质就在时间过程之中，不能离开时间过程现象而独立抽象出来呢？因为具体生命作为复杂性结构只能是耗散结构即动态结构，动态结构决定它是无法抽象为静态结构的。但同时，根据我们对生命动态结构运动的经验及科学认识的综合，可以发现它的规定性与时间作为主观描述形式独立变量的本质规定性是完全一致的。就是说，生命存在过程同样具有时间独立形式变量的连续不可逆特征，它的不可逆结构运动特征也就是时间本身的本质规定性。对生命存在而言，这个规定性不只是一种主观的认识形式，不只是抽象形而上学，更是现实具体的生存经验本身，是生命客体存在本身的规定性，是客观性的，更是客体性的。所以，说生命的本质是时间性存在的时候，就是说生命作为过程动态结构存在，它的过程规定性就是时间形式的规定性。时间性不只是一种纯粹主观的先验形式规定，而是生命存在自身的客体规定性，是生命之所以为生命的现实生存经验归纳而来的规定性。当客体的时间过程特征与生命的本质规定性不一致时，我们称之为非时间性客体存在。所以，非生命存在是非时间性存在，生命存在是时间性存在，客体自身内在的时间性特征是否符合时间主观性本质就成为生命或非生命的标准，所以说生命本质上是时间性存在。在这种理解中，时间性和时间的本质区别就显露出来了。时间只是纯粹认识论意义的描述形式，时间性则是存在论和认识论的统一描述，是以生命客体存在的客观认识为基础的，是主客观相统一的概念，是生命存在本质的表现形式，在这一形式中才产生了生与死的统一意义。时间形式是普遍过程认识描述抽象形式，没有现实具体生和死的区分意义；时间性是主客观乃至主客体相统一的概念，它是指向生命存在的。包含时间性的客体是生命存在，没有时间性的客体是非生命存在，时间性结构运动的终结是生命的死亡。

第三，时间性是一切生命存在的普遍本质的意义包括相互联系且统一的两个方面：一是一切生命都是时间性具体存在；二是一切时间性客体存在必定是生命存在。一切生命都是时间过程性存在不难理解，而一切时间性客体都是生命客体却是需要具体考察的问题。首要的还是对时间性本身的理解。我们把时间性理解为按连续不可逆形式绝对运动的客体的特定形式或属性，从这一意义出发，可以认为非生命客体一定是非时间性存在。我们前文曾指出，光电磁这些能量子客体是绝对运动的，但这种空间性意义的绝对运动不包括在时间性的绝对运动意义之中。不应有光电磁是否时间性存在的意义产生，因为这些不可分立量子性客体根本就无结构规定性，更无结构运动乃至结构绝对运动之意义，显然不是时间性存在。最令人困惑的是热力学系统的不可逆演化过程是否时间性结构存在。我们知道，热力学第二定律和熵原理长期以来被理解为“时间之矢”，即封闭物质宏观系统的热传递或熵状态过程是和时间形式一致，即连续且单方向不可逆演化的，能否将之视为时间性结构演化，从而否定时间性客体必定是生命客体的概括呢？不能，热力学宏观系统不是时间性结构。理由在于，生命时间性系统是以近平衡态耗散结构为前提的，孤立或封闭的物质系统的热力学不可逆连续过程是无规则统计系统即非稳定或近稳定结构意义的，不在生命思考的定义域中，而且这种封闭热力学系统连续不可逆运动只是自由能状态而不是空间结构的运动过程。在开放系统的条件下，一切热力学过程在原则上是可逆的，这是热机、热功转换的最基本机理。所以物质世界的时间性复杂结构存在一定是生命存在，时间性是生命之为生命的充足理由。

“时间性是生命本质”的说法和亚里士多德的“生命灵魂本质说”不必在非此即彼的有限抽象中对立起来，应将它们在生命具体现实性中统一起来。从普遍抽象进展到生命具体现实性理解时，时间性就将亚里士多德的生命抽象灵魂意义统一于其中。因此，对生命时间性必须进展到普遍抽象和具体现实的统一性理解。

生命之为具体存在的本体论根据是它的复杂自组织自适应性耗散结构，它的现实性是其结构的绝对运动过程，无结构无生命具体性根据，无绝对运动无生命现实性的理由。复杂动态结构和绝对运动相统一的具体生命区别于非生命结构运动过程的本质意义在于它对环境的选择性。生命与环境的关系不只是普遍的相互作用，而是基于以生命为主体对随机环境的选择性作用。相互作用是由必然性去解释的，选择性是包含必然性又超越必然性意义的，因而具体生命以物为基础又超出死物范畴成为特定的生物；选择是主体和环境的统一性关系，两者有确定的边界，故物是相对性范畴，生命则一定是以绝对的个体存在为具体现实性的，没有任何生命可以替代另一个生命。这是其一。

一切生命区别于物的普遍统一性根据就是生命的灵魂。灵魂是一切生命据以选择性生存的意义结构，离开意义为前提只有相互作用无选择性，生命选择性生存的本质根据就是它自身支配其选择性行为的抽象意义本身。灵魂本质上就是生命抽象选择意义形式结构的统一，它支配着生命对环境的选择性生存从而使生命从潜在成为现实。从抽象意义和形式去理解灵魂，它的本体存在根据通常被理解为生命躯体本身，故亚里士多德的灵魂和柏拉图的幽灵不兼容，和传统意义独立于生命肉体的朴素灵魂观也不兼容。这种不兼容是以绝对物质观为形而上学前提的，在能量一元论宇宙观中两者必须统一起来，这是后话。在生命具体思考中，我们按照亚里士多德的概念，限于抽象意义讨论灵魂。抽象生命灵魂具体存在的根据不只从躯体去泛泛理解，而应从生命的遗传物质结构去理解，由此就可以具体理解灵魂之于一切生命的具体统一意义以及它之于每个具体生命的先验意义。生命选择性根据的意义可以和后天生存经验有关，但它的具体根据是先天遗传的，由此才有灵魂之于生命的普遍本质意义。这是其二。

为什么要从生命灵魂本质进展到时间性本质理解呢？生命是具体现实性的，仅限于抽象意义形式的灵魂尽管统一了生命选择性生存的普遍根据，但它之于生命现实的绝对运动缺乏具体经验关联，和灵魂的经验感悟也不兼容，故而近现代普遍文化已基本上抛弃了生命灵魂概念。另外，抽象灵魂和生命不可分割的生和死相统一意义无直接相关性，对具体生命理解没达到最普遍的具体统一性意义。灵魂赋予生命生和死相统一的选择性生存的统一性意义就是时间性的普遍意义，统一了生命一生生、老、壮、已的普遍时间性又有指向生命存在的具体现实性意义，故在普遍而具体的意义上可以说生命是时间性存在。生命不能回头，不能重新来过，这才是生命普遍而具体的现实性感悟，故根据世界统一性原理，在理性具体意义上说，生命是时间性存在；在抽象意义上说，生命是以灵魂为本质的具体存在。这是其三。

生命作为复杂结构具体存在，对它的时间性理解把抽象导向具体，即这已经不再仅是经验认识或知性层次的概念，必须从理性统一的高度得出对生命普遍而具体的理解。

第三节　生命时间性本质的统一性意义

一、生命不可逆的理性意义

生命时间性本质的最基本规定性就是它作为过程性存在的时间不可逆性。这里的不可逆性必须从理性统一性去智慧地理解，如果仅停留在知性科学真理因果必然性思考中，把不可逆性作为生命运动与非生命客体运动的本质区别反而会出现悖论。因为在知性意义上，不可逆性并不是生命过程独有的特征，所以不能由不可逆性得出生命之为生命的充足理由。

稍有点科学史常识的人都了解可逆性和不可逆性是科学认识中一个被反复提起、不断地争论但一直没能得出共识的问题，所以普里戈金把它归结为近代科学发展留给人类的两大遗产之一。人类从最简单的质点作为抽象认识对象开始去认识物质世界的运动发展规律，无内在结构规定性的质点运动过程的运动规律描述总是时间反演的，即都是可逆性规律及可逆性现象的过程。但是，对非质点复杂系统运动规律的科学描述中产生了不可逆规律及现象，其中最有代表性的是无规则宏观统计系统的热运动这种不可逆过程。当然，更为复杂的生命结构运动同样是不可逆过程。在科学认识意义上，可逆过程和不可逆过程并不是同一科学认识对象的两种矛盾的描述，而是两种不同认识对象自身的不同运动规律，其间并无矛盾。两种科学描述得出的认识都是真理性的，这在上一卷已经讨论得比较透彻。现在的问题不是可逆性和不可逆性的矛盾，而是在有限知性抽象意义上不可逆性并不只是生命存在的特定现象，因而仅在抽象普遍规律这种知性意义上把不可逆性作为生命存在的本质是缺乏足够理由的。难道一个不可逆地趋向熵最大的热力学系统是生命存在吗？特别需要思考的是，能量最小原理是支配物质世界系统结构演化的最一般规律，由此支配的物质世界的自发能量交换运动过程都是不可逆的，那岂不是物质即生命？这就是仅从知性去理解不可逆性这一生命本质而得出的悖论。因为从知性意义看，不可逆性只是生命之所以为生命的必要不充分条件，所以它就不能是生命的本质规定性了。

所以，对生命本质的理解以生命科学真理知识为基础，但不能只停留在知性抽象认识中，而是需要对知性认识进一步综合统一，才能得出对生命本质的具体理解。生命作为复杂性整体动态结构，对之的认识不是一个科学真理认识可以完成的，不是简单的因果判断抽象命题，而是由一系列科学真理的统一性去构成其理解时，才能从抽象到具体中不断丰富生命本质认识的内容。所以，知性的不可逆性和理性统一性的不可逆性是既有联系又有区别的。科学所描述的不可逆性是有限的抽象可逆性，是相对性的抽象描述，不能作为无限的具体认识去绝对地理解，因而只有认识论意义而无存在论意义，并不同于具体生命不可逆性现实生存本身。因此，热力学第二定律对物质系统热传导不可逆过程的科学规律描述的反复、深入探讨还是有必要的。

近代科学对不可逆性的认识源于克劳修斯对热机系统理想卡诺循环工作原理的归纳，它最初表述为热机不能只依靠一个热源工作，后来进一步归纳为热总是自发地从高温物体向低温物体传递的热力学一般规律，最后进一步抽象为普遍的熵定律：孤立系统的熵产生总是不可逆地增大并最终达到熵最大的平衡态，这就是具有不可逆描述的热力学定律。所谓不可逆性，表现在数学描述中就是时间反演不成立，表现在事件描述中就是运动过程对初始条件的忘却和平衡态终态是系统演化的吸引子。这和牛顿质点经典动力学描述的性质完全不同，并且这个演化过程正好和时间描述变量的本质规定性相一致，所以热力学第二定律又被理解为“时间之矢”，牛顿经典力学甚至爱因斯坦的相对论力学则被认为由于可逆性描述而和时间的方向性不协调。对热力学第二定律意义理解的最大问题在于一大批科学家、思想家们把它作为具体的物质世界客体运动最普遍意义定律描述，并由此得出世界的演化是熵绝对增大的不可逆过程的绝对性结论，误导了人类100多年。热力学第二定律及其所解释的热不可逆运动是抽象的科学真理，它之所以是真理就在于它是抽象有限的，而不是具体的。热运动不可逆和具体物质世界运动演化不可逆是性质完全不同的概念。最有说服力的证据是具体的热机工作既符合熵原理又是可逆过程，克劳修斯建立熵函数抽象描述的动机和现实意义就在于用一个简约、普适的状态函数去描述循环工作的热机的内在机制和现实过程，现实世界并不是由普遍而绝对的不可逆过程构成的。科学抽象知识之为知识就在于它是抽象的，并不是具体的，所以没有具体客体的知识，更没有全体具体的真理。具体、全体的认识是智慧，是基于科学有限真理认识的对具体存在的智慧理解。所以，说物质世界不可逆运动是不成立的。现在，我们说生命不可逆是在感性、知性和理性统一性意义上的，是理性的生命时间性本质统一意义上的不可逆性，是直接指向具体生命存在的具体理解。生命是不能像具体热机那样循环运动的，生命的整体不可还原性决定了它必须达到具体才能得到真正的理解，抽象生命本质是具体的抽象。所以，热力学的不可逆性是认识论意义的有限抽象认识，生命的不可逆性却是对生命具体存在而言的，存在论意义的具体生命存在是不可抽象地还原的。因此，生命的不可逆性是理性具体意义上的，是存在论和认识论相统一的，是绝对而不是相对的。在存在论意义上，生命的不可逆性是具体而绝对的，与边界条件及抽象限定假设无关，生命是具体无限的不可逆性存在。

热力学第二定律揭示的热不可逆过程只有有限意义，即只有在它所限定的孤立、封闭的物质系统中才有意义。它同时又是抽象的，即只有把具体物质抽象为热力学系统这一抽象认识对象时才能得出热运动的真理性描述，超出此抽象范围，它就无意义。具体的物质系统及生命世界的具体存在当然超出了这一抽象有限规定性，所以从抽象的热力学第二定律出发去断言具体世界的绝对不可逆性肯定是从真理走向真理的反面。物质世界无绝对，具体物质世界的演化究竟是可逆还是不可逆，不是一个科学真理可以解决的，而是需要对具体物质世界各种科学抽象真理认识进行综合统一，并在特定的边界条件下才能得到现实的具体理解。从理性统一性的意义上看，完全可以从物质世界的最普遍运动形式中去除孤立系统这一限制条件，物质系统的热运动过程就是可逆的，否则就不会有卡诺循环和热机热功转换机器的产生。如果回到能量一元论的世界统一性原理去智慧地理解世界，从质能转换及物质世界从“道生一”到“一生二，二生三，三生万物”的生生灭灭的运动演化的总体理解中，肯定只能得出物质世界乃至整个世界的运动演化是可逆的结论。有生有灭，有灭有生，这个生生灭灭的循环只能从可逆而不是不可逆去理解。

热力学第二定律对宏观物质客体热系统的科学描述只是认识论意义上的相对描述，不是关于物质世界存在本性的描述。就是说，只有从宏观热交换是微观粒子动能交换意义上的系统自由能状态去理解热力学系统运动变化对象时，才产生不可逆运动理解，而从单个质点去描述这个系统中任何一个粒子的运动时，则又能从牛顿动力学描述得出可逆运动的理解，并且两种理解都是符合科学必然性规律的，但它们都只在自己的抽象前提及限定范围中才是真理，它们并不矛盾，其质点相互作用系统的自由能也是单方向不可逆变化的。所以，任何科学真理都只是有限抽象的相对意义描述，不能上升为无限、具体的存在意义。由此可以说，物质世界的热不可逆运动只是相对的。其他不可逆运动现象，包括放射性物质的衰变等，都只能在这种有限意义上去理解其运动过程的不可逆性。知性真理揭示的不可逆过程只有认识论的相对性意义，不具备理性统一性即具体物质世界不可逆运动之意义。

但是，具有时间性本质的生命存在过程的不可逆性并不仅仅是知性科学认识意义上的不可逆性，而是具有本体存在论意义的，是从理性统一性意义去理解的不可逆性，它是关于具体生命客体现实生命运动过程的普遍本质的统一性抽象归纳。在关于可逆现象和不可逆现象的争论中，生命不可逆现象理所当然地是被反复提起的不可逆范例，但那些大师们总是停留在表面，把生命不可逆性和物质现象不可逆性相提并论。坚持世界不可逆的大师们经常发出这种质问：你见过从坟墓里爬出来并最终回到母亲子宫的生命逆过程吗？你见过电影的倒放吗？被闯入瓷器店的公牛打碎的瓷器能自动复原吗？具有理性统一性智慧者对此可以明确回答，电影片是完全可以倒放的，如果你去掉对它所包含信息的顺序之限制；破碎的瓷器当然可以恢复，只要解除“自动”的假设。这就是说，一切在物质结构意义的不可逆过程都是相对的，在绝对意义上则往往是可逆的。真正具有绝对不可逆性的是超越了纯粹物质运动的生命过程的不可逆性。从坟墓中爬出来回归母亲腹中的人是绝对不会出现的，生命的不可逆过程和物质结构的不可逆过程是不能相提并论的。两者本质区别在于物质结构运动不可逆是相对的，只有相对有限的意义；而生命的不可逆性则是绝对的，所以生命不可逆性不只是认识论意义上的相对认识，而是生命之所以为生命的存在论感悟。不可逆不但是生命的现象，还是生命存在的根据，所以它才可以被称为生命的本质。

为什么说生命的本质即现象呢？用抽象的哲学理性普遍逻辑来陈述，生命的存在论就是生存论。没有生存也就没有生命，生命存在不能从生存现象中独立抽象出来，所以生命世界存在和生存同一，本质和现象同一，结构和过程不可分割。分割了结构和过程的纯粹抽象结构可以是物质结构，但它已还原为普遍的物质，不再是一般物质结构中独特的生命结构存在，这就是猪和猪肉的区别，这就是黑格尔说的切下来的手不是手所指的意义。所以，生命的不可逆是本体存在论意义上的绝对不可逆性，它的不可逆现象正是它之所以存在的本质。可逆性或不可逆性对物质具体存在运动演化而言，只有相对意义。因为物质本质上是空间性存在，时间过程的可逆性或不可逆性是不能合逻辑地成为物质存在的绝对陈述的。

生命是复杂自适应耗散结构性存在决定了它的不可逆现象就是它存在的本质。因为耗散结构的存在是和耗散过程不可分割的，它的有机整体性决定了它在认识对象意义上的不可分割性，所以它不能还原为物质。还原的结果不是回到生命的本质，而是回到物质存在的本质，同时失去生命的本质。所以，生命存在是可逆运动物质世界中特定的物质结构即具有不可逆过程的物质存在。在一般意义上，生命是物质；在特定意义上，生命超越了物质而具有自己的独特本质，从而成为物质世界中特定的生命世界。

我们抽象地思辨的生命是具体的，是抽象的具体。对生命复杂结构运动不是一个科学真理认识可以解释的，对生命的理解总是基于统一性的理解，而不止于因果关系的理解。对生命不可逆的感悟不只是从科学而首先是从直接经验特别是生存体验中建立起来的，对不可逆现象关切的最深根源在于对生命存在不可逆地衰老和死亡的体验及感悟之中。浪费别人时间等于拿别人生命开玩笑，这是鲁迅先生基于对生命深刻感悟而得出的哲理。所以，生命的理解是以经验及科学认识为基础的理性智慧，在理性中才能窥见生命的真谛。生命的不可逆性是理性意义上的，是具体生命存在的统一性理解。

二、生命连续性的理性意义

对生命之所以为生命的充足理由的智慧理解，不仅包括生命存在和非生命存在的本质区别，还包括一个客体存在从非生命存在发育成长为生命存在，并在生、长、壮、已的生命连续过程中，在生命存在和非生命存在之间的转变，这就是由生命连续性本质决定的生与死的本质区别问题。对这生命感悟中最具形而上意义的问题，只有从理性统一性的高度，才能真正体会生命连续性的本质，参透生与死的终极意义，从而懂得生命的意义。

赋予生命本质意义的经验体悟首先基于生命的连续性。连续性的另一种陈述就是绝对的运动过程，是只有运动没有静止的生命结构的绝对运动。生命在于运动的意义就是生，连续性的本质给出了生与死的本质区别，赋予了生命的存在和生命的丧失的完整意义。人类对生命的凝重感悟，不仅是生命作为自我与非我的区别和联系，而且首先基于对自身生命存在的存在和非存在即生与死最深刻的形而上学感悟之中。所以，生命的认识不只是生命科学问题，它首先根植于对生命存在的本能和经验的感悟之中。二十世纪美国作家房龙在《宽容》一书中把宽容还是不宽容作为人类文明的标准去概括总结人类历史时，始终坚持“对人类历史任何阶段而言，生存永远是第一要务”的观点。从世界统一性原理的观点来看，它实际上说明了生与死是人类与生俱来，甚至是永恒的命题。生命的意义在文明及科学发源之前已经以生与死的本能体验产生，并且永远是人类最基本乃至最高的命题。生与死的本能及经验感悟，在理性统一性意义上就是抽象的生命存在过程的连续性问题。也就是说，对生命存在理性认识的基础不仅是科学认识的综合，还包括感性经验认识乃至本能的生存体验。所以，对生命本质的思考自始至终都不是纯粹科学命题，而是一个统一性意义理解问题。

从连续性本质即生与死的关系去思考生命已经是统一性而非因果性的逻辑思考。虽然它以经验认识及科学认识为基础，但它把这些认识归纳综合于其中而得出对生命统一性的智慧理解。对生与死的理解是一个深刻或浅薄的问题，而不仅仅是正确与否的问题。我们并不能否认生命科学对生与死认识的基础地位，但仅从因果逻辑关系是不能深刻地参透生与死的意义的，生与死的意义不是因果必然性可以穷尽的。生命不是机械，生命整体不可分解还原，故不能仅仅用决定论的因果逻辑去穷尽生与死的全部意义。生与死的意义应该是非常直接而明白的，科学对生命的真理认识也已经建立起相应的生与死的客观标准，但如果仅停留在因果关系中，就很难避免机械论生命观的局限性。在机械论意义下，生与死的的判断或许是始终得不到确定性判断的命题。

最简单直接的是我们自己的生命何时诞生的问题。按照几千年来的传统观念，离开母腹呱呱落地就是出生，出了母腹就是生命的开始。我们这些草民将这一刻称为生日，将伟大人物的那一刻则尊为诞辰。但对生命的开始从不同角度可以有不同的答案。在剖宫产盛行的今天，生命的出生已经完全不是自然、客观的过程，而是人的主观选择性对之干预的过程，所以出生的那一刻已经失去客观意义。根据科学客观性认识的本性，在科学意义上再把出生作为生命开始恐怕是缺乏根据的。根据我们对十月怀胎的生长发育的科学知识来看，连续性的生命肯定是向出生之前的胚胎发育阶段延伸的，这也是所谓“胎教”的依据。但生命开始的那一刻延伸到哪一刻，以什么为标准，科学给出的标准恐怕也是相对的，没有绝对意义。由此产生更为棘手的问题是，人工流产是谋杀生命吗？科学并不能为这些问题提供客观标准，从而得出确定性的结论。从这一简单例子中可以看到，尽管生命科学已经对生命过程有非常丰富的知识，为我们理解生命的本质提供了坚实的基础，但仅从生命科学的因果关系认识中，我们无法得到生命本质的深刻理解。究竟我们何时开始生命旅程，可以从科学认识的各种知识去理解，但不必用科学因果思维去得出机械呆板的答案。真正的答案在你对生命各种认识的统一性理解之中。生命作为连续过程的最复杂问题在于这连续过程的终点问题，即海德格尔所说的，我们作为可能性存在，成为不可能的时刻如何理解。基于传统的经验认识，“最后一口气”是生命连续性的终点，但传统医学技术曾经普遍应用呼吸及心脏跳动来断定生命终点亦已失去客观性，现代医学更偏重于用脑死亡作为判定生命终结的标准。但这种标准也是相对的，并不是生命连续过程终止的普遍标准。无脑生命比如植物生命的死亡问题就是一个极为复杂，从而是难以作出机械式判定的问题。

“野火烧不尽，春风吹又生”，唐朝诗人白居易千古流传的绝句描写生命的坚韧不拔精神。没有真正经验者或许认为一场山火烧过后，灰烬中已经没有植物生命，等待着的是新生命的开始。但实际上有一部分生命力特别顽强的树木会重新长出新叶，即它仍在延续着生命过程，而不需要浴火重生。由此可知，即使在一场野火浩劫之后，植物生命依然有余生者，你很难直截了当地断定某些植物是否仍在延续着生命。这需要经验，要由生命自身来证明。

更为复杂的不止于此，切下来的手不是手，但切下来的树枝不一定不是树枝，因为植物生命是可以无性繁殖的。有一种植物叫“落地生根”，掉下来的叶子可以长出新的生命。二十世纪七十年代从大都市广州上山下乡来到乡下的“知识青年”流传着这样一种调侃：在地里吃饭不小心插下的筷子长成了大树。植物生命可以无性繁殖，令对它生命连续性终点的确定性判断成为问题，用机械论的逻辑去描述它并没有意义。

最后从经验回到严谨的科学实验中来。我们对植物的种子及植株分别进行的生长实验极有启发性。选用不成熟的槟榔果分别在人造光环境和室内自然环境下对照，结果在人造光环境中的果实的保鲜期是自然环境中的一倍以上。这从理论上只能解释为果实在离开母株后仍在延续着生命过程，并且在不同生命环境中得到不同的生长效果。由此可以断定，不成熟的果实离开母体后并不是立即死亡，而是在缓慢地由生命存在向非生命存在过渡。过渡期是生命力不断衰减期，这时期的生命力同样与外部生存环境有关。如果这种理论解释成立的话，那么离开母体的果实的生命连续性终点就不是一个机械论式的命题。更有说服力的是植株的生长实验。按照一般经验，切下了根部的青菜已经没有了生命（青菜通常不会无性繁殖），但在适当光谱环境中，插在水中的没有根青菜在数天后竟然能从茎部的切口处发育出根来。这实验结果就不需要理论解释，而是直接证明了植物生命的死亡是一个缓慢的过程，包括在对植物进行分割的极端情况下，也不能说它已经不是生命。所以，对复杂过程性生命存在而言，它的本质是连续的，但这个连续性的终点不是可以用因果决定关系的科学知识描述最终解决的。对生命这一自然界最复杂的时间结构性而言，简单的因果还原认识是无法穷尽它的统一性具体意义的，对它的具体认识最终还是取决于我们的智慧。如果一定要用绝对的知识建立生命连续性终点的标准，或许在逻辑上是行不通的。所以，智慧生命对生命的理解需要经验和知识，但更需要理性智慧。我的同学试图把上述实验成果转化为新的保鲜技术专利，这种新的保鲜技术不是依靠冷藏或防腐剂来减缓植物机体的化学变化，而是用较为合理的人造光环境刺激作为产品的植物果实或植株，在离开母体或原来生长环境后继续生长，依靠生命运动来保持不死因而不腐。这是植物保鲜的最高境界，既是技术，也是科学，同时也是一种智慧，因为它洞透并机敏地利用了生命连续性的本性。

对生命连续性本质的讨论，就是强调对生命本质思考一定要坚持理性统一性思维。如果停留在非此即彼的知性因果逻辑中，生命连续性是很难得出合乎逻辑的理解的。问题不在于生命科学在当下的认识水平不够，而是这在逻辑上是无法实现的。这和用动力学质点描述虽然在理论上可以描述宏观系统质点运动但现实中不可能是同一道理的。对远比热力学宏观系统复杂得多的生命客体，需要的是理性形而上学而非机械论的形而上学。所以说，生命连续性本质上是理性形而上学的。

三、生命时间性本质的统一性意义

对生命时间性本质的思考，最终要回到理性具体统一性。生命是复杂动态性存在，是不可还原的具体存在，对生命本质的思考当然也是对具体生命存在的抽象，但不是纯粹空洞的抽象，也不是从多样性复杂对象中抽取共相的抽象，而是具体的抽象。生命时间性本质是包含丰富统一性意义的，是理性具体的抽象，局限于知性因果思维不可能通达生命时间性本质的理解。有意义的思考不纠缠于生命本质是否时间性，而在于正确理解生命本质的时间性。达到时间性统一性理解境界时，生命活力就不是神秘莫测的，生命也不仅仅是机器，而是包含机器行为在内的，是结构和过程相统一、自身存在和环境相统一的绝对运动着的存在。因此，对生命时间性本质，必须以经验和科学为基础，并达到具体统一性的丰富理解。

哲学是人类对物质世界最普遍的具体存在追求中产生的，它的最普遍性赋予它理性具体认识的智慧本性而区别于抽象的知性知识和感性经验认识。理性具体的意义就是从抽象认识中得到对具体存在的理解。自对生命世界讨论开始，我们就一直强调对生命的思考是充满智慧的事业。关乎生命的智慧同样是要把对生命的直接片面经验和抽象科学认识综合为统一的理解，即得到对生命存在从抽象到具体的理解。必须指出，生命的最普遍本质规定性只能是抽象的，生命存在的最普遍本质当然是抽象认识，但它不是复杂具体生命的知性抽象规定，只能是统一性的具体丰富意义的理解。复杂生命的本质也是复杂的，这是理解生命的本质和理解机械的可还原之物的不同之处，也正是“生命本质不是物，不是生命躯体”的根本理由。用知性因果思维根本不可能合理解释“生命是什么”问题。

为什么生命存在的抽象本质是具体的抽象呢？因为生命作为有机整体存在是不可还原分解为部分的，还原分解为低一层次结构时，它就只是物质而不是生命存在了。任何一个具体的生命都是不可还原的。尽管自然界有一大批复杂的生命共生结构，即生命中含有完整生命作为共生结构而存在，但对每一个具体生命而言，只要向低层次结构分解，原来具有整体意义的具体生命就失去了存在。生命具体存在的这种整体不可还原性决定生命世界只能用最普遍的具体生命这种理性统一性综合思考，生命的本质也必须从具体的抽象去理解。它的最普遍本质只能是抽象的认识，却是丰富的抽象，即具体的抽象，是多样性的统一。所以，对世界最普遍具体的存在思考追求的是世界存在的本原，是具体的存在，对生命世界最普遍的存在思考却只能是抽象的本质。生命存在没有本原，认识生命是从它的本质开始的。

生命存在是具体的，生命的本质却是抽象的具体。探讨生命存在本质的目的在于通过对各种生命认识的综合形成对生命存在丰富而具体的理解，从对生命的各种认识统一性中抽象出生命存在区别于非生命存在的规定性，从而得出生命之所以为生命的充分理由。生命本质的探讨只是对生命理性思考的开始，更确切地说，是在最普遍的理论思维抽象中建立起生命认识的对象，为对生命的各种认识提供坚实的基础。从逻辑上来说，如果承认世界的统一性及一元论的话，所谓本质就一定是抽象的。因为本质是共相而非个相概念，在统一的一元论世界中，除了本原存在这种特定的最普遍具体存在有具体的本质外，非本原存在的本质一定是抽象的。在一元论世界中，复杂性具体存在不仅包含它自身存在的本质，同时还包含生成它的具体统一的特定结构。

对生命存在普遍本质的认识一定是统一经验和科学认识于其中的。从知识基础意义看，生命本质思考和物质客体本质思考有显著不同之处。物质客体存在的抽象本质就在于它的质，质和量的质能统一性是普遍的空间性抽象本质，在知性中抽象为质点，能量交换抽象为力的相互作用，惯性质量与引力质量和物质客体的质、质量、空间性是可以建立因果关系的，即能由科学知性认识并得出客观知识。为什么物质客体的空间性本质可以从经验和科学认识中归纳出来呢？这有两个理由，一是物质世界的普遍本质是从复杂结构存在到简单结构存在的还原过程中得到的，二是我们坚信整个世界在基本简单结构在复杂结构中的同构性。所以，物理科学追求的客观规律是对宇宙而言的普适规律，这是在世界同构性基础上才有可能的。伽利略变换和狭义相对论的洛伦兹变换、广义相对论的统一场论的目的和意义就是实现物理学定律描述形式在普遍意义上的相对不变性，从而是普遍有效的。所以，我们所经验的物质世界就是宇宙的物质世界，我们关于物质世界的规律及本质的认识是具有宇宙普遍性意义的。

然而，生命世界就不可同日而语。当近代科学包括达尔文进化论战胜了神学目的论后，我们就不再把地球生命看作上帝的安排，不再把人理解为按上帝形象由上帝创造出来代替上帝管理宇宙万物的宇宙行政总裁，而是在地球漫长演化过程中进化出来并在历史中不断复杂性进化和文化的特定产物。按照生命科学的认识，地球生命的形成及发展与地球环境不可分割。既然生命存在无法还原分解为物质去理解它的意义，既然地球生命存在与地球特定环境不可分割，那么对宇宙生命和地球生命的同构性的理解就和物质世界同构性不再相同。我们地球生命是碳基生命，水质细胞，生命物质是碳水化合物。但能断言宇宙生命都是由碳水化合物构成的吗？恐怕没把握。所以，仅在对地球生命的经验和科学认识基础上，抽象出最一般的生命本质是有困难的。

用科学驱逐了神灵的地球人类变成了宇宙中孤零零的智慧生命存在。我们是孤独的吗？我们有孤独恐惧症吗？这是一个两难的问题。至今我们还没有外星智慧生物存在的可靠证据，但 UFO 是长盛不衰的话题，它不只是茶余饭后的谈资，或许是关于人类生死存亡的重大问题。因为已经不止一次听到极有影响力的重量级人物关于外星人袭击地球的警告。我们既寄望于外星智慧生命存在来摆脱人类存在的孤独，又惧怕比我们技术更先进的外星文明像白种人进入非洲猎杀而几乎灭绝那里的人种那样毁灭地球人类。

当然，由近代科学迅猛发展而来的以当代科学为基础的人类社会对外星生命问题，必须用科学的态度和理性的智慧去面对。从抽象的逻辑来看，我们的星球不过是浩瀚宇宙中一颗极为普通的行星之一，拒斥上帝目的论解释后，完全有理由从逻辑上推断地外生命乃至文明的存在。因为宇宙在最基本存在和结构上具有同构性，因而生命不可能只恰好唯一地在地球上出现并生存下来。但基于形而上学的猜想还没有被证实，因为宇宙太浩大了。我们对外太空的观测和探测能力目前还是微不足道的，对外太空的实地探索只是刚刚起步。技术和人的生命周期的限制决定了地球人类对宇宙的实地探索局限在有限的范围内，除非我们能把地球改作宇宙飞船，并且有足够技术来控制它的大气层及吸引力作用几近稳定不变。另外，生命是宇宙中可能存在的实体结构中最复杂、最高层次的结构，因而可以承受自由能作用即熵状态的合适区间是最小的，即它已经是抗外部作用剧烈变化的最脆弱结构，它对环境有着几近苛刻的要求。遨游太空对于具体地球人而言，当下其实仍局限于家门口。在我们所处的太阳系中，其他行星的环境和我们不太相同，近邻星球中发现生命存在的概率不大。对外星生命的探索可能寄望于更遥远的星球中。

对包括外星生命在内的普遍生命本质的思考，在还没有关于外星生命任何经验和知识的情况下，理所当然只能建立在对地球生命经验及科学真理知识的基础上。但是，如果不超越知性认识的有限性，就会产生局限性，得不到对生命普遍本质的认识，从而反过来限制了对普遍生命的科学认识过程。地球生命的科学探索特定认识曾认为生物不能在高于60℃的环境下生存，但最后在高于这一极限温度的温泉处发现了菌类微生物生命存在。在地球生命领域的研究尚且如此，能否用地球生命特有的碳基结构、水质细胞生命现象去规定最普遍的生命存在本质，那就值得商榷了。其实现在美国洛斯·阿拉莫斯国家实验室的史蒂文·拉斯马森正在培育一种新的生命形态——脂滴，它不是有膜包裹的水质细胞，这表明，包括生命科学家在内，对生命之所以为生命的本质都在作超出现有经验和科学认识的探索。

从时间性去规定生命存在的本质，恰恰超越了地球独特生命的特定有限性，实现了对生命最普遍本质的归纳。我们完全有理由相信，这一生命存在之所以为生命存在的根据是从地球生命认识基础上归纳出来的，但它的抽象普遍性已经超越地球特定生命形态的限制性，对包括地球生命及地外生命的一切生命存在具有普遍意义。因为时间独立变量并不是地球生命圈运动的特有描述变量，而是对整个宇宙的一切存在及其现象都是普遍有效的描述变量。如果我们对物质世界物理定律在整个宇宙具有普遍性意义抱有信心，则能理所当然地断言时间变量描述的宇宙普遍意义。那么，宇宙中同构性的物质结构性存在，当它的运动过程符合时间性本质时，即当它是连续不可逆的内在结构运动时，它就是最一般的生命，即地外生命。当这种具体结构的生命个体具有繁殖机制而实现世代更替的连续性时，即从个体连续性上升为种群连续性时，它就会进化出一个在环境中适者生存的不断进化的完整生命统一世界。所以，生命的时间性本质是生命的最普遍的本质规定性的抽象，是对生命存在思考的坚实起点。

综合上述，生命抽象时间性本质的具体意义可以得出一般性归纳了。

第一，生命时间性本质被理解为感性、知性、理性的统一意义时，它包括亚里士多德的生命灵魂本质、薛定谔的生命就是负熵的认识。生命本质是灵魂的理解在经验和逻辑上是无可非议的，但它太抽象而又不具备普遍客观知识基础，太空洞而难以理解。薛定谔从能量过程去揭示生命的本质，生命科学得出复杂生命必然性知识体系，使我们对生命得到客观而现实的理解。但仅从熵过程并不能得到生命和非生命的本质区别理解，即没有通达生命的普遍本质，熵原理也没有将关于生命认识的丰富知识统一起来。时间性把抽象灵魂和知性熵原理支配生命过程的认识统一起来，以时间性为本质的生命就是复杂耗散结构在和环境进行物质、熵流交换中实现自身结构向其内在目的性绝对运动的存在。

第二，生命时间性本质是时间空间性统一不可分的时间性，是包含空间性的时间性。具体地说，生命一定以物质躯体存在为前提，空间性是时间性的前提，生命活力展现出来的过程是具体现实的物质结构的运动。物体都是空间结构性现实存在，但只有具有时间性本质的空间结构性存在才是生命，时间、空间相统一的时间性存在才是生命之为生命的充足理由。并且，只有在这种具体统一性的时间性意义上，时间性才指向具体生命存在，才是生命的普遍本质。由此种具体时间性出发，生命的绝对运动不仅可以理解为空间位置变动，从本质上这还是自身结构在绝对运动中向其内在目的性进化的过程，从而使感性生命的生、老、壮、已现象得到合理解释。

第三，具体的认识、具体的存在总是内容和形式相统一的。按照亚里士多德的看法，本质一定是抽象的形式，普遍性的形式把多样性的内容统一起来，赋予具体以抽象的普遍本质。按照世界统一性的观点，理性的抽象是具体的抽象。在复杂多样的统一自然界中，只有本原的能量子是不可再还原、不能追问从哪里来的最简单、最直接的自然存在，它的本质规定性即量可以视为是自明而简单的，是再也不可约化的。由之产生的复杂多样性物质实体结构的抽象本质是质的规定性，但如果仅停留在抽象之质，我们对物质客体还是毫无所知，质之本质只是空洞的抽象。只有把物质理解为质能统一性存在，理解为质和量统一的感性之形，在知性意义上是具有引力质量和惯性质量的具体存在，是感性和知性相统一意义的空间性存在时，才能得到对物质客体的具体丰富理解。空间性本质是包括物质抽象之质的规定性的，既是物质抽象的普遍本质，又是包括诸多具体规定性的内容的具体抽象。生命是物质世界中具有自身本质规定性的最复杂存在，其本质的认识当然包括物质规定性之外的灵魂。但仅由与物质无关的空洞灵魂出发并不能得出生命的具体理解。从具体的时间性抽象本质出发，把灵魂形式、空间结构形式统一在生命绝对运动过程中，生命、灵魂、活力才是可理解的，统一性的时间性本质才是生命之为生命的充足理由。简言之，生命是自然界最复杂的具体存在，生命的时间性本质是具体的抽象，是统一了空间结构形式的最具体丰富的认识形式。只有从这最具体形式出发才能全面、合理地思考和解释生命这最复杂的自然存在。

至此，我们理解了生命之所以为生命的时间性本质，从这一抽象本质出发，就可以具体地探讨生命的丰富规定性了。

注释

①伊·普里戈金、伊·斯唐热著，曾庆宏、沈小峰译《从混沌到有序》，上海：上海译文出版社，1987年第1版，第120页。

②苗力田、李毓章主编《西方哲学史新编》，北京：人民出版社，1990年第1版，第96页。

③同上，第451页。

④同上，第454页。

⑤同上，第456页。

⑥同上，第457页。

⑦同上，第490页。

⑧转引自伊·普里戈金、伊·斯唐热著，曾庆宏、沈小峰译《从混沌到有序》，上海：上海译文出版社，1987年第1版，第120—121页。

第二章
复杂性生命的基本特征

引　言

【提要】把时间性本质作为归纳具体生命普遍而具体的概念就要对之由抽象导向生命现实过程，理解选择性生存方式构建生命连续不可逆之统一一生的具体现实性，由生命绝对运动过程的特征去得出生物之为生物的基本理解，作为讨论生命世界统一性的基础。本章揭示可能性、个体性、完美性一般抽象范畴之于时间性生命构建绝对过程的具体意义，把抽象时间性导向生命绝对运动的具体。

一、生物超越物获得其生和活本质的选择性生存机制必须进展到具体的可能性去得到现实性理解，没有可能性就没有生命选择性生存的现实性。现代西方存在主义哲学大师海德格尔从可能性去展开人在时间境域中的生存过程，把时间性基础上的可能性作为主客性之人和客体性之物的分界线；存在主义哲学甚至从可能性到选择性为人的自由提供根据。把时间性和可能性统一起来是聪明的，但可能性并不是自由的根据，在可能性随机环境中选择性生存的生命是自然的。在直接意义上，环境随机性为生命选择性提供了选择空间，可能性的意义指向环境。在本质意义上，可能性的意义指向生命本身，生命选择性生存机制赋予环境可能性意义，可能性的根据和意义归根结底是关于生命自身的。可以说，从理性具体意义上可能性就是生命生存的具体现实性本身，生命绝对运动就是连续地将可能转变为现实的统一过程。可能性和必然性是统一的，自然而然的生命生存之所以成为现实，就在于它在自然必然性支配条件下把现实可能性变成具体现实性。

二、把可能性转变为生存现实性的生命绝对运动的更具体意义，是使每一个生命都是有自己独特本质的具体存在，这就是达尔文从经验中归纳的“没有两个相同的生命个体”的本质意义，它是生命的个体化特征。个体化决定了生命是最多样化又是最有序统一的，生命统一性就是自然统一性。生命多样性不是偶然性支配而是随机性作用的结果，由偶然性去理解随机性和生命个体化现实的当代生物学观念是不合理的。自然选择的生命生存是生命和环境统一性的，生命自身的结构复杂性和环境随机多样性的共同作用结果，决定了每一个具有普遍生命本质和种的规定性于自身的个体都是不可重复的，据此才有生命不可重来的形而上学感悟，任何生命都带着好生恶死的本能。物质有价，生命无价，其理由在于生命不能重来、不可替代。人存在的具体现实性根据是自然生命，这就是人生而平等的根据，是一切法都必须符合自然法的理由。

三、生命是绝对时间性存在还表现在具体生命是多样性之物的统一，是空间性结构运动在连续不可逆生命过程中完整的统一，据此它是物又不是相对确定性之物，是在物的绝对运动中绝对统一的活生生之物。用蝌蚪找妈妈启蒙孩童比把人当成机器要聪明得多。每一个物种、每一个具体生命一生绝对运动且绝对统一的形而上学意义是完美的，不完美就没有生命。完美生命是自然的杰作，地球生命物种是生命圈几十亿年来自然筛选的结果，只是无数抽象可能性中硕果仅存的极少数完美性现实存在。生命现实性的形而上学根据就是完美性。生命物种从简单到复杂进化意味着只有更完美，没有最完美，故而进入基因认识水平的当代人按捺不住基因改造的冲动，甚至寄望于由此来重构人的生命规定性。自然进化出人的完美生命是无数可能性中生成的唯一结果，人们追求这一结果更完美，但在原则上是不能试错的，在对人的基因得出完备的具体认识之前，用探索、试错的传统方法对人的基因改造是危险的，必须慎重从事。

人首先是感性生命，对自身具有朴素自然的经验直观。说人不懂得什么是生命是不客观的，但认为人的感性认识已经得到生命之为生命的充足理由的理解同样是不客观的。不只是朴素感性认识没法通达生命的根据，连当今已经长足发展的生命科学技术也并不能百分百地对生和死做出确定性判断。这不只是具体生命科学技术水平之限制，也许从形而上的逻辑来看，要在复杂生命之生和死之间划出一条泾渭分明的界线是不可能的。从鸡蛋到小鸡、从种子到小苗破土而出的复杂连续不可逆生命诞生的具体过程中，究竟哪一个确定时间点是一个具体生命的时间性存在之原点，这在逻辑上是两难的。我们既无法断然否定母胎中胎儿生长发育的生命过程，也不会科学地断言孕妇不小心造成意外流产是过失杀人。这表明了一个道理，用物的机械运动变化确定性描述方法去理解生命过程是具有先天局限性的。

生物和非生物在现象上的区别是复杂性，这不会有太大异议。我们合逻辑和合经验地把物质世界运动归纳为从原子到分子、从无机物到有机物的结构复杂演化过程，并顺理成章地把无生命有机物产生出生命有机体看作是自然运动更高级、更复杂、更有序的进化过程。具体生命一定是复杂性存在，但对这种复杂性必须达到具体统一性理解，仅停留在抽象复杂性中就仅流于生命表面现象。复杂性不能仅从结构复杂性程度去理解，更不能简单地把从非生命到生命的进化，理解为物质结构复杂性演化累积达到量变引起质变的结果。物之结构本身是依物的对象的相对性而具有相对性的，没有任何逻辑和证据断言生命客体结构一定比非生命结构复杂。生命复杂性必须和生命的本质统一地理解，即从生命具体存在整体不可还原的存在绝对性去理解。在非生命物质结构意义上，任何复杂结构都可以不断还原为更基本、更简单的结构，在还原中物质之为物质的本质规定性不变。我们甚至把物抽象为最简单的无结构质点并保持其质和量相统一的存在本质，我们对物质世界从复杂到简单的认识就是这样建立起来的。近代科学革命以来，科学进步同样可以认为从对自然之物的不断结构还原的进展之中表现出来。但复杂结构还原方法对生命认识不再具有根本意义，生命之为生命在于它是不可还原的，生命结构还原认识的不再是生命，构成生命的各层次结构和生命有本质区别。认识生命固然需要结构还原分析，但最终、最本质的一定是统一性综合，这是生命认识和非生命认识的本质区别。生命复杂性的具体现实意义就是它的整体不可还原性，认识生命的困难也在于这种基于不可还原的复杂性。科学的分解还原方法在生命整体面前束手无策时，人类对生命的理解很难摆脱感性直觉的神秘活力论。引进结构分析但缺乏统一性综合时，生命又被理解为只是更复杂的机器，生命和非生命就失去本质区别，生命之为生命就失去充足理由。

世界统一性原理把生命理解为时间性存在，把时间性理解为包括空间结构性的具体统一的抽象，就是要把生命的感性活力直观认识、知性结构功能分析知识在不可还原的复杂生命整体中具体统一起来。据此，生命的复杂性就和物质空间结构的复杂性有本质的区别，对生命复杂性认识思考就是对生命整体具体统一性存在的智慧理解。具体地说，就是要思考和回答生命复杂性整体存在赋予的生命区别于非生命的本质特征，从而得到对复杂生命整体更具体的理解。

从最普遍抽象的生命时间性本质出发，进入复杂生命时间性整体存在的基本特征思考时，理性统一性对生命基本特征的认识以生命科学的新陈代谢、遗传结构等知识为基础但又不仅仅停留在科学知性中，而是在感性和知性相统一、结构和过程相统一、空间性和时间性相统一的综合中，归纳出生命时间性本质更普遍的具体特征，得到对生命时间性本质的具体理解。

生命存在与非生命存在的显著区别是生命是可能性存在。在物质及能量意义上的科学认识追求的是必然性、确定性的存在，但不能限于从知性必然性去具体理解生命，这是生命作为时间过程中不可还原的存在本质所决定的。可能性是海德格尔用来定义人的哲学概念，不再是纯粹的逻辑状态描述。一般的生命物种用林奈制定的属和种加词来命名，但用它来定义人时碰到困难。因为对人的定义在生物物种意义上与在人超越了纯粹生物的存在本质意义上是两回事，因此传统的定义想把人定义为非动物的动物物种而无所适从。海德格尔的存在主义哲学当然希望揭示人超越动物的本质，在这层次上看，生物概念对人而言就是不可定义的。海德格尔用胡塞尔的现象学方法得出人的本质是可能性，人就是时间性存在的理论。海德格尔敏锐地从人的“在……之中”和物的“在……之中”本质区别去解释人的可能性存在之意义：物的“在……之中”是指小的物在大的物之中，是空间性概念；人的“在……之中”是在不断运动变化过程中，所以是时间性概念。物是手中的东西，人则是在手中的上手状态。海德格尔在哲学理性思维中第一次用时间性和空间性定义人和物的本质规定性。但可能性的人的本质并不是人区别于动物的标志，而是人作为动物而区别于无生命之物的标志，因为一切生命都是“在……之中”的时间过程性存在，可能性就是一切生命的共有特征，并且是以一切生命存在共有的耗散结构的自适应机制为基础的。生命规定性的可能性特征的最显著外化就是生命的随机现象。经验常识中人们对随机现象的理解往往和偶然性联系起来，这是知性的浅见。当生命科学把生命现象看作偶然现象时，断言地球生命产生纯属偶然时，就失去对之科学客观认识的意义。关键必须把随机性作为客观性特征去理解，达到这一水平才真正是可能性特征的理性理解。生命作为自然界中一个独特世界，一定是由必然性规律支配的世界才是可能的，才是可理解的。大道泛兮，无其左右。

可能性存在的进步一展开就是多样性的个体性存在。世界多样性的最高境界就是生命多样性。这是生命的结构复杂性以及结构绝对运动过程中的可能性所决定的多样性。莱布尼茨说世界上没有两片同样的树叶，这就机智地道出了生命多样性同时是生命的个体性特征，即任何具体生命个体都是独特从而不可替代的存在。个体性是生命绝对性本质展开的现实，是生命绝对运动本质的具体，生命世界多样性更准确的概括是生命是个体性存在。物质世界中凡事无绝对，物质世界中的生命物质超越相对达到极限即绝对存在时，就产生生命，绝对生命既在万物之中又超越相对性物质世界，成为自成一大的地的世界。一寸光阴一寸金，寸金难买寸光阴，这时光阴的更深层意义不仅是纯粹形式的时间，更深刻的是不可逆连续的生命过程，是基于生命时间性本质的个体性特征而产生的感悟。达到个体性的多样化生命存在的每一个现实生命在存在论意义上是无价的，杀人偿命不是等价赔偿，命是不能借不能赔不能买不能卖的，这才是生命不可还原的本体论意义。汉武帝想向天再借五百年只是痴心妄想。帝王也好，凡夫俗子也罢，个体性的不可逆生命存在形而上地提供了必须关爱生命、尊重生命和敬畏生命的充分理由。一去不复返的时间只是形式，一去不复返的生命时间过程才具有实在意义。

知性科学和理性哲学对生命世界思考的根本目的在于得到对个体多样性生命存在的统一性描述和理解，即把生命世界的运动进化理解为必然性规律支配着的完美过程，从而超越基于感性经验局限性的唯象理论，不再把生命世界的生生不息理解为变幻无定，更不会把生命进化中的生息更替理解为生命既存在又不存在。按自然必然性规律展开的多样性生命世界是统一的世界，因而是完美的世界。完美生命世界的统一性表现在生命个体和种群的统一性关系中，它的奥秘隐藏在它自身的DNA结构之中。每一种生命物种之所以作为物种存在都可以从它的DNA结构中找到充足理由，并且在DNA中也可以找到生命基因突变和进化的原因，从而得到对生命世界统一性的总体理解。生命的完美性是生命自身在漫长进化时间长河中自然界的杰作，是自然选择的结果。当智慧生命超越自然而去改造设计生命的完美性即基因结构时，机会和风险共存，因为主观认识远远没有达到自然选择的完美性水平。

第一节　生命存在的可能性特征

一、人的可能性存在是人的生命本质

人类对客体世界的科学因果规律真理认识的意义在于归纳出支配多样性现象的普遍、简单的本质规律，为得到多样性现实存在及其运动的统一性理解提供客观普遍知识基础。从认识对象开始，生命科学就和关于物质运动的物理学有了本质的区别，即它的抽象认识对象不能把具体生命存在还原为质点，也不能像宏观物质系统热运动那样建立统计平均描述，不能用普适简单的状态量去描述复杂异质结构的具体生命。物理学的宏观状态量与微观质点之间有着严格的科学统一性关系，即宏观状态参量是具有微观质点运动意义的。生命客体作为认识对象是不能被分解还原的，不能从微观意义上对其进行根本的解释，它的运动本质也不是物质客体性的空间运动，而是自身内在结构的运动。生命科学的具体生命抽象认识对象本身已经是多样性的统一。因此，对生命存在科学认识的对象的抽象已经是一个深刻的统一性命题，这是生命不可还原的本性先验地决定了的。就是说，从不同的层次和角度去揭示生命绝对运动的普遍必然性规律是经验中的综合，但这种基于经验实证的普遍客观知识是复杂性的统一体系，这是不以人的意志和认识为转移的。

如何用一个抽象的概念去规定经验中的感性生命存在？生命科学用生命物种种群的普遍性去抽象归纳多样性个体具体生命存在。个体和种群的统一性关系不是纯粹抽象的概念归纳，而是以实实在在的生命个体存在为基础的，因为我们经验到具体个体的产生与生命物种之间遗传、繁殖的关系，物种就是从感性经验上升为知性科学抽象的基础概念，生命的经验离开物种是不可理解的。生命科学的对象是从抽象的种群意义而非具体多样性的生命个体中建立起来的，种群的普遍统一性使生命科学的建立成为可能。生命物种本身也是多样性的，生命科学建立起界、纲、目、类、科、属、种来实现生命世界的统一性描述，种就是最基本的生命存在抽象认识对象。一个生命对象即物种通常用林奈创立的“双名法”命名，“即一个生物物种由属名和种加词组成，命名必须用拉丁文或拉丁化了的名字构成，一个属可以有一个以上的种，所有这个属的种的属名必须是相同的。”[①]

但是，用“双名法”命名去“认识你自己”时产生了争议。生命科学的真正长足进步是以达尔文进化论以及细胞的科学发现为标志的。进化论的至理名言是“人是万物之灵”，它最震撼的事情是推断猿是人的祖先。不但不少人在感情上不肯认猿作父，更重要的是人类在对自我和非我的世界关系中已经是用主体的主观认识去理解客体世界，因而仅从客体去描述人已经不足够。人类更加感兴趣的是人是万物之灵而非人是自然生命中的一个物种。但万物之灵可以从自然意义或超越自然意义去自由裁量，于是基于不同概念内涵的人的概念之间的争论自然而然产生。对人的定义甚至得出最极端的归纳：人的定义就在于人是不可定义的。

对人自身存在的思考，除了特定的生命科学家以及部分人类学家外，大多数情形中，人们思考的是人的本质而不是人作为生命存在的本质。人的生命的本质和人的本质是不相同的，对生命本质的认识只是对人的本质认识的基础。对人的本质的思考是哲学家的事业，但人的本质又不能不以生命本质为前提，哲学家对人本质的思考的深入具体化最终可能只是生命本质统一性理解的生命哲学。人类生命哲学的源头并不遥远，只在十九世纪叔本华的意志哲学中，由此繁衍出非理性哲学的哲学潮流，成为近现代人类文化最宝贵的财富之一。近代科学发展特别是达尔文主义的盛行使人们自我感觉为理性的万物之灵，对所谓非理性有习惯性憎恶。机械论的思维定式又总是把非理性等同于反理性，因而总体上并没有理解自叔本华肇端的生命哲学，包括结构主义、存在主义等哲学的深刻意义。殊不知，理性只是人的抽象文化本质，并没有具体纯粹的理性人，现实的人总是理性和非理性相统一的具体存在者，因为生命是人存在的基础和前提。生命存在本质上当然不能说是理性的，如果生命哲学是以人类理性为对象的哲学，那才真是胡说八道。把人的文化本质理解为非理性才是反理性，把人的自然生命理解为非理性的具体统一性存在不能被扣上反理性的帽子。叔本华的生命生存意志和生殖意志当然是关于自然生命的，非理性是合乎逻辑的，将之归于生命哲学就不会再觉得其反动。在关于生命世界统一性思考中，人的普遍理性文化本质并不是我们的议题，我们现在所关心的是和人的生命一样的一切生命的普遍本质，即在自然哲学意义上进展到生命哲学水平。现代哲学的非理性哲学本质上不是反理性、反文明的，而是关于自然生命存在的理性思考，这是从柏格森、弗洛伊德到存在主义哲学的本质意义。我们可以以存在主义哲学大师海德格尔对人生命存在的本质思考为特例，从中参悟生命哲学关于生命的时间性本质的意义。

海德格尔存在主义哲学的自觉目的是关于人的存在的统一性思考，并不像柏格森直指普遍生命。但他的理论始终围绕人的生命展开，终究还只是人的生命存在的哲学思考。人的生命存在是不可还原的，如何建立这一整体不可还原的生命存在的抽象认识对象呢？为了避免重复科学因果认识中用对客体对象抽象及还原的规定性去建立作为整体的人这一认识对象时出现的局限性，海德格尔用胡塞尔的非理性实际是非科学因果逻辑的意向性认识方法去建立人的认识对象。意向性即指向对象，赋予意义。认识对象的意义不是因果联系的抽象，而是主观赋予的。那么海德格尔的存在主义哲学是如何赋予作为整体的人的生命本质意义的呢？核心是时间性。海德格尔的著名著作是《存在与时间》，它对人的具体存在的时间性思考主要包括如下几个方面：

第一，人的生命和物的本质区别在于时间性和空间性的区别。物作为空间性的存在可以看作相对静止的存在，是现成的存在，物“存在于……之中”是指它在空间之中，所以物是空间性的存在。但人的生命存在和物的存在不同，把人作为有生命之人而不是纯粹物质客体时，他的“在……中”不是指称它的空间性，而是指称它的时间变量中的状态。所以，人不是一个现成之物的概念，而是在时间中运动变化着的动态存在，时间性和空间性成为人的存在和物的存在的根本区别，所以人真的不是某种既定、固定着的东西，而是过程中的存在。这里的过程和运动不是生命整体和外部环境的相对关系，而是人生命自身的变化着的状态，这就是人的生命存在本质与时间而不是与空间有决定性关联的理由。

第二，由人作为时间性存在即过程中的存在可以得出进一步的推论：人的存在论就是生存论。在物质世界中，客体的存在和客体的演化运动是两个不同层次的问题。客体的存在是本体论意义上的，它与客体的运动没有必然的逻辑关系。而客体的运动则是存在的现象意义上的，它以存在为基础，没有物的存在就没有物的运动，但不能说没有运动就没有物的存在，不能说静止之物不存在。由空间相对性可知，一切空间之物都是运动静止相对的，物之状态认识是相对的，取决于存在认识的参照系，所以存在和演化对物质世界而言是统一的，统一的基础是存在。但人的生命存在就是运动变化本身，作为现象的生存论和作为存在的本体论是同一的。人的存在论命题实际上就是生存论命题，存在和演化对人而言是同一的。没有生存的人不存在，生存是生命自身时间性中的绝对运动过程。由生存和存在的同一性及生存的时间过程性，海德格尔得出精辟的归纳，即时间构成生命存在的境域，这就是存在和时间的具体丰富的现实关系。

第三，由人的存在和演化的同一性可以进一步得出推论，现象即本质，存在即本质，用存在主义的陈述则是存在先于本质。我们对物质世界的理论抽象中，对物的定义是希望归纳出它的最普遍本质，由它存在的本质为它的存在提供根据。本质是物质存在的充分理由，所以在逻辑上，抽象的本质先于存在，因为本质决定存在。但人不是现成的东西，没有既定、独立于过程的存在本质，而是在绝对的时间过程中构建自己的本质。人的本质不在抽象之中，而在具体的时间性过程之中，所以是存在决定本质，存在决定过程，人的存在就是先于人的本质的。

海德格尔的存在主义哲学是对历史上从物的角度把人看待为客体之物的一切哲学理论的超越，这对于人的认识而言无疑具有深刻的意义。从时间性、过程性去归纳人作为一种可能性的构建中的存在，当然比把人当静止不变之物要聪明得多。但是，这并不意味着海德格尔的存在主义哲学真正揭示了人之所以为人的本质。因为，他的理论解释的是人与作为物质客体的物的本质区别，而不是人与动物的本质区别，归根结底是生命存在和物质存在的区别。因此，时间性是包括一切生命在内的客体存在的普遍本质，一切生命都是可能的存在。人只是地球上已经查明的170万种生命存在物种中的一种而已，可能性的特征则是对所有生命存在都具有普遍意义的，并不是人这一物种的专利。可能性是自然生命的客体特征而非文明人的主体性特征，海德格尔从可能性出发去揭示人存在先于本质从而把人与物区别开来的时候，他对人的本质理解当然不是把人仅作为动物存在去认识，而是作为万物之灵即具有主体自由创造本质的存在去认识的。无可否认，人作为和一切物（包括动物）有着不同本质规定性的存在，他区别于动物的最显著特征是人是主客体相统一、自由与必然相统一的存在，或者说人的本质就是主体性的自由和创造，这把人与动物的纯粹自然存在特征区别开来。但从可能性这一普遍特征中，要得到人和其他生命存在的本质区别是不现实的。人当然是时间境域中的可能性存在，但时间性的可能性存在并不都是人生存这种可能性，故把可能性理解为人是具有主体创造性的非纯粹客体即非动物存在是不成立的。所以，说人是可能性存在是合理的，是对人认识的巨大进步；但这对人之所以为人的本质而言又是不足够的，因为这只是人的主体自由创造性本质的必要条件而非充分条件，可能性并不是人之为人本质的充分理由，并不是符合海德格尔可能性特征的存在就一定是自由的存在，而同样可以是非人的自然生命存在。如果我们把生命理解为自然客体存在的话，完全可以认为这一自然客体与海德格尔存在主义哲学所归纳的人作为时间性的存在和生存合一、存在先于本质的特征对一切生命存在都具有普遍意义。所以，可能性是一切生命存在的普遍特征，而人作为可能性存在正在于它就是一种生命存在。这是人作为生命存在而区别于物的特征，而不是人与一切生命存在的根本区别。说人是生命存在意义上的可能性存在和说生命是可能性存在是同样合逻辑的。存在主义哲学是生命哲学范畴的，这正是它的非理性的正当理由。

尽管海德格尔的存在主义哲学并没有对人是万物之灵提供最终合理、充分的理解，但我们若稍具智慧就能参悟它的深刻意义。这是人类对人与物之间关系思考几千年的最显著进步，也是对时间形式认识的巨大进步。人类对时间的认识即时间的形式意义在康德批判哲学中达到一个高峰，但海德格尔在这个高峰上又登上了另一个高峰：时间性的高峰。时间性对时间形式的超越，是从纯粹抽象时间形式向时间与它所描述的客体存在相统一的意义的超越，把空间、时间纯粹客体描述形式归纳为我们客体世界本身的本性：物是纯粹空间性的存在，而生命之物是时间性的可能性存在。海德格尔的存在主义哲学以人的生命存在为一切生命存在共同本质的特例，深刻地揭示了生命世界和非生命世界的根本区别。因此，完全可以有理由认为，海德格尔的存在主义哲学第一次从最普遍的理性统一性意义，揭示了生命存在和非生命存在的本质区别：时间性存在和空间性存在的不同意义。尽管海德格尔没有实现揭示人和动物相区别的本质这一伟大目标，但他所揭示的人作为动物存在区别于一切纯粹空间性之物的认识意义也是不可低估的。这应了中国人的一句老话：有心栽花花不开，无心插柳柳成荫。

二、生命是现实性的可能性存在

时间性是生命存在的普遍本质，可能性是时间性存在的现实性特征。对一切具体生命存在而言，它不是抽象的时间性形式存在或可能性形式存在，现实生命存在总是内容和形式相统一的具体存在，就是说，只有具体的时间性空间结构生命之物的存在。所以，具体的生命存在是时间性和空间性相统一，存在和演化、结构和过程相统一的存在。理性智慧对生命认识从抽象到具体的理解就必须达到这种统一性的理解，达到对生命可能性存在的具体的结构与功能相统一的理解，从而把生命运动理解为在具体结构的绝对运动中的可能性构建过程。从抽象的结构分析意义上看，结构决定功能，就是说结构是功能的根据，从结构和功能相统一去理解生命可能性存在才能理解生命绝对运动过程的内在机制，理解可能性生命按自然必然性规律展开着的现实存在，把生命可能性过程同时理解为现实性过程。可能性生命既是现实的生命，又是向新的可能性绝对运动着的超越现实的具体存在。达到理性智慧就能了悟可能性就是现实性的深刻意义，不只生命现实性是从潜在可能性去构建而生成的，更深刻地看，它的可能性意义就包含在它的现实存在之中，每一个现实的生命存在本身就是现实的可能性存在，没有可能性就没有现实的生命，曾经的现实生命一旦失去可能性就会退化为无生命的现成在手之物，就如只是猪肉不再是猪那般活生生的存在。

首先，从生命存在是耗散结构运动过程的耗散结构意义看，生命与环境相互作用的独特性在于其在本质上区别于纯粹之物的相互作用，这构成了生命可能性基础。现实的一切作为系统看待的物质结构都是耗散结构，所谓孤立系统只是一种理论抽象。因为物质世界处在普遍相互作用中从而是实现了普遍联系的统一世界，无论从统一场论还是抽象的引力理论，我们都能得到物质世界普遍相互作用的理解。生命与环境的相互作用是物质世界普遍联系和相互作用，但它又是具有自己独特规定性的相互作用。生命对外部环境的独特相互作用性，可以用感受性这一概念去理解。十八世纪机械论生命观的杰出代表人物狄德罗已经用感受性去理解生命现象，但他又把感受性作为一切物质的基本及普遍的性质，因而把感受性和物质的普遍、基本相互作用同一。他进一步把感受性分为迟钝的感受性和活跃的感受性，认为无生命的物质只有迟钝的感受性，而生命物质则具有活跃的感受性，由之进展到感受性之于生命存在的本质意义。可惜受机械论思维所限，狄德罗的智慧至此干涸了，因为我们无法理解究竟是迟钝的感受性和活跃的感受性决定非生命物质和生命物质的区别，还是非生命物质和生命物质决定它们的感受性是迟钝的或是活跃的，只能陷在恶性循环之中无法自拔。狄德罗认为，两种感受性虽然不同，但不能相互割裂，而是在一定条件下可以相互过渡的。“狄德罗举例说，人和大理石雕像很不相同，无论手艺多么高明的雕刻家，他的刀子也造不出皮肤来。但有一种简便的办法，就可以使有迟钝感受性的大理石雕像过渡到有感觉有思想的人。这就是把雕像捣成粉末，用粪土搅和在一起，让它腐烂，而后种上粮食，人食了粮食，消化了，就长成肌肉……”[②]这种解释实在是缺乏智慧的。

现代生命科学把“迟钝的感受性”和“活跃的感受性”看作是本质不同的属性。“生物对能量具有感觉和反应，非生物对环境改变也有反应，如山坡上的岩石在风雨不断作用下改变形状，重心移动产生重力加速度，或者由于地壳运动而坍塌。但两者反应本质上是不同的。因为每个生物都有感官，接受刺激，生物感觉环境改变，会产生控制、补偿反应，刺激是感官感觉到能量的一种特殊形式，如太阳能、热能、激素分子化学能和机械能的刺激都能引起生物的反应。”[3]根据我们到目前为止对生命统一性的理解，可以这么说，感受性是区分生命和非生命对环境本质不同相互作用方式的基础。感受性的具体意义就是生命科学所说的刺激—反应作用的根据。无可否认，生命的刺激—反应作用还原为物质客体相互作用时，我们不考虑它的感受性，只把它看作普遍的物质客体的相互作用，包括最基本的质点动力学意义的作用和反作用。但是，当我们把它理解为生命感受性的刺激—反应作用时，就不再只停留在直接的质点作用或能量交换作用去理解，而是把环境对生命整体任何局部的质点动力作用或能量作用从整体统一过程及效果去理解，所谓反应，不是机械的决定论的直接结果，而是这一结果对生命整体作用产生的统一性结果。从刺激反应的角度看，环境对生命体的各种能量作用具有信号及能量两重意义。对受作用的器官而言，它是信号；对由之产生的推动生命整体的运动而言，它是能量。所以，生命对环境刺激—反应的感受性是以物质相互作用的普遍性为基础的，是生命整体产生的结构运动及功能反应的统一。感受性即刺激—反应是生命机体整体过程的功能描述概念，只有这种意义上的刺激—反应才是真正的感受性，即狄德罗所说的活跃感受性，而迟钝的感受性只是普遍相互作用概念。从普遍迟钝感受性过渡的活跃的感受性并不能如狄德罗所说去理解，而要把它作为从非生命结构层次过渡到生命整体结构的功能去理解，即普遍意义的物质、能量相互交换过程对复杂生命整体而言，具有特殊的整体感受性即刺激—反应的意义。在存在论意义上看，相互作用是对等的物之间的关系，感受性则是认识论意义的主体和客体关系。从认识论意义上看，相互作用是抽象质点之间的关系，感受性是复杂系统整体和环境的特定关系。从经验和常识意义上看，把非生命物质理解为迟钝感受性是不可理喻的，因为非生命物质没有感官，说石头、木头有迟钝感受性令人难以接受。从逻辑意义上看，抽象质点意义的相互作用竟能产生感受性是和质点抽象规定性相悖的。所以，感受性是生命特有的属性，它表明具有感官结构的生命对环境的选择性生存反应是基于自身信息感知机制的，感受性是关于生命对刺激的反应功能的感性认识经验的综合。

其次，并非所有普遍相互作用都从简单质点开始，然后顺着作用的链条扩展下去，变成复杂性相互作用系统，由此得出的复杂物质系统结构的作用结果都可称为刺激—反应，而只有生命复杂结构的作用才被称为刺激—反应。即所谓刺激—反应不是一般复杂物质系统的相互作用描述，而是特定复杂生命物质系统与环境相互作用的特定描述。就是说，只有当这个复杂系统对环境作用过程表现为基于对环境信息的意义感知为根据作出选择性反应，即其行为具有可能性特征时，我们才称之为刺激—反应，否则就只是非时间性本质的复杂性物质相互作用过程。那么，生命结构本身产生感受性即选择性本质的结构就是生命成为可能性存在的根据。

生命机体对环境的刺激—反应过程可以从结构上抽象为具有反馈控制的自动控制系统的作用过程，这种反馈机制是生命系统补偿和调节的内在机制。把系统抽象为反馈系统时，主要是从信号意义去理解外界对系统的作用。在信号意义上我们把生命对环境作用的接受结构称为感受器官，这是生命结构中最基本的组织结构。感觉器官就是生命的反馈信号接收机制，生命过程就抽象为反馈系统结构的运动过程。从反馈的意义上看，生命对环境而言是开放的耗散结构系统，对它自身存在而言则是一个闭环自动调节系统，这就是生命具体补偿和调节机能的根据。一个复杂闭环系统的功能过程和物质世界的普遍作用过程是具有不同意义的，直接的物体相互作用并没有闭环、开环作用的意义，仅从相互作用是无法揭示生命过程的规定性的。反过来说，具有闭环反馈控制系统结构是生命结构的必要条件。

但物质系统的闭环反馈机制如何成为具体生命存在时间性本质的根据呢？即生命系统的反馈机制的特定规定性是什么呢？反馈对系统的控制作用有两种性质完全不同的作用，或者说有两种完全不同的反馈系统结构。一种是正反馈系统，它指感官接收到信号作用后系统结构发生作用的结果反过来又作为刺激系统进一步增强信号的作用，系统自身能把外部环境的刺激作用通过自身的循环不断放大。普里戈金在远离平衡态热力学中所描述的系统微小涨落能够在特定边界条件下放大，甚至形成宏观有序定向运动的情形，称为系统的自组织机制，实际上就是系统的正反馈机制在起作用，正反馈是自组织系统的本质。生命存在是自身结构从外界吸收物质、能量并不断自我生成的过程性存在，它内在的正反馈机制正是在自身组织行为中实现有序生长的原因。但仅正反馈机制对于生命有序运动来说是不够的，因为正反馈在促进系统运动演化的同时，超过一定限度就会使系统丧失稳定性。连续性生命存在是临近平衡态的稳定系统，维持系统稳定性的条件是负反馈机制的稳定性作用。负反馈的作用表现在信号系统接收到外界刺激作用并对系统产生作用时，如果这种作用强度超过一定的范围而影响到系统稳定性，它的作用结果就会反过来调节以减弱外界的刺激作用，保证系统结构稳定。生命系统是具有自组织及自我调节的自适应系统，即生命对环境的刺激不仅是作用和反作用，而且通过自身的自我调节、补偿及自组织行为来构成复杂的生命运动。所以，生命结构就不是纯粹物理学意义上的相互作用系统，它是由非常复杂的部分及层次组成的，具有正、负反馈作用的有机整体。这种“有机整体性”是生命存在与非生命存在的显著区别。就是说，只有当这种由大量反馈环构成的闭环系统自身对外部环境的作用在整体上具有自我调节、自我补偿、自我组织等适应能力，能在和环境耗散作用中既实现自身结构的运动生长变化，又在一定范围内保持结构的动态稳定连续性时，这种物质结构才是生命结构。因此，复杂性不是生命的理由，由反馈闭环自组织及稳定控制机制作用构成具有自组织及自适应能力的复杂整体系统才是时间性生命存在的必要条件。所以，生命的刺激—反应与非生命纯粹相互作用的区别在于生命存在特定的自组织及自我调节的自适应机制。生命实现时间性生存的自组织机制是以它复杂的时间性结构为根据的，这个时间性结构叫 DNA 或 RNA，又叫生命遗传结构。它对生命过程按物种规定性进行时序控制，根据外部刺激进行适应环境的自我调节即条件控制，在时序控制和条件控制的统一中，生命通过选择环境的作用去适应环境。生命按自身规定性在特定环境中按内在目的性绝对运动的可能性成为现实性，成为现实的生命存在，成为在既定外部条件下实现自身生存最大可能性的存在。生命的自组织适应机制、时间性遗传机制、对环境的感知、反应机制决定了高度复杂性和不可还原的生命整体的绝对运动意义的生存。就生命物种进化意义看，进化就是结构进一步复杂化，分化出专门的组织器官，从而更加适应生存环境的过程。

最后，进一步考察具有复杂结构构成自组织适应机制来根据外界刺激作出选择性生存反应的复杂生命的选择性机制。与可能性不可分割的属性是选择性，生命之所以是可能性的现实存在，就在于它是在对环境有效选择利用中去面对现实、实现生存的，这是生命生存运动和物质必然性运动的根本区别。生命的感受性之所以是生命专有的属性，是因为只有在选择性生存的生命运动中，刺激—反应才有意义，感受性是选择性生存的基础和前提。存在主义哲学把人作为一种可能性存在的积极意义是把人的生存理解为选择性生存，超越了必然性生存的宿命理解，引向对人的自由本质的理解，把人的自由理解为选择的自由，把人本质的实现理解为在自由选择中实现最大可能性的过程。这对于人摆脱纯粹形而上抽象形式、科学理性抽象必然性支配，回归具体现实生存，具有积极意义。但这并不足够，并不能为人的自由本质提供充足的理由。诚然，人的自由本质是选择性提供的，但选择并不都是人的文化选择，而包括自然选择，在生命生存意义上的选择是自然选择。为什么自然选择不是自由选择呢？因为生命自然选择是由自然必然性支配的，不能被称为自由选择。生命对环境选择性适应生存是选择性的，但这种选择性本身对每一个具体生命又都是先天自然决定了的，是必然性支配的选择性，不能说是自由选择。生命选择的自然性的最可靠证据是生命世代传递中生存和选择能力、模式的相对不变性。因此，只有把存在主义哲学理解为生命哲学，才能更合理地理解它的理论意义。从另一角度看，把非理性哲学理解为生命哲学，对生命世界统一性理解有积极意义。生命哲学理所当然地把一切生命理解为可能性和现实性相统一的时间性存在。

自然选择是达尔文生物进化论问世后的普遍文化概念。进化论把生命世界的进化动力和原因归纳为自然选择，概括为“物竞天择，适者生存”。达尔文进化论的积极意义和深刻影响是毋庸置疑的，但科学理性机械论思维带来对进化论机械理解的消极作用也是不容忽视的。把“物竞”理解为单纯的弱肉强食是片面性的，由之无法理解生命圈的统一性。把“天择”理解为环境决定物种进化也是不合理的，不能用抽象因果模式去还原、简化不可还原的生命乃至更复杂的生命世界统一性，用必然性或偶然性不能有意义地归纳和陈述具体统一性的生命存在。不是由于人类智力有限，而是在先验逻辑上已决定生命诞生是必然还是纯属偶然这种命题是永无答案的。对生命世界的自然选择必须作具体统一性理解，即自然选择是环境制约生命和生命按其内在目的性去选择环境以实现其最高可能性生存的统一，外部环境是自然选择的条件，生命对外部环境的生存选择才是自然选择的本质，才是生命之为生命的根据，才是生命对环境刺激反应相互作用而区别于物质相互作用的现实生存机制。传统机械论的还原论思维违背了生命不可还原的最基本原则，把生命的自然选择还原为相互作用的物质过程，并把自然选择理解为外部自然环境对生命的选择，把环境和生命复杂、具体的统一性关系还原为简单抽象的因果必然性关系，得出环境决定生命的不合逻辑结论。把自然选择中环境的制约性原因转换为决定性原因，从本质上否认了生命的自然选择，实际上是把生命还原为非生命物质，否定了具体生命存在。否定自然选择的生命选择本质，在逻辑和现实上也无法合理解释生命世界复杂性进化进程。把自然选择理解为生命选择，把外部自然条件理解为制约生命生存的前提条件，生命自然选择和它的生存环境就不能从因果必然性决定关系去理解，而是从不同层次复杂关系的具体统一性去理解。自然环境是生命存在的前提条件，生命的诞生是以物质世界复杂性演化到高级阶段为基础的，但这并不意味着物质基础条件是生命的本质。生命本质只能从生命自身去理解，这正是温度能使鸡蛋发育为小鸡但不会使石头变为小鸡的原因。生命世界的本质只能由生命自身去理解，自然选择作为理解生命的关键命题，也只能由生命存在本身去理解，生命的物质基础条件必须纳入生命具体存在去作统一性理解。生命为什么是可能性存在？其根据就在于生命对环境条件的合自身目的性选择，外部环境构成生命能产生并生存的可能性区间。只有在满足生命生存的自然环境条件下，生命才是现实的可能性存在。外部环境和生命内在目的性的统一是生命选择性生存的刚性约束条件，外部环境对生命存在的可选择性使生命通过自然选择成为现实的可能性存在。一个生命的可能性本质能在现实中达到何种现实境况，是由生命生存的可能性环境区间和生命内在规定性的统一程度决定的。

生命的自然选择性生存是生命结构运动的连续性过程，是实现生命存在时间性本质的现实机制；同时这种动态自适应过程的实现又是以可能性而非机械作用的线性作用关系表现出来的。从可能性角度才能理解生命在特定环境范围中得以存在的现实性，它使在相对变化环境中的生命依然保持连续性生命的存在。另外，从可能性角度才能更好地理解生命对环境的依赖关系。在不同环境条件下，生命既保持连续的生命存在，又把环境制约作用通过自身的存在过程反映出来。因此，对生命作为可能性存在的具体内容，应该从生命与环境的关系特别是生命存在自身对环境的反应去具体理解。

三、可能性生命现实生存的必然性条件

生命可能性是它自身的本质，是由它的包含空间性物质结构的时间性复杂结构决定的，奥秘就在于生命物种 DNA 或 RNA 的遗传编码的意义中。遗传编码对生命过程的控制包括时序控制和适应环境的条件控制。时序控制决定生命是不可逆绝对运动的过程性存在，条件控制决定生命是依靠自然选择来最大合理化利用环境实现内在目的性的存在，时序控制和条件控制的统一才是具体现实的生命。也可以说，生命是可能性和时间性相统一的现实存在。生命的可能性和选择性是建立在适应外部自然环境意义上的，理解生命可能性的最基本意义在于理解生命与环境的统一关系，从而对我们地球上生命结构存在的产生及进化有一个基本的理解，对地球生命进化过程中生生不息的现象得到合理的说明。

作为时间性存在，生命本质上一定是过程性的。只有在与环境的不断相互作用中，把环境中的物质、能量同化为自身存在，把无用的物质、能量排出体外，在不断的新陈代谢中才有生命存在。所以，生命既是由自身内在规定性决定的有机整体，又是与环境不可分割的存在。在生命和环境统一性意义上，环境对生命而言是先决性的。从生命的可能性特征，我们首先要理解的是，在什么样的环境下生命可能性才是现实的，生命产生并存在的必要条

件是什么？为什么宇宙大部分环境中，可能性的生命存在是不可能存在的？按照能量一元论的宇宙观，宇宙是由不生不灭的能量为本性的统一世界，由最纯粹的能量构成的能量宇宙是无差别的同一性混沌世界。当从能量客体演化出具有质的规定性的空间性物质客体以后，宇宙就是一个质能统一的世界，它在“道生一，一生二，二生三，三生万物”的复杂演化进程中，按必然性规律支配的运动演化出多样化的复杂世界。物质世界最丰富的多样化现象是其中特定的生命世界现象。生命世界是物质世界演化到一定复杂水平之后才产生的。生命首先是物质结构性存在，但在宇宙普遍性的物质世界之中，生命世界是非常独特的。即使我们从抽象理论上不把地球生命作为宇宙中唯一的生命世界，但至少至今我们还没有任何关于地外生命存在的一丁点确切科学证据。因此，对生命世界的思考总会碰到一个最基本的命题，是什么理由决定我们的星球是一个充满生命活力的世界？在最一般生命作为时间性存在的意义上，在什么样的自然环境下可能性生命存在才是现实的？

如果承认生命是具有自适应机制的近平衡态稳定耗散结构过程性存在，那么物质结构无疑是生命得以存在的第一个前提。这并不是一个毫无意义的命题，因为它的另一种等价陈述是无结构纯粹能量存在条件下没有生命存在的可能性。对宇宙中目前科学无法解释的许多 UFO 现象，有人曾提出驾驶飞碟光临地球的聪明的外星生命是已经进化到摆脱物质性肉体制约的无形生命存在的假说，以此来解释为什么他们能从遥远的太空经历漫长的宇宙之旅来到地球。但这种超越物质肉体制约的生命已经没有生命的意义，其实他们就是传说中不老不死的神仙，不死不老的已经不是生命。因为只有出生没有死亡的生命在逻辑上是一种悖论，在解释现实世界时则更加麻烦。按此逻辑最终充满宇宙并唯一能剩下的只有这种不断诞生而永不死亡的“生命”了。所以，从生命的物质结构性出发，我们拒斥把任何生命虚构为无形的逻辑谬论。无形无体无生命的形而上学先验法则决定肉体是生命之为生命的必要条件。无质无量无形无体的灵魂无生命，灵魂不死和上帝不死一样，是无意义命题。

生命存在的物质结构性制约条件还涉及灵魂的本性问题。人类与生俱来就用灵与肉的二元观去唯象地解释生命现象，但十八世纪以近代科学为基础的机械唯物主义彻底否认了灵魂的存在，把灵魂解释为人脑的机能，灵魂随人的死亡而一起死亡，从而彻底否定了灵魂不死的传统观念。这一方面以科学为武器彻底打击了封建宗教统治，但又把几千年来对灵魂经验的唯象认识全部当做迷信彻底抛进了历史的垃圾堆。灵魂的问题是不能仅靠一句迷信及骗人鬼话来解决的。对灵魂的思考是我们文化中最深奥的部分。唯物主义者不相信神灵，但同样可以说“没有正确的政治观点就等于没有灵魂”，同样说老师是人类灵魂的工程师。灵魂情结与人类文化共存，灵与肉的统一是“认识你自己”的最高命题。在对生命的意义思考的现阶段，还没具备思考灵魂的各种条件，但至少可以得出一点结论：灵魂不是生命存在本身，所以说灵魂死或不死没有任何意义。因为灵魂相对于肉体而存在，所以如果有灵魂的话，至少它是非物质结构性存在，是非生命存在。既然无生命又何来生命的死亡呢？所以历来关于灵魂不死的命题是无意义命题。从另一个意义上看，我们把生命理解为肉体和灵魂相统一的存在时，又怎么能把灵魂理解为独立自足的生命呢？在感性唯象观念中，人类常有灵魂附体之说，既然如此，退一万步说，只可能存在有肉体无灵魂的生命，但绝没有无肉体纯灵魂的具体生命存在，否则是体附灵魂。由此可见，无论从何种意义上看，都不能把灵魂看作独立的生命，物质实体结构是生命存在的必要条件。

生命存在是物质结构性存在，但并不是具备物质结构就有生命存在的现实条件，否则在一切星球上生命就都应该是现实性存在了。根据对地球生命结构的一般认识，我们至少可以断言有机物质结构的产生是生命存在出现的必要条件。为什么这么说呢？因为从一般的物质结构化学变化角度看，只有在有机物的基础上才能产生诸如生命结构那种复杂且具有自适应性的时间性结构。物质世界从基本粒子向原子、分子结构复杂性演化，由无机分子向有机物质演化，由有机物的进一步复杂进化产生生命。这个一般性的结论并不新鲜，但我们由此出发归纳出两点：一是生命只能在物质结构相对稳定的行星中才能产生并存在，恒星以至我们所知甚少的黑洞之中根本不具备生命存在的必要条件；二是物质世界的结构复杂性演化是由能量定律即熵定律支配的，熵相是物质结构稳定性的根据。据此，生命结构作为特定的物质结构存在，它的产生及存在同样是由熵定律支配的。只有在熵增大到一定程度，物质间由于自由能均分产生的运动作用相对减弱的情况下，生命这种高度复杂的近平衡态稳定耗散结构才能产生并维持稳定。所以，“低熵高自由能的远离平衡态才是有序生命之源”的观点恰恰是与此相反而不可接受的。比地球远离平衡态的太阳上绝对不可能有生命出现。从熵的观点看，生命是一切物质结构性存在中结构稳定性最脆弱的存在，因为它的结构的结合能在所有物质结构层次中一定是最小的，因而是最不稳定的，是在外部自由能作用下首先解体的弱结合结构。地球生命是碳基结构，四价碳才具备形成长链大分子的能力，这种长链结构承受外部熵环境冲击而保持结构稳定性的能力又是最差的。从结构“高以下为基”的不同层次统一性法则看，正是顶层达到最小结合能的弱稳定结构才是最复杂层次结构，才具备产生复杂精细生命自组织适应性空间时间统一性结构的基本条件。所以，作为可能性存在，生命在物质结构意义上是最小可能性的存在，生命并不是宇宙普遍存在现象。在地球上百万种稳定分子结构中，能参与复杂生命结构构建的只是其中结合能较弱的极少数分子，这是地球生命如此独特而地球生存环境对我们如此珍贵的理由所在。珍惜地球资源、保护环境是比幻想外太空移民更现实、更明智的选择。地球人不能抽象地认为宇宙中到处都可以生存。即使外太空有生命存在，那也不一定是我们可以生存的家园，毕竟那不是非洲。

从物质世界客体运动的能量最小原理及物质结构演化稳定性的熵原理出发，同样可以对地球生命世界从简单到复杂的进化过程得出基本的理解。按照生命科学理论，我们偏向相信多样化的地球生命世界有共同的起源。根据现有生命科学知识，地球上多样化的生命物种自身的最基本结构即细胞的基本结构和形态是一致的。从细胞结构出发，可以对生命物种的界及各种纲、目、属、科、种之间的复杂性进化关系建立统一性理解，并且把这种进化合逻辑地理解为从简单到复杂的过程。而从熵原理的角度看，每一次由简单向复杂结构的进化中，支配结构稳定性的熵都比原来相对简单的生命结构中的熵要高，它的结合能变得更低。由此我们可以断言：物种向复杂性演化的过程是有限的，不能抽象地认为这种复杂性演化可以无限地进行下去，因为每一次复杂性进化的成功意味着它向最大熵的逼近。但生命结构必须具有一定结合能才能适应外界环境的变化，所以，不但复杂性演化是由熵定理制约的有限性行为，熵定理也决定了越是进化链后端的复杂生命结构，适应环境能力越差，稳定生存能力就越脆弱。由此可以得出进一步的推论：越复杂的生命物种，生命力越脆弱，最后出现的生命物种往往是最早灭绝的物种，生命世界的生生息息主要出现在生物进化链后端的复杂性生命之中。换句话说，最简单、最原始的生命是最大可能性的存在，而最后进化出来的复杂生命物种的生存可能性都是最小的，这是由熵定律决定的。这种道理很简单明了，如果地球生命存在的环境恶劣到连单细胞的细菌都难以生存的时候，其他更复杂的高级生命早就荡然无存了。

生命作为可能性存在的边界条件是必然的。生命的可能性存在特征是对生命存在自身而言的，而不是对生命存在边界条件而言的。边界条件对生命存在而言是外在的，我们也称之为外因。外因是变化的条件，内因是变化的根据。自然环境是生命存在的边界条件，在边界条件和生命内在规定性相统一时才有现实的生命存在。在生命和环境的统一性关系中，适合的自然环境对生命是必要的，但不是充分的，对生命之为生命的根据还必须回到具体生命存在自身，而非仅从一般抽象的外在限制条件去理解。外部环境的必然性只是必要条件的意义，而不是生命存在自身的必然性。如把外部条件对生命的制约理解为因果必然性的简单的决定或被决定关系，就和生命的可能性特征相悖了。生命存在必须满足边界条件，这无疑是第一个前提，因此历史上对人存在本质的认识就产生了地理环境决定论和教育决定论。这些理论认识深刻地解释了人作为可能性存在对自然环境和文化环境的依赖关系，却有明显的局限性。把人存在的内因和外因看作机械式的线性因果链，把人生存环境的边界条件转化为人的生存自身问题，把生存条件的必然性和生存本身的可能性看成因果关系，并由必然性条件去决定可能性关系，当然会产生谬误。其实这种机械决定论已经混淆可能性的存在论意义和必然存在的必要条件的不同意义，根本不可能达到生命作为可能性的存在论意义水平。

生命存在不能仅从外因即外部必要条件得到最终理解，它最后一定要回到它自身存在的可能性来，这就是生命的个性化特征。

第二节　生命存在的个性化特征

一、从抽象可能性到具体个性化存在

生命存在的时间性本质和可能性特征是普遍而具体的抽象，是从个体具体多样化生命存在中抽象而出的普遍意义的认识。换句话说，生命的时间性本质和可能性特征的具体理解最终必须回归存在论即具体生命个体存在。具体生命和具体物质客体都是经验感性的个体存在者，但它们的个体有着不同的本质意义，物意义的个体是相对性的，个体又可以是其他个体的部分，也可以分解为不同的个体；但生物个体是绝对性的，即任何生命个体不能还原为部分并在部分中保持个体生命存在，由此又决定不同生命个体不可能共同进化为结构更加复杂性的另一个生命个体存在。这必须深入到生命作为物质世界从空间性结构复杂性演化为时间性物质结构的重大意义去理解，这是生命世界是物的世界中具有特定本质规定性之生物的根据。生命世界是相对性物质世界相对性演化的极限，是达到绝对性的特定相对性存在。在生命物质意义上它是相对性之物，在物质生命意义上它是绝对性的具体生命个体存在。生命个体的特定意义在于它不但是具体的个体存在，而且是具有独特的质的规定性的唯一性的个体存在，即已经是个体化的存在。这是生命运动过程表现出来的最显著具体特征。

对生命个体性特征最早作出形象又精辟概括的是莱布尼茨。他是和牛顿同时代的伟大科学家和哲学家，并为微积分的发明权与牛顿闹得沸沸扬扬。十八世纪初生命科学还只是处于初级阶段，对生命细胞的微观结构及新陈代谢机制与机理的认识还是空白，莱布尼茨对生命存在个体性特征的概括不是基于科学，而是基于经验的敏锐，因而概括所用的不是科学陈述而是形象语言。他指出，世界上没有两片一样的树叶。德意志皇宫里的宫女们纷纷到御花园里寻找否定莱布尼茨论断的证据，但最终证明这个论断是无法用经验推翻的：世界上确实找不到两片完全一样的树叶。莱布尼茨的论断不是茶余饭后的调侃，而是从对生命存在的经验和体验中悟出的深刻哲理。它的更规范理性语言陈述就是生命是个性化的存在。世界上没有两个完全相同的生命个体存在，这是生命和非生命具有本质区别的特征。这一块石头可以用另一块石头去代换，但这一个生命不能用另一个生命去替换，生命的时间性本质在个性化存在中表现得淋漓尽致。没有一个具体生命在生命存在意义上是可被取代的，这是人的生命自然权生而平等的根据，生命个体不可取代的事实表明每一个自然生命是生而平等的。在没有生命科学真理知识为基础的条件下，从对生命经验认识本身得出如此深刻、普遍的概括，足见莱布尼茨确实是智慧大师。

对生命的个体性特征，现代科学理论已经得出真理性认识，即每一个生命个体都是具有独特规定性存在，这已经不是单纯经验认识基础上的归纳，而是以生命科学理论为基础的。这要归功于生命科学对生命微观遗传结构即DNA结构的认识。不同的DNA结构不但表现在不同的物种中，它更具体的结构区别还表现在同一物种的不同个体之间。不同的个体存在不但表现为经验感官对形状、形态不同特征的识别，而且在DNA中表现为结构上的区别。DNA结构已经成为特定个体的身份即个性存在的内在特征，甚至从个体的DNA结构可以确定它的亲缘关系。因此，生命存在的每一个体作为特定存在的感悟已经是以普遍客观认识为基础的。从本体论意义上来说，生命个体是具有个体本质规定性的存在。每一个生命个体都具有它自身存在的独特的质的规定性，生命在本性上就是个性化存在。个性化是生命区别于非生命的显著、具体的特征，而不是抽象的观念。因为它不但是理论抽象，同时也是我们对具体生命存在的感性经验，即我们的确把每一具体生命当做无可替代的独特存在者。个体化概念的基础是个体性。个体是一切客体存在最普遍的具体描述概念，从能量子、微观实体粒子到宏观物体，当我们把这些粒子或相对的独立物质结构看成具体存在的时候，它们就是一个个个体。现实的具体存在一定是个体存在，而由个体归纳出来更普遍的类概念只是对具体个体存在的抽象，这对生命及非生命个体都具有相同的意义。但是，对一切非生命存在而言，当我们把具有相同规定性的个体抽象为普遍的抽象共相概念时，构成共相的具体个体被视为无质的差别的个体，每一个个体都是等价的，亦即非生命个体是非个体化的。比如说，用氧原子、氢分子概念描述这类具体个体存在的普遍共相概念时，我们认为构成氧原子、分子的共同类概念的每一个具体氧原子或氢分子个体是无差别的同一性存在，所有个体的本质规定性只有它们作为氧原子或氧分子的本质规定性，它们从抽象本质到现实存在都是无差别的同一。但对生命世界而言就完全不同。由生命个体抽象出来的生命种群这一共相概念时，并不能由此断言构成种群的具体生命个体是无质区别的无差别同一性存在，而是在有质差别基础上丢弃了个性而将共性抽象出来建立普遍的类概念。比如人是普遍的类概念，但构成普遍人类的每一个具体的人又是具有自己特定规定性的人。每个个体独特的规定性就是他自己存在的根据，是他的质的规定性，是他自身生命区别于其他生命存在的本质。决定性的关系是个体本质不再是普遍抽象，而是指向具体个体的。所以，生命存在的普遍的类抽象概念并不是对无差别同一具体个体存在的抽象，而是对具有不同个体具体本质规定性的个体的共性即抽象共同本质的抽象。生命和非生命个体的本质区别在于，无生命个体的本质只存在于共相之中，它的个体没有特定的本质规定性，所以它们只是个体而没有个体性，不叫个体化存在。而生命个体的本质在于具体的个体存在规定性之中，它的普遍的类本质只是一种抽象，生命存在的本质是类本质和个体本质的统一，不能只从抽象的类本质出发去理解具体的生命个体存在。生命个体有自身独有的规定性，所以每一个个体都是有自身特定规定性即个体性的存在。概括地说，个体的本质只在共相之中存在时，是无个体性的具体存在，个体自身具有具体本质规定性的存在则是个体性存在。所以，物是个体存在，生命本质上是个体性存在，是进化到个性化阶段的存在。

生命作为个性化存在是其可能性存在抽象形式具体现实的合逻辑结果。如果仅停留在可能性意义上去理解生命，对生命的认识则还只是抽象的。但当可能性的生命存在表现为每一个具有个性化具体存在的时候，生命的可能性本质则从抽象变为现实。因为正是在可能性的意义之下，每一个具体生命不同个性的存在才是可能的。正是因为每一个具体生命有独特性，这决定不能用同质的物的个体的共同本质去定义一般的生命，因而说在物的意义上生命存在是无法定义的。对具体个体性的生命本质，就只能以抽象的可能性去概括。可能性的共相规定赋予了个体性生命最一般的普遍抽象规定性，从可能性到个体性的展开正是对生命存在认识从抽象到具体的深化过程。

现代生命科学发现表明，生命作为可能性的存在，不是在一成不变的可能性空间中的存在，而是一个动态的可能性空间的存在。科学研究发现，生命的进化远没有完成或稳定下来。除了在生命物种层次的进化、淘汰、更换之外，现实存在的生命物种同样处在进化之中。就我们人的生命存在而言，它的进化是非常明显的。所以，生命确实不能作为现成的物去下定义，只能从可能性的意义去归纳生命存在绝对的运动及永恒的进化过程。至于生命进化的最终结果如何？我们人这一物种进化结果的最大可能性是什么？这些仍然是悬而未解的问题。对可能性存在确实难以找到确定性的答案。

生命的个体性特征是生命时间性本质的具体表现。也就是说，从生命存在的个体性存在可以得到生命时间性抽象本质的具体理解。作为个体性的存在，任何生命个体是由它自身的具体本质为存在根据的，所以它是无可替代的。就是说，物质世界中的一切客体存在，除了生命，一切都可以重来，生命的具体存在对任何个体而言只能有一次。不但生命个体不可替代，任何生命个体的过程性存在也是不可重新来过的。中国人常喜欢说如果生命可以重来一次，但这种陈述在英语的语法中是用不可能事件的虚拟语句去表达的，是绝不可能的如果。正是生命个体的无可替代和不可逆的本性，使它成为时间性存在，即连续不可逆的存在自身结构的绝对运动过程。如果生命只是个体而非个体性存在的话，如果一个具体生命能由另一个生命等效的话，生命就能重来，生命存在就失去时间性的意义。所以，时间性存在的具体存在形式一定是个性化存在，时间性和个体性是统一的。

由生命的个体性特征可以得到推论，生命存在是宇宙中物质世界复杂性演化的最高形态的存在，生命的出现意味着物质空间结构性存在已经达到极限，生命世界是最复杂因而也最有序的特定世界。当每一个生命个体都已经是复杂性的具有自身具体本质规定性存在的时候，任何进一步结构复杂性演化都不可能超越生命世界的复杂性。因为在逻辑上说，在已经达到具体个体本质的客体存在基础上，不可能出现以它为基础的具有共同本质规定性的类存在。个体性不能成为抽象的类的逻辑决定生命是自然界物质结构演化的最高阶段。所以，不管地球生命的进化最后走向何方，不管宇宙中其他星球中的生命存在是何种结构，它的进化也不可能超越时间性存在的本质，生命结构是宇宙结构复杂性演化的极限，这是由物的相对存在进展到生物绝对性复杂结构的根本原因。在自然存在意义上，生命是不可逾越的，它是物质世界结构统一性的最高形式，再高度的进化也只能在生命存在的笼子中进行。从熵原理来看，生命结构的复杂性进化也是有极限的。所以，无论是物质世界还是生命世界，甚至是能量世界，不能总是用“无限”来为我们的无知辩解。必须重复强调：除了纯粹形式描述，任何具体存在如果是无限的那就是不可知的，自然科学真理认识没有解答无限的能力。因此，正是生命世界是物质世界结构复杂性演化的极限，正是熵原理决定的生命结构进化的极限，我们就有理由认为，自然世界是可以认识的。

生命个体性的另一种陈述角度是生命的多样性，这就是生命个体性和多样性统一性关系的理解问题了。

二、生命存在个体多样性的统一

生命存在抽象的可能性表现为现实具体的个体性，每一生命个体的异质规定性表明，生命世界的整体是一个多样化具体个体的集合。因此，生命存在个性化的更普遍意义就是生命世界的多样性具体现实存在的统一性意义。在感性意义上，现象世界都被认为是多样化和变动不居的，仅从抽象或现象意义上去理解生命世界的多样化是不足够的。必须从理性统一性意义上去具体理解生命世界多样性的统一，理解生命世界和非生命世界多样化的本质区别是什么，理解由多样化具体个体性构成的生命世界之所以是统一的生命世界的理由是什么。

多样化并非生命世界和非生命世界的本质区别。因为从能量世界转化出具有静止质量的相对性空间客体存在后，自然界就开始了从简单向复杂演化的结构化进程，多样化是物质世界的普遍特征。当然，根据我们的经验以及在生命个体作为异质化具体存在的意义上，我们完全有理由认为生命存在是物质世界中最多样性的世界。支持生命世界是最丰富多样化世界的理由在生命存在是结构和过程相统一的本质规定性中，在于生命本质是空间—时间统一性结构为形式的。时空统一性结构决定生命异质个体存在是绝对运动着且没有现成物规定性的存在，又是连续不可逆有限时间中的存在，生命个体处于永恒的内在结构运动变化以及生命世界生生不息的变幻无常状态之中。所以，生命世界的多样性是个体性及个体生长、更替变化不居的多种因素构成的复杂现象。理性统一性思考的目标就是理解这种多样性现象的统一性的本质。

对具体自然存在的多样性和变动性，不同的哲学思维有不同的理解。传统唯心主义哲学只关心普遍抽象形式的统一性，漠视具体的现象性存在，否认多样性感性具体存在的统一，把多样性变动不居的世界看作仅是存在的现象，是既存在又不存在，不是真正的存在。西方传统唯心论认为，真正的存在是永恒、绝对、最普遍的形式存在，在柏拉图那里是理念，发展到黑格尔是全体、具体的真理。唯心主义割裂了现象和本质，同时割裂和混淆了抽象和具体，它的最普遍绝对存在就是纯粹的抽象概念。纯粹的概念抽象与感性具体存在无关，只与对具体存在的抽象认识有关，所以一切唯心主义的存在不可能不转换为真理认识问题。从巴门尼德到柏拉图到黑格尔无不如此。一切唯心主义的抽象普遍性决定它只是一种关于认识的理论，不是具体客体存在的具体统一性理论，因为它思考的是对世界的抽象认识而非具体客体存在的最普遍本性。它拒斥包容感性具体认识的局限性在于无法建立感性、知性、理性的统一，不可能进展到理性具体的水平。在传统西方哲学中，只有关于客体世界的自然哲学即唯物主义才可能是关于具体世界存在最普遍统一性思考的本体存在论理论。从泰勒斯开始的哲学唯物主义始终把多样性具体客体世界作为它的认识对象，用理性智慧去理解多样性世界的统一性。按照一切唯物主义的基本逻辑，首先把一切具体物质客体存在看作具有结构的相对性存在，物质世界的多样性是结构多样性产生的现象。当我们对多样性物质结构进行还原时，就从个体性结构得到一般的基本结构，得到具体的普遍物质结构性存在。当我们把这种结构还原到极限时，即将复杂性结构之物彻底分解为不可再分的具体本原存在时，就得到整个物质世界最普遍的具体存在的理解。从永恒的本原存在出发，一切多样化的物质客体只是最普遍本原的不同结构，具体存在的变动不居只是复杂结构的演化运动，而构成一切复杂结构的最普遍本原存在是永恒和绝对的存在，由之可以得到对整个多样性和变动性的物质世界的统一性理解。由此可见，唯物主义哲学才是人类对具体世界统一性认识的本体存在理论，它的从个别到一般再到最普遍具体存在的认识是理解多样性世界统一性的理性统一性认识方法，是对多样性具体现象最普遍统一性的把握。因此，唯物主义自然观是人类科学认识世界的本体论基础。二十世纪，人类发现了能量是更普遍的具体存在，物质本原并不存在，最基本的物质结构只是由能量客体产生的相对性存在。因此，世界统一性原理把唯物论提升为能量一元论。这不是对唯物主义的全盘否定，而是对它的扬弃，即把它关于物质世界多样性具体存在的物质世界统一性智慧包含在能量一元论之中。必须指出，尽管认识的进步使我们不再把最基本的物质粒子存在作为世界的本原，但唯物论对客体世界从个别到一般到最普遍具体存在的统一性逻辑方法则是理性统一性的唯一认识方法，否则就没有能量一元论，也没有世界统一性了。所以说，无论是唯物论还是能量一元论，对多样性世界具体存在的统一性理解就在于对构成世界最普遍具体存在的认识以及由之产生的复杂性演化过程的认识之中。在最彻底的还原中才能得到对世界多样性现象在存在论意义上的本质的理解，达到多样性的统一性理解。

但是，生命客体不是绝对永恒的存在，不能用最彻底的还原方法去建立生命世界统一性的理解，也不能像物质世界那样设想它有一个独特的最普遍的具体结构存在即本原具体存在来对生命世界多样化建立统一性理解。生命是不可还原的个体化存在，很难从逻辑上定义多样化生命世界的一切生命存在具有同一的具体生命共有的最普遍的具体本原结构，并由它的更复杂性结构演化去理解生命的多样化个体存在现象。生命存在之所以为生命存在就在于它是结构整体性的具体，是不可还原的具体。任何生命一旦还原就将使之失去生命存在意义，因而还原不能得到生命的本质反而是失去生命的本质，失去生命的存在，这就是生命存在即本质的具体意义。那么，我们已经建立的生命世界的统一性意义是什么呢？根据是什么呢？生命科学用界、门、属、纲、目、科、种从普遍到个别把整个生命世界的统一性建立起来。不能只将这种统一性理解为从个别到一般再到普遍的抽象，因为那就只把生命世界统一性局限在认识描述的抽象普遍性意义上了，这和传统的唯心主义认识方法就一样了。理性统一性对生命世界的思考不能局限于抽象认识意义上，而必须从生命存在的存在论意义去对生命世界的统一性作出解释，才能有根据地把生命存在作为一个独立、完整的世界。因此，尽管生命作为认识对象具有不可还原的特征，但从生命具体个体的整体存在出发，同样必须从个别到一般再到普遍的具体生命世界的统一性关系中，得到生命世界在存在论意义上的基本理解。

首先，在从个别到一般的意义上，多样性生命个体的一般关系是它的种群关系，即每一个个体生命首先是作为一般物种的具体存在，种的区别构成具体个体生命最基本的群体性特征。一个生命的种的规定性并不只是认识中对它某种共同规定性认识基础上的归纳，而是生命个体具体存在自身的内在规定性。一个具体生命的种的归属是客观的，是生命客体自然存在的规定性。这个客观规定性是生命客体自然存在的规定性，这个客观规定性是由生命个体的亲本决定的。它规定了对亲本的遗传关系，规定了它遗传亲本的作为特定的种的基本规定性，并且能把这些规定性向下一代个体遗传而延续下去。生命的个体性存在是在种的存在规定性基础上展开的，而生命的种的规定性就在于具体个体的存在本性。所以，生命个体的种群作为一般的概念，当然是抽象的，但这种抽象是建立在它所抽象的全部具体对象的存在的本质之中的，是具有具体存在基础的。所以，种的抽象不只是抽象认识，而是具有生命客体存在论意义的，是本体论和认识论相统一的概念。因此，生命个体和它的种群的统一就是具体而非抽象的。

其次，从生命种群之间的关系来看，它同样是自然生命存在从简单到复杂的进化过程。生命靠遗传来维持种群连续性，用繁殖来克服个体存在的时间有限性，使时间性的生命存在通过世代更替把不可逆时间转变为时间性的循环，使生命世界的稳定存在成为可能。但生命科学已经证实，遗传是相对的，变异是绝对的，即使同一物种意义下的遗传都在不断产生变异。我们人的进化还在继续着，即变异是绝对的。当变异超过一定界限就是新的物种的产生，新的物种的产生称为物种的进化。对生命物种进化内在机制的科学认识还没能从根本上对之作出完整说明，但一般说来，由遗传变异的突变而产生新物种的进化应理解为环境变化作用和生命遗传结构运动产生的变异共同作用的结果。不能把进化归结为简单的外因环境决定和支配内因的遗传机制的变异，因为生命作为耗散结构运动过程，只有和环境条件相适应才能现实存在，生命与环境是统一性关系而非机械世界的决定和被决定、作用和反作用关系。这正是生命整体时间性存在和物质空间性存在的显著区别之处。生命进化应理解为生命存在对自然环境变化的适应性改变，但生命存在依靠遗传变异产生突变的从简单物种向复杂物种的进化过程不仅是适应性的，还是复杂性进化的。仅从简单生命向复杂生命进化这一事实本身就足以表明，把遗传变异简单归结为环境决定情理不通。从生命复杂性进化的一般理解中，我们同样能理解它的客体性意义，即物种的进化，界、门、纲、目、科、属、种的分化是生命世界具体存在展开的自然过程，而不纯粹是关于多样性生命现象的抽象认识，它们是存在论和认识论相统一、具体存在和抽象认识相统一的。

最后，对生命世界个体多样性现象统一性理解最重要的一点是，根据生命科学的最新认识，我们基本上认为生命世界具有共同的起源，这是生命世界具有存在论意义上统一性的最可靠根据。如果地球生命世界的170多万种物种，并且包括一切我们未知的或像恐龙那样已经灭绝了的物种，都是从同一最原始的生命进化而来的，那么，就不难得出结论，生命世界进化和物质世界演化遵循同样的逻辑，即“高以下为基”，复杂性存在以简单性存在为基，是从简单到复杂的多样化的运动变化过程。生命进化是物质世界复杂性演化的最高特定形式，一切具体的个体性生命存在，包括现存和曾经多样性的生命具体存在是统一性的存在。由此理解以生生息息复杂多样性展现的生命现象就是从存在到本质都是内在统一的。

三、时间性存在的时间情结

对世界统一性的思考是在由感性到知性、由知性到理性即从具体到抽象再回归具体认识的永恒反复过程中形成的，对生命世界的认识同样也循此一般规律。但对生命世界特别是生命作为个体性存在的思考有其独特性，因为这是最直接的“认识你自己”的思考，因为思考生命个体性存在的主体本身就是个体性的生命存在，因而这种最原始的思考是从最直接的对自身生命存在的本能体验和感性自然认识基础上开始的。人是万物的尺度，人从自己存在的尺度去认识和理解世界，其中最基本的尺度是时间和空间尺度。时间和空间是人类从感性认识开始就必不可少的认识形式，但对之的认识是纯形式认识，是深刻的理性形而上学命题。在人类理性尚未成熟的情形下，人们不能不依赖未达自觉理性意义的时空形式去认识世界，无法像黑格尔嘲讽康德那样，不懂游泳，切勿下水，总是在水中边游边学。在通达自觉理性境界之前，时空是折磨人的东西，被康德称为内感官形式的时间更是纠缠着人类。“时间老人”“时光之箭”对人不只有抽象认识形式意义，还具有深刻的存在论之形而上学感悟意义。叔本华、尼采到海德格尔这些生命哲学领域大师的生命哲学思考中始终翻腾着对生命时间性存在基于经验体悟生和死的形而上感悟。因为生命哲学关注的是人的生命存在，饱含着对生命存在的执着和对生命有限性无法解脱的深深绝望和悲哀。无论是悲观的叔本华哲学，还是尼采的超人哲学，最深刻的思想根源都是生命如昙花之短暂和生命绝不可重来，只不过叔本华认为它是悲剧，尼采却认为可由审美艺术去超越人的有限生命去赋予人意义，超越人生的有限悲剧色彩，这才是超人的本来意义。尼采的超人哲学本质上比叔本华的生命哲学更悲观，超人的解决方案根源于对人的现实生命存在有限性的深深失望和基于生命哲学对传统哲学追求永恒的彻底否定。皈依上帝通达永生？尼采说，可怜的人啊！他还不知道，上帝死了。人类追求最好，尼采认为，人生没有最好，因为人最好是不要出生，次好是马上死掉。在尼采看来，一切生命都是要死的，连上帝都不幸免，人又何以借上帝而逃避死亡呢？生命是悲剧性的，出生本身就是悲剧，不要出生就不会有生存的悲剧了。超人哲学只是在逃避生命有限性的意义上超越叔本华的生存意志的悲剧，全然不是了然生死后的解脱。尼采说，尽管人生是一场梦，但既然我们已经来到世间，那就有滋有味地做完这场梦。这种权力意志的超人哲学实际上是对生的眷恋和死的悲哀。从叔本华肇端的西方非理性哲学即生命哲学，无论其形式、结论如何不同，对人的生命的时间性感悟的基础是相同的，唯此才有根据说它们都归于生命哲学范畴。由于这些生命哲学都停留在经验的非理性感悟基础上，无法通达自觉理性而了然生死，所以不管在现象表述上如何迥异，本质上都是悲观的。人对生命有限性的经验感知及形而上学的感悟，对人类认识自身生存乃至整个世界的意义体悟，具有一定的认识基础意义。因为人只能从人的尺度去看世界，生和死是人的生存论意义的最基本又是最高的命题。

对人生命有限性的感悟、对生和死的执着，不只是生命哲学的兴趣，不只限于那些非理性哲学大师，而是普遍地渗透在人类意识的深层。因为每个人都是时间有限的生命存在，每一个文明人从自己的尺度去理解世界实现生存选择时，无论是感性、知性还是理性意义的认识，都不能割舍普遍的时空先验形式，而人作为时间性的具体存在，对自身生命存在的形而上学感悟在意识的深层甚至以无意识的最自然形式影响着人的时间观。即使超越主观追求客观认识的知性时间观也无法摆脱这种影响，人作为时间性的现实存在影响到他认识整个世界的时间尺度。人类无论是处于尚未开化的蒙昧时期，还是进入文明乃至科学文化已经高度发达的时代，每一个具体个人对生命存在的认识都是从本能的感悟开始，以感性认识为最基本认识的。当代的具体个人的认识必须重复人类历史认识的基本过程，对生命的感性认识就具有普遍的基础地位。每一个具体的人从最直接的自身个体性存在去感悟生命而形成最初步生命感性认识的时候，即使是感性认识也已经包含超越个体体验的直接性和个体性的趋向，是人类认识一般普遍意义的基础。尽管感性认识的意义是非常主观的，但也不是纯粹个人性的，对生命的感性认识在人类普遍性意义上已经从时间性的意义表达出来。个体性主体基于自身个体性的感受，以普遍经验认识的形式，对自身生存的形而上学感悟，表现在对生命的时间性的经验综合中。所以，由此出发，我们必须深入思考人类自身作为时间性存在对时间纯形式形而上学思考的影响，特别是在知性普遍认识形式中由于主体对生命主观体验所产生的关于时间客观性思考的内在影响。如果说在自然感性认识中，把时间当作形式还是实在那还都是情有可原的，而在理性和知性认识中依然泛滥着反理性反科学的时间实在化潮流就发人深省了。康德批判哲学已经给出时空是纯形式的充足理由，科学知性认识描述中时空变量的连续性和无限性已经明明白白地昭示了时间和空间一定不能是有限且分立不连续的客体存在。这不要说科学大师，就是稍有科学素养的一般人都应该明白的。但人类揣着明白装糊涂，包括科学大师也拉起科学大旗作虎皮，用科学成果去论证时间是实在的，让时空穿越披上科学的新装，煽动起当代人类疯狂地回到历史的激情。为什么人类总是固执地把形式当成实体，连违背最基本的逻辑也在所不惜呢？最重要的因素不是为认识能力所限，而是为人本身是时间性本质的具体存在所限，由此影响了人认识和思考的尺度。一句话，无法理性地了然生死是人类狂热追求时空穿越的形而上学根源。

时间是人类永恒的话题。有人认为时间是最有魅力的话题，有人认为它是最神秘的命题，康德认为它是认识的形而上学基础命题。时间在我们经验中是如此熟悉，但我们永远抓不住它，我们经验中的时间同时又是形而上学的超越经验感悟，感性离不开时间却参不透时间。如果从知性科学的意义上看，时间是事件过程的独立描述变量，它的非实在的形式本性并不难理解，但它的认识基础即对时间的经验感性认识是最难理解的。因为我们认为经验如此熟悉的时间不是经验可以感知的。经验感知的是客体存在的时间性，但时间和时间性的同一使时间由纯粹形式带上了实在的本性，这是人类对时间认识的误区所在。更深刻的原因则在于对时间及时间性经验感知的具体主体是个体性的存在，具体个体主体对自身作为时间性的个体存在的感受和经验理解受个体生命有限性影响。具体地看，在知性认识意义上，我们关于时间认识的两个基本的错误观念，在其根源深处带着主体个体性的烙印。

一个错误观念是对牛顿经典物理学理论非时间不可逆性的责难。牛顿经典动力学三大定律及引力定律是动力学规律而非运动过程规律描述，因为它们都是非时间变量描述的，不涉及客体的运动过程，而是归纳物质质点客体运动规律的非时间性本质，因此牛顿定律是非时间性的科学真理，广义的经典物理学力学理论才包括运动学过程。物质质点的运动是时间反演和速度反演的，即是可逆运动，或者说是不可逆时间中的可逆运动。既然这是科学真理，它们可逆运动的特征就是客观普遍性特征，但既承认牛顿力学理论科学性又责难它非时间性的大有人在。其中一种最无厘头的观点是指责牛顿理论取消了“时间之矢”的方向。这不是观点的不同，而是对科学定律本身一知半解而导致的荒唐结论。事实上，经典物理学所有关于过程的描述中，时间独立变量本身一定是连续不可逆的，这是一切有意义的过程描述的基础和前提，任何关于牛顿理论取消了“时间之矢”的说法都是莫须有的。在经典物理力学科学理论中，可逆的不是时间变量，而是由不可逆时间变量描述的质点客体的运动变化过程。故准确的陈述应是，在时间和速度反演的经典物理力学理论描述中，质点的力学运动过程是可逆过程。这是由不可逆的时间变量描述的质点的可逆运动，质点运动本身并没有连续不可逆特征，所以说这是连续时间形式的运动，却不能理解为时间性过程。所以，我们一直坚持认为，物质质点是空间性存在而非时间性存在。

很多热力学论者坚持世界客体存在的“时间之矢”的本性，即坚持只有时间不可逆的热力学运动过程才具有宇宙论上的最普遍意义，不可逆性是客体世界的本性。由热力学的热运动不可逆性及热力学系统熵增的不可逆性，他们断言客体世界是时间性的绝对不可逆的存在，从而产生了可逆性和不可逆性的对立和冲突问题。热力学意义上的不可逆性是指客体运动变化本身的不可逆性，而不是描述变量的不可逆性。这种由热力学运动不可逆性去断言一切客体运动都是不可逆性的理由是什么呢？有什么理由把热运动不可逆性绝对化呢？这些问题已经在前面讨论过，所谓热运动不可逆性只有在系统自由能状态变化的描述中才有意义，物质客体的位置、速度、加速度运动变化是可逆的，无论在质点动力学中还是在热力学中都如此。我们在此需要深刻反思的是为什么那么多科学大师们坚信世界的客体运动在绝对意义上是不可逆的。

走向另一个极端的是另一种错误观念，即时间可逆性理论。注意这里所说的时间可逆性不是指世界的客体事件的时间性的可逆性，而是时间作为事件过程描述变量的时间形式的可逆性，并且这种可逆时间形式的观点是以科学名义即以科学理论为基础的。这实际上是二十世纪以来人类曲解相对论的时空理论而得到的最疯狂成果——全民性的时空穿越幻象快感，群体性的精神错乱。尽管时间倒流和我们的经验格格不入，但它以科学理论为根据这一面目出现时比经验的感性认识要有说服力得多。对牛顿经典时间观的超越是爱因斯坦的杰出贡献，这是他为了以太被证伪之后对光和电磁波传播运动与物质相对运动描述的统一性关系而建立狭义相对论即洛伦兹变换的科学描述得出的科学客观性认识。尽管爱因斯坦并没有意识到这是能量子绝对运动和物质客体相对运动的统一性关系，而只是把光速不变性作为一个形而上的自然假定来建立狭义相对论，但有一点是非常明确的，光速对于一切物质客体而言是一个壁垒，否则将导致能量无限大的灾难性后果。所以，伽利略变换在纯粹理论上对任何相对匀速运动的参照系有用，但在对物理世界描述中则只能在速度远小于光速的条件下成立。当相对参考系的相对运动速度和光速接近时，伽利略变换失效，否则重复使用伽利略变换就会得出物质客体超光速的结果，但这又将导致能量无限大而出现谬误。所以，由超光速得出时间倒流的观点并不是真的建立在爱因斯坦相对论科学基础上的，而恰恰是打着科学名义反科学的。因为在科学意义上没有超光速存在，按照爱因斯坦对物质世界运动的相对性原理，超光速的物质客体运动将导致能量无限大，所以不成立。按照世界统一性原理来将光速作为绝对运动理解，超光速肯定是一个伪命题。以任何参考系去描述，光、电、磁的速度都是一样的，在任何参考系中物体的相对速度都是小于光速的，由一个参考系向任何参考系转换后，物体的相对速度也都是小于光速的，没有物质客体运动速度超光速的概念，甚至没有能量子相对于任何物质客体速度小于光速的可能性，这才是对绝对运动速度的光速不变性的本质理解。由超光速或任何理由去设想时间反向都是荒唐的。因为作为抽象的过程描述变量，可逆的时间就失去过程描述自变量的意义，就再也不是时间了。没有时间形式也就没有物体在单位时间的位移，即没有有意义的速度描述了。

认为客体世界的运动变化一定是不可逆过程的观念与认为时间本身是可逆的观念是两个相反的极端理论观点，但两者的根源是一致的，即都是把世界的事件过程的时间性和纯粹时间描述形式同一，从而把时间形式实在化，因而得出似是而非的结论，是酷似真理的谬论。在此我们真正要回答的问题是：人们，包括科学大师们为什么会犯把时间性过程和时间抽象形式同一的低级错误？对于熟悉客体运动科学描述的科学家们而言，时间作为独立描述变量的抽象形式性应该是一目了然的，但为什么竟然会出现把时间实在化的普遍倾向呢？

对此，恐怕回到具体认识个体主体的时间体验及由此得出的对时间的感性认识，可以得到基本解释。我们认为一切认识从感性经验开始，对时间的认识同样从经验开始。但是，并没有哪一个具体认识主体可以真正从感官去感知到具体的时间存在，因为时间不是具体存在，只是抽象的形式而已，它无法由认识主体感知。大多数人认为自己能感知时间的流逝，无论是从太阳西沉、钟表滴答还是闭目沉思中都经历着时间。但实际上，认识主体所经验感知的不是具体时间，而是具体的感性客体存在物的过程，并且是从物的运动变化的时间性中感悟到时间。所以，从经验意义上，时间性是时间的基础，在逻辑意义上则是时间是时间性的基础。一切认识从经验开始，对时间的认识也是从对客体存在运动变化的时间性的经验开始的，时间是从这种时间性的经验中抽象出来的。我们所能感知的只是客体的运动变化，这种运动变化的时间性已经是一种抽象，从时间性上升为时间更是一般性的抽象。时间只能在思维的抽象中，故康德称之为内感官形式。所谓内感官形式就是在脑中的抽象思维。所以，抽象的时间形式是思维抽象的概念，而不是经验实在。当把时间作为实在看待时，已经把抽象时间和具体客体存在的时间性等同起来。由此可以认为，把客体运动时间性经验作为时间直接经验本身，从这种经验出发把时间抽象形式看成可经验感知的实在，实际上已经经历两次不合逻辑的等效变换，即客体运动本身到这种运动过程的时间性质的转换以及由客体时间性过程到抽象时间形式的转换，但这两次等效没有充分理由，所以是不成立的。所以，时间是先验的抽象形式，是不可经验的，我们所经验的是具体事物内容和形式相统一的运动变化过程，绝对经验不到时间本身。

最后要说明的是，为什么人类长期陷于时间实在性之中？为什么人类对时间旅行、时空穿越如痴如醉？理由有千万条，但有一条是最基本的：我们人类每一个具体认识主体都是个体性的生命存在，因此对时间不可逆性的感悟是自身最直接的感悟，是最贴近自身自然本性的感受。他自身个体性的连续不可逆时间性是对世界自然最深刻但又首先是基于自然生命本能的体验和感悟，由之出发就得出一切自然过程不可逆性的逻辑推论。当科学的热力学理论得出世界不可逆过程描述时，不少人坚信这是关于现实世界真的绝对描述，而牛顿理论的可逆描述就只是幻觉。个体性认识主体的最基本经验执着于不可逆过程才是最真实的。当然，不可逆过程对人类而言也是沮丧的。因为个体性决定具体生命存在绝对不能重来，所以不可逆也是人类心底最重之伤。人们梦想有一天能克服不可逆性，穿越时空，追回流逝的岁月，找到生命的永恒，这就是时间性生命存在的人执着的时间情结的形而上学基础。

尽管生命只能有一次，但希望时空穿越赋予个体存在永恒意义是不可能的。从叔本华肇始的生命哲学家们对人的生命的理性形而上学思考，绝对不会误入时空穿越的歧途，都是直面人的生命之短暂、死亡不可抗拒的沉重命题。不管他们的具体认识达到哪个境界，无论他们的理解能否被普遍接受，仅他们这种直面生死的执着和勇气就已经是难能可贵的，应获得后人起码的尊重。把叔本华、尼采的哲学智慧当作反理性的，甚至作为反动的反面教材是很不厚道的，而且连哲学非真伪判断的统一性智慧本性都没弄明白就指手画脚实有点厚颜无耻。我们并不必须接受人的生存空虚说或超人哲学，但应该用心去体悟这些哲学所包含的智慧，启迪对生命统一性的理解。诚然，生命哲学的境界仅对生命统一性认识而言，还没通达自觉理性的境界，更不要说关于最普遍的世界统一性思考了。但哲学理论的价值和可贵之处就在于它不是戒条而是智慧启迪，最要紧的是从中体悟到它启发性的精髓，充实对世界更深刻、更全面的统一性理解。西方生命哲学两百年来的发展并不顺畅，不仅因非理性而名声不好，被科学理性嗤之以鼻，还因为它自身的局限性，更深刻的根源还在于西方文化思维的机械论局限性。叔本华敏锐地感悟到生命的生存意志和生殖意志。生存意志乃生命的自然本能，是自然选择性生存的生命和机械地相互作用的非生命的本质区别；生殖意志是生命以种群为基本生存单位的根据，生存意志和生殖意志的统一对生命统一性的理解具有重大意义。可惜叔本华未能把两者统一起来，而是用生殖意志去否定生存意志，得出生存无意义的悲观理解。这种思维带着西方文化抽象形式至上的顽固惯性。自柏拉图建立理念论这一普遍抽象认识形式以来，西方文化一直把最普遍抽象形式看作最高的，始终没有从抽象返回具体，没有从认识论进展到包含精神统一性的存在论，无法从客观精神进展到主客体相统一的境界。这种抽象精神统一性在黑格尔的逻辑辩证法中登峰造极，但这种永不到达具体现实存在的抽象形式的至高无上性也令人反感。叔本华和罗素分别从非理性和理性两个不同层次引导了百余年来西方哲学叛离黑格尔的时代潮流，叔本华当之无愧地是从黑格尔那令人窒息的抽象理念统治的精神世界打开一个天窗的先驱。叔本华的生命意志哲学形成的一个潜在的驱动力就是否定黑格尔的抽象普遍精神，把人类认识引回人的具体现实的生命存在本身。为此，叔本华不仅直截了当地说黑格尔的理论只是为了谋利，甚至不惜和黑格尔公开分庭抗礼，在柏林大学当见习教授时和大名如雷的黑格尔同时开设讲座。但是，叔本华并没有完成西方哲学文化从抽象精神形式向主客体相统一的人的具体存在的回归，而是陷入两难的矛盾境地。他的生存哲学既想回归到人的现实生存，又继承了西方文化以抽象本质为最高存在的传统，最终把生殖意志及其相关的人的生命的种族抽象形式和人的具体生存割裂开来，并由前者否定后者，结果是消解了具体生命的生存意志，否定了生命存在的意义，生殖、种族、形式本质至上得到的是生存、个人、具体生命空虚无意义的理解。生命哲学发展到现代存在主义时则走向另一极端，即只关注于具体现实的个人生命，不再执着于抽象的形式即种族，但形而上学的潜台词依然是形式是最高本质，因而得出人的存在先于本质的奇特结论。离开生殖意志的生存意志是残缺不全的，离开种群这一基本生存单位个人就失去根基，失去意义，个人的现实生存被海德格尔概括为一个字即烦。由此可见，离开生存意志和生殖意志的统一，离开生命个体和种群的统一，就永无法通达对生命的理性具体的理解。

生命哲学的非理性被误解为反理性的重要原因之一，还在于大多数生命哲学理论总是理所当然地自认为是人类理性的普遍统一性理论，用生命的自然本性去概括普遍理性世界，得出反理性的可憎面目，这就不足为奇了。生命哲学的最大存在问题不是局限性，而是越界性，即把生命统一性当成理性统一性，把对生命的统一性理解当作对人最普遍存在的具体理解，这就很有问题了，人就被还原为禽兽，成为反理性的存在。这种越界性单就逻辑而言就是很有问题的。普遍的人的统一性理解是理性统一性，要回答人的生存价值和意义问题，但非理性层次的人的自然生命存在根本没有价值和意义可言。如《圣经》所喻，亚当和夏娃在偷吃智慧之果之前是在伊甸园中无忧无虑地快乐生存的，人类只有在理性智慧产生即进入文化文明史之后才产生了与善恶、价值相关的原罪。从自然生命去解释人类理性文化是不合逻辑的，把“人对人是狼”当成文明史的决定性法则就真是反理性了。

生命哲学的非理性指它是以生命自然统一性为思考对象的理性认识本身，非理性是对认识对象而言的。不能把哲学理论认识本身当成非理性的，这种非理性哲学不存在，哲学总是理性的。但哲学追求的是自觉、具体的统一理性，生命哲学必须在非理性对象的自然生命限定下去追求生命统一性具体理解。在自然意义上，非理性的生命哲学没有生存空虚、艺术审美、价值意义等人类文化理性的范畴，其核心是要对自然生命生存意志和生殖意志得到具体统一性理解，在个体和种群的统一中把有限时间性的自然生命理解为自然完美的具体存在。

第三节 生命是完美的存在

一、生命存在的随机性

传统生命哲学的目标在于解释人的理性生存的统一性而不是人的自然生命统一性，既无法解释人的具体理性也无法解释人的具体自然生命的统一性，往往从人的生命个体存在有限性出发去得出人的理性现实生存的消极理解。由人生命存在的时间有限性作为人的具体理性生存的悲剧性理解是缺乏可靠根据的。人的具体现实理性生存仅从时间性是无法得到完整理解的，那无异于把文明人理解为衣冠禽兽了。从生存意志和生殖意志的统一去理解自然普遍生命时，时间性的生命并不应作悲观消极的理解，而是将之理解为宇宙自然按其内在必然性的法则展开的现实，是自然内在目的性所达到的最高目的。一切生命存在在自然意义上是完美的，自然伊甸园中的亚当和夏娃不会赋予其自身生存空虚的悲剧性意义。

生命存在的可能性特征赋予任何具体生命都是个性化的存在，这是不可重复和不可替代的多样性具体生命存在的根据。生命现象是宇宙中多样性的极限，也是物质世界结构复杂性演化的极限。当每一个具体生命都具有独特的个体规定性去构成它个体本质的时候，生命复杂世界就面临一个两难的问题：多样化生命能有普遍的本质吗？能够揭示生命世界的普遍规律吗？生命科学之所以是科学的充分理由是什么？

在叶创兴、周昌清、王金发主编的《生命科学基础教程》的引言中，编者开宗明义地指出："生命科学（Lifesciences）是研究所有被称为生物的科学，因此可以称为生物学（Biology）。据科学家估计，现存地球上已经命名的生物有170万种，人类只不过是其中一个种。造就人类现今在自然界中地位的原因并不具有必然性，或许纯属偶然。已故进化生物学家史蒂芬·杰伊·古尔德认为，即使让地球上生命进化从头再来，其过程和原来的生命进化历程肯定也是不相同的。事实上，每次重复都会有不同的结果，人在其中是否必然演化出来也是不能肯定的。这是因为进化是随机的力量和选择的力量相互作用的结果，存在突变基因重组、迁移等随机因素，也存在决定个体生存和寻找配偶随机可能性，因而进化是不能重复的，也是不可预见、无规则可循的。进化虽然不可重复，但进化仍然存在某些规则，达尔文认为在偶发事件和自然选择的共同作用下，有机体将适应它们的生存环境，把能更好适应环境的特性在个体中保存下来。随着人类对生物系统基本结构及这些生物系统在自然选择的作用下如何发挥其作用有越来越多的理解，就有可能对生物机体的进化趋向进行预测。"④

科学真理认识的作用就是从认识对象运动变化的因果关系中综合出普遍有效的必然规律。人类对客体的科学认识从抽象质点客体为认识对象开始，这是抽象科学知性认识中最简单的认识对象抽象。对这种认识对象空间性运动变化规律的认识是最基本的科学认识，它以简洁、普适的数学模型对复杂运动演化本质规律的必然性普遍描述为特征。简洁、必然的普遍规律解释了在不同边界条件和不同初始条件下特定质点的特定运动形式和结果的可预见性，从而把物质世界的多样性运动变化用最简洁的必然性本质规律归纳概括了出来，多样性现象中运动的物质世界就是一个本质上统一的必然性世界。在这种科学真理客观普遍性普适描述意义上，早期的生物学并没有理直气壮地和物理学一样自称科学的资本。它首先是一个学科，甚至主要是基于经验归纳的学科。生物的分类、遗传、形态、结构等早期认识是经验观察的综合，缺乏牛顿经典力学理论那种客观普遍的意义。但是，随着细胞特别是DNA 遗传编码结构的发现、生命基因图谱的建立，以及生命新陈代谢的生理生化过程认识的深化，生命科学已经超越纯粹经验归纳的意义，上升到知性科学普遍客观性认识的真理知识水平，现代生物学具有正当的理由称为生命科学。我们有充分理由相信人类对生命存在的认识已经从早期的经验唯象理论上升到科学的因果必然性规律认识阶段。

对生命的认识从经验唯象理论上升到知性科学必然性规律认识只是对生命复杂现象科学认识的开始，把二十一世纪预言为生命科学的世纪实际上是把生命科学看作最年轻的且还需要花更大精力去不断揭开它的神秘面纱的学科。在科学意义上，我们对生命所知不多，未知太多，所以它是科学发现的黄金领域。按照当代生命科学的认识，生命的进化仍然是偶然性的，那么我们是否有足够的信心和根据相信，随着生命科学不断揭开生命现象的奥秘，我们终将能在必然性而非随机偶然性意义上揭示生命进化的规律及必然性结果呢？如果不能，则意味着生命科学对生命进化的认识永远只能停留在偶然性上，那生命科学岂不是成为关于偶然性的普遍必然规律的科学了吗？这显然是相悖的。科学不接受偶然性，否则科学将在偶然性中失去科学的意义。似乎只能坚信我们终将揭示生命进化的必然性规律，并由此预言生命进化的确定性结果，生命科学才能成为真正的科学。这种科学对生命认识而言究竟是可能还是不可能的呢？独断地肯定或否定没有意义，必须作进一步的分析和思考。

按照世界统一性原理的统一性思维逻辑来看，无论在认识论意义上还是存在论意义上看，生命存在的随机性现象都是它的本性，即随机性与生命存在同在，期望生命存在的非随机性是不切实际的，非随机性生命存在是对生命存在本质的否定，这是由生命是不可还原的可能性存在决定的。即使退回到对生命认识相对性描述的认识论意义上看，要想得到生命客体存在与质点客体运动规律那样非随机性必然规律描述，从而能预言生命具体存在的确定性结果，也是不现实的。如果摆脱随机性，生命本质上就不再是可能性中选择性生存的存在，现实生命就不会是这样生存的。

对生命存在的认识无法彻底超越随机性。得到生命必然性因果规律及过程描述的难点在于生命存在作为认识对象的特殊性，即生命是整体的过程性存在，既是整体复杂性的，又是动态过程性的。对生命的科学认识可以在还原基础上进行抽象，进而从抽象认识的统一性去理解具体的生命存在。所以，科学认识的最大优点就在于通过抽象把具体复杂的生命存在抽象为相对简单的各种认识对象。生命科学基于对生命具体存在还原后抽象为不同认识对象而成为一个学科群：生理学、遗传学、分类学、形态学、植物学、动物学……并且可以继续细化抽象而对学科继续细分。但是，即使对每一个已经抽象化的生命科学的认识对象而言，仍然与物质质点客体及宏观物质系统作为认识对象具有本质区别，即无论如何生命科学都不能还原为纯粹的物质运动去认识。生物学终究不是物理学，无法建立物理学式的普遍因果规律描述。因为生物学的对象即一切生物都是具体的，无法实现物理学式的普遍抽象。生命存在无论如何抽象都不能抽象为质点，这自不待言。关键是它也不能抽象为宏观热力学物质系统那种随机系统，从随机性出发，用统计数学方法建立宏观系统的必然性关系，实现宏观系统运动和微观构成的粒子的统一理解。因为宏观热力学系统的随机性假定是把构成系统的全部微观粒子看成无结构同质粒子的存在，每一个构成元素是等效的，所以可以对之用统计方法即用掷骰子的方法建立统计规律描述，从而得到热力学系统宏观状态运动的必然性变化规律。但生命系统不但是复杂系统，而且是不能还原为同质粒子构成的统计系统。生命的抽象系统结构是不同质的复杂结构存在，对之是无法用统计数学去描述的。所以，生命存在和热力学宏观系统都可以称之为随机宏观系统，但热力学是可以得出统计必然性规律描述的随机系统，生命存在系统则只能是随机复杂系统，没有任何理由说它是统计系统，统计数学描述对生命存在描述无效。因此，对复杂生命随机系统的科学认识，它的必然性规律只能在还原为物理行为意义上物理学的必然规律，在生命整体结构意义上的必然性因果关系描述则是可望而不可即的。在热力学这种最简单的同质随机系统中，从质点因果决定描述得出宏观系统必然性运动描述已经是不可能的了。至于对比热力学系统复杂得多的异质结构的生命系统而言，从质点出发去作整体系统的运动规律描述只是理论上可能，但那只是上帝可以实现而人类永不可实现的可能，对它的随机性进行统计描述也不可能。因此，生命科学的对象的特殊复杂性决定我们无法用统计方法克服随机性而得出对它必然性因果关系的科学描述。这和生命科学的认识水平无关，而只由生命科学认识对象的具体复杂性这一特点决定。随机性是生命科学描述生命现象及规律的基本概念，但它的随机性和热力学的随机性是不同的，它不是指系统结构构成元素运动状态的随机性，而是指生命活动环境随机性带来的各构成元结构的边界条件和初始条件的随机性，更包括构成生命系统不可还原的异质结构性。这种随机性是不能用统计方法简化处理的。

从存在论的意义上看，生命的时间性本质决定它的可能性及具体个体性特征，说明生命存在本质上是随机性现象存在。为什么生命在物的结构意义上无法定义呢？因为只有在内在结构绝对运动变化中的存在才是具体现实的生命存在，每一个具体生命存在在最后、在其中某一刻达到何种结构或状态没有确定的答案，它生长到什么样子就是什么样子，这个样子是随机性的而不是确定性的。如果这个结果不是随机性的，我们就没有理由把可能性和个体化作为生命存在的基本特征，把时间性作为生命的本质。世界上没有两个完全相同的生命个体存在，地球上多样性的生命个体的不同规定性就是由生命物种存在的随机性决定的。随机性并不是指随心所欲，只是在生命规定性的必然制约条件下，适应随机环境去选择性生存，向其存在的内在目的性运动。这种在生命可能性区间的随机性与统计学意义上质点运动的随机性是完全不同的两回事。生命的特征就是随机性的存在，这是由生命可能性及个体性特征进一步推论得出的必然结论。

从存在到认识是随机性支配的生命现象的认识，凭何称得上生命科学呢？如果地球上生命进化重来并不能从现有的生命随机性认识中得到启发、揭示和预言，那么这种生命科学还有意义吗？科学寻找必然性规律，如果生命科学从随机性中得出的不是宏观统计学意义上的必然性，而是多样性个体的不确定性或偶然性，我们是否只得到偶然性的生命科学真理认识呢？但偶然性知识是真理认识吗？因此，随机性、偶然性和必然性的关系是生命科学认识及对现实生命统一性理解的基本命题。

二、随机可能性和必然现实性的统一

作为可能性存在，生命复杂结构不可还原，也不能约化为随机统计描述。生命科学之所以为科学，在于它得到的是关于生命客观必然性真理的认识。生命科学的必然性知识和复杂生命不可统计的随机可能性有矛盾吗？没有，它们是统一的。对这种统一性必须结合生命复杂具体存在去作具体理解。在理性意义上，复杂可能性的自然生命仍然是自然必然性支配的现实性存在。只有在必然现实性意义上理解的生命才是有根据而完美的，人生并不只是一场梦。

在关于物质客体的自然科学知识中，真理的客观性是与它的普遍有效性密不可分的。生命科学之为科学同样循此法则。但是，以复杂且不可还原的生命为对象的科学真理认识既遵循真理的普遍客观有效性法则，在表现形式上又有其特殊性。仅从一般意义上看，物质客体的真理认识是从它的运动现象中归纳出具有普遍意义的本质规律，并由之出发去得到物质世界运动演化的统一性理解。但是，生命存在作为时间性存在，它和非时间性的空间结构性存在有着本质区别，它的具体性存在已经达到个性化水平。如何得到个体化生命的普遍抽象知识呢？生命的科学认识对象无法最终还原为最普遍的抽象质点，必须以它个体性的存在为基础建立它的真理性科学描述时，如何达致真理认识一定是客观普遍有效性知识的目的呢？非常典型的例子是，当我们用 DNA 去识别生命个体的时候，这种科学认识揭示的结果是客观的，但又是个别而非普遍的。由生命 DNA 科学认识中可以发现，生命科学的真正意义还是普遍客观规律性，即 DNA 科学认识追求的是一切生命 DNA 构成、功能及变化的一般抽象普遍规律，而不是关于某个具体个体的 DNA 的认识鉴定方法。由此可见，生命科学同样追求普遍抽象意义认识，它每一个元命题的认识对象都是从复杂生命具体存在现象中抽象出来的，从来就不可能有以具体生命存在为认识对象的科学真理知识，这和物质客体认识从来就不是以具体空间性之物为认识对象，而是以没有大小的抽象质点为最基本的认识描述对象是同理的。生命科学的特殊性在于，基于生命世界个体化多样性的统一和具体生命复杂至极限的时空统一性结构，生命科学抽象认识的元对象当然具有从多层次功能结构到种、属、科、纲、目、界、门不同层次的统一。在同一层次结构中还有复杂的多元性，生命科学从认识对象到普遍知识都是复杂的体系，是地道的复杂科学，是由复杂科学知识体系构成的统一知识体系。生命科学的最大特殊性在于生命的整体不可还原性，不能像一切物质客体那样还原为无空间性的最普遍抽象认识对象，由此把物质客体科学认识的各层次认识对象统一起来。生命科学找不到抽象质点这种普遍空间性意义的认识对象作为基点，由此决定生命科学作为不同层次的客观知识构成的理论体系，要归纳出像动力学三大定律那样的普遍规律去揭示生命领域的客观进化运动是不现实的。

生命科学真理认识客观性的另一个基本问题是关于科学认识的客观必然性和生命生存随机性统一性关系的理解。因为生命是随机性的存在。在常识中，由随机性带来的直接结果是偶然性、不确定性，而这又恰恰是和客观性格格不入的。所以，随机性和偶然性及客观性的关系是理解生命认识科学性的关键。

随机性和偶然性关系密切但又是不同的范畴。偶然性与可能性、必然性一起构成表述对事物普遍抽象因果判断关系的范畴；随机性则是数学统计上的特定概念，是应用统计方法分析大量同质认识客体构成的系统时的特定概念。所谓统计随机性，指对客体初始条件的规定性不作确定性陈述，而所有可能初始条件对客体而言是均等的，故统计学意义上的随机系统就是构成系统的微观客体初始条件没有任何特定规定性的平均描述。只有在这个假设下，才能应用概率描述得出大量微观粒子构成的系统宏观状态运动的必然性描述。统计描述最成功的范例是热力学随机系统的分析，它把系统热运动的微观相互作用和宏观热运动的统一性建立起来，并由此在宏观与微观相统一的意义上解释了构成宏观系统必然性抽象规律的具体物理意义。由此可见，随机性是指初始条件和边界条件的不确定性，引进随机统计描述并不是引进偶然性，而是为了得到必然性关系。把概率统计的随机性概念引进宏观热力学，它的目的并不是由随机性去得出热运动的偶然性关系描述，而是用随机统计去平均客体的初始条件规定性来简化分析。因为在大系统中对每个微观粒子确定其初始条件是不可能的，这就是我们常说全能上帝不需掷骰子而我们能力有限的人类必须掷骰子的理由。只有在这种随机的统计平均学意义上，我们才能建立宏观系统的因果关系，并从这些关系中归纳出必然性的普遍抽象规律来。所以，随机性与偶然性的意义不尽相同，它们面对不同的认识对象。随机统计只是在科学描述中，在面临大量微观客体构成的宏观系统的初始条件或每个粒子的差别特征无法按质点客体的方法规定时，而采用的另一种确定微观粒子初始条件的方法，它的意义是在微观粒子作用规律基础上建立宏观系统的运动因果关系描述时，为得出必然性因果关系的科学真理描述提供有效的初始条件和边界条件描述。由此可见，随机性是关于认识对象的边界条件和初始条件的范畴，偶然性是关于认识对象抽象因果关系的范畴，两者是完全不同的概念，把两者混淆是不合逻辑的。意义指向不同的随机性和偶然性统一于抽象因果关系描述中。引进初始条件随机性的目的和意义不是得到偶然性，而是消除偶然性而得出必然性关系，这是物理学引进随机可能性的必然性意义。

在生命存在的随机性概念中，它首先同样是指生命系统的初始条件关系，直接具体指向的是生命个体多样性的生存环境关系。生命系统和热力学系统不同，因为生命存在不能抽象为封闭系统，只有耗散结构系统才是生命。所以，随机性所指不只是生命结构各组成部分边界条件的随机性，还包括生命存在的外部环境的初始条件和边界条件关系，而且边界条件是更重要的。生命随机性与热力学随机性概念的区别并不仅限于此，热力学系统的随机性是在认识论意义上的，而生命存在的随机性不仅是认识论意义上的，更在于存在论意义中。生命存在系统是不能约化还原为统计平均学意义上的随机性的，所以，根本不能像热力学系统那样通过约化初始条件而建立起大量微观粒子相互作用的普适宏观运动规律的必然性关系，停留在认识描述相对性上根本无法理解生命存在随机性的深刻内涵。生命随机性既指生命复杂结构的相互作用、相互制约关系中边界条件和初始条件在认识描述意义上的不现实性，更指具体生命整体在各种不确定自然环境条件下，它存在的边界条件的不确定性。边界条件的随机性对生命而言是具有个体存在论意义的，这是生命选择性生存具体理解的重要方面。从另一个角度看，比如达尔文，他更偏爱于把生命看作自然选择的产物，看作由环境决定其本质的存在。

生命存在的自然环境即边界条件是不能约化的，生命的抽象结构也是不能约化的，这种本体存在论意义上的随机性决定了绝对结构运动过程的时间性生命存在的随机性。所以，生命的随机性不只是初始条件和边界条件，也包括生命存在过程即生命存在自身。生命存在已经进化到个体化阶段，而每一个个体性生命存在又由于边界条件的随机性而表现出随机性，因而生命世界在现象意义上就表现出不确定性的特征。这就是大多数生物学家认为生命进化不能重复，地球生命包括人类出现纯属偶然的原因。

生命世界真的只是物质世界演化中一次偶然“事故”的结果吗？这是本节的真正核心命题。世界统一性原理肯定不能认同这种把生命仅看作偶然现象的观点。因为这已经从根本上断言生命世界的不可认识性，否定生命世界的统一性，从而也丧失世界统一性的理由。按照世界统一性原理的观点，生命世界是物质世界演化到个体性的最高阶段，生命个体在自然选择作用下的存在即基于生存随边界条件的随机性而表现出随机性，但这是客观性的，是复杂系统必然性存在的特定形式，不能把随机性作偶然性的主观意义理解。

首先，生命存在的个体性特征并不意味着生命存在的偶然性。因为生命个体除了具有种群共同的抽象的类本质以外，还具有自身规定性特征，即每一个个体区别于种群中其他个体的存在规定性。但这种规定性是和普遍抽象的类本质统一共存于具体生命存在之中的，并且个体的规定性是在符合种和类的普遍必然性相统一意义上的。另外，生命的每一个可以抽象为科学认识元对象的知识是由客观的科学描述来规定的。对每一个个体而言，它有基于自身特定边界条件和初始条件的个体具体意义，但这首先是在支配它的必然性普遍规律性基础上产生的个体性意义，这已经是个性和普遍性的统一，它统一在具体生命个体存在之中。由普遍必然性规律支配的生命之于环境的个体性存在和过程不能说是偶然性的，否则就否定支配生命过程必然性规律的普遍意义。生物学进展到生命科学标志着我们已经确信复杂生命同样是客观必然性支配的存在，而不是纯属偶然性支配的存在。只有坚持这样的信念，我们对具体生命存在的科学认识才是理直气壮的。

其次，是生命存在边界条件的随机性决定生命个体存在论意义上的随机性，但这种随机性是由边界条件及个体生命具体结构运动，按自然客观规律共同作用的结果，所以，这种随机性的生存论表现也是在客观必然性意义上的随机性，不是主观偶然性。具体生命运动是支配生命运动必然性规律和具体特定环境边界条件相统一的特定结果，个体性是由边界条件的随机性决定的，生命过程本质上是由自然必然性普遍规律支配的，说其是偶然性是不合情理的。自然选择理论就是一种客观的科学陈述，生命在自然选择中展开其生存过程是客观的，即是按客体存在本身内在规律去展开的。既然这种自然客体的内在绝对运动是自然而然的客体行为，那就有充分理由把它看作生命运动的客观现实性过程。至于我们能否和如何得到客体现实性过程的客观真理认识，则是另一个问题。但必须承认，即使我们对生命的奥秘所知不多、未知甚多，我们也已经从不同的层次、不同的抽象角度得出生命存在的丰富科学真理认识。在当代认识水平下，我们完全可以宣告生命科学是客观科学的，客观科学所揭示的是生命的必然性而非偶然性的本质和过程。从认识论意义上看，必然性和偶然性是一对对立统一的范畴，必然性是关于普遍因果关系描述的范畴，偶然性的意义也仅限于此范围，离开抽象因果关系说必然或偶然是无意义的。必然性规律和随机性边界条件相统一的具体结果是不能用必然或偶然范畴去陈述的，否则一个特定质点基于其特定边界和初始条件产生的特定结果同样是偶然性的。具体存在、过程只能用存在的现实性去理解和描述，必然性普遍规律支配的杰作是得出特定边界和初始条件下存在和过程的具体现实性，对具体而言，必然或偶然范畴无意义，现实非现实性才有意义。至此，我们可以理直气壮地说，生命的存在、过程、起源都不是偶然的，既不是偶然结果，也不是偶然性支配，而是适应随机性环境的复杂现实性存在。更进一步，在现实性意义上，我们可以理直气壮地说，生命不是梦幻，并不空虚，由必然性支配，从可能性成长为现实性的生命一定是完美的。

再次，动物生命进化到具备更高级的选择性适应机制，能通过个体有意识的选择去生存包括寻找配偶，因而表现出更大的随机性。这个问题其实并无特别之处，它依然是生命存在的边界条件的随机性问题本身。更复杂或具有主体选择性的随机性与自然环境的随机性的区别在于随机性自身，而不在于随机性是客观性还是偶然性。只要仍然是随机性，我们就能有信心地说，基于有意识选择的随机性对生命存在而言，同样是由客观必然性支配的现实性生存。增加了主体选择性的随机性边界条件并不构成使随机性结果成为偶然性的理由。最极端的例子是人的主体选择性使人的生存从边界条件到现实生存都是随机性的，但我们决不能由此得出我们的生命是脱离了自然客体规律制约的偶然性存在。

对个体性和随机性的现实性理解，对必然性支配下现实性的统一性理解，对一切从事生命科学及追求世界统一性的人来说是必要的。说句大白话，我们如果有上帝那种全能本领，则不但无须概率统计描述就可以理解宏观热运动所有具体微观过程及规律，并且可以理解每一个生命个体客观必然性的运动过程。换句话说，如果我们能精确控制生命结构实现个体的同一性，并能精确控制个体的边界条件，生命进化乃至重复试验就是有可能的。因为这是按自然客观必然规律展开的，鸡蛋孵出小鸡就是自然不断重复的必然性支配的现实过程。把生命过程客观性看作偶然，把不可重复看作偶然，根源在于长期以来物理学用数学普适性因果关系描述去理解科学，把质点运动客观规律的普遍性看作一切科学真理认识的规定性。但进化到个性化最高阶段的生命复杂过程性存在和抽象的质点世界是完全不同的认识对象，仅用质点科学描述去构建生命科学理论系统是一种不切实际的幻想。它们是统一的，但不是同构的。在不可还原的个性化生命世界中，并不是一切必然规律都演绎于某一组最普遍规律的，这是生命科学比物理学复杂得多的原因。把必然性和偶然性范畴关在普遍因果关系描述的笼子里，就不必再把生命看作偶然的，真正赋予生命科学以对生命存在绝对运动的客观真理性认识的意义，使之成为当之无愧的科学。达尔文的“物竞天择，适者生存”虽然不是一种数学模型陈述，但仍然是最深刻影响人类文明史的重大科学发现之一，既有科学意义又有生命世界统一性意义。生命科学必须有自己的描述框架和方法，拘泥于数学和物理学方法只会扼杀生命科学的生命。只有把生命看作可以科学描述的客观现实性过程，我们才能真正参悟到生命是完美的。

三、生命是自然界最完美的存在

宇宙自然演化出具有个体性的生命自然存在是宇宙复杂性演化的最高阶

段，生物进化产生的具有具体个体本质规定性的生命个体化存在是宇宙中最复杂有序的现实存在。生命进化作为宇宙结构复杂性演化的特定形式，就已是极限形式了。未知外太空中的生命具体形式，但在我们自己的地球生命圈中，像智慧人类这种自命超越了生命世界万物之灵的存在依然是生命存在，而且就生命意义而言，人类的存在完全受生命世界客观规律制约。人类只能适应和遵从生命客体的规律，人类的智慧在于认识和自觉服从、合理利用自然规律，而不是试图创造性地改变它。从这种意义上来看，人类生命也只是生命世界中的一个物种。从宇宙自然运动发展的角度看，生命结构已经进化到登峰造极的境界，人的自然存在要超越生命极限是不可能事件。由此可见，生命是宇宙中最完美的存在。

生命完美性的最基本意义是生命是自然存在。生命绝对运动所显示的生命力是神秘的，具有能动本领和思维、选择能力的动物生命，包括会思考和有目的地行动的人的生命存在更是神秘的。尽管我们还没有能力从科学真理认识意义上彻底揭开谜底，但这并不妨碍我们把这一切归功于自然的杰作，而不是超自然能力创造的结果。根本没有必要从超自然的上帝等比生命更为神秘的原因去为生命寻找根据。用更加神秘的原因去解释生命的奥秘是笨拙之举。我们真正要做的是在自然的前提下老老实实去探求生命的奥秘，找出生命存在的可靠根据。作为自然存在中特定形式的具体存在，生命的根据就只能在自然之中。只有从自然无为的意义上去理解生命，把可能性生命理解为自然而然的，生命才是完美的，自然才是完美的。如果从超自然角度为生命寻找根据，生命将永远是欠缺的，完美的上帝创造并决定生命的第一条理由是生命不完美，被创造和支配是不完美的根据。从人的文化理性去为生命提供根据时，生命也一定是不完美的。人的理性文化的价值尺度是指向未来永无止境的，说得美妙一点是人类社会历史是不断进步的，说得难听一点则理性文化是得陇望蜀、贪得无厌的，用无限的理性文化尺度去审度有限的自然生命，一定会对生命的有限性失望甚至绝望，这正是200年来生命哲学的真实写照。生命哲学是对自然生命的统一性思考，是对非理性自然对象的理性认识，但不能企求人的自然生命是理性的，生命的可能性和理性文化的可能性是不同范畴，两者统一在具体文明人的存在中，不能像传统生命哲学般将两者混淆同一。回到生命自然意义，用自然无为的理性尺度去思考生命统一性具体存在时，依自然法则进化而自生自存自灭的生命一定是完美的。牛顿用简洁普适的几条质点动力学定律，归纳出空间性物质世界的统一性抽象描述时，由衷地赞叹自然界如此完美有序，认为除了是上帝杰作外别无可能。如界你能理性地理解自然生命世界自然无为而生而存而世代更替的统一性，就一定能得出如此感悟：比空间性物质世界更复杂更有序的时空统一性生命世界是更完美、最完美存在。

生命是纯粹自然现象这一基本意义决定生命不管多么复杂和神秘，它终归只能道法自然，即生命一定是按照自然界的客体存在运动规律去生存从而获得自己的本质、赢得自己现实性生存的。在认识论意义上，局限于当下生命科学认识的局限性，用偶然性来描述生命存在的随机性及不可重复性还有一些合理性，但在存在论意义上把生命看作偶然性现象则是不可取的。生命的本质就在于它的具体存在现象中，认为生命存在现象是偶然性实际上是断言生命本质上就是偶然性的，从而否定了生命的普遍本质，否认生命存在之根据和意义，这已经带上浓厚的主观性和生命世界不可知论的色彩。生命既然是自然存在，它就一定按自然规律行事。生命科学的使命就是用客观真理描述去不断发现生命客体的自然运动规律，从而得到对生命不断深化的认识和越来越具体丰富的理解。生命科学家必须有一切自然过程都是按客体必然性运动发展的坚定信念，按照生命认识对象的特殊规定性去发现生命运动的客观过程，根本不必局限在物质结构运动的质点科学理论描述中，片面追求生命过程的普适、普遍有效的本质规律描述，特别是不能局限于数学模型描述。从逻辑上来说，把生命还原为质点描述再去结合为统一的生命普遍性因果描述只是一种抽象的可能性，生命科学必须有适应生命认识对象的方法和概念，只要能客观地揭示生命运动一般规律，就是科学的。生命的复杂性决定生命的思考需要统一性智慧，但这种智慧只能建立在科学真理认识的基础之上。生命的自然本性是它能由必然性自然规律描述的根据，而正是这种客体必然性决定了生命完美的存在。

生命完美性的最重要意义在于它就是自然界的具体统一性全部意义，它是包括全部自然统一性的具体现实性存在。自然是完美的，生命存在就是最完美的。我们从能量这一本原世界开始构建世界统一性原理，不生不灭、绝对运动的能量的结构性转化产生了具有相对空间性并在相对空间中做相对运动的物质，物质世界在能量变换和转化的过程中开始了结构复杂演化过程。无中生有是从混沌到有序的必然性运动，有生万物是从简单向复杂的自然有序演化过程。物质世界的运动不只是质点的空间位置移动，最本质的运动形式是空间性的演化，这是一个质能统一性的多样化自然统一世界。物质世界演化到产生具有时空性本质结构的时候，生命世界创世纪，并开始生命世界从简单到复杂多样性统一世界的进化过程。具有时间性的生命结构的绝对运动不再是一般的结构演化，而是被称为进化的时间空间性结构演化过程。生命存在进化已经达到个性化具体存在的最高阶段，也是自能量转化到物质结构演化的自然界复杂性运动变化的最高形式。生命是什么？从统一性的观点看，生命就是自然界运动发展中产生出来的最高的完美的统一性存在，是道法自然的最高水平，是自然自身达到最高序的水平。一切自然过程和存在本质上都是普遍必然性法则的现实化，最复杂的生命存在是最高复杂有序自然进展的极限。它在由必然性支配中由可能性成为符合内在目的性的现实存在的另一个意义是，生命是宇宙中最完美的存在。从能量观点看来，生命是能量过程；从物质的观点看，它是物质结构演化的特定形式；而从生命的观点看，它又是具有时间性的自适应物质系统结构的绝对运动发展过程。所以，能量是物质世界的基础，而能量和物质则是生命世界的基础，生命存在就是能量、物质和生命的完美统一，进化是转化、演化和进化的统一，时间性是空间性、结构性和时间性的统一。世界的统一性智慧并非深不可测，对智慧者而言是浅显的道理。自然世界统一性的具体现实性就在你在我以及一切像我们这样生存着的具体生命个体之中，问题在于你感悟到了自身存在的统一性与否。人类认识自己的第一步是认识自己的生命，在对生命统一性的理解中合理地确认自身在宇宙自然中的位置。

生命完美性的最现实意义在于它告诉我们生命是宇宙自然中最为有限的

脆弱存在。它的脆弱性由生命不可重来的不可逆性以及生命由自然选择即边界条件制约这两个因素决定。在传统的哲学唯物论中，物质是不灭的；按照能量一元论的宇宙观，质量不守恒，能量才绝对守恒，绝对守恒只能是量，绝不可能是质，不生不灭的只是能量，一切存在及过程只有在确定性的量的规定性中才能获得现实性的存在意义。具有空间结构意义的物质虽然总能量不灭，但结构是不守恒的，物质结构是由基本粒子开始构建多层次复杂结构的空间性存在。正是质不守恒的相对性才产生了多样性异质结构的多样化有序统一自然界，宇宙才有序而不只是无结构的同一性之混沌。在有无相生中演化产生的物质结构是可以解体而退化为低层次结构的。按照物质层次结构的熵原理，越高层次的结构，结合力越弱，承受外部自由能作用而保持结构稳定性的能力越差，因此越是层次复杂的结构，就越容易失去稳定性而解体。生命结构是物质结构演化的最高阶段，所以它是宇宙中最难以产生而又最易于毁灭的脆弱性存在。生命的完美性告诉我们，作为宇宙自然中最复杂性的结构存在，它的生存法则受到最苛刻的外部环境条件限制。它作为时间性存在，又只能在和外部环境的绝对耗散作用中才能维持连续性存在，这种连续性一旦丧失就很难重来。这是生命之所以是最脆弱存在的原因，它的完美性的另一种意义就是它苛刻的求全责备性。这是作为生命存在的人类必须清醒地认识的问题。

生命是自然选择的完美杰作。如果不是符合外界自然条件，没有满足它生存的一切必要条件，它就很难出生，即使出生也不能延续。当环境改变超出它自身调节适应能力时，它就只能像恐龙那样灭绝。为什么会有如此完美的生命创生？是自然的淘汰机制决定了一切曾经的生命物种都是完美的存在，现在的一切生命物种在种群意义上都是完美的。尽管我们还不能从科学真理认识意义上具体回答一个生命物种完美性的充分理由，但从理性统一性的高度，可以这么说：一切生命物种只要存在就一定是完美的，如果有缺陷，它必定退出自然之餐桌。对生命而言，现实性的存在就是完美，不要悲天悯人哀叹生命有限，木头石头也不能永恒。老子说，天地尚不能长久，而况人乎。不死的生命不是现实生命，因为不死的生命的另一个等效陈述是不生的生命，那是不现实的生命，是非生命。现实的生命是时间有限性存在，生命的完美性既然是它生存的现实性，我们就有充足的根据说生命的完美性就在于它的时间有限性。从理性统一性去理解生命的完美性，了然生死知天命，我们就不要再执着于生命有限而哀叹完美生命空虚生存的悲剧，不要再把人生看成短暂的梦幻，这才是理性生命哲学追求的境界。自然是完美的，生命是最完美的，生命自然过程的现实性是最完美的。青蛙绝对不会因为失去蝌蚪期的尾巴而失去完美性，有尾巴的蝌蚪和无尾巴的青蛙都是自然产物，都是完美的。哀叹自然变幻花开花落是人类理性执于感性产生的局限性。花开是美丽的，花落也是完美的，理性自觉地了然生死就能通达生命存在的完美了悟，享受花开花落的灿烂和辉煌。道法自然是不可改变的，无为而生而存的境界却是靠人后天理性自觉去通达的。

从生命存在的完美性出发去思考转基因问题是富于启迪的。转基因通过基因工程对物种进行改造使之在某些方面具有更优的表现，基因工程的应用已经给人类带来不少实质性的功利。这种生命科学最有生命力的技术改造或许是具有重大意义的，也或许是最莽撞的。既然一切生命物种都是完美的，为什么还要基因改造呢？因为物种存在的完美性是在存在论意义上说的，而对于人类的功利目的而言，没有最好，只有更好。自然选择得出的物种都是完美的，但它们还能更好，基因工程的目的就是追求更好的物种，这并没有什么奇怪。其实一切生命物种都仍然处于进化之中。问题在于，自然选择产生的物种是由自然规律自动发生作用去实现的，即自然而然的，现存的物种是漫长进化中大浪淘沙而成为现实性存在的。当人类为了某种目的去改造基因创造新物种的时候，我们的主观认识是否符合生命物种本身的客观规律呢？我们掌握了某方面科学真理，按客体规律去改造基因并达到预期结果，但我们对生命的遗传机制究竟知道多少呢？究竟基因改造最终结果的影响还有多少是我们无法预见甚至目前无法发现的呢？这是一个地球人目下还无法回答的问题。但有一点，即生命科学还很年轻，生命科学真理认识还谈不上全面和丰富，因此，基因工程的整体后果及影响并不是都可以预见的。这就是基因工程的最大风险所在。人对生命自然认识的知性、理性不完美先验地决定了人造物种和自然生命的完美性是不同的命题。

越是复杂性的生命在自然选择面前越脆弱，这一现实向人类敲响了尊重自然、爱护环境的警钟。近代科学革命成就使不少人得意忘形，人类沙文主义使不少人把自己置于虚幻抽象的大自然之外，痴心妄想去征服自然世界。事实上，人就是自然，人的自然也是按必然性规律运动变化而无法被“克服”或“战胜”的。生命是过程性存在，生命在于绝对运动，在于和外界自然绝对、不停的相互作用。广义地说，自然就是我们生命的一部分，自然环境是我们生命得以存在的第一个前提。所以，善待自己就必须善待自然，否则最完美的生命在自然环境变化中就是最先退出自然舞台的最不完美存在。因此，按照自然规律办事，建立环境友好型的可持续发展文化，事关人类的千秋万代。

对非理性自然生命的理解从神秘、机器、空虚转换到完美性，需要人类自觉理性的完善。把人的生命生存理解为空虚和悲剧，不是人的生命不完美，是人类理性不成熟。不懂得生命的完美性何以敬畏和尊重生命？从自觉理性意义上看，生命的完美性至少可以归纳为三个基本方面。一是生命是自然复杂性演化的最高现实存在，是能量转化、空间结构演化和时间性绝对运动进化的统一，现实生命存在就是自然完美的最高内在目的性本身。二是生命进化超越物质结构演化的内在机制，在于它的自然选择性生存能力，它超越了纯粹相互作用，生命在对环境的选择性生存中使自身的现实生存达到环境许可的可能性区间的最优可能性，是按自身目的性而言达到最高可能性的现实存在，是一切自然存在按其内在目的性实现现实存在的最高形式。自然选择生存机制构建了宇宙最完美的生命，也让生命在现实生存中达到最高的可能性境界。三是生命进化性生存的目的性的最完美体现，在于它是个体目的性和种的目的性的不可分割的完美统一。孔子说“食色性也”，就是说食和生殖都是人的生命本能。叔本华说人的生存意志和生殖意志也是指人的食色本能，即自然生命本能。生存和生殖对生命而言是不可分的。如果自然只进化出没有生殖能力的时间性选择生存结构，生命就还没有产生，生命个体的产生意味着它必然要死亡，不生不死就不会有生命产生，但有生有死没有繁殖同样不会有生命产生，那不是必然性支配的现实存在，还没有通达生命内在目的性的存在不是现实生命。生命进化产生的最完美体现在于它是生存意志和生殖意志的绝对统一，现实生命一定是包含着生殖内在目的性的。这在今天看来一点都不神秘，就在生命遗传信息即DNA或RNA结构的意义之中。生命通过世代繁殖把种的本质规定性世代遗传下去，使有生有死的有限具体生命在种的意义上继续存在，超越了具体生命个体的有限性。生命仅从个体意义是不可理解的，生命研究的基本对象是以种为单位的，每一具体生命存在只有在种的意义下才是可理解的生命存在。故可以说，种的规定性才是生命的本质规定性，是任何个体之为生命的根据。但决不能据此否定生命个体的现实统一性意义，种的现实性存在就在于每一个具体生命存在之中。无论是个体还是种，离开个体和种的统一性、生殖和生存的统一性，都是不可理解的。叔本华生存哲学的局限性就在于仍然沿袭了形式和内容非此即彼和形式决定内容的西方机械论思维传统，把种的目的和个体目的相分离，认为生存意志只是为生殖意志服务的，个体的目的只是种的目的，无自身目的的生命个体的有限性生存乃至生存意志本身是空虚和毫无意义的。按照理性统一性思维，生命种的本质是抽象的，它只有返回具体才是现实的本质。它的普遍抽象本质不在别处，就在每一个种内的具体生命之中，本质和内容相统一的具体存在才是现实的存在，才是最高的存在。生殖意志和生存意志不可分割地统一在每一个具体生命之中，在个体之中才有种的本质，才有生殖意志之意义。所以，生命是生存意志和生殖意志的统一，它们就统一在每一个生命个体中。在个体和种的目的性相统一的意义上去理解生命个体，生存就不是空虚的，而是实现自身内在目的性也即种的内在目的性的完美的现实过程。

从可能性、个体性到完美性的存在，生命的完美性的本质在于它的统一性意义。所以，要进一步探讨生命在统一自然界中的统一性意义问题。

注释

①叶创兴、周昌清、王金发主编《生命科学基础教程》，北京：高等教育出版社，

2006年第1版，第4页。

②苗力田、李毓章主编《西方哲学史新编》，北京：人民出版社，1990年第1版，第475页。

③叶创兴、周昌清、王金发主编《生命科学基础教程》，北京：高等教育出版社，2006年第1版，第4页。

④同上，第1页。

第三章
熵原理和生命统一性

引　言

【提要】以能量为自然统一性，把生命的意义理解为自然统一性普遍意义，则对生命的认识必须建立在能量本性及能量转化普遍规律基础上，对具体生命能量运动的认识是从抽象到具体，在把熵原理作为支配物质结构复杂性演化的根本定律意义基础上，深入探讨它在生命复杂结构绝对运动中的具体作用机理，以熵原理为机制得到复杂生命和自然普遍能量本性统一性的具体理解。

一、中国传统文化是唯象理论，没有生成能量守恒及熵原理那种客观普遍性理论，但同样几千年如一日地致力于生命统一性理解。对生命统一性的经验认识综合在以人的自然生命为特定认识对象的中医五行相生相克的阴阳平衡理论中。中医理论之人特指人的自然生命，其基本理论是天人同构；天人关系是天人相应即人的生命和自然环境是相互制约、相互作用的关系，是自然的五行影响着人自身的五行；天人相应的最理想境界是天人合一，即人的五行在和自然交感相应中达到阴阳平衡的理想状态。中医唯象理论缺乏客观普遍性根据，但它始终从人生命的统一及生命和自然的统一去归纳现实经验，包含着深刻的智慧并有很强的技术实用性，用科学性讨论去否定中医是弱智的。中国文化的普遍基础是老子的玄学理论，它对生命统一性的意义可称之为天地统一性，即天是物质世界，地是生命世界，“地法天、天法道、道法自然”从整体上揭示了生命和物质、能量的统一性关系，由之可合逻辑地得出生命是能量一元自然统一性的具体现实性之深刻意义。

二、生命科学发展史上的重大变革以二十世纪四十年代物理学家薛定谔的《生命是什么》为契机，它以生命是负熵的全新视角把物理学导入生物学，把生命的意义推向自然统一性之普遍意义，彻底终结了由生命物质和神秘活力解释生命的局限性，生命的最终根据只能在能量、物质的统一性基础上进一步具体理解。能量和熵的规律在生物物理学中导向具体生命认识，但传统物理学把熵增作为结构无序的力量阻碍了生物物理学的发展，甚至有大师认为太阳传播给地球的能量是热能，地球温度稳定说明地球万物生长靠太阳不是利用能量而是利用太阳提供的有序，那就很有问题了。物质结构演化的熵原理对生命运动的具体意义必须从建设性去理解。熵是自然选择性生存的生命产生、生存、进化的刚性约束条件，生命的复杂结构只能现实存在于高熵低自由能环境中，人的生命是最脆弱的自然结构性存在，这是人必须珍惜和保护环境的根本原因。复杂生命结构运动是质量结构稳定基础上的重组过程，只有少量元素及小分子能有效参与生命结构重组，这是由其结合能决定的，生命的动态稳定结构运动的本质及推动力量都应该由负熵即自由能去理解，由熵原理才能解释复杂生命之序。

三、能量是自然普遍本性，统一自然一切存在及演化现象的意义；熵原理是物质客体系统相互作用中起普遍支配作用的自由能变化规律，决定物质结构的演化过程。生命绝对运动中下层次运动的普遍支配规律统一于能量守恒定律和熵原理，一切生命理论和它们都必须协调才是符合生命客体本身乃至自然统一本性的。中国传统文化的生命唯象理论和熵原理是协调的，中医理论的精、气、神归根结底指向能量，阴阳平衡的客观意义就是物质结构稳定有序性，就是熵原理的物理意义。关于生命的科学必须由能量理论和熵原理去统一。柏格森因为生命整体的不可还原性和基于时间性结构的绝对运动性，怀疑科学认识生命的现实性，甚至退至诉诸直觉理解生命是认识上的返祖现象，有合理性而无建设性。持续过程中绝对运动的生命具体存在不是某一门科学抽象地认识的，是生命学科群乃至自然知识的统一得出对生命具体认识的，能量定律和熵原理对具体生命认识有普遍统一之意义。

能量一元论认为，自然界最终只有还原到绝对守恒的能量存在才能得到彻底的统一性理解。自然界最深刻、最丰富的统一性意义在生命存在之中，生命是宇宙中客体存在异质结构复杂性运动变化的最高可能形态，它不能还原为纯粹的物质空间结构甚至能量元存在去作机械的理解，而是能量、物质、生命的具体统一性存在。这种异质结构进化到绝对性水平的个体性现实存在决定了生命是不能简单地只用因果决定还原方法去理解的。生命必须从它自身复杂性、因果必然性关系的统一性中才能得到全面理解，这是所谓自然界的统一性就在于生命存在的现实意义，也是统一性智慧才能理解生命从而全面把握具体世界的充分理由。

既然生命是自然界最高的具体客体存在形态，那么生命科学认识在人类自然科学真理认识中就必定是最年轻且最不成熟的。生命科学出现之前，人类对生命的统一性理解就只能建立在感性经验的唯象理论认识综合统一之上。早期的生命统一性理解主要是围绕“认识你自己的生命”即人的自然属性展开的，在中国传统文化中首先形成的就是天人合一的生命统一性理论。天人合一在抽象意义上是天人同构关系，但在人的生命存在功能现象上则是从经验中综合出来的人的生命特征和天人相互作用对人而言的结果归纳，它的最高境界是人的自然统一性，即人的自然存在和外部环境自然存在的统一性。在人类生命科学对生命的奥秘仍存在大量未知规律认识的条件下，从长期经验中归纳出来的唯象理论至今还是有现实意义的。这是中医唯象理论仍然顽强存在的根本原因。

中国传统文化对生命统一性的最精辟概括是抽象的玄学世界理论，它的最普遍抽象概括是“地法天、天法道、道法自然”。玄学的“天地”和感性经验的“天地”是完全不同的概念。如果只是基于常识，总是用感性经验的“天地”概念去解释玄学的“天地”概念，得出对玄学之“天地”是牛头不对马嘴的理解，实际上对玄学的“地法天，天法道”并不知所云。只有把道理解为最普遍的存在，把天理解为由道产生的特定物质世界，把地理解为一般物质世界中特定的生命世界，才能合逻辑地诠释玄学理论的自然世界统一性关系。从现代认识意义上来说，玄学的“地”就是我们的生命世界，“地法天”就是生命存在首先受物质世界存在和演化的普遍规律制约，在感性具体中以物质复杂结构演化形式展开它的现实存在；“天法道”之天道就是上一卷天论探讨的支配物质复杂性结构演化的能量运动规律。“地法天，天法道，道法自然”是对生命作为宇宙中最高具体客体存在的精辟概括，生命世界就在物质世界之中，最终是在普遍的能量世界之中。理性的生命观不是把生命看作相对于物质、能量的存在，而是具有生命之为生命本质规定性的能量、物质构成的具体统一性存在。在这种理性统一性意义上，生命就是宇宙自然最高复杂性的具体存在。

物理科学是一切自然科学的基础。牛顿经典科学理论基于抽象质点和力对动力学的成功综合为科学认识生命提供了最基本的条件。首先可以从机器出发去开始对生命的科学理解。尽管机器不都是生命，但生命首先是机器，生命和非生命的根本区别不在于是不是机器，而在于它究竟是哪一种机器。所以，物质实体结构性是一切生命存在的必要条件，生命复杂性的绝对运动是由一连串最基本的机械运动构成的。生命科学的最基本认识依然在于物理学之中，我们称之为生物物理学。它从最普遍的能量转化规律和物质世界复杂性演化运动规律出发，分析复杂生命过程的新陈代谢、遗传变异、繁殖延续的基本原理及内在机制，从而依靠科学真理彻底摆脱了生命神秘活力论，得到生命、物质、能量运动的统一性理解。

能量一元论把能量及其运动转化的最普遍规律作为生命存在的根本支配规律。作为支配物质客体演化的能量规律，熵原理依然在生命结构进化运动中起着最终支配作用，生命的绝对运动是按熵原理展开的自身结构的生、壮、老、已过程，是能量转移和转换在最终意义上推动了生命运动。人类早期由于不懂得生命过程能量运动规律，只能把生命过程看作神秘活力支配的现象。事实上，由于人类对自然界的认识一直被绝对物质观局限，对能量最小原理的特定熵原理的物理意义作了相反理解，并赋予它最抽象的普遍性意义，从而极大地束缚了对物质世界及生命世界科学认识的发展。把熵原理理解为系统向无序、混乱演化的规律对生命科学祸害无穷。生物物理学沿袭了传统物理学理论的熵意义解释，把熵看作支配生命过程的普遍定律，把熵看作和自由能竞争的范畴，认为温度流是系统结构向无序演化之源，并从统计概念出发把复杂性和熵看作是同一的，因而根本无法从能量和物质结构演化的一般规律理解生命存在。事实上，生命科学的基础生物物理学必须从理论物理学的一般规律出发，解释宇宙中特定又是最复杂的物质结构即生命存在何以又是最有序的存在，所以，把熵看作无序的生物物理学理论一定是自相矛盾的。熵原理实际上是能量转化的特定形式，它本质上就是最小自由能原理。从熵原理出发才能真正理解生命结构的特定形态，并得出生命过程从抽象到具体、从神秘到现实的智慧理解。

第一节　从天人合一到地法天的生命唯象理论

一、天人合一的生命唯象理论

按照从感性认识到知性认识、知性认识到理性认识的一般过程，对具体存在的统一性认识是建立在知性科学抽象认识基础上的。但生命的具体统一性理解有它的特殊性，即生命的科学认识是自近代科学革命之后才真正建立起来的，而且目前仍然处于初级阶段。但人对生命的具体认识是与生俱来的，因为人自身的存在就以生命存在为前提，人的生存首先指的就是自身作为感性具体生命存在的生存。所以，对人自身生命具体存在的感性认识是人类关于生命具体统一性认识的基础，并且在还没有进入普遍科学认识的时候，对生命的具体认识主要是基于非科学知识的，关于生命的具体认识首先是建立在感性经验基础上的朴素认识。这种朴素认识不只是抽象的，而且是具有统一性意义的具体认识。当然，并不能说这种具体认识具有以客观知识为基础的自觉理性的意义，只能把它称为基于经验认识的朴素理性认识，或称为唯象理论。

人对自身存在最直接的感性认识是因对生命时间性存在本质表现出来的生与死的感悟而产生的。肉体和灵魂二元生命观中所包含的灵魂观念不是梦幻的产物，这同样是对生死经验的一种解释理论，而且人的灵魂观念同样可以用于理解一切生命存在。但是，由于灵魂作为认识对象的经验实证面临着重重困难，故关于灵魂的唯象理论只能长期以高度抽象的形式反映出来。真正在经验意义上不断得到可以证明的综合性生命理论认识，主要是对人类生命肉体存在而言的，这些经验认识最早就以医学唯象理论的形态不断综合和丰富，并转化为不断臻于完善的技术手段来为人的生存服务，从而形成生命唯象理论和实用医学技术相互促进的历史过程。中国传统医学理论和技术就是生命存在唯象理论认识的结晶。从世界统一性关系去理解中医生命理论时，就可以将之概括为天人合一理论。

天人合一的最直接意义是天人同构，即把人的生命看成和自然宇宙相对应的结构性存在。传统中医基础理论认为，生命的结构和大自然的结构有类比性，人的自然和宇宙的自然是在内外对应和相互联系作用中统一着的。《黄帝内经》说："天圆地方，人头圆足方以应之。天有日月，人有两目。地有九州，人有九窍。天有风雨，人有喜怒。天有雷电，人有音声。天有四时，人有四肢。天有音律，人有六腑。天有冬夏，人有寒热。天有十日，人有十指。辰有十二，人有十指、茎、垂以应之；女子不足二节，以抱人形。天有阴阳，人有夫妻。岁有三百六十五日，人有三百六十五节……此人与天地相应者也。"①

天人同构的结构意义只是朴素感性认识对具体物体在直观基础上综合出来的理论，还没有上升为科学的结构陈述，这相对于西方科学对物质结构的科学认识而言显然还只处于初级阶段。但这种最初的朴素认识已经具有深刻的意义。从天人同构去理解生命存在比起由神秘的活力及灵魂去理解生命是重大的进步；它把生命理解为自然的存在，并且是和整个自然宇宙同样的结构性存在，是人的自然和宇宙自然相统一的存在，这就为从自然去认识和思考生命提供了合理的方向和初步的基础。因此，天人同构在中医生命理论中虽然没有可由经验检验的技术意义，却构成解释具体中医技术方法的理论基础。尽管它是从直接经验知识中归纳出来的，但也已经具备宇宙学的一般意义。这种朴素的宇宙学观念为整个中医理论和技术方法提供了基础，它应该被看作是对生命统一性的最朴素的具体理解。

天人合一的最现实意义是天人相应。天人相应是天人同构认识合逻辑的发展，它指具有自然客体结构的人的生命存在是按自然规律去运动发展的，是按自然的法则去生老病死的，是人的自然和宇宙自然不可分割的统一性存在，这是生命存在的功能性过程。《黄帝内经》的基本原则是人"与天地相应，与四时相副，人参天地。并将在天的方位、季节、气候、星宿、生成数，在地的品类、五谷、五畜、五音、五色、五味、五臭，在人的五声、五志、病位等进行五行归类，这样就可以通过类别之间的'象'的普遍联系，来识别同类运动方式的共同特征及其相互作用规律”[②]。

从天人同构到天人相应的认识发展，是中医对人的生命认识从抽象之象向具体的生命过程认识的发展，即它对人体生命的结构之象的描述是虚拟的，比如用五行来描述人的五脏属性，但这些虚拟之象的功能过程是具体经验性的，生命过程的风寒、燥热、虚实等是可以基于经验观察来判断的。数千年经验总结出来的五行相生相克、阴阳平衡理论及生命运动规律是可以由具体经验来证明和检验的。尽管这种基于经验归纳出来的生命运动规律没有达到普遍客观有效性，即它还只是在证真意义而非证伪意义上的规律性认识，但它也已经上升到对自然规律客观认识的意义，只是还没有达到普遍有效可证伪的客观性水平。对生命这种复杂统一性存在而言，中医理论的经验归纳认识是具有重大意义的，正是这种天人相应的自然规律的认识才赋予了中医理论和技术旺盛的生命力。天人同构的虚拟之象缺乏客体性，但天人相应的认识是客观的，是能从生存经验意义为人的生命存在提供积极作用的。

天人合一的最高境界是在天人交感中达到阴阳平衡，真正实现天人合一。天人交感是指人的自然存在是在与外部自然环境的相互作用中实现它的生命运动的，这和进化论的自然选择和环境制约理论有异曲同工之妙。并且中医的天人交感认识是非常具体细致的，人的生命周期性运动规律适应大自然的规律，一年四季春生、夏长、秋收、冬藏，人亦应之，即人的生理功能活动随一年春、夏、秋、冬而相应变化，而随日夜更替，人体的阴阳之气也发生变化。所以，生命的规律和自然界的气候节律是相互适应的。中医治病不仅因病因人制宜，还要因地因时制宜。人体生命和环境的这种相互作用认识，从现代科学认识来看也是有根据的。

天人合一是生命自然存在的客体规律，是不以人的意志为转移的。不管你是在知性科学意义上掌握生命运动的客观规律，还是在唯象理论意义上总结出经验性的规律，它都只能由客体自身的具体结果去证明和检验。我们认识生命的本质及具体规律的意义在于自觉地遵守生命自然规律去实现人生存的目的，而不是试图去克服或改变它。所以，天人合一的最高境界就是在天人交感的相互作用中，遵循自然规律，适应环境，实现生命存在的阴阳平衡状态，更好地实现人的生存。中医对人的自然生命认识的精髓和人生命存在的最高境界就是阴阳平衡。

中医理论虽然是以人的生命自然作为特定认识对象的，但它对人体生命存在的认识具有一般生命的普遍意义。天人同构、天人相应、阴阳平衡的认识对普遍生命存在都是具有意义的。最重要的一点是，即使是在生命科学已经长足发展的当代，基于经验综合的中医理论仍然具有重大的现实意义。近年来人们虽然在中医科学性问题上争得面红耳赤，其实根本不得要领。中医是不是科学理论与中医理论技术的价值、意义是完全不同的命题；中医理论及技术是否具有科学客观性和它是不是严格实证科学理论体系，这不能当做完全同一的命题。如果从学科理论进入到具体技术应用层面，则无论中医还是西医都不是纯粹知性科学问题，而是现实的统一性智慧问题。中西医理论的现实价值和意义是技术应用，中医则主要局限于技术的层面，缺少科学的普遍客观知识基础，有科学客观性普遍认识但没达到客观真理知识体系的实证科学水平，甚至局限于用对象去解释经验，其描述的对象就没达到实证科学的普遍性抽象水平。但中医理论技术的实用性是从几千年经验中归纳和证明的，它在当代的实用性也是毋庸置疑的。如果从实证科学的严格意义上看，中医技术虽然已经在很大程度上科学化，但它的唯象理论描述仍然是经验而非知性因果科学逻辑关系的。但为什么我们依然需要中医？这不是说西方医学科学不行，而是不够。就是说，生命科学离基本上揭开生命之谜还有漫长的路要走，对复杂性生命整体的认识，在缺乏严格实证科学解释的条件下，几千年经验总结出来的中医理论技术仍然是不可替代的。认识的客观性是由客体经验来检验的，而非用抽象科学来支持的。中医理论技术的经验意义证明了自身的客观有效性。人们为什么还要对之说三道四呢？简直是莫名其妙。

中、西医还有一个方法论上的不同。实证医学科学基于传统的机器理论，这没错，但从机器的机械原理肯定不足以得出对复杂生命过程的具体统一性理解，故西方生命理论尽管从经验进展到客观科学水平，但其实也有先天的局限性。尺有所短，寸有所长，中、西医各有各存在的客观理由，如果中、西医同质，中医早就进博物馆了。中医唯象理论把生命看作自然，但不看作机械，不还原成机械运动而是从整体功能活动的经验中去理解生命，因此，“辨证”是中医理论技术最本质的方法论，也是最符合复杂生命整体过程认识的思考方法。中医不仅是知识，还是一种智慧，不懂得辨证论治的话就根本不配被称作中医生。当然，在最一般意义上，缺乏辩证统一性理性智慧者是不可能成为合格医生的。无论是中医知识还是西方医学科学知识，用于疾病诊治或人体保健都是从抽象知识返回具体生命的过程，读同样书的人的诊疗方法、技术水平都是各不相同的。从知识回归诊疗实践是从因果关系抽象知识进展到辩证统一性理性思维的过程，中医西医，概莫能外。辨证论治，辨证即确定症候，从生命整体功能去在疾病症状等现象基础上认识病因作用的整体反应状态，探求疾病的本质，从根本上予以医治。辨证论治和科学论治的区别在于是否“头痛医头，脚痛医脚”，这是中医从整体功能去理解生命的智慧所在。

天人合一是几千年来中国传统文化在中医技术领域对生命自然统一性的经验总结。对生命更加普遍的抽象概括则体现在老子玄学世界理论之中。

二、地法天和道法自然

从陈述形式看，与中医文化的天人合一理论不同，玄学理论从天、地、人的统一性去理解天人关系，地是天人统一性的中介。但实际上，玄学理论和中医理论的天、地、人概念是具有本质区别的。如果停留在感性经验中，对玄学的天、地、人统一性关系是无法理解的。中医的天人关系其实是玄学的天地关系。所以，玄学就是玄学，必须从最普遍的抽象统一性去理解。

首先考察人类感性认识的天、地、人概念的意义。在感性意义上，天和地都是空间性描述概念，即都是物质存在的描述概念。地是指我们生存于其上的行星即地球，地球之外的空间性存在被称为天，天地即空间性存在的整体，是宇宙的物质性存在的总称。天地又由具体的万物去构成，正是在这个意义上，我们在上一卷中把物质世界称为空间性存在。在感性认识意义上，天是除了地球之外的整个宇宙世界。物质世界是空间性存在，所以在经验意义中，天的另一种概念称谓是天空。经验中的人则是感性具体存在概念，是天地间一种独特的类存在。经验中具体存在的人是我们这个能动地存在的种群的类概念，它既不是地，更不是天，而是天地之间而非天地构成部分的特定存在。在经验意义上，天、地、人是构成宇宙空间性的三种存在。人即使不是仅空间性去规定的存在，但在经验意义上，也首先是空间性的，人类的一切认识包括对人自身的认识从感性经验开始，更具体地说是从空间性开始。从存在的物质性去作为最具体规定性去认识感性世界，这是从感性经验开始的人类认识是以物即绝对物质观为第一个宇宙观的理由，人类文化的存在概念首先指的是物的存在，二十世纪哲学家的思考依然是何物存在就是确证。从感性之物出发，常识中的天、地、人就是构成宇宙总体三大空间性之物的部分结构，不是不同层次的统一性概念。

中医理论天人合一中的天人概念和经验中的天、地、人概念显然并不相同，否则就得不出天人合一的归纳了。天人合一的天应该包括感性认识中的天地，即应把天作为与人的存在相对的外部自然环境的概念去理解。天人合一之人并不仅仅是感性经验意义上具体存在的人，也不应是哲学家、思想家苦苦思考的人与万物本质区别的人的抽象本质，而是指作为生命客体存在之人，即从生命意义去规定的人。因为中医理论思考的不是人的抽象本质，而是人作为自然客体存在的内在运动变化发展的规律，所以天人合一的人指自然生命存在意义上的人的存在。只有这样理解，天人合一才具有人作为自然存在而与他的生存环境及自然规律相统一的合逻辑意义。

老子玄学理论的天、地、人的意义又另有乾坤。最简单的理由是玄学从道、天、地、人去理解世界，而除此之外的一切理论则从天、地、人去理解具体世界。至于对所谓道的理解，历来基本上局限于抽象的道理即认识意义，根本没有回到道的存在论意义。除了能量一元论，基本的世界理论体系都和玄学理论不同，都是从有而不是从无开始去思考客体世界的存在的。因此，可以断言，人类文化中无论何种意义上的天、地、人概念和玄学的天、地、人概念都不是自然而然、不证自明地同一的。只有真正悟到道、天、地、人的玄学意义，才谈得上对玄学有基本理解。事实上，道、无、天、地、人是玄学世界理论的五个基本概念，离开对这五个基本概念在存在论意义上的把握，要悟出道德的规律是不可想象的。

东方文化中的《道德经》成书于两千多年前，如果把它作为世界统一性最普遍概括的话，这种概括肯定不是在知性科学真理认识基础上的综合，那还是东、西方科学刚处在启蒙阶段的时代。那么，它的来源只能是以感性经验认识为基础的唯象理论知识。因此，玄学理论和中医文化一样，应该被看作是唯象的统一性理论。玄学理论的最大特点是“玄”，即它对感性直观和感性经验认识而言已经是更为抽象的普遍性描述，它源于经验又远远超出感性之物的经验意义，所以，它的道、无、天、地、人这些描述世界存在的基本概念，就不能仍然从经验意义去理解了。另外，玄学理论的普遍抽象又没有客观普遍知识作为基础，它的统一性理解就缺乏普遍理解的基础，对执于感性者就玄之又玄，深不可识；按它的统一性逻辑具体展开，则又可在不同具体意义上得到合逻辑的理解。因此，玄学智慧的最主要意义表现在形而上学的逻辑统一性意义上，它的形而下的经验具体存在的本体存在论意义确是玄而难解的。

《道德经》玄学理论对世界统一性在本体论意义的高度概括描述在第25章。“有物混成，先天地生，寂兮寥兮，独立而不改，周行而不殆，可以为天下母。吾不知其名，字之曰道，强为名之曰大。大曰逝，逝曰远，远曰反。故道大，天大，地大，人亦大。域中有四大，而人居其一焉。人法地，地法天，天法道，道法自然。”[③]在此，我们重点思考玄学理论中四大特别是地大及地的所指之意义问题。

道的意义是《道德经》全部意义的基础。道的最早规定性应出自《易经》的“形而上谓之道，形而下谓之器”。此处，“器”可作具有空间性之物理解，在以物为存在的感性认识基础上，与之相应的道首先可以作物质存在及演化的抽象本质规律理解。其实，几千年来，人们对道主要是从抽象的道理意义去理解的，但老子之道的意义显然远不止于此。《道德经》第25章把道作为混成之物，而且是先天地生之物，因而也可以看作天下母体。所以，道在此不只是抽象的道理，而首先是具体的存在，并且是西方文化中用

“本原”来描述的不生不灭的存在。道之为物不是天地万物，而是恍兮惚兮，是无状之状、无物之象，即没有空间规定性的无形之物。所以，老子又将以本原形态存在的道指称为无，并且说世界是从无中生有、有生万物的。道作为本原客体存在，存在于一切客体存在之中，道既是无，也是有，是由无生出有，所以，道是最普遍的存在，而无则是特定的存在，即只是以本原状态存在的道。在世界没有异质复杂性演化的条件下，道无同一，即我们所说的混沌、太初形态。当世界由本原状态向复杂结构演化时，无中生出有的时候，有就不再是无了，但有也是道。因此，世界的异质复杂性结构演化的无中生有、有生万物的进程使道和无由同一性转化为统一性的存在。道存在于一切存在之中，而无一旦转化为有形之物就是有而不是无了。所以，道是绝对的存在，而无只是相对的存在，道和无是普遍和特殊的关系，即无是道，但道并非只是无，而是异质化、多样化存在的统一性存在。本原之道是物，是无物之物、无形之物。形是有无的分水岭。常无是无形即形而上的，只能观其妙；常有是有形即形而下的，感性能观其徼。玄是微之又微直至无形无质的意义，不是纯粹抽象意识的意义。故前面说无质有量谓之无，有质有量谓之有，无质无量谓之空。凡是有量规定性的物理概念是具体客体世界中的存在，无量规定性的才是纯抽象概念。这是基本科学常识。

玄学的世界统一性理论把绝对的道的统一世界描述为域中四大构成的整体。绝对意义上的世界是道，一切存在的客体及客体的运动变化现象都可以通过道得到理解，所以说道大。“道德”则是指道的运动变化即转化和演化，“经”指的是必然性规律，“道德经”就是指绝对的道运动变化规律，其中最本质的规律是道法自然和自然无为。无为不是无所作为，而是指人的主观行为无法改变自然本身的规律，人的一切所作所为只有在符合道即自然规律的前提下才能达到目的。道按自然规律运动演化形成的复杂性世界是道、天、地、人四大域统一的世界。为什么天、地、人又各自成为一大世界呢？这里四大世界不是空间性概念，而是统一性意义上的四大世界，即指绝对的道的世界按自然规律运动变化产生出的异质多样化具体世界是四个层次的统一性存在，四个层次由于自身内在本质的特定规定性而自成一大世界。

因此，多样化的宇宙是由最普遍的道演化而产生的无、天、地、人的统一世界。

由此可知，玄学的天和经验的天所指并不同一，但和中医理论所指的天最相近。玄学的天指的是空间性的物质世界，所以它既包括经验中的天，也包括经验中的地，甚至人作为自然存在的物质客体性也应该被看作是天的范畴，因为人的生命存在以物质结构为前提，人就只能在天之中而不能在天之外。因此，在物质存在意义上，天、地、人是同一的。所以，不能从感性经验的相对性去理解玄学的天，不能把天看作地球之外的相对存在。在玄学的理论中，感性经验中的地也是玄学的天。根据我们现在已经得到的科学认识，按照我们对宇宙物质世界同构性的信念，把地球和宇宙中其他星体作同样看待即都作为天的一部分是合理的。在两千多年前人类还是地球中心论及人类沙文主义观念支配的时代，老子能得出这种认识，足见其智慧的过人之处。

进一步推论则是玄学的地所指的就不是地球了。地球只不过是宇宙空间性结构存在的一部分，只不过是天之沧海一粟，根本谈不上是和天平分秋色的域中四大之一。所以，玄学的天、地绝对不能从空间相对性去理解。地之所以能成为域中四大之一，只能从它和天不同质的异质规定性去理解，即必须从异于空间性的规定性去理解地。地之所以为地的本质规定性不在空间性之中，物质客体的非空间性规定就是时间性，一切具有时间性的特定空间性存在就构成异于纯粹空间性的特定存在。因此，自成域中一大的地只能从时间性去理解，即地所指的就是生命世界。地球不是宇宙物质世界中自成一大的星球，但地球的生命世界真正是物质世界中具有自身异质规定性的世界，生命世界据此才有资格自成其大。生命世界和物质世界不是整体和部分的关系，而是统一性关系。因此，玄学的天和地不是对立、相对的概念，而是统一性概念，地既在天之中又超越纯粹天的本质规定性，是这个星球上土地养育的多样化生命世界，这就是世界统一性原理把关于生命世界的思考定格为地论的理由。只有把地理解为生物圈和统一生命世界，才能合理地解释道、天、地、人域中四大的含义以及“人法地，地法天，天法道，道法自然”的意义。

玄学理论中人所指的不是自然人，而是社会人。这是与天人合一概念的不同之处。天人合一的人是按自然必然性规律即天地之道运动变化的人的自然生命。玄学理论中老子讨论人时所深恶痛绝的正是人违反自然规律，强调必须无为，这时人就超出自然生命之人，有了文化之人的意义。比如，《道德经》第77章，老子说，天之道，损有余而补不足，人之道则不然，损不足以奉有余。所以，老子所说的域中自成一大的人就不再是在自然生命意义上说的了。

三、天地统一性

按照老子玄学世界统一性理论，道、天、地、人的多样化世界是以道为本原存在的统一性世界。用当代理性概念来陈述，就是说，多样化的世界是能量一元论的统一世界。物质世界和能量世界的关系，在上一卷天论中已经在质能统一性一章中作了具体探讨，在地论中则要对天地统一性即物质和生命世界的统一性作出具体的说明。

首先，生命世界和纯粹的物质世界具有本质的区别，它自身具有作为自然界中独立完整的特定世界的充分理由，即地具有域中四大存在之一的可靠根据。因此，理解生命世界在统一性自然世界中地位的前提是生命世界自身的统一性，这正是人类对生命认识的最基本问题，它以对“生命的本质是什么”的回答为前提。生命与非生命、生与死的区别对于我们的经验而言是显而易见的，但生命和非生命的本质区别不是不证自明的，而恰恰是需要高度智慧的普遍性综合的。猪肉和猪的区别不言而喻，但进入生命的肉体和灵魂关系，回到神秘的生命活力及灵魂是否不死这些高度抽象的问题时，生命对我们而言就仍是高深莫测的。因此，把生命作为域中四大之一的统一世界的前提，就必须回答“生命之所以为生命的最普遍的抽象本质是什么”这一命题。

给生命一个确切定义的困难在于，几千年来我们的文化习惯于以物为基础去定义多样性之物的不同概念，同时生命本身也是以物质存在为前提的。

但是，以物为前提的定义如果仅停留在空间性之物，恰恰又违反生命之所以为生命的规定性。因为生命和非生命的区别是生命之物和非生命之物的区别，从物出发根本无法得出生命和非生命本质区别的规定性。从逻辑上看，物是物质和生命的统一性，不是生命本质上不同于物质的规定性，这是我们从传统的物质世界存在描述框架中总是无法得出生命规定性的原因。因为在物的意义上，生命是不可定义的。最直接的理由在于同一物可以是生命也可以不是生命，因为在彼时它是生命，但此时它已经不是生命了。所以，离开过程无法规定生命，纯粹的空间性中无法区分生命和非生命。在从蝌蚪到长成青蛙的同一现实生命统一过程中，同一生命在结构性之物意义上肯定是不同之物。更现实地说，我们生、老、壮、已的一生中，作为物的存在当然是不同一的，没有心智正常的人会将自己当木偶，这才是人一生中不能两次踏进同一条河的深刻意义，是“生命是绝对运动着的存在”的充足理由。只有在时间过程中才能得出生命过程和非生命过程的区别，所以时间性才是认识生命的最普遍形式，在形式即本质意义上可以说生命是时间性的存在，这就是生命世界能够区别于空间性存在的物质世界，从而在自然中自成体系，成为统一性的独立生命世界的理由。生命世界的统一性就是时间性存在的统一性。

基于空间性本质的物质世界和基于时间性本质的生命世界都是统一的特定世界，但它们的统一性意义是完全不同的。物质世界的统一性是由力和相互作用建立起来的，所以是一个机械论的世界。一个物质可以看作复杂物质系统，也可以抽象为质点，而物质世界的最基本具体存在就是可以抽象为质点的客体存在。但生命世界与此完全不同，生命客体是有机的、整体的、不可还原的。任何生命存在一旦还原就不再是生命，就失去生命存在的意义。生命世界的统一性不是由机械或能量交换的相互作用去建立起来的。生命世界统一性的普遍联系是内在的，即是由生命生殖、繁殖的内在遗传规定性构成的种群的连续性，以及由生命遗传基因的变异即在特定环境下的突变产生新种的进化过程将不同生命种群的统一性建立起来的。所以，时间性，特别是时间连续性，既是生命个体的本质规定性，也是生命世界作为统一世界的充足理由。

其次，生命世界和物质世界统一性的最重要理由是生命世界就在物质世界之中，它并不是独立于物质世界之外的世界，而是在物质世界之中，由物质世界结构复杂性演化到产生出具有特定的时间性空间结构的产物，是普遍实体客体结构中具有特定异质规定性的实体存在。所以，物质实体性是一切生命存在的前提，就是说，物质客体并不一定是生命存在，但生命客体一定是物质存在。用数学集合论来陈述，则生命世界是物质世界的一个真子集，这个子集的规定性是建立在物质实体规定性基础上的。这是相对性物质结构复杂性演化达到极限的绝对形态时产生的，这是达到个体性的时间—空间性结构的产物，它既在物质世界之中又超越了相对性之物，物性只是它的存在前提，活性才是它的本质。所以，物质世界和生命世界不是对立的，而是统一的。

因此，从统一性观点去思考世界时，就可以对生命是什么得出比较全面的理解。我们说生命是时间性存在，指生命是本质上在普遍时间形式中展开的过程性存在。现实的生命存在是具体的，而不是抽象时间性形式，对具体的生命是什么的理解不能仅从它的时间性形式本质去理解，而必须从统一性去得出具体而非抽象的理解，得出时间性的具体理解。所谓具体统一性的理解，就是说生命作为具体的存在，是在和外部环境不断进行物质、能量交换的，是绝对运动着的时间性近稳态耗散物质结构整体。从生命物质结构意义看，它是构成生命实体的物质系统在与环境相互作用中的机械相互作用，生命的生长就表现为生命物质的结构演化过程。从能量的观点看，生命运动的意义在于能量交换，正是能量的转化规律决定了生命的时间性过程。所以，生命的本质是时间性，生命是具有时间性的能量、物质结构的绝对运动过程，最终只能从生命、物质、能量的统一性中才能对它得到具体的理解。

把具体生命存在理解为能量、物质、生命时间性结构运动的统一，从另外一种意义来说，又回到我们上一章的论断，即世界统一性并不神秘，它就体现在我们自身具体的生命存在之中。这正是古希腊哲人用神谕的方式把“认识你自己”作为对世界认识最基本命题的智慧理解。几千年来，人类认识自身的意义是什么？人把自己作为对象时，这一认识的对象规定性是什么？或许真还没有人从认识对象根源上去思考这一命题。世界统一性原理对此的理解是“认识你自己”的人存在自身作为认识对象是无规定性的无限对象，因而是具体的统一性认识而非抽象的认识。“认识你自己”的任何知识都是构成对人的认识部分，但没有任何知识可以穷尽对人的认识，对人自身存在认识的知识积累越多，我们认识自己就越透彻、越丰富、越具体。所以“认识你自己”是一切对人的认识的统一性理解的智慧。我们既要认识人的个体性、人的非生物性，又要认识人作为生命存在的时间性，还要认识人的生命物质基础以及推动和支配生命物质结构绝对运动的能量过程，这才是具体的人。具体的人的理解是统一性智慧的理解，是无限的认识过程中不断深化的智慧。对人的生命存在的理解已经是对人的自然存在的统一性认识，所以，“认识你自己”就是认识世界的统一性，认识你自己的生命存在就是认识自然世界的统一性。同样可以说，我们一切认识终究包含在“认识你自己”的意义之中，对自然、社会和人类思维认识最终总是指向我们自身，这是“认识你自己”的深刻的哲学理性统一性意义。

最后，玄学天地统一性必须从“地法天，天法道，道法自然”去理解，这正是玄学理论认识世界统一性的最基本法则，是《道德经》的经即宇宙变化规律的精髓。“地法天”是指生命世界的一切存在首先必须以遵循物质客体的一切运动变化规律为前提。生命客体首先是物质客体存在，没有物质客体的特定结构就失去生命存在的基础，就无生命。所以，以物质实体结构形态存在为前提的一切生命存在所遵循的必然性规律，首先必须是物质世界运动变化的一切规律，这是生命存在虽不充分但必要的条件。生命世界和物质世界统一性关系的最简单直接理解就是一切生命存在必定是物质存在，而只有特定的物质存在才是生命存在。因此，生命存在除了受物质存在一切规定性制约之外，还有它区别于纯粹物质存在的特定规定性约束，从而构成它是生命物质客体存在的抽象本质规定性。在对生命这种统一性智慧理解中，把物质客体一切规定性及约束、支配规律作为生命存在的必然性规定及约束是不证自明的，这并不难理解。然而，在 2500 多年前，人类还是以和物质客体完全不同的灵魂为主要规定性去理解、思考生命的历史时代，在人类为生命存在区别于非生命存在的活力的神秘性而主观臆测、天马行空的时候，老子能得出“地法天”的统一性概括，这不是一般的智慧可以企及的。

绝对的世界统一性原理包括玄学理论和能量一元论，它把空间性的物质客体即玄学的无中之有及其演化之物看作由无产生的结构性非永恒存在，它只是道转化后的特定存在形态，是由本原之道转化为具有空间性之道的相对性存在形态。在中医天人合一理论中，无形无质无象的精、气、神才是生命运动的根本原因；在玄学理论中，玄之又玄的道才是宇宙自然变化的最终原因；在能量一元论中，存在和状态相统一的能量才是自然存在和演化的最终根据。天地统一性的生命统一于天，最终统一于无，支配生命结构绝对运动的规律仍然是能量最小原理，更具体地看是熵原理。因此，尽管说生命世界服从物质客体存在和演化规律，但这还没有得到对生命的绝对认识，最终必须回到能量转化运动规律，才能从根本上理解生命物质的绝对运动变化过程，自觉到“生命在于运动”的更深刻意义。

第二节　熵原理和生命统一性

一、生物物理学的熵理论

《道德经》的世界统一性理论包括天地统一性理论，是建立在唯象经验认识理论基础上的，它的高度抽象性以及它所描述的道、无客体存在的极之匮乏的经验感知性，决定了玄学理论作为非客观普遍知识基础上的具体统一性理论，很难为常人所理解，在形而上和形而下之间缺乏普遍知识基础为中介使玄学统一性理论始终是玄而又玄的。最直接而基本的证据是人们依然在传统经验上由常识而来的感性天地概念去理解玄学理论，老子的天地概念还只深埋在他的《道德经》中。对世界的统一性理解仅停留在玄学的玄之又玄中，把玄局限于深不可识之空，只会消解它深刻智慧的现实意义，无法企及老子的境界。玄学理论的世界统一性理解的形而上框架是不可超越的，但由此出发对世界的理性具体认识还只处于逻辑起点不远处。它必须向理性具体的世界统一性原理发展，即进展为建立在科学真理认识基础上的统一性理解。牛顿建立的经典科学理论是人类理性统一性认识的里程碑。诚然，牛顿经典物理学的普遍意义还没有达到最普遍的客体世界，甚至也没有达到物质世界的普遍性，基本上限制在抽象质点和力所描述的物的层次，但它第一次为物的世界，也即自泰勒斯创立自然哲学唯物论以来西方文化所定义的整个自然界的统一性理解提供了普遍客观知识基础。物理学家牛顿在后人中获得了贬义的机械论大师的称号，这其实是对牛顿历史性贡献的最高评价。没有对自然的机械作用这种最简单、最基本相互作用的统一性认识，更复杂具体、更普遍的世界统一性认识就没有可资立足的稳固起点。物理学是一切自然科学的基础，牛顿经典物理学是整个物理大厦的基石，任何复杂存在及其演化在抽象质点和力的抽象意义上一定是符合牛顿理论描述的，复杂生命也不能例外。神秘生命活力支配的生命过程分解为一系列质点意义的元结构集合时，每一元结构的动力学过程同样是遵守牛顿质点动力学普遍定律的。问题在于生命极为复杂且本质是整体不可还原的，以牛顿经典物理学为基础的生命具体理解只能达到人是机器的有限水平。

对生命世界统一性思考，其实它的科学基础并不仅仅是生命科学。从统一性意义去思考生命的时候，不能和物理学割裂开来，但又不仅仅是牛顿物理学，而是在此基础上更具体的生物物理学，它把理论物理学的普遍规律和复杂生命运动过程统一起来，具体揭示特定生命运动中的普遍动力学过程，使对复杂生命的理解成为具体统一性的，又是具有客观普遍知识基础的。美国生物物理学家菲利普·纳尔逊在《生物物理学：能量、信息、生命》中说道："二十世纪初人们已经知道，从化学角度看，你我与一罐汤没有太大区别。不过，我们能完成汤无法完成的很多复杂甚至有趣的事。对于生物体如何利用食物创建有序、如何做功乃至如何计算，那时的人们仅持有极少的正确观念，而这些观念都是来自当时技术领域的并不恰当的隐喻。抛开哲学不谈，过去 20 年或 40 年里物理学技术领域发生的革命已成事实，这些技术使人们能深入细胞内部的纳米世界，通过物理手段对它们拉伸或拧转，并进行定量观测，最终，细胞生物学教科书中那些卡通图里隐含的诸多物理思想将经受精确的检验，或证实或证否。"[④]所以，生命统一性的科学基础必须包括物理学知识，特别是物理学的能量理论。因为在最终意义上，生命复杂性绝对运动过程是由能量规律支配的。

由于牛顿经典物理学理论建立的物质世界科学描述还没有达到最普遍的自然客体世界科学描述，二十世纪物理学的超越物质世界的理论描述即量子理论及相对论也仍然被局限在物质世界之中，所以物理学成了一个波粒二象的二元分裂世界，最普遍的能量世界的绝对运动及转化只在物质的状态即现象性存在中得到思考。迄今为止，人类对能量亦即对整个自然界的科学认识是极为片面的，这就限制了对生命的能量理论认识。这种片面性最主要表现为对能量运动定律的理解，它导致把宏观物质统计系统的能量均分原理即物质世界绝对熵增的最普遍的不可逆本性看作自然的最普遍本性，把能量运动的熵自发不可逆增长看作绝对的物质世界趋向无序、混乱的热平衡过程。在

第三卷天论中，我们已经从能量一元论出发得出对熵原理的合理解释，把熵作为物质客体状态交换中能量最小原理的特定表现形式，它的意义在于支配物质世界从简单到复杂结构演化的完美过程。所以，熵是天使，不是恶魔，不是幽灵。但是，熵的面目在理论物理学中，在化学中，向来都是可憎的存在，在生物物理学中同样如此。误解熵原理的本质，生物物理学的生命理论同样会走入误区。所以，从能量一元论出发去理解生命存在统一性时，必须理解熵原理对生命运动的具体统一性意义。对生物物理学中错误的熵观念首先必须拨乱反正，首先要对现行的生命之熵的理解作统一性梳理。所以，下面简要地将菲利普·纳尔逊《生物物理学：能量、信息、生命》一书的基本的熵观点归纳如下。

第一，从热功当量关系来看，热的确是机械能的特殊形式，即组成物体的分子的动能。按照这个观点，一个热的物体在它的分子的震动中储存了大量能量。但热并不完全等效于机械功，因为它们之间不能完全转换。热能是总能量的一部分，是分子随机运动的贡献，因此，热运动的随机性一定是其低品质的关键。换句话说，能量的低品质和高品质大概与组织程度有关。按照热力学第二定律，一个孤立系统分子无序性不可能自发地降低，但生命的确正在持续地（从无序中）产生有序，为了避免生机论，必须调和热力学第二定律与这个普遍的观察事实的理解。

必须记住，热力学第二定律只能运用于孤立系统，而地球不是孤立系统。随着生物的出现，地球上分子的组织程度（有序度）逐渐增加，这是否与热力学第二定律矛盾？对此必须考察是什么流进和流出地球。从太阳入射的能量仅反射一部分回到太空中，更多的是以热的形式辐射到宇宙中去。由于地球温度稳定，所以入射和辐射的能量基本相当。但从太阳入射的是比地球释放的具有更高品质的能量，这表示有一个净的有序流入地球。简单地说，能量通过系统可以使有序性增加，植物和动物消耗的是有序而不是能量，绿色植物吸收高品质形式的能量（阳光），然后将其传遍整个植株并最终以热能形式释放。因为热无序将导致其组织变为均匀混合的化学溶液，植物需要利用其中部分能量来抵抗这种退化趋势，以此维持并做些“有用功”，例如，将摄入的低能量形式物质升级为高能量形式（碳水化合物）。[⑤]

第二，该著作第六章关于熵、温度与自由能的关系描述中把无序和熵联系起来。其基本观点是“序”控制着能量何时做有用功，但序不守恒。序的定义是由可预测性来描述的，即序列的无序程度反映可预测性，高可预测性意味着低无序度，无序系列不可能有扼要描述。对物理系统的微观态进行一次连续测量得到一个序列，多次测量得到不同序列，我们将物理系统的无序度定义为平均每序列的无序度。本章的主旨就是：如果时间足够长，孤立系统就会演化到热平衡态。平衡不是某个特定的微观态，而是微观态的一个概率分布，该分布使受约束系统的微观组态具有最大无序。

温度是系统平衡态的统计性质，是对复杂物质系统的状态描述。热从高温系统流向低温系统即热流是系统趋于最大无序的后果。温度总是自发地从高温物体流向低温物体对封闭系统而说一定达到系统内部等温的热平衡态，对处于平衡态的孤立宏观系统，任何时候去除系统内部一个约束都会使其最终达到新的平衡态，而熵永不减少。突然去除一个约束，熵会自发增加。熵是一个常数与系统最大无序度的积，所以熵本质上和系统无序度同一。热力学第二定律熵增的意义就是无序度增加。为了增加有序性而付出的代价是必须使一些有序能量降级为热能。热力学第二定律揭示的熵的绝对增加性意味着物理过程的基本不可逆性；理想气体的熵表达式也可以等效地应用于溶液有 N 个溶质分子的稀溶液。必须指出，熵是物质宏观系统的状态描述，对质点个体描述则是不适用的。

对开放系统而言，它和外界有能量交换所以不会稳定在平衡态，系统的自由能 $F=E-TS$ 反映了熵和能量的竞争关系，而熵力可以表达为自由能的导数，即如果系统所处状态的自由能大于最小值，那么它可以对外部负载做功，从中可获取的最大功为平均自由能减去能量最小，这种做功消耗有序性。

从热力学的热机原理去看生物圈，首先可以把太阳系看作近封闭的热系统。植物从太阳辐射中吸取热量，细胞中的单个叶绿体可以视为占据太阳能输出通道的一个微小部分，并连接到处于室温的植物的其他部分，可把它视为能够利用温差因而能从入射太阳光中获取能量的机器。但叶绿体不做机械功，而是从低能的前体分子制造高能分子 ATP。

第三，第七章细胞内的熵力是应用熵原理对生命复杂细胞结构的运动过程的物理学分析，是生物物理学从熵原理出发对细胞运动的动力学分析。在物理学中，某状态变量变化时，势能的变化成为机械力。气体压强是最简单的熵力，它对活塞的力可以看成是 F 对（封住气体的）活塞位置的导数。更详细的生物物理学分析证明，平衡渗透压同样遵循气体定律，所以它的状态变化也可以看作熵力的作用。渗透压对细胞影响极为显著，使大分子之间产生排空力，对细胞平衡渗透压的熵力分析即按理想气体定律分析，得出平衡渗透压的范托夫关系，并可推断出由渗透压作用产生的流体柱的平衡高度正比于其中的溶质浓度。

与渗透压相类似，同样可以分析细胞中的渗透流。比如溶液中的静电力，水的氢键网络对小分子可溶性影响，从而使非极性物体之间产生熵吸引力的机制分析等。所以，细胞世界熵力无处不在，细胞的复杂时间性行为是由一系列基本的物理作用包括熵力作用来构成的。

从神秘活力解释生命到生物学、生命科学，特别是生物化学和生物物理学科学理论的建立，这标志着人类对生命统一性乃至世界统一性认识的巨大进步。就菲利普·纳尔逊《生物物理学：能量、信息、生命》的科学理论而言，确实已经以传统物理学的最基本力学理论为基础，对细胞中的分子无规则行走、摩擦、渗透等物理行为以及细胞分子特定的协同变构、自组装等行为的内在机制做出了合理解释，细胞的活力对我们而言就不再是神秘的了。生命这一不可还原的复杂统一性存在的具体理解一定是能量转化、物质结构运动和生命整体的绝对运动本质相统一的。生命尽管是不可还原的，但离开普遍物质结构演化和支配演化的能量普遍规律在生命特定结构运动中的具体认识，生命整体就只能停留在抽象神秘的活力论中。从生物学到生命科学的重大进展首先应归功于物理学家，他们把物理学的实证科学方法和理论导入具体生命运动过程，在基本结构功能活动层次把生命绝对运动理解为普遍能量、物质规律在特定生命条件下的具体过程，建立了分子生物学这样一批关于生命的实证科学学科。

把物理学导入生物学并推动生命科学长足进步的重要代表人物是二十世纪杰出的量子物理学家薛定谔。他在二十世纪四十年代的著作《生命是什么》中用物理学的全新视角审视生命，独具慧眼地把生命本质归纳为负熵，从物理学实证科学理论和方法意义上，把神秘生命活动解释为自然的能量和物质运动普遍规律支配的过程，由此把一大批物理学家引入生命领域，推动了生命科学蓬勃发展，令人们有信心预言二十一世纪是生命科学的世纪。薛定谔过人的智慧在于他从负熵即能量过程，亦即支配自然运动变化的最普遍规律出发去探索自然最复杂的生命存在，为理解生命乃至整个自然的统一性找到了坚实的起点。

不可否认，生命科学还很年轻，后面的路还漫长。尽管生命科学日新月异，但生物学家坦承连最基本的生命定义这种命题还未得到普遍性的理解。制约生命科学的一个极为重要原因在于，当科学家从能量、物质运动普遍过程去理解生命具体运动时，处于基础地位的物质能量之间的统一性就是很有问题的。在宇观层次把熵原理当作支配整个宇宙的最普遍定律，只能把宇宙理解为孤立系统并不可逆地趋向热寂、能寂的过程。在生命存在层次，从负熵去理解生命过程的杰出科学家们也只能无可奈何地从生命消耗环境负熵、加速宇宙向无序演化去理解生命，这正是上面菲利普·纳尔逊所说的“生命消耗有序”的意义。由此看来，宇宙生命创世纪实在是罪过。在上一卷中，已经得出熵绝对增长只是有限科学规律，只在物质世界才有意义的结论。在能量为绝对存在的宇宙中，由熵绝对增长根本不能推出宇宙热平衡的结论。宇宙本原状态的能量客体是绝对运动的，它决定了多样性演化的宇宙的永恒运动和永不热平衡，最普遍的引力就是宇宙运动的永动机。传统的绝对物质观把质能统一性的宇宙割裂为质能二元的宇宙，根本无法合理理解物质世界熵原理的具体意义，更无法合理解释100多亿年来宇宙大爆炸之后随着熵增而产生的宇宙多样性统一的有序演化进程。毋庸讳言，生物物理学家们从负熵去理解生命时，对熵原理的具体理解还是很有问题的。上面所提及的菲利普·纳尔逊教授的生物物理学著作对生命运动过程的科学分析是很有成就的，可惜囿于传统的熵理解，其中对生命的熵原理即能量过程的具体认识是不合理的。必须在能量一元论和质能统一性基础上思考生命的熵原理及意义。

二、生命之熵的意义

从能量一元论及生命统一性的观点来看，从熵状态去认识生命过程的生命物质相互作用是合理的，只有这样才能从根本上摆脱生命活力论的束缚，有根据地把生命理解为道法自然的过程性存在。然而，传统物理学对熵的理解是片面的。按照传统的热力学第二定律是自然最普遍定律，熵定律揭示的熵增不可逆性过程是绝对不可逆运动的观点，自然是不可逆地趋向无序、混乱的热平衡死寂状态的。生命的复杂有序性恰恰是对热力学不可逆无序演化理论的否定，这就是菲利普·纳尔逊在《生物物理学：能量、信息、生命》一书开篇所说的“我们和一罐汤肯定是不一样的”之含义。生命是对熵增绝对不可逆观念的直接否定，所以，物理学和生物学在这种意义上是不协调的。生物物理学的目标就是要协调这种矛盾，从而得到生物物理行为的统一性理解。但是，正如上面所归纳那样，生物物理学的熵原理及意义还是建立在传统的物理学解释基础之上的，在绝对走向无序的熵定律支配下，生命的有序是如何形成的呢？生物物理学有揭开这个谜底的能力吗？

菲利普·纳尔逊在《生物物理学：能量、信息、生命》中认为，生命有序性和热力学第二定律应该调和，“这个调和并不像听起来那么困难，毕竟，一个装满稠密水蒸气的密封罐子会自发地转变为底上出现一洼水而只剩少量蒸汽的状态。经过这个转化后，罐子的内部比以前更加有组织，大多数水分子被粘在一个非常薄的水层里而不是自由地在整个罐子内部移动。但是没有人相信有一个非物理的、神秘的力量对水分子进行安排！为弄清到底发生了什么事，我们必须记住热力学第二定律只能运用于孤立系统。尽管装有水蒸气的罐子是密封的，但在水分子凝聚的过程中，它向周围环境放热，所以它不是孤立系统。整个系统中的一个子系统能自发增加其有序性，这并不荒谬”[⑥]。由此看来，生命的有序性是作为自然大系统中的子系统而实现的。这里的聪明之处在于把生命合理地看成一个开放的子系统，在生命和环境的物质、能量交换中揭示生命组织的运动过程，这正是与生命的时间性本质一致的。从开放系统角度去分析生命系统的物理过程，把生物物理学的具体物理分析建立在可靠的物理学理论基础上，但这并不意味着建立在传统物理热力学的熵的物理意义解释基础上的生物物理学的熵观念是正确的。事实上，这种熵意义理解与生物物理学的科学真理认识之间并无相关性，真正的问题反倒是它对生物物理学是有害的。

首先，在最基本的客体世界的意义上，生物物理学的熵观念和传统物理学的观念是一脉相承的，上文用子系统及开放系统去回答复杂生命结构并不遵循热力学定律的热平衡预言走向无序死亡，而是不断构建复杂有序生命运动的现实，这正是一般生命理论对热力学第二定律的态度；普里戈金的耗散自组织结构理论也是如此。子系统的有序是以整个系统的更大无序为代价的，因此宇宙的熵的不可逆过程是不可抗拒的，生命这种高度自组织有序的存在就只能在特定子系统中存在。生物物理学对之更具体的解释则是生命过程的实质是在消耗世界的有序而非能量，这正是致命之点。因为能量守恒，如果生命消耗能量，则宇宙只是在能量守恒基础上的能量转化，而消耗有序则意味着宇宙的退化，因为生命消耗的有序在生命毁灭的时候并不能守恒地存在，而是耗散。菲利普·纳尔逊在《生物物理学：能量、信息、生命》中已经明确指出有序不守恒，生命消耗有序的最终结果是以宇宙趋于无序的演化为代价的，这正是微观熵意义和宏观熵理论一致性的传统理解。既然世界统一性原理在物质世界的熵定律探讨中已经彻底否定熵定律的绝对性，只把它作为普遍的能量转化定律在物质客体系统的特定表现形式，即宏观物质系统中的自由能均分原理和能量最小原理的特定形式，那么首先可以断言，基于理论物理学传统熵观念的生物物理学的熵观念一定是同样缺乏科学根据的。

其次，我们可以得出对生命之熵意义的第二个结论：生物物理学的科学真理认识与它的熵观念之间并无相关性。它能科学地建立生命微观物质结构之间相互作用的必然性规律描述，成功之处在于它在生命特定结构形式条件下利用统计数学方法，建立宏观复杂系统的因果必然性关系描述，而不在于它符合传统的物理学熵观念。前面指出，《生物物理学：能量、信息、生命》一书中聪明地把生命作为开放系统，并把热力学第二定律限定于孤立系统，从而巧妙地和热力学第二定律“划清界线”。这种成功的科学抽象认识并不保证该书的熵观念是合理的。认真思考就能发现它的严重缺陷。从传统的熵观念去解释生命肯定是不合逻辑的，唯一的处理方法是把它们隔离开来。但菲利普·纳尔逊在《生物物理学：能量、信息、生命》中把热力学第二定律只局限于孤立系统的观点也是具有局限性的。除了宇宙，所谓孤立系统只是一种抽象，物质世界是普遍联系和相互作用的，宇宙存在论意义上没有“小宇宙”即绝对的孤立系统，至于生命存在连孤立系统的抽象存在都不成立。只有把复杂生命结构还原为非生命物理机械作用时才产生抽象的孤立系统，这是生命中的抽象物质结构孤立系统，而非生命本身作为抽象的孤立系统。只要把生命抽象为孤立系统就会剥夺生命的存在本身，所以是不合逻辑的抽象。如果热力学第二定律和熵原理只适合于孤立系统，它对世界而言就无存在论意义，只是一种相对性描述，它对生命世界就没有描述的有效性，那我们又何必苦苦追求从普遍的熵原理去理解生命过程呢？这不是二律背反吗？

实际上，热力学第二定律的最一般陈述是热总是自发地从高温物体流向低温物体。这个陈述不只对理想气体有效，也不只对孤立、封闭系统有效，而是对一切宏观物质客体的动能交换都有效，所以它并不是只限制在孤立系统中的必然性规律。它的最普遍抽象归纳是傅里叶热传导定律，其适用范围并不限于孤立系统，而是适用于一切物质热运动。从世界统一性原理看，热交换实际上是物质客体之间的动能交换，热力学第二定律是自由能最小原理这一支配物质客体相互交换动能的最普遍规律在宏观系统中用温度状态量描述的特定形式。只能说热力学的平衡态或熵最大状态只能在封闭、孤立系统中产生，不能说热力学第二定律只适用于孤立系统。因此，生命复杂系统的宏观运动显然是受热力学第二定律支配的，但它是开放的耗散结构系统，所以它不会达到特定的热平衡态。此外，生命是由多层次不同分子组件构成的整体系统，对它的整体认识描述就不能还原为统计平均学意义上每一个分子之间的随机统计运动描述，就不能用统计的熵状态函数去描述生命整体的运动过程。因此，并不是说熵定律对开放的生命系统没有描述意义，而是说统计的熵或热运动描述对生命整体来说是不成立的。但生命系统各个层次之间同样是大量分子组成的宏观系统，从物理学的质点动力学去描述或许只是上帝才有的本领，我们无能为力，所以在适当的物质组成客体相互作用中，如果能用统计学方法对之作随机统计描述，我们就能从物理学的熵原理得到它的具体作用机制的理解。这正是生物物理学从热运动、布朗运动出发去解释生命中的渗透压及大分子协同建构等特定生命过程的自组织行为的根据。所以，生物物理学并不能真正和热力学第二定律“绝缘”，熵原理作为物质世界的普遍规律，在特定生命运动中同样是客观普遍有效的。

最后，必须看到，用传统的熵观念去解释生命运动的最大局限性在于把无序和熵同一，用无序、有序去解释生命，从而把生命现象重新引向神秘。生物物理学从构成生命的物质结构的物理行为去解开生命运动内在机制的重要意义在于打破神秘的生命活力论，把生命运动理解为物质客体按必然性规律相互作用产生的时间性过程。但用有序去描述生命，说生命消耗有序而不是能量的时候，有序、无序和生命力一样是抽象的，因而又退回到神秘生命描述了。在上一章，我们已经指出，自然存在是道法自然的，是在必然规律支配下的运动变化，无论是从生命整体看，还是从宏观热系统看，或是从抽象质点看，它按必然性规律运动就是完美的，所以只能说是有序的，而不是无序的。无序是带主观价值判断的概念，对自然科学而言是伪命题。物理学把熵最大等同于最无序，实际上把无序和复杂性等同起来。但复杂性只是我们划分和规定认识对象时的相对描述，并无存在论意义。一滴水作为抽象质点是简单的，作为由分子构成的宏观系统时就是复杂的了。至于生命存在，比如最简单的单细胞生命，其复杂性比将它所有构成分子或原子看成无差别的统计平均微观客体要复杂得多，按照复杂性和熵及无序性正相关的理论，那不是有生命的细胞比死亡的细胞更无序吗？所以，用无序去描述复杂性，用有序、无序去区别生命和非生命是不合逻辑的。当菲利普·纳尔逊用消耗有序而非能量来陈述生命时，我们只能用神秘活力去理解生命才是有意义的。有序、无序只是状态，而能量是状态又是存在。生命只消耗状态不是退回到神秘活力了吗？从根本上说，无法用有序、无序去科学地解释生命，对序的统计描述实际是熵状态描述，它只有复杂性而无有序性意义。一个简单的证据是，当一只猪因生命存在意外而变成结构不变的非生命存在的时候，从结构复杂性描述的序是不变的，那么，猪和猪肉的区别就根本无法从序中体现出来，那凭何说生命更有序，生猪比死猪更有序呢？

《生物物理学：能量、信息、生命》对世界的能量及有序问题探讨，一开始就建立在不完备的基础上，即建立在地球和太阳能量关系描述的不合理理解基础上。把太阳作为地球的能源即地球生命运动的发动机是合理的，认为太阳是恒定发动机也是合理的，但认为地球从太阳吸收高品质能量，向地球外部释放低品质能量从而摄取有序的观点则是无稽的。姑且撇开所谓高品质能量、低品质能量这种毫无科学根据的概念，承认所谓太阳能、电磁能、机械能是高品质能量，而热能是低品质能量的观点，那么，地球吸收太阳能的同时向外太空释放的是低品质热能吗？显然不是。何谓热能？它是宏观物质系统构成分子的平均动能，那热能不就是机械能吗？我们知道，在质点意义上温度是没有意义的，温度只是宏观状态的相对描述，它的本质就是机械能。对宏观系统描述而言，粒子的机械能描述缺乏现实性，因而转用宏观统计描述。统计描述怎能使粒子的动能品质由高变低呢？这显然是不成立的。而且，事实上，地球向外太空释放能量不是释放热能，而是通过热辐射释放能量子即和太阳能一样的光能，地球和太空基本上没有热传导和对流，只能主要以辐射作为能量交换方式，只能以交换光子为主，即入射和出射的都是一样形式的能量，所以说地球从太阳光中吸收高品质能量，而向外释放低品质热能从而获取有序是毫无根据的。我们根本不能从主观的有序、无序概念去科学地描述地球和太阳之间的能量交换关系，因而无法基于普遍的科学必然性规律去理性地解释由太阳提供驱动能量的地球生命圈中的生命运动具体过程。

熵定律支配生命过程，这是从世界统一性原理能量一元论得出的必然推论。但熵定律的作用不在于支配生命从无序到有序去理解，更不能把有序状态作实体理解。生命之熵的意义归根结底就是推动生命物质运动的能量按其规律起作用的过程。

三、能量、熵、生命

从能量一元论的世界统一性原理去理解生命世界，首先就把生命统一性存在理解为由能量存在和转化规律制约的特定过程。能量普遍规律对生命存在的制约并不仅仅是在最终的普遍意义上去理解的，而是必须从生命具体存在过程去理解。在物质世界统一性中，我们反复强调，必须从“有之以为利，无之以为用”的质能统一性中去理解物质客体存在的具体现实性，仅从质量及空间形状的意义去理解的物质是孤立、片面和死板的，孤立的物质客体只是一种特定的抽象认识，停留在感性之形理解感性之物还只达到动物水平。物质客体的本质意义只能从物质世界的普遍联系、相互作用的演化中得到真正本质上的理解，有无统一而生生不息的感性世界是统一有序的完美世界，它演化的最成功杰作就是进化出多样化统一的生命世界。生命世界统一性原理首先奠基于它的物质客体存在这一必要条件，所以，仅就构成生命所必需的物质结构这一基础性存在而言，它就包含“有之以为利，无之以为用”的有无统一性关系。但生命是有自身时间性本质规定的特定物质客体存在，它的存在以有无相统一的质能统一性所构成的绝对运动过程为前提。所以，生命存在更不能离开能量而看作只是特定的“有”的结构运动，它的本质即绝对运动的过程本质离开了能量转化运动是无法理解的。说生命消耗有序而非能量，能量流过系统能产生有序这种牵强附会的解释只是画蛇添足，最简单直接的陈述就是生命在于运动，生之为生的现实性在于生命之物连续的能量转化过程中表现出的感性实体存在结构的绝对运动中。所以，生命运动的根据不是神秘活力，而是自然界最普遍的能量，只不过生命是自然界最复杂的具体存在，从而使它“有之以为利，无之以为用”的现实存在成为自然界最复杂的运动形式。

离开能量运动无法理解生命，仅停留在能量运动也无法理解生命。因为能量是自然世界的普遍本性，它的最普遍运动转化规律决定整个世界的运动变化，而不仅仅是生命世界的运动。把一切自然运动最终还原为能量现象的还原论是不适合于解释生命存在的，因为生命是无法通过还原而得到生命意义的根本理解的。因此，对生命世界的能量认识，就要在能量一般运动规律基础上找出支配生命世界的特定能量规律。从熵定律出发去理解生命运动的能量规律是非常明智的，它对于理解生命运动的特定物质结构演化规定性和能量作用的特定规律具有深远意义。换句话说，从熵原理出发是我们认识生命物质结构演化及能量转化一般规律的合理选择。所以，对生命整体运动基本层次物质结构相互作用的分析，不是要以子系统的名义和熵原理“绝缘”开来，而是要思考物质世界演化一般熵原理在特定生命结构中的意义。

从熵原理思考生命客体的能量运动规律，归根结底是把一般的能量转化规律转换为宏观物质系统的最小自由能原理来认识生命运动。传统的观点把自由能看作和熵相竞争即相反意义上的东西，其实这是误解。在自由能和熵的关系 $F=E-TS$ 中，由熵增大自由能减少而断言它们的竞争性，实际上把自由能状态和熵状态作为实体存在了。在上式中，自由能 F 和 E 一样是指状态能量，不包括质能及结构能，它是在物质系统质量守恒条件下的特定规律，自由能和熵只不过是系统状态的两种不同描述方式。温度升高或熵增大意味着自由能减少，这是从自由能和熵两个不同角度对系统状态的描述，并不存在竞争问题。它的真正意义是，只要我们知道一个系统的温度及熵状态，就相当于知道了它的自由能状态，它告诉我们自由能定律的运动变化规律就是熵状态运动变化定律。所以，物质客体系统的自由能运动变化规律就可以从熵定律即宏观热状态运动规律去描述，这对于物质系统的能量运动认识具有重大意义。在宏观物质系统中，回到质点去做运动状态描述，包括动量、能量、位置、速度等状态量的描述都是不可能的。但用统计学方法，大系统微观粒子组成的宏观热状态可以用熵原理进行简单、普适的科学描述，所以熵原理作为宏观系统状态描述，使宏观热力学系统运动的科学因果规律描述成为可能。

熵原理作为物质结构运动描述的特定能量原理，对生命存在认识具有重大意义。生命是整体性的耗散结构存在系统，不可能用随机粒子的统计学平均描述去理解具体生命存在内部的能量运动。但是，生命个体，小至单细胞生命，对人的感性认识而言是微小的，但在物理学系统看来则同样是一个具有非常复杂层次的宏观物质系统。不要说对单个细胞生命整体本身，即使对它的基本层次的许多结构进行质点描述也是不可能的。所以，对构成细胞生命物质结构的物理行为，在许多特定的层次及相互作用中具有统计物理学描述的特征，细胞的新陈代谢实际上可以看作热扩散、摩擦、渗透等宏观运动相互作用的结果，因而对细胞分解后的基本结构功能分析，统计物理学比质点动力学要有效和有用得多。所以，由统计物理学出发定义的热状态及宏观熵原理就是认识细胞物理行为的有效手段之一。也就是说，在对细胞生物学认识上，从质点动力学去建立细胞物理学分析是上帝的事业，非人力所能为。因此，对细胞物理运动的统计描述能达到什么水平，我们对细胞运动的能量规律及内在机制的认识就达到什么水平。离开统计物理学方法，对细胞的物理运动规律描述是极为困难的。

至此，我们就可以充分理解菲利普·纳尔逊的《生物物理学：能量、信息、生命》这一教科书从统计物理学方法出发去分析、建立生命细胞中基本运动的理由了。摩擦、热运动这些常见的物理学运动，通过在细胞生命特定条件下的统计描述，给出了生命中物理行为的一般规律，从而可以合理地解释生命的新陈代谢、自组织构建、神经冲动等内在机制，用著者的话来说，他在这一领域成就首先应归功于他“最大的幸运是在 Samtreiman（1925—1999）精彩讲课中第一次明白了统计物理”⑦。这正是把自由能运动规律转化为熵宏观状态去理解复杂生命结构内在物理运动机制的意义，这正是菲利普·纳尔逊能够在生物物理学领域取得这么多实质性科学成就的原因。如果不是经典物理学熵原理那些不恰当的物理学意义解释，即把熵和自由能看作相反解释的影响的话，他的生物物理学理论肯定能更上一层楼。

把熵看成这个世界的毁灭性因素或是能量运动在物质世界的特定运动规律，这是绝对物质观和世界统一性原理对之两种完全不同的理解。只有把熵原理看作能量普遍运动转化定律的特定形式，才能真正得到物质世界和生命世界的统一性理解。只有在这种特定描述形式的统计学意义上，生命复杂性系统的内在物理运动机制才能得到因果必然性的理解，生命运动才是能量的特定运动而非神秘活力的运动。从熵原理出发去建立生命组织内部物质结构的能量过程描述是专业生物物理学家的职责，非专业者自然无权说三道四。但能量是自然界的最普遍存在，并在根本上支配着一切自然运动规律，那么，从能量一元论及特定的熵原理出发，对生命存在可以得出一般的即非专业的理解。

第一，熵原理作为物质客体结构演化的一般规律，熵状态是物质结构演化的稳定性判据，由此可以对生命存在的熵状态有一个基本理解。传统的熵观念总是因害怕热寂和自由能耗尽而把尽可能大的自由能看作好事，殊不知世界的结构复杂性演化正是在自由能不断降低、熵不断增大的条件下逐步建立起来的。没有自由能就没有生命，但自由能太大同样没有生命。太阳表面炽热高温可谓能量充足了，为什么没有生命出现？太阳是地球生命的能量之源，这没错，但为什么太阳系的其他星球及地球的卫星月亮上没有生命？生命的复杂性决定制约生命存在必然性条件的复杂性，但从能量和熵的观点看，生命结构只在自由能较小即熵较大的狭窄区间存在，超过 100°C 的环境中有生命吗？这些才是一般能量原理基础上生命存在的特定能量边界条件研究所要回答的问题。自由能并非无所不能。

第二，由物质结构演化的熵原理可以判断，生命运动是一个质量守恒的过程。生命运动的根本推动力是能量，地球一切生命的最终推动过程都可从太阳的能量中得到解释。生命的绝对运动指的是生命和环境交换运动，同时也是自身物质存在结构的连续性演化运动，生命和环境同时进行着能量和物质交换。那么，生命物质究竟是从物质而来还是从能量中无中生有呢？植物光合作用合成生命物质过程中，有没有把能量转换为物质呢？从熵原理出发，必须断然否定生命运动中由能量转换为物质的可能性，因为这时结合能已经超出生命稳定结构的熵条件。所以，生命运动的耗散过程中，既是遵守能量守恒定律的，又是遵守质量守恒定律的，这是生命和一般物质客体存在的不同之处。

第三，为什么在地球 100 多种元素中，构成生命的主要元素是碳、氢、氧、氮、硫、磷等几种元素？为什么地球生命是碳基结构、水质细胞？这不能归结为偶然，不能把生命的结构及其创生看作偶然事件。对这些最基本的问题，生物物理学家完全有可能从熵对物质结构稳定性状态的必然性普遍关系得出合理的科学解释，它们的结合能，包括它们的化合物的结合能，在低自由能及高熵条件下的结合能力应该为此提供科学的答案。

所以，把生命存在看作统一性世界中最完整的自然存在，就必须从能量出发去认识生命，从物质结构演化的能量规律即熵原理，去具体分析生命物理过程，从而得出生命的统一理解，即在物质和能量统一性基础上，得出对生命特定规定性的统一性理解。

第三节　生命理论中的熵意义

一、生命唯象理论和熵原理的统一

具体统一性复杂生命必须在熵原理支配的绝对运动过程中才能得到具体理解。人类对生命认识的源头与人的存在一样古老，对生命朴素认识只要是合理的就必定是和熵原理兼容的。生命是自然界中最复杂的整体存在客体，正是它的以整体作为存在前提的特点决定它在人类认识的自然客体中是最复杂的存在，它不能仅用传统的科学还原方法把复杂性还原为一系列简单性认识。因此，对生命的最终理解必须是具体的，从抽象认识中不能得出生命的完整意义，这就是一直强调生命认识是深刻的智慧认识的原因，生命只有在统一性意义上才能得到具体理解。从另一意义上说，正因为生命是自然界中最复杂的客体存在形式，对生命的统一性认识就具有对自然界统一性原理认识的意义。对生命认识的源头如此古老，生命具体存在又不能抽象还原，支配生命运动的熵定律到二十世纪中才被引入生命认识，这并不意味着早期人类对自身生命存在的感悟和认识是和熵原理风马牛不相及的。对生命的最基本认识已经不自觉地包含熵原理的统一性意义，从而构成人类认识自身生命的合理起点。

一切认识源于经验，生命认识必定从对生命的经验开始。由于对生命经验认识的主体是生命存在，而且生命存在是感性认识的前提，对生命的感性认识首先是对自身生存的感知，所以对生命的感性认识在人类的一切感性认识中具有基础性地位，是认识主体对自身存在主客体统一性的感知，是人类在本能存在意义上就产生了的感性认识。生命的本能感知是一切认识的源头，对复杂统一性生命的认识又是对宇宙自然统一性的最终理解，世界统一性原理追求在对生命思考从简单到复杂、从抽象到具体的过程中体悟生命统一性的意义。

对生命的感性认识是具体的认识，是具体的认识个体作为主体对感官感知的具体个体生命存在，包括自身的具体存在的认识，这种具体经验认识在最原始意义上只有具体个体性意义。这种个体性意义包括两个方面：一是依赖于具体认识个体主体的个体性，每一个具体存在之感知一定是个体性的，没有一个具体的主体可以替代或感知另一个主体的感知，所以感性认识的基础一定是个体性的，没有普遍、共同等原始经验感知意义上的普遍性存在的可能，具体的经验一定是以个体认识主体为基础的。二是具体感知认识的抽象成果也是个体性的，客体世界包括生命世界多样性的个体性存在决定对它们的具体感性经验既具个体性，也具有复杂多样性。

认识个体对具体存在的感知是最直接、最原始的感性认识，对此又称之为感性直观。感性直观只有个人意义而缺乏普遍文化上的认识意义。从个体感性直观的个人感知上升为具有普遍意义的认识产生了普遍意义的知识，它是对个体感性认识的抽象，通过抽象用社会文化的普遍概念和描述形式把个体的感性认识转变为独立于具体个体的普遍认识，这就是知性理论认识和理性理论认识的建立，这才上升为真正的人类意义而非具体个人的普遍认识。感性经验知识是从具体开始，在超越个体具体性的普遍抽象中完成的，带着感性和知性双重特征，感性经验知识既是感性又是知性的，是包含感性的知性。感性经验知识只要是独立于具体个体的认识，就一定是抽象的。抽象感性知识的意义不在于个体性，而在于普遍性。因此，感性知识和知性科学认识一样，都是追求普遍有效的认识的。但感性经验知识从具体到抽象，它的普遍性没有客观有效的普遍必然性意义。知性科学的认识则是建立在感性抽象认识基础上的，它从抽象到抽象，所以知性科学认识是普遍且客观有效的。因此，知识和真理知识的普遍有效性有着不同的本质意义。

基于感性的经验知识缺乏普遍客观性，根本原因在于两个方面：一是以具体存在为认识对象的感性认识对象是无限的，就是说，对具体对象的认识内容是没有任何制约的，一个具体存在的感性直观以及对它的抽象经验认识可以是从任何方面展开的。这种无限性决定对具体经验认识是不会收敛于一个确定点的，所以经验认识的正确性是只能证真不能证伪的，正是不能证伪的本性决定经验认识理论的非普遍客观性特征。二是对具体存在感性直观综合概括出来的经验认识是对现象的归纳，并没有深入到本质的认识。具体存在的本质就在于具体存在，但它并不就是具体的存在，说具体存在的本质就是具体存在，在知性综合意义上只是同义反复。具体存在的本质是抽象的，停留在具体现象而没有进入抽象本质归纳的感性直观就是对具体的现象性认识，我们又称之为是认识事物的表象而非本质。从表面现象中归纳出来的普遍经验认识理论没达到普遍客观性时就只能是现象而非本质的。按照这种理解，我们就可以具体考察人类早期对生命经验认识的意义。

人作为自然界中一个生命物种诞生之后，即使是在蒙昧时期，也已经与生俱来地产生了对世界乃至自身存在的感性直观，并由之得出对人生命基于经验的普遍理解。这种普遍理解基于人生命存在两个最重要现象的认识归纳：活力和灵魂。

活力是对生命和非生命现象经验的概括。神秘活力论不是基于神秘的梦幻，而是基于生命存在和非生命本质特征区别的感悟。生命和非生命的不同之处在于生命是时间性本质存在的绝对的运动，生命是能动的存在。在人的感性尺度上，物是不变的，是相对不动的。但生命是绝对运动的，生物能动，生物在生、老中运动，这是生命和非生命的本质区别。对这种生命感性认识的归纳就把活力作为生命运动的根本原因，在感性意义上，活力就是生命之所以为生命的充足理由。但是，对生命的活力论归纳是建立在生命运动外在功能现象即表象认识基础上的，这是生命在功能和认识意义上和非生命的区别，不是生命存在的本质。所以，它不是谬论，不是胡说八道，生命具有活力的认识是无可非议的，但生命活力不是一种存在，也不是生命存在的本质。正是由于它不是存在论意义上的本质认识，缺乏客观普遍性，把它作为生命存在的本质时就会陷入神秘论。所以，从感性直观和感性经验认识来看，从生命活力去解释生命和非生命物体的不同表现是合乎逻辑的，把功能看作东西则是使之神秘化而不可理解了。

灵魂的概念是人类对生命存在生与死经验感悟的概括和解释。人对世界的一切认识思考中，自身的生死存亡是最基本、最重大的问题，是一切问题的首要问题，也是一切问题的最后归宿。人的死亡对生命现实存在而言是无法经验但又必须作出解释的，这是人无法逃避的生存论基本问题。人生存不能经验死亡又不能不面对死亡，这是将人从具体个体经验认识上升到普遍经验知识的主要原因和动力。一个生命死亡时，它的肉体依然存在，但它只是非生命之物。从感性直观的意义上看，决定人的生与死，人作为生命存在或非生命存在的根本区别不是肉体，所以生命不能从物即人的肉体去理解，而必须从灵魂去理解。人的生存是肉体和灵魂的统一，人的死亡则是肉体和灵魂的分离，人的死亡后果是肉体存在将腐朽而终将不复存在，但对和肉体分离的灵魂的理解，作为人存在的决定性的灵魂的命运，确实是感性经验最难以回答的问题。灵魂不死是最普遍的灵魂经验理论，但它又是最缺乏感性经验支持的。因为这面临着一个悖论：没有一个具体生存者具有对死亡之后灵魂行为的经验，因为人死不能复生，甚至人根本无法感知自己的灵魂，这表明灵魂是抽象而非具体之物。但人类死后灵魂存在的理解必定以灵魂是具体存在为前提，灵魂如果是纯抽象则将随生命结束而不复存在。灵魂不死认识把灵魂当成既具体又抽象、非具体非抽象存在，因此陷入了悖论。对灵魂的思考是人类最原初也是最高命题之一，是认识人自己的核心。期望从经验认识中得出合理的灵魂理解是不现实的，在朴素感性经验认识中不包含生命灵魂认识也是不合逻辑的，这是灵魂认识的复杂性。灵魂认识的二律背反使之被宗教迷信和统治利用，但由此去把灵魂概念当作与人类生存经验无关的纯粹宗教迷信欺骗是没有道理的。用灵魂和肉体的统一去解释人的生与死，对人的生命存在而言，不仅有解释生存经验意义，还具有人的存在的终极价值意义。在对人的生命自然存在的思考阶段，还没有真正从肉体和灵魂相统一去理解人的条件，这是世界统一性原理的最高命题。在此还没有进展到理性灵魂认识阶段，但我们首先必须承认灵魂概念是从感性经验出发解释人的生命存在的。感性经验的灵魂概念没有普遍客观性，不等于灵魂都是骗人的鬼话。世界统一性原理把灵魂作为人类对自身生命存在从感性直观出发的经验认识的抽象概念及理论。十八世纪法国唯物主义战斗的无神论在反对宗教迷信的灵魂观时，把一切关于灵魂的认识作为骗人的鬼话扫进了历史的垃圾堆，人类因为对灵魂的无知而排斥灵魂，再也不敢光明正大地思考灵魂问题，这种思维并不聪明。我们坚信灵魂概念经验性的最充足理由在于，在存在论意义上，我们并不把自己看作没有灵魂的行尸走肉；在认识论意义上，感性经验是一切认识的起点。尽管对灵魂认识不多，关于灵魂的经验认识也很难解释经验本身，但至少应该承认经验概括出来的灵魂现象，承认灵魂在现象意义上的存在，这是关于灵魂思考的出发点。

中国中医文化归纳出的人的生命存在的天人合一理论同样是基于感性经验的抽象唯象理论。在这种意义上看，中医文化和灵魂观并无直接交集。实际上，中医的精、气、神这些唯象概念和灵魂概念有共通之处。中医虽然是唯象经验理论，但它的经验意义并不仅在于为人的生命存在提供一种解释或终极价值理解，而是要解决人的生存经验实践中具体现实的疾病诊断、治疗、保健、养生问题，所以它不只是从经验到理论抽象的认识，本质上是从抽象理论到经验即技术并经过反复实践、反复检验、不断纠错、去粗取精、去假存真的理论认识，所以它是形而上和形而下相统一的，而灵魂则只是形而上的，这是两者的根本区别。以疗效为评价标准的中医理论的实践性，中医技术在几千年经验中的丰富积累，自成理论体系，源于经验又回归经验是它的生命力所在。

仅从感性具体或知性抽象是无从解释老子的玄学世界统一性理论的。道、天、地的统一性是自然统一性的全部意义，玄学理论是包括生命统一性理论的。在老子生活的年代，对自然的知性科学认识可能连启蒙都谈不上，所以玄学理论不能作为知性科学认识基础上的理性统一性认识，只能看作是从经验认识中概括出来的唯象经验理论体系为基础的。老子说“三生万物”，但他肯定不知道物质的质子、中子、电子微观结构；老子说“道周行而不殆”，但他肯定不知道统一场论及光沿统一场测地线弯曲运动的科学原理。不要说两千多年前的老子，就在今天也没几个人能比较全面地理解这些科学认识的统一性意义，否则就不会有时光倒流和空间弯曲等现代潮流。所以，玄学的天地统一性理论，只能说是从经验认识中综合出来的，至于在经验认识基础上何以得出如此精辟、普遍的抽象理论概括，可能是永无真相了。因为老子没有留下玄学理论的理由，几千年来对《道德经》本身的解释都只是浮光掠影。停留在感性具体去理解玄学世界统一性理论根本不可能达到具体理性水平，大多数人对玄学之地不知其所以然，甚至不知其然。

综上所述，可以得出一个结论：生命虽然是自然中最复杂的整体存在，但对它认识的起点是最简单直接的人自身存在本能意义上的感性直观。一切认识源于感性经验的普遍规律是不可否认的。因此，人类对生命的活力、灵魂等带神秘色彩的认识具有它的经验基础，中医的天人合一生命观以及玄学的天地统一性理论也是在经验基础上概括总结出来的。这些认识是人类认识生命存在统一性的基础。就是说，这些基于感性的抽象统一性理论对生命存在的统一性理解还只是片面、现象、非本质的，所以，是唯“象”而不达“质”的。抽象统一性和理性统一性的最大区别在于后者是具体的统一性，即建立在知性科学真理认识基础上的统一性。知性科学认识普遍有效的客观性认识的综合与对具体个体感性认识的综合是两种完全不同的过程，抽象的经验认识综合从具体到具体，没有普遍客观性的基础；对具体科学真理的认识综合是抽象到具体，即自觉理性的生命哲学是以科学客观普遍有效真理认识为基础的对具体存在的智慧理解。所以，对生命的统一性认识不能否认经验起点，即不能否认活力和灵魂、天人合一、天地统一这些抽象综合的经验意义，避免陷入虚无主义。对不可还原的生命理性具体认识不能止于经验，又不能离开经验，纯粹抽象的科学无法完整理解生命。

根据人类认识从低级到高级、从特殊到一般到规律，根据生命复杂统一性存在的整体不可还原性特征，就不难理解人类早期基于经验的生命朴素认识是和熵原理支配的生命统一性理论兼容的，甚至可以说已经在先地在关于生命的具体经验认识中播下了熵统一性认识的种子。生命活力论之活力就是对生命在于运动的原因的归纳，是对“生命就是负熵”的朴素感悟。中医理论的唯象之象中，最根本的不是金、木、水、火、土，而是精、气、神，是推动金、木、水、火、土运动变化的力量。精、气、神的本质就是推动生命运动的负熵，就是生命能量的绝对运动过程。至于玄学理论，“地法天，天法道，道法自然”正是熵和生命统一性理解的理论基础，我们关于生命的具体理性认识确实是建立在感性经验基石上的。当然，不能仅停留在唯象统一性理论中，必须从经验综合上升为普遍的科学真理认识，从而把对生命统一性的认识提高到更高的普遍必然性水平上来。

二、关于生命的科学

生命，包括人的生命，首先是自然意义上的特定物质客体存在，对它的普遍客观性认识必须从感性认识上升为知性科学真理认识。研究生命的科学以所有称为生物的存在为对象，所有又叫生物学。由于生命作为整体复杂性存在的不可还原性，生命科学本身面临着两个最基本问题：

第一，生命整体的具体存在如何能作为抽象知性科学认识对象呢？所有被称为生物的都是具体的存在，生命的定义首先是和具体感性认识不可分割的。按照认识的最基本逻辑，具有确定性客观真理的知性科学认识是以建立特定抽象认识对象为前提的。那么，为什么能将具体生命存在的生物学认识称为生命的科学呢？生命科学的抽象认识对象是什么？更进一步，对具体生命的科学认识如何是可能的？

第二，生命科学和非生命科学的关系问题。对自然的科学认识以物理学为基础，然后是化学。事实上，生命科学以物理学和化学为模特，以最基本的微观物理学模块和化学模块为构建复杂整体生命科学的元素。但生命是整体不可还原的，它与结构之间的统一性关系，在认识论上就是生命科学和化学、物理学的统一性问题。因此，生命科学必须有根据地解决它与物理学、化学等基础学科的统一性问题，否则生命科学就不能从最基础意义上去揭示生命过程，无法对经验认识的活力论得出科学理解。所以，生命的科学认识不能仅限于生命科学，或者说，生命科学必须把物理学和化学等基本的抽象科学真理认识融化在自己的血肉之中。

近代科学革命的伟大胜利以牛顿经典物理学的创建为标志。对生命的科学认识也首先是从牛顿经典理论去理解的，这就是十八世纪哲学唯物主义者的“人是机器”的理论观点的科学、认识基础。从机器观点去看待生命的科学，在特定的抽象意义上有其合理性，但不能说仅从机器就能解释具体生命的存在。我们必须承认，尽管生命在某种意义上是机器，但机器并非肯定的生命，所以机器并不是生命的充足理由。因此，机器论生命观被有机整体的生命观取代。十九世纪的生物学和二十世纪的生命科学抛弃了机械论，建立起描述复杂生命科学的复杂理论体系，由此得到对生命客观运动规律更加具体、丰富的认识和理解。

但是，关于复杂生命存在的具体认识能否由科学方法实现是一个颇有争议的问题。真正的困难在于生命具体存在的不可还原性，以及科学必然性因果关系真理描述抽象有限性的不协调。生命科学没有像物理学、化学那种普适和简洁的规律描述。物理学、化学等学科的认识对象是从具体之物抽象出来的，生命科学却是以一切称为生物的具体存在为对象的。如果从物质世界最基本运动规律中无法建立起生命运动的一般规律认识，生命科学的抽象与生命存在的普遍客观规律就相去甚远。所以，对生命的认识就不可避免地产生了对科学认识怀疑的非理性生命观，而柏格森的生命哲学就是其中具有代表性的理论。

柏格森对科学客观普遍性真理认识的本质从“一般化”去理解。“按照柏格森的看法，科学是一个整体，因此必须当做整体来加以评判。当他把科学说成是某个实际智能（它的目的在于统治物质，它通过抽象和一般化来开发一些为达到统治物质的目的所必需的知识类别）的产物时，他就是这样做的。科学是我们利用世界以维持生命的产物，科学的概念是由操纵对象作出预言和获得能重复活动的需要决定的，这就是理性力学代表科学的真谛，代表其实际体现的理由。其他科学都是一种方法的更为模糊、笨拙的表现，这种方法当它所探索的领域越是缺乏活力和组织性时就越成功。……对柏格森来说，所有科学理性的局限性都可以约化为一个有决定意义的时间性，这就是，它不能理解持续过程，因为它把时间约化成由某个决定了的定律连接起来的若干瞬时状态的一个序列。”[8]因此，柏格森转向直觉，用直觉思维去弥补科学认识的不足，特别是理解连续不断的时间过程，直觉是“通过思维所得出的直接想象”。“纯粹的变化、真实的连续，是精神上的东西。直觉是获得精神、持续和纯粹的变化的东西。”[9]

按照柏格森对科学的评价及直觉的理解，时间性的生命存在就只能通过直觉而不能由科学去具体把握，所以，柏格森的生命哲学就是反理性的，这里的理性是指科学知性真理认识。因为生命存在是具有活力和高度组织性的时间性存在，科学的方法在生命对象中不可能像在物理学那些简单现象中那样成功。当然，最主要的原因在于生命恰恰是持续的时间过程，不能由科学方法去理解。科学方法在力学的成功在于力学现象是可以还原为非时间性动力学本质规律的普遍描述，但生命不能约化为非时间性过程或由某个决定论定律连接起来的若干瞬间状态的序列。生命是在开放过程中创造自己存在的整体，是在时间中进步和维持的。这是柏格森对生命本质的敏锐发现，并由此推断科学无法理解持续的时间过程。于是，柏格森认为生命的认识就只能诉诸直觉，甚至一切关于持续过程的自然世界的认识都只能由思维的直觉去把握。

柏格森直觉观的前提是科学认识的抽象性，即科学认识是从整体中孤立出抽象的、与具体整体分割的认识对象为前提的。最成功的物理学认识方法就是基于这种孤立出抽象对象的方法。但是生命每个时刻都有某种新的形式，物理学的抽象则把抽象的认识对象看作位于活的整体之外。物理学无法揭示具体的时间过程，所以像生命这种持续时间过程性整体存在只能靠直觉去理解。

柏格森对科学抽象局限性的评价是有一定道理的。世界统一性原理也始终把科学因果必然性真理认识看作有限的抽象认识，仅依靠因果必然性并不能得到自然客体的具体认识。但是，为了避免抽象认识的局限性而退回去诉诸直觉并不是合理的选择。这样做的后果是牺牲了认识的客观普遍性。对柏格森直觉理论的一般解释是：抽象的知性科学方法只对像力学这种非时间性简单过程才是有效的，对于复杂性的时间性过程则是笨拙和模糊的，因而并没有真正的客观科学普遍认识意义，所以像生命这样的复杂性的高度组织化运动过程，不能由科学方法而只能由直觉即感性经验对具体客体现象的综合去把握。柏格森的直觉虽然神秘，但终究不能超越具体感性直观的感性思维。所以，柏格森承认直觉是推测知识的形式，“他清楚地阐明，直觉不能产生某种体系，只能产生一些永远是部分的和不能一般化的结果，一些需要十分谨慎地去表达的结果”[⑩]。由此可见，由直觉思维得出的知识是非一般化的知识，是不具有客观普遍性的，实际上是依赖于个体主体的主观知识，它归根结底只能是基于感性认识的结果。而人类对生命的经验认识，比如活力、灵魂、天人合一乃至老子的天地统一，都可以说是直觉认识的成果。我们并不能否定这些认识的意义，但不能说这些认识具有具体普遍性意义，也不能说具有抽象普遍的客观性意义。直觉而来的认识是基于经验的知识，不是真理知识，而且在先验意义上不可能达到真理知识水平，这与人的后天努力及知识积累无关。如果对复杂生命的具体认识真的只能止步于此，这实际上就是否定生命科学可能性的不可知论。因为我们只能得知生命的偶然性具体行为，无法认识它的普遍本质和一般的运动规律，在根本意义上只能说生命的本质不可知。

柏格森能发现科学真理认识的抽象有限性是聪明的，但因其局限性转而诉诸直觉是不可取的，这是地地道道的因噎废食之举。放弃科学认识即放弃客观必然性的普遍认识去克服科学认识的局限性当然是不可取的。要知道，真正的问题在于，尽管科学认识不能从根本上解决生命的时间性过程认识，但若放弃抽象知性科学认识，实际上就放弃了生命认识本身。因为从人类认识的历史意义来看，真正地具有人类普遍意义的认识必须建立在客观普遍性基础之上，达到柏拉图永恒、不动的绝对水平，不能是东方西方不一样、初一十五不一样的。感性基础上的经验知识，包括像玄学世界统一性理论那么深刻的智慧，由于其缺乏科学的客观普遍性基础，所以它的意义也是有限的。几千年来对《道德经》的理论基本上停留在注经、释经、解经等形而上争议或猜测之中，因缺乏普遍客观的科学知识根基而无法达到普遍的具体，对之的理解就达不到理性具体的水平。因此，我们人类文化进步的根本意义是建立在认识的客观性之上的。生命认识的本质性进步在于从生物学进展到生命科学的水平，不是生物学蜕变为纯粹科学，而是生物学必须以生命科学为本质。退回到生命的感性直觉认识，实际上是取消了生命具体存在的自觉理性认识。柏格森的直觉论和柏拉图否认感性具体存在的观念是同一的，本质上是西方科学理性机械论的，只不过它是具体生命存在领域的特定认识。柏拉图的逻辑是只能感性地认识感性具体，故在理性意义上感性具体就是既存在又不存在；柏格森的逻辑是科学理性，理性是普遍科学抽象，故无法通达具体生命。具体生命的认识只能诉诸直觉，只能感性地认识具体存在，感性、知性、理性不统一是西方机械论文化的根本局限性。

从认识的普遍客观性意义来看，科学虽然不是认识具体生命存在的最充分方法，却是必不可少的认识方法。离开科学认识绝不可能得出对具体生命普遍客观性的理解，缺乏客观普遍知识的生物学就达不到对生命现实的理性具体理解水平。因此，科学是具体生命存在认识的可能且必要条件而非充足条件，绝不可能离开科学去得到具体生命的客观认识。从这个观点出发，我们就可以回答前面关于生命科学的两个基本问题：

第一，抽象的生命科学如何认识具体的生命存在呢？靠生命科学的相对完整的理论体系，即尽管生命的科学知识是抽象的，但生命科学是抽象的具体。生命科学把具体生命存在抽象分解为构成它的不同层次的抽象认识对象，生命科学的子学科不是以具体生命为认识对象，而是把整体分割为不同层次、不同视角的更基本对象，再抽象出该学科的认识对象。像细胞学、遗传学、形态学、植物学、生物学等，具体的生命客体认识是由一批抽象认识对象构成的。生命科学不是一门理论，而是一个抽象的知性科学理论群。不像牛顿物理学那样最终归结为普适的动力学三大定律去描述抽象质点的一般运动规律，生命科学由各个抽象认识对象特定的科学真理认识构成理论体系，通过这些理论的统一综合去理解具体生命存在的必然运动过程，即在普遍规律体系支配下的具体过程。抽象学科体系是现代生命科学统一科学认识抽象性和它的认识对象具体性行之有效的方法。所以，生命科学不是一门科学理论，而是一类科学理论的总称，具体的生命存在是通过一个科学理论群去揭示它在不同抽象规定性之下的必然性运动发展一般规律的。由多少学科去认识具体生命是无限定的，具体认识一定是无限的认识。对具体生命的抽象规律认识越多，对生命的理解就越丰富具体。由生命客观真理知识综合而来的对生命的具体理解以客观普遍性为基础，当然远远超越了柏格森主张的直觉知识，超越了活力论甚至“地法天，天法道”的抽象境界。生命的理性具体理解是以生命科学为基石的，生命科学不只是可能的，而且是人理性地认识自己生命所必需的。以生命整体不可还原的具体性去拒斥或者怀疑生命科学是不明智的。事实上，一切自然客体都是具体的，只不过生命是自然界最复杂的具体存在，不能像简单对象那样只由单一学科去建立抽象认识对象，只能由学科群去描述。正是如此，从生命科学抽象知识回到具体生命认识时，更需要理性的智慧。凡是把生命作抽象、片面或机械理解的医生一定是庸医。

第二，生命科学和其他科学的统一性是由自然的统一性决定的，否则科学就失去客观普遍性意义。生命整体是不可还原的时间性存在，时间性存在虽然不是构成生命整体的部分，却是构成时间整体性存在的要素，它自身的独立存在在化学反应过程和物质运动演化过程又是符合化学和物理学客观普遍科学描述的。就是说，虽然物理学、化学运动的科学描述不能充分揭示生命整体运动过程，但整体生命运动构成过程的物理层次和化学层次的运动变化一定是遵循物理、化学的必然规律的。所以，生命整体运动根本上受物理运动及化学反应过程的客观规律性制约，因而生命科学和物理化学统一性就在学科发展中的生物化学、生物物理学中充分体现出来。这些学科的目的和意义就在于对自然界最普遍物理学运动定律及化学反应过程的定律在特定生命结构存在中的具体作用及表现形式得出客观性的解释和说明，从而得出生命科学统一性乃至自然世界统一性的完整理解。从物理学到生命科学，是人类对自然认识从一般到特定、从抽象到具体的进展，回到生物物理学的具体才通达牛顿质点动力学和宏观热力学普遍而现实的深刻意义。

从感性认识上升为知性科学认识，建立具体生命科学理论的抽象认识体系，这是对生命认识的不断深化，是人类对生命认识从抽象发展到具体的必经之路。从生物学到生命科学的进展是人类对生命乃至整个客体世界统一性认识的重大进步。但是，必须将之理解为以科学客观普遍知识为基础的对生命具体理性统一性认识的发展，而不仅仅是科学抽象认识的发展，即不能把生命科学还原为化学或物理学，把生命还原为物质客体。我们一直强调，理解生命需要智慧，但又必须懂得深刻的智慧以客观科学为依据，自觉理性是感性、知性、理性的统一。科学理性的缺陷表现在生命认识中是把生命科学还原为物理学，然后把生命理解为和物质客体没有本质区别的具体存在，最终又否定生命科学独立的学科意义。离开普遍的能量、物质普遍运动规律，则只有生物学无生命科学，无法真正超越生命活力论；从物理学、化学学科的普遍真理出发理解生命又等于生命认识只能仅停留在抽象知性本身。具体生命最终必须在理性统一性认识中才能得到真正具体理解，这就是康德所说的理性认识对知性认识的综合统一之意义。

三、能量、物质、生命的统一性

世界统一性原理从能量一元论出发去理解世界的统一性，并且迄今为止已经得出生命是宇宙自然最复杂结构存在的结论，因此，生命的统一性就是宇宙自然统一性认识的最高命题，对生命世界的一切认识必须建立在对能量、物质、生命统一性理解的基础之上。在理性的感性、知性、理性相统一意义上，能量、物质、生命相统一的具体生命的理性认识就是自然界最复杂的统一性认识，这是预言二十一世纪是生命科学时代的理由，它标志着人认识自己的生命开始进入自觉理性的阶段。

生命世界的统一性认识是自然世界客体统一性的最高认识，它是以生命客体的具体存在为前提的。生命具体整体性存在是本体论意义上的自然存在，它的具体复杂性存在是生命统一性认识的根据。生命具体存在的复杂性在于它是结构性的绝对运动过程，是在能量运动普遍规律支配下的特定能量过程，又是区别于其他非时间性物质结构运动的特定过程。所以，对生命运动，离开能量运动及物质运动演化无法得到具体的理解，但仅从能量运动转化及物质结构的运动演化定律也无法得到生命进化运动的理解。正是由于生命客体存在是宇宙自然复杂性存在的最高形式，所以它以能量转化和物质结构演化运动作为生命活动的基本构成部分，同时产生自身特定本质规定性——时间性空间结构——的自然存在，对具体生命的认识就是对自然统一性认识最高层次的具体认识了。

把生命客体看作复杂性自然存在的意义在于肯定生命进化是由自然必然性规律支配的客体运动过程。把生命看作自然存在就否定了生命的神秘性，生命对于我们神秘莫测或难以把握的真正原因在于生命存在的复杂性。对复杂性生命存在的认识比物质、能量运动变化的认识不知要困难多少个数量级，而且它的特定本质规定性又决定了仅用传统的物质结构及能量运动的认识方法是不能得出完整描述的。因此，生命存在的复杂性决定的生命认识的困难性以生命现象的神秘性假象表现出来。把生命感性经验认识得出的活力、灵魂概念看作神秘，根本原因在于这些生命特定整体功能活动的复杂性以及我们对之的无知。当我们能够用科学认识去正确解释支配这些现象的规律的时候，它就只是复杂而非神秘的了。所以，从根本意义上说，生命存在作为自然存在，有无数奥秘等待我们去发现，但只要它按自然必然规律运动进化就只有奥秘而不是神秘的。奥秘是可知的，神秘则是人类不可知的，自然生命存在就不能从神秘意义上去理解。

按自然规律进化运动的生命也绝对不能从偶然性去解释。人类在生命科学理解中的一个偏颇之处是混淆生命现象的随机性和偶然性，把随机性生命现象理解为是偶然而非必然的。生命存在的随机性是我们对按自然必然性规律运动的生命过程的复杂边界条件和初始条件，无法进行确定性描述时而采用的数学统计平均描述，随机描述是指描述的边界条件和初始条件的不确定性，并且这种不确定性只是认识描述意义上而非客体存在内在本质规定性意义上的。所以，随机性生命现象是按必然规律运动的，不是偶然的。用偶然性去解释生命现象就回到生命神秘论，就从根本上否定生命科学乃至生命存在的自然本性，这是不可取的。

从自然必然性规律支配的进化运动去理解生命，不仅要揭示生命存在的抽象本质，最终意义在于得到对生命的具体理解。因此，对生命的认识同样是从感性认识上升为知性认识、从知性认识上升为理性认识的普遍规律制约的过程。从理性统一性的意义上看，知性科学的客观真理抽象认识具有重要地位。感性经验认识从具体到抽象，但以感性经验为基础的抽象认识缺乏客观真理性，仍然停留在主观性阶段。知性科学认识从抽象到抽象，得出抽象认识对象的客观真理性描述，使认识上升为普遍客观性的知识，使认识成为认识对象本身的规律描述，把认识成果和认识主体完全独立开来，因而具有客观普遍性意义。理性认识则是从抽象到具体的认识，即把具体存在的抽象客观知识统一起来，在抽象知识的统一性理解中把握具体的存在。所以，理性不是提供抽象知识，而是关于抽象知识统一性理解的智慧，是从抽象到具体的智慧。生命客体存在既是结构性又是时间性的，它的时间性决定了它结构的不可还原性，即它不能抽象为质点，只能作为不同层次的复杂性结构存在。生命的科学知性认识是由构成具体生命的抽象认识对象集合构成的，生命科学是一个复杂知识体系。它的真理认识体系包括自然界最普遍的能量运动转化和物质世界最普遍的结构演化运动定律，但能量转化和物质演化不是特定的生命进化运动，只能从能量转化和物质结构演化的统一性基础上去进一步理解生命的进化。在对生命客观真理认识的理性统一性理解中，才能把握具体的生命存在，并把生命的统一性理解为自然的统一性本身。所以，对生命的智慧理解，就必须揭示能量、物质和生命的必然性运动规律的统一性关系，才能从生命的抽象时间性本质回到丰富、具体的生命存在本身。

从能量一元论的观点看，生命的存在和演化都能从能量运动转化规律得到最终理解。就是说，能量转化的守恒定律和能量运动的能量最小原理是自然界的最基本定律，从根本上制约着生命复杂性运动过程。为什么具体的生命存在表现出它的活力？当我们把它归结为它和环境的能量交换以及它自身内部能量运动转化的时候，活力就只是复杂而非神秘的了。当然，仅仅从最一般的能量规律去理解生命肯定是不够的，因为最一般的能量规律对应着最一般的边界条件和初始条件的时候，得出的并不是对应具体生命存在过程的特定理解，并不具备特定生命能量过程的意义。因此，仅从能量守恒转化和能量最小原理并不能解释生命活力现象。对生命客体必然性的能量运动特定认识只能在结合生命存在特定边界条件的生物物理学能量分析和归纳中才能得到具体理解。因此，从《生物物理学：能量、信息、生命》的科学理论中，至少能够理解生命活力的经验感知和普遍能量范畴的相关性，在能量的必然规律支配意义上使活力不再是神秘和偶然的。在生命运动中，能量的最一般规律当然起着支配作用，热交换、摩擦、扩散等宏观物质系统的能量交换定律在起作用，电磁力的库仑定律同样发挥作用。在生命微观结构的边界条件下，这些定律产生了生命存在的特定过程，产生了细胞中的新陈代谢；它解释了生命细胞的渗透压、分子马达、大分子折叠及运动中的协同变构等内在机制，为生命的自组织、自适应机制的理解提供了客观基础。最一般的能量运动转化规律在特定生命结构的边界和初始条件下的特定运动形式就是我们感性直观中生命的活力，推动生命运动过程的能量运动就是生命活力的根本原因。如果从更为复杂的生物化学过程去理解生命能量过程的话，就可以理解生命的能量运动是复杂的系统过程，不是简单的能量作用反应的循环结构，而是由能量作用和结构演化共同组成的。结构演化把环境能量转化为结构的化学能，比如植物把外界太阳光中的有用能量以 ATP 的能量通货形式聚存起来，这为生命持续适应环境变化提供了充足条件。植物光合作用形成 ATP 物质并由之去提供植物生命过程所需能量的任何更基本的行为和关系是受能量转化守恒定律和运动能量最小原理支配的，但它在特定植物生命结构中进化出自己特定能量存在形式以及运动演化规律，这就合理地解释了植物生命的活力即生长的运动过程。

从物质结构性存在的观点看，生命首先是物质结构，是普遍结构性物质世界特定结构的存在形式，是十八世纪法国唯物主义者从物质的科学认识中得出“人是机器”的归纳的合理性所在。物质结构性存在是生命的必要不充分条件。所以，简单否定并抛弃“人是机器”的生命观并无助于对生命存在的统一性理解。真正的问题在于不能仅从物质结构去理解生命存在，甚至根本上否定生命物质过程和非生命物质过程的区别。更为重要的是，不能离开质能统一性即物质结构受能量运动规律支配下按必然性规律演化去理解生命物质结构，把物质看作与能量独立的冷冰冰的毫无活力的“死”的存在是“人是机器”理论的最大局限性。正是这种片面性扼杀了生命和非生命的本质区别，把对生命的科学认识和生命的感性认识彻底割裂开来，彻底否定了人类漫长历史中形成的对生命活力、灵魂等经验认识的合理理解。所以，从物质存在出发对生命的统一性理解是以质能统一性而非物质客体存在的绝对性为基础的。

物质世界存在和演化的最基本定律是能量守恒定律的特定质能统一性关系和物质客体运动及结构复杂性演化的最小自由能原理，它的最特定描述是物质世界熵定律，在宏观热统计系统描述中则是更为特定的热力学系统微观状态能量均分的热力学第二定律。生命结构绝对运动的进化过程是物质结构演化的特定形式，所以它的绝对运动是由熵原理支配的运动，从根本上来说是最小自由能原理在起支配作用。从特定的物质结构演化熵原理去分析生命结构运动过程，才能得出对生命独特结构运动的合理理解。据此我们就会明白，为什么给地球提供赖以生存的负熵的太阳上没有生命存在，反而是在特定地球熵环境即自由能环境中产生了如此独特的生命存在，在自由能并非最充沛的地球上进化出宇宙结构存在的最复杂形态。生命科学家们如果用熵原理对物质结构演化的支配规律去分析，终有可能对生命的碳基结构及水质细胞生命结构的必然性从科学上作出合理说明。这样，复杂的生命结构及过程就不再是神秘的了。

必须重复强调一点，以熵原理为基础去理解能量、物质的特定生命存在结构时，熵原理并不能从热力学第二定律去理解，否则生命就是负熵，就被简单甚至错误地认为是破坏其生存环境的魔鬼，生命与其生存环境就不是统一，而是竞争和对立的了，生命就无法合逻辑地理解为宇宙自然中最高统一性存在了。“生命就是负熵”本质上必须从生命自身去理解，不能仅从生命和环境的统一性去理解，否则“生命就是负熵”同样适合于热机做功的归纳，于是又退化到“机械是生命”和“生命是机器”的抽象结论。对生命统一性认识的缺陷是人类理性能力的不完善造成的，这种不完善并不限于生命复杂性存在之认识，而是普遍地存在于由抽象科学知识回归现实物理世界的统一性认识，包括在对熵原理和热力学第二定律统一性关系的误解中。在克劳修斯总结出热总是自发地从高温物体流向低温物体时，人们依然认为热力学第二定律是支配宇宙最基本、最普遍的规律，就是说，只是把熵原理当成与热力学第二定律等效的另一种陈述形式，并没有把热力学第二定律和熵原理理解为特殊和普遍的统一性关系，嘴上整天挂着熵却并不理解熵原理的普遍意义。在特定的热力学系统运动规律意义上，熵原理和热力学第二定律显然是等效的，但在普遍的物质客体相互作用描述认识中，熵原理和热力学定律就不再等效了，熵原理的普遍意义就明白无误地显露出来了。在质点相互作用中，熵原理作为能量运动的普遍定律即相互作用系统，自由能绝对减少是普遍必然的规律，但如果说质点相互作用也满足热总是自发地从高温物体流向低温物体，那就是痴人说梦了。质点并无温度陈述意义，只有动能陈述意义。回归能量陈述，熵原理是比热力学第二定律更普遍的规律就一目了然了。温度和热只是热力学系统能量运动描述的特定宏观状态参量，热力学第二定律只有在热力学系统描述中才有意义，只有熵原理才是支配一切物质客体相互作用的普遍能量规律，是能量最小原理的特定形式。世界统一性原理对生命就是负熵的理解首先拒斥把生命当成热力学系统，不把生命理解为仅仅是转换外界能量、消耗宇宙负熵的吸能虫，而是把生命是负熵首先理解为生命自身内在结构按熵原理运动即传统生命知识中新陈代谢描述的绝对运动过程，是生命内在本质规定性，而不仅仅是生命和环境的统一性关系。当然，熵原理是支配物质运动的普遍规律，生命和环境的交换自然也一定是符合熵原理的。如果仅从生命和环境的关系去理解生命是负熵，那么就根本无法解释生命连续过程性存在的本质，无法了然生与死的统一性意义。生死都分不清、理不明，何以奢谈生命。生命之生的本质、生之根据只能从生命内在规定性去理解，“生命就是负熵”首先必须从生命自身去理解。生命之连续性的绝对运动过程是生命的内在规定性决定的，不是由环境决定的。发动机一旦没有负熵即能量输入就会停止运动，生命却不是连续地依赖环境负熵去支持其绝对生存运动的，不少动物依靠冬眠的本领去适应环境变化，最极端的水熊甚至能长时间以休眠状态生存，这正是生命和机器的本质区别，是生命之为生命的充足理由。把生命理解为能量、物质，理解为由熵原理普遍规律支配的绝对运动过程时，既要理解它和环境的统一性关系，更要理解它自身的绝对运动机制和过程。因此，生命在自然存在意义上的自然选择不能简单化为自然环境选择，生命的本质在于生命自身，生命自然选择本质上必须从生命选择去理解。从“生命就是负熵”出发去理解复杂生命存在的本质时，又可以这样认为，生命本质上是依靠选择性去实现其存在的。

从能量转化运动规律和物质结构运动演化规律去理解生命特定的绝对结构运动过程，就对抽象生命能量运动及结构演化所产生的整体的特定绝对运动得到具体的统一性的理解，这就是对生命的理性统一性理解。生命的活力，生命生、壮、老、已的感性经验和生命运动的必然规律是协调的，生命的具体理性认识和生命的感性认识、知性认识是统一的。在理性认识意义上，我们就有充分的理由，把复杂性的具体时间性生命存在看作按其自身必然规律展开的过程，由此得到从生命抽象本质到具体统一性存在的最基本理解，为进一步认识生命特定的绝对运动过程提供了基础。

注释

①转引自王旭东主编《中医文化导读》，北京：高等教育出版社，2007 年第 1 版，第 29 页。

②同上，第 29 页。

③转引自张尚仁著《新译　新编　新解　道德经》，昆明：云南民族出版社，2008 年第 1 版，第 16 页。

④菲利普·纳尔逊著，黎明、戴陆如等译《能量、信息、生命》，上海：上海科学技术出版社，2006 年第 1 版，第 2 页。

⑤同上，详见第一章，第 4—10 页。

⑥同上，第 9 页。

⑦同上，第 9 页。

⑧伊·普里戈金、伊·斯唐热著，普庆宏、沈小峰译《从混沌到有序》，上海：上海译文出版社，1987 年第 1 版，第 133 页。

⑨同上，第 134 页。

⑩同上，第 132 页。

第四章
细胞和生命的起源

引　言

【提要】对生命世界的思考从普遍概念进入具体内容以生命的起源为切入点。“生命从哪里来”是“人的生命从哪里来”的前提，也是对生命世界更具体认识的起点。

一、生命起源思考是地道的哲学理性命题，由“我从哪里来”命题之意义就可证明这一点。这不是试图找出生命在地球上在哪一时点诞生，而是由生命在地球诞生的必然性条件去理解人自身存在的现实性和生存的价值和意义，故它是哲学形而上学的，不是纯粹经验科学的，认为由几个化石就通达“人从哪里来”的命题是浅薄的，那只是素材。思考该命题的先验根据是对生命本质规定性的理解，对之理解不同当然会得出对命题的不同理解。世界统一性原理由时间性本质去理解生命的具体现实性，由熵原理去理解绝对运动生命的本质，更具体地说就是要从地球演化出复杂时间—空间性客体条件的具体认识去理解生命起源的现实性及其意义。

二、从逻辑上看，纯粹的起源命题只能是纯粹形而上学，或神话、神学的，不是形而上学、知识、经验相统一之哲学的，故合格的哲学否决宇宙诞生命题的意义。生命起源进入哲学思考现实性的根据是自然统一性的基本理解，在此基础上把生命起源命题约化为统一自然的演化命题。对自然统一性的感悟是科学认识生命起源的前提，不管科学家们是否意识到这一点。

三、以自然统一性为根据，从逻辑上就可以推论地球生命每个物种乃至每一个现实生命都是先有蛋后有鸡的，执于先有鸡后有蛋彷徨困惑在于缺乏自然统一性的觉悟和执于非此即彼的抽象知性思维，在理性具体中简单明白的事情越整越糊涂了。离开自然统一性即生命首先是物质的理解，把生命和非生命绝对分立开来，生命起源只是神的命题。现实生命是能量、物质、生命统一性的，蛋即生命的种子这一特定形态的具体存在既可以是生命又可以只是无生命之物，它就是把物质和生命统一起来的中介存在，是生命存在的现实可能性，抽象地争论蛋是生命还是非生命无确定的解。蛋在生命体中只是生命组织，不是生命。不是生命的蛋即物，在没有生命的条件下完全可以由物质结构复杂性演化生成，完备的蛋在合适的环境边界条件下分化发育为绝对运动的生命。因此，蛋是生命和非生命的统一，先有生命种子才有具体生命是逻辑上自明的。

四、由先有蛋后有鸡的逻辑去归纳关于生命的客观知识，可以得出细胞起源就是生命起源的判断，从而把生命起源还原为细胞起源这简单得多的命题，把细胞的发现作为十九世纪三大科学发现是合理的。细胞既是一切生命体的基本结构，单细胞又可以是独立的生命，构成细胞的下一层次结构包括在进化中不断复杂化的细胞器都不是现实生命，因而细胞起源就是生命起源。

五、细胞起源是前生命科学命题，它要解释物质结构复杂性演化何以产生出如此复杂有序的完备细胞结构，特别是 RNA 或 DNA 这复杂物质结构。生命科学家认为生命起源研究的是地球早期的地质学或地球物理化学问题；其实更具体更本质的是熵问题，即产生生命细胞结构并允许它成为绝对运动存在的地球熵的条件和理由是什么？为何为数不多的几种物质和几百种小分子在普遍熵原理支配下演化出如此复杂有序完美之碳基结构的水质细胞？这必须从自然自身的筛选机制去理解。生物有机大分子的进一步结构复杂性演化是细胞层次复杂结构，由排列组合的普遍原理可知，这一复杂层次结构的不同形式是天文数字级的，只有为数极少的具体结构是完美的生命细胞结构，只有达到完美生命时间—空间性结构之物才能在适合环境下展开自身绝对运动现实过程。自然筛选的意义必须由必然和随机相统一去理解，每一个生命包括你和我能来到这个世界上，不是偶然也不是必然的，而是必然和随机相统一的。只有达到这种水平才能理性地认识你自己。

“认识你自己”的一个子命题是“人从哪里来”。这个子命题包含两重意义：一是在宇宙中自成独立一大的人类世界意义上的人是如何创生的，二是作为自然生命世界物种的人是如何进化出来的。无论在发生学意义上，还是在逻辑意义上，后一意义是前一意义的基础，即“人从哪里来”这一命题本身又是由统一的两个子命题构成的。历史上思考“人从哪里来”的认识中，常常有把人的自然生命从哪里来和现实的文明人从哪里来作为同一命题的习惯。以生物进化论为根据去论证人类文明史的创生，作为人是万物之灵的充足理由就是这种思维的产物。达尔文创立生物进化论以来，人类基本上已经把文明人类理解为从类人猿进化而来，由此足见这一思维的影响之广泛和深远。从逻辑上说，从生命世界进化学说无论如何是得不出人超越纯粹自然界的任何理由的。达尔文归纳出生物进化论，并以人是万物之灵的精辟归纳把进化论变成人类普遍信念，在人类文化深层产生了普遍而深刻的影响，因而改变了人类社会历史。以生物进化论为根据的“人是万物之灵”只能合逻辑地理解为人是自然生命世界进化链顶端的一个高级物种，但它其实已被现实地赋予了人是超越自然的文化文明存在的意义，其副产品是达尔文成为主义的标签，进化论并不被限定在自然生命定义域中，而是被推广到人类社会历史领域中。从进化论向社会达尔文主义推广的逻辑链条一定是不连贯的，不连贯之处是由独断论联结起来的。这种缺乏理性统一性思维所得出的社会达尔文主义不仅是抽象的精神认识命题，它的本质意义在于人的社会历史现实本身之中，它使人在文明异化中退化为狼，把个人的现实生存变为对一切人的战争，这是对人类文明史的极大反动。世界统一性原理继承达尔文生物进化论的成果，同时又把它严格限定在自然生命世界的理解中。以之为基础的“人从哪里来”的思考就具体为人的自然生命物种从哪里来的思考，在进化论意义上首先是普遍生命起源的思考。所以“人从哪里来”首先要思考人的自然生命起源问题，更一般地是自然生命起源的思考。

既然生命起源和进化是自然过程，那么它就是一个由自然必然性支配的过程，所以地球生命以及一切生命的起源都不能看作偶然事件，只能看作随机事件。用随机性而不是必然性或偶然性去陈述生命起源才是合逻辑并有意义的。必然和偶然是关于普遍抽象因果关系的范畴，无法直接通达具体复杂生命起源的意义。特定、具体、现实的生命存在的起源不能仅限于普遍抽象关系，生命起源究竟是必然还是偶然形而上地就是无法证明的，并不是为人类后天经验认识所限。生命起源是自然无为的，即它是自然按其内在必然性法则起作用的产物。基于具体生命的高度复杂性，它的现实是由复杂的必然性规律体系作用的具体统一性结果，是自然必然性和随机性具体边界条件具体之统一产生的结果。具体生命是由支配它的复杂多样性规律和这些规律特定具体边界条件的统一而成为具体现实存在的。正是具体边界条件的复杂性和动态性超出了目前人类经验中对之得到确定性描述认识的能力，我们只能用随机的方法去处理。具体生命中普遍规律起作用的具体边界条件和初始条件的随机性描述使我们对具体生命起源合逻辑地陈述为随机的而不是纯属偶然的，随机性是普遍必然规律和随机性初始和边界条件相统一的具体陈述。此外，从一般生命起源去思考人的生命起源蕴含着生物进化论的"地球生命有共同起源"这一命题。

生命起源的复杂性有存在论和认识论两方面的意义。存在论意义的复杂性是由它复杂的客体存在性决定的；认识论的意义是指由于思考生命起源的主体即智慧人的存在是在一切生命包括人的自然生命起源之后漫长的进化历史中才产生的，所以它的发生学起源是逻辑而非实证的。对生命起源从逻辑上的认识却长期以来由于对生命存在的本质缺乏充分认识而陷于困难境地。如果没有生命和非生命本质区别的合理理解为基础，如果坚持生命和物质没本质区别，对生命起源的求索就失去根基。只有归纳出生命的时间性最普遍本质，才能清晰地思考生命的起源问题。在"生命是什么"命题的合理理解之前，对生命起源的思考难免带有片面性。生命的时间性本质应该从两个方面去理解：一是具体生命个体连续不可逆的生、老、壮、已的时间性过程，二是具体生命内在地存在并决定它的子代严格地延续它的具体存在的时间性本质，由具体生命个体的时间性延续为种群意义上的时间连续性，在世代更替的循环中把有限的具体时间性存在变成种群意义上循环往复的时间连续性存在。自然生命的起源尽管是按自然必然规律运动变化得出的结果，但从人的认识描述意义上，这种必然性的复杂系统结构过程的起源只能在随机意义上得到理解。关键在于不能把生命随机起源看作是偶然性的，不能从根本上否决认识“生命从哪里来”“人从哪里来”思考的重大而现实意义。

生命客体是自然界最高的客体存在形式，它的复杂性并不限于它的物质存在复杂结构意义，更重要的是空间—时间统一性结构和过程统一性关系，所以，对生命起源的思考必须按照理性统一性的逻辑去展开。通俗地说，先有蛋后有鸡，必须先认识静态结构的蛋，才能解释绝对运动的鸡的生命起源，这就是不仅要从自身结构功能去描述生命，还必须从环境制约性才能理解其本质的原因。生命起源的前生命分析就是物质世界空间结构演化分析，它就还原为地质学和有机化学这些基础层次上的具体认识。从结构演化层次，我们就能理解熵原理在生命起源中的支配作用，理解地球在熵增达到生命前复杂结构乃至生命结构出现的可能区间时，地球生命随机性起源的必然性。当地球物质客体复杂性结构演化达到出现具有完备的时间性具体个体时，生命在地球诞生，并开始了自然界从演化到进化的更高级运动变化进程。

从对生命起源的统一性逻辑探讨中，结合当代生命科学理论体系的认识成果，我们就能合乎逻辑地得出细胞起源和生命起源同一的结论。因为细胞是一切生命客体的基本结构——功能单元，单细胞又已经是完整的生命个体存在，所以把细胞作为生命存在的起源是有充分理由的，同时也符合地球生命具有共同起源的统一性关系。细胞的低级结构即各种细胞器，包括在寄主细胞内借助细胞实现生命过程的病毒等复杂结构，它们还没有完备的时间性本质，还不是生和死统一意义上的具体存在，因而还不是生命存在。因此，细胞又是生命存在的必要条件。细胞本身既然是生命存在的充要条件，单细胞就可以是完美的生命存在，生命起源问题就合逻辑地简化为细胞的起源问题。尽管在发生学意义上同样无法解决细胞起源的确定性时点，但在科学实证意义上，完全有可能创造出最基本的细胞生命，从而对生命的起源得到更加完整的理解乃至科学的证明。

第一节　生命的本质就是生命起源的本质

一、生命起源的复杂性

起源是发生学或历史学意义上的概念。但凡是涉及自然的起源问题都不是简单问题。宇宙起源、物质起源、生命起源都是考验人类理性智慧的最普遍意义命题。从理性统一性意义看，生命起源应是最复杂、最难以把握的命题。为什么这么说呢？在常识中，宇宙起源是最普遍、最难以回答的命题，但从哲学理性意义上看是无意义命题，是不需要回答的命题。人类文化发展进入世界统一性思考阶段以自然哲学的诞生为标志，自然哲学是从自然世界多样性万物的本原去建立宇宙统一性理解的，本原客体不生不灭的形而上学规定性已在先地否定了宇宙起源命题。宇宙的本性即能量不生不灭因而没有起源问题，宇宙本身当然也就无起源之说了。在唯物主义自然哲学本体论中，物质也只有运动演化而无起源命题，追问物质从哪里来是违反唯物主义逻辑的。世界统一性原理坚持能量一元论，认为宇宙和能量没有起源，能量是绝对守恒的，物质不灭则只是相对性的有限真理，按此逻辑，物质就有起源，人类就必须追求物质起源的解，对物质结构还原并追求最普遍的具体物质存在其实是在探索物质起源的不断进展过程之中。且不说“道生一”，基础性的构成万物的一是什么已经是科学认识中最有挑战性的了。人类何时能解开这一谜团并没有现成答案。但物质起源命题在逻辑上是简单明白的，它可以约化为简单的科学认识命题。生命起源则复杂得多，其原因就在于生命是不可还原的，对生命起源的思考不能约化为一个简单的科学命题，必须是一系列科学命题的解的综合统一，思考生命需要丰富的知识，还需要深刻的智慧。

生命的起源当然属于自然史的范畴。为什么我们要思考这一复杂问题呢？因为“认识你自己”就要回答“人从哪里来”的问题，而这又以人的自然生命从哪里来为基础。所以，人类思考自身尽管不再是自然问题，是人类文化行为，而且思考的是人的社会历史本质，但这一统一性思考包含人的自然生命存在，唯此才有具体的人类社会存在。因此，必须考虑自然生命存在的起源问题，这是回答“人从哪里来”和“人是什么”的基础。

对自然起源问题思考的困难之处在于这些命题在发生学意义上往往是无法由人类文化来解答的。比如，最简单、最基本的问题是宇宙起源问题。按照当代宇宙大爆炸科学理论，宇宙是150多亿年前的那次大爆炸诞生的，普罗大众据此认为这就是宇宙的起源。这是不准确的。宇宙大爆炸科学理论并不能从根本上回答宇宙起源问题，因为它是有限的知性科学认识，它在理论的零点奇点上是没有意义的。它本身是有限性的时间描述，仅由此无法得到具体宇宙起源的完备理解，因为它并没有对零点及零点之前作出预言。把大爆炸那一刻规定为零点只有相对的认识意义，不能将之视为存在论意义上的陈述，即宇宙大爆炸的陈述并不包括理论的零点时刻，它不描述也不否定零点及此前的宇宙存在。因为它没有回答“宇宙为什么产生大爆炸”的问题，因为对零点之前只是回避而不是解答，所以大爆炸始点和宇宙起源点没有同一的任何理由，这只是物质世界而且是我们现在所处的物质世界诞生的可能始点。除非绝对物质观成立即宇宙存在的本原是物质性客体，否则物质世界始点就和宇宙始点不同一。但按照绝对物质观，在逻辑上物质世界是没有始点的。既然物质本原不生不灭，物质性宇宙又何来始点呢？因此，在本原意义上，宇宙肯定没有起源问题，这就是第二卷中我们得出宇宙永恒性定理的可靠理由。

生命世界是物质世界按自然法则复杂性演化到一定阶段产生出特定客体构成的统一世界。生命存在是以它特定复杂结构整体的特定本质为根据，而不是以构成它基础层次的客体为根据的，所以，它没有本原问题，即它的起源是有意义的。生命世界一定存在着发生学意义上的起源，我们的生命向上追溯一定有一个源头。虽然这个源头一定存在，但这对于人类文化认识是可望而不可即的。因为生命世界起源后，进化到我们这种复杂性结构存在，并且产生了知性和理性思维的主体，自觉地去追溯自身作为生命存在最早起源的时候，生命的起源已经消失在遥远的时间长河之中。生命是绝对运动的客体存在，它的具体个体存在是有限而不是永恒的，生与死是不可分离的对立统一范畴。生命是依靠世代延续去超越死亡从而形成种群意义上的无限连续性存在从而构成统一的生命世界的，生命的种族延续是一个随环境变化而自身在遗传中不断进化着的存在，子代和亲代之间是同一性和差异性的统一，在现存的任何生命存在中没有和最原始起源生命只同一而无区别的存在。因此，在发生学意义上，从现存生命结构去寻找生命起源的具体存在是不可能的。对生命起源的思考本质上不是发生学意义上的。

既然生命起源思考的本质不是发生学意义上的，它就不是纯粹的考古学命题，不是三叶虫、始祖鸟、恐龙等生命化石所提供的证据所证明的。实证的考古学从古化石中所寻找的只是地球生命进化进程理论的证据，但提供不了生命起源的充足根据。从对生命世界理性统一性的理解意义上看，生命起源的证据不在别处，而存在于一切绝对运动的具体生命存在之中，我们自身的存在和最早起源的生命之间存在着历史连续性，或者说是时间性的连续性。更具体地说，第一，我们的生命存在、任何现实的具体生命存在，都可通过生命遗传的链条溯源到最早起源的生命；第二，一切现实的生命存在和一切曾经的生命存在，包括生命源头的原始存在，都具有同一的本质规定性，具有相同的基本结构，遵循生命世界一般运动变化规律，并且都在个体意义上现实地重复着物种起源的过程。正是基于上述两点，生命起源才是可认识的，生命起源的思考才是有意义的。

由此，我们首先归纳出生命起源思考的本质意义。它不是要去探究地球上在哪一个时空点出现了第一个生命，而是要回答生命之所以产生出来的最基本条件是什么，具有最简单的结构因而也是最基本的生命过程是什么。在对生命起源的思考中，要回答的是生命诞生即存在和进化的必要条件和充分条件，从而得到对生命特定本质及最复杂统一性自然存在的更深刻认识和理解。因此，生命起源是认识生命的根据即本质，以此为据去归纳生命运动的最一般及最普遍的进化规律。它并不仅停留在生命的抽象本质和一般规律，而是要在现实生命世界的统一性具体存在中找出最简单、最基本的生命存在特定形式，从而得出生命世界和非生命世界本质区别的根据，并由此作为生命世界统一性的基础。因此，在生命起源意义上的特定生命存在形式并不指向某一个特定的生命存在。生命世界没有可认识描述的具体的“皇帝子”，它依然是一般规律的普遍认识，是对生命最一般认识规律的深化，是从生命存在一般认识回归到最简单的具体生命。所以，生命起源的本质意义就不再是发生学意义上的，而是基于生命科学真理认识的统一思考。

人类思考生命起源，追问“人从哪里来”这种形而上学命题的意义和追求宇宙万物本原存在意义的思考具有相同本质，即并不是某些人特定兴趣或人的本性使然。这种片面观念是当代功利社会把远离功利的形而上学思辨看作纯粹无病呻吟的思想根源，也是人类知识丰富而智慧退化甚至退化为赤裸裸的丛林动物的原因之一。世界本原和生命起源的理性形而上学统一性思考意义，在于给出世界具体存在和我们自身现实存在基于必然性的理解，把自然界的存在和变化看作按自身内在规律展开的可理解的具体过程。只有达到这种智慧的理性统一性认识，我们才不再需要用上帝来为宇宙存在提供根据，为我们自身存在提供理由。只要还依赖于外在于自然的根据和原因去解释世界和人，那么世界和人的存在对于它们而言就同样是外在的，这样的人就永远是一种残缺不全、偶然的存在，永远无法通达自觉理性，无法从本质上彻底超越禽兽。因此，理性形而上学思考是最根本的认识，人类的存在不能离开真理认识，更不能没有理性智慧，即不能没有对世界及自身存在的完美统一性理解。“认识你自己”的理性统一性认识建立在对生命起源认识的基础之上，这是一个具有思维的人类不可回避的问题。人类的各民族，在人类历史发展的各个阶段，总要以不同的形式去回答“世界从哪里来”和“人从哪里来”的问题。上帝创造也好，女娲造人也好，都是一种答案。认识不断发展，答案可以不同，但对之必须提供答案，这是人作为对人存在自身思考必不可少的。我们追求理性统一性的人的起源认识，其根本意义就在于对人的存在的必然性及完美性提供可靠的基础。宇宙起源问题只能以之为无意义命题才能得到最终解决，但生命起源是极具意义的命题。当然，这是在生命按自然规律必然地产生意义上的起源，而非发生学意义上的起源。人类思考生命起源与人类自身存在一样久远，但至今并没有一个确切的答案。从逻辑上说，对之并没有一个真理认识意义上可证伪的确定答案。因为它是在对生命真理认识基础上的统一性认识命题，所以尽管是以生命起源这种特定方式建立的命题思考，它只能在不断丰富的认识发展过程中不断得到越来越具体的智慧理解。从上帝造人、女娲造人到达尔文进化论的自然产生选择理论，都是人类对生命起源从抽象到具体的不断丰富的理解。世界统一性原理思考生命起源并不在于追求一个发生学意义上以确定性时点描述的可证实的答案，而在于对生命存在一般客观规律认识基础上，对生命之所以能够产生并生存得出最基本的理解，从而得到对世界统一性包括生命世界统一性的具体智慧理解。因此，在认识意义上，这是一个无限的过程。简言之，生命的起源不在于追寻确定性答案，而在于追求理性统一性的理解。

生命起源问题的复杂性在存在论意义上由其作为不可还原的整体复杂性存在决定，在认识意义上由理性统一性意义决定，它是形而上和形而下相结合的命题。经验知识和抽象真理知识是基础，而一切形而下都只能建立在生命之所以为生命的基础上。因为如果离开对“生命是什么”的理解，生命起源就是一个无描述意义的命题。正是对生命本质的认识是一个无限的理性过程，这就决定了生命起源思考和认识同样只是无限的理性认识过程。对生命起源的思考只能建立在生命本质认识的现实基础之上。历史上人类用上帝、神仙、灵魂去解释生命起源，把生命理解为偶然、神秘莫测的存在，一个重要的原因是人类对生命的认识还只停留在感性认识的现象之中，还没有洞察生命的客体性本质，所以只能得出远离生命本质、与自然必然过程无关的生命起源理论。当今天我们已经得到对生命运动规律性真理认识，对生命的必然性本质已经有深刻理解的时候，就具备一定的条件去建立对生命起源理性统一性的理解了。

二、生命起源的本质是时空性客体的创生

生命起源既然不是探求地球生命具体创生的时空确定点描述，而是探讨具有时间性本质的特定生命客体在地球产生的必要而充分的条件，那么就可

以认为，生命起源问题应具体化为物质世界在空间结构复杂性演化过程中如何产生出具有特定时间性客体存在的问题。生命起源命题建立在生命本质规定性基础上，而它又是对抽象生命本质的具体的认识和理解。所以，生命起源又可以具体陈述为时间性物质客体存在如何演化出来，它的更基本的前提则是时间性空间结构存在的具体规定性是什么？

生命存在是在绝对运动过程中的近平衡态耗散结构系统，这里有三个具体的时间规定性。一是生命作为耗散结构，它和环境的交换包括除了物质和能量交换，而不能只从纯粹能量交换意义上去理解。因为生命客体的耗散结构系统的规定性是在存在论意义上的，而不仅仅是认识意义上的规定性。严格地说，只交换能量不交换物质的耗散结构其实包括宇宙自身之外的一切物质系统，因为一切物质系统都在通过万有引力作用与整个物质世界建立相互联系并发生能量交换。所以，只和环境交换能量的耗散结构只有相对认识描述意义，在存在论意义上与孤立、封闭系统相区别的耗散结构必须从物质、能量交换意义去理解。二是生命存在的绝对运动与我们哲学上所说的物质的运动是绝对的，静止是相对的这种陈述的运动具有完全不同的本质意义，即生命绝对运动之运动不只是空间性相对描述。任何生命作为抽象质点甚至一个具体整体对象描述时，在空间位置描述中，它既可以是静止的，也可以是运动的，究竟它静止还是运动完全取决于描述所根据的空间参考系，根本不能说生命存在的空间运动特性是绝对运动的。如果一定要按传统哲学唯物主义观点，把物质客体看作运动是绝对的，静止是相对的，则绝对运动就是一切客体存在而非生命存在区别于纯粹物质客体存在的规定性。所以，生命绝对运动不是空间相对性描述，而是生命存在自身的时间性描述，是真正存在论意义上的，是它内在的本质规定性，而与外部环境及描述的参照系无关。这种时间性的绝对运动指的是，生命客体自身的物质空间性结构处于永恒的演化之中，这正是生命只能从时间性而不能从纯粹空间性规定的根本原因。最简单的例子是，我们生命存在在新陈代谢之中，细胞在分裂，生命在生长甚至在衰老，它自身的结构是不断变化着的，所以无法找到一个抽象的静态物质空间性结构去规定我们的生命。不管我们生、壮、老、已过程中物质结构如何演变，只要这种时间性的绝对运动存在，我们的生命就存在，我们作为具体的人就在生在活在存。所以，生命的绝对运动是在存在论意义上关于生命自身内在的规定性，生命在于运动具有本体存在论意义。三是生命存在必须维持它整体的稳定连续性，所以它只能在近平衡的稳定态存在。关于生命有序产生的理论总是偏好于从远离平衡耗散系统的非线性运动去解释生命这种特定有序结构的产生，似乎远离平衡的高自由能状态才能解释无序产生有序，把远离平衡解释为有序之源，在非线性中解释生命的奇迹和奥秘，从而把生命存在和非生命存在区别开来。这种观点忽略了生命的产生意味着之后的连续过程，在远离平衡态即使可以产生出瞬间生命结构也无法维持，所以根本不可能有生命存在，这才是宇宙的事实和真理。为什么生命在宇宙中如此独特？为什么在物质世界按熵原理演化到熵较大的特定阶段生命才出现？原因就在于生命是连续的自身绝对运动过程，只有在近平衡态耗散结构的高熵条件下，即具有自身内在物质结构稳定性的条件下才是可能的。生命的高度组织不是以远离平衡即强大的自由能作用为条件的，而是以高熵低自由能作为结构稳定条件的。生命的存在不是基于低熵来避免死亡，而是依靠耗散结构来维持系统既不陷入平衡态，又要维持稳定，又处于绝对结构运动，所以它只能是在近平衡态的稳定状态，按最小自由能原理支配运动，能够实现特定的既稳定又连续的绝对运动过程。所以，生命一定是近平衡态的稳定耗散系统，这就是“自然总是做最省力的事”的真正意义。因此，说生命本质是负熵是对的，但还远远不够。负熵只是生命生存的必要而不充分条件，生命是负熵的意义不能只理解为消耗环境的负熵。即使在生命和环境关系中，也不能机械而抽象地理解为环境负熵越充足，生命从环境获得的生命力越充沛，而是要具体理解最适合生命生存的熵环境的特定区间，从而合理解释为什么高温环境下生命无法生存。“生命是负熵”的本质意义在生命存在自身，在于生命自身如何依靠自身特定时空统一性结构去利用环境实现生存的有之以为利、无之以为用的现实过程。生命之为生命的本质规定性在于生命自身，不在于环境，“生命是负熵”的本质意义在于生命是由熵原理支配的复杂时空性完备统一结构，它和环境的物质、能量交换是以它自身的特定时空结构为根据的，传统的生物学称之为生命的新陈代谢机制。薛定谔提出“生命就是负熵”的革命性观念以后，其重大现实意义正是把物理学的普遍规律引入生物学，从物理、化学普遍规律去建立生命结构和过程的具体规律，使生物学蜕变为货真价实的实证意义上的生命科学，从自然界的普遍规律去理解复杂生命过程，合理解释为什么碳、氧、氢、氮、硫、磷是构建生命碳基结构、水质细胞的基本元素。如果能理性地理解负熵之于生命的本质意义，并像薛定谔那样将之引入中医唯象理论，中医传统理论也将会从本质上产生蜕变，那么我们根本就不必纠结于中医科学性并为之争得面红耳赤。

从生命客体的耗散过程规定性去考察它的抽象的时间性本质意义的规定性，必须理解生命时间性本质的具体意义：

首先，生命连续性和非生命连续性的区别是什么？从科学描述意义上，一切客体运动，无论是在空间中的运动还是自身结构的演化运动，其过程都可以是用时间自变量作连续性描述的。弹道运动是连续的，放射性物质的衰变也是连续的，连续性是一切过程描述的普遍本性，而不是生命存在的特定本质。所以，连续过程并不是生命存在特有的规定性。生命连续不可逆的时间性本质是存在论意义上的，在于以生和死来区别存在和不再存在的生命只能在连续性的意义上才能存在，即常识所感悟的死而不能复生。非生命客体作为过程描述是认识论意义上的连续，但完全可以不需要时间过程描述，比如一个物质客体不需要过程，只需要从空间性就可以去直观甚至抽象描述它的存在。因此，在空间性意义上的物质客体存在并不以时间过程作为它之所以是物质客体存在的必要条件。但对生命而言，时间性过程是本质性的，生命存在就是生存，离开过程无生存之意义。正是生存过程性决定了生命是连续时间形式中的时空结构，并据此成为自然中既是物质又超越物质空间性形式的时空统一性形式中的具体存在。

其次，生命过程的不可逆性是在存在论意义上的不可逆过程。为什么生命对每一个具体个体而言不能重来？为什么生命像时间独立描述变量那样不可逆反？在逻辑上并不难理解。物质世界的演化是结构复杂性过程，与之相反的就是物质解构的解体，我们也称之为灭或毁灭。物质客体是从无中产生，并按“一生二，二生三，三生万物”的演化逻辑运动变化的，物质世界的演化就是在熵原理支配下生生灭灭的过程。根据熵条件生成新的复杂结构或毁灭解体还原为低层次简单结构，这种生生灭灭的过程就是可逆的。如果物质客体结构只生不灭就违反自然的必然性法则，自然界最后只会剩下复杂性物质结构。生命客体则是生生死死的存在，它创生，在绝对运动中成长，但最后总要死亡，所以生命是一个生死统一的世界。在生死世界中，生命和时间变量的属性一样，是绝对不可逆的，是不能重来的。时间只是抽象形式之矢，生命却是具体存在之矢。为什么不可逆的时间形式对人而言具有如此沉重的意义？因为人的生命存在是时间性的。为什么当今人类如此钟情时间倒流和时空穿越这件皇帝的新衣？这是没有自觉理性地了然生死的人类在寻求面对老去和死亡之恐惧的心灵慰藉罢了。

再次，生命时间性抽象本质的最具体表现是在生命作为个体性存在和它的种群存在的统一性之中，唯此才成就了具有独特时间性本质的统一生命世界。具体生命个体是连续不可逆过程中绝对运动着的存在，它在不可逆地走向死亡。具体生命是有限性的存在，人的生命在人的感性尺度就是非常现实地走向死亡的存在，生命存在的最高法则是它一定走向死亡。生命的奇迹在于它一旦诞生就决定它在环境中的不可逆必然过程，小鸭子绝对不会长成黑天鹅。就是说，它的生命过程虽然依赖于边界条件即具体环境而表现出多样性，但它与环境相互作用的规律是必然的，在基本边界条件假设下它的过程是可预言的。虽然我们不能事先确定每一个人的寿命，但知道古人言的“人生七十古来稀”的含义。更具决定性意义的是，生命一旦诞生就开始把它一生的时间性过程的本质规定性从亲代遗传过来。在生命过程的既定阶段，生命以繁殖子代形式，把这些规定性严格地复制到子代之中，于是子代又开始亲代的时间性过程。由生命繁殖形成的生命在物种意义上的延续，使由必然死亡的具体生命存在在子子孙孙的连续性之中构成物种意义的循环连续的生命世界。所以生命就是由有限生命具体个体构成的种群连续无限过程。当然，这种无限不是时间形式的抽象无限性，而是指不由生命内在规定性限制的有限性。就是说，只要外界环境合适，生命物种就可以延续下去，决定物种灭绝的是环境而非生命自身的规定性本身。所以，生命的时间性是具体生命存在和种群的统一性，并且这个本质就内在于每一个具体的生命之中，这正是生命时间性和非生命过程的本质区别。只有这种统一性意义上的时间性，才成就了生命之所以为生命的完美本质，才产生了思考生命本质的复杂性生命存在。所以，思考生命起源就是要解释这种统一性时间本质的空间物质结构如何产生。只要对之有了充分的理解，我们就能深刻地体会到生命统一性的意义。

从生命统一性的时间性本质出发，就可以解释是连续不可逆的核衰变过程为何不能被称作生命。因为它不构成繁殖意义上的复制从而把时间性从有限转变为无限；同时也必须理解骡子虽然是生命，但作为一个种它不是完美的，甚至是不完整的生命。不孕不育的缺陷是生命的一种疾病，不能否认那些不育患者是生命，只能惋惜它们的生命在自然存在意义上是不完整、不正常的。生命的完美性就在于它是在这种统一性的时间本质中展开的无限过程。

三、生命起源的随机性

从生命存在的时间性本质去思考生命起源的意义在于，由此可以合逻辑、有根据地把生命起源理解为自然按内在必然规律性演化到特定阶段的产物。如果只停留在发生学意义上追寻生命在确定时空点的起源，实际上是在人类自身认识能力范围之外设定了一个神的命题，因为这在根本上是人无法回答也没有实质意义的命题。这种抽象思辨最终只能把生命出现的随机性看作是偶然的，只停留在现象、表象而远离本质，所得到的只是变幻莫测的现象而非必然性本质规律认识。

人类对自然界因果必然性关系的真理认识，经过几千年来的积累和进步，已经成为一个不同层次、不同角度抽象认识对象的科学真理认识理论体系。有不少人把“进步”一词理解为纯粹与主体主观性相关的价值判断概念，这是极片面的。进步是一个主客体相统一、主客观相统一的概念，并且是建立在客观性基础之上的，这在人类自然科学认识的“进步”中可以得到充分的说明。人类对自然界的科学认识是在物理学的基础上逐步发展、丰富的，并逐渐分化出复杂的不同学科理论体系。在科学取得这种重大发展之后，那些智慧渊博的大师们始终把物理学作为其他自然科学的基础。科学在物理学基础上分化发展不是偶然、主观的，而是具有内在必然性的。高以下为基，高层次的认识以低层次的知识为基础。科学真理认识的普遍客观性为它由低级到高级的绝对增长、发展提供了基础，物理学就是一切自然科学的基础。它之所以成为最基本的自然科学学科，不仅在于它为自然界提供了最简洁、最普遍的用严谨数学因果关系陈述的必然规律，最重要在于它的认识对象是物质世界运动变化的一般规律，对于空间性物质存在构成的多样性现实世界而言，这是最基本、最普遍因而也是最能揭示其空间性存在本质规律的，这是物理学作为自然科学最基础学科的真正根据，也是自然科学进步的客观性意义之所在。因此，科学进步和发展有其内在必然性规律，即认识的一般规律。具体生命不是纯粹空间性存在，也不是纯粹时间性存在，而是时空统一性存在，任何具体生命都以生命物质为现实存在的基础，在物质结构演化和生命新陈代谢具体机制意义上，生命内在的具体运动过程同样是受普遍的物理规律、化学规律支配的，关于生命的理性认识首先必须建立在科学基础上。

物理学的普遍客观性真理知识为物质世界空间性的运动演化提供了由必然性规律支配的可靠根据，但生命科学的使命不是也应如此吗？否则又何以叫生命科学而不羞答答地叫生物学呢？但是，理直气壮地叫作生命科学的理论认识是否给我们把生命理解为按自然必然性规律运动进化提供了坚定的信心和充足的理由呢？未必。只要生命科学仍然把生命的出现看作偶然现象，那么把生命看作按自然必然性规律运动的现实就只是自欺欺人。生命世界的科学认识如果在起源这一始点上是偶然性的奇点，无法对之作出必然性科学陈述，得不到达到其内在目的性的理性理解，那么生命科学整个理论体系的科学性就是不可靠的。如果我们不理解最早的生命，又凭何理由说理解起源之后有来源可考的生命呢？如果起源的生命是偶然性支配的，那我们自身的生命存在有足够的理由去摆脱偶然性吗？诚然，现代生命科学理论已经得出丰富的普遍客观真理认识，给出了生命内在结构和过程的必然描述。但是，对生命复杂整体结构还原低层次的必然规律描述并不是生命存在本身的必然描述，甚至往往还是分解为物质空间结构演化的物理过程和化学过程描述。正是停留在空间性过程描述，所以无法去理解生命整体的意义，因而无法摆脱用偶然性去解释生命产生的具体现实性。

或许有人会争辩说物理科学定律描述的客观普遍性在于物理现象的客体规律性，而生命现象是复杂变幻短暂、动态而偶然的。这种理解是反逻辑的。其实仅就现象存在而言，生命世界比纯粹的物理空间性世界要表现得更有规律性，更少不确定性。物质世界具体客体的空间性运动演化是受客体规律支配的，但对具体个体的认识及运动变化预言一旦上升为复杂系统，它对我们认识而言就只能从随机意义去理解和描述了。物质个体的存在向我们显示的是生生灭灭、变动不居的表象，生命世界的具体存在是个体化的存在，当然和物一样是生生息息的。但生命是宇宙中非常特定的存在，仅在现象意义上它就比纯粹物的存在具有更多限制性，因而有更多的确定性。比如我们可以预言，太阳及其他一切恒星上绝对不会有生命，我们预言自身生命绝对不会万岁万万岁。这些是仅从现象意义就可以得出的对生命的确定性的认识。我们不能预言一块石头、一条江河在什么时候会运动变化甚至消失于无形，却不需要任何附加假设都能预言生命死亡的必然性并有把握地预言一个具体生命的正常寿命的可能性区间。这不正是生命世界比物质世界在现象意义上更少不确定性的证据吗？凭何认为生命现象更加变幻和偶然呢？如果有足够的智慧，就能参透绝对结构性存在的生命比相对性之物具有更加确定性意义。

真正的原因在于，物理学的空间性认识对象和生命科学的时间性认识对象具有本质上的区别。对抽象质点的物理学描述而言，认识对象还原为质点后，质点的运动变化规律和质点的初始条件及边界条件可以毫无限制地分离，所以可以综合归纳出与初始及边界条件无关的质点运动的最普遍、最简单、最普遍的必然性因果关系陈述。物质世界具体客体的多样化运动演化并不是由一般规律，而是由多样化的边界条件和初始条件去实现其相应的多样化描述的。所以，普适、简单的一般运动规律可以描述整个复杂多样物质世界的每一个具体物体的特定存在及运动变化，前提是给出它特定的边界条件和初始条件。宏观物质系统热力学描述则采取随机统计假定，把复杂系统作简单化处理，这样，一滴水中 10^{23} 个分子的初始条件就被约化了，10^{23} 个不同的位置及速度状态就被约化为一个宏观热状态，并且得出宏观态在特定宏观系统边界条件和初始条件的特定描述，其真正意义在于得出与宏观系统边界条件及初始条件相独立的宏观状态的一般运动规律，如热总是自发地从高温物体流向低温物体、热流传播速度和温度梯度成正比这种最一般的热力学运动一般规律陈述。但生命认识对象完全不同。它不能被还原分解为不同层次的生命，也不能被随机平均统计去抽象描述下一层次的复杂结构。所以，生命认识描述的真正复杂性在于生命认识对象不但包含诸多复杂且不同层次的运动规律，而且包括更为复杂且不可约化去统计描述的边界条件和初始条件体系。所以，无法用一个简单的因果决定关系去描述它，它是在一个复杂的因果决定规律系统支配下，由复杂的初始及边界条件系统共同决定的整体过程。生命只能从整体统一性得到最终理解，而这个整体是由一系列不同层次的必然规律及其相应的初始条件和边界条件共同决定的。因此，在现象意义上较少不确定性的生命现象，却无法像看起来更具不确定性的物质运动现象那样能够建立起一个简单、普适的必然性因果规律体系去描述之。但认识论意义上的这种困难并不能否定生命存在在现象意义上比物理现象有更大的确定性，更不能否定它在自然存在意义上一定是必然性规律支配的过程，只能从自然必然性支配的内在运动发展而产生的结果去理解生命起源。复杂生命现实性的绝对运动存在只有从自然而然的必然性支配意义才能得到具体理解。

仅从发生学意义去追究生命的起源，实际上就局限在纯粹生命现象中，但从现象中去追求生命起源实际上是一个无意义的命题。我们已经反复强调，这是一个悖论。当我们可以去独立思考生命起源的时候，已经再也不存在生命起源现象，所以生命起源就只能归纳为偶然性。但生命起源偶然性的说法已经从根本上否定了生命科学客观性的可能。反之，当我们从生命必然产生的条件及规律去思考生命起源的时候，就有了思考生命产生的具体对象。其实每一个具体生命的产生都是从无到有的进化过程，都在重复着整个生命世界产生及进化的最一般规律。所以，生命起源的研究对象并不遥远，就在现实的生命世界中，就在我们自身存在之中。而这正是思考生命起源的真正意义：我们是什么？我们从哪里来？如果我们停留在现象的变动不居之中，说我们进化出来是偶然的，那么还有资格说我们正在认识自己吗？

在思考生命起源之初就必须拒斥偶然性，坚持从自然必然性去思考生命存在。但生命存在是复杂的时间过程，是个体生生息息和种群连续性相统一的过程，不能用简单的抽象因果决定关系得出生命的普适描述，只能从它的时间性抽象本质中得出整体统一性理解。关键在于这种统一整体性是建立在因果必然性基础上的统一性，而不是偶然性堆积起来的统一性。所以，生命整体统一性的理解，就是要把复杂生命绝对运动看作由复杂必然性支配的整体时间性过程。

前面已经说明，必然和偶然是关于普遍抽象因果关系的范畴，必然性指客观普遍的因果关系规律，否则只能是或然性、偶然性的抽象普遍因果关系。用必然或偶然去描述具体个体事件并不合逻辑但又成为常识。问题在于在人类理性不成熟的条件下，许多常识往往是不合逻辑的。任何已成事实的具体事件并不能用必然或偶然去限定，比如生殖连续是一切生命的必然性法则，但没有人能合逻辑地论证他来到世界上是必然的。具体事件只有现实性而无必然偶然之意义。为什么人们养成了用必然性、偶然性去限定具体事件的习惯呢？这应该归因于这样一种事实，即因为人类最初的客观普遍必然规律认识是比较特定层次的，相对比较简单，特别是人们以客观普遍知识为基础去进行现实选择的具体行为时，往往从单个或少数几个抽象元知识去考虑，这时和普遍规律相统一的事件的边界条件和初始条件是确定的，对确定的具体事件本身，人们习惯于从支配事件的必然规律去理解，而不是从确定的具体边界及初始条件去理解，于是习惯上把确定事件称为必然事件。用必然偶然而非确定不确定去理解具体事件并不是自然而然的随机产物，而是文化文明人类追求理性的本质使然。尽管在简单陈述中用必然性或偶然性去描述具体事件在常识中并无不妥，但其实在逻辑上已产生根本转换，必然性和偶然性已经从同一层次的相对应概念转换为不同层次的统一性概念，必然事件中的必然指的是支配事件的普遍规律之意义，偶然性则往往是在偶然机会这种具体意义上使用的，偶然指的是该事件特定、具体的边界条件和初始条件。如果对这种偷天换日式的转换没有自觉意识，依然把必然性和偶然性理解为不同层次相对应的概念，那么进入生命起源这种极为复杂的具体问题时，矛盾就会明显地暴露出来。复杂生命是由多种普遍因果规律共同起作用的，每一个规律起作用的边界条件和初始条件对人类当下的认识能力而言是无法确定的，用科学概念陈述称为是随机的。当人们不用随机而用偶然去理解支配生命运动的必然规律的具体边界条件和初始条件时，就只能得出生命起源纯属偶然的结论。如果承认自然无为的普遍法则，坚信自然按自身必然规律运动，生命起源乃至生命生存过程就只能理解为由普遍必然规律支配的偶然现象，陷入二律背反。这正是人类自觉理性不成熟条件下对生命起源认识的现实局限性。

从理性统一性智慧去认识复杂生命起源，首先必须坚持生命的诞生是自然按其内在必然性规律运动的结果。复杂生命之所以比质点运动复杂，不是由于它不受必然性规律支配而成为偶然性、或然性去支配的，而是由于它是一系列复杂规律综合作用的结果，并且这些复杂多样多层次的必然规律之间是不能再从抽象因果关系去理解的，只能从多样性的具体统一性去理解。在这种意义上，首先要承认生命起源、生命运动是受自然必然性支配的，不能因为复杂性就得出生命起源纯属偶然的结论，否则生命科学就失去存在价值了。复杂生命不能还原为简单抽象质点，这不是生命起源是偶然的理由。尽管不能像简单质点运动那样由确定的边界条件和初始条件去预言生命运动包括生命起源的确定结果，我们也只能坚持它们是必然规律和随机边界条件和初始条件的具体统一，在具体意义上只能说生命起源是随机的，不是偶然的，是可以在科学认识不断发展中得到越来越具体理解的。或许随着人类认识能力不断提高，人类未来可以得到生命起源的各种必然规律起作用的确定性的边界条件和初始条件陈述，那时就不必再把生命起源理解为随机的。或许，在生命的复杂过程性存在和可能性存在的现实中，我们可以合逻辑地猜测甚至预言，具体复杂过程性生命并不适合确定性边界条件和初始条件的描述形式，具有自组织机制的生命存在的边界条件和初始条件是特定区间的可能性描述，不再是确定性的点描述，即随机性不只是人类认识本身局限性，而是生命的本性，是生命可能性和物的确定性运动的本质区别自在地决定了的。

如果认为对生命起源是随机还是偶然的思辨是吹毛求疵或无病呻吟，那就说明其理性境界很低。缺乏高超的理性智慧是很难理解生命的。理性的认识就是从感性具体上升到普遍的抽象，从普遍抽象去理性地认识具体，达到理性的具体，从感性的具体现象上升为理性具体的现实就是智慧。普遍抽象就是柏拉图的理念、黑格尔辩证逻辑的概念论，理性概念论的本质就是要建立概念的普遍统一性，它的现实意义就在对具体现实的统一性理解中。从随机性而非偶然性去理解生命起源，不仅赋予了生命科学实证研究生命起源的充足理由，而且有现实的意义。生命起源不只是猜测，它是生命科学前沿的课题，是认识“人从哪里来”不可或缺的基础。生命科学从各个层次去实验研究生命起源，比如由甲烷、氢气和氨加热产生氨基酸等，但这些实际上是前生命科学即化学的课题。生命科学关于生命起源研究的本质是要回答和证明在蛋白质、核糖核酸这些有机大分子物质基础上，具有时间过程性的自组织复杂耗散结构如何产生。这种理论和实验只有被理解为随机性的才是合理的和可行的。

第二节　生命起源的统一性逻辑

一、生命起源的鸡与蛋孰先悬疑

究竟是先有鸡还是先有蛋，这是人们用来说明生命起源问题悬疑的最具说服力的具体案例。如果不对之作出具有说服力的确定性解释，就没有资格说已经对生命的起源及进化有最基本的统一性理解。

究竟是先有鸡还是先有蛋，作为具体特定命题是十分简单的问题。所谓具体，即所谓鸡和蛋特指具体的某只鸡和某只蛋。一只鸡和一只蛋之间有三种可能相关性关系：一是鸡下的蛋，二是由该蛋生成的鸡，三是该鸡和蛋之间没有任何关联，即特指的鸡不是由特指的蛋生成的，特指的蛋也不是由特指的鸡下的。所以，只要具备足够的初始条件，该鸡和该蛋究竟处于上述三种关系中的何种相关性之中就不是什么疑难问题了。

据报道，英国科学家已经通过科学方法彻底解决在一般意义上鸡蛋孰先问题，在绝对意义上为先有鸡后有蛋提供了充分的科学证据。科学家通过对构成蛋壳的材料进行分析，发现其中某种特定结构组织的材料物质是只能在鸡体内合成的，除了在鸡身体内进化出来，在鸡生命之外根本没有人工合成或自然生成的可能。于是真相大白。既然蛋壳只能由鸡自身在生命运动过程中产生，蛋就是鸡生命这一原因产生的必然结果，合乎逻辑的结论是有鸡就可能有蛋，但无鸡必不可能有蛋，鸡是蛋生成的必要条件，所以先有鸡后有蛋。由此看来，科学家从根本上解答了蛋从鸡肚子来，但真正“鸡从哪里来”的命题就只能留给上帝了。

且不要过于乐观，科学家给出先有鸡后有蛋的答案并不是最普遍的答案。这就是前面我们先从特定的鸡和特定的蛋去开始讨论鸡蛋孰先命题的意义所在。科学家用以分析其蛋壳组分的蛋一定是由鸡生下来的，这些蛋一定后于生它的鸡而存在。但是，我们有没有充分的把握将之推广到最普遍的蛋的存在呢？未必，因为生命是在进化之中的，所以蛋壳结构是否在进化之中就是一个需要考证的命题。最为重要的是，由鸡下的蛋的蛋壳构成是否一定是鸡蛋的必要条件呢？在普遍意义上这并不成立。所以，在鸡生命之外生成的蛋不一定和由鸡下的蛋结构完全同一，故并不能否定鸡不是由鸡生这种特定的蛋生成的，所以据鸡蛋壳只能由鸡体内产生的认识把鸡从哪里来的命题草率地交给上帝就为时尚早。必须在一般普遍意义上对鸡和蛋孰先问题作进一步思考。

科学家由蛋壳结构成分去断言鸡先于蛋是客观普遍的归纳，已经超越具体的鸡和蛋的特定关系。当把究竟是鸡生蛋还是蛋生鸡从具体中抽象为一般的普遍命题时，问题就复杂得多了。因为它的普遍意义不在于具体的鸡或蛋本身，而直接指向鸡的生命起源乃至最一般的生命起源问题，即鸡先于蛋是具有最普遍意义的结论。生命存在本身就是十分复杂的整体统一的过程性存在，生命起源问题的复杂性就更不容置疑了。它的最深刻复杂性在于，这不仅仅是一个必须从因果必然性关系去证明的直接命题，而且归根结底是一个复杂的统一性命题。

从具体上升为抽象的一般意义去思考鸡和蛋孰先问题的最大误区是把它转化为一个恶性循环命题。当抽象地思考一般的蛋是从哪里来的时候，必然得出蛋由鸡所生的抽象答案；当抽象地追问鸡从哪里来时，又可以得出鸡由蛋来的答案。当把两者综合起来，就得到鸡生蛋、蛋生鸡的闭环循环的无限答案。这种恶性循环的答案分开看似乎已经回答了鸡或蛋从哪里来的问题，但综合起来实际上它没有提供任何有意义的信息，说了也是白说。如果把鸡的生命起源置换为人的生命起源问题，恶性循环的局限性和无意义性就昭然大白了。如果把人的生命从父母而来、父母的生命从他们的父母而来抽象为人的生命从人来，那就变成一个在生命起源上毫无意义的命题了，这实际上是生命个体和种群统一性的现实形式。

所以，对鸡和蛋孰先命题的意义，本质上必须首先从子代和亲代的连续性关系去理解。对一只具体的蛋而言，它的子代是鸡，它的亲代也是鸡，或者说蛋是子代鸡和亲代鸡的中介性存在，是潜在而非现实的鸡。但此鸡非彼鸡，母鸡和子鸡当然是不同一的。对一只具体存在的鸡而言，生它的蛋和它所生的蛋同样也是不同一的。所以，生命连续是一个开环的过程而不是循环往复的过程，鸡和蛋孰先的一般抽象思考首先必须在开环基础上，即在生命繁殖延续的种群连续性基础上去考察，真正把生命理解为不可逆的时间性过程，而不是胡诌为一种鸡生蛋、蛋生鸡的无聊恶性循环。长期以来，人们总是喜欢用究竟是先有鸡还是先有蛋作为启迪少年儿童心智的深奥命题，却停留在抽象的蛋生鸡、鸡生蛋的无穷恶性循环中理解命题，这其实对启迪少年儿童心智未必见其利，反而见其害了。

把鸡生蛋、蛋生鸡的抽象循环转换为生命之间通过子代连续亲代的开环连续而非循环过程，这才真正揭示了生命存在作为时间性存在而区别于非生命存在的本质。生命的本质就在于它以种群为统一性，由具体个体生命在下一代的循环而构成的由有限向无限的连续性之中，这才产生了真正意义上的生命，才有了生命普遍世界统一性意义上具体个体生命的意义，生命的具体存在才超越了机器而获得生命之为生命的充足理由。如果每一个具体生命个体都是无亲代关系而从物质空间性结构演化而来，生命世界就失去了意义，它其实只是物质世界的空间性存在，根本就没有所谓自成自然界一大世界的充分理由，放射性元素也就可以看作生命，一切物质客体的运动过程也都可以看作生命了。因此，从子代和亲代的时间连续性去理解生命时间性本质具有决定性的意义。现实、具体的生命世界是统一性的特定世界，它的统一性就建立在生命子代延续亲代的时间本性质之上。

从亲代和子代的开环连续过程去考察生命存在，具体生命的时间有限性通过子代超越了有限而成为无限的存在，所以生命是面向未来的无限存在。无限的生命存在无论在个体还是物种意义上都不是永恒的存在。对具体生命个体而言，没有死亡就没有生命，想象具体个体生命永恒不死既不符合经验也不符合逻辑，所以人长生不老不死不只是做不到而且逻辑上也绝不可能。生命物种没有永恒存在的充分理由，因为地球生命物种是一个生生息息的过程，已经不知有多少物种在地球上消失了。有些像恐龙般只留下了化石，更多的可能根本没有给我们留下蛛丝马迹，让我们去识别它曾作为地球生命存在。既不永恒又是无限的生命物种的无限性意义在于，一个物种的生命延续不是纯粹由它自身的内在规定性决定的，而是由它的规定性与外部环境的相互关系决定的。只要适应环境，一个生命物种就可以无限延续下去，但一旦不适应环境，它就必然萎缩乃至最后失去它的现实存在。因此，生命只有在绝对运动过程中才本质上存在。

生命在物种意义上也不是永恒的，所以生命必定有开始，有创生，有起源。没有起源只会灭绝的物种不存在，否则最后连生命世界也不会存在，这显然是违反我们的经验乃至我们自身存在的现实的。所以，生命有着物种起源问题。物种起源并不只是认识问题，而是这个自然界实实在在的存在论命题。循着生命物种时间连续性溯源，就一定存在着该物种的时间起点，这就是该物种的起源。在更普遍的意义上，地球生命世界最早的物种起源问题就是地球生命起源问题。因此，把鸡生蛋、蛋生鸡作为连续性的时间过程去思考，它的实质意义就是鸡这一物种的生命起源问题，即鸡的生命究竟如何在无下蛋之鸡的条件下产生。鸡和蛋孰先这一命题的更普遍意义当然不在于鸡这一特定物种的诞生，而在于地球生命起源问题。不必拘泥于具体、实在的鸡或蛋去思辨它。

地球生命世界是造物主美轮美奂、登峰造极的杰作。问题在于造物主究竟是按其必然规律运动变化的自然界本身，还是在自然界之外有着超自然自由意志的造物主？如果生命归结于造物主，则生命的起源对人类而言是偶然的，它的起源对人类而言只有信仰价值意义而无客观真理知识意义。世界统一性原理坚持自然界的必然规律性，坚信道法自然的总的自然客体运动变化基本规律，因而坚信生命起源本质上是自然必然性的杰作，现实上是随机性的，并且是可以认识的。对生命起源的认识并不是在发生学意义上找出毫无意义的地球生命出现的具体时空点描述，而是根据自然界“地法天，天法道，道法自然”的法则去探索由天产生地、由物质世界中创生出独特的生命世界的条件和规律，从而回答生命凭何产生和如何产生的问题，得到生命世界和物质世界、能量世界的统一性理解。

二、先有蛋后有鸡的必然性法则

按照世界统一性原理和道法自然的必然性法则，对生命起源意义上的鸡和蛋孰先命题，可以从逻辑上得出肯定性的结论：先有蛋，后有鸡。在鸡这一生命物种开环连续性存在过程中，每一只鸡只能来自蛋的发育，但并非每一只蛋都是鸡生的，鸡这一物种的源头在蛋中。当然，不是由鸡所生的蛋的蛋壳物质结构成分和由母鸡生下的蛋是不同的。我们是基于它可以孵化出小鸡而称之为蛋，而不能由它不同的外壳结构否认其为蛋，鸡蛋的本质在于它受精后在合适的环境温度下可以发育为有生命的小鸡。更普遍地说，先有蛋后有鸡的法则是生命的普遍法则，对一切生命物种的起源都成立。

在人类理性生存实践中，鸡和蛋孰先这貌似神秘不可解释的命题其实是已经被巧妙地解决了的。对此可以先从生物基因工程技术去考察。对自然物种，当代基因工程技术不仅用转基因技术去人工创造出新的物种，而且已经用它去克隆生命，即用具体生命细胞去培养出新的具体生命个体。人类还设想在尚存的基因中重新培育已经灭绝的动物物种，就如《侏罗纪公园》的创意那样。这意味着生命物种的起源创生已经从自然进化发展到可以人工制造。对生物工程的基因改造和克隆技术本质认识的重要一点是：它可以创造新的生命个体乃至新的生命物种，但并不能创造生命存在和进化运动的客体必然规律。这些技术的成果既是人类自觉的产物，又应该理解为人类认识生命规律并按其办事的成果，是人类对自然必然规律得到客观性认识并自觉按生命运动必然规律去行动的结果。基因工程虽然是人类文化行为，但它的成就是人类文化和自然必然规律相统一的结果。因此，从人类得到的客观真理认识并在实践中成功应用的基因生物工程技术中，可以得到对生命按自然必然性创生、运动的具体而丰富的理解。这是思考自然生命起源和物种起源的现实领地。

如果生物工程专家要用基因技术去创造一只人工鸡的话，那么他们是如何按自然必然性规律去行事的呢？近代科学发展后，对生命的科学认识的最早成果是基于机械论世界观的“生命是机器”理论。这一抽象理论有其合理性，但具有很大局限性，只局限于生命的空间物质结构性而没有深入生命的时间性本质。如果生命只是更为复杂的机器，那么，它就应该通过更复杂的机械制造技术制造出来：把鸡分解为皮、毛、头、脚等复杂器官组成的各部件，各个部件又可以分解为各种零件，把各种零件组合成完整的部件后再总装就成了一只完整的机器鸡。这是从飞机、卫星到最简单手摇钻孔机等一切非生命机器制造的基本规律和程序。但是，绝对没有生命科学家和工程师会那么平庸和刻板，有正常思维的常人也不会这么想。这样制造出来的只是机器玩具鸡，小孩子都会讥笑那是疯子或傻瓜才会有的笨念头。这就是说生命虽然是机器，但不只是机器，它的本质不是机器的充分理由。

设想一下，生命工程专家会如何去制造一只鸡？首先应该对由蛋发育成长的鸡的必然规律有充分认识，同时必须对鸡蛋的静态结构、动态功能过程因果必然性关系有科学的真理性认识和理解，并把鸡蛋拆零为部件和零件。然后想办法加工制造出这些零件，组装为部件和总装为完整的蛋，再让蛋在适合生长发育的环境下培养，借此达到实现制造出鸡的生命的目的。更为简单的是，如果我们希望改变现有鸡的品种的某些特性，生命科学家的选择不是对鸡做改造手术，而是在蛋中改变它的遗传基因。所有的基因技术都是这么做的。

如果相信基因工程是在按自然规律办事，相信转基因工程的过程实际上是在重复生命进化的过程，那么我的就可以由此得出推断，自然界中新的生命物种的创生同样是和基因工程技术的规律及过程相一致的。如果大自然按必然规律去创造出鸡这一物种的生命存在，那么它一定首先在物质结构复杂性演化中演化出蛋这种物质客体存在。蛋在合适的环境下开始生命发育进程，从纯粹的空间物质进化为时间性的物质客体存在，并在发育进化的既定阶段成为以鸡的生命形式存在的时间性存在。所以，按照自然必然性规律的逻辑，我们可以大言不惭地说，先有蛋，后有鸡。

先有蛋，后有鸡，这是关于生命物种起源具有普遍意义的结论。首先，就生命正常生长繁殖的连续性过程来看，是符合这一规律的。在生命的有性繁殖中，子代首先是在亲代中以精和卵的特定器官结构存在，它们并不是独立的生命存在，而只是构成生命的特定结构，实质上是“蛋”的存在，只不过是在具体亲本生命之中的存在而已。只有当精和卵在亲本发育的特定阶段成功结合在一起的时候，才开始新的生命发育过程，并在母体中孕育出新的生命或结出下代生命的种子。无论是把种子视为蛋，或是把精和卵视为蛋，都是合乎逻辑的。所以说生命遗传繁殖，并在下一代中延续生命，在本质上也是先有蛋后有鸡的。其次，在生命物种遗传变异过程中产生新的物种，所有新物种的产生也是先有蛋后有鸡的过程。设想在还没有鸡这一物种的条件下，鸡是由另外的物种遗传变异而来的。为什么叫遗传变异？就是因为它是由遗传基因的突变引起物种在遗传结构及由之决定的生命过程的变化，并且这种变异能稳定地遗传给子代，所以它是在遗传基因特别是生殖细胞遗传基因的突变中完成的。这是物种起源的基础，是新物种产生的条件。假如某物种变异产生鸡这一物种，那必然是生殖细胞遗传基因产生了突变，它不再和亲本相同，而是产生鸡这一新物种的遗传基因，这新的生命就不再属于原有的亲本的物种而成为新的物种鸡。这种新物种的遗传基因如果能够稳定地向子代遗传，那么一个完备的新的生命种群即鸡创生了。严格地说，物种遗传变异是在基因变异意义上的，鸡的起源是从变异了的遗传基因中产生的，即是从蛋的结构中开始的，物种起源首先是蛋的起源。这个产生突变的蛋的遗传结构来自它的亲本但又不再是它亲本的复制，是新遗传结构的自然创生，它合逻辑的结果是新物种的起源。这种由非鸡物种的蛋遗传突变产生出鸡这一新物种的蛋不是来自于鸡，而是先于鸡这一物种而存在的，鸡则是从这个遗传基因突变了的蛋中产生的。所以，一切新的生命物种起源在逻辑上都是先有蛋后有鸡，只要我们把“蛋”理解为生命物种规定性的遗传基因的结构，这一切就不难理解了。最后，抛开基因层次的概念，从具体生命的遗传变异去理解新物种起源时，我们尽管无法在发生学意义上找出先有鸡后有蛋的实证证据，在逻辑上这却是一个可以不断溯源直至生命世界最早物种起源的命题，即它最终可以还原为第一个地球生命如何产生的问题。坚持把地球生命的出现看作自然界按其必然性规律运动的杰作时，那么，就只能认为自然界的精美作品制造中，它是和人类基因工程技术一致的，即它首先创造了“蛋”，然后由“蛋”的生长发育而产生了“生命之鸡”。

从逻辑上说，先有蛋后有鸡是回答地球生命起源问题的唯一可能答案，并没有鸡和蛋孰先两者必居其一的可能。把鸡和蛋之间看成恶性循环抽象关系，当鸡和蛋作为两个等效的逻辑符号时，它们的地位、作用以及关系是完全等价的，两者在逻辑上完全可以互换替代。在这种逻辑结构中追求确定性答案是没有意义的，因为它先验地就是一个无确定答案的命题。但把鸡和蛋看成开环连续关系的时候，它们之间就不是循环而是因果关系了。答案要么先有鸡，要么先有蛋，两个答案不同一且互相证否，两者只能择其一。如果先有鸡后有蛋，余下的命题则是鸡从哪里来的问题，即生命起源的问题依然存在，解决了蛋从哪里来对解决生命起源问题无任何意义。所以，把鸡和蛋孰先作为思考生命起源的命题，说先有鸡后有蛋是没有任何意义的。

先有蛋后有鸡这一答案有意义吗？这取决于对蛋这一客体存在本质的判断。如果把蛋也看作具体生命存在，则先有蛋后有鸡的答案和先有鸡后有蛋一样，对解决生命物种起源没有任何意义。但是，如果把蛋看作非生命存在，先有蛋后有鸡的答案对解决生命物种起源就有决定性意义。因为先有蛋后有鸡、鸡从蛋中来已经回答了生命的起源问题，即回答了鸡这一物种从哪里来的问题。这告诉我们生命是物质世界结构复杂性演化的结果，蛋的产生不是生命起源命题，而是前生命起源命题。现实中，把生命世界中的蛋作为纯粹空间性之物是合理的，把现实的生命当作纯粹物的存在则是不合理的。在鸡的生命中，蛋的产生和发育不能理解为独立自足的生命存在，只能从它是鸡的生命整体的构成部分去理解，作为前生命存在即潜在的生命去理解。在此基础上，我们需要进一步思考的是蛋可以产生出鸡的根据是什么？蛋是如何从无生命客体存在转化为具体生命存在的？当我们从这个角度去思考鸡和蛋之间关系的时候，对生命起源的思考和认识已经实现决定性进步，至少已经摆脱几千年来统治着人类的鸡和蛋的恶性循环。

蛋是生命存在还是非生命存在？我曾和从事生命科学的朋友争论过这一命题。作为生命科学教授的他认为，种子也在呼吸，不能否认蛋的生命属性。细细想来，其种子生命说是有其合理性的。从具体理性意义看，抽象地说蛋是生命还是非生命都是有片面性的，说它是非生命那它何以产生了生命？说它是生命则又产生了生命起源问题。合理的解释是，蛋首先是一种非时间性的非生命存在，所以，不能说鸡蛋死了，谷粒死了。作为非时间性物质存在，它可以从空间性去作静止的抽象描述。我们完全有理由认为在冰箱里的鸡蛋和一个星期之前一模一样。这就是蛋是非生命存在的理由。但蛋作为特定的物质结构性存在，它具备生命绝对运动过程所需的完备物质实体结构，所以，只要环境适合，它就从潜在的生命转变成为现实的生命，从纯粹空间性物质进化为时空统一性的生命存在，展开它的生命过程。所以，把蛋作为绝对的生命或绝对的非生命是机械的物的思维认识方法，而不是对生命整体过程性思维。只有从具体的边界条件、环境条件下的过程才能有根据地断言它究竟是时间性本质的生命还只是纯粹的空间性物质存在。然而，正是蛋这种物质潜在地具有在特定条件下发育成长为具体生命过程的可能性，物质世界中产生特定的生命世界才是可能的，生命世界的起源才是可理解的，生命世界才能是以物种为具体单位、个体和种群相统一的完美世界。蛋或一切生命的种子，正是跨越生命世界和非生命世界的桥梁，是生命世界和非生命世界最具体、丰富的统一。只有从生命世界和非生命世界的统一中才可以洞见生命和物种起源的深刻意义。

三、从自然统一性看生命起源

生命起源的具体意义是自然界中具有时间性本质的物质复杂结构的产生，它真正的研究重点其实并不在于生命世界本身，而在于物质世界之中。因为要回答自然界中为什么生命存在从无到有，实际上是要回答纯粹按物质空间性存在运动变化规律演化的物质世界中为何和如何产生出按时间性本质运动的特定复杂结构，本质上是相对性物质结构演化何以达到绝对性生命结构存在问题。从因果逻辑关系来看，物质世界的运动演化规律是因，生命结构的产生是果，对生命起源的思考是追寻生命产生的原因，而不是考证生命存在这一结果。所以，从逻辑上看，生命起源研究的重心在非生命世界之中，只有从此才能找出生命起源的充要条件。

生命起源的充要条件只能存在于非生命世界之中，这是自然界统一性的客体规律性所使然；从另外的角度看则正是自然界统一性的充分理由。如果坚持生命起源的根据在生命世界自身，就会陷入循环论证而失去意义和违反因果逻辑。因此，自然界的内在统一性是由因果关系逻辑先验地决定了的，这种先验的逻辑统一性是我们理解世界统一性经验的前提。由此，我们从逻辑上可以得出结论：第一，一切生命存在一定是物质客体存在，即生命首先是机器。第二，纯粹的物质客体存在和生命存在具有本质上的区别，即生命这种复杂机器有它内在本质的规定性。所以，机器并不就是生命，生命并不只是机器，用机械论不能解决生命本质问题。否则，就不会产生从物质世界结构复杂性演化中思考生命起源这种命题。这一命题在先地规定了机器不是生命的本质，在机器的世界中产生了特定的生命机器才有所谓物质世界运动演化产生出生命的命题。第三，既然生命世界是物质世界复杂性结构演化产生的特定结果，那么可以断言，生命是自然界中最高层次结构的复杂性结构，即最复杂多样性的存在，是绝对性结构存在。当这种复杂性已经进化到个体性水平的时候，它已经把物质世界的结构复杂性演化演绎到登峰造极、无以复加的水平。生命存在是自然界发展的极限阶段，所以，生命是自然界中最复杂因而也是最脆弱、最不稳定的客体存在。无论是生命个体、生命物种还是生命世界，在宇宙自然尺度上或许只可以称为昙花一现，只不过在人的经验尺度上具有漫长遥远的历史沧桑感和无限的信念。所以老子说：天长地久，天地尚不能长久，而况人乎！

从非生命世界去思考生命起源的最深刻意义在于这表明生命存在就是最具体、最现实、最直接的自然世界统一性本身。无论是从具体生命个体还是生命世界的意义来看，作为具有时间性本质的存在，它是生命；作为构成生命客体的实体结构，它是物质；生命的绝对运动过程一定表现为物质结构构成的运动变化过程。从生命与外界的交换以及由此获得的推动生命结构绝对运动的动力来看，生命又是能量过程，是在最普遍的能量守恒定律及能量最小原理支配下，在特定生命客体中表现出来的特定过程。生命在于运动，生命在于能量过程产生推动的运动，在于它自身时空统一性生存结构的绝对运动。这就是从能量一元论出发对世界统一性原理的最具体理解。从世界统一性原理出发，按照自然界客体还原分解的传统思维方法，可以把生命起源的思考由复杂到简单分解为几个层次的问题，并从这几个层次的统一性中建立对生命起源乃至自然界统一性的理解。

第一个层次是从物质结构意义上去思考整体生命结构。我们上面讨论的在非生命物质意义上的蛋或种子的整体结构的完美性，这是理解从非生命向生命转换的关键。为什么这种结构在合适的外界条件下会转化为绝对运动从而从潜在的生命变成现实的生命？为什么温度能使鸡蛋变为小鸡，但温度不能使石头变为小鸡？这在于作为物种结构的鸡蛋已经具备生命的本质即时间性结构的完备性，即所谓万事俱备，只欠东风。生命的时间性本质的密码一定已经编写在它潜在的物质结构之中，而这种完美的结构一定是极其复杂的结构。生命活动之活力是极其复杂的非时间性结构系统的协同作用的结果，它在各个结构层次是非时间性的，但这些复杂层次结构的整体在特定环境下的运动演化是时间性的。不能由神秘活力或活性物质去解释生命运动，离开复杂而完美的生命整体生命就失去活力，就如切下来的手不再是手。所以生命中无神秘活力，自然界亦无所谓活性物质，只有在完美的生命复杂结构整体中才能合理地把生命绝对运动理解为按必然规律展开的过程。这正是我们一直强调的生命有机整体性的真正意义所在。

第二个层次是构成生命结构整体各个层次的物质结构。还原为不同层次生命结构构成部分是非生命的物质结构。生命整体的下一层次结构不是生命，不是时间性存在，所以它是按照物质客体结构复杂性演化规律，按照物质系统结构稳定性的熵原理，在从简单到复杂的演化过程中产生的。地球生命是以碳水化合物为主要构成的有机结构，所以生命不能只是由无机物质结构构成的，而首先必须以从无机物演化到有机物的普遍存在为基础。生命起源的基础分析实际上不仅是非生命物质世界的命题，而且首先是地质学上的命题，首先必须回答地球如何从无机物质世界演化出有机物质来，这就必须回到地球早期的化学环境之中去研究。“1953 年美国芝加哥大学斯坦利·米勒在一个密封的玻璃管内装入甲烷、氢气和氨气加热，并用电弧光照射产生了氨基酸——蛋白质的构成物质。他的实验被认为是生命物质可以在炽热地球上由闪电在紫外线辐射下产生的证据。……英国迈克尔·拉塞尔认为追索生命起源和进化过程应从地球早期化学环境着手，这从根本上来说是一个地质学问题，而不是生物学问题。他主张，宇宙中所有结构都是由物质组成的，在组成过程中，能量从一种形式变为另一种形式，而熵相必增加。因此，在寻找生命的起源时应对早期地球何处能使物质和能量结合在一起导致产生类生命结构，以及可能牵涉何种热反应和化学反应进行探索。”[①]按照能量一元论世界统一性原理的观点，地球生命起源研究的重点是化学领域，即物质世界复杂性演化的化学反应在产生有机物的基础上，在什么样的熵环境下能进一步演化为更加复杂的特大有机分子结构。因为只有在非常复杂的特大分子结构中，才有充分条件为生命存在的时间性本质提供必要的物质结构基础。只有地球地质环境的熵相进一步增加，由有机物产生的这种类生命的物质复杂结构才具有稳定、普遍存在的条件。在类生命结构普遍、稳定地存在的条件下，在环境适合时就能在随机性中产生出绝对运动的时间性过程，就从纯粹空间性结构演化出生命时间性结构。所以，生物化学是揭示生命起源必然规律的重要基础，因为多样化有机物质结构环境是生命创生的温床。

第三个层次是能量如何按其最普遍的必然性规律支配物质结构演化并最终推动了生命的创生？生命过程如何依靠能量来支持生命运动，使生命获得活力？更为重要的是，能量的支配规律如何使生命的时间连续性本质得以实现，使之成为具有时间性本质的存在。按照物质结构演化的熵原理，我们知道生命的物质结构是没有质能转换的质量守恒结构，在生命运动中的化学反应没有质能转换，所以物质不灭是化学领域和生命世界的特定能量规律。生命过程的能量是状态能和能量子客体的能量运动提供的，没有质能为生命提供推动力。生命的能量过程从最终意义上推动了生命的绝对运动，所以，能量是生命之源，它就是生命活力的根本所在。能量按其内在运动规律支配生命绝对运动的特定规律就是临近平衡稳定即高熵低自由能状态下的能量最小原理。只有在这种特定边界条件和环境熵条件下，生命才能既保持其结构动态过程的稳定连续，又保证生命获得足够的能量来维持绝对运动过程。生命能够在一定区间的熵环境下维持其时间连续性本质，最成功之处在于摆脱了对环境输入能量获得活力的直接依赖作用，即它不像机械那样连续不断消耗环境能量来维持生命运动，而是通过自身的能量储存和调节机制，把环境能量以化学能为主要形式储存在体内，把从环境吸收的不连续的能量流转换为生命内部连续的能量运动过程，成为时间性的存在。所以，生命不是纯粹机器，时间性是生命自身的本质。生命时间性机制的最显著特征就在于对环境能量非连续获得的连续性运用之中。只有极大地增强适应环境的机制，才能使生命在地球上连续、现实地存在。

从非生命物质结构出发思考生命时间性存在的本质，其牛鼻子是生命的DNA结构，即生命的遗传结构，它是生命时间性本质的奥秘所在。每一个物种的独特规定性正是由它独特的DNA结构决定的，一个具体生命可能性的时空定义域先天地预设在它所属物种的遗传规定性中。DNA在空间实体意义上是特大分子的物质结构，但我们机智地将之归纳为遗传编码，它以动态形式，在条件控制和时序控制的统一中，决定一个生命的生、壮、老、已的过程，决定一个生命物种的连续统一存在的完美过程，决定一个具体生命对外部随机生存环境的选择性绝对运动中实现其最大目的性的现实过程。为什么物质世界演化出时间性存在？为什么生命是时空统一性具体存在？奥秘就在DNA中。当我们说蛋的时候，可能包括生命DNA编码之意义，也可能像荷包蛋概念那样指称纯粹物质实在，当我们说种子的时候则一定是在遗传信息编码即生命存在意义上的。从遗传信息结构去理解生命时空统一性存在时，生命的起源就只是复杂的，但绝不是神秘的。复杂生命不能还原为质点，也不能用热力学系统的无规则统计办法去描述，这正是随机性生命过程的复杂之处。但换一个角度看，正是既有规则又随机的多层次复杂耗散系统结构才有生命起源和生存的可能。

由此看来，生命起源是自然世界统一性达到最高阶段的实现，是能量世界中特定物质世界的又一异质世界即时间性生命世界的产生。生命的起源作为自然界演化的最高形式，是按自然必然规律进行的。

第三节　生命的起源是细胞的起源

一、细胞的基本结构

对生命起源的思考从抽象逻辑进入具体存在时，首先进入了生命科学的细胞理论。细胞的科学发现是生命科学的里程碑，并被恩格斯誉为近代科学三大发现之一。截至目前，细胞的科学认识已经形成相对独立完整的细胞生物学及与之相关的分子生物学理论。细胞的科学真理知识对于建立生命科学结构和功能相统一的实证理论体系具有决定性意义。世界统一性原理对生命起源的思考从抽象逻辑思辨进入具体的生命细胞理论时，不企图去发现生命细胞的任何因果必然性规律，而是在对生命科学所发现的细胞的真理认识理论体系中，得出对生命起源的统一性理解。

细胞概念最早由英国学者胡克在 1665 年提出。他在用显微镜观察栎树软木塞切片时发现，它由许多状如蜂窝的小室结构而成，并认为这是构成生命的基本结构单元，他称之为细胞。实际上胡克所观察到的小室只是死亡细胞的细胞壁。1674 年，荷兰布匹商列文·虎克用自制的高倍显微镜检查布匹质量时，第一次观察到了完整的活细胞。十九世纪，德国植物学家施莱登、动物学家施旺、病理学家魏尔肖都为生命细胞的科学理论做出了贡献，逐步建立最初的细胞学说。它包括三条基本原理：第一，地球上的生物都是由细胞构成的；第二，所有的生物细胞结构上都是类似的；第三，所有的细胞都来自已有细胞的分裂，即细胞来自细胞。细胞的发现以及细胞科学真理认识的不断发展，对于理解生命结构和功能的统一、生命世界和物质世界的统一具有重大的意义。只有在这种统一性意义上，我们才能合理地解释生命的起源问题。

细胞学说对生命科学发展的意义首先在于它揭示了生命世界和物质世界的统一性意义。它在物质结构的传统科学分析方法中，从简单到复杂建立了生命基本结构单位的复杂性实体结构系统。细胞结构科学认识不仅揭示了生命基本结构单位的复杂性实体结构系统，而且揭示了它是生命结构而不是纯粹无生命物质结构的特征，即细胞来自细胞的分裂。我们知道，物质结构分析中，每一个特定的物质结构有其确定的组成及空间排列结构，因而有相应的确定名称，一个水分子一定是一个氧原子和两个氢原子的确定性空间结构。但细胞结构并不具有这种确定性。一个细胞在其生命过程是不断运动进化的，其结构是绝对运动着的。细胞不是某种结构，而是一类结构，不只不同生命细胞有区别，而且复杂生命中已经进化出结构和功能相异的各种特定细胞。所以，细胞是物质结构，但细胞不是以物质结构的规定性来定义的，而是以物质结构为基础，以生命客体存在的本质来规定的同类或相似的生命客体的基本结构。所以，细胞是物质结构，而且是生命的基本结构，在生命存在意义上的同一类结构才称为细胞。细胞的物质结构仍然是它的基础，是它存在的必要条件，对生命细胞的认识必须建立在物质实体结构基础上，这是彻底抛弃生命神秘活力论以及超越局限于唯象经验的生命理论的必由之路。

从物质结构的意义上看，细胞是由物质元素的复杂结构构成的。生命细胞是碳基结构、水质细胞，故生命物质是碳水化合物。在自然界 100 多种化学性质不同的元素中，生命细胞主要由碳、氢、氮、氧、硫、磷等几种元素组成。细胞内的最主要成分是水，人体内水约占 70% 。“许多中等大小的分子都能从生物常用的几种原子合成出来。值得注意的是其中只有很少一部分被生物使用。实际上，质量低于水分子质量 25, 000 倍的可能化合物大概有 10 亿种，但只有不足 100 种分子以及它们形成的聚合物用来构成任何细胞的绝大部分质量。”[②] 由此可见，生命按其必然性规律运动变化，仅就在其基本物质组成上，就具有特定的规定性，这就提供生命虽然是由物质构成的但并不仅是一般意义上物质客体存在的充分理由。

细胞的主要分子结构是各种巨型大分子，是由相似单元连接而成的高分子，比如由氨基酸连接为多肽大分子，由核苷连接为多核苷酸分子，由糖分子联结成长链的多糖大分子，即核酸、蛋白质和多糖这三类高分子以及它们的聚合物是细胞的主要生命物质。但从细胞的生命活动意义来看，它的大分子是构成细胞的组件，又称分子器件，比如细胞膜就是特定的分子器件。所有细胞都以同一种分子双层构造形成细胞膜，把细胞及细胞器与外部分隔开来，同时又保持着与外界的相互作用；细胞中还有大分子马达器件，完成特定细胞中物质的输运功能，以及细胞作为生命整体时的运动控制功能。细胞中最普遍的分子器件是酶和调节蛋白。酶在细胞中控制特定的化学反应，控制生命物质的产生过程。有科学家认为，生命体中有多少种蛋白质，就有多少种与之相关的酶去控制它。调节蛋白则通过遏制或帮助细胞中基因的转录，使具有几乎相同染色体的细胞只在特定的功能时处于激活状态，比如只让胰腺分泌胰岛素、头发细胞生长头发等。从结构意义来定义，细胞就是由细胞膜包裹着的细胞器构成的整体。所以，《生命科学基础教程》指出："细胞是由膜包裹的原生质组成，原生质是细胞的生活物质，包括遗传物质、合成蛋白质的核糖体及基本代谢体系。细胞是由化学分子经多级装配而成的，各种不同生物类型的细胞结构不完全相同。"③

但是，如果仅从物理学的逻辑语境去描述细胞，即它是由在细胞中具有相对空间位置的组成器件组成的结构整体是不够的。这种认识只是对细胞的基础性认识，并没有深入细胞的本质。换句话说，细胞本质上是生命存在，而不仅仅是物质结构存在。在物质结构的逻辑语境中，细胞实际上是不可定义的。细胞并不是空间性意义上的确定性结构，不同的细胞具有不同的物质结构，所以在物理意义上细胞并不同一，而只是一种类似结构的统称。所以，在物理学意义上，细胞就不是具体存在的专名，而是一种结构的抽象共名。但是，我们的细胞概念并不仅指称一类群体的共性存在，就像用酸来指称各种酸的共性这种普遍抽象。细胞指的是具体个性的存在，细胞是具体的，而不是纯粹抽象普遍性的概念。所以，物理学对细胞概念只是基础性描述，还无法建立本质的规定，因为它无法对只是空间类似结构的实体做出具体的专有名称陈述。细胞不仅是各种特定细胞的抽象共相概念，特定条件下，比如在单细胞生物情形下，它又是具体的生命个体。所以，仅从物理学逻辑语境去描述细胞肯定是不充分的。

生物物理学是从物理学基本结构层次去认识生命存在的交叉学科，即使应用的是物理学的概念、方法和基础理论，但对生命细胞的物理学描述已经带有生命存在的特征。菲利普·纳尔逊在《生物物理学：能量、信息、生命》中，从物理学逻辑语境出发去归纳细胞的规定性时，就已经带有极为丰富的生命客体的特有规定性及行为：

像整个生物体那样，单个细胞也要摄取化学能或太阳能……

特别地，每一个细胞都会因生长需要而制造出大部分内部结构……

大多数细胞通过有丝分裂自我繁殖，这是细胞复制其内容物进而一分为二的过程（有一类细胞却是通过减数分裂来产生生殖细胞）。

外界环境常有大幅度的变化，尽管如此，所有细胞必须维持一个特定的内部组成……

通过保持带电原子和分子（通称离子）的浓度差，大多数细胞还可以在其内部与外部之间维持一个静息电位，神经和肌肉细胞利用这个静息电位满足其通讯需求。

很多细胞利用例如爬行或游走的方式进行移动……

细胞因不同目的而感知环境的状态……

细胞还能感知那些作为反馈和控制回路的组成部分的细胞内部状态……

作为反馈的一个极端的形式，细胞甚至可以自毁……④

上述对细胞九个特征的归纳，都是从生命过程意义上对细胞行为即结构的功能概括。由此可见，对细胞这一概念，首先必须从生物学意义，从它整体的功能去理解。生物物理学对它低层次空间结构的认识旨在从结构和功能统一的意义上得出生命过程包括其生命活力的必然性规律的理解，得出生命和物质存在的统一性理解。所以，在统一而非同一意义上，就只能从生命存在而非物质空间结构去揭示细胞的本质，它的本质就不是物质空间性可以规定和描述的。正是在生物学逻辑语境中，细胞虽然只是结构上相类似、功能上相异的客体存在，但是我们可以用细胞概念去概括它。

结构相类似，功能相异的林林总总的各种细胞的同一性不是空间结构的同一性，也不是功能的同一性，而是在生命存在本质意义上的同一性，即细胞不仅是生命有机体结构的基本单位，而且是生命活动的基本单位。为什么说它是生命活动的基本单位呢？因为生命时间性过程的个体发育、种群繁殖都是建立在细胞活动基础上的，生命之所以为生命，其整体本质正是从细胞这一生物体基本单位开始的。对细胞整体运动已经不能只作为空间性演化去理解，它是一切复杂生命的基本单位，也可以是完整独立的生命存在，比如单细胞生命存在，它在自己的整体性中构建了生命的时间本质。细胞这一生命活动基本单位是从物质世界向生命世界进化的奥秘所在，生命的时间性本质就必定隐藏在细胞之中。

二、细胞的时间性结构

细胞的同一性在于它们的时间本质，据此它才合乎逻辑地成为一切生命活动的基本单位。因此，对一切复杂性生命时间本质的认识就归结为它的生命活动基本单位细胞的时间性本质认识。从结构和功能的整体统一去理解细胞的时间性本质是认识一切生命存在本质、揭开生命起源奥秘的钥匙。

回顾生命时间性的含义，它包括两个相互区别而又统一的方面：一是具体生命个体绝对运动过程的连续不可逆性；二是生命具体个体通过繁殖复制出子代个体从而建立生命在种群意义上的连续性。细胞和生命的联系和区别在于，生命在单细胞情形下和细胞存在同一，但在多细胞复杂结构下是由各种功能、结构特定化的细胞构成的有机整体。所以，对单细胞生物而言，生命的时间性和细胞的时间性同一，即一个细胞本身必须完成自身生长发育和繁殖两大功能，具体生命个体的时间性和它的种群的时间性都由一个单细胞来构建完成。但在多细胞复杂结构中，生命整体的时间性是由多种特定化进化了的细胞构成的。在多细胞生物中，尽管各种细胞都是生命活动的基本单位，都是时间性存在，但细胞的时间性和生命有机体的时间性是统一性关系而非同一性关系了。其中特别重要的是，在有性繁殖的复杂生命中，生命个体生长发育的连续性和生命繁殖子代延续种群连续性的功能和过程是由不同特定细胞分别承担的。细胞作为生命活动基本单位向特定细胞功能结构进化的意义就与我们人类社会化分工合作一样，它对于提高效率、建立更加复杂而有序的生命结构具有决定性意义。这是生命从简单到复杂进化的必然法则。

生命的繁殖虽然不是生命具体个体存在的必要条件，却是生命种群存在的必要条件。生命世界不能割裂个体和种群的统一性，就是说，尽管离开繁殖而言同样有具体生命个体存在，但生命是在生命世界普遍意义下的生命，没有繁殖这一种群意义上的时间连续性过程就没有生命世界，就没有具体的个体生命。生命世界的统一性不仅是认识逻辑意义上从具体到抽象的普遍统一性，而且是生存论即存在论意义上的统一性。所以，对生命世界作为具体统一性世界而言，没有生命世界就没有具体的生命，即使自然界能够进化出具体个体意义上的生命，但这种生命若没有进化出种群意义上的时间连续性即繁殖子代的内在机制的话，它也只是昙花一现，没有生命统一世界，我们也没有理由称那些个体为生命，只能把它作为特定的物质结构。在进化出繁殖复制生命个体的统一生命世界中，生命的时间性是具体个体时间性和种群时间连续性的统一。只有个体生长发育过程时间性，而匮乏繁殖子代延续种群生命时间性的具体生命个体，只能被称为不完整或病态的生命个体。从生命世界的意义上看，物种的繁殖即复制子代是它时间性本质的必然规定性。生命整体中的这一规定性，在生命基本活动单位细胞中就以细胞分裂繁殖的形式体现出来。“在真核物种中，无论是单细胞还是多细胞生物体，其繁殖都是以细胞为基础的，而细胞的繁殖是以细胞分裂的方式进行的。”⑤

细胞分裂是细胞由一分为二并且在分裂后始终保持着遗传物质从细胞到细胞之间即世代之间传递连续的稳定性过程，由此决定了生命物种在生长、发育以及世代繁殖更替中种群意义上的稳定连续性。细胞分裂有有丝分裂和减数分裂两种形式。“高等生物的细胞分裂主要是以有丝分裂的方式进行，它包括两个紧密相连的过程：先是细胞核分裂，即核分裂为两个；后是细胞质分裂，即细胞分裂为二，各含一个核……细胞有丝分裂的意义在于，由一个细胞产生两个子细胞，并且各个细胞具有与亲代细胞完全相同的染色体。这首先是由于每条染色体在间期的复制，然后各染色体在细胞分裂过程中被有规律地分配到子细胞中。这既维持了个体正常生长发育，也保证了物种的遗传稳定性，进行无性繁殖的生物，其世代间遗传性状的稳定性就是通过细胞的有丝分裂得以实现的。”⑥

减数分裂是生物有性繁殖的生殖细胞分裂方式。通过两性细胞融合为一并发育出下一代称为有性生殖。减数分裂是性母细胞在成熟时，在DNA复制基础上，通过两次分裂成为四个子细胞，子细胞只含有性母细胞的一半染色体。当雌雄配子受精结合时，染色体数又恢复到性母细胞水平。由减数分裂方式实现的生物的有性生殖，既可以保持物种世代间染色体的稳定连续性，从而保证物种的稳定遗传性，又可以基于不同源染色体组合方式的多样性，产生物种稳定性基础上的个体多样性，有利于生物的遗传变异，也有利于生物适应环境的变化，为生物在种内的小进化提供可能性。

细胞通过分裂实现生命个体的时间性不可逆连续过程，通过细胞的遗传机制实现子代的在种意义上的稳定连续性。至此，我们可以断言，生命的时间性本质就在于细胞之中。生命科学特别是遗传学、分子生物学的长足发展，已经使人类认识到，生命的特定生长周期性及种间遗传的连续性是由细胞中的遗传基因编码先天地决定了的，细胞中的遗传物质及其结构是细胞时间性本质的物质结构，是细胞时间性的基础，是生命之所以为生命的奥秘所在。生物遗传学和细胞生物学把这称为基因编码和遗传物质，通过遗传物质的运动变化规律以及它对细胞生命过程的支配规律，我们完全可以在科学实证意义上理解抽象生命活力的根源，理解生命时间性本质的具体意义。

用科学实证方法进行生命遗传研究并建立生命遗传的因果关系规律的首推孟德尔。他从遗传的表型性状归纳出遗传学的分离定律和自由组合定律，并提出了遗传因子的科学概念。但对生命遗传机制的结构性认识是建立在分子生物学的基础之上的。二十世纪，人类证明了染色体是细胞的生命遗传物质，而DNA是遗传物质的本质。所谓基因，是DNA长链上一个由特定核苷酸组成并具有特定遗传功能的片段。DNA是长链大分子，它包含几万个基因，所以又被称为基因组。一个生命细胞的基因组所包含的信息决定了它的发育、生殖、生长、疾病、衰老及死亡等所有生命过程的现象。所以，细胞的时间性本质就在于基因组之中。

细胞的遗传物质即遗传信息的载体脱氧核糖核酸中几万个基因的复杂性为基因组成为时间性结构提供了必要条件，但它作为时间性结构的充分条件在于，在适合的外界环境条件下，细胞与环境的交换活动在整体上必须实现个体发育生长中的连续不可逆过程，并且在繁殖的子代中严格保持亲本这种结构和功能的稳定性，从而构建生命在种群意义上的无限连续过程。生命细胞的有丝分裂及减数分裂是实现其时间性的具体方式，是细胞作为时间性存在的证据。分子生物学和遗传学的重大意义在于揭示这种细胞分裂控制的生物生长及生殖过程是由它的 DNA 即基因组支配的。DNA 通过翻译、转录、基因表达调控等功能，按既定的程序去控制细胞的生长发育和生殖生长过程。基因组的基因结构在空间意义上是物质结构，它的结构相互联系和相互作用的规律是按物质客体的一般规律起作用的。每一种相互作用规律本身实际上可以看成一段已经编码了的信息，DNA 的遗传基因在生命中的遗传同时可以理解为生命存在遗传编码的遗传。在几万个基因构成的复杂基因组结构中，每一个基因的作用并没有时间性，它在物理意义上是物质过程，在化学意义上是反应过程。但是，由复杂基因组特定结构在对环境的作用中按时序控制和条件控制去支配细胞生命的连续不可逆过程的时候，在细胞整体意义上它就是一个具体的时间性存在。细胞通过分裂把它的结构和功能统一体稳定地传递给子细胞的时候，复杂细胞构成的生命个体以及生命作为物种意义上就都是时间连续的。在细胞的整体活动中，具有独特的生命时间性本质创生。因此，物质结构各异的各种类型的细胞在生命时间性意义上是同一的，生命的时间性奥秘就在于它的 DNA 结构中。DNA 是遗传物质，它作为物质不是时间性的，但 DNA 在细胞与环境的活动中支配着细胞的时间性，使细胞生命活动成为绝对运动的连续不可逆过程。由此可见，生命的活力并不神秘，它是由 DNA 特定结构决定的物质相互作用规律支配细胞与环境连续不可逆的交换过程。但生命确实是复杂的，仅基因组几万个基因的结构及其运动变化规律就是极为复杂的。我们已经用现代技术手段完成了人类基因组及一些有意义物种的基因组的测定排序工作。在这基础上，理解物质空间运动及化学过程基础上生命活动的特定时间本质已经不是什么神秘的事。但是，从基因组的静态结构到它的相互作用的动态变化规律的认识，对生命科学而言是真正任重而道远的。

从对细胞结构功能的基本认识中，我们完全可以理解物理行为、化学行为的复杂性集合为何会产生如此精妙的生命。生命的时间性就在于细胞的遗传物质即基因组结构的坚实基础之上。所以，对生命起源及时空统一性客体存在的诞生，就可以还原到细胞的诞生去得到完整的理解。

三、生命起源与细胞起源的同一性

从细胞遗传基因组去理解一切生命存在的时间性本质，对于理解生命世界的起源及复杂多样化生命世界的统一性具有重大意义。因为我们可以把复杂生命世界的起源从逻辑上还原为最简单、最基本的细胞起源问题，并且由此得出复杂生命世界从简单生命到复杂生命进化的合理理解。

把细胞起源作为生命世界的起源是必要且充分的。细胞起源已经意味着生命的诞生，因为单细胞生命是完整而简单的生命存在形态之一。或者有人会反驳，并不能证明在单细胞生命出现之前，一定还没有多细胞复杂生命的细胞产生，即细胞的形成并不一定首先以单细胞生命形式出现，也有可能以复杂多细胞生命的基本生命活动单元出现。对这些争论，在发生学意义上讨论是没有意义的，但从逻辑上，如果我们把生命起源看作按自然内在必然性演化的产物，而不是看作偶然性支配的结果的话，就应该更倾向于生命首先以单细胞形式起源。按照“高以下为基”，复杂层次的结构以简单层次结构为基础的一般原则，按照物质世界结构复杂性演化的熵原理，随熵增大而不断按结合能递减的原则去不断得出越来越复杂层次结构的规律，我们宁可相信最简单的单细胞生命是地球上最早出现的生命结构。它们比复杂的生命结构更能适应复杂的能量环境，因而最早在与环境的相互作用中产生时间性的绝对运动过程。如果承认生命是环境的造物的话，那么就应该承认多细胞生命的特定功能细胞是在复杂生命形成过程中，为适应环境从最简单单细胞生命进化而来的。从逻辑上来说，如果没有生命的产生，说细胞是生命活动的基本单位是没有意义的。单细胞生命最早起源的有利证据在于，多细胞生命中细胞作为生命活动基本单位尽管以生命整体的特定组成部分存在，但它仍然保持着独立生命时间过程的完整性，有独立的能量耗散结构和过程。所以，单细胞是生命的最初形式，细胞的起源就是生命的起源。

细胞是生命起源的充分条件，也是生命起源的必要条件。就是说，没有细胞起源就没有生命的出现。在细胞整体以下的结构都不具备完整的生命结构条件，都不会在适当环境下的运动演化中进化为具有时间性本质的生命。

生命时间性本质的奥秘就在于它细胞的 DNA 或类 DNA 的 RNA 结构。没有 DNA 结构就不会产生细胞生命的时间性行为，但仅仅 DNA 结构本身还不是生命本身。DNA 是生命的遗传物质，具有复杂的分子结构。但生命的复杂性时间本质并不仅仅是一个 DNA 高分子就可以完美地实现的。其实，像 DNA 即细胞染色体这样一个大分子，能完整地包括细胞生命的全部遗传编码都是奇迹。但它只是生命活动基本单位细胞的组成部分，即它还只是细胞中低一层的空间组织结构。它是在细胞的结构功能统一性即细胞整体性意义上的，是从时间性生存过程中抽象出来的，不是在空间物质结构意义上概括的。它这种具体结构的抽象时间性本质只有在支配、调控细胞的连续不可逆绝对运动过程中才能成为现实。DNA 是通过对细胞过程的时序性和条件性控制来完成细胞的生命运动的。它必须控制蛋白质的产生，控制生命化学反应过程的酶的产生，以及在细胞中而又在 DNA 分子之外的各种物理和化学过程，才能形成细胞整体的生命活动。当我们说细胞是生命的基本结构单位及生命活动的基本单位的时候，已经在先地断言细胞在生命存在意义上不可还原为低一层次的组成结构。生命是有机整体，细胞无论作为单细胞生命还是多细胞生命的基本单位，都是在细胞整体意义上而言的。所以，构成细胞时间性本质的细胞 DNA 基因组不是具体的时间存在，只有细胞整体才是具体的时间存在，细胞是生命客体的必要条件。从这个观点出发，我们就可以合理地把病毒和细菌作本质区别，即细菌是完整的生命，但病毒不是生命本身。病毒自身并不会自我复制和生长，病毒是既不生也不死即不会死亡的非时间性特定物质结构存在。病毒物质的特定性在于它是类 DNA 的遗传结构物质，当它进入生命细胞并和细胞的 DNA 结构相匹配时，它会改变细胞的原DNA，使细胞的结构和功能发生本质变化，在医学上即为病变。病毒改变原细胞的DNA的最致命后果，在于它借原细胞把抽象的时间性本质变为现实，通过变异细胞的复制源源不断地制造出病变细胞。所以，病毒只有借助于它入侵的细胞才能从纯粹物质存在转换成细胞生命中的一个部分，如果仅从作为具有遗传物质结构意义看，它当然不是独立的时间性生命存在。

把生命起源和细胞起源同一，对思考生命起源是至关重要的。它不仅把复杂多样化生命世界纷扰复杂的起源问题约化为最简单的原始细胞起源问题，而且对从必然性意义上理解从非生命结构向生命存在的决定性进化提供了可能的理解。

生命世界是以种群来定义的统一世界。种群不是纯粹抽象的普遍性归纳，即不只是舍弃种群中各具体个体的相异性而保留它们的共性而得出抽象的类共相概念，而是在存在论意义上的，即通过遗传繁殖而建立起来的具体统一性的概念。所以，逻辑和经验给我们的认识是生命来自生命，子代生命复制亲代生命。关于细胞从哪里来，前面引用过生命科学的一句话：所有细胞都来自于细胞的分裂，但这里的“所有”是在生命遗传繁殖意义上的，是在现实生命存在意义上的，而不是在绝对意义上的，否则细胞就是永恒的存在。天地尚不能永恒，而况细胞乎。所以，细胞就一定有一个起源命题，细胞的起源就不是来自细胞，而是来自物质世界的创造。时间性细胞的起源只能从非时间性的物质结构中得到合理的解释和说明。

细胞生命进化的前起源探索是它的空间物质结构的演化，形成构成细胞的全部结构的各种复杂分子的现实性存在则是更为基本的前提，这在理论上是上一卷讨论的物质世界按能量支配规律，在物质系统结构在熵原理支配下由简单到复杂的演化过程。为什么地球上具有生命结构诞生的必要条件，而恒星中没有？因为恒星中自由能太大无法形成复杂性的物质结构，但地球在漫长的演化中熵不断增大，因而稳定物质结构逐步由简单到复杂演化，有机物大分子结构的稳定存在是生命结构的基本前提，这是地球的熵增大到一定水平的产物。为什么细胞的前结构一定是像染色体这样的巨型大分子呢？因为像生命的遗传编码这类复杂功能，生命的自组织、自适应功能实现的结构条件一定是巨型分子才是可能的。最直接的理解是，如果我们用电脑软件编程去实现这些复杂的生命过程的功能，则它需要足够大的信息量去实现。为什么碳基的有机物分子是生命的基本结构分子呢？因为碳基的有机物可以形成环状结构，因而可以由几万个基本片段即功能团聚合而成为高分子，最终演化出细胞结构所必需的分子结构。构成细胞的各类大分子主要由碳、氧、氢、氮、磷、硫几种元素组成并不是偶然的，可以断言这些高分子的稳定存在的熵相的边界条件是基本一致的，它们是在地球环境演化到一定熵相条件下共同产生的，这是熵必然规律决定的，也是这些大分子能够在自然中自组装成为具有时间性细胞生命整体的条件。构成细胞的最复杂的高分子如染色体组分子、蛋白质分子、膜分子等具有在特定的熵相边界条件下共生共存的必然性。至于其他低层次的中小型分子，能适应比大分子稳定存在更大自由能作用环境，当最复杂的细胞高分子能稳定地存在的时候，构成细胞器的其他中小分子的稳定存在则是毫无悬念的。这些共存的细胞分子就能以随机方式聚合为由细胞膜包裹着的最简单的细胞生命，从逻辑上说应是最简单的拟核细胞结构。就是说，这种最简单的细胞结构除了是由亲本细胞生命分裂而来，也可以来自物质世界空间结构复杂演化。按照结构复杂性的排列组合逻辑，像细胞这样的复杂层次结构的可能空间结构数是天文数字。在地球环境的熵相允许 DNA 复杂大分子存在时，就具备了自然演化出细胞结构的充要条件。细胞空间结构具有时间性本质，即具有由 DNA 基因组编码控制的生长发育及繁殖的时间性指令，在符合细胞生存的环境下，这种结构和环境相互作用产生的运动过程，就从纯粹的空间运动进化为时间性的连续不可逆过程，这就是细胞的诞生。不从细胞分裂而来，而是从物质空间结构复杂性演化而来的细胞就是生命的起源。尽管我们不能从发生学意义上考证这一点，但从逻辑上完全可以理解。因为这就是我们现实生命的根据。生命既然有起源就一定以这种必然方式起源。因为我们的生命、我们生命中的细胞就是这样运动的。

各种分子结构聚合为完整细胞结构的随机性，是相对于细胞结构的复杂性而言的，不能对之作偶然性理解，否则对生命及细胞起源的思考就没有意义。如果从构成最简单的拟核细胞的每一个原子开始去分析，那么所有这些原子组成的整体结构形式对我们的科学描述能力几近无限。尽管它是有限的，每一个原子的运动变化以及更复杂的分子、分子聚合体的运动变化都是严格按照自然必然规律，即物质相互作用的运动规律、结构演化规律以及化学反应过程的必然规律去展开的，每一种现实的结构都是按必然性规律运动的结果。完整的细胞结构是现实的结果之一，是无数复杂结构的一个特定结果，是按自然客体必然规律运动和演化的产物，所以它的产生是随机的，本质上是必然而非偶然的。只不过我们还没有具备用必然规律从原子开始去用确定质点运动描述整个细胞结构的能力，因为我们根本无法描述所有运动变化因果必然关系的所有边界条件和初始条件，也不能把所有原子分子用统计学方式随机描述，所以只能把特定细胞结构看成物质结构在细胞这一复杂层次无数可能性中随机性的一种结构。这种随机性完整细胞结构的边界条件及初始条件所产生的结果一定是按必然规律支配的形式实现的。之所以会随机出现这种结果在于它已经现实地产生并稳定地存在，并通过它特定的时间性本质，通过世代的延续及进一步复杂化演化，演绎出风情万种的地球生命世界。

认识细胞和生命起源对自然宇宙的统一性认识具有总括性的意义。根据我们现有的经验，生命的家园还局限在地球生命圈中，但根据宇宙同构性法则，现代人类已经抛弃基于迷信和无知的地球中心论，谦逊地把地球理解为宇宙自然演化出来的一个普通行星，在浩瀚宇宙中只乃沧海一粟。人类已开始有客观根据地思考地球生命圈之外的生命乃至文明，而不是仍沉迷于蒙昧时代的神话。人是万物的尺度，地球人理解宇宙的生命和文明只能以地球人的经验和知识为基础。基于宇宙同构性、统一性原理，可以认为人类的认识是具有宇宙论普遍意义的，这并不是说宇宙中的生命甚至物质结构的具体存在是和地球一样的，具体的地球生命圈一定是独特的。它真正的意义是，宇宙中支配宇宙自然运动变化的规律是同一的，在同样规律和特定边界、初始条件相统一的宇宙中的具体星球中，有可能存在的生命世界一定是自然量身定制的，同时又是多样性统一的。世界统一性原理关于生命的普遍抽象本质、生命在熵原理支配下的时空结构演化的统一性和生命在细胞具体结构中的起源等，是具有普遍宇宙论意义的。虽然地球外每一个星球的具体存在及运动演化都和地球不同，但我们坚信支配它们存在和演化的能量规律和物质运动演化的定律都相同，也可以坚信地球生命和地外生命起源和进化的法则是相同的。只有这样，才能有合逻辑的自然统一性原理。如果坚信自然统一性，则可以认为对地球细胞和生命起源和进化的理性具体认识已经通达宇宙统一性理解的境界。生命是地球最高复杂性的自然存在，生命进化是能量转化、空间物质实体结构演化的最高形式，生命作为自然复杂性演化的极限形式即个体化具体存在形式具有宇宙论意义时，地球细胞生命的起源和进化就是宇宙自然按自身必然规律运动演化达到极限的具体结果。细胞生命达到自然复杂性结构演化极限是具有宇宙学意义的，这一理解不是限于地球的特定边界和初始条件得出的。换句话说，生命是宇宙自然结构性存在的绝对存在，这是它的个体化特征的另一种陈述和理解。

如何理解生命客体具体存在是绝对存在呢？在世界统一性原理中，把自然万物的本原即能量理解为绝对存在，意指能量存在无论如何转化，它的本质规定性即量的存在是绝对不变的，是不生不灭的，是不随边界条件和初始条件转移的绝对守恒之量。绝对能量之所以是绝对存在是因为它只有量这一本质规定性，从另一个角度看它就是无结构规定性的，绝对存在和无结构存在是相协调的陈述。一个无结构的纯粹能量世界是无差别的同一世界，亦即混沌。宇宙从混沌到有序的运动是从无结构的同一世界进入结构复杂性演化的多样化的质能统一世界，我们称之为物质世界。从同一混沌到多样有序物质世界的运动也可以理解为宇宙从绝对存在到相对存在的运动。相对性才有结构产生，才有基于不同层次结构的多样性，质能统一性结构在逻辑上就不可能是绝对存在。物质客体的存在和运动必须在相对空间中才能得到统一性理解。从物质世界演化到生命世界进化是宇宙自然运动的质的飞跃，其深层意义就是从相对存在向绝对存在的回归。生命存在绝对性和物质存在相对性的本质区别是什么呢？物质具体存在是相对的，在不同划分标准下有不同理解，原子是具体之物，构成原子的质子、中子、电子以及由原子构成的分子也是相对之物，实体存在即结构在逻辑上已经决定物不可能是绝对性存在。但生命存在不能从结构相对性去理解，不能从空间性去理解，具体意义上必须从时空统一结构去理解，本质上必须从时间性去理解。生命不再是纯粹空间结构相对存在，而是时空统一结构的绝对具体存在，其根据是什么呢？即具体生命一定是个体存在，而且是独一无二的个体存在，生命具体存在不能像物质具体存在般具有相对性。生命个体之间可以共生、寄生，但不能说具体生命之中还有生命，相对性存在的只有生命的种子，胚胎在母体中发育为完整、独立生命时就一定会脱胎而出，成为绝对独立的具体生命。生命存在绝对性的意义在于生命是绝对独立的具体个体存在，连体婴儿之间也是绝对独立的。这种绝对性是生命和物质存在的本质区别。猪肉是相对的，猪却是绝对的具体存在。宇宙自然从无结构无差别的绝对能量客体存在开始，产生出相对的物质空间多样性世界，并以之为中介和基础返回最复杂有序的生命时空具体统一性绝对结构存在，自然在转化、演化、进化中达到了极限，宇宙统一性在生命起源和进化中画上了完美的句号，在混沌同一的绝对中进展到多样性有序的相对，以相对为中介回归最多样最有序的统一的绝对。

从细胞在物质世界复杂性结构演化过程中的起源去理解生命的起源，这对于生命世界的认识是必需的。只有这样，我们才能从细胞的遗传和突变中理解随着细胞的进化而产生的生命世界的进化，才有理由把多样化的生命世界理解为在存在论意义上的统一世界，并有根据地揭示生命世界在何种意义上是多样性的统一，在何种意义上是同一的世界。

注释

①叶创兴、周昌清、王金发主编《生命科学基础教程》，北京：高等教育出版社，2006年第1版，第3页。

②菲利普·纳尔逊著，黎明、戴陆如等译《生物物理学：能量、信息、生命》，上海：上海科学技术出版社，2006年第1版，第42页。

③叶创兴、周昌清、王金发主编《生命科学基础教程》，北京：高等教育出版社，2006年第1版，第32页。

④菲利普·纳尔逊著，黎明、戴陆如等译《生物物理学：能量、信息、生命》，上海：上海科学技术出版社，2006 年第 1 版，第 34—35 页。

⑤叶创兴、周昌清、王金发主编《生命科学基础教程》，北京：高等教育出版社，2006 年第 1 版，第 81 页。

⑥同上，第 81—82 页。

第五章
生命进化和人类起源

引　言

【提要】对生命世界统一性认识的现实意义是从根本上理解自然生命从哪里来，这是理解人生存价值和意义的客观基础。本章是在对生物进化论统一性理解基础上具体探讨人的生命起源问题。

一、达尔文生物进化论是十九世纪最重要的文化成果，人是万物之灵这千古绝唱将永远嵌在人类文明史的丰碑上。进化论的历史意义是把多态多样性生命世界统一为有序性的具体理解，从而由自然而然的意义回答自然之人从哪里来的命题，否决神造人的纯粹形而上学独断论，把对人的起源乃至现实生命生存导向客观必然性支配下的具体理解。仅仅从科学发现意义去理解达尔文进化论是不够的，它是以普遍知识为基础的生命统一性理论。用抽象因果关系去理解进化论的自然选择命题，就把具体现实生命当成由环境必然性支配的，生命自身就失去本质意义了。

二、生物进化论的统一理论本性赋予它随生命科学发展而不断由抽象向具体进步的现实意义，它是在饱受争议中不断完善的。十九世纪新兴的生命遗传学和达尔文进化论不相协调，曾一度造成对进化论的冷落，但最后进化论统一了各种新的生命科学成果，以新达尔文主义为中介形态，形成了更具体丰富的现代达尔文主义的现代进化论。它把对生命宏观和微观的知识统一起来，承认突变和渐进的变异都有相同的遗传机制，坚持自然选择的对象是生命个体。它彻底否定了获得性状遗传，这是对传统进化论的最重大修正。

三、达尔文进化论是宏观表型层次的统一性归纳，作为根据的知识是由经验观察中归纳而来的或然性知识；微观结构层次的现代生物知识才是必然性意义的归纳，以之为基础的进化论才具有本质意义。进化论是以物种多样性进化统一性关系为主要内容之一的，但宏观表型的物种分类本身就达不到客观普遍有效性，物种是生物学最难统一的概念之一，在此基础上对进化论的理解就难以具体统一了。以微观遗传结构为根据去统一种、属、科、目、纲、门、界，才能达到客观普遍意义，生物进化论必须是微观与宏观相统一的，而且微观层次的统一性意义才达到本质意义。

四、微观分子进化中性论的深刻意义之一是必须从生命和环境的统一性关系去具体理解宏观进化论的自然选择学说，环境是自然选择的基础，生命才是自然选择的本质，只能从生命的内在规定性去理解其本质，不能由环境去决定生命之为生命的根据，自然选择不是因果关系，生命和环境是不同层次而统一的。分子进化理论从生物微观结构层次去研究物种进化机制，描述变量构成生命的内在结构及关系，外部环境的作用主要是变量的具体边界和初始条件，在这一层次自然选择的意义对进化本身而言理应是中性的。就是说，把宏观进化论的自然选择理解为生命和环境的统一性关系时，它和分子进化中性理论才是统一的。

五、从宏观进化论去论证猿进化为人是缺乏充足理由的。猿和人作为宏观表型最相近的物种，两者最可能的关系是兄弟而不是父子。物种复杂性进化越往后，层次越增加，同一层次的物种就越多样，人在生物进化链顶端就不会是独生子女。从结构层次意义看，是原子生成分子，不是小原子生成大原子，大原子生成小分子，小分子生成大分子。恩格斯用劳动去论证猿进化为人的机制是不合逻辑的，其理论只能论证自然人在劳动和工具发明使用中逐步变为文明人，和生命进化根本无相关性。人种是几万甚至几十万年前定格的，原始人跨入文明史门槛只不过5000年，自然进化出人和原始人成为文明人是两个不同的命题。用进化论论证南方古猿为适应环境，从树上下地从而手脚分工、尾巴退化只在拉马克的器官用进废退、获得性状遗传水平，并且是以时间种去描述的，这些都是被达尔文超越、被现代进化论否决了的。从最普遍的微观进化论看，种间进化是基因突变导致新种产生，人进化出来根本没有以哪一物种为据进化而来的说法，人只能认人为父为母才是合逻辑的。

从细胞起源去理解生命起源的最直接意义是得出生命世界有一个共同起源的理解。从细胞生命出发去认识生命世界进化过程中构建的生命世界的统一性，为人类思考“人从哪里来”“人在世界中的位置是什么”两个元命题提供理性理解的基础。

进化论是关于生物世界最大的统一性理论，它把生命世界中似乎并无相关性的多样性且永恒生息的存在及其演化现象建立起内在联系。所谓进化，就是把复杂多样性的生命世界解释为从低级到高级、从简单到复杂的必然运动发展过程，生命世界这种特定的演化就被称为进化。更重要的是，当把细胞看作生命世界进化的源头时，不少生物学家把生命世界看作是同一性的，即都是以细胞为源头，并以细胞为基本结构、基本生命活动单位的同一性的存在。按照世界统一性原理的逻辑，生命世界的同一性及统一性在特定逻辑语境下都是可理解的。对物质世界而言，生命世界是其中同一性的独特存在，同一性的根据在于它们共同的时间性本质以及在同一细胞中进化产生的具体过程。对生命世界而言，它是统一性的，进化产生了不同质的生命结构因而呈现不同质的多样性生命过程，而看似多态多样的生命世界是按必然性规律支配的统一世界。如果在生命世界存在本身把统一性还原为同一性，我们就和猪狗同一了，这当然不是对具体而丰富多样生命世界的合理理解。

生物进化论是达尔文的伟大贡献。它把拉马克创立的以生物体器官用进废退、获得性状遗传为核心的生物进化论，进一步归纳为由共同祖先经由自然选择而逐渐进化，不断形成新物种，从而形成多样性统一生命世界的进化理论，把现实生命世界解释为多样性统一的世界。达尔文的进化论是从经验观察归纳综合出来的，是以生物的表型为基本描述变量的，严格地说是宏观表型统一性的进化论。人的尺度是认识生命世界的尺度，生命的任何认识都首先建立在人的感官认识基础上，对生命世界多样性统一的进化论理解，首先在宏观表型意义上建构是合乎逻辑的，但仅从宏观表型去建立生物世界统一性描述肯定是不充分的。它的局限性表现在它和随之发展起来的十九世纪遗传学理论没有统一性，和分子生物学的科学理论也没有统一性，因而进化论风靡世界 200 年的历史也是充满争议的历史。最关键的问题在于对自然选择理论的理解中，一旦把自然选择理论理解为一种因果关系范畴的决定论，并把这种决定论延伸到生命世界内部物种进化，悖论就会产生。因为物种产生如果由自然环境决定，那么外因就决定本质的变化过程，外因就会成为进化的根据。纵观达尔文进化论以来的历史，虽不是全部，但大多数人是在环境决定论意义上解读进化论的，这是最缺乏智慧的表现。对生命世界在统一性意义上的本质进化只能在生命世界自身寻找根据。至于外部自然选择的作用，只是具体生命物种产生时的统一性问题，是根据和条件的统一性问题。任何用环境自然选择去解释物种产生的所谓理论都是谬论。人类在这种悖论中循环了 100 多年。

宏观进化论必须和遗传学、细胞理论及分子生物学等微观生命科学理论相统一，否则说进化论是生命世界最大统一理论就是狂妄之语。十九世纪末德国生物学家魏斯曼根据当时对细胞结构及生殖的认识，开始从微观意义去理解宏观进化论，他的种质连续学说开了从微观去理解宏观进化论的先河。二十世纪以来形成了从各个生命科学学科，包括从基因理论去解释生物世界统一性现代进化论的综合理论。从逻辑上看，种的规定性是进化论的基础概念，否则所谓物种产生就是无稽之谈。但仅从宏观表型去规定生命物种的规定性是不充分的。种不仅是认识归纳的普遍概念，而且是在生殖延续生命存在意义上的存在论概念。所以，对物种概念规定性的歧义性是对生命世界及进化论理解的瓶颈。在存在论意义上，生殖隔离是种之所以为种的充要条件，但它还不是最普遍的种的规定性，对无性繁殖系而言，生殖隔离无描述意义。所以，种的最普遍规定性只能以生命物种的特定本质结构即物种遗传物质结构为根据去解释。实际上，界、门、纲、目、科、属的抽象规定性的根据也必定在遗传结构之中，宏观表型和微观遗传结构一定是统一的。宏观表型是具体的存在现象，微观结构才是普遍的本质之根据。生物分类学如果不从形态分类学进展为以遗传基因分类为基础的学科，实证科学的普遍性永远是不充分的。从遗传结构去理解物种，把生命和外界自然环境选择关系理解为统一性关系，我们就可以合理地理解现代进化论的分子进化中性理论，从微观到宏观对生命世界的进化运动得出合理的理解。这种进化论才是可能把一切生命认识统一起来的大统一理论。

微观和宏观相统一的进化论才能合理解释人类的起源。达尔文进化论普及后，人类对自身起源的理解由基于宏观进化论的从猿进化而来的理论支配。恩格斯用专著阐述劳动在使猿变成人中的作用，解释人类产生的内在机制。但这种人类起源理论是有严重局限性的。首先，它已经混淆人的自然生命起源和人类成为超越纯粹自然生命世界的独特世界起源这两个不同层次的命题，把人类自然生命物种起源和人类文化文明世界起源同一，在概念上和逻辑上都是很有问题的。仅在物种起源意义上，猿进化为人的理论就是极不完备合理的，因为这是一种基于拉马克的器官用进废退和获得性状遗传的最原始宏观进化论的解释，这是一种直线式的渐进进化理论解释。按照直线式渐进进化论的逻辑，猿进化为人后就不复存在，“今天的人就是昨天的猿”是这种理论的合逻辑结果。如果今天的人和今天的猿都来自昨天的猿，则只能符合达尔文的分支式进化而非拉马克的直线进化理论。但从分支进化理论中，仅从宏观表型根本无法断言猿对人而言究竟是兄弟姐妹还是爹娘。所以，首先必须回到生命物种的微观遗传结构规定性，才能有根据地判断人和猿究竟是兄弟还是父子。只有知道人和猿究竟是在同一的遗传结构基础上进化出的同一层次的不同生命存在，还是不同层次遗传结构的生命存在，才能有根据地解释我们能否认猿作父。宏观物种起源的证实是基于发生学意义的，而微观遗传结构意义上的物种起源才是自然必然性意义上的。从微观结构去理解生命及人的起源，也许根本不必执着于认何为父了。物种起源是新物种以遗传变异为机制的种间进化运动，它既然是起源就不能从亲本的遗传意义去理解它的存在，它只能是天地所生，不是来自亲本遗传，本质上它没有亲本，只有亲缘关系。任何物种起源在逻辑上都没有父母存在之意义。人的父母只能是人，不能是猴或猿。

第一节　宏观进化论

一、生命世界的同一性和统一性

生命结构在实体意义上是物质系统性的存在，在物质结构意义上，生命客体的运动同样包括它作为质点在时空中的运动以及作为独立客体存在的结构复杂性演化运动。人类把生命客体特定的结构复杂性运动演化称为进化，生命的进化首先必须遵守物质结构演化的普遍规定性，即同样是“高以下为基”，由下一层次结构构成的系统整体本质作为客体整体质的规定性，因而同样是从低级到高级、从简单到复杂的演化过程。作为特定演化的进化，区别于普遍物质演化的特定规定性在于，它是时间性空间结构复杂性的演化，并且只有在绝对运动过程中才表现出来。时间性过程的结构复杂性演化和纯粹物质结构复杂性演化的区别在于，空间结构演化的复杂进程可以只是逻辑结构意义上的，而生命时间性存在的结构演化一定是在具体客体的前后连续关系上的，用生物学术语陈述，即这种复杂性是在亲代和子代直接延续关系基础上产生的。在现实性上，演化是相对的，进化是绝对的。正因如此，对生命的现实存在就产生一个具体溯源的发生学命题。但生命存在的时间性本质又恰恰使它的现实存在远离最初的源头，生命起源只在逻辑而非发生学上具有现实意义。从逻辑上对现实生命多样化世界的思考，按照自然界实体结构从简单的复杂的一般逻辑，把生命世界看作同样由简单到复杂进化的生命世界统一性理论就是进化论。进化论否定了生命的神秘活力及偶然性观念，把生命多样化世界看作自然按其内在规律展开的必然过程。这是人类对生命世界认识具有里程碑意义的重大进步，进化论是生命世界最大的统一理论。“进化论认为，生命是从无到有、从少到多、从简单到复杂、从低级到高级地发展的。进化论曾被誉为十九世纪自然科学的三大发现之一。现代著名的进化生物学家迈尔早就指出，进化论是生物学中最大的统一理论。诺贝尔奖获得者雅各布在他的著作中说，进化论在如今整个生物学中都起着主导作用，因为它把各个领域的大量观察集中到一起，若没有它，这些观察就依然是互不相关的；因为它把与生物有关的全部学科联系在一起；因为它在千变万化的生命世界中建立起一种秩序并使生命与地球上的其余事物紧密相连——总之，是因为它提供了一种对生命世界极其丰富多样性的因果解释。著名的遗传学家和进化生物学家杜布赞斯基也认为，如果不借助进化的观点，生物学上的事情就变得情理不通。”[①]

进化论不仅包括生命起源和物种问题，而且是生命思考的最基本问题之一，因为生命从无到有是进化论的最基础理论。上一章我们以细胞生命的产生为生命世界创生的标志，但细胞学说、细胞的微观结构理论与传统的宏观生物进化论并不总是协调的。把细胞的分子结构及遗传学理论有效地纳入进化论，是建立生命世界大统一理论的必然要求。细胞理论的创立和发展过程，应该理解为从另一个角度对进化论的展开。因为从细胞出发对生命世界的统一性理解具有非凡意义，甚至有人认为，细胞为生命世界的同一性提供了充分的理由。那么，从细胞理论出发，在什么条件下把生命看成同一的？在什么条件下把生命世界理解为统一的呢？这是把细胞理论纳入进化论所必须首先解决的问题。把细胞作为生命世界同一性的根据是和把细胞作为生命世界的起源相协调的。从细胞理论去理解生命世界的同一性有多方面现实意义：一是它指所有生命客体作为生命存在的同一的本质，即从细胞的时间性本质是一切生命之所以为生命的同一规定性去理解生命和非生命的本质区别。所以，这里的同一性不是指生命世界的内部关系，而是指以生命世界作为整体去思考它在自然界中的位置，描述它对整个世界的关系时所得出的理解。在自然界中，特别是在物质自然界中，生命世界的任何物种和个体都是具有同一的时间性本质的绝对运动着的过程性存在。从细胞生命的时间性本质中，我们可以得出生命以细胞为基本组织结构和活动结构的生命客体都是同一的生命存在的合理理解。二是一切生命都是同一的细胞结构，即由单细胞构成或由多细胞结合而成的具体个体都是具体生命存在。在物质结构意义上，不同的单细胞生命，其实体结构是不相同的，多细胞生命中各种特定化进化了的细胞实体结构当然是不相同的，否则就没有特定细胞的概念了。但自然生命中林林总总的各种结构、功能、过程各相异的细胞之所以都被称为细胞，并不在于抛弃各种细胞的相异性而保留同一性，根据同一性而建立抽象的细胞概念，而是从一切具体细胞所共有的时间性本质去建立细胞概念，在细胞的同一性中去理解生命具有同一的时间性本质，所以一切生命的本质回到细胞意义上就是同一的时间性的存在。三是根据细胞的分裂理论，除了从物质自然界直接起源的最简单的原始单细胞生命，其余一切细胞都来自细胞分裂，是细胞遗传物质结构控制生命过程的绝对运动中产生变异即突变的结果，由此可以把多样性具体生命世界理解为从简单到复杂、从低级到高级的进化过程。这个过程是在具体存在过程意义上的，是在生命时间连续性意义上的。这个复杂过程既产生了新质规定性的具体生命存在，又保持着生命的时间性本质，因为新的生命物种依然是由细胞构成的，所以，在时间性意义上，进化所产生的是同一的生命存在。在生命世界自身的物种意义上，进化所产生的又是在存在论意义上具有不同物种规定性生命的统一性存在。所以，细胞在生命世界中的同一性意义，是我们思考和认识生命世界统一性的基础。

从细胞出发去理解生命世界统一性的最基本意义首先在于，根据从细胞进化而来的一切生命具有共同起源的理论观点为基础，我们完全可以合逻辑地理解生命世界统一性的存在论意义。如果一切复杂生命存在确实从最原始的简单细胞生命不断进化而来，那我们就有把握断定，生命世界的进化是在自然存在意义上的进化过程，必定是由自然规律支配的进化过程。我们对生命世界进化理论框架下具体、丰富的深化认识就在于揭示出支配生命进化最基本、最简单而又最普遍的规律，从而得出多态性生命世界永恒运动的必然性、普遍性的普适理解，而不是停留在多样性之中，用现象的罗列去穷尽生命世界。从逻辑上说，已经进化到个性化具体存在的生命世界，停留在表型现象上的复杂性经验综合和描述是具有历史局限性的，是无法真正揭示生命世界普遍本质的。

从细胞出发去理解生命世界统一性的最基本内容就是回答生命世界是如

何和为何以细胞生命为基础，从低级到高级、从简单到复杂进化的，生命复杂性进化的内在机制和推动力量是什么。就是说，这首先是关于生命世界自身的思考，所以不能停留在具体生命存在自身，不能停留在具体生命绝对运动耗散过程的理解，而是要从具体个体出发，回答简单生命的绝对运动如何进化为更复杂生命的绝对运动。所谓复杂生命和简单生命，是生物学物种规定性意义上所说的。简单生命物种和由之进化出来的更复杂物种的质的规定性分别是什么？简单物种进化为复杂物种的动力和机制是什么？只有对这些具体问题有了合理的理解，我们才能有根据地把多样性的生命世界看作一个整体。生命世界就不是同一的，也不是杂乱无章和变幻不定的，而是一个按自然必然性绝对运动的统一而完美的世界。

最后，必须指出，即使把生命世界抽象为独立而完整的特定世界，但不可能仅仅在生命世界的物种如何从简单到复杂的质的进化中根本理解生命世界统一性。因为简单或复杂的具体生命存在都建立在一般物质客体及能量运动规律上，并且每一个具体生命个体存在是在对外部自然环境的永恒的耗散作用中才成为生命存在的，生命的进化归根结底是在和自然界的相互作用中产生的。所以，生命世界统一性就不能离开自然环境的作用，不能是独立于外部自然世界的统一性。而这同时也说明了自然界必定是统一的，并且生命世界的统一性是世界统一性运动的最完美形式和最高发展阶段。在生命科学中，对这一自然最完美统一性认识的理论就是进化论。

二、宏观生物进化论

如果把泰勒斯提出水是万物世界的本原即哲学创世纪作为人类思考物质世界统一性的起点，把近代达尔文建立生物进化论作为建立生命世界统一性思考的标志，则这一过程跨越了两千多年。从物质世界的发展和演变认识中达到对其中特定物质生命世界统一性的认识，是建立在物质世界的演化认识成果积累基础上的。十八世纪开始而到十九世纪中叶才被普遍关注和接受的生物进化论，首先得益于古生物学和地质学的成果。地质学发现不同地层中不同类型的生物化石，处于较上层的化石与现存生命结构较相似，而底层的则有较大差异。这种古生物化石与现存生物从不相似到较相似的发现显示了地球生命是在漫长历史中不断演变的，这为生物进化论对生命世界的统一解释提供了证据和基础。

十八世纪法国博物学家布丰在他的《博物学》中首先提出了物种可以随环境改变而变化的观点。1809 年法国博物学家拉马克在《动物学哲学》中第一次完整地提出了生物进化论，从宏观表型层次对多样性生物世界作出统一性的解释。他的进化论的主要内容包括：从自然发生即从非生命物质中产生了简单生命，简单生命为适应环境而在漫长的历史中渐进变化，进化为现存的各种复杂生命。生命适应环境的进化机制是器官用进废退和获得性状遗传。器官用进废退可以从生命由适应环境的变化去理解，同样也可以从环境决定生命器官因而也是生命整体的变化去理解。更重要的是获得性状遗传机制，它指生物把后天获得的进步性状，即器官的用进废退的成果遗传给后代，所以一代代的用进废退的获得性状向后代的遗传使生命不断向更适应环境生存运动变化，这种具有环境适应性进步意义的变化就是进化。由获得性状遗传机制产生的生命进化是连续渐进式的进化，形成了生物不断由低级到高级、从简单到复杂的漫长进化过程。

拉马克的生物进化理论第一次系统地从自然界本身的运动发展规律对生命世界作出了统一性的解释。在进化论的框架中，生命的来源、生命世界的生息更替就不再是神秘的，多样化的生命世界就不再是杂乱无章、不可理解的，而是按自然规律运动发展的。一切都是自然而然的，生命世界从此就是一个可理解的、由必然性规律支配的统一世界。它的必然性的最基本理解就体现在对生命世界从无到有、从简单到复杂的进化阶梯以及由此产生的进化等级的理论归纳中，这对生命世界的过程乃至现实生命世界的多态性都作出了合理解释。器官用进废退巧妙地归纳了生命和环境相互关系的普遍规律，把生命作为可能性存在本质特征的现实表现从宏观表型中具体概括了出来，从而在自然必然性意义上揭示了生命活动的本质特征，这是拉马克进化论的精髓。

但拉马克用获得性状遗传来解释生命进化的机制还只是初步的，也是有严重局限性的。按照这种进化机制去理解，一切现存和曾经的生命物种都有一个从非生命世界起源的问题。因为在获得性状遗传机制作用下，生命的进化是以种为单位的直线性连续进化的，复杂的种不能从简单的种进化而来，一切物种的进化是平行的，所以一切物种都必须从非生命世界去理解它的直接起源。更进一步看，在获得性状遗传机制作用下的物种进化得出的物种只是时间种的概念，即一个物种之所以为特定物种的规定性只能从时间连续性去定义，即只能通过发生学意义上生殖传递的连续性去理解。在获得性状遗传机制下，物种世代之间在进化中是不断漂移的，经过多个世代之后已经面目全非了。除了生殖意义上的时间连续性，我们再没有其他规定性去认识和理解一个物种之所以为一个物种的理由。所以，拉马克的进化论把生命个体的绝对运动推广到种群意义上的绝对运动，使种只是具有时间性意义的种，只能从发生学意义去理解和说明。但对生命存在而言，恰恰发生学意义上的起源及演变是人类最束手无策的。时间种的更大难题在于，根据我们的认识和实践，生命物种并不是纯粹平行的，植物界的许多物种就是通过杂交产生，而不是直接从非生命物质中起源并逐渐进化而来的。所以，即使获得性状遗传机制存在，也绝不是支配生命进化的最一般机制，时间种并不能成为种的一般规定性。更加困难的是，如果时间种成为种的一般规定性，从时间种出发，生命世界已经在宏观表型层次归纳出来的界、门、纲、目、科、属的规定性就变得不可理喻、毫无意义了。但我们宁可相信这些宏观表型的归纳总结是具有客观普遍意义的。

对生物进化论得出进一步的综合从而提出更全面系统进化理论的是达尔文。在人类文明史上，进化论是和达尔文的名字连在一起的。1859 年，达尔文在他的划时代巨著《物种起源》中，在对生物界大量观察和可靠充分的证据基础上，提出了以自然选择理论为核心的生物进化系统理论，把进化论推向新的高度。《物种起源》在十几年内五次再版，“对进化论的普及起到十分重要的作用，并导致‘达尔文主义’的兴起”,[2]进化论的观念随之普及到人类认识的各个领域，包括社会达尔文主义的产生。达尔文进化论是人类科学革命的伟大成果，对人类从自然必然性规律去揭示自然界奥秘的科学精神具有极大的鼓舞和推动作用。

达尔文进化论继承了拉马克进化论的精髓，即从自然环境对生命的制约作用出发，解释生物在自然选择作用下向有利性状进化的累积，并把生命世界合理地解释为从无到有、从低级到高级、从简单到复杂的自然过程。达尔文虽然提出进化是通过积累一系列细微、连续的有利变异而产生，但只把获得性状遗传作为进化的辅助机制，而把进化理解为缓慢的有利变异积累中产生出新的物种的过程。所以，达尔文的进化论与拉马克基于时间种的理论不同，它的由简单到复杂的物种起源进化过程是以分枝式进化的。因此，进化的本质意义就是物种增殖，即一个种可以产生几个子代种。按照增殖理论，则可以合逻辑地推断生命世界具有共同的祖先，所以生命具有同一起源。

达尔文进化论的核心是自然选择理论，最精辟的概括是物竞天择，优胜劣汰，适者生存，由此去对生命世界在进化论意义上的统一性作出解释和说明。生命的个体差异特征以及由差异化累积而产生的新物种的动力是自然环境差异性及变化性；生物巨大的繁殖能力只能在自然环境所限定的边界条件下产生现实的生命，所以，在恒定的自然环境条件下，任何物种都不能由繁殖力决定连续指数增长，而是在恒定自然环境下保持生物群体相应的相对稳定性。在环境与生物群体达到相对稳定状态下，生物个体之间在有限生存资源条件下只能通过竞争获得生存，个体能否成功存活取决于它的生存能力。生存能力取决于个体的遗传差异，有优越遗传性状的个体在竞争中存活的竞争机制就是自然筛选机制。这种筛选机制使生物物种在世代延续中朝着最有利于种群延续的方向进化。经长时间自然选择积累产生的进化不仅使生物物种进化，还能产生新的物种。这种自然选择对整个生命世界的作用，就是推动了生命存在由低级到高级、生命物种由简单到复杂进化统一过程的内在机制。

达尔文和拉马克的进化论都是建立在自然环境对生命的制约关系上的，但达尔文得出更高度的综合，形成了广为接受的进化理论体系。究其原因，达尔文进化论建立在更加全面可靠的观察基础上，它以大量的第一手观察资料为基础，它的主要结论都有可靠、明确的证据支持。因而，达尔文的综合具有更坚实的科学证据为基础，具有更普遍的意义。同时，必须承认，早期的宏观进化论是经验观察的综合，是建立在对生命的表型认识经验基础上的，在实证科学意义上，这肯定是不充分的。自然选择理论和生命科学的微观机制之间还存在着统一和协调问题。而退一步看，对达尔文进化论宏观意义的理解也不是没有歧义的，而且即使没有歧义，对之的意义也必须有一个理性批判，否则它就不能被称为十九世纪三大科学发现之一和达尔文主义了。

三、进化论的因果性和统一性

达尔文进化论诞生一百多年的历史是一部辉煌的历史。但它诞生在近代科学革命“科学理性”至上的伟大时代，对它的理解甚至进化论陈述本身都带有机械唯物论的历史局限性。从世界统一性原理来看，只有把进化论放在统一性思维的框架中，才能对之以及整个生命世界进行统一性智慧理解，才能摆脱仅从线性因果决定关系去解释整个进化论及生命世界的局限性，得出更加普遍、完满的关于生命世界及整个自然界的统一性理解的智慧。

尽管达尔文进化论在生命科学的不断发展中无可避免地会遇到新的挑战，进化论也在其基础上丰富发展为新达尔文主义和现代综合进化理论，这一切完全符合人类对世界认识的一般规律，但是，一百多年来还没有多少人自觉地意识到，达尔文进化论的描述本身以及一百多年来对之意义的解释先天地带有近代科学理性思维的机械论色彩，从而对这一伟大理论的深刻意义及现实作用打了折扣。生命科学的认识对象是抽象的，但不可还原的生命本身是具体的，这是生命领域认识的特殊性。达尔文进化论被誉为十九世纪三大科学发现之一，但它本身不仅仅是抽象的科学真理元知识结构陈述，而且是基于生命世界经验认识的统一性归纳，与严格的科学抽象因果关系陈述不尽相同。仅从科学因果决定关系去理解达尔文进化论是不够的，是容易陷于机械决定论的。事实上，达尔文进化论和现代综合进化理论在解释生命世界的统一性时面临着一道深深的鸿沟：分子层次的进化意义对自然选择是中性的，和宏观进化论的自然选择理论的传统理解是不协调的。从科学因果关系逻辑描述根本无法跨越达尔文宏观进化论和分子进化论的鸿沟。

回顾关于达尔文宏观进化论的基本评价：它是十九世纪甚至近代科学的三个伟大发现之一，是关于生命世界的统一性理论。这些评价是中肯的，但对这些评价的确切意义则见仁见智。达尔文的进化理论当然是科学的，并且是直接反神学的。但只把它理解为客观科学真理知识是不足够的，否则，对它的生命世界统一性理论的本质就很难得到合理解释。达尔文进化论不是生命客体认识对象特定因果关系的必然性规律知识，而是具体复杂生命世界在宏观表型层次不同抽象规律统一而回归现实，是具体复杂生命世界在宏观表型层次不同抽象认识对象的经验认识中综合归纳出来的一个科学真理认识理论的统一性理解。进化论不是一个真理判断，而是相对独立完整的真理知识体系，更应该理解为是对生命世界统一性的智慧理解。正是作为一个相对完整的理论体系，它才有资格被称为多样性生命世界的统一性理论。所以，进化论是生命世界的统一性理论，更准确地说，达尔文进化论是生命世界宏观表型科学真理认识的统一性理论，它不是一个特定抽象命题知识，而是具体生命世界的一种统一性理解。科学抽象真理认识得出的是知性知识，而这些知性知识的综合统一则是理性智慧。由此可以得出结论，进化论是科学，而且是具有重大意义的科学发现，但它不仅仅是科学，不仅仅是抽象知性知识，还是一种深刻的智慧，是从对生命世界的抽象经验知识理论体系的统一性理解中进一步去理解具体的复杂生命世界整体统一性的深刻智慧。生物进化论对生命世界的意义，就像泰勒斯关于物质世界的本原是水的认识的意义一样，是从对客体对象的抽象认识上升为对之具体理解的智慧。因此，在承认进化论是生命世界最大统一性理论的时候，我们就不能仅从知性知识去理解进化论的深刻意义。但这正是进化论创立一百多年来被人类包括生物学家们忽略了的，即只看到进化论统一性归纳的经验观察而来的知识基础，将之等同于知性科学的抽象普遍性归纳，当成仅是科学抽象普遍陈述本身，没觉悟到它的本质意义是关于具体生命世界的统一性理解。

毋庸讳言，牛顿科学理论的伟大胜利给近代科学革命以来人类对世界的认识打上了机械论的烙印。生命当然不仅仅是机械，对生命的认识却一直囿于因果逻辑关系即科学抽象之中。近代科学的成功使科学成功地登上理性的殿堂，科学成了理性和智慧本身，而不只是理性的基础。达尔文进化论产生在十九世纪科学突飞猛进并成为理性的时代，它的理论陈述乃至之后对它的理解就不可避免地带上机械决定论的色彩。这并不是说达尔文把生命当做纯粹机器，而是他把整个理论体系作为纯粹因果关系去归纳和描述。既然把科学和理性同一，并称之为科学理性，那把进化论作为科学真理认识，并且是生命世界统一性科学因果必然性关系认识就是合乎逻辑的了。

《生命科学基础教程》把达尔文进化学说归纳为包含五个既相互独立又紧密联系的理论：①进化论本身；②共同祖先学说；③渐变性进化学说；④物种形成和增殖学说；⑤自然选择学说[③]。这五个理论是从生命世界经验观察中归纳出来的相互独立的因果必然性关系，它们的认识对象是从具体生命中抽象出来，并给予了不同限定因而是各不相同的。所以，这个理论的五个元陈述之间是统一性关系而非因果性关系。比如，共同祖先学说和进化论本身之间并不能由因果关系去理解，例如，达尔文的进化论和拉马克的平行进化论都认为所有生命物种都有自己的起源，他们的理论都和进化论本身是协调的。生命共同起源还是平行起源并不能从进化论作为原因并从因果关系逻辑中得出必然的真理认识。所以，进化论和生命起源理论只是统一性关系，而非因果必然性关系。至于生命起源究竟是同源理论正确还是平行起源理论正确，不是从与进化论的关系得出确定性判断的，而是从实践经验中得出肯定与否的证据，并且是通过证伪去得到普遍客观性证明的。事实上，非但达尔文进化学说的五个独立理论之间没有因果关系，所有科学真理之间都没有因果关系，即没有科学之科学。如果一定要坚持科学之科学的话，那它就是理性智慧，早期的哲学智慧就是在这种意义上被称作科学之科学的。但科学之科学是不能提供确定性真理知识的，科学之科学包括真理知识与科学之科学就是真理知识是完全不同的两回事。近代把科学当理性的最大弊端就是陷入机械论，拉普拉斯科学决定论的局限性不在于坚持科学的因果决定性，而在于扩展为因果链，把不同认识对象纳入连续因果链貌似聪明实质荒谬绝顶，这就是我们在所谓“蝴蝶效应”的奇谈怪论中所看到的强词夺理的逻辑。如果这个世界是由无穷因果链组成的话，那不仅大峡谷的那只蝴蝶是大西洋飓风的原因，而且现存以及曾经一切世界事件和那只蝴蝶一样都是原因，所以根本就没有原因，没有因果关系。所以，根本没有因果链，没有科学之科学知识。达尔文进化论的五个独立理论只能从统一性关系去理解。达尔文进化论以及一切进化论理论体系都不只是科学发现，而且更深刻意义在于它是对生命世界统一性的理解，关于生命世界统一性的进化理论是科学更是科学的统一性理论体系。

只有从统一性理论才能合理解释从科学知性逻辑无法解释的那些进化论难题。那些看似各执一词各有道理但又明显不兼容的知性认识在统一性中则可以得到合理理解。比如，生物进化论的渐进学说和突变论是对进化发生机制和过程完全不兼容的两种理论，每种理论都有它的证据和合理的逻辑，但每一种学说所描述的认识对象的边界条件则是不同的，它们实际上不是同一对象同一边界条件的因果关系，所以对它们作非此即彼的判断是愚蠢的。非此即彼的确定性判断只有在确定性抽象认识对象、相应的确定性边界条件及初始条件下才有意义，就具体的生命世界去断言生命进化只能是渐进的或只能是突变的是没有根据的。最基本的事实是具体生命世界的进化既有渐进进化也有“突变论”的突变发生。所以，只有把进化论在最终意义上理解为理性统一性理论，才能更全面、深刻地理解它的科学确定性知识的内容和意义，才能得到从抽象到具体生命世界的理解，才能在已有的科学真理认识基础上不断前进，得到更加丰富的真理知识，赋予进化论永恒的前进动力。

进化论既然是生命世界的统一性理论，生命世界的许多事情一旦离开进化论统一性思维就会陷入现象的多样性而变得情理不通。为什么呢？原因在于生命个体不仅是具体存在，而且是不可还原的复杂性结构存在和绝对运动的过程性存在，生命世界则是多样化个性的具体个体的总体存在，对如此复杂的具体生命世界的认识离开统一性去认识肯定是不充分的，把不同层次认识对象和不同边界条件下各种因果关系客观知识所构成的体系只看作科学知识是缺乏智慧的。如果承认进化论把生物界中许多看似不相关无联系的现象和过程联系起来并建立起关系，那么这种关系就只能是统一性关系，生物进化论就既是科学又是统一性的智慧，在具体认识的意义上，它只能是智慧。

从统一性的观点看，达尔文进化论应如何理解呢？它的本质就是自然选择理论，这就是我们喜欢用“物竞天择，适者生存”来概括达尔文进化论的理由。达尔文进化论五个原理的统一性理解是生命世界和环境的统一性关系，就是生命世界以物质世界为基础，以物质世界为前提，包括物质世界，受物质世界运动演化规律支配的统一性关系。从世界统一性原理看来，达尔文进化论作为生物界最大统一性理论的原因，在于它是在生命世界和整个自然界的最普遍的统一性关系基础上去思考生命世界统一性问题的，从而建立了对生命世界最基本、最普遍的统一性理解。生命世界的本质在于生命世界之中，但生命世界的前提和条件则在自然界之中，所以生命世界的统一性的最普遍关系是由它和整个自然界的统一性关系去构成的。在统一性思维中，所谓生物选择是统一性关系而非因果必然性关系，用环境决定论、物质决定生命这种逻辑去陈述生命是不妥的，只能从生命和环境，与物质、能量的统一性关系去理解，否则就变成外因决定内因、边界条件决定存在的本质了。

从统一性高度去理解生物进化论，生命世界的一切存在及过程的真理认识都可以在进化论的意义下得到合理理解。所以，进化论不限于经验观察中归纳出来的宏观描述，还必须包括微观层次的认识，包括遗传学、分子生物学的真理知识，使统一性的生物进化论不断丰富而发展。

第二节　生命物种进化的微观理论

一、生命物种的存在论规定性

达尔文进化论是从生命物种起源及复杂性增值去揭示生命世界统一性进化的理论。他在肯定生命世界没有两个完全一样个体的同时，把种群作为生命世界的基本描述对象引进生物学。没有种群概念就没有达尔文进化论，生命世界就永远停留在多样而变动不居的个体存在意义，就没有统一的生命世界。所以，种群特别是物种概念是进化论乃至整个生命科学的最基本概念之一。在对物种概念的不同理解基础上，对进化论具体意义的理解可能是极不相同的。

但是，正如《生命科学基础教程》所说："对于物种，不同时期，不同学科的概念很不相同。历史上，有关物种的概念不下几十种，不过直到现在还没有一个在任何情况下都适用的概念。在生物学上可能没有其他的概念像物种概念那样一直被争论不休。物种的概念有时间的概念和非时间的概念。非时间的物种概念有表型种概念、生殖种概念和生态学种概念等。时间种概念则有时间种概念和分支种概念。其中，生殖种概念又称为生物学物种概念，是一个在理论和实际应用中比较好的物种概念。其定义是：物种是互交繁殖的物体，一个物种的自然群体与其他物种的自然群体在生殖上互相隔离……生物学物种概念也遇到不少困难。如对于古代生存，现今只有化石的生物，是不可以用生殖隔离这一标准来判断物种的；这一概念对于单性生殖或无性生殖的生物也不适用。此外，不同物种之间的生殖隔离有时并不那么严格，即会产生种间杂交现象，甚至能产生能生育的杂交后代。在植物中，这种现象就比较常见……现在，进一步的物种定义可为：物种是由种群组成的生殖单元，它与其他单元在生殖上互相隔离，并在自然界中占有一定生态位，在宗谱线上代表一定的分支。这一定义包含四个方面的内容，即种群组成、生殖隔离、生态地位和宗谱分支，是一个较完整且简明的定义。”[④]

生命科学对生命物种这一基本定义的认识发展，从另一个侧面说明了生命世界的复杂性，以及生命客体存在不可还原的复杂整体性，因此很难像物质客体那样还原到最普遍的本质规定性去定义它的存在。从对生命物种林林总总的定义中可以发现，每一种定义都有它的合理性，但同时又有局限性，因而无法成为物种最普遍的共同规定性。最后，从种群组成、生殖隔离、生态地位和宗谱分支综合描述物种定义的概念本质上是演绎而非生命本质意义上归纳出来的规定性，所以它是证真而非证伪的。以最有实用意义的生物学的物种概念即生殖隔离的规定性来看，实际上物种之所以为物种的理由不在于生殖隔离，生物生殖隔离的充分理由是它们是不同物种。物种概念逻辑在先，生殖隔离概念逻辑在后。抛开无性、单性生殖及古生物化石就一般的互交生殖而言，当我们说物种杂交繁殖的时候，最根本的意义不在于否定物种的生殖隔离，而在于在逻辑上在先地把互交的生命定义为不同物种。我们已然确定它们是两个不同物种，在这种物种认定之下才有杂交的互交。所以，由生殖隔离作为互交繁殖物种的充分条件是不成立的。包括生殖隔离在内的各种物种的规定性都是从物种的本质演绎出来的表现和属性，所以都具有一定合理性，也缺乏本质的普遍性。从另一个角度看，作为复杂性整体过程存在的生命最符合经验的认识描述正在于它的行为过程及其表现出来的属性之中。

对复杂生命物种的演绎式定义再一次说明生命是需要统一性智慧去理解的。不但生命世界，生命物种的思考也需要统一性的智慧，把各种因果规定性的生命物种定义综合为一个统一的定义去全面、普遍地描述物种的时候，所用的就是统一性思维和描述。如果停留在因果关系中，综合性的物种定义就会变成是自相矛盾的，但从统一性的意义去理解，它就从不同角度全面地描述了生命物种的属性，从而得到生命物种的合理理解。

从世界统一性原理的逻辑看，生命物种的统一性理解并不限于各种现象、属性、因果关系决定的行为的罗列，最关键的必须从这些不同的现象、属性、行为中归纳它的普遍本质，从而从本质出发去理解物种的多样性行为的统一性关系。如果仅停留在演绎而不去作本质归纳，我们最终会看到一个越来越复杂而非越来越普适、按必然性规律支配的统一生命世界。在物质世界中，我们从物到分子、原子、以及质子等不同层次的实体结构去在不断还原中建立物质世界不断深化的普遍性本质认识，但这一方法在生命世界失灵了。它不但受生命客体复杂结构及其不可还原性限制，还受生命结构的绝对运动的过程性限制，前者只是技术上的制约，后者则告诉我们用物质结构还原方法去揭示生命物种本质在逻辑上的不可能性。一只青蛙从水里长尾巴的蝌蚪发育为无尾四足两栖的青蛙，一只小蚕经历次脱皮长大最后吐丝作茧成蛹出蛾并产卵，在一个完整的生命周期中，它们在生长发育，我们都明明白白地把它们当做连续的生命，不会有丝毫犹豫和怀疑。这正是物质客体的本质认识方法不适用于生命客体的根本原因，也正是生命物种概念只能从演绎方法去规定，因而永远争论不休的原因。

由此可见，思考生命物种的本质必然回到生命的时间性本质，即必须从生命绝对运动过程的时间性本质而不是从空间结构规定即宏观表型去探讨。就我们的经验而言，物种的概念大多数情况下只是常识，并不高深玄妙。儿时那些一字不识的长辈们对我们无知的庸人自扰行为吼一句：青蛙别为无尾哭泣，因为从蝌蚪长成的青蛙一定是无尾巴的，没有必要为此自寻烦恼；孩童时养蚕，看着蚕长大、脱皮、再长大、吐丝、成蛹、成蛾产卵后死去，不会有任何悲伤，因为我们已经从经验中预知蚕把它的生命留在卵中，那些卵又将孵化出下一代蚕的生命，生命就是以这种物种繁殖循环的方式去延续的。这说明我们有充足的经验和可靠的把握去理解生命物种如何成为物种，尽管对于物种为何如此则毫无所知。但是，在今天，只要具备生命科学遗传学和基因理论的基本知识，对之就不难理解了。子代为什么会继承亲代的物种特征？因为亲代在繁殖中把这种规定性一成不变地通过遗传机制传给子代。物种的遗传机制就是亲本自我复制的承载生命物种遗传信息的基因组，也即染色体或遗传物质。生命个体通过生殖和亲本的配对后，把其中的遗传信息一成不变地传给子代，所以子代的生长和发育在种的意义上就一成不变地重复亲代的规定性。就是说，只要青蛙的卵能够在环境中成功孵化就一定生出有尾巴的蝌蚪，这只蝌蚪若能顺利长大就一定是无尾的青蛙，而不是有尾巴的鲶鱼或其他物种。所有物种只要不是发生遗传变异，就都能同此道理去理解。所以，生命物种的时间性本质并不只是抽象的时间形式，而正存在于它具体的遗传物质，它的意义就存在于遗传物质所携带的全部基因组的信息编码之中。正是由于这种遗传物质的信息编码在种意义上的不变性，我们能够确定：龙生龙，凤生凤，老鼠生仔打地洞。从逻辑上说，生命物种的本质就存在于它的遗传基因组的信息编码之中。有性生殖是减数分裂生殖，需要亲本的遗传基因配对，所以在具体个体意义上，子代和亲代的遗传基因不是一成不变的，一个子代的基因也谈不上和两个亲代的基因建立一成不变的关系。但是，每一个子代的基因在物种的规定性意义上一定是不变的，否则在逻辑上我们就无法预言青蛙之卵一定孵化出蝌蚪，蚕卵一定孵化出小蚕。如果真的发生异常，我们会毫不犹豫地断言该变异个体在生殖发育过程中发生了基因变异，并且一定是在物种基因规定性的意义上发生了变异。所以，尽管我们还没有足够的手段和能力从遗传基因的信息编码中建立每一物种的规定性，在逻辑上还是有把握断定物种的本质规定性存在于生命遗传基因的特定信息、特定的遗传基因组之中。所以，物种的本质是由遗传基因的信息编码决定的，这和生命的抽象时间性本质就在于它的遗传基因组之中的观点是完全协调统一的。

从生命遗传信息编码归纳物种的普遍本质规定性的重大意义在于，从遗传信息编码和遗传物质基因组的对应实体结构关系中，完全可能得出物种的实体结构描述的普遍意义上的即实体结构存在规定性，这是存在论意义上物种的普遍规定性。这种实体结构的规定性和演绎意义上的规定性一定是统一的，并且后者应能从前者得到合理的解释和说明。从行为、属性的演绎描述转换为存在论意义的生命遗传物质实体结构描述的更重大意义在于，根据物质结构的规定性，在存在论意义上得到对生命世界和物质世界的统一性理解，即生命是特定的物质结构，又是物质世界演化出的最复杂信息构成的最普遍意义结构，是自然复杂性运动达到绝对结构时最高形式的存在。

从生命客体的遗传结构及其遗传信息去理解生命物种的普遍本质，是从对生命宏观表型经验认识向微观实体结构认识的深化，正是生命遗传物质及其携带信息的实体与意义相统一的存在赋予了它具有实体结构与时间性生命本质的意义。以此为基础，生命世界最大的统一性理论即进化论学说就有了由宏观进化论向微观进化论发展的必要和可能。

二、从宏观到微观的现代达尔文主义进化论

达尔文的宏观生物进化论不同于以因果必然性归纳的不变的科学知识性普遍真理认识，而是随着生命科学的发展不断丰富和完善的过程。生命科学从宏观表型到遗传结构等微观层次的进展，决定了肇端于拉马克的达尔文进化论必定从纯粹宏观表型的认识转向宏观和微观相统一的统一性理论，从达尔文进化学说发展为现代达尔文主义。

达尔文进化论发展史上最令人诧异而钦佩的事实是，把宏观表型层次描述的进化学说引向生物内在微观运动机制思考的起点并不是在对生命遗传微观结构、机制的科学真理认识基础之上的，而是在生命科学的遗传学理论和分子生物学还没有真正建立起来的条件下，在十九世纪后期，由德国生物学家魏斯曼肇始的。他是在当时对细胞结构及生殖认识的基础上，在生物生命整体的运动过程的观察中，通过生命内在的遗传机制去解释它的宏观整体运动从而把进化引向微观层次思考的。魏斯曼的理论是种质连续理论，种质概念的引入把生命进化的思考引向生命存在的内在遗传结构及其运动机制。由于魏斯曼的理论在宏观生命整体认识描述中把支配生命进化的本质规律和作用引向生命存在的内在结构及机制的思考，所以完全有理由以此为微观进化论思考的肇端。

魏斯曼根据“他自己对红虫、水螅和水母的研究结果，发现在生物的胚胎发育早期，未来的生殖细胞经过几次分裂后，就被‘搁置’一旁，不再与躯体的其他细胞发生联系……直到生殖过程开始，这些细胞才重新活动起来。因此，魏斯曼提出了‘种质连续学说’。该学说认为，种质细胞是连续、世代相传的，并始终与体质细胞分离；体质细胞是不连续的，每一代的体质细胞都是由前一代的种质细胞衍生而来，体质细胞只是起着保护和帮助种质

繁殖自身的作用”[⑤]。种质连续学说把生命的时间性本质归结为生命存在本身，把自然环境这种对生命存在的边界条件剥离了出来，直指生命存在的本质，指向生命存在的遗传结构，从另一个意义上启发了对生命进化的思考。从生殖细胞去理解生命的本质指向的是它的时间性本质，只有生殖细胞实现的时间连续才有生命的时间性本质，即才有生命的连续性，把体质细胞理解为种质细胞的衍生是合乎逻辑的。因为子代既然从亲代种质细胞延续而来，子代体质细胞的规定性就只能由子代的种质细胞去说明，子代的体质细胞和亲代的体质细胞就没有直接的连续性。所以，生命的时间性本质就只能从种质细胞、遗传物质及其信息编码去理解，生命存在的本质就在种质细胞中，更具体就在于它的遗传基因组信息编码之中。生命的内在目的就在于实现它的本质，所以，种质细胞才是生命的内在目的所在，是生命按必然性法则展开必然性支配的绝对运动过程的根据。按照种质连续学说，生命物种规定性就自然而然地蕴含在种质细胞之中。

种质连续学说的直接意义是彻底否定了获得性状遗传。因为生命适应环境的生长中获得的性状是体质细胞获得的，但体质细胞所获得的性状是不向子代遗传的。所以，获得性状不连续，不遗传，体质细胞是种质细胞能够遗传的前提和基础，但不是生命物种之为物种的根据和原因。所以，魏斯曼坚持达尔文进化论的自然选择机制理论，这是经过完善而发展和丰富了的新达尔文主义。从今天的知识和观点来看，种质连续学说如果真正回到生殖细胞遗传的微观结构和机制层次的真理知识，则生命进化的连续渐进学说以及自然选择的作用都是需要重新修改和作进一步理解的。但十九世纪对生命遗传机制的微观认识还近乎空白，所以，不能苛求新达尔文主义以微观遗传理论为基础去发展宏观进化学说。

二十世纪遗传学、细胞生物学取得了瞩目的进步，我们对生命遗传物质的结构、信息编码及其作用机制已经有一定的了解，在技术意义上已经建立一批生命的基因图谱，并把基因理论发展为工程技术，实现了生命的克隆。这些科学技术的发展大大丰富了生命进化理论，形成了现代进化论。现代进化论综合了生物学各学科成果，包括宏观和微观不同层次的生命科学真理认识，所以又称现代综合论。“现代达尔文主义对突变的遗传学实质形成了统一的观点，认为不连续的激烈的突变和渐进的，细微的变异都有相同的遗传机制。同时，彻底否定了获得性状遗传和融合性遗传，认为生命个体是自然选择的主要目标，一切适应性进化都是自然选择对种群中大量随机变异直接筛选的结果。此外，认为地理环境因素对新物种形成有重要作用，强调物种形成的进化是渐进进化。进化论的综合是对达尔文学说的第二次修正，是1859年达尔文《物种起源》问世以来进化生物学历史上最重要的事件之一。”⑥

现代达尔文主义对新达尔文主义的主要贡献是在现代遗传学微观理论基础上证实并丰富了魏斯曼的种质连续理论，通过单基因遗传和多基因遗传本质一致性的认识，以及基因多效性、基因之间相互作用的发现，找到了连续变异的遗传学基础，有客观根据地从微观遗传结构和机制去彻底否定拉马克的获得性状遗传及融合性遗传理论对生命进化的解释。但是，从微观遗传结构、机制的知识及生命统一性原理看，现代达尔文主义还是有局限性的，其中最主要的是它依然停留在达尔文宏观进化论对生命世界统一性的演绎性描述框架中，没有通过生命微观遗传机制的本质，把生命进化中的宏观表型进化和它的微观机制的时间性本质统一起来，实现理性意义上的生命世界统一性理解。这可以从如下几个方面去分析和思考：

第一，从种质细胞的本质即生命的遗传机制看，生命遗传是种质细胞连续而体质细胞不连续的过程，那么，生命在种间进化即物种起源就不能理解为连续的生命过程。从逻辑上说，连续的是遗传，不连续的是变异，只有不连续的变异才有新物种产生，才有种间进化，才有物种起源，这才是统一生命世界进化的内在机制和本质原因。另外，在微观遗传结构意义上，世代之间在种的结构规定性上的不变性才是生命物种连续性的充要条件。从这个意义来看，生命物种的产生即遗传机制变异的产生只能称为突变，只有突变才有连续性的中断，才有新种的产生，新种一定是变异和突变的结果，是不能从连续遗传中产生的，也是不能从连续即渐进意义去理解的。所以，在物种产生意义上的进化，在微观遗传机制、结构意义上只有从突变和不连续才能得到合逻辑的理解。但是，基于宏观表型经验观察综合出来的达尔文进化论强调渐进进化过程，而现代达尔文主义继承和坚持了达尔文的渐进进化观。从统一性意义来看，渐进进化观是有合理性的，但宏观渐进进化观和微观突变进化观如何统一呢？这正是现代达尔文主义应该回答但没有给出解释的问题。其实，一切具体生命运动过程在宏观表型意义上都是渐进的，无论是在物种内的遗传还是遗传变异产生的新种，它的生命只能在渐进的过程中展开。我们盯住蝌蚪的尾巴，不会发现明显地缩短或突然失掉而长出四条脚来，但在一段时间后去观察，蝌蚪长成青蛙，无尾而有脚了。所以，在宏观整体意义上，生命是渐进而连续的绝对运动过程，时间性生命本质上是连续的，宏观表型层次观察归纳的进化论先验地就是渐进进化论。但从生命运动微观结构和内在机制来看，在物质结构运动意义上看，构成生命连续过程的每一个具体的物理过程、化学过程，则不一定是连续的。正是一系列微观层次的不连续性在整体宏观上是连续渐进变化，这才是生命过程渐进连续性和突变不连续性的统一。如果我们从微观生物学上有根据地把生命的本质归结为它的遗传基因组的话，遗传基因组的变化在结构意义上也是不连续的，它支配的宏观生命是连续渐进的。在物种意义上看，如果遗传基因组遗传了物种的一切规定性，即这种多样性不连续变化的统一产物是不变的遗传，我们说它在物种意义上是连续的；如果遗传基因组不连续变化的最后产物是新的遗传结构，则是新种产生，是物种意义上的突变和不连续性。这正是进化的渐进性和突变性的统一性理解。但现代进化论停留在宏观进化的连续性，忽视了恰恰正是应由其解释的进化不连续性问题，不能不说这是明显的局限性。因为仅从表型的渐进连续进化根本无法解释间断平衡进化理论和分子进化理论，进化论就没有真正成为生命世界最大的统一理论。现代进化论缺乏从微观的生命物理、化学过程去理解生命进化的必然性和方向性，表明本质上还是宏观进化描述，还没有回到生命的微观本质意义。

第二，坚持自然选择的对象是生命个体，这当然是无可厚非的，但停留于此并没有对达尔文进化论做出应有的新贡献。在世界中，一切具体存在者都只能首先是个体存在，种群首先是具体个体存在的抽象共相集合，这是常识。生命与环境相互作用的机制的展开确实只能在个体和环境的作用中才现实存在，所以，自然选择的作用对象是生命个体，但这远远不够。在宏观表型描述中，把生命个体作为整体，抽象为无结构的存在去思考它与环境的关系时，完全可以将之作为一种因果关系，即生命随环境而变，生命适应环境。所以，环境是因，生命适应是果，自然选择就似乎是一种严格的因果必然性关系理论，是环境决定的因果关系论。但是，环境决定论是在非常严格、有限的条件和范围中才有效的，因为温度可以使鸡蛋变为小鸡，但不能使石头变为小鸡，不能把鸡蛋变为小鸡理解为由温度决定，它是由鸡蛋的内在本质规定性决定的。鸡蛋和温度的关系是相互适应的统一性关系，温度是产生小鸡的必要而不充分条件，它不是小鸡的本质，小鸡的本质在鸡蛋之中。当把生命理解为复杂结构绝对运动具体过程的时候，它作为复杂整体，与自然环境的关系就必须从统一性关系而非因果必然性关系去理解。这种理解恰恰是综合了微观生命科学认识的现代达尔文主义所应该提供的，它却没有真正达到这种理性统一性意义的进化综合。在微观遗传结构即生命 DNA 基因组的复杂运动及由其支配的生命整体的复杂的物理、化学组成的过程中，不同的物理、化学规律在起着支配作用，在这种认识框架下，生命整体就不再是抽象的忽视了结构的整体，生命所处环境对之的作用就不再是因果关系，而是生命内在各种因果关系及其必然性过程中和相应的边界条件和初始条件的具体统一性关系，环境对之的选择性作用是以必然规律的边界及初始条件形态反映出来，而不是以决定生命内部具体物理、化学过程的支配规律体现出来的。所以，环境对生命的筛选作用，在最普遍、具体意义上，只能从统一性的意义去理解。综合了微观和宏观生命科学真理的进化论，不能只把自然选择理解为因果过程。进一步说，对生命世界进化的统一性理解，必须是以它的微观结构本质为基础，把连续和突变、间断和平衡相统一起来的理论，更要把分子进化的中性理论综合统一起来，最终在最普遍层次得出对进化论理性统一性的绝对理解。

三、分子进化和宏观进化的统一

按照世界统一性原理，生命世界是物质世界中的特定世界，自然界的能量守恒及运动普遍规律及物质世界的结构复杂性演化的熵原理对生命世界在化学、物理层次的运动演化起着支配作用，在物质结构的意义下生命的绝对运动是普遍物质结构复杂演化的特定形式。由此看来，在生命整体存在意义上的物种起源和进化的特定进化理论，既是生命世界的最大统一性理论，又是世界统一性原理的一个组成部分，是物质世界复杂性演化的特定形式，进化理论和演化理论是统一的。当我们深入生命的微观结构，特别是微观遗传结构及机制的存在及演化规律去揭示生命绝对运动时，就能从本质上有根据地把生命的微观进化机制和宏观表型运动建立起统一的理解，并且能进一步加深对生命世界和物质世界统一性的理解。所以，以现代生命科学微观结构理论认识为基础的分子进化理论，对于理解生命的统一性本质具有决定性意义。如果分子进化理论和宏观表型进化理论未能统一，那么只能认为我们理性智慧不足；如果两者有矛盾，那是情理不通了。

微观分子层次的进化理论应该以生物大分子的结构为基础，特别是通过它的 DNA 遗传基因组的大分子结构功能的认识，在分子结构及运动层次回答生命物种的规定性、生命物种在生物大分子中的差异、由生物大分子的结构演化产生的生物整体在物种意义上的进化，以及支配这种进化的机制、动力、进化的方向等宏观进化论需要迫切回答的重大问题，从而在宏观和微观相统一、生命世界和整个自然界相统一的高度，得到生命世界从无到有、从简单到复杂、从低级到高级的合理理解。二十世纪细胞生物学对染色体大分子作为遗传物质的发现，对它的 DNA 双螺旋结构及严格复制过程的发现，为从微观遗传结构理解生命世界统一性提供了可靠的科学认识基础。遗传编码的破译及普适性，从微观遗传学意义上给予生命的共同起源理论有力支持。总之，微观生命科学发展促进了微观进化论的研究，这再一次说明了进化论确实是生命世界的统一性理论。

达尔文宏观进化论以自然选择为学说的核心，新达尔文主义和现代达尔文主义一直坚持生命进化中自然选择机制的决定性意义，所以，从细胞大分子出发去研究生命进化的分子进化理论的核心，依然是分子水平上生物进化的自然选择作用问题。但是，与生命整体在宏观意义上物种进化的自然选择关系思考角度不同，在生物大分子水平上的进化是结构进化，它与环境之间的关系就转换为与自身结构运动演化规律的特定边界和初始条件关系。作为边界和初始条件的自然环境，在生物大分子的运动演化中不可能成为必然性因果关系的规律陈述部分。这种非直接因果关系的本质使自然选择对进化在分子水平上的表现和宏观表型意义完全不同，这就得出分子进化的中性理论。“分子水平上生物进化的一个很重要方面，就是体现在蛋白质或核酸的很多变异都是无害的，同时也没有什么优越性，变异对有关生物大分子的功能无甚影响，因而对有关生物的生存和繁殖也无甚影响。……日本科学家木村资生于1968年正式提出了‘分子进化的中性理论’……中性理论的核心可归纳为如下几点：①大部分对种群的遗传结构与进化有贡献的分子突变在自然选择意义上都是中性或近中性的，因而自然选择对这些突变并不起作用。②中性突变产生后是通过随机漂移或被固定在种群中，或消失。③并不是所有分子突变都是中性的；大部分突变是有害的，但它们很快会被淘汰掉，因而对种群的遗传结构及进化没有什么意义。④正突变很少，它们对种群的遗传结构也无甚贡献。⑤自然选择只对有害突变和正突变起作用，而不能影响对种群的遗传结构起重要作用的中性或近中性突变，即中性和近中性突变的命运只能由随机因素决定。”[⑦]按照传统的理解，生物进化论的核心是自然选择。当从科学因果关系的逻辑去理解自然选择的意义时，生命世界进化的决定性原因就被解释为在于自然环境的作用中，所谓获得性状遗传等归纳是把生命和环境的关系置于因果关系中得出来的。分子进化中性理论是对因果性自然选择学说的挑战。不可否认，分子中性理论在微观层次是正确的，自然选择学说在宏观表型层次是有合理性的。由此可见，生物进化论的最一般意义必须从统一性而非因果性去理解，否则，一定会产生悖论。

从世界统一性原理来看，生命世界是物质世界复杂性演化到一定阶段，从自身中产生出的具有特定规定性的特定统一世界。在实体结构复杂性演化角度看，物质世界和生命世界的关系是一般和特殊的关系，所以是统一性关系，不是因果必然性关系。生命世界的复杂运动在生命意义上是进化，在更一般物质世界意义上是演化，所以我们必须把生命进化理解为物质演化的更普遍运动形式，进化和演化就是不同层次描述的统一性关系。所以，进展到生命物种微观遗传本质规定性认识水平时，仍把生命进化理论的自然选择学说看作因果关系是不合逻辑的。生命世界进化的因果关系只能是基于它自身内在联系的理解，进化的必然规律只能从生命存在的本质和过程去寻找。不能把环境看作决定、支配生命进化的根本原因，这样做在逻辑上已经把生命世界还原为物质世界，把进化仅看作一般的物质结构复杂演化了。为什么100多年来达尔文进化论能够合理地作为普遍接受的科学真理，自然选择理论被理解为因果关系呢？因为宏观进化论从表型去描述生命进化运动时是以具体生命实体为描述单位的，是忽视了它内在的复杂结构和过程的，所以它和环境的关系可以作类因果关系抽象描述，即把复杂生命个体看作物质实体的演化运动，建立它和物质世界的关系描述。这种描述在一定意义上看作因果关系是有合理性的，但也非常有限，它只能停留在进化的现象而非本质，并不是进化的本质规律。在对生命本质及其微观结构构成的运动过程缺乏科学认识的特定历史条件下，表型层次的宏观描述是生命进化论的基本认识，所以自然选择就成了进化的因果规律的核心。离开统一性而仅在因果关系意义上理解，进化论一定是有明显局限性的，它无法合理解释生命世界进化中的许多现象，比如进化的突变性，所以并不成为真正的大统一理论。

当代分子进化中性理论的建立，它和因果关系意义上的宏观自然选择的进化理论是不协调的。只有把自然选择学说理解为生命世界和自然界的统一性关系，才能使之协调并不至于陷入非彼即此的困境。试图推翻分子进化中性理论去维护达尔文进化论是不现实的，分子进化中性理论是以严格科学因果关系的真理认识为基础的，分子水平的许多进化现象对之给予有力支持。并且，具有一般生物学微观理论的认识者都应该明白一个简单的道理：分子进化对自然选择如果是非中性的，那将是一场灾难：因为生命的现实性在于与环境耗散交换物质、能量的绝对运动中，如果决定生命物种规定性的遗传大分子结构是随着外部自然环境而不断变化的话，那对生命物种稳定是破坏性的。如果分子进化是自然环境选择的，也即分子进化是以环境变化为根据的，按此理论则稳定的生命物种只能在稳定不变的环境中才能维持，但这种条件只在理论抽象之中。故若分子进化对边界条件是非中性时，所有物种的遗传结构即 DNA 基因组大分子是变动不居的，是随环境改变而不断改变的，则自然界的生命物种就没有遗传的规定性，即使生命能繁殖，子代也是和亲代不同的，物种就只剩下时间种的可能性。这种结果是生命乃至人的世界不可能存在的，没有时间性本质的世代延续就不是生命，而只是物质世界多样性演化。所以，分子进化对自然选择的中性反应是必需的，是生命世界产生并延续以及不断进行复杂进化的必要前提。

从分子进化对环境的中性理论出发，可以得出对生物物种的种内适应性进化和种间进化的区别，进而得出对宏观进化的更合理解释。生物对环境的适应性进化是指在保持生物物种规定性不变的前提下，为适应环境而产生的进化。它包括种的稳定性进化和在种进化稳定条件下生物个体生长发育和环境的适应性。按照间断平衡理论，适应性进化只能发生在物种形成过程中，因为物种在长期的（稳定）阶段是基本上不发生表型的进化的。因此，物种和环境的适应性就是一个物种形成与环境相应并最终成为稳定物种的过程。物种进化为稳定物种后，它对环境适应性则只体现在生长发育关系而非遗传结构关系中，这正是生命作为具有自适应能力的可能性存在的特点所在。这种在体质细胞中与环境统一的适应性改变其实不应该看作进化过程，真正意义上生命世界复杂性进化本质上是由原有物种突变产生新种的过程，这才是生命世界从无到有、从低级到高级、从简单到复杂的实现机制，是理解复杂生命世界多样性的统一性的根据。对稳定的生命物种而言，种间进化并没意义。新物种的产生本质是遗传基因的突变，DNA 大分子的突变是新物种产生的原因，但只有非常特定的突变可以产生新种，大部分会被淘汰。因为生命作为时间性的统一性存在，突变后的新 DNA 必须满足复杂生命的完美规定性，满足环境的要求，才能够从抽象的本质发育成现实的个体，并且是新的物种意义上的个体。所以，新的物种产生是物种自身遗传结构突变性演化的结果，而它与环境的关系则只是统一性关系，在宏观表型上表现为自然环境对生命物种产生的制约性，这种制约性在达尔文进化论中则以自然选择理论描述。在统一性意义上，自然选择理论是有合理性的，但在本质上，生命世界的进化必须从遗传分子的突变去进行最基本的理解，即从生命存在自身的本质规定性去理解，不能从自然选择去理解。生命进化本质在于生命自身的自然，不在于生命外在的自然环境，所谓自然选择不是生命物种之为物种的规定性意义上的，而是生命物种和外部环境相统一，从而由抽象本质规定性进展为具体现实生命存在过程意义上的。自然选择不是生命物种起源的本质和根据，而是生命物种进化的前提和基础，实际上应理解为前生命起源命题。

从 DNA 大分子突变去理解生命物种进化的另一重要意义是由此可以合理地解释生命物种从低级到高级、从简单到复杂进化过程的趋势和方向性。达尔文进化论在以自然选择为核心的学说中无法合理解释生物进化的复杂趋势，因为自然作为生命环境的复杂性演化对生命进化而言是不对称的，甚至可以说是变动不居的。自然选择和环境决定生命能否存在，但不能由此判断生命进化的方向。在生命分子实体结构意义上的演化首先以遵守物质世界的复杂性演化的一般规律为前提。所以，按照物质结构“高以下为基”及结构稳定性的熵原理，DNA 结构及由之控制的生命具体存在的结构的演化就一定是由低级到高级、由简单到复杂的过程。这就像先有原子结构，后有分子结构，先有无机分子，后有有机分子，先有小分子，后有大分子一样自然而然，并且是必然的。上一章我们把细胞起源作为生命的起源，而原始的细胞是“原始基因组 + 膜系统”。从细胞的复杂进化中以 DNA 为第二代遗传物质、由细胞器分化并以 DNA 为第三代细胞遗传物质，这是生命的适应性进化从低级到高级的过程。在 DNA 突变中产生的更复杂生命也必定是这样一种复杂演化，在生命宏观物种进化意义上进化就一定是朝复杂性方向演化的必然过程。

从微观到宏观的统一，我们就有充分理由把进化论作为生命世界最大统一性理论，作为自然界最高层次的统一性理论。在这个基础上就能有根据地思考“我们从哪里来”的命题。

第三节　人的自然生命的起源

一、劳动创造人的起源理论

对生命统一性理解的直接意义是关于生命物种起源的理解。达尔文进化论是十九世纪三大重大科学发现，它的重大意义之一就是科学地解释了人类的起源问题。

从无到有、从简单到复杂去解释生命起源的进化观点并不自达尔文科学进化论始。在上帝创造的包括人类的世界的观念中，也是从天地、万物、六畜再到人类的。当然，上帝作为造物主是全能的，这种从简单到复杂的演化或许只是上帝所喜欢的方式之一，它完全可以随心所欲地换一种方式行事。但达尔文进化论是建立在科学必然性基础上的，生命世界的这种进化是由自然本身不可改变的客观规律支配的。所以，达尔文进化论解释人类生命起源，对近代科学反对迷信、反对中世纪以来形成的上帝对人的宗教统治具有革命性意义。尤其因为“人从哪里来”是关于人类对整个世界及自身终极理论的至关重要问题，所以，达尔文进化论对人类的影响不仅是生物、科学的，还是全面而深刻的，这正是达尔文的贡献及进化论不衰的魅力所在。

从一般的生物进化论出发，如何去解释人的具体起源呢？那就必须结合人这一物种的边界条件去综合考虑。人区别于其他生命存在的最显著的特征是什么？人是万物之灵，即人是生命世界中最高级的存在。按照达尔文进化论的一般逻辑，人就应该处于生命世界金字塔的顶端。这和上帝创造世界创造人的学说有异曲同工之妙，即人是上帝按照自己的形象制造出来，并按照上帝旨意去管理整个比人低级的世界的。但万物之灵的人比上帝之子上升了一个层次，因为它摆脱了上帝的束缚而成为自然界中最高的存在。这正和人类沙文主义价值观有某种共通之处，所以人作为自然界最高存在，它的权力和责任和上帝之子一样，是征服和统治自然。这正是思考人在进化的世界中地位的最基本边界条件。

把人作为自然界的最高级存在，按照宏观表型进化论的逻辑，人的直接起源就只能在和人最相近的次最高级生命物种中找源头。所以，与人表型结构最相似的猿就合乎达尔文进化论的逻辑而被推断为决定人类起源的直接生命物种，是人类的原始祖先，人从哪里来的命题就有了人从猿进化而来的答案。猿为什么和如何进化为人呢？进化论对此有科学理论解释：是自然选择机制在支配，是大自然环境改变迫使猿适应这种环境变化而不断改变自身，使其终于在漫长的进化积累基础上，在逐渐连续的变化中由猿蜕化为人，于是人类创世纪伊始。

但是，尽管人从猿进化而来的理论是对人的起源的第一个以知识和科学为根据的学说，并且把人定位为自然界万物之灵，但仍有不少异议甚至抗议。反对者们不愿“认猿作父”至少有两个原因：一是情感上不愿与猿为伍，既然是万物之灵就不能认猿作父。但这其实从根本上拒斥了人的起源问题；二是仅从人是万物之灵乃至进化论的一般法则出发去断言人的起源这样重大而复杂的命题过于空虚和抽象，还没有令人信服的充足理由。为此，恩格斯根据进化论一般法则及对人类学研究成果的归纳，着重从理论思维角度，建立了劳动使猿变为人的系统理论，这是对达尔文进化论具体而丰富的发展。可以从几个方面对劳动创造人的理论进行理解：

第一，人的直接祖先是猿，准确地说是古猿。在人类诞生之前，自然界生命进化达到的最高级、最复杂阶段的产物是灵长类，特别是其中的古猿。所以，最高级物种即人类的起源就应该从人诞生前的最高级物种猿去思考和解释。

第二，从猿进化为人的动力是什么？是自然环境的重大改变。可以猜想，在人类史前的某个时刻，地球上的某个地方发生了严重的自然灾害，比如大型的火灾等彻底改变了那里的自然环境，迫使那里的动物改变自身以适应环境，自然选择成为生命进化的推动力。从猿既四足行走又直立行走和人直立行走的区别来看，单纯直立行走是猿进化到人的重要成果。所以，自然环境重大的改变或许可以迫使生活在树林中、在树上的古猿放弃原来的生存模式，转到以地面生活为主的模式中来。于是，在猿的大家族中，就有一支被称为南方古猿的家族因为自然环境的改变而从树上下到地下谋生，开始了从猿到人的进化之旅。

第三，从树上到地下谋生的南方古猿对环境适应性进化的标志是什么呢？是在漫长的进化中转变为直立行走，猿的身体就向适应直立行走的方向进化，成果是手脚分工，脚越来越发达，从而更适宜在地下奔走，手则变得更加灵活。最明显的标志是，在进化中，原来在树上生活时有用的尾巴，据说是在树上跳跃时起掌控、调节方向作用，在地面则因为无用而退化。手、脚、尾巴的进化在表型上标志着从猿到人的进化的渐进过程趋于成熟。

第四，决定由猿到人进化的关键机制是什么呢？是劳动，是适应自然环境的劳动活动，是随着自然环境改变产生的劳动的改变，劳动的改变推动了猿向人的进化。所以，从进化的本质机制思考，恩格斯把从猿到人的进化归纳为劳动机制在起作用的过程，劳动成了人的起源的进化过程的奥秘所在。作为从猿到人进化中有决定意义的劳动机制不是抽象的劳动，不是一般动物生存活动意义上的劳动，而是下到地面的古猿为适应新的自然环境所进行的特定生存活动。这种特定活动的本质是从对自然界的直接相互作用进化为依靠劳动工具去与自然作用，使它对自然的作用由主体对客体相互作用的二元世界进化为“主体—工具—客体”的三元世界。这是自然界进化中开天辟地的大事，标志着新的自然运动方式的诞生。所以，工具就成了人类进化的最重要标志。在猿向人进化的漫长渐进过程中，从猿到成熟稳定的人类中间的半人半猿阶段是进化期。我们把在进化期中的进化主体同样称为人，并把劳动工具发明和使用以及改进作为衡量人类进化水平的直接标准。由此产生了旧石器、新石器、铜器、铁器为质料的工具来对人类进化史断代的客观标准。所以，劳动是人类进化的内在机制，是人的适应性进化与环境的统一，而这个进化过程以客体化形态凝结在劳动工具的进步过程中。

有一种观点认为人天生就是政治动物，另一种表述即人是社会性的动物，马克思则把人的本质归纳为社会关系的总和。人是天生的政治、社会动物的最深远的意义，即对“天生”而言，应指人的远祖即猿是群体性生存的动物。所以，猿向人进化的漫长历史中，它是以社会即群体的组织结构形态去完成这一进化过程的。劳动创造人的劳动是社会劳动，劳动工具的发明、使用以及不断的进步是在猿到人的社会过渡形态中实现的，是群体乃至类的进化成果。猿的群体性和人的社会性决定它们的劳动是分工合作的，从猿的合作性狩猎、采集到人的原始形态下最基本的分工合作，都产生成员间的交流、协调、沟通等在现代社会用信息和意义来描述的问题。所以，劳动的社会性、群体性产生了语言符号，并在劳动中，在人的缓慢进化过程中不断复杂化和丰富化。因此，由劳动决定的从猿向人的进化既伴随着工具的进步，同时也伴随着人的思维、信息表达和沟通能力的进化，并且这种进化以人脑的进化形式积累和表现出来。当人脑的进化和思维发展到创造文字符号的时候，人类就完成从猿到人的漫长的渐进进化过程，告别了蒙昧和野蛮，跨入了文明的门槛。尽管按照渐进进化的观点，人的生命仍在进化之中，但从人的起源角度，我们至少可以认为进入文明社会的人类已经完成从猿到人的进化，随后的进化只是人类适应环境而不断完善自身的种内进化过程。

劳动创造人、劳动使猿进化为人是关于人的起源的统一性解释学说，是达尔文自然选择学说的具体丰富化，对坚持和发展达尔文的进化论思想具有重大历史意义。劳动创造人的学说对人的起源一锤定音，猿是人的祖先已经成为常识，我们不再为认猿作父而羞耻，而是将之理解为自然而然甚至是不证自明的。不仅生物学，而且人类学、考古学基本上也是按照这统一性逻辑去思考人的世界的，比如我们从考古发现的化石去证明从猿到人进化的渐进历史性，用考古发现的工具去断代，标识不同进化阶段从猿到人的过程。人类文化正是在这些发现基础上归纳出人类早期历史的。

但是，劳动创造人是对人的起源理解的统一性智慧理解，而不是纯粹的客观科学真理认识本身，它不能像抽象真理知识那样凝固不变。把人从猿进化而来的理解作为确定性知识就缺乏智慧了。随着生命科学的长足进步，对人的起源的统一性理解也必须不断发展。换句话说，从当代生命科学真理认识为客观基础的观点看，劳动创造人的理解同样是有历史局限性的。

二、劳动创造人理论的批判

把劳动使猿进化为人学说理解为统一性智慧，对之的批判就不是因果必然性知识的证否，而是以100多年来生命科学的认识为基础，对之完善和发展，从而得到对人的起源更深刻、更具体的理解。

根据当代生物科学知识，特别是对生命遗传结构基因组的理论，我们可以在微观结构层次得出生命物种因果认识意义上的规定性，即一个物种之所以为特定物种是由它的DNA基因组决定的。在物种决定性意义的认识，即存在论意义上的实体结构存在这种新的科学真理认识基础上，对劳动创造人理论的思考的出发点就可以向纵深延伸，即最基本的不是劳动如何创造了人的问题，而是人的规定性问题。我们讨论人的起源和劳动创造人这两个命题时，所指的人的意义是同一的吗?

在劳动使猿进化为人的理论中，所指的人显然是具体现实的人，这在宏观表型的理解意义上是合乎逻辑的。但是，当我们回到人作为自然生命物种的微观遗传基因组结构意义去理解人的自然生命物种的规定性时，它和劳动中进化而产生的万物之灵的人的同一性就不再成立了。因为我们没有足够的把握证明人的自然生命的物种形成过程和人成为超越自然界万物之灵的进步过程是同一的过程。人作为自然生命世界普通一员即其中物种之一的起源包括物种形成的渐进进化的适应性过程思考所指向的对象，与人进化为万物之灵即超越生命世界而成为独特的人类世界所指向的对象是完全不同的，它们是两个完全不同的抽象认识对象。对两个抽象对象的认识是两个完全独立的统一性命题，只有在两个独立对象的客观知识基础上，才能得到对具体人的统一性理解。但是，劳动使猿进化为人的理论还没有把两个对象区分开来，是既在人的自然生命又在人超越一切自然生命的双重意义上去讨论人的起源，所以它是包括人的生命起源和人作为具有超越纯粹自然生命本质的人类世界的起源两个命题的。这正是宏观进化论思考人的起源时的局限性，即仍停留在人的一般抽象之中。更具体地说，用人的自然生命在自然选择中的适应性进化而形成的机制和过程去解释人的文化文明史，在逻辑上肯定是值得商榷的。如果还把劳动创造人理解为科学真理，那就更有问题了。自然人的起源和超越自然的人类世界的起源面对两个不同的认识对象，是两个完全没有直接因果联系的命题，必须在对两个命题的独立思考认识基础上才能对它们得到统一性理解。退一万步讲，即使人的自然生命的物种起源和人进化为万物之灵在进化历史进程中恰恰是一致的，在逻辑上也不能把两者混为一谈，更不能将其放在同一的因果关系中去思考。所以，万物之一和万物之灵的人的规定性是不同的，而万物之一的起源是万物之灵起源的基础，从猿进化为万物之灵的人的起源实际上包含的不仅是两个认识对象的命题，而且是两个不同层次认识对象的命题。按照当代生命科学真理的认识及其目标和任务，它所要讨论的是人作为万物之一如何起源，即人作为自然中一个特定物种如何在进化中起源的问题。它是人是万物之灵的基础，但并不能进展到人凭何是、如何是万物之灵的命题。所以，对劳动创造人的理论必须分解还原，首先解决人的自然生命从哪里来的问题。达尔文进化论 100 多年来已经融入人类文明的灵魂中，但人们并没有聪明甚至理智地意识到，从自然选择的生物进化论合逻辑地得到的只能是人是万物之一的理由。但达尔文及后来人对之最深刻的感悟明明白白地是人是万物之灵。为什么呢？人是万物之灵不是从进化生物学推论而来的，是从人是上帝的儿子的信念中演绎而来的。妙就妙在从自然选择的进化学说淘汰了上帝，保留了上帝的儿子即统治自然的人自身，优胜劣汰的结果是人优胜晋级为统治自然界的万物之灵。

仅就人的自然生命起源意义而言，劳动创造人的学说明显地带有早期宏观进化论的历史局限性。自然环境改变迫使南方古猿改变生存方式从而在适应性进化中手脚分化、尾巴退化，在共同劳动中分工合作产生的语言等思维使脑机能进化的推断虽然与达尔文进化论的自然选择学说保持一致，但它的具体理解更接近克拉克早期的器官用进废退和获得性状遗传理论。但我们今天从微观生物学认识中已经有充足的根据认为，获得性状遗传和器官用进废退作为生命进化的内在机制是不可接受的。实际上，劳动创造人理论还没达到达尔文宏观进化论对生命世界统一性的归纳水平。因此，从猿到人的进化中的这种器官用进废退机制支配人的诞生过程的理解就是不合理的。尽管我们无法回到人类诞生的历史去实证观察和检验这种器官用进废退过程，但假使我们可以从考古生物学和人类学的证据中证明人确实是从猿进化过来的，并且在表型进化中确实经历了手脚分工、尾巴退化、脑容量增大这种渐进改变过程，我们也没有充分理由就此得出这是在自然选择作用机制下人的生命进化的决定性原因。最合理的解释是把它看作猿适应自然条件、在自己生命规定性可能性范围之内的适应性进化，或者是从猿进化为人之后，人作为新物种的形成过程中适应自然环境的进化结果。就是说，把器官用进废退理解为种内进化而非种间进化，否定获得性状遗传是更合乎科学的理解。并且无论是哪一种理解，有一点是确定无疑的，即器官用进废退并不是物种突变起源的本质，不是物种进化的原因，而只是物种进化的宏观表型层次的结果，是进化的现象。这种器官用进废退现象，在种内适应性进化意义上去理解是比较合理的，这是物种适应环境在种内进化的主要表现形式，并且这种进化是不会通过遗传逐代积累的，因而不能作为支配物种起源的决定性机制。由之看来，用猿在自然环境重大改变即从树上下到地面产生手足分工及尾巴退化作为它进化为人的原因和根据是不充分的，恰恰它们的这些现象性改变应该是由进化本身去解释和说明的。我们始终坚持存在论优先的原则，生命进化及物种产生的根本原因只能从生命存在自身去提供，环境制约及适应环境只是生命现实生存的统一性问题。

人作为物种是从猿进化而来的，劳动在使猿变为人的进化过程中起着决定性作用，达尔文进化论的解释以及恩格斯对人起源机制的具体演绎是目前为止对人的起源认识的主导学说。今天我们已经不再为认猿作父而羞愧或愤怒，只要不再把人的自然生命起源看作超自然杰作，而是自然而然的过程，那么任何原先预想不到、违反常识或经验的结果都不值得大惊小怪。但是，进化论以及劳动创造人的具体学说始终只能从统一性意义去理解，不能在把考古学的化石、工具的发现作为证据条件下，把人从猿进化学说看作一个纯粹科学命题。因为它是只能证真而经不起证否的。这个学说和理论面临着许多无法解释的问题，需要我们从更深层次去思考和理解。

对人从猿进化而来理论的最大挑战是，为什么在地球生命中只有南方古猿进化为人，其他的猿则停止进化而仍然停留在猿的阶段？根据当今地球上人猿共存的事实，我们首先可以得出推论，人的起源是物种突变的结果，而不是时间种进化而来的。猿和人是不同的物种，猿不是人作为一个物种在进化历程中的一个特定阶段，人的进化是从猿的突变开始的。如果不是这样，那我们就只能得出现存的地球上猿都在成长为人类的历史过程中的结论，事实上我们显然没有这种逻辑和观念。由此也就可以推断，人的生命进化是物种突变而非遗传基因漂移的进化过程，但达尔文的渐进进化理论以及恩格斯用劳动机制解释猿进化为人的学说恰恰与突变理论不相协调。按照突变理论，进化是间断平衡的，漫长历史中进化的观察主要依赖于古生物学，而古生物学的发现所归纳出来的恰恰不是渐进进化和漂移进化理论，而是间断平衡论，即新种只能通过支线系以跳跃的方式快速形成，一旦形成就处于稳定和进化停滞状态；适应性进化只能发生在物种形成过程中。所以，猿进化为人的学说和古生物学的间断平衡进化理论是不协调的。从种质连续理论，同样必须否定人在劳动机制作用下的渐进进化产生过程。不需要高深知识和形而上学的智慧，常识都不支持器官用进废退及获得性遗传的物种进化理论。比如说，世代在海上打鱼为生的族群精于游泳，祖辈在山中生存的族群长于爬树，但总不至于认为世代积累获得性状遗传的结果是使海上生存族群和山上生存族群进化为不同的物种吧。物种的时间种学说其实是无物种的极端理论。

诚然，生物进化及人的起源在一般意义上是统一性认识，所以，生命物种起源从不同层次去看有不同理解，在一般意义上完全有可能把渐进进化和突变进化综合起来。这就像强调进化的本质在于生命存在自身，但同样不能离开自然选择去理解生命进化的统一性一样。但是，假使设定南方古猿是渐进进化为人类的，那么为什么其他的猿不同时或先后进化为人呢？更一般地看，在树下生存的老母猪为什么不向直立行走、手脚分工和尾巴退化的方向进化呢？猪尾巴的功能是什么呢？这正是最棘手的问题所在。能够给出的唯一解释就是南方古猿在特定历史阶段所面临的特定环境，在特定环境的自然选择作用下，在平地生存的南方古猿只能靠直立行走去生存，在适应环境中进化为人。用环境的独特性去解释是无懈可击的，但也是最抽象而无意义的，除非你能指出这环境独特性和进化必然性之间的联系。至少必须基于这样一个抽象形而上学前提，即现代人在自然生存意义上的环境集合和现存猿的生存环境集合是不相交的，是两个独立的子集，至少只有部分交集。如果现代人和猿的自然生存环境是兼容的，甚至猿比人更能适应恶劣的自然环境，那么说南方古猿因环境改变而不得不适应性进化为人就没有任何根据。总的说来，在纯粹自然适应性角度看，自然人是比较弱势的种群，至少不会比猿强。人类的顽强生存能力是不能仅从自然属性去理解的，但人的祖先即南方古猿的生存能力则只能从自然属性去理解。那么，环境改变迫使南方古猿向人进化在自然属性意义上是进化还是退化？这才是仅从宏观进化论去理解人的起源的困难所在。

只要把进化论及人的起源作为统一性学说，我们就有必要不断去充实和丰富它，从而得到更具体、更全面的理解。所以，人的起源问题和一般进化论一样，必须在宏观和微观相统一的意义上才能得到更全面的认识。

三、人的起源的统一性理解

从生命的起源和进化过程去思考生命世界的统一性，最深刻的意义在于合理地理解我们在宇宙自然中的位置，其中最基本的显然是“人的自然生命从哪里来”的生命起源问题。生命是复杂结构在绝对运动过程中进化着的存在，生命科学是复杂的理论体系构成的。对具体生命的认识是抽象生命科学真理认识理论体系的统一性认识，包括生命的进化及起源、具体的人类生命的起源，都是以生命科学真理为基础的统一性命题。当我们用这种理性统一性思维去思考生命进化及人类生命起源的时候，就会感激达尔文进化论及恩格斯的劳动使猿进化为人的学说。只要我们不把这些理论和学说看作只是绝对不变的普遍客观科学真理本身，而是作为生物科学的统一性理解，就能在不断发展的生命科学真理认识基础上加深对人的起源的统一性理解，使进化论永葆生命力，真正体现时代的精神。按照世界统一性原理的观点，人的起源的统一性理解至少应包括如下几个基本观点：

第一，人尽管自命为万物之灵，尽管在地球的生命世界中这种理解是有充足理由的，但人作为万物之灵不是与生俱来的，而是在人类发展的漫长历史中实现的。所以，人是万物之灵是对现实的人的存在而言的，不是对人的起源而言的。在生命的起点上，人相对于其他动物生命没有先天、自然而然的优越性，它只是一个生命物种，首先是地球万物生命之一，先有万物之一为基础才发展为万物之灵。无论在逻辑上还是过程上，人是万物之一在先，是万物之灵在后。所以，人的生命起源归根结底是人的自然生命起源问题，人的自然生命存在是人类认识自己的其他一切思考的前提，这才是人的起源命题的具体意义。这个非常简单的问题会让大多数当代人觉得根本无须小题大做，这简直是不证自明的。然而，最简单的命题却是最基本的命题，对之的理解差之毫厘就会谬之千里。事实上正是对这一简单命题的不同理解，把人的生命起源问题复杂化了。把人的社会历史文化属性和人的自然属性合二为一，从万物之灵的特定本质去思考人的起源，从劳动和工具创造的文化行为去考察人的自然生命起源，正是对人的起源问题思考中屡见不鲜的逻辑错误之一。所以，思考人的起源必须从最简单、最基本的命题意义的规定性开始。

把人的起源意义理解为人的自然生命起源，才能把人的起源看作由自然必然规律支配的过程，才能在自然存在及演化规律的坚实基础上有根据地思考人的起源和进化，才能真正体现以自然为基础认识世界具体统一性的哲学唯物主义本体论传统。当代的文化人类最终得出这个简单认识是经过了多么漫长的历史过程！据考证，人类生命起源至少是以万年甚至十万百万年来计数的了，人类进入文明时代，以有文字可考为据，也已有上下五千年，但把自身从哪里来归结为自然界的杰作还不到200年的光景。在此之前的漫长历史中，人类基本上是从非自然的原因中寻找人的起源的解释的，这直接归因于上帝创造世界的宗教统治，但归根结底是对生命本质及运动规律的无知。还有一个重要的原因，生命是自然复杂性最高的具体存在，思考生命起源需要科学和理性认识的较高水平。达尔文进化论的建立和普及，把生命世界的起源和运动理解为从无到有、从简单到复杂、从低级到高级的自然自我运动发展过程，这是人类对世界认识和对自身认识划时代的历史事件，至此人类才把自身起源思考真正引回到自身。所以，达尔文在人类文明历史中的贡献是可以与牛顿并驾齐驱的。他之所以成为人类文明进步的里程碑，不在于他提供了一个伟大的科学发现或关于人的起源、生命世界统一性的完备的系统理论，而在于自此伊始人的起源、进化才回到自然界本身的运动发展规律去思考，在自然世界的统一性中去思考生命世界和人的起源的统一性问题。而沿此方向发展和丰富生命科学认识、丰富对世界统一性的理解，是达尔文留给后人的历史重任。

第二，要充分肯定从达尔文宏观进化论出发去具体解释人的起源的重大意义，又不能把这种解释看作科学结论而走入误区。必须清醒地认识到局限于从宏观表型进化出发去理解人的起源的局限性。

从达尔文进化论出发解释人自然生命的起源的最基本意义，是让人从上帝的天堂回到地上的人间现实，把人看成自然中的存在，由自然进化而来的存在。它本身首先认为人就是自然存在，它在最基本层次回答了人在世界中的位置问题。回归自然是进化论对人的起源命题最有意义的启迪。这为理解人的本性和本质、理解支配人的存在和发展的必然性规律、理解人和自然界相适应的统一性关系提供了可靠的基础。根据经验及科学认识，人在生命世界进化中属于复杂高级生命，处于生命进化链的顶端，按照进化论，我们就能断言人只能从较低级的生命物种的突变中进化而来。由于类人猿与人类具有最接近的表型及特征，认为人是从猿进化而来就是一种比较合理的可能性解释。十九世纪习惯于把人类当上帝之子的人们，不少人对认猿作父极为愤慨，但扪心自问，除非否认人是自然存在，否则人的起源一定是以自然生命为基础的。如果把人作为时间种，那同样是由物质结构复杂性演化而来的，就像从石头里蹦出的孙悟空那样。否定了时间种概念，人的起源的直接近缘关系就是比我们低一层次的生命，不认猿作父也必须有其他近缘生命才能突变产生人类。所以，对人类从何种物种突变而来根本不必耿耿于怀。当今天人类接受了进化论观念后，一切确实是自然而然的。

一百多年后的当代，不但少有人否认人是从猿进化而来的，反而大多数人在接受进化论的同时，把猿是人的直接始祖作为是由进化论科学证明了的确定事实。这种理解是很有问题的。把进化论对人的起源的统一理解等同于科学证明了的确定性答案是不合逻辑的。人从猿进化而来是基于进化论理解的一种推论或一种解释，而不是科学的证明。这个推论的局限性在于，从宏观进化论出发的推论是以建立在生命物种表型层次的认识为基础的，它是经验观察的综合，是观察现象层次概括，是基于现象而非本质的认识的。所以，由此出发并不能从本质上回答人的起源问题，更不能在实证科学意义上解决人的起源问题。它只是基于进化论对生命世界统一性理解而得出对人这一特定物种进化的一种统一性解释，并不具科学证明意义。对这一推论从科学上去证明，在宏观表型层次是受到制约的。我们知道，人的物种起源是逻辑及必然性规律意义上的，而不是发生学过程意义上的，考古学、古生物学及人类学通过化石去提供人类进化的证据，是基于猿进化为人的解释框架去证明的，仅这些化石对人的生命起源的科学证明无法提供充足的理由。这种起源理论在科学意义上，从表型层次的重复实验也缺乏逻辑必然性。如果人猿互交是生殖隔离，只能证明人猿不同种，却无法证明人从猿进化而来。根据有性生殖物种的生殖隔离理论，如果人和猿不是生殖隔离就只能是同种，就不存在所谓猿进化为人的有意义命题。如果不以生殖隔离为物种规定性，承认不同物种的杂交可能存在的事实，即使人猿杂交成功也只能说明人可能从猿进化而来，并不从科学必然性意义上确定人从猿进化而来。所以，人从猿进化而来是基于宏观进化论的一种理解，而不是科学上真的证实了人是猿与某一动物的杂种或猿突变产生的畸形儿。至于用劳动、器官进化去解释猿进化为人的内在机制，那就更不能当做科学证明了。

第三，对人的起源的理性统一性理解，必须建立在可靠充分的科学认识基础上，而这正是从生物物种宏观表型性状的现象观察中归纳的认识所不具备的，是宏观进化论的局限性所在。在生物学上，有所谓姐妹种现象，即两个表型性状看似一样的具体生物实际上是不同的物种。不要说复杂的物种起源的亲本关系，即使是种内遗传，仅从表型性状去判断亲子代关系都是缺乏客观性的。从表型来看，那些长相相似的孪生兄弟可能比真正的生父更能互为父亲。所以，表型相似在种内不仅可能是亲子代关系，也可能是兄弟关系。在物种进化层次，相近的物种究竟是亲代子代关系，还只是兄弟关系，正是从宏观表型出发难以得出确定性、客观性答案的疑难问题。因此，人的表型和猿最接近，但我们有充足证据去证明人是从猿进化而来，而不是人和猿从共同的亲本进化而来的吗？按照物种从简单到复杂从共同祖先分支进化而不是直线进化的理解，在生命进化链复杂性顶端的人和猿是兄弟的可能性或许更大。在万物之一的自然生命存在意义上，人这一高级复杂生命在逻辑上就不应该是孤家寡人，层次越高的同源生命物种就应该越复杂。那么，自然界中最复杂的人和猿为什么一定不是姐妹种而只能是父子亲缘关系呢？为什么人一定是孤家寡人呢？如果不把万物之灵作为前提去思考人的起源就不会得出这种理解。对人的起源的更具体的认识必须建立在生命科学对人的更普遍的本质认识基础上，其中最重要的是对人的微观遗传结构即 DNA 基因组的结构的本质规定性及其运动演化的必然规律认识基础上。具体的人的生命存在是绝对运动过程，但支配这个绝对运动永恒的必然法则在于它的遗传编码的支配规律之中。人作为特定自然物种的确定规定性就不能从表型进化，而只有从 DNA 基因组中找到普遍的规定。在连人作为物种的规定性还缺乏确定性认识的条件下，把人看作是在进化过程中绝对运动的存在、在进化中漂移的存在，则还只停留在感性现象的具体而没有进展到人作为物种规定性的普遍抽象本质，根本无法在科学确定性意义下研究和思考人的物种起源问题。当代分子生物学、遗传学对人的遗传基因组的结构已经有了确定性的认识，我们已经在全球合作基础上建立起包括人在内的一批物种的基因图谱，这为从科学意义上认识人的确定性本质，进而对人的起源及具体的存在及进化运动的理解提供了基础。但从人的基因图谱中，如何归纳出人作为物种的普遍规定性乃至它作为灵长类的遗传结构规定性就不仅仅是解剖学意义上的技术问题，而是高难度的科学归纳和综合问题。生命 DNA 结构及其编码的极为复杂的系统性及其作为绝对运动过程的运动变化性，决定了这是一个高难度的生命科学课题。只有对此有可靠的科学认识，人的起源才有确定性思考的根据和标准；只有在一大批相关物种的种的规定性在遗传基因组层次有科学的认识，我们才有可能在此基础上有理有据地解决人的生命起源课题，才能知道人猿究竟是不同层次的亲代子代物种还是同一层次的兄弟物种。只有在这个意义上，我们才有可能得到对人的起源的真正理性统一性理解。所以，人的起源的理性认识，寄希望于生命科学，特别是基因遗传的结构、过程及运动变化规律的抽象真理认识的突破和进步中。

综上所述，人的起源是理性统一性的命题，是必须从感性、知性、理性相统一的高度去具体理解的。达尔文宏观进化论及恩格斯劳动创造人的理论是关于人从哪里来的理解的重大历史进步，但一旦将之还原为科学知识的确定性真理描述，则不只是陷于认识的僵化，而是走向反面。人类认识的现实是局限于科学理性，把理性还原为确定性知识，这才是理解进化论和劳动创造人理论的最大问题。当今人类已经被文化为心满意足地认猴为父的万物之灵了，劳动使猿进化为人已经成为客观普遍有效的真理知识并成为人类文化的灵魂。如果一定要把达尔文进化论和猿进化为人理论当成科学真理知识，那这种只能证真不能证否的真理就带有伪科学味道了。这不是对达尔文和恩格斯的尊重和传承，而是从根本上的伤害。世界统一性原理把生命世界理解为自然最高统一性存在，把人的自然生命起源作为自然统一性认识和人认识人类自己的最基本的统一性思考，这是一个不断从抽象到具体的认识发展过程，是人类理性的不断发展进程。超越科学理性的真理知识思维，对人从哪里来就从根本上摆脱了认猿作父的悖论，在不断丰富具体的认识发展中得到对人的理性自觉的更高水平的理解。

对生命进化和人的起源的理性认识，首先要将之作为理性统一性命题，不能只作为纯粹科学真理知识命题，首先要在统一性意义上去理解人的起源中作为认识对象之人的统一性意义。现实的人是自然和文化、主体和客体相统一的存在，人的起源理解的抽象知识基础既包括人的自然生命起源，又包括人作为主客体统一性存在的文化起源，必须在自然起源和文化起源区别基础上统一起来才能得到人从哪里来的理性理解。因此，首先要在自然客体意义上理解人的自然生命的起源，它既不同于人的文化起源，又是文化起源的基础和前提。无论在逻辑上还是在发生学意义上，人的自然生命起源都是更基础的，又是独立性的具体进化进程。从生物进化论去思考人的起源只能严格限定在人的自然生命起源意义上。由进化论去断言人是万物之灵不是演绎而来的结论，而是形而上学的信仰。此外，由劳动、工具的创造和使用去论证人的自然生命的起源情理不通，论证人的文化起源也不足够，同时论证人的自然生命和文化共同起源更不合逻辑。把文明人的起源理解为自然生命进化和文明人的文化同一过程是不合理的，由劳动和工具发明同时去解释自然进化和人类文化的原因、发展机制是不合逻辑的。

其次，在生物进化论意义上关于人的自然生命起源的统一性思考必须把宏观表型进化和微观遗传机制的进化理论统一起来，才能达到现象和本质相统一的理解水平。仅从宏观进化论去认识人的自然起源是不足够的，按器官用进废退理论，用手足分工、直立行走、尾巴退化的表型进化过程去解释人的物种起源是不符合当今科学认识的，基于宏观进化论的猿进化为人的理论的真实性是值得怀疑的。从微观种质连续学说及细胞生物学、遗传学的知识，在逻辑上把相近表型的物种作为物种进化的亲子代是存疑的。回到最基本的物质结构理论，只能说一切原子都是由质子、中子、电子生成的，一切分子都是由原子生成的，绝对没有氢原子生成其他更大原子、小分子生成大分子的逻辑。在微观结构意义上，同一类的物种，比如灵长类的物种之间恰恰最不可能存在亲子代关系。如果不排除物种生殖隔离原则，承认杂交产生新种的事实，物种的亲子代关系就复杂得多。但是，杂交意义的新种起源本质上是同类物种的多样化，不必作为复杂进化意义上的物种起源来理解。如果这样理解，不把人理解为猿的杂种而是从简单物种进化而来的话，则由猿进化为人就是小概率事件，人没理由心安理得地认猿作父。

最后，从物种起源的本质来看，根本就不必也不应执着于人从哪一物种进化而来，因为这其实是无意义命题。既然承认地球生命有共同起源，位于生命物种进化链顶端的人又何必执着于从哪一下层具体物种进化而来呢？人把自己理解为域中独立之一大，在自然生命物种意义上作为独立物种是不证自明的了。在物种之为物种的本质规定性即物种的遗传基因结构编码意义上看，物种起源就是新的生命遗传结构的产生，它的突变具体机制在于微观结构层次的新的遗传结构的生成，故同时应理解为这是由物质结构复杂性演化机制决定之过程所生，不是由遗传而来，根本就不存在合逻辑的亲代。一切物种起源都不是基于遗传而来，是自生的，是无父无母无亲本的，至多只能说是天地所生，非遗传而来就是天地所生。不同的物种杂交培育新种时，人们依习惯称杂交物种为亲本，或为父本或为母本。但从本质上看，这是不同遗传物质的结构重组过程，不是遗传物质的复制过程，因而根本就不必把所谓亲本视为父母。从本质上说，即使能确证人以猿为亲本杂交而来，也不必认之为父为母。如果认为人是猿基因突变而来，那人就是时间种了，那今天的人和远古之猿不同，未来的人之自然生命和我们现在本质上也不会相同，那我们真的永远无法知道我们是什么、要往哪里去了，这样的思考无意义。

尽管对生命世界的统一性及生命起源和人的起源的理解还有大量问题困扰人类，但进化论问世一百多年来人类对生命世界的认识的进展是神速的。二十一世纪是生命科学的时代，它将为人类理解世界统一性，理解人的具体存在的统一性提供更有力的武器。我们不但可能合理地解决人的起源及生命世界在绝对运动中的统一性进化命题，甚至还应深入到具体生命存在统一性中，从能量、结构到生命活动统一性中对完美生命得到完美的理解。

注释

①叶创兴、周昌清、王金发著《生命科学基础教程》，北京：高等教育出版社，2006年第1版，第175页。

②同上，第178页。

③同上，第178—179页。

④同上，第186页。

⑤同上，第178页。

⑥同上，第180页。

⑦同上，第181页。

第六章
能量是生命活力之源

引 言

【提要】万物生长靠太阳是普遍常识，万物生长何以要太阳和如何要太阳才是我们需要探究的，生命科学的重大意义之一就是从常识中揭示万物生长靠太阳的客观普遍作用机制，提供生命绝对运动过程的具体现实性理解。当今科学对地球生命靠太阳的本质意义还没有统一性理解，生物物理学认为生命本质上是消耗阳光提供的有序实现复杂有序的生命运动，用人造光源调控植物生长的物理学家认为，光对生命的本质意义是控制信号，传统生物学光合作用理论把阳光理解为植物生命能量之源。世界统一性原理从能量为普遍本性看自然，把能量理解为生命活力之源，从提供生命活动能量去理解阳光之于光合作用生命的本质意义。

一、古老的生命活力论给出绝对运动之生命和相对空间性之物的本质区别，人们抛弃活力论不因其错误，在于它神秘因而只是生命之生和活现象的同义反复。能量是客观普遍性的科学概念，由它去理解生命绝对运动具体过程就使生命活力是具体的，不再是神秘的，从能量转换机制理解生命运动就是用科学揭开生命活力之谜。生命自然选择统一机理是质量守恒和能量守恒的统一过程，质量守恒维持生命机体动态稳定连续性，能量守恒支配生命绝对运动的质能具体结构的演化过程，生命在和环境合其内在目的性的物质、能量交换中具体生存；生物机体和能量的统一是最普遍意义的“有之以为利，无之以为用”。生命的精妙之处在于通过能量吸收、传输、转化、贮存、消耗的统一机制，由不连续的能量吸收推动生命的绝对连续不可逆生存过程。

二、多样性生命产生了自然选择的不同现实性形式，不同的生命选择不同形式的物质和能量生存。动物依靠植物和其他动物提供食物，植物主要利用太阳能量，微生物主要利用动植物死亡的机体生存，多样统一性的能量利用形式把地球生命圈联结为完整的生物链。从统一生命圈意义来看，其能量来源主要是太阳。万物生长靠太阳的直接意义指向光合作用的植物及微生物，其完整意义涵盖了地球生命圈。

三、生物物理学从植物消耗太阳提供的有序去解释阳光之于生命实际上倒退到神秘活力论水平了，这不是科学的目的。有序只是一种抽象状态，是对复杂生命的抽象理解，不是地球生命圈可交换的具体存在，消耗有序是无意义陈述。太阳提供给地球的阳光本质是能量，而且是光子态的客体能量，不是热能，万物生长靠太阳的本质是靠能量。所谓有序是指植物生命依靠太阳能实现自身复杂有序的现实生存状态，其意义的本体论根据是生命，不是太阳。

四、植物利用太阳能机制是光合作用，它由光吸收和暗反应两个过程构成。植物叶绿素是一类脂溶性色素家属，在光合作用中吸收和传递光子，无光化学活性，它由电子吸收入射光子并传递至光反应中心，然后将电子的电能转换为化学能；暗反应阶段利用化学能固定二氧化碳并合成糖。光合作用是选择性吸收光子的，其吸收的是蓝色和红色光，不是绿色光。绿色的物理意义是反射和拒斥绿光，光合作用机制是光吸收和光反射相统一的，植物进化出叶绿素之绿色是自我保护机制在作用，不是以合成绿色生命物质为内在目的，生命本色是蓝色。

五、二十一世纪物理学家用人造光源替代自然光，实现了植物生长不靠太阳的目标。在人造光源只有自然光不到百分之五强度的对照实验中，人造光环境下的植物获得更优生长；物理学家用光信号理论对之解释，认为阳光对植物的本质意义是控制生长的信号。把生命当作自组织控制系统，把光对植物的作用从信号去思考有其合理性，但归根结底还必须回到能量去理解。人造光源是蓝、红、黄三色光组合，仅从光强去和自然光比较没切中本质，对选择性吸收光子的光合作用而言，频率才是更根本的。物理学家提出建立电子生物学去解释植物光合作用机制，光子转化为植物体内能量并传递是以电子为载体的。从更深层意义上看，光合作用的光吸收机理和光电效应是相同的，电子运动传递的是能量，暗反应也是能量的转换，建立能量生物学应有更普遍意义。

本质上是时间性的具体生命存在是绝对运动的过程性存在，它的运动绝对性的宏观经验表象描述是活力。没有活力就没有生命，简单的抛弃活力概念不是明智之举。活力现象的神秘性在于它的本质是能量在按照它的普遍规律在特定生命存在结构中支配生命运动，对以无的形态存在的能量的无知条件下，生命活力就是神秘莫测的。要揭开生命绝对运动的奥秘，就必须从根本上揭示生命运动能量过程中能量利用机制以及支配生命运动中能量的特定转移和交换规律。“有之以有利，无之以为用”，这是老子对自然界普遍联系和相互作用中质能统一性关系的精妙概括，而这一概括最深刻的体现就在自然界最高层次复杂性的生命存在之中。用一句中国传统文化的习惯陈述，生命是物质为体、能量为用的统一性存在，只有在生命能量运动规律中才能最终揭示绝对运动的生命过程，把对生命活力的神秘解释变为对必然规律的理解。

在生命中特定质能统一性关系不是普遍物质世界中的有无相生关系，即按照物质结构演化的熵原理，生命物质结构的运动没有质能转换过程，而是由特定的质量守恒定律、状态能和量子态能量守恒定律共同支配着的统一性过程。能量对生命的作用就是赋予生命以永恒的活力，推动生命的运动，所以能量是生命活力之源，甚至可以说是生命活力本身。生命的耗散结构特性是由生命必须从环境中获取能量，与环境进行物质、能量交换所决定的，支持生命活力之源的能量是从环境中获取的。生命的精妙之处在于，生命的绝对运动并不是依赖于从环境中连续获取能量实现的，而是依靠自身进化出来的复杂的能量转换和贮存机制，从对环境不连续的能量获取和转换行为中获得支持自身生命保持连续性绝对运动的活力。所以，生命本质上是一种具有自我调节和控制能力的复杂结构，这就是自然界的物质结构演化只有在达到如此复杂性阶段才出现特定生命存在的理由。

从最终意义来看，生命活动的一切能量来自环境，对地球生命世界而言，太阳就是生命的最主要、最基本的能量之源，这就是万物生长靠太阳的意义。在地球生命圈中，植物主要从太阳光获得生命过程所需能量，这是主要靠植物生命特定的光合作用机制来实现的。动物、微生物当然也离不开太阳，但从能量关系看，动物的能量主要通过植物储存的能量转换而来，许多微生物则从动植物身上获取能量，所以，植物是地球生命中太阳能的最直接利用者和更高级生命能量的提供者，它的光合作用机制对整个生命世界的生存和发展具有决定性意义。万物生长靠太阳的意义首先是在植物生命意义上说的，是基于植物的光合作用机制的。从利用太阳光到光合作用的本质的理解，开辟了用人造光源把其他形式能量转换为植物生命推动能量的可能性。人造光谱对植物生长影响的实验研究是二十一世纪自然科学研究中一个极具意义的成功实验，不但成功地用人造光源实现了植物的完整生命周期，并且在太阳光强度约 5% 的人造光环境中获得了植物生长优于自然光环境的结果，对进一步理解万物生长靠太阳的内在机制及植物生命运动的特定规律提出了进一步的拷问。它的最有意义的启示是，必须回到植物生命的微观机制去具体探讨光合作用过程，用笼统的光合作用揭示太阳能转换为植物体内贮存的 ATP 物质的结构能显然是远远不够的。

人造光谱控制植物生长影响实验的最重要结果是植物的光合作用与入射光的频率有关。我们知道，以量子客体形态存在的能量子作为最普遍的客体存在，是最少规定性的存在，它没有质，只有量的规定性，这个量的规定性同时又是频率的规定性，不同能量大小的能量子的区别就在它们频率上，这正是 $E = h\nu$ 的深刻意义。光的唯一规定性是理解它与植物光合作用的因果关系，从而最终揭开植物生命奥秘的关键所在。真正被植物光合作用的光并不能简单地理解为光，而应该具体理解为特定频率的光。事实上，太阳光谱分布中大部分频率的光对植物光合作用是无用的，甚至是有害的。植物光合作用产生叶绿素的本质或许不应该理解为合成绿色生命物质，而应理解为植物在进化中产生出来在特定环境下反射无用的绿光以保护自身安全的内在机制。由此可以推测，生命的能量规律首先是微观层次的量子规律，从能量物理学揭示生命能量机制将揭开生命的活力之谜。

第一节 生命运动的能量推动

一、“有无相生”与生命活力

按照世界统一性原理和能量一元论，宇宙自然的一切存在者及其状态都是以能量为本性的复杂结构及演化运动，物质世界作为特定的能量世界即宇宙自然中的特定空间实体结构性存在的统一体，是“有之以为利，无之以为用”的质能统一性世界，是普遍联系和永恒运动的世界。生命世界是物质世界中具有时间性本质的存在统一体，它当然遵循物质世界质能统一性关系及物质世界运动演化的能量支配定律，但仅停留在这种一般认识，对于生命世界而言显然是不够的。要理解生命过程中特定的能量、物质统一性关系，就必须回到生命的本质，从生命的时间性绝对运动去理解它的“有无相生”的特定规律，从而把生命、物质、能量的统一性理解为宇宙最高级的存在和运动形式，把生命合逻辑地理解为自然界复杂性演化的极限性存在。所以，生命世界的进一步思考就在于具体揭示生命运动的能量过程。

物质世界是永恒运动的，生命在于运动岂不是物质永恒运动的同义反复？非也，两者所指及内在意义是有本质区别的。亚里士多德把力看作运动的原因，这是绝对空间中特定运动的描述；牛顿把绝对空间上升为由无限多并相互由伽利略变换联系着的绝对空间构成的统一性相对空间，把力解释为运动变化的原因。从亚里士多德到牛顿的运动指的是物体在空间中的位置变化。牛顿经典物理学理论第一次建立了物质世界统一性描述，但还只是物质世界运动即状态变化的统一性描述，他以把物质空间性存在抽象为质点为前提，所以忽略了物质具体客体个体的空间结构演化，因而还没有包括具体物质存在自身的运动变化。物质客体的永恒运动包括存在结构及存在状态的永恒运动是相对运动，即它的状态运动是相对于描述空间而言的，在不同的参考系中可以得出不同的状态描述，在一个参考系中静止的物体，在另一个参考系中可以是运动的。它的空间性结构运动演化也是相对的，即它可以在演化中，也可以在演化停止的平衡状态中。但生命的运动是绝对的，它不但包括自身空间性的状态变化运动，更主要的是指它自身的结构是永远没有达到平衡态的运动，它在和环境的耗散过程中保持着自身结构既运动又发展的连续性，所以，生命运动是在生命时间性本质意义上而言的，是绝对的运动即连续性的运动过程。

物质运动改变的原因是力，物质结构演化的原因也是力，力是物质客体相互作用的抽象。在能量意义上，力是能量交换关系的抽象。所以，物质世界包括其中的生命世界的运动的原因是抽象的力，本质上是能量交换作用，所以生命绝对运动的原因、推动生命运动的动力，最终只能从能量交换作用过程得到理解。生命运动特定的“有之以为利，无之以为用”的质能统一性就在于在质量守恒定律和能量守恒定律共同起作用的过程中，在能量交换作用中推动着具体生命客体内在结构的绝对运动，而不仅仅是普遍物质世界的空间相对性运动。生命绝对运动使之在宏观状态上构成与非生命物质的根本区别，在宏观状态的经验描述中，生命是活的，物质的运动则是机械的，是死的，因此我们说生命是充满生机和活力的。由此可见，生命活力的源泉就只能从它的特定能量过程去理解。

从能量的观点出发，能更深刻地理解生命独特活力的意义。为什么历史上人类一直用活力论来解释生命现象呢？因为生与死、活力与机械正是生命和非生命的根本区别。但是，这种根本区别确实是在可经验的宏观现象层次的，不是生命与非生命在本质上的区别。所以，活力是生命存在所展现出来的具体存在现象，而不是生命之所以为生命的本质，不是生命存在的根据。但是，生命作为不可还原的复杂性存在，它的本质还深藏不露而不为人类所了解，在支配生命活力的能量原因和规律还不为人所认识的条件下，对生命和非生命的本质区别就只能停留在现象中，只能从经验的具体存在是否具有活力去判断其是否生命存在。活力甚至成为生命区别于非生命的本质，于是就出现了生命本质的活力论。基于作为现象的活力的非实体性以及支配生命绝对运动过程的能量的无质无形无实体的深藏不露的本性，被作为生命本质的活力就是神秘的，生命的根据就从神秘的活力论去解释。所以，必须承认，生命活力是生命的独特现象，但由活力论去解释生命存在的本质是人类缺乏对生命本质认识的局限性造成的，这正是人类最终抛弃活力论的原因。

抛弃活力论并不意味着否定生命活力，而是必须从生命独特的活力现象中揭示支配生命活力现象的原因和规律。否认了生命活力首先在具体存在现象意义上否定了生命和非生命的区别，在否定生命神秘活力论局限性的同时，又走向把生命看作纯粹可还原的物质结构性存在的另一个极端。生命当然是物质实体存在，人当然是机器，但只把人看成血肉构成的机器，把生命客体看成物质实体结构时，所得到的只是它的作为物质世界一般存在物的规定性。否定生命是物质世界中自成一大的特定世界，就从根本上否定了生命世界本身，就分不清猪和猪肉的本质区别了。所以，对生命的认识不是否定活力，而是否定把活力看作生命本质的神秘理论，故必须从生命活力现象中揭示生命具有活力的原因，从生命的本质去解释生命活力现象。在我们对生命的必然规律从知之不多到已经有相对丰富知识的今天，应该合逻辑地把生命活力理解为生命的能量过程推动生命的绝对运动，构成生命的时间性本质，从而使生命成为具有旺盛生命活力的具体存在，成为和无活力非生命物质具有本质区别的存在。能量的作用和生命的时间性本质才是理解生命的根据，也是理解生命活力的根据，而不是把神秘的活力论作为生命之所以为生命的充足理由。所以，不能像十九世纪的机械唯物论者那样简单地抛弃活力论，把生命看作纯粹复杂点的机器，而应揭开它的神秘面纱，即从生命的本质及支配生命运动的能量规律对活力得出统一性的理解。

能量是宇宙自然的普遍本性，是一切存在的原因和根据。生命存在及其绝对运动的最终原因和根据必须从能量去理解，即作为物质结构性存在，它的存在和运动必须遵守广义能量守恒定律和结构复杂性演化的熵原理。但这只是生命作为一般物质存在意义的理解。事实上，应该把生命作为特定物质存在意义上去理解，必须找出能量运动一般规律在生命运动进化中起作用的特定形式，才能由此去理解生命的独特时间性本质以及它向我们显示的独特生命活力现象。说得玄妙一点，即生命客体的“有之以有利、无之以为用”

的有无相生质能统一过程的特定规定性是什么？

根据对能量、物质世界一般规律及生命的时间性本质的认识，可以从逻辑上推论出生命能量运动的有无相生并没有一般物质世界无中生有的直接意义。就是说，尽管构成生命的物质实体在最终意义上是由能量生成的，但在构成生命整体的结构绝对运动进化过程中，已经不再存在质能转化的变化。因为生命的时间连续性本质决定了它的实体结构的绝对运动只能是在保持整体结构稳定性基础上的渐进进化运动，是以构成生命整体的各个层次的物质结构的渐进进化不破坏整体结构稳定性为基础的近稳定态的耗散结构运动过程。按照物质结构复杂性演化的熵原理，高熵是多层次复杂结构稳定连续的必要条件。高熵意味着生命系统内部的自由能是接近最小自由能状态的，是最小自由能原理对生命存在起支配作用，这种最小自由能状态当然不包括质能转换的自由能极大状态。如果生命物质在发生质能转化，物质在核结构层次还没有形成稳定结构，那又怎么可能以此为基础去建立分子、有机物大分子乃至细胞等多层次复杂稳定结构呢？所以，生命与外界环境的耗散作用中的交换是在物质、能量两个层次上独立地进行的。能量交换对生命过程所起的作用是推动生命运动而不是转化为生命物质，生命物质的形成只能理解为在能量规律作用支配下，对环境中获取的物质结构重组过程。所以，生命过程可以从不同层次去分析研究，但构成生命整体过程最直接的运动变化描述是化学变化，即生命物质按照化学反应规律在分子、原子意义上重组，在宏观整体上表现为新陈代谢的生命运动过程。生命的本质在于由能量推动生命运动，实现生命物质结构重组的过程。生命的“有之以为利，无之以为用”可以看成是生命物质新陈代谢和能量推动生命新陈代谢两个不同层次相对独立的抽象功能作用。

在我们的感性具体经验中，在很早的历史阶段就已经得出生命离不开阳光、空气、水分的认识，至于它们在生命内的作用关系，到当代生命科学在微观层次的认识中才有所了解，而且是还存在许多奥秘待我们进一步破解的课题。一个非常简单的经验现象是一颗种子成长为一棵植物，它的生命物质从哪里来？如何产生？阳光、空气、水分、土壤对植物生命物质生成的作用是什么？万物生长靠太阳，但太阳对构成生命的物质质量有直接贡献吗？

在前面生命运动的质量能量统一性关系思考基础上，可以有根据地认为，太阳光在植物光合作用的过程中，它只是光合作用合成生命物质的能量提供者，在光合作用中没有转换为生命物质，阳光对生命物质的质量没有贡献。生命物质的质量主要是由空气、水分提供的。光合作用就是依靠光的能量把生命结构中的氢、氧、氮、碳、硫、磷等元素的分子和原子重组为生命物质结构的过程。

在更一般意义上，一切形态的生命存在中，能量的运动都保持着无状态前提下的转移和交换，没有能量质量相互转化过程。所以在生命绝对运动中，物质结构演化中的广义能量守恒定律就分解为不包含质能的一般能量守恒定律和质量守恒定律支配的过程，这就是生命过程质能统一性关系的特殊性，是一般物质运动演化的普遍能量运动规律的特定规律。正是由于从熵原理出发的这个特定能量运动规律及质能统一性关系，复杂的生命结构才能形成并稳定地进化，物质世界中才产生出地球生命圈这样一个特定世界，才产生了我们的存在。

生命在于运动，而能量是客体存在及其运动的根据和原因，所以生命存在的前提条件就是阳光，最直接的感悟归纳就是万物生长靠太阳。生命作为耗散结构的绝对运动过程就是获取环境中的物质和能量去形成绝对运动，实现它的时间性本质的生、老、壮、已不可逆过程。生命存在的精妙之处在于依靠自身复杂的内在机制，把与环境不连续的能量交换转换为支持其生命结构绝对运动的连续能量，从而使生命在与环境耗散关系的不连续过程中实现生命存在的连续性，从根本上使生命对环境的适应关系达到自身绝对运动的内在目的性水平，使生命能够适应相对变动的环境去实现它的现实必然性存在。所以，要真正理解生命对环境的统一性关系，就必须理解生命内在的能量利用和转换机制，以此为基础的生命与环境的能量关系才达到具体现实的理解。

二、生命的能量利用机制

生命绝对运动的本质是生命结构的绝对运动过程，它在宏观表型上就表现为生命机体的生长发育，在微观状态上就表现为新陈代谢，在本质上就是绝对的结构复杂演化过程。所以，生命自身的能量过程，不仅没有质能转换作用，更重要的是在本质上以提供生命运动必需的结构能为核心。尽管在生命内部的能量过程中并不仅仅由其他形式的能量向结构能转换，它的本质却在结构能之中。比如，许多动物会通过自调节机制来维持机体合适的体温，即保持机体体温在一定的区间来保证生存，肯定不能仅从生命机体内部复杂结构的结构能去理解这种能量过程，但这种非结构能的能量过程并不是推动生命能量过程的本质。本质上首先必须从结构能的意义去理解生命的能量运动。

把各层次物质实体结构捆绑在一起构成具体生命整体的结构能，在物理学上称为结合能。生命具体个体的结构能，是以它特定的复杂结构为变量的，是一个复杂的能量系统。它的实体中的基本粒子即质子、中子、电子的结合能，把质子、中子结合在一起的核结合能，把核和电子结合为原子的结合能，把原子结合为分子的结合能，把各分子结合为原子器件、细胞乃至生命机体整体的结合能，都包含在它的结构能之中。生命机体的结构能是一个相互制约的结合能体系，多样性结合能的统一就是它的结构能。生命绝对运动的奥秘，生命之所以是活的而不是死的或机械的根据，就在这个复杂结构能系统的运动过程中。它的本质意义，首先是空间意义上的物质结构复杂演化的支配力量，是生命机体整体的生长发育和新陈代谢的内在本质，这就是从能量一元论出发对特定生命客体存在的统一性本性的合理理解。

生命运动是质量守恒和“无”状态的能量守恒的特定质能统一性过程。生命运动的能量过程中，物质结构底层的基本结构是稳定的，即组成电子和质子、中子、原子核等基本层次的结合能是不变的，是系统变化中的常量。支配生命机体结构运动的基本实体结构实质上是电子、失去部分电子的正离子、得到电子后的负离子，这些基本实体结构的电磁能的内在统一性构成了生命的现实结合能系统。由电子和核或离子结合为更复杂的分子及其聚合体的过程，我们称为化学反应，在化学反应中是物质不灭和能量守恒定律共同起支配作用的。当我们定格在化学反应去理解宏观生命过程中最基础的能量过程时，就能从化学的键能概念得到对生命能量过程最基本的理解。一是生命过程的推动能量本质上是电磁能量，并且是储存在化学键中的电磁能量。在化学反应描述中，一个电子的负电荷和一个原子核的正电荷因相互吸引而形成稳定空间结构的作用用一条化学键表示，这条化学键的本质是这一对正负电荷的电磁场的结合力；在共用电子对的情形下，共用电子对所共用电荷的电磁吸引把两个核捆绑在一起，这种电磁结合能用共价键去描述。生命机体的运动是由电子及原子核正电荷的电磁作用力变化决定的，生命的结构能本质上就是它的结合能在电子及离子层次以上的结合能，亦即推动生命绝对运动的能量本质是电磁能量。二是在生命机体复杂结构中，不同层次、不同结构分子之间的键能是大小不等的，即键能只有定性而没有定量意义。根据最低能量原理，任何分子、原子的结构只有在核外电子处于自由能最低的能级且正负电荷相等时，才会形成稳定的电中性结构。因为核内正电荷和核外电子负电荷的电磁作用大小相等，从而它对分子或原子区域以外显示出无极性、无电磁作用力时，才能成为稳定的结构。任何一种分子、原子的特定结构位置的电磁结合力是确定的，它由结构整体的能级决定。但不同结构的电磁场形成最小能级所决定的各个化学键或共价键的结合力是大小不同的，它与结构的电磁场以及该键所代表的电磁力的具体位置有关，所以键能只有定性而无定量意义。三是由于各键能所包含的能量大小不同，所以，一个化学反应前后所有反应物的结合能和所有生成物的结合能是不同的，化学反应方程式的配平指反应前后构成物的质量不变即质量守恒，但无法定量描述反应中的能量守恒关系。这种反应前后的能量守恒关系即结合能改变用吸热或放热反应来描述，只是定性描述，而不是根据能量守恒定律得出的定量描述。由于化学反应前后结合能不相等而能量守恒，在复杂生命结构的运动演化中，会产生吸收和释放结合能的化学反应同时发生的行为，这被称为生命生化过程的藕联反应。

生命机体在结合能运动中推动生命绝对运动的机理是通过自身复杂的能

量吸收和转换、贮存及释放机制来实现的。在复杂生命机体中，构成整体各层次亚结构的是非完整独立的时间结构，生命复杂进化中由独立细胞构成的生命被纳入复杂细胞构成的生命系统时，细胞本身会丢失一些功能而保留甚至进化一些专门功能，这种生命结构叫内生结构，在高级生命中包含低级完整生命个体的则叫共生结构。在高级生命中，共生结构并不鲜见，但共生结构总可以分解为非共生结构。所以，生命的非时间性亚结构所构成的生命整体的时间性是非时间性物质客体进化为时间性生命整体的关键，是生命的奥秘所在。这个奥秘中有一个显而易见的简单命题：生命亚结构的能量过程及其支配的结构运动过程不是连续不可逆的，但所有亚结构构成的整体是时间连续和不可逆运动的。在生命机体中专门承担从环境中吸取能量的亚结构不是时间性结构，所以生命和环境的能量交换不是时间连续性的。生命的精妙之处在于进化出将从环境中获得的能量转换为化学能后贮存起来的机制，保障机体各部分结构按既定的时序及条件运动，形成生命整体的时间性运动过程。

生命运动的能量只能来自环境。任何生命都必须从环境中获得运动所需能量，生命适应环境的重要一点是必须适应它所生存的能量环境。不同的物种进化出从环境吸取能量的不同机制，植物靠光合作用过程从太阳光中获取生命能量，动物则通过食物消化来利用其中的电磁能量。所有生命从环境中获取能量的共同点是：能量获取和能量利用是以能量贮存为中介联结起来的，即生命机体对能量的利用不是对环境能量现买现卖的“短期行为”，而是通过“库存”贮存起来，并“按需分配”。生命的能量利用是通过获取、贮存、输送、利用四个环节构成的完整机制实现的，这些机制往往由专业分工的不同结构来完成，由此决定了生命结构的复杂性。生命获取的能量是以ATP生命组织结构来贮存的。ATP学名叫腺苷三磷酸，它的分子中含有高能磷酸键，可通过水解释放磷酸基团，并释放自由能，所以是高能化合物。生命组织中合成的ATP越多，所贮存的可利用自由能就越多。正是这些自由能对生命内的生化反应提供了所需能量，所以，ATP被当成生命运动中的能量“通货”。这和人类使用货币作为交换有点类似，但货币的通货性质是主观相对的，而 ATP 作为生命运动能量“通货”则是客体自身的绝对本性决定的，是客观的。

以 ATP 作为生命活动能量的“通货”具有非常重要的意义。首先，以 ATP 作为能量“通货”去推动生命活动，生命整体中各个亚结构乃至更基本层次结构的非时间性的化学反应及物理运动过程，才能遵循生命时间性的本质规定，实际上是按生命 DNA 遗传编码调控的时序和条件展开。ATP 的能量贮存机理对生命由其构成部分的非时间性亚结构联结为整体时间性结构起着关键的作用，理解 ATP 在生命能量过程中的本质意义对理解生命的非时间性物理化学过程所构成的统一性时间本质具有重大意义。其次，生命机体依靠 ATP 贮存能量通货的机制极大地提高了生命对环境的适应能力。生命生存以适应环境为前提，生命力具体表现为适应环境能力，这就是自然选择对生命存在的根本意义。生命的 ATP 能量贮存机制使生命生存所适应的能量环境的可能性空间产生质的飞跃，在寒冷冬天动物冬眠及骆驼依靠驼峰贮存能量以适应恶劣生存环境便是典型例子。最后，ATP 能量贮存机制使生命世界的复杂物种进化成为可能。生命世界从简单到复杂、从低级到高级的演化包括低级生命为高级生命提供物质结构基础，但上一级生命往往还要消费低级生命来获得生存，生命世界的进化形成的是一条“高以下为基”的生命链。高级生命消费低级生命获得生存，所消费的最主要是能量。我们每天要消费食物，用能量“通货”来描述，就是我们一天要消耗多少卡的热量，这就是能量。这些能量是下一级生命贮存在它的 ATP 中的，它成为上一级复杂生命能量的主要直接来源，动物生命的能量主要是通过消费下级生命所贮存的 ATP 去获取的。

生命的能量获取、贮存、输送及消费过程不只是生命内部能量的独立循环，它的完整循环是生命和环境的统一。在生命和环境统一基础上才产生了自然选择命题。

三、万物生长靠太阳

万物生长靠太阳，这似乎是亘古不变的真理。在世界统一性原理看来，客体真理当然是亘古不变的，所以是普遍有效的。但客观真理是后天人们认识的产物，并不是古而有之的。把万物生长靠太阳看成如日月经天、江河行地般必然而永恒，首先不是客观真理认识，而应是在科学认识建立之前人类就从自然生命世界具体经验中综合出来的普遍认识，只是常识性的现象认识，不是生命世界本质的真理。它的普遍性在于它指向整个复杂而变幻的生命世界，它的意义重要性则在于它与我们的生存休戚相关，是人类“认识你自己”的重要内容。人类对万物生长靠太阳的认识是建立在对生命世界经验的感性认识基础上的现象认识。即使在今天，大多数人说万物生长靠太阳时，恐怕还只是停留在经验感性现象认识意义上的。因此，我们必须从知性和理性这两个更高层次去思考它的更深刻、更具体的意义。

万物生长靠太阳并不是严格的知性因果必然性关系陈述，但至少应该将其看成由下述两个因果关系描述的综合：万物生长靠能量和万物生长的能量在最终意义上来自太阳。达到这一自觉认识境界的重要代表人物是二十世纪物理学家薛定谔，万物生长靠能量的最初陈述是他的“生命就是负熵”的精辟归纳。光合作用生命包括整个植物界以及细菌界中能依靠光合作用生存的部分物种，驱动生命绝对运动的能量，直接来自太阳，没有太阳就没有光合作用生命。利用光合作用的植物生命活动的产物是废热、氧气、糖、脂肪、淀粉等植物组织，糖、脂肪、淀粉、氧气等则是动物生命的能量来源。动物摄入由植物生命提供的脂肪、淀粉、糖、氧气等，获得生命运动所必需的物质和能量。没有植物界就没有动物界，这是生命世界“高以下为基”的最基本逻辑，是达尔文进化论所归纳的生命世界从低级到高级演化的统一性关系。所以，统一的生命世界的运动、进化的能量，归根结底是由太阳提供的，太阳是地球生命圈的发动机，所以万物生长的能量来自太阳。万物生长靠太阳现象的本质是万物生长靠能量。

把万物生长靠太阳从具体经验现象认识上升到抽象知性科学真理的因果关系认识，不但使我们能够理解具体生命利用太阳能量生存事实的必然规律，更能在科学的不断进步中丰富对生命世界能量规律越来越丰富、具体的统一性理解。生命科学用光合作用机制来描述植物及吸光细菌利用太阳能量推动生命运动的复杂过程，用复杂过程中统一性的一组因果必然规律去解释和描述它们的能量过程，实质上就是生命绝对运动的支配过程。在生物光合作用科学理论体系中，又包括生物化学反应的规律，揭示了光合作用过程ATP合成时特定的生化反应过程；更深刻地，它还包括从生物物理学及物质世界的熵原理等一般运动规律去揭示生物体光合作用中的能量必然运动规律及生命物质结构的合成及分解的过程。当我们从这些知性科学认识的统一性去理解生命利用太阳能量去实现自身生存的时候，与最原始感性认识的万物生长靠太阳的意义显然是不能同日而语的，这就是对生命利用太阳能量的认识从具体到抽象、再从抽象返回具体的过程。但返回的具体不是感性具体存在物，而是对生命能量过程理性统一性的具体理解了。

万物生长靠太阳所归纳的本质是生命世界与太阳提供的能量之间的关系。对之最基础的因果关系描述是生物物理学。美国生物物理学家菲利普·纳尔逊在《生物物理学：能量、信息、生命》的第一章预备知识中，就在物质世界的一般规律基础上进一步分析了太阳提供的能量如何使地球产生一个有序生命世界，以此作为生物物理学的理论基础。作者指出，历史上关于世界的生机论以及热质说是不被科学接受的。物质世界的能量守恒定律及热力学第二定律则似乎与生命由无序到有序的现实相矛盾，谜题就是是否必须假设生物体不受物理定律的约束？生命组织并不能凭空产生能量，但环顾四周似乎很明显，生命正持续无中生有地（从无序中）产生有序，所以必须调和热力学第二定律与这个普遍的观察事实。作者这里所说的正是生物学进化观念和物理热力学第二定律产生的世界热无序平衡观念的冲突这一长期争论不休的命题。作者认为，热力学第二定律只能运用于孤立系统，而地球不是孤立系统。随着生物的出现，地球上分子的组织程度逐渐增加，这是否和热力学第二定律相抵触呢？若忽略地球温度周期性变化不计，则太阳能入射到地球后，一部分反射，其余部分以热能形式由地球辐射到宇宙中去。地球从太阳吸收的能量和反射出去及辐射出去的能量，在地球温度保持基本不变的条件下，按照能量守恒定律，两者是相等的。那么，生命如何克服第二定律，从太阳能中获取能量来实现有序生命呢？作者认为，地球吸收的太阳能比辐射及反射的能量更有序，所以生命从太阳能中摄取了有序，植物消耗有序而非能量，地球的有序性增加，生命组织复杂性有序演化来自太阳的推动。但太阳推动地球生命的本质不是能量推动，而是有序推动，这个结论的前提是能量流过系统可以使系统有序性增加。地球吸收太阳入射能量后将能量辐射出去，保持地球温度基本恒定，即保持地球的能量守恒，所以地球把从太阳入射的能量返还给宇宙了，地球生命圈在最终意义上没有从太阳入射光中获得能量，所获得的只是能量流通过程。在流通过程中地球把高品质能量转化为低品质能量辐射出去，所以能量守恒但有序不守恒，地球获得有序从而获得了生命世界有序复杂性进化的动力。由之理解的是生命不能无中生有创造有序，生命捕获有序，有序根本上来自太阳。作者对万物生长靠太阳的这种解释，与地球生命的有序进化以牺牲环境为代价，地球上负熵增加以它的宇宙环境更大的熵增为代价的宇宙热平衡理论相一致，通过地球和太阳的具体能量交换关系解释了地球生命的有序增长现象，又回答了热力学第二定律的熵增及热平衡问题。这就是作者贡献给我们的协调生命现象和热力学第二定律的解释。

不可否认，作者是生物物理学的大师，他在生命细胞内部微观层次，从物理一般规律对生命细胞中特定的无规则行走、分子机器驱动、大分子生成中的协同变构等现象的精妙分析，对生命过程的统一性，从微观和宏观统计层次相统一的物质运动过程中，在科学意义上做出了回答。但是，在生命世界和整个外部环境的统一性关系，特别是和太阳能对生命世界作用的本质的理解中，为了协调与传统热力学第二定律的热平衡无序观念，所做牵强附会的解释则是难以令人信服的。熵的妖魔化解释及有序无序的伪概念显然与世界统一性格格不入。作者为符合熵增热平衡趋于无序的观念所作的具体解释明显不符合科学真理及逻辑上的统一性，对于他的生物物理学的具体特定能量过程及微观机理探索其实无相关性也无贡献，只是画蛇添足。无足之蛇才是现实而完美的。为什么这么说呢？首先，太阳和地球的能量关系和月球的关系并无本质区别，为什么月亮消耗了太阳的有序但没有和地球一样产生有序的生命世界呢？月亮的有序去了哪里呢？其实，地球与外部环境交换能量的过程中，无论是从太阳入射的能量还是从地球辐射的能量，都根本没有高低品质之别。作者按传统物理学理论把热能当低品质能量，把太阳能当高品质能量。但是，地球向宇宙送出的能量既然是辐射性的，那就是和太阳入射光一样是量子性的能量子客体，所以按作者的标准也应是高品质的。作者基于传统物理学把热辐射当成物质热运动的错误理论，不明白地球向宇宙热辐射转移能量是热致辐射而不是辐射热，这是完全不同的两回事，这是由传统物理学热运动错误导致的不合理解释。地球向无传导介质的太空输出热量是不可能的，物质热运动离开物质媒介与声波离开传播媒介一样是不存在的。其次，消耗有序的解释是不合逻辑的。有序无序概念只是一种存在状态的抽象，生命消耗有序，那生命的活力即绝对运动真的是神秘的，是从空中生出有序来的。在自然界中，既作为现象又作为具体存在，因而能在客体存在和状态存在之间按守恒规律去转换的只有能量，抽象的有序无序只是纯粹抽象，说生命消耗抽象的有序去获得具体的生命，并不比神秘活力更高明一些。合理的解释是，太阳辐射入射到地球的是全频谱的能量子客体，地球的物质包括生命物质吸收入射能量子客体时可以转化为实体质量的状态，获得动能增加，这正是生命光合作用获取太阳能的能量作用原理。这其实是具体能量子存在转化为具体物质实体存在的状态能量，从而推动生命物质实体结构运动，这才是太阳光子推动生命运动的真正机制，这比用纯粹抽象的有序去解释生命更符合科学和明白易懂得多。最后，作者坚持地球的温度恒定，从太阳入射的能量以其他形式能量全部反射或辐射出去，因而太阳对地球生命过程的能量输入总体上没有任何贡献，这只是一种抽象的假定、独断的假定。从能量守恒定律看，生命世界复杂进化所消耗的结合能是一定要有环境能量来补偿的，宇宙中绝对没有免费大餐，只不过对地球系统的总能量而言，对地球吸收太阳能量总量和辐射到宇宙总能量而言，生命世界所消耗的能量或许是微不足道的。但是，只能在总的能量关系中忽略这些微不足道的能量，不能在具体生命过程中忽略这些能量，甚至把生命的绝对运动解释为不需要能量推动。综上所述，从物理学的质能统一性关系来看，光合作用生命的活力不是来自所消耗的虚无的有序和无序，而只能从太阳提供的能量去作进一步具体理解。所以，万物生长靠太阳，靠的只是太阳的入射能量，而不是太阳入射的抽象的有序，这是对万物生长靠太阳的符合科学和逻辑的统一性合理理解。

归纳上面分析可知，对万物生长靠太阳的理性统一性理解包括如下几个方面：一是万物生长从根本意义上依赖于太阳提供的能量。光合作用生命从太阳入射光中直接获取能量，消费光合作用生命获取生存能量的生命则间接消费太阳入射到地球的能量。总体上说，地球生命圈的能量基本上来自太阳，太阳以源源不断向地球入射光提供能量的这种运动方式，为生命世界实现绝对运动时间连续性本质提供了基础条件。这正是我们用小行星撞击地球解释恐龙灭绝，以及担心“核冬天”的理由所在。二是从能量关系去理解太阳对地球生命世界的作用，就能按照能量一元论的世界统一性原理，在整体上把生命世界的进化乃至生命的出现及人类的产生理解为自然界本身按其必然规律运动的复杂统一性过程。第三，要得到能量、物质和生命的统一性理解，就必须建立一般能量规律、物质世界演化规律在生命世界的具体作用机制的科学认识基础之上，揭示自然界一般运动规律在生命绝对运动中的机制和机理，从而具体地实现对生命统一性即世界统一性的理性的理解。

由于地球生命世界的能量最终来自太阳，而光合作用生命则是太阳入射能量获得、转化、贮存的具体直接承担者，所以，万物生长靠太阳的具体认识便建立在光合作用机制和机理的认识基础之上，地球生命圈的能量过程是以植物的光合作用为基础的。

第二节　植物的光合作用机理

一、光合作用的科学理论

万物生长靠太阳的能量推动。直接利用太阳能驱动生命运动的是植物界及细菌界的绿色生命如藻类，所以，生命科学把光合作用看作一切生命得以生存的基础。在人类科学地认识光合作用这一生命世界利用太阳能的生命活动机理之前，在得出关于生命世界的具体感性经验的万物生长靠太阳的认识的同时，已经从经验中综合出生命利用太阳能生存的基础是植物界的认识，所以，首先把生命力及生命和绿色的植物界联系起来，用绿色代表生命和生命力，象征对未来的希望。把绿色作为生命的象征揭示了人类对绿色生命光合作用所实现成果的深刻感悟。在生命科学揭示了光合作用的机制及原理之后，更加强化了绿色的生命象征意义。对当代人类而言，绿色是活力，是希望，是未来。

揭开绿色世界奥秘的是生命科学的光合作用理论。在叶创兴主编的《生命科学基础教程》中，在第一章第六节中详细阐述了光合作用理论。主要内容归纳为如下几个方面：

一、光合作用是绿色植物、藻类吸收并利用光能，将二氧化碳固定并合成有机化合物，同时释放氧气的系列反应。绿色植物的光合作用在叶绿体中进行；光合细菌的光合作用则发生在质膜上，不释放氧。绿色植物光合作用的意义是将太阳的光能转变为糖或其他有机物贮存的化学能，这正是绿色生命在光合作用中合成有机物来生长发育并贮存能量的质能统一性过程。

二、十八世纪已经发现光合作用能将水和二氧化碳变成有机物和氧，并建立了这一总的反应化学方程式。二十世纪初发现光合作用由光吸收和将二氧化碳固定合成有机物两个阶段构成：光吸收称为光反应，实际上是以化学反应描述为主的过程。二十世纪五十年代发现叶绿体能合成 ATP，在光合作用中能将 NADP+还原为 NADPH，因此，光合作用中可能是先将光能捕获，转化为电磁能量储存在 ATP 或 NADPH 的高能键中，随后由高能电子释放能量固定二氧化碳，合成有机物和氧。所以，光合作用总的过程尽管可以用一个化学反应方程式来描述，但它不是一个化学反应，而是一个复杂的统一性作用过程。这就是在光合作用之外，二氧化碳和水在光的照射作用下无法合成有机物及氧的原因。

三、植物光合作用始于对入射太阳光光子的吸收，这在植物中是在细胞叶绿体中进行的。叶绿体吸收光子的特定结构是其中称为叶绿素的色素组织，它是含有特定化学基团的分子，特定化学基团吸收光谱中的特定波长。植物的色素分子主要是叶绿素分子，它是一类脂溶性色素，正是它承担了对入射光子的吸收作用，并赋予植物以绿色。叶绿素分子对光选择性吸收的恰恰不是绿色频段的光子，而是非绿色频段的光子，即主要吸收蓝色和红色频段的光子，这是绿色生命光合作用非常重要的特性。叶绿素在光合作用中只捕获和传递光子，无光化学活性，被称为天线色素。复杂的光合作用从天线色素俘获光子开始，从叶绿素吸收入射光子开始，这是天经地义的。吸收光子的是由几百个叶绿素分子和类胡萝卜素分子组成的复合体。当一个分子吸收一个光子后，就有一个电子被激发为高能电子，并在从一个色素分子向另一个色素分子的不断传递中最终传至光反应中心。

四、光合作用中高能电子传递的最终结果是把它的电能转化为化学能，它由水的光解和电子传递两个过程构成。水被光解，释放出电子，同时释放氧气和氢离子，建立起质子电化学梯度，供 ATP 合成。由光能转化为化学能是在类囊体膜上进行的，类囊体膜上有两种光吸收系统，分别吸收两种波长的入射光。入射光子能量转化为高能电子能量后，电子从水解开始在既定的传递链上传递，最终传给 NADP+形成 NADPH，把电子动能转化为高能化合物键的化学能，或者重新传递给细胞色素复合物，最终回到循环的起点并使叶绿素分子获得低能电子以补充被激发的高能电子。叶绿素吸收光子并将之转化为电子状态能，在传递中转化为化学能。由电磁能转化为化学能的反应即最终生成 NADPH 的反应称为光合磷酸化，这过程还伴有 NADPH、ATP

和氧分子的产生，化学能贮存在 NADPH 及 ATP 的高能化学键中。

五、光合作用的第二阶段是叶绿体利用光反应产生的 NADPH 和 ATP 的化学能，固定二氧化碳，使之还原合成糖，这是植物有机体贮存能量和自身生长发育的统一，是生命生长的奥秘所在。这一阶段是从化学能转移去合成新的生命物质的过程，不再与光能吸收及高能电子的传递有关，主要从化学反应层次去描述，不需要还原为电子的转移及能量的交换。由于与光无直接关系，所以被称为光合作用中的暗反应，它的意义在于反应，在于合成而不在于光作用。

叶绿体利用 ATP 和 NADPH 的高能键能将二氧化碳固定并合成糖的化学反应的具体机理最早是美国科学家卡尔文发现的。二十世纪中期，卡尔文和他的同事们通过实验证明了碳的固定发生在叶绿体的基质中，并且鉴定到第一个中间体三碳分子磷酸甘油酸，由此推测是二氧化碳与一个二碳物质共价连接形成三碳 PGA。最后发现由二氧化碳固定合成糖是一个复杂的过程，是由一系列复杂反应构成的循环，所以又叫 C_3 循环，整个循环分为羧化、还原和核酮糖和二磷酸的再生三大阶段。羧化的作用是吸收二氧化碳，为合成糖作准备。真正的合成作用是还原阶段，它把吸收二氧化碳形成的 3-磷甘油酸还原成甘油醛-3-磷酸。这是一个吸能反应，靠光反应形成的高能 NADPH 及 ATP 作为能源，推动这一还原阶段反应的进行。从相对的意义看，这就是把光反应中吸收和传递的能量最终以糖的化合物的高能化学键贮存起来的过程。这就是光合作用的目的和本质意义。再生阶段则是吸收二氧化碳的核酮糖-1，5-二磷酸消耗后的补充，这一闭合循环机制保证光合作用的二氧化碳吸收并合成糖的反应持续下去，这是生命在与环境循环往复相互交换中维持自身连续性存在的内在机制之一。

植物光合作用暗反应阶段固定二氧化碳合成糖的反应是一个极为复杂的循环过程。每一个阶段，特别是还原反应及再生反应阶段都是由一系列复杂的化学过程构成的，除了反应底物、驱动能量外，还包括控制反应的酶。这些反应有既定的时序，还必须形成能量物质的闭合循环，最终意义上还必须受制于与生存环境的协调关系。生命的复杂统一性存在仅在光合作用中就可窥见一斑。如果没有生命光合作用机制，在无机结构中实现光能和二氧化碳直接作用去合成复杂高能有机物质是不现实的。这是生命具有自身本质规定性的又一合理根据。

六、植物的光合作用在叶绿体中进行，但叶绿体不是一个确定性物质结构，而是不同的类结构，即绿色生命进化中产生了不同的叶绿体去适应不同的环境。比较典型的是 C_4 植物及景天科植物。所谓 C_4 植物就是在光合作用的合成反应中，被吸收的二氧化碳的中间反应生成物是四碳骨架，而不是三碳骨架的 PGA。C_4 植物的光合作用由两种不同类型的细胞即叶肉细胞和维管束鞘细胞承担，叶肉细胞将二氧化碳吸收并形成四碳酸后被运输到维管束鞘细胞，在其中被降解为二氧化碳和丙酮酸，二氧化碳在维管束鞘细胞中进入卡尔文循环。C_4 光合作用途径的植物适应类热和干旱环境，在强光下叶绿体基质中二氧化碳氧气比值较低，白天关闭气孔无法通过呼吸获得二氧化碳时，能保证叶绿体中的光合作用顺利进行。

某些生长在干热环境中的植物，用直接作用的方式提高二氧化碳的固定效率，固定二氧化碳只需一种细胞。如肉质植物叶中的气孔在天气炎热干燥时关闭，晚上则打开呼吸，减少水分蒸发的同时减少了二氧化碳的吸收和氧气的排泄。肉质植物光合作用细胞把二氧化碳固定反应产生的四碳酸贮存在叶肉细胞的液泡中，白天气孔关闭时吸收二氧化碳停止，羧化酶暂时失活，细胞液泡中的四碳酸扩散到胞质溶胶中，裂解为二氧化碳，进入卡尔文循环，最终被固定在所合成的糖中，这种循环途径的植物叫 CAM 植物，这种类型的代谢被称为景天酸代谢。C_4 代谢和景天酸代谢固定碳都是二次固定完成的，但前者二次固定在两种细胞中完成，后者则在一种细胞之中完成。

从上述生命科学对绿色生命光合作用规律的已知知识中可知，光合作用是极为复杂的物理—化学过程，承担生命光合作用的叶绿体是一类细胞而不是一种细胞，吸收入射光的叶绿素是含有特定化学基团的类分子而不是一种特定结构，是脂溶性色素的家族。生命世界的绿色生命力就是这些复杂结构的复杂运动过程产生的，生命活力是在它们所吸收的太阳能中转化和贮存起来的。生命科学使生命活力乃至生命过程解除了神秘性，保持其复杂性。从生命科学认识中进一步归纳，可以对生命得出更深刻的理性理解。

二、叶绿体、叶绿素和绿色生命力

植物光合作用揭示了生命利用太阳能作为最终推动能量、实现自身生长发育的复杂机理，使人类从早期感性经验综合出来的绿色生命及生命自身内在活力得到基于科学必然规律认识的理解。以光合作用理论为基础，我们进一步思考叶绿素、叶绿体以及绿色生命活力的关系，以期得出对绿色生命超出经验直观综合的更深刻理解。

中国人用“素”来描述的是类抽象共性，而不是具体个体指称，比如化学周期表中的元素、药用的维生素、食物的营养素等。这些素指称的都是同一类具体存在的抽象共相，如果误解素为具体存在物的指称时则往往会犯错。比如，早期对燃烧物质的本质用碳素来解释，碳素就不是各种可燃物质的共相概念，而是这些可燃物质里面含有具体、可燃的碳的成分，这些具体存在的碳素是那些物质可燃性的根据。但是，对物质在原子、分子层次的结构重组及复杂性演化认识的化学科学发展，揭示了燃烧现象与含不含碳元素并没有必然性的因果关系，对碳素概念证伪了。这是科学证伪否定的罕有基本概念之一。按照能量的观点，物质燃烧的化学反应并不涉及质量的改变，燃烧所释放的能量并不来自质量，不是由质能转化而来的，它只是在结构重组中将剩余的键能释放出来。所以，用碳素的存在解释燃烧现象，实质上是把燃烧放出的热量归结为质能，肯定是错的。

从光合作用去思考植物生命时，对生命力的认识就从感性上升到客观知识，并进一步强化了对绿色象征着生命力的理解。在生命活力的理性感悟中，对叶绿素的概念是不得不深入思考的。从绿色植物生命的感性经验过渡到叶绿素及叶绿体科学概念时，先入为主的习惯容易把它们理解为一种特定的具体物质结构，即叶绿体和叶绿素是构成绿色生命低一层次的具体生命组织，是物质性的。或许大多数人是这么理解的。支持这种理解的证据是我们经验感知的绿色生命中的具体绿色存在。但经验得出的直观并不是不证自明的必然真理。从逻辑上来看，叶绿素、叶绿体的本质意义在于“绿”的独特规定性，但绿是指称颜色而非具体实体概念，它陈述的是存在者的抽象属性，而非具体实体性。绿色指称存在者的现象，而非存在者本身。绿和叶结合为叶绿素或叶绿体概念时，叶绿素和叶绿体指称的已经不是属性，而是经验中感知的与叶、体相关的客体存在，是物质实体性的了。这一科学描述概念是从感性认识中传承而来的，因而它的本质意义“绿”是感性经验的概念认识，以“绿”为共同本质去建立的叶绿素、叶绿体等具体实体存在概念就不是某一特定实体结构的陈述，即它们并不指称一种东西，而指称一类东西，指称在植物生命的叶子中具有共同的绿的属性的组织结构类存在概念，是由绿的共相特性决定了的类的存在。所以，叶绿素、叶绿体指向具体实体组织结构，但不是由结构规定性决定的特定结构，而是由共同属性决定的类存在。

区分叶绿素、叶绿体是实体规定性概念还是类综合抽象概念并不是无病呻吟。如果把它们作为具体实体规定性的话，那就回到燃素的困境，就会成为科学意义上的伪概念。就像无法在所有可燃物质中找到确定性的碳素结构一样，我们也不可能在所有绿色生命的光合作用组织中找到确定性的叶绿素和叶绿体结构，那就等于将叶绿素和叶绿体概念证伪了。但是，把它们理解为具有类似结构、功能及属性的生命组织结构中的类结构，就像细胞这种意义去理解实体概念时，不存在叶绿素及叶绿体被证伪为伪概念问题。由此可以进一步理解生命结构和纯粹物质结构的不同本质。碳素指称的是物质的确定性实体结构，是由物质空间复杂结构还原到特定基础层次得出的确定性结构来证明的，不能停留在抽象的类概念去理解。可燃物质是类概念，解释可燃物质的燃素则不能是类概念，否则燃素就不是燃烧的根据和原因了，燃素和可燃物质就只是同义反复，而不是根据和现象、原因和结果的关系了。但生命的本质不是空间结构规定性，生命是不可还原的复杂时间性存在，不但生命整体自身，生命的许多低层次结构，包括细胞、细胞器也是不可还原的复杂时间性存在。光合作用的叶绿素、叶绿体是细胞器，光合作用甚至在两种细胞中协同进行，所以，对光合作用的认识，不仅要还原为最低层的因果关系，更重要的是一系列因果关系共同构成的复杂结构运动变化过程的统一性。正是统一性的特点即生命整体性的时间本质，决定了它的认识不是纯粹结构性的，而更需要从类结构的统一性关系去理解生命活动过程。

停留在因果关系和确定性结构去理解生命组织的不现实性还在于，如果生命的一切结构都是用化学上确定性物质结构以及物理学的确定性物质运动规律作确定性描述的话，生命就不能成为生命，就不能成为结构绝对运动着的客体存在了。生命是生、老、壮、已的生长发育过程才构成的存在，在生命一生中，它的形态、结构都处于绝对不可逆运动中，但我们对一个具体生命穷其一生作为一个同一的生命存在去认定。一个生命中的细胞也是如此，叶绿体和叶绿素也是如此。也就是说，不但它们本质上不是空间结构规定性的概念，而且它们的结构是在发展变化着的，非结构的生命本质才是理解它们本质的关键。叶绿素是叶绿体的更基本结构，叶绿素分子的类共同属性的基础是色素即吸收特定波长光的特点，它在结构意义上的特定规定性在于吸收光的特定化学基团。吸收不同频率基团的结构是不同的，即选择性吸收才叫色素。所以，叶绿素、叶绿体既然能吸收一定范围频率的光，它们能够吸收特定频率的化学基团就不能是一种特定结构，而是一类结构。而且，叶绿素是由植物中的前质体发育而成的，前质体随着发育过程中所处的位置以及接受光的程度，分化成功能各异的质体叶绿体、白色体和有色体。在生命多样化及一生绝对运动过程中，作为植物生命中吸收、运输和转换太阳能的细胞或细胞器，叶绿素和叶绿体就只能是类结构才是可行的。这些概念作为生命存在活动的基本功能活动结构概念是合乎逻辑的，我们用叶绿素、叶绿体的时候是从生命的光合作用特性出发的，而不是纯粹从客体结构规定性出发的。所以，我们不接受碳素这种伪概念，但对从经验及属性发展而来的叶绿素概念是有充分把握和合理理解的。

在对叶绿素统一性意义理解基础上，就能得出对光合作用及其产生的绿色生命力的意义的统一性理解。简单地把光合作用看作生命利用太阳光来实现自身生长的理解是不足够的，更不能说是因太阳光作用而产生光合作用或绿色生命组织从而产生绿色生命世界。不能把阳光作用理解为生命的因，把绿色生命过程及其绿色组织的生长发育成果理解为生命的果，因而是阳光作用的结果。叶绿素和绿色是生命吸收和利用阳光的象征，生命的绿色代表着生命力，代表着它吸收太阳能而获得的生命力。绿色的物理意义是什么呢?在光合作用中的物理意义是光吸收，所以把叶绿素称天线色素分子。但叶绿素吸收是选择性吸收，它所吸收的恰恰不是绿色频谱的入射光，这正是问题的本质所在。绿色的意义不是吸收绿色光，而是反射绿色光。按照物理学的物质光反射特性，我们知道，白色对光全反射，黑色对光全吸收、无反射，绿色则是选择性反射，即反射绿色的光。从物理学光吸收和反射概念来看，植物在生长发育中分化出叶绿素天线分子，叶绿体之所以是绿色光合作用中心，不仅仅在于它吸收光子获得能量，而且在于它通过反射绿色光谱来和非绿色光谱光子的吸收相协调，这一点和叶绿素天线分子的结构特点也是一致的：叶绿素“是一类脂溶性的色素家属，位于类囊膜体，并且赋予植物绿色。叶绿素吸收的光主要是蓝色和红色，而不是绿色光”[①]。所以，植物光合作用作为获得和贮存太阳能及实现自身生长发育两种意义上的同一过程，既包含光吸收，也包含光反射机制，这才构成选择性吸收机制，赋予绿色生命以选择性存在的本质意义。仅从光吸收而无视光反射去理解绿色生命光合作用机制是片面且机械的，只从光吸收去理解光合作用过程和机制是不充分的。当把光合作用理解为吸收和反射相统一的生命机制和过程时，就能得到光合作用统一性意义的深刻理解：光合作用与光环境的关系是相互适应关系，而不是光环境决定光吸收的因果关系。对光环境的适应作用的决定性根据在于光合作用机制即叶绿素和叶绿体自身的本质和规定，在于它为适应环境而生长发育的可能和现实的统一性。光合作用的本质是绿色生命自身适应环境的生命可能性的规定决定的，是生命按自身本质展开的机制和过程，而光合作用的过程则是它的内在本质与光环境的统一协调关系。说得通俗一点，叶绿体是光合作用的内因和根据，光环境只是外因，光合作用及生命过程的展开是以自身规定性即内在本质为根据的，不能把它看成由环境决定的产物和结果。

对光合作用的统一性理解包含对生命之绿统一性理解。是光合作用中产生了生命之绿，是叶绿素赋予了生命的绿色。在感性具体经验中，绿色代表着旺盛的生命力，象征着生命的本质。生命在于运动，运动来自太阳的能量推动。按照感性直观和因果逻辑思维，是太阳光赋予了生命的绿洲，绿色世界是太阳的杰作。因此，古往今来，我们用绿色去代表活力、希望和美好的未来。绿色当然和太阳有关，但绿色的本质其实并不是阳光推动生命的创造，而是在太阳光环境下生命自身进化出排斥绿光、选择性地吸收自身所能利用的蓝光和红光的内在机制所决定的对太阳光的反应结果。绿色的确是生命活力的象征，是生命世界的源头，是生命能从抽象的时间性本质发育成长并展开为具有充盈活力生命的基础。但它不是阳光的恩赐，而是从本质上体现了生命自身具有的适应各种环境的顽强生命力，绿色生命以排斥绿色为生命力象征，是生命存在自身的本质、根据、原因的象征，而不是阳光赋予的生命力表象。基于这种统一性理解，我们将能悟出生命绿色的不一样意义，并能对光合作用的统一性得到更全面理解。

三、光合作用的统一性意义

生命世界是自然界从本原开始的复杂性演化的最高阶段。按照能量一元论的世界统一性原理的观点，自然统一性的最高具体实现性就在生命客体存在之中。绿色生命是生命世界最基本层次的存在，它的光合作用机制把能量世界和物质世界、生命世界联结为具体存在的统一体。所以，把叶绿素、叶绿体及光合作用机制和过程作统一性理解的最根本意义不仅在理解绿色生命自身，而且在于对整个自然界的统一性理解。

从光合作用的复杂机制及其过程可以证明能量不仅是自然存在及演化的根本原因，而且是自然界一切运动变化的直接原因。在对光合作用一无所知的时代，人类只能把生命按既定内在的目的生长发育的原因归结为神秘的生命活力。在漫长的生存经验实践中，人类根据绿色植物生命过程与阳光的统一性关系得出万物生长靠太阳的归纳。只有在科学真理认识意义揭开了光合作用内在机制及运动过程的基本原理后，才能真正懂得万物生长靠太阳的本质在于万物生长靠能量，而太阳是绿色植物生存过程的最主要能量来源。没有太阳源源不断提供能量，就没有地球的绿色世界，也就没有整个生命世界的存在和进化。从能量意义上来说，没有能量的推动作用，就没有生命世界，能量是生命物质结构演化从而实现生命进化的根本原因，万物生长靠能量的具体形式就是万物生长靠太阳，从太阳而来的能量是绿色生命活力的源泉。

阳光的能量推动植物生命过程，却不会使石头产生生命。虽然石头和植物都吸收太阳辐射能量，但它们吸收太阳能的机制和方式是完全不同的，所以，植物吸收阳光获得生命生长发育所需能量的根据在于它自身特定的本质规定性，在于它的在进化中形成的特定的光合作用机制。只有从这些具体机制及运动过程中才能洞察生命和石头的区别，理解生命之所以是生命而不是石头的原因。通过光合作用的科学理论体系，我们认识到绿色生命的活力即运动的推动是从吸收太阳的入射光子能量开始的，并且是通过自身进化出来的选择性吸收机制去吸收生命所需频率的光子的。光合作用吸收光子和石头吸收光子的区别不只是在对入射光的选择性吸收，还在于光合作用是复杂的叶绿体组织结构所完成的复杂过程，这一过程包括入射光子能量转换为吸收电子的动能，并在叶绿体中传递到光反应中心，通过水的光解释放出氧化，将能量贮存在辅酶 NADPH 中，将电能转化为化学能，最后利用贮存起来的化学能推动第二阶段暗循环，把化学能贮存在合成的糖分子的键能中。在整个光合作用完整循环中，从宏观层次看，这是绿色生命在绝对运动中构建自己生命结构即新陈代谢及生长发育的过程；但从光合作用的具体微观过程看，太阳入射光被植物吸收的光子始终都是在不同能量状态之间的转换，归根结底是直接的能量运动过程。在光合作用循环完成后，入射光能量转移到最终合成物即糖的化学键中，实际上是把能量以化学能的方式贮存起来。从能量的观点来看，植物生命的生长发育本质上是将太阳能以化学能形式贮存起来的过程，光合作用就是实现太阳能捕获、转移、转换和贮存的具体机制。因此，植物生命宏观层次的生长发育、中观层次的光合作用、微观层次的能量运动是一个统一的过程。在这个统一性过程中，太阳入射光子能量作用的转移和贮存与生命通过光合作用实现新陈代谢和生长发育是同一过程，并且完全可以理解为是能量过程推动绿色生命的新陈代谢运动，能量是生命绝对运动的基本原因，植物生命过程靠太阳的本质意义就在于它的一切运动都是能量直接推动的结果。如果把生命活力理解为它绝对生长发育运动的原因，那么，从光合作用机制及其能量运动意义看，绿色生命的活力则来自太阳的能量。

根据迄今为止对自然界的认识，我们有足够把握把进化到个性化存在的生命客体作为自然界复杂性结构演化的最高形式。我们从逻辑上确实也无法想象有比个性化复杂结构本质不同的更高层次复杂客体结构。生命客体这一自然界复杂性演化的极限形式的运动和演化中，不但作为生命整体，而且其中任何层次的结构运动都是由能量作用推动的，是能量转移、交换、守恒规律在起支配作用。由此我们可以得出结论，能量是自然界一切运动的根据和原因。在物质世界的运动中，我们已经把支配物体运动改变的力的本质理解为能量交换作用的抽象，而现在从对光合作用的机理认识中，又得出它本质是在能量捕获、转移、贮存中实现生命运动过程，所以，只能从能量去理解整个自然界一切运动变化的直接原因。无论是导致物质客体空间运动的力，还是推动生命生长发育的活力，其本质都是能量。这就从另一个意义上证实了能量的元本性，证明了复杂异质化演化的物质世界和向最高复杂性个性化进化的生命世界确实是以能量为元的统一性存在。自然界是复杂的，同时也是统一的。

光合作用及其能量运动过程对世界统一性的另一个意义是由此可以得到我们面对的现实世界是复杂统一性而非可还原为同一性世界的更深刻理解。尽管从最终的意义、本性的意义上，我们坚持能量守恒定律和能量最小原理是支配自然界的最普遍规律，但这些最一般规律在自然界异质结构复杂性演化中产生了与其特殊本质相对应的特定规律。在物质世界中，质能是可转换的，但在生命世界中，质能是不可转换的。从光合作用中已经证实生命新陈代谢的生长发育过程中没有质能转化作用，仅从这一认识结果就能得出生命世界和物质世界统一性意义的理解，即生命世界虽然首先是物质世界，但物质客体和生命客体存在不是同一的。因为物质客体的能量本质是由广义能量守恒定律决定的质能统一性，即它包括质能互相转化过程；但生命客体不仅服从物质客体的一般质能统一性关系，而且还有在此基础上产生的特定质能关系的特定形式：即广义能量守恒定律还原为能量守恒定律和质量守恒定律分别独立起支配作用的能量定律。所以，生命客体是一般物质客体中有特定本质规定性的存在，既符合物质客体的一般规定性，也遵守生命客体的特定规定性，支配生命世界的能量规律就是和一般能量规律相统一的特定规律，这就是生命世界和物质世界统一性的意义。

必须理解广义能量守恒定律转换为能量守恒定律及质量守恒定律的还原意义。在数学因果关系中，我们把一个一元二次方程变换为一个等效的一元一次方程组，就是把复杂的二次方程还原为一次方程。广义能量守恒定律还原为能量守恒和质量守恒定律，在认识论意义上就可以理解为把支配生命的能量规律还原为更简单、更基本的规律形式。而在存在论意义上，必须理解能够在认识中将广义能量守恒定律还原为能量守恒及质量守恒定律是有生命客体自身根据的，即只有在结构运动过程中没有质能转换变化条件下这种还原才是成立的。在存在论意义上，生命客体较物质客体有更多规定性。它除了有物质客体的规定性，还有生命之所以为生命的规定性，所以，物质世界和生命世界就是统一性的存在，生命世界有自己的质的规定性，有支配它运动发展的普遍广义能量守恒定律的特定形式。生命存在不只具有能量本质、物质结构本质，还有自身异于此的本质，所以，生命是自然界运动发展中最高级的统一性存在，并且是不可还原分解为下一层次结构的整体存在。

生命存在的本质在于它的时间性存在。生命的能量作用规律与它的本质是统一的，决不能对之作因果性理解，即不能把生命的时间性本质看作是由它的特定能量规律决定的，也不能把生命能量规律看作由它的时间性本质决定的。它们是统一性关系，即生命的时间连续性的绝对运动中不能有质能转换，否则生命过程就会在结构变化中失去连续性，生命就不再是生命。只有在特定能量环境下才有生命存在的基本条件，生命存在对能量环境的要求是苛刻的，所以，至今我们还没有在地球之外找到生命的任何蛛丝马迹。从物质世界结构复杂性演化的熵原理来看，生命客体的能量守恒和质量守恒的本性意味着生命是物质结构按熵原理复杂演化结构中的一种特定结构，即只有在没有由质量转换为能量的低自由能复杂结构基础上，生命才是可能的。熵原理作为支配物质世界结构复杂性演化的规律，在生命结构的绝对运动中有特定意义，这表明生命结构只能在熵增长到一定点位的区间中存在。这又说明了生命确实是物质世界中的特定异质性存在，能量、物质、生命的统一性是自然界统一性的具体含义。

从绿色生命光合作用的科学理论体系去理解的生命的统一性亦即自然界的统一性，并且是基于科学真理认识对自然界的理性统一性理解，较用生命力去描述生命和非生命的本质区别迈出了革命性的一步，由此出发对生命之绿统一性意义的理解已经从生命的宏观现象深入到它的内在本质。更为重要的是，从能量过程出发去理解生命的本质和意义，是对万物生长靠太阳的经验综合的飞跃。我们没有能力制造太阳，但我们可以按能量规律去控制和合理利用能量。因此，万物生长靠能量的认识开启了人工控制生命过程的新阶段，人和生命世界的关系产生了新的意义，进入了必然和自由相统一的进程。

第三节　蓝色狂想曲：植物生命能量奥秘

一、植物生长不靠太阳的科学实验和光信号猜想

万物生长靠太阳，这是人类认定亘古不变的铁的信条。按照生物学的理论，植物生长的新陈代谢过程的最基本、最重要的是光合作用过程，没有太阳的光合作用就没有植物生命的生长和存在。绿色植物是生物链的首端存在，没有植物，其他以植物为食物的生命也无法生存。因此，万物生长靠太阳在广义上是对一切有生命之物而言的真理。

但偏有人就不信这个铁的信条并试图打破它，人类的新发现就是在对这种不可能的追求中实现的。带头的是一位电光源领域的发明专家，被他鼓动起来去做这种异想天开之事的是一群中学生。专家作为一个中学校外专家组成员指导中学生开展研究性学习中，设计、指导学生们开展用人造光环境取代太阳光环境实现植物生长的科学实验，并取得了突破性进展。

物理专家尝试不依靠太阳培育植物生长那肯定不是试图去发明一种不需要阳光的植物生命结构。植物生命对物理学家而言是一个整体，是一个黑箱。物理学家的思路当然是改变对这个黑箱的刺激并观察它的反应，即用人造工程技术装置去取代太阳光，实现植物生长不靠太阳的梦想。于是，一种叫做周期扫描光谱仪的新装置产生了。为什么用这种仪器来模拟太阳光呢？按照设计者的想法，当太阳光穿越地球大气层到达地球植物表面时，在大气层中经过大气的吸收、发射等过程，因此不是连续稳定性的辐射，而是不稳定性的辐射；如果再考虑到地球自转、公转而相对于太阳的运动，那么用周期性光谱扫描植物应接近于植物接受太阳光时的光合作用环境。

周期扫描光谱仪的核心是光源。太阳光是全频谱辐射源，包含可见光乃至不可见的红外、紫外等一系列频率的能量辐射。在可见光频谱分布中，绿色光频率范围的光强约占太阳光的93%，蓝光和红光约占7%。按照直观的

看法，叶绿体合成叶绿素，生成植物生命物质，绿色是生命的象征和源泉，光合作用产生的叶绿素应该来自太阳光中绿色光谱的作用。但是实验结果恰恰相反，用人造绿光扫描植物时，植物停止生长；而去掉绿光，改用红光和蓝光扫描时，植物则生长良好。这个事实和植物生长需要磷、钾元素的事实一致。因为磷的发射光谱是蓝光，钾的发射光谱是红光。因此，周期扫描光谱的光源是去了绿光后，分别由红光和蓝光两种光源组成的，它们周期交替扫描以建立人造植物生长光环境。

用周期扫描光谱进行光对植物生长影响实验研究经过严格和多次重复的完整实验，得到了出乎意料的结果。一是在非自然光的人造光环境下，植物可以正常生长，这就否决了万物生长靠太阳的信条。当然，必须遵守最基本的万物生长靠能量这一绝对法则，而植物生长所依赖的能量不再非太阳莫属了。这对人类调控植物生命追求而言，是根本性的突破。二是人造光环境的能量比自然光环境低得多时，植物不但可以生长，而且生长得比在太阳光底下好得多。人造光谱辐射光的强度只要在自然光的1%左右就可以使植物在其中生长得比在太阳光中还要好。三是实验发现周期扫描光环境对植物表面有机农药有快速的分解作用，但对植物中的重金属则基本不产生影响。其原因是有机农药是高价化合物，在人造光谱下能降解为低价、稳定且无毒的物质结构。但重金属是稳定原子结构，仅依靠扫描光谱的能量是不可能使其结构解体而结合成新的结构的。这从另一方面证明了生命生长是分子层次低自由能环境下的重构、重组过程的猜测是合理的。

周期扫描光谱环境下植物不靠太阳生长的成功实验，获得了2004年青少年科技创新萌芽奖和2003年全球英特尔青少年科技创新一等奖。更为重要的是，周期扫描光谱仪的发明及其相关实验，为我们从能量、光的角度解开生命的奥秘提供了新的思路和手段。或许是为对生命思考的强烈兴趣所驱使，十几年来我和那位启动植物生长不靠太阳的电光源专家即我大学的同窗一直保持着非常密切的关系，我们时常共同探讨这些令人着迷的科学问题，并目睹了那些不断拓宽的光对植物生长影响研究的惊喜结果。

一是周期扫描光谱对不完整生命过程的作用的研究。其实验肇端于正常植株实验过程中的偶然发现：一棵菜的一片叶子被折断后只剩下皮和植株相连，在正常太阳光下该叶片将很快枯萎，但在人造光环境下依然保持正常生长。那么，切下来的菜，作为受到损害已经开始枯萎的植物，在人造光环境下会如何呢？实验表明，人造光环境下，损伤甚至枯萎的植物有更强、更快的恢复能力。一棵小苗枯萎已经非常严重，在常规下已无法恢复生命能力的情况下，在人造光谱环境下则能很快恢复生命活力。被采摘下来的果实，每天在人造光谱环境下适当辐射，促进其继续生命新陈代谢过程（有水雾、空气），结果在光谱环境下的保鲜期比一般环境下要长一倍以上。更加神奇的是，切下来的青菜植株置于水中，在人造光谱环境中不但能延长保鲜期，甚至可以从茎节的切断口长出根来。

二是不同光谱组合周期对植物生长有重大的影响。实验表明，不但绿光对植物生长没有作用，红光、蓝光的不同排列组合对植物生长的影响也是非常显著的。某种组合光源对植物生长有很好的效果，但将光源照射的次序、频率调整后，植物生长的效果就有可能变得较差，甚至完全停止生长。从生命复杂结构的演化角度来看，生命的复杂物理化学过程的整体是有既定排序的，从化学反应角度，某反应 A 以反应 B 为前提，反应 B 又以反应 C 为前提……这就构成完整的生命化学过程的时间箭头及链条。当光环境和植物反应时序匹配的时候，植物就能快速成长；反之，植物就不成长。因为相反的时序抑制了生命中完整化学过程的闭合和循环，实际上也就抑制了生命中的代谢过程，因而生命停止生长或生长缓慢就是必然的了。

三是光的周期结构对生命过程物质代谢的影响，这就是从黑箱外面向黑箱里面探秘了。在基本稳定的太阳光环境下，地球生命圈进化出物种多样化的生命存在，每一种生命物种有自己特定的形态、结构，包括生命物质中各种物质的基本成分及含量。在人造光谱环境取代自然光环境后，植物生长代谢过程的物质构成会发生改变吗？改变的幅度如何呢？实验结果发现，控制植物生长的光环境的确是可以控制植物内部生命物质合成的比例的。在最为成功的试验中，用合适的光谱组合，可以使蔬菜、西红柿中的维生素含量得到成倍的增加。这对于希望调控植物生长来满足生存需要的人类来说，确是一个福音，因为一旦打开这个奥秘，人类对植物资源的劳动就肯定可以收到事半功倍的效果。我们知道，生命是一种可能性结构存在，而从满足人类需求的意义上来说，我们或许有一天能把一大批植物生命结构的可能性调整到满足人类需要的极致，让其实现最大的可能。

前面的这些光环境对植物生命过程影响的实验研究是颠覆性的，用传统的光合作用理论、蒸腾理论已经不能充分解释了。于是，物理专家还是回到本行寻找工具，希望用物理概念、术语来描述这一生命现象，于是提出了光信号猜想。在物理光学专家概念框架中描述植物光合作用中光的本质时，显然偏好于物理学而非生物学概念，因此，在周期扫描光谱对植物生长影响研究的实验课题总结描述中，实验研究者提出了光对植物生长影响主要是光信号作用的理论。光信号猜想认为，光辐射在植物生长中的主要作用是以信号形式去调控植物的生长发育，而不是单纯或主要为植物生长提供能量。信号理论试图解释为什么只占太阳光强度百分之一的人造光对植物生长得到更好的结果。

光当然首先是能量，同时也有信号功能。因此，能量和信号并不是相对应的概念，不存在非此即彼的选择。植物光合作用的本质意义究竟是能量还是信号是基于功能对之物理意义的不同解释，但这两种不同角度的解释必须是统一的，光合作用的信号意义不能否定它的能量作用意义。在这种物理意义理解下，光植物生长中究竟是能量还是信号的讨论是从它的功能意义上进行的，即光对植物生长的影响或所起的主要作用究竟是调节控制还是提供生长过程所需的能量？当然，还有另一种可能，即光既承担主要信号功能，又承担主要的能量提供者功能。按照传统的光合作用和蒸腾理论，光主要是为植物生长提供能量；按照光信号理论，光主要是对植物生长过程起调节、控制作用，而生命所需的能量主要是通过其他营养物质中的能量转换来提供的。我们知道，植物在 ATP（腺嘌呤核苷三磷酸）物质、碳水化合物等合成分解的代谢过程中，是同时伴有能量的转换、转移的，光不是植物生命的唯一能源。按照光信号理解，光甚至不是植物生命的主要能量之源。

光信号理论的提出，目的是试图解释为什么在只有自然光约百分之一强度的人造光条件下植物反而能生长得更好这一实验结果。按照光合作用的能量转换理论，自然光的强度既然是人造光的上百倍，那么它通过植物转换后促使植物的生长结果肯定比人造光环境下好得多，至少不会比人造光环境下差，但实验结果恰恰和这种理论预期相反。如何解释这种实验结果呢？转换思路，把光看做信号来理解不失为一种选择。从信号的角度看，植物生长的信号作用主要不是取决于信号的强度，而是取决于信号的编排，视其是否和植物的内部生长机制匹配。周期扫描光谱之所以能够对植物生长产生显著影响，甚至比自然光下效果更优，可能是它的光源频率、周期选择比自然光更加符合植物内部结构的运动机制。光信号理论确实对在较微弱人造光环境下植物能获得比自然光中更优生长的机理提出了一种可能解释。

诚然，光信号理论只是一种猜测，或者连假设的分量都不够。因为光对植物生长的影响研究实验是把植物研究客体作为黑箱看待，用刺激反应模式来研究植物生命整体对光环境的反应，而不涉及植物内部的结构及机理的。进展到信号理论时，不仅是对黑箱的刺激的描述，而且是对黑箱内部机理的解释。因此，从黑箱实验模式中得出光对植物的作用是信号而非能量的解释只能是猜测，确实连假设的分量都不够。从黑箱内部机理来解释、评价光信号理论是否成立的是生命科学家而非物理学家的专长了。但是，物理专家的实验是客观的，是可重复的，是无法否定的。实验事实和现有生命科学理论的不统一之处，必须由生命科学家来解释和说明。否则，现行生命科学的一些基本理论就被实验证伪了，生命科学岂不是又回到仅仅是生物学的时代？

二、植物光合作用的光特性

在万物生长靠太阳的条件下，植物在自然光环境下生长，自然光环境是植物生命生长的不可控边界条件，对植物生命光作用机理的认识是在自然光环境条件前提下进行的。当在人造光环境下实现植物生长后，我们可以有目的地调控植物生长的光环境，这是对植物生命科学研究技术手段和方法的革命性进步，因为我们确实从自然走向了自由。而且实验结果证明，它确实给我们带来了新的发现，提出了新的问题。其中最为直接的就是为什么在只有自然光百分之一的人造光环境中植物能长得更好？

物理学家提出了植物生长中的光信号理论猜测，它和传统的光合作用的光能量理论虽然不同，但如果认为这就解释了实验结果，那就未免轻率了，一切仅是猜测。即使光信号理论成立，也不影响光合作用的能量理论及其物理意义，它的真正意义在于我们得到对具体生命存在更具体丰富的统一性理解。光信号理论仅是推测，而传统光合作用的光能量理论则还需作进一步具体认识，才能得到进一步理解。因此，植物生长的能量过程，光作为能量在植物生长中的地位，始终是不可回避的最基本问题，对此，下面从三个方面探讨。

第一，植物生命活动和光能量的量的关系、光合作用和光强的相关性。植物通过光合作用将光能量转换为植物体内部能量，这是最简单不过的常识了。但对这个基本常识的理解确实留下很多问题，对其误解产生的谬误并不只在周期扫描光谱对植物生长影响研究实验才产生，而是在万物生长靠太阳的朴素理解时就一直存在。现在网络上还在争论亩产十万斤的问题。某名人作家撰文辩称，二十世纪五十年代某权威物理学家从能量转换角度证明水稻、小麦在理论上是可以达到亩产十万斤的，但当时《中国青年报》采访报道时出现偏差，说成实际亩产超万斤，后人把亩产超万斤的责任归于该科学家是不公平的。科学家只是说在理论上完全有可能。而反驳者撰文称，虽然在理论上亩产可达十万斤，但现实和理论有很大距离，因此，该科学家对此是有责任的。纵观这些争论发现，最要命的问题是，迄今为止，我们中竟有这么多聪明人一直坚信小麦、水稻亩产理论上是可以达到十万斤的。

这是人们关于光和植物相关性认识的第一个误区。万物生长靠太阳光能量，但光能只是植物生长的必要而不充分条件。没有任何人能从理论上有理有据地证明水稻、小麦的亩产可以达到十万斤，太阳提供给水稻、玉米亩产能达到十万斤的能量和其亩产能达到十万斤是两回事。粮食产量受一系列内、外条件共同制约，包括“土、肥、水、种、密、保、管、工”以及太阳光能量，仅就这 9 个条件而言，制约粮食亩产的是这 9 块木板制成的圆桶上最短的那块板——即水桶上的短板原理。用数学模型来描述的话，粮食亩产的理论解是上述九个子集的交集。谁可以拿出论证来说明这个数学模型的交集是不少于十万斤呢？绝对没有。说粮食亩产可以达十万斤，在现在的科学和经验看来，还真的只是痴人说梦。

为什么人们能理直气壮地坚持那些在经验和科学看来根本就是荒谬的“真理”呢？从认识方法论上来说，我们的不良思维习惯和方法是其中一个重要原因。一是喜欢用必要条件来等效充分条件。然而，在数学模型中，必要条件和充分条件对模型的理解和求解的作用是完全不同甚至是相反的，混淆了必要和充分条件，谬误就成了真理，是用谬误的方法证明谬误就是真理。二是把还原论的分析方法贯彻到极致，在对复杂对象进行必要还原分析时忘记还原之后的综合和统一，以还原的结果等效整体。于是，整体在还原中退化，失去了统一性而成为原子化“存在”。把植物生命运动分解还原到能量基本层次认识的时候，不根据能量在生命结构运动整体中的作用来认识能量，而是简单地从能量去“决定”植物整体行为，于是走向了谬误。这是极端还原论和机械唯物论认识方法经常犯的错误。

从生命整体运动来看它的能量过程，我们至少应该认识到，光能量是生命存在的必要条件，但这个条件不是唯一条件或充分条件。仅仅从量的关系去考察，也应该理解植物利用光能量是以其特有生命结构中的能量转化机制决定的。比如一株玉米的光能转换利用结构中，一天可以转化吸收的太阳光热能为 100 卡，太阳提供的能量超出这个限度，对其至少是无用的。因此，任何植物生命利用太阳光能量，仅从量的意义来看，都有一定的饱和值，超出饱和值的光能量是不起作用甚至还可能有反作用的。因此，植物光合作用对光能量的量的关系中必定有一个有限区间，超出区间达到饱和后再增加的光能量就不再起作用。为什么人造光环境下只有太阳光百分之一光强时植物可以一样正常生长甚至生长得更好？其中一个理由可以推测是在人造光环境下光能量已经达到该植物生命所需能量的饱和临界值，比这再增加一千倍、一万倍的光能量对植物生命都没有正面作用，而只可能有反作用。生命之为生命的根据在于生命本质规定性之中，不在太阳提供的能量。玉米、水稻的理论亩产通过太阳能量去推断，那实在像是用头走路、用脚思考了，还有什么良种概念吗？

把光能量和植物生命理解为线性相互作用关系是肤浅的，那岂不是说在原子弹、氢弹爆炸的地方植物获得更大能量因而生长更好、产量更高吗？实际上，植物对外界自由能的利用只在一个非常狭窄的区间之中。因为植物是最复杂的稳定连续性结构存在，按照前面所说的最小自由能和最大熵原理，自由能超过一定限度时剧烈运动将破坏其稳定结构而令其不复生存。因此，在思考能量和生命关系时，按照最小自由能原理，我们应该理解，生命只能利用一定限度范围的能量，生命结构只能在一定自由能环境下生存。在地球早期具有很高自由能、表面温度很高的时候，并不具备植物生命进化的生存熵环境，只是一片不毛之地。

第二，必须考察光合作用的频率特性。在人造光环境中，为自然光百分之一的光能量可以使植物生长得更快更好，故仅从能量饱和角度来考察是不足够的。自然光能量更强大，在达到饱和临界值后理论上即使不比在人造光环境下长得更好，也不应更差，而实验结果显示了人造光环境可以是更优的生命光环境。因此，光能量和植物生命活力关系就不仅仅是一个量的问题了。实际上，对植物生命具有更优作用的人造光环境和自然光环境的差异不仅在于光强度，更在于它们的频谱是不同的。

太阳光在三棱镜下折射出红、橙、黄、绿、青、蓝、紫七色光谱，阳光在天际挂起长长的彩虹，由此我们知道太阳是由全频率混合而成的。物理学家可以通过折射来测定出阳光中各种频率的光强度，确定阳光的频谱构成，包括各种频率的光的强度分布，实际上也即能量在各种频率上的分布。但周期扫描光谱不是全光谱光源的混合光，而是一些特定范围频率的混合光。因为从植物对各种频率的光的反应实验发现，植物生长中对蓝色、红色光的反应最为敏感，对绿光反应最不敏感。因此，周期扫描光谱是以蓝、红两色光源为植物提供光环境的。所以，仅从量即光强去探讨光能量对植物的影响显然是不够的。两种光环境不只是强度不同，更重要的是频谱分布不同。还要探讨植物光合作用的频率特性才能更具体、更现实地认识和理解植物生命活动的光能量作用过程。

首先要记住生物学的基本原理：植物通过光合作用吸收太阳光能量转化为植物生命所需能量过程中，植物只吸收某些频率的光线。归纳出这一事实的是传统生物学理论，而并非物理学，更不是周期扫描光谱仪的发明者。在《生命科学基础教程》中谈到叶绿体光合作用时指出："叶绿素吸收的光主要是蓝色和红色而不是绿色光，它在光合作用的光吸收中起核心作用。"[2]"植物和其他光合作用的生物能够获取太阳通过电磁波传递到地球能量的0.07%。"[3]据此，我们可以对人造光环境下植物生长得更好做出一种合理解释。因为自然光环境中植物的光合作用只利用了约万分之二的光能量，而人造光的光强为太阳光百分之一时，如果光能量利用率超过20%，则它向植物生命提供的光能量就大于自然光环境了。由于植物主要吸收蓝、红光而非绿光，而绿色光谱约占太阳可见光谱能量的93%左右，植物光合作用中只获得太阳电磁波总能量的0.02%就是正常、合理的了。由此可见，在对植物生命活动利用太阳光能量的分析和认识中，对量的分析必须建立在对频率分析的基础上。和植物光合作用发生转换关系的能量只是特定频谱范围的光量子，而且是少部分频率的光量子。从一般的能量去推断具体植物生命的能量活动过程，把具体变成抽象，就是理论上粮食亩产可以达到十万斤推论谬误之根源所在。

既然生命科学已经了解植物光合作用的能量过程具有频率相关性的特性，那么为什么是物理专家而不是生命科学家首先去实现万物生长不一定非得靠太阳这一革命性实验结果呢？这或许和生命科学的认识发展史以及生命科学研究对象的复杂性有很大关系。对生命这么复杂整体结构的科学认识必须以物理学、化学科学的认识为前提，因为复杂生命结构科学认识的过程首先就面临着结构分析，须将其还原为化学过程乃至物理过程。涉及植物光合作用的微观机理，即使在还原到物理学的意义上，也不是已经基本清楚明白的，而还要把这些还原的结构整合为统一的整体去理解，那就更加复杂了。二十世纪是生命科学的黄金时代，细胞生物学、分子生物学正是生命科学取得最辉煌成就的领域。就是说，生命科学在分子、原子层次，在生命整体分解到化学过程的水平时，已经取得长足的进步。但是，能量生物学还没有进入人类科学的视野。尽管生命科学对生命能量过程，特别是其中的能量转移、转换以及光合作用的机理已经形成基本认识和理论，但主要还是在化学反应层面去描述的，能量过程是伴随化学过程的事实，而不是生命科学正在思考的重点方向或对象。反过来思考也可以发现，物理学关于能量的本性、过程及相互作用机理的认识还没有达到为解释和探究生命能量过程机理提供基本学科理论的水平。因此，发明让植物生命在人造光环境下实现正常生长的是物理专家而非生命科学家，并且是把生命整体当做黑箱，以实验方式而不是从理论、机理研究的方法，首先在技术上实现了用人造光环境来调控植物生命的成功实验的。

生命科学停留在接受植物生命的光能量过程具有频率相关性这一事实也是远远不够的，因为化学过程还原分解就是物理过程，物理过程的最基本认识是关于能量的认识。因此，只有对植物光合作用的频率相关性的机理、机制做出合理说明，我们才有资格说确实知道生命过程的基本原理和本质特征。目前停留在现象表面，但对这种现象后面本质的理解往往是有问题的。科学实验告诉我们是什么，科学理论却必须回答我们为什么，否则对是什么的解释有可能出现问题。光合作用和植物生命的叶绿素的关系问题就是明显例子。叶绿体是植物结构中接受入射光中的蓝、红色而非绿色光谱的光子的基团结构，绿色在物理学意义上是反射绿色，吸收非绿色，叶绿素的物理意义就是通过反射绿色光谱来选择性地吸收、捕获光线中的蓝色、红色光谱。但生物学对此事实的解释是模糊的，即认为叶绿素吸收光子，这是一种并不错但不明确的表述。问题在于以此推广就产生了一系列似是而非的认识，如叶绿素是吸收太阳光并将之转化能量的，生命合成分解所依赖的光合作用就是在合成叶绿素。更一般的观念就是绿色是生命的本质，是生命力的体现。但是，从光合作用的频率以及滤掉绿色光源的周期扫描光谱对植物生长影响的实验，我们可以说，植物承担光合作用，吸收太阳光子的叶绿体之所以为绿色是为了反射绿光而不是为了吸收光。至于叶绿体如何吸收蓝、红光谱光子则取决于它的具体化学结构，而和叶绿素无关，没有绿光植物应生长得更好。所以，植物之所以是绿色生命，就因为它生长的前提环境是主要由绿色光谱构成的太阳光，它要反射、抵抗绿光才能正常生存。因此，绿色是生命力的象征，而且是生命顽强抵抗和适应外部不利环境的象征。对此，我们不得不赞叹自然生命的完美性，而绿色生命象征着生命力的顽强，蓝色和红色则才是真正充盈的生命力的本原所在。真正驱动生命运动的原动力是蓝、红频率的光能量，所以，生命的交响乐是蓝、红、绿三色的合奏，生命的活力则在于蓝、红变奏曲之中。

一片叶子从嫩芽变成绿叶并最终枯黄凋零，它生命中丧失的不一定首先是活力，而更可能是“免疫力”，因为生命的根据只在于生命自身的本质之中。

第三，进一步综合考察光合作用和人造光源结构的相关性。从光强、频率特性看植物光合作用时，周期扫描光谱环境和自然光环境相比，有点像“去粗取精”，从全可见光谱中抽象出一些特定光谱来专门研究，是对自然光下植物光合作用的“拆零”技巧。但事情并不这么简单，故事还有高潮。因为既然是人造光环境，我们对植物光合作用的频率特性又有所认识，我们就能在这些基本原理、规律的基础上，灵活制作具有不同结构的人造光源来研究植物光合作用受激反应，并能观察到在天然光环境下永远不会发生的一些有趣事情。

人造光源结构组合除了光强、频率这两个基本参数外，还有两个需要考察的重要参数：一是不同频率光源的次序，二是各种频率光源的扫描周期。根据这四个参数，研究植物对光环境反应的多种人造光环境就可以设计和制造出来。

考虑通过实验观察不同结构组合光环境对植物生长的影响主要基于如下两个理念：一是生命是可能性存在，生命靠其可能性稳定结构去适应环境而生存。当我们用不同的人造光环境去刺激植物生命生长过程时，它对应不同环境会产生不同的生长特性。如果光环境超出一定限度，就反而会伤害生命而不是为生命提供活力。温度过高的熵环境下可能性生命就成为不可能性存在，生命就无法生存，即会死亡。二是生命是一种复杂耗散结构整体性存在，生命中的化学过程、能量过程是非常复杂而又相互联系、相互制约的。

在自然光环境下，这些过程的相互联系和制约可以用反馈来描述，各种作用间的前后次序可以用编码来描述。然而，一旦改变光环境，按照适应性原理，植物的内部化学、物理过程也有可能发生相应的变化，亦即能量转换和光合作用的控制编码会发生改变，从而不同光环境下植物会向不同方向生长和演变。这既可以为我们寻找各种植物生命的较优光环境，也可以从中验证我们目前关于生命结构的各种化学、物理过程的机理认识是否正确，是否和物理学特别是能量的基本知识是一致的。

从事实验的物理专家按这个逻辑已经进行了大量实验，最终实验结果还未公之于世，但他告诉我的信息是鼓舞人心的。特定结构组合光谱环境下，果实中营养价值较高的维生素含量比自然光情况下要高出100倍以上；而某些结构组合光谱下植物的生长则是近乎停顿的。

完整的实验结果将由实验者公布并由公众检验，这或许有待时日。相信这种结果在逻辑上是成立的。最早开始进行周期扫描光谱对植物生长影响研究实验时，已经得到人造光环境下生长的蔬菜不但长得快而且品质更优的定性看法。在参与用人造光谱降解茶叶残留农药研究时，我亲自见证了光环境改变对植物生长代谢过程的显著影响，已经摘离母体的茶叶经周期扫描光谱扫描降解残留农药后，茶的品质、味道也发生了明显变化，那就意味着茶叶的物质结构一定发生了某种改变。因此，有目的地调整光源结构组合，使植物生命物质代谢过程发生变化是合乎逻辑的。

光环境调控植物生长代谢过程生命物质合成分解的机理只有生命科学家才能得出具体解释，在逻辑上我们只能对这种结果出现的可能性得出肯定的回答。因为，仅就从生物化学过程而论就能理解这是成立的。在生命物质合成分解的化学过程中，有两类非常基本和非常重要的反应，一是ATP合成，即将吸收的光能量转换为植物生命能量的“通货”；二是各种酶，生物正是通过控制各种酶的产生进而控制生命各种化学过程的发生及效率的。ATP合成、酶合成、其他生命过程的化学合成等一连串过程“编码”为一个完美的整体。当外部入射光环境改变，也即ATP的合成首先就发生了改变，那就必然会影响整个生命活动化学反应链，使生命物质合成分解发生改变。因此，光环境改变不仅改变光合作用，而且会影响生命整体过程。因此，生命始终必须从整体去认识，生命是不可还原的。

至此，我们可以认为，植物生命活动的光能量过程是和光强、频率以及光环境整体结构组合相关的复杂过程。

三、植物生命统一理论：生物能量学

世界统一性原理坚持从能量一元论出发去理解统一的自然界，包括理解统一的生命世界。在这种意义上，能量、物质和生命是统一的，就统一于具体多样性的每一个生命之中，每一个生命都包含自然统一性的全部意义。按照“高以下为基”的自然复杂性进化法则，最复杂的生命存在当然是以普遍能量存在及其运动规律为进化运动基础的，植物光合作用的光运动本质上是能量过程。

把植物光合作用理解为能量作用并不否定信号作用，关键在于如何将两者统一起来。周期扫描光谱对植物生长影响实验提出了光信量猜想，随之我们具体分析了光和植物生命运动相互作用中光的强度、频率、结构组合对相互作用的影响。至此，我们可以讨论光在植物生命运动中能量和信号作用的统一性问题。

思考光在植物生命中扮演的角色问题已不能再把植物看作黑箱，否则只会永远停留在猜想和假设阶段。一定要回到植物生命中光作用的机制和机理去具体研究。从生命科学对植物结构及生命活动中光的运动来考察，可以说，生命科学把光作为植物生命的驱动能量看待这种经典理论是合理的。从光在植物运动的过程及所承担的角色地位来看，光对植物生命的最本质的作用就是为生命这一连续不可逆过程提供足够的能量。光是植物生命活力的终极驱动力，太阳是植物生命运动的发动机。

按照生物科学的理论，光对植物最重要和最基本的作用就是光合作用，这是在光能量驱动下植物将二氧化碳和水合成生命物质，并释放氧气的化学反应过程。从理论上可以分析光合作用是吸热反应而非放热反应，即从外界输入植物体内净能量，而这能量主要来自太阳光。因此，尽管可以从控制论的角度把光对植物光合作用的化学过程看作是一种系统控制和触发信号，但从能量守恒、能量转换的角度，它首先是提供驱动生命运动的能量过程。否则，生命运动的能量就无法解释，只能退回到早期神秘的生命活力去说明了。

把光在植物生命活动中的作用首先看作提供运动能量的最充足理由是光合作用合成生命 ATP 物质这一事实。ATP 物质在生命结构中的功能和作用是作为整体结构中贮存能量的器官。当外界吸收的能量充足时，植物将能量贮存在 ATP 物质中，实际上就是贮存于 ATP 的化学结构之中。当外界能量输入不足时，ATP 则释放能量，驱动生命运动。所以，ATP 物质是能量，而不是信号。ATP 是生命代谢活力产生的主要物质之一，因此，生命代谢生长同时也是将环境能量贮存在生命体中的过程，贮能既是生命保持其时间连续性和更好适应外部环境的必要条件，又是生命生长、发育的一个重要内容，而环境光能量转化为植物生命体内贮存的能量是生命活动的最基本内容。因此，光能量在植物生命中最基本的作用就是提供生命过程各种化学反应所需要的能量，光在植物生命中的功能首先是能量。尽管光在植物生命中或许还有很多其他性质的功能，例如信号的作用，但最基本的首先是驱动生命活动的作用。

诚然，生命复杂结构形成完美的整体和有组织的运动过程，在逻辑上确实可以抽象出很多认识对象去描述它。光合作用的控制信号其实也是能量，所以，能量和信号的不同描述，不是从客体的本性，而是从客体的功能去划分的。故能量说和信号说在一般意义上并不矛盾，两者并不是非此即彼的东西。但是，从生命过程的具体运动描述角度，作为生命运动中控制某些过程的信号作用的能量和为驱动这些过程提供所需能量是不同一的。一般情况下，光能量可以承担反应驱动能量和控制信号的双重角色，关键在于从哪个角度去描述它。比如我们知道，水稻有感温品种和感光品种的区别，感温品种在其生长中累积环境温度达到某一数值就由营养生长转化为生殖生长；感光品种则不由生长期积温而以日照长短来决定由营养生长向生殖生长转变，无论积温多少，只要季节由长日照转换为短日照，感光品种就转化为生殖生长期。所以，光照在水稻生长的这种描述中就确实有信号作用。但这并不能取消阳光在水稻生长中的能量作用。即使在能量既是信号承担主体又是反应能量提供主体这种情况下，从功能作用角度划分的信号和能量也是不同一的。同一的实体、不同一的功能是生命运动中光既是能量也是信号的原因。

从驱动生命动力和控制生命信号两个不同角度去认识生命的能量过程是有重大意义的，而两者的统一才能对生命的能量过程，乃至生命之所以为生命作出合理的解释。生命可以还原为化学过程和物理过程去描述，但为什么生命不像非生命化学过程那样达到反应平衡或像非生命能量过程那样达到平衡态，而是保持动态稳定性和逆能量平衡态和逆化学平衡态运动呢？必须从系统复杂整体统一性、能量的驱动作用和信号控制作用去理解这种统一性。所以，把植物光环境看作能量还是看作信号，不能泛泛而论，而必须深入生命存在的具体结构，展开光在生命中活动的实际过程，才能做出真的描述。这就需要具体探讨光在植物运动中的机制和机理了。

物理专家关于人造光环境植物生长研究实验结果在生命科学家中的反响是很不相同的。由于实验结果及光信号猜想和现行生命科学植物理论及生命机理没有密切关联，很多生命科学家对此不以为然，也有对此结果感兴趣的生命科学家希望实验者对实验结果的机理做出解释。但这不太现实，把植物生命整体当做黑箱的物理专家去解释复杂黑箱的机制和机理，就是越俎代庖了。其中有位生命科学家提出了非常有建设性的建议，从电子生物学的角度去建立描述植物生命和光相互作用机制和机理的科学理论。能否和如何建立描述植物生命光能量过程的电子生物学理论是生命科学家才有资格决定的事情，但从世界统一性的一般逻辑意义来看，这种提议和设想确是具有建设性的。

首先，生命运动是在能量驱动和控制下组织结构的生长、发育直至死亡的过程，它最明显的特征以及最直接的且可经验感觉的结果就是空间结构的运动和变化，即实体的生长和变化。生命物质结构变化和非生命物质结构变化的一个重要区别是：电子层次的交换和重组对于描述生命物质过程而言是充分的，而对于非生命物质而言则肯定是不充分的。生命结构只是宇宙空间存在结构中具有特定规定性的特殊存在，从某种意义上可以描述为在电子交换（同时必然伴有原子核交换或质子交换）层次空间结构重构的稳定、连续运动。反过来说，比电子、质子更为基本的物质空间结构的重构运动已经超出生命物质的边界条件，在电子层次保持其空间结构的稳定性是生命存在的前提和条件。另外，任何空间结构的重构运动，即新的物质结构的生成，在生命活动中即所谓代谢一定发生电子层次的交换。因此，从电子交换运动过程去描述生命运动、揭示生命运动的本质是非常有必要的。

其次，从电子生物学角度描述植物生命能量过程是可能的，和现存的生物化学理论是可以统一的。从一般意义上来描述生命运动是代谢活动，即新生命物质生成及一些大分子分解为生命提供小分子或能量，于是可以用一系列相关的化学反应来描述。化学反应就是通过交换电子、质子来从反应底物转化为反应产物的分子重组过程，实质上可以用电子运动来描述。分子生物学侧重于从分子结构及其变化运动来描述生命，形象地描述分子结构及其运动过程的抽象手段之一叫化学键，它表示正负电荷之间的吸引力将质子、电子束缚在一起以形成稳定结构。生命活动分子重构就是旧键断裂、新键生成而产生了新的生命物质结构，而键的断裂和新键产生的客体意义就是电子的转移。植物光合作用的具体理论描述中，也正是在这种一般逻辑下去认识和描述的。在植物吸收光能量中，第一步是叶绿体光吸收，传递至作用中心，发生化学反应，将光能转化为动能，即叶绿素分子被激发释放了一个电子并成为高能电子。第二步是通过水的光解和电子传递，使高能电子自由能贮存起来，同时使光反应中心的叶绿素分子补充低能电子以恢复静息状态。最后是进行二氧化碳固定，使其还原并合成糖。这些代谢过程在化学层面是化学反应过程（包括光化学过程），从电子生物学的角度对其进行研究和描述是有可能实现的。

再次，从电子的运动描述植物生命的光运动过程应是分子生物学特定也是最基本的范畴之一。因为尽管所有的生命代谢过程都是电子层次的转移和交换，但从光能量以电子客体作为载体去参与植物生命活动则是一个特定的角度，电子客体在生命活动中的运动，从代谢角度是旧的物质结构分解和新的物质结构产生；而从电子生物学角度则是从电子的运动、转移中去揭示光能量在植物活动中的被吸收、贮存、运输、转化的完整过程。这对于生命的认识来说，或许是更重要、更基本的，这样的生命描述才是真正的生命，不是死的结构，这样才能理解生命的活力所在，找到生命运动源泉。

当然，电子生物学应该是生物化学的一个重要组成部分，但它还不是最基本的。还原到最基本的结构和过程分析，关于生命能量过程的终极描述理论，在逻辑上应该是在生物物理学层面，是生物物理学问题，更具体地说是生物能量学问题。迄今为止，还没有与此相同或类似的生物能量学的提法，甚至物理学本身也没有相对独立而完整的能量理论学科。能量以无所不在的形式，渗透在物理学各分学科中，也渗透在化学、生物学中。多年来，观察思考物理光学专家周期扫描光谱对植物生长影响研究的实验的重要启迪就是，要真正从根本上揭开植物生命的奥秘，我们需要一门叫做生物能量学的专门学科理论，从内在机制和机理上不断揭开支配生命绝对运动的规律，理解生命的现实运动过程。

这种感悟的逻辑根据是坚实的。在世界统一性的逻辑中，生命的代谢过程被还原为一系列化学过程去理解，推动、决定这些化学过程的力量和原因又必须还原到宇宙的物理过程去理解。化学过程是搭建在物理运动的坚实基础上的，生命代谢过程的理解又是建立在化学平衡过程理论上的。因此，知道生命代谢过程为何，还一定需要从化学过程去解释代谢过程何以为此，最终需要物理学运动理论来解释化学过程的发生、平衡。因此，任何关于生命的理论，如果不在物理学中找到坚实的理论基础，就不是完整的。只有用完美的电子生物学来描述生命活动中的能量过程，这些活动的理由和原因才是终极的理论。这正应该以物理学基本理论为基础去探讨和解释，因此，生物物理学是更为基本的生命科学学科。

按照我们关于“世界是能量一元论的世界”的信念，从能量角度去描述生命运动的认识体系是终极的知识。除非有一天我们能找出更基本的存在并由其来定义能量客体，那时能量就不是世界的本原而是由本原构成的中介性、结构性存在，那能量就不再守恒，关于生命能量的认识也不再是终极认识。但在现有认识框架内，能量过程的规律性确是揭示生命活动过程的终极理论。

关于光和植物生命活动的作用研究，从物理学和生物学相统一意义上可以叫做生物能量学。因为植物生命的光过程主要在光合作用上，而光和植物叶绿体相互作用机制、定量分析和严谨解释中，宏观态的物理学理论已经无能为力。把能量作为一般状态描述对于生命复杂结构的机理无法做出合理解释。为什么植物偏爱蓝、红光而排斥绿光？这是从状态和量的角度无法解释的。生物物理学家曾经说过，描述叶绿体中光合作用的机制和机理需要能量理论，而不仅仅是物质的抽象状态能量交换。生命的驱动力来自太阳，来自太阳辐射的能量子，不是来自体外物质的抽象状态能转移，这才是光合作用生命和环境最基本的交互方式，才是植物生命奥秘所在。从能量子和生命相互作用去描述光量子和植物生命之间的相互作用，最通俗易懂就叫做生物能量学了。

叶绿体将光量子转换为电子电磁能的具体机制、机理以及量子力学描述等具体物理行为的方法是非常深奥的，也许全世界只有为数不多的专家能够自如地应用。能够把能量子和生命科学的光合作用关联起来并建立统一的理论的，一定是当今生命科学界和物理学界的顶级大师。但是，从常识的意义去理解它，又不是不可理解的。因为它的模式、基础或范例是稍有物理学知识的人都知道并明白的光电效应原理，包括使爱因斯坦获得诺贝尔奖的对之物理意义的圆满解释。其基本原理可简单概括为：连续频谱分布的光分解到最后是不可分解的波包不连续的光量子的集合，每一波包亦即光量子所带的能量是频率和普朗克常数的积。光量子是静止质量为零、在真空中按光速运动的粒子，而且只有光量子粒子才是真正意义上不可分解的客体存在。光作为能量子客体与实体客体相互作用时，它在被吸收、转化、反射、折射等的运动及转化形式中一定以量子形式出现，即以不可分的、分立的波包亦即光量子作为作用单位去发生相互作用。在这最基本微观层次的相互作用中，光量子和实物粒子遵循统一的能量运动及转化定律，作为客体，它们是等价的。光的粒子性是我们宇宙统一性的根本根据，因为只有波粒子才是不可分的。从这种意义来研究植物生命光量子的作用过程，我们将从最本原的层次去揭示生命的法则，这将是其他层次生命科学认识的理论基础。

光电效应和植物光合作用是完全不同的客体运动，但从能量子意义上它们运动所遵循的规律是同一的，只不过所表现的具体形式不同。从量子理论对光电效应的解释中可以启迪关于光合作用的量子思考。比如，光电效应具有频率相关性，只有达到一定频率的入射光才能激发光电效应现象，这是因为只有足够能量的光量子被电子吸收后电子的逸出动能才能越过束缚电子于金属表面的势垒实现激发而形成电流。同理，植物光合作用中，只有蓝色、红色频谱段的光才和植物叶绿体发生光合作用，这种频率选择性是由光的量子性和光合作用的内在机制的统一性决定的，只有叶绿体吸收光谱的电子的电势能状态和入射光频率相匹配时，光的电化学效应才能发生。又如，光电流具有饱和特性，光电流随入射光增强而增大，在一定光强时达到饱和，这是受金属表面产生光电效应的自由电子数限制的缘故。同理，这种对光强的饱和特性同样发生在植物光合作用中。入射光和光合作用的正相关也只应在一定光强范围内有效，叶绿体吸收光量子达到饱和后，入射光增强对光合作用就可能有害无利了。从上面两个例子中，我们可以肯定地说，用量子理论去具体研究植物光合作用是可行且有必要的。目下，我们可以对建立生物能量学的设想作简单的探讨。

生物能量学的研究对象是植物吸收、转化、利用光量子的一般规律；它的主要内容包括植物生命体光合作用组织结构叶绿体的光量子频率特性、强度特性，以及各种不同频率或强度的光量子在叶绿体中运动学过程、机制和机理等。以生物能量学为基础，就可以在生命科学中建立起包括电子生物学、分子生物学及宏观态生物学其他学科共同构成的统一生命科学理论。

生物能量学应是生命科学中最基本的学科。一个原因是光量子是世界存在客体中不可再还原的本原性客体存在，它和植物的光合作用是能量子和物质客体的相互作用，是量子意义上最基本的有无之间的作用；另一个原因是植物生命的光合作用转化太阳能为生命能量、获取生命活力的行为是其他一切生命能量的基础，动物、微生物的能量主要取自植物生命。当然，生命是自然界最复杂结构性存在，它的能量的获取、转化、运动在复杂结构中有复杂的存在形式，它的能量运动形式也是自然界中最复杂的。当生物能量学能够建立起来时，人类对自然界的统一性理解也就基本成型了。

注释

①叶创兴、周昌清、王金发主编《生命科学基础教程》，北京：高等教育出版社，2006 年第 1 版，第 71 页。

②同上，第 71 页。

③同上，第 52 页。

第七章
生命灵魂的进化

引　言

【提要】选择性生存是生物区别于一般之物的现实性，自然选择是生命和环境的统一，更是生命世界的统一，生命世界从简单到复杂进化的现实性是更具选择能力的物种的产生。生物选择性生存的根据是它的灵魂，把多样性生命世界在进化中从本质上统一起来的是灵魂的进化。生命灵魂进化的重要阶梯是从植物的感受性意义到动物感觉意义的进化，具有决定性的是动物界由感觉意义到意义认识即意识的进化。本章从无意识灵魂到意识灵魂的进化去从本质上统一生命世界的意义。

一、尽管近现代文化抛弃了灵魂，生物学从不讲灵魂，但古希腊圣哲亚里士多德在两千年前就在《论灵魂》中，把生命世界甚至人的文化世界在灵魂意义中统一起来。他认植物灵魂为营养和生殖灵魂，更高级的是动物运动灵魂，最高级的是人的理性灵魂。最为精彩的是，他把三种灵魂统一起来，动物灵魂包括植物灵魂的意义，理性灵魂又包括动物灵魂从而统一了灵魂的普遍意义，而低级灵魂不具备高级灵魂的意义。按照亚里士多德的灵魂理论，生命灵魂统一于动物灵魂，这是朴素的生物灵魂进化论。由于他的灵魂既没客观知识为基础，又和经验无交集，因缺失具体现实性而被后人遗弃了。

二、从植物灵魂进化到动物灵魂的具体现实性意义是什么呢？植物对环境的选择是被动选择，即以既定的结构去应对变化的环境，其作用机制是刺激—选择性反应，决定选择的意义是无意识的感受性意义。动物对环境的选择是运动基础上的主动选择，即依靠运动能力去适应环境以实现更强的生存选择能力，其作用机制是刺激—感知—选择，决定选择的意义是比感受性更普遍的感觉之意义。感受性是植物感知刺激器官和选择行为器官还没在进化中分化条件下的信息意义解读特性，还只能识别简单的意义；感觉的意义是由动物进化出来的专门感官产生的，其识别意义超越了植物生命感受的简单意义，所以动物灵魂比植物灵魂高级，感觉的意义统一又超越了感受性的意义，在运动中的生存选择现实上优于植物的被动性选择。

三、生命灵魂的质的飞跃产生在动物界从简单到复杂的进化中，动物灵魂由感觉意义的灵魂进化为具有思维和认识意义的灵魂，有意识灵魂的产生是生命进化所能达到的最高形态。这是以动物进化到脊椎动物的脑器官产生为现实性的。脑是专司意义处理和贮存的器官，动物感官对外界信息的意义感知通过神经系统传递给大脑，大脑对之加工得出意义的认识亦即意识和思维的产生。具备意识灵魂的生命除了一些简单直接的无意识本能反应外，对环境的生存选择行为都是以意识为选择根据的，有脑结构的生命是以意识灵魂为本质的高级生命。以意识为根据的生存选择是以生命生存中积累的意义认识为根据的选择，刺激—意识—选择的生存选择模式本质上超越了刺激—反应和刺激—感知的简单模式。支配意识生命选择性生存的意义是在大脑思维中建立和贮存的一生积累起来的经验认识的意义，这是意识灵魂比无意识灵魂高级的理由。

四、有意识灵魂产生的深刻意义是使动物的能动选择性生存进展到主体选择性生存。主客体的分化是以认识的产生为现实性的，认识才有且必定有认识主体和认识客体相统一的意义，自然进化出有意识灵魂就是思维和认识的产生，就是认识主体亦即主体性存在的产生。选择性、可能性、主体性、思维、认识、意识首先是自然意义的，是自然而然进化产生的，理解这一点就会明白人的主体性和思维是从哪里来的。

五、生命在意识灵魂本质中才达到其内在目的性，有意识生命统一了生命世界的普遍意义。生命进化出独立的脑器官以及灵魂作为载体和意义的统一成为现实性的，这才是灵魂最终独立于生命而具体存在的前提。亚里士多德从植物灵魂、动物灵魂、理性灵魂去统一生命灵魂没深入其本质意义。无意识灵魂和意识灵魂的统一是生命世界本质进化的统一，意识灵魂统一了多样性个体化生命的普遍本质意义。从意识灵魂到理性灵魂的进展不是自然进化可解释的，人的理性灵魂统一了自然生命而又超越了自然意义，达到自然和文化相统一的更普遍意义。

趋利避害是生命选择以适应环境的内在机制，是生命自然和环境自然的统一性特征。植物对阳光是选择性吸收，在阳光环境中进化出叶绿素反射绿光是避害趋利的典型机制；植物向光强方向生长，根部向土壤水分滋润的范围优先生长，这既是自然必然性行为，也是避害趋利的具体机制在作用，是生命本身在环境选择中实现其内在目的的现实。因此，自然选择本质上是生命自然对自身外部自然环境的选择性适应行为，现实上是生命和环境的统一。把自然选择理解为以生命外部生存环境为因的因果关系陈述是机械论的，是缺乏智慧的。生命和非生命的本质区别可以从其对环境的作用去理解，生命和环境的关系不只是一般的相互作用，更是生命基于选择机制来选择环境去实现自身最大可能性生存的相互作用关系。从这一角度看，生命对环境这种选择性进化的更高形式，表现在从植物到动物世界的进化中，更表现在动物界自身进化中，其最高阶段是自然认识和思维在生命进化中的产生。在本质上，生命进化又可以理解为生命选择环境去实现最大可能生存现实性的内在机制不断进展的统一性过程。生命对环境的选择性以其灵魂为根据，生命进化的本质是灵魂进化。

传统的生物学理论专注于自然生命的自然必然性而有意无意地回避它的自然选择性，把自然选择片面地理解为外部自然环境对生命的制约作用即自然筛选，其认识根源之一或许是把选择性机械地理解为和必然性相悖的行为。达尔文的生物进化论以自然选择为描述生命统一世界的关键词，但如果把自然选择当做抽象因果决定关系陈述，把自然规定为生命生存的外部环境，把自然选择理解为外部环境对生命生存的因果决定意义的必然性支配作用，于逻辑于情理都不通。生命有生命存在的充足理由，从亚里士多德第一哲学的原因论逻辑看，生命是在必然意义上达到其内在目的性的完美存在，生命之为生命的充分根据当然在生命统一性存在之中，不能从生命存在的外部环境去为生命存在提供根据，只能从生命对环境的选择去理解自然选择的现实意义，由支配生命选择的灵魂去理解生物异于物的本质。用因果决定的还原论去为生命提供根据的合逻辑结论是无生命存在的根据，生命和物质无本质区别，这恰恰是人类对生命进化论最普遍的意义理解。这种理解根本无法回答为什么环境决定让鸡蛋变成小鸡，却不让石头变为小鸡这种经验中的常识性问题。如果承认生命世界是域中四大之一的具有特定本质规定性的世界，生命的自然选择就只能理解为在自然存在意义上的生命对环境在自然本能意义上的选择性生存方式，这正是生命和非生命的本质区别。从这种理性意义去理解，自然选择的根据在于生命自然而不在于生命生存的外部环境自然，这才是生命和环境实现统一的内在机制。内和外的统一在本质上把生命和非生命有根据地区别开来，把猪和猪肉区分开来。在科学理性因果决定链思维支配占统治地位的科学革命时代直至当代，对统一性生命的认识在思维方式上先验地带着自柏拉图到黑格尔的唯心主义机械决定论的历史局限性。达尔文归纳出自然选择机制为关键词的生物进化论时，他对自然选择的现实经验意义即通常所说的物理意义究竟如何具体理解，只有他自己最清楚，但有一点是清楚明白的，就是他的进化论对生命世界统一性归纳的陈述是明显地带有知性因果决定论烙印的。更清楚明白的事实是，大部分人在大部分时候总是只把达尔文生物进化论当做科学抽象因果规律归纳来理解的，总是主要从外部环境对生命的制约作用去理解自然选择的意义。因此，世界统一性原理对生命世界统一性思考，必须花点笔墨去讨论已是常识的自然选择命题。

其实，古希腊圣哲亚里士多德已经从生命灵魂为本质出发，把生命理解为灵魂本质和生命躯体的统一，这为生命世界与环境的相互作用的选择性思考提供了基础。他的灵魂包括一切生命的原则，灵魂作为一个生命的完全现实性，决定了现实的生命与环境的作用是相互作用中生命选择环境的统一关系。但中世纪宗教哲学把亚里士多德的内在目的论变为外在目的论，把灵魂宗教化和神秘化。另外，以近代达尔文进化论为标志的生物学则一直局限在知性因果关系逻辑中，只注重自然环境选择而忽视生命选择，这不能不说是严重的局限性。

光合作用的科学理论体系揭示了利用太阳能的绿色生命的选择性生存机制，把生命的选择性和必然性统一起来。但光合作用只是生命选择性生存的最简单形式，动物生命则在自身进化出更高级复杂的能量获取选择机制基础上，进化出在主动运动中选择生存环境的能力。动物界之所以是比植物界更高级的生命之界，就在于它具有“能动”的本质。能动在能量意义上是指有选择性地获取有用能量以实现生命生存，在空间结构性意义上是指生命基于自身的本质在生存过程中实现机体组织的生、老、壮、已过程。在生命选择性生存意义上的能动，则特指具有空间运动能力从而能在适应环境的生存中实现更有效生存的能力，具有这种内在生存机制的生命就是动物。动物生命把三种“能动性”统一于自身，它更强的选择性使它更充分地实现它的可能性，成为现实、具有更强适应环境能力的生命界。动物这种能动地适应自然环境的能力弥补了它的复杂结构对环境要求的严苛性，从而成为生命世界中物种最多样化的现实存在。从植物界向动物界的进化是自然界复杂演化的最高杰作，因而亚里士多德认为具有运动能力的灵魂包含又超越了营养和生殖灵魂。

动物进化的质的飞跃在于它的能动性令它对自然环境的选择性，从被动选择进化为主动选择。历来哲学家们大多把可能性基础上的选择只是看作自然之外的人的专利特征，否认动物的主动选择性则无法解释动物之所以为动物的本质和意义。如果坚持说候鸟的南迁和水中漂流之木无什么不同，这显然是睁着眼睛说瞎话。动物的本质就在于它进化出突破空间界限去实现自身内在本能欲望的选择性机制，把生存和环境的统一性关系提到新的高度。这种特定的机制，本质就是把对环境的感受性上升到感觉、认识和思维的内在机制，以之作为主动选择环境的本质根据，使其成为有意识的灵魂。动物生命的奥秘就在于灵魂从无意识到有意识的进化之中。几千年来的宗教统治使人成为上帝之子和万物之灵，认识、思维成为人的专利。不但宗教理论，连哲学理论和科学理论都狭隘地把思维看作人脑的机能而不是理解为脊椎动物的脑的机能，似乎动物的脑既是进化的产物又是退化的器官。不产生思维和认识的脑除了作退化解释之外，还有意义吗？但这不正是悖论吗？否认有脑动物的思维和认识，实质上是否认它们的主动选择性，也即从根本上否认动物和植物的本质区别，由此也根本无法有根据地理解人的思维、认识和理性从哪里来。

从内在机制看，动物的主动选择性的基础依然是生命客体的普遍感受性，但它进化出更加敏感和独特的感知器官，进而进化出神经中枢系统来实现感受的整体性，使之对环境的刺激反应进化到复杂系统行为水平。它的最高阶段则是在脊椎动物纲的中枢神经系统中进化出专司思维和认识的大脑，通过大脑对各种刺激的接收、综合后去支配生命运动中的选择性生存，从被动选择性进化到主动选择性的水平。大脑的产生就是意义的产生，是感知的意义以及选择性适应意义认识的产生。意义认识的产生就是思维和认识的产生，就是由无意识灵魂到有意识灵魂的进化，这是不可否认的。既然狗通人性，狗忠于主人，那又凭何认定狗脑没有思维呢？事实上，人类对认识的刺激、条件反射机理的认识应该是先从动物身上实验而发现并总结出来的。人类长期以来强词夺理，把思维和认识霸为己有的根源不只是人类沙文主义，还应在作为西方价值基础的上帝文化中去寻找。

动物的诞生和进化是自然界复杂演化的最高阶段，这是基于它进化出来的能动选择机制实现的。但是，必须看到，动物进化出思维和认识选择机制去适应和利用环境来更好地生存，也仍然处于自然生存阶段。这是选择性和必然性相统一的过程，即仍然是自然意义上的行为，应该把这种选择性限定于动物的自然本性去理解。思维、认识、意识并不是超自然的产物，而是自然进化的杰作，它的产生只能由自然复杂性而不能从神秘性去理解。在自然范畴下的行为肯定是由必然规律支配的，传统上把思维和认识看作非自然现象、把选择性看作和必然性相对立的，这是不严谨的。非自然现象是文化现象，但动物停留在自然感官意义的认识，由感觉产生的脑的思维和认识机能在没有上升为抽象的一般认识之前，还停留在具体感性的个体性特定认识之中，就还只是自然现象。文化现象上的思维和认识不仅是脑的机能，而且是从个别、具体感性认识上升为一般普遍性抽象时才产生的。一般的抽象，从自然现象上升为文化现象的标志是客体性抽象符号的产生，因此，思维和认识才不再局限于具体自然存在，才源于自然而超出自然，才有理性的灵魂。从这种统一性意义来看，动物尽管已进化出基于思维和意识的能动选择生存机制，但仍然停留在纯粹自然意义上的生存方式。在动物基于本能欲望支配的选择性生存活动中，它的直接、内在目的仍然是自然意义的本能，是基于具体感性认识的直接欲望，不是普遍抽象的目的。以自然内在目的即本能为基础的动物选择性是在自然选择机制意义上的，与其把动物选择和自然选择看成两种选择，把两种选择的交集看作它的现实选择，倒不如把动物选择理解为包含在自然选择之中，生命的生存现实就是生命主动选择和自然必然性制约和支配的统一过程。

生命自然进化的最大成果是自然意识即具有大脑思维认识的高等动物的产生。生命的本质是灵魂，即生命选择性生存的内在的必然性选择形式，现实中是抽象的选择性意义结构。意义是纯粹的抽象，无基于量、有基于质量而成为具体存在，灵魂无质无量谓之空，空基于无质无量本性只能是抽象形式。抽象灵魂和生命躯体相统一才获得具体性，成为有现实意义的灵魂，同时具体生命基于无、有、空的统一就是自然最高形态的存在。生命进化本质上就是灵魂的进化，由无意识灵魂到意识灵魂的进化是自然依必然性实现其最大内在目的的过程。

第一节　动物界：基于自然本能的能动选择性生命

一、亚里士多德的运动生命灵魂

从蒙昧和野蛮时代一路走来的人类，在远古时代以图腾崇拜来解释神秘的生命，并赋予一切生命以灵魂，灵魂从来都是生命的根据。进入文明史以后，灵魂依然是人类文化的基础概念。古希腊的自然哲学家们在思考世界本性的同时总是从其理论基础出发建立相应的灵魂观。必须承认，迄今为止，在一切称得上理论的正统认识中，与认识、思维、情感等密切相关的灵魂思考，基本上是局限在人的领域中的。由图腾崇拜时代的泛神论延续而来的生命灵魂观念在近代启蒙运动后，在哲学和科学理论中基本销声匿迹了。近代科学革命以来，主流的科学价值观不仅抛弃了生命灵魂，甚至抛弃了人的灵魂学说，只承认与人脑机能相关的思维和认识，拒斥既不能证真也不能证伪的抽象灵魂。

西方文化的源头可追溯到古希腊文明。在古希腊文明集大成者亚里士多德的理论体系中，几乎可以找到迄今为止人类各种理论体系的雏形。当然，由此发端的各种理论已经极大发展而面目全非。但同时，人类文化也抛弃了亚里士多德理论体系中的许多东西，其中被抛弃得最彻底的理论之一就是他的生命灵魂理论。

按照亚里士多德的定义，“灵魂是一个潜在地具有生命的躯体的完全现实性”[①]。这同时也可以视为亚里士多德关于生命存在的规定性，即灵魂才是生命之所以为现实生命的充足理由。没有灵魂的躯体只是潜在的生命，还不是现实的生命，所以不是生命，所以灵魂才是一切现实生命的本质，这就是生命存在和躯体存在的统一性意义。“亚里士多德认为，任何一个有生命的实体都由作为质料的躯体和作为形式的灵魂结合而成。灵魂不可能随意地进入任何一个躯体，并且像幽灵一样在躯体间游来荡去，任何躯体的灵魂都有其独特的性质。亚里士多德并不把躯体看作灵魂的坟墓，相反，他认为灵魂只有和躯体结合才能发挥作用。他把灵魂看作是形式，把躯体看作是质料。所以，他把灵魂看作是物体的现实，是一切有生命的躯体运动的源泉和目的，而躯体则是灵魂的潜能。作为一种现实的生命实体，灵魂根本就不能脱离躯体而独立存在。”[②]在灵魂的认识上，亚里士多德并不只是前人认识的集大成者，而是第一次完整地在统一性意义上归纳出灵魂的本质，它其实也就是生命的本质。准确地说，灵魂是生命的抽象本质，是生命之所以为生命的根据，具体的生命则是灵魂和肉体的统一。灵魂和生命的统一使生命由抽象到具体，使躯体由潜在的生命成为现实的具体生命。当然，这也可以陈述为当具体的躯体实体进化产生抽象的灵魂形式时，它就由纯粹实体上升为生命实体了。灵魂是生命和非生命的分水岭，所以才是生命的本质；灵魂只能结合在躯体中，所以只是抽象的形式，不是具体存在着的东西。灵魂的抽象性又决定了它一定是独特的。因为它没有具体性，不能脱离躯体具体存在，所以它只能和独特的躯体结合，而不会成为脱离躯体游来游去的幽灵。灵魂这种依赖于内容的形式的独特性在于，它既是抽象的，又是独特、个体性的，而不是普遍性的抽象。它的具体个体性是由它和躯体的统一性即对躯体的绝对依赖性决定的。按亚里士多德的理论，一切生命都可以称为生灵，但这个世界唯独没有幽灵。

这是多么深刻的理性灵魂理论！即使以当今认识作为观察的比较参照系，它仍然是关于灵魂的完美统一性理论，所以，它根本不是对前人认识的集大成，而是对之前偏颇、独断的灵魂观的彻底扬弃。德谟克利特把灵魂说成是精细原子时，灵魂和躯体结合成生命就是两种物质实体的空间性结构结合而成的更复杂空间整体性结构，这意味着实际上生命和非生命并无本质区别，只有结构性的区别，生命和非生命的区别与糖和盐的区别是一样的。用精细原子结构、实体存在去解释灵魂的最终答案是有灵魂而无具有生命本质的生命，这显然是荒谬的。柏拉图把灵魂看作独立于身体之外不死的东西，和德谟克利特的精细原子说如出一辙，不同之处只在于“东西”的不同而不是本质的区别。毕达哥拉斯学派把灵魂说成是数目的和谐，这和德谟克利特及柏拉图不同，这是从抽象而非具体存在的本性去解释灵魂，但这种学说只停留在抽象的灵魂定义，没有关于灵魂和具体肉体关系的说明，反而把灵魂解释为任意进入肉体的游来荡去幽灵，这就把以抽象定义来解释的灵魂作为具体独立于肉体的东西了。这显然是荒诞的，由此理解的灵魂终究只是神秘的幽灵。与德谟克利特、柏拉图、毕达哥拉斯学派的灵魂学说相比较，我们不能不由衷地赞叹亚里士多德的深刻和伟大。

按照亚里士多德的统一性灵魂理论，灵魂总是生命的灵魂，生命总是有灵魂的生命。所以，灵魂是生命区别于非生命的特有本质，是多样性生命世界一切具体存在的普遍抽象规定性。但一切生命的灵魂和具体生命个体不可分离，多样性生命世界的灵魂也无可避免地呈现多样性的存在，对灵魂的认识就转化为对之多样性统一关系的认识。在亚里士多德所处的时代，人类对生命的科学认识几乎空白，所以，亚里士多德从感性经验认识中总结出生命灵魂的统一性。他认为，最基本、最低级的灵魂是营养灵魂或植物灵魂；进一步的是感觉灵魂或动物灵魂，最高级的是理性灵魂或人类灵魂。"不同等级的灵魂，其作用也不同，较高级的灵魂包含较低级灵魂的作用，但较高级灵魂的作用不能归结为低级灵魂的作用，低级灵魂则不具有高级灵魂的作用。"③

亚里士多德把灵魂划分为三个从高到低的基本等级是从经验认识中来的。从今天的描述概念陈述，这是从灵魂在生命中的作用即功能的实现中，从现实的生命现象中得出来的。只有从这些具体现象中才能对亚里士多德的灵魂观得到具体理解。营养灵魂的作用是吸收营养和繁殖，从世界统一性原理来看，这正是生命构建时间性本质的宏观现象。营养吸收的科学陈述是新陈代谢，它是具体生命存在生长发育绝对运动的基础；繁殖则是从个体到种群的时间连续性的实现机制，这正是灵魂和生命时间性本质的统一性意义。只有不否认最基本植物生命的灵魂，生灵的说法才是可理解的。动物的感觉灵魂是营养灵魂的高级进化形式，感觉灵魂的最终目的还是营养和繁殖，但它已经不限于固定的空间，不再被自然环境制约和基于被动选择机制去生存，而是进化出更强的选择环境机制，更好地获得营养和实现生殖，从而达到自身生存和种群延续的内在目的性，这是在感觉欲望、运动能力基础上实现的营养获取和生殖连续的过程。最高的理性灵魂是人类特有的，是在动物感觉、欲望和运动能力基础上进化出来的更高级形式，是通过思维能力，特别是理智和理性思维能力来综合感觉，更好地驾驭运动能力和实现目的和欲望。人类的理性灵魂是包含动物感觉灵魂和植物营养灵魂的；人的灵魂和动物灵魂、植物灵魂三者是统一的。综上所述，从形式的意义看，亚里士多德的营养灵魂、动物灵魂和人类灵魂是和以植物感受性、动物感觉性、人的理智和理性思维的特性相联系的，这三种特性也是统一的。简单明了地说，在亚里士多德的生命灵魂学说中，植物灵魂的意义就在于它感受环境并从中获取生存的营养及繁殖能力的形式；动物灵魂的意义在于它通过触觉等基本感觉知觉建立认识，选择符合生存欲望的运动方式去获取生存能力的形式；人的理性灵魂的意义则在于它通过理智和理性认识去综合感性认识，从而更好地选择行动去实现目的的理性形式。更概括地说，灵魂的意义就是感受性、感觉性和理智思维、理性思维的统一。按照亚里士多德的理论，生命统一性的灵魂是抽象的，是从简单到复杂进化的抽象形式。灵魂的复杂性和抽象性赋予了它深奥特征，但绝不能由此把灵魂理解为神秘乃至不可知的，更不能把灵魂看成若隐若现的幽灵。只有抽象的灵魂，并无具体游荡着的幽灵。亚里士多德的灵魂和经验中的具体灵魂认识不协调，实际上是具体灵魂的抽象本质，在肉体和生命相统一意义上的灵魂，其实就是具体灵魂的本质，故在具体生命层次，我们按亚里士多德的理论，由抽象灵魂本质去理解灵魂。

西方文化把中世纪称为文明的断裂，古希腊文明在被野蛮民族摧毁之后，它的文明成果从文艺复兴开始才逐渐为后人所认识并重新利用去构建文明的发展进程。尽管亚里士多德集大成的古希腊文明成果对现代文明具有不可忽略的重大意义，但它的深刻灵魂学说遭遇了完全不同的命运。这可能和灵魂的中世纪理解有关，但最主要原因应该是亚里士多德由抽象本质统一性归纳出来的生命灵魂本质学说拒斥了独立游荡的幽灵，却无法解释人类关于灵魂的朴素经验，即使在普遍生命意义上抽象灵魂本质学说也只是被理解为神秘生命活力论。一切认识来源于经验还必须返回经验才是所谓认识，无法和灵魂经验建立关联的亚里士多德的生命灵魂统一学说同样被后人抛弃。中世纪的宗教迷信统治玷污了神圣的灵魂，但近代科学革命以来对灵魂具体形式的认识也始终是具有严重局限性的。

二、亚里士多德灵魂统一性理论的历史演变

灵魂是生命存在的本质，是人类认识自己存在本质时产生的重要概念。但亚里士多德的统一灵魂观并没有在人类“认识你自己”的几千年历史中发扬光大并得到进一步发展，而是走上一条曲折之路。在后亚里士多德的漫长历史中，生命的灵魂观分野为两个极端的演变方向，并且都与亚里士多德的智慧渐行渐远。

欧洲中世纪是宗教借信仰进行野蛮统治的黑暗时代，信仰统治是假灵魂统治之手实现的，故灵魂观是中世纪宗教统治的文化基础。教会对具体的人的统治是在对他抽象的灵魂统治基础上实现的，末日的审判、灵魂的救赎成为中世纪宗教文化的话境。政教合一的中世纪统治对人的奴役从灵魂到肉体，从思想到行为，对人的自由的剥夺是釜底抽薪式的。从意识形态上支撑这种野蛮统治的则是人的灵魂独立具体且不老不死的学说。因此，亚里士多德的统一性灵魂理论在中世纪断裂了，湮灭了。

从哲学史看，欧洲中世纪早期的宗教哲学和随后的经院哲学是信仰和理性哲学思辨的杂交体，柏拉图和亚里士多德等古希腊哲学大师们的智慧借它们传递，但只能是以杂交之后变异了的形态传递。对亚里士多德生命灵魂学说及第一哲学的继承是目的论，却由内在目的论变异为外在目的论，人的目的作为他存在的根据是外在于人的存在的，是由外在于人的上帝提供的。对柏拉图的师承则是灵魂不死理论和模仿创世说。造物主按照理念模仿而创造出世界，人是被创造出来的，是以上帝的目的为目的、根据和原因的存在，而这又是以人的不死灵魂为形式实现的。这些变异的基因，成为中世纪经院哲学体系的基本基因结构。

近代文艺复兴以及启蒙运动开启了人类从宗教信仰统治下觉醒而追求人的解放的伟大历史进程。近代科学革命在追求真理、破除迷信、摧毁宗教统

治基础的解放运动中居功至伟。近代以来西方科学文化发展的一个重要现象是彻底抛弃了灵魂概念，从中世纪人类被奴役的灵魂到柏拉图的不死灵魂、亚里士多德的统一性灵魂，都成了无意义甚至荒谬的命题。这或许要归结为两方面原因：一是中世纪的灵魂学说使灵魂面目可憎，并最终沦为丧家之犬。科学否定迷信的一个伟大成果就是彻底抛弃了神秘的灵魂概念，灵魂最终只在信仰的庙宇中找到避难所。二是近代科学建立起来的基于实验、观察的实证科学认识方法对于抽象形式的灵魂而言是无交集的，亚里士多德的抽象灵魂本质合逻辑地就不是实证科学的认识对象，传统独立不死的游荡幽灵式灵魂的经验之谈更是无法由科学去现实地思考和认识的，否则灵魂就是具体独立存在而非一切普遍生命的抽象本质了。按照科学理性的信念，既然科学不能实证地研究灵魂，在科学意义上灵魂就不存在，这是合乎逻辑的结果。

但是，亚里士多德的灵魂观和基于感性经验的独立灵魂认识所指向的对象并不相同，和中世纪经院哲学以及宗教统治的灵魂概念也是完全不同的。它不但具有一定的合理性，而且还是有着深刻智慧的思想，故它在近代文艺复兴以来的文明进程中还是顽强地表现了出来，但不再以灵魂的名义而是以理性的形式即抽象的精神去表现的。但是，由纯粹的理性形式和抽象精神去认识的灵魂和亚里士多德的植物灵魂、动物灵魂以及人类灵魂的统一性灵魂的意义是无法比拟的，前者是普遍类形式抽象，后者则是在前者基础上向抽象的具体进展。就是说，精神、意识是类意义的抽象形式，灵魂才是从类抽象回归具体生命的具体抽象形式，即精神是抽象的抽象，灵魂是抽象的具体，灵魂是具体化了的精神，精神是以具体灵魂为基础的普遍抽象，和具体灵魂不统一的独立精神没有现实意义。另外，由于近代科学革命以来理性知性化的演变趋势，以理性名义去思考的意义对亚里士多德的理性灵魂形式并不是发扬光大，亚里士多德的智慧日渐式微。其中特别重要的一点是与中世纪对灵魂的理解和救赎限于现实的人一样，从理性精神形式出发去思考同样只能局限于人，由此导致的最糟糕后果在于，由于缺乏亚里士多德式的统一性智慧，对人的理性认识的最短视行为就是把与抽象精神意识相关的统一性内容全部限定在人的范围，限定于人的抽象思维。精神、文化、意识基本上成为独立于具体的不存在，不是现实具体人的不可分割的统一性存在的抽象形式。其登峰造极的结果是得出一个形式决定论的人类世界，主客体相统一的具体存在之人消失在构建抽象的普遍形式中，成为被之决定的齿轮和螺丝钉。对此，人类不得不进行深刻反省。宗教统治是由上帝去为人的灵魂提供根据的，转换为科学理性且抛弃非人生命的抽象精神意识后，人的精神从哪里来就永远是无头公案，精神意识就像万物本原般不可追根究底。十九世纪三大科学发现之一的达尔文生物进化论从自然进化解释了人是从哪里来的，这是对上帝创造人因而统治人的宗教统治的致命一击。无不幽默的是，达尔文进化论从自然本身解释了人从哪里来，同时赠献给人类以万物之灵的溢价附加值。所谓“人是万物之灵”和亚里士多德的“人的独有理性灵魂”观点有异曲同工之处，但亚里士多德的“理性灵魂”是以生命世界统一性灵魂为根据的，达尔文的物种起源则是在与生命灵魂本质无关的宏观表型意义上得出的，由进化论断言人是万物之灵是在它的陈述定义域之外的，故是附加值。

反对欧洲中世纪宗教统治的革命从泛神论到自然神论，终于在十八世纪法国资产阶级革命中达到高潮。十八世纪法国战斗的唯物主义者又是彻底的无神论者，他们用机械唯物主义及无神论思想为资产阶级反封建、反宗教神学的革命提供有力武器。对神的否定也是对基督教学说不死灵魂观念的否定，并转向用机械唯物论去解释生命和人的灵魂。拉美特里的代表作是《人是机器》，他把人的心灵看作是依赖于肉体机器的属性，身体死亡，心灵也随之死亡，因而彻底否定了灵魂不死以及宗教灵魂救赎学说。霍尔巴赫同样把人看作自然产生的机器，只不过这部机器非常复杂，从而使人有理性和智力的大脑活动和动物只在生理刺激影响下的活动区别开来。他认为，人区别于动物的这种本质即理性和智力也必须还原为自然产生的物质性存在去理解，甚至认为灵魂是物质性的，是我们身体的一部分，“只有通过抽象才能把它和身体分开。灵魂本身就是身体，只不过从它的特殊本性和构造使它具有某些作用或机能去看，即从它使人能感觉和思维看，才称之为灵魂”[④]。

由此可见，随着近代反封建反宗教统治的资产阶级革命的胜利，以十八世纪法国战斗的无神论为标志，人类基本上抛弃了基督教的灵魂观，把灵魂归结为人脑的机能，也即思维。以此为据，关于灵魂的思考也就转换为具体的人的理性能力、思维乃至人的感觉活动的思考。这种看法至今仍占据绝对地位，无论在科学认识还是哲学认识中都是人类文化的主流。

把思维局限于人的范围有几个特定的历史原因：一是思维由之转化而来的灵魂概念在漫长的中世纪中是和人不可分割的。因为宗教是人的信仰而不是动物的感觉，宗教的灵魂特指人的灵魂而无生命普遍灵魂意义。二是法国无神论的唯物主义哲学是以人的解放为主旨的，关心的主要是人。拉美特里宣称他的哲学就是关于人体的哲学，在这个理论体系中，灵魂转换为思维就特指人的思维了。三是思考思维本身的目的性总是指向理性思维，旨在由此区分人和动物的不同之处，用理性思维涵盖一切思维，把思维作为人类的专利就顺理成章了。比如，马克思认为，蜜蜂灵巧，会建房子，但人比蜜蜂高明之处在于，房子还没有建好，人们就在脑中把它建造了。言下之意，大脑的思维和认识是人和蜜蜂这样的纯粹动物的根本区别。

人是万物之灵，人的思维和认识是人之所以为万物之灵的根据之一，这无可非议。但那是人类在社会历史中创造出的具有抽象普遍性的知性思维及具体普遍性的理性思维，而不止于普遍思维本身。合逻辑地看，这是必须由人的思维和动物思维的本质区别去理解的，不能狭隘地把思维、认识、精神当做人的专利。知性思维和理性思维是以最一般的感性思维及认识为基础的，是统一地包括自然感性思维的，否则就不能说一切认识都是从经验中来了。人和动物的区别不在于有无思维和认识，而在于有否从经验的具体个性认识上升为抽象的普遍认识。所以，近代科学革命在否定中世纪宗教统治的具体灵魂观以后，基本上以思维和认识取代了灵魂概念，并将之基本上限定于人自身。从当年亚里士多德关于生命的统一灵魂观学说来看，这同样是走向极端。强调人的思维认识的独特性和专享性，忽视生命世界从低级到高级进化过程中思维产生和发展的统一性，比起亚里士多德的深刻智慧应该自叹弗如。这其实与人类认识从低级到高级发展的一般规律是相背离的。

抛开近代人的思维及认识学说已经抛弃了灵魂概念这一极端做法，就单从人的角度去思考思维和认识而言，这种缺乏统一性智慧的作为本身的后果在逻辑上就一定陷于机械论。陷于机械论首先表现在用机械力学的简单、抽象相互作用原理去解释具体生命的一切，包括生命的灵性——这里暂不执着于灵魂概念的讨论——即生命的思维和认识现象。对生命乃至自然界的认识都不能算是一种进步，由此去理解的生命就只是物质性的本质存在，因而实际上并不需要去深究所谓生命的认识问题，思维已只是人的规定性而不是生命进化出来的自然规定性。其次，思维和认识是人脑机能这种归纳并不是不符合逻辑，而是远远没达到抽象的具体，与其说是机械论的，不如说是朴素的。人脑的机能是思维和认识，这和思维是人脑的机能并不等效，除非把它作为一种科学因果关系意义上的陈述。如果从个别和一般的统一性关系来看，“人脑的机能是思维”是个别陈述，“脑的机能是思维”才是一般陈述，并且只有达到思维统一性理解，才能通达多样化生命世界的思维和认识的普遍意义。生命世界本身是从简单到复杂性进化的统一世界，用进化论专家们的话来说。如果不作这种理解，生命世界的许多事情看起来就情理不通。对于思维的产生不从统一性的进化观去看，那肯定是情理不通的。亚里士多德的灵魂学说把植物灵魂、动物灵魂和人的理性灵魂看作依次递升形式，高级灵魂包括低级灵魂，低级灵魂则没有高级灵魂作用的统一性理论才是与进化论相协调的。诚然，近代科学革命以来，人类在抛弃了传统灵魂概念、从思维及认识去思考人的理性认识能力时，固然把人类的理性思维看作从感觉即经验开始，关于认识的思考，关于人的理性能力的思考是近代哲学的最重要部分，并在康德的批判哲学中达到高潮，但是仅仅着眼于人的感性经验，而无视最一般生命的普遍感性经验，在认识的起点上就是失于偏颇的，这在起点上就把人和自然割裂开了。万物之灵的不证自明性在逻辑上意味着，人们在思考人之初已经在先地把人和动物区别开来，把最一般的感性认识排除在视野之外。离开感性、知性、理性相统一就不可能由抽象理性进展到具体理性，思维和认识就永远是抽象的。当然，这种思维的主要局限在于失去对感性认识的普遍理解，失去对生命本质展开过程的统一性认识。这实际上已制约对人的生命存在的统一性认识，因而对人的理性认识能力的思考显然是打了折扣的。最后，在机械论的思维和认识理论中，最彻底的机械论者把形式等同于内容，把人脑的机能等同于人脑组织器官本身了。霍尔巴赫说灵魂是物质性的就是这种彻底的机械论结论，这犯了和德谟克利特把灵魂看作精细原子一样的错误，把内容等同于形式，把大脑思维的过程现象等同于大脑存在本身，那就是抽象和具体同一了。这就不是对灵魂或思维统一性理解的深刻或浅薄问题，而是在逻辑和事实上可用真假值来判定的对错问题了。

可以这么说，灵魂问题是人类从只具备最低级感性认识就已经产生并一直挥之不去的深刻问题之一。中世纪的愚人灵魂学说玷污了灵魂的神圣性，但基于中世纪的灵魂学说而用奥康剃刀彻底切掉灵魂不是明智之举。近代无神论拒斥灵魂的最可靠根据是我们不能科学地认识和观察它，但科学不能观察和认识并不代表它不存在。没有存在肯定没有对存在的科学认识，但在对之科学认识之前绝不能推断它不存在，这才是一切认识从经验开始的真正意义。在抽象本质存在意义上否认灵魂实体性已经先验地决定实证科学对象意义的灵魂不存在。在亚里士多德生命抽象灵魂学说意义上，一切生命普遍本质的灵魂本身就合逻辑地不是实证科学的命题。但即使灵魂不是具体存在，也不能由此得出最普遍存在意义上灵魂不存在的结论，否则，不但无法把抽象的认识和具体的认识统一起来，而且无法在存在和认识相统一的前提下具体理解自然生命。对于几千年来人的灵魂具体独立存在的认识而言，尽管我们至今还没有关于这种独立灵魂的任何科学认识或存在证据，但并不代表永远不会。从逻辑上说，如果人真的没有灵魂，那么我们真的不知道我们是什么。世界统一性原理的最高境界就是对人的存在的肉体和灵魂相统一的理解，但在向这个目标迈进之前，需要更坚实的基础工作，需要回到两千多年前亚里士多德对生命灵魂本质的统一性认识概念框架，并在近代以来对灵魂所限定的思维和认识的抽象的规定性意义上，从植物生命开始，去思考动物生命中思维和认识的产生问题。只有以自然生命为起点，得到生命进化过程本质统一性更具体、更丰富的理解，才能为人的精神文化现象的本质认识提供可靠基础。

三、动物界：主动选择环境的生命存在

在生命世界进化中，动物界是比植物界更高级的生命存在，这是达尔文宏观进化论产生以后人类形成的基本观念，而且这是可以从对植物界、动物界统一性关系的宏观表型概括出来的认识。其中最有力的根据是动物界首先以植物界为食物来源，从植物界获取生命生存的能量，在生命生存链上，动物居于植物之后。按进化论的观点，动物就是比植物高级的更复杂生命存在。对这一基于生命统一世界宏观表型现象归纳出来的认识，回到它的本质，回到支配生命运动的必然性规律及其作用的内在机制，就能得到更深刻、更具体的理解。

生命和非生命的本质区别之一在于生命是复杂演化达到极限形态的个体性存在，每一个具体生命都具有自身不可还原、区别于其他具体生命个体的独特规定性。达尔文归纳出进化论是基于一个重要的观察事实：没有两个完全相同的生命个体。要理解这种现象的本质，应该基于生命作为绝对运动着的有机整体、与环境相适应的交换中的绝对运动过程性存在，同时更应该基于生命时间性本质所赋予的它是可能性存在的基本特征。所以，生命不仅是东西，而且是绝对运动着的状态。生命的绝对运动并不是一般意义上的空间运动或结构演化运动，而是由它的内在本质即它的 DNA 物质的遗传编码先验地决定了且由必然规律支配的特定运动过程。但 DNA 物质遗传编码所决定的生命本质只是抽象本质，它要成为现实的生命，由抽象成长为具体的现实，就必须符合自然环境的边界条件，即和外部环境相适应。和环境相适应，抽象的本质发育为现实的生命运动；没有合适环境，DNA 物质就只能停留在抽象生命阶段，无法成为现实的生命。这是生命作为可能性存在的最基本意义，是在可能性和不可能性、具体现实性和抽象可能性之间的选择。生命作为可能性存在的更具体、丰富意义则在于它的具体现实个体在环境随机性条件下绝对运动的可能性状态。任何现实、非变异的生命运动都是由它的遗传编码按内在必然规定性支配的，但每一生命个体运动过程的边界条件和初始条件则是随机的，所以，生命和环境相统一的结果，即每一个具体生命所实现过程的状态，它所表现出来的具体表型也是随环境而变动的，这就

是可能性生命作为个体性存在的真正原因。这其实和物质运动定律的支配作用效果在逻辑上是一致的，最简单的加速度定律随不同的边界条件和初始条件可以描述物质世界任何客体加速度运动的可能结果。生命运动和物质力学运动区别在于，生命运动的主体是具体的复杂性存在，支配它运动的是复杂的必然规律系统，而不是物质抽象质点及独立的确定性边界条件和初始条件。最为重要的是，生命从抽象发育为现实时，对边界条件和初始条件的要求只在一个非常狭窄的区间成立，这就表现为环境对生命的基础制约作用，即生命自然选择是在有限范围中环境选择的意义。环境是生命从可能变为现实的前提，但生命和环境的相互作用不是简单的必然因果关系，而是生命对环境选择机制起作用和支配的结果。所以，自然选择是生命选择从而使生命在和环境相协调中实现生存最大可能性的现实过程。对生命的本质、生命的可能性及个体性现象，首先必须从生命本身去理解，而不能仅从自然环境选择去理解。从生命选择出发才能从本质上揭示生命世界从简单到复杂、从低级到高级的进化法则。

亚里士多德以灵魂为生命本质的统一性学说中把植物灵魂看作最基本的生命本质，它的特点是限于实现直接性的营养和繁殖的内在目的性。从前一章光合作用生命的讨论可知，植物生命吸收营养实现生长发育及生殖生长的内在机制是由光合作用吸收太阳入射光子，叶子呼吸吸收二氧化碳，根系吸收水分及少量其他微量元素来实现的。在植物这种基本的生命形式中，也已经进化出了对自然环境的选择机制，至少植物对太阳光是选择性吸收的，它只吸收太阳入射光谱中部分频率的光。甚至还应认为叶绿素的吸收机制本质上是吸收和反吸收的统一机制，即可以理解为它在吸收特定光的同时反射太阳光谱中成分最多的绿光。植物生命的选择是最简单、直接的选择，是通过特定的组织结构，以不变应万变的方式实现选择作用的。阳光、空气、水分、土壤是植物选择生存的对象和基础，这些物质和能量在地球生命圈分布的普遍性，是地球植物生命起源、生长发育以及从简单到复杂性进化的充要条件。

亚里士多德把动物灵魂看作以感觉为本质特征、比植物生命高一级的灵魂。动物界以植物界为基础，因为动物要以植物或其他动物为食物来获取生命存在的主要能量和物质，植物界是动物界起源和进化的必要条件。动物同样需要营养和繁殖，同样有获取营养和实现繁殖的专门器官组织，但它获取的营养及能量和植物来源不同，它并不直接利用太阳光的入射能量，而是通过吸收植物或其他动物中贮存的能量，通过消化食物中的糖、蛋白质等，使其在水解过程释放出能量来驱动生命。从这个意义上说，动物虽然没有光合作用，但同样进化出与之功能相当的能量获取、转化、吸收和运输、贮存机制，这是它生命的基础，也可以将之理解为动物生命中的营养灵魂。但动物生命和植物生命相比，仅有营养灵魂是不充分的，这只是动物存在的必要不充分条件。因为在动物生命与环境的相互作用中，满足其生存的环境在确定的空间点中是不充分的，它所需要获取的能量和物质并不像阳光、空气、土壤、水分那样是生命圈中的普遍存在。植物和其他动物作为动物生命物质和能量的基本来源，在任何一个空间点位置中都不能是完备而且能连续获得的。以植物和其他动物为食物来源的动物生命就必须能够“动”而不是“植”而不动，才能实现它生存连续性的时间本质，才能现实地生存。能动，不只是动物在宏观过程意义上的现象，也是动物之所以为动物的本质特征，更是动物之所以能作为生命存在的必要条件。

“能动”作为动物的本质特征，有其特定的意义。最普遍的能动性是能量的绝对运动及由其推动的物质客体的普遍运动，物质世界的运动则包括物体整体的空间位置变化以及自身结构的演化。动物的“能动”性作为它的本质特征，在现象意义上特指具体动物生命个体所具有的空间运动能力，包括这种运动现象在最终意义上的能量转换和转移所起的驱动作用，但动物能动的本质在于它的能动的选择性。动物运动的内在目的和意义在于通过运动来实现对生存环境的选择，增强从环境中获取生存的能力，从而实现生存的本能即生命的本质。动物的能动性弥补了它对食物需求即营养、能量需求的特定限制性，这种能动性是和它的特定的能量、物质获取结构完美地相统一的。不同的动物物种依靠不同的食物生存，对生存环境有不同需求，因而进化出适应各类不同环境的动物生命物种。尽管每种动物的运动能力是不相同的，但每一种动物的特定运动能力一定是和它特定的食物需求以及食物分布的自然环境完美地统一的。一旦环境变化消解这种统一性，无法适应环境的动物就是濒危动物甚至会绝迹，比如森林的消失是许多地方老虎绝迹的原因。能动性在行为现象上描述了动物和植物的区别，在选择性本质意义上揭示了动物和植物既区别又联系的统一性，并在这种统一性中揭示了动物是比植物更高级的生命存在形式。动物的感觉灵魂同样包括植物那种营养灵魂，但动物进化出空间中的运动特性去实现对环境的选择，所以是比植物在环境中被动选择生存方式更高级的主动选择性生命存在。这种能动的选择固然包括被动选择，但被动选择没有达到主动选择的水平，所以植物获取营养的被动选择生存方式从本质上决定了它是比主动选择性生存动物低级的生命存在。生物世界从低级到高级、从简单到复杂的进化的最重大事件之一就是从植物界向动物界的进化，动物界的诞生本质上是生命适应环境的选择机制及生命和环境统一性关系的更高级模式的诞生。所以，动物世界诞生的本质就是主动选择自然环境的生命的创生，据此生命对环境的适应能力达到更高级的水平。

亚里士多德用感觉、欲望和运动作用来归纳动物灵魂的本质特点，对之更概括的综合则是动物灵魂能动选择的本质。长期以来，对能动选择性的思考并没有延伸到动物世界，而是把自然生命世界看作是纯粹被动接受环境的生存客体，并偏向于把主动选择性作为人的自由的本质，作为人和动物的本质区别来看待，而欲望即内在目的性以及选择性行动是人作为自由主体性存在的本质特征。根据对欲望、目的、主动选择性和自由关系的理解，把与动物的感觉、欲望和运动能力相联系的思维、认识以及目的性排除在动物之外，就是自然而然的了。但是，我们又无法否认亚里士多德对动物感觉、欲望及运动能力的归纳，因为这是从有目共睹的宏观感性经验中归纳出来的，并且它揭示的正是动物和植物的不同本质。基于对环境的感觉去实现自身生存欲望的生存运动是如假包换的主体选择性活动，这在逻辑上是无法否认的。因此，必须从统一性关系去理解动物灵魂和人的本质的关系，即人的自由选择是人的本质，但并不是所有选择或主动选择行为都具有自由本质。自由以选择为基础，就是说，选择既可能是自由的，也可能仅是自然意义上没有自由本质的主动选择。只有这种统一性理解，才能理解动物的主动选择特征，才能面对动物的感觉能力、本能欲望及运动能力等现实问题。如是理解的话，就能把动物的主动选择行为和能力作为动物之所以为动物而不再叫做植物的充分理由，而亚里士多德归纳的动物灵魂的感觉、欲望、运动能力则正是构建它主动选择本质的内在机制，循此将得到生命世界统一性的新理解。

第二节　动物主动选择性生存机制

一、从感受性到感觉功能的飞跃

亚里士多德从感觉开始作为动物界超越植物界的出发点，并把动物灵魂叫做感觉灵魂。由此可见，感觉的理解对思考生命世界的进化有重要意义。因此，有必要对感觉概念稍费周章来探讨。

人类自称万物之灵，具有复杂的理性思维能力。如果感觉确是动物世界起点的话，那对于理性的人而言，它确实是最简单、最基本的。我们的生存活动首先是建立在感觉基础上的，且人的感性生存活动自身就是由一系列感觉活动参与构建而成的。但最熟悉、最简单、最基本的感觉的认识和理解不是简单的问题，而是一个极为复杂的难题。一个典型的事件是：在一家上市企业公示的内容中，有一项极为重要的“活取熊胆”技术竟引起轩然大波。熊胆是珍贵的药用资源，活取熊胆当然比杀死熊获取熊胆的传统方法要合理得多，这对企业、人类社会乃至“熊社会”不失为共赢的好事，岂料招来网民们铺天盖地的抗议和唾骂，千夫所指“活取熊胆”的“不熊道”行径。不得已，专家出身的卫生部部长只好出来解围了，向公众解释，其实活取熊胆时熊并不痛苦，并非“不熊道”。这更激起网民众怒升级了，责问部长，你不是熊，你凭何得知熊被活取熊胆时并不痛苦？这些慷慨陈词其实只讲一半道理，只是半桶水。因为他们也不是熊，那又凭何知道熊被活取熊胆时是极为痛苦还是有点痛苦呢？以子之矛，击子之盾，如何？

实际上，当专家解释活取熊胆熊并不痛苦的观点时，并不是纯粹基于个体感性认识，并不停留在具体的感觉中，而是从个人感觉经验基础上归纳出来的一般认识规律推论出来的。我们在此对以感觉为基础的认识发展过程不作深究，主要由它说明了一个非常重要的问题：我们每时每刻都在依赖我们的感觉去体验世界，但并不意味着我们真的都懂得了什么是感觉。即使在文化和科学认识已经相对发达的今天，大多数人对最基本的感觉还是所知甚少的，就像牛每天靠反刍来消化，但它并不懂得消化的机理一样。最熟悉的往往是最陌生的，最基本的往往是最深奥难懂的，这是需要深刻的智慧才能悟到的哲理。亚里士多德把动物界的灵魂定义为感觉灵魂，就是把动物的本质看作以感觉为选择机制基础的生命存在。所以，我们从亚里士多德的感觉概念规定性开始，探讨感觉的意义。

"亚里士多德在讨论一般意义上的感觉时，把感觉看作是一种撇开感性对象的质料而只接受感性对象的形式的能力。感觉就像蜡块一样，它只接受图章戒指印迹，而不接受戒指的材料，如金或铜本身。感觉与感性对象的质料无关，它只涉及感性事物的形式……感性对象是外在于感官的——即不依赖于感觉而存在的个别事物。因此，现实的感觉都带有个别性。知性则不同，它属于一般的东西。"[5]亚里士多德把感觉理解为感觉者的感官对感觉对象的刺激的反应，反应的认识成果首先是获得感觉对象形式上的表象。他的感觉论的最深刻之处在于揭示了现实感觉的个别性特征，这就是我们认为感性认识是具体认识的根据。知性认识即知识则属于一般而非个别的东西，从感性表象上升为普遍知识、从具体认识上升为普遍认识的机制正是认识论的核心所在。亚里士多德把感觉作为动物世界的起点，直接依据在于一切动物必须通过感觉去区分食物，选择所需食物以获得生存。

近代科学革命以来，哲学理论思维的兴趣逐步由传统的本体论转向认识论，感觉及其与认识的关系就成为近代哲学的一个重要的生长点，并产生有代表性的经验论和唯理论两种认识论。经验论坚持从具体感觉开始产生认识，认为一切知识是从个别感性认识中归纳出一般抽象认识的。唯理论坚持知识是从逻辑演绎中产生的，强调的是知识结构中的逻辑关系而不是知识产生过程，以此作为知识的来源是不合逻辑的。康德指出，演绎的结论包括在前提之中，所以它没有超出前提的范围，即没有产生新知识，所以，新的认识及知识的发现只能来自归纳。经验论是近代科学革命以来探讨人类知识发生和发展的合理理论，并且它总是从具体经验的感觉概念开始构建认识理论的。

近代经验主义的重要代表人物是十七世纪英国哲学家洛克，他继承了笛卡尔哲学传统特别是“观念”理论，并发表了重要的著作《人类理解论》，建立了唯物主义经验论体系。洛克否定了历史上的天赋观念论，坚持一切认识都是后天而不是先天的，是从后天的经验基础上建立起来的。洛克认为，人的心灵原来就是一块白板，白板上建立的一切观念和知识都来自经验。洛克的经验指人对外物的观察和对自身心灵的观察，所以，经验包括感觉和反省两种形式，即对外部感性对象的经验和对内部思维反省的经验。洛克的反省经验在逻辑上是不完备的，实际上陷入了概念的恶性循环。所以，十八世纪法国唯物主义者们基本上继承了洛克的感觉经验，抛弃了内省经验，建立了彻底的唯物主义经验论理论。拉美特里认为，感官是我们的哲学家，没有感觉器官，就没有观念，也就没有知识。“心灵的一切机能，直到意识为止，都只不过是依身体转移的东西。”[6]就是说，心灵的认识是依赖于身体的感官感觉的，而所谓心灵即大脑也是特殊的身体物质器官结构。狄德罗则从物质的普遍感受性开始，把它作为物质的基本性质，并把感受性分为迟钝的感受性和活跃的感受性两种，无生命物质只有迟钝的感受性，而人和植物、动物这些生命存在则具有活跃的感受性，但两种感受性可以相互过渡，而不是绝对割裂开的。狄德罗的活跃的感受性就是感觉，他也是从感觉去论证认识起源的。

近代经验主义认识论把一切认识建立在经验基础上是合理的，但不能忽视传统经验主义的机械论色彩，这在感觉概念中可见一斑。狄德罗用感受性去说明物质的普遍特性，它更确切的科学陈述是牛顿第三定律即作用力和反作用力规律，以及物质世界处于普遍联系和相互作用之中的观念。这种包括非生命之物相互作用的感受性意味着生命世界的感觉同样已经还原为物质客体相互作用，抹杀了生命感觉和物质相互作用的本质区别。感觉当然是相互作用过程及结果，但感觉之所以为感觉的充分理由绝不能建立在相互作用中。十八世纪法国唯物主义把感觉还原为相互作用，这和把人还原为机器是同一道理的。狄德罗用生命活跃的感受性区别于无生命物质迟钝的感受性的时候，活跃的感受性很难从感觉意义去理解，如果说植物有活跃的感受性，我们根本无法理解植物的感觉。在经验意义上，从物质的感受性出发上升为特定的感觉并不是非生命世界上升为生命世界的飞跃，而是生命世界从无感觉的植物世界向有感觉的动物世界的飞跃。因此，按照统一性的逻辑，应该从植物直接的感受性的刺激——反应生存方式到动物界的感觉这一特定的刺激——反应方式去思考感觉以及思维的产生和发展问题。

狄德罗的感受性概念实际上只是物质客体相互作用的同义反复概念，是不合逻辑的。按照统一性逻辑，以物相互作用为前提的感受性超越了物相互作用的特定相互作用，它只能在复杂生命整体和外部环境之间的"刺激—反应"这种特定相互作用方式去理解。由此出发，我们按照亚里士多德的营养灵魂、感觉灵魂和理性灵魂的统一性思维去探索生命的感觉概念。按这种逻辑，植物是有感受性而无感觉的客体存在。所谓活跃的感受性和感觉，所指的意义是不相同的，因为狄德罗把迟钝的感受性和活跃的感受性作为区分生命和非生命的标准，但感觉是生命世界自身植物世界和动物世界的本质区别。按照机械唯物论，感受性是一切物质实体的特性，生命首先是物质客体，所以生命也是感受性的，至于迟钝的或活跃的感受性只是量即程度而不是质的区别，因而不能视为生命世界和非生命世界不同本质的概念。按照世界统一性原理，物质实体是相互作用关系，感受性则是生命的规定性，相互作用和感受性的统一是物质和生命存在的统一。植物的营养及能量吸收、排放，在一般物质感受性意义下是相互作用，它的叶绿素吸收阳光、叶片呼吸空气，以及根系吸收水分和养分是由进化出来的特定组织结构完成的。这种选择性由器官的物质结构决定，与吸收过程引起的结果无关，完全可以将之分解为器官的物质运动，所以它就是一种被动选择，这种选择只是直接依赖于器官的结构规定性的。所谓植物新陈代谢的活跃感受性，在一般物理、化学运动过程意义上是相互作用，作为生命在和环境相互作用中的被动选择性特性，又可以理解为是它对环境的感受性为基础的生存本性。从生命感受性去理解它和环境的相互作用时，就进展到"刺激—反应"的更普遍意义，又把相互作用关系统一于其中。反过来说，只有生命和环境相互作用才有"刺激—反应"的意义。

在具有感觉灵魂的动物生命中，它的营养吸收器官及感官系统的作用可以在一般的物质感受性意义去理解。但是，它的感觉器官系统与环境的作用又具有与营养器官不同的本质，即它作用的意义并不能在一个特定器官组织中得到理解，感觉只有在感官系统中才有意义，这正是纯粹生命感受性和感觉的本质区别。感觉的本质不在于感觉器官的感受性，不是纯粹的物质相互作用或所谓“刺激—反应”，而是由感官的感受性开始通过整个感觉系统形成的对可感具体对象的综合表象，感觉的表象是支配生命对环境反应的基础。无论感觉表象支配低级动物的直接行为，还是传输给思维中枢去形成思维和认识来指挥高级动物的行为，感觉作为动物选择性生存机制的基础地位都是一样的。所以，感觉是动物和植物的分水岭，植物没有感官，没有感觉，只能依靠吸收器官的选择性被动地与环境进行交互作用，这种依赖直接独立的器官实现和环境作用的机制就是普遍的生命物质的感受性。动物进化出特定的感觉器官以及相应的神经传输网络；在高等脊椎动物中，神经网络进一步进化出储存和处理感觉表象信息的大脑。动物获取营养不是依靠营养器官和环境实现直接交换实现的，而是由感官的感受性接受外在具体对象的表象后，再通过感官系统的进一步作用，才决定是否将之作为食物，并支配生命体进一步行动的。所以，动物的感觉能力是在生命的营养能力和生存能力的基础上进化出来的特定功能。感觉不是器官，感觉不能还原为感受性，而是在感受性基础上进化出来的、具有自身质的规定性的动物生命系统的特定功能，它的产生是生命世界从植物世界向动物世界的质的飞跃。

生命世界进化出有感觉能力的动物生命的意义在于生命对环境的选择作用从被动选择上升为主动选择。感觉是一切动物物种选择自然条件获取生存的基础，是动物选择性机制的基础机制。主动选择性机制的建立，把生命的生存能力扩张到植物不可比拟的水平。植物世界是一个多样化的统一世界，但由于它的对物质、能量吸收的被动性选择机制，整个植物生命世界对物质、能量的获取方式基本上是同一性的，即依赖于生命圈最普遍的资源如阳光、空气、土壤和水分来获取生存，否则它就无法存活。但动物的主动选择作用使不同的物种可以选择适应环境的不同类食物来获取物质和能量，从而支持动物世界的资源并不一定是对所有生命世界最普遍的。因此，动物的多样性由此产生，而且在支持其生存的资源这一基础条件中就具备了多样化特征，这才具备了形成一个多样化统一的生物链和生物圈的内在机制，最终产生了人的世界。

二、从感觉到思维的进化意义

近代哲学认识论是关于人的认识的思考，关于思维的认识也基本上是以人的理性思维为对象的。在统一意义上看，人类理性思维是以感觉和经验为源头的思维发展的最高阶段，它包含着各种低级形式的认识，理性思维也是在简单到复杂的文化中逐步形成的。如果不是这样思考问题，往往会陷入机械论或者人类沙文主义。因此，必须对人类理性思维能力与动物世界从感觉开始的认识能力及机制的进化作统一性理解，否则就会走向片面，最终只能从天赋观念去解释人的精神现象。遗憾的是，人类往往不是把思维看成动物世界进化的产物，而是视为人和动物的分野。比如，《生命科学基本教程》说，"脑在控制和调节机体感觉、运动和内脏活动方面的最高级中枢在大脑皮质，在系统发生的早期阶段来看属于中枢神经系统低级部位的那些技能，在高等动物中逐渐向大脑皮质转移。这一过程叫做技能的皮质化。人与其他高等动物的本质区别在于人脑除具上述功能外，还是一个思维的器官。意识是不能离开脑的功能而独立存在的"[7]。言下之意，只有人脑具有思维功能，这种判断的根据其实不是生命科学实证意义的，而是从只有人有思想、意识这形而上学预设演绎而来的。按这种理解，其他高级动物的脑和人脑不同质，人的理性和动物非理性的本质区别就以物质大脑为根据了。但由物质存在结构本身去说明人类理性的本质显然情理不通，它先验地就把人当成先天的万物之灵，在逻辑上否定了史前和文明史的本质区别，除了借助上帝，根本无法理解文明和理性从何而来。

亚里士多德从感觉、欲望和运动三大功能的统一去理解动物的本质，从只具基本感觉的低等动物到具有理性思维的人这种高级动物的感觉、欲望和运动功能，同样是按进化的法则从低级到高级进化的，并且这种功能进化是以结构进化为基础的。因此，从动物的感觉和认识结构出发思考它们的感觉到思维的进化才是有根据的。最简单的例子是，如果没有电脑的硬件系统支持，任何高级的系统软件都是没现实意义的。尽管同样的硬件系统可以支持不同的软件系统，不能只从硬件系统去理解电脑，但离开硬件基础去谈电脑是无意义的。电脑如此，人脑进化如此，动物的脑也只能如此。

按照生命科学的认识，动物以感觉为基础实现目的的运动是由神经系统的整体协调功能来调控的。所以，动物内在目的性即本能支配的生命活动涉及神经系统及接受环境刺激的感觉器官。感觉不只是感官的功能，而是在感官和神经系统的统一性中才产生感觉的意义。在最低级的单细胞原生动物中，还没有分化出独立的感觉器官和神经系统，感觉、欲望、行动的结构都在单细胞之中，这是生命世界尚未分化和进化的最简单、最原始的形态。但就是这种单细胞也已经分化出相对独立的细胞器，去实现最原始的对环境信息的感应，以之来支配本能的选择性生存活动。更复杂的生命感知及传输结构是在此基础上逐步复杂演化而来的。在腔肠动物中进化出简单的神经细胞和神经网，在扁形动物中进化出中枢神经系统，在脊椎动物中进化出由脑和脊椎构成的中枢神经系统，以及分布在身体各部，建立身体和中枢神经系统联系，实现整体协调功能的周围神经系统。这是动物复杂进化的最高级阶段，脑的进化产生是由感官感知到生命整体感觉的产生。感知是器官的机能，感觉则是器官系统复杂统一性结构的功能了。在动物的感觉系统中，对环境的刺激产生反应的称为感受器，就像我们控制电路中的传感器一样，它的作用是把外界刺激的能量转变为神经冲动，向神经系统传递。所以，感受器可以是神经元的一部分，也可以是引起神经元冲动的细胞，并且它们往往与非神经元一起组合为感觉器官。在高级脊椎动物中，从神经元传递的神经冲动最后传递到大脑皮质，再由大脑去控制机体活动，以保持身体的协调一致以及机体与外界环境的相对平衡。由此可见，不同生命与环境的交互作用确实是有本质区别的。植物通过特定器官来和环境直接完成交换作用，所以只能被动选择环境；而动物以感觉为基础，通过神经系统控制机体的活动，以神经系统为中介的动物运动是符合生命内在目的性的主动选择活动，动物和环境的交换就不是某个器官的特定功能完成的独立过程，而是由感觉器官系统调控身体执行器官实现其内在目的的活动过程，从某种意义上甚至可以说是生命机体整体的功能过程。动物主动选择机制超越植物被动选择机制，是建立在动物生命进化出复杂结构认识器官系统基础上的，且动物界的感官及中枢神经系统本身也是一个从低级到高级的进化过程。据此，我们完全有理由说，动物的感知及认识活动也是从低级到高级进化的。

动物感觉和神经系统器官的进化并不是主动选择机制故事发生的全部，而只是基础。用亚里士多德的灵魂理论陈述，则它只是生命选择机制的质料，不是形式，所以不是选择机制的本质和灵魂。亚里士多德用统一性思维描述肉体和灵魂的统一，并且把灵魂看成生命现实，把肉体看成潜在，所以灵魂才是生命的本质。按统一性逻辑，动物生命主动选择机制的组织结构只是潜在的，它的形式才是本质，组织结构和形式的统一性才产生现实的选择性活动。机械唯物论的局限性在于用因果思维代替统一性思维，认为灵魂依赖于肉体，感觉依赖于感官，形式依赖于质料，逻辑上就得出质料即肉体和感官是本质的结论，但还原的结果是否定生命的本质，取消了选择机制的本质，“人是机器”就是最终结论。按此逻辑，思维就不只是人脑的机能，而且就是人脑本身，所以灵魂是物质性的，思维也应该是物质性的。这种最终结论是无法令人接受的。在认识史上有一个怪圈，否定经验主义则失去认识的来源，认识成为无源之水，是不可认识的。但坚持经验主义贯彻到底的最终结论也是不可知论，这种经验主义的彻底性在休谟的人性论中达到顶峰。问题的症结并不在于坚持经验论，而在于不能用因果逻辑把经验论推论到底，否则只能得出不可知论。因此，对复杂世界，对生命复杂性的选择机制，只能用统一性思维去思考和认识，只能在它们形式中揭示它的本质。如果坚持思维的本质在于人脑的组织结构，那么思维的差异性就归结为脑结构发育的差异性，思维的创造性就变成脑基因重组了。但无须争辩，这是百分百的谬论，否则升学考试就是脱裤子放屁，拿软尺去量脑袋大小行了；或者由此可以解释牛顿和爱因斯坦的科学发现的本质原因在于他们的脑容量大、脑组织结构发达了。

动物主动选择性机制的本质就在于它的形式，即以感官和神经系统为基础的认识能力，这就是亚里士多德的动物运动灵魂，这种能力和组织器官的统一性过程就是选择过程的实现。所以，一切高等动物生命活动的选择性本质都必须从认识这种形式去探求，问题就转换为认识的本质是什么。从进化和发展的观点看，认识对于动物而言并不是生而有之的，而是在进化中产生和发展的。所以，认识不是动物生命和植物生命的边界，感觉才是动物和植物的边界。所以，一切认识都从感觉开始，这是一切认识来源于经验的最可靠根据。生命主动选择机制的本质思考就一定建立在感觉这一逻辑起点上。

感觉是一切认识的起点，但并不一定是某种认识的构成部分，这和感觉是一种感受性但并非感受性一定发展为感觉的道理是一样的。在无脊椎的低等动物中，还没有进化出专司思维的脑组织结构，只有感官和神经系统，只能说它们是无思维和认识的动物，它们的主动选择是一种无意识行为。什么叫无意识行为？感官对外界的刺激感受传递的神经冲动没有到达大脑作思维处理，直接传输给相应的执行组织器官，使之发生相应的反应行为，就是无意识行为。在人类这种高级动物中，有一部分行为是未经大脑处理控制的，是无意识行为。没有大脑组织的动物的一切行动都是无意识行为，所以它们从感觉出发的选择行为是无意识的。亚里士多德把感觉看作接受对象形式的能力，认识论把感觉看作建立对象的表象能力。在生命科学中，感觉是感官将对象的刺激感受转换为可向神经网络传递的神经冲动电信号的能力，这些不同层次陈述的感觉概念规定性是协调一致的。对感觉的具体理解，除了具体个别和形式本质外，还必须真正理解它的统一性即在整个感知神经系统中的意义。感觉离开神经系统则不存在，退化为一般生命的感受性了。所以，感官之所以为感官，是在感知神经系统的意义上产生的，独立的感官只有抽象的意义。正是基于这种感官对神经系统的依赖性，我们才有理由把动物的感觉看作和一般的生命感受性不同，产生了具有特有本质规定性的感受形式，成为动物世界和植物世界的边界。因此，即使低等动物有感觉无意识，但它从感官的感觉到神经冲动的传递，刺激相应器官做特定运动的过程，基于感官刺激信号的内在目的性的运动已经完整地包含感觉、欲望、运动的能力。这和植物的被动选择组织机制是有本质区别的，它是主动选择环境机制的最原始、最简单形式，是生命通过活动拓宽生存空间适应环境、实现生存的始点，并由此进化出更高级的主动选择机制，进化出像我们这种具有更强选择能力去适应环境的生命存在。

生命神经系统进化出中枢神经系统和脑是高级动物生命诞生的标志，因为脑的产生意味着意识、思维、认识的产生，生命对环境的主动选择能力实现了有意识的选择。思维和认识是脑的机能，是脑存在的形式，是脑的本质。如果停留在人脑去理解思维和认识，认为动物脑的能力只在于通过中枢神经系统调控机体活动，并且这些调控过程没有与人类相同的认识和思维，那是独断的。要思考动物脑有没有思维和意识，有什么样的思维和意识，首先必须回到一般的思维和意识及认识本身。什么是认识？什么是思维？首先，以思维和认识是脑的机能为基础，把我们现在的讨论和一般认识论的认识区别开来，即不讨论从感觉开始的广义的认识，只讨论在脑思维中具体、狭义的认识。脑是如何构建认识的呢？一定是从接受由感官产生并通过神经束传输来的神经冲动的电信号开始。脑接收信号的结果一定可以引起脑的状态变化，即刺激产生反应。脑的反应和无意识低等动物对感觉信号的刺激所作的反应的本质区别在哪里呢？这就是脑的本质即奥秘所在。在脑外的信号的刺激产生的反应是可还原的，即信号消失后机体复位，等待下一个信号再发生相应的反应。但脑接收信号所产生的刺激反应是贮存的，即信号消失后，它所刺激带来的脑的状态变化依然存在，这就是脑和非脑组织器官的本质区别，即脑是有记忆的，能贮存过去感觉信号的意义。对这种意义，用传统的科学或许还无法得出证明，但现代电脑技术和软件科学技术明白无误是基于这一机制去模拟人脑思维的，电脑和柴油机不同之处在于它必须有内存。所以，我们可以得出推论，脑的思维和认识是从记忆开始的，脑之所以为脑就在于它有记忆机制，所以狭义的认识从脑的记忆开始。

传统的认识论把表象、零散的概念、非逻辑性关系的建立排斥在认识之外，或者只看作认识的一个组成部分。康德认为，概念本身还是零乱的，不能被称为知识。这从人的认识而言有一定道理，但从一般的认识意义看则是有局限性的，即认识论不能以知识为对象和起点。如果把认识看成由低级到高级的发展过程，把记忆作为认识的起点，则在逻辑上记忆发生就是认识发生，最原始、最简单的记忆是认识的最朴素、最原始形式和阶段，并且本身已经是最简单的认识。没有这一认识为基础，人的复杂性的认识、高级的因果思维和理性认识就失去了基本的基础而陷入神秘之中。记忆是认识起点的最重要结论是记忆是最简单的认识。记忆认识什么？认识经验，或者说建立了经验认识。中国的“经验”一词具有感官体验和认识中的记忆的统一性意义，而且本质上是指记忆意义的，经验是过去式的陈述，而一切感官感觉都是现在进行时的。超越感官的大脑建立的经验才使高级动物成为高级，才有可能好了伤疤记住痛，不会记吃不记打，以此为基础才有“以史为鉴知兴衰知未来”的理性智慧。所以，经验首先是脑的记忆功能的结果，说“认识从记忆开始”，和说“认识从经验开始”是一致的，说“记忆是认识”和说“经验是认识”是一致的。诚然，经验认识也有其复杂性，但最简单的记忆是最简单的经验认识。一个具体经验记忆与它所来源对象的关系建立，就是概念和指称的关系，名称概念的经验建立难道不是认识吗？所以，经验认识并不只是记忆，但必定包含记忆，而记忆就是最简单的认识本身，唯此记忆才能成为一切认识的真实起点。

所以，生命进化的最高级阶段是从感觉到思维的过程，是以生命进化中脑的进化发育为标志的。脑的不断进化伴随着认识的不断发展，并且产生了比经验认识更加高级的知性因果思维和理性统一思维。一切有脑的生物都具有经验记忆能力即思维认识能力。只有这种从低级到高级的认识发展过程，才是符合生命世界复杂进化过程的。只有以此为基础才能理解人的正确思想是从哪里来、如何来的。

三、高等动物思维机制的主动选择意义

对生命世界适应自然选择进化产生的从被动选择机制到主动选择机制到高级动物思维机制的认识，必须建立在达尔文宏观表型进化论及现代生命进化论的微观机制科学真理认识基础上，是从表型现象到内在组织机制发挥作

用的具体形式不断深化的认识过程，是对生命世界统一性从表型到组织机构再到本质的认识发展。

把达尔文进化论评价为十八世纪人类三大科学发现之一是中肯的，但必须正确理解这一伟大科学发现的意义。必须把达尔文进化论看作人类对生命世界统一性认识的起点，而不是终点。最重要的是，进化论是一个统一性的理论体系，它的科学性指的是这个统一性理论是建立在科学实验、观察基础之上的，而不是说进化论是科学因果关系的一个必然客观规律。狭义的科学真理规律认识是客观普遍有效的，而不是不断发展的。科学发展的是理论体系，而不是某个特定真理认识本身，否则就没有真理了。受近代科学革命以来形成的机械论思维模式的影响，大多时候大多数人总是用科学因果逻辑而非统一性逻辑去理解进化论。在机械论占主导的历史条件下，达尔文的进化论陈述不免带有机械论色彩，这是他以自然选择为进化论陈述核心话语的原因。只强调自然选择而无视生命选择，离开自然选择的本质是生命自然选择，对自然选择的理解就会陷入片面性，把外在环境理解为生命世界的原因，这就陷入了环境决定论，远离了生命世界的本质。

达尔文进化论是建立在经验观察基础上的归纳和综合。人从自己特有的感官认知能力出发去认识世界，人就是万物的尺度，这个尺度就是对生命客体多样性存在表型的宏观经验认识。但达尔文进化论是以经验观察为基础而又超越了感性认识的，所以它把杂乱变幻的多样性生物统一起来，所以它是科学的。达尔文观察生物宏观表型并不仅仅是表象直观，而主要是物种的连续及传递中进化的普遍规律归纳，由不同角度规律体系的统一得到物种多态性生命世界的统一性理解。达尔文的著作是《物种起源》，它的本质不是生命的表型分类陈述或物种繁殖传递过程观察描述，而是从观察中归纳出物种遗传和突变的机制，从自然选择角度去解释生命物种起源和进化的原因和规律，从而对多样性生命世界的运动变化得出进化这一概念描述。进化不仅仅是一个科学描述概念，它的更深刻本质是统一性的。所以，达尔文宏观进化论尽管是用自然选择的决定论话语陈述，但基于进化论的进化概念本质，就决定了这是一个统一的理论体系，对之仅作科学发现理解是不够的。

达尔文进化论是生命世界统一性认识的起点，人类由此开始了从统一性去理解多样性生命世界的认识发展过程。宏观进化论的发展经过种质连续学说和古生物学间断平衡论的丰富和补充，发展为现代综合进化论。但对生命统一性理论而言，这还是远远不够的。因为宏观进化论始终局限在宏观表型意义上，实际局限于现象而无法真正深入本质，无法在实证科学的严格科学真理认识基础上建立对生命世界统一性理解。孟德尔建立遗传学理论之初，在宏观表型现象上与进化论产生了不协调，曾一度造成达尔文学说的衰落，这说明对生命统一性理解仅靠现象的归纳是不足够的。现代生命科学特别是分子生物学、基因遗传学等的发展，对生命世界的统一性认识提供了更坚实的科学基础，尤其以基因认识的突破最具意义。真正相对完备的进化论，必须是宏观和微观相协调的理论，并且微观层次的进化统一性才具有本质意义。所以，基因的发现、基因密码的破译、基因图谱的建立乃至基因技术的成功，标志着人类对生命统一性认识达到了极高水平。但我们仍然面对的困难是，生命作为复杂性结构的绝对运动过程性是不可还原的，还原为遗传物质 DNA 结构的本质也是不可还原的。就是说，对理解生命的本质及其进化，DNA 或许是还原的终点结构，真正困难的问题在于，即使我们建立起 DNA 复杂结构图谱，也无法用传统物质世界的因果科学关系建立起它的内在机理以揭示它的本质规律性，基因太复杂了。即使我们已经知道它的结构，也还没有把握说已经清楚它为何这样，更无法夸海口说已经破译制约基因进化运动的基本规律。所以，尽管对生命世界进化统一性的理解不断发展，并且已经深入生命的微观结构乃至遗传 DNA 编码的本质，但离从本质上建立起生命进化的统一性理论还只是伟大的目标，这一目标或许比物理学实现力的统一目标更加宏大但也更加遥远。

对生命世界进化统一性的本质认识不能坐等微观生命机制科学理论。在对这些微观机制的因果关系所知不多的条件下，首先应该从宏观层次去思考它，达尔文的宏观进化论就是成功范例。但是，如果不深入生命运动的内在机制，那按照亚里士多德的生命学说，就始终停留在生命的潜在性中，根本无法揭示生命的灵魂即生命的现实和本质。从生命的被动选择机制到主动选择机制的认识，从低级动物的“刺激—反应”的简单选择机制到高级动物进化出具有思维认识的脑来实现复杂性选择机制的认识，尽管是传统认识论的宏观形式概念，但它是揭示生命本质的宏观概念，由之建立的统一性是对生命世界进化统一性本质而非现象的理解。它和达尔文的宏观进化论是协调的，但它们的意义是不同的，是对宏观进化论的重大发展。在我们限于科学认识的条件下，还没有手段和能力把感官信号对大脑作用产生的过程像微电脑构建运作那样用科学描述出来，但我们坚信它的机理就是如此。在此基础上应可以对宏观认识论的表象、记忆、经验、意识、思维、认识得到更可靠的理解。并且从这些宏观形式描述概念中，可以得出对生命选择过程本质的宏观理解。这对于生命的统一性理解是具有绝对意义的。

离开进化论的统一性智慧去理解思维和认识，把思维局限于人类的理性思维之中，根本无法理解动物世界的生命本质及丰富现象，也就无法解释人类理性思维。高以下为基，高无下则无基，无基存在的根据只能乞灵于上帝。事实上每种动物都有适应环境的独特感官，进化出脑组织的脊椎动物有很多物种是群体生活的，它们都进化出维系群体生存的特定机制，即都有特定的信号发生和接收机制。说得形象一点，群体生活的高等动物已经进化出信号器官和信号本身；没有信息的沟通，维系群体社会的生存是不合情理的，只是我们的信息系统与其他动物的不兼容而无法理解其意义。但我们从长期的经验中知道，某些时候小鸟在唱歌，夜猫子在叫，可能是在发出求偶信号。我们也不能否认高等动物的经验，“老奸巨猾”是对高等动物的精辟归纳。因为动物的经验是依靠具体个体的直接经验积累起来的，所以动物越老越成精。我们甚至发现动物中同样存在低级的教育现象，即某些动物已经具备间接经验的获得和传授能力。这样的多样性生命世界才是现实的生命世界。对如此多样的动物世界，如果把一切动物有内在目的的行为简单地还原为“刺激—反应”，甚至理解为狄德罗的物质感受性，说我们从本质上理解生命世界的统一性只是欺已欺人欺天欺地。人类沙文主义情节是有百害而无一利的。一个最简单的逻辑是：如果我们连身边的近亲远邻甚至忠实朋友——比如宠物犬——的思维、认识、表达及诉求视之不见，所谓和远星文明通信只是抽象地说说。如果真有地外文明驾临地球，那就是牧羊人降临，人类就只是羊，羊永远不会理解牧羊人在想什么。把思维和认识归属为万物之灵的专利似乎显示人类高贵的自尊，但这种虚荣自尊的结果不只是漠视整个生命世界，因为一棵树而放弃森林，而更致命的是离开最一般的认识基础，人类根本无法真正懂得人和动物的统一性，更不会明白人和动物的本质区别。不懂得人和动物的本质区别，就是把人当动物而已。越不想当动物，越想和动物划清界线，就越沦为纯粹的动物。这种悲剧性的结果是需要智慧去感悟的。君不见，哲学认识论几百年来，在感觉、知觉、经验、表象判断、综合这些基本概念中争论得面红耳赤，又何曾得出人的本质的统一性理解？人的思维、人的认识、人的存在、人的本质不是“科学”的命题。科学只是认识这些命题的基础，这些统一性概念必须从世界统一性的演化关系中，以生命世界的统一性进化规律为基础，才能得到最基本的理解。把思维作为专属人的本质，并且从感觉开始，从经验逐步推演到科学乃至理性认识，这肯定是统一性思维，不是科学因果关系。但是，在思维、意识、认识的最一般和最基本层次，已经排斥自然进化出来的一般认识的意义，已经在起始阶段陷入片面性，又何以得出对人的本质的统一性理解呢？如果把感觉或经验作为人的专利，那就要由此说明人和动物的本质区别，但由此能有所建树吗？从统一性的意义看，认识和思维是生命进化出脑脊椎动物的结果，它已经有了认识的最基本的感觉、经验的意义，这是脊椎动物的共同本质。人超越动物界实现人的本质就不在于思维和认识中，而在于人的认识和其他高等动物认识的不同之中。唯循此道，人的本质思考才能从动物的本性中找到人的本质，给人的存在以充足的理由。人的理性不是天赋的，是生成的，首先是在自然进化基础上产生的。

第三节　动物选择性生存的意义

一、动物选择性生存的主体性意义

在对生命世界统一性思考中，从生命的个性、可能性、灵魂、意识、选择性、主动选择性的概念描述进展中，还将产生动物的主体性概念。这是对传统观念的颠覆，但这种颠覆是有合理根据并合逻辑的。达尔文归纳出“没有两个完全相同生命个体”的结论，莱布尼茨抽象为“世界上没有两片完全一样的树叶”的概括，已经非常逼近生命可能性和个体性存在的本质特征了。但是，近代科学革命形成的机械论认识习惯，把思维和意识作为人与动物分野的统治观念，令他们到此戛然止步。其实，达尔文和莱布尼茨只要再迈起脚往前一步，对生命世界的这种更接近本质的普遍概括，即从个体性、可能性及选择性去认识生命现象的本质，将提前数百年。

如果承认“没有两个完全相同的生命个体”和“世界上没有两片完全一样的树叶”的归纳是可接受的事实判断，从逻辑上就一定能够得出生命已经进化为以个体性为具体存在本质特征的存在。每一个具体生命既然在宏观表型及生存表象层次上是个体性的，则必定有支配它实现这种独特个体性的本质，即使在还没有获得生命遗传物质 DNA 结构及其功能认识作为证据的条件下，这个结论也是合逻辑的，否则现象就是与本质无关的神秘现象，本质也是无意义的神秘本质了。

生命的个体性特征决定了对生命的抽象普遍认识不是以具体个体为认识对象，而是以物种为基本对象的，这是生命和物质的本质区别之一。对物质而言，一种物质概念既指这一物质的全称，亦包括单称，因为全称中每个具体存在是同一的。但对生命而言，物种的概念是全称，实际上同时并不包括单称，即不包括具体的单称，而只是单称的共相概念。因为一个物种的具体个体存在是不同一的，物种的个体在保持它种的普遍规定性的条件下，生长为具有个体性本质的特定存在，所以，生命个体就是在物种本质规定性不变的基础上的可能性具体存在。一个具体生命的可能性区间，即每个具体生命之间的本质区别，只能在它的物种规定性的限定之下才有意义，否则生命世界就不是多样性的统一，而是杂乱无章的了。尽管生命包括人的生命的基因还在进化，但这只能视为种内进化，而不是种在进化中不停顿地变异，即不是新种在不断产生，老种在不断灭亡，这也是时间种不存在的原因。如果按照时间种的概念，生命物种的本质就只有繁殖所构成的连续性是唯一的特征，物种无本质规定性，实际上无物种。所以，生命的可能性是在物种的意义上对每个具体生命存在而言的，它的现实性是生命通过一生生长发育的绝对运动去建构个体性本质过程中所实现的个体的独特性。正是这种可能性造就了生命的个体性，甚至造就了“世界上没有两片完全一样的树叶”的多样性现实。

实现生命可能性的机制是生命的选择机制。造就生命个体性有生命自身的原因和环境的原因，即作为根据的内因和作为条件的外因。生命个体的遗传发育在种质连续前提下有个体差异性，这一点在有性生殖的生命中就更确定无疑了。因为两个亲代通过减数分裂繁殖出的子代的 DNA 结构和两个亲本完全无差异性是不合逻辑的。这种差异性由一套非常复杂的规律支配，是在复杂过程中完成的。这种 DNA 结构个体差异性的另一种陈述就是生命选择自然环境获取生存机制的差异性，这是生命构建可能性的客体基础，是实现自身个体性生长的本质原因和根据。一个具体生命在不同环境下的生长发育结果也是不同的，所以环境的变化是生命个体性的又一原因。但这是外因，用哲学话语陈述是这些外因只有通过生命内在选择机制才起作用，用科学语言陈述则是自然环境是生命内在必然性支配规律起作用的具体边界条件。在必然性规律起作用过程中，由于不同边界条件，一样的规律产生了不同的结果，这就是生命作为个体可能性存在的又一个原因。所以，生命的多样性现象，现实上是外部自然环境和生命选择机制的统一结果，绝不能作外部自然选择起决定作用这种片面理解。即使是自然选择，也只是自然生命选择的意义，生命选择性的本质在于生命自身，在于它进化出来的选择机制，而不是自然界的选择机制。进化论用筛选作用表达自然环境对生命的自然选择是比较贴切的。所以，生命本质上是在选择性过程中构建着的绝对运动的存在。从生命选择性本质出发，它的可能性、个体性就能得到合理的解释，这些正是选择性的必然结果，是选择性的现实实现。实际上，外部自然环境选择是无法解释生命多样性的。特别是植物生命，它们的生存环境条件并不复杂：阳光、空气、土壤的水分和养料，即它的边界条件并不复杂。如果从这几个边界条件出发，在如此庞大的植物物种甚至其中一棵树的树叶产生不出两个完全相同个体的事件是不可思议的。所以，生命的个体本质在于它的内在选择机制。从生命的生长发育知识及微观结构理论，我们知道，这是一个非常复杂的系统相互作用过程构成的。一个 DNA 就有几万个基因，一个生命的复杂性可想而知。这种复杂性存在动态生存过程中，由于个体遗传基因的差别，每一个必然环节的边界条件的差别积累，对整个生命而言，可能的结果是乘数效应得出的巨大天文数字，所有的现实结果只是可能结果的极小部分，在现实结果中出现两个完全相同结果的概率小到几乎为零，所以在经验观察中看到的是没有两个完全相同生命个体这种奇特的多样性现象。

从生命存在自身出发去理解生命世界进化的统一性，更深刻的认识就不在于自然筛选和表型进化。物种进化的根据在于生命存在，在于物种存在本质从低级到高级、从简单到复杂的进化，表型进化是本质进化的现实化，不是进化本质。从一般意义上看，生命进化是结构和功能相统一的，它的标志是由组织器官进化并由此产生出新的、更优越的选择性适应功能。按照亚里士多德的生命统一学说，物质躯体是生命的潜能，灵魂才是生命的现实本质。从本质意义上，生命进化就是它的选择机制从简单到复杂、从低级到高级的过程，最根本的是灵魂的进化，这才是生命本质的统一性认识，才是本质的进化学说。从植物进化到动物的进化本质是什么？是从复杂的自适应被动选择机制进化到具有主动选择性的适应环境机制。动物生命比植物高级的理由不在于它的形态结构更复杂，而在于它适应自然环境的选择机制是更高级的，是有更强的适应力的。植物生命从自然获取物质和能量，即获得营养实现生长发育和繁殖，它的被动选择机制所面对的自然是具有普遍性的阳光、空气、水分和土壤。过于特定的自然条件对只具有被动选择能力的植物而言，它存在的理由是不充分的，即它所适应的环境是有限的。动物生命则完全不同，它的存在同样需要物质和能量，但为它提供营养的自然条件和植物是完全不同的，不再是普遍的阳光、空气、土壤、水分，而是整个自然界，不仅包括植物，甚至包括它自身，因为动物同样在为动物提供物质和能量。所以，动物的自然和植物的自然是有不同边界的，应该说这是它们具有不同本质意义的又一确凿理由。自然的意义相对生命进化中不同阶段、不同形态是不同的。

自然对生命的意义随生命进化而演变，从植物的自然到动物的自然的演变是一个质的飞跃，而这质的根据在于它的灵魂，在于它的选择机制从被动到主动的进化。主动选择性生命的产生则开启了生命世界又一个阶段的进化进程，即在新的自然边界条件下开始了从低级到高级发展的过程。这表现在宏观上是动物世界的表型进化、物种进化，但回到本质上是最具决定性意义的脑的诞生。普遍动物从感官接受环境刺激并通过组织结构功能去实现合内在目的的活动，有脑动物则把主要的刺激信号传输到脑并贮存起来，由此产生了记忆和认识，感觉和活动之间的本能选择就是以脑为中介的。脑思维作为生命选择行为中介机制，决定了它实现生存欲望的运动不仅与当前刺激有关，而且与以前的刺激有关，即与经验有关。大脑对经验的记忆就是意识的产生，就是思维、认识的产生。不能否认记忆就是经验的积累，不能否认经验是认识，更不能否认认识是思维。所以，思维并不是人脑独有的机能，而是有脑动物的普遍机能，脑的本质就是意识、思维和认识，除此之外很难想象脑还有什么本质意义。在生命进化和发展意义上，脑产生了有意识的内在目的性，使它本能选择自然环境的能力上升到更高水平，是生命向更加复杂、高级形式的进化。在本质的意义上，则是生命进化达到了由思维和认识机制实现的有意识和欲望的选择能力的主体性阶段。在生命进化出思维和认识这一高级阶段，进化的最高阶段是主客体的产生。

主体和客体首先是认识论的范畴，首先是自然界进化出能认识的生命客体的产物，这标志着自然生命进化的产生是存在和认识相统一的世界存在的产生，意识的产生是意义世界的产生。意义之为意义在于它是无质无量规定性的抽象，无具体限定无法被感知谓之空。抽象意义的对象是指向具体存在的，它就不能是具体的，又是以具体为指向的，在理性具体水平是无、有、空相统一的，这才是佛祖的“万蕴皆空及空无异色色无异空”的无限圆满智慧。在本体存在论意义上，只有客体及属性、现象的规定性，无主体及主客体规定性之意义，客体之间的相互作用现象是平等的，双方都是作用客体和反作用客体的统一。用牛顿的科学陈述就是作用力和反作用力定律，即物体作用一定是相互作用，且作用力大小相等，方向相反，分别作用于两个物体上。从世界统一性原理看，在最根本意义上，一切客体相互作用本质上都是在能量守恒定律支配下的能量交换或转化过程。但是，由对外界刺激的感受性进化为感觉能力，把刺激作用转换为感觉器官的电信号传输到大脑，形成记忆和经验乃至更复杂的思维过程的时候，仅从“刺激—反应”甚至相互作用去理解大脑的机能肯定是远远不够的。大脑的认识、思维与刺激对象关系就不能仅从相互作用去理解，而必须首先从认识主体和认识客体去理解，在更一般意义上必须进展到更普遍的意义世界去理解。意识即意义的认识，若它不在意义范畴而仍在具体客体范畴探讨则连门都摸不着。从意识的具体过程看，当刺激的对象在认识主体大脑中形成认识时，它就首先在脑中建立认识对象，认识对象就是认识客体，在认识意义上纯粹的客体通过感性知觉成为认识客体。认识客体和客体有联系但又有区别，客体是自在的存在，而认识客体是自为的存在，即只有作为认识对象的客体才是认识客体。特别地，认识客体还包括认识现象，即大多数时候我们的认识客体并不是直接的具体客体存在，而是具体客体存在的某些存在现象，甚至包括独立于客体存在的抽象的纯粹形式。所以，认识客体以客体存在为基础，但并不纯粹是客体存在的子集，而是交集关系。对认识客体进行思维和认识的具体客体存在，在认识论上不能叫思维或认识着的客体，而是相对地叫做认识主体了。认识主客体概念的本质在于强调思维的本质在脑的机能，不在于认识主体之外的自在客体。按照这一概念逻辑，高级生命的经验、意识和思维就已经是完整的认识过程，只能将基于思维和认识机制去实现生存选择的高级动物理解为具有认识能力的主体性存在。否认高等动物的思维是罔顾事实，无视高等动物的主体性是高度短视。当然，动物的主体性和人的主体性又是有本质区别的，即它的认识本质上仍然是自然认识，即其本质是生命物种自然规定性先于每一个具体生命就决定了的，它作为认识着去生存的现实存在不是由它的认识决定的，所以成为认识主体的动物仍然只是自然意义上的认识主体。

二、高等动物主体性的自然意义

迄今为止的人类文化中，主体性总是与人的自由本质不可分割地联系在一起的，这肯定是有合理性的，但把主体性和自由的关系看成必然关系而非统一关系则是有局限性的。据此自然而非自由的高等生物失去了主体选择性，成为有脑无意识的畸形存在。必须看到这种局限性是历史的局限性，有深刻的社会历史根源。

在古希腊及此之前，人类生存在多神统治的世界中。在文明已极盛的古希腊，有多少种人格就有多少种人格神存在，人间的战争是演绎为神的战争去描绘的。古希腊文明发展到追求世界最普遍的存在即万物本原、世界本性的巅峰阶段时，哲学智慧由之产生，但还没有达到从根本上揭示统一世界的水平，甚至大多还只是朴素的猜测。这种最普遍具体统一性智慧追求，即朴素阶段的哲学实际上只是个早产儿，并且是一个几千年来发育不良的早产儿。追求最普遍智慧的最高成果并没有自觉进展到具体世界统一性理解，而止步于抽象的理念之中，它的最直接成果就是多神论向最普遍、超越了具体人格神的观念和学说的进展，即基督教神学的创生。基督教神学一元论结束了诸神的战争，但天国的信仰转换为世俗的宗教统治时，上帝又从普遍精神统一性的一元神退化为具体的人格神，变成在一切人之外的最高人格神对人的灵魂和肉体的双层统治，人为灵魂的救赎付出了自由的代价，与天国的神圣、来世天堂的快乐相对应的是现世的奴役和统治，教会和僧侣们借上帝之手把现实世界变成只有神性而无人性的黑暗世界。政教合一是对人肉体和灵魂的全面奴役和统治，史学家把欧洲中世纪称为黑暗的时代、文明断裂向野蛮倒退的年代。人类近代革命从文艺复兴开始，包括科学革命和启蒙运动，所有最高目标无一不是指向革封建神权统治的命，这是人类追求自由即人的本质解放的伟大历史进程。用科学破除迷信，用理性战胜愚昧，科学是人解放的最有力武器，科学革命是近代史以来人类自由解放的波澜壮阔的历史进程。科学和理性对于人类文明进步的伟大意义在于，它揭示了人的本质是具有主体性意义的自由本质，科学、理性思维的认识不断发展，本质上是人的自由本质不断在构建中发展的历史过程。这种发展过程的最简洁概括是人是理性动物存在，是自由的存在；而动物则只是自然的存在，是受纯粹必然性支配、没有自由本质的存在，理性、科学思维和认识就是人和动物的本质区别。

自由和自然是两个本质不同的世界，“人的本质在于自由”无可非议，因为它与各种角度的人的本质的合理陈述都应是协调的。但是，把自由的本质与思维、认识机制不证自明地作为一种因果关系是缺乏充分理由的。当一种学说完全无视动物世界中高等动物的思维、认识和对自然环境的能动和积极的选择机制时，把非人类生命活动只作为无意识的“刺激—反应”甚至物质感受性去理解时，已经违背科学和理性的基本原则，离开了感性的现实。人是思维、认识的生命，按因果关系则可以演绎为“具有思维和认识的生命是人”，但从统一性智慧思考时则完全不同。按照世界统一性原理的逻辑，意识、思维、认识是高等动物自然进化出来的机制，人首先作为万物之一，作为一种高等动物存在，具有思维认识的自然机制。在高等动物一般思维和认识机制中，人文化产生了超越其他高等动物的思维，从感性思维中产生了理性思维，因而产生了人的自由的本质。思维是人作为高等动物的一般机制和属性，而由此文化出来的更高级理性思维才是人区别于动物的本质。所以，理性和自由作为人的本质是合理的，动物的思维和认识也是合理的。按照这种统一性逻辑，理性思维是自由的本质，而思维和认识在一般意义上首先是自然的产物，人的思维是自然和自由的统一，而人的本质则是在自由的理性思维之中构建起来的，人的理性思维是感性、知性、理性相统一的。人超越动物的根据不是思维，而是超越了具体个体性的普遍抽象思维和更高级的理性具体思维。

人最基本的思维仍然是感性思维和具体经验认识，这是人作为动物之一而非万物之灵的标志。就是说，感性思维是高等动物共有的思维形式，感性认识是人和动物的共同特征，而非人超越动物界从而产生人的本质的标志。感性思维是高等动物一般、基本思维的根据是什么呢？我们在人的理性思维中，把感性认识作为基础，把理性认识作为从感性认识为材料而经过思维进一步加工、抽象的理论成果。康德把人的思维合理地看作感性认识、知性认识和理性认识的统一，认为感性提供思维的材料，即从经验中建立起表象和直观；知性对感性提供的材料综合统一，建立因果关系，找出支配因果关系的必然规律，得到普遍有效的客观真理认识；理性则把知性的认识联结为统一整体。在这些认识理论中，强调人的认识的本质是知性认识和理性认识，并不把感性思维作为人的认识的本质，只是将之视为认识的加工材料。所以，从理性和知性思维意义上，康德把单纯的概念，无逻辑关系、无因果关系的感性思维看作不是知识。在人的思维中，将感性材料不看作知识而只看作材料尚可理解，但对没有知性认识和理性认识的高等动物而言，把感性认识排斥在认识之外则有片面性了，没有知识不等于没有认识。因为感性认识的存在自有它的理由，自然世界的统一性逻辑决定了自然生命从无意识到感性意识的进化总是有理由、有意义的。如果执着于感性认识在人的理性思维中的认识材料意义，否定其作为理性认识的基础及基本构成的认识意义，则在无理性思维的高级动物中感性认识了无意义，高级动物的感觉器官乃至神经网络、大脑的进化也会失去意义，因为没有高级思维的高等动物的感性认识不能赋予感觉材料意义时，就没有任何意义了。所以，具有感性认识的高级动物的思维只能相对于人类高级思维而言，称之为低级思维，研究人的认识发展史的学者把此称为原始思维。直到现代，人类一些进化缓慢的原始部落，在现代文明传播和影响下作用不大，还没有发生本质的改变时，其思维基本上是没有因果逻辑的原始思维。这种思维的特点是没有因果逻辑，有具体指称而缺少一般抽象。这就是说，人类原始的思维也是感性经验思维，知性认识和理性认识是在感性认识基础上，从具体到抽象、从个别到一般的质的飞跃。知性思维、理性思维和感性思维具有不同的本质，但它们是从低级到高级的统一性过程中发展和产生的，它们的关系只能用亚里士多德对三个层次的灵魂的统一性关系模式去理解。所以，虽然感性认识本质上和理性认识和知性认识不同，但只能说它是低级的认识、原始的认识，不能说它不是认识。从人类原始思维可以悟出高等动物感性思维的意义。所谓经验感性认识，虽然是低级的，但其实它已经分化出极为复杂的机制及能力。我们可以承认高等动物感性认识的进化水平比人的原始思维低得多，但这并不妨碍它们的感性经验过程是思维和认识过程。即使在脑进化还处在相对低级、从感觉到脑的经验认识能力还十分有限的进化链前端的脑动物中，那些最简单的经验记忆和思维已是感性认识，是一切脑思维的开始。

大脑思维的最简单记忆也是认识，因为它建立了经验，是最直接和最简单的经验认识，是更复杂认识的基本单元。它就像生命的细胞一样，既可以作为独立的生命个体，又是更复杂生命个体的基本结构。更复杂的经验思维和抽象的知性、理性思维是从记忆的表象开始从低级到高级发展的，是一个抽象逻辑意义结构复杂性演化的进展过程，这才是生命进化的最深刻本质和最大意义。只要把脑的表象记忆作为脑思维的“细胞”单元，思维乃至生命的复杂进化的统一性就容易理解得多了。为什么说记忆是最简单的认识呢？因为感官的表象作为信号传递到大脑中枢，它的记忆就是用特定状态把从感官传来的信号贮存起来，这已经是感觉和建立认识的最简单完整过程。表象直观记忆的意义是什么？是形成具体个体认识对象的经验，这种经验和认识对象是相互联系的。所以，真正的认识是从脑而非感官开始的，在记忆中建立和感性具体对象的联系是指称和意义的联系，这既是最简单的认识，又是一切复杂认识的元素，这和单细胞既可以是独立生命又可以进化为复杂生命的元组织结构是同理的，唯此才是理解复杂生命、复杂认识进化和进展的根据。不但高等动物，人也一样，感性认识总是具体、个体化的特定认识，这种具体个体认识在记忆阶段就产生了意义。这种意义以指称为标志，对感性认识对象个体作出区分。实际上，人的感觉也是不可脱离具体认识主体的。我们都可以准确地区分红、黄、蓝等色彩（色盲除外），但没有哪个人可以证实他人的颜色感觉和自己是一样的，实际上是由感觉转换为记忆，在记忆中形成经验。经验具有概念意义，这种意义通过指称建立起来，并成为指导今后认识的经验。所以，尽管我们并不知道他人对红的感觉是什么，却可以通过从感觉到记忆的经验及指称意义，从经验中建立起对“红”的认识。认识的本质不在于抽象的逻辑，最基本的在于建立与经验对象相对应的意义。对认识客体意义的建立，就是认识的产生。无论这种意义是具体的还是抽象的、是表象的还是逻辑的，高等动物的大脑肯定由对感官表象的记忆认识建立了对象世界的基本意义。唯此，它们才能借助这些认识机制去实现主动生存选择，在复杂的自然环境中寻找食物和趋利避害。许多高级生命的这些适应能力是高超的，由此完全可以断言它们已经有较发达的感性认识能力，只不过我们还没有能力把它们在脑思维机制中的信号、状态作用机理用科学描述出来。

人和动物的本质区别不再在于是否有思维和认识，而在于两者思维和认识的本质是不同的。人超越动物属于对人的本质探讨的核心命题，在讨论人作为万物之一而非万物之灵的自然属性阶段，无法作深入的阐明，最简练的概括是人的思维本质上是后天文化的，现实中是文化和自然相统一的，而动物的思维是纯粹先天自然的。文化的思维包含自然思维，而不是和自然思维对立的，这才是对思维统一性的智慧理解，才是对生命世界从低级到高级进化的本质理解。人之所以是人，就是因为人超越了纯粹的自然界，成为万物之灵，但万物之灵是在万物之一的基础上产生的。所以，人生于自然，长于自然，又超越自然，这就是人的统一性本质。而其他高等动物只具有自然的思维和认识，所以只是纯粹的自然存在。高等动物感性思维自然属性的充分理由并不仅在于感性思维的简单性，也许某些高级动物的感性思维已经是高度复杂的，最充分的理由在于所有高级动物感性思维都只是具体、个体性的思维，所有认识都绝对依赖于具体自然生命而存在，离开具体个体无认识和思维可言。人的思维的非自然属性在于它是和普遍抽象意义认识机制的产生不可分割地联系在一起的，那就是文化的意义问题了，下卷分解。

思维、意识、认识不是绝对的文化现象，首先是自然现象。文化是在思维、意识、认识复杂进化的基础上产生的质的突变，把思维和认识看作文化的产物是本末倒置的。即使是人类文化，也必须在自然进化的思维和意识即大脑的机能基础上得到统一性的理解。几百年来认识论争不出一个所以然来，一个重要原因就在于陷入片面性的机械论思维模式，离开人的高级思维的一般基础去思考思维本身。当我们把颠倒了的逻辑再颠倒过来的时候，就对世界和人的统一性有了新的理解。自然界进化出生命，生命世界从低级到高级进化的最高阶段是从对环境的被动选择上升为进化出以感性思维为基础、有意识和内在目的的主动选择机制，这是对生命进化统一性意义上的理解，也是对人的本质的理解的基础。离开“人是万物之一”去奢言“人是万物之灵”，除了人是上帝按其形象复制出来的“赝品上帝”外，别无任何圆满解释的根据和可能。只有在自然必然规律支配的自然运动过程基础上，才能得到对世界和人自身的统一性理解；只有回到生命世界的灵魂的统一性，才能对生命进化过程得出本质的理解。因此，在生命进化出思维和意识这一最高自然进化阶段认识基础上，从生命选择和自然选择的统一性中，就能从更深刻的本质去揭示自然、生命和人的统一性意义。

三、进化的本质是生命的自然选择

生命是绝对运动着的复杂结构整体性存在。从生命世界思考之初，世界统一性原理就指出生命的认识需要科学，更需要统一性智慧，并把统一性思维贯彻在地论的始终。生命的统一性认识以达尔文进化论为标志，所以，达尔文之于生物学就和牛顿之于经典物理学一样，具有划时代的贡献。一百多年来，达尔文进化论尽管有所补充，但基本的框架和观点依然是统治性的，这一方面体现出达尔文的伟大，另一方面也现实地表明复杂生命科学认识和统一性认识的巨大困难。二十一世纪是生命科学的世纪，若真如此，我们就不能再躺在达尔文脚下，应该站在他的肩膀之上才对得起达尔文。达尔文进化论的发展，必须以现代生命科学认识为基础去重新对一百多年前的理论作出深刻的批判，从而赋予它更强的生命力。

由世界统一性本质决定，达尔文的进化学说是统一性理论，并且不只是生命世界的统一性学说，它的跨度显然超出生命世界的范围，是从整个地球自然界去描述生命世界的统一性的。由此出发，进化论有三个层次的意义。一是如进化生命科学家所说，是生命世界的最大统一性理论，理由在于它从生命世界物种起源和遗传、变异机制出发，归纳出具有共同起源的生命从低级到高级、从简单到复杂的进化过程，从而赋予了多样性生命世界的统一。二是生命世界与自然界的统一性学说。生命过程是和自然界物质、能量交换的耗散过程，达尔文进化论以生命世界宏观态为对象描述，主要以物种为生命基本描述单位，这种宏观层次的生命运动状态的原因，可以从生命自身微观结构规定性及其运动规律去揭示，也可以从生命与环境的交互作用去寻找。在达尔文所处的时代，生命的学说还只能叫生物学，还不被认为是生命科学，因为微观意义的生命科学还没有技术手段，还没有建立起来。达尔文是在生命微观科学认识几近空白的条件下，从宏观层次，以物种为基本描述单位，以观察为基础去归纳进化论学说的，对进化的原因就只能从宏观自然环境去认识归纳，即揭示的是生命世界进化的外因。进化的原因被归纳为自然选择，这是宏观进化论合逻辑的结论，也意味着它是关于生命世界和自然界统一性关系的学说。生命世界进化统一性陈述是这个学说的基本内容，自然是这种进化的原因和动力才构成生命进化学说的本质，由此来看，达尔文进化论本质上是自然界生命圈的统一性理论。三是宏观进化论的最高目标指向人自身。人是生命统一性和自然统一性的最具体典范，是自然界的最高杰作，对生命及自然统一性思考的最高意义就是人类在“认识你自己”。物种起源的最瞩目结论是人的起源即人从猿进化而来。达尔文把人安置在进化金字塔的顶尖，进化论最高意义的精辟概括是“人是万物之灵”。因此，达尔文进化学说的根本目标是物质世界、生命世界和人的统一，它所要试图揭示的最深刻意义是天、地、人的统一性。尽管在生物进化论意义上不可能通达这一目标，却是通达目标的必由之路，没有达尔文进化论为基础是不可能通达“认识你自己”的圆满境界的。

达尔文进化论本质上是统一性理论，但它的描述本身带着由牛顿科学理论胜利而风靡世界的机械决定论烙印。以自然选择学说为核心的进化论，在科学理性文化语境下，不仅把自然环境解释为生命进化的原因，而且它的潜台词是：这是根本的原因，是决定性的原因，自然环境及其变化是生命世界存在的决定性条件及进化的决定性支配力量，这就是因果关系的理解，并且正是大多数人对达尔文进化论的意义解读。按照世界统一性原理，物质世界是生命世界的基础和前提，生命世界是统一性物质世界中演化出的具有自己本质规定性的子集，是有自己边界的独特世界。它的本质规定性构成了它的边界，即构成了区分有生命之物和非生命物质的根据。生命世界的进化运动只能从它的本质规律、它自身的依规律运动才能得到根本的解释和说明，支配生命进化的原因和根据只能在生命存在的本质之中。这些本质规律作用的基础和前提条件是物质世界提供的，用统一性的逻辑语言描述，就是自然条件构成了生命本质规律作用的边界条件和初始条件，只有在有意义的边界和初始条件下，支配生命存在和进化的本质规律才有意义，即才产生生命进化运动的现实进程。由之看来，生命进化的本质原因在生命世界之中，但支配生命运动进化规律的实际结果同时取决于自然界在先地决定了的生命存在的边界及初始条件，并且这些自然边界条件的变化制约着生命不变的支配规律，产生了多样化结果。在这种统一性认识中，自然环境就是制约生命的边界条件，不是生命进化的本质原因。这种理解和把自然环境变化作为决定生命进化根据的环境决定论是完全不同的。从达尔文的进化论描述到大众的理解都带有自然环境决定论的烙印，最终把这个学说的理论体系乃至复杂生命世界理解为像拉普拉斯陈述那种一连串无穷因果链构造的宿命因果过程。但把无穷因果链作为原因，其实最终答案是没有真正原因。对达尔文进化论无穷因果链的理解最严重的局限性在于对人的进化因果解释上。按照世界统一性原理，人的世界是在生命世界中有自己本质之独特世界，人是自然属性和自由本质相统一的具体存在，自然属性是人存在的基础和制约条件，而自由才是人的本质。自由不能从自然原因去作根本解释和说明。在无穷因果链中，处于进化链下层的自然就是更高级自由的决定性原因，人的最终解释就回到了地理环境决定论。这是把进化论作为因果关系链并推论到最后得出的必然结果。达尔文的进化学说明显地带有这种机械决定论的烙印。

按照统一性逻辑，进化论是以生命世界物种进化为内容陈述的，它所描述的人是物种意义上的，是人的自然属性，这是人存在的基础而非人的本质，所以进化论的人是万物之一而非万物之灵，因为万物之灵已经隐含“人超越一切动物界而具有自己独特本质”的意义。按因果链思维，人的一切都可以从人作为万物之一逐步推导出来，人作为万物之灵则应该能从“人是万物之一”得到根本说明，所以，由生物进化论而来的人是“万物之灵”是机械论的结论，是把人的自然属性和自由属性同质化的结果，对人的本质的阐明，归根结底是把它还原为动物。恩格斯的劳动创造人的理论及论证是对达尔文进化论的机械论思维的具体化，所以本质上还是机械论思维。

从统一性逻辑去思考达尔文进化论并指出它的机械论局限性并不是贬低达尔文或牛顿，恰恰相反，这是对牛顿和达尔文作为人类物理学和生物学认识的里程碑式人物的肯定。所谓机械思维并不是贬义的，机械运动是我们认识物质世界的存在和演化的起点，这正是牛顿理论乃至思维方式在近代科学革命以来取得统治地位的原因，这是人类文明史的伟大进步，并且是向更高文明进步的基石。机械思维并不过时，牛顿经典科学理论之所以是科学就在于它是不会过时的客观普遍有效真理。科学发展了，一些新的理论大师忘了他们理论的根基，用不屑的眼光藐视牛顿，把机械力学理论斥为僵化和死板的东西，好像牛顿误了人类文明的什么事似的。其实，贬低机械力学理论的思维本身是停留在机械论之中的，只不过后来人觉得自己的机械论比牛顿的机械论高级。物理学，包括牛顿的经典物理学理论，永远是物质世界运动的基本规律，物理学是其他自然科学的基础，是自然科学的元理论。新的科学发现，包括热力学、生命科学都必须和牛顿的物理力学及其他更基本的理论相统一，所以，统一性逻辑把机械的因果关系思维包含在一切科学认识的基础之中。否决机械运动贬低机械力学理论的思维则违反了统一性逻辑，所以也只能是机械论思维本身。对达尔文进化论的意义也必须如此解释。为什么世界统一性原理一直围绕进化论观点去讨论生命世界？因为进化论本质上是生命世界最大的统一性理论，尽管达尔文的归纳只是宏观表型层次的，甚至也不讳言他的陈述带有十九世纪的机械论影响，但这并不会使进化论本质发生根本改变，不会使生物进化论退化为机械运动规律。进化论的统一性是由它自身决定的，不是由外在的理解或标签决定的。从开始进入生命现象思考以来，统一性原理始终围绕进化论的基本逻辑和概念框架，讨论生命的选择性能量吸收及进化出有意识目的的主动选择机制去适应环境，理由之一就在于达尔文为我们奉献了思考生命统一性的基本理论，只有站在他的肩膀上，我们才能看得更远。把进化论看作思考生命统一性的基本框架，而不是因果必然性的某一客观规律，所以进化论就是动态发展的，是需要不断丰富从而得到更具体生命世界理解的理论。进化的统一性不只体现在生命的宏观表型和物种进化中，深层意义在支配生命进化的内在本质中，所以，进化学说必须是宏观和微观相统一的理论。只有在微观知性科学真理认识基础上，在生命微观结构的物理机械、化学结构变化的真理知识基础上，构建起微观生命进化理论，并把宏观和微观进化论统一起来，对生命的统一性理解才是真正的理性统一性理解。离开知性真理认识，生命进化的理性统一性归纳就只是空中楼阁。

二十一世纪是生命科学的世纪，这从本质上揭示了生命对科学而言还有太多未知。诚然，现在说微观进化论为时过早，但必须承认，就生命科学当下的微观认识，对宏观进化论已经产生深刻的影响。比如，自然选择对生命分子进化的中性理论就是从微观科学认识去思考生命进化的成功范例，它的重大意义不限于微观层次，它对宏观进化论的理解具有直接意义。根据分子进化中性理论，我们就有充分的把握，把环境和生命相互作用看作统一性而非因果性才能充分理解其现实过程。环境并不是支配生命进化的本质根据，不是生命进化的根本原因，而是生命进化本质规律作用的条件，是生命进化的基础制约条件，也就是生命按其内在本质进化运动规律生存依赖的边界条件。所以，自然环境选择并不是生命进化的因果陈述，并不是生命进化的本质原因。生命进化的本质原因在于生命自身选择环境机制的进化，而具体的生命进化是生命选择和自然选择的统一。这才是生命统一性的最高理解，才是进化论的最深刻本质，这样的进化论才是相对完美的生命统一性理论。

生命世界复杂性进化的最高成果是从无意识内在目的性向有意识内在目

的性生命的进化，即在自然的意义上进化出具有脑思维机制的生命存在，它的最高意义在于，生命通过自己本质的进化把对环境的适应能力提高到新的高度。按照亚里士多德的“肉体是潜在、灵魂是本质”的统一性学说，灵魂在高等生物中的本质不再是营养，而是思维能力。思维、意识、认识不是从天上掉下来的，不是上帝赋予的，也不是天赋予的，是自然界从低级到高级进化的结果，是生命主动选择自然与自然对生命的筛选作用相统一的成果，由此自然从客体存在进化到客体和认识相统一的水平，这就是对进化论从表型到本质的统一性理解。生命的本质是灵魂，灵魂才是生命选择性生存的根据，它本质上是关于选择对象即生存自然环境信息的意义结构。从感受的意义到感觉的意义再到意义的认识，这是生命选择性生存中作为选择性根据即意义的进化，亦即是灵魂的进化。意识的产生是生命进化中最重大的事件，是从无意识灵魂向意识灵魂的飞跃，世界最普遍的统一性意义是从无意识灵魂到意识灵魂到理性灵魂进化和文化，这才是本质上的普遍世界统一性关系。只有把思维和意识置入自然进化的链条，我们才有可能把人看作自然和自由的统一性存在，才能更好地理解人的思维从自然到超越自然的质的飞跃过程。如果把一切思维和认识排除在自然之外，人们认识来源就是无源之水、无本之木，就不是进化而来而只能是外在赋予或神秘不可知的，而这是我们认识世界和人时要自觉抛弃和不断克服的陋见。离开自然就无法理解人的自由，离开人的自然属性就离开了人生命存在的基础，离开自然思维和认识就找不到理性思维的基础。生命世界统一性认识旨在为人的自然存在提供合理的解释和说明，为最终从本质上“认识你自己”提供坚实的理论基础。既要承认人的自然生命是自然进化而来的，更要承认人超越了自然认识的文化认识也是以自然认识为基础的，而且始终是包含自然认识的。这样，我们才有可能合逻辑地通达生命世界及人的世界的理性具体的理解。

注释

①转引自苗力田、李毓章主编《西方哲学史新编》，北京：人民出版社，1990 年第 1 版，第 96 页。

②同上，第96页。

③同上，第97页。

④同上，第490页。

⑤同上，第97页。

⑥同上，第456页。

⑦叶创兴、周昌清、王金发主编《生命科学基本教程》，北京：高等教育出版社，2006年第1版，第373页。

第八章
人向何处去

引　言

【提要】思考生命统一性的根本原因在于自然生命是人具体现实存在的前提，认识生命本质的内在驱动力在于认识人的自然生命生存之意义。在前述探讨基础上，本章回到人的生命本身，思考人向何处去的现实意义。

一、从生命普遍具体规定性出发，按照自然统一性和同构性信念，人就不是地球人的专利，依逻辑地球人不会是宇宙中的孤儿。人类先验的外星人命题是有形而上学根源的。但外星人的存在对地球人而言缺乏现实性，因为宇宙太浩瀚了，生命进化的边界条件太苛刻了，具体生命太短暂了，如果否决时空穿越的现实性，在当下的技术条件下去思考，那么外星人对于地球人而言还只是具有极小现实可能性的命题。

二、地球人能够移民到太空生存吗？在当下这只是抽象意义的命题。二十世纪人类登上了月球，建立了太空工作站，但这种准地球条件下的生存本质上不属于太空生存。从地球生命进化的统一性意义必须理解，生命既是自然进化产生的最复杂具体统一性存在，也是其环境量身定做的，移民太空的前提是改造地球生命基因适应新的生存环境，这在当下科技条件看是不现实的。绝不能把太空移民理解为殖民，那是自掘坟墓，由丛林法则支配的殖民文化根本没有熬到具有太空自由来去技术的可能。想象外星高级文明入侵殖民地球是以野蛮之心度文明之腹。

三、人从哪里来就向哪里去，人是自然进化的产物，就必须回归自然，这就是道法自然的本质意义，就是按自然必然性和地球生命圈的具体现实性去选择性生存，就是人的文化和自然、自由和必然的统一。把地球生命圈能源短缺和环境恶化当成自然问题是弱智的，地球满足人类生存需要，却满足不了一个贪得无厌的人的欲望，以物欲为最高目的的文化生存是二律背反的，这种文化生存能殖民太空也不会长存，只是更大的恶。回归自然就是按照地球生命圈的具体条件去争取人的自然和环境的自然更协调地自觉生存，在道法自然基础上追求人的无限理性意义。

从生命的本质、起源到进化的探讨中，达到对生命世界从低级到高级，最终进化出有意识的内在目的性去选择生存环境的最高级生命的统一性理解，这也是对“人从哪里来”的基本理解。当然，这是在自然意义上对“人从哪里来”的思考。在此基础上，我们则可抽象地进一步讨论“人往哪里去”的命题。人是自由的存在，“人往哪里去”不是自然范畴可以解决的命题。但是，人的选择决定人的未来的自由意志的意义只在于选择本身，是建立在人的自然存在的基础上的。所以，从人的自然存在去思考“人向何处去”正是人的自由选择的一个重要环节，甚至是自由选择的前提。

“人向何处去”的思考起点是我们在哪里，即人在宇宙中的位置是什么？我们生存在太阳系这个称为地球的一颗并不显眼的行星上，在浩瀚的宇宙中，地球显得太渺小了。但远古时代人从自己的感性尺度出发，自然而然地把地球作为宇宙的中心，并以此而骄傲。但今天我们已经谦逊地把地球作为宇宙中一个并无特别优越性的星球。这在物质世界的意义上是成立的，但从地球生命圈的产生以及我们人的产生来看，地球又是独特、值得骄傲的。两千多年前老子把宇宙看作道、天、地、人四个层次的统一性存在时，地和人就是地球上产生出来的独特世界。今天，随着人类科技的发展，开始了地外生命及文明的探索，它所要探究的是地球文明在宇宙中是孤独的存在吗？今天看来，这并不是一个纯粹形而上学命题，而是关于人类命运的最基本问题。

早在宗教神学统治欧洲的中世纪，布鲁诺就提出了外星文明问题。今天，我们在原则上相信外星生命和文明的存在，否则人类就不会耗资费力去开展面向外星文明寻找的“小绿人”计划这样的行动，也不会把诸多 UFO 事件及许多神秘之谜和外星人联系起来。尽管至今还没地外生命和文明的任何确切证据，但理论上外星生命和文明应该存在，最基本的根据就在于地球在宇宙中并无特别优越之处。按照世界统一性原理，宇宙是相互联系和作用着的统一整体，支配宇宙的能量定律及物质客体结构演化和空间运动定律是具有普遍意义的，由宇宙普遍的熵原理支配的星体结构复杂性演化在基础结构层次是普遍性的，宇宙的能量和物质客体是按统一的必然性规律运动变化的，科学真理的普遍客观性是以宇宙同构性为前提的。正是基于这些最基本的原理，在理论上地外生命和文明是可能存在的。

但理论的抽象还没有成为实证的知识。如果从我们自身的尺度去思考外星文明，根据现有的天文知识，在地球上可通信的尺度上发现地外文明的可能性则微而又微。我们确证自身是太阳系中孤独的存在，对更大范围的银河系而言，文明的存在概率似乎小得可怜。按照对地球生命的认识，文明的产生有两个最基本的条件：一是物质结构演化的熵状态即具备物质从基本结构演化出复杂的有机物的条件，即环境的熵相满足特大分子结构能够产生并稳定存在乃至具备向更复杂生命结构演化的条件；二是这种自然条件必须在足够长时间中维持在生命可持续进化的区间。在地球上，从蓝藻这类单细胞生物到高级动物生命的进化耗费了三十多亿年，宇宙中只有部分恒星的行星有这么长稳定熵环境的机会。那些大质量的恒星在几亿年甚至更短时间就耗尽了燃料，演化为白矮星。它们的行星可能根本没有为高级生命进化提供合适熵环境给出充足的时间。更加重要的是，人类在技术上实现太空通信的同时就具有毁灭人类文明甚至地球生命圈的能力。另外，在这一阶段生存的人类快速地消耗不可再生资源以获取足够的能量，我们如今并无把握确保人类的生存安全，也没有把握人类文明史可持续发展。进入可太空通信的文明究竟还有多长寿命是没有确定答案的，在逻辑上，任何文明社会都会面临同样的命题。我们离自然先验地划给我们生存的分界线并不遥远，但人类社会并没有把自身发展限制在可持续发展边界条件之内的现实能力。从理论上估算，如果一个文明到达我们这种水平后能持续发展 100 万年，则与我们同步的银河系大概有 250 个星球可能有智慧生命存在。但如果这种文明只能持续 4000 年，银河系中可能和我们并存的文明则大概只可能在一个星球存在。但地球人类文明有再平稳持续发展 4000 年的把握吗？我们不知道，这或许就是我们找不到地外文明的一个重要原因。美国 1992 年开始的大规模宇宙探索计划由于参议院没有批准拨款而于 1993 年中止，据说一位参议员道出了意味深长的哲理：与其花钱去寻找地球以外的智慧，不如就在华盛顿当地寻访智慧人士。

人类寻找地外文明的最深层动机不是拜师学艺，而是内心深处的恐惧。人类历史文化所构建起来的基本价值观念是外来或对外侵略，这是人类几千年来血淋淋文明史的最重要成果。人类从野蛮步入文明，从早期文明经历中世纪直至当代文明，人类物质财富和精神文化在不断发展，不变的是从自然界生而带来的“丛林法则”，这或许就是高技术社会无法持续发展的一个魔咒，也是古人云的“天作孽犹可恕，自作孽不可救”的意义。对地外文明的这种恐惧是建立在地外文明与地球文明资源共享的竞争性前提假设上的。但生命的一般本性及本质的探讨告诉我们，这是不成立的。不少人警告外星人入侵，但除非是外星人天性好恶作剧，否则找不到外星人摧毁地球文明的足够理由。退一步讲，如果在人类今天的认识技术水平下有地外文明到来，那是上帝驾临，不是外星文明入侵。我们或许根本无法理解它们，更不需说对抗。在全能的上帝面前，没必要恐惧，恐惧在于无知。如果无法驱除恐惧，那人类的本性就是叶公好龙。

与地外文明相关的反命题是我们能移民太空、殖民宇宙吗？理论上并无现实可能，但实质上人类的精英们跃跃欲试，把斥巨资的太空探索作为移民外星的前奏。根据到目前为止对生命的统一性理解，移民太空的可能性几近为零。花巨资到宇宙空间地球近旁逛逛可以，永久移民的念头应作罢，因为生命是自然选择和生命选择的统一，自然选择是前提，说得概括一点，生命都是自然按其特定环境量身定制的专用品，在不同的自然边界条件下不适用。越复杂的生命对环境的要求越苛刻，在宇宙中找到适合地球人生存的环境比在宇宙中找到外星文明的可能性小得多。抽象地说，在几万光年外有一个像地球般适合地球人居住的星球又如何？要祖祖辈辈、世世代代接力才能达到那星球，宇宙飞船能胜任吗？有本事把地球作为宇宙飞船又如何？科学家从理论上计算出，只要地球和太阳的距离比现在缩短 5%，地球就热不可耐，不再适合生命生存；如果距离增加10%，地球将被冰川覆盖；地球离开太阳系的现有位置就不再是生命的绿洲。人类离开地球移民太空是极不现实的。不错，地外太空已有人类活动足印，但如果没有地球提供足够的资源支撑，耗费巨大的财富去建立太空中的小地球生态环境，地球人能在太空生存下去吗？太空站中人的生存是准地球环境生存。所以，地球人在宇宙中的位置并不神秘，是自然决定的，就在太阳系中，就在地球上，这是我们永久居住的户口所在地。

地球人是地球量身定制的永久居民，“人向何处去”就不是空间选择性概念，而是关乎地球人类在地球上生存前景的概念，是人的自然属性进化的预测性概念。生命依赖自然环境，地球生命依赖太阳提供能量。当太阳演化使地球的能量环境发生重大变化令地球不再适宜生命生长时，人类甚至地球生命圈终将失去存在的家园，但那将是若干亿年后的事。人类生存环境不断恶化的最大威胁不是自然的，而是文化的，是人类不断增长的资源消耗，拉动增长的经济学消费概念的更主要意义是浪费，是能源、资源、环境的浪费。罗马俱乐部预言了增长的极限，现在预言人类已经超过极限边界为时尚早。这个极限边界是确定性存在的，但边界不是死的，技术可以拓宽边界所涵盖的范围，不过最终消灭不了边界存在的客观性。人的自然生命在种内进化适应环境，也能拓宽生存的环境边界，但始终是有限定的，最终意义上是适应环境。人不是时间种，人的生命进化是极为局限的。“人向何处去”取决于自身，最优的解决方案在于人的自由意志的目的和自然内在目的的统一，即自觉选择可持续发展这种自由和必然统一的模式去生存。

第一节　人类孤独吗

一、生命和文明世界的普遍性思考

地的世界是地球生命圈界，人的世界是地球生命圈中具有更为独特本质规定的世界。在现实意义上，生命和人的世界都是不证自明地指向地球生命和文明的。中世纪基督教神学学说也是在人类生命的独特性和地球生命的唯一性前提下展开的。从普遍到一般到特殊，这是自然界演化的逻辑；从个别到一般到普遍，则是认识发展的逻辑规律。于是，在最普遍认识意义上，我们从自身的生命和文化为起点去思考最一般的普遍性问题：生命和文明的最普遍规定性是什么？这是我们思考地外生命和文明的逻辑起点。

按照世界统一性原理的归纳，地球的细菌界、植物界、动物界之中多样化具体生命的最普遍本质是时间性存在。时间性的普遍抽象本质是每一具体生命的 DNA 物质所携带的编码支配的必然性生存过程的普遍本质的归纳，时间性本质的现实实现则是它的抽象本质在合适的自然环境边界条件基础上，在与环境按必然规律及既定时序进行物质、能量交换中所进行的连续不可逆的绝对运动过程。时间性揭示了生与死的本质，揭示了灵与物的本质区别，在到目前为止的认识条件下，可以把生命的时间性本质看作是最一般的普遍归纳，具有宇宙学上的普遍意义，因而是一切自然生命而非地球生命的一般本质。简言之，宇宙中一切具有时间性本质的具体统一性客体都可被称为生命，都是有生有死即有生命的存在。

把时间性理解为一切自然生命最普遍本质的充分理由在于如下两个方面：一是地球文明对整个宇宙的生命思考不是纯粹的形而上学思辨，是基于生命的经验和知性科学认识的形而下基础上的形而上思辨。这种形而上和经验相统一的思考对象对地球人而言只有地球生命能提供，故地球人的尺度就是一切普遍的生命和人的衡量尺度。按照个别和一般的统一性逻辑，地球生命的时间性本质就必须包含在最普遍生命的本质之中，这是把时间性作为一般生命普遍本质的必要条件。就是说，最普遍的生命本质如果无法用包含时间性本质的更普遍规定性概括，则时间性就是最普遍的概括。二是地球生命世界的时间性本质这一归纳中已经超出地球具体条件的制约，并没有专属于地球的规定性意义，所以它具有一切生命本质最普遍归纳的本性，满足作为最一般生命本质的充分条件。所以，我们就以时间性本质为尺度去有根据地思考地外生命和文明这一宇宙学上的普遍命题。

以生命的时间性本质为普遍生命思考的起点，对宇宙生命及文明思考的现实意义也只是思辨而不是实践的。因为对自然生命的探索，人类只在就近的月球、火星等几个依然是极为有限的星球上真正实现。在可预见的未来，人类技术可触及的星球依然是极为有限的，如果凭此得出宇宙生命探索的归纳显然是极不现实的。最有价值而又最有可能突破的探索是在非纯粹自然外星智慧生命领域中。根据地球智慧生命的通信技术，我们意识到通过通信信号去探索宇宙才是现实的，通信的探索比自然感官经验观察的探索，在速度、广度上的差别不是几个数量级，而是天文数字级别的。但基于通信技术手段的外星探索以外星文明已经具有成熟的无线通信技术为前提。无线通信探索不仅包括地球人向宇宙发送信号，还包括监测宇宙各个方向的入射电波，希望找到外星文明的证据，这就是智慧人类正在做的外星文明探索的主要事情。其他方式则有由木星探测器先驱者 10 号、11 号携带的铝牌，上面用几何语言陈述地球人的正面形象以及地球在银河系中的位置。这两个探测器离开木星后将飞出太阳系，把地球人的名片带到宇宙空间，希望有朝一日地外智慧生命能收到这些名片并对我们信息的意义有所了解。但这种通信成功的概率实在比信号搜索成功的要小得多。

对地外生命的探索主要依赖于现代通信手段。这种探索基于一个充分可靠的逻辑：智慧是生命的最高阶段，只要我们找到了外星智慧的证据，就找到了地外生命存在的证据。这一逻辑隐含一个逻辑判断：一切生命都是从低级到高级进化的，智慧生命是一切自然生命进化的最高阶段。就是说，我们认为地球生命进化的统一性法则同样适用于普遍的宇宙生命。不但生命的时间性本质是最普遍的，生命的进化统一性法则也是宇宙最普遍的法则，这就是宇宙同构性概念的意义。如果没有宇宙同构性信念，地外生命和文明探索就会失去现实基础。

宇宙同构性对人类而言似乎是自然而然、不证自明的。所谓宇宙同构性，是指宇宙中的能量存在及其运动规律、基本物质的构成及其运动和结构的演化规律是相同的，物质的空间结构是同质的，由物质世界复杂性演化而产生的生命客体的本质、结构是统一的，智慧生命一定是在自然生命进化到高级阶段产生的。宇宙同构性归根结底是宇宙存在本质的同一性，即宇宙演化中物质和生命结构的类似性是由支配宇宙运动、演化的同一规律决定的。同构性不是指空间性、时间性客体具体存在同一，而是支配它们的规律性、决定它们存在的本质是同一的。地球本身客体结构演化的结果是多样性的，生命世界更是个体性的多样性存在，但这种多样化是统一性的，是在同样的规律支配下，在不同边界条件下产生出多样化存在现象。所以，宇宙同构性的本质是宇宙运动演化规律的同一性。比如说，地球进化出生命，太阳没有生命，现象不同，但前者有生命存在，后者无生命存在都是由支配生命的同一规律决定的，不同的现象原因不在于规律不同，而只是同一规律在不同边界条件下得出的不同的现实结果。比如太阳系的核心是太阳，但我们由宇宙同构性可以断言天空中千亿颗恒星就是千亿个太阳。尽管每个恒星有其自身的独特性，但支配它们运动、演化的规律是一样的，它们都在一定的边界条件下运动，因而既具有多样性又有共同的本质。所以，同构是普遍本质意义的，同构性信念是我们从个别上升到一般再到普遍认识的形而上学基础。

宇宙同构性是人类对世界的经验认识从个别到一般的发展中建立起来的信念，但它的最深刻形而上学的基石应该是世界统一性，即我们所指自然、世界作为描述对象的时候，它们在先验意义上是一个统一的多样性世界。统一性并不是我们认识基础上的产物，而是存在论意义上客体自然的先验统一性信念，这才是客观统一性认识的基础，才是认识从个别到一般是有意义的认识的前提。世界的统一性不以人们的认识而存在，世界为什么是统一性的，为什么是同构的，就因为它就是统一性的，就是同构性的。它不是在认识中归纳和证明的，而是一切普遍认识的基石，是在认识中不断加深理解的。从先验的世界统一性信念出发，我们讨论自然界的个别现象，归纳出一般规律，这些规律是在整个自然存在意义上的。能量的本性、物质的存在和演化、生命的进化及绝对运动，都是在自然存在的统一性意义上的。所以，这些抽象出来的一般规律就对自然界而言具有普遍意义，是对整个宇宙自然而言的普遍意义。一切自然现象都是自然必然规律在它所特有的自然边界和初始条件下产生的必然、特定的过程或结果。世界是统一的，所以是同构的。

如果否认世界统一性和同构性，就只有个别，没有一般，没有普遍，没有规律，认识就失去本质意义。坚持世界的统一性，同时就要承认宇宙的同构性，据此，我们从原则上就能得出宇宙有地球之外生命和文明存在的结论。地球是巨大宇宙中一颗平凡而特定的行星，较其他行星并没有优越之处，它和其他星球是同构的。当然，地球产生了特定的生命世界，还产生了人类这种高级智慧生命。产生这一特定结果的理由在于它在运动演化中满足了生命出现的特定边界条件；太阳系的其他行星则没有满足这些特定边界条件，所以，在生命进化的普遍规律支配下，地球必然地产生了生命，太阳系其他行星及它们的卫星则必然不会有生命产生，更不可能有文明产生。但太阳系及地球对宇宙而言太渺小了。宇宙中有千亿个太阳，有与之统一运动的恒星系中千亿颗行星，这些行星中只要符合生命进化的边界条件，生命就一定产生。生命稳定进化到一定阶段，智慧生命也必然产生。地外生命和文明的可能性就转换为一个更具体的技术性命题：宇宙中有与地球的边界条件相似因而允许生命起源和进化的星球吗？

如果按照宇宙无限大的观点去看问题，则地外生命和文明是绝对存在的，而且是无限多的。地球生命和文明是宇宙星球演化出生命和文明的确定证据，即在宇宙星球中出现这种边界条件的星球的概率尽管很小，但大于零，是一个定数。当这个定数乘以宇宙星球总数的无限大时，它的结果肯定不是一，也不是十或百或万，而是无限大，结果就是宇宙中具有生命和文明的地外星球不再是存不存在的问题，而是一定无限多的问题了。这个推论的问题出在宇宙无限大的假设上。事实在于宇宙极大，但是有限大而不是无限大，宇宙无限大在存在论和认识论上都产生悖论。在存在意义上，宇宙无限大而能量守恒有限，所以宇宙的平均能量密度为零，能量运动的最终结果是宇宙无能量，这是存在论的能量悖论。在认识意义上，智慧生物对自然的描述，除了抽象的形式外，对任何具体存在根本没有描述无限客体的能力，甚至无限大的认识形式能否满足无限大的客体描述自变量条件就是无解的命题。所以，经验科学对无限的认识对象无能为力，承认无限大的宇宙的最终结果是宇宙不可知。所以，无限大宇宙是无法证明也不可认识的。基于宇宙无限大去论证宇宙中生命和智慧生物存在的星球无限多，没有任何意义。

宇宙有界无边，有界的宇宙在空间意义上就不是无限的，它无边是由它的最基本存在的弯曲引力时空，及其中永恒运动的物质客体的统一性赋予的，它的界也是由限于引力弯曲时空中的无边运动决定的。宇宙有限，但对地球、太阳系甚至银河系而言还是极大。因此，地球上发生的进化现象，尽管在太阳系中还没有第二例，在我们可探测的范围内也还没有第二例，但我们所能探索的空间对于宇宙而言也是极小的。所以，宇宙星体进化出类地球边界条件，演化出生命起源和进化的自然条件的概率尽管微乎其微，但在极大宇宙、极大数目行星构成的宇宙中，我们没有理由确信这种小概率事件是唯一的。从理论上抽象地说，宇宙中应该有地外生命和智慧存在。

地外生命和智慧在原则上存在，这与成为我们经验中的存在是有着相当大距离的，就是说，尽管宇宙中有地外文明，但要探索到它们并非易事。为什么可能性和现实性有如此大的距离呢？还是要从宇宙的极大本性去解释和说明。

二、与地外文明通信是极小概率事件

既然地外文明原则上是存在的，那么为什么迄今为止还没有关于外星文明的可靠证据呢？十五世纪和十六世纪时，西方学者已开始思考外星文明世界问题，但那只是打破神学禁锢的遐想，缺乏实际意义。因为那时我们对宇宙所知还少得可怜，甚至并不知道遥远闪耀的星星实际上是一颗颗光辉照耀的恒星。但今非昔比了，人类二十世纪的伟大科技成就之一就是进入宇宙太空。如果从用无线电通信的办法和地外文明联系去看的话，则我们对宇宙探索能力所能涵盖的搜索范围已经远远超出太阳系。但是，我们向外太空有目的地发出无线电信号，始终没有接收到另一个文明的应答信号。我们目前水平的努力，究竟有多大把握实现与外星文明的通信，把对地外文明的可能性猜想变成现实的发现呢？著名天文学家鲁道夫·基彭哈恩在《千亿个太阳》一书中的最后，从科学技术角度对此作出了有根据的分析，并得出实现与外星文明通信是极小极小可能性事件的结论，认为这尽管有希望，但希望不大。他的主要论点归纳为如下几方面：

第一，对外星文明的探索，在技术意义上，人类依靠无线电通信技术轻易地越出太阳系，但离涵盖整个宇宙还差得远，至多只能局限在我们所处的银河系范围。宇宙有多大，从人的尺度得出的传统经验看法是无限大。一个极有说服力的例子是就近一颗超新星爆发，它的信号到达地球用了约 16 万年，那时候地球人类还处在蒙昧时期。如果我们现在向它发出通信信号，也应在 16 万年后到达那里。即使用光速通信，两个星球的一应一答也要 32 万年。在地球人的尺度，这太漫长了。32 万年后的地球人类是什么样子，我们没把握预言，所以和宇宙中的任何星球直接应答通信是没有现实意义的。现实地看，只有把目光聚焦在银河系自身才是合理的。事实上，不但对生命的探索只在银河系有现实意义，实际上天文学观察和分析的范围基本上也局限在银河系。当然，宇宙大爆炸的背景辐射具有宇宙普遍意义，但它的发现也是在银河系、在地球中。从世界统一性及宇宙同构性理论，在银河系观察和研究中总结出来的天体运动发展规律具有宇宙学上的普遍意义。

第二，对地球人的认识和描述尺度而言，银河系依然是极大的区域。尽管天文学用光年来作为宇宙空间特有的距离单位、用每秒 30 万公里运动的光一年所经过的路径作为标准长度单位已经足够大，但据测算，从银河系一端到另一端的距离大约是 10 万光年。面对如此浩瀚的银河系，我们的地球称得上沧海一粟吗？自然界进化出来的地球文明人类应对自然充满敬畏和感激，还是一如既往地充当玉皇大帝喝令三山五岳并统治和征服自然呢？用世界统一性原理的语言陈述，人类若不敬畏自然就还没有最起码的良知，就只是历史长河中粉墨登场的跳梁小丑，因为他忘记了自身就是自然。当我们今天有能力通过无线电通信去试图联络外星文明的时候，我们其实能够做的并不多，可能产生的效果也非常有限，用大海捞针来形容并不为过。这是人类应有的自知之明。

第三，宇宙物质质量几乎近百分百地以恒星结构存在，只有约 1% 的质量构成了恒星的行星以及宇宙尘埃，分布于宇宙空间。根据地球生命的经验，根据物质结构演化的熵原理，恒星物质结构演化处在熵较小、自由能较大状态，不具备生命复杂结构生成和进化的基本条件，所以银河系 99% 质量结构而成的恒星不是生命的栖息地，生命只能起源于和地球相类似的行星之中。生命不能在恒星存在，又不能离开恒星存在，因为它依赖由恒星提供的能量去支持它的绝对运动。所以，生命只能出现在一个恒星星系的行星中，这个行星必须像地球这样处于星系的生命带。只有在生命带的行星才既不会温度太高也不会太冷而成为冰河态，才满足生命存在的前提条件。问题还在于并不是所有恒星都会形成以它为核心的太阳行星系结构。它还有一种普遍的双星系模式，即由两颗恒星构成独立的星系，双星系没有产生生命的前提条件。如果认为银河系中双星系和行星系各占一半，产生生命可能的恒星系数目就得打一半折扣。

第四，并不是所有恒星都有足够长的寿命，支持它的行星进化出复杂生命结构后能稳定进化，在漫长的进化史中最终进化出高级智慧生命。地球的蓝藻是进化早期就形成的单细胞形态的简单生命之一，据生物学证据，它已经存在三十多亿年，比高级自然形态的人乃至智慧人类同样出现早三十多亿年。就是说，地球上从简单生命进化到智慧生命是在漫长的时间长河中完成的，生命进化的时间尺度和星系演化的宇宙时间尺度是一致的，甚至那些大质量、短寿命的恒星演化的时间过程并不能为它的行星提供支持生命进化达到智慧生命出现的边界条件。一个太阳 10 倍质量的恒星从生成到耗尽能量变成白矮星可能只有数亿年。这么短的时间中虽然足以使它的行星处于生命带并进化出生命，但要从简单生命进化为高级智慧生命看来还是不足够的。

所以，并不是所有行星系都具备智慧生命出现的边界条件。只有和太阳质量相近或小于太阳质量，因而作为发光恒星寿命长达几十亿年的恒星的行星系中，才满足智慧生命形成的条件。据此，银河系中恒星行星系进化出智慧生命的概率又打折扣。

第五，能够用无线电通信与地球生命联络的地外生命只能是智慧生命，并且这只是必要条件，充分条件是这些地外智慧生命发展到具有无线电通信的能力。地球上有三十多亿年的生命进化史，智慧生命则只有几千年的历史，而人类具有无线电通信的能力还是近几十年的事情。几十年对实现与上万光年外的地外生命通信的可能性而言，则是太小了。当然，往后还有机会，对地外文明的通信搜索不是只争朝夕的事，它需要漫长的时间。留得青山在，不怕没柴烧，从理论上说，只要具有通信文明的智慧人类就够长治久安并热心于星球间的联络，不同星球文明的通信联络就总有一天从可能变为现实。但不要盲目乐观，一个发展到具有星际通信能力的智慧生命社会究竟有多长寿命是没有现成答案的。鲁道夫·基彭哈恩在此尖锐地指出："这就说到最大的不确定因素！我们只能以自己这一文明社会的经验为依据。我们达到能向空间发送信号的技术水平，至今不过短短几十年。可是几乎同时，人类就初次造出了只要一次打击就足以灭绝一切生命的大规模毁灭性武器，我们人类将会动用这一手段吗？难道一个技术文明社会充其量只有几十年功夫能向空间发送信号，接下来便是自我毁灭吗？然而，我们甚至连正式的发送都还没有开始。我们还没有制定有目的、有步骤向宇宙空间发射信号的科研规划。"[①]这正是进入高度技术文明的智慧生命能否超越星球地域限制、实现星际通信的最重要问题。这不是地球人类智慧面临的特有挑战，而是一切智慧社会的基本问题，并且是基于智慧人类选择的非必然命题。我们找不到确定答案，只有明天醒来青山依旧，我们才能确切地知道地球文明还在文明进程中。

第六，两个具有无线电通信能力的星球能够有朝一日建立起信号联系，能力只是条件，只是可能性，从可能性到现实性需要的是行动，而且不是尝试性、随机性的行动，而是有规划、有目的、花费巨大财力物力去持之以恒甚至代代连续的努力行动。但文明社会会作出这种行动选择吗？从我们的经验看，显然没有，我们的行动只是尝试性、象征性的。为什么我们不去选择持久、连续的外星文明通信联系呢？原因是复杂的，但有没有如此多资源去投入是一个实际问题。资源投入的回报是另一个需要权衡的问题。任何一个文明社会，文明程度越高，支撑文明所耗费的能量和资源就越多，总会面临某些资源的短缺。当代地球文明连空气和水这类本来充足的资源都成了问题。比如人口密集的城市有水荒、空气中的二氧化碳排放过量造成温室效应等。把资源投向没有确定预期回报的外星文明搜索，肯定不是人类的首选。1992 年 10 月 12 日，美国国家航天局开始执行一项大规模外星探索计划，拟在 6 年中耗资数亿美元，用大型射电望远镜扫描巡天，并对接收信号分析，筛选搜寻地外文明信号。但该计划由于参议院没有批准拨款而于 1993 年 9 月中止。“据说一位参议员说道：‘与其花钱去寻找地球以外的智慧，不如就在华盛顿当地寻访智慧人士。’”②地球人如此，那么外星智慧又凭什么把资源投入无直接回报的星际生命通信项目呢？

基于上面理由，鲁道夫·基彭哈恩测算，银河系中大约应有四百亿个由单个恒星组成的恒星行星系，这些星系和太阳系一样具有生命起源的最基本条件。四百亿个行星系中，满足生命存在的边界条件的行星最多只有一百万个。假设一百万个生命存在的行星中，经过四十亿年已经进化出具有宇宙空间通信能力的智慧生命，这些生命能够有一百万年的富裕、和平的生活，并在一百万年中有足够财力、物力、兴趣，连续向外空间发送功率强大的无线电信号，那么，这类智慧生命居住的、正在存在并发送信号的星球就应是一百万年/四十亿年×一百万个，即二百五十个。如果二百五十个行星均匀分布，则相邻两个行星之间的信号传输平均耗时为四千六百年，一个来回就是九千二百年。奢望在短期内两个文明星系实现通信是不现实的。

但文明的测算是否过于乐观，我们有把握再和平、持续、富裕地发展一百万年吗？那太遥远了。在地球人的尺度，一千年都是比较长的时间单位了。如果按四千年的高度文明社会史来测算，则银河系中正在发送信号的智慧生命的星球就大打折扣，从二百五十个变成一个了。如果这个星球文明不是连续地发出信号，实现星际无线电通信就只是概率极小的事件了。这是在广袤的宇宙中，地球的高级智慧生命还只是孤独地存在的合理解释。

当然，这只是目前天文学知识得出的不确定性猜测。这种理解的最深刻意义在于：看不到并不意味着不存在，和地外文明联系不上不等于没有地外文明，只是我们与之建立联系的概率实在太小，需要的时间太长，耗费的资源太多。从逻辑上说，地外文明探索的实验只有证真而无证否意义，只是证真还没有实现的过程。对外星文明的思考不是兴趣问题，它后面有更深刻的动机。对地外文明的思考不仅仅是通过太空探索或无线电通信联络，它还有其他一些引人深思的现象，刺激着我们的想象，驱动着对虚无缥缈外星文明追寻的热情。

三、宇宙生命的同构性和差异性

世界的统一性和生命、物质的同构性是思考地外生命和文明的基础，但宇宙同构性必须在统一性思维基础上理解，不能作机械式的理解。进一步说，只有在统一性和同构性基础上才能说外星生命或外星人。地球生命、地球文明本身已经是多样性的统一存在，至于外星人和地球人的差异性已经不是个体的差异性，而是超越了种、属、目、科、纲、界意义的更为普遍意义的差异性。地球人和外星人不同界，因为他们属于不同星球进化出来的生命，这是讨论一般人扩展到外星人时不能忽视的基本问题。所以，地球人常称外星人为“小绿人”。

推动地外文明探索的直接动因是地球人在此之先就有外星人的猜测，产生这种来源的直接原因是我们面临着许多神秘不解的现象。比如UFO，我们猜测其中有外星人的宇宙飞船，俗称飞碟。甚至有不少人信誓旦旦地宣称和外星人沟通，被外星人掳去作为实验样本。但这些个案没有得到过硬的证明，也有人将此归因于政府保密。对外星人猜测的起因还源于史前文明的一些神秘现象。尽管人类对自然界认识已经达到从宇观到微观基本粒子领域，但仍有着大量无法科学解释的现象，特别是文明史以前的文明现象，这些现象甚至被汇集在那些称为“神秘现象集”的出版物并广为传播。对神秘现象破译是人类探秘未知世界的兴奋点之一。今天，人类已经不会把难以解释的史前文明现象解释为上帝的杰作，最重要的解释在两个方面：一是现代人类文明史前已经产生过高级文明，只不过因某种原因消失了，我们只是文明社会的轮回；二是史前人类没有能力实现的杰作应该归结为高级智慧外星人所为。因此，猜测外星人存在并非无凭无据。

在一些特定的神秘现象中，猜测其杰作为外星人之手比由前一个地球文明留下更具合理性。比如神秘的玛雅历和玛雅文化就最可能与外星智慧有关。如果坚信日历起源于星球智慧生命关于所处行星自转及和它围绕恒星公转周期的经验归纳，那么年就是行星围绕恒星公转的周期，日就是行星自传的周期。日夜更替和季节更替的周期性对任何生命而言都是极具意义的，因为它是生存环境动态变化的周期。生命离不开环境，归纳这种环境周期变化规律并制作出日历是每一个文明种族适应环境更好生存的必修课。地球人类文明的各民族根据自身的经验及认识描述特点，编制出与其风俗习惯相协调的历法。在不同民族文化中历法个个不同，但有一点是不变的，即年的周期是地球围绕太阳公转的周期，它只能有观察上的误差，不能有本质上的不同。但地球上玛雅人所使用的历法是神秘的玛雅历，神秘之处在于它一年不是约 365 天，而是 500 多天。我们无法推测一年 500 多天的经验观测从哪里来，除了一颗公转 500 多天的行星上的规律的归纳之外。所以，玛雅历的经验观测可能不在地球上，也不在太阳系之中。因为不但地球，太阳系其他行星围绕太阳公转的周期也与玛雅历不符。因此，完全有理由推测，尽管玛雅人是地球人，但玛雅历可能不是地球历，那就只能认为外星智慧文明确实存在。

从飞碟、玛雅历的猜测中，我们应能得出一个最基本的判断：能够造访地球的外星人的科技水平一定在地球人类之上，他们不仅有我们那种星系无线通信能力，而且能够遨游在宇宙空间。地球人尽管已经登月，有飞行器飞出太阳系，但离自如地在太空遨游去造访另一个智慧星球还有很长距离。面对一个科技水平远高于我们的神秘文化、外星人类，地球人是幸运的还是不幸的？如果我们对他神龙见首不见尾，但他们对地球人了如指掌，我们其实只活在更高文明的笼罩之下，是否时刻都顶着巨大风险甚至头顶悬着灭顶之灾？

这或许是危言耸听，但我们已听见地球人类精英关于提防外星文明攻击的警告。在我们的科幻片、儿童动画片中，地球人类和外星文明的战争频频爆发，人类的思维和观点已经毫无保留地从国际战争推向星际战争。按照大师们的说法，飞机、潜水艇是早期科幻的主角，随着科技发展都变成现实，按照这种经验，疯狂怪长的异形、穿越时空回到过去、打一场轰轰烈烈的星际战争都可能成为现实。房龙在《宽恕》中总结了人类文明史时，把生存始终是一切时期人类的第一要务作为形而上学的原则。其实，岂止人类，生命世界的一切生灵何尝不是如此？物竞天择，优胜劣亡。魏斯曼提出生命进化的种质连续学说，认为体质细胞的生长发育是为种质细胞连续生存服务的。然而想得更深一点，种质细胞又何尝不是为体质细胞生存服务的呢？没有生存就没有生命，这是一切生物的本质，因而生存也是具有生命的地球人类的第一要务。从远古氏族部落争夺到二十世纪两场世界大战，人类始终在为生存而战，只是以生存的名义进行的战争越来越浩大了。人类文明史是一部充满铁和火的血腥历史，人类文化价值的理想是英雄、力量，而不是智慧和知识，知识只是因为能变为现实的力量才被追捧的。古希腊文明的智慧脑袋终究输给了野蛮民族狂暴的拳头，只能失去生存资格；阿基米德的智慧在野蛮人的刀下又能如何？率领数十万铁骑，锐不可当地横扫几大洲的人被历史尊为伟人，颂为英雄，彪炳史册。这些伟大的英雄是向世界播撒文明的火种，抑或是野蛮的奸淫掳掠？历史不需要良心，只需要结果。历史永远是胜利者的历史，胜利者才能生存，才有历史意义，这就是结果。生存作为第一要务，人类文明从低级到高级的发展史就是强者赢得生存的历史。在地球文明发展到人类文明如此高度的今天，发展的标志之一应该包括人类把生存第一要务的追求立足地球，放眼宇宙，准备把铁和火的文明发展史写进宇宙太空。星际战争思维意味着人类文明在思维上已经进入更高级阶段，或许可以称之为真正的宇宙统一性思维阶段。

但这并不是真正的世界统一意识。把地球人类的历史发展模式直接套用在不同星球文明之间是实实在在的机械论思维。根据地球上的历史经验和文化价值断言外星文明和地球文明存在生存冲突，是缺乏充分理由的。之所以把外星智慧生命称为人，是基于世界统一性的同构性原理，但同构是指它们本质相同，而不能理解为它们作为具体的存在者，即本质规律支配的结果是相同的。结果的差异性是由相同规律不同边界的条件差异性决定的。地球生命和外星生命都是时间性存在，但它们在各自特定星球的特定环境条件下经复杂进化而形成的具体存在结构是不同的，所以把外星人称为“小绿人”是很有智慧的。地球人和外星人结构差异的本质意义在哪里呢？这意味着地球最基本的环境条件和外星生命不匹配，在其他星球边界条件下进化出来的生命怎么能适合地球自然界的边界条件呢？除非两个行星的演化结果在许多细节上出奇地一致，但这是不可想象的。制约高级生命的边界条件太严苛、太复杂了。其实对支配和制约人类的地球边界条件，我们今天所知的并不是全部，尚有很多不为人知的东西。所以，地球上的空间对外星人并无意义，他们入侵不为空间不为地盘，那又有什么动机呢？是资源吗？像地球人历史上游牧民族战争那样，不以地盘而以抢掠财富和资源为目的吗？但我们的财富和资源对外星人是否有资源和财富价值呢？外星人再贪婪，也总不至于把地球的资源运到他们的星球去使用吧，只有同构、同种，享受同样资源的地球人之间那才是合理的勾当。当年欧洲人进入非洲差点灭绝那里的种族，这可以用生存是第一要务去辩解，但与我们具有重大差异，对环境和资源并不共享的外星人，想象他们对地球人无情杀戮，就不能说想象他们是为了生存这么干的，只能从生性残暴去理解。星际战争的猜想，建立在智慧生命残暴本性猜想之上，实际上是建立在人类对自身历史暴力经验的体验上。英雄和伟人是人类文化价值的灵魂，而这些灵魂是对人类现实历史的血腥和暴力普遍现象的精辟归纳。

如果从残暴本性去解释一切高级智慧生命，那宇宙是可悲的。因为根据我们的经验，一个文明人做的坏事可能比一个野蛮人坏得多。宇宙高级智慧生命越发展，残暴的实现水平就越高，就是越野蛮。基于这种理解，地球人去想象星际战争是自不量力的。想想当年白人带着马克辛到非洲狩猎，那些拿着冷兵器的非洲黑人除了作为猎物，还有抗拒这种命运的第二选择吗？如果真的有着残暴杀戮本性的外星人能自如地遨游到地球，地球人反抗他们入侵战争的结局是预先注定的。在这个版本的故事中，外星人是“白人”，地球人是“非洲黑人”，宇宙的历史由“白人”来写。

凭什么以如此恶意去揣测外星智慧生物呢？根据那些所谓亲身经历和UFO接触经验者的自述，还没有发现“小绿人”生性残暴的迹象。在那些关乎外星人的神秘现象的猜测中，共同特征是人类基于现在的认识水平无法解释，丝毫没有什么残暴或残忍事件。我们所知的一切残暴和残忍都是血淋淋的现实，与神秘的外星人猜测无关。如果外星人曾经造访或在我们不知不觉中监测地球，而我们一直按自然规律支配去进化，那么只能说他们对我们毫无恶意，不能说他们生性残暴。如果把玛雅历理解为外星历法，是由外星文明传授给玛雅人的话，则证明了这些外星人并无恶意，与地球人无资源和地盘之争。他们到地球的动机我们并不知道，但留下的结果是传播他们的文明，比地球人智慧更高的外星人向地球传播他们的文明并不是坏事。尽管我们还不能完全理解他们的文明，但更高级的文明应能读懂人类文明，他们的高级文明也是从低级到高级发展的。在人类的心目中，有着超乎寻常能力和智慧的是神灵，有人把神灵和上帝的概念溯源到人类早期对外星智慧的经验之中。这无法验证，但不失为一种理解。

从世界统一性原理去理解不同行星的智慧生命，他们是同构而又有差异的不同生命物种。这些不同种生命的差异不只在DNA遗传编码，还在于它的具体结构所适应的自然环境。所以，不同星球生命在生存的第一要务上没有物竞天择的冲突竞争，在逻辑上不需要战争。所有不同星球人类的共享财富是知识和智慧，是抽象而不是具体的财富。抽象财富没有独享性，又何必为独享而战斗？外星人即使不是上帝和神，也不会是魔鬼。魔鬼在地球人类心中。

第二节　人类宇宙移民梦想

一、太空开发的动机

在地球人的早期文化中，浪漫的想象赋予天上以最神圣、最美妙的地位。人类创世纪之后经历了漫长的神灵统治期，只有神灵才生活在天上的家园。欧洲中世纪宗教学说精炼地用“天国”“天堂”“天使”概念构建它的神圣意义；中国传统观念把天作为最后归宿的寄托，告别人间世界是升天。一句话，天对于地球人是美好、崇高的。即使在当代，这种文化价值观仍然具有普遍意义，如一个高档次的大众商业服务娱乐场所就叫“天上人间”。

科学对自然世界的客观真理认识使人类逐渐揭开宇宙自然的面纱，天堂依然保留在人类文化中，但只具有童话的象征意义。从亚里士多德通过观察月食来判断地球是圆球这种高超的科学认识算起，哥白尼、开普勒、牛顿直到爱因斯坦，一代代科学大师不懈努力，使人类对宇宙太空有了最基本的客观认识，并成为对整个宇宙建立统一性认识的基础。从二十世纪开始，人类依靠科学技术，把上九天揽月的梦想变成现实，开启了太空研究甚至太空开发的新纪元。用登月宇航员那句宣言性告白来归纳：我的一小步，人类的一大步。现代地球人从卫星到飞船、从地球外空间到月球直至太阳系之外的迈进，需要高超的科学技术和巨大的财力物力。为什么要把资源和智慧投向外太空？为什么不只在华盛顿当地寻访智慧人士，还要把目光投向遥远的太空？人类是具有强烈目的性的智慧生灵，太空开发有着足够的理由。

太空的开发对人类的科学、技术乃至生存本身都具有重大而现实的意义。不需要复杂高深的科学认识和世界统一性理解，仅凭生存的经验，人类就懂得万物生长靠太阳的道理。中国传统文化把天作为规范和制约生存的最高律条，最高的道理是天理，最神圣不可侵犯的律条是天条。我们如今知道，尽管地球人实实在在地生存在自己的行星上，但天上一切都会对我们生存产生影响。制约人类第一生存要务的是天灾，太阳辐射制约着地球生命，月亮影响着大海的潮汐。在普遍联系的统一宇宙中，地球并不能独善其身。几万年前可能就是一颗小行星掉到地球这种不起眼的小事，造成那时生命世界的统治者恐龙的灭绝。我们用灭顶之灾来形容毁灭性的打击，灭顶之灾的源头可能就在地球人头顶的天空。进入太空，是人类对自然界认识的革命性突破，是把地球置于统一世界中，对地球在宇宙中的位置、地位、意义有了比较客观性的认识，从而更理性地去生存。现在我们不仅知道遥远的星星是一个个恒星，还知道宇宙星系演化的规律，并由此去观察和监测从远方传来微弱的星光，从中解读它所携带的信息；通信卫星、气象卫星、天文观测卫星这一大批新的技术极大地改变了人类的生存方式，仅从无线电通信技术、导航定位技术中，人类就获益颇丰。显然，向宇宙进军的普遍意义还是在人类对整个宇宙自然规律认识和利用去适应生存之中。

人类对宇宙进军的最远大理想应该是星际移民。从根本上来说，人类星系移民的动机已经不是童话时代对天堂的追求，是期望天上人间美梦成真。根据目下所知，我们所能触及的外太空环境对于人类生命而言都是无法适应的，并不是什么天堂，地球人的天堂还只就在地球上。但是，地球这一人间乐园不是永恒的。根据宇宙天文学恒星演化的已知规律，我们预言太阳和所有恒星一样，在按自身必然性规律演化，其最终是变成一颗不再发光的白矮星，然后变成超新星，把大量物质抛到宇宙。根据太阳的质量，估计它还有三四十亿年的寿命，从它大约已诞生50亿年来看，正值壮年。但物壮则已，总要走下坡路，总有能源耗尽而逐渐暗淡的一天。所以，为人类的永恒生存计，地球不是永恒的家。当有一天太阳变得太冷而不再适合人类生存时，地球不留人，还有留人处否？在偌大的宇宙，甚至在人的尺度几乎是无限的宇宙中，我们能否像当年哥伦布发现新大陆一样，在宇宙中找到人类生存的新的绿洲？这是人类对太空寄托的最远大的梦。这种远大的梦想已经成为人类文化中的主要追求，对于天上人间的憧憬已经不再是宗教神学意义上的，而在普遍人类文化意义上，是准科学意义上的。人类已经用连篇累牍的宇宙生存活动的科幻故事，从开始建立世界认识基本框架的幼童开始，灌输星际生存概念。科幻虽然是幻想而不是现实，但和神话幻想具有不同的本质，因为科幻故事是建立在已有科学知识基础上的，是有一定科学根据的，不是纯粹主观臆造。科幻虽然还不是现实，但人类将之视为科幻而不是神话，即人类幻想成为现实。所以，人类从科幻去表达和传播宇宙太空中遨游、生存的故事，它向自己的下一代灌输的是征服太空之梦。征服太空是人类的梦想，是人类科学追求的实实在在的目标，人类对太空的科学征服正在从简单到复杂、从低级到高级的征程中缓慢而脚踏实地地前进，而且是义无反顾地前进。这种探索太空的强大动机，其实并不神秘。因为从天体运行、演化的规律，我们已经懂得太阳不会永远像现在这样升起，永远像现在这般普照大地而给地球不断的能量。一旦人类具有足够的太空科学技术去实现非地球生存的时候，就能拓宽生存的空间。从人类近代科学几百年的发展历史看，这不是不可能的。哥伦布发现新大陆不过几百年间，如今地球已经变成地球村。一旦建立起银河村，人类生命就能摆脱对现存的太阳系的绝对依赖性，给人类的生存和发展赋予新的意义。那时候宇宙旅行不是梦，宇宙移民、殖民不是梦，那将使人类具有目前无可比拟的自由和未来。

抛开上面那些冠冕堂皇的理由，其实人类开发太空有着更现实、具体的动机。人是万物的尺度，人从自己的认识尺度去适应世界并实现生存。但人是在不断的历史发展中构建自己普遍的类本质的历史性存在，所以人的尺度是历史地发展着的，是历史和现实相统一、文化和自然相统一的。为什么人类发展的今天产生了移民太空的强烈冲动呢？这种现实而非神话和科幻的追求本身必须从人类的现实的普遍本质去理解。从这个意义去看，人类追求太空开发乃至太空移民具有两个现实的理由：

一是科学进步提供的现实可能性强化了人类向太空扩展的追求。二十世纪以前，人类把最难的事称为“比登天还难”。二十世纪人类实现了登天梦，登天已经不是最难的问题了。登天首先从梦变成具体可能性，在二十世纪成为地球人类的现实，并成为进一步开拓太空的可靠根据。为什么人类要把智慧和资源投向遥远的太空呢？这首先和人类的科学理性发展观有关。人类社会从低级到高级的发展过程中，有一种不断进步的乐观主义生存观，而且在绝对物质观和科学理性价值观占主导地位的现代文明社会中，这种不断的进步首先表现为物质生产力意义上的进步，是人类对自然的认识及充分利用去更好地满足人的生存需要意义上的。以近代科学革命和工业革命为主要内容，以工业化、城市化、现代化为先导的人类现代历史进程中，人类有一个根深蒂固的扩展发展观。不能否认工业革命早期的历史是和殖民侵略的扩张历史联系在一起的，仅二十世纪的地球人类就经历了二次世界大战以及随后的冷战，这就是人类进步和正义、发展的理想主义背后赤裸裸又血淋淋的现实。背负着“丛林法则”这一自然最高成果进入文化的人类如果真的把自己的本质，用科学因果思维逻辑还原为物质客体，停留在自然的被决定历史中，那么人类的生存价值选择就一定是动物的、自然的、弱肉强食的，人类文明社会其实还只是由“胜者王侯败者贼”的“丛林法则”支配的必然性自然世界。因此，一旦有现实可能性，人类就要像希特勒那样，追求最大限度地拓宽自己的生存空间。在这种动机支配下发展太空技术，开展太空移民研究，实质上是殖民研究，这和当年欧洲殖民主义对非洲的殖民开发和统治是同出一辙的，只不过时空的范围不同。在这种殖民开拓历史价值观的支配下，人类对太空的开发并不仅基于地球人类和外太空可能存在的生命世界或文明世界的关系，本质上首先是地球人类之间的竞争关系，是哪一族群抢占宇宙开拓的先机，从而在包括地球在内的世界中处于领先、实际上也就是统治地位的关系。从这一视角去思考人类移民太空的动机，并不高尚，但很现实。

二是从人类作为类整体存在的地球人类世界意义看，追求太空移民不是某些特定群体的竞争性战略选择，而是对整个人类具有普遍客观意义的未来选择，而且是面对现实的一种选择，是摆脱地球人类生存困境的一种可能选择。为什么这么说呢？因为当代人类自罗马俱乐部提交“增长的极限”这一关乎人类未来发展的报告后，人类对当下科技推动下不断发展的生存模式的可持续发展可能性产生了普遍的质疑，人类逐步从另一个角度去体会发展和进步的含义，而不是单纯把经济、生产力、GDP 作为进步和发展的全部标准。人类最早的观念是物质不灭，现在增加了另一个强边界约束条件：能量守恒。在物质和能量意义上，其实人类没有任何创造可言，人类生存的真正意义是按照能量规律去支配物质结构的运动和发展，最大限度地满足人的自然生存的需要。人类在越来越有效地利用自然资源和能源去满足自身生存中，科学和技术能提高资源和能量的利用效率和效益，但不能创造能量本身。当人类科学技术提供的生存模式所依赖的能源消费方式超过地球的综合平衡能力时，即地球的有效能量入不敷出时，人类就进入能量短缺状态。现代化社会的一个转变就是从知识匮乏、物质财富短缺转变为能源和资源短缺。道理很简单，从农业社会向工业社会和后工业社会的转变在能量意义上，是由主要依赖太阳能生存向主要依靠不可再生能源去满足生存活动的转变。依赖不可再生能源的机器力代替人力，实现了人类改造自然能力成倍的增长，但同时也使不可再生能源高速消耗。工业革命不过三百余年，人类全球化的工业社会还没有在整个人类实现，但能源、资源和环境危机的警钟已经一次又一次敲响，这才是工业社会和后工业社会面临的真正问题。通过零增长、零排放、节能减排去维持人类在地球中可持续发展不只是口号和理想，实际上已经是人类整体不得不面对的严峻现实问题。正因为问题如此严峻、重大、迫切，不少有识之士已经从人类的增长模式返回支配人类的科学理性价值观去反思，并认为人类的危机是基础性的，人类生存的基础理论必须从根本上变革。但是大多数技术学派，持科学理性价值观的思想家和政治家们，在绝对物质观的支配下，依然用“旧瓶装新酒”的思维方式去思考摆脱人类生存危机的问题。当人类具有太空开发能力、登天成为现实的时候，对于从移民太空来为人类获得更大生存空间而言，实在是一个最优解决方案。特别需要说明的是，在人类的传统知性观念中，宇宙空间是无限的，当人类把宇宙变成银河村的时候，人类的生存空间就是无限的，人类可支配的能量、物质、环境就能摆脱地球有限性的制约，在有限自然存在意义下达到无限。这是人类的最伟大目标，这目标将由科学的发现和技术的发明来一步一步地实现。

但是，尽管人类已经登天，但这和地球人向外太空移民和殖民还不是完全相同的问题。最简单的道理是，人类发明了潜水艇，但没有因缓解人口增长土地紧张压力去建造水下城市来拓展生存空间，因为这是不可行的，所以只是抽象的可能，不是现实的可能，更不会是现实。那么，移民太空同样有个现实可能性问题。

二、移民太空的根据

人类移民太空从梦想变为现实还有多长距离？人类登月以及空间站的建立已经表明，登天不再是神话和幻想，但旅游和移民是本质不同的两回事。人类移民太空在理论上已经是可能的，但这种理论上的可能性其实不仅来自人类太空开发的证明，如果我们相信曾经有外星人造访地球，比如，相信年周期五百多天的玛雅历只能是生活在围绕恒星“太阳”公转五百多天的玛雅行星上智慧人类的时间尺度规则，那么创造了玛雅历的外星人就应该造访过地球，并把他们的历法及天文知识传授给地球上的某个族群。这个具有高超天文知识和古怪玛雅历法，但其他方面文明又很不发达的族群就是我们所称的神秘的玛雅人：他们神秘的玛雅历法及关于天狼星的天文知识、他们神秘的失踪等。按照这种猜想，智慧文明造访其他星球就不是抽象的可能性，而是极有可能的。按照世界统一性原理，整个宇宙的能量规律、物质结构复杂性演化的熵原理、生命时间性本质及进化原理是同构的。地球在宇宙中并没有什么特殊之处，即地球遵守的运动发展变化的本质规律具有宇宙意义上的普遍性，那么地球上特定边界、初始条件下产生的特定的具体的人类世界的一般本质在宇宙中具有普遍意义。因此，从原则上来说，从抽象的理论意义上来说，地球外的一般智慧生命是可能的，人类在地球外环境生存也是可能的。人类登月把这种可能性从抽象理论向前推进一大步。人类基于太空移民开发的科学和技术是有根据的，是从抽象理论向现实可能的不断前进过程。

但是，由于太空移民和太空旅游在具体生存意义上、技术意义上是完全不同的，所以，太空旅游的现实和太空移民之间的实现有非常遥远的距离。人类可能极早就学会了潜水，但至今仍不能在水下世界正常生存，所以人类至今仍无法移民到水底世界去生活。人类移民到太空去解决人类生存的能源、资源及空间环境等，是一个复杂性的技术问题，是从抽象的科学真理认识回到人的具体生存现实过程的领悟及实现。假如认为玛雅历是玛雅星智慧生命传授给地球玛雅人，那么玛雅星人只有地球旅游能力，没有地球生存能力。在另外星球生存不是科学真理可以最终解决的问题，而是以科学认识理论系统知识为基础，从科学认识回到人的生存统一性具体技术性问题，是具体统一性的技术可行性问题。人类移民到太空从理想到现实的过程是由科学转化为技术的具体复杂的统一性过程。在技术可行性具体意义上看，人类移民太空技术、理论的最基本根据是什么呢？航天技术、物理学科学理论是最基本的，但这是人类移民到太空的根据吗？显然不是。人类移民到太空的最可靠理论根据是人的自然存在作为环境进化的结果，必须有根据地和外太空环境相统一，即必须适应太空环境的“自然选择”，所以太空移民技术可行性的根据是复杂的统一性问题。

地球人移民太空的最重要理论基础是地球人对自己自然属性的认识，是对人作为自然生命存在的普遍生命本质的认识。如果连生命是什么都没有比较充分的科学认识，以生命科学知识为基础的对人的生命的控制和处理，即具体医学技术应用还没有达到充分发达的条件下，移民太空之梦对地球人而言就依旧是遥远之梦，和科幻没有太大区别。地球人的现实是对自己自然生命已经取得比以往大为丰富的认识，但离对生命的本质、生命的微观结构及机理的认识还有很长的路要走。生命科学的进步只是相对于它自己而言的，但它离揭示生命的普遍本质规律及运动进化的内在机制还很远。我们说二十一世纪是生命科学的世纪时，潜台词就是生命科学作为最有发展潜力的科学和技术实际上只是“发展中国家”。生命科学处于滞后状态是有理由的。从结构意义上看，生命是宇宙演化中产生的最复杂统一结构，仅从结构复杂性意义上生命科学就比物理学和化学处于不同复杂性水平上，并建立在后者的理论基础上，所以生命科学技术的滞后性是自然而然的。更何况生命的本质并不是结构复杂本身可以充分揭示的，生命的基础机理尽管是物理和化学的，但决不能把生命还原为纯粹由物理、化学规律支配的物质存在，不能把生命看成肉体而否定生命的灵魂本质，否则地球人在外太空生存就和机器在外太空的运转一样了。但人在外太空的存在和机器在外太空环境中的存在和运动绝对是本质不同的两回事，而人向地球外太空移民的理论基础、理论根据并不只是天文学、物理学的，而首先是生命科学的。如果热衷于地球人移民太空的只是一些物理学家，是航天技术领域的专家，而不是生命科学领域的专家，则地球人移民太空的理想就依旧是抽象之美梦。物理学家、天文学家是把人作为物、作为机器送进太空的，生命科学家才能把活生生的人送进太空，把认为是能在太空环境中生存的人送进太空，这才叫太空移民，而不是向太空运物。因此，人类太空移民的最大难点不在于太空技术本身，而是对人生命自身的具体认识，对生命自然属性的真知灼见。太空科技只是人类移民太空的条件，人的自然属性即人作为生命存在的规定性才是它在太空生存的根据。人类向地球外太空移民的根据在生命科学的成熟而充分的理论和技术基础上。当生命科学家胸有成竹地畅谈人在太空生存的机理时，地球人移民太空之梦就转变为可以作技术可行性研究的具体、现实命题。

把生命科学作为人类移民太空之梦的理论根据其实并不难理解。尽管人类对生命机理及本质的科学认识实际上处于启蒙阶段，生命科学理直气壮地自称科学而不再羞答答地自称生物学只是新近的事，对生命本质抛开神秘活力论而引入化学、物理学结构意义上统一性的思考和研究，只是几十年前由奥地利物理学家薛定谔的《生命是什么》才启蒙，但对生命和环境的统一性关系在达尔文的宏观表型进化论中已经归纳出来。仅在达尔文进化论意义上，对人类移民太空的理论根据同样可以得到充分的理解。达尔文进化论是近代科学发展史中代表生物学最高成就的统一性理论，它的最精辟理论归纳就是“物竞天择，适者生存”的自然选择理论。对达尔文进化论理论应该作统一性理解，即环境和生命的关系不能当作简单的因果必然性关系，生命进化的基础是自然环境，但生命进化本身的根据在于生命存在的规定性本身。生命世界得以产生，前提条件是物质世界结构复杂性演化为生命时间性存在结构提供了必需的物质和能量基础，包括适应生命生存的物质世界的熵环境，使得 DNA 遗传物质结构得以产生并在环境中展开为时间性的存在，从而在最简单生命结构基础上不断进化为多样性的更高级复杂生命结构，在生命世界顶端的是具有能动选择能力的像人这类能思考和认识的高级动物生命。生命世界的进化以自然环境制约为前提条件，生命和环境的统一性关系是自然选择和生命选择的统一。从这一意义上看，无论是理解人类在地球生命圈中的位置、地球生态环境与人的生存的关系，还是人在外太空环境中生存的条件关系，本质上都是一致的，即都是人作为自然生命存在与外部环境的相适应、相统一的问题。人类已经登天，但能否在太空环境生存则是自身生命与太空环境的统一性问题，是和登天完全不同的命题。对这种统一性理解的根据，当然首先是人的生命存在的本质规定性，是支配人的生命活动的本质规律。

人类在对地球外生命思考中，基本上是从地球人的尺度，以地球生命为参照物去思考“小绿人”的。比如，最基本的条件是温度、水分，这是我们考察一个星球能否具有生命进化的条件和前提。为什么呢？因为生命复杂结构的熵边界条件就在那既定的区间，如果把一切生命归纳为一定范围熵边界条件下的复杂性结构，那么在任何时空中生命结构稳定有序运动的熵边界条件是具有普遍意义的。所以，自由能不能太大的环境就是对一切生命有效的，地球生命在任何时空中也只能在既定熵环境下生存。在一切时空中，生命都无法直接在100℃以上的低熵环境中生存，所以温度低于100℃是一切生命生存的必要条件，也是人类生存环境的必要条件。地球生命是水质细胞、碳基结构，地外环境支持地球生命生存的碳和水的充足性就是人类生存环境的必要条件。所以，温度、空气、水分这些基本自然环境是地球人类生存的基础条件。对人生命存在的必然规律真理知识、对生命存在的基本环境条件的认识，包括经验中归纳的认识已经有了长足发展，但远不是充分的。在地球上，对影响生命的许多内在因素，对生命的内在运行机制还在争论之中，仅转基因食物对人的遗传基因是否影响就是一个有争议的问题。因为我们对基因结构、对人的DNA基因组已经测定排序，但这些结构的运动变化的必然规律的认识才刚开始。说得谦虚一点，我们才刚刚得出人的基因图谱结构的现象认识，从这个复杂现象中，如何揭示人的基因的运动变化规律才是生命科学真正的目标所在。“生命是什么”的最深刻的答案是“支配生命

DNA 结构运动变化的普遍规律是什么”，而不仅仅是“基因组的结构排序是什么”。认识太阳系的结构即太阳和它的行星、行星的卫星空间结构是一回事，支配其运动的规律是另一回事；理解支配太阳系如此运动，同时也是支配一切物质客体如此运动的普遍必然规律又是另一回事；而后者才叫做物质世界的普遍必然性本质。对生命 DNA 运动变化的普遍规律的认识才是揭开生命的本质，才可以说是对生命有深刻的理解。在这个基础上，在知道“生命本质是什么”的基础上，我们才能有根据地去思考“我们能在什么样的外部环境下去生存”的命题。

生命的自然进化是大自然的杰作，生命的精美、复杂和完美令人惊叹，地球上的生命存在及进化是大自然量身定制的艺术品。当我们想摆脱大自然的制约，按人的自由意志把人的存在推向地球外太空时，希望在太空中寻找和地球同样的环境是极为艰难的，因为这种相同环境是由一组复杂的条件构成的。但从人的存在及运动的本质出发，我们所需要的太空生存条件就不是地球一模一样的环境，而是允许地球人生存发展的环境。这种地外环境的探索，才具有普遍而现实的意义。因此，人类把生存的能力扩展到太空中，最基本的根据不是向太空飞行和输送能力，而是找到人在外太空环境中的生存和发展的必要且充分的外界条件的区间。这个区间是由地球生命的内在本质规定性决定的，是由生命科学家提供的，只有他们才能为这一伟大目标提供切实的根据。离开这种可靠根据，移民到太空就还只是梦。

三、地球人太空移民的非现实性

地球人能否移民到外太空继续生存发展？这是地球人现在还不能得出确定性判断的命题。事实上，这也不是一个简单的因果必然性判断命题，这不但是具体、多样性的统一命题，而且对地球人来说是最为复杂的具体统一性命题。它的合理解释必须在人类对世界的必然性规律得到极为充分的认识，在地球人充分认识了自己的基础上。

但是，不能剥夺人类追求宇宙移民之梦的权力，人类之所以是人类，不但因为人类有梦，而且因为人类具有把梦想变为现实的能力，而且这种追梦是人区别于动物的历史性不断发展的存在的本质，是人类构建起不可逆的历史发展的内在动力。如果根据当下的科学知识判断，认为人类的太空生存永远不可能，那就把人当做自在之物而不是自由地创造着的人类了。科学的意义就在于打开奥秘的未知世界，鼓励人类向新大陆前进。科学家们可以自豪地从科学史和人类社会文明发展史告诉你，人类是如何把上天、下水入海底这些遥远的梦变成人生存的世界现实的。人的文化生存方式不是一成不变的东西，人是在历史中不断地构建自己普遍文化永恒发展的历史性存在，人和人类发展到什么水平、是什么样子，人类在存在意义上就是什么水平、什么样子的存在，这才是人而不是纯粹自然物。人的这种永恒、不可逆的发展性的另一个相关命题是人对世界的认识是无限地发展着的，对客体世界知性科学真理认识也是无限地发展着的。正是认识包括人对客体世界知性科学真理认识的无限性、认识永不完结的无限性，使人类在不断丰富的精神文化认识发展中构建自己的普遍类本质，在现实的生存中不断在更高水平和更新意义上成为自然和文化相统一的存在，创造人类不断向前的具体、现实的历史。所以，我们尽管不能有把握地判断人类什么时候能够成功实现移民到太空的工程，也不能剥夺人类对太空生存的追求，而且应该把它作为人类社会历史向前发展的内在动力，这才是人类之为人类的真正意义。我们应该对那些不懈追求太空移民的科学志士表示深深的敬佩之情。

梦是人类的特权，但人类生存在现实中，而不是在梦中。人类的独特性在于梦和现实的统一，即人类社会历史的创造是不断把梦想转变为现实的历史发展的永恒过程。人类文化中柏拉图的理想国、欧文的乌托邦社会主义都是具有最独特人类自由本质标志的人类之梦，在人类追求自由的历史中具有极为深刻的意义。但如果谁把理想国和欧文的乌托邦社会主义之梦生吞活剥地搬进现实，那就是疯子或傻瓜。理想之所以理想就在它还不是现实，还无法成为现实。具有远大理想的人之所以是有理想的人，不在于他有多伟大的理想，而在于他知道理想和现实的区别和联系，准确地说出理想和现实的距离，因而能现实地生存，并且在现实中向着理想一步一个脚印地迈进，在追求梦之实现的现实中脚踏实地地生存和发展。因此，人类移民到太空的伟大梦想，要成为真正有意义之梦而不是胡思乱想，就必须回到现实的基础上，在理想和现实相统一的理解中去把握它的可行性。为什么在讨论太空移民非现实可能性之前我们专门讨论了人类太空移民的根据是什么这一基础性问题，并把人的自然生命的内在本质规定性作为思考地球人移民太空问题的内在根据呢？就是因为从世界统一性观点来看，从生命是和环境不断耗散过程中的绝对运动复杂时间性结构意义上看，生命和环境统一的根据肯定在于生命的规定性。只有由此出发，才能现实、具体地分析和思考人类太空移民的问题。

把人类生存在天上人间的神话之梦引回具有一定现实意义的科学幻想题材，并最终转化为人类科学追求的根据是知识和技术的。科学理论的最基本成果是牛顿经典科学理论，当物质世界的经典动力学规律具有宇宙学上的普遍时空意义时，人类的思维就达到普遍的物质世界，超越人生存的地球本身。从绝对空间观向相对空间观的普遍性思维的上升，也意味着从地球出发去思考人的存在上升到从整个宇宙去思考人的存在的普遍意义水平。牛顿引力理论及质点动力学规律对太阳系运动的认识以及第一宇宙速度、第二宇宙速度的发现，为人类从科学理论中抽象的认识到走出地球进入太空提供了必然规律意义的依据，物质世界统一性抽象认识的建立确实为人类走出地球制约提供了理论基础。二十世纪的科学家和技术人员把这种理论变成了现实，人类对地球外的探索已经由思维到信号到机器再到具体的人的踏踏实实的脚步。但是，尽管宇宙学理论和太空技术打开地外空间之门，人类要走出这道大门移民到太空，人类在太空环境中和外部环境相适应从而能够生存和发展，是以人的生命存在本质规定性为根据的统一性问题，而不是单纯宇宙学或太空载人技术的工程问题。以人的自然生命的现实认识为根据，我们只能说，人类离进入太空并建立“天上人间”还有非常遥远的距离，还只是非现实性的乌托邦之梦。在目前人类对自身自然生命的认识和理解水平下，要在太空中生存是极不现实的。或许有人会以在太空站中的宇航员为证据坚持人已经在太空生存，但这种生存只有“旅游出差”意义而无移民意义。这种太空站及宇宙飞船中的生存本质上是地球生存模式的生存，是以地球的资源为根据的生存，是带着“地球脐带”的生存，只有非常有限的意义，没有在外太空生存和发展的太空移民意义。这种外太空生存是不可持续的，人类追求“天上人间”的乌托邦之梦是在外太空可持续生存和发展的意义上的。从可持续生存发展意义上，人类移民有着不可逾越的障碍，只有在人类科技逾越这些障碍时，太空移民才可能是具有现实可行性思考的命题。

首先，要在浩瀚的宇宙中寻找一个适合人类生存的具体空间是太空移民的基本前提，而这目前还只是一个抽象的理论问题，没有任何现实可能性。寻找类地球环境既是在寻找未来适合人类生存的新大陆，也是在寻找地外生命，这其实是同一件事的不同意义。但人类用足迹、卫星飞行器去直接观测的星球还只是极为有限的。从月球到火星，我们还没有发现外星生命存在的证据，也没有适合人类生存的基本环境。从现实的知识去判断，人类在太阳系中的天然栖息地就只是地球，其他星球的熵边界条件肯定不适合人类生存，因为太阳系各行星共处于太阳提供自由能和引力作用的大环境中，在这个太阳辐射能量和引力作用球形分布的空间中，只有地球处在生命带上。因为地球进化出了生命，其他星球的熵及引力环境不同，所以不合适人类生存。按照天文学的模型预测，太阳系空间的生命带是极为严苛有限的，地球围绕太阳公转的轨道半径即使偏差不到百分之十，地球的自然环境也会变得不适合地球人生存。因此，人类只能把太空移民的理想新大陆目标投向更遥远的太空，投向银河系中的其他星系。但这些星系太遥远了。我们和这些星系的关系基本上只停留在无线电波即光波的水平，从这些信息，我们只能判断遥远恒星的温度、质量等基本数据，根本无法获得遥远恒星系中行星环境条件的具体信息，更无法从太空电信号的测试中解决“哪里有合适人类居住的星球”这种具体的问题。太阳系外恒星系的搜索，目前主要是希望找到已经进化为智慧文明生命而且具有无线电信号通信能力的智能生命，而不是寻找适合人类居住的行星环境问题。就外星文明搜索而言，就前面所述，其机会也是渺茫的，因为这实际上是极小概率事件。从地球文明的尺度去观察，找到地外文明的可能非常小。所以，寻找地球外移民的行星目前是不现实的。尽管宇宙很大，但现实上我们无法把整个宇宙当成地球人的舞台。遥远的星球不是人类可在对之有效认识基础上作为现实行为抉择的相互作用的世界。

其次，即使我们发现了来自遥远星系文明的信号，证实在银河系几千光年乃至几万光年远处有智慧生命存在，但人类如何探访那遥远的星球，这同样是一个目前无法解决的问题，使移民外太空成为非现实性的。这种限制性不仅来自科学技术本身以及太空飞船的能力，而且来自我们生命的时间性结构本身。按照洛仑兹变换和相对性理论，光速是物质客体不可超越的一个定数。一个五千光年之远的行星在宇宙中是很小的距离，银河系的半径大概是数十万光年之大。但宇宙飞行器探访五千光年之外的星球究竟要多少代地球人才能完成，这是一个令人伤脑筋的问题。打个比方，如果亚里士多德有能力向五千光年之遥的外星智慧发出邀请函，这个邀请函现在还刚在奔向该地外文明的一半之旅途中。即使对方一收到邀请函就答复，地球文明人现在也要再等七千五百年，即无线电的一问一答之间要经历人的几百个世代更替。这个一万年是宇宙尺度演化运动的弹指一挥间，却是地球人历史的漫长过程。地球进化出来的人类生命以二十个地球年为世代周期尺度，以六十到一百年为人生完整周期的尺度，按照这个生命时间性尺度去生存的地球人想做太阳系之外的旅游度假是不现实的，有目的地向外太空移民有可能是一个世世代代生存中的迁移过程，需要相当多世代延续才能完成。但这种既是移民又是生存发展的中介过程是可能的吗？从现有科技及经验来看，这是不现实的。如果人类能在太空之旅中世代延续而发展，那就不再需要选择适合人类居住的移民星球，而能在宇宙中一切区域生存和发展了。所以，这才是太空移民无法逾越的屏障。能否突破这个屏障，取决的是生命科学技术，而不是纯粹的太空飞行技术。如果人的生命能像“水熊”那样进化到基本停止一切新陈代谢的种子静息状态，那将是革命性的突破，将从根本上突破生命的时间性限制。

再次，必须指出，限制地球人太空生存的条件还有很多很多，它以地球人自身生命的特定规定性为根据，而许多客观性的根据还只能在未来挖掘出来。更为重要的是，生命是不断进化的过程性存在，生命是稳定性结构和进化连续性结构的具体统一，是生命本质结构即 DNA 结构和环境的统一。因此，在什么样的环境边界条件下地球人可以生存，在新的环境下地球人的生命结构会如何进化，都是极为复杂的动态问题。所以，人类太空移民的梦想是伟大的，虽不是现实的，却是人类现实生存的追求。理想和现实的统一最终只能回到具体的地球人的自然生命自身，即人类持续生存发展的最高法则是道法自然，人类向何处去的最普遍答案是回归自然。

第三节　回归自然

一、回归自然的统一性意义

“人向何处去”是一个选择性的统一性命题，对之的统一性理解必须包括“人从何处来”，并以此为基础去作统一性理解。按照世界统一性原理，人从自然中来，在生命意义上的人依旧是自然的存在。自然是按其必然性规律存在和演化的，自然的法则是不以人的自由意志为转移的。从自然统一性意义去思考人的自然生命存在，思考人的生命存在向何处去时，最普遍的理解应该是回归自然。从哪里来就返回哪里，这就是道法自然。

自然是按其必然性规律演化和运动的，但回归自然是选择性的，是人的自由的选择，是人做出符合自然必然规律的抉择。所以，人类回归自然的真正意义既不是自然的，也不是纯粹文化的，而是文明所追求的文化和自然相统一的目标。这正是中国道家世界统一性理论的道法自然的世界的普遍本质意义。如果将中国哲学的自然无为限于无所为去理解，限于客体的自然意义去理解，那根本就没有洞见中国玄学的深刻意义。恰恰是这种朴素理解，自然无为就几千年来普天之下莫能知，莫能行。严格地说，在纯粹自然世界意义上无所谓自然有为或自然无为之问题的产生及分野。老子说自然无为时是对人类文化行为，即人类在自然界中生存时的文化现象意义上说的。地球绕太阳运行，春夏秋冬，日出日落，这些自然现象没有所谓有为无为之意义。自然无为是对具有自由选择行为的人类才是有意义的命题，并且是对人的文化选择行为才有实际意义的命题，而与纯粹自然行为无关联。自然按必然规律去运动，你做出什么样的边界条件和初始条件选择，它就按照必然规律得出与边界及初始条件相统一的结果，所以人在宇宙生存的最根本选择法则就是道法自然，“人向何处去”的最一般意义就是回归自然。人是具有普遍文化类本质的自由的存在，他不断文明发展的结果不是离自然越来越远，而是离盲目无知的或无所作为的自然被动行为越来越远，离自觉按照自然的必然规律行事越来越近，是不断由抽象文化普遍本质返回人的具体存在的自然生命本身，是人的自由文化本质和人的自然生命在具体中越来越统一的过程。这才就是对回归自然的统一性智慧理解。

对回归自然的理解基于两个最基本的统一性原理：一是自然界的统一性原理，即我们生存于其中的宇宙是一个统一的自然界，自然必然运动发展规律包括客体存在的本性的一般法则，在其作为抽象认识的限定前提下，在整个宇宙自然中具有普适的意义；客体存在的各种抽象的普遍必然性真理知识，对于它所描述的具体客体存在而言，都具有意义。同时，我们关于客体的一切抽象普遍真理知识具有统一性的协调意义。所以，我们对客体自然的知性科学真理认识是客观普遍有效的，这种客观性的另一个意义就是必然性，它的存在及演化的规律是不以人的意志为转移的，这就是自然必然性的意义。人类回归自然的前提是人必须认识尽可能丰富的关于自身存在的科学必然性普遍真理知识，以此保证人的自由选择符合自然必然规律，因而能得到预期结果，满足人的目的和需求，实现人的生存目标。二是回归自然是支配人自然生存的必然规律在人的文化选择中向具体客体存在意义上的人的具体存在的回归，回归自然是人类文化行为，是人使自己的文化认识和自己自然存在的必然规律相统一的过程。回归自然和道法自然、自然无为一样，必须从文化意义去理解，从文化和自然相统一的境界去理解。在世界统一性及文化和自然相统一的普遍意义上，我们才能真正深刻地思考“人从哪里来、到哪里去”这种宏大精深的重大命题。

人回归自然必须从抽象本质返回具体存在，唯此才能悟出“人往哪里去”的具体统一性意义。世界统一性原理坚持物质世界、客体世界到自然界最高的生命世界的必然统一性，即坚信我们只有一个宇宙，构成宇宙的客体存在是同构的，支配宇宙一切客体存在的本质及运动发展规律是一样的，自然规律具有普遍意义。古希腊时代的自然定律和现在的自然定律是相同的，地球上的自然定律和仙武座中星球的自然定律也是相同的。这是人类追求对世界真理认识的意义所在，是伽利略变换、牛顿相对空间观以及爱因斯坦广义相对论的目的和意义所在。科学真理认识只有具有规律陈述形式的不变性，才有普遍客观性意义。但是，我们说的必然性真理的普遍性、宇宙的同构性，是在抽象意义上归纳出来的，是在抽象而普遍本质意义上的，而不是在现实具体客体存在意义上的。具体存在的客体是多样性、个体性的存在，客体世界是由普遍规律支配的多样性具体存在的统一。我们思考"人向何处去"时，最后的着眼点是现实具体的人的存在。人作为自然生命意义上的存在，肯定不是普遍的，是与其他物质结构不同构的，它和其他物体同构的是支配它运动发展的必然规律，不同构的是它在特定边界和初始条件下进化出来的独特时间性生命结构，以及自然界普遍必然规律在它的具体结构支配作用中所产生的不同运动过程。生命是多样性的具体存在，人又是生命多样性世界中的独特物种。所以，具体的存在是不同结构的，正是从这种具体存在的多样性中抽象的必然规律的普遍性，才产生了世界统一性的意义，才是世界统一性的本质和根据。正是对世界的这种统一性理解，我们才能有效地思考"人往何处去"的命题，而不是像纯粹自然生命那样随波逐流。人类的随遇而安是在有意识、有觉悟的文化意义上的。正是人作为具体结构性客体的具体独特性，才产生了"人往何处去"的命题。人作为物质、能量可以在宇宙任何时空存在，但作为复杂时间性过程存在不能无处不存在，地球人至今只在地球存在，而且在地球上也是生命世界进化到一定阶段才产生了人的。迄今为止，我们把地球用生命圈意义去描述，在宇宙中还没有发现第二个生命圈。地球生命圈中的物种，包括人类，能否找到地球生命圈以外的新大陆，就不是必然的抽象命题，而是具体的统一性问题了。不能抽象地说宇宙同构而统一，所以生命一定会在宇宙中成为普遍存在，这就把生命看成抽象的了。同时，基于客体世界的普遍本质规律的同构性和世界的统一性，又不能独断地说地球生命只能在地球生命圈生存，也不能独断地说生命是地球生命圈的专利。所谓具体问题具体分析，就是说要根据自然界的一般规律，结合客体的具体规定性及具体的时空边界、初始条件去认识具体客体的存在及其运动发展具体过程。所以，思考生命在宇宙中的普遍意义、寻找人类在宇宙中新的具体生存空间是有根据的，是从抽象规律返回具体生命存在的统一性思维。对这个问题的最一般归纳也就是回归自然，即按照人的自然生命存在的支配和制约的普遍规律，思考人类在宇宙中具体的可生存空间。回归自然就是回到人作为自然生命存在的必然规律性，回到具体自然环境和支配人的自然生命的必然规律的统一性中来。

最后，必须指出，“人从何处来、往何处去”作为思考的命题，最高意义包括人存在的终极意义，在具体存在意义上，也就是世界统一性中的最高意义。所以，对之的思考并不限于自然存在统一性基础上的文化和自然的统一，它所涵盖的不仅是“人的自然生命从哪里来、往哪里去”的命题。但是，文化和自然的统一是人生存的最基本具体形态，人的普遍精神本质只有返回人的具体存在即血肉生命之躯的真实存在时，才有具体意义，而且它的意义就在于使具体潜在的生命物质结构存在在统一性意义上获得新的本质和意义，成为具有普遍和永恒意义的具体。所以，对人的本质的普遍哲学思考和宗教思考，尽管和对人的自然生命的统一性思考并不同一，但它们是统一的，并且自然生命统一性是人一切统一性的基础。离开统一性而陷入因果抽象性去片面理解人的自然生命，结果是把人当机器，把人的精神、文化本质当成纯粹的抽象，根本无法从本质上揭示道法自然和回归自然的自由创造意义。这种非此即彼的因果机械论思维正是人类近代科学革命以来的抽象自然观和人的本质观，它把人的自然和人的自由创造割裂开来，从而造成人类生存基础理论的危机。希望通过拓展太空生存去摆脱生存危机是短视的，造成人类生存危机的真正本质并不是地球太小、地下石油太少，而是我们在地球中选择的生存方式和地球环境不相适应，归根结底是支配我们生存方式的基础理论有问题。所以，只有改变这种抽象的人类生存基础理论，回到人的文化和自然相统一的境界，回归自然，才能从根本上解决人类生存的“长治久安”问题。

二、征服自然的科学理性生存观

回归自然是人作为文化和自然相统一的具体存在的合理选择，是理解人在世界中生存的基础理论。尽管中国玄学在两千多年前就提出了道法自然的宇宙观以及自然无为的生存观，但至今人类还没有多少人能从文化和自然相统一的自觉境界去理解玄学的深刻智慧，往往把自然无为庸俗化为无所作为的消极人生观。于是，春风得意的时候人类总是忘乎所以地沉迷于自己的文化，只有在自然不可逾越的必然性鸿沟面前人无法自由的时候，特别是当人的自然生命不可抗拒地走向离终点越来越近的时候，人们才悟到自己其实就是自然，人生文化的繁华背后肯定是人的自然的本性，那时人们才在形而上的层面上深刻地悟到自然对人的深刻意义。在年幼时读过《俾斯麦传》，这位在德国近代史上叱咤风云的铁血宰相传记以梦和战为序开头，追求伟大梦想的血和铁的战斗洗礼伴随着他的一生，成就了他的功名。最后他回到故乡，在松风白云的故乡静静地长眠，这是他一生最后也是最高的追求了。为什么人们总是要大器晚成，在生命的最后岁月才回归自然，才悟到生存的真谛呢？当人类作为类整体，在近几百年来征服自然不断前进前进进的高歌狂奔中蓦然回首要回归自然，是否意味着人类作为类存在也已经接近油干灯将尽、曲终人将散的尾声呢？其实，人始终首先是自然存在，人的文化是建立在自然基础上，是必须和自然相统一的客观性的文化才成为文化的。主观性是文化的假象，客观性才是文化的本质。然而，人类现有的文化、人类文化中的生存基础理论却不是理性统一性的，而是知性因果决定的机械论思维，所以文化就不是和自然相统一的，而是以征服自然、对自然掠夺中获得自由为主流的。正是地球人这种科学理性、庸俗实用主义、功利主义的决定论思维，成为人类近几百年来科学革命时代的生存基础理论，并聚积人类生存面临的巨大危机。一个把自己置于自然之上，和自然相背离又相对立的生命物种走向危机和末日，是不可抗拒的。

人类生存危机不是理论预测，不是意识形态的分歧，不是不同观点的交锋，而是人类世界不得不直面的事实，是有历史责任感的人都必然正视的事实。张尚仁老师在《聊哲学》一书中，专题讨论了“人类生存的基础理论必须变革”和“人类摆脱生存危机的出路”问题。文中把二十一世纪作为有重大历史转折的世纪，指出“‘9·11’事件、2008年金融危机是人类生存危机的具体表现。对此，世界各国一些深刻的思想家们从不同角度指出这是人类生存的危机，也叫人类‘中年危机’，并认为在生存危机挑战下，人类‘需要新的指引’，‘需要建立新的国际体制，出台新的世界发展哲学’”[③]。张尚仁老师在文中把当代人类占统治地位的生存基础理论，即以美国为代表的西方文化归纳为人类中心论、无限理性论、科技万能论和消费至上论。“七百年前西方的文艺复兴运动，开始提出这些理论的雏形，经几百年的演变，原来的理论已扭曲变形，且一代又一代根深蒂固地盘在政治家和许多人的头脑中，成为全球发展的基础理论。在这种理论的指导下，现代人类社会机体已百病缠身，究其病根就在这‘四论’之中。”[④]

以“四论”为内容的西方文化的人类生存发展基础理论的本质就是人类从征服自然中获得自由的科学理性生存发展观。我们并不否认科学真理认识的建立对于人类超越自然的普遍本质的决定性意义，但是，这种人类对自然的超越是在统一性意义上的，而不是非此即彼的对立和分裂意义上的。近代科学革命的伟大成果人是万物之灵及知识就是力量的伟大意义不容否认，但如果把它们作为一种只是因果决定逻辑的判断而非统一性智慧，那就很有问题了。然而，近代科学革命以来不断强化并主导了人类社会的思维模式正是因果决定逻辑的。所以，人是万物之灵，人就是在万物之上，就是和万物不同而统治万物的“二上帝”了。科学文化知识作为自然的对立面，所以就是反自然而征服自然的，知识就是力量就变成人类通过越来越多的知识获得越来越强大的征服自然的力量，使自然在人面前俯首听命。按照这种逻辑，科学使人减轻痛苦，增加人的福祉，而自然的肆虐则是人痛苦的根源，因而科学理性在本质上就是反自然的，是征服自然的，科学知识使人获得越来越强大的征服和改造自然的力量。这在逻辑上就隐含着人借助于科学来征服自然人就一定是超自然的了。人是理性动物，人是万物之灵的意义在这种超自然的理解语境中，最终不是赋予了人作为文化和自然相统一的存在意义，而是成了以文化为本质的超自然存在了。所以，人就是自然的反面，是自然的主宰，是自然的上帝，是上帝之下的“二上帝”。人的自由作为人的自然上帝的本质，其意义就是能把更多自然必然性踩在足下，人类的文明史就是依靠理性不断克服自然、征服自然，从而获得越来越多自由的历史。近代科学革命以来构建起来的人类科学理性发展观是把人类的自由和幸福建立在自然的“痛苦”基础上，即建立在自然不断被征服的基础上的发展观。这种科学因果必然性思维支配一切使现代人陷入深深的机械论思维。尽管在理论形态上，从十九世纪以来西方的思想家一直诟病和责难基于牛顿科学理论的所谓“机械论”，但其实那只是一百步笑五十步，批判牛顿机械论的全体真理论才是彻头彻尾、彻彻底底的全体机械论。全体真理论是从因果逻辑而非统一性逻辑去思考世界，思考人和自然关系的，那就是非此即彼，认为理性动物就是反动物的，自由和必然、文化和自然不是统一的，而是对立、非此即彼的。这种宇宙观、人生观本质上就是把人的文化和自然割裂、对立起来的机械论的基础理论。这种理论只不过支配人类几百年，人类还没有真正实现普遍的工业化社会就已暴露严重的危机。说得难听一点，因果机械决定论支配的“现代社会”刚剪彩就要准备挽歌了，这种科技万能、消费至上、征服自然的生存模式已经四面楚歌，已经到了非变革不可的时候。许多沉湎于科技提供的感官享受、钟情于娱乐至死的人就像商女一样不知即将亡国灭顶大限将至，隔江犹唱后庭花，这才是最大的危机。盲人骑瞎马，夜半临深地，能不危乎？

文艺复兴、启蒙运动和近代科学革命这些影响人类历史的重大事件，以反对封建宗教神学弘扬人性的复归为起点，最后都走到以人性和它的自然基础相分裂和对立的境地。人类既摆脱了上帝的桎梏，又摆脱了自然的束缚，这就是近代科学理性宇宙观、人生观给人类开出的幸福药方。但既无上帝又无自然必然性为基础的人类就是宇宙中最孤独的存在，最后所谓自由就变成追求感官刺激和物质享受的自然存在。当代社会的现实是许多人退化为娱乐至上至死的感性具体存在，没有理想，缺乏理性自觉，当有文化知识却没有社会责任感时，人和禽兽的区别就只是有知识的禽兽，古人称衣冠禽兽。但文化之人又不再是纯粹自然意义上的，本质上是反自然的存在，即以征服自然为手段去满足人的感官刺激和物质享受的存在，以反自然的手段去满足人的自然感官的直接需求。这就是“现代”社会和“现代化”的本质。所以，支持人类近代以来工业化和现代化的价值观是以征服自然获得人更大随心所欲的自由为核心的，它就具体表现为人类中心等“四论”，使人类社会在和自然统一性背离的路上越走越远。追求感官刺激和物质享受是最廉价的迷幻剂，使人们迷幻于由于“进步”而获得的享受。然而，征服自然的苦海的享受者也是人类自己，当能源、资源、环境成为生存和发展的瓶颈，人类终于悟出要和自然和谐共处才能持续发展的时候，回想人类近代以来的伟大历史，身后有余忘缩手、眼前无路想回头的悲凉感油然而生。早知今日，何必当初？如果“知识就是力量”“科学技术就是第一生产力”的意义就是以最大的效率和速度去消耗资源、能源和环境这些支持人的存在的基础，那么这些生产力和知识力量就是“塞翁得马、焉知是福”了！因为从能量一元论的观点和广义能量守恒定律看，人类甚至上帝也无法制造能量，我们只能在一定边界条件下利用能量转化达到自己的目的。但能量转化不是随心所欲的，自由能总是趋于最小的，获得更大的力量就是加快人所存在环境条件中自由能不可逆转化和转移的过程。如果这些支撑高技术社会物质力量的自由能是短期内不可再生的，那从逻辑上就决定这种“现代化”是一种加速走向终点的自杀行为。自然界最典型的例子是恒星的生命。物质世界的宏观客体基本上是以恒星为独立实体结构存在的，据测算，恒星占宇宙总质量的百分之九十九左右，只有约百分之一的质量构成宇宙中的行星、卫星及宇宙尘埃。恒星也是一种不断演化的非“永恒”中介性结构存在，它在消耗完自己的燃料后会变成白矮星，最后可能成为爆发的超新星，在大爆炸中失去永恒而重构重获新生。天文学家已经论证明白，宇宙中恒星生成后稳定照耀的生存期限不是与它的质量即所含的核燃料成正比，而是成反比的。因为质量越大的恒星，它的中心的引力挤压效应就越大，温度就越高，由此所产生的热核反应就越激烈。不同恒星消耗核燃料的速度比远大于它们的质量比，所以，质量越大，恒星的寿命就越短。其实生命世界也同此理，最霸道的自然生命物种即统治物种合逻辑地将最先失去生命世界餐桌上的席位。从这个观点来看人类的生存环境，地球的能源主要来自太阳，所以万物生长靠太阳，物理生物学家则把太阳当作地球生命圈的自由能之源、负熵之源。对天文知识无知时，人类把太阳升起和落下看成永恒的重复，在人的生命尺度上太阳是永恒的。今天我们已经知道太阳是三四十亿年星龄的中壮年期，还能照耀地球几十亿年。农业社会中地球生命圈的终极发动机是太阳之负熵，绿色生命把太阳的能量贮存在生命物质中，成为整个生命世界的能量仓库。但近代科学和工业化以来人类发展的发动机的动力主要来自煤、石油、核能，在人的生命尺度上这些是不可再生能源。不要奢望石油等不可再生能源驱动的发动机可以和太阳那样再赋予人类力量几十亿年。人类工业革命只不过短短三百多年，不可再生能源已经告急，而第三世界的工业化、现代化、城市化的浪潮刚如火如荼。二十世纪罗马俱乐部提出《增长的极限》报告时，大多数发展中国家主要还是农业为主导产业的国家，但在当代人类生存观中，能源紧缺、环境恶化也不是零排放、零增长的理由。工业落后地区和国家、民族的现代化是不可逆转的历史潮流，凭什么发达国家工业化、信息化而发展中国家农业化？人类走向全球化，信息、信息意义、科学技术这些共享财富的全球化具有伟大的历史发展意义，但由此产生的生产力暴涨，带来的不可共享的不可再生能源、资源的消耗和竞争就不能只从“进步”意义去理解，而工业化对整个生命圈环境的副作用则更不能看作进步了。所以，在直接意义上，科学技术揭开自然奥秘，成为人类生存和发展的有力武器，但如果把它作为征服自然的手段，在最终意义上又会成为反人类的武器。因为人类本身来自自然，它的文化和知识如果不是回归自然，那最终就是反人类的。其实，这不是到能源危机爆发以后人类才感悟到的，早在工业革命早期，雾都伦敦就已给人类以深刻警示。当年马克思主义理论创始人就已深刻地指出，我们所处的自然是人化的自然，人类的作用已经改变了人类赖以生存的自然环境，而人类对自然征服中的每一个伟大胜利，最后得到的是自然更大的报复。

不能否认，人类社会历史是追求文明和进步的，不能把人类社会历史还原为无理性目的的自然史。人类历史的进步发展却走到危及人类可预见的未来发展甚至生存的境地，这也是事实。这种发展中的背离、倒退的根源在于支配地球人的自由统治和征服自然必然性的生存发展观，在于绝对物质观及与之相协调的因果决定思维，由此综合成科学理性进步发展观，也就是科学任性反自然的文化观。当今人类共同关注气候、环境、排放问题，但最终必须溯本追源，重构人类生存理论基础，让这一基础回归自然，才能从根本上解决问题。如果继续坚持这种科学理性征服自然的观念，甚至真的“征服”了外太空而移民太空，获得新的生存的自然环境，那也是加剧人类灭亡而已。因为外太空也是自然的，反自然的生存模式在一切自然环境下都是自寻灭亡。所以，“人向何处去”思考不仅仅是人类生存的空间选择和开发问题，而首先是对人的本质、人的根基、人生存的本质和本性的统一、文化和自然的统一性理解问题。“人向何处去”首先是思考支配人生存的宇宙观、价值观和生存观，思考人生存的理论基础，在此基础上才能对人在环境的现实生存中做出合理、最优的选择。所以，“人向何处去”的前提是“人从何处来”，答案在于回到根据和前提，即回到自然，让人的文化和自然相统一，人的自然和客体自然界相统一，这样的人类才是自觉的理性存在。

人类的桃花源安在？在陶渊明的灵魂中。归去来兮，田园将芜，胡不归？

三、回归自然是自由和必然的统一

回归自然的根本意义在于，人作为从自然中进化出来超越了纯粹自然的存在，是在历史中构建了自己普遍类本质即精神文化普遍意义的具体存在者，文明人必须使自己在生存活动中的自由选择建立在对自然必然性规律的遵守之基础上，即回归自然是非纯粹自然存在的人类文化生存必须和自然相统一。把回归自然和自然无为退化为纯粹自然意义去理解是直观的，却是反逻辑的。在自然意义上无所谓回归自然，纯粹自然客体当然是无为的，只有主客体相统一的人类才产生有为和无为的命题。所以，自然是必然性的，作为文化的存在的人的行为才是文化选择性的，超越自然意义上的文化选择性才产生了选择必须符合自然必然规律的问题。近代文艺复兴和科学革命以来，人类在不断挖掘自己主体力量的同时错误地把人的力量、知识的力量和科技的力量和自然界对立起来，把科技和知识赋予人类的力量理解为人更有力地征服自然、在克服自然中获得更大自由的力量。所以，这种自由就变成无根无据而只和思维、精神有关的自由，自由和必然的对立和矛盾就成了西方文化乃至现代人类文化中一个永远解不开的死结。然而，如果回到对世界的统一性理解，对从文艺复兴以来几百年的启蒙运动、科学革命到人类现代化的过程中对科学理性的偏执，对征服自然的那种狂妄的无知和无耻，真的震撼。人和自然相统一如此简单直接的关系，究竟为何会演变为人征服自然的闹剧，最后走到把人类赖以生存的地球生命圈搞得千孔百疮的地步。最为令人痛心疾首的是，尽管我们已经对环境的恶化有了切肤之痛，气候排放问题成为人类国际社会共同面对的主题，但我们仍然无法放弃传统的 GDP 发展观，现代化、工业化、城市化给我们民族的最伟大文治武功不是 GDP 或房价，而是日益严重的沙尘暴和雾霾等自然环境恶化和气候反常现象，为此我们及我们的子孙将不得不付出沉重的代价！我们就这样征服自然，自然就是这样征服人类，人类征服自然因而征服人类荒谬绝伦！

为什么人类奉行征服自然的反自然生存模式几百年？为什么科学革命意义的另一种诠释是征服自然？近代历史上的伟人、思想家、科学家们为什么不约而同地去构建并不断强化人类征服自然的生存发展观？这并不容易理解。从世界统一性观点看，从人类文化发展史去看，人类征服自然的观念是既不合逻辑也不符合历史的。在人类历史上，对人与自然的统一性关系并不缺乏真知灼见，对这种统一性的表达既有最正统的理论也有最诙谐的幽默。最正统的是老子的自然无为理论，用当代的概念陈述应为按自然必然规律办事。老子《道德经》第 29 章说：“将欲取天下而为之，吾见其不得已。天下神器，不可为也，为者败之，执者失之。故物或行或随，或呴或吹，或强或羸，或载或隳。是以圣人去甚，去奢，去泰。”对此可以理解为天下自然的运动变化规律是不以人的意志为转移的，靠人的主观力量去改变自然界必然规律是不可行的，物质自然界的运动变化按其规律进行，是怎么样就会怎么样，跟我们主观的感受、价值判断并没有任何关系。自然之为自然，就在于它是客体的，与我们主体的价值判断是没有关系的，所以根本就没有人战胜自然的命题之意义。战胜、征服是一种价值判断，已经超越自然的意义，是人对自己在解决与自然关系时从主观意志目的出发，对自己的文化行为所作的文化评价，所以，是非自然的，是没有自然意义的。征服和改造自然严格说来是无真伪意义的，是非真伪命题。至于价值判断命题，则同样要以自然为基础去赋予它价值选择意义。如果说征服和改造自然是对人的主体文化行为的评价，那自然和主体之人就不是相对立的，不是同一层次上对立和相互战胜的，而是统一性的，是文化和自然、主体和客体两个层次的关系。对具有自由意志和文化选择的人类而言，它就是自己的文化行为是否和自然必然性规律相一致、相统一的命题，所以说战胜自然是毫无意义的。

对自然必然性、客体性、无价值判断和无自由选择性的本质特征刻画得入木三分的是西班牙作家塞万提斯的名著《堂吉诃德》，其中最辛辣的讽刺描写是堂吉诃德大战风车并陶醉在战胜风车的满足之中。战胜风车取得胜利的意义是什么呢？是大风车的失败吗？显然不是。大风车就是大风车，大风车和堂吉诃德无战斗，无胜利，无失败，它依然是自然物，你给它不同的作用，它就按照自然必然规律去变化，永远是自然的，在存在意义上是自然的，在支配它运动发展变化规律意义上也是自然必然性的。堂吉诃德的战斗和胜利只不过是自己赋予自己以战胜者的意义，战胜是价值判断，是主观意义上的。堂吉诃德的战胜风车和鲁迅先生笔下的阿Q精神胜利法在形式上有相似之处，但在本质上是有区别的。阿Q作为弱者，他被欺负了，说一句“儿子打老子”，想一想自己是老子又得到精神上的安慰。精神胜利法如果像阿Q那样用在人和人之间的关系上，尽管有自欺欺人之嫌，但作为主观主义价值判断，在逻辑上是成立的，在现实中也是有一定市场和意义的。否则，“难得糊涂”就不会成为至理名言了。但像堂吉诃德那样去战胜自然是没有任何意义的。战胜必然性能符合逻辑和有意义吗？答案当然是否定的。但为什么人类热衷于征服自然呢？塞万提斯笔下攻击风车的堂吉诃德和近代科学革命以来人类意志风发地去征服自然何其相似乃尔！

人类征服自然是在堂吉诃德而非阿Q精神胜利意义下的观念，即并不是把征服自然作为对自身生存评价的精神安慰，而是把和自然环境的搏斗、在恶劣自然环境下的抗争看作人类生存的现实本身。不可否认，人类生存的改善、人类的发展和进步是通过不断壮大人对自然的操控能力来实现的。人类对自然的这种理解是基于自然的。事实上，人类确实在通过不断发展的科学和技术去操控自然界，把人生存的自然界变成人化的自然界，变成符合人类生存目的和意志的自然界。从这个意义上看，即在感性自然界意义上，人类实实在在地改造自然，科学技术就在这种改造自然的意义上体现了精神智慧和知识力量。正是在改变自然环境去实现人类更好生存的意义上，诠释出人类征服和战胜自然的意义。

当代我们成长时构建的人生观就是斗争即幸福，与人奋斗，其乐无穷，与天奋斗，其乐无穷，与地奋斗，其乐无穷。人定胜天是人类科学理性时代的核心信念，是鼓舞人类科技进步和社会文明发展的坚定推动力。但认真考察从人类改造自然环境去满足人类更好生存需要到人类战胜自然这种不言自明的意义转换问题的严重性，就会发现人类在近代科学革命以来的几百年中，使自己的现实生存越来越堂吉诃德化的奥秘所在。人类改造外部环境以更好地利用和适应外部自然环境、更好地生存，这是在具体感性经验的自然界现象存在意义上的，多样性的自然界在感性认识意义上并无普遍必然性可言。但人类从感性现象意义上改造自然归纳出一般且普遍的人战胜自然、人定胜天陈述的时候不再局限在感性自然的含义，而是一般的自然，严格地说是包括感性、知性普遍必然性意义的自然。所以，人类战胜自然的普遍意义就是人类克服自然的必然性意义，是人的能力和自然之间的直接对抗关系，当人的能力强于自然力时，人就征服了自然，人就胜了天，就达到了人的目的，在战胜自然中达到了人的目的。这种目的是感性的，所以人类对人定胜天是确信不疑的。但人定胜天的天是普遍意义的，它赋予了人自由克服自然必然性的堂吉诃德式意义，把人的自由理解为对客体自然必然性的克服和征服。其实，人类从来就没有从统一性的智慧去理解人类自身、自然本身。所以，人类陶醉在对自然的征服和胜利时，并没有从本质上理解到，这种符合人的目的的自然现象结果，尽管是人有目的、有意识的作为，但在自然意义上仍然是按照必然规律去运动发展而产生的必然结果。人类通过文化选择行为去改变感性自然来满足生存需要时，既是人的主动选择，又是自然按其必然规律运动发展的统一过程，从来就不会产生人的选择行为结果和自然必然性运动的矛盾和对立。人类并不是选择自然必然规律是否必然本身，而是选择自然必然性普遍规律按其必然性发挥作用时所必需的具体条件即边界条件和初始条件。一切以时间、地点、前提条件为转移的不是自然的必然性本质规律，这是不变的；不可战胜的必然规律和具体的时间、地点、前提条件统一性作用而产生的具体结果是具体的自然现象。所以，说人类战胜自然规律绝不可能，说人类战胜自然现象毫无意义。准确地说，是人类充分掌握了自然必然规律真理知识，按照对自然的真理知识及人生存的实际需求目的性，选择尽可能符合自然必然规律和人的生存目的相统一的具体的边界、初始等前提条件，去追求人类的生存目标。所以，人的文化选择的自由行为，既不战胜自然必然性，又能按自然必然性去选择符合人的自由意志的边界条件和初始条件，人的自由就不是和自然必然规律相矛盾的，而是相统一的，而且自然现象也是人的自由意志可选择的，这就是自由和必然相统一的意义所在。所以，人类从来就没有战胜过自然，人类在本质上无法抗拒自然规律，但人能充分利用自然，既利用自然普遍的必然性，又利用自然的具体感性规定性，在自然知识和感性的统一中追求人的最大目标。

西方文化主导的现代人类文化基础由于局限于知性有限性而没有上升到理性统一性智慧水平，所以，根本就无法理解自然的统一关系，因而同样无法理解文化和自然、自由和必然的统一关系。在人类几千年文明史的生存实践中，它们在本质上是统一的，因为人的自由选择若离开真理知识，在自然面前就会成为盲人瞎马，还只是被动、纯粹的自然状态的生存，根本没什么自由可言。只有以真理认识为基础的文化选择、和自然必然性普遍规律相一致的自由选择，才具有自由的本质和意义。人类的进步是建立在科学知识不断发现的进步之中的。科学真理赋予了人类自由的能力，这就是“知识就是力量”的真正意义，而知识恰恰是追求必然性普遍规律的。科学真理知识赋予人类力量，给人以自由的本质意义就是自由和必然的统一。所以，自由和必然是绝对统一的。没有必然规律认识，不按照必然规律办事，我们就绝对无法有效地实现自由意志的目标，就根本没有自由。

但人类文化和自然不是必然统一的，因为文化是一种选择性现象，文化在认识论意义上可以和自然相统一，也可以相分裂。近代科学革命在知性意义上和自然相统一，即揭示自然界必然性的普遍真理，但在理性统一性意义上和自然相分裂，即把现实具体的人和自然割裂开来，把人和自然对立起来，把人划在自然之外，让人在征服和战胜自然中实现自己的感性生存。这实际上是不成立的，离开感性自然的人不是具体现实的人，而只是抽象的人，只是人的思维和意识，并不是统一性的具体的人的存在本身。所以，传统的绝对物质观、科学理性观既把世界看成普遍因果必然决定的决定论具体现象世界，又把人看作物质世界之外的独立世界。这种知性思维无法理解唯物主义和唯心主义的统一，只是抽象的认识，但一贯反唯心主义的知性哲学唯物主义把人理解为反自然的存在时，那才真正是知性唯心主义。所以，没有统一性思维，按照因果决定逻辑，彻底的唯物主义最后就是彻底的主观唯心主义。这种文化和自然的分裂在对人自身认识上就是人的生存表现为文化和自然的分裂。把人和自然对立起来，忘记了人来自自然，不懂得人就是以自然存在为基础的具体存在，人的文化对自然的矛盾最终就表现为对人自身的矛盾、对人自然生命的反动。所以，当代人类文化的生存基础理论导致人的生存危机是不可避免的。

要克服人类生存危机，破除人类中心论和科技万能论，就必须从世界统一性的高度去理解人类，构建人类生存的新的文化价值观，为人类提供新的生存理论基础。在人的自然生命意义上来说，就是首先把人理解为自然，人的生存以服从生命自然界的必然规律为前提。人依靠文化去自由选择自己生存模式，文化的意义首先就在于认识自然必然规律，再进一步按照自然规律办事，选择尽可能符合人生存目的的自然边界、初始条件，在自然规律支配下实现人的具体生存目的，这就是自由和必然的统一。自由和必然相统一的理论是人的文化和自然相统一的人类生存理论基础，为“人从哪里来、到哪里去”的传统形而上命题思考提供坚实的基础。人的生存空间往哪里去，取决于哪里的自然环境和人的生存需求相统一、相一致，因而人和自然的统一，即人回归自然是决定人的命运选择的总前提。至于哪里的具体边界条件符合人的自然属性规定性，则是第二性的问题了。说得难听一点，如果人类连自己出生地地球的统一性关系都无法正确处理，始终用战胜自然的生存观支配生存，那么无论宇宙提供多优越的自然条件给人类，人类都无法摆脱即将到来的穷途末路。立足地球，和地球协调，和地球生命圈相和谐，维持在地球上的可持续发展，这是人类长治久安的前提，是人类应当建立的统一性的生存基础理论。从这个意义上来说，古老的“人往哪里去”的命题，应该从人在自由和必然相统一的普遍文化本质不断发展中去实现具体的历史发展意义去理解。

注释

①鲁道夫·基彭哈恩著，沈良照、黄润乾译《千亿个太阳》，长沙：湖南科学技术出版社，1996 年第 1 版，第 236 页。

②同上，第 259 页。

③张尚仁著《聊哲学》，昆明：云南大学出版社，2012 年第 1 版，第 99—100 页。

④同上，第 99—100 页。

第九章
生命的意义

引 言

【提要】本章是对生命世界统一性思考的总结，最终回归人自身去体悟人的生命的理性具体意义。

一、生命是不可分解的具体存在，是时空结构不可分割的绝对运动过程性存在，离开统一性思维不是对生命认识有局限性，而是无法理解生命。生命是躯体和灵魂、存在和演化、空间性和时间性的统一，是能量、物质、生命灵魂的统一。古老的生命活力论追求用活性物质去揭开生命谜底，当今生命科学大师断言生命没有“本质”这东西，因而生命和物质没有本质区别，它们意义不同但思维方法相同，都是机械唯物论即因果还原论的产物。薛定谔的“生命以负熵为生”引向生命科学根本性变革，物理学、化学进入生命科学的深刻意义是揭示了自然统一性，否定神秘活力和活性物质揭示了能量、物质、生命灵魂本质统一于具体生命现实生存，不是否定生命本质从而把生命还原为物质。生命是生物从而异于非生物，这是近乎自明的感性直观，正常人尽管不一定能讲出生物异于物的充足理由，但绝不会认同猪和猪肉本质是相同的。

二、生命是质能统一性物质世界演化中进化而来的特定世界，从世界统一性逻辑就能体悟它是自然最普遍意义的存在，是宇宙最高复杂性形式的存在，生命统一性的意义就是自然统一性本身。时间性存在是统一了能量之量规定性、物质的空间结构规定性的具体而普遍意义的存在，生命形式统一了自然一切普遍认识形式的意义。生命成为自然界中最复杂有序的存在，不是指它是最复杂结构之物，那还是物，是指它超越了物空间性结构，是空间性结构有序连续不可逆的绝对运动过程统一起来的具体存在。赋予生命超越空间性之物的是其灵魂本质，它是支配生命一生选择性现实生存的抽象意义结构，生命创生的本质是意义的创生，并且在复杂进化中创生了思维和认识，意义、意识、灵魂才是生物异于物的充足理由，由之才有根据说生命是宇宙最高形式的复杂性存在。

三、对生命具体认识的意义是把人导向道法自然的文化选择性生存，自觉把人的文化和自然统一起来。好生恶死是一切生物的本能，但人的文化选择性生存超越了纯粹自然选择，人的热爱生命超越了好生恶死的本能意义。人只有理性地认识自己的生命才会敬畏生命、尊重生命、热爱生命，文化理性的意义就在于使人更道法自然生存去通达人生幸福快乐的意义。人必须敬畏生命，因为生命是自然最复杂的存在，从简单生命到进化链顶端的人的生命，历经了三十多亿年的自然筛选；我们离彻底弄清人生命机理还远，但至少要明白自然总是对的。在没有绝对把握的情况下改造人的基因是不行的，那是不能试错不能冒天下之大不韪的，不敬畏生命而任性地改造生命，出错的后果可能是地球人的灭顶之灾。理性地尊重生命是不再征服自然，人在完整生命链中才能长生久存，尊重生命圈完整统一性生物链中的一切生命才是尊重人生命的完整意义。人的一生是有限而珍贵的，从统一性意义看，人只能活在当下，即使有前世其意义也在生之当下，即使有来世其只能生存于来世的当下，人热爱生命归根结底是热爱当下的生命，凡是教导人用今世的苦行换取来世的快乐之说教都不成立，生命只在此生当下现实生存。

本章是对生命世界统一性思考的最一般归纳总结。作为统一性认识，它不仅要归纳生命是什么，还要归纳它为什么，更要由此去思考作为一种自然生命存在，生命对我们的意义究竟是什么。求生是一切生命的本能，对人而言则转换为生存是人的第一要务。但人之所以为人而区别于禽兽，在于人不是基于纯粹本能生存，人是由对生命意义的理解去选择人的生存方式的，故人的文化生存中还包括舍生取义这种选择，甚至轻生并不是人的世界罕见现象。自觉理性的哲学必须包含生命哲学才是有根基的，这是人作为理性存在必须自觉地建立对生命理性统一性理解即生命意义理解的理由。

人类对生命的普遍认识经历了三个阶段，一是朴素的生命活力论阶段，二是把生命还原为物理、化学过程的物质客体存在阶段，三是从熵构建生命有序结构复杂系统去理解生命阶段。后两个阶段才是真正生命科学意义基础上的思索，而且代表了人类对生命认识从现象到本质不断深入的认识过程。但至今人类仍然无法找到生命之为生命的充足理由，虽能有所感悟却无法从普遍抽象规定性中得出“生命是什么”的答案。从薛定谔开始的生命物理过程认识对生命的微观结构及其内在机制的认识产生了重大的影响，其中包括对分子、基因、细胞层次的生命结构及其工作机理的认识，把人类对生命的认识推到微观层次。即使我们完成包括人类在内的一批生命 DNA 遗传编码的测序，也无法由此得出“生命是什么”的普遍认同的答案。其原因并不难理解，因为我们追问生命是什么时需要找到普遍的“活着”的定义，找到猪和猪肉的区别，而把生命分解还原为化学、物理结构和过程恰恰在消除猪和猪肉的本质区别。所以，物理化学的生物学理论无论多么重要、实用或成功，都无法为生命提供一个普适的答案，执于一端则所谓南辕北辙是也。

与机械还原论相反，生命的熵有序理论坚持从生命系统的复杂结构整体去理解生命存在，并从负熵去解释生命复杂系统的“活”动。物理学家薛定谔提出了生命以“负熵为生”的观念，认为生物通过从环境吸收物质能量的新陈代谢过程维持系统在低熵有序状态，从而抵消了熵增大造成的混乱，避免死亡，所以，生命是依靠环境负熵来维持其生命活力的开放系统。比利时化学家普里戈金在研究远离平衡态的耗散结构自组织行为过程中，提出了生命的耗散结构理论，认为是能量代谢建立了高度有序的生命结构和过程。这当然没错。但是，基于耗散结构的自组织理论，认为新陈代谢是“活着”的本质，生命是通过与周围环境进行物质能量交换，从而形成和保持有序结构（耗散结构）的存在并不是生命最普遍的本质规定，因为这是生命存在的必要而不充足条件。因为一般抽象系统结构具有相对性，并无生命具体存在之绝对意义；而且大多数非生命系统的机器同样满足上述生命条件，耗散结构同样没有超出“生命是机器”的水平，仍在物质客体意义上去规定生命。但生命之为生命的充足理由不在于它的物质性，不在于生命物质本性。既要从物质性的框架方法说明生命的物质性，又要归纳出生命和物质所不同的一般本质，那是在科学知性意义上二律背反的事业。所以，在物质客体的认识和思维意义上，生命是不可定义的，可定义的只是生命物质。这正是哲学家、思想家、科学家至今无法建立统一、普适生命规定性的原因。

生命的意义必须超越生命物质去理解。物质世界一切客体最普遍的抽象存在形式是空间性，所以生命客体存在的一般抽象形式一定是超越空间性的，生命一般普遍形式的规定性是时间结构性，构成生命的空间结构性是它的必要条件，而时间性是充要条件，即只有具有时间性复杂耗散结构的绝对运动过程才是生命的充足理由，才是生命和构成生命之物质的根本区别。生命结构运动的时间过程性本质决定了生命的认识不能仅像物理、化学学科对物质客体运动及结构那样不断拆零而还原，而是还原和综合的统一。拆零是对生命物质的认识，整体综合才能理解生命的本质，所以生命是时间过程，而且是复杂系统自身不断构建的过程。这种构建过程的绝对运动即连续不可逆的时间性是生命和物质存在的本质区别，也决定了生命一定是不可还原的整体有序复杂系统结构存在，是自然最复杂的统一性存在。生命存在和物的存在的本质区别又表现为“有机的”，实际上是统一性的，而不是机械运动那样可还原及可从纯粹因果关系去理解的。理解生命不仅需要因果必然性抽象规律的归纳，还需要把抽象必然性知识构建为统一性意义理解的智慧，这样的生命才具有生命的本质而不是纯粹机器，理解生命需要自觉的统一性智慧。医生如果没有统一性智慧，只是把知性医学真理抽象知识凑合在一起，那是把人当作机器看待了，那一定是不够格的医生，只配当机械维修工。

纯量、空间、时间、结构是关于宇宙自然存在及其运动描述最一般的先验形式变量。生命是由生命物质构成的时间性耗散结构系统，已经包括宇宙自然界中一切普遍存在及运动形式，即自然的最一般普遍形式统一在生命存在中。所以，生命存在是宇宙复杂性演化的极限形式，生命复杂性进化直达个性化这种最高阶段。在宇宙具体存在的感性客体之物中，生命又是最普遍意义的具体存在，它的最普遍意义在于把具体性之量、空间性、时间性、结构性这些自然存在的最一般规定性统一于自身。所以，生命的统一性是自然界最高的统一性。在一定意义上来说，自然界的统一性就是生命的统一性，生命的原则就是自然界的原则，因为生命存在已经包括自然界从能量到物质到时间不可逆过程的一切原则，并且一切原则是美妙而完整地统一在具体生命之中的。理解了生命的统一性就理解了自然界的统一性，认识了生命的本质就懂得了自然的本质和意义。

世界统一性首先是自然的统一性，必须在生命世界的统一性中完成对自然统一性的理解，而不是仅从本原知识或本原论就能通达自然具体理解。本原是自然本性认识的起点，通达生命统一性才完成自然哲学的总体框架，生命世界包括物质世界及能量世界的统一性。自然哲学执于本原为最高认识其实只是在起点处打转，没入哲学之门。生命世界统一性的最一般综合是进化论这一统一性理论，达尔文在宏观表型经验观察基础上归纳出来的宏观进化论是近代科学认识的重大成果，但它的科学意义是抽象统一性意义的，而不只是传统物质世界科学真理认识因果必然性意义上的。传统意义上把达尔文进化论的自然选择理论理解为自然环境和生命存在的必然性因果关系是有问题的。最明显的是一方面把生命之果理解为受自然环境之因决定的必然事件，另一方面又坚持复杂生命的起源和进化纯属偶然。这种矛盾是虚幻的。如果把生命和环境理解为不同层次自然界的统一性关系，生命起源究竟是必然还是偶然的问题就是伪命题了，根本就不存在。所以，生物进化论揭示的是生命和环境的统一性关系，不是简单的因果决定论陈述。这说明，仅停留在空间性及物质因果必然关系是永远无法洞见生命的普遍本质的。生命是自然界最普遍意义的具体统一性存在，生命总是统一性的存在，这是自然界统一性最深刻的具体理性意义。不能只停留在生命的宏观表型即达尔文的经验观察归纳之中，而必须回到生命的普遍本质，回到它抽象必然性关系的统一性，即回到生命的微观结构，回到生命组织的化学反应结构关系和物理定律支配的运动过程去理解。对生命世界从简单到复杂的进化认识当然会深入生命的分子结构、细胞结构直至 DNA 结构的统一性进化过程关系的理解之中。但是，仅从微观实体结构演化统一性还没有揭示生命本质上的进化统一性，即在时间本质意义上的进化统一性。自然界的一切生命是灵魂和躯体相统一的存在，只是躯体意义上的存在是物质客体存在，是和躯体相统一的灵魂使生命成为具体现实的存在，所以，抽象的灵魂才是生命的普遍本质。抽象的灵魂作为复杂生命结构整体的时间性功能活动的本质，令生命在连续不可逆的绝对运动生存过程中展现出它的活力和风采。以这种抽象时间性为本质的现实选择性生存形式就是生命的本质、生命的灵魂，在植物中表现为营养灵魂和生殖灵魂，它表现为在对环境感受性相互作用中的被动选择自然环境的生命；在动物中进化出基于“刺激—反应”模式的主动选择环境的功能，由之实现自然环境选择和生命选择的统一。在更高级的脑脊椎动物中产生自然意义上的认识，动物进化出把环境刺激转换为贮存为经验的认识机制，产生由经验认识去总结和指导生命活动的“刺激—认识—选择”的三元活动结构，使高等动物的灵魂具有基于认识的选择功能。这是进化出人类知性和理知认识的坚实的自然基础，这才是生命世界乃至整个世界在灵魂这一深刻普遍本质上从低级到高级进化和发展的真正意义。所以，生命世界在进化论意义上的统一性是表型、微观结构、灵魂本质三个不同层次相统一的统一性。只有达到这三个层次的统一性理解，我们才能悟出生命从哪里来、我们从哪里来，才能为我们该往哪里去的终极价值判断提供可靠的前提和基础。

在生命世界意义上，“认识你自己”就是要认识人的自然生命是自然界最高形式的具体统一性存在，人的文化选择行为必须建立在生命自然的必然规律体系制约基础上。就是说，我们要以尊重生命、热爱生命为前提，以遵守生命的自然必然规律为前提。热爱生命就必须把人的文化和自然统一起来，尊重生命才是真正的热爱生命。对于具有理性灵魂和文化抽象类本质的人来说，它既是自然、来自自然，又超越自然，是世界上最高级的具体统一性存在，它就不能只停留在“物竞天择”的自然“丛林法则”中，否则这种具有超自然能力的灵魂和生命按照“丛林法则”去生存将彻底毁灭自然意义上“丛林法则”的根本意义，那是自然的灾难，也是人类的灾难。如果一定要作价值评价的话，那可以说纯粹自然生命世界的“丛林法则”是完美的，但如果具有文化和历史性本质的理性人类以“丛林法则”为终极价值，那将是最野蛮、最邪恶和最无耻的。野兽的兽行是无可指摘的，但人咬狗是万万不行的。理性的人类必须具有理性统一性智慧，在理性意义上才能持续生存和发展，即人类必须学会通过世界统一性去理解人类的历史性意义，理解生命圈乃至整个自然界对人的可持续生存和发展的统一性意义。所以，人类和动物的区别是不但热爱生命、尊重生命，而且敬畏生命，这才能进入对世界、对生命、对自身达到统一性理解的智慧境界。

第一节　生命的统一性意义

一、生命和物质

在进入信息社会、后工业社会的二十一世纪，人类掌握了自然界的大量科学真理知识，从狄拉克发现物质微观结构的电子运动方程起，近两百年来人类已经不止一次认为接近科学的尾声。人类认识是无限的，只有人类历史接近尾声时人类的科学认识才会接近尾声，所以这种思维本质上是不合逻辑的，严格来说不仅是狂妄而且是悲观的，因为它隐含人类历史逼近末日的意义。从单纯科学认识意义上而言，无尾声、无终极可言，自然界本原存在的认识和所谓终极认识即终结科学的认识是完全不同的两回事，前者是认识的更普遍统一性的新起点，后者则是科学认识进入坟墓。如果从对自然界终极绝对存在即本原客体的认识意义上看，人类还只是在黑暗中摸索阶段，如果不接受能量一元论的统一性原理，根本就还没摸着自然本原的门。实际上，人类传统的自然界是指物质世界，连普遍世界的门也还没摸到，更别说终结科学真理认识了。在自然面前，当得到引力能量子本原及能量一元论的统一自然界具体认识时，我们获得的更主要认识意义是更多未知世界和领域本身。人类对生命的认识尽管已经有极大的进步，二十一世纪被预言为生命科学的世纪，但这种预言的基础指向确实是有限的知性抽象科学认识，并且是在物质世界的框架下、从物质客体性去揭示生命的本质的，所以，至今生命科学认识基础上对人的生命统一性理解是二律背反的：生命的本质就是要揭示生命之为生命而不是单纯物质客体的充足理由和根据，生命科学又总是在物质客体必然规律意义去揭示生命的普遍本质。所以，近百年来，人类生命科学长足进步，但总是无法归纳出生命最普遍的本质规定性，人人都知道奔跑的猪和盘中猪肉本质不同，但又说不出它们不同的充足根据。把生命还原为物质去论证生命超越物质，这是生命科学的尴尬，也正是人类科学理性的知性有限思维模式绝对化的局限性所在。

由中国科学院主编的权威科普杂志《科学世界》在2013年第10期特别策划了“生命与非生命的界限到底在哪里”的科普专题，用较大的篇幅，以“生命之熵”为题，总结了生命科学的成果及生命科学的发展趋势，对人类古老而常新的“生命是什么”问题，从“生命之熵”的最基本归纳陈述中得出总体归纳。对这总体归纳的评价是，不是人类关于生命认识到了什么，而是人类对物质生命的认识始终还原为生命物质，即从物质去理解生命。所以，文中坦承：直至今天，生命之谜依然没有解开。这倒是有自知之明的，把生命还原为生命物质，解开的是生命物质之谜而不是生命之谜，这有什么不可理解呢？

生命和非生命的本质区别不是单纯的形而上学冥想或科学抽象，它首先来自我们生存最直接、最基本的经验体验，因为我们首先是生命存在，是具体的，不是抽象的，因而是不可还原的。生命和非生命的本质区别不仅基于人与环境明确边界划分而来的区别，更在于对生命的生与死之间的经验归纳出的生离死别的生死区别。我们不知道人死亡后是否还有世界。如果有，我们也无法知道那个世界是什么样子。但我们在活着的时候就知道并思考着死亡，并知道生命的结果一定是死亡。所以，从感性经验及生命体验开始的认识和思考，就是要找出生命和物质的本质区别。尽管生命离不开物质，生命由生命物质构成，但在最简单、最自然的感性认识中也不会认同把生命还原为物质去彻底否定生命存在。因此，在自然意义的认识中就产生了由灵魂来说明生命本质的理论解释，并由肉体和灵魂的统一去解释具体生命存在。在抽象逻辑上看，这是符合普遍性的，所以亚里士多德把生命看成肉体和灵魂的统一是合理的，并且生命和物质的区别就在于生命的灵魂本质之中。生命有灵而物无灵，这是生命和物质的根本区别，中国文化的生灵概念是很有智慧的。这种理论归纳符合并能解释我们的生存经验，所以物质肉体只是生命的潜在，只是生命的基础和前提，不是生命的现实，即物质不是生命。生命的本质是灵魂，灵魂才使生命成为现实的生命，所以只有灵魂才是生命之为生命的普遍本质。亚里士多德把灵魂看作生命的现实，是生命和物质的本质区别，这在逻辑上是无可指摘的。

但灵魂的经验认识是从经验体验中感悟出来的，抽象灵魂本身是无法获得经验的。最致命的是缺乏经验基础的灵魂无法成为知性抽象的普遍认识对象，所以关于灵魂的认识没有普遍性基础，更无客观性可言。在感性意义上不可体验、在知性意义上不可认识的灵魂，使对生命的认识变得无从下手，人类根本无法找到关于灵魂经验普遍认识的有效起点。所以，对于灵魂的一切现实认识就可以成为无规定性的、任意的，因而是迷信的。人类相信，没有任何客观根据为基础的灵魂认识就是盲目相信，即迷信。所以，灵魂学说在漫长的人类历史中成为某些理论家或别有用心的人愚弄大众甚至统治奴役大众的理论基础，灵魂学说的根据不在于感性、知性或所谓理性的认识，而是来自信仰，所以灵魂学说一直滞留在基于信仰的迷信中，对人类文明和进步产生严重的阻碍作用。人类如果不认识自己的本性和本质，而借信仰委身于外在的根据，就会失去人的本质，失去自由，就成为被奴役的奴隶。十八世纪法国唯物主义在启蒙运动中用战斗的无神论否定一切灵魂信仰，把灵魂归结为人脑的机能，把人看作机器，这是有特定历史根源的，是和近代文艺复兴和科学革命以来人的觉醒和解放相辅相成的，是具有深刻历史意义的。但是，这种从机器去说明生命的唯物主义机械论的生命观，只有思想解放意义而无科学认识意义，即它的作用在于破除宗教神学信仰统治，不在于推动对生命本质的认识。拉美特里的“人是机器”把人还原为物质机械，实际上是否定人的本质，取消生命科学，而不是发展生命科学。

真正从科学意义上把生命引入生命物质研究并推动生命科学产生革命性发展的是二十世纪伟大物理学家薛定谔。“将近70年前，量子力学创始人之一，奥地利著名物理学家埃尔温·薛定谔奏响了破解生命之谜的序曲，并提出了一个大胆的尝试，以物理学和化学的观点去诠释生命的本质。这种跨学科的创想打开了一扇全新的发现之门，产生了巨大的影响，激励了大批学者进入生物学领域，直接推动了生命科学的发展。”[①] 薛定谔在1944年出版《生命是什么》这一开启现代生命科学新纪元的著作，它不认同生命中存在与物质客体不同的、特殊的、神秘的活力物质的传统思维，而是认为从物理、化学过程的视角是可以揭示生命一般本质的。这是对生命的统一性思考，它认为生命的运动和物质一样，由相同的物理学及化学定律支配，在物理学和化学意义上，生命并无反科学的神秘之处。不管是生命还是非生命物质，对之结构拆零分解，就会发现它们都是由分子、原子乃至更基本的电子、质子、中子组成的，所以在物理运动及化学结构变化意义上生命和非生命是相同的。世界上如果没有构成生命的特定原子、分子，那么也没有只适用于生命的物质和能量。以《生命是什么》为标志，对生命的思考已被置于坚实的自然基础和科学认识基础之上，这是对生命自然统一性思考的革命性进步，这就是薛定谔《生命是什么》的深刻意义。从薛定谔开始，一大批物理学家、化学家跨入生命科学，使对生命的认识进入分子生物学时代，其中，DNA 螺旋结构的发现对生命科学认识有划时代意义。生命学科终于理直气壮地称之为生命科学，不再怯生生地称之为生物学，薛定谔开创的生物物理学及生物化学的研究及其伟大科学成果为此提供了充足理由。如果说二十一世纪是生命科学的世纪，那么其直接源头就在《生命是什么》之中。可以大胆预言，生命科学的重大突破一定是在生命物理学和生命化学意义上的，即一定是关于生命微观复杂结构及其运动变化的必然支配规律的，并且最可能是在对生命 DNA 结构的生成、运动、发展的必然规律的认识中获得。

薛定谔引导的从物理化学过程去揭示生命本质的科学潮流，和十八世纪法国唯物主义把生命看作机器的抽象观念看似一样，但本质上是完全不同的。为什么“人是机器”实质上取消生命科学呢？为什么它没有推动物理学家和化学家对生命的研究呢？因为在当时经典物理学以质点理论为主的认识中，机器的机械运动还原为质点运动，生命是机器就是质点运动的复杂具体客体，在科学上并没有特殊之处，通过质点动力学去描述这个复杂机器在原则上足矣！所以不需要生命科学了。但问题又在于这部机器对质点动力学而言是极为复杂的，复杂到质点动力学的机械原理只能原则地解释，不能具体地分析认识的程度，所以，“人是机器”的机械论既在根本上否定生命科学，又在物理学意义上决定生命只能原则上认识而不可能现实地认识，使生命成为本质上不可认识的。但薛定谔提出的从物理或化学规律去描述、认识生命的真理认识不同，不再从抽象质点的机械运动去理解生命，而是从复杂物质微观结构角度、从物理及化学运动的普遍规律去解释生命特定复杂结构的反应过程及生命运动。生命在物理化学意义上也是由原子、分子组成的，而且主要是由氢、氧、氮、碳、硫、磷几种元素组成的。在物理学意义上，构成生命的一切元素遵守物理和化学一般规律，并形成生命的不断复杂结构，从生物大分子到细胞的器官、细胞、生命组织到复杂的生命机体，在简单到复杂的统一性运动中产生了生命。生命的普遍支配规律就是由从复杂到简单各个层次特定的化学反应过程规律及物理运动决定的。所以，生命是复杂的，生命科学真理也是一个复杂的理论体系，而且是跨学科的理论体系。生命科学的发展就表现在分子生物学、细胞生物学、遗传生物学等一大批跨学科的生物科学群的统一性之中。

由此可见，生命物质的科学真理认识不断揭示生命的奥秘，但生命科学还是生命科学，永远不会还原为物理学和化学。而且揭开生命物质物理运动及化学变化的过程把生命还原为物质，限于还原的认识不能达到揭示生命本质的伟大目标，还原的具体意义在于综合。把物理、化学的规律和方法深入具体生命过程、结构的研究尽管具有革命性意义，取得了很多科学发现，而且还有越来越多生命内在必然规律，将从物理规律和化学规律意义上被揭示出来，但如果把生命理解为复杂物质结构还原意义上的物质客体，那么永远无法洞见生命的本质，否则一切物质都有生命了。生命物质的物理、化学本质规律是生命统一性认识的基础，但还不是生命本质。否则，像牛津大学名誉院士、进化生物学家理查德·道金斯那样，把生命的本质限于极其复杂结构的物质，坚持生命和物质并没有本质区别，不可避免的最终结论又将陷入生命和物质的本质区别就在于它是物质这一二律背反之中了。

生命一定是物质，但并不等于物质都有生命，由此决定生命和物质是统一性关系，决定生命有超出物质本质规定性的普遍根据，生命有之所以为生命的充足理由。亚里士多德的生命灵魂本质学说并没有否认生命的物质性，躯体是生命的潜在意义正是物质是生命的基础和前提，灵魂使生命从潜在成为现实是在物质躯体和灵魂不可分割的意义上去理解生命以灵魂为抽象本质并达到对生命的具体理解的。亚里士多德的统一性生命灵魂学说的局限性在于物质存在绝对性，根本无法和传统的灵魂学说及人类朴素的灵魂经验建立丝毫关联，和原有的灵魂独立存在认识对立且解释不了任何灵魂经验，因而只能是非谬误但神秘不可知的，作为神秘活力论被人类抛弃。另外，从同一而非统一的意义去理解生命物质和灵魂关系，虽然出发点是从感性经验去理解灵魂，但从所谓精细原子、活性物质、特定生命物质去探索灵魂，在起点上已经误入歧途。如果灵魂是由具有独特规定性之物提供第一原因和根据的，那么我们在逻辑上将马上面临两难选择：要么否认物质世界统一性，但从多样不统一的物质世界理解中再去追求灵魂物质已经失去现实意义；要么从根本上否认物质和生命的本质区别，如果生命的躯体和灵魂的区别是以构成它们的物质特定规定性为根据的，那么躯体和灵魂相统一的具体生命存在就只能还原为不同物质的结构性存在，和非生命复杂结构性物质并无本质区别，生命就只是特定物质结构性存在之意义，我们只能认为猪和猪肉没区别，但把切下来的手等同于长在身上的手显然是疯子的想法。问题在于，抽象因果决定论思维发展到当今科学理性时代时，人们对此习以为常了，至今人类的科学大师中还有人寄望于用活性物质去解释生命起源，生物学权威则直接断言生命和物质无本质区别，这是科学理性决定论思维合乎逻辑的结果。从特殊物质去说明灵魂和毕达哥拉斯、柏拉图的抽象实体灵魂在现象上矛盾，本质上却是相同的，最终结果是抛弃神秘灵魂，放弃了对生命本质的追求。科学理性占支配地位时，人类不仅抛弃了神秘活力论和抽象灵魂，还放弃了对自身活生生的现实生存本身的理解。连物质和生命统一性这种最基本关系都抛弃了，又何以去追求生命之为生命的充足理由？不揭开神秘活力的面纱，不把灵魂的经验和知性知识自觉地统一起来，“生命是什么”“我们在世界中的地位是什么”就得不到理性具体理解。抛弃灵魂认识不是智慧，而是陷于科学理性抽象导致的无能和无知。

要走出生命神秘活力论困局，就必须破除活力物质的偏执之见，在物质世界统一性基础上去理解生命的本质，在物质和生命的理性统一中达到对生命的具体理解。走出活力论神秘性的唯一之路是科学，但不是科学理性。薛定谔用生命以负熵为生的颠覆性视角把物理学导入生物学的最深刻意义就是把实证科学的成果、方法、手段导入生物学，开创了生命科学的新纪元，把生物学和物理学、化学统一起来。研究生命科学的物理生物学和化学生物学不是关于神秘生命活力物质的学问，而是以宇宙中统一的物质为对象的，一切生命物质都在物理学及化学的物质范畴。生命科学的物理学、化学知识和一般物理学及化学是统一的，它和一般物理学及化学规律的关系是一般和具体的统一性关系，即它是从最一般物质运动、演化和化学变化过程规律出发，深入研究这些规律在生命各层次结构中，在生命特定边界、初始条件下的必然性支配的具体过程，从而得到对生命绝对运动内在机制的必然性理解。当对生命如此运动演化得到它何以如此普遍理解时，生命活力就摘下了神秘的面纱，人们也不必再苦思冥想什么活性物质来为生命提供根据，生命就只被理解为复杂而不是神秘的。把物理学实证研究方法引入生物学，在直接意义上是把建立抽象因果必然性普遍关系的知性方法引入生物学，其最深刻的意义是它把物质世界和生命世界统一起来的智慧，因而它开创了生命科学的新阶段。物理学家薛定谔凭其深刻的智慧去推动了生命科学的长足进展。

对生命物质的跨学科研究是从“极其复杂结构”的物质意义上去作物理、化学还原研究的。对复杂物质结构即大系统物质运动的物理学描述有一个最基本的熵概念，薛定谔的至理名言是“生命是负熵”。现代生命科学对生命的物质研究不是停留在牛顿质点动力学的物质机械运动，而是进入复杂系统的熵函数描述层次，即生命的物质规律是以物质运动的熵原理为基础去展开的，是从能量原理引入生物学开始的。能量、物质、生命的统一性智慧开创了生命科学的新篇章。

二、生命之熵

近代生命科学从物理及化学生物学去探讨生命微观结构，并不仅把生命理解为物质，还把生命神秘现象还原为特定的生命复杂物质结构，从复杂生物物质的微观结构去揭示生命运动的内在必然规律，所以远远超出了十八世纪法国唯物主义的“人的生命是机器”的生命物质本质观。它不是取消了生命科学，而是从微观复杂结构层面，从分子生物学、细胞结构、DNA 生命遗传结构及变异、生命的分子进化等方面，揭开了生命内在一层又一层的神秘面纱。薛定谔在把生命研究引向物理学和化学层次基本原理作用下的特定对象研究时，他真正的科学开创性不是重复十八世纪法国唯物主义者“人是机器”的空洞口号，而是关于“生命以负熵为生”的真知灼见，即把生命的本质引向熵而不是引向物。从熵原理去理解复杂生命现象和把生命仅理解为物质客体，是根本不可同日而语的。当代生命科学能遵薛定谔开创之路不断前进并不断收获丰硕成果，就在于它从熵去归纳生命物质复杂结构的规律。迄今为止，生命的熵理论是对生命科学真理认识的主要概念之一，离开熵原理可以讨论物质，却无法讨论生命，在牛顿以抽象质点为对象的思考中只能原则上不能现实地讨论生命复杂结构乃至其绝对运动过程，从热力学无规则统计学意义上也无法描述异质耗散结构的复杂生命。生命之为生命，在于它一定是一个进行着的复杂耗散结构的绝对运动过程，生命的运动不仅有物质运动意义，而且超出了物质空间运动和结构运动的意义，所以，生命运动是宇宙自然中最具普遍意义的运动形态。换一种说法，任何物质客体的运动描述都是相对的，只有生命的运动是绝对的。只有像水熊那种去掉身体80%水分，化作近乎种子状态，即几乎无任何生命特征新陈代谢运动状态的特定情形中，才有生命的运动几乎终止。蛰伏的水熊的时间性也是连续不可逆的。从物理学意义上来说，生命结构的能量耗散是绝对的，这种熵原理对生命的理解把生命和复杂生命组织结构和功能、存在和过程的联系建立起来，把生命的运动和它特有的绝对运动本质统一起来，因而对揭示生命之为生命的内在必然规律具有极为重大的意义。所以，当今科学界普遍认同，薛定谔“生命以负熵为生”即从负熵去揭示生命运动的根本原因，正是破解生命之谜的关键。

“生命以负熵为生”的意义，一是把生命理解为复杂生命物质结构的整体存在，所以不是传统物质科学的还原论认识，而是还原和综合相统一的整体生命观。生命作为整体复杂物质结构性存在，整体性表明生命有它整体的边界，它把生命和环境区别开来。在物质环境中的物质生命是绝对独立于环境的，和物之为物的相对性存在完全不同。二是它把生命整体和外部环境统一起来，而不是和环境割裂开来。因为生命以负熵为生，这就意味着生命存在的必要条件是从环境中获得负熵，消耗负熵生命才能生存。从外界获得营养，并通过一系列内在的复杂化学反应和物理过程，把从外界获取的物质和能量转换为维持生命绝对运动所需的物质、能量，亦即更基本的生命自身物质结构的生长运动，这就是生物学上的新陈代谢过程。在这过程中，生命绝对运动不仅把外部物质和能量内化为自身物质和能量，还把自身并不需要的废物排出体外。三是它从能量角度揭示了生命运动的绝对性。熵即自由能，以负熵为生即依靠自由能推动生命运动，因而揭开了生命运动的根据和原因。仅从物质去理解生命，无法把生与死、活与亡区别开来。但在负熵即能量支持、推动复杂生命结构的绝对运动意义上，亦即潜在地为理解生命之为生、为活及生命的死亡提供了理解。当生命没有负熵消耗的时候，当生命机体自身无法再有效利用负熵的时候，它就无以为生，就会失去生命。这正是从熵而不是物去理解生命的深刻意义。所以，薛定谔对生命科学的真知灼见是“生命以负熵为生”，而不是抽象的“生命是物质”，所以生命科学就不是物理学。物理生物学、化学生物学、分子生物学和物理学或化学肯定有本质上的区别。

熵是从物理热力学中产生的概念。物理热力学是在热功转换技术基础上发展起来的理论，热功转换的规律是用宏观状态参量即体积、温度、压力等去描述的，不是用抽象质点去描述的。对热功转换这种系统而言，质点陈述只有“原则”意义，宏观参量描述才有现实意义。对热功关系的最一般规律归纳是热力学第一定律和热力学第二定律，这两个定律本质上都是物质系统的能量运动规律。热力学第一定律是能量转移和转换关系的普遍守恒定律在热功转换特定关系中的特定描述形式；热力学第二定律则是物质系统结构演化能量最小原理的特定描述形式。在一个相互作用的物质系统中，能量交换的结果一定是能量较高的客体把能量转移到较低的客体，总的演化一定是使系统的总的自由能减少，这正是水往低处流、苹果往地下掉的原因，故老子说天之道总是损有余而补不足。在热系统中，这一普遍定律就表现为热总是自发地从高温物体流向低温物体这一特定描述形式。问题在于人类从热经验现象中归纳出热力学第二定律时，在世界即物质世界，物质是绝对存在，物质客体存在和它的状态现象绝对独立而无法转化交换的僵化教条下，热力学第二定律这种非常特定的描述根本无法和能量最小原理这一最普遍的能量定律建立起联系和统一，反而是把热力学定律和物质绝对不灭定律作为两个共同的绝对、最普遍的定律。在物质客体存在和物质客体运动的二元世界中，热力学第二定律就成为在物质世界运动和演化现象意义上终极、最普遍的定律。从克劳修斯开始，经开尔文直到今日，人类一直在二元论的物质存在和现象相分割的世界中为热力学第二定律而束手无策。正如《熵：一种新的世界观》的作者所说，宇宙本来就是持单程车票而来的，是一个不可逆转地走向热寂死亡的无可奈何过程。把物质及物质演化现象二元化，把物质不灭和热由高温向低温传导作为最普遍的支配存在和演化的两大绝对定律，除了不可逆地走向热寂，宇宙及其中的智慧生命又能有何求？

热力学熵状态函数描述的物理意义即它和质点动力学乃至物质原子论的统一性理解，其伟大贡献归功于杰出的理论物理学家麦克斯韦和玻耳兹曼。首先，通过数学统计学描述，物理学把大系统中宏观量的内部质点即原子、分子热运动的宏观状态参量和微观构成粒子之间的关系建立了统一，一个宏观系统的温度本质上是它物质粒子的平均动能。温度越高，它的内能越大，宇宙能量运动最普遍的最小自由能原理在温度宏观参量描述中就是高温流向低温，在统计学意义上即系统向各粒子具有平均动能运动，从而使系统的自由能向零的方向不断演化。一个封闭的热力学系统中温度是从较大温差向热平衡状态不可逆地演化的，其实是系统中各粒子的动能向平均状态演化，即系统的总自由能不可逆地趋于零。用熵去描述一个宏观系统，本质上是对系统自由能状态的函数描述，自由能趋于零时，系统达到熵最大，热力学系统则是热平衡时熵最大。于是，熵就成了“表征物体或空间状态的无序程度或混乱程度的参量”[②]。玻耳兹曼在对热力学微观状态数和宏观系统关系中，把一个宏观系统微观状态数的对数定义为熵。由于能量最小原理及热力学第二定律决定了系统总是向平均状态即温差最小或自由能最小状态演化，即熵是一个在自发系统中单向增长的状态函数，因此，封闭系统中熵是单方向演化的。但把熵的物理学意义解释为分子热运动无序性或混乱性程度确是有问题的。有序无序是主观判断，根本就不是科学概念。自然按必然规律支配运动，在非价值事实判断意义上都是应视为有序的。无序无客观性可言，所以无序是非自然科学关系概念，把熵解释为无序量度的依据不是玻耳兹曼关系，而是热力学第二定律所形成的成见，即热平衡是系统混乱无序和死亡。绝对物质世界不可逆地向热平衡状态演化过程所趋向的宇宙之熵绝对增大的理解，以及这是宇宙趋向死亡和无序的理解是对熵的无序物理意义解释的根据。事实上，玻耳兹曼关系即 $S = k\ln W$ 中的熵实际上只是一个系统复杂程度的描述，并没有不证自明地表明了越复杂系统就越无序。复杂性和有序性是不能同一的。

机械唯物主义物质观和宇宙观无法回答热力学第二定律的宇宙热平衡问题，熵就成了表征死亡和混乱的科学概念。对热力学宇宙热寂说的最初质疑来自生命世界的经验。生命从物质世界中产生，这是一种复杂而有序的具体存在，是反熵增的复杂结构系统，进化论的生命世界和熵不可逆增大的物质世界显然是格格不入的。当薛定谔把生命理解为特定的物质世界存在，同样由物理和化学的普遍规律支配时，就必须回答生命和物质世界熵原理的统一性关系问题。薛定谔正是用“生命以负熵为生”把生命的有序性和物理世界的熵原理统一起来。生命之所以没有自发地向热平衡演化，而是按自己生命 DNA 编码的规定，在与环境有条无紊的物质、能量交换中实现其绝对有序运动，实现自己的生存目标，在于生命是一个开放系统，在和环境的交换中获得负熵，因而维持生命有序而免于无序死亡。在最一般意义上，生命消费的是负熵，是自由能，所以，生命世界的进化和物质世界在热力学意义上的熵增是不矛盾的。对“生命以消耗负熵为生”的信念作出继承、发展且卓有成就的是比利时化学家普里戈金，他从所创立的耗散结构理论出发，把生命理解为在消耗负熵，即对环境自由能的利用，即能量代谢中所建立的高度复杂有序的系统运动，这就是生物体“活着”的本质。生命是什么？面对这一困惑了人类几千年的问题，今天科学家给出了一个答案："这就是生命（生命体）是通过与周围环境进行能量和物质的交换，从而形成和保持有序结构（耗散结构）的存在。"③

应当承认，从薛定谔的"生命以消耗负熵为生"到普里戈金从远离平衡态耗散结构系统演化去解释生命如何在从混沌中产生有序，是人类对复杂生命现象本质认识的不断进步。但是，还应指出，仅停留在熵和能量过程去理解生命本质是远远不够的，这并不是关于"生命是什么"的完整答案。从能量和熵去理解生命是一个非常重大的进步，因为它把生命放在一个非常复杂的物质系统结构整体意义上去理解生命，从绝对运动的过程去理解生命，从生命运动的推动过程即能量过程去揭示生命运动的原因。这与仅仅把生命当做机器相比，已经进入丰富的具体的认识。从世界统一性原理来看，能量是宇宙一切存在及其运动现象的本原存在及根本原因，从物质复杂结构到物质结构复杂运动原因的认识，为什么还不是对生命本质的认识呢？因为这些能量及物质运动变化的普遍规律只是生命存在的必要条件，还不是生命之为生命的充分理由，即还不是生命和非生命的本质区别，而是生命的最一般基础。最简单的证据是，汽车就是一个最典型的耗散结构系统，与环境之间同样是通过物质、能量交换来实现其功能的，难道说耗散负熵即汽油的自由能的汽车也是生命体吗？这显然是不成立的。能量是宇宙最基本的存在，是宇宙一切运动变化的最终推动原因，物质空间性结构的产生是宇宙复杂性演化的最基本形式。在物质世界意义上，存在即结构，物质世界从整个世界到最基本的粒子都是结构性存在，这是世界上一切实体存在的一般规定性。从最一般的能量、最一般的实体、最普遍的结构出发去规定特定生命存在规定性是无法给出生命之为生命的充分理由的。生命的本质规定性不在于消耗负熵或耗散结构，即不在于能量交换和物质代谢，而在于什么样的能量过程和结构运动才是生命之为生命所特有的，在于一般的能量定律和物质结构演化定律在生命存在中的特定规定性形式，所以，仅从消耗负熵去理解生命肯定是不够的。

此外，必须指出，尽管薛定谔和普里戈金聪慧地从能量过程去揭示生命过程的本质，但至今人类对能量本身的认识，即能量的本性及本质的认识，还是很不够的。在绝对物质观中，能量还只是状态。相对论和量子力学尽管已经在一定程度上显示能量客体之于物质实体更一般、更普遍的存在意义，但人类依旧在人的感性尺度，即对物的直接感性经验去认识自然世界，始终把空间性的物质实体作为世界万物的本原，把物质世界作为自然世界，能量依然被理解为是在物质世界中的特定现象世界，并且是以波粒二象性为形态羞答答地躲在物质后面的东西。所以，即使消耗自由能的生命真的以消耗负熵为本质，在绝对物质观下消耗特定能量即物质状态能量的生命依然是通过物质存在去说明其本质的，所以，还是从生命的物质性、物质的结构运动变化过程去说明生命和物质的区别，而这在逻辑上是不可能的。

薛定谔、普里戈金把生命引向物质系统耗散结构运动“消耗负熵为生”的过程，是对生命统一性认识的重大进步，在此基础上，统一性归纳就能进一步逼近“生命是什么”的最终完整理解。

三、生命的统一性意义

无论是从机器还是能量出发，仅从能量或机器本身是无法得出“生命是什么”的完整答案的。生命是物质、能量，是能量过程，但物质或能量的存在或过程本身并不一定是生命。所以，能量或物质都是生命的必要条件，但不是充足条件，生命是能量、物质，但能量和物质不是生命之为生命的充足理由。我们确实不能说汽车甚至地球、太阳都是有机生命体，那种泛生命认识对揭示生命及人的本质并没什么实际意义。由此，我们可以悟出薛定谔及普里戈金从物理学、化学过程，从物理复杂系统的熵原理去理解生命的深刻意义以及不可克服的先验局限性。生命是物质，是能量，是过程，所以从物理、化学的最普遍必然规律去揭示物质世界中特定生命物质系统的演化过程及支配其物质结构绝对运动的能量运动定律——熵定律，生命的运动、发展就不再是神秘的活力，而是特定负熵环境中所获得的自由能在推动的结果。生命的复杂、多样性运动符合物质世界复杂性演化的熵原理，符合最普遍能量存在及演化的能量最小原理。所以，薛定谔和普里戈金从生命之熵去揭开生命奥秘的方向是合理的，其成果是具有重大的科学和现实意义的，生命的神秘活力在物质结构演化的最一般能量推动定律中得到了具体的理解，能量、物质和生命的关系建立了起来。但如果同时又把生命还原为物质，甚至把能量也看作特定的物质，那么又会回到由物质存在及其演化规律去说明生命是超越物质存在的二律背反。确实不能由纯粹的物理、化学规律就解释生命存在的本质和现实。把能量依附于物质或由波粒二象性去理解能量子时，一定会回到历史上对“生命是什么”认识二律背反的恶循环。所以，从能量或物质本身去揭示生命的本质，其局限性不是人类认识能力的局限性，而是先验意义上的局限性，即这种从物质、能量存在本身去揭示生命本质的努力，不是人类通过认识的不断积累就可以逐步逼近目标并最终成功的，而是它从逻辑上在先地决定了这是不可能的。这正是时至今日，在科学已经“宏观在宇、微观在握”的知识爆炸时代，人类始终无法从天量自然知识中归纳出生命普遍本质的原因。

对生命和非生命不同本质规定性的思考是在自然界的最一般意义上展开的。在传统绝对物质观中，当用因果必然关系去思考生命和非生命的区别时，生命和非生命就是非此即彼的。但是，物质非生命，非物质也非生命，非此即彼无法理解生命。按非此则彼因界必然性思维还原到最终，一切存在即物质存在，这是近代科学认识生命的知性逻辑，最终就是生命和非生命无本质区别。按照世界统一性原理，自然界是由无、天、地三个层次构成的统一世界，即自然是能量、物质和生命三大世界的统一。老子所说的人的世界，不是在自然意义上的，人不只在生命世界之中，人从生命世界脱颖而出的根据当然不能是“自然的”。统一性理解具体生命不是非此即彼的，生命是物质，但物质又不都是生命，生命的根据就不能是物质本身。生命整体上超越了纯粹物的存在，即它不仅是物的存在本身，而且是能量存在本身，不是纯粹从对物质、能量的否定关系去非此即彼地理解生命，而是必须从生命的本质去把握生命和非生命的区别，从能量、物质和生命的统一去理解现实具体的生命。说生命不是物质并不是否定生命的物质基础，它是在物质之中产生的，所以它一定是物质，但物质只是它的基础，不是它的抽象普遍性本质，不是我们称为生命的真正理由。说生命是物质，是指它具体存在的基础和前提是物质，所以，非此即彼是对生命的抽象本质的规定，亦此亦彼是对生命从基础到抽象本质相统一的具体理解。生命这种不可还原的具体统一性存在是具有超越物质客体规定性本质的存在，是不能从物的意义、从非此即彼的因果必然性去得出现实理解的。从能量到物质、从复杂结构到耗散过程，都是揭开具体生命奥秘的必要条件，但仅从这种熵和物质系统结构演化意义是无法通达生命本质的。从自然界无、天、地三个层次的统一，即能量、物质和生命的最一般关系中，从对它们的先验认识形式中，就可以对此得到充分理解。

我们把自然界划分为能量、物质、生命三个层次统一世界的依据是什么？不能是从经验中归纳出来的客观真理知识，因为真理知识是有限性的，没有一个可以确定能量、物质、生命世界的必然关系。如果说从真理认识的理论系统去理解，那就转变为统一性命题了。认识统一性的基础首先是普遍先验形式而非个体经验本身，经验从个别认识上升为普遍知识正是借助先验形式来达到的。对世界能量、物质和生命之间统一性关系的理解依据，首先必须在先验形式和逻辑中寻找。人类对世界最基本认识客体的区分，应从认识的最基本形式即描述认识的自变量开始，而不是从由自变量构成的函数关系开始。没有自变量，何来因变量？客体描述的普遍形式是普遍知识的基础。我们把自然界划分为能量、物质和生命三层世界的统一自然的时候，最普遍的依据是认识的先验形式的统一性：纯量、空间、时间和结构的统一性关系。正是这几个最基本认识形式的不同规定性，它们是不同层次而又统一的，由此为普遍统一的自然界认识提供了手段。

能量的形式规定性是什么幺呢？是纯量。能量的规定性只有一个：量，由纯量进展到能量之定量是从抽象之量进展到具体之量，是形式和内容统一性之量。量的形式意义是什么呢？就是无结构形式规定性，即能量之所以为能量的本质在于它没有特定的结构规定性，它与结构形状无关，与时间形式无关，与空间形式也无关，所以，它就是最普遍形式的存在，是在一切空间、时间、结构形式中都成立的存在。量是纯粹形式描述变量的物理意义，赋予一切具体存在以具体规定性，一切具体存在以具体之量为根据，有量之无是具体存在，纯粹抽象的空没有量的规定性故是空。量由抽象形式进展到内容和形式相统一的具体就是能量子的定量和绝对守恒的能量。能量这种最普遍形式存在的同一性是绝对的同一性，也就是无差别的同一性存在，只有量的规定性存在合逻辑地是同一性存在。无差别的同一在科学意义上就被归纳为能量守恒原理，而且不只是物质状态的动能、势能的机械能守恒原理，它是包括质能、结构能、能量子态的量子能量在内的广义能量守恒原理。无形式规定性产生了最普遍的广义能量守恒定律，它就是宇宙中一切自然存在及其运动产生的能量转移、转化、质能转换的第一定律，是自然的最高法则；能量运动的能量最小原理是支配一切运动最基本、最普遍的运动定律。正是能量这种不生不灭的守恒特性，我们才有根据将之归纳为宇宙中永恒的存在。它是自然的本性，是其他一切更为复杂客体的基本构成客体，并且是支配自然界复杂性演化的最终作用力量，即是世界存在和演化的原因和根据。由此我们可以得出结论，宇宙的总能量是一个守恒的定数，宇宙存在和演化的根本原因在于它的本原存在和统一本性。正是这种理解和能量绝对守恒的归纳认识使我们得到了永恒存在，即自然界永恒而绝对的能量本性。它并不神秘，它就在一切存在及存在者的结构、运动状态之中。试想一下，从自然本性即能量的形式去看，如果能量的守恒、存在依赖于时间、空间或结构形式，那么能量守恒的绝对性还能成立吗？从逻辑上来说，能量存在对量以外的一切先验形式规定的无依赖性，对一切形式的适用性，才使它成为永恒的存在，是自然存在的普遍本性，我们生存于其中的多样化自然界才是能量一元论的统一世界。

物质世界为什么是普遍能量一元论世界中的特定世界呢？因为物质是特定形式的能量存在形式，即它和最普遍的能量产生了本质的区别。人类从自己的感性尺度及知性尺度是如何规定物质客体的呢？物质客体和先验的量、空间、时间、结构形式之间的关系是如何建立的呢？在感性意义上，物质是可感官经验的空间性实体存在，是可见、可触摸的实体存在。物质的感性特征是“体”，即三维体的实在性，我们把它称为看得见、摸得着的东西。在知性意义上，我们用物的质和量的统一去定义物质客体，即有质有量谓之有，有的可感官经验的空间性实体结构谓之物。所以，物质和能量相比，产生了质这一特定规定性，量的规定性则建立在能量这定量之守恒的基础上，这是质能统一性的必然结果。但质的规定性本身确是物质客体所特有的普遍抽象存在形式，质是物质实体的根据，所以，实体的“体”的空间感性直观形式是物质特定的质的规定性的存在形式。质量既是从能量中转化而来的，它的本性就依然是能量，但它本质上已经不是以无的形式存在的能量，而是以有为特定形式的能量，我们称之为质量。物质和能量的统一性就体现在质和量的统一性中，有量无质不是物，有质无量不可能，物是有质有量的实体存在，物质特定的规定性是质的规定性。描述物质的形式变量纯量、空间、时间及结构中，空间形式是物质存在的充要条件。当然，空间性是包含具体之量才从抽象空间形式转换成具体空间性存在的。所以，物质之为物质的本质在于它是空间性形式的存在，离开空间性就无物质可言。但对于时间过程变量而言，虽然它是物质描述形式之一，但对物质而言，既不是必要的，也不是充分的，所以，时间性并不是物质的抽象普遍本质，并不是物质之所以为物质的充分理由，只有空间性即由质量产生的实体三维空间性才是物质客体存在的本质。所以，物质本质上是空间性存在，这是从抽象的最普遍形式意义上得出的非此即彼的规定性。结构则是物质世界本身复杂演化的描述形式，是物质世界复杂演化的统一性理解形式，它把多样性之物统一在存在即结构的理解中。所以，物质客体是质和量相统一、具有空间性结构的特定能量存在形式，这就是物质本质及具体统一性的合理理解。

生命客体和物质客体的本质区别在哪里呢？从我们生存的感性体验中，生命和非生命的区别是有生和死的区别，无生无死者不是生命，生生不息的才是生命，所以，生命不是永恒，而是在永恒生息变化中的特定物质客体存在。当我们用“死亡”这一概念去描述生命的时候，实际上包含两层意思，一是生命完结，结构依旧；二是生命完结后，结构随之解体。由于经验中两种过程是连续的，所以，我们用死亡去描述生命终结，但如果不理解死亡的两层意思，就无法理解老子“死而不亡者寿”的合理性及深刻意义。所谓亡，是灭亡的意思，即物质结构毁灭的意思，不仅仅是生命运动停止的意思。那么，从生命的生和死的区别，从客体存在是否有生、死规定性意义去考察生命的最一般普遍形式的时候，它的存在形式与量、空间、时间、结构先验形式之间的关系如何呢？空间性是它实体的规定性，是生命物质的规定性，是它作为现实具体存在的根据，不是生命的本质即生命区别于物质实体的抽象规定性形式，是否空间实体与是否生死并没有必然性关系，但包含空间性为基础才有以抽象时间为本质形式的具体时间性生命存在。客体的结构性与它的生死状态之间同样没有必然关系。尽管生命一定是复杂结构，但复杂结构并非都是生命，而且复杂生命结构在生命完结时并不一定和结构解体有必然因果关系。真正对生命的本质有必然联系，与生命的生死存亡有必然关系的是先验的普遍时间形式，生命的生与死、非生命的非生非死的关系就体现在它们的时间形式中。为什么生命有生有死呢？因为生命一定是在绝对运动过程中才成为生命存在的，所以，生命存在一定是时间性的，是过程中的，时间形式对生命过程有必然关系，即任何生命存在本质上是连续不可逆时间过程中的存在。当这种连续不可逆过程完结，生命就失去它的时间性本质，就不再是活的生命，而是退化为构成生命的基础即生命物质。非生命物质的运动过程当然也是用时间形式去描述的，但这种过程不是时间性的，不是连续不可逆的。物可以有文物，但生命没有“文命”即静止的生命。正是这种时间性是生命和非生命根本不同的本质存在形式，是生命是生还是死的可靠根据，所以，我们才有充分根据说，生命之为生命的充足理由在于生命是时间性的存在，是可以死亡因而也一定能创生的绝对运动的存在。

生命的本质是时间性存在，并不是全部回答了“生命是什么”这一具体问题，而是解决了“生命的本质是什么”的问题。不能认为从生命本质就可以懂得生命是什么。生命的本质是抽象的，时间性是生命存在抽象的同时也是最普遍的存在形式。从时间性形式的规定性中，我们首先区分的是生命与非生命，即生命区别于非生命的本质是以时间性为根据的。但这并不等于具体回答了“生命是什么”的问题，“生命是什么”的具体理解是统一性意义上的，而不是非此即彼抽象意义就能得到全部理解认识的，因为生命是不可还原、绝对而具体的存在，它不能止于抽象。从抽象回归具体，时间性生命是包含能量、空间结构性的多样性、多层次的统一具体，即对生命时间性的具体理解必须进展到抽象和具体相统一。按照世界统一性原理，统一的世界、统一的自然界、物质世界最终都必须从统一性思维中得到合理而完整的理解，即对世界的认识最终一定要从抽象返回具体的世界存在。对自然界的统一性认识中，对生命世界的思考是最需要统一性智慧的，因为生命是自然界最高复杂性的具体存在，因而仅从抽象的概念、因果决定的机械运动关系去理解生命一定是最肤浅的。从抽象生命本质回到具体复杂生命存在，就是一个统一性的理解认识问题。离开统一性认识，我们对复杂的生命就只能停留在抽象认识中。薛定谔引导的从物理、化学规律去认识生命运动，从熵原理去理解生命绝对运动过程，是对具体生命的抽象本质运动规律由浅入深的认识，是具体生命认识最基本、最重要的构成部分，是对生命统一性理解的不断进步。生命的统一性的认识就是从简单到复杂、从抽象到具体、从片面到全面的不断构建并永恒发展的过程。

第二节　生命是自然界最高的统一性存在

一、生命是自然界最高形式的存在

按照世界统一性原理中无、天、地、人的世界统一性结构概念，地在天之上、人之下，在世界从简单到复杂、从低级到高级的演化进程中，生命世界的进化尽管还不是世界演化的最高形式，但在人类文化通常所指的“世界”即宇宙自然界的意义上，地球生命圈进化出的多样性统一生命世界是宇宙自然中最高的世界，因而也是自然中最普遍意义具体存在构成的特定世界。

对生命世界是宇宙自然中最高形式的统一性世界的意义似乎并不难理解，但把这种最高形式的自然世界理解为统一性的，而不是因果还原性的，具有本质不同的意义。在传统的因果必然性科学知性思维支配一切认识的机械论思维中，用作用和反作用、决定和被决定的逻辑去描述复杂世界时，人失去理性灵魂，生命失去灵魂因而生命失去生命的本质，人失去人的本质，最终被还原为物质客体空间性的本质，活生生的生命就只是行尸走肉，是用行尸走肉去构造起来的机器，这就是拉美特里大声宣告“人就是机器”的最大败笔。在因果还原论思维中，在以物质作为世界的绝对存在即本原客体存在的假设下，把人当做机器是顺理成章的。这种还原论的机器思维至今仍在人类文化中占绝对统治地位。所以，把生命看作机器的机械论观念仍是当代生命科学的基础价值观。《科学世界》在2013年第10期特别策划的“生命之熵”专题中，以科学家眼里的“生命”为主题，专访一线科学家，排在首位的是英国牛津大学奥里尔学院名誉院士，著有《自私的基因》《盲目钟表匠》等著作的著名进化生物学家理查德·道金斯。这一当代著名生物学家对生命产生、进化中的科学解释，我们可以坚信不疑，但必须指出的是，代表人类对生命探索最前沿的这些一线科学家是最有成就的一流科学家，他们对生命的理解依然局限于人类科学理性的因果必然性思维和陈述之中，还没有从知性上升为理性统一性的水平。所以，尽管人类对生命的科学真理认识已经有长足进步，但对生命本质的认识仍然摸不着头脑。对理查德·道金斯的专访是以“生命和物质没有本质上的区别”为最简练概括命题在题目中陈述的。专访第一个问题直奔主题：生命与物质的区别是什么？科学大师的回答是：“生命是具有极其复杂结构的物质。‘极其复杂结构’是指那些比如‘行动具有目的性’的物质……生命与物质并没有本质上的区别。世界上根本不存在能称得上‘生命本质’的东西，这没有什么不可思议和神秘之处。也就是说，生命是物质具有复杂的组织时所表现出来的形式。”④

科学家在上面的回答是极其严谨的，但却依然是有限的，这正是知性思维有限性之使然。当理查德·道金斯院士说生命是具有极复杂结构物质时，这是无可指摘的，但由此事实判断出发，可以得出两种完全不同的理解。按照统一性思维，由极复杂物质构成的生命的基础和条件是物质客体，即亚里士多德所说的，肉体这些生命物质只是潜在的生命，生命的现实，使生命由潜在成为现实的本质是生命的形式。因此，生命极复杂结构形式的规定性是由生命本质决定的，或者说形式才是生命之为生命的充分理由。生命以物质为基础，但生命超越了纯粹物质客体而成为具有生命独特本质规定性客体存在的根据，奥秘不在于物质结构性本身，而在于和物质的极复杂结构形式的本质区别本身，生命和非生命的区别不是物质和生命物质的区别。物质和生命是统一的，生命和非生命的区别建立在它极复杂的物质组织结构形式的基础上，而不在于结构之物存在本身。所以，生命之为生命的充分理由，生命最普遍的抽象本质，生命和非生命的本质区别，就一定在生命极复杂的物质组织结构之中。但是，按照因果决定的机械论思维，生命是极复杂结构的物质，进一步理解则是生命本质上就是物质，生命极复杂的结构形式消解在结构向下一层次的还原之中。在还原论的观念看来，世界只有一个本质，生命的本质只能还原为物质的本质去理解，这就是生命和物质没有本质区别的因果还原逻辑。生命的本质和物质的本质同一，生命和物质就是同一的，不是差别中的统一性的。于是，还原论又回到几千年来对生命思考的困惑：生命没有区别于物质的本质，所以生命的本质就是物质的本质，生命和非生命的区别就是没有区别。生命和非生命的区别是生命整体超越了纯粹物质属性的具体存在和物质属性的区别，证明这种区别不存在就是证明了没有具有自身本质规定性的生命存在。按照科学家把一切生命还原为物质的观点，在逻辑上已经取消了生命存在命题。科学家的逻辑是因果决定性的，所以是严谨的。理查德·道金斯的陈述在科学因果陈述意义上并无不妥之处：世界上根本不存在称得上生命本质的东西，这个陈述是成立的，但同时也是极为有限的。如果说世界上有一种叫做生命本质的东西，这种东西如果决定了生命之为生命而不是物质，那就指世界上还有与物质空间性存在不同的实体存在：东西，那恰恰把生命世界和物质世界彻底割裂开来。把神秘生命物质作为神秘活力的根据，把神秘生命东西和生命活力作为生命的本质，这恰恰是和统一性思维相对立的非此即彼的知性思维。把一切还原到东西即感性实体存在，这正是人类几千年来占支配地位的绝对物质观的局限性所在。这种宇宙自然观既无法揭示自然界的最普遍的本原存在，无法对自然界的存在和演化得出统一性的理解，也无法理解世界从简单到复杂、从低级到高级的多样性统一自然演化中的不同质、不可还原的实体结构的本质和意义，所以，永远只能停留在知性抽象的普遍性之中，根本无法从抽象返回到具体、现实的多样性统一世界。说没有生命本质这种东西即物体是合理的，但说生命和物质没有本质区别时则只能说认为它有多荒谬就多荒谬。生命物质和物质没有本质区别，但生命整体本身、生命物质和其形式相统一的整体和物质肯定是有区别的。老师在雪天有感而发：老天下雪不下水，雪到地上变成水。早知雪要变成水，不如当初就下水。学生和曰：先生吃饭不吃屎，饭到肚里变成屎。早知饭要变成屎，不如当初就吃屎。这个学生就是还原论思维，雪和水没本质区别，饭和屎是有本质区别的，不能把饭和屎当成同一之物。

统一性思维是人类从知性抽象普遍客观真理认识返回具体世界存在的理性认识。对生命这种高度复杂性的具体自然客体存在，统一性思维就更显得不可或缺了，因为一旦离开复杂整体，离开绝对运动过程就再没有活生生的具体生命。所以，对生命世界思考的概括和归纳始终围绕统一性思维，反机械论即反无穷因果链思维去思考生命。人类在早期阶段用特殊生命物质产生的神秘生命活力去解释生命的本质，这当然与早期对生命及自然的知识贫乏有关，但也与长期以来因果思维的支配地位有关，神秘生命活力论其实正是建立在非此即彼因果决定论基础上的。正是在因果关系思维框架中，生命客体和非生命客体不同的表现形式作为自然存在的结果产物，它的原因只能从支配生命连续不可逆时间过程的活力去解释，尽管我们无法确定这种神秘活力是什么，但我们可以像笛卡尔的“我思故我在”的逻辑一样，反向推断支配生命运动的活力一定存在，在未能认识之前就称之为神秘活力是恰如其分的。活力之所以神秘在于未揭开它的神秘面纱，但不能否认它存在的真实性。按照经验世界的实体本性，这种神秘的生命活力又等价于神秘的生命物质，所以生命的本质、生命的奥秘就在于生命的特定物质，这种生命独有物质产生的活力是生命之为生命的原因和根据。近代物理学对自然界物质结构的不断深入发现揭示了自然界物质结构复杂演化的事实和关系，基本粒子构成物质元素，物质元素原子、分子不断复杂结构演化中，根本就没有特殊复杂的生命物质可言，其实没有德谟克利特想象的构成灵魂的精细原子合逻辑存在的可能性，这宣告与神秘生命活力相关的特殊生命物质理论的终结。世界上一切具体存在，包括生命物质客体存在的基本结构物是相同的，是受物质结构复杂演化普遍规律支配的。薛定谔把生命还原为物理、化学行为去理解，这在一方面宣布了和传统生命活力论的彻底分道扬镳，另一方面已经在先地隐含着世界是统一性的这形而上学意义。因此，把熵和物理、化学过程引入生命科学不仅是科学的进步，也是对生命统一性认识的重大进步。但是，必须自觉意识到这种统一性认识进步的深刻意义，不能仍停留在因果思维，把生命还原为物理过程，还原为物体机械运动，在否定生命活力论时不能否认生命的本质，不能把生命世界还原为物的存在而将生命问题一笔勾销，而要以生命的物理、化学知识为基础，在统一性中理解生命之所以为生命的普遍本质，达到对世界、生命的统一性理解。当科学家说世界上没有生命本质这种独特东西时，我们就不能再从物质规定性本身去追求生命本质，而是在生命物质规定性基础上，在物的空间性基础上，归纳出生命客体“非东西”的普遍本质。不能把一切存在退化还原为物质性的“东西”存在，并因为生命没有特殊的“东西”而说生命本质不存在。这种思维恰恰也是传统的知性因果思维，因而断送了从物理、化学的生命之熵去理解复杂生命统一性过程和生命普遍本质重大意义之可能。

从能量、物质、生命的自然统一性出发去理解自然和生命时，不需要特殊的生命活力即推动生命的特定能量，也不需要特殊的生命物质。生命之熵、生命物质是普遍物质世界及最普遍能量世界中的存在，生命中的能量及物质过程和普遍的熵和物质结构演化过程并无二致，支配它们的规律是一样的。正是在这种统一性基础上，生命基于自身极复杂的时间性结构——DNA结构，在适当的条件下展开了时间性的现实存在，成为现实的生命，并且由其DNA结构支配其生存过程的生命。虽然有生有死，是在不可逆连续时间性过程中走向死亡的生命，却又在子代中将生命重复而实现了由有限向无限的连续。所以，生命就是在绝对运动中的耗散结构，在DNA抽象结构规定性中在先地决定了生存和生殖可能性的编码结构之意义是生命的根据。就是依靠这种本质规定性，潜在的生命即种子在环境中展开为现实的生命存在，构成具体生命和物种的统一，由多样化生命物种构成了统一的生命多样化世界。离开统一性思维，生命世界就是一盘散沙，不可理解。在统一性思维中，生命世界是多样有序的，是既必然又随机的，是必然和随机环境相统一的。

宇宙自然界进化为统一生命世界是它演化的最高阶段，生命是宇宙结构复杂性、多样性演化的极限形式。从客体存在及演化的先验形式来看，生命客体的时间性形式已经把量、空间、结构、时间四个抽象形式完美地统一于自身。如果世界上还有比生命更高、更复杂性的客体存在形式，那只能由上帝去理解了，以量、时间、空间、结构为基本先验认识形式的人类，由于认识形式的限制，根本不可能去感觉或知性地思辨那种比生命更高级形态的具体自然存在。我们既不能感觉又不能理解的存在是不存在，唯此答案才是合逻辑的。对自然具体存在的现实世界来说，生命这种具有时间性本质的复杂空间具体结构已经达到演化的极限阶段，因为生命世界是多样性自然世界复杂演化的极限形式，个体化具体生命在存在论意义上是绝对的存在，是唯一且无可替代、不可重来的绝对运动的存在，基于此生命就是无价的。达尔文说“世界上没有两个完全相同的生物个体”，莱布尼兹说“世界上没有两片完全相同的树叶”，理由在于生命已经进化到每一个生命具体个体具有自己本质规定性的水平，这表明生命在自然界多样性演化中已达到了极限，逻辑上不会有比个性化更复杂的多样性演化了。所以，生命世界的出现、我们在宇宙自然中的出现，是宇宙复杂演化达到最高阶段的产物，我们可以大言不惭地说，我们是宇宙中最高形态的自然存在。在这种极限意义上，就能了悟生命存在的绝对意义，即相对性物质存在达到绝对存在水平时，生命就既是物质，又从本质上超越了相对性物质存在。

说我们是自然中最高形态的自然存在是在自然界统一性意义上的，不是从人类或生命世界去控制、征服自然意义上说的。人的生命同样是自然的，说生命是自然最高存在形式的时候，就承认生命有其物质和能量基础，就承认生命和物质、能量是统一的，这正是我们对生命之熵统一性理解的意义所在。在这个自然界中，正因为有我们这种最高形式的存在，所以自然是统一的，而不是分裂的，自然最高统一性的现实就是我们的生命现实存在本身。对自然界也必须从统一性思维去作全面理解。

二、生命的灵魂是自然界演化的最高具体形式

从统一性的观点看待自然世界和思考生命，必须回到生命的肉体和灵魂统一性问题，否则就不是完备的世界统一性原理。

对于当代文化来说，思考灵魂是不合时宜的。欧洲从文艺复兴开始，历经近代科学革命和启蒙运动，已经完成反封建和反中世纪神学统治的人类解放运动，基本上终结了神学统治，同时也终结了宗教神学对人的灵魂的统治。十八世纪启蒙运动用战斗的无神论给宗教神学致命一击的时候，顺便把宗教神学借以统治人类的灵魂观念扫进了历史的垃圾堆。无神则无灵，从此人类在科学的名义下，在真和善的领域基本上终结了灵魂命题。按科学理性的法则，凡与神及灵相关的思想和观念都是违反科学的封建迷信。当人类文

化走向科学信仰之极端时，当人类最高目标和价值是科学本身的时候，反科学的神灵观念当然是不合时宜的。说句大白话，在现代和当代，除了宗教信仰领域之外，已经在相当长的时期内没有哪位学者在求真的意义上，能够正大光明地研究、思考并开诚布公地讨论灵魂问题。但并不能由此断言人类普遍不相信灵魂存在，原因也许是无知和懦弱。科学在对待灵魂问题上是粗暴和野蛮的。因为，从逻辑上来说，科学只能证明存在，不能证明非存在，科学对灵魂存在的证伪，只是对灵魂存在某些观点或认识的证伪，不是对灵魂存在本身的证伪，把两者等同起来是大谬不然的。这和 UFO 事件一样，科学可以对已经报告的各个 UFO 事件中有关外星文明的所谓"经验"证伪，但不能否定宇宙中有外星文明存在，也不能否定有 UFO 光临地球。灵魂的问题同样如此。科学无法证明灵魂不存在，因此以科学的名义把一切关于灵魂的思考统统斥之为迷信是野蛮的。那是另一种迷信，是对科学的迷信，把科学当做最高价值作为信仰时就走向科学迷信。

从人类认识史和认识逻辑来看，绝对否定灵魂存在是不明智的。在认识史上，不但可以把灵魂看作人类文化的最基本概念，灵魂观念的源头甚至远在人类进入文明、建立文化之前，是人类从蒙昧和野蛮时期带到文化时代最重要的财富。这观点的证据在原始民族的思维中，即那是一个由神灵统治的世界，人生存的一切原因和根据都必须通过神灵去说明。另一个证据是图腾在早期人类生存中的普遍意义。人类进入文明不过区区几千年，但人类在灵魂观念支配下已经走过漫长的进化史和文化史。即使在文明时代，灵魂曾经是人类的最重要概念。当泰勒斯提出水是世界万物本原时，并没有忘记由此出发去说明灵魂是一种具有活动能力的东西；德谟克利特也用他的原子理论解释灵魂构成问题。早期的自然哲学家把揭示灵魂的奥秘和揭示自然界万物的本原看作是同等重要的。在人类认识史上，对灵魂持否定态度是近代科学革命和人的启蒙解放运动的产物。对中世纪神学宗教统治灵魂观的批判和排斥是可以理解的，但把一切灵魂观都排斥为迷信则是不明智的，这其实是割裂了人类的历史，把人当成一种抽象的存在了。

把一切灵魂观念都当成迷信是不合逻辑的。当代科学理性把人类灵魂观念的产生简单地归纳为愚昧无知，当成纯粹是抽象想象的产物，认为人类对自然界的恐惧是神灵迷信观念产生的根源。按照这种科学理性的解释，只能说人类漫长进化和文化的历史是恐惧伴随人类成长的，只有到了用战斗的无神论去武装头脑时，人类才变得无所畏惧。在此之前的人类，包括亚里士多德这些古希腊圣哲、泰勒斯这些哲学始祖，都是因愚昧无知的对世界感到恐惧才用灵魂学说来安慰空虚不安的心灵。若果真如此认为，那当代科学理性的狂妄自大就数典忘祖且登峰造极了。仅从恐惧和无知去解释灵魂的产生是不够的。灵魂信念伴随人类诞生及成长，最低限度必须将它理解为人类生存经验的产物，而且是从人类蒙昧时期、野蛮时期甚至进入文明史后漫长阶段中人类生存经验的产物，它首先是自然而然地产生的，而且是对人类生存选择具有极其重大意义的。人类认识从经验开始，早期人类认识之所以围绕灵魂就在于它在经验中举足轻重的作用。经验认识应该上升为知性普遍认识，而不应该在没有得到知性科学认识前将经验认识斥为恐惧无知的幻象。

平心而论，如果没有理性统一性思维，按照知性因果决定逻辑去看待整个世界的话，灵魂在知性世界中是没有立足之地的。将科学理性化的思维是绝对物质观和绝对科学观，由此出发灵魂当然不存在。存在是物质，灵魂不是物质，所以灵魂不存在。尽管人的世界、生命世界的经验产生了对灵魂的经验，但只要在因果关系下还原，一切存在最终必定回到“东西”即物质实体本身，那才是存在，其他一切都只是存在的属性和现象，是第二性的，是非存在的。所以，在无穷因果链构成的世界中灵魂没有存在的根据。人复杂的思维和认识这些与灵魂有瓜葛的“非东西”是人脑的产物，只能从人脑去理解，从大脑物质去理解，所以是第二性、非存在的。思维、认识等人的本质存在尚且如此，科学还根本没有任何方法去归纳的关于灵魂经验认识就更加不能存在了。加之中世纪宗教神学利用灵魂不死、灵魂救赎观念去统治大众，犯了众怒，为此所累，灵魂本身也成为面目可憎、声名狼藉的，最后成为中世纪宗教神学统治灭亡的殉葬品了。但是，灵魂存不存在和中世纪宗教统治的灵魂观合不合理是两个完全不同的命题，中世纪宗教统治所使用的愚弄人民的灵魂观的终结并不能成为灵魂不存在的证据和理由。

按照世界统一性原理，灵魂是必定存在的，如果没有灵魂而只有肉体，那么我们根本就无法理解自己，无法理解充满蓬勃活力的生命世界。中国文化几千年来一贯用生灵去朴素地归纳统一的生命世界，若没有生命的灵魂本质，又何以理解生灵的具体意义呢？世界统一性原理视野中的世界是多样性统一的世界，不是还原为最终以本原为存在的世界，即宇宙是不同质多样结构存在构成的统一体，在由简单到复杂多样性的演化中，产生了不同质的统一性存在。生命作为自然界进化最高形式的具体存在，作为一个具有自身本质规定性的特定世界，是和物质世界相统一而不同一的世界。生命和物质本质上是不同的，这是不需要再继续争辩的命题。生命物质和物质当然没有区别，但生命和生命物质有本质区别，这就是猪和猪肉的区别。从知性科学的因果必然关系把生命还原为生命物质，把生命物质还原为物质，然后顺理成章地把生命等同为物质，说生命和物质没有本质区别的观点是不符合逻辑的。正是生命和物质的不同一，才有世界的统一性命题，才有生命世界和物质世界相统一的命题意义，薛定谔把物理学导入生物学才具有重大意义。因此，世界统一性原理首先坚持生命和构成生命的物质统一性，把生命这种具有复杂结构物质构成的整体和构成它的复杂生命物质结构统一起来，从复杂生命整体的复杂结构形式去理解生命的本质，生命之所以为生命的充足理由就在于它特有的复杂结构形式，而不是在于构成复杂结构形式的生命物质实体。当复杂结构形式赋予具体生命生和死时间性意义的时候，这就是生命之为生命所特有的存在形式。生命正是以这种连续不可逆复杂耗散结构系统存在形式，在和环境耗散交换中通过新陈代谢去展开自己生长和生殖的一生，成为世代相传而生生不息的生命世界的存在。是这种特定的结构形式，具有时间性的结构形式，而不是生命物质本身，赋予了生命以生和死的充足理由，赋予了生命的本质，构成了生命和非生命的本质区别。生命和物质的本性区别不是空间形式的，不是物的，而是时间形式的，是过程性的，是形式而非实体的，所以也是整体形式的，而不是向终极实体还原的。生命本质上是不可还原的，切下来的手不是手，是肉而已。生命的本质必须从生命整体形式去理解，这种形式就是生命的灵魂。生命作为具体的统一性存在，是内容和形式的统一，内容是生命物质，是生命肉体，形式是支配生命复杂耗散结构不可逆绝对运动过程的时间性形式。生命物质是生命的潜在存在，生命的绝对运动使生命成为现实，所以生命物质使生命成为可能，生命的时间结构绝对运动形式使生命成为现实，生命的本质在它的特定形式。把生命具体存在看作潜在向现实的实现，看作肉体和灵魂相统一的具体存在时，生命物质就是肉体，生命的现实绝对运动形式就是它的灵魂。生命之所以为生命的基础、前提是构成它的生命物质，生命之所以为生命的本质和根据则在它的灵魂之中。所以，生命和物质是有本质区别的，物质是没有灵魂的，是无生死规定性的；生命是有灵魂的，而且是在连续不可逆的绝对运动中，从存在的产生走向存在的终结的。长生不死的是物质或者妖精，但绝不是生命。生命和物质的区别非常直观和感性，就是有无生死的区别。尽管科学家至今无法在生命和非生命之间划出一条明确的界线，但从蒙昧时期开始，人类就已经比较有把握地判断生和死的区别，基本上理解了生和死的意义。不知生死的人不是正常人，所以，说物质和生命没有本质区别的人也非正常人。否认人的灵魂，把人还原为物的机械观显然是不可取的。

人类对灵魂从最古老的认识到十八世纪产生了颠覆性变化，它被驱逐出人类正统文化，其中一个重要原因是人类进入科学知识历史时代的时候，灵魂却无法成为科学的认识对象，科学无法对人类灵魂经验作出丝毫解释。事实上，用物体存在的目光去打量抽象灵魂肯定牛头不对马嘴，问题在于人类关于灵魂的经验认识恰恰是将之理解为独立具体的。因此，迄今为止，人类无法得到灵魂的真正知识，对灵魂的认识只能始终停留在感性经验及其基础上的感悟。灵魂偏又不是经验可直观和感知的，具体独立不死的灵魂只能由经验归纳而来，这是关于灵魂思考在先验意义上的悖论。事实上，人类的经验直观只能对具体对象的现象有效，对抽象的本质谈不上感性直观。所以，关于灵魂的经验不是直接感性经验，而是从生命绝对运动过程现象经验中归纳出来的认识，而这种认识又无法上升到知性必然性客观认识，所以灵魂的经验是一种基于主观性的经验综合，是一种唯象理论。世界上存在灵魂和我们能够客观地认识灵魂是两回事。灵魂在中世纪被宗教统治利用去愚民，在十八世纪被唯物主义启蒙哲学彻底抛弃，最重要原因是我们确实没有关于灵魂的可靠知识，人类用于认识物质实体的概念、框架、思维方法对于灵魂而言似乎是无效的。从亚里士多德的智慧看，灵魂不是独立具体之物，不是现象，而是具体生命普遍抽象的本质。当人类对灵魂无知时，一种选择是继续求知，另一种选择是放弃它，而放弃它的后果是我们永远无法有根据地理解“人是什么”“生命是什么”这些和灵魂有关的命题。从知识论意义上来说，“认识你自己”以及“生命是什么”这些高深命题思考的一个重要阶段是把它们转换为“灵魂是什么”的命题。如果对灵魂是什么依然一无所知，说能全面地理解生命和人的本质只是自欺欺人，否认灵魂就只能得出生命和物质没有本质区别的合逻辑结论。

回顾人类对灵魂的认识史，在唯象理论意义上，恐怕没有人能够超越亚里士多德的灵魂统一性理论。因为在唯象理论形态陈述中，亚里士多德的灵魂观是完美的统一性理论。首先，亚里士多德把灵魂作为生命世界和非生命世界区别的根据，这是亚里士多德灵魂观的过人之处。人类对灵魂的思索基本上是基于人自身的灵魂，即灵魂总是人的灵魂，而不是生命的普遍灵魂问题。灵魂本身已经是一个异常抽象的命题，当长期把灵魂限制在特定的人的灵魂时，人的灵魂就会失去普遍的自然基础，人的灵魂就成了更加神秘、随人主观想象的东西。离开自然去思考人的灵魂的源头，只能将之归结于非自然的上帝。当人类抛弃上帝时，就同时抛弃了灵魂，这正是西方文化中人类中心论在深层支配而产生的文化现象。一般认为，亚里士多德为西方文化构建了最基本的概念框架，但在灵魂概念上，西方文化并没有把亚里士多德的宝贵精神财富继承下来。离开自然普遍意义的灵魂去追求上帝支配人为中心的灵魂，最终灵魂的认识将成为无源之水、无本之木，并最终落下被彻底埋葬的命运。只有在一切生命存在中，在生命自然的普遍意义上去揭示最一般的灵魂普遍意义，我们才有返回人的灵魂的基础，才能摆脱神秘灵魂观，才能合逻辑地开始对灵魂的知性和理性思考，才能把生命世界和物质世界看作统一的。其次，亚里士多德把灵魂看做生命的根据和本质，把躯体即生命物质看作生命的潜在，从而在肉体和灵魂相统一的意义上回答了“生命的具体存在是什么”的问题，回答了“生命的本质是什么”“生命和非生命的本质区别是什么”这些最基本的问题，归根结底是回答了“生和死的本质区别是什么”的问题。躯体和灵魂相统一时就是生，就是生命存在，当躯体失去它的灵魂时就失去它的本质，失去生命，失去生而成为死物。所以，灵魂正是生命和非生命的界线。没有灵魂的东西只是无生死之物，没有生命。生命失去灵魂就失去生命而成为死亡了的生命，这就是猪和猪肉的本质区别。再次，亚里士多德遵循自然界从简单到复杂、从低级到高级的演化逻辑，把从自然界中演化出灵魂本质的生命世界同样理解为从低级到高级、从简单到复杂的统一性世界。其中最深刻的思想在于把生命世界的进化理解为生命本质的进化，即生命灵魂从低级到高级的进化过程。从植物的营养和生殖灵魂进化到动物的运动选择灵魂，最后进化到人类的理性灵魂，生命世界进化的本质在灵魂的进化中得到完整的归纳，这才是生命世界进化的完整的统一性理论。在生命科学中，进化论是最大的统一性理论，进化到个体化多样性阶段的生命世界，一旦离开进化论就很难得到合理、统一的理解。但进化论不能停留在达尔文的现象归纳意义上，达尔文进化论是在对生命世界多样性现象经验观察基础上的统一性归纳，是在宏观表型现象层次的进化论。在宏观表型层次看生命复杂性进化时，实际上可以将之看成是物质世界复杂演化的延伸，是复杂演化的熵定律支配作用的结果，并在生命世界中以物种进化的特定形式表现出来。生命物种进化的演化根据即物质结构复杂性演化的根据在于它的微观结构即 DNA 遗传物质结构的复杂演化，但生命作为不可还原的绝对具体存在，其最深刻的进化意义在于生命整体的灵魂从低级到高级的进化。所以，生命世界的统一性理论即进化论也是不同层次上具有统一性意义的，是宏观表型进化、微观结构进化、灵魂本质的进化的统一。三个层次的进化统一性就是具体生命物种的进化，就是多样性物种构成的统一、完美的生命世界。灵魂作为生命绝对具体存在的抽象本质，尽管不是物质实体，却是自然进化的必然结果，而且是宇宙自然存在的最高形式。宇宙的演化是从存在即能量到存在即物质到存在即灵魂的低级到高级的发展过程。在统一性的思维中，能量、物质、生命的统一性赋予了生命和它的灵魂本质的最普遍意义。

从生命存在的抽象形式即普遍本质去理解灵魂，就不会为灵魂无知性及感性认识的历史现实大惑不解。但为什么人类执着于具体而抛弃亚里士多德的生命灵魂本质学说呢？原因很复杂，但主要是它无法解释人关于独立灵魂的生存经验，与生存经验无关联的任何认识都难称为理论或知识。这和亚里士多德的灵魂学说的朴素且抽象有关，也和后人缺乏理性自觉水平有关。亚里士多德回复亚历山大时说第一哲学成果发表了和没发表是一样的，发表了也不为人们所识，他的灵魂学说两千多年来的命运果然应验了他的预言。由此应悟出一个深刻的哲理：只有自觉的具体理性智慧才能通达抽象的灵魂。人的认识当然只能从感性具体开始，但止于此就只是禽兽而不仅是弱智了。人类五千余年文明史到当今科学理性时代，人是理性存在，但知性发达却理性自觉不足，还没普遍到达到亚里士多德的智慧水平，无法了悟他的灵魂学说就不奇怪了。科学理性执于知性的深刻意义是执于感性具体，没达到自觉的理性具体水平，其现实成果就是绝对物质观。当柏拉图说感性具体多样性存在是既存在又不存在时，理念论及唯心论其实是人类执于感性具体的思想根源。理念论是绝对物质观的形而上学基础，如果知性和理性无法通达感性具体，就只能执于感性去理解现实具体存在了。西方文化对可感性感知的具体之物信心满满地作为理所当然的永恒之物的结构性存在，当面对光、电、磁这类缺乏感性确定性的无物之物时却无法自圆其说了。至于灵魂就更无法从感性具体去理解了。无虽玄妙、无形，但仍是具体独立的存在，是普遍地应用各种物理量去描述的具体存在，和感性经验有直接相关性。灵魂是空灵，是纯粹抽象的空，是无质无量的纯抽象之空，人不能感知自己的灵魂，无法用焦耳、公斤、米等具体之量去普遍地描述灵魂。理性才能通达空。知性认为空洞无物，理性才能悟到“空即是色，色即是空”的智慧，灵魂的现实意义就在于一切生命现实生存中，这就是佛祖万般皆空智慧的深刻之处。生命之为生命就在于生命按其种的规定性，在随机性环境中通过选择性生存去展开其连续不可逆的生、老、壮、已的现实生存过程，赋予生命区别于非生命现实生存的选择性生存形式就是生命之为生命的充足理由。这种选择性生存的形式是生命区别于非生命的根据，是生命的本质和灵魂，抽象的灵魂形式才使生命和相对性物质有了本质的区别，并赋予生和死以感性现实意义。灵魂是抽象的，唯抽象成为一切多样性生命的本质；灵魂又是具体的，具体在每一个具体生灵之中，生命作为个性化绝对存在不是相对生命物质赋予的，是生命灵魂的绝对具体性赋予的。当参透生命抽象灵魂是绝对的具体时，就了悟生命，通达理性具体了。

生命是自然统一性存在的最高现实具体形态，灵魂是生命的本质，在具体理性意义上就可以说灵魂是自然存在的最高形式。当然，必须从“空不异色，色不异空”去理解灵魂，从抽象回归具体统一的生命去理解灵魂。在自然界统一性描述框架中，无质有量谓之无，有质有量谓之有，无质无量谓之空，这是能量、物质、灵魂的区别。这些区别是从统一性具体生命中抽象出来的，它们现实地统一于每一个具体生命之中，这就是无、有、空相统一的现实世界。为什么说灵魂不能从感性和知性的空洞无物去抽象理解呢？为什么说灵魂是绝对的具体呢？因为抽象生命灵魂的形式和现实生命物质、能量存在及绝对运动过程是不可分割的，这就是“色不异空”“万般皆空”的具体智慧。达到这种境界，把生命灵魂理解为自然统一性本身就是自然而然的了。

三、生命的最普遍自然意义

世界统一性原理把自然界理解为从简单到复杂演化的统一世界，生命物种从低级到高级的复杂进化是自然复杂演化的特定形式之一。自然界的发展即复杂演化是从最普遍的自然本原存在为起点，在从本原的无结构混沌存在形态向结构化有序存在形式进展，在不断的结构复杂性演化中走向多样化的永恒运动发展过程。在统一性意义上，结构化就是有序化，结构复杂性演化是从低序到高序的更有序进展的运动。在单纯现象意义上，多样化的现象界是变动不居、生生不息的，所以，柏拉图称现象界既存在又不存在，既不是存在也不是非存在，这实质上揭示了局限于认识形式，即理念抽象普遍性的柏拉图哲学还没有进展到理性的具体，以柏拉图理念论哲学精神统一性为围墙的西方哲学至今还没成型。把感性多样性存在看作既存在又不存在的逻辑结论是只能感性认识具体，抽象和具体相分裂就达不到理性具体的水平。普遍的抽象是知性统一性归纳的本质，包含感性具体和知性抽象的理性具体才是哲学的本质，感性、知性、理性相统一的具体理性才是哲学的本性，达到这一水平才能把感性具体理解为多样性统一的存在，而不是抽象的既存在又不存在。因此，从世界统一性的原理和观点来看，所谓变动不居只是假象，自然界的多样性演化是由普遍必然性自然规律支配的特定具体结果，自然的就是受必然性支配的，所以不是杂乱无章、无序混乱而无法把握的，自然界本质上是统一的，自然从来就不会“无序”。无序的只是人类的认识、目的、欲望。这正是玄学世界理论是人类历史上最早统一性自然理论的根据，无为的自然是由无、天、地构成的统一世界，把现象世界理解为现实就是从感性具体进展到理性具体。

对能量、物质、生命世界统一性的最基本理解是：能量是自然界的本原存在，能量只有量的规定性，所以是不可还原的。当连量这唯一规定性都取消后，没有任何规定性的存在其实是非存在了。所以，唯一的量的规定性决定了能量是不可再分解的，因而能量是守恒的，是不生不灭的，所以是本原的存在，自然界是由最普遍的能量构成的能量一元论的统一世界。就是说，我们现象中的一切存在，从实体到实体的状态，都是最终意义上来自守恒的能量，宇宙的总量是永恒不变的。能量并不神秘，就在我们的一切存在之中，既在存在的客体中，也在存在的运动状态之中。只有既是客体又是可在客体、状态之间保持守恒而转换的能量，才有资格被称为一元论的自然界的本原存在。在能量一元论的意义上，我们说能量才是自然界最普遍的存在，它即自然的统一本性。

这种普遍性具有两层意义。第一层意义是具体存在者的普遍和特殊的关系，即在一切东西即所谓物、体之中，能量子是最普遍的，非能量子的具体实体总是结构性的，结构总是可还原为能量的不可还原形态，一切感性实体结构之物都是既存在又不存在的非永恒存在，只有无结构非实体的能量子客体才是不可分解的，能量之量才是不生不灭的。任何非能量形态的实体存在都是能量的特定存在形态，是从普遍的无形态中演化出来的特定结构存在。所以，如果一定要把物理解为实体结构这种可感性直观的存在的话，那么物就是特定存在，不是最普遍的存在。自然界中物质世界有本原存在，但本原存在并不在物质世界中，本原不是实体性的，故物质世界只是特定世界，不是最普遍的世界，也不是最普遍的自然界。生命世界又是物质世界中具有灵魂本质的物质结构构成的特定世界。所以，自然界的能量、物质、生命世界的统一性意义就是从最普遍能量世界中产生出一般的物质世界，在物质世界中演化出特定的生命世界这一复杂演化的发展过程。这种从普遍到一般到特殊的自然演化统一性理解，使自然界不再被看成变动不居，而是具有内在统一性的，是多样性统一的整体世界。对于具体存在而言，自然的演化是从普遍演化出特殊的过程。对只有感性思维的认识而言，自然是多样而变幻的；对理性思维的认识而言，自然是完美有序的，自然的生命是自然完美有序登峰造极的杰作，因为它把整个自然界的一切意义、全部发展成果凝结于其中，并且是在存在结构复杂多样化意义上达到个性化的极限存在。只要理性地理解生命的统一性，就同时理解了自然的统一性，因为每一个现实的生命都是自然的能量、物质、灵魂存在及运动的统一性具体存在，是在支配自然的诸普遍必然规律支配下达到其内在目的性的完美存在。有尾巴的蝌蚪和无尾巴的青蛙都是完美的，一切自然生命都是完美的，自然之为自然是按其内在目的性存在和演化的，因而有充足根据把自然理解为必然规律支配的有序统一世界。

能量对自然界而言的普遍性的第二层意义才是更根本的，这才赋予能量以自然界本原即统一之元的充分根据。能量既是一切自然客体包括复杂结构性实体客体的本原，又是一切客体运动演化的根本原因。能量不仅是最普遍的客体存在因而是一切多样性客体存在的根据，而且是一切具体存在者运动状态变化、演化的开山始祖，是自然演化的推动力量，是一切自然运动变化的根本原因，是多样性具体之所以统一的充足理由。对自然从“何所是”到“何以是”的理解，归根结底是对支配自然这般运动变化的普遍必然规律的认识和理解，存在和演化相统一的能量才赋予了宇宙自然统一性充足理由，能量转化的必然规律从根本上制约着自然的一切运动变化。所以，能量的最普遍意义对于自然而言，不仅是具体的存在，而且是包括具体存在的状态、现象于其统一性中的。正是在这种普遍性意义上，能量才是自然界当之无愧的最普遍本原存在，才是整个自然界的根据和原因，是自然统一性的坚实基础。传统哲学唯物主义对世界万物本原的追求仅限制在物的意义，还限制在“体”的意义上，其局限性是非常明显的。按照这种存在和演化二元分立且绝不统一的逻辑，对世界的统一性认识就变成单纯的结构还原即拆零解构，但从拆除后孤零零的零件的物的存在去穷尽自然界的统一性意义是不可能的，被还原解构的部分如何结构从而演化出复杂世界才是更深刻的问题，才是自然界存在、发展、运动、变化的根据和原因，才是自然界的本质。西方哲学几千年来限于有去思考自然界，虽然泰勒斯用本原之有在逻辑上终结了对万物解构的无限后退，但由有本身去理解有的复杂演化即多样性之有的根据和原因又成为无解的命题，这实质上揭示了西方自然哲学的逻辑结构也是未完成的，也仍是几千年的半拉子工程。所以，西方传统哲学唯物主义对物质世界物质本原的追求，其实只是停留在现象中，也是机械的、抽象的，拆零后的物质世界是一个思维中抽象的世界。若不从这个抽象中回到具体，这种抽象的普遍性认识就失去本质意义。

对自然界的统一性理解为从能量世界演化出物质实体多样性空间结构世界，从物质世界演化出多样性时间性生命结构世界时，自然界就是能量、物质、生命三个层次的有序统一体，自然的演化就是从普遍到一般、从一般到个别的复杂演化进程。这种统一性理解是在历史和逻辑意义上相一致的，是既符合自然演化史又符合自然演化必然性逻辑的。按照这种统一性思维才能理解具体的世界，摆脱对世界抽象、机械的理解。当然，对世界统一性理解不能仅停留在这种由普遍到一般的演化，最终必须回归具体的自然。对世界统一性的具体理解更进一步意义在于，自然界在从简单到复杂、低级到高级的演化过程中，在自然演化链的顶端，在成为进化的自然生命这一层次中，最高级的自然存在是生命具体存在。之所以赋予生命世界以“最高级”的意义，是基于它是最复杂有序的具体存在，是自然具体存在多样性演化中达到个性化极限的存在，是相对性结构存在之物进展到绝对具体存在的结果。每一个具体生命都有自身特有的规定性，不能仅仅作为相对性之物去理解。现实中不能用其他生命去置换任一具体生命，汉武帝可以剥夺千万人的生命，却无法用他人生命补充自己生命，故只能期望向天再借五百年，这就是天命的统一性意义，这就是生命绝对性的现实意义。生命在万物演化链中是特殊的，是从普遍到一般、从一般到特殊演化达到绝对的产物，所以，生命世界是物质世界中的一个特殊世界。但从统一性的意义来看，具体生命存在又应该是最普遍意义的自然存在，包括自然存在到演化的全部意义。在具体存在意义上，生命是能量、物质、生命的具体统一性存在；在运动变化意义上，生命进化是能量转化、物质结构演化、现实生命进化不可分割的。只有从这种思维去理解生命和自然，才能更深刻地理解生命统一性及世界的统一性，才能真正地摆脱机械式思维，从知性有限抽象认识上升为理性的具体。

只有超越非此即彼的线性因果决定有限思维，才能合理理解自然生命在自然世界中作为最特殊具体存在和最普遍意义具体存在的内在统一性含义。这是对生命这一具体客体存在从不同角度去理解而产生的，对生命的全面理解在于它既是最特殊又是最普遍自然客体存在的统一性理解，不是在两者的非此即彼的选择和矛盾斗争之中。说生命是自然界中最特殊的具体客体存在时，是指生命和其他一切非生命的物质具体客体相比，除了具有一般物质客体的各种规定性，还具有非生命物体所没有的、只有生命客体才独有的特定规定性，生命是能量世界、物质世界的真子集。正是以生命时间本质的特定规定性为根据，生命才获得本质，生命就在一般物质客体中鹤立鸡群，成为在物质客体之中又具有自己独特本质规定性的物质客体存在，所以它就是和物质客体有本质区别并超出物质客体规定性的特殊存在。这个存在的集合，我们称为生命世界，这个存在的集合的规定性即根据是生命超越了物质客体本质规定性的特定规定性，就是生命的灵魂，是生命时间性的本质。具有灵魂的时间性存在并不是与物质世界相对立的存在，不是独立于物质世界之外的另一个世界，不是和物质世界这“鸡蛋”所不同的另一枚“鸡蛋”，而是存在于物质世界之中、在物质世界的基础上的。用数学集合论的语言来陈述，生命世界是物质世界的真子集，物质世界是能量世界的真子集。从子集的意义，可以合理地解释生命世界在自然中的特殊意义。但是，从生命世界既是物质世界真子集又是能量世界真子集的归纳中，我们又应从另一个角度体悟生命世界在自然世界中的普遍意义：生命存在是宇宙自然演化的最高形式，是自然界发展到极限阶段的产物，所以生命是最丰富的具体存在，是最具普遍意义的自然存在。简言之，生命是自然中最有普遍意义的具体存在，它把自然界的能量、物质、生命时间规定性、生命的灵魂形式完美地统一于自身。宇宙统一性的存在、自然统一性的演化过程及支配这种过程的普遍定律，包括质能统一性、存在和演化的统一性、空间时间结构诸普遍形式统一性，完美地结合在生命具体存在之中。所以，说生命是自然演化的最高形态、生命灵魂是自然演化最高形式的时候，就已经断言生命是自然界最丰富具体的存在样式。生命存在的意义对自然而言具有最普遍意义。世界统一性原理建立在自然统一性基础之上，而自然统一性并非虚无缥缈，并非要穷尽宇宙，而是就在认识我们自己生命之中。自然统一性认识的最高命题、最普遍意义就是认识生命的统一性，从“生命是什么”“灵魂是什么”中得到对自然统一性的最普遍本质意义的统一性理解。你我的自然生命就是宇宙自然最高统一性存在，就是自然统一性本身，这就是思考自然统一性的现实意义。

从“生命是什么”最普遍自然统一性意义的讨论中，有悟性的读者应该体会到统一性智慧和传统哲学机械唯物主义因果决定论思维的根本区别。在机械论思维中，把自然的本原作为哲学的最基本问题，又作为裁决一切的最高问题。其实自然的本原结构只是科学知性的抽象有限真理认识命题，从这一知性认识出发，把人类对自然认识的各种知识合理地建立起统一性认识和理解，这才是哲学智慧的使命。世界万物本原的认识只是建立自然统一性认识的基础和逻辑起点。而且，即使人类还没有找到万物的本原，也必须把现有的知识统一起来，必须有基于当下科学认识水平的对自然的统一性理解，而不是在还不知道世界万物本原为何物之时自作主张，独断地以是否承认物质性本原作为对世界理解的最高标准。这既不科学，也无统一性智慧。事实上，人类文化中的哲学思维，即使在绝对物质观支配条件下，也仍然以统一性意义表现出来，而不是只有唯物唯心之抽象意义。哲学对世界统一性的思考以自然统一性为基础，它包括一组不同层次的统一性命题：世界的本性是什么？世界是如何运动、演化的？生命是什么？人的存在在自然中的位置、地位是什么？所以，到此为止，我们对生命世界的统一性思考即将进入尾声之时，可以得出具有普遍性意义的归纳：生命是在统一性意义上最具普遍意义的自然具体存在，自然界的统一性本质上就是生命的统一性。

在即将结束对生命世界统一性思考时，对生命世界认识的最基本归纳依然是统一性思维是认识生命的必要方法，离开统一性智慧就无法理解生命的本质。机械论者只看到肉体看不到灵魂，承认精神文化知识抽象存在又总是把它们理解为依附于物质的、可还原为物质现象的存在，真的没有智慧。有无统一才有具体生命的现实，有无相生才有现实生命的绝对运动，只知宇宙之有，不懂宇宙之无，不谙有无相生相依、相互转化的自然本性就超越不了机械论。机械论者都知道猪肉不是生猪，但绝对不知道生猪不是纯粹猪肉的根据是什么。殊不知，在自然界及世界的进化中，从存在即能量，到存在即物质、存在即生命、存在即灵魂的每一次飞跃，都是具有革命性意义的，都是世界从个别到一般到最普遍意义的多样性统一世界演化的进展，世界因此才多姿多彩，才完美而更复杂有序，圆满而必然。但知性因果思维根本不懂得这种统一性意义，要么把生命和物质同一，要么把生命和物质对立，因而始终解不开生命和非生命的界限之谜，参不透物质和生命、内容和形式、肉体和灵魂、客体和精神之间的统一性关系。想想我们一直以来坚持的物质变精神、精神变物质的陈述，简直无地自容。物质和精神既对立又相互转换中的这种知性统一性既反科学也无智慧。物质和精神是两个层面的，它们统一于具体的人，物质行动和精神思维的关系是具体人的统一性，而不是物质和精神之间的变来变去，那才是地道的“唯心主义”，被唯物主义视为洪水猛兽的主观唯心主义。所以，从因果机械论出发是无法觉悟人的灵魂本质的，只能停留在“人是机器”的低级水平，生命对于机械论者而言，只是一部复杂一些、脆弱一些的机器。若果真如此，生命就和物质无本质区别了。但是，机械论者的存在本身就一定是和物质有本质区别的，只是他们太机械而缺乏自觉觉悟。只有在统一性智慧中，生命才真正显示出它那自然界最高存在之最普遍意义，这就是我们的生命。

第三节　理性地认识你自己的生命

一、敬畏生命

为什么要认识生命，思考自然统一性？因为我们首先是自然生命存在，我们的自然生命必须和外部自然环境相协调才能现实地存在，自然必然性规律客观普遍有效的普遍性涵盖一切自然，包括人生命的自然。人的生命是天造地设的，这就是“天命”概念的意义。生命的自然属性决定了对它的认识在人“认识你自己”中的基础地位，人生命的自然本性决定了人的生存首先是自然无为意义上的，但人进入自觉思考“生命是什么”“人在宇宙中的位置是什么”时就进入了超越自然的有为生存模式，进入了理性生存的文明史。人的文明史是自觉和自然相统一、人的有为和自然无为相统一的发展史，不是人类征服天地、自由克服自然的历史，人类改天换地去创造更适合人类生存的自然环境的前提是自然无为，现实是一切按自然规律办事。人类的历史进步表现在人的自由有为和自然无为越来越普遍统一协调的自觉意义上。由于生命是自然最高复杂性的具体存在，人类对生命的认识是由浅到深的无限过程，因而人的现实生存是从自然生存不断向更自觉理性生存的无限进程。实际上，生命科学很年轻，对生命的理性具体认识更不够，对生命的神秘化导致的是基于无知而对生命的恐惧或蔑视。理性人应尽可能自觉理性地生存，不断揭开生命自然的奥秘，而且在承认对复杂生命之所以然所知不多的基础上，首先遵循自然无为的信念去敬畏生命。

按照自然界的统一性原理，生命是自然复杂演化达到最高极限性具体存在之产物，生命的灵魂是自然演化的最高复杂形式，是在具体生命物质基础上，在复杂的结构整体形式中产生的连续不可逆时间性形式的抽象意义，是自然从个别、具体存在中演化出来的具有普遍意义的抽象形式的存在。这种抽象形式的灵魂在返回具体生命物质中，即在灵魂和生命物质的统一中，产生了与纯粹物质具有不同本质、具有时间连续不可逆本质规定性的具体生命存在。把生命和物质从本质上区别开来，把生命看作宇宙自然中最高形态的具体存在者，对于人类自身的认识和生存而言具有重要的意义。因为人的存在首先是自然生命存在，人认识自己首先要认识自己的自然，人的生存首先是在自然生命意义上的生存，这是人的存在的基础和前提。当我们理解人的非纯粹物质客体存在的生命本质时，就不再局限于还原论的“物质不灭”去理解的生命，得出生命意义对于人的存在而言更深刻的理解。

诚然，人并不是自然意义就可涵盖其本质的存在者，人的本质并不在于自然统一性之中，即人的存在的本质，人之所以为人的充足理由不是由人的生命存在即由自然的统一性提供的。人是超越了自然的存在，所以人是万物之灵，人认识自己的本质就不只是在自然统一性认识中可以完成的，而是必须包括文化，即在自然和文化相统一的最普遍世界统一性理解中才能通达的，这正是人之所以为万物之灵的可靠理由。从知性因果思维和基于世界统一性的理解去理解的人是万物之灵，具有本质上的区别。人类在基于西方科学理性为主流的文化价值观支配下，把人和自然的关系还原为因果关系，是决定和被决定、统治和被统治、战胜和被战胜的关系，人类从骨子里就把自己当作高于自然因而必须支配自然的存在，这是偏执甚至糊涂透顶的。人是万物之灵这至理名言是在世界统一性意义上才成为至理名言的，而不是在自然统一性意义上成为至理名言的。问题在于人类建立坚定的“人是万物之灵”的信念时，恰恰是在自然生命进化描述中产生的，是把人作为万物之一的一个生命物种的描述时归纳得出的。在生命自然意义上，从“人是万物之一”上升为“人是万物之灵”反映的正是人类主流文化的人和自然分裂、人统治自然的人类中心论和人类对自然天生的优越观，本质上是上帝创造世界创造人理论的延续。在非此即彼的机械论思维中，生命自然界的人作为万物之灵是在自然意义上的，所以，人天生就是超越自然因而是非自然而有资格去统治和征服自然的。从自觉理性的智慧去理解，达尔文的生命世界宏观表型进化论的观察归纳的伟大历史意义尽管不可否定，但确实带有人类沙文主义文化的强烈色彩，对于人类征服自然的沙文主义观念起了重大作用。达尔文进化论最简洁、最深刻地影响人类历史进程的普遍作用就定格在那句千古绝唱“人是万物之灵”中，在于从“人是万物之一”向“万物之灵”的转换之中。人类中心论普及和推广中最卓有成效的是劳动使猿变成人的进化理论。近代以来，人类已经把猿进化为人、人从猿中来的信念作为认识自己，回答“人从哪里来”的科学答案。

在《巨神战击队》这种幼儿启蒙动画片中，人类作为万物之灵战胜海族妖怪。在人类和海族的冲突中，人类借海族妖怪之口漫不经心地讥讽人类巨神战击队的队员们为“那几只猴子”，这值得自认有智慧的每一个文明人深刻反思。人类确实已经把从猿进化为人的理解作为确定性知识，作为最基本的认知贯彻在启蒙教育之中，成为人类理解“我从哪里来”的最基本内容，成为人类生存的文化基础。在进化论意义上，在自然生命意义上，寻找人和自然生命的本质区别是毫无道理可言的，它只能证明人是自然生命，人是万物之一，而不是万物之灵。如果人超越自然界的本质是自然的，是由自然生命进化论提供的，那是无论如何无法通达人的本质的。如果只是把人自己的本质和根据建立在自然生命进化论基础上，那人本质就和自然禽兽无异。文明人类不能与禽兽为伍，那是人类的无知，这种无知既使人类自卑，又使人类狂妄，狂妄到不知道自己从哪里来、自己的本性是什么。在自然进化的生命物种进化理论中，揭示的是人的自然生命本质，而不是人超越了自然的本质，所以，根本上就没有在思维和观念中超越人的自然，不把人当做域中四大之一，不理解域中四大、人自成一大的深刻意义是什么。在人不过是“那几只猴子”的自卑观念支配下，人类要竭力显示自己是超越其他自然生命物种的自然物种，那就是在自然生命层次赋予人类支配其他生命的能力和意义，所以，人就狂妄地认为在自然存在意义上人超越其他生命，人就是统治和支配其他生命的万物之灵，万物之灵就具有支配自身之外一切自然的能力和权利。这就是赤裸裸的人类中心论和人类沙文主义，它的本质是把人和自然割裂开来，把人的生命置于生命自然之上。人类中心论使人类狂妄而忘乎所以，以征服自然为豪。这时，人类所忘记的是，自己首先是自然，离开自然就没有人的存在，这是人类中心论对人类的最大伤害。伤害自然的要害在于伤害人的自然，伤害人自身。不懂得人首先是以自然生命为基础和前提的基本道理，认为人类在物种意义上超越了猴子和猿就已经超脱自然之外因而可以随意支配自然，其结果得到报应的是人类。而且，把人是万物之灵的意义局限于自然生命层次，人就还没有自觉到自身异于禽兽的本质根据，仍把文化世界当成丛林世界。

早在近代科学革命和工业革命的早期阶段，聪明的思想家就已告诫人类，人类每一次对自然战胜的真正成果是自然对人类的报复。当然，这种深刻智慧依然带有人类机械论思维的历史局限性。因为从统一性思维来看，从人作为理性灵魂、肉体生命、生命物质、推动生命物质绝对运动能量的统一性关系来看，人类征服自然就是在毁灭自身，根本不必去等待人之外的自然对人的自然报复。但对思想家们的告诫，人类往往为短视的现实利益所驱使，把这些忠告抛于脑后，醉生梦死于征服和掠夺自然的迷幻快感。当增长的极限、资源的短缺、环境的恶化成为人类生存的现实问题时，人类终于明白了人和外部自然环境必须和谐、协调才能持续生存发展的道理。亡羊补牢，未为晚也。但基于绝对物质观为人类生存基础理论的人类文化，对和环境的和谐协调的理解也只是被迫的，不是自觉的，不是基于人类文化基础的自觉行动，只是一种无可奈何的选择，是“头痛医头，脚痛医脚”。人类没有建立自觉的和文化，是无法真正根本解决人的自然问题的。

当代人类文化对于人和自然统一性的本质是文化和自然统一性的无知，这不仅表现在现有文化基础支撑的人类生存模式和外部自然环境保证人类可持续发展的现实冲突之中，其实人类对自然最无知、最危险的威胁不是在外部自然环境中，而在于人的自然中，在于对人的生命自然的理解中，在于缺乏对人的生命自然关于自然统一性意义的理解之中。相当一部分人总是以所谓生命科学的成就为根据，急不可待地去改造生命，美其名曰造福人类。须知生命是复杂统一性存在，我们对生命所知不多。若一知半解就认为掌握了人的自然生命的全体真理，认为可以去征服、改造、重塑生命，那可有冒天下之大不韪的味道。按照生命统一性的理解，生命世界从低级到高级进化的表型特征即物种进化的根据在于它微观结构的复杂性进化，特别是 DNA 基因结构的进化。在分子生物学、遗传学、基因研究意义上的生命科学发现，是生命科学自豪地称为“科学”的充足理由，并且这些科学的深刻而现实意义存在于工程技术应用中。生命科学技术对于人类生存发展所提供的革命性意义是有目共睹的，生命科学技术对于人类的作用，较于其他学科具有更直接而现实的意义。但是，对于人的生命自然的本质规定性，对于基因技术，特别是转基因技术，在人类知性思维文化基础的支配下，又成了一个非此即彼争论不休的命题，但这是一个在非此即彼意义上永远得不到合理理解的命题。

反对转基因技术普及应用的主要是对基因科学技术不甚了了的大众。尽管生命科学家信誓旦旦地向普罗大众保证转基因技术的科学性、可靠性、安全性，但基因对于普罗大众终究是神秘的。大多数人把科学技术为人类提供福祉看作是理所当然的，也有很多人在乎科学技术带来的副作用及综合征。这种自然观是无所作为的生命自然观。既然生命自然进化的基因是这样子，它已经是完美的存在，我们根本没有必要去“转”它，人为干预自然有着巨大的风险。对神秘基因的干预无异于打开潘多拉宝盒，有法请神而无法送神是人类的灭顶之灾。老百姓的担心不是没有根据的。但是，基于自然无所作为，拒绝一切转基因技术也是缺乏智慧的。其实，生命是动态进化的过程，一切生命基因既在遗传中，也在变异的进化中，是遗传和变异的统一，我们生命基因从来没有停止在自然意义上的进化。对于高级物种来说，自然进化也是有风险的。不要认为人作为物种会永恒地通过遗传延伸下去。从自然的意义上说，人是地球生命圈进化链顶端的复杂物种，在自然生命的生生息息中，在纯粹自然自生自灭的意义上，人类将和熊猫一样属于较早退出地球生命圈的餐桌之物种之一。揭开基因的奥秘，利用基因技术来造福人类，其意义当然是非凡的。事实上，人类无法彻底排斥基因技术而只“自然”地生存，基因技术已经在医学等方面造福人类。基因技术对人类的意义在于，尽管任何一个生命物种从自然进化而来并稳定地存在，已经证明了它是一个完美的时间性结构，但并不代表它是最优的。如此复杂灵活的统一性很难用科学上的最优去评价，在不同环境、条件下有不同的最优标准。所以，任何生命的基因结构既已经先天地完美，又在理论和原则上可以为一定目的从技术上去改造使其达到更优。转基因物种以及对人的物种基因的改造不是要不要的问题，而是人类是否真正有使其最优化能力的问题。一说转基因就反对，对所有转基因或基因技术一概否定是不合理的。

因此，对待转基因技术的推广应用就不是该不该的问题，而是行不行的问题。生命是复杂性结构存在，生命基因本身的结构、结构运动变化的机理、结构在遗传中的变异是一个极为复杂的综合性问题。一个转基因品种作为人类食物会不会对人类生存特别是基因的遗传和变异带来不利影响，并不是科学能简单做出真伪判断的。仅仅从生命科学的某些基因理论去断言转基因的安全可靠性不只是不足够的，而且是糊涂透顶的。可靠性是具体现实的技术问题，不是抽象理论，是具体统一性现实本身的命题，可我们对转基因技术的信任似乎依赖少数科学家。科学家从某个学科角度，从某个理论出发去强调某种转基因技术的合理性是不足够且不可靠的。科学家已经使我们尝过不少苦头，苏丹红、三聚氰胺奶粉已经给国人带来太多教训。就算某个科学家向你保证某一转基因食品对小白鼠无害，人们也不会把自己等同于小白鼠。当所谓权威在公众媒体向大众宣布转基因食品的物质含量成分和自然物种食品是一样时，那真是令人不寒而栗。把生命及生命对食物的吸收还原到物质元素水平去同一化的人根本就不认识生命的本质，连3岁小孩都不如。为什么牛吃草，虎狼吃肉，人食五谷杂粮，狗吃屎呢？这些食物不也是由那些常见物质元素构成的吗？如果基于这种“科学”水平去理解生命，去从事转基因技术决策，其后果将不堪设想。因为这些“科学”根本就不懂得复杂生命的统一性，把生命还原为物质缺乏对生命最起码的敬畏。生命是复杂的，我们对之必须谨慎对待。科学是在探索和试错中前进的，文明本身就是一种冒险，人类文明发展到今天是一种冒险探索的历史。但是，在生命的基因改造问题上，在转基因技术应用中，人类必须有自己的底线，必须知道试探和冒险的底线。没有任何人有拿人类的未来去做赌注的权利。这条底线就是必须敬畏生命，保障生命延续的安全。科学的应用并不能保证不犯错，但在转基因技术应用上犯大错的后果是不堪设想的。为什么普罗大众对转基因技术应用不放心？因为此事重大，根据不少科学“专家”的表现，人类没有信心把如此重大的安危交由科学家去科学地处理。所以，转基因技术的应用必须建立在安全、可靠的基础上，必须有最基本的安全底线。这个底线的基本价值观是从统一性去理解和敬畏生命。

二、尊重生命

在对生命世界思考的最后归纳中进入尊重生命命题时，已经超越生命的自然意义。只有在人的领域，在超越自然必然性的自由价值领域后才产生尊重生命这一价值选择命题。因为在自然生命意义上，并没有尊重生命的意义，一切都是自然而然的，是由自然的必然规律支配的。自然必然规律支配的领域是完美的领域，没有价值选择和自由之意义，所以，没有道德和价值评价，没有缺陷，也没有追求，自然就是完美。狼吃羊并不是作恶，生命本能就是如此。花开花落两由之，“感时花溅泪”则是人类的特权。

自然生命世界是宇宙按自然必然规律自发运动由转化、演化而进化的结果，我们把这一运动变化用特定的进化演化去陈述它的时间不可逆之意义，生命之为生命的最深刻形而上学意义是生命不可重来，“浪费他人时间就是拿他人生命开玩笑”这种深刻感悟表现了鲁迅先生的深刻智慧和人文情怀。生命进化的最基本自然法则是“物竞天择，适者生存”。当达尔文刚归纳出生命世界物种进化统一性法则时，人们用“丛林法则”赋予它价值意义，把纯粹自然选择意义上的生命竞争选择和人类文化行为的价值选择区别开来。对生命世界的“丛林法则”赋予价值意义是文明人文化意义上的抽象价值判断，并不包含在生命自然世界之中。对自然生命世界而言，无论是上帝的目的论，还是人类对之的价值判断，纯属自作多情。宗教神学用上帝统治人类和整个自然界时，从上帝的目的出发，用上帝目的论去解释一切现实，人是上帝为代理其管治自然的目的制造出来的，老鼠是上帝为了解决猫的食粮制造出来的，这是外在目的论。人类从自身价值需求出发，对生命世界的自然选择和竞争赋予善恶色彩，似乎对弱肉强食的“丛林法则”具有天生的反感。其实生命世界从低级到高级的进化是由自然必然性支配的。没有植物界的进化，动物界就不具备生存的基础；没有草食动物的产生，就没有肉食动物生存的基础。这一切并无目的，也无善恶价值。狼吃羊无善恶，羊吃草也没善恶，草消耗土壤及空气中的养分、太阳光的能量也无对错，因此无目的、无价值、无善恶也没对错。自然意义上的生命世界就是如此。当我们用善恶对错去描述自然生命时，是拟人化去对自然赋予了人的文化之意义。因此，尊重生命不是自然而然的，而是人类文化和价值选择，不是进化的产物，是文化的成果。

人类产生尊重生命的文化价值是后天经验的成果，在先天自然意义上，说尊重生命是没有意义的。今天文明人赋予文明史前原始人类社会“平等”和“原始共产主义”等文化意义，寄托的是文明人心中的乌托邦之梦，是我们从文明文化价值标准对原始社会状态的评价，而不是自然原始状态下的蒙昧人类真的是按照平等的价值选择去生存。他们只是自然生存而无自由意志和价值选择，他们的目的也是在自然本能欲望意义上的，是按“丛林法则”行事的，弱肉强食并无善恶之分，原始社会既不平等也无善恶。对于生命自然的这种理解，不但对原始自然人是必要的，而且对于理解文明人类、人类文化以及我们现实的存在都是不可或缺的。因为人类跨入文明的门槛并不是净身出户，并不是割断了自然生命的脐带，而是以生命自然为基础的升华。文明人是文化和自然相统一的现实存在，文明人首先是自然人，自然人是文明人作为统一性具体存在的基础。所以，我们是以自然生命的“丛林法则”为最基本遗产进入文明史的，在文明社会中仍然有“丛林法则”，但文明社会中“丛林法则”具有了它特有的价值含义，有了善恶的道德价值判断意义。对于人的本性是善是恶，争执了几千年，因为善恶并不是客观性命题，在自然意义下无善恶，说自然人性本善或性本恶是一个无意义命题，根本没有可判断真伪之客观性标准。至于人类文化意义上的道德价值判断，先天地就没有普遍客观性可言。所以，人之初是性本善还是性本恶是一个与价值标准相关的相对命题，没有普遍客观有效的答案。一个具体的人作为自然人来到这个世界时，说它性本善或性本恶都只有抽象的逻辑起点意义。对人类而言，在蒙昧、野蛮时代并没有善恶意义，自然的“丛林法则”在漫长历史时期中依然以“看不见的手”支配着人类的历史。人类对善恶的思考以苏格拉底的道德、德行、至善的普遍抽象本质为重大转折点，但从人类意义上，从人类的平等自然生命的高度，现实、具体地思考人类的善恶则是在近代启蒙运动杰出人物卢梭的社会政治理论中完整地提出并建立起来的。卢梭关于人类社会不平等起源的思考建立了历史性意义的人类社会理论，这是人类认识自己的又一个里程碑。卢梭对人类文化社会不平等现实的批判，在对平等社会的追求中，在深刻而普遍的意义上提出了尊重人的生命的信念，启蒙了人的自然生命生而平等、人生而平等等现代文明社会最基本的价值观念。“康德曾满怀敬意地说，卢梭使他学会了尊重人。”⑤

以文艺复兴、近代科学革命和十八世纪启蒙运动为标志的近现代人类文明史是科学发展和人的解放的伟大史诗。摆脱中世纪宗教神学桎梏的欧洲引领人类在理性、文明、科学进步的大道上一路狂飙，高歌猛进。人类把深邃的目光投向远大的未来之时，启蒙运动的杰出思想家卢梭却一反潮流，回首人类原初时代的平等美满理想状态，泪眼蒙眬地告诉、告诫人类，我们所追求的文化文明是人类不平等的起源，是人类不平等在不断加剧和恶化的原因。卢梭认为，在抽象的自然生命状态下，“在自然人的心灵中，有两个先于理性而存在的原则：自我保存和怜悯。自我保存使人关心自己，而怜悯则使人对任何生物特别是同类生命所遭受的痛苦和死亡厌恶”⑥。在这种原则支配下的自然人，每一代都从同样起点开始，周而复始，无所谓进步，所以只是在万物之一的自然生命物种意义上的存在。人类从野蛮步入文明，在卢梭看来是“自我完善能力”，即天生的趋向完善和向前发展的能力所使然，所以最终打破了周而复始的自然生命循环状态，进入了不断发展的文明时代。在当时大多数思想家为人类文明发展而意气风发的时候，卢梭却告诉人们，这种自我完善能力的实现结果是私有制的产生，私有制使人类脱离自然原始状态，进入文明，但同时也失去原始状态下的平等。人类的不平等因私有制的起源而起源，私有制产生了文明的同时也产生了人类不平等，所以人类进入文明和产生不平等是同一件事两个不同角度的意义理解。人类进入文明失去了与生俱来的自然平等，而人类文化的发展则加剧了这种不平等，人类又不可能倒退回自然状态。卢梭认为，人类必须在文明社会即私有制社会的条件下摆脱不平等的现实，通过文明社会的契约，在民主共和的体制中实现文明社会中人的平等。就是说，卢梭的民主共和社会政治理想建立在从人的自然存在到社会历史文化存在的基础上，由无价值善恶平等判断的自然状态上升为社会历史文化状态生存时，才产生了善恶平等这些价值判断命题。卢梭在“私有制是人类不平等的根源，文明的产生是人类不平等根源”的理论基础上，提出了自然状态和文化状态相统一的人类社会的美好理想。卢梭的社会政治理论使人类文化对自身作为历史性文明存在的理解，从执着于自然必然性、科学因果关系的理解上升为自然和文化相统一的理解，是人类自由解放理想追求的里程碑。人类的解放不仅是从自然支配中实现自由本质的过程，也是在社会历史文化中构建平等的人的社会关系，实现人的全面解放的过程。生而平等是人的自由解放的出发点，是人的发展理论的基础。从统一性的意义去理解人类，人人生而平等，人的自然生命生而平等是自然而然的，是天赋的人权，即自然的人权。正是卢梭深刻地揭示了人生而俱来的自然权利，教会人类尊重生命和尊重人。所以，卢梭的社会理论是对人认识的新起点，是从自然认识上升为文化认识、从事实判断上升为价值判断并且把事实判断和价值判断统一起来的人的自由解放理论。“正如歌德所说，伏尔泰是旧世界的终点，卢梭则是新世纪的开端。”[⑦]这是人类自由解放、平等正义的新世界的开端。

卢梭的社会政治理论把人从自然走向文化解释为自我完善发展能力是否合理、他所追求的由社会契约构成的民主共和社会去保证人的平等的理想如何实现等，这些都不是他的理论能回答的。卢梭社会政治理论深刻而远大的历史意义在于：第一，它揭示了文化的产生是私有制的根源，是人类不平等的根源；第二，它追求的人类平等的理想是在人的自然存在和自由文化选择行为相统一意义上的。卢梭并没有因为文化产生了人类不平等而抽象地高叫铲除不平等私有制即人类文化、文明，从而倒退到原始自然平等状态的抽象口号，而是要求在文明社会中实现人的自然状态和文化状态的统一，在文明社会中保持人在自然状态与生俱来的平等权利，在保持和发展人的平等的目标下追求人类的文明进步。这是卢梭对人类文明和文化贡献的精髓所在。而且，他在当时的社会历史条件和科学文化条件中，能独具慧眼地从自然和文化相统一的高度去建立人的社会目标和理想，确实难能可贵。

对卢梭提出人生而平等的自然权利的观点，从统一性的观点和从单纯理智的知性观点去理解是有很大区别的。知性的理解无法通达人生而平等自然权利的本质，因为如果不把人的社会存在形式和它的自然本性作统一性理解，而是把人的文明存在形式和原始自然存在形式进行非此即彼的因果关系理解，则根本无法理解人“生而平等”的自然权利的本质意义，甚至把原始社会理解为理想的平等社会，那就太肤浅，把人类从野蛮时代向文明时代的进步理解为不平等的进步，把文明和不平等社会状态当做非此即彼从而必须两者选择其一的了。但卢梭并不主张退回到原始平等的共产主义社会，而是在文明社会中实现人生而俱来的平等的自然权利。从统一性的观点看，如果把人类社会历史发展理解为自然和文化相统一意义上的发展，那么人的文明社会中所特有的不平等状态并不是非此即彼的，而是可以得到统一的。退回到原始社会既不现实，也不能解决人的不平等问题。因为在纯粹自然状态下，人类生活共同体是自然关系结成的社会，还没有产生不平等命题。在文明社会中，私有制产生了人类不平等，也只有在文明社会的意义下，在文化文明的意义下，才有所谓的人的平等问题，才有人作为自然状态和文化状态相统一的具体存在是否统一、人的自然状态与生俱来的平等权利是否在文明社会中得到保证的问题。在纯粹自然社会中，人只在自然状态中现实生存，生而平等的自然权利是自然而然的，根本没有产生不平等问题，没有自然状态和文化状态的统一还是分裂问题。对卢梭社会政治理论的这种统一性意义，或者可以从《圣经》的智慧去体悟：当人没有智慧地生存在伊甸园中时，人是快乐、完美的，是没有原罪的。一旦人被蛇引诱而偷吃智慧之果，人就有原罪，有痛苦，失去往日的欢乐，这就是人类文明的代价。人类进入文明社会，从自然而然的生存状态进入自然和文化相统一的状态，于是产生了自然和文化的冲突和统一问题，产生了文明进程中社会存在状态和人生而平等的自然权利相冲突的命题。但是，这个命题对文明智慧人类才有意义，对文明社会中的人类社会才有意义。

在文明社会产生了私有制，产生了所有制，产生了由所有制和私有制带来的不平等，人类社会文明史的发展加剧了这种不平等。所以，卢梭坚决反对把所有制及私有制财产看作天赋权利，坚持把它看作是文明社会中历史地发展的结果，真正天赋的是人生而平等的自然权利，不应该让文明历史中的所有制、私有制去剥夺或破坏人生而平等的自然权利。如果不是这种自然状态和文明状态相统一的社会，那人类历史就不是真正的文明史，而是野蛮发展史，与其说是进步还不如说是退步。白人殖民非洲的历史已经告诉我们，一个文明的欧洲人能干的坏事比一个野蛮状态的原始非洲人所干的坏事不知道要坏多少倍。因此，人类社会进入文明的历史发展阶段以后，人类文化就不只是人和自然关系，不只是人类社会和外部自然界的关系，不只包含人和自己自然存在的关系，人类自己的社会之间的文化关系才是更高级的。在文明社会中，真的问题是人类生存的基础，但善、德问题，人的自然和文化相统一的完美性问题，与人自由选择生存相关的价值意义判断问题，共同构成了人的文化的统一，成为人的抽象普遍本质，支配着人的具体、现实的生存选择。我们不是为真理而斗争，是真理为我们的斗争提供力量，为实现我们生存的目的提供力量。我们为自己所选择的价值和目标而生存、而斗争、而奋斗。这才是文明，才是文化，才是自由而文明的人的本质和意义。

文明社会产生了真善美文化本质的统一性命题，在文明世界中产生了道德、至善。在自然状态中，原始人按照“丛林法则”去生存是天经地义的；进入文明社会以后，人类同样必须遵守自然必然性法则，但不能把一切都还原为“丛林法则”，不能把人还原为赤裸裸的野兽，必须有文明社会的道德限制，不能超过道德的底线。这一底线就是尊重生命，尊重人与生俱来的平等的自然生命权利。我们在《动物世界》这类电视节目中欣赏生命世界“丛林法则”的优美，为狮子和虎豹的狩猎速度叫绝，但不能以这种标准来审视人类，人不能把“丛林法则”当做最高原则，只能超越它，在自然和文化相统一的意义下实现人的现实生存，这正是卢梭呼号尊重人生而平等的自然权利的震撼力所在。人类社会历史并不是在卢梭所说的“应该”有的契约共识机制中产生的，而是在“丛林法则”支配中逐步演变而来的。人类历史性演变的基础离不开丛林法则，但最高支配法则不能是“丛林法则”。人类是自然中走出来的，仍带着自然“丛林法则”为基础去建立文明社会。人类社会之所以是人类社会而不是原始社会、动物社会就在于人不是在自然必然性支配下自然生存的，不是纯粹由“丛林法则”支配的，不认识到这一点就真的不知道自己何以异于禽兽。人类文明史扬弃了自然史的本质意义在于超越了“丛林法则”的支配，建立了具有自己本质的历史性社会，成为世界上最具普遍意义的文化和自然相统一的存在。在人类文明社会中，人的自然依然是基础、本性，但不是本质，而是在抽象文化本质发展中使人的自然存在得到更充分的发展，使人成为自然和文化相统一、必然和自由相统一的历史性存在。

三、热爱生命

人对生命意义得到统一性理解后，将学会敬畏生命、尊重生命，而这最高的统一性意义是热爱生命。世界统一性原理对生命世界复杂进化统一性思考最高意义的理解是热爱生命。生命是自然复杂演化的最高形态，是自然存在的极限形式，以自然无为基本法则为根据的世界统一性原理在对自然界统一性思考最高阶段的意义归纳就是热爱生命。这就是热爱自然、自然无为的现实具体意义。

对生命世界而言，热爱生命首先是最基本的。不需要智慧的统一性思考，不需要必然性的直接知性因果关系，热爱生命是直接的，是感性经验的，是一切自然生命与生俱来的，所以生命科学大师告诉我们基因是自私的真理，“丛林法则”才合逻辑地成为生命世界的法则。热爱生命是生命的天生本能，是先验的、必然的、自然的，不需要对热爱生命有任何认识，甚至不需要最简单的感性经验记忆，生命在先验意义上就是热爱生命的，这是生命之所以为生命的必要条件。最简单的事实在于，地球生命世界物种的多样统一性是从最简单的单细胞生命开始的，这已经在地球上生存了三十多亿年。在那些还没有进化出思维认识脑器官的相对简单生命物种中，它们对环境刺激反应的最基本原则同样是以趋利避害为形式的热爱生命。生命细菌本能地逃离不利环境而趋向有利环境，这证明了热爱生命是生命的天性，是本能，不需以认识为基础。所以，我们有理由认为一切生命在自然意义上是以热爱生命为最基本的生命存在法则的。生命的本能是求生，人类将一切基因活动的本能选择定义为自私，实际上是必然性决定的自然，生命本能如果无私，那它就没有存在的资格，自私的基因才是完美的。人的自然生命同样是按此法则行事的，人们将之归纳为“生存是人的第一要务”。人和自然本能生存的区别在于人实现生存第一要务的选择方式不再是本能的，人不再是自然生存，而是文化和自然相统一的生存，既走出自然界又在自然中。

既然生命先天地就是基于热爱生命这一基本法则而产生、生存和进化的，那再去思考热爱生命不是画蛇添足、多此一举吗？在抽象有限知性因果关系思考中或许确实如此，但在统一性思考中，热爱生命不但是需要思考的命题，而且是对生命统一性理解的最高命题，它具有人由自然生存向自觉文化生存进展的深刻意义。这正是世界统一性原理理论体系中把热爱生命作为自然统一性思考的最高命题和由自然统一性进入更普遍意义的世界统一性——文化和自然相统一的人类历史性存在世界——思考基础的原因。

生命存在自身在本能意义上的生存基于自然而然的刺激反应，动植物对环境的选择生存并不带价值判断的热爱或善恶甚至对错之意义，那还是自然而无自觉意义的世界。进入文明的人类从自身文化的意义尺度去认识生命世界，归纳出“物竞天择，适者生存”的丛林法则时，把生命归纳为自私的基因时，赋予了生命世界的自然存在以文化的意义，但这只能限制在无价值判断意义上去理解。说生命是自私的，说“丛林法则”是残酷的，说生命是竞争性的因而是弱肉强食的，或者把生命世界看作一个理想完美的共存生态系统而加以礼赞，那是人类用意向性方法赋予生命自然以人的文化尺度的意义。但生命在真的意义上是价值中立的，无善恶、美丑之分，说自私的基因并不是带价值的批判，而是一种客观的真的事实归纳，比较形象和贴近人类文化的理解。但是，对文明人而言，热爱生命的意义就不能是自然的，更不能是本能的，而必须是文化和自然相统一的。

自然生命遵循“丛林法则”同时体现了热爱生命，这并没有丑恶之嫌，而是自然而然的。但如果文明人只从“丛林法则”出发，以自私的个体生存为最高目标而不择手段，没有任何道德底线，那人就沦为赤裸裸的野兽。损人利己一旦合理，那么人类就失去道德底线，失去文明本质回归兽性，而不是回归自然。人类偷吃伊甸园的智慧之果被逐出自然伊甸园之后就再也不能返回伊甸园了，人类进入不可逆文明历史之后就再也不可能返回纯粹的自然，所以人类以“丛林法则”为最高法则去生存，不是回归自然，而是回归野蛮。原始人及一切生命的自然生存的自私和竞争是不可指责的，人类的损人利己是卑鄙的、丑恶的。这不是单纯的主观价值判断问题，而是一个真善美相统一的问题，是和人类生命客观性基础休戚相关的命题。进入文明的人类如果只是按“丛林法则”行事，那么这在逻辑上已经违背“丛林法则”，把文化的法则纳于“丛林法则”之中，其后果是不堪设想的。它的最致命后果就是彻底消灭“丛林法则”支配的生命世界，包括人类自己的生命存在。当年文明人就是以丛林动物猎杀弱者的野兽行径，差一点就灭绝土著种族。不幸之万幸在于，那时文明的野蛮人手中的工具只是机关枪。在核武器时代，在人类具备星球大战或基因大战能力的年代，如果仍按“丛林法则”去生存，则已经不再是损人利己而是损人不利己的了。冷战时代，人类两个核超级大国用核武器优势去威慑对手，当对手的核力量可以毁灭自己50次时，自己则保持能毁灭对手51次的核优势，这就是最原始、最野蛮的“丛林法则”支配文明社会的丑剧。只要人类文明史不短命，这将成为人类最可悲、最可耻的历史。“丛林法则”支配地球生命圈的三十多亿年的进化史中，产生了一个由低级到高级的丰富而美妙的生命圈共存世界，但在文明社会中，一定要保证自己是强者从而保证自己生存模式已经超出自然“丛林法则”的意义，强者生存已经在一定条件下转变为共存亡。因为地球生命圈不需要摧毁50次或51次，摧毁1次的能力和摧毁1万次是一样的。摧毁地球生命圈1万次的能力并不一定比摧毁1次的能力胜算更大。在同归于尽的共同生命圈毁灭中，丛林法则失去最高支配法则意义。所以，人类文明社会不能只讲真而不讲善，不能只讲竞争而不讲合作。其实，即使是对生命自然而言，把“丛林法则”归纳为弱肉强食反映了人类文化在知性时代的狭隘性和片面性。在生命世界统一性意义上，对之更普遍深刻的理解是把生命理解为统一之圈，理解为一个个体适者生存和群体乃至整个生命世界共生依存的多样性统一世界。地球生命圈灿烂多样化世界的美妙和和谐只能最终从这种统一性的最高意义上去理解，而不能只停留在牛羊吃草、虎狼吃牛羊的直接现象中。只有这种胸怀和目光才能有对世界统一性的理解，才有真正热爱生命的情怀。

人类在自然本能意义上热爱生命的理解，表现在人类原始社会形态的生存方式中。还没有跨入文明门槛的人类还只是地球生命圈的一个生命物种，尽管它处于生命进化链条复杂系统的顶端，但仍然只是万物之一，还没有资格自诩万物之灵。在这种一切自然而然的纯粹自然生存形态中，人类热爱生命的认识应该从两个方面去思考：一是一切自然生命的自我保持、趋利避害的客观“丛林法则”，二是人类主要从灵魂这一生命本质去理解生命以及践行热爱生命的法则。在原始社会中，人类不仅相信灵魂，而且把灵魂视为生命的本质，甚至是更根本的生命。从灵魂去理解生命的原始人把灵魂作为生命之中最基本、最本质的生存经验和体验，人们肉体死亡后灵魂依然存在，依然和没有死亡的人生活在一起，并且这种神灵是支配我们生存经验的决定性原因。所以，灵魂在原始社会生存方式中具有决定性意义，是生命的本质，是生命生存的根据和原因，甚至是生命生存本身。在原始图腾崇拜的祭祀仪式中，甚至会牺牲人类肉体去向神灵祭祀，让灵魂得到永生。牺牲肉体去换取灵魂超越肉体生命有限性的观念依然流淌在文明人类的血液之中。所以，原始人热爱生命，而最高的生命是灵魂，灵魂就是原始社会人类生存的最基本经验和体验。决不能简单地把灵魂看作恐惧、无知产生的幻象。必须承认，人类跨入文明社会是以统一性具体形态来实现的，即文明人是自然人和文化人的具体统一。所以，对进入文明史的人类而言，作为存在基础的生命自然规定性即“丛林法则”，在漫长的自然生存经验中归纳的最本质生命存在即灵魂的观念及体验的经验，是人类从原始自然状态带入文明社会的最重要财富。也可以说，这是建立在对生命的肉体和灵魂相统一的具体存在经验体悟之中的，这种经验体验在人类进入文明社会之后，在相当长的历史阶段中依然是最基本的，是具有支配意义的。

人类进入文明社会后，对生命的理解乃至对生命的热爱的偏离体现在对生命本质即生命灵魂的观念、态度及实践中。因为自然法则支配自在地是人的自然存在，所以弱肉强食作为人类进入文明以后的基础法则始终如一。但灵魂确实抽象的，是在体验中但又无法直接经验的体验，因而人类对生命的机械论理解就是一个在不断去灵魂化的演变过程。这个过程大体上可以分为如下三个阶段：第一阶段是延续原始社会经验体验，继续把生命理解为肉体和灵魂相统一的阶段；第二阶段是用宗教统治实现人的灵魂和生命分裂，这在本质上是让生命去灵魂化阶段；第三阶段是十八世纪战斗的无神论把一切神灵扫进历史垃圾堆所完成的伟大革命开始至今。人类把生命看作灵魂和肉体相统一的信念并不难理解，而且早就归纳在亚里士多德的统一性智慧之中。但对理解人类文化发展中生命的去灵魂化过程，确实是要用统一性智慧去体验和思考、归纳的。

宗教是关于人类灵魂及生命的最高意义、终极意义的统一性理解，但宗教信仰一旦转换为基于信仰的统治，就会从精神信仰退化为肉体统治物质追求，失去宗教信仰的本质，成为在信仰名义下“丛林法则”的践行了。人类先验地与生俱来的灵魂经验是人类带入文明史的主要遗产。在古希腊文明中，灵魂和神灵是和人同一的多样化世界，古希腊史诗中的战争是神的战争，因为人神同一，人的战争的本质或说最高形式就是神的战争。在十八世纪之前，人类有创造性的思想家对世界和人的统一性思考一般是不会遗漏灵魂这一最普遍概念的，德谟克利特的原子论同样要试图解释灵魂才是完备的。从多神论向基督教一元神论实现了历史转变，一个重要原因在于早期基督教理论推广的实践践行的是信仰和物质生活、精神和肉体相对独立的分离原则。早期基督教信仰不仅不像其他各种神灵信仰那样向代表神灵的巫师等交纳不菲的费用，而且基督教对穷苦教众是通过给予物质支持来体现对弱者的心灵关爱的，基督教和其他宗教的本质区别就在于，它以最低的经济成本甚至零成本来为普罗大众提供了终极价值信仰之道，所以深得下层大众信赖和接受。由于非营利性，所以早期基督教的教义比较广泛而自由，和东方佛教明心见性、佛在心中、立地成佛有异曲同工之妙，没有太多的僵化、营利为目的的不可告人的诫命和教条。基督教在多神教中脱颖而出，成为占统治地位的一神教，这是有其内在必然性的。后人曾把保罗形容为人类历史上最伟大的市场营销大师，在最短的时间内把基督教推广到大部分欧洲世界，奠定了基督教的统治地位。人类历史上人的本质的第一次最严重而普遍的异化就是宗教由信仰转为政教合一的社会统治带来人本质的异化。在人类文明史中，统治权力和地位主要是用铁和血的“丛林法则”建立起来的，但基督教政教合一统治是由于它的垄断而建立起来的。垄断使一切利益归于垄断者是普适法则，取得垄断地位的教会本质上以救赎教众灵魂的名义来统治他们的肉体。信徒为了救赎灵魂，必须向教会供奉财产十分之一的什一税，这种物质上的利益使教会异化，成为经济利益法人实体，当它达到垄断时甚至凌驾在政治权利之上，成为政教合一的、对人的肉体和灵魂双层统治的残酷统治。以前没有对此统一性思考时总觉得纳闷，像佛教那么仁慈、高深的智慧，怎么会产生西藏佛教政教合一统治的农奴社会呢？佛祖可以割肉喂鹰，为什么佛家的传人要把正常人变为世世代代的奴隶？其实这是宗教的异化，是由信仰向现世物质追求生存的异化，不是宗教信仰的本质。那些信徒灵魂的统治者不是基于灵魂救赎，而是居于自身物质利益去统治社会的。所以，这种异化玷污了宗教神圣的本质，更大的危害在于“城门失火，殃及池鱼”，当人类抛弃宗教统治的时候，把灵魂也一起抛弃了，这是人类历史发展中的又一悲哀。从更深刻的层面看，上帝救赎人的灵魂的隐义是上帝决定人的灵魂，灵魂是外在于人的具体生命的独立存在。当灵魂不是和肉体不可分割地统一于生命之中，而是独立于生命因而能由外在于生命的上帝救赎时，人的生命就本质上去灵魂化了。人类生命学说抛弃灵魂的始作俑者是上帝对灵魂的统治。

人类从文艺复兴开始的近代革命的进步意义不容置疑，反对宗教神学的统治是人类近代以来历史进步的起点和主要革命成果。这个革命的局限在于，把人从宗教统治下解放出来，又把人的本质还原为物质，使人失去灵魂的家园，人的本质又发生第二次异化。所以，反对封建和宗教统治以来的近代史直至当代，人类社会历史在走向人的本质的不断实现的自由解放过程的同时，又是一个不断地使人的本质异化的二律背反过程。从卢梭开始，马克思等杰出的思想家不断地撩起文明社会解放人又奴役人、剥夺人的本质面纱。当人被剥夺了灵魂，人的一切、人的最高本质被还原和归纳为物质时，人类的文明连野蛮的野兽都不如。只按赤裸的丛林法则去弱肉强食的人类文明世界就一定是宇宙自然史上不可能望其项背的最野蛮世界。在文明社会中，如果人只是从丛林法则出发去热爱生命，基于损人利己甚至损人不利己去热爱自己的生命，那不是自然无为，而是在残害人类的生命。在科学技术发展到今天的水平上，如果人类没有从自然界中发现和谐之美，只见狼食羊之残酷，并把人类自己还原为野兽，那么这些文明的野兽是违反自然的，也是反文明、反人类的。这种自杀性生存方式已经在根本上背离了热爱生命的意义。回首以往，不需要太遥远，在我们现在地球文明生命的经验中，就有过不可胜数的灭绝人类种族生命的记忆。灭绝犹太人的集中营、古拉格群岛、红色高棉的灭绝集中营……在广义上，人类这种类似不珍爱生命的行径不可胜数。当我们为一企业之利把污水排进江河，把苏丹红掺进食品，在奶粉中加入三聚氰胺去大规模地危害人的生命时，我们还能厚颜无耻地自称懂得热爱生命的真谛吗？说一句不中听的话，在科学理性绝对物质观支配的文化中，文明社会没有可靠根据去守住尊重生命、敬畏生命的底线，人类历史沿着人的本质不断异化的一条黑道走到底，气数将尽矣，底就在不远的前方。既然生命本质上就是物质，那我们追求物质足矣，又何必一定要珍惜生命？这在知性思维中当然是合逻辑的。但是，物质功利至上的知性思维已经把人类异化到何种境地啊？中华民族是一个有着几千年传统和强大民族凝聚力的民族。但工业化、城市化、现代化给中华民族带来的难道只是强大和文明吗？现代化的同时是科学机械化和人的异化。中国人有古训，不孝有三，无后为大，这是人类理解生命的最直接的精辟归纳，是人类对自己作为生命存在的最直接基本理解，是中华民族立于世界之林几千年的顽强的民族凝聚力之源。但西方科学功利主义价值观给我们下一代带来什么？是同性恋、丁克，是不要生孩子或少生孩子。无后为大的意义还在吗？

我们不能在科学因果绝对价值观支配下，在自由和自私、文明和野蛮、进步和堕落的二律背反中长期停滞。必须回到统一性思维去理解世界，理解生命，理解我们的存在。我们热爱生命不只是在动物本能意义上，而必须在文化和自然、灵魂和肉体相统一的意义上。敬畏生命，尊重生命，这才是人类热爱生命的真谛。所以，人对生命的理解不能限于自然，而是要通达文化和自然相统一的更普遍意义。世界统一性原理的世界不只是物质世界，不只是宇宙自然界，而是包括更普遍人类文化的人的意义世界。人的世界才是最具普遍意义的世界，人才是世界最高形式的存在，人的灵魂和本质才是世界最高的本质。所以，我们在结束生命世界统一性思考时，世界统一性思考的理论大厦还没有完成，人类认识自己的历史使命还没有完成。我们把足印留在后面，向着新的领域继续探索前进，从自然的世界闯进自由的世界，从而最终在自由和必然相统一世界中认识自己。

注释

①《科学世界》，2013 年第 10 期，第 17 页。

②同上，第 44 页。

③同上，第 40 页。

④同上，第 53 页。

⑤苗力田、李毓章主编《西方哲学史新编》，北京：人民出版社，1990 年第 1 版，第 450 页。

⑥同上，第 439 页。

⑦同上，第 450 页。

世界统一性原理

第五卷 人论

历史性存在：社会历史文化的理性具体意义

钟微子——著

南方日报出版社
NANFANG DAILY PRESS
中国·广州

第五卷　人论

历史性存在：
社会历史文化的理性具体意义

引 论

从无、天、地构成的具体自然界进展到人的主客体统一性存在，本质上由有限客体进展到无限主体意义世界，从自然进展到文化。这是人“认识你自己”的最高境界，其根本意义是为人异于禽兽之本质提供了充足的理由。

第一，人异于禽兽的具体现实性意义是什么？这是人认识自己的前提。人性本自然。人异于禽兽的根据不是叔本华的生存意志和生殖意志，止于此人和公狗母狗无异。人和禽兽的本质区别在于实现生存意志和生殖意志的生存选择方式。动物的生存选择方式是由先天的物种规定性决定的，是由遗传基因支配因而世代重复的；人的现实生存是在超越生命本能的文化选择方式中实现的，本质上以后天经验中不断创造和积累的精神文化为根据。其中，文化的后天经验性和社会历史性决定了人是以社会为基本单位的历史性存在，社会历史是基于文化知识不断创造和传承基础上面向无限意义的统一进程。人们智慧地把基于文化选择生存的文明人称为理性的，从而和只基于感性欲望并在自然选择中生存的动物在本质上区别开来。

第二，人和禽兽的本质区别在于人有理性。当今人类出现生存危机的根本原因就在于理性幼稚。不理性认识理性就不是自觉理性，进入理性生存的文明人类缺乏理性自觉一定会走向根本意义的生存危机。经过五千年文明史，理性成长为科学理性，其现实性就是资本主义把人类文化生存导向现实的人类统一历史，同时也把人类引向重大甚至根本的生存危机。生存还是毁灭，不是形而上的思辨，是人类必须直面的现实。不正视现实，我们连作为历史罪人的资格都没有。科学理性执于抽象知性，资本主义用企业文化建立全球化的现实性是地球村成为技术型社会，离理性自觉还很远很远。科学成为理性，资本成为主义是人类生存危机的总根源。科学不是抽象理性，更不可能是具体理性，它只是构建人类抽象理性的一个环节。抽象理性是精神文化，是从具体理性中抽象而来的，它的意义在于人基于普遍知识所做出的现实生存选择的理性具体过程中。理性的根据是文化，人基于文化的所有非本能行为都是理性的，社会历史中每个人都是理性具体存在，只不过水准不同而已。社会历史进步的本质意义是文化繁荣和理性进步，不单是人类一代比一代四肢更发达而头脑仍朴素简单，也不仅仅是科学进步。科学是把双刃剑，缺乏理性自觉支配的科学技术型社会一定会越过现实自然边界而最终消亡。如人类社会追求 GDP 指数型不断增长，指数 n 的定义域在现实中又能为几何呢？因此，资本主义生存方式全球化把人类导向生存危机是自然而然的。

动物有脑有思维，有认识，有以意义认识沟通为基础的分工合作的社会性生存方式，但始终只局限于自然界。只有以文化为现实生存方式的人类走出了自然界，文化才具有人非自然性的一切普遍统一性意义。人超越本能的一切都是文化，其本质是精神文化。社会历史文化的现实构建机制是文字这种客体化的抽象意义载体的发明和普及使用，是抽象意义成为和具体客体相统一的具体现实存在，构建了无限意义的文化世界，人基于文化意义的无限本质走出有限自然界，成为无限意义的理性具体存在。人在客体意义上是自然中具体特定的一个物种，在意义世界上是普遍意义的具体存在，统一了历史文化、生命进化、物质演化、能量转化的全部意义。因此，认识主客体统一性的你自己就是认识世界统一性原理，在理性意义世界中每个人都是小宇宙，是具有无限理性本质的具体存在。

第三，文以化人，使人成为理性本质存在的具体意义是什么呢？文字的具体客体性使抽象思维中的意义成为具有普遍共享性、历史传递性的，为思维从感性具体进展到普遍知性抽象，再到理性具体提供了工具，使人进展为感性、知性、理性统一，精神文化为本质的理性具体存在。文化的普遍社会性和历史继承性使理性本质的每个人都是以社会为基本单位而超越了物种规定的理性具体存在，理性存在就是历史性存在。在普遍意义上，理性文化把人类社会历史统一为过去、现在、未来相统一的现实文明史，把人类导向无限理性意义的未来。理性无限性的根据在于精神文化的后天经验创造，以其为本质之人的现实生存乃至人类社会历史都是作为人主体自由创造的产物，理性的存在是自由创造性存在。自由创造的理性具体意义是进展到无限理性生存模式的文明史不再是基于自然必然性支配的宿命，不是物种遗传中的循环，而是面向更高理想世界永恒的冒险，只不过文化越发展，人类为未来下的赌注越大。人自主自觉自由地创造历史的本质意义是人必须为自己的生存和未来承担责任，理性生存的文明人类必须自觉理性，回归人的本质去智慧生存。

自然是由必然性支配的有限世界，人的文化生存是由文化选择性支配的自由创造世界。人类理性幼稚的现实是没有自觉回归人的理性本质，即既在现实上依靠文化选择生存走出自然创造了人类文明史，又在本质上把人当成狼，把每个人的生存当成与所有人的战争，这是资本主义社会的现实，是五千年文化史上血和火铸就的野蛮史的现实，社会达尔文主义是自相矛盾的科学理性文化诞下的怪胎，是人类文明史最大的恶。社会的本质是合作共存，不是对立和统治。进入文明史的每个现实个人，本质上是社会历史文化的产物，人基于文化传承才有自由和创造，后天文化只能以社会为单位传承，文化传承和创造相统一才成就了理性文明史，人和社会相统一才成就了理性现实的每个人。理性使人类的分工合作打破了自然关系的藩篱，资本主义依靠市场和资本构建了一个全人类分工的全球化现实世界，每个人通过各种社会组织构建的关系融入了全球化时代去实现现实生存。这种超越先天自然的普遍合作关系如果不是基于自主自觉的选择，那就既是理性的又是反理性的，是人的理性的异化，是人和社会分裂的异化。阶级冲突是五千年社会历史的现实，但绝不是文明史的本质，是文以化人没通达文明自觉理性的产物。人类的理性幼稚就幼稚在执于物而不是理性本质去理性地认识自身，用每个人的生存是对一切人的战争去理解人的社会就是把人当成狼来认识，就是理直气壮地把自己当禽兽。科学理性构建的现代全球化技术社会是以效率和效益为最高价值的物化社会，人们还没觉悟到文化物化其实是一种荒唐的文化，人类追求财富的驱动力不是生存需要而是本质上的精神追求，所以才有贪婪和不平等，才有为富不仁和不择手段。其问题在于人把自己和他人都当成狼，而人在现实中还是人，不是狼，是衣冠禽兽，而不是自然禽兽。把精神文化本质理想追求降格为最庸俗的物欲本身是两律背反，是反文明的文化。文化的本质是文明，真善美统一于文明，理性的价值论意义就是文明，文明史的目标就是文明本身，是人的理性扬弃兽性，文明就是人类文明史最普遍的统一价值。文明的现实在于人道法自然地生存，更体现在超越自然关系而基于后天文化建立的社会分工合作是自主自觉的，是非暴力的和谐世界。以物为目标的社会和自然不会协调，人之间的合作更不可能摆脱统治和暴力，以恶为最高价值的文明史不会有未来。只有回归理性，以精神文化追求为最高目标，才会有环境友好型社会，精神文化财富无限而绝对普遍的共享性才能从根本上终结为物的占有导致的每个人对所有人的战争。人类不可能在物欲价值追求中找到共同理想，在理性精神文化为本质追求意义上人才是平等的，才是有合作无战争的，每个人自主自觉回归理性本质去文明生存才有人类大同的理想世界。

第四，人类理性和文化的现实意义在于它是具体的，抽象是从具体中抽象而来的，没有理性具体就没有抽象精神文化可理解的意义，人的现实生存就成了虚幻梦境。理性具体的现实性在于每一个文明人都是基于对人类普遍精神文化后天学习继承而内化于灵魂之中才成长为现实的文明人的，文化的具体现实性在于文明个人的每一个非本能行为都是基于普遍文化认识的理性选择。文化的根据和现实意义不在抽象中，不在书本上，不在贴在墙上的红绿告示中，在人的具体现实生存的每一个理性文化选择行为中，故熟读佛经离成佛还远。理性具体是在人的主客体具体存在意义上的，它包括人的文化和自然的统一、人和社会的统一两个层次。人的客体性即人性本自然，必须道法自然。人的主体性文化使人超越自然成为自由的人，人的文化行为是自主自觉而不是自然而然的。但文化超越自然而统一自然，不是统治自然反自然；自由不是任性，而是道法自然，即自觉按照自然必然性行事，因此，自由和必然是统一的，是基于对自然普遍必然规律认识基础上的满足人现实生存的智慧选择本身使人成为主客体统一性的理性具体存在。理性具体的更高层次是理性自觉理性，即人的文化社会统一于每一个具体现实的个人，文明史中每个现实个人都是以普遍社会历史文化内化于灵魂为本质的存在，社会历史文化的现实性就在于每个理性具体存在中。从具体意义看，每个文明人都是人类，都是理性的具体，都是最普遍意义的世界统一性具体存在本身。人的最高理想大同世界就是理性自觉的个人主义为最高价值的世界，是人人都无私故而人人皆成其私的每个人的理性本质充分展开的共产主义世界。共产之共不是物，而是文明人共同的理性本质，理性才有自由和平等。人不为己，天诛地灭是支配人生命的自然法则，人的目的就是人本身是近代以来人追求自由解放的战斗宣言，这些都必须从理性具体去理解。限于物性即人的自然本性去认识人自己，那是感性的个人主义，把人当成人只是禽兽就是兽性主义，由之造就的现实就是丛林法则支配的资本主义全球化世界，人进入文化却走不出自然界，就现实中成了理性本质缺失的衣冠禽兽。进展到理性自觉的理性个人主义则把人理解为理性精神文化为本质的主客体统一之人，人之己、人本身自觉回归理性本质的个人主义就是社会主义、共产主义成为具体现实，在理性自觉中才有圣人无私故而成其私的境界。

第五，人作为以理性文化为本质的历史存在的现实性就是你我他这每个人的具体存在本身，由此才能觉悟到理性的具体。现实不只是当下，理性的现实就是理想，就是历史，就是未来，没自觉到此就执于感性具体，不是自主自觉的理性具体存在。人类理性幼稚并不可怕，可悲在于两千多年的不生长，无限理性的不生长而又成为有限之物，就背叛了理性。二十世纪西方历史哲学家关于人类精神统一性的哲学无法逾越苏格拉底和柏拉图水准的归纳是客观的，这一矢中的地揭示了两千多年哲学史没从抽象理性进展到主客体具体理性的历史局限性，其现实性意义是把人类文明史导向不以理性和人而以资本为最高价值即主义的物化世界。理性是无限的，是通过不断成长才形成的，社会历史的进步本质上不是物而只能是人类理性的不断进步，人基于无限理性而不是有限物性才走出自然界，人类只有理性自觉意义的根本性变革才能从根本上走出物化异化导致的现实生存危机。无止境的物欲追求和产能必定过剩的矛盾、人的文化和自然的矛盾、人为物的占有的永远的冲突，这是物化社会无法打破的魔咒。执于物的资本主义文化是睁眼瞎，进入全球化的知识时代，人的理性本质已是近乎自明的，即人类的生产和消费从本质到现实都主要是精神文化意义的，人类最大量的生产和消费品是精神文化，甚至无止境追求物质财富的根本意义也不为满足人的自然生存，而是满足人的精神需求。进展到理性具体就是从主客体统一性去认识人自己，从精神文化即自由创造的无限意义去理解人的本质，在人的本质追求中把人导向自主自觉的理性存在，把人类社会历史导向理性现实的文明史。

执于感性具体就不懂得理想就是现实，嘲笑柏拉图的理想国虚幻才是真的没从抽象回归具体。佛祖之所以成为无数人顶礼膜拜之佛就在于他就是通达理性圆满境界的真实具体之人，那才是理性本质达到圆满意义境界的真人。若没进展到理性自觉境界，则只能望佛兴叹。从理性具体去理解佛要从三个层次的统一去觉悟。一是空无异色色无异空故万般皆空，这是《心经》的真谛。就是说，人是主客体统一性即色空统一的，空的现实性就在色中，色的本质就在空中，万般皆空就是要从自主自觉的理性本质去认识现象和本质相统一的人的具体生存本身。二是理性的最高觉悟是导向自觉理性，理性的绝对意义在于对理性自主自觉的永恒追求，这是《金刚经》的真谛。谁要说看见了佛那就不懂得佛是抽象统一之空的意义，佛是觉悟通达而不是感官感知的，佛性在每个人具体灵魂的意义中，佛是由个人自主自觉通达的，不是佛祖用法力制造出来的。同时，佛祖又说导人向佛向善才是无量功德，比物质布施意义重大百倍，这就是人的进步本质在于理性进步的哲理。人的兽性先天而来，理性本质后天而来，只有后天教化才把人导向理性，把人导向理性自觉，佛性才有本质意义，导向文明大同的理性境界才是社会历史的根本目标，在进入全球化的知识时代更应把文化的传承和创造理解为人的现实生存的本质，精神文化生产才是永不过剩的无限世界，才是人和历史的本质意义亦即现实意义。三是佛的智慧是现实的，理性则在具体人生智慧中。《金刚经》从佛祖和众徒着衣持钵入大卫舍城乞食导入告诉后人，佛是境界又是现实，无量之佛现实在知行如一的人生智慧中。同样，理性是无限而具体的，这就是人是理性具体存在之意义。

目　录

第一章
绪论：历史性存在

引　言

【提要】本章以人的理性具体存在统一性为主题导入人论之探讨。在切入点直奔主题，由普遍理性精神文化作为人异于自然禽兽的本质，以文化社会作为文明史的基本单位，由社会历史文化去统一人类不可分割的文明史，并由之回归每个文明人的具体现实存在，由每个文明人的具体历史存在去统一社会历史乃至整个主客体统一性世界的普遍意义。历史性统一了时间性、空间性、能量本性的意义，历史性存在之人就是能量转化、物质演化、生命进化、灵魂理性文化的统一，由此，人就能觉悟到历史性之于文明人的普遍而具体的理性意义。

一、人类对自身理性具体的认识是以人的普遍抽象本质自我反思为中介的，人缺失了理性精神文化之于文明史及文明人本质意义的觉悟因而难以通达理性地认识自己的水准。人类社会历史的统一性是以普遍精神文化为内在机制构建起来的，由朴素的神人混沌世界进展到神人统一世界首先是由宗教信仰导向的，西方哲学理性一元论形态的基督教信仰对西方社会建立起精神统一性具有重大的历史意义。纯粹信仰即缺失理性自觉的一切精神统一性都无法摆脱因迷信而异化的命运，基督教的一元神异化为人格神，不是人类精神的普遍统一，不再回归人的具体灵魂获得现实性，而是在人的灵魂之外制造、控制、奴役人的灵魂的全能人格神，人类理性异化为统治和奴役人的文化。

二、以文艺复兴为起点的近代史是新兴资产阶级在理性启蒙和科学革命的伟大历史变革中推翻中世纪封建宗教统治，建立资本主义国家的历史进程。扬弃宗教统治的异化并没有把文明史导向理性自觉之路，而是用新的异化克服神学统治的异化。十八世纪启蒙运动确立的机械唯物主义和无神论把人当作机器，把人还原为物，人的本质异化为物。十九世纪进化论确立了人是自然进化而来的观念，人彻底摆脱了上帝，但进化论的意义甚至包括到人的普遍本质理解，产生了社会达尔文主义思潮，人本质就是禽兽，这同样是人本质的异化。资本主义是以物为最高目的，以弱肉强食为共存法则的异化社会，启蒙运动的人的目的就是人本身的资本主义意义变成人的目的即物本身。资本主义把人类导入全球化的同时把人类导向全面的生存危机是无可避免的。

三、理性文化是文明史和文明人的普遍抽象本质。人的本质指人和禽兽根本区别的根据，是万物之一蜕化为万物之灵的根本原因。人类从自然跨入文明门槛的标志是文字的产生，其认识论意义是从感性认识进展到感性和知性、理性相统一的具体理性认识，其本体存在论意义是从自然选择生存进展到自然和文化相统一的文化选择生存。无论从认识还是从本体存在意义看，使人和禽兽产生了本质区别，从蒙昧野蛮的自然史进入文明史的普遍本质根据就是文化，就是理性，文化就是理性本身。文化普遍意义统一了人的一切非本能现象的本质意义，本能就是自然，非本能的文化就是非自然，文化和自然就是文明人和原始人、文明史和野蛮史各自不同的本质规定性。文化统一了人的所有非本能现象，关于文化多样性现象产生了上百个普遍定义，所有关于文化的普遍意义归纳都统一于非自然这最普遍意义之中，文化就是人和禽兽的本质区别。

四、文化的现实性是人的文化生存选择方式，其本质是普遍精神文化。对信息意义的认识源于自然进化，高等动物依靠感性经验认识去实现自然选择性生存，只有感性思维和意识的动物还只是自然的。从感性认识进展到普遍意义认识就由自然进化进展到文化。文化本质上不同于动物感性认识在于后者是先天的，是物种的规定性决定的；前者是后天经验性的，以物种决定的认识机制为基础，但从本质到现实都是由后天生存经验决定的。先天决定的感性认识由物种规定性所限，是有限认识；后天经验决定的文化则是超越了物种规定性，而是无限的，从自然进展到文化的革命性意义是人类从有限自然进展到无限发展意义的世界，这就是动物生存方式周而复始，文化选择生存方式一代超越一代不断发展的根据。普遍意义认识不是对感性认识的否定，而是在其基础上的飞跃，理性认识是统一知性认识和感性认识于一体的，知性认识是从感性认识中抽象而出，因此文化归根结底是具体统一的，不是纯粹抽象普遍的。人类能实现普遍意义认识是将抽象意义荷载于文字这类具体客体为手段实现的，以有文字记载的历史去统一文明史是有客观普遍意义的，由之具体个体意义才有可能转换为人类普遍共享的意义。

五、人类从自然界跨入文明门槛的根本嬗变是从自然社会进入文化社会。文明人不是由物种统一，是由社会去统一起来的。人类文明史是由不同文化起源的多元社会为起点，在后天不断发展中通过不同文化相互交流统一才把人类导入现实的命运共同体的。人类诞生后就是以血缘关系结成的自然社会组织分工合作共存的，和一切群体生存动物一样，这是物种决定的先天本性，而自然人是以物种为基本单位去划分的，群体生存模式只是种的规定性之一。进入文化社会后，文化的后天经验性决定了它是以社会组织形式才成为现实，文化社会是以社会而不是种的规定去划界的，社会不再是种规定性的一种属性，而是文明史意义上人的基本生存和认识单位。不是社会构成文明人的本质，而是人的文化本质赋予了文明史中社会以全新的意义，它作为人的基本生存单位把生存共同体统一起来。人的本质是一切社会关系的总和，这也就是以社会作为基本单位去统一人的本质，理解为社会是人的本质是浅薄的。

六、文化社会的本质意义是社会是统一历史过程中的具体现实存在，文化的无限发展支配着文明史是连续统一且不可逆发展之过程，社会历史文化三者在文明史现实中具体不可分割。文明史社会本质上是文化性的，现实上是历史性的，统一文明史的普遍而具体的意义是其中的每一个文明个体都是历史性存在。历史性超越了时间性使人本质上超越了动物，历史性统一了时间性、空间性、能量本性的意义；文化统一了生命进化、结构演化、能量转化的意义，以文化为本质的历史性具体之人就源于自然而超越自然，走出了自然界。从理性具体的逻辑看，社会、历史、文化首先是普遍抽象的意义认识，它们的本体存在论根据不在自身，其现实性的根据归根究底是社会历史文化为本质的具体个人，即社会历史文化的普遍而现实意义是使原始自然人蜕变为以普遍社会文化本质的现实个人，历史性是文明人普遍而具体存在的现实意义，从历史性理解人的存在达到了具体统一性意义。每个文明人本质上都是社会历史文化的产物，都以把普遍社会历史文化内化于理性灵魂之中为前提，据此才能在文化选择中生存；人的文化生存本身又是无限历史意义的创造性过程，历史继承性和文化无限发展性的统一赋予了人的文化生存以历史性这无限而现实的意义。

按照认识的一般逻辑，从地论进入人论标志着从有限自然世界进展到人的无限文化世界，首先要赋予人论之人的理性具体意义。

人的无限意义世界超越有限自然界的根据在于从存在即思维进展到存在即理性。就是说，人是基于其普遍精神文化本质的无限本性而走出自然界的，普遍意义认识既是认识论又是人的存在论规定性，从自然感性具体个体有限认识进展到普遍意义精神文化认识是文明史的创世纪，无限的意义世界由此产生并构成了统一而连续不可逆的人类社会历史进程。理性具体之人是自然和文化、自在存在和自为认识相统一的存在，自然生命是人的基础，精神文化才是人异于禽兽的本质，自在自为的文明人的存在达到何种水准和人对自身本质认识达到何种水准是休戚相关的。人作为理性存在的最深刻意义在于人理性觉悟自己理性本质，这是“认识你自己”的最高意义。

理性认识理性即以主客体具体存在为认识客体产生了和普遍知识认识的根本区别，即它不像知识般在积累中绝对增长和发展，而是曲折艰难的。故老子说，“为学日益，为道日损。”从两千多年哲学发展史来看，自觉理性对理性觉悟始终是幼稚的。从原始自然社会带来的人格神支配人的世界观念进展到一元神是人类进展到精神统一性的历史性进步，但异化为宗教统治又是人的理性的退步，人在上帝治下失去理性自觉的本质。近代科学革命和启蒙运动破除迷信，摧毁宗教统治却又把人还原为物，人在物化异化中又失去了理性自觉。把人当物不只反人道，首先反自然反天道，资本主义物化世界的近现代发展史既产生了人道主义危机，又产生了人类严峻的环境和能源、资源危机，最终导向人类意义的生存危机。于是，反物化异化的非理性哲学在近代产生而在现代繁荣。非理性哲学回到人的具体现实生命存在却没有通达人的理性本质，止于感性具体的人只是和禽兽无异，抽象理性人其实也还只是抽象自然人。

人是理性具体存在的，认识人以自觉人异于禽兽的本质为前提，以人从自然社会跨进文明史为现实根据。文明史社会和原始社会的本质区别在于，原始社会是自然生命物种规定性支配其按世代循环的自然选择方式生存的，文明史社会的人是以人类后天创造并世代传承、不断发展的普遍知识为根据，依靠文化选择生存方式去实现其生存的。文化的后天经验性和传承积累性构建了人生存选择方式的普遍统一且不断发展的过程，使人成为历史性存在，即人的文明史既是不断向前奔腾的长河，又是百川归海不可分割的统一之长河。并且，基于社会的文化传承和发展意义，文明史不以物种为单位，而是以社会为基本生存和认识单位，这是理解文明史和自然史的本质区别和人类社会历史文化统一性的前提。

第一节　理性的异化

一、宗教统治和人本质的奴化异化

在世界统一性原理的理论体系中思考人是什么的命题，最基本的统一性原则是不能把人还原为纯粹自然生命物种意义上的存在，不能把人作为和自然生命无本质区别的具体存在。这和不能把生命还原为物质客体存在，不能把生命是什么的命题归结为生命和物质没有本质区别是一样的。否则，当重犯用因果决定思维去思考复杂性具体存在的错误时，那人就还原为生命，生命再还原为物质，人就还原为木偶般的物质客体存在了。世界统一性原理进入人的世界的统一性思考阶段，以人的世界作为思考对象，首先就要给出人的世界的规定性，即首先得出人的世界和自然世界本质区别是什么，要理解人这一生命物种不只是万物之一，本质上是万物之灵其充足的理由是什么，从而把人和禽兽区别开来。人从本质到现实都不是狼，现实中人对人是狼却不是人的现象，是人的本质的不成熟和异化，是反人的本质的。人作为具体现实性存在，是理性具体而非纯粹感性具体的。人和纯粹自然生命的本质区别是什么？从统一性思维来看，在自然生命的时间性本质基础上，自然生命的复杂进化中如何产生我们体验并自我定义为和自然生命世界本质上不同的人类世界呢？人的世界思考不是生物分类学意义上的，而是超越了自然生命世界意义上的，即把人视为万物之灵，而不是作为万物之一。人把自己从自然界区别出来是无可争辩的，当人自觉地追问自己何以异于禽兽时就一定已经异于禽兽，其他生命是不会追问自身何以异于禽兽这种带普遍共相概念的问题的。但人对把自己从自然界区别出来的理解则是有争议、有区别的。所以，生命世界产生的人类世界，其区别于生命时间性本质的特定本质是什么，这就是人是什么命题的最基本意义。

当然，世界统一性原理对人的世界的本质规定性思考并不是机械地和自然生命世界割裂开来，而是建立在自然生命世界的具体现实性基础上，从而把人的特定的本质和生命的本质区别开来，把具体之人理解为人的抽象普遍本质和它的具体生命相统一的现实存在。只有这种统一性意义下的人的本质的抽象规定性才是合逻辑、有根据、可理解的，而不是独断和主观的。从这种统一性意义上看，思考生命是什么即是思考人是什么的基础。其实，对人是什么的命题并不是由在区别人与自然生命的特定本质思考中才产生的，而是在人没有产生出独特于一般生命世界的本质的自然存在阶段，以人是什么作为生命是什么的一般思考的特定命题首先产生的，并且以人是什么指称人的生命是什么的命题一直传承在人类文明史中。叔本华的意志哲学把人的意义直接还原为人的生命的意义，本质上是普遍生命的哲学思考。在达尔文生物进化论基础上建立的劳动创造人的理论中，人既有自然生命意义又有文明人意义，但两个层次的人的抽象概念是在同一而非统一性意义上使用的。由此可见，自然状态存在的原始人已经在思考我是什么、人是什么的命题。进入文明史后，人类思考人是什么大多时候是和生命是什么的思考本质上是同一的，即它的更具体的陈述是人的生命的本质是什么。这种认识归纳并不太复杂，只要从史前的图腾崇拜以及原始民族思维的灵魂观念中进一步思考，就应该承认人是什么命题的最基本自然意义。然而，基于原始经验思维和认识的人类还没有形成普遍性的抽象思维，更不可能有抽象的因果关系思维，所以不可能将人是什么的思考上升到人的生命和物质、人的生命和其他生命有没有本质区别的高级认识阶段，甚至还没有物质这种具有普遍意义的共相概念。原始人对人是什么即人的生命是什么的认识理解本身是在自然感性经验思维意义上的。

根据我们对原始文化的了解和理解，原始人把生命理解为灵魂，人的生命本质上就是人的灵魂。按照原始认识，人的灵魂是不死的，肉体上已经死亡的先人的灵魂依然和现实生存的人共存，他们的灵魂仍在和后人一起生活，只不过后人的感官感觉不到这些灵魂而已。因此来说，神灵是世界的最高根据和原因，现实的一切现象都要从神灵去理解，如人生存中的灾难变故，是由于得罪了神灵。为什么在原始思维中灵魂占据了如此至高无上的地位？仅仅用由于无知而产生的恐惧和幻觉去解释显然是不足够的，那就违反了一切认识从经验开始的认识原则了。原始人还没有普遍知性思维，还停留在纯粹具体感性经验认识的自然阶段，而灵魂恰恰是无法用人的感官去普遍直观和经验的。人类原始阶段对灵魂的自然感性认识并不都是直接的直观经验，而是已经超越了直接经验本身，是对直接经验体验的朴素归纳而产生的。所以，原始的灵魂认识既是经验的，又是超越了直接经验的。从逻辑和历史相一致的观点去看，也许可以认为人类从原始思维的漫长历史中逐步演变为文化的思维模式的奥秘就在于灵魂的经验体验之中。由于在自然存在意义上生命存在是最基本的，所以灵魂是原始人最基本的经验体验；另一方面，由于灵魂不是一切人的直接感性经验和直观，并不能从每个人的直接感性经验中得到答案，其实是原始人的社会中具有生活共同体及共同生活意义的问题，并且是直接感性经验直观无法像其他感性客体认识那样可以解决的具体问题。所以，这是从个别具体认识上升为普遍认识的关键现象，是从具体走向抽象普遍性思维的起点，并因此在原始思维的一切经验认识中具有了最高认识和最普遍认识之意义。这应是从原始思维蜕变出逻辑因果抽象思维和多样性统一的理性思维的历史和逻辑相统一的起点。原始思维中灵魂具体经验体验和抽象图腾符号，对神灵经验实践中建立并不断完善的巫术等通灵术，对于抽象普遍思维的文化建立，具有重大的意义。在原始社会中，医和巫是相通的，灵魂和肉体都是生命，但灵魂才是真正永恒的生命，所以，人并不只是把灵魂生命理解为是神秘的或者无中生有的现象，而首先是在自然认识意义上的，是自然而然的。否认灵魂认识的自然性，否认感性认识的自然本性，我们就永远找不到我们的文化源头，找不到我们知性认识和理性认识的基础，根本无法对我们的文化得出统一性理解。离开自然经验认识，不光灵魂，连我们文化的产生都是无法自圆其说，最后只能归因于上帝或神秘不可知的偶然性，那才是彻底的神秘论，即不可知论。把灵魂观念的产生当作神秘现象，其实是把人类文化的起源同样理解为神秘不可知的。

人类文明是在原始自然社会基础上逐步发展形成文化的过程，人的文明社会是文化和自然相统一的社会。对人是什么，人的灵魂、生命是什么这些具有极为高级形式和普遍意义的命题，是人类还在求索，在将来还将不断丰富发展的统一性命题。在文明的早期阶段，人类对此主要是继承了原始社会的自然认识并在其基础上不断积累发展。从这个统一性观点来看，人类进入文明社会后相当长的历史阶段中，对人是什么的认识基本上还是局限于原始社会的自然灵魂观，即文明早期人类的灵魂观实际上仍然是对人是什么的自然理解，灵魂的意义依然局限于自然生命意义中。即使在文化已经得到极大发展的古希腊文明中，在相当长的历史阶段中，对人的灵魂认识基本上还停留在原始自然阶段的朴素理解中，即仍然把灵魂作为自然存在并从灵魂去理解人和人的生命的本质。这论据主要有两个方面：一是古希腊文化依然是神人共处的文化，依然是人格神主导的多神文化，奥林匹斯山的众神和现实世界的众人是一致的，古希腊史诗流传下来关于人的战争大都是在神的名义下进行的。所以，古希腊的神和人同一、同处，神灵就是生命，灵魂才是人的本质。《荷马史诗》是神的文化，也是希腊人的文化。其实，并非只是古希腊，一切文明民族文化的源头都是神话，而且是口头语言流传下来的神话，这其实是人类文化未形成之时就已经形成的对人自身的自然朴素的理解。这种从远古自然中产生的认识，其实直到现在依然依稀存在于人类的记忆中。而且可以确认，这种自然灵魂观在人类文明史中，在相当长的历史时期中都占有支配地位。二是古希腊人在科学乃至自然哲学都已有长足发展以后，人的灵魂观依然是原始而自然的。从泰勒斯到德谟克利特这些自然哲学家的观点可以看出，在从水、原子作为世界万物本原去建立对自然界的统一性思考的理论中，最后总要从自然万物本原去解释人类的灵魂。人和物的区别不是在于人的灵魂之中，而是灵魂和自然界万物一样，是必须从自然的本原存在去解释的，所以，灵魂也是自然之物。

文明人对自然灵魂观的重大超越是从多元人格神观念中产生了一元神的观念，具备了普遍、抽象共相思维的文明人才可能产生普遍、抽象的一元神。一元神是文化的产物，不再是自然灵魂意义上的神，这是人类在对人是什么的理解中的一个重大的进步，是文化的进步，是认识从个别到一般、从具体到抽象的进步，它以一元神理论为根据建立了人类精神文化最初的统一形态，一切人基于一元神统一为人而异于禽兽。这种进步在基督教建立后的快速普及中达到了第一个高峰。基督教在古罗马的普及和成为占统治地位宗教的理由并不神秘，并不纯粹基于思维和宗教信仰的原因。从当代的市场营销推广的角度看，基督教在罗马帝国的迅速发展普及并成为国教，在于它在当时的社会历史文化条件下，为信仰市场以最低的价格提供了最优质的精神产品及最好的服务。在此之前，甚至追溯到原始社会，代表人与神及灵魂打交道的巫师是尊贵的，人们从他们那里享受到服务的价格是昂贵的，与巫术及神灵信仰相关的各种戒律都是繁多而严酷的。基督教作为新兴的一元神教，在当时对于其他信仰、宗教具有绝对的优势在于，它既不需要高昂的经济代价，又不需要各种严酷而不近人情的神的戒律，甚至能给弱者从精神到物质的关爱。基督教是最符合底层穷苦人民的宗教，是比其他宗教更有发展活力、最不僵化，并且体现了对弱者关怀的宗教，这正是基督教胜利的基本原因。基督教在罗马帝国星火燎原是可以理解的，有它的合理理由。这是人类对人的生命、人的本质、人是什么的根本思考中从个别向一般思考的重大进步的现象。

但是，物极必反。基督教由于它的垄断性支配地位的形成，它异化了，走向基督教义的反面。它的异化是人的本质发展和认识史上的第一次重大异化。这种异化对于人类文明史而言，其消极作用是极其致命的，它造就了欧洲中世纪近千年的漫漫长夜，后人把中世纪宗教统治下的欧洲概括为黑暗的时代、文明断落的年代。直到近代文艺复兴，欧洲人才从古希腊文明中重新起步，在文明的道路上蹒跚前行。异化是生命及其在此基础上的人类社会复杂结构过程内在机制的描述概念。在生命自然结构中，异化是新陈代谢机制的描述概念，异化作用是指生命新陈代谢中把组成自身的物质或储存于体内的物质分解掉。人类文明社会的异化引申为它的文化产生出不利于自己文化发展的作用。基督教的产生和传播是从多神、人格神的自然灵魂观念上升为对人的灵魂普遍性本质认识的发展过程，是人类走向精神统一性认识的重大进步。但是，当基督教走向政教合一的统治地位的时候，它自身产生了异化，形成了人类文明文化史上第一次重大的文化异化、文明异化。基督教自身异化的消极作用在于，它把基督教创立之初对人的心灵慰藉，对弱者关怀的精神意义变为在政教合一统治下对弱者的物质和精神、肉体和心灵的双重奴役统治，并且这种双重统治比起基于弱肉强食的暴力法则建立的政权统治更加野蛮而残酷。政教合一的统治首先把教会变成基于物质利益的暴力机构，这是基督教从信仰向物质的异化，从和平向暴力的异化。基督教政教合一的统治是建立在赤裸裸的物质利益目的之上的。每个教徒必须向教会交纳一定的财产什一税，使早期基督教超脱于物质利益的纯粹心灵慰藉及精神信仰异化，不再是从心灵和物质意义上帮助弱者。从教徒的角度看，并不否认有教徒出于精神信仰的原因去为教会奉献物质；但从教会的角度看，它首先是基于物质财富的社会组织，它的权力就在于对物质财富的收敛权力，它的权力即从政的权力，来自于财富的力量。这种利用信仰的名义去获取巨大的物质财富、获得政治统治权力才是政教合一的本质，它使基督教蜕化为对教徒的统治和奴役的机构，基督教徒从在上帝信仰中获得的自由和安慰变成了被奴役和被统治。这种统治使基督教深入到人的灵魂、精神，成为历史上最黑暗的统治。从文化和文明史角度看，剥夺和窒息了人的自由创造精神对文明史的伤害是在根本上的，比物质财富掠夺更为致文明之命。基督教对人的精神统治的本质在于利用人类从自然阶段延续过来的生命灵魂观，把自然灵魂生命的理解转变为在宗教文化下的迷信，把灵魂的救赎变为控制人从而获得教会权力和利益的手段。从世界统一性观点来看，原始人的自然灵魂观是自然而然的，然而一旦进入文化文明之后，用文化来强化自然灵魂观，这就是反文化和反自然的。基督教的灵魂救赎理论是一种迷信，是对生命及人的理解的倒退，由外在于人的根据去支配人的灵魂的本质意义是人自然生命的去灵魂化，其创立早期对人普遍本质理解的积极、文明意义在此丧失殆尽，失去了它原来的本质，所以这是它的自身的异化。

从人类文明史的意义看，基督教的统治是人类文化中的一种异化行为。从文明、文化进步的意义看，人类从自然走出纯粹必然性存在的本质在于从自然进展到自由，即从纯粹必然性存在文化为自由和必然相统一的存在，文化的意义就在于使人类获得自由，使人具有超越了纯粹必然性支配的自由本质。基督教是人类进入文明史之后的重大文化事件，是西方文化的基础，它使人类从自然的个体具体生命存在理解发展为人类对人的存在的文化普遍抽象本质的理解，其最大意义在于建立了人类文化认识中的普遍性，包括了从个别到一般，从一般到普遍的统一性思维逻辑，也包含了对人的存在的本质的普遍性理解。从苏格拉底对人的普遍德性的意义的追求，到柏拉图的普遍的理念，再到基督教在上帝面前人人平等，直至近代西方建立起来的在法律面前人人平等，在金钱面前人人平等的商品意识，西方文化有坚实的普遍逻辑基础。普遍性同时也是客观性意识的基础。基督教一元神信仰的建立及普及，对于西方文化的普遍思维逻辑的确立，具有历史性意义。上帝文化作为西方文化的基础，它的真正基础作用就在于建立在普遍统一性思维认识的意义上。但当这种普遍性异化为对人的肉体、精神产生普遍的政教合一的统治时，文化走到了反面，成为人类文化文明中的异化。因为宗教统治剥夺的恰恰是文化赋予人类自由的追求，把自然的认识变成文化意义上的迷信，把剥夺思想和文化自由作为一种文化的本质意义，这就是在文化文明意义上上帝文化的异化。异化的结果是使人类对人的认识不再是自然的，而是既反自然又反文化的。所以，上帝文化自身作为人类文化，它向政教合一的宗教统治的发展，既然包含反文明和反自然的本质，同时也就包含使它的政教合一统治灭亡的本质，这正是它异化的根本意义。

二、近代科学革命和人本质的物化异化

宗教政教合一的统治是对人的灵魂和肉体的双重统治，它以异化的形式，即反文明反自然的形式去构建人类文明史，使宗教统治人类的历史成为黑暗而野蛮的文明史。这是文明的异化，而不是文明的断裂和倒退，因为人类再也返回不了自然的伊甸园，再也恢复不了原始社会自然灵魂观，实际上是在自然灵魂观形式下的异化了的文化灵魂观。偷吃了智慧之果的文明人类不再是生活在伊甸园中自然而然的亚当和夏娃，因此，人类这种异化了的文明既源于自然又违反自然，以文化文明为本质根据且又反文明反文化。人类文明史对其的扬弃，人类文明对自身自由本质追求的回归，就在于对宗教文

化异化的扬弃，存在于对宗教和封建统治的革命之中。人类这场追求自由解放的伟大革命运动以近代文艺复兴为起点，经过近代科学革命和十八世纪的启蒙运动，一直延续到当代的人类现代化运动。从文艺复兴开始，人类破除宗教神学和封建统治，回归人的世界的人类自由解放运动至今方兴未艾。以二十世纪第二次世界大战以后席卷全球的民族解放和工业革命、科学革命为实质内容的现代化运动依然是一股澎湃的历史洪流。当今的信息时代，后工业社会在其追求人自由本质的解放意义上，在人的存在的价值观和生存观这些基本问题上，和近代史依然是具有可理解的历史和逻辑上的连续性的，是科学精神支持人类不断走向自由解放的新境界。

由于基督教神学统治具有反自然和反文化双重特性，近代反宗教神学统治的人类解放运动就在自然和文化两个层面开辟了两个战场：一个是以人性的复归为旗帜的自由和民主的战场，一个是以自然本来面目探究为主题的科学革命战场。把人的灵魂从神的统治下解放出来，人的价值不再在人之外，人的价值和尊严就在于人本身，人不再是纯粹被统治、被决定的客体，而是具有自由本质、自己决定自己命运的自由的存在。从文艺复兴开始的近代人类的解放运动，它的主旨就是人性的回归。这里讲的人性不仅是人的自然的本性，而且是人的文化的本质，即人由于文化文明所赋予人的超越了自然本性的本质，这才是人性回归的真正意义。其中，人和人性是具有自由创造本质的超越了自然意义和生命肉体、自然灵魂意义的存在。而文艺复兴运动中的人及人性指向老子在玄学世界统一性理论中归纳的域中四大之一的人，是超越了人的自然存在的，是具有普遍文化文明本质意义的万物之灵之人的世界。在几百年反宗教神学对人的自由创造本质统治的革命中，人类逐步形成坚定的民主自由价值观，彻底砸碎了宗教神学对人的自由的枷锁。另一方面，人类用科学精神克服宗教统治的迷信，回归自然，回归人和世界的自然基础。在对自然必然性规律不断丰富的科学真理认识中，人不断加深对世界和人自身的理解，把对自己自由本质的认识建立在自然、包括人的自然的必然规律知识基础上。科学最铿锵的战斗宣言是知识就是力量，科学知识赋予人类越来越强大的主动掌握自己命运的力量，使人在自然中得到越来越大的自由，在自然环境的限制、束缚下不断解放出来。因此，人类近代史以来的解放运动，又表现为一场场伟大的科学革命运动。科学革命反对宗教迷信统治，还世界的自然面目，近代科学革命同样具有反宗教神学迷信的伟大革命意义。由人性复归和科学革命为标志的近代人类追求科学、民主、自由的运动，完成了对基督教神学统治的彻底革命，克服了神学统治导致的对人的奴化异化，使人类进入科学发展的新阶段。人类从神的统治下解放出来，开始了自由发展的崭新历史，创造了当代伟大的文明史，使人获得了越来越丰富的自由。

但是，从世界统一性的观点看，人类从文艺复兴运动开始的近代人类自由解放的革命运动却同样是一个人的本质认识和发展的异化过程，是用新的异化去消灭中世纪神学宗教统治人的异化。蓦然回首，这场历经几百年的革命，人类发现自己在得到越来越多的自由时又失去了越来越多的自由，获得自由的同时必须付出自由的代价，追求自由的人类同时又陷入逃避自由的两律背反之中。当代人类发现支撑人类几百年来的文明进步的基本科学理性价值观不断面临在科学知识迅速发展中获得更大自由同时又面对人类意义的严重生存危机的挑战。有识之士大声疾呼直面人类生存理论基础的危机，呼吁重建人类的生存价值观。那么，从文艺复兴以来建立的尊重人性、人的价值和尊严的人道主义思想，以及以科学真理知识为力量去创造人类历史的文明进步观念及相应的理论基础，这些帮助人类砸碎宗教神学统治枷锁的积极、进步、人性的思想，为什么同样会产生异化，在短短的几百年间就走到山穷水尽境地呢？这是值得人类深刻总结和思考的。要摆脱人类文明发展的困境，首先必须解决人是什么这个最基本问题。人类生存基础理论的危机首先是人是什么的认识之危机，人是什么是人如何生存的理论基础。文艺复兴以来，人类追求自由解放的历史发展中的几百年，从来就没有从理论上解决人是什么、人的本质是什么这些最基本命题，人的理性依旧幼稚。离开具体理性的自觉，人类的生存基础理论出现问题就不足为奇了。

近代革命的锋芒直指宗教神学对人的自由的剥夺，所以，它用人性、人道主义、人的价值和尊严去否定宗教神学统治理论，使人从天国回到自由的人间现实世界。这是人从神的统治下的解放，是从神剥夺人自由的异化中回归人本身。文艺复兴运动和十八世纪启蒙运动的直接目标和意义就是人的解放和人性的复归，并且这场以人的解放和人性的复归为目标的反宗教神学革命取得了彻底的胜利。但是，这场革命尽管达到了人本身的高度，也仍然停留在对人的认识的现象意义上，还没有深入到人是什么的统一性理解中，还没有达到人的理性本质的理性自觉的把握。如果生命的本质、人的本质都还不清楚，把人当作最高的价值、最高的目标就只有个体感性的意义，至多只有抽象的意义。平心而论，文艺复兴以来的人本主义文化的意义更多的是革命性、破坏性的，而不是建设性的，即在人性和人的自由、尊严、价值的旗帜下彻底地革了宗教神学统治的命，从神学的奴役中解放出来，但那些人文主义思想家在呐喊尊重人、解放人的同时，却无法对人的本身、人的本质得到最基本的理解，尊重人和解放人就只是一种抽象的战斗口号，它引导人类从宗教神学桎梏下解放出来，但却迷茫于不知人的价值是什么，不知自由在何方。于是，这种人类解放就是只是现象意义上的，人的本质的解放是远远没有完成的。故此人类才会在短短几百年间就在对自由的追求中陷入了失去自由和逃避自由的尴尬境地，甚至导向人类现实生存的深刻危机。

人类近代革命推动历史发展的真正构建意义是在回归自然意义上的，即是在关于世界必然性规律认识的科学发展意义上的。当人类抛弃把上帝作为自己存在的根据，把人自身价值作为存在的最高价值的时候，当人从上帝的怀抱、天国的摇篮里挣脱束缚回归人间时，人以自身价值为价值，就必须从人自身的存在去为人的存在提供根据和原因，否则人就变成失去精神家园的孤魂野鬼，更别侈言人的自由和尊严了。人对自身存在的根据于是就返回自身，首先是返回人的自然，即返回人自身的生命。已经进入具有普遍思维的文明人类不再满足于原始社会对人自身的具体个性经验体验，而是在对自然的知性普遍必然真理知识认识中去揭示人所存在的自然，从支配人的自然的必然性规律中去客观地认识人的存在本身。这是科学理性为最高法庭裁决一切的时代，是科学为人的存在提供根据、原因和生存力量的时代，也是知识就是力量的伟大历史时代。在科学真理知识的不断发现以及积累、普及的近代科学革命中，产生了一批又一批的科学巨人，包括牛顿这样把物质自然界纳入统一性物理科学抽象描述的科学巨人。科学文化的进步不只是认识的进步，是人生存本身的进步。人类就是在这种生存方式的不断进步中去理解人的本质及人的价值。科学进步及人类认识的历史发展并不只在抽象的精神文化中，现实上是在工业革命以及后工业社会的文化生存实践中，是在人类的感性生存中现实地实现着的。当人类把物质世界作为最普遍意义世界，建立了物质世界抽象统一性科学描述的时候，上帝就不再在自然中，充其量只是人的价值和信仰、道义中的存在。当人回归自然生命去科学地理解人是什么时，科学就成了人对自身认识以及实现人的生存的根本原因和决定性的根据，人类就没必要再将自身存在的根据依附于上帝和神灵。所以，在人文意义上，以人的尊严和价值为武器去反对宗教奴役和统治是一种思想解放运动，但这种思想解放运动的目的、意义、作用对人类文明发展的现实意义，既体现在推动人类对科学真理的追求中，又表现在不断发现的科学真理认识中建立人的尊严和价值的坚实基础。所以，人类近代史是思想解放和科学革命的统一性运动，而科学革命具有更现实而持久的意义。只有科学革命的成功才能使人有根据和力量返回自然，从自然角度去理解、说明自身，才有充分理由宣布人的价值在于人本身。因此，科学革命是更为根本的反宗教神学统治的革命，科学的人文意义就是破除迷信。我们应该深刻理解近代科学革命的反对宗教统治和迷信的历史意义。离开科学革命的发展，根本无法理解近代以来人类社会历史发展和进步的本质原因。

但是，从今天的认识和现实意义看，以科学革命为主线的近代以来人类自由解放的历史发展和追求同样是具有严重历史局限性的，还没有上升为对人的存在的统一性的具体理解，而是停留在知性科学因果思维的抽象局限性中。因为科学的胜利，科学打败了上帝，科学取代了上帝。然而，当把科学认识作为人的理性本身时，人就不是返回自然，而是还原为自然了。在科学还原意义上去理解的世界就是一个必然性决定人的一切现实的宿命世界，人从上帝的束缚下解放出来，但只获得虚幻的自由，即心灵感觉上的自由。事实上，在把科学因果的必然性支配作为人的根据的物的世界中，人同样是没有自由的，自然又成了上帝，成了支配人的主宰。近代人类革命以反对宗教神学对人的异化统治的胜利为标志，同时又成功地把人置于另一种在人之外的必然性支配之下，即又在科学提供的自由中剥夺了人的自由。近代科学革命以来，人类的文明史是反对异化，同时又不断地异化着的历史。这是人类自觉理性依然幼稚，没能够理性地认识自身的结果。当科学地把人类历史还原为必然性支配的自然史，把人理解为被支配的物的意义时，人就从人异化为物，在物的本质存在中失去了自由。应该说，自由和必然的矛盾是西方文化几千年的基本矛盾，这矛盾使人类认识自身陷入恶性循环之中。要命之处在于，近代科学革命以来，自由和必然的矛盾转换为科学理性时代文明发展和人类生存的基本矛盾，并且这种矛盾激化的最终结果是人类生存基础理论危机导致而成的人类现实生存危机。

从文艺复兴开始的人类反封建、反宗教神学统治的近代革命中，人以科学为武器去认识自身，以肉体即物去为人的存在提供根据时，其实是知性有限思维在支配，即使在物的意义也并没有返回人的自然，而是把人的自然还原为物质自然，这其实是致命的局限性。近代机械唯物主义哲学不但没有进展到人的具体理性理解，甚至还没有达到生命哲学的水平，其水准是得出人只是机器的结论。更为糟糕的是，即使在人的生命肉体存在物意义上，也还是还原论而不是统一性的具体理解，连人作为机器的基础意义也没达到理性的觉悟境界。时至今日，人类的科学理性思维中仍然把人的自然还原为物质自然客体存在。按照统一性原理，至少按照自然生命统一性理解，人是肉体和灵魂相统一的生命存在，一切生命在自然意义上都是躯体和灵魂相统一的，并且躯体物质只是生命的潜在基础，灵魂才是生命的本质，才是生命之所以为生命的充足理由。没有灵魂的人是行尸走肉，不是现实具体的人。但是，近代反宗教神学统治的革命犯了两个致命错误：一是把基督教信仰和基督教政教合一对人的异化统治等同起来，没有从本质上把宗教统治本身理解为是基督教自身的异化，因而始终无法理解基督教产生的文明意义，无法理解上帝文化在西方文化中的基础作用，更无法把科学和信仰两个不同的层次在人的生存中统一起来，反而把科学和基督教信仰理解为非此即彼的对立关系。西方文化把文化理解局限于科学文化，使科学文化失去了根基和价值。科学中的反迷信与反宗教是不同的，宗教与迷信并非一定同一，把一切宗教信仰都当作迷信，全部扫进历史的垃圾堆，其实是一种机械论思维。西方文化、人类文化不能仅从科学的意义去理解。但是，近代革命以来，西方文化主导的人类文化就是把科学理性化的机械论文化，这种科学至上的因果决定论思维成为人类文明的致命局限性，成为人类文明的枷锁，使人退化为物，异化为物。在绝对科学观下，科学和信仰、真和善和美就是分裂的，人类文化是异化的。当人类在十八世纪启蒙运动中宣扬人就是机器的战斗的唯物主义，达到无神论水准时，人类反宗教统治异化达到彻底的境界，人的自由达到新的境界，但把人作为物从而导致人的自由本质的缺失也已达到了登峰造极的境界。二是对人及世界的纯粹科学意义的知性理解，其实只停留在对人和世界的抽象普遍性理解中，没有返回现实世界。其抽象自然观的最致命缺陷在于把自然生命的灵魂割裂于人的自然生命之外，彻底抛弃了生命的灵魂，否认了人的灵魂。由于基督教神学利用灵魂实施对人的统治导致人的异化，反对基督教神学异化统治的根本意义是回到人的自然灵魂和人的文化认识的统一。但近代人文及科学革命却因灵魂曾被作为异化统治的工具而彻底否认了灵魂。这种机械论思维使人类从此不再面对并试图理解灵魂，无法理解人的自然和文化相统一、灵魂和肉体相统一的理性具体，最终永远无法通达对人的本质的统一性理解。直至现在，世界上最著名的生命进化科学家依然把生命归纳为和物质没有本质区别的存在，这是科学机械论思维对理解复杂生命局限性的一个缩影。人在科学因果的恢恢天网中丧失了自己，丧失了自由的本质，成为异化了的存在，是被科学异化了的存在。人类文化当今最奇特的风景线是只有普遍抽象精神概念却没有具体现实生命，特别是人的灵魂概念，没有灵魂这抽象的具体，何来精神这种普遍的抽象？更为可悲的是人类把这种畸形文化当成理所当然的。人类的生存危机本质是科学异化了人的本质而导致的。

科学理性导致人的本质物化异化不只是观念意识形态的，在根本上是人的现实世界的，包括了人的文化和自然相统一的世界的异化，是人的生存现实的危机。当用科学还原论去理解整个世界时，科学的认识依然是真理，但根据科学真理认识返回现实生存的人的存在则发生了异化。人把自己还原为物质世界中被决定的机器，失去了自由的本质，丧失了具体、现实的个人的本质。科学革命及机器大工业生产产生了资本主义社会，这是科学意义、生产力发展以及改善人类生存状态意义上的巨大进步，它把人从繁重的自然生存状态的体力劳动中解放出来，以更高的效率、更高的效益让自然为人的生存提供更好的服务，使人获得更大的自由。但资本主义是一个金钱至上的野蛮社会，把人和人变成了赤裸裸的金钱关系，人就成为金钱的奴隶，人异化为被金钱统治而失去灵魂和自由本质的物质存在，连野兽都不如，甚至是比野兽还要野蛮的存在。马克思在《资本论》中揭示了资本运动和积累中剥夺人的自由的异化本质，得出推翻资本主义去实现人类解放的共产主义理想。必须承认，资本主义是科学理性主导的社会，科学理性文化在反对机械论思维对人的异化作用时，最终又总是不自觉地返回更普遍的因果决定的必然性之中。西方文化至今依然无法超越真理有限性的制约，把客观真理作为最高追求，主观认识及相应的主体失去积极意义，更无法进展到主客体相统一的具体理性境界。在历史必然性、历史被决定、被支配的意义上去理解人的世界的历史本质，本质上一定是机械决定论的，科学理性统治的时代走出科学机械论是不可能的。当代社会的异化是在全人类、全球性意义上的，抽象的资本、社会、文化、历史、国家意识形态异化为在人之外而支配人的实在，个人成了这些抽象形式构成的大机器的螺丝钉，成为社会的细胞，概括为原子化的个人。个体的生存和目的只是从属和被支配于抽象形式的目的，失去了人的本质和自由。在全球化的今天，知性科学因果思维把抽象形式当具体实在，导致了人类历史上最普遍、最残酷野蛮的个人自由彻底丧失的异化状态。如果把一切还原成物质，如果人没有灵魂，没有对自身普遍理性本质的统一性理解，人的生存就是一个人对一切人的战争，人类全球化就是悲剧和厄运。二十世纪人类经历了历史上最大的两次残酷的战争，产生了纳粹种族灭绝、红色高棉集中营中的集体灭绝事件，这是自称文明的人类永远的耻辱，是人类心中永远的痛。如今去回访管理红色高棉灭绝集中营中当时只不过十几岁的孩子，他们对已往的所作所为木然。在一个成千上万人的集中劳改营中，这些十几岁的孩子们用石头、木棍、镰刀去结束了无数个素不相识、无冤无仇的同胞的生命，今天他们依然麻木不仁。在红色高棉政权崩溃后，他们没有悔悟，没有忏悔，因为他们永远只把自己理解为工具，在此意义上他们没有良知、忏悔和责任可言，他们把一切归因于使用工具的抽象“组织”形式，是组织叫他们干的，他们只是组织的工具而已。但波尔布特否认灭绝群体的指证，坚持认为红色高棉政权的革命理论及争取人的自由解放运动并不是柬埔寨集中营灭绝事件的原因。一切责任由“组织”去承担似乎很符合现代人的逻辑，但抽象的组织所消灭及奴役的不只是相对立的抽象组织，而是一个个活生生的具体的人。人类文明最大现实发展结果是在全球化中，这种越来越大规模的抽象组织具备了实体性质的控制具体个人的外在意义，这是人的自由的丧失和异化，并且是达到普遍性极限水准的异化，因为人类已经无可回头地进入了最普遍意义的现实世界历史。如果全球化的结果是具体个人或大部分具体个人在抽象的文化、社会、历史、国家这些形式组织中成为只被决定的抽象存在，那全球化就是人类最野蛮的异化时代，是抽象的“上帝”和组织统治现实个人的时代。这是科学理性价值观的绝对性导致了人异化，使人失去自由，甚至恐惧自由，逃避自由。人的自由的缺失在于人和社会的分裂，在于科学理性文化之中。集中营的灭绝事件是人自由丧失的极端，但不是特例，事实上是这种自由的异化无所不在。当人类的“精英”们用所谓“金融创新 ”去把普通老百姓的财富大肆洗劫的时候，人们失去的不光是财富，还在于失于自由的本质。人们把这种被剥夺现象归因于制度，即抽象的资本制度和市场，人们忘记了真正剥夺大多数人具体财富和自由的是少数具体人，制度、“金融创新”只是少数人剥夺多数人具体财富和自由的形式工具而已。更为深刻的问题在于，那些用“创新”去掠夺财富者同样失去了自由，当代金钱的奴隶就是柏拉图时代奴隶的奴隶。所以，在全球化时代，人类必须走出科学理性思维的藩篱，走出人本质是机器的异化，回到了人的具体现实的理性存在之中，从人异于物、异于工具去理解人的普遍本质，由人的普遍抽象本质去提供具体人的存在是异于禽兽存在的充足理由。否则，人类根本无法走出生存危机。因为人是机器的认识导致功利主义和物质利益是人的最高目标，人的现实生存追求物质功利变成了物控制人，人成为金钱的奴隶，资本成为主义，这是当今人类生存理论基础，人的物化异化是人类生存危机的最深根源。当一个人自觉自己只是社会机器的螺丝钉时，同时也就把其他人当作可随意处置之物；当一个人觉得他人性本虎狼时，其本质意义是他一定不自觉地按虎狼之道生存，他的生存就是一头狼对一切虎狼的丛林战争。回首已往，人类文明史只能是用铁和血、机关枪和原子弹写就的伟大英雄史。

三、人的本质的兽性异化

亚当和夏娃偷食智慧之果就是人类文明史的创世纪，人类自此就永别了自然而然的伊甸园。文明的人类一旦具有了自己之所以是文明人的本质于其存在之中，就再也不可还原、不可回头。不管人类文明是否自觉到这种人的本质，也不管这种本质是否以异化的方式存在，但这种本质一定是存在的。具有自由本质的文明人没有放弃自由的资格，把自己当作禽兽的人根本上没资格自我美化为自然禽兽，是禽兽不如。人并不因为懂得自己的本质才有人的本质，动物不懂得消化的机理也在消化，存在优先于认识是最一般的法则。人类历史上的封建宗教神学对人的异化统治，近代以来抽象的组织、制度对人的自由的剥夺并不能使人类丧失全部自由，从而退回到纯粹的生命自然界，其实这只是以异化的方式去实现人的自由。因为人类的这种异化，自己存在本质的生存方式本身就是人类的文明成果，是一种文化本身，即是宗教文化和科学文化本身。这种由于文化选择导致了人类的异化，剥夺了人类的自由是在异化的意义上的，它不是对一切人的自由的根除，而是在异化的自由状态下生存，这就是人类历史贯穿着有压迫就有反抗，有异化就有反异化的自由解放运动的原因。科学文化是对宗教统治文化的革命，所以，近代史就表现为反封建反宗教神学和自然科学不断发展的统一性意义。当科学文化取得反对封建神学统治的伟大胜利，但同时又把人还原为物质，用抽象社会、组织去剥夺个人具体的自由的本质的时候，人类文化同时也产生着反对机械论，反对形而上学抽象形式统治具体个人的思考。特别是到了二十世纪，人类科学理性发展观面临着严酷的现实，科学革命伟大胜利带来人类高度发展的同时，带来了人的大范围的、普遍的异化，导致了人类历史上最为惨烈的杀戮和战争，人类当代文明几乎可以说是建立在火药库之上的。核控制、星球大战、能源危机、环境污染、人口增长压力等等这些人类文明中伴随文明成长而产生的问题，几乎每一件都可使人类致命。这样的科学文化和人类文明使不少有识之士对科学理性时代的异化产生了严肃的哲学思考。所以，在科学理性取得了绝对成就和绝对权威的二十世纪，非理性哲学成为科学理性时代一道独特的亮丽风景线。它一反从柏拉图直至黑格尔的普遍形式永恒而高于一切的传统，拒绝由抽象形式去决定原子化个人的传统，把对人的思考引回具体的个人存在本身。

十九世纪开始的非理性哲学潮流被称为一种流派并不因其是一种关于人的思考的理论传承，而是以思维方法的反科学理性为共同特征，就是都不再把人作为由因果必然性支配和决定的客体，在抛弃因果决定论的科学理性中去寻找人的本质中失落的自由，拒斥抽象形式并试图返回具体个人存在本身，这就是非理性哲学作为一个流派的本质意义。二十世纪思潮中离开科学理性文化传统方法去思考人本质的非理性哲学中，存在主义是具有最大影响力的非理性文化思潮，而即使是存在主义哲学本身，各种不同学说归纳在存在主义的词条之下，也都不是基于关于人的存在思考的共同理论之间的沿革，而是基于它们都是关注人的存在的自由、尊严和价值意义的非科学必然性支配的人本主义思考，把人作为具体人而不是抽象物的本体思考。存在主义作为二十世纪反科学理性的非理性哲学的主流，它的存在不再是传统认识意义上万物本性或最普遍理念为本体的存在，既不是还原为物的存在，也不是抽象形式存在，而是以人为本体，思考人的存在，并且基本上是具体个人的存在。在非理性哲学中，具体之人是不能再还原的整体存在。这种不可还原分解的具体个人是人的思考对象，现实上的人即个体之人是它思考的本体和本原，所以，它又被理解为和科学因果认识的抽象认识对象是根本不同的，不是由可还原之物而来的抽象，而是以不可还原之人为对象。以具体之人为认识对象和存在本体，因而是人本主义的。二十世纪人本主义文化的繁荣是相对于科学文化意义而言的。科学文化被归纳为理性即因果决定性，人本文化则被归纳为非理性即非科学因果必然性。从世界统一性原理的观点看，把人本主义文化归纳为非理性是建立在科学理性这一矛盾概念上的，实际上应该确切地称之为非科学、非机械论的哲学理性，只不过人类都在科学理性概念的绝对支配之下，把非科学叫作非理性而已。其实，这种归纳在逻辑上是不伦不类的。比如，哲学、伦理学本来就是非科学的，但不能非理性，可是，人类文化偏就产生了哲学科学、科学世界观、科学道德主义等一大批“四不像”的概念。这不只是概念的混乱，本质上是人类文化、人类生存的冲突和混乱。把这一切归纳为纯粹的认识抽象命题的人是最没有智慧的，是把文化、文明梦幻化的幼稚病。不需要任何复杂的逻辑推理或一分为二辩证发展的统一性思考，最简单的逻辑会使人明白，一个按科学必然性去展开的人类伟大历史运动一定是高高在人的自由之上的抽象必然性去支配人的自由的。在被决定之下人的自由本质就是被统治和被奴役，这正是人类科学理性文化异化对人类自由的剥夺。非理性哲学思潮的兴起是对科学理性文化的反叛，是人类寻找摆脱科学理性异化文化的自由选择和理性探索和尝试。从一般意义上，也可以认为这是人类文明为了摆脱科学理性文化作为人类文化基础产生的危机中的又一次冒险。

非理性哲学的对象直接指向人的具体存在本身，反叛了由柏拉图到黑格尔的西方哲学局限于抽象形式普遍性传统而回归具体之人，在现实上直接否定了科学理性思维把人纳入客体世界之中，把人当作客体，并且用科学因果还原的方法把人最终还原为物的意义存在的传统，否认人的思想、认识、选择的自由只是在依附于物质的第二性即被决定的存在的传统，因为这种被决定的存在在物质客体科学还原意义上消融于虚无。正是坚持人的不可还原的人本主义，正是否认把人还原为最终物质客体本质的意义，非理性哲学必须反叛科学的因果决定思维，从而在根本上摆脱人被还原为物的存在之异化。

非理性的存在主义哲学的方法论主要奠基于胡塞尔现象学的方法，即不再把人的复杂文化性存在现象用科学因果关系还原为普遍的抽象本质，不再由本质去理解现象，不再像科学理性主义者那样，以人的存在的物质本质去作为人的存在现象根据。凡由物去决定人的现象的理论，在理论和逻辑上一定把人的本质还原为物的普遍本质，人本质上是物而非人。按照胡塞尔现象学的观点，对人的思考和把握不是传统的科学本质认识，而是直接直观把握人的生存现象的认识方法，所以它是现象学，不是科学的“本质学”。现象学的存在不是物的客体存在，不是静态抽象存在，而是在过程中，在复杂性现象中的动态存在。现象是动态的、过程中的现象，而意向性是现象学认识主体过程这种特定认识客体的特有方法，即认识客体的意义不是从必然性逻辑中推论而来，不是由必然性支配的，是对具体之人作为本体现象存在的直观，以不证自明的感性具体现象直观作为演绎人存在价值意义的可靠根据。对于现象学所指向的认识客体，它的意义是由认识主体赋予的，是自由而非决定论性质的，这正是意向性指向对象、赋予意义的内涵。意向性方法的现象学和传统因果决定的科学认识方法区别的意义在于人这一主体性存在不再从被还原的客体意义上去思考，不再在因果决定恢恢天网中成为纯粹被决定的必然性存在，从而恢复了人作为复杂性存在及人的生存的复杂性过程的本来面目，恢复了人在现象世界现实中生存的自由和价值、意义这些非真非被决定、非必然性的命题。近代科学反对宗教神学统治的口号是人的价值在于人本身，但最后却异化成为人的本质是物本身。非理性哲学思潮继承了近代科学革命的反异化传统，继续用人的价值在于人本身去恢复人的价值和尊严，但这一次用的是意向性的对人的主体性的思考方法，扬弃的不是神学而是科学，解放的不是被宗教统治奴役的人，而是被科学理性还原为物的不自由的抽象人。所以，非理性哲学是当代人类反异化的追求自由解放运动的继续。从人的自由意义来看，从人的具体统一性存在来看，它的目的和意义首先是理性的，是反知性理性化的统一性思维起点。

非理性哲学反知性人的思维传统，不再把人还原为物，以人在现象学意义上的整体存在作为认识对象，作为人的世界的本体，这当然是近代启蒙运动和文艺复兴运动关于人的价值在于人本身之理解的延续。人从物的必然性支配法则下解放出来，从而成为非必然性现象存在，使人在现象学意义上的自由成为可能。存在主义哲学成功地区分现象和现象还原为物后的本质，从现象整体统一性意义去思考人的世界，探讨人的价值和意义，现象学上的人就不是具体之物或抽象形式，而是具体个人。存在主义哲学对人的统一性说明的最革命的结论是存在先于本质，即人并不以其抽象本质作为存在的根据。为什么存在先于本质呢？因为按照传统的因果决定论思维，当从人的存在分解还原中去追求人的本质，由人的本质去决定人的存在时，人就是由物的本质决定的存在，即这时人在本质上是物的存在。存在主义认为传统的科学本质认识方法只适用于认识物，而人的存在不在于本质，在于存在本身。人的存在是不以人的本质为根据的，所以人的存在先于本质。人的存在先于本质的结论的革命性意义在于宣布了人是不能分解成物为根据的整体存在，把人分解还原后得到的本质认识并不是人的存在本身的认识，而是与人的存在具有完全不同意义的物的认识。现象学和存在主义的意义在于把人作为不可还原的整体，把人的存在和物的存在区别开来。它与把人分解为物的科学因果决定论思维不同，是坚持从具体现实性去理解人的存在和人的本质的，它把对人的认识从科学理性的抽象转变为人的具体存在。

非理性哲学一反科学理性传统的直接目标在于回归在科学因果决定论思维中人沦为物从而失掉的人区别于物的真正本质：自由和创造的本质。人不是没有本质，而是没有必然性决定的本质，人不是既定性、确定性的东西，而是在不断创造过程中显示出来的主体性存在。存在主义大师海德格尔认为，人不是必然性支配之物，不是现成的东西，而是一种在手的状态，是在过程中实现着的状态。这种状态、过程的结果不是在因果必然性规律支配下可以预先确定的，在时间境域中构建着的人的存在达到那种水准，具体之人就是这种水准的现实存在。萨特认为，人作为主体性存在是以自由选择为根据的，自由选择就是人和物质受必然性规律支配的本质区别，自由选择就是人之所以为人的本质。因为人的本质不是人的存在的根据，而是人作为主体性存在的不断选择过程中构建起来的，所以，人的存在先于本质。人的本质是人存在中不断构建着的可能性，是人在基于可能性的自由选择过程中不断实现人的本质，人在此现象学的具体意义上就摆脱了物的抽象必然性支配，恢复了人的自由的存在本质。人就既不是被上帝支配的，也不是被神秘无形的抽象规律支配的具体现实存在。从个人的现实存在过程，存在主义哲学进一步演绎出人的价值就在于人本身的深刻意义。

存在主义哲学从存在先于本质出发，回归人作为主体选择的自由本质，从可能性选择中规避了必然性对人的自由的剥夺，这是人类对人是什么认识的更高阶段，人的认识回归到具体个人的存在本身。并且，必须承认，存在主义对于人基于可能性选择的自由本质就是一种责任的理解，已经达到了极高的境界。自由即责任的自由第一次不再和必然性相对而言的知性意义去抽象说明，而是恢复到具体人的存在过程之中。自由的本质并不是和必然性的本质在同一层次、同一对象的非此即彼的对立东西，必然性是物的规律，自由则是人的存在的本质描述，所以自由和必然之间既不对立也没有因果关系。人的自由选择行为作为一种可能性，它可能符合自然的必然性规律，也可能违背必然性规律，人的自由选择符合必然性规律时就是正确的选择，反之就是错误的选择，只有这样才能说明对错以及自由选择的现实意义。自然界按其必然性运动发展，无对错可言，自然一定是对的。我们所说的关于自然的规律指的是人对自然的认识，是人对自然必然性认识和运用产生了对错，人对自然的理解基础上对自己行为选择有对有错。这种选择的主体是人，承担选择责任及后果的是做出选择行为的人，人因为自由的选择产生了人的责任。所以，人作为自由的存在的更深刻的意义，不仅在于摆脱了上帝或无形的抽象必然性的支配，获得了自身在可能性中选择的自由，同时也就不能把一切责任再推诿到上帝或无可避免的必然性原因。自由不是和必然性对立的，自由是和责任统一的，具有自由本质的人必须为自己的所作所为承担责任，承担后果，这正是非理性存在主义哲学最深刻的统一性意义所在。

当然，非理性的存在主义哲学对人的统一性理解同样是有局限性的。它逃避了传统科学知性用必然性取代统一性的局限性，却没有使自己把认识理论和人的自然关系统一起来。所以，非理性哲学把人的世界和自然世界、自由世界和必然世界看成两个截然分开的世界，人的世界并不是包括自然界统一性于其中而具普遍意义的世界。两个不统一的世界构成的世界就不是真正意义上的统一世界，主体自由和责任相统一的人的世界没有和客体必然世界的客观必然性相统一，人就陷入神秘、主观和不确定性，即不可理解的状态之中。所以，非理性哲学的结局是走向对人的主观性的人本主义理解，与其说人的可能性在于人发展到什么样子，人就是什么样子，不如说人认为自己是什么样子人就是什么样子。这使具有自由本质的人走向了绝对的主观主义。非理性哲学的这种主观本性，它对客观必然性的逃避，使尽管有许多深刻思想和认识的非理性哲学无法构建为统一性的完整理论体系，最后不是世界失去了统一性，而是非理性哲学理论本身无统一性可言了，这是颠覆非理性哲学智慧的最根本的破坏力量。近代哲学史上一切非理性哲学，无论如何深刻、扣人心弦、发人深省，但终究无法摆脱主观片面的局限性，无法成为对人和世界理性具体的统一性理解。非理性哲学把机械论下的人描述为单面人，但非理性哲学的人是纯粹主观赋予意义的，是无客观性的，又何尝不是单面人？千面人又何尝不是一种只有主体一面缺乏客体一面的单面人！只有主体面孔的人是抽象的。

存在先于本质其实是规避物的必然性的权宜之计。从逻辑上看，把存在现象和本质割裂，不把它们统一起来，现象即具体之人是不可理解的，不是知性科学意义上不可理解，而是理性统一性意义上同样不可理解。所以，非理性哲学不仅是非知性因果的，而且也是非理性统一性的。人的存在先于本质，存在决定本质。从逻辑上来说，人的本质其实是没有本质。由此看来，非理性哲学尽管叛离了科学理性的决定论传统，剑锋直入人的本质，但在统一性意义上是否定了人的本质的。人类对自己存在本质的思考成果，对人的自由本质给予了最直接肯定的存在主义哲学，同样没有在世界统一性意义上回答人是什么，人的本质是什么这些最普遍统一性意义的命题。

从更深层的历史文化根源看，非理性哲学从源头开始就注定无法回归理性具体之人。近代科学革命以牛顿质点动力学理论大厦落成为第一个高峰，物理力学成为哲学的科学基础。牛顿的影响不只是物理学，而是整个人类文化，是机械论的黄金时代。近代科学革命的第二个高峰是达尔文的生物进化论。达尔文生物进化论的普遍意义并不局限于生命世界，而是成为人类文化价值观的科学基础而渗透在人类文化的方方面面，社会达尔文主义对人类的影响是深刻而普遍的，物竞天择、适者生存是资本成为主义的理论基础。在社会达尔文主义的语境中，人不是被必然性决定的宿命之物，而是丛林法则支配的狼。近代非理性哲学即生命哲学的源头是叔本华的生命生存空虚理论，早期杰出人物是尼采，他们既继承了西方文化以抽象普遍本质为真正存在的唯心主义认识论传统，沿用机械还原论的思维方式，又想背叛黑格尔的抽象理念，返回到人的具体现实生命存在，最终得出人的个人生命只是为族类服务因而个人生命无意义的结论。进入二十世纪的非理性哲学更主要是关注人的具体生存，以个体生命为对象。对生命个体的理解，无论是积极的，还是消极的，和社会达尔文主义都是兼容的。在生命哲学意义上，不可能超越自然本性去理解人的本质，个人的自由创造本质的理解是不充足的，因为人和禽兽是没本质区别的。从更深刻的认识根源考察，非理性哲学只回归到人的感性具体，只停留于人的生命现象，无法通达人的理性本质而进展到理性的具体，没达到主客体相统一的水准。

由此看来，人类在非理性哲学思维去认识自己的最高境界也还只在动物水平，人类自觉理性还没长成。问题在于无法退化为自然禽兽是文明人的宿命。人类进入文明史的几千年历程中，对人自身理性本质的认识始终没有摆脱异化而往往走到自觉理性的反面，在一元神宗教信仰中建立抽象精神统一性后缺乏自觉理性基础导致人的奴性异化，在机械论世界观中限于知性导致人的本质的物性异化，在社会达尔文主义中执于感性具体导致人的理性的兽性异化。现实全球化商品世界是以竞争中优胜劣汰为机制的，其潜台词就是弱肉强食，胜者为王。并不能否认商品社会和全球化分工合作的巨大历史进步意义，但仅这是不够的，资本成为主义去支配和决定人肯定是有问题的。近两百年来社会达尔文主义已渗透在人类基本价值观中，人类进入现实世界历史时，由狼性去维系人的普遍关系不只是不道德的，更是危险的。人类理性的使命就是超越兽性，进展到自觉理性。当学者们整天把文化进化这些概念挂在嘴上时，其意识深处就是把理性文化之人的普遍本质当作更高级的狼性而已。把人类文化进步看作自然进化产物，把文明史还原为自然史表明在理性意义上人类的幼稚。诚然，人类自觉理性的曲折异化史表明这是一个不易理解的命题。在感性意义上，人对自身认识是最直接最简单的，在理性意义上人认识自己却是最复杂的，因为理性的认识对象就是人的理性本身。不过，人类自觉理性思考也有它的优越性，即人进入文明史已经是必然性的理性存在，思考人是什么本身已是自觉理性追求。对人的认识最基本的一点就是要记住，理性追求理解的是万物之灵即走出自然界的文明人，不能把文化还原为自然进化，不要把人类理性还原为兽性。一句话，人认识自己首先要找到人本质上异于禽兽的充足理由。

第二节 从进化到文化

一、感性具体和理性具体的统一

世界统一性原理把最普遍的世界理解为无、天、地、人相统一的道的绝对统一世界，即能量为自然本性，能量、物质、生命和人类理性相统一的四层次具体世界。老子把人置于域中四大之极顶，在统一性意义上人就是无、天、地、人的统一，这种意义上的现实之人是包括了整个世界统一性意义的理性具体存在。

多样性统一的世界中的多是由无生有，有生生命，生命中产生出文化人类这种最丰富的多样性存在。按照世界统一性逻辑的理解，能量是自然界最基本、最普遍的具体存在，一切客体结构实体及其运动变化由之而生，返回于斯，在生生息息、幻幻灭灭中，构成自然的绝对不变量是守恒的能量，在客体和状态相统一意义上的能量就是宇宙不生不灭而永恒的存在。能量作为世界最普遍的本性的意义不只在于它是有质量的实体之物的质量，无中生有的具体意义还包括能量即一切实体结构的结合能对任何特定实体结构多样化存在和演化的决定性意义。能量转化的普遍原理即按照物质客体熵最大的结构稳定性法则，决定着物质客体世界由简单到复杂的演化以及生命由简单到复杂的进化。所以，能量又是一切实体客体的结构演化、状态运动变化的最终根据和原因。实体存在的根据是结合能，实体运动状态改变的原因物理学概括为力，本质上是能量交换，是在能量守恒最普遍规律支配下在实体之间的转换。多样性的世界作为变动无居、变幻无定的感性世界返回到它的根据时就是一个永恒的、不生不灭的绝对存在和绝对运动统一的有序自然世界，这就是能量一元论的意义。能量是自然界最普遍的具体存在，既是最普遍的存在者，又是存在者状态的变化，这才是彻彻底底的一元论，存在者和存在者状态相统一的能量才是自然界最普遍而具体的本性。

从能量一元论出发，世界统一性原理把世界理解为由最普遍能量世界中产生了物质世界，在普遍物质世界中产生出一般的生命世界，从生命世界中产生出特定的人类世界的复杂性、多样性运动着的现实世界。在存在即结构的意义上，这是从最普遍到普遍到一般到特定的多样性运动过程，人类是生命世界中的特定世界，生命世界是普遍物质的特定世界，物质世界是能量世界中的特定世界。在统一性的逻辑中“特定”指特有的规定性而不是知性的非此即彼之意义，不能简单地说能量不是物质，物质不是能量。能量和物质是统一的，物质是能量的一种特定形态存在。这种“特定”的规定性就是作为物质的客体存在的质的规定性和有量无质的能量的本质区别。世界统一性原理把物质的特定规定性理解为质的存在，质的抽象规定性在物质世界具体存在的先验形式中就表现为空间性，所以物质客体现实中是具有静止质量的特定存在，即质和量相统一的空间性存在。空间是认识、区分物质和非物质的先验形式，是物质存在、认识和描述的基本形式。在统一性意义上，物质客体就是特定的质和普遍的量相统一存在。同理，生命是特定的物质客体结构性存在，生命的本质在于它赋予生命活力的灵魂形式，它的先验存在形式在 DNA 结构规定的抽象时间性之中，使生命和纯粹空间之物有了本质的区别。生命在具体形态上是物质和能量绝对运动过程的统一，是时间为先验认识描述形式的具体存在，具体生命存在就是空间性和时间性存在的统一，生命的特定先验认识形式就在于它的时间形式。所以，生命不能只从空间性生命物质去理解，还必须从生命的生生息息的不可逆时间性过程去理解。当我们按照这种统一性逻辑去理解世界的运动发展过程，从一般生命世界中去理解人类世界时，其意义首先就是人类世界是生命世界中的一个特定世界，即它既在生命世界之中，又超出了生命世界的时间性形式的规定性。人的现实存在包括了上述形式和内容的全部意义又必须超出其意义，必须有在上述意义之上之外的普遍抽象规定性为人的世界超越生命世界提供根据。在生命世界的基础上对人是什么的思考，首先就具体化为在生命世界时间性的基础上，人类世界超越了空间、时间性普遍规定性的特定规定性是什么？这是我们认为人类世界是一般生命世界中特定世界，人是万物之灵的根据和原因。由此可见，人类世界是世界中的最特定的世界，是在抽象规定性意义上所说的，即人类世界除了物质及生命世界的规定性外，还有人的本质规定性。用数学描述语言来理解，对能量对象描述是量这单一维构成的，对物质对象则由量和质二维去描述，生命则需量、质、时间三维形式去描述。那么，人类世界的特定描述是什么？除了量、质及时间维度描述之外，理解人之所以为人，人类之所以为人类的形式描述的特性形式规定性是什么？这是人类认识自己世界的起点，是人类世界存在的起点。

从人类世界作为特定世界的形式规定性意义去思考人类之所以为人类，人之所以为人的根据和理由的起点，在形式的先验意义看，它是认识的起点；从认识对象的意义看，它以对人及人类世界的抽象规定性为前提，即人类思考的认识对象的特定抽象规定性是什么？在常识意义上，人是具体、现实的存在，人的世界是现实具体的人构成的世界。但这种常识意义上的理解，人的世界是具体人构成的不证自明的理解，其实是自然感性经验意义上对人的具体理解。限于感性的具体正是人类认识最大的局限性所在，停留在朴素的感性自然经验认识中去理解人和世界的具体统一性是不可能的。世界统一性认识追求的对人、对世界的统一性理解显然不能只是感性具体直观，在这种意义上人和猴子没有本质区别。它要从抽象回复到具体，首先就要从具体中建立普遍的抽象，建立对人的普遍本质认识。所以，人之所以为人的先验形式描述的规定性指的不只是具体、现实、感性存在的人，而是老子所说的道、天、地、人的世界的人，是古希腊德尔斐神庙“认识你自己”所指的人，也是被达尔文誉为“万物之灵”的人。这种对人的理解首先是抽象的，是从现实具体的感性多样性个体化之人中抽象出来的普遍之人。在这种抽象的人的认识对象基础上，我们才能有根据地思考人之所以为人的特定规定性是什么，才能有根据的说人类是生命世界中具有自己特定规定性的存在，这才进入了思考人类世界为世界的理性具体意义，而不是停留在人的世界的感性经验直观之中。

从逻辑上看，当我们说人类世界时，并不对应着猴类世界或鸟类世界，即把人类世界不只当作生命世界中物种分类学意义的一个子集世界，而是超越了生命世界一般时间规定性，产生了子集特有普遍本质规定性意义的特定世界。这首先是在普遍抽象思维、概念意义上的，超越了具体感性世界的有限性。就是说，我们现在思考和讨论的人及人类世界，是必须在抽象普遍规定性的基础上才能返回到理性的具体。所以，本卷讨论的人的世界并不是感性具体的人的集合构成的世界，世界不是人的集合，具体之人不只是人的世界的构成元素。人是具有超越了自然之物的普遍抽象本质为根据的存在，这个具有自己抽象本质规定性的人返回具体统一的人的存在时，它不只是感性具体存在者，而是理性的、多样性统一的具体存在，具有人之所以为人的普遍本质的具体存在。人的世界的统一性意义不是指把个人作为世界集合的构成元素，不是指人的全体具体存在的总和构成的总体，而是指由于人具有了超越自然的本质，由人构成的世界是具有了超越自然界本质的统一性世界，人的世界中的每一个具体之人是具有普遍的非自然生命本质的存在。人的世界的统一性意义不只是人和人的世界的统一，根本上是自然世界和人的世界的统一，理性具体之人就是完整的世界统一性本身。在这种统一性逻辑中，世界在从能量到物质到生命到理性人类的复杂化运动发展中，才永葆其多样性中的统一性意义。而人的价值就在于人本身的理性理解从人的世界的本质就在于人的本质本身开始。

对人类世界的认识从普遍性抽象开始，必须从感性具体经验上升为知性的普遍性抽象，归纳出人的存在超越了纯粹自然生命的抽象规定性，建立人的普遍本质规定性。长期以来，在关于人的本质和人性的争论中，人们总是喜欢指责“抽象认识”的局限性，把一切关于人、人的本性、人的本质的抽象认识作为机械和形而上学的。执着于具体否定一切抽象者其实并不会明白，从具体到抽象后再返回到具体的人才是理性的真实的人，在感性经验中的人还只是具体存在的动物而已，它还没有从万物之中通过自己特定的抽象规定性而把人独立出来。迄今为止，关于人的世界的一切理论抱住具体不放，往往停留在抽象的物的理解之中，没有从抽象规定性中归纳出人之所以为人的本质规定性，没有将人的抽象本质规定性作为理性具体的人的根据。比如拉美特里说人是机器，这个观点是对是错没有意义。人是机器，指的是人作为具体感性存在的一个合理的抽象规定，即人首先是有血有肉的原始生命物质结构构成的整体。但说人只是机器，人和机器没本质区别就不准确了。拉美特里的局限性不只在于陷于抽象认识，没有返回现实具体，他陷入在人的现象的感性具体认识中，还没有进入人的本质的抽象归纳之中。人是机器并不是人区别于物和自然生命的充足理由。在拉美特里的因果还原抽象中，只有物质的世界是一个抽象的世界，没有生命及人类世界，所以其没有进入世界统一性理性智慧层次的思考。

人们对人类世界认识的局限性不仅陷于片面抽象性，更根本的原因是停留在感性的具体多样性，无法上升到人的世界的理性具体理解。从感性多样性去看待人的世界，一个具体的人既可以是物质的，也可以是时间生命性的；既可以是自然的，又可以是超自然的。当具体感性人等同于多项本质规定性的人时，人是无本质规定性的，这是非此即彼的因果决定论思维对人及生命这类复杂统一性存在思考因无可奈何而产生的合乎逻辑的结果。如果不从物质、生命、人的不同层次的抽象本质规定性出发，把感性具体人理解为具有不同层次的本质规定统一性的具体存在，那就只能说所谓“具体、现实”的人只是感性具体的物，根本无法理解人的生命和人的文化世界的理性统一性意义。为什么“生命是什么”“人是什么”是亘古常新的命题？因为我们能深刻地感觉到它，但执于感性具体或知性抽象却无法完整地理解它。就是说，我们还没有从生命和人的世界的感性具体中走出来，对生命的理解陷入了用生命是物质去说明生命和物质的本质区别的怪圈，最后生命的本质消失于物的感性直观之中，生命是什么的结论就是生命没本质意义。对人和人的世界的本质理解更是如此。因为从所谓具体现实的人出发时总是止步于感性具体，实质上是局限于感性认识，关于人的本质认识总是在人的物质规定性、生命自然规定性以及超越生命自然规定性之间游离不定，无法抽象归纳出人之所以为人的规定性，更没有在抽象统一性中回复到对人的具体丰富的理解。机械唯物主义对人的本质认识的代表性理论是费尔巴哈的人本主义哲学理论，而它并没有达到理性智慧，还停留在感性具体多样性的犹豫不决和自相矛盾之间。什么叫人本主义？顾名思义，它把人作为思考对象，以人作为根本去思考世界的理论，应该直奔人的本质。但是，费尔巴哈的人本主义理论的人的本质即普遍的类存在是什么呢？是没有本质规定性的本质规定。按照费尔巴哈的理论“任何一个本质，都不是被规定为它所是的，‘人的本质乃是许多人合在一起的前提下，人所应当是的和人所能够是的东西。’”[①]所以，人的本质是感性具体性的集合体：感性是人的本质，爱是人的本质，生命是人的最高本质，类是人的本质……对人感性具体存在有多少感觉，费尔巴哈就能给出人多少本质。在因果决定思维支配下，机械论思维无法为多样性对象提供有效认识方法时，思想家们退回到感性具体了。费尔巴哈人本主义哲学理论能够提供人之所以为人而不是纯粹自然物的充足理由吗？显然不行。

无法在概念抽象中明确人与物及动物的区别，陷在具体经验中，时而把人当作物，时而把人当作神，这是人类对人的本质缺乏理性统一性理解必然产生的现象。费尔巴哈的人本主义哲学关于人的本质的具体性是悖论。我们经常既在物的意义，又在生命意义说人；既在自然意义，又在超越自然生命意义去思考人的本质，缺乏对人的抽象本质思考的严谨逻辑规定性。但对此，人们却常常浑然不觉，总觉得这种认识才是面面俱到的，但忘了全面具体认识是统一性的，而不是抽象本质的。最典型的例子是恩格斯论述劳动在使人从猿进化为人的专著中。这个征服了人类一百多年，成为主导人从哪里来的理论性归纳和结论，它的方法论其实就很有问题，和费尔巴哈所说的人的本质的多样化统一观无异。无须探究理论的逻辑根据，最基本的问题在于，恩格斯讨论的对象从猿进化而来的人是在自然生命和超越自然的文化理性存在二层意义上交叉使用的。按照进化论法则，猿在自然选择法则下为适应环境而进化为人，这是人的自然生命起源，讲的是按照自然世界的进化法则人作为自然生命物种在进化中产生，不是超越了自然生命存在的理性人的起源。但是，恩格斯论证，在从猿进化为人这一自然进化过程同时，猿这一物种通过工具、语言、社会的共同性劳动，同时也就走出了自然界，具有了超越自然的文明人的本质，这同时是讲猿向文明人转化过程中的文化进程，劳动创造人是半文化半进化，或又文化又进化的现象，它的文化进化结果是超越了自然规定性的大写的人。人的自然生命物种进化和人超越自然的文明文化过程如此巧夺天工地在同一过程中完美地实现，除了上帝杰作，实在找不到理由。这种逻辑混乱根源于缺乏理性具体，首先缺乏对人的普遍本质合理抽象，是把感性具体作为抽象认识对象而产生的。就是说，还没有在逻辑思维中把感性具体之人抽象为相对独立的认识论命题。人的生命物种从哪里来和文明人从哪里来是两个本质不同的命题，它统一在具体的人的存在中，但不能统一在两个不同本质构成的同一本质中，这才是问题的症结所在。其实，用生物进化论去解释人类文明的产生和发展是不合逻辑的，人类文化文明的创世纪不是物种进化意义上的，它的本质和物种进化是不可同日而语的。从生命进化去解释文明史起源是社会达尔文主义的逻辑，据此只能说文明人只是高明一点的动物，还是以兽性为其本质的，人类理性文化只是自然进化的一个特例而已。

当年达尔文在生物进化论的天才归纳中，“人是万物之灵”的至理名言其实已经超越了生命进化的意义。在生命物种进化中，人只是万物之一，人是万物之灵的来源不是对生命物种进化经验观察的科学归纳和抽象，而是达尔文对人的智慧存在的最深刻的体验中产生的，已经超越了生物学和进化论归纳的意义。它既包含在自然生命进化论的归纳之中，又很难认定这是生物进化论的合逻辑结论。人的存在和自然存在的本质区别，人之所以为人的本质规定性，不是有没有的问题，而是我们能否理性地自觉到它的问题。世界统一性原理的人论是关于万物之灵之人的世界的统一性理论，建立在生命自然世界基础上，但又超越了生命世界。在抽象的本质规定性意义上，超越自然生命世界的人是以它普遍本质规定性为根据的人，由这种普遍本质去理解的具体的人是理性的具体，是异于禽兽的生命具体存在，这种理性的具体和感性经验的具体之人和世界具有完全不同的意义。没有普遍抽象本质就无从通达理性的具体。超越了自然规定性抽象本质的人的本质是什么，它是如何产生的，这是我们理解文明人和人的文化世界最基本的命题。

由上述可知，人类理性认识自身理性的最根本原因不是陷于抽象，而是执于感性具体无以通达理性之为理性的普遍本质，感性具体之人就是禽兽，基于普遍抽象理性本质人才异于禽兽，人才告别蒙昧跨入文明史。基于知性普遍本质人才从感性具体进展到理性具体，这既是对人的认识，又是人的理性具体存在的根据本身。普遍知性认识是人类超越感性认识进入理性具体认识的内在机制，无论是在存在论还是认识论意义上，人都是以普遍抽象文化知识为中介、为机制从感性具体进展到理性具体的，普遍抽象文化知识的产生是人走出野蛮和蒙昧的现实起点。

二、自然和文化的统一

当我们把人的世界之人规定为本质上具有超越了人的自然时间性生命意义上的存在时，我们对世界统一性的思考就超越了自然界，进入了包括人的生命世界的最普遍意义的统一世界。这个世界中的人就不只是自然生命意义上的人，而是具有非自然本质规定性来作为人之所以为人的根据。如果说人类对人的本质理解远谈不上共识，还没有理性地自觉到人是什么，但对于人具有超越自然规定性的抽象属性却是有共识的。非自然的，我们称为文化，文明人作用下所及的自然，我们称之为人化的自然。人化的自然的深刻意义在于二者本质上是统一的，而不是对立的，文化的具体意义包括自然意义并以之为基础。人化的自然和纯粹的自然界是不同的，不是自然而然的意义，而是包括人的主体性意义的，即包含着文明人的目的、意志、文明人劳动的结晶于其中的，最根本的意义在于它是包含了人类文化生存意义的。新石器、旧石器在物意义上是石头，在文化生存意义上却绝对不只是自然的石头而已。人化了自然的人是指已超越了自然生命意义的文明人，是指文明人按照自己的文化去改造和利用自然时改变了自然界。所以，非自然的文明史的意义就是文化史，超越了自然界的文明人就是具有文化的人，不再是纯粹自然生命意义上的人。人的非自然的抽象本质，必须从文化的意义去深入探讨。

人类把文化理解为非自然、超自然，但却鲜见有人敢于理直气壮地把文化当作文明人的本质。一个基本的原因在于人类对人是什么的思考要么陷入感性的具体，无法上升为知性的普遍抽象，无法从普遍抽象去归纳人的抽象本质，进而从普遍的人的本质返回到具体去理性理解现实的人；要么用因果决定的还原论去归纳人的本质，并最终把人还原为物。无论是把人还原为物，还是把人看作复杂感性具体存在，都在思维中用第二性、被决定性消融了抽象的普遍文化对人的本质意义进行判定，所以鲜有人从文化去理解人的本质。须不知凡普遍的本质性本来就是抽象的，不以普遍抽象本质为根据去理解现实的具体，得到的永远只是感性的具体。在知性思维中却又想排斥抽象思维去理解具体现实的人是二律背反的。在理性思维的逻辑中，由具体意义去理解的所谓现实的人如果不是由抽象普遍的文明人的本质为根据回复到具体的人，则就只能还是停留于感性具体的人中，但这种感性具体的人就只是自然的，对人的思考无法超越自然的范畴，无法理性地认识超越了自然的人们现实存在自身。文明史中感性具体的自然人才是地地道道的思维中的抽象。自然人只是万物之一，与人对自身作为万物之灵的价值判断及生存体验是格格不入的。当人类把自己作为世界中超越自然的万物之灵时，根本就不应停留在自然生命阶段，即不能把自身当作纯粹禽兽，不应只纠结于具体的人的具体自然生命从哪里来及它的本质是什么这些生命哲学的命题，而是必须直接以文明人的文明本质为对象，回答人的文明本质的规定性是什么的问题，并由此为基础去理解人类文明的产生，去理解具有文明人的普遍抽象本质的具体现实的人是什么样的具体的人、文明社会的本质及其运动发展的内在机制是什么这些揭示人的世界奥秘的基本问题。生命的本质及具体理性认识不需要文化范畴，但文明人的本质及具体理性认识却不能离开文化，否则就无法超越自然，就得不到人异于禽兽的理解。所以，人的本质的认识必须超越自然，进入文化，超越感性具体，进入文化抽象。不能一味去讨论人是自然进化而来的，不能把人理解为由自然进化和劳动、工具及社会去文化进化形成的 。把两张皮叠在一起，把两种不同的人混为一谈，最终得到的还是在自然进化意义上产生、本质上是自然的人，人又只是自然界进化的一个特定的生命物种。在超越自然意义上文化产生的人被理解为只是特定的生命物种时，知性思维又陷入用自然生命进化去规定人超越自然本质的怪圈。但我们的人论不只是叔本华、尼采的关于人的生命的哲学，不能由弗洛伊德的潜意识或无意识去说明人的本质，应在超越自然的文化意义上去追求超越了自然的人的普遍本质。自然生命统一性是进化产生的，非自然人产生和生存必有超越进化的不同机制，由此决定了文明人有超越自然生命本质的抽象本质，作为人之为人的根据和原因。把人理解为超越生命自然界的更高级的独立世界的存在，是在世界中自成一大的存在之人时，它的普遍的本质就只能从抽象的文化去理解，而不能退化为自然进化去理解。

目前，还没有理论理直气壮地把文化作为人的抽象普遍本质去理解，至多是用认识、精神、意识去唯心地解释人，但意识、认识并非就是文化。传统的西方唯心论哲学把意识只归属于人，其实还是把人当成本质上和具有意识的禽兽无异的存在。西方哲学文化把精神和知识、文化理解为同一而非统一性的抽象概念，把文化局限于抽象精神文化，这是在文化基础深层过于执于知性因果思维的产物。须知精神文化一定是意识，但意识却不都是精神文化，否则就有“猴子精神文化”了。精神文化一定是文化，但文化未必就是精神，否则物质文化就变成不伦不类的了，故文化和精神的确是统一性概念。最为根本的是，文化确实是人们最熟悉、最常用来描述特定的文明人世界之普遍概念，而且也是人的世界最丰富多彩的概念。马克思说人化的自然时，就是指被文化人类赋予意义而改变了其意义的纯粹自然，人化就是文化，文明人就必须从文化的意义去理解其为文明人的普遍本质。

文化是人的世界最丰富的概念，它又和实在之物不同，和科学必然性抽象规律不同，具有多样性、发展性甚至歧义性，所以是一个内涵永恒发展着的普遍概念，在现实中就表现为文化无定论现象。张尚仁在《聊哲学》中思考哲学无定论的现象性，并专门讨论了文化无定论问题。书中写道：“举个例子，文化就是一个经久不衰的话题，但什么叫‘文化’？‘文化’这个词，在希腊语中本来是和‘自然’相对应的‘习俗’，表达的是人类行为和自然生物相区别的意思。在拉丁语和古英语中，‘文化’具有‘耕耘’的实在意义，但又不等同于农耕活动，而是近似于‘园艺’，或如西塞罗用这个词比喻的‘耕耘智慧’，意味着经过努力去增进对象的质量，将人的创造活动凝结在对象之中。到了十九世纪，伏尔泰等学者在法语中使用‘文化’

这个词，用来说明心智训练的结果。接近于我们现代说的教育培养的意思。1926 年，有两位人类学家曾提出定义‘文化是什么’问题，为了找到答案，他们遍寻书籍文章，竟发现 161 种定义。仅收集和分析这些定义，就写出一本书。在这些定义中，有些是描述性的，认为文化是包括知识，信仰，艺术，法律，道德以及习俗在内的整体；有些是历史性的，认为文化是由人类经一代一代相传积累而成的总和；有些是准则性的，认为文化是为一种生活和行为提供的模型、风格或准则；有些是心理性的，认为文化是人在对环境的适应中习得的解决问题的方法；有的是结构性的，认为文化是由彼此互相依赖的习惯性反应方式组成的系统。还有从发生学定义的，认为文化是人类交流的结果。我们今天理解的文化，也是一个范围相当广的概念。从大的方面来分，可分为三个层次，最广义的是大文化，是和自然相对应的概念，泛指人类创造的一切物质文化和精神文化；第二个层次是中文化，主要是指人类创造的精神财富和意识形态；第三个层次是小文化，简单地说，政府机关文化局管的基本上属于小文化，如扫除文盲，建图书馆，博物馆以及各种文化团体等。‘文化’有这么多意思，对于‘什么是文化’这个问题，我们也只能像说‘哲学无定论’一样说‘文化无定论’”。[②]

上述多样性的文化概念都是有意义的陈述。文化概念的丰富多彩的认识表明，文化意义多样性的统一指向其最普遍意义，即非自然的意义。人们用文化去理解其自身的目的是要把人和自然禽兽从本质上区别开来，把人的自觉行为和无意识本能行为区别开来。人异于禽兽的根据正是人普遍的本质。其实，我们把人是什么这一命题中的人从文明人和自然人的不同意义上区别开来时，人的生命是什么就只是自然人意义上的。当对文明人的思考把人的抽象的本质和人的具体感性存在区分开来时，对超越自然的文明人而言，文化其实就是人之为人、超越了自然生命存在之人的普遍本质。根据上文张尚仁对文化概念的综合和归纳，我们可以看出文化最基本的意义。首先，文化的内容、意义的说明无论如何千差万别，如何涵盖各个不同的层次，但它又有一个最基本的前提，即一定是人的，不是物的，不是兽的。所谓人化的自然，就是这个意思。所以文化是专属文明人的概念。至于人的文化概念的多样性，内容的丰富性，都是在人的专属世界的范畴中的。在相对于自然的文化中，文化和自然既然是相对应的，就不是同一的层次，而是具有层次区别又统一的。专属于人的文化并不是具体的人的全部而是抽象的本质部分。文化本质是抽象的，文化是构成具体人的抽象组成部分，是人类特有的抽象现象，是人类的存在现象中非自然生命本能意义上的抽象现象。文化丰富现象所揭示的正是人作为超越自然的文明人存在的各种现实现象的统一，这正是人作为万物之灵而不再是万物之一的根据和理由。尽管人类的文化概念看似丰富多样，但所有关于文化的概念可以归纳在一个最普遍的本质意义之中，即文化一定是专属人的，是超越自然本能意义上的。没有文化的人是自然人，有了文化的人就是超越了纯粹自然生命物种意义的文明人、智慧人、理性人。人之所以不再是单纯自然人就在于人不只本能、自然地存在和生存，而是在文化意义上生存，是具有了普遍抽象文化本质的存在。文化就是人类超越自然的本质，是人的灵魂的灵魂。我们长期来坚持唯物主义，强调物质文化，殊不知，当我们说物质文化这种人类专属的概念时，所强调的并不是文化的物质意义，而是物质的文化、自然的人化之深刻意义，这绝对只能从超越了自然哲学的人的本质、人的世界去理解。如果停留在机械唯物主义自然观中，那是只能理解物质，但无法理解物质文化的意义的。同理，当我们从自然生命世界进入人的自由创造世界的时候，仅从自然本能、必然性意义上是无法理解人的世界的。必须从文化去理解人的本能和自然存在，把文化作为人的世界的本质去理解。说得简单一点，为什么人类能超越本能，成为文明的存在？就在于人类有文化。文化是人之所以为人，人不再是纯粹自然本能存在的充足理由。

其次，文化当然不是感性具体之物，也不可能是具体人的存在的全部意义。但是，在文明人的具体现实生存中，人的多样性的具体生存活动只要不是生命自然意义上的，不是本能意义上的，则一定是文化意义上的。如果具体的人没有文化意义，只有自然生命意义，则我们称之为自然人，就还不是文明世界中的人，不是老子玄学理论中在地之上的人，而还只是地之中即地球生命世界中的万物之一而已。在现实中，所谓原始社会的人，还没有文化、没进入文明的人，则不是我们讨论的人的世界中的人，而是生命自然界中的人，它们和我们具有不同的本质和意义，原始人没有文化，没有理性。更现实地说，当一个人类生命来到这个世界上的时候，它还只是自然生命存在，它与生俱来的只是自然生命，而不是文明的人。文明人是文化的产物，是自然基础上后天教化和习得中构建起来的，所以，文明社会中把还没有通过人类普遍文化学习从而构建起相对完整、独立文明文化本质的人叫未成人。在一个进入文明的社会中，除了刚出生的婴幼儿是自然人外，人从刚出生起就开始步入社会化过程，就进入到文明人的文化本质的构建过程。在文明社会中现实的人没有自然人，所谓自然人只是一种认识人的抽象，狼孩则另当别论。这就是《圣经》所阐释的最基本哲理：进入文化和文明的人类是受蛇引诱偷吃了智慧之果的亚当和夏娃，已经永远被逐出了自然的伊甸园，再也不可能以纯粹自然生命的形式存在，即任何在文明社会中自然出生的人类具体个体只能以文化和文明的方式去生存。所以，文化一定是文明社会中任何一个具体现实的人构成部分，并且它才使文明人从潜在成为现实，它就有根据地成为文明人最普遍的本质，文化和人的自然生命存在的统一构建了具体的人的现实存在。对一个现实的文明人而言，构成文明的本质，使其称为文明人而不是野蛮人、原始人的充分理由，在于其在后天生存中构建了自身的文化本质，使其具有了文明人的普遍本质，这时他的存在是超越了纯粹自然生命物种的存在。文化正是人之所以为人、为文明人，不再是原始人的本质和根据。从自然之人转换为文明之人的决定性原因不在于人具体的血肉之躯，不在于自然生命的本质，而在超越了自然生命本质的抽象文化本质之中。文化抽象普遍概念本质上是人的一切非自然本能存在及现象的最普遍的概括和归纳。对于那些从人的各个非自然特定视角去理解文明人的各种理论而言，各种文化都是普遍的人之本质的抽象。文化的多样性构成，揭示的是人的本质的丰富内容，是人之所以为文明人的丰富而具体的内涵。文明人的文化过程是使人本质不断走向更加丰富、更加具体的永恒发展过程。对人的文化本质而言，最普遍的是非自然、非本能这一统一性意义，在非自然非本能普遍意义下的人类文化是无限多彩且永恒发展着其现实具体内容的。

这才是文化无定论的最深刻意义，是本体存在论意义的无定论，这正是人和动物的本质区别。如果文化在内涵上是有定论的，人就不会走出动物界；如果文化内涵变成确定不变性时，人就失去人的本质，退化为动物了。因此，文化不是东西，是从人的现实生存中抽象出来的文明人的普遍本质规定性。文化无定论，不是东西不是物，以文化为普遍本质的人本质上不是物，在感性具体意义上才是物，在理性具体意义上不是纯粹之物。这就是人物这一常识性概念的理性具体意义。

最后，文化无定论从另一个角度揭示了人的本质的非自然、非物性的深刻意义。文化相应于自然的规定性是确定的，但对于文化的具体内涵本身的具体理解却是永无定论的，所以，抽象的文化是有定论的，具体的文化却是永无定论的。人类对文化的具体认识是文化思考和研究的精华，它以文化无定论现象显现出来。文化无定论不仅仅是人类的认识能力、文化认识的发展性、认识主体的主观性影响问题，还应理解为是由文化本性、人的本性决定的。它在原则上就是无定论的，而不是像自然科学的知性命题那样，在事实上无定论，但原则上是应有定论的。所以，文化作为人的本质，不是物，不是简单因果关系。人之所以为人就在于人不是机械，不是由纯粹因果必然性关系所决定的，而是和自由选择有关的。简单地说，如果文化的内容是机械的，是纯粹受必然性规律支配的结果，则由文化本质构成的具体的人的存在就退化为纯粹客体存在，就又只是自然意义上的存在了。若如此，由文化本质构建起来的文明人又成了没有超越自然的文明人，那就和我们所追求的文明人的规定性就会发生矛盾。所以，文化作为人的普遍的本质，它的无定论是本性，是人的主体存在的本性所决定的。对无定论文化现实的统一性理解，对于理性具体地认识人的世界，具有决定性意义。

为什么从自然感性认识进展到普遍抽象文化认识成就了文明人在域中自成一大的理性具体世界？人超越自然的现实意义和本质根据是什么？这才是更深刻、更根本的问题。第一，人在感性具体意义上永远只是万物之一的自然生命，但人实现自然生命生存的方式基于普遍知识和万物产生了根本区别，自然生命选择环境实现生存的方式是由物种规定性决定的，人依靠的文化选择生存则是基于后天经验中建立的普遍知识支配的；由物种先天规定性支配的生命生存方式是世代循环往复的，由后天文化选择支配生存的文明人生存方式是连续不断发展的。正是人不断地改变并改善的文化选择生存方式，使人走出动物界而成为万物之灵。第二，为什么普遍抽象认识超越自然感性认识使人超越了纯粹自然界？这才是考验人类智慧的深刻命题。其最深刻的形而上学意义在于普遍抽象超越感性具体把人类从客体世界导向意义世界，由有限进展到无限，从而在无限文化意义世界中凭文化选择生存方式构建起无限发展的历史性进程。客体是具体有限世界，由具体守恒不变量制约的客体具体存在是有限的，由生命规定性限定的自然意识也是有限的认识。由具体进入普遍抽象才超越有限进展到无限的意义，产生了普遍抽象意义文化的人类据此才走出了性本有限的自然界。第三，人本质上走出自然又性本自然，现实的人既在自然之中又超越了自然。人作为理性具体存在以感性自然存在为基础，以普遍抽象文化为本质，理性是感性、知性、理性相统一而成为具体理性的现实存在的，无限是对有限的扬弃而不是否定，空超越色又不异色，无限文化意义世界是建立在感性有限认识基础上并最后以普遍抽象为中介回归客体有限世界本身才成为理性具体的。

三、文化源于进化并超越进化

人是什么的一个重要命题是人从哪里来的。在自然界的统一性理解中，我们把生命世界理解为物质世界按照熵定律结构复杂性演化到一定阶段，进入进化这一特定结构演化形式自然而然地产生的。生命世界在物质世界之中。人作为自然生命的一个高级形态的物种，是生命自然界从简单到复杂进化的产物。生命自然界以物种为基本存在单位在宏观表型上进化，微观上相应的是 DNA 结构复杂性及功能复杂性的进化，本质上是生命灵魂从低级到高级的进化。其中，生命灵魂即生命的时间性过程的存在形式才是生命的根据，灵魂使生命具有了选择性生存的本质形式，从而超越了纯粹物质存在。这种进化是在自然意义上的，是自然界运动发展变化的最高形式。但我们思考人从哪里来的命题时，不能仅限于人的自然生命，仅从自然进化去理解。

文明人理性地思考我从哪里来时以我的自然生命从哪里来为基础，但最为本质的问题在于异于禽兽的我是从哪里来的，当然不能由达尔文的生物进化论为人的万物之灵的本质提供充足的理由。当人超越自然本质，成为异于禽兽的理性本质的存在时，理解文明人是什么、人的文化本质是什么这些重要命题时，以及理解人的文化从哪里来，都是理解文明人从哪里来的基础。

在人类中心论支配的近现代文化价值观中，人类基本上抛弃了传统的灵魂概念。即使对灵魂概念有所保留者，基本上也是保留在人的灵魂概念中，有人可以充分地思考和理解亚里士多德的生命灵魂本质统一性理论已是凤毛麟角了。人类可以无视灵魂，却不能离开人的特定文化领域的思维、意识、认识这些抽象概念去唯物地理解人的世界。在人类中心论的支配下，文明人总是想当然地把思维、认识、灵魂这些抽象现象归纳在文化现象范畴，往往不证自明地把文化作为人的专属规定性时，同时还把思维、认识、意识作为人的专利，把文化限定在抽象的精神文化。既然人的抽象精神文化、思维、意识、认识都只是人类特定现象，那它从哪里来在逻辑上就是一个没有发生学源头的命题，除了上帝赋予人类之外，唯一能得到的只能是神秘和不可知论的解释。所以，割裂了人的文化和自然的关系，把意识、认识归结为人的专利，既无法理解认识和思维的本质，也永远无法对人的本质、文化的本质得出有根据和合逻辑的理解。

人的文化从哪里来尽管不是一个不证自明的命题，但其实也并不是一个神秘的命题，只不过是我们僵化在知性思维中而成为“睁目瞎”而已。因为每一个文明人自己都是从自然人的基础上，在后天的生长中建立自己普遍文化本质的，每个文明人都有文化从哪里来的经验过程。如果每个人的文化都是后天生存经验中习得或创造所得的，那么，人类文化就只能是后天学习和认识的结果，是人类在后天的创造中不断积累和传承下来的宝贵财富，是人类用之不竭、具有永恒意义的精神宝库。于是人的文化从哪里来的命题的进一步题拷问，就转换为为什么人类在后天生存经验中建立了文化这种更深刻的思考。当拷问思维不断持续，并把文化的产生看作一个知性科学非此即彼的命题，则在认识逻辑上人们就先验地陷入了恶无限，即在逻辑上已经变成了一个无法得到最终答案的恶无限的命题。所以，对人的本质、文化从哪里来的思考，不能停留在知性非此即彼的思维中，一定要上升到统一性思维去理解。

从统一性思维理解的文化和自然的关系是相对关系，而不是非此即彼的对立，不是在对立基础上的统一关系。文化和自然的不同是差异和不同一，而不是知性的对立。所以，文化和自然是不同层次的范畴，没有非此即彼的对立意义，它们的统一不是矛盾对立统一，不是在矛盾基础上的统一，即文化和自然只是差异，不是矛盾，不是对立，所以不是对立统一的矛盾。因为很简单，非自然的文化并不和自然对立，文化不是反自然的，自然离开文化则依然是自足的具体存在，并不借文化为中介来实现自身。自然和文化处于不同层次上，二者是相互符合还是相互冲突，那得视每一个文化意义而具体思考和判断，无法对普遍的文化和自然必然性规律之间建立起可理解和描述的因果逻辑关系。所以，文化和自然之间从来就没有非此即彼的选择，自然本身就是具有充足理由的存在，根本没有必要依赖于“文化”而相对地存在。独立自足的自然是在先的、先天的，是文化的基础，是文化产生的发源地；文化则是以自然为基础的，又是比自然更高一层次的存在。所以，我们说文化和自然是相对应的存在时，不是在同一层次意义上的对应，而是不同层次之间分类时的对应，即把人的一切现象作为天生自然以及后天文化意义上的区分时的相对应，而不是同一层次中两者相互对立、非此即彼的意义上的相对应。文化和自然是统一性的存在，二者是统一性关系。如果把自然和文化停留在知性因果关系意义去理解，不但文化和自然的意义无法理解，更重要的是文化作为人的本质就无法理解了。这或许就是在知性思维支配下，人类对人的文化如此关注，得出如此丰富的认识，但却又不能合乎逻辑地将之归纳为人超越自然存在的根据和理由的一个重要原因。

从统一性思维去理解具体现实文明人的文化和自然相统一的存在，首先就必须把自然存在作为文化的基础。所以，人的文化本质从哪里来？这是在逻辑和发生学意义上都必须回到自然基础去思考和回答的问题。如果高级的文化存在，宇宙中最复杂最具普遍意义的人如果不是从自然中来的，那文化就是神秘不可知的，人类就陷入对自己、对世界永远不可知的情景，最终只能皈依信仰去理解了。世界统一性原理坚持对于人从哪里来、人的文化本质从哪里来的答案，其奥秘只能在自然之中，在人的自然之中，在生命自然世界之中。只能把人的文化本质理解为在人的自然基础上产生的，这才符合世界从低级到高级，从简单到复杂的普遍发展规律。我们也只能在这种统一性的逻辑关系中，有充足的理由把文明人当作世界中最高形式的存在，把人的世界作为具有最普遍意义的世界，在这种最高形式意义上的人才是万物之灵，不只是万物之一。人是万物之灵不是关于生命自然世界统一性的合乎逻辑的结论，在自然生命意义上，人只有万物之一的资格；只有在具有文化的文明人意义上，人才是万物之灵。所以，文化一定是超越了自然的，是人作为万物之灵的本质和根据。从世界统一性意义来看，文化是源于自然而又超越自然的，是在更高形式和更普遍意义上超越自然存在的文明人和文明世界的本质和根据所在。

在世界统一性原理中，文化源于自然而超越自然的统一性意义是直接而明白的，但知性因果必然性逻辑思维对此却是无法理解的。人类对文化如此深刻的认识、归纳和体验，对人的本质一直在孜孜不倦地追求，但却无法把多样性文化现象联系和统一起来。在知性理性化的思维中，人类不但没有进入统一性思维，而且已经形成并逐渐强化了人类中心论的统治地位。当科学知性具有绝对统治地位，而知性又是人的特权的时候，人就成了这个世界俨然的最高统治者，而且是和人的自然基础相对立的绝对统治者。在人类中心论以及机械唯物主义宇宙观中，人类把人在文化中的意识、思维、认识和人的文化同一，而不是把文化统一起来。在知性思维中，思维、意识、认识是文化现象这似乎是理所当然的。这就是问题的症结所在。文化是由思维、意识、认识为基础的，但这些基础本身并不都是文化，并不是只有文明人和原始人才有思维和认识。人类中心论只思考人的思维、意识和认识，这是人类一直陷于知性机械论而无法从统一性去理解人的本质的原因。在自然世界的统一性认识中，人同样是具有自然生命一切规定性的物种存在，只是万物之一。在生命的本质规定性意义上，人比其他生命并无特别优越之处。我们不必纠结在人和动物之间，完全可以回到人的存在本身，回到文明人自己的生存经验本身来思考。和文明人具有本质区别的原始人具有思维和认识吗？回答应该是肯定的。出生后还没有建立人类普遍文明文化本质、以自然状态存在的人具有天生的意识和思维、认识的内在机制以及意识，这是自明的，即人天生具有脑机制，具有认识技能，具有思维和认识能力，这些不是后天认识和文化发展形成的，思维和认识是文化的前提和基础，不是文化的产物。逻辑上，人的思维和意识、认识是作为在文化之先的基础，否则无文化的动物就没有意识了，人类文化就不知从何而来了。如果以文化作为人超越自然的本质的话，则思维、意识和认识，就限定在人本身的思维和认识而言，对人的文化也是在先的，所以就不能是在文明人的意义上的超越自然的现象，而是在自然意义上就已经产生了的现象。人的文化是人的思维和认识的产物，但产生人的文化的思维和认识却不是超自然的，而是自然进化本身产生的。在对生命世界的思考中，我们已经得出统一性认识，即感性经验认识是自然进化产生的，它在高等动物中普遍存在，不是文明人的专利，也不是人的专利。所以，具有感性认识的原始人不是普遍文化世界意义上的人，具有天生思维和认识的人在文明社会中必须在后天的学习和训练中获得人类普遍的文化本质，才是现实文明社会中的人，才能现实地在文明世界生存。自然意义上的感性认识，包括只是自然进化意义上的感性认识中的思维和意识，不是文化文明现象，这就是人类文化和文明的统一性基础，即人的文化认识来源于人的自然认识，文化源于自然而高于自然。

文明人的思维和认识和原始人有本质的区别，即文明人和原始人的区别，以及和其他高等动物的区别，不在于文明人是有思维、意识和认识的动物，而在于文明人具有和原始人及其他高等动物本质不相同的思维、意识及认识。所以，人的文化的来源并不神秘，它来源的基础就在于自然进化产生的高等动物的自然意识、思维及认识的先天机制基础上。当人这一自然物种的思维和认识的内容、形式在自然进化中，突破了自然进化的限制，超越了自然时，就把人类引领到超越自然界的人的文化世界，文化就在自然认识基础上产生，文化产生就超出了自然的进化意义，所以，我们叫文化而不是叫进化。我们一直把文化作为人类特有超自然现象的描述主词，但文化在根基上先验地具有动名词的本性，不只是抽象的名词。化是指一种过程，是世界运动发展的一种特定过程性的动名词。从文化的动名词词性中才可以体悟人在世界中的地位和意义，人的文化意义就是世界处在文化永恒和绝对的运动和发展之中。最基本而又最普遍的能量世界的运动发展我们称为转化，包括在形式和载体之间的转换和转移；物质世界的最一般运动形式是演化，它本质上是能量转化的一种特定形式；生命世界的一般运动形式是进化，同样是从简单到复杂，从低级到高级的运动发展，而且生命世界的进化同样可以理解为物质世界演化的特定形式；人类世界的运动发展同样可以理解和陈述为本质上是文化从简单到复杂，从低级到高级的发展过程。文化是进化的特定形式，它既在进化之中，又在进化之上。文化在进化之中，因为进化是文化的基础；文化在进化之上，因为文化具有和普遍自然进化不同的本质，文化超越了自然的范畴。所以，对文化和进化的统一性关系的理解，同样也是对文化从哪里来、文化的本质是什么的理解。

从文化来源于自然又超越自然的统一性观点去理解文明人的本质时，那些一直觉得神秘复杂地带着知性非此即彼的观点问题就迎刃而解了。人类把科学当作理性最高思维的认识方法论上的局限性使人类对世界、对自身的理解陷入机械论，陷入抽象片面性。世界统一性原理的目标就是要走出知性局限性。文化的精髓不在于某一统一性结论，而在于用统一性的智慧去具体理解现实世界，把对世界的抽象知性认识统一于人的理性生存现实中。我们不能否定知性科学真理认识对人类走出原始思维的决定性意义，没有知性抽象，没有非此即彼，没有普遍有效的绝对真理，人类就和其他只有感性思维的高等动物一样，只是自然认识为本质的自然存在，只是大自然中特定的生命物种之一。只有人的思维、认识达到知性和理性认识，人才超越了自然生存模式，从自然认识中发展为具有知性和理性认识的人，成为依靠人类独特的文化去生存的人。所以，在最直接的意义上，我们可以说人是知性存在，是具有知识的存在，这已经是人具有普遍抽象本质的充足而必要的条件。科学知性认识对人的本质，对人类文明历史的决定性意义是无可否认的。但是，人是理性动物，不仅仅是知性动物。在知性理性化的观点看来，科学知性即理性，所以，从因果必然的科学知识去理解世界是正确的，而且是充分的，我们对世界从感性到理性的认识就是从自然经验认识到科学认识。当越来越多的科学认识连成一个描述世界因果链时，我们就在整体上把握了世界。但是，从理性的观点看，科学知识或一般意义上的知识只是对具体存在及其运动变化过程的某一角度的有限抽象认识，每一个知识本身是一个意义元结构，对具体的认识是无限的，即具体的认识是由无限多的意义元结构去构成的。我们不能终结无限，而是追求无限，依靠越来越丰富的知识去更全面、更智慧地面对具体现实生存。当人类根据客观普遍抽象知识为依据去作现实生存选择时，已经把抽象知性导入具体，人的文化生存在存在论意义上一定是具体理性的，不能是抽象知性的。抽象知性包含在具体理性之中，并正是以抽象知性为根据我们才从感性具体自然生存进展到理性具体生存，从而在本质上异于禽兽。最浅显的例子是科学和技术的统一性关系：科学知识是具有对错判断意义的抽象普遍关系，技术则是理性统一性的生存实践范畴，它把抽象知识导入具体，所以技术不是由对错去判断，是由可行性和合理性作为评价标准的。人类进入文明史本质上是进入文化选择生存，在具体选择意义上，文化是知性理性不可分割的，而且本质上是理性的，这是文明由智慧生命而非知识生命为主角的理由。有限而抽象的知识还只是思维中的抽象，抽象知识返回到具体客体存在时就已经不再是知性，而是理性认识了，只不过科学理性固执于抽象的知性没有自觉到这是理性认识，没有理解从知性真理认识转换为理性统一性认识的意义罢了。所以，对人是什么，人的世界是什么这类具体命题既要建立在抽象知性非此即彼基础上，但又不能只停留在抽象知性之中，否则就会把具体的人和人的现实世界看成谜。在知性意义上，文明人和原始人的区别是前提，他们有不同的本质，但这只是对人的本质的抽象思考。如果不回到理性统一性思维，把文明人和自然人作为非此即彼的两种对立的存在，而不理解从自然人到文明人的统一性关系，则文明人从哪里来就永远是无源无本的问题，就是永恒性的谜。从知性上升到统一性理解时，在承认自然人的本质和文明人本质非此即彼的绝对区别的基础上，同时就将自然和文化在具体的人的存在之中统一起来，把自然本质和文化本质这两种在抽象中非此即彼的东西在具体中完美地统一起来。自然的本质赋予人的生命存在，是人的一切存在的基础。从自然人的自然本质基础上产生了文化本质，产生了超越感性自然认识的知性和理性思维，人又具有了超越自然的文化本质，人就是自然和文化相统一的存在，而不再是纯粹自然存在。所以，只有从统一性思维中，才能智慧地思考并理解人是什么、世界是什么这种复杂性的命题。

统一性思维是认识具体世界的理性方法，是具有文化的人类从知性抽象返回具体生存现实的唯一选择。从抽象返回具体除统一性外别无选择，文明人就一定是具体理性存在，只不过水准不同而已。人是知性动物同时就意味着人是理性动物，世界统一性原理强调的是人要成为自觉的理性动物，而不能把知性理性化，即不能只是不自觉的理性动物。否则，在从抽象和有限知识返回人的现实生存时将陷入机械片面性，永远把人的思维认识、文化当作神秘不可知的，或者把文化当作物质的第二附属，当作脑的机能，是由必然性支配的。一旦把文化还原为受物质支配的第二存在，它就陷入了必然性而失去了文化自由和创造的本质意义。所以，对人的认识一定要上升到理性具体才能完成。其实，不只是对人，对生命世界、物质世界、能量世界的一切具体认识都是从抽象返回具体的，都离不开统一性思维，这就是为什么单纯生命科学无法回答生命是什么的原因。在知性抽象中，生命来自神秘活力，或者在物理机械还原中消除生命的神秘性，但在回到抽象之物的规定性时，虽然生命不再神秘，但生命也已不再存在。因为在生命向物质还原中，生命和物质没有本质区别。实际上，把科学绝对化的生命科学沦为否认生命本质的科学，这是生命科学缺乏统一性智慧而陷入片面性和盲目性的结果。生命失去本质，归结到底就是生命失去了灵魂，只剩下机械意义的肉体。这种机械科学生命观的一个致命后果是人在自然存在中就失去了灵魂，所以文明人从机械生命观去认识自己的最大局限性就是把自己当成了一个无灵魂的存在。把文明人当成行尸走肉是让人无法接受的。人没有了灵魂，文化就失去根基和意义，精神文化就只是抽象的抽象。所以，知性思维否认灵魂同时就否定了人的文化本质，永远无法回答人的本质是什么及它从哪里来的命题。在统一性思维中，人是自然和文化相统一的存在，人的本质源自于人的自然的本质，即生命的灵魂，但又超越了自然生命的灵魂。从世界统一性原理去看，不是人有没有本质，有没有灵魂的问题，而是人的本质、人的灵魂是什么的问题。对人的认识，对人的世界的统一性理解就是围绕着人的本质、人的灵魂从抽象到具体去不断展开的，这是本卷，也是整个世界统一性原理的精髓。在进入这种理性统一性思考的抽象规定性认识阶段，我们在自然和文化的统一性意义上，把文化抽象现象归纳为人在自然本质基础上发展而来的文明人的普遍本质，人的世界的进一步思考就是去具体展开文化如何作为人的灵魂的灵魂，推动人的本质的永恒、无限历史发展的现实意义。

第三节　人是历史性存在

一、人类文化的产生

人是理性动物的另一种陈述是人是文化的动物。但是，在传统的文化概念中，这却是不可接受的。人们已习惯于把文化和思维、意识、认识同一，局限于主观即纯粹心灵的抽象意义去认识文化，没有通达对文化的具体理性理解；另一方面又把理性关在抽象而狭隘的科学中，把科学和理性同一，言下之意是历史上那些没有科学知识的人是非理性的禽兽，忘记了往往是那些具有更高科学知识的人成为有文化的匪徒时是更加破坏性存在的事实。作为人的属性，而且是人专有的属性时，精神文化不被理解为文明人的普遍本质，而是依附于感性意义上的人的具体存在的属性，变成了生物人的属性了。因此，我们不但有最一般意义上的原始文化概念，而且人类学家习惯用周口店文化、半坡文化、旧石器文化、新石器文化、青铜文化去归纳人的自然进化以及文化发展的完整过程。这种文化概念是机械唯物主义以物为根据去理解物质文化的产物，实质上是以工具的改变、发展、进化去归纳人的自然史和文明史的发展，将文明史的本质理解为唯物。这种知性文化观实际上面临着两难选择：把自然人、原始人的进化从工具中归纳为不同阶段文化进化的历史过程中，如果把文化理解为非自然的，则人从物种诞生开始的一切现象，从自然人开始之日起就已进入了文化过程，是非自然的存在，所以，人的一切，包括人的自然性从哪里来都是不可理解的，是无根无源无本的；如果人的文化和自然进化是连续性的，则区别于纯粹自然现象的文化现象又是自然的。这不是辩证的统一，而是两律背反的两难窘境。这种在先天意义上把人和动物区别开来的观念正是人类中心论的基础。人连自己的存在基础、自然生命来源都无法理解时，要理解人的灵魂及文化就更加不可能了。人类中心论除了上帝关照下人类成为中心外，人是没有任何根据的中心，彻底的唯物主义就成为彻头彻尾的主观主义，走向知性唯心主义。从逻辑上看，如果承认人的自然史，把人类野蛮、蒙昧时期的历史归结为纯粹自然史的话，则说原始文化、石器文化就等于说文化就是自然了。文化本来就是和自然相对应、相区别的，这种理解就变成自然和文化同一了，这是不合逻辑的。长期来，人类确实在文化概念理解中有“文化乱象”，但基本上还是坚持文化区别于自然的后天性的。认为人类天生就是文化，是从人类中心论意义去理解人类文化的产物。达尔文在自然生命环境选择的进化论基础上归纳出人是万物之灵时，实质上也只能仍是从自然物种意义上去区别人和其他动物。人类中心论把人的文化理解为天生的，是与生俱来的，这其实和人的文化的后天性、经验性事实是不符的。因此，对文化概念的外延和内涵都必须抛开人类中心论，在文化和自然相对应、相区别意义去理解，不能把文化和人的感性存在、自然存在、具体存在同一，首先必须把它从具体人的存在中抽象出来，和人的自然存在严格区别开来。如果不想产生“自然文化”这种不伦不类的概念，不想把人和自然割裂和对立起来，按照世界统一性原理的逻辑，原始人自然形成的习俗、习惯是自然而不是文化，没有原始文化、自然文化。本书讨论的文化，首先必须在和自然相对应、相区别的意义下去理解，不要把文化当作人的无所无尽的具体，当作万能垃圾桶使用。

人类文明的产生是从自然人的原始社会向文化人的文明社会的飞跃，作为文明人和文明社会本质规定性的文化就是文明社会和原始社会的分野。对人的统一性认识就必须回答为什么在自然的感性认识基础上，在自然生命的原始灵魂中，人类产生出非自然的理性灵魂，即在感性自然认识这一高等动物的普遍灵魂本质基础上，产生出超越自然感性认识的知性认识和理性认识的非自然灵魂的本质，从而使人的灵魂和自然动物的灵魂产生了本质的区别，在自然生命世界基础上产生了更具普遍意义的人的文化意义世界。换句话说，使人类产生了知性和理性灵魂本质的理由是什么？在什么意义上我们能理解文明人的认识和自然的认识是有本质区别的？使自然感性认识上升为非自然的知性、理性认识的充分理由是什么？

说到灵魂，当代人会觉得神秘、陌生、不可理解，但说从感性认识上升为知性和理性认识，却是我们最熟悉不过的。因为它是我们现实生存的每一分每一秒都不可或缺的，只不过在人类中心论支配下，我们把高等动物的自然感性认识能力剥夺了，垄断了，从而没有感悟到从感性具体认识上升到理性具体认识是从自然灵魂上升到人类理性灵魂的深刻意义而已。这种人类沙文主义并没有为人类掠夺到什么财富，反而使人失掉理解自己从哪里来的基础，由于丧失了人的自然前世，因而无法合理地理解人的超自然的今生是从哪里来的。事实上，人类的文明史是有文字记载的历史，文字的发明使用是人类文明的开端，文字是人类从自然认识走向超自然的知性抽象认识和理性智慧认识的工具，是人类文明的基础。只有从文字的产生及其意义，才能真正理解属于人的、人超越了自然的思维和认识产生的历史。人类文明史是有文字记载的历史，这种理解在总体上是合理的。使用抽象文字符号是人和动物的最根本的区别，只要根据文字发明和使用的革命性意义，就能把人从原始到文明的进步有根据地理解为非自然的、文明的、文化的。文字作为抽象意义工具，对推动人类从自然感性认识进展到普遍意义的感性、知性、理性相统一的文化认识，从而走出动物界，进入文化生存的更普遍世界，具有决定性意义，对文明人的生存乃至统一的人类文明史也具有现实且决定性之意义。

文字是文化和文明的工具，对人类文明的思考从文字开始是顺理成章的。传统的人类文明史思考同样把焦点放在工具的归纳性意义上，但都是从物质工具去归纳和描述人类文明和文化发展的历史进程，把人类的自然史和文化史同一化，旧石器、新石器文化的归纳就是最直接的证据。从物质工具去归纳人类进化及文化并没错，但不够。如果从物质工具的物的意义去看，使用工具并不是人和动物的本质区别，动物也会使用简单辅助工具。就是说，单以工具的使用和制造本身，无法把工具理解为超越自然的文化。旧石器文化的工具究竟是自然工具还是文化工具？假使原始人使用旧石器是文化行为，那么用棍子的猴子是否也已经文化了呢？所以，随着人类文化和文明的发展，人类通过工具去改善自己的生存方式的确是人类文明的重要标志，但这却不意味着工具的使用和文化之间的必然性关系，更不能把工具的使用看作人类超越自然的本质。真正使人和动物区别开来的不在于使用工具，而在于人和动物使用的工具的本质区别，即人类掌握了文字作为思维和认识的工具，人类以文字作为思维和认识意义的工具即意义的载体，使人从自然感性具体认识基础上建立知性普遍抽象认识和理性统一性具体认识成为可能。文字的发明、普及和使用并不是人类实现普遍知识认识的充分根据，但却是必要条件。也就是说，没有文字作为思维工具，要建立具有普遍意义的知识认识是不可能的。在高级动物中，尽管有脑结构的动物都具备了意识、思维等认识能力，但依赖于具体认识个体的直接感性经验认识无法独立于具体感性经验个体主体，无法超越认识的具体个体性，无法产生具有普遍意义的知识。没有文字符号为工具，无法实现从自然具体认识向具有普遍抽象意义知识的决定性飞跃，没有文字为思维工具的高等动物，包括原始人，只能在自然感性认识下去选择性生存，只能在世代延续中周而复始地循环其自然生存方式。以文字为思维工具的文明人则依靠普遍意义知识在社会生活共同体中的共享、传承、积累，不断改变并完善文化选择生存的方式，走出了自然遗传支配的世代循环生存方式，在一代代文化选择生存方式的不断改变的意义上走出了自然界。文明人的生命依然是自然的，依然受自然进化法则的支配，但其生存方式却不再被自然进化法则所限定，而是由文化发展水准来支配，构成了开环的不断变迁的永恒发展过程。概括地说，所谓自然生存方式是指生命物种由种的规定性决定了的选择生存方式，它是先天的，在一个具体生命诞生之前就已规定了的，和每个个体的现实生存经验无关；而文化选择生存方式却是后天性的，它以种的规定性为基础，但却不被种的规定性所限定，而是由后天生存经验中文化知识的积累和创造所决定的，是群体社会和个体相统一的文化创造来推动文明人不断远离纯粹自然界。从逻辑上看，文明社会之所以能越过自然进化形成的先天性世代循环的宿命，是因为支配文明人选择性生存的文化是后天经验的，这正是经验主义认识论合理性的最充足理由。

在第一卷中，我们曾具体讨论了认识和知识的关系，坚持知识是特定的认识，即具有普遍意义的认识，真理知识则是在普遍性基础上达到客观性即绝对普遍性的知识。按照上述理解，我们有充分理由认为知识建立在文字作为抽象思维工具的基础上。知识是人在后天经验中建立起来的普遍意义认识，超越了具体个体意义，不再只是自然、本能的认识。文明人可能达到的知识水准不是由人的生命物种的 DNA 先天决定的，而是由后天创造决定的。自然认识和文化知识的本质区别是先天性和后天经验性，知识就是文明人和原始人以及纯粹动物的本质区别。因为在世界统一性原理中，感性认识是一切具有大脑思维机制的自然生命的共同特征，无论是人还是猴子，仅依靠感性思维去实现生存选择的生命都还只是自然生命，还没有超越自然的范畴。只有当人类依靠文字作为工具，在感性认识基础上产生知性、理性认识，得到知识，在知识认识条件下以新的方式去生存时，我们才认为人类走出了纯粹自然界，步入文明。以知识为手段去生存的人就是以文化为本质的人。人的文化、文明建立在文字工具的普遍化基础上，而这恰恰是在工具使用意义上，文明人和原始人及动物的根本区别。动物及原始人可以使用物质工具，但没有以文字符号作为思维工具，因而只能停留在自然意识和认识之中，只能是纯粹的自然生命存在。把几个原始人使用石头包括打磨的石头作为生存工具就说这是文化，是缺乏充分理由的。只有以文字为载体建立起普遍知识的人才有充分理由称为文明人。所以，严格地说，文明人是会使用文字工具去实现普遍思维的超越自然之存在，即具有文化本质的文明存在。文明来自文化，文化的基础则是文字，而不是一般的工具，更不是石头。

为什么文字是文化和文明的基础呢？为什么文字的使用是认识从具体个体感性认识上升为具有普遍意义的知识认识提供了必要条件呢？因为，文字作为思维的具体内容即意义的载体，它把认识主体的认识成果从大脑中转换到文字符号载体中，获得了全新的形式，对认识过程产生了革命性意义。一是个人大脑中抽象的意义能在具体客体形态的文字载体中表现出来，把个体具体认识转换为具有共享意义的客体载体中的意义，使认识从个体性转换为公共性共享性的，为认识成为普遍知识提供了可能。以文字符号为中介，我们尽管感觉不到他人的思维和感受，但可以间接去理解和体会他人表达的意义，理解人类文化普遍成果的意义。文字为人之间的抽象认识共享交流、沟通提供了条件。二是文字使认识客体化、客观化，为认识的贮存、传播、传递提供了条件。三是文字建立起客体载体为基础的意义陈述模式，使更复杂抽象普遍的认识、思维、描述结构成为可能。人类认识中构成知识普遍性的先验认识形式和构成知识客观性的因果必然性逻辑关系，离开文字工具，仅依靠个体大脑的直接思维加工是不可思议的。文字使思维的加工、处理意义的能力产生了质的飞跃，只有在以文字为载体的认识中，具有普遍性知识意义的认识才是可能的。这正是在自然界中，只有具有以文字为思维和认识工具的人类能从感性自然认识上升为知性抽象普遍性认识以及理性统一性认识的原因。只有以文字作为思维认识工具的人才在思维和认识的发展中发明了文化，步入了文明，走出了纯粹自然界，成为既在自然中又超越了自然的文明的存在，成为具有普遍文化本质的存在。

人作为生命世界的物种，首先是在生命进化链顶端的物种，是具有感性认识能力的高级动物，这是更高级的知识认识的基础和前提。在生命世界如此众多的动物中，具有复杂脑技能的动物成千上万，为什么只有人创造了文字，产生了普遍抽象思维呢？是从脑的优越性还是感官的优越性去理解呢？脑容量的进化是人类学研究人的进化的兴趣所在，但以脑容量去理解人的文化进程似乎是不够的。至于感官感知及沟通能力方面，人并不见得比其他动物有明显的优越之处，如果认为人的脑结构或感官的天生优越性使人进入文化认识，那在逻辑上就意味着其他生命也会步人类后尘，在自然进化中将纷纷向着文化的目标前进，但这并不符合经验事实。另一方面，对人的生命自然的理解，同样可以从人的自然能力匮乏的意义去理解。在适应环境的生存能力意义上，人不是最优越的，而是相对匮乏的，脆弱的，是承受着较大生存压力的自然物种，人的自然生存能力并不比其他动物强，反而比很多动物缺乏竞争生存性。所以，人类在自然状态下就已经自然而然地以群体为生存模式，即人是先天的社会动物。人的社会性不是文化的产物，而是自然而然的先天本性，离开群体的自然人缺乏生存竞争力，群体生存模式即群体之间个体的分工合作使人自然而然地依赖于个体之间的沟通及交互作用，这是信息、意义需求作为文化产生的基础意义。另外，人具有较长的哺育成长期，人的个体在自然选择生存中所依赖的能力大部分在物种意义上是先天的，在具体个体意义上是后天习得的，而不是与生俱来的。即使在原始社会中，人对群体的依赖，群体中个体之间的沟通和协调，以及世代之间生存能力的传递和延续，都使人朝着文字符号的方向进化。在文化发展的尺度去看，自然进化意义上的抽象符号的发明和使用是极其缓慢的，只有在文字符号普遍使用基础上形成普遍性的知识认识，特别是建立了因果关系必然性的客观普遍认识以后，人类才真正进入了文化本质发展的飞跃，进入了文明的崭新时代。人类文化文明就是这样在文字创造和使用的基础上创世纪的。并且，这种文明创世纪的伟大事件，正在每一个具体的人出生后的文明成长的后天经验中重复着，直到人类的永远。你的文化文明本质从哪里来，人类的文化文明本质就是从哪里来的，除非你坚持把自己当成还没进入人类文明的禽兽，或是把自己当成在人类文明史之外之上支配人类的上帝。

二、文化的历史性构建意义

尽管人类理论认识还没自觉从抽象文化现象去揭示人的本质，但人类文化中把文化和文明作为文明人和文明社会的本质体现在来自直觉的体悟中，理性动物和文明史的感悟是具有普遍认同意义的。只要把自然意义和文明人之间的区别和联系建立起来，把现实文明社会中的人的本质理解为普遍的抽象，则文化就会合乎逻辑地成为人区别于自然生命的本质。是文化使人类超越了自然界，因而文化就是人类专属的现象，这不需要高深的智慧，只是我们对自身存在最切身的直接体验。我们说人类文化时，并不是用人类去限定文化，即并不是意指有非人类文化，人类文化中的人类只有陈述并无限定意义。文化是人类才有的现象，并且我们对自身的这种体悟并不仅限于地球生命圈中的人类存在自身。尽管我们至今还没有可靠的证据，确认在地球生命圈文明这个文明人种之外，在宇宙中还有类似的生命圈，并同样具有智慧生命存在，但就仅在思维中思考这些地外文明、外星智慧、外星人时，我们从地球人的文化尺度出发，才称之为外星人、地外文明和外星智慧。这种不须论证的外星人概念的最深刻意义在于，它是对我们作为文化本质的文明存在的最深刻的体悟和近乎形而上学的认定。没有人会怀疑外星人、外星智慧、地外文明概念的指称之意义，却很少悟及这种意义的参照系是我们的存在本身。说上帝按照自己的样子制造了人并无根据，但说地球人按自己的文化本质去设想外星人则是不难理解的。所以，事实上，我们并不排斥认同我们是具有抽象普遍文化本质而超越了自然的存在，只不过在追求人的具体现实存在意义下忽视了人的抽象本质罢了。更为甚者，在知性因果决定论中把人还原为物，连生命的本质都被摒弃了，结果人的抽象的精神文化本质就此失去了存在的本质意义，只是第二性的、被决定的存在现象，最终人的文化、本质、灵魂这些人的存在的最深刻的东西就失去了意义，人类就无法真正通达人是什么的命题。人是什么是比物是什么更具普遍意义的命题，从特定的物是什么去解释人是什么是违反逻辑的，是反文化的。只有在统一性思维中，在承认人的自然生命基础上，把人之为人的本质和根据建立在人的文化基础上，才能在自然和文化相统一的意义上，回复到具体现实的人的存在，才能从物的世界进入更具普遍意义的人的世界，而且是超越了地球人的最普遍的人的世界。也就是说，文化是宇宙中一切智慧存在的最普遍的本质。

自然和文化相统一的人的具体存在和只是自然生命意义上的人的具体存在的区别是什么？我们自称为文明人时，认为自己和原始人不同之处是什么？这是对人是什么从抽象本质回复到人的具体的统一性理解。在这种统一性中才能真正悟到人的文化本质之为本质的具体现实意义，才能在具有文化本质的文明人和纯粹自然生命意义上的原始人的本质区别中理解文明人的本质。

现代文明人和原始自然人的本质区别历来是人本主义思想家的主要命题，与从自然规律去揭示人的生命的科学家无太大关系。在人类历史上，最早关注人的思想文化领域的重要思想家是苏格拉底。苏格拉底年轻时对自然科学抱有极大兴趣，但后来认为这种劳作徒劳无益。“苏格拉底认为，对世界原因的真正研究，并不是要找出某一个物质本原，而是要发现那个把世界万物安排的如此合理，如此井然有序的原因。所谓万物的主宰和原因，无非就是把一切都作最佳安排，并且把每一特殊事物都安排在最好位置上的力量，他认为这个力量就是善。所以，寻求世界万物的原因，就是寻求这个善而不是其他的某种东西，而自然科学家恰恰忽略了这一点。”[③]苏格拉底是人类对世界认识的一个转折点，是人对人自身从理论上自觉探讨的起点。苏格拉底哲学把对自然万物本原探讨转向人的存在自身的意义在于：一是从自然世界转向更普遍的人的世界，从物质本性转向人的心灵，即转向人的非自然的本质，而且是从具体存在转向最普遍的抽象，从抽象普遍性阐述人的存在的本质和意义。这是人类对世界的追问从客体转向主体，从是什么转向为什么，从何所是转向何以是的历史性转折，这是从具体向抽象、个别向普遍、现象向本质的历史性转折。自然哲学是局限在有限客体存在之中的，并且以本原具体存在者既是个别具体又是最普遍的存在者的意义来体悟自然界的统一性。苏格拉底的深刻之处在于，他把视角转换到无限的主体意义世界，认为人的世界比物的世界更有普遍意义。苏格拉底追求将世界安排得如此井然有序的力量即至善的思考作为最普遍意义的命题，显然是进展到人的具体、现实的世界，具有人的本质于其中地超越了自然的世界。苏格拉底哲学的世界即人的世界。在人类认识史上，把“认识你自己”的神谕引到人的主体存在本身，转换为哲学智慧思考目标的始祖应是苏格拉底。二是当苏格拉底从德行即人的心灵去追求世界的原因，追求支配世界运动发展的最普遍规律和最本质力量的时候，已经超越了自然必然性的意义，进入了人的自由选择的文化范畴。苏格拉底从人的行为即德行去理解世界时又竭力去摆脱主体的个体主观性，追求最普遍的至善，这不能不说是人类对人的世界和人的存在本身思考的巨大进步。所以，尽管苏格拉底还是从伦理、道德、善的意义去追求人的世界的根本原因的理解，还没有直指人的普遍文化本质，但却不能不承认他是进入普遍意义的人的世界本质思考的先驱，是人类从存在即物质的自然哲学迈向存在即思维的更普遍世界的哲学思维的起点。

直接把思维的目标对准人和人的本质是从近代欧洲文艺复兴开始的，其中最杰出的思想家是卢梭。在那个人类高举知识就是力量的科学旗帜高歌猛进的时代，在资本主义反对封建和神学统治取得节节胜利的时代，欧洲在资产阶级革命的凯歌声中勇往直前，从宗教奴役中不断解放的人们沉浸在自由和进步的亢奋喜悦之中。然而，正是此情此景之下，卢梭却用朦胧双目的泪水，向人诉说人类的苦难，而且是从平等向不平等，人的不平等不断加剧行进着的苦难。卢梭关于人类不平等起源和发展的理论是人本主义的旗帜，是近代以来人类思考人类自身的理论基础，在最深刻意义上影响了一代又一代志士仁人，人的世界的统一性理论也不例外。但在此开篇的一般性概括中，还不是详细考察卢梭理论的时候，在此仅从人的本质的一般抽象意义的角度去思考卢梭关于人的理论的几个观点：

第一，人类社会是一个连续运动的历史过程。卢梭关于人类不平等起源是以人类历史为单位去思考的，是从人类社会存在状态的连续性运动即历史发展中归纳出来的。历史的起点是和现实社会状态有本质区别但又有联系的自然状态。卢梭认为现在去寻找人类原始的自然状态已经不现实，姑且将之作为说明人类历史进程起点的抽象假设，即卢梭是从自然人为起点去思考人类社会历史的。卢梭的自然人指的是什么样状态下的人类呢？就是依靠天生本能去生存的原始人，是作为生命世界千千万万自然物种之一的自然人。自然人之间没有道德关系，没有私有制，没有社会的义务。“在这种状态中，既无所谓的教育，也无所谓进步，一代一代毫无进益地繁衍下去，每一代都从同样的起点开始。许多世纪都在原始时代的极其粗野的状态中度过，人类已经老了，但人始终还是幼稚的。”④卢梭把人的世界的起点假设在自然人基础上，把原始状态即野蛮时代的人类看作和我们具有不同本质的自然人。这是既符合逻辑又符合历史的，不必要看作原则假设，这是思考我们自身的基础，这是把我们和纯粹原始自然人历史地联系起来，从本质上区分开来的起点，是认识人是什么、人的本质是什么以及人从哪里来这个基本问题的历史和逻辑起点。卢梭关于人的不平等起源的理论能极大地影响了人对自身的认识和理解的原因之一，就在于它建立在合理有据的假设上，其实这是在历史和逻辑相一致在起点上的，在这一起点上开始了人的不平等产生并不断积累而加剧的历史进程。

第二，卢梭理论中的人是现实的、超越了自然存在的人，是在历史意义上超越了原始自然状态的人。他认为私有制是人类文明的开端，是人类不平等即人类堕落的开始。卢梭理论对人的认识就是建立在这种两律背反之中：文明使人进步，但使人类失去平等和自由。私有制既是人类从自然人进入文明人的必然结果，又是人类不平等的唯一根源，所以，人类的文明进程在另一个意义上就是不平等的进程。私有制不是天生的，而是后天形成的。卢梭的深刻思想认识之一就是，“所有权不是一种天赋的权利，而是历史的产物。”[⑤]它的意义在于，卢梭认为作为人类文明状态和基础的所有权即私有制不是天赋而自然的，他不像伏尔泰等启蒙思想家那样，把这一切看作天赋而自然的，因而合理而永恒，而是把这一切归根于后天的原因，即人类进入文明是由后天决定的，是非自然的因素决定的。这种非自然的因素即在一般意义上的文化并没有在卢梭的理论中达到普遍意义的归纳，而是在技术、生产、私有制、家庭、感情、观念等具体文化现象中反映出来的。这一切不是天然而永久且是与生俱来的，其实就是非自然的存在，即和自然相对应的存在。人类从自然状态进入文明社会状态并不是离开了自然状态，而是在自然状态中产生了非自然的状态，所以，人类文明社会状态从自然而来，但由于历史的非天然性又和原始自然状态有了本质的区别。如何理解和评价这种状态，是像卢梭那样认为是人的文明进步和人类的堕落，还是理解为人和人类的文明进步，那是带有价值判断而超越了自然判断、事实判断的善的命题。人类从自然状态到社会状态进展产生了善的问题，即产生了对自由、平等这些关于人自身价值判断的命题。所以，人就不再只是真的意义、自然意义上的存在，而是比自然更具普遍意义的、具有抽象文化本质的存在。

最后，卢梭的理论的精髓之一在于把人类社会作为一个不可逆的历史过程。进入文明史的人类社会是具有文化本质的，是在文化过程中构建着的历史性的存在。动物只受唯一的自然支配，在一千年后的猫和一千年前的猫仍一样。人受文化和自然共同支配，具有了文化的文明人在历史中不断改变和进步，而不再是世代循环往复的，或者说在自然生命意义上重复，在文化意义上进步，故而作为自然和文化相统一的具体的人就在不断改变、进步，而不再只是不断世代重复的自然具体存在，文明人是在历史中不断改变和发展着的具体的历史性存在。卢梭思考人的不平等的本质是在文化意义上的。他认为现实的人有两种不平等，即自然不平等和社会不平等，基于生理的不平等是天生的，在自然状态中是微不足道的，但基于精神、社会的不平等才是真正的不平等，由私有制带来的不平等是巨大的，而且在社会状态下人的自然不平等也发展了，不是自然状态下微不足道的了。所以，人的不平等的根源是后天的，是文化意义上的，不是自然的。但是，卢梭并不主张为了回归人的平等而消除私有制，因为私有制是文明的基础，人不能因为不平等而退回到森林中去和熊一起在自然而无文化的状态中简单地生存。我们不可能再回到自然状态，离开自然伊甸园的文明人再也回不到伊甸园中无善恶的无忧无虑状态，只能永远背负着原罪即善恶前行。既然不平等是后天的，不是天生的，就不是必然的，不是不可避免的，不是无可选择的。后天社会文化和自然的本质区别在于文化自由的选择性。为什么人类不选择退回自然的平等状态呢？这正是人类社会最深刻的本质问题。从逻辑上来说，人类不可能选择放弃文化的自由选择本质，人的自由选择不管如何改变，都无法选择放弃选择，即无法选择退回自然，只能选择和自然相统一去回归自然。在现实意义上看，人类进入文化社会以后，任何新生的具体社会个体一旦落地已经在社会文化环境之中，只有在这种文化环境中成为文化的人才能现实地生存，文明社会中自然人只是理论上的抽象存在。甚至在起点上，基于自然的生理遗传和文化的私有制财产权这样的权利关系，对个人而言，在先地已经不再是纯粹自然人，而是被历史文化环境所制约的现实的人。所以，文明社会中的自然人才是假设中和逻辑中的存在，现实的人总是具有抽象文化本质的历史性存在，由历史决定现实、影响未来的存在。文明社会的现实的个人必须从自然和文化相统一去理解，并且它的本质必须从后天的社会文化去理解。人类文化本质是后天构建起来的，同时又是在既有的社会文化环境基础上不断构建着的，这种后天自由创造产生，又由历史文化制约下产生的文明社会的人，作为自然和文化相统一的存在，具体地应理解为历史性的存在。历史性不是先天的，却是先于个体自然存在的，并且历史文化是将人类个体从自然存在状态文化为文明社会中具体现实存在的决定性原因，是理解人作为文化和自然相统一的具体存在的关键。

诚然，卢梭的社会历史理论还没有自觉进展到文化这一最普遍本质去理解人和人的世界的本质，但私有制其实就是人的文化世界的基本文化制度，是自然和文化相统一并且本质上是文化的。卢梭理论的重大意义在于把人类文明史归纳为统一连续的历史，并且完全可以理解为以文化为本质的统一历史过程。其中有几点是关键的：一是文明史和原始自然状态社会是有本质区别的；二是进入私有制的社会基于后天的财产权是连续中动态运动的，是历史性的统一社会；三是私有制文化制度不是先天而合理的，而是后天的，这正是私有制是文化产物的根据，故从私有制的产生和发展去理解人类不平等的产生和发展，更一般意义是文化产生和发展构成了人类文明史不可分割的统一进程，并且不是客体客观自然过程，是包含了真、善、美统一意义的。世界统一性原理从人的自然和文化相统一的意义上把人理解为历史性存在，历史性的人类社会是超越了生命自然世界的人的世界，是来自自然，包括自然，但有别于自然，比自然更有普遍意义的世界。这是对老子玄学世界理论中之人的世界的唯一合理的理解，即人的世界是在生命世界之上产生但又自成一大的最高的世界，这正是域中有四大，而人自成一大的合逻辑意义。文化是人的世界的本质，文化的无限意义世界赋予了人类社会历史超越有限自然史的根据。文化具有普遍性、后天经验性、自身积累和创造相统一的发展性，其深刻意义就在于构建着统一的人类社会历史进程，统一的文明史是多样化文化的统一发展中成为现实的。

三、历史性是人的社会性的本质

卢梭关于人类社会在不平等的历史过程中向着更不平等的社会发展的理论，向人类提出了人的自由、平等的本质的异化问题。在私有制社会中，人类文明的每一进步，都同时是不平等的深化和道德的堕落，人的进步和人类的堕落成为既矛盾又不可避免的现实，因为这本身就是同一件事情的两个不同层面的价值判断，即人进入文明社会以后，从具体个人和整个人类社会这两个不同层面的价值评价。按卢梭的理论，社会或人类社会的内在矛盾不可调和且和文明同在，在文明社会中，人的知识不断增长，才能得到充分发挥，更大的需求得到满足，但与此同时，人类却越来越灾难深重了。随着文明的发展，社会为自己建立的各种组织机构转变为同它原初的使命即促进人的自由和满足人的需求相违背的东西，财富增长和积累能更大限度满足人的生存需求，但私有制的财产制度又令财富增长同时成为不平等的增长。卢梭在资本主义早期阶段已经敏锐而深刻地揭示了这种现实社会制度的内在矛盾。资本主义使人的自由得到满足的同时又使人失去自由，获得解放同时又有了新的压迫和奴役，而且这种奴役和压迫随着文明史发展越加深重，这就是卢梭认为人类文明为何总是伴随着普遍的道德堕落的理由。继卢梭之后，关于人类社会的各种理论自然而然地围绕人的平等、自由、解放的人的世界的最高价值问题展开。卢梭用民主共和国理想，用社会契约来限制社会不平等，争取人的自由和平等；马克思在对资本主义社会资本运动及其异化造成的资本对人的自由剥夺的认识基础上，提出了消灭私有制，建立共产主义社会来实现人类文明发展和个人自由而全面发展相统一的人的解放理论。应该说，从卢梭开始，人类对人类社会的认识，对人的世界的思考，真正超越了自然意义上的世界，上升为人的普遍世界。而人的世界的各种理论指向之人，不再是具体的人的自然存在，而是基于抽象的社会文化本质构建起来的现实的人，这是人的世界理论的真正启蒙。

超越了自然世界的人的理论思维的对象不再是物种意义的感性具体自然人存在，而是以社会为生存形式的理性具体存在。文明社会中自然人是一种抽象或假定，并不是现实的存在，现实具体的人是具有文明社会本质的、自然和文化相统一的人。并且，抽象文化本质建立在社会即人和人之间按文化制度结合起来的现实生活共同体基础上。正如马克思所说，人的现实本质是一切社会关系的总和。按照黑格尔的辩证逻辑，本质是由关系去构成的。本质和质是不同的概念，质是客体意义上的自在存在即物的存在形式，某物之所以为某物的根据在于它的质，在感性具体中表现为空间性之物。本质不是质，不是东西，而是抽象的普遍关系，本质的存在是自为的存在。黑格尔把本质和存在的关系叫作反思关系，不是单纯直接的，而是经过中介的，是在自身和他物的相互关系中实现的。马克思对世界的认识在方法论上超越了他那个时代主流的科学因果方法，从辩证的统一性逻辑去理解人的本质。从本质的反思关系出发，马克思把人的本质归纳为一切社会关系的总和，超越了对人的感性具体自然物的存在理解。马克思的理论无论在经济学意义上还是在哲学意义上，都是一种人学理论，即关于具有自由、文化本质，超越了自然存在的人的世界的理论。只有在这种意义上，才能理解为什么以《资本论》为核心的马克思的经济学理论，最终得出的是关于人的自由解放的共产主义历史发展趋势的人类解放理论。

马克思关于人的理解是从人的社会关系作为本质出发的，是关于人的世界的，是人类历史意义上的，即马克思的人的本质理论以社会关系作为思考人的世界的现实起点，而不是仅去论证人的本质是社会性。马克思关心的是人的世界的现实关系，从人的本质出发去揭示人类社会历史发展的规律和趋势，它的出发点不是一般抽象的社会关系，而是人的最基本的社会关系，即经济关系。马克思坚持人的自然生命存在是人类社会的第一个前提，所以自然社会是人类社会的基础，人的自然存在是人的抽象本质存在的基础。因此，马克思的人学理论既是超越了自然人的，又是把自然人包括在其中的，并且和卢梭一样，依然是以自然人作为抽象的理论出发点的，是在主客体统一性意义上的。正是以自然生命为基础，以人的自然存在为前提，在人的社会关系的统一性意义上去探讨人的本质和人的具体的存在，所以马克思把人的经济关系作为人类社会最基本关系，并且是起决定性作用的关系。人的经济关系已从自然关系进展到人类社会历史文化关系，自然必然性支配和人自主自由自觉追求的统一是主客体统一性的社会历史现实进程。马克思从人类社会的经济关系中归纳出他的历史唯物主义的社会理论，即生产力决定生产关系，经济基础决定上层建筑，生产力的发展推动生产关系的变革，当经济基础发展与原有的社会上层建筑不相适应时，就将产生革命性的矛盾运动，打碎旧的上层建筑，建立与发展出与经济基础相适应的新的上层建筑。人类社会就是在这种社会基本矛盾的运动中发展的主客体相统一的历史过程。资本主义社会的上层建筑是建立在生产资料私有制的生产关系基础上的，正如卢梭所说，私有制既是人类文化之源，又是人类堕落之源、万恶之源。资本主义社会化生产是生产力的大解放，对于人的自由解放具有积极意义，资本主义经济关系的确立是人类社会的重大进步。但它的私有制同样无法摆脱人类文明史产生的在异化中发展的特征，即社会生产力越发展，人的不平等就越严重。资本主义发展到垄断阶段是它异化的最高阶段，生产力和生产关系、经济基础和上层建筑越发尖锐的矛盾决定了资本主义一定要灭亡。马克思的共产主义学说和卢梭对人类社会的历史性理解是基本一致的，但卢梭得出的是一般抽象的理论，马克思的理论却是对他所生活的时代的资本主义社会的现实、具体的认识；卢梭是原则上的，马克思则是从人的最基本的生产关系去解释人类社会的决定性因素的；卢梭的社会政治理想是用社会契约来限制私有制造成的不平等，但却无法消除不平等；马克思却用釜底抽薪的理论去消除人类的不平等，即消灭一切私有制，进入公有制的共产主义社会。这是一个保留了人的文明、自由的本质，但消除了私有制这一不平等之源的理想世界。

马克思主义不是抽象理论，一百多年以来，它是人类社会历史的伟大实践，它的深刻意义在人类社会历史中。但必须承认，以社会作为对象去思考和描述文明人和用物种作为基本单位去描述归纳生命世界一样，社会是文明史的基本单位却不能说它就是人的本质。社会在传统意义上是用以思考和描述文明人的共相概念，卢梭社会理论的社会是限定在私有制产生后的人类社会意义上的，自然状态的人类社会不在其描述范畴内，人类社会不是停留在生命物种意义的类概念，否则卢梭就不会得出生命物种代代相传，人的社会不断运动发展的历史性理解了。马克思以社会为认识对象去探讨人和社会的本质并不能简单地还原为社会就是人的本质，只能是说人的一切社会关系的总和是人的本质，即是以社会作为人的基本描述单位，并应从社会这一描述对象中去揭示人的本质。因此，不能把社会这一基本描述单位作为人的本质，它只能是人的本质以及具体理性理解的起点。马克思从人的社会关系总和去揭示人的社会本质的理解是否充分，那是另一个问题，但决不能说马克思认为社会是人的本质。人的本质是社会性和人的社会性本质是什么，这是完全不同的命题，前者是命题的答案，后者是命题本身，其意义相差十万八千里。但是，把人的本质理解为社会性的人并不是少数。真正的问题在于，社会这一人类文明的基本生存单位的本质是什么？这才是关于人的本质思考的具体理性追求。社会是文明人的基本生存单位，马克思从社会出发，从人的社会关系出发，从经济关系去归纳和揭示人的本质，而不是从社会去演绎人的本质。如果把社会作为人的本质，马克思主义就是演绎而非归纳的理论，那就是关于纯粹抽象形式统一性的形而上学认识了，这是违反关于马克思理论的基本常识的。

把社会作为人的本质和把物种作为生命本质一样，实际上停留在现象，停留在对象存在的抽象现象认识本身。对生命本质的思考是以物种为基本单位的，对超越了自然生命的人的文化选择性存在的思考，不再是以物种而是以社会为基本单位，生物学的物种和文化世界的社会只是认识对象，仅停留在此就还没有进入本质的思考，这产生了认识上的浅薄和矛盾。首先，社会并不是专属人的生存形式，而是动物世界常见的生存形式，社会、认识、思维这一切被人类自认为专利的属性其实是自然而然产生的，是许多高级动物共有的、天生的抽象生存形式。在争论是否劳动创造了人时，不少人理直气壮地说是人的社会劳动创造了人，而不是一般的、动物意义上的劳动创造了人。如果动物的劳动和人的社会劳动的区别在于社会本身，但社会不是专属于人的，社会劳动又何以是区分人和动物的根据呢？这其实是循环论证。人当然以社会为基本生存形式，但人和禽兽的本质区别不是由人的社会性生存形式决定的，本质的问题在于文明人的社会和动物社会及原始人类社会的根本区别是什么？为什么文明人不以物种而以社会为基本生存和认识单位？其次，把社会作为人的本质，即使否定一切动物社会，只坚持人类的社会性，那也是不成立的。因为我们把人类的社会形态划分为原始社会、文明社会，进入文明社会又有农业社会、工业社会等多角度的划分，社会形式并没有自然人和超越了自然人的文明人的划分。社会这一认识对象对于人而言，如果把人的本质就理解为社会性，则或者只是把人作为一个自然生命物种，或者说人从物种形成起就先天地是文明、文化的，先天就是超越了自然的。说人的生命物种的自然规定性又是超越自然的是谬论，但许多自认为聪明的人就糊弄了一辈子。所以，仅停留在社会这一抽象认识对象上，没有从这一现象深入本质，就根本无法揭示文明人和自然存在的本质区别，就没有自觉到我们是异于禽兽的文明存在的充足理由，就长期在半神半兽的混合形式去理解人的本质，即人的本质一半是自然的，另一半是超自然的。神有两种意义：一种是超人，不只是超自然；二是神秘不可知。这正是人类始终还没有自觉到自己的本质所带来的迷惘。

世界统一性原理的人论之人思考的不是生命意义上的自然统一性存在。人论之人，老子的玄学理论之人，人类世界之人类是来自自然又超越了自然的理性具体存在。人之所以为人的抽象本质作为人之所以不再是纯粹自然人的根据，就不能在自然之中，就不能以自然中的社会这一抽象形式去提供人存在的充足的理由。就是说，人类世界是以人类社会形式为基本单位的类存在，是超越了具体感性的个人而统一具体感性之人的普遍存在，是比自然世界有更普遍意义的世界。对这一更为普遍世界的本质，即它和自然生命世界的本质区别，就必须从它的存在现象出发，即从他的社会普遍存在这一形式出发，揭示人类社会和一般自然生命世界社会的本质区别是什么，从而去合理解释为什么其他动物社会还只是自然的存在，为什么原始自然思维的人类也只还是自然生命意义上的存在，而人类是超越了自然的存在，是域中四大之一，是具有自己社会的本质规定性、超越了自然生命意义的类存在。所以，对人是什么，人的本质是什么的思考进入人论时，已经进入我们对自身存在认识的最高统一性阶段，它的起点就在于从自然存在基础上揭示我们超自然的根据，即揭示我们这种社会形式存在的物种超越了自然物种，是和原始社会和其他高等动物社会有本质区别的本质规定性是什么？人类社会超越自然的运动变化的具体形态如何、为何？这才是人论之人的认识、人的社会认识的基础。人作为社会形式的存在，社会是思考人的本质的基本单位，必须在这一基本认识对象中揭示人的本质，而不是沾沾自喜地欣赏我们活在社会性本质之中，根本没自觉到我们是超越了自然选择的自由的存在。

人是社会存在是无须争议的，但是把社会作为人的本质却是有问题的。人类认识自己的历史发展中，最大的问题在于没有意识到把社会作为人的本质是有问题的，而是当作天经地义、理所当然的。世界统一性原理的人论则以人的社会作为基本认识描述对象，思考使人类从原始社会进入文明社会，从自然世界发展为人的超越自然世界的本质根据是什么。文明人的本质在社会层次的意义上就是使人类社会区别于纯粹自然社会的本质是什么？从社会出发去揭示人类社会的特定本质，揭示其比自然世界动物社会更具普遍本质意义的规定性，这才是人论思考的真正起点，这才是认识人是什么的起点。从人的社会的本质思考中，我们不但要把人类理解为从原始社会不断运动变化发展而来，更要理解为什么我们超越原始社会的自然生存状态，这才能有根据地理解我们的现实存在，才能理解我们的未来。

人的社会超越自然社会的本质同时就意味着它的非自然的、后天生成的特定规定性，把人和自然界区别开来的规定性。卢梭归纳为私有制；马克思归纳为一切社会关系的总和，其决定性的是社会生产关系。这些归纳都没错，可都没达到最普遍意义。最不能接受的是把人还原为自然生命，由自然规定性去归纳人超越自然的本质。人对自己作为文明社会存在的本质理解的最普遍归纳就只能在于与自然相对应的非自然意义中，非自然就是文化，文化就是人的最普遍的抽象本质，是使人超越自然的内在机制，是人类社会区别于自然动物社会的根据。因为文化是专属于人的，非自然但又不是反自然的，因而是在自然基础上产生的更高层次的现实。具有文化的人的世界基于它的文化这一普遍抽象本质，使以文化为根据的人的世界是超越了自然界的更普遍意义的世界，这才是人之所以为人的根据，是人的世界不是纯粹自然界的充足理由。人类社会和自然生命世界社会的本质区别就在于人类社会是以普遍文化为其本质的，而其他自然生命物种可以结成社会形态去生存，但却只是无文化的自然社会。文化是人类社会之所以为人类社会的根据，是人类超越自然，从原始社会进入文明社会的奥秘所在。文化的多样性、创造性赋予了以文化为其普遍本质的人类社会在多样性的不断创造中不断发展的独特历史。文化社会不再是在单纯生命物种意义上、在时间性中循环的自然存在。所以，卢梭认为，一千年前的猫和一千年后的猫没有本质区别，但是一千年前的文明人和一千年后的文明人则是非常不同的。为什么？因为人和动物具有不同的本质。动物没有文化，只在先天即自然必然性意义下世代循环；人有文化，所以一代代文化传承，在自然世代更替的基础上同时实现了人类社会文化本质不断丰富和发展的永恒过程。有了文化本质的人是偷吃了智慧之果的亚当和夏娃，不再在自然的伊甸园无忧无虑地自然生存，而是从此开始了它们背负原罪的历史，即在善恶、真伪、美丑中去选择生存的历史，在选择中创造自己的历史。

世界统一性原理的人论从人的社会性出发，把文化作为人的社会和动物社会的本质区别，这是人认识自己的起点，而不是完成。如果仅仅停留在抽象的普遍文化本质中，那对人的统一性理解而言并无实际意义。其实，在这一认识基础上，理解具体、多样性文化的统一，理解无定论文化在永恒的自由创造中的运动发展，即把文化理解为具体、永恒的自由创造过程的本质时，才能对人的世界得到具体深入的理解。从人的社会作为基本认识描述单位出发，从人的普遍而抽象的文化本质出发，对人的世界的进一步的统一性思考就转变为文化在人类社会存在形态中的具体作用和意义问题。就是说，首先需要理解的是以社会形式生存的人类凭借他的文化本质，如何使得人类社会和动物社会有了本质的区别？这种本质的区别是如何具体实现的？更具体地说，必须理解为什么文化使得人类从原始社会进入文明社会，文明社会又完成了从渔猎社会到农业社会、工业社会、后工业社会的不断发展，在社会制度上完成了由奴隶社会到封建社会、资本主义社会、社会主义社会的发展。以文化为本质的人类社会和在自然社会中生存的动物社会在形态上的具体区别是什么，使得我们把人类社会理解为文明的。从这种意义上来说，文化的意义在于它构建了人类的历史性，使人类成为在历史性进步意义上的社会存在，不再是在单纯物种意义上的自然生命，而是在文化的发展中不断地前进着的，不再单纯重复循环其生存方式的社会存在。但是，必须强调一点，人的社会历史性的本质意义是在人类生存选择的现实文化生存意义上的，不是动物自然选择意义上的。在人类社会中，人的本质即文化是不断积累而不是循环往复的，由此而来的人的自然存在也产生了相对应的变化，比在单纯自然状态的进化要复杂得多，比如基因技术、转基因作为文化成果直接影响了人的自然进化。但是，人的历史性发展的本质绝对不在于人自然生命物种进化本身，而是在于人为了自身生命生存而创造和历史地发展变化的生存选择现实方式本身。在文化社会中，抽象文化和自然存在相统一的人就不再是在纯粹自然生命生存方式即世代重复中生存的存在，而是按不可逆的生存方式单方向发展着的存在，在社会意义上就表现为从低级社会形态向更高级形态不断更新且永恒发展的运动过程，我们把这个过程称为历史。所以，以文化为本质的人类社会是单方向不断变化发展的历史性社会，不是先天自然意义上的时间性的循环。这种不可逆历史意义上的单方向性是文明社会和自然社会在形态上的本质区别。社会对于人类而言，是在历史过程中展开的，是在历史中构建和实现着的。人类社会作为认识对象而言，它具体的社会性就在于它的历史性之中，历史性是社会性的本质。人在自然意义上是文化本质的存在，在社会宏观意义上是历史性存在，历史就是文化发展的历史，是文化构建人类文明社会的不可逆过程。从历史的构建过程中才能理解社会的具体含义和意义。所以，人的世界的思考应以社会作为基本单位，从社会的历史性发展中去揭示人类文明的进程，揭示历史性的文明史区别于重复性的自然史的过程。普遍精神本质的现实意义就是在不可逆的历史发展中构建了统一的社会历史过程，使人超越了物种作为基本单位的规定性，使社会成为人生存的基本单位。人类社会是以文化为本质的现实社会，它的具体现实性是由文化而不是物种决定的，同样由人这一物种组成但文化不相容的社会是不同的社会。人类文化是在不同社会中相互独立地起源的，是以多元文化即多元社会为起点的。但文化的后天性即创造、积累、传承机制决定的无限本性使多元文化在历史发展中归元为统一的人类文化，不同源头的人类历史终而汇成统一的人类文明史，构建了现实性的全人类社会，使地球人类成为共同生存单位中的命运共同体。具有抽象文化本质的人以社会作为基本结构形式，在历史发展中不断去构建自己的存在，人的社会本质上是历史的，历史性是人类社会区别于动物社会的根据。所以，人的世界的具体认识就是理解人的历史性的存在及其意义。

社会、历史、文化是具体的普遍抽象范畴，即它们都有本体存在论的根据，都在回归其存在论根据中成为具体的普遍意义。社会历史文化的本体论根据是人的具体现实性存在，抽象精神文化在人的文化选择生存中成为现实，社会性回归人的具体存在才有意义，历史性就是由社会历史文化为本质的人的存在具体现实性。社会历史文化由抽象返回具体的人才有意义，在人的社会性、人的文化选择生存、人的历史性存在中才回到理性具体意义，即社会历史文化统一于具体的每个人。以社会为生存单位、由精神文化为本质的人是历史性的具体存在，历史性既是人的普遍抽象本质规定性，又是统一了时间性、空间性、能量本性的具体，由此去理解的历史性存在之人才是具体现实的文明人，才能觉悟社会、文化、历史普遍抽象意义的本体论根据。普遍而具体的历史性之人才是人的目的就在于人本身的理性具体存在，对人的理性具体认识就进展到人类统一社会的历史性意义认识了。

注释

①苗力田、李毓章主编《西方哲学史新编》，北京：人民出版社，1990 年第 1 版，第 685 页。

②张尚仁著《聊哲学》，昆明：云南大学出版社，2012 年第 1 版，第 22—23 页。

③苗力田、李毓章主编《西方哲学史新编》，北京：人民出版社，1990 年第 1 版，第 53 页。

④转引自苗力田、李毓章主编《西方哲学史新编》，北京：人民出版社，1990 年第 1 版，第 440 页。

⑤苗力田、李毓章主编《西方哲学史新编》，北京：人民出版社，1990 年第 1 版，第 441 页。

第二章
历史的创造

引　言

【提要】本章进入历史和历史性意义的具体探讨。从历史和时间统一性意义挖掘历史之于人的世界认识的普遍形式意义，进展到历史现象的精神文化本质意义，把历史创造的现实根据回到人的无限文化本质，把历史导向认识论和本体论、价值论相统一的理性具体意义，最终回归个人的历史性具体存在，由历史的创造性本质得到人的无限历史性生存超越了自然有限生存的具体理解。

一、常识意义的历史指曾经发生过的事件，停留于此止于现象。从现象到本质到现实首先要对现象进一步解构，历史的意义构建以时间形式为基础，但文明史之“史”的理解形式不只是时间，而是对应着人类社会历史的特定时间形式。社会历史描述并没有专门的形式范畴，而是历史概念本身是多层次意义相统一的，它作为历史现实意义描述时隐含着形式的意义。由历史的普遍形式出发才能理解为什么具体事实的编年史会有普遍统一性意义。历史形式源于时间形式又有特定规定性，其本质意义是把看似无相关的文化文明史统一起来。文明人依靠历史意识把自身的现实生存意义统一于整个社会文化意义，使人获得了无限统一性意义，使文明人成为和有限自然人本质不同的历史性具体存在。历史本质是意义理解，是对历史形式统一的历史事实的现实意义理解，意义推陈出新因而历史常新，文明史的常新即是永恒无限发展的。

二、人类文明社会是以精神文化为本质的，其现实的社会历史是由精神文化统一起来的，文明史的无限创造性是以理性文化的无限性为根据的，故历史的本质是心，现象是物，现实是心物统一的。近代科学理性文化把唯物论宇宙观拓展到普遍意义世界观，由物为本质去理解人的文化世界。科学理性是新兴资产阶级的理论基础，它导向人本质物化异化的资本主义。卢梭从私有制起源和发展去揭露它导致人的不平等产生和加剧的现象，但执于物即财产权去理解私有制，只停留于现象。马克思的共产主义理论才达到人自主自觉本质、心物统一的理性绝对意义，历史唯物主义之历史本质是人的文化创造，唯物本质是自然界，历史唯物主义是文化和自然具体统一性理论。

三、人类精神文化传承和发展相统一的无限发展性决定了以之为本质统一起来的社会历史具体过程是创造性的无限过程。人的生命依然是有限的自然存在，但随着文化的不断发展，人实现生命生存的文化选择方式也是不断发展的，每一代人都站在上一代人的肩膀上，人的社会历史既是连续统一又是永恒向前奔腾的长河。文化的后天经验性意义决定了历史的发展只能归结为人自主自觉的创造，历史创造的动力和成果只能回归人本身。历史创造的本质意义是精神文化，具体现实性的是物质文化，其意义都回归文化文明史的人本身。历史是人创造自己的历史，它只能由人的自觉本质去理解，不能由外在于人的上帝或其他任何原因去理解，人自己创造的历史只有现实意义，无宿命意义，无必然偶然意义。

四、历史不是英雄创造的，不是奴隶创造的，也不是英雄和奴隶共同创造的。困惑于由谁创造历史就没理解文明史的普遍统一性意义，就没觉悟到自身历史性存在的具体意义，没把无限之人和有限禽兽从本质上区别开来。历史是人的创造之另一种陈述是人的现实生存都是统一于历史创造意义的，每个人的文化选择生存就是历史创造本身，都统一于社会历史普遍意义，历史创造的现实性就是每个人的具体文化选择性生存本身，具体的人才是具体的历史创造者。据此，社会历史就有了普遍统一的现实意义，在文明史中每个人都是具有普遍统一文化创造本质的历史性具体存在。

五、由历史形式统一起来的历史知识是关于统一文明史中有重大影响的事件和人物的纪录，事实的客观性和历史意义性是史识的生命和灵魂。史之为统一之史的本质是意义，是统一性意义把许许多多看似无相关的事件和人物统一起来。文化意义世界的无限发展性使以意义为本质的史学是常新的，这就是一切历史都是现代史揭示的深刻意义，即历史事实不变，意义常新，史识常新，因为意义和认识是当代的。历史认识的常新性的更深层基础是历史认识主体的无限发展性，而且认识无限发展意义归根结底回归认识主体才回到具体，即历史意识的具体意义是认识论和本体论相统一的。对柏拉图和苏格拉底的当代认识意义归根于我们现实的文化生存，归因于我们是理性具体存在，是我们生存论意义上的，和柏拉图和苏格拉底无关。由此才能自觉到历史乃至历史性存在的理性具体意义。

六、把历史的意义统一于现实还没有通达历史性存在的最高意义。人现实上只能活在当下，但以社会历史文化为普遍本质的具体之人的现实生存统一了人类历史文化的普遍意义于当下，每个文明人本质都包含普遍社会历史文化普遍意义于其理性灵魂中。在统一文明史意义看，每一历史都曾是当下，当下过去就成为历史，当下是过去、当下、未来相统一的，历史的意义是指向未来的，这就是社会历史文化的无限意义所在。文明人的自然生命也是有限的，但其生存意义是通达无限的，老子、孔子作古两千余年，但他们生存的意义就在历史现实中并将随历史长河奔腾向前。这就是历史的最高意义，是人优于禽异于兽的充足理由。缺失这种历史自觉性觉悟，人的理性是残缺不全的。

把人理解为历史性存在的意义在于在统一的社会历史创造过程中通达人以及人的社会主客体无限统一性的理性具体理解。主体性自由创造本质是人异于禽兽的根据，主体自由的普遍抽象本质的现实性就在于人类社会历史的不断创造不断发展中，据此人类才超越了自然选择支配的世代循环生存方式，在连续不可逆运动的现实生存方式中走出了自然界，创造着文明史。

社会历史创造本质上必须从精神文化发展史去理解。西方心物对立二元文化对社会历史现实的思考执于具体只能是感性具体，把历史现象当本质，把财富乃至私有制文化止于具体之物化现象去理解。由物化现象去作为文明史本质是二律背反的：或者把文明史退化为必然性决定的文明史，如伏尔泰所认为那样，私有制是天然合理的，资本主义合理合法性的充足理由在于它是由历史必然性决定的现实性存在；或者如卢梭认为那样，文明史是人的进步和社会不平等不断恶化的两层性进程。进入人的普遍理性文化本质才能合逻辑地把文明史理解为人自己自主创造的历史，并把历史创造本身有根据地理解为本质上是精神文化创造。从精神文化本质才能理性地解释人类五千年文明史曲折的现实进程，主客体统一性的现实文明史的异化、人类社会曾经的恶、现实的不公不是文明史的本质，而是文明史没成熟，人类理性幼稚而未能自觉扬弃兽性的产物。文明史的本质只能是真善美的统一，不能是假恶丑的异化现象本身。

人以精神文化为本质才有主体创造性的根据，把人的历史理解为人自主创造的历史才摆脱了历史过程的客体必然性，更深刻的意义是摆脱了偶然性，把感性具体意义看似变幻无常、杂乱无章的人类文明史理解为理性具体的统一进程。以普遍人类精神文化为本质的人类现实文化选择生存活动的不可分割的历史统一性使人异于禽兽，从感性具体文化为理性具体而走出了自然界。在随机环境条件下，人的文化创造不断改变着人的文化选择生存方式，因而又在不断改变人选择的随机环境，人的多样性文化生存选择活动是统一而又不断改变着的，既不是必然也不是偶然的，而是以文化为本质，文化和自然相统一的，是以人的理性自觉水准为根据的现实。据此，人类文明史才是人自己创造的主客体统一之理性无限过程，历史进步的意义本质上是人理性的进步，现实中是人更加自主自觉地道法自然而生存。从理性文化本质去理解人类文明史的最高意义在于把普遍抽象的社会、历史、文化导回人的理性具体，历史创造回归具体个人现实文化选择生存本身，赋予人作为历史性存在的具体理性的现实意义：人之所以异于禽兽本质上在于人自主自觉创造性生存使之成为现实的历史性存在。

以人主体性精神文化为本质的历史创造之最深刻意义在于人类文明史是超越了客体有限性而成为无限意义的。精神意义的主体世界超越有限感性进入理性才是自由而无限的，由之才能理解文明史的不可分割的统一性意义，才能觉悟理性本质之人超越了有限的自然生存，在历史性存在中通达人的无限具体的现实意义。人的文化选择生存现实不是感性具体，是理性具体，它既是现实，又是历史，是以历史文化为本质的，它又将成为未来的历史。人的感性现实活动的理性意义是未来的，创造的意义在于未来，理性的目标在于未来，未来的现实在统一文明史意义上包括文明人当下现实的历史创造意义于其中，柏拉图和亚里士多德的现实文化创造意义就在两千多年文明史中并指向历史的未来，这就是无限超越有限的理性具体意义。因此，历史是过去、现实、未来的统一，面向未来赋予历史超越现实的无限具体意义，在理性意义上历史就是现实，就是未来。人只能活在当下，当下是历史的统一，当下转瞬成为历史而统一于未来的当下。文明史的理性本质意义就在于使理性之人成为自觉面向未来创造历史的无限存在。历史无限的根本意义在于使历史性之人本质上异于有限生命意义生存的自然禽兽，在文化选择生存方式历史性发展意义上走出了自然选择支配其生存方式的纯粹自然界。

第一节　历史和历史性

一、时间和历史的统一性

人论的认识对象是文明人的世界，是以社会为基本描述和认识单位的文化文明世界。人的世界是世界统一性原理中最高最普遍意义的世界，世界统一性原理从存在即能量、存在即物质、存在即生命、存在即文化的从简单到复杂，从一般到普遍的逻辑进展中，进入能量、物质、生命和文化相统一的最普遍意义世界，直指认识你自己的最普遍具体意义。对最高的人的世界思考、认识也由自然世界的空间时间结构性存在基础上进展到包含具体定量性、空间性、时间性于其中的历史性存在。现实的人是能量、物质、生命和文化的统一，人是自然生命和文化相统一的具体存在，人的历史认识形式和自然生命的时间认识形式就必须是统一的，从而使历史性是具体的。

人的世界是最丰富且具有最普遍意义的主客体相统一世界，仅停留在客体自然界的时间空间形式去描述人的世界肯定是不足够的，否则就将停留在自然物的意义去理解人，把人还原为自然物，把人的世界退化为自然世界。胡塞尔创造性地建立了现象学的意向性方法，就是为了摆脱对自由人的思考和认识时把人还原为物的困境。事实上，将客体科学认识的因果必然性关系归纳方法直接应用于人的世界的认识时，不管认识的结果如何，在认识的前提下已先验地把人当作由必然性决定的物体存在，这是关于人的传统科学理论往往给人以历史决定论的感觉的原因。因为一旦“科学地”认识人，人就成为自然的客体，在本性上受必然性规律支配的客体，而这是无法通达人超越了自然客体的无限主体性本质意义的。近代科学革命以来科学方法统治地位的局限性就在于此，故最终在解放人的自然的同时又给人的自由本质套上新的枷锁，把人变成了人格分裂的双面人，本质上是自由创造又是被决定和被支配的双面人。现象学的方法革命就在于打碎了无穷因果链对人疏而不漏的必然性支配的宿命，用意向性指向对象，从主观上独立地赋予人主体自由意义，从而把人从自然必然性支配的桎梏中解放出来，为理解人超越自然必然性的文化本质提供了可能。在存在论和认识论相统一意义看，现象学的意向性认识方法作为思辨人的自由本质的方法，它本身就是人的自由本质在存在论意义的明证。无可否认，对人的自由本质的理解方面，存在主义哲学超过了传统的以认识客体的科学方法去认识人的本质的一切哲学理论。但是，意向性方法割裂了人的抽象文化本质和具体自然存在的统一性关系，结果又在主观和独断意义上陷入片面性，把人的自由本质理解为和客体自然没有统一性关系的纯粹抽象主体性，无法得出对人的自由本质的普遍性理解。从认识论的意义看，意向性方法强调用人的主观意向去赋予人的意义时，放弃了对人的世界认识的普遍性意义，而普遍性则是知识之所以为知识的前提，所以意向性方法对于人的世界的理性认识是不足够的。

世界统一原理的最高目标是人，即人的文明世界。文明人是文化世界中的人，对超越了自然世界的人的世界的思考和认识形式，必须是超越了时间、空间、结构的更普遍意义的认识和描述形式，同时又必须把客体自然认识形式纳于其中，从而把人理解为自然和文化相统一而本质自由的存在。世界统一性原理以社会作为人的世界基本认识单位，对人的社会现实过程认识的抽象形式就是历史，从人类社会的历史展开过程中去归纳人的世界的具体存在，从人的历史性具体生存去理解人存在的价值和意义。所以，必须在和时间既联系又区别的统一性中理解历史普遍抽象形式和历史性的具体意义。

在认识论意义上，形式是形而上学的范畴，它是认识客体即存在及其现象、属性的描述框架和认识尺度。用严格的数学语言来说，形式是描述认识客体的独立自变量。在自然客体世界中，认识的形式严格独立于它描述的对象，纯量、时间、空间、结构这些先验形式没有实在意义。在自然界中，只有形式才是无限的，既是无限大又是无限小的。存在者不能是无限的，否则我们无法有充足的认识形式定义域去描述他们，这是科学无法描述无限对象的先验根据。当我们用历史这一抽象先验形式去具体认识和描述人类社会时，在历史的连续、无限形式框架下去归纳和理解人类社会发展的运动过程时，历史这一概念具有时空结构这些形式概念的一般本性。首先，历史形式不是实在，它的最根本意义首先是认识人类社会文明史的抽象认识形式。就是说，人类社会的文明过程只有在历史形式中才能得到有意义的归纳和有效的理解。其次，历史作为描述形式，在它的定义域中是连续的，只有在连续的历史形式中才具备思考和归纳人类社会过程的基本前提。提到历史断裂时，比如中世纪欧洲出现的宗教统治造成的文明史断裂时，所谓断裂不连续指的是由连续的历史形式去归纳和说明的人类历史事件及其运动过程本身，这种事件描述的不连续性只有在作为过程形式的历史框架连续的条件下才有可理解合逻辑之意义。最后必须指出，由于历史既是理解人类社会运动过程的普遍抽象形式，同时又是人们在其形式下归纳认识人类社会运动过程事件时常用的具体概念，所以历史这一符号又包括形式和内容的双重意义。人们在以历史形式去认识人类社会的历史时，往往只注意到形式和内容相统一，而融在内容中的形式意义被掩盖了。其实对人类历史的具体认识一定是内容和形式相统一的，其历史的认识内容一定是内容和形式相一致的，从来就没有可以离开形式而得以独立存在的内容。人类社会发展过程之所以表现为历史性的内容，理由就在于它的历史概念首先是普遍抽象形式。如果没有历史这一特定的形式，那我们关于人类发展的理解就只能局限在时空及结构的传统形式即自然客体认识形式之中。

历史作为形式概念，它和自然界的时间形式概念是既联系又区别的。可以认为，历史的概念是在时间概念的基础上发展而来的。在第一卷中我们已经详细讨论了时间先验认识形式的规定性及其意义。概括地说，时间是我们用以了解和描述客体世界事件过程的先验形式，是从客体存在深入到客体存在运动变化前后顺序过程认识的参考框架。依据先后顺序的先验时间结构，得到具体过程依时序的确定有序性理解，这是过程中的普遍抽象因果关系描述和理解的基础。时间形式的普遍规定性是连续不可逆的。连续即作为前后顺序关系确定性描述的时间独立变量既无限小又无限大，满足任何过程的前后因果关系描述。不可逆则是前后因果逻辑关系按确定性顺序构建的必要性条件，是时间的本质规定性。一旦时间可逆就失去了时间形式前后顺序确定性的本性，也没有了前因后果的逻辑因果关系，我们对过程及运动变化发展的描述就彻底崩溃了。只有在连续不可逆的时间形式中，世界的普遍联系和相互作用变化才是可描述可理解的。今天我们已经有充分的根据证明，世界上的客体的超距瞬时相互作用只是一种抽象，并且光速作为自然客体运动的绝对速度，是一切客体运动速度的极限，光速绝对性决定了相互作用现实过程是离不开时间形式去描述的，其存在论意义是一切客体的具体现实相互作用都是过程性的。所以，时间形式是理解现实世界的先验基础，时间连续不可逆是在先的，不是由经验去归纳证明的，离开这些先验假定无合逻辑的认识，无普遍性认识，无过程因果的真理认识。科学家们中有人过于执着，把过程中的事件反作为独立变量，由事件作为原因去建立时间描述形式的变化，即把事件状态作为形式，把时间当作结果，当作实在，于是时间就像江河中的流水一样，是可以产生逆流的，这就是所谓的时空弯曲、时间倒流、时空隧道的胡言乱语。时间一旦不连续或可逆，则一切过程的因果关系都不成立了，又何以去证明时间可以倒流？最简单的例子是如果爷爷奶奶生爸爸，爸爸妈妈生下我们自己都是不可确定的，爷爷奶奶也有可能是我们生下来的，那这种认识逻辑还能产生知识吗？精神错乱而已。

人类社会的描述形式即历史基于时间，但又超越了时间。人类历史认识中作为认识形式的历史概念，首先必须遵守时间形式的一般规定性，历史形式本身也一定是连续不可逆的特定时间形式。我们对人类社会从历史形式去认识时，并不是去认识历史形式本身；另一方面，历史形式作为人类社会认识的先验形式，也不是社会认识经验中的归纳，而是用于归纳认识人类社会普遍知识和具体过程的先验尺度，是人认识人自己的尺度。在历史形式中对人类社会经验归纳出来的知识，当叫作历史知识时，指的是以历史形式去理解和归纳的关于人类社会的认识，这些关于人类社会的知识是形式和内容相统一的。我们用历史形式去理解和描述社会的历史知识时，并没有从纯粹的形式意义去把历史理解为连续不可逆的，这种形式的规定性在逻辑上是先于人类历史的认识和描述的。尽管人类还没有自觉地为历史概念的形式本质验明正身，但都明白历史没有假如、如果之意义。生命不可重来，历史同样不可重来。为什么人们把历史理解为连续不可逆的呢？是基于时间的连续不可逆本性和时间和历史的统一性。其次，历史和时间又是有本质区别的，连续不可逆是时间形式的本质，这只是历史形式的基础。历史除了连续不可逆的基本规定性外，还有它自身的特定规定性，即历史的尺度和纬度与时间是具有本质区别的，并不是一切时间过程都可称为历史性的。时间尺度的基础是一个人自然生命意义的经验尺度，而历史则以它的认识对象即人类社会意义的经验为理解尺度，被称为社会的历史或人类的历史的认识形式的时间尺度和我们个人感性经验的时间尺度是根本不同的。历史形式不能简单归结为宏观意义上的时间。至于历史形式的描述维度，即它在思维中的方向似乎是和时间正好相反的，时间方向指向未来，历史思考则指向过去。尽管时间和历史是不可逆的理解过程形式，但我们使用时间不可逆时总是倾向于从现在向未来方向去理解不可逆运动，而使用历史时却更喜欢逆时间去追溯和思考历史，历史的归纳和思考主要是面对过去的基础上的。时间作为变量它的定义域是（$-\infty$，$+\infty$），但历史却是有界的，历史不能超出极限，历史的定义域不是无限，对过去的追溯也没有无限这种意义。尽管人类没有讨论历史形式的抽象规定性，但我们对人类社会历史的思考和认识中，在逻辑上先验地是以历史形式的这些规定性为根据去理解历史的，去使历史成为可理解、有意义的人类历史，成为人类可普遍理解的历史认识。

历史作为我们理解和认识人类社会的特定形式，它包含时间又超越了时间，即历史形式以时间规定形式为基础而又有自身的特定规定性，从而具有更普遍的意义，由之决定了对历史形式的理解建立在时间的意义之上。因此，我们在认识更复杂更为普遍意义的人类世界时，时间的理解是非常基本的前提。时间是一个从感性认识建立就产生了的认识基础形式，在还没成为文化知识概念，成为具有普遍意义的认识尺度时，就已经形成于生命感知世界的自然认识中。但与认识同生而同在的时间概念的形而上先验理解却一直是令人类困惑的命题，甚至对爱因斯坦的时空理论的解释中，时间实在性似乎已经是“科学”的知识，有科学以及经验为根据。在这种将时间形式实在化的基础上，能够合理而统一地理解历史这一人类社会认识的基本形式的意义就更是难上加难了。如果时间是可穿越的客观实际，历史形式就失去了意义，就无人类历史可言。倘若我们能穿越到秦国，将嬴政谋杀在襁褓之中，历史就有了如果，同时人类也再无历史之意义。

历史作为在时间概念基础上的更普通意义的认识形式，它和时间形式概念的一个本质的区别首先在于两者的定义域是不同的。时间自变量的定义域比历史自变量的定义域要一般得多，历史的定义域只能在时间定义域之中才是合逻辑的。因为时间描述涵盖任何过程。而历史描述的对象却是特定的人类社会，它的定义域由描述的“社会”决定其有效范围，即由它的认识对象“社会”所决定。所以，历史在时间之上，又在时间之中，历史是时间的真子集，这就是时间和历史的统一关系，这也是历史形式的最基本特点。在人类认识世界的纯量、时间、空间、结构、历史这些基本形式中，历史先验形式是一切先验形式的统一性形式，唯此才能描述最普遍意义的人类世界。历史形式建立在其他形式基础上，是从直接时间形式中发展而来的形式，它和时间形式都是基于过程的描述变量，故产生了定义域的统一性问题。历史对时间形式有基础依赖性，作为形式是在对人类社会的认识意义上的，在人类社会认识中具有先验形式意义，在和时间统一性意义上就不能只理解为纯粹先验形式，而是从时间中发展而来的特定先验认识形式。

但是，即使对时间形式的理解是符合逻辑的，却并不代表着由此就可以对历史形式得到同样合理的理解。因为时间形式是普遍认识的基本形式，在最简单的自然感性认识中时间形式就已经产生；在最基本的知识中，即在知性科学因果关系确定中，与过程因果相关的关系已经明白无误的显露出时间作为独立自变量的本质，这是时间是先验形式的最可靠基础。但即使是时间，一旦进入复杂统一性关系，它的形式本性就被遮蔽了，并因此导致了时间实在性观念的产生。在生命客体这种复杂统一性存在中，它的本质无法像空间性客体那样，通过结构的解构去还原，只能由复杂统一性去把握，它实际上是有生有死而不可逆的过程结构存在，只有在过程中才有生命本质意义的存在。人的自然生命也是时间性存在，但超越了自然进入文化本质的人就不能仅从时间性去理解了。从这个意义去看，历史认识形式作为人类文化社会描述理解的前提和基础，既包含时间性又超越时间性。人是什么比人的生命是什么是更难以把握的统一性命题。人类社会作为认识对象是比生命客体更加复杂的抽象认识对象，不能仅在客体认识的时间形式中得到主客体相统一的人的智慧理解。历史形式和时间形式本质区别的根据在于它们认识对象的本质区别：主体性无限文化世界和客体性有限自然的本质区别。对历史这一概念，人类对它的先验形式意义，对之认识人类社会这一认识对象的意义认识，与其说是不够，不如说基本上是空白的。所以，人类对自己文明本质的认识，在自觉的先验形式认识意义上，不是已经在从低级到高级的发展过程中，而是还没有深入到基础，在起点上就是不足够的。这就先验地决定了人认识自己的具体理性一定只在初级阶段，人类还幼稚就在于理性还很幼稚。

历史和时间这两个统一性形式的本质区别的根据在于它们描述对象的本质区别。历史是主体性无限认识对象的描述形式，时间是自然有限客体性认识对象的描述形式，不同认识对象决定了时间和历史形式的本质区别。由无限认识对象决定的历史形式的最显著特点是它没有客体认识形式的标准单位作为基本尺度。没有标准尺度使历史的形式意义深藏不露，人们总是只从形式和内容相统一的历史知识去理解历史概念，没有感悟到历史形式的形而上学意义，没有人类社会历史认识领域的柏拉图挖掘出历史概念的“理念”本性，没有康德先验哲学式的对历史作为先验形式的阐明。但只有把历史首先理解为先验形式，才能赋予历史知识普遍性意义，历史认识才有成为普遍知识的正当理由。人类没有自觉到历史的普遍形式意义，只能停留在客体的普遍形式去思考和描述人类社会历史，最终只能在自然史的形式和意义上去理解文明史，把人类文化选择生存还原为自然必然性支配的客体过程。把文明史还原为自然史的最大谬误在于只能得到人本质就是禽兽的理解，根本无法通达人的主体无限意义世界，无法进入历史思维本身。为什么历史先验形式不像时间、空间形式那样设定标准单位尺度？不是人类智慧不足，而是历史形式本身是不能有客观性标准尺度的。标准尺度的意义在于使认识的客观普遍性是可能的，它是认识客观普遍性的必要条件。但客观必然性描述是关于客体的，不是关于主体的。如果历史形式有标准尺度，马上退化为时间形式，具有客观尺度的历史就只是客体的过程、自然的过程，在客体自然过程中人就失去人的主体性无限本质了。历史是无限主体世界的认识形式，人类社会历史过程不能被理解为自然而无文化的进化过程。仅从时间先验形式去理解的人类社会历史无法摆脱历史决定论的魔咒，这是形而上地决定了的。

诚然，从世界统一性的观点看，历史是人的本质具体实现形式，人类就只有在历史过程中才有意义。人类对社会的认识既然必须在历史这一形式中，那么，我们已经形成的人类社会知识当然是以历史这一形式去提供知识的普遍统一性意义的。但人类的局限性在于还不能在形式意义上自觉到它的本质，就是说，我们说人类社会历史的时候总是在形式和内容相统一的意义上去理解的，即把历史仅仅理解为内容和形式相统一的事实和结果。对社会的思考就是从这种结果中思考和归纳它的原因，对人类社会历史的认识就依然和客体认识一样，从历史因果关系去思考，在必然性的客体运动规律范畴中理解历史的普遍意义，既把文化还原为自然，又让人类具体社会历史文化过程停留在抽象中。现实中历史既不被觉悟为抽象的形而上学普遍形式，也没有上升为文化和自然相统一的具体存在的现实过程。在历史形式描述中，形式和内容相统一的历史无必然性可言。当人们对把人作为物的必然性规律支配的存在而失去了自由的境遇不满时，并没有觉悟到历史的形式这种基础性意义。仅从因果关系无法描述无限主体去理解是不够的，更重要的是以何种普遍形式才能通达之，得到人主客体无限统一性的具体理性理解。由历史为形式的人类社会历史认识总是内容和形式相统一的，在历史描述中，历史既是形式，又是形式和内容相统一的知识本身，是自变量又是因变量。人类社会对传统知性认识而言，要么是机械地决定的，要么是先验地具有自由的主体性的。这种先天的自由是无法从自然的基础去理解的，所以胡塞尔创造了意向性去思考人类主体存在现象，这种思考的意义又是由主体自由地赋予的。这样的人类世界就是自然界外面的又一层皮而已。这对于人的世界的自由本质的理解也还是很有问题的。主体是无源之水，无本之木，只有现象，没有本质，何来根据。

我们一直没有洞察到人类社会作为认识对象的主客体统一性无限意义。生命尚且不可还原，人类社会就更不能在还原中去因果决定地解释它的本质了。只能在社会这一抽象统一性认识对象中去统一性地把握其本质，人的本质不是抽象的社会，而是要由社会本质去理解人的本质。人类社会是文化社会，它只能是历史过程中构建着的。只有在历史的认知框架中，从历史的过程去归纳，才能得出人类社会的基本理解，觉悟到无限超越有限、文化异于自然、人异于禽兽的本质和根据。人的认识是人类社会认识，认识自己是人类认识的最高目标，是对世界从简单到复杂，从低级到高级的最高统一性理解。对此，可以得出简单归纳：第一，人的主体自由本质是人区别于自然生命的本质，人的本质及具体理性思考不是人的自然生命思考，不是以生命物种作为基本认识和描述单位，而是以社会作为基本的认识单位的。第二，社会作为人的世界的基本单位，对社会认识的描述最基本形式是历史，它来自时间形式但又超越了时间，满足人类社会作为基本描述单位的形而上学条件。第三，在历史形式和时间、空间形式统一性关系理解基础上，才能把人理解为文化和自然、主体和客体相统一的存在，把人类历史理解为源于进化高于进化的最普遍意义世界的构建过程。

二、历史和历史性的统一

人的世界中的人不能从感性具体的有限存在即生命存在去直接得到本质的理解，而是必须以人类社会作为基本认识单位，以社会为中介形式去理解，从人在社会结构运动过程中建立的关系去理解。但这显然还不够，结构是物的具体存在形式规定性，把社会结构作为人与物的本质区别是不足够的，并导致往往把人定义、还原为物去理解人的本质，即把人当成物去理解人和自然物的本质区别是常见的毛病。结构不是生命的本质，结构绝对运动过程才是生命的本质。生命结构的运动是有限的，社会结构过程是无限的，后者在历史形式中得到普遍意义的理解，它的绝对运动无限过程才是人的世界异于动物世界的本质。更具体地说，历史现实是人的世界中人的本质的具体实现，是人类社会的具体现实的过程，也是人的无限自由本质在构建中不断实现的具体过程，这是文化和自然统一性之人不能还原为有限生物的根本原因。历史是理解人的世界的最基本形式，在此形式下对人类世界形式和内容统一的理解，是人对自身的现实理解。人的发展的本质意义更根本的理解就在于对自己的更深刻的自觉中，人的理性认识本身就是人是理性具体存在的存在论根据，这是以主体无限性为本质的人和在有限自然生命意义上的人的本质区别，人和动物本质区别又可以从无限和有限的区别去理解。从本质上看，人的本质存在即理性文化，没有普遍精神文化本质的文明人不存在。理性具体之人是在客体存在基础上，在从低级到高级发展中，由进化进展到文化而形成的。它的发展归根到底就凝结对自己认识的发展中，这才是主体自由世界的本质，才是人类世界区别于自然界，成为不再是必然而是自由选择的过程性存在的根本原因，是主客体无限存在超越有限生命存在的根据。在认识论意义上，自然客体世界的认识形式是相对独立于认识对象的，先验认识形式是独立的自变量；而人类主体自由世界的认识形式和它的认识对象即人类社会不是绝对独立的，而是既独立又统一的，历史既是形式，又是内容，又是内容和形式的统一。最为重要的是，对形式的纯粹形而上学认识本身就是主体性存在内容本身，历史形式的理解就是主体自由世界的具体现实存在意义的重要构成部分，这是历史概念形式和内容绝不可分的内在原因。以历史作为人类社会认识的基本形式，归根结底是在历史框架中建立人的自由本质不断发展，即人的本质历史性发展的统一性理解。人的本质的实现、人类的自由发展的历史具体表现为人类社会历史过程的发展，同样可以说，人类社会历史发展的本质意义就是人的自由本质不断实现，所以，人类社会的历史就是人的历史性具体意义不断发展的过程。而从抽象的文化本质具体为抽象社会中的人的现实生存关系，这种关系中社会的历史过程的本质和意义就是人的自由的发展，这是抽象的社会历史返回具体的人的存在过程，也就是人在历史中不断构建其历史性的自由文化本质的过程。文化本质就在于具体人的普遍而具体的历史性意义之中。因此，从历史形式去理解人类社会和人的本质，最终必须从抽象的历史形式回到人的历史性存在的具体理解。

历史概念具有人类社会抽象认识形式及在这一形式下对人类社会内容和

形式相统一的认识双重意义，但其最根本的理性具体意义是人的存在本身，这才是历史认识的根据和目标。抽象的历史形式、历史知识如何从抽象返回具体，实现认识论和本体论的统一呢？社会、历史、文化都是以抽象形式表现出来的，人的世界具体存在的是现实的人，在原始社会是感性具体之人，进入文明史则是理性具体之人。自然感性存在和文化理性存在是原始人和文明人的本质区别，人的文化理性普遍抽象本质内化于每一个具体现实的文明人的存在之中。具有文化理性普遍本质的个人是具体理性意义的人，这种理性具体存在同时就是历史性存在。因为理性文化本质是在社会历史形式下构建而来的，理性的具体存在是文化社会中的历史性存在，不再是物种意义上由 DNA 支配其选择性生存方式的存在，其生存方式不是世代重复，而是历史中构建、历史地变化着的。具有抽象文化理性本质的人的抽象的历史存在形式回复到理性具体存在时，我们把理性具体人理解为超越了自然生命本质的历史性存在，抽象的历史回复到具体时，使具体之人成为历史性的具体存在。抽象纯量回复具体得到量子性的具体能量子客体存在；抽象质和具体定量的统一回复到具体得到实体之物即空间性具体存在；复杂生命躯体和灵魂相统一则回复到具体时间性生命存在。历史性对理性具体之人的意义也在于此，即在于理性普遍本质从抽象返回具体。历史形式是抽象的，历史性存在之人是具体的。

对人的历史性具体存在的理解是从人的普遍文化抽象本质返回理性具体之人的统一性理解，而不是止步于抽象的历史形式本身，也不是感性经验体验的“历史”即感性具体认识本身。历史是我们理解人类社会经常使用的形式概念，我们常把社会和历史不可分割地作为社会历史去理解和陈述。马克思主义对人类社会的统一性理解同时又叫作历史唯物主义，而不是社会唯物主义或人类唯物主义。历史唯物主义概念包含着对人的世界具体现实过程不可分割的历史性感悟，但这并不表示我们对历史概念已经有了智慧的理解，因为我们基本上还是只在内容和形式上相统一的意义下去理解历史概念的。在这种统一性意义下使用历史概念同时又不自觉地到它是形式和内容相统一的概念时，我们的历史理解是有局限性的。对人类文化的分类，常有社会科学和自然科学，严谨的分类是自然科学和人文学科，后者是以人类文化为对象，以人类社会主体作为认识客体的学科。人文学科又划分为文史哲，即文学、史学和哲学学科。历史学科的历史归纳了我们对历史的基本知识，不是纯粹形式，而是具有特定内容的学科。历史超越时间性而又包含时间性的一般意义已经概括在这种历史学科之中，即历史是在人类社会宏观尺度曾经发生的对人类具有重大影响因而具有普遍意义的事件的记述。这种历史，我们又将之称为编年史，根据年代去编写的人类社会历史。历史的基本要求是尊重历史事实，即历史的编写必须建立在客观基础上。即使在封建帝王统治时代，史官同样必须保持不受皇帝意志左右的相对独立性去记述历史，由此可见客观记录历史的重要性。司马迁在中国历史上的重要地位既源于他的著作《史记》，更深刻地理解，是源于他为《史记》所坚持的客观精神。但是历史记载的客观性和科学知识的客观性不同，不能按照自然科学客观尺度的意义去理解。历史的对象是人类主客体无限意义世界，它的客观并不是指历史的普遍必然的规律性，不是客观规律，而是对历史的记载符合事实。所以，这种客观并没有普遍必然的抽象意义，只有具体现实存在意义，它的客观是现实的客观性。既然是主体对自身的认识基础上的客观事实性，历史就没有科学的客观普遍性，以事实为基础的历史同时又不能超越主观价值和选择于其中。抛开价值评价，即使在严格价值中立前提去看历史知识，仍然没有纯粹客观意义，因为主体的取舍选择性一定在先地包含于其中。对事件的价值评价不仅包含善恶、道德评价，而且包括不可避免的“历史事件”评价，即认为某些事件能够成为历史事件。大多数过去事件，尽管也可以说成为历史，但却不是历史事件，不是具有历史意义的事件。所以，历史不仅仅是时间性的，不仅是过去的，它还有超越时间的规定性，即还有历史意义评价于其中。只有在社会普遍意义上的事件才是社会历史的，只有对社会的进程有明显重大影响意义的事件才有资格成为历史事件。因此，“历史”在先地成为认识人类社会的形式，由此形式和内容相统一而产生的历史描述即使在史实意义上符合客观性，也仍然是带有主体选择性的，而不是纯粹客观性的。只有被总结历史者认为是具有历史意义的重大事件才被保留在历史文献之中。历史知识是必然带有价值和意义评价和选择才成为历史知识的。如果思考历史时忘记了这一点，把史书当科学客观性的知识，那就是把历史机械化、客体化了。历史就是一门学科，但不是科学，贴上科学标签并不是让历史拉大旗作虎皮，那其实是对历史学科最深的伤害。因为这必定是在历史事实基础上致力于客观必然性普遍规律的归纳，放弃了历史的具体理性意义，使对人的世界的认识只停留在抽象中。

历史这种非科学客观性是由于它的主客体无限过程为对象在先地决定的，不是某一个认识主体意志决定的。司马迁的《史记》可以在符合历史事实意义上具有客观性，但他对史料的取舍确实不能是纯客观的，而是他主观的选择，至于这种选择受何制约是另一回事，仅选择本身就在先地把评价和意义带进历史知识。这种理解才是对历史的尊重，否则我们永远无法理解历史的本质意义。英语课程中《文明和历史》一课所提的问题，值得思考：在历史书中，在广场中的雕像，总由英雄、伟人和士兵作为历史的主角，可是我们不知道历史上到底是谁发明了日历、耕作和医疗技术这些文化文明。历史的主角是英雄和暴力，甚至是能教唆人去杀戮更多的人才是更伟大英雄，这就是英雄主宰的历史，是人类野蛮的文明史，强权就是公理就是英雄历史观的本质。作者的归纳和拷问，一针见血。从历史记载中我们得到的不仅是历史事实，而且是英雄创造历史的意义，进入历史视野的基本上都是帝王将相，进入世俗文化的大都是才子佳人。对于这种英雄创造历史的观点，我们有过批判和清算，但批判英雄史观而留名青史者，在死后看其实是作茧自缚，因为他就是反对英雄史观而创造了历史的新的英雄。这是一个无法打破的先验魔咒。

但这并不意味着就是英雄创造了历史。我们在争论究竟是英雄创造历史还是奴隶创造历史时，其实已经说明了这超出了历史学科的历史认识之意义，是在整个人类社会存在意义上，在人类文化意义上，在人类文化和人的自然存在相统一意义上，由抽象历史文化回归到具体历史性存在的具体个人意义去思考历史。这种人类文化本质意义的思考当然以历史事实为基础，但这远远超出了历史事实及史学家的价值评价及意义赋予本身。所以，不必要执着于史书记载中谁创造了历史，更不能把历史当作过去一成不变的客观事实本身，而是从历史中去体悟、理解我们自己存在的意义以及人类社会存在的意义。就狭义的历史即历史文献、历史学科知识而论，这些普遍意义的历史知识的意义是什么？以史为鉴，史可为鉴，由史去知根源，知当下之意义，知未来之兴衰，这才是历史的意义。究竟是英雄创造历史，还是奴隶创造历史，这不是一个简单的事实陈述命题。在史学的客观事实陈述意义下，该命题无争论之意义。奴隶们一旦了进入了历史记载，那就成了英雄。所以，在历史陈述中的现象那就是英雄创造了历史，因为这个背景中能够创造历史推动人类历史发展的奴隶就是当之无愧的英雄。在历史学中，只能说成是选择谁来当英雄，是帝王将相当英雄还是奴隶当英雄而已。奴隶和英雄并不是历史学科中绝对对立的概念，它们是可以转化甚至合二为一的，斯巴达克是奴隶也是英雄。但是，当我们站在史学基础上，超出它的边界，思考人类社会历史的意义，思考我们自己存在的意义时，那就不是简单的事实判断意义上思考是英雄还是奴隶创造历史了，已经是对我们自己的社会存在本性和本质的统一性意义的思辨理解了。对人类社会的历史意义的理解以历史学科的知识为基础，但又超越了历史事实客观性的本身，成为一个统一性意义理解的命题。

超出历史学科的客观历史事实去思考历史的意义，是社会和历史的统一性意义。社会是人的世界思考的基本描述单位，人的社会以自然生命物种为基础，但又超出了物种的自然规定性。社会是超越了人的自然规定性，从文化规定性去思考人的基本认识单位，就是说，人只有在社会历史意义上，才有文化的意义，才有文明人的普遍本质。文明人的世界的思考，只有以社会这一抽象认识客体为描述对象，而不能以具体的人的感性个体存在为对象，也不能以人的自然生命物种作为基本认识对象。离开物种无具体生命，离开社会历史无文明的具体个人，文明人是文明社会中的人，这是无可分割的统一性，是存在论和认识论不可分割的统一性。文明人的认识必须以文明社会为中介去理解，必须以对社会的理解为基础去理解，必须从文化的后天经验性即历史性去理解社会形式对人的理性本质的意义。和历史文化无依赖关系的社会是物种为单位的自然社会，其中人在文明社会中只是抽象人，即在文明社会中的自然人也不是具体感性存在，而只是一种抽象的概念、思维中的存在。社会作为抽象认识对象，作为理性人的基本描述单位时，它的描述的坐标即理解的框架、形式不是纯粹的无量纲之量、空间和时间尺度，而是以时间为基础，比时间更具普遍意义的历史形式，以之为形式才能得出关于社会历史的认识。人类社会在历史形式下，在连续不可逆的发展中展开了具体的历史，产生了有意义的人类历史，即社会历史。历史在社会的连续不可逆绝对运动过程中获得了形式和内容相统一的意义，人类社会在不可逆的连续绝对运动过程中不断构建着自己无限的历史。我们对于人类社会历史的最基本理解同时也就是对人的文化社会的最普遍意义的理解，回归现实是对自身存在的理性具体的理解。这种社会历史意义下，究竟是英雄创造历史，还是奴隶创造历史就不是毫无意义的，而是对于社会的本质和意义、对人的存在的本质意义有重大意义的命题。唯心主义历史观和唯物主义历史观的分歧不在于历史学科中，而在于对人类社会的历史本质和意义理解之中，它的根本意义在于探究历史进步的标准和意义是什么？推动历史进程发展的机制和动力是什么？对此而言，英雄史观和奴隶史观的理解肯定是不同的。

对人类历史的思考和认识的最大历史局限性不在于理解英雄创造历史还是奴隶创造历史，而在于把人类社会历史作为人的抽象认识本身，即把人对自身思考的理解停留在抽象中的认识论意义，没有从抽象的社会历史返回具体人的存在。凡是停留在社会意义作为对人的世界和人的存在的终极理解的，一定是把抽象社会实在化，把具体现实的人抽象化的理论和观点。因为社会是抽象观念认识中的存在，社会历史也是抽象的，所谓具体历史指的是抽象认识意义上内容和形式相统一的认识，以区别于纯粹形式无内容的“历史”，但这种具体是抽象的具体，不是感性的具体，也不是理性现实的具体，所以本性仍然是抽象的。历史的创造者、承担者最终一定是理性具体意义上的人，社会历史的意义最终必须返回具体理性存在的人的存在，才具有现实意义，才能说是从抽象返回具体。因此，从现实存在的理性具体文明人去理解社会历史的意义才是从抽象向现实的回归。

社会历史对文明社会每一个感性现实存在的人的意义是什么？在于凭社会历史文化构建使具体之人不再是纯粹物种意义的感性存在，而是具有普遍意义文化为本质的社会历史性存在，是感性、知性、理性相统一的具体理性存在，文化的社会历史性使每一个文明人成为历史性的理性具体存在。这是文明人和自然人的分野，也是人和禽兽的分野，是人的认识就是人的存在，人是主客体统一性无限存在的根据。自然人是时间性的，还只是物种意义的自然存在；文明人则是以自然生命为基础，以时间性为基础，但又超越了自然生命物种时间性本质，形成文明人特定的文化本质的具体存在。任何一个文明社会的具体存在者，其是文明人的理由和根据就在于他已经建立了文明人的普遍的文化本质于其自身，所以不再是单纯自然生命存在，而是以文化为本质、文化和自然生命相统一的具体存在。文化本质和生命的 DNA 结构本质的区别在于，DNA 结构是先天地自然遗传而世代延续的，人的生命本质是先天的产物，自然而然的意义就是先天性；但文明人的文化本质是后天的，人类文化是相对于自然的，是非自然的，文化的意义就是它的后天经验性。社会是人的世界存在和认识的最基本单位，文化是人最普遍本质，社会文化从抽象返回具体个人的存在就是将抽象的社会历史中积淀的文化内化于具体感性个人灵魂之中，构建他的普遍的文明人的本质的过程，是抽象人类精神进展到现实的理性具体的过程。人作为具有普遍文化本质的具体现实的人，就是历史性的具体存在，是人类社会历史文化构建了他的本质的具体、现实的存在。十八世纪的唯物主义者为什么得出环境决定人、教育决定人的文明发展的结论呢？就在于此。问题在于，文化不是自然，是人类后天创造的，文化创造人的意义和基因结构决定人的物种结构的自然生命之人不同。如果离开人的历史性具体理解，则就会陷入人创造文化，文化创造人的无限恶循环怪圈。人不能由自然感性个体意义去直接理解，必须在社会历史文化的中介意义下去理解。从社会历史文化返回人的具体存在，理解人的历史性文化本质的构建，则人创造文化，文化创造人就是可理解的，不是循环，而是在连续不可逆中世代连续，不是在自然 DNA 意义上的世代连续循环，而是在文化传递和不断创造的绝对运动发展中的连续，这才超越有限自然通达无限意义。文明人已经不只是时间性生命存在，本质上是具有历史文化本质的历史性存在。在时间性本质中生命是周而复始的循环，而人类社会即文明社会中每一个人的普遍的文化本质都是历史的结果，又是历史本身，这就是人的历史性的意义。历史性之为历史性在于它回归在每一个文明人的具体存在中，使人成为理性具体之人，使认识论的历史回归人的理性存在从而获得了存在论之意义。只有达到这种统一性智慧境界，主体自由世界才是可理解的，社会、历史、文化、理性才获得现实的意义。只有进展到主体的无限认识就是人的本体存在论根据的理解时，人的社会历史文化过程才是理性的，不再是二律背反的。

三、历史性本质之心

人类社会只有在历史的认知框架下才能建立起有意义的理论，文明社会的人只有在社会中构建起自己普遍的文明人本质才是现实的人。人类认识自己，就必须在人类社会中认识自己，在社会历史过程中认识自己。历史性的理性具体意义既包括抽象的历史形式，又是形式和内容相统一的人的自我认识，更是现实的人的主客体无限统一性具体存在，即文明史中的每一个现实之人都是历史性存在，社会历史文化构建文明史的现实性在于人从感性具体存在进展到理性具体存在，更在于人的理性不断自觉中的无限进展。理性具体超越感性具体的根据在于人抽象普遍的本质，主客体统一性以主体普遍本质为第一原因，对历史性具体的本质认识就以主体性自由之心即精神文化为对象，文明史本质上就是精神文化史。

在世界统一性思考中，从物质自然界进入到普遍思维、文化世界思考的完整理论应以柏拉图的理念论为标志。但两千多年来对人的理性认识一直只停留在抽象的精神文化中，止步于抽象理性，止于精神而没达到统一的文化，没有返回具体的人类世界。以人类社会作为基本认识对象及描述单位，在历史框架中思考和认识人类世界，把人类社会历史理解为连续不可逆过程的先驱，归功于启蒙思想家卢梭。卢梭是自觉追求人类社会历史统一性理解的起点，不能对之求全责备，体悟历史性本质意义就意味着要自觉承担发展

的统一意义去理解的。在真理知识意义上，人类在进步发展，不断从自然支配中解放出来，这就是百科全书学派理解的理性进步。卢梭并不否认这一点，他说这是人的进步，即人对自然关系上表现为进步；但他又说，这同时是人类的堕落，因为人类社会中，人和人的不平等关系随科学发展、私有制强化而不断分化，是产生越来越严重的不平等的历史过程。百科全书学派的视野在自然世界，看到的是人类文明的不断地进步；卢梭的视野是自然世界为基础的人类世界，看到的是人的科学文化的进步和人类道德的堕落，这就是自然状态和社会状态的分裂，真和善的分裂。从人的世界是最高意义世界的观点看，人的价值必须返回人的存在本身，由于科学发展反而加剧了社会不平等，那就是异化，就是退步，就是不合理的。这是卢梭和百科全书学派分道的根源。今天回首审视卢梭关于私有制及人类不平等起源和发展的理论，必须从这个高度去理解，才能明白二百多年间他的人类世界社会理论如何深刻地影响了一代又一代人，如何改变了随后人类世界的历史。人类世界由此开始自觉到人的世界本身，共产主义乌托邦、社会主义理论，都能在卢梭的理论中找到源头，卢梭是人的全面自由平等社会理论的先驱。人不仅要从自然解放，从宗教神学中解放，还要社会解放，这才是人的彻底解放，人的全面彻底解放的理论源头就在卢梭的理论之中。

卢梭在对人类世界的思考认识中建立了影响人类历史的社会理论，其成就的重要原因之一，在于他以社会作为人类世界的认识和描述基本单位，在历史的框架中考察人类社会的运动变化，从自然的先天存在状态为抽象思维起点，揭示人类社会在后天的社会化即文明化过程中的运动过程。这在认识的逻辑上，在对现实现象的归纳和把握上，在社会历史过程意义上使区别于自然状态的人类文化社会是可理解的。在卢梭的社会理论中，人的世界的发展就是一个历史意义上连续发展过程，历史过程具有整体性的具体意义。至于社会历史过程不可逆地指向进步还是堕落，卢梭从人和人类两个角度做出截然相反的评价，把人类文明看作是文化和自然不断背离的过程。但是，无论作何种评价，从哪一个角度，人类社会历史都是连续不可逆的，是后天而非自然的，不是自然生命时间循环意义上的。由此可见，卢梭不但进入了普遍的人类世界的思考，而且敏锐地抓住了人的普遍世界和自然世界的本质区别，在人的自然状态和社会状态的统一性中把它们从本质上区分开来，即把自然的和社会的亦即文明文化的人从本质上区分开来，把不同的对象放在不同视野，不同认识框架中思考和归纳，从时间性上升为具有普遍意义的社会历史性思考。人类世界在社会文化的不可逆历史运动描述中，再现了它的基本面貌，并从平等、自由的更高意义上思考了人的本质、价值和意义问题。卢梭是近代人类文明进步和社会解放的启明星。自此开始，人类认识世界开始了向人的世界的回归，并且是卢梭理论的不断深化、具体化的发展。人类终于自觉到，我们是在不可逆的历史中的存在。

卢梭开启了人类对自身文明发展过程的整体统一性认识，开拓了人对世界认识的新天地，引向世界统一性的最高认识，是人的世界这最普遍世界统一性认识的纪元。同时，必须指出，卢梭的人的世界理论，还只是人类认识自己的起始阶段，还只是进入人的世界的现象存在去理解人的历史性过程，还没有深入地归纳人和人的世界的本质。从自然状态进入社会状态，在社会状态中去揭示人和人的世界的本质，社会只是认识的起点，只是思考认识人和人的世界的基本单位，即在社会中去认识文明人，不是在感性自然生命个体意义上认识自然人。只有把社会这一认识对象置于历史的框架下才能得出对人类世界的合理认识和理论。但人类社会历史也还不是人的本质，而是人类生存过程和具体现实生存的现象。卢梭《论人类不平等的起源和基础》揭示了人类文明史是越来越不平等的发展史的归纳是符合事实的，是有根据的，是有普遍可理解之意义的，但还不能说这就是人类社会的本质，不能说人的本质就是不平等，不能认为私有制产生才有社会产生，才有不平等产生。人类世界在社会运动的历史过程中表现出来不平等的不断深化、恶化是人类社会生存的真实现象，但并不是文明史的本质，恰恰是人的文明史本质的不成熟和异化产生的结果，否则只能得出文明就是恶甚至诸恶之源的结论。人的本质之所以是本质就在于它是文明人区别于原始人的根据。卢梭把私有制、社会作为文明人和原始人的本质区别，并把自然状态设定为社会历史抽象逻辑起点，把自然状态理解为抽象的平等状态，即后人常说的原始共产主义社会形态，这是缺乏说服力的。社会不是私有制的产物，原始状态人类没有私有制的原因不是自然社会是天生平等的，而是自然社会还没有产生私有制的基础，社会还没有产生出私有财产的条件下称为共产主义是无意义的。最重要之处在于，任何动物群体社会的自然分工是不能从人类文化的善恶去判断的，自然而然是真而不是善。但是，从进入文明史后的价值判断意义看，基于自然分工的社会是丛林法则支配的，毫无平等可言。人类文化发展加剧不平等现象不是文明文化的本质决定的，是人的文化发展和自然本质支配的共同作用结果，是人的文明本质的匮乏造成的。造成这种自然状态和社会状态背离的原因在于人没有自觉完成由动物本性到人的理性本质的自觉和发展。卢梭关于人类社会不平等的起源及不断加剧的理论是在社会历史现象意义上的归纳，还不是本质的。

任何理论的目标都是指向对象的普遍本质的，卢梭的理论当然指向他所以为的本质——私有制。卢梭把私有制归纳为人类社会的根据，是人类文明社会的起源，是支配人类社会发展的原因。人类社会不可逆地向加剧的不平等发展的原因是私有制在不可逆的发展，使财富和权力不断集中在更少数人手中，从而造成了人类越来越不平等的现象。百科全书学派认为私有财富所有权是天赐的，是神圣不可侵犯的，是社会之所以为社会的基础。在更广阔的视野中，伏尔泰等百科全书学派仍把人类社会置于自然世界的意义之中，把人的世界的社会关系依然理解为自然的；而卢梭已经把私有制这一人类社会的基本现象看作是由自然状态下由人自我完善发展能力产生的超越自然的后天文化行为，所以人类社会不是自然的，人类世界是比自然世界更有普遍意义的世界。正是在这种更广阔的视野中，卢梭对世界的理解达到了新的高度和境界。

从世界统一性原理来看，卢梭对人类社会历史过程的现象归纳是具有深刻智慧的，但把私有制概括为人的世界的本质却是缺乏充足理由的。私有制是人类进入文明社会的最重大事件之一，在卢梭之后，私有制是万恶之源，已经成了人类的一个重大命题，但把私有制作为文明的本质、社会的本质却面临着人类绝对异化的壁垒。因为人之所以为人，社会之所以出现而产生了文明人的根据在私有制的话，在逻辑上，文明产生、社会产生和私有制产生同义，而且和人类不平等产生同义，人类进入文明就是更大的恶，更文明就是更野蛮。既然不平等及私有制是后天性的，对人的具体存在而言是在自然之后的东西，但按照卢梭的理论，人类私有制及其造成的不平等却又是和自然先天现象一样，是无法在历史中消除的，反而是在后天中不断加剧的，这又把人的后天文化等同于先天自然了。要根除不平等唯有返回非社会的自然状态，但这不是人类选择，而且事实上没有现实可能。人类既追求自由平等但又不能放弃文明社会的存在方式，这就决定了人类社会历史意义尽管是后天的、历史性的，是不断发展中构建着的，而同时又在逻辑上先验地决定了是无法摆脱不平等状态的，这是卢梭把文明史理解为人的发展和人类道德堕落两重性的理论根源。由此看来，卢梭以及此后的许多社会理想主义者为人类自由解放所开出的药方均是乌托邦，只有心灵慰藉之意义。如果人类世界的本质是私有制，不平等是基于人的世界的本质的，追求人类自由解放的平等之梦就永远只是梦。事实上，停留在私有制去理解人类社会的本质既是不合理的，也是消极的。若私有制果真是人类文明史的宿命，卢梭的民主共和国理想也只是心灵鸡汤。

不能把私有制理解为人类社会的本质，因为不能把文明史本质理解为恶。从私有制现象去思考人类社会的本质时，对私有制的不同理解，将会得出对人类社会和人的世界完全不同的理解。于是，进一步的拷问转换为，人类历史上私有制现象产生的本质原因是什么？究竟是从私有制所产生的物质利益的不平等占有从而产生了人类不平等的意义去理解它的本质，还是把私有制理解为人类文明的文化进程中人的普遍文化本质中的文化构成部分？究竟把私有制的本质理解为财产的还是制度文化的？由此决定了把人类社会历史本质理解为唯物的还是唯心的，自然的还是文化的。在认识意义上则是究竟把物质和文化看作相对立的还是不同层次的统一性的存在。无可否认的是，人类至今依然是由非此即彼的知性因果思维去面对复杂、具体的人类主客体世界，把物质文化的本质意义仍然看作是物质，文化依然是依附于物质的第二性现象，即只能以物质为本质的现象，人的世界在本质意义上依然是物质自然界。停留在现象意义上，按照私有制是社会历史本质的观点，公有制是不可能的，文明就是私有制。卢梭揭示了人类社会的历史运动，其中包括私有制的运动，把人类历史理解为社会为基本结构单位的绝对运动过程时，最终又返回到物质世界去寻找根据和原因，因而并没有真正揭示人和社会历史的本质和意义。

从私有制、物质财富占有及这种占有关系的发展变化之中其实并无法理解社会历史的不可逆绝对运动本性。物质占有格局是可以改变的，并不是不可逆的，私有制在财富占有意义上并不是永恒制，而且物质财富是消费、消耗的。尽管私有财产的确立包括世代连续和人类社会历史的不可逆性相协调，但前者只是后者的现象，不是根据。人类私有制只是人类文明社会制度文化，是人类普遍文化的一个组成部分而已，还不是人类最普遍的本质，反而是私有制必须从社会文化制度意义去理解，从人类文化本质的构成去理解，而不应把直接的财产占有现象作本质理解。从物质财富占有去理解私有制是现象，它解释了人的基础即人的自然生命和生存层次的满足，但这是自然生存及时间性循环的世代更替意义上的。只有从支配人类的文化制度，从文化的传递、传播以及积累中不可逆发展之意义，才能从本质上去理解人类社会历史的进程。用卢梭的理论去评价他自己一生就很发人深省。他自己在贫困潦倒中度过一生，老来仍然拒绝国王和达官贵人的馈赠，在孤独和贫病交加中离开生命世界时，他并没有留下什么财产。然而，从人类世界的历史意义去评价，卢梭给人类世界创造并留下了宝贵的财富。世界统一性原理不仅把人的世界理解为包括自然世界的更普遍世界，还把人的世界理解为社会历史意义上不可逆的绝对文化运动过程，更把精神文化理解为人类历史以及人的世界的本质，在文化的起源、增长、发展中去合理解释人类历史的统一性、人和人类的统一性、人的自然和文化存在的统一性意义。简言之，文明之为文明史，人之所以是历史性存在，首先必须从普遍本质去把握，历史性的本质只能是自由之心，不能是物，执着于物进展不到统一性文明史的水准。

不可否认，生存永远是人的第一要务，有血有肉的人的自然生命现实存在是文明史存在的第一个前提。但是，这里指的第一是在主客体具体统一性存在的基础和前提意义上说的。理性幼稚而执于感性具体时，人们则将生命生存的本能欲望驱动作为人生存乃至人类历史的形而上学，即第一根据，据此人本质就是野兽，文明史就是野蛮史。这也是人类五千年文明史是人的进步和人类道德堕落两律背反的根本原因，是人类理性幼稚，缺乏历史性自觉的产物，不是文明史的本质。实事求是地看，五千年文明史走到资本主义世界历史的当代，人类欲壑难填的物质追求真的是基于感性生存的刚性需求吗？当然不是。相对贫困将永远伴着人类文明史，但在当代技术生产和文化制度下，绝对贫困只是个别特例，人类无止境追求财富的本质不是感性生存需要，而是精神文化追求。当代物质生产水平应能满足人类的基本生存需要，但所有财富也无法满足一个贪得无厌之人的欲望，资本成为主义成为最高价值追求是不符合文明史的逻辑的。理解这一点并不需要多少智慧，心理学家把人的心理需求和动机划分为不同层次结构统一体，当代人其实已普遍达到较高精神追求水准，人们并不只是像禽兽般为活着而斗争。贫富二极分化对伏尔泰而言是天然合理的，卢梭则认为这是人类道德堕落所使然，我们这里要思考的是拥有巨富者的觉悟本身，不必纠缠于道德评价。如果成功的富豪达到柏拉图那样把奴隶主当成奴隶的奴隶的认识水准，那就是从社会历史文化普遍意义去觉悟自身；如果最高价值只是财富本身，那就仍然把自己当成丛林之王；如果为富不仁，那就是货真价实的禽兽了。然而，当代社会竟不时充斥着高薪养廉之声。所谓高薪养廉不只是为贪腐文过饰非，高薪也有可能转化成掠夺和贪腐本身，也是监守自盗本身。只以物为根据，不深入到精神文化本质，人是不可能觉悟到自身理性的。既现实地文化生存又执于物的感性欲望，这就是理性不自觉，是理性还幼稚，现实中就是人的进步和人类道德堕落相伴相随。

从精神文化去理解人类社会历史的本质意义时，私有制作为人类社会历史现实现象，并不是文明史的本质，也不是不可克服的。卢梭把人类文明史归纳为人的进步和人类道德的堕落这种矛盾运动并非危言耸听，恰恰正是人类几千年文明史的现实，也是人类全球化的生存现实。从社会历史的理性意义看，现实并不都是合理的，现实现象更不是本质的。历史性存在的本质意义就在于对现实的扬弃和超越，在于人的历史性本质的不断发展，理性在自觉中不断扬弃先天自然属性，理性的永恒追求和发展赋予了人的本质的历史性意义。人的进步和人类道德堕落的现实矛盾意味着人的文化和人类社会历史还远远没达到自觉理性阶段。人的发展是普遍知识和文化的不断发展，人的道德堕落是为占有物质财富目的而产生的，这是把人的自然作为最高本质而产生的和人的理性文化本质的冲突。人类社会历史文化源于自然高于自然，自然生命是人理性存在的基础，但我们按丛林法则去处理人的相互关系时，在本质上就把人只当作禽兽。人作为自然和文化相统一的具体存在，文化和自然的冲突，把人的兽性当理性本质导致人本质的冲突和异化，现实世界文明史就是暴力和统治的历史，是文化发展道德堕落的历史。人类文明史的现实矛盾不是人的历史性存在的本质，而是人的历史性存在本质的异化，由历史性存在退化为自然动物的异化。从历史现实发展过程看，人类走出自然界步入文化文明史的转换过程还没有完成。文化越发展，不平等和暴力统治越加剧，意味着人类还没有在文化和自然相统一的理性高度完成对自然的超越，人的本质异化的根源在于人的理性本质没完成其建构。对具有自由主体性本质的人而言，没有认识就没有理性，就没有主体性，也不会有主客体相统一的具体理性人的存在。更进一步看，只要人类没有自觉到自己的理性本质，把他人当狼也即把自己当狼，则人类理性本质就还在异化之中，还没基本成型，更不要说成熟和圆满了。

卢梭从人的自然生存状态的世代重复现象中叹息：人类已经老了，人类还没成熟。其实，从是否成熟去思考文明人自身，本质上应指向人的后天文化即理性是否成熟，不是自然生命进化意义的，人类的现实是生命进化成型可理性文化幼稚。只有自觉到历史性的精神文化本质，才能理解人的自由和历史的创造。只要丛林法则支配人的生存选择，人的理性就没长成，人就只有一只脚走出自然界。

第二节　历史是永恒创造着的

一、历史和创造

我们建立了从社会历史去认识描述人类世界的基本框架及认识方法，那就必须在历史创造和创造历史的语境中去理解人类社会历史的意义，理解我们自身的本质，理解人类世界区别于自然世界的更普遍的意义。对人类世界的思考和认识，从历史形式框架去理解人类社会过程，不管其具体内容如何，但对作为形式和内容相统一的历史的理解，都必须在历史创造的意义基础上，只有文化创造了，人类才从自然史走向文明史，人类才超越有限进入无限从而走出了自然界，这才是对文明史之人的具体认识和理性理解。人类认识自己必须在社会历史过程中认识，并且把它理解为由人类自己创造自己的历史，是自己在创造中实现自己自由本质的绝对发展过程。人的本质在历史之中，而且就在历史的创造之中。人的历史文化本质上是后天经验的，就是说，人类历史的本质意义在于人的创造。

历史创造意味着历史不是现成之物，不是耸立不动的雕像。历史作为人类世界的理解形式，作为文明社会的现实存在形式，作为人类世界的展开具体进程，它尽管包含自然世界和物质世界的意义于其中，但它决不能退化、还原为物的存在去理解，也不能由必然性支配的客体过程去理解。按照世界统一性原理，世界不能还原为物质客体去理解，只能从本原客体出发得出多样统一性理解。即使在能量一元论的认识框架中，本原性能量存在只是对物质世界统一性理解的基础，不能把物质还原为无质规定性的能量，而是把物理解为质和量的统一，质量是东西，是物。能量子和物质都是客体，但物质已经有质的规定性：结构规定性，比能量更富有意义。必须从统一性去理解复杂结构性存在，自然界中最复杂的生命世界已经是不能再还原的存在，而且是在绝对运动着的过程性存在，即时间性存在，生命已经不能还原为生命物质去理解。人类世界不仅以人的生命自然的时间本质规定性为基础，而且文明人之所以为文明人，之所以必须在社会历史中才能现实存在的文明人，就在于它产生了非自然的本质，超越了自然生命的时间性循环，成为在社会历史意义上的连续不可逆地变化着的存在，是历史性的现实具体存在。现实具体的文明人的自然生命依然是时间性的，但它的文化本质却是非时间循环的，既是和每一个人自然生命感性存在自然而然地统一而不可分离的，又是超越并扬弃了具体个体感性经验，在人类、社会普遍意义上存在的。既是非自然的，文明人在本质上就摆脱了自然生命的时间局限性，文明史就摆脱了世代更替中的循环性，通过后天的文化传承而发展，不断积累，不断发展，不可逆发展。正是人的生存方式超越了自然生命周而复始的世代循环，人类才具有了超越时间性的历史性意义，不再是纯粹的自然生命存在，而是文化的、文明的、历史性的存在。按照世界统一性原理，生命不能还原为物质，否则人和死尸就没有区别，生命是唯时的不是唯物的。物质也不能还原为能量，所以是唯质不是唯量的。同理，最普遍意义的人类社会就既不能还原为自然生命更不能还原为物质，人不能把自己当作纯粹野兽，更不能把自己当作僵尸或死物，人不能认为自己连猪狗都不如。所以，人类社会只有在历史意义上，从人的文化本质的历史性发展中得到理解。人类世界决不能由物质构成去作为最终理解，历史本质上不能唯物主义，只能唯文化主义，因为历史的本质意义在于文化的运动也即是人的精神文化本质的运动发展之中，历史现实中是和自然相统一的，这就是历史唯物主义的理性具体意义。人的世界中，自然是人的自然，物质文化的本质是文化。我们到金字塔、故宫去观光时，如果你只有看到建筑、宫殿，没有体会到它们的历史文化意义，那对人的文化本质，对人类历史肯定没有多高的自觉觉悟。或者说，没有历史自觉意识、文化自觉觉悟的人没有资格自称文明人。彻底唯物机械地理解自己的存在时，那人就是披着人皮的豺狼了。所以，对人的历史不管作何统一性理解，但绝不能退化为自然生命或自然物质去理解。历史不是现成之物，所以，历史不是客体的、僵化的存在，不是制造出来的东西，不是自然按必然性法则生成的东西，而是文化和自然统一性的。只有在文化本质意义上，才能真正理解历史是创造的。反过来说，人类社会历史是创造的历史，所以它才是文化的，才具有永恒运动发展生命力，才不是物的世界，人类社会历史性存在才有充足理由是超越了自然物的存在。

历史之所以是创造而不是制造，在于历史创造的结果本质上是历史创造者自身，历史创造是人的创造，历史创造的是人的历史，历史创造的成果不是独立于创造者之外的东西，而是返回创造者本身，这正是启蒙运动宣告人的价值就在于人本身的意义所在。从文艺复兴开始的人类近代革命的伟大意义就是返回人的存在自身去为人的存在寻找充足的理由，人的本质和根据就不再在人之外去寻找，不再在神的意义下为人提供存在的根据，这是人类发展史上一次意义重大的解放。今天，我们把人类创造了自己的历史看作是天经地义的，殊不知，人类经过上千年的文明发展才自觉到人的命运其实就掌握在自己手中。人的一切生存实践活动，在社会历史意义下的一切有目的的活动都最终指向人本身，是为了满足人的需求，这才是人的价值就在于人本身的意义。所以，人类历史的创造既是人的有目的的创造，又是为了满足人的目的去追求的创造，是为了人的具体存在的生存和发展，正是这种创造使人的历史性存在区别于客体存在。历史创造的意义不是制造物，而是人类自身本质不断发展的历史，也就是历史的不断发展。

必须指出，只从人类历史创造的目的指向人的本身去理解历史创造的意义是不够的。动物同样为自己的本能目的生存，同样是有目的的选择性生存，基因性本自私。但是，动物在感性意义上有意识的生存选择活动并没有使它们超越自然界，他们还只是物种在时间中的循环，没有历史，更没有历史创造。所以，历史创造过程必须回到创造的本质、历史的本质、人的本质去理解，不能停留于有目的、有意识的追求本身。人的世界的本质是文化，人类为了满足自己生存目的的历史创造活动本质也是文化的。人类凭物质创造去维持人类自然生存这种最基本的劳动生产中，它的成果即人的生存消费品，但在人类社会意义中却又被理解为物质文化。所以，人类的一切创造活动，都必须回到人的文化本质，从文化创造的意义去理解。人类历史创造成果是灿烂光辉的物质文化和精神文化，因此，历史创造必须从历史具体过程现象中，归纳出创造的本质意义，即人类历史超越了自然，使人超越动物界的创造是什么？无论是物质的还是精神的，我们都概括在文化之意义之下；无论是物质的还是精神的，只要是创造而不是制造，都必须回到文化的本质去理解，而且本质必须从精神文化去理解。对于人类文化而言，物质文化就是现实，精神文化才是普遍抽象本质。就是说，文化本质是精神的，物质文化既不是纯粹物质，也不是纯粹抽象的文化，而是抽象文化和具体物质客体的统一，是人类在生存活动中，将自己抽象的文化本质外化，返回人的具体生命存在，返回人的自然，满足人的自然生存目的而产生的结果。物质文化的物质属性满足了人的自然需求，这是人在自然意义上，在和动物同样自然生命意义上为生存目的的行为。一切选择性行为的目的，一切有目的的行为，其目的最终只能指向主体目的本身。所以，从物质属性，从人为实现自己目的的主体性行为本身并不能提供人之所以为人的充足理由。人和动物的区别不在于目的性，不在于消费物质去实现生存，而在于人实现目的性的方法、手段和动物本质不同。人类不再依赖对自然的直接关系去获取生命所需物质，而是在社会中以社会文化为手段，把物质变成超自然的，即自然和文化相统一的物质文化，更好地实现人的目的，满足人的需求。动物的世代循环生存方式表明其现实生存活动不是创造性的，人类的历史地发展着的生存模式才叫创造，人和动物生存的区别不在于物质，而在于依靠自然物质生存还是依靠物质文化生存。物质文化是人类从普遍的抽象文化本质回复到人的具体生存目的的过程，即是人类文化和他的自然生命基础存在相统一的过程，是精神文化回归人的生存目的的具体实现。在人类实现自己文明生存中，最普遍的本质、最本质的创造是文化创造，本质上是依靠文化创造去实现人的目的，达到人的生存和发展。文化的本质是抽象的、精神的，人类创造的本质是精神文化，它的现实的生存和发展则体现在物质和文化相统一的物质文化中。

把人理解为历史性存在，把历史理解为人创造的历史，把历史创造的本质理解为精神文化创造，这就能顺理成章地对人类超越自然生命时间性循环，成为在人类社会中不可逆地发展着、创造着自己本质的历史性存在得到充分而具体的理解。当我们从社会历史去理解人时，现实的生存作为形式和内容相统一、文化和自然相统一的历史现象是具体而丰富多样的。如果对人类社会只停留在多样性现象，没有回到历史普遍抽象的本质，就很难得出对人的历史性以及人的存在的统一性理解。在物质世界中，停留在现象中的存在是既存在又不存在，是变动无常、生生息息的存在。在根本的意义上看，在现象中根本无法体悟到多样性中统一的物质世界。在以文化为本质的更普遍的人类世界中，如果离开人的文化本质，仅着眼于人的世界的历史性现象之中，则历史就是一个随机的、永远只是现象的世界。当这个现象世界的本质不是抽象文化，而是还原的自然之物，把人类世界的本质作唯物的理解时，人类世界就不只是无意义，而是不存在了。没有本质意义的存在就是既存在又不存在，不是真正的存在。几千年来，人类唯物地看世界，最终却无法理解生命和物质的本质区别，无法从本质上区分自然界和人类世界的联系和区别。把自然界当世界，把自然、社会和人类思维作为三足鼎立的三个独立部分世界，用这种知性思维去理解具体是很有问题的。离开自然界没有人类世界，没有超越自然意义的人类世界就还只是自然界。我们不能继续在科学理性因果关系中去理解人的世界和自然界的统一性，最终又去论证人类世界超越自然世界的充足理由即它的本质和根据是自然。

从精神文化本质去理解人类社会历史，理解人的历史创造的本质，则人类认识自己的文化中经验和先验的两律背反问题就迎刃而解了。首先，文化是人超越自然的本质根据，是人的世界超越自然界的充足理由，文化使人成为社会历史中的理性具体之人。文化对自然的个人而言，是在先的，是文化环境使每一个出生的自然生命在生存成长过程中文化为文明人。但是文化是超越自然的，所以是后天的，不是与生俱来的。文化是人类群体意义的，在人类社会生活共同体意义上是后天的，这就是文化后天而又先验的双重性。人类一切文化都是后天创造、积累的，而个人的文化环境却是先验的存在，并影响和决定着人的生存和成长的。所以，以文化为本质的文明人的文化是社会文化，社会才是文明人的最基本的生存、认识和描述单位结构。人和动物的区别不在于社会性，而在于人的社会作为生存基本单位结构是文化结构，而其他动物依然是以自然生命物种结构为基本生存单位的，蜜蜂、猴子是有社会无文化的自然存在，所以即使是天生的社会动物但却只能是自然生命，无法进入文明。因此，从文化本质才能理解社会作为人的基本生存、认识、描述单位的意义。其次，从文化本质才能理解人类社会的历史性意义，这是世界统一性原理和传统机械唯物主义关于人的世界理论的本质区别。卢梭执于私有制的财富权利，把社会的本质关系看作是物的关系。事实上，除了宗教信仰理论，人类总是惯于还原为物的关系去理解人类社会的本质，这其实是见物不见人，由物去决定人。无可否认，自然生命是人类世界的基础和前提，没有物质条件，人的自然生命无法延续。所以，物质条件对于人类社会而言是在先的，但却不能是本质的。人类社会的本质并不是人类社会存在的基础及前提条件，而是人类社会和自然动物社会的根本区别，是人类社会之所以为人类社会，人不再只是自然生命世界万物之一，而是超越了一切自然生命物种，具有自己独特本质规定性的万物之灵的根据。就是说，人类社会的本质在于文化，只有从文化的本质才能理解人类社会的历史性意义。文明发展史的具体发展是物质文化和精神文化的发展，但归根到底是文化的、精神的。由私有制的财富占有、继承去归纳其是社会成为历史性存在的根本原因是不足够的。其实，使人类社会成为超越时间性物种循环的不是满足人自然生存的物质财富本身，而是人类的取之不尽，用之不竭，全体社会成员可以共享的文化财富。私有制的意义不仅是物质财富的占有和支配权，它的更深刻意义在于它是一种历史性的制度文化，这种文化对于人类社会构建相应稳定的社会结构，保障人类社会的生存和发展，具有深刻的意义。但私有制的普遍本质意义还是在文化中。私有制是人类制度文化，但文化不能局限于制度文化甚至私有制本身。在最一般意义上，还是文化的普遍本质使人类社会超越了时间形式，成为在历史形式中的存在。正是人类历史创造本质上是文化创造，精神文化财富是人类可永恒共享的，所以人类历史才是不可逆的，才成为超越时间循环的绝对运动发展的社会历史。对人生存有直接意义的物质财富总要成为具体个体占有的消费品，由社会意义返回具体个体意义，公有制只在非消费意义上的物质财富才有意义。一个馒头是不可能共有的，给了苏格拉底，柏拉图就一定没有了。这是仅从私有财产、物质财富、社会生产发展对人类社会历史连续不可逆过程无法得出完备而合理理解的原因。诚然，人类数千年文明史是这么理解的，也是这么生存的。人类历史的英雄率领铁骑荡平半个世界，最简单直接、最高的目的就是掠夺财富。那些能够征服越多人、掠夺更多财富、杀戮更多同类的人就是历史上更英雄的英雄。然而，他们对人类文明的历史发展的积极意义在哪里呢？那些屠杀了上亿人的伟人给人类、给他们的子孙留下多少物质财富呢？我们现实文化生存的财富是阿基米德、亚里士多德、柏拉图、老子这些圣哲们创造而奉献给人类历史的，他们不是耸立在广场中不动的雕像，而是随历史长河奔腾向前的人类社会历史普遍而具体的现实灵魂。人类共享的公共财富、永恒财富是文化财富，世世代代用之不绝的财富是文化财富。把人类社会历史连续为统一的、不可逆不断地发展着的历史的根据和原因、本质就只能从文化，特别是精神文化中去寻找。只有在这种文化创造、文化发展意义上，我们才有充足的理由把我们称为文明人，把人类的社会历史归结为文明史。是人类自己创造了自己的文明史，是人类用文化塑造自己，构建着在文化进步中不断发展的历史。支配人类社会历史的本质就是文化和文明，而不再是自然丛林法则。只有超越丛林法则，我们才有资格说人是万物之灵。

二、创造性历史无偶然必然、决定被决定之意义

人类本质上是超越自然界的历史主体性存在。在构建自己的文化本质的永恒而绝对的运动发展中，文化的发展就是人类的发展，文化发展的历史意义，它的出发点和回归点都是人的存在即具体现实生存本身。人类文化在思维、意识、认识的发展中，最高的命题是“认识你自己”。人类对自身的思考并不是一个狭义的思维、意识中的抽象命题，而是最普遍的人的世界的根本命题。因为自在的世界是自然世界，文化世界是自为的普遍意义为本质的世界，人类是自在自为的理性具体世界。离开文化无文明人的世界，人类创造文化之后没有文化本质的自觉自我意识就没达到自在自为，人类文化创造的目的、价值就在于人本身。二十世纪语言哲学家们把人的意义世界概括为

语言和符号的世界，精辟地指出：人的语言描述达到什么水平，人类的发展就达到什么水平。这正是从语言这一特定文化现象揭示了文化对于人的社会本质、人类本质的历史发展的深刻意义。的确是，如果所谓人的认识总是语言无法表达、笔墨无法形容时，那是只依附于具体感性个体思维中的自然认识，没有超出认识个体的意义，无人类认识意义，所以无文明文化意义，无人类社会历史意义。这和熊、猴脑中的自然认识并无本质区别，只能理解为自然人的认识。只有成为可以用语言、文字符号陈述的普遍可理解意义的认识才是知识，才具有了作为人类文化的基础之意义。由此可见，人类文化是人的普遍创造，这种创造使人离开自然界，人的文化发展最终必须回归人本身，回归文化自身，使人类的文化为本质的世界成为和自然客体具有不同特征的、以主体创造性为特征的世界。在无限主体意义上，人的世界是最普遍意义的世界，人就是世界中最高级形式、最复杂统一性的现实存在，人类认识自己就是对世界认识中最高最普遍意义的统一性命题。人类对自己的本质及统一性存在的理解达到什么水平，人类就发展到什么水平，这正是人作为无限性、历史性、创造性存在的本质意义。人的本质、认识、命运只在人自己的手中。

人类世界来自自然世界而高于自然界。更直接地说，人的认识来自自然认识而高于自然认识，即人类在与生俱来的自然感性个体经验认识基础上，凭借文字符号作为认识意义载体，把认识从个体认识外化为具有普遍意义的知识，成为人类意义上公共沟通、分享的普遍知识，使认识成为具有人类普遍性意义的文化知识。文化即知识，知识是具有普遍人类意义的，成为文化的知识摆脱了具体个体的制约。尽管它是后天创造形成的，但却是可积累和传递的，从而使人的世界不仅是人类的社会，更是不断发展着的社会历史过程。人的世界就是历史地构建着的过程世界，由自然生命的循环中世代更替转变为尽管在生命意义上世代更替，在文化本质上却是世代连续并绝对发展着的不可逆历史过程。人类世界由文化创造获得了社会历史性的普遍意义，人类文明史从知识的创造开始，在知识的积累和不断创造中发展。人类普遍认识的革命性进步是普遍客观真理认识的发现，即科学真理知识的产生，科学真理认识自此成为人类追求人的发展的崇高目标。在西方唯心主义认识论为基础的文化中，真理是人的世界的最高价值和最普遍意义所在。以西方文化为主流的人类文化几千年传统，与其说是以人的目的为目标，不如说是以真理为目标，认识自己就是要认识人的世界的真理。巴门尼德借女神之口指向的是通向存在之真理道路；柏拉图的理念世界是与意见相对立的真理世界；黑格尔的辩证法是以真理为对象，在真理的自我辩证发展中，达到自在自为的绝对的、全体的真理；马克思继承了辩证法思维，从人类社会生产关系和社会经济行为的辩证运动过程中，归纳和揭示人类社会在生产力和生产关系、经济基础和上层建筑矛盾运动中的历史发展规律，得出资本主义生产社会化和生产资料私有制的根本矛盾的不可调和性，历史发展的必然选择是资本主义私有制社会必定灭亡，共产主义即生产资料公有制的理想社会必定实现的结论。这些关于人的世界的结论，关于存在的最普遍的认识，都指向真理这一人类作为认识最高价值的目标。不但马克思的资本主义社会商品、经济规律的抽象分析是科学的，而且以此为基础的整个理论体系包括哲学基础都被认为是科学的。按照后人的归纳，马克思的伟大贡献之一是把社会主义由空想发展为科学，从而从根本上改变了人类的历史进程，拉开了人类争取自由解放斗争的科学历史序幕。

人类追求对人类社会历史的科学认识，探求人的世界的科学真理，抽象来说是无可非议的。苏格拉底放弃了对自然界万物本质追求，转向更具意义的人自身时，追求人的德性的最普遍定义，追求人的至善时，追求的是普遍而客观的知识，实际上是真理。柏拉图继承了老师的智慧，将其归纳为最普遍的理念，并认为理念是真理。真理的最高价值和意义一直保存到当下，所以我们的人类世界认识同样是在追求真理，并被认为是“宇宙最高之真理”。从十九世纪开始的人类共产主义运动是基于马克思主义理论的人类历史上最重大的实践，是人类自主自觉地在理论指导下争取自由解放的历史。支持这一实践的基本信念就是社会主义从欧文的乌托邦发展到马克思列宁主义的科学理论指导下的自觉实践。共产主义理论是科学真理，真理是放之四海而皆准的，是必然性的，所以马克思共产主义理论、人类的社会主义实践是一定会胜利地到达共产主义理想世界的，共产主义胜利是人类社会历史发展的必然。

但是，对这一切以科学为旗帜、真理为目标追求的人类社会历史实践，我们无法对之做出“客观”的评价。历史的客观性并不是毫无争辩的问题，仅对理论的抽象本性评价就已经产生了很为不同的理解。西方社会，非马克思主义世界的社会理论家对马克思主义理论的主要责难是，这是一种历史决定论。对此，马克思主义理论的继承和实践者斥之为曲解和污蔑。抛弃意识形态的偏见，仅就理论形态来说，认为马克思主义的共产主义理论是历史决定论，是缺乏充分根据和理由的。从具体的理论内容看，不但是马克思主义的共产主义学说作为人类解放理论不是历史决定论的，而且马克思的核心理论即《资本论》的劳动价值理论也不是纯粹决定论的，而是带有人本主义色彩的，是与当代抽象理论经济学有本质区别的政治经济学。因为从劳动价值理论出发，资本运动的最后结果是资本主义的灭亡和人类的自由解放，人类的历史是走向自由解放的共产主义社会的过程。人的自由解放是人的世界的主体性创造，而不是在人之外支配人的超人力量支配和决定的，从马克思主义理论内容本身，找不到在人之外支配人的神秘力量，没有离开人的创造的任何历史，所以它本质上并不是历史决定论的理论。从意识形态角度可以对马克思主义做出不同的解释，从理论形态及内容可以与之商榷，见仁见智，但唯有把马克思主义从形态上理解为历史决定论理论则是不能被接受的。人的自由解放理论本质上一定不是历史决定论。如果马克思主义理论“贫困”，那是基于其他理由，但绝不是历史决定论引起的贫困。西方学者以历史决定论的贫困为题，从理论上对马克思主义大做文章，其实那些理论是很贫困的。如果从马克思的著作中没有看到卢梭对人类不平等的控诉滴下的泪痕，体验不到从卢梭继承而来并向前推进的追求人类自由平等的强烈的社会历史使命感，那就还没有体悟到马克思主义的灵魂。

但是，并不是说对马克思主义的历史决定论责难全是恶意的意识形态攻击，而是说马克思的学说作为人的世界的解放理论，是人本主义理论，本质上是非决定论的，把它理解为历史决定论是没有把握它的本质。而从现象上看，不能不承认它的陈述带有决定论色彩。当用共产主义必定要实现是不可扭转的历史必然进程，是人类社会历史必然选择这些描述去理解社会时，我们可否思考过，这些最普遍的信念究竟是真理还是像流行的传染性感冒一样？我们能否说出必然性历史解放进程的可理解的统一协调的意义？能否有意义地解释必然的、无可避免的选择本质上是必然的还是选择的？尽管马克思主义并不是历史决定论，但它的观点表述及现象中，的确带有决定论的烙印。原因如下：这首先是基于《资本论》作为经济学理论体系的本性，经济运动的必然性规律当然是抽象因果关系的必然性归纳和陈述。当由抽象经济规律回归具体人类社会历史过程，得出共产主义学说时，已由抽象进展到具体，如仍执于抽象经济关系去理解社会历史，那就停留在知性真理的历史决定论了。止步于抽象真理去理解现实并不是对马克思理论理解的特定问题，而是整个西方文化思维及其有意义的陈述都具有的普遍性问题，马克思的理论陈述在西方科学理性文化背景下去理解时就有历史决定论色彩。西方文化本质上是科学文化，真理文化，所以，理性是科学的，统一性的具体认识是具体真理。在一个知性和理性还没有完全分化的思维结构中，理性是知性的，知性是理性的，具体是抽象的，抽象的是具体的。在科学抽象因果决定关系支配的文化背景和认知框架中，对复杂性的社会历史的统一性理解和描述就面临着两难选择，即对象的复杂统一性和对象描述认识方法框架的抽象因果必然性的先验的矛盾。所以，对人类社会历史复杂现象的统一性理解，尽管本质上是理性统一理论，但又只能装在知性的框架中，只能用真理、必然性这些因果关系逻辑去抽象描述，缺乏具体理性智慧时它就被理解为只是知性的因果决定论真理。用历史的真理，历史的抽象因果关系去描述复杂社会历史时，尽管是现实具体的人自主创造自己社会历史的过程，在陈述及意义理解中同样产生了物质世界的必然性、决定论色彩。如果没有确定性的决定关系就没有真理，用真理逻辑去描述人类社会历史而又全无决定论色彩是不可思议的。

对于社会历史领域的决定论思维，首先要从认识对象和方法论考察。人类社会历史是人的主体创造性的成果，是包含自然客体世界于其中的更普遍的世界。对人类社会历史的认识必须以社会作为最基本认识对象，这和以物种作为生命科学基本认识对象是同理的，它作为认识对象是不可还原的，一旦还原就没有了社会，也就没有了人。像在生命世界中物种还原就变成了空间性实体一样，社会还原后就没有了历史，失去了描述人的文化选择生存的基本框架，也无文化之意义。故社会之于历史、物种之于生物和牛顿物理学质点之于物体一样，具有不可再还原的基本意义。但牛顿抽象质点是简单的，不需要再还原，生命物种和人类社会是复杂而可还原的，但还原又使生命或人类社会失去自己的本质，就失去基本认识单位和认识起点的意义。所以，认识对象本身就决定了生命世界和人类世界的认识尽管以科学知识为基础，但最终必须回到理性统一性才能理解，理性才是可能的关于生命世界和人的社会历史的理论完成形态。但是，人类长期以来把科学抽象因果关系认识上升到至高无上地位，忽视了抽象真理向具体存在回归时的具体理性统一性理解，有知识而少智慧，形成了机械论的以物代人的思维，以抽象为具体的思维。当人类只能用抽象真理认识去思考和陈述复杂人类社会历史时，产生了决定论描述是必然的。所以，尽管是揭示人类社会复杂历史过程，马克思在理论中始终以人为主体，把社会历史理解为人的创造，追求的是人的自由发展的本质、人类自由解放的历史过程，但所用的陈述概念，描述的逻辑，却又是知性科学因果必然决定论的。用必然决定和被决定的抽象普遍因果关系科学描述构建历史框架中的人类社会复杂具体进程时，按照人类文化发展的水平来看，不要说在马克思的时代，即使在当下，如果不按照康德的认识论把知性和理性统一起来，还是像黑格尔一样把辩证的发展理解为真理的发展，从相对真理不断向绝对真理的发展，则辩证法的真理世界依然是一个决定论的世界，辩证法只是更高层次的机械论，还只是机械辩证论而已。谁能找到不须决定被决定的因果关系、没有必然性的真理呢?

必须指出，尽管人类的社会历史理论依然在关于物质世界必然性因果决定关系的语言概念下面陈述，但它的对象、内容、理论体系本身已经从本质上超出了物质客体必然性关系的范畴。因此，尽管在社会历史理论中有必然性逻辑和决定论的现象，但是这些理论的决定论现象的局限性往往只是假象，并不是理论的本质。从逻辑上说，凡是对人类社会理论的认识可以称之为理论，本质上就一定是知识统一性的，是非决定论的，一个统一性理论带有决定论的元陈述、色彩和这个理论是决定论是意义全然不同的两回事。我们在承认一个社会理论带有决定论色彩时，其前提就在于坚持这些人类社会历史理论是统一性的，不是纯粹因果决定的真理知识。抽象真理只是说明人类具体历史的基础，从抽象的必然性关系出发去理解人类社会历史的具体进程及其意义，需要深刻、高超的理性智慧。以马克思主义理论为例，它是一个完整的人类社会历史理论体系，又包含对自然及人的世界的许多普遍、抽象的必然性普遍真理，但没有哪一个真理认识可以称之为是人类世界历史的最高理论，只能把对人类社会的各种抽象真理认识统一起来，回到特定的社会历史的具体边界、历史初始条件，才能回到对历史的具体而丰富的理解。人的社会历史不是一条定律可以揭示的，而是由一个统一性理论体系去理解的。我们最后悟到不能把马克思主义变为科学教条，必须回到具体社会历史去具体理解，而且必须全面、完整地理解马克思主义理论体系。凡是把马克思主义从本质上理解为历史决定论的人，一定是把马克思主义当成抽象教条的人。把马克思主义理论仅理解为真理，理解为必然性现象，就没有真正体悟到马克思主义作为社会历史理论的本质意义。马克思的理论在揭示人类社会历史复杂运动过程中人的自主的创造，人的本质的发展，包括人的本质在资本主义制度下被物化而异化的过程，以及向人的自由本质的回归的逻辑结论，都不是在被决定的物的世界意义上的，只能是在人的自由创造意义上去理解其本质的。社会生产力、社会经济基础首先是客体性的，以遵守自然必须性规律为前提。但人的经济基础上的文化生存不是纯粹必然性支配的自然过程，而是人的自主自觉地自由选择创造和自然必然性相统一的过程，这就是道法自然，就达到了主客体统一性的现实社会历史文化过程。把马克思的理论从本质上理解为历史决定论者，一个最重要的原因在于认识者本身就是一个彻彻底底的历史决定论者。当一个揭示在资本主义异化中人类争取自由解放的理论也被解读为历史决定论的时候，如果不是从彻底的科学因果决定论、物质客体机械运动的决定论去思考和描述社会历史，是不会得出历史决定论是马克思理论本质意义的理解的。

要对人类社会历史建立现象和本质、存在和过程相统一的具体现实理解，首先就要实现认识方法和认识对象的统一。对人类社会历史以复杂社会作为基本认识和描述对象去理解时，合理的方法不是抽象因果必然性归纳的客体科学认识方法，也不是由主体主观赋予对象意义的意向性方法，而是理性统一性方法，以摆脱科学理性的绝对科学观、相对真理观、无限真理观为前提。对人类社会历史的理解，需要建立在对人类的自然生命的理解基础上，需要以对人的抽象本质的认识为前提，但最终不能停留在这些知性抽象中。只有把这些知性必然性抽象的认识统一起来，在超越了必然性、决定论的理性统一性意义上，才能得到对人类社会历史合理理解。任何带有必然地决定、被决定的概念陈述，只是构成社会历史认识的基础，还不是完成了的社会历史具体理性认识本身，这和切下来的手不再是生命是同理的。因此，人的世界作为最普遍的世界尽管是以自然为其构成基础的，包括有自然的千千万万必然性规律于其中，但社会历史本身确是不能用决定被决定、必然偶然性去描述的，探讨社会历史这种复杂统一性过程是必然还是偶然，并无可判断和验证的意义，徒增烦恼而已。说人类社会历史被决定比说大西洋的飓风由大峡谷的蝴蝶翅膀摆动决定一样荒唐，用无穷因果链去联结一切因果关系的广义因果关系链，在逻辑上已经摧毁了一切因果关系。倘若普遍联系和相互作用的世界，历史的连续不可逆地运动着的人类世界，一切都是一切的原因，最后这个世界中就再没有原因之意义。所以，因果关系不能扩展为因果关系的关系，不能由此构建疏而不漏的因果网。就是说，复杂性对象的认识只能从统一性去理解，不能从因果必然性去理解。因此，像人类社会历史这种复杂过程，对人类社会这种复杂性认识对象，既然不能由知性科学真理充足描述，就只能从统一性去理性理解。对社会历史的决定性、被决定性、必然性、偶然性的描述和争论并没有意义。不能把社会历史理解成必然性，否则就不是人类自由创造的历史，但也不能说人类历史一切都是偶然的，果真如此，我们对人类世界的认识除了皈依上帝就再也找不到可以托付的根据，那我们就只是物，甚至是既存在又不存在，根本就没有意义，更没有社会历史意义了。所以，对人类社会历史本身的统一性理解，就不应再由没有确切意义的决定、被决定，偶然或必然的概念去陈述，更不能把人类自主创造的历史由人之外的原因去解释。只有在理性统一性智慧中才能完整地赋予人类社会以自主自由的历史创造的本质意义。从抽象必然性真理返回具体世界理解时一定是理性统一性的，是从抽象回归具体的智慧。必然性不但对于人类社会历史和生命物种这些复杂认识对象是不足够的，而且即使物质能量世界的具体认识也是从抽象返回具体过程，所以人的认识本质上是理性的，知性真理认识只是人类理性认识的一个环节而已。所谓必然性或偶然性只有在普遍抽象因果关系中才有意义，不能把由必然性规律支配的，由具体边界、初始条件决定的具体结果也叫作必然性结果，具体现实并没有必然偶然之意义，否则只能说一切现实都是必然的，与之相对应的偶然无意义。在人的自由选择产生后的世界中，甚至在产生了动物选择性生存的自然世界中，把具体、现实的、非普遍抽象的具体个别过程叫作必然性并无任何意义。用必然偶然去陈述现实现象界是人类认识的最大误区，是人类有知识而无智慧的表现。尽管人进入文明产生了理性智慧，但人到了今天还没有自觉到知识和智慧的统一性，也就没有从根本上觉悟到理性智慧。只要把个别具体叫作必然性的或偶然性的，那就一定是无智慧的。所以，对于人类社会历史具体进程的认识和理解，再不能陷在无智慧的决定被决定、偶然性还是必然性的无谓争吵中，而应该回到理性统一性智慧，得出对人类世界，对社会历史越来越丰富、具体的统一性理解，真正从人的自觉意识的创造意义去理解人类社会历史的本质和意义，理解人之所以为人，是主体创造性的人，是在永恒运动发展的社会历史中创造自己历史的自由自觉之主体性存在的最普遍意义。

三、具体的人是历史创造者

把人类社会历史理解为人类自主创造的历史，不是被决定的历史，既不是人力无法抗拒的必然性支配的历史，也不是纯属偶然、人类自身无法理解和把握的历史，其目的就是把人类社会历史从抽象中引回到人的现实生存本身，把人的发展理解为是社会历史的发展，把社会历史发展理解为人的发展，这就是从人的抽象认识回到人的具体现实存在的统一性理解。把人的世界最终理解为统一的主体性、创造性的历史过程，理解为人的自由本质不断实现的永恒追求过程，这是对人的价值就在于人本身的启蒙思想的进一步发展，即人的价值和意义就在于历史创造的永恒追求中。社会历史作为人的创造，历史创造本质上是作为主体的人自觉理性不断完善的历史构建过程。在这种意义上，人的本质是文化，是理性，是和自主自觉的历史性创造相统一的，这就是人之所以为人的价值和意义的具体理解，是人的价值就是人本身的具体理性理解。

从世界统一性原理看，人的世界是最普遍意义的世界，人的世界只能由人本身去作为自身存在的根据和原因，人的社会历史只能由人的主体性创造本质和过程去理解。尽管社会历史是人类创造的历史性产物，但人类创造了历史和自觉地意识到自身的历史创造者责任并不是同一件事。因为人类理性进展是历史性的过程，人的历史创造者的自觉意识也是一个不断发展、不断觉醒、觉悟的过程。正因为如此，人才成为不可逆社会历史过程中的历史性存在。从现实意义看，由于人类理性还很幼稚，故人类对自身作为历史创造者的自觉理性意识非但不成熟，而且应该说还只是处于初级阶段。尽管人类已有五千年上下的文明史，但人认识自己还没进展到具体理性的境界。在人类进入全球化，支配人和人、社会和社会、国家和国家的最基本法则仍然是从丛林延续过来的，文明史还没有割断兽性法则支配的脐带。为什么当今资本支配的全球化时代依然没有走出一百多年前马克思批判的人的本质物化异化困境呢？为什么人类依然崇拜伟大、英雄即权力意志和暴力意志呢？为什么全球化、工业化、信息化长足发展的历史时代人类的生存安全却笼罩在核威胁的阴影中呢？这不能从文明和文化去理解，只能从人的文化文明本质还幼稚，自然本质还在起更大作用去理解。人类社会历史是人的创造，人类社会的现实只能从人的理性去找原因，不能在人本质之外的自然或上帝中找原因。用必然性自然历史过程去解释人类社会历史现状是为资本主义物化异化的文化制度高唱赞歌，由资本主义制度现实性去证明它的基于必然性的合理性是荒谬的。就人类社会历史而言，卢梭的理解比伏尔泰的要更深刻。资本主义文化制度在当下人类社会的广泛存在不是它有必然性意义的生命力，而在于人类理性过于幼稚，没能摆脱异化，未能自觉承担起文明创造的历史责任。人类上下五千年文明史中，到泰勒斯的自然哲学诞生才开始建立对客体世界的统一性思考，在柏拉图的唯心主义理念论哲学中才开始建立对主体文化意义世界认识统一性的思考，可至今在理性具体认识意义上，人类还没有超越泰勒斯和柏拉图的水准。在客体世界认识中，人类至今还没有超越泰勒斯基于物为本原的物质世界统一性的唯物主义理解；在主体意义世界统一性思考中，人类至今还没有超越柏拉图理念论的精神文化统一性理解。更为关键的是，后来的哲学并没有把客体世界唯物论和主体认识世界的唯心论理性统一起来，而是将两者在本体论意义上对立起来，理性哲学竟徘徊在知性真理认识中，最后成就了近代科学革命肇始的科学理性在人类文化中的主导地位。科学理性思维本质上把知性理性化，用抽象普遍性因果关系取代具体复杂统一性关系，对复杂的社会历史很难得到具体统一性的理解。人作为历史主体性存在的充分根据在于人的理性认识，特别是自觉理性即人类理性对理性自身的理解。由于人理性的匮乏和自我认识的局限性导致的人的异化不只是理论和抽象认识意义的，是现实而具体的。现实的人类创造的历史是在异化中创造的，人既自己创造了自己的历史又没自觉到自己的历史创造，人既是社会历史中的创造性主体又没自觉觉悟到自身历史创造的主体性存在的本质和历史使命。人自觉的主体性意识的确立是在人的自觉解放的历史过程中不断实现的。从人的本质的发展意义上看，向人的本质的回归同时就是不断克服异化回归人的具体理性的解放过程。

可以把人类历史发展中人的本质的异化历史地划分为两个基本阶段：宗教统治和抽象社会统治阶段。在这种异化的历史中，历史被分别解释为是由在人之外的上帝和抽象的社会创造和支配的，历史中的大多数人不是历史创造者，只是历史的产物，历史的结果，只有被历史支配的命运。在这种知性机械论史观中，历史只不过是被决定、被支配的。在这种失去自由本质的人的世界中，人就只是被决定的客体，失去自由创造就失去了人的本质，异化使人化为非人，化为物。这种理解对欧洲中世纪神学统治的异化本质是合理的概括。在宗教统治文化中，人的社会历史不是人创造的，是由上帝创造的，上帝首先创造了自然世界，再创造了代之管理世界的人，人的历史就是上帝的创造史，人就只有被创造意义。因此，宗教神学政教合一的统治中，它的统一理论就不是人创造历史，而是上帝创造历史，历史创造了人。当然，如果从统一性高度，拒斥信仰为根据去理解世界，则同样可以说上帝创造历史、在历史中创造人其实是人的一种历史创造，是统治者的创造而已。抽象的上帝统治最终是返回人对人的统治才构成现实的社会历史过程的。历史，包括人类幼稚中上下摸索、异化中生存的历史，终究还是人创造的，只不过创造历史的某些人假上帝之手把其他历史创造之人置于自己的支配之下而已。这种历史过程就是少数人对多数人的奴役、剥夺和统治，就是卢梭声泪俱下控诉的人类不平等现象。人类这种不平等的起源和发展，就是卢梭所揭示的人类异化中曲折生存发展的现实历史。

从宗教统治下的异化中解放出来的人进入了自由本质发展的新阶段。从文艺复兴开始的近代历史至今是人类从自然制约和上帝奴役下解放出来的发展史，科学理性使人回到自身，开始了自觉创造历史，为自己的生存和价值创造历史的伟大历史时期。但是，从上帝的桎梏下解放出来的人类，依靠科学知识从大自然束缚下不断获得更大力量和更多满足的人类，并没有获得彻底的解放。文艺复兴以来人类社会历史并不如启蒙运动的百科全书学派所欣赏的那样全是理性、文明、进步的不断发展史，而是卢梭所归纳的人的发展和人类道德堕落、不平等加剧的发展史。今天，从人类面临的生存危机现实，回首近代文艺复兴以来几百年历史发展，人类社会历史依旧是两面性的，既发展又倒退：科学发展了，文化发展了，人发展了；但人类，以社会为基本单位的人类却是倒退了，社会的不平等已达到让人难以置信的程度。据说地球上前几百位富豪的财富是低收入的三十五亿人财富的总和。卢梭当年说由于私有制使人类不平等产生并成为不可扭转、不断恶化的历史，在资本主义社会中成为现实。近代以来资本主义商品经济的“人人平等”信条本质上决定了人生来不平等的现实，并且以神圣不可侵犯的形式，按“马太效应”积累，构成了贫富二极极端分化的社会。中国融入世界经济合作和市场竞争性商品经济只有三十几年而已，现在已经进入了“拼爹”的历史时代，即人天生就已不平等的时代。这就是文明的现实，这段历史只能由后人评说了。但这历史是我们自己创造的，我们这一代人就必须承担这种历史责任。从理论上说，人类创造了自己的历史，人类在历史中酿出的异化的苦酒只能由人类自己干杯。人的本质物化异化和兽化异化之所以是异化，就在于放弃了人的主体性文化创造本质和历史创造性的责任，把生存的根据托付给支配人的抽象社会或必然性规律，现实的人成了抽象社会形式的齿轮和螺丝钉，个人成了复杂社会历史的原子化存在，现实的人笼罩在无形社会的恢恢天网中，在巨大的社会面前失去了独立自主的存在。人类社会发展到今天的最大异化是社会取代了人，我们的历史只能由社会去承担责任，而不是由人承担责任。近代革命以来人类社会历史的最大困境就是随着文明的发展，社会作用、文化作用的增强，具体的个人消失于无形之中。如果社会是在个人之外支配个人的具有独立人格的存在，个人就失去了历史创造本质，这就是社会人格化的异化。

从人的社会历史性的文化本质看，社会剥夺人的异化现象是财富的不平等，私有制使人生而不平等，本质却由文明文化退化为蒙昧和野蛮。社会财富极端不均的问题不在于财富占有本身，而在于我们已经形成了这样一种文化。当知识分子呼吁穷人的儿子不要读大学时，似乎很现实，但本质上是把人生而不平等、越来越不平等视作永恒而天经地义的，似乎问题在于穷人天生太穷，而不是我们的社会、我们的文化制度有问题。人们更喜欢伏尔泰，而不是喜欢卢梭。穷人也相信伏尔泰的理论，如果不能发财致富，那就安于贫穷，安于自己无法左右的社会决定的命运。这种状态下穷人和富人都迷失了人的本性，丧失了人的本质，穷人物质财富和精神财富都是穷乏的，拥有巨富的人如果成为奴隶的奴隶、金钱的奴隶，那同样是贫困的。这些不平等现象，从卢梭开始，人类有正义感、有历史责任感的思想家们深恶痛绝并给予淋漓尽致的批判。三十几年前，我们学习马克思的理论，其实，马克思剩余价值理论并不易理解，我们不是活在资本主义社会，不理解资本家的每一个铜板都沾满工人血汗的含义。三十几年后，应该没有多少人还记得当年普及的理论知识了。不要去说资本家或权贵者，在我的生存的现实中，那些生存在农村的朴实的当代农民们，那些从商、从政的人们，在全球化的洗礼中，在现代化的进程中，已经高度融入全球化，生存的目标、评价、兴趣只有一个：赚钱。当官以前叫为人民服务，现在不少人却理解为是为人民币服务，目标也是发财。当发财成为普世价值时，文化就退化为物，人的本质就异化为由物质利益驱使的自然存在。这才是在社会决定意义下人的异化了本质的现实存在。人变成了社会这部火车上的螺丝钉，螺丝钉不知道火车的目的地，失去本质的人的世界就是物欲横流的世界。

当然可以说，拜物教也是一种信仰，选择被决定也是一种自由，追求物质为最高目标同样是一种文化生存方式。但这正是问题的严峻之所在。因为人的文化并不是独立具体的东西，只有和自然相统一才能回到现实。当文化直接指向物质财富作为最高意义时，这种文化和自然是无法统一的，即文明人类将很快逼近自然设定的边界。今天我们已经在透支未来人类生存的能源和环境，但还是贪得无厌地继续追求 GDP，结果是，人类全球工业化还没完成就面临着发展模式、生存环境的危机。这在根本上其实是人类对自身认识的危机，是人生存基础理论的危机。拜物教支配的文化的最大威胁在于，物的财富是独享而消耗性的，在最终享用意义上是私有的，只有精神文化财富才是共享的、永恒的。以物质财富占有为目标的社会不只产生人和人之间不平等问题，即由于私享性产生的不平等问题，还有自然本身的有限性问题。自然界不是无限的，人们无止境地追求物质财富占有的现实是，无限的物欲，不断的科学技术进步支配的人类历史在追求物质财富这一条黑道走到底的结局是超出自然的边界。这不是理论的抽象，而是我们自己创造的历史现实。人类以增长的极限为命题归纳出人类以物欲为最高目的的异化文化导致的生存危机，但并没有转换为文化理性生存去摆脱物化异化的困境，依然用物化异化文化去解决问题，除了依靠新的科学技术开发新能源及新的能量利用方式去暂时缓解困境外，还产生了对能源、资源争夺的明争暗斗。进入近代科学革命以来，科学理性生存方式在把人从自然限制中解放出来的同时，又给人类带来巨大的风险。当我们生存的价值和意义是当人类文明的掘墓人，而不只是资本主义的掘墓人时，人的理性本质不是异化的吗？我们应该这样去创造自己的文明史吗？我们必须从抽象的社会中走出来，在文化和自然相统一的意义中，让抽象的社会历史文化本质回归具体现实的人的存在中，让每一个现实具体的人去自觉地承担他的历史责任。世界统一性原理对人的世界的探讨，我们下面的目标，就是要更具体地展开人的世界自然和文化、个人和社会的统一意义，揭示每一个具体个人作为自由存在的意义。在此，在对社会历史的初步认识中，我们至少必须坚定地信守信念：我们的历史是我们自己创造的，社会是人的社会，社会历史是人创造的历史。

人是历史创造者是理解历史创造的起点，但不能停留在起点上。究竟是哪些人创造了人类历史呢？这并不是一个无意义无争议的命题。按照唯物史观，究竟是英雄创造历史还是奴隶创造历史，这是区分唯心史观和唯物史观的试金石、分水岭。凡是坚持英雄创造历史的是唯心史观，而凡是坚持奴隶创造历史的是唯物史观，只有唯物史观才能客观地理解人类社会历史进程。按照奴隶创造历史的唯物史观，人类社会历史的基本矛盾是生产力和生产关系、经济基础和上层建筑的矛盾，这就是卢梭归纳的由于私有制产生了的社会基本矛盾。奴隶和英雄们为了经济利益的永恒的阶级斗争构成了人类社会历史的基本脉络。奴隶为了推翻、反对不合理的私有制而举行的斗争、起义，推动了社会上历史朝代的更替，构成了人类社会不断发展的历史。在传统的唯物史观中，人类社会历史的主线是阶级斗争的历史，奴隶创造历史的根据在于被压迫的奴隶代表着人类社会解放和历史发展的进步方向。既得利益的统治阶级即剥削阶级由于为了维护其剥削制度，所以一定是反动的，是逆历史潮流而动的反动派，是历史发展的阻力。这就是奴隶创造历史的唯物史观的理解，物质利益的争夺和冲突所导致的阶级斗争是推动人类社会历史的最基本动力。基于生产力和生产关系的矛盾是社会基本矛盾的理解，从生产力、物质利益去作为决定社会历史发展的力量就是历史唯物主义之所以是唯物的根据。于是，人类社会历史归根到底就是为了争夺物质财富的永恒的人和人之间的战争，历史唯物主义称之为阶级斗争。在人类历史上，只要是压迫者的反抗，就先天是正义的，是顺应历史进步方向的，社会历史本质上不是文化文明不断构建中的发展，而是不断打碎旧世界的永恒革命进程。在传统的历史教育中，李自成、张献忠、洪秀全这些率领农民起义的领袖就是奴隶创造历史的代表人物。中华民族一直把洪秀全的太平天国农民起义作为中国近代史发展的先驱，给予高度的评价。为了更合理地解释历史，后来的理论家们在坚持奴隶创造历史的同时，又承认历史人物的重大作用。因为，离开李自成、洪秀全这些农民起义的领袖，奴隶创造历史就难以理解了。人类生存的第一要务是生存，其基础是物质的，这是任何人类社会、生命个体甚至动物得以生存的前提。人类数千年文明史其实就是一部血腥的铁和血的历史，是用鲜血和生命写就的。但阶级斗争是社会历史的现象还是本质，这并不是没有意义的命题。如果把它作为推动社会历史发展的决定性力量，实际上把它看作社会历史的本质。究竟是现象还是本质？世界统一性原理把阶级斗争看作社会历史现象，不是本质，否则按照唯物史观的预言，人类消灭了阶级，进入共产主义社会时就失去社会历史本质了。阶级斗争现象至多只是国家社会的本质，在人类社会历史普遍意义上只是现象。在后面进一步考察将表明，国家社会的根源、私有制及其带来人类不平等的根源不是人的文化文明本质，而在于人类从原始自然社会形成的先天关系中的不平等，这种不平等延续到自然和文化相统一的人的具体世界中，并由于人类理性文化发育不成熟导致现实中动物性的支配。世界统一性原理的人的世界理论就是要找出支配人类的文明史的根据和原因，探讨消除异化和人性回归的自由之路，真正让人的价值回归人本身，回归人的本质，而不是回归到人的生存之物质追求，不是停留在人类社会历史的基础和前提中，而是指向人的最高价值和意义，把人类社会历史看作文明史，而不是动物世界史。这才是世界统一性原理中具体的历史性存在、理性的人类社会文明历史思考的目标。

事实上，从历史知识的角度看，所谓奴隶创造历史命题是一个两律背反的命题。在至今为止的人类历史记载中，影响人类历史进程的都是大人物，不是小人物。尽管唯物史观坚持奴隶创造历史，但历史文献总是由伟大历史人物去体现人类创造历史，说大白话就是英雄创造历史。成了历史人物的奴隶不一定是英雄，但必定是历史人物，不是小人物，不是平常奴隶意义上的小人物。事实上，从历史人物意义来看，并无奴隶英雄之分。奴隶英雄只是一种价值评价，不是客观翔实的历史本身。我们抛开是英雄还是奴隶创造历史之两难选择，只能说，我们历史记载的是认为对人类历史发展做出贡献或产生重大影响的人物，在人类历史意义上就是推动或影响历史发展的人物，并无英雄、奴隶的严格限定和区别。历史只记住那些影响了历史的人，这才是历史之为历史而不是文艺作品的原因。从历史知识角度，我们只能从历史人物，从影响历史的重大人物去归纳历史，进入史册的人物都是对历史具有重大意义的人物。在我们对历史的记忆中，与其说是奴隶创造历史，倒不如说是英雄创造历史。

但是，这并不意味着世界统一性原理是英雄史观。按照历史统一性原理，历史不是只由英雄创造，也不是只由奴隶创造，更不能理解为英雄和奴隶共同创造，只能理解成历史是人创造的，并且所有人的现实的生存实践都是历史创造。为什么人只能在社会这个基本单位中生存、认识和描述呢？如果历史只是英雄创造，人类历史就没有非以社会作为基本认知单位的理由了，人类历史就不是社会历史了。个人，部分人和社会不是同一层次的概念，英雄或奴隶创造的历史只是部分人创造的历史时就不配称人类社会的历史。英雄和奴隶都不是社会历史的主体，而是构成社会历史主体的部分，社会历史只能由完整的主体意义去理解，不能从部分意义去理解。所以，不能去抽象地说英雄或奴隶创造了历史，这都具有片面性。奴隶和英雄共同创造历史不是很完整吗？为什么不能说是奴隶和英雄共同创造历史呢？因为奴隶加英雄之和并不是完整的人的意义本身，并不是人之为文明人的本质，部分加部分不是整体，这正是统一性结构的本质规定性。整体具有部分不同质的规定性，社会历史的主体人不能还原为英雄和奴隶之和去理解。人只能从人的本质去得到充分的理解。人类社会历史只能理解为人的创造，不能分解为英雄和奴隶共同创造。只要不从人出发，而从构成人的英雄或奴隶或其他特定的人出发，那就在逻辑上在先地认定有一部分人在历史创造之外，是由历史创造的被决定的存在，那这些人就不是人，而是物，即社会历史中有一部分主体人，一部分是客体人，人就失去了人的本质，历史也就失去了社会的历史意义了。所以，任何离开人去理解人类历史的理论都是抽象的。离开社会历史创造过程我们根本无法理解人的世界，更无法具体理解现实地生存着的每一个具有人的文化本质的历史性的人。每个文明人都是历史创造的，在历史中生存着，而他的生存就是一种创造，就是自己的本质的实现，这就是人的世界不是纯粹客体世界，而是具有主体创造性意义的自由世界的根据。

为什么我们不得不现实地从历史人物即所谓英雄本身去理解历史呢？这种英雄，即历史人物创造历史的理解是我们对历史知识的归纳和理解，是对过去历史的客观性理解。在历史的尺度，我们只能从有历史意义的人物和事件去理解历史，但这种历史只是历史知识，只是我们所说的创造历史的认识，并不是完整的创造历史之意义。对历史知识的归纳和认识是一种客观知识，是建立在历史事实基础上，建立在对历史事实的价值评价和选择基础上。这是人类文化的一部分，是人的本质的一部分，但还不是人的全面、完整的本质。我们说的历史创造不只是对历史创造的认识，而是从人的本质、社会的本质去理解的创造，即人在现实生存活动中的历史创造活动，在本体存在论意义的历史创造。我们的一切文化选择活动都是在创造人类历史，这才是历史性的人的世界。人的社会本质意义上的创造，它包括对历史的认识和意义理解，并在这种理解的文化中去实现自己的现实生存。至于能否成为影响历史的重大人物，成为历史记载中的英雄，则取决于每个人的历史创造性生存是否具有重大的历史意义。所以，每个人之所以为人就在于他在历史中创造着去生存，历史人物之所以在历史中成为创造历史的人物，在于他的具体的创造影响了人类历史，这就是历史的真正意义。

人类创造了人类的历史的具体现实意义必须最终回归到每一个具体现实的个人去得到自觉的理性理解，不能只停留在抽象的人类、英雄、奴隶这些共相概念中。人类理性不成熟的一个重大缺陷在于对自身主体的历史创造性本质缺乏自觉觉悟，当人们老是埋怨社会不公正不理想的时候，往往把社会历史当成外在于自身具体的东西，并不觉悟到社会、历史、人类的具体现实意义就在于自身的存在之中。从理性具体的意义看，每一个文明人都是现实的人类，人类理性的普遍精神、文化意义、社会历史普遍意义就在于每一个文明人的灵魂之中。人类理性普遍精神回归具体人的灵魂意义达到什么境界，人类的本质就达到什么境界。正是在这种理性本质意义上，人不再只是现成之物，不是东西，不是自然伊甸园中无善恶原罪的禽兽，而是自己赋予自己文明本质的历史性、主体性存在。当每一个人都从个体本能欲望尺度去看社会、人类、历史，将之理解为仅是外在于个人具体存在的外部条件，而不是自身存在的本质时，社会、历史、人类就成为在一切人之外制约甚至决定、支配个人的上帝实体，人就彻底失去了主体性自由存在的意义。在具体现实意义上，每个文明个体都是文化和自然相统一的存在，本质上是理性之文明人，不是自然生命世界的禽兽。文明人异于禽兽之处就在于他能够在文化选择生存方式中，在文化和自然相统一的意义上理性地生存，在理性生存中实现人的本质。具体地说，人对个体生存的一切现实条件的客观认识，包括外在于个人的社会、历史、文化条件的认识，在理性意义上是建立人的理性生存的先决条件，并在现实的文化选择生存活动中使人成为现实的理性存在。人的社会性不能把个人理解为构成社会的元素即把个人当成社会的原子化存在，若果真如此，任何个人的文化选择的目的性就和社会目的性彻底分裂，并由社会目的性去支配个人目的，个人就成为被决定的纯粹客体存在，社会及人类的目的就只能以上帝为根据。社会有机体论似乎很科学，物质结构从原子到分子、无机到有机的复杂性演化正是对存在即结构及实体结构相对性的科学理解，为什么不能把人和社会作为不同层次实体的统一性存在，把个人作为构成社会有机整体的复杂实体的元结构即原子化实体存在去理解呢？理由在于，物质客体不同层次实体结构的相对统一性是由自然必然性支配的存在，但人却是由文化选择性为生存本质形式的主体性存在，从社会有机论去把个人作为构成社会实体的原子化存在时，个人就是由自然必然性支配和决定的宿命性存在，就失去人之为人的文化本质，成为本质上和禽兽无异的存在。在物质结构复杂性演化意义上，人的感性具体存在和所有生命客体一样，已经达到了自然客体复杂性演化的极限。世界上没有两片一样的树叶，每一个生命都是具有个体规定性的存在，把个体性的个人作为无个性的社会原子去构成超越客体复杂性极限的更复杂的社会实体，在客体实体存在意义上是反科学的，把个人文化选择当成由社会决定的必然性选择是反逻辑、反理性的，必然性选择这种陈述是无意义陈述。从人的主体性社会历史创造活动的本质意义看，社会历史创造的具体实现是个人的主体性创造活动，但个人的创造性生存不是原子化的客体行为，而是建立了普遍社会文化本质的理性人的文化选择行为，因而超越了必然性支配的自然生命，成为社会历史性的主客体相统一的现实存在。由此可见，人类社会历史创造的现实只能回归具体个人去理解，即每个文明人都是历史创造性地生存的存在。

按照人类文化传统，一说到社会历史创造就陷入英雄或是奴隶创造历史的局限性理解，没有回归到每一个文明人的具体存在，这正是人类理性还没长成的标志。人类自从跨入文明史的门槛，每一个个体不管是否自觉到人类普遍理性文化的本质，都逃不脱文化选择生存的命运。个人出生在社会历史文化环境中，按文化选择方式去现实生存本身是无可选择的。人类普遍文化本质即个人所面对的社会历史环境，他展开生存活动的舞台，在人类意义上是后天创造中不断积累而构建着的，对自然人意义上刚出生的个体则是在先的，每个人没有权利和机会选择自己出生所面对的社会历史环境。但决不能用客体思维去得出环境决定人，教育决定人的结论，把个人的主体性文化本质建构过程即社会化过程还原为客体运动过程。从人的主体性理性文化本质意义看，每个个体对人类文化的学习过程乃是他把人类普遍本质内化为自己具体的理性智慧，构建自身的主体性本质的过程。个人的后天性主体本质构建本身只能理解为历史性创造活动和过程，即在个人理性认识成长中把自己从自然存在变为文化和自然相统一的存在，具有理性智慧的历史性存在。人的理性本质构建只能从文化不能从自然去理解有充足的根据，一是这不是必然性决定的自然过程，在基本相同环境中社会化的成人是很不相同的，环境和教育只是个人成长的外部条件，人的最终的理性的成长程度是由每一个个体的创造性学习结果所决定的，对人类已有知识的学习，对个体而言是创造，是成长。二是人类普遍本质通过社会化内化为具体个体认识的普遍意义是构建理性的具体，在最普遍意义上则只能从理性构建，在现实意义上从智慧生存去理解。理性和智慧在现实意义上是由抽象精神上升为具体的理性，即成为内化于每个人的智慧。智慧是不能从外部拷贝到个人认识中的，教育的本质是启迪智慧而不是灌输知识，理性智慧就只能从具体个体的自觉觉悟和自我创造中成长去理解。每一个人的社会化过程都是创造性的，每个文明人都具有主体自由创造本质于自身。三是人的社会化过程是个人和社会统一的实现机制，它使个人成为具有普遍社会历史本质的理性具体存在，使社会历史创造的普遍意义回归到现实即具体个人，使个人在普遍社会历史文化形式和环境中理性地生存，智慧地生活，成为超越自然的理性具体存在。理性生存即文化选择生存不由必然性去理解，即人的智慧生存是创造性生存。人的教育、人化的环境、人的理性认识是创造性的，以客观知识为中介的人类理性就是创造中不断积累和发展的，个人的新的知识即具有人类普遍意义的认识是人类的共同财富，人类意义上的创新推动了社会历史的不断进展过程。社会历史是由具体个人创造的，每个历史性存在的文明人生存本身都是历史创造，但每个人能不能对人类历史进步有所贡献甚至名垂青史，并不取决于他是否历史创造性地生存，而是取决于在人类普遍精神意义上他为人类创造了什么。只有推动人类普遍理性进步的创造才是人类历史普遍意义的创造，这些创造才永存在人类普遍理性之中，并渗透于具体的灵魂中而获得永恒的意义。基于这些理由，我们应该把人的现实生存理解为历史创造意义的文化和自然统一过程，让社会历史的普遍精神回归具体理性，这正是马克思把共产主义社会作为每个人的自由创造本质得到全面而充分发展的理想社会的具体理性意义。

第三节 历史的意义

一、历史认识的主客观统一性

人是自然和文化相统一的存在，人的文化本质首先必须从普遍理性意义的认识去理解，人作为历史性存在须首先从历史学科知识认识为基础去理解。诚然，历史性的人并不只是认识论意义的人，人的历史性意义也并不仅仅是历史学科知识意义上的历史，但人作为理性具体存在不能没有文化认识之本质，作为社会历史性存在不能没有对历史普遍意义的理解。历史知识是人认识自己历史性现实的普遍意义归纳，是理解人的历史性意义的基础，故历史的意义思考从历史认识论开始，从对历史学科知识的主客观统一性思考开始。历史的意义以历史知识的认识作为起点，历史的客观性是历史学意义上问题。史之为史的本质首先在于它建立在历史事实基础上，没有严谨的治学态度，没有尊重历史事实的求真精神，是没有历史研究的基本资格的。不尊重事实就没有历史，不尊重历史的客观性就不会有真正的历史。历史之为历史的本质，在历史知识意义上的历史，就在于它的客观性之中。所以，必须从对历史客观性的理解为起点去理解历史对人的意义。

认识的客观性是一切知识的根基，历史知识客观性同样是它之所以是知识的基础。但历史知识的客观性和科学知识的客观性具有完全不同的含义。科学知识的客观性是在普遍抽象意义上去理解的。知识之为知识在于它所陈述的意义摆脱了对具体个体认识主体的依赖性，具有群体和类意义的抽象普遍性。当普遍客观性到达绝对性的极限形式时，我们称之为真理知识，即科学真理认识。达到绝对性的真理认识不但在类的意义上具有普遍的可理解性，而且它的内容，与形式相统一的内容尽管是由具体认识主体发现和建立的，但它的有效性却是不依赖于认识主体的，而是对一切类主体而言都是等价的，这就是在真理面前人人平等的真正意义。绝对普遍真理知识和个体认识主体的主观性无相关性，所以叫客观知识即真理，达到客观性的真理就具有普遍有效性，就是说它所陈述的因果必然关系在它所有效的定义域中恒为真。所以，科学知识的客观性是具有普遍意义的规律性知识：在其定义域中，是与任何认识主体无依赖关系的知识；与具体、特定的边界、初始条件无关，是指向普遍抽象认识对象的，绝不会是具体的。这种客观性严格地说是指客观普遍必然规律性，并不能理解为指向必然性规律在具体条件下的具体特定现象。现象是与具体边界及初始条件有关的，没有普遍性意义。我们通常在常识意义上说客观性有两层意义：一是指普遍必然性规律的客观性；二是指普遍必然性规律支配的具体事件的客观性，后者只有在前者的基础上才能得到真正的理解。知识和科学真理的普遍性决定了知识客观性本质上是在抽象规律意义的。

但历史的客观性却不能从客观规律性及普遍意义去理解，历史是否有客观规律是一个无意义的命题，作为纯粹抽象的历史形式不是经验知识，有普遍性无客观性意义；内容和形式相统一的历史知识有事实客观性却不是普遍性意义的归纳。我们说历史客观性时历史不只是抽象形式，而是内容和形式相统一的具体过程归纳，这种历史不能还原为简单的因果必然关系描述去一言以蔽之，不能由一个简单抽象的普遍因果关系去全面描述，只能由无数因果必然关系构成统一性去理解，所以不能对复杂统一性认识对象的认识用客观必然性或主观偶然性去评价，即仅知性认识描述不足以完成对具体历史的统一性理解。当社会历史一旦还原为因果关系时就消解了社会的复杂统一性。人类历史只能从社会这一最基本认识对象去思考、描述，所以它是不可还原的。可以还原为因果必然性关系认识的只是构成社会的基础，而不是社会本身。构成社会历史复杂运动过程当然有必然性规律在起作用，但不是一个而是无数的普遍规律在共同作用，这些规律和具体边界条件相统一得出具体事件，社会历史过程是无数事件的复杂性统一。把具体社会历史过程还原为普遍必然性规律意义的客观过程，追求支配具体历史进程的普遍客观规律是不合逻辑的，这就是社会历史现实不能等同于客观普遍必然性规律的理由。以必然性普遍规律为基础的具体现象和普遍必然性规律本身是完全不同的概念，历史的客观性如果从历史科学客观普遍规律真理知识意义去理解肯定是无意义的。我们所说的历史客观性并不是指要去发现一条可以确定性地预言未来的普遍必然性规律，而是在客观事实的意义上使用历史客观性概念的。上文提及，历史无必然性，偶然性之意义，无物的决定或被决定之意义，同时也就是无历史客观必然性规律的意义了。只有在超越历史是必然性决定的过程前提下才能还人以自由的本质和历史的创造性意义，否则人就成为异化的非人。这正是历史的客观性只能在客观事实意义去理解，不能从客观规律去理解的理由。因此，我们常说，历史没有如果，历史无法重写，无法改变。这都是对历史客观性的客观事实意义及历史的不可逆性的深切体悟而得出的哲理。

从技术层面看，历史的客观性是一个既基本又简单的问题。说它基本在于文明史的史记制度对历史记录的要求就是翔实记录历史事实，不能捏造、隐瞒、篡改历史事实。说它简单就在于历史记载的客观事实性和科学客观规律性相比而言，真是再简单不过的了。科学的普遍客观规律的发现、归纳、论证是创造性的，记录历史事实却是因为事实就明摆在那里。历史事实的客观性不需要归纳、思考，不需要透过现象去把握本质，就事实而记载历史。但历史客观性的这种简单性只是技术上的抽象。实际上，历史的客观性和科学客观性没有可比性，但在某种意义上看，它是比科学客观性难度更大的问题。最现实的问题是科学客观认识是以达到绝对客观性为目标、为根据的，但社会历史的客观事实在那些重大的历史事件中，却往往会产生不同的理解，甚至对重大的历史事实也经常会产生争议。所以，即使是最具确定性的历史事实本身，往往也无法达到绝对客观性。这正是历史认识的最根本问题，也是历史客观性的真正意义所在。

历史客观性面临的第一个现实问题是：历史的主体、客体、认识主体、认识客体本身都是人，是人对自身的认识，这是和科学把认识对象当作纯粹认识客体所根本不同的。科学把认识对象当作认识客体，认识主体超然于认识客体之外，这是科学认识能通达真理性客观知识的逻辑基础条件，是具体个体认识能成为绝对普遍的人类认识的必要条件。但历史学科的认识却无法超越具体认识主体自身。尽管在制度、技术上有把史官记载历史事实当作与主体无关的认识客体、陈述客体的安排，但这却不是可以充分保证的。而且，历史不只是在编年史意义上的，真正具有重大历史影响的事件的事实根据的绝对客观性却往往得不到充分保证，基于客观历史事实的历史就往往变为有异议、有争议的。这是历史认识对象既是认识客体同时又是社会历史主体的这一本性所决定的。在以社会为基本单位去构建人类历史过程中，谁在书写历史？几千年的文明史是胜利者的历史，是统治者的历史，我们关于人类社会历史的知识，对历史事实的记忆和理解，基本上是由取得胜利并在社会历史中占据了支配地位的统治者去完成的。有资格把自己写进人类编年史的当然只能是胜利者，这就是英雄创造历史的现象。因为英雄记载历史，解释历史，赋予历史意义，历史教科书就无法摆脱英雄创造历史的必然性逻辑。正是英雄在历史记载中宣称自己创造了历史，所以历史知识的客观性就无法达到绝对普遍的客观性水平。我们无法修改阿基米德的浮力定律，但却可以对历史知识、历史事实提出质疑，这就是科学客观性和历史客观性的本质区别。

历史知识不是可以达到绝对客观性的知识是由人的社会历史的主体性本性先验地决定了的，所以是不可逾越的。如果觉得这一抽象观点难以理解，那无妨回到我们的现实存在来。所谓历史和现实在历史过程意义上是相对的，一切历史都是曾经的现实，一切现实都很快成为过去的历史，所以历史客观性的本质就在现实之中。简单地说，如果我们作为历史主体对自己的主体认识都无法通达到所谓绝对客观性的水平，那么，历史的客观性又如何能成为绝对客观性的呢？因为人类对自身的认识正是一切历史知识的基础，是以后的历史知识的素材。回顾当代史，人类对自己当代的所作所为达到了绝对客观性的认识吗？答案显然是否定的。这里有一个非常重要的原因，即尽管历史的客观性是最简单的客观事实本身，但作为对主体认识行为的事实记忆，是无法摆脱主体性的影响的。人类对近百年来的重大历史性事件有统一的客观评价及记述吗？如果对当下还无法达致客观性理解，后人又和何能客观地理解我们所处的这段历史呢？其实，许多已经过去的东西已经彻底消失了，不再成为记忆的历史，而是忘却的历史。因此，人的历史事实是无法达到物质世界那种绝对客观事实认识的，这是由人类社会历史是主客体相统一的存在所决定的。

历史客观性的相对性还有经验认识意义上的原因。因为事实上只能是英雄编写历史，历史是胜利者书写的历史，故我们在历史书本中读到的总是征服和战胜的历史。我们不知道文明史中谁第一个开垦了耕地，饲养了牲畜，开始了治疗疾病，却铭记着人类社会历史具有深刻影响的战争和暴力，崇拜踏平半个世界让无数生灵涂炭者为英雄。迄今为止的人类历史在某一种意义上可以称为暴力史、野蛮史，而不是文明史。因为胜利者的价值评价和高傲、荣耀就是征服的胜利，胜利载入史册就是征服的历史。而且，胜利者的历史不仅带有主体价值评价的主观性，具有先天的历史局限性，同时还有后天的主观性，即胜利者篡改历史，隐瞒事实，甚至捏造事实。商朝在最后一个统治者纣王败后灭亡，由周家天下去记载的纣王就是一个残暴的杀人不眨眼的昏君。但最近有人认为，纣王的失败在于他不按当时的惯例虐杀俘虏，给西周以可乘之机，断送了江山。史记中隋炀帝是一个暴君从而导致二世而亡，但最近又有人撰文认为开凿了大运河的隋炀帝是一个聪明且雄心勃勃的统治者，他的成功才是唐朝贞观之盛世的基础。杨广的失误在于一下子把建设的摊子铺得过大，超过了所能承受的能力，从而导致政权的瓦解。但隋朝的投入正是盛唐贞观之治的基础，仅大运河对于中华民族的作用就是不可低估的。据说隋朝给唐代留下了充足的粮食，使唐朝有了稳定的基础。而对于贞观之治的唐太宗，一千多年来高高在上，但也有人撰文说这个在玄武门事变中杀兄弟逼父退位篡权帝王的文治武功是文过饰非，篡改历史。这些非主流观点的存在说明了一个问题，我们对历史的记载无论在主观上还是客观上，都不能从自然世界的客观性去理解。

历史认识的客观性不是绝对的客观性，却不等于说历史知识都是主观性的。如果把这理解为历史知识全是信口开河的历史虚无主义，把历史理解为胜利者随心所欲去改写的历史，那是不合理的。这恰恰说明了，历史的客观性是它的生命所在。我们对自身的理解，对我们从中而来的历史的理解，其价值和意义就在于客观性之中，就在于对主观性的不断克服和对客观性的不断追求之中。我们总喜欢说耳听为虚，眼见为实，人类更相信直接感性经验。但耳听未必为虚，眼见未必为实，感性感觉的现象才是缺乏普遍意义的可靠性的。对社会的历史认识和理解而言，没有人能亲身经历成为历史的过程，所有成为有历史意义的事实都是“耳听”即间接得来的，它是否为实取决于间接而来的历史知识的客观性。如果坚持为实的只是眼见现象，人类就无法超越自然，进入文化，就没有社会历史，就只是生命世界的一个特定自然物种存在，就不是社会历史性存在。只有在社会历史文化中我们才成为文明人类，只有超越了眼见为实的感性经验的限制，我们才能进入抽象、普遍的社会和历史，成为具体现实的历史性存在。所以，社会历史才是超越了自然的文明存在，社会历史性存在的人的文化本质来源于历史，包含历史，他对自身的本质的理解包括历史知识于其中。人能否客观地认识现实的自己的重要基础就首先在于能否客观的认识自己的历史，这正是历史客观性的深刻意义所在。为什么封建统治条件下，必须赋予史官以独立性？其意义就在于保持史实客观性。为什么历史客观性具有如此崇高的地位？因为只有客观性的历史知识才对人有意义，篡改历史，误导人类历史是经不起历史的考验的。

历史的意义在于客观性，因为历史事实是无法篡改的，历史和时间一样是不回头的。以历史为过程变量的人类社会客观性却无法和时间为过程变量的自然客体那样达到绝对的客观性，然而这正是社会历史的本质，是人类文化世界超越了自然世界的根本所在。人的世界不是自在客体世界，而是自为的世界，是主客体两重化世界，是事实和意义两重性的世界。对事实的客观性的发掘，对事实意义的重新认识，正是人的现实存在的基本形式，历史的意义就在于现实之中。我们的一切所作所为继承了历史的传承，又会成为历史，我们就是有历史意义的存在，人的社会历史基于此才是连续不可逆的，人类世界才是超越了自然世界的更普遍的主客体相统一的世界。更直接地说，正是历史的客观相对性使人类世界成为社会历史性的，使历史具有现实意义，使人既是客体又是主体的存在。

历史是作为认识主体的人对自身的认识，是对自身历史性具体过程的归纳。人既是认识客体又是认识主体的两重性，人的存在的主客体两重性决定了历史知识是主客观相统一的。历史知识不能凭空捏造，也不是绝对客观性的真理，而是随人类主体性发展即认识的发展而历史地发展着的。人类的理性进展到什么境界，那个历史时代对整个人类社会历史的理性认识也就达到什么境界。历史知识主客观统一才有历史的意义，历史才是现实的。为什么人类史册中是英雄创造历史的世界？为什么由胜利者去解释历史？为什么有强者曲解和篡改历史？这并不难理解，这才是历史的现实，其根据就在于历史话语是主客观两重性的陈述，本质上揭示的是人类理性的历史过程，在主客体相统一意义上标志着人类理性所已达到的境界。由英雄和伟人构成基本脉络的人类历史文化向未来见证着人类自觉理性的曲折坎坷，它告诉我们并告诉后人，铭记着人类数千年理性文明史至今还没有从根本上走出丛林法则支配，人类理性的现实是还在兽性的黑暗中摸索，这就是历史的现实性意义。

二、历史的主客体统一性

仅从主观和客观的统一即认识论意义还没有达到对社会历史的具体理性理解。必须从认识论回复到存在论，在认识论和存在论相统一的理解中才有可能理性具体地认识社会历史存在和人的现实存在。人类理性还没有发展成型的最主要标志就是认识论和本体论还没有统一，人类理性还活在柏拉图抽象理念形式的存在中，还只是在抽象精神的思维、意识、真理、理性诸形式去理解认识，把文化看成只是认识论意义的抽象精神，没有理性地把文化理解为人的现实存在的选择生存方式本身，没有觉悟到抽象精神文化是从人的文化选择生存现实中抽象出来的普遍意义，它只有回复到具体存在，在认识和存在相统一中才有文化之现实意义。文化的本质是抽象精神，而文化的现实理性意义是人超越了纯粹自然生存的认识和存在相统一的文化选择生存方式，它的本质必须回归到存在论意义才能得到理性理解。认识和存在绝对地分离成为纯粹抽象形式的最主要局限性表现在对主客体统一性的人的存在的认识中。人之所以成为异于禽兽的理性具体存在的充足理由在于人的生存选择是文化选择，人的认识就是人的理性生存的存在论规定性本身。离开普遍知识和以之为基础的理性选择，文明人就不存在，人就只是万物之一。把精神文化关在抽象形式中，人类理性就没有自觉到自身的理性。人类理性幼稚在现实中表现为英雄史观，表现为把历史只当成影响人类的重大事件记载的历史学科知识，没有回归人的社会历史本身，没有回归主客体统一性的具体个人。文明人是主客体统一性存在的根据在于，每个具体文明人成为历史性存在的根据就在于历史性本身就是主客体统一性的，是存在和认识的统一。传统的社会历史哲学没有自觉到历史本质是人的文化理性的发展进程，因而无法在主客体统一性高度去理解人类历史，理解人的现实存在。

人类对历史现实性的感悟概括在一切历史都是现代史的归纳中。与历史虚无主义相反的还有一切历史都是现代史的历史相对主义观点。科林伍德在历史哲学意义上归纳了这一关于历史学科本质的观点，对历史学科作为一个永远成长着的学科提供了合理的理解。对过去的客观事实认识的知识学科为什么具有永久的生命力？如果它的现代、当代现实意义是绝对普遍客观的，即是不以当代人的意志为转移的，则无历史学科存在之价值和意义。然而，历史学科不仅一直保持着它的独立的存在，而且历史学科不只是传承知识，记载事实，更是人类社会本质的历史研究，即研究历史的意义诠释，还在挖掘历史的客观事实，以不断丰富事实去赋予历史以崭新意义。所以，历史学科是一门具有生命活力而不断发展着的学科，每一个时代的文明社会都在对历史的新的发现、新的解释和新的归纳中使历史知识推陈出新。从这个意义上看，一切历史都是现代史是历史学科能够作为学科存在的充足理由。

一切历史都是现代史的最直接意义是对历史知识学科而言的。历史的研究对象是已经过去无法逆转的影响人类发展过程的重大事件，时间和历史的不可逆性已经决定了历史是不会倒转的，一切已经、曾经的历史人物、事件、过程都是既成的事实，是无可改变的。如果按照当代某些自然科学家的观点，把时空理解为可以由事件去影响其行为的实在，则我们可以穿越到三十世纪，也可以回到亚里士多德时代和他共商相对时空间统一理论，甚至可以带着坦克机枪回到成吉思汗时代去对付铁骑。于是，历史就产生了无穷的如果，历史就不再是历史。当代人类沉浸在时空穿越的神经错乱中时，就忘记了这其实已经消灭了一切过程因果关系，消灭了历史，因而也从根本上毁灭了人类文化、文明乃至人类理性世界自身，穿越回到了自然状态中去生存。所以，时间和历史的不可逆性、不可穿越性、不可实体化是我们认识自己的必要的形式和逻辑。正是由于历史的不可逆性，历史事实才是没有如果的，历史知识的基础就只有建立在历史事实的基础上才有意义。所以，尊重历史的第一要义就是要客观地对待历史，如果刻意去隐瞒、歪曲、篡改历史，既不是文明人的文明行为，也最终在历史大白于天下时将永远被钉在历史的耻辱架上。历史的意义是建立在客观性基础上的，一切历史都是现代史不能浅薄地理解为历史认识是纯粹主观的，它超越了纯粹客观性意义，把人的主体性和主观性引入历史思考，但这种思考只能从主客观统一和主客体统一为基础才是理性的。

历史的客观性是自在自为的。历史事实是自在的，是不可以改变的，我们对历史的认识却是自为的，即由主体去建立和归纳的，认识和事实相一致就是自在自为的，就是客观认识。历史客观性在技术意义上不过是最简单的事实记忆，但在认识论意义上却是最高层次的复杂认识，因为这是作为认识主体对作为认识客体的人的历史的认识，认识之人和被认识之人是认识意义上的认识主体和认识客体，在现实中是人类认识你自己。在自然科学真理知识的绝对认识中，认识客体是存在论意义上的自然客体，对之的认识可以把客体和主体彻底独立开来，自然客体的科学真理可以独立于认识主体，不依赖于特定的认识主体，有可能达到对一切认识主体相同的普遍性意义，即得到客观普遍有效的真理。历史知识的客观性则不同。作为历史认识的客体，已经成为自在事实的一切历史事实尽管是不可以改变的，但在一切事实中，能够成为历史事实的，归纳为对人类社会历史具有重大影响和意义的历史人物和历史事件是由认识主体选择的。一旦由选择性介入便超越了自然客体认识的必然性、客观普遍性的意义，支配对历史客体的认识即历史观是不能独立于历史认识主体的。由于每一时代的历史学家所接受的教育，所处的社会文化环境的不同，每一个历史认识主体现实上是历史地产生和形成的，不同时代不同个体的历史认识主体是历史地改变着发展着的，所以不同时代，不同个体的历史认识主体对历史客体的认识就不是纯粹自在历史的发现，而是自在自为的，即建立在历史自在的事实基础上，由历史认识主体有意识地评价和归纳而成。由于这一自为因素，由于认识主体选择的无可摆脱性，使以客观地再现历史事实的历史学科成为一门永远没有终点的学科，历史学科就是一部现代史，即现代认识主体对历史事实的归纳和评价。一切历史都是现代史的真正意义就是说，人类历史学科是对历史事实的意义不断得出新的理解和评价的不断发展的学科。

而从智慧统一性的观点看，它恰恰是和历史虚无主义相对立的。因为一切历史都是现代史的陈述是建立在历史学科知识这一特定的历史概念前提下的，而历史学科是以追求历史事实的客观性以及历史意义为宗旨的，我们历史教科书记载的历史是追求无如果意义的客观事实构成的历史。所以，一切历史都是现代史并不是指历史任由现代人指鹿为马，无中生有，而是指一切历史知识的本质和意义在于对历史意义更普遍而客观的归纳，在于为这种历史意义提供更可靠有力的客观事实基础。对于历史知识的发展，对历史观点的突破，是在客观历史知识意义上的，而不是纯粹主观的，不是把历史当作主观任意的东西否定了历史存在的意义。历史带有主体认识的特征和历史是纯粹主观性的是完全不同的两回事。历史由人去编写，由胜利者去编写，但却不是由人或胜利者去编造，只有以历史事实为基础的史册才经得起历史考验，才能真正载入史册。历史知识中的主观选择性必须建立在客观事实基础上，历史认识所追求的是社会主体和社会历史客体的统一，追求自在自为的历史。一切历史都是现代史的意义在于揭示了历史对人的本质和意义，是人自身存在的本质和意义永恒发展性的丰富而具体的认识和归纳，向不断丰富的客观性意义追求本质上是主体性本质之人在主客体统一性意义上的不断进步，揭示了人类世界、人类社会的人本质上是历史性的存在，或者说是在历史性中不断展开和发展着的具体现实的存在。

于是，一切历史都是现代史即是对人的社会、人的世界的历史性意义的统一性理解，从历史学科进展到社会历史哲学。从社会历史哲学的意义看，历史不只是一种客观性知识，历史不只是过去的东西，不是死的，历史的统一性具体意义就是人的现实存在本身，就是人的具体世界本身。我们说抽象的历史时候，它是从具体现实的人的世界中抽象出来的，它最终的统一性意义必须回到人的世界，返回人得具体现实的存在本身，才能得到具体的说明。既然历史是人创造的历史，历史是人类作为主体发展的历史，历史就是不能离开人的具体现实存在的一种抽象。对抽象社会的历史过程的描述，在形态上只能是抽象的，所以社会历史只能从抽象返回现实具体的人的存在本身去理解，从人的具体统一性存在去理解，从具体现实统一性之人的抽象的社会历史文化的本质去理解。具体现实的人作为生命存在是时间性存在，作为文化和自然相统一的存在是主客体相统一的社会历史性存在。当我们坚持人是历史性存在时，其实就已经包含着抽象历史的现实性，即一切历史都是现代史的深刻意义。历史之所以为历史，就在于它统一于我们每一个文明人的具体现实的生存之中。我们对历史客观性的追求并不是学术兴趣或所谓主观标准，而是由人作为文化和自然的统一性存在决定的，非客观的所谓“历史”是经不起历史考验的，篡改历史、误导历史是对人类文明的背叛，是对人类最大的犯罪。人生存最大的丑是遗臭万年，最大的恶是成为历史罪人，赤裸裸的恶就是篡改历史。对历史的不断丰富具体的客观性认识的发展，其直接意义是历史知识本身，其本质意义却在于人的不断发展的本质之中。当今天我们把南京大屠杀这一事件写进中华民族抗日战争历史的时候，这不只是学术意义的进步，这是中华民族乃至整个人类世界在发展和变化的现实标志。这个转变和冷战结束、东西方绝对对抗思维失去绝对地位有关，和人类世界全球化的进程有关。尽管人类还没有找到彻底消除对抗和相互残杀的根本路子，但至少已经开始转向求同存异谋求和平共存共同发展的方向，开始把人类利益、人类的可持续生存发展问题提上议事日程，不再把东风压倒西风、消灭一切反动派作为最高目标，不再仅仅从战胜、征服的伟人和英雄史观去观察历史和理解现实。在这种历史发展条件下，我们重新审视中华民族抗战，包括当时国民政府的抗战史，并把南京大屠杀这种重大的历史标志性事件作为一个民族在那个历史阶段的记忆提出来。这种对历史的重新认识，这种历史认识的重大转变意义不只是对历史的认识，而首先转变的就是我们存在本身。我们认识到我们是从这段历史走过来的，不忘历史，不能背叛就是因为我们是历史性存在。我们不能离开历史去理解我们的存在自身，不能离开历史去说明抽象的社会，我们的一切现实、具体的存在、认识、选择是有着历史性本质的文化在其中的。因此，一切历史都是现代史的另一种描述就是任何现实、具体的人本质上是历史性的主客体相统一的存在，人是社会性存在，社会是历史过程中的不可逆存在，所以，人就是历史性存在，一切历史就同时是现代史，是主客体相统一的历史，不是不变的、僵死的自然史，不是被人“强奸”、随意捏造的主观思维和认识。历史的具体意义就是主客观统一性为基础的主客体相统一的存在本身，主客体相统一的现实世界中的人是历史性的具体存在之人，对历史的理解包含在历史性之人的具体存在本身之中。

一切历史都是现代史揭示了人类社会历史的连续不可逆性，现实的人类世界不能割断历史去理解，现实具体的人的现实生存在历史长河中、在时间过程中又成为过去，成为历史。因此，历史对人的具体现实存在意义同时就是人的现实行为的未来意义。只要重新设定参考点，现实和未来的关系就转换为历史和现实的关系。在不可逆的人类社会历史过程中，历史具有现实意义，现实具有未来意义，更一般地说，历史的意义在于未来，因为历史、现实、未来是连续不可逆且不可分割的，现实对历史和未来的连续意义决定了历史的意义就在于未来。这正是人的世界作为社会历史性存在和物质世界作为自然客体存在的最本质区别。

三、历史的意义在于未来

把历史理解为认识论和存在论相统一的社会历史哲学认识的境界时，人是主客体相统一的社会历史性存在的理性理解就有了坚实的基础，人就是理性具体的存在，是具有普遍社会历史文化本质的存在。人作为历史性现实存在的根据不是他的物质肉体或生命本质，而在于人以文化选择生存方式去理性地实现人的生命生存，从而超越了按丛林法则自然选择的禽兽。从理性生存方式意义看，人的理性具体存在是理性认识和存在不可分的，是过程即历史性的，人作为历史性存在的进一步理解就是历史的意义在于未来。

对人的文化世界以社会作为最基本认识描述单位，从抽象历史形式作为过程变量去展开它的具体存在过程的认识中，在从人具体存在现实过程的历史抽象形式回复到具体的历史过程，把现实具体的文明世界的人的存在理解为历史性存在的时候，人作为主客体具体统一性存在，就是历史性的具体理性存在。从统一性意义去理解人类由抽象历史存在形式去展开的具体历史过程时，得到对人的具体理解同时也是对人的历史性意义的最普遍的理解，这种理解的历史的最普遍意义是历史的意义在于未来。反过来说，从未来去理解的历史之意义是最普遍的历史意义，它包括历史知识，包括对历史主客观相统一的认识于其中，但又超越了历史学科知识本身，是在客观历史知识基础上对自身存在过程和意义的更深刻的普遍理解，是对人的世界的统一性的理解。面对未来，过去、现实、未来相统一的历史才是文明史，这种历史统一性意义上的存在才可以称之为具体理性存在。对人的社会历史的本质特征，对人的世界是超越了自然世界的更普遍世界的理解，包含在对历史之未来意义的更普遍的理解之中。

从未来的意义去理解历史时，已经达到了对人类社会历史最普遍意义的具体理解。这时历史所指的已经不只是理解人的世界即社会这一基本结构形式的抽象过程自变量，也不只是抽象历史知识的认识和归纳，而是指向人类社会的具体的历史过程，是从人类社会历史具体存在过程去理解的人的历史统一性意义，即人的存在的具体现实意义。历史的意义在于未来是回归到人的存在论意义的觉悟，是社会历史的存在论命题，是达到人的世界统一性的理解，是统一具体的历史概念，是现实的历史概念。面向未来的历史既然是历史，所以它不排斥历史，首先是历史，是主客体相统一的历史，但又超越了历史客观性和客体性，达到了主客体相统一的普遍意义。历史意义和曾经的不可改变的历史事实是不同的，和对历史的客观知识认识也是不同的，它是对作为社会历史主体的人的绝对运动生存过程的本体论具体理解，它包括历史事实、历史知识而又超越了人的抽象有限性意义，它所指向的是对人的世界的统一性无限理解。如果相信人的世界是具有最普遍统一性意义世界的话，则历史的意义在于未来就是对世界最普遍意义的理解。

历史的意义在于未来的最基本理解在于人的世界是以社会为基本结构单位的连续的历史过程性存在的理解，是人的世界超越了自然世界，人的社会区别于动物自然社会的根本理由。我们凭什么断言人类是万物之灵，而不仅仅是万物之一呢？长期以来，人类总是偏好于从人的社会性去理解人的本质，却没有深入人的社会性的本质，即仅通过人的社会性和纯粹自然生命物种的群体性模式和过程的现象去区别人的社会性和自然生命中群体生存物种，因而无法得到人的世界本质的认识，没有把握人之所以为人的根据。在发生学意义上，社会是先于人类社会的生命世界群体动物的生存形式；在逻辑意义上，人的世界比社会更具普遍意义，仅由社会性去理解人的本质是不合逻辑的。世界统一性原理把人的世界理解为在自然生命世界中文化出来的具有自己特定本质规定性，因而是比自然世界更加具有普遍意义的世界。这个更普遍的世界的本质不是建立在物种基础上，而是建立在社会基础上。社会是人的基本生存单位结构，但并不是人和动物物种具有本质区别的结构，很多生命物种是以群体即自然社会形式去生存的，社会具有自然意义。人类世界的独特规定性不在于它的社会性，而在于它的社会性不仅是自然的，还是文化的，是超越了自然生命物种意义的文化为本质的现实存在，是文化社会，严格地说是文化和自然相统一的社会。在文化社会即历史性社会中，人类超越了自然社会的有限性，使人的世界成为最具普遍意义的世界，使人不只是万物之一，人本质上是万物之灵，这是世界统一性原理的人的世界作为文化和自然相统一最普遍世界的基本意义。按照世界统一性原理的逻辑，我们说人类社会时，是指一般和特定的统一性关系，人类社会是一般的社会群体之一；而我们说人类文化时，却只是并列、强调的关系，并无人类意义之外的文化。就是说，社会是人类存在的最基本结构形式，文化才是人类区别于自然的最一般规定性，才是人类社会、人的世界的本质。人类社会必须从它的文化本质去理解，而不能停留在社会性中，更不能把社会性作为人的本质规定性。

人的抽象的精神文化本质对人的具体存在的意义，对人的现实生存的意义，是在人的文化选择生存活动中成为现实具体的。人超越动物自然选择生存模式是以文化的传承、传递和发展为形式即在社会历史文化形式中实现的，历史文化的理性意义最终必须返回到现实的文化选择生存去理解。文化本质的表现形式是抽象的，它的另一个特征是后天的，正是后天经验性使文化成为相对于自然的抽象存在。既抽象，又是后天非自然的经验意义中产生的文化为什么能够成为人的社会的本质，使人的世界超越了自然世界，成为最普遍意义的世界呢？在前述中，我们已经将文明创世纪归纳为人类在文字的发明和使用基础上普遍抽象和具体统一性认识产生。文字建立抽象思维使认识的意义摆脱了对具体个体认识主体的依赖性，以文字为载体的抽象意义认识成为具有人类普遍意义的文化知识，使人类从自然存在意义的万物之一成为后天理性文化意义上的万物之灵。文字的发明和使用是人超越了其他一切动物社会的根据和标志。自然社会中有思维认识而无文字，无文化，物种在世代更替的同时又是周而复始的循环，自然生命就只是在物种限定意义上的客体存在。人类社会依靠文字把抽象的思维和认识转换成具有普遍意义的知识，通过知识的客体化以及它的继承和传递，上一代人们经验知识就成为下一代人“先验”的财富，即对人类而言的知识的经验性和对继承现成知识的人而言的知识的先验性，使人类的思维和认识是可以客体化的，是可以传递的，是历史性的，历史的本质就是历史文化。在世代更替中，人的物种规定性是周而复始的，但人的文化知识却是在继承的基础上不断积累和发展的，这正是人类是文化为本质意义的存在的原因。文化使人类代代不同，不是生命物种间进化意义上的变异，而是文化发展使人的生存方式不断变迁。文化选择生存使人成为社会历史性的现实存在，精神文化的传承创造相统一使人类社会历史成为一个连续不可逆统一过程，成为文化发展即人的理性本质无限发展的文明史。故我们常说人类社会螺旋式发展，是不断进步的历史。所谓历史进步是在文化和文明意义上说的，而不是仅从科学或自然意义所说的。文化靠社会传承为基础去创造这一事实决定了人的世界是以社会为基本结构单位的世界，因为只有在这个基本单位中，文化才有可存在并发展的基础，离开社会无文化可言。文化的普遍抽象本质决定了人的社会只能在历史这一抽象形式下去描述的过程中才能得到现实性理解，人类社会只有在历史中才有其文化本质的具体意义。在历史过程抽象形式中，社会才展开为具体的历史过程。世界统一性原理把人理解为历史性的存在，把人的世界理解的不可逆地绝对运动发展的历史过程，是超越了自然生命物种意义的循环而不断发展的绝对历史运动过程。离开社会无法理解人的文明世界，离开历史无法理解人类社会。人的世界之所以为人的世界就在于人的世界是社会历史的绝对运动过程，人的世界的抽象历史形式回复到人类社会历史具体过程无限性的时候，历史的意义就是过去、现在和未来的统一，而它的最普遍意义就在于未来之中。

当我们把历史理解为人类世界最普遍意义的具体过程时候，历史就不只是社会运动的抽象形式，而是具有具体内容的，是人的世界的内容和形式的统一，是人类社会连续不可逆的绝对运动着的统一过程。人类世界不但超出了客体实在的意义，而且超越了生命世界在个体具体存在中的连续不可逆运动所构成的物种意义上的循环过程，成为在整个人类这一物种意义上同样是在历史形式下的整个社会的绝对不可逆运动的连续过程，即社会历史运动过程，使人在其社会历史具体存在形式意义上超越了自然生命世界，成为具有人类社会特定规定性的最普遍的社会历史文化世界中的理性具体存在。历史作为人类社会的抽象认识形式，在它所有的描述的定义域中是连续不可逆的，由这一抽象形式去思考和描述的人类社会的历史过程即返回人的现实世界的内容和形式相统一的具体历史过程，在时间和历史的双重尺标下，这个过程由时间和历史形式的连续不可逆性决定，同样是连续不可逆的。一个文明社会的历史是一个不可分割的整体，他的现实的绝对的运动既根植于已往的历史之中，并同时成为了历史，成为下一个现实的历史的依据。在历史、时间的任一个确定的参考点上，以该确定点作为现实，整个人类社会历史就划分为历史、现实、未来的连续统一过程。这个现实的历史参考点又是在永恒地、绝对地、连续地、不可逆地、历史地运动着的。所以，在人类社会整体意义上，人的历史就是现实，就是指向未来的现实。于是，历史的真正意义和本质就不是过去的客观事实，而是由之构建现实，指向未来。我们的一切现实行为，既是现实的，又是为着人的生存目标的，选择向未来的，同时一切现实的行为又总是成为历史的，是无可改变的。所以，人的社会的历史性，只有在过去、现实和未来的统一中，才能理解它的现实意义。把人的世界作为社会历史过程性存在，在绝对的社会历史运动中，它的目标，它的意义就只能指向未来。这是人类社会不断发展变化，人的现实文化生存方式不再是在物种意义上的循环的根据，也是人的世界超越了自然生命世界的充足理由。

历史的意义在于未来的更深刻理解在于它给出了人类世界是区别于自然世界的充足理由：人的世界超越了自然动物世界，是具有无限主体性独特本质规定性的世界。人的世界既是客体性的，又是主体性的，由无限文化意义构建的主体世界是无限的，所以人的世界是主客体相统一的无限世界，主体性的无限性是人的世界区别于自然生命世界的最根本区别。我们经常说人是主体性存在，这是一种简略的陈述，它的完整意义是人是具有无限主体性本质的主客体相统一的无限存在。不能从非此即彼的客体机械论意义去理解人的世界，不能把主体性理解为和客体性相对立的具体东西，把人当作非客体性存在。我们说物的时候，是从自然客体意义去理解的，说人物的时候是从文化和自然、主体和客体相统一的意义去理解的，人物的人首先是物，然后是超越了自然物、包含物的规定性作为人存在基础的统一性存在。主体性不是一种具体存在，而是人作为主客体具体统一性存在超越了物的具体统一性存在的本质特征。为什么人具有无限主体性呢？因为人作为社会历史性存在是在绝对运动的历史过程中构建着自己的历史的，这是人自己的活动返回自身的过程，人以自己作为活动对象的客体，对客体的作用又返回主体，这是一个永远循环不变的主客体相统一的过程。人的文化本质的无限性决定了这个过程是螺旋式上升的，是绝对运动着的。人的客体生命规定性是基本不变的，但人的主体性本质却是历史地发展变化的，人作为主客体相统一的存在就基于主体性本质的发展成为不断发展变化的具体存在，主客体相统一的人类历史过程就超越了纯粹客体的必然性过程。历史的意义在于未来的深刻意义就在于，人类社会历史不是由必然性决定的，不是纯粹自然的，人类社会历史面向未来的意义使它超越了必然性规律支配的自然世界的意义。人类社会历史是过去、现实、未来的统一过程，是不可分割的整体过程存在，但却不是由必然性支配的，由现在决定未来的宿命世界。人的现实的历史性活动指向未来，决定未来，但不是必然性因果关系意义上的决定关系。人类社会作为复杂性过程是统一性才能理解的，它的现实决定未来指的是现实是未来的基础。人的现实是在文化选择生存中由抽象返回现实性的，非纯粹自然必然地决定了的。不但人类社会不是一个简单的因果关系可以描述的复杂结构的过程，而且，即使在因果关系规律意义上，文化和自然相统一的人的选择空间即基础条件是非确定性的，依赖于人自身的行为及其产生的结果。人类的每一个现实行为都在改变着人类未来的初始条件，人类生存的自然基础也已是人化的自然。历史地改变着的初始条件和边界条件决定了人类社会的未来既是取决于历史，取决于人类的现实生存活动的，又是不能必然地决定的，是在不断运动的。人类社会历史未来走向何方，取决于人类自身的行为选择，没有必然的结果在前方等待，更不能用科学的决定论去预言未来。历史的意义在于未来揭示了人类社会历史的自由主体性本质特征，并诠释了为什么人类社会历史的必然偶然、决定被决定的陈述并无意义。历史不是必然的，也不是偶然的，而是人的主体自觉努力中实现的，它的一切现实实现都是在文化和自然相统一意义的，这就是超越了自然界的人的文化世界的本质特征。

人的世界是社会历史的统一性过程，是主客体相统一的绝对运动着的过程，所以人的世界就是在历史创造运动中的过程世界。历史的意义在于未来的另一种诠释就是历史作为主体有目的地创造的历史，历史的意义在于创造。正是在创造的历史意义上，人的世界的现实存在就既是以自然世界为基础的，又是超越了自然世界的。在具体自然存在意义上，人的世界一切具体自在的存在和自然世界受必然性规律支配的存在并无什么区别，人照样动物般衣食住行，生老病死。人超越了自然界的本质在于人的世界的抽象意义上，即人按照自己的主体目的有意识的文化生存选择活动，不断改变、创造着人所生存的客体世界的初始条件和边界条件，使人的社会历史进程是带主体目的性的过程，是不断创造的过程。人的社会历史是带着人的主体目的性的创造，它超越了自然无目的的客体性，其生存不再是由自然必然性规律支配的自然运动过程，成为有目的、有意识的主体创造过程。历史的意义在于未来，在于面向未来的不断创造之中。同时，也正是在这种面向未来的社会历史过程统一性意义上，我们才能有根据地说一切人的现实的生存活动就是历史的创造，人之所以为人就在于它面向未来的主体性的创造活动。失去未来意义，失去创造的人的生存是人的异化，是把人异化为非人，是人的主体自由本质的缺失。只有在自由创造的绝对历史运动中的人才是现实、具体的人；只有向着未来不断创造的世界才是人的现实具体的世界，才是摆脱异化和宿命的自由世界。

在抽象历史形式中实现的人类社会具体现实历史进程是面向未来的主客体相统一的具体生存活动，人类世界是在不断历史创造中运动发展的世界。这种主体性的创造活动与人类社会存在同在，因为它根源于人所以为人的自由的本质，创造的本质根据在于人的自由的文化本质之中。

第三章
自由的创造

引　言

【提要】文化选择性生存超越自然选择，人就走出了纯粹自然界，从有限进展到无限意义，文化就是人异于禽兽的普遍本质，人的社会历史创造就要从文化的本质去得到更根本意义的理解。本章主题是由理性文化无限而绝对的自由本质去演绎人的社会历史创造过程的具体现实性。

一、“我是谁”是人“认识你自己”的逻辑起点，人的异于禽兽的本质的觉悟是人理性长成的标志。几千年来人追求自身本质自觉又总是局限于现象，以现象为本质的理性是幼稚的。把唯物论和唯心论对立起来就只能止于现象理解人，由物或从抽象认识为据，人就没超越有意识地选择自然的高级动物，人还只是有限的自然存在，由社会性或私有制现象理解人类文明史的本质，人就还只是禽兽。由文化和自然具体统一性去理解人，由文化选择超越自然选择去理解人本质上区别有限自然生存的现实性，就能体悟到文化才是使人的主体选择性生存从有限进展到无限的第一原因，才是人成为历史创造性现实存在的根据，文化就合逻辑地成为文明人的普遍本质。回到文化的具体就是回归人的理性灵魂，人的本质只能从具体现实的人本身去定义，不能由外在之物或纯粹普遍抽象意义去理解。

二、普遍精神文化把人类文明史统一起来了，但由文明史去统一人类社会历史的文化认识本身却没达到文化本质的自觉，其基本原因是对文化的认识也止于多样性现象，没达到本质的统一。现代知识社会文化概念多样多元，粗略统计有板有眼的文化定义有一百六十几个，人的现实世界意义几乎无出文化之左右，这就产生了文化无定论的假象。文化无定论是现象，文化无统一性定义却不合逻辑。文化无定论是它作为人的普遍本质的现实，是由其无限发展性所决定的，文化如果有定论就会变成凝固的，人就退化为有限自然动物，社会历史就变成耸立不动的雕像了。文化无定义则无普遍意义，至多只是感性自然认识意义，文化就无文化意义了。多样性文化定义都有其普遍意义，一切普遍意义统一于最普遍意义，文化的最普遍意义是非自然。自然本能是动物的规定性，文化非自然是人的规定性，文化就是人的普遍本质，文化选择生存使人现实上超越了动物的自然选择生存。本能是与生俱来从而是有限的，文化是后天经验从而是无限发展的，文化普遍本质的现实性是使人的文化选择生存方式是一代代继承又不断发展的，使人的主体选择性是创造的从而是无限的，使人类文明史进入连续统一而无限的发展过程。

三、文化的后天经验性决定了它一定是多元的，无多元无文化，文化多元分化不足的社会只是文明还没充分发展起来的朴素社会，在其基础上必定向多元文化发展，这是文化的无限性决定的。人类文化从低级到高级发展的具体意义就是从特殊到一般到普遍到最普遍的发展，其现实性是使人的生存本质上不再只是本能的，人的普遍行为是具有文化意义的。文化多元化进程始终把文化社会统一起来，多元文化起源的不同文化社会在文化普遍化进展中成为统一的人类社会，最根本的理由是多元文化统一于文化，统一于非自然这最普遍意义本身。文化多元统一性不只是抽象的认识，其根据不只是抽象形而上学的逻辑，而是人的理性具体存在本身，是本体论和认识论相统一的，最确凿无疑的证据是多元文化起源的地球文明终而走向命运共同体生存。

四、文化本质上是抽象精神文化独立形态的存在，本质的现实性在现象中，本质和现象不可分割是文化的现实，由文化生存支配的人的世界是具体现实的，理性的文化是现实的，它就是人文化选择的具体生存本身，就是人的理性具体存在本身。把文化局限于抽象是人理性的最大的现实局限性，和现象无相关的本质不是本质，和实践无相关的认识是幻想，和经验无相关的知识不是知识。人类文化在理性具体意义上是知和行、心和物不可分割的，文化在根本上是现实性的，它就是人的一切非本能行为的现实性本身。

五、文化的本质是自由，由之才能解释文化社会在不断创造中成为无限统一文明史的现实。可以说自由是人的本质之本质，人类赋予自由高于生命、贵于爱情的形而上学感悟的经验根源，在于自由之于人在本体论、认识论、价值论相统一意义的现实生存。自由的现实性在人的自然和文化相统一的一切生存选择实践中，其本质却是指向文化即选择主体本身的。由解除外在约束去理解的自由是物的抽象自由，由可能性和选择性去理解的自由只在自然动物水准，严格地说物包括动物是自然不是自由的存在。人的自由本质只能从文化选择现实的抽象文化本质去理解，自由只能从主体的理性意义去理解，由之才能理解它绝对无限之意义，理解人的社会历史不断创造进步的充足理由。自由是人作为选择主体的理性本性，人无理性只是自然，只是动物不是人，没有自由，人理性不足总觉得自由有限且相对，达到共产主义理想境界就通达了绝对自由；老子的道法自然和佛祖的无法之法达到了理性圆满境界，理性的道和佛是绝对且无限自由的。

“认识你自己”从人的社会性进入社会的历史性，进一步深入到社会历史的主体创造性，这是对人的世界从抽象社会历史结构形式回复到现实具体的人在社会历史过程中的生存认识和理解。在这种意义上对人的世界的认识还只是在具体现实的存在现象上的，是人的历史性创造世界和自然必然性支配的世界在现实存在意义上的区别和统一。对人的世界的统一性理解以现象和本质的统一为目标，以人的本质、人的世界的本质的认识为根据。本章的主题就是人的文化本质以及对这一本质的自由之意义的深入具体的探讨。在这种意义上，可以这么说，人的社会历史现实创造的根据是人是自由的存在，社会历史创造的本质是自由，历史文化的本质是自由，人的本质也就是自由。人的本质的认识从人的社会历史性到历史文化性再到主体创造性，最后进展到人的自由的阶段时，就达到了最普遍的具体理性水准。

人的社会历史创造现实、具体生存过程是以人的抽象、普遍的文化本质为根据的。人作为社会历史的现实存在，成为超越自然的存在的充足的理由在于人类具有自然所没有的、文明人所独有的抽象文化本质。每一个现实的文明人是自然和文化相统一的、以文化为其普遍本质规定性的主客体统一性存在。本质是抽象而普遍的，普遍的抽象存在于具体的现象之中，并赋予具体现象存在以普遍统一的现实性意义。人的抽象的文化本质是人之所以为人的充足理由。为什么人的社会历史是创造性的？因为人具有文化本质，它决定了社会历史的创造性。为什么人是具有主体创造性的主客体相统一的具体存在？因为人具有文化本质，文化赋予了人的主体创造性本质。文化既是人创造的，也是为人而创造的，文化就是主体由有限进展到无限的根据，是主客体相统一达到无限具体的内在机制。文化赋予了人的社会历史的主体创造性，使之成为和循环的自然史有本质区别的连续不可逆的发展过程，使人成为超越了自然必然性支配的自由的存在。社会历史的主体创造性的本质在于这是一个自由地创造着的过程，基于超越了自然必然性支配的自由本质，人的社会历史才具有了主体创造性的意义。没有文化的高等动物有认识有主体性，但是无文化无创造性，还只是自然选择生存的有限存在，有自然无自由。所以，人作为社会历史性的主体存在，本质上是文化的自由存在，最终要从文化的无限自由本质去理解。

人类文化的产生和发展同时也是人的自由的产生和发展，因为文化超越了自然，自由超越了必然性支配。文化的现实表现是人类走出自然界的多样性现象，在现象上文化具有丰富的内容和意义。不同的文化现象之所以并不矛盾，在于文化具有共同的抽象本质，即非自然的、非先验性的，是人在后天经验中建立的，以具有普遍性的认识和意义为根据的文化选择生存方式。文化的产生以文字符号的发明和使用为基础，以文字为载体的人类普遍意义的建立才使文化成为现实。抽象形式的文化性本思维和认识，我们称为精神文化，但抽象意识却不都是文化，动物的，包括人的感性具体认识是自然认识，不是文化。抽象思维、意识和具体客体特别是物质实体客体相对应，但文化却不能和物质相对应，否则物质文化就成了自相矛盾的概念。文化的形式是抽象的，但不能把文化束缚在抽象精神的桎梏中，而这正是人类自觉理性认识的现实局限性。以西方文化为主导的人类文化对精神统一性的认识没有超过柏拉图理念论的水准，对之的另一种陈述是人类对文化和理性的认识还没有超越抽象精神文化的水准，文化和理性还没有自觉返回具体，回归现实。文化的具体理性意义是由普遍精神认识回归人的社会历史创造性生存的文化选择现实过程，在人的异于动物自然选择的文化选择生存方式中才获得现实、具体意义，和人的生存选择无关的抽象认识还不能称为文化。文化使思维、意义认识从具体个体意义上升为普遍的类意义，文化的普遍客观意义的积累、传递、创造使人类社会摆脱了自然生命在物种意义上世代循环更替的自然选择生存方式，使人类世界成为一个无限发展中的连续过程，使社会成为历史性存在。人的世界在生命意义上是进化的世界，在社会历史意义上是文化的世界，进化和文化是自然世界和人的世界的本质区别。在具体存在意义上，文化是进化的一种特定形式，即不仅是个体结构复杂性演化，同时还是意义结构复杂性发展变化从而导致生存方式变化的特定形式。从意义世界看，文化则是包括进化于其中的更具普遍意义的现象，文化在本质上是更具普遍意义的。以文化为本质的人的世界超越了进化的生命世界，又包含生命世界的意义于其中。以生命世界作为现实存在基础的文化世界，在现实中是最特定的世界，在本质上是最普遍意义的世界。人的世界作为社会性的绝对运动发展过程，本质上就是人类文化发展过程。文化和进化都只有在永恒而绝对运动中才有现实意义。所谓历史过程、历史性存在，就是人类的文化创造在历史陈述形式中的投影，历史是文化文明史，历史本质是文化。人作为社会历史性的主体存在，本质上就是文化的自由存在。

自由和文化一样，对人而言是崇高又是内涵丰富的概念，同时也是同样没有客体规定性的主体性概念，因而是无法从客体规定性意义去理解的概念。自由和文化的这种共性的最根本原因在于文化即自由，严谨地说，自由是文化的本质，文化是人的本质，自由就是人的本质的本质，在根本意义上，人就是自由的存在。我们追求自由，高喊“生命诚可贵，爱情价更高，若为自由故，两者皆可抛”，可却又对自由概念的理解找不到统一的答案。自由不是东西，企图用具体客体规定性去限定和描述主体抽象的自由概念是不可能的。自由是关于主体的概念，是抽象主体本质和状态的描述，没有客体规定性，不能用几斤几两去掂量。它的具体意义只有从抽象回复主客体相统一的具体时才能得到理解。在抽象概念意义中，自由的意义必须从文化的本质去理解。自由是超越了自然必然性规律和法则支配的意义上人类文化选择生存现实的抽象本质，它是非必然性，但不是反必然性的。自由不是随心所欲、主观支配，而是主体性选择由有限进展到无限的本质特征。动物也可以随心所欲，在自然感性欲望支配下的自然选择生存本质是自然，不是自由，从自然感性欲望上升为文化理性目的支配的文化选择生存本质上才是自由的。超越了自然必然性又包含必然性于其中的自由的意义就是文化选择性，自由的更具体陈述就是文化选择。人的世界是人自己创造自己历史的世界的理由，就在于它是人的自由选择的结果。人的社会历史是人的创造，所以人本质上就是自由的存在，历史是人的自由选择中构建、发展、变化着的历史。人的世界向何处去、人向何处去的功和过在于人自身，不是历史的必然性在支配，在于人的自由选择。所以，人的命运就是自由，同时也是责任，因为自由的主体历史过程的命运和责任就在于主体本身，不在于自然必然性规律支配。超越了自然必然性规律支配的自由的本质就是责任，自由选择的责任。人类从自然进入文化世界的本质就是建立了文化选择性，文化既是选择的条件和根据，又是选择本身。文化本质上是自由的，它赋予了人的自由，它就是自由的主客体相统一的人的世界的本质。由于文化是后天的，是以具有普遍性意义的认识为现实的，所以人的世界只有社会作为基本单位才有可能，人是具有社会意义的类存在。由于文化在社会历史中的连续不可逆性，以之为本质的人类社会历史就是连续不可逆的。

文化是人的世界的抽象本质，自由是人的本质的本质，因此，对文化和自由的理解，对人的理解，对社会历史的理解，不能只停留在抽象的文化自由概念中。它们之所以是本质和本质之本质，就在于文化首先是抽象的，但文化抽象本质的具体意义并不在于抽象概念本身，而在于文化由之抽象而来的人的社会历史活动过程之中。文化和自由只有回归到具体现实的人的社会历史活动过程之中，才获得它的本质的现实意义，它们在人的文化选择生存方式中才有意义。就是说，文化和自由只有从统一性意义才能得到具体理解，它从文明人的现实生存方式中来，其现实性就只能返回人的生存方式本身。人类对文化和自由概念的理解陷于片面性的一个重要原因在于“科学地”理解人类社会历史，理解文化和自由，从因果必然性关系对文化和自由做机械性、客体性的理解，这正违背了文化和自由的本质意义。从自然出发，把存在理解为要么是物质的，要么是精神的，这本身就是不合逻辑的。物质和精神不是同一层次非此即彼的具体存在，而是不同层次的统一性存在，没有具体客体为前提就没有抽象精神是无须费尽心血去考证的。在因果关系和非此即彼的决定论意义上，从物质还是精神世界存在去思考世界本性时，逻辑上已先验地把物质和精神作为同等的客体存在，然后又从这个先验假设中说精神或物质不存在，命题的答案就一定是对前提的半肯定，半否定。文化是精神的，但又有物质文化，精神、意义、文化这些复杂性现象必须从统一性意义去理解。对于人的现实世界而言，文化不是独立于自然之外的另一种东西，文化源于自然进化，既是进化的特定形式又超越了自然进化的意义，其普遍意义包含进化于其中。文化的具体现实是使自然人化，是对人类社会历史现实过程普遍本质的抽象。它之所以是人类社会历史的普遍抽象本质就在于它使人类社会历史获得了超越自然必然性支配的自由的本质，构建着人类在文化选择生存方式中自由创造的社会历史具体进程。

第一节 历史和文化

一、社会历史现象的本质

在人类社会的历史创造过程认识中，把人的文化世界和自然世界合理区分开来的，首先是在卢梭建立的社会理论中。卢梭指出，人的社会历史代代不同；自然生命一代又一代周而复始，经过漫长的历史，却没有什么根本改变。据考证，地球上最早的生命单细胞的蓝藻类生物已约有30亿年的历史，但今天的蓝藻和早期的蓝藻并没有本质区别，这说明自然生命是时间循环性的，不是历史不可逆性的存在。人类社会历史却是在整个类意义上在一直不断运动发展的存在。这种人的世界和自然世界区别的理解是在现象上的，还没有达到本质区别的理解。在这种认识中，我们只知道人的世界和生命世界的自然过程的区别是什么，并不等于理解了人的世界和自然世界产生这种区别的理由和根据是什么。只有得出对“为什么”“何以是”的合理理解，我们才有理由认为已经理解了人的世界的本质，从本质上认识了自己。所以，对人的社会、人的历史过程的更深刻追求是对人类社会历史现象之本质的理解，即人类社会历史为什么是连续不可逆而绝对运动发展的？为什么我们有足够的理由把我们自己这一生命物种称作万物之灵？为什么人的世界是超越了自然生命本质的无限世界？

卢梭把人的世界和动物世界分野的根据归结为私有制，认为人的世界的产生本身在于私有制的产生。私有制的产生、积累并不断发展，使人类社会离开了自然生命世界，构成了社会历史不断发展的过程，使人的世代不再是自然生命的循环。人的社会历史在积累中发展，表现为人在世代更迭中的不断进步，但另一方面又表现为人类道德的不断堕落和退步。随着私有制的产生，人的世界产生不平等，私有制不断发展的同时就是人类不平等状况的不断恶化，是人类道德的不断退步，即历史是人生而平等的自然生命存在状态越来越严重地被剥夺的过程。按照卢梭的理论，私有制是人的世界的根据，是人类社会历史的本质，所以它和人的世界同在。因此，私有制是无可避免、不可克服的，否则人类社会就不会产生和存在，这比起社会不平等更加不幸。卢梭清醒地认识到，人不可能基于追求平等而退回到森林中和熊一样、一起生活。为了克服人类社会不平等不断加剧的状况，卢梭提出了社会契约的理想，主张通过社会契约来保证私有制的合理性，保障在私有制的社会历史发展中人的平等权利。马克思的社会历史理论继承和发展了卢梭的理论，把社会的根据和本质建立在经济关系上，把社会不平等的根源理解为不平等的财产所有制上，并把私有制当作万恶之源，不平等之源。但马克思并没有像卢梭那样把私有制当作历史的本质因而是无法克服的，而是提出了消灭私有制，建立公有制的共产主义平等理想社会的理论。卢梭的社会理论追求的是恢复人的生而平等的自然权利，马克思的社会理论追求的是人的解放，是人的自由本质的充分发展。马克思对卢梭社会理论的发展体现在其思想追求人的自由本质的全面且充分的发展，而不仅仅是恢复人生而平等的自然状态。

其实，卢梭的社会理论还停留在社会历史现象之中，没有最终达到人的世界的本质，没有揭示人的世界之所以为人的世界的充分理由。在社会历史过程中，基于财产私有制产生的不平等是人类社会现实现象，私有制是人类不平等的原因，但不是人之所以为人的根本原因。卢梭把私有制看成人类社会产生及人类不平等历史的发展的根据和本质时，私有制就是人类社会历史不可逾越的先验根据，即私有制不是人类社会历史的产物，而是先验的根据和原则了。私有制确实是人类社会历史区别于自然生命世界的特定现象，但却不是人的世界超越了自然界的本质和根据，因为它还没有深入回答为什么人作为万物之一会产生私有制，从而成为万物之灵这一本质问题，所以只能说私有制是人类社会历史现象，是人的社会历史过程的产物，不是社会历史的第一原因。人的社会历史的本质原因必须从为什么人类会产生不平等现象的财产私有制去作进一步思考。卢梭把人走出自然界的原因和动力归结为人天生的自我完善化趋势和能力，这是抽象的。

为什么蜜蜂、猴子这类动物没有自我完善能力呢？这是没有说服力的。私有制不是人的世界的本质和根据，私有制是社会历史中形成并不断发展着的，不是天生的、先验的。后天经验中产生并不断发展的私有制本质是人的制度文化。

必须指出，卢梭把人的自然状态以及自然生命存在看作平等状态是一种抽象，绝不能理解为自然世界比人的世界平等，这种比较并没有意义。人的世界和自然生命世界具有不同的本质，就社会平等而言并没有比较的意义，因为自然生命世界本身就没有平等的意义。把自然生命世界设想为抽象的平等状态是从人的世界的观点去看问题。自然生命世界还没有所谓平等和不平等之文化意义。自然是由必然性法则支配的世界，没有善恶美丑的价值判断，没有平等问题，弱肉强食丛林法则支配的自然生命世界没有不平等、不道德问题。跟虎豹豺狼说道德善恶的东郭先生和救了冻僵的蛇之农夫不是疯子就是傻瓜，但文明社会对跌倒的路人该不该帮扶都讲不明白，真是愧对文明两字。其实，卢梭明确地把人的原始自然状态只看作对人的世界思考的抽象起点，这个起点的平等状态是从人类社会意义去抽象规定的，是为了便于讨论人类社会而作的抽象假定，并不是事实判断陈述。从另一角度看，人自然的不平等即先天不平等，不但不是社会历史的思考命题，而且相对于社会历史中不断发展的不平等而言，人先天的不平等即自然生命先天的差别和不平等是微不足道的。把这个抽象起点抽象为平等的自然状态，便能从逻辑上有根据地把人类社会历史这一连续不可逆的过程性存在同时揭示为私有制不断发展，人类社会不平等状况不断恶化的历史发展过程。

马克思发展了卢梭的社会历史理论的重要标志之一就是他没有把私有制看作人的世界的本质，而是看作特定历史阶段的社会现象。因为卢梭认为私有制是本质的，因而是社会历史不可逾越的。人类社会历史因私有制的产生而产生，发展而发展，人类社会历史就只能通过社会契约来限制、改造私有制，去实现平等的私有制。但马克思认为私有制是必须抛弃的，是能够在人类社会发展中被克服、被扬弃的。人类的平等不是依靠社会契约去完善私有制，而是彻底消灭私有制。克服私有制在卢梭的社会理论中是一个两律背反的命题，私有制是不可逾越的同时，私有制的本质就是发展不平等，人类社会历史的意义就只能理解为产生和不断发展不平等，因而人类追求平等是不现实的。马克思的社会理论把社会正义、平等的目标和根据建立在彻底消灭一切私有制的共产主义大同理想世界之上，只有这种革命性的理论，人类社会的平等和解放才是合逻辑的。共产主义理想世界是没有私有制的人类大同世界，共产主义理论的前提就是私有制是人类特定历史阶段的产物，不是人类社会的本质，不是人类社会历史产生的原因和根据。否则，共产主义消灭了私有制就等同于消灭了人类社会的本质了，那就等于消灭了人类社会历史了。所以，马克思的共产主义理论把卢梭的社会历史理论推进了一大步，即不再停留在私有制的层面去理解人的本质。从更深刻的意义看，理想共产主义是人的本质也即人类社会历史本质最完满的实现。自然状态是思考社会历史的抽象起点，共产主义则是人类社会历史达到完美具体自觉理性的终点。

马克思社会历史理论把人的本质理解为人的自由，因为他把共产主义社会不仅当作道德意义上的公平社会，更重要的是把它作为人的本质全面发展，即人得到充分自由发展的理想社会。共产主义理论所指的人的本质就是人的自由，实现人的自由的历史之路就是人类的解放，就是消灭私有制，建立生产资料公有制的理想社会。但是，马克思的社会历史理论的指向不是探讨人的抽象的本质，而是回归到人类社会历史的具体经济活动去揭示人类社会的具体过程，从经济关系去揭示私有制的产生、矛盾运动和辩证发展，在资本主义社会生产社会性和生产资料私人占有的矛盾现象中，揭示私有制产生人类不平等历史发展的过程及原因，并由此得出生产社会化必须实现生产资料公有制的共产主义理论。历史唯物主义是对卢梭社会不平等理论从抽象到具体的深化和发展，从抽象的社会状态到具体的经济关系的展开。但这并不是说马克思把生产关系作为人的最基本关系就是把它作为人的本质，马克思所说的人的本质的全面发展当然不是生产关系的全面发展，社会生产关系是人的最本质的社会关系，和人的本质就是生产关系是不同的，把它们同一是对历史唯物主义的共产主义社会理论理解的最大局限性所在。其局限性在于只停留在社会历史具体现象中，没有深入到人的普遍本质去理解人类社会历史过程。从概念逻辑上看，生产关系作为人的最基本的社会关系，揭示的是人类生存活动的具体现实过程，不是人的世界之所以是人的世界的充分理由，不是人的普遍本质规定性。在因果决定论的机械思维中，人们按照还原论模式去理解人类历史，理解人的本质，把具体统一性的社会历史现实过程及多样性现象和人的抽象本质混为一谈，把社会作为人的本质，把历史现象作为人的本质，把生产关系作为人的本质，甚至把劳动工具的发明和使用同样作为人的本质，把人的产生及历史性发展运动归结为生产工具的产生和发展，作为生产力发展的标志。诚然，这些现象确实存在，而且许多也是人所特有的现象，但即使是存在人类特定现象也只是人类社会历史的具体丰富现象，而不是人之所以为人的普遍抽象本质。理论界一直把上述诸社会历史现象称为人的具体丰富的本质，但这种理解在逻辑上是站不住脚的。因为本质是抽象的，具体的本质只有在本原存在中才是成立的，非本原的一切结构性存在、复杂性存在的存在是具体的，存在的本质是抽象的，只有抽象的本质才是复杂性存在的根据。仅从具体现象或抽象认识对象、先验认识形式去理解人的本质是无法对人走出动物生命世界的充足理由得到合理理解的，即所有这些社会历史现象都不是人之所以为人的充足理由。以普遍抽象本质为根据的具体才是理性具体，否则就只是感性具体。

传统的社会理论通常把社会作为人的本质去理解，这明显是不成立的。社会是人的世界最基本认识单位，人的自然生命存在是以人这一物种作为基本描述单位的，人作为社会历史存在则是以社会作为基本认识单位，社会对于人类历史的意义和对自然生命之意义确实是不同的，但这并不意味着社会是人的普遍本质。社会首先是群体生存的自然物种意义上的概念，社会存在于自然之中，所以这不是人走出自然的根据，不是人之所以为人的本质规定性。人的本质规定性不在于人的社会性，而是要从人的本质去理解人的社会性，从人的本质出发去说明人的社会性和动物社会性的本质区别，说明为什么自然生命世界以物种为基本描述对象是必要且充分的，而文明人的世界只有以社会作为基本描述单位才是充分且必要的。人类社会历史的具体现实过程，包括具有本质意义的社会生产关系也不是人的本质，因为这些具体概念是多样性统一描述，而不是决定人的本质的唯一性描述。作为人的具体社会关系之一的生产关系即使是理解为人的本质关系，也不能作为人的本质。因为作为一切社会关系的本质关系，也是人的社会关系之一，既没有达到对人的最普遍的社会关系的抽象归纳，也无法把人和自然从本质上区分开来。动物社会的存在，社会的自然属性，已经先验地决定了社会关系、社会劳动并不是专属于人的本质，而是社会历史中的具体现象，是由人的社会本质所决定的具体现象。必须从人的本质规定性去理解人和动物的社会劳动和生存方式的本质区别。尽管不能否认工具的发展、生产力的发展在人类社会历史中的决定性意义，但也不能把工具和劳动、生产力和生产关系理解为人的本质，而是要回答为什么人会发明、改进和使用工具从而和动物区别开来，成为社会历史具体过程的存在，使人类世界在本质上区别于自然生命世界。工具的使用对人的文化进步过程的作用是现实的、具体的，不是普遍抽象的，所以工具、劳动并不是人走出动物世界的充足理由。只有人和动物不相同的工具使用本身，只有人和动物本质不同的劳动才是人和动物的本质区别。人的本质决定了人特定劳动及劳动工具，不是劳动工具决定了人的本质，不能把现象和本质的关系颠倒去理解，不能把人抽象普遍本质特定化具体化。就是说，人的世界的理解，不能停留在抽象社会中，不能停留在具体的社会历史过程中，不能仅从劳动或劳动工具去片面理解。否则，我们无法在认识你自己的历程中达到普遍本质的认识，还只停留在人存在的多样性现象世界之中，没有为自身的存在提供充足的理由。

人的本质规定性是对人之所以为人，人之所以不是纯粹自然生命的最普遍的抽象归纳，它是人的具体世界的最普遍抽象，是把人和自然生命世界区别开来的普遍规定性。在这种规定性意义上，我们才能自觉区别于禽兽，超越了自然，从万物之一华丽转身为万物之灵。这样，你才能有充足的理由说，我不只是一个物种规定性下的生灵，而是一个连续不可逆的、绝对地运动着的社会历史性存在。人的本质概念是非常直截了当、明白清楚的，这个概念就是文化。人类自觉创造了文化这一抽象符号去归纳人类世界的特定现象，文化特定性，同时也是文化最普遍的规定性，就是人的本质规定性本身。文化的规定性和人类本质规定性是自在地统一的，文化是人类社会区别于自然现象的最普遍抽象，包含了人类社会历史的一切创造于其中。其实人的本质和文化同一，都是使人和自然生命物种从根本上区别开来的规定性。所以，人的本质就是文化，人的社会历史，人的劳动、工具发展，生产和生产关系的发展，都是人的文化的具体存在现象。人类关于文化的上百个定义，都是人的统一的抽象文化在本质意义上的丰富、具体的文化现象一般归纳，是人的普遍抽象的本质在现实社会历史过程中的具体化。回到最普遍的抽象本质去概括人类社会历史时，这个本质就是文化。私有制是一种文化现象，资本主义社会的生产力和生产关系，经济基础和上层建筑的矛盾运动是文化过程，是抽象文化的具体化、经验化、现实化。人类文明史上的多样性文化现象最终统一在人的普遍文化本质之中。文化是文明人类和自然生命世界的分野，使人的社会、劳动工具使用及生存方式和自然动物社会的生存、劳动有了本质的区别。文化使人的世界在社会历史形式下具有特定意义，它本质上不再是自然物种意义上的统一，而是社会历史意义上具体统一的存在。文化和自然是统一的，文化意义上的自然界是人化的自然，以文化普遍本质为根据的人从万物之一成为万物之灵。文化和人的本质概念的规定性是自在地统一的，所以，与其争论人的本质是什么，倒不如在逻辑和概念上在先地按照文化概念最一般最普遍的抽象规定性，同样作为人的本质的规定性，把文化作为人的社会性、历史性、创造性的根据，作为人异于禽兽的充足理由，把人的本质的思考和讨论转换为人的文化的思考和讨论，在文化的意义下把人的世界和动物生命世界有根据地区别开来，从文化的普遍抽象统一规定性中，对人类社会历史过程，对人类发展着的社会关系，对人的历史发展着的生产力和生产关系，得到具体统一的理解；对人的历史创造性现实过程得到统一的理解；对人这一最普遍意义的世界、宇宙最普遍意义的世界，得到本质和现象相统一的理解。

二、文化是什么

把人的本质理解为文化的时候，“文化是什么”就转换为人的世界统一性认识的最基本命题。把文化的规定性理解为人的普遍抽象本质的规定性，文化概念的多样性、发展性，即文化无统一定义的现象，真实地反映了人的世界是多样统一性过程的存在。人的存在现象是丰富多彩而且不断运动发展着的，人的世界是不能还原的，是不能从现成的、机械的物的存在去理解的。文化之所以为文化，文化之所以是人的本质，就在于文化的丰富多样性和绝对的运动发展性，以文化为本质的人的世界才是和自然必然性世界具有本质区别的。文化概念的这种非物的确定性特征从另一个侧面说明了人的世界是和自然世界具有不同本质规定性的世界，人的世界、人的本质是不能从物的意义去下定义的，即人是不能还原到底而保持其本质规定性的复杂统一性存在。这是习惯于科学因果关系思维和从物的确定性去理解具体世界的知性思维认为人是不可定义的原因。文化不是可以抓在手中的东西，不是可以用机械规定限定之物，这是毋庸置疑的。

但是，这并不意味着丰富多样性的文化概念是无法定义的。文化是人的本质规定性，如果文化无定义则意味着人是无法定义的，那就无法说人本质上是超越了自然生命世界的理性具体存在了。文化无定论不是文化无定义，文化无定论恰恰说明了人的世界在本质上不是僵硬不变的确定性之物，而是在永恒且绝对的社会历史运动中的过程性存在。但是，如果只停留在文化无定论，即人的本质无定论的水平上，则文化作为人的普遍本质就无法为人的世界区别于自然生命世界提供根据，失去了人之所以为人的本质意义，这就回到西方存在主义哲学人的“存在先于本质，人的存在的根据不在于人的本质”的悖论，人本质上就是胡塞尔的现象存在而不是理性具体存在了。存在先于本质的真正意义是存在无本质。世界统一性原理把人的世界理解为包括一切世界即生命世界、物质世界和能量世界于其中的最普遍意义的具体世界，依逻辑，人的世界就一定必须有它的本质规定性作为它是最普遍世界的根据。世界的一切具体存在一定是现象和本质、内容和形式相统一的，因而才是具体的。不懂得人的本质就只看到人的现象性存在，我们的世界也变成了既存在又不存在，人的世界的存在就是虚无意义中的了。世界统一性原理坚持人的存在在于人的本质，文化就是人存在的本质。提出文化无定论的原因和意义是说人的本质是不断运动发展的，不是一成不变的现成之物，不能理解为人的存在无本质或存在的本质无定论。也不能把文化当作虚无，当成只是抽象思维中的存在。存在的本质和存在本身是不可分割的，“文化是什么”和“人是什么”一样是丰富的、不断发展中的命题。文化已经超越了现成、自在的客体性的物质存在，是无限主体世界的本质。以文化为本质的人的世界不是纯粹的自然界，而是比自然界具备了更加普遍意义的文化和自然相统一的现实世界。

从文化是人的本质去理解文化无定论，文化历史地构成，历史地发展时，必须把文化理解为现象和本质相统一的具体即文明人的现实文化生存。为什么文化有这么多样性的定义呢？因为文化在现实中是丰富且动态的，不丰富不发展就不成为文化，而成为在手中把握的实体之东西了。但这并不意味着文化无本质规定性，文化的多样性是现象性、描述性的。人的世界的产生和发展中，非自然的现象和内容是丰富和不断发展的，在文化内容即现象的意义上，文化是无定论的，是无确定的限定性的。具体学科对文化现象、内容的认识是文化的具体化，所揭示的是文化的具体内容，并不是文化的最普遍本质。普遍本质是一切多样性文化之所以为文化的根据。人们从特定、具体视角把特定文化现象作为文化普遍规定性时，对文化多样性现象的多样性认识造成了文化无统一定义的假象，局限在具体特定现象中，没通达文化最普遍的本质就无法得出对之最普遍的统一性归纳。达到最普遍本质的抽象时，文化当然是有统一定义的，是有其本质规定性的。文化现象无定论，文化本质有定论，它的本质的定论即其规定性是非自然，是人在生存中基于人类后天经验建立在普遍知识基础上的理性具体生存选择行为的总和。正是在这种普遍本质基础上，它是人走出自然界的根据，以普遍文化为本质的人才不再是纯粹自然生命存在，不再是以物种为基本生存单位的存在，而是具有主体创造性本质的文化和自然统一性存在，是以社会为基本单位，在社会历史创造中现实生存的存在。文化在现象意义上的多样性和发展性决定了人的世界和禽兽世界、人的社会和动物社会的本质区别，即人是社会历史无限发展过程中的存在，不是在物种意义上世代重复的存在。在感性意义上，人也是东西，人也是物，也是自然生命，但在理性意义上，人有文化，有主体创造性的普遍精神文化，是自然和文化相统一、主体和客体相统一的理性具体存在，人的现实生存活动就不再是生命物种规定性先天地决定了的时间性过程，其本质上是人的后天生存经验所创造的文化决定其本质的社会历史创造过程。具体实体即血肉之躯是人生存的基础，但决不能因自然生命的基础性就把它当作人的本质，那就把人当成禽兽、把生命当成石头了。人之所以为人的充足理由只能从它异于禽兽的普遍本质去理解，不能按机械论思维从它的基础和前提即从禽兽或石头的意义去理解。由此可见，丰富而动态的人类文化现象的普遍本质是有其确定的规定性的，人类社会历史现实过程中的各种文化现象统一于它的后天经验而非先天自然这一普遍规定性中。人类知识、习惯、传统、茶、酒、性，这些都是文化，都是人类在后天生存经验中创造的，不是先天自然的。文化现象具有普遍的非自然本质就是人的世界区别于纯粹自然生命世界的根据和原因。所以，人在本质上就是文化的存在。更具体地说，具有了非自然生命本质规定性的人的存在就是以文化为本质的存在。在人类文化中，各个具体学科是从抽象认识对象出发去思考统一世界不同方面的，得出的文化知识是多样性的，给人文化无定论的感觉。理性哲学的统一性智慧是关于具体统一性的思考，对文化的本质认识，即对文化多样性现象统一性本质的归纳，实际上就是对人的世界本质的归纳。换句话说，对人的本质、人的文化本质的思考，必须从统一性思维去理解。只有从文化是人的本质的最普遍意义，才能合理地理解所谓“东西方文化”“古希腊文化”“社会历史文化”的本质意义。

从文化的非自然这一本质规定性出发，可以得出文化的后天多样性这一本质特征。文化是不断历史地发展着的多样性的统一，我们不可能在客体之物那种确定性意义上把文化理解为物质那种非此即彼的确定性存在，但在普遍抽象意义上却可以确定自然文化不存在，这一点是确定无疑的，是本质性的。如果有自然文化则无文化之非自然的本质。所以，一切文化现象无论如何多样，无论怎样发展，但它的后天经验性却是绝对不变的。文化是在人类后天经验中产生和发展的，于是文化和自然有相对性意义，在非此即彼的普遍抽象意义上，我们把自然理解为与生俱来的，自然行为基于天生的本能。人的自然不但包括人的生命身躯，还包括人的本能生存。生存中的自然行为我们称为本能。本能是一切生命体存在的特征，本能尽管已经超越了物的机械确定性意义，从具体的东西上升为抽象的可能性，但它只是使自然生命超越了无生命的物质结构，还没有超越自然，是自然存在意义上的现象存在。而人之所以超越了自然，就在于人类超越了本能的支配，人超越了本能就成为超越自然的存在，文化的存在，人就走出了自然动物世界，从万物之一成了万物之灵。

人的文化本质是后天经验的，用唯物或唯心范畴去理解人或文化是不合逻辑的。在以唯物和唯心去区分客体认识、理解世界的时候，我们已经在逻辑上先验地进入非彼即此的选择。如果世界的本性是指自然万物世界，即是万物世界便无精神无文化，因为精神文化之物是一个不成立的概念。当世界仅限于自然世界时，对世界的本质的追求和对世界的本性的理解就已经在逻辑上先验地决定了世界的客体性这一唯物观点。唯心主义的产生并不是有疯子哲学家认为自然世界有构成物质实体的“精神实体”这种东西，如果真的对唯物、唯心做这种庸俗理解，那确实是对哲学史的无知。唯心主义产生于巴门尼德、苏格拉底、柏拉图和亚里士多德为先驱的一批智慧大师们把对世界的认识从自然界上升到更普遍的人的主体意义世界的自我认识。在这些超越了自然哲学的唯心论哲学大师理论中，世界不再是自然世界，存在也不只是客体存在，而是包括最具普遍意义的人的主体性存在的抽象精神文化统一世界。从存在即物质到存在即精神是人类对世界的统一性思考从自然客体世界上升到人的主体世界的标志，至此人类才真正进展到认识你自己的水准。人的世界是从自然世界基础上发展而来的，包括自然世界但不能还原为自然世界。人不能还原为物的理由在于人的主客体两层性。把人的世界还原为物的世界时，唯心主义的存在即精神就变成了和存在即物质相对立的理论，实质上把人当成不是客体就是主体这种非此即彼的存在。在这种感性具体认识水准中，存在即精神不再包含存在即物质的自然世界于其中作为基础，而是在存在或精神，或物质两者之中做两者必居其一的选择了。哲学唯物主义和唯心主义的对立是机械决定论思维的产物，是智慧知识化的结果，是把自然这一基础在决定论和因果链的原则下同时又作为最高最普遍意义的结果。这种思维的逻辑是文化一样要还原为自然，或者说文化本质上就是自然，一切后天经验就必须还原到先天自然去做最终的、本质的理解。否定了文化是后天经验创造的最普遍意义，把一切还原为先天自然，人就失去了文化的本质，人就成为无本质的自然之物，成为纯粹的客体，这正是人类始终无法“科学”“决定性”地理解人的本质的原因。正如前文所说，在机械唯物主义决定论思维中，人的社会历史性存在乃至生命的复杂性时间结构存在是无法理解的，只能从所谓“第二性”去理解，世界就是见物不见人的自然世界而已。科学突飞猛进的时代，人变成机械人，人类失去自由的本质，这并没有不可思议之处，这是科学理性思维支配的合逻辑结果。

文化的后天经验性是文化超越自然的必要条件，但不是充分条件。因为并不是后天经验都可以称之为文化，仅仅后天经验现象并不是人之所以能超越自然生命世界的充足理由。一切有大脑思维能力的生命存在都已经进化为依靠后天经验认识去选择生存活动的主体选择性存在。在后天经验的自然现象意义上，许多动物的感性感受及将感受归结为经验去指导生存选择活动的能力在许多方面超越了人类。但除了人，我们并没有认同地球生命圈内其他具有后天经验的自然生物具有文化，和我们一样超越了自然。后天经验在生命世界的自然进化中形成，首先是自然现象。本能是文化的基础，不能是文化的本质，就是说，文化是从后天经验认识中发展起来的，不是后天经验本身。文化对经验的超越意义在哪里呢？在于抽象普遍性和具体认识的理性统一性。自然经验是具体个别的，是依赖于具体经验主体的，无法超越动物生命先天的具体存在结构的制约。这一切的最基本原因在于经验的基础即感觉是具体而无可替代的，由感觉而来的经验认识意义首先是依赖于具体认识主体的，一切自然生命的后天经验就止步于此。在具体个体主体的壁垒面前，一切具体个体认识主体的自然经验随着自然生命的结束而不再存在，停留在自然经验认识中的生命在世代延续中没有经验积累传承下来，只有先天的生命结构通过DNA遗传下去，这就是自然生命以物种为单位周而复始循环存在的意义，这是由自然先天结构本质决定的存在，是无普遍文化本质的自然存在。当人类一旦创造了具体符号载体客体去承载思维的抽象意义时，个体经验上升为普遍知识，而不仅仅是认识了。认识可以只是具体个体主体的，而知识却是超越了具体个体而具有群体甚至类的普遍性意义。通过文字符号的使用，尽管人类的个体依然无法感知其他个体的感受去调整他的经验认识，但却能通过客体性符号载体去理解其他个体经验认识的抽象意义，并能同样把自己的感觉经验认识通过符号载体表达出来，成为其他类个体主体可认识之意义。所以，思维产生认识，文化产生的是知识。动物只有认识，没有知识，所以没有文化。没有超越自然的本质，人之外的动物生命就永远是在世代更替中循环重复的自然存在。人依靠文字符号能把经验认识上升为普遍的知识，使人的经验认识从具体个体依赖性意义上升为普遍的人类存在意义，人的生存就不再是纯粹由DNA遗传规定性支配，而是由后天经验创造的文化为根据，据此人有了超越物种规定性的更普遍的本质规定性，即非先天自然的后天文化知识的规定性。正是抽象的普遍文化知识使人的世界成为具有自己特定本质规定性的统一世界，使人从感性具体的禽兽蜕变为理性具体的文明人。我们把在文化产生之前的人类历史理解为自然史，即人还只是物种之一，人类只是作为一个生命物种产生、存在和进化发展；而把文字出现之后的人类历史称为社会历史，称为人类文明史。文明史之人和自然之人具有不同的本质意义。因此，严格地说，人的社会历史是文字出现之后的文明史，无文字的史前史是自然史。而我们通常所说的史前文化，比如半坡文化、周口店文化等，只应该从自然本质去理解，原始文化至多只能理解为人类在自然进化中文化的萌芽过程。正是自然的本质支配着原始社会，人类从自然社会向文化社会的转化和发展过程的萌芽阶段本质上还是自然的，因而是非常缓慢的，是近乎物种重复意义上的。一旦进入文化本质的文化社会，人类社会发展就是日新月异的，走上一条永不回头的社会历史发展不归路。

文化知识的普遍性是人的类普遍性，而且是人类社会历史意义上的普遍性，在现实上是人基于普遍文化本质的理性具体的文化选择生存活动。是人的文化选择生存把抽象的历史变为具体历史过程，而历史具体过程又可以理解为社会历史文化过程。历史和文化、社会历史文化具有不可分割的统一性意义。

三、历史的文化构建

文化是人的本质，故人类社会历史也是以文化为本质的。人类对之最早的感悟是将之归纳为文明史，将人归纳为理性的存在，科学理性支配的当代则更具体地归纳为知识社会和知识经济。人的具有文化本质的主客体统一世界的产生是宇宙中最一般、最普遍意义的世界的产生。这种最一般、最普遍的意义只能从统一性去理解，不能做真理知识的确定性、绝对性解读，不能把抽象的主体世界当作独立于客体自然的具体存在，不能理解为宇宙中有一个自然世界，还有一个具体的主体世界。不能把自然世界和文化世界理解为宇宙篮子中的两个马铃薯，只能从人的意义世界是包括自然世界的统一性意义去理解文化世界。从传统的机械唯物主义自然观出发，按照科学决定论的因果还原论思维，文化世界并不包含自然世界于其中，而是依附于自然物的非存在意义之第二性东西。还原论已经否定了文化的意义乃至文化的存在，承认文化现象而否认文化存在根本无法理解文化的普遍意义。在知性思维中，把文化仅理解为抽象精神，精神是第二性的非存在，物质文化就成为美人鱼概念了。世界统一性原理按照统一性思维，在理性具体意义上把文化世界理解为在自然世界基础上，以抽象文化为本质的、包括自然世界而又超越了自然生命物种本质支配的自然和文化相统一的具体世界，是在社会历史过程中绝对运动发展着的世界。所以，文化首先是抽象的本质，社会历史首先是对人的世界的抽象，是基于人的抽象的普遍文化本质的抽象。人的现实社会历史是文化和自然相统一发展的历史，人的现实世界是人作为创造性主体和客体相统一的世界。人的社会超越了自然生命物种社会，人的世界超越了自然生命世界，其充足理由就在于人具有了属人的本质。人的抽象的社会，抽象的历史形式，具体的社会历史过程，都必须从人的文化本质去理解，唯此才能把人的世界有根据地理解为超越了自然的普遍世界，才能把它理解为是主客体相统一、文化和自然相统一的，才能理解人之为人的本质，理解理性具体及社会历史的现实意义。

人的自然生命就已经不可还原了，人、人的社会历史的具体理性存在更是不可还原的。对人自身具体认识的最主要的历史局限性在于人类自觉的哲学理性思维还没完成构建，还没有达到本体论和认识论相统一的境界，还没有通达主客体相统一的人的具体存在的认识方法论。人类自觉理性哲学思维在普遍精神统一性意义上还没有超越柏拉图理念论的水准的现实意义是什么呢？就是人类理性还只止步于抽象精神理性，没有达到具体的文化理性。柏拉图理念论的本质是认识论，它从形式上建立起人类抽象意义的普遍统一性，但它说永恒的理念才是存在时，后人对这一存在是在自然哲学本体论意义上解读的。继承柏拉图哲学的唯心论哲学家由此演绎出精神实体这种不伦不类的东西，反对精神实体化的唯物论哲学家坚持存在的是物质而不是精神时，在逻辑上也是在自然哲学本体论的范畴中看待理念论。人类两千多年哲学史在唯物论和唯心论相互对立中走入困局的事实表明，人类理性确实没有超过柏拉图的水准，始终坚持认识论不是和本体论统一的，而是和自然哲学本体论相对立的另一种本体论理论。唯物论哲学家拒斥精神实体显然是合理的，但不理解理念论的主体精神统一性本质就进展不到主客体相统一的境界。还只局限在客体自然统一性中，对文化和自然相统一的人的认识就束手无策，无法通达人的理性具体去认识自己。唯心论哲学从客体自然统一性进展到主体普遍精神统一性时，把精神当实体就永远止步于抽象中，无法从抽象的普遍精神回复现实具体的存在。须知普遍精神是从人的现实具体存在中抽象出来的，人的普遍的主体性精神本质离开具体的人就无任何意义，也无所谓普遍精神。普遍精神本质只有回复人的具体存在才有意义，主客体相统一才有具体存在意义。人类纠缠在唯物还是唯心的对立中抽象争辩，根本没有进展到文化和自然相统一的人的社会历史现实存在，心物二元对立不统一则不可能理解理性具体的人。说人是物还是精神都只是一种抽象，物和心相统一的文化文明人才是人的具体存在，才能揭示人类社会历史的现实进程。为什么人类对文化现象归纳了上百个定义，却对文化的最普遍本质视而不见呢？因为在非物即精神的认知框架中，文化是无法得到统一性的归纳的。止步于柏拉图抽象精神统一性的人类总是不自觉地把文化理解为只是抽象精神，根本就没有进展到文化的现实历史性，无法理解人的理性具体存在。文化作为人的普遍本质当然是抽象形式，不是具体存在，但文化的现实存在不是抽象的纯粹精神，而是人的现实的社会历史创造，唯此才有东方文化、西方文化的可理解现实意义。具体现实的文化以文化普遍抽象本质为根据并不等于文化只是纯粹抽象精神，在具体意义上是物质文化、精神文化、制度文化的统一，精神文化回归现实就是物质文化，只从精神去理解文化是人类自觉理性不成熟造就的。文化不是纯粹抽象精神，也不是感性之物，因此才可以是主客体相统一的人的普遍理性本质，才使人成为现实的文明史中的理性具体存在。文化不是纯粹客体，人和自然客体的本质区别是文化，人就不能只从物去具体理解。人的自然生命是客体性的，人和禽兽的区别不在生命，而在人实现其自然生命生存的文化选择性生式方式，即超越了自然选择的生存方式，故人的存在论就是生存论。只有在社会历史创造过程中才能理解人的现实存在，是人的现实生存文化选择活动构建了人类社会历史。

为什么人的世界只能从人类社会意义去理解？为什么社会是人生存的最基本单位呢？这可以从人的文化本质上得到更具体的理解。人的世界是以文化为最普遍本质的具体世界，这一世界只有在社会为基本单位中才能诞生并延续和发展，才有可理解的意义。由社会向更底层结构的还原再无文化本质之意义。所以，社会作为一种结构性抽象概念，对于人的文化世界的认识和描述，就是不可再还原的，社会就是人生存的世界的最基本单位，是人的世界区别于自然生命世界的起点。这是由人的文化本质决定的，故不能头脚倒置，说社会性是人的本质。以社会作为最基本生存单位是人和自然生命的本质区别，而不是社会性是人和自然的分野。人的社会和自然生命社会的不同本质才是理解人和动物不同本质的根据，不是社会性决定了人的本质。传统的社会历史理论从人的社会性去理解人的世界是合理的，把人理解为社会性存在也是合理的，这是理解人的本质，理解人的具体社会历史的无可选择的起点。但是，不能把社会性概括为人的本质，只能从人的本质去展开人的社会性从抽象到具体的历史进程。如果只停留在社会性中，把人的本质理解为社会性，则不但无法对人的社会和动物社会的本质区别得出合理的解释，而且对人的社会的理解只能停留在抽象社会中，最后把抽象的社会当成人的支配性的本质存在，人就消失在抽象的社会中，从而失去自己真正的本质。人类从中世纪宗教统治中解放出来，进入科学革命的近代历史发展以后，停留在对人的知性理解以及停留在社会抽象中的理解，在历史发展中又产生了人本质的失落，社会成了支配具体个人的外在的实体性存在。把社会作为人的本质是人的本质的异化，只有从人的本质去理解的社会才是从抽象到具体的社会。也就是说，以文化为本质的人的社会才是现实、具体的社会。

人的世界中社会作为基本结构单位的不可还原性是由文化的后天经验性所决定的。在自然生命世界中，生命的本质是由自然进化出来的生命物种的 DNA 结构从本质上决定的。所谓血统论在生命自然世界中是合理的，所以生命的基本认识单位就是物种。物种的本质规定性是自然进化形成的，所以生命是自然存在。人作为自然界一个特定的物种，也是由人的 DNA 遗传结构先天决定了其物种本质的存在。但我们讲人的世界是指超越自然的世界，即不再是单纯生命意义上的人的世界的时候，那就必须从后天文化本质去理解，而不能仍由人的先天遗传去理解。文化不是自然遗传的，因为没有自然文化，文化不能先天地遗传而来，只能从后天经验中习得和建立。当我们从人的文化本质去理解人的世界，把文化理解为人的后天经验认识上升为具有普遍意义的知识时，这种普遍的文化本质只能在社会这一基本单位中才能建立可讨论、认识、描述和理解的框架。因为文化知识之所以是知识而不只是自然的经验认识，在于文化把具体个体感性经验认识上升为具有人类普遍意义的认识，这种普遍意义的抽象认识才使人有了区别于自然经验的认识，有了文化，历史文化就一定具体为社会历史文化。从另一种意义去看，只有在社会这一认识和描述结构下，所谓普遍的认识才有了确定性意义，即从个人认识上升为社会认识的意义。感性认识是具体个体认识，产生了文化知识的知性和理性认识是具有普遍社会意义的认识。文化知识和物种先天规定性无相关性意义，而只与社会有关。所以，以文化知识为普遍抽象本质的人类世界，基于文化的不可还原性，生存和描述的最基本单位就是社会，而不是物种，更不是感性具体个体。以文化为本质的人的世界就是以社会为基本单位，以社会历史文化为本质结构的世界。由此来看，人的社会性的根据在于人的文化本质之中。人的社会没有获得文化本质时只是万物社会之一，人只是自然生命世界的一个物种；人的世界产生了普遍文化知识，以社会作为文化知识创造、传承和发展的基本单位的时候，人的世界由于文化的创生而创世纪，随文化的发展而不断向前发展，开始了人的世界的文明史。

人的文化的普遍性意义不只是共时性空间结构分布意义的普遍性，而且是共时性和历时性相统一的社会历史意义上的普遍性，这是人的世界和物的世界不同的普遍性意义。人的世界不但是由社会作为基本结构单位，而且这种社会结构是在动态中运动发展着的。社会是在历史发展之中的社会，人的文化本质的普遍性意义只能以社会历史的形式去表现和实现，这正是为什么以社会为基本结构的人类社会是以历史这一抽象先验纯粹形式作为连续性描述的自变量的理由。具体的人类社会文化不断运动发展的过程就是人类社会在抽象历史形式中具体实现的现实过程。为什么社会这一结构形式的运动是历史性的动态过程，而不是感性具体的时间性过程呢？这是由人的世界的抽象文化本质的后天经验性决定的。因为文化不能自然遗传，只能在后天经验意义上被传承，任何抽象的文化知识只有内化为具体的认识主体头脑中的具体认识时才有意义。所以，文化的后天经验性决定了文化是以社会为单位去传递和继承的，文化在社会中的传递、继承使文化能够成为现实的存在，同时又成为历史性的存在。没有历史的传承就没有文化，人的世界就回复到动物世界那种世代循环的时间性存在了。所以，以文化为本质的人类社会的普遍本质是在社会历史普遍意义上的，人类社会是以历史为形式去实现历史文化不断发展的动态结构性存在。

人的文化本质决定了人类社会的历史性，并且决定了社会历史性的连续性和无限发展性。因为人的社会历史性文化是后天的，所以人只有在连续的历史传承意义上，文化世界才能存在。人的世界之所以为人的世界，人的社会在不断的人的自然生命更替中能延续下来，文化的“遗传密码”即把社会连接为统一性社会历史存在的内在机制就是文化的继承和发展。一个生命物种的本质规定性是DNA，一个社会的本质规定性是文化，不同的文化赋予不同的社会具体多样性存在，人类世界多样性的统一只能从文化多样性的统一去理解。东西方文化具有文化共同的非自然本质，但在几千年的社会历史文化继承和发展中出现文化多样性的现象，这些多样性渗透在东西方社会的文化深层中，对此人们称之为国民的文化性格。社会文化性格的存在证明了一个最基本的事实，即社会历史是连续的，历史虚无主义是短视而自负的。对人类社会文化需要历史性的深刻理解，而且是丰富而具体的理解。文化就在我们的现实生活经验之中，就是我们存在的本质，就是你我他的一切非本能行为及结果本身。在最基本的生存经验意义上，我们甚至可以具体到把东方文化理解为茶文化，把西方文化理解为麦当劳、肯德基为代表的快餐文化，这并不是无稽之谈。如果转换说东方文化的本质是主观性、主体性、整体性，西方文化的本质是因果性、功利性、科学性，这当然不是信口开河。

文化的历史继承性决定了人的社会过程的整体连续性，同时又决定了社会历史的螺旋发展性，具有了和世代循环的自然物种不同的本质，这是不可逆的历史和不可逆的时间所决定的人的社会和人的自然生命存在形式的根本区别。自然生命是先天的，是循环的，而人的社会历史文化却是在继承基础上不断发展，而不是单调重复的，这就是社会历史“螺旋式发展”的含义。人类社会在貌似世代重复之中实质上是在不断发展变化的，因为后天经验中的文化在世代继承中本质上又是创造性的，在从抽象返回具体的现实时是绝对运动着的。文化的意义是主客观相统一的，不是绝对客观、一成不变的。最根本的原因在于人的生存活动不只是文化继承，而是在继承中永恒的创造和发展，这正是以文化为本质的人类社会的历史过程是连续不可逆的绝对运动之根本原因。正是基于这一创造性的本质，人的世界才是历史创造性的世界，才是超越了自然必然性支配的世界。在人类进入文化的早期阶段，人类刚进入普遍文化知识世界的时候，人的具体存在中自然的支配地位还占主导作用，由文化发展带来的社会历史发展可能显得比较缓慢。当人类对文化知识的普遍性从相对认识上升为绝对认识的时候，即建立起具有绝对普遍性意义的科学真理知识认识时，人的社会历史发展就产生了质的飞跃。因为科学真理知识对人类的普遍性意义是历史性的人类普遍意义，科学真理认识是客观普遍有效的绝对性认识，在一切时空自变量中都具有意义，成为社会历史性人类的最宝贵财富。科学的诞生真正开启了人类不断增长的知识的历史积累过程，人类的社会历史也由于科学的发展而成为明显地向前不可逆发展的历史。人类近代科学革命理所当然地成为人类社会历史上翻天覆地的伟大革命，开启了人类社会历史的新纪元。世界统一性原理把人类文明史进程中关于因果必然性关系的建立、科学必然性因果规律的普遍真理知识认识的建立视为人类进入文化发展的社会历史阶段后的第一个里程碑。把文化作为社会历史的本质，科学真理文化就是人类社会历史最坚实的基础，具有建立绝对普遍知识的重大意义。

从文化本质去理解社会历史具体过程，不只从文化的产生、继承和发展中理解抽象的社会以及作为抽象形式的历史的具体意义，还必须从社会历史过程中去理解抽象文化的具体统一性意义，把文化理解为包含进化于其中但又超越了进化自然过程的更普遍的具体，从而把世界的最普遍意义理解为人类世界，把人类世界理解为包含自然世界的具体、统一的最普遍、最一般的世界。停留在文化现象，没有深入文化作为人的本质规定性的普遍意义时，对抽象文化的理解总是无法超越抽象回复具体，因而无法把多样性文化现象统一起来，未能在这种统一性中得到文化的具体意义理解。在我们的传统中，有文化进化的观点，把文化理解为自然进化规律支配的过程，就是把人类社会历史还原为进化的自然史的过程。从抽象逻辑意义看，其实说文化进化和说自然文化一样，是不合乎逻辑的。进化是生命世界的动态过程规律描述的概念，是生命时间性结构在物种意义上从简单到复杂，从低级到高级的动态演化过程，说文化进化实质上已经把文化还原为自然过程了，于是又回到自然文化的怪圈了。为什么人们会用文化进化这种不合理的概念去描述社会历史运动呢？一是因为社会历史是从低级到高级不断发展的过程，这和生命世界物种演化在现象上、形式上有共同性。但生命世界的复杂性运动是在物种意义上的，人类社会历史的运动则是在社会历史文化意义上的，两者有本质区别。用进化这种物种运动概念去陈述社会历史过程并不贴切，是不恰当的。为什么会用进化这种并不贴切的概念去描述社会历史文化运动呢？第二个原因是在科学因果决定论思维中，人们习惯于文化的抽象性，却忽视了文化的具体过程性，因而文化的动态过程依然在时间形式的框架下去理解。为什么不能认为文化既是抽象的本质，也是在社会历史中不断运动的现实过程呢？人类一切用“化”来陈述的概念，本质上都是动态过程性陈述，文化也不例外，文以化人首先是动态过程描述。文化的更具体意义是文字化、文明化，这明白无误就是一个过程性的概念。文化首先是动态过程，在对具体社会历史文化动态过程的普遍本质抽象中，文化从动词转换为动名词。所以，文化本身并不需要用文化进化去做动态过程陈述，文化本身就可以作动态过程理解，而且是从抽象本质回归具体文化过程的动态理解，这才是文化更深刻、更普遍的意义。从这个意义去看，进化是文化的基础，文化作为特定的进化具体过程是比进化更具普遍意义的动态过程。据此，以文化为本质的人类社会历史过程才超越了自然史，人的世界才具有最普遍的文化意义。对人类社会历史的认识，必须从社会历史现象深入到文化本质去把握，又必须从人的抽象的文化本质返回具体现实的社会历史文化运动发展过程去理解。生命世界和以之为基础的更复杂的人的世界只有从抽象返回具体统一性存在，即返回生命时间性过程和人类社会历史性过程时，才能有资格说得到了最基本认识和理解。

第二节　统一的文化

一、文化多元性

文化概念是人类文化对自身的规定，这或许是文化概念的独特之处。这种自身的规定性没有任何在先的规定性为根据，这是文化概念多义性的一个可能原因，但却不是根本原因，其实是一种辩解而已。没有文化概念无法描述文化现象及其本质，而文化概念的建立本身又是文化现象，我们似乎陷入了循环论证的恶循环。但这一切其实是幻象，是对人类文化、人类知识的产生及其本质不理解，对概念的本性和本质不理解而使然，这正是近代西方哲学的经验论和唯理论无谓地争吵的根本原因。所谓循环论证是在演绎推论的逻辑意义上所说的。文化追求知识在普遍意义上具有逻辑完备性，但知识并不是从演绎推理中产生的，人类文化并不是由概念去规定，由于概念产生而产生的。文化是人类社会历史产生和发展的现实、具体过程的产物，文化概念是从现实的文化生存现象中通过普遍的抽象归纳出来的。概念的符号是主观选择的，但概念的意义却是客体存在及其客观的过程所决定的，这正是认识追求客观普遍性而拒斥主观随意性的理由。所以，文化概念的多义性、不确定性不能从逻辑演绎的理由去理解，它既和文化现象的复杂性有关，也和我们的思维方式有关，仅是抽象因果普遍关系的思维方式无法完整把握文化现象，所以形成了对文化的认识无统一性的现象，归根到底是对人的本质以及人的世界的社会历史过程陷入片面性理解。所以，这不是一个抽象概念问题，而是人对自身的理解问题。“认识你自己”的水准决定了人类社会历史发展可以达到的水准，因为人类社会历史是由以文化为本质的主体自觉创造的，而不是与认识、意识、目的无关的自然必然性过程。

张尚仁老师在《聊哲学》中就哲学无定论、文化无定论命题详细讨论了文化概念的多义性问题。他写道："1926 年，有两位人类学家曾提出定义'文化是什么'的问题，为了找到答案，他们遍寻书籍文章，竟发现 161 种定义，仅收寻和分析这些定义，就写出一本书。……文化有这么多的意思，对于'什么是文化'这个问题，我们只能像说'哲学无定论'一样说'文化无定论'。"[①]文化并不是离我们极其遥远的东西，不是我们不熟悉的东西，文化恰恰正是我们自身存在，甚至是我们存在的本质，存在的现实，说我们对之不陌生或很熟悉还远远不够呢！然而，既然是我们存在自身，我们无时无刻就在文化之中，我们就是文化本身，为什么对文化的认识、理解却是永远"无定论"的呢？这是一个需要深入具体探讨的问题。

文化无定论是人类社会文化发展的现实和事实，但对它的理解却可以很不相同。用黑格尔的一句名言来陈述——存在都是合理的。这里的合理不必做价值判断理解，当作事实判断理解，就是说，文化无定论的事实有文化自身的内在根据和理由，关键在于我们如何去理解它。文化多样性无定论的事实就像我们的消化系统一样，不管你懂不懂消化的原理，生命的过程依然按照消化系统的规律行事。从世界统一性原理的观点看，文化多样性、多元性、无定论恰恰反映了文化非客体之物的本性。文化不是能量那种可以用量去规定和陈述的东西，不是用质和量可以去确定地陈述的东西，所以文化不是东西，不是实在，不是确定性的在手中可以把握的东西。正是文化本质上的这种非客体实体的抽象性，由之作为本质的人的存在才具备了人的本质，具备了非物的本质，所以人才是具备了主体性本质特征的存在。如果文化在实体意义上是可以定义的，文化只是一种确定性的东西，则文化作为人的本质，人就是一种僵化的、不变的东西，那就失去人的本质，是物而不再是人了。因此，从传统的客体意义去理解文化时，文化的无定论正是它的本性，如果文化有定论才是不可思议的，那意味着以文化为本质的人类社会已经在挽歌声中体面地结束了其历史使命。

文化无定论的本性表明它是认识客体而不是实体客体，不是可以在空间形式中被规定的对象，那它就只能在时间中思考，即在过程中去思考。

文化是一种过程中的现象，也正表明文化在绝对运动过程之中，离开动态过程而从确定性、静态性去定义文化现实过程是不可能的。但在运动发展过程中的现象只是文化的必要条件，还不是文化之为文化的充足理由。一切称为过程的现象都是动态的，包括客体在内的一切存在者都是运动的，而且，物质运动和静止是相对的，都是过程中的存在，都可以从过程去描述。质点运动现象、生命运动现象都是由时间过程形式变量去描述的。动态过程性并不是文化之为文化的充足理由，只有非自然的过程才是文化过程。我们用时间形式去描述和认识的过程是自然现象，文化现象则是超自然现象，它的过程是在以社会为单位，历史过程为形式的社会历史过程中才可以描述和理解的。于是，社会历史文化现象包含着四个层次的先验认识形式才能得到完整而充分的具体描述，即包含量、质、时间、历史四个层次的统一描述才是完备的具体社会文化过程。从具体现实的文化现象去看，文化是社会历史过程现象，是宇宙中一切存在现象中最为复杂性的现象。因此，从现象意义去认识和描述文化，那么文化一定是多元的，一元文化是反文化，反文明的。人类总是喜欢从各种现象去描述文化，因而文化就是一个最丰富的描述性概念；同时由于文化现象的过程性、动态性，更加强化了文化现象描述的“无定论”特征。文化现象的复杂性决定了它的“无定论”现象，这是文化之所以为文化的特点。如果回到传统的物的定义，希望用一个确定性东西去描述文化，不是把多元的文化现象理解为合理的，而是认为是互相矛盾、相互冲突的，那就是把文化理解为现成之物，把文化机械客体化了。

近代科学革命以来，人类社会历史文化发展所构建的认识和思维模式恰恰是科学理性的机械论思维。科学理性思维把整个世界连成一条因果链，用决定和被决定的因果关系把一切存在及其运动发展过程看作能被确定性认识、预言的存在，把人的世界还原为由必然规律性支配的机械论世界。无可否认，科学真理认识的建立对人类社会历史进步有决定性意义，近代科学革命以来人类社会历史的革命性飞跃是有目共睹的，但这并不意味着科学因果决定思维可以认识一切，用科学认识方法去认识文化这种复杂性现象是一点都不科学的，是无法理解文化无定论现象的，更无法对多样性的文化得出具体理解。在科学因果思维下人类的文化概念是一个多元而不统一的概念。对文化多样而不统一的机械论理解并不只是“文化认识”问题或“精神观念”问题，本质上是对人的生存本身、对人类社会历史发展本身的具体丰富的现实无法得出合理的理解。“一叶障眼，不见泰山”是科学机械论无法理解多元文化的现状，本质上是人类没有达到理性地认识自己的境界。用机械论思维去看以多样性文化为本质的人的世界既不科学又不理性。

在科学理性思维支配下，人类的文化概念是多元不统一的。我们本质上以文化选择去生存，不自觉到文化多元而统一现实中就是人对自身生存认识的不统一，把文化看成和机器一样由因果必然关系支配就把人的世界当成宿命的世界。在人类进入科学高度发达、知识极大丰富的知识社会时，人类社会物质财富和精神财富快速增长，近代科学革命、工业革命引领文明史势如破竹地前进，仅仅几百年光景就把人类导向全面而深刻的生存危机。从科学理性思维去认识文化的局限性和片面性的理论基础是最基本的物质决定精神还是精神决定物质的“科学的哲学决定论”思维，它的命题本身就已经确立了还原论和决定论思维模式的支配地位。按照这种理论，文化是精神现象，因为知识是抽象的，文化知识就是第二性的、被决定的存在，是由物质决定的，只是属性现象意义上的存在。因为是第二性，不是本质的、根据的、原因的第一性存在，文化其实是不存在，就像柏拉图对物的多样性世界所说的那样是既存在又不存在。第二性存在的一个恰如其分的比喻是“毛”，皮之不存，毛将焉附！皮才是第一性的，是真正的存在。物质存在和精神文化这两种同一层次的东西的关系是什么呢？是非此即彼，是决定和被决定，是皮的第一性和毛的第二性关系。一个现象、一个过程，要么是物质客体存在，要么是精神文化，两者必居其一，而一切精神文化现象和过程都是第二性的，都能且只能还原为物质客体的支配关系去理解。“臭老九”其实是精神文化知识第二性关系、被决定关系的真实写照。据此，人类社会历史过程就顺理成章地被理解为由物质生产力决定的必然历史过程。最为致命的是物质生产力其实被还原为物，不是物质文化，即使被理解为物质文化，本质也是物质，文化只是第二性的依附现象。科学理性的现实化是资本主义把人物化，在资本主义社会中，社会历史发展的目的、动力、原因则被理解为利润和利益。因此，无论何种思想意识形态，无论何种政体和政治制度，物质利益的决定性和目的性是近代科学革命以来人类大合唱的主旋律，全人类共同努力在反文化的意义上发展着人类社会历史文化，而沉浸在这种胜利喜悦中的当代人尽管已经警觉到这种文化和文明生存发展的危机，却很少去反思这种精神文化的理解是狭隘和片面的，是反文化和反文明的，这才是人类社会历史发展危机的深层根源。

科学理性精神文化观的局限性是显而易见的。把文化知识看作由物质存在决定的第二性存在，那肯定无法合理解释人类的全部历史。人类陷在科学因果决定论思维绝对性之中无法自拔，因此只能以“鸵鸟政策”去面对由之带来的悖论。近代科学革命最鼓舞人心的豪言壮语是培根“知识就是力量”的宣言，它是人类有目的、有意识地进入知识年代的标志，是科学革命的历史号角。然而，知识就是力量和物质决定精神是格外不协调的，只是我们有意视而不见而已。中国进入改革开放以后，以经济建设为中心，以解放发展社会生产力为根本任务时，一个重大的变革性思维就是把科学技术当作第一生产力。按照传统的机械唯物主义理论，物质决定精神，社会生产力是物质范畴的概念，一旦把科学技术当作第一生产力，这和传统的理论和概念相矛盾，但它却被中国改革开放的社会历史发展证明是合理的，这具有重大历史意义。所以，从逻辑和概念的统一性关系来看，把精神文化和物质存在看成非此即彼的决定和被决定关系肯定是不合理的，把多元性文化现象还原到由物质决定和支配是不合逻辑的，只不过我们执于科学因果决定论思维，既无法自圆其说又不敢面对而已。事实上，当我们用物质文化、精神文化这些统一性概念去描述人类社会历史时，就已经超越了物质决定精神的意义，只是我们不愿直面罢了。

文化并不是独立于物质具体存在之外的东西，它就不能作为和物质客体非此即彼、决定和被决定的另一种东西去理解。从更全面的现实性意义来看，对文化的机械论理解的历史局限性不只是一个认识问题，不是纯粹的概念问题，而是人类社会历史发展本身的现实问题。文明史超越自然史的最根本根据在于普遍精神文化发展史就是文明史存在本身，由此才有人自觉创造的文明史。在人类文明早期，甚至科学革命初始阶段，对此还缺乏足够的认识，那是可以理解的。但是，到了二十一世纪还依然把文化当成纯粹抽象独立的第二性东西，那就是愚不可及或者是心怀鬼胎了。我们今天所处的时代叫作知识社会，以经济利益为中心则叫作知识经济，还有所谓后工业社会、信息社会之概念。所有这一切的本质是什么呢？是人类已经发展到以传播、传承、普及、创造文化知识为主要生存方式的新的社会历史阶段。今天，我们依旧要吃要喝，要以各种物质和能量的消费和消耗来最终实现生存和发展，而且当代人均消耗的物质和能量以及人类单位时间消耗的物质和能量，要比传统的农业社会、工业社会多得多。但是，支撑当代社会生存的不是比传统社会更繁重的物质劳动，而是依靠知识去实现人类社会更高效的劳动，这是真正进入由科学技术作为第一生产力的历史时代。知识的传递、普及，新的科学发现和技术发明，已经成为人类社会包括经济活动中最重要、最核心且最大量的生存活动本身。知识社会的发展动力及手段是发展知识，人和人之间的竞争，国家和国家之间的竞争，直接意义上依然是财富和实力的竞争，但在根本意义上是软实力的较量，是科学技术和文化的发展。如果在知识经济年代，仍然把文化只当作一种第二性的抽象现象，把世界理解为本质上是由物质支配和决定的世界，那只能说明人类已经无可救药，表明绝对物质观和科学理性的绝对支配地位已经使人类病入膏肓了。

文化概念和实体、客体概念的不同在于它本性是抽象的，不是具体的，即它不是一种独立自主的具体性存在，没有一种叫作文化的具体东西。但是，正是抽象而非具体的本性，文化就可以存在于一切具体之中，成为统一于具体之中的存在，并使现实世界是人化的世界。不能忘记物质文化并不是纯粹抽象存在，不能以文化的抽象性为由把它理解为由物质客体支配和决定的存在。它不是独立存在，就说明了它和独立自主的客体存在是不同层次的，不能从非此即彼去选择它们，从决定和被决定的关系去理解它们。文化的非独立客体性说明了文化是复杂性现象中的存在，离开复杂性现象这一对象无法对之做出合理的解释。在文化多样性丰富现象面前，在社会文化的绝对而永恒的运动发展中，科学因果决定关系和物质客体科学还原方法不可能对文化得出统一性理解，更别指望能从现象到最普遍的统一性去把握文化本质了。因此，文化就只能永远在无统一的现象中既存在又不存在，既不是存在又不是不存在，传统理论称之为第二性存在、被决定的存在，是第一性的物质客体的属性，只有物质客体才有根本的、决定性的、最普遍性的存在之意义。这是近代科学革命以来人类社会历史是客体文化、物质利益始终占支配地位的原因，是社会发展而人物化、异化的原因，也是人失去人的本质的原因。人的物化这种本质的异化和社会制度及意识形态有关，在根本上却和人类的文化有关，和人的思维方式有关。因为人的异化也是人类文化的一种特定现象，人的物化异化表明人类文化还没有进入从本质上认识你自己的理性自觉水准，还没从本质上自觉到人不是禽兽。如果连文化的统一性都无法理解，我们又何以达到对人的本质的统一性理解？如果连人的本质的统一性都无法理解，又何以摆脱人的物化，摆脱人的本质的异化？人的本质的发展，人的社会历史的发展不同于自然史，即文化不是纯粹必然性支配的客体过程，而是主体有目的、有意识地创造的历史过程。如果人的本质是未统一之谜，那么，人的社会历史的主体目的性又指向何方？一艘没有目的地的航船永远没有顺风的时候，其实是还没有顺风、逆风这样问题产生，只能叫随波逐流而已。随波逐流的人类社会历史究竟是自然史的分量重一些还是文明史的分量重一些呢？我们能理直气壮地自诩文明和不断进步吗！由此可以理解，十八世纪启蒙运动中百科全书学派在吹着人性、民主、科学进步的号角踌躇满志地前进时，缘何卢梭却泼了一盆冷水，把人类社会历史归纳为人不断进步而社会不断堕落、不平等状态不断恶化的过程。不能对卢梭和伏尔泰之间的分道扬镳做简单判断，因为这不只是一个简单的科学真命题。从物的世界观来看，伏尔泰的百科全书学派的理论有其合理的根据，但从人的普遍的文化本质看，从人的社会历史过程的统一性观点看，卢梭难道不是给人类更深刻的启示吗！

综上所述，人类以精神文化为本质，以物质文化为具体现实构建了现实的社会历史无限过程，离开精神文化无物质文化和无物质文化无精神文化的现实意义是等效的。从人的无限意义世界的最普遍层次看，现实的世界是人化的世界，也就是现实的文化世界，多样性的世界统一于文化，即文化不能只局限于抽象精神文化，人类关于文化的一百多个定义都不是纯粹精神的，基本上是人类生存现实意义上的归纳，将这些感性和知性层次的现象作为更高层次的范畴，即从现实性去理解时才达到对文化即人的世界的理性具体理解。精神不能还原为以物质为因的现象，文化更不是和物质对立的精神，而是包含心、物的现实。多样性文化现象在现实性意义上都是合理的，文化从抽象到现实都是多样性的，这才是具有普遍本质的多元文化构建的现实文明史的合理理解。

第一，文化以精神文化为本质，现实世界多样性的根据是精神文化的多元性。只有必然性，无选择性无自由创造之意义，赋予人自由创造本质的文化不多元就不成为文化，在客体必然性支配的限定下也无文化，文化的诞生就是主体创造性世界的创世纪，是人类文明史创世纪。精神文化诞生在现实性意义上首先是普遍抽象意义的各种元知识的建立，由多样性现象归纳而来的知识就既是有限的普遍关系判断，又是具有真伪值的确定性判断，每一知识的独立判断的完备性决定了人类知识在起点上，在知识作为认识元结构意义上一定是多元的。知识从感性多样性现象归纳而来就一定是多元知识。知识的发展是多元而统一的文化发展过程，一方面人类知识越来越丰富，另一方面是知识的抽象归纳越来越普适，更普适的归纳又把原来的一般归纳纳于其中，一般归纳就成为更普遍归纳的一个特例。客体世界是由一元到多元的复杂性运动构成的多样性具体世界，精神文化知识则是追求由多元归元的统一性意义，所以具体存在以一元为起点，抽象认识以多元为起点，不多元就没有统一意义世界的意义。西方哲学从本体论进展到认识论即进展到以人的自觉认识为对象，柏拉图理念论就是从形式统一性去思考人类多样性认识普遍统一性的根据，从而成为西方哲学的泰斗。为什么普遍知识和具体世界的过程是共轭的，即由复杂到简单去把多元意义统一起来呢？因为关于具体客体的知识是从多样性现象中归纳而来的，故一定是从多元开始的。但意义世界从抽象回归具体世界才有现实意义，具体世界是从一元混沌开始复杂性演化着的多样性统一世界，思维认识同一性决定了对具体世界的普遍意义必须是多元归元才是有意义的。所以，精神文化本性是多元的，本质是统一的。局限于客体一元论无文化意义，多元不统一则达不到理性自觉水准，人类理性就还是幼稚的，结构还没成型。最简单的事实在于，人类文化文明史现实上是从多元走向统一世界历史的，只是人类自觉理性幼稚没达到自觉统一性而已。

第二，以精神文化为本质的主体普遍意义世界超越客体有限性世界决定了人类文化在现实上一定是多元的。文化多元性的形而上学根据是抽象意义世界超越了有限的具体客体世界，以抽象精神文化为本质的主客体具体之人超越了有限而获得了无限存在之意义。客体是有限的，具体是有限的，只有抽象精神意义才是自由而无限的。有质有量之物、无质有量之能由具体之量限定才成为具体，故具体是有限的，客体是由必然性支配的。无质无量之抽象意义是空，无具体限定之空才是自由而无限的。故多元文化使人超越客体，成为无限意义的存在。佛祖说“万般皆空，空无异色，色无异空”，其意义就在于人作为主客体统一性具体存在，人之所以为人的本质是精神意义世界，意义世界是人现实具体生存的意义，人的现实生存是以普遍意义认识为根据的，色统一于空就是万般皆空，凭借无限的空，人才异于禽兽，超越有限，了然生死，达到永恒。佛祖、老子、柏拉图和亚里士多德作为具体生命已然作古，但他们的精神文化智慧却是万世长存，这就是以空为本质的人的无限意义。如果不通达无限智慧，执着于具体生命本身，人不可能了然生存的意义，生存就如叔本华所说，是灰暗而空虚的。

第三，精神文化的多元性决定了以之为本质的人类文明史首先是以多元文明为前提的，统一的人类文明史是以不同源头为开端，以多元文化为起点，在多元文化交互作用中，在传播、普及、交融甚至冲突中最终百川归海，汇成现实的人类意义的历史长河。最为深刻的问题在于，用资本和市场这种企业文化把人类由精神文化统一性导向现实性人类世界的时代，人类却仍然执于物而非文化本质去理解全球化，不懂得文化多元性的现实性和合理性，不觉悟到全球化世界是建立在文化多元化基础上的。资本主义导入全球化不是上善若水般的文化融合造就的，而是以野蛮的殖民统治、掠夺为先导的，执于物而没进展到普遍文化本质的文明史一定是野蛮的文明史，是兽性而不是理性的全球化世界。不懂得多元文化在求同存异中和平共处，把资本主义导向帝国主义，企图用侵略和征服把全球多样文化变成单一的统治文化，把一种文化的特定价值作为普世价值强加给其他文化是不现实的，更是危险的，而最本质的问题在于这是反文化、反理性的。多元文化不统一是人类文化的最根本危机，执于资本即财富而不是理性自觉回归人的文化文明本质是最根本原因。人类的大同理想世界本质上是理性的，不是物性的，一种文化征服了其他文化也不会有人类大同世界，只是回归动物世界。马克思的共产主义理想中每个人的本质得到充分发展的世界是多元文化共同发展的统一世界，是不再需要国家的世界，不是人类由一个帝国统治的世界。在理性具体意义上，人类文化是多元的，因而就是统一的，达到理性自觉的统一就是大同世界。

二、文化统一性

文化构建人类文明史亦即把人类导入理性生存的历史。理性具体在现实中是感性、知性、抽象理性的统一，感性是人先天即与生俱来的，知性和抽象理性是人在后天文化构建的现实性本身。知性和理性在具体文化意义的不可分割性表明了人类文化是多元的也就是统一的，从知性看是多元的，从理性看是统一的，从多元去理解文化的统一性才达到对之的理性具体认识水准。

第一，要从理性具体去体悟社会历史特别是历史唯物主义，才能从多元文化统一性去认识人类自己。多元文化的统一性不只是人的认识，其实认识就是人的理性存在的本质和根据本身。人类不理解文化的多元统一性并不影响文化在现实中一定是多元统一的，在知性抽象中文化表现为多样性，从抽象回归具体时则表现为现实性，在人类统一文明史的理性具体意义来看，人类文化的多元统一性是现实性的。当从人类现实社会历史去看人类文化时，比如汤因比的《历史研究》，那就达到从多元文化统一性去理解人类历史的水准。《历史研究》把人类世界的历史理解为文明发展史，就是从文化的本质意义去理解人类文明社会历史。汤因比认为人类文明是在环境压力挑战下成长和发展，是在挑战和应战之中发展起来的历史过程，这一观点的合理性成分如何是一个问题，但他在《历史研究》中展开讨论的人类文明历史中的文化，决然不是抽象思想意识、认识意义上的有限抽象概念，它的文化和文明已经是在人类世界的社会历史过程的宏观、普遍性意义上的“文化”。汤因比的历史概念正是在文化的过程中展开的，因而对人类社会历史的宏观归纳和总结是有启发意义的。人类的统一文明史就是多元文化统一性的现实，这一普遍性的文化概念已经把一百多个层次、维度的文化概念意义包括其中，统一文明史已经把人类的文化生存选择的现实统一于其中，这是对文化具体统一性的理解。当今，我们已经从所谓东西方文化、文化冲突等更普遍水准去思考和理解自己生存于其中，并由自身生存活动去影响、参与着的社会历史过程。对人的世界、社会历史具有智慧目光的思想家们，其实是在人类社会历史统一性意义上去理解文化具体现实性的。

因此，对文化统一性的认识的最基本要求是从抽象进展到理性的具体。马克思的《资本论》的经济学范畴能够导向共产主义理想，最基本的原因在于马克思超越了西方文化自柏拉图始的抽象理性，进展到主客体统一的具体理性水准，在对现实资本主义文化构建的社会结构及其运动过程深入剖析基础上，从最普遍的文化统一性水准通达了共产主义的大同理想境界。从更普遍、更深刻、更根本的意义上看，马克思把自然哲学和唯心主义辩证法统一起来，在主客体相统一的境界，在社会生产和分配、消费的特定而具体领域去归纳人类社会历史一般过程。黑格尔的辩证法是扬弃机械因果决定论思维的具体、统一性的智慧，但它却又仍然把自身禁锢在科学抽象真理认识的有限性之中，追求抽象而两律背反的无限、全面、具体的真理。从逻辑上来说，既抽象又具体的真理，能全面而又能确定性地证真证伪的认识是不可能产生的。黑格尔关于具体真理的辩证法一方面有克服牛顿机械决定论的积极意义，但同时又有产生更高层次、更普遍的因果决定论思维的消极影响。马克思所处时代的文化背景已经是科学理性思维，这正是他的理论中继续沿用科学描述的决定、被决定这些因果关系去理解人类社会历史的原因。但马克思的社会历史理论体系是统一性的，不只是抽象的经济学知识，而是以之为基础的人的解放的统一性理论。马克思主义的思想来源，不能离开十八世纪法国启蒙运动的理论。卢梭的社会历史理论是人类认识进入人的社会历史理论的起点，也是马克思社会历史理论的起点。马克思在科学意义上继承了百科全书学派的乐观主义历史观，充分肯定资本主义社会在推翻封建和神权统治中的伟大历史作用，肯定资本主义对社会生产力发展的巨大推动作用。马克思主义更深刻之处在于它回到社会历史现实，而不是停留在自然史中。它继承了卢梭从社会平等去思考人类历史的成果，但远远超越了卢梭的社会理想，提出了从根本上建立自由平等人类社会的出路在于从根本上消灭私有制这一不平等根源的共产主义理论。这是人类世界的最高理想，它肯定不是自然史，不是被必然性决定的过程。尽管马克思的社会历史理论带有科学理性文化的时代印记，也在用决定、被决定、必然性、不可避免这些因果关系概念去陈述，但马克思的社会历史理论作为人类自由解放的理论，它的本质只能是主体创造性意义的，把历史唯物主义称为历史决定论是没有洞见其主客体相统一的具体理性本质。后人在继承发展马克思主义理论时，由于也依然建立在科学理性决定论思维基础上，对马克思的历史唯物主义的理解及描述仍然带有科学决定论的色彩，带有历史文化的局限性。只要把历史唯物主义当作社会历史理论，不是自然史理论，它的本质就必须从统一性层面去理解。因为文化描述对象本身是不可还原为客体的复杂性社会，文化描述的是复杂社会的现实、具体的运动发展过程。历史唯物主义的唯物和自然哲学的唯物是完全不同的范畴，马克思社会历史理论中唯物意义上的生产力、经济基础概念都在文化范畴中。马克思的辩证唯物意义下的社会历史是不可分割的主客体具体统一性的理性范畴，所谓决定和被决定是客体必然性意义的，人的自由解放建立在客体必然性的认识、遵守和利用基础上，又超越了纯粹自然必然性支配本身，共产主义学说是主客体理性统一的完美的社会历史理论，是理性具体的道法自然的圆满境界。平心而论，离开文化范畴是无法讨论人类社会历史的。马克思以共产主义学说为核心的社会历史理论的最深刻的理性统一性意义不是以回归旧的自然哲学的物质客体存在为根据，也不仅仅是继承了黑格尔辩证法思维，而是把西方局限于抽象形式统一性的传统哲学导向人的主客体相统一的社会历史进程，把哲学思维引向理性具体，回归人生存的智慧。历史唯物主义本质上扬弃了自然唯物主义和抽象理性辩证法，作为哲学是元哲学，理性具体的认识至此才在现实上生成。在西方哲学史上，把哲学由自然哲学导入更普遍意义的主体世界精神统一性认识的认识论的是伦理学之父苏格拉底，当他的学生柏拉图在其基础上进展到最普遍的理念论，构建起主体世界精神文化统一性的唯心论哲学基本框架时，苏格拉底同时就成为西方圣哲，而不仅是伦理学之父。马克思是以经济学领域为对象去展开社会历史文化进程研究并进展到共产主义理想的最高境界，由经济学导向历史唯物主义的划时代意义是西方文化开始由两千多年主客体相对立的唯物论和唯心论自觉进展到主客体相统一的水准，所以又可以称之为唯物辩证法。尽管后人归纳的历史唯物论即辩证唯物论还没达到马克思的境界，还没有把以《资本论》为基础的社会历史理论归纳为主客体统一性的哲学理论体系，但与苏格拉底一样，经济学家马克思的最高历史贡献显然是唯物辩证法即主客体统一性的历史唯物主义，是马克思主义哲学。

历史唯物主义理论的统一性意义并不体现在生产力决定生产力关系、经济基础决定上层建筑的经济学抽象因果关系上，而是在整个历史唯物主义理论体系的不可分割的统一性智慧之中，在共产主义理论中它达到最高的统一。马克思在历史唯物主义中用“文化”这一概念时，是在抽象文化现象意义上使用的，而对最普遍的文化本质的现实是从具体统一的意义上，用“人化”的概念去概括描述的。这才是马克思把社会历史看作超越了自然史的过程，把人的世界理解为具有最普遍意义的，由人自己创造的，不断走向自由解放的人的本质不断实现过程的最一般的统一性意义所在。在从抽象的文化现象返回人的社会历史过程的具体时，我们用“大文化”，即最普遍的文化概念，而马克思直接用人化的概念，这意味着马克思在社会历史的最一般统一性意义上，从我们所讲的最一般的大文化概念意义上，用文化概念去概括人的世界的文化过程时，已经直截了当地从人的文化，人对自然史有目的、有意识的作用这一非自然行为规定去为人的世界和纯粹自然界做出了区分。从逻辑和概念的本质意义看，人化就是把人的文化理解为人的本质，文化是人之所以为人，人的世界之所以为人的世界的根据和理由。马克思在抽象现象意义上使用文化概念，而在社会历史统一性意义上使用最一般的文化即人化概念，人们往往忽视了抽象文化现象和人类社会历史不断人化的进程之间的统一性关系，这不能不说是遗憾。生产力、生产关系、上层建筑之间的复杂相互作用下的人类社会历史的统一性理解，不在于抽象的生产力、生产关系、上层建筑的普遍抽象关系之中，这只是理解人的世界的一种抽象基础，停留在这些抽象中就是停留在片面性之中。哲学智慧作为最普遍的抽象，最敌视的就是抽象，辩证法的本质意义是从抽象回复到具体之中，唯此科学的普遍意义才可以回到具体现实中。历史唯物主义是辩证的统一性理论，它的统一性的本质就不是在生产力决定生产关系、经济基础决定上层建筑的抽象因果关系中，而是在这种一般抽象因果关系基础上构成的人类社会历史的不断螺旋式上升、永不停顿的绝对运动发展过程中，即自然不断人化，人的世界不断文化的统一过程，是人的自然和人的文化相统一的过程。因此，马克思主义本质上是人类社会历史发展的统一性理论，是人的自由解放的理论，而不是自然史认识，不是自然必然性支配的过程。对马克思主义社会历史理论，必须从“人化”的普遍文化本质，从社会历史人化过程，从现实、具体的人不断在社会历史中发展其自由本质的过程去理解。人化的历史统一性意义就是我们探讨的文化的统一性意义。一切社会历史理论都必须上升到统一性理论才能具有完整的意义；从另一个方面说，社会历史的抽象的文化本质，人的抽象的文化本质，必须从抽象回到具体现实的人的生存活动，回到社会历史过程才有意义，社会历史文化也只在具体过程中才能有现实的社会历史意义。历史唯物主义就是最具说服力的例证。尽管它叫历史唯物主义，偏重于从社会物质基础，从社会生产力发展这一最根本原因去理解社会历史，尽管它沿用决定、被决定、必然、不可避免这些传统概念及逻辑关系去描述社会历史过程，尽管不少学究们称之为历史决定论，但无论如何，它在本质上一定是统一性的。因为社会历史理论只要成为相对完整的理论体系，它就必定超越知性知识而成为一种统一性理论，而无论你是如何去陈述或理解它。马克思主义社会历史理论作为十九世纪以来极大地影响人类社会历史现实进程的最主要理论，不只是抽象理论，而是影响广泛而深刻的人类社会历史实践，它返回现实具体人的世界、人的存在、人的生存活动的社会历史统一而具体的过程，从而获得了现实的意义。在一百多年来的人类社会主义历史活动中，从来就没有马克思主义理论指导的社会实践会躺在历史必然性的席梦思上等待社会历史不可避免的必然胜利实现的结果，它所主张、鼓励、推动的是人类自主自觉争取社会平等和人的自由解放、人的本质全面发展的社会历史创造过程。

第二，人是以主体性精神文化为本质的主客体具体统一性存在，主客体具体统一性的本质是主体统一性，是精神文化统一性，亦即抽象理性，认识文化统一性的本质在于抽象理性本身，离开抽象理性无具体理性存在本身，离开本质只有现象无现实，那就是只有感性具体认识的禽兽。西方文化的抽象理性是唯心论哲学的范畴，故世界统一性原理把西方唯心论哲学理解为包含自然哲学于其认识对象之中的本质认识论，由此才能明白人们执于感性具体，本能地拒斥唯心论却无法改变后柏拉图哲学始终以唯心论为主流的原因。理解人的社会历史的自然和文化的统一性意义，有抽象的统一性和具体的统一性两个不同的层次。抽象统一性是指文化作为抽象概念在逻辑上的多样性的统一意义，即从对文化多样性现象的抽象概念中抽象出文化概念的普遍统一性意义，这就是柏拉图的理念、黑格尔的概念的普遍统一性所指之意义；具体统一性则是指对抽象的文化返回具体、现实的社会历史过程的统一性意义的理解，这才是人之所以为人，文化之所以为文化的最根本、最深刻的意义所在。

文化的抽象概念统一性是从文化多样性现象的抽象概念中抽象出文化的最普遍的规定性。把文化理解为不同层次的文化概念构成的统一的最普遍概念，而不是把不同层次、不同角度的文化概念理解为非此即彼、相互孤立甚至是相互矛盾的概念。张尚仁在《聊哲学》中把文化概念分为小、中、大三个不同的层次的统一，主要是在这种抽象统一性意义上归纳的。政府文化部门管理的与文化相关的图书馆、博物馆、扫除文盲的机构及各种文化团体属于小文化。中文化主要指人类创造的精神财富和意识形态，又称为精神文化，它是人类文化在抽象层次上的归纳，还没有包括物质文化。物质文化和精神文化不是像科学理性因果还原论认为那样，是构成人类文化的两个同一层次但又相互区别的组成部分，因为精神文化是思维和意义中的抽象，但物质文化已经超越了纯粹的思维认识意义的抽象，已经是包含具体的概念。物质文化实质上是关于文化的具体统一性概念，不能对其作为构成人类抽象文化概念的组成部分，具有和精神文化相对应的意义去理解，也不能作为抽象文化统一性，即大文化去理解。大文化的概念是人化的概念，即非自然的，人的主体创造性意义下的概念。非自然、人化、文化的最一般的抽象普遍意义把人的世界的本质特征从自然中抽象出来，把一切人的主要特定现象归纳统一于其中。所以，文化作为现象是丰富的，人的行为和人的世界是绝对运动发展中的，不是物的存在那种东西，但人的文化本质在抽象的人的主体创造性意义上却是有普遍而统一意义的，它是对人的社会历史过程中主体创造性从本质上的最普遍的概括，它就是人的本质。它的多样性、发展性、无定论性也说明了人本质上是多样性、发展性、无定论的。人的本质不是物，人就不能还原为“东西”即物去看待。

从精神文化到一般文化的概念抽象是文化在概念中的抽象统一性，而从文化到物质文化的概念则是由抽象文化概念返回具体现实世界时文化的具体统一性，是精神文化由抽象返回具体。文化是从人现实生存的世界中抽象出来的，精神文化是对抽象文化的创造、传播、普及意义的概括，但物质文化则不只是一种抽象的抽象，而是文化返回物质具体世界时的现实的抽象，不是相对应于精神文化的抽象，而是包括抽象文化于其中的抽象，离开抽象文化基础的物质文化是不可理解的。抽象文化返回具体世界，在文化和物质自然具体的统一中，赋予自然界以人化自然界的意义，赋予世界以文化世界的更普遍意义，这个现实的最普遍意义世界本质一定是心而不是物，才是合乎逻辑的理解。所以，文化的最终意义必须在具体统一性中才能得到现实的理解，但本质上必须从精神文化去理解。因此，必须解决精神文化统一性的根据才能从本质上解决文化统一性认识问题。

人是理性具体存在决定了人以普遍精神文化为本质，即人的认识首先是存在论意义上的，即人的认识自在地就是统一性的。人超越自然进入文化的本质意义是从感性具体认识进展到普遍抽象认识，这首先在普遍抽象关系判断的知识中成为现实。仅从抽象判断的独立自主真伪意义本身并不能通达判断之所以能是具有普遍意义的判断之根据的理解。判断是从经验中归纳出来的，它的真伪值的客观性只能回归经验去检验，但它的普遍性是不可能由感性具体去保证的，它是由与经验归纳无相关性从而为多样性经验的普遍抽象归纳提供统一性形式的，所以普遍知识是形式和内容相统一的。人们只关注判断真伪值，而没自觉到在构建判断的先验形式时，形式同样就在判断中，所以基于普遍知识建立的人类精神文化在形式意义上就先验地是统一的，不是认识了才存在的，这就是人的思维认识就是存在的本体论意义。为什么雅斯贝斯认为西方哲学无法超越苏格拉底和柏拉图？为什么世界统一性原理认为唯心论超越了唯物论又将之包容于其中？因为自苏格拉底肇始，由柏拉图在理念论中建立起来的唯心论把人类认识导向知识的普遍统一性形式本身，为本体论的认识提供根据。理性认识理性就是自觉理性，自觉理性的本质意义是为人的文化统一性提供充足理由，基于普遍形式统一性建立普遍知识才使人的本质异于只有感性具体认识的禽兽。二千多年来唯心论哲学一直咬住认识普遍性和客观性这一知识牛耳不放松，对自觉文化文明的统一奉献了深刻的智慧。西方唯心论哲学又叫作客观唯心主义，唯心之心是人类抽象普遍理性，达到最普遍从而摆脱感性具体才能有客观普遍意义，主观性和西方哲学唯心主义是水火不容的。从主观性去解读唯心主义是用感性之心去度理性之襟胸，是在强奸哲学史，在这一水准上真的无法想象人类多元文化的统一性意义。

抽象理性的存在论意义意味着精神文化普遍统一性就在现实中。为什么多元起源的地球文化汇成统一现实的文明史？人类的统一性首先是在精神文化统一性中建立起来才最终进展到全球化的现实，文化的普遍统一性的无限本性超越了具体有限性才赋予人以自由和创造的本质，没有普遍共享、沟通的精神文化，人类至多只能达到半人半兽的原始社会水准，在自身血缘关系建立的社会之外永远只是被当成野兽。当今，人类多元文化不只把地球人统一起来，而且在最普遍的绝对水准上把一切文化统一了起来。外星人不是物种概念，是基于理性智慧的文化统一性归纳，这就是文化无限统一性的深远意义。

第三，理性是自在自为不可分割的。文明人作为理性具体存在是不以每个人的意志为转移的，而成为那一水准的现实存在又是由人的意志、目的、认识决定的，因为人的认识就是人的理性具体存在本身，人只有进入自觉理性水准才能进展到理性生存的高尚境界。对文化统一性的理解的最高境界就是以精神文化为本质去自觉追求生存的理性境界。文化是多样性的具体统一，是客观性的。现实中，人类用文化概念描述的往往是多样性的抽象统一性。也许是由于柏拉图把抽象普遍理念当作最普遍具体实在存在的影响，人类对抽象精神的统一性关系一直没有通达自觉理性理解，没有自觉到人类思维的意识、知识、真理、理性的统一性关系，没有自觉建立多样性文化的统一性理解。既然文化客观上是统一性概念，人类没自觉到它的统一性，但使用它时又往往是在统一性意义上的，就像在物质文化概念中一样。更为根本的是，人类还没自觉到一直在使用文化统一性概念去认识和描述人自己，这其实就是常常使用的理性概念。这种不自觉既无法理解多元文化的统一，又无法得到对理性的理性理解，归根到底是无法理性地认识人自己，无法为人异于禽兽提供充足的理由，在现实生存中无法自觉地摆脱丛林法则的支配。近代文艺复兴和科学革命以来，人类高扬科学、民主、理性的大旗，进入了翻天覆地高速发展的伟大历史时代。然而，资本主义把它的荣耀播向世界的时候，人类理性进步的历史仍然是人不断进步，人类道德不断堕落的发展史，全球化分工合作时代，人的生存依然是个人对一切人的战争。人为什么还是无法从根本上摆脱异化的生存状态呢？只能归因于人类理性不成熟，还没从根本上走出自然界。理性不成熟表现在理性、文化还没有得到理性的自觉理解。科学理性取得支配地位并不代表科学理性是自觉理性。科学理性的意义可以理解为科学就是理性，也可以更合理地理解为按科学办事就符合理性。科学是抽象知性，不是理性的具体，按科学办事才是理性。但仅把理性理解为按科学办事，非科学就是非理性就很有问题了。能否说纳粹集中营用毒气室杀人比红色高棉集中营用镰刀、木棍、石头杀人更科学因而更理性呢？不能，因为两者都是兽性暴行。人类当今已经把理性关在狭隘的科学牢笼中，普遍认同情感非理性，信仰非理性，实在狭隘至极。人把自己的大部分生存选择作为理所当然的非理性行为时，人对人就经常是狼对狼了。对理性狭隘理解的另一种表现是抛弃它的存在论和客观性意义，仅从主观价值判断去理解，即把理性和进步建立起因果性或关联性理解。这种对理性的片面性理解的典范是十八世纪启蒙运动的法国百科全书学派，卢梭对此不认同，终而与伏尔泰等百科全书学派分道扬镳。今天看来，卢梭对人类社会历史的理解更深刻一些。世界统一性原理最终从现实具体去理解人类文化和理性的意义，从个人的具体的文化选择生存活动和人类社会现实的历史创造相统一去理解人类文化和理性。理性、文化是人类的普遍知识的统一，又是人类以此普遍本质为根据的现实生存。人的普遍知识认识就是人存在论意义上的现实生存行为，它在普遍形式中是抽象认识，在人的现实生存选择中回归理性的具体。人类理性、文化的普遍意义只能从抽象回复具体才获得存在论意义，才有意义。人类理性就不只是基于科学选择，也不只具有价值论的进步之意义，而是人类基于普遍知识的所有文化选择活动，是以人的存在论意义作为一切意义的基础的。没有存在论为基础的认识论、价值论是无意义的伪命题。在最普遍意义上，人的理性生存是一切非本能行为的统一，理性就是人的普遍本质。以其为本质的人的现实生存就和禽兽有了本质区别，又把人的自然和文化在现实中统一为具体。在这种意义上，人只有在纯粹生命本能意义上的行为才是非理性的。食色性也，一切动物如此，以自然生命为基础的人的现实生存也如此。但进入文化理性的人的满足食色性的生存方式和禽兽是有本质区别的。食之性是叔本华所说的生命生存意志，人实现其生存意志的现实方式和禽兽的本质区别在于人有食文化，有具体的酒文化、茶文化，还有营养学、消化学等的统一知识为行为基础。色之性是叔本华所说的生命生殖意志。人的生殖意志在本能上和猫儿狗儿无异，故柳湘莲说宁国府中除了石头狮子，猫儿狗儿都不干净。但人的性不是纯粹本能行为，当今我们已在堂堂正正地讨论性文化了。动物的生殖意志是基于本能的，人的性行为却是文化的，人的性行为和动物性行为的不相同之处在于人的性行为不能仅限于从生殖意志去理解，人类的大多数性行为是反生殖意志的，是拒斥生殖的，所以是文化的。人类性文化不是纯粹科学教育，它的普遍意义包括情和爱，无情无爱之性才是本能的，强奸是人的兽性发作。人满足其食色性的生存行为具有文化选择性本质时，人就是和禽兽有本质区别的理性存在。人的一切基于文化选择的行为都是理性的，人类多元性文化就统一于人的理性，人以文化为本质的存在是理性的存在，也可以说是以理性为本质的存在。抽象理性一般被理解为精神统一性，严谨地说是精神文化统一性；具体理性则在于人的文化选择现实过程中，唯此抽象精神才获得现实意义。这才是具体理性，才达到存在论和认识论相统一的水准。抽象理性的根源、意义、目的在于具体理性即人的主客体统一性生存中，这才是人的价值在于人本身的丰富而现实的意义。在理性具体境界，文化不只是认识和知识，不只是知和言，而是知和行的统一。同理，人的现实的文化生存是理性具体的现实，它的本质是精神文化，由此人才异于必然性支配的禽兽而成为本质自由无限的理性存在。人认识自己的深刻意义就是认识人的理性，自主自觉追求文化的真善美统一性意义。把真作为文化最高统一性是知性的浅见，以物为最高追求的资本主义文化的理论基础是科学理性，它已经背叛了自觉理性的源头即苏格拉底的最普遍德性和至善的追求，人对人是狼的现实世界不是异于禽兽之人的理想理性世界。马克思能超越资本主义局限性，进展到理想共产主义追求，就在于马克思在文化和自然统一的理性具体水准上去追求理性的圆满。人类理性统一于生产力、生产关系、上层建筑的现实社会历史运动过程中，人按必然性的客体关系去自觉创造的实践是自由和必然相统一的过程，物化的资本主义是人理性本质的异化。共产主义理想是人的自主自觉追求才成为共产主义理想的，每个具体个人本质都得到全面、充分发展既是在现实意义上的，也是在人的理性本质意义上的。共产主义不是空想，而是理想，是现实，不懂得这一点就不懂得人类文化现实统一性，那就离理性具体的境界还远。

三、文化现实性

文化的普遍规定性是非自然，自然是具体有限的，非自然的抽象即空才是无限的，这些都不难理解。文化令常识最难理解的是空无异色，色无异空。比如物质文化概念，按感性具体及知性抽象层面是无法理解的。抽象的空即文化其实就是精神文化，物质文化其实是极具智慧的归纳，它表明了文化不只是纯粹抽象，而是具有理性的现实性意义。文化是抽象的，又是现实的，离开现实性无文化意义，不回归主客体统一就还没得到文化的理性理解。

在感性具体意义上，人的世界是最特定的世界；在理性意义上，人的世界是最普遍意义的世界。无、天、地、人四个层次相统一的世界是以最普遍的具体无差别的能量子为起点，经特定物质结构、复杂不可还原生命为中介阶段，最后进展到最特定的主客体相统一的人的世界。只有人的世界产生才有文化意义的世界产生，人的世界既在无、天、地之中，又是独自为一大的世界。独为一大的理由在于它是将无、天、地的本质统一于自身，又产生了自身特定的普遍理性文化本质，成为最普遍意义的世界。世界统一性原理把人的世界理解为最普遍意义的世界时，和传统的世界概念的理解，即和把世界本质理解为物质客体世界是完全不同的，这是统一性思维和科学因果思维的区别。当我们进入人的世界统一性认识，并把人的世界理解为以文化为本质的社会历史过程中的现实世界时，社会是人的世界不可再还原的最基本单位，所以人的世界只能还原到社会为止，不能还原为构成社会的物质基础。社会是不可还原基本单位的特征决定了人的世界是统一性复杂世界，社会历史就只能从统一性意义去理解，文化作为人的世界的本质，只有在社会历史统一性过程中才有现实意义。但它的意义不能被理解为由自然存在决定的意义，不能理解为第二性、被决定的意义，只能是社会历史统一性中的意义，只能从人的世界的统一性中理解文化的本质意义，而不能由社会的物质基础去理解和决定社会精神文化的意义。因此，社会历史的统一性理解和机械决定论理解的根本区别具体体现在对文化和对自然存在即社会物质基础之间关系的不同理解。所以，要深入探讨为什么说世界是人的世界，即凭何根据去断言文化世界比自然世界更具普遍意义这一问题。在把物质和精神对立化的传统认识中，精神文化只是抽象性的，根本无法通达理性具体现实意义，人的存在论意义只能还原为感性之物。人的文化、理性没获得存在论意义的理解，理性和文化就永是抽象而无现实性的，人的世界根本无法达到理性的具体理解。

按照科学的因果决定关系和科学还原方法，科学所说的世界理所当然是自然界。自然世界还有一个符号标记，即宇宙。宇宙自然界所指的世界是客体意义上的世界。当我们说世界的时候，如果不特指人类世界或文化世界时，那就会不证自明地指向宇宙自然界。在科学理性的决定论、还原论思维中，宇宙自然是最普遍意义上的世界，把一切特定的世界包括在其中。我们所陈述的生命世界、精神世界、文化世界、人类世界这些特定的世界概念，一般是作为最普遍的宇宙世界的一个特定组成部分去理解的，或者甚至是作为非存在的纯粹抽象现象世界去理解的。这是人们执于感性具体，理性不成熟而产生的片面性。在传统的科学机械论思维中，非自然的文化当然是精神性的，精神文化世界是纯粹抽象的，连存在的资格都没有，只能称之为存在现象，不能称为现象性存在。唯物主义认为实体是世界的本质，世界的任何现象或复杂性存在都可以通过现象的客体根据并最后分解还原到不生不灭的物质客体本原去得到最终的理解，所以世界本性就是物质性，存在即物质，精神不是存在，只是物质存在的现象。精神这种第二性存在是没有本质根据的存在，是不存在。但是，为什么柏拉图的理念哲学把普遍而永恒的概念即精神文化理解为存在呢？因为只有普遍意义的理念才是永恒的，才是有根据的，才是存在，而感性经验中的客体世界却无法证明甚至理解为永恒和普遍的，而恰恰是多样性的，是变化无常的。感性之所以为感性就在于它的具体个体性而无普遍性，从感性出发也没有所谓永恒之意义。感性是生命世界的产物，生命无永恒，感性的永恒又以何为基础，凭何为依据呢？感性物质实体世界既无普遍又无永恒意义，在感性具体意义上无普遍永恒意义的物质实体世界就不能说是存在，没有存在意义的物质实体世界同理也没有不存在的意义。唯物主义哲学家认为存在即物质，精神意识是不存在；而柏拉图却认为存在即精神，不存在却不是感性物质实体世界，存在和不存在只对永恒而普遍的理念有意义，对物质实体而言无意义，感性经验的个体实体存在是既存在又不存在。这正是柏拉图和传统的存在即物质的自然哲学家在思维上的根本区别。自然哲学的存在即物质是科学因果模式的雏形，如果按照柏拉图的理念论哲学逻辑去陈述自然哲学的话，那应该说存在即物质，不存在也是物质，只有物质才有存在或不存在的意义，而精神文化不是存在，所以也没有不存在的意义。说自然世界没有精神文化并没有错，但其实无意义，这不是对错判断的真伪命题，而首先是有没有意义的问题。其实，说自然界的精神文化和说一个物质系统的绝对温度为负一样，是没有意义的，这已经超出陈述的定义域，因而无意义。由此可见唯物或唯心不是非此即彼、水火不相容的区别和选择，并且柏拉图唯心主义的理念论确实也不是从非此即彼去理解物和理念何为存在何为不存在的，这是惯于科学思维的人们长期视而不见、视而不知的原则且重大的问题。从绝对物质观出发，从感性经验出发，按照还原论，世界就是自然界，精神文化不存在，人的世界只是生命世界的构成部分，是部分世界，生命世界是物质自然界的一部分，所以人的世界是物质世界的部分世界。在这种思维和文化中，物质世界是最普遍的世界，生命是特殊的世界，人类世界就是特殊世界中的特殊世界，只有特定的意义。从物的世界去理解的人只是特定物质结构存在，人的理性、文化、精神、灵魂都不存在，都没有现实性。

但是，对世界的统一性理解不能只停留在客体经验世界，不能只从客体结构复杂性演化去思考复杂世界的关系。从认识的意义去看，感性经验世界却是最缺乏普遍性的，这正是柏拉图的理念论哲学从抽象而最普遍的观点去定义主体意义世界为存在的理由。在实体意义上最普遍的具体存在，在认识论意义上，在意义世界中，却是个体的存在。最普遍的抽象概念，才具有最普遍的意义。因此，从意义世界来看，主体意义世界恰恰是和客体结构世界共轭，即恰好相反。物质世界比能量世界更富于意义，生命世界比物质世界更有意义，人类世界比生命世界更有意义，故世界统一性原理把能量理解为最普遍的具体客体世界，把人类社会理解为最具普遍意义的世界。从对世界统一性的意义理解角度看，从能量世界到人类社会历史的复杂性运动中，世界是从无结构向结构复杂性演化，不断产生出异质化结构的多样性存在的过程，并且在地球生命圈中进化出具有个性规定性的具体生命存在，在生命构成的时间性结构中又产生了以抽象文化本质为规定性的主客体统一结构的人类历史性世界。这种从普遍到一般到个别的结构多样性、复杂性运动的另一个性质，却是意义世界从个别到普遍的不断丰富、发展过程，在能量意义上是转化，在物质意义上是演化，在生命世界中称为进化，在人类社会中是文化。从意义世界的规定性来说，文化为本质的人的世界是最具意义的，因为文化源于进化，以进化为基础，但又超越了生命自然进化。所以，意义世界是从个别到一般到普遍再到最普遍的人类社会的过程，文化的理性具体意义是转化、演化、进化、文化的统一。我们把这种运动归纳为从简单到复杂、从低级到高级的运动发展，这种归纳的本质不能从实体结构意义去理解，必须从意义世界去理解。只有把文化和进化理解为更高级、更普遍的世界运动，具有更普遍的意义，才能赋予从简单到复杂、从低级到高级的可理解、合逻辑的意义。从存在和认识统一性意义看，人类社会才是最普遍的意义世界。

世界从简单到复杂多样性的运动，我们已经不证自明地理解为从低级到高级的发展，从意义世界出发可以对之得出合逻辑的认识和理解。从我们对世界认识描述的最基本的先验形式中，同样说明了结构复杂性演化是形式复杂化、意义丰富化的不断发展过程。能量存在只需要量这一形式规定性就能给出它的确定性描述，即它只有量的意义。物质客体则需要质和量两个形式变量，一个抽象的质点既是质，又有相对应的量。物质客体作为特定能量的结构性存在，比纯粹能量更富于意义，从绝对存在世界进入了相对存在的多样化世界。从绝对的存在进入相对的空间性存在，存在和相对运动状态相统一，物质世界的意义已经远远超越了能量世界的范畴。质能统一性的物质客体把能量的存在意义包括在其中，以能量守恒的规定性为基础，质量之量是能量之量按守恒法则转化而来的，它就是能量之定量本身。事实上，宇宙中一切具体存在之所以为具体，是由具体的能量之定量决定的，结构复杂性只是抽象形式，客体的具体性的根据是能量之量而不是抽象结构形式本身，这就是能量一元论和自然统一性的充足理由。包含守恒能量之定量而产生了抽象结构形式规定性的物质世界就比能量世界更具意义。生命世界的形式规定性则比物质客体要复杂、丰富得多，时空统一性结构就比空间结构形式为规定性的物质更具意义。物质可以抽象为质点存在，但生命客体已经是不可还原的过程性存在，离开时间性无生命本质规定性，猪显然比盘中的猪肉更具复杂意义。生命世界的复杂性，意义的多样丰富性，已经达到了自然界的极限。同理，人类世界是以抽象文化为本质的世界。具体现实的社会历史过程以自然生命过程为前提和基础，但在后天经验中产生和延续的文化抽象结构，使社会这一群体动物的抽象生存形式成为基本生存单位。抽象的社会是以历史形式在从抽象向现实展开的具体过程中成为现实的人类社会存在。就是说，人的世界的现实、具体运动过程，除了自然物质基础外，还有它自身独有的文化规定性、历史规定性，社会历史过程具有能量、物质、生命及历史四个层次的形式规定性，因而具有最丰富的意义。正是在这种意义上，现实具体的人的世界是包括了一切意义，包括了一切形式的世界。从意义世界的角度来看，人的世界就是最普遍的世界。我们对世界从存在即物质上升到存在即精神时，在主体世界意义上是精神文化意义上的精神，它同样可以陈述为等价的存在，即人。这是意义从个别到一般到最普遍的发展过程，而且是宇宙从简单到复杂，从低级到高级的运动过程的客观而统一的归纳和概括，宇宙大爆炸理论揭示的物质世界产生和进化过程同样是与之协调统一的。所以，在意义世界中，我们把存在和过程相统一的普遍世界理解为从能量转化、物质结构演化、生命世界进化到人类世界文化这四个层次不同形式的运动相统一的过程。人类世界作为由抽象文化本质规定性产生的特定世界，只是世界中的一种特定结构，但作为世界最复杂的过程性结构，任何现实具体的社会历史已经包括了整个世界的历史、时间、空间以及能量守恒的规定性于其中。我们在世界统一性意义上就有充足的理由断言，人类世界是最具普遍意义的存在。存在是能量，存在即物质，存在即生命，存在即人是对世界统一性认识从个别到一般到普遍到最普遍的理解，这就是从低级到高级的运动之意义所在。

把人的世界理解为高级世界亦即最普遍意义的世界，其意义首先是存在论的。对人自身存在的理解的本质意义在于把人和禽兽区别开来，赋予人之所以为人的充足理由。这种思考一定超越了自然哲学，一定不能局限于抽象知性科学还原方法，不能把人还原为禽兽甚至行尸走肉。人和动物的区别不在于自然生命，在生命意义上人只是万物之一，与其他物种生命相比并无优越之处。人和动物的本质区别在于获得生命生存的文化选择生存方式。卢梭说动物一千年也没明显变化，人的世界则是不断发展变化的时候，是在文化选择生存方式意义上说的。在物种基因遗传方面，人也只是万物之一，也是基本稳定的。生命是时间性存在，人是社会历史性存在，两者的本质区别以生存选择方式为根据，人和动物的生存选择方式有本质区别。人还没有建立普遍社会文化，还是以自然选择方式获取生命及种族生存时，人就还只是禽兽，我们称为人类蒙昧期、野蛮期或原始社会。人建立普遍文化并以文化选择方式生存时，人凭其普遍的社会历史文化本质超越了禽兽，走出了纯粹自然界，从物种意义上的存在进展为社会历史意义上的存在，人就不只是物种之一，而是自成一大的以社会为生存单位的历史文化性存在。人认识自己，就是要赋予自身存在论意义上的充足理由。人是社会历史中以文化即理性生存选择方式去生存和发展的存在，这是人和禽兽的本质区别，是人的存在的根据。

把文化及其与之统一的理性嵌进存在论范畴是需要智慧的，需要反思，不能停留在直接性。这是文化认识文化，理性理解理性的智慧。在传统哲学中，本体存在论的对象是具体存在者；在认识论中，其对象则一直停留在抽象认识本身，精神、意识、真理、理性只达到抽象认识水准。这种还原为物或止于抽象的心物对立境界是无法通达人的存在论的理解的。离开心物统一性，上帝也制造不出具体之人，绝不可能赋予人的存在论意义，合逻辑的结果一定是人异化为物。客体存在论或主体认识论都达不到主客体相统一的人的具体存在的合理理解，它需要进展到本体论和认识论的具体统一境界。关键之点在于，人的认识就是人的存在论意义上的行为，没有认识，没有文化，没有抽象理性，就没有人的存在。离开认识不可能得到人的存在论意义上的理解，这在狼孩、初生婴儿、精神分裂者中可以得到有力的例证。在普遍性意义上，只要明白人存在的根据不是自然生命，而是实现自然生命个体和种族生存发展的文化选择生存方式时，问题就迎刃而解了。以文化选择为生存方式的人类文化认识、理性就是人的存在本身，抽象文化、理性在人的文化选择生存的具体社会历史进程中获得了现实性的意义。所谓物质变精神，精神变物质不能从客体去理解，只有从主客体相统一的人的文化选择生存方式中才能得到合理理解。因此，执于物把人异化为物是短视的，执于心把文化、认识、意识只限于抽象认识论意义是盲目的，执于抽象看不到具体睁眼也是瞎的。抽象文化来自人的社会历史文化生存现实本身，文化的现实性在于人的文化生存选择，这超越了本能和感性支配的理性具体生存方式。只有从文化现实性、具体理性即知和行、存在和认识的统一性中才能通达文化和人的现实理解，才能明白人的存在何以是理性具体存在，从而区别于感性具体之野兽。

哲学认识论止步于抽象的精神、意识、真理，这是柏拉图留给人类的文化遗产。柏拉图的理念论哲学把人类自觉理性从客体自然统一性推向主体统一性这一更高层次，人的理性自觉地返回人的理性自身。但柏拉图的认识论还没有在主客体相统一的境界把认识论和本体论理性地统一起来，反而用认识论否定和取代本体存在论，得到的不是主客体相统一的存在，而是纯粹主体性的存在。说具体存在是纯粹抽象无物之精神实体是无意义的，不要说自然哲学家，尊重常识的人都无法接受。两千多年来西方哲学主流在认识论框架中发展，但哲学始终难以望柏拉图项背，无人能站在柏拉图肩膀上，无法从主体抽象精神统一性进展到主客体统一性的境界，对主客体相统一的人的认识就止步于抽象精神或具体之物的两难选择之中。停留于主体具体存在的唯心论哲学把一切文化现象统一于抽象精神，无法从抽象理性回归具体理性，永远无法理性地回答人的存在命题。这种局限性登峰造极时，人类文化，包括抽象文化，只能止步于抽象精神，连具体的抽象都无法达到。现代人类意义世界是一个有精神无灵魂的荒诞世界。没有每一个现实具体个人的灵魂，又何来普遍的抽象精神？精神之所以是人类普遍现象，就在于它就在具体现实个人的灵魂中，在具体个人对知识、价值、世界的文化认识中，表现在每个人现实生存的理性统一性意义的现实选择之中。世界统一性原理把人类认识理解为本体论和认识论相统一的时候，合逻辑地坚持精神文化和人类理性的具体现实意义。人类普遍文化具体存在于人的理性灵魂中，现实地存在于人的文化选择生存过程中，这就是人类是异于禽兽的存在的根据和理由。

抽象的社会、历史、文化、人的本质，这一切在回复到具体的人类社会历史过程中就获得了具体的统一性意义，就构成了我们现实的社会历史，就是我们现实、具体的存在本身。抽象回归具体是在理性统一性意义上的，人作为社会历史文化理性意义的现实存在的理由在于人是能量转化、物质演化、生命进化、人类文化的具体统一性存在本身。能量之定量是一切形式的具体存在之具体现实性本身，但能量、物质结构形式、生命时空结构形式只是文化现实性存在的基础，不是本质。我们的存在本质上不是本原，不是物质，人是以抽象精神文化为本质的最普遍的具体理性存在。人的世界是最普遍意义的世界，是超越了自然意义的世界。精神文化不是纯粹抽象，是从普遍意义的主客体理性具体存在中抽象出来的，它来自于具体，抽象意义指向具体，它的现实性就是具有理性灵魂的每一个文明人的存在，就在于你我他的每一个非本能的现实生存选择中，在人类从低级到高级不断进展的统一文明史中。只有达到这种理性觉悟，才能理直气壮地断言人本质上异于禽兽，才能超越客体而成为自由自觉的理性具体存在。

第三节　文化和自由

一、自由和选择

裴多菲的自由诗“生命诚可贵，爱情价更高，若为自由故，二者皆可抛”，是近代人的自由意志随科学、民主、理性运动发展而发展的精彩表达。人类赋予自由超越了自然生命，而且还超越了人的文化中神圣的爱情的价值，因而具有了人的存在的最高价值和意义。自由是人的文化生存中无时无刻与人相随但似乎又是不可捉摸的东西。如果把自由理解为人的本质，则自由就是我们自己的存在本身，所以它就是我们生存中最基本、最亲近的。文明人的存在是世界中最普遍、最复杂的统一性存在，自由是我们存在中抽象的本质，只可意会，不可捉摸，因而执于感性具体又难以得到它的完整的规定性理解。每个人都崇尚自由，但并不等于我们已经理解了它的普遍统一性意义。在现实中，我们一方面把自由作为崇高目标和核心价值，另一方面又在坚持不懈地反对自由主义和自由化。这并不矛盾，此自由非彼自由。最深刻的思想认识根源在于我们并没有达到对自由普遍本质的统一性理解。

把自由置于人的存在中高于生命、爱情的崇高价值和意义的时候，对其普遍意义缺乏统一性理解就不足为奇了，因为它就是人的主客体统一性存在的理性具体认识本身，而人类理性还没有进展到自觉具体理性的水准。人本身是复杂性、过程性存在，人不但不是纯粹的东西，而且是文化和自然相统一的，是在绝对运动中面向无限的存在，因而人的自由就不是现成的东西，它的现实的内容和意义也是无限发展运动中的。从统一性智慧来看，说因为人的历史过程性使人的自由的意义是发展的，和说因为人的自由的意义不断发展，从而人的本质、人的存在不断发展是等价的，是同一件事从不同的角度描述理解。人的世界是最具意义世界的理由在于人的普遍文化的本质，因而人的自由的本质对于人的存在而言，既是在最根本意义上的，又必须从复杂统一性意义去理解。对人的世界的理解本质上就是对文化的理解，对人的自由的理解。人的进步、人类社会历史发展的意义就在于人的文化本质的不断发展。人的本质发展的意义如何理解，则是和人视为高于生命、高于爱情的自由的理解息息相关的。因此，人作为文化的存在，赋予了自由以崇高意义。自由之所以为自由，就在于它不是东西，也不是不变的教条和原则，而是永恒的发展。人类对自由的思考、歧义、争论，不是人的愚蠢和无知，而正是人的文明、智慧和进步所使然。思考自由的人一定是自由的，思考自由是自由发展、文化发展、人的发展不可或缺的基本前提。不思考自由，不赋予自由以不断丰富的新内容才是没有自由的。所以，对人的社会历史本质的思考，最终必须深入到自由，从自由的不断运动发展意义中去理解人的本质和意义。

自由的最原初意义是客体存在状态描述概念。对于按最低能级原理绝对运动的能量定律及按最大熵原理相对运动的物质世界而言，由必然性规律支配的客体理论上无自由的意义。诚然，自由不是东西，而是一种抽象的状态，能量和物质的状态由最一般的必然性定律及各种特定的自然规律去支配，所以没有自由之意义。客体是不自由的。但在客观描述中自由是严谨的科学概念，伽利略陈述的自由落体运动，爱因斯坦陈述的自由观察者中的自由是有确定规定性的。自由落体是指在重力作用下且没有任何其他作用力时物体的运动，空气阻力必须忽略不计。自由观察者的物理意义是指用来观察描述的时空坐标系之间是不受外力作用因而没有加速度的惯性参考系。我们对物理世界的自由的最一般最直接的理解是：自由是没受外力约束作用，自由的否定性即不自由是被约束、被规定。我们对自由的最原始、最基本意义的理解是在客体不受外力限制、约束、规定意义上去理解的。在这种意义上，受纪律约束就失去了一部分自由，破坏了纪律就犯了自由主义错误，所以我们要反对自由主义。但我们反对自由主义的意义却不是去剥夺人的自由，而是为了人的自由本质的发展。把自由理解为和约束相对应的就只是在物的意义上、在感性意义上，而不是在人的本质意义上。自由的理解以感性和知性意义为基础，但自由的本质决不是感性和知性可穷尽的，必须从感性和知性上升为理性。所以，人的自由的规定性不能只是具体个体感性存在意义上的规定性，必须从人类社会文化才能得到最终的统一性理解。比如“随心所欲”是一种理想的自由境界，但个体感性生存意义上的随心所欲和在社会历史文化意义上人的生存的随心所欲的意义是根本不同的。抛弃社会历史文化因素，把人还原为自然生命个体去随心所欲地生存，即每个个体的人按照自己的生存欲望去生存时，它不受任何文化约束，最少生存约束，但却不是最自由的生存。因为它的“欲”只是自然本能意义上的，非常有限，不会超越自然的限制，在本质上根本就不是自由，所谓随心所欲是在生命本能的“丛林法则”限制和支配下的。但孔夫子说人活到七十岁可随心所欲时，它的欲已经不是纯粹的自然生命本能的追求和欲望，而是一个具有文化的个人、具有社会历史文化本质的个人的目的和欲望。人只有经历一定的生存经验，积累了一定的文化知识才能合理地确定自己的目标，才能根据知识去知道自己“欲”什么，而不是根据本能去“欲”什么，才能真正升华到随心所欲的境界。孔夫子“随心所欲”之“心”和“欲”不是自然的，而是文化的，是社会历史的，是从社会历史文化返回到具体的个人存在。所以人的自由只能从社会历史中得到本质的理解。如果停留在感性自然中，动物比人更自由，但我们坚持动物只是自然存在，万物之灵的文明人类才是自由的存在。

自由概念的非物质性不但基于它的过程统一性中的抽象性，还在于它的意义抽象性。人的自由不只是一种状态，一种所谓的抽象性质，而且它更以意义为基础，即只有以意义为基础的过程、行为才有可能是有自由意义的。所以，人的自由不论将其作为一种抽象本质、抽象属性、具体过程中的抽象，或一种状态陈述，都建立在“意义”即文化的基础上，这种意义称为“意志”。自由的最普遍规定性不能离开意志而获得意义。为什么我们总是不证自明地把人的主体性、目的性和自由联系起来呢？应该说，人的主体性、目的性就在于以人的自由意志为基础，以人的目的性、主体性为特征的社会历史过程就不是纯粹自然必然性规律制约及最终决定的客体过程，而是自由的过程。因此，社会历史过程的本质在于文化，同时也可以说就是自由，自由是文化世界的本质，是人类世界本质的本质。

从意志、目的性去理解的自由却并非一定是文化的，即自由意志从意志的一般意义去看，由认识为基础的有目的有意志的行为的产生，并不纯粹是社会历史的产物，而是在一般生命世界的意义上就已经产生了的现象。我们一直以来把自由意志自在地理解为一定是属人的自由意志，这无可厚非，但不证自明地认为只有人才有意志是很有问题的。意志是自由产生的前提和基础，却不是自由的本质和根据，说因为有意志所以有自由是不准确的。意志只是自由的基础，不是自由的根据和原因，所以自由和意志只是统一性关系，不是因果关系，这正是不能把具体个体感性意义上的无约束的意志理解为自由的本质和根据的原因。仅从个体意志意义出发无所谓自由不自由问题，自由只应在社会历史统一性中才有本质意义，自由才是人的世界的本质，而不是自然生命世界的本质。因此，尽管自然动物基于感性自然意识，已经产生了认识的“意义”，产生了生命个体的生存和生殖“意志”，但并不成为这种有意志的存在必定是自由的存在的根据和理由，否则自由就不是人和动物的本质区别，而是人和动物的无本质区别了。近代科学革命以来，特别是达尔文进化论产生以后，人类把自己当作万物之灵，理解为自由的存在，从而把自己和纯粹生命世界区别开来。但如果只停留在自然生命世界意义上，把意志和目的性理解为自由的本质和根据，意志和目的就成为具有自由本质的文明人的专利了。迄今为止的人类文化不是直截了当地否认动物思维和认识，就是极力回避这一问题。我们无视自然生命世界进化出感官及脑机能的意义，无视动物脑机能产生的认识的意义，无视自然生命认识的意志及其生存选择的意义，那是睁着眼睛说瞎话罢了。自由是意志的产物，但意志能否成为自由意志，或还只是自然意志，则另当别论。

从自由意志出发理解人的社会历史过程，并把人的本质理解为自由，把人类世界理解为超越了自然必然性支配的世界，因而是自由的世界，这是对近代科学革命以来人类形成并不断强化的人的物化异化现象最强烈的反弹，成为后工业社会的重要的文化思潮。高扬人的自由本质大旗的存在主义哲学就是以抽象意志为基础的选择性去解释人的本质，把基于自由意志的选择行为支配的人的世界和基于必然性支配的自然世界从本质上区别开来。存在先于本质的进一步发展是自由即选择，人是选择中实现自己本质的存在，人就存在先于本质。由于人的选择是不断返回自身、构建自身本质的过程，人的本质规定性就不能从物的结构不变的规定性去理解，人就不是物，而是自由地发展着的存在。从自由和选择的统一性去理解人的本质构建的统一性过程是具有深刻意义的。一是超越了仅仅从相对于约束意义对自由的简单、直接理解。没有约束只是一种纯粹的抽象，仅从没有外力约束去定义的自由落体、自由电子中的“自由”只是一种对客体进行科学认识的抽象，现实中无这种绝对的自由。客体世界是相互作用的，“自由”不是失重的抽象，抽象出自由客体只是为了方便分析问题而已，它只有认识论意义，无存在论意义。如果把人的自由也理解成相对于约束，那就变成人只有抽象的自由了。从选择去理解的自由超越了从约束去理解的自由，因为选择和约束之间并无因果联系，更无必然性的决定和被决定关系。从选择去理解的自由就不只是与约束相关的状态或过程描述，自由就不只是一种认识的抽象，而是存在于人的统一性过程中，是从具体中抽象出来的，又是返回具体社会历史中才获得存在现实性的。二是人的自由的选择不但超越了自由与约束的直接关系，而且实质上超越了一切客体关系，即自由不再只从客体意义去理解和规定，而是从主体的角度去规定。人们说客体世界的普遍联系和相互作用时，无主客体之分，只有作用客体和反作用客体之分，它们的相互作用力是大小相同，方向相反，作用和反作用双方只有相对性认识意义，取决于描述的对象选择。但在主客体关系中，并不是从互相作用，而是从主体对客体的主动作用去观察事件的，主体尽管必然受客体的反作用，但主体之所以为主体的根据不在于客体的反作用，而在于主体自身的规定性。主体对客体的作用是选择性的，表明了主体是自由的，自由的选择表明了主体选择性是自由的主体选择。主体和由必然性支配的客体有本质区别，自由是对主体本质的规定，超越了客体存在的意义。三是从选择去理解自由不但把主体和客体规定性区别开来，而且把自由理解为行为过程，它的本质意义不在于对客体的作用，不是选择行为的结果，而在于选择行为本身，即自由的本质在于选择而不只在于选择的结果，因此自由就不是一种现成的东西，也不是某种现成存在的状态，而是本质就在于选择的行为之中，在抽象的行为状态而非具体的作用结果之中。所以，自由就具体于统一性的过程之中，一般意义上的自由是从具体自由选择过程中抽象而来的规定性，它必须返回自由选择过程才能得到现实理解。现实的自由就不是具体现成的东西，而是一种在永恒的运动、发展的统一性过程中才能获得具体存在意义的抽象的本质，一种属性，一种现象。现实的自由是一种过程，是在主体性的能动选择行为中实现的。

从选择去理解人的自由本质是对从必然性的客体支配意义去理解人的本质的超越，是从物的世界到人的世界，从客体世界到主体世界的飞跃。但是，从选择去理解自由，把自由理解为人的世界的本质，显然是远远不够的。存在主义哲学把人理解为自由的主体性存在，从选择性去理解主体的自由本质，但同时却把人的客体性忽略了，人的自由就成了无根底、无客体性、无客观性的自由，所以人就只能在脱离了具体统一性的抽象主体性之中，就只能成为现象性存在，自由就只是现象，就不是人的本质。而且人再也没有本质，或者说人的本质只是现象。这正是存在主义从选择去理解人的自由时得出存在先于本质的悖谬结论之原因所在，也是存在主义哲学对人的主体性世界思考以胡塞尔的现象学这种意向性主观方法为基础的原因，它在逻辑和方法上已在先地限定了人是有现象无本质的存在，人的自由就是一种现象而已。但只是现象意义的自由作为人之所以为人的根据是不充分的。

只从现象意义去理解人的世界，止步于选择性去理解人的自由的本质的局限性在于，离开了人的本质，没有人之所以为人的充足理由，人和动物的自然生命世界没有本质区别，一切所谓人的世界的理论就只是现象，只是幻象，人本质上就仍然只是动物。把自由的本质和根据理解为选择性，以自由为本质的人就是无本质的，只是现象意义上的。人和动物只是不同现象的存在，即动物也选择，因而也自由，自由选择就成为生命世界的一般现象，不是人的本质。当存在主义哲学家们从人类在可能性世界中的自由选择去展开人的生存现象，从可能性这一状态规定性把人和物区别开来时，整个论证、论述的事实、现象、逻辑无可厚非，但不证自明地把动物和生命存在、动物世界和人的世界割裂开来却是不成立的。尽管存在主义哲学从来就没有否认生命世界的选择性，但从它的逻辑隐含的前提意义，从人的世界、人的规定性在于把人和动物世界区别开来的最一般意义看，它实质上是把选择作为人的专属现象。这正是局限于现象，局限于主体去理解自由以及人的规定性的局限性所在。人类文化一直不证自明地只谈人的意识、思维、认识、选择，选择性地忽略其他生命的思维和意识，其重要原因就在于人类缺乏统一性思维。要把自己作为万物之灵，就得把自己和自然生命世界划清界限，最终却无法合理地理解人从哪里来，人的思维和意识从哪里来，始终只把自己局限于抽象理解之中。这种抽象性认识局限性在"存在先于本质"中已经达到了顶峰，人成了无本质的现象性存在。

按照世界统一性原理，人是本质和现象相统一的存在，无本质则无现象，具体现实的人是现象和本质的统一。但人的本质不同于动物的本质，动物的本质在于选择，这是动物进化从感知进展到思维、意识、认识的本质意义。但人的本质不是选择，人以自然生命为基础，自然生命的选择本质是人存在的基础，不是人的本质，所以选择是人的自由本质的必要而非充分条件。就是说，没有选择就没有自由，但选择只是自由的基础，不是自由本身。自由和选择不是等效关系，不是因果关系，而是统一性关系。在上一卷关于生命世界统一性的探讨中，已经把选择性生存方式作为生命的根据。正是选择性构成了生命和相互作用的物的本质区别，在进化中统一的生命世界进化的本质是从无意识灵魂进化到有意识灵魂，在此基础上才能理解人的理性灵魂，才能回答人从哪里来，人的社会、历史、文化从哪里来这些基本问题，才能具体理解人的自由。因此，对于自由和选择的统一性关系得出基本归纳：

第一，物没有自由。科学家抽象描述下的自由落体、自由电子之类关于物的自由概念只是认识论意义上的抽象，不是我们讨论的在存在论意义上的自由。物的存在不以是否有外力约束为根据，现实中也绝对没有不受任何外力约束的自然之物。据此就能断言此种自由只是认识论意义上的思维中的抽象，无本体存在论意义，无必然性也无现实性。产生自由主义、自由化思维的思想认识根源的深层首先就在于把自由理解为对约束的解除和否定，把人的自由抽象为虚幻的热力学系统中自由粒子般的个人不受约束的存在状态，这是把人物化的思维。回到现实世界看，如果社会历史中个人是像无规热运动中自由粒子般无约束自由状态，社会历史又据何能存在？在社会历史解体状态下人又何言自由！

第二，自然生命有选择无自由，因为它还不是具有自由本质的现实存在。选择性是生命之为生命的根据，这不只是取决于我们的认识，而是生命存在的现实。为什么具有存在论意义的选择性作为存在根据的生命不具有存在论意义的现实自由呢？因为生命选择只是自然选择。所谓自然选择有两个层次的统一性意义：一是生命世界的统一性存在意义，指生命世界是自然物质世界结构复杂性演化到高级阶段，自然而然地产生出时间性选择生存结构是自然的产物，生命世界从简单到复杂性的物种进化也是自然选择的产物，唯此才能理解生命从哪里来，才能合情合理地把生命理解为统一的世界；二是具体生命个体通过主动选择从环境中获得生存所需物质、能量来实现生存。生命个体的生存既是主动选择性的，又是自然的。所谓自然不只指对自然环境的选择，本质上指生命的主动性生存选择方式是由它的自然物种规定性先天地决定了的，其规定性就在先于其生命存在的物种的遗传编码规定性中。这正是为什么生命世代延续，但物种生存选择方式保持稳定性的原因。狗走千里还吃屎，狼走千里还吃人是自然先天地决定了。生命的主动生存选择本质上是自然选择，就不能说是自由的选择，说自然自由是不合逻辑的，选择和自由就只能从统一性不能从同一性去理解。诚然，选择是生命的存在论意义的行为，是生命和非生命的本质区别，但选择和自由并不同一，在自然选择意义上的生命本质上还只是自然适应性存在，还没进展到主体创造性生存的水准，故我们不会认为自然生命本质上是自由的存在。主动选择性赋予生命的所谓自由至多只是现象性的，不是本质性的。

第三，文化和自然相统一的人才有自由的本质，才是现实中自由的存在。人的选择性生存方式超越自然选择，进入文化选择时，人就走出了自然界，摆脱了由自然生命遗传机制对生存方式的先天支配作用，以后天生存经验中不断丰富的文化知识为根据在文化选择过程中实现人的现实生存，进入了在一代不同一代的连续发展中现实生存方式不断变迁的人类社会历史过程。人摆脱自然生命世代循环的自然选择生存方式的奥秘在于社会历史普遍意义的文化。文化不是上帝赋予人类的，不是先天自然的，是人在自然感性意识基础上发展而来的，是人发明了文字符号去承载抽象意义认识，使认识从具体个体感性上升为具有普遍意义认识的产物。从自然选择性进入文化选择性的最深刻意义是使人类从动物世代循环生存方式进展到社会历史意义的人类世界的连续不断的发展方式。据此老子才有充足理由断言“域中有四大，人自成一大”。是文化生存选择使人本质上异于禽兽。

为什么说文化选择成就了人的现实世界呢？因为文化构建了人的无限主体性，赋予人创造性，使现实的人成为在社会历史过程中的自由创造性存在。没有建立普遍文化本质的原始人类只是万物之一，只是自然客体存在；在进入文明史后的狼孩也只是自然客体存在，在文明史意义上不是完整的人。人类进入文化选择生存意味着每个具体人类个体必须建立起普遍人类精神文化本质于自身，才是可以现实生存的人。文化是人之为人而不再是纯粹自然生命存在的根据，文化就是人区别于禽兽的存在论根据。对人本质的认识停留在意识，没有进展到文化是无法完成的，除非坚持人就是禽兽而不是异于禽兽。停留在抽象精神，没有进展到具体文化和理性是人类认识自己的主要局限性所在。精神是纯粹抽象，文化和理性才是从抽象进展到具体的概念，只有物质文化，绝对没有物质精神。从抽象空洞精神去限制人的认识，人类认识就只有认识论相对意义，没有进展到存在论和认识论相统一的境界，即没有达到存在认识论的水准。没有存在认识论就无法通达人是文化和自然相统一的存在之自觉理解。存在即物质是关于客体存在的认识，还没有进展到主客体相统一之人。人不能把自身理解为石头般的存在。存在即精神是关于主体存在的，存在即意识则还只是关于自然生命存在的，没有达到人异于禽兽的本质与文化和自然相统一存在的认识水准。自柏拉图理念论哲学至今，西方文化始终把认识论局限于抽象精神统一性，所谓理性也只是抽象理性，没有回复到文化和具体理性，即没完成存在认识论的构建。存在认识论是对文化和自然相统一的人的存在而言的，它的本质在于坚持没有理性文化就没有异于禽兽之人。文化理性认识既是人的主体性抽象认识行为，又是人主客体具体存在的本质，是人之所以是人的存在的根据。人的文化、理性认识的根本意义是存在论意义上的，主客体相统一的人的存在论是生存论而区别于物，是存在认识论而区别于禽兽。在进入知识社会时代，人的存在即文化认识并不难理解，人类生存活动是文化选择，人类改造世界不能离开认识世界，而认识世界正是改造世界的现实活动的前提和本质，更必须理解为人的存在本身。唯此人才是主体创造性存在，才获得了自由。所以，文化和自然相统一的人才是自由的，文明史中人自由创造性的生存活动超越了自然生命的支配，人类才有资格自称万物之灵，才有现实的社会历史之意义。

二、自由的社会历史性

由上所述，自由是专属于文化和自然相统一的人的属性，在认识意义上它是自由的精神文化，在文化和自然相统一意义上它是人的现实的主体性创造活动的本质。自由不是无约束条件的客体属性，不是自然生命的主动选择性生存属性，而是人的文化生存选择的普遍本质。对自由的理性具体思考不应停留在抽象精神中，应该返回现实具体的人类社会历史过程去理解自由的普遍统一性意义。

自然和文化统一之人异于动物的一个重大理由在于人是社会历史性存

在，专属人的自由是人区别于动物的本质属性，它只能在社会历史意义上才能得到具体理性认识。人类“认识你自己”就是要在统一世界中把自身和自然存在从本质上区别开来，赋予自身以世界最普遍统一性具体存在之意义。把人和自然区别开来是在理性统一性意义上说的，不是说有一个在感性自然之外独立自主的感性人类世界。具体地看，人不只是具体客体意义上的个人，现实具体的人是社会历史意义上的统一性存在，人的自由必须超越客体无约束的自由主义庸俗化理解。自由不是约束和限制的解除，自由解放是人类社会历史意义上的概念。社会结构的约束性，历史过程的约束性已经是先天的存在，在社会历史意义上的自由就不是只有约束解除意义的概念，社会结构的不可还原分解性决定了人的自由的社会约束性。自由之为自由，只有在社会结构和历史形式下才有意义。失去任何约束就没有社会，没有主客体相统一之人的存在的基础，那就没有了人的世界，更无人的存在。这正是为什么世界统一性既从自由去思考人的本质，又把人理解为社会历史性存在。

为什么在物种意义上，以选择性生存活动过程为其本质的时间性生命存在没有自由的本质？为什么自然生命的选择过程不是自由而是自然的过程？自由究竟只是主观规定、主体自己赋予自己的意向性呢？还是有基于客观性的规定性呢？按照世界统一性原理的逻辑，如果说自由只是纯粹主体意义上的概念，那就意味着自由只是一种抽象，甚至只是一种幻象，一种精神错觉。离开主客体统一性的主体存在无具体意义，离开主客观相统一的认识无现实意义。从自然和文化相统一去理解自由时，其基础首先在于纯粹自然世界没有自由。以生命物种为基本单位，以自然选择为其本质的自然生命有选择无自由是客观的，是不依赖于主观认识的。我们回顾生命世界的基本理解：作为具体生命个体存在是在有限时间性中连续不可逆的绝对生命运动过程，但是，生命世界最基本描述单位结构不是具体生命个体，而是抽象的共相——物种。任何一个具体生命只有在一般抽象物种意义上才是生命，才不是无生命之物，离开物种在存在论意义上无生命存在。在物种这一生命基本抽象结构中，生命是循环的，是可预言的，是由自然必然性决定和支配的。这种必然决定性和质点运动及结构演化的决定性具有相同的本质，即一个生命作为可能性存在，作为复杂性进化达到个性化存在这种极限性多样化存在，尽管我们并不能确定生命的确定性的起点和终点，无法确定它的结构的确定性过程，但我们可以确定龙生龙，凤生凤，确定 DNA 决定它们生命过程和结构，决定它的统一性的生命过程。因此，生命尽管没有质点那种确定性的决定性，它作为复杂结构，并且是绝对的运动过程中的存在，我们仍然在具体统一性存在意义上将之理解是由自然必然性支配的过程，是可预言的复杂性运动。生命世界尽管本质上不是物质空间结构性的世界，它在物质空间复杂性结构演化运动中产生出自己时间性的本质，成为不可还原分解为物质结构的复杂统一性存在，但我们仍然把生命世界理解为自然世界。对任何生命个体而言，尽管它是个体性、可能性的生命过程中的存在，但它仍然是在生存过程经验之先就已经由其物种的规定性限制和确定了其本质的存在，就是由自身存在之外的必然性规律和法则支配和规定其本质的存在。尽管具体生命个体在统一性意义上具有可能性，它的可能实现的个体性甚至和其生存经验中的自主选择性本质有关，但它的可能性的实现是在先验的物种规定性限制的边界条件之中的，即它的可能性和个体性只是基于它的复杂结构性和随机环境的多样性，而不是基于对物种先验规定性的超越，它在最本质意义上还是由抽象必然性决定和支配其自然选择生存方式的自然存在。由生命物种一般抽象规定性决定了生命过程的本质，就不能说它是自由的过程中自由的存在。在承认生命过程由生命物种抽象普遍规定性制约时，就不能同时又说生命过程是自由的。尽管自由是什么还需要进一步探讨，但自由不是由必然性支配、决定的过程和存在，这是不需要商量的。自由的必然或必然的自由没有意义。正是由生命物种本质规律在支配、决定，动物在选择中实现自己本质的过程就是自然过程，不是自由过程。由此，选择是自由的必要条件，不是充分条件的论断得到合理的解释，同时可以推论自由不是纯粹的主观规定或主体本性，它的抽象的主体创造性本质只有在文化和自然相统一中才能达到统一性之意义。

把自由作为人专有的本质属性，故这种自由的本质意义只能在社会历史过程中才能得到合理的理解。只有不断走向自由的过程才是社会历史性过程，只有在社会历史中才有自由之意义，这就是社会历史的统一性。对社会历史意义上自由的理解本质上需要回答为什么由社会历史统一性过程构建的人的世界是超越了自然必然性支配的世界，即必须从社会历史过程的自由本质及其过程去理解人的世界超越自然生命世界的充足理由。

为什么人类世界的最基本结构单位是社会而不是生命物种呢？为什么人类基本结构运动的形式是历史而不是时间呢？因为我们所指的人是超越了自然生命本质规定性，被视为万物之灵，而不是作为生命世界组成部分即万物之一的人。生命虽然是在时间性形式中连续不可逆的过程性存在，但生命之所以为生命并不是以个体生命为基本单位的，在生命的基本单位即物种意义上，生命是循环，是个体不可逆而物种循环连续过程中的存在。人的生命同样如此。我们认为我们是超越生命世界的万物之灵的根据，我们之所以为人的本质规定性在于，在物种意义上的连续循环只是人的自然基础，而人生存本质上不是重复和循环，而是连续而不断的绝对运动，这种运动我们称之为发展和进步。超越时间性循环的不是人的自然物种，而是在社会历史过程形式意义上人的文化选择生存方式。人类世界不是重复的是指人类生存的基本结构社会在历史发展中的连续不可逆这一本质规定性，是指人在这一结构中的现实生存方式，这才是人是万物之灵的理由。人的生命在物种意义上依靠遗传基因规定性而世代重复连续，人的现实生存过程活动的文化选择生存方式却是在社会意义上不再单调重复，而是不断发展运动的，这正是人的世界和自然生命世界的本质区别。生命物种是时间性中的连续循环，人类社会却是本质上在历史连续过程中不断走向新大陆的永恒、绝对的文明探险历程。在历史性意义上，人超越了自然生命世界，这就是人之所以为人在于人是社会历史性存在的理由。

连续不可逆的社会历史运动和生命物种连续重复过程的本质区别在于，每一生命物种个体的时间性本质是由这一物种的 DNA 结构的规定性在先地、必然地决定了。所谓在先是在每一具体生命个体生存之先。尽管生命出现，生命物种的形成和复杂性进化是自然过程，对生命世界或物种而言无先验意义，但对以物种作为基本单位的具体生命个体而言，每一物种中具体个体的生命时间过程的时间本质规定性却是在它生命过程之前就已经决定了，是先于它的具体存在的。一个人在连续不可逆生命过程中生长发育为人而不是牛或马，这是先于人的生存经验决定的，和人如何生存的经验过程无关。一个具体的人在社会中现实的、不断的成长过程，尽管以历史继承为基础，与具体的环境条件有关，而它的实现过程却不是先天决定的，而是由他的现实生存经验决定的，这就是社会历史过程连续不可逆性和生命物种在重复循环中连续的根本区别。由此，我们可以有根据地说，人的本质是在后天经验中构建起来的，是由后天经验决定的，这是人的社会历史世界和自然生命世界的本质区别。我们生命本身生老病死的过程尽管由现实的生存过程各种复杂因素共同决定，但它的本质，它的生老病死的规定性却是先天性的，非经验的。我们已经预知自己自然生命不可避免的过程终点，不管具体现实经验如何，最终结果是不可改变的，和后天生存经验无关。如果达到中国道教的不死境界，那人就成为仙，不再是人了。人的区别于自然生命的本质在于人在社会历史中的具体现实生存的过程、方向是不可预先决定了的，是后天经验的产物，本质上由人的认识即文化本质所决定和支配，是非先验性的。人和人的社会发展到什么水平，就是什么水平。历史传承、自然条件、环境影响反映在人的现实生存中，但这些影响却不是决定性的，同样的环境条件下人的发展方向、过程、结果，不但可以非常不同，而且原则上是只能预测，无法预知的。历史和环境既然不是绝对性的，人的本质就只能在后天的经验之中。先天的规定性只是人生存的基础，不是人的本质。人之所以为人的本质是后天的，是社会历史现实过程之中构建的。社会历史的后天经验性同时就决定了社会历史过程不是简单和重复，而是在自然生命的不断重复，人的世代不断更替基础上的“螺旋式”上升，是不可逆的绝对运动过程。正是社会历史过程的不可逆性和生命物种连续时间过程的循环的本质区别，我们才有自己是万物之灵的感悟，才有理由认为我们已经超越了自然生命的本质，在自然生命基础上创造了具有社会历史文化本质的更具普遍意义的人的世界。

社会历史不可重复的螺旋上升的发展性使人在本质上不再只是一个依靠遗传基因延续的生命物种，而是在不断的现实经验生存中去实现自己本质的存在，人的本质就不是先天的、自然的、遗传的、必然的，而是后天的、文化的、经验的、自由的。在社会历史意义下才真正产生了自由的本质意义。自由的本质并不在于选择性本身，而在于选择是自然选择还是文化选择。选择就只是自由的基础，不是自由的本质。只有摆脱自然必然性制约的选择才是自由选择，这就是选择基础上的自由。只有在社会历史意义上的人的现实生存活动中，人的生存经验中依靠文化选择生存才进入文明的历史，才摆脱了必然性的支配，才能说是自由选择。自由的本质就只能从人的社会历史去理解，即只有在社会历史中，在文化选择意义上的人的生存活动才是自由的。文化经验选择才是自由的选择，文化和经验才是自由的前提，只有在社会历史现实过程中才有自由。为什么文化才是自由的，自然却是不自由的呢？自然是由必然性支配的世界，对其而言没有自由或不自由之意义；文明世界是自己作用于自己的，它的后天经验性决定了是无法以必然的、不可避免的意义去理解和描述的。自然是以确定性结果去描述的，文化却不是以结果，而是以支配过程的抽象本质规定性去理解的，以文化为本质的人就不是现实之物。人之为人的本质就在于自己决定自己的规定性，人的主体性就表现为创造性，就是连续而永恒的创造着的过程，人的社会历史的目标和意义就是永恒地向着未来的历史创造，这正是人的世界超越先天必然性的自由的本质。同样可以说，人的社会历史是在人的自由创造中产生的，自由就是后天经验创造和先天自然必然性支配的本质区别。自由作为人的存在的本质，只有在社会历史中才有意义。

自由是什么的理解由自由即选择进入到自由即文化选择。只有在社会历史意义下，在文化意义下的选择行为，才是自由选择，才是超越了自然必然性的选择。自由作为属性只是一种抽象，自由只有在人的社会历史创造活动中才成为现实存在。抽象的社会、历史、文化、自由，从人的社会历史中概括出来时都是抽象的，只有在人的现实生存中才获得了现实性存在的意义。这些抽象的存在来自于人的现实生存的复杂统一性过程，意味着人的世界，人的现实的、创造性的生存活动是社会的、历史的、文化的、自由的统一性过程。没有社会历史文化自由创造就没有人的无限意义的主体世界，人就无法摆脱自然必然性支配去自由地、历史性地、创造性地生存，人就不是面向无限的创造性主体，人的世界就不存在，人就只是作为客体世界之一的自然生命存在。按照统一性逻辑，社会历史文化自由创造、无限主体性这些抽象概念之间是统一性关系，不是决定和被决定的因果关系，它们不可分割地统一在人的社会历史创造活动中。自由作为超越了必然性的文化选择，既可以理解为社会历史统一性过程的产物、现象，同样也可以说是人的世界的本质，是社会历史过程的本质，因为这些抽象的规定性是人的世界区别于自然生命世界的根据。社会历史和文化选择的自由有不可分割的统一性关系，人的世界的具体理解就在社会历史的统一性中，又可以说是在历史文化的过程中。文化作为过程就是人的世界的运动发展，是人的自由的不断发展、人的本质不断得到实现的过程；自由作为一种解放，并不是从自然约束下的解脱，而是在文化选择中更好地实现文化和自然相统一的人的本质发展过程。在文化和自然相统一意义上，我们完全有理由理直气壮地说，我们是万物之灵，我们的命运指向未来之无限，我们对自身、对世界的具体理性认识达到什么境界，人的本质、人的现实生存、人类的社会历史就达到什么境界。这才是理性具体存在之人理性地认识他自己的存在认识论的深刻意义。

三、文化的自由本质

人的世界是以社会为基本生存单位的文化世界，社会历史文化是人类在后天生存经验中建立起来的，是不能在自然生存意义上传递而延续的，所以它的本质是非自然、非基因遗传的，是依靠后天现实生存活动去延续和发展的。人类世界和自然生命世界的本质区别就是后天经验认识和先天自然遗传的区别，前者我们称之为文化，后者称之为自然。人的世界超越纯粹自然生命世界的根据和理由是人是有文化的存在，人是以后天文化为其本质的存在，文化就是人类社会历史的本质，是人的世界的本质。文化和自然是统一性关系，即文化是超自然的，不是反自然的。人类近代以来征服自然的人类沙文主义是文化的异化，本质上是野蛮而非文明的，是反文化的。文化世界这一概念有抽象和具体统一性两重意义。抽象的文化是人的世界中抽象的本质，具体的文化世界则是指具有文化本质的现实的人类世界、自然和文化相统一的世界。世界统一性原理把具体的文化世界理解为人类世界，理解为最普遍意义的世界，同时也把最普遍的人类世界的本质理解为文化，历史性存在、创造性存在的根据和理由就在于它是文化为本质的存在。我们对人类世界迄今为止的一般论述，总是基于人的世界是以社会为最基本的不可再分解结构单位。社会是以历史为抽象形式展开的具体过程，社会历史的连续不可逆的绝对运动本性，它的历史的主体创造性等等这些认识，都能从文化中找到可靠的根据。理解文化是理解社会历史的普遍本质和历史过程的关键。对人的世界的统一性思考，在文化是人的本质的基础上，进一步就要回答文化的本质和意义是什么？

从抽象意义看，文化是相对应于自然的概念，非自然的、由人后天经验参与进去的现象、过程、东西都带有文化意义于其中。耕耘的文化意义是相对于自然物采集而言的，习俗是相对于本能的自然反应而言的……一切文化现象的最普遍的意义就在于非自然之中，这就是文化概念的本质规定性。今天，我们的文化概念内涵更加丰富无比，但同样在非自然的最普遍意义中。一个很有意思的例子是有厂家为了宣传自己产品的自然天然性，在广告中宣称产品不含化学成分，真没文化。化学是研究物质结构及其变化规律的抽象科学学科，任何物质都有化学结构，有构成的化学成分，在直接意义上这种广告语是无意义的。广告的本意是强调产品天然，无人工化学添加剂成分。这里的化学指的是人工合成添加物，文化意义上的化学成分并不等同于人工化学合成物。这个例子告诉我们，在人类世界中，文化无处不在，我们在文化的背景、文化的海洋中，却并不代表我们现代人能在最一般抽象意义上把文化和自然区分开来，因而更谈不上将文化统一起来。文化的最一般的普遍抽象只能是相对应于自然的一切非自然现象这一归纳。

文化的本质和意义可以转换成相对应于自然的本质和意义去探讨。我们说宇宙自然界时，指的是由客体为基本结构组成的世界，在传统的绝对物质观中自然界就是物质世界。按照能量一元论，能量是世界万物本性，是不生不灭的守恒的存在，所以最一般意义的自然界是由能量为本原和本性，能量转化为物质及物质结构复杂性演化，最后进化出自然生命的统一世界。物质世界既不是结构上最普遍的，也不是意义上最普遍世界，而是自然世界中特定的、中介形态的世界。能量、物质、生命构成的统一自然界是从简单到复杂运动发展的世界，是多样性和复杂性的。这种复杂性和多样性统一于能量。能量、物质、生命，无论其结构如何，都是客体本体存在，是具体个体性的客体存在，具有独立自主的存在规定性。这种独立自主的客体存在的具体性，可由感性去经验。处于中介形态的物质客体具有独立具体的个体经验存在意义，因而产生了具体客体即物质实体的假象。与自然世界的客体性相对应，人的非自然世界的非自然抽象规应性就是无限主体性，人的现实世界是自然和文化的统一，即是客体和无限主体的统一，无限的主体性是人类世界无限性的根据。人类世界是文化和自然相统一的世界，人的抽象文化本质意义就在于使人的主体性通达无限。正是主体性进展到无限，人的社会历史形式的现实过程就是人自己的创造，据此人才成为历史创造性存在。

世界统一性原理把世界看成结构性、复杂性、绝对运动发展的过程存在。除了本原性存在之外，一切非本原客体的本质是结构，是本原存在客体的多样性结构，世界统一性的另一种表述是存在即结构。但这还不够，它的进一步表述是运动，即世界是过程和存在的统一，统一性的世界是永恒的结构运动中的具体世界。在能量转化、物质演化、生命进化中，自然客体发展出具有不同本质规定性的复杂结构，这就是自然界从简单到复杂、从低级到高级的一般规律和过程。对自然界的统一性认识，是在客体结构基础上的运动发展，特别是结构本身的运动发展。最高级、最复杂的自然客体即生命客体已经是在绝对结构运动意义上的存在，仅结构无运动已不足以描述和规定生命客体存在的本质规定性了，这就是生命统一性存在是结构和过程相统一的存在的原因。自然客体过程比其静态结构是更为多样性和复杂性的，对这些复杂多样性运动的最一般归纳，我们用随机、偶然、必然概念去描述。一切自然运动的最一般的普遍本质，在于支配它的必然规律性。我们对自然界的认识，就是要从变动不居的现象中归纳出客观普遍有效的本质规律，即必然性规律。所以，自然客体多样性运动本质上是由必然性规律去支配，这是自然世界的本性，它与我们是否认识和如何认识描述无关，是先于人的认识而先天存在的自然的本性。这正是当代人谦逊地把科学真理称为探索发现而不是发明和创造的根据。我们发现了肠胃消化原理，但这个一般原理、规律、法则的存在与我们是否发现无关，它是客体客观的，是不以人的认识、意志为转移的，所以是必然的。从多样性运动现象中归纳出的必然性规律是普遍、客观、有效的，所以是本质规律，没有现象规律。自然客体运动现象本质上由必然性规律支配，自然的本性就是必然性，自然而然就是一切自然现象都是必然性规律支配产生的结果。按上所述，相对应于自然客体的必然性本质，人类世界作为文化世界的本质就是自由。就是说，人类社会历史是人作为主体自己创造自己的历史，这种历史不是由必然性支配的。历史不是人类只能发现、不能创造的客体存在，不是只能被决定、被支配的过程，而是由人的自由意志参与，并且由人的文化选择去决定其结果的过程。最为深刻之处在于，人类精神文化创造性活动就是人的现实生存本身，理性认识对于人的存在不只是必要的，更是不可或缺而充分的，存在论和认识论不可分割的统一性的根据就是你我的理性具体存在本身。正是人的自由意志的作用，人的社会历史发展有方向、有追求、有预测，但不能科学地决定，不能必然性地被决定，因而社会历史就是不可重复的，不是循环的。社会历史和物种具有不同本质意义。物种在重复，社会历史在不断不可逆地变化和发展，所以人类社会超越了自然生命世界的时间性本质，超越了 DNA 遗传编码的先验决定作用，在文化本质中实现了社会在历史形式中的连续不可逆发展。不同于自然的文化本质使人的世界成为域中四大之一，成为具有最普遍意义的统一世界。这个世界的本质就在于人的文化本质，在于文化的自由本质之中。文化的自由本质超越了必然性支配，使人类历史成为在文明旅途中永远探险、永远冒险的历史。人类的本质在于文化，文化的本质是自由，自由的本质在于人类文明是永远的冒险。没有必然性支配的自由过程，超越了必然性支配的过程是自由的过程，也是不确定性的冒险历程。对人类世界的抽象，从人即社会，到人即历史，到人即文化，再到人即自由，这是对人的抽象本质认识在统一性意义上不断深化的过程。这表明自由是人最深刻的本质，是人的文化本质的本质之所在。

人的自由本质、文化本质不是具体东西，而是对人的现实世界在思维中的抽象。对抽象自由的具体理解必须回到人类世界现实的社会历史中，在社会历史文化不断发展过程中去体会和理解人的本质的发展，从而有根据地把人类社会历史本质发展理解为自由的历史过程。自由统一性意义的基础在文化的统一性意义之中。科学理性思维的致命局限性就在于只把文化当作抽象概念，把文化和自然、生存实践和认识机械地割裂开来，把文化孤立起来，只在抽象意义上理解文化。抽象没有返回具体抽象就失去了抽象的意义，离开文化的统一性意义就无法得出它是人的具体社会历史的本质深刻而普遍的理解。正如马克思所说，历来的哲学家只是在解释世界，问题在于改造世界。后来有人以此为据，把马克思主义哲学理解为实践的哲学。其实一切称得上哲学的认识本质上都是实践的，它的现实意义只能在人类生存实践中。对此说明了三个相互关联的问题：一是马克思客观地总结了人类认识史上把思想、意识、认识、知识、理论这些文化现象只是作为认识意义上的“解释”的抽象理解，没有真正深入文化现象的本质，没有从人类社会历史的具体统一性意义去把文化现象作为现实的抽象本质去理解，更没有达到文化的本质是自由，因而人的世界本质上是自由的深刻理解；二是问题在于改造世界是对认识只是解释世界的超越，应该作为认识世界和改造世界相统一的理解。如果把文化局限于精神，则还是把文化局限于小文化、中文化、抽象文化中，则解释世界和改造世界就达不到统一，更达不到认识即存在、文化即实践的水准。以改造世界的现实活动作为外在于认识的活动时，文化就还只是抽象的，哲学文化还只停留在抽象意义上；三是把马克思主义哲学理解为实践的哲学，如果是只在相对于认识和解释世界的意义上而言的实践，则这种实践观、哲学观、文化观在逻辑上已把文化和认识限定为抽象的，把非马克思哲学当作纯思维抽象，没有洞察人类哲学的具体普遍性。事实上，人类文化的主流是把知识和认识的意义理解为文化，把本质抽象的文化理解为它就只是抽象的。这种不证自明的文化概念的局限性在于，人的社会历史的现实具体进程就不是文化过程，文化只有静态形式抽象意义而无现实过程意义，文化失去了“化”这一过程的本质和人的世界的本质。存在主义为了人的主体自由创造，不惜牺牲人的本质。人类几千年追求自由、发展、创造的文化的最大遗憾是没有回到文化这一存在的本质，因而无法对自由得出统一性具体理解。为什么人类名正言顺、理直气壮地把自己的社会历史称为文化文明史，却不能理直气壮地把自己存在的本质理解为文化呢？如果不从文化去理解人存在的本质，人的自由的根据及意义又从何而来呢？人不能无能到借助意向性来单凭主观意志去赋予自己存在的价值和意义。没有普遍性的本质，主观意义只是多样性现象而已，并无真正的意义。现象的意义只能在本质之中。

回首人类对精神现象认识的历史及其成果，最有成就之一的黑格尔的精神现象学理论，它归纳了精神从自然现象到文化现象的从简单到复杂，从低级到高级的发展过程。但这位辩证法大师也仍然停留在精神现象本身，没有上升到文化作为精神现象的更普遍意义以及文化作为人的意义世界的本质的高度，即依然没有归纳出最普遍的文化抽象本质，更没有把抽象的文化回复到具体的文化运动过程。至今，我们依然在讲物质变精神，精神变物质及物质力量、精神力量。这些描述和概念是在因果决定论框架下的，是很有问题的。抽象的精神如何有力量？精神又如何能变为物质力量？这只有在精神意义世界和物质世界统一性下才能理解。这不是相互作用、相互转化的过程，而是一个不可分割的统一过程，揭示的是具有文化抽象本质的具体的主客体存在超越了纯粹自然必然过程的具体现实性。对于这一统一性过程，对于人类社会历史的具体过程，更准确地说，是文化过程，不能从纯粹抽象精神从低级到高级的发展过程去理解。只有从抽象精神进展到具体文化概念才能更好地揭示人的社会历史过程的具体统一性，才能免于把人类社会历史局限于抽象、主观的精神、意识意义的理解。而且有一点非常重要，精神现象产生于自然，文化现象才超越了自然。所谓物质变精神、精神变物质包括动物社会的生存过程，动物已经是通过思维、认识、选择去实现其生存的自然生命存在。我们讲精神物质相互关系，无论统一性理解还是因果决定性理解，都是在人的世界意义上的，这种精神本质上只是更普遍意义的人类文化意义上的。文化世界才是自由的世界，而精神世界并非以自由为本质，而是以自然的必然性为本质。精神只有在文化的高级、普遍意义上才获得自由。理性才是自由的，感性还只是自然的。

精神不是最自由的吗？人类根据自由的生存感悟，把心灵理解为最自由的。其实这种感悟是现象的。我们自由的精神之所以自由在于我们的精神是上升为文化的精神，真正赋予人的自由本质的是精神文化，而不是抽象精神或初级的精神现象本身，这才是人的精神和自然精神的区别，是人的文化认识和它的本能的区别。我们为了圆精神自由的幻觉，长期来用鸵鸟政策去对待自然生命的意识、思维，认识这些自然界的精神现象，掩耳盗铃而已。人和动物的本质区别不是有没有精神认识，而是有什么样的精神认识。具有精神文化本质的就是人，就是自由的存在；停留在感性自然认识中，没有普遍抽象文化知识认识的就只是自然生命。人的世界是文化创造的世界，动物世界是自然本能支配的世界，两个世界的本质区别就在精神层次上，而不是有目的的选择生存本身。动物的认识意义、精神意义所指向的也是生存选择，但支配选择的是欲望，是与生俱来的本能支配的欲望。由于与生俱来，自然生命在物种意义上就是重复的，必然的，是不自由的，一个物种一千年后也没有本质的改变。但人的选择是文化选择，支配人选择的目标不仅仅是自然本能的欲望，而是人在社会历史中构建起来的具体的文化统一性，更严谨地说是抽象的文化本质内化于具体个体主体而构建起来的具有文化本质的人的理性目的性。所以，人类用理想这一概念去完美地表达他的目的和动物由本能支配的欲望有着本质区别，人的世界就是超越了自然本能和欲望支配的、具有文化本质的理想世界。理想不是欲望，欲望是可以被满足的，特定理想目标是可以实现的，但理想本身却是不断发展、永远是理想的。理想之所以为理想，就在于理想不是现实，但却是人追求的，可在现实中达到的未来现实。理想一旦成为现实，它就不是理想而是现实，新的现实又会产生了新的理想，理想就永远超越现实，又指引着人类社会历史不可逆但却又没有确定性、决定性终点目标的连续进程。在现实、理想的不断循环构建的文化进程中，人类社会就超越了自然生命物种意义上的循环重复性。尽管人作为物种基本不变，但人的生存方式在社会历史形式中却是不重复的，是不断前进的文化过程，是走向越来越高级文化和文明的冒险过程。我们的生命在DNA支配下，是蒙上双眼拉磨的小驴。我们的社会历史却本质上只是一张单程车票，这就是以文化为本质的社会历史的自由的最深刻的含义。

综上所述，可以得出文化即自由的理解。文化的本质是精神文化，自由本质上应从心不能从物去理解，应从理性之心不能从动物自然之心去理解。文化选择才是自由的，自然选择只自然无自由，这才构成了主体性选择生存的动物和人的本质区别；主体性选择限于自然意义是有限生存，进展到自由意义才超越了自然内在目的性的范畴，人的主体性是自由创造性的无限主体性。主体性是人和动物的共同属性，主体性由有限进展到无限才是人和禽兽的本质区别。自由本质在文化之心，是人内在的规定性，故它和自主自觉是不可分割的，自由不能由外在条件限定才获得无限而绝对的意义，这就是自由高于生命，贵于爱情的充足理由。诚然，常识总觉得人的自由相对而有限，这没错，但只是执于现象才叫常识，相对有限是人自由生存选择的现象，不是自由的本质，是人的理性相对有限产生的现实性。在生存选择现实中，外在条件不可能满足人的本能之心，把自由从自主自觉转换为外在条件的制约就产生了自由相对有限性的假象，但不能随心所欲的根本原因在于心即人的自觉理性，人的理性自觉在那一水准，他的自由就在那一水准，达到理性绝对圆满境界就达到绝对而无限自由的境界。共产主义理想世界是无限自由的世界，佛和道的绝对境界是绝对自由的境界。人们执于科学技术和生产力不断进步带给人越来越大自由的现象，殊不知执于外在之物理解自由是一定为有限相对性所制约的，由之根本解释不了人之道“损不足以奉有余”的马太效应支配的现实，不明白越发达社会人的幸福感可能越低的原因。共产主义是人的理性自主自觉自由本质达到绝对才能成为现实的，想象物质财富绝对满足人的需求是不成立的，它只能满足人的生存需要，绝对满足不了人的本能欲望，执于物欲去理解共产主义、自由、理性是南辕北辙。两千多年前物质财富条件比当今如何呢？当今又有几人自认达到老子道法自然、佛祖无法之法的绝对自由境界呢？那就是理性本质达到绝对的境界。无法之法不是没有法，而是得到对一切外在之事物本质圆满透彻的理解，道法自然就是自主自觉按自然内在目的性去实现人的自然生存，从主体自主自觉意义上看，归根究底是给人的本能欲望去约束，从而使一切外在制约都失去了制约意义，既是现实制约又不是对自由心灵的制约。外在之法是自觉理性的无法，主体自觉理性达到无法之法就是道法自然和如来的本质意义，这就是自由无限而绝对的境界。所以说，自由本性是绝对而无限的，它相对有限的现实性是人的理性只在相对有限水准外化而已。

从世界统一性原理上看，文化是对自然的超越，而不仅仅是非此即彼的相对应的概念划分；自由是对必然性支配的超越，也不是自由和必然非此即彼的概念划分。自由不是对必然性的否定，是超越。自由不是必然性约束的解除，而是由文化为本质，以社会为基本结构的人类世界的生存过程的本质。把自由理解为约束的否定是在物、客体意义上的自由，是对自由在因果决定逻辑下的理解。但这并不是自由的最深刻的意义，更加不可能是人的世界本质上的自由的意义。人类社会是复杂统一性存在，而且是以抽象文化为本质，在抽象社会历史形式下的复杂性统一过程，这种统一性中的自由就不能从简单抽象的因果关系去理解，不能把自然必然性和文化的自由选择本质作为因果关系或非此即彼的选择。人的世界是以自由为本质的世界，人的现实具体的社会历史创造过程本质只能是自由的文化过程，在统一性意义上则一定是自由和必然相统一、文化和自然相统一的过程。

注释

①张尚仁著《聊哲学》，昆明：云南大学出版社，2012 年第 1 版，第 22—23 页。

第四章
自由和必然的统一

引　言

【提要】自由作为人的本质是绝对而无限的，其无限的发展性又表现为人现实生存中自由的相对有限性，这归根到底是人理性的现实局限性。理性生存是在人的文化选择现实中由抽象进展到具体的，这是人的文化和自然相统一的实现机制，更深刻的具体意义在于这是自由和必然相统一为内在机制的，其水准决定了人的自由和理性文化的现实水准。由自由和必然的具体统一性去理解人的理性、自由普遍本质的现实相对有限性，意在把相对有限的自由、理性统一于其绝对意义，从而有根据地把人类社会历史统一于自由、理性由有限相对向无限绝对的永恒发展过程。

一、人对自身理性最直接而普遍的感悟不是以理性为对象，往往是以理性文化更深层的自由之更普遍而现实的意义去陈述。停留在自由有限相对的直接现实性难以自觉自由和理性的统一性，更无从进展到自由和必然的统一性具体理解。科学理性是不成熟的理性，由此主导的人类现实文化始终把自由和必然置于无可调和的对立矛盾中。由物为本质统一人的世界得出没有人性的世界，人的生存是必然性支配的宿命，失去自由本质的人本质上是非人。人超越自然则超然物外去战胜和统治自然，自由战胜必然的现实性表现为人类由自然王国走向自由王国的不断进步过程。现象学用意向性的方法理解人的具体现实存在，避免人的物化异化赋予人以自由，但意向性是个体主观心理学意义的范畴，由之得不到人以普遍本质为根据的统一性理解，只达到动物自然水准，达不到自由的绝对普遍性意义。现象学的自由彻底割断联结自然的脐带，自由和必然无相关性亦无矛盾，但和具体无关系的自由本质上只是思维的幻象而已，自由的人是“失重”的纯抽象存在。人对自由的感悟不是纯粹具体感性或抽象知性的，一定是理性具体的，不成熟的理性从自由和必然对立意义去理解自由，那是无法摆脱两律背反的，人成了在追求自由和逃避自由的自相矛盾中彷徨无措的现实存在。

二、自由和必然矛盾的根源首先在于科学理性文化对必然性概念的不合逻辑的理解。必然、或然、偶然是归纳普遍抽象关系的范畴，可能合现实才是描述多样性具体现象的普遍范畴，说普遍抽象关系可能或现实，或说具体现象必然或偶然，都是不合逻辑的无意义陈述。科学理性文化把必然性概念泛化，把必然性由普遍抽象关系递推到和具体边界条件相统一的具体现实存在本身，不懂得具体之为具体是以具体边界和初始条件为根据，现象上升为现实是以普遍抽象的必然性关系为根据，把现实当成普遍必然性关系是无意义陈述。把现实当必然性现实臆想了一个只有必然性无可能性和选择性的现象界，这是自由和必然相对立的深刻思想根源。把因果必然性关系从普遍本质退化为具体现象是人类最为糟糕的文化常识，比如把佛祖的因果报应说理解为必然性的因果支配关系时，追求自由的佛之智慧就变成宿命论的迷信了。宿命论没佛之意义也不需要佛的智慧，一切先定又何必觉佛、悟佛、修佛呢？佛祖之智慧难悟的深刻认识根源之一就是后人把具体行为的因果报应关系当成抽象因果必然性关系，和佛的智慧背道而驰了。

三、理性的现实意义首先要觉悟到多样性的现象是以普遍必然本质为根据统一的现实，从感性具体进展到理性具体，人才异于自然禽兽，成为自由的存在。自由不是对统一多样性现象的必然性普遍规律的克服，是对现象世界的基于人目的性的主体性选择。人的主体性选择异于禽兽的主体性选择的本质在于，动物只从感性意义的认识去做现象选择，人是根据对支配现象的普遍必然性规律认识为根据去做现实性选择，通过选择必然性规律起具体作用的具体边界、初始条件，追求符合人的目的性之最优现实性结果。由此可见，自由和必然是绝对统一的，基于对必然性的认识和遵从才有文化选择，才有自由选择的意义，人才异于自然生存的禽兽。人的理性、自由本质的现实水准在相当大程度上依赖于对自然必然性的认识水准，知识就是力量的本质意义就在于此。自由和必然绝对统一性的最深刻意义在于，基于人类客观知识的历史继承和现实创造相统一的无限发展本性，人的理性和自由的绝对本质现实上是相对无限的永恒进展，道法自然和无法之法的理想境界就是理性和自由的绝对无限意义。人现实中是有限和无限统一的具体理性存在，本质上是无限自由绝对理性的存在。

四、人的理性生存的具体现实性是文化选择性生存，其普遍的内在作用机制是自由和必然的统一。必然是自由选择的基础，是自然的本质，自由是文化选择的本质意义，自由和必然绝对统一性的现实意义就是人的文化和自然具体统一的内在机制。自由不是自然，自然不依赖于文化，故没有自由之意义，但离开自然无文化和自由的现实意义，自由和自然必然性统一才成为有现实意义的自由，自由在文化和自然的统一中才获得具体存在的根据。由自由和必然的具体统一去理解自由是人本质之本质的具体现实性，超越了现象学从纯粹主体意义理解人的自由的片面性和抽象性，把本质和现象统一起来，导向具有理性文化及自由创造本质的人的存在之具体理解。

五、理性文化之自由本质的根本意义在于把人的文化生存选择导向主体创造性意义，使人的主体性选择超越动物本能欲望驱动的有限自然选择。无限理想使人的主体性获得了无限创造性意义，推动着文明史永不停息向前迈进的脚步。理想基于现实高于现实，导向现实，理想就是文明史的现实，没有理想就只有自然史无文明史，无历史创造。必然性基于现实，自由面向未来理想世界，自由和必然统一把理想导向现实，更根本的意义是在新的现实基础上导向新的理想，推动人类理性由有限相对向无限绝对不断进展。因此，自由和必然相统一就是人的理想和现实的统一，人的现实世界就是理想的世界。

文化的本质是自由。文化是人之所以为人的抽象本质，自由是作为人的本质之本质的更进一步抽象。在对人类复杂多样性统一世界一般抽象关系思考中，自由是人类视为最崇高的，但对自由的理解却又是最吃力的。

除了抽象之抽象特点之外，对自由理解的真正难点在于它和必然性的冲突问题。在科学理性的因果决定思维支配下，人类的自由解放被不证自明地理解为对自然必然性支配的不断克服，把社会历史进步理解为不断从必然王国走向自由王国的进程。这种感性自由观是和必然直接冲突的，这是人类几千年来百思不得其解的老大难问题，它比世界的本原是物质还是精神问题更加复杂难解。后者可以看作是不同抽象观点非此即彼的选择，但自由和必然的矛盾却是自身就是不合逻辑的。从另一角度看，自由和必然的矛盾论就是人类中心论。以自由为目标的人类合知性逻辑的结论是战胜必然，统治自然，人的自由解放首先是从自然约束下的解放。这正是人类认识自己时限于知性而一直解不开的死结。这种去约束的自由是从感性自由直观为基础的，至多只进展到抽象知性水准，根本没进入理性的自由境界，那是任性不是自由。真正的自由是理性的，不是感性故不是任性的，是无限而不是有限的，从感性欲望或知性的解除约束去理解的自由是有限性的，由约束规定就是有限的，就不是理性而是任性，兽性、任性和自由的本质南辕北辙。自由和必然的统一性思考就是世界统一性原理对人类作一般抽象思考阶段的最后一个命题，也是对人的世界进入具体理性思考的逻辑起点。

从因果关系去看待必然和自由的关系只能陷入二律背反。要么是人在抽象社会历史作为原因决定下本质的缺失，自由陷入宿命，在人的世界之外还有一个支配着具体、现实的人的超人世界，那才是人的世界的最根本原因；要么是人的自由失去任何约束，同时人的世界也是失去任何根据的“失重”的世界，就像一个物体失去所有引力从而与整个世界失去联系一样，成为孤零零的存在，在宇宙中流浪而没有家园即“根据”的存在。这就是在人的自由和必然关系中两极分化的理论：一极是以科学理性必然性支配的历史决定论；另一极是“反理性”“非理性”的人的自由观，这在尼采、叔本华及存在主义哲学中表现得入木三分。用尼采的话来说，上帝死了，人失去了上帝依托也失去约束，人就得到了自由。这种自由没有必然性的束缚，人生就只是一场梦而已。但既然我们已经来到这个世界，即使人生只是一场梦，我们也必须把这场梦有滋有味地做完，不要做一场枯燥乏味的梦，更不要只是噩梦一场。非理性哲学和科学理性的社会史观都有合理性，但又同时都面临着困境。我们不希望失去自由的本质，但我们也无法解脱一切约束而成为现实的“自由”存在。自由和必然的冲突其实是理性发育不全的人类文明古老而又常新的命题。在人类进入后工业社会的全球化时代，自由和必然的冲突已经不只是两种不同的宇宙观或社会历史观的冲突，而是每个现实生存的个人自身存在的冲突。我们在全球化的知识经济及社会合作中获得了极大的满足，享受了更大的自由，但同时又受到更多的制约，面临更多的不可预测的随机性，似乎冥冥中被一种更形而上又强大的必然性支配。用弗洛姆的理论来归纳，那就是人类追求自由，却又在逃避自由。这和当年“生命诚可贵，爱情价更高，若为自由故，二者皆可抛”的至高无上的自由追求相比，境界可谓天壤之别。

自由和必然是统一性关系，不是因果关系。逻辑上，必然性是对因果的一种本质关系归纳，如果把必然和自由再理解为因果关系，那就是因果关系的因果关系了。在罗素的类型论中已经表明，元语言只能指向对象，不能用于描述它本身，用因果关系来描述必然和自由的关系本质上就是元语言返回自身的循环描述，而这恰恰是违反因果关系的。自由和必然只能是统一性关系，是不同层次的。人的自由和自然包括人的自然本性之间没有因果关系，没有因果相关性，它们共同构成人的具体的存在，根本就没有自由和必然相冲突的逻辑根据。自由和必然的非因果关系的最简单证据是自然生命世界是必然性支配的世界，它的必然性存在不以与自由相互依赖为根据和前提。在没有自由的意义产生情况下，自然必然性已经具有了独立而完整的意义，它和自由的关系就不是必然关联、必然依赖的因果关系。但人类把理性还原为科学因果关系，把因果关系当作理解世界的最普遍意义的绝对关系，局限于从抽象因果思维习惯去看待具体统一性本身，造成循环论证是无可避免的。

把自由和必然作为因果必然性关系理解，同时又没有发觉它的悖谬之处的极为重要原因在于人类对因果必然性关系的理解本身是很有问题的。

在严格的意义上，必然是和偶然相互依赖，非此即彼的同层次概念，而且它们只有在因果关系普遍抽象归纳中才有意义，并且是非此即彼的意义。必然性关系是指客观普遍有效这种特定的因果关系，它又叫必然性规律、客观规律、真理知识，这正是人类对世界认识不断进步，人类文明不断增长的奥秘所在。所谓必然性支配指的是普遍抽象的规律支配，必然性只有在普遍抽象因果关系规律下才有意义。必然性规律的抽象普遍性不只是共时普遍性，而且包括历时普遍性，即它是不随时间、空间而转移的。美国人的科学真理和中国人的科学真理是同一的，古希腊的科学真理至今甚至永远都具有必然有效之意义，除非它被证伪而被驱出真理的殿堂。科学理性则把必然性和科学真理认识绝对化、信仰化，其恶果实际上是科学以及必然性的滥用和误用，特别是用必然性去描述人的自由这种统一性过程，纯属张冠李戴。就以太阳系的运行这种自然现象为例，人们把行星绕太阳运行、月亮绕地球运行用必然性科学去描述，准确地预言它们的运动发展变化，并顺理成章地将之理解为必然性过程。问题就产生于这个“必然性过程”的任意推广中。严谨地说，这是由必然性规律支配的具体过程。支配太阳系运动的规律是对一切星体运行具有普遍有效之意义的，而不是仅对太阳系有效，这才是科学，才是必然性因果关系成为普遍知识之意义所在。太阳系运行受必然性规律支配不等同于太阳系的具体运行是必然性规律。对具体个案的描述而言，无必然、偶然之意义。具体而不是普遍抽象，何来必然、偶然之说！太阳系运行是在行星运动规律支配下，由太阳系特定的具体边界条件和初始条件所限定而得出的具体特定结果，是普遍必然行星运动规律的具体化，不能将之理所当然地当作抽象而普遍的必然性规律本身。同理，人的社会历史过程作为复杂性的统一过程，用必然性这种抽象、普遍陈述是不合适的，不能说历史是必然的还是偶然的，是决定的还是被决定的，只能说它是具体统一的现实。自由作为人的世界的本质之本质，它的存在之意义不只在于抽象之中，更在于人的社会历史运动发展的具体过程之中，在于人的本质的历史性构建之中。自由作为人类文化的本质规定性，在于它是人所特有的文化选择行为的普遍本质。文化并不只是抽象认识，文化的根本意义在于人的现实生存活动之中，在于人的认识和行为的统一性之中。作为文化选择的自由建立在人类文化成果之上，即建立在对世界的客观普遍的认识基础上。文化知识是文化选择的基础，必然性规律追求的意义则在于文化选择之中，这就是自由和必然不是相互决定的因果，而是统一具体的人的社会历史发展过程的现实关系的理由。自由一定是以必然性真理认识为基础的，人的自由的文化选择是“自然无为”，是按客观必然性规律办事，把客观规律和人的具体现实生存的各种具体条件相结合，在最合理的文化选择中满足人类的目标，达到社会历史的发展。自由选择并不改变必然规律，而是根据必然规律去最合理利用一般抽象规律发生作用的具体边界、初始条件，追求特定的有利结果。这种和必然性相统一的人类不断走向自由的历史进程，是具体的、现实的，是不可逆的、不重复的，而不是一般抽象的。对人类自由的文化选择本身还用必然或偶然去陈述当然毫无意义了。说人的选择、人的社会历史现实过程是必然还是偶然无意义，因而说人的自由选择和自然必然性相冲突就是一个无意义命题。自由和必然对人类而言是统一性关系，自由作为人类世界本质之本质，它是在历史过程中不断发展着的，它的发展即人的本质的不断实现，在文化意义上，同时又是人对世界的必然性规律认识不断丰富发展的永恒过程。

第一节　自由和必然的冲突

一、失去人性的世界

从文艺复兴开始的近代人类历史发展在最一般意义上可以归结为科学的进步，它是人类挣脱中世纪基督教神学统治，用科学反对迷信，争取自由解放的伟大历史进程。科学进步的直接意义是在不断发现中积累起来的科学知识为人类提供了改造世界的伟大力量，它以不断发现真理新大陆来解释自然界多样性现象，以知识转化为技术手段去改造自然界，从根本上改变了人类的生存方式，产生了叫作工业革命，延续至今称为后工业社会的人类辉煌发展史。科学进步的更深刻的本质意义是它成为人的世界的灵魂，成为支配人类的最基本生存价值观，我们的一切都在科学的尺度下衡量。只要是非科学的，就是值得怀疑的，是缺乏根据的；只要是有用的，那就必须是科学的。科学真理知识是有用的这一有名的实用主义哲学陈述，并不妨碍人们将之诠释为有用即真理。从逻辑及陈述意义来看，两者当然是不同的。但是如果把它放在科学理性的文化背景下，把近代科学革命以来一切都要在科学理性法庭面前经受审判的科学价值观理解为科学绝对的、至高无上的决定意义时，真理是有用的和有用即真理就没有本质区别了。从社会历史文化意义看，人类近代历史就是科学理性文化建立并走向绝对的历史，其最可靠的证据是我们所有人都在竭力拉起科学大旗作虎皮来为自己在科学理性法庭面前寻找存在的根据。君不见，当代甚至已经有宗教信仰者在试图把传统宗教安置在科学框架之中。这一点也不可笑，毕竟生存第一。

科学革命对人类的解放意义是显而易见的。它把一切权威踏在脚下，包括以往对人具有至高无上决定地位的教会和它的根据上帝。科学革命对人类社会历史的最深刻意义首先是在思想解放这一抽象文化意义上，它首先在思想价值观这一文化基础上改变了人类社会历史。科学使人类成长为独立的主体，成为摆脱上帝决定的独立自主的存在。人类主体世界的成长是科学革命的最丰硕成果。科学理性的成长史同时也是主客体世界认识分化的成长史。人类把自己理解为具有自由创造的主体性存在，依靠科学发现去认识和利用、改造外部客体世界。没有了上帝创造、支配、决定的世界对人而言就是外部自然界。世界之为世界，自科学革命以来，在宇宙、自然中获得了基本的意义。科学以自然世界为对象，不断揭开自然神秘的面纱，使人类获得了越来越丰富的自然知识。我们不是只知道世界何所是，科学发现告诉我们的是世界何以是，即支配世界如此这般“是”的最普遍、最一般的客观必然性规律。对自然世界即“物质世界”的最一般、最普遍的物质客体运动变化规律在牛顿经典动力学理论中达到统一性认识的高峰，因而牛顿就成为近代科学的化身和标志，近代科学发展的历史时代就是牛顿科学的时代。从世界统一性观点看，牛顿的胜利不只是抽象科学文化的胜利，而是人类社会历史具体进程的伟大进步，它和工业革命乃至今天的信息时代、知识经济并不是无相关，而是和统一的人类社会历史现实过程不可分割。科学进步的现实意义就是人作为能动的主体，在对客体自然界不断丰富的认识过程中，不断摆脱了以往无可克服的自然条件的制约。越来越多的大自然何以是的支配规律的神秘面纱一旦揭开，人们就可以扬长避短，更好地利用自然本身来满足人的生存，不断克服自然环境条件对人的生存的限制，在对自然界的选择性生存中获得越来越大的自由。人作为主体对客体世界的认识意义就在于改造世界，克服自然的约束，让自然俯首听命。近代科学革命成功的一个最激动人心的结果以及永恒追求的目标就是人在不断征服自然，在不断征服自然中获得更大的自由。由此，近代科学革命的现实意义是人从自然界的制约下解放出来，不但由自然中的客体存在成为区别于自然客体的主体性存在，而且人作为主体性存在的根本意义在于他对客体世界的认识和征服，人类科学进步的发展历程就同时被理解为不断征服自然的解放历程。我们在小学时代接受的文化价值观中，人和自然关系的最精辟、生动的概括是人定胜天，人就在自然的对立面。这种概括最形象、生动的是诗歌：天上没有玉皇，地上没有龙皇。我就是玉皇，我就是龙皇。喝令三山五岳开道——我来了。科学使人类信心百倍，豪情满怀，真的觉得自己比阳光灿烂，可以给阳光灿烂，成为支配自然、绝对自由、为所欲为的统治者。从文艺复兴开始的人类近代文明进程的重大局限性就在于人类的自我膨胀，把自己置于自然的统治者地位，把人的解放和自然对立起来，把人的本质和自然的本质对立起来。而这最深刻的文化根源则在于把科学变成了绝对，科学就是上帝，就是信仰，就是迷信本身。迷信科学和迷信上帝并无本质区别，因为它们给人以征服、统治自然界根据。赋予人自由的科学最终又和上帝迷信一样，彻底剥夺了人的自由。

从牛顿的胜利到科学绝对的胜利，人类把世界理解为由必然性科学规律支配的世界，而且世界本身就是科学必然性所决定的必然性世界。用牛顿的豪言壮语来重述，那就是经典动力学可以实现大到太阳系行星运转，小到苹果砸在脑袋上的一切物体运动的描述。“一切”就是一切物质客体构成的物质世界，就是宇宙自然界。多样而变幻的自然世界在简单、普适的牛顿动力学定律面前，就是本质上有序的、美妙的世界。我们只要给出边界条件和初始条件，原则上就能确定宇宙中任何一个“质点”的运动状态，从现状到历史到未来。科学就是如此揭开了自然变动不居现象的面纱，把世界变成一个必然有序的，能被预言、预知的决定论世界。连牛顿自己都惊叹，大自然的必然性规律是如此之简洁美妙，除了上帝冥冥之中的安排，别无解释的可能。近代科学在达到最辉煌的物质世界统一性描述时，上帝又回来了。没有上帝，世界完美的必然性秩序就没有了根据和理由。不相信基督的上帝，就皈依科学这一上帝。但只要上帝存在，人就得不到自由。由于决定论的胜利，人的自由的胜利，在绝对科学观中又得出了一个机械的、失去人性的世界，在必然性支配下人失去自由本质的世界。

一切都必须在科学理性法庭面前受审，提供之所以存在的根据和权利的法则，当然必须包括人的存在本身。当人的世界被置于科学必然性支配的机械决定论的世界中时，问题产生了，因为科学的绝对权威产生了，因为人的自由，人的至高无上的统治地位在科学理性法庭面前失去了丰采。按照科学因果决定论和以自然世界为最普遍世界的宇宙观，人的世界只是宇宙中的一个特定部分而已，它必须受最基本的自然界的法则所制约、所决定。在以物质世界为自然界的理论前提中，科学理性的世界是唯物论的世界，由物质为第一性并决定其他一切第二性非物质现象的世界。人的世界、人的存在最终必须回到物质存在去“唯物”地提供根据和理由。在上一卷中，我们曾经指出，生命科学以物种为基本单位，当向比物种更基本的物质结构层次还原时，生命科学就不再以具体生命作为它的认识对象，甚至还原为化学和物理学。至今生命科学家仍无法对自己的研究对象有一个统一的最基本定义，最权威的进化生物学家仍在向公众断言生命和物质没有本质区别，这是唯物论和科学因果决定论共同支配人类文化的必然结论。人的世界和生命世界一样，一旦向低于抽象“社会”这一基本结构的层次还原，人的世界和自然世界就没有本质区别，人就成为物，就在最终意义上是在必然性支配下生存的存在。所谓人的自由只是表象、现象，甚至只是幻觉，是第二性的。只有构成其实体的物质客体本身才是真实的、决定性的，才是人存在的根据和原因。人的精神文化思维意识现象的根据在于人的大脑的复杂性结构之中，在根据和理由意义上，它们只是脑物质的现象而已，只是第二性的，思维和意识就只是脑的机能，人就只是一部比其他物质和低级生命更复杂的机器。这正是从文艺复兴到启蒙运动阶段，科学理性发展的历史和逻辑相一致的过程，并且在法国唯物主义及其战斗的无神论中达到了第一个高潮。当人类自称最革命、最智慧的哲学家、思想家、科学家们大合唱人就是机器的时候，正是科学成为信仰，人沦为物，彻底失去自由本质的时候。因为人是机器人就和物质无本质区别，因为人是机器，故人就是被决定的，是无自由无创造的。牛顿科学胜利的副产品是人的世界成了一个失去人性和自由的机械论世界。

把人当作机器，无论逻辑上、理论上如何有根有据，但这显然是违反我们的直觉和经验的。无法说明解释现实世界的理论及逻辑一定是在哪里出了问题，所谓有根有据只是幻象而已。人“认识你自己”不是认识动物，更不是只认识机器，而是要把人和物区别开来，把人和自然生命意义上的动物区别开来。断言人和动物没本质区别，生命和物质没本质区别的理论无论如何言之凿凿，其中一定有问题。因为这不是不同角度或不同水平的认识，它是在否认人的世界和生命世界的存在，将其当成没有自己的本质规定性时，存在之为存在就没有充足的理由。牛顿经典物理学理论的成功并不是人是机器的根据，把牛顿理论推论到整个世界是有问题的。牛顿理论描述的是一个冰冷的物质世界，是机械原理起运动变化决定作用的世界。但生命世界是有灵的，人的世界就更加复杂了。用牛顿科学原理去解释整个宇宙是机械论的宇宙观，是有问题的。牛顿机械理论有效，但有限。要理解复杂多样性世界整体就必须克服牛顿物理学为基础的机械论宇宙观，这是近代启蒙运动后人类“认识你自己”的新的趋势。新的发展的历史成果是黑格尔的辩证逻辑和社会历史领域的马克思主义理论。

黑格尔继承了康德批判哲学的基本成果，其科学因果方法同样仅限于知性、理智、直接意义上的认识，但同时又是对康德在哲学上哥白尼式革命的重新转向。康德把哲学的核心当认识论，而且直接以知性科学认识为对象，试图从逻辑上回答科学真理认识的客观普遍性问题。康德纯粹理性哲学以知性为对象，并简单地把人类理性归结为建立认识统一性的内在趋向。黑格尔的辩证逻辑不是以知性真理为对象的认识论，而是以理性为对象，以克服知性有限性，克服机械论的认识方法为目标。它是本体论、认识论、方法论的统一，这种统一实际上是思考世界统一性的理性认识逻辑。辩证法的锋芒直指机械唯物主义，是对非此即彼的科学因果决定论思维的扬弃。康德批判哲学的核心即科学认识如何可能在辩证逻辑中只是不言自明的理性认识的起点，是否定之否定的起点。辩证逻辑理论体系是概念自我发展的体系，是历史和逻辑相一致的概念辩证发展，它以抽象概念的逻辑辩证统一性关系，再现了人类社会历史文化对认识普遍性概念、范畴从低级到高级，从简单到复杂的连续性发展。辩证法的深刻之处在于，人类认识概念的辩证发展不是抽象主观思维的产物，而是主客观相统一的，是在历史发展中合逻辑地生成的。康德探讨的认识和世界的一致性这一核心命题在辩证逻辑中是最基本的，甚至是自明的。概念辩证法是对人类世界的产生、人的文化本质发展的最深刻的统一性概括。从理性统一性智慧才能理解黑格尔辩证逻辑的“客观唯心主义”的深刻意义，只有达到统一性思维，达到主客观相统一、主客体相统一思维，才能超越主观主义片面抽象性的思维，才具有既客观又唯心的统一性意义。遗憾的是，如此智慧的理性辩证逻辑，直接以否定机械因果决定论为目标，同时也无法摆脱科学理性的历史局限性，成为既否定机械决定论又依赖科学因果必然性思维的理性思维逻辑，它在最根本意义上还是科学真理的，它只达到科学理性的水准。人类理性认识的辩证发展，在从简单到复杂的认识统一性历史发展中，归根到底又返回科学真理的发展，理性又回到科学。更为致命的是，理性辩证的发展成为真理的发展，辩证逻辑就是真理自身的发展过程，这就是黑格尔的发展真理观。发展真理观有两种完全不同的理解：一是真理是客观的科学认识，具有绝对、普遍有效性，人类对世界的认识通过不断积累这种绝对真理，在真理知识体系的不断发展中实现人类社会历史的进步；二是真理认识本身是从抽象到具体，从简单到复杂，从相对到绝对的不断发展过程。黑格尔的辩证逻辑是真理自身发展而不是人类真理知识体系发展的逻辑，辩证法就同时成为科学的认识方法，真理就是相对的，是不断发展的，真理的绝对性在无限而永不可通达的前方。理性的最高境界是绝对理念，同时也是绝对真理。于是，黑格尔的辩证逻辑在扬弃了决定论的同时，还是没有跳出科学理性决定论思维的手掌心，这正是黑格尔哲学智慧的两重性。把它当统一性智慧，受用无穷，把它作为真理知识方法，马上陷入悖论，陷入矛盾。统一性智慧对世界的统一性理解不能只当作真伪判断命题，辩证的真理既不能证真也不能证伪，现实中辩证的真理似乎绝对正确但又绝对无用，其实是它没有真理之意义，没有真伪之意义，辩证的理解不是真伪判断的知识。

马克思的社会历史理论即历史唯物主义，是关于人的自由解放的社会历史理论。它的直接理论来源是卢梭关于人类不平等起源的异化理论，即人类社会历史是人不断发展但社会道德不断堕落的异化过程，而私有制是人类社会产生和发展的本质和根据，又是人的异化的万恶之源。卢梭指望通过社会契约去限制私有制，消除人的异化，达到社会平等；马克思则从理论上得出资本主义私有制一定会灭亡的结论，并把社会历史理想建立在彻底消灭私有制，消除人类社会历史发展中异化的根源，在公有制社会中实现人的自由解放和人本质全面发展的共产主义理论之上。后人把马克思主义理论体系划分为哲学、政治经济学和科学社会主义三大部分，马克思主义哲学又叫作辩证唯物主义和历史唯物主义，它是自然、社会和人类思维三大领域最一般的发展规律，是科学的世界观和方法论。这种划分和归纳是建立在科学理性决定论思维和物质决定论上的，还是旧哲学框架，没揭示出主客体具体统一性的马克思共产主义学说把人类理性从抽象导向现实具体的划时代意义。马克思理论的思考对象就是人的世界，就是社会历史运动，它所揭示的是社会历史运动发展的过程，它的全部结论统一在共产主义理论上，而不在世界的物质性上。从世界统一性原理的逻辑看，人的世界在统一性意义上是最普遍的世界，是以自然世界为基础的。在具体存在中，自然界是最普遍的。在统一性意义上，人的世界才是最普遍的。马克思的社会历史理论不是一般的科学抽象，不是把人的世界抽象为机械论的世界，而是把社会历史理解为具体统一的过程性存在，自然哲学唯物主义，世界的物质性及普遍联系、相互作用等，都只是历史唯物主义理论的基础。它的最本质的意义不是唯物论，不是辩证法，这些只是马克思继承的哲学史的精华。马克思的贡献是人类社会历史的共产主义理论，这正是马克思主义作为具体社会历史理论超越了卢梭抽象社会理论的深刻而伟大之处。后人所构建的马克思主义哲学理论体系和马克思主义理论三大体系的划分是机械的、抽象的，似乎共产主义理论是马克思主义哲学理论的一个产物似的。从统一性逻辑来看，马克思主义只有共产主义这一统一性的具体社会历史理论，它是哲学的、经济的、社会历史的，是多样性的统一，这正是马克思没有哲学专著的原因。把社会历史作为最普遍的统一性世界正是马克思主义理论的最深刻之处，离开了人的自由解放的社会历史意义，在世界物质性还是意识这些基础问题中根本就不得马克思主义要领。不能由旧哲学去真正揭示马克思学说的深刻理性统一性意义。无论是泰勒斯的唯物论、黑格尔的辩证法，还是《资本论》归纳的抽象经济运动规律，都统一于共产主义学说中。主客体统一性的辩证唯物论就是历史唯物主义，唯物是客体统一性，辩证是主体自由本质的统一性，辩证唯物论达到主客体统一性的理性具体水准，超越了自然唯物论和抽象唯心论，达到了共产主义的理性具体境界，它又可称为历史唯物主义。历史本质上是人自主自觉的创造，唯物即自然统一性，有血有肉的生命是人类社会得以存在的第一个前提，这是马克思理论的最基本原则。历史和唯物的统一就是人的文化创造和自然的统一，就是人类社会历史的理性具体理论，它的绝对意义统一于人本质全面充分发展从而彻底解放的共产主义。

马克思主义理论是关于人类社会历史的具体认识，把人类社会历史理解为具体过程的发展史意味着它直接否定人的世界的机械决定论思维。黑格尔辩证法的统一性智慧是马克思主义的思维和描述方法，也只有在这种统一性辩证思维中才有人的自由解放的理论产生。无可否认的是，后人对马克思学说的哲学体系归纳仍然带有黑格尔辩证逻辑的两重性，即既是辩证的统一性逻辑，又是必然性的真理统一性发展过程，社会历史成为因果决定的、必然性的过程，共产主义又成为具体统一性的真理。因此，把具体社会历史统一性理解还原为因果必然性抽象时，抽象的社会就又成了支配人的具体存在，作为社会基础的物质自然又成为在复杂社会历史因果链中决定性的、支配的东西，而人类社会历史的文化进程的文化就只有抽象意义，就只是第二性的。失去人的文化本质的人就是机械的、被决定的人，社会就成为支配人的本质的实体存在。人的本质在于社会性是不合逻辑的，也是对马克思主义理论的最大误解。把社会作为人的本质，社会就是人之所以为人的根据，人就成为社会历史中的宿命。人的自由解放理论一旦还原为科学理论，在因果决定论支配下人就又失去了自由，人就是被社会剥夺了本质的异化的存在，不再是自由的存在，不再有人的解放理论。把马克思主义从人的世界的社会历史过程统一性理论还原为科学抽象真理的后果，是把人的自由解放的历史进程理解为由必然性支配的自然历史过程。宿命的人的世界显然是一个失去人性的世界。

二、感性的自由即“失重”

人的世界是以人之所以为人的本质为根据的世界，是充满人性的世界。所谓人性有各种不同的抽象的理解，但无论如何不同的人性论在一点上一定是相同的，即人性不同于物性，也不同于兽性。狗和主人之间的默契、心灵沟通是“狗通人性”，绝不是人随狗性。这有一个共同的前提：人的世界和自然世界有不同的本性，其实是不同的本质规定性。从这种意义上来说，无论是把人的世界看作最普遍统一世界，还是从因果决定还原分解意义上把人的世界作为自然生命世界中独特的部分世界，都不能否认人的世界有它的本质规定性，有人之所以自诩万物之灵的充分理由。把人当机器或把人的生存理解为在无形社会控制下、决定下的宿命过程，只是一种有限的抽象，根本无法揭示人的自由的、创造性的主体存在本质，也根本无法解释人自身生存的经验过程。当有人在科学理性的名义下把人的世界解释为没有人性的物的世界、由宿命支配的世界时，坚持人的自由论者则反其道而行之，从非自然必然性、非科学理性视角去思考人的世界，即把人的世界独立于必然性支配的自然世界之外，从而赋予人以自由。这是人类文化在科学理性取得绝对支配地位时，为捍卫人的自由而做出的无可奈何的选择之一。

与科学文化相比较而存在的比较温文尔雅、含蓄的知识叫作人文文化，也有人称之为社会科学。其实社会科学和人文科学并不是相同概念，科学只是人类文化的一部分，社会科学就只应该是以社会历史领域之中的现象作为认识对象，并建立起对之客观普遍规律性认识的学科，它只是人文学科中的一部分，主要是行为科学。当然，在科学理性观的支配下，一切知识都以真理为目标，都自称科学，这是近代科学革命以来人类文化的发展趋势。连那些颇有建树的哲学家们也都把自己对世界的统一性思考低声下气地冠之以“科学的哲学”。但人文学科和人文科学、社会科学是不同的，严格意义上的科学家们并不接受许多“社会科学”。普里戈金在《从混沌到有序》中引述联合国教科文组织关于科学和文化的关系的报告就涉及这种观点。该报告写道："一个多世纪以来，科学活动的部分在其周围的文化空间内已增长到如此程度，以致它好像要代替整个文化本身……有一些人，被只要人和社会在科学支配之下就会受到操纵的危险所吓倒，他们觉察到在远处隐隐出现的文化灾难的幽灵。"[①]由此可见，大多数的主流观点还是把科学只作为人类文化的一个构成部分。尽管人文学者们在竭力使自己成为人文领域的科学家，但大多数人文学科是非科学的。事实上，人文学科和自然学科是两种文化，人的世界和自然世界是本质不同的世界已经先验地决定了这一点。人文学科能够还原为科学描述时其实已经将"人"还原到构成其生命及物质结构基础或者抽象的行为意义上的现象的一般归纳。人文文化和自然科学本质上是两种文化，这是无可否认的。自然科学把复杂多样世界简单化、规律化，归纳出普适的抽象必然性规律去描述多样性现象，自然科学是普遍的抽象。人文学科中只有自认为是归纳出社会历史一般、普遍规律的学科才能自称科学，这毕竟只是少数行为科学能够做到的。真正的人文学科是对社会历史的具体多样性认识，它恰恰和自然科学从具体到抽象的方向相反，往往从抽象的社会、历史这类结构及形式出发，描述人的世界的具体运动发展过程，故人文知识大多是具体的、多样性的，这是它和自然科学的不同之处。两种文化的不同的根源首先在于人的世界和自然世界、物质世界的本质区别。人文学科理解的人的世界是具体的人的世界，而不是由普遍而抽象的必然性规律支配人的一切的决定论的世界。在社会历史领域，尽管不乏社会历史必然性规律的伟大理论，但人文文化的人类世界本质是不能还原为一般、抽象、普遍规律所决定的必然性世界去得到具体理解的，这正是联合国教科文组织的报告中提及的"以致它（科学）好像要代替整个文化本身"中"代替"的根据和理由。实际上，科学本身作为客观、普遍有效的真理元知识构成的理论体系，只有一种科学，并无社会科学和自然科学之分。所谓社会或自然对科学的限定只是对本学科研究对象及领域的限定，不能理解为有两种性质不同的科学。对人类社会的认识当然必须追求客观性，社会科学和人文科学的存在是毋庸置疑的，否则就没有科学的产生，知识也失去了意义。人类社会的特殊性在于，它本质上是不可像自然客体般不断还原的，对之还原分解后建立的普遍知识必须统一综合才回归具体的社会历史本身，它就难以成为自然科学基础学科那种比较纯粹抽象知识的理论体系。事实上，社会科学总是以普遍抽象规律在社会历史限定的特定边界条件下的特定形式表现出来，更依靠知识体系的统一性，追求在主客观相统一中通达对主客体统一性的人的世界的理性具体认识。认为人类社会无客观性无科学，或认为人类社会是由科学必然性决定和支配下的必然历史过程，在结论上是对立的，在思维方法和判断的根据上是同一的，都是科学理性这有限知性认识一条藤上结的两个瓜。

在科学因果必然性认识成为人类理性思维的历史文化条件下，近代人类人文学科对人类世界的非科学认识就被归纳为“非理性”文化。科学文化给出一个必然性支配的非人性世界，非科学的“非理性”文化的目标则在于试图给出一个自由创造中的人的现实生存世界，人类文化中自由和必然的冲突，科学文化和非科学文化的冲突，最终在理性和非理性文化的冲突中表现出来。从另一个角度看，一直致力于人的自由创造主体性理解的，主要是非理性的思想家、哲学家，而不是科学理性的科学家，包括社会科学家。因为科学的普遍抽象以及必然性抽象普遍规律的支配关系把人的世界还原为无自由的冷冰冰世界，那不是人的世界，而是人的自然界。那是人的基础，人的部分，不是现实的人的世界。

非理性思维致力于摆脱科学因果必然性支配去思考人的自由本质，它们的共同点不在于对人的理解本身，而只在于从“非理性”、非科学因果必然性支配关系去理解人本身。更具体地说，非理性哲学不是人的自由本质的一种理论，而是从自由这一本质去思考人的存在的各种理论认识。非理性哲学只是非理性、非科学，并不是反科学、反理性，而且也不反“科学理性”。但是，非理性哲学理论在把人的世界理解为本质上是自由和创造的世界这一点上，则是和科学理性的人的必然性世界相冲突的。人文文化和科学文化并不是井水不犯河水的，人类近代文化发展正是在两种文化的冲突中展开的。非理性哲学的目标就在于要从自由的本质给人的存在以充足的理由，对人走出由纯粹必然性支配的自然界得到合理具体的理解。

从自由的本质去理解人的非理性哲学家首推尼采。近代科学用必然性规律去破除迷信，摆脱宗教神学统治，尼采则直接宣布：“上帝死了。”上帝不只是西方文化中普遍统一性思维的逻辑基础，在神学统治时代它还是统治和决定人的存在的至高无上的真正存在。上帝创造了人，上帝使人有了人的本质，人的本质就不是自由，而是上帝放牧之羊，人的本质和根据就是上帝。人类在尼采时代已经逐步从宗教神学统治的桎梏下解放出来，“上帝死了”是人类彻底摆脱上帝本质的宣言。没有了上帝本质，没有了上帝作为存在根据的人的本质是什么呢？上帝是绝对、全能、无限的，那还有什么东西可以替代上帝去为人的存在提供根据呢？在逻辑上绝无可能，因为上帝是绝对而不可超越的，是不可替代的。上帝死了，人就失去了上帝本质，失去了必然性的、在人之外的约束和根据，人就从上帝之子变为无须根据的自由的存在，人就从本质上是上帝之子变为本质上是自由的存在，人的本质就是自由。在人类摆脱宗教神学异化统治的解放历史中，尼采是高举自由大旗直捣黄龙的英勇斗士，“上帝死了”是人类自由解放历史的一个重大的里程碑。然而，从上帝统治下解放出来，获得了自由本质的人的自由本质如何理解，却不是一个不证自明的命题。在客体世界感性经验中，自由是约束的解除，所以叫解放；在主体世界中，自由是自己支配和决定自己的命运，所以叫创造。解放和创造的自由有两种理解：一是人类长大独立获得自由；二是人类失去根据成为宇宙中的孤儿。这是对自由同一状态两种不同意义的理解。人获得自由，成为孤儿，自己决定自己的命运。自由的人往哪里去，这正是人对世界理解的最基本问题之一：上帝死了，没有了天堂，我们往哪里去？没有必然性的答案，尼采给出了“超人”的哲学选择，而“超人”本身又是极无规定性的、非常抽象的概念。这或许是尼采把人理解为自由的、不断超越自己的主体创造性存在的一种感悟而创造的概念。摆脱上帝奴役而解放，获得自由本质的人，自由解放的意义如果只是从约束解除去理解的话，则人向何处去就始终是一个主观性的命题，尼采对此的思考必定是充满矛盾而痛苦的。当自由解放成为摆脱一切必然性约束时，获得自由本质的人却同时陷入抽象中，成为孤独而不知往哪里去的人，以自由为本质根据的人又成了无根据、无目标、无方向的人，这正是非理性自由的问题所在。就像一个所谓的“自由粒子”一样，如果连和外界的最普遍的引力交换作用都在抽象中解除，它和整个世界再也没有任何相互作用和联系，则就没有存在或非存在之任何意义。人的世界中，社会是最基本的描述单位，社会对于人的世界而言是不可再还原的，人不能解除社会约束去抽象生存。故自由粒子“失重”般的自由并不存在。主观上把自由理解为彻底解放的“失重”状态，人就是抽象而孤独的，这恰恰是非人的，又是非自由的。“超人”而“自由”的尼采被孤独折磨而陷入疯狂从特定侧面说明了“失重”自由的局限性。人的本质是自由的，但却不是失重无约束式自由。人的最大恐惧和痛苦之一是孤独，本质上自由的人就不应是孤独的宇宙孤儿。

纯粹从消极悲观意义理解人的自由本质的非理性哲学家是叔本华。尽管后人对叔本华的悲观的人生哲学理论带有明显的偏见，甚至不乏对他人生行为的指责，但他的让人并不轻松的自由意志哲学理论对后人的影响却是无可否认的。叔本华是和卢梭一样具有独特视角和深沉智慧的思想家。卢梭一反百科全书学派科学理性、民主进步的乐观主义历史观之道而行之，把社会历史理解为不平等不断加剧的道德堕落过程；叔本华则把锋芒直指传统抽象思辨哲学，向其集大成者黑格尔公开叫板，力挽哲学狂澜，努力将之由空洞的抽象引回人的感性生命的具体。局限于感性生命，叔本华把人的自由本质的发展理解为走向空虚和孤独的过程，人类神圣不可侵犯的自由在叔本华哲学中是消极而灰暗的。作为非理性哲学家，叔本华的对象世界是人的生命世界，又是从文化世界视野去思考人的生命，不是科学理性的自然必然世界。因为叔本华把经验世界看作表象世界，是变动无居、生生息息的，只有人的自由意志的世界才赋予这些现象以意义。叔本华的人的生命世界思考又已经进入了意义世界，并把它作为比感性表象更具普遍意义的世界。叔本华哲学对人的理解的结论、观点并不是最重要的财富，他对人类哲学的贡献在于他的自由意志的世界把人类对存在的思维引领到意义世界，从对自然世界的事实判断上升为对意义世界的价值判断。这就是叔本华的《作为意志和表象的世界》的精髓所在。而且，叔本华的自由意志的本质，并不是自由带给人的解放和发展，而是带给人的空虚和孤独。究竟把自由理解为解放和进步还是空虚和孤独，在主体价值判断意义上是无客观标准可言的。人走出自然界，偷吃智慧之果后，人的价值、意义问题随之而来，孤独问题随之而来是无可抗拒的。在不可逆的、失去必然性支配甚至对存在必然性理解的社会历史中，人的孤独甚至和人的终极价值观相关联，我们往哪里去并不是一个可得出事实真伪判断的深刻命题。叔本华的自由意志是人的世界本质的理论，人的生存空虚学说，消极而晦暗，当然不讨人喜欢，但并不代表它无意义，而是完全可以将之作为对人的世界自由本质普遍、深刻意义的哲学思考。我们必须承认，并非不歌颂道德就是缺德，人类对未知世界的推进不是在歌舞升平中完成的，而是在痛苦的反思和艰难的追求、反复的挫折中实现的。人的自由当然并不是本质上是空虚和孤独的，这带有自由即“失重”的主观性那种历史局限性。但人的自由本质也并不是必然地、坚定地、一往无前地走向进步。叔本华的自由意志哲学的意义不在于解决了这一问题，而在于在普遍意义世界中思考自由。诚然，自由不只是人类孤独和生存空虚的原因，但这已经是非常深刻的价值和意义命题。如果觉得叔本华的生存空虚说不可理解，则释迦牟尼的超然生死的佛的智慧就更难以理解了。在生老病死、空虚孤独、艰难失意的表象意义上，人都是凡人。但人之为人不在于平凡而在于人，在于人的意义世界。以表象世界、感性经验世界为本质生存是自然动物，不是人。叔本华的生命哲学中产生了自由意志理论，但从非理性即感性生命存在本身肯定无力理性地回答人的自由的命题，但它把人类引向终极价值方向，这种自由意志意义思考本身就已经有了不起的意义。

二十世纪是人类进入现实世界历史的全球化时代，科学技术、文化的全球化是工业化、城市化的伟大成果。人类在享受全球化成果的同时面临着由之带来的一系列新的问题，伏尔泰的科学理性民主自由进步观和卢梭的人类不平等加剧的堕落退步观同时都得到印证。全球化是文化的传播，文明的进步，全人类分工合作，人的自由不断发展，人的目的需求在更高的层次、更广泛的范围实现和满足。但我们同时也面临着环境、资源、能源、人口带来的不可持续发展这种全球化的极为严峻问题。最为严重的是，我们进步到了可以摧毁整个地球生命圈的高度。但这是进步和文明吗？就像全能的上帝是否可以制造了一块连他也举不动的石头这种悖论一样，人类社会历史的意义面临着悖论，面临着现实的危机，严峻的挑战。仅在二十世纪的前五十年中，人类就经受了两次“全球化”的世界大战，随后又是东西方冷战对峙的高风险时代。仅二十世纪六十年代两个核大国在古巴核危机冲突中，人类在大多数人不知不觉中和大灾难擦肩而过，但核武器等大规模毁灭性武器已经是悬在人类头上的利剑。从此，人类已没有资本躺在不断前进、永远发展的安乐椅上。

对人的价值、生存意义的思考，对人的自由的思考，产生了以人为对象的存在主义哲学，凝结了人类二十世纪对人存在之意义的重大成果。人的自由的意义的最一般思考，存在主义对人的存在的关注是从一般的哲学思维的普遍抽象层面展开的，和尼采、叔本华基于具体个体心理层面的意识、思维有所不同。存在主义方法论即现象学的方法的建立者胡塞尔宣称现象学是人的世界的科学研究方法。因为人的不可分解还原的复杂性，胡塞尔认为不能用普遍本质去规定人的存在，人就只是现象学意义上的存在，人之所以存在不在于人的本质，人的存在就先于本质。存在先于本质似乎不合逻辑，但这不是必然世界的逻辑，而是主体性之人存在的逻辑。人的存在不在于它是什么东西，而在于它是一种绝对运动过程中的运动状态，人不能从物的规定性去成为本质的存在。人不是没有本质，而是没有现成的、一成不变的本质。本质是人的生存中构建起来的，没有生存就没有本质，存在在生存论及存在论意义上都先于本质。人不断构建着的本质不是东西，而是过程、状态、自由，是超越了必然性制约的自由，是人的存在决定了人的自由。二十世纪存在主义从存在去推论出人的自由本质，是非科学理性的。在人的具体生存活动可能性境域中，从对可能性选择生存中归纳出人的一般的自由本质，显然超出尼采、叔本华的个体心理意识的自由之意义，少了偶然、随机神秘的不可捉摸性，上升到对自由的一般抽象理解。但是，存在主义的自由还不是真正统一性意义上的自由。存在主义哲学基于选择而理解的主体性和自由已经不是去除约束的“失重式”的自由解放，但还没有进入主体和客体相统一、主观和客观相统一的状态。把存在和本质相分离，人的自由就还只在抽象之中，还没有从根本走出失重状态的自由。

人类从解放去理解的自由是客体意义的。自由是约束的解除，解放是被压迫、被奴役的否定，自由解放是直指把人当物不当人的不平等社会现实的，这是人类追求自由的基本含义。但它同时又产生了人从自然必然性下解放出来的歧义，自由和必然一开始就是意义冲突的概念。基于这种理解的人的理性是不成熟的，其实还只在感性客体认识水准。如果从感性水准看，文明人的约束最强，最不自由。文明人不只法地、法天、法自然，还受社会文化法则约束，还受善恶美丑判断和选择制约。在感性具体意义上文明人最不自由，他无法选择像纯粹禽兽般生存，而已经先验地比禽兽更少感性自由。但人类赋予自己自由明明是在文明人超越禽兽自然生存意义上的，由此可以断言，仅从感性客体意义是无法理解自由的本质的。另外，人类从意志去理解自由是主体意义的，但主要还停留在具体个体心理层次的主体意义，缺乏普遍性，因而“非理性”。从主体意义感悟失去约束的失重式自由同时就产生了孤独和不可确定性和无目的性问题，失去目的性的人就失去主体性，又失去了人的本质，自由又成为人的本质的异化。存在主义哲学从个体心理上升到人的一般的存在，在人的生存过程中理解人的自由本质，这是迄今为止人类对自由认识的最高阶段。但现象学“科学主观性”方法本身是一个“美人鱼”式怪物，它在方法论上已经把不协调性带到存在主义哲学中。自由是人的本质，但人的存在却不是以本质为根据的，这是很难理解的。人在可能性中选择的自由生存过程一样回避甚至否定了必然性过程。自由和必然的冲突问题依旧，仍然是人类文化常新的老命题。

自由和必然的冲突不是对世界的理解，而是对人自身现实生存本质和意义的理解。这不是抽象的宇宙观问题，不是非此即彼的唯物唯心两者必居其一的选择问题，而是直接源于对我们自身生存的困惑和无解。人在冥冥之中宿命的感悟同时又时常有我向何处去的迷惘，人的生存既有天命，人又不会屈服于命运。人“自然无为”这种处世态度和方法，不是把自己的存在还原为无为的自然。从自由解放到自由创造本质的追求，只要不和必然统一起来，就注定是冲突的，而且是在每一个具体存在的人身上冲突着的。二十世纪人类科学理性、自由解放的不断进步的成果之一是自由和必然的冲突表面化、具体化。在全球化时代，在知识社会中，文明高度发达时代的人具有越来越自由的本质，可在无可奈何的自由和必然的冲突中，在伴随自由增长的孤独迷惘中，不断追求自由的人又是竭力逃避自由的矛盾的存在。

三、逃避自由

全球化时代的到来宣告了人类世界已经从抽象文化概念意义的世界历史发展成为具体、现实生存意义的人类统一世界。当代人类文化对这一具有划时代意义的事件给了个恰如其分的概念：地球村。未来学家托夫勒从知识形态上把人类生存分为农业文明、工业文明和信息文明三个本质不同的、从低级到高级发展的统一形态，这从另一个角度归纳了人类社会历史从简单到复杂，从低级到高级的发展进程。在人类进入全球化的知识社会历史阶段，人类是获得了更大的自由还是丧失了更多的平等和自由呢？是伏尔泰还是卢梭的预言成为现实呢？都不是。弗罗姆把后工业社会这一资本主义充分发展阶段的人的生存境况精辟地概括为逃避自由。自由和必然的冲突不只是在持不同社会历史观的人的思想认识和理论观点中，不是只在抽象的意识形态中，而是在每一个现代人的现实生存过程之中。

从自然的意义看，人类在社会历史发展中已经从自然中获得了越来越多的自由。从狩猎、采集到耕耘是人类从自然生存方式迈进文化生存方式的第一个阶段，称之为农业文明阶段。土地耕耘和禽畜饲养使人生存的自然环境成为人的自然，人的自然环境及其文化生存方式使同样自然条件下人所能获得的生产及生活资料比纯粹自然采集、狩猎条件下的产生了质的飞跃。人类从自然进入文明的本质意义在于获得了在纯粹自然生存中无法比拟的生存和发展空间，文化选择使人类获得了现实生存的自由。人类进入文化不只是获得了抽象的符号，而在于获得了新的生存发展方式，创造了一个崭新的世界。人类的文字不是为了抽象的知识兴趣产生的，而是农业文化需要的知识、技能的传递即认识必须成为可传承的普遍化知识这一需求而产生的。农业文明是人类渔猎、采集自然生存方式的革命性转变，是从自然走向自由的第一个阶段。这个阶段的人类文化生存仍然以直接的自然生存为基础。农业文明阶段的人类生存主要是依靠人自身的自然力去实现人的目标，人类的工具主要是由人的体力直接操作的工具。依靠畜力的犁耕的使用，以及铁器的使用，都是农业文明的革命性事件，都是农业社会划历史的进步。人类历史的重大革命是近代科学革命带来的工业革命，即机器大生产的产生，近代资本主义生产方式的产生。机器大生产的意义在于人类控制人之外的自然力去为人的目的服务。农业社会中，人靠自身的自然体力去改造外部世界，这种作用力总是微不足道的。一旦转变为控制人之外自然力去作用于自然界来满足人的目的时，人改造外部世界的能力就不只是十倍百倍地超越了人的自然能力，而且进入了一个不断突破自身技术和文化的永恒进步进程。近代工业革命短短二三百年间，甚至对大多数发展中国家而言，只不过是全球工业化、现代化、城市化浪潮的几十年间，我们已经闹得个翻天覆地，彻底改变了世界。今天的人类和50年前、500年前的人类相比，在大自然面前，所能获得的是无法比拟的，说我们已经从自然中获得越来越多的自由并不为过，说人类在科学技术不断进步中不断发展是可以理解的。这就是我们一直坚信的，也是伏尔泰等百科全书学派所坚信的，人类社会历史是一个不断从低级到高级的发展过程，是人类在自然限制下不断获得自由和解放的进程。

人类在社会历史发展中不断从自然束缚下的解放只是相对于人对满足自身生存而言的，不是对自然而言的。这正是长期来征服自然论者所忽视了的问题，即征服自然是一个无意义命题。那些奢谈征服自然的人根本没有意识到客体自然无自觉目的、无意识，根本无所谓战胜或战败之意义。从自然下解放和获得自由不是人类征服了自然，而是人的生命自然在生存中获得更好地满足和生存而已，是解放了自身的自然。这种满足和生存更好地实现是建立在自然而然之基础上的，而不是人类征服、逃离、超越了自然界而获得了失重的自由。这一点认识是极为重要的。马克思主义经典作家在一百多年前就总结到：在人们每一次陶醉在对自然的胜利中的时候，往往又遭到自然更加严酷的报复。这正是人类把对自然的自由理解为征服自然所造成的恶果。自由是人类适应自然去更好地生存的进步，它既是人的自由的增长，同时也伴随着自然对人的约束的增长，是人的文化和自然在更高级、更复杂层次上的统一，根本就不是人依靠自己的文化摆脱了自然约束，更谈不上征服自然。人类适应自然的不断进步的真正意义在于不断克服人类自身对自然必然性规律的无知，从而得到更加适应自然环境的生存能力。人类不断发展的结果，就是在对自然约束条件不断适应性发展中从低级到高级，从简单到复杂的发展过程，而不是征服和消解了自然的刚性约束条件的过程。社会历史发展从自然必然性制约下解放出来的真正意义在于，人类不断地把那些原来神秘不可知的自然约束作用以文化的方式转变为相互适应作用，使人的生存从自然的束缚下解放出来。人类越发展，所面临的、待解决的适应自然环境生存的问题就越复杂，越高级，但也面临着更大的不确定性风险。在农业社会，人类面对的自然风险及问题比工业社会、后工业社会要简单得多，生态环境、资源、能源的可持续发展这些重大问题是伴随工业社会而产生的。当人类依靠非人自身的自然力去生存时，才产生了社会生存的能源基础问题；当人类大规模利用煤、油、气等不可再生资源作为基本生存方式使用时，才产生了能源枯竭问题。人类从自然走向自由的解放始终建立在自然的基础上，是和自然在越来越高层次上的统一，同时又在越来越复杂、高级的层次上为人类的高级生存方式带来新的约束。人类社会历史的文明并不是征服自然，而是在不断实现新的生存方式中的文明冒险。人类不是自然的征服者，不是向自然开战的胜利者，首先，人类是自然本身，自然在人类的统一性存在之中。战胜自然就是让人类从自然中分裂出来，这是痴人说梦。人类文明走向胜利是不断克服自身的无知，从知之不多到知之甚多，因而能更好地适应自然，更好地满足自己生存需要的过程。但从必然到自由的解放这种陈述是不准确的，严格地说，人类在自然意义上的解放是人自身的解放，而且首先是人的自然生存的解放，这正是人类文化和文明的本质意义所在。

人类社会历史是不可逆的连续发展过程。因为人类的生存现实方式是以后天文化为本质的，人类对自然必然性的认识一旦上升为普遍知识甚至绝对普遍的科学真理认识时，它就会成为社会的共同财富，成为推动人类社会历史前进的决定性力量。文化的继承和创造性则使人类社会历史摆脱了世代延续中的循环，在物种意义上的重复同时不是文化生存方式的重复，而是现实文化生存方式的不断向前发展的过程。人类社会历史在价值、善恶判断中究竟是进步还是退步，没有客观、绝对标准，但人类文化知识、科学真理认识的不断积累和进步却是绝对的事实，这是后天文化为本质的人类社会历史不是单纯时间周期中重复的重要原因之一。乐观的社会历史进步观认为人类社会历史尽管有曲折，有风险，但总是不断进步的过程，明天会更好是不容怀疑的。这是从人类文化本质中归纳出来的一般现象，有极大的合理性，在人类可以认识和理解的有效定义域中，这是已经被证明为合理的归纳和陈述。但并不能由此把社会历史不断进步、明天会更好作为绝对的真理，甚至不能把科学知识的积累增长作为文明绝对进步的必然性、确定性事件。在逻辑上的理由不是休谟所说的，以往的进步发展经验不能证明今后的进步发展是必然的，而在于下面两个理由：一是社会历史是复杂统一性对象，根本不能由必然性这些抽象概念去充分描述；二是一旦用必然性抽象描述，社会历史就被还原为客体世界了。尽管人类社会历史是不断发展而不可逆的，但并不意味着这种发展可以永恒下去。今天我们已经非常清醒地认识到，能否持续发展，如何持续发展是进入全球化和知识社会时人类必须正视的头等大事，是比一切民族文化矛盾乃至意识形态分歧要重大千百倍的大事。再没有人傻到认为人类能自然而然地持续发展。人类的未来不取决于自然必然支配，而在于人自己的所作所为。人类就是超越了必然性支配的自由的世界，自由不是消除了约束，而是自由地按照必然性规律办事，在对世界的统一性理解和生存中获得了更好的生存，获得更大的自由。人类社会历史连续不可逆进程是由后天文化的连续性和创造性所决定的，文明的发展就是人类不断去面对更加复杂的未知，自由的人类在永远向着未来的探险中前进。人类越发展，前面的风险就越大，而自由的历史也是永恒的探险历程。

人类自由的进步不只是一般抽象意义上人类文化世界和自然世界的统一性关系问题，它最终必须回复到具体、现实的个人本身。人类的自由和个人的自由并不是必然统一的，恰恰相反，人类社会历史是由一部分人剥夺另一部分人、奴役另一部分人开始的，这正是卢梭和马克思都把私有制当作万恶之源的原因。人类的发展同时伴随着一部分人对另一部分人的奴役和剥夺，私有制使这种不平等成为连续的，人就生而不平等了。知识社会对此创造了一个恰如其分的概念——“拼爹的时代”，这涉及社会的本质问题。人的自由的发展史是平等的发展史吗？如果不是，那么，人类社会历史不是同样可以理解为自由丧失的历史吗？人的社会本质是善，社会追求的应是至善，即追求人的自由和平等，我们称之为正义。那些三流的、别有用心的思想家、经济学家喋喋不休地鼓吹私有财产神圣不可侵犯，煞有介事地教示说平等是机会公平，由竞争结果产生的财产占有不能公平，效率优先，富人有理，富人有贡献，富人比穷人更有价值，富人的财富名义为个人，实质为人类。这些抽象说教忽略了一个最基本的问题：人生而不平等，人还未出生就注定不平等的社会别侈言机会公平。二百多年前卢梭就总结出进入人类社会是由于私有制起源同时也是不平等起源和发展的断言至今仍是成立的。按照卢梭的观点，人类不可能废除私有制，因而无法消除生而不平等以及人类社会在发展中不断加剧的不平等。马克思用消灭私有制的理想去实现社会平等正义，实现人的本质的自由、全面发展。但这一天还没有到来，并且马克思的公有制只是在生产资料意义上的，物质消费性财富是无法共有的。彻底消灭私有制的充分条件不在于生产资料公有制，而在于以下两个条件：物质财富极为丰富和人的觉悟极高的无私境界。即当现实的财富超过人的需求时，个人消费物质不再成为财富时，而是像空气一样，尽管必不可少，但不需要占有就能满足需求。正如甘地所说，自然可以满足一切人生存需要，却无法满足人的欲望。越发达的社会人的幸福指数越低，其原因在于人的欲望增长比物质财富增长更快。没有需求人类就会失去目标和动力，需求增长却降低了人类的幸福感。如果用物质、功利的标准去衡量，如果继续把一切用因果关系还原为决定性的物质基础，人类是无法摆脱越发展越缺乏幸福感的怪圈的。后工业社会中人的焦虑、矛盾、痛苦和孤独感在增强，这是无可否认的。

综上所述，具体、现实的人的生存是自由还是在逃避自由就有不同的理解。人对世界的越来越丰富的认识和理解使每一代人都站在上一代的肩膀上，人类社会不断发展的同时，每一个具体个人也就享受到更大的自由。但从卢梭的评价标准，个人必须在社会中生存，社会因私有制而产生的不平等却又在剥夺人的自由。按照卢梭的自由观，人类社会历史发展就是具体的人在不断逃避自由的过程。人类世界以文化为本质，以社会为最基本单位，现实的人是具有社会历史文化本质的人。因为只有在社会中人的文化本质才能传递并不断发展，没有社会就没有历史文化的存在，就没有超越自然的人的世界。社会是相互关系中实现的，人建立了社会历史文化本质，就有了人之所以为人的规定性。对每一个具体的个人而言，社会历史文化首先是在先的，是靠继承而来的，是非个人经验的。私有制决定了一个人生存的各种基础是不平等且先于他的现实经验生存的。社会发展的结果是人的社会联系和相互依赖作用越来越强。社会尽管是抽象的，但却又是个人无法抗拒的，个人从社会中获得了人的本质，但在某种意义上也必须放弃许多东西。根据自由就是解放，就是约束的解除的传统理解，人在社会中所失去的包括一部分自由，这和增加社会关系的约束是同一件事。人类社会越发展，人得到的越多，被约束就越多，人的发展是自由解放，同时又是放弃自由、逃避自由。这种相互冲突的理解，非常现实地表现在知识社会中人的生存中，是现代社会人生存的常态。知识社会的现实形式是全球化、网络化、国际分工合作，每个人从中的获益是传统区域社会不可比拟的。但同时人又被全球化变成机械化、同一化，失去了独立自由的人格。最为重要的是，社会似乎成了一个在人之外的实在，并且在用有形无形之手在支配着每一个人。任何个人离开社会的组织结构就不是现实的存在。这是否意味着，每个人必须向社会出售自己的一部分自由，遵守社会的约束，才能获得社会所提供的自由的本质呢？果若如此，人类社会历史就既是追求自由的历史，同时又是逃避自由的过程。这是全球化的时代科学理性思维所面临的深层矛盾。

知识经济、全球化时代是人类社会彻底颠覆了传统生活方式的时代，托夫勒预言为第三次浪潮，是信息时代对工业化时代的超越。弗莱姆则把后工业社会的发达资本主义概括为逃避自由。发达社会最不发达的就是人的幸福感。人类获得越来越多享受，却越来越孤独、焦虑、空虚，价值迷惘和失落感在不断加重。因为在全球化的复杂社会中，人的独立人格和自由日益沦落。网络时代，人人都具有高级教育学历，这是人的本质的发展，但知识爆炸使人应接不暇，人在接受知识中往往又会消磨了独立思考精神，人类没有了创造则又何来自由？教育、互联网既是自由的园地，但同时又是逃避自由的避风港。学习是自由创造的基础，如果它成为生存目的本身，成为人的一生生存的主要内容，人的这种生存就是在逃避而非追求自由。全球化和知识经济时代，人类必须面对现实问题，不能陷入知识爆炸智慧贫乏的怪圈，不能离开知识的自由和创造意义。

人的本质在于自由。把人理解为逃避自由等于否定人的本质，这是不能自圆其说的。对自由的机械、抽象理解是逃避自由观的真正原因，科学理性思维是逃避自由观的基础。事实上，不要说在人的社会历史中，就人和自然关系而言，人类不是同样在强调回归自然吗！回归自然绝对不是逃避自由，人不是退化为禽兽，回归自然只能是人的一种自由选择。逃避自由在逻辑上把人作为客体，而这正是科学理性思维的真正局限性的根源。逃避自由如果是在主体世界意义上的，则它仍然是一种主体自由选择，是主体自由地选择了逃避自由这一种方式，这就陷入因果循环悖论了。人类可以选择很多，唯独逃避自由是不可选择的。所谓逃避自由，只不过是人在新的社会历史文化条件下的自由生存方式而已。自由作为文化选择，必须从和必然相统一去理解。

第二节　自由和必然的统一

一、无必然性意义的现象世界

对必然和自由的矛盾理解不但以片面、机械的自由观为基础，而且同时以片面、机械、不合逻辑的自然必然观为基础。要对自由和必然得出统一性合理理解，首先就必须对必然性这一科学认识的关键概念做出批判。不能不证自明地把必然概念用于现象世界之中，毫无根据地臆想一个虚幻的必然性宿命世界。

科学必然性真理认识的建立是人类文明史的里程碑。人类科学必然性思维的普遍化则应归功于近代科学革命，牛顿则成为人类科学必然性真理认识历程中的一座丰碑。牛顿经典物理学的动力学定律对物质世界质点运动变化规律建立了简洁而普适的归纳，原先在人们感性经验中变动无居、杂乱无章的现象世界竟然是在如此普适、简洁的必然性定律支配下运动的世界，多样性现象世界竟如此有秩序、有规则，牛顿惊叹这除了用上帝精心杰作来解释外，其他解释别无可能。牛顿在科学理论上完成了对开普勒行星运动定律和伽利略相对空间关系及重力加速度定律的更普遍的综合统一，完成了物质世界运动变化的统一性归纳，把近代科学革命推向顶峰。牛顿的贡献是科学，是物理学，牛顿所改变的是人类社会历史，其中包括科学必然性思维的普及。后人把牛顿比喻为引领人类走出迷途的新的摩西。在人类社会历史上，牛顿的地位是无可替代的。当代那些踏在牛顿肩膀上的大师轻蔑地讥讽牛顿为机械论世界观的大师时，既证明了牛顿科学理论的综合在人类社会历史的重要地位，又证明了人类社会历史的文化本质。牛顿科学理论的普遍而深刻意义在于从根本上改变了人类的世界观，奠定的是人类科学思维方式，从而改变了人类社会历史。牛顿的科学理论是客观普遍有效真理，它是无可指摘的，除非有人将之证伪，否则它就是绝对而永恒的真理。以牛顿理论为基础的世界观的历史局限性则是必然的，因为科学理论体系是绝对向前发展的，站在牛顿肩膀上的后人发展了更普遍、更深刻的科学理论是人的社会历史本质所决定的。在新的科学知识理论体系基础上产生出新的世界观，推动人类运动发展，牛顿时代的机械论世界观承前启后，在当代显示出它的局限性，这正是人类社会历史本质决定的。我们今天的世界观同样会成为历史，会产生历史局限性，唯此才是人类世界，才不是周而复始的自然循环世界。持价值中立的观点，把牛顿看成机械论世界观的大师并未失公允，严谨地说这是因果必然决定论的世界观。对之我们现在要提出的问题是：从黑格尔开始对牛顿机械论世界观即科学因果决定论宇宙观的超越，人类究竟比牛顿时代的思维方式转变了多少，是否有本质上的改变呢？显然没有。把科学当作理性，把科学理性当作最高权威，本质上还是科学因果决定论支配着人类思维。人类仍在企图用必然性真理去完成统一世界的大业。以真理为最高追求的世界观，本质上是科学因果决定论支配的，对机械论世界观的批判，只能是五十步笑一百步而已。连主义都还在必然性真理的范畴中，人类真的告别了机械论的因果决定论思维吗？不识庐山真面目，只缘身在此山中。

按照世界统一性的观点看，机械论世界观本质上就是因果决定论的世界观，是由必然因果链支配一切具体现实的世界观。由牛顿科学真理为基础产生的机械论世界观的真正局限性在哪里呢？至今为止仍在支配着人类思维的科学理性世界观的问题在哪里呢？在于把科学必然性普遍规律不证自明地等同于一个必然性的现实世界。其推断的逻辑是，科学真理认识的客观规律是普遍必然的，必然性规律支配着整个世界，因而整个世界就是必然性的世界。牛顿不但发现了动力学三大定律和引力定律，并且有可能确实把具体客体世界同样理解为是必然性的。当牛顿惊叹变动无居的大千世界竟然如此井然有序的时候，当牛顿斩钉截铁地宣告他的理论对大到太阳系行星运动，小到苹果掉下砸到头上都是普适的时候，显然有把大千世界理解为必然性的完善世界的味道，似乎是在把由必然性规律支配的世界理解为必然性的现实世界。现实世界的必然性秩序，包括它的已经在先地、必然地决定了的未来，其必然性是从支配它运动变化的必然性普遍规律中传递而来的。在普适的必然性规律的描述中，貌似变动无居的客体世界本质上是一个井然有序的必然性世界。

在欧洲大陆全力推广牛顿理论的拉普拉斯侯爵同时也强化了牛顿理论所可能扩充的必然性世界信念，从而成为近代史上决定论思维的代言人。拉普拉斯侯爵说，只要找到一组相关定律，以及这些定律的相应边界条件和初始条件，原则上我们就可以准确地决定宇宙中任何一个粒子的状态，包括它的过去、现在和未来。拉普拉斯的决定论陈述尽管可以有不同解读，但有两点是非常明显的，一是必然性支配的客体世界是一个必然性世界。物质世界的运动变化，小到每一个粒子的运动，它的未来，都是必然性地决定了的。我们的感性世界生生息息，变幻无常，叫大千世界，那是因为我们还没有发现那组定律及相应的边界、初始条件而已。但既然是必然性世界，那就与我们如何理解认识无关。就像动物消化系统那样，我们理解或不理解它的工作原理，它都在按其自身内在的必然性工作；二是必然性世界是一连串因果链组成的，这就是一组科学定律而非某一科学定律所隐含的意义，并且正是因果链而非仅仅是因果关系，必然性就不是孤立的事件，而是我们所经验、所思考的整个世界。这是拉普拉斯决定论留给后人的主要意义。但是，必须指出，拉普拉斯作为著名的科学家，他的决定论陈述并不限于此，而是相对严谨的。他明确地提出了初始条件及边界条件问题，但一直被人们忽略。如果综合边界及初始条件去统一思考，完全有可能得出非决定论世界的理解，不过后人没有达到这种统一性理解水平，拉普拉斯当时可能也没有达到这种统一性理解的水准。不能对科学理性文化中成长的科学家求全责备，该深刻反省的是每个自由思考者的理性自觉水准本身。

一个必然性的客体世界尽管有利有弊，但把自然界理解为有决定性秩序的世界肯定比理解为杂乱无章世界要美好得多。按照世界就是自然界的逻辑，再把人类世界理解为世界的一个构成部分时，由普遍世界的必然性决定的特定的人的世界在本质上也是必然性的，这就使人的世界成为宿命的世界。本章第一个问题就专门探讨了科学理性思维产生了一个失去人性的世界问题。客体因果必然性因果链构成的世界运动和人性、自由创造显然是冲突的。人的被决定的宿命其实更早、更深刻的是出现在宗教无穷因果轮回之中。把科学真理知识当作世界统一性智慧是把知性当理性，佛教智慧用因果决定去理解和陈述则是还原为知性而非智慧了。佛教智慧是教人明心见性，超越生死的，因果报应及业缘说是教人向善的，五蕴皆空是教人超然物外，回归自我境界的，佛教智慧是修、是为、是悟而来的，不是从天上掉下来的，也不是因果必然地决定了的。成佛悟经靠的是修行，而不是冥冥之中已经必然地决定了的。因此，把佛教智慧还原为技术因果链的理解是知识，不是佛教真谛。凡是用轮回宿命去解释佛教、教化众人的其实是迷信，不是佛教智慧。如果人能否成佛是前世之因已经决定了的，那就无须自主自觉去悟空了，成佛就是可成不可求的了。无论在人的自由创造的世界中，还是在佛教的超然生死、五蕴皆空境界中，必然性的世界肯定是不合理的，只不过人们没有从理论本身去悟出它的不合理性罢了，只因缺乏觉悟而只是迷信罢了。

非但佛的世界、人的世界不能从因果决定论去理解，自然界的客体世界本身也不能从因果必然性去理解。尽管在纯粹客体世界中，具体多样性世界的必然性理解还没有与自由、命运、文化选择产生直接冲突，但客体世界是意义世界的基础，概念、思维逻辑的矛盾和无意义会对意义世界的更普遍理解产生根本的影响。以我们所在的太阳系为例，古希腊时代在天文观察经验基础上建立起以地球为中心的宇宙模型。一切认识从经验开始，人的经验在地球上，人从经验开始的认识以人的感官观察尺度作为世界万物的尺度，这是合理的，地心说是人类科学认识宇宙史上的伟大成果，不能离开历史以日心说为据去对地心说嗤之以鼻。当年亚里士多德能从月食的观察中论证地球是球体，不是感性直观中的“天圆地方”，这是了不起的科学发现。托密勒以地球为中心的“俄罗斯套娃”式的宇宙模型当然也是对天文学大量观察结果的归纳，是宇宙天体世界的科学认识的起点。它是知识，不再是九层天或天堂的神话，而且是西方实证科学基于经验、观察、验证的关于天体科学认识的先驱、范本和科学发展的阶梯。最初阶段的观察和归纳，对于宇宙天体而言，肯定是不完善的，而且它的模型是观察的归纳，并不是太阳系、星系运行规律的科学理论，它的科学理论是对托密勒模型的解释。从地心作为观察点描述天体运动，最主要的局限性在于月亮的运动描述。因为实际上行星和月亮不同之处在于月亮是地球的卫星，把月亮和太阳、行星用同样的理论解释是有问题的。托密勒模型对天体运动的预言的瑕疵就发生在月亮运动轨道上，必须假设月亮离地球的轨道距离在某些时刻是其他时刻的两倍。一千多年以后哥白尼提出了日心说的太阳系模型。从引力相互作用关系看，显然用太阳作为太阳系质心和参考点去描述太阳系及宇宙星球运动要简便得多。开普勒继承了老师第谷的观察和研究，在试图解释地心说的行星运动规律归纳中，得出行星运动三大定律，为日心说理论提供了理论基础。牛顿把开普勒的科学发现以及伽利略的加速度理论、空间相对性理论从更普遍的意义上进行了归纳和综合，用引力定律把整个物质客体的相互作用关系建立起来，通过惯性定律、加速度定律、作用力和反作用力定律把相互作用产生的客体运动变化的必然性关系建立起来。牛顿的科学综合是对一切质点普遍有效的，它的这种普遍必然性规律最有说服力的证据就是对太阳系行星运动的验证和预言。这正是牛顿说他的科学定律足以解释大到行星运动的真正原因。爱因斯坦建立广义相对论的统一场论理论描述，把引力作用转换为非力作用，把质点在平直空间受引力作用的运动转换为无引力作用，在引力弯曲时空中沿测地线运动，从而把整个统一场描述世界转换为统一的惯性系中的世界。广义相对论的最有力证据也是太阳系的行星运动。“尽管广义相对论和牛顿引力理论的推导方法不同，但它们预言的行星轨道与实际的行星轨道几乎完全相同。水星轨道的偏差最大。作为最接近太阳的行星，水星受到最强大的引力效应，并且它的椭圆轨道被拉伸得相当厉害。广义相对论预言，该椭圆的长轴应该以大约每 10000 年 1 度的速率旋转。尽管这个效应很小，但它还是在 1915 年之前就被注意到了，而且它成为爱因斯坦理论的最早验证之一。近年来，人们用雷达测量到其他行星轨道和牛顿预言的甚至更为微小的偏差，并且发现和广义相对论的预言一致。”②从古希腊天文学到牛顿经典动力学直至广义相对论这些越来越普适的科学必然性真理，都以太阳系行星运动作为有力证据。科学真理作为客观普遍有效的必然性规律陈述，它的科学真理性的根据并不在于这些证据，准确地说，证真是科学真理的必要而非充分条件，恒为真而不被证伪才是真理之为真理的充分条件，唯此我们才有资格宣称真理是放之四海而皆准的，是普遍有效的，是必然性的。具体的验证并不是科学真理普遍必然有效的充分理由。如果科学真理的普遍必然性必须基于客体世界的普遍性验证来获得充分理由的话，则又重蹈休谟不可知论的覆辙，那就没有真理，没有必然性，只有心理联想了。由此可见，真理的普遍必然性不是由客体世界的普遍必然性提供充分理由的，太阳系行星运动对于牛顿、爱因斯坦理论的证据作用是这些真理的必要条件而非充分条件。除非我们执着于休谟的不可知论或真理证真原则，否则我们就没有任何理由认为是太阳系行星运动验证证真为牛顿和爱因斯坦理论的科学必然性规律提供了根据。真理的客观普遍有效性的充足理由不在于验证而在于恒为真，即经受证伪的大浪淘沙。在认识论的意义上可以说，真理的客观必然性是由客体世界的实证为根据的，但证真是达不到客观普遍性的，因此不能反过来由真理抽象知识的必然性去得出客体世界必然性的结论。把由必然性支配的客体世界不证自明地理解为是必然性具体世界是缺乏根据的。

由必然性规律支配的客体世界并不是必然世界似乎很抽象，我们无妨回到太阳系的具体运动考察。开普勒、牛顿和爱因斯坦的理论都是必然性规律陈述，它们都在对太阳系行星具体运动的验证中证实了理论的预言。按照科学定律的解释，原先被视为杂乱无章的神秘天体运动成为可预言、可理解的，太阳系是按它内在规律支配运动的。由此我们完全有理由认为太阳系的运动是必然性。由科学真理客观普遍必然性则可以推广到整个客体世界是必然性的。但是，不妨设想一下，当进一步具体为太阳系的运动是普遍必然来陈述时，其有无意义的问题就产生了。太阳系运动受客体世界普遍运动规律支配和太阳系运动本身是普遍必然性不能不证自明地作同一理解。在逻辑上说，对具体的太阳系运动描述，不能用“普遍”去陈述，它受普遍规律支配，它包含普遍规律于其具体运动之中和它本身是普遍的是完全不同的两回事。普遍是一种思维中的抽象，而不是现实具体的客体存在及其运动现象本身。用中国哲学概念，普遍是抽象的共相，现实世界是个相，说个相是共相、具体世界是普遍的不合逻辑，是无意义陈述。太阳系作为客体世界中的具体存在，它是个相，不是共相的普遍抽象。同理，客体世界的具体存在没有抽象普遍意义，没有普遍意义的具体客体世界同样不能有必然性意义，必然、或然、偶然作为判断是和普遍性相关联的。对于个体事件、个体存在而言，没有必然、偶然、或然的区别。对于具体个体意义上的太阳、地球、月亮而言，说它的运动、状态、存在是必然的或偶然的并无意义。特定、具体、个体存在，包括状态、现象，当然没有必然偶然之区别。我们说必然运动、必然过程，指的是运动过程的本质，即支配运动过程的抽象而普遍的必然性规律本身。事实上，当我们说太阳系必然运动过程时已经进入了科学抽象，不再停留在感性经验的具体世界。按照统一性思维逻辑，普遍的本质，必然性的普遍本质规律只能统一地存在于具体世界中，我们的世界是本质和现象、抽象和具体相统一的世界。必然性是世界的抽象本质，它统一于具体世界中，又不能成为独立的具体存在。具有统一性的具体、独立的存在具有普遍必然性的抽象本质作为其存在的根据，但它之所以是具体存在，已经有自己的个体规定性，从抽象返回到具体，不再停留在抽象普遍性中，而具体之为具体是由具体的边界和初始条件为根据的。从这个意义上看，对具体客体世界而言，用普遍、必然、偶然描述已经没有意义。说某一具体存在或过程现象是必然还是偶然的，并不能为我们提供有意义的信息。说太阳系运动是必然还是偶然没意义，更无法判别对错；说社会历史必然、被决定和偶然、不被决定同样无意义，无法判别对错。在科学理性因果链绝对支配下，把必然性抽象普遍规律支配的特定世界本身当作必然性的抽象普遍世界，在人的自由创造的文化世界中，在普遍抽象必然性中的人就失去了自由。

二、无自由亦无必然意义的现象世界

按照科学理性的因果决定论思维，由无穷因果链联结起来的“世界”归根结底是感性实体世界，是物质客体世界。人是世界中一种特定存在，是物质世界的构成部分，人在万物之中。在客体意义上，人的世界在宇宙中是非常渺小的，但正是在宇宙中小小的人的世界产生了自由和必然的冲突问题。在把一切还原为归根到底是物质客体的自然世界中，客体世界没有自由的意义。从来没有人说客体是自由的，物理学的自由落体、自由电子、自由粒子不是现实世界中具体存在的实体，而是科学认识中的抽象，并且物理学的“自由”和人类世界的自由是完全不同的概念。物理学的自由是人在思维中对客体的各种约束、作用从主观上剥离后实现的抽象，是为了方便研究客体运动而作的科学抽象。物质世界中其实没有一个具体的“自由”粒子，因为没有客体粒子可以摆脱在引力场中引力的约束作用。引力场是宇宙之所以为统一性宇宙的最根本的存在，基于最普遍的统一引力场，物质世界才是统一的，相互联系和普遍作用的物质世界才是统一而不可分割的整体世界，牛顿的质点动力学理论才具有物质世界运动统一性普遍归纳的深刻意义。物质世界中的自由粒子只在科学抽象思维中存在，是抽象意义存在，非实体具体存在。无论在何种自由意义上，现实的物质世界都不存在失重的自由问题。牛顿的理论由拉普拉斯用决定论陈述时，支配世界的必然规律转换为必然性世界，也可以认为是由支配世界的本质规律的必然性推论出一个必然的世界。多样性的物质现象界竟然又可以被理解为是必然性普遍意义的世界，这在逻辑上是矛盾的。其实，在物质客体世界中，还没有自由的命题，把物质世界理解为必然性世界，把现象世界叫作必然世界还没有产生和自由的冲突，人们就心安理得地把由自然必然性本质规律支配的世界理解为决定论的世界。这种理解并没有把自然界是由必然性支配的世界和自然世界就是必然世界这两个层次的命题区分开来。当然，对自然界的这种必然性理解一旦遇到超越因果必然性的复杂统一性问题，就会产生悖谬。比如生命科学的主导结论是生命的起源应该是偶然的。生命科学家们并没有意识到，用必然和偶然去陈述生命起源这样一个复杂性具体问题，并无意义，因为说生命起源是必然的和是偶然的无法证真，也无法证伪。这是没有真伪值的统一性具体命题，用必然和偶然这种抽象因果关系描述范畴去描述是无意义的。

真正的是非出现在人的世界中。按照世界即物质世界的唯物主义和世界由普遍联系的因果链构建的科学理性思维，人的世界最终必须还原为物质客体去理解。从物的决定性关系开始的无穷因果链，把世界的一切，包括第二性存在、现象性存在、过程性存在，都置于决定和被决定关系中，多样性的世界是被必然性决定，被第一性的物质必然地决定了的世界。于是悖论产生了，人的世界是被决定的世界，它的意义是人的世界、生命世界，和物质世界并无本质区别。人被决定就失去了人自由的本质，人退化为物就没有了人的世界。对人的世界，人的存在，人类社会历史的有意义的思考，是要确认人的存在，找到人之所以为人的充分理由，而不是论证人就只是物，所谓人物归根到底就是物。对人的世界的本质，对人的自由、创造的本质的坚持和追求，是人最基本的自我意识，是对自身存在的自觉，这正是人类世界自由和必然的冲突一直折磨着人类的原因。近代文艺复兴和启蒙运动以来，人类高举科学民主自由解放进步的大旗，把人从上帝的统治下解放出来，却不能又把人的自由葬送在科学必然性支配之下。严格地说，尽管近代科学革命以来形成的因果决定论思维无法解决人的世界自由和必然的冲突问题，但一切关于人的世界的理论思考，都隐含着人的自由创造本质，都以追求人的自由为目标。也正是人的自由的追求，才产生了对必然性决定一切的世界，对以必然性形式存在的现实的人的世界产生了抗拒和怀疑。仅由此就已经以充分的证据证明了人的世界绝对不是自然必然性的宿命世界，而是主动有目的地追求自由的自觉世界。近代科学革命高举理性和自由、民主的大旗，它的目的和意义就是用知识的力量去不断实现人的自由创造本质的历史发展。这不是单纯的欲望或理想的目标，而是近代文艺复兴以来人类世界现实的历史过程，而且是永不停顿的进程。从卢梭的社会契约理论到马克思的共产主义理论，其最高目标和根本意义是追求人的平等、社会正义，本质上是人的自由解放理论。即使在科学因果决定论思维支配下，这些理论表达有决定论的色彩，也不会改变这些理论的本质，也不会变成奴役人和剥夺人自由本质，把人物化的社会历史理论。宗教领域的智慧，本质是解脱人的痛苦，从根本上给人以解放的理论。尽管宗教智慧主要是人的心灵意义的慰藉，但它对于弱者的关怀，对于社会平等的追求意义是显而易见的，故宗教智慧本质上是追求人的心灵自由的理论。为什么人类必须有信仰？没有理想和信仰的人是本质缺失的机械人，人的世界必须有信仰的理由在于人是和物不同的自由的存在。关于人类社会历史的一切理论，无论深浅如何，观点如何，都不会把人看作无自由之物，都在一定意义和程度上承认人的自由、主体创造性的存在，否则就是自然或自然史理论，不是人类社会历史理论了。

但是，人类文化现实的认识及思维结构、思维模式却还没有通达对自由和必然的统一性理解，从而使自由和必然的冲突成为人类进入文明后困扰人类认识自己本性和本质的痛苦命题。人类思考世界的普遍意义不在于世界何所是，而是何以是。即要找出支配多样性世界的最一般、最普遍的本质及规律，从而对多样性世界得出合理的、可靠的整体把握和理解。这种最一般的支配规律，我们又称之为世界的原因和根据，也就是现实存在的完美的理由。人类从感性认识基础上产生了具有普遍知识意义的知性和理性认识，从自然客体这种可感官经验的世界开始，从简单到复杂，不断深化对世界的普遍认识和理解。认识世界何以是的根据即世界存在及运动变化发生的原因，从原因去理解结果，用原因为结果提供充足而必然的理由，这就是我们认识世界的最基本方式，也叫因果决定关系。因果关系有一个非常重要的本性，即一切因果必然关系都不能是自身完备的，一定需要前提、假设。这些前提和假设是不能包括在因果必然关系的指称之中的，即不在因果关系函数的描述之中，这就是哥德尔从数学上归纳出的最一般的原理：不完备性定理。因果关系不能是循环的、闭环的因果链，只能是开环的，否则就会出现悖论，摧毁因果关系本身。当人类按照因果关系模式去思考人之所以为人的理由时，问题就复杂了。如果按因果决定关系去思考人，即使从主体创造和自由去理解人和自然的本质区别，也无法找到人之所以为人的根本原因。因为在因果决定关系中作为根据的原因是外在于人的存在的，从人之外去为人的自由、主体性提供理由，本身就陷入了二律背反。找不到根据和原因，无法理解人的自由；找到支配人的原因时人又失去了自由。由此可见，人的本质是无法用对物的因果关系认识方法可以通达的，这正是为了理解人的自由本质的各种社会历史理论没有摆脱科学抽象认识局限性，始终无法解决自由和必然相冲突的原因。因为确实找不到为人的自由提供充足理由而又外在于人的原因和根据，这或许是最后导致胡塞尔认为人是无本质的现象性存在，人的存在先于本质的原因。

历史唯物主义、人的自由意志理论、人的现象学理论都指向为人的自由解放提供充足理由的目标，但在因果关系或否认人的本质存在意义上，人的自由创造本质的根据总是不充分、不完美的。直到今天，科学因果决定论思维仍然支配着人类思维模式，人类已经获得越来越多的自由，并更有目的、有自觉意识地追求自由，然而还是无法自觉到自由的本质和意义。现代科学思维的信念基础是什么？这不是科学命题，也仍是科学家们不得不面对的命题。有科学家对之提出了人存原理，即世界为什么是如此，就是因为世界就是如此。人存原理陈述的“世界”的边界，如果限定在自然客体世界上，可能没有太大问题。但严格地说，世界为什么如此，指的是世界何以如此的一般、普遍的客观规律，是不依人的自由意志为转移的必然性规律，不是何所是的世界，不是现实的多样性现象世界，不能局限于现实世界的现象去理解世界的本质，现象是无科学普遍意义的。如果人存原理的世界包括人类世界于其中，如果把世界理解为何所是的现象世界时，就不只是无意义，而是直接有冲突了。如果坚持说人类世界为什么是这样，是因为它就是这个样，基本上就把人的世界理解为人无所作为的宿命论世界了。由之可见，科学再发达也无法科学地解释人的自由本质问题。当科学大师们用历史协调假想去限制所谓不同历史时空中的历史事件，避免历史发生因果冲突，同时满足时空倒流、穿越的合理性时，是毫无逻辑可言了。科学大师们用历史协调原则去限制时空穿越，避免人回到父母出生前的历史中谋杀他们的双亲，以免产生历史因果关系矛盾的产生似乎是一片好心，但科学大师们怎么能忘记了，时间倒流、时空穿越已经消灭了时间和历史中的因果关系本身了，又何来因果矛盾呢？时间不可逆，生命没有第二次，历史车轮不能倒转，这才有因果关系，才有科学及科学大师，我们根本就不需要协调历史方法或历史选择方法。历史没有如果，没必要画蛇添足去协调或选择，也不需要削足适履去协调。为什么必须在此对历史协调或选择方法一再重复提起？因为时空穿越既使人类集体逻辑混乱，精神错乱，还使人的世界失去因果关系，失去自由。无时间形式就没有过程因果关系陈述，按照协调历史方法，人可以时空穿越但却无必然也无自由。因为在协调历史方法中，“即使时间被卷曲得可能逆时光旅行，在时空中所发生的必须是物理定律的协调的解。换言之，根据这个观点，除非历史已经表明，你曾经到达过去，并且当时并没有杀死你的曾曾祖父，或者没有采取任何行为，这些行为和你达到现状的历史不相冲突，你才能在时间中回到过去。况且，当你回到过去，你又不能改变记载的历史，你仅仅是跟随着它。按照这一观点，过去和将来是注定的，你没有自由意志为所欲为。”③

从选择历史，无法改变历史，你没有改变历史的自由的传统陈述意义看，我们确实是从现实世界的运动、变化过程的结果意义去理解自由和必然，并由此产生了自由和必然相矛盾的理解的。在现象世界中，你被必然性支配就失去了自由，你获得自由就破坏了世界的必然性，最终是得出人的宿命理解。人类沉浸在科学、民主、理性、进步的亢奋中，用知识的力量去改变了世界。但从宿命的观点看，我们的这些貌似自由、创造的结果，我们所津津乐道的进步，其实都是冥冥之中命运必然性的安排，包括我们的自由的感觉、创造的喜悦和冲动，都在必然性支配的手掌中，放弃一切努力应该是最好的选择。因为既然一切都已经必然地决定，为什么我们要为自由意志支配的目的而奋斗呢？彻底的宿命论者会告诉你，这个世界的一切，包括你的自由意志，你的自由意志的努力、成功、失败、痛苦等，都是冥冥之中已经事先决定了的必然性事件和过程，必然性世界才是无可违背、不能逃避的。对此，世界统一性原理是不认同的。对具体个体构成的多样性现象世界，说它是必然的和说它是偶然的并没有区别。一个客体、一个事件的结果，并无相比较的参照系，也没有普遍性的关系和意义，还没有必然或偶然意义产生。只有支配多样性现象的普遍关系才有必然或偶然意义产生。不但客体世界，人的世界的现实、具体现象世界更没有必然或偶然性意义。对人类社会历史的结果，用无法改变的必然性去陈述并不会有矛盾，因为这种陈述是无真伪值的无意义陈述。牛顿是否发现了经典动力学定律并在《自然哲学之数学原理》中公之于世，人类二十世纪是否爆发了两次世界大战等，是事实，是具体历史事件。无论对这些具体事件如何分析、认识，但没有人能够对这些事实本身做出它是必然还是偶然事件的有意义判断。

为什么历史必然性和偶然性两种对立观点都有市场且都无法说服对方呢？根本原因在于这本来就是无意义的命题。社会历史现象，它的既成事实的结果不能用必然、偶然去有意义地陈述，社会历史的结果就不是必然性的，也不是偶然性的。说它非必然性或非偶然性同样成立，故哪一种观点都不能被证伪，也不能将否定性的对立观点证伪。真正的理由在于社会历史现象中根本就不可能对之得出必然或偶然的有意义陈述，实质上并没必然和自由相冲突的有意义命题。但这也不能简单地得出社会历史现象是自由的这种结论。社会历史当然是人自由创造的历史，但这里的自由是从人类社会历史的本质及其由之决定的具体统一性意义去说的，不是从社会历史多样性感性现象去说的。严格地说，社会历史现象本身既无必然性意义，也没有自由意义。人的世界的自由在社会历史的本质之中，在具有自由本质的人的具体统一性创造过程之中，而不是仅以历史事实、结果就可以得出人的历史创造是自由本质的结论。历史是人的自由创造的结果，但把社会历史仅理解为自由创造的结果则是有问题的。严格地说，社会历史现象没有自由或无自由的意义。

人类文化崇尚真理追求对事物因果普遍关系理解是人理性所使然，而普遍抽象意义来自具体现象的更根本意义在于其抽象意义的现实性就在回归现象世界之中，把回到现象界的普遍意义具体化还从普遍抽象必然性去理解就是理性的幼稚了。这是人类理性的现实水准，人类文化把必然性现实当成常识，是理性的流行性感冒且人们并不自觉到这一理性幼稚病，这是制约认识从知性上升到具体理性的瓶颈，非同小可。人是历史性存在的现实意义指人尽管只能活在当下，但当下不是孤立的事件，而是统一了此前一切当下意义于其中的，前因后果的统一才有普遍人生的意义。这种前因后果不是普遍必然因果关系，而是前后具体事件的因果统一性关系。人的具体行为都是自主选择性的，不是必然性的，每一个具体事件都是前因之果，又成为后果之因，一切因果的统一就是具体人生，由此才有人生的意义。因果统一性才和人的自由选择性生存相协调。如果因果报应是必然性宿命关系，佛的觉悟和修行就是不现实、无意义的了。如果认为悟佛成佛修得无边法力可以克服必然性宿命从而达到自由，则在逻辑上否决了因果必然性，在本质上违背了佛祖的智慧，因为佛祖之为佛祖在于其了然生死，了悟如来，故佛是如来佛。所谓如来即道法自然的意义。佛祖的智慧历经两千多年还没成为人类文化普遍智慧的重要原因之一是后人基本上从因果必然关系去理解因果报应，根本无从通达佛祖的统一性智慧，反而变成宿命论的迷信甚至异化为愚人的学说。离开理性自觉是觉悟不到佛的智慧的，不把抽象的因果必然性普遍关系和具体的选择性因果报应关系统一起来，由抽象的必然性理解具体现实，那就不是理性具体的觉悟了。

人是自由的，社会历史是自由创造的过程，这种陈述和理解并没有错，但对这种陈述有不同的理解。如果只从感性现象把人的具体存在理解为是自由的，现实的人是自由意志支配的人，则人的社会历史就是自由意志支配的自由的结果了。但认识自由的存在不是局限于把人只作为经验现象具体意义上的存在，自由不是可以独立存在的一种东西。自由作为现象是人的具体存在中的一种抽象属性，其根据在于它的本质。自由是人的本质，是人的普遍的本质，自由并不是不证自明地等同于具有自由本质的每一个具体、现实的人的存在现象本身。本质是普遍的，由本质支配的现象却是多样性的，这正是本质不能等同于现象的理由。本质和现象是不同层次的统一，本质不是现象又在一切现象之中，本质才具有抽象而普遍意义。每一个现实的具体的人是个人，是各不相同的，但都具有文化，具有基于文化选择的自由，正是这普遍的本质是多样性的个人成为人的根据。人意志是自由的，社会历史一定是人的自由的创造，这是在人的社会、人的社会历史的本质意义这最普遍的意义上说的，是在人的世界和自然的世界的不同本质根据意义上说的。人可以千人千面，人可以在历史中不断发展，人是什么样子取决于人在可能性世界中发展到什么样子，还取决于人如何理解自己是什么样子，但只要是人就一定是具有自由的本质，失去自由的本质就不是人，而是非人。宗教统治把人变成物，人就不再是人，而是会说话的牲口了。自由不是一种东西，而是包含于一切人的存在之中，决定人之所以为人而不再是物的普遍的本质。正是从本质的普遍意义为根据，我们必须从逻辑上懂得局限于人的现象世界、人的社会历史的具体结果并无法通达人普遍本质的自由之意义。我们把人作为自由的存在，把社会历史理解为自由创造的现实过程时，是以人的文化本质，以人的文化的自由创造本质为根据的。它既指人的自由的本质，也指人的自由本质的现实实现过程，从抽象本质返回现实世界的具体社会历史过程不能只理解为现象，不只是感性现象世界，更加不是没有本质或先于本质就存在的现象世界，而是在理性统一性意义上本质和现象相统一的世界，是人的自由意志和客体世界必然性规律完美统一的世界，是人作为主体又是客体的统一世界。人本质上是自由的存在，现实中是文化和自然相统一的存在，这是由自由和必然的统一为本质根据的。

三、必然和自由的统一

按照世界统一性原理的理解，人的世界不只是客体世界或自然世界之中的一个构成部分，而是比客体世界更具普遍意义的文化世界，是意义世界：文化意义世界。本体论是客体世界统一性，人是本体论意义最特定的具体存在；本质论是意义世界统一性，人是意义世界最普遍意义的统一性具体存在。本体论和本质论统一于存在认识论，是包含本体存在论的本质认识论。人的最普遍意义世界不能用知性因果必然关系还原为物的客体世界去理解，只能用从简单到复杂，从低级到高级的统一性关系去理解。从存在认识论的逻辑看，在理性统一性意义上的具体、现实的社会历史，甚至具体实在的客体世界，都不只是感性经验意义上多样性的个体存在，不是柏拉图所说的既存在又不存在，而是理性意义上的统一性的具体，是包含着它普遍本质规定性的具体存在，是现象和本质相统一的现实。在理性具体意义上，现实是比本质具有更普遍意义的、更高层次的统一性范畴。从个体多样性经验中归纳出普遍的本质规定性，又从抽象的本质规定性返回现实中的具体存在，这就叫作多样性的统一。现实世界、经验世界只有从感性上升为知性和理性，达到普遍抽象再返回现实具体，我们才真正地对存在从何所是上升为何以是的认识，从存在的本质、存在的根据这普遍意义去把握存在，这就是理性具体的含义。在理性统一性的理解中，被柏拉图看作生生息息、变动无居的具体感性现象世界就不再是既存在又不存在，而是本质和现象相统一的现实性存在，生生息息且变动无居的是现象，支配现象的是普遍而永恒的本质，现象和本质的统一就是现实。现实性是理性具体才能通达的范畴。普遍理性不是在现象之外的一种东西，其实它就是存在于一切现象之中的普遍抽象的本质。正是普遍的抽象本质使现象存在成为有根据的存在，成为统一性的普遍存在，同时正是多样性的现象存在中才有了统一性本质，抽象本质在具体现象中才获得现实意义，成为构成多样性具体存在的普遍本质存在，使多样性现象是统一有序可理解的。从本质和现象的统一性去思考人类世界，人类世界就是不可还原为物的最普遍意义的统一世界，就不是无本质的现象世界，人的世界的必然和自由就不是现象世界中的非此即彼的选择，而是在复杂社会历史中，构成现实、具体社会复杂历史性存在的统一。人的自由、文化、理性这些抽象普遍本质存在不是人的感性具体存在，不是社会历史具体现象存在，而是这些具体存在的本质，寓于一切人的具体存在之中，使每一个现实、具体的人成为具有普遍的人的本质的存在，使每个具体的人构成的世界是统一的人类世界，使人类社会历史是统一的自由创造的历史。人类社会历史的现实、具体过程是人的普遍文化本质、人的文化选择自由从抽象到具体的展开和实现，自由和必然的统一就在从抽象向具体社会历史过程回复的现实性之中，在人类社会历史过程的现实构建之中。

至此为止，世界统一性原理对人的世界的思考是围绕着人的社会历史性、社会历史的创造性以及人的文化本质、自由作为人的文化的本质的意义上展开的，对此可简单归纳为人类的社会历史是人在自由的文化选择中不断构建自己的普遍文化本质的具体社会历史创造的永恒、绝对运动过程，文化是人超越自然世界自然生命循环、延续过程，发展为在文化选择的自由历史创造中连续不可逆的过程的充分理由，文化就是人的抽象而普遍的本质，文化选择的自由本质则是人的文化的本质。所以，人的最深刻、最根本的本质是自由，只要是人就一定是自由的存在，人失去自由就失去人的本质，人的自由的匮乏就是人的本质的匮乏，这正是不自由毋宁死的理由。失去自由的人失去人的本质，变成行尸走肉，那就比失去生命还要可悲。在人化的世界中，没有失去人的本质的人，因为这是不合逻辑的。只有没有自觉到自己自由本质的人，只有自由的本质没有得到很好发展的人。失去人的本质的是非人，不是人。自由不是人具体存在中的一件衣服或一只手那样的一件东西，也不是具体的特定状态，而是人的抽象的普遍本质。它在每一个具体现实的人的文化选择生存之中从抽象回复到具体形态，在现实过程中是多样性的统一。人的自由的现实性是多样性的，具有每一个人的特定的具体现实性。但一切具体现实的自由的文化选择行为都是统一于普遍的理性的，故自由即理性，理性即自由，达到自觉理性就获得充分的自由。人不可能毫无自由，所以才能有根据地把自由理解为人的本质之本质。奴隶社会奴隶被当作非人，被当成只会说话的牲口，失去人身自由，像货物一样被买卖，像牛马一样的被驱使，所以奴隶就不能算人。但奴隶其实也是人，奴隶也有他的自由。奴隶的自由在于它可以选择顺从，也可以选择反抗，选择起义。一个人被枪指着脑袋时还有选择是举起手来还是反抗的自由；失去人身自由的人还有思想自由，还有在他生存环境下的选择的自由；犯人也还是人，是失去人身自由的人。由此可见，在人化的世界中，人总是自由的，人在本质上一定是自由的。但不要把自由当成现成的东西，当成僵化、教条的常态，而是人之所以为人的抽象本质，它从抽象回到具体现实的人的生存中时是多样性的。不同的个体，不同的历史时代，人的自由是不同的，但人都具有自由的本质这一点却是永恒而同一的。人是社会历史过程中的现实、具体存在，人的社会历史不断进步、发展的根本意义是人类理性和人的自由本质的不断发展，历史进步的意义就在于人的自由本质的历史性发展，自由解放就和社会历史进步具有相同的意义。对于那些危害社会发展及其他人的自由生存的人，社会剥夺他们的人身自由，他们自由的匮乏相当于他们人性、人的本质的匮乏，因为这是人的本质还不健全的具体的个人。如果一个社会、一种制度文化不利于人的自由发展，而是朝着剥夺大部分人的自由、令人的本质向不断匮乏的方向发展时，我们称之为反动的，即逆着人类自由本质发展方向运动的，是无人道、反人性、反人类的。为什么卢梭追求人的平等？为什么马克思追求共产主义大同世界，并断定共产主义理想一定会实现？为什么平等、博爱成为近代以来人类的基本价值观？归根到底，它们指向一个共同的目标：不断实现人的自由的本质。社会历史不断向前发展的意义应该在人的本质的不断发展之中，而不是剥夺人的自由。社会的发展和进步并不是纯粹主观评价，人的存在的意义是由人赋予的，却不是随心所欲的。

人的自由不是抽象的客体，不是在被动意义上的，不是对人的现实生存过程各种约束条件的摆脱和否定，而是从人的主体意义去理解的，这才是真正的主体性自由。人的自由以人的自主自觉的文化选择性生存为现实，而不是由人之外对人的越来越少的限制为条件，这才真正通达人的主体自由本质。人作为世界中的现实、具体存在，总是要由环境的边界条件所制约，从约束解除直接意义去理解自由只能意味着现实的人不可能有自由，那就变成现实的人没有自由的本质，变成非人了。自由的真正意义只能从主体本身出发去寻找，从人作为主体的主动作为出发去理解，也就从自由即文化选择的意义去理解。人的选择之所以是自由而不是自然的，人的选择之所以区别于动物生命的自然选择，在于人的选择是文化选择。动物自然选择也是以感觉经验的认识为依据的，以满足生存的需求和欲望为直接目的，但由于动物的认识只是具体个体感性认识，每一具体个体动物的认识只能来源于直接经验，无法摆脱对具体个体的绝对依赖意义，没有上升为类存在意义上的普遍知识，由此决定了动物的认识是在种群个体中重复循环的，动物以感性认识为根据的生存选择方式是自然支配和世代循环的。自然生命选择生存的结果是形成了生命个体在时间过程中连续不可逆的存在，在物种意义上是世代循环重复的存在。动物生存选择的根据即认识是由先天的感官等自然认识机制所决定的，是先天即与生俱来的本能为基础的，我们称为自然本能。自然生命物种是自然而非自由的存在。人的文化选择已经和自然生命选择有了本质的区别，决定人的文化选择的本质不是先天的感官和认识结构，而是人在后天获得的普遍的文化知识。在人的文化生存选择中，人的自然客体是人存在的基础，不再是人存在的本质。人的自然感性经验认识是人选择的基础，不再是人的选择行为的本质，人的选择是以文化选择为本质的。具体地说，人的选择是以具有人类社会历史普遍意义的知识为根据的。知识就是力量的根据在于知识为人的生存活动提供了理性选择的根据，使人能更合理地利用环境，适应环境，更好地满足人的需求和目的，增强了人在适应性生存发展中的支配地位和作用。知识和经验的本质区别在于前者是具有类普遍意义的，后者则只是具体个体意义的。只有普遍性的知识才构成了一个普遍意义的世界，具体个体经验认识则只局限在具体主体结构之中，没有成为普遍意义世界，并且随着生命个体的死亡而消失。人类以独立于人的思维机制之外的客体作为意义的符号载体，用文字符号把个体认识转换为具有普遍意义的文化知识，从感性具体认识上升为抽象知性普遍认识和理性统一性认识，我们称之为文化知识。人类世界和自然世界的本质区别就在于人的世界已经是一个以后天普遍文化为本质的具有普遍意义的世界，人的生存选择不是以感性经验为依据，而是以文化知识认识为依据。人类文化知识发展到什么的水平，人的自由选择能力就达到了什么水平，人的选择的本质就是文化选择。人类文化选择中实现的社会历史是随知识发展变化而发展变化的，而不是由自然本质决定的。人的世界的最基本单位就是社会，先验的认识形式就是历史，不再是自然生命那种以物种为单位，以时间为形式去存在和描述的世界。摆脱了自然本能制约的人的文化世界是一个自由创造的世界，自由的本质在于它的文化选择这一非自然本质，创造的意义则在于它的后天性、无限主体性，人的社会历史就是自由创造的历史。

人的自由的本质意义在于人的文化选择，人的文化选择的基础是文化知识，最为基础的是具有普遍性的客观必然性知识。人从告别自然界成为万物之灵之日起就获得了自由的本质，就在人化的自然中依靠文化选择生存。人的社会历史在不可逆地发展，在不断从低级到高级地发展，现实中是人的文化选择能力 、适应世界的生存发展能力在不断发展，因为人类的知识、文化在不断发展中。知识就是力量，人类通过文化选择获得了改造世界的力量。世界统一性原理把知性知识划分为两个层次，一是普遍知识；二是绝对普遍知识，即不依赖于任何主体，具有客观普遍有效性的知识，又称之为必然性规律的科学真理知识。知识才称得上人类的共同财富，科学真理知识更是人类最宝贵的财富。建立因果关系认识，发现世界普遍必然性规律是人类文化过程中划历史的事件，人类的知识连同人类社会历史就是由此真正开始了从低级到高级的不可逆发展。人类文化选择的目的和意义就在于根据选择对象的必然性规律及其相应的边界、初始条件来决定人的合目的而具有现实意义的选择，达到目的和可能在现实中的统一。这其实也是老子《道德经》的自然无为的思想的精髓。老子玄学理论的核心是自然无为，同时又把世界理解为道、天、地、人四个层次的统一世界，并把人的世界肯定为域中四大之一的独立世界。如果承认老子的统一世界理解中人的世界和自然世界的统一性关系，把人的世界理解为非纯粹自然世界，则对道法自然、自然无为就不能作无所作为、听之任之的宿命理解。道法自然的一般普遍意义就是按自然必然性规律办事，自然无为也是这个意思。人既然是域中四大，人就必有所为，说自然无为是指人对自然无可奈何或不必有所作为是不合逻辑的。在把人本质上区别于自然的前提下，在人对自然的作为、作用的现实生存关系中，人对自然的无为不是无作为，而是对之的作为必须遵守自然本身的必然性规律。因为自然规律本身是必然性的，是不随人的自由意志为转移的，人对自然的作为既是人主体性的自由意志支配的有目的行为，又必须遵守自然必然性规律，这种统一性理解才能合逻辑地解释自然无为的深刻意义。按世界统一性原理，人的世界是文化选择的自由世界，人的文化选择是自由的，人能够实现自由文化选择的基础和前提则在于人类建立了关于世界的普遍的文化知识，文化选择建立在普遍客观必然性规律认识的基础上，以对客观必然性真理认识为前提。人的文化选择行为本质都是自由的，文化选择之所以为文化选择就因为它是建立在客观必然性规律认识的文化知识基础上的，这就是自由和必然的统一性关系。自由和必然一定是统一的。人类对必然性规律认识越多，人就获得越广阔的文化选择空间，人就越自由。正是基于自由和必然的统一，人类社会历史就是超越了进化的文化发展历史进程。文化的发展同时又是人类社会历史在自由创造中不断实现人的自由之本质的过程，人类社会历史就是自由创造的文化历史，不是必然的自然史。据此，我们才有充分的理由把自由作为人的本质，作为人超越了自然生命世界的充足理由。

按照统一性原理，把人的世界理解为自由和必然相统一的世界，从根本上揭示了传统认识由于因果必然思维绝对化而陷于自由和必然机械地对立的谬误所在。把自由理解为现象世界中具体多样性存在及其现象的去约束，把必然性理解为现象世界中具体存在及其运动现象过程的多样性现实结果，把无现象意义的自由本质和普遍意义的必然性规律当作具体个体现象的现实性本身时，对于一个具体存在或具体现象而言，这就变成或自由或必然两者必居其一而不能统一地共存的属性了。自由本来是和文化、自然相对应的概念，必然本来是和偶然、或然相对应的概念，一旦把它们误用于现象世界，自由和必然就变成相对应的、非此即彼的概念，自由似乎就是随意性、偶然性的了，自由就是任性不是理性了。这正是局限于感性及知性认识的思维所执着的。在科学理性思维支配下自由不但成为和必然相对应的概念，而且自由和必然成为人的现实世界势同水火的矛盾，人类为此虚构的矛盾苦苦挣扎了数千年。应了那句俗语：天下本无事，庸人自扰之。自由和必然是从来不会有矛盾冲突的。人之所以能够自由，能够不断地获取越来越大的自由，就在于人发现了越来越多的必然性真理知识，掌握了越来越多必然性规律，越来越学会按客观规律办事，因而就获得越来越丰富的自由和选择空间，就能更好地满足人的生存目的和发展需求。人懂得按客观必然性规律办事，在现象意义上增加了约束，在感性意义上似乎是少了自由，在理性意义上则是获得了自由。所以，自由是理性的，人是理性具体存在，因而是自由的存在。理性的具体是感性、知性、理性的统一，另一种等价陈述是自由和必然的统一。没有客观必然性普遍知识的自然生命停留在感性具体认识中基于本能去选择生存，根本就无自由可言。人一旦偷吃了智慧之果，创造了文字去承载文化，建立文化知识，人就建立了自己的自由本质，超越了自然界。在文化选择中，在按照必然性规律去面对世界的生存中，人构建了一个不断自由创造发展着的非自然的人类世界。必然性的文化知识即是人的本质，是人的文化选择的基础和前提，人根据必然性认识所进行的自由选择活动以及过程则构成了人的现实的存在、现实的社会历史过程存在本身。人的世界自由和必然的统一最终必须回到人的世界统一性的社会历史过程才能得到完整的理解。人对世界必然性客观规律的认识是人的文化现实行为。人的文化不只是抽象精神文化，而是在认识世界基础上能动而自由地改造现象世界的过程，是在文化中更好地适应世界的统一性过程。人对客观必然性规律的认识追求的是对客体世界的普遍本质规律的认识，而人对自身生存的文化选择本身却是人作为主体存在的本质。从自由和必然的统一中，可以合理地断言，人的世界是文化和自然相统一的世界，自然世界是人的文化世界的基础，必然性客观知识是人的自由创造选择的前提。

人的世界是自由和必然相统一的世界，这是建立在自由是人的文化选择这一普遍本质，必然是客体世界客观普遍有效的支配规律意义上的。自由和必然在人的现实的复杂社会历史过程中是属于不同层次的范畴，因而在具体现实社会活动中能统一在具体之中，不会产生在现象世界中的自由和必然非此即彼的矛盾冲突问题。本节前面详细探讨了现象世界无自由也无必然意义的问题，唯有如此才能有根据地把自由和必然的矛盾化解并将之统一起来。人类文化选择本质是自由的，人类选择的目的是通过人的选择干预使客体世界（包括人作为客体的世界）的结果更大地满足人的主体目的性，就是说，对人而言，客体世界的具体结果，包括实现这样结果的过程是具有选择性的，不是不可干预、无法改变的。人化世界中现象的变化依赖于人的主体选择性活动，唯此才有所谓“人化的自然”这种概念的意义。把现象世界理解为宿命的、必然性的世界没有资格说是对的，也没有资格说是错的，因为这种陈述和理解确实没有可检验证明之意义。我们讲的必然性指的是支配现象多样性世界的客观必然性普遍规律，必然性规律支配的现象世界不能理解为必然性世界。必然性支配的现象世界是多样性的统一，多样性就不能理解为普遍必然性的。多样性来自每一个具体客体的边界、初始条件的多样性，它的统一性的根据则是支配他们的抽象的普遍必然性规律。现实世界的存在及过程是由支配客体运动变化的普遍必然性规律和每一个具体存在和过程的特定的边界、初始条件共同决定的，由此才能理解世界是多样性统一世界的具体含义。对人化的世界而言，多样性世界是和人的选择和行为有关的。人只要掌握了必然性规律，就能对具体的边界、初始条件干预和选择，根据必然性规律的决定作用，争取得到人的需求满足最大化的现实结果。世界不是必然的，支配世界的规律是必然的，我们掌握客观规律，就能更好地实现人的目的，实现人的自由本质的更大的发展，这就是人的世界是自由和必然相统一的世界的最根本意义。人离开知识，违反了自然必然性，根本就不可能得到所谓的自由。那种抽象的“自由”是失重，失去存在意义而已。为什么人的本质是文化？为什么人类历史叫文明史？为什么知识就是力量？其根据在人自由和必然相统一的文化选择生存现实过程中。

根本不需要形而上学的思辨，回首文艺复兴运动以来人类近代科学革命的历程，注目我们当下生存的世界的现实，谁能够否认科学必然性真理知识所带来的人类社会历史的沧海桑田？谁又能对科学发展对人的自由的本质的发展熟视无睹？人类踌躇满志地改变世界，改造世界时，如果在“自然无为”意义上，在按照科学规律办事意义上改造世界，其实并无可非议，但征服世界就有“自由”至失重，无视客观必然性规律的味道了，人就忘乎所以，忘了根本了。今天，我们延续着人类近代科学革命步伐，进入知识社会，更具体地说是科学知识社会，这是我们社会的本质。世界统一性原理把人的世界的本质首先建立在科学真理知识基础上。当然，仅知识不够。科学知识尽管是人的本质的最基础部分，知识是文化，但文化不只是真理和知识。必然性判断的有限抽象性决定了仅知识无法返回具体从而赋予人的世界以现实意义，而且就抽象认识而言，知识无法解释自身，不能为自身的存在提供根据和基础。把科学必然性知识变成因果链去解释一切，那就走到反面，本质上是把抽象当现实，这正是自由和必然一直虚幻地对立冲突的原因。自由和必然的统一是人的世界的理性具体现实性本身，对于人的世界从抽象进展到理性的具体，具有重大意义。

第三节　自由和必然相统一的意义

一、文化和自然的统一

人类文化是真、善、美的统一，真理是文化的基石，对必然性认识的追求是人的文化本质的最基本特征。科学必然性真理是人类文化的最基本、最核心的内容，是人类社会历史不断向前延伸，构建社会历史大厦的坚实基石。人类社会历史的发展在本质上是人类精神文化的发展。人类精神文化并不只是抽象的形式，不是只在解释世界，而是在人类社会历史现实过程的实现中起着本质作用的，解释世界和改造世界的现实行动是不可分割的，没有解释世界就没有改造世界，就没有人类世界。更深刻地看，解释世界的现实意义就在改造世界中，改造世界的本质和根据是解释世界，理性之人的世界的最高存在论意义就是"认识你自己"。文化从抽象形式回到社会历史现实过程，解释世界向改造世界回复的过程就是人的自由本质实现本身，是文化具体存在本身。人作为理性具体存在的实现机制是文化选择，自由和必然相统一才有现实的文化选择。纯粹必然性支配的选择是动物本能，离开必然性普遍知识为根据的选择也是动物本能。以普遍必然性为根据才有选择的自由可能性，自由和必然相统一的文化选择是人理性自由存在的具体现实。世界统一性原理坚持自由和必然的统一是人的文化世界的本质关系，是决定人的世界统一性水准的最基本关系。这种最基本的统一性关系在人的多样性统一世界中，以多样性形式表现出来。换句话说，人的世界的不同层次的多样性现实现象，都可以从自由和必然相统一的本质关系出发找到根据并得到理解。

人的生存的最基本关系之一是人的文化和自然的关系。其实，我们人与自然关系这种常见、一般陈述中多少包含着人类沙文主义倾向，带有人的征服自然的传统观念于其中。因为许多人说人和自然关系时，自然而然把人和自然区别开来时往往忘记了人的自然。人外在于自然就既不知人是什么、人从何来，又总喜欢把人凌驾在自然之上。尽管今天人类已经在自然必然性支配作用面前尝到了违反自然必然性的苦果，开始懂得人适应自然环境才能持续发展的道理，但如果仍从人在自然之外为基础去理解可持续发展观，则这种认识还不是理性自觉意识。人和自然的关系思考在先地把自然关系视为人生存发展的外在关系，就没有达到人自身首先就是自然的统一性理解。外在的自然对人的制约作用的根据在于人的存在自身，因为人具体存在的现实性基于感性自然的具体性，人首先是自然生命存在。按照世界统一原则和自然界同构性原理，人的自然和其他自然客体一样，都受同样的自然必然性规律支配，都在统一的相互联系、相互作用的自然界中运动变化。如果人不是自然，人在自然之外，自然环境对人的作用就是无法理解的。人不只是自然，人本质上超越了自然，但前提首先是自然，故基于科学理性思维时，人和自然关系这种陈述是有局限性的。按照统一性逻辑，作为世界最高层次的复杂统一性存在，文化统一性关系首先是人的文化本质和它的自然基础的统一性关系。据此，我们用人的文化和自然的统一去置换人和自然关系命题，并希望从自由和必然相统一的角度，对人的文化和自然的统一性关系得出合理的理解。能自觉地从人和自然转换到人的文化和自然关系思考时，认识人自己就进入自觉理性水准了。

自然是什么？按照人和自然的逻辑，自然是人之外的客体世界，是人存在的客体环境，又叫自然条件、自然基础。但按世界统一性原理的文化和自然关系，自然史是相对于人的文化而言的，不是相对于人的具体存在而言的。人类文明史不是自然史指人具有非自然的本质，而不是在自然之外的存在。按照马克思主义经典作家“人化的自然”概念，在人的意义世界中，没有纯粹的自然界，只有人的具体存在自身的自然和人的具体存在边界以外的自然，叫作人存在的自然环境，并没有与人无关的、不以人的意志为转移的自然现象界。沧海桑田、天翻地覆这些自然变化并不都是自然自身自在变化，在人的世界中其实是人的参与和干预的结果，这就是人化的自然概念的含义。自然概念本身也有三层意义，一是自然客体，我们称为存在者，这是一切存在的基础，而本原客体则是一切更复杂的结构性客体的最基本构成单位，它就是引力能量子。能量子是不可再分解的量子化存在，是无结构规定性即还没有产生出有序性结构的混沌性存在，它当然是自然的。但由能量复杂性变化产生出的结构多样性的客体就既是自然的，也可能是人化的自然物，前者叫天然的，后者叫人造的。在化学元素周期表的元素中，位于表中后面部分的大原子量物质原子基本上是人工合成的，不是天然物，是人工合成物。二是客体变化现象，包括客体在时空中的运动，还包括客体时空结构复杂性演化。在没有人干预的自然世界中，这些现象叫自然现象，但在人化世界中客体现象本质已经不再是自然的。人化和自然的现象之为现象构成了统一而现实的现象界。人的现实文化生存选择是控制客体运动变化及结构复杂性演化现象来实现人的目的，人化的自然、人化的世界指的是人的世界意义上的现象界。三是支配自然界运动演化，赋予多样性现象界统一意义的是客体世界普遍必然性变化规律。规律作为规律，是在人的抽象认识和意义上的，但它恰恰又是最自然的，是不以人的自由意志为转移的客体必然性关系。人类改造的是现象，不能改造的是支配现象的必然性规律。没有文化，没有科学认识自然运动变化规律，就没有所谓必然性真理。人类文化世界是自由创造的，人的文化构建了一个以科学真理为基础的人化的世界，但科学真理本身却又是自然内在的规律性，是不以人的自由意志为转移的。并且从逻辑上说，只有不以人的自由意志为转移的自然必然性规律知识才有客观普遍性，才能称之为真理，才能经受人类历史长河的检验，成为真实而永恒不变的真理。正是基于真理的必然性，人类现在学会了谦逊地把科学真理的认识成果叫“发现”，不再狂妄地“创造”真理。人类改变的只是世界的现象，人类无法改变也不能创造支配客体世界的必然性规律。由此可见，自然是客体、客体运动变化、支配客体变化规律的统一，必然性规律是它永恒的本质，永恒变化的是它的现象，是在不变本质规律支配下的永恒运动现象。世界统一性原理把自然理解为统一性的，并把支配自然永恒运动的不变规律理解为自然的本质。从多样而运动不息的世界中归纳出自然的本质，得出多样性世界统一而普适的理解，这是人的自由创造本质，而这些自由创造的产物即自然本质规律本身又恰恰是不以人的自由意志为转移的，这正是世界的奇妙之处。从逻辑上来说，这也是一种必然性，因为自然的本质只有先验才能具有客体普遍意义。因此，自然统一性的特性就在于他的先验性，即不受人的自由意志支配的特性。自然客体及其运动现象只要是先验的，就是自然的，反之则是人类经验的，是人化世界的，是文化选择性的。

从对自然的本质认识以及自然统一性理解基础上，我们得出了相对应的“文化”概念。文化是相对于“自然”而言的，故文化就不是先天的，而是人的生存现实经验本身。由文化生存现实抽象出来的普遍精神文化作为人的世界的本质，基于其后天经验性就先验地不是必然的，但也不能说是偶然的，无必然同时也就无偶然之意义。它的意义是自由，是永恒的文化生存过程的普遍本质。文化的现实是人超越先天自然世界，是人凭借后天经验中自由的创造实现世界的人化，这才是人之所以为人的充分理由。按照人化的自然这种观念，人的世界是赋予自然以文化意义的更普遍意义世界，文化和自然就不能在非此即彼的机械意义下，在同一层次中从对立统一意义上去理解。然而，几千年人类文明史的现实是，文化作为人的本质，在人的生存中无处不在，支配着人的社会历史，人用丰富多彩的文化概念从多样性中揭示文化的存在，用文化去归纳人的生存的多样性现象时，恰恰出现“灯下黑”现象，文化无法揭示自己的普遍统一本质，人无法归纳出自己生存的本质根据。追求人的本质作为人“认识你自己”的根本目标，历史上的圣人、伟人、哲人们为此孜孜不倦，各种理论观点百花齐放，唯独没有人敢把文化理解为人的本质，把人的文化理解为超越了自然生命进化的历史过程。但是，试图从感性具体去找出人的本质规定性的理论都陷入悖论，一定是用人是一种自然存在去证明人是和自然有本质区别的存在。因此，理论家们最聪明也是最无奈的归纳是人是不可定义的，现象学理论则进一步断言人的存在和本质是分裂的。存在先于本质，存在的根据是现象，这本身就是悖论，是用感性具体去陈述理性具体产生的悖论，这其实是机械论思维的局限性造成的。对人的文化这种不可逆的复杂性过程存在对象而言，用对物质客体的机械规定性是无法对之下定义的，用不断结构还原去归纳物质客体本质的方法无法归纳人的本质，只能最后得出人就是机器的荒唐结论。道理非常简单，机械因果关系无法描述复杂统一性对象，用结构还原方法研究的不是复杂统一性的人，而是人分解出的物质构成部分而已。几千年来人类对人存在本身的思考，由于缺乏适合这种复杂对象的统一性思维，其结果要么局限于人的自然存在，要么用人之外的抽象外在的“上帝”“社会”去说明，最终也无法说明人的本质以及人的具体现实的统一性存在。出现这种“灯下黑”现象的根本原因在于，在因果关系认识中，自我循环的完备性是不存在的。一个因果关系判断的对象不能包括判断本身，自我封闭的因果判断一定是悖论。因此，坚持科学理性，要对人的理性具体存在或人的文化、人的本质这些复杂性认识对象得出合乎逻辑的结论是难以想象的。

人类文化最奇特之处在于它对世界及其存在、运动变化现象的认识包罗万象，不断发展，唯独在对文化自身的认识问题上失去了文化的普遍本质归纳。文化对人的本质认识的匮乏同时就是对作为人的本质的文化认识的匮乏，是文化没回归文化，理性不回归理性，具体停留于抽象。文化最难以认识的是文化自身，因为在因果关系思维中，文化和其他陈述、判断一样，无法自圆其说地说明自身。文化概念可以包括人的一切思维领域，文化可以包含整个人化的世界，但文化却在多样性现象中无法归纳为抽象的非自然这一普遍统一规定性，更无法回复到人的世界统一性过程，即没有达到文化和自然的统一。文化在因果关系绝对支配下就永远只是抽象的文化，现象中的文化。离开和自然相统一的抽象文化既局限在因果关系支配中，又希望在因果关系链条中自身说明自身是不切实际的，这正是人类对文化理解产生矛盾的一个重要原因。说到文化，传统认识的最直接反应是精神文化。文化具有抽象意义，是一种精神现象，但把文化理解为像机械运动或客体之物自在自足那样的抽象精神，那就陷入了片面性和局限性。但当我们为“历来的哲学家只是在解释世界，问题在于改造世界”这一陈述欢欣鼓舞，将之作为至理名言时，在逻辑上可能已经隐含着把人类认识、解释世界和人在现实世界中的生存实践机械地割裂开来的倾向，赋予文化认识完全独立于实践的抽象意义。这种文化理解并没有错，但这只是抽象的、狭义的文化，根本就没有达到对文化的本质及文化存在的统一性理解。把认识和实践区别开来的意义在于把它们统一起来，不是割裂开来。抽象的文化，精神形式的文化是从文化的现实中来的，它是文化的本质，不是文化的具体现实意义。纯粹抽象的文化，与实践没有任何关系、没有统一性意义的认识，是否是文化、是否是认识，没有客观标准和意义。自然界进化出精神意识，具有精神、认识的生命自然界是自然最高、最具普遍意义的存在，但精神意识只是自然具体感性存在的抽象属性，它自己并不是独立存在，并没有精神、认识、意义这种具体的东西。当自然认识上升为人类具有普遍意义的文化认识时，文化作为人的抽象本质使人超越了纯粹自然界，进入了社会历史世界，但文化也只是人的具体、现实存在的抽象本质，而不是在人之外的具体东西。没有文化人就只是具体的自然存在，有了文化本质的人就是超越了自然生命物种的理性具体存在，这就是文化之所以为文化的本质和意义。如果没有这种意义，就没有文化。就是说，没有在具体存在之外的文化，没有在实践意义之外的纯粹认识，文化和认识只有在统一性的具体存在中，才有存在的意义，即文化只有在从抽象返回具体时才有意义，才成为抽象存在。文化、认识、精神、意识的最根本意义在于具体、现实的统一之存在中。作为抽象独立的存在，精神文化只是我们思维中的抽象，从个别、具体中得出的一般、普遍抽象意义在认识中的产物。然而，正是这种普遍抽象本质，使具体世界超越了自然进化的最高阶段，使人类超越了自然世界。文化、知识的统一性意义在物质文化、东西方文化这些具体统一性概念中表现得淋漓尽致。物质文化既不是物质对抽象文化的限定，更不是文化对物质的抽象限定，而是物质和文化的统一。我们说东西方文化、青铜文化、铁器文化时，绝对不是在抽象文化形式意义上使用文化概念，而是在人类社会历史具体存在意义上使用的。中国文化指的不只是中国象形文字，而是中国即中华民族几千年的生存现实构成的文明史。文化的根本意义在具体之中，离开统一性，纯粹抽象文化并无任何可理解之意义。文化的最一般、最普遍本质意义是从具体文化过程的统一性中抽象出来的，只是思维中的抽象。绝不能把文化、精神、意识作为相对于物质客体之外的一种东西，它们之间只能是统一性的，不能是非此即彼的。文化的真正意义就是和自然的统一，人作为具体存在是自然和文化的统一性存在。从另一个角度来说，文化这种统一于人的存在的抽象本质，使人从自然存在成为超越自然的存在，从万物之一成为万物之灵。人作为万物之灵和作为万物之一的不同根据就在于是否具有文化这一本质。

人是文化和自然相统一的存在，这是由人作为自由和必然相统一的存在所决定的。人本质上是自由的存在，但自由不只停留在抽象精神中，更不能像狭隘的唯心论者那样，认为只有精神才是自由的。没有人，自由和必然相统一的具体文化选择活动就无所谓精神和精神自由。没有精神，没有精神文化就没有人的世界，就没有自由。但人的自由并不是在抽象精神文化中，而是在现实的社会历史文化创造、生存、发展的生存中的自由。抽象文化是自由的基础，统一性的自由创造现实历史过程才是自由本身，即人类在文化选择中实现自身生存和发展过程才是自由的现实实现，精神文化则构成了自由的文化选择的本质。对自然必然性规律的认识是文化选择的基础，自由是和自然必然性相统一的，自由的程度取决于对自然必然性认识的水平。人类文化越发达，对自然的必然性规律认识越多，就越有能力适应自然环境，在自然中就能获得更大的自由，人的生存就更自然而然。自由和必然的统一性意义同时就是文化和自然的统一。必然性是自然的法则，文化是人对自然必然性法则的认识和利用。人的自由取决于对必然性认识的水平，人能否更好地自由生存归根到底在于能否随心所欲地顺应自然必然性要求，人的文化本质就是和自然相统一，以认识和揭开自然必然性规律为己任，归根到底是实现人自然无为的最佳生存状态。人是自由和必然相统一的存在，实际上也就是文化和自然相统一的存在。

人作为文化和自然相统一的现实存在，不再是抽象文化认识意义上的，而是在人的现实具体存在中的。文化既超越了自然，但又必须建立在自然的基础上。抽象文化回复到具体自然时，才有统一性的现实的人的存在，这正是生命以及人这种复杂性对象必须在统一性意义上去描述、规定才能得到合理理解的原因。文化尽管超越了自然，但却无法独立于自然。在因果决定还原思维中，文化变成第二性现象，这就无法解释人和自然的本质区别了，因为还原消解了文化本质，人就还原为自然甚至机器，那当然是不能接受的。如果把文化作为人的本质，但在因果必然性思维中又把文化变成决定自然的根据，文化就成为世界的基础了，那显然是胡说八道。自然之为自然是独立于文化而自足的。只有在统一性思维中，在文化和自然的统一中，才能理解具体现实的人的存在。自然是人具体存在的基础，人的自然存在与文化存在没有因果必然性依赖关系。在没有文化的时候，人就是自然人，是自然生命世界的一个物种。人的文化在人的自然存在中产生，在从自然感性认识向普遍的知性、理性精神文化知识的认识中产生，其现实意义是使感性为本质的自然人进展到理性文化为本质的文明人，从自然选择生存方式进展到具体理性的文化选择生存方式。文化的产生以自然存在、自然认识为基础，人的知性、理性认识始终建立在感性认识基础上，而有血有肉的生命则是任何认识可以产生的现实基础和前提。自然尽管是文化的基础，却不能认为文化和自然是因果依赖的必然性关系，倘若如此则无法回答为什么其他动物的自然认识没有进化为文化这一问题，无法回答人为什么会在动物世界基础上产生了文化这一命题，无法回答人的理性存在亦即文明人的存在从哪里来的问题。文化和自然的关系不是因果必然关系，从物质世界产生出生命世界，在生命世界中产生出人类世界，既不是必然的，也不能用偶然去陈述，因为这不是因果关系，而是统一性关系。文化在自然基础上产生，但文化并不受自然规律支配，文化本质上不再是自然，而是在具体现实中和自然统一的存在。如果坚持自然规律支配着人的存在，则人就还只是纯粹的自然存在，人就不再是人。人并没有摆脱自然规律支配，但人是在人生存基础意义上，而不是在本质意义上受必然性支配。人既受自然必然性制约，更受文化本身发展的支配，人类发展的根本原因不在自然之中，而在文化本质之中。只有这样，人类世界才是社会历史文化发展过程。社会历史文化发展过程尽管不是由自然必然性所决定的，但却必须首先建立在道法自然的基础上。人类文化的发展就是在越来越高级的层次上实现道法自然的过程，本质上就是文化和自然在越来越高层次实现统一的过程，人的自由就在对必然性的不断把握中向更高境界迈进。

文化是人的本质，自然是人的基础，文化和自然的统一是人的具体现实的存在。这种统一性达到什么水平，人类社会文明进步就达到什么水平。文化使人超越了自然，使人不再是自然的存在，但在现实统一性意义上，人却永远是以自然为基础、为前提的存在。离开前提和基础，人的超越自然的本质也就荡然无存了。所以，文化并不是主观精神认识而已，在认识意义上是主客观相统一的，人以文化为本质的具体存在则是主客体相统一的存在。把文化理解为抽象形式而没有回归它的具体现实性，则往往会陷入文化主观性的片面性中。不只是科学文化是客观的，关于人的道德、审美意义的非自然文化也不是纯主观的，而是主客观相统一的，最终必须从文化和自然相统一意义才能得到理解。比如人类社会的各种规范，从道德、习俗到法律，都是人类主观意义的创造，但却又是以客观性为基础的。法律是社会的意识形态，是人主观能动创造的产物，但法律最高意义是什么？制约法律的基础是什么？人类一切法律中，法律不只是人的主观意志的产物，而是还包含自然法为基础的。人类制定的一切法律，必须以符合自然法为前提。人的自然权即天赋人权，所谓天即先天自然的意义，天赋人权是先于人的文化，由人作为自然生命存在而与生俱来的权利，是人的其他一切权利的基础。近代文艺复兴和启蒙运动的伟大成果就是确立了天赋人权的人道主义理论，这其实是人类对文化和自然、自由和必然统一性认识的历史性进步，只不过人类没有将之自觉到这个高度去理解而已。人类社会分工及组织结构复杂化产生了越来越复杂的制度文化，我们一直生活在“办证”的旅途中，据最新统计，目前国人需办理的各种证件竟多达上千计，更不要说林林总总的各种规定、法律了。但这一切人为规定有一个最基本的前提，那就是必须符合人的天赋权利，不能和人的天赋权利相冲突。凡是和自然法相对立的“法”都是反人类的，反自然就是反文化，因为人的文化和自然是具体统一的。由此可见，人的主观意志规定的法本身，本质上也是主客观相统一、主客体相统一的，没有纯粹主观的文化。所谓“主观”只是缺乏自觉觉悟，没有达到文化和自然相统一的真正自由境界而已。人类社会向全球化方向发展的历史过程中，人类向法治社会方向发展，这里的法治是在主客观相统一、文化和自然相统一意义上的。法治的基础是自然法，是天赋人权，是人道主义。马克思主义的国家意识形态当然可以把马克思主义理解为超越人道主义的社会理论，但必须在统一性意义上理解它对人道主义的超越，即它不只是人道主义，又必须和人道主义相统一，应该把人道主义包含在其中，更不能是反人道主义的。把马克思主义理解为就是人道主义显然是片面和局限的，但把马克思主义当作反人道主义则是反马克思主义反人类的了。现代法治指的是法治国家，是以天赋人权为基础的法治国家，而不是国家意志至高无上的国家法治，否则就是违反自然权法的，是违背文化和自然相统一的原则的，是剥夺人自由的。

人是理性具体存在的现实意义在于人的文化选择生存的现实性。人是感性、知性、理性相统一的理性具体存在，就是说，人的抽象文化本质也必须由抽象的具体去理解，人的精神文化本质也必须从自由和必然相统一去理解。自由和必然统一性不只是人生存的现象，更是人的深层本质。感性认识是自然认识，知性和理性认识是文化认识，感性认识能够独立于文化认识成为抽象的具体，但文化认识只有包括感性认识才能超越纯粹抽象成为抽象的具体。抽象精神文化的感性、知性、理性统一性本身就是自然认识和文化认识的统一性。科学理性的局限性在于抽象没回归具体，把抽象因果普遍必然关系当作独立自主的抽象的具体就无法理解知识普遍性的根据是什么，更无法理解抽象知识回归具体的文化生存选择现实的根本原因。知性抽象认识停留于抽象的缺陷在于理性无知性也成为抽象，人类理性止于抽象就没发育成型。大多数人说理性是智慧，知性是知识时其实可能还没智慧，如果他们的所谓智慧是不包括知性知识于自身的纯粹抽象理性，这种智慧和歇斯底里并无根本区别。诚然，哲学理性本质不是关于对错的判断，但它是以对错判断知识为基础的，不包含知性和感性的理性其实不成为理性，哲学自觉理性难以让人自觉的主要原因就在于人们总是惯于执着形而上学之道去理解哲学，不知道形而下之器的统一就是形而上之道，这就根本进不了哲学之门，不懂形而下之器去哪里能懂什么形而上之道。其实，与对错、经验生存全无关系的智慧不要也罢。具体理性是感性、知性、理性的统一似乎很抽象，但回到自由和必然的统一就不难理解了。基于和必然性知识相统一的理性不是知识却包含知识，哲学的意义不只是无对错这种抽象，而是回到人的感性经验和文化选择生存现实的智慧，根据对错合理判断、选择以更好地生存的智慧。

二、理想和现实的统一

人依靠文化本质超越了自然界，人就是在社会历史现实创造过程中自由和必然相统一的具体理性存在。自由和必然本质上的统一性关系在人的具体、现实的社会历史生存活动过程中，就是理想和现实的统一关系。

理想对于人类而言，具有崇高而神圣的意义，但同时也带有脱离现实的乌托邦色彩。网络文化中有一个专说理想的主题：在群魔乱舞的时代我们坚守着理想。国家意识形态对下一代的文化教育目标之首是培养有理想的人，共产主义世界观、价值观是最伟大的意识形态之理想，这些理想显然是带有崇高意义的。但人们常指摘的“理想化”“理想主义者”又明显带有理想等同于空想乌托邦的含义。理想的贬褒并不只是两种理想观，或是对理想从不同的角度理解。从统一性的逻辑看，必须在自由和必然相统一的基础上，才能对理想和现实得到合理而统一的理解。理想并不是现实的东西，而是人的文化，甚至可以说是人的文化的精华和本质。说文化是人的本质，文化使人超越了自然生命世界，同样可以更现实、具体地说，理想是文明人之所以为文明人的根据，正是有理想的追求使人超越了在物种意义中循环的自然生命世界，在追求理想实现的主体性自由创造的历史中，实现了人类历史连续不可逆的运动发展过程。

为什么人追求理想，动物有追求却无理想呢？动物有本能驱使的欲望即感性目的性，有认识，有意识，有感情，有实现其欲望的选择性生存活动，但为什么动物追求实现生存的选择还是基于自然的欲望，不是理想的追求呢？动物在生命个体意义上同样是不可逆的存在，但在物种意义上却是世代重复循环的存在。生命世界生存和认识的最基本单位是物种，生命世界在物种意义上世代循环延续的意义在于每一个个体的生存过程和方式在本质上是自然的、先天的，是可以预言、预定的。自然生命的“自然”之本质就在于这种现实的自然确定性之中，在于先于任何具体生命生存现实经验的先验的种群遗传规定性之中。龙生龙，凤生凤，这是自然物种超越了任何具体龙凤生命个体的先验而普遍抽象的种的规定性，是一切具体自然生命的天命。在这种先天确定性意义上，自然生命满足生存欲望、目的的追求和现实选择是自然本能的，是基于生命感官对环境感知的自然意识的。自然选择没有理想意义，自然世界就是无理想意义的现实世界，动物的追求和欲望是现实的，不能说是有理想意义的。动物的目的、欲望、追求固然有“想”之意义，但这种“想”是自然感性意义之想，非文化理性之想，有想无理性就不能称之为“理想”了。

理想不是一件东西，不是现实，这正是理想和欲望的本质区别。本能欲望是基于直接现实性之上的，否则就只是胡思乱想。一切理想都是不现实的，但却不能把理想理解为胡思乱想。理想之所以为理想首先在于它既不是现实的，但又不只是想，胡思乱想不是理想。理想是人类文化产生的现象，只能从文化意义去理解。人类文化的历史性积累使其具有无限丰富多彩的内容和形态，文化的现实是人的现实生存乃至社会历史的方方面面，文化的直接目的是满足人生存的现实需要，科学家们对科学直截了当的评价是减轻人类的痛苦。但人类文化并不只有现实意义而是具有指向未来的历史意义。人的文化抽象本质在社会历史性生存中成为现实，历史的本质意义及其指向未来的现实性在于它包含着人的指向未来意义的理想。理性使追求欲望上升为追求理想，从现实上升为理想，人就在文化生存中成为有理想的存在。有理想的存在和无理想的存在就是人的文化存在和生命世界自然存在的根本区别。这正是文化或理想是人的本质的理由：人的文化并不等同于理想，但没有了理想就不会有人类文化和人类世界。人的世界是人作为无限主体性存在，由人自由创造构建着的历史性世界，没有了理想，人的所谓无限主体性、创造性、目的性就失去了现实可能性，就退化为自然生命的欲望生存，就只在物种意义上循环重复，就无所谓人的世界，人就退化为万物之一。理想使人的追求超出了直接、现实的生存欲望，人的有理想的文化世界就不只是现实的生存问题，还有超越了现实生存的有意义的追求。简言之，人的文化尽管以科学的真理知识为基础，但人类文化并不只是真理问题，人类文化理性是真、善、美的统一，人的文化选择生存的根据不只是真理，还包括善恶判断的伦理价值和审美价值。把理性生存只理解为真就把人当成禽兽，人对人就是狼。正是超越现实的理想、对于理想的永恒追求，使人类世界不只是事实的世界、客体的世界，而是产生了带价值判断的意义的世界，成为主客体相统一的理想世界。人的价值判断、意义解释就建立在人的理想基础之上。理想在文化中最深刻的意义在于它是人的意义世界的基础，是人作为主体性自由创造着的存在的基础。超越现实追求理想的人类社会历史才因此成为不断超越现实、不可逆地运动发展的非自然史。文化是人的本质，自由是人的本质的本质，理想则是人的自由创造的基础，人的世界本质上又可以理解为由理想统一起来的意义世界。

理想高于现实，但理想却离不开现实。脱离现实的想法不叫理想，叫空想或胡想。理想之为理想在于理想是和现实相统一的，离开和现实相统一这一先决条件就只有空想。理想之所以为理想就在于它不是现实，而是和现实相统一的更高追求。理想和现实不是两个世界，不是一分为二的辩证对立，阴阳互补，而是不同层次的统一。现实之为现实根本不需要理想与之对立而存在，动物生命自然世界作为一个现实的客体世界根本就不需要由理想统一的意义世界为它的存在提供任何根据。在意义世界诞生之前，在人类进入文化进程之前，连人在内的整个生命自然界就是自然而然的无理想现实世界。对于理想而言，无现实则无理想，理想不是从现实中一分为二辩证产生的，而是在现实基础上而又超越现实的。离开现实基础并没有可以理解的理想之意义，因为只有不是现实、超越现实才是理想的必要条件，不是现实、超越现实的参照就是现实本身，这正是没有理想有现实，但离开现实决没有理想的一个重要理由。但以现实作为理想参照系只是理想的必要条件，不是充分条件。理想之为理想的充分条件在于理想尽管不是现实，但却是具有现实可能性的，它就成为合乎理性的自觉追求。人类几千年文明史就是理性发展史，也就是理想不断转化为现实的过程，用黑格尔的话来说，理想不只应当成为现实，而是理想直接就是现实，每一个现实之文明人都是有理想的。今天的理想就是明天的现实，这就是理想和现实的统一性关系。理想一旦成为现实，它就不再是理想，而是人类更高理想追求的基础。人类的理想可能实现，必须实现，但理想形式本身却永远不会变为现实，而是以更高更远大的理想表现出来。人类社会历史就是在这种理想转变为现实，在现实基础上产生更高理想的螺旋式往复过程中上升发展的，这就是人类社会历史连续不可逆的发展过程。从这个意义上说，人类文化、人类世界的发展是在理想和现实的统一中的永恒运动过程。为什么人类社会历史的意义指向未来？因为人类社会历史文化是理想和现实相统一的，人类永远不会泯灭它的理想，正是理想的追求指引着人类历史永远面向自由创造的未来世界。

为什么理想会成为现实，空想不会成为现实呢？如何区分空想和理想呢？这是一个比休谟真理不可知论命题更加复杂的命题。凭什么说欧文的共产主义追求是乌托邦，马克思主义的共产主义追求是理想呢？理想是比真理更难以确认的命题。真理可以证明，没有未来的证明，只有过去经验的证明，转换真理为经验证伪可以解决休谟悖论。真理证明为真是在一切经验中为真，由此断言它是真理，没有必要由无意义的未来经验去证明真理为真。但理想能否是现实可能性的理想却不能由经验证明，经验只能证明它是理想不是现实，不能证明它是有现实可能性的理想。理想有意义的定义域是在未来的历史中。理想既然没有办法证明，理想就不是建立在经验证明基础之上的。理想和空想不是可以证明的，这不能意味着理想就是空想。理想之为理想不是空想的根据在于“理”的规定性之中，“理”是理想的根据。“理”指的是人类文化，是人类科学知性真理认识和理性统一性智慧的统称，也可以理解为理性统一性，包含知性普遍抽象性于其中的理性是理想中理的真正意义所在。理性是人类文化的产物，理想是理性的追求，是在理性统一性认识基础上的追求。人类在自然感性认识基础上创造了理性文化成为无限的历史主体性存在，人类才有了理想。理想的根据就在于它建立在人类文化基础上，在人类文化认识的意义上，理想是有文化知识根据的追求，按照人类的理性能力去判断，是有可能实现的追求。它之所以叫理想，在于它还不是现实；它之所以不是空想，在于它的文化知识基础。理想是一种追求，是无法证明的，理想一旦被证明是能成为现实的理想时，它就变成现实而不再是理想了。因此，理想不是真理，不是绝对普遍客观的认识，它具有人类文化普遍意义，却没有科学真理那种绝对普遍意义。理想是主客观相统一的，又是和现实相统一的，不能把理想和现实作为非此即彼的对立去理解，理想更不能用科学真理的真伪判断去理解。不同时代，不同文化背景的理想是不相同的。

人类世界的自由创造本质以人的有理想之意义世界具体体现出来。人的理想世界的现实基础能否理解为与自由相统一的必然性呢？不能，这和我们前面所说的现象世界无必然和偶然之意义的观点是相矛盾的，不能说理想世界是本质上自由的世界，而现实世界是必然世界。只有在人的普遍文化世界中才产生了必然性和偶然性的意义，只有现实世界的抽象而普遍的支配规律才有普遍意义，现实世界没有普遍意义，没有必然偶然意义。具体、现实的存在既是真实的、个体的存在，又是支配现实、具体世界的普遍抽象规律与发生作用的每一个具体、特定的边界条件和初始条件的具体统一。世界的多样性就在于具体存在的边界条件和初始条件的多样性，世界的统一性就在于支配世界的必然规律的普遍性，普遍规律和每一具体存在对象特定条件的统一构成的现象世界就是一个多样性统一的世界。现实世界在无文化统一性认识、无普遍抽象规律归纳的观点看来，在感性经验意义看来，是多样而无统一，是杂多，是生生息息，既存在又不存在；在理性观点看来，是多样性的统一，统一的根据和意义就在于支配客体世界的抽象必然性规律的绝对普遍性。理想和现实的统一并不在于现实世界为人的理想及意义世界提供了必然性基础，正好相反的是，现实世界是多样性统一的，不是必然性的，非必然的现实世界才是人的理想世界的基础。在一个宿命的必然性现实世界中，连理想及支配理想的原因、根据都是必然的，是不可避免的，是先于人的经验及主观选择和努力的，那实际上就没有人的自由选择，也就没有理想了，人的意义世界就只是自作多情了。非必然性的现实世界是理想及意义世界存在的必要条件，但不是充分条件，在现实世界基础上产生理想世界的重要条件是文化选择，即只有达到按照支配现象世界的一般、普遍规律去处理多样性现实世界时，特别是达到按照自然必然性规律去办事，去面对具体现实时，人的主体目的性支配的生存活动才能理解为由理性支配的，才产生了理性的追求，才有面对更美好未来的理想。文化选择是自由和必然的统一，正是自由和必然相统一的文化选择具体活动把人的理想追求和现实世界理性地结合起来，使人对未来、未知的追求是理想不是空想，使人的理想建立在文化理性的根据之上，通过文化选择使自由追求的理想和现实世界统一起来，人的社会历史就是不断实现理想并不断创造理想的不可逆运动发展过程。文化选择作为自由和必然的统一机制，同时也是人的理想和现实的统一机制。因此，从自由和必然的统一性就能得到人的理想和现实相统一的合理理解。

文化选择产生了人类对未来追求的理想，使理想和现实具体地统一起来。从文艺复兴开始的近代科学革命开辟了人类不断走向理想新境界的社会历史进程，这是理想以文化选择为机制，以对世界的文化知识为基础的现实阐释。近代科学革命鼓舞了人类不断迈向新大陆的不断进步发展的乐观主义社会历史观，从社会历史从低级到高级的归纳到发展是硬道理的观念，都是这一乐观主义进步发展观的反映。在肯定近代科学革命对人类历史发展的重大积极意义的同时，必须上升到统一性去理解人的世界，即不能停留在科学因果关系中，把理想和现实理解为支配和被支配、决定和被决定关系。把理想和现实当作因果关系，人类就没有达到真正理性的追求，理想就有局限性，没有自觉性。只要是文化世界的人，就一定是有理想的人，但不同的觉悟有不同的理想，以科学因果思维支配的观念则无法把理想和现实统一起来，只能在理想和现实之间彷徨徘徊。知性思维最普遍观念是人有理想，但往往必须屈服于无奈的现实，这实质上就是从理想和现实谁支配谁去思考问题，并没有把理想和现实统一起来。这种理想缺乏自觉的文化选择的根据及基础，不自觉的理想就还带有空想色彩，这正是人类理想世界现实的片面性：现实支配人，人就是非人；理想支配人，人就止于抽象。理想和现实相统一才是理性具体之人。

在理想和现实之间找决定支配和被决定被支配关系的知性思维的最致命之处在于往往是现实扼杀了理想，不但具体个人会随着生活历练磨平了理想的棱角进而圆滑，而且人类社会历史文化也在不自觉地远离理想的家园。在一个科学技术社会中，效率、效益成为最高目标，科学技术的发展和进步为人实现更高理想提供了基础，但更高理想不是必然在此基础上产生的。没有自觉、觉悟，没有理想，以功利、物质利益为最高目标的觉悟，其理想作为理想是矛盾的。人类当代的知性理想观可用不同的概念陈述：科学理性、功利主义、庸俗实用主义、机械唯物主义、资本主义……其知性的共同点在于把一切还原到物和功利作为最终根据和原因，最直接的归纳叫丛林法则，优雅的陈述叫竞争。人作为统一性存在，其基础首先是自然生命存在，自然竞争选择的丛林法则是一切自然生命的法则，人的世界当然离不开丛林法则。丛林法则是自然法则，人类从自然发展为竞争世界的文化不是告别了自然，而是超越自然而包含自然。人的世界当然包含丛林法则，所以说自然法是最基本的。但人的世界又超越了丛林法则，否则人就只生活在自然之中，只能称作禽兽，没有资格自称万物之灵。在技术社会中无止境追求物质功利的世界是弱肉强食的世界，这个世界必然有文化但不是文明的。把追求功利、物质利益作为至高无上的理想绝对称不上高尚，把理想退化为纯粹的功利之后理想本身不再是理想，基于丛林法则对现实的认识是禽兽的现实，不是理性人的具体现实，根本上谈不上理想和现实的统一，丛林法则不能从最终意义上去支配文化世界。人之所以为人在于人有文化，人的理性是现实的，只不过没达到自觉理性而在理想和现实之间挣扎而已。在理性统一性看来，以文化选择作为现实生存机制的人类生存活动是理想和现实相统一的过程，理想的实现就是理想向更高境界的发展，而不只是现实的人的发展，唯此人类社会历史才是永恒而绝对的运动发展过程。人从自然界走来，人永远带着丛林法则，这是与生俱来的，但人的现实的文化生存使人超越了动物的本能支配，成为有文化，有理想，有崇高意义追求的存在，使人的社会历史是在理想和现实永恒相对统一运动中的发展史。

三、本质和现象的统一

人类创造了灿烂的历史文化走出自然界，其直接意义是从自然感性认识上升为具有普遍意义的知性和理性认识，在认识中创造了文化知识，构建了具有人类社会普遍意义的文化世界。文化的本质是称之为知识的认识，知识之为知识，而不是感性认识的本质在于其普遍意义的构建。文化意义世界的具体现实意义在于从普遍抽象意义回归具体现实世界的文化选择生存活动之中。知识所具备的充分必要条件是它对人而言具有类的普遍意义，不再局限、依赖于具体的认识主体本身。按照我们文化概念，通常把普遍的规律性称为世界的本质，把多样性现实世界叫作现象，人类文化的发展就是不断发现世界更普遍的本质的过程，是从普遍本质理解中建立多样性世界统一秩序的过程。在人类理性认识中，世界是一个本质和现象相统一的世界，人类文化的进步，直接体现在更深刻、更普遍的本质规律的不断发现之中。人类文化的追求直接指向的目标就是透过现象发现本质，对世界的统一理解也建立在世界抽象普遍本质的发现基础之上。

人类文化构建了普遍意义世界，在普遍意义世界中才有本质和现象的分化，人据此就成为普遍意义世界的现实性存在。人的本质的认识，人作为本质和现象相统一的具体存在的理解，是世界统一性认识中最高级、最复杂、最普遍的命题之一。在传统的物质世界统一性认识中，在以物质世界为基础的因果还原理论中，人这种复杂性存在的本质及其具体统一性存在面临着方法论上的两律背反，抽象的本质和现象相统一理论在人的世界中无法自圆其说。决定论在最终意义上的存在本质已经不是社会这一人的世界最基本认识单位意义上的，比社会这一基本结构更低层次的客体结构已经不是超越自然认识的人的世界了。人还原为客体之物就失去人自由创造的本质，人就成为非人。我们前面反复强调了现象学认识方法的意义及其缺陷，其意义在于从主体性过程上终结了把人看作物的无限后退和还原，不再把人的本质还原为物，真正把人作为人的世界的思考对象。从现象学的方法出发去思考人的存在的哲学理论并不是共同理论为基础的流派，哲学史家将之归纳为关注人的存在的哲学流派，各种存在主义哲学之间并无理论沿革意义上的关系。按照世界统一性的认识逻辑，现象学及存在主义的共同之处在于它们所讨论的人是在非还原意义上的具体存在。按照存在主义及现象学的意向性方法，具体人的存在是现象意义的存在，不再是由具体的人还原为抽象的物本质所决定的存在，在现象学意义的具体的人就不再是从物的必然性法则决定和支配的，而是具有人的自由本质的存在。现象学的最积极意义是以具体人为对象，保留了人的自由和创造。它的局限性在于没有从人的具体存在现象中抽象出社会这一人的最基本抽象描述单位，因而也就无法从抽象社会中归纳人的自由的本质，存在主义对人的自由本质思考是建立在具体生存感性经验的体悟上的。在物的世界中，本质是从现象中归纳出来的，存在之所以存在的根据在于它的本质之中。但按照现象学的逻辑，人存在的根据却是人的存在，不是人的本质，现象学的人的世界又是一个本质和现象相分裂的世界。存在先于本质，存在的根据是存在不是本质，本质和现象就是分裂的。现象学的存在其实只停留在人的自然生命具体存在之中。具体的人在现象学上的存在是动物的存在，是还没有人的自由本质的存在，存在先于本质的更具体陈述应该是人自然生命存在先于人的文化存在，先天存在先于后天存在。现象学的缺陷首先在于把人的存在理解局限于自然生命，把本质理解为文化和自由，因而把人的世界的存在和本质割裂开来。把人的存在理解为自然具体现象是现象学的局限性，是现象和本质分裂的根本原因。

对人的世界本质和现象相统一的探讨以人的本质和人的具体存在之现象认识为前提，不是人的本质和物的存在的统一性关系。先于人的本质的存在不是人的存在，而是人的自然存在，这正是胡塞尔所忽略和混淆的。世界统一性原理坚持人的本质和现象的统一，人的本质就是人的存在的根据。没有人的本质就没有人的存在，没有人的本质的存在是生物人存在，与我们在此探讨的人是同符号不同指称的概念。人的本质是人之所以为人的充足理由和根据，是人区别于自然生命世界的本质规定性。人的生命存在可以先于人的理性文化本质，但人的具体理性存在是不能先于人的理性本质而存在的。黑格尔在《逻辑学》中说："根据的规律是这样说的，某物的存在，必有充分的根据，这就是说，某物的真正本质，不在于说某物是自身同一或是异于对方，也不仅在于说某物是肯定的或否定的，而在于表明一物的存在即在他物之内，这个他物即是与之自身同一的，即是它的本质。这本质也同样不是抽象的自身反映，而是反映他物。根据就是内在存在着的本质，而本质实质上是根据。根据之所以为根据，即由于它是某物或一个它物的根据。"④对于本质即根据，可以从如下三个方面去理解：一是本质是从具体现象中抽象出来的普遍关系，本质一定是抽象而普遍的。二是本质是存在之所以存在根据的意义，在于多样性的存在之所以统一。不同的树叶之所以都叫为树叶，每个具体不同的人之所以都叫人，就在于每一片树叶都有树叶之为树叶的共同普遍规定性，每一个人都有他称为人的普遍规定性。正是根据这一普遍规定性，我们把这些具有树叶本质的每一片具体存在者叫树叶，把每一个具有人的本质的存在者叫作人。三是普遍的本质寓于它的一切具体现象存在之中，所以必须透过现象看本质。现象是多样性的统一，本质是抽象而普遍的统一规定性，对任何具体本质和现象相统一的存在而言，本质既与它自身同一，也是他物反映，而本质才超越了个体具体的制约，具有普遍规定性的意义。

从这种本质规定性去理解人的本质，归根到底就是找到人这一存在中，每一个具体现象学意义上的人的共同普遍的抽象规定性，这就是人之所以为人而不是物的根据，是人是万物之灵，不只是万物之一的充足理由。人作为认识对象不是机械之物，人是不可分割的、以社会为基本存在单位的存在。非自然的人只有在社会这一基本存在单位中才有意义，对人的本质的思考是对以复杂性社会为单位的人的思考，不能还原为社会组成的物质结构去理解。但社会只是人存在的最基本单位，并不是人的本质。因为社会作为人存在的基本单位和社会是人之所以为人的根据是不能等同的，并不是社会性存在就是人，社会只是人存在的必要条件而非充分条件。人的本质是人之所以为人的充分理由，同样可以理解为人的社会的本质，即人的社会之所以是人的社会，不是自然生命社会的充分理由。在一切自然社会中，使人的社会最终告别自然社会的充分而必要的条件是文化知识。后天文化知识的创造、传承和发展使人类社会的生存方式不再只是在生物意义上的世代重复，而是在后天文化创造中一代代的更新和发展，每一代都站在上一代文化创造的肩膀上。文化知识是人摆脱单纯依赖先天物种遗传去生存的自然方式，进入人类社会历史不断发展模式的根据和原因，文化就是人的本质。只要还没有文化本质，人就只是生物人；有了文化本质，人就走出了自然世界。文化的传递不能依赖于先天物种遗传编码，只依赖后天学习、继承、创造，文明人就不是以物种为单位的存在，而是以承载文化的社会作为基本单位的存在。人的社会和动物社会的本质区别就在于文化，动物社会是以先天本能即物种遗传编码信息为根据的，人类社会是以后天文化知识积累和发展为根据的。以本能遗传为根据的自然生命在物种意义上是重复和循环，以后天经验中文化传承创造为根据的人类社会则是在历史意义上不断发展，人就是在物种意义上的时间性存在，在社会意义上的历史性存在。从时间性存在向历史性存在的飞跃使人一跃而起，超越了纯粹自然界。

文化作为人的本质根据使人成为社会历史性存在，抽象文化本质在具体社会历史中是以人的自由的历史文化创造形式去发生作用的。人的文化本质发挥作用使人成为自主、自由、创造性的现实存在，文化既是人的历史性构建的机制，也是人的社会历史和物种遗传不同的根据。从社会历史具体现实进程看，无限主体性、创造性、自由都是人的本质，因为这些基于人的抽象文化本质的属性或现实现象，同样都是人之所以为人的充分理由。存在主义哲学家们把自由理解为人的本质是有智慧的，人的自由本质和文化本质是协调的，文化的本质意义就在于创造，创造就是自由，这也是人之所以为人而不是物的充分理由。

不过，对人的理解的真正深层之处还不只是人的文化本质，而是如何从人的文化生存现象中理解人的文化本质，把人的历史性存在理解为本质和现象相统一的过程，从人的文化现象中归纳出人的自由和文化创造本质。离开现象无本质，本质就在现实现象中，现象是文化认识的起点和基础，在认识论中叫经验论。人类对文化的认识基本上都是在经验现象意义上的，这正是在人的世界中，文化无处不在，一切皆文化的原因。人化的自然界这一陈述已经把文化现象的多样性生动地勾勒出来。文化的一百多个定义都有合理性，文化是创造，又是创造成就了文化的丰富而现实之意义，已有的、将来创造的文化都具有现实现象意义。文化不只是人的本质，而且还是人的一切现实、具体生存的非本能现象的统一，人的文化存在是本质和现象相统一的，这是现实的文明史本身。几千年来，特别是近代启蒙运动以来，人类对文化现象的思考和认识浮于表面，却无法从现象中归纳出本质，没有把文化理解为人的本质。按照世界统一性原理的观念，人的世界是本质和现象相统一的世界，只有现象没有本质的现象认识不只是对本质认识的匮乏，同样是对现象认识的匮乏。人的世界上百个文化现象概念认识并不代表着对文化现象的本质理解。对人的文化本质的理解，必须从人的文化现象开始，从现象中归纳出本质，达到本质和现象的统一性智慧理解。

黑格尔在《小逻辑》中把现象作为辩证逻辑的一个高级发展阶段，认为现象较之前的存在反而要高一级，认为“现象是存在的真理，是比存在更为高级的范畴，因为现象包括自身反映和反映他物两方面在内……在近代哲学史里，康德是第一个有功绩将前面所提及的常识和哲学的区别使之通行有效的人。但是康德走到半路就停住了，因为他只理解到现象的主观意义，于现象之外去坚持着一个抽象的本质，认识所不能达到的物自身。殊不知直接的对象世界之所以只能是现象，是由于它自己的本性以使然。我们认识现象时，我们因而同时即认识了本质。因为本质并不留存在现象之后或现象之外。由于把世界降低到仅仅的现象的地位，从而表现其为本质。”[5]人的抽象文化本质就在于人的多样性文化现象之中。必须从这种统一性逻辑出发去理解人类世界文化现象，从多样性文化现象去理解人的文化本质。文化即人生，人化的本质就是非自然化，我们所讨论的人的世界是超越了自然的世界，人化是人的世界的社会历史构建过程，这种非自然现实过程也叫作文化过程，故文化即人化，文化即人的本质，文化就是人类社会历史本质和现象的统一。人类社会历史运动的一切都是文化过程，人现实生存的多样性现象都是文化现象，多样性文化现象的抽象的普遍本质，即一切文化现象的共同规定性是文化的最普遍的意义，这种最普遍意义的文化就是人抽象的本质，这种普遍本质称为精神文化、理性精神。人类文化既是抽象的普遍概念，也是具体的现实过程统一性概念，文化是抽象和具体的统一，是本质和现象的统一。文化是人的本质，并不是指人的文化现象存在过程中还有独立的叫作文化本质的东西，还有叫作独立文化本质的过程。作为普遍本质的抽象文化是从多样性文化现象中抽象归纳出来的，文化这一本质正是多样性的人具有人的本质的统一性存在的理由，在本质和现象的统一中才有人的现实历史过程。人类多样性文化现象是人的文化本质的具体实现，人的本质是从多样性现象中抽象出来的普遍规定性，这两种陈述是不同角度的，本质上是等价的。唯此才能把人的世界理解为本质和现象相统一的世界，在文化的本质和现象相统一中理解人类社会历史的具体现实进程。

从主体性的自由创造去理解社会历史及人的本质，归根到底建立在人的文化本质这一基础之上。文化使人的认识成为超越先天自然规定性制约的自由创造性存在，自由和必然相统一就是文化从本质进展到现实的内在机制，自由在文化生存选择中就获得了人类世界的现实意义。自由是文化选择而非约束的解除，人的自由就只对主体之人有意义，而不是物质“自由粒子”之客体自由之意义。文化选择的自由才是主体人的本质规定性，自由才成为人的本质。人的本质和现象的统一是在文化选择这一自由意义上的统一，就是说，人的本质是自由的，人的现象却不是必然的，现实的现象世界是人的自由创造本质的实现，人的自由本质只有从人的自由的历史创造过程中才能得到理解。人的自由本质的基础是对现象世界的必然性普遍支配规律知识的认识，这才是文化选择的基础。文化选择则是人的自由本质的现实，人的世界的本质和现象的统一是文化选择的现实活动过程。如果说，自由和必然统一是文化现实化的内在机制，本质和现象的统一是文化选择活动，而人类世界的一切文化现象都是文化选择活动构成的，因而人的本质的发展不在人的现象之外，就在人的文化现象中。由此去理解不同形式、不同历史的时期的人的世界，才能理解人的社会本质，理解现实的社会历史是无限的过程。

中西文化是一个常见的概念。文化是人的社会的本质，不同的文化构建的社会有不同的文化本质，在现实中造就了统一人类社会的文化多元现象。中西文化的不同本质决定了东西方文化在现实现象中的差别。东西方文化在社会历史过程中表现出来的差异是由两者的不同本质所决定的，这正是本质在现象之中的证据。当代西方文化主要是从文艺复兴以来不断积累发展的科学文化，在现实社会中就表现为技术社会。以发达资本主义社会为代表的当代西方文化的本质，抛开意识形态意义，用所谓农业社会，工业社会，再到后工业社会来划分并不严谨。从更深刻的文化本质看，发达资本主义国家为代表的西方文化是以追求效率和利益为最高目标的企业文化，当代西方把全球化世界变成一个广义上与之合作的企业，资本主义、庸俗实用主义、私有财产神圣不可侵犯、法律面前人人平等……这些正是企业文化的构成要素，西方文化在本质上把人类引向技术型社会。拜金主义和理想失落正是企业文化走向绝对带来的相应现象。东方文化主要指中国文化，这是具有五千多年悠久历史传统的文化。在全球化文化传播的当代，中国传统文化吸收了当代人类文化的成果，有了明显进步，但它的本质还是东方的，传统的。中国传统文化有儒、释、道三大家之说，但这只是现象的，不是本质。中国传统文化的本质是主观性，没有上升为客观普遍有效知识追求。主观文化在带主观价值判断的人伦领域最为适宜，以人伦为对象的儒家文化就变成中国文化的主流，中国文化主观性的本质就表现在儒家成为中国传统文化主导地位的文化现象之中。中国道家玄学讲道法自然，但后来人对自然的认识始终没有达到绝对客观性的水准，没有形成追求客观普遍有效的绝对真理知识传统。对自然认识本质上是唯象理论，即用抽象非实体结构概念去陈述经验中具体统一性的功能过程。中国传统文化对自然的认识基本上停留在“术”的水平，很少达到的“学”的普遍客观意义。中国文化中的自然学说不仅式微，而且没有上升到普遍客观性水准。中国中医文化在唯象理论中积累了丰富的知识，但唯象知识没有绝对普遍意义，中医理论停留在唯象中，无法超越经典，失去历史性发展的活力，没能成为一个民族文化能生利并利滚利的本钱。中国唯象文化在注重整体、注重经验中的效用方面有独到之处，这正是西方机械技术思维的补救药方。但离开科学技术基础的整体是个体整体，并没有普遍意义。根据中国文化对西方文化的积极意义而断言世界进入中国文化时代，断言中国文化比西方文化优越，那是愚不可及的。西方人需要加强整体统一性思维，中国人需要培养客观性精神，社会现实的人治传统、潜规则盛行、八股之风这些现实现象都是中国传统文化主观性本质的活灵活现的表现。那些沾沾自喜于“二十一世纪是东方世纪”的人只是夜郎自大。确实中国文化的整体统一性思维之长可补西方机械论思维之短，但这不能理解为中国文化比西方文化优越，其实是尺有所短，寸有所长。中国传统文化自身所需要培养的正是追求确定性的机械论精神。如果不懂这一点，中华民族在中西方文化交流中只会送去财富，不会收获财富，不会使中华民族文化向主客观相统一方向发展，协调地融入全球化发展的历史潮流之中。

注释

①伊·普里戈金、伊·斯唐热著，曾庆宏、沈小峰译《从混沌到有序》，上海：上海译文出版社，1987 年第 1 版，第 65 页。

②史蒂芬·霍金、列纳德·蒙洛迪诺著，吴忠超译《时间简史》，长沙：湖南科学技术出版社，第 35 页。

③同上，第 103 页。

④黑格尔著，贺麟译《小逻辑》，北京：商务印书馆，1980 年第 2 版，第 259 页。

⑤同上，第 276 页。

第五章
文化和文明的统一

引　言

【提要】在科学理性的文化意义世界中，自由和必然相统一的现实人类文化选择生存也是有限意义的。当人类文化统一于绝对真理为最高价值的时候，主体意义附属、受制于客体最后合逻辑地变为既存在又不存在的空无，真为文化最高价值的现实意义是物欲成为人类精神文化本质的最高意义，终而把统一的文明史导向资本为主义的全球化现实世界，是丛林法则支配的世界，是缺乏理性自觉因而并不文明的文明史。从抽象理性文化统一性意义看，把真善美统一的理性文化只局限于真是极为片面的，把真善美统一于真则是不合逻辑的。仅从抽象逻辑结构意义看人类理性就是没发育成型的，不只是幼稚不成熟而已。因此，本章进展到人类理性文化真善美统一性的思考，在文化和文明的统一即本体论、认识论、价值论的统一中追求对人类理性的具体理解，在文明这普世价值意义基础上赋予人类社会历史以统一文明史的充足理由。

一、人类走出自然界进入文明史是由有限超越无限的普遍理性文化的无限性为根据的，不是以有限客体为根据的，即主客体统一性的人类社会是以理性精神文化为本质的，并且主体文化本身也是具体统一性的。人类知识是人自觉认识世界的文化成果，是为人自由和必然相统一的现实文化生存选择提供根据的，关于客体必然性有限真理认识是文化生存选择的基础，仅从真无法理解人类文化生存选择超越有限进入无限历史性生存的根据和原因。也就是说，作为人类生存选择根据的文化是包含真为基础又超越了真的，在真善美的统一中才成为现实，而且善和美才是真的本质，具有更普遍意义。苏格拉底把人类文化从真导向至善因而获得历史上圣哲的崇高地位。因此，对人类文化的认识的更高水准是对文化自身认识本身，人类理性哲学从本体论进展到本质认识论才完成生成，理性是本体论、认识论、价值论不可分割的，认识论和价值论才把人类引向无限从而异于禽兽。

二、文化和自然的本质区别是无限和有限的区别，客体自然是有限的，宇宙自然也是有限的，只有普遍抽象意义即无质无量之空才是无限的，以无限精神文化为本质的理性具体之人才成为无限意义的现实存在，据此人类才走出有限自然界而创造了面向无限未来的统一文明史。哲学史上对人类主体世界的自觉是由苏格拉底开始，由他的学生柏拉图建立了唯心论的理念论而成为现实的。西方哲学唯心论之“心”不是个人主观心理认识意义上的思维，而是超越个人主观性的最普遍统一性的意义世界统一性，它是和主观主义对立而不是和唯物论对立的。当柏拉图把哲学从本体论导向认识论时就把西方哲学导向自觉的主体无限意义世界。柏拉图把西方文化导向无限意义世界的两千多年哲学史又成为科学理性发展史，又成为有限的，西方文化又成为物化文化，无限的主体意义又被不可理喻的“精神实体”束缚于实体的具体有限性中而成为有限性的。现实地看，唯心论哲学探究人类认识的普遍形式的统一性、内容和形式相统一的普遍知识的绝对普遍性即客观性，为人类有限知识认识提供完备的形而上学根据，它以自身的无限为知性的有限提供意义之为普遍意义的充足理由。另一方面，当西方文化两千年如一日以真理为绝对具体意义和最高追求时，它又限于以客体统一性为最高价值，又没达到对无限意义世界的理性具体理解，即它只为真理知识统一性提供根据，还没自觉为无限意义世界统一性提供合理解释。主体自身的认识本身何以具有普遍统一性意义才是更深刻更普遍的理性命题，西方哲学进入无限意义世界又限于认识论而没进展到更普遍意义的价值论，只追问客观性而忽视了主体世界意义的统一性，终而把西方文化导向科学理性就不难理解了。世界统一性原理的具体理性扬弃科学理性的重要方面就是由真进展到善和美的价值统一性思考，在主体目的性、价值选择性和终极价值的统一中理解人类价值选择的普遍统一性意义，从而对人类超越有限进展的无限的文明史得出现实理解。

三、人的理性具体存在是在自由和必然相统一的文化生存选择中成为现实的，从普遍抽象知识回归现实生存选择是由抽象理性进展到实践理性。人的现实选择性生存活动在现象意义上是多样性的，在理性意义上是多样性统一的具体，由此才有可理解意义的人类社会历史。实践理性的本质是自由的，无限的，不是必然的，有限的，人的文化选择才使人从自然史进展到文明史。对文明史的具体认识关键之点就是要解决实践理性的无限统一性命题。基于自由的选择在现实上不是必然性而是多样性的，文化选择是事实判断和价值判断的统一，事实判断是客观性的，价值判断是主观性的，基于主观性才有选择，才有自由，文化选择的主观性又决定了它的多样性，不只是基于不同边界和初始条件的多样性，而是基于选择主体主观目的性的多样性，由此才有多姿多彩且无限发展意义上的人类历史有限就没有自由，无限的人类世界就合逻辑地把人类的一切文化生存的实践理性统一于其中。就是说，支配人类实践理性的多样性价值判断是统一的，这就是价值和终极价值的统一性问题，是人类文化的理想和信仰命题，由此才导向文化和文明现实世界。另一方面，自由而无限的人类世界合逻辑地必定是统一的，必须在本体论、认识论、价值论的统一中进展到完满的理性具体水准。

四、以文化为本质的人类社会以最高理想最普遍信仰为基础统一为现实生存的基本单位，超出物种为单位的自然生命的类的有限规定性，成为无限社会历史意义上的文化社会。终极价值作为最普遍的价值既是必定存在的，又是永恒发展的，作为意义的最普遍基础又是需要较高自觉理性水准才能通达的，只有在文化发展较高阶段理性水准较高的人才能自觉地通达理性的最高价值和意义。人类由多元文化在历史的交互作用中汇成世界历史长河的事实意味着人类的文化社会的终极价值是多元起源的，是历史地发展的，并在现实的世界历史时代多元归元而构成了最普遍而现实的人类价值即普世价值。只有从普世价值出发才能对多元文化构成的现实人类世界得到有根据的全人类统一世界的合理理解。由资本主义导入现实全球化并不是人类理性自觉的历史，是科学理性的历史，进入全人类普遍时代又没自觉到它的理性统一性意义是人类理性的幼稚，限于资本即物化的最高价值意义使世界历史时代人类进入最普遍意义世界又没通达无限的自觉，资本主义全球化的最高阶段是人类生存的全面危机，而且在资本主义社会中注定无法走出危机。见钱不见人的物化文化无法自觉通达人类普世价值去理性地认识自己，或者以狭隘的民族文化价值作为普世价值，骨子里还是殖民主义的文化侵略和统治思维在支配，或者干脆否认普世价值存在本身，因而统一的全人类时代的历史现实上又是一次又一次世界大战的历史，是全人类战略对抗和星球战争思维支配的文化，资本主义和科学理性文化造就的文明人的更具体意义是文明史的掘墓人。当资本主义开始把它的荣耀播向全球的时候，启蒙运动的杰出思想家卢梭就揭露了文明史走向堕落的历史现实，马克思更是对进入世界历史的人类普世价值得出精辟的归纳，向人类奉献了共产主义的最高价值和理想。人类文化最普遍价值是文明，最高意义是文明，在本质意义文化统一于文明，在现实世界一切文化社会汇成统一而不可分割的人类文明史。文明史的本质只能是文明，不会是蒙昧即野蛮，文化的本质意义只能是善、是理性，不会是恶和愚昧。共产主义大同世界是文明的最高境界，在每个人的本质都得到全面充分发展时人类文化就通达了绝对的意义。

五、人类文化世界的本质是抽象的，理想、信仰、价值更是抽象的，最高理想普世价值则是最抽象的，从理性具体意义看这些普遍意义既是最普遍的那就又是最现实的，它们就在人类文明史中，在我们每一个现实的文化生存实践活动中，普世价值之为普世就在于它之于人的一切非本能行为无其左右的最普遍意义。把文化、文明、理想、价值只当作抽象意义是否定了其意义，那是执于感性具体和知性抽象从而无法理性地认识你自己的产物，没有理性自觉就不明了人何以异于禽兽。如果在社会历史中，在文化世界中，只见到钱悟不到普遍的精神文化，看不到文化、文明、理想、价值的现实性，那真的离理性觉悟还远，离动物世界不远。文化、理性、理想和价值是普遍的，又是现实的，更是无限自由和创造的，由此才能理性地认识人的主客体统一的理性具体存在的现实性和无限主体性，理解文化世界统一于文明的社会历史现实而无限的具体意义。

人是理性动物是人对自身理性普遍意义的朴素感悟，但又往往止于现象和常识，没达到普遍本质和理性具体水准。人的理性自觉即哲学以自然哲学形态创生，从本体存在论进展到本质存在论即唯心认识论才达到主客体具体世界的普遍统一性意义，才具有了“认识你自己”的完整意义之现实可能性。哲学本质存在论根本没达到导向其诞生的至善范畴，还只限于真理意义探究之中，还只是以为本体认识提供客观普遍性根据为目的，没有回归主体自觉目的性本身。至善是主体价值判断的范畴，由至善导向的主体意义世界统一性合逻辑地完成于价值论，本质存在论完成于价值论，是认识论和价值论的统一。认识论是关于主体意义认识统一性的，它为人类一切认识包括自然认识提供普遍意义统一性根据，作为纯粹形式把本体论和价值论统一起来。人类理性自觉是本体论、认识论、价值论不可分割地统一于价值论的，由此才能理解具有理性目的性的生存超越动物有限选择进展到无限的根据。

科学理性抽象有限局限性的主要表现之一在于没自觉到理性的普遍文化意义及文化和普遍文明价值的统一性意义。人类文化赋予理性以进步、文明的价值意义是合理的，但必须由普遍文化去理解理性，把理性文化和文明从本质上统一起来。理性是人的一切非本能意义的统一，具有人的存在论意义，故它和价值论的文明意义不同而统一，对理性形而上学的肯定意义在于文化的本质就是文明，只有符合普遍文明意义的文化才是合其本质的文化，否则是异化的病态文化。由文化的文明本质才能从根本上理解社会历史无限的自由创造的根据，才能找到人的无限文化选择生存超越禽兽有限自然选择生存的充足理由。

第一节　人的意义世界是价值世界

一、目的和意义

按照世界统一性原理，人的社会历史是以文化为本质构建着的意义世界，是不可逆绝对运动的文化过程。人的意义世界是由文化本质支配的，是在文化选择中成为现实的。自然生命世界则是在遗传结构法则支配下，在物种意义上世代重复的世界。人的自然生命同样由人的遗传基因决定，但人类社会历史中人的生活生存方式是世代之间不重复的，人类社会历史就不是由自然法则先验地决定其未来的，而是与人的主体文化选择有关的创造。历史是创造的，是非先天决定的。必然的自然世界无文化选择之意义，人的主体世界的本质则不能由必然性去理解。文明人之为主体，就在于其主体意义世界基于文化本质是无限的，是由自己文化选择去支配自己未来的存在。人类社会作为无限主体性世界是一个复杂而连续的过程，人是面向无限的历史性存在。为什么人的世界的文化选择生存方式使人成为自由的历史创造性存在？为什么只有自然选择生存的生物却只是由自然支配的存在呢？人的意义世界何以是无限的存在呢？这就要深入思考人的价值认识及与之相关的主体目的性问题。

为什么自然世界只是有限世界，文化世界却是无限意义世界呢？从逻辑上来说，文化知识的无限性使人的意义世界从有限进展到无限。文化知识是如何建立起无限意义世界的呢？意义是认识主体对世界的认知，但并不是一切认识活动都可产生普遍文化意义。动物对环境的选择性生存使动物生存活动已经从物质世界的两元相互作用模式上升为动物世界的感知、认识、选择的三元作用模式，但动物世界还是无文化意义的自然生命世界。断言自然生命世界还是纯粹自然界的根据在于，动物的三元选择生存模式尽管已经在进化中超越了机械的相互作用，已经是带有认识于其中，是以认识为前提的主体选择性活动，但这种现象意义上的主动选择性本质上是先天的、先验的。动物选择性生存活动的本质是由它的自然生命本质规定性先验地决定的。因为在它出生之前就已经由物种的遗传编码信息决定了。动物比植物、比物质相互作用高级是它的先天编码根据不在于它的具体的选择性生存活动，而是赋予了它选择生存方式的物种的选择机制，使它既在基于感性认识主体选择性模式中生存，又让这种选择性生存模式在种群中世代延续下去。这正是自然生命尽管仍处在不断适应环境的进化之中，但每一个物种在本质上是世代重复的原因。动物主动选择性生存能力是依靠自身遗传结构传递的，是先于具体个体存在就已经决定了的，是可预言的。据此我们就有充分的理由把动物的主动性选择生存活动依然理解为自然生存，动物与选择性生存机制相关的思维、意识、经验、认识，本质上还没有摆脱物种遗传编码的支配，它就只能是有限的，即由物种规定性限定的，不同于在自然基础上创造的文化。动物是有认识无文化的纯粹自然存在，高等动物由认识构成的是有限意义世界，是限于感性意义的。动物的选择性生存活动不是基于对普遍意义的理解，而是单纯本能在驱使。何谓本能？由先天遗传决定，与生俱来，出生之前就已经决定，在出生生存到一定阶段就一定产生的能力就叫本能。本能是自然属性，由本能支配的世界是无文化意义的自然世界。即使是文明人，在无文化意识的本能驱使下的行为同样是自然的，不是文化的。人作为文化和自然相统一的存在，人的选择生存是文化选择和本能驱动相统一的，有认识无文化的动物选择性生存则只能理解为是无文化意义的，是纯粹限于自然范畴的行为。

人的世界超越自然生命世界在于人创造了自己生存的文化本质，人的世界即人化的世界的意义是人用自己创造的文化赋予自然客体世界及其过程以人的普遍意义，人化的世界是文化和自然统一性的。为什么文化的世界是无限意义的世界呢？在第一卷第六章中我们已经专门讨论了认识的意义及其文化构建问题。人的文化是从动物自然认识中产生出来的，普遍意义是在个性具体自然意义基础上产生的。一切自然动物都具备感官，都具备了根据感官感觉去主动选择的生存能力，有脑的动物更进化出了意识。自然的意识把感官感觉转换为经验，建立经验认识，高级动物的经验认识已经达到很高的水平，许多动物的感性经验认识能力并不比人的感性认识能力差。动物的意识、认识是不能否认和忽视的事实，人和动物的区别并不在于人有意识而动物无意识，而是人作为自然生命世界的一个物种就已经产生了思维和认识，而且这是有脑的高级动物的共同属性。人离开动物界不是因为有了意识，而是意识产生了质的飞跃。动物的意识，即意义的认识表明动物世界已经产生了意义，那为什么说文化世界才是超自然世界，动物有意识生存却还只是自然界呢？具有自然感性认识的动物已经在思维中构建起了意义，动物在子代和亲代之间的活动，那些以社会群体分工合作形态生存的物种中，生命个体之间的沟通合作就是建立在意义基础上的。无意义就没有信息沟通，就没有动物社会性群体生存形式。既然动物已经有认识，有意义，有信息沟通交流，为什么动物却没有普遍意义世界呢？因为动物只具有具体个体经验上的意义和认识，没有超越自然物种遗传的本质，没有建立具有类普遍性的意义。个体具体意识绝对依赖于个体生命存在。动物的意识是具体个体意识，不是具有普遍意义的认识，有意识而无知识。在自然认识阶段，意义的产生还没有建立起普遍的意义世界，自然生命世界本质上是由自然生命物种遗传编码信息支配的世界。人在原始社会中，在没有创立文字符号去承载普遍客观意义之前，人还只是自然生命世界的一个物种而已，还只是自然生命存在。当人创造了文字符号，把依赖于具体个体思维认识机制的意义信息转换为承载于客体符号中的意义时，意义摆脱了对具体个体认识机制的绝对依赖性，在普遍客体载体中获得了独立而普遍的意义，使认识成为普遍的意义，甚至具有客观普遍意义。这种意义的认识我们称之为知性认识和理性认识，这种认识成果我们称之为知识。抽象普遍意义知识就是文化，这些知识在人的具体现实社会历史中的本质作用的实现过程就是文化过程。正是知识使人从自然进入文化世界，知识使认识意义进入普遍客观性，使意义从依赖于具体生命个体上升为对人这一物种中特定的群体社会具有普遍意义，使人的世界从自然世界发展为文化世界，具有普遍意义的世界。故此，同样可以说，普遍意义是人的意义世界的本质。文化是人的本质，就是使人的世界具有人所特有的普遍的社会历史意义，在人类走向全球化的时代，就具有类的普遍意义。这就是类世界、人类世界的充足理由。

文化建立了人的普遍意义世界，人的世界的现实社会历史创造过程就是文化选择过程。意义世界是文化选择的基础，对之可以从两个方面去理解，即从主观意义和客观意义两个方面去理解。所谓客观意义是指人的文化选择所根据的对客体世界的存在、结构、运动过程的客观知识认识，包括客体世界运动的客观真理知识，以及普遍客观规律发生作用的具体的边界条件、初始条件的客观知识认识。普遍规律和具体初始、边界条件的统一是抽象普遍文化意义返回人的具体现实意义，从抽象概念转化为过程中的现实运动意义。文化和进化一样，既是名词又是动词，作为名词本质上是动名词。文化从抽象返回具体的现实过程不只是客观性的，还是主观性的，否则文化就和必然性支配的自然进化无本质差别了。文化选择的本质是主观性的，没有主观性就没有所谓选择，无所谓自由和创造，无所谓主体性。人的世界本质上是主体性存在的世界，就是说，人的文化选择本质上是主体性的，在现象上是主观的。正是这种认识的主观规定性，人的主体规定性，使人的世界现实上是主客体相统一的世界，人的文化选择是主客观相统一的过程。从抽象本质看，主体性是选择性的本质，主观能动性是生存选择的本质，客体性是选择性的基础，客观性是一切生存选择活动获得现实性的前提。主体选择性是高等动物进化而形成的本能，原始人也是主体选择性生存的，人和动物的分野是从自然选择进展到文化选择，文化世界使人的世界成为具有普遍意义的世界，使人的主体选择性从有限进展到无限，即人的生存选择方式由世代重复进展到一代超越一代的运动过程。意义是主客观相统一的意义，主体无限性才是人的普遍意义世界的本质，是人的世界是自由的、主体创造性世界的理由。

人的文化意义世界为什么能成为无限主体性世界呢？人的文化选择为什么是具有主体创造性的自由创造活动呢？因为文化的建立同时也是人的

目的性的建立，文化意义世界的“意义”是建立在人的普遍目的基础上的。目的是人的意义世界的奥秘，是人的世界的主体性、自由创造性的奥秘所在。自然世界无普遍意义在于自然世界无普遍目的性。自然生命主动选择性生存没有目的吗？有，但这种由生命本能支配的目的在人类文化意义上一般不叫目的，叫作欲望，由生命与生俱来的直接生存追求和驱动。为什么称作欲望呢？因为欲望是先天遗传决定的，它依然在生命物种遗传编码规定性支配下。每一个动物按照它的欲望去生存，且每一代同种动物个体欲望及生存方式都没有本质的改变，是与生俱来的先验规定性，与后天现实生存活动本身没有因果关系的规定性。自然认识是具体个体感性认识，其认识的目的性也只是具体个体性的，只有个体意义无普遍意义。个体意义的欲望是本能决定的意义，归根究底是自然内在目的性本身，是自然物种的目的，不是选择主体的目的，故欲望就不能称为主体目的性。目的性是在创造性主体意义上的概念，欲望、本能没有主体创造性，没有主体目的性的本质意义，故常识中具有理性的目的才被理解为目的性，基于本能欲望的目的一般不作为目的性。人的文化世界和自然世界的本质区别在于文化世界是后天社会历史实践经验中构建起来的，不是由遗传编码在先地决定的。人的现实的文化选择活动不能由先天遗传去理解，只能从人类后天创造的社会历史文化去理解。人自己的生存实践决定了人的历史、人的现实以及人的未来，人后天文化世界中的生存使人自己掌握自己的命运，使人成为具有主体创造性的存在，使人的文化选择成为有目的、有理性普遍意识的活动。目的不是由欲望支配的，不是本能的产物，目的是比欲望高一层次的概念，目的性是选择主体目的的统一，不是自然内在的目的性。目的包括欲望，这正是在感性意义上人们常把欲望也称目的的原因。但目的高于欲望，人在文化世界中根据普遍客观知识，在文化选择中自觉地按照客观必然性规律及现实条件，能动地选择最合理的行为去满足人的欲望。目的是有文化本质的欲望，是欲望上升为有理性、有文化的欲望的结果，它本质上超越了自然内在目的性的意义，是超越了自然的文化范畴。简单地说，建立在本能上的动机是欲望，建立在文化知识基础上的动机是目的。文化世界之所以是普遍意义世界，归根到底是普遍文化把人的生存活动动机从动物欲望上升为人的目的，目的赋予了文化世界以普遍统一意义，使人的世界中物质也成为文化，成为文明。目的是后天的，是不断在历史中演变的，它泛化为文化人的理想或现实中的目标。人的现实目的包含欲望，人的目的、理想在历史地发展，但人的生存欲望作为人的目的的基础确实是基本不变的。人的文化世界的意义就在于用不断完善、更加合理的方式去满足人的欲望。在满足人的生存中，人的世界的生存方式就本质上是不再重复的社会历史绝对运动进程。从欲望向目的性的进展是从先天有限生存模式向后天无限意义世界的本质飞跃。

从抽象逻辑看，目的性是人的普遍意义世界认识的起点。从生命本能欲望向人有文化有理想的目的追求的飞跃，是人从万物之一成为万物之灵的分水岭，人作为文化和自然相统一的存在，从目的和欲望的统一能得到更加具体的理解。为什么我们常常把人的世界理解为主体目的性的世界呢？因为离开目的性，主体性就是欲望支配的有限自然选择意义上的了。为什么文化世界有价值意义，而自然世界只是无价值意义的事实世界呢？离开目的性，文化世界的意义是虚无缥缈的。如果把自然欲望看作目的，目的产生价值判断从而超越了自然而然的内在目的性，则生命世界就变成普遍意义世界，生命物种就无法在遗传编码信息的意义去理解了。因此，自然认识有意义无普遍意义，有事实判断无价值判断，与价值意义不可分割的人的目的性是理解人的无限主体性、创造性、社会历史性、自由本质的基础概念，离开价值选择和目的性无法理解人的文化世界，无法把人的世界和动物自然世界从本质上区别开来。人类文化并没有忽略人的主体目的性的意义，但对人的目的性的重大意义认识是不足够的。人的觉醒、人的本质的发展是不能离开人的主观能动性即人的目的性去理解的，人没有目的性就退化为生物人。中世纪宗教神学对人的统治理论之一就是上帝目的论解释，人是上帝为了自己的目的制造出来的，整个世界都是上帝按自己的目的制造的，上帝之所以造了老鼠就是为了造猫的目的，即上帝关于猫的目的。上帝创造了人是为了让人代上帝管理世界万物的目的。尽管人在上帝之下，万物之上，但人和猫、老鼠一样，只是上帝的目的，人并没有自己的目的。除了上帝，其他一切都无目的而合目的，符合上帝的目的。上帝创造世界的理论也可以理解为目的论，在目的论中，只有上帝才有目的，上帝才自由，上帝才创造，上帝才是主体，其他一切都是上帝造物，无自由，无目的，只有合上帝目的才是目的。由此可见，目的对于人的主体性及自由创造本质具有重大意义。封建宗教神学对人的统治和奴役首先是对人的目的统治，把人变成无目的性合目的的存在。从文艺复兴开始的近代反封建、反宗教统治革命的人的解放运动宣言的最精辟概括是：人的目的就是人本身。目的性对于人的主体意识及自由解放的本质意义在此宣言中画龙点睛。

世界统一性原理把人的文化世界理解为最普遍意义的统一世界，人的自由创造的基础概念目的性也必须从统一性去理解，不能只停留在抽象的目的概念之中。从根本意义上来说，就是必须把人类社会历史有目的有意识的主体创造活动理解为自主自觉的主客观相统一的过程，把人理解为自由的主客体统一性现实存在，把人的世界理解为事实和价值意义相统一的具体世界。这些丰富的具体统一性智慧理解建立在欲望和目的的统一基础上，既不能把欲望当目的，又不能把欲望和目的割裂开来。机械论知性思维的局限性就在于往往把目的和欲望同一，其结果就是人和动物同一，文化和自然同一，最终把人理解为由必然性支配的自然动物，把人的世界还原为物的世界，把意义世界还原为事实世界，把自由的理性具体存在还原为自然感性存在。欲望就是目的的话，人的目的就是由赤裸裸的动物本能支配的，人的动机最终只能以满足兽性的欲望去理解，人就只是自然世界中的一个物种而已，人就只在兽之中，是百兽之一。人一旦建立了自己的文化就构建了超越自然事实的带价值意义之世界，就导向人化的世界，不再是纯粹自然界，人的目的就不再是动物先天遗传的直接欲望，而是根据对世界普遍知识的认识而做出的为满足生存欲望的文化选择。自然选择遵循丛林法则是完满的自然统一性，文化选择如果也遵循丛林法则人就退化为野兽，是人性的匮乏。人的目的是不可能按纯粹的自然法则去理解的，人的文化选择有自由选择空间，但不能选择让文化选择行为退化为自然行为，因为人无法改变人的世界是文化世界这一事实。那些把丛林法则当作至高无上法则而唯利是图的人，其实并不是顺其自然、自然而然地生存，而是在文化世界中野蛮而无耻的反自然、反文化的反动派，是文明人的渣滓，也是自然世界的渣滓。偷吃智慧之果的亚当和夏娃已经不再是伊甸园中无忧无虑、自然而然的存在。文明人必须用文化文明的方式去实现自己的欲望，在文化选择中实现其目的。有意识、有目的地选择按丛林法则生存不是自然无为，它本质上只能从文化选择的超自然意义去理解。文明人的目的是超越自然本能欲望的文化产物，是来自欲望又超越欲望的。主体目的性使人的主体性超越了动物的有限主体性，无限主体性是驱动人走出自然界的内在动力。

欲望是具体个体的意识，目的则具有社会历史文化普遍意义，个体欲望和普遍文化目的的统一性机制是依靠人类文化的价值和价值观念来实现的。人类文化不只是真，还有价值判断的善的问题。

二、价值判断和事实判断的统一

自然界的思维、意识、认识进化中摆脱自然进化制约的质的飞跃是普遍文化意义的创生。文化的本质是产生了具有客观普遍抽象意义的知识，文化的表现形态是知识，文化的现实展开是构建人类知识社会。文化是知识，不是感知，是具有普遍意义的认识，不是基于个体感官感觉的自然认识，这就是人类社会历史创世纪的奥秘所在。文化是抽象意义的客观化和普遍化，又是一种现实、具体形态的生存过程。文化过程首先是客体过程，但又超越了客体过程，本质上是主体过程，现实中是主客体相统一的过程。文化是主词、宾词，也是谓词，以文化为本质的人类社会历史就是运动着的过程。海德格尔把人理解为时间境域中展开生存的存在，有智慧但没达到普遍意义，局限于具体个人，无法摆脱作为自然生命存在的个人感性存在的制约。人是文化社会中的人，人的自由创造本质必须在历史形式中理解，不能从人的具体生命时间性形式中得到充分的说明。人的文化、自由、创造的决定性意义是使人超越了世代重复的有限自然生命，成为具有主体目的性的自觉存在。人的主体觉悟超越自然欲望的充足理由在于人的主体目的性意识是具有普遍抽象文化意义的，不再是单纯自然生命本能的欲望在支配着人的意识，使意义成为普遍的意义，成为一个无限的意义世界。文化的普遍性首先就表现在人由文化建立起来的普遍的目的性中，它使人从欲望支配的自然生命上升为由理性文化支配的存在。文化作为人的本质，文化知识的认识意义既有客观意义，也有主观意义，既不是纯粹客观的，也不是纯粹主观的，现实上文化是主客观相统一的。文化的主客观相统一之深刻意义，并不仅限于西方文化传统陈述的认识和事实本身的符合性。我们的知识如何是事物本来面目的陈述？如何是客观性的知识？这是西方文化追求的主客观统一的主要意义。对此西方人思考争论了几千年，并在休谟的不可知论沉重一击之下几乎晕头转向。但仅在这种抽象意义下思考文化客观性还不够，还必须进展到知和行相统一的水准。文化主客观相统一的更深刻意义是人的文化作为一个具体统一的意义世界，它的主观意义和客观意义的统一是如何实现的，这是比客观意义如何保持客观普遍性更普遍、更深刻、更具体的命题。

人的文化知识是人的主观认识的产物，从知识本身看，成为稳定知识形态的普遍意义认识又有主体意义和客体意义知识之分。客体知识是以客体为对象的意义认识，主观知识是以人的主体认识、行为为对象的意义认识。人的主体目的性、自由的创造性等，是主体的，对之的认识是普遍的，但不是客观的，是关于主体的主观知识。人类进入文化意义世界的创世纪，在文化创生、发展的逻辑上，从知性到理性，从客观到主观。道理很简单，没有知性知识为基础，对世界的统一性认识无存在之意义；没有对客体必然规律的普遍意义认识，人类就不会有文化选择，就没有自由及主体选择之意义，更没有关于主体的知识意义。但是，很多人把从知性到理性，从客观到主观认识关系作机械理解，把逻辑关系僵化理解为发生学关系。把文化知识区分为主观知识和客观知识，把人的认识区分为知性认识和理性认识，主要是从逻辑而非发生学角度的抽象区分，具体的人类认识及文化过程其实是不可分割的。在一般发生学意义上，可以认为知性认识和理性认识，主观知识和客观知识是共存的，没有纯粹的客观知识，离开主观知识和客观知识的统一无法理解人类文化。尽管知性知识是基础，但没有理性认识，知性知识没有回复到具体世界，只作为纯粹抽象知识就没有文化知识意义。客观知识是普遍意义知识，是对客体普遍规律关系的认识，而它作为人的普遍意义却又以人的目的性为前提，只有具有文化选择价值它才成为人的文化知识。人类文化从创生之日起，就是知性和理性相统一、主观知识和客观知识不可分割的统一性存在，离开统一性智慧无法理解人的文化世界的具体意义。

人类文化初始阶段主观知识和客观知识没有分化，主要是从客观意义去理解文化知识的。人类认识从普遍认识上升为普遍客观认识即科学因果必然规律真理认识标志着客观知识认识的本质飞跃。客观认识的重大基础意义还和人对世界的客体性认识有关。把世界理解为自然客体世界时，对世界的认识就本质上是客观意义知识。人类世界从原始动物世界发展而来，原始社会带入文化世界的最重大遗产是对灵魂的认识和理解，这是人的意义世界的最重要内容。灵魂由于无法满足建立抽象普遍认识客体的基本条件，对灵魂的认识就只能停留在具体经验认识中。进入文化世界灵魂的意义却无法上升为具有客观性意义的认识，当追求认识客观性为人类文化最高目标时，灵魂就只能最终被逐出人类文化的领域，这就是十八世纪科学革命取得不断胜利的历史条件下，法国无神论产生的原因。当然，人的文化世界把主体作为认识对象，具体认识对象并不只是灵魂，还有人的社会文化行为，这就是人认识自己本性和本质的主观意义的主要内容。西方文化从苏格拉底开始，在几千年前就明确地提出哲学认识世界的根本意义在于人的世界本身。人的世界的本质意义不是人的血肉之躯，而是人的文化本质，在苏格拉底看来就是把人的世界安排得如此有序完美的力量。用今天的话语来陈述，就是使人结成协调有序的社会的根据和原因，这正是人的社会历史文化世界和自然生命物种世界的本质区别。苏格拉底把认识从自然转向人，是转向人的文化本质，不是人的自然生命基础。人的文化世界的标准和目标是至善，最高的善是完美，而自然客体认识的最高目标是真理。对此可以得出归纳：追求真理的是客观知识，追求至善的是主观知识，以主体为对象的知识是主观知识。苏格拉底被誉为伦理学之父，他把伦理学理解为主观知识是合理的。至于中国文化，以孔子的礼，孟子的仁为代表的儒家学说建立了普遍意义，这种普遍文化意义的本质是人学，是伦理学，是对人的伦理关系的认识和规范，这是中国文化本质上是主观文化的原因。孔孟儒学是中国文化的主流，以人际关系为主要内容的认识是以社会为对象的，不是以客体世界的具体存在为对象的，它的本质就是关于主体的主观知识。

人类文化以抽象知识形态建立普遍意义结构。文化之所以是人的主体性的自由存在的本质，在于文化既是主体的创造，又是以主体目的性为基础的，抽象意义结构的本质意义在返回主客体统一性具体现实世界中得以现实实现，文化之为文化就一定是主观认识和客观认识相统一、知性知识和理性智慧相统一的。主观知识和客观知识是统一的，不是同一的，因而两者又有本质上的区别。这种区别从知识之为知识的普遍意义这规定性中则可以得到更具体深刻的理解。知识是什么？从不同角度有不同的理解。康德是近代哲学史上把哲学从本体论转向认识论的大师，他对认识和知识的统一性智慧理解是极为深刻的。康德认为，知识即判断。按照康德的观点，只有具有判断意义的认识才叫知识。仅仅文字符号和它所陈述的客体的对应指称这种具体判断意义也还不是知识，普遍抽象关系判断才是知识的基本陈述结构，无普遍性无知识无文化。判断是建立在关系陈述基础上的，只有普遍性关系的判断才具有普遍意义，故知识就不再是具体个体的，而是普遍的意义结构。从知识即判断的规定性看，主观知识是主观判断，客观知识是客观判断。主观判断和客观判断的区别根据不是认识主体，一切认识首先都是认识主体的主观能动行为。主观判断和客观判断的本质区别在于判断面对的是不同的认识对象的关系判断，对客体对象关系的判断是客观判断，对人的文化范畴的主体性行为作为认识对象，对之的关系所作的判断就叫作主观判断。由于从对象出发区分主客观判断和从主体出发理解判断的主体能动性容易混淆，习惯上从认识对象出发把判断区分为事实判断和价值判断，以客体为对象的判断是事实判断，以主体为对象的判断叫价值判断。事实判断得出客观知识，价值判断得到的是主观知识，把一切知识的目标都建立在追求客观普遍有效性上是不现实的。客观的另一种意义理解叫作事实。事实是现象，客观性认识是事实的本质，只有把认识对象理解为事实关系，才能从这种关系中得出客观的判断。客观和事实的统一性揭示了事实判断产生客观必然性真理知识的逻辑规定性。科学真理认识是客观知识这一规定性还得出科学知识价值中立的推论，它同样说明了科学真理只能从事实判断中产生，只能用事实关系判断构建科学真理认识的意义陈述。按照形式逻辑的矛盾律，又可以得出价值判断不能构建客观真理陈述的推论。从逻辑上看，正是价值中立的事实判断为科学真理认识的客观普遍有效性提供了基础保证。世界统一性原理把知识理解为人类文化建立的普遍意义，科学真理知识则是达到绝对普遍性的意义。绝对普遍性的意义指这种知识的客观有效性与特定的认识主体无关，与普遍定义域的具体性无关，对一切人，对一切时代中的人作为认识主体都是绝对的、不变的，因而是放之四海而皆准的。真理认识既然与特定的认识主体之间没有因果联系，因而没有主观性，不包含主体的价值判断。离开主体的所谓价值判断是无意义命题，故凡是价值判断必依赖于主体，带主观性于判断之中。一切价值判断尽管可以达到普遍性，但却永远无法摆脱认识主体的制约，在逻辑上就可以得出价值判断的普遍性意义只是相对的，不可能达到绝对的客观性水平。这正是价值判断产生的知识不是客观普遍有效的真理知识，真理之为真理一定价值中立的理由。把主义当成真理是不合逻辑的，真理之为真理就一定是全人类的共同财富。回想以前在争论真理在谁手中这些命题时，说真理有时在少数人手中，不禁哑然失笑。

尽管一切人类文化必定是主观知识和客观知识构成的，是知性认识和理性认识相统一的，但人类文化又具有具体多样性。东西方文化就是各具特征的差别性存在，对东西方文化的本质规定性考察能对人类文化的主观性及客观性的统一，事实判断和价值判断的统一，得到具体的理解。

中国是世界四大文明古国之一，中华文化源远流长，在几千年社会历史文化过程中显示了顽强的生命力。中华传统文化是历史悠久且辉煌灿烂的，从《易经》《道德经》、孔孟之道直至唐诗、宋词、元曲、明清小说，文化传承和发展显示着中华民族文化的强大生命力。但是，中华文明在近代落伍了，成了近代历史上挨打、被凌辱的对象。为什么近代史上中华文化失去了竞争力，失去了“天朝”的辉煌呢？因为世界进入近代科学革命的新时代，而中华天朝文化是文化发达而科学匮乏的文化，用统一性原理概念陈述，中华传统文化是主观知识为本体的文化。中国落后挨打不在于文化落后，在于科学技术落后。中国文化的本质是治人而非“事天”，中国人追求文化不在于揭示自然的奥秘，最基本、最直接的动因在于作官治人，摆脱治于人的命运。在二十一世纪的今天，中华传统文化在和全人类文化的交流和发展中，依然在深层传承着几千年读书做官的价值观念，成为中国当代文化教育的一道坎。中国传统文化把对客体世界知识的经验归纳称为“术”，不是无学无术，而是有术无学无科，没有从经验认识普遍归纳上升到客观普遍有效真理认识的水平。术有效，但有限，普遍性有限。当西方发展到了具有客观普遍有效的科学真理认识时，就有了比中国文化更有效的“术”——基于科学的技术，比中国“船坚炮利”，中国就陷入落后挨打的局面。近代中国落后的最直接原因不是政治制度落后，不是文化落后，而是没有牛顿、瓦特这样的科学家。从清朝洋务运动的“中学为体，西学为用”、“师夷之技以制夷”一直到今天的改革开放，自鸦片战争以来的中华民族历史在某种意义上就是学习西方科学技术文化的历史。一百多年来我们向西方学习是全方位的，但对中国社会历史最有积极意义的是科学技术的学习和传播。这有两大原因，一是科学技术本身是价值中立的，先天地就是一切人类的共同财富，对科学技术的财富只需拿来，不需要重新制造，也不需要中国特色。不同文化在事实判断知识交流中是不会产生生命机体那种“排斥”效应，而价值判断、制度文化、价值观念的吸收就和科学的引进吸收在本质上不同了。二是中国文化本身结构不合理性就在于缺乏客观性基础，当我们吸收西方科学文化来充实中华文化时，那就是最有现实意义的。二十世纪八十年代开始的中国改革开放，改革就是以经济建设为中心，开放就是向全世界特别是发达国家开放，根本意义是文化学习和吸收，特别是科学技术及现代价值观念的学习。40年的改革开放对中国社会历史产生的进步作用是不容否认的。如果把文明进步不只限于GDP，而是从社会历史文化高度理解，我们近年来虽取得巨大进步，但我们还是发展中国家。只有当我们有能力为人类贡献出影响人类的科学技术发现和发明时，我们才有能力成为发达国家，才能说已经在全球化时代步入了世界先进民族之林。

西方文化和中国传统文化的本质区别在于它是追求客观性真理为最高目标的文化。诚然，苏格拉底在古希腊时代就提出了追求至善的目标，明确了人类价值判断知识的意义，但西方的至善和中国传统人伦文化是有区别的。苏格拉底的至善不只是人处理人际伦理关系的主观规则，而是达到本质、无限普遍意义的绝对知识，所谓至善应作最高、最普遍意义理解。西方文化无论在价值判断还是道德判断中，都在追求绝对即无限的普遍意义，都把客观性作为普遍性的最高目标，这恰恰和中国传统文化把一切认识，包括对客体认识都停留在相对普遍性上有本质区别。西方文化就是和中国传统文化正好相反的客观性文化。西方文化当然有善的问题，有价值判断，但一切关于知识的判断都追求绝对普遍性即客观性目标。在苏格拉底的至善追求中，已经产生了德性即知识的判断，他把知识和道德即真和善绝对等同，忽视了它们之间的差别。近代科学革命以来，随着科学认识的普及和科学地位的提高，西方社会进入了科学即理性的社会历史文化发展阶段，科学的事实判断成了绝对支配的知识，伦理学这些关于价值判断的知识，被西方认为是理性伦理学，也是以追求客观事实判断为己任的知识。事实上，在整个西方文化的话语体系中，知识的客观性是文化追求的最高目标，真不代替善，但真始终是最高的，至善就是真，人类文化的最高目标是追求真理。人的社会理想价值追求，当上升到绝对最高意义时，也成为真理。于是，西方文化在绝对科学观中成为知性文化、功利文化、庸俗实用主义文化，这正是西方文化的历史局限性所在。

人类文化是事实判断和价值判断相统一的，它们相统一的前提在于它们首先是分化为具有不同本质规定性的。无论东方文化还是西方文化，它一定是事实判断和价值判断相统一的存在。为什么会出现中国文化的主观性传统和西方文化的客观性传统的本质区别呢？文化不是自然，是人的自由的创造，是主体而非客体性存在。文化发展到什么水平不是自然的，不是由必然性规律支配的，而是主体自觉觉悟的产物。东西方文化传统对认识客观性的不同追求，在几千年历史长河中产生了文化的差异，这种差异的本质是认识你自己的觉悟程度。西方文化追求客观普遍性，使知识的普遍性不断发展，不断远离自然认识的个体具体性，但把客观性真理当作绝对同时又把人理解为客体存在，人往往又退化为物，这是西方文化产生机械论及抽象普遍社会支配具体个人的深刻的文化根源。中国文化几千年来沉浸在繁荣的人的具体现实经验中，它的文化世界是唯名论支配的相对论世界，它追求的是协调、稳定的人的世界的规则，不是客观普遍有效的绝对客观真理。中国文化是以规则为核心，以潜规则为本质的文化。胡塞尔的现象学的方法，即指向对象赋予意义的主观主义认识方法，在中国几千年传统文化中早就达到登峰造极的境界，故有不怕生错仔，就怕起错名的说法。中国象形文字符号不只是无判断关系的指称概念，作为意义载体的文字本身不单纯是指称意义的符号，而是往往带有本体存在论意义的抽象的具体。中国文化的知识也以普遍意义为目标，但没有达到绝对普遍意义的水平。平心而论，从自然感性认识上升为人类文化的知性认识、理性认识的意义看，中国文化更接近感性自然，知性不足，理性自觉的基础薄弱，理性具体的水准不高。西方人推崇中国文化的具体统一性是从西方科学知性文化基础上去理解的，不要认为是中国文化高人一等。经验的具体和普遍科学真理认识返回的具体是完全不同的，不能因为西方人学习中国文化的整体性具体思维就说世界文化进入中国时代。对中国文化而言，需要的是强化客观性思维，在建立客观性认识基础上，使客观知识和主观知识统一起来，才能真正追上现代化即现代文化的发展步伐。

人类文化自在地是价值判断和事实判断相统一的。西方文化以事实判断作为最高目标，追求价值判断和事实判断的统一，实质上把价值判断还原为事实判断。中国传统文化把价值判断作为最高判断，但由于缺乏事实判断的客观真理性认识为基础，价值判断和事实判断的统一就只是抽象的。因此，无论东西方文化，都面临着克服局限性，实现事实判断和价值判断在更高层次的统一问题。首先，人类文化的基础是事实判断。一切文化的基础必须建立在事实判断产生的普遍知识基础上，并且事实判断必须上升到普遍的客观真理知识才达到绝对之意义。中国文化需要强化的就是科学真理认识这一基础。没有真理认识，人类文化就是无源之水，无本之木。科学知识落后，文化的繁荣只是虚假的繁荣，是华而不实的。其次，人类文化的价值判断以事实判断为基础，但又超越了纯粹必然性判断，赋予人以主体自由创造的意义。真是善的基础，但真的不一定是善的，真同样可以是恶的基础。我们追求的是真为基础的善，人的世界只有在价值判断中才有自觉目的性，才有人的主体价值，人才是超越了客体的主体存在。西方文化只有在真理追求基础上从价值判断意义去建立统一性文化，才能赋予人以主客体相统一的理性具体存在之意义，人才不会沦为机器、工具，人才是具有自由本质的具体现实的人。据此，我们可以得出最后结论，即人类文化是事实判断和价值判断的统一，事实判断构建客体世界意义，价值判断构建人的主体目的性世界意义，事实判断和价值判断的统一才有人作为主客体存在的统一，人才是自由、自觉的具体存在，才是完美的存在。真和善的统一是至善，它赋予人以最高价值和意义。

三、终极价值和信仰

人是以文化为本质的理性具体存在，是主客体相统一的无限存在，在文化认识意义上是主客观相统一的存在，亦即价值判断和事实判断相统一，真和善相统一的存在。但这对人的认识还不够，因为人的文化世界是真、善、美相统一的世界，人的价值判断不只是关于善恶的价值判断，价值判断不只有现实的实践意义，还有形而上抽象的审美价值，康德称之为和实践理性不同的判断力判断。为什么真和善必须统一进展到美的更普遍意义？就善言善达不到现实统一性，善的价值判断的主观性决定了只在善中达不到统一一切善的至善，多样而不统一的善达不到完美，不统一于至善时善也会成为恶，故善在至善即美的境界中才完成，多样性价值统一于绝对价值才有价值，最普遍的审美价值才是价值的充足理由。在人的真、善、美相统一的文化世界中，审美价值是价值判断，但又是形而上学的，是人的文化意义世界中最高意义的认识。人对自己的认识的最高意义是一种审美价值，亦即终极价值。在真、善、美相统一的文化意义世界中，最高意义的终极价值建立在真和善的认识基础上而超出客体对象和人具体生存实践的有限性，把人的意义世界导向无限，由无限意义的最普遍性把人类意义世界统一起来，使文化世界成为统一的无限世界，使人类文明史终而汇成统一而面向无限未来的文明史。在统一性的观点看来，审美价值是最普遍最抽象的形而上学的理由就在于它同时又渗透在人的一切文化认识及行为之中，最高的意义其实同时就是最普遍的意义。因此，对人的世界的认识必须达到最普遍意义的终极价值境界，这才是人“认识你自己”的顶点。

审美价值的最高意义即终极价值叫信仰。人作为文化和自然相统一的具体存在，不能没有血肉生命，但同样不能没有信仰。瞿秋白在就义前写下并不多余的《多余的话》，其中写下了悟性至深的一句话：如果没有灵魂，又何必要这个躯壳。据说有宗教界人士坚持人和动物的本质区别在于人有宗教信仰，动物则没有宗教信仰。这种陈述并不全面、准确，只停留在文化现象。但现象是本质的现象，宗教信仰是文化的现象，说人和动物的区别之一是人有宗教信仰而动物没有是有道理的。这说明了一个道理，文化意义世界一定会有终极价值即信仰存在。为什么人一定会有信仰呢？对世界的事实陈述可以说世界之所以如此的原因就在于世界本来就如此，但决不能说人有信仰的原因就在于人有信仰的事实。因为信仰不是自然客体存在的客观认识，而是人的文化世界自主自觉的现象，不能从客观必然性去理解，必须从人的自由创造性去理解。为什么自然认识没有价值判断、没有信仰意义产生呢？自然是必然性支配的世界，没有文化选择性，那就当然没有与主体自觉目的性意义相关联的价值判断和信仰了。动物感性自然认识的个体意义只能理解为自然本能的欲望驱动，不是文化意义构建起来的文化选择。在人的文化意义世界中，人的行为是文化选择的结果，是带有目的性于其中的自由创造。自由创造的本质超越了必然性意义，就不是向着某个确定性结果运动的必然性世界，自由创造的文化世界的历史就是不断走向未知世界的文明探险史。人类世界几千年文明史在从低级到高级的文化中能够安然无恙，并不是必然性的，也不是神的恩赐或支配，而是人的自由的创造，是人的智慧使人在文化选择中实现了天人合一，创造了人类世界的历史。文化世界的永不停息的发展是一条没有确定性终点的不归路。但是，从另一个意义看，一艘没有确定性港湾为目的地的航船是无所谓方向的，没有彼岸世界，此岸世界现实的人就失去了目的性的意义。没有目的性就没有主体性，人同样不会有自由。因此，文化世界作为包含人的目的性于其中的意义世界，既不以某现实确定性目标为最高目的，又不能没有最终目的，这种最终目的就是彼岸世界，这就是信仰，是人存在的最高目的性。它不是现实实践的目的性，但它却以赋予现实目的性的统一意义，作为人的意义的灵魂，存在于人的一切文化选择行为之中，并把人的多样性价值判断统一起来，把人的文化意义世界统一起来。

人的目的性是自然本能欲望和文化理性目的的统一。人通过理性文化的目的去满足人的欲望，人的一切非本能行为都必须从文化选择的目的性去理解它产生的理由，用行为科学概念称为动机。人的目的性通过价值知识去建立，通过文化过程的价值选择体现出来，每一个行为选择本身都是一种文化选择，都包含着价值评价的意义。人的现实行为就是“实践的”，人的多样性世界的价值评价知识也是一个不断丰富的复杂性知识体系。人的一切有限知识都不能自我完备，必须有它作为判断的基础和前提。科学事实判断需要以理性统一性形式为基础，伦理价值判断成为统一性文化判断的根据是什么呢？是决定一切现实实践价值选择的价值基础，我们称为终极价值，也叫信仰。信仰在人的文化意义世界中，对一切价值判断具有基础意义。因为信仰是最普遍的价值意义，因为它就在一切实践的价值评价之中，它就不是实践的，而是彼岸形而上的，在抽象中成为最普遍的价值判断的基础。人的自由创造的主体性是在带价值判断的文化选择中成为现实的，信仰就是价值判断的最终根据。人通过价值判断为自己的文化选择提供选择的理由，人的信仰就是人的一切文化选择所构成的自由创造活动的根据，从而把主体世界的价值统一起来。据此就有充分的理由把信仰和自由、主体建立起关联，并把自然看作无信仰的世界。真、善、美的统一是实践理性和绝对理性相统一，是形而下生存经验和形而上信仰的统一。按照这种逻辑，就能更深刻地理解尼采超人哲学的意义。尼采哲学的目标就在于为人之所以是人找出充足理由。在尼采之前的欧洲文化中，人存在的充分根据是上帝。在尼采的时代，上帝死了，人从上帝治下解放出来获得自由，但又必须为自由的存在提供根据。自由的人的存在的充足理由是什么？人作为人存在的最根本意义是什么？在上帝死了之后由什么样的信仰来为人作为自由的存在提供充足的理由？这是尼采宣告“上帝死了”时向人类提出的最高命题。尼采提出命题却无法回答这一命题，一辈子挣扎在失去理由和根据的生存中。尼采智慧地洞察到审美价值是人存在的最高意义，但却无法对审美价值得出统一性理解，因而无法在统一性中揭示人存在的最高意义，最终在虚幻和现实的彷徨中陷入错乱。尼采悲观地把人生看作一场梦，从审美价值意义，要已经来到世上的人有滋有味地去做完这场梦。只有梦幻意义的人生其实也可以说是无意义，尼采的哲学回答不了人的充足理由，只能用超人即放弃现实的人为最终结果。尼采的深刻智慧在于从信仰去理解人的存在的终极意义，局限性在于把信仰、价值、文化理解为纯粹主观性的东西，因而无法在抽象意义中找到人存在的现实根据。其实，一切人本主义思潮的思想家对人的思考都有主观性的通病，在注重人的自由、主体、创造这些本质时，却往往只停留在抽象中。没有把主观和客观统一起来，把人当成主观性存在，把价值判断看作纯主观判断、主观信仰这种形而上的终极价值那就更加虚无缥缈了。胡塞尔的现象学的方法和尼采的超人哲学，在思想方法上是相同的。仅从主观性无法对人的价值和信仰得出统一性理解，人的纯粹主观世界是多样而无法统一的世界。

人的价值及信仰当然是离不开主体主观能动性的，但却不能对之作纯粹主观性理解。世界上从来就没有纯粹主观性，那只是主观思维中的抽象，离开客观性的绝对主观性实际上也是机械论思维。割裂主客体的统一、主客观的统一的思维，无论执那一端，都是机械论，都是知性的。在自由和必然统一的关系中，我们已经指出了人世间一切法律最基础关系是天赋人权的自然法，它是一切法律的根据。所以法律这种貌似主观规定的强力意志意识，本质上也是主客观相统一的。那些把法治国家只机械地理解为国家强力意志法治的主观主义者实际上是缺少对人的文化文明的自觉性，在“丛林法则”支配下，非自然而又野蛮地生存着的。按照世界统一性原理的逻辑，看不见不等于不发生，人作为主客体相统一的存在，人对世界的认识一定以客观认识为基础，因为客体是人的统一性存在的前提。人的世界的一切，无论是文化、法律、价值还是信仰，都不能割断客观性的脐带，都不是尼采和胡塞尔那种仅由主观意识去赋予其存在的意义的。

价值和信仰离不开客观性，但绝不能把它们还原为本质上是客观性的意义。理想、信仰的主观本质是无须争辩的。但近代科学革命以来，科学的成功同时伴随着机械论思维上升为绝对统治地位，科学知性成为理性，一切知识都按无穷因果链还原为客体性本质，一切就都本质上是客观性意义的。一切认识所追求的都是客观性真理，人的理想和信仰在因果链条中最终还原为“客观的、科学的、真理的”。二十世纪六七十年代成长起来的这一代是在理想主义、英雄主义文化环境中文化成人的，当年从革命烈士的英雄理想主义中习得了“我们的信仰是宇宙间的真理”这些理想意义。信仰是真理、主义是真理、社会公平正义和人的自由解放是真理、人生的最高意义和神圣的终极价值意义是真理，这些观念像流行感冒一样从西方渗入中国传统文化，只不过我们并不视为“感冒”，而是当作金科玉律，视为不证自明的真理。看来把价值当真理也是一种价值判断，但却是最特定的价值判断，即把价值判断退化为价值中立的极限状态，这是不可接受的，当然不能由此得出把信仰当真理的知性科学结论，这实际上是主体无信仰的结论。信仰指向的是人的价值意义世界，把人的价值判断理解为本质上价值中立的认识并不等同于动物自然生命世界无价值判断意义的自然认识，人的文化世界是一定包括价值判断的，信仰真理观不是否定主体自由选择意义的信仰，而是把它限定在由客观必然性支配的最抽象形式之中。所以，这是一种有信仰形式而无信仰内容的抽象信仰。从根本上来说，这是信仰的堕落和异化，是人的本质的堕落和异化。

理想和信仰的异化并不是在科学革命进入全面胜利，科学因果必然性思维取得绝对统治地位的历史时代才产生的。人类最早期的信仰是宗教信仰，信仰的异化首先是在宗教信仰中发生的。信仰的异化把宗教对人的慈爱关怀变为赤裸裸的奴役和统治。无论是基督教、佛教或其他宗教，当它们在人类从神灵统治的自然观念进入普遍信仰意义的宗教信仰时，作为终极价值的宗教信仰的意义是在人的现实生存价值选择上的。它作为人一切价值选择的基础，为文化文明之人从根本上提供生存选择的意义，从而把文化世界统一起来。在最普遍的宗教信仰中人才建立了统一的价值认同，走出奴隶社会，人才不会只在自身血缘社会中才是人，才不会把其他氏族之人当成会说话的牲口。宗教之为终极价值信仰的理由在于，它既是人的一切价值的基础，又是对所有信仰者具有普遍意义的。宗教信仰的产生和普及，不能只看作人类无知、恐惧的产物，它的功用不是纯粹麻痹人的精神鸦片。从宗教信仰的功能及本质意义去看，它的产生是人的文化世界向普遍意义发展的产物，它的意义在于为一切信仰者提供根本的价值基础，赋予人之所以生存和选择的根本意义，在精神文化统一性意义上为人的文化世界提供最普遍的统一性。宗教信仰是以关心人、关爱人为出发点，而且首先从精神文化和价值判断选择层面去构建人的本质和意义的普遍统一性的。宗教由安慰变恐惧，由赋予生存意义变为精神鸦片，在于某些人为私利目的，把宗教信仰变为个人自私自利手段产生的异化。在政教合一的特定形态下，宗教信仰更异化为一部分人奴役另一部分人的精神和肉体双重统治，或者说是以灵魂统治为手段实现对人的肉体的统治。迄今为止人类历史上一切把信仰作为政治统治手段的结果都是信仰的异化。人类历史上的伟人们在成为伟人之后的悲剧往往在于追求“神圣”，向往成为伟大的圣人。但迄今为止，人类社会历史中，在缺乏高度自觉的文化统一性理解的条件下，圣人都还不是伟人。这并不奇怪，在人类没有达到对世界统一性自觉理解的条件下，伟人是从丛林法则支配的竞争中产生的，圣人则是对文化世界的崇高意义的理解和追求中产生。在理性达不到绝对的条件下，人或伟大或神圣，但就是无法既伟大又神圣，这是人类社会历史的局限性。人类历史的更普遍的意义就在于把神圣和伟大统一起来，理想、信仰和现实的统一就是伟大和神圣的统一，这种统一的前提就在于对信仰和理想的理性统一性理解之中。把信仰客观化或主观化都不是统一性思维，人类的终极价值即信仰的意义是主客观相统一的。

世界统一性原理把人的世界理解为最复杂、最普遍的意义世界，是事实世界和意义世界的统一。在这个最普遍的统一性意义世界中，最高最普遍的统一性意义是我们称之为理想和信仰即终极价值。人既不是客体存在，也不是主体存在，在具体意义上是主客体相统一的存在，人走出自然的充足理由在于人最普遍的意义即终极价值和信仰是主客观相统一的。信仰作为主客观相统一的意义的另一种表述是真、善、美的统一。真是真理知识，是对客体世界的抽象普遍必然性知识，还包括对客体的各种还没有达到真理认识的普遍知识。真是客观性的事实判断。中国语言的客观事实概念表明了事实判断的客观性本质。客观性的另一个特征是它具有真伪值，即具有对或错之意义。真理是指恒为真，绝对不会为假的事实判断，这就是客观普遍有效性的意义。真理的对象一定是从客体抽象而来的有限认识对象，人对自身的真理知识不是关于具体的人或人的主体的，而是关于人的自然的抽象为认识对象的，绝不会是人的主体抽象。人的主体抽象判断是带价值的判断，不满足真理判断的价值中立要求。另一个理由是人的主体性是后天文化构建的，不是先天自然的，而真只有在先天自然意义上才成立，这就是中国人的“天真”的意义。人刚来到世界上，还没有受后天文化影响，就只是自然生命意义上的存在，那就是天真的。幼儿期受后天文化影响不大时，就自然而天真，但如果一个人到成人还很天真，那就很有问题了。天真的直接意义是指保留先天自然生命的纯真本性，更严谨而深刻的意义揭示了先天自然本性是客观性的真假判断命题。人类文化是真、善、美的统一，仅真的事实判断还不足以构成人类文化。人类建立普遍客观认识的意义在于把欲望转变为人的目的性，使人成为具有主体目的性的存在。人建立真理知识的目的在于人的自身，人在创造了客观知识的同时也就创造了反映人的目的性的价值判断意义，关于善的判断同时产生。人的文化创世纪区分为真善美只是一种抽象，具体的文化行为一定是真善美相统一才成为具体的。其中，善关于作为主体的人之间的关系，人作为以文化为本质，以社会为最基本单位的后天性存在，只有在一个合理的社会结构单位中才能生存。人的目的既是个体自然生命生存的欲望，同时还包括人作为具有普遍类存在意义的要求，这正是目的源于欲望、高于欲望、包含欲望的内在逻辑。人是天生的政治动物，即是先天后天相统一的存在。后天价值判断是人的主体目的性的本质认识。伦理道德和客观真理知识是统一而非因果关系，但为什么人类还有更高的审美价值作为人存在的最高意义呢？审美价值是价值判断，为什么在伦理价值之上还有更普遍的审美价值判断呢？审美价值和伦理价值的区别在于，审美价值是终极的，因而是最普遍、最抽象的，是超越经验又包含经验，为经验即实践理性提供形而上学基础的。事实判断基于概念普遍形式统一性获得普遍抽象知识意义；价值判断则基于终极价值即信仰把文明人的多样性现实文化选择统一于普遍社会历史文化本质中。由此可见，自柏拉图始的理念论是建立知识的抽象普遍性的，文明人的理想和信仰才是建立人的现实文化生存的具体统一性的，从存在论进展到理念论还只达到抽象理性水准，存在论、认识论、价值论的统一才通达理性的具体境界，才回归人的社会历史现实本身。伦理价值是特定、现实的，反映人的直接目的性，具有善恶的判断标准。审美价值不是善恶价值，它作为最普遍的价值判断，它就包含在人的一切价值判断中，它就是人的一切价值判断的基础，是人的主体目的性的最深刻的形而上学根据。事实判断的元知识以理念统一性为形而上学根据实现普遍统一性，所有现实价值判断的实践理性则以理想和信仰为形而上学根据，多样性的价值判断统一于信仰和理想，故又称之终极价值。人的一切现实的目的性选择背后支配的价值观念就是人的最普遍的价值判断——终极价值，即人的理想和信仰。在最普遍的善恶价值判断的基础这种统一性意义上，审美价值就是事实判断和伦理价值的统一，是人的最高的理想，最终的目的，是人之所以为人的最充足的根据。人的文化要满足人的目的，就必须使人的文化和人的自然相统一，人的伦理价值和客观真理要求也是必须统一的，真和善必须统一才有完美。从具体意义来说，人的意义世界是以审美价值为最普遍意义的真善美统一的文化世界。

理想、信仰、终极价值的最普遍的现实性在于，在终极意义上，我们的现实行动、具体的价值判断和选择，受终极价值在深层支配和影响。为什么我们在道德判断中如此选择，取决于我们的终极价值观念。所以，信仰不是伦理道德，但统一了伦理道德，是伦理价值判断的底线。终极价值和信仰的现实而普遍意义就在于人类行为价值底线之中。如果像尼采那样，把审美价值只当作非现实的梦，那人就是无现实意义的疯子，最后成为神经错乱的存在。如果把物质利益当作最高价值，人的信仰就是拜物教。人不可能无信仰，只能是以信仰物质功利为极限形式，把人的信仰退化为动物本能意义的欲望。从人的审美价值看，追求本能欲望的自然生命是合理的，完美的。自然生命无道德及价值判断，人则一定有价值判断才成为人。绝对功利主义不是无价值，而是把自然欲望当最高价值，把人的道德评价的底线下降到原始极限。中国传统文化在全球现代化浪潮中，从传统的主观内省向科学客观性思维转变，西学为用，西方的功利主义、庸俗实用主义价值观也随之渗透进来。但是，一旦把经济建设为中心这种手段理解为最高目的，人就退化为追求赤裸裸金钱利益，以金钱为理想的动物。在从主观走向客观文化的全球化时代，中华民族需要的是以主客观相统一的意义去构建民族文化，而不是停留在以经济利益为最高目的上。从世界统一性原理看，当今有些中国人并不是没有信仰，而是很多人退化为拜物教信仰。许多人惊叹现实中人们的道德堕落似乎没有了底线，其实只要是人，有道德、有价值判断，就一定有底线，这个底线就是最高最普遍文化意义的信仰。当人退化到物为最高价值时，就退到道德底线的极限，是一个理想和信仰很低级、很原始的社会。将拜物教理想和信仰作为道德底线，在现实中就是一切人的选择行为似乎都是无底线的。信仰是一个文化的最高统一，也是一个文化社会的最普遍基础。当发现一个社会的道德底线似乎处处有问题时，实际上是信仰和终极价值产生了危机，文化在根本上产生了危机。

文化意义世界使人成为主体创造性的存在，人既有目的又没有一个和物一样确定性目的。理性之人的最高价值和信仰使人的目的既是现实的，又是在人的社会历史中不断发展的。有终极目标的彼岸是一切现实目标的理性的根据，人的社会历史基于最高价值和信仰才有方向，基于价值和信仰才有主体性和创造。理想和信仰把人作为主体创造性自由的存在和有目的的存在统一起来，作为理想和信仰的审美价值是建立在事实判断和现实价值判断相统一的基础上的。如果不是作如此理解，和自然生命物种循环具有本质区别的人的世界就是不可理解的，更没有理由把人的社会历史理解为从低级到高级不断进步过程。我们有理想、有信仰，就有充足的理由去把人的文化世界看作在运动中不断发展和进步的社会历史过程，并且把这个进步的文化过程的理解从事实判断上升为价值判断，从文化概念基础上创造了文明的概念，这是人“认识你自己”返回自身的价值评价。人之所以为人就在于人是文明的，文化过程的合理方向是沿着文明不断向前。我们走在大路上，应该是文明的大道，不是野蛮的大路。对人的文化世界，对社会历史过程，必须从文明的价值意义去作更高层次的统一性理解。

第二节　文明的价值意义

一、文明和文化的现象意义同一性

精神文化是人的世界的普遍抽象本质。人的世界是最为多样化的复杂统一性世界，文化世界就展现为缤纷多彩的，多样性文化现象的统一构成了人的具体现实世界。人类在知性有限思维中没有对多样性文化得到统一性理解，因而既停留在上百个文化现象概念中为现象所困惑，同时也就为人的本质的概括和归纳而困惑。世界统一性原理把多样性文化现象概括为人的具体复杂性意义世界的统一，把文化作为人和自然世界的本质区别，文化就是人的世界思考的抽象出发点，人的世界是抽象文化本质返回具体人的存在展开的文化生存现实过程。在文化世界的多样性现象中，文明则是几乎和文化具有同等意义的概念。但文化和文明概念长期共存表明它们并不绝对同一。从本质上看，文明概念是对人的文化意义世界认识的深化。

世界统一性原理把文明和文化几乎同一的现象理解为人类的现实，其正当理由在于当今人类文化尽管并没有把文化和文明绝对同一，但大多数人、在大多数宏观语境中，文化和文明具有同一的意义。世界统一性原理并不认同这种文明和文化不证自明的同一。文化和文明不是指称同一意义对象的不同符号，它们的意义是有区别的。把文化自在地当作文明反映了人类认识的知性局限性，这种局限性的思考和批判是人“认识你自己”的根本问题，并不是无病呻吟或吹毛求疵。

文化和文明概念的本质规定性并不同一，但在最一般、最普遍现象意义上它们首先是同一的。对人类社会历史从最一般现象意义上的陈述，既称文化，也称文明。在最一般意义上人类的创世纪，即人类走出自然界，从万物之一一跃成为万物之灵，我们称为人类跨入文明的门槛，进入了文明的历史时代。人类对自己的历史还没有非常清晰的统一性理解，没有把人的统一性存在从自然史中划分出来，把原始社会这些可追溯的社会形态作为人的社会历史的早期部分。在这种具体的人的社会连续性意义上，我们追寻人类的起源，包括人类作为一个自然生命物种的起源及进化，以此去理解人的社会历史连续过程，去回答人从哪里来，到哪里去的命题。按照传统观点，通常把人类社会历史划分为原始社会、奴隶社会、封建社会、资本主义社会四种基本形态，马克思预言资本主义一定灭亡，人类最终必将进入共产主义社会形态。从生存技术角度，有学者把人类社会历史划分为渔猎和采集社会，以耕种及驯养为主要生存方式的农业社会，工业化大生产社会以及后工业社会即信息社会。不管角度如何，人类社会历史有一个共同的特征：从低级到高级、从简单到复杂的不断的社会历史进步。对人类社会历史的这种进步，既可以看作是文明的进步，也可以看作是文化的进步。我们毫不犹豫地用周口店文化去称呼在北京周口店发掘出来的人类早期遗址社会，用史前文明、原始文化概念陈述人类社会早期历史。在更一般意义上，我们习惯了农业文明、工业文明、后工业文明、青铜文化、铁器文明这些概念，非常熟悉这些概念所包含的意义。不需要对这些概念作考古式的研究，其中文化和文明概念的同一性是自明的。不但文化和文明，而且社会、历史这些概念之间，都有着几乎可置换之意义。

从猿到人，从原始社会到现代文明社会的思考，是人类“认识你自己”命题的三个基本构成问题中的最基本问题。三个子命题是人从哪里来，人到哪里去，人存在的价值和意义是什么。人从哪里来，人的起源是认识人的起点。人的起源既是逻辑思考，又是历史考古，是实证科学命题。在宗教统治时代，上帝承担了宇宙和人的制造责任，人类无须追索艰深的人和世界的起源问题。近代科学革命把人从上帝统治下解放出来，人获得自由，成为自己社会历史创造的主体，人就必须承担解释人和世界从哪里来的责任。用科学破除宗教神学桎梏的人类同样靠科学为根据去回答人从哪里来问题，其最一般的理论是达尔文的生物进化论。达尔文进化论是经验和观察的综合，首先是实证科学意义的。它把生命物种理解为在自然选择中从简单到复杂，从低级到高级的进化过程。达尔文的至理名言之一的“人是万物之灵”，对之可以有三种不同的解释：一是人是生命世界进化链最顶端的物种，是一切生命物种中最复杂、最高级的生命物种；二是人因为具有和自然生命不同的本质，因而超越自然，成为万物之灵的人；三是人是自然生命中最高级复杂物种和具有超越生命本质的理性灵魂的统一。这些理解都是合理的，而最后一种统一性理解是最全面、合理的。无论作何种理解，都可以这么说，达尔文的进化论是人类抛弃上帝创造世界和人的理论，重构人的起源理论的科学基础。人从哪里来的最基本答案是人从自然生命进化中产生出来。

从生物进化论出发理解人的起源并不足够，它只是理解人作为有限主客体统一性存在从那里来，只回答了人的自然生命物种的来源问题。没有自然人这一生命物种，那肯定不会有所谓人类世界的存在。但我们把自己的存在理解为万物之灵的时候，并不是仅仅把自己理解为生命世界中最高级、最厉害的一个物种，而是把自己理解为和所有万物生命具有本质区别的最特定的类存在。人自认为人，不是把人当作最厉害的禽兽，而是认为人和禽兽是有本质区别的。人本质上不是禽兽，人的世界比自然世界具有更普遍的意义。达尔文进化论是对自然生命世界运动发展变化经验观察基础上的宏观综合，它只回答了人的自然生命从哪里来的问题，只是具体现实人的认识的基础，还没有认识人的本质，没有找到人之所以为人的根本规定性，没回答人和自然生命本质区别在于什么。人的本质在于它和一切自然生命的区别，包括和它自己自然生命的区别。所有这种区别的现象是文化现象，在文化现象中的统一性就是人的本质，人就是在生命世界中产生出了文化意义的超越自然的存在，人就是以文化为本质、文化和自然相统一的存在。按照世界统一性的逻辑，人的自然是人具体存在的基础，人的文化是人之所以为人的本质，现实的人是文化和自然的统一。人的文化本质以自然为基础，但不是以自然为原因，文化和自然是统一性关系，不是因果关系。习惯于科学因果机械论思维的西方学者总是喜欢用因果关系去解释人的起源，用自然生命进化机制去解释人的生命起源乃至人类社会历史文化进程，在起点上已经犯了逻辑错误。把人类社会历史创世纪放在自然生命进化的框架下考察和陈述，产生了所谓人类文化进化这种概念，文化就是一种自然现象，而不是人区别于自然的本质了。用人的自然产生理论证明人在本质上区别于自然，这本身就已是逻辑矛盾。用因果思维无法揭示人的本质，无法把具体现实的人理解为本质和现象、文化和自然、主体和客体统一性存在。

人类对自身历史的认识付出了艰辛的努力，得出了许多理论知识，但其实大多还只停留在感性具体中，没有从感性具体上升为理论中的抽象，无法抽象出人的普遍本质。人的社会历史理论大多是编年史式的，是具体的记载，不是理论抽象和归纳，没有把握人的社会历史的最普遍本质。人类创造了一百多个文化现象概念，却没有将之作为人的统一性的抽象本质，人就只是被理解为具体多样性的感性具体存在，不是具有普遍抽象文化本质的理性具体存在。传统的社会历史理论尽管没有自觉到人的文化本质，但却无法离开人的统一的文化本质去陈述社会历史，于是就产生了用文化和文明去对人的社会历史形态进行划分的归纳。前面所说的工业文明、农业文明、东方文化、西方文化、周口店文化、半坡文化这些概念，实质上已经表明了文化正是人的社会历史的本质，是社会历史之所以为社会历史的根据，只不过我们还没有达到对自身本质的自觉而已。

人类对自身本质缺乏自觉认识的第一个现象是没有从具体的人的起源、演化发展史的编年史中上升为本质的抽象，没有把作为生命物种的人的起源和文明人的起源这本质不同的两个命题从人的具体社会历史中抽象出来，区分开来。人从哪里来不只是指人作为自然生命物种从哪里来，人的社会历史理论的人是指具有主体自由创造的人，人的起源在文明起源中才完成。前一个是自然世界的命题，后一个是文化世界的命题，用文化进化概念描述人类，用自然选择的生物进化论去提供人超越自然界的理由，那一定是不足够的。我们的具体存在是文化和自然的统一，文化是本质，自然是基础。对人的具体存在而言，它的肉体生命自然基础和它的文化抽象本质是不可分割地具体统一在现实存在之中的，但我们对人存在的理论认识必须从具体中抽象出认识对象来，把人的存在基础和人之所以为人的本质规定性区分出来，抽象出人的本质，从人的本质回复到它的具体存在，才能找到人之所以为人的充足理由。把人当作感性具体概念，没有分化为自然人和文化人的不同概念，连思考抽象人的基本逻辑条件都不具备。人作为抽象认识对象既是生物人又是文化人这种未分化的感性具体对象，人的社会历史理论就变成生物社会科学了，这当然是有问题的。用科学因果决定方法去追求人的本质的结论只能是社会达尔文主义。不能把社会达尔文主义作为人的社会历史理论的一家之言，它本质上只是自然动物世界的理论，只是把人作为自然生命世界中由自然选择支配的一个自然生命物种而已。另外，用科学因果理论归纳出人必然从自然进化为文化存在的必然性，则它还必须解释为什么猴子、猿人、海豚等其他具有思维意识的高级动物必然不会成为文化的存在。如果只解释人这一物种而无法解释其他物种，那就不是一般普遍本质关系解释，对人的解释理论也不是有科学根据的。

与文化进化这种矛盾概念一同存在且广泛使用的还有史前文化、原始文化、史前文明等。一方面，我们把人类社会历史从文化本质意义理解为文明史，把文化和文明的创生理解为人超越自然界的社会历史创世纪；另一方面，我们又经常使用原始文化、采集和狩猎文明这种和文化文明本质规定性似乎有冲突的概念。按照认识和陈述的逻辑，如果跨入文明是人类社会历史的起点，则无论这个起点在哪个点上，在此参考点之前不能称为文化或文明的人的社会存在，否则文化就不是相对于于自然而言的抽象，而是有自然文化了。但为什么我们习惯于原始文化、史前文明这些陈述呢？只能把这些概念放在人的发生学意义的具体历史过程中去理解，是人的历史过程的具体描述，不是规范性归纳，更不是本质的抽象。人类对文化丰富现象作种种归纳，但却没有归纳为统一性的人的抽象本质，人们用文化和文明去陈述社会历史发生学意义上的具体过程时，并没有把文化或文明理解为人的社会的本质，最深刻也就视之为人的世界的现象。人的本质一直就是一个极具争议的命题，但文化作为文明人的本质根本没进入人本质的争议之中。马克思的社会历史理论从社会关系去解释人的本质，但后人大都不是在社会这一不可还原的基本结构单位中揭示人的文化自由创造本质，而是把社会自在地理解为人的本质。从某种意义上说，人的文化本质离开社会则不复存在，似乎人的文化本质可以推及人的社会本质，却不知社会性不是人和自然生命的本质区别，社会性是自然生命世界的普遍现象，它只是人走出自然界的必要条件，并不是人之所以为人，人不是禽兽的本质规定性。从社会性去思考人的本质已经是人“认识你自己”几千年来的极大成就了。既然人类没有把文化作为人的本质，用原始文化和史前史概念去对人的发生学史进行描述就不奇怪了。在具体发生学意义上，人从一个物种演化开始，它进入文化的具体过程是漫长而复杂的，并且是建立在人作为自然生命世界高级物种所具有的自然意识能力基础上的。按照世界统一性原理，人的文化本质创生是以人从自然意识到具有普遍意义的文化知识的建立和普及使用为标志的，但传统的理论往往把思维和认识作为人的专利，把感性认识和知性认识、理性认识作为认识的统一过程时，把感性认识也纳入文化意义之中。按照这种观点，人从作为一个物种开始就具有了感性认识能力，在感性认识中生存的人的社会就被理解为人的文化的萌芽阶段，早期阶段，这就是所谓原始文化，史前文明概念的根源。对人的世界统一性思考，必须扬弃这种发生学具体过程的现象描述，上升到人的普遍文化本质思考。把人类世界归纳为从原始社会到奴隶社会、封建社会、资本主义社会诸形态从低级到高级的更替有具体合理性，但并没有揭示人类社会的本质，是在社会意义、在结构演化意义描述的人的社会，而不是人的本质发展史。从人的社会历史的文化本质看，原始社会是人作为物种存在的自然世界，用卢梭的说法，所谓社会的原始状态是一种理论上的抽象而已，所谓原始社会也只是对人的世界认识起点上的抽象，不要真的认为有一种原始社会形态的人类文明世界，断言那是平等、公平的世界。实际上，原始社会形态是人的动物世界，并没有所谓平等、公平、共产之意义，那只是在生物天生本能欲望支配下的一群自然动物而已。人之所以为人是在人区别于纯粹自然生命存在的更普遍本质意义上去说的，只有达到这一境界才回到现实的我们存在自身。

在人的社会发生学理论中，原始社会有文化，史前有文明，这就是文化和文明的同一性理解。为什么文明和文化同一性？在感性具体中，在感性现象没有上升为知性抽象及理性普遍具体统一性理解的时候，一个社会形态，包括具有“感性思维文化”萌芽的原始人的动物世界，它既可以是文化单位，也可以是文明单位，用文化或文明作为一个具体社会的描述单位并没有什么不妥之处，读者都明白学者的青铜文化、半坡文化的所指的具体意义。从这种意义上挑剔原始文化及史前文明这些概念是没有必要的。但是，从另外一个角度看，原始文化，史前文明概念则意味着对文化和文明的理解还停留在现象之中，没有达到多样性现象的统一，更没有达到对人的普遍抽象本质的理解。没有统一性思维，很难参透为什么人类把无文化的原始社会叫文化，无法理解文化和文明本来是具有不同规定性的普遍抽象概念，但在现实中竟可以如此自如地相互置换，并且在置换后并不会产生任何歧义。认同史前文明的人是不会对史前文化概念有所怀疑和批判的。当回到没有抽象分化的具体时，文化和文明对指称具体社会现象时的通用性就昭然了。在本质意义上，文化和文明是否在抽象普遍意义上的同一，值得深入考察。人类文化对世界的认识，追求的是本质，从现象中归纳出来的本质才是具有本质意义的现象世界。停留在现象无本质世界中，人们的认识就是粗浅的，有严重局限性。在现象中的文化和文明是同一的，这不是纯粹概念问题，而是人的现实生存问题。因为人的现实是本质和现象的统一，对人的本质认识的匮乏就是人现实生存中的本质匮乏。人的本质达到什么水平，取决于人“认识你自己”达到什么水平，这是文化和自然相统一的存在和自然生命存在的本质区别。停留在文明和文化同一现象中，对人的社会历史是有消极作用的。

二、文化即文明的历史局限性

在具体现象意义上，文化或文明的概念是共通的。如果没有对人类社会历史进入抽象本质认识，停留在现象认识人类社会文明史是不足够的，是有局限性的。要自觉到人的社会历史文化本质和文明价值意义，就必须从现象进入本质，把现象理解为具有普遍本质的多样性统一现象，从感性认识上升为知性认识和具体理性统一性认识。从世界统一性原理出发，辨析把文化和文明在现象意义同一的有限意义及其局限性，是对人的文化本质和文明意义理解的有机构成部分。

在现象意义的文化和文明概念既是同一的，又是有区别的。在具体现象中既同一又区别并不是矛盾。因为具体还没有经过有限抽象限定，具有无限定意义上的“无限”，既同一又区别就是常态。按照人类知识意义的普遍性本性，对文化和文明区别的理解是在经验现象世界认识中约定俗成的。尽管在宏观意义上，文化和文明都可作为人类社会的同一单位指称，但同时在具体语境中文化和文明又有区别。文化一般指抽象形式意义的人类社会非自然行为、现象，文明则一般指人类在社会历史自由创造过程中所取得的成果，而这种成果又往往是定格在物质形态的客体之中，又叫物质文化或物质文明。按照这种理解，文明就是抽象文化的具体化、现实化、成果化，是人类文化的结晶。这种理解当然是合理的，并解释了为什么文化和文明在具体现象中同一的理由。我们从一件殷商时期的青铜器得出青铜文明或青铜文化概念都具有可理解意义，而且两者之间也有意义上的细微区别，青铜文明主要指人类进入铜器工具生存的时代，青铜文化则指向那个时期人类文化的现实成果是铜的发现及铜器的制造和使用。必须指出，尽管在现象意义上文化和文明既同一又有区别，但这种现象中的区别并不是本质上的，所以是有局限性的。

文明即文化的现象意义解读的一个重要基础问题在于人类对意识、思维、认识、知识、文化之间的关系缺乏统一性理解，对认识的感性认识、知性认识、理性认识的统一性意义缺乏理解，停留在非此即彼的因果决定论思维理解人的复杂意义世界，把多样性的复杂统一世界构建为由无穷因果链联结起来的决定论的必然世界。按照科学因果决定链的逻辑，人是理性动物，人也是知性、感性动物，反过来感性、知性动物就是人，于是，意识、思维、认识就是人的专利，是人和动物本质区别。历来哲学对人和世界的思考，是在存在和思维、物质和精神、意识的意义下展开的。在科学因果链中，文化、知识只是思维、意识、认识的特定构成部分，精神意识、思维、认识才是最普遍的人的主体规定性，甚至精神意识在因果链中也还原为由物质支配和决定的，这正是缺乏统一性思维的机械论世界观。在这种机械决定论世界中，文化知识、理性、知性认识被还原了，其现实结果是从人是理性动物推论出人才有意识、认识和思维。历史上思想家们断言人比蜜蜂聪明，因为人在房子建造之前已经在脑中把房子先盖好了。这个判断的前提是蜜蜂脑中没有盖房子的目标及思维具体构想，但这是无法证明的，也无法解释为什么蜜蜂如此工于“建筑专业”。问题在于人们正确地理解人和动物的区别在于先天本能和后天经验中的文化创造的同时，又错误地把感性认识意义的具体个体经验认识及经验意义的构建理解为非先天本能的，是人类文化行为，并且最终把人类文化还原为思维和意识，把文化还原为自然。这种机械决定论思维把认识和思维变成人的专利，变成非本能行为，其后果一是无法理解高级动物进化的感性认识意义世界，二是把一切认识看作人的专利，把认识理解为人脑的机能，则从根本上割裂了人的认识的自然基础，彻底割裂了存在和思维的统一性关系，人从哪里来中人的思维从哪里来就失去了自然基础，成为无源之水，无木之本，无法把人理解为文化和自然相统一存在。把文化、知识归结为和思维、意识没有本质区别的特殊形式，对世界最普遍关系就停留在存在和思维、物质和意识的自然关系中，人在本质上就是物的世界的特定存在。这是西方机械论思维无法通达人的最普遍本质意义，把人理解为客体、机器的重要原因之一。

把文化和意识、知识和认识理解为因果而非统一性关系，文化的普遍本质就是思维，知识的普遍本质是认识，文化知识及其文明就只是思维。认识是特定多样性现象，在现象意义上文化和文明就是既同一又有区别的，知性因果决定论思维是文化和文明同一性的思想根源。停留在文化和文明既同一又区别的具体现象中，反过来又强化了机械论思维。把文明理解为文化的成果并没有错，但在因果决定论思维下，把文化和文明理解为因果必然性关系，那就很有问题了。文明一定是人类文化创造出来的成果，不是先天自然而然就存在的过程和结果。按因果必然性关系的理解，文化是因，文明是果，没有文化就没有文明成果，而隐含的决定论意义是抽象文化一定凝结为文明的结果，文化自在地具有了进步的价值判断意义，而且是文明这一价值判断意义的原因。把文化理解为文明的原因还是文明的基础是有本质区别的。理解为原因是决定论思维，文明的价值判断隐含在文化这一原因之中；理解为基础是统一性思维，文明建立在文化认识基础上，但文明之为文明的本质是在文化基础上产生出来的，它自身具有本质的规定性，不是由文化基础必然地决定的。由此可见，文明和文化同一的局限性首先在于把文化理解为具有价值判断在先的，人类文化一定是在价值判断意义上的不断进步的发展过程，文化进步和文明进步都是社会历史的进步。最为重要的是，这种人类社会历史不断进步是经得起具体社会历史验证的。无论是生命自然世界，还是人类社会历史世界，我们都可以在经验世界意义上得出从简单到复杂，从低级到高级的不断进步进程，这就是社会历史的乐观主义不断进步论。由于生命物种进化符合不断进步发展观，达尔文的进化论就不只是生命科学最一般的理论综合，而且同样引入人类社会历史描述和理解中，人类社会历史就有科学根据地被理解为由丛林竞争法则支配下，从低级到高级不断进步的永恒过程。人类既是社会历史文化过程，又在自然必然性意义上必定进步，人类的社会历史就在文化和自然的这种因果决定关系中，被合理地解释为自然历史过程。

人类自近代科学革命以来，在科学技术日新月异的进步中享受到了科学技术文化福祉，更加坚定了社会历史不断进步的乐观主义历史发展观。短短三四百年间，人类经历了从农业社会到工业社会再到信息社会的快速进步，这对于人类历史而言实际上只是弹指一挥间而已，因为生命在我们地球已经有了三十几亿年的历程。就在我们自己生命的几十年间，其快速而深刻的变化往往令我们自己始料不及。人是文化和自然的统一，自然生命是人存在的基础，生存是人存在的第一要务，但人之所以为人就在于人生存的方式是不断文化的，是在文化发展中不断改变的，不是由生命遗传基因所决定只在物种意义上循环的。每一代人对生存作为第一要务的理解，实现生存第一要务的方式是不同的，而且在人的一生中也是不断改变的。在传统农业社会中，自然生存方式占主要地位，人的一生中的生存方式变化不大。在进入科学革命以及由之带来的工业革命、后工业社会以后，依靠科学技术去生存占主要地位，人的一生面临着日新月异的变化，我们不断切身感受和享受着科学技术的进步，经历着生产生活方式的不断改变。人作为社会历史性存在，人的世界是连续不可逆的文化过程，而且是随文化发展而不断加速变化的过程。从逻辑上来说，除非人类社会历史在某个节点上终结，否则，人类历史会在连续中变化运动。人类对自身社会历史是不断从低级到高级的发展的归纳是合理的，现代社会中人们从自身生存日新月异的变化中把人类世界理解为不断发展过程是有根有据的。特别需要强调的是，生存是人的第一要务，关于客体世界的真理知识的客观普遍意义，由之决定的真理知识的绝对增长性，对人的生存的改变是直接的。在进入知识社会即工业社会以后，人的生存方式随科学技术进步产生可直接感受到的改变是不容置疑的，科学技术对人的生存方式大多在直接意义上是积极的，现代人更有足够的理由把人类社会历史理解为不断进步的发展过程。

人类的社会历史进步和文化文明同一理论一样，都是在感性经验的现象意义基础上认识的归纳，两者是同一观念在不同角度的陈述，它们的基础是达尔文进化论。这种理解的实质在于，人类社会历史不断走向文明进步同时也可将之理解为自然的历史过程。从经验现象中归纳出来的文明进步历史观具有普遍意义，但没有客观性的普遍意义，休谟问题已经说明了这一点。经验只能归纳过去，并不代表未来。人类社会历史自诞生以来确实是在不断发展，但并不能由此乐观地断言它将永远发展，而自然历史过程的陈述恰恰隐含着超越有限经验的、绝对而永恒的发展的意义，不断进步发展的乐观主义历史观被誉为是“科学史观”。把人类社会历史理解为自然历史过程肯定是违反科学规定性的，把社会历史科学客观化首先是以将之抽象为一个技术型社会为前提，但一个抽象的技术性社会模型置于人类现实生存的地球生命圈边界中时，在技术意义上的绝对、永远、无限的发展是不成立的。即使把人类社会历史的技术社会边界扩张至宇宙移民的更广阔背景中，永远的技术型发展也是不现实的，不能拿“宇宙无限”作为根据。世界统一性原理的最基本原理是宇宙总能量是守恒的，宇宙是有界、有限而永恒的存在，适合人的自然生命这种特定环境，人类可能从技术上实际利用的环境，那就更不能是无限的了。但是，基于文化社会的连续不可逆性，一个技术型社会的终结是由它终结之后的文化去归纳的，人类社会历史不断发展的结束同时就是社会存在的完结，这正是我们只能经验到社会历史不断进步的原因。

而把人类社会假设为技术社会是一种抽象，是从科学客观性意义所作的抽象。现实的人类社会历史当然不是客观性的技术社会，人类社会历史是文化和自然相统一的，人的本质是主体创造性的，人类社会历史本质上是人的自由创造的文化发展史。从感性现象归纳人类社会，把人的文化当作现象，人类社会历史既是文明又是文化。从统一性逻辑去理解人的社会历史，它就是主客体相统一的运动发展过程，本质上是主体自由创造过程，人的抽象普遍的文化本质是人的自由创造的根据，是人超越自然生命物种存在的充足理由。从世界统一性原理理解人类社会历史，并不否认社会历史不断发展过程，承认人类社会历史不断进步的经验归纳，但它有两个前提：一是社会历史的发展是人的自由创造的过程，也是人的主体性本质不断发展的过程，不是由自然客体必然性规律支配的自然必然过程，不是自然现象的事实世界，而是以客体事实世界为基础，以文化为本质的意义世界的发展过程；二是人的文化过程的发展是真善美的统一，是事实判断和价值判断的统一。人的意义世界是带价值的主客观相统一的世界，人的主体性产生了价值判断的意义，人的无限主体性就表现在他的基于价值判断的主体目的性之中。带价值判断和人的主体目的性的社会历史过程就不能理解为纯粹自然过程，人的世界不只是事实世界。从这种统一性思维来看，仅从现象意义把文化和文明同一的经验归纳就是不足够的，明显带着认识上的局限性。

把文化和文明同一的局限性首先在于把文明从价值判断还原为文化过

程的事实陈述，于是人类文明进步就成为客体世界必然性意义上的自然历史过程，这正是产生“自然历史过程”观念的根源所在。不能否认大多数社会历史理论，特别是社会进步发展观的理论，都建立在尊重和承认人的主体创造性的基础上，但一旦进入自然历史思维，在逻辑上就已经陷入矛盾，这正是大多数传统社会历史理论无法解决的悖论。如果在人的现实的自由创造活动后面还有不以人的目的和意志为转移的意志、力量、规律和目的在支配，人的现实的目的性和主体性就是虚假的、现象的主体性，不是本质上自由的存在。承认人的自由创造和合逻辑地把人理解为自由本质的创造者是两回事。把人的社会历史归纳为自然历史过程不可能合逻辑地给出人是自由创造着的存在的理解。

把文化和文明同一的现实的局限性还表现在把文明的价值判断无根据地扩张到文化过程的事实意义上，即独断地赋予文化一定是文明的意义，这正是人类进步绝对性的理论基础。基于对人类文化绝对进步的发展观，同时又把这种绝对客观过程还原到客体世界层面，从经验中归纳出来的不断进步的人的世界就具有相对于周而复始的自然世界绝对优越性意义，这就是人类沙文主义情结的理论基础，是人类征服自然、战天斗地的乐观主义科学理性发展观的深刻思想根源。近代科学革命以来人类不断强化的乐观主义社会历史观的直接危害不只在于使人还原为客体存在而丧失自由，更在于赋予人以优越于其他客体存在的沙文主义情结，人成为堂吉诃德式的自然征服者。人不是因为客体必然性而被约束、限制了自由，而是在必然的发展和进步中成为征服整个世界的狂妄存在。尽管马克思主义经典论述中已经归纳了人们对于自然的每一次胜利，最终总是遭到自然更大的报复的认识，但并不妨碍人类继续与天奋斗，其乐无穷；与地奋斗，其乐无穷；与人奋斗，其乐无穷。曾几何时，全球化的工业化、城市化不过二三十年光景，大多数国家还是发展中国家，人类已经在资源、能源、环境方面遇到发展的瓶颈，罗马俱乐部《增长的极限》敲响了人类征服自然而无节制增长之生存方式的警钟。

从世界统一性原理来理解人的世界，它的进步、发展是对于人自身而言的，不是对于人之外的环境自然而言的，也不是对整个自然而言的。人首先就是自然，人并不能说比自然优越。自然由必然性支配，进步是对人自身而言的，是对自由和创造而言的。人的进步是主体的创造，也是主体对自身本质的价值判断，文明具有和文化不同一的价值判断意义。

三、文明的意义

在人的文化意义世界中，文明具有丰富而多样的意义。有西方文化学者大声疾呼西方文明在衰落，我们通常说的物质文明、精神文明，还有后来创造的政治文明、制度文明，我们曾经的“五讲四美三热爱”的塑造人美的心灵的文明教育运动，行业树文明之风，人的文明礼貌行为……这些文明多样而统一。所谓统一即指这些文明现象具有共同、普遍的本质意义。世界统一性原理就是要回答文明的最一般本质意义是什么的问题。

文明和文化在人类社会现象中的陈述几近同一而无所不在，但许多文化学者和社会人类学家又往往把文明关在更小的笼子里。比如，美国文化学者菲利普·巴格比旨在归纳西方文化学关于历史、文化、文明的基本概念体系的著作中，把文明归纳为“就是城市的文化，而城市则可定义为一种聚居点，其中许多（更确切地说，是多数）居民不从事粮食生产。一种文明则是一种可以在其中找到城市的文化。”[①]这种归纳表明，人们特别是西方文化从科学理性出发，对文明的认识不仅限于现象，而且是极为有限的。按上述观点，似乎人类文明史早期哺育了人类的农业时代是不文明的文明史，乡村的农民看来只是城市人的宠物了。

文明的第一特征是它是关于人的主体意义范畴的，是人作为主体性存在对自身的认识和描述。这和文化是专属人的概念有共通性，但两者又有根本的区别，即文化和自然相对应，非文化是纯粹自然，文化在非此即彼的知性抽象中和自然区别开来，在亦此亦彼的具体统一性中，比如在人化的自然以及物质文化的陈述意义上又涵盖了自然，在具体中建立了和自然的统一性关系。但文明却不是和自然相对应的，即不文明的行为不叫作自然行为，而是叫作野蛮、丑陋的行为，文明只在人的主体文化世界中有意义，在文化世界之外无任何意义。文明或不文明不是统一性的不同层次现象，而是对主体非此即彼的有限判断陈述。非文化的自然可以理解为完美之意义，自然即美同样是合统一性逻辑的判断，但说不文明也是美则是胡说八道了。由此可见，文明只有在文化所限定的世界中才是有意义的概念，把文化和文明理解为同一概念只有回到具体现实存在过程中，才有指称同一具体现象之同一意义，两者在本质上则是不同一的。用文明概念去指称一个具体客体存在或它的过程时，是从它的主体意义角度去理解的。当我们说青铜文明时，并不是说青铜器是文明客体，而是揭示了青铜器的制造和使用者的主体性意义：它的主体性创造意义，它对于主体的生存、发展的社会历史性意义。由此可见，文明概念的意义一定是指向人的主体存在的，是人的文化意义世界的特定描述概念。

文明的第二个特征是它是价值意义判断，是人作为自由自觉主体对自身肯定性的价值判断。胡塞尔把现象学叫作意向性方法，即指向对象，赋予意义，这在对从文明的意义去理解人自身的无限主体性是极为确切的。我们用文明的概念去指称人类整个历史，不同时代、不同民族的历史，指称我们日常的行为举止……对人的文化行为作价值评价，赋予其肯定性的意义。反过来说，人的一切与主体性相关的现象，只能且必定通过价值判断去赋予人的意义世界的意义，没有价值判断就没有人异于动物的无限主体性意义。人的具体、现实的文化意义世界正是在价值判断中成为超越自然的意义世界的。文明作为文化意义世界的价值判断，把人的主体目的性直接、鲜明地表现出来，使人的文化生存选择成为现实、具体的主体目的性过程。赋予意义指的是赋予价值意义，赋予主体价值意义才有主体意义。把文明作为主体自由自觉的价值追求，赋予人以无限主体意义的同时，人就从自然存在进展为有目的、有意识、有追求的无限主体性存在，由先天的遗传规定性限定的物种变成由自己后天文化生存中追求自我价值目标实现的人类世界，人就不再只是以物种为类的循环，而是以社会为基本单位的不断发展的过程，是不断进步的文化进程。文明对人的世界的价值意义就是赋予人以主体自觉价值意识。因此，把人的文明史解释为自然史是不合逻辑的。人的社会历史，在统一性意义上，是文化和自然相统一的历史，而人所追求的文明史是文化史。人在物种意义上的世代延续才是人的自然史，人的世界自然史是基础，文化史是本质。文明史是主体有目的有价值意义的追求。自然世界是事实世界，文化世界是价值判断构建了无限意义的世界，现实的人的世界是文化和自然相统一的世界，是事实判断和价值判断相统一的世界，人的世界的文明意义是由抽象的价值判断赋予的。

文明的第三个特征是对人凭借自觉合作去实现文化社会不断普遍化共存发展之人类文化的价值肯定，把人类社会历史主体性创造的目标、理想、信仰、价值追求及评价建立在自觉自主的文化合作共存而非自然的等级关系基础上，亦即和平的、非暴力的普遍人类文化价值意义上。这才是文明作为人类意义世界中最普遍、最深刻的意义之所在。在文化意义上，人类通过文化的后天创造，使自己的生存方式超越了先天遗传决定的自然生命；在文明的意义上，人类通过自己创造的文化的文明价值导向去赋予文化社会以普遍统一性意义，使人类社会不再只是基于自然关系而自然生成的生活共同体，使人类社会从本质上超越了自然社会的自然等级关系，使人类社会历史不再是先验循环的自然史，而成为后天经验生存中不断走向更加文明的自主自觉的历史。按照世界统一性原理，人的世界是以社会作为最基本的结构单位的，文明人只有在具体的文化社会这一基本单位中才有现实意义，而不是在城市文明中人才获得文明人的本质意义。从社会单位中进一步还原的构成社会的个人是自然生命物种意义上的人，或者是具体无限性的抽象存在，并不是具有普遍文化本质的“人”的存在。因为决定人之为文明人本质的文化是后天的，即只有在文明社会这种结构单位中人才有可理解的意义，人首先就是社会人。人只有在社会中才有历史文化创造，人基于此成为具有普遍社会历史意义的类存在。但人从生命进化为本质规定性的自然物种存在飞跃成长为由文化为本质的社会历史性存在并不是上帝从抽象中制造出来的合目的存在，而是在自然中发展而来的。文化知识是自然感性意义和认识的质的飞跃的结果，现实的人是感性，知性、理性认识相统一、自然和文化相统一的具体存在。人首先是自然生命存在，是在自然生命基础上发展而来的，人的社会性首先是自然社会性，人是众多社会性自然生命物种之一。只有在文化创造中人从自然社会发展成为具有文化本质的社会历史过程，人才超越自然界，从自然到文化的发展是从自然社会到文化社会的发展，因而社会是文明人世界的最基本单位。自然社会是无价值判断的事实世界，支配自然社会的规则是自然选择。自然社会无善恶、无价值，自然直接就是美。自然社会的丛林法则是自然的，暴力同样是自然美。狮虎的捕猎生存不叫残暴、残忍，不要谴责虎狼无道德，狐狸无诚信，在自然世界并无善恶价值判断意义。人在本质上还只是万物之一时也没有善恶意义，亚当、夏娃没有偷吃智慧之果时没有原罪，没有善恶价值判断的世界就是非罪世界。人从自然社会发展为文化社会时，价值判断由之产生，无限普遍意义世界产生，人的生存活动成为主体创造性的价值选择活动。人进入文化意义世界后，区别于自然世界的本质就是人对自己的后天经验生存中的选择有价值导向，有价值判断标准，从而成为自主自觉的、基于后天经验文化为本质的主体创造性存在。这个判断标准的最普遍意义就是文明。人进入文化世界后，人在其基础上依然是自然存在，人的先天是不以人的意志为转移的，人同样不能彻底抛弃适者生存的丛林法则。但人成为文化本质的存在就在于丛林法则已经不是人存在的本质，人的现实是由普遍精神文化本质构建起来的主体有目的性的选择性生存。人的选择性包括事实判断和价值判断，以事实判断为基础，以价值判断为本质。人在文化世界中如果仍以丛林法则为本质，则人就只是野蛮，不配叫人，我们称之为有文化的匪徒，本质上是反文化、反人类、反文明的。人建立了普遍文化本质，但在自然生命意义上仍是按自然先天遗传关系决定的存在，人的文化本质建立在自然生命基础上，人异于禽兽的本质意义在于人的文化社会不能由丛林法则为本质，人的最基本的文化结构单位即社会本质上就不能还只是自然的，还只是在丛林法则的暴力关系中建立的。自然选择弱肉强食并无不妥，并不是恶；人的文化选择生存中，如果人的社会结构纯粹是“胜者王侯，败者贼”的强盗文化支配，人就是有文化的匪徒，人就停留在自然法则为本质中。这就是中国孔孟之道中王道和霸道的深刻意义。人为什么不能按照丛林法则为本质支配的自然社会去作为构建历史文化的最基本单位结构呢？理由有很多，最直接的理由是，一个进入文化的欧洲人比还没有进入文化的非洲人干的坏事要坏得多。当年欧洲白人进入非洲原始部落时几乎灭绝了非洲原住民就是最沉痛的教训。人类为了一己私利去残杀甚至灭绝同类无论如何是不能称得上文明的。人类用文明的价值选择和评价去理解和追求自己作为超越自然生命的无限主体存在时，最基本、最普遍的意义是：人类通过文化构建其文化社会去实现历史性生存时，人的生存单位即社会的文化构建必须超越自然社会的丛林法则，必须有高于丛林法则的价值和追求，即必须是对人的文化社会持续发展是有利的，对社会的具体构成之个人是有利的，是合人的自觉目的的。这种超越野兽弱肉强食法则的文明的本质是和平、非暴力合作共存，是王道而非霸道。文明的意义既普遍又简单、直接，人的世界中的社会文化选择和行为是有目的的，人类文明程度越高，就离动物界越远，人的本质就越充分发展。至此，文明概念本质上就应该理解为人类文化对自身作为自由创造的主体性存在，应在非自然暴力的和平合作文化关系中实现人的社会持续无限发展的价值判断及追求。

许多人对此或许持怀疑态度。人类社会是文明社会吗？为什么会有社会达尔文主义呢？如果说社会达尔文主义只是一种社会历史理论观点，那么具有更普遍社会历史意义的卢梭的理论呢？卢梭在论人类社会不平等起源的思考中，从丛林法则为本质的自然社会为起点，将之抽象为社会平等的状态。对人类自然状态的平等抽象，卢梭指出这只是为了便于研究和理解的起点上的抽象，世界统一性原理则合逻辑地将之理解为还没有产生出平等或不平等价值判断意义的自然生命世界。这和猴子、蜜蜂等自然生命社会群体一样，没有平等的价值判断意义，而不是说原始社会比文化社会更文明、更平等。平等、正义、文明这些是在文化世界才有意义的概念，和动物谈和平及正义才是对牛弹琴。卢梭把私有制的起源理解为人类社会的起源，私有制是人类社会不平等的根源，人类的不平等随私有制的发展而发展。按照卢梭的理论，人类社会文化发展的结果是私有制发展带来的人的不平等的加剧，人类社会历史就是人的发展和人类道德堕落的过程。如果把人的发展理解为文化意义上的发展，则人的社会历史就是文化和文明背道而驰的过程：文化越发展，人类就越不文明。马克思发展了卢梭的社会理论，把人类社会历史理解为阶级斗争的历史。马克思把卢梭的人类社会自然状态抽象称为原始共产主义，并认为是人类社会历史的第一个基本形态。从统一性逻辑来看，卢梭把自然状态作为人类社会历史极限的抽象起点是合理的，把自然物种意义上的原始人理解为人类社会历史的一个基本阶段不是抽象的，而是不合逻辑的。原始社会没有阶级不是道德高尚，而是没有道德。道德在文化世界产生，文明人的产生是人的堕落的开端。人进入阶级社会以后的历史是赤裸裸的阶级斗争的历史，在这一观点上马克思和卢梭的观点是协调的。几千年人类文明史是人压迫人的不文明的阶级斗争史，这种历史事实是无可否认的。这不是意味着文明只是抽象的吗?

说文明是抽象的并没有错，它确实是人社会历史过程中的一种理论和思维的抽象，但这些抽象来自现实的社会历史具体过程。具体的社会历史既不是纯粹文化的、文明的，也不是纯粹自然的，而是文化和自然相统一的，文化本身却又是带着关于文明的价值判断的。文明是人类文化发展的目的性的体现，只有在主体目的性意义上才有人类社会历史。卢梭在把人类社会历史归纳为不平等随私有制发展而不断加剧的同时，提出了社会契约论的理论，希望用合理的社会契约消除每一个人对一切人的战争这种野蛮状态，在社会契约构成的理想世界中实现人的和平合作，在消除暴力的社会契约机制中和平共存。卢梭的社会理想是指向文明的。马克思的理论同样如此，共产主义理论的根本意义不是一个阶级推翻另一个阶级的永无止境的暴力和战争，而是建立一个再也没有阶级的和平共存大同世界，是每一个人的自由和本质得到充分发展的最高级文明的理想世界。尽管人的社会历史是在私有制社会中不平等的历史，是阶级斗争的历史，但人所追求的理想世界却是没有不平等，没有战争和暴力的大同世界。人和动物世界的本质区别在于文化，动物世界无道德、无善恶、无价值、无理想，永远在丛林法则中循环。一个自然物种从进化出来直至它退出生命舞台，它永远是由先天遗传机制先天决定的自然物种意义上不变的存在，地球生命圈三十几亿年进化生存的细菌至今并没有本质的改变。人自从创造了文化进入意义世界就开始了不可逆的运动发展历史。尽管作为文化和自然相统一的具体存在，人的具体生存同样还是建立在血肉之躯的生命基础之上，但有文化有价值判断的文明人不再只在自然必然性支配下自然生存，而是按照自己的文明价值判断主动选择自己的生存。人的文化社会不再只是血缘和自然的生活共同体，不是纯粹丛林法则支配的世界，而是由人自主自觉的文化选择去创造的世界。人的社会历史非物种循环性就是人走出自然，成为文化及文明存在的证据。人用自己文化的方式去构建自身生存的社会结构，创造了自己的历史，不断发展的历史本质上是不断远离丛林法则支配的历史，是人的文化和自然在更高层次和意义得到统一和发展的历史。人越文明，越发展，就离丛林法则和原始暴力越远，这就是文明的深刻、崇高的意义，是卢梭和马克思成为历史圣人的根据所在。

从文明的主体自觉价值选择本质、文明是文化人类在作为文化和自然相统一的存在时人不断远离原始兽性暴力的本质意义中，应能更深刻地理解人是具有主体目的性的创造性存在的更具体意义。我们一直强调目的性是无限主体的目的性，只有把人的无限主体目的性和自然动物欲望本能支配的有限主体性从本质上区别开来，才能真正理解人的主体目的性和与生俱来的本能欲望之间的既区别又统一的关系，才能得到人作为主客体相统一的理性具体存在之理解。人是世界上最复杂的统一性存在，人的主体目的性是最难理解的。按照客体世界的机械认识习惯，目的是既定的，具体的，是可感知、经验、实现的，是可衡量和判断的，但人类主体世界却又是不可逆的、非必然性支配的无限世界。凭何认为只有人的主体世界才是有目的的创造性世界呢？这不是一个悖论吗？用自然世界法则去理解文化世界出现悖论并不奇怪，主体目的性只有从普遍目的为本质、主客体相统一为现实的思维角度才能得到合理的理解。主体的目的不只是目标，不是

GDP或金钱物质的确定追求，而是包含目标的更高的追求，既是目标，又不是确定性的具体目标，是包含具体现实目标的统一性目标。具有普遍目的性，人才成为无限主体，只有超越了本能欲望和既定目标，人有目的的社会历史才超越了生命物种的循环性，成为在历史形式中连续不可逆发展着的类存在，我们唯此才有资格称人类是万物之灵。我们人类之所以为人类，之所以是万物之灵的充足理由不仅在于我们是文化的，更本质的根据是我们是文明的，文明就是文化人类最普遍的理想、价值、追求，进入文明是人类告别自然界的标志，进入社会历史告别蒙昧我们称之为跨入文明的门槛。文明作为人类最普遍的抽象价值，又是现实的、历史的、具体的，是指向未来而不断发展的，是理想和现实、此岸世界和彼岸世界的统一。人类自认为万物之灵，人往何处去？人往更高的文明境界前进。先哲圣贤们为人类指引的都是一个高度文明的人类世界。之所以马克思、卢梭、释迦牟尼、耶稣的理想意义能够成为我们文化的深层基础，成为人类的智慧，就在于它们指向人类和谐美好非暴力共存的统一大世界，大同世界，极乐世界。人的本质自由全面发展的世界就是一个高度文明发达的世界。人类社会是过程性存在，我们向着文明前进，就在现实的文明进程之中。于此，我们体会到文明的历史、现实和未来相统一意义，即人类的文明进程的远大理想目标在更高文明的彼岸，它指引着人类社会历史向着文明的目的性的永无止境追求中不断前行，离丛林法则越来越远，据此就有文明史普遍意义。

第三节 文化和文明的统一

一、历史虚无主义是文明虚无主义

人类文化世界是意义世界。意义是抽象的，它统一于现实具体的人类社会历史过程中，只有抽象而无实体性，无感性具体规定性。人类文化并不是从天上掉下来的，也不是上帝和神创造的，是人通过客体符号作为抽象意义载体，使抽象、个体的意义认识成为普遍且独立于具体认识个体的知识时，构建了一个依赖于人的后天经验认识的社会历史性的意义世界。历史的根据是文化，文明的尺度不是时间，是历史。历史是包含时间又超越了时间的抽象过程形式，历史只有在人类社会中才获得了抽象形式的现实意义。问题在于，人建立了历史文化超越了自然是在抽象本质意义上的，人作为具体现实的存在依然是以自然生命为基础的，人的普遍的意义构建即知识的建立是包含自然感性个体认识而又在本质上超越了感性认识的，是以感性认识为基础向知性普遍抽象意义和理性多样性具体统一意义的飞跃。因此，感性认识也是人的认识，客体存在也是人的存在，只不过人不是纯粹客体，不只有纯粹自然认识而已。用卢梭的把人类社会自然状态作为理论抽象起点的思维方法，人的文化和文明是一个从抽象起点开始的不断运动过程，是不断走向更高层次的文化和自然的统一。世界统一性原理继承了达尔文把生命理解为从低级到高级进化，马克思把人类社会历史理解为低级形态向高级社会形态发展的更替理论，把人类世界理解为不可逆的运动发展过程，并用统一性逻辑将之归纳为从个别到一般，从一般到最普遍的统一性过程。只有在这种最普遍本质意义下理解的人类社会历史，才是真正的历史，才有历史的本质意义。人类从自然生命世界而来，在自然意识基础上创造了灿烂的文明和文化，人类文明史是基于人的自觉认识作为其现实性存在的根据的，它同时又表现为人类普遍认识是一个从个别到一般到普遍本质的发展过程。我们构建的文化意义世界越普遍统一，我们的本质就越充分发展，人类社会历史就走向越高的文明，这就是人类社会历史作为不可逆运动过程的本质意义。

人类“认识你自己”的最高境界是认识自身主客体相统一的理性具体意义。不但要理解人的自然存在基础，要理解在此基础上人的自由创造的文化本质，更要把自身理解为主客体相统一的理性具体存在。无论在历史还是逻辑意义上，自然存在和自然认识都是人类文化和文明的起点，但人只有超越这个起点才成为人，离这个起点越远人的本质就越充分发展，人的绝对不可逆运动的社会历史就是不断扬弃自然生命规定性制约而不断获得更大自由的过程。人创造了历史，在历史发展中发展，人类历史文化所达到的从个别到一般到普遍的发展就是人类文化所凝结的文明的成果。没有文化就没有历史，人的社会是以历史过程为形式的世界，人认识自己的自觉程度，就是对自己的本质的认识程度，就是对人的历史性意义的认识程度及现实态度。只有在历史文化意义中，人才超越了纯粹动物界而异于禽兽。人的本质是抽象而又具有普遍意义的，人的文明史、文化史、发展史，从本质意义上来看，就是对自身的本质从个别到普遍的认识发展史，是人凭借越来越普遍的文化本质认识去选择人的具体现实生存活动的发展史。说句不客气的话，人类对自己普遍本质的认识达到什么水平，人的本质发展就达到什么水平。如果人还只停留在感性经验意义世界中，只知道有你我他不知道有“人”，那这种人就只具备原始思维。马克思称之为原始共产主义这种自然社会中的人，《圣经》将之理解为伊甸园中的亚当夏娃，世界统一性原理则将之理解为原始自然动物。这种只知具体不知普遍抽象的“人”只是一个自然物种意义上的禽兽而已。对自然存在而言，无文化、无善恶、无价值，不必对牛弹琴般与这类自然人侈言历史、文化和文明。

人从自然跨入文明的门槛开始了自身的文明史。进入文明史的人以社会作为最基本结构单位去创造、承载、继承和发展其文化意义世界，成为在现实社会历史文化世界中现实生存的人。文化文明人是在社会历史意义而非物种意义去生存和被理解的，人在文化意义世界中就成为历史性的存在。人是历史性存在的意义包括如下几方面：一是人是以历史文化为其本质的社会性存在，社会作为人的最基本结构单位，是在历史为尺度、为形式去展开的连续不可逆过程中成为发展着的文化社会的。二是每一个具体、现实的人类社会个体都是社会历史的产物，在文化意义世界没有抽象的自然人具体存在，文明人只有在刚出生之时可以看作自然人。实际上每一个体的人自出生伊始就已经在既定的文化环境中被塑造。人类文化在本质上是后天经验中的创造，但对每一个个体而言却又首先是“先验的”，即人的大多数文化知识是先于个人经验而存在的。也正是基于这一理由，人的文化世界不是以具体个体为最基本单位，而是以社会为基本单位的。人类文化是类的共同财富，由人类文化为本质的社会历史才成为连续而统一的、不可分割的整体过程。人作为人存在就必须具有人的文化本质，文明史中任何个体出生后的首要任务就是学习和掌握人类知识，构建起人的本质，成为适应现实社会的人。每一个文明人作为具体现实的存在，是历史文化的产物，是历史的成果。人从哪里来？对个人而言，生命从父母来，本质从历史文化中来。三是人是历史过程中自由创造着的存在。每一个人，只要是称得上文明人，他的现实的生存选择活动本质上是历史创造性的。不要追问历史是由谁创造的，人的历史是人的创造，人的生存就是历史创造过程。人创造了历史，历史又创造了人，人在世代更替中就是无限发展的存在。人只有自觉到自身主体性的无限历史创造本质，才能了悟自身异于禽兽生存的根据、本质、价值和意义。

按照世界统一性原理，离开历史文化无法从本质上理解人的具体存在。但在科学理性因果决定论支配的观念中，滋生了一种历史虚无主义观点，把实证、经验绝对化不可避免会陷入历史虚无主义。中国人总是坚信着“耳听为虚，眼见为实”，但这只是在感性经验意义上的法则，是自然生命的法则。我们所有称得上是知识的普遍认识遵循从感性开始的法则，这是从整个人类认识意义上说的，如果将之贯彻到每一个个体的认识，那人类根本就不会有文化，就还没异于禽兽。没有普遍的意义结构以及承载这些意义结构的载体，人就不会超越自然意识。文化是全人类的财富，这才是文化为本质的人类社会是历史性社会的充足理由。如果浮力定律只属于阿基米德，在古希腊被消费殆尽，那就不会有以文化为本质的历史性存在了。如果否认人社会的历史性，只把自己看作与文化本质无关的具体存在，那就是历史虚无主义，人的本质虚无主义。传统认识把历史虚无主义仅限于历史认识现象之中，即限于把从历史记载、叙事的主观性产生的对历史客观性怀疑理解为虚无主义，但历史更深刻的意义在人的本质之中，历史虚无主义是人的本质虚无主义，归根到底是把人的普遍本质的抽象看作无意义的抽象。用具体去否定抽象，实际上还停留在感性自然思维之中，没有从人的多样性现象进入人的普遍本质认识。这种历史虚无主义的人只在自然人、具体感性人水准，他所能达到的认识高度只是人从父母来，不会懂得人本质上是以历史文化为根据的，是以历史文化文明成果为本质和根据成长为现实的个人的。

西方历史虚无主义的本质不只是在现象意义上对历史的怀疑和否定，更深刻的是不知道人的本质是什么，更不可能理解人从哪里来。文化是历史的创造，是在传承、继承基础上的创造，人类的自由创造本质、社会历史的连续不可逆本质，归根到底是以历史性的文化本质为根据的。我们讨论民族性格、国民性，其立论的基点就是文化的历史性。文化的断裂是历史的断裂，所以欧洲人把野蛮人入侵造成古希腊文明中断直到文艺复兴古希腊文化之间的上千年称为文化断裂的年代、黑暗的年代。国民性格、文化传统正是人类社会历史性的具体体现，它就现实地存在于人的具体现实生存中，对历史的方向和目标产生着深刻的影响。中国是世界四大文明古国之一，其五千多年文化文明史源远流长，但在近代西方科技文明中却陷入落后挨打的局面。二十世纪初国人反思中国文化传统，产生了变革和引进新文化的思潮和运动，并且旗帜鲜明地提出“打倒孔家店”的口号。背叛、批判传统文化并不是否定历史，更不是历史虚无主义，而恰恰应理解为这正是文化历史性意义本身。文化不是一种东西，而是具体的人的抽象本质。文化既是抽象的，又是自由的，是不断运动发展的。据此以文化为本质的人才是自由的、不断在历史中发展的人。文化是传承的，文化在历史形式中传承决定了文化意义的普遍性，这是历史的意义在未来的根据。文化的传统、继承是由具体的人去承担的，在文化中构建自己人的本质成长为现实的人是指向未来创造意义的人，历史文化的本质就是不断创新的，只有文化创新才有人的社会历史创造，由此决定了文化在本质上是自由的、革命的。没有革命性的创新就不会有历史文化，以文化为本质的人先验地就是创造性的存在。因此，对历史的批判并不是对人的历史性的否定，而是人的历史性本质的体现。批判传统，审视历史，包括“打倒孔家店”的过激革命行动，以对承认人的社会的历史性为前提，以追求文化的革命性创新为己任，这无疑是对人的历史性的诠释。不管是否自觉到人的历史性的本质意义，历史的批判和继承是建立在历史的统一性意义上的，不能对之作文化虚无主义或历史虚无主义的肤浅理解。

社会、文化、历史这些描述人类世界的基本概念，其本质和统一性的意义认识从现象开始，但不能停留在现象意义上。对历史、文化如此，对文明同样如此。由于历史是我们文化中的一个具体学科，于是在历史现象意义上尚有所谓历史虚无主义及其对之的批判和思辨，但人们从来没有意识到，停留在感性经验认识中，人类同时产生了流行的文明虚无主义倾向，历史虚无主义本质是文明虚无主义。从世界统一性原理看，停留在感性现象上的文明是虚无的文明。高等动物具有普遍感性自然意识，并在这种意识基础上实现本能的生存选择活动，但没有一种高等自然动物能产生“文明”的意义，这就是人只停留在自然感性认识中同样只是高等自然动物意义上的存在，没有文明之意义的理由。若不是作如此这般理解，我们根本就没有办法去理解人的文化和文明如何在自然基础上产生而同时又在本质上超越了自然界。从逻辑上来说，只有在感性、知性、理性相统一意义之中才有文化和文明之意义，在理性具体中才有现实的文化和文明，纯粹动物自然认识绝无“文化”“文明”之意义。我们既然没有任何必要和理由从道德上谴责狼吃羊野蛮、暴力，同时就断言了说动物的文明非暴力没有意义。不能说羊比狼文明，那是天性使然，天性就是与生俱来的自然属性。从更抽象的认识逻辑意义看，现象之为现象，只有在本质中现象才为现象，没有本质的现象什么都是，什么都不是，没有现象就没有本质，没有本质就没有现象。本质和现象不是两个东西，而是同一具体存在两个方面的统一。按此逻辑，人类如果没有进入文明的本质理解，只停留在文明的现象中，则尽管口口声声追求文明，但本质上却只是“叶公好龙”而已。文明不只是一种抽象或一种价值和追求，文明的统一性意义在于现象和本质相统一的具体现实世界中。只有具有自觉的文明追求，我们才能称得上摆脱了现象意义上的文明狭隘性，摆脱了文明虚无主义，成为本质上文明的存在。

人类并没有自觉到停留在文明感性现象中的文明虚无主义的存在。某些大家们、大师们在理直气壮地谴责“普世价值”，用厚颜无耻的方法曲解“特色”的时候，坚持的就是只有个别，没有一般，没有普遍抽象的感性具体经验思维。没有一般就没有抽象的、普遍的本质，多样性现象世界就是各具“特色”的多样而无统一的杂乱世界。一切停留在具体现象上就既存在也不存在，即虚无。在具体个体感性意义上，既无文化，无历史，也无文明。人类如果没有普遍的统一价值，人类就不是文化文明意义的类存在，只是物种意义上世代循环重复延续的自然存在。人类没有普世价值，则同理国家也没有普遍性国家价值，所谓民族、家庭这些抽象非实体结构同样也没有共同价值，人就只是个体意义上无统一性的存在，就是自然动物，就是虎，就是狼，每一个具体的人存在就是对其他一切人的战争。这是丛林法则的必然结果。所谓“特色”在那些执于具体感性的个体经验认识至上的人看来，任何个体都有特色而无本质上的统一。人类之所以叫作人类，就在于人类具有自己的最普遍的共同本质。人是世界上最复杂的理性具体存在，文化是人的本质，文化是人的主体目的性、创造性的本质，人的世界是事实判断和价值判断的统一，人的意义世界是包含价值于其中的世界，人类之为人类就必须有其最普遍的价值，这就是普世价值。否认普世价值的人本质上还只是停留在感性个体自然认识的水准。承认和追求普世价值和把什么当成普世价值是两回事。有人把民主自由作为普世价值，马克思把共产主义作为人类最高理想，同时也就是人类的最高价值、普世价值。共产主义就是全人类解放的大同世界，它包括自由、民主但又远远超越它们的有限意义。既然有全人类解放的理想，又怎能否认普世价值的存在呢？否认普世价值的人不仅不懂马克思主义，而且是反马克思主义、反共产主义理论的，归根到底是反文明的文明虚无主义。

人类之所以为人类，就在于人类有区别于其他自然生命物种的统一而普遍的文化价值追求。价值不是东西，不是特定状态，而是在历史文化的发展和创造中不断发展和完善的。民主、自由曾经是，现在是，将来未必是人类文明的普遍价值。普世价值不是一种确定性的意义，而是人的世界的最普遍的意义，其他意义都在它的普遍意义之中，它把人类社会历史文化的意义统一起来，这个意义就是文明。自由、民主制度是人类向文明的进步，共产主义则是人类所追求的高度发达的文明。文化世界的目标和理想追求就是永恒的文明化进程。

二、文化和文明的统一

文明是人类文化的特有现象，人类走出动物自然意识世界的文化进程同时产生了文明。在纯粹自然生命世界，局限于在感性自然意识的高级动物既无文化亦无文明。在多样性现象意义上，我们把人类社会历史的现实具体过程既称文化又称文明，它们在具体现象中可以具有同一的意义的理由在于它们都是人现实的深层意义。现象是和本质相统一的现象，无本质无现象。当我们从多样性人类现象世界深入它的普遍抽象本质认识时，文化和文明就不是同一的，而是既区别又统一的，它们统一于人的社会历史具体过程之中。对人类社会历史的认识不能停留于现象，必须深入到本质，并把文化和文明从本质上统一起来。

文明是人的价值判断的最普遍的统一。人的价值判断存在于人的一切文化选择活动中，但人的文化所具有的价值判断意义有两个不同的层次。一是善恶价值判断，二是终极价值判断，前者是伦理价值，后者是审美价值，亦即终极价值。人类文化是真、善、美的统一，真是关于客体的事实判断，善和美是关于主体的价值判断，文明作为价值判断的统一是善和美的统一，文明就作为人的一切具体、现实价值判断的普遍本质，存在于人的一切价值判断之中，成为人的价值判断的基础，成为人类文化选择行为的基础，从而把人类社会历史统一为不可分割的文明史。正是在这种意义上，我们才有根据地把文明理解为人的文化世界的普世价值，把文明理解为人所追求的理想世界的本质意义。我们把人的世界理解为以文化为本质的意义世界，把人的生存选择活动理解为超越了自然生命本能欲望支配的直接活动，是基于对普遍意义理解为基础的主体目的性选择活动。人的文化与自然的本质区别在于它是基于后天经验的普遍性意义认识，不再是基于自然生命感觉的认识，因而人的文化选择是主体目的性的，亦即带价值选择的。主体目的性价值选择和本能欲望的区别在于前者是后天社会性的，后者是先天物种性的，社会就是人的文化世界的基本单位，物种就是人的自然生命世界的基本单位。正是社会作为人类世界基本单位的事实决定了人的主体目的性超越了生命本能的欲望，人的文化选择必须在文化社会和物种相统一的意义上才是合理的。没有社会就没有文化，人的选择以文化认识为基础，受社会制约，满足个人欲望必须建立在社会合理性的基础上。人的文化选择作为主体目的性的选择就一定是带价值判断的，是真、善、美的统一。真是客观性的，是价值中立的，善和美是主体目的性的价值判断，具体现实的文化选择是真、善、美相统一的，或真、或善、或美是从人的现实文化选择中抽象出来的。为什么价值判断既有善恶判断又有审美判断呢？这是由人的文化的社会历史性和人的主体目的性所决定的。人带目的性的价值选择超越了直接生存欲望，它在社会结构单位中才有现实意义，伦理判断是以文化社会作为基本价值判断的单位的，人满足客体性生存的欲望必须在社会目的的合理性制约之下。问题在于人一旦超越了欲望支配，成为主体目的性支配的文化存在时，人赖以存在的结构单位社会是历史性的，每一个具体的、直接的价值判断只有在社会历史的整体框架下才有超越了生物欲望的目的性之意义。事实判断的统一性根据是具体自然，为价值判断提供意义统一性根据的是普世价值，以之为据多样性价值判断才获得了普遍性意义。人和动物都好生恶死，都会本能地逃避危险和灾难，但动物的行为只是本能，没有主体目的性。人的逃避危险行为如果只在具体个体事件意义上，也只是纯粹的欲望和本能。但在社会历史文化意义上，它却是基于本能又超越了本能的文化行为。这个简单的事实告诉我们，人类文化中关于真的意义，即对客体的认识，可以抽象为具体、独立的意义，每一个关于真的事实判断自在地具有独立的意义结构，相对独立意义的元结构的统一构成了真理知识体系，它的最终根据是具体自然本身，客观知识的统一性是以客体世界统一性为本体论根据的。但人类文化中关于善和美的价值判断是以主体为对象的，主体不是客体，不能还原为低于社会结构的存在，关于主体的价值判断的任何一个独立判断只有在社会历史文化的统一判断体系中才具有可理解的意义。把一切善的判断统一起来的至善就是美，美是以具体价值判断为认识对象的，是价值的价值即多样性价值的普遍统一意义。因此，价值的“元价值”不是构成价值体系的元素，而是构成一切具体、现实价值选择基础的最基本价值，它具有价值的“本原”之意义，是一切现实价值选择之源，是形而上的价值的普遍统一。元价值是理想、信仰、审美价值、终极价值建立起来的。人可以没有自觉的元价值，但不可能没有元价值。人的伦理价值和元价值都是文化的、主体性的价值判断，但伦理价值是人的主体性目的又指向自身客体性基础从而把主体目的和本能欲望联结起来的，元价值是指向人的普遍的社会意义，把个人和社会历史文化统一起来的。从自然界进入文化世界的文明人具有自觉意识的首先是与现实选择行为相关联的伦理判断，对于“形而上”的元价值的自觉却是需要智慧的。但无论如何，人的现实文化选择总是真、善、美相统一的，人的价值判断总是伦理价值和元价值相统一的。从现实意义看，人类把文明作为人类价值统一的标准，作为人类评价和认识自己主体性自觉水准的尺度，作为人的价值判断的统一，是人“认识你自己”的主体性本质的历史尺度，人的社会历史就被合理地称为文明史，人类历史形而上学地统一于文明之绝对意义。人基于主体目的性的一切价值判断统一于文明这一审美价值时，人的主体世界才可以是多元而统一的，主客体统一性之人的文化意义世界才是无限统一的。客体世界的统一性理解是元中求元，直指不可再还原分解之元；主体无限意义世界的统一性理解是多元归元，归于最普遍的文明之元，故人类历史就合逻辑有根据地被归纳为文明史，以文化为本质的人类多彩意义世界就统一于最普遍的文明这终极审美价值中。

人的文化是真、善、美意义的统一，文明是人的价值判断的统一，据此可以得出文化和文明本质不同一的结论，并把文化和文明的同一意义限定在具体现象层次。在抽象而普遍的本质意义上，文化和文明是有区别的，是具有不同规定性的。不能把具体意义上文明和文化同一性无条件地推广到本质意义上。文化的最基本意义是普遍性意义，基础性结构是真，必须清楚，真理的价值中立本性和把真理当作最高价值是不同的，真理本身作为事实判断，只有具有普遍客观有效性的事实判断才是真理，真理之为真理是基于它的客观普遍有效的事实判断而成为真理的。真理之为真理就在于它的客观普遍有效性，不依赖于主体的好恶，与价值判断无关才符合客观普遍有效的规定性。把真理作为理想、目标、价值、追求是一种价值选择，和真理的价值中立本性无关，也不矛盾。选择以真理为最高价值并不代表真理由价值中立变成依赖于价值判断的、与价值判断有关的，具有价值意义的是主体是否选择真理作为最高价值。真理是否最高价值是主体选择性的，不是客观普遍有效的。西方人一直在追求真理，但中国传统文化中最高的价值不是追求真理，而是天人合一。由此可见，真理是否最高价值追求并不是客观的，而是主观价值选择，一旦进入选择就不能停留在必然的客观普遍意义之中。文明包括对真的态度，对真理的追求，但文明作为价值判断却不能当成客观真理认识本身，它和真理的这一关系决定了它在本质上和文化是有区别的。

文化和文明有本质区别，但它们又是统一的，因为文明就在文化之中，离开文化就没有文明，离开文明有文化。我们不能用文明的尺度去要求还没有文化的自然生命存在，指责狐狸不诚实、老虎残暴，人像狐狸才叫不诚实，人像虎狼才叫残暴，这确证了我们确实是在文化的意义基础上去理解文明的意义。文明是文化，这是文化文明统一性的最基本理解。但文化不就是文明，文化不是纯粹价值判断，而是事实判断和价值判断的统一，而且是以事实判断为基础的。人类从个体具体感性认识上升为具有普遍意义的知识时创造了文化，走出了动物界，具有普遍意义的知识构成了人及其社会历史的本质意义。世界统一性原理把从个别到一般到普遍到最普遍的意义构建理解为人类文化发展的重要标志，把人类建立客体认识抽象对象的因果关系必然性规律认识理解为绝对确定性意义的最普遍真理知识，这是人的选择行为的根据和基础。这种构成人类文化基础的真理知识是以客体为对象的，不是以主体为对象的，是对客体普遍关系的抽象的事实判断，没有主体的价值判断意义，没有文明的意义。文明一定是文化，但文化却不都是文明，这构成了文化和文明既区别又统一的理由。

文化和文明在具体现实中被理解为同一，在本质上既区别又统一。在本质上，文化和文明的统一首先是抽象意义的统一，由此就能理解从抽象返回具体时它们合逻辑地是同一的。文化和文明在本质上都是抽象的意义结构，它们的统一就是抽象意义上的统一。客体世界的多样性统一，从普遍的抽象返回具体的统一是具体现实性的统一，而人的文化和文明的统一却是在抽象意义上的统一，这正是人的世界和物的世界的重大区别，也是人的世界是最复杂的统一性世界的原因。文化和文明的抽象的统一如何理解，这是人"认识你自己"中最为高深、抽象的问题之一。文化和文明统一在哪里呢？按照世界统一性原理，可以合理地把文化和文明的统一理解为统一在抽象的人的主体目的性中，文化和文明的本质，它们之间的关系，应该从人的主体目的性去得到合理的理解。文化作为人的普遍抽象的本质，它的决定性意义是使人走出纯粹动物界，使人成为万物之灵。人和动物在存在论意义上的本质区别是文化和自然，同时也可以理解为无限主体和有限主体的区别。文化使人成为无限主体性存在。在自然意义上的生命只是有限主体存在，其主体性生存选择方式仍限定于遗传机制中，还只是自然。人类建立文化本质走出自然界也就是从有限自然生命世界走向历史文化创造的无限主体性世界，有限和无限主体性的区别同时也是人的文化和自然的本质区别，主体性由有限进展到无限是人之所以为人的充足理由。文化是如何构建起人的主体性无限本质的呢？人的目的性对自然生命的本能欲望的超越是如何实现的呢？是关于人自身存在的价值判断建立起人的文化行为的普遍目的性，人的价值判断的统一即文明的本质意义就在于使人的文化选择行为是具有主体目的性意义的，并且主体目的性是具有统一社会历史文化意义的。人成为主体创造性存在的充足理由在于人的主体性本质是无限的，而从更深层意义看，文明是人的文化的构成部分，是使人的文化实现其构建人的主体性无限本质的内在机制。离开价值选择，人的文化的主体目的性就无法得到合理的解释；离开文明，人的主体目的性就失去可理解的统一的社会历史意义。我们知道，文化和文明是人的现实主体性选择活动中的思维抽象，文化中的真、善、美、事实判断和价值判断是抽象中的抽象，现实的文化选择行为和过程即人的文化生存活动则一定是事实判断和价值判断相统一的，文化和文明是统一的，而具有文明意义的价值选择使人的活动的目的和意义指向人本身。因此，文明是文化的构成部分，而且是文化的本质。用黑格尔的辩证逻辑来陈述，文明是文化的真理，文明驱动文化向更高级不断发展。文明作为文化的本质，以文化为普遍本质的人就是异于禽兽的文明人，在社会历史文化中的人类就走出纯粹动物社会，进入文明史。

文化和文明的统一是抽象的统一，还没有回归到现实的具体世界，而是统一在抽象之人的无限主体性意义上。文化与文明的这种抽象统一性构成了复杂的主体性无限意义世界，这和由必然性支配的有限生命世界有本质的区别。人的世界没有摆脱自然必然性制约，但人只有在生命意义上才是由自然必然性支配的，人的抽象的社会历史主体性本质却是无法从自然必然性去理解的，这正是人的无限主体世界作为自由选择世界的最一般的本质，并且这一选择性的本质才使人的世界具有了自己创造自己历史的意义，才有了主体目的性的意义。文化的选择性，人的主体目的性是认识客体和主体的统一，是人作为认识和选择主体，对自身主体性存在的选择和认识，正是这种自我循环的闭合结构构成了人类社会在自己创造自己历史中走向不断发展的绝对运动过程，使理性具体之人是存在和认识相统一之人，赋予了人的认识的存在论意义。文化和文明的统一是在人的主体目的性意义上的，是选择性意义上的，不能从客体自在统一性意义去理解。这正是文明是文化，但文化却未必一定文明的原因。把文化理解为褒义概念，不是纯粹事实陈述，把人类社会历史理解为文明史是带价值判断的，即人类社会历史是不断走向更高文明的过程，这是文明人对自身存在的自我肯定，为自己存在提供的充足理由。但是，必须记住一点是，这是在主体选择性意义上的，不是客体世界意义上必然性的过程，即人的社会历史不断走向更高级文明是人类有目的、有意识的选择性创造的结果，不是由必然性规律支配的宿命的过程。正是人自己创造了自己的历史，我们才有充分的理由为自己的存在自豪，把人称为万物之灵。

文化和文明的抽象统一性决定了文化并非必然文明的意义。文明是人类目的性和价值判断的普遍基础，文明之为价值判断就在于它是依赖于主体选择性的。不要说人类一切文化是否一定是文明的，对于同一社会历史现象的价值评价也是依赖于主体主观认识的。卢梭和百科全书学派的分野就在于对人类社会历史的文明价值判断上。百科全书学派在近代科学革命节节胜利的鼓舞下，把人类社会历史理解为在科学、民主、理性意义上不断进步的发展过程；卢梭则把基于私有制而产生的人类社会历史理解为私有制造成的人的财富占有不断分化，从而使人在社会中越来越不平等的道德堕落过程。事实上，对社会走向进步或堕落是不同价值判断，很难用对错去评价价值判断的意义。人类社会历史是最复杂的意义世界，对之的价值评价有不同的角度和标准，出现不同理解才是正常的。其实百科全书学派和卢梭对社会历史的评价尽管相对立，但并不矛盾，因为如果离开社会历史的感性具体，从百科全书学派和卢梭的不同评价角度，则他们都有道理。说人类社会历史是科学、民主、理性不断进步的过程和说人类社会历史是私有财富占有不断强化从而使人的不平等增加过程是没有矛盾的，他们评价社会历史的角度、标准不同，根本不是非此即彼的。百科全书学派是基于事实判断，卢梭则进展到价值判断。对复杂的社会历史作简单、机械的非此即彼的判断当然是不合适的。

文化不一定自在地是文明的原因在于文化和文明是基于抽象意义的目的性的，不是必然性支配的具体客体，不是现实客体世界的独立存在。按照近代科学革命建立的知识就是力量的观点看，科学知识是人类文化的最重要、最具决定性意义的部分，知识就是力量，知识改变世界，知识推动社会历史进步这些信念首先是在客体自然意义下的陈述。马克思主义理论是关注人的主体自由解放的理论，但在当时的社会历史文化背景下，马克思同样为近代科学革命的成功鼓舞，从客体必然性出发坚信科学技术发展可以改变世界，并且是推动人类文明的重要力量。马克思主义的共产主义理论是建立在社会科学技术和生产力高度发达的基础上的。马克思从客体出发并不止于必然性，而是进展到人的自主自觉的历史自由创造过程，进而达到完美的主客体统一即共产主义理想境界。把历史唯物主义叫作唯生产力论是不厚道的，传统的社会历史理论把文化发展、科学发展理解为文明必然过程的局限性是明显的。现代资本主义发达社会已经进入了当年马克思所预言的科技和生产力高度发达的年代，生产社会化甚至已经进入全球性分工合作的时代，但由于科技和生产力发展产生的社会财富私人占有的消失或弱化并没有发生，相反是强化了。卢梭正确地预言了发达资本主义社会人的财富占有更加不平等的结果。现代马克思主义理论家，比如卢卡奇等人，已经把科技、生产力、社会化的发展理解为强化资本主义的手段。如果把资本主义私人占有财富理解为不平等即人类道德的堕落，则人类科学文化发展并非必然是文明的进程。事实上，人类的文化、科技、知识，许多时候是以反文明为直接目的的。无论如何，大规模杀伤武器的发明不能叫作文明进步，我们不能盲目乐观地坚信人类一定在进步，历史车轮不会必然滚滚向前无可阻挡，事实上很多文明还没汇入世界历史的长河就已经陨落了。人类社会历史是人的主体性创造的产物，认为文化发展必然导向更高文明则将文化文明还原为因果关系，人的主体性又是有限性的了，又陷入两律背反了。如果人把自己还原为由技术决定的必然发展的存在，则意味着人类已经放弃了历史创造责任。

人类的历史文化在不断向文明发展，这是人类自由创造的结果，是人的主体性本质不断发展和实现。为什么几千年文明史能在人的主体性历史创造中不断进步？仅从人的抽象主体目的性是无法充分理解的，还必须从抽象的统一性回到具体社会历史过程的主客体统一性去理解。

三、从抽象到具体：主客体的统一

把人类文化和文明理解为统一于主体目的性的存在还没有达致对人类世界的统一性具体理解，因为文化和文明本质上是抽象的，文化和文明是抽象的统一，人的主体目的性是思维和意识中的抽象，还不是独立而具体现实的东西或过程。从文艺复兴开始的近代人类解放运动在反宗教、反封建运动中高扬人的主体性的大旗，用人性否定神性，这是人类自由解放的社会历史进程中的伟大进步。西方文化自文艺复兴以来，是沿着主体性的路径前进的。在弘扬人的主体性本质的同时必须看到，主体性本质的完整、深刻的意义在于由抽象主体性本质返回主客体相统一的社会历史具体现实过程之中，人的无限主体性在人无限的主客体统一性历史发展中才获得现实性，才有意义。如果没进展到主客体统一性境界就没通达共产主义理想，执于客体必然性就把唯物史观当历史决定论，执于主体世界共产主义就只是现代版的柏拉图理想国。不可分割的唯物辩证法即自然和文化统一性社会史观是马克思学说的灵魂。这正是本章在得出文化和文明的统一性结论之后，还要进一步讨论人的主客体统一性意义的原因。

人类文化和文明统一于人的主体目的性，使人成为本质上超越了有限自然的无限主体性存在。人的现实生存活动超越了动物本能欲望驱动，成为具有人的主体目的性于其中的活动，使人的世界成为具有普遍类意义的世界。人的文化意义世界是最复杂、最普遍的统一性世界，文化世界区别于自然世界的重要本质特征在于：自然是自在的，文化是自为的，自然主体性是有限的，文化主体性是无限的，客体世界是必然性支配的，文化世界是自由的；用更通俗的语言陈述，无限主体世界是人自己创造的，文明人用文化自己赋予自己文明意义从而产生了普遍意义世界。普遍目的性意义表明了人的世界是存在论、认识论、价值论相统一的世界。没有普遍认识意义就没有文化，普遍意义世界的存在本质上是精神，是精神文化，是文化文明，是文明史。黑格尔在精神现象理论中把人的诞生理解为自我意识的产生，对自我意识必须从人而非动物意识去理解，即从无限主体意义去理解。人作为存在论和认识论意义上相统一的存在，是以主体后天经验自我认识、自我构建意义为内在机制的，不是动物与生俱来的感性经验认识。认识论与认识的区别在于，认识论一定是普遍意义上的，即一定是人类文化意义的普遍认识，是超越了动物先天本能感性认识的。从存在论和认识论相统一去理解人的存在时，可以更清楚地看到人的文化和文明不是自在统一的本质。这是因为人类文明史的几千年中，西方文化始终以认识的客观性作为人类思考世界的最高命题，追求我们对客体的认识能够揭示客体的本来面目，达到普遍有效的高度。从巴门尼德开始，直到今天，西方文化依然把真理作为人的最高追求。这个追求的前提在于，我们自觉到人在主观上构建起来的知识并不取决于我们主观，而在于客体本身，主观认识符合客体规律才具有客观性，具有客观性才具有普遍有效性，才是真的理论知识，才叫真理。人的认识是否是真理的标准是客观的，构建其认识却是人的有目的的文化作为，所以叫自为的。真理是必然性的规律陈述，但能否得到真理认识就不能从必然一定去理解了，只能从人的自觉有目的地文化创造去理解。人的存在是存在论和认识论的统一，离开普遍认识没有文明文化人存在之意义，只有物或禽兽之意义。认识的主观自为本性同时就是主体的自觉的自由创造本质。人的主体目的性是文化和文明的统一，这种统一就只能是抽象的、主观意义上的统一。由人的认识的主观性去理解人的主体目的性，由人对认识主观符合客观的要求去理解人的主客体相统一的具体意义，人的世界才是自在自为的世界。

文化和文明统一于抽象的主体目的性，主体性只有在主客体的统一性存在中才有现实意义，离开和客体相统一的主体性只是抽象的。人类为什么把文化、文明理解为只是抽象呢？在于人们对人的认识偏重于主体性本质，忽视了主体返回客体的现实统一性，这也是人类中心论、人征服世界的沙文主义的思想根源。文化和文明在本质上是抽象的，在认识上是主观的，主体价值判断的同义语是主观判断。最复杂的问题在于主观价值判断本身所指向的对象不是客体，而是主体本身，人的价值判断的根据就是远比真理知识客观性要复杂得多的命题。在人类社会历史上，不同的派别之间我说你是匪，你说我是贼之事屡见不鲜，今天联合合作，明天兵刃相见，朝秦暮楚，这是人类社会历史乱象，也是常态。变幻无测的人类社会历史为什么又是从低级到高级不断发展的历史呢？如果把社会历史理解为必然性的，那我们就会陷于宿命，就失去了人的主体目的性。人的主体目的性支配的社会历史创造活动同时又是人的主观的自由意志的产物。局限于主观意义中，知识还不是真正的知识，人类社会历史还不是真正的历史。道理很简单，在以主观价值判断为根据的历史现象中，何来文明、进步、发展的客观普遍意义？把人理解为主体性存在，把历史理解为主体创造的历史并没错，但并不够，也不现实，过于执于主体性就把历史性生存现实看作只是一种抽象幻象。这正是尼采超人哲学的本质：人生本来就是一场梦。人最好是不要出生，再次最好是马上死掉；但人既然来到世上开始了这场梦，那就应该好好地、有滋有味地做完这场梦；以主体目的性为根据理解的人的价值和意义就只是寓希望于一生是好梦一场，人类世界并无现实的社会历史意义。然而，近代文艺复兴运动以来，人类在主观主体目的性的道路上过于执而近于狂妄，甚至狂妄到忘了自己是从自然生命世界中来的，在狂妄地征服世界中使人类陷于生存危机。对人类的主体性认识必须进一步深化，从抽象的主体目的性回复到主体目的性和客观必然性相统一的具体社会历史过程中，才能找到人的主体目的性的可靠基础并通达其现实意义，才能理解人的社会历史在人的自由创造中不断发展的现实过程。

人的生存是有主体目的性的文化选择活动。主体目的性中的价值判断是主体目的性的根据，也是人的一切现实文化选择活动的根据，没有价值判断就没有选择。但是，把我们文化中的价值判断称之为理想、目标、文明的根据是什么呢？价值观念和价值选择的基础是什么呢？凭什么我们认为当代人的文明程度比古代人要高呢？为什么我们把文明理解为去暴力的人类和平合作共赢的共存模式呢？这当然不能从人的主体目的性去理解。人的目的就在于人本身是人类解放觉悟中对人作为主体自由为本质存在的重大觉醒，成为人的解放的伟大宣言。但对“人本身”的理解如果只停留在人的主体性本质中，则它就是只是空虚的同一反复。只有把对“人本身”的理解扩展到人作为主客体相统一的存在去理解，人的目的就是人本身才具有可理解的意义。就是说，人的主体性本质合目的在于人的主客体现实的统一之中。人的客体性是人的主体目的性的基础，只有在客体性基础上的主体性才有意义，只有和客体性相统一的主体目的性才有现实意义。人创造了文化超越了自然生命，成为有主体目的性的存在，这并不是说人在这种自然存在基础上又进化出一种叫作文化存在的东西，现实的人依然是有血有肉的生命个体存在。但进入文化文明的人类生命个体基于社会历史文化的本质，具有了和纯粹自然生命不同的本质，不再按照先天自然遗传法则的支配去生存，而是按照后天文化中建立起来的认识，有目的地选择更好地实现自然生存的方式，由此决定了人还必须不断去发展人的文化传承和发展的社会历史结构，在社会中传承和发展文化，在文化的传承和不断发展中使人更好地满足自己自然的生存。人的自然生存已经不再是由自然选择支配，而是由文化选择支配的行为，人的选择就是主体目的性的文化选择，而文化选择只有最终返回人的具体的客体生存基础之中才有现实意义。在现实意义上人的存在就是主客体相统一的存在，人的意义世界是主客观相统一的世界，人的主观意义、价值的主观判断意义的根本不在主体的抽象思维和认识本身，最终只能回到人的客体性的生存活动去理解，准确来说是从主客体相统一的意义去理解。人的主体目的性只有在主客体相统一时才有意义，人对世界的认识只有在主客体相统一中才有意义。人创造了文化，进入文明，成为万物之灵，人成为具有主体目的性的人时，人还是人，不是神，还是有血有肉的现实的人，离开这一点我们对人的认识就会失去全部意义。“认识你自己”就是要把自己理解为人，而不是野兽，也不是神。金字塔前的狮身人面像向我们昭示的就是人是自然和文化相统一、客体和主体相统一的意义。

从主客体的统一性出发，我们就可以合逻辑地找到主体性、主观性的可靠根据。人的主体目的性的价值判断直接地是从人的社会历史抽象文化出发的，人判断文明、进步、发展的价值标准是人的主观认识中建立起来的，这些价值标准的合理性根据不能是主体主观的认识本身，用主观认识为主观价值判断提供标准是绝对主观化了，标准就缺失了标准的意义。据此，主观价值标准的根据就只能从人的客体性去寻找。对客体必然性规律的证明是从客体世界的经验中去验证的，只有在一切客体世界实践中恒为真的抽象规律才是普遍有效的真理，这就是科学真理证伪排除的否定性标准。从客体世界出发去为人的主观价值判断提供根据和为科学真理提供证明确实是完全不同的两回事。从客体世界出发无法为一个价值判断提供善恶标准和审美标准，客体世界的经验直接提供的是证真或证伪的判断，但价值判断是对主体本身的判断，并没有直接指向客体本身，从客体世界感性实践经验也无法回答一个价值判断的合理性问题。进一步考察可以发现客体世界具体经验为真提供根据是在直接意义上的，即真理的标准直接是以客体为对象的。在这种直接性的事实判断中真伪是最直接而简单的确定性判断，即是有真伪值的、非此即彼的必然性判断命题。客体世界为文明提供价值评价的基础时，客体并不是直接的对象，即文明价值评价所指向的对象并不是客体，而是主体本身，客体对之的根据意义不是直接的，而是在最终意义上的。价值评价所指向的对象是主体世界，但它发生作用的意义和效果，对之的文明评价不是取决于主体的自我感觉和评价本身，而在于它是否使主体世界和客体世界更加适应，使人的现实的生存活动既满足人的主体目的性，又符合客体必然性规律，即达到主客观的统一，在社会历史存在论意义上达到主客体的统一。因此，从客体世界去理解价值评价的根据，具体地就是从主客观相统一、主客体相统一的意义去为主体目的性提供根据，为人的价值判断和文明进步提供合理的根据和标准。这和人类社会的法治制度是同理的：法律是国家统治的强力意志的体现，但一个合理的法治国家的法律尽管是主观规定的，但它的基础却不是主观的，而是客观的，或者说是主客观相统一的，其最基本的根据就是人的一切强力意志法律规定都不能违背自然法，都必须建立在符合、尊重、遵守自然法的基础上。如果把国家法律理解为纯粹强力者的主观意志，本质上是人治不是法制，是按丛林法则统治，还是最野蛮、最原始的国家，和现代文明法治国家相去甚远。同理，如果一个社会把文明进步理解为纯粹主体的自我评价，这个社会对今天会永远感觉良好，但它其实还没有多少文明成分，更不能是现代文明的世界。

主客体的统一是文明的具体标准。从客体世界开始，在客体统一性意义基础上理解人类文明时，这已经不再是客体世界真理认识的非此即彼的确定性知识，而是对人的意义世界的一种统一性理解。客体世界和主体世界不是因果关系，不是决定和被决定关系，而是一种统一性关系。对人的主客体相统一的世界，包括人的主体目的性世界，都不能再在客体世界事实意义上去判断和理解。对人类社会历史的文明本质的理解，既不是客观的，也不是主观的，而是主客观相统一的，在存在论意义上人的世界就是一个主客体相统一的理性具体世界，在认识论意义上是主客观相统一的意义世界，在价值论上是文化和文明相统一的世界。存在论是认识论和价值论的基础，所以人的世界归根到底是主客体相统一的世界。人类近几百年来科学理性进步文明发展的历史不只是人的主体不断地自由解放和发展的历史，在最终意义上是主客体相统一的文明发展史，人的主体自由本质不断进步的现实性就是人主客体统一的文化生存选择方式的不断进步。自然客体为对象的科学真理是人类主体目的性得以发挥的坚实基础，客观性认识是人的文化的根基，是人类文明的最根本的推动力量。但是，不能把主客体割裂开来，把客观知识理解为人类作为主体去征服客体自然界的力量，更不能妄想用科学技术去统治世界。客观知识的意义在于使人更好地适应自然界，使人自身在主客体相协调和谐中不断发展。文明的意义，在主体目的性世界中，是使人类社会成为远离暴力，合作共存的和谐世界；在主客体相统一的意义上，是使世界成为天人合一的和谐、完美的世界。

注释

①菲利普·巴格比著，夏克、李天纲、陈江岚译《文化：历史的投影》，上海：上海人民出版社，1987 年第 1 版，第 195 页。

第六章
人和社会的统一

引　言

【提要】“认识你自己”的底线是要找到人异于禽兽的充足理由，最基本的是要觉悟人以普遍社会历史文化为本质的理性具体存在。普遍社会历史文化的本质意义的现实性就在于每个人的具体生存中，理性具体存在不是抽象社会或普遍意义之人，个人才有具体现实性。普遍理性文化本质的意义就是在社会历史意义上把具体个人统一起来，把人和社会统一起来，理性文化统一于理性具体亦即人和社会统一于个人，人的目的在个人本身。如何从理性具体个人去统一人和社会的普遍意义是人类理性自觉中的大是大非问题，是人认识自己理性的现实水准。

一、人走出自然界由自然社会进入文化社会，社会历史文化的普遍统一性意义使社会成为文明人的基本生存单位。在科学理性的知性普遍抽象思维支配下，个人统一于普遍抽象之人，人统一于社会，社会是有机统一体。这是地道的机械论结论，是西方形式至上文化的现代表现形式，是精神实体概念从上帝向社会的转换，其最根本的谬误是混淆了抽象和具体。社会是抽象形式，不是客体更不是实体，文化社会不是由自然关系可理解的。把社会理解为由人为社会原子构成的有机整体，则社会和人都是自然必然性支配的，无自由创造之无限意义。在自然意义上，社会有机体说也是不成立的，具体之人的客体结构是复杂性极限，由生命结构为部分生成更高层次整体结构是不成立的。从类比意义去看，由客体关系去类比文化关系是不合逻辑的，文化选择性和自然必然性是不能相类比的。

二、近代科学革命和启蒙运动是人自主自由精神的觉醒，其精辟概括是人的目的就是人本身。马克思的共产主义学说是人彻底自由解放的理论，最终统一于自由本质充分发展的每一个现实具体之个人。但后人对人和社会如何统一于现实个人的理解并没有达到理性具体自觉水准。恩格斯按照当时物理学的质点力学水平，用力的平行四边形合成法则去诠释个人自由意志合成社会历史合力是不恰当的。后来人在统计物理学普及后并没有觉悟到无数自由意志随机作用的总合力一定是零，依然把平行四边形法则当成社会历史合力的形而上学根据，窒息了马克思主义向具体丰富发展的生命力。

三、人和社会都是普遍共相范畴，在知性普遍意义上个人统一于人，人统一于社会；从知性进展到理性，人和社会统一于具体现实的个人。文化社会的普遍意义是使人从自然感性之人成为理性具体之人，感性、知性、理性认识统一于每个人的意识中使人成为以理性精神文化为普遍本质的理性具体存在，社会历史文化的普遍抽象意义的现实性在于人以理性认识为根据的文化选择性生存中。普遍意义的社会、历史、文化是认识论意义的，其本体论存在根据不能是自身，而是它们据以建立抽象意义的具体个人，人作为理性具体存在之具体是感性具体之人提供的，离开感性认识无知性、理性认识，无社会、历史、文化普遍意义，无理性具体之人。在本体论意义上理性就在感性具体中，在认识论意义上理性超越了感知，从而以普遍社会历史为本质的现实个人既是动物又本质上异于禽兽。文化社会的本质意义是依靠普遍社会知识把人由自然选择生存导向文化生存，把人的文化生存在普遍历史意义上统一起来，使人的生存方式是在文明史意义上的不断进展过程，使人现实上是无限主体创造的自由之存在。社会是人文化生存的基本单位，精神文化是人的普遍本质，它源于感性具体个人，回归理性具体个人，即人和社会是统一的，但不只在抽象意义上统一于社会，更在于它们归根究底统一于理性具体之人。

四、社会性普遍生存形式的现实性是依靠群体分工合作去生存，动物社会和文化社会本质都在于此。社会合作有序性的社会学概念是协同，它反映了一个社会目的和个体目的统一性的现实水准，从实证意义揭示一个社会实现其内在目的性的水准。一个社会的制度安排在实现其社会目的的同时，也是大多数个体目的之实现，这即高协同社会，反之是低协同社会。实证社会学在对半原始社会研究中得出的协同概念揭示了社会分工合作的本质，具有普遍的社会历史文化意义，其最重要作用是把人和社会的统一性理解导向经验现实。任何社会的合理性应从其协同性去理解，一个高协同社会才符合其本质即内在目的性，社会文明进步即实现其内在目的性过程，是走向越来越高协同社会成为现实的，这才是社会历史进步同时就是个人自主自由自觉的本质不断发展的统一性意义。

五、社会协同是系统结构的有序性，在更具体意义上是由组织结构的统一构建起来的，社会组织结构就是人和社会统一的内在机制。自然社会是由自然血缘关系为根据建立其社会组织的，其组织结构形式是物种先验地决定了的，故是有限社会。文化社会以普遍文化关系为根据产生了依赖于后天经验的各种组织结构，实现更普遍的社会合作以满足个体更优的生存，构成了文化社会无限发展过程。人的普遍社会关系是组织关系，包括自然组织和文化组织、正式组织和非正式组织，社会组织是把人统一为有序协同社会的内在机制，个人统一于组织，组织统一为社会。人的本质是一切社会关系的总和的更具体意义是指具体个人的现实性是其组织关系的统一；生产力、生产关系、经济基础、上层建筑是社会宏观结构统一性范畴，其具体现实性基础是不同层次的社会组织的统一，社会历史的宏观运动是在社会组织上成为现实的，任何具体个人的社会历史普遍意义都是以组织为中介实现的。个人自由意志支配的文化选择以对组织的选择为前提，在组织中发挥作用，在实现组织目标的同时追求个人具体目的之实现，社会历史合力只能从社会组织为主体去认识，由个人自由意志支配的行为去合成社会历史合力是不成立的。

以柏拉图理念论至上的西方文化是真文化，没达到真善美的统一就是没从文明的普世价值去认识人自己，也就是没从理性具体即从现实具体个人主客体统一性自觉认识自己。执于感性具体的个人和禽兽无异，执于知性抽象个人则只是既存在又不存在。柏拉图形式至上的哲学把西方文化导向上帝和资本主义物化异化文化是合逻辑合情理的，上帝和资本、社会作为最高形式是以抽象实体形象登上人类历史舞台的。当上帝成为最高实体，资本成为物化存在，社会成为最复杂具体的有机整体时，它们就不再作为最普遍形式的精神文化统一在每一个具体现实个人的存在中，而是在具体个人之外的另一种实体，是在每一具体个人之上支配、管治和奴役具体之人的最高实体。以真理文化为本质的西方文化构成的文明史就是人不断走向自由解放同时又是人的本质更普遍地异化的不可分割之统一过程。资本主义把人类导向全人类统一世界既是文明史的伟大进步又是文明最普遍的异化，这就是卢梭控诉的文明史的现实。当马克思在十九世纪欧洲现实社会斗争中回归到具体个人为起点去认识社会现实时，用主客体的理性具体超越了西方传统文化纯粹形式的至高无上性从而扬弃了柏拉图到黑格尔的西方真理文化，从青年黑格尔学派一员成为理性共产主义理论的创立者。共产主义学说是在人类现实生存的经济领域的具体归纳中，在剩余价值理论中创立的，还不是社会历史文化最普遍意义的归纳，它的最普遍意义归纳是历史唯物主义。主客体统一性的共产主义学说即辩证唯物的社会历史理论从真理文化是无法理解的，科学理性主导的人类现代文化局限了对马克思主义理论的理性具体理解。马克思的人的本质学说、社会历史理论、人的解放理论只有在理性具体而非抽象真理意义才能最终统一于具体现实的个人，才能回到马克思理论最坚实的起点，才能通达共产主义的崇高境界，即把人和社会相统一的文化文明史的普遍统一意义回归到理性具体的每一个现实具体的个人，这才是无限理性文化世界最普遍的现实意义，才是人类即每一个人的彻底解放，是文明史最高的文明。

第一节　社会人的机械论

一、从自然社会到文化社会

人从上帝制造的阴影中走出来应归功于近代科学，而达尔文的进化论居功至伟。生物宏观进化论不仅是生命世界多样性统一理解的基本理论，也是人的世界统一性理解的理论基础，因为它首先回答了人作为自然生命物种从哪里来的问题，得出人的产生是生命世界自然选择法则作用下进化结果的结论，这是能够理解人的世界统一性的前提。这就告诉我们，人的社会历史是以自然为基础的，人的文化社会是从自然社会基础上发展而来的。

对人类社会历史的发生学研究以生物进化论为基础，但它显然已经超越了生物学意义。人类发生学意义的研究叫人类学，对人类在生物和文化相统一意义上的发生学过程研究叫作哲学人类学，最普遍的理论归纳是社会历史哲学理论。世界统一性原理对人作为历史性存在的研究，当然是建立在理性统一性意义上的，以形而下知识为基础，并力图达到最普遍意义的归纳和概括，是形而下和形而上的统一，并且在普遍性意义上超越了传统的认识范畴。历史唯物主义理论把人类社会历史理解为生产力和生产关系，经济基础和上层建筑的矛盾运动发展史，生产力决定生产关系，经济基础决定上层建筑。在人类社会中，生产力是最革命的决定因素，生产力发展了，打破了原有的社会关系，也就改变了一个社会的经济基础，从而最终改变了社会的上层建筑。在生产力和生产关系，经济基础和上层建筑的永恒的矛盾运动中，在从适应到不适应，打破旧的平衡使不适应又成为适应的永恒的矛盾运动中，构成了社会历史从低级到高级，从简单到复杂的不断发展过程。历史唯物主义以统一的人类社会历史为对象，不能用因果关系的抽象逻辑去判断对错，它是理性具体的，但后人执于真理文化对马克思创立的共产主义学说及历史唯物主义的理论归纳并没有达到理性具体水准。其历史局限性的最主要原因在于整个西方文化至今仍执于真理的至高无上性，仍用科学理性和客体统一性去认识主客体统一性的社会历史，坚持历史唯物主义追求的是人类社会历史的必然性真理。这就把人类社会历史的复杂性过程的统一性关系还原为抽象因果关系，把人的世界还原为客体对象世界，把社会历史理解为必然的进程，把人类文明史理解为自然史。最基本的问题在于，唯物的人类社会存在不是自然客体，而是文化为本质的理性具体存在，是主客体统一的理性具体存在，故历史唯物之唯物是客体统一性，历史是人的文化文明史，历史唯物主义即文化和自然统一性的人之自由创造的社会历史。因此，以追求人的自由解放为理想和目标的历史唯物主义，以弘扬人的主体目的性为目的的近代文化传统，如果没有合逻辑地走向文化和自然相统一的人的具体世界，那就会陷入人既是自然必然性支配的宿命的存在，又是自主追求主体目的和发展的存在的矛盾。在必然性支配的自然历史过程中人的自由本质的不断发展是不可思议的。历史唯物主义作为唯物根据的社会存在是历史文化过程的统一性存在，不是自然物的自在客体，和自然哲学唯物论之唯物本质不同，只能从理性具体意义去理解。历史唯物主义超越旧哲学的本质意义在于把人类理性从自柏拉图始的抽象理性导入文化和自然统一性的理性具体，把执于抽象真理的旧哲学从认识论回归人的具体存在，在存在和认识的理性统一性中进展到人的现实的社会历史创造进程，从而最终导向每个人全面自由发展的共产主义理论。

回到具体的社会历史归纳中考察，历史唯物主义把人类社会历史概括为从原始共产主义社会经过奴隶社会、封建社会进入资本主义的历史，并从生产力和生产关系，经济基础和上层建筑的社会基本矛盾运动中，从资本主义社会生产社会化和生产资料私人占有的不可调和的矛盾中，断言随着生产力和生产社会化的发展，最终必将实现生产资料公有制这一和生产社会化相协调的共产主义社会形态，实现私有制的终结和人类社会不平等的根除。无可否认的是，这是人类社会历史文化的重要理论，对人类社会历史产生了深刻的影响，并且这种影响不能当成因果关系用有限真理知识的对错去判断。历史唯物主义理论对人类社会历史的归纳不在于预言的科学准确性，它的局限性在于起点上和逻辑上的局限性。从原始社会为起点的社会，在因果决定论的陈述和思维中，它和文明史具有同一的普遍本质，即社会作为人类历史的基本陈述单位，是包括原始自然社会于其中的。这正是它的局限性所在，是西方真理文化先天不足的现实性。真理文化和科学理性是将抽象社会实在化理论的思想认识根源。

卢梭把人类的“自然状态”即无阶级、无私有财产的平等状态作为一种理论上的抽象起点。卢梭所说的社会是指文化社会，人是文明人，并合逻辑地把自然人和自然社会作为抽象的起点。但大多数社会形态理论不只是把原始社会作为起点，而且是将之作为一个具体、独立、完整的人类社会历史的形态，认为原始社会不只是自然史意义上的，而且是具有历史文化本质意义的，这正是矛盾所在。我们一方面习惯上把原始社会称为史前时期，一方面又把它作为人类社会历史的一个重要、漫长的早期阶段，作为人类社会历史的一个构成部分，而不是抽象的逻辑起点。按照传统的社会历史形态观，原始社会是人类社会历史的第一个基本形态，而且事实上这个具体的社会形态经历了漫长的时期，从原始社会到奴隶社会的演变是人类社会历史从低级到高级的发展，是从平等而无阶级的社会向阶级剥削的奴隶社会的发展。这种历史观和卢梭的社会历史理论有重大区别。卢梭把原始自然状态当作不可实证考察的纯粹抽象，当作社会历史的逻辑起点。所谓抽象起点是从文明史范畴去赋予其意义的，所以卢梭认为私有制和人类历史同时产生，人类历史本质上是私有制的产生，因而消灭私有制在逻辑上是不可能在人类社会历史中实现的，人类社会所能做的就是用契约去代替暴力，改善人类的不平等状况。传统社会理论则大都把人类社会历史向前延伸到原始社会形态，并由此说明人类社会和私有制并非不可分割，人类社会是从没有阶级、没有私有制的原始共产主义发展起来的。因此，人类在生产力充分发展的条件下完全能有根据地消灭私有制，建立公有制的平等社会，而不是消灭私有制就是终结了文明史。从逻辑上看，卢梭的社会历史理论在结构上更有合理性。因为把原始社会作为人类社会历史的第一个形态有着无法克服的逻辑悖论：既把原始社会当作史前又当作人类社会历史第一个，而且是漫长的阶段；既说是原始社会，又是文化；既说是蒙昧时代，野蛮时代，又是原始文明。这种理解是有缺陷的，从原始共产主义进入阶级社会的价值判断只能是文明进步本质是恶。生物学、考古学、人类学的证据的确表明人类社会历史是从原始社会发展而来的。但是，哲学所思考的问题是：原始社会究竟是人类社会历史的基础和起点，还是就是人类社会历史本身。为什么人类有历史，自然生命物种无历史？原始社会是已经走出自然进入文明的人类社会还是人类是从原始社会形态中走出自然从而创造了自己的文化文明历史的？从逻辑的观点看，原始社会是史前，是野蛮、蒙昧时代，是人的原始自然生存状态，原始社会是自然社会，原始人只是动物世界万物之一。人类原始社会只是高级动物社会中的一个群体物种生存形式而已。

我们有一百个理由认为原始社会的人类只是自然生命物种意义上的生活共同体，却没有原始社会文化文明的可靠证据。史前、蒙昧、野蛮指的就是在自然状态生存的人类。原始指的是人类在具体生存意义上的第一个基本形态。按照世界统一性原理，文化世界是以自然生命世界为基础并超越了纯粹生命世界的存在。在逻辑上，人类具体的生存世界的第一个基本形态一定是以物种为根据的自然生命世界，没有作为生命物种的人就没有文化为本质的文明人的现实存在。原始社会是人类文明史的唯一极限情况，在于人的生命物种规定性和人的文化本质是在时间中进化和文化中同步完成的，逻辑上的两个统一性阶段在具体中同一，即人的创世纪是自然人和文明人的同一过程。劳动创造人理论认为人从猿进化而来，劳动特别是工具的使用在其中起决定作用，从猿到人是进化和文化在逻辑上统一，在具体中是同一的过程。这类似于我们现在的电脑发明是软硬件一起一次性整体成型的，软、硬件在逻辑上是不同而统一的，在发明和生产中却是同一的。这种高超的能力和技术除了归功于全能的上帝造物之外，其他的解释绝无可能。如果我们把人从哪里来理解为从自然中进化而来，不是上帝的合目的的造物，则我们就必须把我们第一个具体社会形态理解为非文化的、自然的，所谓原始社会即自然社会的意义。我们有原始社会，但没有原始文化，没有原始文明。在文化文明史意义上，原始社会没有历史，它的社会史是自然社会史，没有人类社会历史文化的意义。按照这种统一性理解，人类原始社会不是以社会为基本抽象认识单位去理解的，而是以物种为基本描述单位，即原始人是自然意义上的人，原始社会本质上是动物社会。我们和原始人都叫人只是基于物种规定性为根据，绝不是现实社会和原始社会有历史沿革和文化传承意义。如果有原始文化到当代文化传承关系存在，则文明人走向世界历史是不可理解的。

当我们从历史文化文明意义去理解人的世界时，这个世界就是本质上超越了自然生命规定性，是具有人之所以为人的特定本质规定性的世界。原始社会作为自然社会，它就不是人的社会历史的一个组成部分，原始社会就没有历史，它只是史前社会，是文明史前的蒙昧和野蛮的自然世界。按照世界统一性原理，按照老子把世界理解为无、天、地、人的统一性世界的逻辑，人的世界是以生命世界为基础而超越自然生命世界的。这种抽象逻辑统一性的意义，不仅是指人在一般的普遍抽象生命世界中产生，更重要的是人自身是在自然生命存在基础上产生的。人自身并不是生命世界中异化出来的反生命世界的存在，而是既是自然生命又超越自然生命本质，以文化文明为本质的自然和文化统一性存在。人如果是从生命世界异化出来的反生命存在，人就不会成为世界上最普遍意义的存在了，人和自然就不是统一性关系，而是非此即彼的对立统一关系了。世界统一性原理的最高境界在于人就是世界最高级、最普遍意义的存在，是文化和自然生命、物质结构演化、能量运动过程相统一的理性具体存在。人之所以为人，在于他的本质规定性超越了能量转化、物质结构演化、生命世界进化的规定性，是包含能量转化、结构演化和生命进化于其中，以文化为本质的历史性运动过程中的具体存在。人从哪里来，作为物种进化而来，作为文明人文化而来。人和动物的区别实际上就是从原始社会进入私有财产产生的阶级社会的本质区别，私有制不是文明史的本质，是历史文化本质的现实现象。人类原始社会是在自然意义上的，对原始社会的超越是从自然社会进入文化社会，从蒙昧进入文明，这就是文明的创世纪，是文明人的诞生。人从哪里来的另一个等效命题是文化社会从哪里来。对此，世界统一性原理的理解是从自然社会发展而来。

人类社会历史的创世纪是从自然社会到文化社会的飞跃，文化和自然的本质区别是自然社会和文化社会的分界岭。在这里，文化是严格地和自然相对应的概念，有自己的普遍而抽象的本质规定性。人类学意义上的旧石器文化、新石器文化不是哲学文化的普遍意义，否则那些现在用石头为工具谋生的猴子也是“文化之猴”。文化的严格意义是知识，是具有普遍意义的认识，是从自然生命具体、个性感性认识基础上产生的具有普遍抽象意义的认识。从具体个体意识到类普遍意识的产生是以文字符号作为工具载体实现的，使人超越自然动物界的工具本质只能是认识的工具，思维的工具，灵魂的工具，它是使思维、认识灵魂的抽象意义从具体个体上升为类普遍意义的文字工具。文字是文明史的标志，是文化文明的起点，文明门槛是用文字构建起来的。原始社会、史前社会和文明社会、文明史的分野就以文字的创造和普遍应用为标志。只有在利用文字符号建立普遍类意识这一点上，人和动物才有了本质区别，文明人和原始人才有本质的区别。原始社会的人仍然是由生命遗传本能支配的物种意义上的自然动物存在。进入文明社会的人尽管仍是生命世界的一个物种，但进入了由自己创造的文化为根据去在文化选择中生存时，人就成为自己创造自己历史的主体创造性的无限存在，沿着文明的道路不断前行。由先天遗传结构为本质的动物社会是生命群体的循环连续，由文化为本质的人类社会则是历史性存在，由农业社会迈向工业社会，后工业社会，亦可称之为从奴隶社会到封建主义社会再到资本主义社会。无论从哪一个角度，人类社会历史都是连续不可逆的，人类社会的未来、前途不是由 DNA 编码决定的，而是由人后天创造的文化决定的。文明人依靠文化摆脱了先天遗传对生存的绝对支配，人的生存本身就是不断而永恒的文化创造过程。文化的非先验性、后天经验性赋予了它的开放性和不断发展性，赋予了人的主体性的自由创造本质，人类社会的未来是人的后天文化创造中实现着的，人作为世界的主客体相统一存在的无限主体性意义就是人必须为自己的未来承担责任。人类社会历史的未来是人类后天文化创造所决定的，不是由外在于人的目的和力量在冥冥中支配的，这才是人之为人的最深刻意义。

世界统一性原理把人类社会理解为从自然社会基础上发展而来，自然社会作为人类社会的基础，但人类社会在本质上超越了自然生命世界，是更高级、更复杂的统一性世界。它本质是从客体自在世界发展为无限主体性的自为世界，从而使人在现实、具体中成为文化和自然相统一、主体和客体相统一的存在。文化和无限主体性不是一种具体存在，而是具体存在的抽象本质。人类世界尽管以客体世界为基础，但它本质上具有区别于自然客体的文化，它就不再是自然社会，而是文化社会了。文化社会来自自然社会，包括自然社会，以自然社会为基础，这是理解人的世界统一性的最基本的起点。这和传统的社会历史理论是有重大区别的。传统的理论把人和自然，人和客体在先地、不证自明地区别开来，是人的就不是自然的、客体的，这就是典型的知性因果决定论思维，是机械论思维，是人类中心论。在这种思维中，意识、思维、社会都不是自然的，而是自在地属于人的。把人和社会同一化，把社会理解为只是人的社会，这就形成了人认识自己的机械论即社会人理论。

二、人的社会本质理论

人的文化意识标志着人已经进入了社会历史阶段。人对自我的意识中，把人理解为社会人贯穿于人认识自己的始终。社会人本身有不同的理解，但进入近代社会以来，社会已经上升到人的本质的理论高度，最有意义的是对马克思的归纳：人的本质是人的一切社会关系总和的理解。按照科学理性的理解，人的本质不是从社会关系去归纳，而是执于人的社会性本身，人之为人的本质就在于超越了具体个体性的社会性本身。

从社会关系去理解人的本质，是有合理性的，是符合人类普遍文化意义的。从概念的逻辑关系看，黑格尔在辩证逻辑中把本质论规定为关系论。本质不是自在的存在，本质是相互关系中设定起来的，是在他物反映中反映自己，在差别和同一的统一中成为全体的根据。在人的现实世界中，人和人之间通过社会关系统一起来才是现实的人，人的一切文化文明意义上的作为只有在社会意义中才能得到理解。离开社会的个人是自然意义上也只是思维中的抽象存在而已，在文明社会中更只是抽象的，在现实中不可能存在。从社会出发才能理解人的现实生存活动，社会人的理解不只是逻辑，更根本来源是人的生存实践经验。马克思把人的本质作为一切社会关系的总和的陈述深入人心，并不在于它符合黑格尔的本质是在关系中设定起来的逻辑，而是人对自身生存经验的感悟而来的肯定。事实上，各种各样的人的社会历史理论，都不可能和人的社会本质理论直接冲突，因为确实离开社会对人的世界的一切解释都是不通情达理的，人的世界只有在社会意义上才能得到理解。然而，人的本质是一切社会关系总和和人的本质是社会性不是等效的陈述。世界统一性原理把人类社会理解为从自然社会到文化社会的发展，并坚持文化社会和原始自然社会具有本质区别的时候，就必须重新审视人的本质是社会性的理论了。因为文明人的本质如果是社会性，那原始社会就应该是文明社会，物种意义上的高级动物生命的许多物种天生就是群体性生存的，同样也可以说是社会生物。

尽管我们通常所说的社会是指人类社会，但并不是说社会和人类社会是同一的。人类社会的“人类”的限定意义，表明了人类社会是特定的社会，去除人类限定意义时则认定人类社会是最普遍的社会。社会的最基本意义是指分工合作的生存群体，人类社会指的就是人类生活共同体。我们生存的实践经验使我们每个人都理解人是在群体生活共同体中现实生存着的存在。古希腊哲人就归纳出人是天生的政治动物的结论，这里的政治动物包括人的社会性在内，以人的社会生活共同体为前提。古希腊哲人断言人是天生的政治动物的时候，它的意义不仅仅在于揭示了人的社会性，而且还揭示了人的社会性即群体生存方式是天生的。世界统一性对“天生的”之意义理解为自然的，与生俱来的，由先天物种遗传编码决定的，是在一个生命还未成为具体生命之前就已经决定了的。就是说，人的群体分工合作的生存方式尽管是在人的现实生存经验中成为现实的，但这种分工合作的社会生活共同体的产生及其基本运动发展模式并不取决于人的后天经验的发明和创造，而是由人的生命遗传基因在先地决定了的。人的社会对人而言是“宿命”的，社会形式对人而言，是在人的自然生命阶段就已经是决定了的。人类原始自然状态生存阶段尽管不是文化的、文明的，但同样是社会的。这正是把人类社会理解为从自然社会发展为文化文明社会的前提。

诚然，当人类从自然社会迈进文化社会以后，人类社会彻底超越了自然社会，不可逆的人类社会历史决定了人类不可能再退回到自然社会中去。只有文明人才有所谓社会的自我意识，才有社会这个普遍概念的意义。但人类说自己的社会时，说的就是文化社会。问题在于并不能由此去断言社会就是非自然的。首先，群体分工合作是许多高级动物的生存模式，而且这种自然社会模式的生存，对于那些自然物种而言，既是先天的，因而也是永远不变的。而且，按照世界统一性原理，人类从自然社会发展为文化社会，告别蒙昧、野蛮的历史而跨进文明的门槛，并不是对自然社会的否定和反动，而是对之的超越和扬弃，即人的文明社会是包含自然社会于其中的，是建立在自然社会基础之上的。人的自然社会属性依然存在，它就在人的现实生存状态中。只不过在文明社会中，自然社会属性只是人的社会的基础，不再是人的社会的本质。因此，进入文明的人类社会就不再是纯粹自然社会，但不能认为是文明社会消灭了自然社会。把文明社会和自然社会由统一性关系还原为非此即彼的机械关系时，则把人的文明史理解为对自然史的否定，是文化社会对自然社会的否定。于是，人的野心开始膨胀，忘记了文化社会是建立在自然社会上的，忘记了文化是以自然为基础的，狂妄到要毁灭自己的基础，要征服和统治自然。须不知，离开统一性的具体存在，和自然社会相互对立排斥的文化社会只是一种抽象：空虚的抽象而已。人类社会已经是非常复杂的多层次结构存在，用非此即彼的机械论思维是不可能对之得到合理的理解的。只有把自然社会和文化社会统一起来，才能得到人的社会的具体、现实的理解。否认人的社会的自然社会基础，这本身就是典型的机械决定论思维。

从自然和文化相统一的意义去理解人类社会，才能从本质上达到对人作为社会人存在的理解。由此可见，社会性不是人的本质，社会的文化性才使人类社会区别于自然社会，文化才是人的本质，文化社会才是文明人生存的基本单位。人类的生存活动不仅在文化意义上是社会群体性的分工合作，而且是包含自然属性为基础的，甚至人类自然意义上的许多行为同样必须在社会形式下才能得到理解。世界统一性原理是对社会人概念理解的深化，必须具体考察社会形式对人的存在及生存的具体现实意义。人类从原始社会进入文明社会的本质改变是什么呢？世界统一性原理将之归纳为从时间性存在发展为历史性存在，从地的世界进展到人的世界，从生命世界发展为文化世界。在原始社会的自然生存状态中，人还只是物种意义上的自然生命存在，是以时间性为本质的自然社会。原始人在种的世代延续中基本上世代重复，人类原始社会的漫长自然史中，本质上没有明显的发展性。在自然生命意义上的原始氏族社会还不是万物之灵，还只是万物之一。在时间性生命存在的意义上，原始氏族社会中人的最基本的生存单位是物种，人的种的自然规定性决定着原始人周而复始的社会延衍方式。尽管原始人同样是群体分工合作的社会动物，但社会并不是原始人的基本生存单位，反而是社会仍然必须在物种规定性的意义下去理解。进入文明史以后，人类社会不再在种的遗传意义上世代重复地生存，而是在保持种的世代延续重复的基础上，进入了连续不可逆的生存生活方式运动变化之中，从时间性存在发展为历史性存在。文化社会只有在历史的形式、历史的现实构建过程中才能得到合理的理解。种的规定性不是文明社会的本质规定性，只是文明社会的基础，正是在这种意义上我们才大言不惭地说人类走出自然界，跨入文明门槛，才有资格自称万物之灵。构建人的社会历史本质的是人类后天经验中创造和不断积累从而不断发展的文化，文明史就是文化过程。文化是后天的，所以是非先天遗传编码决定的，不是物种意义上的，以文化为本质的文明历史就不能仍然停留在物种为基本单位去理解，即文明人不是只在物种意义上生存。文明人的文化本质是后天经验中的，是在社会形式下创造、传承延续而不断发展的，人的文化生存方式离开了社会这一分工合作的生存共同体是不可思议的。文化是具有类意义的普遍知识构成的，文化的本质意义就在于它摆脱了对具体个体的绝对依赖性，借助具有独立客体意义的符号载体把个体具体意义转换为普遍的人类意义。普遍的抽象意义还要通过传递、教育机制，内化到具体现实的个人之中，从抽象回复到现实的个人才有意义。后天文化的创造、积累、传递，从抽象回复到现实作用，成为人类现实生存过程，构成人类社会连续不可逆的历史运动，这都只有在社会这一形式下才能实现，才能理解和说明。因此，文明社会的最基本单位就是社会，不再是物种；描述和展开文明社会过程的抽象形式就不再是时间，而是历史。生命是在时间中个体不可逆而种族周而复始的存在，人类文明社会则是在历史中不可逆地运动的过程。综上所述，文明史和自然史的本质区别是文明史以社会为基本单位展开的，自然史是以物种为基本单位展开的；自然生命是时间性存在，人类社会是历史性存在。这正是人把自己理解为社会人的可靠而充分的理由，这正是对从物种社会人到文化社会人的统一性理解。

文化社会人包含着人的存在的丰富的统一性意义。世界统一性原理对人的世界的统一性理解建立在人的社会性的统一性理解基础上。离开社会去理解人是不可思议的，以社会为单位可以对人的世界的丰富多样性现象展开具体的理解。但是，把社会理解为文明人的世界的基本单位恰恰说明社会不是人的本质，这和物种不是生命的本质是一样道理的。社会是人的意义世界的抽象形式结构，它包括了世界的一切多样性现象的理解形式，在社会意义上的人的一切恰恰是人的生存现象不是人的存在的本质。如果对人的世界的理解只停留在社会这一抽象结构形式中，甚至把社会当作人的本质规定性，那么我们对人的思考和认识就只停留在最基本的认识对象中，对人的本质并没有任何具体、现实的理解。人的本质在于人的社会性，人本质上是社会动物，这些论断是不合逻辑的，但又是纯粹抽象的，在空虚的抽象中人们反而没有觉得它的矛盾性。人的本质需要的不仅是人之所以为人的必要条件，而是充足条件，所以原始人虽然在社会形式下生存，但我们视之为原始形态的人只是自然生命存在。其他高等动物中不乏群体生存的物种，它们同样是自成体系的自然社会，同样离不开分工合作去生存，但它们没有文化，更不是人，没有社会的历史。人的本质和人的丰富的多样性现象是不同一而统一的，人的本质就在于人存在的丰富社会现象中。不能把社会当作人的本质，只能从社会现象中归纳出人的最普遍的本质规定性。人的本质以人的社会性为基础，但它又必须是人和物的分界线，为人之所以是人而不是物提供根据和理由。因此，世界统一性原理不是把人的基本结构单位理解为人的本质，人的本质不是社会人，而是社会历史文化人。文化是人的本质，历史是人的形式，社会历史文化构成了人的具体的发展过程。社会历史文化的本质是文化，文化的社会历史性的一个重大意义是它既是人的必要条件，又是人的充分条件，所以，文化才是人的本质，是人类从自然社会走向文明社会，从以物种为单位的生存模式发展为以社会为单位的生存模式的充足理由。社会人理论是有根据的，但把社会理解为人的本质的理论则是缺乏根据的。把社会理解为人的本质窒息了人类从现象到本质的普遍性抽象思维的生命，把人的本质的理解停留在社会中，对人的社会历史的理解就还只停留在现象的多样性之中。多样而无统一本质的社会是一个混沌的世界，是既存在又不存在的世界。马克思关于人的本质在其现实性上是一切社会关系的总和的归纳，恰恰应理解为社会是人的认识的起点，不是说人的本质就是社会性本身。

把社会性理解为人的本质的理论，在科学因果决定论居支配地位的近代以来的人类文化中，既没有从多样性的人的社会现象中归纳出人的文化本质，也没有超越机械论思维的历史局限性。这种机械的社会人理论并不是说人类社会是机器，而是说人类社会是一个有机整体，即社会有机论。有机整体的概念来自生物学，它强调从整体而不是从部分去看复杂性问题，看人的世界，看生命存在。这种社会有机论反还原论的整体思维自认为是反机械论的，其实它也是机械论的，是更普遍意义的机械论，它对以牛顿力学理论为基础的机械论而言，只是五十步笑百步而已。狭义的机械论把世界理解为齿轮和螺丝钉构成的机器，是它不够复杂吗？错，物质世界是一个结构的世界，这个结构的存在可以复杂到比生命物质结构还要复杂的程度。狭义机械论之所以是机械的在于它用现象来代表本质，把具体结构性的存在，具体、个体化的存在，机械齿轮的存在去代表物质世界的本质，代替支配物质世界结构复杂性演化的一般规律，把个别具体当成物质世界的最普遍的本质抽象，把现象当作本质。从这个意义上看，社会有机论同样是以现象为本质，用生命复杂性具体个体结构现象去归纳人类社会，只不过把人类社会性理解为比物理机械更为复杂一点的现象而已。承认人类社会比物质客体复杂只能在现象上有意义。本质就是本质，并无复杂简单之意义，只有现象才有所谓简单现象和复杂现象之别。严格地说，从有机整体去理解人类社会本质，它所提供的信息是几乎为零，承认社会历史现象的复杂性并不意味着我们对人类世界的认识有了什么实质的收获。文化的本质意义是建立更普遍的知识，把多样性现象在普遍本质中统一起来，得出对复杂世界简单而普适的理解。社会有机整体论除了强调社会现象的复杂性外，并无这方面贡献。

具体地看，社会有机整体论把社会理解为一个硕大无比、高度复杂、具有整体意义的机器，是由具体现实的个人作为原子部件构成的整体性的实体存在。当然，说有机整体时，在实体结构意义上，它不只是机器，而是在结构上是和物理机器有本质区别的整体。物理机器是无机的，有机整体的社会像高度复杂的生命体一样，具有自己的更普遍的结构规定性：有机的规定性。这种有机的复杂规定性是什么呢？历来的理论没有将之归纳出来。按世界统一性原理的理解，生命有机体和机械实体的区别不是复杂性这种量的区别，而是有生有死的时间性不可逆复杂结构这种本质区别，一个无时间性本质的机械实体结构再复杂也不是生命，因为它不会死亡，它的结构是时间可逆的，结构的运动是非时间连续的。由此说来，社会有机体就是过程性实体了。把社会理解为过程是合理的，但把社会理解为实体，由具体个人为原子结成的实体就很有问题了。把人的本质理解为复杂社会现象还只是停留在社会现象没有把握人的本质，对人的认识还不够深刻罢了，但把社会理解为实体整体，把每一个具体的个人当作社会实体的细胞时，问题就严重得多了。从有机整体系统的复杂性逻辑，整体大于部分，由社会有机论得出的结论就是社会高于个人，社会本质剥夺了个人的本质，而不是社会本质构成了现实的人的本质，人就成了被支配、被决定的客体存在。

社会有机整体论是以华丽的包装、以科学理论形态出场的。人类在追求自由、解放、进步的现实历史进程中，对之做出符合人的目的的解释，即社会有机整体和社会原子的自由并行不悖。但这只是停留于抽象而没觉悟到两者不调和而分裂的实质而已，这种解释不只是抽象的，而且是不合逻辑的，是错的。

三、自由意志的社会历史合力

无可否认，人类从文艺复兴开始的近代历史是人的主体性不断觉醒的自由进步过程，是科学理性、人性节节胜利的发展历史。人的社会性本质理论、社会有机整体理论是这一历史时代思维的产物，甚至可以称之为近代历史发展的伟大成果。它们并不是某些统治者为了统治阶级奴役普罗大众而制造的统治理论，而是关于人的自由解放的理论，是在思想家们对人的自由和发展的自觉追求中建立起来的。但是，以人的自由发展为目的的理论并不一定都得出推动人的自由解放的理论，我们认为是自由解放的抽象理论并不一定都是本质上推动人的自由解放的理论，我们认为是自由解放的抽象理论并不一定推动历史现实、具体进程走向自由解放。科学理性思维对人的本质的理论维不可能达到理性具体水准，人类近代史和社会有机论开了一个大玩笑，本来要走进自由解放的房间，结果却走进了人的异化的房间。

在理论形态上，从文艺复兴肇始的近代人类争取自由解放的觉悟，在马克思的共产主义社会理论中达到了一个顶峰。从《资本论》到共产主义理论，对近代人类社会历史的深刻影响是既成事实的，不管你对之作何种价值判断，其影响是客观的、深刻的、重大的。从世界统一性原理的逻辑看，有两点是基本的：一是马克思主义是人的自由解放的理论，二是马克思主义理论在近代科学革命的历史背景中，以追求科学真理为最高意义的西方思想家们并没有达到马克思从抽象真理回归人主客体统一性社会历史的理性具体水准，马克思主义理论的最根本意义就还被理解为关于人类自由解放的抽象科学真理。马克思主义理论是人的解放理论的根据在于马克思主义理论的对象是社会历史的主体，即文化社会中由各种社会关系构成其现实本质之具体的每个个人，而且是达到最普遍统一意义的个人，不是抽象社会人。诚然，在资本主义社会中，全世界无产者联合起来还不是全人类，但马克思主义追求的共产主义理想是全人类都是无产者的社会，是消灭了一切阶级的，一切人都是无产者，因而也是社会历史的主人。马克思用共产主义超越了卢梭的社会契约理想。卢梭认为私有财产占有不道德但又天经地义，和人类社会历史同在，人只能在社会契约意义下争取有限相对平等。马克思则认为人类社会历史完全可以彻底消灭私有制，实现人的无限而绝对的自由和平等。消灭了私有制的人类社会是人彻底解放的理想世界，共产主义绝不能从有限相对性去理解。马克思如何在共产主义理论中建立人的自由解放的理想呢？马克思同意卢梭的观点，私有制是万恶之源。资本主义万恶社会的本质就在于生产社会化和生产资料私人占有的矛盾，这就是人和社会的矛盾。这个矛盾的运动发展的最终结果是对之的扬弃即对生产社会化和生产资料私人占有矛盾的否定。否定的结果不是否定生产社会化，而是更大规模更高级的社会化，并由之否定生产资料的私人占有，这是社会矛盾运动的必然结果。资本主义社会只有在无产阶级产生和壮大中产生和发展，最后只能在无产阶级的壮大中灭亡，资本主义诞生之日就准备好一个不断壮大的无产阶级作为它的掘墓人。无产阶级推翻资本主义制度的意义就是彻底消灭一切私有制，消灭阶级，从而人在共产主义社会中成为最普遍的存在，自由的存在，成为完完全全的主体创造性的存在。马克思把共产主义描述为一切人自由的本质得到全面而充分发展的理想世界，中国文化称之为大同世界。马克思在当时的科学进步的鼓舞下，以经济学普遍抽象真理为客观性基础去构建复杂人类社会历史的理论。如果后人把进展到理性具体的人的解放的社会历史理论仍当作只是抽象有限真理，则是带有明显的历史局限性的。在必然性的因果逻辑关系中，无法得出对人类复杂社会历史过程、对人和社会矛盾的统一得到合理的说明。马克思学说的基本理论是政治经济学的《资本论》，经济学原理是由普遍抽象的一般因果关系去陈述的，但由经济抽象因界关系上升到人类解放的社会历史统一性理解时，还在有限知性真理范畴理解之，产生局限性是合乎逻辑的。这种有限性局限的文化根源不是经济学抽象规律归纳，最根本原因在于以柏拉图抽象形式为起点并主导西方文化的科学理性文化之中。后人主要是从科学真理有限意义，从社会历史必然性的抽象因果关系去理解这个本质上是理性具体的社会历史理论的，西方文化在整体上至今还没通达马克思的理性具体境界，这和资本主义仍然统治西方的现实是协调的。人的社会本质和社会有机整体理论是用知性真理思维去解释具体统一性社会历史的产物，其本质上是把社会历史还原为机械的、客体必然性支配的历史，人的自由解放又置于社会历史必然性决定的二律背反中。

在以科学理性、人性进步为主旋律的资本主义蓬勃发展的历史潮流中，马克思既看到资本主义的局限性，同时又肯定科学技术和生产力发展的历史进步意义。马克思主义的共产主义理论所建立的理想大同世界是以人类科学文化高度发达，人的自觉觉悟极高，社会生产力充分发展为基础的。当然，对人的本质的理解不能只是在社会现象意义上，在真理为绝对的文化支配中不可能达到理性统一性高度。把人的本质理解为一切社会关系的总和是马克思主义认识人的世界和建立人的自由解放理论的基础，马克思用共产主义理想解决资本主义社会现实中最基本的社会矛盾，即生产方式的社会化和生产资料和社会财富私有化的矛盾，把人和社会统一在共产主义社会理想中，把共产主义理解为每个现实的个人都得到充分发展，人的自由本质得到全面实现的理想社会。为什么人类社会必定朝着消灭私有制的方向前进呢？马克思认为资本主义的矛盾是生产力和生产关系的矛盾，生产关系是私有制，生产力则在社会形式下不断积累和快速进步，它作为最革命的因素必将打破旧的生产关系，建立符合自己的新的生产关系。马克思认为这种新的生产关系就是公有制，以公有制为基础的社会就是共产主义社会。马克思把生产力作为人类社会历史最活跃、最积极、最革命的因素是对人类社会历史经验的精辟归纳。世界统一性原理从更普遍的统一性关系去思考时，首先是超越自然哲学限于自在之物的客体唯物主义，合逻辑和事实地把生产力理解为抽象文化的具体现实性，是人类以文化为本质的社会历史在文化不可逆地积累增长中推动人类具体现实的生存方式不断发展本身，科学技术和文化的发展是生产力发展的最普遍的本质。新石器比旧石器进步，机械化比锄头进步是生产力的进步，而这种进步的本质是科学和文化的进步。从现象还是从本质去理解人的世界的本质是知性机械论思维和理性统一性思维的根本区别。从知性机械论的因果关系看，社会作为人的文化生存的基本结构单位，人和社会的关系是由一连串因果决定关系链条构成的，整个复杂的社会就成为一个由因果决定的必然性世界，社会和个人的关系就是整体和构成整体的元素的关系。马克思主义理论本质上是人的主体创造性理论，不但在理想世界中追求人全面自由本质的发展和实现，而且对现实资本主义社会中人的异化即物化对人的自由本质的剥夺，从来都是毫无保留地鞭挞和批判。共产主义理想境界就是摆脱资本主义制度下人的自由本质的异化，从异化回到自由的本质就是解放而不是发展的意义。但是，在自由意志的个人细胞结成的复杂的具有历史必然性意义的整体社会的历史进程理解中，个人的自由意志和社会有机整体的因果关系链条的协调性并不是顺理成章或不证自明的。如何在社会必然性发展中赋予社会原子化个人的自由呢？自由个人的活动构成的社会有机体的历史是超越个人自由意志并且是按内在必然性运动的，原子个人的自由和社会有机体是统一的，但如何统一呢？从因果关系看，个人是自由意志支配的社会原子，社会是必然性支配的整体，人和社会的统一就统一于决定部分的社会整体的必然性运动，被必然性的社会整体决定的社会原子个人的“自由意志”是被决定的“二等”自由。当个人目的和社会目的分离甚至被社会目的支配时，人就是被整体形式目的外在支配、被必然性支配的存在。具有自由意志的个人本质上有主体性目的，却没有自由，或只有自由意志，无自由的现实。因而西方文化实质上是知性机械论，根本不可能达到马克思的理性具体境界，一直不能合理理解自由和必然的统一问题。

如何解决个人自由和整体社会必然性历史过程的统一呢？恩格斯对此有形象生动的描述，这就是有名的社会历史合力理论。恩格斯认为，构成社会历史整体活动的现实的个人，在社会有机整体的构成细胞意义的每一个个人，他们是具有自由意志的，每一个个人的行动选择都体现了个人的自由意志。所有个人作为细胞构成了社会有机整体，所有个人的自由意志支配的个人行为的总和构成了社会历史的整体运动。这就像力的平行四边形法则的支配作用一样，每一个个人的自由意志的作用力是独立的作用分力，所有个人的自由作用分力合成的结果就是社会历史运动的总的合力，社会历史的运动是由总的社会历史合力所决定和推动的，不是那个个人自由意志的产物。由于每个个人意志通过历史合力发挥了作用，个人就是自由的，但个人所追求的自由的结果是在社会历史形式中才成为现实的，每个个人的贡献只能从社会历史合力去理解，在个人意义的自由选择在社会意义上则是必然性的按历史规律发展。据此，个人自由和社会必然性运动统一起来了。占主导的观点认为，社会合力理论科学地阐明了个人和社会相统一的历史的现实构建机制，达到个人和社会现实统一的理解。它的基本意义可以归纳如下几个方面：第一，人类社会历史由无数具体个人的共同活动作用产生，社会是人类的有机整体，具体的人是构成社会的细胞。社会有机论认为，人是在社会历史中的人，现实的人的现实活动才构成社会，个人和社会是统一的。在这种统一中，社会是整体，个人是细胞，个人和社会的统一就是社会有机体。第二，社会是以具体现实的个人的自由意志支配的现实活动构成现实社会的，社会细胞即个人意志的自由选择活动是社会的现实基础。社会有机整体理论始终赋予社会有机体细胞的个人现实的自由意志存在者的意义。按照西方文化追求真理为最高目标的传统逻辑，具有自由意志的、作为社会有机体细胞的个人的自由选择活动是决定性的，是人和社会构成的复杂有机整体中因果决定链的起点，一切更加复杂的关系总能通过不断地还原，从具体个人的现实自由创造活动中得到根据和理解。因此，社会有机整体论本身是坚持以人的主体性为根据的，是关于人的自由、解放、进步、发展的理论。第三，由个人为细胞构成的社会有机体的本质超越了个人的本质。人的本质是社会关系的总和，但社会的本质却不是人的总和。社会历史的合力尽管包含了每个个人的贡献，但社会历史的总的合力和每个人的作用分力意义和结果是不同的。社会历史的发展作为社会历史合力的结果，以个人活动为基础，但又超越了个人自由意志，因而社会有机整体理论最终又把历史理解为自然历史过程。因为在社会历史层面，在社会历史合力作用下，人类社会历史既然已经超越了个人自由意志的支配，如果不解释为上帝合目的的创造，那就只能理解为自然必然性支配的过程。这正是在传统西方真理文化背景下，从因果关系去理解社会历史的深层矛盾所在。一方面，构成社会有机体的具体个人是主体创造性的，是自由意志支配的；另一方面，自由主体构成的社会有机体运动又是客体性、必然性支配其运动的历史过程。在整体意义上，在社会历史意义上，具有自由意志的个人只是最低等级“自由”的存在，由社会必然性支配其“自由”的存在，这是马克思主义理论和运动实践一百多年来产生的重大的矛盾。

社会历史合力理论为一百余年人类社会历史上最浩大的社会主义实践提供了最基本的价值理解。二十世纪八十年代，我还在读书时，拜读了诠释恩格斯社会历史合力理论的专著，据作者称此书是在博士研究生论文基础上完成的。一本专著从铺垫到论证没有对恩格斯的社会历史合力理论有实质性的贡献，连注经释典的意义都没有，实在不敢恭维。社会历史合力在一百余年的社会主义实践运动中的现实作用是不能低估的。为什么我们必须在社会主义旗帜下为自己的自由解放和幸福而奋斗？为什么我们必须在这个伟大社会实践中大公无私，用社会主义、集体主义去克服个人主义？为什么我们为了伟大的理想必须像一颗螺丝钉一样默默无闻地奉献？为什么平凡就是伟大？为什么国家利益高于个人利益？从社会历史合力理论中，从个人的自由意志和社会必然性历史运动中，可以对之得出合理的理解。按照把人类社会历史作为自然历史过程的理解，社会历史合力理论是普遍的人类社会规律，是不以人的意志为转移的。在剥削的社会制度下人们不自觉地按这一规律办事，个人和社会就发生矛盾，人的本质就异化，社会历史的必然性规律作用就成为不自觉的，即个人的自由和社会的必然过程是不统一的，这就是人的本质的异化。人在社会异化制度下异化从而丧失了人的本质。只有在消灭了一切私有制的社会中，在社会主义、共产主义社会中，人的社会有机整体的价值、目标才成为个人的自觉的行动，个人的自由意志才成为和社会历史有机整体相统一的意志。在这种意义上，社会主义和共产主义才是既是必然的，又是最合理的理想社会，是人的自觉的活动和创造，是个人自由本质的真正实现。由此可见，社会历史合力理论对个人为什么必须自觉地以社会目标为目标，甚至在社会、集体的意义下自觉放弃个人的利益和追求提供了机制上的说明。

把个人理解为社会细胞，让社会细胞的自由意志在自觉符合社会有机体的必然性规律时达到自己自由意志的实现，个人的自由就是在超越个人的社会有机体必然性支配下的自由。事实上，社会合力理论把个人的自由意志设想为在社会之外并成为社会的基础是抽象的。从割裂了人和社会统一的感性具体意义看，现实个人既是自由的，同时也是面临着很多无奈的，人总觉得身不由己。对自由的理解，对社会有机体的理解，这是理解人的自由和社会的统一的基础。但人类社会历史理论至今对这两个基础概念的理解是具有知性局限性的，把自由理解为客体的去约束，自由就是机械论的客体意义概念；把社会理解为由个人为细胞构成的有机整体，实体性社会是必然性支配的客体，必然性包括对构成整体的社会细胞有支配性意义。社会作为在人之上的实体，个人作为现实具体的存在，只能在具体现实的社会实体支配下才能得到有意义的理解。社会有机整体论的最大问题就在于抽象的社会形式实体化，把社会当成比人更加复杂的实体客体存在。我们对社会有机论的理解就是把个人理解为比社会低层次的社会细胞，就像原子是比分子低一层次的结构一样，而分子的性质，本质是由它的原子之间的结构决定的，社会有机整体只不过把人类社会当成更加复杂的客体罢了。把社会当成客体，把个人当成构成社会的原子客体，人类社会历史就变成客体运动，个人就是客体存在，这就是社会有机论依然是机械论的认识根源。它是机械论的原因在于它把人类社会当成客体实体，不只是把人的生命存在，而且把人类社会本质上都当力学机器了。把人类社会当成客体世界，把社会理解为由具体个人作为细胞构成的具有更普遍本质的客体存在，个人的主体自由创造意义就根本没有意义，至多只是一些现象意义而已。在社会有机整体理论中产生极权主义是合逻辑的，不能把二十世纪社会主义运动史中极权主义现象仅归结为个人崇拜和个人专制的产物，把社会历史重大进程归结为个人原因是肤浅的。人的世界是文化世界，文化是具有超越具体个人的普遍意义的，任何个人的行为和功过必须在社会历史文化的框架中才有意义，这不只是历史唯物主义的观点，而是一切社会历史理论之所以是理论的基础和前提。

大多数人或许认为，社会历史合力理论是以个人的自由意志作为基础的，它保证了在社会历史条件下个人自由意志的独立性和现实性，并承认每个人对社会历史总合力的“原子贡献”，只是我们的社会主义实践运动没有达到自觉的人的自由意志和社会历史合力的完美统一而已。问题出在对理论的认识缺乏自觉理性的批判和理解，在于我们坚信社会历史合力理论是由质点客体按力的平行四边形法则真理为根据的真理，推广、发展、捍卫并丰富社会历史合力理论，由此去理解个人在社会历史中的位置，就能自觉为更加美好的社会奋斗。不但没有人以严谨、认真的治学态度去批判和理解在个人、社会的纯粹客体存在预设基础上，何来主体自由之意义，甚至从来没有人在人和社会客体预设基础上，思考、批判在客体抽象真理认识意义上社会历史合力理论的客观现实性。须知社会历史合力理论为社会有机体理论提供内在机制，但这个社会历史合力理论却是在抽象理论基础上就是不成立的。世界统一性原理并不把个人当成社会有机体的细胞，不把社会当成有机体即实体客体，更不认同所谓社会历史合力。因为人不是纯粹客体，不能只从所谓“平行四边形法则”去理解人的社会合作关系。但即使在客体意义上，在知性普遍抽象关系中，社会历史合力也不存在，平行四边形法则支配得出的结果一定是社会历史合力为零。大量具有自由意志的个人作为构成社会有机体的原子时，在客体系统上称为大量粒子构成的无规系统，人的自由意志支配的个人自由目的和活动在客体意义上被描述为无规运动。大量无规运动粒子系统作用的结果是均分自由能，但整个系统的合力恒为零。因为在抽象科学理论上可以断言，大系统的无规运动的合力在所有方向的分量都是等价的，它在理论上向所有方向运动的可能均等，合乎逻辑的结果就是向所有方向运动，因而是没有运动，在所有方向上分力大小相等就是没有总的合力。恩格斯认为所有个人的合力形成历史总合力，那是在经典物理学意义上的理解，那是统计物理学还没有完全普及的年代，至少没普及到恩格斯本人。对大量无规粒子构成的宏观力学系统，在引入统计描述之前，只能定性解释，无法定量处理，用质点力学去解决宏观系统非人所能，唯上帝可能。恩格斯从经典力学理论得出的社会宏观系统合力只是定性解释，但其实并不成立。在物理学理论中，质点动力学并不能得出大量自由粒子相互作用系统总合力理论解，更没有得出这种系统只有总合力为零的唯一解，因为从质点动力学去求解大系统无规粒子的总合力只有上帝可能完成，却在人的能力之外。恩格斯的社会历史合力的平行四边形法则理论基础不是物理力学，只是常识，并且是违反抽象客体必然性规律的常识。因为物理热力学用宏观温度而非力去描述无规粒子构成的系统时，用统计方法把宏观温度和微观粒子的动力学作用统一起来。任一个粗知统计物理学者都知道，宏观无规统计系统本身的总合力恒为零。因此，宏观无规系统的合力是伪概念，是没有意义的伪命题。恩格斯从经典力学出发把系统合力理解为由分力决定的各种具体结果，那说明他并不熟悉统计物理学。但是，直至统计物理学已经普及为基础知识的二十世纪，一百多年来，一批批已经具有丰富知识的大师们依然前仆后继地用社会历史合力理论去启蒙、教化后人，是不严谨的。

社会历史合力在统计意义上为零的事实说明，把社会理解为有机实体是抽象的，其最深刻的思想文化根源是自柏拉图始的西方抽象唯心论的精神实体概念，是借社会有机实体之尸还精神实体之魂。社会历史的前进、发展，或者抛开价值陈述，说其运动和变迁，是我们切身的经验，是关乎我们本质理解乃至生死存亡的大事，是人类未来的头等大事。人类认识你自己，就必须对历史运动过程得出合理的理解。社会合力理论的历史合力为零，那不符合社会历史具体现实，那就说明社会历史有推动力，但不是社会有机体中个人自由意志的合力。社会有机体和社会合力一样只是无意义的抽象存在。

第二节　人和社会统一于具体的个人

一、社会对具体个人的普遍意义

世界统一性原理否定社会是人的本质，否定社会有机整体实体客体性，并不是否定人的社会性，更不是把人理解为独立于社会历史形式之外的抽象人，而是建立在对人的社会性的坚持而且是认识上更深刻的发展基础上的。世界统一性原理所追求的就是用统一性逻辑克服知性因果逻辑的局限性，把社会性理解为人的现实、复杂多样性现象的形式，在对人的社会性的深刻理解中克服把人的社会现象当本质的局限性，克服把社会当成有机整体实体客体的感性经验局限性，得到对人和社会统一性的合理理解。传统的人的社会性本质理论和社会有机整体论理论体系，仅在理论体系的内在逻辑本身去考察就是不成立的。问题的焦点不是人有没有社会性，而是对人的社会性如何理解的问题。

传统的社会有机整体论把社会理解为人的本质，这种理解有一点是合理的，即社会是抽象的，人却不是抽象的。人既不能理解为纯粹抽象的形式，也不能当作纯粹的客体，而是主客体具体统一性存在，在特定语境条件下可以把人理解为主体或客体，其根据就建立在人既是主体又是客体的基础上。把人理解为主体或客体都是有理由和根据的，在具体现实的个人存在意义上，人就在主客体相统一意义上成为具体的个人存在。在承认人作为主客体统一性存在的基础上，才有人的抽象的本质、抽象的人的主体性存在、抽象的人的自由命题的意义。人的本质是以人的统一性为基础的，是从具体统一的个体多样性个人抽象出来人之所以为人的普遍规定性。这种普遍是在思维中建立起来的，是在意义世界的抽象普遍意义上的。因此，从逻辑上说，人的本质一定是普遍的抽象。当社会有机整体理论把社会理解为人的本质时，首先就把社会理解为一种抽象的形式，这种社会是抽象形式的理解是合理的。由个人作为细胞、原子去构建社会整体实体的理论和马克思把人的本质理解为一切社会关系的总和是根本不相容的；社会历史合力理论本意在于把个人自由创造活动和宏观社会历史进程统一起来，但用客体之物模拟文化和自然统一性的理性具体之人和社会，画虎不成反类犬了。至于社会是纯粹形式还是内容和形式相统一的实体，那是需要进一步论证的。在承认社会是抽象形式的同时，还必须思考对社会的理解是否还有和其形式相统一的具体内容，即社会是内容和形式相统一的具体存在吗？如果认为社会只是抽象形式，则社会有机整体就只是一种形式，不是具体客体意义上的实体存在，就没有在个人之上，由个人结成了一种叫作社会的具体东西存在。但社会有机体把具体个人理解为细胞时，原子化的个人就是社会形式的内容，则由具体细胞结构复杂化形成的社会就一定是内容和形式相统一的实体存在。社会一旦成为实体时，由社会去作为人的抽象而普遍的本质又是不成立的了，由具体社会实体的抽象社会关系去作为人的抽象本质也是无稽之谈。在社会有机体中，个人是构成社会实体的细胞的话，那么，人和个人的关系是什么呢？由个人作为细胞构成的社会实体客体又如何具有社会关系形式去作为人的本质呢？这是一个越理越乱的命题。因此，把社会作为有机整体实体客体化，把社会作为人的抽象本质的社会人理解是不合逻辑的。

世界统一性原理把对人的认识理解为感性、知性、理性认识的统一，把人理解为主客体相统一的理性具体存在。不管我们对人的理解在理性统一性意义的自觉性如何，我们说的“人”总是多样性统一的概念，在不同的语境、情境下有不同的指称意义，不同指称意义统一于人自身的根据就在于人事实上是多样性统一的具体存在者。对人的一切认识从具体存在者开始，最终的一切意义必然回归到具体存在者自身，但在认识开始的存在者和从抽象普遍意义回复的具体个体存在者尽管是同一但又是不同样的存在，是意义不同的存在，人的世界超越自然世界的一个根本标志是人的世界是普遍意义的世界。认识开始的人是感性具体个体存在，一切认识都从感性认识开始，从具体个体存在开始，对统一性之人同样是从感性的具体个人存在开始。其实具体存在的是个人而不是一般抽象普遍意义的人。个人是个相，人是共相，真实具体存在是个相，所以一切认识只能从对个体的感性认识开始。感性认识是自然认识，高级动物具备了完备的感性认识能力，原始社会人的认识能力叫作原始思维，本质上就是自然意义上的感性认识能力。原始思维的特点是限于具体太复杂，因而在感性认识意义上的世界是多样性而不统一的世界，这就是杂乱无章和变动无居的真正意义。对人或任何高级动物的思维器官而言，只有个体没有一般普遍抽象的感性认识所能处理的信息是有限的，所能理解的意义是有限的，这种复杂性认识就只能停留在多样性现象中，只能把多样性世界看作现象世界。人走出动物自然界的理由在于人有普遍抽象意义的知识认识，在普遍的抽象中把握多样性存在的统一本质，从普遍的本质去理解多样性具体个体存在的统一。人就是这种具有普遍抽象意义的概念，人不是某个具体的个人，而是所有的多样性的具体个人的共相概念，是普遍的抽象。人不特指某个具体的人，但任何个人都是在普遍意义上的人，多样性的具体个人在人的抽象中得到统一性的理解。文化意义上的个人是一个统一性概念，即指称具体的“个”和指称普遍意义的“人”的统一，每个个人在统一性意义中就不只是多样而不统一的杂乱无章的感性具体存在，而是具有人这一普遍抽象共相本质于自身的具体存在，是在人的普遍抽象本质规定性意义下的存在，多样性具体个人基于其普遍抽象本质就构成了一个统一的人类世界。由感性具体经普遍抽象再进展到带普遍抽象本质的具体就达到了理性具体认识，文明人就是基于这种认识从而本质上成为理性文化的，现实中是理性具体存在。这就是人的文化意义世界的本质，是人的世界和自然世界的区别，是自然认识和普遍文化知识的本质区别。在自然认识中，世界只是一个杂乱无章和变动无居的现象世界；在普遍的统一性认识中，世界则是一个多样性的统一世界。文明人进入文化意义世界，他在文化意义上的“人”是一个普遍的抽象，“个人”则已经是从普遍抽象返回具体现实个体的统一性概念了。它的意义必须从个体具体性和人的普遍本质规定性去统一理解，所以说人是理性具体的存在。

人作为理性存在的最要紧之处是认识自己，是理性地认识理性。“人”作为多样性个人的普遍抽象概念，有两个不同层次抽象意义。它首先是生物学上的物种意义的生物人，是自然人意义上的人，它抽象的普遍共相意义的根据是人先天自然生命遗传的规定性，这种人是生物学物种分类意义上的。一切具有共同生物学特征的具体人是由共同规定性的物种DNA结构所决定的，是具有同一生命本质的物种，人种多样性表示人不但是生物学上的种，而且还是生物学上的类，人类世界首先是生命世界的范畴。由之可见，对自然人的理性具体认识也是内容和形式相统一的，统一之“一”基于人的物种的同一DNA遗传结构普遍本质规定性，它把多样性具体生命之人一统为普遍共相意义之人，达到对人的自然生命的理性具体理解，超越了感性具体的多样变幻而无序的理解。在自然生命的DNA普遍本质规定性意义上，人即自然人，是以物种为基本描述单位的，自然社会并没有人的基本生存和描述单位之意义。自然人也以社会形式生存，但不以社会而以物种为描述单位，是物种人而非社会人。

“人”的抽象概念还有社会文化意义，即人是具有社会历史文化本质的一切生命个体的普遍抽象。人的社会历史文化层次普遍抽象意义超越了自然生命物种范畴，最直接的证据是“外星人”“机器人”的概念。当然，对于地球人而言，人的概念的抽象意义是物种意义和社会历史文化意义相统一的。我们自称为“人”时，既承认自己是地球生命世界的一个物种，又往往认为自己是超越了自然的社会历史文化性存在。人作为自然存在和社会历史文化存在的统一，它的统一性关系以自然存在为基础，以社会历史文化存在为本质，现实的人是两者的统一。在世界从简单到复杂的运动发展过程中，生命世界是自然界的最高形式，又是文化意义世界的基础，是文化世界能够产生并存在、发展的必要条件。文化世界依赖于自然世界、生命世界，而后者却能离开前者、先于前者独立存在，故这种基础性的必要条件不能作为原因去构建普遍抽象的因果性决定关系。不能把自然生命世界解释为文化世界的原因，它们在逻辑上并不是因果关系，更不是必然关系，并没有任何经验和证据表明自然生命世界必然发展到文化世界。从物质世界到生命世界，从生命世界到社会历史文化世界的发展中，不同质的结构层次之间是统一性关系而非因果必然关系，因而讨论物质世界演化进入生命进化阶段、自然生命世界进化出人类社会历史文化阶段究竟是必然还是偶然是在争论一个完全没有意义的命题。世界统一性原理把人的世界本质上理解为以社会历史文化为本质的世界，现实中是文化和自然、主体和客体相统一的世界。人的普遍抽象意义的本质是社会历史文化意义上的，我们说自己是“人”的时候，不但把自己当作一个生物学上的种类的个体，更重要的是把自己理解为本质上超越了自然生命世界的万物之灵，人的普遍抽象意义就在于社会历史文化的意义之中。至于为什么人是超越了自然的存在的理由，最直接的经验在于，人已经不只是物种意义上世代延续中循环的存在，而是世代延续中不断发展变化自己适应自然生存方式的存在。人超越了自然物种意义存在的本质必须从社会历史文化意义去理解。

人的社会历史文化本质是一种抽象，是从人的具体存在中抽象出来的。不能认为有某种叫社会、叫历史、叫文化的具体东西，没有抽象实体，所以这些只能是一种抽象。从具体多样性个相抽象而来的共相性本抽象，都不是实体世界中的具体东西，只能是一种抽象，是从具体现实的人中抽象出来的。社会、历史、文化都是一种抽象，而且它们三者统一的抽象才构成了具体的人抽象的本质，社会历史文化是人的本质从抽象到现实过程中得以现实实现的抽象结构，对人的本质应从这一结构去进一步分析和思考。按传统的人的社会性本质理论，社会是人的本质，社会历史是人的本质的实现，社会历史文化是本质的现象。这种形式结构的不合理性已经在前作了充分阐述，即社会并不是人和动物的分野。人和动物的分野在社会意义上在于它们是具有不同本质的社会，以社会作为人的本质则连人的原始自然社会都无法理解。从社会历史文化这一陈述结构中，表明社会是历史的定语，文化是社会历史文化这一陈述结构的主词，它才是人的本质。人和动物的区别不在于人是社会性生存的，而在于人是以社会历史文化形式生存的，不是纯粹按自然社会形式生存的，人和动物区别就不在于人的社会性本身，而在于人的社会性具有和自然社会不同的本质。社会是人的必要条件，社会历史文化才构成了人的充分条件。那么，社会对于人类历史文化的意义是什么呢？世界统一性原理把社会理解为人的社会历史文化世界的最基本结构单位，社会作为人的抽象元结构没有完整的人的世界的意义，而是人之所以为人的一切现象，包括人的本质，都只能在社会这一抽象形式结构为基本对象中，才能得到合理的理解。社会对于人的理解的必要条件意义就在于人的非自然遗传基因支配的一切生存现象，离开社会无法理解的人的历史，人的文化都是社会历史、社会文化。至于历史，世界统一性原理首先把它作为理解和描述人的社会过程的纯粹形式尺度，这是人和动物的重大区别。动物的理解描述基本认识对象是物种，生命过程的形式尺度是时间，人的生存过程的形式尺度是历史，在历史形式中具体展开的人的世界的具体现实事件的过程，才使历史从抽象形式中获得了现实的内容，成为内容和形式相统一的历史。人的本质是文化，人在非动物本能意义上的一切现实生存现象都是文化现象，文化生存选择对人的世界不可逆历史性发展赋予了它之于人的本质意义，唯此文化才有充足的理由成为人的本质，成为人之所以为人的充足理由。人的文化一定是在社会这一基本形式中才有意义的，一定是以历史为过程形式去展开和实现的。一切文化一定是社会历史文化，社会作为人的世界的最基本结构单位就具有必要条件的地位，具有人的世界的基础和前提的意义。正是把社会理解为人的文化意义世界的基础和前提，我们才能合逻辑地把人理解为从自然社会文化而来的，把人理解为文化和自然的统一，而不是造物主的目的性创造。从具体性看，人是世界中的存在，而不是外在于这个世界的征服者和统治者；从意义的层次看，人的世界是最高级、最普遍的意义世界。人既是世界的最普遍的本质，又是世界最高复杂性的现实存在，这正是老子把世界理解为无、天、地、人的完整而统一的结构的深刻意义，人就是地，人就是天，人就是无，人就是世界的统一性，人就是人。人作为世界最高的现实统一性，它的抽象的本质即世界最高统一性存在的根据就是社会历史文化，人在社会在历史形式中不断文化的过程使人类摆脱了自然遗传编码的先天性对生存形式的制约，在自己的后天文化创造中开启了一直往前走的不回头的社会历史不归路。

把人的抽象本质理解为文化和把人的基本单位和抽象认识对象理解为社会是协调统一的，是不同角度对人的意义的理解。世界统一性原理同样把人理解为社会人，但不是把社会理解为人的本质，而是把社会理解为人的世界的最基本结构形式，社会不是人之所以为人的充足条件，但却是人之所以为人的必要条件。换句话说，人的文化世界、意义世界的一切现实生存活动，离开社会这一基本形式结构，那就一定是情理不通、不可思议的，人就一定是社会形式意义上的人，这就是社会是人的存在的必要条件的决定性意义。社会对人的生存决定意义不是在动物和人的本质区别关系上的，而是人能否生存意义上的决定性意义。因此，把人的本质理解为文化和把人的基本生存及人的描述单位理解为社会，是理解人和自然生命生存本质区别的不同层次但又是统一的理解，统一在社会历史文化的抽象形式之中。因为以物种为基本单位还是以社会为基本单位是人和动物的分野，是人的文明史和原始社会自然史的分野。物种是由自然进化的先天法则决定的，是由每一物种的 DNA 编码决定其生存形式的，并且是先验地决定了的。人作为自然生命受自然选择的进化法则制约。然而，当人类成为不再只是物种生命循环意义上的生存种群的时候，先天物种规定性已经只是他生存的基础，他在这一基础上产生了新的本质，和 DNA 遗传编码完全不同层次但又以之为基础的本质，即人在后天经验中文化创造和积累、传递的历史性生存方式。文化才是人的本质，文化的后天性决定了他只能在社会这一基本形式下才能现实存在，文化只有在社会历史条件下“遗传”才成为文化，人的文明就一定是在社会为单位意义上的，是在社会历史意义上的，文明史就是文化的现实实现史，是社会的、人类的，不是个体的、物种的历史。尽管人的物种规定性依旧，但其不是具有文化本质的人的基本生存单位，从物种作为单位的生存和以社会作为单位的生存就是人从自然到文化的本质飞跃中产生的。正是这种不同层次的统一性，使人们一直把社会理解为人的本质，停留在社会就只停留在抽象认识对象，反而对多样性文化现象的统一本质视而不见了。正所谓不识庐山真面目，只缘身在此山中，人类创造文化实现了社会历史性生存，但人类文化却一直无法从多样性文化现象中归纳出自身非自然这一普遍的抽象本质来。

把社会历史文化理解为人的本质，同时就把社会理解为历史文化的必要前提基础条件，把社会理解为人的世界的最基本构成单位，因而也是人类社会历史认识的对象。社会是人的世界的基本单位，人的世界是抽象意义的最普遍世界，我们这里所说的“人”是对文明史中多样性具体个人的共性抽象，不能在感性认识意义上把人或物质这类普遍抽象的共相概念无条件地还原为具体的个人或具体的物质实体。社会是人的认识对象，人是从感性的现实个人中抽象出来的，社会对于个人的存在而言，它的意义就是把个人抽象为在社会形式意义中具有普遍统一性的人的存在。在人的社会历史文化意义世界中，任何具体的个人只有在社会这一基本形式中才能现实地生存，由此才能被现实地理解。人的本质作为人存在的根据，只有在社会形式的历史文化中才能构建起来，只有在社会历史形式中生存的个人。人一定是社会中的人是由社会作为人的基本生存单位所决定的，在感性意义上个人只是现象意义上的具体存在的东西，但在知性普遍和理性具体意义上，个人是具有人的普遍抽象本质存在，没有人的一般抽象文化本质的个人是原始社会中的人，在文化社会中不存在，因为它根本就无法在社会历史中现实地生存。个人在社会历史形式中获得自己普遍的本质，成为文明社会中具有“人”的普遍意义的人，离开社会人失去意义。对许多没有自觉到人的社会历史文化本质的个人而言，社会的决定性、必要性、基础性意义就表现为社会是外在于人的、不可抗拒的。社会对个人而言只是形式，不是具体存在，用抽象的社会去最终解释人的世界永远只是抽象的。

二、社会是人相互作用的抽象关系结构

社会是人的世界的基本结构单位，任何具体个人的非本能现实生存活动只有在普遍的抽象社会结构形式中才能得到理解。社会从人的世界的本

质转换为人的世界的认识对象和基本单位，人的本质就从社会性深化为社会历史文化性，这是社会人的更深刻而具体的统一性理解。人的本质、人的文化、人的历史、人的现实生存活动都是在社会历史意义上的，社会对于人的世界而言是必要性的基础条件，是思考人的世界一切现象的起点，世界统一性原理就更加坚定地从人的社会性去理解人。另一方面，把社会理解为人的基本结构单位时，按照世界统一性原理从简单到复杂性运动的结构复杂性演化法则，是否可以把社会理解为以个人为原子的有机整体结构呢？把作为人的世界基本结构社会当作有机整体不是顺理成章的吗？为什么社会作为人类社会基本结构但又不是有机整体呢？为什么我们把分子、化合物称为由原子作为构成元素的独立整体结构，但把社会这一结构理解为由个人作为原子组成的有机整体却产生了严重的问题呢？这是对人和社会关系需要认真思考的命题。

解开这一谜团的关键在于，必须把社会结构的抽象形式结构和物质世界的具体实体结构区别开来，把社会这主体和有机化合物这种客体从本质上区别开来，把有机体结构中被束缚而结合在一起构成有机整体的原子和在人的世界中具有自由意志的、在自由创造中现实生存的个人区别开来。社会有机整体论正是忽视了这些根本的区别，把社会当作有机整体实体世界，是以具体现实个人为原子而在个人之上支配着个人的实体结构，个人在社会有机体中就失去自由的本质，主体创造性的本质，成为被自由、被支配、被奴役的异化之存在。由有机社会实体去理解的人的世界，社会和原子人同时成为实体又成为客体，本质上无法理解人类社会的历史文化和人的自由、创造。由有机实体社会决定和支配的机械决定论的世界，结局是人的文化世界以社会有机论以及狭隘机械论为出发点，以更彻底的机械论告终。机械论的世界不只是机械力学简单作用形式的世界，也是一切客体构成的、没有主体创造和自由的冷冰冰的必然性支配的抽象世界；不只是人真的成为纯粹客体，也是人无法觉悟到自身何以异于禽兽，成为缺乏理性自觉的理性具体存在。

把人类社会理解为原子化个人组成的实体的最根本错误在于赋予了社

会这一结构以客体实体意义。在自然客体世界中，多样化的丰富客体现象界向我们展现了存在即结构的完美性，就是说，按照自然界具有本原存在的理解，我们感官经验的客体现象界的本质是结构。按照能量一元论的世界统一性原理，世界万物的本原是感官难以直接经验的非实体的引力能量子，电场、磁场、引力场的基本构成客体是能量子。我们感官可经验的实体存在即结构，世界的多样性是结构多样性，世界复杂性的原因是世界客体在结构多样化中产生了异质化，即复杂结构整体和构成整体的部分具有不同的本质规定性。老子把客体世界的复杂性进化逻辑归纳为无中生有，有生万物，又陈述为道生一，一生二，二生三，三生万物。世界统一性原理把本原之道理解为无客体，把有理解为一、二、三，把人感官感知的实体理解为由有复杂性结构构成的万物。三就是现代物理学意义上的质子、中子、电子这三种基本粒子，自然界比它们复杂的一切实体客体都是它们的结构，再多样性的实体结构都可以理解为它们的结合物，而且一定是它们的结合物。现代物理学、化学已经为“三生万物”的多样性世界给出了统一性描述，多样性世界是一个统一的世界。自然界统一在引力能量子，能量一元论就是自然世界的最大演化统一理论，能量守恒和转化定律就是自然界的最普遍定律。世界统一性原理遵循老子玄学理论的世界道、天、地、人多层次统一结构原则，把多样性世界理解为多层次不可还原的统一性存在。世界在向复杂性结构演化时不断产生出异质结构，不同层次的异质结构是整体和部分的统一性关系，不同质、不同层次的结构之间不能用必然性关系去理解，更不能把多样化复杂世界理解为由因果链接起来的世界。因果关系之间没有因果关系，任何确定性因果关系都是独立自足的，构成了客体世界普遍意义的“元结构”。统一性的世界不是一个恢恢的因果之网，而是不同层次多样性统一世界。能量世界、物质世界、生命世界是自然世界结构复杂性演化的三个层次，生命世界是在能量世界和物质世界基础上进化出来的具有异质规定性存在：具有时间性本质的最复杂客体实体。生命的抽象本质是物种的时间性结构规定，但本质只是一种抽象，它只能从具体存在中抽象出来，即任何生命的普遍时间性本质一定存在于具体生命存在之中，任何生命一定是客体实体存在。我们称生命为生命有机体时，指的就是生命是比其他非时间客体结构更为复杂、有自己本质规定性的实体客体存在。世界统一性原理把人的世界理解为在生命世界基础上进一步结构复杂化，在结构复杂化中产生出异于生命时间性本质，不同于生命物种本质规定性的社会历史文化结构。在社会历史文化结构异于生命物种时间结构的意义上，我们才有理由认为人是域中四大之一，认为人的世界本质上区别于自然生命世界。人的世界的本质规定性当然必须从超越了物种意义的社会历史文化结构去理解。我们已经把人的世界合理地理解为以社会为基本结构的整体，把人理解为在社会结构形式中的人，那么为什么我们不能像空间性物质客体和时间性客体那样，把社会理解为具有自己异质规定性即异于自然生命客体的有机整体实体呢？因为社会结构是抽象的形式结构，联结人成为社会中的人的社会关系是抽象形式的关系：社会关系即文化关系，不是具体的现实的客体性东西。社会由人的社会关系的总和构成，不是由具体的个人作为原子实体，而按客体必然性规律构成。实体结构由必然性规律制约，通过具体的结合能把部分结合为确定性的客体整体，在客体意义上人和社会不再是现实的人和社会，甚至连抽象人、抽象社会水准都不够。人的抽象社会关系和人作为具体实体存在是完全不相同的概念。社会结构是由人的社会关系结成的，它只是一种抽象文化结构，把社会理解为有机体就回到经院哲学的抽象实体概念。抽象实体显然是违反逻辑、毫无意义的。社会有机体理论的问题就出在把社会结构理解为作为实体客体的个人为元素的实体结构，而不是由具体的个人的抽象社会关系总和结成的抽象形式结构，这是由个人的社会原子角色决定了的。因此，社会有机论在逻辑起点上就犯了混淆具体和抽象的错误，因而把人的社会历史当成机械论的客体世界就是无可避免的结局。一切社会有机整体论者无论在本意上是否承认人的主体自由创造本质，但在逻辑上得出历史决定论、社会决定论的结果，作为社会有机整体细胞的个人的人性和自由对社会有机体而言没本质意义。

在人类现有科学知识基础上，人们完全可以把结合实体的力理解为抽象的，即把结成客体结构的力同样理解为抽象的形式。正是在这种科学知识基础上，人们才有足够的信心和理由把存在即结构、结构即实体从物质客体、生命整体推广到人类社会，并用社会有机实体去揭示它实体结构和纯粹物质实体结构的区别。为什么会有复杂性实体结构演化呢？我们把结构部分间联结在一起的力叫作结合力。传统的理论把力规定为物体之间的相互作用。在这个定义中，我们可以得到两个规定性：一是由结合力结合起来的结构的部分和整体都是具体实体客体，这即“物体”的意义所在；二是把部分连结为整体的相互作用力是实体间抽象的相互作用关系，力不是客体，不是东西，不是存在者，而是存在者相互作用的抽象陈述形式概念。在这种逻辑意义上，社会关系所描述的人和人之间的抽象相互联系和相互作用关系同样可以把具体的个人结合为具体的社会有机整体实体，社会关系所作用的及所形成的完全可以是实体，社会关系的作用就是把个人以抽象形式联结为具体的社会有机体，抽象社会关系所作用而产生的是实体客体的具体存在，社会关系就成了社会实体的结合力。这在力的世界如此，在社会关系“作用力”下的世界同样如此。无论个人还是社会有机体，本质上是客体性的。在社会关系抽象作用形式下，个人和社会都是客体性的存在。

人们从科学知识基础把结构复杂性演化推向人类社会时，却并不知道，物体之间的相互作用力是一种抽象，但并不表示物体之间的相互作用是在抽象形式意义上真实发生的。我们用抽象的力去描述物体之间相互作用时，力是一种抽象作用形式，但并不代表着物质客体之间的相互作用真的是在抽象意义上发生相互作用的，抽象不代表现实，力是具体的抽象，不是以上帝为根据的。在月亮和地球间的吸引力是抽象，因而月亮和地球是在抽象意义上相互吸引，月亮和地球之间尽管有作用力，但却又是“真空”，没有任何东西，只有空间。为什么必须把力所抽象的相互作用从本质上理解为是客体即东西在起作用呢？因为在光速不变性原则下，相互作用的传播速度同样是不能超光速的，我们设想的力的超时超距作用只是一种抽象，忽略了力发生作用的时间速度效应，抽象地认为力的作用超时超距而已。地球质量对太阳的引力作用需要大约 8 分钟才到达，这意味着什么呢？设想太阳和地球为真空条件下同样如此，它意味着被光速最高速度限定的“力”的传播实际上一定是某种具体客体在运动中的传播，没有具体客体的速度限制是荒谬的。其实是我们还不知道这个客体是什么的情形下，用黑箱来代表它，用力来抽象它的作用。故物体之间在相互作用下结合为整体的原因并不只是抽象的力，而是我们在科学认识中用抽象的力去描述具体的结合作用客体而已。世界统一性原理在能量一元论中已经合逻辑地把一切抽象力的作用理解为能量交换，一切物体相互作用，包括物质结构的结合力实质上是能量子客体，只是我们用力来抽象描述能量子交换、转化时的作用罢了。至此，我们可以有根据地说，客体世界中客体结构复杂性演化从简单实体到复杂实体的结构演化现实上不是抽象力形式的作用，而是由能量子客体把不同的实体部分按能量守恒和运动转换定律结合起来的，实体之间的抽象作用形式即力只是认识论意义上的，不能把客体结构复杂性演化理解为只有抽象力在作用和支配，那是违背科学常识的。果真如此，我们就不得不去寻找，但却又不可能找到最终的抽象的推动者，世界对我们而言就是在本质上不可知的。当然，这种对自然界彻底的统一性认识只有在能量一元论中才能实现。如果按传统的物质统一性理论，能量只是物质作用的现象，是物质客体的抽象作用概念，则物质世界的运动就永远陷在抽象的力的支配之中。在绝对物质观中，人类要么把最终推动归结为造物主，要么独断论地认定物质本来就是运动的，物质运动是没有理由和根据可言的。正是不需要理由的“天生论”使传统的唯物主义运动观成为一种纯粹的独断论。离开能量子的绝对运动为根据的物质客体的相对运动在本质上是不可知论，仅就物质世界为绝对而言，我们真的无法认定自己究竟是动的，还是静的，物质运动的空间相对性只有在光速不变的基础上才具有完整的意义。

把物质客体结构复杂性演化理解为由具体的能量作用推动，把整体理解为质能统一体存在时，客体世界的复杂性结构演化模式就不能一成不变地推向人类世界了。人以社会为基本生存单位结构，但这种结构不是有机整体，不是由具体个人的血肉由客体性结合能结合为整体的具体东西。把个人结合为社会的不是具体客体，而只是纯粹非客体的抽象文化形式，因为支配社会结构生成的原因不是具体的客体存在，而是具体个人的各种抽象而丰富多样性的社会关系，抽象的社会关系的总和就是现实文化社会中的文明人的现实生存形式。文化关系不是具体有限的，不是客体的，不是由自然必然性规律支配的，而是主体的、自由的、抽象而无限的。其实，客体的结合力即使在知性抽象意义上也是具有物理量纲的具体存在，和纯粹抽象的社会文化关系本质完全不同。抽象的社会关系本身就是抽象而多样的统一，是由各种各样的人的相互关系构成的，由之去生成的社会不能由精神文化变物质、抽象生具体。因此，社会作为人的基本生存单位，它不是一种实体或一个东西，而是抽象的主体性的文化形式，把社会理解为有机整体那是把它当成一个具体的实在东西了。从认识论意义上来说，社会是人的文化世界的认识对象、描述单位，则它一定是从具体中抽象出来的，具体只有抽象才能成为普遍知识的认识对象，我们关于社会的普遍知识揭示了社会其实只能在抽象形式意义上去理解，当我们回到人的具体即生命存在时，则一定是在物种意义上的。社会只有在抽象形式意义上，才能装得下丰富的社会关系、多样性的社会文化以及不断运动发展的社会历史，才有创造性本质的主体世界。为什么我们非要把社会理解为有机体呢？把抽象形式实在化是人类认识过程中最容易犯的原则性错误。把社会、空间、时间都变成实在了，真正的实在又如何在内容和形式中得到统一性理解呢！形式之为形式就在于它的不可分解还原本性，认同社会是形式就否决了个人的社会原子意义，社会原子、细胞说则先验地把社会当实体之物了，社会就是可还原的。

不只是人的世界的认识单位社会是形式，自然生命世界的认识单位物种同样是抽象的形式。既然从来就没有物种有机体说，那也不应有社会有机体概念。社会无论作为人的本质还是人的基本生存单位，都只能是抽象形式，不能是社会有机实体，社会抽象形式不只是在人的世界中存在，在自然动物界也是常见的物种生存形式。人的社会和动物社会的区别在于动物社会是基于自然关系的社会，人的社会以自然亲缘关系为基础却又超越了自然关系，是以社会文化多样化现象中的丰富社会关系建立起来的抽象形式，使人的社会和自然社会具有本质的区别。从社会历史文化的意义看，社会就更不能看作一个现实具体的东西，只能理解为抽象的结构形式。只有在抽象社会结构形式中，才有社会文化、社会历史内容和形式相统一的现实。如果社会是内容和形式相统一的具体存在，人类抽象的文化、历史就找不到具体实现的形式，就不叫作社会历史了，就没有社会历史文化发展的现实过程，只有社会有机体的实体结构复杂性演化了，就只有客体没有主体了。社会结构形式的最深刻的意义在于，它为人的主体性的自由创造提供了形式的可能性，使人从客体自然界迈入文明的门槛，建立了人的主体性和创造性的本质，使人的社会历史成为一部不断运动发展的文化文明史。社会形式结构的抽象意义在于为人的后天普遍文化知识提供了传递、继承、发展的普遍形式结构，抽象文化的普遍抽象意义在抽象社会形式中找到了实现的形式，开启了人类文明史的绝对历史进程。

把社会当作有机整体的根本原因在于人类理性不成熟，还是从感性具体去从根本上认识世界。把社会理解为有机体，对客体、主体、主客体统一性的认识都是幼稚的，离对人的理性具体智慧理解还差得很远。物的世界是客体世界，感性之物是相对性的结构存在，从最微观的基本粒子到统一性的物质世界都可以当成具体之物的存在。具体之物的进一步复杂结构整体也是物，但相对性之物的具体边界不是以抽象认识为根据的，而是具有自然内在目的性即必然性支配才成为现实的相对性具体存在的，不是随心所欲去怎样相对都行，这才达到对亚里士多德存在根据的理解。当把抽象关系联结起来的社会形式当成有机实体时，不只是对主客体统一性认识缺乏理性，而且首先是对客体存在的必然性根据缺乏理性理解。由此可知，人类理性离自觉而成熟还远。

人类社会历史理论的局限性不仅是把社会理解为人的本质，使对人的本质理解停留在现象中，更加严重的是把个人理解为构成社会有机体的细胞，在把社会形式实体化中把人纯粹客体化，把现实的个人抽象原子化，人在社会有机体中作为原子而失去了自由创造的本质而异化。即使最革命的人的自由解放理论，尽管以具体个人的现实自由创造为出发点，但在社会有机体理论中个人的自由最终只是一种抽象，作为有机整体的社会才是全体的目的、本质和根据，由人作为原子构成的社会有机体的本质和目的超出并支配个人的本质和目的，个人因此失去了自由的主体创造本质，成为社会原子意义上的客体性存在。在实体客体意义上，构成整体的元素客体从来都不是自由的，连抽象的自由资格都没有，是被严格的必然性决定的。抽象的自由客体为元素结成的系统是无结构的热力学无规统计系统，连社会的本质都失却了，还何来社会有机体？从客体意义看，原子化、细胞性的个人在社会有机体中连抽象的自由都没有，这和人的自由解放理论的初衷和前提出发点是相悖的，这根本不是可以解释人的现实生存的，不是抽象，而是谬误。人在社会有机体理论中不能获得自由而异化，个人作为社会细胞就成为社会历史必然性有机整体运动中的螺丝钉，只能拧在社会有机体的列车上才能生存和前进，才有螺丝钉的意义。人类社会有机体理论的历史局限性不只是一种理论，一种认识，把文化理论只理解为一种抽象认识是肤浅而无知的，或者是心怀叵测的。文化之为文化，它的普遍抽象意义必须在返回现实社会历史文化具体过程中才真正获得文化的普遍意义，社会有机体理论在人类社会实践中的消极作用是巨大的、可怕的。它的真正意义在于现实的社会历史实践中，抽象的普遍意义在于具体现实中。社会有机体理论如此，抽象的社会形式结构同样如此。社会有机实体认识并不真能把自由本质之人还原为原子化之物，而是使人止于感性具体去认识自身，抽象社会形式剥夺个人自由的现实是利己自私的个人主义充斥于文明世界，个人和社会不达到理性自觉的统一，人不文明亦即社会不文明。从抽象的社会形式和普遍人类文化相统一中，从抽象社会文化对现实人的生存意义中，才能最终对人和社会得到具体统一的理解。

三、人和社会统一于具体即个人

在人的社会历史理论中，把社会理解为个人的抽象形式结构是必要的，但仅此还是不够的。因为在抽象社会形式中的人既可以是抽象的人，也可以是具体现实的人，既可以是感性的具体人，也可以是理性统一性意义的具体人，可以是文明人也可以是自然人。在传统的社会历史理论中，把人的世界理解为社会历史领域时，把社会作为人的社会，把人当作社会中的人是最起码的，也确实是大多数社会历史理论的基本意义。但为什么在这种合乎逻辑的起点上各种社会历史理论并不一定达到对人理性统一性的理解呢？因为起点上的合逻辑并不能保证结论达到理性统一性。传统理论的局限性并不只是由社会去剥夺个人，把抽象社会形式当成高高在人之上的抽象实体，更主要的是同时把现实的人理解成只是感性具体的个人或抽象共相之人。把人从具体感性认识中抽象为一般普遍的共相概念，并用一般的人的抽象概念去否定具体的个人，把个人总是理解为感性具体存在物，见人而不见个人的理论是社会控制和剥夺个人的社会理论的主要表现形式，成为近代社会历史理论的最大误区。人只停留在抽象之中就失去人的现实意义，同样是人的异化。

张尚仁老师在《最抽象的哲学何以最敌视抽象》一文开头写道："1990 年，《中国哲学年鉴》在《中国哲学界学者简介》栏目介绍我时，要我提供一条自己最欣赏的格言，我提供的是黑格尔在《哲学史讲演录》中说的，'哲学是最敌视抽象的，它引导我们回复到具体。'"[①] 从知性普遍抽象回到理性统一性具体理解才是哲学认识人的世界的本质意义，科学抽象只有在对具体存在的理性统一性理解即人的技术性生存中才获得真实的意义。世界统一性原理把人的世界理解为最高最普遍意义的统一性世界，追求对人的认识从抽象回复到自己的具体存在本身，在具体现实中赋予个人的最一般的抽象本质以现实的存在价值和意义。社会历史理论把人理解为社会有机体的社会细胞是不合逻辑的抽象；把社会抽象形式中的人只理解为具有人的普遍本质意义规定性的人也只是达到知性普遍性抽象。如果不从抽象的人回复到具体现实的人，人的抽象本质就没有现实意义。具体现实的人是个人，不是一般的抽象人，人理性地"认识你自己"就是要从具体的感性现象存在中的个人出发，抽象出人的普遍的本质，并由这种抽象的普遍本质规定性回归到具体现实的个人中，个人就从感性意义上的多样性存在变成具有普遍人的本质规定性的存在，人就从感性的具体成为理性的具体。知性的普遍抽象只有从普遍回复具体，从知性回归理性的认识中才能获得现实的意义。因此，人类认识自己的最高阶段是把人理解为理性统一性意义上具有人的普遍本质意义的个人。人只是一种共相抽象，只有从人回到个人才回复到现实，才有具体意义。由此，我们才可以说人是世界中最高的统一性存在，人的世界是最普遍意义的世界，人就是最普遍的世界，每个个人就是最普遍意义的现实世界，是能量世界、物质世界、生命世界和文化意义世界的具体的统一。世界并不遥远，并不神秘，只要我们从抽象回复到具体，就有可能智慧地了悟到“我思故我在”的智慧之丰富意义。

人是世界最普遍意义的统一性存在。我们对人的理解，我们陈述中的“人”的意义是多样性的统一，在不同情境、语境中具有不同意义。人的特殊性在于它不是纯粹现成的东西，它是具有主体创造本质，具有自由意识的存在。人的内涵和意义又取决于人的自我意识和对自己的认识本身，取决于人对自己的认识和理解。并不是说人将自己意识和理解成什么人就是什么，那等于把人视为纯抽象的主体、抽象主体实体了。但另一方面，人是什么并不是与人的自我意识无关的纯粹客观性意义认识，那就把人仅理解为客体，把人当成物了。人是物，但不只是物。人是物，人物可以有单纯物的理解，也可以作文化和自然相统一的理解。这正是人是什么的复杂之处。因而对人而言，“认识你自己”就具有神喻的深刻而重大的意义。但是，无论如何复杂，从逻辑上看，从认识论的意义考察，人的概念意义无外是感性、知性、理性的理解，我们用人陈述时所指称的人必定具有其中之意义，并且理性是包括感性和知性于其中的统一意义。对人的感性认识是对人一切认识的基础，没有感性认识就没有知性和理性认识，没有具体现实的感性存在就没有感性认识，感性认识是以感性具体存在为对象的，人作为感性认识的对象就是能由人感官经验的具体的个人。个人是人的认识的基础，对个人的感性认识是对人的一切认识的逻辑起点。但只有感性认识时个人还只是自然生命世界意义上的存在，是自然人，是生命大千世界的万物之一，本质上是由生命物种的自然遗传基因编码决定其生存方式和过程的存在。人的自然生命在世代延续中同样世代重复，一些变迁只是在自然选择适应性进化意义上的变迁，这时的人还没有走出自然界，还没文化为域中四大之一，不是来自生命世界，在生命世界之中，本质上又超越了自然生命的文化的存在。因为感性认识是自然认识，没有上升为具有普遍性类抽象意义的文化知识，人在感性意义上以遗传编码本质规定性支配的自然生存方式决定了人本质上还只是自然生命，人还只是在生命世界之中，还没有步入社会历史文化的文明世界，人就还是伊甸园中的亚当、夏娃，处于卢梭抽象的“自然状态”，没有文化，没有文明，没有历史，更没有平等或不平等的善恶，没有暴力或非暴力的文明。丛林法则、弱肉强食是自然生命世界的律令。农夫救蛇反被蛇咬，东郭先生救狼后差点被狼吃掉，农夫和东郭先生作为超越自然的文明人有问题，但蛇和狼是没有问题的。自然生命按自然本性生存，自然生命世界是无价值、无善恶、无目的的事实世界。

从个人到人的认识的产生是人类社会文化的产物，是人走出自然界的产物，同时它就是人类、就是人走出自然界本身。人是从具体个人感性自然认识基础上的普遍性抽象，当人学会用人的类普遍概念而不再止于你我他时，当有类的概念去抽象多样性具体个体的普遍本质时，在思维认识意义上就从具体感性上升为普遍的抽象。当然，普遍抽象的成型、积累、传递是以文字符号为工具、为标志的，抽象意义的普遍性在文字载体符号中才真正从个体意识上升为类的普遍意识，人类才进入文化的社会历史进程。人作为概念是从具体多样性的个人存在中抽象出来的，它是一种共相，是具有共同本质规定性的类存在。为什么我们把自己称为人，把自己和自然生命区别开来，把自己和想象中、搜索中的地外智慧生命共同称为人呢？人本质上不再是物种意义的共相概念，而是以智慧、文明、文化为普遍抽象类本质的存在，具有文化的一切具体生命个体就是文明人。我们把人理解为社会人，甚至把人的本质理解为一切社会关系的总和的时候，人就是普遍抽象意义的共相概念。社会是人的社会，人是社会的人已经表示人和社会统一而不同一。世界统一性原理把社会理解为人普遍意义的抽象形式结构，人就是具有社会历史文化普遍本质的存在，是一种抽象的共相概念。文化作为人的普遍本质，只有在社会这一形式结构中，在不断的历史传承和创造中才能成为现实，人类就是社会历史性的存在。具有普遍社会历史文化本质的个人和只在自然感性意义上的具体人具有本质的区别，这也是人和动物的区别。

人给自身的最高统一性定义是智慧生命，是在生命世界中依靠智慧去生存的最高级存在。智慧是文化最高统一性的概念，是文化世界的完美境界。从具体感性的个人中抽象出普遍的人的规定性，把人理解为具有普遍社会历史文化本质或所谓一切社会关系总和为抽象形式的类存在，人就成为普遍的人类。甚至有人认为人就是社会，社会就是普遍的人的本质，社会就是普遍的人的规定性本身，人对自身本质的理解使人在文化意义世界中超越了自然界。但人对世界及自身的抽象即建立普遍知识只是人文化生存的中介阶段，文化进入普遍抽象还没有完成它的使命。只是知识的文化并不存在，因为只在抽象意义上的知识没有回归具体客体，并没有真正的意义，因此仅知识本身并不是一个完整而现实的意义世界，普遍知识只是构建意义世界的中介。对人的抽象本质认识一定要回到具体，从抽象认识回复具体中获得现实意义，这就是智慧。哲学之为智慧就在于它不是抽象知识，而是从抽象知识出发去统一性地理解具体现实存在的智慧，这种智慧的最深刻意义则是“认识你自己”，得到对自身存在的统一性理解。世界统一性原理把人理解为世界最普遍意义的存在，世界统一性的最完整意义就是人的统一性。人在社会形式中构建自己的普遍文化本质，人和社会的统一从抽象回复到具体就只能统一于具体的个人。离开具体个人，社会历史、文化本质失去意义。社会之为社会，文化之为文化，并不在于人、社会，文化并不是一个在世界中进化、生长出来的另一种具体东西，而在于它是现实、具体的人现实生存中的一种思维、认识、意义中的一种抽象，并且这种普遍抽象改变了人的本质，改变了人的现实生存，使人类走出了自然界。社会形式、文化本质、社会文化多样而统一的现象都在具体的个人中，在改变人的生存方式中产生了现实的意义。如果社会形式的作用、人的抽象文化现象及本质不是在具体个人身上实现，那么它就和人无任何实际关系，那就不是人的社会、人的意义世界了。离开具体的人没有普遍抽象意义，人在抽象社会形式中建立了人的普遍历史文化本质，人的普遍历史本质的意义就是使生物意义上的具体的人变成了具有抽象普遍社会历史文化本质的个人。人和社会的统一，人的普遍的社会本质、多样性的社会文化现象，统一在具体的个人的现实的社会生存活动中，体现在社会历史过程中。社会历史过程的抽象是从个人的现实生存中来的，个人的现实活动就是社会历史过程，个人就是世界，就是文化，就是社会历史，个人就是人类，个人不再只是禽兽。人和社会的统一就统一在个人的具体现实存在中。人从蛮荒中走来，原始人在感性意义上是具体的，文明人在感性意义上也是具体的。在感性具体个性意义上每个个体是多样性不同一的具体存在，原始人、文明人都是感性多样性的个体，从感性具体来看，没有普遍的本质，没有本质的区别，多样而不统一。但在理性统一性意义上，原始的个人和文明的个人是有本质区别的，因为它们具有不同的本质，原始人只是由先天遗传结构编码决定的物种意义上的存在，文明人却是具有普遍文化本质的存在。在文明社会中的人必须接受社会文化，构建起自己普遍的文明人本质，才能够在社会中现实地生存。文明社会没有现实、真实的自然人，从野蛮、蒙昧而进入文明社会，个人在感性意义上还是一个个多样而无统一性的个人，在理性统一性意义上文明人和原始人却是具有不同本质的人，在感性意义上同一，在理性意义上不同一。理性意义包含了普遍的本质于感性具体个体之中，这就是现实的文明人，人就是理性统一性的存在，是具体个体性和类普遍性相统一的存在。人和社会相统一的存在作为理性具体的存在是具体的个人，但不是感性的具体，而是理性统一性的具体个人，包括了社会历史文化普遍本质的现实的文明人。这就是理性的智慧，人就是在理性统一性意义上最高的存在，人可以理直气壮地称自己为万物之灵，因为人就是世界最高的统一性本身。

把人和社会统一于理性具体个人才能合理地解释人是自由和必然相统一的存在之意义。必然是对世界的普遍抽象规律知识的认识，自由是人基于普遍抽象知识结合特定具体边界、初始条件所做的文化选择。必然是在抽象本质意义上的，在人的世界中和社会形式中同样是抽象的，社会文化知识是抽象普遍的，人们根据社会文化知识去选择符合人目的的具体生存活动就是必然和自由的统一活动，就是人在自由选择活动中实现自己主体性目的的过程，也是具体的人的生存活动过程。自由选择是有主词的行为，具体的个人是自由选择的真实承担者。所谓社会选择、文化选择是在抽象普遍意义上的，它指的是人及文化知识的普遍意义，这些社会、文化普遍抽象意义上的选择最终只能在具体个人的选择活动中才成为现实，才实现其普遍性意义。自由是个人的选择，只有在必然性普遍抽象知识基础上的个人自由选择才叫自由，才能实现人的目的性。没有必然普遍知识就没有自由基础，没有具体个人的文化选择活动就没有自由和抽象普遍必然性相统一的具体实现。人和社会只有统一在理性具体的个人中，人作为自由和必然相统一的存在才是有根据合逻辑的。

自由和必然在现象中的冲突表明人类文化对人的具体理性理解是缺乏智慧的。我们说人的时候，未必包含具体的个人，我们说具体现实的个人时，未必是对个人做理性具体统一性个体的智慧理解。人是具有主体自由本质于自身的存在，不只取决于 DNA，不能只看人长得多高多大多俊多美，还取决于人的本质和内涵，即人的文化。人对自身认识就是人的最根本的文化，人对自己的认识达到什么水平，人的普遍的社会文化本质就达到什么水平，这是人的主体性无限本质和动物有限主体性的根本区别，也正是人“认识你自己”的根本意义。只有对自己本质及具体统一性得到充分、自觉认识的时候，人才是理性具体统一性意义上的完美的存在，才达到理性的自主觉悟。人不是物，人的本质不是自在的、必然的、机械的客体，人的本质达到什么水平取决于人对自己本质认识的自觉性达到什么水平。从这个意义上看，人的自由解放的发展是从不自觉走向自觉的历史过程。从历史性意义看，人类文化对人的认识是需要不断发展的，要从感性具体人、知性抽象人达到理性具体人的水准，把自己理解为理性统一性的具体存在，把人和社会统一在个人的现实生存中。

人的现实是具有自由主体性本质的具体的个人，我们的文化却弥漫着反对自私自利的个人主义，弘扬公而忘私的集体主义精神的传统。我们文化中的社会、国家、集体和个人是冲突、分裂的存在，集体主义和个人主义是直接对立且非彼即此的，社会、国家、集体具有比个人普遍的本质和意义，个人只是在社会意义上无回天之力的无可奈何的存在。把集体主义和个人主义对立起来，把个人自由和社会性的协同有序性、高度组织性对立起来，这反映了两方面的问题：一是我们把社会理解为有机体，把个人理解为构成社会的细胞，个人失去人的普遍自由本质，个人成为客体，普遍意义的人的本质则只流于抽象。二是我们把个人只理解为感性现象意义上多样性而无统一的个人。个人主义被理解为不顾人类和社会普遍利益，只为个人自私自利的欲望生存和行动时，个人就是感性现象意义上的个人，是还没有社会普遍本质觉悟的理性的个人。把个人主义理解为和普遍的社会形式及文化相冲突，和其他个人相冲突的根据就是人只是感性自然具体个人，不是理性具体统一性的人。这些理论的信仰者其实一点都不高尚，把每个人理解为一切个人的敌人或竞争者的人本身就是极其狭隘和自私自利的，否认其他个人的理性统一性的社会历史文化本质，他自己就只是一个还只把自己理解为丛林法则下弱肉强食的自然存在，把自己当成狼，把一切人当成竞争的狼或可用之绵羊。这是人的世界中产生出人是个人对所有个人战争的归纳的原因。在原始野蛮人、野性动物意义上确是如此，这就是必须反对个人主义的理论根据。在此意义上，个人主义只有在感性个人意义上才是成立的。但只在感性意义上的个人主义却是虚幻的，那是一个无善恶价值的世界，又何来反个人主义之说？在具有善恶美丑文化价值判断中，从感性动物意义去扬起反对个人的旗帜是对人的尊严的侮辱。反对个人主义并不是高尚的人格，只是人类对自己的具体理性统一性无知无自觉罢了。反对个人主义无论在理论上、逻辑上、社会历史现实上都是不高尚的，把个人主义理解为自私自利是狭隘的、抽象的，只从利己去认识个人主义的人本身其实就是彻底的利己主义者。

用集体主义去否定个人主义，把人的世界理解为决定论的客体世界，非此即彼的知性世界，社会、国家、集体决定和支配个人实质只是抽象，奴役个人的是个人，人和社会只有统一在个人中才有现实意义。一个只对国家、集体负责任，对个人没有责任的社会只是谎言，社会、国家、集体、组织只是抽象，不是实体，任何组织结构都必须有自然人担任法人代表才是真实的，否则只是天方夜谭。一切普遍抽象形式只具有中介关系，最终必须在中介关系中，包括在自己以自己为中介中返回到具体个体才获得现实性。任何集体、国家、民族这些抽象最终必定回复到现实的个人，那些以抽象普遍本质关系构建起来的个人才是理性具体存在，没有集体、国家成为现实的存在者。把抽象的社会当成现实的有机整体，把人当成抽象的社会原子实体，根本就没有尊重个人，不尊重个人就谈不上尊重人。人类社会历史发展、人的文明历史是在个人的文化进步中实现的，集体的发展是在个人的发展中成为现实的。集体从抽象回归到个人才有意义，才是回归具体和智慧，才能把人理解为具体理性统一性智慧的人。在感性具体水准的个人主义是禽兽本质的利己主义，和个人主义无关的集体主义是纯粹无意义抽象，回归自觉理性的个人主义才是完整的，它是以集体主义为中介回归现实个人的。现实中集体主义是个人主义的本质，它是对利己的感性个人主义的扬弃，是个人从感性具体进展到理性具体的中介。只局限于反对个人主义的集体主义，表明了人类自觉理性水准之低。个人主义的统一性告诉我们，人类的文明进步是在理性个人中实现的，没有个人进步就没有历史进步，没有个人主义的胜利就没有社会主义的胜利，无产阶级必须在解放全人类意义上解放自己，人的世界的统一性原理就在于此。

文化世界是真、善、美统一性的，人和社会统一于具体个人首先是具有存在论意义的，并不只是认识意义。认识是文明人存在论意义的，对个人理性具体的认识不足，现实中人的理性存在就不完美，对个人主义局限于感性具体理解导致的是人的现实生存的异化。中华民族对社会历史的朴素感悟是“人不为己，天诛地灭”，但并没有通达它深刻而圆满的理性具体意义。执于感性具体，对之的理解其实是二律背反的。中国人通常把“人不为己，天诛地灭”等同于西方文化的丛林法则，把人对人是狼作为人类社会准则是不符合中国传统和文化的，更无法解释社会现实，故这种利己主义是文明人所不齿的。在中国传统文化中，利己不利人是被鄙视的，最高尚的是毫不利己，专门利人的绝对境界。这种朴素的感性体悟是符合文明的价值观的，但仅限于这种朴素理解又是远远不够的，不只现实中很难做到毫无利己，最关键之处在于感性具体中人和己是分立而不统一的，专门利人己就会失去存在的根本意义。比如说，按此逻辑近代启蒙运动人的价值就在人本身展开为己的价值就在他人本身时，还有人的自由解放的意义吗？在感性具体意义对“人不为己，天诛地灭”肯定还是否定都无法自圆其说，与其说是朴素的，不如说是抽象的，毫不利己专门利人只是基于文明价值的乌托邦之梦，离现实世界很遥远。

从理性具体观点看，“人不为己，天诛地灭”包含着从自然到文化、从人的普遍抽象精神文化本质到理性具体的现实个人的丰富而具体的统一性意义。现实个人是主客体统一性具体存在，自然生命是人之为具体存在的根据，是人得以现实存在的前提。“人不为己，天诛地灭”首先是人的自然生命存在的真理，生命的基因性本利己，不利己生命无以创生，更无法生存，这是必然性的自然法则。在玄学的世界统一性理论中，天是物质统一性世界，地是生命统一性世界，地法天即生命必须以遵循物质客体必然性演化规律为前提，生命是物质结构复杂性演化本身进展到连续不可逆绝对运动的复杂时空性统一性结构而产生的，生命是在可能性特定环境条件区间主动选择环境去实现最大可能性的现实存在，实现最大可能性的最优生存选择就是基因是自私的。基因不自私就违反了天条即物的必然性规律，生命就无以存在，故结果一定是天诛地灭，这是“人不为己，天诛地灭”的自然统一性意义。但是，人不只是自然，现实之人是自然和文化相统一的存在，“人不为己，天诛地灭”不能止于自然意义，必须进展到文化本质和理性具体意义理解。人和社会统一于现实个人的具体理性意义在于人不只是感性自然物，而是以普遍社会精神文化为本质的，是在社会这一基本生存单位中依靠文化选择去现实生存的。在社会历史文化本质意义上，人和己是统一的理性具体的个人，人的本质、己的本质不是自然生命，而是人类理性，人之为人的根据和第一原因是理性而异于禽兽。人之为己若只为感性私欲，那就是禽兽，自觉追求理性本质的升华才是理性自觉的人，故曾国藩说，人不是禽兽就是圣贤，就是基于这种感悟而发的。执于感性具体似乎人和己统一于个人很抽象，但理性地看，中国传统文化中万般皆下品，唯有读书高的朴素感悟，当代知识社会形成的教育为本、教育先行的信念，国家领导人期望、倡导全社会来关心未成年人的成长，其实是形而上的基于人和己统一于个人的信念为前提的。把每一个下一代培养为有理想、有觉悟、有文化的人的意义是为己又是为人类，理性的人和己统一于每一个理性具体之中。从本质意义上来看，人之为己是理性意义之己，追求自觉理性是为己又是为人，达到自觉理性境界就无应再执着于感性具体之抽象的毫无利己专门利人，前提在于不能把利己和丛林法则等同起来，把人等同于禽兽。我们提倡毫无利己的意义是克服感性之损人利己的个人主义，但进展到理性才是更高境界，才对人的目的就是人本身通达具体理解。共产党人的理想和信仰是共产主义大同世界，共产党人为共产主义奋斗是为自己的理想奋斗，是为己，也是为人，是为人本身，而这是理性才能通达的境界，用感性具体是无法觉悟共产主义的。老子说圣人无私故能成其私的意义在于，圣人由于扬弃了感性的利己主义，进入理性自觉境界，成为人类理性意义的完美的个人。在理性意义上，个人主义的境界就是人类文明史的现实境界。

人是文化和自然统一性存在，“人不为己，天诛地灭”应从主客体统一性去具体理解，即既包含感性生命又基于理性文化本质去理解，不能把“我为人人，人人为我”当成抽象的乌托邦，而是每个文明人的现实生存本身。在理性意义上，“人不为己，天诛地灭”的深刻意义在于，如果人和己在理性本质意义上不统一起来，不只人类社会缺乏理性，人的文化和自然也无法统一，人类也不会有持续发展的未来。为什么人类面临可持续发展的危机？执于感性未达自觉理性所使然。

人的概念是最高统一性的，它五味杂陈，人作为理性存在的本质包括认识你自己于其中，偏偏最难理解的是具体统一性的理性人。近代启蒙运动的著名口号“人的目的就在于人本身”，这口号所指向的人是同一符号不同意义的概念，否则就是无意义的同语反复。人的目的是普遍抽象意义上的人，人的目的是包含人的普遍主体创造本质的，目的指向的人本身之人则是从抽象回归具体的个人，这才是近代人的自由解放战斗宣言的合理理解。人本来就是由普遍本质构成的具体的个人，社会之为社会就在于它把个人协调为群体去实现个人的目标，复杂社会的统一性何以统一则是更具体的命题。

第三节 人和社会统一的协同机制

一、从历史文明到社会协同

文明是人类文化的核心价值概念，人类作为无限主体性存在的自我意识的标志之一就是把自己理解为文明的存在，把人类的历史进步理解为从野蛮走向文明而且越来越文明的过程。不管对文明如何理解，人类把自己的历史、现实、未来的理想归纳在文明的普遍价值意义之中，把人类历史叫作文明史，把理想大同世界理解为最高的文明。因此，世界统一性原理把文化理解为人的普遍本质，把文明理解为文化的本质价值和意义，把社会历史文化回归人不断自觉追求文明的进步过程。

文明是人类普遍的价值尺度，它渗透在人的一切现实社会文化活动中，从国家、民族、历史、家庭、伦理到个人的言行举止，都可以从文明这一核心价值去思考和评价。文明又是高度抽象的，是和主体价值判断相联系的。高度普遍抽象的主体目的性价值判断和知性普遍抽象规律的本质区别在于，规律的陈述是客观普遍有效的，价值判断则不具有客观普遍必然性意义，只能对之作统一性理解，并且这是抽象统一性。因此，文明没有客观标准，对一些现象性的文明标准比如人的言行举止容易建立相对统一标准，对于普遍而抽象的社会历史的文明理解就复杂得多了。最简单的例子就是卢梭和百科全书学派的分歧，前者认为人类历史是由于私有制不断发展因而道德不断堕落的过程，伏尔泰等百科全书学派则把人类历史理解为文明和理性不断进步的过程。两种观点虽泾渭分明，但都有合理之处。更典型的是马克思对资本主义社会的评价。马克思一方面肯定资本主义历史发展对反封建神学统治的历史进步意义，肯定资本主义工业化大生产带来的社会生产力的革命，从而推动了社会历史的巨大进步；另一方面又无情地揭露了资本主义下人被异化被奴役的本质，人沦为劳动工具，成为被剥夺和奴役的对象，资本主义把人对人的压迫和剥削发展到新的阶段。资本家追逐利润和剩余价值为最高目标同样使自身异化为物质利益驱使下的物的存在，资本把活生生的工人变成资本逐利的工具，资本主义制度下一切人都在资本的支配下异化而失去了人的本质。因此，全世界无产阶级者必须联合起来，推翻吃人的资本主义制度，使人成为真正的人，成为文明社会的人才是真正的人。马克思对资本主义的价值判断并不矛盾。对资本主义价值判断不是非此即彼的，而是抽象统一性的，不同的侧面的统一才是统一的评价。从卢梭和马克思的社会历史文明价值评价中，充分揭示了在普遍抽象社会历史意义上文明价值评价的复杂性。随着近代以来科学的不断发展，在人类不断走向全球化过程中，社会历史具备了更加宏观的本性。在全球化使社会成为人类社会的今天，如何理解人类社会文明的统一性意义，并不是一个简单的概念及理论问题，而是关系到进入全球社会的人类世界的文明路向何方的问题。人类历史是人自己主体性的有目的的创造，没有必然性决定人类文明进程的方向。人类文明的现实是如何在现实的历史进程中自觉走向更高的文明，没有上帝在冥冥之中指引，没有必然性规律在宿命中决定，一切由人类自己承担，这就是“要创造人类的幸福，全靠我们自己”的真谛。社会历史文明不是思维中的抽象，而是人类具体现实的生存情景模式。对社会历史文明的理解如果只陷在抽象理论中，陷在非此即彼的争执中，人就不是自觉的存在，人类社会历史就不会有文明而光明的未来。

文明是人类对自身文化现象的价值评价和追求，多样性文明现象的统一的本质规定性是非暴力的合作，对人和人的关系而言是分工合作中共存，对人和自然的关系而言是和环境和谐共存。文明的非暴力本质表明文明同样是人走出自然界的标志。在自然丛林法则和自然选择支配的生存形态中，没有文明，只有胜者为王败者为寇。人进入文化生存则产生了文明价值判断问题，人所追求的最高理想、目的和价值就不再是征服而是以和平非暴力的自觉合作去实现自己的追求，文明作为人的文化的本质就同样标志着追求非暴力中合作共存的人在本质上超越了由丛林法则支配的自然生命。或许有人对此有所怀疑。人类历史文明吗？有人把人类历史理解为文明史，但同样有人把人类历史理解为不断的征服，征服者不断的胜利，其实是胜利者即强者对弱者的征服杀戮的历史。胜者王侯败者寇，强权就是公理，历史是由胜利者书写的历史，这一切不都在意味着人类文明史同样是丛林法则支配的历史吗？中华民族近代史的最精辟归纳是“落后是要挨打的”。当代人们发现，所谓文明民主国家之间的战争更加残酷无情，这不都是文明人依然由丛林法则支配的证据吗？对此，必须指出，对人类社会历史文明的评价是一个具体统一性命题，不是抽象的非此即彼的真伪判断命题。人类社会历史是从自然社会向文化社会发展而来的，文化和文明是文明人的抽象本质，不是有一个具体的文明人类或文明社会将原有的自然社会消灭后取而代之。自然社会还在，但不再是人类社会的本质，文明史的人类社会在现实中是自然和文化相统一、自然史和文明史相统一的。但我们之所以认为自己走出动物界，其根据就在于自然法则在我们的现实生存中只是基础，不再是本质，我们的本质是追求文明即非暴力的社会合作以及与环境友好中去生存。我们现实中有暴力，我们的祖先就是从纯粹丛林法则的暴力生存中自然而然地过来的，这种先天动物属性是我们生存的基础，但我们在文明史中要超越它，我们越文明越进步，离自然野蛮生存就越远。人类社会历史之所以理解为不断进步的文明史，就在于人类在文化选择生存中在不断地远离原始暴力，向着更符合和平合作共存的方向前进。我们在人与人之间，在一个团体之间，在国家、民族之间，已经有了自己的伦理规则，人大多数情况下已经有文明的规则来协调个人之间的合作和行动，把个人目的和社会目的协调一致。即使国家之间，人类还没有达成国家社会内部那种文明的基本规则去共存，但现代社会肯定比斯巴达时代的国家关系要文明得多，国家之间不再是纯粹的征服、掠夺和掳掠奴隶。当代国家之间尽管无文明规则约束协调，但大多数情况下还是追求在和平共处和合作共存的原则中生存的，碳排放问题的国际协调就是人类文明的伟大进步，既是人和人之间，国家和国家之间关系的文明进步，也是人和自然相处的重大文明进步。人类国家之间的争端已经不再是单纯靠手和牙去解决的时代了。人类为什么能朝着非暴力的文明目标去创造自己的历史？最根本的理由就在于按文明的非暴力合作共存方式去文化生存是文化人类的形而上的本质，人的历史是具有主体自觉目的于其中的历史，不是自然史。历史是人类创造的，人类文明史只能从人的文明追求去最终理解，从一代又一代人连续的文明追求去理解，据此我们才有充分的理由说“文明史”。

人类文明史是在对文明不断深刻不断具体的认识中发展的。当代我们对文明的理解当然不只是抽象的价值判断，它就在我们的现实生存活动中，文明史是具体现实的进程。我们对自身的自我意识和反思不能离开文明的普遍而基本的价值标准，人的追求不能偏离文明的目标，否则就没有资格称为文明人。当一个国家领导人评价自己国家民族近百年发展史时，坦诚大部分时间偏离了人类文明的康庄大道，这体现了知耻近乎勇的勇气，亦说明文明的普遍价值已经深入人心，对文明的认识已不再停留在多样性现象或抽象理论上。从人和社会统一在个人的社会历史文明发展观看，当代人类对文明的具体理解的进步首先表现在把文明这一普遍价值从价值追求的目的和实现目的追求的手段相统一去理解。人的价值意义世界是无限主体性为本质的世界，文明不会从天而降，不会先天地必然地被决定，它是人类自我意识自觉追求的结果，是人的主体创造性的现实实现，人对文明的追求是人类文明的第一个前提，人类文明一定是在自觉的文化选择中实现的。人追求人类社会历史文明进步的目标在具体人的文化选择生存活动中才能成为有意义的目标，成为现实的文明史。人类社会历史中人是文化和自然的统一，是目的和手段的统一，人的目的就是人本身，人的目的靠自我努力创造去实现意味着人又必须把自己作为文明的手段。一个社会的文明进步的真正现实是社会中个体的文明和进步，社会进步的现实结果和个人相脱节是异化的社会，病态的社会，是一部分人剥夺另一部分人的社会。一个社会以牺牲部分人的利益，使部分人只变成社会历史文明进步的手段是悖论，那是文明的退步，是卢梭所抨击的随私有制增长不平等同步增长的道德沦丧和退步的社会。用遥远的文明最高理想去剥夺现实的人发展和进步，把现实的个人变成远大历史目标的工具也是一种异化。马克思主义的伟大理想是在人的不断发展和进步中走向最高境界的。如果现实的人的生存和活动没有在目的和手段相统一的意义上体现了社会进步，个人的进步那也是抽象的进步，也是人的文明的异化。为共产主义崇高的理想奋斗的意义是理想和现实相统一的，是人类社会和现实个人相统一的，这就是人和社会统一于现实的个人的意义，也是文明史目的和手段相统一并且统一于个人的意义。现实社会历史发展的最大悖谬是个人把一切责任和原因归结为社会，把自己理解为在社会之外的、无社会历史文化本质的原始存在，这是资本至上社会中，人在经济利益至上的生态中失去一切道德底线的思想根源。每个人都把自己置身社会之外，哪来文明社会！有学者撰文认为社会进步既要社会进步，同时也要个人进步，这只说出了一半道理。社会的进步本身就是个人进步，没有不断进步中个人堕落的社会。当我们惊呼社会一次又一次突破道德底线时可否想到，这种道德底线的堕落既是社会的又是个人的。这就是社会主义、集体主义最终统一于个人主义的理由，是文明和进步是个人文明进步为标志的理由。一个个人坐享社会文明发展成果的社会是不会走向文明进步的。文明不是天上的馅饼，当人类走出自然界之日起就意味着每个个人自由存在的普遍而深刻的社会历史意义。

当代人类对历史文明进步的具体理解的另一个体现是已经开始从抽象的文明价值判断走向价值判断和事实判断相统一的概念去具体理解文明的意义，从主观价值判断深入到主客观相统一的意义去具体理解文明的意义，其现实认识成果包括在主客观相统一意义揭示社会文明的协同社会概念。协同是组织系统结构意义的技术性陈述概念，本来意义指构成复杂系统结构之间为共同系统目标按既定结构过程展开的有条不紊的协作，在有序的分工合作中实现系统整体的目标。系统之为系统，系统之所以叫作整体就在于系统结构之间是协同的，是浑然一体的而不是叠加的，各个部分之间不可分割的联系和统一作用产生出了超越各个部分本质的系统整体本质。协同作用是复杂系统内在的作用机制，没有协同作用就只是集合不是系统。协同是对系统作具体分析的重要概念，因而它对理解人类社会复杂抽象形式结构具体认识有具体现实性的作用。协同的概念不是在对社会历史规律或文明进程的一般抽象思考中引入社会历史领域的，在社会历史学家、思想家、政治家看来，协同并不登社会历史的大雅之堂，并没有揭示社会历史文明进程的一般普遍意义。协同概念是在实证社会学研究中引入人类社会领域的，社会学的实证性、经验性研究并不登普遍的世界形而上学思考的大雅之堂，人类文化形而上和形而下相分离甚至分道是坏的传统。社会学的经验实证性，人类社会历史的连续不可逆性对实证研究的限制，使人们没有从具体的社会协同去理解社会文明的普遍意义，甚至在我们国家，社会学曾在相当长的历史时期被扫地出门，更不要说社会学的协同概念被认识和认同了。人类社会历史理论如果只是抽象的，离开具体的社会现实，在社会抽象原则中，在形而上学主义和理想中，根本就不可能得到形而上和形而下相统一的理解。世界统一性原理坚持文明是人类社会历史的具体现实进程，它必须从抽象、普遍的文明价值判断和追求返回人的社会历史现实过程中去理解，在形而上和形而下相统一的意义去理解。社会学的协同社会概念及其对人类社会的实证研究和归纳，是人类社会历史文明价值判断的具体化，对于具体理解人类文明的统一进程，具有深刻而具体意义，比起那机械抽象的“社会合力的平行四边形法则”不知道要高出多少倍。

社会学的协同社会概念是社会学家对现代尚处于从原始社会向文明社会过渡阶段的部落社会研究时归纳出来的实证性概念，这里的社会并没有达到我们通常“世界”意义上的普遍性的人类社会，而是处于以自然血缘为基本关系的半原始部落的具体社会。只有这种意义的具体社会才有“社会”意义的实证性研究。在对不同半原始状态的部落的社会学比较研究中，社会学家使用了协同社会概念，用高协同社会和低协同社会对社会文明程度进行评价。社会学家用系统结构中部分之间的协同关系引申以描述社会群体关系，首先把社会理解为人的关系结成的形式结构，一个系统结构的组成部分一定是分工合作，即一定是起协同作用的。协同社会概念的本质和意义是什么呢？社会学家的高协同社会和低协同社会的根据和意义是什么呢？按照协同社会观点，尽管每一个形式的社会结构一定是分工合作的整体结构，即社会和协同同一，没有协同就没有社会，但现实社会是具体多样的，它的多样性可以从协同的程度去评价和理解。一个协同的社会生活共同体可以是高协同社会，也可能是低协同社会。按照抽象的社会性理论，高协同社会是社会性已经充分发展了的社会，低协同社会是人的社会性还没有充分发达的社会，但这对协同社会的理解远远不够。协同社会概念的本质在于它的统一性关系之中。任何一个社会都是基本的不可还原的基本结构，任何个人的行为只能在此结构形式下才具有人的本质和意义，才是现实的人，才能在其社会中现实生存。但一个社会作为分工合作协同运动的系统结构，它作为由人的现实活动和关系构成的结构形式，对个人的意义是不同的。按照协同社会概念，社会并不是在个人之外的东西，它就在于个人的现实存在之中，一个社会的协同机制是其社会制度文化的安排本身。如果社会普遍目的和大多数个人的目的相一致，社会实现其目标同时也是实现大多数个人的自觉目的，它就是一个高协同社会；如果它靠少数人强力意志去强迫其他人协同行动，社会的安排就和大多数人目的相冲突，这就是一个低协同社会。由此可见，协同社会概念对一个社会远离暴力的文明进程的研究，对理解人和社会统一于个人，是具有现实意义的。把协同社会概念从原始部落社会扩展至普遍人类社会的统一性思考，具有现实而具体的意义。

二、社会协同概念的普遍文明意义

社会学家实证意义的协同社会概念能否上升为具有普遍意义的人类社会历史概念？从普遍人类社会意义角度，协同社会或社会协同概念的本质和意义是什么？这是需要从世界统一性逻辑和原理去考察的命题。历来的学问传统中，形而上的哲学理论和形而下的实证研究之间是有距离的，甚至是分离的，把社会学实证概念生搬硬套当成普遍人类社会历史理论，最终结果往往是成为所谓庸俗社会学。社会学是西方近代才发展起来的学科，社会协同概念也是西方社会学家的成果，但西方哲学还活在柏拉图的纯粹抽象形而上学形式的认识论中，还没进展到主客体统一性的人生智慧这种最普遍元哲学水准，社会协同概念就没有进入人类普遍文化视野，其局限性不只是哲学止于抽象无人类智慧之现实意义，更根本上是社会协同这些最普遍意义的人类社会历史进程的基本概念没获得人生现实智慧意义，文明史没进展到人和社会统一性的协同合作共存过程的具体理解。形而上和形而下如何统一是人类文化的现实问题，也是世界统一性原理追求的目标。在最具普遍意义的人的世界中，统一性原理把社会协同作为具有普遍统一性意义的社会历史领域的概念，是文化社会文明本质从抽象到具体的进展，那就必须深入挖掘它作为普遍人的社会历史世界概念的理由及统一性的具体意义。

把协同社会概念从实证社会学研究归纳为普遍人的世界陈述概念的第一个理由是人类社会的历史性。世界统一性原理既反对把社会历史理解为自然史，同时也反对用人的自主创造以外的任何外在理由去为人的存在提供根据。世界统一性原理的人的世界理论是历史主义的，坚决否定历史虚无主义，并且把历史性作为人的世界和物的世界的本质区别，开宗明义把人的存在理解为历史性存在。人是历史性存在的基本意义是指文明人是在社会形式为基本结构的生存单位中，在自主的文化创造现实过程中生存的存在，它在后天文化创造中的生存过程超越了先天自然遗传 DNA 的支配作用，超越了物种的规定性，在抽象社会形式规定性中生存。人的生存过程超越自然生命过程在形式上就表现为文明人类并不是本质上在时间性形式中展开的过程性存在，而是在历史性形式中展开人的生存过程的，历史性包含时间性但超越时间性，历史就是理解文明人的社会性生存过程的基本形式。人不仅是社会性存在，而且是社会历史性存在，人的现实生存的内容和形式相统一的过程，我们称之为社会历史具体现实过程。历史首先是在人的社会过程中才成为具体的历史，人在本质上、在现实上，都是历史性存在。所以，人的世界是在社会历史中展开的，人的文化生存是在社会历史框架中展开的。人的生存的后天历史性揭示了人超越自然生命无历史的先天遗传 DNA 决定的先天性，同时也就解释了为什么生命世代重复，但人的生命生存方式却代代变迁甚至越来越快地变化的原因。历史性的本质决定了人的存在、人的世界不能是历史虚无主义的，在历史虚无主义中只能把我们从何处来归结为社会历史之外的上帝的杰作。在历史主义理解中，我们才有根据、合逻辑地理解人类用文化超越进化以后，在物种重复连续基础上，自身的生存方式的“历史性”的发展，或中性地表述为“历史变迁”，这和其他自然动物的基于种内进化的变迁绝对是本质不同的两回事。历史的过程形式描述变量本性决定了历史性一定是连续不可逆的，连续是形式变量的规定性，过程描述变量只有在连续区间才有意义，一个函数只有连续才可导，由之作为自变量描述的过程才有完备的可理解普遍意义。历史的不可逆性则是由它所包含的时间性所决定的，由它作为过程描述变量所决定的，这就是历史的连续不可逆性的意义。对我们的历史而言，如果历史是不连续的，其实也就否认了历史本身。从社会历史连续意义看，社会学研究的部落社会并不只对部落社会有意义，而是对人类社会历史具有普遍的意义。因为我们现代社会同样是从原始自然社会发展而来的，那些部落社会的现在式就是我们的过去式，我们曾经也在那个状态徘徊了漫长岁月，它就是我们自己的历史，它应该对一切抽象形式的人类社会历史具有普遍的意义。从个别部落社会到普遍的人的社会意义看，从原始自然社会到文明社会，从早期文明社会到当今文明社会，人类社会历史在不断变迁中，但社会这一形式却是永恒的、普遍的形式，在原始自然社会中是以氏族血缘自然关系为纽带结合起来的自然生存单位，在进入文明社会后则超越了自然关系，而且成为后天文化生存的最基本的不可再还原的单位结构，人的社会形式永恒，社会形式的地位和作用则在不断强化，从而使人类从氏族、部落社会走向人类社会，走进地球村的今天。最为基本的一点在于，半原始社会是从原始社会进入文化社会的纽带，它的不同的社会关系协同水准当然不能只从自然先天关系去理解，而应从制度文化的萌芽和生成去理解，是文化概念，不是自然范畴。人的社会形式作用的不断强化，对人和社会关系在部落社会中的协同描述，就是具有普遍意义的命题。就是说，不只是部落社会、区域社会，对一切抽象社会而言，都有高协同还是低协同社会问题，社会协同就完全有理由从社会学特定部落社会的具体研究概念上升为人类世界、人类社会历史的普遍描述。我们不只可以说某个部落社会是高协同还是低协同社会，同样可以思考我们自己的社会，我们当今人类社会是否高协同社会？我们能不能向着更高协同社会的目标前进？

把协同概念从实证社会学上升为社会历史领域普遍意义的抽象归纳，就是要思考一个社会的文化制度安排是否同时就是个人的目的和利益的实现；是那些个人，是大多数个人还是少数人的目的和利益的实现；在什么样的程度保证大多数个人利益的实现。从这些具体、现实角度去对之做普遍性意义的评价，对人类社会文明史的文明水准就能从一般的协同概念得出具体的理解。用协同概念、协同标准来评价社会系统是具有具体现实意义的。在一个客体系统中，没有高协同和低协同问题，部分之间的本质不决定整体的本质，系统整体的目标决定部分目标，根本不需要评价整体和部分的协同高低问题。整体目标越有效实现，系统就越合理，客体系统是由必然性普遍规律支配其运动演化的，自然必定是趋于做最省力的功，自然的基于必然性的内在目的性的完美性就是它自然而然的有序协同性。但在人的文化世界中，人的文化行为是主体选择性的，个人结成社会为单位生存，但社会不是必然性支配的客体存在，不能把个人目标置于社会目标决定之下或游离于社会之外，社会不能客体化或人格化。个人目标无条件服从社会目标，这正是我们的社会历史理论把人的社会客体化，把个人原子化带来的问题。在这种情形下就会堂而皇之地以社会利益为理由去剥夺大多数个人的利益，为少数个人利益服务。人的社会是主体性系统结构，个人是社会系统的最终目的本身，个人不是作为抽象的原子，而是现实的个人通过各种人和人之间的分工协作等关系，在社会形式下去分工合作地实现个人的目的，人和社会的统一最终一定归结为个人就是这个理由。因此，人的主体性社会形式不是实体，同时对这个形式系统结构不能作为高于人的目标的整体去理解，必须以社会整体的目标和由社会关系结成社会整体的个人之间的目标的统一性去理解。当两者一致时，就是高协同社会，两者不太一致甚至有冲突时，那就是低协同社会；和大多数人目标一致时是高协同社会，为少数人谋私利就是低协同社会；人们自觉接受其规范规则的社会是高协同社会，对暴力依赖越大的社会协同水准就越低。主体性社会必须从人和社会的统一即满足个人目的的最高目标去评价，决不能由抽象的社会整体目标去评价，否则人就不是目的而是合上帝和社会目的的了。一个强大的社会不等于一个文明的社会，这就是不能用社会目的支配个人目的的充足理由，也是发达社会的幸福指数不一定高的原因。因此，把协同社会概念引入普遍的社会历史领域，其意义就是要把人的社会和自然社会区别开来，把主体性本质的社会和纯粹客体社会区别开来，在个人的具体统一性意义去理解人类社会历史，理解人类文明的普遍意义。只有在文明价值判断意义才有人的主体目的性，人的文化的主体创造本质必须从人的文明价值追求去理解，把人的文化的现实过程理解为文化和文明相统一的过程，理解为主体目的性的历史创造过程。对人的社会的理解必须从主体性本质去理解，即从人的社会的协同性，人的社会的目的就是个人的目的本身去理解。从这个意义看，人的世界是最普遍意义的世界，人的社会是最普遍意义的社会，是超越了客体自然的社会，是主客体统一性的社会，人的社会不能从社会作为有机整体，作为最高目标去理解，只能从抽象的社会形式回复到具体的个人，从社会目标和个人目标的统一性去理解，这就是协同社会概念的本质意义。不只是在部落社会，在一切人的文化社会形式中，社会协同性都是理解和评价一个社会中社会目标和个人目标相统一的尺度，高协同社会才是我们追求的文明社会，而不仅仅是强大社会，强大而低协同的社会同样是病态的。

把协同社会概念引入普遍的社会历史领域，对人类文明史的文明的理解具有现实而具体的意义。社会历史文明的理解之难点在于它的抽象性，这不仅由于社会、历史首先是抽象形式，文明是抽象的价值判断，更重要的原因在于社会历史是越来越复杂的带主体性的现象。社会的协同性即分工合作是人类生而有之的，自然社会、原始社会之为社会就在于它们同样是分工合作的群体，同样在族群的团结协作中凝聚起适应外部环境的力量，实现生存和族群的延续。在这种意义上，自然生命的群体生存物种就是社会性存在，同样可以称之为协同性社会物种。群体社会自然产生的必然性根据在于那部分物种必须在群体合作中才能自然生存，社会之为社会、社会起源的最根本理由在于成员的分工合作。自然生命社会是以血缘关系为纽带建立起来的，它的分工合作是建立在自然血缘关系基础上的，自然社会的协同作用不但是原始的、基本的，而且是先天的，即世代之间循环重复的，是由物种的规定性决定的。猴子的社会协同性和蜜蜂的社会协同性不同，并且各自都在世代中延续下去，不会在物种进化中发生本质的改变。原始之为原始的本质规定性不在于简单，而在于先天自然性，并以此构成后天社会的现实基础及抽象逻辑起点。人类自然社会进入文化社会使社会的协同作用开始超越了自然血缘关系，社会从氏族社会步入更大的区域社会，形成氏族社会、国家社会乃至人类社会的发展历史。在文化社会中，超越血缘关系的人和人的关系产生了善恶价值判断问题，产生了人自己独立的主体意识和价值追求，人和人的关系既有共同分工合作一面，也有弱肉强食的丛林法则一面。人类用文明去评价自己离开抽象自然社会参考点的进步，把更高的文明作为人的追求，文明就是人的文化世界现实生存活动多样而统一的追求，是文化和自然相统一的人的社会中越来越文明的人性，动物的自然兽性越来越少。人最自豪的一点就是异于禽兽，金字塔前狮身人面像却昭示我们的基础永远是野兽，我们的头脑和灵魂才超越了野兽。现实的人是狮身人面的，一半是兽，一半是神，文明和进步就是越来越多的神性本质，越来越少兽性去支配，故曾国藩留下“不是圣贤即是禽兽”的至理名言。人类不追求文明，追求野蛮和暴力不是神圣的，而是倒退到野兽。人类文明史在从特定氏族血缘社会为起点的文明进程中，从个别到一般到普遍再到最普遍的人类世界的产生中出现了一个认识论意义的重大问题，即抽象形式的社会、文明的价值判断在普遍抽象中越来越远离具体，最后无法回归到具体，只能停留在普遍而抽象的社会及文明形式中。在我们当今的国家社会、人类社会形式中，在当代社会历史文化条件下，绝大部分具体的社会关系已远远超出直接血缘关系的意义。昨天遥远地方的期货价格可能就会影响到你今天的油价。每个个人要在漫长的社会普遍文化内化为个人具体认识中才成为适应现实社会形式的人，社会形式对每个具体个人而言就有了形式在先的意义。人类历史文化当然是人的主体性自觉创造的产物，但每一个人所具有的文化却不都是自己创造的，大部分都不是自己创造的，而是从个体之外的环境中后天习得的。人的具体文化本质是把社会普遍历史文化知识成果具体内化为个人本质的过程，人创造社会历史，每个具体的人在某种意义上又是特定社会历史环境的产物，社会在人类整体存在形式上对具体的个人而言具有先天性。这种在先性产生了把抽象社会理解为在具体人之外并由之影响、支配、决定个人的独立存在的假象。社会一旦成为独立于人之外的具体存在，社会文明也就成为在人之外支配和影响个人的抽象东西，社会就具有高于个人的本质，普遍的人就成为支配个人的抽象，个人就成为普遍社会的被动的构成原子，社会的本质就高于个人的本质，社会的文明就支配和决定着个人的文明，这就是社会环境决定论、教育决定论的认识根源。在我们的现实世界中，很多人批评和责备社会的不公平，不文明，自己却不去践行公平和文明，希望社会文明进步自己享受文明进步的环境和成果，却不知道文明进步的真正实现并不在于抽象形式的社会本身，只能在个人的身体力行之中，只能在回归到个人的现实的实践生存之中。无论社会多么复杂，不管社会文化历史源多远流多长，社会的实质性运动和发展、改变只能在具体个人身上付诸现实。把社会的文明进步停留在抽象中，在当代社会历史文化环境下，对于具体理解人的社会历史文明进程往往陷入抽象的片面性，甚至产生用社会去决定个人的严重后果。一个失去个人自由和责任的世界并不是现实的人的世界。个人由抽象社会支配，社会文明就只是抽象的，文明就只是抽象概念而失去现实意义。

从协同社会去理解人类社会文明史的积极意义不只是在社会学的部落社会中，更积极的意义应该在我们不断走向普遍多样性统一社会中。在进入人类世界的最普遍世界中，在人类社会历史文化发展和积累到现代信息社会的时代，也真正是个人愈来愈容易迷失于抽象的“形式”莽林中，找不到自己真实具体存在的时代。我们接受的文化源头离我们越来越远，内容越来越复杂。社会文化用先验地决定我们个人的本质的假象向我们显现，一旦我们屈服于外在抽象形式在先的决定性时，就失去了自己的本质，人一旦放弃了责任也就失去了自由。失去自由的人其实无法退回到自然状态，因而实际上是在异化了的抽象状态中真实生存，即把具体个人的真实生存的根据建立在抽象的社会之中，文明就是主观幻象。当文明用高低协同社会去评价的时候，我们则可以避免这种抽象性。因为协同社会是从社会制度文化安排和社会中文化个人的现实生存两个层面的统一去理解人的社会关系的，社会的协同、文明程度和个人在相互分工合作中个人目的的实现并不是在两个领域的两件事情，更不是因果支配的两件事，而是同一件事情在两个层次的意义理解。一个制度文化安排的社会分工合作同时是个人的目的较好地实现，那就是高协同社会，否则就是低协同社会。高协同社会是高文明社会，低协同社会是较不文明的社会，崇尚暴力、奴役的社会是低协同社会，同时在传统意义上是不文明的野蛮社会。按照马克思对共产主义理想的追求，那是个人充分发展的社会，也可理解为理想的、完美的高协同社会，因此协同社会概念具有普遍意义。特别是，无论社会如何向普遍化发展，社会文化、社会组织结构如何复杂性演化，在形式上具有相对独立性并表现出对个人的在先的历史性作用，从协同社会的概念去看，它最终总是回到具体现实的个体目的性去作为理解复杂抽象形式的根据，不会把社会理解为在个人之外的东西，更不会让个人消失在抽象的形式中。因为协同社会的概念是从社会制度文化形式和具体个人目的的实现两个不同层次统一性去理解社会历史文明的具体状态的。它作为社会文明的具体评价概念，与社会的普遍性无关，与社会历史文化的复杂性无关。在最一般的意义上，它始终在社会和个人两个层面去理解人和社会在个人意义上的具体统一。不管这种理解的合理性如何，但它一定是具体的、统一性的，绝不会是抽象的，更不会把人、把个人理解为由抽象社会支配的抽象存在。从协同社会概念去理解社会历史文明具体进程，它就始终从抽象回到具体的现实意义，在人类社会的具体历史构建中理解它的现实过程。

三、社会协同的内在机制：社会组织结构

世界统一性原理把世界理解为从简单向多样复杂性结构演化的统一性世界，把人的世界理解为统一性世界中具有最普遍意义的世界，其最普遍的根据在于它在自然结构基础上文化出普遍抽象意义结构。文化的发展在基础上又首先表现在作为人类文化生存基本单位的抽象社会形式的结构复杂有序性运动本身，现实上展开了从血缘社会到区域社会到最普遍的人类社会即进入世界历史的分工合作时代。在世界从简单到复杂，从单一到多样，从个别到一般到最普遍意义世界的变化过程中，人的世界就应该被合逻辑地理解为世界结构多样性复杂性演化过程，这种结构演化我们称之为文化，人类文化进程的文明史因此就被合逻辑地理解为结构复杂性运动过程的历史。对人类世界结构复杂性文化的意义不能停留在抽象的生物进化论的类比或推广意义上，而是必须理解文化之为文化、文化之所以超出进化的具体现实的本质，从而对最复杂的人的文化意义世界得到具体现实理解。具体地说，就是要从以后天文化关系为依据的社会组织结构复杂性运动发展中去对人的社会历史的发展、人的普遍社会历史文化的发展、具体个人的现实的生存和发展得出具体理解，从内在、具体的结构运动机制中，得到社会历史现实的理解。

人的意义世界本质上不同且超越了自然世界，人的现实世界是以自然世界为基础，以文化意义为本质的统一性世界。人的世界的运动发展从结构复杂性演化的角度去看，本质上是文化意义结构的复杂性演化，这正是自然生命世界在进化，人的世界在文化的本质区别。在生命世界进化统一性意义上，我们已经合逻辑地把生命进化理解为物质客体世界结构复杂性演化的特定形式，并且是具有最普遍意义的最高形式、极限形式。从质子、中子、电子为空间结构演化的基本“原子化粒子”，从原子核到原子、分子、无机物分子到有机物分子化合物直到生命结构的不断复杂性演化

中，生命结构已经在逻辑上使自然界结构复杂性运动达到了极限。按照能量一元论和物质结构运动演化的最小能量原理，按照物质结构稳定的熵法则，一个稳定有序结构的复杂性程度取决于结构的熵环境，熵越大，环境对结构的作用自由能越小，结构就越稳定，所能稳定存在的必然性现实结构就越复杂。物质结构的复杂性演化是由基本结构组合为更复杂结构的“叠床架屋”的过程，每一次复杂化是结构增加一个层次并产生新的结构规定性的过程。作为基本结构的部分的结合能和整体的结合能有明显的界线，越基本的结构其结合能越强，物质结构在不断叠床架屋增加层次的复杂性演化中，它的结合能不断减小。生命的部分结构的结合能是相当脆弱的，在100℃以上的环境下任何生命都无法存在。随结构复杂性层次增加而整体结合能不断递减的法则，有机物大分子构成的细胞已经达到了自然结构复杂性的极限，生命进化已经是自然界客体结构复杂性演化的最高形式。从另一个角度看，生命在具体实体意义上已经复杂到个性化阶段，这也意味着这是客体自然界结构复杂性演化的顶点。世界统一性原理把具体客体结构演化理解为从最普遍的具体本原存在即能量子这一最普遍客体的“原子”为起点的不断复杂性演化，从普遍到一般到特殊性结构演化，当生命已经达到结构的个体特殊规定性，世界上没有两个完全一样的生命个体时，世界的个体具体结构复杂性演化在从普遍到特殊中已经达到了顶峰，没有比个体性更特殊的结构演化。另一方面，世界统一性原理在意义世界中则把世界复杂性演化理解为从简单到一般到最普遍意义结构产生的统一性过程，世界复杂性演化的意义就是在原来相对简单的意义结构基础上产生出更加复杂而普遍意义的具体存在。人在意义上就是包括了文化本质和时间性生命规定性、物质空间结构规定性和能量规定性的具体统一性存在，是最普遍意义的存在，而最普遍的具体本原存在则是意义最简单、最特殊单一的存在。按照这种统一性原理，人的世界的结构复杂性演化就不是在生命结构复杂性演化基础上的实体结构复杂性演化，不能理解为以人的具体生命作为构成社会实体结构的部分即“社会原子”，由这些“原子”由特定的结合能结合为一种新增层次的社会实体结构。人和社会不是个人通过结合能结合起来的，在实体意义上没有能超越生命的更复杂层次结构，具体个人不能作为部分由结合能结合为更加复杂的社会实体，这就是社会有机体理论和个人的“社会原子化”理论的荒谬和抽象之处。

人的世界是最复杂、最普遍意义存在，是世界运动发展的最高现实性存在。人作为一个物种，用越来越复杂的社会形式去改变自身生存的方式，越来越适应环境，从而在现实世界中持续生存和发展。人类走出自然界进入文化生存以后，人作为物种的基因结构，人的具体肉体结构，在进化意义上的“发展”是微不足道的，但人的灵魂，即人的意义世界，人通过意义世界的结构复杂性形式理解去不断改变人现实世界的生存方式，却是日新月异不断文化不断进步的。因此，人的世界结构复杂性演化的思考和认识，本质上必须从人的抽象形式结构去理解，把个人联结为整体的社会、文化、历史首先必须在抽象的形式结构意义去理解，在这些普遍形式的发展中去揭示人的社会历史的具体进程。

人的世界结构复杂性文化是在抽象形式意义上的，本质是在思维和认识意义上的，不是在实体意义上的。形式抽象结构和实体客体结构演化的本质区别在于，实体结构复杂性演化是由熵法则决定的必然性过程，是由环境的自由能条件制约的，每增加一个层次结构，它的结合能都随之下降，而且往往是降低几个数量级的水平。随着结合能的递减，实体结构层次递增的复杂性有不可逾越的极限，不能无限地进行下去。结合能小到一定水平时，结构是不稳定的，只有在结合能大于环境自由能的条件下，实体结构才是稳定结构。但抽象文化形式结构和自由能无关，构建抽象形式结构的不是结合能，而是人和人之间的抽象文化关系，因而人的社会结构的复杂性文化由人的社会关系决定，没有限制复杂性增加的绝对壁垒，也没有支配文化选择的普遍因果必然性抽象关系。抽象意义世界和实体客体世界的运动发展是共轭即反向的，实体世界从普遍、简单向复杂多样性发展，抽象意义世界则由复杂性向普遍简单发展，并且意义世界的复杂性演化是没有极限的，这正是客体现实世界有界、有限，普遍认识的意义世界却是无限世界的理由。

人类社会发展的一般抽象理解具体到社会结构复杂性发展时，对人类意义世界的思考就从一般意义进入到具体理解，即深入到人类社会现实过程意义的理解，回到人现实生存智慧这根本意义。人类社会结构是从自然社会形态的自然结构为起点的，人类最基本的社会结构形式就是以自然血缘和亲缘关系为纽带的家庭。在原始社会中，氏族部落是基于人的自然血缘关系的产物，社会只对氏族社会有意义，以氏族部落为边界。人类从自然步入文明史以后，社会结构就在自然结构基础上向文化结构演化，文化社会的产生同时也就是制度文化、社会文化形式结构的产生，社会文化进程同时就是社会结构不断复杂性和多样性演化，另一个方面又表现为多样化的普遍化，这就是从原始氏族部落社会到民族社会生活共同体即国家社会形式的产生。人类社会不断普遍的社会结构发展过程首先是人类从自然史到文明的世界史的发展过程。在越来越多样化、复杂化和普遍化的社会历史发展中，即社会在结构演化走向越来越普遍的人类社会过程中，把庞大而多样复杂的社会在形式上使之成为具有统一性结构的社会的内在机制就是社会通过分化出相对独立的各种社会组织去承担各种形式的社会功能，社会组织就是社会结构复杂性演化的具体机制，人的社会关系是以社会组织为载体去承载，以组织为中介去实现相互作用的。抽象地说是人类社会，具体现实地说是人类社会组织，在社会组织的发展中才能具体理解社会在结构复杂性演化意义上的一般发展过程。

组织原本是复杂生命实体结构描述概念。高度进化的复杂性生命由进化出来专门分工的器官组成，器官的低层结构则是组织，组织的作用就是建立起具有特定功能的器官结构。社会组织的意义与此类似，它是人们在社会生存活动中为了实现特定的共同目标，按照特定的关系即规则建立起来的社会生活共同形式结构，组织成员在组织结构形式下分工合作，使组织团体能有序地朝着组织目标运动，组织成员的个人目的则在组织目标实现的同时得到实现。社会不是纯粹理论中的抽象，而是由具体的社会组织形式去构建起来的，社会的意义及发展必须具体到社会组织才能得到现实理解。特别是在社会走向普遍化乃至人类全球化的时代，离开社会组织去理解人类社会只是无意义的纯粹抽象。我们一直把社会理解为人和人交互作用的产物，但只有抽象意义，无现实意义，对理解人和人的世界其实并没有什么意义，最后反而把社会理解为由具体个人组成的实体，把个人变成社会细胞，把人和人的交互作用关系退化还原为感性具体的客体之物关系。当把社会组织理解为社会的形式结构时，社会就是人和人之间按照相互关系建立的各种社会组织为结构的整体形式，社会的现实意义就在于构成它的社会组织之中，社会的发展、进步就具体现实化为社会组织的发展和进步。社会的更具体理解就是人和人通过社会关系建立起的各种社会组织结构的统一体。社会组织是人的社会关系的现实，是人和社会统一的中介，是现实具体的社会形式的内容。我们在社会中生存，具体地说是在社会组织中生存，通过各种社会组织实现自己的社会性生存，实现自己普遍的文化本质。一个没有社会组织而和社会建立关系的具体关系是不存在的。人和社会关系是一种抽象，人和组织关系，人通过社会组织实现人的社会关系才是现实的人的社会关系，社会是社会组织的统一性本质，社会组织则是社会的具体和现实。社会历史在结构复杂性中走向普遍的发展一定体现在社会组织结构和功能的创新、完善、分化和发展之中，只有在社会组织结构意义上，社会才是现实的、可理解的。在社会历史的宏观理论中，大师们对社会组织、组织管理理论往往不屑一顾，认为那是应用性的雕虫小技。正是这种自命清高，远离形而下生存经验的形而上学把人类的理论思维和社会历史理论变成空洞无物、不能证真亦不能证伪的“花边理论”。离开组织结构为内在机制的社会是无法具体化的，能够理解的话也是可任由理解的。关于人的现实具体的社会历史理论，关于人类社会结构的变迁、发展、运动，关于人类的文明和进步，关于人类社会历史抽象而普遍的一切理解，都必须回到社会组织结构才能回到现实和具体的人的文化进程。离开组织结构，人连自然人的资格都没有，因为人天生就是政治动物，先验地就是在社会组织结构中成为社会性存在的。文明人是在社会组织从自然组织向文化组织的发展中成为历史性存在的。

社会是人以各种组织结构建立起来的统一生存形式，从社会组织机制中就能更深刻地理解协同社会的具体意义。社会被理解为人合作共存的生活共同体形式时，协同社会揭示了社会形式和个人目的的统一性关系，人只能在现实社会形式中实现个人生存的现实目标。当把社会理解为人们以社会关系为纽带，以社会组织为中介建立的统一性生存形式时，社会的协同作用机制就被合逻辑地理解为社会组织机制。社会在协同个人分工合作共存功能建构中，不是在个人和社会两个层面建立交互关系的，而是在个人和社会组织两个层面去建立交互关系的。人的协同在组织意义上就是社会组织性越强，社会组织功能越完善，就意味着社会越协同，越有序。从社会组织的角度看社会协同，把高协同社会理解为高文明社会，我们对社会文明史的理解和判断就回到我们现实的社会生存活动，回到社会组织的分化、发展及功能的完善这些具体理解的基础上。社会控制人、支配人、奴役人的异化，其实归根到底同样是在社会组织的现实结构中实现的。没有社会组织为中介就没有人和人的社会文化关系，只有人和人个体意义上的自然关系，连自然社会关系都谈不上。人类社会的一切现实活动及其认识，离开社会组织则陷入虚无。为什么说在我们二十世纪九十年代社会组织制度和结构下，下岗不是简单的失业，而是人的社会性的丧失呢？在所谓社会有机体理论和个人作为社会原子的理论看来，社会的有机体本质和人的社会原子不变，下岗是一种社会有机体重组重构，对于个人和社会而言同时可以视作新的机遇，是个人和社会发展的机遇。这种理解如果不是心怀恶意，至少也是被社会有机论和人的社会原子论蒙蔽而无知。并没有社会有机体，个人也不是可以抽象重构于社会的细胞，个人只有在他所属的社会组织中才是社会中现实的人，离开他的社会组织他就什么也不是。即使是人类历史上那些叱咤风云的伟人们，一旦被他的组织抛弃，就不再是叱咤风云的英雄，而是待宰割的羔羊。只有在组织中，依靠组织为现实结构，成为组织领导者，伟人才成为伟人，英雄才成为英雄。一辈子在国有企业中生存的人，企业组织就是他最基本、最重要的社会关系，一旦离岗失去组织时他就失去了文明社会人最基本的生存中介，从零开始重构自己的社会性即融入新的组织中现实生存。下岗工人本质上不是失去工作和职业，而是失去自己的社会组织角色，被社会边缘化甚至被社会抛弃，在生存意义上只能重新进入社会化过程。

社会组织的意义在于实现个人之间的协同作用，不断分化和发展的社会组织不断丰富了人的社会关系，人的一切社会关系的总和就是人的一切组织角色的统一，人就以角色丛的身份建立起人和人之间普遍而丰富的多样性关系。社会组织的统一性就是我们抽象的社会，社会组织就是社会形式的具体现实构建机制，以社会组织为机制去理解社会的统一性意义时，对社会历史发展的推动力量才有了具体而现实的理解。社会中的个人是以组织为中介结合起来的，个人和其他人的作用并不是一个人对所有其他人的作用，人类从来就没有一个人对所有人的现实关系或现实战争，现实是个人在组织中作为组织成员和自己组织成员协同合作共存，和其他社会组织成员发生交互关系，个人和个人的抽象关系现实为组织和组织的关系。当然，组织必须包括像血缘关系为基础的家庭这类非正式组织。社会历史的合力不是个人平行四边形法则合成的，不是原子之间的随机作用般的自由意志，而是凝聚在组织中，按组织目标去和其他组织发生作用，人类社会就是阶级、政党、民族、氏族、朋党或所谓企业之间相互作用的最普遍关系的多样性统一。社会历史的相互作用是在社会组织的意义上展开的，不能还原为个人之间的相互作用去理解，不能用平行四边形去合成社会历史合力。在一个社会组织中，在一个具有民族认同感的国家社会中，它对其他国家的相互作用不是国家中所有的人的自由意志作用的合力，即不是统计意义上为零的“社会历史合力”，而是在以社会组织为结构和现实运转机制的社会中，按照组织目标、意志去和其他组织发生作用的。中美两国关系不是中国十几亿社会原子自由意志合力和美国个人自由意志合力的相互作用，而是两个民族国家的相互作用。至于国家的目标、价值取向、相互作用能力以及行为选择等，有它更具体的理由，但这些理由绝不是用所有具体个人自由意志的平行四边形法则合力去解释的。文化意义、价值认同以及对现实的文化选择是理解“社会历史合力”的基本要素，这才是文化世界的真正本质。从社会组织的协同作用才有意义地解决了所谓“社会历史合力”的理解问题，把社会、组织和个人统一起来。个人以社会组织为中介结构去实现社会文化意义的功能，在社会组织目标中实现个人的目标，这就是我们现实的人的文化世界，也是社会历史具体展开的内在机制。人类社会在结构复杂性演化，从区域社会向全人类社会的发展中，没有哪一事件不是以社会组织为载体去实现的。因此，我们可以说，团结就是力量，社会是组织的社会，人是组织起来的人，组织是人和社会的中介，是人和社会回归到现实个人的中介机制，组织就是个人和社会的本质和意义所在。当然，个人同样可以看作组织的本质，个人和组织就是这种统一性的协同关系。

人类进入文明史以后，社会组织结构的演化是文化意义上的，人类文明史是文化发展史。人类社会文明史以组织为结构，个人以组织为中介构建社会，人类社会历史的现实构建就应该被理解为以社会组织为中介形式的具体个人和社会相统一的历史构建过程。

注释

①张尚仁著《聊哲学》，昆明：云南大学出版社，2012 年第 1 版，第 140 页。

第七章
文明史的轴心

引　言

【提要】人和社会统一于现实具体之人，人向何处去必须从社会历史的普遍意义即文明史的目标去具体理解。社会历史是在文化无限发展中的无限过程，人的无限主体性超越了动物有限主体性走出了自然界。动物由欲望支配的有限生存可预言故它无主体目的性，无历史性更无历史的目标；人由理性目的支配的无限文化生存的未来是无限从而是无法得出必然性预言的，但又不是随波逐流的，由此才有人向何处去的理性普遍意义命题产生。历史的意义在于未来，未来是历史的目标，既无限又有目标的历史之目标不是知性确定性的判断命题，而是基于人的理性本质对人生统一性意义的智慧理解。文明史的轴心意义就在于从人类普遍精神统一性去理解文明史的目标，从人类理性的绝对无限境界赋予人和社会历史的最高目标及价值、意义。

一、以《资本论》为主要内容的马克思理论的归宿是共产主义学说，共产主义是统一了马克思主义完整意义的文化和自然、主体和客体统一性的绝对理性具体理论。后人从普遍哲学意义归纳的唯物史观只达到真理水准即抽象社会结构分析水准，作为科学性普遍认识只是马克思理性社会历史理论的基础。社会历史的普遍意义是从具体社会历史过程之多样性现象中归纳产生的，其最显著特点是具有普遍影响的各种不同的历史理论都统一在文化文明和文明史的普遍意义下陈述，它隐含着文明之于历史目标的形而上学绝对意义。共产主义是文明的绝对境界，是社会历史的理性绝对具体意义，达到这一绝对具体境界的历史唯物主义是文化和自然相统一的，本质上要由人自主自觉创造和人自由得到充分实现去理解，不能从历史必然性去理解。历史是文化创造的现实，历史唯物主义不是指历史的根据是物质，是指现实的社会历史是文化和自然相统一的，这才是理性具体水准的历史唯物主义。

二、从理性普遍意义把无限社会历史具体统一起来的是轴心期理论。德国历史哲学家雅斯贝斯在《历史的起源和目标》中认为哲学的创生是人类文明爆发性进展的轴心期，它在精神统一性意义上实现了人类社会历史走向统一的第一步，此后的间歇期都是由轴心期精神统一的，每一次进步都回到轴心期精神。轴心期理论回归精神文化理解社会历史本质，把哲学创生作为轴心期标志就是回到理性本质去理解文明史，从而对社会历史既无限又统一提供了理性具体理解的框架。

三、历史的无限性根据在于它是人自主自由创造的，人创造自己历史的深刻意义在于文明史是永远的探险，人必须为自己的命运和未来承担责任。人类文化是多元起源的，那些冒险失败的文明社会已经消失在历史长河中。五千年文明史的成果是多元文明终而汇成统一的文明史，走进地球人类命运共同体生存时代。文明史从奴隶社会到封建社会到全球化工业社会和信息社会，把人类社会统一起来的轴心精神是什么？人类精神文化本质统一于文明，以文明为轴心的文化才能把人类导向越来越普遍意义的合作共存，终而走进全球化的现实世界历史时代。

四、以文化为本质、文明为目标的文明史在现实中是文化和自然统一性的，而且人的自然兽性是先天的，文明理性是后天自觉的，文化和自然统一的现实社会历史就是理性不断扬弃先天兽性的无限过程。现实的五千年文明史充满血腥暴力，当今物化社会丛林法则对人的生存选择有重大影响，现实和文明的理想世界有很大距离。这不是文明史的本质，是文明史发展不充分的产物。文化文明不是自然而然的，是人自主自觉的产物，据此才有无限文明史，历史向其理性目标即文明的运动是靠人类理性自觉努力去奋斗才能实现的。共产主义高度文明世界既是崇高的目标，又必须是自觉奋斗的现实，有不断觉醒的文明自觉才有不断进步的文明史。文明是历史的目标之现实意义就是文明才是人的本质意义，文明人才是有充足理由之人。

五、两千多年前建立的轴心理论合逻辑地导向科学理性，物化资本主义是科学理性的现实，它把人类全球化生存导向根本性生存危机归根究底是轴心理论的危机。文明史必须重构精神统一性，重建人类生存基础理论，发展更普遍意义的理性哲学。世界统一性原理用能量一元论扬弃物质一元论，用心物统一的历史唯物主义扬弃唯物唯心对立的二元分裂史观，以文化为本质、文明为文化元价值，由文化和自然统一性去理解理性具体的人和文明史，由文明的绝对意义去理解理性具体之人自由和无限的最高统一性意义。

人的历史性存在的现实是走进了统一性的世界历史。为什么文明人类多元归元汇成世界性历史的澎湃洪流？为什么不可逆的历史潮流是趋向统一的理想目标？人类历史指向何方？将人类导向多元归元之统一并不断走向未知新大陆的动力和内在机制是什么？这是人类认识俺自己的更普遍意义命题。

人类幼稚的科学理性在自然哲学中表现为唯物论和唯心论的两元分裂，在历史领域演变为唯物史观和唯心史观的对立。现实的人类历史是心物相统一的具体，止于唯心史观或唯物史观都停留在科学理性的抽象。没有自主意识只由客体必然性支配的人类历史是宿命论的自然史，离开客体必然性为基础而纯粹由人的自由意志支配的历史是只有以上帝为根据才可理解的抽象。上帝支配的历史中的人同样是客体性的，自由意志也是被支配被决定的。人的自由和必然相统一的文化选择中自由创造性生存方式的现实结果是人成为主客体统一的理性具体存在，在统一的社会历史层面是唯物史观和唯心史观相统一的现实进程。客体世界包括人类历史创造积累的文化文明的一切客体化成果，都是人类历史可以现实存在并向未来发展的基础，在此基础上人的自由创造性的现实文化选择活动构建着文明史连续不可逆的现实进程。唯物史观和唯心史观相统一，以客体世界统一性为基础，以主体自由创造为本质，才能得到现实人类历史的具体理解。

传统西方哲学是以客体世界为基点演绎出来的，进展到柏拉图的主体世界统一性时也执于抽象精神实体无法自拔，进展到文化和自然统一性的最普遍人类历史领域时也只是将之理解为客体世界中的特定构成部分。人类对世界的理性自觉智慧从自然哲学即自然统一性始，当从本体论进展到主体精神文化统一性的本质存在论时，是以本体论的认识成果为对象的，唯心论是包括唯物论的，主体统一性是建立在客体认识统一性基础上的，不能用抽象实体取代客体否定本体论。柏拉图理念论不是扬弃而是拒斥唯物论的结果是西方哲学没有回归具体，无法进展到主客体统一性水准，无法理解人的理性具体存在和主客体统一性的社会历史进程。人类历史是人自主自觉创造的，离开普遍精神文化本质没有文明人，离开自由创造没有历史。现实的人是存在和认识不可分割的，理性认识使人本质上异于禽兽；自由创造使人的历史超越了自然史。最为根本的是，认识首先是对客体必然普遍知识的认识，创造是基于自然知识的自由和必然相统一的文化选择，是道法自然的，即抽象的唯物史观和唯心史观的统一才进展到理性的具体。在理性具体意义上，才能现实地理解从原始氏族社会到封建国家社会，最终进展为资本主义经济制度构建的世界历史，并从本质上将之理解为人类本质不断发展的历史过程，从存在论、认识论、价值论相统一并最终统一于文明价值去理解人类文化世界的本质意义，有根据合逻辑地把统一的社会历史理解为以文明为轴心即历史目标的文明史。

第一节　轴心理论：唯物史观和唯心史观的统一

一、唯物史观是科学的社会观

人类社会历史的认识起点同样从感性现实世界开始，即从唯物史观开始，这和自然哲学从世界万物本原开始是同理的。但首先必须明确的是，社会历史和自然本质不同，它包括自然又在本质上超越了自然，历史之唯物不是自然物，而是文化的现实产物，是人化的自然，是从自然物向人主体创造性的现实文化成果的进展。同理，自然哲学不是完成于本原论，社会历史哲学也不能止于起点和基础上的唯物史观，只能进展到主客体统一性才进入理性具体水准。

自卢梭把私有制作为人类历史起源，同时又是人类不平等起源的社会历史理论开始，从文艺复兴和启蒙运动开始的近代人类解放运动从摆脱宗教统治到追求人的社会平等的过程中，产生了欧文的乌托邦社会主义，最后是对人类社会历史有巨大影响的共产主义理论。无论持何种意识形态观点，都首先要承认基于《资本论》为科学基础的马克思共产主义理论对人类近现代社会历史深刻影响的事实。后人把马克思的社会历史理论归纳为历史唯物主义，作为马克思主义哲学的组成部分。从世界统一性原理的观点来看，《资本论》的剩余价值理论是马克思理论的基础，共产主义才是马克思理论的本质。马克思主义对近现代一百多年来人类社会历史的深刻影响表现在人类社会主义运动的伟大实践中，其理论基础是历史唯物主义。因此，世界统一性原理对社会历史理论的普遍归纳，从对历史唯物主义的思考作为起点。

人的文化世界是统一的社会历史性存在，首先要理解历史唯物主义产生的历史背景：它是在人类世界进入资本主义社会的历史背景下产生的，它所指向的对象至今仍然具有重大而现实的意义。它又是以近代启蒙运动以来的人性解放思想以及近代科学理性为文化基础的，黑格尔的辩证法是它的思想方法论。前面我们已经指出，黑格尔的辩证法具有两面性。马克思对辩证法的继承和发展的深刻意义在于把西方局限于抽象精神的统一性导向人类社会历史的具体即现实的资本主义社会本身，在主体和客体、文化和自然相统一中完成了理性具体的社会历史发展理论—共产主义学说。但后人归纳的马克思主义哲学理论并没有达到马克思的理性具体境界，科学理性的真理至高无上地位至今仍是人类文化的现实。把共产主义学说局限于科学真理无法避免片面性和抽象性。在这种社会历史文化背景中，历史唯物主义是以科学理论形态登上人类历史舞台并极大地改变了近现代人类世界的。从理论的逻辑关系看，后人构建的历史唯物主义哲学从科学理性形态看是完备的，在理性统一性角度却是先天地有历史局限性的。历史唯物主义是关于社会的，是以社会结构而非社会历史现实过程作为理论对象的。马克思把人的本质作为一切社会关系的总和去理解人和社会，这和唯物史观以社会为对象是相一致的。从旧哲学意义看，作为理论家的马克思的杰出贡献既不是哲学的，也不是社会学的，而首先是经济学的，他是以经济学理论为基础的杰出思想家。马克思的《资本论》区别于传统乃至现代经济学之处在于它不是纯粹抽象理论形态的客观经济学，而是人本主义经济学，后来人称为政治经济学。正是这一特点使这位经济学家的理论不是以经济运行的效率、效益最大边际化为最后归宿，而是以人的解放、消灭资本主义经济社会中人的异化为结论的共产主义理论。尽管《资本论》带有人本经济学的特征，但作为经济学它首先是一种理论抽象，是在从社会为基本单位的抽象经济规律中回归现实社会历史，从抽象回归主客体具体存在才产生了人自由解放的共产主义学说。但后人归纳的历史唯物论没有进入人类经济的历史性具体过程，而是停留在社会经济关系形式分析基础上。既然是科学的，就还只是离开现实历史过程的抽象归纳，从社会结构去分析的社会显然还没有从抽象进入具体历史。马克思的共产主义理论在《资本论》中产生并不等于它就只是抽象科学理论，主体自由创造意识、共产主义理想就是理想，不能说是科学。《资本论》中诞生的唯物史观和共产主义理论并不是逻辑上完整的社会历史理性具体认识体系，后人从旧哲学框架对之的归纳更没达到马克思的理性具体境界。在抽象社会形式而非具体社会历史过程中完成的人的社会理论无论如何不是最终具体理解，其实最终结论是理想的，不是理论的。

唯物史观的第二个问题是科学理性因果思维的历史局限性，即把对复杂社会统一性理论简单地还原为“科学理论”，是科学的社会历史观。社会的复杂系统性是自明的，马克思的经济学理论同样用抽象的社会结构模型来陈述唯物史观。把社会理解为生产力和生产关系，上层建筑和经济基础的矛盾运动，其在先地就把社会理解为层次结构系统进行描述。按照统一性逻辑，一个层次结构系统的不同层次之间是统一性关系，不是因果必然性关系，因果必然性关系只有在同一层次中才有“科学”意义，才能得出普遍必然规律性陈述。不同层次部分和整体之间的关系是因果统一性的，它们之间没有必然的、确定性的、可证伪证真的关系陈述。一个社会的上层建筑以经济现实为基础，但不是以经济基础为原因，它的上层建筑的现实也不是由经济基础必然地决定的，而是建立在经济基础之上的，它们是适应还是不适应的统一性关系。唯物史观以社会系统结构为模型，并把生产力、生产关系、社会上层建筑当成三个层次相互适应的复杂统一性系统，同时也用适应性概念去陈述它们之间的相互联系和相互作用。但后人的理论归纳中，最终还是科学因果决定逻辑取得支配地位，仍然把生产力和生产关系、经济基础和上层建筑理解为科学因果决定论的关系，把社会历史现象归纳陈述为由生产力决定生产关系、经济基础决定上层建筑的科学真理，当成社会历史最一般的普遍客观规律。把社会层次结构系统当成抽象因果必然性关系内在上是矛盾的。唯物史观一方面既陈述为以生产力决定生产关系、经济基础决定上层建筑的客观普遍必然规律，又不能把它理解为生产力决定论，又要反对唯生产力决定论，因此生产力和经济基础的“决定”又没有因果普遍必然性，又没办法说明现实，经受证伪，实际上是“泛真理”，并不是严谨的科学真理陈述。后人归纳建立的历史唯物主义并不是一种科学理论，是追求科学客观规律但没有达到客观普遍必然有效水准的“泛真理”。唯物史观以剩余价值理论为基础，剩余价值可以是科学的，但以之为基础的社会系统结构的统一性关系却不是抽象因果必然性的，《资本论》的科学性并不是共产主义理论科学性的根据。共产主义理论是以剩余价值抽象理论为基础发展而来的具体社会历史过程的理性统一性结论。唯物史观本身并不是社会历史的具体理论归纳体系，又不能说是严格的实证科学真理。唯物史观的理论模式是黑格尔的全体真理辩证法，它不是追求绝对客观真理统一性的智慧，而是把绝对真理理解为智慧本身，把真理理解为从有限真理相对真理向绝对无限真理的具体发展过程。这是一个没有客观真理，只有相对真理的“辩证”世界模式，真理只是理想，不是现实。按照统一性逻辑，每一个真理认识都是绝对普遍有效的意义元结构，它们构成了科学意义世界的“本原”，是构建具体智慧的根基。对世界的理性认识不是绝对真理，不是在理想世界彼岸可思而不可达的绝对真理，而是以绝对真理作为意义元结构构成的统一性本身，在于对绝对真理体系的完整理解和更全面的把握，把它们恰如其分地和具体世界的边界、初始条件结合起来，在从抽象的真理知识返回具体对象的尽可能全面的统一性理解中，得出对具体世界的理解，这才是真理知识和理性智慧的统一性关系，而不是相对真理走向绝对真理的“辩证”关系。把辩证关系当成科学因果必然性关系当然是无法理解现实具体世界的。

唯物史观的泛真理科学决定理论的最严重矛盾在于它违反了马克思人本主义经济学的出发点。《资本论》之所以是人本经济学就在于它与传统经济学抽象理论不同，它的归宿不是抽象的经济行为或规律，而是人的主体自由创造本质。它从资本运动中揭露的是资本主义社会资本以无形的手去支配人的主体行为，成为最高目的和最终支配力量，这就是人的自由主体性的异化，主体被异化为客体，人被异化为物。资本主义自由经济是物的自由，不是人的自由。共产主义是自由解放理论，是人从物的异化和奴役中解放出来，成为具有自由本质的无限创造性的主体。共产主义一定取代资本主义的人的自由解放理论是马克思理论的目的和最终结论。从自然客体的唯物出发理解历史的唯物意义，没有把生产力、生产关系、上层建筑作为历史文化连续统一性存在，在逻辑上和人的自由解放理论是不协调的。近代科学进步鼓舞了人类的自由之精神，人们把科学和理性理解为同一性，把科学理解为理性的现实意义在科学反宗教统治中直接表现了出来。但人从科学的发展中获得自由的力量和人由科学必然性规律支配去获得自由是完全不同的两回事。科学的意义在于为人服务，使人在对必然性因果规律的掌握中获得更大的文化选择的自由，使人从自然走向更大自由。把科学当理性的绝对科学观中，科学由相对真理向无限真理永恒运动发展的科学真理观却把人的文化选择的自由创造活动置于科学必然性支配之中，在人意义上的创造，在个人意义上的自由意志，在社会历史领域就变成了必然性支配的科学过程，社会作为有机体就是人的世界的本质，个人作为社会有机体的原子就失去了本质意义。唯物史观把社会历史当成科学真理必然性规律陈述，人的自由和创造就失去本质意义。唯物史观的前提和结论是人的主体性，是人的自由解放理论，但理论体系本身又是客体的必然性陈述，因此，它既是科学的，又是形而上学的，既是客体的，又是主体的，唯物史观并不是合乎逻辑、前后一致的社会历史理论。即使《资本论》和剩余价值理论可以是一个科学理论体系，但由此并不能保证科学的唯物史观的合理性和完备性。从理论的逻辑和体系的完整性意义上说，后人归纳的唯物史观作为一种理论观点，既不科学，也不形而上学，更不是两者的统一理论。

历史唯物主义回到历史性归纳人类世界，但全部理论基础及理论结构、内容的展开形式是在社会形式抽象意义上的，既没有把历史作为社会运动的基本形式，更没有把历史理解为历史形式和历史内容统一的具体历史，是在形式上停留在抽象结构之中的关于社会的结构理论，不是理性统一性的过程理论。历史唯物主义把一种社会结构抽象理论称为“历史”的“史观”，它的历史的意义既不是理性统一性的、在人的本质现实构建意义上的历史，也不是知性“科学”的，唯物史观的“科学”是在社会形式而非历史意义上的。历史唯物主义是以社会为本质，以历史为现象的抽象社会理论，是非历史性的社会理论，唯物史观是社会而非历史的。一定要从“历史唯物主义”之中说它是历史的，那么只能说它是把历史作为现象，把社会作为本质，对人的世界从社会结构作本质思考和归纳的理论，不是以历史作为基本描述形式，把历史性过程作为社会从抽象到具体的历史，更不是把历史作为人的内在文化本质的现实形式，把人理解为本质上是历史文化性的存在。世界统一性原理是关于人的世界的社会历史理论，它本质上历史的，不是社会的，社会只是人的基本生存单位，人类社会是历史过程中的存在。人类社会和动物社会的本质区别就在于动物社会是时间性过程，时间性生命物种只有自然史，世代重复的物种没有历史性，只有先天决定的周期重复性。只有在人的社会中，只有人以文化为本质去在后天自由创造的实践经验中自己创造自己文化的过程才是历史性的，才是超越了时间性，在历史性不可逆形式下的无限发展过程。世界统一性原理把历史性和时间性作为人的无限主体性和动物有限主体选择性生存形式的本质区别，把自然理解为非历史的，坚持人的文化创造过程才是历史的。历史是无限主体创造意义上的过程，在理性统一性意义上是形式和内容相统一的人的现实生存。从理性统一性的历史意义看，历史唯物主义的历史是社会理论而非历史理论。历史唯物主义归纳人类社会历史存在过程时，限定在抽象社会形式结构中去理解人的世界的本质，把人本质上局限于抽象社会关系。但对现实的人的世界而言，不言自明地必须回到历史性过程，社会在历史中才是现实社会。以社会形式为本质的“历史”是抽象知性的历史，没有理解历史的创造性意义，没有把人的历史性和动物的时间性过程从本质上区别开来。这正是迄今为止许多社会历史理论都把原始社会作为人类社会第一个基本形态的原因，即还没有在历史性的本质中，把人的社会和动物社会区别开来。近代科学革命以来，人类自觉地追求人的自由和解放，却没能理直气壮地把自由理解为精神文化本质的发展过程。其实，在逻辑意义上看，只有精神文化现象才是自由的，自由的历史本质上就一定是唯心的、精神的、文化的，不能是唯物的。

马克思的共产主义学说是达到理性自觉的圆满境界的主客体统一性社

会历史理论，指向的是人类最高文明境界。马克思的共产主义理论超越欧文的乌托邦共产主义的充足理由在于它是文化和自然统一性的，是以客观普遍的科学知识为基础的，它把人类对未来美好的理想社会追求建立在人类现实生存生产活动的普遍客体运动规律基础上。共产主义不是抽象科学理论，是基于人自主自觉的主客体统一性的理性具体智慧，它是理性不是空想的根据在于它建立在《资本论》和剩余价值科学普遍知识基础上。因此，马克思学说的基础是科学，本质即共产主义学说，是文化和自然统一性的具体理性。如果把唯物史观当作科学，那它就只是马克思哲学的基础，不是完整的马克思社会历史哲学本身，只能认为生产力、生产关系和上层建筑的统一性关系是马克思哲学的构成基础。

哲学史上也有惊人的相似之处。伦理学之父苏格拉底对最普遍的德性和至善的思考开了西方主体世界统一性思辨的先河，他的学生柏拉图则从具体的伦理学进展到最普遍的主体认识世界的统一性思考，构建了本质论哲学，苏格拉底就是人类圣哲。马克思的人本主义经济学思考之所以进展到圆满的共产主义境界，从哲学思维方法看，在于马克思是西方精神文化发展史上第一位超越抽象理性，达到从主客体统一性的具体理性去思考现实世界的思想家，既从客体普遍必然性为基础，又从人的自主自觉自由的创造去理解人类现实的社会历史过程，在文化和自然、主体和客体、必然和自由的统一中，第一次对人类社会历史现象做出了总体的阐明，指向人的自由本质全面充分发展的未来理想世界。马克思的共产主义学说以科学为基础就不是抽象科学理论本身，毋宁说它是具体理性的，马克思的哲学只能从理性具体去理解，完整准确的把握才有所谓智慧。

回到当代科学理性把人类世界历史导向现实的生存危机看，科学理性在当代人类文化中铁板一块的支配地位表明了人类至今并没从本质上觉悟到马克思的智慧。马克思是在人类社会生产的经济领域的客观认识基础上进展到必然和自由相统一的共产主义普遍归纳的，主客体统一性辩证思维贯穿在始终，渗透在整个理论体系中。但是，后人对之上升到普遍的哲学归纳时并没有进展到理性具体，还是将之局限在科学知性真理中，用旧哲学唯物唯心相对立、主体客体相分裂、必然自由相矛盾的思维和描述框架难以通达辩证唯物论的境界，自认真理的唯物史观有意义同时又有局限性。从理性哲学普遍意义看，对马克思主义和唯物史观必须从具体统一性去智慧理解。

第一，必须完整、准确、全面地把握唯物史观的意义。如果局限于生产力、生产关系、上层建筑本身的相互作用看，它就是抽象社会结构理论和社会形式统一性的抽象理性理论，不是具体的社会历史理论。这些抽象关系只能是马克思社会历史理性具体学说的有机构成部分，是它的坚实的理论基础。如果认为唯物史观是科学的史观，则它的意义只能从严格的经济学元知识意义去理解。最为关键的是，无论作为经济学知识，还是作为抽象社会统一性理解，《资本论》都必须作为马克思学说的核心，否则无法理解马克思和欧文的本质区别，无法解释共产主义理性学说何以来源于经济学理论。对人类社会多样性复杂现象不能只由自由意志去理解，马克思坚持人创造了自己的历史，又指出人不是随心所欲地创造自己的历史，人的自觉自主创造建立在社会历史文化基础上，受人化的自然制约，有血有肉的现实生命存在是人类社会得以产生和存在的第一个前提。马克思从现实的客体世界出发去认识人类社会，以客体为主客体统一性具体存在的前提，为主客体统一性认识奠定了基础。以客体世界为基础，才有普遍的客观性认识，貌似变幻的大千世界现象才是可认识的，人类世界才是可理解的。这就是唯物史观作为抽象科学知识的意义，在此基础上才有抽象理性的社会统一性理论，才有和欧文学说本质不同的自觉理性的共产主义理论。有限知性科学的唯物史观不是谬误，而是正是基于其有限性才成为理性具体社会历史理论基础性的普遍元结构。

第二，在理性具体意义上的历史唯物主义无论如何理解都绝不可能从客体必然性去得到合逻辑的说明，即人类社会不能从生产力决定生产关系、经济基础决定上层建筑的抽象因果必然性关系去作抽象理解。即使在抽象社会形式结构分析本身，马克思关于生产力、生产关系、经济基础、上层建筑之间的抽象分析，也是从适应和不适应去描述的，即是从统一性意义去思考的。包括马克思用生产力决定生产关系，经济基础决定上层建筑这种传统因果关系陈述时，其实际含义仍然是因果统一性的，不是因果必然决定性的，否则生产关系和上层建筑的反作用就无从理解了。马克思的共产主义学说是人类自由解放理论，离开主体无自由解放之意义，在纯粹自然必然性支配下去理解的人类社会历史的唯一结论是宿命，用历史决定论去解读马克思学说是解读者自身陷于科学理性思维的产物。科学理性中的人类社会历史永远是二元分裂的，从主体出发是人类中心论，如堂吉诃德陶醉于战胜风车般醉心于征服和统治自然；从客体出发则在迎之不见其首，随之不见其后的无穷因果链中成为被决定和被支配的物化存在。马克思超越传统西方文化的具体意义就是超越泰勒斯和柏拉图绝对对立的主客体二元分裂文化，在社会生产领域把主客体统一起来，在自由和必然的统一中得到人类社会历史的具体理解。人类是文化和自然、主体和客体统一性的具体存在，客体是人存在的基础，无限的文化主体性是人的本质，主体性的自主自觉文化文明创造使人从本质上走出了自然界，人的必然和自由相统一的文化选择生存方式本质上是自由的，人类追求理想世界一定是自主自觉的，共产主义是人的理性自觉达到完美的境界。在主客体统一中，有限客体是基础，无限主体是本质，两者的统一是理性具体。所以，科学必然性的社会关系认识是基础，根据这种客观普遍关系去现实地文化选择生存才是人的本质，马克思主义的本质是人的解放即人本质的全面充分的发展，并且这种发展是历史的，现实的，是有客观性基础的，是人基于普遍客观基础的自主自觉的追求构成了人类现实的历史进程。

第三，关于马克思完整理论体系的理性具体思考最深刻的问题是它是何以扬弃抽象进展到文化和自然、主体和客体统一性的具体的，唯此才能理解为什么以社会结构统一性认识为基础的理论不叫社会唯物主义而叫历史唯物主义。之所以归纳为历史唯物主义是因为马克思在对客体性和主体性的辩证扬弃中从抽象进展到具体，在自由和必然、主体和客体的统一性中理解人类历史具体进程，追求人的本质不断发展并向共产主义境界进展的具体进程。马克思的历史唯物主义本质上是辩证唯物论，即整个理论体系是辩证唯物思维的产物。所谓辩证是人的精神文化认识即主体自由本质的统一性，所谓唯物是客体必然世界的统一性，历史的唯物不是泰勒斯的自然物，辩证唯物论即主客体统一性贯穿于马克思学说始终，在这种客体统一性基础上的主客体具体认识马克思称之为史观而不是社会观是合乎逻辑的。如果止于科学必然性的理解，限于客体统一性，则《资本论》合逻辑地只能论证资本主义的合理性，那就发展伏尔泰而非卢梭的社会历史理论了。遗憾的是，后人从经济学理论去归纳马克思的哲学时，并没达到马克思主客体统一性的理性具体水准，把唯物史观作为科学真理就只停留在马克思学说的起点上，还只是抽象的社会理论。从社会进展到社会历史的根本意义是在辩证的扬弃中从抽象到具体。历史唯物主义的具体在人类统一性的社会历史过程中，就是人类文明史中人的本质不断发展的过程，唯物史观的现实意义在人类过去、现实、未来相统一的具体历史中，最高意义在理想大同世界即理想共产主义社会中。从抽象科学的唯物史观进展到马克思历史唯物主义的理性具体，那是本体论的客体统一性认识、唯心论的主体认识辩证法、统一社会历史的普世价值即共产主义理想的具体统一。在理性具体水准，历史是人类自主自觉文化创造意义的，唯物是自然统一性意义的，历史唯物主义不是指人类社会历史本质上是泰勒斯的唯物主义范畴的，而是指它是文化和自然相统一的人类自主自觉创造，它的无限发展指向人类具体理性的最高境界——共产主义理想世界。

二、历史现象的普遍文明意义

人以文化为普遍本质的历史性存在并不只在理论中，而在于人的具体现实的生存现象世界中，历史之为具体历史指向人类现实的文明史进程。人类历史并不是按照思想家的抽象形式和原则去构造的，现实的人类社会是从动物社会发展而来的，它进入文化意义世界的同时把自己的文化抽象本质建立在现实、实在的自然生命世界基础上。现实的人类社会历史是文化和自然相统一的历史。由自然向自觉，由自然支配不断变为更强的文化文明支配的过程，是人的文化文明本质不断壮大、发展的过程。人类历史就是在这种自然和文化相统一的具体现实中展开的。人对历史的认识，对人的主体创造性的自觉，对更高文明的追求既是一个无限的、永无止境的过程，同时又建立在历史经验的基础上，历史性自觉意识又是人的历史性存在构成本身。历史性的意识，历史性的统一理论是后知后觉的，是随人的本质发展而发展的。先知先觉的历史是现象意义上经验的历史，对历史的具体认识现实上同样从经验认识开始。

历史概念的意义首先是在现象意义即具体个人的时间现象意义上的，历史的基础是过去时的事件。但历史的现象意义却又不能等同于时间意义，也不能仅仅等同为已经完成了的过去时事件。在现象意义上，历史现象是过去了的，但过去的现象却不能都称为历史。也许我们可以在一切过去时中用“史”陈述，但历史却不只是时间过去时事件之意义。用历史作为形式去理解人的世界现象和用时间为形式去理解人的具体生存现象是在不同的意义上的。时间是个人生命尺度的，历史却是人的社会尺度的，是类而非个人尺度。海德格尔从时间作为存在的境域去展开人的具体现实的存在，是在个人尺度去思考人的存在的。海德格尔的存在就是指个人的存在，不是一般的人或社会形式的抽象存在。正是基于此，存在主义把人的存在理解为现象学的、非普遍本质的，本质对人的存在是非决定性的，存在先于本质就成为现象学存在主义的基本命题。无可否认，海德格尔是从个人出发对人的存在具有深刻形而上感悟的哲学家，他在时间境域中展开的个人是在理性文化文明意义上的个人，在个人时间性现象中所感悟到还不是人的普遍本质，但也不是物的结构的本质规定性，而是在时间过程形式意义上的规定性。在结构本质规定性的物质客体存在意义上，个人存在在时间性过程中无本质，只是现象。存在主义现象学的重大贡献就是揭示了人是超越物的结构本质的过程性存在，时间过程变量才是人的存在形式，海德格尔的“境域”即一般逻辑结构中的过程形式自变量的意义。时间形式代替了空间形式，人就区别于物，人就不是在手的东西，而是上手的状态，人在生存中就不只是在空间之中，本质上是在于时间过程之中。时间过程空间结构的现象展开，按传统的物的存在本质观点，人的世界就只能是现象学的，不是客体的。但时间境域中展开的具体个人的存在是两层过程意义的统一体，即人既是时间中的自然生命存在，又是在时间过程中的文化存在。西方文化把人的存在和自然存在彻底割裂的局限性，在海德格尔的时间性存在中同样无法幸免。他的理论中的个人是在自然生命个体存在和具有文化本质的个人存在双重意义上的，但时间性使人超越了客体物质，却没有超越自然生物，海德格尔对个人的许多描述概念，比如可能性、选择性等，对动物世界具有同样意义。把人和动物自然而然区分开来的西方文化传统，同样体现在海德格尔的哲学中。海德格尔把时间作为人的存在形式对人的认识缺乏摆脱客体存在的彻底性，既没有为人之所以为人而不是动物性时间境域中的存在提供充足的理由，也没有对个人受限于世代更替的自然生命周期的超越，由时间周期性存在进展为类意义上的历史性存在提供合理的解释。因此，海德格尔的时间境域的人的存在哲学是个人存在的哲学，不是社会历史意义的。社会为基本单位的人的世界是历史境域中展开的，时间境域只是历史境域的基础，历史境域具有更普遍的意义。人的存在在更普遍意义上，是历史现象中的存在，人类的自我意识不能离开历史意识，人的主体意识包括历史责任感，这是不可置疑的。没有历史使命感和责任感的所谓主体意识本质上是动物意识。

不需要深奥而形而上的历史理论，不需要普遍的历史客观规律归纳，人类仅建立了正式的历史记载专门记述历史现象而言，就确证人的历史性发展已经达到了较高的自觉意识水平。人类从自然社会向文化社会演变经历了漫长的过渡期，只有自然意识的原始人类用口头语言，用民歌等形式传递意义，只有在文字发明和使用的发展中，普遍的知识才从个体走向客观普遍性意义，文明史从文字记载开始。文字的使用到普及发展同样是漫长的积累过程，历史意识的产生肯定在普遍知识已经产生的基础上。最早的历史是口头流传下来的史诗，它包括了人类对早期生存的朦胧记忆。真正的历史、正统的历史的产生，包括中国史官制度的产生，历史作为一门知识的产生，那是人的历史主体意识已经达到相当高的水平的标志，这就是历史的深刻文化文明之意义所在。史官制度表明了历史记载的正统性、重大性，体现了历史对人类社会的深刻意义。从我们今天的理解看，历史之为历史而不是时间中的过程有两点是本质的，一是事实的客观性，二是事件的历史意义性。历史现象和历史认识都是统一性的。自觉历史知识的建立赋予了人类社会历史文化文明的重大进步意义，建立历史记载本身就是人类文明的重大进步，是人对历史性存在本质有了深刻感悟和认识的结果。对国家而言，从社会统治走向社会历史意识，这本身是国家社会的重大文明进步。当君王把治下社会理解为有历史意义的统一体时，一定包含了对人类世界的文化文明意识于其中。历史现象最基本的意义是什么？不是事实，而是意义，这才是历史的本质。历史的形象描述是丰碑和耻辱柱的统一，当历史概念形成，就有了所谓流芳百世和遗臭万年的意义。这就是历史现象的深刻意义，是人作为文化文明存在的自觉意识的标志。人和动物的本质区别就直接体现在历史的意义中。动物只是时间中的物种存在，没有历史意义。人作为历史中的存在，其价值和意义不只是在具体的存在中，而且在历史的意义之中。“人死留名，虎死留皮”，这就是人和动物的本质区别，具有文化本质的人才具有的历史意义。我们经常说人要现实，要活在当下，十分正确，但不能只活在当下现实中，不能没有理想，不能没有历史责任感和使命感。对人类而言，历史不只是过去，现实就是历史，历史的意义就在现实中并直指未来，这是文明史超越自然史，人成为理性具体存在的充足理由。人必须对得起历史，经受得起历史的考验，人活在历史的意义世界之中。当人有了这种自觉的历史意识，人就在实质上进入了自觉的历史性存在境界。人如果只为生存而生存，为物质功利、为感官感觉而生存，那就枉称为人。因此，没有信仰，没有理想的人就同时是没有自觉的历史意识的人。人类进入文明史的重大转变之一是文明的历史责任感对强者的约束。尽管人的世界依然沿袭了先天的丛林暴力法则，但它总是向着文明的方向潜移默化地演变。任何强者都不只是暴力法则意义的强者，历史上的伟人总是向圣人看齐，伟人总是自觉或不自觉地把自己当成圣人，当成历史上流芳百世的人物，没几个强者情愿被当成暴君被钉在历史的耻辱柱上。中国传统文化在孟子学说中已经达到自觉用王道仁政去扬弃霸道暴政的文明水准，王者的本质是圣贤而不是伟大。历史的这种意义对人类从自然向自觉的理性现实存在演变过程中，有着深刻的意义。

对历史知识普遍意义的归纳是历史哲学。它不是历史的记忆，而是对人的历史意义的反思，在历史的具体构建中理解历史的普遍意义，从历史的经验知识中，归纳出历史的普遍意义。在历史哲学中，科林伍德关于一切历史都是当代史的归纳是极为精辟的，揭示了历史现象的理性统一性本质意义，即历史的过去、现在、未来的统一意义。一切历史都是现代史不能理解为历史虚无主义和对历史的否定，它的一切理解建立在尊重历史事实的基础上。如果没有历史事实，没有过去的历史，只是现代史的历史无历史之意义。因此，历史在过去、现代和未来意义非事实的统一性，是关于历史意义的归纳。这种意义，即历史的现代史意义应从多方面具体理解。

第一，历史的意义是现代史把历史和非历史事件从本质上进行区分，把时间形式中的过去时事件和历史事件区分开来，把从时间形式去理解的人的生存活动和从历史形式去理解的人的活动的意义区分开来。对人的已经完成的一切过去时活动而言，并非都具有历史的意义，历史不是人的世界已经逝去的一切记忆的总和，不是单纯的事实描述，是事实和意义的统一。历史的事实在过去，意义在当下，只有对人类社会现实生存具有意义的过去事件才是历史。这正是历史之为历史的根据。大多数人把过去理解为史，把史理解为事实，这没错，但不够。要是一切过去都是历史则历史就失去历史的意义，我们就既无法记忆也无法理解我们的历史。一切历史都是现代史归纳出历史之为历史的本质规定性，把历史和过去的非历史事件从本质上区别开来。历史是已经发生了的，历史无法改变，历史没有如果，历史一定是事实，但只有对人类当下现实生存具有意义的过去事实才是历史，而非过去了的都是历史。人类社会历史事实必定对人类现代生存具有明显的影响和意义，对人类现代生存具有明显的重大意义的事实才称为人类历史。只有在对那些关系到我们当下现实生存，同时就关系到人类社会未来的重大事件的意义的连续统一性理解中，历史才真正显示出它的深刻意义：以史为鉴，知兴衰，知未来，忘记了过去就是背叛。概括地说，历史就是现代史归纳了历史事实和意义相统一、客观和主观相统一的本质规定性。历史是关乎人的现实和未来的、具有普遍社会意义的过去时事件的统一。历史的意义不只是记忆，而是生存和未来。

第二，一切历史都是现代史把历史理解为人的主体创造的历史，把人的历史社会和动物的时间性物种区别开来。我们通常也有所谓动物史之说，但自然生命是没有历史意义的，它的过去、现在、未来是在时间意义上的。自然生命一生在时间中不可逆，在世代延续中却是永不完结的循环，就像拉磨之驴走不完那短短的路。对于一个具体生物而言，只有时间，没有历史；对于一个物种而言，世代循环没有过去、现在和未来之区别，没有群体社会意义上的历史。自然动物有社会没有历史，人的社会从没有历史到人自己创造了自己的历史，使人走出了动物自然界，超越了先天遗传编码支配其生存方式的本质，进入了文化选择的历史。历史就是人和动物的本质区别，即自然生命是时间性存在，人则是历史性存在，人只有在社会历史意义上才是现实具体存在的人。并且，一切历史都是现代史揭示了人的社会历史世界的主体性自由创造的本质意义。从当下现实生存去理解历史的意义时，把人的世界理解为意义世界，同时就隐含着人的主体创造性，当下现实存在的意义是人的意义，不是人之外抽象的意义或神的意义。当已经完成的事件的意义的根据在人的主体性范畴即人当下的现实存在意义之中时，人的一切的历史事件就只能理解为都是人的主体性创造的结果，只能理解为是人自己创造自己的历史，而且人类的社会历史就是人自己主体性创造中不断从简单到复杂、从低级到高级的连续不可逆发展过程。和生命进化不同的是，这种复杂性文化进程是在意义世界中的，是在社会为基本单位之中的，因而人就不但是个体在时间中的不可逆的存在，而且是物种或类在社会意义上的历史中的不可逆存在。人由于社会历史性而最终走出物种和类意义上的生存方式的循环，进入了永无止境的社会历史发展过程。

第三，一切历史都是现代史从历史统一性的角度揭示了历史的客观性是永恒的再认识过程。历史的客观性是历史之为历史的基础，但历史的本质意义是主客观相统一意义上的。人的社会历史是人的主体性自由本质不断构建中发展的过程，在文化认识意义上是人的主观认识不断发展的过程。因此，历史作为主客观的统一，它就不是客体客观意义上的不动的石像，而是一条永远奔腾着新的意义的河流。在主客观相统一的意义上，历史不断产生新的意义，赋予历史的客观性以新的内容。历史的基础是事实的客观性，但现实的历史却是主观意义上的，这正是历史和自然客体知识的不同之处。客体世界中人在客体之外，对象的客体性使对之的客观认识、价值中立的认识成为可能。但历史的对象是人的主体世界本身，是人类对自身的具体的认识和评价，是作为主体的人对自身客观事实的主观评价和认识，因而不可能是价值中立的，历史不是纯粹客观的。历史追求客观性，以客观性为基础，以主客观的统一为本质的历史认识和归纳是在不断实现着的历史过程中发展着的。历史世界从来就没有自在客观的可能，这就是历史不是不动的石像的一个原因。历史的客观性不仅和历史主体的价值选择有关，而且和历史叙述的主体有关。在人类社会历史上，在人从自然社会进入文明社会以后的几千年文明史中，现实的人的世界是自然和文化相统一的历史。越往前追溯，人的现实世界的丛林法则的支配作用越明显，从丛林法则到文明的人类社会历史，再到高度文明社会，是一个逐渐演进的历史过程。今天，我们已经有了较高的文明，但仍只是走在通向理想文明的大路上。人类的文明史依然是铁和血写就的现实历史，从古到今人类的历史依然是以强制暴力为基础的胜者王侯败者贼的历史。书写的历史是由胜利者的意志支配的，体现了胜利者的意志和价值观念，同时还包含着强者恶意的文过饰非、篡改和伪造历史。用强者的地位把伟大叙述为神圣的，胜利者追求伟大而神圣的完美性是历史记述客观性需要不断审视的一个重要原因。历史虽然是由胜利者谱写的，但历史却又是不容篡改的。伪造的历史不是真正有意义的历史，是经不起历史考验的。当社会历史发展了，伪造的历史就会在主客观相统一的历史发展中水落石出，在历史发展的过程中成为历史的笑柄。一切历史都是现代史揭示了历史主客观相统一的意义和历史客观性的基础，它使历史研究成为一个充满活力的常新领域，这是我们不断学习和挖掘自己历史的理由，它本质上是人在社会历史发展中主体自觉性的不断自我完善。历史的现代史意义揭示了人的历史是面向未来的意义世界。

在历史的现代研究意义上，在从现代文化文明意义、从人类世界具体历史过程归纳人类社会历史意义的文化成果中，汤因比的《历史研究》和斯宾格勒的文明理论是卓有成就的，是有现代意义的历史理论。这些理论是社会历史的，而不是抽象社会的。汤因比在历史研究中，通过不同区域、民族社会的历史过程的研究，得出了人类社会文明是在面对环境挑战的应战中不断发展的历史概括，把人类社会发展的内在动力解释为应对生存环境压力的选择。在不断发展的环境压力挑战的应对选择中，成功的人类文明才走向更高的文明。汤因比从人类在和环境相适应，和自然的斗争中去解释人的文化文明发展的动力和原因，这种从历史现象基础上的原因归纳是统一性意义的，不是因果决定关系的原因。环境改变和压力不同是一个社会文化文明在应对变化挑战时发展的启动点，但却不是必然性地决定一个社会一定会在应战中发展。一个社会通过文化发展去适应环境变化是一个极为复杂的过程，这种变化的结果不是由压力和环境的挑战可以预言和决定的。一个文明成功应对挑战就能实现文化发展，进入更高的文明，但还有不少人类早期文明社会未能在环境挑战中成功突围，最终只能在环境压力下瓦解。一个社会历史文明的发展和构成发展的环境之间的关系不是因果决定关系，而是统一性关系。只要不是从抽象的原则出发，在人类社会历史具体发展现象中，无论如何是归纳不出因果决定性的历史决定论结论的，现实的社会历史是无法用简单抽象的因果关系去充分描述和理解的。至于斯宾格勒，他从东西方不同文化的历史发展比较中，揭示了主导人类近代以来历史的西方文明的局限性和危机，西方衰落论无论对东西方都产生了极大的影响。世界统一性原理只探讨历史的意义，没有能力探索具体的历史。在历史意义角度，对汤因比和斯宾格勒的最高评价在于，他们在理论上把人类漫长而复杂的历史现象，最终归纳在文化和文明的意义下叙事，去理解，已经开始体悟到人类社会历史的文化本质和文明的真谛，把人类社会历史理解为文化不断发展的文明史现实过程，把文化文明感悟为统一人类历史的最普遍的本质和价值意义，把多元归元、百川归海的世界历史理解为从不同文明文化社会作为基本单位为起点，是在连续不可逆的历史过程中文化为统一的文明史，终而进入人类世界历史时代的。当然，这种文化文明史的历史归纳还不是最普遍的，还没有达到真正的“唯心”史观的境界。直入社会历史普遍本质的是历史哲学的轴心原理，那才真正的回到“心”这一人的世界本质去理解历史之为历史的普遍意义。

三、轴心期理论：历史的本质是精神文化

德国历史学家卡尔·雅斯贝斯在《历史的起源和目标》中提出轴心期理论，从其轴心期理论出发，探讨人类社会历史统一的精神本质和意义问题。轴心期的归纳建立在人类统一精神爆发式创新的认识基础上，轴心期的产生就是人类文化社会发展过程中建立起具有普遍统一性意义的人类精神文化的重大事件，是人类从自然步入成型的文明意义世界的标志，轴心就是人类社会所建立起来的普遍统一性精神，也即黑格尔的世界精神。

人类社会历史是物质的还是精神性的？这在科学理性思维中之所以是一个永远争论且又永远没有确定性结论的命题，因为这不是一个单纯科学意义的确定性判断命题。从现实性看，人类社会历史既不是精神的，也不是物质的，而是精神和物质相统一的具体过程。人类社会既不是用破铜烂铁堆起来的可以称之为物的东西，也不是抽象而虚无的幻境，而是我们自身实实在在的主客体统一性存在。习惯了统一性思维以后，我们诧异科学因果思维对人类的禁锢竟然如此卓有成效，竟然在无穷的因果决定链条中把如此复杂的人类世界还原为唯物的世界。在酷似严谨的客体因果链条中，为什么人们不反思这种逻辑对于猴子、蜜蜂、狮子等各种动物社会是否仍是放之四海而皆准的？为什么没有猴类世界和蜂类世界？机械唯物论岂不是把我们理解为只是和其他动物在物种规定性上有区别的禽兽之一？

在相对于机械唯物论的意义看，黑格尔的辩证法从精神发展去揭示人类社会历史发展，其辩证发展观和对立统一观本来就是一种统一性思维，是理性高超智慧。但他同样受科学因果决定的真理思维所限，又把理性辩证法还原为真理知识，把统一性智慧当作全体、具体的真理，最终又在更普遍的意义上陷入机械论和因果决定论，主体又成为客体，精神也成为"精神实体"，不是主客观相统一的，本质世界也是客体的。由于精神现象即使在决定论因果过程中自始至终都是精神，纯粹精神无法在因果决定意义上和物质自然世界实现统一，这就使黑格尔的精神现象学最终成为精神抽象学。其实，黑格尔是把精神过程作为人在自身文化本质实现过程中所达到的具体的发展形态的。对精神的认识是具体的，也是最高最难的，是需要深刻智慧的。"黑格尔认为，整个精神阶段就是辩证统一性的鲜明体现和贯彻，'他物、否定、矛盾、分而为二，这一切属于精神的本性，'但精神能够在矛盾之中保存自身并保持自身的自由，能够以自身的运动解决矛盾，使自由从潜在变为现实，并最后达到圆满自由，最高统一的境界。"[①]黑格尔从精神现象、精神过程去认识世界时，这个世界就是人的世界，即人的文化意义世界，他的精神是精神文化。黑格尔的精神过程理论如果能从科学真理知识的决定论思维中解放出来，把理性理解为真理统一性智慧，而非最高的全体的绝对的真理知识时，精神就不会只是客观的，而是主客观相统一的主体自由本质，主客观相统一的历史发展就是人类现实主客体相统一的历史过程。从精神进展到精神文化抽象，对人类世界从抽象到具体的理性认识就呼之欲出了。因此，黑格尔的精神哲学是很精辟的，离对人类社会历史文化过程的具体统一性理解只一步之遥了。

世界统一性原理对黑格尔精神哲学的继承、改造和机械唯物论不同，不是仅把人的社会历史的辩证发展的本质由精神发展颠倒为物质发展的真理过程，而是把人类社会历史理解为以精神文化为本质，在抽象精神文化返回人类社会历史文化现象发展中的主客体统一性过程。其中有三点是关键性的。一是人类社会历史是主客体相统一的过程，不是物质在因果关系支配中的客观真理的必然性过程，也不是精神在必然性运动中从相对真理走向绝对真理的过程。无论是客观精神还是绝对的物质以因果关系形式去支配的人类社会历史都不可避免的陷入历史决定论，以人的主体性解放为目标的机械唯物论和弘扬人精神自由旗帜的黑格尔的世界精神同样都无法赋予人的主体性自由创造，最终又成为带宿命论色彩的社会历史理论，前者宿命于社会，后者宿命于虚无的绝对客观精神。二是世界统一性原理把人的世界区分为主体、客体构成的现实存在基础上，把客体理解为人的基础，把主体创造性理解为人的本质，自由的文化生存选择活动使人的理性世界从潜在的抽象成为具体的社会历史现实过程，把赋予人自由创造的主体性精神文化理解为属人的本质，赋予人类超越自然必然无为世界以充足理由。世界统一性原理坚持从精神文化现象去理解人的世界时，并不是说存在即精神，人类社会历史即精神文化，把人的世界理解为抽象的，而是坚持具体社会历史是主客体相统一的。但其最普遍的本质是抽象的，是一切称为人的存在所必定具备的，是一切非人必定没有的，它作为普遍本质就在于人的一切文化选择现实行为中。因此，世界统一性原理继承黑格尔的精神哲学理论，但不是把它理解为人的世界的绝对真理，而是从精神进展到精神文化，把精神文化创造理解为社会历史本质，社会历史的具体统一性进程本质上必须从精神文化为本质的自由创造活动去理解。唯此才能把人的社会历史理解为人类理性自由创造的历史，把历史性存在和时间性物种从本质上区别开来，并合逻辑地说只有创造才有历史，有人类才有历史，因为只有人类才是主体创造性的存在。三是世界统一性原理坚持历史地构建着人的意义世界的精神文化才是人的世界的本质，因而意义的世界才是最普遍的世界。在自然本体论意义上，本原客体是最普遍的存在，一切具体存在都是本原客体及它的结构化存在，一切客体的存在构成了统一的自然界，而且自然是一切复杂性客体结构演化及运动本身的原因，自然是独立自洽自足的统一世界，它的存在和演化都能在自身找到充足的理由。但在意义世界看来，本原存在作为最普遍的具体存在又是最简单的，它只有一个最简单的规定性：量。这是一个具体客体存在规定性的极限，如果没有任何规定性也就没有客体存在了。由最简单的本原客体结构复杂性演化形成多样化客体结构世界时，客体的规定性随结构复杂性增加而增加，从意义的角度看，世界复杂性是意义的进展，客体结构复杂性演化在复杂生命时间结构中达到了极限，达到了世界上没有两个完全相同的具体生命存在的个体化高度。人的世界超越自然生命世界不是具体客体结构更加多样化演化，个性化生命存在本身是复杂性演化的壁垒，复杂性的实体结构演化永远只能在生命的定义域中进化，在客体空间结构演化和生命时空结构进化意义上人只能是万物之一，不能称为万物之灵。人在万物世界中自成一大不是因为先天性比其他物种优越，而是人在后天生存中创造了文化意义的世界，依靠独有的精神文化本质，摆脱了先天遗传编码对自身生存选择方式的支配，在依靠文化选择的生存方式中，在文化的世代继承、传递和不断的自由创造中，实现了一代代生存方式的不断文化中的发展，成为生存中不再是世代循环的历史创造性的自由存在。客体世界可以无意义，只是事实，但无意义则无主体世界，无主客体相统一的人的世界。在事实和意义相统一的人的世界中，抛弃物质和精神决定的因果选择，用统一性关系理解世界时则是从意义而非客体去思考人的本质的。在统一性思维中，意义世界以事实世界为基础，把客体世界包括于其现实意义中，仅以事实世界为本质则根本无法理解意义世界。所以，世界统一性原理把意义世界理解为最普遍世界的同时，把世界本质理解为抽象普遍意义，把人的本质理解为理性文化精神，人的世界就在主客体统一中回复到具体现实的社会历史构建过程，我们也无须再在人是唯物还是唯心之中自寻烦恼。人的具体现实存在是唯心唯物相统一的，但本质是“心”的，这就是“唯心”所指之本质意义。我们完全可以理直气壮地以“唯心”即精神文化为本质去理解人之所以为人的根据，堂堂正正地做具有自由创造本质的社会历史主人。

从精神文化去理解人类社会历史的本质，并且把人的精神文化本质从低级到高级到发展理解为统一性过程而非因果决定的客观精神过程时，黑格尔的精神哲学就摆脱客观唯心主义的抽象性，成为人的主体自由创造历史过程的理性哲学理论。精神现象学是黑格尔哲学的奥秘所在，是黑格尔哲学的诞生地，也应该是其归宿。当然，人的精神现象只有在精神文化现象中才能回复具体，具体理性是在辩证发展中构建起来的，只是黑格尔把它理解为无穷因果链中真理在发展。黑格尔把精神现象划分为从感性确定性开始直到绝对知识的八个阶段，这符合世界的精神意识从低级到高级发展的过程，并且这个过程是统一性的，即后一过程建立在前一过程基础上。这八个阶段对应于人的感性、知性、理性三大阶段，且感性阶段是自然认识阶段，知性和理性是属于人的精神文化过程。在精神哲学中，黑格尔进一步完善发展了精神现象学，把真理和自由作为人的精神本质，并在主观精神、客观精神和绝对精神这三个辩证发展不同阶段中揭示精神现象的发展，同时也是人的自由和真理本质发展的过程。主观精神是个体主观意义上的认识，以自然认识为基础发展而来，但它又超越了自然意识，具有了人的自我意识，即主体性的产生，有了个人追求的自由意志。客观精神指从具体个人精神发展为普遍的社会精神，黑格尔的客观指的首先是超越了具体感性个人的抽象普遍社会性意义。客观精神具体包括抽象法、道德和伦理，家庭、市民社会和国家就是客观精神的现实产物。由国家法发展到国际法，最后达到世界历史，人类世界历史就被归纳为精神发展史。黑格尔反对把世界看成偶然、简单、重复的，确立了历史中的发展原则，把人类历史理解为不断更新发展的统一进程，而且本质上是真理和自由不断发展的进程。绝对精神是以艺术、宗教、哲学为层次的主客观统一精神，并且哲学是人类精神发展的最高形式，它把审美的客观性和宗教的主观性统一起来，达到对最高的绝对真理的认识。黑格尔回到了唯心论哲学始祖柏拉图的起点，把理性哲学理解为人的社会历史的最高本质。柏拉图的完美人类世界中，要么国王成为哲学家，要么哲学家成为国王；在黑格尔的精神哲学中，达到哲学的绝对境界才获得绝对、完美的自由。

黑格尔精神哲学还不是社会历史本质发展的完整理论，它还只是抽象精神，没回归主客体统一性的历史具体即人类文化意义世界。如果说哲学的绝对精神是最高的，人类社会历史又是不断发展的，那人类历史有顶峰吗？若有，和历史的发展原则相左，若没有，则人类还有哲学吗？黑格尔认为以前的哲学不成体系，没达到绝对理念，其实黑格尔把哲学理解为最高的绝对理性，只是在抽象形式而非内容和形式相统一的既成现实的哲学理论本身而说的，绝对精神并不是终结了哲学，而是应赋予哲学发展生命力，这就是必然性支配的客体世界和创造性的主体世界的本质区别所在。黑格尔精神哲学还只是抽象的精神形式，离开人类现实历史而显得苍白空洞。为了摆脱这一窘境，我们回到当代历史哲学家卡尔·雅斯贝斯的历史轴心期理论去理解人类精神发展史中哲学诞生的地位和作用。

雅斯贝斯把人类历史时期划分为史前、古文明、轴心期和科技时代四个阶段。史前期是非人类文明时期。古文明史是从人类发明文字进入文化文明，直到哲学产生前的文明史，这是文明史的第一阶段。轴心期是哲学产生阶段，是文明史的第二阶段。科技时代以近代文艺复兴和科学革命为标志，一直延续到当代。这三个文明史阶段有本质不同的意义。文明期的第一阶段是叫作间歇期，第二阶段即轴心期是突破期，在此之后的科技时代又进入新的间歇期。突破期和间歇期的本质区别是，轴心期是人类精神文化历史过程产生质的飞跃的发展阶段，间歇期是量的积累的渐进发展阶段。轴心期的标志是哲学的诞生，这表明雅斯贝斯把人类文化进展到自觉理性统一性水准理解为人类历史本质性的革命和进步。人类文明史从简单到复杂、个别到一般到普遍的发展进入自觉哲学理性的时候，人的文化文明就产生了质的飞跃，即产生了把多样而变动的现象世界统一起来，把人的世界统一起来的理论体系以及对之不断的更丰富、更具体理解的追求，人类在文明史意义上真正进入了超越了物种的普遍的类的精神文化统一性认识水准，这是人认识自己的本质性革命。可以这么说，人类历史的产生源于文字和文化知识的产生，人类从产生到发展成为统一性的人类世界的历史自觉则以理性哲学的产生为标志，以人类在精神意义上自觉追求最普遍的理性统一性为标志。哲学创生宣告了文化文明人类终于从跨入文明的门槛进展到自觉追求理性的历史时代，开始了从理性到自觉理性的历史，以文化为本质的文明史进入了精神统一性的时代。中国哲学、古希腊哲学和印度哲学的产生，是不同地缘的文明人类走向普遍类世界认识的标志。

由此，我们可以再一次重复世界统一性的结论，哲学是理性的智慧，是对世界的理性统一性思考，自觉的理性哲学智慧的产生开始了人类进入精神文化统一性的历史进程，是人类历史进入世界历史的起点。轴心期是人类创立自己的理性智慧理论的时期，所谓轴心首先是指人类文明和文化的最普遍的深层基础，又是人的文化生存活动指向的目标，是支配人类多样性文化选择生存现实的宇宙观和人生价值观的统一。人类产生哲学标志着人类形成了对世界的统一性的理解，人类社会历史向前发展就围绕理性哲学的宇宙观、人生观指向的核心不断前行，人之所以为人、历史之为历史的统一性根据在于文化的文明价值，理性指向文明就进展到存在论、认识论、价值论的自觉理性意义，历史文化本质就统一于文明。进入精神统一性的文明史既是不可逆的历史创造，又是围绕着自觉理性目标的永恒运动发展。历史不是宿命的，也不是随波逐流的，而是有理性目标的创造过程。哲学给出了历史的目标，即人类文明史的轴心，以这个轴心为历史目标的参照点，人类社会历史就是自由自觉而又面向无限的文明史。一个社会历史时期的轴心理论就是这个文明社会建立起的自觉的世界统一性理解，即对人是什么的具体理性理解，它回答的就是人自己在世界中的地位、价值、归宿、意义这些根本性问题，赋予人之所以为人的根本意义，把人的社会历史现实引向人的理性本质不断实现的创造过程。

把轴心作为理性哲学关于统一性文化世界本质的理解，必须回答人类文明史上两个极为重要的问题。首先是为什么近代科学革命带来的人类社会历史沧海桑田般的巨变却不是轴心期而是间歇期？在科学技术层面，这确实是日新月异、突飞猛进的历史时期，但这种现实的革命性进步是现象性的，不是理性精神意义上的，即至今为止支配西方文化的理性哲学关于世界统一性理论依然是古希腊时代建立起来的。西方自然哲学本体论依然是唯物主义的物质一元论，本质上没有超越泰勒斯的水准；主体哲学认识论即唯心论也没有超越柏拉图的水准，本体论和认识论相统一的具体理性统一性理论还没萌芽，马克思关于社会历史领域主客体统一性的辩证唯物论即共产主义学说还没由后人归纳为本体论、认识论、价值论相统一的最普遍元哲学理论，唯物和辩证只停留在泰勒斯加黑格尔的旧哲学水准。我们的科学理性实质上是科学知性，科学真理知识是不断积累的，并且是以正反馈方式指数增长的。但理性智慧却不是越积累越多，而是对越来越多的知识的统一性智慧理解，故老子说“为学日益，为道日损”。正是在这一意义上，雅斯贝斯认为我们的时代科学知识虽然越来越丰富，当然超过了亚里士多德的时代，但在哲学上很难说达到了苏格拉底和柏拉图的水准，故依然只是间歇期。支配我们当代的基本宇宙观和价值观还是苏格拉底的至善和柏拉图普遍而永恒的存在，还是泰勒斯的万物的本原和巴门尼德的存在。迄今为止，人类理性哲学在创生之后，还没超出自己的范畴，对世界的统一性理解其实是非常古老的，那些古老的宇宙观和价值观就有万古常新的意义。换一个角度看，人类在近代科学革命中建立起来的科学理性确实不能理解为人类文化的轴心，不是理性哲学的突破。人类科技时代的文化基础依然在古老的古希腊哲学的轴心陈述之中，这就是为什么近代科学革命以来我们依然在绝对物质观中说明自然世界的原因。用雅斯贝斯的归纳陈述，人类现实的每一次飞跃都从轴心时代吸取精神力量，都是对轴心精神的复归。近代科学革命带来了人类生产生活方式飞跃般进步，它的理论基础却依然是物质世界的统一观，是古希腊哲学的统一性世界理想从抽象到具体的不断实现。如是理解，我们就能说科学不是理性智慧，是知性真理知识，近代科学革命的统一性的根本依然是苏格拉底和亚里士多德时期的轴心理论。人类对世界即物质世界的统一性理论自在那个时代建立起来就一直支配着人类精神，人类总是从中吸取力量。科学的发展同样以之为基础，从中吸取精神力量，人类自近代科学革命以来的历史就只是间歇期，不是轴心期。如果科学真的成了理性的话，人类的轴心就会从古希腊时代的宇宙观转到新的轴心即科学宇宙观。可惜，科学成不了宇宙观，宇宙观也成不了科学，把宇宙观当成科学，追求形而上的科学的辩证法，那只是近现代人类被科学成功感染和鼓舞而高烧，忘了科学的基础不是科学这一常识而已。

把轴心理解为人类精神文化关于世界的统一性理解的另一个问题是，

人类文化是不断发展的，由此决定了人是社会历史性存在，那么，人类文化的轴心建立以后是不断发展的，还是岿然不动、以不变应万变的呢？如果一直在运动中又何来轴心之说呢？就像一个坐标系的参考点一样，如果只是相对性的，即其相对于其他参照系在运动，则就不是真正的轴心。但如果它岿然不动，那又何以理解人创造了自己的历史，创造自己的文明轴心呢？轴心不就变成了先验的、宿命的、上帝恩赐的了吗？对此，首先必须坚持是人创造自己的历史、创造自己的文明轴心的主体自由观，并且把轴心理解为人类文明史发展到具有对世界理性统一性自觉理解的高级阶段的产物。其次，轴心理论是发展的，只要是人的创造，则一定会在人类的社会历史中随人类的自由创造精神发展而发展。但相对于人的文化的非轴心精神而言，轴心是相对稳定的，以之为基础的文化知识却是相对活跃的，是不断发展的。在轴心意义上，这些发展又是渐进性的，是理性的。轴心基本稳定的发展阶段称为间歇期，而轴心理论的产生是人类文明的爆发期。最后，轴心理论是对世界统一性理解的智慧，它和真理知识的渐进式积累和不断丰富不同，它作为人类的精神文化基础，对人类社会历史文化发展产生着两方面的作用。一是把不断丰富的知识统一起来，为人从抽象世界回到客体世界中去提供方法论基础，把抽象认识意义转化为人类文化选择的智慧生存本身。二是为开放和不断发展的知识认识提供普遍性意义的统一形式，使个体的认识、对多样性现象的认识上升成为普遍的、一般的、客观的知识成为可能，这正是理性轴心和知识真理的区别和统一。真理一定是开放的，在开放中，才有知识不断地发展。开放的知识则一定是不会自我完备的，它必须从轴心统一性中获得普遍性意义的基础。轴心理论不提供知识，但提供知识普遍性的形式及逻辑基础。所以，一切形而上学的理论必须是自我完善的，由之提供逻辑基础的知识才具备完整的普遍知识意义。作为智慧的轴心理论就不应在累积的意义下去理解发展。它在自我完善过程中，在成为具体的人对世界理性智慧理解中，没有对错的标准，表现为智慧的高低，认识的深刻或浅薄。智慧只有不足却没有错的智慧。人类社会历史作为文化和自然相统一的历史，人类作为主客体相统一的存在，它的现实的历史性发展是在统一性意义上的，而不只是在轴心意义上的。我们的知识超过了亚里士多德的时代，但统一性智慧未必能超出柏拉图和亚里士多德，这种观点是有道理的。人作为历史连续中绝对运动的具体存在，恰恰是在人的轴心理论的相对稳定的基础上的，离开相对稳定的轴心已无发展之意义，没有目的港的历史航轮是无所谓进退的。从现实的历史发展过程看，正是轴心理论的相对稳定性和知识不断积累发展不同的本性，使统一性的具体社会历史是稳定而连续发展的，轴心的普遍统一性的历史意义是人作为历史性存在的深层意义。当然，轴心尽管相对稳定，但它毕竟是人的创造，就同样可以发展，甚至会根本变革。它革命的力量不在于它自身，而来自与它所统一的知识的发展及带来的问题，来自于人的现实生存的问题。相对稳定、甚至具有万古常新意义的理性轴心理论为我们现实提供了人类理性生存的基础，当人类现实的生存面临重大甚至根本危机的时候，并且现轴心理论无法为人类从技术上摆脱危机提供基础的时候，那就是人类理性和轴心变革的时候了。这个时候，人类就必须有智慧和胆量去实现轴心理论基础的更新，用新的轴心理论为摆脱现实生存危机提供理论基础，使人类在应对危机的挑战中能把危机转化为生存和发展的机遇，进入更高文明更普遍意义的发展阶段，在新的轴心理论、新的意义的世界中，建立一个更具普遍意义的人的统一性世界。

第二节　历史的目标

一、文明史的冒险

世界统一性原理把人类社会历史理解为人自由自觉创造的历史时，历史在本质上就超越了必然和偶然的意义，人类文化文明史的主体性创造过程就是向未知意义世界不断前进的冒险历程。在文明的冒险中有些没有成功应战的伙伴民族社会已经消失了，我们却幸运地仍继续在文明的大道上奋勇前行，并且进入了人类普遍世界的全球化阶段，进入普遍的人类历史时代，开始了在人类世界历史意义上的冒险。我们的人类历史是从自然社会向文化社会转变以后，从低级到高级、简单到复杂中逐渐文化而成长为世界历史时代的，这是文化社会从较低级文明向较高级文明发展的过程，也是从多元区域文明史归元为统一人类历史的进程。我们作为历史性的存在，是在社会历史过程中向未知世界探险的存在，是在向未来历史目标前进中构建着人类文明史的存在。当我们成功地从低级动物社会蜕变为高级的文化历史性社会，并在向未知意义世界冒险中披荆斩棘，达到今天这种全球统一性历史意义的文明社会人类水准时，回顾人类文明史的基本过程，以史为鉴去理解历史对我们现实的生存意义和未来的发展意义，是很有必要的。尽管人类具体的历史进程不是按所谓规律、理论预言去必然性地运动的，但也不是随波逐流的宿命，从历史经验去归纳和总结人类社会历史的一般理论，对于人类的未来有举足轻重的意义。因为人类是历史性存在，历史是人类未来的基础。历史赋予人类财富中最珍贵的绝不是新石器、青铜、生铁、指南针和火药，也不是石油和核电站，历史财富的本质是精神文化财富。人的本质是文化，历史性的人的最宝贵的财富只能是文化，且精髓是精神文化，人类遗产没有非文化的，只有非物质文化的。设想一下，如果意外的自然变故摧毁了人类现存的物质基础，只要人类精神文化成果能成功地保存下来，人类文明史就不会中断，依靠文化去恢复人类社会生存的物质基础并不需要漫长历史过程。假设地球的非再生能源和资源面临枯竭，人类绝不会无可奈何随其枯竭任历史之花落去，人类文化应能会在新的生存边界条件下创造出与之相适应的文化选择生存方式，让人类历史之树常青。更为抽象地设想，倘若割断精神文化的脐带，让人的社会从自然社会另起炉灶，我们根本无法预言需要多漫长的进化过程人类才能超越进化，重返文化之路，甚至无法断言自然生存的人类社会在如此复杂多样性的随机生存中一定能进展到文化，进展到文化社会，一定能发展到普遍的人类世界。因此，人类认识自己本质上是认识自己的历史文化理性具体意义，以史为鉴去理性自觉地面向未来现实生存。

古希腊德尔斐神庙铭刻着的永远鞭策人类的警句“认识你自己”有万古常新的意义，人类将其称为神喻。但世界统一性原理并不容纳在人之外的独立人格神，神喻到底也是人喻。为什么古希腊时代竟有达到神的水准的人喻？对此至少有两种可能的合理猜测，它或是地外高级文明造访时对刚进入文化的地球文明的点化，或者决定“用认识你自己”来点化普罗大众的古希腊智者对之的理解也还是朴素的。这说明了一个道理，认识你自己的意义是随人类文化理性的历史发展而发展的。更深刻的道理还在于，人的文化意义世界是由人赋予其意义的，故人是自己决定自己本质的主体性存在，人的认识就是人的存在的充足理由，人认识自己达到何种水准，人类文明史就达到何种水准。我们对自身的认识和理解的驱动不是来自神喻，不是来自本能的冲动，而是人的现实生存本身。文明人是在文化选择中生存的，文化是社会历史性的，人的理性认识就不只是元结构意义的各种知识，而是由元知识中建立的现实生存的统一性理解。一切认识从经验开始，对经验的统一性认识之一是历史经验，其意义在于面向未来的现实生存。一切认识来自经验，对历史性存在的认识和理解就不能离开历史经验，人认识你自己就不能没有对自身具体历史意义的统一性理解。社会历史理论来自于历史经验，不是历史经验由理论的普遍必然性支配。然而，当我们从历史经验中归纳出历史理论，得到对社会历史统一性理解时，人的具体现实的生存就进入更自觉、更文明、更自由的境界，这就是文明进步的具体而现实的意义。因此，黑格尔说，猫头鹰总是在黄昏才起飞。用世界统一性的语言来更直观地陈述，人作为历史创造性的主体本质的存在，人的本质达到什么水平就取决于人对自己的历史性的本质的理解，取决于对具有普遍类本质的人在主客体相统一的历史运动过程中的统一性意义的理解，唯此人才是自己创造历史、创造自己本质、赋予自身最普遍社会历史文化文明意义的存在。

对人类社会历史的普遍意义归纳和理解来源于历史经验而非抽象“社会理论”，一切历史普遍性意义的根据在多样性具体历史现象之中，对历史的思考就不是唯心的或唯物的，而是在文化和自然相统一的具体历史过程中的。抽象地断言人类社会物质决定精神还是精神决定物质没有意义，一切必须以历史多样性统一现象为基础，对历史经验的思考就不是物质的或精神意义上的，不是纯粹抽象本质的。严格地说历史的普遍抽象本质就在于历史多样性现象的统一之中，而不是说历史的抽象本质决定了历史现象。没有历史现象，没有具体的历史，则无历史的本质，无人的本质。人的社会历史本质离开具体现实的人的世界只是抽象，只有在回到统一性的具体现象，文化和历史才成为现实。我们从历史经验去思考人类社会历史的普遍意义是以具体的社会历史现象为根据、为基础、为前提的，不是在纯粹的思维和意义的抽象世界去苦思冥想人的抽象本质、历史的抽象普遍意义。在此，我们讨论的历史是统一性的具体历史。

人类社会历史的起点是原始氏族社会，卢梭称之为理论起点的抽象，历史唯物主义称之为原始共产主义社会，雅斯贝斯称之为史前期。这些认识都有一定的合理性，不必吹毛求疵。世界统一性原理接近于卢梭的理论，把原始氏族社会理解为非文化的自然社会，同时又是文化社会的温床，是人类文化社会的诞生地，由此就首先回答了文明人即文明史从哪里来的问题。人从自然社会文化而来，人从没有文化到进入文化过程开始了人的社会历史，历史是在文化意义上的历史。历史唯物主义称之为人类社会第一个形态的原始共产主义社会也只能理解回答文明社会来源问题。把这一起点称为史前史一点也不奇怪，这里的两个史所指的是不同意义：第一个史是指文明史，第二个史是时间过程性意义上的“史”。若两个史指称同一意义，史前史就成为自身矛盾的概念了，因为所谓史前即历史还没有开始之前，在这之前又何来史可言呢！对历史自然起点的理解主要是史前文化和文明问题。严格地说，史前如果有文化和文明，那就不是史前了，而是进入社会历史阶段了。这种机械思维是没有意义的，只要承认文化社会从自然社会发展而来，就应明白从自然社会中产生出人类文化是经过漫长的演变阶段的，在这个孕育期，即所谓新石器、旧石器文化这些非文字文化阶段，还只是文化的孕育和准备，人类本质上还是以自然生命物种规定性为本质的自然存在。只要我们在本质上将之理解为自然社会，是文明史前史就行了。这就为我们理解我们的历史起源，理解人类文明史的基础和起点，提供了可靠的前提。

人类的文明史，按照雅斯贝斯的轴心期理论，分为古文明期，产生精神统一性的轴心期，随后是轴心理论的统一世界精神从抽象到现实不断实现的间歇期，即人类从氏族、民族社会经地域国家形式，走向统一人类世界的历史。我们所处的这个走向全球化的时代在精神意义上是间歇期。从抽象精神回到现实的物质和精神、自然和文化相统一的人类社会历史，在社会基本结构形式意义上，我们一般把人类社会历史归纳为奴隶社会、封建社会、资本主义社会三个本质不同的阶段。奴隶社会是在自然血缘关系为纽带的氏族社会中发展起来的。按照一般的理论，私有制的产生，财产的不平等占有以及由此造成的不平等的延续并加剧是社会产生即最早的奴隶社会产生的根据。卢梭是这么认为的，历史唯物主义也是这么认为的。人类对社会的产生及不平等的产生之根据基本上是理解为私有制起源，这正是卢梭把史前社会看作平等社会，马克思称之为原始共产主义社会的理由。按照世界统一性逻辑，根据文明史从自然史产生的观点，奴隶社会的现实制度是在血缘自然关系之上发展起来的，人类最早的文明社会形成的同时还是主要由自然社会形式支配的，即从原始社会进入文明史的氏族社会时，早期文明史的社会关系仍然是以自然关系为最基本关系。在氏族社会进入文化文明的相当长的历史时期中，社会仍然是以血缘关系为边界线的，而且社会只在氏族社会内部才有文明社会意义，即早期文明社会是以氏族社会为单位相互独立、互相封闭的。氏族社会之外并不视为同类社会，不同氏族社会之间的战争除掠夺财富和地盘外，在生产力发展到一定阶段时还产生了特殊的财富：作为奴隶的俘虏。奴隶之为奴隶在于其在本质上和牛、羊、马没有本质区别。奴隶制产生的社会基础是氏族血缘社会，不能抽象地把奴隶的产生归因于氏族内部分化，归因于私有制使社会内部贫富不均，使一部分贫人沦落为奴隶。古希腊的自由民不是由贫富决定的，不是后天的，而是在先天意义上的。奴隶制的本质是奴隶天生就是奴隶，奴隶社会本质上更多地带有自然血缘关系，自然社会成分占主要地位。奴隶社会是封闭的，血缘的，不是种类的，还只是种属的。在奴隶社会的形式中，人们只有自己社会的狭隘社会观念，还没有上升为普遍的人类社会。

文化文明的不可逆积累发展打破了血缘氏族社会的边界。人类奴隶社会在漫长的积累中，从氏族社会发展为民族社会，发展为国家社会，国家成为社会的基本单位形式。国家社会是在氏族社会基础上发展起来的，但国家社会本质上超越了氏族社会，它实现了氏族社会的融合，实现了人类社会从狭隘封闭的氏族社会向普遍开放的民族国家社会的发展。国家成为人类世界的基本社会单位，从奴隶制国家过渡到封建国家，再到当代的资本主义、社会主义国家。在国家消亡以前，国家作为人类世界的基本社会单位是具有普遍意义的，国家产生的本质是人类普遍意义的产生，人之为人而不再是单纯自然动物，不再以血缘氏族为根据，进入超越自然关系支配的更普遍的人类文化关系。把异族视为会说话的动物是不符合国家社会的本质的，这正是国家社会从奴隶制转向封建社会的根本意义。进入封建社会以后，人不再是会说话的动物，人在普遍的类存在意义上从动物世界蜕变为万物之灵的人。因此，从奴隶国家进入封建国家是人类社会历史的重大进步，使人具有了人类的普遍意义，使社会超越了自然血缘关系的樊篱，使社会进展为普遍的人类社会。这是作为文明人存在根据的文化本质的重大历史进步，它是以人类精神文化意义上的统一认同为根据的，是以人本质上区别于动物为根据的。

资本主义制度依然是建立在国家这一基本单位形式上的，它的意义在于用市场交换关系突破了国家的限制，把人类世界真正变成具有现实关系的最普遍的全球化全人类世界，实现了全人类现实的分工合作，这才是具有现实意义的世界历史。资本主义制度开启了人类世界历史的纪元，我们终于从民族史、国家史走向人类历史。在封建社会中，国家是一个社会的基本边界，国民的生存及社会关系基本上在国家范围之内，国和国之间的交换是微不足道的，也不是分工意义上的，而是互通有无意义上的。自给自足是封建社会的本质特征，封建国家发展的动力是开拓疆土，增加子民。资本主义社会打破了自给自足的封闭世界，人的社会的拓宽不是依靠国家开疆拓边，而是通过国际化的市场分工合作来实现，使人的社会意义既建立在国家这一基本单位形式基础上，又超越了国家的边界，进入了全球化的最普遍时代。资本主义制度对国家的超越能否最终终结国家形式，那是未知世界的命题。马克思的共产主义大同世界理论预言资本主义消亡同时也即国家消亡，人类进入共产主义高度文明世界。这还只是理想，理想还不是现实，但绝不是空想。马克思主义一百多年来的实践并不是共产主义实践，而是社会主义运动，但理论上的社会主义运动在实践中是列宁主义的，并不是马克思主义的。我们一直把马列主义一体化，但马克思主义和列宁主义在理论上并不是同一的，而是有重大区别的。马克思主义是关于资本主义灭亡，同时也使国家消亡，人类从资本主义发展到共产主义的理论，它是全人类意义上的，是国际主义的，非国家主义的，是国家走向自己否定自己的历史发展，是资本主义进入发达社会后发展的结果。列宁主义不是发达资本主义在否定之否定中，在走向消亡中达到新生共产主义的社会历史发展理论，而首先是国家和革命的理论，是无产阶级专政的理论，它的实践不是资本主义自我发展的结果，而是在资本主义还没有充分发展的俄罗斯建立社会主义国家，由无产阶级用革命手段，以国家为形式去推翻资产阶级国家的实践，它不是资本主义国家的消亡，而是由无产阶级专政国家去消灭资本主义国家。这是国家和国家之间的冲突和斗争，不是国家的消亡。无产阶级专政，推翻和消灭一切资产阶级并不是消灭了阶级，而是消灭资产阶级，壮大无产阶级而已。马克思主义以国家阶级消亡为内容的学说和列宁主义的国家、无产阶级专政学说显然是有区别的。诚然，可以认为马克思主义和列宁主义是人类社会历史不同阶段的理论的统一，它们是不矛盾的，因而是可以统一的。但社会历史是现实的，不是理论的，只有在现实中才有理论和精神这些抽象意义的根据。如果列宁创建的苏维埃社会主义国家制度和无产阶级革命运动实践实现了全球一体化即人类一国、人类无国的目标，也不是共产主义社会的充足根据，只有达到马克思所说的人类每一个人都获得人的本质的充分发展时，才有可能证明国家和革命的目的是消灭一切国家，无产阶级专政的意义是消灭一切阶级。如果地球国依然是不平等的阶级社会，那不是共产主义理想的实现，人类大同绝不仅仅是国家大同。历史的现实是苏维埃社会主义联盟解体，甚至包括此前共产国际的解散，都已经证明了列宁主义的理论和实践是国家和阶级的，不是人类的，因而还不是马克思共产主义理想的实践，它们终结也意味着这不是向着马克思主义理想境界的过渡阶段，它的现实已经无法超越国家和民族的范畴。共产主义理想世界对于人类而言，是神圣的，但当下还不是实践的，还只是理想。

人类社会在其结构形式意义上从氏族社会到民族社会、国家社会乃至当今全球化意义下的人类社会发展，同时就是人的世界本质上从特殊到一般到普遍再到最普遍的发展，是从自然史到历史再到最普遍的人类历史的发展。人的社会存在形式的发展最终就体现在现实的个人的存在意义上。在原始社会，个人只是自然生命物种中的一个具体的存在，原始社会的人就是动物。进入文明史以后，氏族社会在文明史中摆脱纯粹自然生命编码对其生存方式的支配作用，依靠不断发展的文化选择来提高自觉地、有意识地适应环境的生存发展能力，进入摆脱自然循环生存方式的历史性不可逆发展阶段。在提高对外部自然环境适应性的同时，也增强了对氏族外部同质氏族社会的抵抗能力。在早期阶段，外氏族社会对文明史上的氏族社会而言，依然只是动物而已，对自然社会的征服获得的财富包括被视为自然动物同类的俘虏产生了奴隶，一种非人的人类存在。抛开特定的氏族社会而言，在早期奴隶社会阶段的每一个人都既是人又是动物，在自己的氏族社会中是人，在其他氏族社会看来又是动物。因此，在奴隶社会阶段，人是在动物和文明人之间的相对性存在，人既可以是文明人，也可以是非人的奴隶。进入国家社会，摆脱奴隶作为基本社会制度以后，人才彻底告别了动物界，人就是人，再低贱底层的人也是区别于自然动物的文明人的存在。从奴隶国家向封建国家的发展是人在理性本质意义上彻底告别自然界，成为具有独立的主体意识的存在的里程碑。封建社会把人从血缘关系中解放出来，又继承了奴隶社会基于自然血缘的社会关系于本身，仍然把人置于人的等级关系结构之中。等级关系以自然关系为基础形式，但又超越了血缘关系，君臣等级关系是更普遍的“父子关系”。这种更普遍的关系是后天形成的，但又带有丛林法则的色彩。现实的封建社会历史是胜者王侯败者贼的历史，是私有财产发展并导致越来越不平等的历史，人的社会的后天等级制和丛林法则的共同作用是封建社会文化和自然相统一的特定形式，后天等级社会是一个拳头战胜脑袋的社会。资本主义社会用契约关系打破了封建社会的等级关系，在法律面前人人平等，货币转化为资本，货币在资本主义社会成为“主义”的理由，资本主义使社会分工合作超越了国家的边界，打破了等级界限，在更加普遍的人的社会关系中实现了个人更大的自由。资本主义社会是人类历史的又一次重大进步。在资本主义社会中，对具体个人而言，一切人是每个人的客户，是经济意义的对象性存在，资本和市场的至高无上地位决定了资本主义社会的市场关系是社会的基础，又是社会的目标。资本主义的历史是建立市场和打开门户的历史，又同样是一部血腥的丛林法则的历史。资本主义社会的丛林法则不只是拳头战胜脑袋，而是金钱战胜拳头。市场建立了人和人之间普遍的社会分工合作，但资本为主义又把人置于由抽象资本支配人的异化状态，人在资本支配下，在无止境追求资本和利润中又从根本上失去了人本质上的自由，在社会历史意义上失去了理性的目标，人类贫困到只剩下钱。在一般的概念抽象中，可以把人类奴隶社会、封建社会、资本主义社会归纳为半人半兽时代，臣民时代和公民时代。当代人类社会都是从这个一般过程中过来的。至于一个现实的社会形态，既不是纯粹的臣民社会，也不是抽象的公民社会，而是具有各自特定边界条件和初始条件规定性的统一体，每个具体社会往往是多种社会因素共存的。最简单的例子是美国作为一个资本主义国家在立国之后曾经有奴隶制并存；希特勒的纳粹统治时代，德国社会是氏族血缘社会、资本主义社会、甚至社会主义思想的混合体，雅利安人的民族优越感显然是氏族血缘社会文化的返祖现象。在资本主义社会中，包括在发达资本主义社会中，不少国家的民族情结同样有着至关重要的作用。概念上抽象为奴隶社会、封建社会和资本主义社会，但对现实社会则不能机械地理解，而应从具体统一性去理解。在一般历史发展过程抽象中理解具体个别社会现实历史过程，不能把个别社会"特定""特殊"于一般普遍社会之外。具体社会只是个别的，是在统一性之下的个别，而不是和普遍性相左的特殊的个别，否则这个世界就只有个别再无一般；个别只有在一般中，在世界的统一性中才有意义，任何具体社会的历史只有在最一般的人类社会文明史意义下，才能得到统一性理解，这才是具体现实而又不可分割的统一的人类社会历史。

把人类历史统一起来，把历史理解为既不是必然性支配的又不是听命于天随波逐流的过程，需要理性的智慧。人类历史没有确定性的终点又有理性的目标，这是由人的文化和自然、主体和客体统一性决定的。主体创造的自由本质决定了人类历史是超越了物的必然性支配的，又是以理性自觉的目的性为根据的，轴心期的突破即人类精神统一性的建立的根本意义就在于把人类文明史的统一置于理性自觉的基础上，由此才能理解人类历史向未知领域的冒险又是以历史的轴心为吸引子的过程，由之才赋予人类多元归元走向统一的世界历史以理性自觉的普遍而具体之意义。

二、文明是人类社会历史的轴心

人类社会历史以自然社会为起点，经氏族社会、民族社会、国家社会才最后实现了最普遍的人类社会的历史构建，这是从低级到高级，从简单到复杂的统一性过程。我们身处其中的是具有最丰富多样性意义而又最具普遍性的世界历史时代，人类“认识你自己”的更普遍意义就在于认识构成自身普遍本质的普遍世界历史的统一性本质是什么？如果不理解这一最普遍的本质，人同时也就没有具体理解人的本质，就不是具有充分的自觉性、主体性自由本质的存在。另一方面，如果对世界历史缺乏统一性理解，人的世界的多样性就是杂多而不是多样性的统一。人类世界多样而无统一，各各具有和统一而普遍本质无关的“特色”，则这个世界就是柏拉图所说的有现象无本质的“特色”存在，是既存在又不存在，人类社会历史在认识这一意义上就陷于虚无。没有具体的人的统一就没有人的社会历史世界。同理，没有人的社会历史就没有文化意义世界的人的存在，人就只是自然动物世界的一般性存在。因此，从人类社会历史构建的具体过程中，必须理解它最一般的统一性本质的意义，唯此人才是异于禽兽的理性自觉的文明存在。

人类用什么概念作为对人类社会历史的最普遍本质意义的归纳呢？文明。文明作为核心价值贯穿于人类社会历史过程的始终，贯穿于人类文化选择生存之中。对文明作为人类社会历史最普遍本质意义的最直接体悟是我们把自己进入文化选择以后的社会叫作文明社会，把人类历史理解为文明史。所谓史前指称的分界是以文明作为根据的，史前是指人类还只是纯粹自然生命阶段，在那个阶段人类无历史，无意义，无文化，无文明，故称为野蛮和蒙昧期。历史的创生就是人类文化文明的创生，社会历史即进入社会历史阶段的人的世界无论其文化发展水平如何，文明程度如何，但一定是文明的，是在文明史意义之下的。文明作为最普遍的意义贯穿于人类社会历史过程的始终，这正是我们把人类社会历史称为文明史的原因，也正是所谓史前的深刻意义。人类多样性的历史现象的最普遍的本质，人类丰富多彩的社会历史具体过程，统一在文明之中。

对复杂人类社会历史过程多样性现象的理解是统一性的，这是一种智慧，而不只是一种人认识自身的普遍知识。在科学因果决定思维支配下，在追求人类社会历史一般、普遍科学必然性规律的认识中，人类一直无法智慧地把多样性社会历史现象统一于文明的普遍意义下得到本质的理解。人类把文明作为核心价值之一，但却没自觉地把这作为人类最普遍的核心价值；人类用文明的尺度去衡量人的文化生存选择活动，却没有理解这是人的一切活动的最普遍的尺度；人类把自己的历史理解为从低级到高级的发展过程，却没有理解这是一个始终以文明为最普遍目标，从低级文明向高级文明的发展过程。在因果决定的简单机械论思维中，文明是无法得到普遍的统一性意义理解的。在科学因果关系看来，人类社会历史既是文明史，又不是文明史。不要回到遥远的奴隶社会，就我们当代而言，我们凭什么对文明两字当之无愧呢？人类在二十世纪经历了两次世界大战，数以千计的生灵涂炭，无数的、几乎是整个人类世界都动员在比丛林野兽要凶残百倍的野蛮战争杀戮之中，奥斯维辛集中营、古拉格群岛政治劳改营、南京大屠杀，都是这个历史时代不能抹去的记忆。人类从野蛮洪荒中创世纪一路走来，是更文明还是更残暴和野蛮呢？这无法得出机械的、非此即彼的确定性答案。回到歌舞升平、温情脉脉的当下，人们是否意识到和平底下汹涌的暗流！人类科学技术高速发展为人提供了越来越多福祉，而最尖端的技术却首先是为武器和战争的直接目的驱动而发展起来的，原子核理论的突破性重大技术成果是人类进入核武器时代。塞翁得马，当人类技术文明发达到轻而易举摧毁文明自身的时候，我们是达到了更高级的文明，还是走到了文明史的悬崖边？就拿日常生存说事，我们成倍增长的GDP，在不断提高物质享受和精神享受的同时，却在透支子孙后代的资源、能源、环境，我们当下已经生存在雾霾、温室效应之下，我们是走向文明吗？从人类世界的多样性现象中去理解文明的本质，只能是统一性的，不能是抽象普遍性的，它寻求的是一种智慧理解，不是一个是或否的简单答案。即文明是具体的，是从抽象回复到具体的，它就在人类的一切具体历史过程中，因而最普遍的历史本质是人类文明史的过程，是文明从低级到高级发展的过程。

从人类现实、具体历史过程去思考人类世界的本质时，不能否认人类历史非文明的一面。即使在人类世界已经是文化高度发达，已经进入全球化人类历史的今天，我们仍不得不面对人类世界大量不文明的，甚至是野蛮而残酷的事实。这里有一个最基本的理由，即文明史是从自然史中发展而来的，我们的前身，我们现实的存在基础，我们的具体存在的基础，是自然而非抽象文化本质的，是由丛林法则支配的，是在自然选择的竞争中适者生存的。在自然社会中只有自然而然，没有普遍文化的价值判断意义，没有文明或野蛮的评价和判断。人类从自然社会进入文化社会不是对自然的否定而是扬弃，是对自然的超越，即文化是非自然但不是反自然的，现实的文明人是文化和自然的统一，自然是人的世界的基础和前提，它依然存在，只不过不再是人的本质。人离开自然界不是在具体存在意义上的，而是在抽象文化本质意义上的。我们今天的存在和原始人本质的区别是我们在自然存在基础上创造了自己文化的抽象本质。这种文化本质并不是具体东西，它只有和人的自然基础相统一才有现实意义，它只有返回具体现实的个人时才有现实意义。文化、文明、历史、社会的现实意义不在书本中，不在普遍思维中，而在于每一个活生生的具体个人之中。每个个人的自然生命具体存在就是每一个文明人存在的基础，是普遍而抽象的社会、历史、文化、文明意义的前提。人类尽管本质上离开了自然动物界，但首先又是自然动物，这就是为什么古希腊把人理解为天生政治动物的合理性所在，人永远是以天生的动物性作为现实生存基础的。人既是天生的，人定胜天就是梦呓，人战天斗地的无产阶级革命浪漫主义是让人陷于抽象梦境的梦想主义，是人类中心主义发展到极限的结果。正是现实的人是自然和文化的统一，自然是人现实生存基础，是人得以成为存在的前提，因而进入文明史的人依然受丛林法则的支配。自然法则是支配人生存的基础法则，它并没有消失，而是在人的世界中再没有本质的、决定性意义。人的历史由文化选择法则支配超越自然选择法则，这是人从自然史进入文明史的根本原因，它的最坚实的证据就是人成为历史性存在，人不再只是在物种意义上循环，在现实的生存方式中朝着不可逆的文化创造历史前行，它的脚印永远在后面，前面永远是一个未知的世界。于是，我们可以有根据地说，人的历史本质只能是文化文明的，但现实的人的存在同样首先是自然的，只不过自然的生存法则不再是人的唯一法则、本质属性或决定性因素而已。

从统一性的观点看，人类历史是自然选择和文化选择相统一、丛林法则和理性法则共同支配的历史，人类具体历史进程就既不只是动物的自然选择史，也不是抽象的文明史，而是以理性、文化、文明为本质的历史，人类历史就不是文明的一种现成存在，而是不断从自然走向文明的进程。人作为以自然生命为基础的存在，不可能摆脱自然法则的制约，在这个意义上看，人类社会依然是用铁和血铸就的历史，依然是以英雄、伟人为理想、为偶像的世界，是人对人是狼的世界，依然是用实力说话，由强者制定游戏规则的世界。在文化文明的意义去看，从氏族社会到民族社会、国家社会，又是人不断走向更文明的过程。我们现在不只在亲缘关系之间学会了合作共存，而且在一个民族、国家之中，人和人之间在大多数情况下，都已经有了相互之间分工合作共存的基本制度文化，人们更主要是在社会共同体中合作去实现生存的目标，而不是何时何地都只是像自然动物一样，为感性直接性的欲望驱使而不择手段地弱肉强食去生存。进入全球化的今天，尽管国家社会之间还没有完整意义的制度文化去约束来实现全球有规则的分工合作，国家和国家之间的关系在许多情况下更像原始动物一样由强权支配，但另一方面，我们今天也已经开始逐步去建立国家层次的和平合作，不仅是在经济领域的分工合作方面已经建立一些行之有效的规则，实现国家之间的合作共赢，而且在对付温室效应、控制金融风险等方面，也已经开始了全球意义上的合作，在人类世界的意义上共同面对人类所面临的问题。全球化的竞赛依然存在，地区的冲突依然此起彼伏，不同信仰、文化、意识形态之间的分歧依然巨大，但这并不意味人类最终只能按自然的弱肉强食法则解决问题。二战以后，和平共处的国际原则已经在国际事务中发挥了重大作用。于此，实事求是地说，人类今天尽管还没有达到完全放弃暴力去和平共存的理想文明状态，但也绝对不是赤裸裸的胜者王侯败者贼的世界，我们当下不只是比原始社会、奴隶社会文明了许多，就是比二次世界大战之前，人类都在文明的历史中有了明显的进步。因此，人类社会历史既不是纯粹的动物丛林法则支配的历史，也不是抽象的文明史，而是从自然走向文化自觉文明状态，在文明的道路上不断前进的现实历史。我们在自然和文化相统一的现实社会历史进程中，文化选择的作用比自然选择作用越来越重要，和平合作共存的法则比丛林法则越来越具有支配作用，这就是人类在从自然走向自觉文明的历史中，从低级到高级文明发展的历史。我们不是抽象的文明存在，而是比以往更加文明的现实的存在，这就是文明史，这就是人的世界是历史构成的过程世界、人是历史性存在的理由。人作为现实、具体的统一性存在，它是主客体的统一，是历史过程中的统一，人就不再只是一种东西，不再只是客体，而是具有独特的主体性本质的自由的存在。人类走出纯粹自然界的充足理由在于人在文化意义世界中建立了自己的主体性本质，人的生存现实过程就不只是由生命物种遗传编码先天地决定的，人本质上是由人的后天创造的文化决定的自主创造自己历史的存在。人的世界的历史过程不是重复，而是在向着未知世界的冒险，这个不断向未知世界冒险的自主创造历史过程是人类社会和客体自然社会过程的本质区别。人类自主地、有意识、有目的去创造自己历史的过程是自然生存和自由生存不断在更普遍意义上得到统一的过程。在氏族社会，人类还没有很高的自觉性，在自然支配和文化选择支配中，自然支配还是主要的，那是人的自由本质还没有充分建立起来的儿童时代。尽管人类文化知识从无到有，从简单到复杂是一个极其漫长的历史发展过程，但文化知识的客观普遍性决定了它一定是不可逆增长的，并且是指数型增长的，文化的传承、传播的人类化过程表明了具有普遍类意义的文化是人类的财富。人是在文化意义上的类存在，人类就是在文化意义上从低级到高级的永恒历史运动过程的存在。

按照轴心期理论，人类社会历史的爆发性精神文化发展是哲学理论统一性精神文化的产生实现的，它在公元前500年前后，在人类世界的中国、印度和古希腊同时期产生。哲学的产生标志着人类文化的意义世界终于进入了精神上最普遍的理性统一性认识的水平。哲学的产生是人对自己及他所存在的世界进入了自觉的理性统一性追求，而不是说哲学产生解决了人类世界的统一性认识问题。理性哲学产生是人类追求对自己和世界理性统一性认识的纪元，这种对世界统一性的追求就成为此后人类文化发展的轴心，人类此后的历史进程就在追求统一性世界理解中不断实现新的飞跃。人类的每一次重大文化进步、社会历史进步都从轴心期建立的理性统一性追求中吸取力量，都是从特定意义世界向更普遍意义世界的进展过程。人类走出自然界的历史是一个统一的过程，但只有进入轴心期以后，人的自由创造历史的生存活动才真正进入相对自觉的境界，人才是具有自觉理性本质的存在，人类社会历史才是具有充分的主体创造意义的统一性历史。这才是人类对创造了理性统一性哲学思维的第一代哲学家予以永远的记忆的理由。泰勒斯、苏格拉底、柏拉图、老子这些圣哲们是人类自觉理性创世纪的先驱，他们就永远活在历史性存在的灵魂中。我们无法超越这些圣哲的最深刻意义并不是说后人不能对轴心理论有新的贡献，而是说理性统一性哲学思维这一形式，人类精神文化意义世界进入统一性的历史是由这些圣哲们引领潮流的，这种理性统一性思维的普遍认识形式，从抽象普遍性回到具体世界的智慧认识，其形式的普遍性是一切认识形式的极限。就像自然客体的结构复杂性演化在形式上无法逾越生命的极限一样，人类对世界的认识形式是无法逾越哲学理性统一性的。这就是哲学。

人类哲学即自觉理性的产生是人类进入理性统一性思维的起点，不是理性思维的终结。两千多年来哲学作为人类文化的最高形式，享有崇高的地位。但平心而论，中西方哲学即使在内容上也鲜有超越早期理性创世纪的哲学大师的水平。从世界统一性观点看，当年创立哲学理性大师的统一性理论追求其实一直是未竟的事业，我们不是终结了理性的前景，而是还没有真正建立起最普遍的理性一元统一性理论，甚至还没有自觉到理性的思维方式。我们是以文化为本质的历史性存在，但我们远不是自觉自由的存在。中国哲学博大精深，玄学本是关于现实世界的统一性理论体系，但缺少将复杂性现象归纳为最简单必然性客观规律抽象的客观性真理为认识基础，高深的统一性没有客观真理的普遍有效性为基础，始终无法成为最普遍意义基础上的理性统一性理论。感性、知性、理性三者具体统一的玄学具体理性的知性基础朴素至几近于空的水平，形而上之道和形而下之器的统一性基本上只有形式而无内容意义，道就和纯粹形而上学无异。如果十三亿人对道有十三亿种多样而不统一的理解，这个民族的文化基础就不是理性自觉的。西方哲学的起源就建立在客观真理知识的基础上，泰勒斯由世界万物存在本原知识为起点对自然万物世界统一性思考产生了西方哲学，从本原出发对世界的理解成就了对世界的统一性理解追求，产生了自觉的理性统一性哲学。但西方哲学对理性的普遍统一性却一直没有通达成型的统一性理论，而是永远在两极对立之间成为对立而不统一的理论，使西方的统一性理论成为二元论。唯物主义追求的是事实世界的统一一元论，唯心主义追求的是意义世界的统一一元论，物质和精神两个层次的统一变成了同一层次水火不相容的一元论。西方的轴心理论本质上是二元论的，是由两个水火不相容的一元论去构造的不统一的文化。近代科技革命强化了真理的地位，知性真理俨然以理性身份稳坐理性统一性殿堂。在一个无穷因果链构成的必然世界中，人就最终统一在唯物之中失去了它自由的本质，在科学理性高歌猛进的时代，理性殿堂的真正主流哲学却成为面目可憎的形而上学，哲学家被当为一群心智不正常的异类，龟缩在语言分析一隅苟延残喘。西方哲学在现象上表现为唯物和唯心、物质和精神、本体和本质、存在和演化、客体和主体的分裂，本质上是止于真理的抽象认识论。从柏拉图到黑格尔，西方哲学以真理为核心却基本上限于认识普遍性，唯心论不包含自然哲学不但无法进展到主客体统一性的理性具体，而且不可能解决主客观统一性的真理客观性根据问题。两元论的分裂造就了当代哲学的悲惨世界，责任当然只能由哲学去承担。

当今主导人类的统一性轴心理论是客体自然界的统一性理论，其实它只是构成人的最普遍文化意义世界统一性的基础部分。最普遍的统一性是意义世界的统一性，轴心理论要回答的最基本最普遍问题是人类文化意义世界的普遍统一性是什么？是物质？是精神？是文化？是生产力？是生产关系？还是现在西方文化坚持的民主、自由、人权这些普世价值？都不是。从人类历史的过去、现实、未来统一性意义去看，从人类文化世界多样性现象的统一意义去看，人类意义世界的最普遍价值意义就是文明本身，人类世界就是以文化为本质，以文明为理想目标，不断向更高文明迈进的现实过程。人类的现实历史，无论在任何现象意义上，我们都称为文明史。对于文明史中人类社会依然存在的野蛮的、非文明的现象，我们不是将之理解为自然无为的规律所使然，而是以文明的尺度称之为野蛮和非人性，无人道。我们现在许多人当作普世价值的人类文化现象，都在文明的统一意义之下，文明才是最普遍的人的意义世界的现实本质。人以文化为本质，文化现象的统一性意义就在于文明的普遍价值中，所以，人的意义世界就是文化文明的世界，以文化为本质，以文明为文化普遍统一性意义的世界。人类进入文化史就进入了历史，历史从开始之日起就被归纳为文明史，这就是具体社会历史文化以文明作为最普遍统一性意义的证据。我们习惯上把人类社会归纳为文化，同时又称之为文明，东西方文化和东西方文明是不同一而统一的概念。只有以文明作为统一价值意义的人类才有资格称为是文明的，只有追求文明的人和社会才本质上是属人的。那些反文明、反人道的行为我们把它置于“人”的归纳之外，发生在具体人或一个社会中的反文明行为不是人道是兽行。人走出动物世界进入意义世界是以文化和文明这种相统一的形式去展开自己现实的历史的。张尚仁老师在《聊哲学》一书中，专题论述了“哲学是人类文明轴心期的标志”。把文明理解为人类普遍价值意义的最强力证据在于，即使是在现实英雄主义支配的历史现象中，那些即使是极端的暴力统治者都竭力去掩盖、篡改历史，把自己打扮为文明的圣人。人类历史上称得上伟人的历史人物，他们的追求和目标的最高境界不是最伟大，而是伟大而神圣，伟大的最高追求是神圣，这正是人类历史不断向更高文明方向发展的证据。当最伟大的人就是最神圣的人的时候，人类就达到了最高文明的理想世界。

综合上述，可以对科学理性的形而上学本性得到更深刻的理解。科学价值中立故能达到绝对普遍客观有效的真理认识，科学理性则先验地带有价值判断从而超越了价值中立的科学本身。科学理性中的理性本身是带价值判断的。在人是理性存在这一存在论意义上，人作为以文化选择去生存的理性存在首先是事实陈述，无论人的文化生存作何价值判断它都是理性的。关键在于人的理性本质即文化本身是以文明为轴心、为本质的，文明人在文化和文明相统一的朴素理解中，已自觉或不自觉地赋予理性指向文明的价值意义。在存在论、认识论、价值论相统一的元哲学意义上，理性就指向文明的价值意义，科学理性就基于理性的文明价值意义超越了科学，本质上是形而上学。

文明不是东西，不是现成状态，而是人类最高，同时也是最普遍的价值意义。人类自主创造的历史是从低级到高级发展的文明史，文明的实现是文化选择过程中的不断探险，同时也是从自然走向更加自觉的主客体相统一的过程，文明的具体意义就体现在人的主体性本质的历史发展之中，在人的自觉的成长中。

三、文明的自觉

人类历史连续不可逆地向未来世界奔去的根本原因在于它是以文化为本质的无限主体性存在。人的存在以人的认识为本质，从客体世界进展到主客体统一世界也就是从有限存在进展到有限和无限统一性存在，是无限主体性赋予了人之无限意义，因为普遍意义和价值世界是无限的。文明作为人类历史的统一价值，是包括人的存在论和认识论意义于其中的，就是说，文明是和人自觉的历史主体意识不可分割的，人的本质的进步同时就是对文明越来越自觉的进程。

文明是人类社会历史最普遍的统一性意义，人的现实社会历史据此才是统一的文明史。文明之所以是普世价值，在于它从历史起源到当代世界历史乃至人类未来合逻辑地是统一的，甚至可以认为文明正是推动人类社会历史发展的内在目的性本身。离开文明的普遍统一性意义，人的多样性历史和现实是无法理解的。因此，文明作为一种现象，就在于这一最高最普遍本质就在于人的一切现实文化生存中。在客体世界中看到的是东西，是客体，是客体运动变化现象；在普遍意义世界中看到的是物质文明，精神文明，制度文明。物质文明的本质是文明不是物质，人的普遍意义世界本质只能是“心”而不是“物”。当从“心”，从文化文明去思考人的世界时，人类社会历史是主客体相统一的，而精神文化意义的文明本质上是主体创造性的，人的最高价值不只是事实上的现象存在，更是意义世界的本质。文明是人的主体性自觉意识的无限构建过程，对人的文明普遍统一性的具体理解它就不能停留在抽象的普遍性中，而必须回到人类自觉构建文明觉悟的具体历史进程中，回到人的多样性文化现象中。

在科学因果决定论的世界认知框架中，困在人的世界是唯物还是唯心的非此即彼的选择中，根本没有进入统一性世界，人的现实就不是理性自觉的。在以客体为世界，以物质为世界统一性根据的理论中，人的世界的普遍文明意义尽管以“文明史”这种直截了当的感悟表达出来，尽管历史哲学家、人类学家、思想家们不乏用“文化”或“文明”作为一个社会的指称，但它始终只被当成人的世界现象，人的世界的本质则在物质精神的非此即彼之中永远不得要领，文化和文明始终没有成为人类社会历史本质意义上的理性自觉。在这种知性理性化文化中，文化和文明自身还不是理性统一性意义的，企望对文明从普遍的抽象本质回到具体的统一性理解是不现实的。文明在具体现实的人的生存活动中，只具有实践意义，根本没有上升为最普遍的意义世界本质的具体理解，就是说，我们对文明的理解其实还只是感性现象或纯粹抽象的，不是理性统一性的，根本没有从人类社会历史的具体构建中去理解文明作为人的意义世界普遍统一性的深刻意义。文明既是人的文化意义世界的轴心，人类社会历史既然是文明史，文明的意义就理所当然地渗透在人的一切社会历史文化现象之中。在人的世界中，很难找出独立于文明之外的具体现象，这和在自然世界中无文明可言是相对应的。当我们用地域的东西方文明，同地域的古代文明、现代文明概念去陈述的时候，当在抽象意义世界产生了物质文明、精神文明和制度文明概念归纳的时候，不能否认那些文明对于人类社会历史的普遍意义。在日常现实生存中，文明作为人的核心价值观之一，以讲文明语，做文明人为标志，它是人的实践的现实范畴。但为什么人们还一直没有把文化上升为人的普遍本质，没有把文明上升为人的世界的轴心即最普遍的统一性价值呢？这既和人类在知性思维中用物质为本质去支配精神现象的因果决定真理认识模式有关，同时也和人们对文化及文明这种意义世界复杂概念的统一性意义缺乏自觉有关。物质文明、精神文明、玛雅文明是文明，语言文明、举止文明是文明，前者是抽象的普遍文明，后者是实践的文明现象，它们之间并没达到自觉的统一性理解。就是说，人类的理论文明和实践文明是脱节的，文明的现象和普遍本质是脱节的，文明既是人类意义世界的统一性轴心，但又在现实中成为无统一性的、非理性统一性的破碎概念。我们进入了现代文明，但我们离自觉的文明存在还有着很大距离。

科学理性思维既认识文明又不认识统一性文明，人无限主体性本质的文明就没有成为自觉的。科学理性的机械唯物论一方面坚持人在生产劳动中创造了自己的历史，一方面认为这是在科学必然性支配下人类自己创造的历史，又是必然性支配的历史，文明史又失去了人类自觉创造的意义。在机械论思维中，社会是有机结构的整体，社会中的个人只是构成整体社会的抽象原子化存在，原子化个人的自由意志以原子合成力的方式去构成社会整体运动的合力时，个人自由意志对于社会的整体合力是不自觉的，能和社会整体合力协同因而能升华为自觉的个人自由意志的，在逻辑上只能是极少数，社会中大多数处于社会原子地位的自由个人，对于社会历史文明进程是不自觉的，是被动的，是由社会支配的。在这个意义上，历史决定论又带上了宿命论的色彩。当一个社会的个人被社会所决定，无自觉意识去创造自己社会历史的时候，人类的文明史在现实中就已然是自然法则在起着主导地位，人的自由的主体性本质就还只是处于“初级阶段”。人以自然生命意义为根据去理解自身存在就没自觉到人何以异于禽兽，还只是不自觉的文明人。几千年人类文明史建立在一个非常朴实、传统、现实而又机械的信念中：生存是人的第一要务。生命作为人统一性存在的基础，在机械论思维中就成为支配和决定人的存在的本质。以活着、活下去为目标的人的世界是人的文化文明本质还被自然生命本质束缚的世界。人类几千年文明史，在现实意义上，在历史的现象中，始终还是强者支配、英雄创造的历史，没有进展到普遍个人高度文明自觉的社会。资本主义用殖民形式去建立自己的市场，甚至几乎灭绝非洲原始住民的殖民史，一点都不文明，不光彩。人类文明史在人类没有文明自觉性的条件下，自然和文化相统一的人类历史就更主要表现出自然生命的野蛮现象，我们还只是文明的起点阶段，依然在从自然向自由自觉发展的早期历史中。即使已经进入了知识生产和消费为主要生存方式的时代，人类的社会历史观都普遍地仍是唯物即感性具体的。从感性具体意义去理解活在当下，人就不是务实，而是目光如鼠，把文明人当成无异于禽兽的存在。

人类社会文明史是人自己创造的，没有上帝造物主，因而文明既是现实又要自觉，是自在自为的。从个人现实生存活动中的创造看，不是抽象的社会创造现实个人，社会只是具体个人创造历史的基本形式结构而已。因此，对文明的自觉只能从理性具体之个人为起点去思考，最终只能回归到现实个人的自觉性和主体性去达到具体理解。人成为具体理性存在是经验和先验相统一的，人类的文化文明是后天经验的，但对文明史的具体个人又首先是先验的，社会历史的统一性决定了个人以社会化、文明化为前提，没有继承就没有创造，文明史的个人都是文明的存在才有所谓统一的文明史。社会原子抽象意义上的个人只是感性自然生命意义上的抽象存在，把个人只理解为具体自然生命、社会原子，根本就无所谓自觉性意义可言，那是自然而非文化文明自觉的范畴，是客体事实而非主体价值意义世界，对自然人侈言文明其实就是对牛弹琴。在我们的文化传统中，个人的社会原子化存在意味着个人对社会而言是无能为力的，人是由社会环境决定的，个人的主体自由只有在个人自由意志的原子空间中才有意义。在社会有机体中个人只是社会原子化存在理解中，个人无法改变世界，人只能改变自己去适应世界。从抽象系统结构实体理论去理解人的社会，把社会实体化的结果是社会客体化和个人原子客体化，这显然是抽象的。人进入文化意义世界在事实上已经是自然和文化相统一的存在，把人理解为纯粹自然客体存在改变不了人在文明中一定是文化和自然相统一、主体和客体相统一的事实。人在知性有限性中把统一性具体个人理解为客体存在并不能使人退化、还原为自然存在，而是成为缺乏理性自觉的理性存在，文明本质的理性存在在现实现象中就往往表现为野蛮的存在。从另一方面看，人的文化本质、文明过程是和人的自觉认识有关的，人把自己理解为客体存在，是本质上由必然性支配的存在时，那就表明了人对自己的主体性、自由创造性缺乏基本的觉悟，对人的社会历史的文明意义缺乏自觉，人从自然走向自觉的现实历史进程就始终被理解为伟人的历史，并长期陷于英雄创造历史还是奴隶创造历史的无意义争论中。当我们的历史教科书，我们的广场雕像，我们的传说始终由马背上持枪佩剑的英雄们为主角时，我们的文明史就还不是充分自觉的文明史，人的本质还掩盖在自然法则下面。

从具体现实个人出发去理解人的文明史，对个人本身有两种本质不同的理解，即感性自然生命个体和理性文化和自然统一体两种天壤之别的理解。个人是社会的原子化存在意义上的个人只是感性意义上的个人，它只看到人的具体生命存在，看不到的是文明人的文化本质，所谓社会也只是自然意义的，只是无数随机意义上的原子化个人构成的统计系统。这种具有自由意志的个人实际上是文化社会中绝不存在的抽象人，不是现实的个人，这种统计意义上的社会也根本不是我们现实生存于其中的普遍抽象形式。在无规统计意义上的社会是个人和类相分裂的社会。在思维中分裂，在现实中却一定是统一性的社会，其真正的意义就是进入文明史的人缺乏文明自觉觉悟的社会。有文化无文明自觉，文化和文明相分裂的结果是个人在很大程度上成为有文化的匪徒，有知识的禽兽。人具有文化本质上人就超越了自然生命，有文化又沦为自然禽兽是人的现实的二律背反，是人的本质的异化。人类从氏族社会进入更普遍的臣民社会、公民社会，但仍然是每个人把自己的生存理解为对一切人的战争，理解为对一切人的竞争，人在战争和竞争中实现自己的生存，那就是实现动物的本质，不是属人的超越了动物的本质。人对文明的不自觉不只是思维中的文明匮乏，而是在人类现实的社会历史中具体的展开，文化本质不只在思维中抽象存在，它就在我们现实的历史过程中，在我们每个人为生存而作为的现实文化选择活动之中。

任何人类社会历史归根到底是现实个人的活动构成的，构成社会历史普遍运动过程的是各个个人有目的、有意识的主体创造活动，不是毫无相干的个人自由意志的统计平均，不是自由意志的必然性平行四边形合力。人之所以是主体性的存在，在于人是具有自我意识的存在，是自觉的存在。自我意识的觉悟本质上是对人自身的统一性理解，这才是德尔菲神庙“认识你自己”的神谕的更深刻意义。我们不只是认识自己生命，不只是把自己理解万物之灵，更深刻的自我意识在于对人何以是万物之灵得到具体的理解，即达到对人的现实、具体存在的自觉自我意识的理性觉悟，把自己理解为理性统一性的具体存在，把自己理解为理性的个人。理性的个人不只是自然生命统一性，而是自然生命统一性为基础、以文化为本质的存在，具有普遍文化本质于其中的主客体相统一的存在。每一个具体个人在社会文化过程中不断构建自己的本质，在一个社会的文化不断内化为具体个人的本质中从感性成长为理性的现实存在。社会形式及其社会历史文化作为普遍本质统一在每一个具体个人的存在中，在文化社会中的每一个个人都是这种自然和文化相统一的现实人，这就是理性意义上的个人。文化社会中人就和只是自然生命存在的动物有了本质的区别，这种本质的区别就是以社会历史文化为本质的理性统一性。把个人理解为生命统一性具体还是以自然生命为基础的自然和文化统一体，是把个人理解为社会抽象整体的原子，还是世界最普遍意义的理性具体的根本区别，这就是天壤之别。人的自觉首先就必须建立在个人的理性统一性觉悟之中，唯此才能摆脱丛林法则的支配，成为在自然和文化的统一中走向不断远离丛林法则支配的更文明的存在。

为什么社会人理论变成抽象社会支配个人，具体个人只是社会的原子化存在的理论呢？重要原因之一是人类文化长期来对社会形式理解只停留在抽象中，离开具体社会组织结构的社会就是统计平均意义的社会，那根本就不是人的社会的现实。只有在社会组织的现实活动中，社会才成为社会，理性的具体个人的普遍社会文化本质是在社会组织结构的运动中成为现实的，在社会组织结构的复杂性运动中才有具体现实的社会历史，人在现实的社会组织意义下才成为社会人。离开社会组织去理解的社会，离开社会组织结构运动的人类社会历史过程只是一种抽象。正是有社会无组织的理论使历来的社会理论成为非历史的抽象理论，人在抽象中无法得到对自我统一性的理性自觉理解。人是社会的人的具体陈述是人是社会组织意义上的人，社会是人的组织结构构成的普遍形式。对历史文化文明的自觉，对个人作为理性统一性的自觉意识，同时就体现为人对组织的自觉意识之中。历来人们总是把组织管理学理解为社会生产实践中的低层次理论，其实它才是对人的统一性认识的具体化，才是社会普遍形式返回具体历史的现实化。为什么人类文明史总是停留在非自觉的自然史占主导作用阶段？为什么人类文明史还没有真正进入高度文明的理性自觉的具体历史？人类没有从社会组织去具体认识人类社会的普遍本质，没有在社会组织意义上成为自觉的文明存在是重要的原因。组织是每一个个人的现实社会，人的社会关系是组织关系，从血缘组织即家庭一直到各种各样的社会组织，包括正式组织和非正式组织构建起来的个人的各种现实社会关系。人的社会性就是人在组织中组织起来，成为分工合作中实现自己目的的存在。组织是以实现组织成员个人目的去理解和定义的，但组织从自身起源，直至文化社会各种复杂社会组织结构的产生，组织目标对于每个组织成员却并不都是自觉的，很多情况下个人的组织行为往往是不自觉的，是缺乏理性统一性的。没有组织意义的自觉性，社会意义的文明自觉性就是一句空话。在丛林法则下，最大限度地把个体组织起来的领袖是伟人，是强者，但却不一定是圣人。当组织成员没有自觉组织意识时，这些社会组织运动实现的社会历史过程很难说是文明的，是向文明前进的。

社会作为文明人的基本单位是以社会结构复杂性组织来实现的。为什么以文化为本质的人不是以种为基本单位，而必须以社会为基本单位呢？因为文化社会的普遍文化是后天的历史性创造，它在社会普遍形式中传承和创造，不是在物种 DNA 遗传编码中保存。自然人在本质上是先天决定的，文化人本质上是后天构建起来的。每个人在出生后必须在后天教化中成为现实的文明人，社会由它的组织结构构建现实社会的一个最重要的功能，就是构建人的世界的历史性，就是构建每一个具体现实的文化文明人，这就是文化的传承、教育和创造。教育对人类社会历史构建就具有决定性意义。西方人文主义思潮复兴及民主自由启蒙阶段，曾产生过环境决定人、教育决定人的理论，但由于把个人理解为感性存在，把社会理解为非历史的抽象，因而没有真正得到对人和社会历史的理性统一性理解。没有具体个人创造就没有社会历史，但社会历史又是由于文化的创造、使用、普及，使个人的具体意识上升为普遍的知识而成为现实的，是基于独立于具体意识之外、由客体承载的普遍知识而成为历史性过程的。历史是连续、不可逆的，历史由个人共同创造，但它超越具体个人而具有普遍意义。对每一个具体个人而言，历史文化对于个人首先是在先的，文化创造以学习和继承为前提，但人作为历史性存在的本质不只是学习文化，而是在学习文化基础上的文化创造，这就是教育对人类社会历史的根本意义，是教育的本质是启迪和点燃而不是教化的根据。社会组织的复杂性演化中，以自然血缘组织为基础，更有意义的组织结构复杂性发展是科学教育文化组织的发展。越是文化发展的条件下，这些组织就具有越来越重要的地位，这就是人类历史不断发展的现实。把人由教育决定，教育者又是必须受教育当循环悖论，那是离开历史现实，缺乏理性统一性思维的书呆子的狭隘看法而已。

人类社会历史不断向更高文明发展是自觉的过程，人的自觉的主体意识、历史意识和文明意识是在社会文化对下一代的具体个体的教化中造就的，教育的最普遍意义就是把每一个人构建为具有自觉文明意识的文化人。我们的历史没有从根本上摆脱自然史的原因之一，首先就是我们文化教育并不是自觉地以传承文明为最普遍目标，而往往是以最直接的物质功利为目的。人类在构建文化本质中就缺乏文明的自觉性，文明就不会从天而降，不会由上帝自由意志去施舍。我们追求文明但历史现实又总是不太文明。人以生存为第一要务，人以战争为生存手段，以竞争为生存手段，战争和竞争的目的是永不止境的功利欲望追求，这就是唯物加因果思维决定的知性思维。只有把生存作为人的现实基础，把文化和文明作为人的最高本质和目的，我们才能在理性统一性智慧中感悟到文明之光。今天人类文化已经相当发达，但并不在自觉意识中回归文明发展大道。在一个物欲横流、财富和权利至高的社会中，当孩子的父母们用“不应该输在起跑线上”的无私精神贡献于下一代教育，我们让孩子从胎儿期一直到博士后的几十年中废寝忘食地积累与人竞争甚至是战争的本领时，我们是否在培养更有文化的匪徒？教育不把文明作为最高理想，不去教化人类和自然和谐，引导人类和平合作共存，而是让下一代不择手段为物欲竞争的文化，是文化的异化，是文明的灾难。人类的科学理性文化已经走到了尽头。

综合上述，对人类社会历史统一于文明这文化轴心可从存在论、认识论和价值论三个层次去统一理解：

第一，人类历史是统一文明史的最基本根据是存在论意义的，即进入文明史的每一个人都是文明人的存在，这是以自由文化选择为生存方式的人无可选择的宿命，是人异于禽兽的存在论根据。无论人如何觉悟自身的文化本质和文明价值都无法改变自身是具体文明存在的命运，偷吃智慧之果的亚当夏娃已永别了自然伊甸园，由此决定了人的现实文化生存活动构建的历史进程是统一的文明史。

第二，人类历史是统一文明史的本质是认识论意义的，即文明是和主体自主自觉的认识和选择不可分割的，这是人作为主客体统一性的理性具体存在决定的，基于自觉认识的文化选择才使人告别了世代循环的自然方式，超越了有限客体自然界。文明史中没有无文化之人，精神文化是人存在之所以存在的第一原因，普遍意义认识是人存在的本质决定了文明是自觉而不是自然的。人类对文明自觉达到何水准人类文明史就在何水准，人的本质即精神文化认识的无限性决定了文明史既以文明为轴心又是连续不可逆的进展过程。文明史以认识为本质的自在自为理解之最深刻意义在于赋予人对自由自觉主体性的自觉，明白人创造自己历史、人必须为自己的历史承担责任的基本道理。人类文明史是向未来的冒险，人类文化自由所达到的水准同时就是面对的风险和承担的责任的水准，没有必然命运在人类历史前方，没有上帝为人类担责，人必须为自己的历史性生存承担责任，这才是文明是自觉的根本意义。人没有自觉的历史主体意识就不是理性自觉的具体存在。

第三，人类文明史的最高统一是价值论的，文明的存在论和认识论统一于价值论。离开价值和意义无文明，动物世界包括人类原始社会无文明，文明史才有文明意义，进入文化生存的人类社会历史离开文明这一最普遍价值尺度无可理解的统一性意义。价值意义是抽象的，又是包括存在和认识具体意义于其中的具体的抽象，人的主客体具体存在决定了人的价值意义是建立在存在和认识相统一的现实基础上的，是在人的一切现实文化生存活动中表现出来而获得具体现实意义的。对文明的理性具体认识归根结底就是存在、认识、意义统一于文明元价值，从知性抽象和感性具体无法通达文明史的理性具体意义。从理性具体意义看，文明史的不文明现实才是可理解的，那是人基于文明元价值对自然和文化统一性的人的现实的评价、批判、期望和追求，它正是人的本质是文化、文化的普遍价值统一于文明的充足理由。据此就能摆脱客体有限性，有根据地把人类历史创造理解为自主自觉地追求更高文明境界的统一文明史。

第三节　轴心理论的变革

一、新的轴心理论是新的世界统一性理解

人类文明史的不断发展已经面临着严重而现实的危机。大多数沉浸在科学理性狂热之中的人还在陶醉于基于巨大的科学进步和物质财富增长提供的幸福感之中，从众随大流即那些缺失自觉文明意识和历史责任感的人们还在坚信历史车轮滚滚向前，必定向前发展，明天一定会更好。但春江水暖鸭先知，从《增长的极限》问世以来的短短几十年间，很多有识之士已经预感到人类当今的技术型社会所面临的是根本性的危机，人类走出这种危机的出路在于重塑人类文化基础，建立人类文明史的新的轴心，即建立新的人生哲学、社会历史哲学，完成人类自觉理性构建，靠自觉理性为生存基础把人类社会历史引向其文化生存的最普遍文明本质，回归文明史的大道。习惯于历史规律、历史必然性的人类总是把这些先知的预言和忠告当作危言耸听。迷信历史必然性、拒绝历史责任将断送人类社会历史的未来。历史是人类自己自由创造的，没有造物主，没有宿命为人类历史的未来承担责任。人类从自然进入文明的先验意义是人是后天经验文化为本质的存在，人成为万物之灵就在于人必须为自己的存在担当。人类历史的理性意义在于它是非必然性支配的主体性自由创造过程，注定是向着未知领地永不止境的文明的冒险。在不可逆历史进程中，人的文化越发展，为文明探险而下的赌注也就越来越大，对人的文明自觉性的要求就越高。大机器工业化时代、原子能时代、全球信息化时代对人类文明自觉性的刚性要求和亚里士多德时代、成吉思汗时代是不可同日而语的。不能像鸵鸟一样把头埋进沙漠中，寄望人类在必然性支配下度过危机。危机是危险也是机会，人类社会历史作为主体创造的过程，危机能否化危为机，成为新的文明发展机会，不由自然必然性决定，不能靠运气去赌博，只能靠人的主

体自觉的觉悟。把人类社会历史推向新的、更加普遍的理性自觉的历史，更加文明的历史，这正是人作为主体性本质存在的根本意义，也是人类世界是历史性存在的真正意义。为什么人是历史性存在？因为自然动物只有过去时描述之史，人的世界却是由过去、当下和未来构成的统一的历史，当下现实活动构成的历史性创造是以未来为目标的有主体目的和意识的创造，历史的意义在于未来。人有历史，动物没有历史；人是无限的主体存在，动物只是有限主体性存在；动物的命运由自然决定，人的命运由人的历史自我创造决定。人的历史只能是文化文明史，人要解放自己、解救自己就要靠人类自己，就要靠文化的创新。根本的变革才能摆脱根本的危机，人类的危机根本上是文化危机，人类的根本变革是文化变革。用轴心理论的概念去陈述，人类文明呼唤着新的轴心理论的创生，人类走出危机同时就是创造人类文明史的第二个轴心期。

世界统一性原理的理论构建是人类精神文化从根本上变革的尝试，它试图构建人类第二代轴心理论的基本框架，把人的生存基础理论由朴素感悟和知性二元论导向理性一元论自觉水准。本论著第一卷从对哲学的回顾开始思考世界统一性原理，得出的归纳不是上帝死了，而是哲学死了。后天经验中创生的就在逻辑上具有死之可能，生和死是同一事实两方面不同意义理解，是对立统一的。哲学死了的真正意义是指两千多年来人类建立的哲学统一性理论今天已经面临着不可逾越的壁垒。两千多年来，人们从轴心统一性理解中汲取精神力量去开创连续不可逆发展的社会历史现实过程中，在哲学发展到科学理性的今天，在全球化和工业化、后工业社会的人类世界历史阶段，原有的哲学轴心理论已经显示出它的严重局限性，人类仅从其中吸取精神力量难以摆脱现实生存的危机。人类第一代轴心理论已经从人类历史发展的精神文化力量源泉变成桎梏，最后落得众叛亲离的命运。如果哲学对世界的统一性理解智慧不彻底变革，不超越第一代轴心理论的局限性，仍然龟缩在“语言分析”的象牙塔之中，游荡在自己赋予自己抽象意义的幻境中，哲学被抛弃的命运是不可避免的。这是哲学自身的罪过，不是科学喧宾夺主、鸠占鹊巢导致了哲学的困境，在于哲学无所作为，放弃了创造性的精神本质。第一代世界统一性理性哲学在今天已经完成了它的历史使命，如果哲学不是浴火凤凰，没有新生，那就只有寿终正寝了。哲学的重生，就是第二代轴心理论的构建，就是更普遍的世界统一性原理的诞生。如果真的像科学大师、理论大家们所断言，在全球化知识爆炸时代人类文化已经没有可能去构建一个统一理论，如果我们放弃了对世界统一性理解的追求，那哲学死了就不会重生，那就意味着以精神文化为本质的人类社会历史同样已经没有了未来，接下来人类在全球化知识时代所能做的就是如尼采所说那样，有滋有味地做一场梦，尽情地享受历史末日的狂欢。唯物主义加无神论早已为此提供了理论基础。我们只是历史的过客，两眼一闭，万事寂寞，一了百了，没有灵魂，没有意义，没有相关的身后事，身后事不是关乎自己的事，管它身后恶浪滔天。当代人活得最实惠、最滋润又最空虚的是"活在当下"，于是把子孙后代的环境、能源、资源都透支了。这种科学发展和经济繁荣如果不是末日狂欢，那又算是什么！这种庸俗的现实主义把人本质上还原为无历史责任感之虎狼，不知道有历史之意义、未来之意义，更不知道历史有丰碑，有耻辱柱，根本不知道盖棺论定和末日审判的意义。

第一代轴心理论是两元的一元论，是机会主义的轴心理论，没达到主客体具体理性的哲学是没完成构建的不充分自觉理性，止于柏拉图抽象精神文化统一性的二元论哲学在理性一元论意义只是半拉子工程。由物质和精神两个对立的统一性一元论构成的世界统一性理论并不是二元平分秋色，而是由人们在必要时两者择其一而用之。存在论意义上世界先验地一定是一元统一的，二元分裂只在于人类幼稚的抽象理性思维中，悟不到一元论不是它不存在。人类的文化意义世界是以精神形态为本质的，没有精神文化就没有意义世界，更没有什么统一性，没历史的轴心之类抽象意义。但唯心主义的精神和物质对立而不统一，离开物质基础的意义世界是不统一的意义世界，是跛脚的世界，最后精神取客体而代之，自己变成实体、客体、本原去构建自我封闭的完整统一性体系。这种自我封闭的精神就近乎精神错乱，甚至只困在抽象精神中，连精神错乱的意义都丧失了。

这正是两千多年来高尚的精神在封闭的唯心主义理论体系中最后沦为死狗的原因。唯物主义是建立在坚实的物质客体基础上的一元论，它是以科学客观性知识为根据的，人类两千多年来的自觉精神文化史在实践中是哲学唯物主义和科学真理知识结盟的历史，从根本上支配人类社会历史的第一代轴心理论是物质一元论。唯物主义和科学结盟的最伟大历史意义是近代科学革命的产生，从此开启了人类工业革命、信息时代的历史，人类进入了现实的世界史时代。但唯物主义只是自然客体世界的一元论，并不是包括人类意义世界于其中的最普遍的一元论，而且它本身对客体世界统一性的理解也具有严重的历史局限性。至今为止人类在物质世界一元论支配下，始终无法对光的本性得出合理的解释，从牛顿、惠更斯到爱因斯坦，这些科学大师们无一不在光的本性面前败北，人类最后在不伦不类的波粒二像性解释中欺天欺地欺己欺人。人的世界既不是物质的，也不是精神的，而是具体客体和抽象精神文化相统一的。客体世界的一切，包括存在到存在运动演化的法则是人的世界的基础，科学对客体必然规律性认识为人的文化选择提供根据，科学的发展为人类生存提供了最基本的文化基础。人作为现实的存在，在唯物唯心的二元选择中，更现实地倾向于对世界的唯物主义统一性理解。在一些唯物主义无法解释的难题面前，又有人拿出唯心主义来补救，但始终唯物主义是人类两千多年来占支配地位的一元论。它推进了科学，科学又强化了唯物主义一元论，人的意义世界就原则上被限制在客体世界的意义之中，唯物主义和科学结盟的历史合逻辑的发展就是到达科学理性的最高阶段，客观真理就是人类精神文化追求的最高目标。科学理性时代是人的异化，是客体支配、决定主体的异化，主体客体化就失去主体目的性，失去了意义，人类就陷入有欲望无目的、无意义的世界。我们今天的科学理性时代不正是为人的目的吗？科学不就是减少人的痛苦，增加人的福祉，满足人的目的吗？诚然，在科学理性意义上可以作如此理解。但在理性统一性意义上，这种源自欲望的追求不是理性的目的，只是本能的欲望。当人的最高利益、追求、根本动力都还原为物欲满足时，一切都归根到底“唯物”地理解时，这不是赤裸裸的动物欲望吗？没有崇高精神追求的目的其实只是欲望而已。目的是理性统一性意义上的，是自然和文化、客体和主体相统一的追求。人类由原始欲望为根本驱动力的科学理性时代的根本局限性在于这是一个见物不见人的世界，它的现实局限性则是在无止境的对世界的征服和占有的历史进步中最终走向人类生存的全面危机。科学理性的支配和决定地位是当今人类面临的重大危机之根源。更概括地说，这就是人类万古常新的第一代轴心理论面临的危机和挑战，它已经遇到了不能再解释的问题，它在这些问题面前再无“常新”的意义。

从传统的唯物主义一元论观点看，从人存在的意义就是“活着”的观点看，从生存是人的第一要务因而也是根本目的的意义去看，所谓精神、文化只是派生的第二性的、远离现实的抽象。在统一性的意义上看，只有抽象意义而没有统一在具体现实的存在和过程中的精神文化根本就不是文化，只是梦幻。我们所说的精神是理性的文化精神，是从抽象返回现实人的社会历史过程的精神，是在人的社会历史过程中赋予人超越了自然生命遗传规定性的文化精神。抽象的精神就在我们具体的人类世界历史进程之中，我们称为文明史的一切过程本质上是精神发展的历史，在现实上是自然生命和精神文化相统一的历史。现实的人类历史从个别到一般到普遍的世界史的具体进程，本质上是世界统一性精神由抽象向现实展开的历史。我们今天的成就、危机都是人类第一代统一性理论围绕物质世界和科学真理认识的轴心展开而实现的。我们的功过是非最终必须回到轴心理论去统一性理解，必须把我们的历史理解为唯物主义不断实现的精神文化本质过程。唯物主义本身否定精神文化本质，但世界统一性原理恰恰把它理解为人类第一个轴心期以来的精神运动的本质。唯物主义不只在轴心理论中，它的本质意义就在我们的历史、我们的现实生存之中。如果没有新的统一性理论，人类社会历史不可能超越唯物主义和科学理性所设定的普遍性和理性的高度。从统一性逻辑看，人类的现实危机在现象上是能源危机、资源危机、环境危机，是战争毁灭性的威胁，在本质上是理性的危机、文化的危机。人类的危机是人类自己造成的，这就是人类自己创造自己历史的最合理理解。人自己创造生存危机，这个危机就只能本质上是文化的，不是自然的。因此，人类所面临的现实危机的根源就在于人类精神文化本质之中，最根本的就在人的统一性理论基础、人类对世界的哲学理性统一性理解之中。哲学如果真的死了，如果它没有置之死地而后生，那么人类历史就是老子所说的“无死地”了。人类社会历史是不可逆的绝对运动过程，而且本质上是精神的运动，如果人类精神文化的基础，人类关于世界统一性的理性理解永恒不动，那是不合逻辑的。人类精神进入世界历史以哲学的创立为标志，人类摆脱重大生存危机不是静待哲学的死去，而是让哲学浴火重生，是新的世界统一性理论的探索。

在两千五百多年前人类建立起统一的精神意义世界后，人类文明一直从这个统一精神意义中吸取力量。两千多年唯物主义和科学真理认识在统一性中发展，人类在面对发展的文明探险之旅中度过了一次次危机，成功地应对了一次次危机的挑战，建立了今天的人类文明世界。那么，人类不是依然可以依靠科学自身的发展，在原来的统一世界精神中吸取力量去克服危机，实现更高级的文明吗？为什么今天非要提出重构世界统一性理论，建立新的文明轴心呢？我们开发新的能源，利用原子能和再生能源不是可以解决能源危机吗？我们全球联合应对环境的持续努力难道一定不会成功吗？为什么不像科学家设想那样，在当今航天技术进一步发展基础上走向太空生存？那不是天阔任鸟飞，天阔任人游了吗？为什么人类非要吊死在地球这棵歪脖子树上呢？人类走出危机的抉择很多，这就是文化选择比自然选择高级的缘故。科学打开新的真理大陆的世界，人类就增加了新的生存选择空间，人类就能摆脱危机而进入更高级的发展阶段。用科学去解决人类面对的危机是明智的选择。但科学并不能解决一切，科学只是人类文化中的一部分而已。而我们现在面对的危机恰恰是过分依赖科学而造成的。科学对人类而言是双刃剑，可制敌亦会自伤，大规模杀伤武器就是最直接的例子。必须把知性科学置于理性智慧之下运用，人类才能从根本上摆脱危机。任何新的能源、资源的无节制使用都会耗尽，只靠科学，只讲 GDP，人类就是在依靠科学不断加快资源、能源和环境的消耗速度。即使太空移民成功了，人类这种科学理性生存方式就从地上天，那就是整个宇宙的灾难了，人类所谓文明就变成无休止的宇宙侵略者和破坏者了。科学万能论的一个前提是宇宙无限论，环境无限论，但世界统一原理告诉我们，宇宙是有限的，因而才是可认识、可理解的，我们人类社会可以利用的资源和能源、环境更是有限的。目前的唯物增长方式已经遇上了无法突破的瓶颈，我们现在每天甚至每一分一秒都在透支子孙后代生存的环境，这种生存方式何以赋予人类未来？我们需要新的科学去改善现实生存方式，但更重要更根本的是必须用新的轴心理论超越传统唯物的生存基础理论去从根本上改变这种状况。

西方不少有识之士早就警觉到科学因果思维的机械性和局限性，并对中国传统的整体性思维，包括道家的统一性理论思维给予较高的评价，甚至有推崇之情。中国文化对西方机械论思维是一个很好的启示。近三十年来中国纳入世界市场体系并成功转型，实现了文明史上最显著的、革命性的进步，这唤醒了强大中国的复兴之梦。甚至有人从 GDP 去预言中国将成为世界老大统领世界，二十一世纪是中国世纪之声开始不绝于耳。这些人或许把人类摆脱西方科学理性文化带来的危机的解决方案寄托在中国文化复兴之中。这种梦想能否成真令人怀疑，但有几点是无疑的。一是在全球化时代，在进入人类世界历史的时代，人类危机不是民族国家的危机，因此只有在人类意义下的自觉才能找到摆脱危机的出路。在一个国家、民族、区域的位置上去设想摆脱人类危机是不合逻辑的，井底之蛙之见而已。二是中国文化被西方人推崇并不意味它就比西方文化更先进，更合理。对道必须从道和器统一性去理解。具有科学客观性思维基础的西方人钟情于道文化在于它能对西方人从知性客观知识认识上升为理性统一性认识产生启迪。几千年来在主观主义规则盛行的中国，没有客观性基础，道就离理性统一性很遥远，现在还是我们老老实实向西方人学习科学的时候，不是用主观的道去指点科学迷津的时候。在这种主观文化基础上，希望实现新的世界统一性意义下的文明是不现实的。最后，必须指出，人类进入世界历史之后的真正人类意义的财富是精神的，物质财富则是人之间不能共享的。以唯物为目标的社会，即使是全球化合作的社会，但归根到底是以竞争和剥夺为目标的社会，其最终结果不可能是一个高度文明的世界。只有以精神文化为最高追求的社会才是创造人人可以共享财富的社会，社会在最终意义上就以合作共享共赢为目标，不再是以掠夺、竞争、战争为目标和手段，这才是一个文明世界的精神基础。马克思说共产主义是物质财富极大发展人们按需分配，人的本质充分发展的文明世界，这个世界肯定是精神财富为本质的世界。在物欲横流世界中是没有“按需分配”的可能的，现实的世界是人的需求增长远快于物质财富增长，越发达国家人的幸福感越低，靠物质生产发展去实现按需分配和文明社会是南辕北辙。当前发达资本主义就是这种唯物文化支配并走到了生存危机之中。中国当下的发展不是精神世界达到道的境界，现代化就是步发达国家后尘，走在追求物质财富的发展大道之上。如果中国文化没有自觉，依然盲目崇拜西方，这个世界大国的强大并不就是人类的福音，它只不过意味着人类向资源和环境的透支又有所“进步”罢了，成为人类全球化经济格局中卖啥啥过剩，买啥啥紧缺的庞然大物而已。中国复兴梦不应只是民族国家物质富强梦，应是道的意义进入理性统一性的高度文明精神境界的崇高理想。

二、能量一元的统一自然界

世界统一性原理是关于文化和自然、主体和客体、有限和无限相统一的理论，是对传统西方二元论哲学的超越和扬弃。就是说，现实的世界既不是纯粹客体的，也不是纯粹抽象主体的，而是主客体相统一的。客体是主客体相统一的现实世界的基础，现实世界总是首先表现为客体的，意义世界是包括统一性存在的客体意义为基础的世界，唯此意义世界才是最普遍的世界。因此，世界统一性原理以客体世界统一性为基础、为前提。传统的哲学唯物主义是向更普遍的客体世界统一性迈进的基础，这就是所谓扬弃的意义。物质世界的统一性意义包含在普遍的意义世界之中，但物质世界统一性不等于物质一元论，把万物世界等同于一元统一自然只是感性直观而来的有限经验归纳。无论在事实世界中还是逻辑意义上，唯物主义都缺乏一元论的正当理由。仅从唯物主义出发还没具备普遍意义统一世界的客体基础，还必须从客体世界的统一性为起点去构造新的世界统一性理论体系。

物质一元论的核心是“元”的概念，元的意义就是哲学思维的统一性意义。老子说圣人以抱一为天下式，“抱一”之“一”就是一元之一。自然之元的第一个规定性是客体性，传统的理论又等同于实体性，即元是东西，是存在者。在传统理论中存在又和存在者同一，非存在者又等同于非存在，这是在客体存在限定前提下的有限规定性。元的第二个规定性是非结构性，元是构成结构性复杂实体的要素，但它本身在逻辑上是不能是有结构的，元如果是构成结构性复杂的实体要素，终极结构又由元结构而成，则元就变成叠床架屋之元，一元论的陈述就无意义了。元的非结构性客体本质被泰勒斯在经验及科学意义上综合为万物的本原，万物生于斯又返归于斯，它则是不生不灭的。按照客体即实体的传统见解，能灭的客体就是结构性客体，能生的客体同样是元的结构生成物，元本身则只能是不生不灭的。由世界万物的本原知识得出元的本性归纳，并由此得出物质世界的一元论统一性理解。这是人类对客体自然界统一性认识的创世纪，是人类哲学创生时建立的关于世界统一性的最初的精神认识，此后一直以哲学唯物主义一元论的形态，对人类社会历史的发展起到了现实认识的普遍基础作用，唯物主义就是关于客体世界即自然界的统一本性理解。如果将之看作最普遍的一元论理论，则人的世界就在本质上是自然的，人既是自然又超越自然的统一性关系在物质一元论中就成为两律背反，这正是机械论无法达到具体统一性的人的理解的根本原因。至于哲学唯心主义，它和唯物主义的对象恰好相反，它的存在不是最普遍的具体存在者，而是多样性世界的最普遍的统一性抽象意义，其思考对象是人的主体认识而非自然统一性。自然哲学唯物论作为认识本来是认识论的基本认识对象，但以柏拉图为祖师的西方哲学把自然和思维绝对分裂并用思维取代自然，坚持自觉于感性和自然的思维一元论，把精神由抽象变成的具体东西。从客体存在或具体存在意义看，传统唯心主义一元论本身是逻辑矛盾的，这是把物质和精神同一而非统一造成的恶果，也是哲学唯心主义在哲学发展史上始终占主流，但在现实中却基本上处于下风的主要原因。从轴心期以来，哲学唯物主义的一元论就是支配人类精神文化过程的轴心，它的最大现实意义就是推进着对客体世界的科学真理认识永恒的追求，在科学的不断进步中推动了人类社会历史的不断进步。

卡尔·雅斯贝斯在《历史的起源和目标》中把人类文明史中哲学理性统一性理论的建立归纳为人类走向精神统一性的轴心期，是人类文明史的突破期，把在理性统一性意义的哲学文化诞生作为人类文明史突破性的标志。他认为两千五百多年前人类形成的关于世界的统一性的哲学理论一直在统率着人类历史，由此开始的人类精神文化发展的历史过程是精神统一性意义上的。诚然，就西方哲学而言，雅斯贝斯把它统一于苏格拉底和柏拉图而非泰勒斯，并且这是合理的。西方哲学自泰勒斯始，但到柏拉图才生成，从万物本原为起点的自然哲学到巴门尼德才完成从本原论到本体论的构建，巴门尼德的本体论存在才构建了认识论的认识对象，以存在和思维关系为对象的唯心论哲学才破土。从本原论到存在论再到理念论是西方哲学合逻辑的发展，以理性思维为对象才是理性的自觉，形成认识论基本构架时哲学才基本生成。唯物论是认识论的基础，它的成果就在唯心论的内容之中，离开自然认识无形式和内容相统一认识的现实意义。柏拉图理念论只是构建主体统一性的起点，只限于纯粹普遍抽象认识形式统一性，还没进展到思维和存在关系统一性水准。当西方哲学自觉无以超越柏拉图水准，当柏拉图认为感性现象只是既存在又不存在时，拒绝感性具体的西方唯心论执于抽象理性没有回归具体而进展到具体理性，成为和本体论不统一的认识论，西方哲学是心物二元分裂的哲学。哲学从本体论进展到认识论的意义是自然统一性是理性的基础，离开理性自觉的自然统一性认识无法达到主客体统一性的理性具体水准。西方哲学建立的精神统一性的局限性既表现在唯心论和唯物论的二元对立，又表现在对自然一元论的二元理解中，至今还没进入普遍的统一性水准。以唯物主义为世界统一性轴心成就了我们今天的科学技术时代和知识经济时代，传统的物质一元论在当代现实中显露出它的历史局限性。其实这种局限性就在它的创生之初已经存在，只不过经过两千多年的历史过程才在全球化的世界历史时代显露出来而已。在科学已经长足进步的现代，还止于泰勒斯的感性具体水准，把物质不灭和能量守恒作为宇宙的绝对定律得出的是地地道道的自然二元论理解。不突破这种局限性，缺乏自然具体统一性为基础，新的轴心概括就只是一句空话。

物质一元论的二元论本质首先表现在它对客体世界的非最普遍概括和描述之中。从泰勒斯的本原概念开始，客体即实体成为不证自明的信念，存在者一定是客体，也就一定是实体。存在即实体，即物质，自然统一性的一元论就是物质一元论，到今天人类在这基本命题上还没有超越泰勒斯的水准。泰勒斯之后的西方自然哲学不是以泰勒斯的猜测为起点向更普遍自然存在统一性发展，而是基本上停留在物质一元论水准，放弃了哲学追问到底的彻底批判精神。按照物质一元论，无论最普遍的具体本原物质是什么，但它一定是物质的、实体的，是不生不灭不可再分解的物质。从泰勒斯的水，德谟克里特的原子，到现代物理学的原子、质子、夸克等，它在不断的结构还原中逐步逼近这个“一元”世界的神秘之元。多样性的物质客体世界确实在不断从多样性走向越来越普遍、简单的具体统一性理解，至少我们现在可以有根据地把质子、中子、电子理解为同一层次的构成一切复杂性物质结构的三个物质基本粒子，从科学的逻辑上说，三而二，二而一，我们找到那个具体而又最普遍的“一”只是技术性问题，在逻辑上这个“一”的本原物质粒子一定存在，它就是自然世界最简单而又最普遍的存在。但人们忽视了人类对自然界认识的真正神秘之谜。一直以来真正困扰人类的并不是自然界的“一”是什么，而是光的本性。“一”在逻辑上似乎没有问题，否则就不会有物质一元论，余下的只是技术问题。但光的本性却不是技术问题，而是一个至今还没有解开的谜，是存在之谜。尽管从古希腊就开始了对光现象的观察和研究，但光存在的本性却至今仍在困扰着人类。牛顿经典动力学建立了物质世界的抽象统一性描述，它把光纳入物质世界之中，认为光是微小物质粒子。牛顿的粒子说把光理解为物质实体存在，从而捍卫了统一一元的物质世界。牛顿光的微粒说经不起逻辑性推敲之关键在于光要么被物体折射、反射、吸收，无论多长时间光照都不会形成和微小物质粒子一样的“灰尘”。光肯定不是和微观物质粒子一样的东西。人们从来没有注意到光的非“质点”的本性这一根本性问题。光在媒介中传播速度的预言被证实时，证明了微粒说的失败和惠更斯波动说的合理性。波动说的本质是把光理解为波源的属性，光波动是光源的运动现象，波动说解释光的运动现象是合理的，把光的本性理解为波动则不合理。一个客体是波动、转动、直线运动只是它的运动现象，跟它的存在本性并无因果关系甚至无逻辑相关性。波动说压倒牛顿微粒说并把光的本性解释为波动的真正意义是否定了光作为一种东西存在的可能性，我们见到的光只是光源的现象，即不是微粒在空间波动运动的光只能理解为光源的属性即运动现象。但这种解释其实也是矛盾的。在光的波动说压倒微粒说的时候，已经有证据证明光是有限速度传播的。如果光不是超时超距作用的话，光只是光源运动现象的波动说就不成立了。光的运动不是光源运动，但光以有限速度运动的事实意味着光本身而不只是光源是存在者，光速概念本身先验地决定了光一定是东西。不是存在者何来运动速度？光速是作为客体的光在单位时间中运动的距离，不是光源的运动距离，光如果不是客体就没有速度。因为没有速度的承担者，无所指的速度是不成立的。只有在超距作用的极端情况下才有可能认为光只是光源的现象、属性。光的有限速度传播事实表明，只把光理解为波动即光源的现象是不合逻辑的，这是人们在接受波动说时从来没有认真思考过的问题。二十世纪量子理论以及光电效应的量子解释中，人们已经发现了把光理解为粒子和波动都具有合理性，于是有了光的本性波粒两象说，这当然是不成理论的理论，那是说光是东西又不是东西，是物质又不是物质。这既不是科学陈述，也不是统一性陈述，而是无可奈何的机会主义陈述。由此可见光的本性在人类自然知识中的难度之大。由此可见，物质一元论其实没有把自然客体全部包括进来，根本就没自称一元论的资格。尽管物理学可以生吞活剥地说光是物质的一种特殊形式，但事实上，对物质客体普遍有意义的牛顿质点动力学理论对光是无意义的，力是无法描述光的，光是无法抽象为质点的，光的运动是不遵守空间相对性先验法则的。尽管可以把光量子等效为相应静止质量的物质粒子，但等效粒子之间有等效意义的引力质量、惯性质量吗？等效粒子能受力作用产生加速度吗？显然没有。等效粒子之间没有等效动力学作用，它不可能被加速或减速，否则就和光速不变性发生矛盾，光量子就可以静止了。质量和能量的等效其实是质量等效为能量，不是能量等效为质量，等效只是量而非质的意义，能量子等效为质量粒子后根本没有任何质点动力学特征。质能等式不是纯粹数学陈述，它的物理意义是一定质量的实体在量上与一定量的能量对应等效，而不是一定量的能量等效一定量的质量，根本没有质的等效物理意义。按质能关系把光量子解释为等效实体质量粒子是颠倒头脚。因此，由物质实体构成的物质世界统一性描述并没有包括光量子。一切能量子按光速有限速度运动又证明了它们是存在者，光速运动是存在者的运动现象，所以能量子是不包括在实体即物质客体之中的具体存在。自然界任一具体存在之为具体的充足理由是具体之量，至于质这类结构规定性只是抽象形式。无量无具体，定量决定具体之具体。牛顿由质点动力学完成的对物质世界的普遍动力学描述并没有达到自然界最普遍关系描述。引力定律、惯性定律、加速度定律、作用力和反作用力定律对能量子的描述失效表明，自然界除了实体物质粒子具体存在之外，还有没有静止质量，无法由质点动力学描述的能量子，光的本性在物质世界统一性描述中仍然是谜。最后的结论只能是人类坚信了几千年的物质一元论其实是二元论，它还没有实现对宇宙自然最一般最普遍的统一性描述。

且不说宇宙自然界的物理意义，即使在纯粹逻辑意义上，物质一元论也是二元论的陈述结构。把自然世界理解为物质一元论的世界首先是哲学家之过，首先应由哲学家承担历史责任。科学作为开放的理论体系，它是从经验中归纳出来的，它肯定是从个别到一般再到普遍的不断发展过程。科学在早期阶段没有达到对宇宙自然界的最普遍认识，把宇宙自然存在客体理解为具有质量的最基本实体粒子是合理的，是符合认识发展的规律的。光的特性、能量子的本性依靠感性是难以得到统一性把握的。在感性意义上，特殊的物质实体比普遍的能量子客体容易把握得多，从感性认识开始的知性科学抽象真理认识对物质的认识在先，这正是由从感性开始的一切认识只能从个别到一般再到最普遍的必然逻辑规律所决定的。但哲学家不是从感性开始去归纳，而是从知识中去归纳对世界的统一性理解。它作为思维形式基础必须保证知识在逻辑上的普遍合理性，它不提供知性知识，但必须保证构成知性知识的逻辑是合理的，这正是不管任何形而上学思辨体系一定要自我完备才成为理论的原因。物质一元论在逻辑上就不具备对客体世界统一性理解的完备性，即物质世界作为统一性世界，它不是自我封闭的而是开放的，物质客体的运动是不能由物质存在自身提供最终理由的。在物质一元论的理论陈述中，有物质世界之外的原因和根据，在逻辑上就表明了物质一元论是二元论。物质一元论没有涉及物质的运动原因问题，问题恰恰在于物质世界是一个永恒运动的世界，物质一元论回避了物质运动的本质及原因表明它自身并不是一个自我圆满的体系。后来物质一元论把运动解释为物质的本性，那是不合逻辑的。运动是物质的现象、属性，支配物质运动现象的原因和根据是什么是不能回避的，而物质一元论恰恰回避了这一问题，因而它对物质运动现象的解释是不合逻辑、强词夺理的，说物质运动是绝对的，静止是相对的在逻辑上不成立。物质运动描述是取决于参照系的，坐在火车上的人相对于火车静止，相对铁轨运动，说这个人运动或静止离开参考点无意义。只有相对于描述坐标系，才能有意义地确定物体究竟是运动还是静止的。因此，物质运动是相对性的，这是伽利略和牛顿的杰出贡献，是空间相对性的物理意义，空间相对性的本质就是物质空间运动描述的相对性。哲学家可以不理会运动相对性的物理意义，但哲学家在逻辑上就不能得出物质运动是绝对的，静止是相对的，物质总是运动的这种奇谈怪论。这不仅和我们的经验相悖而且根本不合逻辑。物质绝对运动就一定在运动，那就没有静止了，哪来相对静止！依赖于参照系的速度如果运动是绝对的，静止也是绝对的，在相对空间中运动还是静止要么都是绝对的，要么都是相对的，因为运动和静止是等价的。物质运动的原因不能由物质存在去解释，那在物质世界之外就一定会有推动力作为物质运动的原因，除非物质运动是货真价实的绝对运动，那才能是不需要原因的运动。只要有相对运动，那就是有运动改变的运动，就一定有外部推动力作为运动改变的原因，物体相对性运动的原因就不能由物质的本性去说明，故才需要力这抽象概念，才有相互作用中的运动交换。光量子是绝对运动的，这是光的本性，不是它的现象，光不需要推动力；但物质是相对运动的，运动不是物质的本性，而是物质的现象，由外部原因造成、引起的现象，这就是物质世界的推动问题，唯此才有质点动力学，但绝不会有能量子动力学。在逻辑上物质的运动是有外部原因的，物质世界有外部，物质一元论就不是最普遍的一元论，而是二元论，即是物质存在和存在现象原因的二元理论。物质一元论其实是不符合逻辑的。西方的物质一元论其实不是货真价实的一元论，在这个一元论之外，西方文化还给推动自然世界的上帝留下了充裕的空间。

物质一元论在哲学意义上没有超越泰勒斯的水准，它的二元论的逻辑是泰勒斯关于本原存在不生不灭的规定性先验地决定了的。两千多年哲学史竟没有哲学家悟到这点，足见人类理性的不成熟，感性具体思维惯性之顽强。感性具体的本原存在客体如果是不生不灭的，则它的运动变化在逻辑上就是外在于它的存在的，它就不可能达到自身完备的一元统一性理解。按照一元论的逻辑，本原存在客体只能是不可再分解即无可再结构还原的，但却不能等效为不生不灭的，否则就永不可能由其具体存在出发去对整个自然界永恒的运动变化得出一元论的圆满理解。仅从实体存在出发是无法通达自然统一性的。本原存在的本质规定性是不生不灭，但不可分解不是绝对不生不灭，本原存在的最普遍规定性是永远自身等同因而是永恒的存在。

光的非质点本性及质能关系是量统一性揭示了物质世界并非最普遍自然界的本性。在由光和物质，实质上是能量和物质构成的自然界中，如果坚持一元论，则要么能量是最普遍的存在，物质是普遍能量的特定存在形式，要么能量是特定形式的物质。由质能关系可知，质能只是量的等效，不是质的等效关系，量是普遍的，质是特定的，量是具体的定量，质是抽象的结构形式，自然的最普遍存在、万物本性、世界统一之元就只能从具有定量规定性的能量去理解，自然是能量一元论的统一世界，这正是能量守恒的物理意义：不生不灭、非正非负。那些天天在叫喊正能量者其实真的根本不懂能量的本性。在逻辑上看，如果能量有正负，则不会有能量守恒定律了。正负能量只有得到或失去能量的相对认识意义，存在意义上非正非负的能量才是绝对守恒的。这就是巴门尼德关于存在的本体论规定的精髓：存在者存在，不可能不存在。

把能量理解为最普遍的存在只是一种科学普遍抽象知识，以此为基础的能量一元论才是自然世界统一性的智慧。它把自然界的一切，包括客体的多样性存在及其运动变化现象本身，都理解为能量从普遍到特殊的复杂性演化。物质客体的运动变化本质是他们在交换能量，能量是自然界的存在者及其现象存在的原因，能量守恒定律和最小能量原理在最根本意义上支配着物质客体世界复杂性演化以及物质客体运动变化的一切过程。自然界在逻辑和过程上都是从最普遍的能量存在向多样性客体存在复杂性演化的过程，多样而变化无居的自然现象本质上是以最普遍的能量为元结构，从简单到复杂多样性，从低级简单结构到复杂性结构演化的过程。自然界的最普遍具体客体能量子是绝对运动的存在，能量只有量的规定性没有结构规定性，不可分割的能量子客体的规定性又叫量子性，它只和频率有关；能量子之间没有力的相互作用，本质上力的作用是具体的能量交换。在量的意义上，能量按守恒定律从一个物体转移到另一个物体，或从一种形式转化为另一种形式，包括由量子化形式转化为静止质量形式及被物质实体吸收转化为物体的状态能量，表现为物体的运动和状态变化。物质世界能量转化的特定形式是演化，即以能量为结合能的物质结构演化，按照熵最大原则展开了物质世界复杂性演化过程。当物质结构的结合能大于环境的自由能作用时，稳定的物质结构随之产生。我们现在所处的宇宙空间物质结构就是在宇宙大爆炸之后，随着自由能不断减少，熵不断增大，物质结构产生并层次不断增加的物质结构复杂性演化过程，并且在像地球这种熵较大的行星中产生了物质结构复杂性极限形式的生命结构。生命这种高级复杂有序结构是物质结构演化链最顶端的存在，它作为在时间不可逆过程中的动态结构，成为物质结构复杂性演化的绝唱，因为它已经进入了个性化结构这一复杂多样化的极限形式。生命是物质结构中的特定结构，生命结构演化的特定形式我们称之为进化，即以DNA遗传编码为本质规定性，以细胞为基本组织活动结构，以物种为单位的生命是从生到死的连续不可逆时间性结构运动的存在。这种时间性结构本身也是一个从简单到复杂、从低级到高级的发展过程。既然生命是物质世界结构复杂性演化的极限，我们就有充分的理由把能量一元论的统一自然界理解为由能量、物质、生命三个层次的客体及它们的相互作用构成的统一性存在，能量转化、结构演化、生命进化就是自然界运动发展的统一性形式，这就是能量一元论的世界。自然界是能量一元的，不是物质一元的，从物质一元论向能量一元论的飞跃是我们对自然界认识从一般到最普遍的飞跃。以能量守恒和最小能量原始为根据，我们就完全可以得到宇宙自然何所是、何以是多样而统一的世界的合逻辑理解，就能理解支配自然界必然性运动的规律，就能从对自然必然性的理解中真正获得自由。

一元论的自然不能在科学理性的机械论思维中通达，自然哲学僵化在唯物论是止于真理的唯心论合逻辑的产物。把理性的绝对还原为知性真理的绝对，多样性具体的统一就退化为无穷因果链构成的决定论自然，物质一元论把自然界理解为由无穷因果链构成的必然性宿命世界，最终走向“科学的”，把自己描述成复杂物质世界必然性运动的知识，把必然性从普遍抽象规律退化为现实世界的具体个体多样性现象，从而得出对世界的必然性的机械论理解，这恰恰忘记了个别现象并无普遍必然之意义。能量一元论的统一世界把自然不同层次结构之间理解为统一性而非因果关系，下一层次简单结构是上一层次复杂结构的基础，不是原因。最直接的例子是质子、中子、电子相互作用构成因果关系，是原子结构的原因，但质子、中子、电子和它们所构成的原子之间并没有相互作用的因果关系，它们是不同层次的统一性关系。正是不同层次之间的统一性，决定了自然界是从简单到复杂运动的多样性统一世界。所谓能量一元论是对复杂整体世界而言的，只能是统一性的，这才是智慧，故老子说圣人以抱一为天下式。只有在统一性意义上，我们作为生命世界的存在才不会被还原为石头和木头，物质实体作为多样性存在才能被理解为自然运动的结果，在能量这本原的守恒和转化中才能理解一切自然之物是自然而然的，不需要造物主。多样和变幻的自然界其实是普遍统一有序的，是由自然必然性规律支配的统一世界，并没有上帝的第一推动，也根本不需要外部推动。自然的元存在本身就是绝对运动的，故运动首先是自然存在的本性。在复杂性结构中才有存在相对性现象。至此，我们已经彻彻底底摒弃了物质一元论，用能量一元论把自然理解为由其内性目的性即必然性支配的圆满而有序的现实性存在，把我们理解为能量、物质、生命统一性存在，以认识俺自己的生命为认识俺自己主客体统一性的理性具体存在提供坚实基础。我们是生命、物质肉体以及能量过程的统一性存在，人的生命的统一性就是自然界最高的统一性本身，这就是我们生命从哪里来和人在宇宙中位置的智慧理解，并由此明白了能量、能源和熵环境对我们存在的直接现实的基础性意义。

能量一元论对物质一元论的扬弃对重构人类精神统一性具有决定性意义，是世界统一性原理的精髓。它不只是自然统一性理解，本质上是感性、知性、理性相统一的理性具体智慧的精华，是具体理性对科学理性的辩证否定。在直接意义上，完备的客体统一性智慧是通达主客体统一性的前提，离开形而下经验世界无形而上学的现实意义，精神文化回归人的生存经验才有意义，才是文化。人的生存超越动物界在直接意义上是基于普遍知识为根据的，从感性认识基础上建立普遍意义知识是人进入文明史的分水岭。但是，始于泰勒斯的自然唯物论是基于感性具体的朴素智慧，到现代已经明显地不适应人类知识的发展。在有限的物质框架中，人类总觉得已差不多要揭开自然的谜底了，科学大师们谨慎而乐观地断言我们已接近揭秘自然的尾声。其实，如果能随能量一元论进入最普遍的能量世界，将发现自然认识更宏大的背景和舞台。麦克斯韦认定绝对之空中有分子电流冲破了绝对物质观桎梏，打开了能量潘多拉宝盒，揭示了光和电磁波的统一及光速绝对性，催生了相对论，并使我们至少知道了真空中仍还有一百五十亿年前宇宙大爆炸的辐射这种非物质性东西存在。二十世纪科学的重大革命都是在能而非物非质意义上的，但人类仍用物的框架去打量能，还用泰勒斯的感性具体概括去解释无法经验直接感知的玄妙存在，不明白所谓真空中有太多太多奥秘等待着、考验着人类智慧，更没觉悟到不打开真空中的玄妙之门，感性经验认识是无法自圆其说的。文明人觉得原始人只知你我他不懂有人实在幼稚可怜，从能量一元论视野去看绝对物质观又何尝不是如此。基于两千多年的思维惯性和科学理性的支配，大概百分之九十九以上的人见到所谓能量一元论会嗤之以鼻，故老子说“吾言甚易知，甚易行。天下莫能知，莫能行”，亚里士多德说“第一哲学发表了和不发表时是一样不会为人们所识的”。

能量一元论是理性具体思维的产物，它的最根本意义在于进展到主客体统一性的人的理性具体认识，在自由和必然的统一性意义上把文明史理解为以文明为轴心的统一进程。

三、文明史的理性具体意义

人类文明史是人自主自觉创造的产物，人走出自然界成为历史性存在基于人的理性本质，人超越自然感性进入文化才有统一的文明史。文明史是人的创造并不是说人是按认识去创造历史的，而是说人是在依靠普遍文化认识去现实生存才成为历史创造性存在的，自觉的历史意识是历史发展到相对高级水准时才产生的。按照轴心期理论，哲学产生是人类轴心期的标志，即至此人类才进入建立精神统一性的起点，才在统一性精神水准认识人自身，才进入历史统一性思考。两千多年来，把人类统一起来的精神本身其实还只在起点阶段，追求精神统一性却没进展到理性精神文化，离开文化统一性无法建立文明史的普遍意义，把人类历史归纳为文明史却不理解文明的普遍意义，实际上只停留在抽象精神，在心物二元、唯物史观和唯心史观对立中彷徨，即人类对社会历史的文明轴心理解还不是自觉的，离理性具体就更远了。

在心物对立的自然观和历史观中只能停留于抽象。人在具体存在意义上是主客体相统一的存在，人不是文化非自然的存在，而是文化和自然相统一的存在。文明人的生命还是自然生命，人的自然依然要受能量转化物质演化和生命进化的一般规律支配。但人不再是纯粹自然而然的，不只是自然动物存在，人依靠创造和积累了越来越丰富的具有类普遍意义的文化知识，掌握了越来越多的自然必然性普遍规律，并借此去选择符合自己目的的边界条件和初始条件，让外部自然按必然性规律运动产生的具体结果更好地满足人的自然的需要。人的生存方式本质上就是由后天文化构成的，是在具体的文化选择中把文化本质客体化的文化和自然相统一的存在。在没有智慧和知识的自然动物意识中，人只是另一个动物物种而已，但人类走出原始社会以后，特别是超越奴隶社会以后，人已经把自己的族类理解为万物之灵，具有和其他自然生命本质不同的规定性。这个不同的本质在逻辑上就超越了有限自然的范畴，进展到无限的文化意义世界。两千多年前，人类文化建立统一世界精神的哲学理论时，开始用一元神的无限而最普遍意义去规定世界，巴门尼德创立了存在论，柏拉图创立了最普遍意义的抽象理念论，使人类思维进入了最普遍的抽象精神统一性的境界。但迄今为止，这种对抽象的最普遍统一性的认识却仍然又在本体论的客体存在意义上还原为对具体世界的认识，又把抽象意义还原为具体的存在，成为精神存在和物质存在水火不容的理论争执，实质上是人的主体性和客体性的分裂。两千多年来人类认识自己在具体理性意义上并无多少实质上的进展。唯心主义的历史局限性首先就在于它没有真正超越客体存在，没有自觉进展到意义世界根本无法构建起抽象的最普遍意义统一性，所谓精神实体就是把精神降级为客体性的东西，那是违背精神文化的自由创造本质的。唯心论强调理性精神的自由，但以之为基础的西方文化却在现实历史中走向物化异化，使人类社会本质上只是技术社会，唯心论的自由的理性精神成了现实中没有自由精神的抽象精神。

按照世界统一性原理，自然界是客体统一性世界，不是以精神为本质的世界，但人的世界却是以精神文化为本质的世界，它不是反客体世界的，在现实中也不是非自然的，而首先是以自然为基础和前提的。但它基于其有不同于自然生命的文化本质，因而在现实中就是文化和自然相统一的存在，在现实世界中就产生了人的社会文化的自由创造历史过程。因此，人的世界是以精神文化为本质的世界，是文化和自然相统一的世界，人的社会历史现实过程是具有文化意义的，不是全然自然而然的。文化的后天性使人的历史摆脱了人的自然生命遗传编码的制约，使历史不是种族意义上的重复，而是人类社会历史永恒的自由创造过程。人类世界不只是本质上是精神文化的，而且在现实中也是文化发展过程的。在现实中，人的世界是普遍意义世界，即以文化生存选择为现实生存方式的文化和自然相统一的具体意义世界。在这种统一性理解中，人的意义世界才是最普遍的世界。在最普遍的意义世界中，人才能被合理地理解为以自然生命为基础的、具有自由创造本质的历史性存在。意义是抽象的，但意义世界却是抽象文化本质返回具体现实社会历史过程的统一性世界。这种具体现实的最普遍意义世界才是人类认识你自己的最高理性目标，而不是停留在客体一元论中，把自己始终当成衣冠禽兽。人的世界是文化性的，是靠自觉的自我意识在自由创造中构建起来的，只有进入自觉的意义世界，我们才真正成为具有无限主体性本质的自由的存在，不再被历史必然性支配，在被决定的牢笼里跳自由之舞。

把意义世界理解为最普遍世界的最基本原则就是不能把世界理解为因果关系决定链连接起来的决定论现象世界。现实现象界是多样性世界，根本就没有物质决定精神还是文化决定自然的有意义命题，他们之间是不同层次的统一性关系，他们在现实中是统一的，只有在普遍抽象本质意义上才能把多样性现象统一起来，得出永恒运动生生不息的世界是完美有序世界的理解。并没有纯粹自然的人类历史世界，更不会有抽象文化世界能成为现实。精神文化不是物质范畴的，不是存在者，不是东西，不是具体的现实存在，精神、意义离开统一性而成为独立自主的具体存在时，那抽象意义就是具体客体而不是普遍抽象的意义了。与现实统一性没有关系的抽象没有任何意义，把精神文化停留在抽象中是知性的浅见，其结果是把它们理解为和客体本质上相同的东西，但又是和客体水火不容的东西，物质和精神就成了传统科学知性思维中水火不容，两者必居其一的东西。但物质和精神是不同本质的，精神只是普遍思维中的抽象意义，它只能返回和客体相统一的具体存在才有意义。精神文化意义是从统一性的人的现实文化世界中抽象出来的普遍意义，但绝不能据此就说物质决定和支配精神，只能说自然是文化和自然相统一的现实具体存在的基础，这种具体存在的本质是由它的普遍抽象本质决定的。这样，具有普遍文化为本质的人在现实中就不再是纯粹的自然生命存在，而是具有文化本质意义的，和自然客体具有不同本质的存在。在统一性意义世界中，文化和自然、精神和物质不是非此即彼而是统一的，即人的基础是物质的，本质是精神的，现实的具体存在则是物质和精神相统一的，因而人在现实的意义世界中超越了自然生命，成为文化性的自由存在。意义世界的普遍性意味着对人的世界而言，物质世界的认识是构成意义世界的特定世界，自然统一性的意义是理性具体的基础。柏拉图坚持感性具体不是存在也不是非存在，它的抽象理念不是感性、知性、理性的统一，以理念论为围墙的西方哲学就合逻辑地达不到理性的具体，一直只是知性抽象和感性具体二元分裂的文化。在自然意义上的客体世界，在意义世界中却是文化的世界，是文化世界的基础，这就是人化的自然所包含的深刻意义。我们说物质文化时，物质是基础，文化才是本质，物质文化作为现实的存在是具有统一性意义的精神文化和物质客体相统一的存在，这正是物质文化和物质客体的区别。在具体存在的事实陈述中，物质工具和物质客体是同一的，在意义世界的陈述中，物质工具和物质客体的陈述是不同一而统一的，物质客体是基础，工具文化才是本质。物质工具一定是物质客体，但物质客体却不能必然地具有物质工具的意义，这就是石器和石头的区别，这也是为什么有新、旧石器文化和文明的意义归纳的理由。从这种意义来看，人化的自然是意义世界，是以自然为基础，比自然更具普遍意义的世界。

在统一性意义上，从自然到文化是统一性的，不是必然性的。意义世界以自然世界为基础，但并不以自然世界为本质，为根据，意义世界是由文化本质的产生为根据的，文化的产生是不能由自然世界为根据必然地产生的，这种陈述无普遍性意义，即无必然性意义。物质和精神、自然和文化之间的关系就只是统一性的，不是因果决定的。进入精神文化意义世界是人类社会历史从自然中创生起源的统一性过程，不要试图无意义地建立文化起源的必然性规律，文化的起源不是简单的抽象，而是宇宙运动的最复杂的过程，它只能在统一性意义去得到合理理解。

从能量一元论的最普遍客体统一世界进入最普遍意义的人类世界意味着思维视角的根本转换，从最普遍的具体存在者到最普遍的统一性意义的转换，否则，从最普遍客体世界基础上又产生出最普遍的统一性是不可理喻的，意义世界和客体世界是本质不同的世界。在客体意义上，自然世界是事实世界，在人化自然意义上，它则被纳入意义世界。在意义世界中，自然世界的意义不是最普遍的，它作为现实具体统一性存在也不是最普遍的。自然界在意义世界的视野中，是从简单意义向普遍意义运动发展的过程，并且在生命世界中达到了丰富意义阶段。但自然生命的意义还没有超越客体自然，还只是有限主体性意义，只有在人的世界中才产生了无限主体意义，也正是因为主体性意义的无限才使人超越了自然意义，成为文化和自然相统一的理性具体存在。综上所述，人在自然存在意义上是最特定的具体生命存在之一，在意义世界中却是最普遍的存在，一个现实的社会历史中的文明人，包括了文化世界、生命世界、物质世界和能量世界的全部规定性于其中，人就是意义世界中最普遍的存在，人就是意义世界的最高的统一性。“认识你自己”就是认识人存在统一性的最普遍意义。

人是客体世界最特定的时间性存在，是意义世界最普遍的存在，人的原理就是最普遍的世界统一性原理，德尔菲神庙的神喻“认识你自己”在理性统一性意义上是人类认识的终极意义，它就是世界的统一性原理。世界从生命世界向文化世界的发展是人类创造出了精神文化，使世界成为具有无限主体创造性的普遍意义世界，客体世界就只是普遍意义世界的基础，不再是最普遍的世界。人类建立统一世界精神以来的两千多年中，没有进入自觉的意义世界，始终停留在客体世界，唯心论停留在本体论的自我认识以及“抽象精神实体”概念，在现象上是否认物质存在，在本质上是否决了抽象的主体性精神文化的存在，从而合逻辑地把人类导向科学理性文化支配的决定论客体世界。把对世界的认识局限在真理这种认识元结构之中，并用因果决定的无限连续链条去构建统一性的客体世界，世界就成了机械，成了广义上的齿轮和螺丝钉联结的整体，人的主体性、创造性、自由的本质就失去了现实意义。当我们以自然客体世界为基础，进入人的主体创造性文化意义这一更普遍世界的时候，意义世界的视角和客体世界是共轭的。最普遍的具体存在是最简单的意义存在，最普遍的意义存在是最特定的客体存在，世界在客体意义上的统一性和在主客体相统一意义上的统一性是共轭的。人作为特定的生命物种只有在最普遍的意义世界中才有人和动物不同的本质，人才是万物之灵，人才在世界的四大域中自成一大。在客体事实世界中，人则只是一个物种而已。两千多年来人类停留在客体世界和真理认识，始终无法进入统一性意义世界，只能陷于物质还是精神的直接对立世界中，从而无法从本质上自觉人异于禽兽的根据，把主客体相统一的文化意义世界仍理解为由丛林法则支配的动物世界，现实的人类历史依然是英雄创造的历史。严格地说，创造了历史的就是英雄，这种现实现象的本质在于人的理性还没有自觉回归自身，没有从理性本质去理解人据此已是异于禽兽的存在。最普遍的意义世界在现实中是以客体为基础的，是主客体相统一的人的具体存在构成了人的世界。“认识你自己”在具体理性意义上就不只是认识人的抽象本质，在统一性意义上，它就包括人从哪里来，人往哪里去，人在世界中的位置、价值和意义这些最基本问题的统一。所有这些命题，都是文化和自然、主体和客体相统一的命题，都建立在客体自然世界的基础之上，但它本质上又超越了客体自然界，人就是只有在意义世界中才能得到自觉理解的统一性存在。由于意义世界和客体自然世界的共轭性，客体世界最普遍的元结构即不生不灭的具体本原客体存在是最简单最特定意义存在，它只是具体客体存在之元，不是意义世界之元。彻底的一元论就包含客体世界的能量一元论为基础，在理性而非知性因果关系认识中进展到主体无限意义世界、主客体相统一的最普遍世界之元，“元”的本质规定性就是最普遍意义的统一性。能量是客体世界最普遍具体存在，却不是意义世界的元存在，意义世界不能从能量得到最普遍的统一性理解，世界统一性原理追求的是对主客体具体世界的一元论的统一性理解。对意义世界实质也是对一般世界的最普遍理解的目标同样是理解统一意义世界之元，这和泰勒斯乃至能量一元论的统一性追求是一致的，但在逻辑上却是正好相反的。世界统一性原理的最普遍世界是以人的精神文化为本质的主客体统一世界，建立在客体统一性进展到主体统一性、主客体统一性的理解中。客体世界统一性是建立在知识性的元中求元的基础上的，故本原知识是它的基础，唯物论和唯心论在本体论意义上无对错判断，但在基础的本原论中是包含真理判断为基础的，在此意义上唯心论本体论首先可以被判断为是伪的，而不仅是不合理的。当从客体统一性进展到主体意义世界统一性时，它必须扬弃客体统一性而不是成为它的对立面。从柏拉图到黑格尔的西方哲学唯心论就是自认为本体论从而无法和本体存在论统一，始终局限于抽象精神中，其最大的局限性不在于和唯物论的对立，而在于拒斥了客体统一性的主体世界永远达不到主客体统一性的具体理性水准，人类自觉理性在最高的主客体统一意义上是还没文化成型的，从而在科学理性中走到现实的全面危机。主体统一性不是元中求元，而是为多元而独立的元知识提供统一性基础，使多元知识为元素构成的意义世界是统一的，使人的多样性现实文化生存选择是统一的，使多元为源头的人类文明史终而走向统一。这是和元中求元逻辑思维共轭的多元归元，这是西方唯心论哲学两千多年的贡献，但其只止步于起点处的抽象精神文化统一性中。主体之元和客体之元的统一即主客体的统一才是最普遍的元命题，才是人类“认识你自已”的最高命题，由之最终才能理性地认识人类从多元文化起源终而归元于统一的文明史，跨入世界历史时代。无论是唯物史观还是唯心史观，西方哲学都还没有进入这一自觉理性水准。

两千多年来，真理一直是西方哲学认识的最高目标，从泰勒斯到巴门尼德、柏拉图，理想的统一世界是以真理为最普遍追求目标的世界。真理追求最后达到科学理性的异化已经证明了真理并不是人类文化意义世界的统一之元，它是多样性的元认识，此元非彼元，要把多样性知识之元统一于人类理性之元。真理是关于客体的，是价值中立的。从真理出发认识世界是必需的，但只停留在真理中就只有对客体的客观认识，没有对主体本质的认识，没有主客体相统一的理性认识，更不可能达到事实判断和价值判断相统一的理性具体理解，通达文明史的统一性意义。真理是抽象的，只有真理，只有知性认识还没有解决抽象如何返回现实世界问题，以真理为最高目的追求就把人的世界局限在客体抽象中。真理只是人类认识构建的意义世界的基础和起点，还不是人的文化意义世界的最普遍的统一精神本身。人类不能没有科学精神，但人类也不能只有科学精神，否则人对人就永远是狼，每个人的存在就是对其他所有人的战争和竞争，那就是丛林法则，就局限于自然世界而不是人的最普遍的意义世界。人以抽象精神文化为本质建立起来的意义世界的现实是构成社会历史过程的文化选择活动，人的生存在现实中是文化选择，这是自由和必然的统一，是人的文化本质的现实。真理是自由的基础，是构成人的文化选择的前提，但并不是文化选择的最普遍统一性意义本身。人的文化选择是主客观相统一的，仅客观真理本身不能涵盖文化选择的全部意义，不能把握人的文化选择生存的统一性过程。人的社会历史性生存现象都是以文化为本质的，都是现实的文化选择过程，人的文化意义世界的元问题就是人的文化选择的最普遍意义结构是什么问题。人的文化选择是必然和自由、事实选择和价值选择的统一，人的文化是真善美的统一，真是基础，善的价值判断和审美价值意义判断对人的文化选择具有最普遍的现实意义。文化选择的普遍意义是价值选择，它作为必然和自由的统一，本质才是自由的。正是价值选择产生了普遍的意义选择，客观真理认识只有在和价值选择的统一中才能成为文化选择现实活动，才融入具体现实的意义世界的社会历史进程。因此，意义世界的元是在价值意义上的，它的最普遍问题就是支配意义世界的最普遍价值—元价值是什么？人的多样性文化选择的具体生存活动据何成为构建统一的人类文明史的现实本身？这就是最普遍世界的最高统一性问题，是人的社会历史过程即最普遍世界统一性原理的最高问题。人类社会历史的最普遍价值和意义是什么？是文明。我们把人类社会标记为文明，把我们的历史称为文明史，就是说文明是人类世界最普遍的元价值，是归元之元，多样性元知识在返回人的现实文化生存中统一于文明这价值之元，在事实判断和价值判断的统一中进展到主客体的统一。

在科学理性支配下，西方文化把人道、人权、民主、法治作为普遍价值，那是不成立的，这些价值并没有最普遍历史意义。在还没有民主产生的历史中，哪来民主这种普遍价值？民主和法治作为人类普遍价值选择机制必须统一于最普遍的文明元价值才有可理解的具体意义，才摆脱抽象而回归文明史的现实。民主和法治的产生和发展当然是人类文化社会文明史显著的进步，但并不是绝对的，而是相对的，它们相对性的绝对参照点就是具有普世意义的文明元价值。和文明背悖的民主和法治是恶不是善。把苏格拉底送上绞架时民主就是恶，酿成纳粹统治的民主更是恶。两千多年前的焚书坑儒无论如何评价都不是善，充分发达的法治资本主义酿成的贫富二极极端分化在卢梭眼中是恶不是善，以物欲为最高目的的普遍法治之于老子而言就是以智治国国之贼。由此可见，人类文化生存的一切意义必须归元于文明才能得到具体理解。普遍价值作为元价值，是在人类一切历史过程的最普遍意义上的，由此才有统一的文明史。西方文化的普遍价值本质上是文明这一元价值的特定表现形式，否则人类社会就叫作民主史，人权史而不是文明史了。不能说东方社会没有普遍价值，西方社会才有普遍价值，既然分东西方不同的价值，西方价值就没资格称“普遍”之意义。不管何种特定的生存价值，东西方都是在文明意义上的社会，文明才是人类普遍价值，亦即人的意义世界的元价值。无论人们在文化选择的现实中如何选择，有何种价值取向在支配，这些文化选择的价值最终只能在文明这一最普遍价值下得到统一性的理解。人类社会历史是意义的世界，是走向文明的永恒的运动发展过程，尽管现实人类世界还不是理想的文明世界，但人类之为人类，文明史之所以为文明史，人类在自觉、主体、创造的意义上，是向着更高文明追求的历史创造过程，文明就是意义世界的元结构、元价值，是人在文化选择中创造历史的最普遍意义之基础。

即使没有在自觉的意义上把文明理解为人类社会历史的元价值，理解为人的世界最普遍的统一精神，即使在以客体、自然为世界的认识中，我们仍然有了“文明史”的最朴素的认识，在朴素意识中已不自觉地把文明作为人类的核心价值。当然，只有从客体世界上升到普遍的意义世界，才能得出文明不仅是人类核心价值，而且是人类的元价值，是最普遍的人类精神和价值的统一性理解。只有把物质生命理解为人的基础，把文化理解为人的本质，才能把人的社会理解为是以合作共存为本质，不是以丛林法则为本质的。人类超越自然界在于人类不再只是DNA编码决定生存方式的存在，不再是弱肉强食中胜者生存的自然选择性存在，而是文化选择性存在。文化选择超越自然选择的本质就在于人能够在自由和必然相统一的文化选择中生存，不再是自然生存，人的自然生存通过文化选择不断得到改善，从而成为不是世代重复而是代代更新的历史性过程。人的生存基本单位也不再是物种，而是社会。社会的本质不是弱肉强食，而是分工合作共赢。自然社会依靠血缘关系结成的群体组织分工合作，人类文化社会则依靠文化教化、传递、创造的历史性社会结构去实现更大规模的分工合作，甚至达到人类意义的、全球化意义的分工合作。社会是分工合作的产物，人类社会、人类世界历史是在文化意义上分工合作的产物，人类世界本质只能是合作的，不是弱肉强食的。在以客体为本质的理论中，人以生命存在为本质，人的社会就既受文化选择支配又受自然选择支配，人的世界就是在理性和竞争、战争、掠夺之中永远不调和的矛盾。以物质利益为最终追求的世界一定是缺乏和平可靠性的世界，一定是由铁和血写就的人类历史。当人类达到全球化分工合作时，还停留在战争和竞争思维中，则人类文明就躺在自己制造的不断“发展进步”的火药桶上。从人的精神文化本质去理解人的世界，人通过文化本质的发展去更好地实现生命基础的生存时，人的社会就真正具有了合作共赢的本质。文化的财富是共同的，人的本质的发展是普遍共享的，以文化为本质的社会才是以合作为本质的社会。把人类世界理解为以精神文化为本质的意义世界，人的世界才是本质上是合作的，人类才能自称是异于禽兽的理性存在。人类文化精神意义的财富共享性是人类理性世界产生并且不断发展的充足理由。人类只有自觉到人在本质上的合作共存，才能成为自觉的文明的存在，才能把自己创造的历史真正写成文明史，文明才真正成为人类社会自觉的元价值，成为人类最普遍的统一精神。人之间和平合作共存，人和环境之间友好协调，人类才真正进入自觉的文明。以文明为元价值的世界统一性原理将超越了客体物质世界的一元论和人类中心论，在这新的文明轴心中，人类社会才有理想而完美的未来。

据此，世界统一性原理把文明作为理性文化的本质，理解为统一人类社会历史的轴心，从而合逻辑地把文明史理解为从低级到高级、从多元到归元终而汇成世界历史长河的进程。文明是历史的轴心，理性的目标，普世的价值，是最普遍意义世界的统一性意义，必须从抽象到具体去得到文明元价值之意义理解。

第一，文明是文化意义世界的普遍本质决定了它的抽象精神本性，它有高低级之分但不能由具体的计量单位去度量衡。基于抽象精神本性，文明才渗透在人的一切文化选择具体现实中，才使人的文化生存本质上是自由和创造性的。人基于文化选择超越自然选择才步入文明史并因此异于禽兽，文化选择现实性的根据、目标、机制在价值选择之中，支配价值选择的元价值只能是文明，不能是自然，更不能是野蛮。如果不是这样理解，文化选择的自由本质又是自然，又不是本质上区别于自然选择的文化选择了。人的自觉文化选择本质上是以文明为元价值的，只不过文明的自觉水准不同而已，人的进步是理性自觉觉悟的提高，不是退化为森林之狼依靠欲望去支配生存。当一个人把丛林法则作为支配生存选择的元价值时，就没觉悟到人和公狗母狗的本质区别，就还没自觉的人性，那不叫自然而是叫反文化、反文明。人类现实世界还有普遍的不文明现象存在，这不是人的本质，不是理性的本质，是人的理性幼稚导致兽性泛滥而已。人类历史的进步就是要弘扬理性克服兽性，文明才是历史的最高目标，是人类统一精神文化的本质，是统一文明史的轴心。文明史的目标和轴心只能是文明。

第二，文明是人类主体精神意义世界自主自觉历史创造的产物，但绝不是仅由主体精神意义世界可以理解的，而是必须从主客体统一性才能通达它的具体意义，这就是道法自然和天理难容的具体意义。道法自然的理性具体理解是人的文化选择行为必须符合自然必然性法则和规律才有道，不道则早已，人不按天理即自然规律行事必遭自然报复。因为人作为具体存在是自然生命存在，人的自然由天理支配，人的生存是在和外部自然按天理相互交换中成为现实的。人类文化理性的起点和目标就是自然本身，人超越自然界的不是生命自然，而是实现自然生命更好地按自然法则生存，是依靠文化选择方式去不断改善人的自然生存，道法自然才能生存。人和动物的本质区别在于人超越自然选择的文化选择生存方式，文化普遍意义世界的历史统一性使人的生存方式是不断发展的，从而走出了世代循环方式生存的动物界。人的文化意义最终必须回归具体即人的主客体统一性生存才有意义，包括人和人之间抽象的法的关系也必须以符合自然法为前提，否则是无道恶法。人和自然关系包括人的社会关系，人的文化社会是从自然社会发展而来的，是始终包含自然社会于其中的，人的主客体统一性以客体统一性为基础，包括人的社会的自然关系为基础，人作为主客体统一性不只是指人和外部自然的关系，更根本的是人的文化和自然关系，是人的社会的文化本质和自然基础的统一性关系，这就是人的法必须基于自然法的原因。因此，人和外部自然的关系，人和人之间的各种关系，在最基本意义上必须道法自然。人类以文明为普遍价值并不仅仅是后天自觉的产物，而是以自然内在目的性为基础的，是人的理性目的和自然内在目的的统一。因此，人的文化世界是人主体性为本质的，但文化世界的普遍文明本质却不是以人的自由意志为转移的，人的文化生存是必然和自由相统一的。只要进入文明史，不管人是否自觉到人的历史的普遍文明价值意义，都是向着文明史方向发展的，这就是文明史以文明为轴心的充足理由，文明史的意义是随着人自觉的历史主体意识的进步而达到更高文明的水准的。

第三，文明是人类文化意义世界最普遍元价值不是纯粹的抽象，而是最普遍的具体，它就在人类的一切文化选择中获得具体现实的意义，从而成就了人的理性文化本质，构成了统一的文明史。文明首先是抽象的元价值，它之所以是最普遍抽象的元价值就因为它是从人的一切现实文化选择生存活动的最普遍根据意义上抽象出来的。它成为自觉的价值观以人自觉的文明意识为前提，即它的价值论意义又必须建立在认识论基础上。但这还只是抽象的，人的现实生存文明水准的现实意义不在于主观的评价和抽象的认识，而就在于人的所作所为本身，是思和知和行的统一，统一在现实之行中。文明还是野蛮，为人民服务还是为人民币服务不是由书本体现的，而是由现实作为来评价论定的。人是理性具体存在，理性具体是存在论、认识论、价值论相统一而成为理性具体的。价值的存在论意义不是说人的非本能行为都是文明的，而是说人的一切文化行为必须以文明为最普遍尺度去评价和衡量，理性就是自觉地按文明的普遍标准去约束和规范所作所为。文明的现实性在于它在人一切层次、领域的生存现实中，从衣食住行到民族、国家乃至人类社会历史，人类理性进步的现实性在于人对更高文明的自觉中，文明史的理想目标是达到绝对文明的人类大同世界，是每一个人的本质得到充分发展的理想境界。

新的轴心理论即世界统一精神是文明，是人类文明史进入自觉文明的召唤，是人类走出知性困境和现实生存危机的理性选择，它意味着人的本质、人的觉悟的理性新大陆：每一个具体的人在精神即灵魂意义上应成为自觉而圆满的具体现实的存在。

注释

①苗力田、李毓章主编《西方哲学史新编》，北京：人民出版社，1990 年第 1 版，第 632 页。

第八章
灵魂的回归

引　言

【提要】理性具体之人统一了世界的普遍意义，其本质就在他的理性具体灵魂中，世界统一性原理最终进展到灵魂的具体意义。科学理性时代占支配地位的战斗的唯物主义和无神论不是依靠科学破除迷信，不是把几千年传统的灵魂唯象认识转变为科学认识，而是简单粗暴地把一切灵魂认识当成幻象和欺骗。没有理性灵魂自觉的文化社会退化为自然社会，新兴资产阶级以科学理性为基础理论建立的近现代文明史又是丛林法则支配的野蛮史，人就失去理性无限的自觉意义。人的目的就是人本身，本质就是人的理性灵魂本身。灵魂回归理性具体之人就是回归经验，回归科学，回归理性智慧，这是世界统一性原理的最高意义。

一、灵魂是从原始社会就伴随着人类成长的概念，古希腊自然哲学创生后，早期的自然哲学家们总要从自己的世界万物本原出发去解释灵魂，足见灵魂之于人认识自己的重大意义。亚里士多德在《论灵魂》中把灵魂理解为生命的本质，认为躯体只是生命的潜在，灵魂才使生命获得现实性。其最深刻的智慧在于他把灵魂从植物营养灵魂到动物运动灵魂再到人的理性灵魂的低级到高级进展中统一起来，高级灵魂包括了低级灵魂的作用，但低级灵魂不具备高级灵魂的作用。亚里士多德的灵魂统一学说已经超越了生命范畴，人的理性灵魂是文化灵魂，它统一了生命进化又超越了进化的意义，理性灵魂使人本质上异于禽兽而走出了纯粹生命自然界，万物之灵的根据在于人超越了万物自然灵魂的文化理性灵魂。

二、在本体论以唯物论为主导的文化基础上，亚里士多德的抽象灵魂学说和传统的独立灵魂常识不相容，统一不了经验常识的纯抽象灵魂学说只具有神秘生命活力论而被历史尘封。把灵魂常识统一起来的文化是信仰，其最普遍形式是宗教信仰。人类的精神统一性首先是由信仰建立起来的，信仰的主观性使其信的根据不是理性自觉而是因信而信，成为迷信，最终导致其异化。人类文化中达到理性一元神普遍意义去统一人的灵魂意义的是基督教信仰，但其迷信本性使之在罗马帝国时代取得支配地位后走到反面，由灵魂的统一异化为对灵魂的奴役。上帝不再是回归每一个基督教徒灵魂的理性一元神的普遍统一性意义，而是在具体灵魂之外最高的人格神，它制造并决定每一个灵魂的最终命运，地狱、天堂、赎罪、灵魂先定的信仰学说从根本上剥夺了人的一切自由，从而使得欧洲中世纪千年宗教统治。

三、近代文艺复兴运动开始，新兴资产阶级在科学革命和理性启蒙运动中，以科学和理性为武器推翻封建宗教统治，但最终又把中世纪神权借灵魂奴役统治归因于灵魂本身，最终无神论取得了统治地位，人把自己当成机器，社会达尔文主义把人当成狼，资本主义是人物化异化文化。人把自己当成狼人也不是狼，科学理性无神论是科学和信仰二元分裂文化，西方文化在现实中是真理文化和上帝文化共存的。近现代西方资本主义依靠知识和科技的力量把人类导向全球化，上帝在人之外统治支配人的文化本质决定了资本主义是依靠殖民化导向全球化的，是用征服和统治建立人类共同体的。人类理性精神文化还是不共同的，全球化时代是人类本质普遍异化的时代，资本主义二元分裂文化的现实是人类社会的冲突、人和自然不协调，无可避免把文明史导向全面而基本的危机。

四、灵魂是生命的本质，它本质上就只能从抽象意义去理解。生物区别于非生物在于它以自身内在目的性为根据的对外部环境的最优选择性生存，构成了生老病死的连续不可逆的统一过程，支配生命选择性的抽象意义结构就是生命的灵魂，它才是生命选择性的根据，才使复杂生命物质结构在合生命内在目的性的现实生存选择中表现出活力，成为现实的生命。生命复杂性进化现实上是选择环境能力的进展，本质上是灵魂的进化，其中突破性进展是动物界进化出专司思维的脑组织，使灵魂进展到有意识灵魂。人的理性灵魂不是自然进化的产物，人先天而来的也只有自然感性认识，人的理性普遍文化认识是出生后在后天学习和创造中构建起来的。理性精神文化的社会历史普遍性和后天经验性决定了它是无限的，人的文化选择生存方式也是无限的，人的主体选择性的无限性使人本质上区别于只是有限主体选择性的动物，成为万物之灵。人的理性灵魂由后天经验构建决定了它的普遍而无限的意义，决定了文明史无限而统一的不可逆进程。

五、思考灵魂的突破在于把亚里士多德的抽象生命灵魂说和柏拉图的独立具体灵魂说统一起来，由灵魂形而上学意义去统一常识和经验。以能量一元论宇宙观为基础，结合现代通信技术和电脑科技，就会明白灵魂抽象意义运动不是脑细胞物质结构运动实现的，而是在实体结构稳定条件下由大脑的场、波结构运动构成的，抽象意义思维认识的直接具体载体是能量子客体。在大脑失去稳定结构时能量子载体以相对稳定结构逸出物质大脑产生了具体独立的灵魂，具有第六感认识能力的人感知的是灵魂的具体载体，不是灵魂的抽象意义。柏拉图的独立灵魂是能被第六感感知的具体现象，亚里士多德的抽象灵魂是不能感知的本质即意义，两者是本质和现象相统一的。独立灵魂只对有意识灵魂有意义，灵魂的本质作用及构建只能从现实生命本身去理解。独立灵魂的现实意义是以之为中介把不同的有意识生命联结起来，使人生超越今生今世有限意义而进展到无限。

六、现象和本质、具体和抽象相分离使人类文化对灵魂的认识止于唯象理论，这是进入科学理性时代人类抛弃灵魂自觉的重要原因，非主流文化流传的灵魂意识基本上是无可奈何的迷信。理性精神文化是人的普遍本质，理性才使人异于禽兽，而普遍抽象的社会历史文化只有内化为每个人的文化意识才获得现实性，即理性普遍精神文化的现实性在每个文明人的具体理性灵魂中。人认识自己的本质意义归根结底是自觉理性的灵魂，把对灵魂的无知和迷信变成理性自觉才能觉悟到人的本质，才有理性自觉的人生。通达理性依靠科学知识为根据，计算机是科学，则灵魂的认识也可以建立客观科学认识。人脑比电脑复杂，科学才能把复杂化为简单普适的普遍知识，开放的科学才是不断揭秘灵魂的有效手段，科学认识灵魂才是真正的破除迷信。以普遍客观知识去统一关于灵魂的经验，人类理性自觉理性才是现实可能的。

从客体世界的统一性上升到以精神文化为本质的主客体相统一的最普遍意义世界，在社会历史普遍意义上是回到以文明为最普遍元价值的意义世界，在具体个人现实存在意义上是回归到理性灵魂为本质的理性具体存在。在这种意义上，个人才是肉体和理性灵魂相统一的具体存在，在社会历史一般意义上的精神文化的最终现实意义，就在具体个人的灵魂本质中。人的本质的发展、精神文化的发展的现实意义就是人的理性灵魂不断的净化和发展。

在人类认识史上，灵魂经历了从天堂到地狱的悲惨命运，人类文化发展是一个不断去灵魂化的过程。灵魂的认识是人类从原始思维带进文明史的最重大的精神财富，但五千年文化文明史却在科学理性充分发展了的知识时代成为一个有普遍精神文化却无具体灵魂的毫无逻辑的意义世界，没有具体灵魂就没有普遍意义是不证自明的逻辑。人类进入轴心期建立精神统一性哲学就进入去灵魂化的文化进程。自然哲学家用自己认定的物质本原去解释灵魂是把肉体当成火柴盒，把灵魂当成装在盒中的感性具体的火柴棍，用感性具体之物去限定灵魂是画虎不成反类犬，把灵魂当成人身体中的特定物质是维护了物质一元论的最普遍性而从本质上否定了灵魂存在，讲灵魂其实是在否定灵魂。进展到本质存在论的唯心论哲学是回归精神本质的重大契机，但唯心论祖师柏拉图虽然从抽象意义本性去思考灵魂，可糟就糟在柏拉图的唯心论是形式至上因而是有抽象无具体的抽象理性，止于抽象的抽象没进展到抽象的具体合逻辑地是有普遍精神无具体灵魂意义的。柏拉图的抽象形式以不可理喻的“抽象实体”成为具体，由之得出的灵魂就不是和生命统一性存在的具体意义，而是独立于生命从而四处游荡的具体且不死的幽灵。这种抽象实体灵魂观是中世纪宗教统治借上帝对灵魂的统治实现对人统治的文化基础，上帝成为灵魂产品的生产者，灵魂就外在于人而成了上帝的意义，对人的现实生存而言，上帝灵魂统治文化是人彻底去灵魂化的文化。因此，近代革命和启蒙运动彻底摆脱宗教统治时，上帝被逐出人间时，人就连上帝统治的外在的灵魂也没有了，人类文化终于从逻辑到感性世界完成了去灵魂化的使命，十八世纪启蒙思想家终于在彻底的唯物主义和战斗的无神论中宣告：人就是机器。

要通达具体现实性意义的灵魂认识需要感性、知性、理性统一性的具体理性思维，只靠感性具体为基础是无法有根据地思考灵魂的，这是横在人类文化面前的一道坎。两千多年前亚里士多德已建立了自圆其说的生命灵魂学说，他关于灵魂是生命本质，肉体是生命的潜在，灵魂才使生命从潜在成为现实的精辟的抽象统一性归纳尽管完美而自足，但和传统的灵魂感性认识不相容，又没有任何普遍知识为根据，再完美也没现实意义，最高价值也就神秘活力论而已。人既是万物之灵就不能自认为行尸走肉，人类理性地认识自己就必须达到理性的具体，在本质上看，普遍抽象的精神文化的具体意义就在于每一个文明人的灵魂中，理性灵魂才使人成为理性的存在。因此，世界统一性原理的思考不能去灵魂化，而是最终回归灵魂去认识人的理性的具体意义。

灵魂本质上是意义，包括意义认识于自身，在低级生命中是自然意识，在文化为本质的生命中，是普遍理性意识。客体世界复杂性演化是结构复杂化，是在必然性规律支配下的复杂性有序演化；主体灵魂的抽象意义从简单到复杂的发展同样是结构的复杂化，是抽象意义结构的复杂性有序化，是在有序中把复杂性归纳为普遍统一而简约普适的意义。人的具体灵魂构建认识意义结构的过程在原则上重构人类普遍文化结构发展过程，使文明史中每个现实之人从生物人成长为具有理性灵魂的具体存在，使每个具体生命建立了普遍人类社会历史文化的本质意义，成为世界中最复杂最高级的具体存在。意义的产生、起源、结构是认识论和逻辑学的具体问题，也是思维科学的研究课题，思维、认识在个体心理学上的研究其实就是灵魂的研究，只是人们抛弃了灵魂保留了精神，使之成为具体的抽象罢了。对于意义结构的低级认识的成功理论，不是在人的思维认识意义研究之中，而在物的意义结构，即电脑的语言和逻辑结构之中。电子计算机的算法语言就是比人的语言低一个层次的特定语言，它的本质就是建立符号结构来陈述意义结构。不同的符号结构就是不同的意义，结构的逻辑规则就是建立普遍性意义的思维规则。电脑的意义是人造的“灵魂”，是人的灵魂的模拟和抽象，人的灵魂是具有文化知识和理性统一性意义结构的灵魂。电脑可以智能，但无智慧，它是“唯一理性”的，是演绎的不是归纳的，它只保证知识演绎时的逻辑性，从而具备普遍性，但无法提供演绎前提之外的新内容，电脑不提供新知识，没有创造性。如果相信知识来自归纳，就应该相信，电脑所具备的意义结构本质上不同于人的高级灵魂，不要有机器人统治人类的庸人之忧，电脑和人脑的区别不是度，而是质，两者本质不同，电脑没有灵魂，没有创造性思维。

抽象的灵魂意义只有在和具体的客体的统一之中才成为现实存在的意义，才摆脱纯粹普遍抽象而成为最普遍的具体抽象。意义之为意义，灵魂之为灵魂存在的现实性，不在普遍精神意义之中，而在抽象返回具体的统一之中，在肉体和灵魂的统一之中。生命的产生就是灵魂的产生，生命的进化本质上是灵魂的进化。人类走出自然界本质上是超越了自然灵魂，具备了人类理性灵魂。意义世界的统一性发展过程不是抽象的，而是在现实统一性上的，总是在肉体和灵魂相统一的意义上的。电脑的逻辑语言，算法语言，总是要依托硬件去实现。电脑软件的语言、逻辑、算法、程序、意义和装载它的硬盘，软件和启动它运动的电脑硬件是本质不同的。硬件是电脑的“血肉之躯”，电脑硬体损坏了，软件就无法运行。按照最一般的经验及知识，生命是灵魂和肉体的统一，灵魂是生命的本质，生命死亡本质上是灵魂消亡，肉体生命结束，灵魂也随之结束。在物质客体是最普遍本原的理论基础上，亚里士多德在两千多年前就把肉体看作生命的潜在，把灵魂看作生命的现实，这已经是最精辟的概括，据此也不会存在所谓灵魂不死问题。但灵魂不死是一个相当古老的命题，关于灵魂最古老观念显然是以灵魂不死为基础的。所谓死亡，对于原始人而言只是肉体的消失，但灵魂并不随肉体死亡而消失。基于图腾崇拜和相信神灵支配现实生存的原始人认为，看不见的灵魂存在构成了一个多神的世界。神的基础是灵，人类神的意义是建立在灵魂不死的信念之上的。毕达哥拉斯学派创造了灵魂轮回学说，各种宗教统治都以灵魂不死为理论基础。科学破除了灵魂迷信，无神论本质上是否定灵魂不死的理论，但为什么灵魂不死的观念如此古老而又顽固呢？它的产生难道只是幻觉和欺骗？它的深刻的原因在于用“人死如灯灭”去解释灵魂并不能合理而满意地解释人的世界的一切经验现象，灵魂的理解来自经验而不是幻觉。我们的生存经验有灵魂问题，但又无法合理解释之。用人生命死亡，灵魂随之死亡的观点，并不能解释人的世界的一些神秘现象和灵异事件，这才是宗教可以利用灵魂来统治人的现实基础。真正的原因是我们对灵魂有经验无知识，知之甚少。今天人类对世界所知，也只是“初级阶段”，更不要说是远古时期和亚里士多德所处的时代了。人类近代以来自我感觉特别良好，总是对即将接近“科学认识尾声”之信心百倍，觉得对世界万事万物的科学认识已经大概可能差不多了。其实，从能量一元论看，生命复杂结构死亡，灵魂必定不再存在的不证自明的结论不再成立。一个生命的灵魂意义结构是建立在具体结构基础上的，肉体是生命灵魂载体，硬件及软件内存材料是计算机软件意义即电脑灵魂的载体，但更为直接的意义结构是由能量的能级来构成的，在电脑中是0、1电位，在人脑中同样是脑细胞的电位结构。在一般意义上，肉体是灵魂的基础，是灵魂成为具体抽象的先决条件。在更具体的意义上，承载意义结构的是生命或电脑中的电位或能量结构。于是在生命物质结构的时间性结构终结的时候，物质结构失去了它的时间性运动，从而失去了对抽象灵魂的承载能力时，并不确定性地决定了灵魂的消失和解体。抽象灵魂不能离开客体成为独立具体存在，但并不等于灵魂不能离开生命肉体或物质客体成为独立具体存在，肉体死亡和灵魂解体就不再是同一件事的两个方面。因为在通信技术中，在能量世界中，人类有目的地建立起来的意义信息结构，已经可以完全离开产生意义结构的机器，在能量独立结构中建立并保持着抽象的意义，并能离开物质机器而在空间成为独立具体的存在，这就是我们所说的无线通信信号。当灵魂的抽象意义能在能量信号结构中保持其具体存在时，灵魂解体就和肉体生命死亡不再画等号。至于究竟人的灵魂的意义结构在生命死亡之际能否和脑的能量子信号保持着统一性的具体存在是要由科学来回答的课题。如果灵魂能最终成为和能量子信号保持着相统一的独立存在，在离开肉体后获得独立具体的存在，则它如何运动变化，有什么作用又是另一个问题。这些奥秘才是人类的尖端命题，才是人“认识你自己”的远道重任。

我们迄今为止关于灵魂的认识都是唯象意义上的，是对生活经验中的灵魂现象虚拟对象客体，而从整体功能去解释的。但灵魂唯象理论比中医传统文化的唯象理论要幼稚一百倍却又复杂一百倍，因为灵魂的经验比生命肉体为主要对象的生命经验要神秘和难以理解得多，其主观成分也强得多。由于几千年来为某些人的利用，以及由于无知的迷信，人类关于灵魂的一些零碎认识，其实很难成为知识，反而产生了少数人恶意利用灵魂的欺骗去牟取私利的社会现象，宗教统治只是这种以骗谋私的极端状况罢了。为什么人类不能得出对灵魂的理性意义的理解呢？为什么灵魂如此神秘呢？最重要的原因在于灵魂是宇宙中最高复杂性结构现象，但对之的认识恰恰缺乏科学知性客观知识作为基础，灵魂对人类就永远是神秘的，从神秘主观的唯象认识中无法建立起理性统一性的灵魂意义理解。而为什么没有关于灵魂客观知识的科学呢？人类关于抽象形式的知识主要是逻辑意义的，还不是具体经验归纳意义的。包括心理学、思维科学的严谨、客观科学真理认识所知不多，也很少达到科学客观普遍有效性的水平，并且科学是拒斥灵魂作为对象的。另一方面，灵魂直接具体的统一性，即能量的能位结构和意义结构的统一性，从来就没有进入科学的视野。在质点抽象世界中，关于具体灵魂统一性存在的认识对象都不可能建立起来，又何来对灵魂的科学认识！何来对灵魂理性统一意义的理解！

我们不能让灵魂永远存在于原始崇拜的神秘之中，更不能把灵魂斥为纯粹虚无。人是世界统一性的最高存在，人成为自觉理性统一性存在是人的灵魂对自己作为文化文明存在意义的高度自觉，人类向文明的迈进需要自由自觉即自由和必然相统一，这就必须回归到灵魂的最高理性统一性意义。没有灵魂觉悟的存在，根本就不是理性自觉的存在，根本不配称万物之灵。人类理性没诞生之时，在感性认识灵魂中只知具体个相，没有普遍共相。可进入理性灵魂后，几千年文明史发展成果却是理性灵魂对灵魂存在的自我抛弃和否定，竟然产生了一个只有共相精神无个相灵魂的畸形意义世界。世界统一性原理把人“认识你自己”推到认识自己具体的理性统一性灵魂的境界，让每一个在统一性世界中理解自己存在意义的人成为自觉追求自由本质的文明的灵魂，在理性统一性的觉悟中理解人存在的价值和意义。

第一节　灵魂的命运

一、灵魂的进化和文化

思考灵魂以本体论意义的存在为前提。灵魂是否存在是一个不成问题的问题，真正的问题是灵魂是什么样的存在？在什么条件下存在？在什么条件下不存在？它是本质上如何、现象中如何、运动变化中如何的存在？遗憾的是，人类从近代科学革命以来，用科学理性反对封建和宗教神学统治取得决定性胜利的同时否定了灵魂的存在，灵魂被认为只是虚幻中的存在，其实是不存在，甚至灵魂概念已经成为科学时代的忌讳，退出人类文化的大雅之堂。灵魂的命运是它自己酿的苦酒自己干杯，对灵魂的认识就是人类的灵魂本身，人类否认灵魂的存在是人类灵魂的自戕行为。正是基于对灵魂的这种理解，世界统一性原理把灵魂的认识论和灵魂的存在论视为直接同一意义，对灵魂的认识本身直接就是理性灵魂的存在，故可以直接在存在意义上思考灵魂问题。

在发生学意义上，灵魂的产生是逻辑的起点。历史上曾经有过灵魂不死不灭永恒轮回中存在的观点，这就取消了灵魂产生问题。不死不灭的东西是不能产生的，人类讲的灵魂一般意义大都指向人的存在本身，但最朴素原始的灵魂观是万物有灵，世界是一个物和灵相对应的统一世界。按照世界统一性原理，不生不灭的只是能量，其他一切都是能量运动、转化、结构复杂性演化中产生的。灵魂不是能量子，不是光、电、磁波，灵魂就有发生学意义上的产生问题。在最普遍的能量世界中，没有灵魂问题。由能量世界复杂性演化出的相对性的物质空间世界有灵魂普遍问题吗？没有。大多数的物体是没有灵性的，灵魂不是物质客体的普遍属性。灵魂问题产生在特定的生命物质之中，具有灵性的是生命，灵魂的意识源于我们在最直接感性意义上对区分有生命和无生命存在的感悟，因此灵魂的起源在生命世界之中，生灵的朴素常识基于对灵魂是生命和非生命本质区别的经验感悟。灵魂是生命和非生命存在的本质区别，活生生的生命没有了灵魂就被称为行尸走肉，失去了生命的本质，因此从灵魂去思考生命具有本质的深刻意义。必须指出，灵魂之于生命世界具有普遍本质意义，不是生命世界中产生了灵魂这样一种特殊的生命，而是所有的生命本身都具有灵魂。灵魂的产生和生命的产生具有同时性意义，但灵魂和生命却具有不同的意义，这和原子的结构本质和分子结构本质不同意义是同一逻辑的，灵魂是生命的结构，是生命构成本身。生命的起源产生了死亡问题，即生命是由生和死去界定其具体存在的时间性存在，在生命起源中同时起源的生命灵魂却不能用生和死的时间性去陈述。在逻辑上，灵魂和生命是不同质的，生命由生到死是统一的时间性理解，灵魂产生之后则没有生命意义上的死亡问题。讨论灵魂不死时“死”所指的并不是生命死亡的意义，灵魂不是独立的生命，说灵魂生命死亡没有意义。所谓“灵魂不死”是非生命意义上的陈述，否则就没有“轮回”了。生命具体存在是时间性即有生有死且死而不能重生的存在，没有轮回可言。

世界统一性原理把生命理解为物质复杂性演化产生的特定时间性复杂精细结构，它按照自身种的 DNA 遗传编码规定性，在对外界环境的选择性生存活动中，展开每一个具体个性独特的结构进化生长的连续不可逆绝对运动过程，在其 DNA 编码规定性和环境选择的统一中决定其生命的具体而唯一的一生；在物种的世代延续中，按照 DNA 编码规定性展开的生命是以物种为单位的连续自然过程，是在物种自身不断适应环境的改变中以及生命物种在自然环境中不断从简单向复杂性进化的过程，这是对生命的种间进化和种内进化相统一的基本理解。生命是复杂性的时间性结构存在，灵魂是生命复杂性结构的本质。躯体是生命复杂结构的实体结构，它只是构成生命的必要条件，它只是物，还不是生命。只有在躯体和灵魂相统一的意义上才有生命，才展现出生命力，才从空间性结构上升为时间性为本质的结构。由此可见，灵魂之于生命的意义是在本质上的，不是基础性的，也不是特定的，而是普遍必然性的。没有灵魂就没有现实的生命，只有潜在的生命。

更进一步考察，灵魂是如何使生命具有生命力，从而和无生命之物产生了本质的区别呢？有生命力和无生命力的区别在于是否具有按生命的物种规定性，在时间中展开并在环境适应性的能量物质交换中，实现自身结构按 DNA 预定的方向发展。生命的潜在可能性在自身的种的规定性之中，限定性条件在它们所处的环境之中，它的现实是种的规定性和环境的统一。在种的规定性相对稳定的前提下，生命就表现为自然选择为主要支配其现实的过程。生命的选择性生存和非生命对环境的纯粹相互作用有本质区别，客体之间讲相互作用，生命讲自然选择，本质上是自然生命对外部自然环境的选择，只不过生命物种本质规定性以不变应万变，生命的外部环境因时因地而变，生命对环境的选择作用在现象上表现为自然选择作用，本质上是生命基于对环境的选择来实现现实生存。为什么说生命与环境的关系本质上是生命选择呢？因为生命和环境相互作用的法则是由生命先验地规定的，它适应环境改变只是在特定的范围中波动，而环境之为环境却是随机的，在适应环境意义上是自然选择，在适应环境去满足生存意义上却是生命选择，它本质上是选择最优环境去实现生存的存在。选择力就是适应环境的能力，是生命和非生命的本质区别，生命的本质就在于对环境的选择性生存机制之中。生命通过自身特定的组织机制，实现对环境的选择。这种组织机制从简单到复杂的不断进化增强了生命物种对环境选择能力，构成了生命世界的大进化过程。最简单的生命都具备了感官，根据感官对环境的感觉信息去决定自己的行为，实现对环境的选择。没有思维意识的细菌，会根据环境刺激的感知信息，决定向最适合生存的方向游动；植物会根据感官对环境的感知，使叶片向阳，根系向滋润方向生长；植物的叶片，通过其特有的结构，对适合自己生长频率的光量子吸收产生光合作用，对其余的则主要反射。生命世界进化出具有思维器官的有脑生命后，生命对环境的选择已进化为感觉、认识、选择行动的三元高级选择模式，大大地增强了生命选择适应环境的能力。很多动物已经在食物链中非常狭窄的区间生存，这是生命选择环境能力增强的结果，也是生命进化中本质的进展。

在对生命选择性生存的生命力考察中，可以归纳为生命最普遍的选择行为是建立在对环境的信息感知、判断基础上实现行为选择的统一过程，构成生命之为生命的生存选择本质是基于信息意义的选择，这就是生命灵魂的奥秘所在，才是生命和非生命的本质区别。没有生存选择就没有生命，生命选择的基础是信息意义的构建及其记忆、贮存、作用机制，选择的本质是基于生命自身构建的抽象信息意义的形式本身。灵魂是生命的本质，是它基于感官感性基础上的信息处理机制即决定生命选择性生存活动的抽象意义结构形式。生命的本质不在它的实体结构中，在于实体结构为基础而形成的信息意义的抽象结构中。仅实体不能判断其是否生命，实体没有生命的本质就不是生命。只有实体结构和意义结构的统一，肉体和灵魂的统一，才有现实具体生命，灵魂是生命的本质，是生命之为生命的充足理由。尽管灵魂是抽象的，必须建立在生命物质结构基础上，但只有具有灵魂为本质，具备选择环境适应生存的生命力，生命才从潜在成为现实。灵魂不是生命本身，但却是一切生命的普遍抽象本质，现实的生命是灵魂和肉体的统一。灵魂是一个具体生命中和内容相统一的对环境信息的抽象意义形式结构，它决定了一个物质结构成为在和环境能量、物质、信息有序选择性交换中展开自身种的规定性为现实生长过程的时间性结构。灵魂使生命获得生命力，从潜在成为现实，从空间性存在进化为绝对运动着的时间性存在。正是灵魂使生命世界成为超越有机的，成为有灵的。有机指复杂化学结构的有机物，是生命基础物质，但不是生命本质，更不是生命存在本身。生命本质是灵魂，生命是灵魂和肉体的统一，不能还原为无意义选择的机械客体的相互作用去理解，不能把生命选择退化为相互作用去理解。朴素地说，一个人对外界环境失去感知、判断、选择时变成行尸走肉，对环境信息感知混乱判断失据选择失当是精神错乱，对现实环境感知麻木反应迟钝是魂不守舍。这里的所谓行尸、精神、魂所指向的正是人们从经验中感悟的生命之为生命，生命不同于物的灵魂及其对应意义。生命灵魂使生命物质具有了活力，使生命成为在过程中绝对运动的存在，生命的存在论更具体陈述就是生存论，存在和过程的统一决定了生命的时间性本质，即时间性对生命而言具有存在论之意义。

古希腊圣哲亚里士多德已经对生命灵魂本质得出深刻的统一性归纳，他认为肉体是生命的潜在，灵魂才是生命的本质，是灵魂和肉体的统一使肉体从潜在展开为现实生命。他还从灵魂本质对生命世界作了精辟的统一性归纳，认为植物是最低级的营养灵魂，动物生命则有较高级的感觉灵魂，人类则具有最高级的理性灵魂。亚里士多德的最深刻之处在于把生命以及生命的普遍灵魂本质理解为统一性的。“他认为，不同等级的灵魂，其作用也不同，较高级的灵魂包含有较低级的灵魂的作用，但较高级灵魂的作用不能归结为低级灵魂的作用，低级灵魂则不具有高级灵魂的作用。”②为什么说亚里士多德的生命灵魂说的最深刻智慧在于统一性呢？在此之前，人类对灵魂经验的思考始终限于感性具体之物，没有达到理性统一性智慧。从泰勒斯开始的古希腊哲学家们几乎都要讨论灵魂，但基本上都把灵魂当作具体之物的存在，而不是具体统一性生命中的抽象本质存在。就像牛顿把光子解释为太小物质微粒一样，德谟克利特把灵魂解释为精细原子，灵魂就是生命物质中的一种特殊物质，生命就是肉体物质和灵魂物质组成的物质统一性结构而已。但逻辑上无法区分生命物质和灵魂物质。按物质为本原的物质一元论，所谓精细原子构成灵魂是和物质一元论矛盾的，又陷入物质原子和精细原子的二元论。毕达哥拉斯的数目的和谐，柏拉图的在肉体之外独立不死的灵魂也都赋予了灵魂独立于肉体的具体存在之意义。只有在亚里士多德的生命灵魂统一学说中，灵魂才在本质上成为生命的普遍抽象本质，它在生命的具体统一性存在中才成为具体现实存在的灵魂。

亚里士多德的生命灵魂说并没有得到后人的认同和继承，在纯粹抽象意义上的灵魂和感性经验不协调，它就成为神秘生命活力论。中世纪宗教哲学的灵魂学说显然是抛弃了亚里士多德的生命灵魂统一理论的。近代科学革命胜利成果之一是科学战胜迷信，灵魂也被当作纯粹迷信而被逐出了人类知识的殿堂，人类更乐于在物质结构还原的统一性意义下，把世界理解为机械相互作用般的决定论世界，比机械更复杂的有机生命世界就成为物质世界中谜一样的存在。今天，著名的进化生物学家断言生命和物质没有本质区别；生命科学教程坦言至今还没有建立起生命的统一定义。在一个没有灵魂的物质世界中无法概括出生命最普遍统一概念是合理的，能用物质规定性去概括生命的本质才是不可能的。达尔文进化论是关于生命世界统一性的普遍归纳，但它远不是最普遍的本质归纳，只有经验归纳的现象意义。对达尔文进化论产生了越来越多的争议，比如生物分子进化中性理论和自然选择进化学说即使不被理解为是矛盾的，至少是无相关性的。达尔文进化论当然是人类认识生命世界乃至整个世界的卓越发现和归纳，但问题在于它还只是现象观察基础上的宏观进化现象归纳，不是生命本质进化归纳，还不能称得上最普遍的生命世界统一性理论。灵魂是生命的本质，生命的进化和生命世界的统一性本质上是灵魂进化中的统一，生命灵魂进化的统一性理论才是生命世界最普遍的统一性理论，才是生命世界统一性理论的基础理论。生命物种从简单向复杂结构进化现象的本质是生命灵魂的进化，是亚里士多德关于低级营养灵魂到高级运动灵魂再到理性灵魂的进化。具体地说，是在生命进化中，以生命物质结构为基础，进化出更加复杂的信息意义结构，不断增强对环境的选择性适应力，从而产生出更能适应多样性环境的更高级生命物种的过程。如果说，基于信息意义的选择作用是生命和非生命物质相互作用的本质区别，是生命活力的现实，则生命的信息意义结构就是生命力本身，生命的本质，生命的灵魂。生命进化的本质是灵魂即生命力的进化，现实的生命物种进化的本质就不在于生命物质结构的复杂性演化，而在以之为基础的信息意义结构及选择性生存机制之中。动物比植物具有更强的环境适应能力，具有文化知识在文化选择意义上生存的理性灵魂之人比无文化的原始人具有更强的选择性适应环境能力。人的自然生命结构比细菌复杂得多，对环境适应能力比细菌要差得多，但人的文化选择发展了环境适应能力，适应了自然生命对环境的苛刻要求，因而能够在对环境的选择性适应中顽强地生存下来，并能不断改善其生存状况。人的知识和理性能力不断发展，本质上就是内容和形式相统一的信息意义结构的发展，其根本意义就是使人在自由和必然相统一的文化选择生存中，越来越能合理而充分地利用环境，实现更好的生存。生命世界的进化，在物种宏观结构复杂性意义上是现象归纳，在灵魂即生命信息意义结构及生命选择机制意义上才是本质的进化。在灵魂本质意义上，植物的刺激—反应被动选择环境机制，动物在感知、认识、行动选择统一机制中的主动选择环境机制，再到人依靠文化知识在自由和必然相统一生存中能动的文化选择机制，这才是不同本质的生命界别的根据，仅从宏观实体形态和结构是难以做出合理的判断的。据此，也可以合理理解亚里士多德生命灵魂学说的意义，植物具有低级灵魂，动物具有高级灵魂，人的理性灵魂是最高级灵魂，它包括动物运动灵魂和植物营养灵魂于其中，以其为理性统一性灵魂的基础。从生命灵魂本质统一性的观点看，人才和猴子和猿才有了本质的区别，人在灵魂进化统一性意义上才有根据地居于生命世界进化链最顶端，在灵魂本质意义上人才是地地道道的万物之灵，即人的理性灵魂超越了其他一切生命同时又包含了一切生命灵魂意义，是最高意义的认知结构，人就成为生命世界进化宝塔极顶的生命存在，成为意义世界最普遍意义的存在。

人的具体现实存在首先是在生物进化链上的自然存在，人的灵魂首先是生物进化意义上的，是包括营养和运动这些最基本的自然灵魂抽象形式的。在客体世界中，人是自然界进化产生的自然生命物种之一，人的肉体和灵魂首先都是自然进化的杰作，天造地设之硕果。在肉体意义上，人相对于其他物种没有天然的优越性，只是天地万物之一；在灵魂意义上，人才超越了一切其他物种，成为万物之灵。在文化意义世界中，人的理性灵魂的抽象意义认识才超越了无意识灵魂和自然意识灵魂，成为超越了自然本质的文化世界的存在，进入了超越个体感性意识而具有普遍意义认识的最普遍意义世界，人就成为来自自然，既是自然又在本质上超越了自然的万物之灵。这正是两千多年前亚里士多德对生命灵魂本质的统一性归纳令人拍案叫绝之处。在普遍意义世界中，文化包括了进化，超越了进化，理性灵魂是进化和文化的统一，本质是文化的，人是理性本质的存在也即普遍文化本质的存在，现实的人是文化和自然相统一的存在，即理性灵魂和感性肉体相统一的存在。人的理性灵魂超越自然进化的根据在于，人的意义结构不再直接依赖于生命实体结构和DNA遗传编码的先天自然存在的支配，而是在此基础上形成相对独立的普遍知识及理性意义结构。人的普遍意义结构不再是先验的，而是后天经验的，由此决定了自然意识灵魂意义结构由先天自然支配，其现实生存本质上是遗传决定即世代重复的；人的理性灵魂意义结构则由后天文化支配，其生存本质是文化的，由此摆脱了先天遗传的支配作用，成为在文化发展中不断发展的历史性存在。进化和文化的本质区别在于，进化的灵魂是自然生命规定性先天地支配着的信息意义认知，文化的灵魂是后天文化习得和现实经验总结创造中构建着的，是非世代单纯重复意义上的发展性信息意义认知。文化的后天经验性决定了人的社会的历史性，决定了具体个体意义认识和类普遍意义认识的统一性，包含了类普遍知识于其中的文明人的认识是感性个体认识、普遍抽象知识相统一的认识，文明人的灵魂就一定是理性的具体灵魂。人的理性具体灵魂的构建是在知性普遍知识和理性统一性意义上的意义构建及相应的贮存、承载、创造的永恒的统一性过程，人的学习、思考、感悟、陶冶即所谓塑造美的心灵就是现实的理性灵魂构建，传授知识启迪智慧的老师就被崇为人类灵魂的工程师。

由此看来，灵魂虽然抽象但一点也不神秘，没有理性灵魂就没有普遍抽象的人类文化世界。人开始具有反思自我的意识标志着人开始从万物之中独立出来，标志着人类从自然存在向文化和自然相统一的存在的进展，在信息认识意义上是从认识对具体认识主体不可分割的绝对依赖性中解放出来，建立了普遍、客观的意义认识。更进一步看，人的灵魂本质就是具体理性认识，对灵魂的认识是理性认识返回自身，认识自身，是自觉的理性，灵魂的认识是抽象的抽象。但是，灵魂如果认识一切唯独不认识自身，人就永远不认识自己的本质，也谈不上认识人自己，就不可能成为完美、自觉的理性存在，就不是地道的万物之灵。近代历史是人类追求主体性和自由本质不断发展的历史，但却在其过程中放弃了灵魂的解放追求，停留在普遍抽象的精神之中，没有回归灵魂的具体理性意义，结果是无法统一性地理解人的自由和主体创造本质，成为主客体不协调甚至自相矛盾的存在。人的高级灵魂是文化构建中生成和发展着的，人的本质就是文化的。文化是由知性普遍知识和理性具体统一性意义构建起来的，由文化构建的灵魂就是理性灵魂，它就是人走出自然界而异于禽兽的本质，是文化和进化的区别和统一所在。当今人类背弃了自己的灵魂却无处无谈抽象精神和文化，离开了自觉理性而永无知道文化的本质，精神没自觉回归具体，使人类文化文明发生异化，具体而言就是人的理性灵魂的异化了。

二、理性灵魂的异化

按照亚里士多德的生命灵魂统一理论，灵魂是具体生命的抽象本质，不是具体独立的存在。但人类对灵魂的认识却长期停留在灵魂是独立客体存在的认识中，把人的灵魂理解为具体生命中的生命具体存在。人的灵魂从自然进化进入社会历史文化阶段后，理性灵魂并不自觉返回自身，没有从灵魂和肉体的统一意义去理解生命，没有把理性灵魂理解为生命本质的文化意义结构即人类普遍认识自身，而是在相当长的历史阶段中，把灵魂理解为独立且不死的幽灵，后来形成灵魂迷信并被宗教统治利用，导致人灵魂的异化。灵魂独立不死是一个极为复杂的命题，三言两语讲不清，灵魂迷信和被宗教统治利用产生异化现象是深刻、复杂而现实的问题。灵魂异化在人的精神史中具有重要地位，不能离开历史和现实去抽象地讨论灵魂问题。为了讨论简便，在此先搁置灵魂独立不死命题，在人的理性抽象本质意义去讨论灵魂的异化。

人类对灵魂的认识既然从独立具体存在开始，那就和一切自然客体认识一样，只能从感性经验开始，从现实生存经验中产生。人类对灵魂认识先于普遍文化认识，原始人的图腾崇拜就是证据。原始人的自然灵魂认识是什么是很难考证的命题，永远不会有客观答案，因为纯粹感性自然认识内在于具体生命之中，我们无法得知原始人对灵魂的自然意义理解，所能做的只是基于对动物感性认识意义上的一般性归纳。人类从自然灵魂进展到文化灵魂经历了漫长的过渡阶段，从开始利用客体符号去承载抽象意义的文化萌芽到人类成长为具有普遍文化知识作为存在本质的漫长过渡期中，意义的符号客体及普遍意义结构的萌芽、发展、传播和完善为我们留下了人从自然到文化演变的轨迹。文化萌芽期留下的客体符号承载的意义主要还是自然意义的，是我们理解人的自然认识的根据，也是理解人从自然到文化演变的依据。从建立图腾崇拜开始，人类就进入把认识意义客体化和普遍化的历史起点。从图腾的意义向前追溯，可以有把握地断定人类蒙昧时期已经形成了独立不死的自然灵魂观。对人类原始史的研究表明，原始人把灵魂理解为真正独立且永恒的存在，肉体生命已经死亡的祖辈们依然以独立灵魂形态存在，并且还和未亡人共同生存，原始人的自然社会被理解为神人共同体，只不过肉体生命存在的大多数人看不见独立灵魂具体存在而已。在原始人观念中，神秘灵魂才是一切现实经验现象的原因。人类文化的源头是灵魂，包括医学知识等的源头都是灵魂意义认识，是在图腾、神话、巫术、卜卦、祈祷等与灵魂有关的意义上逐步分化而发展起来的。在人类文化萌芽期及形成后相当长的历史阶段中，独立不死的具体灵魂观始终是主旋律，古希腊文化已经比较繁荣阶段依然是众神即各种人格神在支配着人神生活共同体。按照一切自然认识从经验开始的一般原则，只要承认图腾、灵魂、忌讳是人类早期普遍存在的自然认识，那就必须承认灵魂的自然认识是基于人类具体生存经验的，不能武断地归因于因心灵无知引致恐惧而产生的幻觉。没有人能给出一种纯粹幻觉竟能如此普遍而悠久的一丁点理由，没有一个谎言能欺骗成千成万年中几乎所有人。

根据眼下古希腊文化遗产去推断，古希腊文化发展到哲学理性的较高级阶段以后的一定时期中，对灵魂的认识依然延续了蒙昧时期的独立不死灵魂观，亚里士多德的抽象本质灵魂学说并没有取得支配地位，证据是亚里士多德生前身后灵魂不死观点始终是西方文化灵魂认识的主流。古希腊文化是多神即人格神占主导地位的文化，有多少种人格就有多少种神灵。神灵的直接意义来源于神秘的灵魂，人格神的意义世界是灵魂独立不死为前提的世界，人之间的战争本质上是神灵的战争。古希腊哲学诞生后，对灵魂认识从独立不死的具体存在转换为抽象统一性本质存在的契机是理性一元神论的产生，巴门尼德的老师克塞诺芬尼的一元神论是哲学本质存在论诞生的“助产婆”。主张理性一元神论的克塞诺芬尼“反对当时流行神话那种蒙昧的神人同形论，主张单一的、非人化的、不动的神，理性上的神，思想上不自相矛盾的神。”[③]巴门尼德用老师一元神论的逻辑，把对世界的统一性认识从客体上升到普遍的主体精神文化意义世界。在精神中达到普遍意义统一性的认识条件下，从克塞诺芬尼的理性一元神论到亚里士多德的生命灵魂统一学说，为理解人的抽象生命灵魂在理性意义上达到具体统一性本质理解开启了希望之路。但历史并没有选择灵魂理性本质理解，没有通达人类普遍抽象精神意义自觉回归理性灵魂的境界，反而走向另一个极端。原因非常复杂，但至少有如下几方面的重要原因：一是传统自然灵魂观的延续作用。原始崇拜和自然灵魂观是原始阶段及人从自然存在向文化本质存在的漫长过渡期中人存在的本质，就是人的现实生存本身，是生命的最高意义。二是从克塞诺芬尼到亚里士多德，神和灵的观点和学说都是纯粹形而上学，是与生存经验基础的传统灵魂观无继承关系的。亚里士多德的生命灵魂统一学说的理论结构是理性的，但学说的内容却仍是抽象而非具体的，只能说是抽象理性，还不是理性具体意义的灵魂学说。在灵魂普遍知识空白的现实条件下，没有知性普遍性知识基础，统一灵魂学说最高境界也就抽象理性而已，很难为大众理解并被普遍接受，大众没有理由用纯粹形而上学抽象理论取代传统生存经验形成的独立不死具体灵魂观。至今，人类仍把亚里士多德的生命统一学说归于神秘活力论。三是亚里士多德的灵魂学说和人的生存经验认识无相关且不协调。灵魂存在及其独立不死的自然认识是经验的，首先是以具体个体自然认识形式产生的，离开生存经验用幻觉、恐惧、欺骗去解释灵魂产生直接否定了一切自然认识来源于直接感性经验的先决条件。时至今日，科学没有证明灵魂存在，这只能说灵魂不一定存在，却不能说灵魂一定不存在，科学只能证明何物存在，不能证明何物不存在。只能说没找到它们的存在证据。人类感性自然认识认为灵魂是具体且不死的存在，科学知性无法否决它。

当灵魂的自然认识和亚里士多德的抽象本质灵魂观不协调时，没有任何普遍知识为根据，抽象理性形而上学去改变人类感性自然认识是不现实的。其实，两千多年前哲学理性统一性理论没有通达最普遍的世界统一性，没有从抽象理性进展到具体理性，即没有统一在主客体相统一的人的现实存在，只能通达普遍抽象精神，根本无法通达理性灵魂的具体存在境界。

科学无法提供对灵魂自然认识的普遍知识归纳，就不可能有灵魂具体理性意义的理解。在这种境况下，人类文明史中灵魂的进一步认识选择了皈依宗教并走向迷信的异化之路。信仰是人类文化不可或缺的组成部分，是人类文化的深层基础，无神论同样是一种信仰。人类信仰的主要形式是宗教信仰，这是从自然生存的图腾崇拜基础上发展而来的，宗教信仰自由是当代文明人类文明元价值的具体意义构成之一。宗教是一种普遍的意义结构，黑格尔将之归为绝对精神，即具有普遍统一性意义的精神，是人类超越种族有限性而进展到普遍人的精神文化认同，由之为根据才有由血缘社会进入普遍统一文明史的重大历史进步。人类普遍而朴素的精神统一性是首先由宗教信仰导向现实的。迄今为止，通达宗教普遍精神的信仰却都还没有达到自觉理性信仰的境界，即不是由科学客观普遍知识为基础的理性统一性，只是基于主观信仰的绝对，只是感性自然认识为基础的有限统一性，不是哲学理性的主客体相统一的绝对。宗教基于信仰的绝对是主观的，是主体的具体的觉和个体的悟去通达的。在人类普遍文化无法为灵魂经验提供客观知识归纳的历史条件下，基本上各民族文化都采用主观宗教信仰的形式去实现灵魂意义的理解。中国本土起源的宗教是道教，它以玄学世界统一性理论为基础，只讲今世天人合一，追求长生甚至不死，在理论上并不涉及独立不死而轮回转世的灵魂问题。这并不代表中国文化没有关于灵魂的信仰，只能说中国文化的宗教信仰根本不是道教的一统天下，道教甚至不占主要地位。在现实生存中，中国文化的宗教信仰以原始图腾崇拜发展而来的祖宗血缘崇拜为主体，吸收了释、道的部分内容而构成的。道教不讲灵魂理论，现实中同样处理神灵问题。人类进入文化文明史已进入普遍文化意义世界，文化进入精神统一的轴心期后，没有宗教信仰的文化是不可思议的，只不过信仰不同罢了。有宗教人士从自身角度出发，认为人和动物的区别是人有宗教，动物没有宗教，这种观点虽然片面，但有一定道理。人类文明史不是肉体进化史，是精神文化史，是灵魂文化史。灵魂在宗教信仰中达到抽象精神的统一，这是人类文明史的重大进步，人类精神统一性首先是在朴素的宗教信仰中通达的。从灵魂文化进程看，人类从图腾崇拜、祖宗崇拜、人格神发展到普遍抽象一元神信仰，进入普遍精神统一性的宗教，应理解为人类文明史的进展，是人类进入精神统一性的标志之一。尽管这远没达到主客体理性统一性的高度，但它对文明史进步的意义不可低估，更不能抹杀。近代革命推翻欧洲上千年宗教统治取得伟大胜利后，不少人把宗教只限于迷信去理解，那是极为片面和肤浅的，把宗教理解为麻醉人心灵的鸦片并没有完整理解宗教的信仰本质和意义。把宗教信仰、宗教迷信和宗教统治看作同一是不合逻辑的，至少尊重宗教信仰自由不应解释为尊重宗教迷信自由。宗教统治本质上是反宗教信仰的，所谓“异教”是宗教统治而非宗教信仰的产物。宗教统一信仰是人类精神走向统一，灵魂进入普遍意义世界的历史进步。耶稣、佛祖这些创立了人类宗教的圣人们已经超越了凡人，率先通达圆满的精神绝对世界，并全力把人类引向这种圆满的境界。人类灵魂在没有普遍知识的有限条件下，在未能达到主客体理性具体认识时，首先在基于主观信仰的宗教信仰中达到主观的绝对精神时，为什么不能理解为文明史的进步即理性灵魂的文化发展呢？

人类进入一元神宗教信仰，人的精神文化普遍本质在具体灵魂存在意义上进入绝对普遍性的境界，这是人的精神本质的一次解放。人类对灵魂的自然认识是人神共存意义上的，文明史早期也只是达到人格神的水平，这标志着人类普遍精神还没有统一，奴隶制和人格神是统一的。古希腊多神文化把人的关系归结为神的关系，把人的战争理解为神的战争。神分正义和邪恶之神，人面对邪恶之神时的现实解决方案是请更强大的正义之神战胜之。这不是抽象的幻想，而是当时人生存的现实境况，如果不是这样理解，那是对当时历史条件下人类生存现实的本质无知。生存现实的一个根据是人必须为神灵付出现实的代价。越向前追溯人类历史，就会发现与神灵打交道的祭司、巫师的地位越高，人为了生存为神付出的代价越大。在生产力低下的时代，一般人为神灵付出的物质代价是高昂的。以绝对精神形态出现的一元神宗教是对原始生存方式和人格神在精神灵魂意义的否定，是人之为人而不是动物的类统一性意识的觉悟，是人在物质和灵魂双层意义的解放。创立宗教信仰的圣人们是不以任何现实物质功利为目的的，也根本不会引导人们去谋利，这为人现实生存的灵魂问题提供了最现实且最经济的解决之道。犹太基督教创立时，它对教徒不是索取的，而是奉献的，它不追求现世功利的教义，在现实中成为对穷苦教众的无私帮助，这是它能在社会底层迅速传播的主要原因之一，也是对那些经营灵魂为生的祭司、巫师利益的重大剥夺，从而根本上改变了人的生存方式。当然，宗教信仰首先要从本质即精神灵魂的意义去认识，它的本质意义是人灵魂的解放，是普遍世界精神的创生，人的灵魂在宗教信仰的绝对普遍精神中通达了更普遍意义世界。这种绝对普遍精神意义可从几个方面去认识。一是使人的意义世界在现实上进展到最普遍抽象的境界。上帝文化成为西方文化基础的重大历史意义之一是提供了最普遍形式结构的认识，这种最普遍形式结构和柏拉图那种纯粹形式的哲学反思不同，它以现实生存经验的内容和形式相统一的方式把最普遍绝对思维导向普世众生，使最普遍的精神形式从哲学家的抽象中返回人世生存的现实世界，在现实世界中建立起最普遍的绝对精神。二是统一性的一元神信仰终结了具体灵魂之间永无休止的战争，把人的抽象精神统一导入现实生存世界。当人的灵魂的目标和意义统一于最高的、超越了具体人格的一元神时，人格神的战争失去了基础和意义，暴力失去了意义，人的多样性具体灵魂在信仰中实现了统一，人超越自然血缘关系并在精神文化关系中建立了现实的统一人类历史。在上帝面前人人平等是在法律面前人人平等、在市场面前人人平等信念的根据，这是把西方文化归结为上帝文化的理由。因此，所有基于绝对精神信仰的宗教本质上都是引导人在对绝对精神追求中向善，在现实中宽容、合作、和平共存的。凡是鼓吹暴力去实现世俗功利的教派不是基于信仰的宗教，只能视为邪教，那是对人类文明的反动，灵魂的污染。三是它把人的灵魂导向更自由的普遍追求，是人类精神世界的解放进程。现实中各种宗教诸多清规戒律束缚人的自由，这是宗教异化而走向反面的历史现象。宗教信仰本质上是在把人的灵魂导向绝对精神世界去获得精神自由的，这为人的灵魂解放提供了更普遍的精神意义“空间”。人的自由本质上是精神自由，因为只有精神本质才是自由的。宗教信仰的境界是个体的具体之人对信仰意义自由自觉的感悟中构建起来的，这是普遍绝对精神从抽象返回具体人自身的过程，也是具体灵魂通达绝对精神而升华到绝对精神境界而获得更大自由的过程。宗教的学说、信条、诫命是通达信仰的工具，不是信仰本身，对之的觉悟是每个具体灵魂将绝对普遍精神内化为具体灵魂意义理解过程，它只能是自由和创造性的，不能像电脑软件那样拷贝到脑中。觉悟绝对精神世界的最精辟归纳是路德的因信称义和六祖的佛在心中，通达信仰靠的是自由的精神，达到了绝对精神境界的灵魂就自己解放自己，成就了真正自由的灵魂。基督教创立之初在穷苦大众中迅速生根开花结果的重要原因之一是它没有传统教义那种诸多清规戒律，主要由教徒自由理解去通达。佛祖的智慧是对教徒循循善诱导向内省觉悟而发扬光大的，不是靠清规戒律和权威建立起来的，遵守佛规、熟背经文离佛的境界还很遥远，这就是佛祖的放下屠刀，立地成佛智慧的真谛。由觉悟才能通达的信仰决定了它是主体自由意识的成果，并且它能把人的具体精神引向最普遍的意义世界。综合上述，人类文化进展到一元神宗教信仰是把人普遍导向主观精神的绝对统一性境界，在抽象意义上是人类自由精神的发展；在现实意义上是把抽象普遍精神引入人的具体生存，解除人局限于个体有限性的迷失和彷徨，在更普遍的自由精神意义上赋予人以生存和幸福的意义；在社会历史意义上是文明的进步。理性灵魂是人的本质，宗教信仰是普遍抽象精神向人的具体灵魂的回归，它作为抽象的绝对理性是人抽象文化意义世界最普遍因而是最高价值，也即终极价值。世界统一性原理把信仰理解为一切价值的元价值的根据就在于此。

通达最普遍主观精神的宗教信仰还不是主客观相统一的精神，宗教信仰就不是具体理性。它没有客观知识的普遍客观性为基础，甚至还没有进展到抽象的自觉理性境界，缺乏通达最普遍意义世界的可靠路径，对绝对精神的理解困于主观性往往无法通达最普遍精神意义，宗教的理想就离现实很遥远，永远在彼岸。能在主观精神中通达绝对而成佛者在芸芸众生中少之又少，结果产生了神和俗相分裂的两个世界。没有通达理性自觉是宗教信仰的历史局限性所在，是信仰异化走到反面的重要原因。缺乏理性信仰之信在现实中成为迷信，迷信为少数人为一己之私利用时，甚至被强者作为统治手段时，宗教信仰就异化了，由人的精神自由解放变成对人的奴役、统治和人的精神鸦片了。为什么神圣的宗教信仰在历史现实中竟主要以异化了的形态展开呢？因为人的文明史是从自然史进化而来的，进入文明史的人类社会并不是割断了自然的脐带，人在现实中永远是文化和自然相统一的存在，是金字塔前狮身人面像般的具体存在，自然人是文明人理性本质的基础和前提。现实的人与生俱来就带着丛林法则的动物本性，现实的人类社会依然带着动物社会强者支配的等级印记，我们进入文明是在社会历史文化本质和人的理性本质意义上说的，文明是一个过程，我们离理想文明社会、圆满理性人的目标还远，离人人都通达佛祖、耶稣的圆满境界还远。现实人的世界不只带着动物世界影响，在很大程度上丛林法则还在起着主要作用，人类社会至今还是伟人和英雄崇拜情结在支配。在这种现实条件下，宗教信仰传播普及并成为人现实生存的文化现象后，它的发展很快就发生异化，往往被自私目的利用变成迷信。宗教信仰在这种现实生存境况下很难从根本上摆脱转向迷信的异化，以致最后似乎宗教信仰就是迷信本身。最恶劣的异化是被强者利用成为统治的工具，肉体和灵魂的双层统治一定是最野蛮、最残酷的，欧洲中世纪统治和西藏借佛之名的农奴社会是人类文明史的噩梦，后人把欧洲中世纪宗教统治的千年历史悲情地概括为文明的断落，近代欧洲文明觉醒时返回古希腊寻找精神力量，所以史称欧洲文艺复兴。宗教统治是暴力统治和神灵世界祭司、巫师支配的奇异结合，是人类文明史向自然史退化和返祖。宗教信仰是主观的绝对精神，宗教统治则是主客体相统一的血腥而愚昧的历史现实，是以统治人的灵魂为手段去实现统治者传统上用暴力追求的目的。历史和逻辑上都不会有纯粹精神意义的宗教统治，它的最终目的在现实功利中，不在灵魂中。太平天国运动是用灵魂的迷信去谋求统治者个人私欲的经典。把太平天国运动理解为被压迫农民在洪秀全率领下为天国、信仰、耶和华而战，把洪秀全、扬秀清当作圣灵附体的天国代表，是因迷信而成。洪秀全的天国不是广大穷苦农民大众灵魂自由的天国，也不是其灵魂的天国，他私欲的谋取付出了他人上千万生命的代价。从理论上说，一切以灵魂名义的宗教统治都是反信仰的，因为这是建立在对人灵魂的麻醉、奴役之上的赤裸裸的现实统治，是对人的灵魂的禁锢和奴役而不是赋予自由的思想空间。当思想自由觉悟通达的信仰在迷信和宗教统治中变成清规戒律，它就在异化中走到反面，本质就是反宗教、反信仰的。

由宗教信仰自由向迷信和宗教统治的异化本质上是人的灵魂的异化。宗教信仰是人的灵魂在主观精神中的绝对境界，宗教异化是在人灵魂信仰意义上使文化异化成为现实的。在异化后，灵魂失去了对绝对意义自由自觉的追求，于是哥白尼战战兢兢不敢把日心说公之于世，布鲁诺为日心说在宗教裁判所的火刑中殉道。统治者把对意义世界自由追求建立牢笼，制定不可触犯的天条时，从根本上禁锢了人的灵魂自由的本质，宗教统治就是由灵魂信仰向迷信异化为具体现实统治的反文化、反文明、反信仰的对文明史的反动。人类主观精神在宗教信仰中达到最普遍的抽象统一性，对之的异化利用的反动是对人类历史的极大伤害。为什么欧洲中世纪的宗教统治能长达千年？为什么落第秀才洪秀全精神错乱之中悟出的拜上帝教凭那打油诗传播，竟然引发了近代史上长达十几年，数以千万人为此生灵涂炭的浩劫？其重要原因在于它是在人的灵魂达到最普遍抽象意义世界层面，把信仰导向迷信为本质的。西方人把中世纪宗教统治理解为文明断裂的黑暗的时代，中国史学界却仍然局限于推翻清朝统治的农民起义现象理解太平天国运动，还没有深入人的灵魂由信仰异化为迷信的本质深层。

人类精神异化是以个体具体灵魂由信仰转换为迷信才成为现实的。异化本质上是精神性的，不是物质肉体层面的。在物的意义上，异化是统治者的胜利，它达到了私利目的。在精神灵魂意义上，异化没有胜利者，正如把精神作为最高存在的柏拉图所说，奴隶主是奴隶的奴隶。人的灵魂最深刻之处在于对自身存在根本意义的理解，是人的灵魂构建自己灵魂，灵魂本质上才是自由的。由信仰转换为迷信的异化本质上是自由的缺失，是灵魂的自我否定。被奴役的灵魂失去普遍的自由本质，统治者奴役他人去谋取私利，他们的灵魂被利和物奴役而失去自由。剥夺他人自由者的精神境界是不可能真正自由的。由此可见，灵魂的异化是对人类文明的最大反动。

三、人类灵魂的堕落

宗教统治本质上是使人精神信仰异化即灵魂异化，现实中是对人肉体和灵魂的统治，是反人类文化文明的。人类推翻宗教统治的革命是从精神解放运动开始的，反对欧洲宗教统治的起点是文艺复兴运动，这是近代史的起点。对人类文明史而言，宗教统治不只应理解为曲折迂回的发展，甚至可以看成是文明的倒退。摧毁欧洲中世纪宗教统治的力量不在异化了的宗教信仰之中产生，而是回到文化，用文化武器去反对反文化的宗教统治。当近代人类回到古希腊文化去汲取精神力量时，敲响了宗教统治的丧钟。人类从古希腊文化中汲取追求人的自由本质的精神力量，挣脱千年宗教统治的枷锁。从文艺复兴开始至今的七百年历史是人类建立现实世界历史的现代化、全球化的史诗，其意义应从两个层次去理解：一是科学技术和物质生产力由量变到质变的革命性进步，这是主流观点，它用近代科学革命去概括近代史的本质。二是从精神文化意义看，这是从人的灵魂深处爆发的彻底革命，是人从上帝的灵魂统治下解放出来，是波澜壮阔的思想解放运动史。两个层面是统一的，统一于科学破除迷信。从世界统一性原理的观点看，人类文明史回复到人自由创造的主体性精神解放才是本质的意义。

文艺在抽象文化中是感性抽象为形式的，远离感性现实世界。欧洲千年宗教统治铁幕竟然被“文艺”，而且是一千多年前的文艺打开缺口，发人深省。当时没人能预料到但丁的《神曲》竟会成为中世纪和近代史的分水岭，这种历史断代绝不是编年史意义的，而是人类精神解放意义的。十四世纪文艺复兴运动的意义是什么呢？其直接意义是通过挖掘、研究、传播古希腊文化，恢复人类文化本来面目，人类文化发展的自觉意识逐步回复到古希腊时期非宗教统治和灵魂异化时代的自由发展之路，它的本质意义在于重新审视人存在的价值、意义和尊严，回到古希腊德尔斐神庙启迪的“认识你自己”的道路，回到人的本质的自觉发展道路上。人不应以上帝为最高对象，而应以自身存在为最高对象，人的认识以认识人为最高目的，它的卓越发展成果被归纳为人的目的就是人本身。一反中世纪宗教统治传统，文艺复兴运动把神为中心，人为奴仆的文化转变为人为中心、人高于自然的文化，恢复人的价值和尊严。在古典文化重新发现、审视和传播中，宗教统治的反文化文明本质逐步暴露了出来，古典艺术学术思潮终于在十六世纪路德的宗教改革运动中显示出它之于人类精神自由解放的深远历史意义。宗教改革运动从根本上动摇了教会统治世俗和精神灵魂世界的基础，这一改革的核心是“因信称义”，即对上帝的信仰是个人在精神中自主自觉地通达的，人基于自由的精神信仰而皈依上帝，不再需教会为中介了，教会统治的基础瓦解了。

中世纪宗教统治是严酷的精神专制统治，对上帝的信仰一定要假教会之手，教皇才有解释圣经的权力，教会甚至禁止一般基督教徒阅读圣经，信仰是由外在力量控制的。灵魂由外在力量控制，失去了自由的本质，成为被奴役的灵魂。事功是宗教统治者借灵魂拯救之名行物质功利盘剥之实的手段，依靠事功追求灵魂获救本身是灵魂的异化和迷失。圣经认为，义人必因信而生，灵魂通达绝对的上帝信仰是认识主体在自由自觉意识中具体构建起来的，不能是从心灵外部注入去的。宗教统治者垄断圣经解释和拯救他人灵魂是直接违反圣经精神的。路德宗教改革就是恢复基督教信仰的主体自由本质，坚持与灵魂获救相关的只能是自身的心灵信仰。“路德认为‘人有一个双重的本性，一个心灵的本性和一个肉体的本性’，就前者来说，人被叫作属于灵魂的、内心的、新的人，是自由的；就后者来说，人被叫作肉体的、外在的、旧的人，是受束缚的。因此，无论什么外在的东西，对于灵魂的义和不义、自由和束缚，都毫无影响……‘对于生命，对于释罪，对于基督徒的自由，有一样东西，并且只有一样东西是必需的，那就是上帝最神圣的话，基督的福音。’有了它，灵魂就有了一切，而上帝的话是不能通过事功和接受来承取的，只能通过信仰。信仰是获救的充分必要条件。非但如此，信仰和事功甚至根本不能并存。如果一个人‘愚蠢到想凭借某些善行来释罪，获得自由、拯救，并成为一个基督徒，他便会立刻失去信仰，以及信仰所带来的一切裨益’。”④路德以因信称义学说让基督教信仰返回到原初基督教义理论，从根本上否定了宗教统治的基础，否定了教皇和教会的权威，甚至否定教会在基督教信仰中存在的意义，揭穿了基督教统治反基督信仰的本质。由路德引发的宗教改革运动是一场深刻的革命，最终结束了罗马教廷上千年统治。从文艺复兴运动开始的近代人类思想解放运动在路德宗教改革运动中达到了第一个高峰。它的直接意义是结束了教会的统治，深刻的本质意义是走出人的灵魂异化状态，回归原初的基督信仰，恢复灵魂在对绝对精神的自我认识中走向普遍抽象意义统一性理解，恢复了灵魂在信仰的精神发展历史中的自由的本质。概括地说，从但丁到路德，人的灵魂普遍意义，从感性艺术到绝对抽象精神全面向古希腊文化文明复兴，宗教革命是这一复兴取得重大胜利的历史性事件，永载史册。

历史并不是简单地回复，文艺复兴的目标当然不是回到古希腊文化。在宗教革命中重归灵魂自由的人们超越古希腊文化勇往直前，灵魂自由的本质展现为资产阶级革命的社会历史变革运动，开启了近代科学革命为标志的全球化和现代化进程。新兴资产阶级并不满足于现状，资产阶级革命用适应新的技术及生产力的资本主义制度取代了封建制度，打破了传统的等级和区域壁垒，开始了人类意义上以资本和利润为纽带的分工合作的进程，人类历史进入更普遍意义的现实世界历史。资本主义制度建立起来以后，总结路德宗教改革的意义时人们更多的是看到它的历史局限性：这场在信仰牢笼中的改革并没有打破牢笼，只是新神学取代旧神学。马克思指出："路德战胜了信神的奴役制，只是因为他用信仰的奴役代替了它，他破除了权威的信仰，却恢复了信仰的权威。他把僧侣变成俗人，却又把俗人变成僧侣。他把人从外在宗教解放出来，但又把宗教变成人的内心世界。他把肉体从锁链中解放出来，但又给人的心灵套上锁链。"⑤从具体理性的绝对意义看，人的灵魂的圆满不可能在抽象而主观的传统宗教信仰中实现，那始终是信仰异化为迷信、文明退化为愚昧野蛮的土壤。但是，资产阶级的文化至今还没有超越古希腊柏拉图抽象理性的高度，要达到具体理性是不可能的。以资本和利润为目标的资本主义文化、产生了中世纪宗教统治的古希腊文化可以是打碎信仰异化的武器，却无法完成由主观抽象绝对精神进展到客观具体绝对精神的历史重任，结局是由摧毁宗教统治走向试图摧毁宗教本身，否定灵魂迷信走向否定灵魂本身。这就是资产阶级的事业，是资本主义的发展史，是文艺复兴到灵魂复苏之后资本主义社会的历史发展目标和历史现实。资本主义文化既无法达到具体理性又不满足于抽象绝对理性，现实中就成为灵和肉相分裂的二元文化，一个没有灵魂的文化意义世界。

文艺复兴回复人的信仰自由，资产阶级革命在人和神及人和自然的关系认识中都具有极大的历史局限性，现实中造就了一个人和神、人和自然相分裂的世界。人的自由解放的本质意义是人恢复了主体性的自由创造的价值、意义和尊严，人的目的就是人本身，但人本身是什么却正是具体理性才能通达的命题。西方文化从来没有超越柏拉图的抽象绝对理性，主观性的抽象绝对意义上的理性人就是抽象主体性的人，是对自然具有天生优越性而支配自然的具体存在，这就是人和自然相分裂甚至相对立的世界理解，是近代文艺复兴以来人类逐步建立并成为主导地位的人类中心论的思想根源，它的现实意义是人对自然的不断地战胜、征服中越来越有效的统治，获得越来越大的自由。人类对自然的不断战胜是在近代科学革命的不断胜利的基础上获得的，科学揭示的客体自然界是必然性支配着的有序世界，科学理性宇宙观和抽象的人的主体价值观在西方文化中并没有理性地统一起来，人的自由主体性和自然必然性的矛盾就成为近代科学革命以来困扰着人类的基本命题。在主客体分裂中，人要么统治自然而优越于自然，要么就只是纯粹的自然，这就是近代自然哲学的机械论的认识基础。人主客体分裂的近代科学理性文化始终是客体世界和主体意义世界二元分裂的文化，科学和上帝共存于西方文化中。但是，在否定灵魂存在这一点上，近代以来西方哲学的客体统一性认识和主体意义世界的统一性认识却是协调一致的。自然哲学认为人本质就是自然，从彻底的唯物主义观点看，人的思维、意义认识世界最终只能还原到物即人脑的机能去理解，物质才存在，人脑才是物质存在，意义不是存在，只是存在的现象和属性，或称之为第二性存在。这就是精神灵魂不存在的唯物主义理论，彻底的唯物主义理论中当然没有灵魂的席位。自然哲学否认精神性的灵魂似乎顺理成章，其实那只是局限于知性因果还原论思维才是顺理成章的。灵魂首先是自然进化中产生的，没有灵魂席位的自然统一性认识一定是有缺陷的。更难理解之处在于，为什么主体精神意义世界的本质存在统一性理论最终抛弃了灵魂存在呢？主要原因在于从柏拉图开始的西方哲学本质存在论始终没有超越抽象理性统一性，一直到唯心论哲学大师黑格尔还是停留在抽象普遍的绝对精神，没有回到具体精神，抽象精神没有回到灵魂这具体精神世界。西方唯心论没有通达具体理性，同样无法为灵魂提供具体统一性理解，近代西方文化没有为灵魂存在提供最基本的理由。本体存在论用物否定了灵，本质存在论用抽象普遍精神取代了具体灵魂，西方近代哲学在物质、精神二元分裂状态中提供了一个无灵魂的世界理解。人类近代史的第一个发展高峰是恢复信仰自由，推翻信仰异化的宗教统治，第二个高峰是消灭灵魂，取消信仰本身。

灵魂是抽象普遍精神具体现实存在形态，两者是统一而不可分割的，唯心论停留于普遍抽象精神因而没达到具体理性的绝对精神即灵魂的境界，但它只是抛弃而不可能否定灵魂。真正把灵魂连同灵魂的异化扫进历史“垃圾堆”的是把物质世界统一性当最普遍世界统一性的自然哲学唯物主义理论，它以战斗的无神论形式把灵魂驱逐出人类文化世界。这一革命以十八世纪启蒙运动为标志，其杰出代表人物是机械论哲学大师霍尔巴赫。他作为十八世纪法国唯物主义的最后代表人物，把法国唯物主义系统化为自然的体系即机械唯物主义理论体系。自然的体系的基础是自然是唯一真实的客观独立存在，没有开端，没有终结，永恒存在，永恒运动。这些观点并非都不合理，在当时知识水平下只能得到这种相对性认识。问题在于他把相对性当作绝对，把物质世界当作绝对世界。自然客体并不都是物质客体，仅从客体存在得不出自足的宇宙自然一元论。更为致命的局限性在于，机械唯物论用因果关系去理解统一性，无法合理理解物质世界统一性，更无法通达意义世界，由拉普拉斯决定链去理解的世界是失去自由和创造意义的宿命论世界。这种理论连自然生命世界都无法解释，更遑论和肉体相统一的人的理性灵魂本质了。霍尔巴赫认为最有关系的自然物是人，他认为人和自然界一切生物一样，并不是一个有特权的生物，这在自然生命意义上是对的。他的自然体系并没有精神意义世界，人是动物就成了对人的最高统一性理解。人类文化发展到最后只把自己当作衣冠禽兽，这真是人类理性自取其辱。客观地说，霍尔巴赫并不否认人的灵魂和理性，承认人和动物在理性和智力方面的区别，但认为这只是物质大脑的属性，不是人的本质。他认为灵魂是物质性的，是我们身体的一部分，只有在抽象意义中才将之和身体分开，只有从能思维的机能即人脑的机能看才称之为灵魂，灵魂和大脑又服从于身体。因此，灵魂不是独立存在，灵魂实体是幻影。他的灵魂机能论有合理性，对唯灵论的驳斥是可理解的。但把灵魂理解为脑物质和灵魂机能论是自相矛盾的，所谓无神论的真正意义是拒斥独立不可分的单纯精神实体的存在，而不是从根本上否定灵魂概念的意义，更没有进展到灵魂和肉体相统一的思考，无法从理性灵魂本质去把人和动物区别开来。然而，最致命的历史事实是，人们在建立否定独立精神实体存在的无神论的同时，把和肉体相统一的灵魂一起扫进了历史的“垃圾堆”，在科学理性旗帜下，人们没有胆量去直面自己的灵魂，无神论也被理解为无灵魂论，科学理性支配的世界是有精神无灵魂的世界。西方哲学史上被理解为势不两立的唯物论和唯心论在抛弃灵魂这一点上倒是协调一致的。但是，离开具体灵魂，精神、文化、信仰这些所谓第二性普遍抽象存在已经失去现实意义，和具体人的生存无直接相关性的精神、理想、信仰其实只是幻影。

人类自轴心期进入对最普遍精神世界统一性思考的两千多年历史中，一直在灵和物两端彷徨。就自然统一性而言，从特定的感性之物的具体实体出发产生唯物论是自然而然的，但自然观还不是自明的最普遍世界统一性，人类文化除了自然观还保留着精神和灵魂的席位，物质和精神非彼即此的对立统一是人的意义世界最基本的意义内容。从否定灵魂统治的文艺复兴运动进展到十八世纪启蒙运动，达到霍尔巴赫“自然的体系”这一绝对普遍世界理论时，精神成为物质属性，灵魂被还原为物质存在，是物质性大脑的机能，精神文化现象只有依附于物质存在的现象意义，没有存在的本质，根本就不是存在，根本就不存在。在物为最普遍本质的世界理论中，灵魂被归纳为物质，不再是精神，没有普遍精神统一性意义，这是一个有精神现象无灵魂现象的无神机械论世界。精神是现象，信仰是迷信，灵魂是物质，绝对精神是真理、知识、科学，理性是科学理性，理性也就是科学，这是当代人类文化的基本观念，世界是科学因果链构成的决定论世界。机械论唯物主义是科学理性的理论基础，尊重知识，尊重自然必然性规律，追求真理，这是它对人类社会历史的革命性意义，它现实化的历史展开就是近代资产阶级革命运动实践。机械唯物论和战斗的无神论是资产阶级革命的理论基础和战斗宣言。以物质为整个世界包括人的世界的本质，人的本质就和自然物本质同一，支配人的必然性法则就是丛林法则，达尔文进化论从生命世界认识中产生却同时产生了支配人类的社会达尔文主义。资本成为支配人的主义，其竞争法则是丛林法则在人类世界意义上汇编的高级语言。资本主义是以资本和市场为支配力量、为手段和目的的世界，以赤裸裸的金钱利益为目标的世界，这是“自然的体系”为最普遍世界理论合乎逻辑的结果。从近代文艺复兴开始的人类自由解放运动从精神文化开始，在宗教革命中推翻宗教统治，争取灵魂回复自由的精神，却又在“自然的体系”中使精神成为附庸于物的非存在，把灵魂放逐在精神之外，人的灵魂丧失了精神的家园。资本、金钱是物成为主义，金钱、资本、物质成为支配人的最终意义时，人的灵魂在物化中再次异化。

彻底而绝对唯物的意义世界是无灵魂的纯粹事实世界，唯物至尊的意义世界不需要灵魂，资本和剩余价值才是最高最普遍的价值和意义。尽管“自然的体系”的哲学理论没有灵魂的意义，但那只是盲目无知而已。人类走出自然进入文化文明史后，她的存在就是事实和意义的统一，否认价值和意义存在本身只是对人的理性具体存在的一种极端的、畸形的价值和意义理解。人在认识中否定灵魂这种具体意义的存在是灵魂对自身的自我否定。灵魂可以否定很多其他认识，唯独不能否定具体灵魂的存在，这和人无法抓住自己头发把自己扔上天是一样的。否认灵魂存在是人类灵魂自甘堕落，失去了异于禽兽的自由主体创造性本质的自觉理解，文化偏离了文明的价值罢了。没有灵魂无神论也失去意义，无神论的意义理解是人的灵魂意义的特定内容。进入文化世界的文明人一定是理性灵魂为本质的具体存在，否则就不是现实的人。圣经告诉人类一个哲理，偷食智慧之果而有了理性灵魂的亚当和夏娃已经永远被逐出了自然的伊甸园，他们及其子孙后代不要说回到无灵魂之物的存在，就是回到伊甸园中自然灵魂的存在都是不可能的。文明人依靠文化选择生存，但文化选择本身是无可选择的。灵魂在科学理性历史阶段，在无神论时代失去生存资格，在物化的资本主义社会失去名分，这是人的理性灵魂随着物化而异化。人类创造了自己的历史，在自由自觉的历史创造中赋予自身存在的文明价值和文化意义，人的灵魂的物化异化的原因不在外部，只能在人本身，在人的灵魂深处。否认灵魂存在是灵魂的自戕，是灵魂的堕落。灵魂本质的堕落正是资本主义社会中人精神空虚和价值失落的思想根源。

科学理性把自然理解为最普遍世界，这是有局限性的。人的世界如果不超越自然去理解，那人就自甘堕落与禽兽为伍。人是自然存在，但本质上是超自然存在，在现实中是文化和自然、理性灵魂和肉体相统一的存在。科学理性把精神意义世界置于物质因果链支配的附属现象之中，把事实世界和意义世界割裂并从根本上否定意义世界的意义，始终局限在感性之物的井中观世界，永远无法进展到具体理性的境界。资本至上的物化社会同样要直面价值和意义世界，但永远是价值和事实无法统一的物化异化社会。它用科学理性去处置人的现世生存，同时由宗教信仰去解决人的终极价值问题，但所谓信仰和终极价值是和现实生存割裂的，是指向虚幻的来世天堂的，只具有精神鸦片的现世意义。没有任何一个文明社会是纯粹自然意义上无理性、无价值、无信仰的社会，只是在心与物、灵和肉两极分裂中左右摇摆而已。对于自认为万物之灵的文明人而言，就是缺乏自觉的文化，是不自觉的文明，是异化社会文化中灵魂异化了的人。心和物、灵和肉二元分裂的最深刻的思想根源不只在于物质和精神的分裂，更在于精神和灵魂的分裂，无灵魂的精神文化世界是没有具体意义的抽象世界，根本就没有物质和精神相统一认识的可能性。精神和物质的统一只有在灵魂和肉体的统一中才成为具体的现实，否则社会、历史、文化、精神就只是无根、无底、无具体现实性的抽象梦幻。机械唯物论和科学理性观正是抛弃了灵魂从而失去了物质和精神相统一理解的可能，精神文化只停留在抽象中，无法理解它在人的具体统一性和社会历史现实进程中的普遍本质意义，不知道历史的目标、本质、价值是什么，不知道自由自觉的理性之人应向何处去，这是资本主义社会灵魂物化而异化的最根本的历史局限性所在。

有精神文化无灵魂具体意义的近现代人类文明史是物质和精神、精神和灵魂、客体和主体、人和自然相分裂的现实进程，人类陷于科学理性支配的技术社会从而走向全面且重大的生存危机。机械唯物论和无神论是新兴资产阶级的理论基础，资本主义把人类导向现实生存危机表明其基础理论的历史局限性，其重要的一点在于人类普遍精神放逐了具体灵魂，回归不了理性的具体。主体性人类的责任只在于人类自身，自由的灵魂丧失了自由的本质的责任也只在于人的灵魂本身。要走出异化的资本主义带来的人类生存危机，最根本的是要消除灵魂的异化，灵魂要回归人的自觉理性本质，使人类进展到具体理性意义的自主自由创造的文明发展轨道上来。

第二节　灵魂和意义

一、灵魂是什么?

在科学理性时代，灵魂已再不再登大雅之堂了，今天我们偶尔讲灵魂，但只是在自明的感性经验意义上讲灵魂，偶尔有民族之魂之类的陈述，但其实并没有对灵魂概念有本质规定性认识。至今我还没见过现代、当代对灵魂规定性的严谨的意义探究。本论著已经多次地表述了世界统一性原理的灵魂观。但灵魂是最复杂的存在，近代科学革命以来人类基本上把它看不见等同于不存在。因此，首先必须深入讨论灵魂是什么这一基本命题。

讨论灵魂是什么的前命题是灵魂存在吗? 灵魂存在不存在的确是一个极复杂的命题，它的复杂性不光在灵魂本身，还有“存在”的意义本身。在存在不同理解下去争论灵魂是否存在没有意义。其实这个争论经常是鸡同鸭讲，语言不通，意义不同。按照人类长期形成的以自然哲学为主流的存在观，存在是由物质性本原去统一的最普遍世界，存在就是物质，这个统一性理解在十八世纪法国哲学唯物主义和无神论的“自然的体系”中达到炉火纯青境界。在物质即存在，精神文化是非存在意义上，灵魂存在问题就是特定的“物质灵魂存在”命题。对灵魂存在的许多观点和争论是在这个特定意义上展开的，只不过自然唯物主义将这种存在理解为最普遍的，因而物质灵魂也是最普遍的灵魂概念罢了。在物质即存在意义上，大多数自然哲学家是承认灵魂存在的，古希腊早期具有影响的自然哲学家都试图用自己的物质本原去解释灵魂，包括伊壁鸠鲁的原子论也必须用“精细原子”去解释灵魂；霍尔巴赫在他“自然的体系”中把灵魂解释为物质大脑，而大脑又是人的物质肉体器官。按照这种理解，专门讨论灵魂或灵魂存在就没有实际意义了，脑科学足矣。

但所有认为物质灵魂存在的观点都经不起推敲，在逻辑上都经不起普遍性的检验，都产生矛盾。为什么早期自然哲学家要用物质本原去解释灵魂？基本理由是灵魂是我们不能逃避的普遍的存在。但是物质本原普遍还是灵魂普遍呢？这是一个两律背反的问题。如果灵魂最普遍，则本原就失去自然界最普遍的统一存在的意义，那是不成立的，否定了本原的本质规定性就从根本上颠覆了自然哲学。在最普遍的本原基础上去理解普遍的灵魂，灵魂就是特定的物质结构性存在，它又失去了普遍的意义，而且灵魂独立存在的经验感悟恰恰又不是从物质结构意义去理解的，伊壁鸠鲁用精细原子去解释灵魂时马上陷入了自己布好的陷阱。精细原子是比他的不可分原子更精细还是由不可分原子组成呢？比不可分原子更精细不成立，由不可分原子组成的“精细原子灵魂”不是原子，要么就得接受多种原子构成世界的多元论。所有物质灵魂的自然哲学灵魂观最后统一在霍尔巴赫的“灵魂是大脑”的概括中，但这是很有问题的表述。因为大脑是生命肉体组织结构，把大脑理解为灵魂，生命就不是肉体和灵魂的统一，而是灵魂就是肉体了。那显然是和传统灵魂命题的起源及基本意义风马牛不相及了。灵魂是相对于肉体抽象出来的概念，把灵魂理解为生命的构成而不是生命肉体的构成才是合逻辑的，物质灵魂在逻辑上的两律背反是不可克服的。霍尔巴赫犯了一个明显常识性错误，那就是把脑和脑的机能混为一谈。把灵魂理解为脑的机能是可理解的，理解为脑器官则是矛盾的。因此，物质性灵魂不存在，灵魂不是物体，而是某些特定的物体有灵魂，把灵魂再理解为物质性的东西是自我循环的认定了。更进一步说，灵魂不是客体，不是能量。因为灵魂根本没有量的规定性，和能量没有相关性。

严格地说，和生命躯体相统一的灵魂不是客体，而是抽象的具体存在。按照世界统一性原理，无限的存在不能为物质、客体所限，精神、文化、现象、过程、意义不是物质或客体存在，但也是存在，“有”就是存在，有精神、有文化、有过程，它们就存在，存在是唯一一个没有否定性的自我圆满之无限概念，本体存在论的非存在、不存在没有意义，存在就是世界的统一性。在这种意义上灵魂存在是不需要争论的，它至少是观念中的存在。按照历史经验，灵魂概念首先起源于人对自己生命的抽象思考，进而进入对普遍生命世界本质的思考，这正是亚里士多德的生命统一学说的精辟之所在。为什么要思考生命的本质？为什么要从灵魂去思考生命的本质呢？对生命本质的思考源自于人对自己超越了物的存在的思考，直观的感性经验都明白有生有死，生生息息的生命肯定和石头等无生命之物是有根本区别的，生命和生命的肉体物质是有本质区别的，对生命的思考就是要归纳和理解生命区别于一般客体物体的本质规定性，以解释生命的生和死和一般物体没有生死之间的区别，从而最终了然生死的根据和原因。灵魂是在生命思考中产生的概念，而且是统一于生与死概念的。对生命和非生命区别的最直接经验感悟的普遍抽象陈述首先是生命力概念，即生命有活力。生命活力论并没有错，但没有意义，活力和生命力只是不同符号的同一意义陈述而已，用活力来解释生命之为生命的充足理由毫无理由，只是结果事实陈述。亚里士多德用灵魂概念来描述生命之为生命的本质和原因，即它是生命的现实，生命是肉体和灵魂的统一，肉体只是生命的潜在，灵魂使生命成为现实。亚里士多德的统一生命学说在逻辑上才是成立的，在此之前的生命物质灵魂说则是不成立的。生命灵魂本质学说的目的在于揭示生命和非生命物质的本质区别，并把灵魂作为这种本质区别本身。如果反过来又说生命灵魂是一种特定物质，逻辑上就成为生命由于有了物质灵魂因而具有和物质客体不同的本质这种自相矛盾的陈述了。因此，在生命的普遍统一性意义上，灵魂存在，灵魂不是具体客体存在，而是具体生命存在中普遍抽象的生命本质存在。

亚里士多德精妙的生命灵魂本质的统一性学说没有成为灵魂认识的突破契机有许多原因，其中最重要的原因是它和传统的基于经验的灵魂独立存在现象不协调。灵魂在经验中的独立现象引导灵魂向物质性灵魂以及灵魂独立不死的方向认识，这是关于灵魂学说不得不面对的真正难题。亚里士多德的抽象生命统一学说不是不完美，而是无法解释人的存在中具体现实的灵魂现象，因缺乏具体现实性而被尘封。但在缺乏对灵魂一般规定性归纳前提下，对之无法深入具体探讨，故首先要解决灵魂的一般规定性问题。亚里士多德的生命灵魂本质学说的另一块短板是它的抽象性，缺乏具体的抽象，只是逻辑上的一般原则而已。为什么把灵魂理解为生命的现实本质呢？现实中不只生命，人类很早就形成了万物有灵的泛灵魂观，从远古时候起，直至今天，很多人都自明地相信神灵无所无在，山川河流都有它的神灵。当然，万物有灵是一种朴素的自然认识，从普遍知识意义来看，不但灵魂不是物质性的，而且把一切物体都理解为具有灵魂也是无意义的。但为什么灵魂对生命是有意义的，对非生命的其他事物是无意义的呢？这是亚里士多德的一般抽象灵魂理论没有具体展开的。然而，这正是把灵魂理解为生命的本质，即为什么灵魂是生命之为生命的本质，对之的理解就是对生命灵魂这一抽象存在的具体理解。

生命和非生命的根本区别是生死性存在和非生死性存在的区别。在现象上，生命表现为具有生命活力的存在，在本质上是由其物种 DNA 遗传编码规定，现实上表现为在环境耗散中构建其结构的时间性过程。生命的生和死，它的活力表现在两个方面，一是在和环境交换中结构不可逆的复杂性演化，即生命物质结构的生长直至老死的过程；二是生命整体的绝对运动，即不可分解的生命整体连续不可逆的运动过程。反之，它就不是生命，即使是生命物质也不是生命肉体，没有了生命活力，它就不再是生命存在，生命活力才是生命的本质，生命的灵魂。生命保持其活力，展开其生命力的机制是什么呢？是什么机制决定了生命和尸体的本质区别呢？生命的生长过程决定了它是一个复杂、开放的动态耗散结构过程，没有环境就没有生命存在的“土壤”，达尔文将之归纳为生命的“自然选择”原则。但这只是外因。自然选择只是生命的基础，生命之为生命的根据在于生命自身，在于生命的本质规定性之中。从选择的意义去考察生命和环境的相互作用，那就是自然选择和生命选择的统一过程，而且自然选择是基础，是前提。如果没有适当的外部自然条件，生命就不能正常生长甚至死亡；生命选择才是本质，是生命之为生命的根据。一个生命呈现出它的“神秘活力”，它正在生长之中，不是僵死的东西，其现实就在于它能够对环境进行选择性交换和作用，实现生命编码既定的不可逆连续绝对运动过程。如果这种选择能力消失，那就是生命活力的消失，就是生命可能性的不可能，它就成为枯枝落叶，不再是生命存在。生命和非生命的本质区别在它和环境的相互作用上，一般物体之间的关系用相互作用来陈述，生命和环境当然也是相互作用，生命物质之间的关系，它和外部环境的关系也是普遍的相互作用，同样遵守客体世界最普遍的能量定律、物质客体作用及结构定律，包括化学过程的反应定律。在这种意义上，它们是生命物质。但在生命整体意义上，它与环境的相互作用是特定的、复杂性的、反馈性的选择环境的作用过程。在生命选择和环境选择的统一过程中，环境选择是被动的相互作用意义上的，生命选择却是主动的选择性作用意义上的。这种选择性的实现是生命连续不可逆绝对运动的实现，选择性机制就是生命活力的本质。现实中无论是环境或生命自身原因选择机制失效，生命失去选择性就失去活力，退化为无生命之物。生命的神秘活力就在于它的独特的环境选择性之中。理解生命过程不应只停留在一般的相互作用中，必须回到生命的选择性作用才能得到具体的理解。生命在于运动，生命的运动不是一般普遍相互联系和相互作用的物质空间运动，而是生命整体在和环境的选择性相互作用中的绝对连续性的生命结构运动发展即生命新陈代谢的生长过程。

生命对环境选择性作用机制是如何实现对环境的选择性功能的呢？这就是神秘生命活力的奥妙所在。在绝对物质观中，生命神秘活力是一个无解的命题，它所理解的物质世界是一个个物质实体僵化机械的世界。在能量一元论的客体世界统一性理论中，任何具体物质客体都是质能统一性存在，生命是物质实体为基础的，同样是质能统一性的存在，生命物质的质量结构是由能量结构化产生的，它的复杂性结构是由结合能按熵原理构建起来的，它和环境的耗散是物质能量的交换，即在原结构上不断产生结构运动的生长过程。在质能统一性意义上，生命和非生命物质没有区别，但从意义世界的观点看，构成物质实体结构还有一个叫作信息的参量，即物质客体是能量，物质、信息的统一体。一个细胞中的DNA结构就带有生命遗传编码信息，即使在生命还没有成为现实的种子状态下，这种信息同样客观存在。宇宙大爆炸的背景辐射至今还留下相应的信息，这客观性信息是宇宙大爆炸的客观证据。由此可见，物质客体是能量，质量、信息三重统一性结构。在客体世界中，在绝对物质观中，人们忽略信息问题，在意义世界中则只有加上信息参数才是对物质客体统一性的理解。能量、物质、信息是构成现实世界的统一，在统一性中才有完整的意义，这才是理解实体客体存在完整统一性的关系。生命客体和非生命实体的本质区别就在于对信息的关系上。物质普遍的相互作用不考察信息的意义，不需要信息去描述，非生命物质结构没有专门进化出来的信息意义结构，相互作用中没有信息意义机制，只是纯粹相互作用。但复杂生命结构和环境的交换是建立在信息意义结构基础上的，生命之为生命一定是进化出识别信息意义的组织结构基础上的。一切生命必然进化出感觉环境信息的器官，越复杂的生命对环境及自身状态的信息意义感知及处理的组织结构就越分化和发达，最后是进化出来专门处理感知信息意义的脑组织。生命是以感知相应的信息意义组织结构去实现信息收集、处理功能为基础去选择对环境作用的反应的，生命整体的绝对运动是以抽象的信息意义为基础的选择性运动，信息意义的构建及其作用是生命选择性活动和物质客体相互作用中的运动之本质区别。具有信息意义的生命，以信息意义导向生命运动，对环境选择的生命就表现出生命内在的目的性即本能欲望，这是选择性生存的本质。这种选择性机制保证了生命在特定的环境范围中能按物种 DNA 编码先验地决定的结构演变方向不断运动，呈现出生命和非生命具有不同本质的生命活力和生命过程。生命活力就是以生命进化出来的信息收集、传输、反馈、贮存机制为根据的现实生存选择作用的抽象意义形式结构为根据的，基于这才构成了生命区别于非生命的向既定目标绝对运动的不可逆过程，使生命在相对的外部环境变动的范围中能自我组织和自我调节，在自身物种规定性和外部随机环境的最大可能统一中，按照 DNA 编码的规定性把生命可能性变为实现生命最大可能性的现实。因此，生命对环境的选择性作用是由生命进化产生的感官、传输信息意义及贮存处理环境信息意义的组织器官来完成的，它和非生命物质的区别在于它必须把环境及自身的信息统一起来，使自身的遗传编码信息的意义和外部环境信息的意义相统一。如果两者无法统一，那是自然环境对生命的否定性选择；如果两者统一，即有交集，则生命会按其遗传编码向可能性结构展开的最优方向作选择，这正是一般进化论在经验观察中归纳出来的生命选择一般规律，也是生物学家称“自私的基因”的原因。没有生命活力就没有生命，没有选择适应性就没有生命活力的现实过程，没有生命信息感知机制和信息意义处理组织就没有生命现实绝对运动过程的选择性生存运动。信息的意义组织结构及其机制是生命区别于非生命的专门化组织结构，抽象的信息意义结构本身是生命和非生命的本质区别，是生命肉体存在成为现实生命的充足条件，是生命的灵魂。

亚里士多德把灵魂理解为生命的本质，是使生命肉体成为现实生命的根据，是生命和非生命的本质区别。世界统一性原理则把他的生命灵魂本质学说深入具体化，把灵魂的本质理解为具体生命存在的抽象意义结构，正是这一信息意义结构成为生命选择性生存的根据，使生命整体的绝对运动和非生命客体，包括构成生命的各组织结构这种生命物质的一般相互作用产生了本质的区别。以信息意义为根据的一切具体生命的现实生存活动就被理解为生命选择和环境选择相统一的过程，是生命物种的 DNA 规定性在选择性绝对运动中由可能性展开为现实性的过程，生命的活力就是支配生命绝对运动的本质，就是灵魂这种意义结构。在进化中形成的信息感知和意义处理的特定分工的生命组织是一切生命肉体成为生命肉体的必要条件，是生命灵魂具体、直接的物质基础。把生命灵魂理解为它抽象的信息意义结构是亚里士多德生命灵魂学说的具体现实化，使生命灵魂摆脱纯粹抽象，深入到生命的具体组织结构、功能以及结构和功能相统一的选择性绝对运动过程中。在对生命灵魂的这种信息意义结构本质的基本、初步认识中，建立起灵魂的最基本的规定性。第一，灵魂不是物质实体，不是独立的实体存在，灵魂首先是自然中产生的，不能由机械的存在观去否定灵魂存在或者把它理解为一种特定的物质客体存在。在具体实体意义上，灵魂不存在，这同时又说明了实体存在不是最普遍的存在，还不是最高统一性的存在。历史上各种把灵魂当物质实体的观点不成立也说明客体统一性还不是最普遍的世界统一性，还必须有更普遍统一的存在把实体和灵魂统一起来，我们还需要超越实体世界统一性，把肉和灵、实体和主体的存在统一起来的世界统一性原理。第二，灵魂本质上是抽象的非独立存在，它只在抽象的意义世界中，在概念的思维中存在。但并不能由此去说灵魂不存在，那等于否认生命存在。灵魂在实体意义上不存在，在抽象意义世界存在，它就是生命的抽象意义结构。只有进入理性统一性的思维中，在对意义世界作为最普遍世界的思考中，才能理解抽象灵魂存在。灵魂不是独立存在，却是在复杂具体生命统一体中本质的存在，它作为抽象存在是从具体生命现实中抽象出来的。它虽然不是生命具体存在本身，不是构成生命的某一组织结构，但却是生命具体存在的本质，只有在意义结构基础上的生命选择性生存活动才使生命过程成为可能，生命才产生了它的活动之活力，生命才超越了物质肉体成为现实的生命。灵魂使生命从潜在成为现实决定了灵魂尽管是抽象的，但却在肉体和灵魂相统一的具体生命中实现了它的本质，展开它的意义，在使生命成为现实中，它成为抽象而现实的存在，在具体生命中的本质存在。第三，灵魂起源于生命，灵魂总是具体生命的灵魂，灵魂就是具体和抽象的统一。在存在形式上，它是抽象的，在内容上，它是具体的。它不是一般普遍的文化、精神、意义，而一定是和具体生命相统一的，具有具体内容的意义。对生命肉体而言，生命灵魂是抽象的，对普遍的世界精神、民族精神而言，灵魂是具体的，并且正是具体的灵魂才赋予普遍精神以多样性统一的现实意义，一般普遍精神其实就统一在具体的灵魂中。因此，我们可以说古希腊文化、精神，但不能说古希腊灵魂，只能是柏拉图、亚里士多德的具体灵魂，这正是灵魂一定是和生命肉体统一成为现实生命具体个体的理由。灵魂的具体抽象特性否定了万物有灵论。在泛泛抽象的灵魂观中，可以认为万物有灵，山川江河也有它的灵魂，但这种规定性的灵魂概念并没有现实统一性意义。回到生命灵魂的信息意义抽象结构理论，则没有信息意义结构作为自己运动根据的一般物体的运动就没有灵魂。如果一切相互作用都有灵，那么生命就不只是有灵魂，而是由无数的灵魂构成的了，一个生命细胞中产生着无法计数的相互作用，万物有灵就变成生命中的每一个可看作独立的结构都有灵魂，那灵魂就成为无用的垃圾堆放场了。灵魂源于生命，是生命的抽象本质，灵魂才构成了生命和非生命的本质区别。所谓本质区别就是说，有生命一定有灵魂，无灵魂则不是生命，人失去灵魂就成为行尸走肉，失去了灵魂的生命是生命可能性的不再可能。

抽象灵魂形式具有它的具体复杂的内容，这种内容构成了它的信息意义结构的复杂性。生命灵魂的具体运动就是它的意义结构不断构建中的不断丰富、有序化的过程。

二、意义结构及其构建

精神、文化、文明、意义是一般普遍的抽象，灵魂作为生命信息抽象意义结构是特定、具体的抽象，是有具体个体内容规定性的抽象，是抽象的形式和具体的内容的统一，是具体于每一具体生命的多样性的统一。灵魂的具体内容是由它的抽象意义结构构成的，是意义的内容和结构即形式和内容相统一的。对具体灵魂的深入认识就必须从结构开始，在意义结构的构建中得到对之的现实理解。

最简单的生命是由刺激—反应模式去选择自然环境实现生存的生命客体，它的实体结构和意义结构都是最简单的，亚里士多德将之称为植物灵魂或营养灵魂。在亚里士多德时代还没有细菌生命的知识，植物是人类所认识的最简单生命。按照今天的生物学知识，细菌界是最简单的生命形态，在组织结构复杂性意义上，植物界比细菌界要复杂而高级。但在生命灵魂的意义上，细菌和植物界是同一的，都还只在直接生存活动的刺激—反应的选择水平上，是有意义而无认识的低级生命灵魂。它具有信息意义的感知判断机制，无对意义的贮存、加工、认识机制，它只为营养和生存而直接选择，根据对外界信息的感知意义直接选择，它的基本意义是获得生存养分，在最优的营养环境下生存。它通过对意义的直接反应去运动，没有进化出对感觉意义的认识机制，这两界有信息意义感知而无意义认识的生命叫作无意识生命。有人从人的生命出发，拟人地想象植物也有意识和感情，那是没有根据也不符合逻辑的。植物和细菌还没有进化出专门的思维认识组织机制，没有思维和认识的基础，它们是基于环境对感官刺激的反应，不是基于对感官刺激的认识而做出选择性生存活动的，它们是直接选择性生存的物种。没有认识不等于没有意义结构，意义是认识的基础，意义不依赖于认识，而是认识依赖于意义，意识即意义和认识的统一性关系。按照人对自身的经验感悟，把灵魂理解为意义和认识结构，那灵魂和认识就是不可分割的了，没有意识的生命就没有灵魂了，没有灵魂的生命是否合逻辑是值得商榷的。但从把灵魂理解为意义而非意识抽象形式结构的观点看，从植物和细菌这类有意义感知而无意义认识的对环境的选择性生存现实去看，刺激—反应模式的无意识生命已经和无生命物质的一般相互作用产生了本质的区别，有了它的生命活力，有了生命的本质，我们完全有充足的理由把它理解为具有无意识有意义的营养灵魂的生命，其灵魂是生命灵魂的最简单最基本的意义结构，并且是一切更为复杂性的高级灵魂的基础，它包括在一切生命灵魂之中。高级的生命灵魂是以营养灵魂为基础，以意义为基础的灵魂，但它们的意义结构超越了直接意义本身，形成了更为复杂的意义结构，产生出了更为复杂、高级的生命灵魂及生命具体存在。

在无意识简单灵魂基础上进化出来的高级生命灵魂是有意识的灵魂的产生，从无意识到有意识是生命灵魂进化的质的飞跃。亚里士多德把动物灵魂理解为高级生命灵魂，这是基于对生命经验认识的归纳，是从生命具体生存现象的经验观察中总结出来的，这正和由经验中综合的生物学的分类方法相一致，但这却还没有达到生命灵魂的本质意义。细菌和最简单的动物在运动意义上并没有本质的区别，较复杂的植物在结构上并不比简单动物简单，最简单的动物也只是由意义感知的刺激—反应模式生存，还是没有对意义的认识的，它们的灵魂其实还只是营养灵魂。如果认为运动生命比不运动的植物高级的话，则细菌就比植物高级了。但从进化的观点看，无论如何细菌界不能理解为比植物界更高级的生命。从灵魂本质来看，最简单营养灵魂的单细胞生命起源以后，以之为基础开始了生命世界由单细胞生命向不断复杂的多细胞生命结构进化，产生出各种专门化的生命组织去适应各种环境，细菌界、植物界、动物界是生命复杂性进化的三个方向，而不是一个界别作为另一个界别的基础，生命三界不是从简单到复杂演化的统一，三界的分类只是形态的，不是本质的，不是进化关系的统一的三界。在生命细胞意义上的结构统一性生命世界，在灵魂本质意义不能用三界统一性关系去理解。在从简单生命向复杂生命进化中，在细菌生命基础上进化出具有不同结构形式以及和环境交换形式的复杂性植物和动物生命界，在这种由一界向三界进化的初期阶段，生命的灵魂还是局限在有意义无认识的简单灵魂之中的，生命灵魂本质上没有进化。动物在没有进化出思维认识机制之前，同样是对环境刺激反应的简单适应性生命，说它们在本质上比植物更高级是无意义的，把动物灵魂归纳为运动灵魂，运动灵魂一定比植物灵魂高级就难以有说服力了。最简单的动物比植物高级之“高”的客观依据是什么呢？它们之间从界到种到个体都没有可比性，没有客观的尺度，高又从何而来呢？真正生命灵魂的进化发生在动物界之中，是动物在思维和认识机制的进化中产生的，是最后进化出具有思维认识的脑器官，产出了生命对意义的认识而完成的。动物界在运动中选择环境生存，逐步进化出具有思维认识专业化的组织器官，在脑组织进化完成的基础上，具备了对意义的完整的抽象认识能力，建立起生命具体存在之中的抽象意义认识结构，实现了生命选择性生存的本质飞跃，从对环境的感觉刺激去产生运动转变为将感觉信息意义通过传输、处理、贮存等一系列功能形成意义的认识，由统一的认识去支配选择行为，从无意识生命进化为有意识的生命。意义认识的产生是生物进化的本质飞跃，是生命灵魂的进化，具有意识的生命灵魂才是更高级的生命灵魂。运动灵魂有简单的无意识灵魂，还有在此基础上进化出来的有意识的生命灵魂，有意识的灵魂才是和无意识灵魂有本质区别而又统一的更高级灵魂。高级灵魂包括营养灵魂，它的生存选择模式在最终意义上同样是对环境刺激的反应性选择，但它不再是直接的刺激反应，而是以意识为中介、为机制的反应，由刺激—反应的二元选择模式进化为刺激—意识—选择的三元模式。它的根据意义认识的选择不只依据刺激的信息意义直接感知，而且还包括经验的认识，具有意识的高级灵魂生命是把生命个体的一生刺激信息意义统一为认识去选择生存的生命，这才是三元选择模式的本质意义，才是高级灵魂的高级之“高”的充足理由。从世界复杂性运动和生命世界的进化意义看，意识的产生是一个重大的里程碑，而这个里程碑的最深刻意义就是灵魂的进化，是灵魂从无意识结构向有意识结构的进化，具有认识能力的灵魂的产生是世界复杂性进化中最为重大的事件之一，灵魂由此实现了由简单向自身复杂性意义结构发展的高级阶段，开始了有意识灵魂进化的历史进程。

灵魂意义结构复杂性进化的更高级阶段是在意识意义上的，对意义的认识从具体个体自然认识向具有普遍意义知识认识的进展是生命灵魂进展的最具革命性的事件，它是文明史的创生。这一进展的意义的最深刻本质在于它突破了进化的自然本质，超越了自然进化，把进化理解为生命自然世界从低级向高级复杂性进展的意义时，它就超越了先天自然进化意义，进入了后天文化意义的文明史进程。自然认识产生的本质意义在于具有思维认识能力的具体生命个体凭借特定的思维组织建立起来的意识机制，以认识为依据的选择是以它一生的感官信息意义统一性为依据的选择，这也是它比直接刺激—反应的二元选择高级，因而更能适应复杂性生命生存的原因。人类进入文化选择超越了自然选择，尽管在选择结构上文化选择也是三元选择，人的知识同样来自自己感性经验，但人的知识和自然认识的本质区别在于知识是普遍性的，经验却永远只能是具体个体性的。人类发明符号文字承载抽象意义，使信息意义在具体个体生命思维结构之外得以存在，在外在于具体生命个体之外具有了表达、贮存、传播的工具，从而冲破了具体个体意识机制的藩篱，使具体意识上升成为具有普遍性的意义认识。每一个文明社会中具体个人的认识并不都是直接来自于个体感性经验认识的积累，而是以对前人所积累的知识学习为基础、为前提的。人三元选择适应环境生存的选择依据即个人意识不只是一生经验的统一，而是人类历史经验的统一，人本质上就是社会历史性的普遍存在，每个具体个体都是以人类文明史的文化为本质的统一性存在。人的灵魂在从自然进入文化认识的历史发展中实现了质的飞跃，成为具有人类历史统一性意义的普遍文化为其本质的灵魂，这就是文化的灵魂，知识的灵魂，理性的灵魂。人总感悟到自己的理性本质，把自身理解为理性动物，动物性是人的具体存在的基础属性，理性、知识文化性是人的本质属性，人的具体存在是理性和感性的现实统一，是灵魂本质和肉体的统一，人的灵魂就是理性灵魂，这是最高级的灵魂。它最高级的充足理由在于它生命活动的选择性根据即意义认识是最普遍的，人的灵魂意义认知结构是具有类社会历史普遍性意义的抽象而具体的复杂统一性结构。

根据对生命灵魂结构三个层次的讨论，可以把生命灵魂学说归纳为无意识灵魂、意识灵魂和理性知识灵魂三个层次的统一。它们的统一性意义在于高一层次的灵魂以低一层次灵魂结构为基础，包含低层次灵魂的结构于其中，作为自己的基础结构。高一层次的灵魂超越了低一层次灵魂结构的本质，正是这种本质的区别使它成为高一层次的灵魂，即低一层次的灵魂并没有包括高层次灵魂的意义结构。人的理性灵魂是最高级的灵魂，它最普遍的意义结构是它最高级的根据。在生命的进化中，具体生命物种是从低级到高级的进化，生命的灵魂本质也是从简单到复杂，从低级到高级的进化，并且灵魂是生命的本质，灵魂进化才是生命进化的本质，是生命物种进化的根据，灵魂进化论才是生命世界最普遍的本质进化统一性理论。生物进化论仅停留在宏观进化论的经验归纳中是不够的，它还没有为生命进化揭示普遍原则和充足的根据。生命宏观进化论、微观结构进化论和灵魂进化论的统一才是进化论的完整理解，而生命灵魂的统一和进化是具有最普遍意义的。

人是生命世界一个特定的物种存在，是自然界进化出来的物种，这在宏观进化论和微观结构进化论上是合理的，在生命灵魂进化论上也是合理的。文化灵魂是从自然意识灵魂基础上文化而来的，原始无文化人类的灵魂还只是自然认识意义的灵魂。否认文化从进化中产生文化就成为无源之水，就失去它的统一性意义的基础。但为什么世界统一性原理又认为超越了进化因而具有普遍意义的文化本质上不是进化的呢？对文化和进化之间的关系，不能抽象、机械地理解。当把进化归纳为自然生命世界的一般规律，从结构复杂性去归纳生命多样性世界的统一性时，是在自然客体意义上的，它最普遍的统一是统一于最普遍的具体本原存在上。客体自然界的复杂性演化是从简单到复杂结构发展的多样性统一过程，统一于具体本原存在的过程是从最普遍到一般到特殊再到多样化、个体性具体存在的演化过程。生命灵魂意义结构虽然是抽象形式结构，但从结构意义上，从无意识到意识再到理性知识灵魂结构的发展，同样是从简单、普遍意义结构向更普遍特定意义结构的发展，同样可以理解为灵魂结构向特定的文化结构的进化，这是对文化进化的统一性理解，是基于自然客体世界复杂性运动意义上的统一性理解。但仅到此为止还没有达到对最普遍意义世界的统一性的理解，因为在生命自然界中永远无法合理理解人的有限主体世界的命题。在自然生命世界之外还有它所无法解释的自由的文化创造本质，它就只能被置于更普遍的文化和自然统一性世界之中去理解，从文化和自然相统一的意义去理解。人的主体世界的本质是什么？是无限的主体性，是主体的自由创造性。为什么人的主体性是无限的呢？为什么把仅人理解为主体是不足够的呢？这不是思维中画蛇添足，人类先哲不是饱撑了无聊去思考人的主体自由命题，它的产生源于人的现实的生存。人的自我意识产生了把人和动物从本质区别开来的命题，“认识你自己”是人的世界最基本也是最复杂最高级的命题，它就是人的统一性本身。停留在有限主体世界中人就永远只是动物，因为生命世界已经进化出自然认识，高级动物是根据认识选择生存的主体性存在，人不可能在主体性意义上超越动物世界，限于主体性人就可以只是万物之一。思考人和动物的本质区别同样不是纯粹形而上学命题，而是人现实生存经验感悟中最基本的普遍命题。人在物种意义上和一切生命一样是世代重复的，但人和外界相适应的生存选择方式不仅和其他动物不同，而且世代之间不同，甚至人的短暂一生中也很不相同，甚至有翻天覆地的巨变。人的每一代都站在上一代的肩膀之上，继承而超越，成为历史性存在，这就是文明史之“史”的深刻意义，是人自我认识的本质问题。人在后天经验中的文化选择生存方式使人突破了先天生命遗传既定的生存方式的框架，使人有足够的理由把自己理解为具有自由文化本质的历史性存在，是超越了主体性动物的无限主体性存在。由此去理解人的社会历史性生活生存方式的本质，就把人和动物从本质上区别开来。在主体性自由创造意义上，人的无限主体性使人超越了纯粹生命意义世界，这就是我们在本卷中一直陈述的最普遍的意义世界，它指的是人的普遍文化构建的最普遍意义世界。在意义世界视野中，世界的信息是从简单到复杂的，对信息的抽象意义认识也是从简单到复杂的，最后发展出来的意义包括了此前的简单意义结构为基础。就客体结构而言，越特殊的复杂结构就包含越丰富的信息，对之的认识就具有越普遍的意义。在意义世界中，主客体达到了统一，在主客观相统一中达到了统一，由人的无限主体性对应的普遍无限意义可以得出人源于自然高于自然的理性统一性理解。在意义世界中，理性灵魂是最普遍意义的，无意识灵魂只有简单、特定的意义，只是意义上的最原始结构。在意义世界中，进化就只是文化的基础和构成部分，文化超越了进化。如果把进化理解为自然进化，则文化就不是进化，而是对进化的扬弃，只有这种意义世界的理解，才能真正理解理性灵魂的“理性”普遍性意义，才能自觉自己是走出原始动物且以理性灵魂为本质的存在。正是在意义世界的意义上，人的世界才是最普遍的世界，人的理性具有最普遍意义，人才是理直气壮的万物之“灵”。人的灵魂包括了万物灵魂的统一性意义，文化包括了进化的意义，人作为世界最高的本质存在就必须从文化意义世界、从灵魂即理性去理解。在感性具体意义上，人是宇宙中最特定的具体存在，在意义世界中具有理性灵魂的每个具体个人都可以看作一个最普遍统一意义世界，这就是把具体个人理解为“小宇宙”的理由和根据。

理性灵魂和低一级的意识灵魂的区别，不但表现在意义结构的本质上，还表现在不同质的意义结构的现实构建过程中。动物意识灵魂的信息意义结构是在个体现实生活中的经验积累，是个体意义上的构建，意义认识是封闭于个体灵魂之中的，是个体具体经验积累意义上的认识结构构建。每个个体重复着逻辑上相同的构建过程，个体之间的意义认识并无本质的区别，没有意义的相关性。在一些高级动物中也进化出一些最简单、基于亲子代认识经验的传递和习得。但由于意义的抽象性，基于声音、行为的经验认识传递和后天习得并不能构成世代间的积累，并不能超越物种DNA编码遗传信息所支配的意义，无法走出世代循环重复的生存方式，他们在本质上永远是自然的，简单的。只有具体个体的意义还只是自然为本质的意义，感性经验认识是自然认识，动物基于感性认识的灵魂是自然灵魂。自然灵魂的构建是纯粹个体性意义上的，它的灵魂只有生命自然规定的个体性意义，是灵魂的世代重复性从本质上决定了自然生命的具体生存方式是世代重复的，自然灵魂构成的是有意义无普遍统一性意义的世界。个体性的特定意义就是类的最普遍意义本身，个体灵魂和类灵魂同一而非统一，它就是非普遍意义世界，它在本质上就是自然生命世界。只有人类灵魂才构建了具有普遍统一性意义的世界，理性意义才是最普遍意义，理性灵魂是最高级因而也是最普遍的灵魂。意义世界的最普遍性的根据不只是在抽象意义中，而是在文化和自然相统一的最普遍的具体现实世界中，理性灵魂的最直接的经验感悟在人类灵魂从简单到复杂性的现实构建之中。人在自然生命意义上的灵魂是自然灵魂，人与生俱来的叫本能，在没有后天文化的意义上人只是自然人，即只有意识灵魂没有理性灵魂的动物而已。人和动物的本质区别在于人要生存就必须社会化即文化，在灵魂意义上构建起人类理性灵魂，人就成为历史性的存在。人们向来只停留在一般精神现象去理解文化，这是肤浅的。文化的最普遍意义是人的生存方式，不只是纸张和油墨，文化的现实意义是内化为具体个人灵魂，成为人的认识机制中具体的意义结构，精神文化只有统一到个人的灵魂中才有现实的意义。文化的创造、学习、传递对人的灵魂的建构是现实的，不是抽象的，这正是教育对于一个社会的本质意义所在。理性灵魂不是无师自通的意义认识，是建立在对前人认识的基础上的。一切认识从经验开始，对于理性灵魂而言，具有类普遍性意义，即人类的感性经验归纳为客观知识后，具有了类认识的普遍意义。动物的认识只能依赖于具体个体经验，这正是人的灵魂的理性普遍性意义和动物自然灵魂感性认识的本质区别。自然生命在灵魂本质上还是个体存在，人类在理性灵魂意义上是具有类普遍统一性的存在，理性灵魂是在理性统一性意义上无限的构建过程。人类灵魂是具体和普遍抽象的统一，理性具有无限的意义，即超越具体个体有限性意义。人类灵魂理性无限性体现在具体灵魂对人类普遍精神意义内化的学习构建过程之中，更体现在人类灵魂对意义认识知识的不断突破的永恒的创造中。不断的自由创造才是人的最现实的社会历史过程，它的本质就在于人的社会历史文化的具体创造之中，在于人的具体理性灵魂的无限的构建过程之中。理性灵魂的意义是后天的，是构建起来的，是构建着的。灵魂构建是学习过程，它本质上却是创造的过程。只有创造才使理性灵魂摆脱了个体灵魂有限性，才使具体灵魂具有了普遍的本质，才使人类普遍社会历史的统一精神运动是不断创造中的发展进程，理性灵魂才具有了主客观相统一的最普遍意义。

三、灵魂的经验认识

把灵魂理解为生命的抽象本质，把具体生命理解为灵魂和肉体的统一，把生命抽象灵魂理解为无意识灵魂到意识灵魂再到理性灵魂的由简单到复杂，由低级到高级的进展，把理性灵魂理解为文化意义世界最普遍的具体的统一性存在，已经对灵魂概念建立了最基本的理解。但这远远不够，它产生于亚里士多德的生命统一学说的基本框架之中，但亚里士多德的理论并没有为后人传承和发展，最终甚至灵魂失去存在的资格。这种自圆其说的抽象理解的最大问题出现在一切认识的最基本的起点上，即关于灵魂的经验认识问题。把灵魂理解为抽象意义结构的最大难点在于它和生命灵魂独立具体存在以及灵魂不死的传统认识是不相容的。如果把灵魂独立存在和灵魂不死再简单地停留在用虚伪、迷信、欺骗去否定的传统中，那对灵魂独立及不死的观点而言实际上什么也没有说。历史到现实人类在极大程度上对灵魂独立不死的观点大多是半信半疑而不是一概彻底否定的，不对灵魂独立不死问题和抽象灵魂统一学说建立相容性理解，所谓生命抽象灵魂说就只是没有几个人能相信的理论观点。除了它和灵魂独立不死理论不相容外，它自身也缺乏坚实的感性经验基础。既然一切认识从感性经验开始，对灵魂的思考也不能不直面关于灵魂的经验问题。

最基本的问题在于灵魂是否可经验的？如果在感官直接经验的意义上，即依赖于人的自然感官的视觉、触觉、听觉、嗅觉、味觉即耳、鼻、目、身体、舌头这五个感官直接感知意义上，灵魂是不能由感性去经验的，根本就没有关于抽象意义的具体感知的可能。最直接的证据是你无法感知你的灵魂。感知的直接对象是具体的实体存在，一切认识从经验开始的狭义理解是建立在对物质实体客体感性经验基础上的。正是感性是对具体实体认识而言、抽象是对意义的思维而言的自明性，抽象精神实体才成为不合逻辑的概念，是无意义的。在把世界理解为物质一元论的最普遍统一世界的前提下，一切认识从对客体的直接经验认识开始是成立的。但按照能量一元论，一切认识从直接经验开始就有问题了。因为能量子客体大部分是无法直接感觉到的，我们可以看到光，但触觉不到光，非可见波大多是不能由感官直接经验的，对电磁场的感觉，对引力的感觉究竟是不是经验就是一个见仁见智的问题。诚然，可以把对光的热感觉，对被电的感觉，受地球引力的感觉也理解为感觉经验，但还有中微子等许多大量的能量子是我们目前还无法经验的。在客体世界中，一切客体存在尽管并不都能由具体的感官去直接感知，但在复杂性的经验认知结构中，我们还是可以建立起关于它们的经验，否则它就无法被经验所证明，就不成为客体存在了。对人类而言，在广义的结构性经验意义上，一切客体都是可经验的，尽管我们看不见地球引力，但在还没有关于引力理论的情况下，我们已经知道水往低处流，苹果从树上往地上掉，这就是具体结构性意义的广义经验认识。在这种经验意义上，对客体世界的一切认识是从经验开始的。但“一切”是在客体的限定意义下的，对主体抽象性存在的经验是无意义的，亚里士多德的生命抽象本质灵魂依逻辑就是不可经验的，和灵魂具体经验认识不相容。灵魂是和肉体相统一意义上对应于感性肉体的存在，灵魂是抽象性的，肉体是具体性的，灵魂是抽象意义结构形式，肉体才是具体的，灵魂在和肉体的统一中才获得具体灵魂的意义，才在现实中展现出它的抽象意义。如果不坚持抽象非实体原则，抽象和具体就成为同一而不是统一，那本质上就倒退到中世纪经院哲学的“抽象实体”那种歪理了。抽象实体的直接背悖在于它和经验的关系上。作为抽象，它是无法被感官感知的，作为实体，它又是能产生感官经验的对象。抽象实体无意义的最简单、普遍的证据在于：如果一个人没有灵魂，则所谓灵魂拯救无意义；如果一个人有灵魂，灵魂是实体，那么有那一个人感觉到自己灵魂实体了吗？有哪位抽象实体论者能够提供关于自己灵魂实体经验的证据吗？不可能。关于自己灵魂实体的经验是没有任何证据的，关于上帝实体的经验就更不足为信了。既然抽象是非实体的，对抽象是没有感性经验的，当我们把灵魂理解为生命抽象本质，理解为生命中的意义结构时，同时就把灵魂理解为非感性经验认识的，一切关于灵魂的感性经验都是站不住脚的。

关于灵魂的经验是不合逻辑的。把灵魂理解为生命的抽象本质，具体理解为生命的意义结构，则关于生命灵魂的经验直观在逻辑上就不再成立了。经验是一种认识。无意识灵魂还只是一种反应刺激抽象生存选择形式，进入意识灵魂后，则进入经验认识形式了。人的理性灵魂具有复杂的意义认识结构。按照灵魂统一性理解，理性灵魂是以个体经验认识意义这低一级灵魂为基础的，经验认识是理性灵魂必要而非充足的条件，由此可以得出推论，所谓经验就是灵魂构建本身。按照元语言和对象语言的意义边界，按照罗素的类型论，经验作为灵魂构建的具体现实行为，它不能经验自己本身，经验到经验的叠加是无意义、不合逻辑的。这正是在现实中没有人可以经验到自己的抽象灵魂的原因。人类常用的“认识经验”陈述有两个特定意义：一是由经验中综合出来的认识，所“经验”指的不是感官感知，而是由感官感知的信息综合出来的意义结构，不是抽象认识的经验感知过程；二是具体认识主体思维过程的体验，这种所谓“经验”是在具体个体的限制范围内的，是主体在抽象意义构建、处理中思维器官的运用并实现意义构建的具体现实过程，所“经验”不是感官感知的关于外部环境的经验，是思维的内省过程，并无感官感知的传统经验意义，更不能上升为普遍认识意义。一旦上升为外在于具体个体的普遍意义，又成为上一种“经验”了。从本质来看，对抽象的经验是不可能事件，我们说认识经验时所指的并不是关于抽象认识的经验，而是包括认识组织结构在内的具体认识过程。所谓内省的经验，只有在认识的具体机制意义上才有“经验”意义。经验永远是对具体对象而言的，它不能指向抽象意义本身，这正是没有人能经验、感觉到他人的想法，即知人知面不知心的理由。对他人灵魂、思维、认识的理解不是通过对他的抽象灵魂的感知，而是通过具有普遍意义的知识的沟通，以意义沟通为中介来实现的，这正是普遍知识的本质意义。

灵魂的抽象本性和不可经验的现实性和传统的灵魂独立存在及灵魂不死学说是不相容的。亚里士多德的生命灵魂统一学说成为神秘活力论告诉我们，一切精神文化只有回到具体才有现实意义。在理解灵魂本性和本质的基础上必须合理回答人类几千年最基本也是最重要的灵魂独立不死理论，关于灵魂的反思才有现实意义，对灵魂的认识才有一丁点进步。重复“灵魂独立不死”是欺骗、幻觉的观点，则对灵魂的所有讨论都没有实质意义。亚里士多德生命灵魂统一学说如此精辟但却没有市场，归根到底是它无法和传统的灵魂独立不死学说相协调。把灵魂独立存在甚至不死的观点斥为“无知”那才是最彻底的无知。在人类还没有进入文明史的原始时代，在以图腾崇拜和祖宗神灵崇拜为信仰的时代，人类对外部客体世界所知不多，但对灵魂所知甚多，对灵魂的最简单认识从根本上支配着原始及人类文明史早期的生存，外部世界的现实总是被理解为灵魂的支配作用。一直到古希腊文明，人的世界还是由人格神支配的世界，实质上是由不死的灵魂支配的世界。从泰勒斯到伊壁鸠鲁、柏拉图，一代代杰出的圣哲们都在追求对灵魂的理解，都在追求对灵魂知之更多，期望达到普遍性的理解。人类对灵魂的真正无知有两个意义：一是彻底否定一切灵魂，从而取消灵魂独立及不死命题。问题解决了，但我们真的就从此对灵魂无知了。法国机械唯物主义和无神论的目的和意义、历史作用就是在此。把灵魂仅当作抽象的独立东西，既抽象又独立就是虚伪的，同时也是没有意义的，灵魂具体不存在，抽象无意义，那也就对灵魂从此彻底无知了；二是人类对灵魂缺乏普遍的知识和理性的理解，对之在知性客观性和理性统一性意义上一无所知，因而不能对经验中的灵魂现象得出普遍、合理的理解，灵魂在本质上对人类就是一个未知的世界。

世界统一性原理的目标就是要达到生命灵魂本质统一学说和传统灵魂经验认识的协调，希望通过从经验上升为知性和理性统一性认识，把生命灵魂学说和人类几千年对灵魂的普遍经验即灵魂独立不死观点统一起来，把对灵魂的认识从经验之知上升到知性之知，理性之知，那就在本质上对灵魂从无知到知。建立对灵魂经验、科学、智慧的统一性理解，是世界统一性原理“认识你自己”的最高、最普遍意义。当然，一切认识从经验开始，对灵魂的认识同样从经验开始。因此，世界统一性原理回归以关于灵魂的经验认识作为逻辑起点的。尽管按照生命灵魂抽象本质理论，灵魂是不能经验的，但人类关于灵魂的最普遍、最传统的观点是对灵魂的经验认识，否认灵魂可经验性，简单地依灵魂抽象生命本质理论推论为一切关于灵魂感性经验认识都是虚妄捏造之词，则我们又退回到关于灵魂争论的原点，并无意义。世界统一性原理把人类关于灵魂的经验观点理解为确实是经验意义的，否则就否定了一切从经验开始的原则，或者干脆否定了灵魂的意义。但传统的灵魂观只是经验意义上的，没有从感性认识上升为知性或理性意义认识，这才是问题的症结所在。更为棘手的问题在于，无神论断然否决具体灵魂的最主要根据是人没有关于灵魂的五感感知，人普遍缺失感性具体灵魂认识它就没有抽象出客观普遍知识的基础。解开抽象和具体的不相容性是把抽象灵魂和具体经验灵魂统一起来之关键所在。

柏拉图主张的独立不死的具体幽灵和亚里士多德主张的生命本质抽象意义之灵魂在逻辑上就是不相容的，两者都成立则它们的意义就不相同，都叫灵魂则表明两者有关联，故要把两者区别开更要将之统一起来。从逻辑意义可知，柏拉图的具体幽灵是现象认识，亚里士多德的灵魂是本质归纳，我们需要智慧把现象和本质统一起来以通达灵魂具体存在的现实性。在知性、理性意义上不可经验的抽象灵魂并不是灵魂独立不死意义上的灵魂。独立具体的灵魂是可经验的，对之是有经验认识的，这种灵魂观所指的灵魂并没有达到知性普遍性甚至理性统一性的抽象意义。因此，关于灵魂独立的经验理论就不全是无意义、无根据的骗人鬼话，它的历史悠久性和普遍认同性表明它是有人的生存经验基础的。独立不死的灵魂不是知性、理性抽象灵魂，因而可经验。两个层次的灵魂概念所指并不相同，但它们又不是毫无关系的两个对象，而必须是具有内在统一性的概念。世界统一性要协调生命灵魂本质学说和生命灵魂独立不死理论，就是要实现它们之间的统一性关系理解。因此，仅停留在生命是灵魂和肉体的统一这种高度抽象中是不可能有所突破的，当然要深入具体到灵魂的意义结构及其作用机制去考察，才有可能达到具体统一性的理解。

按照生命科学的知识，对有意识的高级生命而言，意义构建的中心是大脑，人的认识尽管包括感官及感觉传输组织的作用，但具体的认识集中的大脑中。灵魂的意义结构，对有意识的灵魂而言，可以更具体地理解为大脑的意识，大脑就是抽象灵魂的家园。灵魂是大脑的现实，现实的大脑是生命组织和灵魂的统一。对于大脑如何产生意义、思考意义、创造意义，这是一个极为高深而复杂的科学命题系统，说句大白话，目前的生命科学、心理学、思维科学还没有成为可以真正揭示大脑精神过程即大脑意义构建机制、规律的科学。在还没有真正科学可以直面灵魂提供普遍客观知识之认识的情况下，还有一种补救方法，那就是用最简单但又具备大脑构建意义基本机制的电脑的机理去类比，模拟和思考大脑构建意义的过程。电脑不是人脑，最高级的电脑也无法比拟人的大脑。但电脑工作的最基本机理和人脑在逻辑上是一致的。从电脑技术的科学知识及统一性机理中可以对一般的抽象意义构建得出最一般理解，并且对大脑的精神过程理解具有基础性的意义。电脑由硬件和软件系统构成，是硬件和软件的统一，硬件是电脑的基础，软件是电脑的本质。因此，硬件是电脑的“肉体”，软件是它的“灵魂”。电脑的灵魂尽管简单而基本，但却是具有科学客观性知识基础的技术，为我们客观认识意义构建的思考提供了入门。电脑的硬盘、软盘、U 盘实际相当于大脑组织，软件就建立在这些组织结构的基础上，就统一在它们之中。给一块没有任何信息意义的空白盘输入软件意义后，它就不只是“肉体”，而是“肉体”和灵魂的统一，软件使电脑成为现实。软件是什么？是由门开关的开关状态作为“0”“1”两个逻辑状态，由抽象的状态复杂结构构成的意义抽象系统。一个最简单的开关，逻辑上两个状态，它的复杂性结构就形成了逻辑上各种复杂性意义。客体世界的复杂结构是按这一逻辑演化展开的，抽象意义世界也是按这一逻辑建立普遍的复杂性意义的，只不过客体世界以能量子客体为材料，意义世界以抽象的0、1逻辑模态为材料而已。对一个软件系统而言，在抽象意义上，有几点是基本的：一是意义即0、1的结构，意义结构有它的算法语言，赋予0、1结构复杂性演化中的逻辑性即普遍性，使意义是合逻辑、可理解的；二是由0、1逻辑模态按它的算法语言规则建立起的复杂性系统，原则上可以模拟、陈述符合它的逻辑规定意义之下的任何复杂性意义。总之，电脑软件的意义是由门开关的抽象开关状态的组合结构意义构建起来的，是这些开关状态按算法语言语法规定性运动变化去实现意义的发展变化的。最重要的一点是，软件运转对电脑硬件而言，对开关而言，后者可以看作相对不变的，在存在意义上不变，在存在状态上改变。意义是在状态之中的，这才是对电脑软件意义机制更具体的理解。

从电脑软件的工作机理去理解人脑的工作机理，对我们理解灵魂的意义结构及构建是富于启迪的。灵魂不是大脑，而是以大脑为基础的抽象意义结构，灵魂的运动是意义的构建和发展变化。大脑的意义机能并不能简单还原为在脑细胞之中。脑细胞是物质，也只是意义的基础，不是抽象意义本身。大脑的抽象意义只能合理地理解为脑组织细胞能量状态的抽象意义结构。能量状态的复杂性结构就是抽象的意义结构，就是生命的灵魂，脑容量实质上是它的状态容量，和电脑的内存容量本质上一样。与电脑在组织结构上并无根本区别的大脑，它的抽象意义结构却大相径庭，这在电脑中是最基本的事实。最为重要的是，在电脑硬件同一性基础上意义的“后天性”为我们理解人类后天经验文化的认识发展提供了启示，只有在抽象灵魂意义结构基础上，超越先天自然遗传编码制约的人类文化才是可能的。

把大脑灵魂抽象意义结构具体理解为大脑组织细胞的抽象能级或能量状态表达的意义结构，使我们对灵魂的认识进入具体结构，并可以由此去尝试把灵魂这种抽象意义结构和传统经验关于灵魂独立不死的观点协调起来。如果灵魂的意义结构是脑细胞结构，则生命死亡灵魂同时解体，它的意义结构不再存在。把生命理解为肉体和灵魂的统一时，生命死亡而灵魂独立不死是不可思议的。但如果把灵魂理解为大脑细胞的能级状态结构，则在物质肉体生命死亡时它的脑细胞能级状态结构如何变化就是一个复杂性问题，它可能解体，也可能在一定时间中保留。根据我们对通信信号传输的知识和技术，一个相对完整的意义结构可以在具体的能量子状态中存在，一个抽象意义结构并不一定以物质结构为基础，以能量子客体为基础同样是可行的。我们从太空的能量波中解读遥远星体信息的意义，我们把自己的意义信息荷载在电磁波中发射向太空，这不是幻想或臆想，是现实的生存具体技术。一个灵魂的意义结构的最直接客体基础并不是脑细胞物质，而是脑细胞的能量，能量的能级抽象状态结构才是类似于开关的0、1那种抽象模态意义元结构。从物质一元论观点，抽象灵魂不能离开物质肉体独立存在；从能量一元论观点，灵魂在根本意义上更应理解为以能量子状态的抽象逻辑模态为元素构建的抽象意义结构，是以脑细胞的电波即能量子为载体的，更可能和能量子成为具体统一性的存在。按此理解，它们在特定条件下可以离开物质肉体生命成为独立存在，这正是灵魂独立不死的经验的可能原因。当然，人们经验的并不是灵魂，而是抽象灵魂和具体能量载体的统一，只不过人们把这种独立统一的具体存在当作灵魂而已。从这种意义上，可经验的灵魂就是抽象的意义结构和意义载体的统一，在生存状态下它统一在人的肉体生命之中，使生命成为以灵魂为本质的具体存在。在人的物质肉体生命结束时，他的以脑细胞能级状态为抽象意义结构的灵魂并非必然随生命物质肉体解体而解体，有在和能量子客体相统一意义上独立于生命肉体的可能性，这正是灵魂可经验的可能性。即我们无法经验到和肉体相统一的抽象灵魂，但可以经验到独立于肉体的、灵魂和能量子载体相统一的独立存在。这种具体统一且独立于人的物质肉体的存在就是人们一直在经验意义上所讨论的灵魂，但它并不是真正抽象的灵魂本身，只不过人们在经验意义上将之视为灵魂而已。当然，它有可能包含着抽象灵魂的完整意义，也许是部分意义。能量子客体其实也是难以经验的，这才是关于灵魂的能量统一体难以经验的原因。但只要是能量子客体，就是在逻辑上可经验的，而抽象灵魂则是逻辑上不可经验的。只有把经验的灵魂独立不死观点之灵魂理解为灵魂和能量子载体的统一，才有可能把生命抽象灵魂学说和人类关于灵魂独立不死的经验观点建立起关联，并且有可能得出相互协调的理解，甚至能最终在得出科学的客观性认识基础上通达对灵魂的理性统一性理解。对具体灵魂经验缺乏直接感知的原因在于人的五感对大部分能量子客体失效，只是表面现象认识而已，并没有普遍客观意义。事实上，生命科学已经开始从不同频率去研究人的向外发射波。从能量一元论的观点，生命本质上是能量过程，自然界在现实上是普遍永恒有无相生着的世界，是有之以为利，无之以为用的质能统一世界，把生命理解为物质肉体是狭隘的，把自然限于物质实体存在是近视的。把生命理解为能量、质量、信息统一体，揭开灵魂经验的意义，从经验出发是认识灵魂起点。

综上所述，可以对柏拉图的独立不死灵魂和亚里士多德的生命抽象本质灵魂概念得出统一性理解：

第一，柏拉图的灵魂指的是特定具体存在现象，亚里士多德的灵魂统一了灵魂的普遍本质，两者的统一是本质和现象的统一，不应把两者机械地对立起来。造成两者对立的认识根源是物质一元论，它否决了独立于肉体的灵魂意义结构的现实可能性，其现实原因是对无质量客体感性具体认识和普遍知识认识的局限性。无线信号的知识和技术在逻辑上为独立灵魂存在可能性提供了根据，在信息时代仍然拒斥与人类如影随形的独立灵魂现象的现实性是缺乏理性自觉的。

第二，柏拉图和亚里士多德的灵魂概念之定义域也是有区别的。在生命范畴中，亚里士多德的灵魂统一了无意识灵魂和意识灵魂的普遍意义，柏拉图的独立灵魂只对意识灵魂有意义，因为只有以大脑为灵魂载体的高级生命才有可能形成可独立于肉体的具体灵魂。灵魂只对生命有意义，可独立、轮回的灵魂只对有意识的高级生命有意义。从认识的具体构建机制看，离开生命的独立灵魂是否能构建意义并不是自明的，没有质能统一性的意义操作系统能否继续构建意义是目前人类还无法回答的命题，故灵魂的现实性意义在生命中。

第三，确认独立具体灵魂存在回答了人类从原始时代就产生了朴素灵魂感悟的经验依据，不再简单地将一切神灵观念归结为幻象和欺骗。其更深刻的意义在于开启了超越生命有限性去理解人生绝对意义的可能性。执于只有今生没有来世的有限生命是得不到人生无限而绝对的意义理解的，近代新兴资产阶级的无神无灵论合逻辑地只能把人导向物化社会，造就了人对人是狼的丛林文化。我是谁？从哪来往哪去？我一生的价值和意义是什么？这是人“认识你自己”的最高具体命题，其中我是谁之我不只是有限一生之我，而是前世、此生、后世相统一之我，是由灵魂统一的无限之我，据此命题才有意义。在有限一生中不知道我是谁、从哪来往哪去的人是弱智者，超出有限人生追求生存绝对意义那才是极为深刻的智慧。由具体独立灵魂存在为前提才能由具体灵魂把具体之我统一起来，超越此生有限性从而赋予我无限绝对意义。在具体灵魂经验基础上，才有普遍客观的灵魂知识，才能依靠科学把神灵迷信变为理性自觉的文化，才能在理性地认识自己的灵魂基础上理性地认识你自己。

第三节　灵魂的回归

一、灵魂唯象理论和迷信

把灵魂理解为生命的本质，把理性灵魂理解为是人具体生命思维脑组织细胞所携带的、由它的能级状态意义结构构成的抽象意义结构，在能量一元论自然界的能量、物质、信息三位一体的意义中，提供了理解理性灵魂具备在以能量子为载体的统一性具体存在形态中，成为独立于生命物质肉体的具体存在可能性。至此，我们正正当当地回归了传统的独立灵魂命题，我们的灵魂不再自己否定自己，而能正正当当地反思和认识自己。这是人在文明史中走向自觉自由文明存在的必要条件。灵魂回归不是回归大脑，灵魂本质上是大脑的意义结构。否认灵魂是意义，人大脑的意义结构不是自知自觉的灵魂意义结构，人就没有达到对自己本质的自我认识。灵魂回归是指灵魂回到自觉反思自身理性，反思人的本质，反思意义的意义，使人成为不断远离自然，走向更加自觉的文明境界的存在。灵魂思考灵魂不只是理性之人和感性之禽兽的本质区别，更是人类理性从不自觉到自觉的标志。圆满的人性、神圣的人不是在肉体中长成的，是在追求自觉理性通达炉火纯青境界的不懈努力中历练而成的。只有理性灵魂为本质的人才有成圣成仙成神的必要基础，以感性灵魂为本质的非理性生命至多只能成精成怪。

回归灵魂是回归灵魂的认识，就是回到对人灵魂本质意义上的理性具体认识。我们理直气壮地说灵魂存在时，首先否定了把一切关于灵魂的认识统统归之封建迷信的观点。尽管人们无法依靠感官去经验灵魂，但灵魂的意义结构和能量子客体相统一能成为独立于生命肉体的存在时，关于灵魂独立存在及灵魂不死的几千年灵魂传统认识就不能简单地斥之为欺骗，它包含人们关于灵魂经验认识的某些合理成分。当我们回归对灵魂的自我认识时，按照一切认识从经验开始的原则，根据人类认识从低级到高级循序渐进的一般特点，首先必须回到人类关于灵魂传统认识的朴素理解，作为回归灵魂认识的起点。

灵魂是人类历史最悠久的观念，在进入文明史之前就已经产生，并成为人类从自然向文明史漫长过渡期的主要支配观念。但人类进入文明史几千年后的今天，关于灵魂的认识却是可怜的。从文艺复兴开始的近代人类自由解放的历史最终用战斗的无神论抛弃了灵魂学说是有其内在必然性的。因为从文艺复兴开始的人类近代史本质是科技发展史，是科学理性发展史，最精辟的概括是一切都必须在理性法庭前受审，证明自己存在的权利。这时的理性法庭是科学真理的法庭，这意味着只有科学证明了的存在才有存在的权利，灵魂在科学理性法庭审判中失去存在的价值。近代科学革命的理性就是科学知识、真理，人类灵魂迄今为止的一切理论还只是唯象理论，不是科学真理知识，根本经受不了科学的审判。关于灵魂的一切学说在科学面前被宣判为迷信，终于无可奈何地失去了生存的资格。停留在唯象理论的灵魂学说在西方科学世界无法立足是顺理成章的。

所谓唯象理论，在关于生命学说的中医理论中曾经有所论述。概括地说，它是和现代科学实证方法完全不同的思维认识方法。科学真理是从经验中归纳出来的抽象知识，并在经验中经受验证。它无论是对存在者的认识，还是对存在者的状态、现象的认识，都建立在具体、实在、可经验、可验证的具体客体基础上。科学关于客体的一般抽象规律在其描述定义域中的一切边界、初始条件下都必须能经受检验，科学抽象陈述必须既能证真又能证伪，必须在一切具体边界及初始条件下为真，这就是真理的证伪原则，它保证了真理的普遍客观性达到绝对性，使真理成为绝对真理。一切真理是建立在“体”的基础上的，是以客体为基础的。唯象理论则把“象”作为基础，以象为意义的承担者。象有形象之意，但也有抽象之意，它的本质是和“体”相对应的，在独立于本体存在意义之外，用象作为意义载体去建立“象”之间的关系，解释特殊经验的普遍意义，并且从普遍知识回到统一性的现实具体。唯象理论其实并没有达到普遍抽象和具体现象绝对独立的水准，只有由象回归现实才完成其完整意义结构，其实是知性理性没充分分化的朴素认识。中医理论的“精”“气”“神”以及“金、木、水、火”就是象，作为虚拟的意义载体去描述生命运动关系规律。只有虚拟意义载体，不必有实在客体作为意义载体，这就是“唯象”的意义。唯象理论是和实证科学不同的思维方式，不同的意义陈述系统，它的理论尽管一样源于对经验认识的普遍归纳和综合，但它只有证真没有证伪原则，它有普遍知识意义，但却无法通达绝对的境界，即它有效却不是普遍有效，没有达到绝对真理的客观普遍性。最形象的比喻就是控制论的黑箱，象就是黑箱，关系、规律就是黑箱的输入输出之间的因果逻辑关系。由于象这一黑箱可能是复杂性系统，它的输入输出关系不一定是机械的线性关系，它的功能关系描述往往达不到证伪的严格要求。在经验基础上以证真为原则的唯象理论，对于无法达到科学决定性描述的复杂系统过程，唯象的功能描述就具有重要的意义。唯象理论的优点是基于系统功能关系的整体性和抽象之象回归具体功能时的经验现实性，缺点是没有普遍客观性。在那些科学无法描述的领域中，唯象理论却往往能得出合理的解释，提供切实有效的解决方案。中医辨证唯象学说在疑难杂症面前，采用和西医科学完全不同的解释及治疗方法，有时往往比西医有效。从更深层意义看，唯象理论和科学理论的本质区别在于科学是知性抽象关系普遍知识，唯象理论却是半知性、半理性、半具体、半抽象的知识。唯象理论不是感性具体，是理性的具体，因为它以人类普遍知识为基础，是包含知性的理性，但它的知性基础知识又达不到科学的客观普遍有效性，是人类理性还没有自觉分化为知性和理性相统一智慧的产物，还没进展到客观普遍性为基础的自觉理性水准。只要建立了科学真理认识关系的领域，科学真理为基础的自觉理性方法一定取代缺乏客观普遍性基础的唯象理论。问题在于科学有效但有限，还知之不多，还不可能取代一切唯象认识。在科学无法解决的复杂性对象面前，唯象理论是现实可行的选择。从这个意义上看，人类用科学破除灵魂迷信，科学从根本上否认灵魂的存在，否认一切关于灵魂的理论，就在于科学的认识还没有进入灵魂领域。科学连灵魂作为认识对象的规定性都还没有建立起来，因而只能在科学意义上否认灵魂的存在。按照这一结论，人类迄今为止关于灵魂的一切理论都是唯象理论，包括人类早期的图腾信仰、古希腊自然哲学家的物质灵魂、柏拉图的独立不死的灵魂、亚里士多德的生命灵魂本质统一学说，直到中世纪宗教哲学和经院哲学，包括托马斯·阿奎那以及奥古斯汀的上帝存在论证，都没有超越唯象理论。在文艺复兴人类进入科学理性时代，建立起知识就是力量的科学信仰时，抛弃只能停留在唯象理论中的灵魂学说就自然而然了。

灵魂学说和传统中医理论都是唯象理论，这并不意味着传统的灵魂学说不是迷信。必须坦承，尽管灵魂学说和中医理论都是唯象的，但后者是具有重大现实意义的唯象理论，前者却是迷信的唯象理论。中医唯象理论是以人的生命具体为对象的，它的基础是人类普遍经验，它以象为载体描述的功能指向人生命生存现实，是可直接感性经验的，是可证真的，是在不断证真的调整中不断完善的。它的本质在于用，不在于“体”或“象”上。中医是一门实用性、经验性很强的唯象理论，缺少的是机械的确定性，这正是它的长处，也是它的短处。在科学取得巨大进步的今天，复杂生命之谜还没有揭开，中西医相结合是合理的医疗技术选择，西方实证科学尚未解开谜底的疑难杂症往往有由中医技术具体解决的可能。但关于灵魂的唯象理论就不同了，至今为止的灵魂唯象理论是“坏”的唯象理论为主流的，能够达到亚里士多德那种生命抽象灵魂本质学说的，绝无仅有，但它又无法回答经验中的灵魂独立存在及不死问题。为什么灵魂唯象理论无法像中医唯象理论那样为人的生存经验提供有现实意义的理论知识呢？这是一个归纳灵魂认识史本质的一个根本命题。灵魂唯象理论陷入迷信，最后成为过街老鼠，这里面有着深刻的原因。

首先，灵魂的经验认识对象是一个二律背反的命题。关于灵魂的一切认识没有超越唯象理论，唯象理论是从经验中归纳和综合而来的，用抽象的象模拟客体载体所建立的功能关系陈述，它的最本质意义是具体技术性的，既超越了感性具体又没达到理性具体。但灵魂作为合逻辑的抽象意义结构，却是不可感性经验的。这正是没有一个生命可以代替另一个或感知另一个生命的真实感觉的原因。感性经验一定是具体个体性的，它所能普遍的是“汇编”出来的意义，不是直接的感觉意义。最可靠的证据是我们讨论灵魂，灵魂唯象理论建立在灵魂存在的前提下，我们可以相信自己有灵魂，我们的同类，甚至一切生命以致山川河流都有灵魂，但我们大多数人根本没有经验到它的存在。无论是抽象意义认识结构的灵魂，还是意义和载体相统一的具体独立灵魂，大多数人是无法经验的，能够通灵者微乎其微。人类大多数关于灵魂的认识是以通灵者比如巫师为中介的，关于灵魂的经验是不普遍的，假中介之手的灵魂经验知识的客观性是难以保证的，对大多数人而言就只是因信而迷，并常常被心术不正者借灵魂名义欺世盗名谋利。灵魂既然不是普遍经验的对象，就不应有关于灵魂经验的唯象理论。但迄今为止的一切灵魂学说都没有上升为客观普遍有效的科学理论，还只能达到经验归纳的唯象理论水平。关于灵魂的学说只能是唯象理论又不能是由普遍经验实证的唯象理论，这就是二律背反。这个二律背反不是灵魂学说认识中形成的，而是在对灵魂对象的规定性的理解中造成的。把灵魂理解为抽象客体，人类最后产生了抽象实体这种认识对象，对抽象实体的认识最后一定是两律背反的。世界统一性原理把灵魂理解为抽象意义结构，把人类关于“灵魂”的真实经验理解为关于独立于生命肉体，由能量子客体荷载的灵魂具体存在的经验，经验的客体是能量子客体而非抽象灵魂本身。并且对这种具体存在的经验也缺乏普遍性，对之的普遍抽象客观知识还是空白。但只有这种特定的具体灵魂和具体意义承载客体的统一，才是我们解释灵魂独立于生命、灵魂可以不死的学说的经验可能来源和依据。人类关于灵魂的经验其实并不是关于独立的抽象灵魂的，抽象灵魂是不可能具体而独立的。关于“灵魂”的可能经验只能是以脱离了物质生命肉体，以灵魂和能量子载体作为统一的具体存在为对象的经验，并且关于“灵魂”的经验不是现实生命之中的，而只能是在肉体生命之外独立存在的能量子载体和灵魂抽象意义相统一的存在。由经验而来的灵魂理论学说一定是灵魂独立不死的，从理论逻辑上抽象的灵魂则一定是亚里士多德式的纯粹抽象意义结构。人类早期自然哲学是关于客体经验认识基础上的归纳，大多数自然哲学家承认独立灵魂存在的经验，这正是早期重要的自然哲学家总要去解释灵魂的自然构成的原因。但把灵魂当成一种物质客体，把它理解为身体这东西中肉体之外的另一种东西，一种东西在一种之中又和它本质不同，那就使自然客体理论和灵魂理论都陷入两难状态。

其次，退一步来说，把抽象灵魂和它的具体能量子载体具体存在的统一体当作人们传统经验中的具体灵魂，解决了灵魂经验认识的可能性问题，把关于灵魂的经验理解为实际上是特定的、独立于肉体而依然以能量子客体为载体结构的灵魂，这的确可以对几千年灵魂独立不死的学说得出合理的解释。但关于这种“具体灵魂”的经验也是极难经验的。它在原则上可以经验，但在现实中很难经验，在迄今为止的科学理论框架中，基本是无法得出经验基础上的普遍意义归纳的。在光的波动说占支配地位时，光只是波动现象，不是存在者，是现象的经验和知识。二十世纪量子力学和相对论的质能关系给出光即各种能量子的物质本性解释，用波粒二象性来调和光的物的关系。当电磁波、光都成为物质时，我们对于它们的动力学特性却一无所知。量子力学的真正革命是把微观实体粒子的运动纳入波动描述，而不是把波动纳入质点的动力学描述。在无法对能量子作动力学描述时，把质能关系理解为质量等效时，我们对能量子的客观认识其实还是没有多大进展。把能量子看作特定形式的物质粒子，把它们统一在物质世界之中，只是强词夺理的独断论。量子力学和相对论力学创立一百余年来，对能量子的质点动力学描述仍处于零描述，凭何根据说它是特定的物质存在呢？难道质点动力学的描述不是对一切物质客体普遍有效的吗？电磁场是物质，引力场是物质，物质在电磁场中和引力场中的运动是在物质中的运动，这不是回到同义反复了么？正是对能量子普遍客体本性的无知，使我们对以能量子为载体的灵魂在客观知识意义上也基本处于无知。一个极为关键的事实是，在物质肉体中的灵魂抽象存在于具体生命之中，受物质肉体的生命时空规定性制约，受物质世界的规律制约，遵守特定的空间相对性法则，但在独立于物质肉体以能量子为具体载体的独立灵魂存在中，灵魂不受生命物质肉体束缚，只遵守能量子客体的绝对运动规律，不再是空间相对性存在，用相对空间去理解它已不合适。我们这种在相对空间中才能被合理陈述的有肉体的生命存在和独立灵魂存在之间的时空关系，已经超越了物质客体时空关系的范畴，只能按照狭义相对论的关系，即保持能量子运动绝对性前提下去协调。因此，即使有“独立灵魂”这种具体东西，它也不是物质性的，它的经验不是物质世界的经验，而是能量世界的经验。人的独立灵魂的能量载体如果有，也不是可见光，又恰恰是人们很难经验得到的，不是现实人的普遍经验。就是说，对大多数人而言，抽象灵魂是无法经验的，以能量子为载体而外在于人的生命肉体的灵魂并不是普遍可经验的。对大多数人而言，只是间接经验而已，而且这种经验的理解、描述、验证都是很困难的。这正是关于独立灵魂的唯象理论无法和具有普遍经验意义的中医唯象理论一样不断完善的原因。即使灵魂真的能和能量子客体结合为独立于物质生命的存在，我们也很难经验到它。

最后，必须指出，由于关于独立灵魂经验的非普遍性，由于人类对能量子客体非物质客体的本质及运动规律的无知，使灵魂学说沦为少数人制造迷信去谋取个人私利甚至建立宗教统治的工具。灵魂学说的唯象理论几千年来留下的大多是迷信的糟粕，而不是在经验认识中不断完善和发展的精华。世界统一性原理承认灵魂的存在是基于对最普遍的意义世界的存在统一性的逻辑上的理解，是基于生命超越物质世界，人的文化意义世界超越自然意识世界的统一性理解，唯此才能充分地理解人的自由创造的本质，又不再犯把人凌驾于自然世界之上、之外的人类中心主义的“近代现代病”。从逻辑上论证“独立灵魂”的可能性及其真正意义，把它理解为它是在生命终结的条件下，生命中的灵魂即意义结构和直接承载灵魂的脑细胞的能量能级结构一起，逸出生命物质肉体，成为独立于生命肉体的意义和能量子客体相统一的具体结构，其意在直面人类几千年来关于灵魂经验的意义问题。否认灵魂存在无法理解人的本质，否认独立不死的灵魂却很简单，且合逻辑。但我们关于世界的一切知识是从经验中归纳出来的，不是从逻辑上分析出来的，关于灵魂独立不死的经验不是用鸵鸟政策可以解决的，反而是纵容了借灵魂不死的观念去欺骗人们的迷信行径。几千年来关于灵魂不死观念为基础的宗教奴役和统治带给人类的苦难教训是深刻的。近代科学革命后人类用科学理性反宗教迷信，最后甚至连灵魂都一起被扫进了历史的垃圾堆，但我们最后真正解决了封建迷信问题吗？没有。为什么呢？把几千年来对人类影响如此普遍而深刻的灵魂观的源头和原因简单地归纳为基于无知的恐惧和少数人恶意的欺骗，那是把全体人类视作弱智，持这种观点的人或许更弱智。诚然，所谓几千年来的灵魂唯象理论带有浓厚的迷信色彩，有许多是恶意的欺骗，但普罗大众为什么受骗才是最本质的问题。最根本的原因只能理解为独立灵魂的经验尽管不普遍，但确实有，这是产生灵魂唯象理论的基本前提。正是经验的非普遍性，使大多数人与灵魂的沟通要假手外人，少数具有通灵术的人在人类早期就具有了优越的地位，也为借通灵术的欺骗以及后来产生更大规模的灵魂拯救现象的历史提供了契机。如果一切关于灵魂的经验都是欺骗的，那就无法为灵魂迷信现象找到现实的基础。在我们当今现实社会中，正统文化当然无灵魂神灵之说，但神灵意识依然流传在人们的文化中，渗透在人的灵魂深处，甚至带有人的信仰色彩。否认神灵观念在现实社会中的存在是不客观的，也是有害的。由于科学无法回答灵魂问题，人类只能粗暴地将灵魂取消，让它在人类文化的深层“自然生长”而已。科学破除迷信，那是知识的力量，科学独断地拒斥灵魂，那是科学的软弱和无知。迷信不是幻觉，而是具有普遍意义的文化现象，是人类无法由客观普遍知识去理解现实经验时不得已而为之，破除迷信依靠科学提供客观知识去统一经验现象，不是在科学无法解释经验时否决经验的现实性，那不是破除迷信，只会使迷信继续下去。

承认灵魂的存在，正视自己的灵魂，人类才能真正自觉地在反思的意义中参悟自己的本质，才能在超越个体生命有限性中通达无限的绝对普遍精神。从几千年历史的审视中证明，由于灵魂经验的非普遍性，它在经验的唯象理论中是无法逐步完善的，反而沦为迷信。要解决灵魂的统一性理解，还必须由科学客观知识奠基。

二、灵魂的客观性

灵魂的回归不只是回归存在，而是回归自觉的存在。如果只停留在灵魂唯象理论的存在，灵魂的回归就可能“画虎不成反类犬”。近代科学革命反对宗教迷信的伟大历史进步作用是不能低估的。灵魂的回归不是回到基于迷信的信仰，不能停留在唯象理论的水平上，更不能让人在迷信中失去灵魂的自觉性。因此，灵魂的回归必须回归科学客观性为基础的自觉理性灵魂。

科学的意义在于为我们提供客观普遍有效的真理认识，这是人类在文化选择生存中不断实现更大自由的必要条件，是人类反对愚昧破除迷信的有效武器。从文艺复兴开始的近代人类解放运动就是以科学理性为旗帜去推翻中世纪宗教神学统治的伟大历史进步，短短的几百年，人类在科学的高速发展中创造了一个充分展示了人从神的统治中解放出来的主体创造性的世界。信仰的权威最终是由科学摧毁的，不是由新的信仰去摧毁的。但是，科学反对宗教统治的近代人类解放运动却产生了一个似乎不合逻辑的结果，历史似乎和人类开了一个大的玩笑。我们知道，中世纪政教合一的宗教统治是以灵魂拯救的名义，在对人的精神灵魂的普遍奴役和统治中实现的。诚然，宗教统治的本质并不是灵魂统治，而是基于统治者利益的世俗统治，摧毁宗教统治的本质是人在世俗意义上的解放，但它同时还应该是人的灵魂的解放，人的灵魂应该从宗教统治的桎梏下获得完全的解放，回归主体的自由本质，人应该进入文化和自然、肉体和灵魂得到理性统一的新的历史发展阶段。但科学革命摧毁宗教统治的同时并没有使人建立自觉的灵魂，而是在无神论的名义下抛弃了灵魂，灵魂成了和科学势不两立的迷信，成了科学的天敌。这种不合逻辑的历史结果是需要人类认真总结和反思的，但这是无可辩驳的历史事实。我们无法否认，但必须理性地回答其原因，这可以从相关的三个方面去理解。

第一，科学从来没有否认灵魂的存在。近代科学的日心说理论否定了宗教统治的地球中心论，科学证实了并不是上帝在7天中创造了秩序的世界，也不是上帝主宰着世界。伽利略宣称："给我一支足够长的铁棒和一个可靠支点，我就可以撬动地球。"牛顿用四大定律把我们经验中的物质客体世界的最基本、最普遍的运动发展规律归纳出来，揭示了一个按自然必然性规律去运动的统一物质世界，上帝是不再干预自然过程而在最终宇宙推动意义上的无限存在。按照能量一元论和广义能量守恒定律，能量不生不灭在逻辑上决定了宇宙自然没有起源命题。其实，当古希腊的泰勒斯在科学意义上提出"本原"这种不生不灭的物质客体存在时，已经在逻辑上否定了世界起源问题的意义，已经隐含着上帝创造世界是无意义的命题。追求宇宙起源者都是顶尖的科学家，但他们只能成为不入流的哲学家。在科学推翻宗教统治中，科学破除的是对宗教统治理论的灵魂迷信，否定的是宗教统治的灵魂理论，而不是有根据地否认了灵魂的存在，这是完全不同的两回事。从来就没有科学去论证、证明灵魂是否存在命题的成果。客观地看，即使在最激进的十八世纪启蒙运动中，战斗的法国唯物主义者和无神论者也没有否认灵魂存在，只是否认经院哲学的神和上帝的存在。霍尔巴赫机械唯物论是十八世纪法国唯物主义哲学的总结，他并不是说人没有灵魂，而是把灵魂理解为人的灵魂组织结构即大脑，没有区分灵魂和灵魂的家园，故有时又把灵魂理解为大脑的机能。无论如何理解灵魂，有一点是肯定成立的，一切关于灵魂规定性的理论都以灵魂存在为前提，没有本体又何来本体的认识、属性呢？科学反对迷信，反对宗教统治的历史进步中，其实并没有否认灵魂的存在，严格地说，灵魂是被人类逐渐遗忘了的。

第二，从逻辑上看，科学只能证明灵魂存在，却无法证明灵魂不存在。科学无法证明其存在，并不是反证了它不存在，只能说没有确定性的科学证据证明它存在，在获得科学证明其存在的可靠性之前，灵魂只是可能存在，却不是不存在。不只灵魂，一切存在都遵循这个逻辑。在普朗克建立量子假设之前，并没有人把光量子理解为无静止质量但又是不可分割的粒子化客体存在，爱因斯坦对光电效应的量子解释为光量子存在提供了经验上可理解的存在证据，我们才依靠科学获得光量子存在的确定性知识。近代科学对宗教迷信的证伪只能说明那些特定的关于灵魂的宗教迷信解释不存在，它在逻辑上无法得出灵魂不存在的普遍性证明。其实逻辑上的道理并不复杂，科学认识是从经验中归纳出来的，不只是在逻辑上演绎的最普遍关系，它只能从简单到复杂逐步发展，在科学理论体系的不断发展中发展，它是以经验归纳为手段的开放的知识体系，以证伪来保证知识的客观普遍性，所获得的绝对知识都是肯定性的绝对真理知识。它的逻辑陈述是肯定的必然性关系，它的否定性陈述是肯定性因果必然性关系在具体情况下的运用。如果科学真理本质是否定性陈述，那科学就无法成为不断积累中发展的开放体系了，一个新的存在或现象的发现总要和以前的否定性真理相冲突，科学就成了一个不断在矛盾调整中的封闭体系了。科学的开放性、渐进性，在不断积累中指数型增长性的一个重要原因就是科学真理是肯定性的普遍必然规律陈述，不断增长的肯定性陈述之间才能保持兼容性。科学真理知识的绝对真理本性其实就是确定性的肯定陈述，所以科学只为存在提供确定性的知识，却不能为不存在提供绝对知识，唯此科学知识才是积累中绝对增长的，这就是老子说的为学日益，为道日损的意义。科学没有证明灵魂一定存在，那是指迄今为止科学还没有为灵魂存在提供确定性证据。灵魂只是可能有，不是确定性有，这当然不能理解为灵魂一定没有。把科学破除对灵魂的迷信同时等价为科学对灵魂存在的绝对否定是不成立的。

第三，为什么科学反对迷信会得出灵魂不存在的结论呢？中医唯象理论并没有上升为严格科学理论之前，人们并没有普遍地怀疑它存在的价值，不会因为精、气、神这些虚象的非实在性去否定人身体中风、火、热、湿这些现象的经验理解。即使当下有人在严格实证科学意义下质疑它的科学性，但不能质疑它的存在，至于由此去否定中医理论的价值和意义，那就是走火入魔了。灵魂学说同样是唯象理论，它在获得科学实证证明之前，为什么不能像中医理论那样，和实证科学理论和平共处呢？在科学没有为灵魂的存在提供合理性证据之前，只能把灵魂存在问题边缘化，变成在遗忘中的存在，现实认识中的不存在呢？这里有几个原因，一是灵魂在和生命肉体作为具体统一的存在状态下，它实际上是无法经验的，人在现实经验中的当下生存完全可以脱离灵魂的意义，对灵魂的思考实质上是人的灵魂对自身的反思，是纯粹形而上学的。在形而上学的其他认识都在堕落的科学理性时代，再去思考灵魂存在的形而上学就不合时宜了。二是在独立不死意义上的灵魂，即指脱离人的生命肉体，以意义结构和能量客体能级结构相统一而独立存在的灵魂的经验并不是普遍经验，和物质客体世界的经验完全是不同的两回事。在绝对物质观的一元论世界中，在没有科学客观知识为根据的情况下，在大多数人无法经验感知的条件下，坚持灵魂存在的唯象理论的最现实结果是回复到迷信，被少部分人恶意地利用，并不能对人的生存经验得出有积极意义的作用。在科学日益发达，人类对客体世界必然性规律认识越来越丰富，人能根据科学知识去实现自己生存自由的文化选择的现代，人们对灵魂连作为科学对象的认识规定性都无法建立起来，关于灵魂的各种所谓经验也根本没有从中归纳出普遍知识的可能。没有科学认识对象又何来科学必然性因果规律的归纳呢？一切认识从经验开始，它同时意味着对人类有意义的经验要逐步向普遍知识发展，归纳为客观知识。中医的基本理论还是唯象的，但它和西方医学科学是兼容的，它的技术层面正在不断向科学客观性转化。中医诊疗已经同样在借用西方的科技手段，中医同样可以用温度而非还只能用热和火来描述。但灵魂的唯象理论目前还没有这种可能性，这正是关于灵魂的唯象理论在和科学无法兼容的情况下失去意义，终而灵魂失去存在的原因。

按照世界统一性原理，意义世界才是最普遍的统一性世界，灵魂是意义世界最高级、最复杂的存在，对灵魂的认识还涉及客体世界最普遍的统一性存在即能量子客体存在。按照人类对世界认识从个别到一般到普遍到最普遍的规律，对灵魂的科学认识建立在对客体世界统一性认识的基础上，并且是达到意义世界的最普遍的统一性认识。人是最普遍意义的世界统一性，人的理性灵魂的自觉理性意义就是最高的世界统一性。人类在物质一元论的宇宙观中建立不了对灵魂的科学认识是合乎逻辑的。对灵魂这种特殊的认识对象，离开科学客观性是无意义的，甚至是有很多弊端的。我们回归灵魂，不仅是回归到亚里士多德那种抽象生命灵魂统一学说就能有所收获，也不仅是回归到把经验中独立不死的灵魂理解为是抽象灵魂和能量子载体的具体统一性存在就有所突破。对意义世界最高级的灵魂而言，没有理性统一性理解根本无法真正体会灵魂的本质和意义，没有关于灵魂的客观知识就没有理性灵魂的本质和意义的客观基础。灵魂回归的第一个现实性阶段是回归到科学。人类要真正成为自觉的存在，就必须认识自己的本质，认识自己的灵魂，就必须把对复杂灵魂意义结构的统一性理解建立在科学客观知识的基础上。世界统一性原理不是科学专著，没有能力去从科学意义上归纳灵魂的普遍规定性及一般运动变化规律，但从前面的分析，它告诉我们，关于灵魂的科学认识是必需的，是可能的。在能量一元论的基础上，在最普遍的意义世界统一性的框架中，关于抽象灵魂的科学认识是合逻辑的，抽象形而上学的灵魂认识也是可能的。这个任务首先应由科学家去承担，对灵魂认识的突破只能由科学来完成。康德在完成批判哲学之后，将《纯粹理性批判》通俗化为《未来形而上学导论》，其意在于他认为尽管现有的形而上学是非科学的，但其出路在于必须向科学方向转变，他坚信未来科学的形而上学一定可以建立起来。康德的预言并没有成为现实，这并不是人的能力不够，而在于他预设一条二律背反的不可能之路，科学的形而上学是无意义命题，数学、逻辑学作为形而上学能否理解为科学尚有讨价还价余地，把理性哲学当成科学则纯属无稽之谈。无意义命题是无法合逻辑地返回具体世界的。那么，关于灵魂的科学是否有意义呢？根据我们上述的讨论我们可以肯定科学的灵魂知识是合逻辑的，是可能的。如果科学继续漠视灵魂，对灵魂无法提供任何客观知识，那就是科学的失职了。科学的灵魂知识是什么，由科学来具体研究和描述。从逻辑的统一性和普遍性关系看，关于灵魂的科学是可以有所作为的。关于灵魂的科学是理性灵魂认识的基础，是破除迷信的根据。当然，对灵魂的最终把握却一定是理性统一性的。

科学在传统意义上是追求关于认识客体的客观必然性规律知识的。灵魂作为认识客体却超出了传统科学认识的意义，这正是灵魂科学认识的困难所在。传统科学认识客体是本体论意义上的客体或客体的属性、现象，科学追求的是这些客体现象必然性因果普遍规律的知识，客体性是客观性的基石。但灵魂是抽象的意义结构，或者说灵魂本身是主体性的，是认识论和存在论同一的，没有认识的意义结构就没有灵魂，这和没有认识客体，本体客体依然自在存在是有本质区别的。这时，在逻辑上产生了一个新的问题：关于主体的科学真理认识是否是可能的？主体当然可以作为认识客体，作为认识对象，但对主体这种认识对象建立的因果关系去揭示它的作用规律时，能否达到客观必然性归纳却是需要的讨论的。如果不能，那就不成为科学认识；如果能，主体就被还原为由必然性规律支配的纯粹客体，就失去了自由。关于主体的科学认识面临着二律背反，这是它和关于客体世界的科学认识具有不同特点的地方。主体的本质是自由，主体的自由就是根据对客体世界必然规律的认识去进行符合主体目的的文化选择，得到特定的边界或初始条件下满足主体需求的结果，这就是自由和必然的统一。但主体对自身的反思能得出必然性规律吗？能在对这些必然性规律的自由文化选择中实现自由和必然的统一吗？显然不能，那不是自由和必然的统一、主体和客体的统一，而是主体对自身的反思，是内省，是灵魂的自身运动，非客体客观性的过程。理性灵魂在自我认识中作为客体，在存在论上却依然是主体，把它理解为客体就使它失去自由的主体本质，如果有主体的必然性规律则我们再也无法理解“创造”“自由”还有什么意义。关于主体的科学其实是我们已经说了多年的关于思维的科学，但严格的关于思维的客观规律的科学理论始终没有构建起来。诚然，心理学对思维意识的实验性研究是有贡献的，条件反射的作用机制就是它的成果之一，但思维学科离真正的思维科学理论体系还很遥远。否则，我们今天就不会在为关于灵魂的科学苦思冥想了。

由于灵魂这一认识对象的主体性，对灵魂的科学认识和对客体的科学认识有本质的区别。灵魂是认识本身，是自由的创造本身，它作为意义世界的最高复杂统一性存在，对其认识在最终意义是理性统一性的，只在简单的因果关系中无法对之得到复杂统一性理解。但天下大事必作于细，天下难事必作于易，灵魂的复杂性是由最基本的关系构成的，理性是知性的统一，它的基础性的关系可以抽象为一般的规律，成为它理性统一性认识的基础。另一方面，抽象灵魂是和它的具体物质能量载体相统一的，它们的统一的方式以及具体的运动发展变化，却是具有客体客观性意义的。就是说，灵魂不只有心理学、思维科学意义，还应包括相关的脑科学的生物学意义。对这些科学目下所知甚少，但从电子计算机技术和理论中可以对灵魂的科学认识得出启迪。当然，电脑和人脑有本质的区别，不只是机器和生命的区别，更重要的是电脑的意义结构是演绎的。电脑的软件和硬件是静态的统一，是低级的统一。人不是机器，人脑不是电脑，人的灵魂的意义结构不只是演绎的，而是归纳和演绎相统一的，是创造性的，电脑永远只是机器，是人脑拓展了的“手脚”。人的灵魂和它的肉体及它的生命遗传DNA编码信息之间的统一性是动态的，在动态结构绝对运动中和环境交换，实现生命遗传编码给定的目标，在选择性中实现人的主体创造性，这是人和电脑的本质区别。但按照统一性的逻辑，人的高级、复杂的意义结构的运动发展的一般法则、意义的构建机制，在最基本层次上和电脑的意义构建机制是同样逻辑的。根据我们电脑科技的成果，可以认为关于灵魂的科学认识，在一些基本方面是有现实前景的。一是人脑组织结构中起电脑门开关中0、1抽象模态的作用的具体存在是什么，大脑中什么组织结构的什么样的状态是构建灵魂抽象意义的最基本意义结构，大脑的“门开关”是什么？这个“门开关”的抽象状态模态是如何表达的。只有解决了这些问题，具体思维物质大脑中如何产生出抽象意义问题才开始破题，从具体向抽象意义的科学研究才真正启航。根据我们对电脑软件工作的理解，我们完全可以把人脑的思维运动理解为大脑组织细胞结构相对稳定前提下的状态的运动变化，抽象状态的结构就是抽象意义结构，就是我们的灵魂，这才是灵魂和肉体相统一的最好的理解，最基础的理解。这一切，只能由科学给出答案。这才是思考认识灵魂的科学基础的真正意义所在。二是根据电脑的语言逻辑和人的思维逻辑的比较，根据软件技术应用的实际经验，对抽象意义结构的构建建立一般的规律性描述，并用于研究人的抽象思维的规律，这就是思维的科学。电脑软件技术能够成为科学，则关于人的意义结构的构建也应有相类似的一般规律，这就是关于灵魂构建的科学。尽管电脑还不是人脑，但我们对电脑的科学认识比对人脑要丰富、具体得多。人的大脑创造了电脑的意义结构，但却没有自觉到自己大脑意义结构构建的规则和规律。从电脑软件意义构建的意义去认识人脑，尽管离真正揭开人脑抽象意义构建机制的奥秘还很遥远，但它却能把对主体的认识真正引入科学的考察、思维和描述，真正走向思维的科学。三是抽象意义结构和它的具体客体载体之间的统一性关系，这同样是值得科学研究，且能够在科学研究意义上有所贡献的问题。它就是大脑生理学的主要课题。人的灵魂和它的生命载体是内在动态统一的，这正是它比机器人复杂的地方，精神意义和肉体之间的关系并不是一个纯粹抽象的命题。

关于灵魂的科学本质上就是关于思维的科学。在科学理性思维进入登峰造极的时代，在哲学也成为科学的时代，大师们预言一切科学认识的具体客体对象都将从哲学中分化出去，最后哲学就只成为思维的科学。尽管我们的社会历史由绝对科学观支配，但现实的社会历史文化不会成为科学真理的纯粹世界，科学依然只是人类文化中的关于真的认识部分。但大师关于理性哲学最后成为关于思维的科学的预言是有几分道理的，即哲学尽管不会只是关于思维的科学，但人的自觉理性需要思维即关于灵魂的科学为基础，关于灵魂意义的思维的“科学”则是哲学理性统一性才能最终把握的。灵魂本质是理性的，对理性灵魂的具体认识是理性的，理性认识理性才使人的自觉理性存在成为现实，知性和理性相统一才有自觉理性。

三、理性即灵魂

人类文明史进入建立统一精神的轴心期以后，哲学理性就是人类精神统一的永恒追求。哲学是什么？哲学是智慧，是人类关于现实经验认识、普遍科学知识认识基础上对世界统一性意义理解的人生智慧，它成就了人的文化生存选择中不断发展的现实社会历史进程。这就是哲学和科学、智慧和知识、理性和知性的统一性关系。当我们把人理解为理性动物的时候，就是把人理解为理性灵魂和肉体生命的统一。按照生命灵魂本质学说，灵魂是生命的本质。按照人是理性动物的观点，我们就可以说理性即灵魂，是意义世界最普遍意义的灵魂。知性认识和理性统一性认识是人的意义世界之为意义世界的根据，意义世界之为意义世界就在于抽象的意义是这个世界最普遍的本质。抽象的意义之所以是生命具体存在的本质，在于抽象的意义、具体的生命抽象灵魂的意义结构使潜在的生命肉体获得了现实的生命力，成为区别于无生命活力、无选择性生存的纯粹物质客体的更高级的存在。具有文化抽象本质的文明人则在将普遍社会历史抽象精神文化成果内化为自己具体的生命灵魂意义结构的过程中，使人成为自由的存在。意义世界一般意义的普遍意识、精神、文化的现实意义在于具体的生命存在之中，更直接地说，就在于生命的具体灵魂之中。抽象的普遍精神只有回复到具体生命之中的具体抽象灵魂，它才获得具体现实意义。人类社会历史文化只有回复到具体人的灵魂深处才成为有意义的人类精神文化，灵魂才是精神的具体，精神的根据，精神的现实。人类从轴心期以来一直追求人类普遍的统一精神，但却忽视了最具体的精神即人的灵魂，这是人类追求理性精神统一性时的历史局限性。人类统一精神之所以是理性普遍统一性的，就在于它是具体统一于人的理性灵魂之中的。人的灵魂是理性的，这正是人类普遍统一精神是理性统一性的根据。把普遍抽象精神和人的理性灵魂割裂，把一般精神理解为在人具体现实存在之外独立的抽象，这正是“第二实体”这种人类精神异化、灵魂异化的思想根源。因此，我们今天回归灵魂，不仅要承认灵魂存在，灵魂是人的本质，还必须把灵魂理解为最普遍意义世界的最具体的存在，是精神意义世界的本质和现实，是最高统一性的意义世界。人是理性存在的根据在于人的灵魂是理性的灵魂，人类精神在理性意义上的统一的根据就在于它统一在人的具体理性灵魂之中，理性是人类灵魂不断走向圆满的永恒进程。

人类认识自己最高本质即自身理性灵魂的历程是曲折而沉重的。在宗教统治中，人的灵魂在外在的精神拯救、奴役和统治中逐渐失去了灵魂的自由本质，失去了人的本质。在科学理性时代，灵魂自己否定自己，在把精神的抽象作为人和万物区别的同时又把人和世界对立起来，虚构了一个人类中心、人类统治的世界。抽象的精神、社会、历史、文化离开具体的灵魂就失去了具体现实意义，失去具体灵魂自觉的人类在彷徨中时而把精神理解为第二性的不存在，时而又高扬人的主体性。以人为中心去征服自然客体世界，表明了自由自觉灵魂的人类在科学理性时代患上了孤独忧郁症和歇斯底里的征服症，同样是理性灵魂异化，歇斯底里本质是灵魂疾患。扪心自问，人类征服自然，从征服自然中获得自由，人的价值就在于和自然的战斗中，这难道就是人的生存之意义吗？征服自然本身有意义吗？自然按其必然性规律运动，我们能改变自然规律吗？征服自然是无意义陈述，以征服自然为价值和意义的人类中心论又有何意义呢？由之可见，人要理解自己存在的价值和意义，就必须回到理性统一性的思维去认识自己，在对我们从哪里来，到哪里去，我们在世界中的位置是什么，我们存在的价值和意义是什么这些基本问题的理解中，理解人的统一性意义。世界统一性原理把人理解为最普遍意义世界最高的统一性存在，而不是在世界之外征服世界，在世界中心统治世界的存在。我们就是自然，就是生命，就是能量，但我们有自己最普遍的理性灵魂，理性灵魂包含了意义世界的一切意义，人的世界是最普遍的意义世界，我们的具体存在是能量、物质、生命、文化意义世界的统一。我们超越自然生命成为最普遍的意义存在的理由就在于我们具有其他生命所没有的理性灵魂，我们的最高的意义、本质的意义在我们的理性灵魂中。我们作为生命只是万物之一，作为人却是万物之灵，在万物中唯一具有理性灵魂的自由的存在。人的万物之灵就是人的独特的理性灵魂，人是理性动物是由它的理性本质决定的。认识人的理性本质，就是认识人的灵魂，理性认识具体世界的完整意义是对人自身主客体统一性意义的圆满理解，其本质是理性认识理性，是理性灵魂的自觉。人是主客体统一性存在的等效陈述是人是认识和存在相统一的理性具体存在，是以理性灵魂为本质的存在，是理性灵魂为人理性具体存在提供了充足的理由。

人类几千年精神统一的发展史的当代成果并没有真正实现精神的统一，而是处于精神抽象统一性之中，即停留在有普遍精神文化无具体灵魂意义的抽象认识中，其认识的真正根源就在于人类在两千多年前建立的统一性世界理论永远的分歧之中，这是人类灵魂失去自觉理性的根源。唯物主义是客体世界的统一性理论，它无法将主体纳入其中，在现实中它的最大局限性是无法理性地理解人的本质是什么这一根本命题，局限于客体世界不可能通达“认识你自己”的最高境界。事实上，大多数人认为人所认识的只是人之外的客体世界，把人当成客体世界之外的中心，或者把人也当成和客体无本质区别的动物乃至物质，用还原论的第二性、非存在这些陈述取消了意义世界的存在问题，永远无法通达人的主体世界。然而，这才是人认识世界，认识自己在世界中的位置的统一性精神认识的本质。从这个意义看，在逻辑上就决定了自然哲学不可能进展到最普遍的主客体相统一的人的世界的统一性理解的境界，人类精神统一性从自然哲学中诞生但不可能在其定义域中完成。

西方唯心主义哲学直接以追求最普遍的抽象精神统一性为目标，直指人类主体世界的自由和创造的抽象文化本质，进入了理性自觉理性的新的水准。但是，唯心主义哲学尽管在逻辑意义上是最普遍统一性的，但西方唯心主义哲学在历史和逻辑起点上犯了基本的错误，即把精神意义世界看作和客体世界相对立而不是相统一的，把感性认识和理性认识、现象世界和本质世界当成对立的具体，其实是把普遍精神也当成是客体意义的东西，用具体客体概念去理解抽象精神意义，用理性否定感性，用精神客体否定自然客体，用“抽象实体”概念把认识论转换成本体论，这是柏拉图把感性现象界看作既不是存在也不是不存在的局限性所在。西方唯心主义所讨论的不是精神意义世界，而是精神客体世界，它并没有实现从有限客体世界向最普遍意义世界的转换，而是用精神实体置换感性实体，最终产生出“精神实体”“抽象实体”这种不伦不类无意义的概念。精神世界作为客体世界而不是意义世界，它在逻辑上就无法把物质客体世界统一在自己最普遍的意义世界之中，而是用精神客体去否定物质客体，这就是哲学史上唯物主义说精神不存在，唯心主义说物质客体世界是既存在又不存在，所以不是真正存在的两千多年怪诞现象，西方哲学两千多年本体论和认识论相分裂的历史以唯物论和唯心论水火不容的现象表现出来，停留在知性意义的对错判断水准，本质上是理性具体没长成。当唯心主义把物质客体世界理解为既存在又不存在时，它自己就失去了世界最普遍的存在统一性理解的可能性。连自然统一性及感性认识都无法包容，这种世界精神又何以有自诩最普遍统一性意义的理由呢？西方哲学两千多年的世界统一性理解是在唯物和唯心主义的两极对立中，在机会主义地利用中过来的，现实中各有各的用处，统一性世界精神实质上是唯物—唯心两元性理论。这种两元统一性理论的现实问题在于精神成为客体和物质客体相对立，没有达到现实的可能性，永远只是抽象。具体物质客体不存在，精神又何以能在和物质相统一中回归具体呢？人又何以能在文化和自然相统一中成为具体存在呢？抽象精神不回归具体又何来抽象的具体即理性的灵魂呢？柏拉图为代表的唯心主义的最大贡献在于追求抽象的绝对普遍性，最大的局限性则在于停留在抽象普遍性之中，无法回到具体。人类迄今为止关于主体的基本陈述概念都是一般抽象的，都是社会、历史、精神、文化、意义、认识这些一般性的东西，唯独抛弃了关于主体具体陈述的灵魂概念。在早期的灵魂概念中，也根本没有把它作为一般抽象精神文化回归具体的精神存在的统一性形式，更没有把灵魂作为抽象精神文化的理性具体的回归。脱离具体的精神抽象，唯物主义哲学称之为第二性的存在即不存在并不过分。唯心主义哲学的本质是意义世界统一性，是理性灵魂的自觉，对主客体理性具体的觉悟以客体世界的统一性意义作为普遍意义世界的基础，在抽象的精神文化回归具体之中才能通达理性具体，达到对人的理性灵魂的统一性理解，把人的理性灵魂理解为世界最普遍的精神文化统一性的具体而现实的意义。人是具体理性存在的最深刻意义在于，理性灵魂不只是抽象认识，更是具体现实的存在，唯此人才是异于感性自然灵魂为本质的理性具体存在。认识论和本体论、客体和主体、本质和现象、精神和灵魂的分裂只是人自觉认识局限性意义上的，它们在现实中一定是具体统一的。

所谓唯物论和唯心论的对立只是人类理性幼稚而只看到假象而已，是执于感性具体和知性抽象的结果。西方文化走进科学理性绝巷，唯物论成为机械论是自然哲学中表现出来的现象，其本质和根据在于西方哲学无法超越柏拉图抽象精神统一性，人类抛弃灵魂自觉是十八世纪法国唯物主义的现实杰作，其深层的认识根源其实是柏拉图执于纯粹抽象普遍形式的理念论。西方文化包括唯物论局限于机械论的现实，其根源本质上必须从抽象精神文化形式统一性的唯心论的理念论去理解。

当我们把自己感悟为理性动物，以理性为自己超越自然动物的本质根据时，如果把人的具体存在理解为肉体和生命相统一的现实存在时，就能顺理成章地得出人的理性即理性灵魂，理性灵魂就是人和动物的自然感性灵魂的区别，也正是人和动物本质区别的理解。相信很少有人会把直立行走和没有尾巴这些肉体特征理解为人和动物的区别，那只是物种的特征而已。除了灵魂之外，人和动物真的就找不到本质区别了。这一点，亚里士多德在两千多年前生命抽象灵魂统一学说中就已经抽象地归纳了出来，只不过还没有得到具体理解而已。世界统一性原理把抽象的营养灵魂、运动灵魂、理性灵魂从具体意义结构角度，归纳为经验可理解的无意识灵魂、意识灵魂和文化灵魂，文化灵魂就是人的理性灵魂，理性灵魂就是人和动物的本质区别，是人之所以为人的根据。人们对人和动物本质区别的另一个问题在于对理性的理解中，把科学理解为理性，那人的灵魂就成为科学的灵魂，人的本质就成了科学。但这是万万不能有的理解，否则人就成了机械了，科学真理认识建立之前的人就没有理性灵魂了，人的文明史还没有进入科学认识之前的历史就不成为历史了，人的现实生存的非科学行为就无法理解了。把科学理解为理性，理性就不是人和动物的本质区别，而是机械人和不充分机械人的区别。人之所以为人的本质根据是灵魂，则只能把理性理解为比科学知性更普遍的意义，即把它理解为知识的统一性，理解为感性、知性、理性的统一。科学认识是知识，由经验中归纳出来具有普遍意义但还没有绝对真理意义的认识也是知识，普遍知识是真理知识的基础，知识和真理都是人的理性统一性认识的基础，人的灵魂本质进入普遍知识意义结构就是理性灵魂，只不过没达到真理水准的知识为基础的理性还只是处于相对低级阶段而已。人的理性认识是一个永远不会凝固的绝对运动过程，人的本质的发展就是社会历史文化的不断发展，是人类理性能力的不断发展。并且，这种普遍的人类理性的具体现实统一性意义就是人的灵魂。只有在人的灵魂中人类精神文化才是现实的，意义才成为意义，否则它就什么都不是，连精神错乱都不够格。只要不陷于“精神实体”这类抽象实体的自相矛盾概念，人类理性即灵魂就不难理解了。人类当然是具有普遍统一性精神文化的存在，但普遍精神文化的意义来自于具体，并且最终还是返回具体，在和生命肉体相统一之中的具体精神文化才有现实意义。我们应该把这种一般精神和具体到每个个人的具体的精神作统一性的理解。一般抽象精神的统一性意义在于具体的每个人的精神文化意义认识之中，这种具体到每个人的精神文化就是每个个人的灵魂。所以，精神文化是人类普遍意义的抽象，灵魂则是人类一般精神内化为每一个具体个人的特定的意义认识，精神是一般，所以有人类精神，民族精神，国家精神，团队精神；人的灵魂则是具体的，它具体统一在每一个人之中，成为每一个个人的本质，并使每一个个人具有了普遍的人类精神文化本质，使人成为具有类本质意义的文化世界的理性具体存在。精神文化和理性灵魂是一般和具体的统一，人类精神文化在从一般回归具体人的灵魂之中获得了现实意义，个人获得了它的类本质意义。人类理性在精神文化一般意义上是纯粹抽象的意义，在灵魂的具体存在中才获得了现实统一性意义。只有在灵魂中，理性才从抽象上升为具体，才成为具体现实的理性，才是最高的哲学理性，才是最高统一性的精神，这是理性即灵魂的真正意义。

从理性即灵魂才能理解人的世界本质上是普遍意义世界。人的意义世界是超越了自然生命世界的最普遍世界，在感性具体存在上人就只是生命，人的本性就是动物，但在抽象的理性灵魂本质意义上，人走出了纯粹的动物界，人在具体意义上就不只是感性动物，而是理性动物。纯粹动物的灵魂本质是感性自然意义上的抽象意义结构，有意义认识的动物还只是依赖于个体感性认识经验意义，是有认识无知识的自然灵魂。人的理性灵魂是超越了自然灵魂的文化灵魂，文化灵魂超越自然灵魂的根据在于人的社会生存超越了自然生命的种的自然规定性，在本质上成为社会历史文化性的存在，使在生命上还是由自然遗传支配的人的生存方式是历史性地不断进步和发展的，这正是人类“认识你自己”的最根本问题，灵魂就理所当然地成为理解人自己的最普遍意义的根本命题。在对灵魂的具体理解中，在理性灵魂和自然感性灵魂的本质区别中，就能真正理解人和动物的本质区别，理性灵魂才是人之所以为人的充足理由。理性灵魂和自然灵魂的本质区别是理性灵魂具有超越个体经验意义的普遍知识意义认识，是从感性到知性到理性的统一性意义结构，是超越具体个体的类的普遍意义结构，即对类存在具有普遍意义的意义认识。知性认识即知识性的认识，知识之为知识就在于它具有类的普遍意义，具有类的意义共享性，它建立在类的共同意义载体以及具有普遍类意义的意义结构规则中。普遍文化知识的后天经验性以及在类普遍意义上的共享性决定了它是以社会为基本文化生存结构最基本单位，是在历史为维度的宏观过程中不断创造、传承、再创造的绝对运动结构，文化是过程和结果相统一的概念。在文化的不断创造中人类实现了不再以种的规定性决定的文化选择生存方式，成为社会历史性存在。历史性存在本质上就是具有自由本质不断创造着自己历史的存在，人的自由、创造决定了人不再是纯粹自然客体，而是具有主体本质的存在，人的主体性本质决定了人的世界本质上是意义的世界，是具有普遍意义的知识建立起来的文化意义世界。人作为主客体相统一的具体存在，人的世界就是主客体相统一、主客观相统一的具体世界，人的世界、理性文化世界才具有最普遍的意义。人的具体灵魂的意义结构是一般普遍文化意义的现实化，人社会历史文化性的意义就是指人的具体的认识是具有普遍社会历史文化意义的，是具有人类统一精神的。人的认识从一般的统一精神回到具体的灵魂，人类统一精神就获得了现实、具体的历史意义，人类一般理性的现实就在于每个人的理性灵魂中。灵魂是理性的最高统一性的具体意义，从理性灵魂我们就最终回到世界的最高统一性意义命题。

注释

①苗力田、李毓章主编《西方哲学史新编》，北京：人民出版社，1990 年第 1 版，第 22 页。

②同上，第 91 页。

③同上，第 23 页。

④同上，第 235—236 页。

⑤同上，第 239 页。

第九章
统一的意义

引　言

【提要】“认识你自己”就是通达无限普遍意义理性的绝对境界，因为每个理性具体之人就是世界统一性原理的具体意义本身。人异于禽兽的根据在于人理性的无限性，无限自由创造赋予人的生存是后天不断发展的理性自觉扬弃先天自然兽性的永恒过程，人生的最高价值和意义就是达到理性的绝对，超越有限生命而获得无限而绝对的意义。因此，世界统一性原理的最高觉悟就是理性的绝对，最高意义就是人人都是神圣的理想大同世界，也就是人绝对自由的完美世界。

一、人超越动物有限自然生存的现实性在于以后天理性文化为本质的生存构建了无限意义的人化自然界，人就超越自然宿命成为自由创造性存在。赋予人理性本质的普遍意识文化的后天创造性亦即社会历史性，人的世界是以有限自然意义为基础的无限意义世界，其本质是苏格拉底的至善，即把人的世界安排得如此井然有序的根本原因，这是文化意义世界的本质命题。自由创造的文化世界的统一只能从人的自由选择的最普遍根据去理解，由社会分工合作由自然关系向越来越自觉的文化关系为根据从而更普遍而有效去理解，其最普遍的本质意义就是社会合作关系的自主自觉性，是文化自觉对自然等级关系的超越，是和平对暴力的超越，人类文化将之统一于文明范畴，人类历史统一于文明史，文化理性的本质是文明。人的本质是文明，当个人理性本质达到理性绝对自由自觉的境界时就成为圣人，人不是圣贤就是禽兽是对人异于禽兽本质的自觉。文明之于文化社会的意义是达到形而上学绝对普遍性的，只有文明为本质才有自由而无限的文化社会的具体现实性，文明史才有未来。人类现实世界的暴力和野蛮不是文化社会的本质，是人缺乏理性自觉而由先天兽性支配的现象。文明史无限发展的具体意义是理性自觉扬弃兽性从而走向越来越文明社会的进程，理想世界是绝对文明即人人都是圣贤的至善文化世界。老子说圣人无私故成其私，无私是扬弃感性的个人主义，成其私是达到理性绝对的个人主义，是统一了集体主义、民族主义、社会主义普遍文化本质于其中的至善的个人主义，这就是圣人的绝对境界。

二、人的自由本质的现实性在人自由和必然相统一的文化生存选择中，通达圣人绝对自由的理性最高境界之现实性是人的现实生存达到仙的无限绝对境界。人的无限是在理性本质意义上的，人的主客体具体存在之为具体的本体论存在根据是有限的具体自然生命，生命有限性决定了人的理性具体存在也是有限生命定义域中的。以老子玄学理论为尊的中国道教文化绝对境界追求修炼成为长生不死的仙，这不符合逻辑和经验，更不符合老子道法自然之智慧。道法自然的根本意义是自觉按自然内在目的性行事，是人的文化选择和自然必然规律性相统一，由此去实现人更好的现实生存。这既指人的自然和外部环境的统一，更在于人化的世界和自然内在目的性的统一，在于人化的地球生命圈符合长生久视之道。道法自由的绝对境界就是通达天命，天人合一，实现了生命生存的绝对具体现实性，即仙的境界。人的主客体具体存在的现实性决定了人的文化无限意义只有回归人的具体现实生存才有意义，人的自由创造的一切意义最终统一于人的理性具体生存中，人的无限主体目的性的具体目的就是追求幸福生活。人现实上只能活在当下，无限历史性之人是无限当下现实生存的统一，凡是牺牲今世去换取来世幸福的说教都是愚人的鬼话。科学理性时代使得一个灵和肉割裂的文化意义世界来临，追求灵魂安宁幸福之道不是自由自觉而是甘于奴役和宿命，追求生存目的的根据不是自然而然的现实需求而是无限的欲壑，资本主义二元分裂文化不会把人类导向绝对的幸福，只能导向全面而根本的生存危机。

三、人的无限意义是在理性灵魂中获得具体现实性的。人类在原始社会只是有限自然生存，每个具体个人来到世界上时还只是自然存在，进展到无限理性灵魂存在是后天经验中文化自主自由创造的结果。执着于只有今生没有来世的有限生命是无法通达人生绝对意义的，既能导人向善也能助长人无恶不作，没有自觉信仰的灵魂达不到至善。理性的无限是在具体灵魂的统一中通达的，灵魂是抽象和具体统一性现实才有理性无限的具体意义，这就是老子的“死而不亡者寿”的具体意义。哲学的最高命题是我从何处来，我向何处去，我生存的价值和意义是什么？它以我是谁为起点，以绝对无限之我为起点才能演绎出我生存的无限绝对意义，即绝对无限之我是理性灵魂具体统一之本我，有限生命之我统一于灵魂的理性具体意义之中才获得了无限意义，理性的绝对是以灵魂的绝对为现实的。神话是人类步入文化文明史的萌芽，文明史无限发展的绝对意义是从终点回到起点，由幻想的神话成为理性的具体现实，即人达到理性绝对境界就是成长为绝对自觉自由的神。无限文化意义世界之神不是幻象，是理想，是现实，佛祖、老子、耶稣都是由人成长为无限永恒之神的。神是理性灵魂的绝对，只有以理性灵魂为本质的人才能成佛成神。人生的缺陷在于理性不完满，众生皆佛却大都只是潜在的佛，人生存的根本目的在于不断自觉依靠佛性觉醒去扬弃魔性，用理性扬弃兽性，达到绝对理性就摆脱了灵魂轮回为生命所限的有限性，达到无限绝对的自由，理性圆满之人就是绝对自由的佛和神。人和人不同，但以无限理性灵魂为本质而异于禽兽是相同的，理性灵魂绝对境界是相同的，人和人大同于神的绝对存在中，理性大同世界才成就了神和圣的现实意义。这才是地狱、天堂、原罪、赎罪的理性具体意义，是上帝按其形象造人的可理解意义，但必须超越人格神，由理性绝对的最高统一性去理解上帝，由理性灵魂自主自觉觉悟升华去理解赎罪，人就从自由的上帝存在中获得绝对的自由。

世界统一性原理从最普遍的能量一元论开始，在客体存在结构复杂性运动同时也即存在意义信息复杂性发展中，达到了结构最特定、意义最普遍的人的世界。在主体意义世界中，理性普遍精神文化回复到具体个人灵魂就是世界最普遍的价值和意义回归到现实的具体，理性灵魂为本质之人就是主客体相统一的具体理性存在。至此，对世界统一性的理解，就通达了绝对的意义，通达了圆满。在理性统一性意义上，我们就是世界的统一性，是世界最复杂意义的统一，是能量、物质、生命、理性、灵魂的统一，是世界最普遍的意义。世界统一性思考的直接对象是人，是人在“认识你自己”。能量、物质、生命、理性灵魂相统一的意义世界理解向我们启示了我们从哪里来，我们到哪里去，我们在世界中的位置是什么，我们存在的价值和终极意义是什么的统一性理解。至此，我们就有根据对世界统一性做出绝对的理性归纳和综合，理解我们作为理性具体存在的终极价值和意义。

人的最普遍意义世界是以历史为尺度不可逆绝对运动的过程世界，人类理性是永恒地历史构建着的意义。人类社会历史文化没有完结，它的运动发展也不会完结。人类理性既不是在手的东西，也不是既定、确定的状态，对绝对理性的理解不是寻找理性的确定性规定性，不是绝对真理之绝对、知性的绝对、纯粹抽象的绝对，而是具体的绝对，从抽象通达最具体的绝对。这种具体的最普遍的意义存在就是每一个以具体理性灵魂为本质的现实个人，对人的现实生存的最高理性统一性理解就是个人现实生存的最高价值和最圆满意义理解，这就是绝对理性的具体。人在从自然意识灵魂向理性灵魂的升华中告别了纯粹自然界，成了理性的万物之灵，成为具有主体目的性的自由创造着自己历史的存在。人类社会历史本质是理性的，现实中是自然和文化相统一的，人的现实的社会历史是在人的主体性历史创造中不断从较低的理性、文明走向更高级阶段的永恒的历史发展过程。人的主体目的性不是体现在和动物一样的感性肉体的生存欲望本能上，而是体现在人类社会历史的目标总是指向更高的文明，人在不断远离自己所脱胎出来的丛林法则支配的自然生存方式，这就是社会历史文化过程不可逆性的现实。这种不可逆性运动决定了人类历史既有明确的目标又没有确定性的终点，文化最高最完满的境界就是在现实中彻底摆脱丛林法则的支配，在文化选择生存中彻底摆脱本能自然状态，达到最理想的文明社会状态。最高理想文明境界就是人类社会现实航船的彼岸灯塔，最高的价值和最完满的意义世界就是人类社会历史的目标，是人类理性的轴心，人类社会历史就是人类理想向绝对理性的圆满境界前进的自觉文明史。历史是人主体性的自由创造，现实的历史在具体的个人的生存活动中，绝对的理性具体在每个个人灵魂的意义中。绝对理性作为具体的绝对，文明最高的价值和最圆满的意义就是每个个人对自身存在的终极价值意义的理性自觉本身。对具体理性和绝对理性的思考和认识，不能停留在抽象的精神、理性、社会、历史、文化中，而是要对具体个人的具体理性灵魂特别是元价值和终极意义命题作具体考察，从抽象的终极价值和最高意义回归到具体的人的灵魂意义上的终极价值和意义。只有回归到具体现实的理性才是彻彻底底的绝对理性，人才不会陷入抽象的普遍意义外在支配而异化，重踏西方中世纪宗教异化、科学理性时代抽象社会支配个人的异化覆辙，回归具体的理性绝对境界。

人的意义世界以具有普遍文化知识为中介意义结构的理性灵魂诞生为标志，它决定了人由以物种为基本单位的自然存在发展为由社会为基本单位的自由的存在。自由的本质意义在于凭借后天经验创造和积累的精神文化的传承和永恒的创造，人类在历史中普遍地发展着的主体性的文化选择中，摆脱了生命先天遗传编码对生存方式的决定和支配作用，自己决定自己的命运。人类对自然社会的超越是在每一个具体的文明人构建他普遍的社会文化本质的基础上成为现实的，社会是文化的创造和传承、发展的基本单位，人的文化本质使人成为具有类普遍本质的理性人。人作为理性人对自己的自觉的认识表现在两个方面：一是人和动物的本质区别在于人是具有自由本质的主体性存在，动物则是客体性自然存在；二是人的本质意义只有在社会为基本单位、历史为形式尺度中才有意义，人的主体性本质意义只有在社会历史中才能得到理解。据此，人类自我意识首先是主体性意识，主体世界是以文化为本质的意义世界。人类对自身的普遍统一性关系认识肇始于苏格拉底关于德性和至善的理解和追求。这就是说，人认识自己必须进入人的主体世界的统一性的思考，这是进入主客体具体理性人的世界认识的基础。

主体世界的统一性是人和人之间的关系，用传统的概念陈述是人和社会的统一关系，即人和人为何和如何在社会为基本形式结构单位中去理性地生存。主体世界统一性的绝对意义不是抽象的社会形式、普遍文化、世界精神，不是在具体个人之外的超人的神或上帝或客观精神把一个个具体个人统一起来，使人成为外在统一性支配的纯粹感性具体存在，而是抽象的类的统一性形式回复到每一个具体的个人的存在之中，成为他的灵魂，使个体灵魂是具有普遍精神文化意义的理性灵魂，使个人成为在类统一性生存方式中的具体存在。主体世界统一性意义归根到底就是每个个人对社会中人的普遍统一性文化的理解基础上自觉的社会生存方式，它的具体现实就是人和人关系超越纯粹动物丛林关系的水准，这就是人类文明史的高度。人的主体统一性的理性绝对极限高度是圣人，圣人就是自觉地理解自己与他人的普遍社会形式关系并在实践中达到理性最高境界的具体的个人。圣人首先是人，在人和社会统一性理解和生存中通达绝对理性的个人就是圣人。圣人是从凡人修炼而成的，是社会历史生存中构建而来的现实具体的人。圣人并不抽象，并不遥远，每个人从自然灵魂基础上构建理性灵魂就是由凡而圣的修炼历程，圣心在每一个人的心灵中，能否修成圣果是后天的现实生存决定的。当然，这是存在和认识相统一的生存，是自觉而非自然而然的。每个文明人的灵魂都是理性的，现实的人是感性、知性、理性相统一的，是文化和自然相统一的。当人的生存方式由自觉文化选择支配，远离自然选择支配时，人就在和平共处合作共存的理性意义上通达了人的主体世界的绝对。个人的自觉目的以主体世界的文明为基础、为轴心、为目标时，它就通达了人类理性存在的抽象主体世界之绝对意义，通达具体的人和圣的统一。由科学理性功利主义支配的世界偏离了人类文明的价值尺度，当人追求从平凡到伟大时，是丛林法则在支配；追求从平凡到圣贤时，是理性文明法则支配。没有人人都可以超越平凡成就伟大的可能世界，只有人人都是圣人的可能世界，理性社会的最高境界不是国王成为哲学家或哲学家成为国王，而是每一个人的圣心能升华，兽性被消解，成为人人自觉追求圣贤，人人都是自觉的圣贤的大同世界。在绝对理性尺度，人不是圣贤，就是禽兽。

人向文明境界去，但人首先从自然生命世界来。人走出自然客体世界进入文化文明主体世界并不是人和自然存在诀别，自然生命是人生存和创造的基础和前提。人告别自然界不是告别自然生命，而是告别由自然遗传编码决定的世代重复的生存方式，进入文化意义世界，由文化选择的生存方式去更好地实现人的生命过程，在文化不断进步的历史中走向人的生存方式更加符合理性的过程。人的主体世界是抽象的，它的本质意义统一在人的社会历史现实过程中，统一在人的具体现实生命存在中。人的具体存在是灵魂和肉体、文化和自然的统一，人在现实中是主客体相统一的具体存在，人类社会历史现实是主客体相统一的过程。主客体相统一的人的现实是文化和自然的统一，老子把它的本质概括为道法自然。自然必然性规律支配着包括自然生命在内的一切客体过程，包括人的自然生命。人的自然与外部自然的关系，只能在自然必然性规律基础上才能得到统一性理解。对主客体具体世界的理性认识不是普遍的自然必然性抽象规律本身，而是以之为基础去对多样性具体的客体世界得出有序而统一的完美理解，这种完美的理解就是自然无为，就是按自然规律办事，使人的文化选择成为文化和自然的统一，自由和必然的统一。人的主体世界的本质意义就是在文化传承、创造中使人的自由和必然在更加普遍的领域和意义上到达到统一，在自由本质的发展中人不断在更高意义上实现主客体的统一，人的自由本质和人类文化文明的进步的具体现实统一在人的具体生命生存的不断改善和优化中。历来的社会历史观往往把生存理解为人的第一要务，“第一”只能在基础意义去理解，不能在最终目的和本质意义去理解。否则，人就只是感性生命具体存在，对人的理性感悟就是要把人理解为理性的具体存在，即人类是以普遍必然知识为基础去实现自己生存方式的自由和必然相统一的存在。不能把人的生存为第一要务等同于人的价值和意义就是活着，那就把人还原为禽兽了，超越感性认识的禽兽就成了有文化的匪徒了。文明人自由和必然相统一的理性生存方式不断进步指向的最高境界是天人合一，即人的生命存在到达天命的最高境界。主客体相统一的具体存在的绝对理性就是天人合一，人的生存的最高境界就是道法自然，自然生命的最高境界就是达天命。天是自然的普遍必然性法则，天人合一就是人的生命生存达到完全符合自然必然性规律的绝对境界，天命就是通达人的自然生命先验地决定了的绝对极限，人达到了天命天年就是主客体统一具体存在的圆满，这种圆满就是“仙”的境界。自然生命是复杂性结构的可能性存在，它的自然生命的极限在经验中是有极限但不是确定性的，取决于每一生命在环境中绝对运动的具体过程，天命就不是经验中的定点陈述，它在理论上的抽象极限就是无限，天命的最高抽象境界就是不死，仙就是自然生命达到最抽象的不死境界。从理论和实践经验来看，不死只是抽象的，人的现实是生命不能永生。老子把人的生命统一性理解为道法自然时，已经强调生命的有限性，指出天长地久，天地尚不能长久，而况人乎！构成人生命的物质本身都不是永恒的，人的生命就更不会永恒了。从逻辑上来说，如果人只有生没有死，则由不生不灭的本原为统一性的客体世界到最后就只有剩下人这种不死的结构性存在了，这是不合逻辑的。中国道教以道学理论为基础，以追求长寿的健康快乐生活为目标，最后把长寿抽象到成仙不死境界。不死之仙只是一种抽象，是天人合一的绝对目标，但它并不符合老子道法自然的基本思想。对“仙”的具体理解是人身心健康的最高状态，每一个人都有“仙骨”，都有人从自然生命先天而来的结构规定性。他的“仙骨”能否在现实生命过程中充足地展开，绽放为通达天年的生命，取决于他是否自然无为并达到天人合一的最高境界，达到身心健康的圆满生命。达到天年就达到天命，“仙骨”就从潜在成为现实，人就是幸福快乐的神仙。追求长生不死是虚无缥缈的，身心健康、快乐而道法自然的生存，就是顺天命而来，顺天命而去，自然而然，这就是人作为肉体和灵魂相统一的生命存在的最高的理性统一境界，就是仙的快乐、幸福境界。人们顽固不化地追求不老不死，就是缺乏理性去了然生死，只能徒增烦恼，绝对得不到安宁和快乐。执着于生命有限性不能自拔的生命哲学家们，包括智慧如叔本华和尼采，如何能摆脱悲剧悲情而通达人生的快乐境界呢？

人作为主客体相统一的具体存在，天人合一的理性统一性最高境界还没有通达人的意义世界的最普遍意义的绝对理性境界，仙还不是理性最高的绝对意义。人类自觉进入精神统一性意义追求的轴心期以后，理性的绝对目标是最普遍意义，是无限而永恒的存在。宇宙在自然客体意义上，能量是绝对，是客体的绝对，是不生不灭的永恒的存在；在人的意义世界中，能量是最简单即信息量最低的，只是意义的起点，人的生命是生生息息而有限的，时间性生命终归要自然而然地回归物质自然存在，留给生命的种子以新的生命可能性。生命有限，由有限生命成为现实具体存在的人能够摆脱生命的有限性而成为永恒而无限存在吗？在自然客体世界的绝对统一性理解意义上，只有否定的答案，但在精神文化意义世界中，却有肯定性的绝对无限的理性意义。人不是在具体生命世界中超越死亡，而是在意义世界中追求永恒，达到永恒就是达到理性最圆满的绝对境界，这个境界就是神的境界。其实老子在《道德经》构建的玄学理论中，没有生命不死的成仙理论认识，包含着精神灵魂达到永恒意义的思想。老子说，死而不亡者寿。死和亡必须作为两个不同概念才能理解，死而不亡才有意义。生命结束灵魂不亡就是死而不亡，灵魂没有死的意义，只有亡或不亡的意义，灵魂不亡就是达到永恒，就是寿。人的意义世界的价值在生命意义上无法达到终极的无限、永恒，只有在灵魂普遍意义境界才能通达终极意义。一切关于人的终极意义的理解都不能离开灵魂去通达，故关于灵魂和信仰的宗教指向终极价值。通达永恒的绝对理性是精神性的，最普遍而永恒的意义性本精神，达到绝对理性圆满境界就是神的境界。神不是世界之中独立具体而外在于人的存在，世界之外对人而言没有意义，神就只能是人的存在，是人达到最圆满的永恒精神境界的终极价值意义的存在。宗教统治的异化手段就是把神和人割裂开来，借神实现对人外在的统治，从而把人的自由本质异化为由外在力量支配并赋予意义的存在。人是以文化为本质实现了自由创造的存在，神就只能从人去理解，神性就是人性的最完美理想境界。具体地看，神性就是人的文化文明本性，人从自然进入文化就具有了神性，每个文明人都有神性，神性就以文化和文明的普遍意义形式具体在每个人的灵魂之中，神性就具体为灵魂的意义。人的神性的发展同时就是不断远离原始自然生命动物性的过程。人本质上是神性的，神性才使人超越了动物原始性，否定了兽性即魔性。现实的人是文化和自然的统一，人的现实存在是半兽半神的，这就是耸立在埃及金字塔前的狮身人面像意义的合理解释。人类文化传统把物和灵二元分裂，其结果是绝对的灵魂成为神的同时又在人之外，人就失去了主体本性的自由本质，世界也失去了统一性意义。这是宗教由人自主追求价值元结构异化为统治人的灵魂的外在"无限抽象实体"信仰的原因。智慧如黑格尔，以自由的辩证发展通达理性的哲学家，其实也停留在抽象的一般精神，没有回归人的精神灵魂，以主体自由为荣的辩证哲学的最后归宿是抽象精神的客观唯心主义，本质上又把世界归结为客体世界，抽象客体统一性的世界。个人意识、灵魂在黑格尔的辩证逻辑发展体系中永远只处在被扬弃的自然地位，这同样是物和灵二元分裂的文化局限性的结果。真正能通达绝对理性的神首先一定是人，是具体现实的个人。那些在追求人的普遍理性意义中达到绝对理性最普遍境界的人，超越了生和死的有限局限性，达到对自身即统一的意义世界最普遍而永恒、绝对意义理解的人就和存在同在，他们的精神境界就具有了普遍永恒的神的圆满意义。佛祖、耶稣、穆罕默德、老子这些通达了绝对理性的人就是具有永恒存在意义的神，神就是人性所达到的最高境界。人的终极意义，不是长生，而是永恒，否则人就只是既存在又不存在。只有超越了肉体生命有限性，超越生死，了然生存意义的人才能通达最高的神性。每个人的灵魂都在由自然之物性意义升华为绝对理性的途中，皈依神性就是一个人生存的终极的意义。当能觉悟到一生是在走向神的境界的旅途，我们就通达了神的存在，在灵魂对绝对理性的追求中成为永恒意义的存在。

人有圣心，人有仙骨，人有神性。人作为理性的过程存在，它的终极的意义、最高的理性统一性意义就在于自觉而永远的成圣、成仙、成佛的追求之中，这就是绝对理性的真谛。

第一节　理性绝对的本质：人和圣的统一

一、最普遍的无限意义世界

老子的玄学世界统一性理论把人的世界理解为统一世界最顶端又自成一大的统一世界。人的世界的诞生是从自然世界向文化意义世界的飞跃，从自然进化进展为超自然的文化阶段，它标志着普遍意义世界的产生。精神文化和自然的区别和统一是人认识自己异于禽兽之本质的关键。精神文化和自然的二元分裂，唯物主义和唯心主义非此即彼的对立是人类对世界理解局限性的最深刻的思想认识根源。在世界统一性原理进行最后综合归纳中，还是要重温唯物主义和唯心主义、文化世界和自然世界的统一性命题，坚持把人的无限意义文化世界作为最普遍世界的信念，并合逻辑地把人的主体世界的产生理解为最普遍意义世界的产生，把人的世界从本质上理解为超越客体自然意义的无限世界。

人类哲学的产生开启了从精神文化意义建立世界统一性理解的进程，哲学诞生是人类进入统一精神历史的标志。这种统一性认识是从具体本原客体为根据去统一宇宙自然的本性为起点的，世界的统一性首先是自然的统一性，即由不生不灭永恒存在的本原客体的一生二、二生三、三生万物的复杂性结构演化中去理解多样性自然界的统一，理解变动无居的事物的永恒存在意义。西方哲学文化的统一性精神就是源于古希腊并至今仍成为人类文明史轴心的唯物主义。唯物主义的有限性在于它没有包括主体世界，更没包括人类抽象精神文化本身，它就没有返回自身，还停留在直接性。还没反思人类理性自身的哲学就没进展到自觉理性的绝对境界，未能通达无限的世界统一性意义。坚持感性具体之物是最一般世界存在根据的理论对主体存在所能提出的理论解决方案就是用科学知性还原论去把主体消融在客体之中，把精神、文化、意识等与文化相关的一切理解为第二性，并干脆否定其存在，从而在逻辑上保持本原客体对存在的统一性地位。但这产生了极为严重的问题：一切多样性结构不断还原最终一切成为本原存在为具体存在的理论已经不是统一性理论，而是世界同一性理论，不再是哲学，失去了智慧。唯物主义一元论的最大有限性在于否认精神文化抽象现象是存在，永远无法理解人和动物甚至物的本质区别，但又不能理直气壮地承认自身是和禽兽并无本质区别的存在，因而只能在坚持人的本质是自由创造的同时，又坚持世界是物质一元论的，成为地地道道的二元非统一的世界理论。以文艺复兴为起点的人类自由解放运动近七百年历史就是没有统一性理论为基础的人类发展史，是人类生存理论基础有严重缺陷的历史。科学理性的决定论和基于人类中心论对世界的征服共同造就了人类生存的现实困境和危机。人类中心论既不是物质一元论的第二性理论，也不是物质一元论的补充，而是在物质一元论之外用另一个元去解释世界。唯物论对物质世界统一性的理解是合理的，对客体世界一元论即自然一元论而言是远远不够的。物质并不具备“元”的绝对具体存在本性，世界根本就没有不生不灭之物的存在，不生不灭的本原客体无法合逻辑地构造一个永恒运动、复杂多样而一元统一的自然界。按照物质一元论，人本质上和物质没有区别，那我们在本质上就不存在，而且生命本质上也不存在。如果世界只有物质存在，那么唯物主义一元论又何以成为有意义的一元论呢？关于存在的统一性思考不能否定、无视主体世界的存在，必须从本体论进展到认识论，进展到人的无限主体意义世界，在具体和抽象、自然和文化统一意义去把一切存在统一起来，用理性具体超越科学理性的因果决定论，走出历史决定论和人类中心论两元理论支配的人类现实世界。

人类精神统一意义的哲学肇端于泰勒斯的自然哲学万物本原理论，逻辑构建始于巴门尼德以一元神论为框架的存在论，在苏格拉底关于人类最普遍的德性即至善的本质思考中进入了主体世界统一性思考，在柏拉图的理念论中终于成型。柏拉图的理念论以人的主体世界最普遍的思维与认识形式统一性为对象，进展到人类精神文化最普遍统一性形式具体理解，为意义的普遍性提供根据。理念论的划时代意义不只是建立理念即概念从个别到一般的最普遍抽象意义之本质认识，更重要的是通过理念的“分有”关系详细讨论概念之间的内在逻辑关系，进展到对人类认识如何以形而上学抽象普遍统一性为根据从而进展到知识的普遍统一性思考，并以哲学认识论形式成为人类历史上关于主体世界存在的理性统一性理论。但是，西方唯心主义哲学并没有在历史发展中进展到人类主体世界的统一，它只停留在抽象的普遍认识形式意义上，结果是以真理为核心的西方哲学事实上主要只围绕着知识的普遍性根据展开，到科学真理知识爆炸性增长的今天还无法解决真理客观性根据问题，它标志着以柏拉图理念论为框架的唯心论哲学还没达到主体世界具体理解的水准，其理论形态还没构建完成。“精神实体”把主体当客体，最终不是把客体存在和主体存在统一起来，而是把主体世界的抽象作为具体存在，把客体世界的具体现实存在当作既存在又不存在，把现象存在和本质存在割裂开来。存在即思维的抽象意义是物质客体既存在又不存在，因而不是存在，现实现象不是真正存在。唯心主义的局限性在于，它以主体世界为对象，却没有进展到存在和认识、客体和主体的具体统一性，不但没有回到具体人的世界，没有在主客体相统一的高度完成存在的统一性理解，没有把认识和本体存在统一起来，甚至对主体世界也只是停留在抽象概念形式逻辑的统一性中，还没有真正达到对主体世界内容和形式相统一的具体理解，只是抽象的精神统一性而已。唯心主义对知识的统一性逻辑关系理解是人类主体世界认识中的重大自觉，但把理念当成具体存在者却无论如何都是无法符合人类基本生存经验的，排斥客体世界的独立精神文化世界只是无源之水，无本之木，只是幻象。柏拉图的理念世界的恶果是“抽象实体”这种不伦不类的概念的产生，盛行甚至统治人的世界。唯心主义的思维方式和唯物主义一样，都是非此即彼的因果关系，不是具体统一性关系，只不过用精神认识去代替了物质本原而已。两千多年来人类的认识就局限在物质和精神何为存在的两相对立中，抽象理性不回复具体的结果是人类的所谓具体只能是感性的具体，本质上和禽兽无异。按照雅斯贝斯的看法，人类精神世界的统一至今还没有超越苏格拉底和柏拉图的理解水准。从理论的现实意义看，人类两个不统一的一元论体系支配着人类，人类在科学理性决定论和人类中心论的两极不统一思维中展开着社会历史的进程。人类对世界统一性理解的局限性之现实意义在于人类现实生存的危机之中，这才是思维和现实、文化和自然统一性关系的最好诠释。人类历史是自主创造的历史，人类当代现实生存危机是人类对自身缺乏统一性自觉智慧的结果，它的深刻根源在人类轴心期建立的精神统一性哲学理论是二元分裂的。

按照现代思想大师们的看法，人类当今进入知识爆炸的多元化时代终结了世界统一性认识的可能，知识复杂多元化导致一元论的统一性理论体系在逻辑以及人的现实认识能力上都不可能。如此理解，人类理性精神就是从两千多年前苏格拉底和柏拉图建立的精神统一认识走向多元不统一认识的过程，信息化知识社会时代不自觉地终结了世界统一性理论基础。这就是地地道道的机械论思维，它意味着尽管大师也还没有弄懂为道日损，为学日益的哲学之道是什么，统一性的意义是什么？多元化才需要统一，越多样化越需要统一性理解。多样化时代没有统一性理论为基础，人类社会历史就陷入盲人瞎虎状态之中，面临的不只是理论的分裂和冲突，而是人的现实世界和生存的冲突和危机。基于人的认识才有人的自觉的主体性存在，才有文化和自然相统一的人类文明史。无论如何我们至少得明白一个道理，人类社会历史是人类自己主体性创造的，人类生存的世界是文化的世界，没有统一性理解的人化世界是一个不成熟的世界。人类理性文化还没有真正发育成熟长大的根源在于两千多年前哲学诞生之时创立的统一精神的不成型，并且一直在支配着人类的精神意义世界。至今人类还没有真正建立起统一性精神，排斥精神存在的唯物主义和否定物质存在的唯心主义肯定都没有资格成为最普遍的一元统一性理论。世界统一性原理的最深刻的革命性意义首先是统一性地理解智慧本身，是对科学因果决定的机械论思维的彻底超越，这是建立世界统一性理论的基础。只有在理性统一性智慧理解中才能把两千多年机械唯物主义和抽象唯心主义统一起来，第一次在最普遍存在意义上建立起世界的一元统一性精神意义理解，把社会历史的科学决定论和人类中心论统一起来。把世界多元化的本质归结为知识发展是不合逻辑的，不统一的根据不在知识多样化、丰富化的积累发展中，而在于知识的形而上学根基中，在把唯物和唯心视同水火的分裂对立思维中。从统一性思维看，说世界是物质的还是精神的，人是动物还是非动物是有限意义的抽象命题。在人类世界意义上，世界的基础是客体的，本质是精神文化的，现实世界是主客体相统一的。人在自然生命基础存在意义上是动物，但人的本质不是禽兽，而是具有文化的创造性主体存在，是自己创造自己历史的历史性存在。存在是物质还是精神？人是动物还是和动物不同？这些命题在有限知性意义上作为真伪判断命题，在各自的命题前提限定下都可以为真，但都不能作为无限的统一性命题，都无法完整地解释现实。作为对世界的具体理解，只能说人化的世界是自然和精神文化相统一的现实世界，人是自然和文化相统一的具体存在。局限在科学因果关系中，执着于唯物和唯心非此即彼的真伪判断和选择中，哲学对精神世界的追求就不可能达到理性统一性智慧的水平。知识爆炸只是现象，人类认识缺乏统一性不在现象在本质，在根源，在起点，在两千多年前构建起来的还是朴素的世界统一精神理解，还徘徊在两个一元论之间。知识的统一性、世界的统一性理解不是真理知识命题而是哲学理性智慧对一切知识的综合和归纳，为“多元化”的知识提供一元统一的理论基础问题。直截了当地说，只有把唯物主义和唯心主义统一起来，才能构建起合逻辑的一元统一性理论。

客体世界一元论，无论是物质一元论还是能量一元论，都不可能达到最普遍的存在统一性理论的水准。当我们从最普遍的本原存在去理解客体世界统一本性时，已经在前提下设定了客体世界的本性是不生不灭的，我们所经验、所认识的世界的多样性和永恒运动只是自然存在在其本性范畴中按守恒的原则在不同形态之间转换。自然而然即自然本质上是由必然性普遍规律支配的，由客体世界一元论无法理解人的自由创造。如果不对人的社会历史自由创造过程得出合理的理解，我们就没有任何理由说通达了最普遍的世界统一性，没有包括理性人存在的一元论是客体世界一元论，还不是最普遍的一元统一性理论。关键的问题在于，进入主体精神世界的一元论思考时，不能像柏拉图的唯心主义那样，把物质客体世界排斥在外，从而丧失了构建最普遍统一性理论的可能。

精神世界是观念和思维中抽象的世界，它从具体现实的世界之中抽象出来。客体世界是具体现实世界，但不能说现实世界就是客体世界，这正是唯物主义走向反面的症结所在。现实的人的世界是主客体相统一的世界，是具体客体和抽象主体相统一的具体世界。为什么从自然客体世界中会产生出主客体相统一的世界，产生人化的自然世界呢？首先是基于有意识灵魂在自然生命进化中诞生，高等动物基于自然认识的生存选择尽管仍在自然范畴中，但也已经是主客体统一性存在。人在自然意义上只是一个物种，是万物之一。当人进入文明史则已经产生了超越自然的本质，以普遍文化无限意义为根据的文化选择使人的主体性不再只是有限自然的，而是以自然为基础，以文化为本质，是具有无限意义的主体性，使人的文化生存本质上是自由创造性的。精神文化世界的产生，即无限主体世界的产生。在自然一元论中，人只是万物之一。在主客体相统一的世界中，具有无限主体性的人是万物之灵，只有在无限主体自由创造中才能认识人自己的本质。人化的主客体相统一世界本质上是无限意义世界，是以抽象精神文化为本质的普遍意义世界。无限意义世界才具有最普遍的意义，才使人的意义超越有限自然生命意义，由之才能对人自身存在得出圆满的理解，才能把人和动物在本质上区别开来。把无限意义世界作为最普遍世界的最主要问题在于，必须把自然世界的有限意义纳入普遍的意义世界之中，这是从客体自然界统一性上升为人化的世界、人化自然的统一性思维意义转换，也正是把唯物主义和唯心主义统一起来，构建完整的精神世界统一理论之关键所在。

一切客体存在都是存在和信息的统一体，即对意义世界而言，一切客体都必须由它存在及运动状态信息去描述才是可理解的，且客体的具体信息是客观的，是与描述者无关的自在存在。本原的能量客体的信息是最简单的，即只有与频率相关的量的规定性，无结构规定性，无质的规定性。

物质客体除了有质的规定性信息外，还有结构规定性，空间规定性，物质客体是能量、质量、空间性状态信息的统一；生命客体则是量、质、空间、时间信息的统一，是最复杂信息体存在。客体世界中，没有知识，没有信息意义命题，就是自在自然的世界。主体世界把信息转换为意义认识，人类文明史创造了一个由普遍意义认识构成的无限主体性世界，即基于普遍知识去进行文化选择生存的人化世界。进入文化文明史使人类走出自然界的真正意义是统一性的意义，包括了普遍知识的理性意义，它使人成为理性的存在。人的无限主体性并不是独立于自然世界的具体自足的东西，在自然之外并没有独立具体的主体世界。人的世界和自然世界并不是两个独立的世界，而是指人在自然世界基础上创造了超越自然的文化本质，不再是纯粹自然生命存在，而是具有人的理性本质的自然生命，在具体现实中不能只理解为自然生命存在，而是应理解为文化和自然相统一的理性具体存在。人超越自然的意义不是指人的自然生命超越了一般自然生命，具有物种的优越性。再优越的生命物种也只是自然生命，是自然进化的产物。人超越自然的真正意义在于人的现实、具体的生存方式不再是自然的，而是文化的。人生存的本质不再是自然选择，是文化选择，由此产生了人一代代不再重复的历史性生存方式，人作为自然生命物种意义的存在却依然是由自然生命的遗传编码先验地决定的。理解人在世代更替之中的不同生存方式，理解人在文化选择变化中的历史进步，正是人类认识自己的本质之意义所在。按照世界统一性原理，人作为文化和自然相统一的无限主体性存在，走出了自然界，超越了高等动物，对人的世界而言，主客体统一性就不再是有限自然意义，人化的世界就是具有无限普遍意义的世界。文化知识的产生、积累决定了人的文化选择生存方式构成了一个人化的世界，即人根据文化去认识、评价、比较、处置、适应生存环境来实现人的自然生存的现实世界。人化的世界产生的现实具体标志是具有普遍意义的文化知识的产生，正是后天经验而来的人的自由创造的文化知识，使人对自然的适应从自然转变为自由，使人成为自觉、自由、创造性的主体性存在，使世界成为超越了有限自然的无限意义的世界，这就是人化的自然的意义。人化的自然界是具有人的抽象文化本质的具体世界，不再是纯粹客体自然界。主体世界是抽象意义世界，在主客体相统一的世界中才有现实意义，只有返回具体统一性中，在主客体相统一中才有所谓主体世界。不能把抽象主体性还原为由客体决定的第二性，否则主客体相统一的世界就被还原为客体世界。从主体世界去看，它产生了意义世界，主体世界包括客体世界统一性意义于其中、为基础，主客体相统一的世界、人化的自然界才是具体现实的人的世界。在无限意义世界中，我们才能对人的自由创造的主体目的性得出合理理解。

世界统一性的哲学即自觉理性本身就是基于无限意义而产生的。客体世界的意义、主体世界的意义都不是最普遍的意义，主客体相统一才是最普遍的意义。客体意义是人的世界一切意义的基础，但主体世界的无限意义才是人的世界区别于动物自然界的本质，只有在文化和自然相统一的意义上才有人化世界的现实意义。在主体世界之外，客体世界的意义还没有产生，意义世界也不存在。主体世界创生才产生了意义的认识，产生了主体世界和客体世界的本质区别，产生了主体世界和客体世界相统一的意义。由此可以说，在意义统一世界中，主体世界是意义世界产生的根据，同时也可以理解为主客体不同意义世界的产生就是意义世界的产生，它们的统一才有现实的意义世界。由此去理解唯物主义和唯心主义，可以这么说，唯物主义是关于客体世界的统一性认识，唯心主义是关于主体无限意义世界的统一性认识。唯物主义以具体现实存在统一性为对象，唯心主义以对具体现实世界的抽象认识的普遍统一性为对象。它们是不同层次的，它们作为不同层次意义的统一就是文化和自然、主体和客体世界的统一，其实就是人的具体文化生存世界。柏拉图的抽象普遍理念是从具体现实世界中抽象出来的，它的最一般的普遍意义就在于多样性具体存在普遍认识的抽象统一性形式中。柏拉图的理念论没有完成从抽象到现实具体的回复，实际上是抽象理性，没有回到理性的具体。西方文化以柏拉图的抽象理念作为意义世界的绝对时，它就永远无法超越抽象理性进入具体理性，这正是知性科学抽象真理知识成为两千多年来西方文化追求的理性绝对的原因。知识的客观性停留于主体意义世界，没能回归它所产生所发生作用的客体经验世界，西方哲人为真理客观性争辩了两千多年也得不出所以然来。停留在抽象理性中导致了主体世界统一性和客体世界统一性无谓的永恒对立，也使人类的世界统一精神永远无法到达最普遍的一元统一境界。在主客体相统一的普遍意义世界中，唯物主义和唯心主义不是二元对立的，是不同层次意义的统一性世界理解。有什么样的认识论支配就会有与之相应的本体论，机械唯物论的本质是抽象唯心论。把本体论和认识论直接对立是认识论幼稚的标志，超越抽象理性去自觉地把它们统一起来，才有最普遍世界统一性理解的可能。

高等动物自然意识的产生是主客体分化即意义世界的产生；人的文化世界的产生是无限意义世界的产生，人的文化意义世界是最普遍而无限的意义世界，人的无限主体性是普遍意义世界的本质。在人的文明史之前的客体世界没有文化意义世界，只有自然世界。人的世界产生的本质在于具有普遍类意义的知识的产生。意识是意义的认识，意识是具有思维机能的动物自然进化中产生的。在自然中，具有思维能力的高级动物把客体的信息转换为具体认识意义，依靠意义去选择环境来实现更好的生存；人则把依赖于个体感性经验的具体意识通过文字作为信息意义载体发展为具有类意义的知识，使人成为依靠类文化知识去在文化选择中生存的历史性存在。人在构建他的类的社会历史文化本质意义上超越了自然客体世界，成为无限主体性存在，同时也就创造了最普遍意义的人化世界：以普遍精神文化知识为根据，在文化选择中理性生存的文化意义世界。人的文化知识是以社会为单位去创造、继承和发展的，人的主体世界就进入以社会为单位，以历史为尺度的无限发展过程。人的主体世界是复杂的社会历史文化系统，文明人的一切离开社会、离开历史、离开文化都是不可理解的，无限意义世界的统一性首先就在于人的无限主体世界的统一性。无限意义世界的本质意义首先就是无限主体世界的统一性即人的社会历史统一性问题。

二、无限主体世界的绝对统一性意义

人的世界是社会历史文化世界，是最复杂意义的统一性世界。无限主体世界的统一性本质上是人的社会的统一、人的精神文化世界的统一性问题。人的社会关系、人和社会关系是老生常谈，但这并未意味着我们对人的社会统一性关系达到了理性的理解。在以物质和精神文化二元分裂的两个一元论为统一基础的认识中，对人的世界得到绝对普遍的统一性理解是不可思议的。

我们对人和社会统一性关系传统理解是把人的本质理解为社会性，通俗说法是人是社会动物。这种理解当然有道理，但并没有达到普遍理性统一性理解。把社会理解为人们在现实生存中交互作用的产物是在人的物种意义下已经自然而然地成立的，而人类社会历史意义上追求的是超出物种意义的更普遍理解。要理解人异于禽兽的本质就不应把社会理解为人的本质，而是要具体理解人的社会区别于动物社会的本质是什么。社会不是人的文明史的产物，不是文明的结果，而是自然进化的产物。社会起源于高级生命的群体性生存模式，根据在于群体生存动物的血缘亲缘为基础的自然关系，文明史前的人类社会即原始社会本质上是以血缘为纽带结成的自然社会。人类文明史是在自然血缘社会基础上创生的，人走出自然界的根据不在于社会性，而在于不同于自然社会的文明社会的本质，这是十分简单而明显的事实。文明史产生的根据在于文化知识的产生，普遍知识是在人的自然社会基础上产生的。奴隶制时代人类社会的基础依然是血缘亲缘关系，这正是奴隶制国家把外族俘虏当作会说话的牲口的原因。奴隶制的根据不是私有财产，而是自然关系。进入文明史以后，人类适应自然环境的生存能力随文明发展而不断加强，氏族社会发展为民族国家。文明社会对自然社会而言，本质的转变在于不再只是物种为基本单位的存在，而是以社会为基本单位的存在。人依靠文化知识生存并走出自然选择生存方式，文化知识的后天经验性决定了它只能在社会这一基本单位中生存和发展，不能由物种自然遗传密码去传承。文明人的社会和自然社会的本质区别在于，它已经取代种群自然规定性，不再以物种作为自己生存的基本单位。文化社会具有和自然社会不同的本质，并由此决定了它最终冲破自然关系的束缚，结束以自然关系为本质的奴隶社会，进入以精神文化为本质的封建社会和资本主义社会，并最终进入现代全球化社会，建立了一个名副其实的人类统一世界，不是在国家、民族意义上统一，而是在精神文化意义上统一的人类世界。由此观之，社会并不是人之所以为人的充足理由，反而是进入文化文明的结果使人的社会产生了本质的变化。文明社会中重要的一点是，社会由群体生存方式转变为人的生存的最基本单位，人的文化生存方式只有在社会活动中才成为现实，才能得到完整统一的理解。

人类社会和自然社会的本质区别是人和动物本质区别的具体现实性，即人和动物的本质区别最终总要在社会形式的本质中表现出来。社会的最一般抽象本质是什么呢？不是丛林法则，而是分工合作共存。自然选择的丛林法则是自然生命对整个自然界的抽象关系，自然社会则是群体生存物种的特定关系。为什么有些物种按群体分工合作去生存呢？这是由自然选择决定的，是由物种规定性先验地决定了的，它们只有群体分工合作才能增强适应环境能力，才能生存。群体的自然关系产生、维持并世代重复，尽管是本能的、先天的，但它的本质只能由合作不能由统治去理解。不能否认自然社会的等级现象，并没有理想的平等合作，但这种等级制社会能自然产生并延续在于它本质上有分工合作共存意义，否则动物社会就会必然在后天生存中解体。维持自然社会的原因不在于统治和征服，而在于为了现实生存的分工合作，这是社会的最一般抽象而普遍的本质。原始社会到文明社会，它本质上也只能理解为是合作共存的，不过在不同社会形态下合作共存具有不同的根据而已。自然社会是以自然亲缘关系为基础的，是基于自然的分工合作。文化社会的分工合作已经超越了自然血缘关系，并且现已进入了全球化分工合作的人类世界时代。人类当今的世界统一性不只是精神统一，而是真正在现实生存意义上进入了最普遍的人类社会时代。

人类进入文化选择的文明史，文化知识使人超越了自然生存方式，成为具有主体目的性的自由创造性存在，不断地创造着人类新的历史表现为人类社会从低级到高级的绝对运动发展过程，在社会分工合作意义上进展到越来越普遍意义的社会分工合作共存过程，甚至于已经进入了现实的世界历史阶段。人类从自然选择进入文化选择生存方式具体表现在人和自然关系和人和人的社会关系两个层面。人类不断从经验中归纳总结客体世界的普遍必然性规律知识，学会按自然必然性规律去和具体多样的客体世界发生作用，在适应自然环境中，在自由和必然越来越普遍的统一关系中不断改善人的现实生存，科学真理知识的不断发展的现实意义就表现为不断解放人的自然力，减轻人的现实困苦，带给人类幸福。人和人的社会关系则表现为人类通过不断地发展和完善的社会文化制度，建立稳定有序的社会结构，组织协调更大规模的人和人之间的分工合作，实现人和人的更好的共存。其中，精神文化的生产构成了人类生存现实的最本质部分，这正是科学技术就是第一生产力的真正意义。人类不断提高的自然适应和选择能力本质上建立在人的精神文化的创造发展和使用中。人和人的社会关系，人的社会的统一性，在另一种意义上，又成为文明社会的基础。这正是苏格拉底放弃自然研究，转而思考人类社会最普遍的德性的理由。只有理解把如此复杂的社会安排得如此井井有条的原因和根据，才能从根本上理解我们生存于其中的世界。这就是说，对人化的世界的本质的理解，建立在对人的世界的统一性的最普遍意义理解基础上。没有人的世界的统一性理解为前提，无法有意义地理解人和自然的统一命题。

文明史的社会是人类生存的现实基本单位，人和人的社会关系在最一般意义上、本质上是合作共存的，苏格拉底所追求的人的至善、普遍的德性，归根到底就是人的分工合作共存关系达到最完美的绝对理性社会境界。人是在文化选择中实现现实生存的，文化选择是价值选择和事实选择的统一，是人的主体自由目的和客体必然规律认识的统一，事实选择是基础，价值选择是文化选择的本质。价值选择使人的文化选择生存成为主体目的性的历史创造现实活动，使人类世界有序合作的根据在于人的价值选择之中，主体世界统一性建立在价值和价值观念的基础上。人的意义世界以价值和价值观念为基础，是通过价值选择去实现意义的主体目的性世界。主体世界的统一是价值的统一，这是人的一切选择的基础，人类社会最普遍的价值和理想即人类的终极价值和最高理想。在最普遍价值意义上，终极价值、信仰、理想就是支配人的一切具体现实文化生存选择的目的和价值的价值，我们称之为文明。具有文化价值选择的人类进入了历史性社会，并且被理解为文明史，即以最普遍的文明价值选择为目标和轴心的社会发展史。社会本质上是合作共存的生活共同体，文明就是文化社会合作共存的绝对理性意义，它的具体现实意义就是和平非暴力意义的合作共存。当人和人之间的社会关系构建在现实上达到以和平非暴力的合作共存境界时，人类社会就到达了理性统一性的境界。无论卢俊的契约社会理想，还是马克思的共产主义理想，指向的都是人和人之间和平合作共存的理想目标。所谓“解放”的直接意义就是指把被另一部分人统治和奴役的人解救出来，人类彻底的解放就是进入绝对的和平合作共存社会，一个没有人吃人、人压迫人、人剥削人的合理的社会。自然社会不是抽象平等社会，在自然范畴无平等之意义。但从文化文明范畴看，自然关系为根据的自然等级社会天生就是不平等的。从自然社会进入文明史的人类社会先天地带着等级社会的遗产，不自觉扬弃自然的不平等就会在文明史的发展中不断加剧社会不平等状态。正如卢梭所说，人在自然状态下天生的不平等是微不足道的，文明社会中后天不断发展的不平等才是严重的，并且后天的不平等还会使原本微不足道的先天不平等变成不断加重且是严重的不平等。文明史的本质意义在于，后天文化关系超越了自然关系，构建了精神文化意义上统一的人类世界，人就是基于后天文化本质的类统一性存在，在统一类意识下人类和禽兽有本质区别，不再是牲口。人建立类的精神统一性意识是人类追求自由解放意义上根本性的进步，走向统一人类文明史的现实意义首先是扬弃了野蛮的奴隶制，人成了普遍统一意义的文明人。人类追求自由解放的社会历史意义既是在文明史的现实意义上的，又是在文化文明对自然而来的不平等的野蛮等级关系的克服和扬弃意义上的，人的解放是自然和文化统一性意义的理性范畴。文明社会由自觉的合作共存扬弃了自然社会天生的等级分工，文明和野蛮就是文化社会和自然社会分工合作的本质区别，人类社会历史就是在对自然社会不断地扬弃中走向文明新境界的永恒历史进程。

把文明作为普遍的社会行为准则确实已经渗透在我们现实的人的普遍社会关系之中，然而我们的社会离理想的理性社会还有很大距离，现实世界依然是充满人压迫人、人掠夺人现象的，人类世界依然充斥着暴力，甚至人类历史可以说是越来越不平等的过程。我们的文明史不是温文尔雅、诗情画意的浪漫世界史，是一部由杀戮和征服、奴役、统治为主旋律的血和火的历史。从我们的社会依然以国家社会为基本社会单位以及国家的强制管制本质就可明白，我们还离理想文明社会很遥远。地球上国家和国家之间并没有一般的规则去协调关系，国家英雄主义时代，强权就是真理的时代还存在。即使是建立国家秩序形成社会分工合作的国家社会内部，国家秩序的基础也并不都是社会合作的结果，并不都是大多数人的自由意志的产物。退一步看，即使国家的统治阶级意志是大多数人的自由意志的统一，多数人意志通过国家机器，对少数人的强制管制仍然是多数人暴力，它仍然是暴力，不是理想的文明社会。狭隘的国家观念下，国家本质就是统治阶级的意志及其国家暴力机器，权就是暴力镇压之权。人类社会历史就是这样总在不文明的暴力之中构建着的文明史。把人类历史理解为文明史并不和人类现实历史构建过程有矛盾，而是对文明的理解必须放在人类最普遍理性社会的意义上，对国家社会的本质也必须纳入人类社会最一般的合作共存本质才能得到最终理解。在最一般社会意义上人类国家社会中不断加剧的不平等只是现象，不是本质。只看到国家社会的暴力现象而看不到它的共存本质是知性的、狭隘的，只不过现实国家社会还没有达到理性的合作共存绝对境界而已。人的现实具体社会不是理想的抽象，而是从丛林法则支配的动物社会基础上向绝对理想公平社会发展的永恒而绝对的历史性过程存在，我们一代又一代重复又永远在向着理想大同世界摸索前进的旅程之中。把自然社会的文明指数规定为零，把理想世界的文明指数规定为一，则我们就处在由丛林出发走向绝对理性的归一的理想境界过程中。人类社会只能在具体自然社会基础上发展，不能在抽象理想中存在，现实世界在没有到达归一的绝对理性社会之前，就一定还带着自然社会的暴力印记，这就是胜者王侯，败者贼支配人类具体历史的原因。但这不是人类社会历史的本质。社会历史的本质是文明，是合作共存，是文明对暴力的不断扬弃，是在文明进程中的不断进步，这就是主体世界绝对理性的具体统一性意义。正是基于这种感悟我们才有资格用文明、进步、发展的正面概念去赋予我们人类社会历史以积极意义，赋予理性以价值论意义。人类历史现实的不平等、堕落是现象，不是本质，而是把本性当本质，人的本质没充分发展的产物。执于本性为本质，人就执于禽兽，愧对文明两字。

人类从动物社会状态走向理想文明社会状态的历史进程在主体意义上就是从自然走向自由的过程，由客体有限性走向主体无限普遍意义的自觉过程。主体性发展就具体表现为人的主体性的觉醒，在具体理性普遍性意义上觉醒，由本能欲望向理性目的性的升华。人的主体目的性远离本能欲望支配的程度就是人类文明所达到的程度。理性目的是在社会普遍合作下去实现人的生存目标的，它不是丛林法则在支配，人对人不能再是狼，而是人和人合作共存中的理想生存境界。人类文明的觉醒具体表现在对与生俱来的丛林法则支配规则的认识、扬弃、批判之中，认识到人的社会历史的不公平、暴力的不文明是人类文明最具体现实的进步，这正是卢梭和马克思社会理论的历史性贡献所在。从文艺复兴开始的人类近代自由解放潮流在现实上是人类从国家社会走向全球化社会，从区域、民族历史走向世界历史的不可逆进程。当今，每一个人的生存不只是抽象理论上和人类相关，而是现实上和人类整体生存不可分割；不只是普遍传播的知识、相互撞击的不同传统文化的观念在相互影响，在发生交互作用，而且是华尔街的金融动荡、油价的涨跌和每一个人都休戚相关。一个人可以不买股票，不给汽车加油，但也无法与之绝缘或屏蔽，通货膨胀或紧缩决定着你的资产的价值和货币价值，油价决定着你将购买的一切商品的物流成本，只不过很多人没有自觉到这些当代人的全人类普遍文化生存本质而已。人类进入地球村的现实世界历史即地球村时代的意义是我们已经进入以人类为基本单位的社会形式生存，地球村不只是通讯、互联网、交通这些现实意义上的概念，它更深层意义是每一个人的生存本质的概念，同时也是人类社会形式本质的统一性概念，它标志着我们进入人和社会相统一的最普遍时代。资本主义经济制度的建立已经决定了人类进入世界历史，不管你是否自觉意识到这一点。如果缺乏世界历史的自觉意识，缺乏理性统一性智慧去理解每一个人现实生存与人类社会的统一性意义，依然用传统的社会形式去理解现实，就无法理性地去认识世界、社会、历史乃至你自己，个人的价值迷失和异化就是不可避免的。在世界历史洪流中个人不自觉到世界历史，不自觉到文化的文明本质，那就失去自主自觉存在的充足理由。不只是凡夫俗子，传统上的伟人、英雄，在世界历史的洪流中都黯然失色。缺乏理性自觉而进入世界历史对每个人而言是最大的不幸，因为这已经在最普遍意义上丧失了自由，也即在根本上失去了自由，把现实生存的有目的的文化世界退化为宿命或神秘不可知的、由外在于现实个人的力量左右的世界。缺乏自觉理性，技术越发展，物质财富越增长，人生存的彷徨和失落感越严重的异化是无可避免的。

进入文明史后，以文化选择生存方式，在社会历史中选择性生存是人类无可选择的宿命。世界历史的现实意义就统一于每一个人的具体生存之中，它赋予了每个人的生存以最普遍的统一性意义。不管个人是否自觉意识到这一点，没有人可以逃避这种自由及与之相统一的责任。信息时代、全球化、全球合作、人类只有一个地球这些认识从不同维度和层面揭示了世界历史对每一个人的现实意义。从普遍抽象回归具体就是社会历史无限主体性意义在每一个人的理性文化本质自身，社会历史理性水准的现实性就是个人的理性自觉水准，文明社会的现实在于文明的个人，理性绝对的社会在个人的理性绝对中才成为现实，这就是先前得出人和社会统一于个人的理性具体意义。

三、理性绝对的本质：人和圣的统一

人的主体世界是抽象意义为形式构建的普遍世界，其统一性意义首先就以抽象的普遍意义认识形态表现出来，人作为无限主体性存在的存在论意义就由对存在的认识进展到认识即存在，成为由对自身及世界的统一性认识为本质的存在，人就走出了纯粹自然界，从自然史步入了文明史。人的抽象主体性本质不在人之外，就在人的具体现实生存之中，在人的理性具性之中。理性超越感性成为感性、知性、理性相统一的具体理性的充足理由在于纯粹感性意识形式是由自然生命DNA先验地决定了的，理性则是由人在后天生存经验中构建着的。人本质上是后天文化学习和创造着的不可逆过程中生存的，文明史现实上是社会历史文化为本质的创造进程。无限主体性本质使人成为历史性存在，它是个人和社会形式两个层次的统一：社会的历史性是人类文明史上现实个人文化创造在不断扬弃中的传承，在积累中的不断发展；个人的历史性则既是个人重复类的文化进程，将社会历史文化本质内化于自身去构建其具体灵魂本质的过程，又是现实的文化选择生存中的社会历史文化创造过程。所以说，人的主体世界的认识构建，人的普遍的社会历史本质的发展，是由低级到高级，相对到绝对，不断向着绝对理性的文明目标进展的统一过程。

社会历史究竟是进步还是退步不是简单的知性对错判断命题，相反的知性判断都有证真的证据，但都经受不了证伪的检验，它本质上是对人的本质统一性理解中的不同抽象判断构成的理性命题。卢梭说人类文明史是人的发展和不平等的加剧即社会的堕落。马克思肯定资本主义经济制度对社会生产力发展的重大现实意义，同时又揭露了它使人物化异化的本质。这些智慧只能在理性意义才能得到完整而合理的统一性理解。人和社会的统一性应如何理解呢？没有标准答案，但确定性答案是不能将之局限于知性判断，更加不能把“发展”“进步”当作纯粹主观价值判断命题，而是要回归到主客观相统一的水准才能回归理性的具体。个人的文化生存选择如果和现实生存文化环境不统一，根本就无法现实生存。个人如果缺乏自主自觉的社会历史创造意识去生存，他就没有通达自身存在的本质，就是理性匮乏的人，更像物而不是更像人，兽性本能就左右理性的自觉。对人类社会而言，如果社会历史文化本质不是指向文明，指向人类社会历史的统一，而是指向不断增长的丛林法则支配的暴力和统治，这个社会的命运就只能指向背离文明史而退化为自然史。但文化选择生存的人类无法选择退回到伊甸园去生存，人类已经永别了伊甸园，客观上无法再自然生存，人类偷吃智慧文明之果的代价是永远丧失了作为纯粹禽兽的资格，这是文明人的宿命。因此，人的社会的统一，人类随着社会性的扩展必须相应地达到更高层次的统一性文化是它的内在目的性，文明是文明史的本质，这是不由人的自由意志或主观价值判断决定的。这就是对社会历史发展、进步的理性具体理解，是人认识你自己的本质的根据。

我们生存在现实的异化中。现实不是理想，人类还没进展到圆满的自觉理想世界。卢梭的控诉，马克思的批判，具有深刻而远大的社会历史发展意义，这就是历史发展和创造历史的现实意义。不能执于知性，埋怨现实人类不平等，社会不公平，更不能抱怨自己被人统治而无法统治他人。统治和被统治、奴役和被奴役是同一层次的，不能用统治来战胜被统治，那不是人的解放，而是改朝换代，是林换王，去了虎，来了狼的人类现实历史。从逻辑上抽象地说，把他人当成禽兽同时已经把自身理解为禽兽，奴役他人自身也摆脱不了被奴役的命运，故柏拉图说奴隶主是奴隶的奴隶。陷于知性思维既无法理解卢梭、马克思的智慧，更无法理性地面对人类文明史，面对人类生存的现实。人类社会还远没达到理性自觉水准，但这不是理性之过，人类不平等不是文明之罪，而是文明不发达、理性没充分发展的现实结果。文明史中人的理性是后天构建起来的，是一个不断进展的历史过程，但人的自然属性即动物本性是先天决定与生俱来的，理性建立在对先天兽性的扬弃之中。人类的不平等不是基于文明和理性，而是理性和文明没能自觉地统一自然从而扬弃兽性所使然。不平等的加剧是由人的文化选择生存能力大幅提升这新的边界条件下，且理性匮乏而产生的，不是理性发展的结果。知性思维用脚思考，用脑袋走路，反过来认为文明史造成和加剧了不平等是很没智慧的。这其实是真的文化发展，善的文化滞后，真和善不相统一所产生的历史现实具体现象。

从理性自觉意义看，文明史的创生与生俱来就带着“去原罪化”的深刻命题。欧洲中世纪宗教统治异化玷污了耶稣去原罪化之赎罪理念的深刻智慧，令其带着深深的奴役和统治的烙印。在基督教的创立、普及和发展的早期历史中，赎罪是极为重要而深刻的命题，原罪之为原罪在于它不是人生存经验中行为的过错，而是人形而上地与生俱来的本性，即人来源于自然，生于自然。无论人类还是每一个现实具体个人，先天地就是自然生命存在，天然地带着一切动物的天性即兽性。兽性之于动物是自然而然的，对于伊甸园时光中的亚当和夏娃是自然而然的。在自然意义上没有平等不平等命题，没有罪和善恶价值判断。伊甸园不是理想的平等世界，那里没有平等，只有自然而然的完美自然等级关系，狼吃羊，猫吃老鼠也不是罪过。所谓原始共产主义是无产可共的自然等级社会，无平等和自由可言，无“共”这种普遍意义。所“共”有的是自然血缘联结起来的自然关系，文明人称之为丛林法则。进入文明史的人类告别伊甸园，以社会为单位，历史为形式，在文化选择中现实生存的人类产生了原罪及赎罪问题。就像离开物种无具体生命一样，离开社会历史无现实的文明人，每一个文明人的社会历史性的文化选择生存方式决定了社会抽象普遍形式的统一性意义，决定了人的社会和动物社会的本质区别，社会的合作共存普遍本质进展到更普遍的理性统一性意义，达到了历史性创造的水准，同时就产生了善和恶的命题。最高的善和德性就是苏格拉底所追寻的把人的社会安排得如此井井有条的根本原因。从自然社会无法理解人类文化社会的本质，纯粹自然法则支配也不可能在现实的文化社会产生和生存。使人类文化生存符合文化社会内在目的性，符合文化的文明本质就是善，反之就是恶。人如果只从自然本能出发生存，则会产生与文明社会的冲突，这就是恶和罪。进入文明史的人类要克服自然本能的支配，由理性自觉目的去统一先天本能欲望，这就是赎罪的本质意义。耶稣创立基督教的深刻历史意义在于依靠信仰去建立文化社会最普遍的抽象精神统一性，是人类理性进展中的重大进步，其中原罪和赎罪命题具有深刻的理性统一性智慧，它揭示了人的社会统一性、人的理性本质超越自然感性生命本质的深刻意义。不管是基督教统治对赎罪的异化解释和利用，还是对原罪及赎罪的知性机械论理解，都是缺乏理性的。

人的社会历史本质的发展是人类理性向自觉理性的进展，是人的生存选择方式以不断发展和更普遍化的社会合作形式去成为现实。人的文化生存选择现实上是人和社会的具体统一，在抽象认识中它又是由个人和社会两个不同层次的统一而成为具体的。

从社会层次思考人和社会的统一主要解决社会作为人生存的基本单位形式何所是问题。文化社会是扬弃了自然关系，在自然和文化关系相统一中构建起来的，自然关系是人的社会的基础，文化关系才是人的社会的本质，现实社会是文化和自然相统一的。人的社会和自然社会的本质区别在于文化社会不是由自然必然性支配的，是由人的文化选择为本质的，它取决于人的理性自觉的水准。现实社会的不完满在于人的理性不足，没达到文化关系和自然关系相统一的水准，甚至自然关系往往表现出更大的作用。个人的生存是对一切人的战争，是丛林法则在文明社会的现实化，这标志着人类理性还不成熟，甚至很幼稚，还总是在禽兽意义中想象自己是何种禽兽，不知道为何人从万物之一蜕变为万物之灵，不明白成为万物之灵的人的罪和赎罪的深刻意义。于是，进入全球化的世界依然是一个弱肉强食的现实世界。

离开了合作共存的普遍本质无社会。自然社会的合作关系由自然血缘关系决定和支配；人类社会包括自然和血缘关系，但本质上是文化关系，它把自然关系统一于其中。文化社会的圆满境界是苏格拉底追求的至善，即人在其中自觉地井然有序地合作共存的境界。人的社会和动物社会统一于合作共存的普遍抽象社会本质，但人的社会本质上超越了自然生存的丛林法则，人的社会合作共存离暴力和强权越远，越进入自觉的合作状态，就离绝对理性越近，离动物世界越远。人类从家庭、氏族血缘关系开始，发展到以血缘关系为本质的奴隶社会，以地域关系为本质共存的封建国家社会，当今则进入了全球化合作共存的现实世界历史，这是人的社会性向更普遍性的不断飞跃，也是人的本质的不断进步。这同时也对以认识为存在本质的理性人类提出了更高的生存论要求，否则就永远只能把人类文明史理解为人的进步和社会堕落的二律背反进程。现实地看，当代人如果没有世界历史的人类社会意识，就没有真正成长为现实的理性人，人类现实的命运共同体本质上不共同就只是异化的、内在分裂的共同体，全球化就是罪过。

承认人类社会和理解人类社会是两个不同层次的，理解全球化时代个人和类的统一性关系更是需要起码的智慧的。为什么全世界的人是一个现实生存的共同体呢？人的文化社会只能由理性统一性去理解，不能由纯粹自然必然性去理解，不能由物的必然性去理解。人类最常识又直观的“原子人”概念，是用平行四边形法则去理解多样性个人的社会性行为，彻底剥离了人的文化选择性的意义，把人理解为无自由本质之物的存在。其实，具有最基本物理学常识的人都应该知道，用平行四边形的合力法则去理解个人结成的社会行为的结论是无作用力，无社会合作共存之意义。在当代教育文化背景下说大多数人不懂这一道理是不合情理的，只能归结为大多数人缺乏独立思考，人云亦云。平行四边形法则的前提在于把个人自由意志设定为无规的，是统计平均意义上的，大系统无规作用统计的结果是不可逆趋于平衡态，即除非上帝给人类社会紧紧发条，否则人类社会这个钟表愈行愈慢最终不存在。人们应该长点知性，长点理性，不要再从个人自由意志作用是通过平行四边形合力去合成社会历史推动力来理解人和社会的统一了。

人类社会不是有机实体的根据在于它不是原子化个人之物构成的更复杂结构之物，文明人本质上不是物，他们生存的基本单位即社会也不是物。结构性之物是由最小能量原理支配的确定性结构，是必然性支配的实体结构。人的社会是人实现文化选择生存的自由意志的形式，不是确定性结构之物本身，文明人本质也不是客体结构形式本身。自由意志支配的文化选择自由行为和所谓原子化个人随机行为是完全不同的概念，随机是必然性支配下的随机，不是自由的选择本身，社会不能作为原子化个人的高一层次结构去理解。人类文化社会和自然社会的本质区别在于，文明人的本质是普遍的社会文化，即个人非本能意义的行为本身都是理性的，是社会历史文化本质的外化即现实化。个人文化选择是社会意义上的行为，不能限于原子化的感性具体个人去理解，必须从具有普遍社会文化本质的理性具体个人去理解，这就是社会历史文化即理性作为人的普遍本质的现实意义。因此，不同个人的多样化行为选择本身统一在社会历史意义下，人就是社会文化本质意义上的现实个人，社会历史的本质就在个人的一切非本能行为之中。所以，人类社会历史不能从原子化个人去理解，从随机去理解自由选择之自由是牛头不对马嘴。是个人的社会历史本质的现实选择构成了社会历史，是社会历史文化作为人的本质支配着个人的具体现实文化选择，这就是文明史中人和社会相统一的现实意义。

从个人和社会相统一的意义看，社会的合作共存本质决定了理性社会是高度协同有序的社会。社会协同是社会学的概念，它指合理的社会是在社会发展的同时又是社会中具体成员也得到发展，社会的发展和大多数人相统一时就是高协同社会，当社会发展和相当部分人的发展不相一致时就是低协同社会。社会的文明进步就是由低协同社会向高协同社会的进展，理想社会是平等、公正、自由社会，即理想社会不是限于所谓财富意义的平等、公平，而在于它的社会发展的合作安排本身为每个个体的理性自由和创造本质的全面发展提供了机会，是人的本质得到充分发展的大同世界。对分工合作的多样性统一文化世界而言，大同之同统一在人的理性本质意义上，这才是文明社会，才是理想社会。

理性社会不是由原子化个人构成的，而是社会的普遍文化本质回归具体，使每一个文明人成为具体理性的现实之人。从个人的意义看，社会不是由自已作为零件构成的复杂机器，而是自身的存在就是社会性现实存在，每个文明人不代表社会和人类，但每一个人不能不是社会和人类意义上的人，社会和人类回归每个个人时才获得现实的意义。人的文化生存选择行为是以社会文化内在于自身构建的认识为根据的，由之出发的行为本身是社会性的，人的文化生存活动就是人和社会的统一性的外在或显现，根本上不存在社会决定个人或个人决定社会这种抽象因果关系。人类理性不成熟之处在于，人们总觉得社会不公平，总想打破旧世界，建立新世界，但人类屡屡改朝换代却并没有把人类导向理性的大同世界。社会对之不公平这种认识先验地就是有问题的，因为社会并不在你之外，你的行为对他人而言也是社会的，并没有一个外在于具体之人的社会这种东西，否则人就失去自由创造的本质了。

人和社会统一的理性意义在于，文明人必须根据其对社会的认识，自主做出的社会行为的合理选择。没有理想社会的现实，更没有对人人都是理想的社会，这是由人的本质的主体性、社会的历史性先验地决定了的。人类社会本质的意义是人人面对社会现实的文化选择都是社会性的，这才是人是自由理性存在的意义。理性进步的意义就在于人对自身及世界的认识更加符合主客观的统一，人的现实生存选择能更好地实现预期的目标，使人类能持续发展并不断改善生存的适应能力，走向更加美好的未来。

以普遍社会文化为理性本质的人的生存是自由选择中实现的，社会发展本质上就是赋予人更广泛、更有效、更有序的分工合作，在协调中赋予个人生存选择更大的自由，人类的历史创造本质在于不断拓宽人的自由选择的空间。在一个广泛合作共存，甚至达到全球化的人类社会中，合作共存才赋予社会以现实的历史性意义。从理性的意义看，人类的平等是自由的理性本质的平等。所谓人天生平等是不成立的，人天生的只有生命权的平等，自然社会是等级社会，无平等之意义。理性社会才产生了平等的意义，才使实现人人平等成为现实的可能。所谓平等不是人人都是国王或柏拉图式的哲学家，只有国王或只有哲学家的社会不存在，社会是多元化合作共存的产物。进入文化社会才有平等之意义在于，每个人在自由创造的普遍文化本质意义上是平等的，每个人的理性都能在自觉中得到充分的发展。理性并不抽象，更不神秘，就是每一个文明人的社会历史本质，理性是人之所以为人，文明之为文明的根据。人在共存合作中生存，可以根据自身条件、能力、机遇去作各种生存选择，机会、条件、机遇本身的多样性决定了没有抽象的平等，但人在这些条件基础上的理性存在、理性本质是平等的。“认识你自己”的最要紧之处就是认识人这一生而平等的本质，自觉把这一本质发挥到极致。社会分工中一个人的地位、职业、角色等各个不同，相同者都是理性之人，人的一切所作所为在普遍意义上是做人。人只有对得起一个人字，才知道自己何以异于禽兽。人人自觉按人的理性要求去知和行，那就是理想大同世界。一个社会的底线是什么？是人之所以为人的底线，是文明人的底线。这个底线不是对某个伟人或圣人而言的，是对一切社会成员而言的。事实上，一个社会中人个个不同，不同职业、阶层、群体之间的底线是一致的。不要埋怨社会，每个人要理性地追求的是提高自身自觉理性的水准，每个人的每个非本能作为就是现实的社会存在本身。埋怨社会是把社会理解为在自身之外的存在，首先就不把自己当作自由的理性之人。

人的存在本质是理性，认识是人的存在本身，但人的现实存在是知和行统一，不是抽象理性本身。以理性为尺度，至少应从理性的底线去认识自己，那么，就应了曾国藩那句名言：不是圣贤，就是禽兽。这种理解并不意味着社会上只有圣贤和禽兽两种人，而是应理解为每一个文化和自然相统一的具体之人都是理性和兽性共存的，人先天带来的就是兽性，后天文化构建起来的是理性，当理性超越动物性去自觉选择时人的本质才得到弘扬。不是圣贤就是禽兽是对于人的生存选择而言的，人自身理性的进展就是对兽性的扬弃。圣贤不是天生的，禽兽才是天生的，圣贤是在构建理性去扬弃兽性的后天文化经验中历练而成的，这就是所谓原罪和赎罪的意义。人的理性是在后天构建中发展着的。人类如此，每个人也如此。每个人与生俱来是动物，但文明社会中每个人都具有圣心，都有理性认识能力。人的理性境界既是传承人类理性文化的过程，本质上更是个人的自觉的创造性过程。人所能达到的境界之最高所指是自觉理性的绝对境界，达到理性自觉完满境界的人就是人类社会历史上的圣贤，就是理性的楷模。在自主自觉理性意义上，圣贤就是理性追求的最高境界。

人作为理性存在是文明人的宿命，人作为自觉理性存在才是人类文明合本质的发展，人类文明史在进步意义上就应该是人的理性不断超越动物性，使人的本质不断升华的历史。人类理性达到自觉理性才是完美的理性，才进展到主客观相统一的境界。人类社会现实的历史进程并不理想，人的理性本质不是充分自觉理性，而是在异化曲折中，在幼稚状态徘徊。人类文化还是伟人文化，还是英雄崇拜。当然，追求神圣与之共存，但毕竟英雄崇拜是现实中的主流。这不奇怪，英雄崇拜是丛林法则的现实化，从自然社会带来的由暴力决定的等级关系依然在人类社会现实存在。人类进入全球化不是进入大同社会，还是由实力决定等级的时代，人类离自觉理性意义上的统一世界历史还很遥远，还只是乌托邦。现实的人类社会是缺乏自觉理性的世界，这对于现实上已全球化的文明人类而言是最普遍意义上的人和社会的分裂，它的表现是人类意义上的生存危机。不能否认由企业文化构建的当代全球化技术社会对以血缘关系为基础的奴隶社会和以地域关系为边界的封建等级社会是巨大的历史进步，但在自觉理性意义上这种进步不但是不值得自豪的，而且和全球化的人类社会是矛盾的，这种矛盾是普遍而重大的。人类只有进展到自觉理性生存才能走出危机。就是说，只有按人的理性文明本质构建的全球化社会才是有生命力的。人类面对可持续发展的危机时，总是停留在自然限制的边界条件这些现象中，根本没有深入到人的本质的深层。人类生存危机本质上是文化危机，是人类自觉理性和进入世界历史时代不适应为根本原因的。可持续发展是文明史的可持续发展，它只有通过人的理性本质超越当下的不自觉状态，从丛林法则进展到理性自觉意义上的合作共存，人类文明史才是可持续发展的。现实地说，只有人类走出英雄崇拜的原始自然状态，不断向文明和神圣追求和崇拜转换，人类理性才在不断扬弃兽性中走向自觉而升华，从而在现实上使人异于禽兽。自认为是理性的，是万物之灵的文明人是否意识到，当由衷地把征服和殖民中原并使中原华夏损失十分之九生灵的征服者推崇为盖世无双的英雄和伟人时，唤醒心中理想和追求的是先天带来的丛林暴力欲望，绝不会是理性的智慧。

人类五千年文明史始终在丛林暴力附近徘徊表明了从不自觉理性向自

觉理性进展的现实困难。丛林法则是与生俱来的，自觉理性却是需要后天努力去逐步成就的。不只人类如此，现实上是每一个人也如此。后天构建的理性是自觉选择中不断进行着的，不是自然而然，而是社会历史文化意义上的。历史性存在的人类的首要任务就是传承：文化文明的传承。人类可持续发展的本质不是石油和钢铁，而是文化和文明。因此，中国文化朴素地把最早传播普及文化文明的孔夫子尊为至圣先师，这深刻地揭示了人类可持续发展的现实意义。如果从这一角度去理解柏拉图对理想国的追求：国王成为哲学家或哲学家成为国王，就能得到更深刻智慧理解。它意味着，理想国家社会不是依靠国王暴力去统一的，本质上是由人的自觉理性本质统一起来的，理想国指向的正是人人都是理想理性之人的圆满境界，而不是由圆满理性去统治的世界。按照柏拉图的逻辑，统治者和被统治者都是不圆满的。理想世界是人人都是圣人，因而是彻底扬弃了丛林暴力的大同世界。

这就是人和社会的统一达到绝对境界的意义，其具体现实性就是理性个人达到圣人无私故成其私的绝对水准。圣人不只是抽象的文化符号，更是文明史中达到完美人格的文明楷模，是达到理性绝对普遍意义的具体个人，圣之为圣在于其理性绝对之于每一个理性具体之人的普遍意义。绝对理性的私和个人就是文化文明最高最普遍的统一性意义，人就通达了绝对的自由。绝对理性就是绝对自由，这就是道法自然的根本意义。

第二节　理性绝对的具体：人和仙的统一

一、人是主客体统一性的具体存在

人本质是理性存在，现实中是感性、知性、理性统一性存在，具体是主客体统一性存在。人认识自己是认识自己的存在，理性认识自己既是认识自己的感性存在，又是认识自己理性本质存在，自觉理性的水准是达到感性、知性、理性相统一的理性具体存在。人的认识就是人的存在，但仅认识本身还不是理性具体存在，认识之所以是人的存在就在于它统一在人的知和行的现实存在中。因此，对存在的绝对意义必须从本质进展到现实即主客体具体性的绝对理解。

人类五千文明史发展却仍停留在理性的幼稚中，这一事实判断的最主要的依据是人类仍是惯于把具体只当成感性的具体，实际上把自身还原为感性自然生命存在，无法从本质上把人和禽兽区分开来，不能在理性意义上把人的自然和人的理性本质统一起来。无可否认，有血有肉的生命是人乃至人类社会得以存在的第一个前提。但是，由这前提出发去理解人的超越生命的普遍本质或是把前提自在地作为人的存在的本质，这是人认识自己的根本分歧点，是人自觉自身理性还是只把自己当成衣冠禽兽的分界线。在人类理性思维被还原为知性因果还原思维的科学理性认识中，人被还原为物，本质被还原为前提，理性消解于兽性。这是科学理性时代人类无法超越丛林法则，永远局限于技术型社会的思想认识根源。人如果按因果还原逻辑最终还原为物而失去心，人就只能把自己本质当禽兽。唯物地理解人是不可能得到人理性的具体理解的，只能停留于感性的具体，在感性具体意义上人是无法异于禽兽的，其最高境界只能达到人的自然生命存在的理解。人的认识就是人的存在之本质，对自我认识止步于感性具体是人的生存的现实，即人只能生存于胜者王侯，败者寇的强权现实世界之中。

人的理性执着于感性具体无法进展到自觉而圆满的理性，这种局限性明显地表现在以人的自然生命为对象的非理性哲学中。叔本华把理性思考的批判矛头直指黑格尔纯粹抽象精神，把哲学理性从抽象精神引向现实的具体，但他的哲学对象不是人类理性，也不是把抽象理性精神引向现实的具体。更不是文化和自然相统一的人的具体存在，而是人的自然生命意义上的感性的具体。自叔本华生存哲学开始的西方非理性哲学流派从尼采直至后来的弗洛伊德、柏格森乃至存在主义哲学，其之所以为非理性的统一意义不在于它们在理论上的传承和发展，而在于认识对象和认识方法两个层次上。它们的共同认识对象是人的自然生命，所以是关于非理性的人的生命哲学，不是关于人的理性本质或理性具体的思考，从抽象回归具体是还原不是进展，只达到认识人的感性具体的水准。它们反理性的深刻意义在于反科学理性因果必然决定的还原论思维中，扬弃了西方唯心主义特别是黑格尔抽象精神哲学中用客观必然性真理绝对性去理解人的绝对存在的传统，彻底超越了机械论，超越了物之人和抽象人又只限于人自然生命水准的具体。既超越了机械论又局限于感性的具体是非理性哲学的内在矛盾，最终不只是认识对象是非理性的，而且形成的具体认识也是带有非理性统一性色彩的，即同样没有达到人的理性统一性觉悟的完整乃至圆满的境界，它们的理性统一性没有超越自然统一性的水准。非理性哲学的智慧是深刻的，但又是有局限性的，它们的理论本身如果像其内在目标那样指向人的具体存在的话，停留在生命哲学则显然没有进展到理性具体之人，就只能说是半拉子工程。无论是叔本华还是尼采，只能彷徨而自我冲突，指望在自然生命中通达人的理性，在感性意义上达到理性具体的水准是不现实的。那只是动物本性，不是文化和自然体相统一的人的具体存在。人超越动物的主客体具体统一性在于人是文化和自然相统一的主客体具体统一性存在，理性文化使人的主体性超越了自然的有限性，离开无限的理性自由创造是无法得到人本质上异于禽兽的理解的。

人类理性从物的统一性上升到心的统一性是对自身认识的质的飞跃。但心物不统一，甚至把心物对立起来，停留在抽象精神统一性中，同样没有通达理性的具体存在即人的存在本身。西方哲学在精神统一性意义上始终没有超越柏拉图和亚里士多德的水准，现实上就无法回到人的理性具体存在自身，两千多年西方哲学史就成了最不应该但又最现实的唯心唯物两种哲学理论相互排斥的历史。两者的对立是还原为知识判断基础意义上的，作为知识有意义，但止于此无资格称哲学智慧。物的世界统一性归纳为唯物主义，从泰勒斯始直至二十世纪量子理论及光速不变性认识之前，还有合理之处，西方奠基于本原论的自然哲学的根据在于科学对物质结构的真理知识所达到的水准中。反之，对心的世界统一性的认识必须合逻辑地包含物的统一性，后者既是物的现实形态，更是由物向心升华的统一性基础，是构成心的基础部分即具体认识对象。但柏拉图在建立理念论哲学时，把心的统一性限定在抽象的认识纯形式本身，把物理解为既存在又不存在，把思维本质进展到存在即思维时又在逻辑上把心和物当成同一层次的概念，把唯物和唯心当成二者非此即彼的知识判断本身。唯心唯物的对立责任在于柏拉图建立理念论时没有自觉地把物的一元论纳于更普遍的心的一元论之中。柏拉图的学生亚里士多德完成了存在四因论的统一性归纳时，跨出了把心物统一起来的决定性一步，可惜后亚里士多德哲学缺乏继承和发扬其理论的智慧，反而将之视为调和唯心唯物主义的怪物，认为亚里士多德的第一哲学从质料出发去理解存在是唯物主义，在四因论中让存在回归目的性是唯心主义。知性的浅薄竟然连由必然性支配的内在目的性是客观性而非心的主体主观性都无法分辨，硬生生地把亚里士多德的第一哲学分割为两块非此即彼的杂碎。人类自觉理性在后亚里士多德哲学史中，就在知性这条黑道上走到底，直至科学理性这名副其实的“美人鱼”时代。人类自觉理性无法超越柏拉图的水准意味着人类认识自己就仍只徘徊在抽象精神统一性的水准。事实上，以存在和思维关系为对象的心的哲学尽管两千多年如一日专注于人类认识的客观性即主客观统一性思考，并且有点建树，但总的成果是有限的，停留于抽象，和感性基础的断裂制约了它自身所能达到的广度和深度。连真理的基础即感性自然认识都抛弃了，又何以通达真理的本质呢？连真理之为真理的根据都没统一又何以得到真理客观普遍性的根据呢？心的认识局限于主客观统一性，而忽略了更普遍、更基础的精神统一性，把意识、知识、真理、理性的统一性当成精神的混沌，只停留在存在即精神的起点上，决定了唯心论哲学的有限性。但更为严重的问题在于，排斥自然认识为基础和物的世界统一性令抽象唯心论无法合逻辑地进展到主客体统一性的现实具体，无法进展到对现实的人的理性具体存在觉悟本身。因此，即使进入知识爆炸的现代社会，人类依然无法去理解生命是什么、人是什么这些最基本的统一性命题。人在理性具体境界如何认识自己，依然是考验人的智慧的命题，是人类走出生存危机不能不面对的现实命题。

世界统一性原理的目标就在于把“人的价值就在于人本身”之人从感性具体、抽象实体进展到理性的具体，在于把人作为最普遍意义的世界统一性存在本身，赋予人之所以为人，之所以是最普遍意义的理性具体存在的充足理由，赋予人之为人存在的独立而自洽的完整意义。追问人是物或是心是浅薄的，人是物，也是心，物是基础，心是本质，人是心物统一即主客体统一性存在。在物的统一性意义上，物的统一性的更普遍基础是客体统一性，最普遍的是能量之元基础上的统一性。人的生命肉体是自然复杂性演化、进化生成的杰作，是普遍意义的自然多样性统一体。但仅这还没有通达自然统一性的完美境界，自然运动的最完美境界是进化出具有灵魂的生命，在生命中进化出具有意识的高级生命，就像人这般具有感性自然认识的有脑能思维和认识的动物生命，自然本身进化的最高杰作是客体和思维相统一的意识生命存在。只有在认识的自然进化意义上，人才能为自己的理性灵魂找到根基，人才有成为独立自主自洽存在的本钱，人才能是自由自主的存在。

在心即灵魂的意义上，人是营养灵魂、运动灵魂和理性灵魂的统一，在精神认识意义上是感性、知性和理性认识的统一。人依靠文字符号的发明和普遍使用把抽象形态的意识转换为荷载于信息意义载体而独立于主体形态的存在，从自然意识灵魂一跃成为自然和文化认识相统一的理性灵魂，凭着普遍性认识构建起类存在意义上的普遍统一性，在本质上超越了自然界，成为理性具体的存在。人走出自然界的意义不是人的自然生命超越了自然进化，而是实现自然生命生存和种群发展的生存方式超越了自然生存，由自然生命选择上升为由文化选择为本质的理性生存方式。文化选择的后天经验性使人超越了先天自然选择生存的自然生命物种限定性，在生存方式的不断变化发展中构建了在人类社会文明史本质意义上的历史性存在，使人在类的文化统一性意义上成为一代代传承中永恒地发展着的存在。普遍文化本质使人走出动物界，成为万物之灵。文化之为文化并不是纯粹的抽象，它的基础和最终的归宿就在人的现实生存方式中，它是人的生存方式中独立而抽象出来的。人是主客体相统一、文化和自然相统一的具体存在，即生命肉体和理性灵魂相统一的存在，离开生命甚至肉体就无法理解理性灵魂从哪里来，离开理性灵魂则无法理解人何以不是物，何以在本质上异于禽兽。只有在主客体相统一的意义上才能理解人是理性的具体，才能进展到完美的世界统一性。传统理性认识的不成熟就表现在要么从心要么从物去理解心物统一的理性具体的人，停留在具体感性人就无异于物或禽兽，止步于抽象精神统一性人的精神就只是梦幻，由抽象实体去赋予抽象精神具体存在根据是很没智慧的。超越传统认识局限性就是回归到主客体统一性理解人，在自然存在、自然生命、自然认识的坚实基础上理解人文化和自然相统一的主客体具体存在，在主客体相统一中让抽象精神回归人的具体的理性灵魂，回归人的现实文化选择生存，回归人的理性具体存在本身。这就是人的主客体统一性存在的意义，就是理性具体意义，唯此才能在理性自觉中参透人的目的就是人本身的智慧，赋予自身作为理性的自足自洽存在的充足理由，才能把人的目的指向绝对理性的圆满境界。这就是万物之灵。对人的具体认识只有在理性具体中才完成，绝不能止步于生命哲学。哲学的最终意义不是把人理解为禽兽。西方生命哲学、唯心论都没有达到人的本质异于禽兽的理解水准。唯心论的现实表现之一是人类中心论，把精神、意识当作人类专利，对自然生命的认识选择性失明，在现象上是赋予人在动物之外并当“二上帝”去管治万物的特权，本质上是把精神文化的知识、真理、理性统统还原为自然的认识和精神。

唯心论从精神去理解人的本质不把人当物，但完全可把人合逻辑地理解为本质上是禽兽。

人是万物之灵是达尔文贡献给文明史的最宝贵文化财富之一，它是近代科学革命发展的重大成果，标志着人类自觉自由的主体性的觉醒。近两百年来，它极大地影响了人类社会历史，但也不断出现对达尔文进化论的各种不和谐声音。进化论是统一性理论归纳，不是因果必然性判断，是需要不断发展的智慧，它的真正意义理解就在于对之的批判继承和进一步发展中。事实上，由达尔文进化论为根据的人是万物之灵的信念不是对生命世界的科学知识或由之而来的依逻辑推论。在自然生命意义上自认人是万物之灵是缺乏充足理由的，因为这还只是自然而非文化和自然相统一的主客体具体意义上的。人类对自身主客体统一性缺乏自觉理解，对人是万物之灵的理解也就没有达到主客体相统一的水准。仅限于客体关系，万物之灵的人就只是自然生命中一个特定物种，本质上就没有异于禽兽。仅限于主体性的自由和创造本质，离开人生存的客体基础，万物之灵就是在万物之外并控制万物之灵。达尔文进化论的意义在于揭示了人由自然进化而来因而摆脱了上帝支配和神秘论，赋予人存在的充足理由，但人是万物之灵又有把主体性之人绝对独立于生命世界之倾向，又可以理解为人由上帝授权管理世界上升为自主地统治和支配世界。这依然是主客体分裂的人类世界，这就是人类中心论和沙文主义的思想根源，是导致人的生存危机的重要原因。人自觉地认识自己就必须由此进展到主客体相统一的具体水准上来。

二、道法自然的理性具体意义

从中国传统玄学朴素的世界统一性理论上升为文化和自然相统一的主客体具体理论，必须吸收人类科学理论知识成果，并把西方文化的客观性及精神统一性理论纳入自己的理论体系中，成为真正无外无它的存在之道的统一性理论，成为在知性客观普遍知识统一性的基础上去具体理解主客体统一性的理性玄学理论。其具体的任务就是要对传统玄学基本概念、理论得出符合客体世界现实认识，和现实世界相统一的理性理论。理性玄学不只是中国传统文化的，而是人类的，是人类第二代精神文化世界统一性意义上的理论。

理性玄学的概念是传统思维无法理解的。但正是传统意义世界对之无法作解释，它才具有超越传统精神世界统一理论的可能，才会是人类第二代意义的世界最普遍统一性理论，才有把主体世界和客体世界、唯心主义和唯物主义理性地统一起来的可能。用道生一，一生二，二生三，三生万物的玄学理论去诠释现代物理学的基本核子结构理论，用万物负阴而抱阳，充气以为和去理解物质原子结构时，这种两千多年前朴素的世界统一性智慧和现代科学真理认识的相容，我们有理由，有必要把《道德经》理解为博大精深、永具生命力的哲学智慧，才说明玄学世界统一性理论是人类理性统一性世界精神的源头。如果《道德经》意义都是非现实的，则它不会成为人类万世用之不竭的智慧宝库了。《道德经》之为智慧，就在于它的意义就在人类历史文化两千多年的现实过程之中，并指向未来的更深刻的理性意义。又正因为玄学理论是统一性智慧的源头，所以它就一定是朴素而近乎抽象的，还不是丰富具体的，更没有达到绝对理性具体的境界。按照世界统一性原理的人类社会历史连续不可逆转的逻辑，后人要发展玄学理论，将之发扬光大，把它从朴素统一性智慧发展提升到理性统一性智慧境界。在理性统一性的抽象逻辑意义上，玄学理论是无法超越的。在这种意义上我们可以超越泰勒斯、苏格拉底和柏拉图，把各执一端的唯物主义和唯心主义两个一元论统一起来，但我们在逻辑上永远无法超越老子，无法用一个更普遍的意义框架把道纳入其中。但老子的《道德经》只是人类最普遍的世界理性统一性的起点，而不是终结，人类无法超越它，却必须发展它，由抽象上升为具体，这才是人类当今历史文化的现实意义和本质所在。把朴素玄学上升为理性玄学，就是要把人类的丰富知识统一起来，把玄学理论从抽象变成具体的，变成形而上和形而下的世界相统一的，把基于经验认识的统一性变成知识、真理、智慧相统一的。如果玄学理论对任一真理知识还不相容，则它就不是最普遍的统一性理论；如果玄学理论有不能解释的真理知识，则它就不是达到绝对的具体的理性智慧。人类超越主体世界和客体世界达致二者具体统一的历史性进展希望，不在泰勒斯的万物本原，也不在柏拉图的抽象理念之中，只能在无它无外的最普遍的道之中。人类两千多年的历史走到今天生存的基础理论发生危机时，意味着人类必须进入第二个轴心期，关于世界精神统一性理论的超越和创新已经义不容辞。第二代人类世界精神统一性理论的现实之路是把朴素的玄学理论发展为具体现实的理性统一性理论，使之从抽象理论上升为人类第二代世界精神统一性的具体理论。如果我们能够做到这一点，我们就有可能开创人类历史上第二个轴心期，翻开人类社会历史发展的新篇章。

对朴素玄学的理解百花齐放，见仁见智，在朴素抽象意义上各种理解既无法统一，也没有优胜劣汰的内在机制。它作为抽象统一性智慧不是知识但包含知识，和形而下之器不统一之道坐而论道时各有各的道理，真正是盲人摸象，各执一隅。世界统一性原理尝试在形而上和形而下相统一意义、知性理性相统一意义上把玄学具体现实化，只是一个开头，抛砖引玉而已。个人微薄之力，二十年艰辛，其志不在找一个支点和木棍去撬动地球甚至宇宙，而在于在充斥着知性的世界中划一支火柴。理性能否燎原，那是人类世界每一个人的理解和选择所决定的。尽管对《道德经》的理解没达到统一，但把道法自然作为《道德经》的精髓应该还是可以获得认同的，因此，必须从理性具体去了悟道法自然的意义。

首先，道是什么？张尚仁老师在《新译　新编　新解　道德经》中认为："道就是第 25 章说的'天下母'，即世界的存在，是万物，包括社会和人的存在本质。"[①]这是对道的最一般概括，它是包括一切的概念，亦即世界统一性原理无外无它的"存在"概念。它当然以人们传统的存在即存在者的存在为其基础，以一切客体存在的最普遍的具体本原存在为出发点。就是说，道首先是客体存在。把道限于抽象思维中的"理"是最狭隘的，因为老子说道生一，为天下母，那道就只能首先理解为最普通的自然本原存在了。否则，具体的鸡蛋就是抽象的母鸡概念生下来的了。

理性玄学要真正解决的命题是本原之道的具体意义是什么呢？特定的本原之道和绝对之道的统一性关系是什么？具体的道之本原客体就是普朗克黑体辐射定律假设的“光量子”这类无质量无静止状态的光、电、磁能量子，更具体的是引力能量子。它是量子化不可再分且绝对运动的客体存在，它不只构成结构性实体的质量，也是决定实体结构稳定存在的结合力本身。更重大意义是它能在保持量的守恒性中转化为质量的状态，从而把多样且永恒运动的宇宙统一为具体之量绝对守恒条件下按内在目的性永恒有无相生着的有序整体世界。因此，能量子的本性和本质同一于在转移和转换中守恒的能量，道的自然绝对统一意义是能量，以能量为本性的自然是永恒生息运动中绝对统一而永恒的世界，从道的本原说进展到道的本性论道就统一了自然的绝对意义，自然之道就是能量一元论。不但现代科学理论已经证伪了物质本原，而且物质本原在逻辑上是不成立的。它的不合逻辑之处仅从我们既相信物质有不生不灭的永恒性存在结构但物质结构又无限可分上就充分暴露出来了。半尺之锤，日取其半，万世不竭，果真如此，本原存在对于人类而言只存在于可望而不可即的无限前方，具体本原就只是纯粹的思维抽象，不是最普遍的具体存在了。顽固坚守物质本原最终还会产生世界起源命题，因为物质不灭只是有限性真理，没有最普遍意义。由物质起源而来的宇宙起源命题是人类文化的一个大毒瘤，因为它是无法科学地回答的，只能用信仰解决，靠科学解决世界的起源是不可能的。今天宇宙大爆炸理论支撑着物质世界的起源学说，按照物质一元论这就是宇宙的起源，但宇宙大爆炸之前，大爆炸那一刻就成为纯粹神学信仰命题了，有起源的宇宙就没不生不灭的本原存在了。在能量一元论的客体世界统一理论中，能量是不生不灭的，是绝对运动并且可转化为物质及构成物质结构、物质相对状态，推动物质相对运动的最普遍的存在。能量永恒存在终结了宇宙起源这无意义命题，我们才有建立起最普遍统一自然界认识的坚实起点，才能把客体的存在和状态的变化统一起来。以无为本原之道才从具体理性意义通达了玄学之玄的普遍而具体的本体存在论意义。众妙之门的玄只能从普遍具体存在者去理解，不能限于抽象之空即认识论意义理解，从玄出发的玄学才是本体论和认识论相统一的，是关于现实世界的，是无、有、空相统一的哲学理论体系。玄作为自然本原无质无形无定而有量，定量就是一切具体存在之为具体存在的必要而充分的理由，玄就基于定量成为具体的存在，是一切具体存在的根据，甚至就是一切具体存在本身，玄之又玄为众妙之门在当代哲学话语下就是本原存在是多样性世界统一的根据。

《道德经》之道是世界的普遍本性，是由本原为起点的多样性自然的统一，本原只是道的特定形态的存在，是道中之道，这才是道之为道的最普遍意义。老子把特定的本原之道具体地规定为“无”，这就是“道生一”和“无中生有”的统一性意义。无所无包的道在客体意义上首先是由无和有构成的，无是本原之道，有是由本原所产生的道，这正是老子理论在立论上超越西方自然哲学的高超之处。西方自然哲学从有开始，即从有形的物质开始，在客体世界意义上就已无法建立普遍的统一，导致了人类对无客体即光、电、磁本性的困惑。世界统一性原理把无具体理解为无质有量的能量，最普遍客体形态是能量子客体具体存在，还包括转化为静止物质质量和物质状态能量这些特定的存在形式，是存在者和状态相统一、客体和现象相统一的存在，唯此能量才能有根据地被理解为宇宙最普遍的统一性自然存在，有则被理解为具有静止质量的空间性物质实体存在。无质有量谓之无，有质有量谓之有，物生于有，有生于无的具体现实意义就是质量由能量转化而来，万物则由具有静止质量的基本粒子质子、中子、电子的原子结构为起点，并由原子结构向更复杂结构演化。宇宙自然是无、有、物统一于道的完美有序存在，这可由宇宙大爆炸理论揭示的零点大爆炸之后宇宙结构复杂性演化模型揭示的过程去具体理解。宇宙的完美性不只是无中生有，更美妙的是能量的运动及守恒法则支配着整个自然的演化和运动过程，貌似变幻无常的自然的生生不息实际上是由常在即必然性普遍运动规律支配的完美有序的世界。客体世界本质上是统一于能量的多样性具体存在，这就是广义能量守恒定律的绝对性意义。物质不灭定律在原子结构之上的更复杂结构中才有意义，但能量守恒则是绝对意义上的。道的统一性世界只能从具体的“无”客体即能量子为起点，不生不灭绝对守恒的能量就是多样化客体世界最普遍的具体本性。能量一元论通达彻底的宇宙一元论，只有回到道的一元论才能超越西方从有为起点的自然二元论哲学。西方二元文化不仅表现为物质和精神两相对立，而且客体世界的物质一元论也表现为存在者和推动存在者运动的根据的对立，无法把具体多样化的客体世界统一起来，这是西方文化在第一个轴心期建立的世界统一性认识的二元局限性。走出二元论就必须从无开始去思考多样性的统一世界。两千多年来人类还没有解决的光、电、磁本性之谜，为什么老子竟能在玄学理论中用“无”去抽象概括呢？原因可能如下：一个理由是逻辑上的，这就是老子的过人之处、智慧之光了；另一个原因或许和经验有关，光的本性理解是我们至今仍无法用知识去解决的问题，把光、电、磁叫作物质显然是违反经验的。光被物体吸收变成热状态，把它理解为被物吸收的物并由被吸收之物转化为吸收之物的热状态是逻辑不通、经验不容的。由刚性实体作为万物本原并不符合人类朴素经验，古希腊自然哲学偏向于从无定形的水、气、火去理解本原之物，甚至干脆叫无定。老子由无去理解万物本原，认为无中生有，当把无理解为无形无质无定的客体时，就不神秘且易于理解了。最难理解的是为什么两千多年来人们把无中生有的客体性的无竟只当成思维中的抽象，是有的否定性而已。当老子的万物生于有，有生于无不是被理解为自然客体的生成关系，无只是被理解为有的抽象否定性状态陈述时，显然是不合生成的逻辑关系的。

其次，道还是抽象的精神文化为本质的人的主体世界，这就是张尚仁老师所说的人与社会的本质，是道理之为道理，“人道”之为人道的根据，也是统一之道作为存在和西方局限于实体理解存在的本质区别。老子说域中有四大，人自成一大，这时就已经把人和自然生命从本质上区别开来。老子说的自成一大的人是万物之灵意义上的，不是万物之一的人，不是感性客体具体存在，是超越了天和地的文化和自然相统一的存在。老子玄学理论本身的自然无为是对人的主体性而言的，指向的是主客体相统一的人。老子对人的理想要求是寡私少欲，也是以人的主体性为前提的。如仅在自然生命意义上，动物不存在私欲命题，它们是由欲望支配生存选择的。寡私少欲表明人是主体目的性的存在，人和动物的本质区别是用理性目的超越本能欲望，用现代话语陈述是用文明为价值的文化选择去超越支配自然选择的丛林法则，在文化选择生存中成为理性的存在。对老子自然无为智慧必须在人的主体世界和精神文化本质基础上才能通达主客体统一理解，不能庸俗地流于宿命论。如果把无为理解为无所作为，陷入宿命论就大谬不然了。不能把玄学当成只是关于自然的自在无为的客观认识，否则人作为域中四大之一也是客体世界中的，其实已失去人自成一大的根据了。限于客体的自然无为之意义最终指向人无可奈何的宿命世界，但玄学本质上是追求安宁、快乐、幸福的现世生存的人生哲学，和宿命论、今生积德来生报应的轮回观念是无缘的，把自然无为简单地理解为无所作为显然不符合玄学理论的基本精神。诚然，在老子生活的时代，中国文化对普遍知识所知不多，更没有形成对客观普遍有效真理认识的追求，但人的主体意识，人本质上异于禽兽的价值判断却已成型，绝不能把当时老子的自然无为理解为听命于天的宿命思想。在域中四大，人自成一大的判断基础上，必须把人理解为自由创造性的主体性存在，是和动物有本质区别的存在。以这一判断为基础，自然无为就不是纯粹人的自然关系命题，不是人作为自然存在的命题，而是人的主体本质即人的文化和自然关系的命题。老子时代人这种关系尽管还相对简单，但也已经是朴素的文化和自然统一性关系，不是客体关系。在人的主客关系已经无比丰富的今天，对自然无为的理解包括三个不同层次的统一。

第一，它最基本的理解以客体统一性为基础。自然而然是客体世界以及客体世界自身不以人的意志为转移的必然性规律，为是人的主体性自由创造中的生存活动，是人的有目的的文化选择行为。自然类似于黑格尔的自在，无为之为类似于黑格尔的自为，自然无为的最基础意义就是自然界是由不以人的意志、选择、行为所改变的必然性规律支配的，人可以改变自然现象，却不能改变支配自然现象的最一般普遍规律。具体诠释就是客体世界本质上是由它自身的必然性规律所支配从而成为统一世界的。人不能创造发明和改变自然规律，但能发现它，利用它，这是西方科学文化的两千多年主题，是近代科学革命以来的人类文化主旋律。西方文化对真理的追求是两千年如一日锲而不舍的；中国传统文化则缺乏对自然无为的这种真理追求意义的合理理解，没有尊重和追求自然必然性真理的自觉性，这正是中国文化客观性匮乏的原因。

第二，自然无为的更高层次理解是在主客体相统一意义上的。自然既是存在又是以必然性规律为其本质的存在，自然无为就具有一切按客体必然性规律办事的意义，人的为不是对自然的普遍必然性规律有所作为，而是以之为根据去作为。自由创造并不是自由地改变或创造普遍必然性真理，而是根据必然性规律认识去在现实文化选择中自由创造，在遵守自然界必然性规律基础上，选择必然性规律发生作用的具体边界、初始条件，使必然性规律支配下具体客体的运动变化符合人的目的性，创造人类生存的具体现实历史，这就是自由和必然的统一性。主客体世界的统一是在自由和必然相统一作用过程中实现的，人必须按自然法则生存，这正是《道德经》的基本思想，把自然无为理解为主观符合客观才是合理的。人作为主客体相统一的存在是建立在自由和自然相统一的基础上成为现实的，人的文化选择如果违反自然规律本身，那是“无道早已”，而不是实现什么自由和创造的历史了。

最后，更进一步看，玄学无所不在、无他无外的统一之道的理论体系是以道法自然为机制去构建生成的，道法自然是道的绝对统一性的精髓。玄学的统一性世界是道（无）、天、地、人的多样性统一世界，统一于道的内在机制是人法地，地法天，天法道，道法自然，人就是最普遍世界绝对统一性的具体现实意义。对玄学智慧的具体现实理解统一于道法自然的理性具体理解之中。

第一，玄学的无、天、地、人是统一世界的四个层次，无就是自然以能量为本性的根据，自然是永恒而绝对的具体存在，一切具体存在本性都来自于能量，复归于能量，客体运动变化转化的根据也在于能量，一切自然都是能量的统一性存在。在物理世界中，无被归纳为光、电、磁的量子理论，量子化客体的本质和本性都是能量，能量守恒定律以及能量运动最小能量原理是最基本的存在和运动规律，是整个客体自然界最普遍存在及演化的支配定律。无生有，演化出质和量相统一的实体存在。质量具有物的规定性，具有可感性经验的相对的空间性，宇宙一切物质客体空间性的统一即是天。地球作为物质星球是这个天的一部分，天不是由地球之外规定的，天是由空来规定的。空是空间性，物质客体是相对空间中三维独立变量规定、认识的相对性存在，空间是描述物质客体存在及运动的最基本的形式变量。地是天中具有特定规定性即时间规定性的过程性结构存在，是有生有死的生命存在。自然生命世界统一于地，构成了统一的地球生命圈。人则是自然生命世界中超越了一般生命时间性的存在。人本质上是历史性的，人的生存方式不是进化意义上的自然选择，而是在此基础上的文化选择，精神文化使人具有了超越自然生命的普遍本质，成为理性的存在。文化的历史经验性使人的生存方式不再是自然的，本质上是文化的，现实上是文化和自然相统一的。文化后天经验和非自然基因传承决定了人是以社会作为文化载体基本单位，在文化发展中一代代不可逆地自主创造自己社会历史文化的存在。统一的世界之统一的意义就是由上述四个不同层次本质规定性存在的具体统一，它以无为起点，最高的统一是人的存在本身，故人的存在统一了一切存在的意义，绝对统一的存在就是绝对之道。

第二，世界是从简单向复杂性运动演化中完美有序的统一整体。物质世界是从最普遍的能量子世界中结构性演化而产生的。在最一般意义上，它还是质能等效即能量守恒定律制约和决定的相应能量的存在，但在具体意义上，它已是具有特定的本质规定性的能量存在形式，有了能量子客体没有的特定相对空间性，成为统一于能之量的质能统一性存在。同理，生命世界是物质实体结构的特定形式，有生有死的时间性结构成为生命区别于纯粹物质实体的规定性，使生命成为整体结构不可还原的时间过程性存在。人是从生命世界进化而来的，但自然生命只是人的基础，人的本质是后天经验建立的普遍理性即精神文化，它使人的生存方式摆脱了自然选择的本质，成为以文化选择为现实生存方式的历史性存在。能量就是多样性世界最普遍的“无”，它就在一切存在中，能量子客体是在否定复杂结构性存在中肯定自身为最普遍的存在，这就是理性的否定即肯定的智慧理解。以能量为起点复杂性演化的多样性世界的统一法则是高以下为基，即高层次的世界建立在下一层次世界基础上，上一层次复杂性存在包含下一层次存在的现实和本质于自身作为元结构的统一性存在。从现实去看，物质是质能统一性的，生命是空间时间统一性的，人则是文化和自然统一性的具体存在。人超越自然生命的本质是他的灵魂意义结构，即人是具有由普遍精神文化为理性灵魂最普遍意义结构的主客体统一性存在。人处在世界的最顶端，是最复杂的存在，在客体意义上是从普遍到一般，即特定性、多样性演化中最特定的具体存在，但在意义世界中又是最普遍意义的主体性存在。人既是无限主体又是生命客体，作为具体存在人进展到理性的具体而告别了自然界；人是能量、物质、生命、理性灵魂的统一，人就是世界的绝对统一性。人的统一性既由精神文化决定其存在的本质，又必须以遵守生命、物质、能量的存在及演化规律为前提，人就是法地法天法自然的统一之道，这才是最普遍意义的人道。在对世界的这种绝对理性统一性具体理解中，我们把朴素的道的统一世界具体化，把西方文化长期相对立的客体和主体世界统一起来，把世界理解为文化和自然相统一的主客体具体之人的世界，把人理解为主客体相统一的具体存在，人就是世界绝对统一性本身。由此，对人从哪里来到哪里去有了统一性理解的基础。

第三，现实的世界不只是多样性的统一，而且是绝对运动着的生生不息的现象世界。在理性统一性看来，它本质上是由自然必然性规律支配着的有序世界，世界的统一在现象上是多样性存在者及其过程的统一，在本质上是多样性必然规律的统一，并且最终统一在最普遍的意义世界中，统一在人的具体现实的存在和生存选择活动中。人的主体自由选择必须遵守自由和必然相统一的法则，必然性规律是人自由创造的根据，不是人宿命的牢笼。知识就是力量，对必然性知识认识越多，人就越自由。人的主体世界必须符合在社会这一最基本单位形式下有效分工合作共存的法则。人类主体世界文化文明程度越高越自由，人的本质的发展就是文化理性不断走向绝对理性的历史发展过程。人以自然生命为基础，人的具体生存就由生命自然进化法则所支配，生命具体结构的生长发育又由物质结构演化的定律支配，最终由推动物质结构复杂性演化的能量规律所支配。每一个文明人本身是整个世界的支配定律的统一，是能量转化、实体结构演化、生命进化和灵魂文化的统一，从而使人成为最普遍意义的存在，并且在最终意义上是由能量最一般定律即守恒和最小能量原理支配其绝对运动的过程性存在，这是人法地，地法天，天法道，道法自然的具体而现实的统一性意义。道法自然的最一般意义就在于，我们所处的首先是一个由必然性规律所支配的有序而复杂统一的自然界，人是主客体相统一的自由的存在，主体的自由和客体自然必然性的统一就是主客体统一性的现实本身。人对必然性的世界规律法则达到统一性理解时，人就成为自由自觉的主客体相统一的存在，通达了人的具体存在的绝对理性境界。

由理性绝对的具体了悟道法自然的意义，人就自觉地超越了宿命论和人类中心论，就获得现实的自由生存意义。为什么世界统一性原理最高境界统一于具体现实的个人？因为抽象和具体相统一并回归具体才叫统一，普遍社会历史文化的意义在个人具体理性灵魂中才是具体的，在每个人的每个非本能的自然选择中才有抽象意义的现实性，理性普遍本质不是抽象实体而是感性具体之人的抽象普遍意识，它使人成为理性的具体。人的目的在于具体之人本身，文化选择超越自然选择的根本意义在于改善人的自然生存，人的自然受自然必然性规律制约是道法自然的理由，道法自然的文化生存的根本意义是人的现实生存。理性的进步表现在人的现实生存的不断改善之中，由道法自然去了悟理性的具体绝对意义就是把理性理解为人对幸福快乐生存的自主自由自觉的追求，这就是人的目的就是人本身的理性具体意义。人类理性的幼稚表现在把理性、文化限于抽象，把理想和现实彻底割裂为两重化世界，人就在上帝或禽兽中两择一去认识自己。上帝文化的赎罪意义牺牲现世去换取来世天堂是不成立的。当今佛教学说中流行的所谓看破红尘是违反佛性的，苦修是不合逻辑的。佛祖的智慧是把人导向绝对幸福的极乐境界的，人现实上只能活在当下，没有当下的幸福就没幸福可言，何来极乐之意义？万般皆空在于空统一了一切色的普遍意义，有现实生存的幸福才有人生统一意义的幸福。由道法自然去理解人理性生存的具体意义的关键在于把生存回归主客体具体统一性本身，人类认识的误区是把主体贪得无厌的欲望当成主客体具体存在的现实，有限的现实不可能满足无限的欲望，资本主义文化把物作为目标是和人的主体性无限本质不相容的。因此，道法自然一定要回归文化和自然的统一作具体理解。

三、理性绝对的具体现实性是天人合一

文化和自然的具体统一就是肉体和理性灵魂相统一的现实个人，它的现实意义就在人的现实生存活动过程中，人类对自身主客体统一性的理解首先就体现在对人的现实生存的理解之中。人认识你自己，是从认识自己生命存在的统一性开始的。在朴素的玄学统一性理论中，人的生存的最高境界是在自然无为、道法自然中实现人的文化和自然相统一的智慧生存。但玄学之为玄学，朴素而抽象的玄学很难回到形而下经验的世界中，总是玄而又玄。老子在写下《道德经》的时候就在书中说：吾言甚易知，甚易行，天下莫能知，莫能行。知我如希，则我知贵。玄学道法自然的思想是和中医文化对生命的理解相辅相成的，中国传统文化生存智慧更主要是以中医文化形态表现在人现实生存经验之中。另一方面，它又以道教的形态转化为对经验世界现实生存的理解。对人的主客体统一具体存在的理解不能停留在朴素且玄而又玄的道法自然中，应该从现实经验世界为起点去思考人的主客体统一性，从经验和抽象玄学上升为自觉理性统一性的理解。

中医文化是从人自然生命存在的经验中归纳而来的。其实动物就已经具有本能的治疗行为，人类进入文明史后文化的重要内容之一是经验医学的产生与发展，而且中国医学基本上循着实用经验医学方向发展，并逐步从巫术中分离出来，成为以宇宙自然为背景的经验知识理论体系。《黄帝内经》已经达到了极高的经验归纳和综合水平，它不仅是治疗的经验综合，而且也是更普遍的生命理论综合。中医文化的生命理论归根到底就是

一句话：天人合一。它的意义就是人作为文化存在和自然存在的统一，主要是人和自然的统一。这里的天不是神秘莫测的上苍，而是玄学理论中的自然界，故天人合一就是人和自然的统一。"《黄帝内经》始终站在生命系统的视角看待宇宙，作为医学著作，基本上剔除了古代天学的神秘因素，而更强调其自然科学的特性及实证性，并由此形成了《黄帝内经》宇宙观的两大特性：一是具有以人为中心和出发点观察天、以自然解释天的哲学特征；二是具有集天文、历法、气象、物候、医学等理论为一体的自然科学的特性。其特征是宇宙天地与人体生命同构互动，天人合一，其具体表现为'天人相应'"。[②]人天同构是把人的生命肉体结构和宇宙自然的宏观结构比拟，得出人天同类的思想。由人天同构出发对生命过程的认识就是人天相应，把人的生命理解为受自然环境制约，是人天相应作用的过程。人的生命的最高境界就是天人合一，即人和自然达到最理想的统一状态。天人合一和老子道法自然的玄学哲学理论是相通相融的，但必须看到，中医生命理论同样是素朴的生命理论，没有超出道法自然的朴素境界。它是具体经验知识，但没有从普遍经验上升为普遍客观有效的知识体系，道法自然的玄学理论体系和天人合一的中医生命理论都没有上升为客观知识为基础的理性水准，这正是把中医及玄学都视为朴素认识的原因。还有一点，朴素的中医文化对人和自然的统一理解并没有达到主客体相统一的境界，既限于人的自然生命又往往把天理解为外在于人的自然，不是把人自身理解为文化和自然、主体和客体的统一，这和西方在坚持唯物主义同时又保留着人类中心论确有异曲同工之处。只不过西方文化中唯物主义和唯心主义的二元对立是在抽象知性意义上的，而中国传统文化以人为中心和自然作为人的外环境的二元分立还只是在朴素经验意义上的，还达不到西方知性抽象普遍性的境界，也就没有产生尖锐的对立。中国文化表现为以经验为基础的整体论、有机论、辩证论特征，不是机械论文化，而是机会主义文化，是用有用即真理去理解实用主义的朴素文化。

把玄学理论现实经验化的另一杰作是中国道教文化。道教把道法自然的普遍认识转换为积极进取的生命哲学，具体化为现实生存的经验态度。

道教之为道教并不在于一般宗教本质，并不是通过超越现世现实生存去超越生命的有限，用现世的修炼去获取下一世的幸福甚至进入极乐世界，而是在现世现实生存中追求幸福，并通达无限的境界。道教通达无限的追求就在于现世成仙的追求之中。成仙是人每时每刻生存经验中的修炼，是对人和自然统一的刻意追求，这种现世生存的追求到达理想圆满境界时人就是仙，就不是生命有限的凡人，就是长生不死之人，仙的境界是现实人生命生存理想的无限。道教和其他基于轮回去超越生命有限性的宗教文化有本质的区别。在传统的宗教信仰意义上，很多人认为中国文化没有信仰。如果以存在即人的永恒意义，在来世今生轮回的终极价值意义上，道教或许可以说不是信仰，但从现世追求不死成仙的意义看，人到达生而不死的绝对天人合一境界同样是超越生命有限性的境界，同样是一种到达无限的终极价值，只不过生命的无限不是在轮回的生生息息之中，而在现世积极生存而到达的永恒之存在中。传统的宗教是基于生存经验而超越现实的，道教则是在经验现实中追求对有限生命现实超越的。道教最积极的意义在于它把人的终极价值建立在现实经验生存中，是追求现实生存幸福快乐，甚至到达永恒境界的理想追求。它的现实意义则在于把道法自然的朴素普遍理论转换成为人的生存经验中的现实。当然，道教不但同样是朴素的，而且它对生存经验确立的最高境界即仙的境界、有限生命超越死亡而进入永恒的绝对理想境界是可望而不可即的，即生存经验的绝对境界追求是永远不可能成为生存经验现实的。无论如何，我们无法获得成仙的经验。当把成仙当成法术，变成帝王追求不死仙药追求时，甚至变成庸俗的骗人“法术”之时，那就已是道教的异化了。那不能再理解为道法自然的智慧，而是迷信和愚昧了。

道教是以《道德经》玄学哲学理论为基础的，是按道法自然的法则去理解人的生命哲学的。但道教设定的绝对境界即人通过外功内修去成仙的理论却不符合天人合一的玄学最高境界。人和自然的最高统一并不是生命不老不死，老子是断然否定生命不死的。老子说，天地尚不能长久，而况人乎！天地都是生生息息的，人又何能去违反生生息息之道而成为只生不息的存在呢！能够长生久视的只能是绝对之道。老子认为绝对之道是“周行而不殆”的，能量守恒在于它不自生，故能长生不殆。天地人是后生的，故必定是要息要灭的。出生入死是关于人的自然生命生存的朴素感悟，人的生命必定在生、壮、老、已的不可逆过程中瓜熟蒂落，最终黄土盖顶，盖棺论定。入死是每一生命先验的终点，这就是宿命。我们说时间老人是公平的，既指人都是时间性存在，还指每个人都是生命有限性存在，帝王也好，凡人也罢，无人能摆脱出生入死的自然法则，武则天垂暮之年哀叹用江山也换不回青春。生和死形而上地不可分割，没有死就不会有生，故从生命哲学去理解人生哲学的尼采说，人的最好是不要出生，次好是马上死掉。因此，道教追求不老不死的成仙之道，在把追求长生不死肉身生命作为绝对理想境界这一点上是不现实的，既不符合人的生存经验，也不符合玄学理论，不符合生死相随的必然性逻辑。人一旦成仙不死，人法地、地法天、天法道、道法自然的统一世界就不统一了，再无世界统一性了，以人为永恒的世界和以能量为本性的世界是得不出绝对一元论的世界理解的。可以这么说，道教在将玄学形而上学具体化为人的现实生存实践时，并没有达到理性的具体，依然停留在朴素经验认识中，而且在最终价值意义中走向了道法自然最普遍法则的反面，把人生命的最高境界理解成非自然、反自然的，这是道教的历史局限性所在。朴素而积极的人生追求态度并不能自然而然地通达理性的最高境界。

人是文化和自然、主体和客体相统一的具体存在，天人合一是人自觉到自身存在的主客体统一性去自然无为地生存的境界。把天人合一的绝对境界用“仙”去定义时，人成仙为仙之道就不是朴素、机械地理解为达到不可能的只生不死的状态，而是人在主客体相统一的生存之中达到天命，达到天人合一的绝对境界。对朴素的天人合一和仙的意义的具体理性统一性认识，就是对人的生存的主客体统一性的最具体而现实的理解。

天人合一的绝对境界即仙的境界，在理性意义上不只是具体现实经验的，更是从具体现实经验上升为普遍的一般形态，从一般普遍抽象法则返回到具体个体存在时，这才是具体理性的绝对境界。这种一般而普遍的天人合一意义并不难理解，它就是人的自然和外部自然的普遍统一。一般而抽象的“仙”不是具体个体意义的，而是一个世界，一种境界，一种普遍而一般的存在，我们称之为仙境。朴素的桃花源，圣经的伊甸园，佛教的极乐世界，首先都是一般意义上的普遍世界，同时又是达到绝对理想的一般世界。这个一般世界，不只是人们生存的自然环境，而是从人的尺度、人的生存出发的环境，即人在社会存在中和自然环境的相互作用意义上的环境，是人化的世界，是文化和自然相统一的世界。在一般抽象普遍意义上，天人关系的意义就是一个社会和它所处的自然环境的统一性关系，在当今全球化时代就是人类和整个地球生命圈甚至整个宇宙的统一性关系，天人合一的境界就是人类和它生存的自然环境协调、和谐、可持续发展状态。当人类自觉到自己并不是超然于自然之外、高踞于自然之上的自然统治者时，不再征服自然、战天斗地，而谦卑地懂得道法自然，按自然必然性法则去进行文化选择来追求人的目的时，当全人类共同协调去解决温室效应这些现实环境问题时，已经开始在最普遍人类世界意义上意识到人类社会历史是和自然相统一的存在。当今人类把可持续发展和环境友好型社会作为发展基本目标，这是近代科学革命以来，特别是现代化运动以来人类存在和认识的深刻革命，是生存发展中极具历史意义的理性进步。从《增长的极限》问世始，人类对保护地球生命圈的自觉认识和合作协调的行动，包括思想家、政治家、科学家到普罗大众的努力，包括“地球是我家”“人类只有一个地球”的大张旗鼓的宣传，都是人类天人合一的自觉意识不断觉醒的明证。尽管几百年来人类中心论统治加剧了人和自然的矛盾，现代化、工业化、城市化对人类生存环境破坏极大，人类得到人的文化和自然必须统一协调的自觉认识是付出沉重代价的，但毕竟我们从中吸取了教训，逐步抛弃了人类中心论，开始觉悟到天人合一的哲理。这正是理性人类的优越之处，即人类能够从经验中总结、归纳出普遍的文化知识，包括人的普遍世界和最普遍的宇宙之间关系的知识，在这些知识构成的对人和世界的理性存在理解中，不断调整实现人的目的的手段，改变人类现实生存的文化选择活动，使人和环境在不断发展的意义中得到不断发展着的统一。人类对自然必然规律认识越多，就越能更好地适应自然，就越理性地生存。天人合一的理性意义就是人的文化和自然的理性统一性意义，天人合一的最高境界就是人的文化和自然达到最高统一的绝对和谐共存的境界。人类世界在不断自觉地在环境友好型、可持续发展型中生存发展，所追求的最现实自然就是“仙”的世界，一个人类和宇宙绝对合一的完美世界。尽管我们离这个“仙境”还很遥远，但毕竟我们已经有了一个很好的开始。理性人类完全有能力让明天人的文化和自然关系更统一，人的生存环境更美好，我们已经走在通向理想仙境的大道上。

天人合一的最高、最具体境界是从一般的文化和自然关系回归到具体现实的人之存在的主客体统一性关系。世界统一性原理把具体的人作为主客体统一存在，是最普遍而又最具体的存在，即人类社会文化和自然相统一的一般本质关系具体现实在每一个具体的人的主客体统一性之中。为什么文化和自然是统一的？传统观点把文化和自然的统一性理解为只是纯粹认识论的，这是不够的，甚至是肤浅的。文化和自然相统一，人的存在是主客体相统一首先是本体论意义的，不只是纯粹认识意义的，否则就是怎么认为都行了。就是说，人的文化一定是和人的自然相统一的，人的文化选择只有和自然必然性规律相统一才有意义，这是不以人的自由意志为转移的。个人作为主客体相统一的存在，生命自然客体的必然规律在支配着人的生命过程，这是必然的，不可变更的。而人的文化和自然的分裂是主客体的分裂，在认识论意义上是主观不符合客观，在本体论上则是主体没有自觉通达理性，存在自身没通达文化和自然、主观和客观相统一的境界，认识局限性的现实结果是人的存在缺乏自觉理性。不能认为离开认识有独立的人的存在，那是物而非人的存在。只有在一般普遍抽象意义上文化和自然相统一，具体个人的文化选择生存方式才能是主客体相统一的，抽象的文化和自然相统一回复到具体个人时就是主客体相统一。一般的文化本质作为人的普遍抽象本质并不难理解，而一般的自然则不能简单化为环境，而是具体个人的自然生命和外部环境的统一。具体的人的存在的主客体的统一，包括人的自然对外部环境的统一性关系，其中最高最具体的是人存在自身的自然关系。人的存在基础是自然生命。为什么人要按照自然规律办事？因为人的生命是自然的；为什么环境制约人的生存发展？因为人的生存是人的自然和外部自然交互作用的统一过程中实现着的。传统西方文化的人类中心论的缺陷之一就是把人当作非自然的存在，而不是自然为基础的文化和自然统一性存在，因而才产生了征服自然、战胜自然这种荒谬的观念。中国传统文化还没有达到人和自然对立的普遍人类中心论水平，依然徘徊在朴素的天人合一观念中。即使中医文化中的天人合一、天人相应、天人相参已经具有很高的经验综合水平，但也同样是把人和天即自然分立的，天依然是外在于具体个人的存在的。无论是朴素的天人合一的理解，还是西方的人类中心论，都没有达到对具体人的主客体统一性理解水平，即没有达到对具体人存在的理性自觉。东方文化对人的认识是经验感悟的，西方文化对人的认识是抽象知性的。对人的统一性认识是具体理性的，每个具体的文明人的存在，实质上主客体相统一、文化和自然相统一的具体现实存在。

人是主客体相统一的存在是对人自身的理性具体认识，基本意义包括以下三个方面。

第一，人是肉体和理性灵魂的统一。理性灵魂是超越了自然意义的灵魂，人是在灵魂意义中构建了人类普遍文化意义结构的存在，使每个理性具体之人是具有抽象普遍人类文化本质的无限主体性存在，是以社会为基本生存单位的历史性存在，现实中是肉体和理性灵魂相统一的存在。理性灵魂赋予人以自由创造性的普遍本质，现实的人就是文化和自然相统一的主客体具体存在。正是基于人的理性灵魂超越了自然生命的非理性灵魂，人才有充足的根据异于禽兽，走出了在自然意义上的生命世界，由万物之一成为万物之灵。理性灵魂构建了人的现实理性本质，使人由自然存在文化为具有无限创造性的主客体统一性存在，由感性具体进展到理性具体存在。主客体具体统一之人是具体理性存在，人的自我意识达到理性境界从而把自身理解为理性本质的存在。人对自身理性的认识是理性自我认识，人是理性动物的另一种陈述是人是基于普遍意义认识的存在。只有达到认识和存在的统一，把人的存在的根据理解为理性认识本身，理性才返回理性自身，才进展到自觉理性，在理性灵魂中文化和自然的统一才是理性的具体。人是理性存在的觉悟既是认识，又是存在，是认识论和存在论相统一的具体理性存在本身。只有普遍理性精神而无具体理性灵魂意识的人类只是抽象类存在，只停留在抽象理性而失去具体存在之意义。这是人类理性幼稚和异化的产物，无法有根据地理解人是异于禽兽的存在，现实生存选择往往不自觉地由丛林法则左右，这是人类理性幼稚的现实。人的发展本质上是理性的进步，是文化文明而非自然进化过程。从存在论意义看，人类社会历史是理性文明史，将之理解为自然史是停留在感性具体，认自己本质上是禽兽，把人类世界当弱肉强食的世界。

第二，主客体相统一的理性具体的进一步意义是主体自由创造和客体必然性的统一，这正是老子玄学理论自然无为和道法自然的真谛。老子认为，圣人欲无欲，不贵难得之货，学不学，复众人之所过，以辅万物之自然而不敢为。真正达到圣人的境界者就是能从众人的失败中吸取教训，不会违反自然规律去胡作乱为的人。人作为主客体统一的存在决定了人的自由文化选择和自然必然规律的统一，没有自由和必然相统一的现实，就没有人主客体统一性存在的意义。理性之人异于禽兽在于人懂得自然普遍必然规律，动物只是由感性支配，由此决定了人的理性生存选择和动物自然选择生存方式的本质区别。主客体统一的基础是客体的统一，即人的自然和自然环境的统一，它的一般意义就是人和环境的统一。当我们把人的存在理解为人的主体和人的客体、人的自然和外部自然环境之间的统一性时，就有把握说已经进入理性理解人是什么的门槛。

第三，文化文明人的具体存在已经不可逆地超越了自然存在，只能在无限主体性基础上的主客体统一性意义才能得到理性理解，绝不能停留在朴素的感性意义去抽象理解。理性具体是不可分割、不能还原的存在，不能把理性人理解为半人半兽的存在。不但我们的认识指导的文化选择活动是我们适应自然，实现更好生存的实践，不但我们生命肉体在和环境的耗散交换中维持着生命的绝对运动，更加深层的是我们的认识灵魂本身和我们的肉体既不可分割，又在影响着我们的肉体生命运动本身。人的生存不只是吃喝玩乐，还是一种心境，一种态度，人的存在和生存就是文化本身，这正是人超越了自然的无限主客体统一性存在的本质特征。不能把脑袋里一万元钱当作口袋里一万元，但并不能说我们的灵魂和肉体是无相关的东西。人的精神境界、情操、情绪不只通过人的活动而影响自己的肉体，而且它会直接影响肉体生命运动过程，这也是我们通常不把绝症患者病况“诚实”地告知病人的原因。心灵健康和肉体健康的相关性是肯定的。从更深层意义来看，人作为文化性存在，是具有自我认识的存在，是一直在追求认识你自己的存在，人作为主客体相统一的存在达到什么水平，取决于人在存在论和认识论相统一的意义上对自身认识达到了什么水平。人不懂得自身的主客体统一性并不能否定人的主客体统一性存在本身，人的文化生存选择不按自然规律办事并不能否定自然必然规律，只是没有达到自由人的理想境界，人的存在没达到主客体相统一的自觉境界。理性具体人自觉意识到的自己的主客体存在本性，具体体现在自觉追求主客体统一的不断进步去实现人的生存和发展，人的这种理性追求达到了最高境界时就是天人合一的最高境界，达到这种境界的人就是仙。仙不是不死，而是自觉快乐地通达天命，达到生命的圆满。人不可违天，但可通达天命的最高境界。达到仙的境界，通达天命的人就是在生命终点的圆满之人。这就是仙作为主客体统一性存在的具体的绝对意义。通达天命的最起码要求是理性地认识自己，在主客观相统一的认识中通达主客体相统一的存在。执于感性，无法了然生死是无法侈言天命的，执于本能欲望为目的，把难填欲壑当生存需要是不会有幸福快乐人生的，这就是老子强调人要少私寡欲的原因。人的现实存在一定是以精神文化为本质根据的，心理健康和精神健康是人通达天命不可或缺的，执于生惧于死而追求不老不死的人生形而上地必定是无法快乐地通达天命的人生。

每一个具体的文明人都是无限的主客体统一性具体存在，都天生有仙风道骨，至于能否在后天修炼中觉悟道法自然，学会自然无为地生存，使自身在后天修炼的生存实践中达到自觉、自信、自强的圆满境界，那就靠个人的自我造化，也就在于他对人作为文化和自然相统一的主客体具体存在的认识、理解和践行了。追求生命的圆满就是追求仙的境界，我们的一生就在成仙之途中。能自觉到这一点，就了然生死，并有仙风道骨的韵味了。

第三节　理性绝对和世界大同：人和神的统一

一、"死而不亡者寿"

具体的人作为天人合一的主客体统一性存在，即使通达天人合一的最高境界，即到达自然天命的仙的境界，也还不是超越有限，通达无限的圆满境界。因为生命之生是以死来定义的，生命作为自然界复杂性演化的最高存在形式只能是生生息息的。生命是一种可能性结构，它在终点是可能性不再可能而终结，得道成仙达天命极限者也是有限生命存在，所谓天命的基本意义包括生命先天地是有限的。人的文化生存是超越了有限自然的无限意义世界，人用文化世界的价值观赋予自己生存的意义以自然生命为基础，却不局限于生命存在本身，了然生死并不能在生命哲学之中通达，人的文化意义世界才能超越生命有限性而通达永恒。人生的意义有不同理解，马克思说斗争即幸福，海德格尔说生的存在就是烦，拜金主义者说官越大钱越多越幸福……但无论幸福也罢，烦恼也好，人生毕竟有限。"尔曹身与名俱灭，不废江河万古流"，青山依旧，绿水长流，但岁月蹉跎，人面桃花，今是昨非。死亡是一切可能性生命的必然归宿，人的一生终于盖棺论定。如果把人生的本质理解为人生一世草木一秋，那就还停留在动物水准。文明人的水准不一，但超越自然生命成为理性具体存在是同一的。其实人的一生中都是在为一生盖棺论定而追求，所有价值追求深层都自觉不自觉地指向最高意义和最普遍的价值，即终极价值。只有在终极价值的理性自觉中，才能超越生命的有限，进展到人的存在的圆满的无限境界。终极意义的理性绝对是对世界统一性原理的圆满理解。

生命是有限的，生命的意义却可以是无限的，这是文化意义世界和自然事实世界的不同之处。在人的自然生命意义上，限于感性的认识无法通达无限，具体客体世界作为认识对象可知性的充分必要条件是有限。无限是我们常用的概念，它在知性抽象中指称的是认识形式的无限，在理性中则指没有抽象限定的意义。终极价值是人的最高价值，是人的一切价值的统一，它把有限人生现实生存的一切价值选择统一为指向无限未来的意义。在意义世界中，它把人的现实生存意义和永恒的价值存在意义统一起来，使人从有限生命存在成为具有无限意义的存在，赋予有限人生以无限意义，从而在最根本意义上回答了人是什么，我是什么，我为什么这些平常而又最形而上的命题。终极价值是知性无限和理性无限的统一，赋予人有限生存以无限意义。因此，终极价值不是盖棺论定，不是悼词，不是一生文绉绉的总结，无关死亡，只关乎生存，它就在我们一切文化选择的深层价值中。它不是我们文化选择的直接理由，却是一切文化选择最根本的形而上学理由，这就是终极之为终极的意义。正是这种非现实的终极统一性意义，把人的现实生存意义从具体拓展向无限的世界，使人在意义世界中超越生命达到无限，并在绝对的意义中通达永恒。

追求对生命有限性的超越，可以溯源到自然生命世界。无意义灵魂的生命无意识地选择性生存，无意义世界当然无价值。无意识生命自在地通过亲子代的繁衍关系把具体的生命有限和种族的无限统一起来，这是生命世界以物种作为基本描述单位和生存单位的原因。在有意识灵魂的自然生命中，自然生命已经先天地具备了对超越有限生命意义的本能认识，一切有意识的自然生命都把对子代的保护当成是天经地义的。母爱是源于自然本能阶段的最基本、最普遍的爱，母爱是最伟大而无私的。母爱的意义归根到底是种群无限延续，由种群的无限超越生命个体的有限。进入文明史的人类把自然朴素的超越生命无限追求作为文明价值的核心部分，发展为理性的终极价值。人类的文化文明史是伴随着对终极价值意义的不断发展而发展的。

人类对超越生命有限性的无限追求，源头同样在文明史前的蒙昧时代。生存是一切生命的第一要务，是人的存在的首要问题，这一观点的另一个等价陈述则成为死亡是一切生命最大的恐惧，是人一生要克服的最大问题，好生恶死是一切生命的天性，死亡恐惧是一切生命恐惧的基础，超越生命有限的意义就是战胜对死亡的恐惧。我们可以对世界的其他一切现象自然而然，唯独对生命必然地走向死亡难以自然而然，人最难以了然的就是生死。中国道教用后天修炼成仙长生而克服人先天而来的死亡是一种态度，一种理解。但道法自然，后天经验只能利用自然法则，无法违反天条，成仙不死就只是一种抽象愿望，不会成为人的现实生存经验，也不会成为人们的普遍生存无限追求。在最一般意义上，人类对生命有限性的超越都是建立在蒙昧时期人类的灵魂不死的观念基础上的。从图腾崇拜到神灵崇拜，一直到文明时期各种宗教信仰的产生，始终围绕着灵魂不死这一核心命题展开。十八世纪启蒙运动法国产生的唯物主义用无神论把灵魂不死打下了十八层地狱，其实是把意义世界还原为客体世界。彻底的唯物主义本质上是取消了主客体统一性命题，把客体统一性当成最普遍的世界统一性，人就失去了主体创造本质而退化为物的存在。这不是对人生超越无限命题的解决，而是对生命有限的绝对肯定。因此，否认灵魂不死的无神论并没有解决人生的无限意义问题，而是问题依旧，神灵的问题并没有真正消失，只不过西方文化用两套不同的意义系统结构去调和肉体和灵魂、客体和主体、物质和精神之间的对立罢了。西方文化是科学文化，但离开基督教信仰去理解西方文化则是片面的。泰勒斯和苏格拉底、柏拉图建立的世界统一性精神的二元之间不统一的文化基础，一直延伸到今天，表现为灵和肉永远而现实、具体的分裂。中国传统文化则在普遍文化历史继承中，在原始的祖宗崇拜形式中，把人类早期灵魂不死的观念一代代地延续下来，成为生存的终极价值意义理解。原始人用灵魂不死去超越死亡的恐惧，相信已经逝去的先辈们并没有死去，而是在一个灵魂世界中，以我们看不见的方式和我们共同生活，在冥冥之中支配着人的生存世界，这正是许多人类无法解释的事情最终只能由神灵去解释的原因。在中国漫长的文化发展中，尽管经历了佛教文化的传播，道教文化的建立，都没有从根本上改变中国人祖先崇拜信仰，而是佛教、道教无一例外地纳入了祖宗崇拜的意义结构之中。中国建立社会主义政治制度的几十年间，吸收西方科学文化，普及马克思主义和唯物主义理论，反对封建迷信，用无神论去抵制和消灭神灵迷信观念，并且经历了“文化大革命”同样没有解决中国文化的祖宗崇拜及其相应的灵魂观问题。近年来这些观念又在风水地理学、易学的旗帜下获得新的发展。这里有两个主要原因：一是超越生命有限性是具有理性灵魂的文明人无法回避的终极的宿命，否则我们一切文化选择的价值就失去了可理解的基础，失去了存在的统一性意义；二是中国近现代引进西方文化是中学为体，西学为用，终极价值是体而非用的命题。况且西方文化是靠二元论去现实地面对生命有限性问题的，即使西方文化为体，中国文化也同样面临灵魂的意义问题。中国现代向西方学习过程中基本上未包括基督教信仰文化，因此中国的终极价值观念就依然在传统的祖宗崇拜基础上演化，只不过以信息社会和知识时代的风水地理学等新的形式表现罢了。无论注入何种科学陈述形式，它依旧是朴素而原始的祖宗崇拜观念的继续，谈不上对灵魂的普遍意义和理性统一性意义的合理理解。

中国传统文化的基础是老子道法自然的世界统一理论体系，它尽管是朴素的，但在理论形态上是完整的统一性理论，当然包括对生命有限性超越的终极意义于其中。《道德经》第33章是关于人作为主体性存在自我反思的精辟概括：“知人者智，自知者明，胜人者有力，自胜者强，知足者富，强行者有志，不失其所者久，死而不亡者寿”。[③]老子用“死而不亡”作为对人的意义认识的最高概括，是关于超越生命有限性的一种精辟理解。这里尽管没有涉及传统的灵魂不死命题，但从《道德经》的“以道莅天下，其鬼不神，非其鬼不神，其神不伤人。非其神不伤人，圣人亦不伤人，夫两不相伤，故德交归焉。”[④]可知，老子肯定不是无神论者，但也不是灵魂不死论者，这是玄学理论和西方灵魂不死观念的本质区别之处，也是玄学理论能成为一元统一性理论体系的理由。《道德经》第33章的最后归纳“死而不亡者寿”完全可以作为老子对有限人生的无限意义价值的最高概括。张尚仁老师在《新译　新编　新解　道德经》中将之解释为：道行高尚，肉体消灭了，精神永存于世，这样的人才与世长存。这种解释在一般精神意义世界中回答了人超越生命有限性而成为永恒而无限存在的终极价值问题，是符合玄学理论的统一性意义的。世界统一性原理则追求在这一基础上，把老子朴素的终极价值观念具体化，以期得到更加具体而丰富的理解，把朴素的终极价值发展为具体的理性终极价值。

“死而不亡者寿”的第一个深刻意义在于它超越了朴素的灵魂不死理论，使人超越生命有限而成为永恒意义的存在在逻辑上是可能的。人类的灵魂不死理论是在朴素的自然认识中产生的，后来尽管有柏拉图为之论证，还有中世纪经院哲学的上千年论证，但人们从来没有认识到，灵魂不死理论根本不可能真正合逻辑地建立超越有限生命进入无限存在的理解。这和中国道教成仙不死理论本质是一样的，是用不现实的不死去否定自然必然的生命之死，只不过道教在现世现实生存中否定死亡，灵魂不死说在灵魂世界中否定死亡而已。灵魂不死是一个以矛盾为前提的命题。灵魂不死意味着灵魂是独立具体的生命，把人的具体生命看成是灵魂生命和肉体的统一，那就变成叠床架屋，无法理解了。要超越的生命有限性是我们肉体和灵魂相统一的具体生命的生之有限性，灵魂不是生命，没有灵魂死或不死的意义，死只对具有生命的存在才是有意义的规定性。除非认为我们的生命就是灵魂，不是肉体和灵魂相统一的具体存在，那就会愈发离开经验世界，进入虚无缥缈的神鬼灵魂世界了，那就和我们的具体生存没有直接关系了，也与超越现实生命有限性的追求无关了。老子用死而不亡者寿来概括人的终极价值意义时，死指的是人的有限的具体生命之死，肯定人生命必然以死作为终结，但人存在的意义并未终结。死和亡是两个不同层次的概念，死亡是一个统一性概念，包括死和亡两个层次意义的统一。死是生命时间过程的终结，是生命绝对连续运动的中断，人死不能复生，生命只能一次，不能重来。亡则只能理解为非生命时间性的空间结构概念，结构解体就叫灭亡。生命停止之后，人的精神灵魂能够保持完整独立的意义结构继续存在，这就是死而不亡，这才是无限意义对生命有限性的真正超越。按照客体即实体的唯物主义观点，人的具体存在是肉体和灵魂的统一，肉体是由物质实体复杂结构构成的，生命终结将伴随着生命肉体的结构解体，死和亡是不可分割的概念，死而不亡就是无法成立的矛盾陈述，不亡就只能在非具体的人类一般抽象精神意义上成立，不能在具体存在者的具体精神灵魂意义得到理解。但回到自然世界的能量一元论，人类灵魂意义结构离开肉体生命成为独立存在是可能的，因而肉体生命终结而灵魂还能保持相对独立存在，在生命死后而不亡是符合逻辑的。问题首先在于我们对于灵魂本身的具体统一性是如何理解的。

“死而不亡者寿”的更根本问题是灵魂是什么从而可能在生命肉体绝对运动终结、结构解体后仍能保持相对独立具体存在？按照我们在上一章《灵魂的回归》一节的讨论，可以对灵魂的统一性意义得出符合经验又超越经验的基本归纳。按照生命世界统一性原理，一切生命是肉体和灵魂相统一的具体存在，灵魂使生命从潜在成为现实，是生命之为生命的抽象本质。人和动物的本质区别只能在于灵魂，在于人从自然灵魂文化为理性灵魂，文明人是肉体和理性灵魂相统一的存在，理性灵魂是人的本质，是人之为文明人的根据。在现实具体的人的存在中，生命肉体是感性经验的，理性灵魂是抽象而不可经验感知的，没有人可以经验到自己的灵魂本身，只能由抽象的思维去理解。理性灵魂使文明人成为现实，但只有在生命肉体的正常生存基础上才成为现实。灵魂的抽象意义结构又被理解为大脑的机能，这在一般意义上是成立的。按照能量一元论的观点和意义构建的最一般逻辑，还应把灵魂意义结构更具体理解为由脑细胞系统结构的能级模态构成的抽象意义结构，就像把电脑软件的意义结构理解为与非门开关状态的抽象 0、1 模态的意义结构一样，只不过电脑只是非常基本、简单的意义结构系统，而人脑的意义结构要复杂得多而已。尽管我们看不见大脑中的抽象意义结构，但我们都十分清楚思维抽象意义在脑中，不是在心中。尽管我们看不到大脑细胞结构系统的能级运动，但我们当今已能用脑电波去描述大脑的工作过程。据了解，生命科学研究已经开始用不同频率的成像技术拍摄人体能量辐射，得出各人具体不同的辐射成像，甚至试图由不同的辐射图谱去解释不同的灵魂。基于上述的认识，我们可以大胆地假设，在人的肉体生命终结的状态下，大脑物质的能量能级具体结构并非一定随大脑死亡而必然解体，而是保持一定的能量客体结构从脑物质中独立分离出来。如果这个能量子独立结构能保持相对稳定，它的抽象意义结构相对完整的话，人的抽象的灵魂意义结构就能以独立的能量子为载体而不解体，这就是人能够死而不亡的可能性。一句话，死而不亡者寿就具体为人在肉体生命终结后能保持他的灵魂意义结构相对稳定的人，就是超越生命死亡保持其灵魂意义的人。只有这种从普遍精神到具体灵魂的理解，才能更全面地理解“死而不亡者寿”中“者”所指称的具体存在意义。

最后，对“死而不亡者寿”的死和亡作统一性意义理解，才能面对人类从自然社会开始到今天还在苦苦思考的灵魂问题，才能回复到人的肉体和灵魂相统一的具体理解。必须客观地承认，灵魂的思考和追问是人类文化的最普遍、最古老、最深刻的问题，也是人类从原始社会进入文明社会的生长点。文字符号的使用是人类进入文化文明史的决定性事件，是人类从自然意识进入文化知识认识的必要而充分条件，而这正是从图腾、卜卦、祭祀这些意义相关符号的最早的普遍意义开始的。灵魂是人类生存的最古老、最基本的经验，尽管人类无法经验到别人的灵魂，但一旦灵魂以能量子客体为结构独立存在时，这就是可经验的，但直接经验的是灵魂载体而非灵魂本身，抽象灵魂是无法感知的。真正的难点在于人类一直把能量子也理解为抽象现象，这就否定了灵魂能在能量子结构中被经验的可能性。另外，由于能量子“无”的客体本性，对之的经验也是极为困难的，对于能量子客体结构中携带的抽象意义结构的通讯、理解、沟通，那就更加困难而复杂了。但是，在朴素的灵魂观中，必定已有某些人具有与独立灵魂意义沟通的能力，才能使灵魂成为人类经验。尽管不是每个人的普遍经验，而且也不是肉体感官五感范畴的经验，而是无形的第六感觉的经验，也应理解为人类经验。人类隐约地感觉到第六感的存在，但却无法让这成为经验的工具。按逻辑判断，具有第六感觉能力的人，就是具有对独立的灵魂信息意义载体有感觉能力的人，只有这些人能依靠第六感获得独立灵魂的经验。我们关于灵魂的经验是以具有通灵能力的人为中介的，但通灵的结果检验，却是由我们经验判断的，不是通灵者主观判定的。

“死而不亡者寿”的死和亡的统一性意义为理解人超越生命有限而成为无限意义存在提供了基础。人类对超越生命有限性的孜孜追求，其实都是在理性灵魂的意义上展开的。人类从感性自然认识向普遍意义文化的认识的内在驱动力是关于灵魂的体悟，图腾、忌讳、巫术统一原始自然社会驱动普遍意义的萌芽并不断发展。文字使文明史成为现实是在思维工具意义上的，本质在于其荷载的普遍类意义中，对之更深层觉悟是文明史源于神话，神的普遍意义才是人走出自然界的根本驱动力。离开理性灵魂别侈言认识你自己，无论是无神无灵论还是由人理性灵魂之外的力量作为人理性的根据，都是人类理性幼稚而异化的产物，是人类文化返祖现象。中国传统文化在祖宗崇拜信仰中统一灵魂的意义并没有达到文化的无限意义。佛祖的因果报应为核心的灵魂六道轮回理论提供了理性灵魂无限绝对意义的圆满智慧，但缺少客观普遍的灵魂知识统一经验很难为后人具体理解，大多数人的灵魂意识还只止于迷信意义。尽管哲学以我是谁，我从何处来向何处去为基础去理解人生的最高价值和意义，但没自觉到我之为我的绝对意义是灵魂轮回中的统一那就没进入圆满智慧的起点。这种有限性的重大根源在于人类普遍文化的信仰全都没有进入理性自觉的水准。信仰是人类文化和文明统一的价值基础，统一文明史只有在理性自觉的信仰意义上统一起来才有理性自觉的统一文明史，由此决定了对人的理性灵魂的形而上学、客观知识、经验相统一认识的普遍而根本的意义，即人认识你自己是觉悟自己的理性具体，归根结底是了悟自己理性具体的灵魂。

二、终极价值的理性大同意义

人是最普遍意义存在在于人是超越了客体自然的无限主客体统一性存在，以普遍的后天文化为本质的人在自由和必然相统一的文化选择现实生存活动中，不断在社会甚至最普遍的类存在意义上创造自己的历史。人超越了纯粹自然界又依然是自然生命为基础的存在，还是一个个具体现实的感性存在，但他的后天不断积累、丰富的精神文化本质决定了自身现实的生存方式是由后天文化决定的永恒发展的历史性过程，人本质上是理性存在，现实中是感性、知性和理性相统一的具体存在。人超越动物界的本质意义不在于人的具体自然存在本身，而是在于人实现自然生存和发展的文化生存方式本身。后天文化本质使人成为不断创造历史的主体性存在，人的主客体相统一的具体存在是历史发展性的，人的主体性本质就是无限创造性的，是自由的，是绝对运动发展的。人的文化生存不是自然循环，而是不断创造社会历史。文明人的这种不断创造历史的无限主体性本质的现实展开就是主体目的性对客体欲望的超越。自然生命的自然选择是由先天的本能欲望支配的，文明人们文化选择是由后天文化建立的主体目的性支配的。自然生命的周而复始的世代循环由支配它生存选择的自然本能的先天性为基础，文明人的连续不可逆的历史创造则建立在后天文化推动的人的主体目的性对无限的追求推动的永恒发展中，人就基于主体目的性本质不是现成不变的东西，本质上是一种不断发展的生存状态。人的主体目的性的具体化就是人的价值观念，人的主体性的现实意义就是价值选择和事实选择的统一。人的一切活动，除了自然生命无意识的刺激反应和生理过程外，都是具有文化目的的，都是由价值选择支配的。无论对人的主体性认识，还是主客体具体统一性的认识，都必须建立在对人的价值、价值观念、价值选择的理性统一性理解基础上。

对价值思考的理性方法是统一性思维。说人的主体目的和文化价值选择是人的主体性本质，并不是说人的价值观念决定了人的一切，是人的现实生存的具体原因，从价值选择出发可以对人的现实得出因果关系的合逻辑理解。人的主体目的性和由之而来的价值观念是抽象的，人的现实生存活动是抽象和具体统一性的，是宇宙自然观、价值观和人生观的具体统一中的实现。宇宙观即是对客体自然界的统一性理解，是其他一切更普遍认识的基础和根据。主体目的性要成为自由的现实，其充分而必要条件就是懂得客体自然界的必然性规律，能按客体的自然法则行事。人类文明史的绝对运动发展是以关于客体世界的真理知识的不断发展为条件的，这就是两千多年前老子玄学世界统一性理论的道法自然之真谛，是近代科学革命“知识就是力量”的意义。人为什么要孜孜不倦地追求客观真理知识呢?人探索未知世界奥秘的动力不在于自然，根本原因在于人的主体自觉的目的性，在于区别于自然生命欲望的主体目的。主体目的的实现本身建立在价值评价基础上，通过价值选择去实现，人追求客观真理是有主体目的和价值于其中的自觉追求。从逻辑的观点看，对人的无限主体意义世界而言，主体目的性和价值追求又是在先的。客体认识问题和价值追求之间是统一性关系，不是简单因果决定的必然性关系，选择价值也由必然性支配就无选择性及价值选择之意义了。另一方面，同样普遍知识为基础的人的现实生存活动是多样性的，这种多样性现象只能在宇宙观和价值观的统一中得到合理理解，并不能由价值观念追求去决定人的客观真理认识能达到那种水平。它们是相互联系，相辅相成，相得益彰的统一性关系。宇宙观和价值观的统一就是现实的人生观，认识是主客观的具体统一，人的生存活动就是客观真理知识和主体有目的的价值选择的统一，人生就是由抽象人生观支配的现实生存过程，就是人的不断发展的历史创造过程。价值、价值观念是从人的文化生存选择中抽象出来的，是主体主观形式的，它只有在宇宙观、价值观和人生观的统一中才有具体意义，只有在事实选择和价值选择相统一的文化选择生存中才有现实意义，才回复人生存的具体。从另一个角度看，人之所以有人区别于动物的自由创造本质，能够在自由和必然相统一的永恒发展历史过程中构建人类社会历史世界，又是基于人的抽象文化本质所包含的主体目的性、价值观，基于普遍而无限的精神文化意义世界，人区别于本能支配的动物而成为最普遍意义的存在。

人的世界是无限意义世界，是由普遍价值赋予人的现实以无限统一意义的世界。在这个意义上，人的世界本质就是价值的世界，人的主体、自由、目的、创造这些普遍而抽象的本质，离开价值就只是纯粹的抽象，只有包含价值于其中的抽象本质才是具体的抽象，只有包含价值选择的文化选择才是人的现实生存活动过程。价值、价值观念、价值选择是普遍而具体统一的，统一在人的现实生存选择之中。价值的普遍性在于，文明人的现实生存活动是主体自觉性的，他对现实活动的智慧思维“为什么”即为自身活动提供的充足理由和根据是主客观相统一的。具体来看，一是最大限度地符合客体世界的必然性规律，这取决于对客观真理的认识水平；二是最大限度地满足人自觉目的和追求，这取决于对人的目的和价值意义的理解，而不是仅仅取决于人的生命本能欲望。人的非本能行为，即在文化意义世界中的一切现实生存活动都是带价值观于其中的文化选择活动，这就是价值是意义世界最普遍的具体抽象的理由。简单地说，无价值就无文化意义世界，无价值选择就无文明人的现实生存活动，就没有人类社会历史过程。世界统一性原理把人的存在作为世界最高的统一性存在，最终必须回到价值去具体认识人的主客体统一性的具体存在和社会历史过程，在本体论、认识论基础上进展到价值论，统一于绝对价值去了悟人理性具体存在的最高目的和意义。

价值是具体普遍的抽象，价值就是多样性具体意义的统一，在多样性统一中具体价值统一为最普遍的价值，最普遍的价值就是终极价值。简言之，终极价值不是现实文化选择的特定价值，而是一切具体价值的统一价值。它并不直接提供某一特定文化选择中的价值判断，而是赋予人的一切具体价值选择的统一性意义，终极价值就不是人的行为选择的具体意义，而是人之所以为人存在的根本意义。终极价值回答的不是为什么如此这般选择问题，而是人是什么，人的存在的价值和意义是什么这一最高、最普遍意义问题，也就是意义世界的绝对元意义问题。世界统一性原理最后要回答的就是人是什么，人的最高价值和意义是什么的命题。

终极价值是世界统一性的最高命题，不是特定的生命哲学命题。终极之终是最高、最普遍的绝对意义，不只是人的具体生命临终、终结的意义，不能把这理解为人的具体生命存在的最终或最根本意义，而是人作为主客体相统一的无限理性存在之绝对价值和意义。它不能停留在人的感性生命的生和死中，必须上升到人的自然生命和文化相统一的理性意义，并且是最高理性意义去理解，唯此才有可能在无限理性中了然生死，超越自然生命之有限，不必像叔本华和尼采般困于空虚消极甚至绝望的人生哲学。要从理性而不是动物的非理性去认识人自己的本质意义。终极价值最基本的意义首先是在抽象的社会历史文化意义上的，而不是直接自在地是在个人感性存在即个人生命意义上的。人的具体理性正是从社会历史普遍文化价值意义回复到每个具体个人的灵魂中，构建起每个人的终极价值观念而成为现实的。离开普遍的社会历史文化本质，离开社会文化普遍统一的终极价值意义，并无人的终极价值可言。终极价值和临终关怀所指意义相去甚远。诚然，终极价值包含着生命哲学，包括生命有限性命题于其中，但终极价值显然是超越了生命有限性的无限统一性认识。为什么终极价值问题往往会和生命灵魂不死问题联结在一起呢？正是因为灵魂不死为超越具体生命的有限性提供了可能性，使人的现实存在超越了有限而具有了无限的意义。这种无限意义上的价值才有可能成为最普遍的价值，赋予人们最根本的、永恒的存在意义，从具体现实的意义世界通达统一的绝对意义世界。近代科学革命和启蒙运动借尼采之口宣告上帝死了，灵魂皈依上帝获得永生再无普遍根据和意义，灵魂失去不死的依托而失去现实意义，人类更多转向以“科学”为根据的时空穿越寄托超越生命有限的现实希望。穿越潮流，浩浩荡荡，逆之者亡，顺之者也亡，并无客观根据和现实意义。倒不如尼采说得直截了当，人生只是一场梦，不过既然人已经来到世间，那最好有滋有味地好梦一场。这种现象表明，人类还只是在感性生命意义去理解人生，人的理性还没自觉到理性的本质意义，还只是把理性的终极价值局限于感性生命临终关怀的动物层次，足见人类理性之幼稚。在感性和理性相统一意义上，终极价值是超越生命、超越生死之无限意义的普遍价值。正是对生命有限性的超越，人才成为超越了以物种为基本单位的自然生命，成为以社会为基本单位形式的无限历史性存在。从另一个角度看，正是人的理性既包含感性又超越感性，人才能超然于自身感性生命，才能参透生死，了然生命，这是超越生命有限的必要条件。超越生命有限性不是成为不老不死的生命，而是在理性的最高价值中赋予人的存在无限的意义。执于生死就无法了然生死，参透人生就不能幼稚地执于感性和本能欲望，在有限生命中无法赋予人生无限的理性绝对意义。尼采、叔本华等的非理性哲学回答不了人生圆满的意义的根本原因不在于他们认识能力本身，在于生命哲学由其认识对象决定的有限性。了然生死不是知识，更不是生存技能，是生存的智慧，是无限人生的哲学，是人类理性的圆满境界。

人们现实中把宗教信仰理解为终极价值，但绝不能说终极价值就是宗教信仰。宗教信仰只是对终极价值理解的一种具体形式，没有宗教信仰的社会个人同样具有终极价值，不信仰某种宗教，信仰共产主义的真正共产党人当然以共产主义信仰作为终极价值。人具有终极价值是由人的普遍抽象文化本质所决定的，是由文化意义世界之为无限意义世界的充分必要条件先验地决定的，文化意义世界的创生同时就是终极价值的创生。宗教作为信仰并成为社会历史文化的终极价值是一定历史发展阶段的产物。严谨地说，把终极价值理解为信仰是合理的，信仰作为最一般的普遍价值是一个社会的普遍价值基础，它无形地渗透在人的一切现实价值选择之中。在这个意义上，同样可以说，人和动物的本质区别就在于人有信仰，动物只有欲望，信仰是文明人之为文明人的充足理由。现在许多人浅薄地把宗教信仰才当作信仰，把道、释、儒多样化文化内在于自身的中国文化说成没有信仰的文化，说中华民族是没有信仰的民族，这种看法是短视的，但把儒学和道学理解为宗教信仰意义上的宗教也是极为片面的。中国传统文化没有西方基督教那种普遍宗教信仰，佛教、道教都是中国文化的组成部分，但并没有成为普遍的宗教信仰，中国人长期来对宗教的信仰还是处在朴素的自然信仰阶段，我们称之为祖先崇拜，这就是信仰。只要把信仰理解为终极价值，把终极价值理解为文明人的最普遍价值，是人的一切价值的统一，则文明人就一定是有终极价值的，也就是一定有信仰的。理性智慧人的理性就在于信仰之中，没有信仰的人不是文明人，只是自然人，只是万物之一，不配称万物之灵。即使是极端的拜物主义者，断然宣布不相信任何理想和信仰的人，也是有信仰的文明人，只不过是最低级的文明人而已。不要任何信仰的物化文化也是一种包括极端信仰的文化，把自己理解为衣冠禽兽的文明世界中的人同样是文明人，只不过是文明世界中最野蛮的人，而不是最自然的人。亚当和夏娃被蛇诱惑偷吃智慧之果后再也回不到自然的伊甸园，动物的弱肉强食叫自然，人的弱肉强食叫残暴和野蛮。禽兽为禽兽是自然之美，但衣冠禽兽则一定是丑陋的。如果说人有宿命，则人出生在文化意义世界中无法成为纯粹自然生命存在就是一种宿命。人可以选择否定一切信仰为信仰，以物的价值为终极价值，但文化社会中现实的人却无法逃脱信仰和价值，只不过看他的价值和信仰是什么而已。价值、终极价值即信仰是后天文化的产物，是主体意义世界的产物，是社会历史文化和具体主体意义世界的统一，是人之为理性之人的充足理由。每一个文明社会具体人先验地是具有价值和信仰的，这个“先验”不是先于人类经验的自然法则，而是先于每个具体个人的社会历史文化，每个人是在出生后的社会文化教化和习得中构建起存在的抽象文化本质和价值观念的，这正是教育决定人，人决定教育的世代连续性中构成的人类社会历史绝对运动的现实过程。个人从感性具体成长为理性具体的社会化过程中，他在什么样的社会历史文化条件为起点去文化为理性灵魂对个人而言是先于个人经验的。由此又可以看到，人一定是有价值和信仰的，但人有什么样的终极价值则又是另一个命题。人作为历史性存在，无论是社会的普遍价值和信仰还是具体个人的现实价值和信仰，都是在历史的构建中不断丰富发展的，对人类终极价值的理性统一性认识，不是来自于抽象的逻辑推论，只能来自人类文明史的现实过程的抽象和综合。

文明史从自然社会脱胎而来，文化意义世界的终极价值的最朴素形态是带有自然烙印的，即是以人的自然关系为纽带的，这就是祖宗崇拜。祖宗崇拜本质是以种群的生命世代更替中的连续作为最高、最普遍的价值的。人的生存是第一要务，但人生存的起点结构是家庭，不是个人。在人类社会由家庭、氏族扩张至民族国家乃至以地域为边界的多民族国家的时候，祖宗崇拜依然是最基本的价值信仰，只不过把家变成国，把国变成大家而已。在许多封建国家中，特别是中国处于封建社会的时期，不管信仰的形式和内容如何变化，但归根到底还是朴素而自然的祖宗崇拜为基础统一普遍人生意义的文化，它渗透在一切文化价值之中。直到今天，许多深受传统文化影响的中国人是为家庭即为子女而生存的。从祖宗崇拜到为后代生存的朴素价值观，走出原始自然的文明人以家庭为中介，以世代香火祭祀不断为手段，超越了个体生命甚至自然关系的有限性，赋予了其普遍无限文化意义，文化才使人有限生命获得无限意义。祖宗崇拜形式信仰的历史局限性在于社会意义结构的同质简单性。即使从氏族社会扩展到疆域更大的封建国家，构成国家的家庭是同质的，不利于社会结构复杂性和社会更多层次更有意义的分工合作的发展。有人把封建社会理解为个人原子化的社会，其实质上是以家庭为原子意义的同质简单结构和简单分工合作社会，以家庭为基本单位结构的自给自足生存方式占主要地位。

西方文化在古希腊时代开始了对祖宗崇拜的超越，从有多少种人就有多少种神的人格神信仰发展为超越人格而具有普遍理性意义的一元神，把人的终极价值意义升华为最普遍的统一性理解。基督教的迅速传播并成为古罗马时代的主流信仰，奠定了西方文化进入普遍统一精神的基础。基督教信仰的确立对西方文明而言是具有重大历史意义的，它作为西方文化基础和价值统一性基础，其深刻意义表现在几个重要方面。一是人在上帝面前人人平等，打破了源于自然关系的家庭等级制，个人在上帝治下的自由平等为以个人为单位去构建新的复杂性社会结构，实现新的形式的社会分工合作提供了有利空间，西方文明逐渐在社会结构分工的精细化、复杂化、高效化方面超越了传统祖宗崇拜的社会。二是在上帝面前人人平等为现实世界的在法律面前人人平等，在市场面前人人平等提供了理论基础和价值取向。三是人是上帝按自己的样子创造出来的，人不但在对上帝的皈依中超越了生命的有限，而且人为上帝管治自然世界，既有人类中心论的局限性，但同时也有人追求客观必然性真理认识的深刻意义，于是真理就成为西方文化的终极价值追求，上帝就是绝对的真理，对自然的统治和驾驭就是对之的真理认识，对真理的认识不断发展就是趋向绝对真理的过程。尽管基督教信仰异化为宗教统治是上帝信仰走向反面，成为反信仰、反科学真理追求的，但这只是现象，上帝文化本质上是追求最普遍的意义的。西方文化把对客体世界的普遍知识追求上升为绝对客观知识即真理的追求，它的文化基础和价值基础就在一元神上帝绝对普遍性意义之中。正是在这种绝对普遍性的追求中，西方文化在追求真理的道路上不断前行，在对客体世界的真理认识不断发展中，逐步超越了依然以朴素的祖宗崇拜为信仰的同质家庭为基本社会组织结构的社会，推动人类进入科学理性的时代。

但是，以上帝一元神为信仰的终极价值同样不是具体理性的，由主观而来的上帝达不到主客观统一的理性自觉，上帝由精神统一性异化为人精神意义之外之上的人格神是人主客体具体统一性的分裂，上帝在人的世界之外支配人的世界，人的世界就不是自洽的，是不圆满的。人的世界并不以人的现实历史创造为根据，而是以上帝存在为根据，这正是宗教信仰异化为宗教统治的文化根源。上帝赋予人类对自然的优越和中心地位，人的主体性世界和客体统一性世界在基础上就是分裂的。从思维形式看，西方文化在古希腊时代建立的一元统一性意义世界是两个水火不相容的一元论世界和上帝异化为人格神是同源的。从逻辑上来说，由外在于人的世界之上帝最普遍价值意义建立的终极价值就只能是主观性的，不可能是主客观统一的，以上帝为基础的西方文化就永远处在泰勒斯和柏拉图的二元对立之中。信仰上帝的终极价值是抽象的绝对，超越抽象返回具体的绝对意义和理性终极价值不能在外在于人的意义世界的上帝中，只能在具体现实的人的世界中。只有把神理解为理性具体统一性的存在，即人的世界的具体现实存在，我们才能真正回归理性的终极价值命题。

综合上述，就能觉悟到终极价值之于人类统一文明史的根本意义。人基于理性灵魂从而本质上异于禽兽，理性灵魂异于动物自然灵魂在于它统一了自然认识又进展到普遍意义的文化认识，人的理性认识是本体论、认识论、价值论的统一。人的文化选择的本质是价值选择，把文化社会统一起来的是最普遍意义的终极价值，即本体论、认识论统一于价值论成就了人的理性具体灵魂，理性灵魂的统一构成了统一的人类文明史，对普世价值的不断觉醒推动着文明史向着理性绝对的无限发展进程。人类的进步不是具体生命肉体向更高级形态进化，在现实性上是由更加合理的文化选择生存方式去改善人的生存境况，在本质上是文化和文明的发展，即更加道法自然地文化生存，依靠更普遍有效的社会合作以更好地适应生存环境，所以进步的本质是文化发展和文明进步。物的进步只有有限意义，文化和文明进步才有本质意义，才有无限意义。人的世界的根本在人本身才使人成为无限创造性的自由存在，文化和文明才把人导向无限的自由。人的理性灵魂统一于终极价值，信仰和终极价值统一了人类文明史的现实意义在于实现了人类理性灵魂的统一，人异于禽兽的理性自觉是人类基于文明对自身的认知。在终极价值意义上统一起来的理性灵魂的最深刻意义在于人是在理性本质意义统一起来的，每个人的理性灵魂都达到绝对水准时文明史就是理想大同世界。人类近代史以来争取自由解放以社会平等为现实目标，但从财产所有制即物的占有平等去理解社会解放只流于现象，均穷、均富只是乌托邦。理性才把人类历史统一起来，在绝对理性意义才有大同理想，理性无限本性决定了理性大同就是文明史的最高境界，人的理性自觉不断觉醒就是人成为神的无限过程，这就是众生皆佛的理性绝对自觉意义。

三、理性之路：由物性向神性升华的永恒进程

我们从哪里来？从自然生命文化而来，是万物之一和万物之灵的统一。万物之一的意义是我们是自然生命世界的一个普通物种，以种群为单位在世代延续中周而复始地在地球生命世界中生存和发展；万物之灵的理由是我们的生存方式不是由自然生命物种的先天遗传先验地决定的，而是以社会为单位在后天经验文化的不断创造、传承、发展中不可逆地绝对运动发展的。我们的自然生命是种群为坐标系中的一个个圆圈，我们实现生命圆圈的生存方式却是一条以文明史为起点，以无限未来为方向，以历史为过程变量的永恒而绝对的社会历史文化进程。地球生命起源已经有三十几亿年了，我们的自然生命就是自然按其必然性规律进化而产生的。作为万物之一我们从简单的生命进化中产生，作为万物之灵我们由自己创造了文字文明，建立了普遍的精神文化，创造了无限主体性的普遍意义世界而产生，我们就成为生命世界中独特的进化和文化相统一的存在，以生命世界为基础又超越生命世界有限意义，以无限意义文化为本质的理性具体存在。不是神创造人，不是劳动创造人，不是石头和木棍创造人，是自然进化创造了自然人，自然人自己创造了普遍文化意义世界而创造了自己的文

化史，文明人是自己创造自己的存在，所以是具有自由本质的主体创造性存在，人异于禽兽的现实性是人的无限发展的生存方式超越了自然动物生存有限性。人的主客体具体存在是有限和无限相统一的，有限的是客体性，无限的是主体性。有限统一于无限，人的最高意义最终必须统一于无限的理性绝对才通达圆满自觉境界。

我们是什么？文明人本质上是理性具体存在，是感性，知性，理性统一性存在，具体而言，是文化和自然相统一的主客体具体存在，是肉体和理性灵魂相统一的存在，是以社会为单位，以历史为过程形式，以普遍类文化为本质，过去当下和未来相统一的社会历史过程性的类统一性存在，是存在和认识相统一，物质和精神相统一的存在。在现实历史过程统一意义上，人是自己创造自己历史，赋予自己本质意义的自由和必然相统一的存在。简言之，人是最普遍意义的理性具体存在，故人异于感性具体的禽兽。一切具体存在和现实过程都是统一性的，人的本质和物的本质区别在于两者之间的统一性意义。物的世界是客体统一性具体存在，人的世界是包含客体统一性于自身的主客体相统一的存在，客体统一性是人存在和过程的基础，无限主体统一性是人存在和过程的本质。人的现实生存活动以遵守和符合自然必然性规律为基础，按自然必然性规律去和自然交互作用，使之运动变化的现实现象符合人的主体目的即自由意志的要求，人的生存活动本质上就是具有自由意志且自由和必然相统一的现实创造过程，这就是文明史，是道法自然的现实展开。赋予人自由创造主体性本质和意义的是人自己创造的精神文化，是以文字符号为载体，把个体对意义的认识结构客体化为类普遍意义的文化知识，高级形态是客观普遍有效的真理知识。由抽象知识回归现实具体生存的文化选择过程使人成为理性具体现实存在，人对知识和现实具体之间建立的理性统一性智慧在支配着人的现实生存，构建了面向无限未来的人类世界历史。知识、文化就成为人的本质，文字产生和使用就是文明史的起点。后天经验中建立的文化知识只能以社会为单位去传承，人的文化生存方式就是由社会为单位的，全球化时代是以类为单位的。文化是人的类本质，知识是人类的共同财富，它的不断传承和永恒的创造使人的现实生存方式本质上摆脱了自然遗传的先天制约，人成为不可逆地创造自己历史的绝对运动发展的存在。简言之，人就是以文化为本质的理性存在，是文化和自然相统一的现实存在，人的认识就是人的存在，没有文化理性认识的人在文明史中只是抽象的存在。人是理性动物意指人是自然生命存在和精神文化认识的统一，是血肉之躯和理性灵魂的统一。理性灵魂是人抽象本质的具体，是社会历史文化意义的现实，回归人的具体本质就是回归人的灵魂理性，人的本质的发展实现就是人的理性灵魂的发展和实现。人类社会历史就是理性本质不断从低级到高级，从野蛮走出丛林法则自然支配，走向自主自觉自由的理性文明史，是向更普遍的社会分工合作发展的文明史，这正是人类历史能称为文明史的充足理由。人在本质、现实、历史意义上，都是最复杂即最普遍意义的统一性存在，人的统一性就是世界统一性的最普遍意义。

我们在世界中的位置是什么？主客体具体存在的本性决定了人在统一性世界中的位置。人的现实感性存在是自然存在，是人的存在的基础和前提，人首先是自然，由必然之道的法则支配的自然。自然是由必然性规律支配的多样性统一的、永恒而有序的世界，是永恒的能量存在为本性，按能量守恒和最小能量原理从简单到复杂性结构永恒运动演化的多样性统一世界。我们所在的宇宙空间在一百五十几亿年前的大爆炸中开始了能量向物质空间性存在的演化过程，由无生有产生了具有静止质量和相对空间性的基本粒子，并按照最小能量原理的特定形式：熵原理，开始了一生二，二生三，三生万物的物质结构复杂性演化过程。随着熵的增大即自由能的不断减少，物质稳定结构所需结合能递减，物质结构的层次递增，演化出越来越复杂稳定结构的物质客体存在。在我们地球之家上，在三十几亿年前演化出特定的生命复杂性结构：时间过程性动态稳定耗散的不可逆结构，并以亲子代的繁殖方式而世代相传，成为以物种为单位的特定存在即生命存在，并在不断复杂性进化中形成了统一地球生物圈。生命在个体结构中已经达到个性化规定性，这是结构复杂性运动的极限形态。生命世界的复杂性演化称为进化，是宏观意义生命物种从简单到复杂，从低级到高级的发展过程，在结构和功能意义上是进化出更精致复杂的器官、细胞去实现对环境更特定的选择和利用过程，本质上是由无意识生命灵魂向意识灵魂进化最后文化出人的理性灵魂的过程。在浩瀚的宇宙中，我们至今还没有找到与地球生命圈相同本质的生命绿洲，因为生命结构在物质实体空间结构的基础意义上是最脆弱的，低熵的星体上不可能有生命结构的出现，熵环境不相对稳定的环境生命不能延续。地球的特定熵环境，地球在太阳系中的位置和架构的相对稳定性使地球在和外界的能量交换中长期稳定地满足生命结构产生并稳定生存的边界条件。地球生命既是独特的，又是脆弱的。在地球生命链进化中，人处于生命进化链的最顶端，在自然客体意义上，人是生命世界最复杂而又最脆弱的存在，根本没有任何优越之处。地球上最简单的生命已经历经三十几亿年沧桑，但有意识的高级动物其实在经历着灭绝、进化的轮回，最早退出地球生命圈的一定是最后进入这个生命圈的后来者，即人这一复杂结构层次的高级生命，这是生命物种由自然熵原理排队的必然结果。我们在生命世界的位置，生命世界在物质世界的位置，地球生命圈在宇宙中的位置的统一就是人作为具体客体存在在宇宙中的位置，作为生命物种在自然客体世界中的位置，作为高级生命在地球生命圈中的位置。不要不切实际地幻想移民和殖民宇宙，我们的生命乃至地球上的一切生命都是大自然量身定做的，我们还没有离开地球生命圈生存的现实能力。现实地说，地球是我们的家，而且是唯一之家，空间站只不过是借地球之家力量，把地球之家向外延伸了一点点而已，千万别理解为人类超越了地球生命圈生存，征服了太空。我们在宇宙中的位置，我们首先是自然客体存在中最脆弱的高级生命存在的事实决定了我们只能道法自然，自然无为。不管我们自觉觉悟的理性程度如何，在存在这意义上，我们在宇宙中的位置是不可改变的，道法自然是不可改变的，这就是我们的宿命。自由意志的一切选择以和自然必然规律统一为前提才成为有意义的选择，才是真正的自由选择。我们的位置在哪里？在地球之家中。人长生久视之道是保持和自然的和谐统一，而不是征服和统治地球，战天斗地。

我们往哪里去？人以自然生命作为存在的前提，人的具体存在、种群意义的人类存在是否在自然必然性法则支配下是一种宿命？不。进入文明史的人不再只是感性的非理性具体存在，而是具有无限主体本质的主客体具体理性存在。道法自然是指我们只能按自然必然普遍规律办事，我们不能随心所欲地改变或创造真理，只能发现科学真理。科学真理的真正意义就在于我们能按自然必然性规律去改变自然的运动和演化现象，以满足人的现实生存需要。必然性是普遍抽象真理揭示的规律，而不是由之决定和其相统一的具体边界、初始条件共同决定的具体客体的具体现象存在。在人化的自然中，对一切具体个体现象用必然或偶然去陈述是无意义的，既不能证真也不能证伪。人的具体现实生存过程的一切现象同样是无必然或偶然意义的，何来人的命运宿命的道理？何来具体现实社会历史过程是自然历史必然过程的根据？在文明史之前，世界是客体事实的世界，一切自然而然，自然而然只有存在论而没有认识论意义，没有主客观相统一意义，没有主体自由创造的无限意义。文明史开始于人的普遍文化本质的产生，是人的自由创造主体性本质的产生，现实中是文化和自然相统一的主客体具体存在的产生，是人化的世界的产生。人以文字为工具，把受制于个体的感性个体意识外化为具有类普遍意义的知识，在后天经验知识的积累丰富中人懂得越来越多的自然必然规律，越来越自觉地按必然性规律办事，具有文化本质的人作为无限主体性存在就在现实的文化选择生存中获得越来越多的自由，人的主体自由的本质就成为一个不断发展的文化过程，人的现实生存就是一个从低级到高级的必然和自由相统一的现实过程，人就在不断发展的主体和客体、主观和客观相统一的发展中构建了人类社会历史绝对不可逆的运动过程，人作为主客体相统一的存在就是自由的存在，是自己创造自己历史的存在。人的社会历史向何处去，不由自然必然性规律决定，由人的文化选择决定，由人的自由和自然必然性相统一的境界、选择所支配。人作为能够为自己创造自己历史的自由存在的最深刻意义在于人必须为自己前途命运承担责任，文化世界中的文化选择生存有必然性规律却绝没有必然的结果，结果取决于人的主体性选择。具有理性自由本质的人不能推卸历史的责任，人必须担当的就是历史的责任，人的所作所为必须以经得起历史检验为自觉意识才能是达到理性自觉的。人作为历史的主人，除了人还有什么来为人类历史的前途和未来承担呢！历史决定论、宿命论、上帝创造论都是不负责任地放弃人的历史责任的荒唐托词，它的致命后果是人的自由本质的缺失，理性始终幼稚而迷茫，最终断送的是人类的未来。由社会形式决定支配去抽象地去解释历史及人类未来只是特定形式的宿命论，只不过更具欺骗性罢了。

主客体统一的具体存在的另一种等效陈述意义是存在和认识相统一的存在，人的普遍意义认识是无限性的，即对普遍意义结构的文化知识认识是人作为存在和认识相统一的具体存在超越有限的本质根据，主观和客观的统一是主体和客体统一的现实。人类文明史主客体相统一的历史发展进程本质上是对客观真理的不断追求过程，是客观知识回归具体现实的人化世界去满足人的主体目的性的理性智慧支配的现实历史过程。人的认识之为认识是指感性，知性，理性相统一的普遍精神文化认识，不是与生俱来的个体感性经验认识，这正是社会、历史、主体、自由、创造的根据。人的认识超越了自然认识，它就是自觉，就是理性，人的理性认识才使人成为异于禽兽的具体理性存在，这就是存在即认识，认识即存在之于人的统一性意义。主体之为无限主体，创造能够成为现实创造是以人的自觉为内在机制的，人对自己的认识，对世界的认识，对世界理性统一性认识达到什么水平，人的主客观相统一的认识达到什么水平，人的理性就达到什么水平，人的本质就达到什么水平，人的现实生存就在什么水平。人的社会历史现实、未来就是由人主客观相统一的理性认识水平所决定的。人的社会历史从自然认识为起点的连续不可逆的运动就是人类理性从低级到高级的不断发展过程。遗憾的是，人类几千年文明史作为追求理性世界统一性的历史，对世界统一性的理性理解并没有达到自觉的一元论统一境界。泰勒斯把世界统一性定格在客体一元论中，柏拉图把它统一在最普遍的抽象理念中，两千多年来文化不但没有统一，反而以唯物主义和唯心主义水火不容的对立，构建了两个一元论构成的机会主义文化，成为事实和价值认识相分裂的文化，举起你的左手打到柏拉图，拥护泰勒斯，举起右手则反其道而行之。认识的分裂意义不只在抽象精神中，而在于人的具体现实的生存之中，这正是人类生存危机的总根源。中国传统文化的玄学理论是统一性一元论体系，并没有物质精神的二元分裂对立问题。但统一一元之道只是停留在朴素的经验基础上，是抽象而非具体的，离对主客体统一性的具体理性理解还很遥远，甚至被无知者误解为神秘，被别有用心者利用，失去一元统一性的光彩。

人类向何处去取决于人的所识所为，取决于人对世界主客体统一性的理性认识水平。人类认识的变革面临的是根本性的革命，即由二元世界向真正一元论世界理性认识的进展，由朴素的神秘玄学一元论向具体现实世界的理性统一性理论发展，把道、天、地、人的统一世界、道法自然的法则具体为现实世界及其运动发展的统一性理解，把道法自然、自然无为具体为自由和必然相统一、主观和客观相统一的理解。在达到对人的存在、对世界主客体相统一的理性具体理解时，我们就能自主、自觉地沿着理性的目标不断前行，人类就向理性文明而去，人类就有圆满的未来。世界统一性原理是人类第二代精神统一性理论，本质上是第一个真正理性一元论的世界精神统一性理论。我们向何处去？当我们达到理性自觉的世界统一性时，我们就超越了柏拉图、苏格拉底和泰勒斯，把老子自然无为的朴素统一性理想具体为人类社会历史的现实进程，让人类历史沿着理性文明方向不断发展。

最后，我们存在的根本价值和意义是什么？这是人超越生命有限成为无限而圆满的存在的决定性命题，是理性统一性的最高命题。世界是统一性的，具体存在和过程是统一性的，人是世界最高统一性的存在。非人的统一性是客体统一性，人的统一性是文化和自然统一性，是普遍社会历史和理性具体之人的统一性，是有限统一于无限的绝对统一性，人的统一性意义包括了世界统一性的全部意义，是最普遍意义的具体世界。人在客体事实世界中作为具体的感性存在是最特定的存在，是生命世界一个特定物种，是特定的能量、物质肉体、时间性生命本质的具体统一性存在。人处在客体世界结构演化链的最顶端，人的具体存在所包含的能量、物质、信息关系是客体世界中最复杂而有序统一的。但这还不是本质的，最根本的是人在具体客体存在基础上创造了文化、文明、历史，成为具有主体自由本质的存在，成为主客体相统一的理性具体存在。人不但把自身的自然及环境的信息转换为抽象的意义结构，产生了意识，而且把个体经验认识以文字信息意义符号为工具转换为具有类普遍意义的知识，不断发现世界的普遍必然性规律，根据普遍知识去理性智慧地解决人的具体现实生存问题，成为有主体目的性的、自觉地创造自己历史的存在。人的普遍文化本质的创生也是人的类统一意义的创生。文化是类的共同财富，文化选择不是以人一生经验为根据的生存选择，而是以全体人类历史地发现并传承下来，因而是不断具体丰富的普遍知识为根据的生存选择，人类社会就成为一个连续的统一历史过程。人类发展本质上就是文化的发展，文化在社会共同体为单位中发展，是社会的发展。人和社会的统一性关系的认识成为人的主体性本质的自觉，人的统一性存在以客体统一性为基础，以主体统一性为本质，以人的世界的文明为最高目标。主体世界是抽象的，又是本质的，人的世界本质上就是意义的世界，人是最普遍意义的存在。人的存在本质的最高统一性命题就是人的价值和意义的统一性命题。

意义、精神、文化、历史、社会、本质在形式上是抽象的，人的主体世界是抽象意义世界。主体无限性是人和自然生命的本质区别，因而胡塞尔认为只能用现象学去通达人的本质，人自己赋予自己的意义。这是有智慧的，但仅这点智慧并不能参透人生。人的意义世界形式上是主观的，但本质上，在内容和形式相统一中是主客观统一的。意义之为意义就在于它就在于人类的具体现实社会历史之中，在人的每一个具体的文化选择行为之中。人只是在本质抽象中是主体性存在，具体的人一定是主客体相统一的具体存在。因此，价值意义世界是和事实世界相统一的，我们赋予自己意义，是主客观相统一、主客体相统一的意义，而不是随心所欲地疯子般的胡思乱赋。由抽象普遍的意义回归它的源头即经验世界的现实，就是意义和事实的统一，主观和客观的统一，这就是理性的智慧。人作为理性灵魂为本质的存在是文化和自然相统一的存在，主体无限性使主客体具体存在获得理性意义，人的价值和意义就在人的社会历史现实之中。人的根本价值和意义只有在主客体统一性由有限到无限的进展中才通达圆满的自觉。

人主客体具体存在的理性意义超越了有限性，通达有限和无限的统一，人就成为超越生命有限性而具有永恒绝对意义的存在。人的生命是有限的、短暂的，但人存在的意义却是能够超越有限而永恒的，人的自觉理性到达绝对理性的境界就是通达永恒的境界。人的理性最高境界的现实意义是什么呢？一是人的主体文化本质达到绝对境界，社会历史通达绝对的意义。人的理性文明史以自然状态为逻辑起点，人的关系离丛林法则越远，越自觉和平分工合作去实现人的目标，人就离动物越远，人的本质就越充分发展。人的主体世界自觉的绝对理性彻底扬弃丛林暴力法则，成为非暴力为基础的社会分工合作时，人的世界就是一个圆满的绝对理性的世界。二是当人和自然的关系达到高度自觉的统一，在文化和自然的自主自觉统一性中长生久存之时，人就真正进入自然而然的主客体相统一的绝对境界。人的世界和平，人和自然和谐，并且两者都达到理性的完满时，那就是神的最普遍且意义永恒的世界。神不在世界之外，不在自然世界之中，只能在人的世界中，它的具体存在是人的存在本身，是人的存在通达了绝对理性的境界。西方文化用外在于人的世界的神作为人存在的根据，人的世界是不可能通达自洽自主、自足圆满的。后希腊文化在由人格神向理性一元神升华时，它的局限性就是一元神和人格神的不统一，理性的一元神并没有通达理性统一性，没有成为最普遍的具体神，只是一种普遍的精神抽象，这正是西方二元文化的根源，也是神外化于人的世界反而成为人的统治的宗教信仰异化的根源。当上帝由人灵魂中普遍抽象的统一性异化为在人理性灵魂之外决定人的灵魂的最高人格神时，人的理性灵魂失去了自由自主的自觉。黑格尔绝对精神的境界是神的境界，但也没有返回具体灵魂而停留在抽象中，辩证法的统一性逻辑进展并没有通达神的绝对理性，同样是局限性的。耶稣、佛祖、穆罕默德这些神是由具体的人成长为神的，他们是神的充足理由不在于他们不是人，而在于他们达到了人的理性灵魂的最高境界。无私的神是文化文明之中最圆满的个人，是人的具体理性发展之路的绝顶，是完满个人人格和最普遍理想人格的统一，无私就是理性绝对之私。古希腊一元神因为没有达到这种统一而留下了历史的局限。

人的世界现实存在是主客体相统一的人，文明史的每个人都在构建自己的理性灵魂中成长为现实的人，都在构建自己的神性，每个文明人都具有神性于灵魂之中。具体的人是主客体的统一，人的灵魂意义中自然先天而来的是感性直接性，是自然生命的丛林法则本能在支配。人的理性灵魂意义是在后天成长中构建的，每个人的具体灵魂是兽性和神性在对立中的具体统一，人的文明史，人的文明进步，无论是一般的人类社会还是现实具体的个人，就是表现为神性对兽性的克服和扬弃。个人、社会、人类的历史就徘徊在由兽性向神性的曲折运动发展中，人的意义世界的绝对理性意义是神的境界，人存在的最高价值意义就是理想的文明世界，成为神那种绝对而永恒的理性意义的存在，这是文化和自然统一性主客体具体存在之无限的绝对境界。

人的兽性根于自然，与生俱来，神性却是需要后天自主自觉努力去追求的。绝对理性境界的神性不是知识，而是智慧，只能学而后悟中通达，具体理性之人就是多样性而统一于理性之人。神只能悟而不能只学不悟的最精辟归纳是路德的“因信称义”信仰观和惠能六祖的佛在心中之说。神性之艰难在于悟，佛经倒背如流并不能成佛，这是人能否到达涅槃境界取决于个人造化的原因，故每个个人都是历史创造中自由自主之人，达到神性何种境界还是纯粹兽性在支配，取决于自由自主之人的自觉觉悟，取决于觉悟空不异色，色不异空的智慧水准。所悟之空是一切具体现实多样性存在和变动无居现象的统一。人的神性所能达到的智慧水准是以人对多样性世界的经验综合之普遍知识为基础的，是主客观相统一的。人类理性幼稚就在于没进展到自觉理性，真善美不统一，信仰止步于主观，于是一切神圣的信仰都无法避免迷信异化的命运。通达理性的神性即人性的圆满需要自觉理性的信仰，这是人认识你自己的最高最普遍意义。近代科学理性造就了全球化知识时代，这是人类通达理性的知识基础。但另一方面，把知性当理性又窒息了理性智慧，物质精神二元对立导致人的主客体在认识中的分裂，成为理性自觉的最大障碍。只有超越二元论，回归具体现实世界多样性统一的一元论，即在元中求元中通达客体世界的能量一元论，多元归元通达文化意义世界的文明价值一元论，由之出发去理解客体世界的具体统一，主体世界的统一，主客体世界的统一，则我们就能自觉地沿着理性统一性的理想不断进步。人类的理性进步是在每个人的理性进步中成为现实的，理想的世界不是由绝对的神来统治的世界，而是人人都是神的圆满世界。当人类世界的理想由伟大转为神圣的时候，人的世界才开始现出自觉理性的曙光。不会有遍地伟人英雄的理想世界，只能有人人都是神圣之人的可能世界，最高理想的共产主义大同世界不存在也不会有伟人和英雄，那是每一个人的自觉理性本质都得到充分发展，即人人都是神和圣意义上的完人的圆满世界。

人是多样性的统一，据此人才有无限的自由创造意义，才摆脱了自然的有限宿命。无限自由创造性决定了绝对理性就是每个理性具体灵魂的目标，同时也就是人类历史的目标，人人都是理想理性人的世界就是理想大同世界。人的理性文明史在神话的意义驱动下萌芽，其圆满的目标是回归现实的神话世界，即人人都是理性绝对之神的世界。人在神性中超越人性有限性，在无限神性意义上大同。现实的人都是理性灵魂为本质的，都有神性，但没达到理性绝对境界。人成长为神是自主自觉走向绝对自由的过程，理性赋予人自由在于绝对理性就是神性。当人类以理性绝对意义去认识你自己时，其神性就觉醒了，你的绝对价值和意义就是神，就通达了无限而永恒的意义。

人是最普遍的统一性存在，人的最高价值和意义就是文化和自然统一性主客体具体无限而绝对的理性意义，每一个人都是世界统一性本身。如果人类能用统一性思维去认识自己，就能了悟德尔斐神庙“认识你自己”之神喻的具体意义；如果人类能自觉地追求主客体相统一的无限绝对理性意义，就走在通往永恒意义的路上，赋予自己有限具体生存以神的永恒绝对意义。

注释

①张尚仁著《新译　新编　新解　道德经》，昆明：云南民族出版社，2008 年第 1 版，第 75 页。

②王旭东主编《中医文化导读》，北京：高等教育出版社，2008 年第 1 版，第 28 页。

③转引自张尚仁著《新编　新译　新解　道德经》，昆明：云南民族出版社，2008 年第 1 版，第 22 页。

④同上，第 37—38 页。